THE
HISTORY OF FOREIGN INVESTMENT
IN
THE UNITED STATES TO 1914
Mira Wilkins

アメリカにおける外国投資の歴史

1607〜1914

ミラ・ウィルキンス
［著］

安保哲夫／山﨑克雄
［監訳］

ミネルヴァ書房

THE HISTORY OF FOREIGN INVESTMENT IN THE UNITED STATES TO 1914
by
Mira Wilkins
©1989 by the President and Fellows of Harvard College
Published by arrangement with Harvard University Press
Through Tuttle-Mori Agency,Inc.,Tokyo

編者序文

　ミラ・ウィルキンスの『多国籍企業の成熟——アメリカ企業の海外事業1914－1970年（*The Maturing of Multinational Enterprise : American Business Abroad from 1914 to 1970*)』への序文において，私は次のことを強調した。すなわち，本書は「近代の大規模企業の発展と国際経済におけるその変化しつつある役割を理解する際にその中心にある」と。この本とそれに先行した本，『多国籍企業の勃興——アメリカ企業の海外事業　植民地時代から1914年まで（*The Emergence of Multinational Enterprise: American Business Abroad from the Colonial Era to 1914*)』は，アメリカ多国籍企業の歴史についての標準的な著作になっている。この新著は，間違いなくアメリカにおける外国多国籍企業の歴史についての，そして実際アメリカにおけるすべての外国投資の歴史についての，標準的著作になるであろう。この本は，アメリカの工場，販売組織，土地，鉱山そして銀行業においてなされた外国直接投資の歴史を，入植地設立から第一次世界大戦までの時期について詳述し，加えて，外国証券投資，すなわち政府機関や鉄道そしてその他の会社の証券への投資のような，支配を伴わなかった外国人による投資について語っている。

　独立革命から19世紀最後の四半期まで，アメリカにおいては外国直接投資よりも証券投資の方がはるかに多かった。1875年まで，証券投資はまた企業証券よりも政府の方が上回っていた。外国人たちは，独立革命やそしてまた初期の国民政府を，ルイジアナ購入の資金手当まで含めて，金融面で助けた。その次にきたのは，州や市政府への内部的改良のための投資で，運河，河川航海，鉄道などである。外国の投資家たちは，アメリカ連邦政府証券を1850年代，1860年代，さらに1870年代に買った。南部連盟に対して非常に巨額の外国ローンがあった。外国投資家たちは連邦再建時代の州証券の積極的な買い手であった。これらすべてのことは1870年代半ば以後に変わった。その理由の一部は，州政府証券の債務不履行にあった。より重要なのは，ひとたびアメリカ鉄道の盛ん

i

な拡張が1875年以後にやむと，民間証券に投資された金額は，公的部門における
それを急速に上回っていったということである。

　アメリカにおける外国証券投資は引き続き外国直接投資を上回っていたが，
他方で後者はますます重要性を増していた。外国直接投資の新しい役割は，
1875年以後の西ヨーロッパとアメリカの経済における底の深い転換，すなわち
田舎的，農業的そして商業的なものから都会的で工業的なものへのそれ，のス
ピードアップを反映していた。ちょうどアメリカの新しい産業企業が19世紀の
終わりに対外進出を始めたのとまさに同様に，イギリス，ドイツ，フランスや
西ヨーロッパのいくつかの小国のそれらがアメリカへの投資を始めたのである
──初めは販売のための，次いで工場や鉱山への施設であった。この直接投資
のパターンは，投資会社の強さを反映していた。ドイツの経営者管理の企業に
よってなされた直接投資は，個人的に経営されていたイギリス企業のそれより
も高収益を得ていた。そして，まず本国で生存できる企業をつくり上げること
なく直接投資を行ったような企業，その多くはイギリスのそれであったが，ほ
とんどいつも失敗した。

　直接および証券投資のいずれについても，ここで使われているデータは，そ
のカバーしている範囲において豊富であり，細部について深い。本書は，金融
の変化する様々な方式や金融機関の変化する諸形態について，技術の移転や新
産業の発展について，そして近代ビジネスのもろもろの業態と進展などの広範
多様な発生について，新しい情報を提供してくれる。

　本書はただ叙述しているものをはるかに超えている。それは，その市民が彼
らのお金をアメリカの政府や企業の証券に投じており，またその事業家たちや
産業家たちがアメリカにおける施設や個人に投資していた国々への，多面的な
投資のインパクトを思慮深く評価している。それはまた，投資が一国としての
アメリカの経済成長と富に対して，そして同経済の異なる諸部門や産業に対し
て与えた，深い影響について考察している。本書は，投資を行う側とそれを使
う側の間において絶えず変化する態度と関係について洞察している。そうした
叙述と分析は，本研究をして国際的企業と国際投資についてこれまでに書かれ
たなかで最も重要なものの一つにしているのである。それは，多くの異なる学
派や学問の各分野の歴史家およびエコノミストにとって莫大な価値をもつであ

編者序文

ろう。

　付言すれば，ここで述べられている歴史は今日にとっても当てはまるところがある。その歴史の始まりから第一次世界大戦にかけて，アメリカは債務国であり，南北戦争から1914年までは世界で圧倒的に最大の債務国であった。その後それは世界最大の債権国になった。1980年代に突然，この国は1914年以前にそうであった状態に後戻りしていることが判明した。この国と外国の投資家が直面している経済的な複雑さは1914年以前の時代のそれとは違っているが，この国の債務国としての長い歴史は，アメリカのみならず債権諸国，特に日本においても，政策当局者たちにとって重要な手掛かりと洞察を与えうるのである。

アルフレッド・D・チャンドラー・ジュニア
（Alfred D. Chandler, Jr.）

はじめに

　本書は，アメリカにおける外国投資を本格的に扱った最初の研究書である。それは，植民地時代から1914年までの時期をカバーしており，そのときアメリカは対外債務国であり，貸すよりも多く借りていた。本書の次に予定されている巻（訳注：その最新作が，*The History of Foreign Investment in the United States, 1914-1945*, Harvard University Press, 2004, である）では，1914年以降の対外投資が取り上げられるが，1985年にアメリカは再び債務国になった。この国の国際的地位のこうした変遷からして，本巻の視野は，単なる過去の歴史だけでなく，現在の関心にも及んでいる。

　本巻を書き進めるに際しては，過剰と不足というパラドックスのために大変な苦労をした。すなわち，大量の適切なデータが入手でき，主題の重要性を実証するのに役に立ったのだが，にもかかわらず，とてつもないギャップを埋めていかなければならなかった。この仕事は，発見ゲームをやっているようなもので，様々な断片を１つのパズルのなかにつなぎ合わせていかなければならなかった。私のアプローチの仕方は，偏りのないもので，公表されているものいないもの，あらゆる情報を探し出し，古文書館に行き，大変な数の専門家に電話をかけて助けを乞い，こうして，これまで十分に語られなかったストーリーを判読し理解すべく，あらゆるものを収集して評価するというものであった。公表された資料がある場合にはそれを使い，なければ多くの場合１次資料の発掘に向かった。私はこの研究を十数年以上も前に始めたが，今や以下のような成果について根拠をもって確信できると感じている。すなわち，私が記述し分析しているものの輪郭は正しいもので，読者は初めて，1914年以前のアメリカにおいて外国投資がたどってきた足跡についての完全な姿をみることができるであろう，ということである。

　本研究は，海外からの長期・非居住者投資とそのインパクトに限定されている。短期商業信用（それが長期的利権に転換されない限り），アメリカ財務省証券

の外国人保有，そして外国銀行の預金は，取り扱っていない。外国人による長期のポートフォリオ（証券投資）と直接投資の両方を取り上げたのである。外国投資とは，アメリカの資産に対する非居住者の国外からの請求権である。外国証券投資においては，投資家は金融活動に関わる，すなわち，その受取人はその資本の使用を支配できるような貸付または株式への投資を行う。逆に外国直接投資においては，投資家が所有と支配の――あるいは支配の潜在的な可能性の――双方に関わるのである。直接投資は，証券あるいは実物資産のいずれの形態をもとりうる。直接投資を特徴づけるのは，経営と支配の可能性である。今日の多国籍企業は直接投資を行っている。私の定義は特にユニークというわけではなく，アメリカ商務省のそれに従っている。私はここでは，外国の証券投資と直接投資の年々のフローを追いかけるよりも，一定期間における水準の変化により大きな関心をもってきた。

　私は，研究活動を外国直接投資の研究者として始めたが，その後キャンバスを拡大しなければならないことに気づいた。1607年から1914年までの時期について以下のことが考究されている。アメリカにおける投資のうちどれだけが外国からきていたか。どれだけが証券投資であったか。どれだけが直接投資であったか。どの国に外国人投資家が居住していたか。その資本のうちどの程度が外国政府から，そしてどれだけが民間部門――企業と個人――からきたか。そうした投資家たちは，どのように対米投資を行ったか。投資の性格とペースの説明を助けた情報の流れはどのようなものであったか。アメリカにおける外国の企業と個人による投資はどのような経済活動を行ったか。どれだけの投資が政府部門の金融に，またどれだけが民間部門に向かったか。どの産業が外国からの投資にとって最も魅力的であったか。アメリカのどこの都市と地域に外国の投資家はその資金を投下したか。またそれはなぜか。ひとたび投資が行われた後で，投資家はどれほどの，そしてどのような影響を実際に及ぼし得たか。外国の投資はいかに管理されたか。外国投資に対する反応はどのようなものであったか。これらの疑問に対する答えは時とともにどう変化したか。そこにはいくつかのパターンがみられたか。アメリカにおける外国投資は，世界規模の国際投資パノラマ全体のなかで，どこに位置していたか。最後に，最も重要なことだが，外国投資はアメリカの全発展構造においてどのような意義をもって

いたか。

　本書の最初のところで，1607年から1875年の時期が取り上げられる。各章は外国投資のスペクトラム（訳注：時系列の波動）をカバーしている。次に，そうした投資の絶対量が増大してきたとき，私は第Ⅱ部において，私の資料を産業ごとに分けることに決めた。すなわち，概観の章（第5章）の後に，1875～1914年の時期についてこうした分割をしたのである。

　植民地時代には海外からの直接投資が支配的であった。1776年から1914年までは，外国証券投資が直接投資を上回っていたものの，1875年以後には後者が相当量になり，大きなインパクトを与えていた（したがって，私は1875～1914年をカバーしている諸章においては外国直接投資に特別の注意を払ったのである）。実質的には，植民地時代における海外からのすべての投資（初期の勅許会社によるいくつかを除いて）は民間部門においてなされた。1776年から1875年までは，公的部門の対外借入（連邦，州，そして地方）が際立っていたようにみえる。1875年から1914年には，アメリカにおける民間部門が今一度，海外からの証券投資および直接投資いずれにおいても主要な位置にあった。外国投資のパターンにおけるこのようなまたその他の変化が本書においてみられるであろう。

　私の研究の結果は結論として次のことを実証しているはずである。すなわち，アメリカの経済史家は外国投資（これは国外投資家への債務である）を考慮に入れなければならないということ，さらに外国直接投資——これはアメリカ経済史の文献では少な目に扱われているが——を無視することはできないということである。私の研究は，アメリカの（そして他の国々の）経済史のあまり知られていないような側面を明らかにした。多くのことがさらによく知られることになろうが，今度は新たな文脈においてみられることになるであろう。

　私は読者が本書を楽しみ，そしてそれから，第一次世界大戦前のアメリカ経済における外国投資の到達点と意義についての総体的で知的な理解を得ることを願っている。ストーリーを解きほぐし，また証拠を積み重ねていく過程は最終的には満足できるものであった。本書はアメリカ，イギリスそして大陸ヨーロッパの経済とビジネスの歴史についての専門家たちの興味に応えるはずである。実際，私は信じているのだが，近代の経済およびビジネスの歴史，経済発展，国際金融，そして多国籍企業の研究者，さらにより一般的には，エコノミ

スト，歴史家，政治学者が，その他世界経済の諸機能に関心をもつ人々とともに，ここに新しく，有益で思考刺激的な多くのものを見出すであろう。

　今日，アメリカが世界経済に深く組み込まれていることへの広範な認識があり，国際的な債務と多国籍企業の役割が広く議論され，そしてまたアメリカにおける外国証券と直接投資が急速に積み上がっている状況のなかで，アメリカの債務国としての過去の経験——そしてもちろん1875～1914年には世界最大の債務国であった——についての本研究は，単にアカデミックな文献の間隙を埋めるだけでなく，また話題性と世の関心に沿うものでもあるはずである。

ミラ・ウィルキンス

謝　辞

　私は多くのすばらしい友人たちの助けと支援をいただいて幸せである。彼らがいなければ本書が日の目をみることはあり得なかったであろう。そのなかで，アルフレッド・D・チャンドラー・ジュニア（Alfred D. Chandler, Jr.）は突出している。おのおのの段階で彼は，知的な挑戦を申し出たり，注意と配慮を払いながらタイプ原稿を読み，私に彼の進行中の仕事から役に立つものの利用を許し，そしてまた私が無視していた資料に私を向かわせるなどして，この本の進捗を励ましてくれたのである。ロウ・ウェルス（Lou Wells）は，原稿の最初の草稿を読み，きわめて洞察力に富んだコメントをしてくれた。彼はみごとな批評家であった。同じく，私はジョン・ダニング（John Dunning）に彼の賢明なアドバイスと支援に対して感謝したい。彼は，私にアメリカにおけるイギリスの製造会社についての彼のファイルの利用を許し，そしてまた私は，多国籍企業に関する彼の恐るべき知識から学んだのである。私はレディング大学への彼の招待に本当に謝意を表したい。そこでの一つの講義において，私は理解力のある聞き手の前でいくつかの予備的な研究結果について検証したのである。私の外国直接投資研究はレイ・ヴァーノン（Ray Vernon）の仕事から長い間多大な影響を受けてきたのであり，彼に対して大きな恩義を負っている。

　私の謝意はジョン・シモン・グッゲンハイム財団（John Simon Guggenheim Foundation）に向けられる。それは私に，外国の古文書館の探索に向けられたすばらしいサバティカル年のために資金を与えてくれた。同様に，フロリダ国際大学財団（Florida International University Foundation）は私の研究努力に対してとても歓迎すべきお金を寄贈してくれた。

　何年にもわたって私は多くの研究者たちに助けを求めて電話をかけてきた。古くからの友人もいた（あるいは親切な新しい友人も）。その学識を羨みたくなるような，しかし会ったことはない人々もいた。これらの方々は寛大にアドバイスを与えてくれた。イギリスでは，ロンドン・スクール・オブ・エコノミック

謝　辞

スの経営史部門（Business History Unit, London School of Economics）のレス・ハ
ナー（Les Hannah）が，研究室を提供し，イギリスの経営史についての彼の洞
察を分け与えてくれた。またイギリスでは，ジェフ・ジョーンズ（Geoff Jones）
がイギリス多国籍企業史において新地平を開いていたが，彼の仕事は私にとっ
てとても有益であった。ヴィンス・キャロソ（Vince Carosso），ラリイ・マク
ファーレイン（Larry MacFarlane），そしてエド・パーキンス（Ed Perkins）は，
本書のいくつかの章の別途発表版を読んで，彼らの専門分野において鋭い見識
を提示してくれた。私は特に次の人々に，彼らの助力に対してお礼を申し上げ
たい。安保哲夫（Tetsuo Abo），バーナード・アルフォード（Bernard Alford），
ロバート・アリバー（Robert Aliber），フランクリン・ブルックス（Franklin
Brooks），スチュアート・ブルシェイ（Stuart Bruchey），サー・アレク・ケアン
クロス（Sir Alec Cairncross），ロンド・キャメロン（Rondo Cameron），フレッ
ド・カーステンセン（Fred Carstensen），マーク・ケーソン（Mark Casson），ピ
エール・カイエ（Pierre Cayez），スタンレイ・チャプマン（Stanley Chapman），
ロイ・チャーチ（Roy Church），トニイ・コーリイ（Tony Corley），ピル・コッ
トレル（Phil Cottrell），ドン・デイヴィス（Don Davis），リチャード・デイヴィ
ス（Richard Davis），パトリック・フリーデンソン（Patric Fridenson），ジーン・
グレスリイ（Gene Gressley），チャールズ・ハービー（Charles Harvey），ジーン
－フランスワ・ヘナート（Jean-François Hennart），ピーター・ハートナー
（Peter Hertner），レネイ・イゴネ（René Higonnet），アンソニー・ホウエ
（Anthony Howe），Ｊ・Ｂ・Ｋ・ハンター（J. B. K. Hunter），デヴィッド・ジェレ
ミー（David Jeremy），チャールズ・ジョーンズ（Charles Jones），チャールズ・
キンドルバーガー（Charles Kindleberger），フランク・キング（Frank King），ジ
ム・ラウ（Jim Laux），マウリス・レヴィー－レボワイエ（Maurice Lévy-
Leboyer），ジョナサン・リーベナウ（Jonathan Liebenau），ドニヴァー・ルンド
（Doniver Lund），ラ・ルンドストレーム（Ra Lundström），ドナルド・マーチャ
ンド（Donald Marchand），アルブロ・マーティン（Albro Martin），ジョン・マ
ケイ（John Mckay），リチャード・モリス（Richard Morris），中川敬一郎
（Keiichiro Nakagawa），イレーネ・ノイ（Irene Neu），スティーブ・ニコラス
（Steve Nicholas），クリストファー・プラット（Christpher Platt），ビル・リーダ

ー（Bill Reader），ロバート・V・ローザ（Robert V. Roosa），ルース・ローザ（Ruth Roosa），S・B・ソウル（S. B. Saul），ハーム・シュレーター（Harm Schröter），ベイリー・サップル（Barry Supple），アラステア・スウィニー（Alastair Sweeney），ディック・シーラ（Dick Sylla），アリス・テイコバ（Alice Teicova），パトリシア・テイン（Patricia Thane），リチャード・ティリイ（Richard Tilly），ジェフリー・トウィーデール（Geoffrey Tweedale），山崎広明（Hiroaki Yamazaki），ステファン・ヤング（Stephen Young），由井常彦（Tsunehiko Yui），チャールズ・ウィルソン（Charles Wilson）。加えて，私の仕事は，離れたところから，以下の人々のそれによって大きな影響を受けてきた。ケネス・アロー（Kenneth Arrow），マイケル・エデルステイン（Michael Edelstein），ダグラス・C・ノース（Douglass C. North），オリバー・ウィリアムソン（Oliver Williamson）。フロリダ国際大学の私の同僚たちも本研究活動を様々な形で後押ししてくれた。なかでも次の方々である。ロバート・クルツ（Robert Cruz），アミタヴァ・ダッタ（Amitava Dutt），パノス・リオサトス（Panos Liossatos），ジム・モウ（Jim Mau），ジェームズ・メルトン（James Melton），ホワード・ロック（Howard Rock），ホルフェ・サラザール–キャリロ（Jorge Salazar-Carrillo），カルロス・セヴィラ（Carlos Sevilla），ピル・シェパード（Phil Shepherd），マリア・ウィルムセン（Maria Willumsen）。

　私が多数の図書館や古文書館の専門職員の方々に負うところは計り知れない。私は特に次の人々に感謝したい。フロリダ国際大学図書館における，図書館相互貸出部のジニー・ホイーラー（Ginny Wheeler）とリンダ・ノーヴェッシュ（Linda Norvesh），そして政府文書図書館員のホーテンシア・ロドリゲズ（Hortensia Rodriguez）。図書館相互貸出制度がなかったらこの本が書かれることはあり得なかったであろう。ジニーとリンダは，驚くべき忍耐強さで私の終わりがないかにみえる請求の洪水に対応し，また所在がきわめてわかりにくい図書，論文，マイクロフィルムの探索を根気強くやってくれた。

　さらにまた私の感謝は次の方々にも向けられる。ロンドンのロスチャイルド古文書館のイボンヌ・クラーク（Yvonne Clarke），ガーション・ナイト（Gershon Knight）およびシモーネ・メイス（Simone Mace），そしてベアリング（財団）のジョン・オーベル（John Obell），ニューヨークのプライス・ウォータ

謝　辞

ーハウスのパートナーであり私のよき友であるマリアンヌ・バージ（Marianne Burge）といった方々で，私に門戸を開いてくれ，そして私はロンドンのプライス・ウォーターハウス古文書館を利用する特権を与えられたのである。同社古文書館のジョン・バレット（John Barrett）はとても大きな手助けをしてくれた。ロンドンのシェルのA・F・ピータース（A. F. Peters）はシェルの記録類へのアクセスを許可してくれた。ユニリバー（Unilever）のJ・D・ケイア（J. D. Keir）は同社の大規模な古文書館に探索に入るのを認めてくれたが，そこではモーリーン・スタニフォース（Maureen Staniforth）が援助してくれた。ラッセル・ウィリアムズ（Russel Williams）はエバーハード・ファーバー（Eberhard Faber）に関するデータを提供してくれた。ジョン・スタインウェイ（John Steinway）はスタインウェイ論文から資料を送ってくれたが，他方，サー・タイタス・ソールト（Sir Titus Salt）の孫であるデニー・ソールト（Denys Salt）は，彼の祖父のアメリカにおける活動についての情報を与えてくれた。同じく，B・F・ハワード（B. F. Howard，ストラスコナ卿〔Lord Strathcona〕のひ孫）からはいい示唆をいただいた。リッチモンド・ウィリアムズ（Richimond Williams）はデュポン（Du Pont）古文書館からの資料を送ってくれた。大変多くの企業および個人の方々が私に古文書館や未公開の社史へのアクセスの便を図ってくれた。世界で最良の古文書館はオタワにある公立古文書館で，それは1日24時間，1週7日開館していて，研究者のパラダイスである。

　私は，各地の小都市の図書館にあるアメリカにおける外国製造業者に関する貴重な資料を発掘した。以下の街の図書館員たちからいただいた援助に感謝したい。ミシガン州ベイシティ（Bay City, Michigan），ニューヨーク州フルトン（Fulton, New York），ロードアイランド州ポータケット（Pawtucket, Rhode Island），ニュージャージー州ミルトン（Millton, New Jersey）。これらの街は，ユナイテッド・アルカリ（United Alkali），ネスレ（Nestlé），J. & P.コーツ（J. & P. Coats），ミシュラン（Michelin）の子会社を受け入れている。

　カレン・ヒル（Karen Hill）とパティ・クリフォード（Patti Clifford）に私の心からの感謝の言葉を述べたい。彼らは，3年以上もの間ずっと気持ちよく，私の手書き文章を解読し，原稿全体にわたって骨を折って編集の仕事を続け，私の相次ぐ改訂に辛抱強く応じてくれた。カレンとパティは彼らの仕事にとても

大きなプライドをもっていた。しかし，終わりに近づいたところで，サンディ・バージソン（Sandie Bergeson）が彼らに代わり，本当にすばらしくこの仕事をやり遂げたのである。彼らのいずれもがもっていたワードプロセッシングの技能はかけがえのないものであった。

　最後に，そして最も重要なのは，私の不機嫌，数々の旅行，そして本書へのたび重なる過度の没頭などを我慢してくれた，私の夫，ジョージ・シモンズ（George Simmons）のことである。彼は，その初めからこの作品とともに過ごしてきた——つまり，1ダース以上もの年数になる。彼の精神的な支援と私への信頼がなければ，本書の原稿が完成することはまったくあり得なかったことであろう。私は，この大冊の生成における彼の役割を深く心に刻んでいる。

アメリカにおける外国投資の歴史

——1607〜1914——

目　次

編者序文	………………………………	i
はじめに	………………………………	iv
謝　辞	………………………………	viii
翻訳に関する監訳者メモ	………………………………	xxi

第Ⅰ部　発展途上国の時代──1607〜1874年──

第1章　初期の対米投資──1607〜1776年── …………………… 3

バージニア社	………………………………	3
プリマス社とその継承者たち	………………………………	7
オランダとスウェーデンの勅許会社	………………………………	9
フランスの勅許会社	………………………………	12
勅許会社による投資	………………………………	13
商人投資家たち	………………………………	15
土　　地	………………………………	18
鉱業と製造業	………………………………	21
1776年における外国投資	………………………………	30

第2章　政治的独立／経済的従属──1776〜1803年── ………… 46

1776〜1783年	………………………………	47
1783〜1789年	………………………………	49
1789〜1803年──概観	………………………………	53
1790〜1803年──企業証券	………………………………	56
1790〜1803年──貿易関連投資	………………………………	59
1790〜1803年──土地とその他事業分野への直接投資	………………	62
1776〜1803年──外国投資に対する態度	………………………	65
1776〜1803年──外国投資	………………………………	68

目　次

第3章　開発の半世紀──1803～1853年── ……………………81

連邦，州および地方自治体の債務──1803～1838年 ………………82

貿易に関連する投資──1803～1838年 ……………………………91

米国の金融および保険会社における外国の利権……………………94
　　　　　──1803～1838年

土地，運輸およびその他の活動への外国投資………………………99
　　　　　──1803～1838年

1830年代ブームの崩壊 ……………………………………………100

1840年代 ……………………………………………………………107

1853年の米国における外国投資……………………………………111

反　　応 ……………………………………………………………118

1803～1853年──外国投資 ………………………………………122

第4章　19世紀中葉の危険な20年間──1854～1874年── ……155

1850年代 ……………………………………………………………158

南北戦争の時期 ……………………………………………………168

当時の背景──1865～1874年 ……………………………………174

鉄　　道──1865～1874年 ………………………………………181

不動産と不動産抵当──1865～1874年 …………………………191

鉱業と石油──1865～1874年 ……………………………………194

製　造　業──1865～1874年 ……………………………………198

保険・銀行業務・貿易会社──1865～1875年………………………204

1854～1874年──外国投資 ………………………………………207

xv

第Ⅱ部　世界最大の債務国──1875〜1914年──

第5章　背　　景 ………243

アメリカへの外国投資の概観──1875〜1914年 ………247

イギリスの対米投資──1875〜1914年 ………258

フランス・ドイツ・オランダ・カナダその他の対米投資 ………270
　　　　──1875〜1914年

外国証券投資の成長に関する重要な諸側面──1875〜1914年 ………279

外国直接投資の成長に関する重要な諸側面──1875〜1914年 ………279

アメリカにおいて外国投資を引きつけた分野 ………288

公共部門 ………289

第6章　鉄道と土地 ………332

鉄道における海外投資の経過 ………336

個別の鉄道企業 ………341

外国資本の導入 ………344

鉄道産業における外国人投資家の分類 ………351

鉄道産業への外国人投資に関する結論 ………374

土　　地 ………377

第7章　貴金属と石炭，鉄，鋼 ………424

金 ………429

銀 ………433

米国南部の石炭，鉄，そして鋼への英国の直接投資 ………434

米国西部，中西部，および東部における
　　　　石炭，鉄，ならびに鋼への英国の直接投資 ………441

xvi

目　次

石炭，鉄，そして鋼へのドイツ，フランス

　　および他国の直接投資 ……………………………………… 449

鋼カルテル ……………………………………………………… 452

石炭，鉄，鋼への外国投資と証券投資 ……………………… 453

第8章　その他鉱物——銅から石油—— …………………… 470

銅，鉛，亜鉛 …………………………………………………… 470

肥料および素原料——リン酸塩，カリウム，および黄鉄鉱…… 483

塩 ………………………………………………………………… 488

ホウ砂とラジウム ……………………………………………… 489

アルミニウム …………………………………………………… 491

石　　油 ………………………………………………………… 493

鉱物および鉱物関連産業 ……………………………………… 502

第9章　食料・飲料・タバコ・食品雑貨類 ………………… 531

牧畜会社 ………………………………………………………… 532

東部沿岸における屠殺，輸出，海外販売 …………………… 541

中西部の精肉業 ………………………………………………… 544

食料生産，穀物取引，製粉に対する外国投資 ……………… 554

アルコール飲料 ………………………………………………… 562

加糖練乳，ベビーフード，チョコレート，

　　その他の糖菓類 ………………………………………… 571

その他の有名ブランド食品および非アルコール飲料 ……… 577

タ　バ　コ ……………………………………………………… 580

石鹼と食品以外の雑貨製品 …………………………………… 582

商標登録された雑貨製品の配送 ……………………………… 588

食品，飲料，タバコ，雑貨品 ………………………………… 589

xvii

第**10**章　繊維製品, 衣料品, 皮革製品および関連製品 ···· 618

原 材 料 ·· 618

繊維製品の製造 ·· 621

綿糸・麻糸紡績業 ··· 632

レーヨン ··· 643

衣 料 品 ··· 645

皮革製品 ··· 646

繊維・皮革製品産業用の化学製品 ························ 648

繊維産業機械 ··· 651

外国企業の影響 ·· 654

第**11**章　化学産業 ·· 677

火 薬 ·· 681

染 料 ·· 684

医 薬 品 ··· 692

ファイン・ケミカル ·· 696

重工業薬品 ·· 698

他の化学薬品 ··· 710

いくつかの一般的結論 ······································· 711

第**12**章　他の製造業 ··· 733

農場機械 ··· 733

自転車と自動車 ·· 736

タイヤ生産 ·· 739

他のゴムおよびゴムの類似品 ······························ 743

非電動機具・機械, および計器 ··························· 744

電気機械 ··· 753

輸送機械——民間用および軍事用 ························ 764

目　次

外国製造会社による他の直接投資……………………………………767

いくつかの証券投資…………………………………………………772

概　　要………………………………………………………………773

第13章　銀　行　業……………………………………………795

外国銀行と米国の商業銀行…………………………………………796

ニューヨーク州における外国銀行代理店と

一つの外国所有の信託銀行………………………………………806

米国の金融界における外国銀行……………………………………813

外国銀行の役割………………………………………………………835

第14章　金融（サービス），商業（サービス），

および通信サービス……………………………………874

株ブローカー…………………………………………………………874

会社設立活動家（プロモーター）…………………………………875

イギリスの投資信託会社……………………………………………879

イギリスの抵当貸付業者……………………………………………887

大陸ヨーロッパおよびカナダにおける投資信託会社

および抵当会社……………………………………………………899

商　　社………………………………………………………………903

海運，ケーブル，無線通信，電話，および電信…………………906

概　　要………………………………………………………………914

第15章　その他のサービス……………………………………944

広　告　業……………………………………………………………944

卸業と小売業…………………………………………………………945

保　険　業……………………………………………………………947

会計事務所……………………………………………………………956

xix

エンジニアリング・サービス ……………………………………………… 968

建設業務 ……………………………………………………………………… 973

電力，照明，公営輸送業務 ………………………………………………… 974

多くのサービス ……………………………………………………………… 979

第16章　アメリカ合衆国における外国投資への反応 …… 993

アメリカ──積極的姿勢とそれに対応した政府の政策 ………………… 994

アメリカ──複雑な思いとそれに対応した政府の政策 ………………… 1000

アメリカ──敵意ある反応とそれに対応した政府の政策 ……………… 1005

アメリカ──中立的な反応と関連する政府の政策 ……………………… 1028

外　　　国──積極的姿勢とそれに対応した政府の政策 ………………… 1032

外　　　国──複雑な思いとそれに対応した政府の政策 ………………… 1035

外　　　国──敵意ある反応とそれに対応した政府の政策 ……………… 1038

外　　　国──中立的な姿勢と関連する政府の政策 ……………………… 1051

概　　　観 …………………………………………………………………… 1053

エピローグ ………………………………………………………………… 1083

参考文献 ……………………………………………………………………… 1113

章別解説 ……………………………………………… 安保哲夫・山﨑克雄 … 1175

監訳者あとがき ……………………………………… 安保哲夫・山﨑克雄 … 1221

人名・事項索引 ……………………………………………………………… 1229

翻訳に関する監訳者メモ

　翻訳に関しては当初の執筆要綱に何度か修正を加えた。理由の一つには固有名詞，特に地方都市名，英米辞典に掲載されていない人名，企業名があった。あるときは監訳者が米国で著者に会い，発音を確認して，きわめて近いカタカナ表記に変更した。第2の理由は翻訳を進める過程で，専門分野が異なる16名の訳者の新たな視点からの意見などを考慮したためである。監訳段階において監訳者間では，下記の通りに意思統一した。

1　基本用語の訳し方

①America, the United States, the U.S.—「アメリカ」「米国」「合衆国」

　　著者は第1章で注釈を加えているが，記述事項のその時点までの領土の米国を意味している。

②foreign direct investment—外国直接投資

③portfolio investment—証券投資

④sales office—販売事務所

⑤ドイツ企業名，GmbH—————有限会社

⑥ドイツ企業名，AG—————株式会社

⑦free-standing company—フリースタンディング・カンパニー

⑧Company, Corporation, Incorporation —会社，株式会社，法人

⑨Co., Ltd. —株式会社

⑩Sir—「サー」と訳し，その他，Lordは「卿」，Baronは「男爵」，Dukeは「公爵」，Earlは「伯爵」として訳出した。

2　固有名詞の取り扱い

①企業名

　　基本的に，固有名詞部分はカタカナ，業務内容を表す部分は日本語にする。
例：United States Debenture Corporation・合衆国債務証書（会）社
Stratton's Independence, Ltd.・ストラットン・インディペンデンス社

　　ただし，大学生や社会人ならば誰でも知っている企業名，例えばGeneral
Electricは「ゼネラル・エレクトリック社」（GE）とする。

　　また，企業名の固有名詞部分に「＆」「and」がある場合，本書ではこれ
をすべて「＆」と表記したが，鉄道会社名にandがある場合は，その語の前
後の都市あるいは地域間を運行する鉄道を意味するので，＆で簡略せず，
「アンド」をいれて訳した。

②人　　名

　　人名（時には企業名になっている場合を含む）に関しては，研究社の
Kenkyusha On-line Dictionary（KOD）に従った。KODには新英和大辞典，
大辞林，リーダーズ＋プラス，研究社ビジネス英和辞典他多数の専門辞書が
含蓄されており，辞書間で相違があった場合は新英和大辞典に従った。
KODに掲載のない語はネイティブの発音に近い表記にし，（　）内に原綴り
を挿入した。発音が難しい人名が初出の時は訳の後に（　）をつけ，そのな
かに英文名を入れた。

3　細　　則

①著者はイタリックと“　”で強調を表しているが，その2方法の意味の違いを
監訳者が著者に確認したところ下記の回答があった。

Italic is always for emphasis, except of course in a journal title. Double
quotes (the American as distinct from the British usages) are not for
emphasis. Typically, they refer to a particular quotation from a document
or another person's writings, i.e. someone else's words. In the case," of

Louisiana defaults," that is the phrase used by the Council of the Corporation of Foreign Bondholders. "Foreign investments" and "public" represent a defined category that I have been discussing, so there the usage is a little different. In neither case are the quotations used for emphasis purposes. My best,

Mira Wilkins

それゆえ

(1) 本文および注のなかで使用される強調イタリック（斜字）は太字で表記する。

(2) ダブルクオテーション" "が単なる強調であれば，「　」で表記する。引用の場合も「　」とする。

(3) I think　など　I が出てきたら主語を文中ではっきりさせるために「私」と必ず訳し，述語以下を付け加える。

4　Notes（注）について

　Notes（注）に関して，一般的には翻訳しない図書も散見されるが，本書の注は真摯な著者の研究者としての真骨頂であり，有意義な学術書として上梓すべきとの考えで取組んだ。注はまれにみる大作（合計313ページ）で難儀をきわめたが，山崎建子（元アメリカ駐在）さんにひとかたならぬお世話になり，精度の悪いスキャナーの読み取りを丹念に修正して頂いた。注文内の参照文献に関しては原著の図書名をそのまま残した。

　著者の研究調査は膨大な私文書に及んでいるが，注（本文の表の注を含む）の中で多数の書簡を引用している。その場合の表記は下記を基本とする。

　書簡 S. G. & G. C. Ward to Baring Bros., Jan. 7 and 9, 1874

5　参考文献について

　参考文献については，まずは原著のものをそのまま再録することとした。その上で，重要文献と思われるもので邦訳が出版されている図書・論文について

は，可能な限り併示した。

6　索引作成に関して

　原著と本翻訳書の索引は，部分的に一致していない。すなわち前者の索引を後者では一語一句，順番に訳していない。理由はいくつかある。まず，ある用語の位置は原著と訳書でページも行も大きくずれる。また後述するように英語と日本語の表意することが異なることがある。さらに原著と翻訳書では読者が索引に求めているものが若干，相違すると考えているためでもある。

　索引作成にあたり，著者に索引採用の語句をどのように選択したかを尋ねた。また翻訳書の読者層を大学で学ぶ学生と研究者を含む社会人を想定対象としているが，そのなかでアメリカ経済史や同国への海外投資の研究者の場合は原書を読まれるであろうから，それ以外の方々にとって至便な索引作りを心がけた。

　原著と本書の掲載索引の相違を一覧表にまとめた。

	原著	本書
州名	○	○
都市名	×	×
本文の人名・企業名	○	○
注で初出の人名・企業名	○	×
本文中の図書・雑誌・新聞名	×	○
本文の表中の企業名など	○	×
組織名・用語	△	△

　アメリカは憲法における州政府に対する禁止事項を除いては，州に大幅な権限が授与されているので，州名は重要であり，すべて掲載した。翻訳上の難点はNew York であった。著者は多くの場合ニューヨーク市の意味で記述しているので，明白に州名と判断できる時のみ索引とした。また人名が企業名になっている場合がかなりあり，索引での取り上げ方を迷ったが，原著の索引に従った。例えば原著で Balfour, Williamson & Co.という記述がある。これは人名を優先するならば，ウィリアムソン・バルフォア社となる。現に同社のチリの子会社はWilliamson-Balfour Company と呼ばれている。本書ではバルフォア・ウィリアムソン社と索引で掲載した。

xxiv

翻訳に関する監訳者メモ

　組織名と用語に関して，原著と本書では索引内容が異なっている。例えば原
著ではLocofoco Partyは掲載されているが，その関連のロコフォコ運動は取り
上げていない。本書ではすべて掲載した。また原著では企業や公共の古文書館
（archives）名の記載はあるが，本書では索引としては省略した。

7　翻訳のための参考図書

①小稲義男編（1990年）『新英和大辞典（第5版）』研究社。

②松村赳・富田虎男編（2000年）『英米史辞典』研究社。

③*Webster's New Universal Unabridged Dictionary.*

④浅井信雄（1994年）『アメリカ50州を読む地図』新潮社（州名の日本語表示統一
　のため）。

xxv

第Ⅰ部
発展途上国の時代
──1607〜1874年──

第1章

初期の対米投資

——1607〜1776年——

　やがてアメリカ合衆国（the United States）となるこの地に対する最初の長期海外投資は17世紀には勅許大貿易会社によってなされた。しかし，18世紀半ばまでにはこの時代は終わり，貿易関連投資はマーチャント商会によって行われるようになった。植民地時代にはアメリカの海上運輸業は，非居住所有者か，あるいはそうでない場合にはこの国に一時居住していたイギリス人によって，独占されていた。土地も同様に，海外非居住者投資のための重要な分野であった。外国資本にとってやはり魅力的なものに，鉱業，製造業——主に製鉄関連——があった。投資のすべて（1607〜1776年）は直接投資で，アメリカにおけるその資産の支配を行使することを期待する外国人所有者たちが行ったものである。勅許貿易会社（それは交易などの機能とともに政治的役割も担っていた）を別にして，海外からの投資は，「公的」部門よりもむしろ民間部門での活動に向かっていた。本章は，植民地時代を通じてみられた海外投資の変化を概観し，その最後で，独立宣言の前夜である1776年におけるそうした投資の到達点を要約的に示す。⁽¹⁾

バージニア社

　1606年4月10日，2つの会社がロンドンで設立され，国王ジェームズ一世から勅許を与えられた。一つはロンドン社で，まもなくバージニア社と呼ばれるようになったが，それはアメリカにおける最初のイギリス入植地をバージニアのジェームズタウンに設立した。今一つはプリマス社である。これらの会社のイギリス人株主たちは，彼らの会社が金や銀の鉱山を発見し儲かる商売のできることを望んでいた。それぞれの会社は植民地を発足させ，その植民地化によ

第Ⅰ部　発展途上国の時代

って財宝が新世界から旧世界に流れ込むような仕組みを見出したのである。スペイン人たちは大西洋の向こうに富を見つけていたのに、どうしてイギリス人にそれができないことがあろうか。2つの会社に与えられた勅許には、アメリカで採掘されたすべての金銀のうち5分の1はクラウン（直轄植民地）のための準備として保持されるべきことが定められていた。[2]

　1606年以前には英領クラウンは大貿易会社に勅許を与えていた。マスコヴィ社（1555年），イーストランド社（1579年），レヴァント社（1592年），そして東インド社（1600年）などがそれである。それぞれが特定の地域において排他的な貿易特権を得ていた。1606年のロンドン社，プリマス社も同様の排他的特権をもっていた。[3]

　ロンドン社は，「騎士，紳士，商人などの投機家たち」によって所有されており[4]，彼らはその投資収益を期待していた。当初それは，国王から指名された王室諮問会議によって運営されていた。その「従業員」（145名ほどの男たち）は，船長クリストファー・ニューポートの指揮のもと，1606年12月20日にイギリスを離れ，マスコヴィ社から貸与された船で海を渡った。1607年3月24日にその船は入植者たちからジェームズタウンと呼ばれていたバージニアに着いた。数年間はジェームズタウンは「要塞化された貿易都市」であった。金も銀も発見されなかった。[5]

　1607年から1623年の閉鎖に至るまで，バージニア社は数回にわたって再組織された[6]。1609年から1619年の間はロンドン在住のサー・トーマス・スミスが指揮を執った。彼は，おそらく当時の指導的なイギリス人ビジネスマンで，マスコヴィ，レヴァント，東インドなどの諸会社に積極的に参加していた[7]。バージニア社の財務担当者（つまり主席執行人）として，彼は，バージニア在住の植民地総督を選び，指示を与えていたロンドン評議会を統括していた。

　1612年にクラウンはバージニア社の勅許権を拡大した。株主によって構成された「裁判所」が法人問題を処理するために設立された[8]。ロンドンからの指示に基づき，ジェームズタウンの入植者たちはバージニア社の存続を図るために農業分野に活動を集中したが，さらに重要なのは，結局は利益追求型ベンチャーであったところのものに収入源を与えるためであった。これまでにも示唆されてきたように，初期の貿易会社は，それらが取引する財を生産していなかっ

4

第1章　初期の対米投資

たから，その流動資本が固定資本をはるかに超えていた点で，近代的多国籍企業とは違っていた。しかしこの指摘は，バージニア社については，その植民地が生産をしていたので，適切ではない。さらに，その固定資本が1613年以後流動資本（つまり，販売用商品に投じられた資本）を上回り始めたという証拠がある。

　バージニア社は，ジョン・ロルフが西インド諸島からタバコの種子を輸入して地元のインディアンが栽培していたタバコ種と交配し，その産物を輸出するようになった1613年以前には，適当な収入源となる産品をもつことはできなかった。この頃，バージニア社の在ロンドン株主の何人かが「マガジン(Magagzine)」をつくった。この株式会社はイギリスに本部を置いて，入植者たちに食物，衣類，貯蔵品を売る一方，その見返りに，バージニア社からイギリスにおけるバージニアタバコの専売権を得ていた。バージニア社はそのマガジンの筆頭の「投機家」（株主）であった。マガジンは1616年にその最初の船をバージニアに送った。

　マガジンは，新植民地に関連する特定の機能を遂行するために設立された単なる子会社ではなかった。下部の株式会社が1617～19年にイギリスで，特定の「農園」を設立するために，急増した。各々はそれ自身の金融その他の資産を保有し，バージニア社から特許を得ていた。それぞれは，その世界の企業をイギリスから指揮していたのであり，バージニア社の縮図であった（そこにはある種の株式相互持ち合いがあったようにみえる）。

　1618年までにマガジンは，その法外な価格がロンドンやバージニアで攻撃されるようになり，バージニア社はマガジンの売り上げ高利益率を25％に抑制した！　実行を保証するために，ロンドンの裁判所は，バージニア社の総支配人にマガジンのすべての売り上げをカバーする商品送り状を受け取り，チェックするよう指示した。しかしながら，マガジンのタバコ貿易の独占はまもなく，イギリスにあるそれら自身の営業所にその作物を直接送ることをバージニア社によって許可された新設の株式会社によって脅かされた。もっとも，それぞれはもし望むなら，マガジンと取引をすることもできたであろうが。

　1619年までは，バージニア社のイギリス人株主のなかには，マガジンが法的にはバージニア社のものであるべき資金を吸い上げている，と非難するものがいた。バージニア社に投資された推定額6万6666ないし8万ポンドのうちほと

5

第Ⅰ部　発展途上国の時代

んどなにも残ってはいなかった。サー・トーマス・スミスは，（彼の多くの同業仲間と共に）マガジンに参加していたが，農園の明らかな不振とここ（ロンドン）での不明瞭会計のために，バージニア社首脳部から圧力を受けていた。裁判所はサー・エドウィン・サンディズをバージニア社の財務官に選んだ。マガジンは1620年1月に解散され，貿易が自由化された。新しいマガジンが1620年に組織されたが，それはその先行者のような重要性をもたず，独占的な特権をもっていなかったようにみえる。サー・エドウィン・サンディズによる経営のもとで，バージニア植民地は立法議会を設立し，新たな入植者に魅力を提供しつつ，食料の自給自足化を試みた。サー・エドウィン・サンディズは追加資金を獲得した。バージニア社は，ジェームズ川沿いに製鉄所を設立するのに5000ポンドを支払った。1621年には，国王ジェームズ一世はタバコ嫌いであったにもかかわらず，バージニア社は，植民地（そしてもちろん，同会社）が潰れないようにと，イギリス議会にタバコの輸入禁止をしないように説得した。サー・エドウィン・サンディズの植民地についての野心的計画は，1622年にインディアンが入植者の3分の1を殺し，製鉄所を破壊したことによって妨げられた。1622年までにバージニア社は破産していた。株主の多くは株式登記によって義務づけられた賦払いを拒否したし，利潤は存在しなかったからである。のみならず，この会社は，内部的な経営上の意見の不一致によって瓦解していた。国王は，1622年にバージニア植民地とバージニア社を支援しようとして，スペインタバコがイギリスに入るのを禁止した。この支援策は適切ではなかった。1623年にクラウンはこの会社を引き継いだ（現代における財産管理にあたる）。

　ジェームズ一世は，その目的が達成されていなかったと宣言し，バージニア社に対して訴訟を起こすよう法務長官に命じた。法務長官は，同会社が植民地について手紙や本などを通じて誤った情報を流し，また「民謡の世界を欺き」，その結果，何百という国王の臣民を死に追いやった，と非難した。1624年にバージニア社は解体され，バージニアはクラウン植民地となった。

　バージニア社――アメリカ*における最初の外国直接投資でありまた最初のビジネス企業であった――は，18年間存続した。歴史家の一人，ウィリアム・スミスは，1747年に書いたもののなかで，民間個人は10万ポンド以上を投資したと推計した。今一人のチャールズ・アンドリューズは，バージニア社の消滅

を次のように説明した。

　　＊これ以降私は，アメリカという用語をのちに合衆国となった領土を指すものとし
　　　て使うことにする。

　それが植民地化を進め利益を創出する機関として成功できなかったためで
ある。それのモデルである，その市場と諸資源をすでに準備されまた直ちに
利益が得られる東方の世界に見出した，それ以前の株式会社とは異なり，バ
ージニア社は，アメリカにおけるそれの植民地を，そこから適当な利潤が期
待される以前に，まず作り出さなければならなかったのである。それは，こ
うした成果をうち立てる努力に失敗し，またそれがその出資者たちに彼らの
投資に対するなんらかの収益をもたらすために必要としたような，勤労的な
農・工共同体の存在を可能にする以前に，その勅許を失ったのである。[22]

プリマス社とその継承者たち

　ロンドン（バージニア）社が設立されたのと同じ1606年に，イングランドの
プリマス，ブリストル，エクゼターからやって来た商人たちはそのツインであ
るプリマス社（図1-1参照）を設立した。それは，ケネベック河口のサギャダ
ホックに貿易所を開設しようという生産的な企画で，アメリカの沿岸地域を開
拓するのにバージニア社の頭目であるジョン・スミスを雇い入れたのである。
ただそれ以外のことはなにもせず，1620年までにほとんど滅亡していた。計画
はこの会社を新勅許のもとに再組織するためにつくられたが，ピルグリムたち
はイギリスの株主とともに非法人組織の共同出資会社を設立して，バージニア
社から「ジョン・パースとその仲間」のための特許を獲得した。ピルグリムた
ちは，ニューイングランドの彼らがプリマスと名づけた町に入植した。1621年
にはパースは2度目の特許を取得したが，これはプリマス社の継承者であるニ
ューイングランドの新規設立評議会からのものであった。[23]このパース特許は，
プリマス植民地に入ってこれを設立するピルグリムたちの権利の根拠となった
のである。
　ピルグリムのイギリス側のパートナーは，移住者たちに船や物資を提供した

7

第Ⅰ部　発展途上国の時代

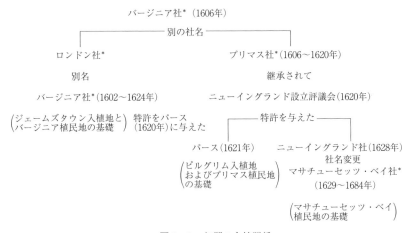

図1-1　初期の会社関係
＊国王によって勅許を与えられた会社。

投資に対する収益が得られず，損失を出した。1626年にピルグリムはイギリス株主の株を1800ポンドで買い上げることに合意したが，これは年額200ポンドを9年間にわたって支払うというものであった。この非法人会社の経営は，もはやイギリスとアメリカに分割されることなく，新世界側に移っていった。1648年まではピルグリムは1800ポンドを最終的に支払い終わることはなかったが，その事業はアメリカのものになっていた。[24]

その間1628年には，ニューイングランドの評議会は，今一つの非法人共同出資会社でイギリスの90人の株主から2915ポンドを調達していたニューイングランド社に特許を与えた。ニューイングランド社は，入植者たちに船，男たち，食料，道具類などを送った。この人々は，1627年には，マサチューセッツのセイレムとなるところに漁業やインディアンとの交易をするためにたどり着いて，宗教心の深い繁栄した共同体をつくり上げていたのである。1629年3月4日に，国王はニューイングランド社をマサチューセッツ・ベイ社に社名変更する勅許を与えた。[25]ピルグリムたちのパートナーとなっていたイギリスの同じ株主のあるものは，この会社にも投資した。株主はすべてピューリタンであり，金持ちだった。マサチューセッツ・ベイ社は，法人貿易会社で利潤追求のために開業されたものだが，また宗教的な植民地でもあった。マサチューセッツ・ベイ社

8

の本社は，東インド社からバージニア社まで初期の勅許会社のすべてがそうであったように，イングランドになるであろうと予想された。しかし1629年8月，その設立者の多くがアメリカに移民することを決め，その法人勅許を持参することを望んで，株主たちは本社をロンドンからボストンに移転することを決議した。1629年10月には，彼らはジョン・ウィンスロップを総支配人に選んだ。ピルグリムたちと同様，ピューリタンたちも彼らの企業統治権限の大西洋横断を図ったのである。

マサチューセッツ・ベイ社の商業活動面を指揮するために，一つの子会社が1629年12月にロンドンで組織され，毛皮その他の物品をマサチューセッツから運搬することになった。この企業については，少なくとも1638年までは事業を続けていたこと以外はほとんどなにも知られていない。それは貿易の独占権をもっていなかったし，まもなくマサチューセッツの個人商人たちの民間取引の方がその子会社のそれを追い抜き上回ってしまった。

マサチューセッツ・ベイ社の勅許は，アメリカにおける自己統治植民地設立の根拠となり，また同社自身は全面的に政治的組織となった。1637年7月23日，チャールズ一世は植民地の政府を自己の支配下に置くことを決定したが，それは，彼の父親であるジェームズ一世が13年前にバージニア植民地についてやったことと同じであった。総支配人ジョン・ウィンスロップはマサチューセッツの州議会に責を負い，勅許の返還，すなわち統治権の放棄を拒否した。イギリスの市民革命が間に入った。

1652年までに，マサチューセッツ・ベイ社は独立の共同体に形を変えていた。1691年にはマサチューセッツは王が王領として掌握していた。その年に，マサチューセッツはプリマス植民地を併合した。そのことにより，マサチューセッツ・ベイ社のすべての海外直接投資の諸側面は長く機能することをやめ，イギリスの株主は投資収益をまったく期待できなくなった。[26]

オランダとスウェーデンの勅許会社

オランダとスウェーデンの民間の投資家たちも最初の13植民地となったところにおける貿易や入植のための代理機関として貿易商社を使った。17世紀半ば

9

第Ⅰ部　発展途上国の時代

には，アムステルダムは世界の商業活動のセンターであって，諸外国からやってきた商品群が受け入れられる集散地であり，そこから再出荷される倉庫であった。かの歴史家カルロ・シッポラ（Carlo Cipolla）は当時のオランダ経済をヨーロッパにおける最もダイナミックで，最も発達し，最も競争的なものとして叙述している。[27] 1602年にオランダ東インド社が東方貿易のために設立された。1621年には，オランダ西インド社がつくられた。初めには，このいずれのオランダ会社もこれに相当するイギリスのどの会社よりもはるかに多くの資本を擁していた。[28] これらは民間の貿易商社で，オランダの私的商人たちのために事業活動をしていた。オランダ西インド社の設立以前でさえも，オランダの商人たちは北米インディアンから毛皮を買い付け，1615年には一つの企業，ニューオランダ社が，現在のニューヨークの北部にあるフォート・ナッソウに貿易所を構築したのである。[29]

　17世紀のイギリスの貿易会社以上に，オランダの西インド社は，その最初から国家権力に代わって政治的な統治委任を受けていた。すなわちオランダ政府は，この会社をスペインの新世界貿易に挑戦するための戦略的な戦力と見なし，それにオランダの南北アメリカおよび西アフリカ商業活動に関する独占権限を与えていた。これらの地域では，この会社は戦争を行い，海陸両軍を保持し，行政上の諸機能を遂行することが許されていた。イギリスの貿易会社がまったく私的に資金調達をしていたのに対して，オランダの国家はオランダ西インド社の資本金700万ギルダー余りのうち1万ギルダーを拠出し，オランダ政府は慎重なオランダ商人たちを励まして勇気づけた。[30] オランダの国家は同会社の中央統制機関に代表権をもっていた。[31] にもかかわらず，イギリスの貿易会社の場合と同様，参加している民間の個人は利潤を追求した。

　1624年にオランダ西インド社はフォート・オレンジ（現オルバニー，ニューヨーク）に1つ，2年後にはニューアムステルダム（現ニューヨーク市）に1つの貿易所を開設した。それはフォート・ナッソウにあった以前のオランダ前哨拠点を取得したが，ここはフォート・オレンジからは「砲丸の届く距離」にあった。これら3つの「貿易所」は1626年における「ニューオランダ」であった。ニューオランダは，スペイン国王の影響力の外にあって，オランダ西インド社勅許の境界内にある唯一の領地であった。[32]

第1章　初期の対米投資

　当初はオランダ西インド社はニューオランダを植民地化する意図はなく，む
しろ，毛皮貿易に従事している同社の従業員を養うのに十分な農業をすること
を計画したのである。[33] アムステルダムの宝石商キリエン・ヴァン・レンセレー
アを含めて数人の株主は，1629年同社を説きつけて「パトルーン（訳注：荘園
土地所有者）の特権の憲章」を発布させた。ある「パトルーン」はニューオラ
ンダに50人の人たちを連れてくることにし，これと引き替えに，会社から15マ
イルの河岸付きの土地，漁業，狩猟権，毛皮取引の限定された権利などを受け
取った。毛皮取引は，「（オランダ西インド）会社が代理人をもっていないとこ
ろ」でのみ許可されていた。取引された毛皮はすべて輸出税の対象になり，こ
れは同社に支払われるのだが，ビーバーやカワウソの生皮1枚につき1ギルダ
ーということになっていた。パトルーンは借地人から10分の1税を徴収し，ま
た穀物を製粉する権利を得ていた。オランダ西インド社は，パトルーン制度に
関わる海上運輸取引の独占権を保持していたし（すべての輸出入品が同社の船で
運ばれた），またパトルーンたちに課税することもできた。パトルーン資格はハ
ドソンとデラウェア川に沿革があり，最初のものはかつてオランダ西インド社
と関わりのあった男たちによってつくられたものであった。実際にできた7つ
のうちで，ヴァン・レンセレーアのものだけが成功したと認められる。
1638～39年に，オランダ西インド社は，ニューオランダに対しそしてその母国
たるプロビンス合衆国（the United Province, 訳注：のちにオランダ王国の基礎と
なった北部7州）の住人たちとの間で貿易を開いたが，同社に対しては税を支
払わなければならず，また大西洋横断の輸送はなお同社の船でなされなければ
ならなかった（あるいは民間の船による場合は，貨物上乗人が同乗することになって
いた）。[34]

　1638年には，スウェーデン西インド社が「ニュースウェーデン」（今日のデラ
ウェア州ウィルミントン）にフォート・クリスチナを設置した。このスウェーデ
ンの会社は，アメリカに200人から300人のスウェーデン人とフィンランド人を
運んだが，彼らは大西洋を越えて丸太小屋のアイデアを持ち込んだ。スウェー
デンの交易人たちは，排他的な貿易を目指して，オランダ西インド社の従業員が
デラウェア湾を出ていくのを禁止した。対抗して，ニューオランダにあったオ
ランダ西インド社の総支配人ピーター・スチューヴェサントは，ニュースウェ

第 I 部　発展途上国の時代

ーデンに侵攻し1655年にこれを併合した。[35]

　オランダ西インド社はその後やっと 9 年余り存続したにすぎない。1664年 8 月には，ヨーク公と英国王チャールズ二世を代表するリチャード・ニコルスがハドソン河口の埠頭に上陸し，スチューヴェサントは降伏した。1664年10月までには，イギリスはニューオランダの主要要塞を支配下に置き，以前のオランダ領をニューヨークと改名した（ニューアムステルダムがニューヨーク市に，フォート・オレンジはオルバニーになった）。

　他方，1628年までに，オランダ西インド社は，ギアナ（南米）に多くの前哨拠点を築き，1634年にはベネズエラ沿岸沖のクラコウ，アルバ，ボネールの諸島をスペインから奪取していた。1637年から45年までに，同社はブラジルに相当な権益をもっていた。それはアフリカの西海岸に奴隷交易拠点を保有していた。しかし1674年までには，オランダ西インド社は破産していた。その年に新会社がそれに取って代わり，これもまた1730年に解散されたのである。

フランスの勅許会社

　1712年にフランス国王はアントワン・クロザにルイジアナ貿易の50年間の独占権を与え，引き替えにこのフランス人は同地域を植民地化することを要求された。これに先立って，フランスの個人商人たちが17世紀には北米で貿易を行っていた。1670年代までに，ロバート・キャベラー・デ・ラサルがイリノイ川とミシシッピからオハイオ川に沿って貿易所を開設していた。1682年にはミシシッピ河口に到達し，ラサルはルイジアナ地域はフランスのものだと主張した。クロザはフランス国王によって許可されたこの貿易で最初の独占を手にした。歴史家 W・J・エクルズ（W. J. Eccles）によれば，クロザは最小限の投資で素早く相当な利益を上げることにしか関心がなかったが，1717までに彼の損失が利益を上回っており，彼はその特権行使許可地区をジョン・ロウに売却した。このロウは，摂政オルレアン公（ルイ一五世の少数政党治下に事実上王として奉仕した）のアドバイザーであった。彼は，通常ミシシッピ社として知られていた有名な西会社を組織した。

　ミシシッピ社はクロザから，ルイジアナと交易し，そこで鉱山事業を行い，

その地域を植民地化する排他的権利を取得した。1718年にこの会社はフランス国王からカナダビーバーの販売独占権を入手した。ミシシッピ社の株はフランスでよく売れていて，お金が満ちあふれていたので，そのスポンサーたちはフランスのタバコの独占権を購入した（1718年）。1719年には，彼らは同社の名称をインド社と変えて，その過程で世界規模で事業を行っている5つのフランスの巨大貿易会社を買収した。

　1720年1月にジョン・ロウはフランス財務大臣になり，フランス政府銀行（1716年に開業しイングランド銀行をモデルとしていた）と彼のインド社と合併した。インド社の株価は，投機家たちがこの株の買い入れに殺到したために急上昇したが，1720年の7月までにそのバブルは崩壊した。12月にジョン・ロウはフランスを逃れて亡命を図った。にもかかわらず，ルイジアナにおけるインド社の活動は，そこの領土がフランス国王に返った1731年までは同社の統治下にとどまっていた。それ以降は，この地域におけるフランス商人はいかなる巨大貿易会社からも独立していた。[36]

勅許会社による投資

　イギリス，オランダ，スウェーデン，フランスの貿易会社は，すべてアメリカにおける初期対外直接投資の事例である。そうした投資は，それとともに経営と管理を持ち込んだ。それらは比較的大規模な事業であった。それぞれその出発点においては，独占的特権をもっていた。いずれも私的に所有されていた（オランダ西インド社にのみなにがしかの政府による株式保有がみられた）。しかしながら，どの場合にも，国王に収入をもたらし国家的な影響力を拡張するという公的な目的に奉仕することが期待されていた。また儲かる貿易が予想されていた。

　これらの会社の対米投資はいくつかの重要な論点を示している。アメリカにおける外国企業は，

　①いつでもその目標を達成したわけではない（バージニア社は金も銀も発見しなかった）。

13

第Ⅰ部　発展途上国の時代

②いつでも収益を上げたわけではない（バージニア社やプリマス社も利益を上げなかったし，ニューオランダから来たオランダ西インド社も同様で，スウェーデンの西インド社が利益を上げていたかどうかを知る証拠はなく，ルイジアナのインド社はまったく利益を上げていない）。[37]

③常に長い歴史をもっていたわけではない（プリマス社はその貿易所を開設する努力が実を結ばなかったし，スウェーデンの西インド社はアメリカで17年間生存したにすぎず，バージニア社は18年間だった）。

④しばしば別の形をとって「国内化（domesticated）」された。

　最後の点は特別の注意を要する。というのは，読者はそれがしばしば繰り返されるのをみるであろうからである。多くの場合，事業は大西洋を渡り，そこに留まって，以前の母国において存在した企業との経営的，技術的，その他の絆を断ちきってしまうのである。海外企業の受け入れ国としてのアメリカが本国になってしまった。非居住者が居住投資家になったのである。「本社」が海を越えて移転され，アメリカで設立されたのである。この「国内化」のプロセスのタイミングは様々であろう。国内化が起こった厳密な時点は，場合によって正確にはいえないが，この現象については疑問の余地はない。

　こうして，バージニア社とマサチューセッツ社は，アメリカにイギリス式ビジネスを持ち込み，長く定着過程が続いて，アメリカの歴史の方向に深大なる影響を与えたのである。ただし，あるところでそれらは外国からの投資であることをやめた。「外国」は「国内」になった。早晩，これらの会社の継承者は，その忠誠心を，私的な収益を期待する海外の本社や民間所有者たちにではなく，むしろ植民地として，その国王に対して抱くようになったのである。当初の私的な経済的な合理性は，これらの場合，政治的な連合へと変形していた。スウェーデン西インド社は，長続きのする植民地は建設しなかったが，木材の豊かな産地であることがわかったアメリカに丸太小屋建築の技術を導入した。ルイジアナのフランス社会は，その（西）インド社の権力が終わるまで存続し，結局フランス人は居住者になった。

　一方では事業活動の本社の大西洋横断の過程は，その後何年かにわたって起こった他の海外投資の「国内化」と同類のものであったのに対して，こうした

14

第1章 初期の対米投資

早期の事業のなかで違っていたのは貿易会社の場合であった。それらは，イギリス，フランスなどの事例では，新世界におけるヨーロッパ権力拡張の基礎となったのであって，貿易会社の後に続いてきたのは海外からの政治的権威であった。その事業活動が1731年まで続いた（西）インド社は，アメリカにおけるこうした一連の勅許会社の最後のものであった。後になって，インド，アフリカといった世界の他の場所で，政治権力拡張のための舞台を整えるという貿易会社のやり方が繰り返されていくであろう。

商人投資家たち

アメリカにおける巨大勅許会社の全盛時代の後に（なおしばらくは残っているものもあったが），個人と家族単位の貿易会社がこの国に前哨拠点を構築して，大きな事業を発展させた。これらは，王侯から独占的特権も勅許も授かってはいなかった。海外貿易は新世界にとって引き続き絶大な重要性をもっていた。1776年にアダム・スミスは，彼の『国富論』のなかで次のように述べている。

アメリカの輸出と沿岸貿易双方のきわめて多くの部分が，イギリスに居住している商人の資本によって動かされている。特にバージニア，メリーランドといった州で商品を小売りしているような商店や倉庫の多くでさえも，母国に居住している商人たちに所属しており，またある社会の小売商業のなかでその居住メンバーではない人々の資本によって動かされているような限られたもののうちの一つを取り扱うことができるのである。

ニューイングランドの外では，18世紀のアメリカ植民地とイギリスの港の間を運行した船の高い割合がイギリス人によって所有され，彼らはイギリスに住むか一時的に植民地に住んでいたのである。表1-1はこうした所有関係を示している。読者は，海外所有割合を決めるには，「イギリス居住者」と「植民地に一時居住のイギリス商人」の項目からなる2つの欄の数字を加えてみるべきである。おそらく，イギリス人の船舶所有者の多くは貿易活動にも従事していたであろう。これらの数字は，南北カロライナとジョージアの貿易が，バー

第Ⅰ部 発展途上国の時代

表1-1 アメリカの植民地港を出港し，イギリスとアメリカの植民地港間で貿易活動をした
船舶所有者，1770年
(単位：%)

船舶の出港植民地	船舶の出港植民地			
	イギリス居住者	植民地に一時居住のイギリス商人	アメリカ居住者	計
南北カロライナ，ジョージア	62.5	25.0	12.5	100
バージニア，メリーランド	75.0	12.5	12.5	100
ニューヨーク	37.5	37.5	25.0	100
ペンシルベニア	25.0	37.5	37.5	100
ニューイングランド	12.5	12.5	75.0	100

出所：John J. McCusker and Russell R. Menard, *The Economy of British America, 1607-1789*
(Chapel Hill : University of North Carolina Press, 1985), p. 192.

ジニアとメリーランドのそれと同様に，外国との貿易によって独占されていた
ことを示唆しているが，この貿易の規模はかなり小さかった。

　18世紀におけるバージニアとメリーランドの内陸部への入植の移動に伴って，
経済史家スチュアート・ブルシェイ（Stuart Bruchey）によれば，「イングラン
ドやスコットランド企業の居住代表者たちによるタバコの直接買い付けという
方法が現れてきた。彼らは，便利な場所に倉庫をつくったり，彼らの波止場で
栽培者たちと取引をした」。バージニアやメリーランドのタバコ栽培者はタバ
コの海上輸送，保険，そして最終的な販売に関してイギリス商人を信頼してい
た。18世紀のチャールストン（訳注：ウェストバージニア州の首都）の海外交易を
取り扱った大商人の多くはイングランド人かスコットランド人であった。

　特にバージニアの栽培者たちは，ロンドンに商品を発注しIOUノート（訳
注：I owe you note 非公式借用書）で支払いをした。歴史家のアラン・ネヴィン
（Allan Nevins）は後に，彼らは「その債務を破滅的な額まで積み上げた」と書
いた。ネヴィンはさらに続けているが，「多くの債務は父親から息子への遺産
となり，したがってジェファーソン（彼自身債務者であったが）が述べているよ
うに，栽培者はロンドンの商社に付属した一種の財産であった」。グラスゴー
（スコットランド）の重要商社，ジョン・グラスフォード社は，バージニアとメ
リーランドにいくつかの共同経営を形成して一連の商店を設立し，併せてバー
ジニアのノーフォークに監督事務所をもっていた。1774年までに，ウィリア

ム・カニンガムのスコットランドの同業者と彼のパートナーはメリーランドに
7つ，バージニアに14の商店を経営していた。別のスコットランド商社，スピ
アス・フレンチ社もまた多くの商店をもっていた。これら商店は，主として
タバコの買い付けのために計画されたものだが，それとともにヨーロッパや西
インドからの輸入品の小売りも行った。カニンガムはバージニアとメリーラン
ドの居住パートナーとのいくつかの関連共同経営に参加した。商品は同社の勘
定でその危険負担において海上輸送された。1776年の時点でカニンガムの事業
は13万5563ポンドの投資を抱え，うち9万5200ポンドが同社が負っている債務
残高であった。これらスコットランド事業はすべて外国で管理運営された。

　ジェファーソンは，バージニア居住者がイギリス人に負っていた債務（戦前
に生じていた債務）は独立戦争終結後で1000万から1500万ドルまでと推計した。
彼は，バージニア居住者がイギリス商社に負っていた債務はその他のアメリカ
人のそれを合計したものと同じくらいの大きな額になると信じていた（そして
負債の規模を示すために次のように付け加えている。その負債総額は1786年にバージ
ニアで流通していた通貨総額の20から30倍にものぼっていた，と）！　取引債務は父親
から息子に引き継がれていたから，それは事実上イギリス商人からアメリカへ
の長期投資となっていたのである。[38]

　オランダの事業者も，イギリスのそれほど目立ってはいないが，植民地アメ
リカに利権をもっていた。例えばニューヨークの商人チャールズ・クロメリン
（17世紀の終わり）やヤコブ・レロイ（18世紀）は，オランダ商社と密接な連携を
とっていた。イギリスによる入植制限にもかかわらず，これら企業は活躍した。
1762年にフランス国王がルイジアナをスペインに割譲したとき，フランス商人
たちはその地域に十分定着していた。スペインの支配下で，彼らはその商業活
動を持続した。1764年には，フランスの事業者たちはミシシッピの西岸にセン
トルイスを建設した。[39]要するに，アメリカ独立戦争のときまでに，ヨーロッ
パからこの国に来た事業者たちは，彼らのアメリカにおける相手方もそうであっ
たように，個人ないし家族的商社であって，大法人企業ではなかったのである。[40]
イギリスの資本は海上輸送において傑出していた。1776年までに，貿易額はそ
れ以前の時期よりもさらに大きくなった。

17

第 I 部　発展途上国の時代

土　　地

　独立以前の外国土地保有は相当の規模になっていた。多くはアメリカへの資本流入にはつながっていなかった。にもかかわらず，イギリス王侯からのとてつもない土地授与は次のような意味で長期投資であった。すなわち，それらはアメリカの資産への非居住者の，国を越えた債権を表していたからである。こうして，例えば，サー・ジョージ・カーテレット（Sir George Carteret）とジョン・バークレー卿は土地を取得していたが，それがニュージャージー州となったのである。ボルチモア卿はメリーランドの所有権を受け取った。歴史家のサミュエル・エリオット・モリソン（Samuel Eliot Morison）は次のように語っている。「ほとんどの貴族所有主はメリーランドを訪れたこともないが，そのすべてが同州からのおいしい収入を手に入れていた」。ペン一家は独立戦争まではペンシルベニアにおける所有主であった[41]。

　多くのイギリス人がかつて植民地を訪れたことのない土地投機者であった。例えばダニエル・コックス博士は，17世紀の終わりに，アメリカの土地を取引した。彼は，大西洋のこちら側では「代理人」によって代表されたが，後になって（1701～02年以後）彼の息子によって引き継がれ，この息子は入植した。コックスは，一つの取引において（1692年），ニュージャージーの土地を9800ポンドで，主としてロンドン商人からなる48人の投資家グループに売った。エドウィン・パーキンス（Edwin Perkins）は示唆している。17世紀にはイギリスの荷主や商人は「頭権利（headrights）」を受け取っていたから――すなわち，それはアメリカに連れてこられる移民との引き替えに土地への債権を形成する基礎であったから――論理的にこれは土地を非居住イギリス人の手にもたらすことになったであろう（資本流入を伴わずに），と。しかしラッセル・R・メナード（Russell R. Menard）教授は，私に次のような手紙を書いている。荷主は典型的にはこうした頭権利を土地所有権取得のために使うのではなく，むしろ居住者に売ったであろう，と。私は，このプロセスが独立戦争時における土地の非居住者所有の起源としてきわめて重要だとのいかなる徴候も見出していない[42]。

　イギリス国王の代表は，アメリカに一時的に滞在したときに，しばしば土地

を取得した——特に18世紀半ば以後，植民地の人口が増え，地価も上昇するようにみえたからである。こうして，ダンモアのジョン・アールは，1769年にニューヨーク知事，1770～76年にはバージニア知事を務めたときに，奴隷，建物，製粉所，馬，豚，羊，牛などとともに，両州内の広大な土地を手に入れた。彼は，ウィリアムズバーグに彼が「宮殿」と呼んだ場所をもっていたが，しかしアメリカに定住する（つまり，とどまる）つもりはなかった。そのほかにも広大な土地を取得したイギリス人の知事がおり，そのなかにはジェームズ・ライト（ジョージア知事），トーマス・ブーン（ニュージャージーとその後サウスカロライナの知事）などもいた。ブーンは1764年にイングランドに帰国したが，サウスカロライナにはいくつかの米プランテーションを保持し，そこには黒人，牛，馬，その他が保有されていた。そしてこの植民地における一人の代理人が彼の財産を管理していた。ノースカロライナでは，ジェームズ・アイレデルが1768年に「彼のロンドンにおける第一の後援者のための代理人として到着したが，この後援者はノースカロライナの土地の広大な地域を所有していた」。この植民地における非居住のイギリス人所有が大変なものになっていたので，その立法府は1773年に，同植民地に居住したことのない人物の所有するノースカロライナの財産もまた債務に対して差し押さえ可能であることを明らかにした。[44]

　植民地時代にアメリカの土地を所有したイギリス人の長い名簿には次のような人物が含まれている。エグリントン卿，ダートマス卿，ホランド卿，スチアリング卿，エグモント卿，アダム・ゴードン卿，テンプル卿，チャールズ・タウンゼント，ジョージ・グレンヴィル，トーマス・ピット，の各卿，それにサー・ジェフリー・アムハースト，などである。例えばベドフォード公爵は，オハイオ社（土地保有会社）から株式の一部を提供されたが，これは，彼がロンドンで同社の土地授与の規模拡大に助力したことに報いるものであった。[46] ピーター・ハーゼンクレヴァーは（彼の名には読者は同植民地の他の投資の関係でお目にかかるであろう），アメリカにおいて多数の土地購入を行ったが，一般にイギリス投資家と共同でなされたものである。[47]

　時にはイギリスの商人は現金支払いの代わりに土地を得た。これはおそらく，エコノミスト C・K・ホブソンが（1914年に）結論づけているような理由によるものであろう。すなわち，アメリカ独立戦争の時期には，すでにかなりの

第Ⅰ部　発展途上国の時代

「投資」がイギリスの「タバコその他のプランテーション関係の商人」によっ
てなされていたためである。(48) 彼の説明は注意深くみるべきであり，アダム・ス
ミスの次のような現代的なそれと対比されるべきである。スミスは1776年に，
ロンドンやその他の貿易都市の商人社会は，西インド諸島の砂糖植民地で「仲
買人や代理人を使って収益を改善しまた高めるために」，しばしば「不要な土
地」を買っている，と指摘している。スミスは，北米やバージニア，メリーラ
ンドの穀物州を改良し開拓するためにイギリス資本によって同様な試みがなさ
れたことはなかったし，「私は，イギリスに住んでいる商人たちの資本によっ
て改善されたり開発されたタバコプランテーションのことをかつて聞いたこと
がない」と主張している。スミスは，これら2組の植民地間の経験の違いを西
インド諸島におけるプラント栽培者によって得られた利潤の方がより大きかっ
た点に求めたのである。(49) ホブソンとスミスの説明が両立できるのは次の場合だ
けである。すなわち，ホブソンのそれが**貿易**債務を指していると認められ，そ
れがタバコプランテーションへの関与に結びつくといえるようなものであり
（ジェファーソンが主張しているように），他方スミスのそれはタバコを開発し栽培
することを目的に資本と人々を実際に移転させることを指している，という場
合である。この相違は重要であり，スミスの見方を支持する証拠がある。私は，
イギリスの商人によってタバコプランテーションに直接行われた「相当量の」
投資を見つけることはできないのだが，他方明らかに大きな貿易債務があった
のである。(50) 1776年に非居住イギリス人によって所有されたアメリカの土地のう
ちで，その多くは，爵位がありよい門閥をもった男たちによってむしろ投機的
目的で所有されたのであって，商人によって彼らが交易をする産物を栽培する
ためにというわけではなかった。しかし，「投機家」はしばしば——彼らの代
表者を通じて——その土地を開拓し，入植を手配し，改善し，その価値を高め
ることを目指したのである。

　植民地時代におけるアメリカの土地投機は，イギリスの政治の重要項目とな
るのに十分なほど大規模なものであった。アパラチア山脈の東側の植民地に相
当な利権を所有していたイギリス人たちは，土地の人口が増えて地価が高まる
ことを望み，そしてまたそうした発展は肥沃な西部領域が入植に開かれれば阻
害されると信じていた。したがって，彼らは西漸運動に反対した。その他のイ

ギリス人たちは，利益が「西部の」土地からくることを望み，イギリス国王から新たな土地授与を受けることを追求した。[51]

　非居住イギリス人所有者（あるいは彼らの子供たち）の多くは，結局は大西洋のこちら側に入植し，アメリカ人となった。かつては「海外からの投資」であったものが，こうして国内化した。アメリカの資産に対して継続している国外からの債権はなかった。同時に，アメリカの居住者のなかにはイギリスに帰り，非居住投資家になるものもいた。先に指摘したように，その他のイギリス人は決してアメリカにはやってこようとはせず，彼らが見たこともない土地の所有権を得て（国王からの授与によるもの，購入，相続などによって），その土地の管理をするために代理人（家族のメンバーを含めて）を派遣したのである。要するに，独立革命のときには，母国に住んでいるイギリス人の土地保有者がかなりいたのであり，またそれとともに，アメリカには一時的に住み（彼らの君主のための仕事その他で）イングランドを母国とするようなイギリス人保有者もいた。これら２組の保有タイプの間には基本的な違いはなかった。独立革命後の債権の規模は，そうした土地所有，プラスそれの改良（清掃，栽培，建設）がかなり大きなものであったことを示唆している。[52]

鉱業と製造業

　アメリカのイギリス植民地では，海外からの投資は鉱業と製造業にも入った。バージニア社が1620年代にジェームズタウンで鉄工所を始めようとして失敗したが，それは，20年以上も後になって「ニューイングランドにおける鉄工所請負会社」の活動によって引き継がれた。トーマス・デクスターと船長ロバート・ブリッジズの２人の設立者が，現在のマサチューセッツ・ソウガスに沼鉄鉱の鉱床があることを発見していた。ブリッジズは，明らかにジョン・ウィンスロップ二世（マサチューセッツ知事の息子）と組んで，鉱石の見本を母国に持っていき，そこでその植民地は11人のイギリス人の興味をひいて鉄工所の設立を金融する1000ポンドを前貸しすることになった。1643年の夏にウィンスロップは，この資金と熟練工，原材料を携えてニューイングランドに帰った。

　1644年３月，その新規に設立された鉄工所請負会社はマサチューセッツ・ベ

21

第Ⅰ部　発展途上国の時代

イ同業組合の州議会から「わが司法権に基づく独占的特権」により21年間の鉄工所運営権を取得した。この会社は，イギリスのお金で融資され，溶鉱炉と鍛造炉を設置することになった。それの市場は主としてその植民地内になるが，さらに「住民（マサチューセッツ・ベイ植民地の）が必要としないものは移出する」権利も与えられた。それは，顧客が「われわれと実質的に敵対する」ような立場にいない限り，いかなる余剰分をも，「彼らに（同社に）最も有利になるように……世界の他の地域に」販売する「自由特権」を得た。同社は，その事業に使われた資金はすべて課税を免除されることになっていた。1644年11月に州議会は，生産された棒鋼はトン当たり20ポンド以上で売ってはならないという規制を決めた。

　1645年にイギリスの投資家は，マサチューセッツのブレイントゥリーにあった新工場を操業させるために，「鉱山の熟練と金属の知識」をもち「完璧な会計士」であるリチャード・リーダーを送った。リーダーは7年間，年100ポンドのサラリーで働くよう指名された。鉄鉱石はブレイントゥリーで産出したので同社は溶鉱炉と鍛造炉をそこに，圧延機，切断機はリンに建設した。この工場は棒鋼，線鋼，鋳鋼，なべを植民地に供給するであろうが，植民地は支払い手段をもたず，もっているのはビーバー，小麦，貝殻数珠で，そのうちイングランドで売れるのはビーバーくらいのものであった。イギリス人の所有者たちは投資からの収益に満足しなかった。1650年に彼らは，イングランドから一人のマネジャーを送り，リーダーと交替させた。その間イギリス人投資家の数は増加していた。この時期を通して，イギリス人所有者は1万5000ポンドを投入したと主張していた。

　リンの工場は，その規模と技術においてイギリスおよび大陸（ヨーロッパ）の現代のそれと対等なものだが，費用は高かった，と述べられている。その生産物は，母国で造られた商品と競争しうるものとして現れたことはなかったし，その製品のどれかがイングランドに輸出されたという証拠はなにもない。徹頭徹尾，この事業は財務上の災厄であり，1653年からは財務上の不安定性に関して訴訟に悩まされることになった。所有支配は大西洋のアメリカ側に移っていたかもしれない，というのも同社が植民地に招来した債務のためである，と歴史家のE・N・ハートレイ（E. N. Hartley）は1654年以後の「あいまいな」所

第1章　初期の対米投資

有権構造について書いている。にもかかわらず生産は1671年まで続き，それ以後は工場は散発的に操業された。そしてそれは，1688年までに完全に放棄された。イギリスの所有者たちは彼らの全投資を失ったとみられる。彼らは，後発の土地での遠隔操業を行い，また経営責任を効果的に移譲する難しさを認識するのに失敗した。他方では，この工場で訓練を受けた作業者たちは植民地内の多くの鉄工所の開業を支援した。こうして，例えば，ヘンリーとジェームズ・レオナードは，その名前がアメリカの鉄鋼産業の歴史に重要な関わりをもっているのだが，彼らが最初に経験したのはこの事業においてであった[55]。もしイギリスの投資家が失ったとすれば，アメリカの植民地は失わなかったのである。

　18世紀には植民地の鉄工所はさらに一般的なものになった。バージニアにおいて最初に成功した鉄溶鉱炉は，1714年に州知事アレキサンダー・スポッツウッドによって開業されたが，それは部分的にイギリスの資金で金融された[56]。州知事スポッツウッドは，これらの工場が企画されていた1710年に次のように書いている。それらは，「イギリスが外国から巨大な量の鉄鋼を輸入せざるを得なかったから合理性をもったのであるが，この鉄鋼はこの企画が成功すればここから供給されうるであろう[57]」。18世紀初めには，イングランドは鉄鋼の輸入国で，主にスウェーデンから輸入されていた。イングランドの木材不足によって，そこでは鉄鋼生産の燃料がなくなっていたのである（石炭の使用はなお技術的に可能ではなかった）。イギリスの製造業者は輸入鉄鋼を加工製品に変えていた。

　スポッツウッドの事業よりも重要なものにプリンシピオ社関係のイギリスの利権があった。歴史家アール・チャピン・メイ（Earl Chapin May）によれば，1715年にイギリスの鉄鋼業者たちがスウェーデンから輸入されるものよりも良質の鉄鋼を求めて，活動を起こした。彼らは，イギリスの鉄鋼業者のジョセフ・ファーマーを新世界に送った。アメリカは，燃料用の豊富な木材と有望な鉄鋼資源に恵まれて，供給源として約束されているようにみえた。ファーマーの後援者たちは，さらに鉄鋼業者，シュリュースブリーのジョシュア・ギー，バーミンガムのラッセル家とチェトウィンド家を，ロンドンのジョン・ウィトウィックとともに追加した。ファーマーはメリーランドに場所を定め，イギリスの関係者たちから金融面と経営面の援助（後者ではイギリス人3名を）を，20

第Ⅰ部　発展途上国の時代

人の年季奉公契約の労働者とともに得た。こうして1718年にはメリーランド産の最初の鉄鋼がイギリスに到着した。これはファーマーの努力の成果といえるであろう。⁽⁵⁸⁾

1720年にプリンシピオ社が，ファーマー——当時すでにイングランドに帰っていたが——が始めたものを継続するべく，イングランドに設立された。1723年にはイギリスの所有者はメリーランドの財産を発展させ，管理するために鉄鋼業者ジョン・イングランドを大西洋を渡って派遣した。イングランドは，同事業の少数所有者で，雇用された従業員であった。彼は一つの会社町を管理運営したのであって，この町は自ら農業をもち，会社の商店（イングランドからの輸入品の販売をしていた），そしてイギリスの親会社に輸出をする鉄工所を保有していたのである。

1724年にウィリアム・チェトウィンド——主要株主の一人——はジョン・イングランドに手紙を書いて，「どのくらいの量が1年間にあなたのいる大陸，すなわちメリーランド，ペンシルベニア，バージニア，その他，で売れるか」，と聞いている。チェトウィンドはまた，「あなたはどのような形態で支払われるのか」ということも知りたがっている。⁽⁶⁰⁾メリーランド工場は，差別化されたトレードマークの製品を生産し始め，その輸出品には「プリンシピオ1724」とスタンプされた。

プリンシピオ社——ロンドンに本社があった——は，1725年にバージニアに進出し，アウグスチン・ワシントン（ジョージの父親）から財産を買い入れ，さらに逆に，ワシントンの兄にはその事業の少数者利権を与えた。所有者たちはイギリスからジョン・イングランドを助けるべく新たな熟練工を送り，株主ウィリアム・ラッセルは，彼の息子を会計の面倒をみるためにメリーランドに送ることを提案した。「ジョン・イングランドは機械工が論理学を知っている以上には会計についてはなにもできない」と，彼はそのパートナー，ウィリアム・チェトウィンドに1725年に書いている。⁽⁶¹⁾

その年にチェトウィンドはジョン・イングランドに指図し，同社はまだ「ジャージー」への拡張には関心を示していないが，彼とその兄弟は興味をもっている，と次のように書いている。

われわれは，あなたがバージニアの仕事を立ち上げつつも，できるだけ早くこうした仕事にも取りかかって欲しいと思う……，われわれが思うに，そこは鉱山やその他種々の便宜にとって非常によく選ばれた場所であり，併せていい土地にあって市場にも近いため，大陸のどこにも引けをとらないような儲かる仕事ができるだろうと考えられる。

　チェトウィンドは明らかに，提案したジャージーへの拡張案で地方市場への展望を抱いていた。彼のジョン・イングランドへの手紙は続けて，プリンシピオ社について全般的に論じながら，ジョン・イングランドにせき立て，「できるだけ早くピグ（銑鉄）の余剰部分をわれわれに送れ」と言っている。チェトウィンドはまたイングランドに言った。「あなたが手当てするすべての船荷が一定量で供給されることを当てにしているし，あなたが振り出すどのような手形でもきちんと支払われるでしょう。またあなたはいつでも40人や50人，さらにあなたが適当と考える数の黒人をどんなことをしてでも買うことができる」。チェトウィンドは1725年9月19日付けの手紙を次のような訴えで終わっている。彼の仲間のあるものたちにとっては，「ペニーは賢くポンドは馬鹿だ」と。[62]

　チェトウィンドからイングランドが受け取った指令と情報には，「生地の黒人」よりも「加工された黒人」を買うこと，生産量を上げること，月次会計報告を送ること，イギリスにおける株主仲間の間の関係，さらにはブリストルとロンドンへの鉄の出荷について，などがあった。[63] 1727年にプリンシピオ社の主要株主たちは，「会社の諸問題の経営と運営の改善に関する命令と規則」を決めたが，これは，その帳簿はロンドンに置かれ，会計状況を評価するために株主たちの定期会合をもつべきであると定めた。一人の事務員が記録を残すために指名された。[64]

　ジョン・イングランドが1734年に死亡したとき，プリンシピオ社は植民地における最大の鉄鋼メーカーであった。イングランドはアメリカで操業を続けていた会社を去ったが，その事業はイングランドのバーミンガムの鉄鋼親方ラッセル一族によって管理されたのであり，彼は，歴史家アール・チャピン・メイによって名づけられたように，「プリンシピオ事業の遠隔操作」を実施したのである。[65] メリーランドとバージニアで生産された銑鉄と棒鋼がイングランドへ

第Ⅰ部　発展途上国の時代

輸出された。プリンシピオ社は，鉄をその投資家たち，鉄鋼商人，さらにまたニューキャッスルのクローリー鉄工所のような大企業にも直接販売した。[66]

　プリンシピオ社の株主の一人ジョシュア・ギーは，増版を重ねている書物『イギリスの貿易と海運の考察』（初版ロンドン，1729年）の著者であるが，彼はそのなかでアメリカの植民地からイギリスへの鉄鋼輸入を取り上げ，その生産の督励と銑鉄，棒鋼に課せられたイギリスの関税すべての撤廃を擁護している。スウェーデンよりも植民地から鉄鋼を輸入した方がよいとギーは信じていた。彼の説明によれば，ギーは，プランテーション（植民地）で生産されるものは，このイギリスにおいてその道の人々によって造られているし，そうでなければならないが，われらの母国に送られている利潤は，あたかも鉄鋼資源がこの土地から掘り出されそれから棒鋼が造られた場合と同様である，といっている。[67]

　1750年にイギリス議会は鉄鋼法を成立させた。それは，一方では植民地に圧延機，裁断機，プラニング機，あるいは鋼溶鉱炉を建設したり鍛鉄や完製品などを生産することを禁じながら，他方ではまた，ギーの望みを入れて銑鉄や棒鋼の免税によるイギリスへの輸入を許可し，こうして植民地の原材料の生産を促進したのである。[68] 1752年までにプリンシピオ社は4基の高炉，2基の鋳造炉，そしてメリーランドとバージニアに3万エーカーの土地を所有していた。[69] それは植民地とその母国の市場に向けて事業を行っていた。

　1764年に23歳のトーマス・ラッセル二世がプリンシピオ社の株主によって派遣されたが，それは，投資家たちが生産物の品質に満足せず，その植民地の会社を再組織しようとしたためであった。その投資家たちは同アメリカ会社の顧客であったことを想起すべきである。トーマス・ラッセル二世は，ラッセル一族の息子であり孫であったが，この一族はジョセフ・ファーマーがプリンシピオ社を設立するのを助けるためにアメリカを訪問しており（たぶん1720年に），ジョン・イングランドの死後バーミンガムからその事業を管理していたし，そしてまた，イギリスのバーミンガムに工場をもち，アメリカの鉄鋼を使っていたのもまさにこの同じラッセル一族であった。若きラッセルは，1769年にバーミンガムで彼の兄弟の事業を助けるべくイングランドに帰国したが，1771年にはすぐに植民地に戻り，定住した。彼はそこで結婚しメリーランドの一家族となった。独立革命が起こったとき，プリンシピオ鉄鋼社のこのマネジャー（少

数株主）は愛国活動に関係した。しかし，プリンシピオ社の支配的所有権はイギリスに残っていた。

　その間，1732年にはメリーランドの富裕な5人の個人が鉄鋼事業を興すためにボルチモア社というパートナーシップを設立していた。鉄鋼親方として彼らはステフアン・オニオンを雇ったが，彼は，かつてプリンシピオ事業についてジョセフ・ファーマーを補佐するため1720年にイギリス人たちによってアメリカに送られていたのである。アメリカ人の出資になるボルチモア社はイギリスへの輸出に依存していたが，そこでは同社は，その製品がはるかに規模が大きく重要度の高いイギリス人所有のプリンシピオ社のそれと比較してどうかということで評価されていた。ボルチモア社のパートナーたちは個々に販売をしていたが，ついに一人は1750年代にロンドンでプリンシピオ社の主要代理人をしていた同社のジョン・プライスを使うことにした。

　1745年にメリーランドのジェームズ・ラッセル（私が調べた限りではバーミンガムのラッセルとは無関係）は，ホワイト・マーシュ溶鉱炉とロング・カルネ鍛造炉（別名ノッティンガム鉄工所として知られていた）をメリーランドに設立した。ジェームズ・ラッセルは何人かのロンドンの商人と共同事業関係にあり，彼の会社は非常に拡張的で，革命期には約3万ポンドの価値をもつといわれた。1772年にはトーマス・ラッセル二世は彼のイングランドの事業仲間にジェームズ・ラッセル社の棒鋼の価格や需要について問い合わせをしていた。

　こうして1760年代には，ピーター・ハーゼンクレヴァー（1716～1793）は，ニューヨークとニュージャージーに鉄鋼生産の大規模な投資を行った。ハーゼンクレヴァーの事業は真に多国籍企業といえるものであった。彼はドイツ人で，1748～49年にスペインのカディズに1つの商社を設立していた。彼の家族が所有していたウェストファリア貿易社（レムシャイドから来た）はその起源を1632年にまで遡り，パリとアムステルダムで活動していた。ロンドンでは，1763年に，ハーゼンクレヴァーが商社，ハーゼンクレヴァー・セトン＆クロフツの設立パートナーとなった。チャールズ・クロフツはアムステルダムにある一企業と関係をもっていた。

　1764年にハーゼンクレヴァーはイギリス人のグループから資金を集めてアメリカに向かい，同年6月に到着した。彼は，既存の（しかし老朽化した）鉄鋼工

第 I 部　発展途上国の時代

場リングウッド鉄工所を買収した。9月の終わりには，彼のいとこがドイツからアメリカに渡っていたが，彼は535人のドイツ人鉱山業者と鉄鋼親方，および彼らの妻と子供たちを連れていた。11月までにハーゼンクレヴァーは，鉄鋼生産のための準備を整えていたが，それに向けて森林付きの土地，鉄鉱山を買い取るなど，全般的に彼の事業を拡張していた。彼の植民地における会社はアメリカ鉄鋼社，もっと簡単にはアメリカ社と呼ばれた。1766年6月にハーゼンクレヴァーは，多くの鉱山業者たちが，なお3年4カ月の契約のもとにあったし，ヨーロッパからこの国に非常に高い費用を払って連れてこられたのだが，逃げ去ってしまった，と宣伝した。この男たちは，その後すぐに捕まえられて，仕事に連れ戻された。

　1768年までにハーゼンクレヴァーは，ニュージャージーとニューヨークに，いくつかの鉄鉱山，6つの溶鉱炉，7つの鍛造炉，1つのプレス機械，火力発電用ダム，道路と橋，さらにいくつかの販売店まで所有していた。彼の事業はイギリス植民地における最大の工業企業であった（それは，たちまちにしてプリンシピオ社よりもはるかに重要なものになった）。歴史家ビクター・S・クラーク（Victor S. Clark）は後に書いているが，その事業群が「ビジネスの性格において本質的にヨーロッパ的」，すなわち「産業組織の内生的な発展の一段階」を経ていないようなアメリカにおけるヨーロッパの飛び地であった，と。5年間でハーゼンクレヴァーは5万5000ポンド（約25万ドル）を使ったが，その際彼はそれ以上の資金をイギリスの出資者から獲得することに失敗し，植民地を去った（1769年に）。

　イギリスに帰る前に，ハーゼンクレヴァーはアメリカにおける産業発展の可能性に幻滅したことを述べていた。すなわち，「この国は製造業を行うのに熟していない」，と1768年1月6日に書いている。「労働が高すぎる——入植できる土地が多すぎるのだ」。これらのコメントは提案された繊維産業に関するものであった。鉄鋼業については，ハーゼンクレヴァーは，ニューヨーク知事サー・ヘンリー・ムーアに1768年5月11日付けで長い憂鬱な手紙をしたため，彼の個人的な問題を語っている。それは，彼が「その会社の発展のために私の財産の大きな部分を犠牲にしたこと」，彼が達成したこと，そして彼がいかにイギリスの投資家たちから辱められ，恩知らずの扱いを受けたか，といったこと

である。ハーゼンクレヴァーはサー・ヘンリーに，商人たちを指名して彼の本を点検させるように頼んでいる。彼は次のように訴えた。「私のパートナーたちがその鉄工所を運営するのにとったやり方は，私がこれまで聞いたなかで最も奇妙なものであった。彼らは私の手形に文句をつけて彼らの新しいマネジャー（ジェストン・ハンフレイ）に信用状を送らない」。ハーゼンクレヴァーはしかしながら，ニューヨークの商人はその新マネジャーの手形を信用するであろうと思っていた。ハーゼンクレヴァーは書いているが，「彼はいくらかの金を要求できたはずではなかろうか」と思う，「それはとうてい承服できないような結果を招いたことに対するものであり，また今東洋にある事業はただちに西洋に戻すべきであろう」と。彼の会社は，彼が自慢しているように，「1年間に3万～3万5000ポンドのお金を稼ぐであろうし，それだけで何百人の貧しい人々を養い，したがってもしこの事業が続けられなくなれば大変悲惨なことになるのだが，その上にそれはイギリスに相当な送金をもたらすのである」[83]。

ジェストン・ハンフレイは，1767年にアメリカ鉄鋼社のマネジャーになっていた。ハンフレイはすぐにJ・J・ファッシュに取って替えられ，さらに1771年にイギリスの株主によってイングランドから送られたロバート・アースキンに替えられた[84]。後者は，次のように結論した。利益がなく，加えてイギリスと植民地間で政治的混乱がみられるので，これ以上投資は行われるべきではない，と。そして1772年にアースキンは，その財産を売却し，売上金を投資家に返却しようと決断した。彼は買い手を見つけられなかったため，独立革命が勃発するまで同事業所の操業を続けたが，その時点で彼は植民地住民側についてしまった[85]。

18世紀における鉱業および製造業の海外投資の多くは鉄鋼に関連しているようにみえるが，1700年頃に銅鉱石がシンシナティのシムスビュアリ（東グランビ）で発見された。一鉱山会社が1707年にコネチカットで組織され，ロンドンとアムステルダムで資本金を調達した。その鉱山は約60年間操業されたが，独立革命までに資源が枯渇した[86]。

クラークの『アメリカにおける製造業者の歴史』は，ドイツの資金で金融された植民地生産活動についてふれている。ハーゼンクレヴァーは，もちろんドイツ人だが，彼の個人的な資金を別にすれば，彼の資金源はイギリスのもので

29

第Ⅰ部　発展途上国の時代

あった。それ以外の「ドイツ人の」例として，クラークはハインリッヒ・ウィルヘルム・スティーゲル男爵のペンシルベニアにおけるガラスと鉄鋼事業を挙げており，それは男爵がドイツからアメリカに持参したものであった。これは「国内化された」投資のケースである。というのは，男爵が利潤をドイツに送金した，あるいは彼がドイツにおけるその住居を保持していたという証拠はないからである。彼は移民してアメリカ人になったから，資産に対する外国債権は残っていなかった。[88] 要するに，私は，植民地時代の鉱業や鉄鋼業においてドイツ人による非居住者投資を見出すことはできないのである。[89]

　ハーゼンクレヴァーは鉄鋼生産にだけ関わっていたわけではなく，他の植民地産業の建設にも参加していた。17世紀と18世紀初期において，イングランドの漂白業者はカリウムをロシアおよびバルト諸国から輸入していた。価格が高く供給が安定していなかったために，1751年に議会は「カリウム粉と真珠灰をアメリカにおけるイギリスのプランテーションで造ることを奨励する法律」を通過させた。その反応はすぐには現れなかったが，1760年代を通じてイギリスのアメリカからのカリウムの輸入は増加した。[90] そうした増大は，ハーゼンクレヴァーの活動に直接関係しているようにみえる。彼の書簡は，1765年から1766年に彼がこの産業とカリウムおよび真珠灰の輸出に関わっていたことを示している。[91] 1752年にはイギリスは北米からカリウムおよび真珠灰をまったく輸入していなかった。1776年までに，そうした輸入の53％が北米からなされ，1770年までにはアメリカ産カリウムが「イギリスの市場を独占した」。[92]

1776年における外国投資

　結論として，独立革命の前夜においては，アメリカのビジネスは国内と海外の両方から金融されたが，基本的にはその母国からのものであった。植民地商人（特にニューイングランド，フィラデルフィア，そしてニューヨークからきた）が大活躍し，また彼ら自身の海外取引の販路をもっていたが，[93] イギリスの商社は依然重要であった。ニューイングランド外の海上輸送は非居住者または一時居住者であるイギリスの所有者によって独占されていた。イギリスの航海法が支配していたにもかかわらず，オランダ経由の企業も存在した。アメリカ内部では，

第1章　初期の対米投資

フランスの業者が目立っていた。イギリス人による不在地主が相当数いた。鉱業や製造業の大規模な事業活動では資金と技術はイギリスからきていたが，1776年までにアメリカにおける多くの初期段階にある産業は規模が小さく，国内資本の手で経営されていた。植民地時代に操業していた鉄鋼事業所に対するイギリスの5つの主要投資のうち，17世紀の鉄工所請負会社は長く機能せず，その設備は放棄された。スポッツウッド溶鉱炉（1714年）は引き続きイギリスからの投資は得られなかった。対照的に，イギリス人投資はプリンシピオ社（1720年設立）やノッティンガム鉄工所（1745年設立）には継続された。しかし新たなるハーゼンクレヴァーの事業，アメリカ鉄鋼社（1764年操業開始）は，まったく実際的な目的のためにアメリカ居住者マネジャーの財産になっていた。アメリカにおける18世紀のイギリス人金融による鉄鋼会社はその生産物の大部分をイギリスに輸出した。

　独立革命の間イギリスの起源に忠誠なこうした資産は没収された。この強制保管には，「居住」忠誠者と「非居住」のイギリス臣民の保有物との間にほとんど区別はなされなかった。平時になって以後（1783年），以前の所有者たちは返還を求めた。私はその訴えの記録を調べ，1776年にアメリカにおいて存在した非居住イギリス投資の規模と性格を推測しようとした。1783年にイギリス政府は，アメリカ人忠誠者とイギリス臣民によってなされた**不動産と個人財産**の損失に関する請求を評価する委員会をつくった。7年後に，そして5072件の請求と800万ポンドに達する金額を考慮して，同委員会は330万ポンドの賠償支払いを勧告した。請求者のなかには，「イギリスにいる忠誠居住者」，「イギリス人所有者」，そして最大の単独請求者であるペン一家などが含まれていた。

　イギリスにいる忠誠居住者とは，独立革命の前か最中かにイギリス連合王国の居住者になったかまたはなっていたアメリカの財産所有者であった。彼らの31件の請求額は，34万2189ポンドで，うち委員会は14万927ポンドを容認した。これらの請求額は明らかに「外国」投資であった。プリンシピオ社の4人の投資家は，イギリスに住んでいたから，この範疇に属した。彼らの請求額は6万6604ポンドであったが，彼らはたった1万2500ポンドしか認められなかった。これは，「会社」の請求ではなく，同社のなかの投資家によるものであった。はるかに大きな金額がイギリスの居住者であった2人の「所有者」に認められ

第Ⅰ部　発展途上国の時代

た。すなわち，彼らは29万ポンドを受け取ったが，その大部分は「メリーラン
ドの所有者」ヘンリー・ハーフォードの動産になったのである。イングランド
に住んでいたペン一家は，最終的に94万7817ポンドを請求したが，50万ポンド
が認められた。[(100)]　要するに，巨大な請求額と許容額が土地所有に関係していた。[(101)]
許容された請求額330万ポンドのうち，およそ3分の1に当たる110万ポンドが
イギリス居住者に対するものであった。その他の3分の2は，主としてアメリ
カにあってイギリス側に立って戦い，支持を与えた人々の手に入った。これら
の請求者には北アメリカ（あるものはカナダに行った）に残った者もいたし，や
がてイギリスに移った者もいた。

　このイギリスの委員会は，**商業債務**に関わる損失については企業や個人に補
償金を支払わなかった。こうして1790～91年に，別々に提出する仕方で，イギ
リスの商人たちはその政府に，アメリカ市民が彼らに負っている貿易債務の請
求をした。これらの負債は総額500万ポンドになったが，それは1776年以来累
積した利子部分も含んでいた。経済史家J・F・シェファード（J. F.
Shepherd）とゲイリー・M・ウォルトン（Gary M. Walton）は信じているのだ
が，この利子分を差し引いたのちに残る250万ポンドは1776年の対米貿易に関
わるイギリスの融資の規模をひどく過大視している。[(102)]　他方では，さらに最近に
なって，そして私にはより信用できるものなのだが，経済史家ヤコブ・プライ
スの研究が，シェファードとウォルトンが貿易金融の規模を決めるのに使った
国際収支データの扱いについて論争し，イギリスの債務請求額（これをプライ
スは1776年時点で290万ポンドと算出した）は現実の線からそれほど外れてはいな
いことを見出している。[(103)]

　こうした証拠が出たにもかかわらず，次のことは明らかである。われわれは
独立革命の前夜のアメリカにおける海外投資のレベルを知らないし，さらにイ
ギリスの請求額がどの程度現実的であったか，いわんや不動産と個人財産に許
容された損失請求額のうち，正確にどれだけが実際に非居住者投資を表すもの
か，本当のところ，知らない。[(104)]　しかしながら，私は次のように結論することが
できる。すなわち，海外からの長期投資が存在したところのものは——貿易，
土地，鉄工所，そして多分カリウム生産の形で——貿易金融か直接投資の結果
であり，こうしてそれは，植民地における財産を支配しそれらを運用する権益

第1章　初期の対米投資

であった。私の推計では，私の「許容された請求額」データの検討に基づいて，長期外国投資（そのすべてが外国直接投資であった）は，貿易金融（商業債務）を除いて，1776年時点でおよそ110万ポンドであった。もし私がアリス・ハンソン・ジョーンズ（Alice Hanson Jones）の13植民地の物的富の総額が1億1000万ポンドという数字を使えば，外国（イギリス非居住者の）投資は植民地の富のたった（105）の1％に等しいということになるであろう。もし私がこの数字に290万ポンドを加えたとしても（これは明らかになすべきではないことだが──「請求」された商業債務のすべてを長期と想定して），その数字はなお「植民地国内の富」の4％以下である。このパーセンテージは──正確にいえば──驚くべきほど小さい。アメリカにおける国外投資は，政治的独立**以後は**，絶対額においてと同様，パーセンテージでも増加するであろう。（106）

注

（1）　John J. McCusker and Russell R. Menard, *The Economy of British America, 1607-1789* (Chapel Hill：University of North Carolina Press, 1985), 83. この全集には次のように記されている。「われわれは英国の投資家による植民地への長期投資に関して，ほとんどなにも知らない──」。この発言は，2人の見識ある著述家にしては，あまりにも控え目すぎる。私はこの章が，このギャップを埋めることに貢献すると考えている。

（2）　国王は，2社の「バージニア社」に特権を発行した。一つはロンドンの嘆願者用であり，もう一つはブリストル市，エクゼター市およびプリマス市の嘆願者用であった。その2社は，しばしば「ロンドン社」（あるいは「ロンドンにあるバージニア社」）と，「プリマス社」（あるいは「プリマスにあるバージニア社」）と呼ばれていた。その後，そのロンドン社は，バージニア社としてそこに含まれることになった。この特権に関する原文は，後記の書物に書かれている。William Stith, *History of Virginia*, appendix (1747；rpt. Spartenburg：The Reprint Co., 1965), 1-8.

（3）　W. R. Scott, *The Constitution and Finance of English, Scottish, and Irish Joint-Stock Companies to 1720*, 3 vols. (Cambridge：Cambridge University Press, 1910-1912). 第1巻および第2巻は，その会社に関するすばらしい記述である。次の書も見よ。John P. Davis, *Corporations* (1897；rpt. New York：Capricorn, 1961), II, 157-169.

（4）　この語句は元の憲章からきている。次を見よ。Stith, *History of Virginia*, appendix. 実際の所有者に関しては次を見よ。Theodore K. Rabb, *Enterprise and Empire* (Cambridge, Mass.：Harvard University Press, 1967).

（5）　私には次の本が特に役立った。Charles M. Andrews, *The Colonial Period of American History* (New Haven：Yale University Press, 1934), I, および Wesley Frank Craven, *Dissolution of the Virginia Company* (New York：Oxford University Press, 1932). 次の本は小史である。Wesley Frank Craven, *The Virginia Company of London, 1606-1624* (Williamsburg：Virginia's 350 Anniversary Celebration Corporation, 1957). バージニア社に

第Ⅰ部　発展途上国の時代

関する記録として，次の４巻は非常に貴重である。Susan Myra Kingsbury, *The Records of the Virginia Company of London*, 4 vols. Washington, D.C. : Government Printing Office, 1906-1935. 最初の２巻には，裁判所記録（1619～24年）が含まれている。後の２巻には，その会社（1607～26年）における原文の書類が含まれている。

(6)　1609年以降，最初のバージニア植民地（一般的にはバージニア社と呼ばれていた）は，ロンドン市における耕地主や冒険家の会社や，収入役と関係があるとして知られていた。次を参照せよ。Stith, *History of Virginia*, appendix, 8-22.

(7)　サー・トーマス・スミスは，レヴァント社および東インド社の創立者であり，1600年には両社の総督であった。次の書を見よ。Davis, *Corporations*, Ⅱ, 88, 115n, および Rabb, *Enterprise*, 125. 彼は王立評議会の一員で，バージニア社を1607年から1609年まで率いていた（Andrews, *The Colonial Period*, Ⅰ, 85）。

(8)　Edward D. Neill, *History of the Virginia Company of London*（Albany, N.Y. : Joel Munsell, 1869), 65.

(9)　Robert E. Tindall, *Multinational Enterprise*（Dobbs Ferry, N.Y. : Oceania, 1975), 4, この本はその点に触れている。また，次の書も参照せよ。Jan de Vries, *The Economy of Europe in an Age of Crisis*（Cambridge : Cambridge University Press, 1975), 132.

(10)　The Society of Particular Adventurers for Traffique with Virginia.

(11)　Stith, *History of Virginia*, 171, および Andrews, *The Colonial Period*, Ⅰ, 127.

(12)　Andrews, *The Colonial Period*, Ⅰ, 128-130, 132.

(13)　Craven, *The Dissolution*, 51；Scott, *Joint-Stock Companies*, Ⅱ, 257, 258；および Stith, *History of Virginia*, 186. スコットは彼の書のなかで，サンディズの見積りを６万6666ポンドとしている。彼自身の見積りは６万7124ポンドであった。スティスはその書のなかに，８万ポンド強の高い数値を記している。またスコットは次の書のなかで，「そのマガジン（倉庫）や特定のプランテーションを含むスミスの監督下において，８万ポンドが費やされた」とも述べている。Scott, *Joint-Stock Companies*, Ⅱ, 287.

(14)　Craven, *The Dissolution*, 35, 112, 82, および Kingsbury, *Records*, Ⅰ, 27. 対照的に，スコットは次の書で，サー・トーマス・スミスは信頼できる人物としてみている。Scott, *Joint-Stock Companies*, Ⅱ, 268.

(15)　Kingsbury, *Records*, Ⅰ, 212.

(16)　前掲書，293-294, 303.

(17)　次の書は，サー・エドウィン・サンディズのプロジェクトに関する優れた文献である。Craven, *The Dissolution*, 96-104.

(18)　バージニア社の多くの株主（333人）が下院議員になった。次の書を見よ。Rabb, *Enterprise*, 127. ジェームズ一世は，1604年に「タバコに対する猛反対」というパンフレットを発行し，そのなかで喫煙は罪であると非難している。しかしながら，英国では1614年までにタバコは一般的になった。次の書を見よ。B. W. E. Alford, *W. D. and H. O. Wills*（London : Methuen, 1973), 5.

(19)　Neill, *History*, 323, 394.

(20)　Andrews, *The Colonial Period*, Ⅰ, 168-169, 175, 132, 139.

(21)　Stith, *History of Virginia*, 330, および Scott, *Joint-Stock Companies*, Ⅱ, 286-287, これらの２書では，全部で16万ポンドから17万ポンドを投資した，と書かれている。

(22)　Andrews, *The Colonial Period*, Ⅰ, 178. David W. Galenson, "The Rise and Fall of

第1章　初期の対米投資

Indentured Servitude in the Americas : An Economic Analysis," *Journal of Economic History*, 44 （March 1984）: 2-6. この論文のなかで，バージニア社における早期の投資家が直面した「危機的な経済問題」とガレンソンが呼んでいるようなすばらしい議論，および労働力を調達し奨励していたという議論がなされている。

(23)　「アメリカにおけるニューイングランド地域のプランテーションや統治，命令，支配などのために，デボン郡に設立された評議会」が後のプリマス社の新社名となった。その評議会は，1620年11月3日に譲渡証書を受けた。

(24)　Andrews, *The Colonial Period*, I, この書の記述は，プリマス社とその後を引き継いだ会社に関して優れている。プリマス社とその関係者の最初の特権に関しては，次の書を見よ。Kingsbury, *Records*, I, 303. 次の書もまた参考になる。Scott, *Joint-Stock Companies*, II, 306-311.

(25)　その会社の名前は，「ニューイングランド地域にあるマサチューセッツ・ベイの提督会社」であった。さらに一般的には「マサチューセッツ・ベイ社」と呼ばれた。

(26)　このマサチューセッツ・ベイ社に関しては次の書を見よ。Andrews, *The Colonial Period*, I, および Frances Rose-Troup, *The Massachusetts Bay Co.* （New York : Grafton Press, 1930）. この会社の当初の憲章は，1684年に無効になった。

(27)　Carlo Cipolla, *Before the Industrial Revolution* （New York : W. W. Norton, 1976）247-256.

(28)　De Vries, *The Economy*, 130-132.

(29)　Van Cleaf Bachman, *Peltries as Plantations : The Economic Policies of the Dutch West India Company in New Netherland, 1623-1639* （Baltimore : Johns Hopkins University Press, 1969）, 11-24.

(30)　De Vries, *The Economy*, 132-134, 137, および C. R. Boxer, *The Dutch Seaborne Empire* （New York : Alfred A. Knopf, 1970）, 25, 48-52.

(31)　Backman, *Peltries*, 27.

(32)　前掲書，55.

(33)　前掲書，93.

(34)　Samuel Eliot Morison, *History of the American People* （New York : Oxford University Press, 1965）, 75, および Bachman, *Peltries*, 101-119, 151.
次の書を見よ。William Chazanof, "Land Speculation in Eighteenth Century New York," in *Business Enterprise in Early New York*, ed. Joseph R. Frese and Jacob Judd （Tarrytown, N.Y. : Sleepy Hollow Restorations, 1979）, 56 ; このなかで最も良い説明は，次の書の至るところに散見できる。Oliver A. Rink, *Holland on the Hudson* （Ithaca, N.Y. : Cornell University Press, 1986）.

(35)　Morison, *History*, 77, および Bachman, *Peltries*, 117, 163-164.

(36)　アメリカにおける初期のフランスのビジネスに関しては，次の書を見よ。W. J. Eccles, *France in America* （New York : Harper & Row, 1972）, 87, 89, 161 （引用した節），163, 166, 228-229, 246 ; N. M. Surrey, *Commerce of Louisiana during the French Regime, 1699-1763* （New York : Columbia University Press, 1916）; J. Thomas Scharf, *History of Saint Louis City and County* （Philadelphia : Louis H. Everts, 1883）, I, 53-54 （西インド社の活動，新世界における成功者および1718年のニューオーリンズの資金については，このページに詳しい）; Shepard B. Clough and Richard T. Rapp, *European Economic History*, 3rd ed. （New York :

第Ⅰ部　発展途上国の時代

McGraw-Hill, 1978), 190-191, 199-201；および Shepard B. Clough and Charles W. Cole, *Economic History of Europe*（Boston：D. C. Heath, 1941), 296-299. ルイジアナ州では明らかに，養蚕業が試みられた事実がある。また，クワの木が実際に植えられた。しかし，これらはすべて失敗に終わった。次の書を見よ。W. C. Wyckoff, *Silk Manufacture in the United States*（New York：n.p., 1883), 19-20. その会社は通貨を供給し，初歩の銀行業をスタートさせた。次の書を見よ。Stephen A. Caldwell, *A Banking History of Louisiana*（Baton Rouge：Louisiana State University Press, 1935), 21-22.

(37)　Bachman, *Peltries*, 153, 左記の書には，オランダ西インド社の1638年の役員が「かつて損失を出した」にもかかわらず，ニューオランダを見捨てようとはしなかった，と書かれている。

(38)　Adam Smith, *Wealth of Nations*（1776；rpt. New York：Modern Library, 1937), 347 (quoted passage)；McCusker and Menard, *The Economy*, 192；および Stuart Bruchey, *Colonial Merchants*（New York：Harcourt, Brace & World, 1966), 119-122（引用は119ページより）. チェサピーク地区における商業活動に関する最も良い本は次の書である。 Jacob M. Price, *Capital and Credit in British Overseas Trade : The View from the Chesapeake, 1700-1776*（Cambridge, Mass.：Harvard University Press, 1980). プライスは，特定の英国商人の参画に関し，詳細に記述している。次の書も見よ。J. H. Soltow, "Scottish Traders in Virginia, 1750-1775," *Economic History Review*, 2nd ser., 12 （Aug. 1959), esp. 85-89, および *Transcripts of Loyalists Claims,* New York Public Library, esp. LIX, 429-463, and XXXVII, 333, 351-355. ジェファーソンの推定額に関しては次の書を見よ。Price, *Capital and Credit*, 5-6, および Allan Nevins, *The American States during and after the Revolution, 1775-1789* （1924；rpt. New York：Angustus M. Kelley, 1969), 337. バージニア人の英国人の債務に関わる追加の文献については次の書を見よ。Peter J. Coleman, *Debtors and Creditors in America* （Madison：State Historical Society of Wisconsin, 1974), 199n. Alice Hanson Jones, *Wealth of a Nation to Be*（New York：Columbia University Press, 1980), 112. この書のなかで彼女は，南部における棚卸資産高は北部のそれよりかなり少ない（1人当たり棚卸資産高は1/5）ことを，アメリカの遺言検認記録を利用して明らかにしている。「英国の領主によって許可された債権に類似する信用条件や，店主に対する整備された商品および英国商人の代理人としての要件」に関連する彼女の説明は，ほんのその一部分であろう。これらの棚卸資産高は英国商人の財産であったのか，植民地の遺言検認記録に反映するものであったのか，「債権」は海外での「投資」を代表していたのか，などの疑問が残る。このように運営上の説明は信用条件の問題ではなく，棚卸資産高の所有権の問題であった。

(39)　Pieter van Winter, *American Finance and Dutch Investment, 1780-1805*, 2 vols.（New York, Arno Press, 1977) 8, および Scharf, *History of Saint Louis*, 61-78.

(40)　英国政府が，古いパターンの痕跡を再導入しようと努力中のときには，それは不可能なことであった。大変よく知られていることであるが，1773年5月の議会は，東インド社のアメリカの植民地に，お茶を輸出する（中間商人を排除する）独占権を許可した。ニューイングランド商人は，この許可を「違法なる独占」と非難し，東インド社はお茶ばかりではなく，すべての植民地商売の排他的な権利を独占しようと企てている，と抗議した。この結果として「ボストン茶会事件」が起こった。次の書を見よ。Morison, *History*, 203-204.

(41)　前掲書, 84, および John Eardley Wilmot, *Historical View of the Commission Enquiring into the Losses, Servicies, and Claims of the American Loyalists at the Close at the War Between Great Britain and Her Colonies in 1783*（London：J. Nichols, Son, & Bentley,

第1章　初期の対米投資

1815), 92-93.

(42)　Jacob E. Cooke, *Tench Coxe and the Early Republic* (Chapel Hill：University of North Carolina Press, 1978), 3-5, 9. コックスの息子が定住し，また，彼の相続人が定住したとき，海外の投資はアメリカのものになった。それは初めてのことではなかった。Conversation with Edwin Perkins, March 15, 1986, 1人当たり権利に関しては次の書簡を見よ。Russell R. Menard to Wilkins, April 28, 1986.

(43)　*Loyalist Transcripts*, LVIII, 197-204；XXXIV, 53-87；LIII, 437-474. ダンモア伯爵は，バージニアの土地と同様に，レイクチャプレンでの5万1000エーカーの所有権を要求した。Edwin J. Perkins, *The Economy of Colonial America* (New York：Columbia University Press, 1980), 61, 左記の書は，著者が「偉大なる計画者」と呼んでいるフィッツの，バージニアの土地に関して説明している。ウィリアム・フィッツのバージニアにある1000エーカーの土地と，ダンモアの所有する5500エーカーほどの大きな植民地とを比較したり，またフィッツの13部屋ある家とダンモアの25部屋を有する御殿とを比較してみると，いかにつつましいことかが窺い知れる。ダンモア卿は1300冊保有の図書館，3台のオルガンおよび1セットのハープシコードをもっていた。もちろんこの説明は，1686年までのフィッツの財産と，ダンモアの1776年時点との比較であった。しかしながら，時点の違いはあっても，際立った対照である。

(44)　Nevins, *American States*, 359, 17.

(45)　Clarence Walforth Alvord, *The Mississippi Valley in British Politics* (1916；rpt. New York：Russell & Russell, 1959), I, 213.

(46)　次の書を見よ。Shaw Livermore, *Early American Land Comanies* (New York：Commonwealth Fund, 1939), 79, および同様に，Alvord, *The Mississippi Valley*, I, 95, 321, アメリカ主導のミシシッピ社の代表者は，「優秀な英国人」とイリノイ社の協力を保障することが任務であった。そこにベンジャミン・フランクリンがその請負業者を助けるような目的で，英国人の名前を加えた。

(47)　Sir William Johnson, *Papers* (Albany：University of the State of New York, 1953), XI, 3, 648 (ハーゼンクレヴァーの熟考：サー・ウィリアム・ジョンソンの土地について). 次の書も見よ。Henry A. Homes, "Notice of Peter Hasenclever," paper read before the Albany Institute, April 7, 1874 (Albany, N.Y.：Joel Munsell, 1875), 6-7.

(48)　C. K. Hobson, *The Export of Capital* (London：Constable, 1914), 88.

(49)　Smith, *Wealth of Nations*, 157-158. アメリカにいた人たちは，これらのプランテーションを発展させる能力と利子を所持していたといえるのであろうか。そのコメントは，「居住者」の問題と関係していた。西インド諸島に行った英国人は，しばしば祖国英国を偲んだ。一方，アメリカの植民地に移った人々は，英国の居住をあきらめ，頻繁にアメリカの移住者になりきった。このことはその土地が英国の商人によって取得されたことと，1人当たり土地所有権 (訳注：アメリカ植民地への渡航者に与えられた50エーカーの土地所有権) をもつ輸出業者が再販したり，植民地における居住者によって所有されてしまったことを示唆していた。

(50)　ジョン・グラハムは，1753年に英国からジョージアに行き，彼の兄弟とジョン・クラークとともに，共同出資者として事業に投資した。ジョン・クラークは現地に行かず，ロンドンに居住していた。グラハムは彼自身の勘定で，米の作付け者になった。次の書を見よ。*Loyalist Transcripts*, XXXIV, 197.

(51)　Alvord, *The Mississippi Valley*, I, 112-114, および至るところに。

(52)　次の書を見よ。*Loyalist Transcripts*, hearings in London. この訴訟のいくつかは，疑いもな

第 I 部　発展途上国の時代

く誇張されていた。しかし、たとえその誇張を考慮したとしても、明らかに大きな収益があった。私はその収益の具体的な数字を提示できないが、後で最も大きな個別の訴訟については議論する。私は東部13植民地における、非英国人の土地投資については触れてこなかった。これらは無視できるほど少ないように思える。なぜならば、非英国人の投資家は、法によってアメリカの土地を遺言で譲ることができた、というのが疑わしいからである。非英国人の植民地としてのアメリカへの移住者は彼ら自身の、また彼らの相続人の土地所有権を保証するために帰化することを模索した。次の書を見よ。Charles H. Sullivan, "Alien Land Laws : A Re-evaluation," *Temple Law Quarterly*, 36（1962）: 15n, 27-28. 私はまた、アメリカに定着した個人の土地所有者を除外している。

(53)　Livermore, *Early Land Companies*, 42, この書は商業組織という点で、マサチューセッツ・ベイ社と相対する子会社の立場は、バージニア社に相対するそのマガジンとの関係に類似している。

(54)　歴史家は、このことは事業経費に余裕がなかったからだ、と書いている。機械はおそらく輸入せざるを得なかったであろし、また、市場の欠如とは単位高コストによる過剰生産能力を意味していたであろう。

(55)　この事業に関しては、次の書を見よ。E. N. Hartley, *Ironworks on the Saugus*（Norman : University of Oklahoma Press, 1957）、および Howard Corning, *The First Iron Works in America - 1645*（New York : American Iron and Steel Institute, 1928）, 1-11. Nathaniel B. Shurtleff, ed., *Records of the Governor and Company of Massachusetts Bay in New England*（Boston : William White, 1853）, II, 61-62, 81-82, 103-104, 125-128, シュトレフの本は、そのことに関する基本書である。その背景に関しては次の書も見よ。James Moore Swank, *History of the Manufacture of Iron in All Ages*（Philadelphia : American Iron and Steel Association, 1892）, 108-113.

(56)　Victor S. Clark, *History of Manufactures in the United States*（Washington, D. C. : Carnegie Institution, 1929）, I, 173, および Alexander Spotswood, *Official Letters*（Richmond : Virginia Historical Society, 1832）, I, xiii（スポッツウッドのイギリス商人、ロバート・ケイリイとの関係）, 20（1714年のドイツ人労働者による製鉄産業のスタート）, 20-21, 41（計画）, II, 144（ケイリイについての叙述）.

(57)　スポッツウッドの活動について特に有用なのは、彼の1710～13年の通信からのデータである。次に公表されている。The American Iron and Steel Association Bulletin, 27（June 28, 1893）: 195.

(58)　プリンシピオ社の記録は至るところにある。次の図書館や博物館に所蔵されている。New York Public Library - NYPL（1723-1769）, Maryland Historical Society Library - MHSL（1723-1730）, Delaware Historical Society Library - DHSL（1724-1784）, および British Museum - BM, Add Mss 29600, f. 1-46（1725-1776）. 同様に、私は *Transcripts of Loyalists Claims*, NYPL を使用してきた。さらに次の書もある。Michael Warren Robbins, "The Principio Company : Iron Making in Colonial Maryland 1720-1781," Ph. D. diss., George Washington University, 1972 ; William G. Whitely［ヘンリー・ホイットニーについての誤りは第3の論文において訂正された］, "Principio Company," *Pennsylvania Magazine of History and Biography*, 11（1887）: 63-68, 190-198, 288-295 ; および Earl Chapin May, *Principio to Wheeling, 1715-1945*（New York : Harper & Bros., 1945）, 1-53. 前記3書のすべての著者は、プリンシピオ社に関して、1次データから著述した。E・C・メイの本は脚注がないけれ

ども，私は彼が使用した多くのデータを，ホイリング・スティール社の書類のなかで見つけ，また同社が，ピッツバーグ製鉄と合併したときにそのデータは破棄された，と聞かされてきた（書簡 Forrest H. Kirkpatrick, Wheeling, W. Va., to Mira Wilkins, Oct. 20, 1978）。私は1715年から1720年までの背後関係を説明する資料として，かなり不安は残るが，メイの前掲書のうち pp. 1-13を利用した。革命的な損失に関連する訴訟記録のなかで，プリンシピオ社の英国の所有に関しては，その起源は1720年まで遡る。そのとき，ジョシュア・ギーほかは，プリンシピオ社と鋳物用銑鉄や棒鉄を製造する，土地の購入および鉄工場を建築する目的で，共同経営者権の条項を契約した。次の書を見よ。Memorial of William Pellatt et al., Dec. 29, 1783, および Memorial of May 1786 in *Loyalist Transcripts*, XXXVI, 361, 365. その継続企業は，メイによると，ファーマー社であった。May, *From Principio to Wheeling*, 8. 次の書も見よ。Robbins, "The Principio Company," 190. この本は，1720年からその企業の創立時まで遡っている。ファーマー社についてはなにも触れていない。彼は1718年にメリーランドから輸出されていた鉄がプリンシピオ工場からはこなかった，と仮定している（前掲書，14）。James A. Mulholland, *A History of Metals in Colonial America* （University：University of Alabama Press, 1981）, この章が完成した後で，私はこの書を読んだ。次の点に注目せよ（p. 62）。スウェーデンと英国の間の不安な政治的関係（1714～18年）。これには1717～18年の一時的な貿易関係の停止を含む（p. 62）。英国の鉄鋼所が，代替の供給元を探していたことは少しも不思議ではない。

(59)　現存する優れた記録集となっているのは，この英国との通信文である。

(60)　書簡 William Chetwynd to John England, Feb. 9, 1723［surely 1724］, Principio Papers（PP）, NYPL.

(61)　書簡 William Russell, Birmingham, to William Chetwynd, Feb. 27, 1725, BM, Add Mss 29600, f. 1, および前掲書，April 17, 1725, Add Mss 29600, f. 3.

(62)　書簡 William Chetwynd to John England, Sept. 19, 1725, MHS, Ms. Coll. 669. 1720年代のニュージャージーの鉱山に関しては，次の書も見よ。J. S. Davis, *Essays in the Earlier History of American Corporations* （Cambridge, Mass.：Harvard University Press, 1917）, I, 93. さらに次の書簡を見よ。William Chetwynd to England, Oct. 5, 1725, BM, Add Mss 29600, f. 5. 英国が「ジャージー」地域を拡張したという根拠は残されていない。そして，プリンシピオ社自身が，その生産をメリーランドとバージニアに限っていたことは非常に明白な事実である。

(63)　例えば，次の書簡を見よ。Chetwynd to England, Aug. 19, 1726, BM, Add Mss 29600 f. 6, および Chetwynd to England, Nov. 9, 1726, PP, NYPL.

(64)　William Chetwynd, John Wightwick, and William Russell, "Orders and Regulations for the Better Manageing and Carrying on the Companys Affairs," Jan. 29, 1927, PP, NYPL.

(65)　May, *Principio to Wheeling*, 43.

(66)　クローリー鉄工所はスウェーデンおよびアメリカより鉄を輸入し，錨，大砲，鍬，踏鋤，斧，鉤，鎖などを製造していた。Arthur Young, *Northern Tour* （1768）, III, 9-11, は次の書のなかで引用された。J. L. Hammond and Barbara Hammond, *The Rise of Modern Industry* （New York：Harcourt, Brace, 1926）, 135n. 1730年代においてクローリー社がプリンシピオ社より購入した件に関しては次の書を見よ。Keach Johnson, "The Baltimore Company Seeks English Markets," in *American Economic History*, ed. Stanley, Cobden and Forest G. Hill （Philadelphia：J. B. Lippincott, 1966）, 80-81. クローリー鉄工所の歴史に関しては，次の書を見よ。M. W. Flinn, *Men of Iron* （Edinburgh：At the University Press, 1962）. 残念ながら，

第Ⅰ部　発展途上国の時代

クローリー鉄工所とプリンシピオ社との関係については追加説明がない。しかし，"Principio Company," PP, NYPL, 1769, の説明には，クローリー社（Crowley & Co.）の参入が含まれている。それゆえ，両社の長期的な関係が続いていたようにみえる。Robbins, "Principio Company," 214, この書のなかには「1730年初期における最大の買収者は，フォーレイ卿であった。彼は西インド諸島における，著名な鍛造熟練者であった」と記されていた。

(67)　Joshua Gee, *The Trade and Navigation of Great Britain Considered*（London, 1729），68-69. ギーの本は，1730年，1731年，1738年および1750年，そしてその後も再版された。1750年の本文は，1729年版から引用されたまったく同一の流れであった（p. 73）。ギーは実際には次のようなことを希望していた。「植民地の鉄は英国の輸出市場に供給され，外国向けに売れたことによる収入が国内に送金される」「数多くのなかのとある金持ちにより，その国家に向けて送金された。これはあたかもプランテーション内において銀鉱山が採掘され，直接国内へ送られる」ということである（前掲書，1729 ed., 69）。しかしプリンシピオ社が，アフリカ大陸の海岸部や地中海の国々，そしてトルコ，イタリア，ポルトガル，あるいは著者のギーが望んでいた東インド社に輸出したという証拠さえも皆無である。

(68)　英国の鉄鉱石の輸入に関しては，次の書を見よ。Brinley Thomas, "Towards an Energy Interpretation of the Industrial Revolution," *Atlantic Economic Journal*, 8（March 1980）: 4. トーマスは，スウェーデン製品を代替させるべく，アメリカの鉄に投資する英国の試みに関しては，なにも記していない。Robbins, "Principio Company," 208-209, この本は，1750年の法律は鋳物用銑鉄に，また棒鉄に関してはロンドンに対してのみ関税をかけるのをやめた，と述べている。関税無料の鋳物用銑鉄は，1757年に英国の全港湾において許可された。1750年の法制化の制限は，プリンシピオ社になんの衝撃をも与えなかった（前掲書，210）。

(69)　Swank, *History of the Manufacture of Iron*, 250-251.

(70)　May, *Principio to Wheeling*, 46-53. 次の交信を見よ。For some of Russell's letters to England（1768-1769 and 1771-1776, BM and NYPL）.

(71)　Aubrey G. Land, "Genesis of a Colonial Fortune : David Dulany of Maryland," in *American Economic History*, ed. Cobden and Hill, 65-66 ; May, *Principio to Wheeling*, 8 ; および Robbins, "Primipio Company," 275-280（ステファン・オニオンに関して）. オニオンは，ウィリアム・ラッセルの娘（最初のトーマス・ラッセルとは義兄弟の関係）と結婚した（Johnson, "The Baltimore Company," in *American Economic History*, ed. Cobden and Hill, 72, 79-81, 85, 88）.

(72)　Memorials of John Ewer and Ann Russell, *Loyalist Transcripts*, XXXVI, 447-485, and XXXVII, 311-327, および書簡 Thomas Russell II to Principio Company, Dec. 24, 1772, BM, Add Mss 29600, f. 35. 次の書も見よ。Robbins, "Principio Company," 33.

(73)　ハーゼンクレヴァーに関する最もよい資料は，彼の自叙伝体の答弁書である。[Peter Hasenclever], *The Remarkable Case of Peter Hasenclever*（London, 1773）. レクトー・グローバーによるハーゼンクレヴァーの291ページにわたる伝記が1794年にランデシュットで発行された。この仕事に対し注意深く指導してくださった古文書館長でもあるダシュール博士に私は恩義を感じている。ハーゼンクレヴァーに関する２冊目の伝記は，ベルリンで1922年に発行された。Adolf Hasenclever, *Peter Hasenclever aus Remscheid-Ehringhausen*. スコットランド記録所発行の"Buccieuch Muniments（G.D.224）"には，1765年にハーゼンクレヴァーからチャールズ・タウンゼントに宛てた手紙が収録されており，彼のアメリカでの鉄鋼生産に関して説明している。ハーゼンクレヴァーに関しては，次の書も見よ。Clark, *History of*

第1章　初期の対米投資

Manufactures, I, 174；Herman Krooss and Charles Gilbert, *American Business Histoy* (Englewood Cliffs, N. J.：Prentice-Hall, 1972), 41；Davis, *Essays*, I, 93；Irene D. Neu, "Hudson Valley Extractive Industries before 1815," in *Business Enterprise in Early New York*, ed. Frese and Judd, 143-149；および Charles Boyer, *Early Forges and Furnaces in New Jersey* (Philadelphia：University of Pennsylvania Press, 1963), 12-25. The Shelburne Papers （49：1） at the William L. Clements Library, University of Michigan, Ann Arbor. この書には17ページに及ぶハーゼンクレヴァーの "Thoughts Concerning America" と題した手書きの原稿が含まれている (n.d. but after 1766)。そこで，彼は1748〜49年に，カディズにその商社を設立したと述べている。

(74) Information from Dr. Dascher, May 2, 1979.

(75) ノッティンガム大学のチャプマンは，ハーゼンクレヴァーの商活動に関する情報を，パリにある古文書館とアムステルダムにある Brant Archives で発見した（A. N. 57, AQ 108, notebook of 1758-1780, および Brant Archives 1344, letter dated 1763）。書簡 S. D. Chapman to Mira Wilkins, May 28, 1979.

(76) Boyer, *Early Forges*, 14；*The Remarkable Case*, 2-3；および Glauber, *Peter Hasenclever*, 37.

(77) Glauber, *Peter Hasenclever*, 5-6, Boyer, *Early Forges*, 13, 18-19.

(78) Boyer, *Early Forges*, 23-24.

(79) John Austin Stevens, *Colonial Records of the New York Chamber of Commerce*, 1768-1784 （1867；rpt. New York：Burt Franklin, 1971), pt. 2, 137.

(80) Clark, *History of Manufactures*, I, 221.

(81) 前掲書，174, および Boyer, *Early Forges*, 14. ボワイエはその書の p.15で，ロンドンの株主は無収益を理由にハーゼンクレヴァーを解雇した，と記している。ハーゼンクレヴァーのロンドンの会社ハーゼンクレヴァー・セトン&クロフツは失敗し，1770年に彼は破産宣告した（前掲書，14）。事実，ハーゼンクレヴァーは，1766年11月に英国に戻っていた。そこに彼は，1767年6月まで滞在した。その結果として彼はアメリカに戻った。彼が植民地を最後にしたのは1769年であった。

(82) 書簡 Peter Hasenclever to Sir William Johnson, New York, Jan. 6, 1768, は Clark, *History of Manufactures*, I, 217, のなかで引用されている。この手紙の焼失部分は，次のように発行された。*The Papers of Sir William Johnson* （1953), XI, 3-5, misdated January 6, 1764. 1920年代のクラークは，火事が起きる前の原書を頼りにしていた。そして，彼の1768年のデータは信頼できる。Hasenclever, "Thoughts Concerning America," この書は自由貿易に関して，明白な請願を推進した。そして，低廉で良質な「十分で沢山の」土地によって，アメリカで製造業が成功するのと同じ感情を表現している。

(83) 書簡 Peter Hasenclever to Governor Henry Moore, May 11, 1768, BM, Add Mss 22679, ff. 38-41.

(84) Boyer, *Early Forges*, 14, および *The Remarkable Case*, 至るところに。アースキンのハーゼンクレヴァーへの回答 *The Remarkable Case* （1773), これは次の文書のなかにある。*The New-York Gazette and Weekly Mercury*, Aug. 9, 1773, reprinted in *New Jersey Archives*, 1st ser., XXVIII, 586-592. 書簡 Irene Neu to Mira Wilkins, Jan. 29, 1981 （J・J・ファッシュに関して）。

(85) Boyer, *Early Forges*, 14-15, 21. アースキンに関する自叙伝的描写が，ニュージャージー州

第Ⅰ部　発展途上国の時代

の古文書館でみられる（2nd ser., I, 114）。

(86)　Davis, *Essays*, I, 93.

(87)　Clark, *History of Manufactures*, I, 144, 147.

(88)　スティーゲルの著作に関しては，次の書を見よ。前掲書，106, 169, 209；Krooss and Gilbert, *American Business History*, 40, 69；および Albert Bernhardt Faust, *The German Element in America*, 2 vols. (Boston：Houghton Mifflin, 1909), I, 140-143. ファウストはまた，他の多くのドイツ人の移住者に関しても書いている。

(89)　スポッツウッド知事は，ハーゼンクレヴァーが使用したのと同様にドイツの探鉱業者を採用したが，これらのドイツ人たちは投資家ではなかった（*American Iron and Steel Association Bulletin*, 27 ［June 28, 1893］：195）。

(90)　L. Gittins, "Innovations in Textile Bleaching in Britain," *Business History Review*, 53 (Summer 1979)：194-204. ギティンは英国の制定法を引用している。24 George II, C. 51 (1751).

(91)　書簡 Peter Hasenclever to Sir William, June 5, 1765, *The Papers of Sir William Johnson*, XI, 773, および letters of Hasenclever, Jan. 19, Feb. 26, March 13, March 31, Aug. 11, Aug. 12, Sept. 30, 1766, 前掲書，V, 11-14, 41, 74, 137-138, 344, 245, 384. 次の書も見よ。Homes, "Notice of Peter Hasenclever," 1-5. ムーア知事は，ロンドン貿易委員会に宛てた1767年1月12日の手紙のなかで，「この（ニューヨーク）行政区は莫大なる金額の債務を，彼（ハーゼンクレヴァー）に大変世話になっている。彼は湯だまり灰および鉄の重要な生産方式を導入しつつ，ここに投資し続けた」と書いた。次の書のなかでそのことが引用されている。Stevens, *Colonial Records*, pt. 2, 137.

(92)　Gittins, "Innovations," 199-200. この書のギティンの数値は，1717年，1737年，または1752年の輸入額を示していない。他方，次の書ではなんと，17世紀のそのような貿易を示唆している。Clark, *History of Manufactures*, I, 11.

(93)　Mira Wilkins, *The Emergence of Multinational Enterprise : American Business Abroad from the Colonial Era to 1914* (Cambridge, Mass.：Harvard University Press, 1970), chap. 1.

(94)　これは私の出した結論である。Victor S. Clark, *History of Manufactures*, I, 144-147. ビクター・クラークはこの書のなかで，「植民地時代のまさに末期までは，アメリカにおける投機的な企業（最も重要な製造引き受け業者を含む）の資本は，英国ないしドイツによってそのほとんどが賄われていた。しかしながら，裕福な植民地居住者が，時々これらのプロジェクトに協力していた」と記されている。ここに定義上の問題がある。なぜならば，もしその英国人もしくはドイツ人がアメリカに定住したならば，私はそれを「アメリカの投資」と呼ぶであろう。それは英国人およびドイツ人による，彼らのアメリカ資産に関する継続した訴訟ではなかったからである。しかしながら，クラークは移民者の資産を「外国投資」として数えている。Krooss and Gilbert, *American Business History*, 69. この書は，小さな工場は現地で資金を調達したが，「大きな工場，ことに鉄工所では，欧州全土のなかでもとりわけ英国の資金に依存せざるを得なかった」と結論づけている。

(95)　Nevins, *American States*, 268.

(96)　植民地時代のアメリカを扱っている英国の歴史家は，国際収支統計を長期の債務として使用し続けてきた。私の外国投資，特に外国直接投資を学んだ経験では，国際収支の再構築は長期債務を有効に把握することはできない，ということであった。国際収支データは，しかしなが

第1章　初期の対米投資

らそれを慎重に扱うならば，貿易金融面では役立つことになる。

(97)　Wilmot, *Historical View of the Commission*, 199.

(98)　前掲書, 188.

(99)　ウィリアム・ペラットは，プリンシピオ社の当時の英国人所有者を代表して，ロンドンで訴訟を起こした。次の書を見よ。*Loyalist Transcripts*, XXXVI, 361-374. 補償に関しては次の書を見よ。前掲書, I, 248 （ペラット）, 154 （ギー）, 106 （カルメル）, and 314 （ライト）. メリーランド州は，1782年にその州地を売却した際に，24万ドルを受領した。その売却に関しては，次の書を見よ。Clark, *History of Manufactures*, I, 174. 興味深いことに，ノッティンガム鉄工所の前の所有者が1万8560ポンドの要求をした際に，補償委員会より3万7521ポンドを受け取り，要求額よりも受領額の方が大きいという結果であった。次の書を見よ。Ann Russell （未亡人）and the Ewer family in *Loyalist Transcripts*, XI, 272, 40.

(100)　Wilmot, *Historical View of the Commission*, 73, 76, 188. ヘンリー・ハーフォードは，故フレディリック・ボルチモア卿の遺言により，メリーランド州で経営者になった。1776年，ハーフォードは英国の住人であったので，アメリカに行くことはなかったし，少数株主でもあった。彼はその損失に対して，47万7850ポンドを要求した。次の書を見よ。*Loyalist Transcripts*, XXXV, 547-587, and XI, 166. これらの記録によれば，ペン家の莫大な訴えは94万4817ポンドまでになった（前掲書, XI, 252）。1760年代には，英国に住んでいたトーマス・ペンが巨大な土地を購入し，ペン家の財産に加えた。対照的にジョン・ペンは，アメリカに移って管理しようとした。全体として，ペン一族は英国が故郷であった（Nevins, *American States*, 7, 9）。

(101)　人々が損失した土地資産に対する巨大な報償と，バージニア州のカニンガム貿易社が受け取った8370ポンドの報償や，バージニア州とメリーランド州にあったグラスフォード社の3405ポンドの報償とを比較すべきである（*Loyalist Transcripts*, XI, 112, 158）。

(102)　Gary M. Walton and James F. Shepherd, *The Economic Rise of Early America* (Cambridge : Cambridge University Press, 1979), 107. しかし，われわれは次のことを覚えておく必要がある。ジェファーソンは，1776年までのものと見なせる商業面での債務を，バージニア州単独で1000～1500万ドル，13州全体で2000～3000万ドルと推定していた。ウォルトンとシェファードは，250万ポンドの数値を得るにあたり，元金を含んだ年間金利を5％と想定した（前掲書）。

(103)　Price, *Capital and Credit*, 8-9, 15. この書では，商人は当時複利を使用せず，むしろ単純な金利で債務請求に対応していた，と記されている。このようにプライスは，すべての戦前の債務合計（1790～91年の英国商人によって請求された額）を250万ドルというよりも，290万ポンドと設定している。

(104)　当初，私は非居住者の投資を定義するのは困難であると考えていた。アメリカに留まった残留投資家は（母国に対して「忠誠」したけれども），明らかにアメリカの居住者と呼ばれるに違いない。他方，「本国」である英国の人々は，たとえ彼らがある期間，アメリカに居住者として過ごしたとしても，英国在住者であり，「外国の」投資家である。しかし，資産を没収された結果，英国に移ったアメリカの国王派の資産は，一体どう計算されているのであろうか。彼の当初の投資は，国内投資として没収された後に，英国で請求訴訟をしたものは海外の請求として表れているのであろうか。名著 *Loyalist Transcripts* を使用して，私は1776年以前と1776年以後の海外居住者を区別することができた。また，多くの投資家による意図的な「居住」もしくは「本国」かどうかの峻別もできた。マッカスカーとメナードの著書，*The*

43

第 I 部　発展途上国の時代

Economy を読んだ後で，私は，出荷（輸出）時に，重要な損失の求償になぜ気づかなかったのかと，いぶかしく思った。私は，船は英国船籍であろうとも，一度出帆してしまえば，進行している求償を免れることができる，と想像した。

（105）　Jones, *Wealth*, 50. この章に関する調査が実務的に完了したとき，私はアリス・ジョーンズの学識豊かな作品を読んだ。私は海外全体の収益のなかで，「管理された」植民地の，富の比率を探すのは可能であろうか，と自問してみた。アメリカ人はどれほど依存していたか。ジョーンズの作品は，「同一の故人」に基づいている（p. xxiii）。もしそのような資産が，故人となった人の債務をかたがわりしないならば，このような定義による推定額は，英国にいる男性による植民地で所有された財産は除外されていたであろう。そして私は，長期となった取引債務を除き，長期海外投資をまったくこの方式ではやっていなかった，と反論し続けた。故人となったアメリカ住人の遺言検認記録は，海外の所有権を形成することにはならなかったように思える。しかしながらその推定額は，われわれに意味ある枠組み（そのなかでは外国の「求償」が許されていた）を与えている。

（106）　Jones, *Wealth*, 136. この書は，独立戦争以前のアメリカの「国際収支」に関して，より深い研究が必要である，と述べている。遺言検認記録は金融債務を与え，貿易金融上役立っている。ジョーンズは，「国内の」金融求償は「国内の」債務と等しくなければならない，と問題視していた。もし彼女が，金融債務が金融資産を超えていたことを見つけたならば，彼女の抽出標本は現実を反映していなかったか，または実質の外国借入にならざるを得なかったかである。彼女のデータは，600万ポンドの超過債務を示していた。この数字は，1776年の290万ポンドあるいは250万ポンドの貿易債務をはるかに超えている。これは英国の商人が，英国政府に提出した1790〜91年の資料から，複利利子分を控除している。ウォルトンとシェファードは，250万ポンド高かった，と述べている。ジョーンズは，短期外国債務のデータを歪めているのではないか，と誹っていた。このことはもちろん可能であろうが，1776年以降の債務不履行は，短期および長期債務であった。

　しかし，もう一つの考え方，異論であるかもしれないが，1790年までに多くの1776年以前の債務は再度支払われた。それゆえ，250万ポンドあるいは290万ポンドは英国の商人の求償に基づいており，過剰な表現というよりむしろ，依存性を過少評価している。この考えに信用を与えているのは，植民地前期的レベルには至っていなかったが，1790年までに再開された米英間貿易である。古い貿易上の借金の数々は，このことを可能にすべく清算する必要があったように思える。ジョーンズはこのように，ニューイングランド州の一部における重大な債務を発見し，彼女はその重大な債務を，ニューイングランド州および中部の植民地の貿易収支により説明した。しかし，その重大な債務はまた，ニューイングランド州向けの，英国との短期貿易金融によって説明されたかもしれない。その融資金は，1790年までに支払い完了したので，1790〜91年の貿易収支報告には反映していなかった。

　再び記さねばならないが，この議論のいずれも，植民地の土地，土地改造および建物，奴隷，鉄鉱業および鉄鋼業の分野では，海外在住者の長期投資と関係していない。私が定義によって決定できる限りにおいて，それらの分野は，植民地の遺言検認記録からすべて除外されていた。C. H. Feinstein, "Capital Formation in Great Britain," in *Cambridge Economic History of Europe*, ed. Peter Mathias and M. M. Postan （Cambridge：Cambridge University Press, 1978), VII, pt. 1, 71. この書から，英国の海外投資は，1760年には1000〜1500万ポンドになっていたと推定できる。1776年まで上昇し続けていった。この生の概算は，私がアメリカにおける英国の投資に関して示した粗い数字と，大筋では一致している。もしジョーンズが明らかに

第 1 章　初期の対米投資

しなかった，すべての実質債務が「外国からの借金（600万ポンド）」であり，私のいう110万
ポンドを「他の」外国投資に加えるならば，われわれは約700万ポンドという数字に至る。こ
の数字は，次のように想定（(1)主たる英国の海外投資は，アメリカと西インド諸島において
なされてきた。(2)英国の海外投資は，1760年から1776年の間で増大した）するならば，フェ
インスタインの書中の数字と，かけはなれてはいない。これはすべて推測であるが，仮に正し
いとするならば，アメリカの「依存」度合が上昇したことになる。

　余談になるが，ある外国貿易の借金（外国「債務」）のうちのごく少額は，紛れもなく，英
国からのものではなく，オランダからの借金であった。あるいは，まったく違う国民からの借
金だったかもしれない。しかし，私の研究は長期外国投資である。250万ポンドの求償あるい
は290万ポンドの借金は，短期金融として設定される他のいかなる金額よりも，長期（あるい
は1790～91年以来継続して長期になった）金融の方が，より道理にかなっているように思われ
る。だが250万ポンドのかなりの部分，あるいは1776年の290万ポンドについては，短期貿易金
融であったに違いない。

45

第2章

政治的独立／経済的従属

——1776〜1803年——

　独立革命によって政治的独立はなったが，しかし逆説的に，経済的にはより大きな従属がやってきた。独立革命とまったく自らの手によるアメリカ政府諸機関の創設によって，新しい財政上の各種必要事項が出てきた。この国はまた銀行，保険，交通の諸企業を必要とした。アメリカは，独立革命の様々な多額の出費を賄い，新設国家のすさまじい各種必要物を満たすために，海外から借入をした。ある種の外国投資——この時点までのアメリカでは知られていなかった——が現れた。外国証券投資である。

　独立革命の間，1776年から1783年まで，イギリスの財産は没収される一方で，アメリカは，独立のための戦いを支えるべくフランス，スペイン，オランダからの借入を追求した。外国投資家への債務は，1783年から1789年まで——緩やかにではあったが——引き続き増加した。新たな独立国家がその未来に向かって進路を描き始めたためである。憲法をもち，新連邦政府を創設し（1789年），公的信用制度（1790年）を保証するために国と地方債務の資金調達を行い，そしてまたルイジアナ領地の買い上げ（1803年）を実施するために，アメリカはますます外国金融への依存を強めていったのである。

　独立宣言（1776年）後の数十年間で，この国は政治的に独立した。しかしこの国は，多くの製品の輸入そしてそのタバコや原綿の輸出のためにヨーロッパをあてにしていた。外国資本の使用はこの広範な経済依存の一部であった。海外からの投資額は植民地時代をはるかに上回っていたが，それは国内の需要が増大したからである。この総額は絶対量のみならず，相対的規模でもより大きなものであった。

第**2**章　政治的独立／経済的従属

1776〜1783年

　独立革命が始まると，当然公的目的のためのイギリスからの資金流入は突然
途絶えた。アメリカの植民地政府は，その財政資金を国内からの収入，印刷さ
れた通貨，イギリス国家からの直接流入によって賄っていた。[1]植民地の管理運
営にはイギリスのお金がアメリカにくることになったが，それは「外国投資」
としてではない。というのも，支払ってしまえばその後民間または公的投資家
による資産への請求権は生じず，植民地政府の財政を賄う債券の発行はなく，
「対外」公的債務は生じなかったからである。

　独立とともに，事情は変わった。大陸の議会は独立革命の金融のために金を
調達しなければならなかった。[2]同議会はヨーロッパ，特にフランス，[3]そしてオ
ランダに期待した。[4]『国富論』のなかでアダム・スミスは次のように書いてい
る。「オランダの商人資本はきわめて巨大なので，それは以前にもそうであっ
たように，絶えず流出しており，時には外国の公的資金部面に入り，時には民
間業者への貸付や外国資本の投機家たちのところに入っている[5]」。

　フランス人は，彼らの共通の敵イギリスに対抗して革命勢力に貸付を与えた。
スペイン人は，やはり政治的な理由で，（小規模の）アメリカ貸付を行った。
1780年12月20日にイギリスはオランダに宣戦布告し，そして1781年にはオラン
ダの最初の貸付がアメリカにいったが，これはフランスの宮廷によって保証さ
れた。1782年9月には，アメリカ議会はオランダで1000万ドル（2500万フロリ
ン）の債券を発行することを承認した。1783年にアメリカとイギリスの間の平
和条約によって戦争が終わったとき，この最後の発行による資金はまだ受け取
られていなかった。その時点でアメリカは，独立革命の戦時債務残高440万ド
ル（フランス借入），180万ドル（オランダの1781年借入），そして20万ドル（2つの
スペイン借入）を抱えていた。[6]加えて，個々の州が海外から借り入れていた（例
えばバージニアとノースカロライナは，フランスから——明らかに貿易金融として）。[7]
フランス借入の発行資金は，1781年にアメリカ政府によって，同国最初の本来
の銀行であったフィラデルフィアの新ノースアメリカ銀行の633株の代金25万
4000ドルを支払うことにあてられた。[8]このように，革命戦争期に，この国と各

47

第Ⅰ部　発展途上国の時代

州は海外からの借入を行ったのである。

　同時に，既存のイギリスの財産は「アメリカ化」された。1777年11月27日に議会は次のように示唆した。すなわち，同国は「保護の権利」を失った人々の所有物を差し押さえて，これらを売却し，その代金を大陸議会の発行する貸付証書に投資する，と。各州は没収法を定めて，イギリス人の所有物を徴発することを公認した。(9) イギリス人所有の土地は没収され，各州によってアメリカ人に再販売された。(10) 同様に，イギリスの鉄鋼製造も終わった。メリーランド州は，プリンシピオ社の鍛造所の一つをパートナーの一人であるトーマス・ラッセルに与えたが，彼はこの国に居住し，革命勢力側に付いていた。同州は残りの資産を24万ドルで売却した。(11) メリーランドにあったイギリス人所有のノッティンガム鉄工所は，やはり接収されてアメリカ人に売却された。プリンシピオ鉄工所は大砲と砲丸を，またノッティンガム鉄工所は戦時中はアメリカ側に与して砲丸の鋳物を製造した。(12) アメリカ鉄工所のマネジャー，ロバート・アースキンは，愛国者の一人であったが，戦時下にイギリスの支配を離れて，やはりアメリカ革命勢力の必要を満たすべく生産活動をした。この件については，ニュージャージーの法律家たちは，その投資はアースキンの「個人」財産と分かちがたく結びついていると結論づけ，複雑な手続きを経て，一度はイギリス人所有であった会社がアメリカ人のものになった。(13) このアメリカ化の過程は州から州へと繰り返されて，イギリス人保有物がアメリカ人保有になっていった。独立革命後もこの財産は返還されることはなかったであろう(14)（第1章で私は，1776年における非居住者イギリス人の投資額を見積もるために独立革命前の「請求権のデータ」を使用した）。

　1783年に平和条約が締結される以前には，ヨーロッパ大陸，ことにフランスからの商社は，アメリカでは初期的な財産をなしていた。1778年にアメリカ合衆国とフランスは友好・通商条約に署名し，フランス人にアメリカにおける不動産の遺産相続をする権利を与えた。フランス王の臣民たちは，彼らの不動産に関してはアメリカにおける「異邦人」とは見なされなかった。(15) これは，彼らの財産権が安全であろうということの重要な保障であった。というのも，「異邦人の財産権」の問題は，将来における外国人投資家にとって永久に続く関心事になっていくであろうからである。6つのフランス商社が独立革命中あるい

第**2**章　政治的独立／経済的従属

はその直後にボルチモアに商業上の販売所を設立した。[16] 1つのフランスのそして1つのハンブルグ出身者による貿易会社が，フィラデルフィアで業務を開始した。[17] 2つのベルギー商社——プレイジャー・リーベート社とサーモン社——が，それぞれフィラデルフィアとチャールストンで商業活動のための組織を開業した。[18] こうした新たな商業組織の参入があったにもかかわらず，アメリカとイギリスが戦っていた1776年から1783年の期間において，圧倒的に最大の新規外国投資は貸付の形態（合計で640万ドル）で，それは独立革命を金融するためのものであり，その主要な貸し手はフランス人であった。この借入額は，没収されたイギリス財産より大きく表れており，結局アメリカの対外債務増大ということになっていったのである。

1783～1789年

平和条約の交渉が行われていた1783年に，ベンジャミン・フランクリンは，国の政府ではなく州政府がイギリスの財産を没収したのだと，指摘した。[19] こうして，同条約においては，議会は次のことを約束したにすぎない。すなわちそれは，「個々の州の立法部が，没収されたすべての資産，諸権利，財産返還をイギリスの臣民に属する人々に対して行うよう」（第5条），そして革命的な役割に関して反対の立場に立った人々に「将来いかなる没収も行わないように」（第6条），真剣に勧告する，というものであった。[20] しかし，これに満足した人はほとんどいなかった。すでに示したように，いかなる返還も行われなかったし（またそれ以後も行われないであろう），さらに重ねていえば，1783年から1789年の時期にも，イギリスがこの国における海外投資家としての独立革命前の重要な地位を取り戻してはいなかった。[21]

アメリカが，なおさらに必要としていた国家的な金融のための海外資金源を求める今となっては，フランスは，その政治的混乱のために，それ以上は貢献することはできなかった。1783年以後フランス人はアメリカへの新規貸付をやめた。したがってこの国は急速にオランダに傾き，オランダに対する債務は累積して，1782，1783，1784，1787，1788の各年における貸付からの取得額は3万6000ドルに達した。[22] オランダはアメリカの最大債権国としてフランスの位置

第 I 部　発展途上国の時代

表 2-1　アメリカの公的債務，1789年12月31日　　　（単位：US ドル）

連邦債務合計（元本および利子）		54,124,464.56
外国債務に対する連邦債務の比率		21.6%
対フランス，スペイン，オランダ外国債務（元本および利子）		
		11,710,378.62
フランス[a]	4,444,443.90	
スペイン	174,011.00	
オランダ[a]	5,451,852.10	
元本合計	10,070,307.00	
未払利子	1,640,071.62	
国内債務（元本および利子）		42,414,085.94[b]
州債務合計（元本および利子）	25,000,000.00[c]	
外国債務と見なされるもの，バージニア（元本および利子）		
	136,087.00	
外国債務と見なされるもの，サウスカロライナ（元本および利子）		
	496,328.00	

出所：Alexander Hamilton, "Report on Public Credit" (1790), in U.S. Congress, *American State Papers on Finance* (Washington, D.C., 1832), I, 22, 26, 28, 29.

a　公表された額では，1781年オランダ貸付の185万ドルはフランス債務に含まれていた。というのは，それはオランダにおけるフランス領によって貸し付けられ，フランスの宮廷によって保証されていたからである（*American State Papers on Finance*, I, 26, 482）。私がそうした方法を表2-1について採用すれば，フランスに対する外国債務は440万ドルではなく630万ドルになり，またオランダに対するものは545万ドルではなく360万ドルということになるであろう（アメリカがこの借入に対して利子を支払わなかったとしても，フランスはオランダの貸し手に対するその債務責任を果たしたのである。次のものを見よ。P. J. van Winter, *American Finance and Dutch Investment*, New York：Arno Press, 1977, I, 260 n.31.）。

b　1788年11月に，財務省長官であったニューヨークの商人ウィリアム・デュアは，アメリカの**国内債務**の計276万8840ドルが外国人の名義になっており，うち250万1177ドルはオランダ人所有になっていることを発見した。推計によれば，海外で保有されていた**国内債務**は1789年に400万ドルになる（van Winter, *American Finance and Dutch Investment*, I, 240-241, 354-357；II, appendixes 3 and 4）。もしわれわれがこの400万ドルを含めれば，アメリカの債務の29%ほどが海外で保有されていたことになるであろう。

c　『国家報告書（State Paper）』にみられる外国の投機については，van Winter, *American Finance and Dutch Investment*, I, 358-383 n.143, を見よ。

にとって替わったのである。[(23)]

　1776～1783年といった時期には，多くの外国資本を引きつけたのは公的金融であった。表2-1は，アレキサンダー・ハミルトンの『公的信用に関する報告書』（1790年）から作成したものだが，この国の1789年12月31日時点での連邦債務総額が5400万ドルに達していたことを示している。累積「外国」債務1170万ドル（元本と加算利子）は，当時の公的国民債務の21.6%に相当していた。[(24)] こ

50

の外国債務は事実上ヨーロッパで調達されたお金から成っていた。この債務は外国通貨で表示されていた。アメリカの帳簿上は，それはドルと外国通貨の両方で記載されていた。加えて，表2-1の注で説明されているように，アメリカの「国内」債務の一部は，海外に漂着していた。1788年11月に，オランダと，はるかに少額だがイギリスに保有されていた国内債務は，276万8840ドルと推定された[25]（にもかかわらず，それはなお国内債務と呼ばれ，外国債務とは区別された）。貿易が再開されたとき，アメリカの商人たちはヨーロッパの輸出業者にしばしばアメリカ政府の債務を表示する証券で支払いをした。アメリカがその債務を引き受けるであろうと思われたので，外国の商人たちはこの支払い方式をより好んで受け入れるようになった。同時に，外国の投機家たち（主にオランダとイギリスの）はアメリカの債務証券を買った。それはヨーロッパで保有された国内債務を形成し，1789年にはおよそ400万ドルになっていた。もしこの400万ドルを実際に外国で調達された借入（「外国貸付」）に加えると，国外で保有されたアメリカの公的債務は，1789年末にアメリカ連邦政府債務総額の22％ではなく，むしろ約1570万ドル，あるいは29％に達していたのである[26]。1789年には連邦政府の債務は外国投資全体のなかで圧倒的に重要な部分を占めていた。州債務は，1783年から1789年の間に増加し，そのなかには海外で保有されていたものもあったが，やはり表2-1に含まれている。しかし同表は十全ではない。というのは，それは，ハミルトンの『公的信用に関する報告書』の付録に収録されている対外州債務として知られる部分を含むのみだからである[27]。

　1783〜89年に，ヨーロッパの投資家はアメリカのいくつかの事業で株式利権を取得した。同国のファーストバンクの株は1781年に取得され，ノースアメリカ銀行は，例えばオランダ人たちによって購入され（1783〜89年），1786年までにその株式の13％が海外で保有されたのである[28]。ブレーメンの商人たちは彼らの同郷人フリードリッヒ・アメルングの事業活動に融資し，彼は，メリーランドのニューブレーメン（フリードリッヒタウン）に100人ほどの熟練工をブレーメンとトゥーリンギアから連れていって，1784年から1794年までガラスの製造をした。彼のメリーランドガラス事業は，その後ブレーメンの商人たちがアメルングに追加融資をしなかったために，資本不足となり失敗した[29]。

　はるかに重要であったのは，大西洋を渡った商社がアメリカにさらに多くの

第Ⅰ部　発展途上国の時代

事務所を開設したことである。もっとも，早い時期に設立したいくつかは生き
残れなかったのであるが。1783年以後，徐々に英米間の貿易が回復していき，
イギリス商社は大陸ヨーロッパ企業に加わってアメリカの諸都市に代表を送り
始めた。イギリスとフランスの大西洋間の小包郵便が始まった。英—米間交易
の中断は，英—米間の投資関係のそれよりもはるかに短期間であったようにみ
える。

　オランダ人とヨーロッパ人の土地投機が起こった。植民地時代における土地
には主にイギリス人が関わっていた。今やオランダ人がことに興味を抱くよう
になった。1789年に４つのオランダ銀行企業（Stadniski & Son, van Staphorst, P.
& C. van Eeghen, and ten Cate & Vollenhoven）がテオフィレ・カゼノヴェ
（Théophile Cazenove）をアメリカに派遣し，土地や公的債務，そしてより小規
模だがその他証券に対する彼らの増大する様々な対米投資について概観をさせ
た。

　1789年のアメリカにおける新国民政府創設の前夜には，外国投資が大きく膨
れあがっていった。再確認すれば，その年までに，公的国家債務のうちの29％
（1570万ドル）が海外で保有されていた。イギリス人からの公的貸付はなかった
が（彼らに対して戦っていたのだから），国内債務のうち少額がブリトン人によっ
て取得されていた。フランス人はアメリカに対する新たな貸付は止めたけれど
も，アメリカ政府は既存の対仏債務を保持していた。スペインも同様に，その
貸付は止めていたが，この国への少額の債務は一部急増していたのである。ヨ
ーロッパ人によるその他の投資も，60万ドルを超える州債務を含めて存在した。
すべての海外投資家のなかで，オランダ人が，そのかなりの額にのぼるアメリ
カ合衆国の公的債務証券および少額のノースアメリカ銀行株式利権と土地を保
有していて，疑問の余地なく突出していた。18世紀終盤において，オランダ人
は世界最大の貸し手であったから，新共和国への金融における彼らの役割は著
しく目立っていたのである。1789年における対米長期投資はおよそ1700万ドル
から1800万ドルというところであった。

1789〜1803年——概観

憲法の批准と新連邦政府の創設によって，イギリス人の対米投資に対する不安は減少した。1794年までに，オランダ人は彼らの関与を増加させたが，ナポレオン戦争とフランスによるアムステルダムの占領（1795〜99年）とともに，一時的にそれを削減させた（しかし止めはしなかった）。オランダ投資家に対する合衆国連邦政府債務は継続されてその利権は保持され，またオランダ銀行家はその利子を同国に保持したけれども，1790年代末から1800年代初めにかけて，オランダはその対合衆国投資における第1位の地位をイギリス人に明け渡すことになるであろう。

イギリス人の合衆国における利権が絶対額でもオランダ人に対するそれでも増大した際，重要な相互関連が存在した。ホープ社は18世紀のアムステルダムにおける大銀行商会の一つであった。1794年にフランスがオランダの地に侵攻したとき，ホープ一族はロンドンに移った。ホープ社とブリティッシュ・ハウス・オブ・ベアリング社は1770年以前に遡って取引関係をもっていたのだが，1794年にフランシス・ベアリングの息子であるアレキサンダー（20歳）が，「ホープ氏の（アムステルダム）会計商会における主任助手」として採用された[35]。将来の時期においてアレキサンダー・ベアリングはホープ一族に合衆国における広範な事業への関わりをもたせることになる。ロンドン商人であるフランシス・ベアリングは植民地時代にアメリカの企業と交易をし，1783年にそうした活動を再開した。ベアリング一族は，アメリカと長期間にわたり重要な関係をもち，そしてこの国において大きな外国投資を行いまたそれの仲介を行うことになるであろう[36]。

1789年と1803年の間の時期において，アメリカは，(1)連邦および州政府の債務，(2)アメリカ企業の証券への形態で外国証券投資を受け入れた。証券投資と直接投資は貿易および貿易金融と関連して発生した。また土地やその他企業への外国直接投資というのもあった。ナポレオン戦争による混乱にもかかわらず（そして一部はそのために），ヨーロッパの投資家たちはアメリカに目を向けた。最大の外国の利権は圧倒的に政府証券に対するものであった。

第Ⅰ部　発展途上国の時代

　1790年8月4日に，議会は次のことを要求した。すなわち，「対外債務に関わって，合衆国の債務返済のために，またその国内債務の返済基金計画のために」規則がつくられるべきである，と。この公的金融を支持する介入は，新共和国が海外から借入を行うことを大いに楽にした。この「1790年返済基金法」においては，そうした理由のために，高い優先順位が既存外国債務に対する利子支払いに与えられたのである[37]。

　1790年代初めには，合衆国はアムステルダムでいくつかの新たな借入発行に，またアントワープでも一つに成功した[38]。1793年までに，それ以前に発行されたスペインの債務が，そして1795年末までにはフランスへの債務が急増した。アメリカはそのスペインとフランスに対する債務をオランダで借り入れたお金で返済した[39]。1795年末までに，合衆国の「外国債務」はもっぱらアムステルダムとアントワープで保有されていた。「外国債務」という言葉は——繰り返すが——もっぱら外国で調達されたこうした金のことを意味していた。この外国債務は1796年1月1日の時点で総額1193万9000ドルであった[40]。

　1796年以来，『金融に関するアメリカ国家報告書　第1巻』の会計勘定において示されているように，外国債務は着実に減少し，その結果1801年1月までにそれは5700万ドルに，また1810年までに完全に返済された[41]。しかしこの報告書には見落としがある[42]。というのは，同時に「国内債務」のそれ以外の部分が外国にあったからである[43]。減少していたのではなくて，合衆国連邦政府の外国人に対する債務は増加していた。1791年にロンドンの株式ブローカーであるバード・サヴェイジ＆バード社は数百万ドルの合衆国州債務をイギリスに置いていた。特に「1794年ジェイ条約」を予期し，さらにそれ以後においては，それがアメリカのイギリスに対する戦前の商業債務に関する従来の論争を収束させてその支払いを決めたものであったため，イギリスおよびその他外国の投資家たちは合衆国政府証券が得られることに気分をよくしていた[44]。1803年にバード・サヴェイジ＆バード社が破産したとき，ベアリング商会がロンドンにおける合衆国政府公式代理人に指名された[45]。

　アダム・セイバートの『統計年報』（1818年）が適切に示しているように，公的債務の処理は順調に進展しているが，また別の論争点もつくり出していた[46]。表2-2の最初の部分はこの資料から作成されたもので，それは「ルイジアナ

第**2**章　政治的独立／経済的従属

表2-2　ルイジアナ購入の前後における外国人保有の合衆国国内債務

(単位：100万 US ドル)

国内債務　1803年6月30日（ルイジアナ購入前）	
国内債務計	70.0
イギリス人投資家保有分	15.9
オランダ人投資家保有分	13.7
その他投資家保有分	2.5
外国人保有分計	32.1
海外保有分割合	46%
国内債務　1803年12月1日（ルイジアナ購入後）	
国内債務計	81.0
外国人保有分計	43.0
海外保有分割合	53%

出所：集計は次のデータに基づいている。Adam Seybert, *Statistical Annals* （Philadelphia：Thomas Dobson, 1818), pp. 736, 751, および Timothy Pitkin, *A Statistical View of the Commerce of the United States* （1816；rpt. New York：Augustus M. Kelly, 1967), p. 287.

の購入（1803年）」以前の合衆国の公的債務を示しているが，このルイジアナは合衆国外の債権者によって所有されており，その額は，計3210万ドルで，常時別勘定で管理されていた残存する「外国債務」を含んでいなかった。[47]

　フランスは1800年10月1日の秘密条約でスペインからルイジアナ領地を取得していた。1803年の「ルイジアナの購入」のために，合衆国はフランス政府に1500万ドルを支払うことに合意した。うち375万ドルはフランス政府に対するアメリカの商業債権によって代替されることになったが，これは合衆国によって買収されていたものである（この金額はアメリカの勘定では「アメリカの債権」として処理された）。残りの1125万ドルは6％の「株式」で支払われることになった。[48]ルイジアナの6％株式は1803年11月10日に議会を通過した法律に従い発行された。[49]それは，フランス政府の譲受人であるイギリスとオランダの商会，フランシス・ベアリング社とホープ社に支払われるべきものとされた。その利子625万ドルはロンドンで，500万ドルはアムステルダムで支払われるべきものであった。1125万ドルは合衆国の外国債務を表示したが，それはフランスに対するものではなく，イギリスとオランダの金融機関に対するものとしてであった。[50]

　1802年に一時的な平和があって，ホープ商会はロンドンからアムステルダム

第Ⅰ部　発展途上国の時代

に帰っていた。しかし，同社を指揮していた老ヘンリー・ホープに代わって，アレキサンダー・ベアリングの義理の兄弟ピエール・C・ラボウチェアがホープ社のトップになった。ホープ社の資本はホープ一族からきていたのだが，彼らは引き続きイギリスに住んでいた。ベアリング商会とホープ社は，その協力関係を維持していた。[51]

　1803年12月1日までに，合衆国の公的債務（ここでも「外国債務」を除いて）は8100万ドルに達していて，そのうち外国人がおよそ53％を保有していたのである（表2-2を参照）。表2-2は，イギリス資本の重要性，ルイジアナ購入後の債務の増大，そしてその結果アメリカの外国債務の国内債務に対する割合が46％から53％に上昇したことを示している。もし私が残りの「外国債務」570万ドルを加えれば，1803年12月の海外で保有されていた合衆国公的債務の割合は56％，あるいは約4870万ドルになる。[52]この合計額は，1783年，1789年のそれよりもはるか大きく，そしてもちろん，公的債務のなかった独立革命以前よりも大きいのである。

　不運にも，州債務について1803年のそれと比較できるデータが得られない。1790年初めには州紙幣に対する外国の投機があった。オランダの投資家は，州債務についての連邦の推定に基づいて，マサチューセッツ，サウスカロライナ，ペンシルベニア，ニューヨーク，メリーランドの債務証書を取得した。事実上，これら債務のすべてが1790年8月の立法の際，連邦政府によって推定されていた。1790年代には，いくつかの州が州事業のために外国借入を行い，オランダの投資家がマサチューセッツ，サウスカロライナ，ペンシルベニアに貸付をしたのである。間違いなく，イギリスによる州証券の購入もいくらかはあった。[53]しかし，1803年に海外で保有されていた州債務の数字が存在しないのである。その額は，明らかに外国人によって保有されていた連邦債務4870万ドルよりはるかに少なかった。[54]

1790〜1803年——企業証券

　サムエル・ブロジェットが推定しているのだが——1806年に書いている——，1803年の時点で，この国の企業株残高4840万ドル（州法銀行，合衆国銀行，保険

56

第**2**章　政治的独立／経済的従属

表2-3　外国人保有の企業証券，1803年

種　類	株式残高計 (100万USドル)	外国人保有（100万USドル）				全外国人保有 (％でみて)
		イギリス	オランダ	その他	計	
州法銀行	26.00	5.00	3.00	1.00	9.00	35
合衆国銀行	10.00	4.00	2.00	0.20	6.20	62
保険会社	9.00	0.50	—	—	0.50	6
有料道路・運河	3.40	0.10	0.08	—	0.18	5
計	48.40	9.60	5.08	1.20	15.88	33

出所：Samuel Blodget, *Economia : A Statistical Manual for the United States of America* (1806 ; rpt. New York : Augustus M. Kelley, 1964), p. 198.

会社，運河，有料道路の株式）のうち，ほとんど1600万ドル，あるいは33％が外国で保有されていた！(55)　表2-3はこの内訳を示している。アメリカはまだ「企業社会」ではなかったのだ。にもかかわらず，法人は大規模な経済活動に参加し，特に銀行業においてそうであった。そのアメリカは，主要な事業のために海外で資本を発行することができ，経済発展に必要な基盤整備が助けられた。

　この投資の大部分は，支配の意図をもたない有価証券の性格のものであったようにみえる。「企業株式」のうち，州法銀行への外国投資900万ドルが総額のうちの最大部分を表している。フィラデルフィアのノースアメリカ銀行（1781年設立）が多くの外国投資を引きつけた。1790年代初めに，オランダの投資家はニューヨーク銀行（1784年設立）とメリーランド銀行（1790年設立）の株を買った。(56)州法銀行へのイギリスの投資はオランダのそれを超えて増大した（1803年までに，それぞれ500万ドルと300万ドル）。

　一企業でこの時期合衆国銀行以上の外国資本を受け入れたものはないであろう。1803年までに，それはフィラデルフィアに本社を置き，ニューヨーク，ボストン，ボルチモア，チャールストン，ノーフォーク，ワシントンD.C.に支店をもっていた。1791年に合衆国銀行が設立されたときのことを，歴史家ブレイ・ハモンドは次のように説明している。「実際には財務省は，アムステルダムで政府証券の販売に従事している合衆国事務官宛てに200万ドルを振り出し，同銀行にその手形を預金し，こうしてこの預金と引き替えに株式支払いのための手形振り出しを行った」。技術的にはこれは，合衆国政府による合衆国第1銀行株の購入はオランダの資金によって金融されたことを意味した。(57)

第Ⅰ部 発展途上国の時代

　1791年の発足にあたって，合衆国銀行は1000万ドルの資本をもち，それは2万5000の株式に分割されていた。合衆国政府は200万ドルで5000株に応募した。アレキサンダー・ハミルトンは，ノースアメリカ銀行の採用を，一新企業の設立ではなく国法銀行のそれと考えていた。反対の一つとして挙げられたのは，ノースアメリカ銀行の許可条項には外国人の影響力に対抗する防御規定を欠いていること，彼らが取締役になることや代理人による投票などに対する禁止規定がない，といった点であった。こうして，1791年2月25日の合衆国銀行制定法において，次の明確な規定がみられた。「合衆国市民である株主以外は誰も，取締役としての資格をもつべきではない」。実際に合衆国に居住している株主のみが，委任状による投票をすることができる。最初は株式所有はアメリカ人であった。

　しかしながら次第に，外国人投資家は合衆国銀行の株式を取得していった。許可条項には彼らがそれをすることを禁ずるものはなにもなかった。1793年までに，同銀行におけるオランダとイギリスの利権は相当重要になり（そしてその取締役たちは銀行の株がヨーロッパで売れるようにすることに熱心であったので），配当がフィラデルフィアと同様，アムステルダム，ロンドンでも支払われることになった。1796年と1802年の間に，合衆国政府は同銀行にその5000株を売却した。そのうち，1802年にアレキサンダー・ベアリングが2200株を取得した。合衆国政府はベアリングにその株を売却したが，それは同社がオランダ債務の送金の金融仲介業者として働くことを申し出た後のことであった。1803年までに，外国に保有されていた合衆国銀行株は（今や主としてイギリスにあったが），62％に，あるいは620万ドルに達していた！　この驚くべき額にもかかわらず，イギリスまたはオランダのグループのいずれかが合衆国銀行を「支配」したり，あるいは両国の株主たちがなんらかの形でその経営に参加したという証拠は存在しない。つまり，その許可条項のもとで，いかなるイギリスまたはオランダの取締役も存在し得なかったし，いかなる外国居住者もその株式に基づく投票を委任状で行うということはあり得なかった。にもかかわらず，その総額は印象深い。

　その他の企業の事業に関しては，外国投資は比較的少なかった。オランダはアメリカの保険会社にはまったく関与しなかったのに対し，イギリスはそうし

58

た企業に約50万ドル投資していた。⁽⁶⁴⁾初期の運河と船舶会社に投じられたオラン
ダ資本——コネチカット運河社，ジェームズ河社，ニューヨーク州ロック船舶
社，ポトマック運河社，サンティー運河社——は，表向きすべて証券投資の形
態をとっていたが，それはテオフィレ・カゼノヴェにより彼の主人たちに代わ
ってなされたものであった。⁽⁶⁵⁾イギリスによるそうした「運輸」関係企業への投
資は，オランダのそれをわずかに上回っていたにすぎない（10万ドル対8万ド
ル）。

　要約すれば，1803年における海外保有の合衆国企業株式（1588万ドル）のう
ち，60％はイギリス人の手にあり，またおよそ32％はオランダ人投資家によっ
て所有されていた。公的債務の場合，したがってまたそれ以外の投資とも同様
に，イギリス人は卓越していたといえよう。企業向け外国投資は圧倒的に銀行
業においてなされていた。それらは，海外で流通していたわけではなく，また
外国株式市場で取引されていたわけでもない。それらはヨーロッパ人の手に渡
り，2つの基本的な形態をとっていた。1つは，カゼノヴェのような，外国投
資家の代理人による合衆国国内での購入を通して行われた（また次のようなこと
もあったであろう。旅行者，あるいはより重要なものとして移民が，ヨーロッパにいる
家族のために証券類を取得したかもしれない。同様に，国際的な関わりをもつアメリカ
商人たちが仲介役を果たした。合衆国政府は，その合衆国銀行の株式をベアリング社に
売却していた）。2つ目の形態は，貿易に関連した取引を通じたものである。す
なわち，海外で購入された商品に対する支払いとしてである。これは，イギリ
スの場合が特に重要である。注意する必要があるのはこれらの投資は（合衆国
において設立された）アメリカ法人に対して行われたものであって，その会社は
アメリカで事業をするために海外で設立されたのではない。注目すべきは，な
お国際証券市場の発達が不十分な条件のもとで，1803年にアメリカ企業証券の
相当大きな割合（33％）が海外で保有されていたということである。

1790～1803年——貿易関連投資

　外国投資は貿易に関連してなされうる。私の関心は長期的な利権であるから，
貿易や貿易金融がより永久的な権益に関わる基礎になるような場合にのみ注意

第Ⅰ部　発展途上国の時代

を払う必要がある。すなわち次のような場合である。(1)貿易活動を支配している外国事業者が代理を通じて合衆国投資を行った，(2)債務不履行やその他の理由で，外国商社が輸出金融を行っていたアメリカの製品の生産に関わる投資家になった，(3)商品の販売者（あるいは売られた商品への信用提供者）は，現金支払いに代えてアメリカの証券や財産を取得し，こうして長期投資家になった，(4)外国企業が，合衆国の諸状況についての知識をもっていたため，別の長期投資をすることを決めた。

　1790年代には，イギリスの商人たちが独立革命前の貿易関係を取り戻して，アメリカにおける新たな販路を開いた。1792年にバージニアのウィリアム・ヘスは財務長官アレキサンダー・ハミルトンに次のように書き送っている。「この州における交易は主に外国（イギリス）との間で行われている。それ（貿易）に従事している人々は，ほとんど商人の名に値せず，仲買人，委託販売人，あるいはイギリスの商人や製造業者の小売店主といったところで――そして彼らの事業は，この国の産物のために，それの商品を扱うのだが，そしてそれを，この貿易の利益が当然集中する彼らの主人の発注先に送るのである」[66]。

　この一文は，「仲買人，委託販売人，小売店主」が雇われ人なのか，イギリス企業の共同事業者なのか，あるいはイギリス商社のために純粋に手数料ベースで働いている金融的には独立単位のものなのか，を示していない。この区別は外国直接投資の出現を理解する際に重要になる。一般的に，事業成長の初期には諸資産の規模は小さい。本国の企業は，それに代わって仕事をする海外の独立の代理人を指名する（そうした代理人は本国，投資受け入れ国，第三国のどの国籍でもありうる）。独立の「代理人」は本国事業の一つの延長ではなかった。これに対して，そして定義上，多国籍企業は――外国直接投資をするのだが――単なる所有ではなく，海外における事業の支配である。仲買人，委託販売人，小売店主が外国直接投資かどうかを決定するのは，親会社との関係である。もしもその事業が所有されているか支配されていれば，あるいは，もしそれに携わっている人が雇われているか共同事業者であれば，そこでわれわれは親企業の拡張をみることになる。

　この定義は明快であるようにみえるが，現実はそれほど単純ではない。混乱は以下のように示される。(1)もしある代理人がその商品，その市場，その金

融などでイギリスの事業に依存していれば，それがアメリカ人の手で運営され
ておりまたその所有がアメリカ人の側にある場合でさえも，それを独立してい
るというのはおかしくはないであろうか。しかしながら，外国直接投資の観点
からいえば，そのような「代理人」は「独立」していたということになる。(2)
もしあるイギリス人がイギリス企業の「代理人」として働くためにアメリカに
行ったとすれば，これは外国直接投資であろうか。もしもこのイギリス人が自
分自身で（親会社やなにか他のイギリス会社によって資金供与を受けないで）アメリ
カに行って定住したのであれば，彼が諸資産を持参した程度に応じて，これは，
（彼がひとたび居住者となった限りでは）国内化され，アメリカ化されたイギリス
の外国投資であったということになる。もしこのイギリス人がアメリカに行き，
そして彼の活動がイギリス本社企業によって金融され（彼の船賃と給与が支払わ
れ，彼の同社との結びつきが確認されれば），この場合にはそれはアメリカに彼を
送ったイギリス企業の外国直接投資であった。(3)もしアメリカで業務を行っ
ている企業がイギリスの貿易企業のために働いた場合，そこでもし合衆国株主
たちすべてが大西洋のこちら側で生まれ，しかし倉庫や在庫品などの資本がイ
ギリスからきていたとすれば，さらにもしイギリスの共同事業者が合衆国貿易
企業の利潤に利権をもっていたとすれば，これはイギリスの直接投資であろう。
イギリスの共同事業者たちは大西洋をまたいで商社を結合していたのである。
(4)最後に，イギリス貿易会社または（後に）製造企業の一家族のあるメンバー
が同族企業の代理人となるためにアメリカに渡ったと想定する。この移民は 1
つの企業を設立し，それはすぐに自立化し独立した。それは，同族のそれとと
もに，他のイギリスとアメリカの商社の代理人となった。これは外国直接投資
であったといえるであろうか。私の定義によれば，答えはイエスである。アメ
リカにおける出先は，本国の同族企業の事業に従事すべく設立され，そしてそ
の同族メンバーが同族会社の部分として活動する限りにおいて，これは一つの
直接投資であろう。時とともに，そうした投資はしばしば外国直接投資として
の性格を失い，また最初の親企業との関係は難しいものになった。残念ながら，
一般に使われている用語，「仲買人」，「委託販売人」，「小売店主」は，外国直
接投資があったか，なかったかということを示すことには失敗するのである。
要するに，初期のアメリカでは，まさに植民地時代におけるのと同様，仲買人，

第Ⅰ部　発展途上国の時代

委託販売人，小売店主は，時として同族のメンバーであり，イギリス貿易企業の共同事業者，あるいは従業員であった。こうして，注記したように，それらの事業活動は外国直接投資であった。時には，それらはアメリカ企業であり，イギリス人から債務を負っていたが，しかしイギリスの「直接投資」からは独立していた。正確な比率はわかっていない。この議論は，イギリスのそれに対してだけでなく，大陸ヨーロッパの商会に対しても，適用可能である。

　同様に，私にはわからないが，どの程度，債務不履行を通じて，合衆国のタバコや綿花貿易を金融したイギリス人がアメリカの農耕分野の投資家になったであろうか。明らかに，このことは起こっていたのである。もっと重要なのは，アメリカ人はしばしば，輸入を証券で支払い，こうしてヨーロッパの輸出を長期外国投資に変えていた，ということである。合衆国政府債務はこの目的に役立った。同様に，諸研究が示しているように，合衆国第1銀行の株式の大きな部分がヨーロッパに移り，債務を帳消しにしたのである[67]。加えて，貿易金融に携わっていたヨーロッパの商人たち（ベアリング商会は目立った一例）は，非貿易関連の合衆国投資，特に土地投資に参入した[68]。

　国際貿易から生じた長期外国投資の大半はイギリスのものであった。多くは大西洋間商業取引の結果として形成された。しかしながらこうした時期には，ロシア，フランス，スペインの貿易業者もまた，イギリスのそれとともに，彼らがアメリカ国内の毛皮取引や中国貿易に参入したので，前哨基地——これは，投資である——を築いた[69]。オランダ，ベルギー，ドイツの商人は大西洋間商業取引に参入した。

1790～1803年——土地とその他事業分野への直接投資

　外国直接投資のなかで，土地へのそれが最も目立っていた。アメリカの「土地セールスマン」がヨーロッパ中に拡散し，ロンドン，パリ，アルサス，ライン，ベルギーを訪問した。1791年には，ロバート・モリスは，彼の土地セールスマングループの一つを通じて，ニューヨーク州の約1300万エーカーをサー・ウィリアム・パルティニーに率いられるグループに売った（価格7万5000ポンド，または約35万ドル）。このイギリス投資家たちはチャールズ・ウィリアムソンを

62

代理人に指名したが，彼は，発展とともに投資家は「その支出の50倍も有利な収穫を手に入れる」であろう，と予想していた。ウィリアムソンは，投資家のお金を道路，町，商店，劇場，宿場，製材所，炭酸ガス製造，蒸留酒製造，模範農園，住宅に投資した——すべてはそうして，土地を入植者に売りさばこうとしたのである。1800年までに，パルティニーはウィリアムソンに取って代わり，ニューヨークの法律家ロバート・トゥロープを雇用して彼の仕事を手伝わ
せた。[70]

　ロバート・モリスも，グループに土地を販売したが，このグループは，彼以外からのものを含めて，法外な規模の土地を購入した。1792年に，オランダ土地会社として知られるようになった銀行家（および投機家たち）の一集団が，この土地の買い入れを始め，数年間で中・西部ニューヨーク州および西部ペンシルベニア州に500万エーカー以上の権利を取得していた。彼らの合衆国代理人であるテオフィレ・カゼノヴェは，彼の株主たちに次のように説明していた。彼らが投資する前に，彼らはその土地事業について積極的で知的な監査を行うための準備をすべきである。[71] 彼は，彼らのためにそれを行うであろう，[72] と。

　1790年には，合衆国内のあるオランダ貿易企業が，オランダに向けて，ロッテルダムにあるヴァン・ビーフティン＆ブーン社の精糖工場用原料に使用可能なものとして，メープル糖を送っていた。ヴァン・ビーフティン＆ブーン社は，ゲリット・ブーンを合衆国に送って事柄を検討させて，1792年にブーンは，5万4489ドルで，ニューヨーク州北部にあるモホーク川の支流に2万9000エーカーを取得した。彼はその財産の開発を監督した。1794年までに，彼は製材所，小宿屋，納屋，いくつかの丸太小屋を建て，また樹液を抽出する設備を導入したが，そこで事業を放棄した。非常にわずかの砂糖が輸出されたりしたが，ブーンは投機的事業は決して利益を生まないだろうと結論づけた。このオランダ会社は入植者たちに土地を売ることを決め，この土地はオランダ土地会社に関連する財産の一部となった。[73]

　1796年に，アレキサンダー・ベアリングは，ベアリング商会のためにメインに100万エーカー以上を購入した（価格40万1000ドル）。彼はホープ一族にこれの購入を持ち込んだ。ホープ社の歴史家は書いている。「毎年毎年，メインにいるホープの代理人ジョン・リチャードからのレポートには，進行中の入植を進

第Ⅰ部　発展途上国の時代

めるという骨の折れる仕事，さらには入植者の不足——しかも彼らは金融的に
みれば資産ではなく負債なのだが——といった楽しみのない主題が響き渡って
いる。その状況下で唯一救いになる見物は，おそらく，それがホープのアメリ
カに対する思い入れに焦点を当てるのを助けているという点であろう⁽⁷⁴⁾」。フラ
ンス人もまた土地の購入に参加していた⁽⁷⁵⁾。

　企業関係のアメリカ人たちはヨーロッパのお金を求めていた。テンク・コッ
クスは，1792年4月12日に，ジョン・アダムズの義理の息子に書いている。
「もしあなたのヨーロッパの友人がこの種のことをやる気があるのなら」，コッ
クスは土地を買い，彼らの代理人になり，土地の形で支払いうる5％の手数料
をとるであろう，と⁽⁷⁶⁾。1796年に，モリス知事は，「多数の金持ちのアメリカ人
土地所有者と投機家の代理人として」パリに住み，ほとんど成功の見込みがな
いにもかかわらず，アメリカでの土地購入のお金を探していた⁽⁷⁷⁾。

　同じ年に，ロバート・モリスはロンドンでノースアメリカン土地会社の設立
趣意書を公表し，そしてイギリス人投資家にこの企業への関心を高めようとし
て，ペンシルベニア，バージニア，ノースカロライナ，サウスカロライナ，ジ
ョージア，ケンタッキーに590万エーカーを所有していると述べている！　ノ
ースアメリカン土地会社は，75年以上もの間関心をもたれてきたようであり
（長い訴訟があったために），またある程度イギリスの投資を引きつけてきたよう
にみえる⁽⁷⁸⁾。1790年代と1800年代初めには，アメリカの多くの州が外国人の土地
所有を制限していたが，そのルールは欺かれることがありうるし，また欺かれ
ていた——例えば，権利がアメリカ市民または企業の名前で保有されるといっ
たことにより，あるいは州立法当局による特定の外国人所有者に法的権利を与
えた特別立法の通過によってである⁽⁷⁹⁾。

　一方で実際には，運河，船舶会社，有料道路への外国投資のすべてが有価証
券の性格をもっていたが，時には，投資家に少なくとも潜在的な支配力を与え
るに十分な資本がヨーロッパからきており，それは支配であり，先に示された
ように，外国直接投資の定義にとって決定的なものである。例えば，1790年代
には，ロンドンの投資家ホジソン・アトキンソンは，ヴェルモントのベローズ
滝におけるコネチカット河の内部改修に必要な資本の大部分を提供した⁽⁸⁰⁾。

　一般に，合衆国における（1790～1803年の）ヨーロッパ人の投資家は製造業に

64

第**2**章　政治的独立／経済的従属

は参入しなかった，と信じられている。1791年の，ニュージャージー，パターソンにおける野心的な「有益な製造業者設立協会」へのオランダの有価証券利権２万ドルは，しばしば例外として挙げられてきた。[81]『アメリカン・ビジネス・ヒストリー』において，ハーマン・E・クルースとチャールズ・ギルバートは次のように述べている。イギリスのマーチャントバンクのアメリカ政府債券，銀行，保険会社への利権は「他の（国内の）製造企業のための資本資金」に解放された，と。[82]私はこの一般化に反対ではない。にもかかわらず，製造業における外国直接投資は，わずかではあるが存在したのだ。今日の合衆国で主要企業の一つ――デュポン――は，外国投資家によって1801年に創設された。当初は，このデュポン社は，フランスの経営，資本，機械，そして作業者を使用していた。[83]

1776～1803年――外国投資に対する態度

　新国家においては，外国投資に対する態度は一律というにはほど遠いものであった。独立革命期間中においては，イギリス所有が接収されつつあったとき，アメリカ人はフランス，スペイン，オランダの貸付を懇願した。1782年７月29日に，財務長官ロバート・モリスは公的信用に関するレポートを作成し，そのなかで彼は，外国借入を強く擁護し，対立する議論に反論した。[84]1783年の平和到来とともに，アメリカの商人も銀行家たちも，イギリスの資金を含めて海外のお金を求めた。農業関係者は彼らの輸入と輸出にイギリス金融を使い，他方，同時に，彼らは大銀行の金融力と「外国的な要素」を痛烈に非難した。彼らは，ノースアメリカ銀行が「外国人のアメリカへの投資」を容認していることを非難し，さらに同銀行の「巨額の配当」が金持ち外国人をしてそれの株を買わしめ，それは「結局はその組織のすべての資本が海外で所有され，こうしてこの国が実質的に硬貨形態での配当の輸出によって正貨の流出に見舞われることになるまで」続くことを恐れたのである。[85]

　憲法の批准の後，1789年における新議会の最初の活動の一つは，差別的従量税をかけて，合衆国産と合衆国所有の船舶に優位を与えることであった。[86]これは，登記法に従ったもので，アメリカ所有の船舶が低料金で資格を得て登記さ

65

第Ⅰ部　発展途上国の時代

れるようにしたものであった。アメリカ市民によって完全に所有されている船舶のみにそのような文書証明が与えられた（登記された）。こうして，アメリカのアメリカ所有と外国所有の船荷を差別的に取り扱う措置が始まった1790年に財務長官アレキサンダー・ハミルトンが公的信用に関する彼の報告を発表したとき，農業関係者のグループが，アメリカの債務を支払うのにお金がオランダとイギリスに回るから悲惨な結果が起こると説いた[88]。先に触れたように，1791年に合衆国銀行が設立されたとき，外国支配を排除するための法的規定があった。しかし，批判があったにもかかわらず，外国投資への強力な支持者は引き続き存在した。

　企業家や政治家たちは，継続されている外国人によるノースアメリカ銀行の株式購入を，賞賛した。それは，「正貨や多くの外国の友人たちを持ち込むものである。元本がこちらに残る限り，配当の支払いは心配すべきではない[89]」というものである。ハミルトンの国および州債の返済計画は，公的信用を保証し，こうしていっそうの外国の資金調達を可能にするために企図されたものであった。ジェファーソン時代の財務長官であったスイス生まれのアルバート・ギャラティンは，ルイジアナの購入に外国からの金融をあてることにまったく躊躇することがなかった。合衆国銀行への外国証券投資にはいかなる禁止もなかった（ただ外国の支配に対するそれのみであった）。ハミルトンは，彼の製造業者に関する報告（1791年）において次のように書いた。

　　外国資本の導入を，嫉妬の目でもって，それがあたかもわが市民からわれわれ自身の産業の利潤を奪い去る手段であるかのごとくみたがる人々がいるかもしれないということはあり得ないことではない。ただ，おそらく，それ以上に理由のない嫉妬はあり得ないであろう。それは，ライバルとしてみるのではなく，最も価値ある援軍として考えられるべきであり，それがなかった場合よりもはるかに大量の管理労働や有益な企業をつき動かすのに貢献するのである。次のようなことは，少なくとも明らかである。すなわち，開かれたばかりの資源の無限の貯蔵を有しているアメリカのような国においては，外国資本のファージング銅貨の一つひとつが，国内の各種改善努力や産業の構築に投じられて，永久的な性質を有し，貴重な獲得物なのである[90]。

第**2**章 政治的独立／経済的従属

　ハミルトン——彼は他の誰よりも多くアメリカの初期の経済政策を策定した——は，外国資本が魅力的なものでありうるしまたそうであるべきだと感じていた。1790年のこの国最初の帰化法は市民権を容易に入手可能とした。移民が到着すれば，海外投資家たちを代表し，また彼らに情報を伝えて外国投資のための橋渡しをするであろう。

　1791〜1803年の間に，アメリカに残っていた外国投資に対する心配は，常に好意的な反応と共存していた。アメリカには，「ベアリングおよびパルトネイス氏（ママ，Pultneys〔sic〕）の土地独占化システムという土地の自由保有制と封建化傾向に対して恐れを抱いていた人々がいた」[92]。前述のように，多くの州が非居住者外国人の土地への投資を排除したり制限する法律条項や外国人土地法（イギリスのコモンロウに基づいた）をもっていた。州は，入植を望み，大規模な居住しない外国人投資家は望んでいなかった[93]。しかしながらアメリカ人の「土地セールスマン」は外国人投資家を探し求めていた。

　多くのアメリカ人は，1794年のジェイ条約を非難していた。これは，イギリス人の債権者に対して独立革命前の商業債務をアメリカが補償することを約したものであったが[94]，この債務の責任ある取り扱いはいっそうの外国投資を促進するであろう。ジェイ条約（第9条）は，1794年以前に取得された土地を保有するイギリス人の権利を保障したが，それはあたかも彼らが生来のアメリカ人であって，この土地を彼らの相続人に譲渡するかのようなやり方であった[95]。

　1795年には，シュリキル・サスペンハナ河の運行を企図した企業家のスポンサーたちは，ヨーロッパ人に彼らの会社の株のうち3分の2の支配を許すのは「悪い政策」であり，「3分の1がこのやり方の思慮あるものではなかろうか」と感じていた。外国資本は，「事業のスピーディで完全な成功を確実にする」[96]のを助けるだろう。受け入れ国の国民による支配の「合弁」というアイデアは，決して第二次世界大戦後の後発国においてのみユニークであったわけではないのである。

　本書全体を通じて，われわれは，アメリカ人の外国投資に対するアンビバレンス（両面評価）の感情をみていくことになろう。この時期を通じて特別に関心をもたれたものには，ことに海運，銀行，土地などの外国人所有（そして支配）があった。関心の強さは時により変わっている——すなわち，その関心が

67

第Ⅰ部　発展途上国の時代

公的政策に移される仕方がどのように変わるかによってである。にもかかわら
ず，アンビバレンスのパターンは残っていたのである。

1776～1803年——外国投資

　1776～1803年には，アメリカにおける外国投資の方向に2つの新しい側面が
現れている。第1は，最も際立ったことだが，政府借入の新たな重要性である。
独立革命，国家および州債務のハミルトンによる借り換え，ルイジアナ地域の
買収は，すべて外国資金に依存した——そしてそのおのおのは成功したと結論
づけられるのだが，外国による貢献であったから，生半可なものではなかった。
独立革命時におけるフランスの重要性は以後長く認められている。同様に，歴
史家ジェームズ・リレイが最近論じているように，ハミルトンの財政計画は，
「アメリカの資源の強さだけに依存していたのでは」成功しなかったであろう
——外国の資金が要請されたし，オランダの役割が決定的であった。[97]何年も前
に，J・E・ウィンストンは，彼の論文「ルイジアナ購入はいかにして金融さ
れたか」において，次のように結論づけている。取得に支払うために国内的に
資金を調達することは不可能であったであろう。当時のアメリカの銀行制度に
は，その金融を取り扱う能力はなかった。イギリスとオランダのマーチャント
バンカーの貢献が決定的であった。[98]
　これ以降の各年においても，外国投資家は合衆国の公的金融に参加し続けよ
うとしたであろうが，この時期この部門における投資に関係した2つの特徴は
その後のアメリカの歴史において繰り返して現れなかった（少なくとも本書にお
いてカバーされている時期，つまり1914年までにおいては）。一つは，外国政府の役
割である。フランスの国家は直接関与していたが，それはフランス政府資金か
らの貸付をせず，オランダの信用に保証を与えたのである。その動機は政治的
であった。今一つの投資関連の特徴は次のようなことである。すなわち，独立
革命および独立革命後の時期における「外国借入」は，本書で論じられている
時期の連邦政府借入のみであり，それは，外国通貨表示で，もっぱら海外市場
においてのみなされたものであった。アメリカの債務は引き続き海外で売られ，
保有されるであろう（非公式にはそこでの購入を通じて，あるいは貿易債務の支払い

第**2**章　政治的独立／経済的従属

の形で，また公式にはそこで投資される——ドル表示のルイジアナ6％株の場合のように）。しかし，1795年から1914年の間は，新規のアメリカ連邦債務が再びドル以外の他の通貨によっても表示されることはないであろう。もしこれら2つの特徴——政治的な動機をもった政府の貸し手と外貨建ての中央政府借入——が独立革命と独立革命後の時期に特殊なものであったとすれば，外国投資家たちはなおアメリカの公的金融に関与していたし，そして以下の各章においてその環境が変化していくのをみるであろう。要するに，アメリカの政府借入はこの時期において初めて主役を演じることになったのである。

1776～1803年の間における第2の新たな外国投資の側面は——植民地時代との比較でユニークなのだが——合衆国銀行，保険，運河，海運，そして有料道路などの企業への外国投資に関連している。これら個人やマーチャントバンクによる証券投資は，新国家のためのインフラストラクチュアを構築するのを助けた。植民地アメリカにおいては，勅許を得たアメリカの銀行も商業銀行も存在しなかった。1780年代から1803年の間に，州法銀行と合衆国銀行の設立によって，アメリカはそれ自身の初期的な金融機関を創設し始めたのである。外国投資はこれの助けになった。これ以降多年にわたって，銀行は海外からの投資を引きつける重要部門の一つになり続けるであろう。運河への外国投資はなお非常に小さなものだが，将来における交通関連企業への相次ぐ巨大な利権の先駆者となったのである。

1776～1803年においてさほど目新しくないものに，土地，そしてはるかに小さなものとして製造業への直接投資があった。これらは，植民地時代と同じものであったが，ただすでに国王から土地贈与が行われる時代ではなかった。この国で土地の販売を推進するアメリカ人の役割は，新たな華やかさをまとっていた。将来において，これまでと同様に激しく，アメリカ人は多くの部門において外国投資を引きつけようと試みるであろう。製造業においては，比較的少ない投資の産業別構成は変化していた。植民地時代には鉄工所があったが，今やアメルングのガラス工場（1784～94年）やデュポンの火薬会社（1801年設立），それに製材所，その他土地開発に関連する小規模の製造所があった。

したがってまた，交易諸関係——商業上の相互関係——は，内容的に過去の植民地時代のそれらと違っていたようにはみえない。しかしながら，より多く

69

第Ⅰ部　発展途上国の時代

の国民的参加があった。以前の各年と比較して，私が識別できる主たる質的な相違は，今やアメリカの証券（公的な債務と企業の事業を代表する）が貿易債務の支払い手段として使用された──こうして，形式上は，貿易債務がこれら証券の保有者に対するアメリカの長期債務となったことである。

　1803年までに，驚くべき巨額の外国投資がアメリカの枢要な部門において行われたことは，明らかである。繰り返せば，1803年末に，連邦債務の約56％（4870万ドルにのぼる）が海外において保有されていたのであり，それはとてつもない額であった。これが，外国投資の単独で最大の部門であった。アメリカの最大で最も重要な事業会社である合衆国銀行の資本のうち，62％はヨーロッパ人たちの手中にあった。州法銀行の株式の35％は，イギリス，オランダ，その他外国の投資家によって保有されていた。すべての企業の株式残高のうち，33％もが外国所有であった。企業体は基本的なインフラを形成していた。海外からの投資は，銀行，保険，運輸，貿易，土地，そして（はるかに小さな程度だが）製造業においてなされていた。

　アメリカの外国債務についての叙述は，旧世界の「資本豊富」国からの援助を必要とするような新たなニーズをもった新興国のスナップショットを与えている。合衆国の内部では，債務国のアンビバレントな性格が存在していた。すでに，国内を外国と差別化するような政策がみられた。外国の貢献が望ましいと考えるアメリカ人もいたし，それは危険であると信じていたアメリカ人もいた。ヨーロッパ人（イギリス人を含めて）のもつ対米債権は，1803年には，1776年，あるいは1783年，1789年よりもはるかに大きなものとなっていた。政治的独立とともに，経済的依存──新生国家の活力を金融する──は増大していた。合衆国における長期外国投資は，1803年12月において総計で6500万ドルを超えていて，おそらくは7000万ドル以上であった。[99]

注
（1）　植民地金融に関しては，次の書を見よ。Paul Studenski and Herman E. Krooss, *Financial History of the United States*, 2nd ed. (New York : McGraw-Hill, 1963). 17-24, および E. James Ferguson, *The Power of the Purse* (Chapel Hill : University of North Carolina Press, 1961), chap. 1.
（2）　独立戦争借款に関する多くの文献がある。次のような標準書がある。Samuel F. Bemis, *A*

第**2**章　政治的独立／経済的従属

Diplomatic History of the United States （New York：Henry Holt & Co., 1950), 24. より詳細に知りたい方に，私はアメリカ議会編集の書を推薦する。U.S. Congress, *American State Papers on Finance*, （Washington, D.C., 1832), I ; Rafael A. Bayley, *The National Loans of the United States from July 4, 1776 to June 30, 1880* （1881 ; rpt. New York：Burt Franklin, 1970）; Robert R. LaFollette, "The American Revolutionary Debt and Its Liquidation," Ph.D. diss., George Washington University, June 1931 ; Ferguson, *The Power of the Purse* ; Friedrich Edler, *The Dutch Republic and the American Revolution* （Baltimore：Johns Hopkins University Press, 1911), 70-84, 206-216 ; および Richard B. Morris, ed., *John Jay : The Making of a Revolutionary* （New York：Harper & Row, 1975), I, 716-720, 824, 827. B. U. Ratchford, *American State Debts* （Durham, N. C.：Duke University Press, 1941), 41-42. これらの書は，州の借金を扱っている。私は次の書も引用している。Margaret Myers, *The New York Money Market* （New York：Columbia University Press, 1931), 149ff., および Cleona Lewis, *America's Stake in International Investments* （Washington：Brookings Institution, 1938). Robert Morris, *The Papers of Robert Morris, 1781-1784*, 6 vols. （Pittsburgh：University of Pittsburgh Press, 1973-1984), この書には，1781年から1782年までの，特にフランスの借款の貴重な詳細について触れられている。この書のフランスに関する，各巻の見出しを見られたし。

（3）　Morris, *Papers* ; Bayley, *National Loans*, 5-14 ; および Myers, *The New York Money Market*, 149-150.

（4）　Bayley, *National Loans*, 13, 15-28 ; Edler, *The Dutch Republic*, 71ff. ; Pieter J. Van Winter, *American Finance and Dutch Investment, 1780-1805*, 2 vols. （New York, Arno Press, 1977), 31-32 ; J. C. Westerman, *The Netherlands and the United States* （The Hague : Martinus Nijhoff, 1935), 3 ; James C. Riley, *International Government Finance and the Amsterdam Capital Market, 1740-1815* （Cambridge：Cambridge University Press, 1980), 185-186 ; および K. D. Bosch, *Nederlandse Beleggingen in de Verenigde Staten* （Amsterdam：Uitgeversmaatschappij Eisevier, 1948), 26-29.

（5）　Adam Smith, *The Wealth of Nations* （1776 ; rpt. New York：Modern Library, 1937) 597.

（6）　Bemis, *Diplomatic History*, 24, この書は635万2500ドル（1781年のオランダの借款を含む）の，フランスの借款について触れている。彼は，スペインの借款は24万8098ドルであるとしている。他の数字に関しては次の書を見よ。Lewis, *America's Stake*, 513-514. 1782年の借款は，これには含まれていない。なぜならば未だに手続きが完了していなかったからである。事実，認証された1000万ドルのうち，わずか200万ドルだけが発行された。La Follette, "American Revolutionary Debt," この書は，1778年から1783年までにアメリカがフランスから，1781年のオランダからの借款を含め，637万6832.93ドルを借りたことを示している。アメリカはまた，フランスからの援助金163万3500ドルを得た。ラフォレットは，スペインの援助金は63万8302ドルであった，と記述している。アメリカ側はそのうちの24万982ドルを借金であると考えていた。私はこれまで1781年の借款を，オランダからのものに含めてきた。その理由は，その資金がオランダで集められたからである。次の書も見よ。Bayley, *National Loans*, 174.

（7）　Ratchford, *American State Debts*, 41, および Van Winter, *American Finance*, 26. バージニア州は，1779年にフランスから大砲を信用買い付けした。メリーランド州はオランダと借款交渉をしたが，1781年から1782年の間には，借款条件が有利には決定されなかったので，即座に

71

第Ⅰ部　発展途上国の時代

借金を支払った。その後，オランダから追加の借款を受けたが，年間のタバコ輸出で支払った。
次の書を見よ。Allan Nevins, *The American States during and after the Revolution, 1775-1789* （1924；rpt. New York : Augustus M. Kelly, 1969), 506-507.

（8）　Lawrence Lewis, *A History of the Bank of North America* （Philadelphia : J. B. Lippincott, 1882), 33, 41. さらに1782年の危機のとき，フランス人の預金は，その銀行が機能するのに影響を及ぼした （Morris, *Papers*, V, 83)。

（9）　1781年秋までに，サウスカロライナ州を除くそれぞれの州が，没収法を制定した。サウスカロライナ州はまた，資産差し押さえに加わった （Nevins, *American States*, 507-508)。例えば，ニューヨーク州は没収法を議会で通過させた。「トーリー」が所有していた59の領有地を乗っ取り，それを売却して360万ドルの正金を手にした（William Chazanof, "Land Speculation in Eighteenth Century New York," in *Business Enterprise in Early New York*, ed. Joseph R. Frese and Jacob Judd [Tarrytown, N.Y. : Sleepy Hollow Press, 1979], 69)。これらの財産は，英国人の居住者および非居住者によって所有されていた。そのため，これらの財産は非居住者の英国投資の計測としては役立たない。

（10）　「陳情者（Memorialist)」と呼ばれる人たちは，次の書のなかで没収の過程を記録している。*Transcripts of Loyalist Claims*, New York Public Library.

（11）　Maryland, *Revolutionary Laws*, ed. Alexander C. Hanson, May 1781, chap. 33, and Nov. 1782, chap. 2, 引用者 Victor S. Clark, *History of Manufactures in the United States* （New York : Carnegie Institution, 1929), I, 174. この24万ドルは，私が第1章で記したわずかな1万2500ポンドと比較可能である。英国求償委員会はその後，この1万2500ポンドを，プリンシピオ社の英国の所有者に認めた。その差額の一部は，アメリカ通貨の価値下落となっているかもしれない。

（12）　プリンシピオ社の戦争時の成果に関しては，次の書を見よ。Ronald L. Lewis, *Coal, Iron, and Slaves : Industrial Slavery in Maryland and Virginia, 1715-1865* （Westport, Conn. : Green-wood Press, 1979), 13. 独立戦争期間中のノッティンガム鉄工所に関しては，次の書を見よ。Michael Robbins, "The Principio Company," Ph. D. diss., George Washington University, 1972, 284, 303.

（13）　チャールズ・ボワイエによれば，独立戦争期間中，資産の所有権は英国の株主の間には存在していた一方で，ニュージャージー没収地委員長がそれまでに資産を取り上げる試みをした，という記録はなかった。これは多分に，アースキンがその社会に有していた影響力によるものであろう，とボワイエはみている。次の書を見よ。Charles S. Boyer, *Early Forges and Furnaces in New Jersey* （Philadelphia : University of Pennsylvania Press, 1963), 21-22. アースキンは，1780年10月2日に亡くなった。彼の妻は，ロバート・フーパーと再婚した。彼女と彼女の夫の嘆願に関して，ニュージャージー議会は特別の没収法を「委員長権限で資産は没収できる，ということで」通過させた。しかし，没収ができなかったことは明らかである。その寡婦およびフーパーは，アースキンの所有地およびその会社を管理する権限を与えられた。なぜならばその勘定は，アースキンの個人的な関心と「混合かつ絡み合って」いたし，その物故者の所有地の「損害」に関することを除けば，分離することは不可能であった。1783年にフーパーは，その商売をたたんだ。次の書を見よ。Boyer, *Early Forges*, 16-17, 22. その後の「アメリカの」歴史に登場する資産は，エイブラム・ヒュイットによってタイミングよく所有された。英国の投資家に払い戻されたという証拠は残されていない。

（14）　第1章で述べたように，投資家はいくつかのケースで補償を得たが，非居住者の英国人所有

第**2**章　政治的独立／経済的従属

の投資の損害賠償はなにもなかった。

(15)　8 U.S. Stats. 18 (1778), Art. 11.

(16)　Stuart Weems Bruchey, *Robert Oliver : Merchant of Baltimore* (Baltimore : Johns Hopkins University Press, 1956), 34.

(17)　Van Winter, *American Finance*, 216, 258. アメリンというフランスの会社と，スルター・バス・ソイヤーというハンブルグの会社は，オランダから融資を受けた。

(18)　Van Winter, *American Finance*, 177.

(19)　Richard B. Morris, *The Peacemakers* (New York : Harper & Row, 1965), 277.

(20)　8 U.S. Stats., 82-83 (1783), Arts. 5 and 6.

(21)　Catherine Crary, *The Price of Loyalty* (New York : McGraw-Hill, 1973), 354. ニューヨーク公共図書館にある書 *Loyalist Transcripts* には，英国の不満が反映されている。例えば，ヘンリー・ハーフォードは1783年最初にアメリカに渡った。彼はメリーランド州に到着し，彼の損失補償を要求した。1784年11月，平和条約の後で，メリーランド州はなんと，売れ残ったすべての没収財産は売却すべし，という命令の法律を通過させたのだ。ハーフォードはその条約にもかかわらず，「彼の荘園や保有地が売却され，その州のために使用されたことによって，荘園などから得られた代金」を見つけた（前掲書，XXXV, 553-554；また，次のページも見よ。573-587）。　前掲書 *Loyalist Transcripts* は，英国の居住者が明らかに資産の返還を追及したにもかかわらず，拒絶されたことを記している。

(22)　*American State Papers*, I, 26, および Bayley, *National Loans*, 15-22, 174.

(23)　アムステルダムのマーチャントバンカーのウィルヘムと，ジャン・ウィリンク兄弟およびヴァン・スタフォルスト兄弟は，その政府借款の分野では一歩先んじていた。次の書を見よ。Van Winter, *American Finance*, 953；Riley, *International Government Finance*, 187；および Bayley, *National Loans*, 17-22. ウィリンク兄弟およびスタフォルスト兄弟は，オランダにおけるアメリカの金融代理店になった。

(24)　表 2 - 1 を見よ。

(25)　Van Winter, *American Finance*, 223-233, 240-241, 354-357 and appendixes 3, 5, 6.

(26)　この割合は私の計算に基づいている。

(27)　サウスカロライナ州は，1784年にフランス政府から借用を始めた（Nevins, *American States*, 507）。

(28)　Van Winter, *American Finance*, 105, 126 n.88, 163, 202. オランダの歴史家ヴァン・ウィンターは，株所有者を一覧にすることを試みた。株所有者は，管理を遂行するのに十分ではなかった（前掲書，163, を見よ）。その銀行の歴史家によれば，アメリカ政府は「ノースアメリカ銀行（the Bank of North America）」の株式の一部を，1783年にオランダの投資家に売却した（Lewis, *Bank of North America*, 48）。1786年3月までに，そのノースアメリカ銀行に残されていた2176株（87万400ドル相当）のうち，285株は外国人であり，その中心はオランダ人によって所有された（前掲書，67）。

(29)　Van Winter, *American Finance*, 210n, 215, および Clark, *History of Manufactures*, I, 400.

(30)　Van Winter, *American Finance*, 177.

(31)　前掲書，183, 213. 英国の一企業は英国人によって経営され，同時にオランダの株主もそこにはいた。次の書を見よ。Bruchey, *Robert Oliver*, 36, 梱包サービスに関して触れている。フランスの商品・サービス一覧はまもなく不成功に終わってしまった。

(32)　次の書を見よ。Shaw Livermore, *Early American Land Companies* (New York :

73

第Ⅰ部 発展途上国の時代

Common-wealth Fund, 1939), 138-140, および J. S. Davis, *Essays in the Earlier History of American Corporation* (Cambridge, Mass.: Harvard University Press, 1917), I, 124-173, ソシオト・グループおよびオハイオ社に関して触れている。

(33) Paul D. Evans, *The Holland Land Co.* (Buffalo, N.Y.: Buffalo Historical Society, 1924), 4, および Van Winter, *American Finance*, 349ff. これらの重要なオランダの企業に対して, 私はカゼノヴェに代表されない, アムステルダムのウィリンク・ブラザーズ社を加えるべきと考えている。そしてウィリンク・ブラザーズ社は, 多種多様の土地およびその他の投資とともに, 後者のグループに参加した (Van Winter, *American Finance*, 953, および至るところに)。

(34) 1789年から1790年までの外国投資の範囲をよくみると, 学者はしばしば次の書に含まれているデータを引用している。U.S. Bureau of the Census, *Historical Statistics of the United States, Colonial Times to 1957* (Washington, D.C., 1960), 566, この書には同一内容が編集されており, 1975年に再発行された。この書は, アメリカの「国際投資ポジション」(「正味負債」) の数字 (1789～1900年) を累積残渣として, 現行の勘定推定から導き出していた。このシリーズは1789年に正味負債, 推定額600万ドルで始まった。これには短期および長期の負債を含んでいる。私はこれらの数値を, 本書には掲載してこなかった。なぜならば, 私はそれらの数値が, 1789年のアメリカの長期外国投資ポジションを正確に反映しているとは信じていないからである。いずれにしても, 私は長期投資の水準における, 直接推定値に注意してきた。同じように, 私は次の書に表現されている, 権利の留保を十分に共有している。Douglass C. North, "The United States Balance of Payment, 1790-1860," *Trends in the American Economy in the Nineteenth Century*, Studies in Income and Wealth, vol. 24 (Princeton, N. J.: Princeton University Press, 1960), 587, それらの数字に関しては次の書に表されている。Worthy P. Sterns, "The International Indebtedness of the United States in 1789," *Journal of Political Economy*, 5 (Dec. 1897): 52. このように, 私はスターンのデータを除外し続けてきた。彼の1789年におけるアメリカの正味国際赤字 (短期貿易赤字を含む) の推定額は, なんと8250万ドルであった。アメリカにおける長期外国投資 (短期貿易黒字を含む) は, 1789年に8250万ドルよりはずっと少なく, 600万ドル以下であった。1700～1800万ドルは多分にその目標に近かった。この最後の推定値は, 私の本で示した書類化された投資に基づいている。

(35) Ralph Hidy, *The House of Baring in American Trade and Finance : English Merchant Bankers at Work, 1763-1861* (Cambridge, Mass.: Harvard University Press, 1949), 14. Marten G. Buist, *At Spes non Fractas : Hope & Co., 1770-1815* (The Hague: Martinus Nijhoff, 1974), 40, この書では, ベアリング家とホープ家間において, 1770年以前に最も早い取引がなされたと述べている。次の書も見よ。Van Winter, *American Finance*, 866-872.

(36) Hidy, *House of Baring*, 14, 21-22. ハイディの本は貴重である。重要な英蘭関係に関しては, 次の書を見よ。Charles Wilson, *Anglo-Dutch Commerce and Finance in the Eighteenth Century* (1941; rpt. New York: Arno Press, 1977). しかし, ホープ社はアメリカにおけるオランダの1781～89年間の投資には, 参加していなかった。

(37) Studenski and Krooss, *Financial History*, 53.

(38) *American State Papers*, I, 181.

(39) 前掲書.

(40) 次の書も見よ。Riley, *International Government Finance*, 194.

(41) *American State Papers*, I, 502; Adam Seybert, *Statistical Annals* (Philadelphia: Thomas Dobson & Son, 1818), 728; および Bayley, *National Loans*, 174-175. 以前に記したように,

第**2**章　政治的独立／経済的従属

「外国融資」は外国通貨で表示されていた。興味深いことに，外国為替損失は結果として，このことに起因しているようにうかがえる。事実，ある程度の収益もあった。次の書を見よ。Bayley, *National Loans*, 27-28.

(42) Myers, *The New York Money Market*, この書は誤解された書物の一つであった。

(43) 「国内債務」は，もちろんドルで表示された。

(44) Leland H. Jenks, *The Migration of British Capital to 1875* (New York : Barnes & Noble, 1973), 65. 国内債務は引き続き，貿易責務終結のために海外へ流れた。1792年の早期に，ロンドンのスミス・ペイン＆スミス銀行は，ロンドンのある絹商人から「アメリカ株式」を取得した。その株式は，アメリカ政府債券であった。その会社は，債券の名目価値の64％にあたる3万2295ポンドで，その債券を購入した (J. A. S. L. Leighton-Boyce, *Smiths the Bankers* [London : National Provincial Bank, Ltd., 1958], 92)。1794年6月に，フィラデルフィアにいたタリーランドは，フランスのボルデュのウグノという会社やロンドンのショレ＆ボルデュ社にアメリカ政府債券である「アメリカファンド」の購入を薦めた。なぜならばその債券の金融力では，さほど繁栄しそうではなかったからである。タリーランドは，その価格は上昇するであろうと考えていた。例えばそれは，タリーランドが予期していたように，ジョン・ジェイのロンドンにおける交渉が成功した，というニュースが届いたときであろう。次の書を見よ。Talleyrand's letter of June 10, 1794, published in *Tallyrand in America as a Financial Promoter, 1794-96*, trans. and ed. Hans Huth and Wilma Pugh (New York : Da Capo Press, 1971), 29-30.「バード・サヴェイジ＆バード社 (1791-1793)」に関しては前掲書，12-13, にある紹介を見よ。この企業に関しては，次の書も見よ。S. R. Cope, "Bird, Savage & Bird of London : Merchants and Bankers, 1782-1803," in *Guildhall Studies in London History*, 4 (1981) : 202-217.

(45) Hidy, *House of Baring*, 32, および Van Winter, *American Finance*, 916. ベアリング商会は，アメリカ政府を代表する最初の操業であったが，1795年から1796年までにバーバリとともに交渉をうまくこなし，資金を蓄えた (Hidy, *House of Baring*, 31)。特別に実施されたその他の問題に関しては，前掲書，32, を見よ。1798年，フランシス・ベアリングの息子であるアレキサンダー・ベアリングは，ウィリアム・ビンガムの娘のうちの一人と結婚した。ビンガムは非常に社会的に認められた人であった。ある歴史家は，ビンガム家とのつながりはベアリング社にとって，「アメリカ政府金融をとりこみ関係づける」のに重要なきっかけづくりをした，と確信している (Buist, *At Spes non Fracta*, 53)。

(46) Seybert, *Statistical Annals*, 731-736.

(47) 前掲書，751, と比較せよ。

(48) Timothy Pitkin, *A Statistical View of the Commerce of the United States* (1816 : rpt. New York : Augustus M. Kelley, 1967), 287 ; 28th Cong., 1st sess., H. Doc. 15, 502 ; Bayley, *National Loans*, 45. 375万ドルは，フランス人の商売上の「略奪行為」に対して払い戻された。

(49) Pitkin, *A Statistical View*, 287. ここではドルで表示されていた。

(50) Seybert, *Statistical Annals*, 734-735；ルイジアナ州の6％債券の取り扱い時の，フランシス・ベアリング社とホープ社の役割に関しては，次の書を見よ。Van Winter, *American Finance*, 911-925, および Hidy, *House of Baring*, 33-34. ホープ社は，1790年代のオランダの融資には，明らかに参加していなかった。次の書を見よ。Buist, *At Spes non Fracta*, 48. しかしながら，前掲書，57-60, 188-190, によれば，ホープ社の役割は困難を極めていた。1803年5

75

第Ⅰ部　発展途上国の時代

月，英仏戦争が勃発した。それは「ベアリング社とホープ社が，フランス政府とアメリカのル
イジアナ州のための支払い条件に関連して調印した」年月と同じであった。このように，オラ
ンダのホープ社は，新しい体制で指導力を発揮した（前掲書，57）。融資条件は，欧州での年
間支払い利子が，ロンドンでは1ドルにつき4シリング6ペンス（あるいは£1＝$4.44），
アムステルダムでは1ドルにつき2.5ギルダー（あるいは1f＝$0.40）であった（Bayley,
National Loans, 45）。前述したように，その融資はドル表示されていた。その為替レートの仕
様は，関係者全員の為替不安を除外した。J. E. Winston and R. W. Colomb, "How the
Louisiana Purchase Was Financed," *The Louisiana Historical Quarterly*, 12 （April 1929）:
189-237, この書は，アレキサンダー・ベアリングの重要な役割と，彼とジェファーソン体制
の財務大臣，アルバート・ギャラティンとの関係を記している。

(51)　Bruchey, *Robert Oliver*, 253, 273；Van Winter, *American Finance*, 915-917；および Buist,
At Spes non Fracta, 56.

(52)　「外国」債務金額570万ドルは，1804年1月1日現在である。

(53)　Van Winter, *American Finance*, 453；Wilson, *Anglo-Dutch Commerce and Finance*, 191；
および Evans, *Holland Land Company*, 3-20.

(54)　私はそれらの数値を探し得なかった。

(55)　Samuel Blodget, *Economica* （1806；rpt. New York：Augustus Kelley, 1964）, 198. プロジ
ェットは，彼の数値の出所には触れていないが，それらは信頼できる。

(56)　Van Winter, *American Finance*, 441, 602-603, 616, 770. ウィルヘルムおよびジャン・ウィリ
ンクは，特に興味を示した。

(57)　Bray Hammond, *Banks and Politics* （Princeton, N.J.：Princeton University Press, 1957），
至るところに，および J. H. Holdsworth, *The First Bank of the United States* （Washington,
D.C., 1910), 32-33.

(58)　次の書を見よ。Holdsworth, *The First Bank*, 16. 第2章には，フランスおよび当時のオラン
ダのノースアメリカ銀行（1781年設立）に対する貢献が記されている。

(59)　Holdsworth, *The First Bank*, 128.

(60)　Van Winter, *American Finance*, 441 （アムステルダムにおける支払いに関して）. 合衆国銀
行は1793年6月，英国の株主がその配当金をベアリング商会およびジョン・ヘンリー・カゼノ
ヴェ・ネフュー社を通じて獲得した，と発表した。バード・サヴェイジ社はロンドン支払い代
理店になりたかったが，許可を得ることができなかった。しかしながらその会社は，英国市場
で合衆国銀行の株を調達した（Cope, "Bird, Savage & Bird," 211）。ジョン・ヘンリー・カゼ
ノヴェ・ネフュー社は，テオフィレ・カゼノヴェ兄弟によって設立された，株仲買人の企業で
あった（Van Winter, *American Finance*, 535 n.132）。このように，ここではビジネスの英蘭
関係について触れている。なぜならば，その証券が貿易赤字を埋めるのに使用され，それが認
められていたことが重要であったからである。もしその証券市場がなく，配当獲得が困難であ
ったならば，商人たちは証券を購入しなかったであろう。

(61)　*American State Papers*, I, 473. ベアリングがこのことに成功した後，その会社は1803年にロ
ンドンにおけるアメリカ政府の公式代理店になった。このようにベアリングは，同時に合衆国
銀行の最初の株主となって，アメリカ政府に仕えた。

(62)　Blodget, *Economica*, 198. 未払いの1000万ドルのうち，400万ドルは英国の投資家，200万ド
ルはオランダの投資家，そして20万ドルは他の外国投資家によって所有されていた。

(63)　もし今日，アメリカ商務省がこの投資を分類していたならば，それを外国直接投資と呼んだ

第**2**章　政治的独立／経済的従属

であろう（その株式の50％以上が，海外の関係のない外国人によって所有されているとき，その企業は外国直接投資を企てられた，とする）。

(64)　Herman E. Krooss and Charles Gilbert, *American Business History* （Englewood Cliffs, N. J.：Prentice-Hall, 1972），111，および Blodget, *Economica*, 198. 私は英国が1803年までに投資したのはどの保険会社なのかを区別できないできた。しかし，銀行のような保険会社が金融仲介業者であり，これらの初期の外国投資家を引きつけたのは，そのような機関であったことを記しておく。

(65)　Van Winter, *American Finance*, chap. 12, および Davis, *Essays*, II, 167-168, 299.

(66)　Stuart Bruchey, *Colonial Merchants* （New York：Harcourt, Brace & World, 1966），125. この書のなかで引用されている。

(67)　Huth and Pugh, *Talleyrand in America, 1794-96*, 10, 103-105；*Banker's Magazine*, New York, 44 （Aug. 1889）：81；および Hammond, *Banks and Politics*, 224.「アメリカ株」の海外流出およびその買収と，ロンドン絹商人による販売に関しては，この章の注（44）も参照されたし。

(68)　ベアリング家は，貿易，金融，土地投資に携わっていた。

(69)　Isaac Lippincott, "A Century and a Half of Fur Trade at St. Louis," *Washington University Studies*, 3, pt. 2, no. 2 （April 1916）：224.

(70)　次の書を見よ。Livermore, *Early Land Companies*, 162, 203. パルティニー家の投資に関する最もよい説明は，次の書である。Paul D. Evans, "The Pulteney Purchase," *New York State Historical Association Quarterly Journal*, 3 （April 1922）：83-95. ウィリアムソンが，しばしば土地を「売却」したときには決して支払いを受けなかった。タリーランドは彼のノートに，1795年12月までにパルティニー協会はすでに246万7000ドルの販売をした，と書いている。しかしこれらの「販売」の多くは，抵当権付で（前金なし）であった。エバンズが指摘しているように，パルティニー企業グループは決して報酬を得なかった。タリーランドの報告書については，次の書を見よ。Huth and Pugh, *Talleyrand in America, 1794-96*, 172-173.

(71)　Van Winter, *American Finance*, chaps. 13 and 14；Evans, *Holland Land Company* および Davis, *Essays*, I, 213-253.

(72)　サー・ウィリアム・パルティニーが，彼のニューヨークの土地を開発するのに，より多くの資金を注ぎ込んだことで疑惑を招いた1798年，ロンドン経由でアムステルダムを訪問していたカゼノヴェは，英国の投資家に再保証を与えた（Evans, "The Pulteney Purchase," 19-92）。フィラデルフィアを本社とするカゼノヴェ社は，アメリカにおける彼のオランダの会社社長を1799年まで代表していた（Van Winter, *American Finance*, 907）。

(73)　Van Winter, *American Finance*, 625-628, および Evans, *Holland Land Company*, 14-18, 63-85.

(74)　Hidy, *House of Baring*, 29；Van Winter；*American Finance*, 869；および Buist, *At Spes non Fracta*, 53, 552 n.4. アレキサンダー・ベアリングは，ウィリアム・ビンガムよりその土地を購入した。2年後，ベアリングはビンガムの娘のうちの一人と結婚した。ベアリングの土地購入および複雑な調整に関する最もよい作品は，次の書である。Frederick S. Allis, Jr., ed., *William Bingham's Maine Lands, 1790-1820*, 2 vols. （Boston：Colonial Society of Massachusetts, 1954), esp. I, 342-385, 592-675, and II, 至るところに. またアリスの2巻は，土地を他の欧州人に売却せんとするアメリカの試みに関する，優れた作品である。一例として，次の書簡を見よ。William Bingham to the Dutch bankers, Wilhem & Jan Willink, Dec. 30,

77

第Ⅰ部　発展途上国の時代

1792, in 前掲書, I, 234-238, および Bingham's 1793 letters to Theophile Cazenove, in 前掲書, I, 238-241. 次の書も見よ。前掲書, I, 280-385, この書では，年長のウィリアム・ジャクソンの1793年から1795年までになされた，土地売却を目的とした欧州への旅に触れている。

(75)　フランス人の購買は，「100万エーカー」というような範疇ではなかった。1793年，チャサニス社は，ピエール・チャサニスと彼の義兄弟によって，パリに組織された。彼の父は，独立戦争以来，アメリカ投資に関心を示していた。その会社は，ニューヨーク州に20万エーカーの土地を購入し，そこに居住することを計画したが，事業は成功しなかった。そして，プロジェクトは1797年に破棄された。1797年2月，ロバート・モリスはタリーランドからペンシルベニア州にある10万6875エーカーの土地を，14万2500ドルで受け取った。その土地は，タリーランドがフランスで売却したものである。次の書を見よ。Huth and Pugh, *Talleyrand in America, 1794-96*, 88, 22. ジャン・サミュエル・クデルは，1753年にボルドーで生まれたが，1774年以降はアムステルダムに住むことになったので，フランスとオランダの資金を，アメリカの土地投資に注ぎ込んだ。この複雑な物語に関しては，次の書を見よ。Van Winter, *American Finance*, 814-855. その土地事業の一つは，1884年までに破産してしまった。他のフランス人の土地購入に関しては，次の書を見よ。B. G. du Pont, *Life of Eleuthere Irenee du Pont, 1799-1802* (Newark：University of Delaware Press, 1924), V, 137, 154, 159-160, および Max Gerard, *Messieurs Hottinguer Banquiers a Paris* (Paris：Hottinguer, 1968), I, 169-176 (1795年およびそれ以降のジーン・コンラッド・ホッティンガーとコンパニー・セレスについて)。

(76)　書簡 Coxe to William S. Smith, April 12, 1779, in Jacob E. Cooke, *Tench Coxe and the Early Republic* (Chapel Hill：University of North Carolina Press, 1978), 312. この特殊な土地投機は実現しなかった。

(77)　前掲書, 321-322.

(78)　Livermore, *Early Land Companies*, 168-169；Aaron Morton Sakolski, *Great American Land Bubble* (New York：Harper & Bros., 1932), 50；および Van Winter, *American Finance*, 704-705, 710-711.

(79)　Du Pont, *Life*, V, 137, 154, 159-160；Sakolski, *Great American Land Bubble*, 79-80；および Huth and Pugh, *Talleyrand in America*, 18. これらの規制は，英国の商慣習として受け継がれた。これらは当然のこととして，海外の土地の売却人または購入者に対する深い関心事であった。一例として，次の書も見よ。Allis, *Bingham's Maine Lands*, I, 291, 294, 309, 312, 675, and II, 796-797.

(80)　Davis, *Essays*, II, 169.

(81)　Van Winter, *American Finance*, 572, および Davis, *Essays*, I.

(82)　Krooss and Gilbert, *American Business History*, 111.

(83)　Du Pont, *Life*, V, 196-203；および William S. Dutton, *Du Pont* (New York：Charles Scribner's Sons, 1942), 26-31. 前述した如く，製造業への他の投資，例えば製材所やカリウム生産所は，土地開発プロジェクトとの関連でなされた。

(84)　*The Papers of Robert Morris*, VI, 40-41, 57-64 (『モリス報告書』)。

(85)　Hammond, *Banks and Politics*, 53, および Lewis, *Bank of North America*, 58.

(86)　トン税は，アメリカで建造されたアメリカ所有の船に対しトン当たり6セント，同じくアメリカで建造された外国籍の船に対してはトン当たり30セント，また，外国で建造された外国籍の船に対しては50セントであった。

第**2**章 政治的独立／経済的従属

(87) この問題に関しては，次の書を見よ。Geoffrey Gilbert, "Maritime Enterprise in the New Republic : Investment in Baltimore Shipping, 1789-1793," *Business History Review*, 58 (Spring 1984) : 15-16, および Detlev F. Vagts, "The Corporate Alien : Definitional Questions in Federal Restraints on Foreign Enterprise," *Harvard Law Review*, 74 (June 1961) : 1489.

(88) Van Winter, *American Finance*, 345.

(89) Lewis, *Bank of North America*, 59-60.

(90) Hamilton, "Report on Manufactures," rpt. in *The Reports of Alexander Hamilton*, ed. Jacob E. Cooke (New York : Harper & Row, 1964), 148.

(91) 前掲書，148-149.

(92) Blodget, *Economica*, 199.

(93) Charles H. Sullivan, "Alien Land Laws," *Temple Law Quarterly*, 26 (1962) : 30, および Sakolski, *Great American Land Bubble*, 59-62, 79. もちろん，ベアリングやバルティニーもそのようにした。なぜならば，移住者は彼らにとって必要不可欠な収入源であったからである。

(94) Samuel Flagg Bemis, *Jay's Treaty*, rev. ed. (New Haven : Yale University Press, 1962), 至るところに. 最終的にアメリカは，1802年に英国政府に対して，総額60万ポンドを支払うことに合意した。266万4000ドルは，責務履行のために充当された（前掲書，439）。

(95) ジェイ条約は，将来の土地の帰属に関しての規定はなかったが，資産所有者に対しても安心感を与えるようなことはなんらなかった。

(96) Davis, *Essays*, II, 156.

(97) Riley, *International Finance*, 194.

(98) Winston and Colomb, "How the Louisiana Purchase Was Financed," 200.

(99) 「6500万ドルの余剰」という数字は，明らかに控え目であり，4300万ドルの海外に所有された「国内」債務と，570万ドルの「外国」債務（すなわち4870万ドルの海外で所有されるアメリカ連邦債務）および6458万ドルの海外で所有されているすべての資産のうち，1588万ドルの企業株式の合計額に基づいた私の推定額である。州債，土地および他の取るに足らない利害関係者の外国投資は，42万ドルよりかなり多い金額となった。サー・ウィリアム・バルティニーとベアリング家の一人とで，3/4百万ドルを当初の土地買収に費やした。バルティニーのグループは，さらに100万ドルで，1800年までに土地開発に投資した。それから，「オランダ土地会社（Holland Land Company）」によって莫大な投資がなされた。7000万ドルでさえも低額な数字であったかもしれない。いずれの短期商業債務も，私の推量には含まれていない。なぜなら私は長期投資に注目しているからである。私のこの章での仕事は，ルイスの著書 *America's Stake* の影響を受けてきた。そして，ノースの次の書によっても影響された。North, "The United States Balance of Payments, 1790-1860," 573-627. ノース（p. 622）はルイスの7500万ドルの推定額（1803年）は「理論的である」としたが，その数値は2300万ドルの短期債務を含んでいた。長期外国投資に関するノースとルイスの数字（1803年）は，上記で示した理由によって低くならざるを得ない。ノースは，多くの利害関係者が除外されてきたことを認識していた。

　私はこれらの粗い外国の投資数値を，国家の富の数値と比較してみたいと考えている。しかし私は，有意なる比較をする程の適当な数値は見つけられなかった。プロジェットの書 *Economica*, では，外国投資が議論されている。その書（p. 196）で彼は1805年に，アメリカにある全不動産および個人資産は25億ドルになり，そのうち17億ドルは土地資産であった，と

79

第 I 部　発展途上国の時代

推定している。プロジェクトは，外国投資に関する彼のデータと，彼の「国富」の数値を比較
した。私はこの 2 種類の数値を，一緒にすることは適当でないと考えている。もし私がそのよ
うなことをしたならば，7000万ドル割る25億ドルは国富の2.8％に等しく，それは貿易赤字を
除外して，1776年より十分高い割合であった。私の1803年数値は，（長期債券所有に変容した
額を除いて）すべての貿易赤字額を除外している。しかしながら私は，政府の金融債や企業の
証券における外国投資が，これらの割合の数値が暗示しているよりもずっと大きな意味があっ
た，ということを主張したい。きわめて重要なセクターのなかでも，外国投資は枢要なもので
あった。

第**3**章

開発の半世紀

――1803～1853年――

　米国における外国投資はその後の50年間に，劇的な変化がみられた[1]。第1に，連邦債に向けられた外国投資は相対的に重要性が減っていた。第2に，米国各州は資金調達のために，魅力の高い条件をまずイギリスに，次にヨーロッパ大陸に提示した。第3に，貿易，銀行業，土地，特に交通業での外国投資は，新しい役割を果たし始めた。

　この半世紀は以下のような出来事が起こって，不連続な様相を呈した。すなわち，ヨーロッパでナポレオン戦争の再発と1812年戦争の勃発，1815年以降におけるイギリスの主要債権国としての浮上，1830年代における米国での魅力的な投資，1840年代の初めにおける米国の債務不履行とその結果としての外国投資家の利益のあらかたの消滅，そしてその後，1840年代の終わり頃と1850年代のカリフォルニアでの金鉱の開発，そして鉄道建設に引きつけられたヨーロッパからの新たな投資再開，などである。

　1803年から1807年までに，米国の発展は国際経済に密接な関連を保っていた。この貿易と投資の緊密な関係は，貿易禁止令，取引の停止条令，および1812年の戦争によって中断された。ダグラス・C・ノース（Douglass C. North）は「綿貿易の変遷は――1818年の貿易の投機的な拡張，1820年代の価格の急激な下落，そして，1830年代のブーム――すべてこの期間（1815～1843年）中に発生し，（米国）経済の成長率に最も重要な影響を与えた」と指摘した。1830年代に綿貿易ブームに伴って相当大きな外国投資が行われ，米国経済の全体に次の連鎖効果をもたらした。1840年代と1850年代の初めまでに，米国の国際貿易総額が大いに拡大してきたが，国内通商もさらに新たな拡張を示し始めた[2]。1840年代における海外からの投資の縮小は一時的な現象だと判明した。1850年代の初め頃までには，新たな海外投資が米国国内通商の発展を支えていたのである。

81

第Ⅰ部　発展途上国の時代

距離が短縮した。1805年に商人のヴィンセント・ノルテが42日間の「迅速な」旅行で大西洋を横断した。1815年には同じ旅行に彼は57日間もかかったのである。1838年には彼の旅行は（今度は蒸気船で），「たったの」18日間であった。1853年までに，大西洋を横断する旅行は一般的に約 9 日か10日間となった。1818年以降に，北大西洋の定期船サービスはニューヨークとボストンをロンドンとリバプールに結びつけた。1838年からは，定期的に大西洋を横断する汽船サービスがあった。より安価で，より速い輸送をすることは移民の増加を意味し，さらにより緊密な国際交流を提供した。[3]

それと同時に，米国は地理的に拡大した。1803年に，ルイジアナ購入により，米国はミシシッピ川の西側に広大な地域を獲得した。この国には東西フロリダが加えられ（1819年），州としてテキサスが認可され（1845年），オレゴン準州の獲得が認められた（1846～1848年）。そして，カリフォルニアなどを含めた広大な南西地域をメキシコから獲得し（1848年），ガズデン地区を買収（1853年）したことによって米国は，新たな領域を拡張した。この恐ろしく大きな新しい辺境領域は，先例のない機会の提供により外国人投資家の計画に影響を及ぼした。にもかかわらず，米国における外国投資総額は上昇したり，減少したり，変化が激しかった。表 3 - 1 を参照のこと。[4]

連邦，州および地方自治体の債務——1803～1838年

1803年末に外国で保有されている米国の連邦負債は56％に達したが，その後，二度とこれほどの高いレベルに達したことはなかった。1803年から1853年までの全期間でさえ，外国に保有された連邦負債は1803年のピークに達さなかった。[5] 連邦負債の総額は1803年12月 1 日の8670万ドルから，1812年 1 月 1 日の4520万ドルまで減少してきた。ただし，1812年の戦争の間にはね上がった米国の連邦負債総額は 1 億1960万ドルに達した（1815年 9 月30日）。[6] 1807年から，特に1812年の戦争中に，イギリス人は自ら保有している米国の債務の一部分を売り出し，その代わりに国内のファンドを買った。[7] 1815年から1830年代中頃までに，米国の公的債務は徐々に縮小していた。[8] しかし，1815年以降，イギリス人の投資家は米国の公債を獲得し，イギリスからの投資は1820年代に上昇した。表 3 - 2

82

表3-1　外国で所有されている米国証券（長期投資のみ），1789～1853年

（単位：100万 US ドル）

年	合計	政府			銀行			運輸		その他産業				
		連邦	州	郡市	合衆国第1銀行	合衆国第2銀行*	その他銀行	有料道路・運河・海運	鉄道	保険	鉱山	製造業	公共事業	その他
1789[a]	17.0-18.0	15.7	0.6											
1795[b]		20.3												
1801[b]		33.0												
1803 6月[c]		33.0												
1803 12月[c]	65.0-70.0	48.7			6.2[d]		9.0[d]	0.18[d]		0.5[d]				
1811					7.0[e]									
1818	35.0-50.0[f]	25.4[g]												
1820						3.0[h]								
1821	30.0[i]**													
1822[j]	31.0	24.0	2.0			3.0	2.0					[k]		
1824	38.0[l]**	25.8[m]												
1825			2.5[n]											
1828		19.1[m]												
1831						8.0[h]								
1832						8.4[o]								
1833	50.0[p]		[p]			15.0[p]								
1835 1月		0.0[q]												
1836			50.0[r]											
1838[s]	110.0		65.0	1.5		20.2	4.8[t]		2.0[t]			2.5[t]		14.2[t]
1840	200.0[u]													
1841						28.0[v]								
1842			100.0-150.0[w]											
1843														
1847														
1853[x]	222.2	27.0	111.0	21.5			6.7	2.5	52.1	0.4	0.7	0.1	0.1	

*　1836年以後は，Bank of the United States（of Pennsylvania）.

**　イギリスに関してのみ。

a　1789年12月31日，第2章を参照。合計は土地への一定の投資を含む。

b　Ralph Hidy, *The House of Baring*（Cambridge, Mass.：Harvard University Press, 1949）, pp. 34-35.

c　第2章を参照。「対外」債務と同様に海外で保有された国内債務を含む。1803年12月の合計は，土地への一定の投資を含む。

第Ⅰ部　発展途上国の時代

d　Samuel Blodget, *Economica : A Statistical Manual for the United States of America* (1806；rpt. New York：Augustus M. Kelley, 1964), p. 198.

e　J. F. Holdsworth and Davis R. Dewey, *The First and Second Banks of the United States*, 61st Cong., 2nd sess., 1910, S. Doc. 571, p. 109.

f　Paul D. Dickens, "The Transition Period in American International Financing：1897 to 1914," Ph. D. diss., George Washington University, 1933, p. 32.

g　Adam Seybert, *Statistical Annals* (Philadelphia：Thomas Dobson, 1818), p. 757. より詳しくは表 3 - 2 を参照。

h　Leland H. Jenks, *The Migration of British Capital to 1875* (New York：Barnes & Noble, 1973), p. 66.

i　*Niles' Weekly Register*, 20 (June 30, 1821)：273.

j　Herman E. Krooss and Martin Blyn, *A History of Financial Intermediaries* (New York：Random House, 1971), p. 55.

k　「その他銀行」を含む。

l　*Niles' Weekly Register*, 16 (June 12, 1824)：248.

m　Walter Buckingham Smith, *Economic Aspects of the Second Bank of the United States* (Cambridge, Mass.：Harvard University Press, 1953), p. 68. オタワの公立古文書館所蔵の『ベアリング文書 (Baring Papers)』に収録されたデータに基づく。

n　Harry N. Scheiber, Harold G. Vatter, and Harold U. Faulkner, *American Economic History* (New York：Harper & Row, 1976), p. 149. これは，エリー運河を金融するニューヨーク州債に関するもののみである。

o　1832年 7 月10日のアンドリュー・ジャクソンの拒否権メッセージのなかに示された数字である。

p　*Niles' Weekly Register*, 45 (Nov. 16, 1833)：178. 1650万ドルのペンシルベニア株のうち930万ドルが海外で保有されていたということが示されていた以外には，州証券に関していかなる合計も示されていなかった。

q　連邦債務はなかった。

r　1836年 5 月31日のアメリカ上院におけるダニエル・ウェブスターのスピーチ。Daniel Webster, *Works*, 8th ed. (Boston：Little, Brown, 1854), IV, 261, 所収。

s　ジェームズ・ガーランド，次に引用。*Niles' National Register*, 44 (July 21, 1838)：322.

t　ガーランドの「その他銀行」に関する480万ドルの数字は少ないはずである。それは，「ミシシッピ銀行株」「テネシー銀行株」そして農民貸付信託社の債券を含んでいるにすぎないからである。(しかし) ガーランドは，ルイジアナ銀行株をその州債とともに含めていた。「その他」のカテゴリーはおそらくある程度銀行株を含んでいる。「運輸」の200万ドルは運河と鉄道の両方を含んでいる。「保険」の250万ドルは，ニューヨーク生命保険・信託会社とアメリカン生命保険・信託会社への投資を示している。これらの企業は「保険会社」というよりも「銀行」のようであった (本章の本文を参照)。

u　G. S. Callender, "The Early Transportation and Banking Enterprises of the States in Relation to the Growth of Corporations," *Quarterly Journal of Economics*, 17 (Nov. 1902)：144, 次に引用, a Van Buren message of 1840. また次のスピーチを参照, Daniel Webster, March 30, 1840, in Webster, *Works*, IV, 555, 次の同じメッセージに引用, Van Buren address.

v　Callender, "Early Transportation and Banking Enterprises," p. 144. この数字2800万ドルはしばしば繰り返されている。しかしながら，もしこれらの株が額面で表示され (1980万ドル)，また対外債務が明示されたバランスシート上の債務 (1680万ドル) で計算されれば，負債額は3660万ドルに達する。これらのデータについては，次を見よ。U.S. House, 29th Cong., 1st sess., 1846, Exec. Doc. 226, pp. 442, 469.

w　U.S. House, 27th Cong., 3rd sess., 1843, H. Rept. 296, pp. 7, 151.

x　U.S. Senate, *Report of the Secretary of Treasury... [on] the Amount of American Securities Held in Europe*, 33rd Cong., 1st sess., 1854, Exec. Doc. 42, p. 53, in *Foreign Investments in the United States*, ed. Mira Wilkins (New York：Arno Press, 1977).

第**3**章　開発の半世紀

表 3 - 2　外国人保有のアメリカ合衆国公債（連邦），1803〜1853年

（単位：100万 US ドル）

	1803年	1818年	1824年	1828年	1835年	1853年
公債総額	86.70	99.02	83.80	58.40	0.00	58.20
外国人保有	48.70	25.44	25.75	19.10	0.00	27.00
イギリス投資家の保有	a	12.30	a	14.15	0.00	a
オランダ投資家の保有	a	11.08	a	2.16	0.00	a
その他外国投資家の保有	a	2.06	a	2.80	0.00	a
海外保有の比率	56%	26%	31%	33%	0	46%

出所：1803（Dec.）：本書第2章；1818（Jan. 1）：Adam Seybert, *Statistical Annals*（Philadelphia：Thomas Dobson, 1818), p. 757；1824 and 1828（アメリカの債務）：Paul Studenski and Herman E. Krooss, *Financial History of the United States*（New York：McGraw-Hill, 1963), p. 93；1824 and 1828（外国人所有の債務）：Walter Buckingham Smith, *Economic Aspects of the Second Bank of the United States*（Cambridge, Mass.：Harvard University Press, 1953), p. 68（次のデータによる。Baring Papers, Public Archives, Ottawa）；1835（Jan.）：本章を見よ。1853（June 30）：U. S. Senate, *Report of the Secretary of the Treasury... ［on］ the Amount of American Securities Held in Europe*, 33rd Cong., 1st sess., 1854, Exec. Doc. 42, p. 3, in *Foreign Investments in the United States,* ed. Mira Wilkins（New York：Arno Press, 1977).

a　入手不可。

は，1818年に9900万ドルの連邦政府債務の約26％が海外で保有されていたことを示している。そのうち，イギリス人は1230万ドルをもち，最大の外国人投資家になった。そして，オランダ人が1110万ドルをもち，わずかな差で2位となった。1825年から1827年までの間に，満期になった連邦債務のうち，3分の1は海外への返済分であった。1828年までにイギリスの投資はオランダをはるかに超え，そして外国投資は国債の約33％を占めた（表3-2を参照）。1835年1月に連邦政府の債務（海外と国内）が初めて精算されたが，これは米国の歴史において初めての，そしてただ1回だけのことであった。当時の人々は米国政府の信義の厚さに驚嘆し，またイギリスの投資者は，1812年の戦争の間でさえ，「イギリス国民名義の債務の利子は，米国におけるそれらの代理人に定期的に払われた」といった。投資家は「最終的には非常に有利な為替レートで（彼らの配当金を）現金に換えた」。第2章で述べたように，いわゆる初期の外国ローンである債務が清算された後，米国連邦政府の債務はすべてドル建てとなった。

　米国連邦政府が債権者を満足させ，その債務を返済していた間に，各州政府は借入を増やした。いつ外国人の保有する州債が連邦政府有価証券を超えたかは正確にはわかっていないが，おそらく1830年代の初め頃だっただろう。G・

第Ⅰ部　発展途上国の時代

S・カレンダー（G. S. Callender）は米国が国債を削除したときに，外国資本を
ほとんど失わなかったことを指摘している[14]。実際には，より多くの外国投資が
引きつけられた。1838年までに，州債務残高は１億7200万ドルにのぼり，連邦
政府がかつて保有していた最大の債務よりも大きかった！　のちにみるように，
これら債務のなかの外国投資部分は，少なくとも6500万ドルに達し，連邦政府
がかつて負っていた債務よりも大きかったのである[15]。

　州政府は前面に立って私営の銀行，運河と鉄道会社のため，無名で借入能力
のない企業に自治体の強力な信用に基づき借入の肩代わりをした。州政府債が
売られて，その売上代金が銀行，運河あるいは鉄道会社に渡った。その後，州
政府は有価証券としての会社の株式か債券を受け取った。米国の銀行と商人は
州政府証券を購入したが，それら有価証券はヨーロッパで転売したり，あるい
は米国かヨーロッパでの借入に担保として使用することができた[16]。

　歴史学者のリランド・ジェンクス（Leland Jenks）によれば，米国各州の政
府証券がロンドンで初めて取引されたのは1817年で，取引の量はニューヨーク
の６％に相当した。その後の進展は以下のようであった。1824年にペンシルベ
ニア，バージニアおよびルイジアナ，1828年にオハイオ，1830年にメリーラン
ド，1831年にミシシッピ，1833年にインディアナ，そしてアラバマとその他の
４州であった。地方都市政府証券も海外へ移った。ワシントン D. C. のローン
は1830年にアムステルダムで取引された。フィラデルフィアとボルチモアの証
券も1832年にロンドンに現れた。さらに，ニューオーリンズ公債もイギリスで
入手できた[17]。それにもかかわらず，州政府の借入額は地方都市のそれをはるか
に超えていた[18]。

　ほとんどの米国各州のローンはマーチャントバンクの手で行われた。大部分
は公開市場では発行されなかった。1837〜38年頃までは活発に売買されること
はほとんどなかった。それらの州政府証券は，商業信用の担保としてロンドン
へ流れたのであって，早い時期の連邦政府証券の取り扱い方法とほとんど同じ
であった。1830年代までに，ヨーロッパ人は，次のような理由で喜んで米国州
政府証券を獲得していた。

　①　**明らかに安全な投資**。政府公債はそうであった。米国連邦政府はその債

86

務の償還に自ら責任を負うことを示した。おそらく州政府も同様に信頼できるだろう。イギリスとオランダの投資家たちは米国の個々の会社情報をほとんどもたなかったため，民間会社への投資に非常に慎重であった。代わりに，彼らはより州債を好み，州政府に任せて民間企業を選び融資した。州政府の保証は州債の「魅力」を高めた。イギリスの投資家たちがリスクの高い南米のベンチャーから離れたように（1820年代に，イギリス人に保持された南米の債券に多数の債務不履行があった），安全性は彼らにとって特に重要であった。[20]

② **米国の繁栄**。投資家たちは有利なチャンスを探し求めた。1825年のエリー運河の完成は州プロジェクトが成功する雰囲気を盛り上げた。ニューヨーク州が担当するエリー運河の融資は，第1回ローンの公募のときに，州内でほぼ完全に引き受けられた。運河の開発を進めるにつれて，その州債はロンドンにおいても魅力が高まった。数年後より大きな融資も大西洋を横断して吸収された。その結果，1829年までに，エリー運河債務のニューヨーク残高の2分の1以上は海外で保有された。[21]州のお金は，債務の支払いに当てる収入を生むような，生産的な目的に使用されたという知識があったため，投資家たちは安全と感じた。北部各州債は主に運河，そして後の鉄道を建設するために用いられた。南部各州債はいっそうしばしば新しい銀行に関係していた。そのような，南部における各州の支援を受けた銀行の諸制度は綿花栽培の拡大を促進することに向けられているようにみえた。例えば，ミシシッピの州債はすべて銀行支援の目的に用いられた。[22]カレンダーは，この場合にはイギリス人（個人と投資銀行家）が自国の綿繊維紡績産業を支援するのに投資していたと指摘している。[23]

③ **高金利**。各州はヨーロッパの投資家たちに自国で取得できる利益より高いリターンを提供した。

④ **迅速な利払い**。初めは各州政府はまじめに利払いをした（彼らはしばしば新たな借金で債務返済に当てた）。

⑤ **「測ることのできないもの」**だとリランド・ジェンクスが呼んだような，血縁関係，共通の言語および類似した法律と伝統があるため，米国の有価証券はイギリス人にとって特に魅力的であった。

第Ⅰ部　発展途上国の時代

⑥　**運用可能な資本があった**。この点では特にイギリスとオランダで外国投資に運用可能な資金があった。

⑦　**投資の利便性**。いくつかの州はロンドンで支払い可能な利子付きポンド建て債券を発行した。各州の政府は，ロンドンで利息を支払うよう，銀行家に指示をした。オランダの銀行家は新しい方法をさらに開発し，公債がドル建てであっても，利息はギルダーでオランダの投資家に支払われた。

⑧　**金融仲介機関による有価証券発行の促進**。指摘されているように，州政府証券は「信用を引き出す担保を確保するためにロンドンにやってきた[24]」。金融仲介機関がなければ，有価証券が外国でこれほどポピュラーになるのは不可能であった。したがって私たちは，投資のための，これらのチャンネルを考慮しなければならない。

オバーエンド・ガルーニー社は重要な掛け橋であった。さらに重要なのはベアリング・ブラザーズ社であった[25]。オランダでは，1836年頃からオランダの銀行家が米国州政府証券を取り扱うようになった。ロスチャイルド家はイギリスにおいて，そしてそれほどではないがヨーロッパ大陸においても，目立っていた。銀行家のサミュエル・ジョーンズ・ロイド（のちのオーヴァーストーン卿）もそうであった[26]。ロンドンで，パーマー・マッキロップ・デント社（旧東インド社の一つ）が，フロリダ準州およびサウスカロライナのためにスターリングのローンを発行し始めた。S・V・S・ワイルダーはフランスの会社ホッティンガー社のニューヨークに駐在する特派員で，州政府証券のもう一人の売り手であった[27]。ロンドンにあったトーマス・ウィルソン社とジョージ・ワイルド社，またウィギン社は，いわゆる3 Wで，1830年代の半ばまでに，米国の州債の投機的馬鹿騒ぎに乗り出した。3つのWは1837年に支払いを一時的に中断したようだ[28]。ロンドンにあったフース社とマッキャルモン社も活発に活動した[29]。1830年代の後半に米国州債の仲介役を果たした3つの主要な外国のマーチャントバンク──ベアリング社，ホープ社およびロスチャイルド社──を検討した後，私はそれらと関わりをもった重要な米国企業について述べる[30]。

第2章で示されたように，1803年に，ベアリング商会が米国連邦政府の総代理店に指定された。数年間にわたって，同社は米国でのビジネスを拡大した[31]。

88

第**3**章 開発の半世紀

指摘したように，ベアリング社は合衆国第 1 銀行の証券を所有した。1810年か
ら，プライム・ワード＆サンズ社，そして，その後継者はともにベアリング社
のニューヨークでの主な特派員であった。1812年戦争中に，ベアリング社は，
米国の信用を維持する努力を続けていたが，ロンドンで新しい連邦債を売るこ
とを拒否した。戦争の後，ベアリングは，新しい合衆国第 2 銀行と関係をもっ
たが，それはさらに一貫して親しいものになった。1829年にボストンのトーマ
ス・レン・ワードはベアリングの米国の代表になった。彼はパートナーとして
行動し，会社と緊密な関係を維持していた。1832年以降，ワードはサラリーベ
ースの雇用となった。ベアリングは，さらにニューオーリンズとボルチモアに
も通信員を置いた。1830年まで，アレキサンダー・ベアリング（1774-1848：
1835年にアシュバートン男爵となった）はイギリスで同社を指揮した。その後，ジ
ョシュア・ベイツ（1788-1864）はロンドンにいるアメリカ人パートナーで主な
米国担当者となった。ベイツは1828年にパートナーになった。1828年のルイジ
アナ・ローンで，ベアリングという名前は初めて米国の州政府債発行とリンク
された。1830年代に，ベアリング商会は米国各州および州にバックアップされ
た証券のイギリスにおける重要な販売業者になっていた。

　アレキサンダー・ベアリングの義理の兄弟であるピエール・C・ラボウチェ
アは，1802年から1811年までにアムステルダムにあるホープ社を率いた。1803
年にルイジアナ購入の支払いのために，米国連邦政府証券のマーケティングを
仲介した際に，ベアリング社およびホープ社が協力したことを思い出してほし
い。1805年には，ホープ社が初めてオランダにおける米国証券の「公式の」管
理事務局に参加していた。その後，数年にわたって，このオランダの会社は，
ベアリング一族との緊密な関係を維持し，1815年にアレキサンダー・ベアリン
グはホープ社のパートナーになっていた（3 分の 1 の権益）。その年，ラボウチ
ェアは再び積極的な管理を行った。1816年には，オランダ政府が外国ローンの
管理と特殊税に関する法律を導入した。これは1824年まで厳格に執行された法
律であった。1820年代，さらに1830年代の初め頃でさえ，オランダは米国にお
けるビジネスの関係を中断していたようにみえる。しかしながら，1830年代の
終わりまでには，ホープ社はベアリングとの関係を回復し，さらにその活動は
非常に活発になった。ホープ社はヨーロッパの至るところで顧客をもっていた

89

第Ⅰ部　発展途上国の時代

が，それらは今や米国の州債にまで及んだ。1838年に，ホープ社はベアリング
に手紙を書き，そのなかで州債がニューヨークまたはロンドンで支払えるかど
うかを説明している。「これはまったく不可能ではない。私たちの管理事務所
を通していればそれの支払いを可能にする手立てがある」[43]。このオランダ会社
はペンシルベニア，オハイオ，インディアナ，イリノイおよびルイジアナの州
債，またニューヨーク，ボストンおよびモービル，アラバマの地方都市債など
の販売にやってきた[44]。

　その間，1820年代半ば頃，ラルフ・ハイディ（Ralph Hidy）が書いたように，
イギリスでアレキサンダー・ベアリングが「大投資家の間で，保守的な投資と
市場政策における有力な代表者として，評判と地位をナサン・ロスチャイルド
と分け合うことにならざるを得なかった」[45]。ロンドンのロスチャイルドの事務
所はナサン・メイヤー・ロスチャイルド（1777-1836）によって設立された。
同社は創立者の死去までN・M・ロスチャイルドと呼ばれ，その後はN・M・
ロスチャイルド&サンズと呼ばれていた。パリのロスチャイルド事務所は，ナ
サン・ロスチャイルドの兄弟ジェームズ・デ・ロスチャイルド（1792-1868）
によってリードされていた[46]。1821年にはロスチャイルドの初めての米国代理人，
フィラデルフィアのロバートとアイザック・フィリップスが指名された[47]。数年
後に（1833年に），ロバート・フィリップスは，ニューヨークにあるJ. L. & S.
ジョセフ社をN・M・ロスチャイルドに紹介した[48]。1834年にナサン・ロスチャ
イルドは米国州政府債を買売し始めた[49]。その年に，R. & I. フィリップス社は
イギリスとフランスのロスチャイルド両社のために活動し，N・M・ロスチャ
イルド社（ロンドン）のために，ベアリング社に代わって金融代理人となった
（1835年1月1日時点で）[50]。1835年の秋に，ロスチャイルドのロンドン商会は，積
極的に米国州政府証券を売り出すことに参与した[51]。その後，1837年のパニック
の最中に，その米国代理店の2社R. & I. フィリップス社とJ. L. & S. ジョセ
フ社は，ともに失敗した[52]。実際，ロスチャイルドによって派遣された若者，オー
ガスト・ベルモントは恐慌の最中にニューヨークに到着した[53]。彼からロンド
ンにいるロスチャイルドへの最初の手紙（ドイツ語で書かれた）は，破産のこと
を伝えている（ジョセフ社は最初に支払いを停止した会社の一つであった。彼らの損
失金額は約600万から800万ドルであった）。ジョセフ社のビジネス規模は，ロスチ

ャイルド社の代理店としての重要性を反映した。ベルモントはロンドンとパリのロスチャイルド社に指示と十分な権限を求めた[54]。彼はそれらの権限を受け取り，そして彼の死去まで（1890年）持ち続けた。そのときに彼の息子がニューヨーク代表の職務を継承した[55]。彼の最新の伝記作者は，彼の初任給が年間で1万ドルだったといっている[56]。

　海外における米国各州債の金融仲介人は必ずしもすべてヨーロッパ人に限らなかった。合衆国第2銀行，モリス運河・銀行会社およびジョージ・ピーバディ（ロンドンに住むアメリカ人）などは，1830年代に米国州債を海外に持ち出した米国の会社や個人であった。しかし注目すべきは，これら会社のうち最初の2つの会社には巨大なヨーロッパからの投資があり，ピーバディ本人もアメリカ人だが，すでにロンドンの居住民になっていたということである。それに加えて，州政府は個人にその債券を海外で発行することを認めたのである。イギリスでは，『サーキュラー・トゥー・バンカーズ（*Circular to Bankers*）』（地方銀行の週刊紙）はそうした有価証券を推奨した[57]。したがって，1830年代に，イギリスとヨーロッパ大陸で米国州債を購入する方法についての情報は豊富に存在した。しかし，残念ながら，それらの役割についての十分なデータは存在しない。

　1830年代に，米国の州政府証券が外国で売り出されたのは，最初はほとんどイギリスであったが，1838年までにオランダ，そしてより小さい規模でフランス人，ドイツ人，スイス人およびポルトガル人が買い手になった[58]。議員のジェームズ・ガーランドは1838年7月の米国議会において，「州政府証券残高全体のなかで少なくとも6500万ドルが，外国で主にイギリスに保有されている」と語っている。これは，州政府証券残高の約38％に相当するであろう[59]。

貿易に関連する投資——1803～1838年

　外国の資金が州政府証券へ流れ，マーチャントバンクもこのプロセスを促進する一方で，海外からの貿易関連の投資および貿易金融も加速した。先に指摘したように，国と州の有価証券はしばしばヨーロッパで貿易債務の返済に用いられていた。

第 I 部　発展途上国の時代

　1812年戦争が勃発するまでに，イギリスのマンチェスターにあった商社は米
国に駐在員を置いて，綿花を買い，自らの勘定で事業活動を行っていた。ロン
ドンとバーミンガムの商人は商品を米国で販売していたが，そのなかの一部の
人々はニューヨークで給料を受け取る「代理人」であった。リバプールの会社
は買売双方の代理店となった。1812年戦争の後に，より多くのイギリス商人と
いくつかのメーカーが米国の港都市であるニューヨーク，フィラデルフィア，
ボストン，チャールストン，ボルチモアおよびニューオーリンズで直販店を開
いた。1821年までに，ニューオーリンズは「通商の黄金期」に入った。その貿
易量はニューヨークに続き，２番目となった。これもイギリス商人の存在を反
映していた。

　1820年代に，ロンドン，グラスゴーおよびリバプールのジェームズ・フィン
レイ社（James Finlay & Co.）は，ニューヨーク，チャールストンおよびニュー
オーリンズに「支店」をもっていた。1820年に，３年前にグラスゴー（スコッ
トランド）で設立されていたジョン・クラーク・ジュニア社が，綿糸を販売す
るためにニューヨークで「事務所」を開いた。この会社は初めて綿糸を木製の
スプールに巻き，それを米国で売り出した。この10年間に，シェフィールドと
バーミンガムのハードウェアメーカー，スタフォードシャーの陶工の代理店は，
そしてイギリス北部からの綿とウール織物の販売員も同様だが，ニューヨーク
における地位をしっかりと確立していた。1828年にベアリングのパートナーは
ヨーロッパ各地から計35の「代理店」がニューヨークにきていると数えている。
1930年代にボストンでベアリングの代表であるトーマス・レン・ワードは，商
業信用量の増大に貢献した。1831年末にベアリングはリバプールでオフィスを
開き，1830年代初めに米国の綿花輸出とその関連する金融業務に参入した。リ
バプールはイギリスと米国の通商にとって要であった。1830年代に，ベアリン
グはイギリスの鉄道レール社のための注文も獲得した。1833年には，ロンドン
にあるトーマス・ウィルソン社，ジョージ・ワイルド社およびウィギン社は，
委託と信用および有価証券などの業務を行うために，ボストンでの代理人を任
命した。1836年に，すでに富を築いていたイギリス人のジェームズ・モリソン
——モリソン・クライダー社に関係していた——は，アルソップス家の一人を
フィラデルフィアでの代理人に，そしてフランシス・J・オリバーをボストン

での代理人に任命した。モリソンはオリバーのビジネスのために100万ポンド
を提供した，と報道された。モリソン・クライダー社は，英米のマーチャント
バンクの先頭に立っていた。すでに記述したように，ロスチャイルドはニュー
ヨークとフィラデルフィアの代理人を通じて，その存在感を示した。その会社
はまたボルチモアにも特派員を派遣した。1830年代半ばまでにF・デ・リザー
ディ社のパリの会社はロンドンとニューオーリンズでオフィスを設置した。

　インガム・ステファンズ社のベンジャミン・インガムは，シシリー島にある
イギリス商社で米国と長い間取引をしており，早くも1809年にはボストンの代
理人をもっていたが，1837年2月に初めてニューヨークのバークレー＆リヴィ
ングストン社との提携に乗出した。バークレー一家はイギリスのビジネスマン
で，シューラー・リヴィングストンはニューヨークの商人であった。インガム
は貿易を通じて得た利益を再投資し，米国における外国人投資家の巨人となっ
た。リヴィングストンは彼の投資アドバイザーを務めていた。1837年には，フ
ィリップ・シュパイアーはニューヨークに到着し，自ら外貨為替両替のディー
ラーとヨーロッパ商品の輸入業者の地位を確立した。彼はフランクフルトで家
族企業であるラザード・シュパイアー・エリセン社を代表した。これは一つの
重要なドイツ―米国商会の始まりであった。

　1830年代半ば頃に，米国でのブームに伴って，イギリスの会社，時にヨーロ
ッパ大陸の企業が米国で特派員，代理人，一部有給の代表者，あるいはパート
ナーをもつことが普通になった。これらの外国企業には製造業者は少なく，商
社が多数であった。1836年に，アメリカ人にまで拡大された商用口座にある信
用の量は，2000万ポンドと見積もられた。輸入業者と輸出業者およびマーチャ
ントバンカーの間の区別はしばしばみられなくなった。

　1820年代と1830年代に，ハドソン・ベイ社（1670年にイギリスで許可された）
はフロンティア地域において米国の毛皮商に対する強力な競争者となった。こ
のような国境を越えた企業貿易関連のビジネスは，商人とマーチャントバンク
のそれとは非常に異なっていた。『ハント・マーチャント・マガジン』誌
（1840）に「ハドソン・ベイ社がその鉄のような足場を打ち立てたところはど
こでも，米国の貿易が確実に減少する」という記述があった。ハドソン・ベイ
社の「見事な」組織は――それの組織には「中央商品を供給される正規雇用代

第Ⅰ部　発展途上国の時代

理人のポストをもつ職員の階層的な管理」がみられたが——ジョン・J・アスター社という巨大な米国の毛皮会社を超え、さらにそれほどでもないが、独立のアメリカ貿易会社をも超える優位性をもっていた。この米国毛皮会社は1834年に西部地域から撤退し[81]、さらに1842年に倒産した[82]。一方、ハドソン・ベイ社は長く生き残り、今日までも繁栄し続けてきた。

米国の金融および保険会社における外国の利権——1803～1838年

　米国金融機関における外国の利権は、緊密に米国における他の外国投資に関係していた。私は第2章で米国銀行業務における重要な外国投資に言及した。1803年に合衆国銀行の株式の62％が外国によって所有されていた。1811年に、この国がイギリスとの戦いに入ろうとしたときに、70％の銀行の株主は完全に外国人で、基本的にイギリス人であった。設立許可状では、これらの投資家は役員会に代表者がいないし、なんらの投票権ももたなかった[83]。それにもかかわらず、大いに外国の影響を恐れたため、議会は銀行の再許可をしなかった[84]。

　終戦とともに、1816年に議会が合衆国第2銀行を設立した。前者と同じように、そのときに20年間の設立許可書がつくられたが、そのなかには、外国人投資家が彼らのシェアに相応する投票ができないという条項が含まれていた[85]。イギリスの投資家たちはこの規定によって活動を阻止されることはなかった。議会が合衆国第1銀行の設立許可の更新に失敗したとき、彼らはなにも失わなかった。彼らはコントロールではなく、投資に対する収益を望んでいた。したがって、1817年と1818年に、彼らは新しい銀行へ資金を貸し出した。1818年7月に、合衆国第2銀行はベアリング、トーマス・ウィルソン社およびホープ社、それに他のヨーロッパ企業から176万ドルの借入をした[86]。1817年と1818年のローンの一部分は、その後の銀行株式における外国投資の基礎となった。1820年にイギリス人によるそのような株式の保有量はほぼ300万ドルに達した。1828年に、その合計が400万ドルになり、さらに1831年には800万ドルまでにのぼった[87]。1832年7月10日にアンドリュー・ジャクソン大統領は拒否メッセージを発表した。それによると、1832年1月1日における合衆国第2銀行の民間向け株式は2800万ドルで、そのうち840万5500ドル（あるいは30％相当）が外国、主に

イギリスにおいて保有されていた。[88] 外国の所有比率は合衆国第1銀行よりはるかに少ない（にもかかわらず，ドル総額では大きかったが）。前に述べたように，ベアリング・ブラザーズ社は同銀行のロンドンの駐在員として，合衆国第1銀行と同様に，銀行本部との緊密な関係を維持していた。[89]

　この銀行は米国の最大の事業企業であった。その主な事務所はフィラデルフィアにあり，国の至るところに支店をもっていた。それは第1銀行よりはるかに大きかったし，重要であった。しかしながら，アンドリュー・ジャクソンの1832年の拒否で，連邦政府による合衆国第2銀行の再許可の可能性はなくなった。ジャクソンの銀行に対する攻撃は，外国人投資家への厳しい非難を含んでいた。ジャクソンはベアリングに特に敵意をもっていたが，ベアリングは同銀行に対し，最後まで忠実だった。[90] この銀行の連邦政府代理権が1836年に期限切れになったとき，この合衆国銀行はペンシルベニア州によって認可され，操業を続けた。前者と同じように，（ペンシルベニアの）合衆国銀行は，3500万ドルの資本金をもっていた。この時点では，同銀行は外国人投資家により多く依存するようになり，外国の占める割合は上昇した。1838年までに外国人投資家が銀行の株式のうち2000万ドルを所有するといわれていた。[91]

　その間に，他の米国の銀行も外国の資金を求めた。例えば，1823年のニューヨーク銀行がそうであった。[92] 銀行は外国人投資家にとって，非常に魅力的であった。ベアリング社は，ニューヨーク商業銀行の株を購入した。1833年12月にプライム・ワード＆キング社（ベアリング社のニューヨーク代理店）は，ロンドンでルイジアナ銀行とルイジアナ州法銀行の株式の販売を進めた。[93] イギリス人のロスチャイルドは1834〜35年に「ルイジアナ銀行」，オルバニー商業銀行，そしてボルチモアのマーチャントバンクの株式を獲得した。1837年には，彼らはフロリダにあるユニオン銀行の8％債券を購入した。[94]

　1833〜35年の間に，マンハッタン銀行（ジャクソンが合衆国第2銀行の認可を拒否した後に，米国政府がその預金を移した銀行の一つ）には，「大株主」の侯爵カーマーセンがいると報道された。[95] 外国人投資家は，ニューオーリンズ運河・銀行社（運河銀行）の多額の株式を取得した。[96] そのなかに，フィラデルフィアのジラード銀行（27％），[97] スクールキル銀行（ともにペンシルベニア州），[98] またヴィクスバーグ商業銀行（ミシシッピ州）があった。[99] 株式は，テネシー州のユニオ

第Ⅰ部　発展途上国の時代

ン銀行，また，ミシシッピ州のプランター銀行によって外国で売られた。オランダ人の投資者は，ニューヨークのマーチャントバンクとフェニックス銀行，ルイジアナ市民銀行，ペンサコラ銀行（フロリダ）およびフロリダのユニオン銀行の株式あるいは債券を所有していた。銀行における外国投資家の利権は，州（そして，地方自治体）の有価証券および商人の貿易と関係があるようにみえる。

　ルイジアナ州政府の1837年12月23日付けの報告書によると，外国投資の系統的な統計としては例外的だが，その州にあり，払込資本が3990万ドルの16の銀行のうち，12行もが海外から資本を吸収して，その投資総額の52％，あるいは2070万ドルがヨーロッパからきていた（この報告書には，少なくとも1480万ドルのヨーロッパ資金が，州有価証券，あるいは州の保証付き公債の販売を通じて獲得されたという内容があった）！　決定的な証拠はないが，もし多くの州（ニューヨーク，ペンシルベニア，メリーランド，ミシシッピ，テネシー）と少なくとも１つの準州（フロリダは1845年までに州になっていなかった）におけるイギリスとオランダの投資を調べればわかるが，銀行業務においてルイジアナ州ほど外国資本を重要視する州はなかったと，私は確信している。

　金融機関のうち以上とは別のグループも外国投資を引きつけた。ニューヨーク生命保険・信託会社（NYLTC）は1830年にその業務を始めた。それは資本金（100万ドル）と預金のなかから長期的な投資を行った。その証券投資は主に不動産の抵当証書であった。1834年にベアリング・ブラザーズ社は1500株分の株式を保有して，当時最大の単独株主であった。NYLTCはその年に100万ドル以上の預金を海外から確保した。1830年代の初め頃に，ニューヨーク立法部が一つの法律を通し，オランダ土地会社がニューヨークの農民に貸し出した資金に対して税金を納付するように求めたとき，このオランダ人所有の会社は取り立てを強化しまた利率を高めることで対応した。そのため外国企業への農民の敵意は高まった。結局，ニューヨーク生命保険・信託会社は，オランダの土地会社の発行する抵当証書を取得し，その4.5％は証書で支払った。そのオランダ会社は1836年にロンドンでそれらを売却した。米国銀行家のアイザック・ブロンソンと彼の仲間は，「ニューヨーク生命保険・信託会社やほかの銀行のファンドを利用して，８つの州と準州で100万エーカーの３分の１の土地を購入

した」⁽¹⁰⁵⁾。

　もう一つの信託会社であるアメリカ生命保険・信託会社は，株式の販売と
預金の穫得を通じて，海外からのマネーを増やした⁽¹⁰⁶⁾。外国人投資家は，農民貸
付信託社にも相当な量の株式保有を行った⁽¹⁰⁷⁾。同様に，ノースアメリカン信託・
金融社にもイギリス投資家がいて，1838年には同社の200万ドルの資本のうち
約半分がイギリスにおいて保有された⁽¹⁰⁸⁾。さらに，イギリス人はオハイオ生命保
険・信託会社の利権を取得した⁽¹⁰⁹⁾。

　1836年の，ニュージャージー立法部の特別委員会による新しい信託会社に関
する報告書によれば，信託会社の利点は外国資本に提供された刺激であった。
そのときヨーロッパでは，金利が相当に低かった。オランダも大陸のいくつか
の裕福な国々も，3〜4％を超えることはなかったから，ヨーロッパ大陸の資
本家は喜んでこの国の安全な投資の機会を求め，喜んで5％，あるいは最高で
6％の利子を受け取った。これらの信託会社にとっては，雇われた受託者とし
て，この国へ彼らの資本を送り，それが管理運用されることは大きな刺激であ
った⁽¹¹⁰⁾。

　1837年に，スコットランドの移民，ジョージ・スミスは，シカゴでスコット
ランドから米国中西部へ資金を送る仲介をするイリノイ投資社を創設した。2
年後に，彼は流通可能な預金証書を通貨として発行し始めた。彼は22万5000ド
ルの資本金をもつウィスコンシン海上火災保険社を通じてそれを実現したが，
この会社の株式の半分はスコットランドの投資家によって保有されていた。同
様に，スミスはミシガン，アバディーン・ノースアメリカン，またノーススコ
ットランドとノースアメリカンの各社を設立した。1840年までに，彼の5つの
会社がスコットランドから米国中西部へ転送した資金の総額は約38万ポンド
（180万ドル以上）にのぼると報道された⁽¹¹¹⁾。このような銀行と信託会社と保険会
社の組み合わせは，1830年代には外国資金の金融仲介を行う際の一つ重要な特
徴であったと考えられる⁽¹¹²⁾。

　その間に，イギリスに本部が置かれていた保険会社はすでに米国市場に参入
していた。先駆者はずっとフェニックス保険社であった。その会社は1804年6
月にニューヨーク海上火災保険の代理店を開き，1805年にフィラデルフィア，
チャールストンおよびニューオーリンズで，そして，1806年にボルチモア，ボ

97

ストン，サヴァナ，ノーフォークおよびミドルタウン，コネチカットの代理店
も開いた。そのうち，フィラデルフィア代理店は1810年に閉められた。ニュー
ヨークの代理店は1814年に（1812年戦争の最中に）ニューヨーク州立法部によっ
て閉じられた。しかし，1815年までに，次の５つのフェニックス代理店が残っ
ていた。チャールストンの代理店は縮小していって最終的に1822年に閉鎖させ
られた。ボストンの代理店は1824年まで続いていたが，マサチューセッツ州の
高い税率に傷めつけられ，最後になくなった。また，ニューオーリンズ，サヴ
ァナおよびノーフォークの代理店は1830年代まで継続していた。フェニックス
の「姉妹」会社であるペリカン・ライフ社は1806年あるいは1807年から1814年
まで，ニューヨークに代理店があって，フィラデルフィアにも1807年から1810
年までに一つの代理店があった。イスラエル・ウォレンはフェニックスとペリ
カンのフィラデルフィアの代理人として，米国で初めての生命保険代理人であ
ったと記述されている。これらの代理店は保険は売るが，主要な金融仲介機関
だとはみられていなかった。[113]

　早くも1818年には，モントリオール銀行（1817年設立）がニューヨークの代
理店にプライム・ワード＆サンズ社を任命していた。米国における同銀行最初
の利潤は，正金と外国為替の取引から生まれた（両方ともイギリス人とアメリカ
人による）。[114]取引の副産物として，モントリオール銀行の銀行券がニューイング
ランドとニューヨークで流通していた。[115]モントリオール銀行は最初から，米国
に出入する正金の導管として機能していた。[116]銀行の職員は，モントリオールと
ニューヨークを定期的に往復していた。[117]しかしながら，1830年代には，ニュー
ヨークの代理人は多大な米国への投資にカナダの銀行を巻き込まなかった。[118]
1832年にノバ・スコティア銀行（その年に認可）はニューヨークに代理店を指
名し，[119]さらに1836年には新たに組織されたブリティッシュ・ノースアメリカ銀
行が，そのニューヨーク代理店としてプライム・ワード＆キング社を手配した。[120]

　こうした関与があったにもかかわらず，1830年代に米国の金融機関に対する
あるいはそれらを媒介とした，代表的で，そしてきわめて大きな外国人投資家
たちは，個々の銀行（合衆国銀行は別にして），信託会社，外国保険会社，ある
いは「代理店」をもつ銀行への直接参入はせず，むしろ彼らは，ルイジアナ，
アラバマ，ミシシッピ，フロリダ準州，アーカンソー，インディアナ，イリノ

イ，ケンタッキーおよびミズーリの新しい銀行への融資に関与していた州有価証券の保有者であった[121]。特に，1837年にルイジアナ州債と州保証債を保有する重要な外国投資は，州の銀行業機関の外国投資の70％を超えた[122]。

土地，運輸およびその他の活動への外国投資──1803～1838年

イギリス投資家はメイン，ペンシルベニアとバージニアで，そしてもちろん他のところでも土地を所有した[123]。1830年代に一人のイギリス人がウィスコンシン州で2万エーカーの土地を購入した[124]。オランダ土地会社は1830年代にニューヨーク州北部の土地を保持し続けたが，その後，すでに述べたように，その利権をニューヨーク生命保険・信託会社に譲渡した[125]。この生命保険・信託会社は，土地に投資するために外国の資金を運用した。一部分の外国人投資家は，1830年代の土地ブームを利用し，以前に獲得した何エーカーもの土地を売却した。こうして，1835年にベアリング社とホープ社も，1796年に購入したメイン州の土地を**売却**した[126]。

ヨーロッパの投資は運河会社にも利用された。そのなかには，モリス運河・銀行社（オランダ，イギリスおよびスペインの投資家），また，デラウェア・ラリタン運河社があった[127]。1830年代に，鉄道が外国投資を導入し始めた。1838年までに，カムデン・アンド・アムボイ，フィラデルフィア・アンド・レディング，ウィルミントン・アンド・ローリー，およびハリスバーグ・アンド・ランカスターの鉄道には，外国人の社債保有者がいた[128]。1837年にウィルヘム・ウィリンクは，バタヴィア・バッファロー鉄道協会の100万フラン社債とトナワンダ鉄道の100万フラン社債を発行した[129]。イギリスの製鉄業者は，鉄レールの支払代金として米国の鉄道証券（通常は抵当債券）を受け取り始めた。この取引方法は初めての実践だが，後に示すように，1850年代には一般的なものになった。ロンドン証券取引所の「米国のレール」の開拓者は，カムデン・アンド・アムボイ鉄道であったが，それは1838年3月に「公的リスト」に表れた[131]。

銀行業と同様に，輸送業の発展も典型的なパターンであった。それは，1830年代に運河，鉄道および有料道路に融資するため，州政府が有価証券を外国へ売り出すことであった。直接に入るよりも，州政府ルートを経由して入った外

99

第Ⅰ部　発展途上国の時代

国資金の方がはるかに多かった。資本の移動における政府の介入がないわけは
なかった。州政府（場合によって市，郡も）は，1830年代には国内の改善のため
に外国資金を導入する主なルートであった。これはすべて証券投資であった。[132]

　1830年代に，少数の米国鉱業会社の証券がイギリスで売られた。それは連合
金鉱業社，ペンシルベニア瀝青炭・土地・木材社，ハゼルトン（ペンシルベニ
ア）石炭社，またリーハイ石炭鉱業社などであった。[133]歴史学者のドロシー・ア
ドラーは，1830年代における石炭鉱業へのいくつかの短命のイギリス出資は直
接投資であったことを示唆した。[134]これは確かに，1835年にイギリスの事業家た
ちが，メリーランドの炭鉱に投資したケースと思われるが，それにはジョー
ジ・クリーク炭鉱・鉄鉱社が含まれていたし，また1840年にイギリス人グルー[135]
プの一つが組織したチェスターフィールド炭・鉄鉱社もそうであったが，それ
は，東バージニアにあるメーデンヘッド炭坑会社，炭鉱会社を獲得した。[136]その
ような利権は明らかに散発的なもので，ほとんど重要なものではなかった。

　1830年代に外国資本が米国に流入したときには，製造業セクターがまったく
なかったことが注意されるべきである。早い時期に外国資本が所有した製造工
場（例えば，デュポン社）はすでに国内会社に変わったが，これはデュポン社が
この国に植民し，海外で保有された株式がすでにアメリカ人の手に戻っていた
ためである。1830年代にほとんどの米国産業は大量の資本を必要としなかった。
米国の資源も十分であった。さらに，比較的低い関税のため，外国製造業メー
カーが輸出を通じて，米国の市場に進入でき，しかも実際に入ったことを意味
する。[137]前述したように，いくつかのイギリスの製造業者はすでに米国で直販店
を開いていた。

1830年代ブームの崩壊

　1830年代半ば頃には，米国経済は州債，貿易その他の活動に関与した外国資
本からの刺激を受け，拡大してきた。土地の投機（国内と海外）および新しい
金融機関（国内，そして時々海外）がインフレに火をつけ，それとともに全般的
に新たな繁栄が盛りあがった。メキシコからの銀の輸入は通貨供給量を膨張さ
せた。[138]

第**3**章　開発の半世紀

　好況は続かなかった。1836年7月11日に，ジャクソン政権は流通正貨の発行に乗り出した。投機の過熱を抑制するために，それ（金または銀）は公有地の購入に使用するように命じられた。正貨の供給は適切ではなかった。イギリスではイングランド銀行は金が大西洋を横断するだろうと心配した。1836年8月に，それに制限的な手段が課された。[139]

　1837年の初めまで，米国経済は停滞状態にあった。貿易も落ち込んだし，各種事業活動もうまくいかなかった。この情況を背景に，3つのイギリス会社——トーマス・ウィルソン社，ジョージ・ワイルド社とティモシ・ウィギン社——は支払いを停止した。また，ロスチャイルドの代理人も倒産した。[140]ベアリング・ブラザーズ社はその活動を縮小し，危機を乗り切った。[141]

　流通正貨と1837年のパニックは，ロスチャイルドの米国におけるビジネスに長期的にはマイナス効果を与えていないようにみえる。にもかかわらず，R. & I. フィリップス社とJ. L. & S. ジョセフ社は倒産した。1838年初め頃に，オーガスト・ベルモント氏は，パリにいたロスチャイルドに手紙を書いた。そのなかで確かに，彼は新しい綿ビジネス，アーカンソー商業銀行とミズーリ州債の購入に関して述べた。[142]同年4月に，ジェームズ・デ・ロスチャイルドは，パリからベルモントへ手紙を書いた。「あなたが復帰して以来，私たちの会社に相当な貢献をしてくれた。それをみて私は本当にうれしい」。[143]

　合衆国銀行（今はペンシルベニアで再認可されている）は1837年（5月）危機の最中に，正貨による支払いを停止したが，1838年8月にそれを再開した。[144]その銀行は，積極的にイギリスで州証券の売買を行った。1838年5月には流通正貨は撤廃されていた。[145]1838年に各州は新たな公債を発行した。その年，そして1839年初め頃までに，各州の信用はロンドン市場で健全な状態を維持した。なお十分に敬意を払われていた合衆国銀行による奨励が，その発行に対する信用を高めた。[146]回復はみえてきた。

　1838年と1839年初め頃には，州と地方自治体の証券および合衆国銀行（ペンシルベニア州）の株式だけでなく，その他の米国州法銀行，投資信託会社および保険会社，それに鉄道会社の株式と債券はヨーロッパ市場，特にイギリス市場に溢れていた。[147]1838年2月に，マサチューセッツ州議会は5％の利率で210万ドルの英貨債を発行し，さらにそれをマサチューセッツのウェスタン鉄道株

式会社に割り当てた。ベアリング・ブラザーズ社は委託され，それを売却した。
売上金はイギリスで鉄道レールの購入代金を支払うために使用された。ベアリ
ング社とホープ社は1838年11月に100万ドルのサウスカロライナ州債を購入し
た。結局，それはうまくいった。1838年12月までに「いいもの悪いものの両方
を取り混ぜた米国証券の流入が，……ベアリングその他の会社の見積りによれ
ば600万ポンド以上にのぼったが，ロンドン（金融）市場にダモクレスの剣の
ように覆い被さった」。

　1839年初めに知性あるイギリス人観察者は，いくつかの有価証券への注意点
を述べた。アレキサンダー・トロター（Alexander Trotter）は「アメリカ合衆
国は国家的な信用の点において，長い間高い地位を保持していた」と書いた。
一方，連邦政府の信用は個別の州とは同一ではなかった。トロターは北部各州
の債務については心配をしていなかった。それはここでの人々が「信頼を鼓吹
させる」ためであった。対照的に，南部には心配をしていた。それは「奴隷制
度が主人と奴隷の両方に烙印を押したため，道徳の低下……人々を衰弱させる
気候，無関心な精神状態，非健康的な湿地での生活にしばしば伴う不安定さ」
のためであった。これらの要因は「向こうみずな習慣」と緩んだ「モラル節
度」をもたらした。トロターは，投資家が個々の州の信頼性をみて，投資を決
める際にこれらの要素を考慮すべきだと警告した。一方，トロターは南部各州
は「豊か」だが，北部各州は「持続的に繁栄する要素」をもつと確信していた。

　1839年夏までに，ある概算によると，約1億ドルの米国株式と債券がロンド
ン金融市場で売り出されていた。1839年10月に，（ペンシルベニアの）合衆国銀
行は，再び正貨による支払いを中止した。その月に，当時の事情通エリシャ・
リグス（Elisha Riggs）は，同銀行の株式の4分の3がヨーロッパにおいて保有
されていると試算した。株式の一部分はすでにイギリス貴族の手に流れ込んで
いた。1390名の株式の外国人所有者（そのうちの1185名がイギリス人）のうちに，
伯爵（イギリス）2人，侯爵夫人（イギリス）2人，伯爵（非イギリス）と伯爵夫
人（非イギリス）8人，公爵2人，ナイト爵28人と男爵および准男爵がいた。
合衆国銀行の支払い停止に他の銀行が追随し，また米国における取引全般も後
退に陥った。

　1839年10月に，ボルチモア・アンド・オハイオ鉄道会社の社長，ルイス・マ

クレインからの請願に応えて，ベアリング・ブラザーズは鉄を購入するのに必要な鉄道建設資金を提供することに合意し，そのために，同社がオハイオ川の堤防に沿って建設を継続することができたのである。そのローンのための証券はメリーランド州債72万ポンドであった。それは同州によってその会社に割り当てられたものであった。ベアリング社は，同時にチェサピーク・オハイオ運河社からメリーランド州債64万ポンド（額面価格）を取得した。こうして，ベアリング社は，結局ボルチモア・アンド・オハイオ鉄道社，およびチェサピーク・オハイオ運河社の両方の未売却メリーランド州債のほとんどを押さえたのである。[157]

　合衆国銀行のロンドンにおける新しい代理人（サミュエル・ジョードン）が貸付過剰になったため，ヨーロッパ銀行家たちは同銀行自身の証券そしてそれ以上に州証券には担保を要求した。[158] デニソン社（ロンドン），ロスチャイルド社（ロンドン），また，ホープ社（アムステルダム）は，1839年10月に同銀行が正貨の支払いを中止した後に，その救済に乗り出した。その見返りとして，同銀行は3つの会社に，ペンシルベニア，ミシシッピ，ミシガン，インディアナ，メリーランドおよびイリノイの州証券の形で1220万ドルの抵当を出した。[159] ホッティンガー社（長い間同銀行のパリ通信員だった）[160] は同銀行に州株式に対する保証を求めた。[161] それ以前でさえ，1839年5月に，サミュエル・ジョードンはベアリング・ブラザーズ社に州株式（約100万ドルの価値）[162] を預けていた。これが意味したのは，1839年と1840年の初め頃に，より多くの米国州証券がヨーロッパ銀行家たちの手に流れ込んでいて，それは明確に合衆国銀行の重い借金をカバーするためのものであった，ということである。

　1839年10月16日に，ベアリング・ブラザーズの質問に答え，ダニエル・ウェブスターは，米国の州債務に関して，再保証のための手紙を書いた。その手紙は広く流通し，リプリントされた。[163] ヨーロッパ人は1839年の危機が1837年と同じく，短期的なことを予期した。しかし，1839年秋までに，事情に通じたイギリスの投資者らはかなり不安になった。銀行家のサミュエル・ジョーンズ・ロイドはイングランド銀行総裁G・W・ノーマンに手紙を書き，「私がもっている米国証券がもっと少なければいいのに」と述べた。ジョードンが合衆国銀行を代表して，資金を求めてきたときに，ロイドは彼の要求を拒否した。ロイド

第Ⅰ部　発展途上国の時代

は州証券について心配していたのだ。ペンシルベニアは、「それらの公的事業を遂行する資金について合衆国銀行の支援に依存していた」と彼は記した。後者がもし支払いを停止すれば、したがってまた非生産的になった場合、「株式の配当はどこからくるか」。また、12月にロイドはジョードンの活動について書いた。「まったく図々しいものだ！　米国の負債を払うためにさらに多くのイギリス資金を借りるのだ」と。

　1840年6月頃までに、ベアリング社はどうにか米国で保有する既存の株式のうちいくつかを売却した（4つのパリの会社が助けてくれた）。大部分の米国証券が極端に値下がりし、あるいはそれでもロンドンでは売れなかった。1840年11月にエラスタス・コーニングは、オーバーン・アンド・ロチェスター鉄道社を援助するために発行されたニューヨーク州債を6万ドル分もち、イギリスへ旅に出かけた。彼は州債を売るか、ないしはそれを鉄道用鉄鋼と交換することを望んでいた。彼のタイミングは非常に悪かった。製鉄業者は、「米国の債券や株式に関するすべてのもの」を拒否した。それにもかかわらず、彼は結局1841年1月と4月にそれらの債券を85と81で売却した（こことこれ以後では、慣例として、債券価格は額面のパーセントで示される）。結局、コーニングは米国に1100トンの鉄鋼を発送した。

　1841年1月に、合衆国銀行は正貨による支払いを再開したが、それも1841年2月5日には3回目で最後の中止をした。その帳簿はその時点で35万株のうち19万7551株（あるいは株式総量の56％）が海外に保有されていることを示した。さらに、そのバランスシート（1841年3月1日時点で）は、ヨーロッパでの負債として「ローン」と「債券」は1300万ドルあり、それに加えてJ・モリソン＆サン社の口座に377万ドルがあった（J・モリソン＆サン社はモリソン・クライダー社の後継者であった。合衆国銀行の最後の数カ月に、その会社は同銀行のロンドン代理人となった。また、ジェームズ・モリソンはこの大口ローンを設定した）。「それは悪い、非常に悪いビジネスだ」とロイドは1841年3月6日に合衆国銀行の業務について書いた。

　ロンドン市場は米国各州の基本的な資金源であったが、いくつかの州は大陸の投資家を探した。例えば、多くの州政府は1838年から1841年にかけて、パリで借入をしていた。1838～39年に、ホープ社（アムステルダム）は州証券につい

第**3**章　開発の半世紀

て特に活発であった。２次的な資料においてみられるこのオランダの買い手の
イメージは格安物件を捜し求めるそれが示唆されている。また1839年には，ホー
プ社は確かに「いいものでかつ安い米国投資」について尋ねていた。1839年
[171]
５月にホープ社はすべての州証券に恐怖の念を表明した。この会社は「この種
の証券があまりに多くやってくることへの全面的な苦情である」と書いた。
[172]
1838年から1841年になって初めて，ヨーロッパ大陸の購入者は米国の州証券に
深く巻き込まれた。それにしても，彼らの関与はイギリスよりはるかに少なか
[173]
った。それにもかかわらず，ヨーロッパの主要金融中心地のすべてにおいて，
これらの証券を取り扱う関連民営銀行業の会社があった。
[174]

　1841年春までに，イギリスとヨーロッパの投資家たちは自信を失った。各州
が合衆国銀行からのローンに頼って利払いを行っていたし，ほとんどの州がも
はや海外から借金して利息を支払うこともできなくなり，さらに，基本的投資
に対する利潤は事実上存在しなくなっていたため，1841年と1842年に米国の８
つの州と１つの準州が債務の利払いを停止した。それはミシシッピ，アーカン
ソー，インディアナ，イリノイ，メリーランド，ミシガン，ペンシルベニア，
ルイジアナ，またフロリダ準州であった。合衆国銀行はペンシルベニア州で再
[175]
認可され，特にペンシルベニア州債の仲介に従事していた。2400万ドルほどの
ペンシルベニア州債が海外で保有されており，イギリス人たちは同州を「放蕩
者」だと非難した。ミシシッピ州は1838年に発行した500万ドルの州債に対す
[176]
る支払いを拒否し，州知事も「私たちの子供を農奴にする」ロスチャイルドの
ような人間はいらないと主張した。1842年には，ウィリアム・コスト・ジョン
[177]
ソンの代表者は，外国に保有されている州債が１億5000万ドル！に達すると
「推測」した。彼は「大部分」の州債残高がヨーロッパにおいて保有されてい
ると推測した。1842年には，1838年よりもはるかに多くの州証券が外国人に保
有されていた。
[178]

　各州が債務不履行に陥る前でさえも，ヨーロッパの投資者はあきらめ切れな
くて，米国連邦政府が各州負債に対して責任をもってくれないかと望んでいた
し，またその希望を持ち続けた。結局，アレキサンダー・ハミルトンが財務長
官であったとき，ワシントンはそうした。各州がそれらの義務に違約したとき
に，もし連邦政府が個々の州の負債に資金を提供しなければ，イギリスと戦争

第 I 部　発展途上国の時代

になるという噂が広がった。議会はなにもしなかったし，ダウニング街も同様⁽¹⁷⁹⁾で，それらのローンは自分の責任であるとイギリスの投資家たちに知らせた。⁽¹⁸⁰⁾

　1841年から42年までの間，米国の信用はそのような不評下にあったので，ベアリングでさえ米国**連邦**政府公債の発行を断った。ロスチャイルドもそうした。⁽¹⁸¹⁾1842年１月にパリ・ロスチャイルド（ジェームズ・デ・ロスチャイルド男爵）はパリで一人のアメリカ人に説いて聞かせた。「あなたの政府に伝えてほしい。あなたはすでにヨーロッパの金融業界のトップに会った。そして，彼はすでに彼ら（米国財務省）が１ドルも借りることができない，１ドルもだ，とあなたに伝えた」と。ロスチャイルドが合衆国銀行を救うための無益な努力に巻き込⁽¹⁸²⁾まれており，そしてその代わりに抵当州債（その株式の額面価格は500万ドルであった）を受け取っていたことを，想起せよ！⁽¹⁸³⁾

　米国証券の間のタイプの違いはイギリス（あるいはヨーロッパ大陸）では区別されなかった。米国に「詐欺師の国家」という名札が付けられた。海外にいる⁽¹⁸⁴⁾アメリカ人は，自国の人々のこうした行為のため「屈辱，非難と不人気」に直面した。セントポールの聖堂参事委員のシドニー・スミス牧師はたぶん「安⁽¹⁸⁵⁾全」だろうと思われるペンシルベニア州の証券を購入した。彼は「生気のないペンシルベニアの人」を非難した。彼らは「肉のことを考えつくべきではなく，品性の天国からあなたを投げ出した罪だけを考えるべきである」。アメリカ人は「大声で歓声を上げてジョーンズ・ロイド，ロスチャイルドとベアリングの財布を握った」，さらに牧師は続ける，「しかし，彼らは未亡人へのわずかな報酬と子供へのパンを振る舞うことはしない」と。⁽¹⁸⁶⁾

　このように1840年代には公然たる非難のなかで，米国へ流れる外国マネーがほとんど消えてしまった。リランド・ジェンクスが描いたように，「投資家らはコロンビア抵当証券（担保付き証券）と不名誉なスペイン国債の投機的なごみ箱の上に積まれた米国のローンを投げ売りした」。イギリス政府は支援しな⁽¹⁸⁷⁾かった。パルマーストン卿は，1847年３月に，通告を出した。その通告によれば，イギリス臣民が「自らの債権の償還に奴隷を受け取って，奴隷の所有者になることと，奴隷を売って，それらを金銭と交換することもイギリスの法律下では罰を受けねばならない」。1848年１月に別の外国領事館に配った回覧板に，⁽¹⁸⁸⁾パルマーストンは次のことを書いた。「イギリス臣民が自国の有益な事業に投

資するより，それらの資金を外国政府のローンに投資するべきだということは，これまで歴代の大英帝国政府によって好ましくないと考えられてきた」。彼は，軽率な投資家の損失は「他人に有益な警告であると証明できる」と確信していた。対照的に，ベアリング・ブラザーズ社は，州政府に責任ある行動をするよう激励すべく「多大な努力」をした。

経済史学者のダグラス・C・ノースは書いている。「もし外国投資が1830年代の（米国）ブームを支えたとしたら，その不足も1840年代の不況を引き延ばしてしまった。西部拡張の外国資本への依存はほとんど内部的な改良の停止のうちに反映されていた」。外国人投資家は保有する既存の証券の帳消しをしたか，あるいはそれを売却した。1843年には，米国へ外国投資を引きつけた多くの信託会社は，もう存在しなかった。1843年と1848年の間に，ベアリング社はその米国証券保有分のうち３分の１を売却した。その合計額は６万ポンドであった。売却はイギリスより価格の高い米国で行われた。ベアリング社は連邦政府紙幣と州証券，それにニューヨーク商業銀行の株式を処分した。同社は自分の口座にある証券だけでなく，その顧客によって保有されていた証券も売却した。フロリダとミシシッピの鉄道創立者らは，1847年にベアリング社とホープ社が彼らの提案に耳を貸さないことを見出した。

1840年代

しかしながら，事実上信用がなく，外国投資の引き揚げおよび景気の停滞といった，米国の厳しい様相は誇張されてはならない。1840年と1849年の間に，5000マイルの鉄道が建設されて，敷設距離は前の10年間の２倍以上にもなった。統計データは，産業による付加価値の増大を示した。1840年代には土地の獲得も新たな投資機会になることがわかっていた。

スコットランド会社であるJ. & P.コーツ社のアンドリュー・コーツ（ジェームズとピーターの兄弟）は，1839年に米国にやってきた。ここに彼は21年間残り，スコットランド企業のために，繁盛した糸の販売ビジネスの案内役と経営管理を行っていた。1830年代半ば，彼が到着する前に，少なくともコーツ社の出荷の60％は米国へ輸出されていた。そこでは商品はコーツ社の名前では売られて

第Ⅰ部　発展途上国の時代

いなかった。アンドリュー・コーツは販売網を構築し，コーツ社の名前とラベルを使用する糸の市場を整備していった。1840年には，若いドイツ人のアーネスト・レオポルド・シュレジング・ベンソンがイギリス会社ネーラー・ヴィッカー社のニューヨーク代理人になり，その後，パートナーになった。彼は工具製造のため，イギリスのシェフィールドから棒鋼と薄板を米国で商売する大きなビジネスを開拓した。これら両方の販売活動は将来のコーツ社とヴィッカー社の米国におけるビジネスの原点となった。

　フィラデルフィア・アンド・レディング鉄道は，1843年と1844年にそれぞれ200万と150万ドルをロンドンで発行し，起業した。同じように，1840年代半ばにイリノイ・ミシガン運河社もイギリスでの資金調達を行った。さらに，イギリス人は米国の製造業にいくつかの直接投資をも行った。米国で造られた初めての重量レールは，1844年にメリーランド州のマウント・サヴェイジ鉄工所で圧延された。それは米国の議会がレールにかかる関税を承認した2年後のことであった。その会社（メリーランド・ニューヨーク鉄鋼・石炭社）は主にイギリス人に保有されていた。その製品の出荷によって，米国レール市場でイギリス輸入品と「米国」との競争が始まった（1840年代の終わり頃に，マウント・サヴェイジ工場は米国投資家に売却された。米国財務報告書は，1853年にその工場の27％が外国人に所有されていたことを示している）。報告書によると，イギリスの1つか，あるいは2つの包装会社が1842年にシンシナティでオープンし，より低いイギリスの関税を利用し連合王国へ肉を輸出することを計画した。私は，その後の歴史についてなにも知らない。

　多くのイギリス人は困難に屈せずに努力した。例えば，先に指摘したジェームズ・モリソンは，合衆国銀行への大口融資を行ったのだが，彼は十分な安全を確保していた。モリソンの息子であるチャールズは，1842年12月5日に米国から彼の父親へ手紙を書いた。後者はその国で「巨大な」投資を行っていたが，それは「何十万（ポンド）にも相当するものであった」。1843年6月にモリソンは，破算になった合衆国銀行の清算人と最終合意に達した。ジェームズ・モリソンの伝記作者は，彼が1844年から米国で利益を上げたことを示唆している。

　1848年に実施された調査は，米国にある134のイギリスの商会を確認した（表3-3を参照）。主要なのはニューヨークとフィラデルフィアにあった。15社

第**3**章　開発の半世紀

表3-3　アメリカ合衆国におけるイギリス商会，1848年

	ボストン	ニューヨーク	フィラデルフィア	ボルチモア	アレキサンドリア	チャールストン	サヴァナ	モービル	ニューオーリンズ	アメリカ合衆国合計
商人	1	3					5			9
輸入業者		10							1	11
輸入業者と一般委託商人									3	3
一般委託商人		5	5	2	1				18	31
海運と委託商人								13	1	14
仲介ブローカー		2								2
為替ディーラーと銀行業者									1	1
銀行業者		2								2
輸入業者，ハードウェア	1	2	15			2				20
輸入業者，鉄鋼		1								1
輸入業者，鉄道用鉄鋼		1								1
乾燥材商人		1				4				5
輸入業者，乾燥材		3	10							13
輸入業者，レース		1	2							3
輸入業者，ワイン		1								1
ワイン商人		1								1
食料品商人			1							1
ディーラー，綿						1				1
ディーラー，米						9				9
綿紡績事業者			1							1
蒸気船代理人		1								1
保険代理人		3								3
合　計	2	37	34	2	1	16	5	13	24	134

出所：Returns from British Consular Representatives in the United States, 1848-49, in FO 83/111,
　　　Public Record Office, London, による。

注：フィラデルフィアの方がニューヨークより取引が——あるいは報告者（領事）がより具体的であった。
　　私は両方とも正しいと推測する。フィラデルフィアの「ハードウェア」の輸入業者はシェフィールドと
　　バーミンガムの企業を代表していた。違った領事が報告をしていたから統一性はなかった。モービルと
　　ニューオーリンズにおけるイギリス商会の機能が非常に違っていると結論づけることはできない。その
　　違いは地域的な規定のそれであるかもしれないからである。

第 I 部　発展途上国の時代

の「ハードウェア」輸入業者がフィラデルフィアにあり，なかには主導するシェフィールドの鉄鋼生産業者も含まれていた。そのなかでいくつかの会社は米国に長く，数年後にもこの国で製造子会社を設立することになるであろう。その間，1846年に連邦裁判所は，外国企業が商標保護において，国内企業と対等の立場をもつという判断を下した。すなわち，「外国人は，**彼が外国に住んでいる場合には**，彼の採用した資本と技能の有用性とともに，彼の服従，労働および不安から保護される権利をもっている」と。

　1847年に，ミシガンとインディアナは，その債務者らとの妥協を達成した。ペンシルベニア，イリノイ，メリーランドおよびルイジアナは債務の利払いを再開した。56まで低下していたオハイオ州債は90まで跳ね返った。ミシシッピ，フロリダおよびアーカンソーだけが，利払いを停止したままであった。その年（1847年）にイギリスのキュナード社はジャージーシティで埠頭を構築し，翌年ニューヨークへの定期便のサービスを立ち上げた。その間に，1846年には，新しい米国郵便契約を利用するために，エドワード・ミルズ（アメリカ人）は大洋汽船航海社を結成した。彼は必要な資金を調達することに失敗した。ブレーメンの上院は，移民のために直接郵便サービスと汽船設備を指揮監督することを望んでいたいくつかのドイツの州から援助を受け，28万6000ドルを提供した。それは，「米国のビジネス会社を経て大洋汽船航海社の53万4000ドルの資本金」に与えられたのだが，この会社はほぼドイツ人の管理下に入ることになった。このブレーメンサービスは1847年6月に始まった。

　その後，ヨーロッパ大陸の1848年革命がやってきた。フランス人とドイツ人は米国証券の重要な購入者になった。ヨーロッパにおける不安は資本の逃避を促した。さらに，1848年1月24日（ちょうど米国とメキシコとの対立が平和的に解決される直前であった）に，カリフォルニアで金鉱が発見された。このニュースは，西部にだけでなく米国全般に対しても，ヨーロッパからの注意を引き起こした。このように，1848年の革命と黄金の発見の結合は，（プッシュ効果とプル効果で）米国での外国投資の更新を意味した。その多くは証券投資であった。「カリフォルニア協会」がフランスでどんどん増えてきた。ある推定では，1848年から1851年までの3年間で，ドイツ人は4200万ドルの米国証券を獲得した。その大部分は鉄道債と株式であった。ブレーメンから来た一人のドイツ投

資家は1852年以前に40種の異なる米国証券を買ったといわれた。ヨーロッパ大陸から米国への投資は，一時的にイギリスからの投資を上回ったようにみえた。

　1843年に，ベアリング社は再度ロンドンにおける米国連邦政府の金融代理人になった。これはこの会社が1803年から1835年にかけて保持していた地位であるが，まずはロスチャイルドに取って代わられ，今回はロスチャイルドに取って代わった（ベアリング社は1867年までこの役に残ることになる）。米国の公債は，1836年以後に増加し始めた。それは最初は非常に遅かった。1847年から48年まで，米国政府はメキシコとの戦争の費用を払うため，そして，メキシコの「賠償金」を払うために，借金をし続けた。ベアリング・ブラザーズ社はヨーロッパ大陸で証券を売り出し，逃避する資本のためにさらなる機会を提供した。フランス革命が始まったばかりの1848年2月22日に，ジェームズ・デ・ロスチャイルド男爵は，パリからロンドンにいる彼の甥に手紙を書いた。「米国は依然として投資資金のための最も安全な国であるので，私たちはいくつかの米国財務省証券を購入すべきだと思う」。彼は6年前に米国政府公債を軽蔑した人であった。

　イギリス人は慎重に，もう一度米国証券を買い始めた。イギリスにいたロスチャイルドは米国政府公債のマーケティングに参加した。1849年5月に，ペンシルベニア州の5％株式は80の価格で売られた（1839年の32½と比較せよ）。1840年代の終わりまでに——そして1850年代の初めまでには間違いなく——劇的な反転は明確であった。米国の信用力が回復した。1850年代には再び外国の個人や会社は米国でかなり大きな投資を行った——それは依然として主に証券投資であった。凶年は終わったのである。

1853年の米国における外国投資

　米国財務省の調査によって確定されたように，表3-4は1853年の米国における外国投資の水準を示している。財務省の推定によれば，1853年6月までに，米国連邦政府の証券残高は5800万ドル以上にもなっていた。そのうち2700万ドル（あるいは46％）は外国人投資家の手にあった。この比率は半世紀前の外国人所有の56％より少ないが，それにしてもかなり大きかった。

第 I 部　発展途上国の時代

表 3-4　アメリカ合衆国における外国人投資，1853年 6 月

証券の種類 a	外国人保有高 (100万 US ドル)	証券残高総額に占める 外国人保有（%）
米国政府の株式	27.0	46
州の株式	111.0 b	58 b
113の市・町（公債）	16.5	21
347の郡	5.0	36
985の銀行（株式）	6.7	3
75の保険会社（株式）	0.4	3
244の鉄道会社（株式）	8.2	3
244の鉄道会社（社債）	43.9	26
16の運河・海運会社（株式）	0.5	2
16の運河・海運会社（社債）	2.0	9
15のその他会社（株式）	0.8	5
15のその他会社（社債）	0.3	11
合　計	222.2 c	19

出所：U.S. Senate, *Report of the Securities of the Treasury... [on] the Amount of the Securities Held in Europe*, 33rd Cong., 1st sess., 1854, Exec. Doc. 42, p. 53, in *Foreign Investments in the United States*, ed. Mira Wilkins（New York : Arno Press, 1977）. 最初の欄に示されている都市，町・郡・企業数は米国財務省の調査によるもので，外国投資を引きつけたそれではない。

a　財務省への報告に基づく。

b　これはウィンスロー・レニエ社の数字である。財務省の推定は7290万ドル，あるいは全体の38％と低くなっている。財務省の報告は両者を印刷している。

c　切上げのため多少違っている。

　もっと重要なのは州証券の保有であった。いくつかの州政府証券は再び海外でよい売り物になった。ジョージ・ピーバディ社は，イギリスで「相当な額」のバージニア州債をどうにか売りさばいた。1853年に州証券は，1830年代以来そうであったように，外国人投資家保有分のうち断然最大の単一の部類をなしていた。米国財務省は，1853年に州債務のうち約38％が米国以外のところで保持されていることを発見した。銀行業会社ウィンスロー・レニエ社（ニューヨーク）はこの評価が相当に控え目だと確信した。その推定では1853年に合計で58％の債権が海外に所有された。そのなかには，利払いを中止したミシシッピ州債をはじめ，4分の3のジョージア，インディアナおよびイリノイ州債，3分の2を超えるミシガン，まだ利払い停止中のアーカンソー州債，オハイオ州債の3分の2，テネシーおよびノースカロライナ州債の半分以上，そして，ケンタッキー州債の2分の1などが含まれていた。オランダの投資家がミシガン

第**3**章 開発の半世紀

表3-5 外国人投資家所有の米国銀行，1853年

銀行名	所在地	資本金額 （100万 US ドル）	外国人所有額 （％）
マーチャントバンク	ニューヨーク，N.Y.	1.49	10.9
アメリカ銀行	ニューヨーク，N.Y.	2.00	11.8
マーチャントバンク	ボルチモア，Md.	1.50	18.9
ワシントン銀行	ワシントン，D.C.	0.20	11.2
モービル銀行	モービル，Ala.	1.50	40.3
ルイジアナ州法銀行	ニューオーリンズ，La.	1.99	30.4
運河・銀行会社	ニューオーリンズ，La.	3.16	26.5
ルイジアナ銀行	ニューオーリンズ，La.	3.99	27.6
プランター銀行	ナッシュヴィル，Tenn.	2.25	14.2

出所：U.S. Senate, *Report of the Securities of the Treasury... [on] the Amount of American Securities Held in Europe*, 33rd Cong., 1st sess., 1854, Exec. Doc. 42, pp. 12-31, in *Foreign Investments in the United States*, ed. Mira Wilkins (New York : Arno Press, 1977).

およびミシシッピ州証券に大量の利権をもっていた。財務省の推定によると，[225]外国人に保有された州債務はアラバマが98％，ルイジアナが83％，ペンシルベニアが66％，マサチューセッツが63％およびメリーランドが55％だったことが明らかになった！[226]

米国商務省は，1853年に，市，町，郡の債務のなかで外国人投資家によって所有されていたのは23％と認定したが，そのなかにボストンとシンシナティの公債残高の半分以上が含まれていた。[227]

米国財務省が1853年6月時点で，985行の米国銀行に対する所有権を綿密に調べた。そのときに外国人投資家によって10％以上を所有されていたのは，9行だけにすぎなかった（表3-5を参照）。[228]投資家は特定されていないが，オランダ人がニューヨークのマーチャントバンクに関係をもち，ベアリング社がロンドンでルイジアナ州法銀行とルイジアナ銀行の株式を売り出したことを思い出していただきたい。イギリスのロスチャイルド社はまだニューオーリンズ運河・銀行会社の株式を保有していた。985行のなかにルイジアナ州の銀行のうち3行だけが含まれていた。その外国人所有率が平均で28％となっていた。別の南部にある銀行の株の保有がそうであったように，モービル銀行の高い外国人所有率は綿花取引に関係していた。ジラード銀行はリストに載っていない。私は，実際のところ，外国人投資家が，1840年代の大部分の時期に配当の見込

113

第Ⅰ部　発展途上国の時代

みがないので，それを売り切ってしまったのだと推測する。ペンシルベニアの銀行はまったく含まれていない。財務省の調査によると，イギリス，フランス，カナダ，キューバ，エジプトおよび東インドの居住者による他の銀行の様々な零細株式所有が発見されている。それらはコントロール権の行使には不十分なものであった。⁽²²⁹⁾この時点から，国内銀行の増加につれて，東部および南部の米国州法銀行における外国の利権は，比較的重要性が小さくなっていった。

　いくつかのイギリス保険会社が1853年までに米国に代理店と支店を開業した。革新者であるフェニックス保険社は1843年にそのニューオーリンズ代理店を閉じたが，サヴァナとノーフォーク（1806年に開業）における代理店は依然として存在していた。一方，1826年と1845年の間には，フェニックス親会社の海外からの保険料のうち米国の割合は9.3％であったが，1846年から1855年までそのシェアはたったの5.3％であった。さらに重要なのは，1848年にリバプール＆ロンドン社（1864年以降のリバプール＆ロンドン＆グローブ社）が，ニューヨークの代理人を任命し，1851年に他の米国都市の代理店とともに，ニューヨーク支店を設立したことである。ロイヤル保険社（別のリバプールの企業）は1851年に新たにニューヨーク支店を開業し，また，それと同様に米国の他の所で代理人も任命した。これらの直接投資は，1853年に米国財務省によって記録されていた保険業者が保有する小規模の証券投資とは異なっていた（しかもそのなかに含まれていなかった。表3-4を参照）。リバプール＆ロンドン＆グローブ社およびロイヤル保険社は，米国で長い歴史をもち，この国での火災保険の重要な提供者になっていた。⁽²³⁰⁾

　1848年から1853年の間に，ドイツ，フランス，スイスおよびイギリス人の資金が米国鉄道証券へ流れ込んだ。⁽²³¹⁾米国の鉄道での大きな利権は，新しくかつ重要な発展をもたらした。1852年に，N・M・ロスチャイルド＆サンズ社（ロンドン）は，米国の鉄道債へまさにその初めての投資をした。それはニューヨーク・アンド・エリー，およびペンシルベニアの鉄道にであった。⁽²³²⁾その同じ年に，ベアリング社は（ずっと前から米国の鉄道に興味をもっていたが）米国でそのアドバイスを得るためにW・H・スウィフトを雇用した。長年にわたり，スウィフトはよく米国から，彼のロンドンの雇用者たちに鉄道債券に関する長い報告書を書いた。トーマス・ベアリングは，視察旅行で（1852年の晩夏および秋に）

第3章　開発の半世紀

米国を訪問した。[233] 米国鉄道債の最初の公募が1852年にロンドンで行われた。1852年の春に，デバウクス社が主導するイギリスのシンジケートは，ロンドンでイリノイ・セントラル社のために100万ポンドのローンを発行する計画を完成した。[234] ジョージ・ピーバディ社は今や米国鉄道債取引において非常に重要になって，さらに1853年4月に，この米国会社は，ロンドンでオハイオ・アンド・ミシシッピの鉄道債を新たに発行した。[235]

　鉄道へのイギリスの投資はしばしば「ひもつき投資」であった。[236] したがって，1849年に，ベアリング社はボルチモア・アンド・オハイオ鉄道社のためにレール2万2000トンの購入を手配した。その方法は最初の数年のやり方に似ていた。イギリスの製鉄業者への支払いの半分は6年から10年の満期，利率6％の鉄道債であった。[237] 米国鉄道債と交換する米国会社のレールの購買価格は一般に水増しされていた。[238] それにもかかわらず，取引の主導権は，イギリスの輸出者ではなく米国鉄道マネジャーにあったであろう。というのは，彼らはレールの買い手として現金の代わりに鉄道債で払うことを望んでいたからである。南ウェールズにあるダウレイス工場のジョン・ジョサイア・ゲスト氏は，彼の鉄に対する支払いである米国鉄道債を拒否したときに，その輸出量が減少したことに気づいた。[239] イギリスの鉄鋼製造者であったウィリアム・クローシェイは，1853年に米国の鉄道抵当社債を24万9099ポンドも保持していた。[240]

　1850年代の初め頃に，外国人による米国鉄道の株式と債券の取得は，証券の購入と商業取引を通じて急速に増加したが，これは1830年代に州政府証券の販売が増大したことになぞらえられる。[241] 1853年に米国財務長官によって調査された244の鉄道証券のうち，76が外国人投資家を引きつけた。外国人の所有額（債券と株式）は5210万ドルにもなった。[242] 表3-6には1853年6月時点で外国人投資家による所有が10％を超える鉄道6社がリストされている。さらに，米国財務省によると，イリノイ・セントラル株式（会社）の1853年6月30日に発行（払い込まれていない）された14万株（1株当たり100ドル）のうち，2万8330株（あるいは20％）が，外国投資家に発行されたものであった。[243] 表3-6は，外国債券の保有者（外国に保持されたパーセンテージによって測定された）が株式の利権より常に多いことを明示している。債券はより安全であると判断されていた。同じく表3-4を参照すると，同表は米国財務省が情報収集をした244の鉄道の

115

第 I 部　発展途上国の時代

表 3 - 6　外国投資家に10％以上所有されたアメリカ鉄道会社，1853年

会社名	資本金 (100万US ドル)	外国人所有 (100万 US ドル) (%)		社債残高 (100万US ドル)	外国人保有社債残高 (100万 US ドル) (%)	
アトランティック・アンド・セントローレンス (Me.)	$1.8	$0.2	11%	$1.0	$0.2	20%
ウェスタン (Mass.)	5.2	0.8	15	4.0	3.2	80
フィラデルフィア・アンド・レディング (Pa.)	7.3	2.0	27	9.4	6.0	64
マディソン・アンド・インディアナポリス (Ind.)	1.6	0.2	12	0.6	0.4	75
クリーブランド・コロンバス・アンド・シンシナティ (Ohio)	3.7	0.5	13	0.1	0.1	75
エリー・アンド・カラマズー (Mich.)	0.3	0.1	33	0.3	0.2	83

出所：U.S. Senate, *Report of the Secureatry of the Treasury... [on] the Amount of American Securities Held in Europe*, 33rd Cong., 1st sess., 1854, Exec. Doc. 42, pp. 36-47, in *Foreign Investments in the United States*, ed. Mira Wilkins (New York : Arno Press, 1977). パーセントは切上げ前に計算されている。

うち，海外で保有された社債総額は 5 対 1 以上の比率で株式を超えていた（4390万ドルに対して820万ドル）。多くの鉄道が表 3 - 6 に含まれていない（株式の90％以上が米国で保有されていたために）が，それら債券の相当な部分が外国人の手に保有されていた。例えば，1853年にニューヨーク・アンド・エリー鉄道の1920万ドルの債券残高中700万ドルは，外国に所有されていた。さらに印象的なことに，ペンシルベニア鉄道の300万ドルの債券残高のうち外国人が250万ドルをもっていた。フランス人とドイツ人たちは，アラバマ・アンド・テネシー川鉄道の債券残高（50万ドル）をすべて取得したこともあった。それらの株式所有者は完全にアメリカ人であった。[244]外国の投資はかなり大きかったが，鉄道の経営管理はアメリカ人によって行われていた。

　先に指摘したように，金鉱がカリフォルニアで発見された後に，「ラッシュ」が始まった。1849～50年の間だけで，3 億3300万フランの資本を保有する約83の「カリフォルニア協会」がフランス人の資金を獲得するために生まれた。ロンドンの会社ジョン・テーラー＆サンズは，1850年にカリフォルニアで不動産を評価するために一人の鉱山技師を急に派遣してきた。私たちが情報をもつ1851年10月から1853年 1 月までの間に，32の鉱業会社がイギリスで創設され，

米国，特にカリフォルニアで所有権を取得した。彼らは，資本を244万ポンド
までに増やした。フランスの会社も，32のイギリス会社のいずれも，オーナー
への金産出ないし利益といった形での結果を残すことはできなかった。これら
の投資は，1853年の米国財務省による調査には含まれていなかった。[(245)]

　1848年5月に男爵ジェームズ・デ・ロスチャイルドが，革命の熱情から安全
に守るため，米国へ彼の21歳の息子，アルフォンスを送ることを決心した。ロ
スチャイルドが会社の代理人のオーガスト・ベルモントに取って代えて，米国
における「ロスチャイルドハウス」を設立しようとしたようにみえる。この計
画は実行されなかった。[(246)] 代わりに，親族（姻戚）のベンジャミン・デヴィッド
ソンが，1849年にロンドンとパリのロスチャイルドを代表する新しいロスチャ
イルド代理店をサンフランシスコで開いた。デヴィッドソンは輸入商品を売っ
て，黄金を買っていた。[(247)] 1849年に，ゴデフロイ・サイレム社がドイツ，ハンブ
ルグのJ・C・ゴデフロイ社とニューヨークのワード＆プライス社のサンフラ
ンシスコ代表になった。その最初のビジネスは手数料商人であった。1850年代
にゴデフロイ・サイレム社は銀行業務へ進出した。1850年代の初め頃にその会
社は広告を出して，それは貸す金をもっており，喜んで約束手形を割引したい
と表明した（そのカリフォルニアでのビジネスは1850年代を生き延びたようにはみえ
ない）。[(248)] 対照的にロスチャイルドの西海岸の代理店は繁栄していた。[(249)] 1849年に，
フランス人のラザード兄弟はカリフォルニアで会社を設立し，金と銀を輸出し
ていた。[(250)] ゴールドラッシュは大陸を渡って外国人投資家の利益を拡大させた。[(251)]
1853年まで，カリフォルニアは外国人投資家に大きな利益をもたらした。

　表3-4に存在しないのは製造業のカテゴリーである。ハインリッヒ・スタ
インウェイは1836年にドイツでピアノを製造し始めた。1849年と50年の間に，
彼とチャールズ・スタインウェイを含む4人の息子が米国へ移住した。1853年
に彼らはニューヨークでピアノを生産し始めた。ハインリッヒの長男のセオド
アは，ドイツの工場を監督するために残った。このニューヨークベンチャーは
「外国投資」であったのか。誰がわかるか？　移民たちは技能をもっており，
米国でまじめに製品を製造することができた。1865年に，セオドア・スタイン
ウェイもドイツの元の事業を売って，この国に移住した。[(252)] そのかなり前に（も
し外国投資があったとすれば），ニューヨークのスタインウェイ社は，そのドイツ

第Ⅰ部　発展途上国の時代

の起源からは完全に独立していたようにみえる。それは米国の企業であった。

　まったく別の産業で，しかも移民には関係していないが，ジョン・H・ターンブルは1849年に米国へやってきた。グラスゴーのジョン・H・ターンブル社（「木材の蒸留という儲かる副業をもっていた」鉄と銅の工場）の設立目的は，米国の硬い木材から「火薬酸をつくる可能性を探り」，それを石灰の酢酸塩に変換させ，スコットランドに輸出するためであった。1850年にビンガムトン（ニューヨーク）より南に数マイルの所で，ターンブル社は，スコットランドの労働者と設備を使い，米国で初めての硬木材蒸留をする会社を稼働させた。この操業（技術が流失しないように極秘に行われた）はグラスゴーの事業の一分枝であった。出荷されるほとんどの酢酸塩は輸出されていた。これは米国の資源を使用する直接投資であった。[253]

　1853年の財務省の調査には同様に，土地と不動産，あるいは抵当証書への外国投資は含まれていなかった。海外から米国の土地への投資は増加した。1850年に，アイルランドの地主のウィリアム・スカリーがイリノイを訪れた。彼にとって初めての土地購入はそこで行われた（私が後で示すように，1880年代までにスカリーによる土地所有はその高名さの原因の一つになるであろう）[254]。いくつかの土地と不動産への外国投資は抵当証書と貿易債務の債務不履行を通じて生じた。例えば，1840年代に，モントリオール銀行は，イリノイで穀物を買ったカナダの商人に融資をした。そのローンは個人的に担保されていた。商人が払うことができなくなった1850年代の初め頃に，同銀行はミシガンとシカゴに「抵当に入れられた多くの財産を所有することで獲得した」大量の財産をもっていることに気がついた。[255]

　要するに，1853年にみられた米国における外国投資は，広範囲の経済的活動をカバーしていたが，公的部門の証券，つまり州政府債券の形で，最も重要な関与をしていた。それにしても，1848〜1853年の間の鉄道債への新たな投資は将来にとって意義深くかつ重要な前兆であった。

反　　応

　1803年から1853年までの50年間において，外国投資に対するアメリカ人の反

第**3**章　開発の半世紀

応は対立する両面性をもっていた。アルバート・ギャラティン（1761-1849）や，特にダニエル・ウェブスター（1782-1852）のような人は，外国のお金に好意的な見解をもつアレキサンダー・ハミルトンの後継者になった。米国の上院での演説（1832年）で，ウェブスターは次のように指摘した。「米国政府は最初から，ずっと外国資本の誘致と導入を望んでいた。私たちの株式は外国からの応募にずっとオープンであった。また，同様に，州法銀行は外国の所有権にも自由であった。どの州でも債務をつくったときには外国人が購入者になるべきだと考え，それを望んでいた」。同じスピーチのなかで，ウェブスターは，合衆国第２銀行の外国人所有権は危険ではないと強く主張した。「すべての利点は私たち側にあるだろう。その銀行は依然として私たちの機関で，われわれ自身の法律に従うであろう[256]」。ウェブスターの話によれば，外国人投資家は，新しい国家として必要とされる資本を提供していた。

　ウェブスターが指摘したように，州政府は確かに外国の資金を求めており，しかもそのように行動し続けた。ボストン，ニューヨークおよびフィラデルフィアにおいて——国際貿易に関わりがあり，そして大西洋を横断する関係を維持していた——商人と銀行家たちは，米国の資源を補足するため，外資を導入することを望んでいた。彼らは外国資金が米国投資に流入するのを促進し，支援していた。『アメリカ鉄道ジャーナル（*American Railroad Journal*)』は次のように宣言した（1852年7月）。「私たちの資源を開発するのを助け，……（そして）高すぎる利率を……下げるために，彼らの資金を必要とする理由から，私たちは鉄道債をもち，外国人資本家に有利にみせるべく，何年も努力してきた[257]」。

　しかし同時に，多くの留保が存在していた。1821年に『ナイル週刊レジスター（*Niles' Weekly Register*)』が，外国で保持される米国の証券の利息を払うことで米国経済が枯渇することについて苦情をいっている。「現在の状態では，米国における資本は非常に豊富であるが，（これらの債務に利子送金をすることは）まったくの損失である[258]」と。同様に，（1833年に）ニューヨーク州議会の委員会は，もし外国資本に払われた利率が高すぎると，外国資本が「最終的にこの国にとって有害なものになるだろう[259]」と警告した。

　1812年戦争が終わった後の1817年に，議会は米国の沿岸貿易の輸送業に「航

119

第Ⅰ部　発展途上国の時代

海独占法」を発足させていた。これは米国輸送業の分枝部門が外国の船運送業者の手に入るのを防ぐためであった。その規制は固く守られ，その時点から，米国で建造，また所有された船だけが近海の貿易に従事することが許されていた。[260]

いくつかの州は，初期の法律を守り続けた。この法律によって，外国人が土地を取得するか保持するか，そして相続人に残すかの権利は奪われていた。1830年に，米国最高裁判所が，外国人による土地の所有を制限するメリーランド州の法律を支持した。[261] 1830年代中頃に，オランダ土地会社は，敵対的な州法律のためにニューヨーク北部の投資を清算することを明確に決定した。[262]

連邦土地管理条令によると，当初は取引には市民権ないし居住権は求められなかった。しかし，1830年代に大量の外国投資が流入したために，批判者たちは外国人の所有者が安い公有地を獲得するのが認められるべきかどうかを問題にした。1841年の先買権法の実施に伴い，連邦の土地売買に関する法律は明示的に移民入植を促進し，またそうした土地の政府による販売は，米国市民に，あるいは米国市民になろうという意志を表明した人々に対して行われるという条項を含んでいた。[263] 連邦法律にはそのような内容は記載されていないが，米国の購入者は外国人投資家にその土地を売却するか，譲渡することはできないとされていた。

この国内では，根強いポピュリスト的で主に農民主義的な機運が，国内と外国における大きな富に反対して盛り上がった。富の集中は非民主的なものだと理解された。アンドリュー・ジャクソンは，合衆国第2銀行の外国人株主の投票権に対するコントロールに関して，不満をもっていた。すでに説明したように，ジャクソンは銀行における外国人の利権を批判した。すなわち，「もしもその銀行の株式を主に外国国民の手に渡し，そして不幸にも私たちがその国との戦いに巻き込まれたとすると，私たちはどんな条件下に置かれるだろうか？」。ジャクソンは自らの質問に答えた。「（わが国における）その（銀行の）すべての業務は外部にある敵国の艦隊と軍隊の援護下に置かれることになるであろう。私たちの通貨をコントロールし，私たちの公金を受け取り，数千もの私たちの市民を従属させること，それは海軍・軍事力の敵よりはるかに恐ろしく，危険であろう。私たちが銀行をもたなければならないとすると，それは**純粋に**

米国の銀行であるべきである[264]」。国家安全は危険に直面している。

『ナイル週刊レジスター』は，以下のようなパラドックスについて述べた。すなわち，米国政府の預金が合衆国第2銀行から他のいくつかの銀行へ移され，その一つにマンハッタンがあったが，それは外国人に所有され，「この銀行では外国人株主が投票する！」と。それに続く記事では，「もし米国の管理に従えば，私たちは『外国資本』に恐怖をもたない」と同週刊誌が宣言した[265]。

1840年の選挙では，民主党員らが外国人に反対する感情を煽った。金持ちの外国銀行家は米国連邦政府による州債務引き受けの無責任な擁護者であり，そして米国の政治への干渉者だとして，ラベルを貼ったのである[266]。かつてはヨーロッパのミシシッピ州債購入者を招待する宴会を催したこともあるミシシッピ州は，抗議的にその負債に対する支払いを拒絶し，「外国」の干渉を強く非難した。その州知事は1842年1月に，「苦労して働く100万人が少数の怠け者を養うための税金を背負わないという神聖な真実」を明言した[267]。アメリカ人は国際的な銀行家の米国問題への干渉（特に債務不履行中の債務に対する償還要求）に憤慨した。その方法は，近年ラテンアメリカ人がその政治生活のなかで米国銀行家の干渉として説明しているものを拒絶したのと同じであった。アメリカ人は「従属性」について心配していた。

1830年代の終わりと1840年代のいわゆるロコフォコ（locofoco）運動は，債務者を保護し，国内と外国の債権者を非難した。アメリカ人がヨーロッパの投資家から離れたいと望んだときには，伯爵，貴族，君主などの保有を，米国民主主義とは別物とみたのである。ロコフォコ運動者は合衆国銀行の証券類を所有したイギリス貴族のメンバーたちを軽蔑した[268]。

カリフォルニアでは，外国人投資家が金鉱を求めたときと同じように，公的な土地に関わる外国の鉱山業者がどのように扱われるべきかという問題が生じた。私たちの鉱山を操業する特権は，米国市民（アメリカ人になろうという意図を言明した人々を含めて）に限られるべきであろうか？　カリフォルニアでは，外国人の鉱山業者に対して特別な税金が課された[269]。

ポピュリストの観点は米国のレトリックを反映し，富と特権，不在地主に反対し，アメリカ人が外国人を上回ることを支持した。それにもかかわらず，ほかのアメリカ人は外国から資本を求め続けた。1853年に米国における外国投資

第Ⅰ部　発展途上国の時代

のレベル（米国の長期的な国際債務）は，1803年のそれよりもはるかに大きかったし，1830年代のブーム時のそれさえ上回っており，事実上米国の歴史のいかなるときよりも大きかった。外国投資は——上がったり，下がったり，批判されたりしながらも——米国経済の規模の成長と同じペースで，あるいはほとんど同じペースを維持していた。

1803～1853年——外国投資

　1803年から，外国投資に一定の成長がみられた。それは1812年戦争によって中断されたが，その後1830年代までにゆっくりと回復した。この時期には，外国投資が急上昇し，その10年間の繁栄の盛り上がりを支えた。資本流入は，1840年代に相当な減少をみたが，1840年代の終わりと1850年代に再び蘇った。

　1803年から1853年にかけての50年間に，米国の公的および私的の両セクターにおける外国投資構成の変化が明らかになった。すでに述べたように，1803年には，海外で保持された米国の連邦債務が全体の56％を占めた。1835年にはそれはゼロ（連邦債務はなかった）になった。そして1853年になると，それは46％まで後戻りし，1803年よりも低いものの，なお著しい割合であった。海外で保有されていた各州証券は（1803年には小さかったが）1830年代に，特にその10年間の終わり頃に，劇的に急成長した。その後1841～42年に，アメリカ人は初めて多くの債務不履行を発生させた。8つの州および1つの準州がそれら債務の利払いを停止した。1840年代に，利払いを再開する試みが行われた。1853年までに，ほとんどの州（ミシシッピ，アーカンソー，あるいはフロリダは含まれなかったが）はもう一度それらの債務責任を履行するようになった。ニューヨーク銀行商会のウィンスロー・レニエ社によれば，1853年には外国人に所有される州債がすべての州債務の58％を占めた。ドルベース，比率のいずれでも，州債が外国投資の最も重要なセクターになっていた。州債はドルベースでも比率でも1803年よりはるかに大きかった（当然のことながら，州の数が増加し，1803年末にこの国は17の州をもっていたのに対し，1853年末には31の州になっていた）。1830年代にいくつかの地方自治体政府（郡と市および町）は海外の資金を求めていた。州と連邦政府ほど重要な債務者ではなかったものの，これらの借り手は，米国に

122

おける公共セクターの対外債務にかなり大きな寄与をした。1803年と同じように，1853年にも米国の公共セクターは外国人投資家に対して最も大きな債務をもっていた。

　民間セクターの債務も変化した。これは外国の証券投資と直接投資の両方ともそうであった。まず，証券投資では，1803年に州法銀行の株式のまるまる35％と合衆国第1銀行の株式の62％は，海外に所有されていた。1812年の戦争は，同銀行の終結をもたらし，そして戦争の結果として，合衆国第2銀行の設立をみた。1820年代，特に1830年代に，州法銀行における外国投資の多くは**州政府**チャンネルを通じて行われた。対照的に，合衆国第2銀行は（その前に）恐ろしいほどの量の海外の参入を受け入れた（その後の1836年に，その銀行は州認可銀行となったが）。1841年に，同銀行が最終的に支払いを停止したときに，その株式の約56％が海外に保持されていたことが報告されている。しかも，同行はほかにも主要な外国の債務を抱えていた。すでに指摘したように，1803年に35％の州法銀行の証券は海外に保有されていた。私は1830年代の終わりについては比較できる数字をもっていないが，証拠が示唆するところによれば，（ペンシルベニアの）合衆国銀行とルイジアナ銀行業界における相当量の関与を含めても，この数字はおそらく35％以下であろう。というのも，新しく国内において融資された多くの銀行があったためである。1853年までに調査された985行の銀行のうち，株式の外国人所有率はわずか3％であった。米国の銀行証券における外国人所有比率の低下は激しかった。

　再び証券投資についてみると，1803年に外国人投資家が，米国輸送会社に対してもった利権は比較的小さかった。1820年代，特に1830年代に，輸送業におけるほとんどの外国投資は基本的に州証券を通じて行われてきた。主要な運河プロジェクトは海外からの融資を得ていた。1830年代は米国鉄道業の最初の10年間で，そしてゆっくりと外国人投資家は巻き込まれていった。鉄道に対する関心は1840年代には冷え込んだが，1853年までに米国の鉄道は外国人の貯蓄に新たな投資機会を提供した。これは米国の鉄道に対する本当に巨大な外国投資になるであろうもののスタートであった。

　1803年におけるように，1853年にも同じく，海外のマーチャントバンクは外国人の手へ米国証券を移す仲介者として目立っていた。ロンドンのベアリング

第Ⅰ部　発展途上国の時代

商会とアムステルダムのホープ社は，1803年と同様，1853年にも重要な役割を
果たしていた。しかしながら，新たに重要性を示すようになったのが，ロンド
ンにおけるロスチャイルド社で，やや劣るもののパリでもそうであった。米国
では，新しい金融仲介業者が1830年代に形成され，この国に外国の資金をもっ
てくる活動をした。これらの会社のうちいくつかは短命であったが，ほかの会
社は十分に確立されたヨーロッパとのつながりに助けられて生き残った。米国
の金融仲介業者はヨーロッパにおけるそれらによって補足された。

　海外の直接投資も存在していて，ここにもまた，いくつかの新奇な特徴があ
った。こうした投資に関する評判にもかかわらず，土地に対する新しい直接投
資は1803年以前に比べて重要ではなかったようにみえる。米国の最良のビジネ
スマンたちは，国の土地を売るためにはもはやヨーロッパを回って勧誘しなく
なった（繰り返すが，外国所有者が所有権をコントロールするので，土地は外国直接投
資だと考えられる）。

　より多くの商人，そしてある程度の外国製造業者が米国での代表権をもって
いたために，貿易販売に伴う外国直接投資は持続し，増加した。後に米国で重
要な利権をもつことになるであろうような企業の直接的参入がみられた。ハド
ソン・ベイ社（西部の毛皮貿易に従事していた）やJ. & P. コーツ社（それらは米
国で何年も販売活動をしており，1839年以後にはこの国でアンドリュー・コーツを所有
し，監督業務を行い，一つの販売組織を設立した）である。J. & P. コーツは後に重
要な多国籍企業として現れてくることになり，米国におけるイギリス製造業会
社の先駆となるであろう。定義は難しい。その他の多くのイギリス製造業者は
初期には米国で直接の代表権をもっていたが，その後多国籍企業としての成長
は不連続にみえる。コーツ社の場合，アンドリュー・コーツが作り上げた販売
ネットワークは，南北戦争の後，この会社が米国での製造を始めたとき，使用
でき，また使用した。[271]

　1803〜53年の間には，製造業における外国直接投資は，ごく稀であった。た
だ，米国の関税に動機をもつ１例だけがあった。それは短命なイギリスの利権
であったが，1844年にメリーランドのマウント・サヴェイジの鉄工場で，米国
でつくられた初めての重レールを圧延するものであった。イギリス市場に供給
するための製造業会社におけるいくつかの外国直接投資があったが，どれも重

要な結果をもたらさなかった。

　外国直接投資としてもっと重要な事例は、イギリスに本部を据えた保険会社であった。それはリバプール＆ロンドン社（のちのリバプール＆ロンドン＆グローブ社），そしてロイヤル保険社で，ともに1851年に米国で支店を開業した。これらの会社は，イギリスにおいて彼らの本社と主要な事業部門をもっており，米国へそのビジネスを拡張したのである。

　こうした数年間において，私たちは自国に事業部門をもち，国境を越えてそのビジネスを米国（ほかの国にも）に移転してきて，ここで自らの代表権をもつ企業（もっぱら貿易に従事する企業以外で）を見始めることになる。これらの企業は20世紀にも継続することになろう。その機関の形はなにか新しいため，まだよく定義されていなかった。輸送業と通信産業は効果的な調整と管理に適していなかった。それにもかかわらず，今形をなしつつあるものと，例えばプリンシピオ社のような植民地時代における外国直接投資との間には，大きな違いがある。プリンシピオ社の場合には，本社が最初にロンドンにあって，その後バーミンガムに移り，1人か2人の正社員を雇っていた。イギリスのバーミンガムに，プリンシピオ社のオーナーは自分の工場をもっていたが，後方への統合はなく，ただ一つとして鉄鋼製造会社への拡張をしなかった。対照的に，J. & P. コーツ社やイギリスの保険会社とともに自国で操業をしていたイギリスの会社は，実際に自らの国際業務を拡張した。私の米国の海外ビジネスに関する研究において，私はシンガー社が最初の米国多国籍企業であることを証明し，その会社が1850年代に海外への初期的な移動をしたことを示した。⁽²⁷²⁾おそらく，コーツ社はイギリスの最初の現代的多国籍企業と呼ばれるが，そうであれば，その初期的な外国への拡張はシンガー社に先行していた。

　1803年から1853年までに，米国における外国投資――直接と証券――のパターンのもう一つ基本的な変化は，西側への拡張である。新しい領域と黄金の魅力は太平洋側への投資を促進した。カリフォルニア州は関心の一つの焦点となった。この地理的な拡張は，国全体で起こっていたことを反映していた。

　1803年と1853年の間に，米国での外国人投資家の国籍構成も変わった。1853年の米国財務省報告書には国籍に関する情報は分類されていない。その報告書には米国における外国人投資家の自国についてのそれ以外の参考資料が含まれ

第Ⅰ部　発展途上国の時代

ているだけである。にもかかわらず，全体的な分布は明らかなようにみえる。
1853年に，イギリスが第１位を占めていたことは議論の余地がなかった。オラ[273]
ンダの投資家は，1853年においてもまだ重要だが，1803年との比較では遠く及
ばなかった。1848年以来，ドイツ人による鉄道証券への出資が増大していた。
ドイツ人の利権はますます新しいドイツ移民に関係するようになっていた。
1853年の米国におけるフランスの投資は，オランダやドイツより少なかったよ
うだ。さらに，フランス人は詐欺的な「カリフォルニア協会」に関わって相当
な金額を失った。一定量のスイス資金も入ってきた。他のいくつかの国籍のも
のもはるかに少ないが存在していた。

　要するに，1803年から1853年までの年月に，米国における外国投資額はある
推定額の6500〜7000万ドルから，少なくとも２億2220万ドルにまで成長してい
た。新しい外国投資の大部分は証券の性質をもっていて，政府の証券に向かっ
た。政府借入金の多くは，転じて銀行と輸送プロジェクトの援助に捧げられた。
海外からの証券投資と直接投資は，直接に民間部門にも入った。ここでも，外
国の証券投資は外国の直接投資を超えていた。合衆国第１と第２銀行に証券投
資の主要部分が向けられた。1848年から1853年にかけて，鉄道への投資が急増
した。外国直接投資は，ドルベースで，米国における長期外国投資総額のなか
で比較的に重要な構成部分を占めるまでにはならなかった。投資はこの国をニ
ューヨークからカリフォルニアまで，そしてニューオーリンズからシンシナテ
ィまで結びつける掛け橋となった，イギリス人は外国からの主要な投資家であ
った。米国への大規模な外国投資は，過去の時期においてそうであったし，そ
して――われわれがみるであろうように――将来においても，二律背反の問題
に直面していた。

注
（1）　この半世紀の間で，私にとって特に有益であった著作は次の書である。Douglass C. North
"United States Balance of Payments, 1790-1860," *Trends in the American Economy in the
Nineteenth Century*, Studies in Income and Wealth, vol. 24（Princeton, N.J.：Princeton
University Press, 1960), 573-627.
（2）　Douglass C. North, *The Economic Growth of the United States, 1790-1860*
（Engle-wood Cliffs, N.J.：Prentice-Hall, 1961), 46ff., 67, 71, 76, 79.
（3）　Vincent Nolte, *Fifty Years in Both Hemispheres or, Reminiscences of the Life of a*

第3章　開発の半世紀

Former Merchant （New York : Redfield, 1854), 82, 270, 425, および Mira Wilkins, *The Emergence of Multinational Enterprise : American Business Abroad from the Colonial Era to 1914* （Cambridge, Mass.: Harvard University Press, 1970), 35. N. R. P. Bonsor, *North Atlantic Seaway* （Prescot, Lancashire : T. Stephenson, 1955), 1-11, documents the early steamship sailings. John G. B. Hutchins, *The American Maritime Industries and Public Policy, 1789-1914* （Cambridge, Mass.: Harvard University Press, 1941), 233-235, 260-262, 343.

（4）　私はこの本のなかで取り上げているすべての統計の事実に関して，これらが推定値であることを警告しておく。例えば（米国の代理店による）共同勘定証券の購入は，外国投資家の代表として，これらの数値に十分に反映されないであろう。古文書館のデータは，この期間の大規模な取引を示している。

（5）　1859年末の「非公式」な調査は，米国政府の債務の3分の2が外国で所有されていると推定している。私は，この高めの推定は間違いであったと確信している。第4章を見よ。

（6）　1803年の数値は国内と海外の債務である。第2章を見よ。1812年と1815年の債務に関しては次の書を見よ。Paul Studenski and Herman E. Krooss, *Financial History of the United States*, 2nd ed. （New York : McGraw-Hill, 1963), 98.

（7）　Leland H. Jenks, *The Migration of British Capital to 1875* （New York : Barnes & Noble, 1973), 66, および Ralph Hidy, *The House of Baring* （Cambridge, Mass.: Harvard University Press, 1949), 35.

（8）　Studenski and Krooss, *Financial History*, 100.

（9）　Adam Seybert, *Statistical Annals* （Philadelphia : Thomas Dobson, 1818), 757. テーラー＆ロイド社（後のロイド銀行）は米国債に関して英国投資家仲間であった。その銀行の歴史家は米国における「ロイド家の移住一派」の存在が1817年の投資が寄与したと見ている。次の書を見よ。R. S. Sayers, *Lloyds Bank in the History of English Banking* （Oxford : Clarendon Press, 1957), 186.

（10）　Margaret Myers, *The New York Money Market* （New York : Columbia University Press, 1931), 20, では，1828年10月15日の財務省次官報告書を引用している。

（11）　Studenski and Krooss, *Financial History*, 100.

（12）　Alexander Trotter, *Observations on the Financial Position and Credit of Such of the States of the North American Union as Have Contracted Public Debts* （London : Longman, Orme, Brown, Green and Longmans, 1839), 5. 米国債務の利子は，時には「配当」として言及されている。

（13）　Walter B. Smith, *Economic Aspects of the Second Bank of the United States* （1953 ; rpt. New York : Greenwood Press, 1969), 67, 89. この書では，1832年は連邦債務が解除したという際立った年であり，その年以降，外国人所有の州債が，急激に増加したと記している。前掲書, 158-159, も見よ。1829年に連邦債務の総合計は，未だ州債務を越えていた。次の書を見よ。Studenski and Krooss, *Financial History*, 7.

（14）　G. S. Callender, "The Early Transportation and Banking Enterprises of the States in Relation to the Growth of Corporations," *Quarterly Journal of Economics*, 17 （Nov. 1902）: 139.

（15）　B. U. Ratchford, *American State Debts* （Durham, N.C.: Duke University Press, 1941), 88 （国家債務合計), および *Niles' National Register*, 44 （July 21, 1838）: 322 （外国保有).

第 I 部　発展途上国の時代

(16)　1838年，弁済未済 1 億7200万ドルの州債務のうち，5400万ドルは州の銀行資本用であった。また，6000万ドルは運河建設用であり，4300万ドルは鉄道用であった（Ratchford, *American State Debts*, 88）。次の書も見よ。Smith, *Economic Aspects*, 30.

(17)　Jenks, *Migration*, 361, 78. 1834年から35年までに，英国のロスチャイルド家は，下記の米国における市債券を所有していた。フィラデルフィア，ニューオーリンズ，ボルチモアおよびウィーリング（American Account Book, Rothschild Archives, London [RAL] II/3/0）。彼らは，フィラデルフィア郡債も所有していた。これらがそれぞれの州や市の債券か否かを議論するのは不可能である。しかしながら，アムステルダムで発行されたワシントン D.C. の債券の話題は，チェサピーク・オハイオ運河社（Chesapeake and Ohio Canal Company）を代表し，あまりにも驚くべきことで省略できない。借款は1828年から29年まで，ベアリング社，ロンドンのロスチャイルド社，ウィリンク社およびアムステルダムのホープ社に提出されていた。彼らが予約をしたときに，アムステルダムのダニエル・クロムリン＆サンズ社（Daniel Crommelin & Sons）は，その発行の市場化に同意した。チェサピーク・オハイオ運河社は，1834年に倒産した。1828年以来，連邦法はその会社の社債を保証してきたので，「外国ブローカーや株屋の手中に，この国の首都がわたる」よりはましであると考え，議会は1836年に，オランダのその借款を肩代わりすることを決定した（Pieter J. Van Winter, *American Finance and Dutch Investment, 1780-1805* [New York：Arno Press, 1977], 973-976）。これは，例外的な連邦政府の保証であった。ワシントン D.C.，ジョージタウン市，アレキサンドリア市のためのこの借金は，合計170万ドルに達した。オランダ人の所有者は，なにも失うものはなかった（前掲書，977）。

(18)　この時代の州債務に関しては，かなりの文献がある。例えば以下の書である。Reginald C. McGrane, *Foreign Bondholders and American State Debts*（New York：Macmillan, 1935）；Trotter, *Observations*（1839）；William A. Scott, *The Repudiation of State Debts*（New York：Thomas Y. Crowell, 1893）；Ratchford, *American State Debts*；および G. S. Callender, "English Capital and American Resources, 1815-1860," Ph.D. diss., Harvard University, 1897. 私はまた，Jenks, *Migration* や Hidy, *House of Baring* も有益と考えていた。最も重要なことは，豊富な 1 次資料をロンドンにあるロスチャイルド＆サンズ社の古文書館（以下 RAL と呼ぶ）と，オタワにある公立古文書館のベアリング文書（以後 BAO と呼ぶ）で，私が丹念に調査したことである。

(19)　McGrane, *Foreign Bondholders*, 11. 例えば，ルイジアナ市民銀行（Citizens' Bank of Louisiana）が，1440万ドルの担保を入れて1200万ドルの社債を発行したときに，外国の債券会社はその発行を流通させようとはしなかった。2 年後の1836年 1 月に，ルイジアナ州は州債を発行し，銀行社債を差し入れることに同意した。これらの州債の海外での販売に関しては，なんら困難なことはなかった。Stephen A. Caldwell, *A Banking History of Louisiana*（Baton Rouge：Louisiana State University Press, 1935）, 48.

(20)　Thomas Raikes, *A Portion of the Journal Kept by Thomas Raikes, Esq. from 1831 to 1847*（London：Longman, Brown, Green, Longmans and Roberts, 1858）, I, 30は，1832年 6 月23日付けの次の記帳も含んでいる。「自由に使用できるお金を所有している人々は，米国債券やデンマーク債券を購入している。そして彼らは，政治的な変化のなかでそれらの国々を危険にさらすようなことはしなかった」と，前掲書（II, 278）。また次の書を見よ。Sydney Smith, *Letters on American Debts*, 2nd ed.（London：Longman, Brown, Green, and Longmans, 1844），その書のなかでレヴェレンド・スミスは，偉大なる共和国米国は，投資に

第**3**章 開発の半世紀

安全な場所である，という投資家の前提を説明している。

(21) Carter Goodrich, *Government Promotion of American Canals and Railroads* (New York : Columbia University Press, 1960), 54. 1833年のニューヨーク州株式所が，非常に人気が高く，利子率5％付きの「チェムング運河（Chemung Canal）」債券は，海外で（額面100ドルが）117.61ドルで売れた（*Niles' Weekly Register*, 45 ［Nov. 16, 1833］: 179）。ナイル誌は，次のようなコメントを述べている。「欧州で115ドルや120ドルで売れる，価値のある100ドルの株式を輸出することや，最終的に100ドルしか払い戻しにならないことは，確かに健全な方針である。なぜならば，（以上は原文のまま）欧州人はそのお金が生む以上に，彼らの資金より少ない利子しか受け取れなくても喜んでいるし，米国でそのような要求をしていくであろうからである」（前掲書）。

(22) Jeffrey G. Williamson, *American Growth and the Balance of Payments* (Chapel Hill : University of North Carolina Press, 1964), 102-103, および Trotter, *Observations*, 305.

(23) Callender, "Early Transportation and Banking Enterprises," 143. Williamson, *American Growth*, 42. この書のなかで，ウィリアムソンはさらに議論を展開して，「1830年の外国資本の流入は，この綿花市場の機能を活性化させたし，またその10年間に第1次産品の輸出に影響した」と述べている。ウィリアムソンはもちろん，この前後関係で，長期および短期の海外金融に関して，議論している。前掲書，101, を見よ。

(24) Jenks, *Migration*, 78.

(25) Hidy, *House of Baring*, 至るところに.

(26) オランダ企業には，次の3社 W. & J. ウィリンク，ホープおよびクロムリン&サンズが含まれる。(K. D. Bosch, *Nederlandse Beleggingen in de Verenigte Staten* ［Amsterdam : Uitgeversmaatschappij Elsevier, 1948］, 48-51). 初期の英国の大口投資家は，ニューヨーク州債に関し，サミュエル・ジョーンズ・ロイド（後のオーヴァーストーン卿）と強い関係があった。そのロイド氏は，1823年に3万4000ポンド以上のニューヨーク州債を購入した。次の書を見よ。D. J. O'Brien, ed., *Correspondence of Lord Overstone*, 3 vols. (Cambridge : Cambridge University Press, 1971), II, 937 n.5.

(27) McGrane, *Foreign Bondholders*, 9, および Jenks, *Migration*, 94. ワイルダーは，1811年にホッティンガー社（the Hottinguer）の特派員となった。Max Gérard, *Messieurs Hottinguer, Banquiers à Paris* (Paris, Hottinguer, 1968), I, 213, 434. ホッティンガー社の，長期にわたる米国への関与に関しては，次の書を見よ。Julius Landmann, *Leu & Co., 1755-1905* (Zurich : Art. Institut Orell Fusseli, 1905), 118, 378-380, この書の記述は，1793年4月14日付けで，ホッティンガー社の報告として，当時の米国金融の状況に関して述べている。その会社の創立者は，プロテスタントのジーン・コンラッド・ホッティンガーであり，1784年にチューリヒからパリに移住し，1793年にアメリカ人と結婚した。彼はベアリング・ブラザーズ社やホープ社と，長期的な提携関係にあった。次の書を見よ。Gérard, *Messieurs Hottinguer*, I ; J. S. G. Wilson, *French Banking Structure and Credit Policy* (Cambridge, Mass. : Harvard University Press, 1957), 142 ; および Anka Muhlstein, *Baron James* (New York : Vendome Press, n.d. ［1983］), 50.

(28) Hidy, *House of Baring*, 195, および Ratchford, *American State Debts*, 93.

(29) Hidy, *House of Baring*, 239. フレデリック・フース社（Frederick Huth & Co.）に関しては，次の書を見よ。Joseph Robert Freedman, "A London Merchant Banker in Anglo-American Trade and Finance, 1835-1850," Ph.D. diss., University of London, 1969. Jenks, *Migration*,

第 I 部　発展途上国の時代

361, また，左記のジェンクスの著書は，1830年代の末期に，米国金融に対するロンドンの銀行各社の利益範囲は次のようであった，と記している。1150万ドルのアラバマ州債務のうち，600万ドルは以下のロンドン銀行団（Reid, Irving & Rothschilds, Gowan & Marx, Magniac, Smiths & Co., Holford & Co., Prescott, Grote & Co., および Denison, Heywood & Co.）の最初の支払い例となった。

(30)　ブラウン・ブラザーズ社およびその英国の子会社では，州債を扱うことを重要事項として含めていない。その企業が，英米貿易に金融をつけることは非常に意義があり，ポンド圏内では多分に大企業と思われるなかで，最大のディーラーであったが，州政府債券を扱うことに関して，主要な参画であったようにはみえなかった。これらの事実は，次の書の至るところでみられる。Edwin J. Perkins, *Financing Anglo-American Trade*（Cambridge, Mass.：Harvard University Press, 1975）.

(31)　Hidy, *House of Baring*, 32ff.

(32)　プライム・ワード＆サンズ社（1810-1826）；プライム・ワード・キング社（1827-1833）；プライム・ワード＆キング社（1833-1846）；プライム・ワード社（1847）；およびジェームズ・G・キング＆サンズ社（1846-1853）以上の5社は，ベアリング社の重要なニューヨークの代理店として，継続して活躍した。私は BAO のデータおよびハイディの次の書から，その5社の順序を設定した。Hidy, *House of Baring*, 49, 351.

(33)　前掲書，51-52, および Nolte, *Fifty Years*, 186-187. その英国の企業は，サー・フランシス・ベアリング社（1800-1806）と呼ばれたが，1806年以降は「ベアリング・ブラザーズ社」となった。次の書を見よ。Hidy, *House of Baring*, 37-38.

(34)　Hidy, *House of Baring*, 97-98, 109, 112-120. BAO, vol. 98, この書は，合衆国第2銀行およびその後継銀行の職員の，往復書簡を含んでいる。

(35)　Hidy, *House of Baring*, 98, 101-102. そこで引用されている BAO の文書は，ワードからベアリング・ブラザーズ社への書簡集を含んでいる。

(36)　Hidy, *House of Baring*, 43, 47, 79-83.

(37)　前掲書，96.

(38)　Marten G. Buist, *At Spes non Fracta : Hope & Co., 1770-1815*（The Hague：Martinus Nijhoff, 1974）, 65, および Pieter J. Van Winter, *American Finance and Dutch Investment, 1780-1805*（New York：Arno Press, 1977）, 1008.

(39)　「The Bureau d'Administration et de Direction de Fonds Originaux de l'Amerique」という機関の，1805年7月の目論見書は，フランス語で発行された。そして，次の企業と管理事務所契約を結んだ。N. & J. & R. ヴァン・スタフォルスト社，ケトヴィッチ＆ヴルームベルグ社および W・ボルスキー社である（ホープ社の管理事務所の代表者として）。次の書を見よ。Bosch, *Nederlandse Beleggingen*, 36-38, 659, および Van Winter, *American Finance*, 896-898. オランダの銀行の「管理事務所」は，米国証券をオランダの市場に導入する，典型的メディアになった。その管理局は，オランダの購買者の代表として証券を保有し，オランダの通貨ギルダーで配当や利子を支払ったり，満期時にギルダーで元本を返却した。この方法は，オランダの購入者に外国証券を身近なものにした。またこの方法は，オランダの銀行家に集中した所有をもたらす結果となった。

(40)　Buist, *At Spes non Fracta*, 69；Van Winter, *American Finance*, 977, 991；Hidy, *House of Baring*, 53；および Nolte, *Fifty Years*, 262.

(41)　Van Winter, *American Finance*, 967.

第3章　開発の半世紀

(42)　表3-2は，1818年から1828年までの米国連邦債券に対するオランダの関与が，減少していることを示している。

(43)　書簡 Hope & Co. to Baring Brothers & Co., Nov. 30, 1838, BAO, vol. 110, p. 061672.

(44)　McGrane, *Foreign Bondholders*, 9, および Van Winter, *American Finance*, 978-980. その企業の躊躇がうかがえる初期の行動に関しては，次の書簡を見よ。Hope & Co. to Baring Brothers & Co., Aug. 16, 1833, BAO, vol. 110, p. 061587. 1834年1月に，ホープ社はベアリング・ブラザーズ社宛てに次のような手紙を書いた。その顧客（オランダの企業）は，ポンドよりもむしろドル払いのルイジアナ州債を好んでいる。なぜならば，「この国では英国通貨は信頼されていない」（前掲書，Jan. 10, 1834［原書には誤って1833年と記されている］，BAO, vol. 110, p. 061601）。彼らが本当に好むのは，アムステルダムにおいて，ギルダーで支払われる債券であった。しかし，1838年までは上記の通り，ホープ社がニューヨークやロンドンで支払う債券が好まれた。

(45)　Hidy, *House of Baring*, 55.

(46)　これはRALからのデータである。フランクフルト，ウィーン，ナポリに住むロスチャイルドの兄弟によって経営されるロスチャイルド社があった。その企業は，欧州全土に代理店や取り扱い店を配備していた。米国ビジネス，英国ビジネス，そして若干狭い範囲では，フランスビジネスとの関連で，ロスチャイルド社は最高位にランクされた。

(47)　次の書簡を見よ。R. & I. Phillips to N. M. Rothschild, Dec. 4, 1821, RAL XI/38/205A.

(48)　書簡 R. Phillips to N. M. Rothschild, April 13, 1833, RAL XI/38/159A.

(49)　American Account Book（1831-1839），RAL II/3/0, および J. L. & S. Joseph & Co. correspondence, RAL XI/38/159A.

(50)　詳細は次の書に見られる。RAL T49/1, 2, 6, 7, 11, 12, 14. この往復書簡には，国務長官のジョン・フォーサイスが，1834年8月6日にベアリング・ブラザーズ社に宛てた手紙のコピーが含まれている。RAL T49/11, この部分では，次のように説明している。「避ける必要のないことではあるが，貴社の信用の縮小という観点では気づかない点を考慮すると，私としては社長の承認を伴って，現在取引中の貴社とのビジネスを，米国の代表として，彼らの銀行や代理店として，ロンドンのN・M・ロスチャイルド殿に，今年末以降に移すようにせざるを得ません」。私はこのオリジナルの手紙を，次のところで探しあてた。BAO, vol. 6, p. 03004. 私はこのビジネスの移管の確かな理由は知らないが，J. L. & S. ジョセフ社の往復書簡のなかの1通の手紙（RAL XI/38/159A）は，その理由を探る手がかりを提供している。J. L. & S. ジョセフ社は，1833年9月30日に次のような手紙を書いた。マンハッタン銀行，アメリカ銀行およびメカニクス銀行を，ニューヨークにおける「米国資金の受け取りや預金のため」に選抜し，ロンドンのロスチャイルド社と取引することを望んだ。また，その手紙は次のように続けている。「彼らは疑いもなくベアリング社からの申し出を受諾することであろう。しかし彼らは貴社を通じた何らかの取引を望む合衆国銀行とは，一線を画す関係を回避することになろう」。Hidy, *House of Baring*, 195-196, ここではベアリング社の合衆国銀行との関係が「ジャクソン政権の一部に生じた不誠実な様相を呈していたことであろう」と受け取れる。1834年7月，ニコラス・ビドルは，米国政府債の配当金から，その政権が，拒絶証書（訳注：公証人の作成した正式の宣言書で，公証人が手形の引き受け・支払いを求めたが拒絶されたことや，その理由を記載した証書）に対する支払いを拒んだことの「被害」額を差し引いた。ベアリング社は，その拒絶証書の返還にずっとからんでいた。ハイディは，ジャクソン大統領の怒りに関して記している（前掲書，196）。

第Ⅰ部　発展途上国の時代

(51)　このことは次の書によって明白である。American Account Book （1831-1839），RAL II/3/0．これらの証券に関して，1830年代の毎年末に，英国のロスチャイルドの立場を決定する年ごとの勘定元帳を利用することは，飽き飽きするし，また，私は利用したことはなかったが，可能であったことであろう。私はその驚くべき関与に畏敬の念をもった。

(52)　J. L. & S. ジョセフ社は，1837年3月17日に支払いを中止した。また，R. & I. フィリップス社が1週間もせずしてこれに続いた。次の書簡を見よ。J. L. & S. Joseph & Co. to N. M. Rothschild & Sons, March 19, 1837, および March 23, 1837, RAL XI/38/159B. Thomas Payne Govan, *Nicholas Biddle* （Chicago：University of Chicago Press, 1959), 306-307, この書では，1837年3月初旬に，ニューオーリンズで，最大の商業企業の一社であるヘルマン・ブリッグス社が400万ドル以上の負債を抱えて支払いを停止した，と記している。ジョセフ社は，ニューヨークでその連絡先を務めていた。またヘルマン・ブリッグス社の失敗は，その連絡事務所にも影響を及ぼした。

(53)　ロスチャイルド家が，J. L. & S. ジョセフ社の手紙（3月19日付け）を受け取る前の1837年4月8日に，ロスチャイルド＆サンズ社は，ジョセフ社に対して次のように書いた。「われわれの会社の一従業員であるアウグスタス（原文のまま）・ベルモント氏」はニューヨークを訪問する計画であった。その会社は彼に協力要請をした。また，「彼があなたの市に滞在している間，貴社は彼の要する滞在費用の受け取り（例えば1000ポンドの範囲まで）に便宜を図っていただきたい」と述べている（RAL II/10/1)。

(54)　書簡 August Belmont, New York, to N. M. Rothschild & Sohne, May 15, 1837, RAL XI/62/OA.

(55)　Bertrand Gille, *Histoire de la Maison Rothschild* （Geneva：Librarie Droz, 1965), I, 464, II, 580, 左記の書のこの部分に，米国でのオーガスト・ベルモントの開業に関することが記されている。そして次に，ベルモントの政治的伝記と社会的伝記の2つがある。Irving Katz, *August Belmont : A Political Biography* （New York：Columbia University Press, 1968), および David Black, *The King of Fifth Avenue : The Fortunes of August Belmont* （New York：Dial Press, 1981). 伝記作家の誰も次に保管されている膨大なベルモント通信書簡を使っていない。the Rothschild Archives, Paris, および N. M. Rothschild & Sons, Ltd., London, RAL XI/62, RAL II/51, および RAL II/10. RAL II/10 には，そのロンドン商会（ロスチャイルド社）のベルモント氏に宛てた手紙が含まれている。パリのロスチャイルド社の書簡は，パリの国立古文書館にある。

(56)　Black, *The King*, 25, 左記の書のこのページには，年間給与は1万ドルと記されているが，ロスチャイルド社が俸給を支払ったかどうかの証拠や示唆に関しては，記されていない。ロンドン支店が，ジョセフ社とフィリップス社に関する知らせを聞いた後に，オーガスト・ベルモントに宛てたN・M・ロスチャイルドの最初の手紙は，1837年4月22日に発信された（RAL II/10/1, p. 112)。その手紙では，オーガスト・ベルモントが取るべき，明解かつ詳細な行動を指示していた。その一例として，フィリップス社はフィラデルフィア市の株式が「われわれのために」もはや配当を，徴収できなくなったことが挙げられる。そして，ベルモント社は「遅れることなく」，合衆国銀行，フィラデルフィア市銀行，フィラデルフィア郡銀行，ペンシルベニア借款事務所およびバージニア借款事務所に連絡をとるように指示された。また，「これらの米国株式に関する各種の配当金を集める」というフィリップス社の権利を抹消した。その手紙は俸給については触れていなかった。当初ロンドン支社はベルモントが米国に留まることを想定してはいなかった。

第**3**章　開発の半世紀

(57)　Ratchford, *American State Debts*, 92；Jenks, *Migration*, 94；Van Winter, *American Finance*, 973；Muriel Hidy, *George Peabody*（New York：Arno Press, 1978）；および Jenks, *Migration*, 80（『サーキュラー・トゥー・バンカーズ』による）.

(58)　その配分方式に関する指示の一つは，1842年のペンシルベニア債についての次のような分割方法であった。（ ）内は単位：千人である。マクグレンから外国の社債保有者（71），英国（20,026）；オランダ（1,822）；フランス（570）；西インド諸島（563）；スイス（240）；ポルトガル（231）；東インドおよび中国（148）；メキシコ（41）；カナダ（31）；イタリア（31）；デンマーク（6）；スペイン（5）；ノバ・スコティア州（カナダ）のハリファックス（3）；合計（23,736）。この合計残高は3400万ドルであった。しかし，このリストには真の配分が反映しきれていないかもしれない。なぜならば，非英国の住人は，英国企業を通してしばしば米国の債券を所有していたからである。また，ペンシルベニアに関する1842年のそのデータは，州債におけるオランダの役割に関して間違った印象を与えているかもしれない。例えば，ルイジアナ州のその数値は，とてつもなく大きなオランダの投資を反映していた。このように，イリノイ州，オハイオ州，インディアナ州およびニューヨーク州債は，明らかにフランスによるより大きな関与があったという可能性がかなり高い。次の書を見よ。Henry Blumenthal, *A Reappraisal of Franco-American Relations, 1830-1871*（Chapel Hill：University of North Carolina Press, 1959）, 112, およびBAOにある資料。しかしながら，英国の通貨は紛れもなく，きわめて重要であった。Van Winter, *American Finance*, 990-991, この書では，大多数のオランダの資金が未だ米国の債券に向かっているが，それは18世紀末の状況とはまったく異なっていたことを指摘している。その後，「オランダ人が米国との大規模な取引（援助）を探していたときに，アムステルダム自身はオランダ国としての投資について腹を決めていた。しかし，今のオランダは，例えばウィリンクおよびヴァン・スタフォルストやあるいはスタニスキーとその商売仲間によって管理されているのではなく，英国ベアリング社やホープ社などの強い企業や，そして新しい重鎮企業，例えばロスチャイルド社によって支配されており，もはやオランダ大衆の関心事ではない」。

(59)　*Niles' National Register*, 44（July 21, 1838）：322. 1838年の合計に関しては次の書を見よ。Ratchford, *American State Debts*, 88.

(60)　Sydney Norman Buck, *The Development of the Organization of Anglo-American Trade, 1800-1850*（New Haven：Yale University Press, 1925）, 40, この書では国会文書を引用している。Parliamentary Papers, *Report on Orders in Council 1812*, 355. 次の書も見よ。Buck, *Anglo-American Trade*, 42.

(61)　Buck, *Anglo-American Trade*, 106-107.

(62)　Caldwell, *A Banking History*, 35.

(63)　Buck, *Anglo-American Trade*, 42, および S. D. Chapman, "The International Houses：The Continental Contribution to British Commerce, 1800-1860," *Journal of European Economic History*, 6（Spring 1977）：35.

(64)　Edward Stanwood, "Cotton Manufacture," in U.S. Department of Interior, Census Office, *Report on Manufacturing Industries in the United States, 11th Census, 1890*（Washington, D.C., 1895）, pt. 3, 180.

(65)　Frank Thistlewaite, *The Anglo-American Connection in the Early Nineteenth Century*（Philadelphia：University of Philadelphia Press, 1959）, 12.

(66)　Hidy, *House of Baring*, 506 n.17.

第Ⅰ部　発展途上国の時代

(67)　前掲書, 102.

(68)　前掲書, 107, 174ff., 184ff.

(69)　Thistlewaite, *Anglo-American Connection*, 12-15, および Aytoun Ellis, *Heir of Adventure : The Story of Brown, Shipley & Co. Merchant Bankers, 1810-1960* （London：Brown, Shipley, 1960）, 11-51, 86.

(70)　Stephen Salsbury, *The State, the Investor, and the Railroad* （Cambridge, Mass.：Harvard University Press, 1967）, 107.

(71)　Hidy, *House of Baring*, 171.

(72)　前掲書, 195, 526n. 私は, ハイディが引用していた総額100万ポンドは異常な大金であり, 本来ならば受け入れ難いことに気がついた。ウィリアム・テン・エック・ハーデンブルックの次の書によれば, リチャード・アルソップは, 1836年からモリソン・クライダー社のニューヨークの代理人をしていた。William Ten Eck Hardenbrook, *Financial New York* （New York：privately printed, 1897）, 107, ジェームズ・モリソンは1857年に英国で死亡したおり, 彼は1840年から1879年の期間に同国で亡くなった英国人のなかで, 最大の土地（約400万ポンド）を所有していた（W. D. Rubinstein, *Men of Property : The Very Wealthy since the Industrial Revolution* ［New Brunswick, N.J.：Rutgers University Press, 1981］, 44）。モリソン, クライダーに関する詳細は, 次の書を見よ。Stanley Chapman, *The Rise of Merchant Banking* （London：George Allen & Unwin, 1984）, 11, 13, 39-41, および Richard Gatty, *Portrait of a Merchant Prince : James Morrison, 1789-1857* （Northallerton, Yorkshire：Pepper Arden, n.d. ［1977 ?］）, 157-168. ギャティはフランシス・オリバーに関してはなにも触れていない。

(73)　そのボルチモアの代理店は, コーヘン & ブラザーズ社であった。次の書簡を見よ。Belmont to J. J. Cohen, June 29, 1837, and J. Pennington（？）, Baltimore, to Belmont, July 29, 1837, in RAL XI/62/OA.

(74)　Hidy, *House of Baring*, 195；Stanley D. Chapman, "British Marketing Enterprise：The Changing Roles of Merchants, Manufacturers, and Financiers, 1700-1800," *Business History Review*, 52 （Spring 1979）：205-233；および書簡 N. M. Rothschild to August Belmont, April 22, 1837, RAL II/10/1, p. 112 （リザーディ社の事業）.

(75)　ベンジャミン・インガム（Benjamin Ingham）(1784-1861) は英国で生まれ, リーズにある, 布地と毛織物を販売する同族会社の代表として, 1806年にシシリーに渡った。1806年に彼は, マーサーラの葡萄酒の輸出は可能性ありとにらんだ。彼はまず, 米国にワインを送ってみた。1809年に彼はまず米国を訪ね, グリーノウ一家とボストンでの代理店契約を結んだ。1812年の戦争で取引は中断されたが, 平和が戻るや否や, その輸出は伸長した。1828年だったと思うが, 彼は甥をボストンに派遣した。その甥は, 1833年にニューヨークで自殺した。もう一人の甥であるベンジャミン・インガムがその地位につき, 2 年間米国に駐在した後帰国し, その後はほとんど毎年訪米がくりかえされた。米国への輸出者として収入を得るために, 彼は「中間人に支払われる手数料に関してかなりの損失をこうむったので, 彼はロンドンに行かなければならないようであった」。このようにして, 中間人の損失をくいとめるために, 彼は米国投資を開始した。彼の取引は1830年代に大飛躍をし, 1837年以降はシューラー・リヴィングストン (1803-1861) がインガムの個人投資顧問を務めたことにより, インガムは莫大な資産の構築を成し得た。ベンジャミン・インガムがシシリーで亡くなった1861年 3 月 4 日時点で, 彼の総資産はおおよそ900万ポンドと推定された。そのうち, 米国における資産はなんと650万ドルもあ

134

った。次の書を見よ。Richard Trevelyan, *Princes under the Volcano* (London：Macmillan, 1972), 6, 7, 12, 19, 23, 25, 52-53, 60, 66-68, 76, 88-90, 486n. インディアナ大学のイレーネ・ノイは，インガムに関するアメリカ人の専門家である。

(76) *New York Times*, Nov. 1, 1941, および U.S. Senate, Committee on Finance, *Sale of Foreign Bonds, Hearings*, 72nd Cong., 1st sess., 1932, pt. 2, 605, これらの書では，フィリップ・シュパイアーの到着した日と，彼の行動に関して触れている。ラザード・シュパイアー・エリセン社は，創生期のシュパイアー社の後継社として，1836年にフランクフルトで設立された。18世紀末になるとシュパイアー家はロスチャイルド家よりなおいっそう裕福で，フランクフルトで最も富裕なユダヤ系一族になっていた。次の書を見よ。Paul H. Emden, *Money Powers of Europe in the Nineteenth and Twentieth Centuries* (London：Sampson Low, Marston, 1937), 274.

(77) Callender, "Early Transportation and Banking Enterprises," 145. これは長期投資ではなく，短期融資であった。しかし，莫大なビジネスを代表することは，あのなかでは重要なことである。この「信用」のいくつかは，長期の証券での支払いを通して，長引いていった。

(78) D. M. Williams, "Liverpool Merchants and the Cotton Trade, 1820-1850," in *Liverpool and Merseyside*, ed. J. P. Harris (London：Frank Cass, 1969), 197. 他の英国企業が，米国の取引や金融に関与していた。次の書を見よ。Hidy, *House of Baring*, 239. リバプールにおける米国企業 W. & J. ブラウン社は，この取引や貿易金融に関して重要であった。ウィリアム・ブラウンはウルスターに生まれ，彼の父と一緒に若くして米国に移住したが，その後英国に戻り，1810年にはリバプールに戻った。そしてブラウン・シプレイ社という企業を設立した。彼の父は米国に留まり，その「親」会社はまた，米国籍の企業になった。次の書を見よ。Perkins, *Financing Anglo-American Trade*, 19-20.

(79) *Hunt's Merchant Magazine*, 3 (1840)：202.

(80) Isaac Lippincott, "A Century and a Half of Fur Trade at St. Louis," *Washington University Studies*, 3, pt. 2, no. 2 (April 1916)：234-235.

(81) 前掲書，228.

(82) Hidy, *House of Baring*, 565.

(83) 1791年の設立許可状および1803年の所有権に関しては第2章を見よ。1811年の所有権に関しては次の書を見よ。J. F. Holdsworth and Davis R. Dewey, *The First and Second Banks of the United States*, 61st Cong., 2nd sess., 1910, S. Doc. 571, 109.

(84) その銀行の設立許可状は，1811年2月に否決された。次の書によると，米国の正株式は「外国の株式保有者への支払いのために，700万ドルの輸出によってかなり減額された」。Studenski and Krooss, *Financial History*, 73.

(85) Bray Hammond, *Banks and Politics* (Princeton, N.J.：Princeton University Press, 1957), 408. 合衆国第2銀行に関しては，次の書もまた見よ。Ralph C. H. Catterall, *The Second Bank of the United States* (Chicago：University of Chicago Press, 1903)；Smith, *Economic Aspects*；および Govan, *Nicholas Biddle*.

(86) Hidy, *House of Baring*, 71-72.

(87) Jenks, *Migration*, 66.

(88) アンドリュー・ジャクソン大統領の拒否権声明に関しては，次の書を見よ。Holdsworth and Dewey, *The First and Second Banks*, 302. その総資金は3500万ドルで，そのうち政府所有は700万ドルであった。次の書を見よ。Hammond, *Banks and Politics*, 408. このようにして

第 I 部　発展途上国の時代

その総株式の24％は海外で所有された。

(89)　BAO, vol. 98, この書には，その銀行の頭取であるニコラス・ビドルから，英国の投資家に対する再保険を供給するベアリング・ブラザーズ社に宛てた，数々の書簡が収録されている。次の書を見よ。Dec. 31, 1827, pp. 05480-82；March 19, 1828, p. 054688；April 7, 1830, pp. 054741-43.「貴社とその銀行間に存在した，非常に長期にわたり，満足しうる重要かつ親密な関係」を継続するように努めている，と次の部分に書かれている（Sept. 20, 1828, pp. 054731-32）。米国の３％株式の払い戻しを調整している，と次の部分に書かれている（July 18, 1832, p. 054749；Oct. 31, 1832, p. 054758）。そして，「その銀行利益を促進するその企業の熱望」に関してベアリング社を称えている，と次の部分に書かれている（Oct. 15, 1832, p. 054751；Jan. 23, 1834, p. 054765）。

(90)　ジャクソン大統領の声明は，次の書に含まれている。Holdsworth and Dewey, *The First and Second Banks*, 302-303. ジャクソン大統領は，外国の株式所有者の特権剝奪は，内部者による集中した管理を意味する，と指摘した。なぜならば，彼らが収集する必要のあった委任状の数が減ったからである。この章の注（50）を見よ。

(91)　ロンド・キャメロンは次のように書いている。パリ・ボルス家と一緒の公式に列挙された最初の外国の合弁会社は，1834年設立のバンカ・ロマナ社であった。その後1835年設立のバンク・デ・ベルジク社を追って合衆国第2銀行が続いた。次の書を見よ。*France and the Economic Development of Europe*（Princeton, N.J.：Princeton University Press, 1961）, 82. このことはジャクソン大統領の拒否権の後であり，国民憲章が失効になる１年前のことであった，と記録に留めている。ブルーメンタールは，合衆国銀行が1836年までパリの株式市場で相場がつかず，また，このケースの場合は，ペンシルベニア州の合衆国銀行のことであった，といっている。次の書を見よ。*A Reappraisal*, 112；Smith, *Economic Aspects*, 178, 183（3500万ドル）；および Hardenbrook, *Financial New York*, 190, 173（増加する外国所有）。1824年，ペンシルベニアでは州銀行株式の外国所有に関心が高く，外国人によるそのような株式の移転を禁止した。この法律はいとも簡単にそぐわなくなり，1836年に廃棄された（C. K. Hobson, *Export of Capital*［London：Constable, 1914］, 110）。その廃棄は，合衆国銀行のペンシルベニア設立許可書と時期を同じくしていた。*Niles' National Register*, 44（July 21, 1838）：322（2000万ドル）。

(92)　Allan Nevins, *History of the Bank of New York and Trust Co., 1784-1934*（New York：Privately printed, 1934）, 39（20万ポンド）。

(93)　Hidy, *House of Baring*, 72, 368, 119. ルイジアナ銀行に関しては，次の書を見よ。Caldwell, *Banking History*, 42-43. 両社ともに，州および個人の同意を取り付けていた。特にベアリング社は，ルイジアナ州の債券に興味があった。

(94)　American Account Book, RAL II/3/0. ロスチャイルド家は，フィラデルフィア市銀行やフィラデルフィア郡銀行株式を所有していた。次の書簡を見よ。N. M. Rothschild & Sons to August Belmont, April 22, 1837 RAL II/10/1, p. 112.

(95)　*New York Evening Star*（*Nile's Weekly Register*, 45［Nov. 16, 1833］：178に引用されている），この新聞によれば，マルキス社は「何十万ドルもの予想をたてたが，これは約50万ドル以上の金額に達するものであった」。*Niles' Weekly Register*, 48（May 2, 1835）：145，左記の書によると，後に最も高貴なマルキス社が，その銀行を所有していた。「身体と半ズボン」を，──「役員会を構成する充足数に関すること以外は」と報告している。*Niles' Register* では「Caermarthan」と記しているが，綴りは Carmarthen に違いない。チェース・マンハッタ

ン銀行の古文書館員は，その銀行の取締役会の議事録のなかで，マルキス社に関する記載を探しあてることができなかった。また，マルキス社によって報告されている，この投資に光をあてたいかなる銀行の記録も見つけられなかった（書簡 Sally Brazil to Mira Wilkins, Dec. 10, 1984）。

(96)　Callender, "Early Transportation and Banking Enterprises,"153. 英国のロスチャイルド社は，1833年にニューオーリンズ運河・銀行の株式を取得した。次の書簡を見よ。J. L. & S. Joseph to N. M. Rothschild, Aug. 23, 1833, RAL XI/38/159A。「われわれはニューオーリンズ運河・銀行株式の，4000株を購入し終えた。貴社は，ジョナス・フィリップス社がその運河銀行株式の 3 分の 1 を，R. & I. フィリップス社が 3 分の 1 を，そしてわが社が 3 分の 1 を所有することに興味があるであろう」。その価格は45万8937ドルであった。次の書を見よ。前掲書，Aug. 31, 1833, RAL XI/38/159A。

(97)　*Niles' Weekly Register,* 46 （March 29, 1834）：67。

(98)　Jenks, *Migration,* 361。

(99)　Callender, "Early Transportation and Banking Enterprises," 144。

(100)　前掲書，153. この両銀行は，州の規定に従い民間の所有者を有していた（Trotter, *Observations,* 258, 306）。

(101)　Van Winter, *American Finance,* 978；Bosch, *Nederlandse Beleggingen,* 48；Van Winter, *American Finance,* 968-971；Caldwell, *Banking History,* 48-50 （市民銀行）；および George D. Green, *Finance and Economic Development in the Old South : Louisiana Banking, 1804-1861* （Stanford, Calif.：Stanford University Press, 1972）, 25 （1835年の市民銀行におけるホープ社の関与について）。

(102)　Caldwell, *Banking History,* 54, 左記の書では次のように記されている。690万ドルに関して他の州より導入され，またルイジアナ州から導入の1230万ドルの多くは州政府の同意を得ていたようであった。Green, *Finance and Economic Development,* 80, この書では，下記の12の銀行が列挙されている。（　）内は左から順番に，全株式額，外国人持株額（以上は単位100万ドル），および海外所有比率である。(1)運河　（4：2：50％），(2)カロルトン　（1.9：0.5：26％），(3)市民　（5.3：5.3：100％），(4)シティ　（2：0.15：7％），(5)商業　（3：0.3：10％），(6)コンソリディテッド Assoc.　（2.5：2.5：100％），(7)ガス・ライト　（1.8：0.04：2％），(8)ルイジアナ銀行　（4：1.6：40％），(9)ルイジアナ州　（1.9：1.0：53％），(10)メカニック＆トレーダー　（2.0：0.2：10％），(11)ニューオーリンズ銀行　（0.4：0.1：25％），および(12)ユニオン銀行　（7：7：100％）。コンソリデイテッド銀行およびユニオン銀行の場合は，州債であった。市民銀行の証券は，州政府の保証の債券であった。

(103)　John Denis Haeger, *The Investment Frontier : New York Businessmen and the Economic Development of the Old Northwest* （Albany：State University of New York Press, 1981）, 18, 22-23, 25. ヘイガーは，米国における最初の信託銀行の一つとして，NYLTC を説明している。彼はあらゆる保険の機能に関し，まったく説明していない。

(104)　前掲書，32, および Van Winter, *American Finance,* 740-741。

(105)　Paul Wallace Gates, "The Role of the Land Speculator in Western Development," in *Public Lands,* ed. Vernon Carstensen （Madison：University of Wisconsin Press, 1963）, 355。

(106)　Callender, "Early Transportation and Banking Enterprises," 153n, および *Niles' National Register,* 44 （July 21, 1838）：322. N・M・ロスチャイルドとその代理店である J. L. & S. ジョセフ社は，1835年 8 月18日にアメリカ生命保険・信託社の2000株を 5 万ドルで購入した。

第 I 部 発展途上国の時代

そして1836年3月17日に5万7500ドルで売り，その代理店と利益を50％ずつ分け合った。英国のロスチャイルドにとって，この売買取引は型通りのものではなかった。その投資の多くはかなりの長期目的の投資であった。次の書を見よ。American Account Book, RAL II/3/0. ジェンクスは，アメリカ生命保険・信託社が1836年に，英国において広告を出して資金集めをしていた事実を見つけた（Jenks, *Migration*, 361 n.31）。これらのデータは，スミスの次の書における資料と，比較すべきである。James G. Smith, *The Development of Trust Companies in the United States*（New York : Henry Holt, 1928), 258-261. スミスは左記の書のなかで，この企業（1833〜34年）の設立はまさに請願しなければならない運命にあるだろうと語っている。彼はこの企業がニューヨーク立法部によっては決して公認されない，と信じていた。彼はその企業が，ボルチモアで設立されたとは，考えもしなかった。次の書を見よ。Edward Ten Broeck Perine, *The Story of the Trust Companies*（New York : G. P. Putnam's Sons, 1916), 28-29, 70-71.

(107) Callender, "Early Transportation and Banking Enterprises," 144, および Van Winter, *American Finance*, 978. 次の書を見よ。Bosch, *Nederlandse Beleggingen*, 50, 左記の書は，オランダ人の投資に関して書かれてある。農民火災保険貸付社は，1822年にニューヨークで承認された。その社名は1836年に農民貸付信託社と改名された（Smith, *The Development of Trust Companies*, 278)。

(108) Jenks, *Migration*, 361 n.31, 左記の書には，1838年の「1000万ドルの半分」という記述があるが，これはまさしく誤りである。次の書を見よ。Perine, *The Story of the Trust Companies*, 69, この会社の，1839年1月1日現在の資本は，200万ドルであった。そして前掲書, 77-78, では，英国の関与についても触れられている。次の書もまた見よ。Callender "Early Transportation and Banking Enterprises," 153n ; Fritz Redlich, *The Molding of American Banking*（New York : Johnson Reprint Corporation, 1968), pt. 2, 342, この書では，ノースアメリカン信託・金融会社は1838年に設立されたようだ，と示唆している。

(109) Jenks, *Migration*, 361 n.31. オハイオ生命保険・信託会社は1834年に設立されたが，明らかにいかなる保険ビジネスもしていなかった。この銀行は預金銀行であり，大規模な融資を実施していた。次の書を見よ。George W. Van Vleck, *The Panic of 1857*（New York : Columbia University Press, 1943), 65. OLITC（オハイオ生命保険・信託社）に関しての詳細は，次の書を見よ。Haeger, *The Investment Frontier*, 39-58.

(110) Smith, *The Development of Trust Companies*, 267. この報告はニュージャージー信託委任社に関するものである。この会社が，最終的に設立されたか否かの証拠はない。報告書はさらに続けて，「ニューヨークやフィラデルフィアに信託会社として設立された外国資本は，現在ニュージャージーの製造業者や農業生産者に貸したり，前払いしたりしている。そしてその資本によって管理運営し得られた全利益は，われわれの近隣を豊かなものへと導き出してくれる」（前掲書)。

(111) 次の書を見よ。R. C. Michie, *Money, Mania, and Markets : Investment, Company Formation and the Stock Exchange in Nineteenth Century Scotland*（Edinburgh : John Donald Publishers, Ltd., 1981), 61. ウィスコンシン海上火災保険社は，1839年2月に設立された。F. Cyril James, *The Growth of Chicago Banks*, 2 vols.（New York : Harper & Bros., 1938), I, 202, および Alice E. Smith, *George Smith's Money*（Madison : State Historical Society of Wisconsin, 1966), 29-55n.

(112) Smith, *The Development of Trust Companies*, 至るところに。

第**3**章　開発の半世紀

(113) Clive Trebilcock, *Phoenix Assurance and the Development of British Insurance, 1782-1870* (Cambridge：Cambridge University Press, 1985), I, 185, 189-201, 210-215, 218-225, 231-233, 257-260, 297-307, 319, 516. フェニックス社は，米国で最初の保険証券を1785年にチャールストンで発行したのである。フィラデルフィアのペリカン社およびウォレン社に関しては，次の書も見よ。Lester W. Zartman, ed., *Yale Readings in Insurance : Life Insurance* (New Haven：Yale University Press, 1909), 83；Herman E. Krooss and Martin R. Blyn, *A History of Financial Intermediaries* (New York：Random House, 1971), 35；および J. Owen Stalson, "The Pioneer in American Life Insurance Marketing," *Bulletin of the Business Historical Society*, 12 (Nov. 1938)：66. ペンシルベニア州議会は，1810年3月10日以降，ペンシルベニア州で州外の生命保険会社が商売することを禁止した。1812年戦争の末期を過ぎると，米国に参入した他の英国資本は短命になってきた。例えば次の書を見よ。William Schooling, *Alliance Assurance, 1824-1924* (London：Alliance Assurance, 1924), 40. この書は，1825年の同盟保険社の短期間の米国投資に関して触れている。

(114) Minutes of Meeting of Directors, Bank of Montreal, Jan. 23, 1818, Resolve Book I, p. 41, Bank of Montreal Records, Public Archives, Ottawa （これ以降 BMAO と記す）. 前述したプライム・ワード＆サンズ社は，ベアリング社のニューヨークにおける代理人であった。そして，モントリオール銀行の議事録には，「われわれは，プライム・ワード＆サンズ社に対し，ロンドンにおけるベアリング社の駐在員の紹介状を，要求したい」と記している（前掲書）。次の書も見よ。 Merrill Denison, *Canada's First Bank : A History of the Bank of Montreal*, 2 vols. (New York：Dodd, Mead, 1966, 1967), I, 125.

(115) 前掲書，I, 129.

(116) 株式資本あるいは貯蓄としてカナダ銀行に投入された銀は，カナダ人が東洋との貿易のために使用することはできなかった（それは，英国の航行法によるしばりであった）。ニューヨークおよびボストンの商人は，彼らの中国貿易のために銀を要求した（前掲書，I, 179）。後に米国における正貨の需要が上昇すると，モントリオール銀行は正貨を供給し続けた（前掲書，I, 257 ［1825年を参照しつつ］）。しかし，それは両方向の課題であった。1818年から1828年までの全期間にわたり，カナダの輸入は正貨の輸出をはるかに超過していた（前掲書，I, 264）。モントリオール銀行の議事録集は，1830年代に正貨輸入を監視していたことが書かれている。その一例は1835年7月10日の取締役会決定である。Resolve Book III, p. 24, BMAO.

(117) Denison, *Canada's First Bank*, I, 269.

(118) プライム・ワード・キング社は1827年に，プライム・ワード＆サンズ社を引き継ぎ，モントリオール銀行のニューヨークの代理店となった。

(119) Bank of Nova Scotia, *Bank of Nova Scotia* (Toronto：privately printed, 1932), 43.

(120) Denison, *Canada's First Bank*, I, 317. このことは，1830年代半ばにプライム・ワード・キング社が，ベアリング・ブラザーズ社，モントリオール銀行およびブリティッシュ・ノースアメリカ銀行のために注力し，そしておそらく他の銀行にも同様に働きかけたことを意味している。

(121) Callender, "Early Transportation and Banking Enterprises," 114. 一例として1832年8月14日に締結された次の合意書を見よ。ベアリング・ブラザーズ社とプライム・ワード・キング社のニューヨーク支店は，ルイジアナ・ユニオン銀行に支払われるために発行されるルイジアナ州債を550万ドル購入することで合意した（BAO, vol. 24, p. 012061）。1832年9月20日，T・W・ワード氏は，ベアリング・ブラザーズ社に次のような手紙を書いた。「われわれは1年以

第 I 部 発展途上国の時代

内に，州の保証を受けて，多種の銀行や他社株式を所有するであろう」（BAO, vol. 24, p. 012070）。

(122)　Green, *Finance and Economic Development*, 80.

(123)　Jenks, *Migrations*, 66.

(124)　サー・チャールズ・オーガスタス・ミューレイ（Sir Charles Augustus Murray）は，そこに腰を据える予定であったが，心変わりした（Thistlewaite, *The Anglo-American Connection*, 21）。

(125)　Van Winter, *American Finance*, chap. 14.

(126)　前掲書, 872, および Frederick S. Allis, Jr., ed., *William Bingham's Maine Lands, 1790-1820* （Boston : Colonial Society of Massachusetts, 1954）, II, 1254.

(127)　Callender, "Early Transportation and Banking Enterprises," 153n. モリス運河・銀行社は，1824年に組織された。その銀行は，銀行および信託業務をもち，また先述したように，重要な金融の中間業者であり，欧州通貨を米国に導入していた。米国の信託会社所属の歴史家は，あらゆる企業のなかで最も早い信託事業が，1830年5月29日付けであったことを見つけた。またその信託業務とは，ウィルヘム・ウィリンクを被信託者とすることをこの会社と締結するものであった。アムステルダムのウィリンクは，オランダで75万ドルの借款を交渉した。この企業の受託者は，運河建設で「担保物件が特徴」とみられる最初の案件であった。これにより，長期信用の蓄えになった。次の書を見よ。Smith, *The Development of Trust Companies*, 248, 273-274, 281-282. 1838年には，英国のロスチャイルド社がモリス運河・銀行社の株式をもっていた。ロスチャイルド家は，モリス社のために株式委託業務に関与していた。次の書を見よ。American Account Books （1831-1839）, RAL II/3/0. Van Winter, *American Finance*, 971-973, この書は，ウィリンクの詳細な役割を記している。モリス運河・銀行社における，1836年から1837年までのフレデリック・フース社の社債所有比率に関しては，次の書を見よ。Freedman, "A London Merchant Banker," 29, 34. フース家は，1837年の末期に，スペインの顧客，フネジイ・キャリヨ（Funezy Carillo）に所有のモリス社債全量を2万5000ポンドで売却した。フネジイ・キャリヨに関しては，次の書を見よ。前掲書, 54, およびこの第3章の注（150）。

(128)　Callender, "Early Transportation and Banking Enterprises," 153n ; Van Winter, *American Finance*, 973-978 ; Jenks, *Migration*, 361 n.31 ; および Alfred D. Chandler, "Patterns of American Railroad Finance, 1830-50," *Business History Review*, 28 （1954）: 250. 英国のロスチャイルド社は，1830年代に米国の鉄道証券を自分の口座，共同口座，あるいは他人口座にも一切所有していなかった。次の書を見よ。American Account Books （1831-1839）, RAL II/3/0.

(129)　Bosch, *Nederlandse Beleggingen*, 51, および Van Winter, *American Finance*, 967-968. その発行は，オランダ土地会社の資産と関係があった。それらが，オランダの一般投資家から集められたものかどうかについての根拠はない。事実，ヴァン・ウィンターは，「オランダ人が米国の鉄道事業において，それなりの利益を得始めるまでには」さらに20年ほどを要したであろうと彼の書に記している。

(130)　Dorothy Adler, *British Investment in American Railways* （Charlottesville : University Press of Virginia, 1970）, 12, および Harry H. Pierce, "Anglo-American Investors and Investment in the New York Central Railroad," in *An Emerging Independent American Economy, 1815-1875*, ed. Joseph R. Frese and Jacob Judd （Tarrytown, N.Y. : Sleepy

第3章　開発の半世紀

Hollow Press, 1980), 128.

(131)　Charles Duguid, *The Story of the Stock Exchange : Its History and Position*（London：Grant Richards, 1901), 246. これらは，英国ポンドで表示された社債であった（Chandler, "Patterns," 250)。

(132)　Callender, "Early Transportation and Banking Enterprises," 111-162. Jenks, *Migration*, 75, この書のなかには，「1836年以前に，9000万ドル余りが北部の運河や鉄道に投資され，そのうちの半分以上は，公的資金による債務によって賄われた。またこの資金の総額は，英国から調達されたものである」と記されている。Douglass C. North, "International Capital Flows and the Development of the American West," *Journal of Economic History*, 16 （Dec. 1956)：495, この書では，「政府の介入」の欠如があったかどうかについて間違って議論をしてきた。著者は疑いもなく「政府」を「連邦政府」として，「介入」を「規制」として定義した。しかし，北部の人たちはこのことをよく知っていた。時に証券はまた，市政府の財政を支えるために発行された。

(133)　Jenks, *Migration*, 361 n.31. 合衆国銀行は，ハゼルトン石炭社にずっと関与してきた（Smith, *Economic Aspects*, 116)。

(134)　Adler, *British Investment*, 122.

(135)　Ronald L. Lewis, *Coal, Iron, and Slaves*（Westport, Conn : Greenwood Press, 1979), 49. この企業の，1853年における英国人所有株式率は41.7%，社債については72.3%であった。次の書を見よ。U.S. Senate, *Report of the Secretary of the Treasury*, 33rd Cong., 1st sess., 1854, Exec. Doc. 42, 52. Reprinted in *Foreign Investments in the United States*, ed. Mira Wilkins（New York：Arno Press, 1977).

(136)　Lewis, *Coal, Iron*, 67.

(137)　後に明白になるように，製造業における外国直接投資は，しばしば高い関税障壁を飛び越えるためにその後でなされるであろう。

(138)　Peter Temin, *The Jacksonian Economy*（New York：W. W. Norton, 1969), 77-82, この書では，インフレーションを海外から得た正貨のストックの増大に基づいて，通貨供給の拡大と結びつけて考えている。中国貿易における変化は，米国に留まったこの正貨を意味した（前掲書, 82)。著者は，その土地ブームがインフレーションを遅らせたということを主張している（前掲書, 90)。私の算式はより通例のものである。

(139)　Hidy, *House of Baring*, 206-207. その反動に関しては，次の書簡を見よ。 S. Jaudon to Baring Brothers, Oct. 15, 1836, BAO, vol. 38, p. 054814.

(140)　次の書を見よ。Ratchford, *American State Debts*, 93.

(141)　Hidy, *House of Baring*, 207-234.

(142)　Gille, *Maison Rothschild*, I, 284, 268.

(143)　前掲書, 284. 英国ロスチャイルド社の本の内容もまた，継続した関与があったことを示している。

(144)　Temin, *Jacksonian Economy*, 20. その銀行が1837年5月に正貨の支払いを停止したとき，未だ「支払い能力のある，強い堅固な機関」であった。しかし，他の銀行がひとたび停止したときは，選択の余地がなかった（強い堅固な機関ではなくなっていた）と思われていた（Govan, *Nicholas Biddle*, 312)。アメリカ人の個人的な関与がいかに適していたかを，ビドルが誇りにしていることに関しては，次の書簡も見よ。Nicholas Biddle to John Quincy Adams, Dec.10, 1838, published in U.S. House, *Report from the Secretary of the Treasury*, 29th

第 I 部　発展途上国の時代

Cong., 1st sess., 1849, Exec. Doc. 226, 405.

(145) Hidy, *House of Baring*, 235.

(146) Myers, *New York Money Market*, 30.

(147) Hidy, *House of Baring*, 237.

(148) 前掲書, 261.

(149) 前掲書, 266.

(150) 前掲書, 267. 英国の金融中間業者は，米国証券の販売を英国人だけに留めておくことはしなかった。例えば，フレデリック・フース社は，1836年にスペインの顧客であるフネジイ・キャリヨに，英国のコンソル公債（訳注：1751年に各種公債を 3 ％利付きの年金形式に統合整理した，英国の整理公債）を販売していた。同年フースは，30万9605ポンドの大部分について，米国証券への投資を見計らっていた。その投資によりコンソル債が生まれた。1837年と翌1838年にフースは，この「循環型」のスペイン通貨の大部分が合衆国銀行に送金されるように調整した（Freedman, "A London Merchant Banker," 27-28, 43-44, 54. 1838年におけるフースの米国証券の扱い高に関しては，次の書も見よ。前掲書, 57-75）。

(151) Trotter, *Observations*, 1-2.

(152) 前掲書, 362. トロターは正しかった。南部の州は，後々続いた債務不履行下において，最も過激な攻撃者であった。

(153) その夏の条件に関しては，次の書を見よ。Ratchford, *American State Debts*, 94, および Hidy, *George Peabody*, 162-163, ロンドンのマーチャントバンクとフレデリック・フース社のケースを例にとってみる。この会社は，合衆国銀行に信用供与をしていた。そしてその代価として，ミシガン州債で200万ドルを受け取った。1839年 7 月にこの企業は，合衆国銀行の代表者に対して，ロンドンの投資家がこれらの証券に関し，「まったく興味がない」ということを話した。次の書を見よ。 Andrew T. Murray, *Home from the Hill : A Biography of Frederick Huth* （London：Hamish Hamilton, 1970), 165-166.

(154) Hidy, *George Peabody*, 148.

(155) U.S. Secretary of Treasury, *Report on Condition of State Banks*, 26th Cong., 1st sess., April 7, 1840, H. Doc. 172, 347, 349. その持株会社に関する貴重なデータは，1840年 1 月 1 日時点のものであり，またこの銀行の1390の外国人株主（内訳：英国およびアイルランド1185, スペイン59, 西インド諸島52, フランス36, オランダ26, ドイツ10, ほか欧州, アジア, 南米諸国など）を表している。

(156) Ratchford, *American State Debts*, 94.

(157) Hidy, *House of Baring*, 281, および Edward Hungerford, *The Story of the Baltimore and Ohio Railroad, 1827-1927* （New York：G. P. Putnam, 1928), I, 199-200. メリーランド州は，1840年 4 月にベアリング社を通じ，アメリカ人以外のすべての株主に対して支払いをした（Hidy, *House of Baring*, 293)。

(158) 次に掲載されたデータは，このような一般化にとって大いに役立つ。BAO, vols. 98 and 110.

(159) 次のリストを見よ。 BAO, vol. 98, p. 054957. 次の書も見よ。Bosch, *Nederlandse Beleggingen*, 49.

(160) 次のスミスの書によれば，ホッティンガー社は1826年頃に，その銀行のパリの通信員になった。Smith, *Economic Aspects*, 44,

(161) 書簡 Hottinguer & Co., Paris, to Baring Brothers, Sept. 19, 1839, BAO, vol. 110, p. 061350.

第3章　開発の半世紀

(162)　書簡 S. Jaudon to Baring Brothers, Nov. 30, 1839, BAO, vol. 98, p. 054966.

(163)　Hidy, *House of Baring*, 283-284, 546. フランス語の翻訳によって，部分再販なされた次の書を見よ。Alex Lombard, *Notice sur la position financière actuelle des états de l'Amérique du Nord*（Geneva : Imprimerie de Ch. Gruaz, 1841），43-47. ウェブスターはロンドンに在住しており，1840年3月24日付けでベアリング・ブラザーズ社のジョシュア・ベイツに宛てて，次のような手紙を送った。「マサチューセッツ州債は，貴殿も知っての通り，常に信頼がおけます。同じように私は，ニューヨーク州債やオハイオ州債ついても信頼しています。ペンシルベニア州債は良い結果になるでしょう。インディアナ州債もまずまずであると思います。これら以外の州債に関しては，注意を要するといわざるを得ません。しかし，この話を他言しないで欲しいのです」。以上は次の書からの引用である。Hidy, *House of Baring*, 284. ベアリング社は，所有していたメリーランド州債を売却（前掲書，281），サウスカロライナ州債は売却せずに米国に戻した（前掲書，283）。

(164)　書簡 S. J. Loyd to G. W. Norman, Nov. 11, 1839, *Correspondence of Lord Overstone*, I, 245.

(165)　書簡 Loyd to Norman, Dec. 15, 1839, 前掲書, I, 247. ジョードン社の嘆願が困難であったときに関しては，次の書を見よ。BAO, vol. 98, pp. 054947-94, および vol. 110, pp. 061325-91. 前述した如く，ロスチャイルド家，デニソン社，およびホープ社は支援をしていた。

(166)　Hidy, *House of Baring*, 289. The Erving-King Papers, folder K30A, New York Historical Society. この書のなかには，プライム・ワード＆キング社がベアリング・ブラザーズ社に宛てた，ベアリング社の代理店としての捉え方が反映している1840通にも及ぶ手紙が掲載されている。次の書には，1839年から1840年までの，パリのホッティンガー社からベアリング・ブラザーズ社に宛てた手紙が含まれている。その手紙の内容は，パリにおける「管理体制」や「米国資金」の計画に関するものであった（Nov. 26, 1839, pp. 0161400-02）。それらの計画は，1840年3月に実現した（次の日付の手紙を見よ。March, 7, 11, 16, 1840, pp. 061428-42）。米国証券を獲得できたのは，「管理体制」によるものであり，それは，ホッティンガー社およびフランスの他の3社より構成されていた。

(167)　William Crawshay, cited in Ann M. Scanlon, "The Building of the New York Central," in *An Emerging Independent American Economy*, ed. Frese and Judd, 112.

(168)　海外所有株式に関する記載は，次の書に委ねる。U.S. House, *Report from the Secretary of the Treasury on the Returns of the State Banks from 1841 to 1846*, 29th Cong., 1st sess., 1846, Exec. Doc. 22, 469；前掲書，442. これは，1841年3月1日付けの銀行の負債を示している。　次の書によれば，ジェームズ・モリソンは1841年1月11日にその銀行の代理業務を引き受けた。Gatty, *Portrait of a Merchant Prince*, 211-212. 次の書では，代理店契約締結は1840年10月となっている。Smith, *Economic Aspects*, 224-226. 私は，ギャティの方が多分に正しいと思う。

(169)　書簡 Loyd to Norman, March 6, 1841, *Correspondence of Lord Overstone*, I, 320. トーマス・ライクスは，1841年3月25日に，仕訳帳に次のような記入をした。「ロードHは，合衆国銀行の支払い停止によって，50万ドルを失った。彼の巨大な資産をもってすれば，それらはおよそ損失のうちには値しないであろう。しかし，彼はいつも，ひどく革命を恐れていた。時に彼は，たとえどこの国でなにが起こったとしても，その資金に関しては，「**けがれのないシャツ**」のような透明感をもたせ，「**部屋の召使**」のように安全性を確保していた」（*Raikes Journal*, II, 275）。こうした考えに基づき，共和国がこれらの異変に傷つきやすくとも，彼は米国資金でより多くの投資を果たした。ロードHとは，ロード・ハートフォードのことであ

第Ⅰ部　発展途上国の時代

ろうか。次の書には，そのことを見極める手掛かりがあるので見られたし。前掲書，I, 30.

(170)　Cameron, *France*, 84. および Émile Becque, *L' internationalisation des capitaux* (Montpelier：Imperimerie Générale du Midi, 1912), 16. さらに次の書簡を見よ。Hottinguer & Co.-Baring Brothers & Co. correspondence, BAO, vol. 110. 前述したように，ホッティンガー社は1838年秋に，現存する銀行の信用供与に対し，州債券の裏保証を要求した（書簡 Hottinguer & Co. to Baring Brothers & Co., Sept. 19, 1839, p. 061350）。ホッティンガー社が，フランスで米国の株式を販売するため「管理体制」を計画していたときに，彼らはベアリング社に次のように依頼した。「事を**極力**秘密裡に運ぶために，われわれは即座にその両面の競争を見守らなければならない」（前掲書，March 7, 1840, p. 061428）。1835年から1839年まで，アレクシス・ド・トクヴィル伯爵はフランスで *Democracy in America* を著し，その書は米国に対するフランスにおける新しい関心を引き起こした。

(171)　書簡 Hope & Co. to Baring Brothers & Co., Nov. 13, 1838, BAO, vol. 110, p. 061669. ベアリング・ブラザーズ社とホープ社間の書簡は，ホッティンガー社の手紙では欠落していたが，オランダ商会の一部門であることを巧みに説明している。

(172)　書簡 Hope & Co. to Baring Brothers & Co., May 14, 1839, vol. 110, p. 061700. ホープ社の書簡は大変役に立つが，ロスチャイルド家と他の人々がしていた噂話を多く含んでいる。

(173)　Lombard, *Notice sur la position financière actuelle des états de l'Amérique du Nord*, この書は，1841年2月にジュネーブの銀行家によって出版された。その書は米国の州債務に関して，欧州における一般的な興味を喚起した。1837年と1839年の2度の恐慌にもかかわらず，ロンバードには米国の繁栄が継続するかのようにみえた（p. 17）。彼はニューヨーク州債とオハイオ州債を推薦していた（p. 42）。パリ人民会社（La Société Parisienne）は，最近，ニューヨーク州債とオハイオ州債の持参人証明書を，約5.1フラン/ドルの固定レートで発行した。この証明書をもっていると，196ドルで1000フラン分の物が購入できた（p. 51）。オハイオ州債が際立って魅力があった理由として，この州にはスイスからの移住者がたくさんおり，そのほとんどが圧倒的にプロテスタントで，徳のある善行があったからである，とロンバードは述べている（pp. 32-33）。

(174)　上記の注と次の書を見よ。Vincent P. Carosso, *Investment Banking in America : A History* (Cambridge, Mass.：Harvard University Press, 1970), 9.

(175)　Ratchford, *American State Debts*, 98.

(176)　McGrane, *Foreign Bondholders*, chap. 4.

(177)　Jenks, *Migration*, 368.

(178)　U.S. House, 27th Cong. 3rd sess., 1843, H. Rept. 296, 7. 同一報告書の p. 151によれば，利払いは海外で所有されている州債が1億ドルであったという「仮定」で処理され，明らかに誰も海外所有額は知らなかった。海外での所有が，1838年よりも1842年の方がさらに増えた理由は，(1)1838年の新債券発行，(2)州債を欧州に移動させることに関する合衆国銀行の活発な役割，(3)1839年の危機に結びつく欧州における州債の促進，であった。

(179)　Ratchford, *American State Debts*, 101. 次の書簡を見よ。Overend, Gurney & Co. to Colonel William Robinson, Oct. 3, 1842, この提案は，連邦政府が州債務を引き継いだことを意味している。U.S. House, 27th Cong., 3rd sess., 1843, H. Doc. 197, 3-4. その後，次の報告書では州債務の連邦政府による肩代わりを奨励していた。The report of Representative William Cost Johnson (Maryland), U.S. House, 27th Cong. 3rd sess., 1843, H. Rept. 296, 8.

(180)　Jenks, *Migration*, 116. 外国の社債保持者に対する英国政府の立場に関しては，次の書を見

よ。C. M. Platt, *Finance, Trade, and Politics in British Foreign Policy, 1815-1914* (Oxford：Clarendon Press, 1968), 34-36.

(181)　Hidy, *House of Baring*, 292.

(182)　Cited in Jenks, *Migration*, 106.

(183)　Listed in the BAO, vol. 98, p. 054957.

(184)　Hidy, *House of Baring*, 309, 342-343. 「汎大西洋的徳行」に関しては，次の書を見よ。Murray, *Home from the Hill*, 143, 162-171. ウィリアム・ロビンソン大佐は，1842年に米国の財務大臣より，米国の借款に関して交渉するために，欧州に行くよう任命された。帰国後彼は，次のように書いた。「ハンブルグやオランダは山のような債務でまたエジプトのパチャリック（原文のまま）でさえ借金で一杯であった。――米国の借金には，なんの優遇処置も見つけられなかったことは，私にはまったく不可解であった」。ロビンソンはさらに，「この地球上では」唯一，米国のみが自国の借金を返済した政府であると付け加えていた。次の書を見よ。U. S. House, H. Doc. 197, 2.

(185)　Wilkins, *The Emergence of Multinational Enterprise*, 22.

(186)　Smith, *Letters*, 17-18, 12-13. スミスのこの書は，1843年の秋に出版された。1843年に Charles Dickens', *Martin Chuzzlewit* が世に出た。その英国の英雄は，事実をまげて伝えられた米国の不動産投資によって，汚点を残す結果となった。その小説の出版は，米国投資に対する信頼の失墜ムードと時を同じくした。

(187)　Jenks, *Migration*, 98.

(188)　Circular from the Foreign Office, signed by Palmerston, March 19, 1847, FO83/110, Public Record Office, London （これ以降 PRO と記す）。これは抽象ではなかった。例えば，ロンドンのフレデリック・フース社は，フロリダ州債を売却して，奴隷のいるフロリダ州のプランテーションの「所有者になろうとしていた」。フース社の伝記作家は，「彼らはそれを，長期的に保持しようとはしなかった」と書いている（Murray, *Home from the Hill*, 171）。

(189)　Circular from the Foreign Office, signed by Palmerston, Jan. 15, 1848, FO 83/110, PRO. この回覧は後に，外国の借款に対する米国の政策を考慮する文脈のなかで引用された。次の署名されていない文書を見よ。Unsigned memo, Jan. 12, 1917, RG 59, 811. 503/61, National Archives, Washington, D.C. この回覧は，次の書に全文が掲載されている。Platt, *Finance, Trade*, 398-399.

(190)　Hidy, *House of Baring*, 307-341. 州債務に関する膨大な資料が，左記の文献のなかにある。例えば，BAO のなかには，外国の社債保持者に返還を促すための努力に関しての記録がある。例えば，ロンドンにあるパーマー・マッキロップ・デント社（Palmer, MacKillop, Dent & Co.）のジョン・ホスリー・パーマーは，1844年にインディアナ州債保持委員会の委員長をしており，その委員会にはロンドンのロスチャイルド社やホープ社も含まれていた。次の書を見よ。Haeger, *The Investment Frontier*, 217.

(191)　North, "International Capital Flows," 503.

(192)　一例としては，ボルチモアにあるアメリカン生命保険・信託社およびニューヨークにあるノースアメリカン信託・金融会社である。ニューヨーク生命保険・信託社，農民貸付信託社およびニューヨーク市外のその他の金融会社は生き残った。次の書を見よ。Perine, *The Story of Trust Companies*, 71, 76.

(193)　Hidy, *House of Baring*, 368-369. North, "Balance of Payments," 586. この書は，1840年代に起きた多くの資本流出を著している。

第Ⅰ部　発展途上国の時代

(194)　McGrane, *Foreign Bondholders*, 268.

(195)　W. W. Rostow, *The Stages of Economic Growth*（Cambridge：Cambridge University Press, 1960), 38. この書は，米国の「離陸」が1843年から1860年までになされた，と記している。

(196)　U.S. Department of Commerce, Bureau of the Census, *Historical Statistics of the United States*（Washington, D.C., 1975), 735.

(197)　Robert E. Gallman's figures in *The Reinterpretation of American Economic History*, ed. Robert W. Fogel and Stanley L. Engerman（New York：Harper ＆ Row, 1971), 26.

(198)　J. ＆ P. Coats, "Text of the 150 Year Exhibition," panel 9, Renfrew District Library, Scotland, および Matthew Blair, *The Paisley Thread Industry*（Paisley：Alexander Gardner, 1907), 49.　J.＆ P. コーツ社の歴史家であるハンターは，アンドリュー・コーツ（Coats）の苗字の綴りを「Coates」としていた，と記している（ハンターからウィルキンスへ1986年 4 月27日）。アンドリュー・コーツは，米国で「販売システム」を構築し，この会社のために一役かうため「手数料代理店」に指名した。ニューヨークの商人であるフー・オーチンクロスは，その中心となる代理店であった。米国におけるコーツ社のビジネスに関する興味あるデータについては，次の書を見よ。*Coats v. Holbrook*（1845), 2 Sand. Ch.R. 586, a New York case, reported in *American Trade Mark Cases*, ed. Rowland Cox（Cincinnati：Robert Clarke, 1871), 20-32.

(199)　J. D. Scott, *Vickers*（London：Weidenfeld ＆ Nicolson, 1962), 7.

(200)　Adler, *British Investment*, 15.

(201)　それは1843年から1846年の間で72万1000ドルほどであった（James, *Chicago Banks*, I, 166-169)。その背景に関しては，次の書を見よ。Haeger, *Investment Frontier*, 206-209.

(202)　Adler, *British Investment*, 28, 123；Jenks, *Migration*, 368 n.1；および U.S. Senate, *Report of the Secretary of the Treasury... [on] the Amount of American Securities Held in Europe*, 33rd Cong., 1st sess., 1854, Exec Doc. 42, 52, in *Foreign Investments of the United States*, ed. Mira Wilkins（New York：Arno Press, 1977)；今後は「S. Doc. 42」として引用される。関税による影響と「マウント・サヴェイジ（Mount Savage)」社の重要性に関しては，次の書を見よ。W. T. Hogan, *Economic History of the Iron and Steel Industry in the United States*, 5 vols.（Lexington, Mass.：Lexington Books, 1971), I, 38. ホーガンは，外国人の所有に関していかなる調査もしなかった。ロンドン生まれのヘンリー・トーマス・ウェルド（1816-1893）は，1844年に米国の住民となり，圧延機メーカーのマウント・サヴェイジ社の「管理代理人および英国株主の長」となった。鉄レールの製造は，1842年の関税制度で，トン当たり25セント課税されるという刺激策のもとで始まった（*American Iron and Steel Association Bulletin*, 27［July 26, 1893]：220)。マウント・サヴェイジ社の工場に関するデータは，次の書を見よ。Irene D. Neu, *Erastus Corning*（Ithaca, N.Y.：Cornell University Press, 1960), 48-51.

(203)　London *Times*, Dec. 1, 1842, quoting the *Daily Evening Bulletin*, Boston.

(204)　Gatty, *Portrait of a Merchant Prince*, 213, 219, 224, 225. 先の引用の377万ドルは，（合衆国銀行の社史によれば）75万ポンドになる（1 ポンドにつき 5 ドルという交換レートで。また 1 ポンドにつき4.44ドルのレートでは85万ポンドになる）。

(205)　"British Mercantile Houses Abroad," FO 83/111, PRO, London. 英国人はまた，フランス人によって設立された数多くの米国商社の名簿を，1849年に確認しようと探っていた。ニュー

ヨークの領事館は，その方法は「返還を満たすには実際的ではない」，と答えた。ボストン，チャールストン，サヴァナの領事館も「ノー（実際的でない）」と答えた。他方フィラデルフィアの領事は，フランスにある15社のうちの６社が，ワインと蒸留酒の商人であり，そのすべてがフランスとの直接取引ではなく，わざわざニューヨークの会社を通して輸入していたと述べている。次の書を見よ。FO 83/115, PRO, London. サンダーソン・ブラザーズ社（Sanderson Brothers & Co.），ブッチャー社（W. & S. Butcher）およびヴィッカー社の前身であるネーラー社（Naylor & Co.）が，シェフィードの鉄鋼製造業者のフィラデルフィア代表をしていた。シェフィードの鉄鋼製品の米国輸出に関しては，次の書を見よ。Geoffrey Tweedale, "Sheffield Steel and America," *Business History*, 25 （Nov. 1983）：225-239, および彼の博士論文，"Shefield Steel Industry and Its Allied Trades and the American Market, 1850-1913," London School of Economics, 1983. シェフィード金物グループの何社かは，1812年の戦争終結後に，米国市場の参入を果たした。このリストには，アンドリュー・コーツの販売権は含まれていなかった。フィラデルフィアの綿紡績業者は，ジェームズ・クロフォードであった（FO 83/111, PRO）。

(206) Taylor v. Carpenter （1846）, Fed. Case 13, 785 （ゴシックは私自身のもの）. 以下から引用 William Marion Gibson, *Aliens and the Law* （Chapel Hill：University of North Carolina Press, 1940）, 75.

(207) オハイオ州債については次を見よ。Adler, *British Investment*, 16, および Alex Lombard, *Notes financiêrs et statistiques sur l'etat Ohio* （Geneva, 1847）, 4.

(208) Robert G. Albion, *The Rise of New York Port, 1815-1860* （Hamden, Conn.：Archon Books, 1961）, 20, 43.

(209) Hutchins, *The American Maritime Industries*, 352. 1858年にこのサービスは，1857年に設立された北ドイツ・ロイド航路社の，ニューヨークとブレーメン間のビジネスに統合された（前掲書, 511, 518）。この蒸気船サービスは，当時現存していたドイツとの関係を，「航行」によって補強した。1828年に，ブレーメンの会社とマイヤー社は，ニューヨークへの定期便を設定した。1836年には，ハンブルグの船荷ブローカーであるロバート・マイルズ・スローマンが，ハンブルグまでの小荷物配達サービス業を打ち立てた。1840年の初めまでに，ブレーメンにはすでに４社の小荷物配達業者があったが，それらはすべて移住した人々の経営であった。1847年に，ハンブルグ・アメリカ小荷物配達社（HAPAG）は，ニューヨーク向けの小荷物航行便ビジネスに参入した。次の書を見よ。Lars U. Scholl, "Shipping Business in Germany in the Nineteenth and Twentieth Centuries," in Tsunehiko Yui and Keiichiro Nakagawa, *Business History of Shipping* （Tokyo：University of Tokyo, 1985）, 188-190.

(210) 私の同僚のレネイ・イゴネ（René Higonnet）は，私に次の書を参考にしてはどうかと言った。Otto Ruhle, *Karl Marx*, 2nd ed. （New York：Viking Press, 1935）, 172, この本は，いかにカール・マルクスが，カリフォルニアの金鉱を発見した際に，「前言をひるがえすことになった」かや，繁栄をもたらすことは「欧州の資本を救うことになった」と信じていたか，を指摘している。欧州の株主には，まったく問題がなかった。一例として，次の書簡を見よ。BAO, vol. 47, fall 1849.

(211) Henry Blumenthal, "The California Societies in France, 1849-1855," *Pacific Historical Review*, 25 （Aug. 1956）：251-260.

(212) Cleona Lewis, *America's Stake in International Investments* （Washington, D. C.：Brookings Institution, 1938）, 45, および Emden, *Money Powers of Europe*, 263.

第Ⅰ部　発展途上国の時代

(213)　Alfred D. Chandler, Jr., *Henry Varnum Poor*（Cambridge, Mass. : Harvard University Press, 1956), 106. 1848年から1852年までに，米国証券に投資された莫大なドイツ資本のいくらかは，ドイツ人移民との関係で生じた。ドイツ人は，ドル単位の米国証券を本国で購入し，後にドイツ人が米国に移住した際に，これらの証券を一緒に持ち込んだ。このことは，外国為替問題を引き起こし，移民者の資産の移転となった。すなわち，ドイツ人によってなされた米国への投資は，彼らが大西洋を横断する際の資本となり得た。私は，このような目的で使途される ドイツ人の購入量に見合った統計資料を，未だかつてみたことがない。

(214)　Hidy, *House of Baring*, 351. 国務長官のダニエル・ウェブスターは，その交代の調整をした。ウェブスターは，ベアリング家のお抱えコンサルタントになっていた（前掲書，284）。国務長官のダニエル・ウェブスターとアシュバートン卿（アレキサンダー・ベアリング）は，1842年にサー・ロバート・ピールを代表して，ウェブスター＝アシュバートン協定を交渉し成功させた。その協定は，メイン州とニューブランズウィック州間に位置する1万2000平方マイルの地域のうち，紛争があった7000平方マイルを米国に割譲し，米国と英国のもめごとを解決した。次の書を見よ。Thomas A. Bailey, *A Diplomatic History of the American People*, 6th ed.（New York : Appleton-Century-Crofts, 1958), 211-219. 1796年に，アレキサンダー・ベアリングがベアリング社に対し，メイン州への投資を指示したことを忘れてはならない。彼はメイン州のことを熟知していた。ウェブスター＝アシュバートン協定に関する詳細は，次の書を見よ。Howard Jones, *To the Webster-Ashburton Treaty*（Chapel Hill : University of North Carolina Press, 1977). 1842年に，ウェブスター＝アシュバートン協定では議論されなかった州債務に関する山積した問題を除けば，この協定が終結した英国と米国間の摩擦には，他になんらかの原因があった。

(215)　Hidy, *House of Baring*, 373. ロンドンにおける米国の大臣であったジョージ・バンクロフトは，1848年9月27日に，ベアリング・ブラザーズ社に向けて次のような手紙を宛てた。「私は，この取引における財務部門の代理店であるコルコランから，貴商会に手配をして，オバーエンド・ガルーニー社やジェームズ・モリソン，ジョージ・ピーバディおよびデニソン家（原文のまま）が，1868年に支払われるべき，合衆国の6％利付き債券を，300万ドルで購入するようにお膳立てをした，と聞いています」(BAO, vol. 97, p.054155)。ジョージ・ピーバディの役割に関しては，次の書を見よ。Hidy, *George Peabody*, 290-291. サミュエル・ジョーンズ・ロイドは，300万ドルを出資した（前掲書，291）。BAO, vol. 48, 1850, このときの書簡は，メキシコへの補償に関する詳細なデータを含んでいる。米国とメキシコは，メキシコ戦争の末期に，グアダルーペ・イダルゴ条約にサインした（1848年2月2日のことであった）。この条約によりメキシコは，現在のアリゾナ州，ニューメキシコ州，カリフォルニア州，ネバダ州，ユタ州，コロラド州が含まれるロッキー山脈の西部を，米国に領土として割譲した。この領土のために，米国は1500万ドルの賠償金をメキシコに支払い，メキシコに対する米国市民の求償を受け継いだ。

(216)　書簡 James de Rothschild to nephews, Feb. 22, 1848, cited in Anka Muhlstein, *Boron James*（New York : Vendome Press, [1983 ?]), 173, 222n. ヘンリー・ブルーメンタールが公開しているデータによれば，フランスのロスチャイルド社は，1848年の夏に，米国の政府債券を300万ドルで取得した（*A Reappraisal of Franco-American Relations*, 114-115)。これらの証券は，フランスのロスチャイルド社を代表する，オーガスト・ベルモントによって取得されたようである。彼らがどれだけ長期間，それらを保持しておこうと考えていたかを示す記録はない。もしこのことが正しいならば，1社の所持期間としては非常に長期であった。このこ

148

とは，ジェームズ・デ・ロスチャイルドが，彼の息子であるアルフォンスを，米国に派遣した
ときと機を同じくしている。フランスの外国投資におけるジェームズ・デ・ロスチャイルドの
意義に関しては，次の書を見よ。Rondo Cameron, "French Foreign Investment,1850-1880,"
Ph.D. diss., University of Chicago, 1952, 13.

(217)　フランスのロスチャイルド社はまた，フランスおよびフランス以外の欧州にいる彼らの友
人を激励して，米国証券への投資を促した。一例として，次の書を見よ。Alexander Herzen,
My Past and Thoughts （Berkeley：University of California, 1982），399.

(218)　1849年に，サミュエル・ジョーンズ・ロイドは米国債券を5万2675ポンド購入した。*The
Correspondence of Lord Overstone*, 937 n.5.

(219)　Hidy, *House of Baring*, 383-384. ロスチャイルド家の役割に関しての記述は，次の書で触
れている。書簡 Corcoran and Riggs to Baring Brothers & Co. March 16, 1850, BAO, vol.
97, p.054232, 英国のロスチャイルド家の本には，1852年の末に22万3800ドルを保持していたと
記してある（f：5万3459 彼らの計算による）。6％の利付き債券に関しては，RAL II/3/5,
を見よ。

(220)　McGrane, *Foreign Bondholders*, 270.

(221)　Ralph W. Hidy and Muriel E. Hidy, "Anglo-American Merchant Bankers and the
Railroads of the Old Northwest, 1848-1860," *Business History Review*, 34 （Summer 1960）：
154. Chandler, *Henry Varnum Poor*, 81-108, ヘンリー・ヴァーナム・プアは，いくつかの企
業が注意を要する状態であったにもかかわらず，外国投資の更新に関しては抜きん出ていた。
ミシシッピ州は，支払いを再開しなかった。英国のロスチャイルド社は1852年に，157万ドル
のミシシッピ州債を保持していた。デニソン社は88万ドルを，そしてホープ社は62万8000ドル
を保持していた（書簡 Hope & Co. to Baring Brothers, March 29, 1852, BAO, vol. 110, p.
062477）。

(222)　S. Doc. 42, 3. 英国のロスチャイルド家の本には，1853年中に米国政府証券の利子が下落し，
1853年末には，彼らの所有証券が13万7000ドルまで下がった，と記している。彼らの計算では，
1年前の5万3459ポンドから，3万3919ポンドまで下落したことになる。

(223)　Hidy, *House of Baring*, 407ff.

(224)　Hidy, *George Peabody*, 346.

(225)　S. Doc. 42, 4-7. ウィンスロー・レニエ社とその会社の専門家については，次の書を見よ。
Chandler, *Henry Varnum Poor*, 88-89. 投資規模の論争の一部は，債務不履行の証券をどのよ
うに取り扱うか，という内容であった。

(226)　S. Doc. 42, 8-10.

(227)　前掲書。

(228)　前掲書, 12-31.

(229)　無配当に関する件は，次の書を見よ。Josiah Granville Leach, *The History of the Girard
National Bank of Philadelphia, 1832-1902* （1902；rpt. New York：Greenwood Press,
1969），61. 基本的な情報は，次の書を見よ。S. Doc. 42, 12-31. その政府報告によると，外国で
保持された，時価1万2900ドルのジラード銀行の株式は，資本金の1％にすぎなかった，とし
ている。フィラデルフィアにあったノースアメリカ銀行は，100万ドルの資本金のうち，8万
800ドル（8％に相当）が海外で保有されていた。8社のペンシルベニア州の銀行の大部分は
未だに少数保有の外国投資を受け入れていた（前掲書, 24）。Senate Document 42は，外国保
有に関して詳しく書かれている。保有比率が最大のニューヨーク・シティ銀行において外国人

149

第Ⅰ部　発展途上国の時代

保有は10％以下であった。このように，「商業銀行（the Bank of Commerce）」における外国人株主は合計で45万5900ドルを所有し，マンハッタン銀行では15万7700ドルを所有した（前掲書，20）。ニューオーリンズにある市民銀行（The Citizens' Bank）は，この調査の対象外であった。その銀行は1842年10月以来，清算された状態である。その設立認可状は，1852年3月に更新された。ホープ社は，1830年代の関与を下地に，この再認可された銀行において，株式の取得を明言した。次の書を見よ。Green, *Finance and Economic Development*, 132, および Chapter 13.

(230)　Trebilcock, *Phoenix Assurance*, 至るところに；Harold E. Raynes, *History of British Insurance*, rev. ed. （London：Isaac Pitman, 1950）, 266-268；および J. Dyer Simpson, *1936 Our Centenary Year* （London：Liverpool & London & Globe, 1936）. 前記の如く，私の本書に記された英国の保険会社は，米国の財務省によって調査された75の米国の保険会社のなかには含まれていなかった。それらの保険会社のうち，外国人株主は37万8178ドルを所有し，30社に及んだ。このうちの3社では，外国人株主による所有が10％を超えた。ニューヨークのニッカーボッカー社では13.5％，フィラデルフィアのペンシルベニア生命保険社で13.0％，そしてモービル市（アラバマ州）のマーチャントバンクでは19.4％であった（S. Doc. 42, 32-35）。

(231)　Cameron, *France*, 86；次から引用 *American Railroad Journal*, July 3, 1852, "Negotiation of Railroad Securities at Home and Abroad," reprinted in Alfred D. Chandler, Jr., *The Railroads* （New York：Harcourt, Brace & World, 1965）, 60-64；および Chandler, *Henry Varnum Poor*, 97-99, 81-108. チャンドラーは次のように記している。1850年代初期には，由緒あるバーゼル家出身のアドリアン＆ジョン・イゼリンの農場主が，ジュネーブとバーゼルの銀行家たちの間に，深い縁故関係があった。またイゼリン兄弟は，スイスに米国の鉄道債を送っていた。ハンス・バウアーの次の書によれば，ニューヨークのイゼリン社は，アイザック・イゼリンとルーレ・ラムによって，1803年に創業開始された企業であった。Hans Bauer, *Swiss Bank Corporation, 1872-1972* （Basle：Swiss Bank Corp., 1972）, 48, 前者はバーゼル出身で，後者はスイスのイヴァドンの出身であった。ニューヨークのチャールズ＆セオドール・モランは，スイスの銀行家たちと結びついていた（Chandler, *Henry Varnum Poor*, 94, 97, および Adler, *British Investment*, 17-21）。次の書を見よ。W. J. Reader, *A House in the City* （London：B. T. Batsford Ltd., 1979）, 46-48, 左記の書は，1850年代初期に改訂された英国の株主に関して記されている。株主ブローカーの歴史に関しては，フォスター＆プライスワイトが，1852年から1914年までの米国における鉄道会社の活動を描いている。

(232)　American Account Book, 1852-1856, RAL II/3/5. 次の書も見よ。Hidy, *George Peabody*, 347-348.

(233)　Hidy, *House of Baring*, 412-414, および McGrane, *Foreign Bondholders*, 271-274 （W・H・スウィフトについて）. 次の書も見よ。Hidy and Hidy, "Anglo-Merchant Bankers," 154-164. ヘンリー・ヴァーナム・プアは，外国投資家に対し，彼らがどのような株を購入したらよいのかという助言を，注意深く呈した（Chandler, *Henry Varnum Poor*, 98）。多くのスウィフトの報告に関しては，BAOのなかにみられる。トーマス・ベアリングの旅に関しては，次の書を見よ。D.C. M. Platt, *Foreign Finance in Continental Europe and the United States, 1815-1870* （London：George Allen & Unwin, 1984）, 158.

(234)　Adler, *British Investment*, 42 （first public issues）, および Paul Wallace Gates, *The Illinois Central and Its Colonization Work* （Cambridge, Mass.：Harvard University Press, 1934）, 73.

第3章 開発の半世紀

(235) Hidy, *George Peabody*, 349.

(236) たとえその借金が，公式の「ひもつき条項」がなかったとしても，その社債は鉄道会社に直接支払われたがゆえに「ひもつきローン」と呼ぶのが正しいであろう．

(237) Hidy, *House of Baring*, 410.

(238) Ann M. Scanlon, "The Building of the New York Central," 104.

(239) 前掲書, 102. 次の書も見よ．Adler, *British Investment*, 42-43.

(240) Alan Birch, *The Economic History of the British Iron and Steel Industry, 1784-1879* (London：Frank Cass, 1967), 220.

(241) この点に関しては，ノースの次の書を参考にした．North, "United States Balance of Payments," 586.

(242) このことは，次の書を基本にした．S. Doc. 42, 36-47, 53. このすばらしい報告書には，州ごとの鉄道名が掲載され，その詳細のすべてが記載されている．もし「外国」所有者が米国会社の名であったならば，それは当然この名簿からは除外されている．それゆえこのリストは，おそらく外国の所有者数を，実数よりも少なく見積もっている．

(243) 前掲書, 46.

(244) 前掲書, 44. 財務省の研究は，244の鉄道会社のうち，償還されていない社債の26％が外国で所有されていたと推定していた．一方，244の同じ会社の株式のうち，外国人所有はわずか3％であった． Emden, *Money Powers of Europe*, 263. 左記の書は，19世紀中期にフランクフルト市場に上場された，米国の鉄道会社の社債の多くが，英国の鉄道建設引き受け業者の出来高や，供給資材費の支払い分として受け取られ，その後欧州大陸に送金された，と記している．オランダ人は，米国鉄道会社の1850年代初期の投資には，関与していなかったようである．その後彼らは，米国の鉄道会社の重要な投資家となっていく．

(245) Blumenthal, "California Societies," 255；T. A. Rickard, *Retrospect* (New York：McGraw-Hill, 1937), 9 （ジョン・テーラー＆サンズ社について）；および Jenks, *Migration*, 161, 383.

(246) 書簡 James de Rothschild, Paris, to nephews, May 5, 1848, cited in Muhlstein, *Baron lames*, 184-185, 222n. ベルモントは失脚させられそうになり，彼はやめる準備をしなければと考えていた（Black, *The King of Fifth Avenue*, 54）．次の書も見よ．Gille, *Maison Rothschild*, II, 581-585. この書はベルモントに代えて，米国のロスチャイルド社を設立する計画について書かれている．

(247) Ira B. Cross, *Financing an Empire* (Chicago：S. J. Clarke, 1927), I, 57；Gille, *Maison Rothschild*, II, 552-554, 582-583；および Richard Davis, *English Rothschilds* (Chapel Hill：University of North Carolina Press, 1983), 31, 131.

(248) Cross, *Financing an Empire*, I, 66. 次を見よ．D. K. Fieldhouse, *Economics and Empire* (Ithaca, N.Y.：Cornell University Press, 1973), 234；Eugene Staley, *War and the Private Investor* (Garden City, N.Y.：Doubleday, 1935), 111-127. この書には，1766年に設立され，1845年に太平洋間の貿易に従事した，ハンブルグの企業について記してある．Jeannette Keim, *Forty Years of German-American Political Relations* (Philadelphia：William J. Dornan, 1919), chap. 12, esp. 113 and 144. この書は，サモアのゴデフロイに関するものである．

(249) いくつかの異なる社名によって行われた（Cross, *Financing an Empire*, I, 57）．それに関する後半の歴史については，この第4章を見よ．1849年10月26日に，後に初代レベルストーク

第Ⅰ部　発展途上国の時代

卿となったE・C・ベアリングは，パナマからロンドンのベアリング・ブラザーズ社宛てに次のような手紙を書いた。「ロスチャイルド社はサンフランシスコに代理人を送ったが，彼は金儲けではやり手のようだ」。しかし，ベアリングは，彼の会社がサンフランシスコに代理店を開設することは提案しなかった。事実，彼はパナマを離れ，カリフォルニア州には戻らず，ペルーに行った（BAO, vol. 17, pp. 008410-3）。1852年2月，N・M・ロスチャイルド＆サンズ社は，王立鋳造精錬所（the Royal Mint Refinery）のリース権を買い取った。その会社は，金や銀を精錬することに注力し，「その延棒を造幣局やイングランド銀行に直接提示し，公式レート価格で受領してもらっていた」。Davis, *The English Rothschilds*, 140. この書は次のように説明している。「カリフォルニア州や貴金属の鉱脈が発見された場所とは別のところでのロスチャイルドの行動の背後には，こうした譲歩があった」。

(250)　Wilson, *French Banking Structure and Credit Policy*, 145, および Clyde William Phelps, *The Foreign Expansion of American Banks*（New York：Ronald Press, 1927）, 10. その創立者は移住したが，つながりは新しいパリのラザード・フレーレ社との関係で保たれた。本書第13章の注（43）を見よ。

(251)　おそらくこれは，カリフォルニア計画で多額の損失を出したフランス人のことではないであろう。

(252)　Cyril Ehrlich, *The Piano*（London：J. M. Dent, 1976）, 47-48, 51, および Albert Bernhardt Faust, *The German Element in the United States*（Boston：Houghton Mifflin, 1909）, II, 115-116.

(253)　Williams Haynes, *American Chemical Industry*（New York：Van Nostrand, 1954）, I, 378-379. その秘密は明らかになっていない。材木の蒸留工場は，米国で発達した。この外国投資が，その後どうなったかは知らされていない。

(254)　スカリーに関する最もよい研究の部類に属す書として，次の書を見よ。Homer E. Socolofsky, *Landlord William Scully*（Lawrence, Kan.：The Regents Press of Kansas, 1979）, および彼のそれ以前の作品である"William Scully：Ireland and America, 1840-1900," *Agricultural History*, 48（Jan. 1974）：155-175. 次の書も見よ。Paul Wallace Gates, *Frontier Landlords and Pioneer Tenants*（Ithaca, N.Y.：Cornell University Press, 1945）, 34-36, および John Davis, "Alien Landlordism in America," in *The Land Question from Various Points of View*, ed. C. F. Taylor（Philadelphia：C. F. Taylor [1898]）, 58. 1840年代の後半には，ジャガイモの飢饉により，大勢のアイルランド人が米国に移住した。スカリーは，1850年に初めて米国を訪れたが，彼のアイルランドの土地はそのまま所有していた。そしてすぐにアイルランドに引き返し，彼の兄弟からさらに投資資金を借りてきた。彼の最初の土地購入は，メキシコ戦争の退役兵のために供給された，お墨付きの軍の所有地であった。彼は1852年までに，イリノイ州において3万8320エーカーまで獲得した。1853年6月7日，彼はイリノイ州ローガン郡にある裁判所に出向き，米国市民になるための意思宣言をした。ソコロフスキーは，*Landlord*, 29, のなかで次のように考えている。このスカリーの行動は，彼が「ローガン郡に永住の地を求めた」ことを意味するものであろう。その行動は，決して彼の妻の病気によるものではないであろう。ソコロフスキーが，スカリーの移住意思に触れていることは，おそらく正しい。しかし，彼の移住意思宣言に関しては，さらなる補足がある。1841年に成立した連邦政府の土地売却に関する規定を記した先買権法には，土地の売却は，米国市民か米国市民になることを宣言した者に許されるという一節があった。スカリーは，公共の土地を購入した。おそらく彼は，土地売買に関する証明書がほしかったのであろう。彼はいずれにしても，イリノ

第3章　開発の半世紀

イ州には定住しなかったので，米国市民になれたのは宣言した5年後であった。1880年代に，彼の名前が「外国人土地所有主義者」として知られるようになったとき，彼は事実上，非居住者の外国投資家であった。

(255)　Denison, *Canada's First Bank*, II, 4.

(256)　July 11, 1832, speech reprinted in Daniel Webster, Works, 8th ed. (Boston : Little, Brown, 1854), III, 427, 428.

(257)　Chandler, *Railroads*, 61.

(258)　*Niles' Weekly Register*, 20 (June 30, 1821) : 273.

(259)　次の書のなかに引用されている。Smith, *The Development of Trust Companies*, 259.

(260)　3 U.S. Stat. 351, および Hutchins, *The American Maritime Industries*, 42, 229, 236, 252, 315, 576. 重商主義者の政策は，一般的に船舶業者を保護してきた。そしてアダム・スミスでさえ，いくつかのそのような保護策が法的に正しいことを認めた。1789年，米国の港湾税は，「外国船」に対して格差をつけていた。前述の書の第2章を見よ。しかしながら1817年の法律には，米国の海岸領域貿易における外国船の完全禁止策が初めて盛り込まれていた。その航海独占はまた，内陸部での水上輸送（湖や河川）にも適用された（Hutchins, *The American Maritime Industries*, 329）。

(261)　次の判例を見よ。*Spratt v. Spratt*, 7 Law Ed. 897 (1830).

(262)　Haeger, *The Investment Frontier*, 32.

(263)　The Preemption Act of 1841, 5 U.S. Stats. 455 (Sept. 4, 1841), 左記の先買権法には，次のように書かれているので読まれたし。「いかなる人間も……米国市民であるか米国市民になることを宣誓した者は，……1840年6月1日以来，公共の土地を個人的に定住地にすでにした，あるいはこれからしようとしている者は」最小価格で，160エーカーを契約することができる。

(264)　ジャクソン大統領の拒否権発動声明は，次の書に引用されている。Holdsworth and Dewey, *The First and Second Banks*, 304. 合衆国銀行が最初に再公認されたときに，大統領によってではないが，類似のコメントがなされた。その最初の銀行に関する討議のなかで，ケンタッキー州代表のデシャ氏は，ジョージ三世が主たる株主で，その英国の独裁的統治者は米国に対して極悪な目的を効果あらしめるような道具としてその銀行をみていたことは疑いないと宣言して，その銀行を非難した。次の書を見よ。John Jay Knox, *A History of Banking in the United States* (1903 ; rpt. New York : Augustus M. Kelley, 1969), 41.

(265)　*Niles' Weekly Register*, 45 (Nov. 16, 1833) : 178, と前掲書, 48 (May 2, 1835) : 145. それぞれのケースで，大文字やゴシックになっているところは原文のままである。

(266)　McGrane, *Foreign Bondholders*, 29, ベアリング家は攻撃の的にはなっていなかった（Hidy, *House of Baring*, 284-285）。1842年の夏，民主的な新聞である『ワシントン・グローブ』は，ウェブスターがベアリング家および他の英国の銀行家たちから，連邦政府に州の債務を肩代わりするように働きかけるために，賄賂を受け取ったと非難した（Jones, *To the Webster-Ashburton Treaty*, 164）。フースの会社の代表であるダニエル・マイネルゲン（フレデリック・フースの義理の息子）は，1839年にミズーリ州債および銀行株式の大半を，ロンドンで処分することでミズーリ銀行と合意した。マイネルゲンは，1840年にミズーリ銀行の社長に宛てた手紙のなかで，もしもホイッグ党が大統領選挙で勝つならば，米国の将来に楽観的な見方ができるであろう，と述べた。その銀行の民主党員は，この手紙を取り押さえ，写しをとって，「ミズーリ州にいる，そしてその州を離れて遠くにいる人々が，数日のうちに，欧州の銀行家に関する血の凍るような話で，米国政府を制御しようとするたくらみに悩まされること

153

第Ⅰ部　発展途上国の時代

になった」。ミズーリ州政府は人民の支持を得るために，フレデリック・フース社との協定を破棄した（Murray, *Home from the Hill*, 143, 166, 168）。次の書も見よ。Freedman, "A London Merchant," 120-121. ミズーリ州選出の民主党員のトーマス・ベントン上院議員は，いかなる州債務の連邦政府による肩代わりに反対する上院決議を準備した。「いくつかの州債務が今，主に外国人によって保持されている。そして事実上，外国市場における株式は今，大変減価している。その肩代わりを得るためのいかなる立法処置や，その支払いに関する米国政府の債務保証……それらは何百万ドルまでは，その株式の価値を増強する効果があるに違いない。また外国の資本家の莫大なる過度の優位性や株式市場における投機家や仲買人の優位性がある限り，それによって，われわれのビジネスを妨害する外国人を誘発するのを締め出す……外国の妨害というものは……いつの時代においても……自由な政府の破滅のもとでありのろわしい」（U.S. Senate, 26th Cong., 1st sess., Feb. 5, 1840, S. Doc. 153, 2.）。

(267)　この引用は次の書のなかにある。M. J. Bonn, *The Crumbling of Empire*（London：George Allen & Unwin, 1938), 168.

(268)　Jenks, *Migration*, 100, および Hidy, *George Peabody*, 264. Reginald C. McGrane, *The Panic of 1837*（Chicago：University of Chicago Press, 1924), 149-150. これらの書は，1834年に結党されたロコフォコ党を，自由貿易および対等の権利をよいと思っている機械工や労働者の一党として説明している。また彼らは，銀行小切手や紙幣やあらゆる排他的な権利には反対していた，と説明している。

(269)　次の書のなかで展開されている，高尚な理論に触れられたし。Joseph Ellison, "The Mineral Land Question in California," in *Public Lands*, ed. Carstensen, 73-79.

(270)　この章の表3-1を見よ。実際に1830年代の多くの投資家たちは，1850年代初期に新規投資を再開した。

(271)　私は，ほかに可能性のある多数の候補者を斥けた。ジョン・クラーク・ジュニア社（John Clark, Jr. & Co.：ニューヨークに1820年代理店設立，その親企業は1884年にスコットランドのクラーク社に吸収合併された）は，J. & P. コーツ社との米国におけるビジネス上のきっかけとして考えられた（そのクラーク社は，1896年にスコットランドのJ. & P. コーツ社に吸収された）。私がアンドリュー・コーツの到着を選択する唯一の理由は，あの時点からその後のコーツ社のビジネスとの継続性がみられるからである。もう一つの可能性は，ネーラー・ヴィッカー社であった（ネーラー・ヴィッカーは，1840年に米国の代議士になった。彼は米国で継続した投資をしたが，それらは成長企業の揺るがぬパターンを形成し得なかった）。ほかのシェフィードの鉄鋼メーカーは，本当の競争相手である。彼らの「代理店」としての代理業は，1820年代までに遡る。しかし，前述したように，私は手元にコーツ社が長期間「継続」連鎖していたかに関する証拠はもっていない。コーツ社の場合は別であろう。

(272)　Wilkins, *The Emergence*, 37-39.

(273)　Jenks, *Migration*, 413, この書のなかで，1854年には米国において5900〜6000万ポンド（すなわち2億2000万〜2億9000万ドル）を英国が単独投資した，と推定されている。これらの数字は，1853年の米国において全外国投資額が2億2200万ドルを超過していたことを意味し，米国財務省の報告書で明らかである。この章の表3-4を見よ。明らかに，これらはすべて控え目で慎重な数字のようだ。Chandler, *Henry Varnum Poor*, 97, 例えば左記の書では，1840年後半に英国の鉄鋼レールメーカーへの支払いが到来した多くの米国の鉄道債は，スイスやドイツに回送されたり，はたまたニューヨークに戻されて売却されたりした，と指摘している。それでもなお，英国の傑出ぶりはありありとみられた。

第4章

19世紀中葉の危険な20年間
——1854～1874年——

　1850年代半ばから1857年不況にかけて，合衆国における外国資本の投資は上昇した。[1]1857年，不況による悪影響は短命に終わった。しかし，1861年の南北戦争の勃発によって，ある評論家が書いているように「合衆国の将来に対して，ほとんどすべての外国人が不信感をもち，外国が保有していたアメリカの証券の大部分が，国債，州債，社債を問わず，投げ売りされた。そのために，1863年には外国への負債という点に関しては，合衆国は健全な財政を保っていたということができよう[2]」。ただし，この見解には誇張がある。[3]

　1863年以降，外国の投資家たちは再び，アメリカに関心を持ち始めている。1865～73年間について，経済学者マシュウ・サイモンは，「合衆国の国際取引で目立つ特徴といえば，ほとんど絶え間なく，外国資本が大量に投入されたことであった」と述べている。[4]1869年までに，合衆国に投入された外国資本はおよそ14億ドルになり，新たなピークを迎えた。[5]経済学者ジェフリー・G・ウィリアムソンの提示したデータによれば，この年に資本流入額は合衆国の資本形成額の27％を占めるに至った。[6]1869年から73年の間には，州政府や鉄道債のいくつかが債務不履行を起こしたにもかかわらず，外国からの投資は上昇を続けた。[7]1873年不況は，一時的な後退を示したに留まった。表4-1は可能な限り正確につくったが，1853～74年間の合衆国証券への外国からの投資は伸びを示している。この表では，合衆国の鉄道部門への外国からの投資額は控え目に見積もられている。また外国からの直接投資も含められている。その意味でこの表はおおざっぱなものであり，注意深くみる必要がある。

　1850年代，また特に南北戦争後の外国投資の伸びは，新しい交通手段と情報網によって促進され，同時に交通手段と情報網は，外国からの資本の注入によって発達していった。蒸気船は1850年代には定期的に大西洋を運行し，そのま

第I部　発展途上国の時代

表4-1　合衆国への長期投資推計，1853〜1874年

(単位:100万 US ドル)[a]

年月	合計	政府			民間部門							
		連邦	州	郡/市	銀行	運河	鉄道	保険	鉱山	製造業	公共事業	その他
1853[b]	222.2	27.0	111.0	21.5	6.7	2.5	52.1[c]	0.4	0.7	0.1	0.1	
1854							d					
1856[e]	241.0	15.0	111.0	21.5	6.7	2.5	82.9	0.4				1.0
1859		40.0[g]										
1861　1月	444.0[h]						100.0[i]					
1863	200.0[j]											
1864　3月		150.0[k]										
1865　3月		320.0[l]										
1865　6月	m	m										
1866[n]	600.0	350.0	←150.0→		o	o	100.0	o	o	o	o	
1867		486.0[p]										
1868[q]	938.0	700.0	60.0	f	f	7	150.0	f	f	f	f	21.0
1869[r]	1,390.5	1,000.0	100.0	7.5	f	5	243.0	f	10.0	f	f	25.0[s]
1871		845.0[t]										
1872	1,500.0[u]											
1873	1,500.0[u]											
1874	1,500.0[v]	w	92.9[x]				390.0[y]					

a　この表では本書における他の記述と矛盾する数値については除外した。なお私としては最も信頼できる数値を収録した。ただしもとにした数値データ基準自体がまちまちであった。またポンドでの数値については1 £ =4.86US＄で換算してみた。

b　U. S. Senate, *Report of the Secretary of the Treasury... [on] the Amount of American, Securities Held in Europe*, 33rd Cong., 1st sess., 1854, Exec. Doc. 42, in *Foreign Investments in the Unites States*, ed. Mira Wilkins (New York : Arno Press, 1977). I have used Winslow, Lanier, & Co. on state figures.

c　他の推計によれば，1853年10月では，7000万ドルとなっている。Ralph Hidy, *House of Baring* (Cambridge, Mass. : Harvard University Press, 1949), p. 429.

d　*American Railroad Journal* 誌の編集者は1854年9月時点では1億5000万ドルが合衆国の鉄道事業に投資されたと推定している。Alfred D. Chandler, *Henry Varnum Poor* (Cambridge, Mass. : Harvard University Press, 1956), p. 312n. ただし1853年の財務推計は，この1億5000万ドルという数値よりは少なかったとしている。1853〜1854年時点では欧州からの投資が全般に伸びた時期にはなく，むしろ低下気味であったことから，私もこの数値は排除した。

e　U.S. Secretary of the Treasury, *Annual Report, 1856*, p. 426. 政府部門の数値については3800万ドルを加算して修正した。いずれにしても2億4100万ドルという数値は低すぎる。

f　その他項目に算入。

g　非公式統計。*Philadelphia Ledger* (1859), 再刊, *Banker's Magazine*, London, 20 (Jan. 1860) : 51. ただしこの数値は大きすぎるものと考えられる。

h　*Hunt's Merchant Magazine*, 59(Oct.1868). なおこの値は，書簡 A. Dudley Mann, Washington, to Baring Brothers & Co., Jan. 15, 1861, Baring Papers, Public Archives, Ottawa, vol. 97, p. 054635による検討結果と比べれば多少高いものになる。ダドレイ・マンは1861年時点の「欧州資本による合衆国関連の債券発行総額統計」は全部門を合計したとしても2億ドル程度と推計している。ただし私はこのダドレイ・マンの総額推計は低すぎると考える。J. Madden, *British Investment in the United States 1860-1880* (New

第**4**章　19世紀中葉の危険な20年間

York : Garland, 1985), pp. 78-79（表14-15）によれば英国が保有する合衆国債券だけでも1860年末時点で2億3900万ドル（名目ベース）に上っているからである。

i　英国のみ。Dorothy Adler, *British Investment in American Railways 1834-1898*（Charlottesville : University Press of Virginia, 1970), p. 24. なお私はこの倍額が投資されたと考える。C. K. Hobson, *Export of Capital*（London : Constable, 1914), p. 128によれば根拠資料は明確ではないが，1857年当時，英国だけでも8000万ポンド（おおよそ3億9000万ドル）の合衆国鉄道債が保有されていたと指摘している。ただしこの数値は誤りであろう。というのも Madden, *British Investment*, pp. 78-79では，1860 年の英国の対合衆国鉄道投資額は9700万ドルであり，うち欧州における同債券保有額は3400万ドル（名目ベース）としている。マッデンは欧州系投資を低く見積もっている。マッデンは書簡 Ward, Campbell to Barings, March 22, 24, 1859を引用している。そこでは合衆国への海外からの投資は2億ドルとしている（p. 403, 表26）。総額は1859〜1860年に下落してはいるが，しかしながらマッデンが述べたほど極端ではないはずである。Madden, *British Investment*, p. 25によれば，ベアリング社は1859年における英国の対アメリカ鉄道投資は6億ドルであるとしているがそれが後の1年間で3分の1にまで落ち込んだとは考えにくい。

j　Charles J. Bullock, John H. Williams, and Rufus S. Tucker, "The Balance of Trade of the United States", *Review of Economic Statistics*, 1（July 1919）: 223. Report of Special Commissioner of the Revenue（1869), p. xxvi, *Foreign Investment of United States*, ed. Mira Wilkins（New York : Arno Press, 1977). J. Madden, *British Investment in the United States 1860-1880*（New York : Garland, 1985）p. 388（表24）と p. 382では，2億ドルとしている。内訳は，連邦政府5800万ドル，州および自治体3900万ドル，鉄道関連債券9200万ドル，その他500万ドルで合計1億9400万ドル（pp. 78-79, 表14-15）である。なお私はこのデータについては確信がもてなかったので本表4-1には収録しなかった。

k　Ellis P. Oberholtzer, *Jay Cooke*（1907 ; rpt. New York : Burt Franklin, 1970), I, 309. ジョン・シャーマンを引用し1億5000万ドルから2億ドルと推計している。

l　Ellis P. Oberholtzer, 前掲書, I, 514, ノース・ナーホト＆クーン社のフレデリック・クーン氏の1865年3月30日付けの書簡を引用した数値。

m　*Hunt's Merchant Magazine*, 52（June 1865）: 421-422. さらに5億ドルから8億ドルの相当の社債が欧州の投資家によって所有されているとみている。

n　U.S. Secretary of the Treasury, *Annual Report, 1866*, p. 12. 鉄道を中心に推計値は控え目である。

o　鉄道の項目に含まれる。

p　*Economist*, 25（March 9, 1867）: 33.

q　*Hunt's Merchant Magazine*, 59（Oct. 1868）: 242ff.

r　Report of the Special Commissioner（1869), pp. xxvii-xxviii, Madden, *British Investment*, p. 391. ただしここでのデヴィッド・ウェルズのデータに基づく推計値はブレがある。ウェルズが指摘しているように合衆国ドルの当時の通貨事情から輸入決済のためには多額の外貨の確保が必要であり実質的には追加的な債券発行がされていた。また金本位制，高関税などときわめてハイコスト経済であった。その分をどれだけ値を確定するのが難しかったとしている。マッデンはそうした事情を踏まえ高めの設定をした。その判断自体は支持する。しかしながら，あまりに多額な推定値になりすぎている。

s　不動産関連等。

t　Robert L. Nash, ed. Fenn's Compendium, 12th ed.（London, 1876), p. 470, and London *Times*, March 27, 1871. *Banker's Magazine*, New York, 33（Jan, 1879）: 525に基づき，U.S. Treasury は1871年時点の合衆国の政府債券の欧州発行額を8億ドルから10億ドルと推計した。

u　Bullock, Williams, and Tucker, "Balance of Trade", p. 225. 1872年の推計値から1873年の数値を算定しているが，1872〜1873年における投資全般増加事情を十分に取り込んでいない。

v　同推計値は私自身のもので概数である。なお Madden, *British Investment*, pp. 78-79（表14-15), 388（表24）はそれぞれ異なる推計値を提示している。16億6700万ドルと14億6200万ドルである。前者の推計では鉄道債券を含むが後者ではこれを含んでいない。ただし両者の推計値の差は鉄道債額分だけの違いではない。

w　1873〜1874年についての詳細なデータは得られていない。ただし投資が急落したといった事態は起こっ

第Ⅰ部　発展途上国の時代

ていない。1871年と73年に巨額の債券の償還がロンドン市場で行われている（表4‐6参照）。投資はむしろ増加傾向にあった。マッデンは，合衆国連邦政府の海外債務額（年末値）推計について，1871年5億6200万ドル，1872年6億2700万ドル，1873年6億4300万ドル，1874年6億3300万ドルとしている。同氏は同書全般を通じて1873～1874年時点の合衆国連邦債券の海外保有高は7億ドルとしている。私はマッデンが低い推計値を設定したと考える。なお Matthew Simon, *Cyclical Fluctuations and the International Capital Movements*（New York : Arno Press, 1978）, p. 151では，1870年の7月から1873年の9月にかけて欧州による合衆国政府債券の保有額の減少があったとみているが，他方で同書 pp. 153-156ではそのことは不確かだとしている。

x　*Commercial and Financial Chronicle*, 19（Nov, 14, 1874）: 493. 5420万ドルは9290万ドルの58％として算定。

y　1874年12月時点でポンドのみ。*Banker's Magazine*, New York, 30（May 1876）: 845. 1億4800万ドルは38％から算定。他に3億7500万ドルという推計値もある。*Commercial and Financial Chronicle*, 19（Oct. 10, 1874）: 343. 1億5000万ドルは40％から算定。この値は低いものとなっている。Madden, *British Investment*, pp. 78-79では，英国ならびに大陸欧州による合衆国鉄道債券の保有額は8億9400万ドル（1億8400万ポンド）であるとみている。うち1億4100万ドルは鉄道株である。

まアメリカの鉄道と連絡していた。なお，この蒸気船の多くは英国船籍だった。また，アメリカの鉄道業は外国資金により支援を受けていた。1840年代後半に導入された電報電信回線業はネットワークを拡大し始めた。1856年には，サイラス・フィールド（大西洋電信社設立）というアメリカ人が，大西洋横断ケーブルを敷くためにまず合衆国で資本を募るが，同国人が興味を示さないとみるや，英国からの資金援助に切り替えている。この大西洋横断ケーブル事業は1866年に完成し，国際間コミュニケーションをも劇的に変化させた[8]。アメリカ資本による電信網も大陸を横断し[9]，鉄道も1869年までには大陸横断を果たした。このときまでに，鉄道は膨大な量の外国資本を吸収していた。蒸気船，海底電線／電信電話線への投資を通して，合衆国と世界経済をかつてない新しい方法でつないでいた。南北戦争終了後は，合衆国と世界経済をつないだ。同社の電信事業は，多くの外国投資に開放された。新しい外国からの投資はインフラを作り出し，つくられたインフラは新たな外国の投資を引き出すというように，相乗効果をもたらした。

1850年代

　1853年から61年にかけて，外国預金はアメリカの連邦政府，州政府，地方自治体の公債や，鉄道債，株式，またある程度は他部門の有価証券へと流入した。

158

第4章　19世紀中葉の危険な20年間

引き続き，公債や鉄道債，さらに銀行，鉱山，貿易，保険，不動産における南北戦争前の外国の所有財産について，また両者の密接な利害関係が生じていく過程を検討していく。

　1853〜57年には合衆国の国債は減少し，1860年までには再び1853年当時のレベルに上昇している。概算では，外国が所有する連邦債は，ドルに換算して(10)2700万ドル（1853年）から1500万ドル（1856年）へと減少している。クリミア戦(11)争（1854〜55年）やより高いヨーロッパの利率によって，多くのアメリカ連邦政府の公債は返還された。1853年以降にベアリング・ブラザーズ社は合衆国政(12)府の公債取引から手を引いた。1857年不況も海外からの新しい投資への阻害要(13)因となった上，合衆国財務省は少ない関税歳入から借入金を返済しなくてはならなかった。『フィラデルフィア・レジャー』誌に掲載され，後に『バンカー(14)ズ・マガジン』誌や，1860年1月の『ハント・マーチャント・マガジン』誌に(15)再掲載された記事によると，ニューヨークのアメリカ財務省分局の帳簿を極秘に閲覧した結果は，非公式の情報として，公債の8分の7の利子が支払われており，合衆国の公債の3分の2は外国が所有していると報じている。しかし，合衆国財務局の年報や補助的文献，銀行の公文書を当たってみた限り，この割合は高すぎるものであり，1857〜59年間に発行済みのものや，新発行されたものの大部分が外国へ流れたという証拠は見当たらなかった。1859年7月には合衆国の公債は5880万ドルに達し，この記事が正しければ，4000万ドルが外国人所有ということになる。これは1856年の1500万ドルという数値からみると上昇が急激すぎ，当時の世論の注目を集めなかったというのは不可思議である。し(16)かしこの『フィラデルフィア・レジャー』誌で興味深いのは，国債の外国人保有者の名前が挙げられていることで，ロンドンとパリのロスチャイルド家，ベアリング・ブラザーズなどに混じって，最大の国債所有者として，35万ドル保(17)有のオーヴァーストーン卿の名前がみられる。ジョーンズ・ロイド社の経営者として，ロンドンの著名な銀行家であったオーヴァーストーン卿は，1844年の英国銀行法の制定に尽力し，いわゆる英国銀行哲学の通貨派の一員として名を知られていた。彼の初期のアメリカへの投資についてはすでにこの本で言及している。その他としては，エルギン卿（1万7000ドル），マコレイ卿（3万ドル），(18)ナポリ王の親戚2人（12万5000ドル），ロシア人アレキサンダー・ヘルツェン

159

第Ⅰ部　発展途上国の時代

（8万ドル），フランス人アレクシス・ド・トクヴィル（金額は不詳）などがいる[19]。公債の外国人保有率に関しては，誇張がみられるようではあるが，この記事は当時の人々が，公債の外国人保有について，深く関心を抱いていたことを示している。

　アメリカの州政府債は増加して，1853年の1億9250万ドルから1860年には2億5740万ドルに達し[20]，連邦政府債よりも規模は大きかったが，ヨーロッパから新たな買い付けはそれほどなかった[21]。ニューヨーク州やバージニア州は確かに外国に公債を売ったが，これは例外である[22]。1855年頃にはジュネーブの会社，ロンバード・オディール社（Lombard, Odier & Cie.）が合衆国を訪れて郡債を買い付け，スイスで売りさばくために帰国している[23]。アメリカの市債も，特にドイツである程度売買されていたようである[24]。

　第3章で引用したように，合衆国財務省は1853年6月に外国で所有されている鉄道債や証券の額を5200万ドルと見積もっている。しかしアメリカの鉄道への英国からの投資について研究しているドロシー・アドラーは，この数値は低いと考えている[25]。例えばベアリング社のアメリカ人代理業者は，1853年11月に「外国がもつ鉄道債」の合計を7000万ドルとしており[26]，1856年には合衆国財務長官が，アメリカの鉄道への外国からの投資額は，ほぼ8290万ドルであると考えている[27]。C・K・ホブソンに至っては，1857年に英国で所有されていたアメリカの鉄道債を8000万ポンド（約3億9000万ドル）とする概算を紹介している[28]。アドラーの見積りでは，1861年の南北戦争開始までには，アメリカの鉄道債の保有額は1億ドルに達していた[29]。ここに他のヨーロッパ大陸（ドイツ，オランダ，スイス，フランスなど）とカナダの所有株を加えれば，総額は優に2倍を超えているはずである。これらの統計は，(1)証券取引量が膨大であること，(2)財務局省調査では「外国」と見なされない名義人口座や無記名債券の存在があること，(3)定期的な報告制度がなかったこと，などの理由から，おおざっぱなものである。

　1853〜60年の間に，アメリカでは鉄道がさらに1万6786マイル延びている[30]。この延伸には膨大な資本が必要とされた。英国の会社は，アメリカの鉄道投資の高い配当金を宣伝するパンフレットを配っている。例えば1856年には，国内投資の利回りは5％なのに対し，アメリカの鉄道は「最低でも10％」であると

書いている。ロンドンの『タイムズ』紙は，英国人投資家に注意を呼びかけた
が無駄であった。

　アメリカの鉄道会社のいくつかは，外国からの資金調達で特にすばらしい成
功をみせている。第3章で述べたように，イリノイ・セントラル鉄道社は，
1852年の初めての株式公開の後，ヨーロッパを主な資金調達先と見なすように
なった。1853年にイリノイ・セントラル社の社長を辞任したロバート・シュイ
ラーが，1854年にニューヨークやニューヘヴンの鉄道債の詐欺に巻き込まれる
と，間違った予測から多くのアメリカ人がイリノイ・セントラル社の株を売り
払った。株価や債券は急落し，1854年8月までに額面価額で株価は100ドルか
ら62ドルまで値を下げたが，英国人や他のヨーロッパ人が株も債券も買い支え
た。1856年2月に欧州の投資家は4万株以上，6カ月後には株券の約60％にあ
たる8万株を購入している。さらにこの鉄道会社1社の債券だけで1200万ドル
所有したのだった。

　しかしイリノイ・セントラル社の社債は1857年に50ドルまで安値をつけた。
英国では資産保護委員会が結成され，鉄道会社の経営と会計制度を監査するた
め，アメリカに代表団が派遣された。アメリカ人であるイリノイ・セントラル
社社長のウィリアム・オズボーンは，英国人の批判が取るに足らぬもので，イ
リノイのような辺境地の鉄道と英国のような市街地のそれとの違いを理解して
いないということに気づいたが，筆頭株主である彼らの助言に従わざるを得な
かった。1858年にはロンドンの『タイムズ』紙によると，イリノイ・セントラ
ル社の3分の2の株主が英国人であった。この高い割合にもかかわらず，これ
は基本的には証券投資である。

　他の鉄道会社でも，英国人の所有株数は急増している。1857年にはロンドン
の銀行業者マッキャルモン・ブラザーズ（組合）は，フィラデルフィア・アン
ド・レディング鉄道社の発行した株券・債券の多くを所有したため，この会社
の社長の人事権を獲得した。また1858年にはブランズウィック公爵がノーザ
ン・クロス鉄道社債の2番抵当を50万ドル購入して，鉄道再編成の際の路線の
コースを指示するだけの影響力を握った。ベアリング社のボストンでの代理人
サミュエル・G・ワードは，主要株主が彼らのために行動してくれる人間を，
合衆国に置くことが重要であると説いている（ブランズウィック公爵の投資規模

第Ⅰ部　発展途上国の時代

は，すでに言及したオーヴァーストーン卿の，合衆国国債の35万ドルの持ち分と比較すべきである）。

　1860年，マリエッタ・アンド・シンシナティ鉄道が経営危機に陥ったとき，英国の債券所有者を保護するため，ロンドンで委員会が結成された。この委員会から派遣された代表者たちが社の役員会に加わった。1861年初めには，シシリー在住のワイン醸造業者兼販売業者である英国人，ベンジャミン・インガムがニューヨーク・セントラル社の株を4500株所有したが，これは全株の1.9％にあたり，1861年当時には傑出した割合であった。1853年から61年の間，彼はこの社の筆頭株主であり，1860年の時点で64万600ドルの評価額であったとされている。インガムはミシガン・セントラル鉄道株など，他のアメリカ鉄道会社への投資も行っている。1859年12月にはミシガン・セントラル社は彼に，「かなりの高い利率で」3年ものの鉄道債を，50万ドル買わないかともちかけている。彼が承諾したかどうかは記録にない。

　1850年代にはエリー鉄道会社債が，60年代にはアトランティック・アンド・グレート・ウェスタン鉄道社債がロンドンおよび欧州大陸で大量に買い付けられていた。この間，これまでになく頻繁に，アメリカの鉄道会社の有価証券が大量の鉄レール輸入のために，英国に移っていった。支払費用として社債を受け取った製造業者は，これを投資として保管したり，仲買業者やマーチャントバンクに，英国や欧州向けに転売させた。このようにして，アメリカの鉄道会社の有価証券を扱う外国市場が形成されたのだった。1856年には，ミシガン・セントラル社とニューヨーク・セントラル社がロンドンに人を派遣して証券取引を扱う事務所を開いたが，このことから両社にとって英国の証券保有者がいかに重要であったかがわかる。

　多くの米国の鉄道会社の有価証券が，外国在住者に購買もしくは獲得されていったが，南北戦争以前にはロンドンの株式取引所に上場していたのはわずかに7社にすぎない。エリー社，イリノイ・セントラル社，ミシガン・サザン・アンド・ノーザン・インディアナ社，ミシガン・セントラル社，ニューヨーク・セントラル社，ペンシルベニア社およびフィラデルフィア・アンド・レディング社である。

　1850年代にはいくつかのアメリカ鉄道債が英国人投資家に向けてポンドに換

算されて売られていたが，ドル建て債券も海外で売られていた。その場合，株の配当金や債券の利子は，１ポンド＝4.44ドルに換算され，ロンドンではポンド建てで支払われるようになっていた。先にアメリカ国債を取引する上で発達していた手法が，鉄道証券を扱う際にも適用されたのだった。

イリノイ・セントラル社は，1856年にアメリカの鉄道としては初めて，アムステルダム取引所で扱われた[44]。前述したように，鉄レールの支払費用として鉄道証券を受け取った英国の製鉄業者が，欧州大陸にも売っていたからである。1850年代には，フランクフルトの投資家たちもアメリカの鉄道会社の証券に興味をもつようになったが，実際にフランクフルト証券取引所に上場されたのは，エリー社とガリーナ・アンド・シカゴ社だけであった[45]。

フランス人も，アメリカの仲介業者やロンドン取引所あるいは他の方法によって，アメリカの鉄道債や，量としては少ないが株券を購入していた。しかし，これらの有価証券はパリ証券取引所には上場されていなかった。ロンド・キャメロンは，購入された量や種類についての記録がないと報告している。だが，1856年までにはフランスでもかなりの量の証券が取引されるようになり，パリではアメリカの鉄道債の，利札の支払いを専門とする仲買業者も現れた[46]。同様に，スイスもアメリカの鉄道債の買い手であった[47]。英国が資金を供給したカナダの鉄道路線は，国境線を横切り合衆国へ延びていったのだが，これは変わった形ではあるものの，アメリカの鉄道への外国投資として見なすことができよう[48]。

マーチャントバンキング（手形引き受けおよび社債発行）を手がける輸出入会社は，仲介者として業務を行うことで，アメリカの鉄道が資本を集める手助けをした。これらの貿易会社は，外国との商品（為替，証券）取引に精通していた。鉄道証券が入手でき売買可能となると，ニューヨークのこういった会社のなかから海外向けに，これらの証券の名義換えを専門とする会社が現れるようになった。例えば，ニューヨークのルイ・ボン・ホフマン社は，同じ名前のドイツの会社と提携を組んでいた。また，ニューヨークのH・ゲルプーケ社は，ベルリンにあるブリースト＆ゲルプーケ社と関係があったようである。スイスから来たアドリアン＆ジョン・イゼリン社は，ジュネーブやバーゼルの銀行業者と深いつながりがあった。ジョン・マンロー社は，ニューヨークとパリの双

第Ⅰ部　発展途上国の時代

方に取引銀行を抱えていた。これらの会社は，欧州の預金資金を合衆国の鉄道証券に流入させるのに一役買った。ウィンスロー・レニエ社も同様である。[49]

ド・コッペ社，マリー＆カンツ社，カーマン社といったニューヨークの会社は，外国の顧客向けに鉄道株と債券の情報を毎週郵送していた。ロンドンでも同様に，ベアリング・ブラザーズ社やロバート・ベンソン社，E・F・サタースワイト社などが，ロンドンでも手に入るアメリカの鉄道証券についての広告を得意先に配っていた。[50]1854年にジュニアス・S・モルガンが，ロンドンにあるアメリカの銀行業務会社ジョージ・ピーバディ社に入った。続いて20歳になる息子J・P・モルガンが，ニューヨークにあるダンカン・シャーマン社とピーバディ社の「代理店」に下級事務員として入社している。これらの会社はすべてアメリカの鉄道証券をヨーロッパ向けに売っていた。[51]アメリカの鉄道への英国人投資家と提携している銀行は，合衆国への移住を奨励していた。これは移住すればするほど鉄道交通がより盛んになり，鉄道投資への利潤があがるという「利己的な」理由によるものだといわれていた。[52]

欧州大陸の銀行業務の会社も，アメリカの鉄道証券の取引を手がけていた。フランクフルトのラザード・シュパイアー・エリセン社のフィリップ・シュパイアーは，第3章で述べた通り1837年にニューヨークにやってきた。兄弟のグスタブスとともに，この2人のドイツ人はフィリップ・シュパイアー社を結成（この名前は1878年にシュパイアー社に変わっている）[53]した。1853年に設立されたダルムスタッド銀行は，翌年にはニューヨークにG・フォム・バウア銀行を開設した。この時点で，ダルムスタッド銀行はアメリカの鉄道に興味をもっていたようである。[54]

1850年代にはアメリカの銀行業務への外国からの投資自体が新しい形になってきた。(1)民間の銀行同士のつながり，(2)カナダの銀行代理店，(3)州法銀行への初期の債券のなごり，などがあった。民間の銀行のつながりには，海外で販売された鉄道証券も上記で取り上げたものに含まれている。例えば，ダルムスタッド銀行のニューヨーク銀行やG・フォム・バウア社などは，ドイツでのアメリカの証券販売を円滑にするとともに，ドイツの輸出貿易を促進する目的で設立されたようである。[55]西海岸の方では，1856年のサンフランシスコの紳士録をみる限り，ヘンリー・ヘンチは調査と銀行業務に携わっていたようである。

164

彼のカリフォルニアでの銀行活動は明らかに，スイスのジュネーブにあるヘンチ一族の会社と関連があった[56]。

　カナダの銀行がニューヨークに初めて「代理店」を出したのは，ブリティッシュ・ノースアメリカ銀行が1850年代中葉，モントリオール銀行が1859年のことであった[57]。合衆国銀行史の研究者，ブレイ・ハモンドによれば，モントリオール銀行は1857年頃までにはアメリカで最大の銀行となり，「膨大な資金を取り扱っていたニューヨーク金融市場において，おそらく最も多く，最も影響力の強い取引を行っていた」。そして「このことによってモントリオール銀行は，ウォール街の外国人と取引するために，カナダの貴重な資金を外国に引き出し，国内の借り手と国益とを無視することで，合衆国のためにカナダを犠牲にしていると批判された[58]」。モントリオール銀行の研究者は，北米の3大銀行の一つとしているが，同銀行にはそれほどの重要性はなかったであろう[59]。この研究者は南北戦争以降に初めて同銀行が最大規模になったとしているが[60]，彼も指摘する通り，カナダでは1859年に3カ月ローンに6％以上の利子を課すことを禁止する法律が制定された[61]。合衆国ではそのような規制はなかった。ニューヨーク支店の主な業務は，短期ローンや外国為替証券であった[62]。1860年4月30日の上半期の決算期には，新しいニューヨーク支店の利益は1万8020ドルで，それは同時期のモントリオール銀行の，純利益の6％にあたるものだった[63]。支店からローンを組むとき，借り手はモントリオールに承認のため申請書を提出しなくてはならなかった[64]。ニューヨークで交渉のあった他のヨーロッパの会社と違い，南北戦争以前にカナダの銀行がアメリカの鉄道債を扱っていたかは明らかではない。

　アメリカの州法銀行証券の外国人所有に関しては，1850年代は減少していたはずである。ルイジアナについては良いデータがあるが，それをみると確かに減少している。前述したように，1837年にはルイジアナの銀行株の外国人所有は，すべてのルイジアナの銀行の総資本のうち，52％を占めていた。24年後には，同様の数値は13％にまで落ち込んでいる。もちろんルイジアナの銀行の総資本も，銀行の数自体も減少したが，それ以上に外国勢の撤退が大きかった[65]。1850年代には州法銀行株は，外国の投資家にもはや魅力的ではなくなっていた。

　カリフォルニアの鉱山業への投機は色褪せ始めていたが，それでもまだ輝い

第Ⅰ部　発展途上国の時代

てはいた。1853年初頭，少なくとも20のカリフォルニアの金・石英鉱山会社が，約200万株——ドルにして1000万ドル分の株をロンドン市場に販売している。しかし「英国の株所有者には失望しか戻ってこなかった」[66]。1854年にはパリの警察が「カリフォルニアの，金鉱開拓のための株を提供する個人によって，フランス市民がいかに騙されているか」[67]を調査した。それにもかかわらず，アメリカの貴金属発見の成功譚がヨーロッパ人の耳に届くたびに，投資家は誘惑に負けた。1858年から59年にかけてコロラドの丘陵に金鉱脈が発見されたという報告に，パイクス峠には鉱夫と会社屋が殺到した。1859年のネバダ州コムストック鉱脈の銀鉱脈発見も，同様に新しい外国の投資を引き出している[68]。

　テネシー州の南部，ダックタウンと呼ばれる町の一角での銅発見も，英国からの資本を呼び込んだ[69]。1854年には，8万5000ドルでハンコック銅山とその周辺の土地1600エーカーを購入するために，英国人所有の会社，ニューヨーク＆ロンドン鉱山社が結成された[70]。この会社は鉱山を開拓するため，英国のコーンウォールから鉱夫と機械を派遣。大きなエンジンを含む機械類が船便で送られ，テネシー州のクリーブランドに到着したが，既存の交通機関では大きすぎてダックタウンに送ることができないことが判明した。当地の歴史家は「このことはロンドンのお偉方が，遠いテネシー州のことについてはなにも知らない，という格好の実例だった」と述べている[71]。1859年5月に同鉱山は，およそ1万2000ドルの債務返済の代わりに合衆国籍のボルチモア銅製錬社に引き継がれ，英国人の所有から離れた[72]。

　中西部ではカナダの貿易会社が何社か，1857年の時点で14店，シカゴに直営店を開いている。1854〜65年の合衆国とカナダとの相互的な取引によって，カナダの出店が促進されたのだった[73]。1850年代やそれ以前にも，合衆国向けの輸出を扱っていた英国の輸出業者の多くが，ニューヨークに代理人を指名し事務所を開いた。リバプールのなかでも最大の貿易会社の一つラスボーン社は，上海，広東，ロンドンに支店をもち，ニューヨークにもヘンリー・ゲアとウィリアム・リダーデールが運営する支店と活発な取引があった[74]。ある研究者によると，長い間の取引関係によって「リバプールとニューヨークのつながりは，リバプールとロンドンと同じくらい緊密なものになった」[75]。

　1850年代には，英国の製造業者は合衆国への輸出を拡大した。合衆国の大西

166

洋側の在庫に，かなりの資金を投資する業者も現れた。ネーラー・ヴィッカー
社は1840年以来，ニューヨークに代理人を置いていたが，1854年までには資産
の5分の4を，おそらく在庫の形で合衆国に所有していた。同社にとってアメ
リカは「ベル，はめば歯車，鉄道線路の踏み切りなど鉄道関連部品」の最大の
市場であった。異業種ではあるが，英国の主要なビスケット製造会社であるハ
ントリー&パーマーズ社およびピーク・フリーン社の2社が，高級ビスケット
を同様に合衆国に輸出していた。関税は障害にならなかった。アメリカ史の研
究者によると，この2社は西はカリフォルニアまでの大都市すべてに「代理
店」を設けていた。他産業でも，ジョージ・A・クラークは1856年に親族のス
コットランド系縫糸会社代理人となるために渡米し，1863年にジョージ・A・
クラーク&ブラザー社を設立した。外国からの投資として1850年代から新たに
始まったのは，保険（英国人所有のノーザン保険社は1854年の設立），不動産（デュ
ブュック・アンド・パシフィック鉄道は，1857年に英国に50万エーカーの土地を売って
いる）であった。

　1857年不況はアメリカの繁栄拡大というコーラスにおける，単なる一瞬の休
止にすぎず，概して1854～60年にかけてアメリカへの外国資本の流入は増大し
た。海外では莫大な資産がアメリカの機会に投資されたが，そのうち個人投資
家の所有財産がかなりの割合を占めていた。例えばロンドンで手形引き受け商
会を営むジェームズ・モリソンの，1857年6月30日の投資名簿をみると，彼は
「アメリカに債券，株券，抵当証券を」80万7000ポンド，ドルにしておよそ400
万ドル所有している。モリソンはベンジャミン・インガムと並んで，合衆国へ
の外国人個人投資家として重要な投資家の一人であった。『アメリカ鉄道ジャ
ーナル』誌の編集者ヘンリー・ヴァーナム・プアが1858年に英国に旅行した際
には，『エコノミスト』誌の編集者ジェームズ・ウィルソンやロンドンの『タ
イムズ』紙の経済担当編集者マーデューク・サンプソン，さらにはロバート・
ベンソンやトーマス・スミス，ヘンリー・トーマス・ホープ，ウィリアム・ラ
ンスといった銀行家，仲買人たちが，プアの見解に熱心に聞き入った。特に
1860年には英国の投資は鉄道と鉱山において増大した。ダグラス・ノースの計
算によると，海外に支払われる利子や株主配当金の合衆国の純流出量は，
1859～60年にかけて新しいピークを迎えた。ヨーロッパの投資へのこのような

第Ⅰ部　発展途上国の時代

収益は，アメリカの証券をより魅力的なものにした。スイスの銀行史の研究家は，南北戦争以前のアメリカを「投資の利益のあがる国として賞賛されていた」と述べている。ある概算によれば，アメリカの証券に対する外国の投資は1853年の2億2200万ドルから，南北戦争前の1861年には4億4400万ドルにまで上昇した。新しい鉄道への投資は飛躍的に増えてはいたが，外国からの投資という点では連邦債，州債，郡債，市債といった公債が鉄道債を上回っていたようである。

南北戦争の時期

　アメリカ南部連合国は1861年2月8日に結成された。リンカーンは3月4日に大統領に就任した。そして4月12日に南北戦争の初めての砲火が，サムター要塞に向かって発射された。南北戦争勃発によって多くのヨーロッパ人はアメリカの証券を投げ売りし，予定していたアメリカへの投資を延期し，アメリカに預金していた自国通貨を引き出した。多くのイギリス人は南部に同情した。合衆国6％利付き国債は，額面の40％にまで下がった。しかし同時に，ロンドンやフランクフルトの企業のなかには，債券が値上がりしたとき「大儲けをしよう」と債券を買ったものもあった。戦争は巨大な公費の歳出を意味し，合衆国連邦債は急騰した。1861年7月，議会は2億7000万ドルの公債発行を決定し，うち1億ドルが「ヨーロッパで販売されることを」期待した。アメリカのロスチャイルドの代理人，オーガスト・ベルモントは7月半ばに渡航し，公債に投資してよいものかどうかを決定しようとした。イギリス，フランス，ドイツの銀行家と長時間にわたる討議の上，ベルモントは見通しは「とても暗い」と報告してきた。北部連邦軍が初期の戦闘において敗北を喫したことで，ベルモントは1861年10月，アメリカの公債を海外で扱うことはとてもできないと結論づけた。しかしほかにも困難があった。1861年7月15日，議会は兌換できない合衆国の財務省証券を，債務の返還のために使用することを認める法律を制定した。後にオランダのハーグ駐在の公使は以下のように記している。「政府の証券を合法的な賠償金とする行為は，ヨーロッパの商業界，経済界に広く不信を招き，政府債の利子を価値のある物で支払うという約束も不信を和らげること

第4章　19世紀中葉の危険な20年間

表4-2　ロンドン市場における合衆国関連発行政府債，1861～1865年

年	発行国	発行額 (100万ポンド)	割引後価格 (%)	利率 (%)	幹事会社
1863	連邦政府	3.0	90	7	シュローダー社，エルランガー社
1863	ノースカロライナ州	0.3	par	7	マンチェスター＆カウントリー銀行
1865	マサチューセッツ州	0.4	−	−	ベアリング社
	合衆国関連 総額	3.7			

なお同期のロンドン市場における海外政府発行国債総額6750万ポンドに占めた合衆国の比率は5.5%。

出所：Leland H. Jenks, *Migration of British Capital to 1875* (New York : Barnes & Noble, 1973), pp. 421-422, 425.

はできない。資本に加えられている，この攻撃の傾向はもし必要となれば，より強められるだろうと論じられている」[91]。

合衆国財務省長官のS・P・チェイスは年末の『1861年の年次報告書』に，「揺らいだ信用と莫大な歳出の必要という最も混乱した状況にあって，海外市場に頼らず1億9000万ドルもの公債を国内で発行できたことは，本当に喜ばしいことであった」と書いている[92]。彼はまた，希望的観測もまじえて，少なくともこの時点で以下のように付け加えている。「反乱軍の鎮圧に示されたように，合衆国債への投資は絶対に安全であることを，この国の力と富とは明らかにしている。そして他国の国債の劣悪な保証と低い利子に甘んじている外国人投資家は，合衆国債が提示しているより良い利点に惹かれるであろう」[93]。

南部連合政府債は1863年にロンドンで発行され，ロンドンとパリで販売されたが，必要額以上に申し込みがあった[94]。南部側のノースカロライナ州および北部側のマサチューセッツ州は，それぞれ1863年と65年にロンドンで資金を調達した（表4-2を参照）。しかし，南北戦争の双方の政治資金はもっぱら国内から集められた。特に勝利した側にこれは当てはまった。

1863年3月，合衆国のための株式申し込み代理人であったジェイ・クックはこのように書いている。

外国資金の所有者たちは自分たちの利益になるとなればわれわれの公債を手放さないことは，疑いの余地はない。しかし同時に外国人所有者たちに，大枚を払わなくてはならないのは残念である。彼らがこの国に1ドルでも投

第Ⅰ部　発展途上国の時代

資しなければよいと思う。そうすれば外国への借金から開放される。このことは，この戦争の悲惨さを帳消しにする多くの恩寵の一つと思っている。公債が海外に流れることが本国の利益になるとは思われない。国内で所有しよう。そうすることは可能だし，われわれといつでも好きなときに戦争をしようとする外国人の手に，われわれを罰するためのむちを置く必要はないと思う。アメリカの国債を海外に売ろうとする外国人取引業者に私は反対する。[95]

クックとは反対の立場をとり，資金は外国で集めるべきだとする人たちもいた。連邦政府債もヨーロッパで売られたが，多くはなかった。当時オハイオ州の上院議員だったジョン・シャーマンは，1864年3月に「15億ドルの公債のうち，2億，いや1億5000万ドルが海外で保有されているのかもしれない」と書いている。[96] 1億5000万ドルとは国債の10％を意味した。それは南北戦争以前と比べると，最小の数値である。1864年にはしかしながら合衆国債は特にドイツとオランダで求められるようになってきた。[97]

合衆国財務省長官Ｗ・Ｐ・フェッセンデンは1864年12月に以下のように報告している。

　　われわれの債券はかなりの量が海外で求められ，そのために国内市場が強化され，活気づいている。ヨーロッパとの情報伝達は今や易しくなり，定期的に行われている。情報はすぐに伝わり，商取引のために多くの便宜が与えられているので，海外市場はわれわれにとってとても身近なものとなっている……海外向けの債券を発行しても，努力と誘因によって刺激されることがなければ，販売が増えることはないだろう。しかし，われわれの財政状況からして，まだ必要とはしていないのだが。

彼は誇らしげにこう結論づけている。「わが国は今までのところ，外国人に助けを求めることなく，比類ない費用と規模の内戦を遂行することができている」と。[98] ある概算によると「連邦債が3億2000万ドルほどしかヨーロッパに出回っていなかった」時期に，約2億5000万ドルが1865年3月までにドイツとオランダに流れている。[99]

表4-3 合衆国における鉄道建設債券のロンドン市場発行額，1861〜1865年

年	合衆国・鉄道債発行額 100万ポンド（A）	世界・鉄道債発行総額 100万ポンド（B）	合衆国発行額の 対世界比率 （A／B）（%）
1861	0.0	3.7	0.0%
1862	0.0	3.5	0.0
1863	0.2	4.6	4.3
1864	1.3	4.9	26.5
1865	2.7	8.2	32.9
合計	4.2	24.9	16.9%

出所：Leland H. Jenks, *Migration of British Capital to 1875* (New York : Barnes & Noble, 1973), p. 426.

　南北戦争中，外国の投資家たちはアメリカの鉄道証券についても不安を感じていた。歴史学者ハリー・ピアスによると，ポンド建ての債券保有者は鉄道証券を持ち越したが，ドル建てで購入した英国の投資家たちは，外国為替による損失を恐れて1861〜63年の間に多くを売り出した。ドルで売られていた普通株の英国人所有者たちも売り主となった。例えば，英国でのフィラデルフィア・アンド・レディング鉄道の普通株の所有者は，1861年1月に8万7974名いたが，63年1月には8万4619名に落ち込んでいる。同時に，外国人投資家のなかには安く売り出されたアメリカの鉄道証券を買うものもおり，そのために海外での所有量は変わらず高水準で推移していた。英国の書籍商W・H・スミスとスコットランドの製糸業者サー・ピーター・コーツは「南北戦争の初期にアメリカの鉄道証券を積極的に購入したことで大きな利益を上げた」といわれている。英国の株式仲買業者フォスター&ブライスワイト社を研究している歴史学者によると，サー・コーツは南北戦争中ずっと，独力でアメリカの鉄道の取引を続けていた。

　1863年に北部側が勝つとアメリカの鉄道は再び外国で人気を取り戻した。1865年までにはロンドンで発行されるアメリカの鉄道証券は，当地で発行されるすべての鉄道証券のうち，約3分の1を占めていた（表4-3を参照）。ロンドンで発行される証券は必ずしも英国人が買ったわけではなかった。他の国籍の人間もロンドンで購入していた。

　しかし外国人投資家からの信頼が再び回復したことは明らかだった。例えばイリノイ・セントラル鉄道の役員会の議事録によると，1864年6月までに発行

第 I 部　発展途上国の時代

済み株式の4分の3以上が外国人によって所有されている。これは南北戦争以前より大きい割合となっている。フィラデルフィア・アンド・レディング鉄道の一般株のうち，英国人投資家によって所有されていたのは，1861年1月時点では8万7974株であり，さらに1865年1月には11万9461株に達した。ハリー・ピアスの推計によれば，ニューヨーク・セントラル・アンド・ペンシルベニア鉄道の一般株における外国人比率も，1865年には1861年のときよりもわずかに少なかったものの多額に達している。

　リバプールの銀行家一族出身のトーマス・ケナードは，1860年代初期に，アトランティック・アンド・グレート・ウェスタン鉄道の主任技師になったが，この件には英国鉄道業界では有名な鉄道請負業者のサー・モートン・ピートが関わっていた。この鉄道の路線は，ペンシルベニアの新しい油田を横断するもので，事業として魅力的なものであり，南北戦争中も工事は継続された。1865年には，アトランティック・アンド・グレート・ウェスタン社の英国人による役員会が結成された。そのメンバーは，サー・モートン・ピート，ジョセフ・ロビンソン（エビュウ・ベイル株式会社の副会長。そのエビュウ・ベイル社は，アトランティック・アンド・グレート・ウェスタン社に鉄道レールを納入し，代金と引き換えにレール1トン当たり40ドル，50債券の譲渡を受けている），S・グッドソン下院議員とW・フェントン（それぞれ英国イースタン鉄道の会長と副会長）であった。南北戦争終結までには，英国の約5000万ドルを主要とする，多額の外国資金がこのアメリカの一鉄道会社に投資された。同社の事例は，外国人が出資しかつ管理したアメリカにおける外資系企業の典型例であると，経済学者クレオナ・ルイスは評している。

　南北戦争の間，カリフォルニアにはアメリカ国内外からかなりの投資資金が集まった。ネバダに新しい銀山が発見され，サンフランシスコは一大金融中心地としてその重要性を高めてきた。ロンドンおよびパリのロスチャイルド家は，1849年からサンフランシスコに代理店を共同で開設し，1863年までには「サンフランシスコ最大の金融業者」となった。

　表4-4にみるように，1863〜65年の間にサンフランシスコの金融界には，すでにイギリスの銀行5行が参入している。一連の新設銀行は，金塊や銀塊の船荷証券手形の割引業務を展開し，ポンド等の外国通貨建てで決済を行った。

172

第4章　19世紀中葉の危険な20年間

表4-4　英国系銀行のサンフランシスコ支店開設，1863～1865年

銀行名，本店所在地	英国法人開設年，資本金	サンフランシスコ支店開設
インド商業銀行，ボンベイ	1845年，500,000£	1863年12月
ブリティッシュ・ノースアメリカ銀行，ロンドン	1836年（勅許状 1840年），1,000,000£	1864年6月
ブリティッシュ・コロンビア銀行，ロンドン	1862年，2,000,000£認可済み（250,000£ 公開株式）	1864年8月
ブリティッシュ＆カリフォルニア銀行，ロンドン	1864年，1,000,000£	1864年10月
ロンドン＆サンフランシスコ銀行，ロンドン	1865年，1,000,000£（ただし実質200,000£）	1865年

出所：Ira B. Cross, *Financing an Empire : History of Banking in California* (Chicago : S. J. Clarke, 1927), 256-258 ; Victor Ross, *A History of the Canadian Bank of Commerce* (Toronto : Oxford University Press, 1920), I, 22, 255, 302.
注：表中の銀行はすべて英国系銀行として開設。

　さらにブリティッシュ・コロンビア銀行は，1865年にオレゴン州ポートランドにも支店を開設している。[119]

　中西部では，例えばカナダのモントリオール銀行が，1861年9月にシカゴに代理店を開設した。同代理店は，シカゴ―モントリオール間の「大量の価値のある取引に対応するため」に開設された。すなわち同代理店は，当時の同銀行の広告によれば，「アメリカ東部とのポンドの手形」決済，船荷証券割引，預金業務，無担保約束手形の引き受けを行っていた。[120]この代理店は繁盛した。モントリオール銀行は，シカゴ商業貯蓄融資信託社（貿易関連の各種金融会社）と並んで，南北戦争中のシカゴにおいては，「各種事業資金を提供する実質上」唯一の金融機関であった。[121]なお，モントリオール銀行は南北戦争当時にニューヨークでも業務を行っていたが，同銀行研究家は，当時ニューヨークにおいても莫大な利益をあげていた，とする理解には異議を提起している。[122]

　合衆国議会は南北戦争中，国法銀行法を通過させた。ただし，同法には外国為替手形や為替手形に関する規定がなかった。そのためその後数年間，合衆国の法廷は，国法銀行は国際間取引に伴う為替手形を受け取ることができない旨の判断を繰り返している。[123]銀行史研究者が指摘するように，「国際間の手形引き受け業務は外国取引を専門とする銀行の特権だった」。[124]同法とその法的解釈，

173

第Ⅰ部　発展途上国の時代

ならびに他の理由からも，合衆国の国法銀行は，国内最大の商業銀行でありながら，国際的取引にはなんら関与することがなかった。[125]外国為替業務等海外取引は合衆国の国立銀行業務の枠外に置かれ，民間銀行，特に外資系銀行にとっての草刈場となった。こうした事情のもと，くだんのモントリオール銀行等は，合衆国の国際的な取引において大きな位置を占めていた。同法が生み出した体制が続く限り，その業務は安泰であった[126]。

　1863年から1865年春にかけて，すでに北軍優勢を背景に合衆国連邦政府債への評価が高まっていたことのみならず，合衆国内の鉄道事業の発展に対する期待感，西部での新たな鉱山発見の見込み，合衆国国内の事業資金需要の拡大に対応した銀行業の拡大期待等により，リー将軍のアポマトクスでの降伏（1865年4月）を待つまでもなく，合衆国への海外投資は南北戦争以前の水準に回復していっていた。

当時の背景——1865〜1874年

　南北戦争が終わるとすぐに，ヨーロッパはアメリカに目を向け始めた。ある研究者の概算によれば，1865年6月には「合衆国連邦債」の新規発行額は，ヨーロッパで5億ドルから8億ドルに達していた。さらに「総額を集計するすべはない」としながらも，莫大な外国資本がアメリカの鉄道，銀行，運河，保険，電信，蒸気船，製造，鉱山株に投資されていたとしている。新規投資のほとんどがドイツとオランダからのものだった。このときまでに合衆国連邦債発行残高は，ほぼ28億ドルに達していた[127]。

　なお英国人投資家が，一般的にはアメリカへの投資に消極的だったのは，旧宗主国と旧植民地という両国関係に起因する不安定な政治的関係によるものである。1865年2月12日，ビクトリア女王は南北戦争が終結するとすぐに，「勝ち誇った北部軍がカナダに侵略し，大英帝国を戦争に巻き込むかもしれない」と日記に記している。1年後の1866年3月にもまだ不安は解消されていなかった。オーヴァーストーン卿は大西洋の向こう側の出来事を注意深く観察し，「合衆国との戦争は避けられない。さらにそれも遠い将来のことではない」と予言している。第1に懸念されていたのは，アイルランド独立を目指す，在米

第**4**章　19世紀中葉の危険な20年間

アイルランド人秘密結社・フェニアン団が，英国に対抗するため，合衆国軍を英連邦のカナダに差し向けるよう世論を誘導しないかということであった。また英国が，南軍に巡洋艦を建造し提供したこと，さらには南部に加担して「アラバマ号賠償請求事件」の調停を拒否したことなどの過去の経緯から，北軍勢力がそれを口実にカナダ獲得に向かいかねないという懸念があった。合衆国投資を検討する英国人投資家にとって，米英戦争が起こりうるという不安感がある限り，対合衆国投資は高いリスクを伴うものだった。

　例えば英国人投資家たちは大西洋横断ケーブルの可能性を信じていた。大手の鉄道請負業者のトーマス・ブラッセイ，後にケーブル王として有名になるジョン・ペンダーは主要な投資家であった。1865年8月に最初のケーブル敷設事業は失敗したものの，この投機的事業全般を支える覚悟でいた。1866年3月には新しい会社，アングロ・アメリカン電信株式会社が設立され，1866年7月27日，ついにケーブル敷設は成功した。

　英国人投資家たちは，鉄道証券投資にも熱心であった。これに関して，チャールズ・フランシス・アダムズは1869年に次のようにまとめている。

　　ことわざによれば，英国人資本家は抜け目ないことになっているが，アメリカへの投資に関して，彼らの判断は狂っていた。アメリカ国債に買い手がつかず，60%にまで値下がりしたとき，英国人は国債をあっさりとドイツ人に売り渡してしまった。その一方でエリー鉄道やアトランティック・アンド・グレート・ウェスタン鉄道の鉄道証券が，アメリカ国内ではとうの昔に「通りに消えていった」後になっても，ロンドンでは信頼できる投資として相変わらず買われていたのだ。このような愚行が，結局1866年5月の債券市場の暴落を招いたのだ。

　1866年5月にイギリスの割引手形を取り扱っていたオバーエンド・ガルーニー社が倒産した。同社は，イギリスの金融業界では最大手のイングランド銀行に次ぐ大手金融機関であった。1807年に設立され，1830年代初期にアメリカとの取引を扱い始め，ベアリング社を援助して英国系アメリカ人のマーチャントバンク業者が受け取った手形の割引業務を開始した。1836年に合衆国政府から

第Ⅰ部　発展途上国の時代

設立免許の交付を受け，手形割引を通じて合衆国内の銀行に資金を貸与・供給し，1840年代初期には英国の債権者向けの合衆国政府との各種仲介業務も行うなど，外国為替や手形引き受け業務ではベアリング社をしのぐ存在にまでなっていた。国際間ビジネスにおいて，同社は相当大きな会社となっていた。そのため，同社が倒産したときには，英国外相は世界中の英国大使館を通じて，英国財政の健全性を保証する文書を送ったほどであった。なお同社の倒産は1866年不況をもたらしたが，同時に合衆国に投資していた企業を含む連鎖倒産をも引き起こした。歴史学者リランド・ジェンクスが呼ぶところの「香港からバッファロー市にまで及ぶ，波及効果」をもたらした。さらに同社消滅は，ただちに英国資本の海外流出の流れをすべて停止させた。

　アメリカへのドイツとオランダからの投資は引き続き増加した。1866年12月には銀行家ガーソン・フォン・ブライクローダーは，ビスマルク政権の利殖のために，「合衆国６％利付き国債」に初めて大規模な投資を行った。またドイツのロスチャイルド家は，アメリカ証券の大量買い付けを実施した。1867年３月にロンドンの『エコノミスト』誌は，およそ１億ポンドの合衆国の証券がヨーロッパ，そのなかでも特にドイツとオランダの投資家によって所有されていると記している。フランクフルトのアメリカ領事は，ドイツ人投資家向けに講演を行い，合衆国経済の将来性を伝えた。特に金による決済が再開される見通しであること，それによって見込まれる莫大な利益について語り，聴衆を喜ばせた。彼によれば，「合衆国６％利付き国債」は，フランクフルトではすでに40ドルで売買されるに至っていた。これは発行時価格からするとすでに15％上昇している。あるドイツ人は「南ドイツで合衆国債を買わない投資家はいなかった」と回想している。ドイツ人たちにとって，当時の合衆国は「ドルの好転を期待して大儲けすることができ」る有望な投資先であった。さらに，ドイツ経済そのものが引き続き好調だったのも，彼によると「アメリカの証券で得た儲けによるもの」だった。ドイツ人にとって，当時の合衆国債券の購入およびそこでの成功は，将来の国際的投資につながった。

　概してこの時期，英国は対米投資には「無関心」であった。他方で，1868年に外国・植民地政府信託を設立している。これは，英国独自の国際金融信託基金としては最初となる。同信託が募集した最初の債券は，５％利付きの「10＆

第**4**章　19世紀中葉の危険な20年間

表4-5　合衆国における欧系債券，1866〜1874年

（単位：100万ドル）

	1866年	1868年	1869年	1874年
合衆国政府債券	350	700	1,000.0	c
州債 } 地方債（郡/市）}	150	60 / a	100.0 / 7.5	93 / c
鉄道株および鉄道債	100	150	243.0	390
その他債券	b	28	40.0	c
合計	600	938	1,390.5	1,500

出所：1866年について：U. S. Secretary of the Treasury, *Annual Report, 1866*, p. 12；1868年について：*Hunt's Merchant Magazine*, 69（Oct. 1868）：242ff.；1869年について：*Report of the Special Commissioner of the Revenue*（1869），pp. xxvii–xxviii, in *Foreign Investment in the United States*, ed. Mira Wilkins（New York：Arno Press, 1977）；1874年について：表4-1に同じ。なお1869年および1874年の金額には欧州外からの投資が若干含まれる。

a　含めず。

b　鉄道に含まれる。

c　データなし。

40」債券（40年満期で10年目以降から引き出し可能）であった。確かに，同信託基金の運用において合衆国証券向けの運用も，ニューヨークの外国為替取引業者や手形業者らのグループを通じて続けられてはいたようだ。[137]

　1868年10月号の『ハント・マーチャント・マガジン』誌の記事では，その筆者が注意深く計算した結果，合衆国債のうち，7億ドルが外国人所有であると推定している（表4-5参照）[138]。翌1869年，国税庁長官デヴィッド・ウェルズは，大幅に値下がりした合衆国証券のうち，ざっと10億ドル相当分が海外の投資家によって保有されていると算定している[139]。同年の合衆国債務は総額で22億ドルであり，うち45%が外国人に保有されていたことになる。財務長官ヒュー・マックロックは，アメリカの債務は「国内」にあるべきだと懸念している[140]。マックロックは，合衆国債務がヨーロッパ人の手にあることを憂慮していたジェイ・クックの影響を受けていた。「利子支払いにおける富の損失がないのは債務がわれわれの手にある限りにおいてのみだ」と，クックは述べている[141]。

　1868〜69年までには，外国銀行がニューヨーク・ロンドン間で，合衆国債売買に関わる相殺決済を行うに至る。ロスチャイルド家の代理人のオーガスト・ベルモントは，このような取引を拡大するため，自身の取引手数料を4分の1から8分の1に引き下げた[142]。同取引は明らかに，長期投資の水準の決定を混乱

177

第Ⅰ部　発展途上国の時代

させるものであった。1869年春に海外に売られた合衆国債（と他の証券）の量
は膨大なものになった。ジェイ・グルドとジム・フィスクが試みた金買い占め
によって金の値段が上がり，アメリカの証券および国債が外国人投資家にとっ
て，より魅力的なものになった。「金恐慌」の後，合衆国債はわずかに値下が
りし，さらに金地金市場における相場の不正操作がドイツ人投資家の自信を揺
るがした。

　1870年にアムステルダムのアメリカ領事は，海外に出回っている合衆国債の
うち，約3分の1にあたる約3億ドル分がオランダ所有と見積もっている。そ
のうちいくらかは，36ドルという低額で購入されていた。この頃までにはスイ
スやフランスなどでも，銀行が合衆国債を顧客に積極的に売るようになって
いた。英国人投資家は1870年夏と秋，ドイツがフランスとの戦争資金調達のた
め，大量に所有していたアメリカの証券を一部投げ売りしたときも，さほど気
には留めなかった。1871年1月1日時点の推定では，ヨーロッパにある合衆国
政府国債残高は，およそ8億4500万ドルであった。なお，これはドイツとフラ
ンスの債券放出のため，1869年の10億ドルからは減少している。

　1871年5月，合衆国と英国は懸案事項となっていた境界紛争，漁業権問題，
そしてなによりもアラバマ号賠償請求事件の解決のため，国際仲裁裁判所判断
に従うことで同意した。これによって英国からアメリカへの投資に関しての障
害が取り除かれた。普仏戦争の賠償金がドイツに支払われると，ドイツ人は合
衆国への投資を再開した。1871年と1873年には2件の膨大な借り換え債券の発
行がロンドンでされた（表4-6参照）。1874年7月28日，合衆国財務長官B・
H・ブリストーはニューヨークのオーガスト・ベルモント社（N・M・ロスチャ
イルド＆サンズ，ロンドン支店の代理店）およびJ. & W.セリグマン社と5％国債
の「譲渡」の契約を結んだ。引き受けられた債券のほとんどはヨーロッパに売
られた。アメリカ人は依然，ヨーロッパの金融市場に依存していた。マックロ
ックとクックが先に，ヨーロッパへの依存を留保していたことは忘れられてい
た。表4-1と表4-2からわかる通り，全部門においてアメリカ連邦政府債へ
の外国からの投資は，1865～74年に最大になっている。かつての1820年代やお
そらく30年代初期には，未だ連邦政府が外国投資家から，唯一最大の人気を集
めるには至っていなかった。

178

第**4**章　19世紀中葉の危険な20年間

表4-6　合衆国の連邦，州政府および地方自治体のロンドン市場での債券発行概況，1866年から1874年までの時点

年	債務者	債券発行額 （100万ポンド）	割引後価格 （％）	利率 （％）	幹事会社
1866	マサチューセッツ州	0.4	—	—	ベアリング社
1867	マサチューセッツ州	0.4	77	5	同上
1868	マサチューセッツ州	0.6	—	5	同上
1869	アラバマ州	1.0	81	8	シュローダー社
1870	アラバマ州	0.4	94½	8	同上
1870	マサチューセッツ州	0.6	87	5	ベアリング社
1871	ルイジアナ州	0.4	84⅜	8	ロビンソン＆フレミング社
1871	マサチューセッツ州	0.6	91	5	ベアリング社
1871	合衆国政府	40.0	102⅜	5	a
1872	マサチューセッツ州	0.4	93	5	マッキャルモン・ブラザーズ社
1872	ニューヨーク市	3.1	92	6	ロスチャイルド社
1872	数市共同	1.5	—	—	ベアリング社，セリグマン社
1873	マサチューセッツ州	0.1	91½	5	ベアリング社
1873	合衆国政府	60.0	102⅜	5	ベアリング社，ロスチャイルド社他
1874	数市共同	0.7	—	—	モルガン社

出所：主に Leland H. Jenks, *Migration of British Capital to the 1875* (New York : Barnes & Noble, 1973), pp. 421-422に拠った。その他，ニューヨーク市ローンに関しては，次の書を見よ。Jules Ayer, *A Century of Finance 1804 to 1904 : The London House of Rothschild* (London : n.p., 1905), pp. 54-55, なお1871年の合衆国の債券については，Baring Papers Feb. 28, 1871, Public Archives, Ottawa, vol. 23, p. 011916. 前掲書, p. 011917. 左記の書では次のように説明されている。「私（バウトウェル）は，またドイツとスイスに関してはフランクフォートのロスチャイルド＆サンズ社を，フランスに関してはパリのロスチャイルド・ブラザーズ社とドレクセル・ハーレ社を，オランダに関してはホープ社とベッカー＆フルド社（オランダにおけるロスチャイルド社の代理店）を，さらにフランクフォートではセリグマン＆ステットハイマー社を選定した」。

a　最初に指名を受けたグループにはベアリング・ブラザーズ社の他にN・M・ロスチャイルド＆サンズ社，モートン・ローズ社，ジェイ・クック・マックロック社およびJ・S・モルガン社が含まれていた。

　合衆国の州債も国債ほどではなかったが，外国で取引された。1866～74年にマサチューセッツ，アラバマ，ルイジアナの州債がロンドンで発行された（表4-6参照）。他の州政府の債券も海外へと流れている[156]。債務不履行に陥っているミシシッピ州債は例外として，1840年代初期の債務不履行はこの時期までにすべて解決した。アーカンソー州も1869年，フロリダも1871年に返済が完了した[157]。1870年にジョージア州債はロンドン，ベルリン，フランクフルト取引所での取り扱いを認められ[158]，アーカンソー州[159]はアムステルダム[160]で債券を発行した。しかしながら，その直後から南部の諸州はその財政再建期に巨額の負債を発生

第Ⅰ部　発展途上国の時代

表4-7　海外発行の優良州債
（単位：100万 US ドル）

州　名	総額
アラバマ	1.48
ジョージア	0.07
イリノイ	1.40
ルイジアナ	5.24
マサチューセッツ	12.28
ミシガン	0.80
ミズーリ	1.50
ニューヨーク	2.44
オハイオ	3.50
ペンシルベニア	9.46
バージニア	7.52
合　計	45.69

出所：*Report of the Special Commissioner of the Revenue* (1869), p. xxvii, in *Foreign Investments in the United States*, ed. Mira Wilkins (New York : Arno Press, 1977).

させた。北部人やカーペットバガー（訳注：南北戦争後，旅行かばん一つを財産に南部に移住した北部人）にとって，ヨーロッパからの借入などなんでもなかった。このような状況下で，多くの南部州は債務超過となって，1873年までにアラバマ，アーカンソー，フロリダ，ジョージア，ルイジアナ，ノースカロライナ，テネシー，バージニア，ウェストバージニアの諸州は債務不履行に陥った。[161]サウスカロライナも1874年にその列に加わった。[162]1870年代の外国人投資家たちは1840年代初期と同様激怒したが，南部人は気にせず支払いもしなかった。[163]

　表4-7は1869年に海外所有が明確な州債残高を示している。同総額は4500万ドルになる。他の統計では，この額は1億ドルに達していたと推計されている。海外残高は，1869年から1873年に急上昇したが，アメリカの南部州の債務不履行によって，ヨーロッパの投資家たちは再び合衆国への投資意欲を失った。1874年11月，『コマーシャル・アンド・フィナンシャル・クロニクル』紙は，州債の約4分の1にあたる9290万ドルが海外所有であり，うち約58％相当の5420万ドルが債務不履行状態にあったとも推計している。[164]

　他方で，1872～74年に，ニューヨーク市，ボストン市，セントルイス市は，それぞれ道路や電気，水道整備のための資金をロンドンで調達している。[165]1872年のフランクフルト証券取引所の一覧表には，18のアメリカの市債が記載されている。[166]こうした南部諸州債以外の合衆国の地方自治体の証券は，良い投資案件であった。

第4章　19世紀中葉の危険な20年間

鉄　　道——1865～1874年

　新規の外国投資は，連邦政府や州，市の債券に向かうとともに，アメリカの鉄道にも流れ込んでいった。南北戦争によって新しい路線の敷設は遅れ，南部では路線が破壊されていた。その遅れを取り戻し，かつ南部の鉄道網を再建するために，鉄道の建設が急ピッチで進められた。1865年には年間819マイルであった鉄道建設は，年ごとにその建設距離を延ばし，1872年には年間7439マイルが建設されるに至るなど，1874年までの10年間だけを合計してみても３万8893マイルが建設された。南北戦争前の10年間は２万348マイルが建設されていた。[167]

　1865年の終わり，英国鉄道の請負業者サー・モートン・ピートがアトランティック・アンド・グレート・ウェスタン鉄道のために，英国人投資家向けにアメリカへの視察旅行を企画した。しかしながら1866年春には，この英国人が所有し経営していた鉄道事業の財政状態が思わしくないことが明確になった。サー・モートン・ピート自身の事業もオーバーエンド・ガルーニー社の危機によって失敗した。[168]1867年３月，アトランティック・アンド・グレート・ウェスタン鉄道の総会がロンドンで開かれ，株主や債券保有者たちは調査委員会を結成した。その委員には，英国下院議員のサー・ウィリアム・ラッセルやトーマス・ケイブ，Ｊ・フィールズ，鉄レールを会社に売った代価として債券を受け取った製鉄業者クロウシェイ・ベイリー，そしてアムステルダム取引所の個人投資家向け株への一般監査委員会から任命されたＦ・Ｗ・オーベルなどがいた。ベルトハイム＆ゴンベルツ社のオーベルは，アメリカでオランダ人投資家を代表する人物として有名になった。[169]このロンドンの委員たちは鉄道の管財人を指定した。

　1867年７月にアトランティック・アンド・グレート・ウェスタン鉄道が会社再建管理の状態から抜け出すと，同社は主に調査委員会のメンバーから構成された，ロンドン主導の経営陣の手に委ねられた。およそ17の銀行や証券会社が同社に貸付をしたが，[170]同社が経営再建状態に陥ったことによって，多くの会社が経営危機や倒産に陥った。[171]

181

第Ⅰ部　発展途上国の時代

　アトランティック・アンド・グレート・ウェスタン社の危機は，前述したように英国人をより慎重にさせた。1867年12月17日にニューヨークのオーガスト・ベルモントは，ロンドンのＮ・Ｍ・ロスチャイルド＆サンズ社宛てに，以下のような手紙を送っている。「あなたが，ユニオン・パシフィック鉄道社の第一抵当社債を好ましく思わないなんて残念です。この社債は間違いなく安全です。アトランティック・アンド・グレート・ウェスタン社の社債とはまったく異なるものです。アトランティック社は，当地ではまったく評価されておりません。同社のロンドンでの成功はひとえにサー・ピートとジェームズ・マクヘンリー氏の手腕によるものです。なおマクヘンリー氏はとても利口ではあるけれど，空想的な資本家であるといえるでしょう[172]」。

　1868年12月，ジェイ・グルドのエリー鉄道は，アトランティック・アンド・グレート・ウェスタン鉄道の路線を賃貸した。エリー社は当時多くの英国人株式所有者と債券所有者を抱えていた。その結果，両鉄道の英国人債券保有者たちは，実際には存在しない利益をめぐって牽制しあい，エリー社とアトランティック社の関係は複雑なものとなった。英国人はこのようにして，ずる賢いジェイ・グルドと最初の不愉快な出会いをしたのだった[173]。

　1872年３月，３年半にわたるグルドの経営の後，エリー鉄道は「完全な残骸」となり，ビスコフヘイム＆ゴールドシュミット銀行を含む英国人投資家たちは，グルドを社長の座から引き降ろした。彼の「表向きのいわゆる失敗（実際にはグルドはそれによって一財産を築いたという）」により，エリー社株のヨーロッパ人保有比率は60％から，英国人，ドイツ人，オランダ人などの買いにより100％近くまで上昇し，エリー株は引き続き海外で保有された。アトランティック・アンド・グレート・ウェスタン鉄道の路線のエリー社との貸借契約は，いったん無効となったが再契約された。しかしながら，1874年６月に３度目の貸借が再構築された。しかし，1874年末にはアトランティック社が，そして1875年にはエリー社が管財下に置かれることになった。この時点で，エリー社には外国人株所有者が3000人いた。いずれにしても，どちらの鉄道会社の株主・債券所有者もともに利益を受け取ることはなかった[174]。

　エリー鉄道やアトランティック鉄道でのひどい経験や，ロスチャイルド家の保守主義にもかかわらず，アメリカ鉄道関連株は引き続き海外で発行され続け，

第4章　19世紀中葉の危険な20年間

表4-8　ロンドン市場で発行された鉄道債，1866～1874年

年	発行額（100万ポンド）	対世界・ロンドン市場での発行割合（％）	海外活動民間企業の債券のロンドンでの発行割合（％）
1866	2.0	48	18
1867	1.0	28	15
1868	1.6	20	16
1869	1.8	30	20
1870	3.9	74	40
1871	6.1	65	40
1872	12.0	69	38
1873	14.3	69	48
1874	14.3	70	55

出所：Leland H. Jenks, *Migration of British Capital to 1875* (New York : Barnes & Noble, 1973), p. 426.

最初はヨーロッパ大陸で，次に英国で，毎年より多くの顧客を獲得していった。イリノイ・セントラル鉄道の外国人株所有者は，1865年から73年の間，10％の年次配当金を受け取って，アメリカの鉄道の評判は高まった。ニューヨークの銀行家ジェームズ・ラニエは，1868年から70年にかけてアムステルダムとフランクフルトで新しく発行された株について，文字通り数十株にもわたって売買している。まさしく西部人たちは「どんな誘因でも，外国資本を引き込むのに多すぎるということはない」と信じていたのだった。特に1871年以降，アメリカ「鉄道」は英国人投資家の証券投資の標準的指標となっていた。1873年３月に，外国・植民地政府信託は，アメリカの鉄道債に投資することを目的とした新しい信託，アメリカ投資信託を結成した。スコットランドで新しく設立された投資信託も，アメリカ鉄道債を買っている。

　表4-8からわかる通り，1870年から74年の間にロンドンで発行された鉄道証券のうち，65～74％がアメリカ鉄道であった。さらに重要なのは，ロンドンで発行され海外で経営している民間企業の有価証券のうち，38～55％がアメリカ「鉄道」関連であった。これらの数字は発行高を示しており，実際にすべての証券が売られたわけではなく，また売られたものも額面よりは低い価格で買われた。同様にすべての資金が回収されたわけではないが，それにしても総額は大きなものとなった。

　発行はドル建てとポンド建てでなされた。マッキャルモン・ブラザーズ社は，

第Ⅰ部　発展途上国の時代

1872年にフィラデルフィア・アンド・レディング鉄道の債券1000万ドルを売り出した[181]。ロンドンの株式仲買会社フォスター＆ブライスワイトは，不況の1874年にペンシルベニア鉄道の6％利付き社債の発行を200万ポンド分，扱っている[182]。これらの鉄道債券の発行額は，民間企業としては前例のない規模であった。ベアリング社は南北戦争以前から取引のあったボルチモア・アンド・オハイオ鉄道，マサチューセッツ・イースタン鉄道の融資を続け，新たにルイヴィル・アンド・ナッシュヴィル鉄道（それを経由して南北アラバマ鉄道），セントルイス・アンド・アイアンマウンテン鉄道などにも興味を示している[183]。

　個人による売買もこれらのマーチャントバンクの売上を補強した。例えばアンドリュー・カーネギーはヨーロッパに鉄道債を売っている。彼は1872年ダベンポート・アンド・セントポール鉄道のために，フランクフルト・スルツバック・ブラザーズ社を説得して，第一抵当社債300万ドルを買い取らせ，さらにオプションを300万ドル分引き受けさせた（カーネギーは，この取引で得た手数料を，有名なエドガー・トムソン鉄鋼製作所に投資した[184]）。ドイツでもオレゴン・アンド・カリフォルニア鉄道やカンザス・パシフィック鉄道などの社債を個人が売り出している[185]。フランクフルト・ラザード・シュパイアー・エリセンの代表，フィリップ・シュパイアーを叔父にもつジェームズ・シュパイアーは，南北戦争の後になって「私たちの会社は何百万ドルものアメリカ鉄道債を，ドイツ，オランダ，スイスや他のヨーロッパ地域に売った」と回想している[186]。英国人は西部の鉄道に対して，最初のうちは慎重であったが，ドイツ人はそれほど用心深くはなかったのだった。

　1869年5月にジェイ・クックは，ノーザン・パシフィック鉄道の7.3％利付き債券を1億ドル分販売することに同意した。彼はアメリカ国内での販売に期待もしていたが，やはりまず念頭に浮かんだのはヨーロッパでの発行であった。クックの伝記作家によると，彼は「エリー運河の建設以来，アメリカの大きな交通事業は，ヨーロッパの援助なしには果たし得なかった」ことを知っていたからである。鉄道債を売るために，クックの提携者はロンドンのロスチャイルド家，ロンドンのビスコフヘイム＆ゴールドシュミット社，ダルムスタッド銀行などをあたったが，成功しなかった。「500万ドル」でさえ多すぎたわけだ。クックは前アメリカ財務省長官の名を冠したロンドン支店，ジェイ・クック・

第4章　19世紀中葉の危険な20年間

マックロック社を設立した（1871年1月1日）。そこでは為替取引を扱い，商業信用状，旅行者信用状を発行し，公債や他の債券を引き受け，合衆国や州，鉄道の債券の利払いをし，鉄道の鉄を購入し，鉄道や他の証券の売買交渉をしたが，クックはなににも増して，支店がノーザン・パシフィック債を売ることを期待していた。彼はロンドンの共同経営者に，1872年春に1000万ドル，秋にも1000万ドル発行するようにと迫っている。この数字は，近い将来大幅な収入増など期待できない鉄道会社にとって，非現実的なものだった。ロンドン支店はクックの期待に添えず，魅力的な利率にもかかわらず，売りさばくことはできなかった。1873年にノーザン・パシフィック鉄道は，ノースダコタ州のビスマルク市まで敷設された。ドイツ首相にちなんで名づけられたこの町は，ドイツ人（およびドイツ移民）の関心を引くのに少しは役立ったかもしれない。[187]

　ドイツ生まれのアメリカ人ヘンリー・ヴィラードは，後にドイツでのノーザン・パシフィック社の証券販売で活躍したが，1872年4月にジェイコブ・スターンとフランクフルト・ベレンス銀行でウィスコンシン・セントラル鉄道債の発行に成功した。1870年代の初期には，フランスでアメリカ人が自国の鉄道債を売ることは難しかった。[188]というのも，1869年パリの銀行業務会社パラディスが，メンフィス・エルパソ・アンド・パシフィック鉄道の詐欺的債券をおよそ500万ドルつかまされ，フランス側の損失がわかった後に詐欺が発覚するという事件が起こり，それ以降フランス人投資家は，アメリカ鉄道債に尻込みするようになったのだった。[189]

　オランダでは事情は違った。1873年のオランダの新聞によると，この数年間のうちにアムステルダム取引所では，アメリカ鉄道の証券が上場銘柄の約6割を占めたという。[190]例えばセントポール・アンド・パシフィック社の第1鉄道区の債券を1100万ドル売りに出したときも，ほとんどの購入者は高い利率を好感したオランダ人だった。証券引き受け業者は，オランダ人債券保有者が3年間，配当を受けると保証できるほど，十分な利益を鉄道債から引き出すことができた。[191]オランダ人はほかにもミネソタの鉄道にも投資した。1874年までにはオランダ居住者がシカゴ・アンド・ノースウェスタン鉄道や，シカゴ・ミルウォーキー・アンド・セントポール鉄道の取締役会に関与している。[192]表4-9はオランダ市場においてのアメリカ鉄道の重要性を示している。1875年までにはアム

185

第Ⅰ部　発展途上国の時代

表4-9　アムステルダム株式市場における株式発行，1855〜1875年

年	(A) 総上場数	(B) 数	(C) 合衆国比 (B/A)	(D) 数	(E) 鉄道会社比 (D/A)	(F) 数	(G) 総上場中比 (F/A)	(H) 総鉄道上場比 (F/D)
		合衆国企業上場		合衆国・同外の鉄道会社上場		合衆国の鉄道会社上場		
1855	87	7	8%	4	5%	0	0%	0%
1865	116	14	12	24	21	8	7	33
1875	238	78	33	110	46	63	26	57

出所：K. D. Bosch, *Nederlandse Beleggingen in de Verenigde Staten*（Amsterdam : Uitgeversmaatschappij Elsevier, 1948), p. 139.

ステルダム取引所で値を付けられた全証券のうち26％，鉄道債のなかでは57％がアメリカの鉄道だった。

　デンバー・アンド・リオグランデ鉄道は，あるアメリカ人と英国人共同経営者，ウィリアム・A・ベルの思いつきの産物だった。2人はコロラド州にコロラド・スプリングスとプエブロという新しい町の建設を計画した。英国人はコロラドの鉄道のほかに，コロラドの土地，鉱脈，牧畜などに関心をもっていた。1870年代初頭にデンバー・アンド・リオグランデ鉄道の証券が，アムステルダムとロンドンで売り出された。デンバー社は英国とベルギーで鉄を買い，その[193]費用を第一抵当債券で払った。[194]

　1873年にオレゴン・アンド・カリフォルニア鉄道社の債券1100万ドルが英国とドイツで売り出され，その多くをドイツ人が買った。1873年春，ドイツ人債券所有者たちは，フランクフルト債券所有者保護委員会のポール・ラインガナムを，オレゴン社に調査のため派遣した。ラインガナムから悲観的な報告を受け取った委員会は，債券所有者を保護するためにヘンリー・ヴィラードを任命した。1874年ヴィラードは，ドイツ人債券所有者がオレゴン・アンド・カリフォルニア鉄道の理事会に3名任命し，オレゴンに駐在している財務官を代表とさせる権利を獲得するよう取り計らった。その後，ドイツ人たちはこの投機的事業への関心を高めた。[195]

　イリノイ・セントラル鉄道社はヨーロッパで有名だった。1873年におよそ78.6％の株券が海外で所有されていた。ヨーロッパからの資本を呼び込むため，[196]アラバマ州はアラバマ・アンド・チャタヌーガ鉄道（1869〜70年）を含むいく

186

つかの鉄道会社宛てに直接，債券の裏書きをし，発行した。英国，フランス，ドイツ，オランダの投資家たちがこれらの証券を買った。[197]

　アメリカ鉄道証券の人気が海外で高まって，ヨーロッパ市場がこれらの証券であふれるようになると，アメリカおよび外国銀行は海外での売買を容易にするため，ロンドン，フランクフルト，パリとの提携を拡大した。セリグマン社はロンドン，フランクフルト，パリに支店を開いた。[198]前述したように，ジェイ・クックはロンドンに新しく支店を開き，シュパイアー一族も国際業務に乗り出した（このドイツの会社は1862年にロンドン支店を開いている）。J・P・モルガンはロンドンのジョージ・ピーバディ社の代理となっていたが，南北戦争後もその後身にあたる，彼の父親のロンドンの会社，J・S・モルガン社（1864年に創設）との提携を続けていた。ダブニー・モルガン社（1863年に設立）やその後身，ドレクセル・モルガン社（ニューヨーク，1871年に設立）は，ドレクセル・ハーレ社（パリ，1868年に設立）やJ・S・モルガン社（ロンドン）と密接な関係を保っていた。モートン・ブリス社（ニューヨーク）はモートン・ローズ社（ロンドン）と取引しており，ヘンリー・クルーズ社（ニューヨーク）はクルーズ＆ハビット社（ロンドン）と取引があった。ノース・ナーホト＆クーン社（ニューヨーク＆ライプツィヒ）は銀行と自称していたが，同様の規模のジョン・マンロー社（ニューヨーク）はマンロー社（パリ）との提携を続けていた。[199]

　ニューヨークの株式仲買人，ジェームズ・B・ホグスキンは1870年1月に「私はしばしばヨーロッパに債券を輸出する大きな商社のために，一度に100万以上の債券を買うことがある」と証言している。彼はその商社の名前を具体的にあげていないが，大口顧客としてダンカン・シャーマン社，F・シュカルト＆サンズ社，ハウランド＆アスピンウォール社，ブリティッシュ・ノースアメリカ銀行，J. & W.セリグマン社，グリンネル・ミンターン社，ファブリ＆チョーンセイ社の名前を出している。ブリティッシュ・ノースアメリカ銀行を除いて，すべてのアメリカの会社やすべてのアメリカ証券を海外に仲立ちする専門の会社である。[200]

　独米間の金融上の関係はより緊密なものとなった。1867年にハンブルグ・M・M・ウォーバーグ社は新しく創設されたクーン・ロブ社（ニューヨーク）との提携を始めた。[201]ダルムスタッド銀行はG・フォム・バウア社（ニューヨーク）

第Ⅰ部　発展途上国の時代

との関係を続け，ドイツ銀行は1872年10月にニューヨークのノブローチ＆リヒテンスタイン社との「サイレント・パートナーシップ（訳注：事業に出資し，利益配当を受けるが業務に関与しない関係）」を保証した。1848年，ラザルス・ホールガーテンはフランクフルトからニューヨークに移民し，1850年に外国為替を扱う小さな事務所を開いた。1865年以降，彼の会社は（1867年1月1日にホールガーテン社と名づけられた）株式債券一般のブローカー業務を行う商社へと発展した。ラザルス・ホールガーテンはヨーロッパとの関係を続け，南北戦争後には，ホールガーテン社はドイツからアメリカ鉄道へと流れ込む資金の重要な経路となった。[203]

　1869年から1870年に，オランダの銀行業者たちはアメリカの証券，特に鉄道債の発行のために，「信託」もしくは持株会社を組織した。カークホーヘン社はボワスヴェイン・ブラザーズ社と1869年に設立されたアメリカ債券基金を運営，1870年にはベルトハイム＆ゴンベルツ社，ヴェステンドルプ社とF・W・オーベル社がアメリカ鉄道抵当債券のための持株会社を設立した。ホープ社はアメリカ証券を保有するために，自社の証券会社をもっていた。[204]

　全体として，金融上の仲介のネットワークが広がったことは，アメリカの鉄道証券をヨーロッパに流し，売りさばくために良い結果をもたらした。クックがノーザン・パシフィック債を海外に売ることに失敗し，ロスチャイルド家がベルモントの進言にもかかわらず，ユニオン・パシフィック社に興味をもたなかったとしても，実際に膨大な量の資本がアメリカに流入した。西部の鉄道は特に建設するのに費用がかかり，投資家にとっては特有の問題を抱えていた。[205]鉄道が完成するまで実質上収入は存在しない。安定した収入を期待する外国人投資家には，長い待ち期間があることに魅力はなかった。

　それにもかかわらず，シュンペーターはその著書『景気循環論』で，「1867年から1873年にかけてアメリカ鉄道に費やされたといわれている，およそ20億ドルのほとんどは，主にイギリス（と他のヨーロッパ）の資本であった」と述べているが，これは大袈裟だろう。シュンペーターはさらに銀行の名前を列挙して「ヨーロッパの資本を流通させる，とても効率的な機構が，初期の個人の努力に取って代わった」と付け加えている。[206]「取って代わった」という言葉は間違っている。というのもアンドリュー・カーネギーのように個人投資家の働き

第 4 章　19世紀中葉の危険な20年間

も未だ大きかったからだ。

　アメリカ証券の外国人所有者は（銀行業務会社や，これらの会社が設立した保護委員会などが代理となっていた）アメリカの鉄道に投資し，会計監査をし，時には直接経営に介入した。スコットランドのある判事は，グラスゴー・シティ銀行の倒産の後何年かして「スコットランドの銀行がアメリカの鉄道を買ったり投資したりしたというのは，今になってみれば驚くべきことだった，としみじみ思う」と書き記している。しかし1859年から1868年にかけて，グラスゴー・シティ銀行の代理を務めたロンドンの株式仲買人，G・A・トンプソンは，ウィスコンシン州ラシーヌからミシシッピ川までウェスタン・ユニオン鉄道を走らせるための監督をしていた。銀行はおよそ500万ドルをこの鉄道のために投資していた。

　1870年代初めには，アメリカ鉄道の証券のいくつかが債務不履行に陥った（表 4 -10参照）。ヨーロッパの投資家たちは大きな損失を被った。1873年初期，その年のアメリカ不況が起こる前にすでに，少なくとも2820万ドルの，ヨーロッパで所有されていたアメリカ鉄道証券が債務不履行に陥っていた。1873年不況直前にはアメリカ鉄道証券が 1 億ドル以上，ヨーロッパ市場に売られようとしていた。

　1873年，ウィーン株式市場が崩壊した。影響はドイツに広がり，続いて 9 月にアメリカの金融不安によってドイツ，オーストリア，オランダ，フランスの投資家が一斉に売り浴びせた。証券の一部はニューヨークに戻ったが，ほとんどはロンドンで買い上げられた。ドロシー・アドラーによると，1873年以降，ドイツはアメリカ鉄道証券の主要な市場ではなくなった。もちろん「少なくともしばらくの間は」と彼女は付け加えてはいるが。1874年12月までに約 3 億9000万ドルのアメリカ鉄道債が海外で保有され，そのうち約38％にあたる 1 億4800万ドルが債務不履行になったといわれている。『バンカーズ・マガジン』誌によると，債務不履行の債券のうち，かなりの量がオランダ，ドイツ，フランスで所有されている。『コマーシャル・アンド・フィナンシャル・クロニクル』紙は，外国人，特にヨーロッパ人投資家は，アメリカ鉄道の選択において不運だったと述べている。

　1874年には債務不履行に英国人は神経質になっていた。1868年に投資家グル

第 I 部　発展途上国の時代

表 4-10　ロンドン市場で発行され1870年代前半に債務不履行に陥ったアメリカの鉄道有価証券

債務不履行発生年	鉄道会社	株式発行年
1873年以前	アラバマ・アンド・チャタヌーガ	1869
	アラバマ（社債）	1870
	（上記鉄道会社の助成による）	
	デモネ峡谷	1870
	ジョージア（社債）（鉄道会社の支援）	1871
	プリマス・カンカキー・アンド・パシフィック	1872
1873年	セントポール・アンド・パシフィック	1860年代に始まり，たびたび発行された
	チェサピーク・アンド・オハイオ	1868
	セントジョセフ・アンド・デンバー	1870
	シカゴ・ダンビル・アンド・ヴィンセンス	1870
	オレゴン・アンド・カリフォルニア	1871
	バーリングトン・シダーラピッド・アンド・ノーザン	1872
	イリノイ・ミズーリ・アンド・テキサス	1873
1874年	アトランティック・アンド・グレートウェスタン	1860年代に始まり，たびたび発行された
	インディアナポリス・ブルーミントン・アンド・ウェスタン	1870
	アトランティック・ミシシッピ・アンド・オハイオ	1871
	ノーザン・パシフィック	1872
	ギルマン・クリントン・アンド・スプリングフィールド	1872
	カイロ・アンド・ヴィンセンス	1872
	アーカンソー・セントラル	1872
	ニューヨーク・ボストン・アンド・モントリオール	1873
	ジュネーブ・アンド・イサカ	1874

出所：Dorothy Adler, *British Investment in American Railways, 1834-1893* (Charlottesville : University Press of Virginia, 1970), p. 78.

ープはロンドンに，外国の債券が債務不履行になった場合，当該国政府や企業と交渉し，外国証券所有者を保護するための私的組織を結成した。1873年この組織は法人化され，社団法人「大英帝国外国債券所有者」と名づけられた。ほとんど同時に，この法人の諮問委員会はアメリカ州債と鉄道債の債務不履行の問題に関与した。[214]

　アメリカ鉄道の債務不履行に反応して，英国人，オランダ人，ドイツ人証券所有者はより多くの人間をアメリカに派遣し，1857年不況のときと同様，派遣した人物やその人物が選んだ人間をアメリカ鉄道会社の取締役会に参加させた。[215]外国債券所有者諮問委員会は，投資家のために交渉した。投資家たちは日々の鉄道経営を管理するというよりは，期待される財務上の利益を確保し，財産を

第4章　19世紀中葉の危険な20年間

保護することを望んでいた。投資家たちが経営方針に介入しようとしても，しばしば徒労に終わったのだが，1870年中頃には彼らは今まで以上に経営への影響力を求めるようになった。外国の債権者の役割は，距離やアメリカ国内情勢に不慣れなことによって阻害されていたが，そのほかにもアメリカ鉄道の投機家，プロモーター，経営者がそれぞれ独立していることにも妨げられていた。しかし状況，つまり投資の全体規模は，20年前とはまったく違ったものになっていた。鉄道債券の債務不履行に動揺した投資家たちは，鉄道の経営の仕方により注意を払うようになった。1874年10月に『コマーシャル・アンド・フィナンシャル・クロニクル』紙が鉄道の債務不履行の整理が「迅速に滞りなく」進展していると報じたとき，外国人投資家はこれが公正な判断かどうか確信がもてなかった。

不動産と不動産抵当——1865〜1874年

南北戦争後，不動産と不動産抵当は外国人投資家を引き寄せた。新しい土地への投資は膨大なものだった——昔の時代が思い起こされるような，土地への興味を投資家たちにもたらした。ジョン・コリンソン（英国人「技師」といわれるが，プロモーターに近いと思われる）は，1868年ロンドンでウェスト・ウィスコンシン鉄道の債券の譲渡に従事していた。1871年夏には，彼はアトランティック・ミシシッピ・アンド・オハイオ鉄道債の海外販売を手がけた。その間，コリンソンとその友人たちは壮大な投機的事業に乗り出した。1869年4月30日，彼らはニューメキシコ州のいわゆるマックスウェルの土地区域——「土地にしておよそ200万エーカー」を135万ドルで購入した。外国人が不動産を所有することを，地域法が認可するかどうか確かではなかったため，彼らは当地でマックスウェル土地授与・鉄道社を設立した（1869年5月12日）。資本金は500万ドルであった。コリンソン自身は発行された5万株のうち，3万5000株以上を所有した。それから，購入した土地の支払のため，英国とオランダで7％利付き債券を売ることで資金を集めた。あるオランダ人が土地の評価のために来て，誉めはやす報告書を書いた。債券は72ドルで売られたため，常に格安物の好きなオランダ人たちが買い，英国よりもずっと多くの債券がオランダで売られた。

191

第Ⅰ部　発展途上国の時代

1870年までにこの新会社は，海外で売られた債券に対して，およそ25万ドルの年次配当の義務を負った。それは過去の不動産投資機関と同様，不動産売買によって歳入を得るはずだった。債券所有者たちがあずかり知らなかったのは，この会社が土地に対してはっきりした所有権をもっていない，ということだった。無断居住者たちがマックスウェルの土地に定住し，追い立てに抵抗していた。この広大な土地の近くまで走る鉄道もなかった。金の発見はあったものの，主要鉱山は1872年に閉山してしまった。1872年6月に会社は配当金の債務不履行に陥った。1873年，状況になんの進展もみられないために，オランダの債券所有者たちはニューメキシコに調査のため代理人を派遣した。訪問者は彼らが発見した事実に驚愕したが，これでオランダの役割が終わったわけではなかった。旧オランダ土地会社のように，オランダの投資家たちは何年も自分たちの権利に固執し続けた。
⁽²²⁰⁾

　アメリカの土地を海外に売り歩いたのは，もちろんジョン・コリンソン一人ではない。歴史学者ハーバート・O・ブレイヤーは，ロンドンの事務弁護士でプロモーターでもあったウィリアム・ブラックモアの活動について報告している。ブラックモアは，1868年に初めて西部の土地投機を手がけた。彼はニューメキシコとコロラドにまたがるサングレ・ド・クリスト区域をヨーロッパで売ることを取り決め，当区域の北半分を買うためロンドンに，コロラド自由保有権土地・移住株式会社を設立，さらに南半分を開拓するため，1870年に合衆国自由保有権土地・移住会社を結成，オランダから資金を調達した。1871年から1874年の間に，ブラックモアは毎年アメリカ西部へ出張し土地を購入した。英国とオランダで彼は，広大な土地の購入とその開拓のための資金を調達した。
⁽²²¹⁾

　1870年代初頭，多くの英国人がアメリカを旅行，帰国後にアメリカの土地購入の機会について積極的な見通しを語っていた。英国に紹介された「計画」の一つに，1874年4月のサウスカロライナ米作プランテーション信託がある。この件は，しかしながら「債権者への州政府の対応が不親切であることが，投資家たちに知られるようになり，資金はなかなか集まらなかった」。英国人投資家たちは，徐々に提供される儲け話を慎重に選別するようになっていた。
⁽²²²⁾

　海外での土地購入計画の多くは，アメリカの鉄道建設と結びついていた。鉄道会社は「土地局」をもっており，開拓者を募集していた。しかし時に彼らは，

第**4**章　19世紀中葉の危険な20年間

土地開拓中の援助をヨーロッパの投資家たちに求めていた。しばしば外国土地販売と鉄道資金の調達は結びついていた。[223]

　南北戦争中，ジュートと麻はオランダ，スコットランドからアメリカへ輸送されていた。ドルの価値が下がっていたために現金決済ができず，輸出業者は担保として土地を抵当に取り，アメリカの土地担保はスコットランドのテイサイド州の首都ダンディーで身近なものとなった。[224]1873年同市で，ロバート・フレミングはスコティッシュ・アメリカン投資信託（Scottish American Investment Trust）を，エディンバラでウィリアム・J・メンジーズがスコティッシュ・アメリカン投資株式会社（Scottish American Investment Company, Ltd.）を設立した。これらの信託はアメリカ鉄道債とアメリカ土地抵当の所有で有名になった。フレミングは「膨大なアメリカ証券の所有」で知られるダンディー市の麻・ジュート製造業者，エドワード・バクスターのために，1870年に初めて合衆国を訪問した。彼は渡米後，アメリカは英国資本の投資先として有望な国だと確信するようになった。[225]ダンディー市のバクスター社の創立者，サー・デヴィッド・バクスターは1872年に死去，その年の英国での逝去者のなかで一番の金持ちだった。[226]彼の遺産の一部がフレミングの初期の投資活動においての基盤となったようである。[227]メンジーズもまた，訪米後アメリカの大きな可能性を確信したようであった。[228]

　1873年，ダンディー市にアメリカ土地抵当に投資するためオレゴン＆ワシントン信託投資社が設立された。会長はエアリー伯爵だった。ダンディー市の前アメリカ領事で，グラスゴー生まれの事務弁護士であったウィリアム・リードは，「労働と資本の地としてのオレゴンとワシントン」と題する小冊子を出版した。スコットランドでは3万部が売れ，オレゴン州のある歴史家が1893年に「合衆国のこの地の発展にこの小冊子がもたらした影響は測り知れない」と書くまでになった。1874年にリードはオレゴン＆ワシントン信託投資社の代表となるため，オレゴンに移住した。この年にウィリアム・マッケンジーはスコットランドの財務長官に任命され，「信託投資の輝かしい経歴」を始めた。[229]

　同じ年，1874年に2人のシカゴ人，ヘンリー・I・シェルドンとダニエル・H・ヘイルは，エディンバラとダンディーの投資家グループに呼びかけてスコティッシュ・アメリカン抵当株式会社を設立，100万ポンドの授権資本を使っ

193

第Ⅰ部　発展途上国の時代

て，シカゴとイリノイの土地と不動産に第一抵当権付き融資をした。会社はエディンバラに１人，シカゴに１人（シェルドン）常務取締役を置いた[230]。

　その間，1871年にニューヨークでは合衆国抵当社が法人化された。その株式の約80％がヨーロッパで所有され，21名の取締役のうち９名はパリ，ローマ，ウィーン，ブライトンなど海外に居住していた。同社は欧米間の資金の仲立ちを目指し，アメリカ西部の譲渡担保に外国資本を流入させた[231]。フランス不動産銀行頭取，ルイ・フレミーは同社の設立に意欲的だった[232]。フランス国内の譲渡担保を手がけていたフランス不動産銀行は，新しいアメリカの会社のモデルとなった[233]。

　ニューヨークの公正信託社（Equitable Trust Company, New York）もまた，シカゴや他の西部都市の譲渡担保を10％で買い取り，それをプールして７％の保証で転売した。1874年初め，公正社の社債は英国やヨーロッパで「広範囲」に所有されていた[234]。つまり1874年までには米国の土地，土地譲渡担保，不動産はヨーロッパの投資家たちによく知られるようになっていた。

鉱業と石油──1865～1874年

　1865年から74年にかけて，外国資本もまた採鉱者と同様，アメリカ南部と西部の鉱業へ流入した。英国人投資家たちは1860年，バージニア州西部に石炭，鉄，森林地を８万5000エーカー開拓するためのグレート・カナワ社を結成した。戦争中棚上げされていたこの計画は，戦後復活した[235]。1865年経済学者 W・S・ジェフォンズは『石炭問題』という著作を出版し，収穫逓減によって英国の石炭価格が大幅に値上がりすると予測した。アメリカ鉄道への英国からの投資の多くは，この石炭値上がりの予測を受けたものと思われる。ペンシルベニア鉄道，フィラデルフィア・アンド・レディング鉄道，エリー鉄道，ボルチモア・アンド・オハイオ鉄道など，すべて広大な炭田を購入していた。これらはまさに多くの英国資本を引き寄せた鉄道会社で，流入した資金はさらに炭田を購入するのに使われた。英国の証券投資家たちが，実際に自国が石炭を輸入するようになると考えていたかどうかは，はっきりしない。しかしながら，値上がりしつつあった石炭価格が，彼らの投資をより価値のあるものにしたのは確かだ

⁽²³⁶⁾
ろう。

　1866年２月の四半期会議において，アメリカ鉄・鉄鋼協会は「世界中の熟練，非熟練労働力および（**製造資本と経験**の）自由な移住」（ゴシックは私自身による）を歓迎するという決議書を採択した。⁽²³⁷⁾1873年までには『コマーシャル・アンド・フィナンシャル・クロニクル』紙が，英国人資本家たちがバージニア州やウェストバージニア州の鉄や石炭地帯に「気前のよい投資」をし，卓越した富裕な英国の製造業者たちが証券会社を設立して，アメリカの工場を建設し購入していると報じた。この記事の筆者は，アメリカの豊富な鉱物が基盤となって，海外からの大規模な資本の流入が起こるだろうと予測している。⁽²³⁸⁾アメリカの石炭が比較的安価であるならば，アメリカの鉄生産には競争力があるであろう，と。外国債券所有者諮問委員会はこの予測とは対照的に，州政府の「公的契約」が満たされるまで，バージニアの石炭への投資を思いとどまるよう英国人に勧告する報告書を発行した（1874年２月25日）。「どんな個人の投資も安全ではない」と，委員会は宣言している。「当地の共同体によって正義と倫理と法規とが無視されている場所においては」。⁽²³⁹⁾バージニア州は州債を債務不履行にしたではないか。

　1870年から73年にかけて，およそ94社が9000万ドルほどの授権者を代表して，アメリカ西部の鉱石の採掘と製錬をするために英国で登記した。英国会社の数から推察して，ネバダ州が一番人気，次いでカリフォルニア，コロラド，ユタの順となる。資本化の点では，カリフォルニアとユタが１番と２番を分け合っている。⁽²⁴⁰⁾ネバダ州では，アドルフ・ストローがカールソン谷からコムストック鉱脈にかけてトンネルを掘ることを計画していた。⁽²⁴¹⁾資金が西部では十分集まらなかったので，彼はニューヨークとロンドンで調達した。⁽²⁴²⁾

　1870年代初期には，カリフォルニア金鉱への英国からの投資について，新聞が多くを報じている。⁽²⁴³⁾ある英国人は，1872年に，「ネバダの鉱山には，アメリカ人よりも英国人の方が多い」とも評している。⁽²⁴⁴⁾1870年にコロラド州ジョージタウン近郊の「通称テラブル（訳注：恐ろしく悪いの意）」鉱山が，英国の会社（コロラド・テラブル鉱脈採掘社）によって買い取られた。これは大規模なコロラドの銀鉱山が英国関係者に渡った最初の例となった。⁽²⁴⁵⁾

　オランダ人はユタ州鉱山に投資した。⁽²⁴⁶⁾英国人もこれに続いた。1871年に英国

195

第Ⅰ部　発展途上国の時代

人投資家はエマ銀鉱山株式会社を設立，資本金は100万ポンドだった。[247]エマ社は英国駐在のアメリカ大使，ロバート・カミングス・スケンク将官の支持を得ていた。理事会には英国の上院議員が3人含まれていた。エマ社はボリビアの有名な銀鉱床にちなんで，ユタの鉱山を新しい「ポトシ」だと宣伝した。[248]株券を売るにあたって，会社のプロモーターたちは現在の債務と将来の損失について，わざと控え目にしか述べなかった。1873年から74年にかけて，この投機的事業は大失敗に終わった。[249]

　もっと地味ではあるけれど，そこそこに成功した例としては，リッチモンド統合鉱山株式会社（1871年創立）の支店として1873年に設立され，ネバダの銀採掘をしたリッチモンド鉱山社がある。この会社は25年間存続した。[250]1871年にロンドンでは『鉱山世界』誌が，アメリカの鉱山会社の英国人理事たちに「現地での経営を注意深く監視をするように」と警告している。[251]遠距離からの経営は困難だったが，英国人たちは専門家を送り込んだ。鉱山投資の多くは明らかに直接投資であった。[252]

　英国が鉱山会社を発起するには，採鉱や他の部門と同様，似たような一連の手続きが取られた。これらの会社は外国資本によって所有されている会社が，合衆国に事業を拡大したという点で直接投資であった。しかしこれらの会社には共通の特徴があった。鉱山のアメリカ人所有者がアメリカ人もしくは英国人のプロモーターと提携し，シンジケートと呼ばれる英国の会社を設立する。この会社はアメリカでの帳簿価格の，3～4倍の値段で鉱山を買う契約を結ぶ。次いで，この英国会社がロンドンで売りに出される。予定総額が集まれば鉱山が買い取られ，集まらなければ売り主に返却されるのだった。[253]度胸のあるプロモーターはあらかじめ鉱山を購入したが，計画が失敗すると，鉱山と一緒に負債を抱え込むことになった。鉱山会社のプロモーターたちはしばしば鉱山技師の報告書の内容を修正し，誇張や削除をした。賄賂も使った。純真な技師に鉱山の価値を「証明」させ，株の市場価値を操作して，かなりの利益を手にした。[254]債券がポンドで決済されるにしても，アメリカに会社のあったアメリカの鉄道会社とは違って，常にこれらの会社はロンドンで法人化された（時にこれらの会社はアメリカに支店をもっていたり，ロンドンの会社が直接西部で経営したりしていた）。[255]ロンドンの会社では理事会の会議が定期的に開かれた（それぞれの会社に

よる）。英国人所有者のために流動的な投資手段となるよう，証券はポンドで売られた。

　保守的な英国人はこれらの急増していった鉱山会社に対して，深い（しかし道理に適った）疑いをもっていた。アンドリュー・カーネギーは1871年12月，ユタ州のある鉱山の債券を売らないかと持ち掛けられて，以下のように返答している。「どんな鉱山の計画でも，ロンドンの顧客に売ろうとは思いません。私は第1級の誠実な証券マンという，私の役割に固執しようと思います。これは投機や『大儲け』といった類のものとは反対のものです。私が取引をしている階級の人々は，6％以上と口にするだけで驚くのです[256]」。宣伝用パンフレットから検討すると，ペンシルベニア州で採油のボーリングをするため，1865年にイギリス石油鉱山社が英国で，資本金5万ポンドで設立された。それからの経歴は定かではない。しかし，この会社がアメリカ石油産業における最初の英国会社であったようである[257]。

　1866年6月26日にアメリカ連邦の鉱山法が可決された。それは以下のような内容だった。「公的領域における，鉱物を含んだ土地は合衆国市民および市民になる意図を宣誓した者が，自由に探査できるものとする。これらの土地は法律によって規定される法規や，鉱脈地方における地域の慣習，鉱夫の習わしに准ずる[258]」。西部の報道機関はこの法律を歓迎し，「東洋諸国やヨーロッパの巨額の資本が新しい制度のもと，カリフォルニアやネバダに流れ込むだろう」と報じた[259]。「市民」という言葉が外国資本の障害となるとは，考えられていなかった。おそらく，アメリカ市民が外国からの資金を引き寄せるような会社を設立するだろう，と。市民という言葉（とその変種）は，このときまでに政府の土地を扱う法律制定の上で，標準となっていた。この言葉は前述したように，1841年の先買権法や1862年のホームステッド法などにみられる[260]。これらの法律は外国の土地への投資の妨げにはならなかった。

　1866年の鉱山法は鉱脈鉱山に関する法規であった。1870年7月6日の法律には砂鉱鉱山も含まれた[261]。1872年5月10日の一般的鉱山法は，1866年の法令に含まれていた市民の条項を反復し，さらに個人の場合は彼自身の宣誓供述書，法人化されていない集団の場合は，指定代理人による「自身の知識もしくは知識と信条に基づいてつくられた」宣誓供述書からなる「市民の証明」を必要とす

第Ⅰ部　発展途上国の時代

ると付け加えている。合衆国や他国，もしくは他領土の法規のもとに組識され
た法人の場合，証明は法人化の設立認可状や証明書の写しを提出するだけでよ
かった。この法律では会社の所有権については扱っていない。ただこの法規は
現存している財産所有者の権利を損なうものではない，と規定されている[262]。し
かし英国では，この1872年法を懸念するものもいた[263]。

　実際にはこの３つの鉱山法は外国投資を阻害はしなかった。外国人投資家が
合衆国政府から採掘権を獲得できない場合，彼もしくは彼の会社は政府から鉱
山「公有地譲渡証書」を獲得したアメリカ市民から，それを購入すればよかっ
た。同様に外国人投資家は，アメリカに法人会社を設立して直接「譲渡証書」
を手に入れてもよかった[264]。南部では土地は合衆国政府の所有するものではなく，
この法規は適用できなかった。このように，鉱山法にもかかわらず，英国人所
有の会社は増加した。投資の阻害要因としてもっと多かったのは，増加しつつ
あった倒産，詐欺的な財産説明の正体暴露，1873年不況後のそうした会社株の
価値の急激な下落などであった[265]。

　つまり，1865年から74年にかけて，特に1870年代初期には多くの新しい外国
投資が鉱山業に流れ込んだ。その流れは，一つとしては石炭価格の値上がりへ
の期待とつながっていた。もう一つは「会社発起」——アメリカの鉱山開発の
ために英国に流入してきた会社とつながっていた。公債やアメリカ鉄道への投
資形態（多くは石炭採鉱と関わっていた）は証券投資であったのに対して，もう
一つの流れである，英国で起債された鉱山会社は合衆国での経営権を支配する
意図をもっており，直接投資で実施されていた。

製　造　業——1865～1874年

　南北戦争後に，アメリカ製造業へ最初の外国直接投資のうねりが起こった。
新しい利害関係のほとんどは南北戦争中に課せられた高い関税が刺激となった
ものだった。また，安くなったドルがアメリカへの輸入品の価格をつり上げた。
こうしたことが原因で英国の投資が，例えば木綿や麻糸を紡いで糸巻きに巻く
のに使われた。

　長くアメリカに輸出し直接販売代理人を置いていた，スコットランドのペイ

198

第4章 19世紀中葉の危険な20年間

ズリー市の製糸業者たちは，当地で生産をする決心をした。1860年にジョージ・A・クラークはスコットランドのペイズリー市の会社 J. & J.クラーク（1879年にクラーク社と改名）のために，輸入されたかせ糸を糸巻きに巻く仕事を始めた。これらの限定された操業は，1865年に彼がパセーイク製糸社（同年クラーク製糸社と改名）を設立することで拡大された。同社はニュージャージー州ニューアークに紡績と糸巻きのための工場を建てた。ジョージ・A・クラーク＆ブラザー社は販売会社として存続した。

　1869年に同じくペイズリー市の J. & P.コーツ社が競合相手に追随した。クラークと同様，同社の輸出も合衆国関税とドル安によって悪影響を受けていた。1868年11月に糸巻き糸を巻き取る自動機械の特許を取ったアメリカ人，ヒゼキヤ・コナントは，ロードアイランド州のポータケットにコナント製糸社を設立した。1864年，コナントはスコットランドを訪れ，J. & P.コーツ社の工場を見学した。1869年5月，彼はペイズリー市を再訪し「J. & P.コーツと提携を結んだ」。コーツ社から彼は「多額の」資金を得て，ポータケットの小さな工場を拡大した。1869年のコーツの記録によれば，このスコットランドの会社はコナント製糸工場に2万1000ポンドの投資をしている。同年コナントはコーツ社のため，6コードの糸巻き糸の生産を開始した。1874年までにコナントは第2工場（1870年），漂白工場（1871年），紡績大工場（第3工場，1873年）を建てた。コーツ社の投資は増えた。紡績工場が建つ前は，糸巻き用の糸はスコットランドから輸入されていた。初めて，同社は1873年5月中旬，ポータケットにおいて綿花からの綿糸の製造を開始する。新生，コナント製糸社の設備の大半は英国製であった。なお，熟練から作業工まで労働者はスコットランドからの移民労働力によってまかなわれた。ジェームズ・コーツ（J. & P.コーツ社のピーター・コーツの息子）がコナント製糸の社長を務め，ヒゼキヤ・コナントが財務・経理を担当した。ジェームズ・コーツ（1834-1913）がアメリカに着いたのは1856年のことである。同時に彼は J. & P.コーツ社の子会社に勤めている。1860年にはスコットランドに帰国する叔父のアンドリュー・コーツに代わって，アメリカ事業全般に関する総責任者となる。彼は結婚し，オーチンクロス家の一員となる（なお，同家は J. & P.コーツ社のアメリカにおける最大の販売総代理店のオーナー経営者であった）。

199

第Ⅰ部　発展途上国の時代

　さらに1870年代初頭には，３番目の製糸業者ジョン・クラーク・ジュニア社がニュージャージー州のイーストニューアーク市に工場を設立した。これは親会社の工場のある地名にちなんで「マイルエンド」と名づけられた糸を販売した。
(266)

　麻糸に関しては1864〜65年頃，アイルランド北部のリズバーンから合衆国に移民してきた３人のバーバー兄弟が，ニュージャージーのパターソンに工場を建設した。17人いる兄弟のうちの残りは故国にとどまり，長男はリズバーンで工場を経営していた。アメリカおよび英国の麻糸製造は家族の絆によって緊密につながっていた。
(267)

　全米毛織物製造業者協会の会長，ジョン・L・ヘインズは1870年に以下のように宣言した。「私たちの大陸の周りに壁を設けましょう。ヨーロッパの布地がほしいなら，その製品を輸入するのではなく，われわれの保護貿易制度を利用してヨーロッパの資本，生産システムや技術，そして労働者をわれわれの土地に取り寄せましょう」。ヘインズは多くの英国企業がアメリカ向けに国内事
(268)
業を拡大するよりも，アメリカに移民するか投資をしてほしいと願ったのだった。

　英国のシェフィールドの製糸業者同様，W. & S.ブッチャー製鋼所などの機械設備や坩堝の製鋼業者は，長らくアメリカに製品を輸出してきた。1865年に75歳になったウィリアム・ブッチャーは大西洋を渡り，ハリスバーグにあるペンシルベニア製鋼社で働く労働者を募った。1867年にペンシルベニア製鋼社は，新しいベッセマー製鋼工場で，アメリカで初めての商業用の鋼鉄レールを圧延した。同年，フィラデルフィアの製鉄業者フィリップ・S・ジャスティスとともに，ブッチャーは鋳鋼の軌道と車輪などの製品をつくるため，フィラデルフィアの近郊，ノリスタウンでウィリアム・ブッチャー製鋼工場を始めた。おそらく障壁的関税がこの決定において重要な要因となっていたと思われる（同社はたまたまミッドヴェル製鋼社の前身であった）。まもなくブッチャーは，同社にペンシルベニア州ルイスタウン近郊のバーナムにあるフリーダム製鉄所の坩堝鋼用地を貸し出した（後にこの製鉄所はスタンダード製鋼社という名でボールドウィン機関車会社に買収されることになる）。兄弟のサミュエルが1869年にアメリカで没し，同年もしくは翌年にブッチャー自身はシェフィールドに戻り，そこで

200

第4章　19世紀中葉の危険な20年間

1870年12月に死去した。彼らの死によって，ブッチャー一族の英国会社はなくなり，同社や兄弟がもっていたと思われる，ウィリアム・ブッチャーのアメリカでの事業の財務上の利権もなくなった。ブッチャー兄弟の事業は一代の関わり合いで終わってしまったが，これは合衆国製造業における一連のシェフィールド出身者らの活発な活動の先駆となったのだった。

　染料およびコールタール製品もまた，アメリカへの外国投資を引き寄せたようである。英国の初期コールタール蒸造業者であったリード・ホリデイの息子トーマスとチャールズ・ホリデイは，1864年に合衆国を訪れた。ホリデイ兄弟はニューヨークのブルックリン工場でアニリン油，ついでマゼンタ染料の製造を始め，歴史学者ウィリアム・ヘインズの言葉を借りれば「英国の系列工場でつくられているものと似通った」他の染料をまもなく作り始めた。この2人の移民が経営した合衆国の会社はアメリカで初めて染料を総合的に扱った功労者だが，この新産業においては有力企業とはなり得なかった。

　その一方でバイエルは成功した。イギリスでリード・ホリデイがアニリン染料を作り始めた1860年に，フリードリッヒ・バイエルはドイツで最初のアニリン工場を建設し，南北戦争後アメリカに輸出し始めた。複数の研究書が，バイエルは1865年にニューヨークのオルバニーに染料工場を設立したと記している。おそらく同年にバイエルは販売店を開いている。合衆国でのバイエルの活動について書いている，化学産業史の研究者ウィリアム・ヘインズによると，ホリデイのブルックリンでの事業に続いて，1868年にはドイツ系アメリカ人のボール紙製造業者，アーサー・ボットが合衆国の経済的援助を得てニューヨーク州オルバニーに「最初のアメリカ人所有の」染料会社となるオルバニー・アニリン化学製作所を設立，マゼンタ染料，ホフマンバイオレットや他の色を製造した。ヘインズによると，1871年にボットが引退すると，彼は同社の保有株をフリードリッヒ・バイエルに売却したが，そのままアメリカ人が経営権を握っていた。バイエルのドイツ工場出身のハーマン・プライスがオルバニーにやってきて，ドイツの技術を使って輸入したアニリン油と砒素から高品質のマゼンタ染料を生産し始めた。輸入はおそらくバイエルのドイツ工場からされたものと思われる。1870年初頭まで，ドイツのバイエル社は明らかにアメリカの製造業分野に投資していた。

201

第 I 部　発展途上国の時代

　1865年10月にアルフレッド・ノーベル（1833-1896）はニトログリセリンのア
メリカでの特許をとった。1866年にはこのスウェーデンのダイナマイト発明者
は合衆国を訪れ，アメリカ人経営者らとともに，ニューヨークに合衆国ブラス
ティング・オイル社を設立，同社に特許を譲り渡した。続く2年間，アルフレ
ッド・ノーベルはサンフランシスコ市場開拓のため，同地でのジャイアント・
パウダー社の設立に参加，同様に東部向けにアトランティック・ジャイアン
ト・パウダー社を設立した。これらの2社は合衆国ブラスティング・オイル社
の権利を引き継いだ。アルフレッド・ノーベルは両社の株式を保有していた。
少なくとも当初は，ノーベルは直接経営を行うことを考えていたようだが，バ
イエルと比較しうるほどの経営的機能はなかったようである。⁽²⁷⁴⁾
　一方，まったく異なる産業において別の複合設備機関がアメリカに現れ始め
ていた。1849年，ドイツの鉛筆製造業者の3人息子のうちのエバーハード・フ
ァーバー（1822-1879）が合衆国に移民してきた。ニュルンベルグ近郊のシュタ
インでエバーハードの兄たちは，世界で最も大きな鉛筆工場（1761年設立）で
あるA・W・ファーバー社を経営していた。エバーハード・ファーバーはア
メリカで輸入された鉛筆と文具を売るための支店と，ドイツ工場で使うための
鉛筆の製造用木材のための倉庫を設立した。1857年に彼はアメリカ市民となっ
た。1850年代に彼は初めて鉛筆の上に消しゴムをつけ，それをニュージャージ
ー州のニューアークにある彼の工場で製造し始めた。この工場では輪ゴムもつ
くっており，それをアメリカ市場に供給していた。南北戦争前にファーバーは
フロリダ州セダーキーに輸出用杉材の製材場を建設していた。しかしながら，
アメリカ市場が拡大しつつあったことと，輸入関税が高かったために，1861年
からニューヨーク市の工場で鉛筆製造をはじめとして，アメリカ市場向けの鉛
筆製造を開始した（なお現在その跡地には国連ビルが建っている）。これは合衆国
における鉛筆製造の最初の成功事例となった。1872年に同工場を閉鎖し，ニュ
ーヨーク州ブルックリンに工場を設立した。当時の新聞記事において，彼は
1861年に初めてニューヨーク市にある工場で製造を始めた際の困難について言
及している。

　　ヨーロッパと比べ，わが国合衆国では人件費がとても高い。加えて旧世界

第4章 19世紀中葉の危険な20年間

では労働者が安い賃金でやってしまうような仕事を，機械設備向けに設計しなおした上に，その機械設備をつくらなくてはならなかった。事実，すべての工程において必要な機械類が考案された……。ただしファーバー氏は機械化の結果この国で鉛筆をより安く製造することができるようになったばかりでなく，以前よりももっときれいで品質の揃った仕上がりでできるようになったことを満足気に語っている。

同記事の紹介文によれば（日付不詳だが，文脈からおそらく1872～73年に書かれたと推察される），A・W・ファーバーの親会社はアメリカでの事業と並んで，ドイツのシュタインに主力工場を置き，バイエルン州ゲロルドスグランに大きなスレート工場を置いていた。パリやロンドンに支店，ウィーンに代理店があった。A・W・ファーバーは家族経営であり，エバーハード・ファーバーの兄たちがシュタインでの事業を経営していた。[275]

これらの合衆国内の製造業分野への英国，スウェーデン，ドイツからの直接投資は，後述のファーバー社がセダーキー製材所を発生地としていることを除けば，合衆国内市場の需要を満たす目的のものだった。また，もともと家族経営の会社や個人の発明家（ノーベル）の小ビジネスが国際ビジネスへと移行したものであった。ノーベルの場合，株式を見返りに特許権の移譲はあったが，株式支配を目的とするものではなかった。合衆国の製造業界では最初から国内投資は，国際的な投資として国外からの資本により行われた。合衆国での製造設備投資は，合衆国関税の存在によってもたらされたといえよう。ノーベルの投資に関していえば，製品の性質として市場の近くで生産する必要があった。いずれの投資も親会社や発明者（ノーベルの例）は独自の商品を擁しており，競合相手に対して「有利な立場」にあった。

より小規模ではあるが，合衆国からの輸出向け生産のため海外直接投資も行われている。ファーバーのセダーキー製材所はこれにあたる。別の事例としては1872年にオハイオ州に2つの溶鉱炉を建て，銑鉄の製造を始めたグラスゴー・ポート・ワシントン鉄石炭株式会社がある。同社はオハイオ州に資源確保のため900エーカーの土地を買い，経営者陣はすべてスコットランド人であった。およそ10年間，1880年代前半まで操業を続けていた。設立者たちはアメリ

203

第Ⅰ部　発展途上国の時代

カの安くて豊富な原料には競争力があるとにらんで，英国への輸出を計画し，英国から融資を受けていた。[276] シカゴではリバプールの食料貿易会社ジョン・モレル社が英国市場に供給するため，1871年に新しい豚卸売出荷工場を設立した。[277]

　合衆国製造業への外国からの投資の場合は，主に設備投資等の案件ベースとなっている。英国マンチェスターの投資家デヴィッド・チャドウィックは，英国内で多数の鉄鋼および石炭会社を有限会社形態に変え，さらにアメリカ鉄道にそこから出資したが，1874年にシカゴのジョリエット鉄鋼社の設立に際しては，同社事業向けのみに1000ドル債券を400組発行して投資を行っている。なおジョリエット社は，合衆国で最初のベッセマー転炉工場をもっていた。同じ1874年に，アンドリュー・カーネギーがロンドンで自身の鋼工場のために資金集めをしている。[278]

保険・銀行業務・貿易会社——1865～1875年

　外国会社は保険，銀行，貿易などの非製造業業務も行っている。南北戦争後のアメリカでは急速に都市化が進展したが，建設ラッシュのためしばしば手抜き工事が行われた。木材がふんだんに使われていたため，火事は日常茶飯事だった。合衆国内企業の保険がまだ十分に機能していない時期に，英国人はそこに需要を見出した。リバプール＆ロンドン＆グローブ社，ロイヤル社といった，合衆国にすでに支店を出していた大企業が新規に代理店を開いた。[279] これにノースブリティッシュ貿易保険社（1866年），クイーンズ・オフィス（1866年），インペリアル・オフィス（1868年），コマーシャル・ユニオン（1869年）といった保険会社が合流し，文字どおり「英国保険会社によるアメリカ侵略」が開始された。1872年にはロンドン保険社がニューヨーク代理店を指定した。[280] 1874年にはカナダのトロントにあるウェスタン保険社と，ブリティッシュ・アメリカン保険社が合衆国に新規参入した。[281] 1871年には海上保険を専業とするドレスデンのゼネラル海上保険社，1873年にはハンブルグのハンブルグ・ドレスデン火災保険社が進出するなど，ドイツ系保険会社もこの国に投機的事業を始めていた。[282] これらの外資系会社は主に火災保険を取り扱っていた。

　1871年10月のシカゴの大火事に際して，リバプール＆ロンドン＆グローブ社

204

第 4 章　19世紀中葉の危険な20年間

とノースブリティッシュ社を中心とする 6 社の英国保険会社が，118万2521ポンドの保険金を支払った。この額はこの大火事で被った損害のうち，補償された総額の 6 ％に当たるものである。1872年11月のボストン大火事では，外国保険会社によってさらに97万2231ポンドが支払われたが，これは保険が掛けられていて壊滅した資産のうちの7.7％に及ぶものであった。(283)英国の会社は，多くのアメリカ保険会社が支払いきれないほどの額となったシカゴやボストンの火事損失の請求額を支払った。こうした保険金支払いは負担にはなったが，英国保険会社にとって「信頼性を宣伝するよい機会となり」アメリカでの事業拡大のきっかけとなった。(284)

　1863〜65年にカリフォルニア州で開店した英国系銀行 5 行のうち，2 行は1866年に英国のオーバーエンド・ガルーニー社の倒産に伴って閉店したが，(285)他の 3 行，ブリティッシュ・ノースアメリカ銀行，ブリティシュ・コロンビア銀行，ロンドン＆サンフランシスコ銀行の支店は事業を継続する。(286)特にブリティッシュ・コロンビア銀行は成功し，南北戦争後のカリフォルニア州の銀行のなかのビッグスリーの一つに数えられるほどになった。(287)サンフランシスコ支店やオレゴン州のポートランド支店から得られたアメリカでの利益は，カナダからの利益を凌ぐほどであった。(288)なお合衆国やカナダでの事業はともにロンドン本店が統轄していた。(289)

　ロンドン＆サンフランシスコ銀行は，1865年に20万ポンドの資本払い込みで始まったが，これは傑出した英国およびドイツの銀行と「マニラの投資家」の出資金に拠っている。(290)同銀行はオレゴン州ポートランドとワシントン州タコマとシアトルに支店を開いた。(291)ニューヨークでの初めての代理店はダブニー・モルガン社だった。同銀行はロンドンを本店とし，J・P・モルガンが同銀行の合衆国代理店となっていた。(292)1860年代後半，ロンドン＆サンフランシスコ銀行は他行と同様，アメリカ鉄道債を英国，ドイツで販売し始めた。(293)1871年にはオマハ・ブリッジ社（ユニオン・パシフィック社が債務保証していた）の債券をロンドンで 5 万ポンド発行した。(294)1870年代初めには，同社はロンドンとフランクフルトでオレゴン・アンド・カリフォルニア鉄道債を販売していた。(295)

　1873年にセリグマン家（ニューヨークとロンドンに在住）とサスーンズ家（ロンドンとボンベイ）が共同出資したアングロ・カリフォルニアン銀行が開設され

205

第Ⅰ部　発展途上国の時代

た。南北戦争以前から，セリグマン家はカリフォルニアで金の輸出業務を行っており，これを同銀行が引き継いで事業の基盤としたことから，銀行業経営もすぐに成功を収めるようになった。同年の1873年，スイスのジュネーブで法人化されたスイス・アメリカ銀行が，ヘンリー・ヘンチとフランシス・バートンが長年培ってきた地金評価業務および銀行業務を引き継いで，サンフランシスコ支店を開設した。[297]

　合衆国の東海岸地域では，欧米間やカナダとアメリカ間の銀行間連携が継続していた。すでにヨーロッパ資金のアメリカ鉄道事業への流入において言及したように，ニューヨーク市のヨーロッパの資金グループの活動は活発になっていった。アメリカ・カナダ間の銀行間取引は証券仲介業務というよりも，国際貿易決済や外国為替取引において活発化していた。1872年5月にカナディアン商業銀行（1867年設立）が，ブリティッシュ・ノースアメリカ銀行やモントリオール銀行に続いてニューヨークに「支店」を開いた。[298]特にモントリオール銀行は大きく成長し，同銀行のニューヨーク代理店の資産は885万ドルにも達していた。[299]同銀行のシカゴ支店は南北戦争にも耐え，1865年のシカゴ手形交換所の設立に参加，1867年に一時閉店したが，（大西洋と北米五大湖を結ぶ）セントローレンス水路経由の穀物輸出が増加するようになったことを背景に，1871年に業務を再開した。[300]1871年にはシカゴ支店は英国資金をシカゴに呼び込むのに貢献した。[301]歴史家によれば，1873年までにはモントリオール銀行がアメリカ大陸で一番大きな銀行になっていた。[302]

　1870年代初頭には，カナダ系のある銀行が合衆国銀行業界において重要な役割を担っていた。カナディアン商業銀行史の研究家によれば，同行は合衆国からの輸出で振り出される手形を割り引くとともに，アメリカの輸入業者へ輸入製品購入代金の支払いに手形を仲介するのが主な役割であった。例えばこのカナダの商業銀行が発行した信用状には，多岐にわたる商品が記載されている。[303]ニューヨーク支店をもつカナダ系の別の銀行は1874年までにはポンド建て為替業務で大半を占めるようになった。[304]

　アメリカの銀行に対する外国銀行の出資は，はるか昔の名残としてわずかではあったが残存していた。1874年の時点でアムステルダムのホープ社は，ニューオーリンズの市民銀行の債券を430万ドル保有していたが，これは1830年代

の投資によるものである。⁽³⁰⁵⁾他の銀行関係では，貿易・鉄道開発に関連したものが南部アメリカで存続していた。

　合衆国で多くの投資が英国貿易商社によって，引き続き行われていた。後に重要な役割を果たすことになる，ある会社について言及したい。バルフォア・ウィリアムソン社は1851年にリバプールで設立され，翌年チリのバルパライソにも海外拠点を設けた。1869年にはカリフォルニアの小麦などの生産物輸出とカリフォルニア向けの商品の輸入を手がけるため，サンフランシスコにバルフォア・ガスリー社という名の会社を設立した。⁽³⁰⁶⁾『ニューヨーク・トリビューン（*New York Tribune*）』紙の編集長で保護主義政策の支持者であったホーレス・グリーリーは，1860年代後半に「ニューヨークの外資系商社やその代理店，もしくは外資系会社の系列店は」自由貿易連合の基金の４分の３を提供していると論じている。⁽³⁰⁷⁾貿易商社は，保護貿易へとアメリカが傾いていくことを歓迎していなかったのだ。

<h2 style="text-align:center">1854～1874年——外国投資</h2>

　この章では1850年代に盛んになり始めた外国からの投資について扱ってきた。外国投資は南北戦争によって一時的に抑制されていたものの，1850年代には州政府債が外国投資にとって最も大きな投資先部門であった。鉄道債が急激に伸び，1860年までにはすべての公債（連邦，州，地方政府）の保有額に並ぶか，凌ぐほどになっていた。これらの投資の大部分は，収益目当てに行われる有価証券投資のような性格のものであった。

　南北戦争によって外国投資の増加は抑えられていたわけだが，戦後，勝利者側には莫大な国家的負債が発生した。戦争資金は基本的に国内で調達されていたが，連邦債は外国でも額面をはるかに下回る安値で買うことができた。そのために投機対象となり，特に1863年以降ヨーロッパ人の投資が増え始めていた。戦争直後から1875年頃まで，アメリカの公共部門は多くの外国資本を引きつけていた。外国で保有されていた連邦債はヨーロッパでは新しい州債に転換された。1870年代に多くの州債が1840年代初頭と同じく債務不履行に陥ると，このような投資への熱狂は冷めてしまい，ブームが再び戻ってくることはなかった。

第Ⅰ部　発展途上国の時代

表4-11　1869年におけるアメリカ向け長期
　　　　の外国投資額　　（単位：100万ドル）

海外で所有されている連邦証券	1,000.0
州債	100.0
市債	7.5
鉄道債	130.0
鉄道株	113.0
運河債	5.0
鉱山会社の社債と株式	10.0
不動産担保証券など	25.0
合　計	1,390.5

出所：*Report of the Special Commissioner of
the Revenue* (1869), p. xxvii, in *Foreign
Investments in the United States,* ed. Mira
Wilkins (New York：Arno Press, 1977).
注：上記総額に加えて，5000万ドルの「一時的
な投資」と2500万ドルの「革命の結果で移転
した一時的なキューバ資金」があった。

　鉄道建設は南北戦争によって不振と
なったが，戦後は復興のための建設が
急務となった。この活動の資金を得る
ため，アメリカ人はヨーロッパに向か
った。外国で保有されていた連邦政府
債を凌ぐほどではなかったにせよ，莫
大な資金が鉄道に注ぎ込まれた。

　1869年の外国からのアメリカへの投
資の概算を表4-11に示した。比較し
うるような1874年の詳細なデータは入
手できなかった。もちろん外国からの
投資金額は1870年代初期には増加して
いる（表4-1と表4-5を参照のこと）。

　1873年の金融危機はジェイ・クック銀行の9月の破産によって，突然引き起こ
されたものだった。この銀行は南北戦争中にアメリカ債を売り，1871年の政府
の合衆国債の借り換えに関与し，1873年にヨーロッパでノーザン・パシフィッ
ク鉄道債の販売を企画していた。クック社は英国とドイツの資金でノーザン・
パシフィック鉄道を建設しようとしたが，必要な額を集めることができなかっ
た。歴史学者のポール・ステューデンスキーやハーマン・クルースは，クック
社の倒産の原因は鉄道債販売の失敗直後に起きた1873年恐慌のほかにも，同年
中頃の合衆国への資本流入の中断にもあるとしている。『ネーション』紙は[308]
1873年9月25日付けの記事で以下のように報じている。「エマ鉱山やフレモン
ト社の詐欺行為によるテキサスの会社（メンフィス・エルパソ・アンド・パシフ
ィック鉄道）のようなアメリカの悪漢どもが，利払いや債務の不履行をたびたび
引き起こしたため，英国市場はアメリカ鉄道証券の取り扱いをやめた」。1870[309]
年，英国のエリー鉄道債の保有者の代表は，アメリカの法廷でジェイ・グルド
の行為を「法律の名を騙って行われた個人の権利への侵害としては，現代の文
明国において類例をみないほどの暴挙」と語ったように，「アメリカの悪漢ど
も」は誰の目にも明らかな存在だった。[310]

　これらの事件にもかかわらず，1874年にはアメリカの鉄道証券はロンドンと

208

第**4**章　19世紀中葉の危険な20年間

アムステルダム市場で大量に販売された（表4-8および表4-9を参照のこと）。購買者は存在したのだ。担保証券として保有された証券は，債務不履行が発生したとき市場に売りさばかれ，それによって海外で入手可能なアメリカ証券の数がさらに増加した。[311] 合衆国連邦政府の信用は，1873年12月に財務長官が語った通り高いものだった。[312] 新しい英国やスコットランドの投資信託は1873年の恐慌に耐えた。実際，最上のアメリカ鉄道証券を安値で買ったスコティッシュ・アメリカン投資株式会社にとって，1873年恐慌は「明らかに会社の利益のために神がお遣わしになったもの」のようにみえたと，同社の秘書は書いている。[313] ワシントンでの1872年の鉱山法の制定も，鉱山業への外国からの投資を脅かすものではなかった。ヨーロッパ製造業者たちは大きなアメリカ市場を，製品を売る場として，また時には彼らの製品をつくる場としてみていたのだった。英国でよい人脈をもっていたアメリカ人たちは，ロンドンで相変わらず自分たちの投機的事業への資金を得ることができた。[314] 1871年のシカゴ，1872年のボストン大火災の後，信用を得るようになった英国の火災保険会社も前途洋洋であった。確かに，南北戦争後の数年間，アメリカ人たちはヨーロッパ人の貯蓄を合衆国発展のために確保することに熱心だった。他方でヨーロッパ人たちも膨大な投資をした。ヨーロッパからの投資は，主に個別の具体的な案件ごとに行われていた。連邦債や州債向け投資など，公共事業全般向けの投資が，1870年代半ば頃には，投資先として確かに第1位を占めるには至っていたが，この後長続きはしなかった。

注

（1）　Dorothy Adler, *British Investment in American Railways, 1834-1898*（Charlottesville：University Press of Virginia, 1970）；Leland H. Jenks, *The Migration of British Capital to 1875*（New York：Barnes & Noble, 1973）；Margaret Myers, *The New York Money Market*（New York：Columbia University Press, 1931）, 36-37；および Douglass C. North, "The United States Balance of Payments, 1790-1860," *Trends in the American Economy in the Nineteenth Century*, Studies in Income and Wealth, vol. 24（Princeton, N.J.：Princeton University Press, 1960）, 586, 626. 左記の数点の作品に基づいているこの上昇は，1854年から1855年までの間に，欧州における資金需要があったにもかかわらず，クリミア戦争の金融のために生じた。

（2）　*Report of the Special Commissioner of the Revenue*（1869）, xxvi, published in *Foreign Investments in the United States*, ed. Mira Wilkins（New York：Arno Press, 1977）.

第 I 部　発展途上国の時代

（ 3 ）　次 の 書 を 見 よ。Adler, *British Investment*, 71, 87, お よ び Harry H. Pierce, "Foreign Investment in American Enterprise," in *Economic Change in the Civil War Era*, ed. David T. Gilchrist and W. David Lewis （Greenville, Del.：Eleutherian Mills-Hagley Foundation, 1965), 51.

（ 4 ）　Matthew Simon, *Cyclical Fluctuations and the International Capital Movements of the United States, 1865-1897* （New York：Arno Press, 1978), 78.

（ 5 ）　*Report of the Special Commissioner*, xxvi.

（ 6 ）　Jeffrey G. Williamson, *American Growth and the Balance of Payments* （Chapel Hill：University of North Carolina Press, 1964), 142. 1869年から1914年までのデータを提示したウィリアムソンによると，これがこれらの年のなかでも最高の数値であるという。1869年はもちろん「金恐慌」の年で，ジェイ・グルドとジム・フィスクなどが金市場を独占した年である。U.S. House, *Gold Panic Investigation*, 41st Cong., 2nd sess., March 1, 1870, H. Rept. 31 を参照のこと。「金恐慌」の前，1869年の春にはヨーロッパに送られたアメリカ債権の規模は大きなものになっていた。投機的買い占めに伴う金価格の高騰に伴って，USドル切り下げが起こり，外国の投資家にとってアメリカ債権は安いものになっていた。

（ 7 ）　Charles J. Bullock, John H. Williams, and Rufus S. Tucker, "The Balance of Trade of the United States," *Review of Economic Statistics*, 1 （July 1919）：223. 1958年にジョン・マッデン（John J. Madden）は1860～80年のアメリカにおける英国投資についての博士論文（ケンブリッジ大学）を上梓した。この博士論文は，その題名にもかかわらず，英国とヨーロッパ大陸両方の投資について扱っている。オタワのベアリング文書以外に，マッデンはなんの1次資料も使っていない。同様に彼はマシュウ・サイモンの1955年のコロンビア大学博士論文（1978年に出版），ドロシー・アドラーのアメリカ鉄道への英国の投資に関する同時期の論文にも気がついていない。アドラーは1958年にケンブリッジ大学で博士号を取っている。マッデンの博士論文は投資におけるこの上昇について扱い，*British Investment in the United States, 1860-1880* （New York：Garland, 1985) として出版されている。

（ 8 ）　Mira Wilkins, *The Emergence of Multinational Enterprise : American Business Abroad from the Colonial Era to 1914* （Cambridge, Mass.：Harvard University Press, 1970), 21.

（ 9 ）　Alfred D. Chandler, Jr., *The Visible Hand : The Managerial Revolution in American Business* （Cambridge, Mass.：Harvard University Press, 1977), 89.

（10）　Paul Studenski and Herman E. Krooss, *Financial History of the United States*, 2nd ed. （New York：McGraw-Hill, 1963), 125. 財政年度の1853年末（7月1日現在），アメリカの債務は5980万ドルであった。その債務は，1857年には2870万ドルに下がったが，1860年には6480万ドルまで上昇した。次の書も見よ。Ellis P. Oberholtzer, *Jay Cooke* （1907；rpt. New York：Burt Franklin, 1970), I, chap. 4. 左記の書は，1857年から1860年までの，債務の上昇に関して触れている。

（11）　U.S. Senate, *Report of the Secretary of the Treasury... [on] the Amount of American, Securities Held in Europe*, 33rd Cong., 1st sess., 1854, Exec. Doc. 42, *in Foreign Investments*, ed. Wilkins （これ以降は S. Doc. 42, 1854 と引用する），および U.S. Secretary of the Treasury, *Annual Report, 1856*, 426.

（12）　Myers, *New York Money Market*, 36.

（13）　Ralph W. Hidy, *The House of Baring in American Trade and Finance* （Cambridge. Mass.：Harvard University Press, 1949), 430.

210

第4章　19世紀中葉の危険な20年間

(14)　アメリカの債務規模の増大に関しては，次の書を見よ。Rafael A. Bayley, *The National : Loans of the United States*, 2nd ed.（1881；rpt. New York：Burt Franklin, 1970）, 74-76.

(15)　*Bankers' Magazine*, London, 20（Jan. 1860）：51, および *Hunt's Merchant Magazine*, 43（Jan. 1860）：136-137.

(16)　広範囲の資料を確かめてみたが，1857〜60年間には外国資本による大規模な買い入れの事実はなかったようである。書簡 S. G. Ward to Baring Brothers & Co., June 29, 1858, Baring Papers, Public Archives, Ottawa, vol. 61, p. 034122 をみると1858年公債は合衆国内で引き受けがあると期待されていたようだ。ラルフ・ハイディの著書（*House of Baring*, 472）によればベアリング・ブラザーズ社はワード・キャンプベル社のニューヨーク支店と共同で1859年にニューヨーク市場で合衆国債を15万ドル購入している。そのなかの一部のみが英国に販売のため送られた。「英国での需要は弱く」「アメリカの高めの値段のために，ベアリング・ブラザーズ社はアメリカ証券の新しい発行についてはほんのわずかしか扱わなかった」とハイディは書いている。The American Account Books（1857-1863）of N. M. Rothschild & Sons, Rothschild Archives London II/3/7 では，合衆国政府債の利率については記載がない。おそらく債券は商業債券への支払いや滞納の穴埋めとして流通していたようだが，当時の文献にはこのことを示唆するような箇所は見当たらない。ジェイ・クック・マックロック社が準備した1871年1月の概算をみるとヨーロッパが保有する1858年公債の利子は，高いものであったことがわかる（Adler, *British Investment*, 84）。しかしながら1871年の数値は，外国での証券への，南北戦争後の影響を示すものと思われる。*Philadelphia Ledger* に載っている3分の2という歩合が正確ならば，これは外国で保有された合衆国債のなかでも最も高い数値である。しかしこれは疑わしい。最も信憑性のある説明は，ニューヨークのアメリカ財務省分局の国際収支資料を使うことで，外国保有の合衆国債の総計に歪みが生じたのではないか，というものである。この件に関する後年の実証については U.S. Census Office, *Report on Valuation, Taxation, and Public Indebtedness, 10th Census*（Washington D.C., 1884）, 518を参照のこと。

(17)　The American Account Books（1857-63）of N. M. Rothschild & Sons. RAL II/3/7 には1853〜63年間の合衆国政府債についてはなんの記載もない。おそらく，項目として金額が計上されていないので，*Philadelphia Ledger* の著者は単純に，英国ロスチャイルドの所有財産だったと推測したようである。

(18)　オーヴァーストーン卿に関しては，次の書を見よ。Jacob Viner, *Studies in the Theory of International Trade*（Clifton, N.J.：Augustus M. Kelley, 1975）, 220-235；Jenks, *Migration*, 130-131；T. E. Gregory, *The Westminster Bank through a Century*（London：Westminster Bank, 1936）, I, 320-321, and II, 158-186；そして最良の書は次の通り。D. J. O'Brien, ed., *Correspondence of Lord Overstone*, 3 vols.（Cambridge：Cambridge University Press, 1971）. 1820年代および1830年代の，アメリカにおけるオーヴァーストーン卿の投資に関しては，本書の第3章を読まれたし。

(19)　Alexander Herzen, *My Past and Thoughts: The Memoirs of Alexander Herzen*（Berkley：University of California Press, 1982）, 398-399 では彼の投資について述べられている。1848年，亡命中にヘルツェンはジェームズ・デ・ロスチャイルド男爵の仲介で2つのモスクワ貯蓄債権を現金化した。そしてパリで「とても困難な時期に多額の現金をもつことができた……ロスチャイルドの助言で私はアメリカの株券をいくつか買った」と書いている。ジェームズ・デ・ロスチャイルド男爵は当時（1848年）合衆国債を買っていた（第3章を参照）。明らかに，「アメリカの株券」とは合衆国連邦政府債であった。トクヴィルの合衆国への投資に

第Ⅰ部　発展途上国の時代

ついては Henry Blumenthal, *A Reappraisal of Franco-American Relation, 1830-1871* (Chapel Hill：University of North Carolina Press, 1959), 114を参照のこと。ブルーメンタールはフランスの貴族がフランス国内の騒乱に対する保護のため，合衆国証券を買ったと記している。

(20)　B. U. Ratchford, *American State Debts*（Durham, N.C.：Duke University Press, 1941), 127.

(21)　前掲書, 133. 新しい買い入れはなかったとしても，外国人保有者が，早期に買っていた証券を保有していたことは重要である。これらはヨーロッパで取引されていたようである。

(22)　Ratchford, *American State Debts*, 133. 1854年のバージニア州債の発行は，後に議論を呼ぶことになった。次の書を見よ。Charles Fenn, *A Compendium of the English and Foreign Funds*, 14th ed.（London：1889), 652, および Council of the Corporation of Foreign Bondholders, *Annual Report for 1874* およびそれ以降の年次報告書。バージニア州債の販売に関する，ジョージ・ピーバディの役割に関しては，次の書を見よ。Muriel Hidy, *George Peabody*（New York: Arno Press, 1978), 346-347.

(23)　Nathaniel T. Bacon, "American International Indebtedness," *Yale Review*, 9（Nov. 1900)：271. ロンバード・オディール社は，ニューヨークのイゼリン社と親密な関係にあった（イゼリン家は元来，スイスの出身）。

(24)　"On the Development of Foreign Issues on the Frankfurt Bourse from 1797 to 1860," in Helmut Böhme, *Frankfurt and Hamburg*（Frankfurt：Europaische Verlagsanstalt, 1968), 156-161. ここには驚いたことに，新しい発行ではなく，売買目的の証券が一覧として載っている。1791～1848年の間，フランクフルト証券取引所ではアメリカ証券の取り扱いはなかった。1849年に6％利付き合衆国債が一覧に載っている。1850年，1851年には新しい証券の記入はない。1852年にはセントルイス郡とセントルイス市の債券と，エリー鉄道債が記入されている。1854年はドルの額面で売り出された証券が26株，文字どおり洪水のように記載がある。5％利付き合衆国連邦政府債，合衆国財務省債券，カリフォルニア，ジョージア，イリノイ，インディアナ，ケンタッキー，ルイジアナ，メリーランド，マサチューセッツ，ミズーリ，ノースカロライナ，テネシー，バージニア債など。同様に，アメリカの市の公債もある。セントルイス，シカゴ，シンシナティ，コヴィントン（ケンタッキー州？），サンフランシスコ，ルイヴィル，ニューオーリンズ，ピッツバーグ，サクラメントなど。これらの市のなかにニューヨークの記載もある。これはニューヨーク州ではなく，ニューヨーク市であろう。1854年に記載のある鉄道債はガリーナとシカゴである。1855年にはさらに市が3株，ミルウォーキー，ウィーリング，サンフランシスコ。1856年にはサンフランシスコとニューオーリンズの州債券が新たに加わった。1857～60年にはなにもない。このドイツの州債や市債への関心は特筆すべきものである。これは表4-1には的確に反映されていないようだ。

(25)　Adler, *British Investment*, 23.

(26)　Hidy, *House of Baring*, 429. 1854年9月，*American Railroad Journal* の編集長は，これらの問題を綿密に調査した結果，海外から1億5000万ドルの資金がアメリカの鉄道に投資されたと推定した。次の書を見よ。Alfred D. Chandler, Jr., *Henry Varnum Poor*（Cambridge, Mass.：Harvard University Press, 1956), 312n.

(27)　U.S. Secretary of the Treasury, *Annual Report, 1856*, 426. 報告書は360社の鉄道会社に関し記した。

(28)　C. K. Hobson, *The Export of Capital*（London：Constable, 1914), 128. ホブソンがポンド

第 4 章　19世紀中葉の危険な20年間

とドルを誤って混用したのは明らかである。

(29)　Adler, *British Investment*, 24.

(30)　U.S. Bureau of the Census, *Historical Statistics of the United States*（Washington, D.C., 1960）, 428.

(31)　優れたデータが掲載されている次の書を見よ。Reginald C. McGrane, *Foreign Bondholders and American State Debts*（New York : Macmillan, 1935）, 278-279.

(32)　前掲書, 279.

(33)　Paul W. Gates, *The Illinois Central and Its Colonization Work*（1934 ; rpt. New York : Johnson Reprint Corp., 1968）, 66-73, および S. Doc. 42, 1854, 46.

(34)　Gates, *Illinois Central*, 75-76.

(35)　前掲書, 79-80 ; Adler, *British Investment*, 172-173 ; および Arthur M. Johnson and Barry Supple, *Boston Capitalists and Western Railroads*（Cambridge, Mass. : Harvard University Press, 1967）, 143, citing the London *Times*, July 23, 1858. リチャード・コブデンは，英国の急進的な自由貿易論者であり，イリノイ・セントラル鉄道の有力投資家であった。コブデンは，1857年までに3000株を所有していた。彼は1859年の春に，他の英国の株主を代表して，会社の実態および経営を調査するためにアメリカを訪れた。次の書を見よ。Nicholas C. Edsall, *Richard Cobden*（Cambridge, Mass. : Harvard University Press, 1986）, 316-325, および John Morley, *Life of Richard Cobden*（London : Chapman & Hall, 1883）, 443.

(36)　S. F. van Oss, *American Railroads as Investments*（1893 ; rpt. New York : Arno Press, 1977）, 315. マッキャルモン・ブラザーズ銀行はカレン氏なる人物を社長に据えたが，彼は自己利益のための投機をしすぎ，同銀行は彼の代わりにC・E・スミスを据えた。

(37)　ノーザン・クロス鉄道はシカゴ・バーリングトン・アンド・クインシー社と提携していた。書簡 S. G. Ward to Baring Brothers, Dec. 27, 1858, BAO, vol. 62, p. 034344. 公爵の利潤規模については同書, Dec. 28, 1858, BAO, vol. 62, pp. 034350-53 ; report on the Northern Cross by W. H. Swift, BAO, vol. 62, pp. 034354-66 ; Swift to Ward, March 11, 1859, vol. 62, pp. 034431-35. ブランズウィック公爵は合衆国に長期間投資していたようである。*Niles' Weekly Register*, 45（Nov. 16, 1833）: 179 では彼がペンシルベニア州債の最大の外国人保有者であり，彼は1833年時点で6万7500ドル分を保有しているとしている（外国人保有者の名簿は不完全なものであり，実際にはもっと保有していた投資家もいたかもしれない）。

(38)　Adler, *British Investment*, 58.

(39)　Harry H. Pierce, *Railroads of New York*（Cambridge, Mass. : Harvard University Press, 1953）, 6. この書が初めて，インガムの64万600ドルの証券の所有を明らかにした。次の書も見よ。Pierce, "Foreign Investment," 49 ; "Anglo-American Investors and Investment in the New York Central Railroad," in *An Emerging Independent American Economy, 1815-1875*, ed. Joseph R. Frese and Jacob Judd（Tarrytown, N.Y. : Sleepy Hollow Press, 1980）, 154 ; および Irene Neu, "An English Businessman in Sicily, 1806-1861," *Business History Review*, 31（Winter 1957）: 356. Richard Trevelyan, *Princes under the Volcano*（London : Macmillan, 1972）, 7, 90. これらの書は，インガムのミシガン・セントラル鉄道の社債所有に関し，情報を提供している。第3章で述べた如く，ニューヨークの商人であるシューラー・リヴィングストンは，インガムの投資顧問として仕えた。リヴィングストンは，オルバニーの企業家である，エラスタス・コーニング（1794-1872）と親しかった。そのコーニングは，アメリカの異なるベンチャー企業に対し，インガムの資金を利用して融資をしていた。

213

第 I 部　発展途上国の時代

(40)　Adler, *British Investment*, 96, 97, 101 ; Edward Harold Mott, *Between the Ocean and the Lakes : The Story of the Erie* (New York : John S. Collins, 1901), 116, 128, 364 ; および Jenks, *Migration*, 256-257.

(41)　Pierce, "Anglo-American," 128, および Ralph W. Hidy and Muriel E. Hidy, "Anglo-American Merchant Bankers and the Railroads of the Old Northwest, 1848-1860," *Business History Review*, 34 (Summer 1960) : 154.

(42)　Pierce, "Foreign Investment," 47 ; Cleona Lewis, *America's Stake in International Investments* (Washington, D.C. : Brookings Institution, 1938), 36. ピアスは, ニューヨーク・セントラル社の事務所が, 1857年にロンドンに設立されたと記している。

(43)　Pierce, "Foreign Investments," 45-46.

(44)　前掲書, 56, および K. D. Bosch, *Nederlandse Beleggingen in de Verenigde Staten* (Amsterdam : Uitgeversmaatschappij Elsevier, 1948), 136.

(45)　Böhme, *Frankfurt and Hamburg*, 156-161.

(46)　Rondo Cameron, "French Foreign Investment," Ph.D. diss., University of Chicago, 1952, 125.

(47)　1854年10月, ニューヨークの仲買人もしくは民間金融業者であったチャールズ・モランと, 同じくニューヨークの民間金融業者であったルイ・ボン・ホフマンはエリー鉄道の理事に選ばれ, 「モランは外国人債権者の利益のために, 同社の多くの無担保債権や高利回り債権をスイスや他のヨーロッパに移した」という (Mott, *Between the Ocean and the Lakes*, 116)。モランは, 1857年から1859までの期間, ニューヨーク鉄道とエリー鉄道の社長をしていた。

(48)　Hetbert Marshall, Frank A. Southard, Jr., and Kenneth W. Taylor, *Canadian-American Industry* (New Haven : Yale University Press, 1936), 188.

(49)　Chandler, *Visible Hand*, 91 ; Chandler, *Henry Varnum Poor*, 94, 105, 173, 310-311n, 106 ; Adler, *British Investment*, 22-23, 49-51 ; および Charles Kindleberger, *The Formation of Financial Centers* (Princeton, N. J. : International Finance Section, Department of Economics, Princeton University, 1974), 35. パリのマンロー社 (Munroe & Co.) は, 1851年にその創始者のマーチャンダイジング企業を引き継いで操業を開始した (Lewis, *America's Stake*, 192)。マンロー社に関するさらなる情報は, 次の書を見よ。Max Gerard, *Messieurs Hottinguer* (Paris : Hottinguer, 1972), II, 671 ; また, ウィンスロー・レニエ社 (Winslow, Lanier & Co.) に関しては, 次の書を見よ。Vincent Carosso, *Investment Banking in America* (Cambridge, Mass. : Harvard University Press, 1970), 12.

(50)　Chandler, *Henry Varnum Poor*, 209. ベアリング・ブラザーズ社のボストンの代理人であるサミュエル・ワードは, アメリカの鉄道に関する情報をベアリング家に提供していた。一例として, 次の書を見よ。BAO, vol. 61, pp. 033715-16 (ワードはエラスタス・コーニングからのニューヨーク・セントラルに関する手紙を1857年10月31日にロンドンに向け送付した) ; Ward to Baring Brothers, Dec. 8, 1857, 左記の書簡は, ミシガン・セントラル鉄道債券に関する助言を含んでいる (前掲書, p. 033821)。

(51)　次の書 N. S. B. Gras and Henrietta Larson, *Casebook in American Business History* (New York : Appleton-Century-Crofts, 1939), 546-549, および Hidy, *George Peabody*, 302ff. を見よ。

(52)　次の優れた書を見よ。Gates, *Illinois Central*, 224.

(53)　*New York Times*, Nov. 1, 1941. シュバイアー社がこのときに, 鉄道債券を取り扱っていた

第4章　19世紀中葉の危険な20年間

かどうかについては定かではないものの，私はその可能性は高いと思う。その会社は，未だに小さな企業であった。

(54)　J. Riesser, *The German Great Banks and Their Concentration* （1911；rpt. New York：Arno Press, 1977）, 61；および Paul Emden, *Money Powers of Europe* （New York：Appleton-Century, 1938）, 108, 209. しかし同社の興味は合衆国連邦，州，市の債権であった。これはシュパイアー社にも当てはまると思われる。そうでなければフランクフルト証券取引所で，このような上場が同時発生的に，一度に発生する理由が見当たらない。この章の注（24）を参照のこと。

(55)　Riesser, *German Great Banks*, 502.

(56)　Ira B. Cross, *Financing an Empire* （Chicago：S. J. Clarke, 1927）, I, 220. ジュネーブにあるヘンチ社に関しては，次の書を見よ。Nicholas Faith, *Safety in Numbers* （New York：Viking Press, 1982）, 24, 290. Leroy Armstrong and J. O. Denny, *Financial California* （1916；rpt. New York：Arno Press, 1980）, 47, 51. 左記の書は，スイスの領事であるヘンリー・ヘンチが，1855年にサンフランシスコで銀行業を開始したときのことを説明している。

(57)　モントリオール銀行は前述した如く，1818年にニューヨーク代理店を指名した。プライム・ワード＆キング社との関係は，1841年に終結した。その銀行はまた，多種の企業が「その銀行の株主の面倒をみる」ように仕向けた。特に1850年代における，ニューヨークにある商業銀行の面倒をみさせていた。これと同様に，ブリティッシュ・ノースアメリカ銀行（Bank of British North America）は，1830年代にプライム・ワード＆キング社を使っていた（第3章を見よ）。このブリティッシュ・ノースアメリカ銀行の，最初のニューヨークの代理店に関しては，次の書を見よ。Merrill Denison, *Canada's First Bank : A History of the Bank of Montreal*, 2 vols. （New York：Dodd, Mead, 1967）, II, 102. モントリオール銀行に関しては，次の書を見よ。前掲書, 100-102. さらに次の書も見よ。Bank of Montreal Resolve Book, III, April 2, 1841, p. 386；前掲書, VI, Dec. 3, 1858, p. 42；Dec. 24, 1858, pp. 46-47；および Jan. 21, 1859, p. 51, in the Bank of Montreal Records, Public Archives, Ottawa.

(58)　Bray Hammond, *Banks and Politics in America from the Revolution to the Civil War* （Princeton, N.J.：Princeton University Press, 1957）, 669-670.

(59)　Denison, *Canada's First Bank*, II, 71. デニソンは，資本金についてそれぞれ，モントリオール銀行が600万ドル，ニューヨーク商業銀行が900万ドル，ルイジアナ市民銀行が670万ドルであったことを記している。彼の記した数値のなかでは，ルイジアナ市民銀行の資本金に誤りがあるようにみえる。その資本金は，1850年代末期までに，100万ドルまで激減してしまったはずである。次の書を見よ。George D. Green, *Finance and Economic Development in the Old South* （Stanford, Calif.：Stanford University Press, 1972）, 80-81.

(60)　Denison, *Canada's First Bank*, II, 181.

(61)　前掲書, II, 101.

(62)　前掲書, 103.

(63)　前掲書, 103.

(64)　前掲書, 103-104.

(65)　3つのルイジアナの銀行の外国人保有額は1853〜57年に落ち込んでいる。ニューオーリンズ運河銀行（84万ドルから60万ドルへ），ルイジアナ銀行（110万4600ドルから91万4500ドルへ），ルイジアナ州法銀行（60万3800ドルから54万7100ドルへ）。S. Doc. 42, 1854, 27 と Green, *Finance and Economic Development*, 81, ではルイジアナの認可銀行すべての，1857年の数字

第 I 部　発展途上国の時代

を載せている。グリーンは，1857年の外国人保有者（英国，オランダ，フランスとドイツ）による投資額は220万ドルであると特定している。グリーンによるとこの合計に，670万ドル相当の未払いの州「保有の銀行債」も加算すべきだという。1837年に外国投資が2070万ドルから落ち込んだのは（そのうちの1480万ドルは州保有の銀行債である）「生き残った銀行の債券販売ではなく，倒産寸前の銀行の債券と株式への滞納や一部払い戻しの混合によって，起きたものである」という（前掲書，81-83）。

(66)　Rodman W. Paul, *California Gold : The Beginning of Mining in the Far West* (Cambridge, Mass.：Harvard University Press, 1947), 146. これらの数値は，第3章でジェンクスが示した数値と比較した方がよい。

(67)　Henry Blumenthal, "The California Societies in France, 1849-1853," *Pacific Historical Review*, 25 （Aug. 1956）：251.

(68)　英国のそれらの投資に関しては，次の書を見よ。Rodman W. Paul, *Mining Frontiers of the Far West, 1848-1880* （New York：Holt, Rinehart & Winston, 1963), 38-39, および Herbert O. Brayer, *William Blackmore* （Denver：Bradford Robinson, 1948), I, 173.

(69)　R. E. Barclay, *Ducktown* （Chapel Hill：University of North Carolina Press, 1946), 48-49.

(70)　前掲書，71.

(71)　前掲書，72.

(72)　前掲書，72.

(73)　Denison, *Canada's First Bank*, II, 107.

(74)　A. H. John, *A Liverpool Merchant House* （London：George Allen & Unwin, 1959), 24. リダーデールは，後にイングランド銀行の総裁になった。

(75)　前掲書，24.

(76)　J. D. Scott, *Vickers* （London：Weidenfeld & Nicolson, 1962), 7.

(77)　Chauncey Depew, ed., *1795-1895 : One Hundred Years of American Commerce* （New York：D. O. Haynes, 1895), II, 448. ハントリー＆パーマーズ社のアメリカにおける事業に関する，より的確な評価については，次の書を見よ。 T. A. B. Corley, *Quaker Enterprise in Biscuits : Huntley & Palmers of Reading, 1822-1972* （London：Hutchinson, 1972), 82.

(78)　J. & P. Coats, "Text of 150 Year Exhibition," panel 18, Renfrew District Library, Scotland. クラークは同郷のアンドリュー・コーツと提携して，アメリカでスコットランドの縫い糸を販売した。ジョージ・A・クラーク＆ブラザー社のデータは J. B. K. Hunter から引用。

(79)　Lewis, *America's Stake*, 110. その会社はすでに，アメリカで他の英国の保険会社に加わっていた。

(80)　前掲書，81. このことは，海外における鉄道事業としては，最も早い大規模な土地の販売であったに違いなかった。最初の契約は600万エーカーであったが，処分されたのは実質，50万エーカーであった。次の書を見よ。Robert Edgar Riegel, *The Story of the Western Railroads* （Lincoln：University of Nebraska Press, 1926), 282.

(81)　ジェームズ・モリソンに関しては，次の書を見よ。Richard Gatty, *Portrait of a Merchant Prince, James Morrison, 1789-1857* （Northallerton, Yorkshire：Pepper Arden, n.d. ［1977？]）, 303. 1ポンド4.86ドルで，モリソンの所有株は392万ドルになった。その数値は，合衆国銀行の負債である377万ドルと，J・モリソン＆サン社の1841年3月1日現在の債務値との範囲内である（第3章を見よ）。ベンジャミン・インガムは，ニューヨーク，ニュージャージー，ミシガン，およびイリノイ州で投資をした。1861年3月時点の一部のリストには，トレ

第4章　19世紀中葉の危険な20年間

ヴェヤンの47の項目がはっきりと出てくる（Trevelyan, *Princes under the Volcano*, 90）。他のリストによると，インガムの「アメリカ資産」は同じ時点で，650万ドルであったことが記されていた（前掲書，90）。このことは，そこに示された収益を考慮すれば，可能性としては充分である（前掲書，306）。トレヴェリアンは，1861年のインガムの死後，資産が著しく略奪されたと報告しているが，インガムの相続人の間で，その資産になにが起きたかは不明である（次の書を見よ。前掲書，203, 205-206）。インガムのアメリカ資産の数値が正しいならば，1857年までの資産が，モリソンの資産よりもかなり大きかったということは，疑う余地もない。それらの資産は，いずれも許される範囲内の所有であった。プアに関しては，次の書を見よ。Chandler, *Henry Varnum Poor*, 27.

(82)　North, "The United States Balance of Payments," 573-627. 左記の書は，1858年から1860年までの，アメリカにおける対外債務の「直接推定額」を含んでいない。しかし，彼の国際収支に関する1859年と1860年の推定（同書，p. 581）では，輸入超過が顕著になっており，さらに重要なことに，海外への利子および配当の支払い部分では，アメリカ史上最大の流出を示している（1859年は2340万ドル，1860年は2510万ドルの流出）。ノースはこの上昇に関し，なにもコメントしていない。利子の支払いに関しては，長期債務も短期債務も同じ方式であった。それゆえこれは，必ずしも長期債務の上昇を示すものではない。

(83)　1860年1月19日ボストンのS・G・ワードは，ベアリング・ブラザーズ社に次のような手紙を書いた（BAO, vol. 62, p. 034745）。「鉄道債券は，現在よりもより有利な投資になるでしょう。そうなればおそらく，かつて経験したことのないものになるでしょう」。しかしベアリング・ブラザーズ社は，1860年の間には，会社の所有を増やす行動には出なかった。ワシントンの駐在員であるダドレイ・マンは，ピアス大統領政権下の国務長官補佐であった。彼はまた，ブキャナン大統領の親友でもあった。そして，リンカーンが大統領に選出されたとき，マンは災難を予想した。彼は1860年12月までに，アメリカ政府の劣悪な債権について，手紙でベアリング社に警鐘を鳴らした（Mann to Baring Brothers, Dec. 1, 1860, BAO, vol. 97, p. 054626）。マンは，南北戦争が起こるであろうと強く確信していた（前掲書，Jan. 15, 1861, BAO, vol. 97, p. 054635）。彼のリンカーンに関するコメントは，「間抜け」「粗野で卑俗な行為者」「まさに一般的な生活に必要な礼儀作法や知識を最も必要としている人」などであり，それらはめったにロンドンのマーチャントバンク業者らを安心させるものではなかっただろう（前掲書，Feb. 18, 1861, p. 054654, および Feb. 26, 1861, p. 054658）。

(84)　Hans Bauer, *Swiss Bank Corporation, 1872-1972*（Basle：Swiss Bank Corp.,1972）, 39.

(85)　*Hunt's Merchant Magazine*, 49（Oct. 1868）：241.

(86)　これは私自身の結論であるが，未だに確信がもてないでいる。アメリカの鉄道における外国投資の規模を誰も知らない。1859年の初期，ベアリング社は英国資本の6億ドルが，アメリカの鉄道債券に投資されたと考えていた。ワード・キャンベル社は，ニューヨークにおけるブローカーによる調査の後で，「アメリカ鉄道業のすべての外国投資は，アメリカ鉄道のために発行された州債を含むが，2億ドルを超えてはいなかった。そのうち，1億2000万ドルは英国で所有されていた」と，1859年3月22日と24日に英国のある銀行へ手紙を書いた。次の書を見よ。Madden, *British Investment*, 25.

(87)　どの資料でも譲渡について論じている。例えば，アイルランド人ウィリアム・スカリーは合衆国銀行に預金と，イリノイに自己評価額5万6000ポンドで，3万5000エーカーの土地を所有していたが，1861年5月28日には合衆国の代理人に7000ドルを金で送金するよう，指示している（Homer E. Socolofsky, *Landlord William Scully*［Lawrence, Kan.：Regents Press of

217

第 I 部　発展途上国の時代

Kansas, 1979], 33, 42, 37)。

(88)　Emden, *Money Powers*, 264. オーヴァーストーン卿は，1861年 5 月15日，G・W・ノーマンに次のような手紙を書いた。「われわれのアメリカ債券は，危険な疑いが決してない」。そして彼は，次のように「連邦政府の災難」について言及し，「すべてうまくいくことを願うのみ」としている。1861年 8 月13日，彼は「私はアメリカ債券で自らが悩むことはしないと決意しました」と付け加えた。しかし出版されている書簡には，彼がそれらの債券を売却したとか，あるいは買い増ししたとかいうことについて，何の暗示もない（O'Brien, ed., *Correspondence of Lord Overstone*, II, 953-954, 961）。

(89)　Oberholtzer, *Jay Cooke*, I, 146.

(90)　Irving Katz, *August Belmont : A Political Biography*（New York : Columbia University Press, 1968), 100-101, および David Black, *The King of Fifth Avenue : The fortunes of August Belmont*（New York : Dial Press, 1981), 207-212. ロスチャイルド家のユング・サロモン（Young Salomon de Rothschild : 1835-1864）は，1859年から1861年の間アメリカに住み，アメリカ南部でのんびり過ごしていた。彼は，1861年 4 月28日に家へ宛てた手紙のなかで，アメリカ南部連合軍を認知して，ロスチャイルド家の影響力を発揮するように，ロスチャイルド家に喚起した。彼は，北軍が全面的に悪いとみていた。なにが悪いのか？　次の書を見よ。Sigmund Diamond, *A Casual View of America : The Home Letters Salomon de Rothschild, 1859-1861*（London : Cresset Press, 1962), 123-124. サロモンは，ジェームズ・ロスチャイルド（1792-1868）の息子で，「パリでは有名なロスチャイルド」であった。オーガスト・ベルモントは民主党員で，ブキャナン大統領の強力な支持者であった。

(91)　Leonard H. Courtney, "On the Finances of the United States, 1861-1867," *Journal of the Statistical Society of London*, 31（June 1868）: 173-175. Quotation dated December 17, 1862.

(92)　U.S. Secretary of the Treasury, *Annual Report, 1861*, 16, Presented to Congress, Dec. 9, 1861.

(93)　前掲書, 16-17.

(94)　Katz, *August Belmont*, 98 ; John, *Liverpool Merchant House*, 26 ; および Jenks, *Migration*, 421. これはリバプール，アムステルダム，フランクフルトでも取り上げられた。スタンレイ・チャプマンは，アメリカ南部連合軍への貸付を「おそらくは，その世紀で最も大胆かつ成功するであろう貸付」と称している。詳細については，彼の次の書を見よ。Stanley Chapman, *Rise of Merchant Banking*（London : Allen & Unwin, 1984), 85, オーガスト・ベルモントの妻の，叔父にあたるジョン・スライデルは，アメリカ南部連合軍への貸付を準備した。ジョン・スライデルの娘であるマチルデは，その貸付に絡んでいたフレデリック・エミル・デランゲ（1832-1911）男爵と結婚した。彼らの息子であるエミル・ビーモント・デランゲ（1866-1939）男爵は，ロンドンのエミル・エルランガー社の上級パートナーになった（コロンビア大学に所蔵されている，ベルモント家の書簡のなかの，家系図を参考にした）。スライデルに関しては次の書を見よ。the *Dictionary of National Biography* そしてまた，エミル・デランゲに関しては，次の書を見よ。*Who's Who 1915*. エルランガー家は，引き続きアメリカ投資に関与していた。

(95)　Oberholtzer, *Jay Cooke*, I, 286.

(96)　前掲書, I, 287, 289, 309.

(97)　次の書簡を見よ。Lord Overstone to G. W. Norman, Feb. 26, 186, in *Correspondence of Lord Overstone*, ed. O'Brien, III, 1030.

第4章 19世紀中葉の危険な20年間

(98) U.S. Secretary of the Treasury, *Annual Report, 1864*, 17.

(99) ノース・ナーホト＆クーン（Knauth, Nachod,& Kuhne）社のフレデリック・クーンの推定額が，次の書にみられる。Oberholtzer, *Jay Cooke*, I, 514. 次の書も見よ。Simon, *Cyclical Fluctuations*, 83-88.

(100) Pierce, "Anglo-American Investors," 135.

(101) Pierce, "Foreign Investment," 51.

(102) Charles Duguid, *The Story of the Stock Exchange* (London : Grant Richards, 1901), 249.

(103) W. J. Reader, *A House in the City* (London : B. T. Batsford, 1979), 50. 1865年と1866年のデータによれば，ウィリアム・クローシェイはウィルミントン・アンド・ウェルデン社およびモービル・アンド・オハイオ鉄道社の社債に関しては，英国における最大の所有者であった。それらの社債は，数年前に鉄道会社向けの利払いがなされ，クローシェイによって未だ所有されていた（John P. Addis, *The Crawshay Dynasty* [Cardiff University Press, 1957], 157)。次の書も見よ。Adler, *British Investment*, 42.

(104) D. C. M. Platt, "British Portfolio Investment Overseas before 1870 : Some Doubts," *Economic History Review*, 2nd ser., 33 （Feb. 1980）: 1-16. 左記の書には，この点が明らかに指摘されている。

(105) Gates, *Illinois Central*, 76.

(106) Pierce, "Foreign Investment," 51. この場合の上昇は，株の配当によるものであった。

(107) 前掲書, 51.

(108) Adler, *British Investment*, 72.

(109) Jenks, *Migration*, 255-258, および Julius Grodinsky, *Jay Gould* （Philadelphia : University of Pennsylvania Press, 1957), 31.

(110) Jenks, *Migration*, 257.

(111) Adler, *British Investment*, 106 n.77.

(112) Lewis, *American's Stake*, 104. あるオランダの投資も，同様にあった。P. L. Cottrell, "Investment Banking in England, 1856-1882," Ph.D. diss., University of Hull, 1974, 345. 左記の書は，アトランティック・アンド・グレート・ウェスタン社（Atlantic and Great Western）の社債は，ドルの価値下落に対する投資家の保護の観点により，金による支払いが可能となっていたと記している。

(113) Ira B. Cross, *Financing an Empire* （Chicago : S. J. Clarke, 1927), I, 255-256.

(114) John Walton Caughey, *California* （New York : Prentice-Hall, 1940), 319, 115. 第3章を見よ。

(115) 本書第3章を参照。

(116) Victor Ross, *History of the Canadian Bank of Commerce* （Toronto : Oxford University Press, 1920), I, 300.

(117) ロンドンのマーチャントバンク業者で当時，イングランド銀行理事だったジョージ・J・ゴシェンは，この拡大の背景について1865年にこう書き記している。「巷でよく耳にする，様々な名前の銀行は英国資本と外国の需要の結婚によるものだとわかる。英国―オーストラリア銀行，英国―イタリア銀行，英国―エジプト銀行というような例である。英国とスウェーデンによる銀行，英国とカリフォルニアによる銀行，（原文のまま）ロンドンとハンブルグ大陸交換銀行，ロンドンとブラジル銀行，ロンドンとブエノスアイレス・リバー・プレイト銀行，さらにロンドンと南アメリカ銀行の結合が挙げられる」。次の書を見よ。 George J. Goschen,

219

第Ⅰ部　発展途上国の時代

Essays and Addresses on Economic Questions（*1865-1893*）（1905；rpt. New York：Garland, 1983), 23. 彼自身の会社であるフルリング＆ゴシェン社は，ロンドンとサンフランシスコ銀行の合併に関係していた。

(118)　Cross, *Financing an Empire*, I, 255-259, および A. S. J. Baster, *The International Banks*（1935；rpt. New York：Arno Press, 1977), 158.

(119)　Ross, *Canadian Bank of Commerce*, I, 308.

(120)　Denison, *Canada's First Bank*, II, 111-115.

(121)　F. Cyril James, *The Growth of Chicago Banks*, 2 vols.（New York：Harper & Bros., 1938), I, 338. 以前には，シカゴで法人化された銀行が倒産した（前掲書, I, 268, 286)。

(122)　Denison, *Canada's First Bank*, II, 124-128.

(123)　Clyde William Phelps, *The Foreign Expansion of American Banks*（1927；rpt. New York, Arno Press, 1976), 92. 左記の書では，国法銀行はいかなる為替手形も受け付けなかったと記しているが，為替手形とその引き受けに関しては，次の書を見よ。John A. James, *Money and Capital Markets in Post bellum America*（Princeton, N.J.：Princeton University Press, 1978), 51-58. ジェームズは，国内取引における引き受け業務の減少と考慮に基づいた，「英国の実務」からの逸脱を説明している。彼はその内容を次のように書いている。「2人サインの書類」，すなわち引き出し人の裏書きによる為替手形と「引き受け人」は，1886年から1900年までの，ニューヨーク市立銀行における全体貸付額および割引額を50％から20％に減少したが，1900年から1913年までは，20％のレベルのままであった。しかし，ジョン・ジェームズは別の文脈のなかで，次のように書いている。「国法銀行法によって特に認可されていないものは，禁止されていると伝統的に考えられていた」（前掲書, 90)。フェルプスは，p. 92で，裁判所の決定は，国法銀行が「引き出された為替手形を受領することができなかった」，という彼の自説の実証のため，裁判の判決を引用している。フェルプスの主要な引用は，ローガン対タウンゼントの判例（139 U.S. 67)で，1891年3月2日に結審した。多くの歴史家は私と同様に，国法銀行は国際取引が生じる為替手形を容認できなかったと書いてきた。

(124)　Phelps, *Foreign Expansion*, 92.

(125)　もし，ジョン・ジェームズが正しく，その法律自体を妨げるものでなかったならば，以下のようなことは当然のことのようにみえる。もし国法銀行が，国内取引において為替手形を過度に容認しないならば，それらの銀行は国際取引上で経験をつもうとは思わなかったのではないだろうか。

(126)　Denison, *Canada's First Bank*, II, 160.

(127)　*Hunt's Merchant Magazine*, 52（June 1865)：422（引用に関して）；Lewis, *America's Stake*, 54；Adler, *British Investment*, 73；および Studenski and Krooss, *Financial History*, 159（債務規模に関して). アメリカ人は，莫大な債務を減らすことを約束していた。

(128)　Samuel Flagg Bemis, *A Diplomatic History of the United States*, 3rd ed.（New York：Henry Holt, 1950), 381-382, 406；Samuel Eliot Morison and Henry Steele Commager, *The Growth of the American Republic*, 2 vols.（New York：Oxford University Press, 1937), II, 62-63；および Lord Overstone to G. W. Norman, March 28, 1866, *Correspondence of Lord Overstone*, III, 1108.

(129)　大西洋横断ケーブル敷設の際の英国における金融に関しては，次の書を見よ。Henry M. Field, *The Story of the Atlantic Telegraph*（New York：Charles Scribner's Sons, 1893), および Isabella Field Judson, *Cyrus W. Field : His Life and Work*（*1819-1892*)（New

第4章　19世紀中葉の危険な20年間

York：Harper & Bros., 1896). トーマス・ブラッセイおよびジョン・ペンダーの役割に関しては，次の書を見よ。前掲書，172-173. その横断ケーブルの成功した敷設に関しては，次の書を見よ。前掲書，199-206. 次の書も見よ。Hugh Barty-King, *Girdle Round the Earth* (London：Heinemann, 1979), 20-23.

(130) Charles Francis Adams, Jr., "A Chapter of Erie" (1869), republished in his and Henry Adams, *Chapters of Erie* (1886；rpt. Ithaca, N.Y.：Cornell University Press, 1956), 63.

(131) Hidy, *House of Baring*, 120, 183, 202, 313, 394, および Jenks, *Migration*, 21, 246-248, 259-262. 次の書も見よ。U.S. House, *Report from the Secretary of the Treasury on the Returns of State Banks, 1841 to 1846*, 29th Cong., 1st sess., 1846, Exec. Doc. 226, 859, 左記の報告書のなかで，1841年にオバーエンド・ガルーニー社が，自らミシシッピの債券を保有していると記述している。

(132) イングランド銀行は，最低割引率の10％を，3カ月間保持した。これにより，アメリカへの英国投資を呼び戻すことを刺激した。次の書を見よ。Alexander Dana Noyes, *The Thirty Years of American Finance, 1865-1897* (1900；rpt. New York：Greenwood, 1969), 15.

(133) Fritz Stern, *Gold and Iron* (New York：Alfred A. Knopf, 1977), 100.

(134) *Economist*, 25 (March 9, 1867)：33. アムステルダムにあるオランダ・クレディット預金銀行は，1863年にオランダで設立されたフランスの銀行であり，パリバ・クレディット預金銀行として，フランス国内で有名であった。また，1872年にパリ銀行と合併して，パリ・パリバ銀行になった。そしてその銀行は，1864年から1870年の間に，アメリカ政府債の発行に関して交渉していた。次の書を見よ。Rondo Cameron, *France and the Economic Development of Europe* (Princeton, N.J.：Princeton University Press, 1961), 177-178, 197. D. C. M. Platt, *Foreign Finance in Continental Europe and the United States, 1815-1870* (London：George Allen & Unwin, 1984), 45, 76. チャールズ・ジュティングが，1867年4月4日にベアリング社に宛てた手紙のなかで，富裕なロシア人家族らが，通貨ルーブルの暴落の脅威に備え，1866年7月から1867年4月までの間にヘッジをして，300万ドルの「合衆国株式」を取得したと記している。

(135) S. Japhet, *Recollections from My Business Life* (London：privately printed, 1931), 13, 32. 次の書も見よ。Emden, *Money Powers*, 214, 264. 欧州で取引されていたアメリカ政府債は，利子率と満期日が異なっていた。例えばこのように，1858年の借入に関しては5％で，1874年1月1日以降のいつの日にかに，アメリカ政府より償還されていた。1863年分については，期間が17年間で，利子は6％，償還日は1881年1月1日となっていた。1864年の「10＆40」借入は，利子が5％で，償還開始は10年後からであり，40年間にわたり支払われるというものであった。1864年の3月と6月に発行された「5＆20」債は，利子が6％，5年後からの償還開始，そして20年間にわたり支払われた。1865年に発行された「5＆20」債も同様に，利子が6％，5年後からの償還開始で，20年間にわたり支払われた。これらのすべての債券は，ドル建てであった。すべてとはいえないが，1864年以降には，いくつかの政府の権威ある返済は，償還金自体もまたその利子についても「硬貨」による支払いがなされた。満期時の支払い条件に関しては，次の書を見よ。Bayley, *National Loans*, 149-150, 160-168.

(136) H. Burton and D. C. Corner, *Investment and Unit Trusts in Britain and America* (London：Flex Books, 1968), 15, 18. これらの社債は，半年利払いで「硬貨」によって支払われたし，また最後にはやはり硬貨により額面額が支払われた。次の書を見よ。Bayley, *National Loans*, 164. すなわち購入者は，ドル紙幣の価値の下落に関し，心配する必要がなか

221

第Ⅰ部　発展途上国の時代

った。

(137)　Edwin Perkins, *Financing Anglo-American Trade : The House of Brown, 1800-1880* (Cambridge, Mass.：Harvard University Press, 1975), 209. 左記の書では，1868 年の表にニューヨークの有力な手形振出人の名前が何社か載っていて参考になる。以下はこれらの名前である。ロンドンのブラウン・シプレイ社が顧客のブラウン・ブラザーズ社向けに，ロンドンのJ・S・モルガン社が顧客のダブニー・モルガン社向けに，ロンドンのユニオン銀行が顧客のダンカン・シャーマン社向けに，ロンドンのユニオン銀行が顧客のホールガーテン社向けに，ロンドンのベアリング・ブラザーズ社が顧客のジェームズ・キング&サンズ社向けに，パリのマンロー社が顧客のジョン・マンロー社向けに，リバプールのフェルデン・ブラザーズ社が顧客のW・C・ピッカージル社向けに，ロンドンのセリグマン・ブラザーズ社が顧客のJ.&W. セリグマン社向けに，ロンドンのシュパイアー・ブラザーズ社が顧客のフィリップ・シュパイアー社向けに，ロンドンのスミス・ペイン&スミス社が顧客のJ・J・スチュアート社向けに，およびロンドンのドレイク・クラインワート&コーヘン社が顧客のサイモン・ヴィザー社向けにと掲載されている。

(138)　*Hunt's Merchant Magazine*, 69（Oct., 1868）：245. U.S. Secretary of the Treasury, *Annual Report, 1868*, viii. 左記の書では，同年12月時点で，6億ドルという推定をした。

(139)　*Report of the Special Commissioner*, xxvi.

(140)　U.S. Secretary of the Treasury, *Annual Report, 1869*, viii.

(141)　書簡 Cooke to J. F. D. Lanier, Aug. 19, 1865, cited in Oberholtzer, *Jay Cooke*, I, 657.

(142)　August Belmont & Co. to N. M. Rothschild & Sons, Dec. 17, 1867, RAL T57/81；August Belmont to N. M. R. & S., Feb. 26, 1869, RAL T58/3；および August Belmont & Co. to N. M. R. & S., Sept. 13, 1881, RAL II/51/OB. フランクフルトとロンドン間では，小規模な会社によってなされた，さやとり売買業もあった。次の書を見よ。Japhet, *Recollections*, 19. ここではエミル・シュワルチャイルドの，1873年における商売について触れている。

(143)　U.S. House, *Gold Panic Investigation*, 34.

(144)　前掲書, 136.

(145)　前掲書, 334.

(146)　Bert Forbes, "Investments by Hollanders in America," *Van Norden Magazine*, Oct. 1909（on microfiche, New York Public Library), 62.

(147)　Jean Bouvier, *Le Crédit Lyonnais de 1863 à 1882*（Paris：S.E.V.P.E.N., 1961), II, 563-564. 左記の書では，アメリカ証券のフランスやスイスでの利子についてすばらしい研究がされている。

(148)　Lewis, *America's Stake*, 56.

(149)　ジェイ・クック・マックロック社の推定は，次の書を見よ。Adler, *British Investment*, 83.

(150)　Morison and Commager, *Growth of the American Republic*, 63. 外交交渉は，サー・ジョン・ローズによって取り扱われた。彼は北アメリカの投資銀行に大きな影響力をもっていた（モートン・ローズ社は，モートン・ブリス社のロンドンの関連子会社であった）。

(151)　Sidney J. Chapman, *The History of Trade between the United Kingdom and the United States*（London：Swan Sonnenshein, 1899), 73.

(152)　これらに関しては，次の書を見よ。Lewis, *America's Stake*, 55；U.S. Secretary of the Treasury, *Annual Reports*；Bayley, *National Loans*, 94；および Fritz Redlich, *The Molding*

of American Banking（New York：Johnson Reprint Co., 1968), pt. 2, 365-367. 表 4 - 6 にある
当初の銀行家のリストは，1871年2月28日に，財務大臣のジオ・バウトウェルからベアリン
グ・ブラザーズ社に宛てた書簡のなかにある（BAO, vol. 23, pp. 011916-17）。ベアリング・
ブラザーズ社，ロスチャイルド家およびホープ社は，参加しないことを決定した。次の書を見
よ。Henrietta Larson, *Jay Cooke*（Cambridge, Mass.：Harvard University Press, 1936),
321；Oberholtzer, *Jay Cooke*, 270；および書簡 Hope & Co. to Thomas Baring, March 15,
1871, BAO, vol. 111, p. 062870. その融資は上手くいかなかったので，ジェイ・クックは，アメ
リカと欧州のシンジケート・ローンとして取り上げた（Oberholtzer, *Jay Cooke*, 278-294,
Larson, *Jay Cooke*, 318-323）。1871年融資の2億ドルのうち，1871年8月末までに，少なくと
も7500万ドルが欧州で売却された（Larson, *Jay Cooke*, 322-323）。クックの欧州の顧客一覧表
には，次の企業が含まれていた。ロンドンのR・ラフェル＆サンズ社，ロンドンのルイ・コー
エン＆サンズ社，ロンドンのセリグマン・ブラザーズ社，フランクフルトのセリグマン・ステ
ットハイマー，ロンドンのビスコフヘイム＆ゴールドシュミット，ロンドンのクルーズ・ハビ
ット社，ハンブルグのベレン＆サンズ社，ベルリンのブライクローダー社，アムステルダムの
リップマン・ローゼンタール社，アムステルダムのベルトハイム＆ゴンベルツ社，フランクフ
ルトのエミル・エルランガー社，ロンドンのアングロ・ハンガリー銀行，ロンドンのシュパイ
アー・ブラザーズ社，フランクフルトのシュパイアー・エリセン社，ロンドンとフランクフル
トにあるカゼノヴェ社，ロンドンのガステンバーグとその友達，ロンドンのモンタグ＆サン社,
ブリュッセルのオペンハイム・エレラ社，ロンドンのフォスター＆ブライスワイト社，パリの
マンロー社，およびロンドンのジェイ・クック・マックロック社である。そのリストが次の書
のなかに掲載されている。Linton Wells, "House of Seligman," unpublished manuscript, 1931,
148, copy in New York Historical Society Library, New York. 1871年と1873年の融資に関し
ては，次の書も見よ。Bouvier, *Crédit Lyonnais*, II, 567, "Foreign, Colonial, and Commercial
Loans," Baring Archives, London（BAL), AC 29, 左記の書に，1871年と1873年の5％ローン
について，ベアリング社が関与していたと記されている。モルガン社の役割に関しては，次の
書を見よ。Lewis Corey, *House of Morgan*（New York：G. Howard Watt, 1930), 115-121.

(153) U.S. Secretary of the Treasury, *Annual Report, 1874*, ix. 『1875年株式市場年鑑（*Stock
Ezchange Year Book, 1875*）』（1874年に発行）は，次のように記していた。株式市場リスト
上の，アメリカ政府債券のすべての引き合いは，4：1（£1 = \$5.00）であった。一方，
実勢価値は4：1の関係，すなわち£1 = \$4.90にかなり近似していた。

(154) マックロックとクックは，長い間初期の戒めを忘れていた。にもかかわらず，当時を次の
雑誌 *Banker's Magazine*, New York, 33（April 1879)：746, で振り返ってみると，海外での
資金探しには消極的のようであった。1870年3月9日の故チャールズ・サマー上院議員の発言
を引用すると，「私は母国や，母国が世界の金融市場で引き受けているかのようにみえる，偉
大な卓越を忘れることはできない。ニューヨークは，われわれの身近な金融センターである。
それなのになぜ，欧州の金融センターに移管しなければならないのか？ われわれの金融セン
ターを，自国に置くべきではないか」。1870年に，財務大臣がアメリカの国債を海外で販売促
進させるために，ロンドン，パリ，およびベルリンにおいて，ポンド，フラン，ターラ（訳
注：元ドイツ諸州の各種大型銀貨）通貨で支払われるように提案したが，アメリカ議会はその
考えを拒絶した。

(155) 私は，この一般化についてはいかがなものかと思うが，表4-1および表4-5から数字を
読み取るのは，いずれの方法でも困難であるし，この結論をくつがえすための抜本的な数字で

第 I 部　発展途上国の時代

改訂する証拠を見つけるのもまた困難である。将来の考察のために数字を供するならば，1865年 8 月31日におけるアメリカ連邦政府の債務は，11億ドルであった。1870年 7 月 1 日には20億ドルに，また1875年 7 月 1 日には17億ドルになった（これらの年の「名目債務」はそれぞれ，28億ドル，25億ドル，22億ドルであった）。次の書を見よ。 Studenski and Krooss, *Financial History*, 174. Williamson, *American Growth*, 125. ウィリアムソンは，1865年から1869年までのアメリカにおける対外負債額の大きな部分が，連邦債券の形をとっていたことには同意している。1869年以降，彼は「連邦債券からの脱出，鉄道債へのゆるやかな移行」とみている（p. 127）。前掲書，136の，表31も見よ。この表は，われわれの一般化に信頼性を授けてくれている。Madden, *British Investment*, 388 （表24），マッデンは，1866年から1871年までの間に，海外で所有された連邦政府債券の水準が，すべての「非連邦」政府債券よりも高かったと記している。彼の数字（pp. 78-79）は1874年までだが，欧州におけるアメリカの鉄道債券は，アメリカの連邦政府債券の額を超過していることを暗示している。この可能性はあるが，私は彼の数字を信用するには至っていない。明らかに最も重要な投資は，私の本書本文の，英国，オランダ，ドイツのそれであるが，フランスおよびスイスの所有も無視すべきではないことを強調してきた。Bouvier, *Crédit Lyonnais*, この書は，エドアード・クレイマンが，1870年から1871年までアメリカに商用で出掛けていたことや，アメリカのビジネスにおけるリヨネ信用銀行の所有について述べている（I, 14, 16；II, 562-568）。この頃の，そのような債券に関するフランスの所有については，次の書を見よ。Cameron, "French Foreign Investments," 79-80. スイスの役割に関しては，次の書を見よ。Bouvier, *Crédit Lyonnais*, II, 562-564.

(156)　U.S. House, *Gold Panic Investigation*, 34, この書は，1869年の出来事を記していた。

(157)　Adler, *British Investment*, 16 ns.77-78. いくつかの，大変後味の悪い処理があった。ペンシルベニア州は，古い借入を「ドル紙幣」で支払ったが，そのことは英国の貸し手をひどく苛立たせた。1868年 1 月28日，オーガスト・ベルモント社は，その州債を支払い請求のために送った。N・M・ロスチャイルド＆サンズ社は，「20万ドル相当以上の債券を，支払日が過ぎても保持し続け，今年中に満期を迎えるであろう」と追記した。その会社は，ペンシルベニア州の減価した通貨による，債務の支払いに反対した。ペンシルベニアの財務役人は，その通貨は法的な取引に使用される，とぞんざいに次のように言い放った。「われわれは 1 ポンドの皮膚をあなた方にあげたいが，キリスト教徒は一滴の血も流すことはできない」。ベルモントは，ロスチャイルド家の防衛にまわった。ロンドンの『タイムズ』紙は，1868年 2 月24日にこのやりとりを掲載し，「もし英国の代理店や他国の債権者が，一様に顧客への不公正に対し，できる限りベルモントが堅く抵抗できるならば，われわれはアメリカの債務履行拒否の話を聞くことが少なくなるであろう」と編集長コメントを掲載した。

(158)　B.U. Ratchford, *American State Debts* （Durham, N.C. : Duke University Press, 1941），180；Lewis, *America's Stake*, 57；および Adler, *British Investment*, 78. ジョージア州債に関しては，次の書を見よ。Henry Clews, *Twenty-eight Years in Wall Street* （New York : Irving, 1888），274, 277.

(159)　McGrane, *Foreign Bondholders*, 293.

(160)　これらの債務や再建債の海外における販売に関しては，次の書を見よ。 Ratchford, *American State Debts*, 172-180.

(161)　Lewis, *America's Stake*, 59. McGrane, *Foreign Bondholders*, 283, 左記の書には，外国の投資家が「南部の人々がカーペットバッグ（訳注：19世紀にアメリカで広く用いられた，絨毯地製の，ボストンバッグに似た旅行鞄）をもったスキャラワグ（訳注：南北戦争後の再建時代

第 4 章　19世紀中葉の危険な20年間

(1865-70) に，アメリカで共和党員として活躍した南部白人）や，黒人の法律制定者によって
発行された『ぺてん社債』を，決して認めることはないはずである」と南部の指導者から警告
されていたと記されている。南北戦争後の州債務に関しては，次の書を見よ。前掲書，
282-389.

(162)　Corporation of Foreign Bondholders, *Annual Report for 1874* (1875).

(163)　南北戦争後のすべての債務不履行は，南部の州によるものである。

(164)　*Report of Special Commissioner*, xxvii. 本書の図 4 - 1 および図 4 - 5 から，1869年は 1 億
ドルであることが読み取れる。多くの外国の投資家は，投資家としての記録はされておらず，
アメリカの株式中間業者の名義のままであった。これらの債券のいくつかは，南北戦争以前に
外国の投資家によって取得されたものである。1869年における北部の州の，負債総額の65％以
上は，図 4 - 7 で州の債券ごとに項目別になって構成されている。1874年のデータは，次の書
が出所である。*Commercial and Financial Chronicle*, 19　(Nov. 14, 1874)：493. アラバマ州で
債務不履行に至った大口州債は，1870年に発行された。

(165)　Lewis, *America's State*, 64-65.

(166)　Émile Becque, *L'internationalization des capitaux*　(Montpellier：Imprimerie Générale
du Midi, 1912), 19. 1850年代のドイツにおけるアメリカの「市政府」への人気に関しては，こ
の章の注 (24) を見よ。

(167)　U.S. Bureau of the Census, *Historical Statistics of the United States,* 428.

(168)　Robert Keith Middlemas, *The Master Builders*　(London：Hutchinson, 1965), 105-108. サ
ー・モートン・ピートが事業に失敗したとき，なんと 3 万人の労働者が失業した。

(169)　Brayer, *William Blackmore*, 79.

(170)　Jenks, *Migration*, 258.

(171)　Gregory, *History of Westminster Bank*, II, 62-64.

(172)　RAL, T57/81.

(173)　ジェイ・グルドに関しては，次の書が優れている。Grodinsky, *Jay Gould.* 著者は，ジェ
イ・グルドが（株式ブローカーの名義のままになっている）外国投資家の所有株を活用して，
いかにエリー鉄道の社長になる票を獲得したか，また，彼が社長になった後で，ピッツバーグ
やフォートウェインやシカゴにいる外国投資家の代理行使により投じられた票を，いかに買収
してうまく利用したかに関して説明している。グルド，エリー鉄道および外国投資家に関して
は，次の書を見よ。前掲書，38-111, esp. 46-47, 50, 61, 64, 67, 71-72, 87, 93-103. Mott, *Between
the Ocean and the Lakes*, 176, 左記の書には，グルド家の初期（1868-1872）において「低価
格が英国の投資家の購入意欲をそそり，彼らは何百万という過剰発行株式を購入した」と書か
れている。グルドとエリー鉄道の外国投資家に関しては，次の書を見よ。前掲書, 176-185,
192-202. グルドの最新の伝記は，次の書を見よ。Maury Klein, *The Life and Legend of Jay
Gould*　(Baltimore：Johns Hopkins University Press,1986). 多くのエリー鉄道の外国人株主
に，選挙権を与えないようにしたグルドの役割に関しては，前掲書, 97-98, を見よ。

(174)　Adler, *British Investment*, 103, 105-116；ビスコフヘイム＆ゴールドシュミットの役割につ
いては次の書を見よ。Mott, *Between the Ocean and the Lakes*, 201-208, 218-246；および
Jenks, *Migration*, 258-259, 270. *Banker's Magazine*, New York, 44　(Aug. 1889)：81. 左記の
専門誌は，アトランティック・アンド・グレート・ウェスタン鉄道およびエリー鉄道における
「悪名高き」外国投資家の経験に言及している。次の書も見よ。Grodinsky, *Jay Gould*, 87-88,
93-112；Corey, *House of Morgan*, 111；Cottrell, "Investment Banking," 至るところに；およ

225

第Ⅰ部　発展途上国の時代

び Klein, *The Life and Legend*, 116-126, 132-133.

(175)　Lewis, *America's Stake*, 105.

(176)　Dolores Greenberg, *Financiers and Railroads* (Newark：University of Delaware Press, 1980), 42.

(177)　Charles Francis Adams, "The Granger Movement," *North American Review*, 120 (April 1875)：397.

(178)　Burton and Corner, *Investment and Unit Trusts*, 18；J. C. Gilbert, *A History of Investment Trusts in Dundee, 1873-1938* (London：P. S. King, 1939)；および Ronald B. Weir, *A History of the Scottish American Investment Company Ltd., 1873-1973* (Edinburgh：Scottish American Investment Company, 1973).

(179)　Jenks, *Migration*, 428.

(180)　Adler, *British Investment*, 203-209, 左記の書には，1865年から1874年までに，ロンドンで公的に発行された，アメリカにおける鉄道債の一覧表が載っている。そのリストの項目は，債券を販売している企業名や債券の種類およびその金額や発行数などであった。これらの数値は，1871年から1873年までの，アメリカ政府の再資金調達と比較すべきである。表4‐6を見よ。

(181)　Adler, *British Investment*, 206.

(182)　Reader, *House in the City*, 54.

(183)　BAO, vol. 23, pp. 011965-012001；左記の書の中にあるデータに基づいて，外国の植民地および商業従事者の借入に関する名簿ができた。BAL, AC 29および BAL, HC 5.2.30, pts. 4-8.

(184)　その BAO は，アンドリュー・カーネギーからベアリング・ブラザーズ社に宛てた手紙をもっていた。彼らは，フィラデルフィア州債とエリー鉄道の，第一抵当債券（500万ドル）を試みた（次の書簡を見よ。Andrew Carnegie to Baring Brothers, Aug. 25, 1871, and Sept. 1, 1871, BAO, vol. 23, pp. 011979-81 and 011983）。彼らはその提案を破棄した。彼はそれらの債券に対し，他のどこかで250万ドルの値をつけた（前掲書, Dec., 8, 1871, BAO, vol. 23, p. 012014）。次の書も見よ。Joseph Wall, *Andrew Carnegie* (New York：Oxford University Press, 1970), 280-283, 309. 前掲書, 238, 左記の書は，カーネギーがジュニアス・モルガンとと も社債に500万ドルという値をつけたと記している。次の書も見よ。James Howard Bridge, *The Inside History of Carnegie Steel Company* (New York：Aldine, 1903), 75. 1872年2月，カーネギーはベアリング・ブラザーズ社宛てに，アメリカおよび英国の政治的な実態に関する長文の手紙を書いたにもかかわらず，彼の名前は落ちていた（彼の親友は大統領に話をした。その後彼は大統領との会合に臨んだ）。そして彼は，ベアリング・ブラザーズ社がアレゲニイ・ヴァレイの市債券の将来性に対して興味をもっていると結んでいた（書簡 Carnegie to Baring Brothers, Feb. 24, 1872, BAO, vol. 23, pp. 012040-43）。

(185)　Henry Villard, *Memoirs*, 2 vols. (Boston：Houghton Mifflin, 1904), II, 271-275. カンザス・パシフィック鉄道債（1200万ドル）の多くは，1874年にドイツで所有されていた（前掲書, 275）。次の書も見よ。Dietrich G. Buss, *Henry Villard：A Study of Transatlantic Investment and Interests* (New York：Arno Press, 1978), 35.

(186)　James Speyer, Testimony before the U.S. Senate, Committee on Finance, *Sale of Foreign Hearings*, 72nd Cong., 1st sess., 1932, pt. 2, 609.

(187)　Larson, *Jay Cooke*, 260-310, 328-406. 前掲書, 263, 310, からの引用がある。次の書も見よ。Oberholtzer, *Jay Cooke*, II, 146-224, 381ff. 1871年の夏，クックは欧州からの訪問視察団と饗宴していた。その視察団は「混合の」報告を準備し，その後その報告書を，ノーザン・パシフィ

ック社やジェイ・クック社に「口止め料」として売却していた。1872年にジェイ・クック・マックロック社は、ノーザン・パシフィック社債を英国においてポンド建てで、アメリカ通貨では額面以下で売却した。クックは、外国人に有利になるとして、国内の購買者から厳しく非難された。彼は4万ポンドの損失で、その社債を買い戻した（前掲書、379-380、およびLarson, *Jay Cooke*, 361-362）。しかしこれらは、継続していた2つの問題でもあった。

(188)　Buss, *Henry Villard*, 29.

(189)　Lewis, *America's Stake*, 49-50. Greenberg, *Financiers*, 26. 左記の書は、パリにおけるアメリカの6銀行の、この時代における実在を指摘している。またすべてのアメリカ鉄道債券を売りに出したと記している。消極的であった理由に関しては、次の書を見よ。Bouvier, *Crédit Lyonnais*, II, 568n. メンフィス、エルパソおよびサンフランシスコの物語は、次の書にじつに詳しく書かれている。Virginia H. Taylor, *The Franco-Texan Land Company*（Austin：University of Texas Press, 1969), 11-110. テーラーによると、メンフィス・エルパソ・アンド・パシフィック鉄道は、アメリカ鉄道会社としては初めてパリ証券取引所に上場した。フランス政府の認可を得るために、同社の代理人（ジョン・C・フレモント将軍を含む）は虚偽の報告をした。フランスの工業系企業による転がし株やレールを購入するために、大掛かりな契約が鉄道会社によってなされた後だけに、フランス政府は社債の販売に関する認可を下した（前掲書、18-19）。シュナイダーが注文を受けたのは明らかであった。次の書からも、同様のことが推論できる（前掲書、45）。フランスの普仏戦争での敗戦は、アメリカへの投資を控えるような動きになったようである。他のアメリカ債券と合わせて、アメリカ鉄道のその企業の配慮に関しては、次の書を見よ。Bouvier, *Crédit Lyonnais*, II, 536-568.

(190)　次の書のなかで報告されている。*Commercial and Financial Chronicle*,17 (Dec. 6, 1873)：753. 次の書を見よ。Bosch, *Nederlandse Beleggingen*, 139-168. 1870年から1875年までの、アメリカの鉄道における巨額のオランダの所有に関しては、次の書も見よ。Anne T. Ostrye, *Investment in the American and Canadian West, 1870-1914 : An Annotated Bibiliography* (Metuchen, N.J.：Scarecrow Press, 1986), 118-124, items 460-463, 466, 475-530.

(191)　Albro Martin, *James J. Hill*（New York：Oxford University Press, 1976), 120. 本件に関わった主要なオランダの銀行はアムステルダムのリップマン・ローゼンタールであった。次の書を参照されたし。Larson, *Jay Cooke*, 369-370および Heather Gilbert, *Awakening Continent* (Aberdeen：Aberdeen University Press, 1965). また他のオランダの銀行の関与に関しては前掲書、420. セントポール・アンド・パシフィック社は多種の社債を発行した。購入者の大多数はオランダ人であった。

(192)　Lewis, *America's Stake*, 42.

(193)　デンバー・アンド・リオグランデ鉄道社に対する外国投資に関する最良の研究書は Brayer, *William Blackmore*, II, である。鉄道建設に参加したオランダの銀行としては、ベルトハイム＆ゴンベルツ社（アムステルダム）があった。

(194)　前掲書、II, 61n.

(195)　Buss, *Villard*, 40-51. ヴィラードもまた、カンザス・パシフィック社のデンバー子会社における、フランクフルト市場の社債所有者を代表していた。彼の所有総額は、1874年に約360万ドルになっていた（前掲書、69-70）。

(196)　Lewis, *America's Stake*, 105.

(197)　McGrane, *Foreign Bondholders*, 287-289. 南北アラバマ鉄道社の抵当社債もまた、アラバマ州政府によって裏書きされていた。次の書簡を見よ。H. D. Newcomb to Baring Brothers,

第Ⅰ部　発展途上国の時代

Nov. 4, 1871, BAO, vol. 23, p. 012000.

(198)　ドロレス・グリーンバーグは，1873年に鉄道債券を取り扱う，著名な東部の私的銀行家を列挙していた。ドレクセル・モルガン社，ダンカン・シャーマン社，ジョン・シスコ社，ヘンリー・クルーズ社，クラーク・ドッジ社，ジェイ・クック社，フィスク＆ハッチ社，ルイ・ボン・ホフマン社，オーガスト・ベルモント社，ジェスップ社，アドリアン・イゼリン社，キダー・ピーバディ社，J・S・ケネディ社，カウンツェ・ブラザーズ社，J. ＆ W. セリグマン社，ウィンスロー・レニエ社，モートン・ブリス社 (Greenberg, *Financiers*, 13-14)。これらの企業のすべてが，欧州においてアメリカ鉄道債券を売り渡す業務に携わっていた。

(199)　これらの関係に関しては，次の書を見よ。前掲書, 26, 42 ; Emden, *Money Powers*, 271-272（シュパイアーのロンドン会社とは，シュパイアー・ブラザーズ社のこと）; Vincent Carosso, *The Morgans* (Cambridge, Mass. : Harvard University Press, 1987) ; および Gras and Larson, *Casebook*, 550-551. リヴァイ・パーソン・モートンの共同出資者であるウォルター・バーンズは，1863年にロンドン事務所を開設した。ジョン・ローズは，1869年にモートン・ロンドン社の共同出資者の立場を，バーンズにとって代わった。モートン・ブリス社は，1869年にアメリカで設立された。そして同年，ロンドン社はモートン・ローズ社となった (Greenberg, *Financiers*, 32, 34, 51)。ノース・ナーホト＆クーン社およびジョン・マンローに関しては，次の書を見よ。*Commercial and Financial Chronicle*, 12 (May 27, 1871) : 641. ダートマス大学のタック校に対する開設資金を提供したエドワード・タック (1842-1938) は，ニューヨークおよびパリにおけるジョン・マンロー銀行の共同出資者であった。次の書簡を見よ。Letter from Franklin Brooks, July 1, 1982.

(200)　U.S. House, *Gold Panic Investigation*, 44-45. ホグスキンは，そのような取引において手数料仲買人として活動した。また取引の一部は，裁定取引であったのではないか。

(201)　Buss, *Villard*, 172. クーン・ロブ社の構成に関しては，次の書を見よ。Carosso, *Investment Banking*, 19.

(202)　Riesser, *German Great Banks*, 435.

(203)　"History of Hallgarten & Co.," typescript, 1950. 左記のタイプライターによる印書は，ジョン・バルキーから私に提供されたものである。彼はモスリー・ホールガーテン・エスタブルック＆ウィーデン持株会社の社長であった。事実，その年の会計年度が終了する1865年6月30日までは，ホールガーテン社の前の会社（ホールガーテン＆ハーツフェルド社）が，ウォール街での主たる取引業者であった (Edmund Clarence Stedman, *The New York Stock Exchange* [1905 ; rpt. New York : Greenwood, 1969], 162)。これらの取引の多くは，疑いもなく欧州の顧客を代表しての行為であった。

(204)　Bosch, *Nederlandse Beleggingen*, 175.

(205)　正確な額は，決して知らされなかった。ヨーロッパ各地の市場で宣伝された規模で，すべて用意したとしても妥当な判断基準とはならない。なぜならば，(1)発行額全部は売れなかった。(2)すべての販売が十分に支払いされなかった。(3)多くの販売は額面通りには売れなかった。(4)手数料や口銭，割引額，および外国の中間業者による預金は実質，アメリカに送金された基金より控除されなければならなかった。(5)総額表示されたいくつかの市場における一覧表は，しばしば一度以上の同一発行を記録していた。(6)国籍による細分化は，英国人以外の外国人がロンドンで債券を購入したので，曖昧であった。(7)多くの私的な販売は債券市場を通過しなかった。(8)英国あるいは欧州の投資家はニューヨークでアメリカの鉄道債券を購入していたようだ。(9)発行後，債券は売買された。(1)～(5)までの項目は外国投資の実際の流

第4章 19世紀中葉の危険な20年間

入額を削減する一方で，(7)～(8)の項目はその数字を増加させる。発行された「総」額からアメリカの鉄道会社が実際に受け取った価値の激しい減少はセントポール・アンド・パシフィック鉄道の第1区域のケースではよく示されている。その社債発行額は1500万ドルであった。そのうち1100万ドルは「浮動」社債であった。さらにそのうちオランダ人が最大額を獲得した。鉄道会社は500万ドルを受け取るのがやっとだった（Martin, *James J. Hill*, 120）。過去の最悪のケースは，メンフィス・エルパソ・アンド・パシフィック鉄道であった。名目1000万ドルの社債が，海外販売のために送られたが，そのうちの480万ドルはフランス国内で実際に売れた。約450万ドルは「実現された」（引き受けられた），総額1000万ドルのうち，約90万ドルはフランスの銀行家に支払われた。経費と手数料を（ある手数料はフランス人に，あるものはアメリカ人へ支払われた）控除したあと，30万ドルが「鉄道建設」にまわった。フランス鉄道機関車やレールの製造業者は，48万ドルを受領した。しかし，その機関車がアメリカに到着したとき，関税支払金不足により税関に差し止められた。次の書を見よ。Taylor, *The Franco-Texan Land Company*, 19-20, 35, 39, 72. もう一つの例を挙げると，デンバー・アンド・リオグランデ鉄道の初期建設費用を賄うために，第一抵当社債（222万5000ドル）の販売から得たお金は，わずか130万5030ドルであった（Brayer, *William Blackmore*, II, 66n）。これらの事例は紛れもなく，アメリカの鉄道会社の債務が社債発行時の資本ではなく，社債満期時の額面価値であったことを意味するものである。このようにその債務，すなわち「外国投資」の水準は，アメリカに流入した実際額よりも大きかったことがうかがえる。

(206) Joseph A. Schumpeter, *Business Cycles*（New York : McGraw-Hill, 1939), I, 335. Pierce, *Railroads of New York*（1953), 134n, 左記の書で，シュンペーターは誇張していると思う。しかし，1953年におけるピアスの専門的知識は，ニューヨークの鉄道に限定されていた。一方，その外国投資はかなり拡大していた。その理由に関しては，2つの当代の推測（ともに鉄道社債について）がある。(1)1874年時点で保持されていたその社債は，3億7500万ドルであったことが次の書からわかる。*Commercial and Financial Chronicle*, 19（Oct. 10, 1874）: 363, (2)1874年12月時点の保持額は，3億9000万ドルであったことが次の書からわかる。*Banker's Magazine*, New York, 30（May 1876）: 845. たとえわれわれがその金額を2倍にしたとしても，20億ドルの大台には，はるかにかけ離れている。Williamson, *American Growth*, 97, のなかに，次のような一文がある。「1868年以降，その現象的成長および膨大な資金需要のあった鉄道業は，外国の長期資本投資の主たる醍醐味から遠のいていった」。この内容は，投資金額の大きさよりもむしろ，投資のフローと関連している。Lewis Corey, *House of Morgan*（New York : G. Howard Watt, 1930), 86, 左記の書に，次のように記されている。この時代には，アメリカ債券（鉄道債ばかりでなく政府債を含む）に対する英国投資の大部分が，ロンドンのJ・S・モルガン社を通してなされた。また，「これらの投資は大きかった」。次の書を見よ。前掲書, 86-89, アメリカの鉄道債券の海外での発行に対するモルガンの関与に関しては，一例として，エリー鉄道社債（1865年）およびカンザス・パシフィック鉄道社債（1869年）があげられる。ヴィンセント・キャロソのモルガン社に関する優秀な歴史考察は，この期間におけるJ・S・モルガン社の大変重大な役割を立証している。その企業は，アメリカ鉄道債券の大手流通業者になった。ドイツ，オランダおよび他の大陸の欧州人投資を加えることもまた，重要である。私は，「過半数」がモルガンを通して販売されたとは思っていない。Madden, *British Investment*, 78-79, 左記の書では，1874年のアメリカ鉄道の株式および社債に関し，英国および欧州大陸国所有の「名目上の価額」が，8億9400万ドルになったと推定している。

第Ⅰ部　発展途上国の時代

(207)　Pierce, "Foreign Investment," 57-58.

(208)　次の書には感動する説明がある。R. E. Tyson, "Scottish Investment in American Railways：The Case of the City of Glasgow Bank, 1856-1881," in *Studies in Scottish Business History*, ed. Peter L. Payne（London：Frank Cass, 1967), 387-409. グラスゴー・シティ銀行は，1878年に破産した。

(209)　Adler, *British Investment*, 76.

(210)　Simon, *Cyclical Fluctuations*, 169.

(211)　Charles Kindleberger, *A Financial History of Europe*（London：Allen & Unwin, 1984), 131, 224-225（オーストリアおよびドイツの危機と，アメリカにおける鉄道債券のオーストリア人所有に関して）；Simon, *Cyclical Fluctuations*, 184-185；および Adler, *British Investment*, 77, 79. アドラーは，なにも留保条件をつけていなかったが，私が今後明らかにするように，ドイツ人はアメリカ鉄道への投資の大部分を引き上げた。Williamson, *American Growth*, 132, 左記の書によれば，英国が長期保有を続けていた一方で，1874年以降に，ドイツおよびオランダの投資の引き上げが起きた。

(212)　*Banker's Magazine*, New York, 30（May 1876)：848（1874年12月時点の推計額の記載がある）。

(213)　*Commercial and Financial Chronicle*, 19（Oct. 10, 1874)：363, 左記の書は，*Banker's Magazine* と類似の推定をしている。その書は，3億7500万ドルのアメリカ鉄道社債が海外で保有され，そのうちの40%が債務不履行になったと推定している。

(214)　次の書を見よ。First Report of the Council of the Corporation of Foreign Bondholders, Feb. 25, 1874.（私は，ロンドン・スクール・オブ・エコノミックスの図書館にある左記の報告書を使用した）。この報告書（p. 52）では，「高度な組織の状態」であるアメリカ外国社債所有者委員会が，すべてのアメリカの債券（州政府および企業）を取り扱うと発表した。1875年に発行されたアメリカ外国社債所有者委員会の初期の刊行物は，アラバマ・アンド・チャタヌーガ鉄道社債を扱っていた（British Museum shelf-mark：8227dd 9)。

(215)　Lewis, *America's Stake*, 43, 47.

(216)　この文脈の一例として，ヘンリー・ヴィラードは1874年にドイツの投資家の初代代表者になったと考えられる（Villard, *Memoirs*, II, 271-275, および Buss, *Henry Villard*, 42-44)。

(217)　Leland Jenks, "Railroads as an Economic Force in American Development," *Journal of Economic History*, 4（May 1944)：1-20.

(218)　*Commercial and Financial Chronicle*, 19（Oct. 10, 1874)：363.

(219)　Adler, *British Investment*, 121, 左記の書では，彼を英国の技師として説明している。ウェスト・ウィスコンシン鉄道，アトランティック鉄道，ミシシッピ・アンド・オハイオ鉄道（後にノーフォーク・アンド・ウェスタン鉄道になった）およびジャクソンヴィル・ペンサコラ・アンド・モービル鉄道に対する彼の関与（1873）については，次の書を見よ。前掲書, 132-135.

(220)　この件に関する最もよい労作は，次の書である。Jim Berry Pearson, *The Maxwell Land Grant*（Norman：University of Oklahoma Press, 1961), 前掲書, 49-73には，私が本文で引用した，特別なデータが掲載されている。ニューメキシコがアメリカの領土になる前には，当初の認可がマックスウェルの義父およびその共同者に与えられた。私は次の書でも調べてみた。Bosch, *Nederlandse Beleggingen*, 180, 663. この話と同様に，ジョン・コリンソンは，この時代にオランダにあった400万ドルのフロリダ州債のうち，280万ドルを「処分」し，その目的の

第4章　19世紀中葉の危険な20年間

ためにオランダで協調融資を組織した。フロリダ州債に関連した「詐欺や腐敗の話」は，広くオランダで報告されていたが，額面の70％で売却できれば良過ぎるくらいの，非常に有利な条件であった。次の書を見よ。Ratchford, *American State Debts*, 180, 173.

(221)　Brayer, *William Blackmore*, vols. 1 and 2, esp. vol. 1, 至るところに。この作品の第2巻は，デンバー・アンド・リオグランデ鉄道とブラックモアとの関係，およびコロラド州における土地開発に関して触れている。「ニューメキシコ信託地」は彼の事業であった。土地に関するブラックモアの事業は，総合的にめちゃくちゃな結末であった。彼はニューメキシコおよびコロラドの土地を調査されることにより，資産規模の表示違いを指摘される前に売却した。彼が管理していた所有地では，事実上，開発はなされなかった。ブラックモアは，アメリカの土地投機に対し，10年ほど関与した後で，1878年に自殺した。

(222)　Council of Corporation of Foreign Bondholders, *Annual Report for 1874* (1875), 33.

(223)　次の書を見よ。Gates, *Illinois Central*, esp. chap. 14；Richard C. Overton, *Burlington West : A Colonization History of the Burlington Railroad* (Cambridge, Mass.：Harvard University Press, 1941), 359-369；および Brayer, *William Blackmore*, vol. 2.

(224)　Gilbert, *Investment Trusts*, 33, および W. H. Marwick, *Economic Developments in Victorian Scotland* (London：George Allen & Unwin, 1936), 113. *Report of Special Commissioner* (1869), xxviii, 左記の書は，その年に「外国人」が不動産を担保にして，アメリカに2500万ドル投資したことを明らかにした。

(225)　Gilbert, *A History*, 1, 5, 13, および Marwick, *Economic Development*, 19, 83, 93.

(226)　W. D. Rubinstein, "British Millionaires, 1809-1949," *Bulletin of the Institute of Historical Research* (1974), 208. バクスター家との関係に関しては，次の書を見よ。John Scott and Michael Hughes, *The Anatomy of Scottish Capital* (London：Croom Helm, 1980), 52.

(227)　そのときすでに老人になっていたロバート・フレミングは，ジェイコブ・シフの伝記作家であるサイラス・アドラーに，かなり不確かな話をした。これは他の証拠と一致したわれわれの解釈である。次の書を見よ。Cyrus Adler, *Jacob H. Schiff* (Garden City, N. Y.：Doubleday, 1928), I, 13.

(228)　W. Turrentine Jackson, *The Enterprising Scot* (Edinburgh：Edinburgh University Press, 1968), 13. メンジーズは，1864年と1867年および1872年にはアメリカにいた。スコティッシュ・アメリカン投資会社に関する最もよいのは，次の書である。Weir, *A History*. メンジーズは1873年に，鉄道社債が不動産よりも担保に適していると確信した。なぜならば，不動産はより緊密な監査が必要であり，スコットランドからでは取り扱うことはできないからである。しかしながら彼の会社は，1870年代末期までに，西部の不動産担保に関わっていた（前掲書，9, 12, および Jackson, *Enterprising Scot*, 16）。

(229)　Gilbert, *Investment Trusts*, 33-34. ウィリアム・リードの経歴の詳細に関しては，次の書のなかにみられる。H. K. Hines, *An Illustrated History of the State of Oregon* (Chicago：Lewis, 1893), 310-311.

(230)　W. G. Kerr, *Scottish Capital on the American Credit Frontier* (Austin：Texas State Historical Association, 1976), 98-100, 103-108, および Jackson, *Enterprising Scot*, 17-19.

(231)　H. Peers Brewer, "Eastern Money and Western Mortgages in the 1870s," *Business History Review*, 50 (Autumn 1976)：362-363.

(232)　Cameron, *France and the Economic Development of Europe*, 130-131.

(233)　J. S. G. Wilson, *French Banking Structure and Credit Policy* (Cambridge, Mass.：

第 I 部　発展途上国の時代

Harvard University Press, 1957), 7, 202, および Ivan Wright, *Farm Mortgage Financing* (New York : McGraw-Hill, 1923), 318.

(234)　書簡 S. G. & G. C. Ward to Baring Bros., Jan. 7 and 9, 1874, in BAL, HC 5.2.30, pt. 8. この会社は，1902年に Equitable Trust Company of New York という名前になった会社とは，同一ではないことに注意されたし。

(235)　W. Turrentine Jackson, "British Capital in Northwest Mines," *Pacific Northwest Quarterly*, 47 (July 1956) : 75, 左記の書は「最初の鉱業マニア」の時代として，1870年から1872年の話を取り上げている。グレート・カナワ社に関しては，次の書を見よ。Adler, *British Investment*, 87.

(236)　東アングリア大学のロイ・チャーチ教授は，この時代の英国人が（それは一時的であったが）石炭に関心を抱いていたことをまず最初に私に指摘してくれた。その関心については，次の書を見よ。Charles P. Kindleberger, *Economic Growth in France and Britain* (1964 ; rpt, New York : Simon & Schuster, 1969), 30, また英国の「石炭道路」についての投資に関しては，次の書を見よ。Madden, *British Investment*, 221, 318, 334-335, 337.

(237)　*Iron Age*, March 8, 1866, p. 1, 左記の書は，次の書のなかで引用されている。Charlotte Erickson, *American Industry and the European Immigrant* (Cambridge, Mass. : Harvard University Press, 1957), 15.

(238)　*Commercial and Financial Chronicle*, 17 (Aug. 16, 1873) : 209.

(239)　次の書を見よ。*First Annual Report*, 23. その団体は，バージニア州の債務不履行を取り扱う「バージニア委員会」を設立した。委員はアメリカを訪問し，財務長官やバージニア州知事と面談した（前掲書, 22-24）。ウェストバージニア州は，南北戦争のときに，バージニア州より分離されていた。その団体は，バージニア州における南北戦争以前の州債発行に関しても，一部は責任があると感じていた。次の書を見よ。前掲書, 25.

(240)　W. Turrentine Jackson, "British Impact on the Utah Mining Industry," *Utah Historical Quarterly*, 31 (1963) : 347-375. 多くの企業は操業していなかった。これら14企業の詳細に関しては，次の書を見よ。*Stock Exchange Year Book, 1875*. 9000万ドル近くまでが集められ，それより少ない金額がアメリカに届けられたと想定することはできない。

(241)　Paul, *Mining Frontiers*, 82. ストロー・トンネル社は1200万ドルの資本金であった。マッキャルモン・ブラザーズ社は，そのトンネル会社の債券をロンドンで売り出した（Wells, "House of Seligman," 701）。

(242)　Clark C. Spence, *British Investments and the American Mining Frontier, 1860-1901* (Ithaca, N.Y. : Cornell University Press, 1958), 9-10.

(243)　Paul, *California Gold*, 301-302. Albin Joachim Dahl, "British Investment in California Mining, 1870-1890," Ph.D. diss., University of California, 1961, 130, 左記の書は，大英帝国に登録された28の企業が，1870年から1873年までの間に，カリフォルニアで貴金属の採掘を手がけたと記している。それら企業における名目上の資本金は，419万6250ポンド（2040万ドル）であった。

(244)　Jackson, "British Impact," 349.

(245)　Spence, *British Investments*, 45.

(246)　Bosch, *Nederlandse Beleggingen*, 202 (1872年のウィナマック・ズィルバー・ミネン社の内部事情に関して)。

(247)　Spence, *British Investments*, 53, および *Stock Exchange Year Book, 1875*.

第4章　19世紀中葉の危険な20年間

(248)　Spence, *British Investments*, 141, 146-147. ロンドンにあるジェイ・クック・マックロック社は，驚愕したことに，その鉱山会社を保証する味方についていた。次の書を見よ。Oberholtzer, *Jay Cooke*, II, 290.

(249)　Spence, *British Investments*, chap. 8.

(250)　前掲書, 196, 255, 98. リッチモンド統合鉱山株式会社の当初資本金は，27万ポンドであった（*Stock Exchange Year Book*, 1875）。*Mineral Industry, 1892*, 477. 左記の書は，配当金の歴史と生産された金属に関して触れている。

(251)　Spence, *British Investments*, 114.

(252)　この点については，次の書を見よ。Williamson, *American Growth*, 128.

(253)　Jackson, "British Impact," 349.

(254)　詳細は次の書を見よ。前掲書, 349-350. 少なくとも何人かの運営者は，利益を得た。ウィリアム・ブラックモアは，彼の多くの事業のなかでアメリカの鉱山業を推進したが，最後には破綻することになった。次の書を見よ。Brayer, *William Blackmore*, I, 125, およびその他至るところに.

(255)　Spence, *British Investments*, 196.

(256)　Wall, *Andrew Carnegie*, 292. 左記の書で引用されているこの手紙は，カーネギーがベアリング・ブラザーズ社をなだめすかしていたときのものである。次の書を見よ。Carnegie to Baring Brothers, Dec. 8, 1871, BAO, vol. 23, p. 012014.

(257)　Lewis, *America's Stake*, 94. 他の英国の石油開発推進者が後に続いたことは，世に知られていない。このようにして，1868年にアングロ・アメリカン石油社が，英国で公示された。目論見書には，その事業にはなんの関わりももたなかったジェイ・クックの名前と同様に，多種多様な分野の個人名が含まれていた（Oberholtzer, *Jay Cooke*, II, 84）。1888年の同名の人物との関係はなかった。

(258)　14 U.S. Stat. 251 （July 26, 1866）.

(259)　*San Francisco Bulletin*, July 31, 1866, cited in Joseph Ellison, "The Mineral Land Question in California," in *The Public Lands*, ed. Vernon Carstensen （Madison：University of Wisconsin Press, 1963）, 86.

(260)　次の法律の条文を見よ。Preemption Act, 5 U.S. Stat. 453 （1841）および Homestead Act, 12 U.S. Stat. 392 （1862）.

(261)　16 U.S. Stat. 217 （July 9, 1870）.

(262)　17 U.S. Stat. 91, 94, 96 （May 10, 1872）.

(263)　Spence, *British Investments*, 192-195. スペンスは，市民権に関する条文が，1872年の制定法と同様に，1866年にあったことを認識していなかった。他の点では優れた本であるが，そのことは奇妙にも見落とされていた。

(264)　次の書を見よ。前掲書, 195ff., および Clark C. Spence, "British Investment and the American Mining Frontier, 1860-1914," *New Mexico Historical Review*, 36 （April 1961）：134. スペンスは公有地譲渡証書をもつ払い下げ請求地を，すでに購入した英国人投資家にとっては，連邦の鉱山法は外国人購入者向けの価格を吊り上げただけだ，と指摘している。

(265)　Jackson, "British Impact," 371. 左記の書には，次のように記されている。6大ユタ鉱業会社の額面総額2120万ポンドの債券が，1870年代初期にロンドンで発行された。また，それらの市場価格は1874年1月までに，42万5000ポンドまで下落した。『1875年株式市場年鑑』は，立て続けに不幸な話を列挙している。エバーハード＆オーロラ鉱業社を例にとると，1870年にネ

233

第Ⅰ部　発展途上国の時代

バダ州における採掘目的で設立された。1871年には，配当金が支払われた。ロンドンに届いた電信は，有望な大きい鉱脈にぶち当たった，と述べている。株価は跳ね上がったが，それ以降に配当金が支払われることはなかった。

(266)　Edward Stanwood, "Cotton Manufacture," in U.S. Department of Interior, Census Office, *Report on Manufacturing Industries in the United States, 11th Census, 1890* （Washington, D.C., 1895), pt. 3, 181 ; J. & P. Coats, "Text of 150 Year Exhibition," panel 18, Renfrew District Library, Scotland ; Matthew Blair, *The Paisley Thread Industry* （Paisley : Alexander Gardner, 1907), 40-41, 50-51 ; および Rowland Tappan Berthoff, *British Immigrants in Industrial America* （Cambridge, Mass. : Harvard University Press, 1953), 44. バートホフは，1850年代からジョージ・クラーク社のニューアーク工場勤めをしていた。彼の目にとまったのは，1893年の新聞記事である。その記事は，製造業者の営業支店を混乱させたに違いない。私はJ・B・K・ハンター（J. & P.コーツ社の歴史家）を手掛かりにして追跡した。チャールズ・バチュラーは英国で生まれ，エジソンの主席助手になり，「最も信頼される中尉」であった。1870年代早期に，彼は人知れず英国のエンジニアリング企業に派遣され，ニューアークにあるクラークミシン針工場で，機械を据え付ける手伝いをした。その任務を終えた後で，彼はエジソンに雇われた。次の書を見よ。Harold C. Passer, *The Electrical Manufacturers, 1875-1900* （Cambridge, Mass. : Harvard University Press, 1953), 96. ポータケットにおける J. & P.コーツ社の，生産活動の創生期史に関しては，次の書を見よ。"Photographs and Brief Description of the Establishments of the Conant Thread Company... A souvenir of the visit of Sir Peter Coats during the winter of 1877-1878," 1878, Pawtucket Public Library, Pawtucket, R.I., および Robert Grieve, *An Illustrated History of Pawtucket, Central Falls, and Vicinity* （Pawtucket, R.I. : Pawtucket Gazette & Chronicle, 1897), 275. 私はこれらの文献に関して，ポータケット公共図書館の文献書士である，ポール・アースノルト氏の世話になった。コーツ社の投資の規模に関しては，次の書を見よ。Sir Alec Cairncross, "The Early Growth of Messrs. J. & P. Coats," unfinished paper （ca. 1956). 私はコーツ社の事業に関して，他の貴重な資料をハンターから入手した（書簡 J. B. K. Hunter to Wilkins, April 27, 1986). J. & P.コーツ社とクラーク製糸社はともに，ブランド力のある製品を販売していた。1862年に，英国国会委員会の質疑応答のなかで，コーツ社の一人は次のような話をした。アメリカにおける同一名の企業は，その包装を模倣しており，その結果，彼らの取引に重大なる妨害を及ぼしていた。「コーツ社はその模倣を差し止めたが，その名前の使用を防ぐことはできなかった。しかしその名前は，単独使用では十分でなかった。また，その包装の模倣という違反行為が防御できたとき，そのコーツ名の使用による被害は，まったく受けることがなかった」。次の書のなかにある議論を見よ。*Journal of the Society of the Arts*, 24 （Nov. 26, 1875）：20. イーストニューアークにあるジョン・クラーク・ジュニア社の，工場に関する私の出所は，次の書簡である。Hunter to Wilkins, April 27, 1986.

(267)　その設立およびバーバー一族に関しては，次の書を見よ。Linen Thread Co., Ltd., *The Faithful Fibre* （Glasgow : Linen Thread Co., 1956), 25. パターソン工場の開設日に関しては触れていない。開設日に関しては，次の書より拾った。Berthoff, *British Immigrants*, 44. *Faithful Fibre*, には，パターソン工場が「おおよそ」100周年であると記されている。

(268)　Erickson, *American Industry*, 209, に引用されている *Bulletin of the National Association of Wool Manufacturers*, 2 （1870）：550, によった。

(269)　Geoffrey Tweedale, "Sheffield Steel and America," *Business History*, 25 （Nov. 1983）：

229-230, および同氏の "Sheffield Steel Industry and Its Allied Trades and the American Market," Ph. D. diss., London School of Economics, 1983, 220-228. トゥイーデールは，ブッチャー自身，シェフィールドのスタッフおよび同社の機械類を含めフィリップ・ジャスティスの計画として記録している。ブッチャーは，「英国で初めてのソリッド鋳鋼車輪の製造業者で，すべての鉄の種類を扱ったと同様に，そこで大変大きな経験を積んだ人」として説明されている。もしウィリアム・ブッチャー製鋼所で，ブッチャー家による投資があったとしても，おそらくそれは，大規模なものではなかったであろう。アメリカ人は，英国人側がもっている金銭面ではなく，その製造ノウハウをほしかったのは明らかである（フレデリック・テーラーは後に，機械工場実務で長期間にわたり，影響力があった工具鉄鋼に関して，彼自身の経験を積んだが，その場所はミッドヴェル製鋼所［Midvale Steel］であった）。Erickson, *American Industry*, 42, 左記の書は，1865年にペンシルベニア鉄鋼社で，ブッチャーの果たした役割について書いてある。ペンシルベニア鉄鋼社のベッセマー工法による生産高や，ペンシルベニア鉄道向けのレール用鉄鋼に関する生産については，次の書も見よ。William T. Hogan, *Economic History of the Iron and Steel Industry of the United States*, 5 vols. (Lexington, Mass.：D. C. Heath, 1971), I, 115.

(270)　その父リード・ホリデイは，1860年に英国のハダーズフィールドで，染料の製造を始めた。やがて，リード・ホリデイ＆サンズ社が，英国の無機酸やその中間品，および数種の染料製品の巨大メーカーになった。リード・ホリデイの息子であるロバートは英国に残っていたが，1901年に死亡した。ジョセフ・ターナーおよびリオネル・ブルック・ホリデイが，その英国企業の共同管理者になった。1913年から1914年までの間，リード・ホリデイ＆サンズ社は，ドイツに販売事務所をもつ英国唯一の染料会社であった。次の書を見よ。Williams Haynes, *American Chemical Industry*, 6 vols. (New York：Van Nostrand, 1945-1954), I, 303；L. F. Haber, *The Chemical Industry during the Nineteenth Century* (Oxford：Clarendon Press, 1958), 145；および Haber, *The Chemical Industry, 1900-1930* (Oxford：Clarendon Press, 1971), 148-149. そのアメリカの企業（1916年にホリデイ・ケンプ社になった）および英国のその企業は，第一次世界大戦までは少なくともホリデイ家一族の監督下にあったので，その結合は堅持されたようである。ホリデイ・ケンプ社（アメリカではリード・ホリデイの孫のR・W・ケンプによって組織された）に関しては，次の書を見よ。Haynes, *American Chemical Industry*, III, 237. 1875年から1914年までのリード・ホリデイ＆サンズ社のアメリカにおけるビジネスに関しては，第11章の注（51）を見よ。

(271)　その工場に関しては，次の書を見よ。U.S. Department of Commerce, *Foreign Direct Investment in the United States*, 9 vols. (Washington, D.C., 1976), V. G-89-93；Christopher Tugendhat, *The Multinationals* (London：Eyre & Spottiswoode, 1971), 12；および Thomas R. Kabisch, *Deutsches Kapital in den USA* (Stuttgart：Klett-Cotta, 1982), 230-231. これらのすべてが2次データであるにもかかわらず，私の研究では，そのオルバニー工場が1865年の設立であることに疑問を呈している。

(272)　Haynes, *American Chemical Industry*, I, 307-308. ヘインズは，1871年以前の，アメリカにおけるバイエルの製造投資については述べていない。ヘインズの引用出所は，「著者への企業メモ」であった。

(273)　プライスが，オルバニーに到着した時期は明らかでない。前掲書，VI, 174, 左記の書のなかで，ヘインズは到着時期が「1870年代早期」であったと書いている。

(274)　W. J. Reader, *Imperial Chemical Industries* (London：Oxford University Press, 1970), I,

第Ⅰ部　発展途上国の時代

20.

（275）　私は，エバーハード・ファーバー社（Eberhard Faber, Inc.）の，ラッセル・ウィリアムズの世話になった。ペンシルベニア州の社史研究家であるウィルケ・バーは，私のこの説明の礎になった歴史的データを提供してくれた。南北戦争の影響は，大変不明瞭である。その新しいニューヨークの工場は，どのようにしてヒマラヤスギを獲得したのか。ウィリアムズ氏は，日付不詳の新聞記事のコピーを私に送ってくれた。その新聞は，内部証拠から推測すると1872年から1873年の間頃に発行されたようだ。見出しは「A・W・ファーバーの鉛・鉛筆」であり，シュタイン工場や，「ニューヨーク州のブルックリンにあるファーバーの分枝鉛筆とペンホルダー工場」の写真が掲載されていた。引用は，この記事からである。その記事は，ブルックリン工場（1872年に建設された）の写真を含んでいたので，その論文は1872年以降であったに違いない。エバーハード・ファーバーが生きていたときに書かれた論文であった。それゆえに，1879年以前に違いない。エバーハード・ファーバーの鉛筆ビジネスは，今なお繁盛している。

（276）　Adler, *British Investment*, 125, および Jackson, *The Enterprising Scot*, 9.

（277）　Lawrence Oakley Cheever, *The House of Morrell* （Cedar Rapids, Iowa : Torch Press, 1948）, 45. 引き続いて起こったアメリカの歴史に関しては，第9章を見よ。

（278）　P. L. Cottrell, *Industrial Finance, 1830-1914* （London : Methuen, 1980）, 113-139. デヴィッド・チャドウィックに関しては，次の書も見よ。James B. Jefferys, *Business Organisations in Great Britain, 1856-1914* （1938 ; rpt. New York : Arno Press, 1977）, 79, 82, 108, 298, 306, 313, 317-318, および W. A. Thomas, *The Provincial Stock Exchanges* （London : Frank Cass, 1973）, 68, 123. Adler, *British Investment*, III, 204, 左記の書は，保証されない債権者に対する支払い調整の手伝いをしつつ，1869年のアトランティック・アンド・グレート・ウェスタン鉄道社との，チャドウィックの関係を示している。そして1870年に，デモネ峡谷鉄道社の8％利払いの第一抵当社債（総額130万ドルで1000ドル当たり178.26ポンドの割引債）を販売したときの，彼の役割についても触れている。ジョリエット社に関しては，次の書を見よ。Victor Clark, *History of Manufactures in the United States* （Washington, D.C. : Carnegie Institution, 1929）, II, 236-237. その会社は，1889年にイリノイ製鋼社の一部になった。カーネギーは，ロンドンのJ・S・モルガン社に気軽に出向き，40万ドルの社債発行を「即決引き受け」してもらった（Wall, *Carnegie*, 319-320）。多分，私はこの範疇に合衆国鍛造棒会社（United States Rolling Stock Company）を含めることになるだろう。ビスコフハイム＆ゴールドシュミット社は，1871年に100万ポンドの株式発行（20ポンド額面株式）を扱った。ドロシー・アドラーは，これをアメリカ鉄道債券と呼んでいるが，その会社は鉄道用の機械を製造するために設立された。次の書を見よ。Adler, *British Investment*, 113, 205.

（279）　リバプール＆ロンドン＆グローブ社（Liverpool & London & Globe）は，アメリカの南部におけるビジネスを，南北戦争中には中断していた。そして戦争が終結したとき，同社のビジネス活動をニューオーリンズで再開した。同社代理店は，バージニア州リッチモンド市に再び設立された。そしてその企業は，サウスカロライナ州チャールストン市にある建屋を取得した（J. Dyer Simpson, *1936 Our Centenary Year* [London : Liverpool & London & Globe, 1936], 47）。

（280）　P. G. M. Dickson, *The Sun Insurance Office, 1710-1960* （London : Oxford University Press, 1960）, 221-223, および Harold E. Raynes, *A History of British Insurance*, rev. ed. （London : Isaac Pitman, 1950）, 267. さらにフェニックス保険社は，1870年代初期に，サンフランシスコ，サヴァナおよびニューヨークに代理店を設置したが，その事業は大きくはなかっ

た（Clive Trebilcock, *Phoenix Assurance Company* [Cambridge：Cambridge University Press, 1985], I, 320-321).

(281)　*Best's Insurance Report* （*Fire and Marine*）, *1914-1915*, 52, 382. カナダ企業の２社とも　に，同じ経営下にあった。

(282)　*Best's Insurance Report, 1914-1915*.

(283)　Raynes, *British Insurance*, 274. 次の書も見よ。Marquis James, *Biography of a Business, 1792-1942, Insurance Company of North America* （1942；rpt. New York：Arno Press, 1976), 166-167, および Edward Living, *A Century of Insurance : The Commercial Union Group of Insurance Companies, 1861-1961* （London：H. F. & G. Witherby, 1961), 33-34.

(284)　Robert L. Nash, *A Short Inquiry into the Profitable Nature of our Investments*, 3rd ed. （London：Effingham Wilson, 1881), 92.

(285)　それらの２社とは，インド商業銀行およびブリティッシュ＆カリフォルニア銀行（BCBC，この銀行は1864年に設立され，ロンドン郡銀行，国民地域銀行，シティ銀行，ロンドン・南米銀行，および東洋アグラ銀行を代表する役員により構成された）のことであった。BCBC は，既存のサンフランシスコの商権を購入した（Baster, *International Banks*, 158)。

(286)　前掲書, 157-158. ブリティッシュ・ノースアメリカ銀行は，最終的に1918年にモントリオール銀行によって買収された。ブリティッシュ・コロンビア銀行は，1901年にカナディアン商業銀行に，そしてロンドン＆サンフランシスコ銀行は，1905年にカリフォルニア銀行によってそれぞれ買収された。本書の第13章を見よ。

(287)　Cross, *Financing an Empire*, I, 259.

(288)　Ross, *Canadian Bank of Commerce*, I, 251, 315, 321.

(289)　前掲書, 316.

(290)　Baster, *International Banks*, 158. バスターによれば，主要な株主８社とは，(1)ビスコフヘイム＆ゴールドシュミット社（Bischoffsheim & Goldschmidt, この会社はアトランティック・アンド・グレート・ウェスタン鉄道債，エリー鉄道債および他のアメリカ債券の関連活動をしていた), (2)フルリング＆ゴシェン社（Frühling & Goschen), (3)フレデリック・フース社（Frederick Huth & Co., この会社および後継会社は，イングランド銀行の取締役員会に共同出資者を送っていた。この会社は長い間，特にアメリカにおけるビジネスで活動していた。本書の第３章を見よ), (4)ジュニアス・モルガン社（この会社は，ロンドンのジョージ・ピーバディ社の共同経営者であった。また1864年に，ロンドンでＪ・Ｓ・モルガン社を設立せしめた), (5)フレデリック・ロデワルド社（次の書で，ロンドン＆サンフランシスコ銀行の「ロンドン事務所」として説明されている。Buss, *Villard*, 40, 57.；David Joslin, *A Century of Banking in Latin America* [London：Oxford University Press, 1963], 80, 左記の書には，ロデワルドがブラジルで長年過ごした人であるとの記述があり，実際彼はブラジル・ポルトガル銀行を1863年に創立し，長年創立者として君臨しつづけ，晩年はロンドン共同株式銀行の役員になった), (6)スターン・ブラザーズ社（重要なドイツ企業のロンドンにおける現地法人), (7)国際金融協会（この会社は，1863年５月にロンドンにおいて金融会社として組織された), (8)サックス・マイナイゲン銀行。コットレルは次の書で，以上の８社のリストのなかに，民間のドイツの２銀行（メイ銀行とスルツバック・ブラザーズ）を追加している。Cottrell, "Investment Banking," 269-270. 国際金融協会に関する詳細な情報については，次の書を見よ。Cottrell, "Investment Banking," および Jenks, *Migration*, 248, そこに記されていた狙いとは，「金融および産業の担い手であり，なかでも外国からの債務と政府保証を所持している企業」

第Ⅰ部　発展途上国の時代

に参画し，支援することであった。その取締役会メンバーにはJ・S・モルガン社，（スター
ン・ブラザーズ社の）ハーマン・スターンおよびフース社とフルリング＆ゴシェン社（すなわ
ちロンドン＆サンフランシスコ銀行と同じ参画者）の代表者を含んでいた。バスターが参照し
た「マニラ企業」は，コットレル（前掲書，270）によって，著名なボストンの「ラッセル＆
スターギス」社の商人として，明白に言及されていた。ボストンのラッセル・スターギス
（1805-1887）は，過去に一度，マニラにあるラッセル・スターギス社の共同経営者であった。
スターギスは英国に移り住んだが，1851年1月に，ベアリング・ブラザーズ社の共同経営者に
なった。1873年のトーマス・ベアリングの死後，スターギスは延べ10年間，ベアリング・ブラ
ザーズ社における上級共同経営者であった。次の書を見よ。Hidy, *House of Baring*, 395.

(291)　Cross, *Financing an Empire*, I, 258.

(292)　Buss, *Villard*, 35, 40, 66, 69, 80-83.

(293)　前掲書，35, 38.

(294)　Adler, *British Investment*, 205. ヤペテは，フランクフルトのブローカーである，カール・
ポリッツによって語られた話を繰り返している。そのブローカーは，彼がオマハを旅行してい
た際に遅れてしまったのは，橋がなかったためだと主張している。お金がなかったので，橋も
掛けられなかったのであると彼は聞いていた。ポリッツおよびシカゴのヴェナー社は，オマ
ハ・ブリッジ社を設立して，8％の利付き債券を100分の80で発行した。その会社は，フラン
クフルトのボース社に対して，公開買い付けをした。ユニオン・パシフィック社は，オマハ・
ブリッジ社を買収し，その社債は100分の110で支払われた。ヤペテのコメントは，「この時代
には，資金が簡単に手に入った」というものであった（Japhet, *Recollections*, 33-34）。アンド
リュー・カーネギーは，オマハ・ブリッジ社債を「譲渡する」しか手立てがなかった。次の書
簡を見よ。Andrew Carnegie to Messrs. Baring, Aug. 25, 1871, BAO, vol. 23, p. 011979.

(295)　Adler, *British Investment*, 204, および Buss, *Villard*, 35.

(296)　Baster, *International Banks*, 159；Adler, *British Investment*, 154n；Cross, *Financing an
Empire*, I, 268, 389；および前掲書，III, 63. Stephen Birmingham, *Our Crowd*（New York：
Dell, 1967), 142-146, 左記の書は，その銀行に関して詳細に記している。8人兄弟の最年長者
であるジョセフ・セリグマンは，1837年にアメリカ移住をし，ニューヨーク支店に向かった。
そして彼は，カリフォルニア銀行が「英国の銀行」になることを望んだ。このようにして，ロ
ンドンにいる彼の弟であるアイザックがその銀行を設立し，バーミンガムによれば，ロンドン
で40万ポンドの銀行株式の公募をした。アイザックは，注意深くその銀行のオペレーションを
監視した。バーミンガムはサスーンズの役割については，なにも語っていない。

(297)　Cross, *Financing an Empire*, I, 220-221, 389. ジュネーブのヘンチ一族の銀行は，その地に
おける大きな私的銀行の一つであった（Faith, *Safety in Numbers*, 24, 287, 289）。ヘンチ社は，
「フランス社会の社交界の花とも称されるべき人々」に料理とサービスを提供したといわれて
いる（前掲書，290）。ジュネーブのロンバード・オディール社（Lombard, Odier & Cie）は，
明らかにスイス・アメリカ銀行と関係があった。次の書を見よ。Bauer, *Swiss Bank
Corporation*, 368, 左記の書によれば，ロンバード・オディール社が，1872年にスイス銀行の前
身に対し，スイス・アメリカ銀行を所有してはどうかと打診していたが，それは拒絶された。

(298)　Ross, *Canadian Bank of Commerce*, II, 556, 63-64.

(299)　Denison, *Canada's First Bank*, II, 160.

(300)　前掲書，II, 163, 179-180, および James, *Chicago Banks*, II, 1173.

(301)　Bessie Louis Pierce, *A History of Chicago*（Chicago：University of Chicago Press,

第 **1** 章　19世紀中葉の危険な20年間

1957），III, 14.

(302)　Denison, *Canada's First Bank*, II, 181. 私はこの事は正しいと考えている。

(303)　Ross, *Canadian Bank of Commerce*, II, 64.

(304)　Marshall et al., *Canadian-American Industry*, 17. 左記の書では，次を引用している。*Monetary Times*, Dec. 4, 1874.

(305)　Stephen A. Caldwell, *A Banking History of Louisiana* (Baton Rouge：Louisiana State University Press, 1935), 107, 109.

(306)　Wallis Hunt, *Heirs of Great Adventure* (London：Balfour, Williamson, 1951), 27, 47, 67-75, および Morton Rothstein, "A British Firm on the American West Coast, 1869-1914," *Business History Review*, 37 (Winter 1963)：392-398.

(307)　Edward P. Crapol, *America for Americans* (Westport, Conn.：Greenwood Press, 1973), 29. ベアリング家とその一族郎党は，四半世紀にわたり，その連合のすべての資金形成に寄与した。私は，オタワやロンドンの古文書館にあるベアリング文書では，このことを裏づける証拠を見つけることができなかった。

(308)　Studenski and Krooss, *Financial History*, 181 n.3. この説明は間違ったところに責任を押しつけている。きわめて単純にいうならば，クックは手を広げすぎていた。

(309)　次の書のなかで引用されている。Taylor, *Franco-Texan Land Company*, 110-111. メンフィス・エルパソ・アンド・パシフィック鉄道社は，表4-10に含まれていない。なぜならば，その鉄道社債はロンドンにおいて，公には発行されなかったからである。しかし英国の投資家は，フランスの社債所有者の問題を気にかけていた。そして後にそのことは当然ながら，アトランティック・アンド・グレート・ウェスタン鉄道社およびエリー鉄道社の問題になった。

(310)　Grodinsky, *Jay Gould*, 71. 1870年の同じ事件に関しては，次の新聞を見よ。*New York Times*, April 14, 1871, 2, 4. ジェイ・グルドとジム・フィスクは，英国の株主を「剥奪した」と非難された。

(311)　私は第3章を書いているとき，1837年危機後の1838年のロンドンにおいて，州債が以前よりも容易に入手できるのかが，最初の疑問であった。その理由の一部として，担保物権の解除があった。同一のことが，1874年の鉄道で起きた。

(312)　U.S. Secretary of the Treasury, *Annual Report, 1873*, v（そのときの財務長官は，ウィリアム・リチャードソンであった）. The *Stock Exchange Year Book, 1875* (published in London in 1874), 22. 左記の書は，アメリカ政府の金融策を称えた。アメリカは，南北戦争の間に莫大な債務を創出した。その削減率はまた，同様の前例がなかった上に，すべての国の有効な事例でもあった。

(313)　1873年10月であったことが次の書のなかに書かれている。Weir, *A History*, 9.

(314)　カーネギーは，新しい製鉄所のための資金をいとも容易に集めた（Wall, *Carnegie*, 319-320）。

第Ⅱ部
世界最大の債務国
———1875〜1914年———

第5章
背　景

　1875年から1914年にかけてアメリカ経済は変貌を遂げた。1879年には，アメリカで生み出された付加価値のうちおよそ53％が農業からのものであったが，1909年には62％が鉱工業によって占められるようになった。[1] 1870年に4000万人以下であったアメリカの人口は1910年には9200万人となった。[2] 生産の伸びはじつに印象的である（表5-1参照）。1870年から1875年にかけての時期ではイギリスが世界の工業超大国であり，世界の工業生産高の3分の1をわずかに切るほどのシェアを占めていた。それが，1914年にはアメリカがトップの地位につき，世界の工業産出高の3分の1を上回るに至ったのである（表5-2参照）。

　大西洋をまたぐ通信と運輸は，安く簡単に利用できるようになり，しかも速くなった。1866年の時点でニューヨークからロンドンに20語の電信を送るのに

表5-1　長期成長率，1870/71～1913年　（単位：年率％）

国	総生産	生産／人・時	工業生産
アメリカ	4.3	2.3	4.7
ドイツ	2.9	2.1	4.1
イギリス	2.2	1.5	2.1

出所：次の書から翻案した。Derek H. Aldcroft, ed., *The Development of British Industry and Foreign Competition, 1875-1914* (London : George Allen & Unwin, 1968), p. 13.

表5-2　世界製造業生産の国別パーセント比率，1870～1913年

国	1870年	1913年
アメリカ	23.3	35.8
イギリス	31.8	14.0
その他の全諸国	44.9	50.2
合　計	100.0	100.0

出所：League of Nations, *Industrialization and Foreign Trade* (1945 ; rpt. New York : Garland, 1983), p. 13.

第Ⅱ部　世界最大の債務国

100ドルかかった。それが1912年には5ドルとなったのである。その年，ニューヨーク・ロンドン間の電信の速度は3分であった。同じ時期に大西洋を横断する汽船の運賃は低下した。定期航路を多数の汽船が行き交い，20世紀初頭にはイギリスからアメリカへの船旅は6日間で可能となった。アメリカ極西部や南部への鉄道網が開設された。旅行者，ビジネスマン，書籍，パンフレット，新聞などがヨーロッパの人々に新世界に関する豊富な情報をもたらすようになった。法外な費用をかけずに便利で比較的速い輸送手段が利用できるようになったのに加えて，情報が流れ込んできたことによって，アメリカへの移民と投資が促進された。その移民たちが今度はアメリカの発展を促し，彼らは母国にアメリカでの経験を書き送った。アメリカにおける資本市場の統合が進んだ。旅行者や植民者たちが信頼できる情報を絶えずもたらすようになったために情報のコストは低下した。海外の投資家たちは投資の機会を見出し活用したのである。

　アメリカの商品輸出額は1875年の5億1300万ドルから1914年の24億ドルへと急増し，一方，高い関税が課せられたにもかかわらず，商品輸入額も1875年の5億3300万ドルから1914年の19億ドルへと増加した。高い関税障壁の内側では，アメリカの工業と国内商業とが拡大した。輸入の代替化が進んだのは明らかである（1869年には国内の製品消費需要の14％を輸入品が占めていたが，1909年にはその数字は5.9％へと下落した）。

　19世紀の最後の四半世紀にアメリカの物価水準が下落した。これは「不況」と呼ばれたものの，実質所得は増加していた。19世紀の最後の数年から20世紀の初頭にかけて物価が上昇に転じてからも，アメリカの実質所得は増加し続けた。1880年代の後半には，下落する物価に対処するためにアメリカの産業界はしばしば企業間の協定を結んだり合同を試みたりした。1890年のシャーマン反トラスト法は，企業同士が結託して協定を結ぶのを禁じた。そこで企業合同に拍車がかかり，とりわけ裁判所が取引制限的な協定の違法性を認めた後の1890年代後半において合併が急増した。つづいて1897年から1903年にかけて，今度は物価上昇が合同を促す要因となった。価格がさらに上昇するであろうという期待が，新規に発行される証券の販売を促進したからである。

　19世紀最後の20〜30年間から20世紀初頭にかけての時期に，企業合同に加え

第**5**章　背　景

て内部的な拡張を通じてもアメリカ企業は規模を拡大した。新たな鉄道網によって結びつきを強めた巨大な国内市場は，大企業の台頭を促した。企業は広大なアメリカの国土に事業を展開し，また，大量生産に適合する技術を採用したので，企業にとって必要な資本はいっそう大きなものとなった。資金を動員するためにも経営組織を整備発展させる上でも株式会社が有効であったために，インフラストラクチュア関連事業だけでなく製造業においても株式会社の形態で設立される企業が支配的となった。

　国内市場で大量の商品が販売されるようになったため，アメリカ企業は経営，事務，販売，その他の直接生産に携わらない要員が必要となった。大企業の内部に，様々な専門的機能が出現した。組織上の革新は企業内部での取引費用を低下させた。新興の大企業は金融その他のサービスに対する需要を生み出した。[10]
　「専門的金融業」の分野においても大きな変化が生じた。**シンジケート**という言葉が頻繁に使われるようになり，それは相互に関連する 3 つの意味をもった。すなわち，(1)証券発行を引き受けたり，市場にはめ込んだり，あるいはその両方を行う銀行業者の一団，(2)既存の複数の企業を買収するのを目的として一つの新会社を設立するプロモーターたち（あるいは特定のプロモーターとその提携者たち）の一団（新規に設立された企業の証券はその後市場に売られるであろう），(3)協力して資金を調達する（単一の企業のための場合もあるし，複数の企業のための場合もあり，またそれらは新設企業の場合にもあるが，必ずしもそうとは限らない）プロモーター，個人，時には銀行業者からなる一団，である。これらすべてのシンジケートに共通しているのは，国の内外で莫大な資本を集め束ねたことであった。この分野では，「巨大企業」「投資信託」「投資会社」といった文脈において**トラスト**という言葉がしばしば使われた。トラストとは，投資家たちが特定の操作を目的として，（株式会社あるいはその他の）機関に自分たちの資金を共同出資したり資産を預けたりする行為を表す──それが否定的な意味合いであれ，あるいは中立的，もしくは好意的であれ──言葉であった。[11]

　すでにみたように，南北戦争中に「裏面が緑のアメリカ紙幣（訳注：当時のドル紙幣）」が発行された。1875年に金本位制への復帰を義務づける法案が通過し，1879年 1 月にそれが実行に移された。1900年の金本位法は，1879年以降の通貨制度を追認するものだったのである。ポピュリストの指導者たちによる金

245

第Ⅱ部　世界最大の債務国

表5-3　1914年の貸借表

主要貸手国[a]		主要借手国[a]	
国	水準 （10億 US ドル）	国	水準 （10億 US ドル）
イギリス	18.0	アメリカ	7.1
フランス	9.0	ロシア	3.8
ドイツ	7.3	カナダ	3.7
アメリカ	3.5	アルゼンチン	3.0
オランダ	2.0	オーストリア＝ハンガリー	2.5
ベルギー	1.5	スペイン	2.5
スイス	1.5	ブラジル	2.2
		メキシコ	2.0
		インド・セイロン	2.0
		南アフリカ	1.7
		オーストラリア	1.7
		中　国	1.6
その他[b]	2.2	その他[c]	11.2
合　計	45.0	合　計	45.0

出所：ミラ・ウィルキンスによって用意された1914年7月1日付けの概略推計値である。それは以下の収
　　　集者によるデータに基づいている。The United Nations, Arthur Lewis, William Woodruff, Herbert
　　　Feis, Douglass North, Rondo Cameron, Raymond Goldsmith, F. Bartsche（via György Kövér），
　　　Olga Crisp, Mira Wilkins, 他多勢。すべての数字は「総額」である。
a　15億ドル以下の長期対外債権または債務をもっていたような国は取り出し表示されていない。
b　例えば次の国々である。日本とロシア（特に中国に対する），ポルトガル（特にブラジルに対する），
　　スウェーデン（特にロシアに対する），カナダ（特にアメリカおよびカリビアン諸国に対する）。
c　取り出しては表示されていないその他に次のものを含む。オスマントルコ帝国を含むその他ヨーロッ
　　パに対する47億ドル，その他アジアに対する23億ドル，カリビアン諸国を含むその他ラテンアメリカに
　　対する18億ドル，南アフリカを除く全アフリカに対する23億ドル，そしてその他オセアニアに対する1
　　億ドル。

　銀複本位制の要求や，不換紙幣制への復帰を求める声があったにもかかわらず，
1879年から1914年の間，アメリカの証券は金を担保として発行されていた。こ
れは，アメリカの資本市場の形成を促進する上で重要であった。
　1890年にアメリカを訪れたのちに帰国したあるイギリス人は次のように記し
た。「アメリカの政府は世界で最も安定し最も保守的である……もしアメリカ
への投資で失敗した投資家がいたとしたら，自分自身を責めるほかはない……。
国債の支払いを拒否する可能性はない。対外的な戦争の怖れもない。すべては，
効率的な資産運用と注意深い投資物件の選定にかかっている[(12)]」。ある歴史家は
アメリカの変化を以下のように叙述している。「理想化された独立自営農民と

無骨な個人主義者達の国が，株式会社組織，官僚的秩序，連携的活動の国となりつつある」。[13]

　海外からの投資がアメリカ社会の変化にとって重要であった。1875年から1914年の間に，成長と期待に促されてアメリカへの外国投資が増大し，新規の資金需要を満たした。アメリカは世界最大の工業国となったので，輸出は増大し，アメリカ企業の活動は国際的に広がっていった。[14]金融機関は国内の資金需要の増大に応じつつ成長した。にもかかわらず，アメリカは債務国のままであった。すなわち，アメリカが海外へ投資するよりももっと多くの外国資本がアメリカに投資されたのである。じつは，アメリカは歴史上最大の債務国となったのであり，未曾有の外国証券投資と直接投資を引きつける磁場であった（表5-3参照）。[15]

アメリカへの外国投資の概観──1875〜1914年

　多数の推計が存在するにもかかわらず，1875年から1914年の間にどれだけの額の外国資本がアメリカに投資されたかは誰にもわからない。[16]永年にわたって直接投資よりも証券投資の額がいくらであったかを確定することのほうにより多くの注意が向けられてきた。[17]直接投資と証券投資は共存していたし，時には混じりあってもいた。[18]

　1875年から1914年の自由な国際資本市場において，アメリカへの証券投資の水準は，日々に，いや時々刻々に変動した。1879年以降，アメリカは金本位制下にあったので為替レートはごくわずかしか変化しなかった。外国人投資家はアメリカの証券をヨーロッパ，カナダ，そしてアメリカにおいて売買した。彼らはアメリカの証券を外貨建て（ポンド，フロリン，フラン）でもドル建てでも売買したのである。外国人投資家は無記名債券の売買を行ったし，公開市場で取引されている証券も私募債も売買した。満期となった証券が借り換えのためや償還のために還流した。ある種類の証券が他のものに置き換えられるのは日常茶飯事であった。大量の取引が長期のアメリカ資産に対する海外からの請求権（すなわちアメリカへの外国投資のことであるが）を変化させた。流動性の高い証券投資が海外の個人および企業の双方によって行われたり「解消」されたり

第Ⅱ部　世界最大の債務国

した。投資家は，利子率，証券価格上昇の可能性，そしてリスクを検討した。投資は譲渡可能証券へのものであった。債券の借り換え時や償還時には，投資家は引き続きアメリカの新規発行債券に投資したり他の債券に再投資したりすることもできたし，他国に資金を移すことも可能であった。[19]

　19世紀の後半から20世紀の初頭にかけては，外国からアメリカへの証券投資の額が直接投資額を大きく上回っていると理解されてきた。私の研究もそれを確認している。[20] 同時に，アメリカ証券の保有者はこれまで大部分の研究者が考えてきたほど受け身ではなかったし，また，そうしたアメリカへの投資によって，投資家たちは経営に対する少なくとも影響力を及ぼそうとしたり，投資先の事業が悪化した場合には，財務管理を行ったり経営支配を試みるケースもあった，ということも明らかにしておきたい。後述するように，影響力の行使や支配への試みがみられた場合でも，それはこうした投資の背後にある動機であったというよりは，あくまで資本参加の度合いが大きくなった結果なのであるが。

　海外からアメリカへの直接投資が数多く実行され，この場合には投資家（主として企業であるが）が初めから事業の支配や経営を目的としていた。直接投資の場合には，投資家たちはアメリカに投下した資本の使途を監視せずにはおかなかった。[21] 直接投資は原料または市場，あるいはその双方を求めて展開された。こうした直接投資においては（証券投資の場合も同様であるが），参入もあれば撤退もあった。直接投資——すなわち当初から経営と支配を目指す投資——は，大部分の研究者たちのこれまでの認識に比べてはるかに規模が大きかった。[22]

　表5-4はアメリカへの長期外国投資額を推計したものである。投資額は1875年の約15億ドルから，1914年7月1日，すなわちヨーロッパで戦争が勃発する前の時期における70億ドルへと増大した。これらの数字は（そして以下に述べる数字もすべて）おおまかなものである。[23] 外国で保有されているアメリカの公債の額を確認しようとする政府の試みはいくつかあるものの，1875年から1914年の間の時期に関する対米外国投資全体を包括するような調査はない。第4章において引用した1853年および1869年の調査に匹敵する研究はまったく存在しない。ナサニエル・T・ベーコンが同時代人として対米外国投資全体を学問的に概算してみた1899年の数字があるのみである。[24] ベーコンは調査を行うに

第**5**章　背　景

表5-4　アメリカにおける長期外国投資の水準の推計値，1875〜1914年

（単位：100万 US ドル）[a]

時　　期	合計	政府部門		民間部門				
		連邦	州/郡・市	鉄道	保険	鉱業	製造業	その他
1875年	1,500[b]							
1876年	1,500[c]	600[d]	97[e]	390[f]				
1878年4月	975[g]	500[h]						
1878年12月		200[i]						
1880年12月	1,249[j]	249[k]	97[l]	899[j]				
1881年		150[m]						
1882年					30[n]			
1883年	2,000[o]	100[p]						
1885年	1,900[q]							46[r]
1889年	3,000[s]					20[t]		
1890-91年							u	
1894年	v							
1895年	2,500[w]							
1896年	2,600[x]							
1897年	3,000[y]							
1899年	3,145[z]	10[aa]	aa					
1907年	6,000[bb]							
1908年	6,000[cc]							
1912年	dd							
1914年7月1日	7,090[ee]			4,170[ff]				2,920[gg]

a　私は，本表から，ただ一つの国による投資となっている推計値およびありそうにないものを排除した。時には注に別の推計値を示してある。当初，表に示された数値が額面か市場価格かを特定しようと計画した。しかし多くの場合，データは粗雑すぎてそのように厳密な扱いに耐えうるものではなかった。推計値からはすべての短期債務を除くようにした。数値がポンド表示の場合，£1 = $4.86のレートでドル換算をした。

b　*Banker's Magazine*, New York, 33（Jan. 1879）: 256 は，A・J・ワーナー（A. J. Warner）による1875年末時点での推計値。これはおそらく妥当な「概算数値」である。1873〜76年においては，入れ替えや変化はあるものの，アメリカにおける外国投資の総額はほぼ同じである（表4-1参照）。ワーナーの1875年推計値は，Charles J. Bullock, John H. Williams and Rufus S. Tucker, "The Balance of Trade of the United States," *Review of Economic Statistics*, 1（July 1919）: 225 による1873年のそれと一致する。統計専門家のアーネスト・セイド（Ernest Seyd）は，その "The Fall in the Price of Silver, Its Consequences, and Their Possible Avoidance," *Journal of the Society of Arts*, 24（March 10, 1876）: 311 のなかで，1875年についてより大きな推計値を示している。彼の信じるところでは，1875年（年末）のアメリカの対外債務は4億5000万ポンド，すなわち21億9000万ドルであった。彼の集計値は4億7000万ポンドになっている。彼の内訳では，2億1000万ポンド（10億2000万ドル）がヨーロッパ保有のアメリカ連邦および州債務，1億5000万ポンド（7億3000万ドル）がヨーロッパ所有の鉄道，その他公共事業そして鉱業——債権と株式——（うち1億ポンドが鉄道債になる），2000万ポンド（9700万ドル）がアメリカの土地・不動産の外国人保有を示していた。またこのなかで，4000万ポンド（1億9500万ドル）が，アメリカの輸出・輸入に伴う「欧州資本家」の「活動資本」を表し，他方5000万ポンド（2億4300万ドル）は「正金支払いの復活のために要求された」国際的な債務額からなっていた。この最後の5000万ポンドは短期債務とみられたし，4000万ポンドもまた短期として控除されるべきものであった。

249

第Ⅱ部　世界最大の債務国

その他残額が長期投資となるであろうが，それは，9000万ポンドを控除されたあと，3億8000万ポンド（18億4700万ドル──ワーナーの推計値15億ドルからさほど離れていない数字）になる。セイドは，しかしながら，彼は過小評価していると信じていた。John J. Madden, *British Investment in the United States, 1860-1880*（1958；rpt. New York : Garland, 1985), p. 388（表24）は，1875年12月31日の時点で，アメリカの在外証券総額は14億8900万ドルになっていたと推定している。彼は，彼の数字は15％以内の正確さであると考え，またアメリカのすべての対外債務はイギリスおよびヨーロッパ大陸内にあったと推測し，また表24には，年ベースの内訳は得られないから，鉄道株は除かれている，としている（p. 382）。マッデンは，15億ドルの数字を受け入れている（p. 401）。ここに彼は1875年の海外における連邦負債を6億3300万ドル（p. 3）としているが，1874年は6億3300万ドル，また p. 388では1875年を6億2300万ドルとしていた。

c　私自身のおおまかな推定値である。Madden, *British Investment*, p. 388（表24）および pp. 78-79（表15-16）は，異なった数字を推定している，すなわち，14億4000万ドルおよび16億5700万ドルである。

d　*Economist*, 33（Oct. 9, 1880）: 1171（1876年8月26日のアメリカ財務長官のスピーチを引用している）. Madden, *British Investment*, pp. 388, 78-79 は，イギリスと大陸の数字を5億7000万ドルと推定している。

e　Madden, *British Investment*, pp. 78-79（ヨーロッパで保有されていたアメリカの州，郡，市の証券の名目額）.

f　この数字は低くてしかるべきである。*Banker's Magazine*, New York, 30（May 1876）: 845 は，外国保有のアメリカ鉄道社債の額は1874年12月のそれと同額であったが（表4-1を見よ），しかし当時債務不履行の額が2億5300万ドルすなわち総額の65％にのぼっていたことを示していた。Madden, *British Investment*, pp. 78-79 は，イギリスとヨーロッパ大陸で保有されていたアメリカの鉄道社債の「名目額」は7億9700万ドルであったとし，加えて，1億4100万ドルの鉄道株の「名目額」を含んでいた，と推定している。彼の総計額は9億3800万ドルになった。彼は，その数字は1874年の8億9400万ドルから増加したと考えていた。この巨額の食い違いは，部分的にはいかに簡単に債務不履行証券が除外されたかということ，そしてまたマッデンの使用する「名目額」──これは疑いもなくこの数字を水増ししている──からきているのである。彼の1876年のイギリスについての推計値だけでも5億5900万ドルであった。Dorothy Adler, *British Investment in American Railways*（Charlottesville : University Press of Virginia, 1970), p. 166 はまた，*Banker's Magazine* が過小評価していたとする。すなわち彼女は，1876年のイギリスのアメリカ鉄道投資は4億8600万ドルであったと推計している。上記注 b の1875年に関するセイドの推計また第4章のアメリカ鉄道に関わる南北戦争後の大規模な利権についての叙述を参照せよ。

g　1878年4月においてなされた多くの推計があった。私は，*Banker's Magazine*, New York, 33（Jan. 1879）: 527 に掲載された，1878年4月の時点でのエドワード・ヤングによる推計を含めた（ヤングはアメリカ統計局の長官であった）。1878年4月時点での推計では，合衆国信託社（U.S. Trust Co., 10億ドル）の社長，ジョン・A・ステュワートや，モートン・ブリス社（9億5000ドル）のジョージ・モートンのものがある。次のものを見よ。U.S. Congress, *Hearings*, 45th Cong., 2nd sess, 1878, Misc. Doc. 62, pp. 112, 215. ブランド・アリソン法に関する外国の関心から，証券がアメリカに還流していたため，総額は1876～77年のそれよりも少なくなっていた（前掲書，pp. 112, 158を見よ）。

h　ジョン・A・ステュワートは，外国保有のアメリカ連邦政府公債はおそらく5億ドルを超えてはいなかったと推計した（*Resumption of Specie Payment, Hearings*, p. 112）。

i　U.S. Secretary of Treasury, *Annual Report*, 1878, p. xviii.

j　イギリスと大陸諸国の名目保有額（2億5700万ポンド）については，Madden, *British Investment*, pp. 78-79（表15-16）を見よ。p. 388（表24）では，彼は総額を10億4300万ドル（除鉄道株）と推計しているが，この数字はあまりに厳密すぎる。

k　U.S. Census Office, *Report on Valuation, Taxation and Public Indebtedness of the United States-Tenth Census*（Washington, D.C., 1884), pp. 490, 518（登記された利付き公債）。この数字は確認された外国投資に基づいており，確認されなかった一定の投資が除かれていることは十分にありうるであろう。

第**5**章　背　　景

l　イギリスと大陸諸国の名目保有額については, Madden, *British Investment*, pp. 78-79（表15-16）を見よ。彼の鉄道関係の数字については, 1876年の総額 9 億3800ドルから減少している（前記注 f 参照）。私は, 1876年と1880年の間に外国のアメリカ鉄道への投資が減少したというマッデンの見方に同意しない。ただし, 私の表の組立方法がゆえに, その明白な増加は当てにならないかもしれないと信じているのだが（注 f で指摘したように, 私は 3 億9000万ドルという数字は低いと信じている）。

m　書簡 August Belmont to Thomas Bayard, Jan. 28, 1881, 以下に引用されている。David Black, *The King of Fifth Avenue*（New York : Dial Press, 1981）, p. 587. これを, 『エコノミスト』が5000万ドルという評価は低いといったことと比較せよ（*Economist*, 39, Jan. 29, 1881 : 126）。

n　ニューヨーク州だけについての外国保険会社のアメリカにおける資産の推計に関しては, *Commercial and Financial Chronicle*, 22（Feb. 4, 1882）: 128, を見よ。

o　Bullock, Williams, and Tucker, "The Balance of Trade," p. 225.

p　一つの表作成上の情報だが, アメリカ財務省記録をベースとして計算した場合, 海外保有の連邦政府負債は 1 億ドルを超えない。*Banker's Magazine*, New York, 38（Jan. 1884）: 577 を見よ。その数字はより低い数値をさえも示しているであろう。

q　Bullock, Williams, and Tucker, "The Balance of Trade," p. 226.

r　Turrentine Jackson, *The Enterprising Scot*（Edinburgh : Edinburgh University Press, 1968）, p. 100. アメリカの牛牧場へのイギリス投資, プラス100万ドル, これは私自身のオランダ利権についての推計である。

s　Bullock, Williams, and Tucker, "The Balance of Trade," p. 226. 1889年については, 元国会議員ジョン・デイヴィス（カンザス）は, アメリカの不動産投資60億ドルのうち30億ドルは海外で保有されている, と推計していた。John Davis, "Alien Landlordisim in America," in *The Land Questions from Various Points of View*, ed. C. F. Taylor（Philadelphia : C. F. Taylor, [1898]）, p. 56. デイヴィスの明らかに過大評価された数字は, 後にブロック, ウィリアムズとタッカーによって推計されたものとしてのアメリカにおける外国所有額に相当する。

t　「準州」におけるもののみ。U.S. Senate, 50th Cong., 2nd sess., 1889, S. Rept. 2690, p. 1 を見よ。

u　私の以下の本文では, 1890～91年において食肉および醸造業関連だけでアメリカには 1 億7000万ドルほどの外国投資が行われていたことが示されている。

v　W. H. Harvery, *Coin's Financial School*（Chicago : Coin, 1894）, p. 139, は, 1894年にヨーロッパで所有されたアメリカ証券は50億ドル以上であったとしている。これは明らかに誇張である。

w　A・S・ハイデルバッハ（A. S. Heidelbach）の1895年における24億ドルという推計は, *Commercial and Finacial Chronicle*, 60（March 30, April 13, 1894）: 542, 585, 630. それは, それに先立つ15年間にアメリカでなされた「全ヨーロッパ投資」で, 「有価証券, 不動産, 抵当および動産貸付（生産的であれ不生産的であれ）」の形をとっていた。これはアメリカにおける長期外国投資のレベルの推計ではない（pp. 585, 630を見よ）。ハイデルバッハはまた次の推計をしている。ヨーロッパがこの国から受け取る満期到来の年支払請求額は, 「海外で保有されたアメリカの証券に基づく配当および利子として, 最低で7500万ドル（であった）——」。そして「ここ（アメリカ）でビジネスをやっている外国企業や不動産投資から得られる非居住者の利益, 合弁事業利益などは, およそ……7500万ドル」（p. 543）。もしヨーロッパ人たちが彼らのアメリカにおける長期投資に対して 6 ％受け取っていたら, それの1895年の総額は25億ドルであったであろうし, 5 ％であればその額は30億ドルに相当したであろう。私は, 24ないし25億ドルという額はアメリカにおける外国投資のレベルとして不適切なものとは考えない。25億ドルが私自身の推計額である。

x　Bullock, Williams, and Tucker, "The Balance of Trade," p. 230. 歴史家ヘンリー・アダムズ（Henry Adams）は, 1896年 7 月31日の手紙のなかで書いている。アメリカにおけるヨーロッパ人の資本の「最小限の推計額」は 6 億ポンド（すなわち約29億ドル）であった, と。Henry Adams, *Letters*, ed. Worthington Ford, 2 vols.（Boston : Houghton Miffin, 1930, 1938）, II, 110. アダムズは, しかしながら, 長期および短期両方の権益を含ませており, そしてアメリカにおけるヨーロッパ資本の大半は「要求払い」の資金であり, おそらくはただちに引き上げられるような流動的な有価証券を意味していた, と示

251

第Ⅱ部　世界最大の債務国

唆している。短期資金と同様長期も，アメリカで取引された証券に投じられたものは，しかしながら，同じく流動的であった。私自身の推計では26億ドルになる。

y　これは私自身の概算である。パリ統計協会のジョージ・マーティンは，アメリカにおいてヨーロッパ人に保有された「貸付，鉄道株，銀行，鉱山，その他の株式会社のような異なる種類の投資に関わる数字」を2億500万ドルとしている——Michael G. Mulhall, *The Dictionary of Statistics*, 4th ed. (1899 ; Detroit : Gale Research, 1969), p. 653 による。Cleona Lewis, *America's Stake in International Investments* (Washington, D.C. : Brookings Institution, 1938), p.442 は，1897年の数字を31億4500万ドルとしている。これはベーコンの推計である。Émile Becque, *L'internationalisation des capitaux* (Montpellier : Iraprimerie Générale du Midi, 1912). p. 77 は，ヨーロッパ人に対するアメリカの債務（証券と企業への投資を含めて）を1897年で50億ドルとしている。

z　Nathaniel T. Bacon, "American International Indebtedness," *Yale Review*, 9 (Nov. 1969) : 276. ベーコンの推計は33億3000万ドルだが，これはアメリカにおける外国人の生命保険の1億8500万ドルを含んでいる。私はこの1億8500万ドルを差し引いている（ルイスが1897年の数字でそうしたのと同じく）。ベーコンのドイツとオランダについての推計は額面ではなく，市場価格でなされている。彼の他の推計において彼は市場価格を得ようとしたと思われる。表5-4で与えられた私の数字は1897〜99年の間に外国人の対米投資が増加したことを示唆し，そしてクレオナ・ルイスは明らかにそれが不変であったと考えているのに対して，Becque, *L'internationalisation des capitaux*, p. 77 の数字は減少したことを示唆している——1897年43億5000万ドル，1898年48億ドル，1899年44億ドル，1900年43億ドルとなり，そしてその後増勢に転じた——1901年43億5000万ドル，1902年46億6000万ドル。このことすべてが，外国投資の水準を測定することがいかに難しいかを示している。ベケは彼の情報ソースを示していない。

aa　Bacon, "American International Indebtedness," pp. 269, 271-272 (連邦，州，郡，市).

bb　Charles F. Speare, "Selling American Bonds in Europe," *Annals of American Academy of Political and Social Sciences*, 30 (1907) : 293, 欧州のみ該当。

cc　U.S. Senate, National Monetary Commission, *Trade Balances of the United States* (by George Paish), 61st Cong., 2nd sess., 1910, S. Doc. 579, pp. 174-175. Publicly issued securities only ; direct investments excluded. Europe only. Figures are for 1908.

dd　Raymond Goldsmith, *A Study of Savings in the United States* (Princeton, N. J. : Princeton University Press, 1955), I, 1089は，アメリカにおける外国資産について以下のような推計をしている——長期債務総額　1900年　30億100万ドル，1912年　52億1800万ドル，1914年　48億6300万ドル。彼の1900年の数字は適切なものにみえるが（これは，ベーコンの1899年推計に非常に近い），私は彼の1912年および1914年の数字は少ないと確信している。最近彼は1914年についてより多い数字を出している。

ee　Lewis, *America's Stake*, p. 546. 証券は額面で計算されている。ルイスが普通株を市場価格で算出したときには，彼女は，鉄道投資で39億3300万ドルという数字にたどりつき，その他投資で28億1700万ドル，そして合計では67億5000万ドルという数字になった（pp. 558, 546）。私は彼女の数字は信用できると信じている。市場は明らかにそのレベルを確定するにあたって額面価格よりよい。私は，多い方の数字をとったが，それは次の理由による。私がルイスが気がつかなかった他の利権を見つけたこと，またこれらが市場と額面価格の差異を相殺し，こうしておよそ70億ドルという数字が適切なものになると信じるからである。この数字はこれまでに提示されてきた他のものよりも大きい額である。Paul Dickens, "The Transition Period in American International Financing : 1897 to 1914," Ph.D. diss., George Washington University, 1933 は，1914年12月の総計を39億ドルとしている（一般に想定されているのは，ヨーロッパにおける戦争の勃発の結果として投資引き揚げが起こったため，1914年12月の数字は1914年7月のそれよりも少ないであろうということであるが，しかしながら彼の数字は非常に低い水準のものにみえるのである）。これより先に，Bullock, Williams, and Tucker, "The Balance of Trade," p. 230, は，1914年7月の数字を約45億ドルとした。Goldsmith, *Study of Savings*, I, 1089 は，上に示されたように，また1914年の数字は48億6300万ドルであったが，1914年7月については彼はそれを50億ドルとしたのである（p. 1090）。対照的に，*Brandstreet's*, Oct. 24, 1914, p. 690（それは直接投資を除いている）は，

ルイスの「証券」の推計に近い。同様に，Harvey E. Fisk, *The Inter-Ally Debts* (New York : Bankers Trust Co., 1924), p. 313 は，第一次世界大戦の勃発以前のアメリカにおける外国投資を60億ドルから70億ドルが適切な額とみている。私は，注意深くこの推計額を超えて，1914年7月1日の数字は70億ドルあたりが適切であると確信している。

　ff　Lewis, *America's Stake*, p. 546. また上記注 ee を見よ。

　gg　前掲書，そのうち17億1000万ドルは証券（額面価格）で，また12億1000万ドルは外国支配の企業向けであった。一定額の地方政府向けを含んでいる。

あたって公的な権限を有していたわけではなく，彼の調査結果には一定の制約がある。ベーコンとジョージ・ペイシュ（同じくその数字がしばしば引用される同時代人）は，主に事情通の銀行家からの聞き取りによってアメリカへの外国投資に関する概括的な統計を作成した。[25] 多くの直接投資家は銀行家とほとんど無関係であったから，そうした情報源に頼った2人のデータは当然のことながら直接投資を過小評価していることになる。

　1914年以降，優れた研究者たちがそれ以前の時期の対米外国投資に関するデータを作成してきた。それらをつなぎ合わせたデータも，（私が表5-4にまとめたもののように）不明な箇所が多々あって満足すべきものからはほど遠い。[26] つまり，表5-4に示される全データは入手できる最良のものと思われはするが，それでも不十分である。クレオナ・ルイスが行った1914年7月1日時点に関する推計を除けば，証券市場に痕跡をとどめていない数多くの外国投資の大部分が数字に含まれていない。私は証券投資と直接投資を徹頭徹尾分離できればよいと思う。しかし，それがおおざっぱなデータに基づいて偽りのもっともらしさを作り出すことであるなら，そうした行為はかえって有害なのかもしれない。[27]

　1875年から1914年の間のアメリカへの外国投資は決して一本調子に拡大したのではなかった。アメリカへの外国資本の流入が抑えられているかにみえる時期があった。1870年代後半にはアメリカから外国資本が流出した。その時期には，アメリカは資本の純輸出国であったように思える。国際収支のデータに基づく図5-1は，アメリカの海外投資と外国資本の動向の双方からなる**ネット**の推計値を示したものである。[28] この図から資本の流出入の変動幅が大きかったことがわかる。資本の流出入は，利子率，リスク評価および全般的な経済状態の関数である。ヨーロッパに比べて相対的に高い利子率が対米投資の魅力であった。だが，アメリカ証券に対する外国人投資家は，アメリカの銀本位主義者の動向に危機意識をもつたびに通貨の切り下げを懸念して資本を引き上げた。

253

第Ⅱ部　世界最大の債務国

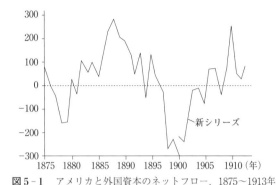

図 5-1　アメリカと外国資本のネットフロー，1875〜1913年
出所：U.S. Department of Commerce, Bureau of the Census, *Historical Statistics of the United States* (Washington, D.C., 1960), 564-565. 数値は100万USドル。マイナス数値は資本の流出を示す。1900年以降の数値は異なるシリーズを記したページから抽出。

　証券の金条項は確かに安心材料ではあったが，経験ある投資家は誰でもそうした条項が廃止されうることを知っていた。世紀の交代期においてアメリカの証券価格が上昇したので，海外で保有されていたドル証券が大規模に環流してきた。利子率とならんで，キャピタルゲイン追求の機会もまたこうした資本の動きを左右したのである。こうしてアメリカは再び一時的な資本の純輸出国となった。1870年代半ば，1884年，1890年末，および1907年の恐慌は投資家を不安に陥れ，投資の撤退を招いた。ここでは利潤の可能性ではなく，損失への恐れが投資を動かした。資産を売却する外国人投資家があれば必ず新たに参入する投資家がいるというように，売り手と買い手はそれぞれ異なった予想をもっていた。最も重要なのは，長期外国投資の残高をフローの積み上げによって計算することはできない（またすべきではない），ということである。私は表5-4でそれをやっていない。価値は変化し，投資資産の利益があれば損失があり，利益は再投資された。資本の流出入は変動し，アメリカが資本の輸出国になった時期があったにもかかわらず，表5-4（この表はフローではない資料に基づいているのであるが）によって示されるように，1875年から1914年の期間に外国からの対米投資残高は増大した。アメリカは——外国投資残高で評価すれば——この間ずっと純債務国であった。

254

第**5**章　背　　景

　多くの研究者が，第一次世界大戦前の40年間におけるよりもそれ以前のアメリカの方が外国資本への依存度が高かったと論じてきた。例えば，クレオナ・ルイスは，1869年におけるアメリカの対外債務は国富に対して約５％の比率であったが，1914年においてはおよそ４％であった，と推計している。[29]

　マーガレット・マイヤースは，別の時期区分によりつつ，しかしルイスの結論を確認して，次のように述べている。

　　南北戦争後の半世紀間は，（アメリカの）証券市場にとって外国資本の優位が次第に低下してきた，という意味で重要な時期であった。南北戦争前のアメリカは，いずれの新興国もがそうであるように，自分自身の貯蓄によって供給される以上の資本が必要であり，より発展した国からの資本の輸入に依存せざるを得なかった。1863年から1914年にかけて，外国資本への依存度は次第に低下した。[30]

　1869年以降のアメリカにおける資本形成に対する外国投資の役割を論じたサイモン・クズネッツとジェフリー・ウィリアムソンの統計も，こうした解釈を支持している。[31] これよりもはるかにおおざっぱな記述ではあるが，ダグラス・C・ノース，テリー・アンダーソン，ピーター・ヒルは，1983年版のアメリカ経済史の教科書のなかで，次のように結論づけている。「1830年代には外国資本は重要であったが，その後，資本形成に占める外国資本の割合は縮小した[32]」。

　1875年から1914年の間の何年かはアメリカが資本輸出国であったことから，また，アメリカにおける外国投資の**相対的な**重要性が低下したとの（上で引用したような）多数の論述がなされてきたことから，さらには，世界経済のなかで**大きくなりつつある**アメリカの姿に同時代の通説が強く影響されたこともあって，近年の多くの経済史家は，1875年から1914年に至る時期を記述する際に，対米外国投資を無視するか，その役割を軽視してきた。[33] それは間違っている。これから示すように，この時期の対米外国投資は大変重要であった。[34]

　1875年から1914年の時期における対米外国投資の重要性を無視したり過小評価したりしてきた人は，海外からの投資規模が増大したことに気づいていない。彼らは比率を問題にする。確かに，1875年から1914年にかけての時期における

255

第Ⅱ部　世界最大の債務国

アメリカの「対外債務」が国全体の債務に占める割合は，1803年と1853年のそれぞれ56％および46％に及ばないし，1869年の45％の水準にさえ達していないのは事実である。この時期の外国からの投資が占める割合は，1803年時点での企業株式における33％という水準，また1853年時点での国債における38％ないしは（より確からしい）58％という水準に及ばない。同様に，どの年をとっても──少なくとも第一次世界大戦前では──資本の純流入額が純資本形成額の27％（1869年の数字──この数字が正しいとしての話だが）の水準を再び記録することはなかった。もっとも，ジェフリー・ウィリアムソンは，1888年は例外的な年で，資本流入がアメリカの純資本形成額の26％に達した，としているが[35]。しかし，1830年代から1914年にかけて，アメリカの資本形成に対する外国資本の役割が着実に低下していった，という主張を裏づける証拠はなにもない[36]。これに続く諸章で，いくつかの分野においては19世紀から20世紀にかけて外国資本が常に重要な役割を果たし続けていたこと，したがってアメリカ経済の分析には決して欠かせないものであることを示したいと思う[37]。

　データを仕分けしてみれば，増大し続けかつ巨額であったアメリカの対外債務の重要性が一番明白になるであろう。例えば，後で明らかにするように，アメリカは1879年の正金の支払いを再開するにあたって，外国資金および外国銀行の助力を必要とした。正金支払いの再開は，その後のアメリカ経済の動向に対して決定的な重みをもった[38]。イギリスおよびヨーロッパ大陸からの資本は，アメリカにおける鉄道システムの成長と完成とを大いに助長し加速させた[39]。イギリスの投資家は，アメリカ南部の鉄鋼産業の創設に関与し，またアメリカの多くの革新的な鉄鋼会社に出資した。外国の投資家は，アメリカの鉱物資源の採掘，加工，および輸出の面で重要な役割を果たしたし，その海外市場を開拓した。1914年までに，「アメリカ」最大の石油会社の一つが外国人によって所有された。西部における多数の大牧場が外国人投資家によって支配された。1890年にニューヨークの『バンカーズ・マガジン』誌は，イギリス人が「アメリカのほとんどすべての収益性の高い産業部門をむさぼり食っている」と報じた[40]。これは誇張であるが，当時，アメリカの精肉業および製粉業の大手のなかには短期間であれ外国人所有の企業があったし，多額のイギリス資金がアメリカの醸造業に投じられていた。製糸業から化学産業に至る様々な製造業分野に

おいても，20世紀の初頭には外国からの直接投資が驚くほど重要な地位を占めていたのである。外国人所有の企業は，火災保険や会計業務と並んで抵当金融も行った。鉄道業における投資は基本的に証券投資であったが，その他の分野ではかなり大きな額の直接投資がみられた。

　上述した事例はほんの前触れであり，後に続く章のなかでたっぷりと絵巻をくり広げたいと思う。しかし，この前置きにおいても，外国投資が決して些末なものでなかったことは示されているはずだ。その上，金額的には外国からの証券投資の方が直接投資を上回っていたが，総体としての経済的効果という点では直接投資の方がはるかに勝っていたかもしれない。1875年から1914年という時期は，じつは外国の多国籍企業がアメリカに重要な直接投資を行った最初の時代であった。これらの投資は，後ほど明らかになるように，アメリカの多国籍企業が優勢でない産業に集中する傾向にあった。

　ヨーロッパ企業によるアメリカ製造業への直接投資は，1875～1914年の時期が初めてというわけではない。植民地時代には，プリンシピオ社というイギリス資本の鉄工会社が長期間存続した。デュポン社は，すぐに外国直接投資の要素がなくなり完全にアメリカ系の企業となったものの，最初は海外からの直接投資により創業された企業であった。本書ではすでに，1840年代と1850年代の製造業における種々雑多な外国からの直接投資について記述しておいた。同様に，南北戦争直後の時期には，多数のヨーロッパ企業がアメリカでの製造活動を開始した。それでも，19世紀の終わりから20世紀の初頭が，製造業を営む外国系多国籍企業がアメリカで激増した時期であったことは紛れもない。

　増大し続ける外国からの投資と無関係であった州や準州は存在しない。金額面でみれば，中西部，西部および南部が投資先として抜きん出ていたが，東部もまた重要な海外からの投資受け入れ先であった。外国資本を受け入れた地域は，産業ごとに大きく異なっていた。その上，1つの外国系企業がしばしば1つ以上の都市，郡，州，地域に投資をした。アメリカ企業が国内において全国規模の活動を行ったのとちょうど同じように，外国人投資家もアメリカにおいて，複数の事務所，複数の生産拠点，複数の機能，複数の州（あるいは複数の準州）にまたがる事業を展開した。これは，外国からの融資を受けて州を越えた営業活動を展開した鉄道会社の場合に明白であるが，土地，鉱山，製造業，一

第Ⅱ部　世界最大の債務国

連のサービス業に対する外国投資においても当てはまることである。

　事実，やがて明らかにするように，投資残高の増大に伴って，1875年から1914年に海外からの投資はかつてなく広い範囲に及んだ。おそらく，海外からの直接投資を無視したこともあって，多くの経済学者が1875年から1914年の間の対米外国投資の役割を過小評価してきたのである。アメリカにおける外国投資残高の増大がかなりのものであったことは疑いない。1914年7月1日時点でおよそ70億ドルにのぼる海外からの長期投資がその年の国民総生産がわずか364億ドルの国に投じられていたのである（その推計値は妥当なところと私は考えている）。これに続く諸章で，対米外国投資の程度と性格を実証し，この時期の外国投資がアメリカ経済の発展に及ぼした影響は，アメリカ経済史家がこれまで考えてきたより，はるかに大きくはるかに重要であったことを明らかにしたいと思う。

イギリスの対米投資——1875～1914年

　1875年から1914年の時期において，世界最大の資本輸出国は相変わらずイギリスであった。マイケル・エデルステイン（Michael Edelstein）が述べているように，「資本輸出の増大傾向は変わらず，イギリスの資本輸出は19世紀末から20世紀初頭にかけて未曾有の水準に達した」。この点は，どのような尺度を用いても明らかである。表5-5は，1914年においてイギリスがヨーロッパの資本輸出国のなかで首位の座にあったことを示している。図5-2に示したのは，イギリスからの毎年の資本流出額に関する2個の推計値である。表5-6に掲げた数字から，1880年から1913年の間に，イギリスの海外投資額はほぼ3倍になったことがわかる。1913年から1914年には，イギリスの海外投資額は国富の4分の1に等しかったようである（表5-7参照）。これらはすべて概算である。これらの数字が過大評価であると考える者もいる。しかし，イギリスが海外投資の分野で世界最大の国であったことを否定する者はいない。

　ロバート・ギルピンは，19世紀のイギリスの海外投資と20世紀のアメリカの海外投資とを，投資の担い手（イギリスは銀行，個人，債券市場，アメリカは企業）と投資形態（イギリスの証券投資および融資に対してアメリカの直接投資）の両面で

第**5**章　背　　景

表5-5　ヨーロッパ人による全世界外国投資，1913～1914年

(単位：10億 US ドル)

国	国連推計値	別の推計値
イギリス	18.0	18.3-20.0[a]
フランス	9.0	8.6-9.0
ドイツ	5.8[7.3][b]	4.6-8.6
オランダ，ベルギー，スイス	5.5	4.3-5.5

出所：United Nations, *International Capital Movements during the Interwar Period* (Lake Success,
　　　N.Y.：United Nations, 1949), p. 2. これに代わる推計値には次のものがある。W. S. Woytinski and
　　　E. S. Woytinski, *World Commerce and Governments* (New York：Twenty Century Fund,
　　　1955), p. 191；William Woodouff, *The Impact of Western Man* (New York：St. Martin's Press,
　　　1967), pp. 150-154；S. B. Saul, *Studies in British Overseas Trade, 1870-1914* (Liverpool：
　　　Liverpool University Press, 1960), p. 66；Eugene Staley, *War and Private Investor* (Garden
　　　City, N.Y.：Doubleday, 1935), pp. 523-534. ステイリーは，オランダの投資は20億ドル，ベルギー
　　　10億ドル，そしてスイスは13億ドルとしているが，これらの数字は「推測したもの」と認めてい
　　　る (p. 532)。ドイツの場合を除いて，主要な違い（代替的な推計値の）は外貨をドルに換算する
　　　ときに採用された為替レートや端数の切り捨てに関係している。

a　私は D・C・プラット (D. C. Platt) の最近の推計値152億ドルは除いている (*Britain's
　　Investment Overseas on the Eve of the First World War, New York：St. Martin's Press, 1986, p.
　　96 のなかにある)。プラットは，次の点を明らかにしている。180～200億ドルという数字は，
　　George Paish's Feb. 14, 1914, *Statist article* (reprinted in *British Overseas Investment, 1907-1944*,
　　ed. Mira Wilkins, New York：Arno Press, 1977)，において初めて示されたものである。

b　ドイツの場合は，その文献は時には外国投資の「総額」と「純額」を取り違えている。イギリス
　　とフランスの数字は，明らかに「総額」である——すなわち，集計者たちはイギリスおよびフラン
　　スにおける外国投資を差し引くことはしていない。ドイツの別の推計値46～58億ドルは，ある著者
　　の考えたドイツにおける外国投資の純額である。730～860億ドルという推計値は明らかに総額であ
　　る。私はしたがって，その表のカッコのなかに私が最も適切な「総額」と信じるものを入れておい
　　た。

区別している。[(49)]この区別はあまりに極端にすぎる。[(50)]1875年から1914年の期間に
おけるイギリスの海外投資家には銀行や個人に加えて企業も含まれるし，そう
した投資家は債券と同時に株式にも投資したし，また，彼らは証券投資のみな
らず直接投資も行った。過去においては，イギリスの海外直接投資に十分な注
意が払われていなかった。[(51)]多数のイギリス企業が国外で事業を営み，その事業
をイギリスから管理する目的で新設されたのである。[(52)]同様に，多数の工業やサ
ービス業を営むイギリス企業が本国外へ事業を拡張していった。[(53)]イギリスにお
ける有限責任会社の発展や合同運動，多くの産業分野におけるイギリス企業の
規模の拡大がイギリス企業による海外投資をもたらした。イギリス内国税務庁
(British Inland Revenue Department) のデータによれば，1913年から1914年にか
けて，海外直接投資によってもたらされた国外からの「確認できる所得」は証

259

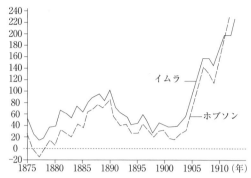

図5-2 イギリスからの資金輸出：C・K・ホブソンとA・H・イムラによる推定値

出所：C. K. Hobson, *The Export of Capital* (London : Constable, 1914), 226, および Albert H. Imlah, *Economic Elements in the Pax Britannica* (Cambridge, Mass.: Harvard University Press, 1958), 73-75. (当座預金勘定はバランスしている)。数値は100万英国ポンド表示。マイナス値は資金の流入を表す。

表5-6 イギリスの全世界海外投資，1880～1913年

年	推計額（10億 US ドル）
1880	6.3
1885	6.3
1895	7.8
1905	9.8
1909	11.3
1913	18.3

出所：Royal Institute of International Affairs, *The Problem of Foreign Investment* (London : Royal Institute of International Affairs, 1937), p. 115.

注：数値は£1 = $4.86でドルに換算している。

表5-7 ヨーロッパ人による国富に対するパーセントとしての外国投資，1913～1914年

国	パーセント
イギリス	25
フランス	15
ドイツ	8-12
オランダ	17.5

出所：Carl Iverson, *Aspects of the Theory of International Capital Movements* (Copenhagen : Levin & Munksgaard, 1936), pp. 331-332.

注：数字は概算である。

第**5**章　背　　景

券投資からの所得を現に上回っているのである。[54]

　ロンドンは文句なしに世界の貨幣市場の中心であった。そこには国際銀行業務の卓越したインフラストラクチュアが存在した。1870年代の初頭においては，イギリスからの融資の大部分は対政府向けであった。1914年にはその大部分が民間の借り手に対するものとなっていた。[55] 1875年から1914年にかけて，イギリス資本は世界の新興地域——アメリカ，カナダ，オーストラリア，南アフリカ，アルゼンチン——に向かった。マイケル・エデルステインは次のように記している。「アメリカ向けの投資を除いて，イギリス資本は投資対象を短期間に変えながら特定の国または（当時の）植民地に集中的に投下される傾向にあった。アメリカのイギリスからの資本輸入は，同じく変動はしたものの，持続的であった」。[56] 推計値にはそれぞれ差があるものの，1875年から1914年にかけて，海外にあるイギリス資本の少なくともおよそ5分の1がアメリカに投下されていた。アメリカは，第一次世界大戦前の40年の間，常にイギリス投資の最大の受け入れ国であった。[57] 表5－8の1行目は，1899年から1914年にかけてのイギリス対米長期投資の増大に関する別の推計値を示したものである。1876年時点におけるイギリスの対米投資額は，11億ドルをやや超える程度と見積もられている。それが，1914年7月1日には40億ドルを超える水準に達した。もっともこの数字は概算であり異論もある。[58]

　イギリスの対米投資の資金源は主にスコットランドとイングランドからきた（ウェールズとアイルランドからの資金はほとんどなかった）。例えば，1884年に，スコットランドのダンディーにおける新聞編集者は，同市の住民たちは少なくとも20年に及んで蓄えを外国での「金融的娯楽」に費やした，と述べている。ダンディーにおける主要10社のうち9社がアメリカで事業を営んでいた！　エディンバラの投資家たちは，アメリカに特別の提携先をもっていた。リバプールは，もともとは貿易に由来するがその頃には国際投資の絆へと変化したアメリカとの緊密な関係を保ち続けた。その他の北部イングランド地域は，大西洋をまたぐ事業に関するイギリス投資家たちの資金源であった。[59] もちろん，ロンドンではアメリカ証券やアメリカの経済状況がよく知られていた。[60] その上，アメリカ以外の国であげた利益をアメリカに再投資する投資家たちが時には存在した。こうして，例えばアジア，ラテンアメリカ，あるいは南アフリカを主な投

第Ⅱ部　世界最大の債務国

表5-8　アメリカにおける長期外国投資の推計値，国籍別，1899，1907，1908年および1914年7月1日

(単位：100万 US ドル)

国　籍	1899年[a]	1907年[b]	1908年[c]	1914年[d]	1914年[e]	1914年[f]
イギリス人	2,500	4,000	3,500	4,000	4,250	4,250[g]
フランス人	50[h]	300	630	1,000[i]	410	480[j]
ドイツ人	200	1,000	1,000	1,250	950	1,100[k]
オランダ人	240	600	750	650	635	650[l]
スイス人	75[h]	100	m	n	n	70[o]
ベルギー人	20	—	m	n	n	30[p]
その他ヨーロッパ人	15	—	130	n	150[q]	180[r]
カナダ人	n	—	—	n	275	275[s]
日本人	n	—	—	n	n	25[t]
その他	45	—	—	100	420	30[u]
合　計	3,145	6,000[b]	6,000[c]	7,000[d]	7,090[e]	7,100[v]

a　Nathaniel Bacon, "American International Indebtedness," *Yale Review*, 9 (Nov. 1900)：268-279.

b　Charles F. Speare, "Selling American Bonds in Europe," *Annals of American Academy of Political and Social Sciences*, 30 (1907)：269-293. スピアは *New York Evening Mail* の金融面の編集者であった。彼のヨーロッパ人による投資合計の推計総額は60〜65億ドルであった。これはヨーロッパの証券のみであった。

c　U.S. Senate, National Monetary Commission, *Trade Balances of the United States* (by George Paish), 61st Cong., 2nd sess., 1910, S. Doc, 579, pp. 174-175. 公開発行された証券のみ。ヨーロッパ以外のいかなる国の数字も含まれていない。

d　Harvey E. Fisk, *The Inter-Ally Debts* (New York：Bankers Trust Co., 1924), p. 312. フィスクは合計額で「少なくとも」60億ドルそして「おそらくは」70億ドルと推計している。彼の内訳は70億ドルの数字に基づいている。これらはおよその概算総額である。彼自身の証拠資料は彼のフランスの推計値が非常に食い違っていることを示しているであろう。それを p. 286と比較すれば，そこでは彼はアメリカにおけるフランスの投資額は12億ドルとしており，また彼のその前のコメント (p. 285) でフランスの「アメリカ」における投資の大部分はラテンアメリカ向けであったとしている。Herbert Feis, *Europe：The World's Banker* (New Haven：Yale University Press, 1930), p. 51 は，ラテンアメリカにおけるフランスの投資額は12億ドルであったとしている (アメリカ，カナダ，そしてオーストラリアにおけるフランスの投資は，フェイスの信じるところでは，その額の3分の1であった)。ハービー・フィスクがこうした推計値を発表した年，1924年には，彼は外国・国内通商局の局長，ジュリアス・クラインに，1924年5月9日に，次のように書いていた。60億ドルは，1914年における外国の対米投資としてクラインの好む45億ドルよりも適切な推計値であったと。次のデータをも見よ。Record Group 151, 620 General/1919-125, National Archives, Washington, D.C. また次の注 e も見よ。

e　Cleona Lewis, *America's Stake in International Investments* (Washington, D. C.：Brookings Institution, 1838), p. 546. ルイスの推計値はきわめて注意深く作成されている。それらは明示的に直接投資と間接投資を含んでいた。それらは額面価格で，すべて長期投資であった。ルイスはまた，合計額を (国別の内訳はないが)「市場における普通株」で示していた。これらは，70億9000万ドルというよりも，67億5000万ドルになった。それであっても，彼女の推計値は彼女の先行者によるそれらよりも多かった (フィスクのそれを除いて)。私は，彼女の数字には，例えば次の推計値と比べてはるかに満足している。Charles J. Bullock, John H. Williams, and Rufus S. Tucker, "The Balance of Trade of the United States," *Review of Economic Statistics*, 1 (July 1919)：230. 45億ドルに関しては，クラインが上記の注 d で使用していた。ポール・ディケンズ (Paul Dickens) の研究はルイスのそれによって取って代わら

第**5**章　背　　景

れる。"The Transition Period in American International Financing : 1897 to 1914," Ph. D. diss., George Washington University, 1933, p. 129. ディケンズは1914年の合計額は39億ドルであったが，そのうち25億ドルは「イギリス」，2億ドルはフランス，4億ドルはドイツ，3億2500万ドルはオランダ，1億5000万ドルはスイス，6000万ドルはベルギー，9000万ドルはカナダ，1億7500万ドルはその他世界からきた，と考えた。

f　それらは私の推計値であるが，他のものを考慮に入れ，かつ本書に盛り込まれている私自身の研究を含んである。それらは市場価格で表示され，額面ではなく，また直接投資と証券投資からなっている。それぞれの推計値は個々に説明されている。

g　私のイギリスの数字はルイスのそれと同じであるが，それは彼女がとったやり方とはやや違った方法でこの数字にたどり着いた（私の数字は市場価格で示され，彼女のは額面である。市場価格は額面よりも低いから，私はルイスよりも多い投資額を示唆している）。

h　Bacon, "American International Indebtedness," p. 273 は，次のように注記している。フランスの投資家たちは，フランス居住者の多くがアメリカ投資をするためにジュネーブの投資商会を使っているから，スイスの合計額のなかに含まれている（フランスのそれとともに）。

i　誤りである可能性が非常に高い（上記注 d を参照）。

j　私のフランス人についての推計値はルイスのそれよりも多い。というのは，私が彼女よりも多くの投資について知っており，またスイス人，ベルギー人，ロンドン人を通した取引を含めているからである。それは，これも考慮には入れているが，Maurice Lévy-Leboyer, *in La position internationale de la France* (Paris : Éditions de l'École des Hautes Études in Sciences Sociales, 1977), p. 25 の1913年推計値 3 億8600万ドル（1 フラン＝0.193ドルで換算）より多い。レヴィー－レボワイエの推計値は，アルフレッド・ネイマーク (Alfred Neymarch) の1913年推計値――証券投資を取り上げ，直接投資は扱っていない――および Herbert Feis, *Europe : The World's Banker*, p. 51――これは「アメリカ，カナダ，オーストラリア」における1914年のフランス投資と同じ 3 億8600万ドルを示している――に依拠している。私の推計値は，ペイシュの1908年のそれよりも少ないが，これはペイシュの数字が非常に粗いものであり，彼のフランス人についての推計値がスピアの 1 年前のそれと整合的でないようにみえるからである。しかしながら，1910年に，George Aubert, *La Finance Américane* (Paris : Ernest Flamarion, 1910), p. 191 が示唆したところでは，アメリカに保存されるフランスの試算について確かな数字は存在しないが，彼の推計値は30から40億フランであった（あるいは 5 億7900万から7億7200万ドル。1 フラン＝0.193ドルで換算）。戦前におけるフランスの外国投資の地域分布について1916年に書かれた著作において，イェヴェス・ギュヨ（パリの *Journal of des économist* の編集者）は次のように述べている。「アメリカに投資されたフランス投資は50億フラン（1 フラン＝0.193ドルで 9 億6500万ドル）……といわれているが，この数字は誇張されている」。Yves Guyot, "The Amount, Direction and Nature of French Investments," *Annals of American Academy of Political and Social Sciences*, 68 (Nov. 1916) : 52. レヴィー－レボワイエは，アメリカにおけるフランスの投資について次のような数字を示している。1896年，9600万ドル，1902年，1 億1600万ドル，1913年，3 億8600万ドル。*Federal Reserve Bulletin*, 7 (Oct. 1922) : 1181 は，フランスのアメリカ証券保有額は「戦前に」約 5 億ドルであった，としている。

k　私自身の調査によれば，ルイスのドイツの推計は少なすぎる。私はルイスとフィスクの中間の数字をとりたい。

l　フィスクは，彼自身のオランダの推計値はおそらく少なすぎると考えた。私はそれは当たっていると思う。ペイシュの1908年の推計値は多すぎたかもしれない。

m　「その他ヨーロッパ人」のなかに含まれている。

n　「その他」のなかに含まれる。

o　私のスイス推計値は，スピアの1907年のそれより少なく，ベーコンの1899年のそれより少ない。というのは，私はスイス経由のフランス投資をフランス合計に加えたからである。

p　私のベルギー人の推計値は，ベーコンおよび極端に多いディケンズの1899年推計値に基づいている（上記注 e を見よ）。それは，私がベルギー人の投資について知っているところのものを反映している。Jacob Viner, "Political Aspects of International Finance," *Journal of Business*, 1 (April 1928) : 160 は

第Ⅱ部　世界最大の債務国

次のように書いている。1914年以前にフランスの投資家たちは，フランスの証券税を回避するために，ブリュッセルの市場で証券を買っていた，と。したがって私は，ベルギー人の数字を削減して，フランスのそれに加えた。

q　オーストリア＝ハンガリー，トルコ，そしてブルガリアを含む。

r　私の「その他ヨーロッパ人」の推計値は，オーストリア-ハンガリー，ブルガリアそしてトルコを含んでいるが（ルイスと同様に），さらにまた彼女が「その他」のなかに含めた，ロシア，スペイン，イタリア，スウェーデン，そしてその他スカンジナビア人の権益をも含んでいる。1913年12月31日の時点で（*Best's Insurance Reports*, 1914から収集されたデータに基づいたもの），これら「その他ヨーロッパ」諸国からきたアメリカの火災および海上損害保険会社の「承認された」資産だけでも2700万ドルになった（このうちで，400万ドル以下が最初の2つの国々からきたものであり，またトルコからはなにもきていなかった）。

s　ルイスのカナダ人による対米投資の推計値はありそうなものである。

t　日本銀行の推計によれば，1914年に日本人によるアメリカ（ハワイも含む）の事業会社に対する投資は2460万ドルであった——Harold Moulton, *Japan* (Washington, D.C. : Brookings Institution, 1931), p. 391 に引用されている未発表の推計値。

u　私の数字はルイスのそれよりはるかに小さい。それは，スイス人，ベルギー人，「その他ヨーロッパ人」（特に上記注 r を見よ），そして日本人による投資合計額への私の追加があるからである。私は，ルイスよりも国籍ごとに詳細に数を分けるように試みた。私の「その他」の数字（それはヨーロッパ，カナダ，日本以外のすべての国籍を含む）は，確定するのが非常に難しくかつ極度に雑多なものであった。インドあるいは南アフリカあるいはオーストラリアに住んでいるイギリス人は，彼が外国に行く前に彼の保有資産を取得した場合，その合計額を不適切に押し上げるかもしれない（もしイギリス人が彼の「本国」にとどまっているとすれば，彼の権益は「イギリス」として含められるべきである）。私は，「その他」の範囲に入れた方がよいようないくつかの中国人やニュージーランド人の投資に気づいている。同様に，メキシコ人による鉄道投資があり（ルイスはその投資を320万ドルとしている），富裕なラテンアメリカ人による投資，一時ラテンアメリカに住んでいたアメリカ人による投資もあった（私がその集計からは除外しようとしたグループである）。

v　私の1914年の合計額がルイスとフィスクのそれと同じ範囲内にあることに注意せよ。私は，受け入れがたいようにみえた他のより小さい推計値は本表には含めていない。

資先としているイギリスの投資信託，商社，投資グループ，銀行などが，たびたびアメリカへの投資も行った。

　対米証券投資においては，イギリスの投資家たち（個人であれ企業であれ）は経営への参加を期待もしなければ望みもしなかった。その権限は——定義からして——限定されていた。それでも時には，収益を守るためには経営への介入が必要となった。その対極では，イギリスの直接投資家たち（個人と，もっと重要なのは企業）が——これまた定義によって——アメリカの事業への経営参加を望み，計画し，実際に行った。両国を隔てる長い距離は権限の委譲を伴ったが，投資家たちは管理された権限委譲を欲した。イギリスの海外投資全般に関する文献は過去何年にもわたって直接投資を過小評価してきたのであるが，とりわけイギリスの対米投資に関するおびただしい文献が直接投資を過小に見積

第**5**章 背　景

もってきた。[61]

　文字通り何千という会社がアメリカで事業を行うためにイギリスで設立され
た。そうした企業は，通常，本社がイギリスにあり事業はアメリカにおいての
み営まれているという「分身」であった。こうした会社が生み出されたのは，
主として，母国よりも高い利益を求め，かつ監督下におかれていないアメリカ
人による経営は信用しない，というイギリス人投資家の傾向をプロモーターた
ちが知っていたためである。投資家たちは，投資先の事業についての情報を信
用できるイギリス人から直接に得ようとした。新規の事業を立ち上げたり，し
ばしば，アメリカの企業（もしくはいくつかの企業）を買収したりするために，
イングランドないしはスコットランドで会社が設立される，というのが一般的
であった。取締役会には，知名人が含まれていたことであろう。本書の第4章
において，1870〜1873年の鉱山会社について触れながら，こうした形態の投資
を論じておいた。イギリス企業はアメリカに直接投資を行い，イギリスの本社
から経営管理しようとしたのである。[62] 典型的な多国籍企業（通常の定義では直接
投資のことである）とは，母国での事業に関連する分野を地理的に拡張するもの
（時には事業の国際化と呼ばれる）と考えられてきた。しかし，これらの「フリー
スタンディング」カンパニー[63]は，既存のイギリス企業の発展ではないので（こ
れらのイギリスの会社は，資金を集め，所有者として行動し，管理を維持するために新
しく設立されたものである），いかなる事業の国際化も行ってはいなかった。そ
うした会社は，持株会社のように行動したかもしれないし，あるいはアメリカ
で直接操業したかもしれない。イギリスの組織は現地で資金を獲得するという
利点をもち，その会社の証券への投資家は流動性を確保し，投資家は「イギリ
ス投資」を行っていたのである。[64]

　これら多数のフリースタンディング・カンパニーは，「遊離した」資本が管
理を受けるための枠組みを提供した。すでに述べたように，これらの会社は通
常（イギリスとアメリカの）双方に拠点をもっていたものの，広い意味ではイギ
リスやアメリカの国外で活動する企業群の仲間であったといってよいかもしれ
ない。事実，サービス部門のイギリス多国籍企業（銀行，商社，会計会社，鉱山
技術会社）は，程度の差はまちまちであったが，フリースタンディング・カン
パニーに対して経営的および専門的なサービスを提供した。しかし，イギリス

265

第Ⅱ部　世界最大の債務国

の対米投資にとって，こうした手法はしばしば不満足な結果に終わった。事業の内部化がなかったことが，フリースタンディング・カンパニーが短命であった理由の一端であるかもしれない。財やサービスを生み出すことに基づく個体としてのまとまり——成功する多国籍企業型の構造——が欠けていた。アメリカでの事業を企画し，評価し，事業の質を向上させるために企業内部の経験を持続させていくような所有とはなっていなかった。「本部」——母国にある本部としての——は事実上存在しなかった。取締役会のメンバーは，ほかに責任をもちながら片手間で仕事をしていた。なかには外国投資家が「幸運」で，成功したフリースタンディング・カンパニーもあったものの，それが一般的ではなかった。同じく，なかには十分な経営的・専門的サービスを受けたものもあったが，一般的なアメリカ的環境においてはそうではなかった。イギリスで法人化されアメリカで事業を営むこうした企業の最盛期は1870年から1900年の間であった。1890年代および20世紀の初頭になると，アメリカにおけるナショナリズムからコスト削減，イギリス税制への対応，倒産などに至る様々な要因によって，多数のフリースタンディング・カンパニー——とりわけイギリス人投資家が部分出資している（残りはアメリカ人が所有する）企業——は，本質的には不要なイギリス企業的要素を除去し始めた。それでも，フリースタンディング・カンパニーを無視することはできない。それらは，イギリス企業が海外における投資を支配することを目的とした「直接」投資であった。[65]

　これとは対照的に，イギリス企業のなかには，国際的に成長を遂げつつあった本国の事業拡大の一環としてアメリカに投資をするものがあった。これが近代的な多国籍企業の標準的な方式となったのである。アメリカにおけるこのイギリス事業の形態は，1875年から1914年の間に新たな意義が付け加わった。フリースタンディング・カンパニーからの需要があったこと，イギリス鉱工業企業が本国において大規模な事業を営む経験を欠いていたこと，イギリスが資本輸出国でありまた国際貿易大国であったということなどから，サービス部門における多国籍企業は，この時期のアメリカにおけるイギリスの多国籍企業的な発展上きわめて重要な役割を果たした。アメリカにおけるフリースタンディング・カンパニーの重要性が相対的に低下したときにさえ，サービス部門における多国籍企業は存続し，他のイギリス多国籍企業やアメリカ企業にサービスを

266

提供したのである。[66]

　1875年から1914年にかけて，アメリカは証券投資においても直接投資（フリースタンディングおよび多国籍企業型）においても常にイギリス資本の最大の受け入れ国であったが，ちょうどそのコインの裏側として，イギリス資本はアメリカにおけるすべての外国投資のなかで他を大きく引き離した首位の座にあった。[67]表5-8はイギリス資本の卓越した地位を示している。このイギリス投資を部門ごとに仕分けしようとする試みがなされてきた。表5-9は，マシュウ・サイモンのデータによりつつ，1865年から1914年および1909年から1913年の時期のアメリカに対する新規のイギリス証券（のみ）投資全体に占める（サイモンは新規発行と証券投資を同一視している）部門ごとの構成比を示したものである。私は，サイモンのデータに基づき，「政府」発行分を含めることによって彼の数字に調整を加えた。表5-10には，1876年のアメリカ証券に対するイギリスの持ち分を「名目」ドル価値で表したジョン・J・マッデンの数字が掲げてある。表5-11は，1910年における分野別対米イギリス投資の水準（ドル価値）についてのジョージ・ペイシュの数字を示している。表5-12は，1914年7月1日時点での分野別対米イギリス投資に関するクレオナ・ルイスの推計である。マッデンの数字は，1876年におけるアメリカ政府証券に対するイギリスの投資を示している。しかしながら，すべての表（とりわけ表5-9，5-11および5-12）は，イギリスの対米投資は鉄道業に集中していたという通説を支持するものとなっている。それにもかかわらず，証券投資であれ直接投資であれイギリスの資金は，アメリカの鉄道以外の多数の分野にも浸透していたのである。

　イギリス企業は，（直接的にあるいは持株会社として）アメリカにおける土地開発，牧畜，鉱山，（鉄鋼から醸造に至る）製造，金融，公益といった業種で事業を行った。イギリスの多国籍企業は，消費財（食品雑貨，繊維，薬品）分野と生産財（繊維機械，化学品，輸送機器，無線装置）分野に投資をした。なかには，例えばレーヨンや無線機器のような「ハイテク」製品もあった。加えて石油への投資も行われた。サービス産業においてイギリスの重要な多国籍企業型の投資が行われた。これらの直接投資は，表5-9～11に掲げられたサイモン，マッデン，ペイシュの統計には適切に反映されていない。こうした投資の多くは1876年以降に行われたので，この時期が含まれてないマッデンの数字が最も歪

第Ⅱ部　世界最大の債務国

表5-9　アメリカにおけるイギリスの新間接投資額の産業部門別比率,
1865～1914年, 1909～1913年（新発行額における払込額のパーセント）

産業部門	1865～1914年	1909～1913年
「政府」	6.0	0.0[b]
農　業	0.8	0.5
鉱　業	5.7	4.9
製造業	7.4	11.1
運輸業	61.8	62.7
公益事業	7.3	12.0
金融, 不動産業	5.9	4.1
商　業	0.6	1.2
公共事業	3.6	3.5
その他	0.8	0.0
合　計	100.0%[c]	100.0%

出所：Matthew Simon, "The Enterprise and Industrial Composition of New British
　　　Portfolio Foreign Investment," *Journal of Developmental Studies*, 3（April 1967）：283,
　　　284, 287, 289.
　　　次のことに注意せよ。サイモンは, 証券投資（portfolio investment）という用語をイギリ
　　スの金融市場で発行された証券を指すものとして使用した。これは「フリースタンディン
　　グ」カンパニー（"free-standing" companies）を含んでいたが, それは, 私の書いたもので
　　は「直接」投資と呼んでいる。
　　a　私は, サイモンの数字をアメリカの政府発行額（連邦, 州, 市政府）を含むものに再計
　　　した。
　　b　「切り捨てる」前に, サイモンは, 1909～1913年における市政府債への多少の「投資」
　　　を含めた。
　　c　合計は, 切り捨てのため100％に達しない。

表5-10　1876年時点の部門別アメリカ証券のイギリス保有額の推計名目額

（単位：100万US ドル・%）

部　　門	100万US ドル	%
連邦政府	447	39
州・市政府	78	7
鉄　道	559	49
その他	53	5
合　計	1,137	100

出所：John J. Madden, *British Investment in the United States*（New York : Garland,
　　　1985）, p. 78（表14）. 私は, £1 = $4.86のレートでポンドをドルに換算した。

みが少ないといえる。本書において, 対米投資の経営と支配に対してイギリス
が大きな関心をもっていたことを明らかにするつもりである。
　上述のどの数字にも反映されていないものの, アメリカ生まれのウィリア
ム・ウォルドルフ・アスター（1848-1919）がロンドンに移住した結果, 彼のニ

第**5**章　背　景

表5-11　1910年時点の部門別のアメリカにおけるイギリス投資のレベル

（単位：100万USドル・%）

部　門	100万USドル	%
政府（アメリカ連邦政府）	—	0.0
市政府	38.4	1.1
鉄　道	2,849.1	85.2
鉱　山	105.1	3.1
石炭，鉄，鋼	1.7	0.1
石　油	17.4	0.5
醸造・蒸留酒	55.9	1.7
電動路面輸送・製造業	1.9	0.1
その他商業・産業会社	76.4	2.3
金融・土地・投資会社	152.8	4.6
銀　行	4.5	0.1
電信・電話	21.1	0.6
ガス・水道	5.5	0.2
市街鉄道	14.3	0.4
合　計	3,344.1	100.0

出所：George Paish, "Great Britain's Capital Investment in Individual Colonial and Foreign Countries," *Journal of the Royal Statistical Society*, 74 (Jan. 1911) : 176 ; reprinted in *British Overseas Investments, 1907-1948*, ed. Mira Wilkins (New York : Arno Press, 1977). 1910年は p. 167にある。私は，£1 = $4.86のレートでポンドをドルに換算した。

表5-12　1914年7月1日時点の額面価額での部門別のアメリカにおけるイギリス投資のレベル

部　門	100万USドル	%
鉄　道	2,800	65.9
その他アメリカ証券	850	20.0
規制企業への直接投資	600	14.1
合　計	4,250	100.0

出所：Cleona Lewis, *America's Stake in International Investments* (Washington, D.C. : Brookings Institution, 1938), p. 546.

ューヨークにおける莫大な不動産資産がアメリカにおける「イギリス」投資となったため，イギリスの対米投資総体に大きな額が付け加わった。同様に，「（カンスエラ）ヴァンダービルトがマールボロ公爵と結婚した際に，彼女が保有していた鉄道株の市価額が（イギリスの海外投資に）加わった[69]」。

　イギリスの対米投資がなぜすべての国のなかで突出し続けたのであろうか。証券投資と直接投資の双方に当てはまる明らかな理由を手短かにいうことがで

第Ⅱ部　世界最大の債務国

きる。すなわち，両国間で共有された言語，文化，伝統とならんで潤沢なイギリス資本，発達した資本市場，産業の成熟，貿易によって促進された類似性が[70]理由として挙げられる。イギリスに投資機会のなかったことは重要であろうか。この点は，A・K・ケアンクロスとブリンリー・トーマスがともに十分に実証したイギリスからの資本流出とイギリスの建設循環およびイギリスの資本形成との間の逆相関関係によって論証されているとみてよいかもしれない[71]。とはいえ，多くのイギリス企業にとっては，大きなアメリカ市場——それは保護主義によって次第に輸出が困難になりつつあり，しかも運輸と通信の技術革新によってますます魅力が増しつつあった——を確保しそこでの売り上げを増大させようとする方がイギリスの特定の状況よりも投資を促進するより大きな要因であったように思われる。もちろん，イギリス企業は，相対的に狭い国内市場をまずは乗り越えるために輸出を拡大したということはできる。親近感と共通の土壌，両国間の貿易量の大きさ，この時代にアメリカが成長国家であったことなどからして，イギリスの対米投資——証券投資と直接投資——が大規模なものであったことは驚くにあたらないだろう。加えて，アメリカは資源の豊かな国であったため，イギリスの投資家たちは地価が安く原材料が豊富な国での投資機会を求めた。これは，証券投資と直接投資のいずれの投資家についてもいえることである。イギリスよりもアメリカの方が通常は金利が高かったことは，純粋に金融的利益を追求する上では非常に重要な判断材料であった。同様に，アメリカ人が外国資本を必要とした際には，まずはイギリスにそれを求めたということもある。プル要因とプッシュ要因——投資機会を見逃すまいとする潤沢なイギリス資本の存在，大西洋をまたがる企業家に関する情報の往来，アメリカのニーズ——とがともにアメリカにおけるイギリスの証券および直接投資の水準を高めるよう作用した[72]。

フランス・ドイツ・オランダ・カナダその他の対米投資
——1875～1914年

　1914年時点でのイギリスに次ぐ世界の資本輸出国はフランスであった（表5‒5参照）。1914年において90億ドルにのぼるフランスの外国投資の多くがヨーロッパに集中していた。1914年でのフランスの直接投資の単独の受け入れ国と

第**5**章　背　景

表5-13　1914年7月1日時点の額面金額による分野別のアメ
リカにおけるフランスの投資水準

分　野	100万 US ドル
鉄　道	290
他のアメリカ証券	75
支配企業への直接投資	45
合　計	410

出所：Cleona Lewis, *America's Stake in International Investments*
(Washington, D.C. : Brook-ings Institution, 1938), p. 546.

してはロシアが首位の座にあった。[73]その理由としては，経済的な将来性と政治
的な提携の双方が挙げられる。19世紀および20世紀初頭のロシアに対してフラ
ンスは大きな影響を及ぼした。1913年から14年にかけて，フランスの国富のお
よそ15％に相当する額が外国に投資された。[74]表5-8には，フランスの対米投
資の概数が記載されている。[75]私自身の推計では，1914年7月1日時点での投資
額はおよそ4億8000万ドルであり，その一部はスイスを経由して，ごく一部は
ベルギー経由で，他の一部はロンドンを経由して投資された。[76]

　1914年までのフランスの対米投資は，様々な証券投資を含むものの，鉄道証
券への投資が中心であった。同時に，驚くほどの数の直接投資が土地，鉱業，
石油，製造業（毛織物，絹，自動車，ゴムタイヤ，消費者用化学品，アルミニウム），
保険業，銀行業に対して行われた。表5-13に，クレオナ・ルイスが推計した
投資分布（総額が実際より低めであると筆者は信じているが）を掲げておいた。[77]20
世紀初頭にロシアにおけるロスチャイルドの石油資産に対するストライキが起
こり，フランス人はロシアに巨額の投資権益をもっていることに不安を感じ出
していた。[78]1907年にアメリカの金融記者は，ロシアの社会主義がフランスの実
業家にとって恐怖の的となっており，その副産物としてフランスにおけるアメ
リカの鉄道債の売り込みが期待できる，と報じた。同様に，1911年にアメリカ
の銀行家たちはフランスからの新規投資を求めていた。[79]アメリカ人がイギリス
に住むようになって「イギリス」の対米投資が増大したのとちょうど同じよう
に，アメリカ人がパリに居住するようになって「フランス」の対米投資が増加
した。[80]とはいえ，もしハーバート・フェイスの数字が妥当であるならば，1914
年のフランスの対ロシア投資は，1900年と同様に，フランスの外国総投資額の

271

第Ⅱ部　世界最大の債務国

およそ4分の1を占めている。この数字はアメリカへの転換が起こった証拠とはなんらなり得ない[81]。

　要するに，フランスの外国投資の地理的分布はイギリスとは異なっていた[82]。フェイスは，フランスの対米投資が相対的に低調であったのは「税制面での手続きと様々な法的要件」によってパリ証券取引所におけるアメリカ証券の上場件数が多くなかったからである，と説明している[83]。エコノミストのハリー・ホワイトは，より一般化して，外国証券からの収入に対する税率が国内所得よりも高かったことがかなりの外国投資を阻害した，と結論づけた[84]。プロテスタント的要素という共通性から生まれたジュネーブとリヨンの緊密な関係によって，ジュネーブの銀行はしばしばフランスの投資家，とりわけリヨンの投資家に代わって投資を行った。したがって，フランスの外国投資額はスイスの外国投資とともに考察しなければならない。同様に，ブリュッセルもフランスの銀行によって課税逃れのために使われた[85]。同じく，アメリカで事業を営むためにロンドンで設立された会社の多くが（あるいは少数が）フランス人によって所有されていた可能性があることを私は発見した[86]。フランスの投資家はジュネーブ，バーゼル，チューリヒ，ブリュッセル，そしてロンドンを経由してアメリカの証券を買い，アメリカに投資することが可能であったし，事実それを行った。しかしそれでも，本国を拠点に取引を行うほど便利ではないし，節税が動機とあれば常に危険が伴った。購入できる証券がより少なく第三国経由での投資が必要であったことが，フランスの対米投資が他の主要資本輸出国に比べて低調であった理由の一つであるように思われる。

　私の見解では，より重要な要因は，（他の主要な資本輸出国と比べて）フランスの対米貿易規模がより小さかったこと，何年にもわたってフランスからの移民がより低調であったこと，アメリカへの旅行者がより少なかったことが相まって，米仏間の情報の流れを制約し，その結果，投資の経路が限定され制度的に便利でなかったという事実に求められる。これと同じことになるが，最も重要なのは，イギリスはアメリカと言語および伝統を共有していたのに対して，フランスはそうでなかったということである[88]。

　対米投資国としてフランスよりはるかに重要なのはドイツである。ドイツに居住している人の1913年から14年にかけての外国投資額としては，46億ドルか

第**5**章　背　　景

表5-14　1899年と1914年7月1日時点における分野別のアメリカ国内のドイツの投
　　　　資水準

（単位：100万 US ドル）

分　野	1899年	1914年7月1日
鉄　道	103	300
他のアメリカ証券	97	350
支配企業への直接投資	a	300
合　計	200	950

出所：1899：Nathaniel T. Bacon, "American International Indebtedness," *Yale Review*, 9
　　　（Nov. 1900）：269（市場価額），および Dietrich G. Buss, *Henry Villard*（1976 diss. New
　　　York：Arno Press, 1978），pp. 186-187（ブスの著書の数値は少なすぎるように思う）．
　　　1914：Cleona Lewis, *America's Stake in International Investments*（Washington, D.C.：
　　　Brookings Institution, 1938），p. 546（額面価額）．
　a　ベーコンが彼の著書で記した数値は含めていない．

ら86億ドルまでの様々な推計値があるが（表5-5を参照），73億ドルが最も適
切な額であるように思われる。ドイツの外国投資は，（1913年から14年にかけて）
国富の8％から12％に相当すると見積もられてきた。ヨーロッパと中東はドイ
ツ資本の受け入れ先としては際立った存在であったが，1914年には単一の国と
してはアメリカが最大のドイツ投資の受け入れ国であった。また，アメリカは
多数のドイツ移民を引き寄せた国であったことも思い出してほしい。両国間の
絆は強力であった。1914年7月1日までにドイツの対米投資は9億5000万ドル
から12億5000万ドルの水準となった（表5-8参照）。ドイツの外国投資のおよ
そ15％から16％がアメリカに投じられていたと思われる。表5-14（ベーコンと
ルイスの数字に基づく）は，1899年と1914年における部門ごとのドイツの対米投
資額の推計値を示したものである。

　続く諸章で，私はドイツの対米投資に関する新しく見つかった豊富な資料を
提示していきたい。私は，ワシントンにある外国人資産管理局の文書館でドイ
ツの対米投資，とりわけ直接投資に関する広範囲な資料を見つけ出した。1919
年に外国人資産管理局は，第一次世界大戦前におけるドイツの対米投資には2
つのタイプがあると述べている。すなわち(1)不動産，抵当証書，工業・運輸
証券などへの個人投資家による少額の投資（証券投資）と，(2)「アメリカの工
業と商業の大企業に対する影響力やしばしば揺るぎない支配を目指す」投資，
である。外国人資産管理局は，後者の投資（外国直接投資）の方がはるかに重
要なもの——「アメリカの国土に出現したドイツの巨大軍団」——と見なした。

第Ⅱ部　世界最大の債務国

　ベルリンとフランクフルトにあるドイツの銀行は積極的にアメリカ証券を売り出した。ベルリン証券取引所の上場権を得るには多額の費用がかかったものの，1907年までにおよそ30のアメリカ債券といくつかのアメリカの株式が上場された[96]。ドイツの事業投資――すなわち直接投資――の大部分は証券市場を経由した。それらは，ドイツ企業の精力的な国際的拡張の一部をなした[97]。ドイツの対米投資はフランスに比べてはるかに規模が大きく，それは主として情報の流れに理由があった。1848年革命の後，多数のドイツ人がアメリカに渡った。さらに多くの人々がそれに続いた。ドイツの移民は母国を訪れたり成功の見込みについて手紙を書き送ったりした。ドイツ人はアメリカを理解した。ドイツ人には信頼できる同国人がアメリカにいた。1884年から85年にかけてのドイツからアメリカへの移民の数は，オランダ，ベルギー，ルクセンブルク，スイス，フランスの合計の９倍を上回った。じつに，1875年から1914年のすべての年において，ドイツからアメリカへの移民は北西ヨーロッパからの移民の合計をはるかに凌駕していたのである[98]。数の問題だけではなく，ドイツ系移民の中産階級的性格もまた重要であった。アメリカに渡ったドイツ人は，ドイツ人投資家の仲介役あるいは彼らのパートナーとしての役割を果たした。ドイツ系移民（および彼らによって設立された会社）は，ドイツの銀行との結びつきがあった。大西洋にまたがる一族および友人たちはしばしば共同で事業を行った。合弁企業が普通であった。製造業におけるドイツの対米直接投資は，繊維，調理済み食品，処方箋薬，自動車といった消費財分野でも行われたが，金属，化学，電気および非電気機械，計測器などの資本財分野の方がむしろいっそう強力であった[99]。

　アメリカでドイツの子会社によって販売されたり製造されたりあるいはその両方が行われた多くの製品は，親会社によってドイツで発明されアメリカで特許が取得されたものであった。それらは新技術を代表していた。第一次世界大戦調査委員会によれば，大戦前にアメリカで事業を興すドイツ企業がとった「一般的行動」は，「アメリカで会社を設立し，その株式を敵（ドイツ人）が支配し，アメリカの子会社に敵が保有する特許に基づいたライセンスを発行する，というものであった。こうして敵は株式の所有だけではなく特許の保有によってもアメリカの会社を支配することができ，アメリカの会社の利益の大きな部

第**5**章　背　景

表5-15　1899年と1914年7月1日時点における分野別のアメリカ国内のオランダの投
資水準

（単位：100万US ドル）

分　野	1899年	1914年7月1日
鉄　道	214	300
他のアメリカ証券	27	200
支配企業への直接投資	a	135
合　計	241	635

出所：1899：Nathaniel T. Bacon, "American International Indebtedness," *Yale Review*, 9
　　（Nov. 1900）：269（市場価額）。表5-8のなかで1899年のオランダの投資合計を2億4000万
　　ドルとして記述したが，彼自身が著書の p. 276で2億4100万ドルと数字を丸めている。
　　1914：Cleona Lewis, *America's Stake in International Investments*（Washington, D.C. :
　　Brookings Institution, 1938）, p. 546（額面価額）。
　a　ベーコンは彼の著書で明記していない。

分を株式に対する配当ではなく特許使用料という装いで獲得することができ
た」。[100]

　この二重の支配の手段は，ドイツ人投資家が株式所有をなくしても，あるい
は低下させても，支配を続けることができることを意味していた（あるいはそ
う調査委員会は考えた。とはいえ，これはしばしば真実ではなく，じつはめったに起こ
らなかったことであるが）。それはまた外国人投資家が「特許使用料の装いで利
益を獲得することで所得税の支払いを逃れ，アメリカ会社の外見上の利益を大
幅に減少させること」ができることを意味していた。[101]1909年に，アメリカは連
邦企業消費（所得）税を導入していたのである。加えて，調査委員会の調査は，
ドイツ企業，とりわけ薬品産業の商標権資産が相当な額にのぼることを発見し
た。[102]ドイツに商標権のある商品は，ヘンケル社の食器・ポケットナイフ・鋏に
おける「ツイン」から下着の「イェーガー」に至るまで多様であった。[103]

　1914年までのオランダの対外投資は，イギリス，フランス，ドイツといった
ヨーロッパの主要国に比べて小さかった。[104]しかしながら，1913年から14年にか
けてのオランダの対外投資は国富の17.5% に相当すると推計された。[105]オラン
ダ国内における投資機会は限られていた。オランダの対米投資はフランスのそ
れを上回っていたと思われる。1914年7月1日時点での投資額は，おそらく6
億3500万ドルから6億5000万ドルの間であったであろう（表5-8参照）。[106]表5
-15に分野ごとの推計値に関する一連のデータを掲げておいた。ドイツの投資
とは異なって，オランダの投資が相当な額にのぼったことを移民によって説明

第Ⅱ部　世界最大の債務国

するわけにはいかない。むしろ，理由は歴史的な背景にある。すでに述べたように，革命期以来，オランダはアメリカに多額の投資を行っていた。イギリスとオランダの密接な関係により，イギリスとオランダの投資には共通の型がみられた。オランダの金融会社はイギリスの同業者と緊密な関係をもっていたため，イギリスの対米投資の増大は，しばしばそれに匹敵するオランダの対米投資の拡大を伴った。実際，イギリスの金融仲介業者がアメリカの証券を国内で売りさばけないときには，しばしばオランダでそれらを売却した。オランダ人投資家のほうがイギリス人投資家よりも大胆であり，将来の利益を期待して底値で買う傾向が強かったようにみえる。オランダ人投資家のほうがイギリス人投資家よりも進んでリスクをとったように思われる。1909年までにおよそ60のアメリカの株式と100を超えるアメリカ債券がアムステルダム証券取引所に上場されたが，これはフランスやドイツの取引所をはるかに凌駕するものであった。アメリカの鉄道証券はオランダ人投資家たちを引きつけ続けたし，1900年以降は，多数のアメリカ産業株がアムステルダムに上場された。産業株に対するオランダの投資は急速に盛り上がったのである。アメリカの土地に対するオランダの投資は続いたし，鉱業分野，特に石油分野へ新規の投資が行われた。

　ある推計値によれば，1890年と1913年の両年において，オランダ人投資家が保有する証券のおよそ3分の1がアメリカであった。もしこれが正しいなら（そしてそれは妥当であると思えるが），1913年におけるオランダの対米投資の比重は，イギリスやドイツよりも高かったことになり，ましてやフランスはずっと低かった。イギリスやドイツと同様に，1914年のオランダの対外投資にとって単一の国としてはアメリカが第1位の相手国であった。オランダの証券投資は直接投資を上回っていたものの，両者ともに行われた。オランダは重要な対米投資国であり続けたのである。

　さらに，規模的には小さかったものの，アメリカはスイス，ベルギー，イタリア，オーストリア，スウェーデン，ブルガリア，スペイン，ロシア，デンマークその他のヨーロッパ諸国からの投資を引き寄せた。こうした投資の多くは支配権につながらない証券に対するものであったが，ネスレ，ソルベイ，フィアット，ハーマン・シュミットマン，レイバル，「ブルガリア」（ブルガリア第1保険）といった多国籍企業型の投資も存在した。

276

第**5**章 背　景

表5 -16　1914年7月1日時点の額面金額による分野別のアメリカにおける
　　　　カナダ人の投資水準

分　野	100万 US ドル
鉄道証券	48
他のアメリカ証券	95
カナダの鉄道企業による直接投資	82
他の直接投資	50
合　計	27

出所：Cleona Lewis, *America's Stake in International Investments*（Washington, D.
　　　C.：Brookings Institution, 1938), p. 546.

　カナダは債務国であった。にもかかわらず，アメリカとの長い国境線を有す
るという地理上の関係から，アメリカからカナダへの投資のみならずカナダか
らアメリカへの投資があってもおかしくはなかった。カナダ人はアメリカの証
券を購入した。カナダの個人投資家はかなりの対米投資を行ったし，カナダ企
業は国境を越えて直接投資を行った。表5 -16は，クレオナ・ルイスが行った
分野ごとの推計値を示したものである。「カナダ」の投資が実際はしばしばイ
ギリスの投資であることがわかっているので，最終的な受益者としての投資家
をみるためならばこの表は信頼性に欠ける。イギリス人が所有する，あるいは
支配するカナダの企業は国境を越えてアメリカへと出ていった。アメリカにお
けるカナダ企業を研究してみると，金融的営みがしばしばロンドンへと遡るこ
とがわかる。これは，ハドソン・ベイ社，エレクトリック・リダクション社，
カナディアン・パシフィック鉄道といった様々な事業に当てはまる。同様に，
カナダで財をなしアメリカに投資をした多くのカナダ人が，引退後はイギリス
に移り住んだ。したがって，そうした「カナダ人」の対米投資家は，移住後は
イギリスの対米投資家となった。この時期のアメリカに対するカナダ人投資家
の主要な関心は，（イギリスの金融的事業である）鉄道路線の結合と流通証券に向
けられた。カナダ人投資家はオハイオ州トレド，デトロイト，ミネアポリスの
公益事業で一定の役割を果たした。カナダの大手銀行はニューヨークや他のア
メリカの都市に支店を設けた。同様に，多数のカナダの保険会社が国境を越え
た。カナダの工業企業で対米投資を行ったものはほんの少数であった。20世紀
の初頭にカナダ経済はにわかに活況を呈し出したので，それ以前にアメリカに
流れ出していた「余剰資金」がカナダに環流してきた。

277

第Ⅱ部　世界最大の債務国

　ナサニエル・ベーコンは，キューバからの資本逃避について1899年に次のように書いている。「キューバという不幸な国に起こった様々な革命の間に資産が危険にさらされたため，キューバの富裕層はわが国の証券に多額の投資を行った」。1913年までに，キューバ国立銀行（同銀行はアメリカの支配下にあったように思われる）は，ニューヨークに代理店を置いた。1914年までにメキシコからの対米投資があったが，それは主としてアメリカ人やイギリス人が所有していた鉄道会社の国有化によるものであった。

　もう一つの債務国であった日本も，中国を主な対象として外国投資を開始していた。日本銀行は，1914年7月時点での日本の外国投資額は4億6100万円（すなわち1ドル0.4925円のレートでおよそ2億2700万ドル）であったと計算している。日本銀行は，このうちアメリカ企業（ハワイを含む）への投資は5000万円，すなわち2460万ドルに達したと推計している。アメリカは日本の海外投資にとって中国に次ぐ2番目の地位にあった。日本の対米投資はすべて直接投資であり，基本的に商業，銀行，保険，海運に投資された。

　外国からの対米投資額を算定するにあたって，私はアメリカで**法人化され**海外で事業を営む会社への外国からの投資を補正するよう努めてきた。この時期，とりわけ20世紀初頭にはアメリカの金融市場は国際的な広がりをもつようになっていたので，そうした企業が生まれ始めていた。例えば，アメリカに本社がありキューバで経営を行うキューバ・アメリカ砂糖社は，ロンドンとアムステルダムの取引所に社債を上場した。1904年にニュージャージー州で設立されたスペリオル湖会社は，カナダで事業を営んでいたようであるが，同社の証券のある部分はロンドン証券取引所に上場されていた。同様に，ベルギー領コンゴにおけるゴム採取権を有するアメリカ・コンゴ社は1906年にニューヨーク州で法人化され，その普通株の100%，優先株の50%はベルギー政府が保有していた。これをベルギーの対米投資であると呼ぶのは困難である。そうした「アメリカの」多国籍企業は，自らの国際投資のために海外で資本を調達したのである。

278

第**5**章 背　　景

外国証券投資の成長に関する重要な諸側面——1875～1914年

　長期外国証券投資——主に公債，さらに重要なのは鉄道証券であるが——には，金融市場と（内外の）金融仲介業者が関わりをもった。そうした投資は流動的で，しばしば不安定であった。その多くは確定利付き証券であったものの，なかには企業株式もあった。証券投資は移民と密接に結びついていた。

　何度も述べてきたように，私の研究は**非居住者**の投資に関するものである。移民がアメリカ在住者になるや，もはや外国人投資家ではなくなった。それでもブリンリー・トーマスが見出したように，「アメリカへの労働の流入は——資本輸入の増大を伴いつつ——広範な自動化機械，互換性部品，標準化製品，非熟練労働の導入といった生産様式の変化をもたらした」。トーマスは，アメリカへの大量の移民がみられた1881～88年と1903～13年には同時に資本輸入の増大が生じた，と論じた[130]。

　資本輸出国からの移民は，さらにもっと特有の方法により外国からの証券投資に重要な役割を果たした[131]。移民たちは母国の人々に投資の機会について語った。19世紀末および20世紀初頭の外国人投資家にとって，自国出身の知り合いの移民からだけでなく，彼らの関係者からも情報を得るのが通例となった。とりわけスコットランドやドイツからのアメリカへの移民は，しばしば資本は持参しなかったものの母国からの資金を引き寄せた。外国人投資家がアメリカに信用できる個人的な知り合いをもっていることは，不確定要素を減少させ，より多くの投資を促した。ダグラス・C・ノースが（まったく異なる文脈においてではあるが）述べているように，「誠実，清廉，品行方正は当事者を契約に導くのに必要な価値である[132]」。同胞からはそうした価値が期待できるであろう。

外国直接投資の成長に関する重要な諸側面——1875～1914年

　外国証券投資と直接投資が，時にはどちらかに続いてもう一方が行われることはあるにしても，その両者が長年にわたって似たような，ましてや同一の軌跡を描くという証拠はない。直接投資は単なる資本の移動にとどまらないのが

第Ⅱ部　世界最大の債務国

表5-17　アメリカ特許の外国人所有数

年	諸外国市民に許可されたアメリカ特許数					アメリカ市民に交付された特許数	許可された特許総数に占める外国人所有率(%)
	合計	イングランド	ドイツ	カナダ	フランス		
1885	1,549	549	298	284	138	22,535	6.4
1890	2,105	721	452	371	178	24,103	8.0
1895	2,049	614	539	302	202	19,949	9.3
1900	3,483	987	1,070	367	341	22,935	13.2
1905	3,292	770	987	413	303	26,978	10.9
1910	3,719	894	1,083	534	315	32,059	10.3
1914	4,595	1,033	1,475	667	379	37,009	11.0

出所：*Reports of the U.S. Commissioner of Patents.*

一般的である。すでに述べた定義からして，直接投資には経営や支配の試みが伴う。直接投資には技術移転，商標，人の移動が含まれるし，この文脈からいって最も重要なのは，直接投資は経営組織に関連する様々な問題に直面するということである。

　ある企業が技術上の優位性をもつ場合には，より直接投資を呼び起こす傾向が強い，との議論が繰り返し行われてきた[133]。私は，だとすれば，アメリカで取得された外国の特許と直接投資には相関があるのではないか，との仮説を立てた。特許は技術的優位の完璧な代理変数とはとてもいえないが，それを示す物差しとして使われてきた。

　表5-17は，1885～1914年の間にアメリカ特許局が外国人発明者に認可した特許をおよそ5年間隔で示したものである[134]。全体のなかで，イングランド，ドイツ，カナダ，フランスの発明者数が突出している。1895年まではイングランドが1位であり，これはその時期の直接投資の動向に反映されているように思われる。特許局は「イギリス」ではなく「イングランド」としている。私にはスコットランド人が認可された特許数が不明であるが，それらは「イングランド」に分類されていると考えてよいのではないだろうか[135]。ドイツの直接投資の台頭は，1900年以降に認可された特許におけるドイツの主導的地位を反映している。

　ジョナサン・リーベナウ（Jonathan Liebenau）は，対米輸出の面ではイギリスがドイツを上回っているものの，ドイツの特許がイギリスのそれを上回るよ

280

うになったのはドイツ製品がその特性からいってより特許の保護を必要としていたからである，と指摘している。多くのドイツ企業はハイテク製品を有しており，特許制度がドイツ企業の重要な「市場戦術」の一部となった。私は，ドイツのアメリカにおける大規模投資のなかには組み立てではなく販売網の構築に向けられたものがあったことを示すつもりである。アメリカの特許法には，特許の保持のために製造を義務づけるような条項は存在しなかった。したがってドイツの現地生産は，特許以外の理由（例えば，関税やコスト要因）に基づくものであったり，特許が切れた後の競争者の出現によって開始されたりした。

カナダとフランスの特許数は，イングランドおよびドイツに比べてはるかに少なかった。これが直接投資の動向に反映されているのは明らかである。とはいえ，カナダの第3位という地位は，なぜそれほど高いのかという問いを私に迫るものであった。イギリスの特許の一部がカナダに分類されている，というのが私の最初の仮説であった。しかし，研究を進めるうちに，私はキース・パヴィット（Keith Pavitt）とリュク・ソエト（Luc Soete）の見解を受け入れるようになった。すなわち，カナダの特許数が（第3位と）相対的に多いのはアメリカとの地理的近さに原因があり，ヨーロッパの発明者とは異なって，地理的近さからカナダの発明者は日常的にアメリカの特許を取得する，という見解である。カナダにとって，特許の動向が直接投資に反映される必然性はなかった。

残念ながら，ワシントンにある特許局の記録から，それぞれの国の特許を産業ごとに分類するのは容易ではない。しかしながら，外国人資産管理局の資料は，化学と電機産業における多数のドイツの特許の存在を明らかにし，ドイツの特許の中身に関する優れたデータを提供してくれている。

アメリカ特許局の統計は，発明者およびその居住地（市と国）に基づくものであった。特許の申請書には，権利の「譲渡者」の名前が記載されているものの，特許局の年次報告用に準備された統計にはそのデータが含まれていない。そのため，この時期の特許に関する既存の統計を利用して，直接投資に伴う技術移転を研究するのは著しく困難である。

対米直接投資がアメリカへの技術移転の経路となったことは，疑いの余地がないように思われる。これは，レーヨンから化学，発電機に至る広範な産業分野に当てはまる。それにはしばしば特許が介在した。しかしながら，企業が技

第Ⅱ部　世界最大の債務国

術上の優位を有しているときには，特許を取得する必要がない場合がある点を理解しておくべきである。アメリカの技術を「獲得する」ための直接投資も存在したが，それは稀であった。

　1875～1914年の期間における対米直接投資の多くは，とりわけイギリスとドイツの場合には，ブランド力があり宣伝効果の大きな製品をもつ企業によって担われた。そうした企業の経営者は模倣者の存在に神経をとがらせた。アメリカに進出した多国籍企業の強みはしばしばそのブランド名にあり，そのブランド名は購買者にとって信頼と変わらぬ品質の印であった。そうしたブランド力は，新技術と同じぐらいにアメリカにおける外国の多国籍企業の発展を理解する上で重要である。ブランド名は，とりわけ食品，石鹸，医薬品にとって重要であったが，衣料品，縫い糸，刃物類，ガソリンにとっても，また自動車，機械，計測器にとっても負けず劣らず重要であった。私は，1875～1914年の時期に関する商標やブランド力と企業名を扱ったアカデミックで独創的な研究を知らない。ほとんどの商標はワシントンかどこか特定の州，あるいはその両方で登録された。散在している商標登録に関する企業ファイルから，ある企業がいつからアメリカ市場に関心を示し出したかを知ることができることもある。[141]

　外国直接投資の理論に関する文献では，常に外国直接投資とライセンシングの関連が論じられており，無形資産（特許と商標）のライセンシングが投資の代替策として検討されるのが一般的である。[142] 1875～1914年において，外国企業（あるいは発明者）がアメリカ企業の株式を保有せずに結ばれた多くのライセンシング協定が存在した。しかしながら，私の調べたところでは，補完的な協定の方がより一般的である。特許や商標のライセンシングが合弁形式での直接投資に付随した。次の１つあるいは両方の条件が満たされた場合には，アメリカの100％現地企業あるいは少数株式を保有している企業へのライセンシングが選択された。(1)外国企業がアメリカへの大規模投資をする意志はないが，関税その他の理由によって輸出が続けられなくなった場合。時として外国企業は無形資産に対する収益を求め，輸出の意志はないことがあった。[143] (2)アメリカ企業の方がイニシアティブをとって特許のライセンスを望んだ場合（しばしばアメリカ企業はごく特定の部分のみのライセンスを求めたようである。その企業の残りの技術はアメリカ生まれであった）。しばしば研究者たちは，**ライセンス**（この場

282

第**5**章　背　　景

合には特許あるいは商標の保有は外国に残ったままであり，アメリカ企業は特許料を支払った）と特許権や商標権の**販売**（この場合にはアメリカ企業が所有者となり，無形資産を受け取った見返りとして自社証券を支払うか——そこで少数の外国投資が生じる——，現金や，しばしば将来の売上高の一部をロイヤリティ——特に特許の場合——として支払う）とを混同している。両者とも文献では一般にライセンシングと呼ばれているものの，販売の場合には（特許や商標といった）無形資産はアメリカ側が保有することになるのであった。両者ともに一般にみられる形態であり，また両者とも投資を伴うことがあった。販売してしまえば，親会社としての管理はより困難になるのが通例であった。

　直接投資にとっても，証券投資にとってと同様に移民が重要な働きをしたが，その中身には若干の相違があった。移民は，資本の仲介役としてだけでなく，多国籍企業の代理人やパートナー，あるいは従業員としての役割を果たしていた。直接投資者は，意思疎通に難点のない移民を経営者（および一般従業員）として採用した。例えば，フランス人が所有するロードアイランドの羊毛糸工場で使われた言語はフランス語であった。アメリカへの移民は直接投資にとってさらに別の意味をもった。移民は自分たちが母国で馴染みのある製品への市場を提供した。移民は，ある製品の価値についての「再教育」の要がなかった。直接投資家たちの前には，浸透の容易な移民向けに特化された市場が存在し，しかもそうした市場は多数あった。

　なぜアメリカ向けの外国直接投資が行われたのであろうか。「脅威」（あるいは脅威の可能性）への反応として外国直接投資の決定が下された，と見なしうる例は多数ある（鉄，銅，塩，石油，タバコ，火薬，農機具，電機などの例）。あるアメリカ企業が輸出を（あるいは輸出するだろうとヨーロッパ企業が予想）したり，あるいは外国直接投資の「威嚇」を行ったとしよう。それに対する反撃として，ヨーロッパ企業，あるいはカナダ企業（農機具の場合）がアメリカへの直接投資を実行したり，直接投資の発表を行ったりしたのである。自分の領土に対するアメリカ企業の参入を迎え撃つために，アメリカ市場に参入する場合があった（1912年のロイヤル・ダッチ・シェル）。「反撃」によって市場分割協定が結ばれ，製造への直接投資がなされないという決着に至ったこともあった（1896～97年の火薬）。あるいは，アメリカ企業による輸出を阻止したり管理しよ

283

第Ⅱ部　世界最大の債務国

うとの試みもあった（1889年におけるドイツ系のエジソン・ゼネラル・エレクトリック社によるスプローグ電気社の買収）。このように，「脅威にさらされた」外国企業はアメリカ企業の動向に反応したのであるが，その結果は様々であった。脅威と反応には多数の事例があったものの，これによって外国直接投資家の動機を一般的に説明するわけにはとてもいかない。私のみるところでは，より多くの外国直接投資がこの動機以外の要因によって実施され拡大していった。さらに，脅威と反撃というからには，アメリカ企業が国境を越えて競争を展開する可能性がなくてはならない。ところが，対米外国直接投資の実施された分野においては，しばしばそうした脅威が存在しなかった（例えば，綿糸や麻糸，レーヨン，アスピリンなど）。[144]

　多くの外国直接投資がアメリカの高関税を引き金としていた。関税は，多くの外国企業が対米輸出の継続ではなくアメリカでの現地生産を実施しようとの決断を下す上で重大な影響を及ぼした。なかでも1875年から1914年の期間は，アメリカの法律によって国内産業が保護されていた。とはいえ，関税がそれだけですべての外国直接投資の「主」因であったとまではいえない。外国企業は必ずしも高関税を乗り越えるために投資を行ったわけではない。加えて，フリースタンディング・カンパニーによる投資やアメリカでの調達目的の投資が多数行われたし，さらには関税が外国投資戦略とは無関係なサービス分野での投資もあった。

　アメリカへの外国直接投資家のなかには，牧畜，鉱山，製造業，銀行業といった分野で会社を新規に設立するものもあれば，同様の分野で（健全な会社もあれば弱体な会社もあったが）既存のアメリカ企業を「乗っ取る」ものも存在した。フリースタンディング・カンパニーは，新設のものも存在したとはいえ，買収を好む傾向があった。母国に拠点のある事業をアメリカに拡張してきた外国企業は，アメリカで会社を新規設立するのが一般的であったが，ここでもなかには買収によって進出したものが存在した。1つの外国企業が，事業の新規立ち上げ，**および**，1社あるいはそれ以上の競争相手，調達先，その他関連事業の買収の2つの方途をともに選ぶこともできるであろう。どのような場合でも，経営上の調整が問題であった（買収の場合には，既存のアメリカの経営陣が新しい所有者の意向に添わないかもしれないという不確定要素が付け加わった）。

第**5**章 背　景

　外国直接投資家のなかにはアメリカ子会社を100％所有するものがあった。しかし，この時期には，外国資本とアメリカ人との間の合弁企業の方がごく一般的であった。既述のように，時には，イギリスや大陸ヨーロッパの企業が，彼らの技術や商標の使用権を与える見返りとしてアメリカ企業の株式を保有することもあった（無形資産の所有権がアメリカ企業に帰属する場合もあれば外国企業に帰属する場合もあり得る）。すでに述べたように，移民のなかには外国企業との合弁会社に参加するものがしばしば存在した。多くのフリースタンディング・カンパニーでは，アメリカ人の「売り手」──すなわち自分の会社が買収されたアメリカ人──が部分的に株式を保有した。アメリカでの外国直接投資には，100％所有から少数株式保有までの幅があった。[145]

　株式会社形式を採用した企業による外国直接投資を研究対象とするのが一般的である。1875年から1914年にかけての大企業の発展は，国内外における事業の成長を促進した。時には，外国企業はアメリカで自ら事業を行ったが，アメリカのどこかの州で子会社や系列会社を設立して操業するのがより一般的であった。株式会社形態が普及するなかにあっても，あいかわらず国際経営において合名会社も同時に利用され続けた。アメリカでの外国直接投資のうち驚くほど多数のそして多様なものが，直接投資には不向きと思われる組織形態を採用していた。まずイギリスやドイツで合名会社が設立され，次いでアメリカで別の合名会社が設立されるのがしばしばであった。共同出資者がまったく一致することもあれば，部分的に重なり合っていることもあった（後者の場合には，おそらくアメリカ側の共同出資者──しばしば移民たちであった──が加わったのであろう）。共同出資者の死亡，引退，仲間割れなどによる構成メンバーの変化を伴いながらも，国際経営を営む共同出資会社自体は何十年にわたって存続した。共同出資者たちが1つあるいは複数の株式会社の株式を保有することによって，合名会社が株式会社への投資と結びつくこともあった。後に示すように，私は，商業，製造業，土地所有，会計事務所その他の分野における対米外国直接投資のなかで，合名会社が存在していたことを発見した。

　この法的形態の採用には，「古い」産業と「新しい」産業との間に差はないように思われる。違いをもたらすのは，(1)必要な資本量と，(2)（家族や親しい友人たちを超えた）外部資本の必要性，の2つであるようだ。必要な資本量が大

285

第Ⅱ部　世界最大の債務国

きかったり，広く社会的な資本が必要な場合には，合名会社形態はふさわしく
なかった。合名会社を成り立たせる根底には，企業への凝集力をもたらす「家
族」や「友情」があった。一族（アメリカへの移民を含む）間での忠誠と信頼が，
海を越えた企業間での協調を容易にし，フォーマルな企業ヒエラルキーを代替
することができた。1つの家族や複数の家族が（先に述べた理由で）株式会社形
態を採用した場合には，証券市場に彼らの活動の痕跡をとどめたこともあった
が，そうではないことも多かった。対米外国投資を理解するには，法的構造と
ともに経営管理組織を研究する必要がある。直接投資家は多様な法的形態を採
用したのである。[146]

　ほとんど定義からして，外国直接投資を行う企業は，国内だけにとどまるも
のよりも大きくなる傾向にある。われわれは地理的に隔たったもの同士の関係
について議論しようとしているのであり，その点での革新的な活動の重要性に
比べれば，規模の問題はとるに足らないものであった。外国投資家にとって，
国境を越えて投資をするということはなにか余分なものを必要とすることであ
り，外国直接投資の場合には，「優位性」といい「なにか余分なもの」といい，
もともとなくてはならないというだけではなく，投資を成功に導くためにはそ
の後も持続的に必要なことがらであった。アメリカ市場は面積の点で特殊であ
った。（より小さな市場の経験しかない）多くの外国企業にとって，アメリカでは
1つ以上の工場，オフィス，代理店が必要であった。外国企業は母国での行動
を安易に踏襲するわけにはいかなかった。なかにはそうしたものもあった。そ
の多くが成功できず，結局は撤退した。成功するには，地元企業の競争上の特
性を取り入れ，かつ，外国企業がもっている優位性を維持する必要がある。

　同時に，この時代の状況においては，ヨーロッパ企業はしばしば反競争的協
定に加わっていた。[147]こうした協定は，時には「脅威」と「反撃」のなかから生
まれた。協定が不況時に登場することもあれば，攻撃的行為に基づくこともあ
ったが，防御的解決法として結ばれるのがより一般的であった。「条約」には
他の面では独立の企業が参加し，価格の安定（あるいはつり上げ），市場の分割，
生産量の調整，あるいはそれらの組み合せを目指した。こうした提携が目的を
達した場合もあれば，失敗したこともあった。協定は短命になりがちで，しば
しば再交渉を余儀なくされた。なかには，特にドイツの場合には，政府に支持

第5章 背 景

を得たものもあった。アメリカ企業が関与した協定の大部分は，民間企業同士のものであり，なんら政府の関知しないところで，ましてや同意など得ないで運営された。これらの協定は，アメリカでの事業を計画したり実践した外国企業に様々な（一律ではない）影響を及ぼした。

ヨーロッパの「販売カルテル」組織はアメリカの販売拠点に投資を行った——例えばドイツのカリウム・カルテル——。団結はヨーロッパ企業に競争上の優位をもたらし，撤退することなく攻撃的な拡張を行うための基盤となった。価格を固定すればより高い配当が得られるであろうと期待して，ヨーロッパの事業家たちは彼らが投資をしている——鉄道から精肉業に至る——アメリカ企業に競争相手と協調するよう説得した。一時的に世界市場を分割する協定が結ばれた産業もあり，そこでの協定が破棄されたときにはアメリカへの外国投資の門戸が開かれた——例えばアルミニウムや石油の場合——。アメリカの大企業は，市場の分割によって，ヨーロッパの同業者を遠ざけつつアメリカ国内で彼らの代理者として行動することが可能であった。これはマッチと加糖練乳の分野でみられた事例である。ヨーロッパの投資家同士がアメリカ内であまり活発に競争をしないこともあった——例えば，20世紀初頭の製糸業の場合——。しばしば大陸間の協定と外国直接投資が並行して行われた。レーヨンからアルカリに至る多数の化学品の分野において，企業間協定に対米直接投資が伴い，ゲームのルールが定められた。化学と電機産業における地域分割は特許と関連していることが普通であったが，そうでない分野もあった。（すでに述べた）火薬や紙巻きタバコのアメリカ市場向け生産の事例にみられるように，大きな額の対米直接投資を阻止する協定も存在した。アメリカの原料生産者が受け取る価格を引き下げることによって，アメリカの輸出に影響を及ぼすヨーロッパのカルテルもあった——銅が一例である——。アメリカの製造業者のなかには，一切の輸出をしない，あるいは近隣諸国と特定の国々に対してのみ輸出を行うことに同意したものもあった。一口にいえば，共謀的協定は性質も影響も多様であった。[148]

多くのヨーロッパの事業家たちが，企業間の協議によって不確実性を取り除く（そして利益の増大を目指す）「談合的状況」に傾きがちであったために，アメリカにおけるヨーロッパ企業はしばしば効力を強めつつあった反トラスト法と[149]

第Ⅱ部　世界最大の債務国

衝突した。外国の投資家は，なぜアメリカの事業家や経営者が価格のつり上げや市場の分割に協力するのをためらうのかしばしば理解できないでいた。外国の投資家は，アメリカ政府の政策立案者たちが独立した企業間の協調に対してとる態度を不信の目をもって眺めた。アメリカにおける外国事業に関するここ数年の私の著作と同様に，私は取引制限的な協定のもつ役割について後ほど考察するつもりである。

アメリカにおいて外国投資を引きつけた分野

すでに本書の初めの方で述べたように，対米外国投資が増大したのは特定の分野においてであった。外国投資を引きつけた分野もあればそうでない分野もあった。1875年から1914年にかけて投資総額は大変な増加を遂げたので，純粋な証券投資と経営管理のための（あるいはそれを目指す）投資とを常に区別しながら，部門ごとの投資を論じていこうと思う。

アメリカ連邦政府証券はこの期間の早い時期に外国人投資家の興味をひいた。とはいえ，1910年までにイギリス人によって保有された連邦政府証券の総額は微々たるものであったために，『スタティスト』誌の編集者であったジョージ・ペイシュは，1910年時点でのイギリスによる対米投資額に関する表のなかからこれらの投資を除外した（表5-11参照）。州政府証券はもっと早い時期において終幕を迎えていた。1870年代半ばにおける南部諸州の債務不履行は，そうした証券が安全ではないという外国人投資家への最終宣告となった。しかしながら，アメリカの市証券は外国で保有され売買され続けた。本章の結論部分で，アメリカの連邦，州，および地方政府証券への外国投資——これらは，もちろん，すべて証券投資であった——について手短かに検討するつもりである。

アメリカの民間部門への外国投資ははるかに規模が大きかった。第6章で，鉄道およびそれに関連した土地への巨額で重要な投資を扱う。鉄道が国を横断していくと，外国人所有者によって鉱山や油田が開発された。第7章と第8章では，貴金属および石油を含むその他の鉱物資源を検討しながら鉱業に対する外国投資に目を向ける。この2つの章では，同時にこうした鉱物資源の加工および販売への投資についても考察する。第9章では，食品，飲料，タバコ，日

288

用品に対する多数の外国投資を検討する。そこでは，アメリカの大牧場や肉，小麦，ビール，缶詰ミルク，チョコレート，石鹸といった製品の加工，製造，販売における外国投資が扱われる。第10章では，綿花プランテーションや衣料を含む繊維および皮革製品分野での外国投資に焦点を当てる。第7章から第10章にかけて，原材料，製造，販売が扱われる。時折，私は重要な川上にある分野（例えば繊維や皮革製品での化学品など）についても情報を提供する。そこで明らかにされるように，データそのものが私をこうした垂直分業クラスターの存在に導いたのである。標準産業分類（SICコード）に厳密に従うと，理解の妨げになるであろうことに私は気づいた。そうではなく，私は投資家に従った。

　第11章でアメリカ化学産業に対する数多くのきわめて重要な外国直接投資を考察する際には，標準的な分類に従う。第12章は，それまでの章で扱われていない農機具，自動車，タイヤ，非電気・電気機械，その他製品の製造に対する投資に当てられる。外国投資はまた，金融，商業，通信から保険，会計，建設に至る様々なサービス業に対しても行われた。第13章から第15章では，これらのサービス部門への投資に注意が向けられる。最後に第16章において私は，1875年から1914年にかけての膨大な対米外国投資に対するアメリカと海外の反応を概観する。要するに，第6章から第15章では，1875年から1914年にかけてこの国の民間部門の数多くの分野に対して行われた大規模な外国証券投資と直接投資が対象となるのである。しかし，ここでは次に，民間部門とはまったく別個に展開されたアメリカの公共債に対する外国投資について手短かに概観しておこう。

公共部門

　1875年から79年までの4年間におけるアメリカの公的資金調達は，ヨーロッパ資本市場に大きく依存していた。第4章で述べたように，1874年7月28日，財務省長官B・H・ブリストー（B. H. Bristow）は，ロンドンのN・M・ロスチャイルド社およびその提携者とニューヨークのJ. & W. セリグマン商会を代表して，ニューヨークのオーガスト・ベルモント社と4500万ドルの5％利付きアメリカ国債の「発行」に関する契約を結んだ。銀行家たちには融資残高（1億

第Ⅱ部　世界最大の債務国

2268万8550ドル）に対するオプションが与えられた。国債借り換えのためのこれらの債券は，主としてヨーロッパで売られるとの了解がなされた。[151]1875年1月29日に契約が更新され，ドレクセル・モルガン社が一団に加わった。[152]州政府や鉄道会社の債務不履行があったにもかかわらず，外国債券所有者諮問委員会は1875年2月に，「アメリカ政府の信用は最も高い水準に維持されてきた」と宣言した。[153]1875年にアメリカ議会は，アメリカが1879年に金本位制に復帰するとの法案を通過させた。

　1876年8月24日，アメリカ財務省長官（ロト・M・モリル）は，彼の前任者が用いたと同じ銀行団（加えてモートン・ブリス社）との間で，4％利付き国債の発行と同額の6％利付き国債の償還に関する契約を結んだ。[154]1877年6月初旬に，新任の財務省長官であるジョン・シャーマンは，4％利付き国債を海外で売り出すことで合意した。[155]しかし，翌年にシャーマン長官は，アメリカ市場がこれらのアメリカ国債を消化しつつあると報告することができた。1878年12月には，彼は国外で保有されているアメリカ国債は2億ドル以下であると考えていたのである。[156]1879年1月にアメリカは正金支払いを再開した。[157]アメリカ債の海外での販売が，この過程において決定的な役割を果たした。[158]

　正金支払いの再開において，オーガスト・ベルモントとロンドンのロスチャイルドが重要な役割を担った。[159]例えば1877年4月に，シャーマン長官はロンドンのN・M・ロスチャイルド社に次のように書き送っている。「（銀行）引受団の活動が大変重要になったので」，ロンドンでのアメリカ政府事業の統括と監督の任に当たらせるためにチャールズ・F・コナントを派遣する，と。[160]コナントはロンドンから，シャーマン長官にアメリカ証券にとっての市場に関する広範囲にわたる報告を定期的に送った。[161]1870年代末におけるこれらのすべての取引において，ベアリング・ブラザーズはなんら関与しなかった。[162]アメリカ債の銀行引受団を取り仕切ったのはロスチャイルドであった。シャーマン長官が書き記したように，「その引受団を用いた最大の要因は，彼らが外国の金融業者と提携していたことにある」。[163]

　すべてが順調にいったわけではない。あるときには（1877年5月），シャーマン長官は，巨額の6％債を保有するオランダが4％債への借り換えに応じないでそれらを売却しロシアの株式に投資をしたことを知った。オランダは，アメ

第**5**章 背　　景

リカ債を額面の60％で購入し額面で売却することによって大きな利益を得たのである[164]。ヨーロッパ人を狼狽させたのは，アメリカ議会が1878年2月に，大統領によって拒否権を発動されたブランド・アリソン法案（それは銀ドルを法貨とする法案であった）を再可決したときであった。引受団との契約は破棄された。もっとも1878年4月には交渉が再開されたのであるが。1879年にアメリカ財務省は，ヨーロッパにおけるアメリカ債の販売に関する銀行団との再契約にこぎ着けた[166]。

　1880年6月の第10回国勢調査は，国債保有者の把握を試みた。四半期もしくは半年ごとに利子が支払われる登録済み国債のうち，2800万ドルだけが外国人によって所有されていた。これとは対照的に，「クーポン債」の場合には，財務省ニューヨーク分局において支払われた少なくとも2億2100万ドルの利子がニューヨークの金融商会を通じて外国人債券保有者に送金された。これは，少なく見積もっても2億4900万ドル相当のアメリカ債が海外で保有されていたことを意味する[167]。

　1881年6月に償還期限の来ていた6％債の借り換えのため，1881年にアメリカ財務省のロンドン支局が一時的であるが再設置された。財務省ロンドン支局は，4450万ドルにのぼる年利3.5％のいわゆる継続債を発行した[168]。1881年8月にベルモントは，アメリカ国債のうち依然として海外で保有されているのはわずか1億5000万ドルであると推計した[169]。3年後にある消息筋は外国人保有額は1億ドル以下であると見積もっている[170]。1880年代を通じてアメリカ政府債は着実に減少していった。国債の利子率が低かったのである。その結果，アメリカ連邦政府債にとってのヨーロッパ資本市場の役割は，相対的に重要性を失ったのである。

　1890年11月に勃発したベアリング危機に際して，イギリス人投資家はアメリカ政府債を売却した[171]。続けて1893年に，多額のアメリカ証券（政府債とその他の証券を含む）を保有するヨーロッパの投資家がそれらを売却したことによって，財務省の金は逼迫した。1893年のうちに，当時としては巨額の7230万ドルに相当する金が流出した。1894年にアメリカの金準備を補充する試みがなされたものの不十分であった。1895年の1月と2月に，オーガスト・ベルモント社（自社とロンドンのN・M・ロスチャイルド社を代表して）とJ・P・モルガン社（自社

291

第Ⅱ部　世界最大の債務国

とロンドンのJ・S・モルガン社を代表して）がアメリカ財務省に助力を申し出た。アメリカ財務省長官と４つの金融商会の間で1895年２月８日に結ばれた契約において，４つの金融商会は，アメリカ30年国債と引き替えに，350万オンスのアメリカ金貨をアメリカ政府に引き渡すことに同意した。1895年２月27日，オーガスト・ベルモントはロスチャイルド卿に「国債の成功に関して閣下並びに貴商会に心からのお慶びを申し上げます」と書き送った。1895年夏に，J・P・モルガンは，引受団を代表してロンドンに赴き，アメリカの金準備を保護するために１億197万ドルにのぼるアメリカ債を売り出すことで合意した。引受団が売り出した証券の３分の１弱がアメリカ政府債（残りの大部分は鉄道債）であった。アメリカ政府債のなかには，新規に発行された４％30年債が含まれていた。

　1895年１月末に，パリのアルフォンス・デ・ロスチャイルド（Alphonse de Rothschild）男爵は，ロンドンにいるいとこたちに次のように書き送った。「融資は対策というよりは単なる一時しのぎにすぎず，一方のドアから入って片方のドアから脱出するサーカスのアクロバットとまるで同じで，財務省の金庫を埋めても埋めても翌日には空になるまやかしの方法である」。それでも，ロンドンとフランスのロスチャイルドはJ・P・モルガンおよびJ・S・モルガン商会に協力して財務省からの金の流出を抑制しようと努めた。

　アルフォンス・デ・ロスチャイルド男爵は正しかった。まもなくアメリカから金が再び流出したのである。1895年12月末に，グローバー・クリーブランド大統領は金を得るために海外での新たな国債の売り出しを決断した。ちょうどそのとき，長年ベネズエラとイギリスの間でくすぶっていたベネズエラと英領ギアナの国境問題が噴出した。クリーブランドはその問題を調停にかけることを要求してモンロー・ドクトリンを持ち出した。

　こうした状況のなかで，オーガスト・ベルモント社はイギリスのロスチャイルドに，新規のアメリカ国債の売り出しに参加する意思があるかどうかを訪ねた。ロスチャイルドの答えは明白なノーであった。多くのヨーロッパ人（特にイギリス人）投資家は，ベネズエラ紛争におけるクリーブランドの「けんか腰」の態度に驚き，保有していたアメリカ証券を売りにかかった。1896年初頭に，アメリカ財務省は，J・P・モルガンの提案していた引受団を通さずに，ヨー

ロッパではなくアメリカ国内で公債を公募することを決めた。[180]

　1899年にボーア戦争とイギリスの高金利が重なり，まだアメリカ国債を保有していたごく少数の投資家たちも投げ売りに走った。1900年にナサニエル・ベーコンは，オランダ，ドイツ，スイスの投資家たちのなかにはアメリカの４％国債を保有し続けているものがいる，と書いている。[181] 1907年に，『ニューヨーク・イブニング・メール』の金融編集者であるチャールズ・F・スピアは，ちょうど1907年に償還される４％国債はもともと1870年代末にオランダとドイツのロスチャイルドによって海外で売り出されたのであるが，その期間ずっと──すなわち30数年にわたって！──保有され続けた，と驚嘆して記している。[183]

　1909年にジョージ・ペイシュは，アメリカ政府債からの所得は少なすぎるので外国投資からの所得に関する自分の研究には含めなかった，と記した。[184] 1908年７月１日から1909年６月30日までの期間中におけるイギリスの全資本流出を記録したペイシュの研究には，投資対象としてアメリカ連邦債は含まれていない。1911年に王室統計協会に調査結果を提出した際に，ペイシュは1910年に関するイギリスの対米投資額を算定しているが，前に述べたように，アメリカ政府債への投資はゼロであった。[185] つまり，20世紀になると，ほとんどのヨーロッパ人はアメリカ連邦政府債には関心をもたなくなっていたのである。３％利付き30年物パナマ運河連邦政府債に対するごくわずかなドイツの投資があったが，これは例外的なものであった。[186]

　1870年代にあらゆる事業目的のアメリカ**州**債が債務不履行に陥ったため，それ以後海外での売り出しはなくなった。第４章で述べたように，1874年末に海外で保有されていた州債のおよそ58％が債務不履行となった。[187] 外国債券所有者諮問委員会は，定期的に南部諸州の「減損信用」に関する報告を行った。[188] 同委員会は，債務不履行に陥った州債の回復を求めてずばずばと物を言ったが，それはほとんど成功しなかった。[189] ベアリング商会は1875年に少額のマサチューセッツ州債を起債したものの，その後は，アメリカの州・郡・市債は一切扱わなかった。[190] イギリスのエコノミストであるR・H・イングリス・パルグレイヴは，1893年のイギリスの対米投資に関する文章において州債に関してはなにも触れていない。パルグレイヴはアメリカの市債に対するイギリス投資に関しては言及しているものの，その記述はわずかである。というのは，「もし，その地方

第Ⅱ部　世界最大の債務国

自治体がほとんど知られていなければ信用がない。もし，その地方自治体がよく知られており基盤がしっかりしていたとしても，利子率がイギリス人投資家を引きつけるほどには高くない」からであった。1899年から1900年かけてのナサニエル・ベーコンの調査によれば，「アメリカの貯蓄銀行がわが国（アメリカ）のほとんどすべての州・郡・市債を投資対象として重視したために，ロンドン（ロンドン証券取引所）で上場された証券は，州債2銘柄，市債6銘柄，郡債1銘柄にすぎなかった」。

　それでも，1878年にボルチモアのある新聞は，「パリ在住のアメリカ人のなかでも最大級のグループがアメリカ市債の販売人となっている」，と報じた。1899年時点に関するベーコンの数字によれば，オランダ人投資家はアメリカの州・郡・市債をおよそ500万ドル相当保有しており，彼の推計ではこの総額はイギリスの約3倍であった。ベーコンは，4％利付きアラバマ州債がフランクフルト取引所で売買されたと記している。彼はまた，およそ100万ドルから200万ドルのアメリカの郡債と市債がドイツで保有されていることを実証し，郡債2銘柄と市債9銘柄がフランクフルト取引所で売買されていることを確認している。スイスの投資家は，一時積極的にアメリカの郡債を買いに向かったが，1899年には熱が冷めた，とベーコンは記した。ベーコンはアメリカの地方債に対するフランス人投資家の動向についてはなにも触れていない。1913年にロンドンの『エコノミスト』誌は，1100万ドルに上る4％利付きルイジアナ州債に対する入札が行われたこと，そしてまた，「ルイジアナの債務不履行」を受けて外国債券所有者諮問委員会が投資家に対して入札への警告を発したこと，を記述している。

　1907年から1914年8月の間に，ニューヨーク市は推計6160万ドルをロンドンで，さらに1750万ドルをパリで調達した。ニューヨーク市債は1910年にアムステルダムで上場された。ドイツ人もニューヨークの証券を購入した。ニューヨークはヨーロッパで定期的に証券を発行したただ一つの市であった。ペイシュは，1908年7月1日から1909年6月30日にかけてのイギリスから外国への投資資本流出に関する文献のなかで，その1年間におけるアメリカ市債への投資額はわずか33万8200ポンド（160万ドル）であった，としている。この額は同じ年のイギリスの対米投資全体のうちで，わずかな部分（2.5％）を占めるにすぎな

第 **5** 章 背　　景

(199)
い。

　1911年にペイシュがロンドンの王立統計協会で講演を行った折りに，「債務
の履行を全面的に拒否している諸州，すなわち詐欺的な破産からほぼ逃れよう
もないルイジアナ，ミシシッピ，ウェストバージニアその他の州」へのイギリ
スからの投資を彼がどう処理したかという質問がなされた。ペイシュは，イギ
リスの投資額を確定するにあたって，債務不履行に陥った州への投資は除外し
た，と答えている。事実，彼の表にはアメリカの州債への投資は一つも記載が
(201)
ない。イギリスの対米投資額のなかで，わずか3840万ドルの市債への投資が載
(202)
っているだけである。
(203)

　しかし，これとは別にアメリカ政府債を購入した外国の機関が存在した。す
なわち，1914年までに，多数の外国の生命保険会社がアメリカに支店を開設し
(204)
たのである。アメリカにおける日常的な業務として，**これらのアメリカ支店の**
資産には，アメリカ証券への投資が含まれていた。多数の外国生命保険会社が
アメリカ市債を購入した（アメリカの州債を保有した会社も存在し，数は少ないがア
メリカ政府債を保有したものもあった）。こうした投資は，アメリカにおける外国
(205)
からの資産請求権を意味しているので「外国投資」であった。

　要するに，1914年までのアメリカでは，国内資本市場（アメリカに支店をもつ
外国生命保険会社を含む）において連邦債，州債，地方政府債が消化されたので
ある。ニューヨーク市を例外として，20世紀初頭において地方政府が外国に資
金を求めるのは一般的ではなかった。アメリカ政府債へのヨーロッパ投資はほ
とんどなかった。「公的」金融だけをみるならば，1914年における外国の対米
投資はとるに足らなかった，とする見方は正しい。19世紀末および20世紀初頭
における対米外国投資の研究では，政府証券を無視してはならないが重視して
もいけない。1870年代半ばまでは，連邦政府あるいは州政府証券のみが外国人
投資家を引きつけ続けてきたようであるが，1875年から1914年においてはもは
(206)
やそうではなくなっていた。民間部門が断然主体となった。対米外国投資の圧
倒的部分は，外国の民間投資部門からアメリカの民間部門の活動に対する投資
となった。そこで，私たちの研究も主として民間部門への投資を対象としなく
てはならない。

295

第Ⅱ部　世界最大の債務国

注

（ 1 ）　Robert E. Gallman and Edward S. Howle, "Trends in the Structure of the American Economy since 1840," in *The Reinterpretation of American Economic History*, ed. Robert. W. Fogel and Stanley L. Engerman（New York：Harper & Row, 1971）, 26. これらの数値は，現在価値になっている。また，農業と工業の合計で100％になる。

（ 2 ）　U.S. Bureau of the Census, *Historical Statistics of the United States*（Washington, D.C., 1975）, pt. 1, 8.

（ 3 ）　Sereno S. Pratt, *The Work of Wall Street*（New York：D. Appleton, 1921）, 190-191（電信費用）. R. C. Michie, *Money, Mania, and Markets*（Edinburgh：John Donald, 1981）, 258, 左記の書は，趣意を噛み砕いて伝えている。

（ 4 ）　汎大西洋のすべての船会社に関しては，次の書を見よ。 N. R. P. Bonsor, *North Atlantic Seaway*（Prescot, Lancashire：T. Stephenson, 1955）.

（ 5 ）　Robert G. Athearn, *Westward the Briton*（New York：Charles Scribner's Sons, 1953）, 左記の書は，1865年から1900年までの間に英国の旅行家がアメリカ西部まで旅行したことに関するおよそ300冊に及ぶ本や論文をおさらいしていた。次の書も見よ。 William Kerr, *Scottish Capital on the American Credit Frontier*（Austin：Texas State Historical Association, 1976）, 4-5.

（ 6 ）　Brinley Thomas, *International Migration and Economic Development*（1961；rpt. New York：Garland, 1983）, 10-11, および *Migration and Economic Growth*, 2nd ed.（Cambridge：Cambridge University Press, 1973）, 233. トーマスは，人の移動と資金の流れとの関連を示している。

（ 7 ）　アメリカの資金市場に関しては，次の書を見よ。John A. James, *Money and Capital Markets in Postbellum America*（Princeton, N.J.：Princeton University Press, 1978）. アルフレッド・チャンドラーは，伝達の距離短縮が企業統合と関連すると指摘している。

（ 8 ）　U.S. Bureau of the Census, *Historical Statistics*, pt. 2, 884-885, および Lance E. Davis et al., *American Economic Growth*（New York：Harper & Row, 1972）, 572.

（ 9 ）　U.S. Bureau of the Census, *Historical Statistics*, pt. 1, 201, 左記の書は，ウォーレン・ピアソン卸売物価指数に基づいた物価傾向を表している。1910年から1914年までを100として表すと，この物価指数は1875年を118としている。1866年の数値は174で，その後ケーブル価格は早期に下落したが，全体の物価下落よりもはるかに劇的であった。1人当たり実質国民所得の上昇に関しては，次の書を見よ。前掲書, 224.

（10）　Alfred D. Chandler, *The Visible Hand*（Cambridge, Mass.：Harvard University Press, 1977）, および "Multi-Unit Enterprise," in *Evolution of International Management Structures*, ed. Harold F. Williamson（Newark：University of Delaware Press, 1975）.

（11）　アメリカの実業界における「トラスト（企業合同）」とは，（スタンダード石油トラストのような）企業結合の公的な手法であったし，あるいは（「独占禁止」活動の標的のような）大企業の「独占的調整」を画策する言葉でもあった。また，（マーチャント信託銀行に代表される）英国の投資信託会社，あるいは（保証信託会社にみられる）銀行業や信用機関であったかもしれない。各々のケースで，投資家は自分の財産を他人の管理の（信託）責任の下に委託する。

（12）　Duke of Marlborough, "Virginia Mines and American Rails," *Fortnightly Review*, n.s.,（June 1891）：792.

（13）　Ellis Hawley, *The Great War and the Search for a Modern Order*（New York：St.

296

第**5**章 背　　景

Martin's Press, 1979), 9.

(14)　Mira Wilkins, *The Emergence of Multinational Enterprise : American Business Abroad from the Colonial Era to 1914* (Cambridge, Mass.: Harvard University Press, 1970).

(15)　私は，いつアメリカが国際収支上で世界最大の債務国になったかを正確には知らないが，おそらくは1875年よりも以前の出来事ではないかと推定している。現存する数値では，その時期を決定するのにあまりにも不完全である。アメリカは1914年までに世界最大の債務国になっていた，というのが，数々の国際比較をもとにして私が得た結論である（本章の表5‐3参照）。多くのアメリカの歴史家は，20世紀初期のアメリカ合衆国の成長を世界的な驚異として称えているが，第一次世界大戦以前に世界の国際収支上で，アメリカが債務国であった事実を無視している。

(16)　多くの推量がある。例えばある学者は，資本の流れと投資水準間の相違を考察している。私は，ある特定時期の（その「株式」の）「水準」に着目してきた。それらの推量において重要なのは，次に掲げる本質的な数字を，その編集者がいかに扱うかである。(1)債券投資の水準決定をどのように，購入時の市場価格，額面価格，計測時の市場価値，あるいは債券に代表される資産の帳簿価格によって行うのか。ある編集者は「新株発行」に着目し，また別の編集者は，「株式買付選択権」に着目したほうが，より適当な方法であると思い，さらには，そのいずれをも適当ではないと思っている編集者もなかにはいる。(2)債務不履行時の債券取扱い方法。(3)設立された所有権：ロンドンで発行された債券が，非英国人によって購入された場合。ニューヨークで発行された債券を，外国投資家が購入した場合。(4)発行された後で，所有権の変更が監視され，企業によって直接なされた投資や所得を，再投資した場合。推定値は，現代的な「判断」に基づいていた。外国の一般大衆に提示された「問題」の計算基礎は，貿易収支から非直接的に引き出された。ある割合の想定を基礎にして，そのとき引き出された水準から得られた投資収益。それらの推定を評価している処置は，必要不可欠なものである。

(17)　特に1880年までのジョン・マッデンの作品は，この期間の最初の5年間に役立っている。ケンブリッジ大学に提出された彼の1958年における博士論文は，近年，次の書として出版されたので参照されたし。*British Investment in the United States, 1860-1880*（New York: Garland, 1985）。その本は，タイトルとは似つかず，アメリカにおける英国および欧州大陸の投資を扱っている。証券投資に関する最良とされる作品のいくつかは，マシュウ・サイモン（Matthew Simon）によって著された。サイモンの次の著作を参照されたし。*Cyclical Fluctuations and International Capital Movements of the United States*（1955 Ph.D. diss.; New York: Arno Press, 1978），および彼の著作 "United States Balance of Payments, 1861-1900," *Trends in the American Economy in the Nineteenth Century*, Studies in Income and Wealth, vol. 24（Princeton, N.J.: Princeton University Press, 1960），699-707. ジェフリー・ウィリアムソン（Jeffrey G. Williamson）の次の著作は，非常に貴重である。*American Growth and the Balance of Payments*（Chapel Hill: University of North Carolina Press, 1964）。

(18)　アメリカで活動する多くの英国企業において，個人投資家は証券投資を取得した。それらの英国企業自身も，直接投資をしていた。それらの企業が投資家のとき，私はしばしばそのビジネス自身は，その企業の背後で投資家向けに行っていることとは区別する必要はないと感じていた（時折，このことはその所有権という範疇で管理する上では必要であるが，証券投資の場合は不要である）。もう一つのケースは，例えばアメリカにおいて保険を販売しつつ，直接投資をする外国保険会社をも巻き込んでいる場合である。そのアメリカ子会社は，その時点でア

297

第Ⅱ部　世界最大の債務国

メリカの債券を購入して，適当な資産を形成した。これらの購入は，「証券」投資であったが，アメリカの保険ビジネスに絡んだ，直接投資目的のためになされた。このような投資は，アメリカにある外国投資会社の資産の一部になったと同時に，アメリカにおける株式の外国投資の一部でもあった。

(19)　経済学者は現在，いかに計測するかを気にかけているが，1979年から1980年にかけて起きた，アメリカ大使館員の人質危機のときに，アメリカにおけるイランの資産を確定することが難しかったことは，記憶に新しい。Ellis T. Powell, *The Mechanism of the City* (London：P. S. King, 1910)，左記の書は（パウエルのロンドン・スクール・オブ・エコノミックスにおける講義録をまとめたものであるが）国際債券市場に関する特に優秀な作品の一冊である。新しい「問題」だけを基礎にして，外国投資の水準を計測するいかなる試みも，すぐさま疑わしいと感じた。なぜならそのことは，すでに発行された債券による，活発な国際貿易のためだからである。

(20)　私は，誰がこれに挑戦したかを知らない。しかし私は，アルフレッド・ハイデルバッハ（Alfred S. Heidelbach）の次の書にある，1895年のデータを勉強し始めていた。*Commercial and Financial Chronicle*, 60 (March 30, 1895)：543，そこで彼は，次のような推定をしていた。「海外で所有されている，アメリカ債券の配当および利息」として，アメリカ人は外国人に対し，7500万ドルを支払った（おそらくこのことは，主として証券投資に対するものであった）。そして，「外国企業のアメリカにおけるビジネスから生じる利益，不動産投資，共同経営者利益，直接投資から生じる非居住者の利益」による，もう一群の7500万ドルがあった。直接投資は，証券投資よりも利益があがったのであろうか。多分，そうかもしれない。もしそうでなかったならば，これらの数値は，その年の直接投資が証券投資と等しいか，もしくは超過していたかを暗示している。1895年は，非定型的な年であったのだろうか。そうかもしれない。これらはすべて推定値であり，年鑑には，ハイデルバッハの方法論に対する多くの批判が掲載されていた。しかしながら，それらの数値は私たちをためらわせる。

(21)　C. K. Hobson, *Export of Capital* (London：Constable, 1914), 123-124. C・K・ホブソンは，1914年に左記の書で，「群を抜く経営管理能力を保持していた一方で，海外ビジネスでの投資収益を保証するような投資家欲求がある」と記している。ホブソンの注意点は，第1次的には証券投資であったにもかかわらず，彼は管理上の留意に関する重要性を認識していた。

(22)　今日では，経済学者や統計学者の実践的な仕事は，管理を遂行することによる収益として，「直接」投資を定義すべきであろう（前述したように，私はこの定義に従ってきた）。繰り返すと，現在のアメリカ商務省の定義によって，ひとたび管理がされてしまうと，投資は資本や社内ローンのなかで行われ，それらは直接，建設資産に含められた。過去のある記述では，「直接投資」という語句がしばしば使用され，市場を迂回していた投資として参照された。次の書のなかでは，「定義」の問題として議論している。Mira Wilkins, "Modern European Economic History and the Multinationals," *Journal of European Economic History*, 6 (Winter 1977)：585. 1977年，そのときに，外国人の直接投資家による社内ローンは，アメリカ商務省における「外国直接投資」科目の定義には含まれていなかった。

(23)　私は，これらの数値を注意深く選択した。表5-4の注を見られたし。そこには明らかに，大きな意見の隔たりがある。私はこれらの年の，こうした類の表を，一人で準備してきたのではない。例えばマシュウ・サイモンは，彼の1955年における博士論文のなかで，表の準備をしている。次の書を見よ。*Cyclical Fluctuations*, 684-687 (to 1899 only). 私の表は，他の研究者の数値とは違いがわかるほど異なる。私はサイモンが含めている多くの推定値を除外してい

るが，他の数値は追加した。サイモンは，英国だけにある推定値を掲載しているが，私は一国民にまつわるすべての数値を省略してきた。サイモンの研究は，非常に役立った。マッデンは，サイモンの博士論文を知らなかったので，彼の推定値は，サイモンによって発表された数値とは無関係であった。サイモンは英国の統計学者のアーネスト・セイド（Ernest Seyd）になされた詳細な推定値を認識していなかった。セイドの次の書を見よ。"The Fall in the Price of Silver, its Consequences, and their Possible Avoidance," *Journal of the Society of Arts*, 24 (March 10, 1876)：311. セイドは，「おおまかな」推量であるようにみえるデータの出所が，なにであるのかを明らかにしていない。それらは大変詳細ではあるが，明らかに粗い。私はそれらを，表の注に記述したが，表自身には掲載しなかった。なぜならば，それらは適格性に関して検証を必要としていたからである。このような，彼の10億2000万ドルに及ぶ連邦ならびに州の負債は，ありうる数字であった。彼の鉄道債の推計値である４億8600万ドルは，「最後の20年間における欧州で売り出された」債券と考えられている。この数値は，債務不履行勘定や本国送還を考慮しているようにはみえない。しかしながら，セイドによる鉄道債の総額は，マッデンの書中に見られる数値（*British Investments*, 78-79）よりも小さい。セイドの欧州で所有されている鉄道会社株式，鉱山会社株式および支払い請求額に関する２億4400万ドルという数値には，納得できる。同様に，欧州人が所有しているアメリカの「土地とその担保額」の9700万ドルは，ありうる数値である。すなわち，彼の18億4700万ドルという数値はありうる。

　海外所有のアメリカにおける鉄道債券の伸びに関しては，統計学的な不足がある。Margaret Myers, *The New York Money Market* (New York：Columbia University Press, 1931), 290-291. 左記の書は，1883年におけるアメリカ鉄道債券の外国人所有に関し，「15億ドルより大きな」もっともらしい数値を示している。この数値は，しばしば彼女の数値として２次データに使用される。しかし，私が彼女の数値を脚注で注意深く使用したときには，この数値がロンドンで引き合いのあったアメリカの，鉄道債券の総額であると証明されていた。そして無論このことは，アメリカの鉄道債券における「外国人の所有」を，いかなる点においても決して代表していたわけではない。私はそれゆえに，彼女の数値を排除せざるを得なかった。私はジョージ・マーティンの，1897年の統計を含めた（それは彼の次に触れる書のなかで引用されている，有能な統計学者のマイケル・ムロール［Michael Mulhall］の数値である。*Dictionary of Statistics*, 4th ed. [London, 1899], 653）。私自身はその数値に関し，他のいかなる書物でもみたことがなく，マーティンの方法論についても知らない。彼の推定は，正しいようにみえる。対照的ではあるが，私は注のなかに，1897年のクレオナ・ルイスの推定値を引用した。その数値はなんと，1899年のベーコンの数値であった。

　しかし，1897年から1899年までの，アメリカにおける外国投資の上昇に関する根拠はなかった。もしマーティンとベーコンの数値が，「市場」価格ではなく，かつまたこの価格が，これらの期間中に起きた，市場価値の上昇を反映していないのであれば，証拠がなかったというこの事実は，双方の数値を並列に並べたことによって提示されたであろう。

　ルイスによって1914年７月１日に提供された，70億ドルほどの数値は，時々提示されていたごく小さな数値よりもはるかに大きいことが，私の研究により確信をもっていえる。一例として次の書を見よ。Raymond W. Goldsmith, *A Study of Savings in the United States* (Princeton, N.J.：Princeton University Press, 1955), I, 1089, 1090. しかし，彼の直近の著書である *Comparative National Balance Sheets* (Chicago：University of Chicago Press, 1985), 300, のなかで，ゴールドスミスはそのデータを信頼している。その一方で，ルイスの貢献に頼っている。Williamson, *American Growth and the Balance of Payments*, 259, 左記の書は，

第Ⅱ部　世界最大の債務国

ルイスの67億5000万ドルという1914年推定値を受け入れていた。このことは，額面よりもむしろ，市場の一般株式価格に，彼女がその統計値を修正していたことを意味する。次の書を見よ。 Cleona Lewis, *America's Stake in International Investments* (Washington, D.C.：Brookings Institution, 1938), 546. 市場は，外国投資の水準を確立すべく，額面には明らかに有利であった。私は，ルイスが知らなかった他の関心事について峻別したがゆえに，さらに高い数値を使用した。私は市場価額と，額面価額間の不一致を相殺するよりも，これらのことを信じている。Douglass C. North, "International Capital Movements in Historical Perspective," in *U.S. Private and Government Investment Abroad*, ed. Raymond Mikesell (Eugene：University of Oregon Books, 1962), 24, 左記の書には，次のように書かれている。「第一次世界大戦前夜のアメリカにおける外国投資は，68億ドルになっていた」。どのような年にも，債券の取引および市場において変化する価値とともに，アメリカにおける外国投資の水準には大きな変動があった。

(24)　Nathaniel T. Bacon, "American International Indebtedness," *Yale Review*, 9 (Nov. 1900)：265-285. ベーコンの統計学の評価に関しては，次の書も見よ。Lewis, *America's Stake*, 523-529, ベーコンの研究は，ハイデルバッハ・アイケルハイマー社の，アルフレッド・ハイデルバッハによる明示の，「なぜ，われわれは金を輸出するのか」という，1895年データの議論によって刺激された。ハイデルバッハは，「われわれの国際債務の支払いに関して，外国人は金による支払い要求よりも，むしろアメリカの有価証券を受け取っていた」と述べている。次の書を見よ。*Commercial and Financial Chronicle*, 60 (March 30, April 6, April 13, 1895)：542-544, 585, 630-633. ルイスもベーコンも（もしかするとハイデルバッハも），セイドの1876年の数値を気に掛けてはいなかった。上述の注（23）で示した如く，セイドの数値は可能性があるようにみえる一方で，彼はそのデータの出所を明らかにしていないため，私は彼の研究を，「近代の学的近似計算」と呼ぶことには抵抗がある。同様に，ベーコンもルイスも（あるいはハイデルバッハも），フランスの統計学者，ジョージ・マーティンの数値を把握していたようにはみえない。また，注（23）で述べた如く，私は彼の方法論に関しては無知である。

(25)　ベーコンは，ロンドン，パリ，アムステルダム，フランクフルトの「金融関係者」の紹介状を首尾よく手に入れ，そして彼らからの情報を取得した。彼はまた，英国の内国税務庁で，話し合い，その後彼の学んだことから「前提」を建てた。彼の関心事の一例である，アメリカにおける英国投資の推定に関して，「私は，1899年1月1日時点で，エラーが25％を超えないことには自信がある」と記した（Bacon, "American International Indebtedness," 268）。ペイシュは，英国における外国投資に関する研究で，よく知られている。彼は英国の外国投資に関して，「その書類，国際収支，幾千という企業の損益計算書を調査した」と述べた（George Paish, "Great Britain's Capital Investments in Individual Colonial and Foreign Countries," *Journal of the Royal Statistical Society*, 74 [Jan. 1911]：167）。しかしながら，英国の海外投資に関する彼のデータは，鋭く批判された（この章の注（44）の終わりを見よ）。ペイシュは，英国籍以外の人のアメリカ投資をうっかりして考慮してしまった。彼のアメリカにおける，1908年の外国投資に関する全体の数値は，次の書に掲載されていた。U.S. Senate, National Monetary Commission, *Trade Balances of the United States* [by George Paish], 61st Cong., 2nd sess., 1910, S. Doc. 579, 174-175. ペイシュが英国人投資家とは別の，外国人の投資を議論したとき，彼は連続した条件項目として「推量値」「外見上」「おおよそ」「約」を追加した。

(26)　1875年から1914年までの，一定期間あるいは全期間にわたり，アメリカにおける外国投資に

300

第**5**章 背　景

関する叢書は，次に列挙する書物に記されていた。Charles J. Bullock, John H. Williams, and Rufus S. Tucker, "The Balance of Trade of the United States," *Review of Economic Statistics*, 1 (July 1919)：224-231；Paul Dickens, "The Transition Period in American International Financing：1897 to 1914," Ph.D. diss., George Washington University, 1933；Eugene Staley, *War and the Private Investor* (Garden City, N.Y.：Doubleday, 1935)；U.S. Department of Commerce, Bureau of Foreign and Domestic Commerce, *Foreign Investments in the United States* (Washington, D.C., 1937), 22-23, 28；Lewis, *America's Stake* (1938)；Goldsmith, *A Study of Savings* (1955), I, 1089-90；Simon, *Cyclical Fluctuations* (1955), 685-687；および Madden, *British Investment in the United States, 1860-1880* (1958). この間，1954年7月発行の書 (*Survey of Current Business*, 14) では，ブロック，ウィリアムズおよびタッカーからのデータを使用して，1850年から1914年までのアメリカにおける国際収支を要約した。 Simon Kuznets, *Capital in the American Economy* (Princeton, N.J.：Princeton University Press, 1961), 120-121, 左記の書では，彼の情報源として，前述の *Survey of Current Business* を引用している。しかし，彼はその数値を訂正した。他のシリーズには，次の書が含まれている。Simon, "U.S. Balance of Payments, 1861-1900" (1960), 699-707；U.S. Bureau of the Census, *Historical Statistics of the United States* (Washington, D.C., 1960), 565；North, "International Capital Movements in Historical Perspective" (1962)；Williamson, *American Growth* (1964), 255-258；および John Dunning, *Studies in International Investment* (London：Allen & Unwin, 1970), 151. 次の書は，多々引用される。U.S. Bureau of the Census, *Historical Statistics of the United States* (1975), pt. 2, 869, 左記の書は，これと同じ研究の，1960年版にはなかった，アメリカにおける外国投資に関して，なにも付加していない。私はこれらすべての文献を精査後，その著者・学者によって展開されたデータを，私の著作資料と整合させた。要約すると，アメリカにおける外国投資に関しては，叢書を手掛ける編者が多くいるということである。私は，彼ら全員の世話になっている。

(27)　Cleona Lewis, *America's Stake*, 546, クレオナ・ルイスは，左記の書のなかで，1914年7月1日現在の，アメリカにおける長期外国投資総額の70億9000万ドルのうち，12億1000万ドルは「外資企業」によるものであったと示している。彼女が（カナダおよび英国の）「外資鉄道」を含めたとき，この「直接投資」数値は13億1000万ドルまでに上昇した（前掲書, 558）。Goldsmith, *A Study of Savings*, 1090, 左記の書で，1914年における「直接」投資が，アメリカにおける外国投資の総額の50億ドルのうち，8億7500万ドルまでに達した。彼はその直接投資の用語を，株式や社債よりも広範囲な投資として使用した。

(28)　*Historical Statistics of the United States* (1960) から得た数値は，サイモンの著書にある「アメリカの国際収支」項目のデータが基礎となっている。Simon, *Cyclical Fluctuations and the International Capital Movements of the United States, 1864-1897,* 左記の書では，彼が網羅している期間の，年ごとによる説明がなされている。その語「net（正味）」は，外国投資文献のなかで，2つの異なる（時として混乱する）方法で使用されている。最初の用法では，アメリカに入ってくる外国投資と，アメリカから海外に出て行く投資を合算して，私はここで使用してきた。この「net（正味）」アプローチは，アメリカの外国投資額を計測するのに満足いくものではない。なぜならばそれは，海外におけるアメリカ投資を分別してはいないからである。例えば表5-3のなかの，私の数値は「gross（総額）」である。しかし正味数値のこの意味は，資本移動のなかに存在する，ある定型を理解するのに役立つよう，私の本文中で使用さ

301

第Ⅱ部　世界最大の債務国

れている。また，その正味数値は，向かい合った投資水準，すなわちアメリカの「正味」の債務状況を定義するのに役立つ。次の用法では，アメリカ投資か外国投資かを区別して扱うときには，学者は個々の事例ごとに，その結果が本国送金を拒否された正味の金額（本国送還）か，正味の債務履行拒否（債務不履行など）であるかを確認しなければならない。この第2の正味に関する用法は重要である。そして私の数値のすべてはこの正味の用法である。特に説明していないならば，私は正味の用語を最初の方法でのみ用いることにする。

(29)　Lewis, *America's Stake*, 156, 560. これらの数値の粗野を考慮したとしても，実際にはさほど大きな違いではない。しかし私は，1869年から1914年までの「傾向」を受容したい。ルイスはアメリカの国勢調査局が，1870年，1880年，1890年，1900年，1904年，1912年にそれぞれ発表した国富の数値を使用した。そして「海外債務」（証券，直接投資，確立されていない商業および銀行債務）の1869年，1899年，1908年および1914年の数値とともに，これらの国富の数値をプロットした。彼女の百分率は，彼女のチャート（p. 154）から導き出した。私は以前には，1790年から1869年までの彼女の類似している数値を引用してこなかった。それは，その数値が信頼性に欠けていたからである。しかし，これらの5％から4％の数値を，第1章の結論部分で示した，1776年の私の計算値と比較すべきであろう。彼女の数値は，商業および銀行債務を含んでいないので，的確に比較を施すと，それは私の1％の数値よりは，むしろ4％も少ない。これらすべての推定値はもちろん，未加工のままである。

(30)　Myers, *The New York Money Market*, 188. しかし外国投資は，1863年の南北戦争時に大変急激に減った。

(31)　サイモン・クズネッツは彼自身が記しているように，国内資本形成における外国投資家の役割に関して，「貧弱な」データをもとにした数値を1955年に出版した。彼は資本輸入が，アメリカの国内資本形成上で非常に重要な部分を担ってはいないと結論づけた（Simon Kuznets, "International Differences in Capital Formation and Financing," National Bureau of Economic Research, *Capital Formation and Economic Growth* [Princeton, N.J. : Princeton University Press, 1955], 19-20, 34-38）。彼は1961年に酷似した数値を再出版した（表5-A参照）。その数値は，外国資本が確実に貢献していないことを示している。彼はまた，重複する十数年間に新たな数値を提供（表5-B参照）し，幾分異なった定型を示した（*Capital in the American Economy*, 131）。

　クズネッツは，アメリカが1896年から1914年までの，資本の実質的な輸入国であったと信じていたにもかかわらず，彼は逆にゴールドスミスによる国際収支データの改訂を受け入れた（次の書を見よ。Bullock, Williams, and Tucker, "The Balance of Trade," 231, と *Survey of Current Business*, July 1954, 14）。Goldsmith, *A Study of Savings* (1955), 左記の書は，1897年から1914年までに，アメリカが資本の実質的な輸出国であったことを見つけた。クズネッツがゴールドスミスの書籍から読んで把握していたように，ゴールドスミスはアメリカの資本流出が，他の学者が推定していたより大きく，一方で外国資本の流入が推定より少ないであろうと考えた（Kuznets, *Capital in the American Economy*, 125）。

　私が前述したように（この第5章，注(23)），ゴールドスミスはアメリカに対するかなり大きな外国投資があったことを受容し，結果として外国投資に関しては，異なった数値を使用した。クズネッツの資料は，外国資本の寄与額を決定する試みに関して，重要な意味をもつが，私は彼の結果には，次に述べるいくつかの理由で確信がもてない。(1)私の研究は，彼の強調している数値が，外国資本の流入を過小評価していることを示している。私は自分の研究に立ち戻り，彼のすべての数値をどこでチェック可能であるか考えた。(2)彼の数値は正味である

第**5**章 背 景

表 5-A 1869年から1908年までの，アメリカの国内資本形成比率(%)と，現在価格に基づく
国民総生産の諸外国に対する請求権の実質変化

10年間	10年間の請求権の実質変化率(%)			
	正味国内資本形成	粗国内資本形成	正味国民総生産	粗国民総生産
1. 1869-1878	-10.7	-6.5	-1.4	-1.3
2. 1879-1888	-3.1	-1.8	-0.4	-0.4
3. 1889-1898	1.1	0.6	0.2	0.1
4. 1899-1908	8.0	4.3	1.1	1.0
10年間ごとの平均	-1.2	-0.8	-0.1	-0.2

出所：Simon Kuznets, *Capital in the American Economy* (Princeton, N.J.: Princeton University Press,
1961), p. 133. マイナスのサインは正味資本輸入を示す。平均値については，私自身が追加した。

表 5-B 1874年から1913年までの，アメリカの国内資本形成比率(%)と，現在価格に基づく
国民総生産の諸外国に対する請求権の実質変化

10年間	10年間の請求権の実質変化率(%)			
	正味国内資本形成	粗国内資本形成	正味国民総生産	粗国民総生産
1. 1874-1883	-0.2	-0.1	a	a
2. 1884-1893	-5.2	-2.8	-0.7	-0.6
3. 1894-1903	8.8	4.9	1.3	1.2
4. 1904-1913	2.3	1.2	0.3	0.3
10年間ごとの平均	1.4	0.8	0.8	0.5

出所：Simon Kuznets, *Capital in the American Economy* (Princeton, N.J.: Princeton University Press,
1961), p. 133. マイナスのサインは正味資本輸入を示す。平均値については，私自身が追加した。
a　0.05%以下であった。

が，われわれは外国投資のなかで，外国資本の流入と流出を区別して注目する必要がある。(3)
私は1870年代（1869〜1878年）の，正味国内資本形成への10.7%の寄与率がおかしいと思う。
この頃は，鉄道，州政府および鉱業証券で，大量の債務不履行があった時代である。このよう
な債務不履行は，どのように扱われたのであろうか。その資金が流入したがゆえに，資本形成
に対して貢献する流入となるのか（クズネッツの数値は正味数字であり，多分にそれらは資本
輸出と不一致ではないか）。おそらくそうであろう。もっとありうることとして，この10年間
の数値は，アメリカ連邦政府証券，すなわち計測可能な形跡が残っていた取引に，流入する資
金が含められていた。(4)その広範囲のつやだし処置は，分解するのに失敗している。例えば
外国投資は事実上，重要な国内資本形成の要素である住宅建設には，なんら寄与していなかっ
たことが明白であった。(5)その数値は，後の章で明らかになる国内資本形成において，外国
資本の役割が触媒的であると理解するための助けとはならなかった。(6)私の研究では，1909
年から1913年までの間の資本流入が，著しく上昇している。1904年から1913年までのクズネッ
ツの数値に，十分反映していない。図5-1を見よ。
　サイモン＝ゴールドスミスの正味外国資本輸入シリーズおよび，正味資本形成の非刊行のク

303

第Ⅱ部　世界最大の債務国

表5-C　正味のアメリカ資本形成におけるピーク年(1869～1912年)
の正味資本輸入の相対的重要性（年ごとの平均）

期　　間	正味資本輸入率(%)
1869 - 1876	15.5
1882 - 1893	10.3
1906 - 1912	2.5

出所：Jeffrey G. Williamson, *American Growth and the Balance of
Payments* (Chapel Hill : University of North Carolina Press, 1964), p.
142.

表5-D　正味外国投資流入と粗国民総生産との関係
アメリカの期間が1869～1908年と1874～1913年の2つのケース(年ごとの平均)

10年間		比　率(%)
1.	1869 - 1878	-1.1
2.	1879 - 1888	-0.8
3.	1889 - 1898	-0.5
4.	1899 - 1908	0.5
1.	1874 - 1883	0.1
2.	1884 - 1893	-1.5
3.	1894 - 1903	0.8
4.	1904 - 1913	a

出所：Michael Edelstein, *Overseas Investment in the Age of High
Imperialism The United Kingdom, 1850-1914* (New York :
Columbia University Press, 1982), p. 234. これらの数値は, 1860年の価
格である。マイナスのサインは, 正味資本が流入超過を示している。
a　推定不能の意。

ズネッツシリーズを使用して，ジェフリー・ウィリアムソンは1964年に異なる表現をした。彼
の表現では，資本輸入のピーク年を選別した（表5-C参照）。ウィリアムソンは，「外国資本
の流入は，一見正味資本形成の無意味な均衡にみえるが，そうではない」と結んでいる
（*American Growth*, 142)。
　クズネッツの数値は，その衝撃が度々小さくなった。表5-Aおよび表5-Bの第4列で，彼
の数値は，マイケル・エデルステインの優れた研究のなかで，最近発揮された理論数値と比較
されるべきであった。表5-Dを見よ。正味の外国投資流入に関しては，エデルステインが国
際収支資料に基づいて，マシュウ・サイモンのデータを使用した。彼はサイモンの，1960年の
研究を引用している。その研究は，1900年までのシリーズものであるので，彼のデータ源が
1899年から1908年までのものかどうかは不明である（Simon, "The United States Balance of
Payments, 1861-1900," 699-705）。前述したように，もしわれわれがアメリカにおける外国投
資の影響を研究するならば，アメリカと外国投資の重要な正味の数値ではなく，外国資本の流

第5章　背　　景

入と流出の数値にすべきであると私は強く感じている。また、さらに重要なことは、投資の数値水準、すなわち特定年のあらゆるアメリカ資産に関する長期債権である。エデルステインの最初の1組の期間は、外国投資の重要性の点で確実に減少している一方で、10年間をまたがる彼の使用法は（クズネッツが1961年に研究したケースのように）、そのような線形パターンを描いていない。

(32)　Douglass C. North, Terry L. Anderson, and Peter J. Hill, *Growth and Welfare in the American Past*, 3rd ed. (Englewood Cliffs, N.J.：Prentice-Hall, 1983), 34. 1962年にダグラス・ノースが外国投資問題を研究していたとき、彼はかなり正確に処理し、第一次世界大戦へと続く世紀における、国際資本移動に関して定見をもたなかった。また、さらに重要なことは、1962年に彼は、1875年から1914年までの間にアメリカは、「外国資本の記録的な金額を吸収している」と正確に書いていた。彼の次の書を見よ。Douglass C. North, "International Capital Movements in Historical Perspective," 10-43, esp. 10, 15. D. C. M. Platt, *Foreign Finance in Continental Europe and the United States, 1815-1870* (London：George Allen & Unwin, 1984), 141. 左記の書は、そのグループに加わるもので、後述のようにS・B・ソウルを引用してノースを支えている。「アメリカへの外国資本は、見掛け倒しの贈り物である。それは相対的にみて、19世紀の第2および第3四半期において最も影響力があった。しかし今世紀末までに、それは『国内の貯蓄水準と比較すると無視できるほど』になった」。しかしプラットは、次のように譲歩し認めている。外国金融の影響はある状況下において、その量との関連で「不均衡」であり、またその影響により、生産力雇用のために国内資本を手放した、と。

(33)　この結論は、私自身が実施した最近のアメリカ経済史の教科書調査に基づいている。しかし、次の書も見よ。Edelstein, *Overseas Investment*, 235. 左記の書は、1970年代の後半に多くの経済学者が打ち立てた説の、優秀な要約である。19世紀後半のアメリカの発展を取り扱い、外国からの借入を無視していた経済学者としてランス・デイヴィスやロバート・ギルマンがあげられる。またその借入を「説明のつかない残留物」の役割として追いやったのはジェフリー・ウィリアムソンがその代表である。彼は初期の考えから変化した。あるいは、同様の筋道で、アメリカの国際収支への期間中の圧力を軽減するように、その借入を考慮したのはポール・デヴィッド（Paul David）であった。私はこの外国投資の重要性を示したいと探究していたときに、このような輝かしい一連の経済学のスターたちおよび、彼らの外国投資を研究したいくつかの作品と向かい合っていた。1950年代や1960年代に、アメリカにおける外国投資の歴史を研究した何人かの経済学者が、1970年代や1980年代までに彼らの関心を他の話題とともに変化させながら考えていることは重要である。そんなわけで、それらの教科書の著者をいつも軽視してはならない。強い影響力をもつ次の教科書では、「経済発展における外国貯金の役割」として触れている。Lance E. Davis, Jonathan R. T. Hughes, and Duncan M. McDougall, *American Economic History* (Homewood, Ill.：Richard D. Irwin, 1961), 左記の書の第14章では、1875年以前のことを強調しているけれど、1914年のアメリカにおける正味の長期債務額はすべて認識しており、「1820年から1914年に至る期間中に、われわれはわれわれの経済発展、特に金融面で、われわれ自身の貯蓄が海外で補強された莫大な資金を成功裡に移動させた」との認識はあった（前掲書、252）。

(34)　その問題の一部は、多くの影響力のある研究が、1861年、1875年、1880年に中断してしまったことである。そのことについては一例として、次の書を見よ。Ralph Hidy, *The House of Baring* (Cambridge, Mass.：Harvard University Press, 1949), および Leland H. Jenks, *The Migration of British Capital to 1875* (New York：Barnes & Noble, 1973). ジョン・マッデン

305

第Ⅱ部　世界最大の債務国

は，ジェフリー・ウィリアムソンおよびプラットに影響を与えた。プラットの研究は，1880年で急に中断した。私は1875年から1914年までの全期間で，アメリカにおける外国投資の重要性を認識するのにより重大な障害は，アメリカが世界の強国になったときに，その時代の歴史に綴られて行ったと考えることである。このテーマはしばしば著者たちを盲目にし，1914年のアメリカの債務国としての状況を見落としたことは，幾分時代錯誤のようにみえる。

(35) Williamson, *American Growth*, 142. 私がこのことを書いたのは，マーティン・フェルドスタインがまったく尋常ではなかったからである (*New York Times*, Nov. 18, 1984)。海外からの前代未聞の資本流入があった日，なんとそれは1000億ドルの年利であった。彼は，「その金額は構造的な赤字予算の約3分の2か，あるいは最近の全正味投資額の約40％にあたる資金を賄うのに十分な資本流入である」と書いている。

(36) Edelstein, *Overseas Investment*, 234. 左記の書に書かれている数値は，正しいがその反対の意味を提示している。エデルステインは，対 GNP 比率について，1834年から1843年までが0.6％，一方で1864年から1873年までは1.5％，1869年から1878年までは1.1％，1884年から1893年までは1.5％であるので，正味の外国投資がアメリカに流入していると推定している。Kuznets, *Capital in the American Economy*, 133, 134, 前述した左記の書で，クズネッツは1869年から1878年までに，外国資本の寄与は「最高潮」となり，アメリカにおける正味の資本形成の10.7％に達したと考えた。その一方でウィリアムソンは，その著書 (*American Growth*, 142) のなかで，正味の資本形成への外国資本の寄与は，1869－1876年（原文のまま）では平均して15.5％までになったことを見つけた。アーヴィング・クラヴィスは，次のように結論づけていた。外国の資本流入は，「アメリカの経済史のある期間において，正味資本形成の意義ある構成部分の資金を賄った」けれども，全体的なその寄与は「相対的にわずか」であった。しかし彼は，アメリカ経済史上の前半よりも後半において，さらに大きな寄与があったとみていた。すなわち「南北戦争以前の40年間にはおそらく4％前後で，1869年から1914年までは6％を少し越えた」と考えた (Irving B. Kravis, "The Role of Exports In Nineteenth Century United States Growth," *Economic Development and Cultural Change*, 20 [April 1972] : 403)。外国投資に対する正味資本形成への寄与は，1890年から1914年までの間に「減少」していった可能性がある。

(37) 私の研究では，クレオナ・ルイスの外国投資に関する研究は全般にわたって高水準にあると推定している。アメリカにおいて外国投資を研究する学生諸君は，彼女の先駆的著書を使用すべきである。

(38) この「金本位制」は，あらゆるアメリカ史の教科書が示しているように，アメリカの発展に重要な衝撃を与えた。

(39) リランド・ジェンクスおよびドロシー・アドラーの研究は，すでにこの点を確認していた。私はさらに詳細に作業していく。次の書を見よ。Leland H. Jenks, "Britain and American Railway Development," *Journal of Economic History*, 11 (Fall 1951) : 375-388, および Dorothy Adler, *British Investment in American Railways, 1834-1898* (Charlottesville : University Press of Virginia, 1970).

(40) *Banker's Magazine*, New York, 45 (Aug. 1890) : 88.

(41) 私は事実，これらの年にアメリカの領地やあるいは他の州においても，外国投資の存在を実証づけることができた（すなわち外国投資家が，ビジネスをするために登録をしたという事実がある）。Anne T. Ostrye, *Foreign Investment in the American and Canadian West, 1870-1914 : An Annotated Bibliography* (Metuchen, N.J. : Scarecrow Press, 1986), 左記の

書は，「ノースダコタ州，サウスダコタ州，ネブラスカ州，カンザス州，オクラホマ州，テキサス州の東の境界線から太平洋海岸線に至る西部一帯」にとって役立つ。

(42) Cleona Lewis, *America's Stake* (1938)．彼女は左記の書で，アメリカにおける外国直接投資の数値を改ざんしていなかった頃の，アメリカの経済成長を研究した。1875年から1914年までのアメリカにおける外国直接投資に関する最近の連続した説明は，彼女の提供資料に全面的に頼らざるを得ない。次の書を見よ。 David Stanley McClain, "Foreign Investment in United States Manufacturing and the Theory of Direct Investment," Ph.D. diss., Massachusetts Institute of Technology, 1974, chap. 1. McClain, "Foreign Direct Investment in the United States : Old Currents, 'New Waves,' and the Theory of Direct Investment," in *The Multinational Corporation in the 1980s*, ed. Charles Kindleberger and David B. Audretsch (Cambridge, Mass.: MIT Press, 1983), 279, 左記の書には，次のように書かれている。「1970年代にアメリカにおける外国直接投資は劇的に増進したが，この国のビジネス案件に対する外国の関与が，その共和国の建国以来，経済成長の中心的な要因であったことを観察することは，今ではありふれた考えである」。彼は自らの博士論文の第1章を引用している。多国籍企業の外国直接投資を学ぶ学生は，アメリカにおける外国投資を必要事項としてみてきた。1875年から1914年までの，アメリカにおける欧州の外国投資については，次の書を見よ。Lawrence G. Franko, *The European Multinationals* (Stanford, Conn.: Greylock, 1976), および Francesca Sanna Randaccio, "European Direct Investments in U.S. Manufacturing," B. Litt. thesis, Wolfson College, Oxford University, 1980. Peter J. Buckley and Brian R. Roberts, *European Direct Investment in the USA before Wortd War I* (London: Macmillan, 1982), 左記の書は，あまりにも誤りが多すぎてほとんど使用できない。私は後に，一国の投資家のみを扱っている他の文献を参照している。アメリカにおける欧州の外国投資に関する，最近の著者たちの誰もが，**アメリカ**の経済史に関しては専門家ではなかったことを，心に留めるべきである。彼らの専門分野は，多国籍企業論である。投資の多国籍企業の型が（過去において），経済学者によって頻繁にごまかされた理由の一つは，その投資の多くが証券市場を通過せずに，そこに足跡を残さなかったことが挙げられる。その投資は，異なる探索方法によって，監視されるべきである。

(43) 国家経済研究局員であるジョン・ケンドリックの，1914年におけるアメリカ国民総生産の推定は，次に掲げる書のなかでなされている。U.S. Department of Commerce, *Long Term Economic Growth, 1860-1965* (Washington, D.C., 1966), 167.

(44) 1875年から1914年までの資本輸出国としての英国に関しては，豊富な文献がある。大変影響力のある文献は，ジョージ・ペイシュの4冊の近代的研究である。"Our New Investments in 1908," *Statist*, 43 (Jan. 2, 1909): 19-21; "Great Britain's Capital Investments in Other Lands" and "Comments," *Journal of the Royal Statistical Society*, 72, pt. 3 (Sept. 1909): 465-495; "Great Britain's Capital Investments in Individual Colonial and Foreign Countries" and "Comments," *Journal of the Royal Statistical Society*, 74, pt. 2 (Jan. 1911): 167-200; および "The Export of Capital and the Cost of Living," *Statistical Supplement*, 79 (Feb. 14, 1914): i-viii. これらすべての文献は，都合のよいことに次の図書のなかで再印刷されている。Mira Wilkins, ed., *British Overseas Investments, 1907-1948* (New York : Arno Press, 1977). エドガー・クラモンド（Edgar Crammond）の *Quarterly Review* に掲載された3論文, 207 (July 1907): 245-272; 215 (April 1911): 43-67; および224 (June 1915): 193-222, 左記の書は，ペイシュの貢献した書よりもはるかに印象深さに欠ける。 C. K. Hobson, *The*

307

第Ⅱ部　世界最大の債務国

Export of Capital (1914；rpt. New York：Garland, 1983), 左記の書は，今でも役立つ。次に挙げる彼の書も，同様に役立つ。"British Oversea Investments, Their Growth and Importance," *Annals of the American of Political and Social Science*, 68 (Nov. 1916)：23-35. Herbert Feis, *Europe : The World's Banker* (New Haven：Yale University Press, 1930), 左記の書は，価値がある。次に掲げる他の役立つ研究は，1930年代に出版された。Staley, *War and the Private Investor* (1935)；Carl Iversen, *Aspects of the Theory of International Capital Movements* (Copenhagen：Levin & Munksgaard, 1936)；および Royal Institute of International Affairs, *The Problem of Foreign Investment* (London：Royal Institute of International Affairs, 1937). The United Nations, *International Capital Movements during the Interwar Period* (Lake Success, N.Y.：United Nations, 1949), 左記の書は，いくつかの第一次世界大戦以前のデータを含んでいる。

J. H. Lenfant, "British Capital Export, 1900-1913," Ph.D. diss., University of London, 1949, 左記の書は，ずっと影響力があった。1950年代には，次の歴史的書があった。Alec K. Cairncross, *Home and Foreign Investment, 1870-1913* (Cambridge：Cambridge University Press, 1953), および Brinley Thomas, *Migration and Economic Growth* (Cambridge：Cambridge University Press, 1954), 左記の書は，新地を切り開いた。A. H. Imlah, "British Balance of Payments and Export of Capital, 1816-1913," *Economic History Review*, 2nd ser., 5 (1952)：208-239, および *Economic Elements in the Pax Britannica* (Cambridge, Mass.：Harvard University Press, 1958), 左記の書は同様に，国際収支の再構成に基づき，英国の資本輸出に関する貴重な統計数値を提供している。

Charles H. Feinstein, "Home and Foreign Investment：Some Aspects of Capital Formation, Finance and Income in the United Kingdom, 1870-1915," Ph.D. diss., Cambridge University, 1959, 左記の書は，資本輸出に関して，イムラの1952年の推定値を使用した。また，英国の資本輸出の仕向地に関する，より多くの情報を探求し提供した。フェインスタインは，イムラの1958年の数値を使用しつつ，英国の海外資産（正味の負債）に関するデータを，次の書で出版している。*National Income, Expenditure and Output of the United Kingdom* (Cambridge：Cambridge University Press, 1972), 205, T110. R. C. O. Matthews, C. H. Feinstein, and J. C. Odling-Smee, *British Economic Growth, 1856-1973* (Stanford, Calif. ：Stanford University Press, 1982), 左記の書には，英国の外国投資に関する貴重なデータの記載がある。

S. B. Saul, *Studies in British Overseas Trade, 1870-1914* (Liverpool ：Liverpool University Press, 1960), もう一方で左記の書は，貿易と同様に外国投資を記載している。John H. Adler, ed., *Capital Movements and Economic Development* (London：Macmillan, 1967), 左記の書には，ブリンリー・トーマスおよびマシュウ・サイモンによる，役立つ論文が含まれている。A. R. Hall, ed., *The Export of Capital From Britain, 1870-1914* (London：Methuen, 1968), 左記の書は，マシュウ・サイモンの次の書を含みつつ，1968年に論文の叢書を提供している。"The Pattern of New British Portfolio Foreign Investment, 1865-1914," またこの書は，次の書中の最初に登場した。 *Capital Movements and Economic Development*, ed. Adler. サイモンは4万1000件の取引結果を突き合わせ，英国の「新規証券」投資（造語でありかつまた呼称）に対して，通年を連続させて完成させた。彼の数値は，外国直接投資，未済証券の国際取引，イングランド外の市場における英国証券の購買および，英国における外国証券発行の私的な配合を省略していた。彼の方法論は，多くのスコットランドの海外投資を除外した結果であったといってもよいであろう。また，マシュウ・サイモンの次の

書は，同じデータ（しかし「株式買付選択権」のみである）に基づいている。Matthew Simon, "The Enterprise and Industrial Composition of New Portfolio Foreign Investment, 1865-1914," *Journal of Development Studies*, 3 (April 1967)：230-292. Arthur I. Bloomfield, *Patterns of Fluctuation in International Investment before 1914* (Princeton, N.J.：Princeton University Press, 1968), 左記の書では，間口の広い内容のなかで，英国の海外投資に関して大きく取り上げるように試みた。P. L. Cottrell, *British Overseas Investment in the Nineteenth Century* (London：Macmillan, 1975), 左記の書は助けになる。

　最近のきわめて価値ある貢献をした文献は，次の書である。Edelstein, *Overseas Investment in the Age of High Imperialism : The United Kingdom, 1850-1914* (1982). さらに，ニューヨーク市立大学バルチ校のアーヴィング・ストーンは，1875年から1914年までの彼およびマシュウ・サイモンや，リランド・ジェンクスが集積したデータに基づいて，「（英国の）資本輸出のデータを再構築し，訂正および再構成により提示する」過程の真っ只中にいる（書簡 Stone to Mira Wilkins, June 20, 1983）。私は彼の叢書を見たことはない。次の書も見よ。Lance E. Davis and Robert A. Huttenback, "The Export of British Finance, 1865-1914," in *Money, Finance and Empire, 1790-1960*, ed. A. N. Porter and R. F. Holland (London：Frank Cass, 1985), 28-76, および Davis and Huttenback, *Mammon and the Pursuit of Empire The Political Economy of British Imperialism, 1860-1912* (Cambridge：Cambridge University Press, 1986). 彼らの興味が大英帝国であるので，彼らのアメリカに関するデータは最小であった。D. C. M. Platt, *Britain's Investment Overseas on the Eve of the First World War* (New York：St. Martin's Press, 1986), 左記の書は，1913年から1914年までの海外における英国資本に関する数値，すなわちペイシュの数値は，一般的に容認されているが，その数値はあまりにも高く，有価証券の要素の30％までになっているのが問題であるとしている（前掲書，5）。

(45)　Edelstein, *Overseas Investment*, 25.

(46)　前述のように，私は1958年のホブソンとイムラの数値を使用した。なぜなら類型チャートに関しては，サイモンやイムラ＝フェインスタインの推定値に影響があるからである。次の書を見よ。Edelstein, *Overseas Investment*, 17, 次の書では，イムラ，ホブソンおよびサイモンの，年ごとの数値を比較していた。Simon, "The Pattern," in *The Export*, ed. Hall, 38-39.

(47)　Iverson, *Aspects*, 331. 彼の重要な指摘の通り，エデルステインは重要な国内および海外における長期の交渉可能な証券に関する通常の価額の粗い計算で，1870年の海外の全体額が英国全体資産の約33％にあたっていた，と提示している。その額は，1914年には45％になった。海外での累計資産は，1870年における英国の再生産資本蓄積の約14％になり，1914年には約31％までになった（Edelstein, *Overseas Investment*, 113）。Goldsmith, *Comparative National Balance Sheets*, 112. 左記の書によると，第一次世界大戦前夜の外国投資は，英国の国内金融資産の3分の1以上に達し，また英国の国内有形資産において「異常なほどに大きく全体の半分」に達した。

(48)　D. C. M. Platt, "British Portfolio Investment Overseas before 1870：Some Doubts," *Economic History Review*, 2nd ser., 33 (Feb. 1980)：1-16；Platt, *Foreign Finance in Continental Europe and the United States, 1815-1875* (London：George Allen & Unwin, 1984), 181；および Platt, *Britain's Investment Overseas*. ペイシュの評価方法に基づくと，Dickens, "The Transition Period," 121は，アメリカにおける（そして暗示しているのは，英国以外のその他世界における）英国の投資に関するペイシュの数値は「法外」であり，「異常に

第Ⅱ部　世界最大の債務国

高すぎる」と述べている。対照的に，サイモン・クズネッツの1955年における英国の外国投資
に関する数値は，その正味国内資本形成に対する比率として，次に示す如く大きく影響してい
る。1870-1879, 54.2；1880-1889, 78.8；1890-1899, 46.2；1900-1909, 51.1；1904-1913, 95.8
(Kuznets, "International Differences," 70, 左記の書は，イムラの1952年の数値を使用している。
プラットは，イムラおよびベイシュの数値は，相互に独立していないと考えている)．

(49)　Robert Gilpin, *U.S. Power and the Multinational Corporation* (New York：Basic Books,
1975), 11. ギルピンのコメントは，海外投資市場に反映した。Brinley Thomas, "International
Capital Movements to 1913," in *Capital Movements*, ed. Adler, 15, 左記の書は，英国の投資
が「直接投資よりむしろ大きな証券であり，主に固定収益を獲得する証券であった」と書いて
いる。

(50)　ギルピンは，1980年代初期の「国際債務危機」以前に書いた。1980年代の国際資本移動は，
明らかに銀行を大規模に巻き込んだ。

(51)　このことに関する一般的な認識は，現在（1980年代中期）にも同様にある。例えば，マシュ
ウ・サイモンの統計的業績のすべては，「証券」投資に関するものであった。John Clapham,
An Economic History of Modern Britain (Cambridge：Cambridge University Press, 1968),
vol. 3, 左記の書には誤りはなく，英国の海外での直接投資を省いてもいなかった。アメリカに
おける英国の，直接投資に関する創生期の研究はあった（この章の注（61）を見よ）。私は
1974年および1977年に，英国や欧州大陸の多国籍企業の歴史を研究する必要性を書いた。次
の書を見よ。Mira Wilkins, "Multinational Enterprises," in *The Rise of Managerial
Capitalism*, ed. Herman Daems and Herman van der Wee (Louvain：Leuven University
Press, 1974), 213-235, および Wilkins, "Modern European Economic History and the
Multinationals," *Journal of European Economic History*, 6 (Winter 1977)：575-595. アメリカ
の多国籍企業に関するレイモンド・ヴァーノンのプロジェクトが事実上完成した後に，彼は外
国の多国籍企業を勉強すべく方向転換した。彼の教え子であったジョン・ストップフォードは，
次の書のなかで，英国の海外における直接投資の歴史を直視した。John Stopford, "The
Origins of British-based Multinational Manufacturing Enterprises," *Business History Review*,
48 (Autumn 1974)：303-335, 次の書も見よ。 Alfred D. Chandler, Jr., "The Growth of the
Transnational Industrial Firm in the United States and in the United Kingdom：A
Comparative Analysis," *Economic History Review*, 2nd ser., 33 (Aug. 1980)：396-410. ジェ
フリー・ジョーンズは，英国の海外ビジネスの歴史に関して，いくつかの学術論文を書いた。
一例として，次の書を見よ。Geoffrey Jones, "The Expansion of British Multinational
Manufacturing, 1890-1939," in *Overseas Business Activity*, ed. Akio Okochi and Tadakatsu
Inoue (Tokyo：University of Tokyo Press, 1984), 125-153, および彼が編者になっている図書
である *British Multinationals：Origins, Management and Performance* (Aldershot：Gower,
1986). また次の書も見よ。Stephen Nicholas, "British Multinational Investment before 1939,"
Journal of European Economic History, 11 (Winter 1982)：605-630. Irving Stone, "British
Direct and Portfolio Investment in Latin America," *Journal Economic History*, 37 (Sept.
1977)：690-722, 左記の書は，ラテンアメリカにおける英国の直接投資は，ごまかされていた
と指摘した。P. Svedberg, "The Portfolio-Direct Composition of Private Foreign Investment
in 1914 Revisited," *Economic Journal*, 87 (Dec. 1978)：763-777, 左記の書に書かれた如く英
国は海外での直接投資に，新たな注意を払った。次の書も見よ。 John Dunning, "Changes in
the Level and Structure of International Production：The Last One Hundred Years," in

第**5**章 背　景

The Growth of International Business, ed. Mark Casson (London : George Allen & Unwin, 1983), 84-139. さらに個別の英国の多国籍企業に関しては，いくつかの分厚いケース・スタディの本があった。

(52)　そのような英国企業は，海外の英国ビジネスのなかで常にどこにでも登場した。それらの企業については，次の書のなかで説明している。Mira Wilkins, "The Free-Standing Company," *Economic History Review*, 2nd ser., 41 (May 1988) : 259-282.

(53)　このことは最も革新的な製造業およびサービス系企業については，特に当てはまる。Mira Wilkins, "The History of European Multinational Enterprise : A New Look," *Journal of European Economic History*, 15 (Winter 1986) : 483-510. 左記の書のなかで私は，「サービス産業」のそのような多国籍企業は，アメリカのケースでは遅い現象であったのに反して，英国では早かったことを論じている。しばしば英国の投資家は，その「サービス産業」における国際ビジネスであった「管理代理店」を使用していた。

(54)　英国内国税務庁は，海外からの確認できる収入を，次の3つのグループに分類していた。グループIには外国政府の証券の配当，土地所有権の利子，大英帝国に支払われるべき外国企業の株式配当金（鉄道企業の配当金を含む）そして，他の「大英帝国に支払われるべき外国および英連邦利付き債券と配当金」が含まれていた。グループIIは「海外で貿易をしている，あるいは海外に所有している，資産のある企業からの収益」「この国のなかで管理されたビジネス収益」を含んでいた。それらの詳細は以下の通り。「(a)海外で運営する鉄道の電車など，海外に点在する有線電報および電話，(b)海外にある鉱山，油田，および硝酸カリウム田，(c)茶，コーヒー，ゴム，砂糖などの海外のプランテーション，(d)ガス，水，港湾担保，金融，工業，貿易請負業の海外での運営」。これらの多くは，私が「フリースタンディング・カンパニー（free-standing companies）」と呼んだもののようにみえる。また，多くは直接投資であった。私はグループIIIに関した収益数値をもっていないが，伝統的に多国籍企業と定義されている企業が含まれる。すなわち，「海運業，銀行業，および保険業の企業で，海外に工場や支店をもつ製造業や貿易業の企業」である。1913年から1914年までのグループIからの収益は，8680万ポンドであった。グループIIからは，1億7820万ポンドの収益であった。もしグループIIIからの知られざる収益が追加されたならば，外国直接投資からの収益は，証券持ち分からの収益を，大幅に超過したであろう。次の書の数値を見よ。Gustav Cassel, *Foreign Investments* (Chicago : University of Chicago Press, 1928), 140, 141, 126.

(55)　この点に関しては，次の書によって指摘されている。Simon, "The Enterprise and Industrial Composition," 282, および Karl Erich Born, *International Banking in the 19th and 20th Centuries* (New York : St. Martin's Press, 1983), 118.

(56)　Royal Institute of International Affairs, *The Problem*, 117 ; Bloomfield, *Patterns*, 3 ; および M. Edelstein, "Foreign Investment and Empire, 1860-1914," in *The Economic History of Britain since 1700*, ed. Roderick Floud and Donald McCloskey, 2 vols. (Cambridge : Cambridge University Press, 1981), II, 74.

(57)　アメリカの支配的な役割に関しては，未論争のようにみえる。Simon, "The Pattern," in *The Export of Capital*, ed. Hall, 27, 左記の書は，「アメリカにおける英国の新しい長期証券投資に関する1865年から1914年までの総計は，総合計のほぼ21％を構成していた」と書いている。1871年から1914年までの世界規模の英国投資でアメリカ向けは抜群の地位であったが，それに関する明らかな証拠は，次の書を見よ。Cairncross, *Home and Foreign Investment*, 185, 追加部分においてジェフリー・ウィリアムソンは，英国の正味資本輸出およびアメリカの正味資本

311

第Ⅱ部　世界最大の債務国

輸入を図式化した。1875年から1914年までの期間には，その変動が驚くべく同期化していた（*American Growth*, 237）。次の書も見よ。Dunning, *Studies*, 151（第4章は1860年から1913年までの，アメリカにおける英国の投資に関してである）。

　Both Dunning and A. G. Kenwood and A. L. Lougheed, *The Growth of the International Economy*（London：Allen & Unwin, 1983）, 43, 左記の書には，アメリカにおける英国の投資を計算し，全英国の海外投資に占める割合が，1870年に27％あったと記述している。ダニングの割合は，イムラの数値とケアンクロスの数値を比較して求められた。もし読者が本文の表5-5と5-8を比較するならば，1899年のアメリカにおける英国の投資は，英国の外国投資の30％程度を推移しているようにみえるであろう。ダニングの1899年の数値は20％であった。1913年から1914年までの私自身の計算では，アメリカにおける英国の投資は，英国の全世界的規模の投資に占める割合の，20％を少し超える位を示している。私は1913年に関して，ペイシュの1914年2月24日のアメリカおよび世界における英国投資に関する推定値（次の書を見よ。*British Overseas Investment*, ed. Wilkins）と，ペイシュの当初の数値を比較した。私はその後で，クレオナ・ルイスによって導き出された数値とペイシュの数値を再調査した。ダニングはイムラとペイシュを比較した結果，その数値は18％であるとの結論を得た。Feis, *Europe : The World's Banker*, 23, 左記の書では，1913年から1914年までのその数値は，次の書と同じく5分の1になった。Edelstein, *Overseas Investment*, 77. 定性的な証拠は，英国が彼らの国際投資をさらに遠く離れて拡大するに従って，1899年から1913年までのアメリカの持ち分比率は，落ち込んでいることを示唆している。

(58)　英国のアメリカ証券の名目所有の推定値として，1876年は2億3400万ポンドであった。これは次の書のなかでみられる。Madden, *British Investment*, 78（表14）. 1914年の数値に関しては，表5-8を見よ。多くの学者は，1875年から1914年までの期間における英国の海外投資（株式の）レベルで，アメリカが抜群の地位であることには同意するが，その投資レベルの実際の図表はがっかりするほど不完全である，と述べている。前述の如く，そのレベルは目まぐるしいまでに変っていた。なぜならば，アメリカ証券の取引は容易であったからである。マシュウ・サイモンの書（*Cyclical Fluctuations and the International Capital Movements*）は，いかに追跡調査が困難であるかを示している。国ごとの分割表示は，全体集合を表すよりも問題がある。より正確にしようとするほど，よりその数値は傷つきやすくなる。プラットの英国の外国投資全体額を計測する批判は，アメリカにおける英国の持ち分に関し，数値を掛け算するのは本当に意味があるのかについて，われわれに熟慮するよう迫っている。アメリカにおける英国の投資に関する表5-8の，1914年7月1日現在の総額は，ハービー・フィスク，クレオナ・ルイス，と私自身の数値である。それらはジョージ・ペイシュの1913年の英国の「アメリカに公に投資された資本」＝37億ドルと比較されるべきである（*Statist*, 79［Feb. 14, 1914］：vi）。表5-8における3つの推定値は，どれもペイシュの値とまったく独立しているとはいえない。すべての3人の著者は，ペイシュの数値を知っており，その後にそれらを自分の数値に展開した。

(59)　ダンディーに関しては，次の書 W. Turrentine Jackson, *The Enterprising Scot*（Edinburgh：University of Edinburgh Press, 1968）, 66 および至るところにみられるので非常に貴重である。次の書も見よ。"Scottish Capital Abroad," *Blackwood's Edinburgh Magazine*, 136（Oct. 1884）：468-480；Bruce Lenman and Kathleen Donaldson, "Partners' Incomes, Investment and Diversification in the Scottish Linen Area, 1850-1921," *Business History*, 13（Jan. 1971）：10；および Michie, *Money, Mania, and Markets*, 177, 228, 268. ミッチーは，ア

第**5**章 背　　景

メリカ投資によって形成された企業の「株式と株数」において，主に市場としてダンディー株式相場を説明している。Peter L. Payne, *The Early Scottish Limited Companies, 1856-1895* (Edinburgh：Scottish Academic Press, 1980), 51. 左記の書は，スコットランドの都市，すなわちダンディー，エディンバラ，グラスゴーが，アメリカとの特別なそれぞれの関係をもっていたと記している。W. A. Thomas, *The Provincial Stock Exchanges* (London：Frank Cass, 1973), chap. 14. 左記の書は，スコットランド株式相場を扱っており，これらの相場で取引されたアメリカの証券に関して，重要な材料を提供している。その多くは，Jackson, *Enterprising Scot*, に基づいている。トーマスは，リバプールにあるアメリカ鉄道のための，重要な市場に関して記していることを除いては，イングランド郡の相場におけるアメリカ証券を強調していない (*Provincial Stock Exchanges*, 190)。しかし *Stock Exchange Official Intelligence, 1914* は，アメリカでビジネスを行っている数多くの企業証券が，郡の相場で取引されていたことを示している。リバプール―ロンドン―アメリカを，相互に通商や金融で結ぶことに関して，次の書は特によく記している。Stanley Chapman, *The Rise of Merchant Banking* (London：Allen ＆ Unwin, 1984), 至るところに，私はマンチェスター，ハル，ブラッドフォード，シェフィールド，バーミンガムなどの取引所から，アメリカにおける数多くの英国投資を見つけた。

(60)　ロンドンの金融界は，アメリカの発展と密接に関係して進んだ。

(61)　前述の如く，Cleona Lewis, *America's Stake* (1938), 左記の書は誤りがなく，直接投資を省略しなかった。彼女の重要な貢献は，第二次世界大戦後の文献洪水のなかで，しばしば忘れられてしまった。Roger V. Clements, "British Controlled Enterprise in the West between 1870 and 1900 and Some Agrarian Reactions," *Agricultural History*, 27 (Oct. 1953)：132. 1953年の左記の書のなかでクレメンツは，次のようなことを指摘していた。(1) 経済史家は大西洋を横断する証券の干満と流れに対して「名も知れない英国資本がアメリカ鉄道に投入されていったこと」に，注意を払い続けてきた。(2) しかし経済史家は「一部の投資家の意識的な監視要求を受領した」企業に流入した英国資本を無視し続けていた。クレメンツは同じ論文のなかで，アメリカの西部中に，「幅広い産業で異なる企業において，――英国の主要な管理者とは，指導責任者，特別の使者，技術専門家，あるいは駐在の現地管理者という立場であった」と記していた (前掲書, 134)。Clark Spence, *British Investments and the American Mining Frontier, 1860-1901* (Ithaca, N.Y.：Cornell University Press, 1958), 左記の書は，鉱業に関する直接投資を研究している。1959年から60年にかけて，ジョン・ダニング（現在はレディング大学教授）がロックフェラー財団の資金を受け，アメリカにおける英国の製造業に関して研究した。彼は歴史的な情報を大量に集めた60社の管理者に面談した。その後，彼は収得したデータを活用した出版はしなかった。彼の助手コラムは，いくつかのダニング資料を使用して，次のような修士論文を書いた。T. C. Coram, "The Role of British Capital in the Development of the United States, ca. 1600-1914," master's thesis, University of Southampton, 1967. ダニングは，私が彼のもとの記録を読むことを寛大にも許してくれた。私は直接投資に関する彼の系統的に集録された原始データを探求することができ，多大なる収穫を得た。Jackson, *The Enterprising Scot* (1968), および Kerr, *Scottish Capital on the American Credit Frontier* (1976), 左記の2書は，アメリカにおける英国の直接投資に関する重要な側面を取り扱っている。英国の多国籍企業に関する新しい一般的な研究は，いつもそれらのアメリカの持株額についての資料を含んでいる。このようにして，その乖離は埋められつつある。

313

第Ⅱ部　世界最大の債務国

(62)　個人としての英国の「投資家」は，国内の「証券」投資を行った一方で，彼らが投資した企業はアメリカにおいて直接投資を行った。

(63)　私がフリースタンディング・カンパニーと呼んでいるのは，時々シンジケート投資と呼ばれているものであった。一例として，次の書を見よ。Coram, "The Role of British Capital." アメリカのビール会社買収に関与した英国のフリースタンディング・カンパニーは，人気のある新聞に「アメリカ企業連合ビール会社」と名づけられた。表9-2を見よ。フリースタンディングの命名は私自身によるものであり，また私の著書に私見を述べている。次の書も見よ。Wilkins, "The Free-Standing Company."

(64)　私は清算に関するこの点を，アリバーによって暗示された。Robert Aliber, 前掲書（Feb. 1984）。

(65)　これらの企業は，外国証券投資や直接投資の図表作成者にとって，頭痛の種であった。すなわち，(1)それらの企業が資本市場を通して調達し，典型的な証券投資推定を含んでおり，(2)その英国の企業組織が解体したとき，一般的には英国企業のその個別投資家が，外国証券投資家になっていた。投資家は今現在，例えばロンドンよりもむしろ，ニュージャージーの企業の株式を所有していたからであった。

(66)　サービス産業の企業と，フリースタンディング・カンパニーとの一般的な関係に関しては，次の書を見よ。Wilkins, "The Free-Standing Company."

(67)　英国の役割が誇張されていることが問題視されているが，他の国家がロンドンで証券を購入していたからといって，私はこれらの期間に，アメリカにおいて他の国家の優位よりも英国資本の優位があったことに対して問題視している人を知らない。

(68)　クレオナ・ルイスの数値は，ペイシュの数値よりも好まれて使用される。サイモンの数値は，ルイス，ペイシュ，あるいはマッデンの数値とは，異なる方法で計測している。

(69)　これらの数百万ドルの投資は，次の書に記されていた。Worthy P. Sterns, "The International Indebtedness of the United States in 1789," *Journal of Political Economy*, 5 (Dec. 1897)：28. 次の書も見よ。 Bacon, "American International Indebtedness," 269（アスターに関して）。ベーコンがアスターを，「英国人」として考えていたかは不明である。サイモン，ペイシュ，およびルイスの推定値は，アメリカにおけるこれらの大きな「英国の」投資家を含んでいなかったようにみえる。Gustavus Myers, *History of the Great American Fortunes*（New York：Modern Library, 1936）。左記の書は必ずしも正確ではないが，1915年12月31日現在の，ウィリアム・ウォルドルフ・アスターのニューヨークにおける不動産所有額が，6000万ドルであったと記している（前掲書, 169）。彼はカンスエラ・ヴァンダービルトが称号のある英国人と結婚した唯一の女性ではなかったし，また，500人以上のアメリカ人女性（この時代に登場した金持ちの娘たち）が，称号のある外国人の男性と結婚したと書いている。マイヤースが引用している1909年の推定値は，2億2000万ドル以上がこれらの女性たちとともに欧州にもたらされたが（私はこの数字よりもっと多いと記している），この金額はアメリカ資産（すなわち長期外国投資）に関する継続した債権というよりも，むしろ「一方的な移転」であったことを示している（前掲書, 378n）。もしマイヤースが本当に正しいならば（前掲書, 378），ヴァンダービルトに関するスターンの話は誤っている。彼女の結婚同意書によって，マールボロ公爵は鉄道の株式よりもむしろ，それによる収益に関してのみ，債権をもっていたように思える。このように考えることは，問題にならないであろう。ここでの私のポイントは，ひとえに海外にいるアメリカ人が移住することで，ある事例（まさにウィリアム・ウォルドルフ・アスターのケース）では，通常は無視されてしまう「英国人の」アメリカへの投資が創造

されたであろうし，創造したという点である。このような投資は，明らかに典型的ではなかったが，今日の統計学はそれらの数値を含んでいた。例えば，数年間のポール・ゲティ（英国在住のアメリカ人）の莫大なアメリカ投資は，アメリカ商務省によれば，アメリカにおける「英国」の直接投資として計算された。

(70)　1875年から1914年までの期間中，アメリカが英国の最も重要な貿易相手国に位置していた。この事実の明白な論証に関しては，次の書のなかにみられる貿易相手国別の，大英帝国の貿易額欄における全輸出額と輸入額を見よ。P. N. Davies, "British Shipping and World Trade," in *Business History of Shipping*, ed. Tsunehiko Yui and Keiichiro Nakagawa（Tokyo：University of Tokyo Press, 1985）, 56-57.

(71)　Cairncross, *Home and Foreign Investment*（1953）；Thomas, *Migration and Economic Growth*（1954）；Brinley Thomas, ed., *Economics of International Migration*（London：Macmillan, 1958）；および Thomas, *International Migration and Economic Development*（1961）, 11.

(72)　トーマスは，アメリカのプル（魅力・利点）が除外されるように，英国のプッシュ（攻撃・推進）を強調した。しかしプルは，なぜ英国の企業がアメリカに重点的に投資したか，あるいは西アフリカや中国に投資しなかったかを説明するために必要である。

(73)　フランスの外国投資に関するたくさんの文献がある。フランスの資本輸出に関する，多大なる統計的データの供給を試みたアルフレッド・ネイマークを，誰もが大いに頼りにしていた。Harold Moulton and Cleona Lewis, *The French Debt Problem*（New York：Macmillan, 1925）, 321-340, 左記の書の付録A部分は，それらの文献のよき要約を与えてくれ，推定値も提供している。次の書も見よ。 Harry D. White, *The French International Accounts, 1880-1913*（Cambridge, Mass.：Harvard University Press, 1933）；Feis, *Europe : The World's Banker*, chap. 2；Staley, *War and the Private Investor*, 526-527；Rondo Cameron, *France and the Economic Development of Europe, 1800-1914*（Princeton, N.J. : Princeton University Press, 1961）；Rondo Cameron, "Economic Relations of France with Central and Eastern Europe, 1800-1914," *Journal of European Economic History*, 10（Winter 1981）：537-552；Maurice Levy-Léboyer, *La position internationale de la France*（Paris : Éditions de l' École des Hautes Études in Sciences Sociales, 1977）； Émile Becque, *L' internationalisation des capitaux*（Montpellier：Imprimerie Génerale du Midi, 1912）；および Yves Guyot, "The Amount, Direction and Nature of French Investments," *Annals of the American Academy of Political and Social Sciences*, 68（Nov. 1916）: 36-54.

(74)　Iverson, *Aspects*, 331-332. George W. Edwards, *The Evolution of Finance Capitalism*（London：Longmans, Green, 1938）, 55, 左記の書は，1906年のパリの証券取引所に上場された全株式のうちの51％が，外国の株式であったことを示している。

(75)　1875年から1914年までにアメリカへ投資されたフランス資本の研究は，優秀な博士論文になったものである。その本当の規模を誰も知らない。表5-8を見よ。アメリカにおけるフランスの投資上昇に関するレヴィー-レボワイエの数値は，1880年に7700万ドル，1896年に9600万ドル，1902年に9600万ドル，1902年に1億1600万ドル，1913年に3億8600万ドルであった（*La position*, 25）。私はフランスフランを，1フラン＝0.193ドルの数値として換算した。

(76)　1914年7月1日現在のアメリカにおけるフランスの投資推定値に関しては，考慮すべき変化があった。*The Federal Reserve Bulletin*, 7（Oct. 1922）：1181, 左記の書は，約5億ドルという数値を記しているが，その推定値には警告を発していた。「しかしその推定値は，信頼でき

第Ⅱ部　世界最大の債務国

るかもしれない」。表5－8の注で示した如く，ハービー・フィスクの10億ドルという1914年の大雑把な数値は，あまりにも大きすぎる。Lewis, *America's Stake*, 546, 左記の書では，1914年のアメリカにおけるフランスの投資は，4億1000万ドルである。私はルイスが知らなかったいくつかのフランスの投資を見つけたので，左記の数値より高くした。また，私はスイスの中間業者を通したフランスの投資を追加した。いくつかの投資は，ブリュッセルや他の市場を通しての購入がなされた。他の推定値は表5－8を見よ。多くのアメリカの社債がブリュッセル証券取引所に上場された事実はなかった。"Foreign Stocks on the Brussels Bourse, 1912," *Bulletin de l'Institut International de Statistique*, 20, pt. 2, 1364-65, 左記の書は，アメリカの鉄道債について記している。アメリカにおけるさらなるフランスの投資は，ベルギー以上にスイスやイングランドの市場でなされた。

(77)　私はフランスの直接投資に関する数字が，私の調査と同一であったことに驚いた。直接投資が金融市場を通してなされたことは皆無であった。フランスの外国投資に関する莫大な文献は，これらの持ち分を無視していた。私が見つけたアメリカにおけるフランスのすべての外国投資情報は，フランスの会社や産業データであり，またアメリカおよびフランスの町の歴史，および私が適宜随所で感謝の意を述べている助けのあったフランスやアメリカの学者からの情報や暗示を使用しており，それらは個別に探し出さなければならなかった。これらの投資の多くはフランスの銀行との関わりはまったくなかったようにみえる。

(78)　Robert W. Tolf, *The Russian Rockefellers : The Saga of the Nobel Family* (Stanford, Calif.: HooverInstitution Press, 1976), chap. 12.

(79)　Charles F. Speare, "Selling American Bonds in Europe," *Annals of the American Academy of Political and Social Sciences*, 30 (1907): 278, 293. ニューヨーク州政府は，海外に支店をおくニューヨークの金融機関を監督要請する目的で，1911年に銀行法を改正した。その年にニューヨークの公正信託社（Equitable Trust Company of New York）は，ニューヨークの銀行監督官からの承認を受理し，ニューヨークの農民貸付信託社がパリやロンドンで事務所を保持しているのと同様に，パリでの支店業務を継続した。それらの事務所は，ニューヨークの銀行監督官の検査に従うことになっていた。そしてこれらの支店はその監督下において，アメリカで増加する外国投資やアメリカ証券にフランス市場を特別開放するのは貴重なことであり期待される，という報告が監督官よりなされた（New York Superintendent of Banks, *Annual Report for 1911*, 18-19）。1910年から1912年までに，フランス市場に流入したアメリカ証券（主に鉄道債であったが，他の証券についても）に関しては，一例として次の論文を見よ。"Lysis," June 2, 9, 1910 ; June 22, 29, および July 7, 1911 ; および March 14, および Dec. 5, 1912, reprinted in Lysis (pseud. for Eugene Letailleur), *Politique et finance d'avant-guerre* (Paris : Payot & Cie., 1920), 117-121, 303-313, 428-431, 572.

(80)　ジェームズ・スティルマンのような何人かのアメリカ人はパリに住み，大規模なアメリカ投資をしていた。次の新聞を見よ。*New York Times*, July 4, 1914, p. 1『ニューヨーク・タイムズ』の記事の場合は，外国投資からの収益に課せられる新しいフランスの税金の話題であった。ナショナル・シティ銀行の役員会の会長であるスティルマンは，1909年からパリに住み始めた。

(81)　Feis, *Europe : The World's Banker*, 51 ; Lévy-Leboyer, *La position*, 25, 左記の書中の数値は，実際にはロシアにおけるフランスの投資が，絶対値および割合の上で上昇したことを表している（1896年に24.3％，1913年に26.3％になった）。アメリカにおけるフランスの相対的な投資水準に関しては，次の書を見よ。Georges Manchez, *Sociétés de dépôts, banques d'affaires*

第**5**章　背　　景

(Paris：Librairie Delgrave, 1918), 58. Guyot, "The Amount," 43. 左記の書および他の書には，フランスの国会議員が「政治的な理由で外国の土地に資本投資されることに苦しんでいた一方で，彼らはロシアにおける資本投資を奨励した」と記されていた。

(82)　Charles P. Kindleberger, *Manias, Panics, and Crashes*（New York：Basic Books, 1978）；Feis, *Europe：The World's Banker*, 51, 23；および Lévy-Leboyer, *La position*, 25.

(83)　Feis, *Europe：The World's Banker*, 55.

(84)　White, *French International Accounts*, 90.

(85)　チャールズ・キンドルバーガーは，私との通信でこの点を指摘した。次の書を見よ。David S. Landes, *Bankers and Pashas*（1958；rpt. New York：Harper Torchbook, 1969), 17-24. 左記の書は，フランスとスイスの銀行間の，他の提携に関して触れている。次の書も見よ。Bacon, "American International Indebtness," 273.

(86)　Jacob Viner, "Political Aspects of International Finance," *Journal of Business*, 1（April 1928）：160. 左記の書は，「フランスの金融会社がブリュッセル証券取引所に対してかなりの影響力があり，その投資家はブリュッセル証券取引所に上場されている証券の購入に慣れてきた。なぜならば，フランスの証券税をのがれるために，ブリュッセル証券取引所に上場されている一部または全部のフランス銀行数社が浮動株をつくり，実施したためである」と記している。これはポール・ディケンズが明かした，かつて誰もなし得なかったアメリカにおける「ベルギー人」の投資（1897年から1913年まで）の幾分かを説明しているのであろう（Dickens, "The Transition Period," 129）。しかしこの章の注（76）で示した如く，私はアメリカにおいて多くのフランスの投資が，ブリュッセル市場を通してなされたとは考えていない。

(87)　ロンドンの「登録企業」の記録は，英国企業の株主記録を含んでいる。例えばヌボー・モンデ金鉱山社は，1887年5月にロンドンで設立され，コロラド州にある鉱山を購入し，多数のフランスの投資家を所有していた（Memorandum of Association, Nouveau Monde Gold Mining Company, Ltd., Western Range Cattle Industry Study, reel 51, Library of Congress, Acc. 11, 092）。他の会社には，少数株主であるかなりのフランス人がいた。事実フランスの投資家は，しばしばアメリカで商売を営んだ英国企業の少数株主になっていた。フランスの投資家は鉱業分野の投資に関して，アメリカばかりではなく，スペインにもロンドン市場を通して取引をした（それゆえこの取引はアメリカへの，あるいは英語圏国家への投資との区別を，はっきりとつけることはできなかった）。

(88)　Michael Arboux, *Les valeurs mobilières étrangères sur le marché français*（Paris：Recueil Sirey, 1913), 229. 左記の書は，アメリカでフランス資本を代表するフランスの技術者が，ヤンキーによって蚊帳の外へ追いやられてしまったと記している。フランスはリスクを取ったが，いかにその資本を使用するか，については意見をもたなかった。

(89)　私は，表5-5で一貫して国際連合の推定値を使用した。ドイツの事例に関しその表の下の注に示したように，私は国際連合の58億ドルという数値を選択しては，低すぎると考える。私は（一例を除き）マルクで表示された当初の推定値に戻し，1マルク＝0.238ドルの換算レートを使用した。私が示す58億ドルという数値は，ドイツの外国投資の正味総額であったようだ。86億ドルという高い数値に関しては，おそらく重複計算している面があり，また証券が購入されたと同時に売却された，もしくは償還された事実を無視していた。

　　ドイツの学者は，第一次世界大戦以前の数年間に，ドイツの外国投資に関して数々の研究を先導した。一例として，次の書を見よ。J. Riesser, *The German Great Banks*（1911；rpt. New York：Arno Press, 1977), 546, 803, および Karl Helfferich, *Germany's Economic*

317

第Ⅱ部　世界最大の債務国

Progress and National Wealth, 1888-1913（New York：Germanistic Society of America, 1914），112-113. 頻繁にその数値が引用されるヘルフェリッチは，政治経済の教授でドイツ銀行の役員であった。彼は1920年に，ドイツ銀行の前CEOであったジョージ・ボン・シーメンスの娘と結婚した。次の書を見よ。Fritz Seidenzahl, *100 Jahre Deutsche Bank, 1870-1970*（Frankfurt：Deutsche Bank, 1970），8 および至るところに記載あり。さらに Paul H. Emden, *Money Powers of Europe*（London：Sampson Low, Marston, 1937），219. ヘルフェリッチの1913年の推定値は，200億マルク＝48億ドルであった。彼はいくつかの大変重要なドイツの外国投資を，省略してしまったようにみえる。

John Maynard Keynes, *Economic Consequences of the Peace*（New York：Harcourt, Brace & Howe, 1920），175, 第一次世界大戦後に出版された左記の書は，第一次世界大戦以前のドイツ研究を要約している。また1913年から1914年までの正味外国投資（外国人によって所有されたドイツにおける正味資産）については，62億5000万ドルという数値を選択した。彼はおそらく，この数値は高すぎて，正味数値としては50億ドルが適当であろうと考えた。ケインズは，ヘルフェリッチの数値が，ドイツにおける外国人所有の正味資産であると信じていた（前掲書, 175）。事実ヘルフェリッチ自身は，「外国に償還されたり，買い戻された（必ずしも同一ではないが）証券」の正味額としてそれらを説明している。この章の注（28）を見よ。

Friedrich Lenz, "Wesen und Struktur des deutschen Kapital exports vor 1914," *Weltwirtscaftliches Archiv*, 18（1922）：42-54, 左記の書は，1922年に著者によってなされた研究である。その p. 48に彼の数値が記されている。彼は1914年のドイツの海外投資（ドイツにおける外国投資の正味ではなく総計）は，310億マルク（大雑把にいうと73億ドル）であったと推定した。

Harold G. Moulton and Constantine E. McGuire, *Germany's Capacity to Pay ; A Study of the Reparation Problem*（New York：McGraw-Hill, 1923），260, 左記の書は，ケインズがドイツの外国投資（それらの要約を，クレオナ・ルイスは用意していたが，レンツの推定値は含んでいなかった）に関して多種多様な統計数値を駆使したものも，さらに完全な要約を提供していた。その書は，アウグスト・ミュラーが1913年分に関して（戦後に）計算した数値，すなわち83億3000万ドルを含んでいた。これはドイツ人が所有している企業の外国証券総額であり，ドイツにおける外国投資額の増減の余地もないし，また重複の余地もない（前掲書, 280）。ドイツ国民の所有した外国証券の統計調査は，1916年8月23日の法令の下で，ドイツにおいて実施された。それによると，外国人所有の証券は162億4800万マルクであった。また外国証券の輸出は1914年の中期より1916年の8月までに，20億マルク相当の金（きん）に値すると，ドイツ人は政府に報告した。手短かにいうと，ドイツ政府は証券で182億4800万マルク（4.2マルク＝1ドルの戦前の為替レートでは43億ドル）の情報を得ることができた。モルトンとマクガイアは，その収益から，外国人によって所有されたドイツ証券の控除後総額，推定200億マルク（大雑把にいうと48億ドル）が，道理にかなった正味数値であったに違いないと結んでいる（前掲書, 279-280）。これはケインズの正味推定額の中でも，大変低い値であった（ケインズは1マルク＝0.20ドルのレートで換算した）。

他の要約は，引き続き次の書に掲載されている。Walter Herman Carl Laves, *German Governmental Influence on Foreign Investments, 1871-1914*（1927；rpt. New York：Arno Press, 1977），208-209；Feis, *Europe : The World's Banker*（1930），71：および Staley, *War and the Private Investor*（1935），528-529. 各々の著者は，わずかながら異なるデータを統合していたが，基本的な形式は同一であった。1915年にステイリーは，1913年から1914年までの最

第**5**章　背　　景

高推定値を85億6000万ドルとしていた。アーント・レイヴィス（前掲書, 208）は，レンツの推定値を含め，短期の貿易金融値（30億マルク）を表示せずに加えた。このようにして，73億ドルから80億9000万ドルに膨らんでいた。1914年について，フェイスは52億ドルから66億ドルの範囲で，「可能性のある最も高い合計として」（最も可能性が高い合計として）66億ドルを総額値とした。彼は235億マルク＝56億ドルで片付けた（*Europe : The World's Banker*, 71, 74）。

　第一次世界大戦前の大規模なドイツの投資金額は，（所有権と支配権をとる）直接投資であった。ドイツの外国投資のいくつかの推定値が低いのは，明らかに外国直接投資を無視していたからである。例えば，レンツの場合は無視していなかったので，私は彼の数値についてならばより確信がもてる。最近では，ドイツの海外直接投資に新たな注意が払われるようになった。一例として，次の書を見よ。Franko, *European Multinationals*, および Peter Hertner, "Fallstudien zu deutschen multinationalen Unternehmen vor dem Ersten Weltkrieg," in *Law and the Formation of the Big Enterprises in the 19th and Early 20th Centuries*, ed. Norbert Horn and Jurgen Kocka（Gottingen : Vandenhoueck & Ruprecht, 1979）, 338-419. 次の書も見よ。Peter Hertner, "German Multinational Enterprise before 1914,"unpublished paper, 1983. ハートナーは左記の書で，1914年のドイツの海外投資に関し，大雑把な数値として300億マルク（71億4000万ドル）を受け入れた。Born, *International Banking*, 133, しかし，左記の書では，銀行および証券の利子を強調し，フェイスの56億ドルの数値に戻っている。上記のケインズを除いたすべての著者（ケインズの数値は，少なくとも彼の著書 *The Economic Consequences* のアメリカ版ではドルで表示されていた）は，彼らの数値をマルクで供している。私はこれまでに一貫して，ドイツにおける外国投資の正味金額ではなく，総額値を追究し換算してきた。

(90)　これらの数値の出所は次の書である。Iverson, *Aspects*, 332. もちろんその割合は，外国投資と国富の両方の規模を，いかに計算するかにかかっている。Earlier, Helfferich, *Germany's Economic Progress*, 113, 左記の書で著者は以前に，1913年の数値は大雑把に 6 ％である述べた。フェイスは彼の著書（*Europe : The World's Banker*, 72）で， 7 ％であると指摘している。

(91)　これは入手可能な全証拠を，注意深く読んだ上での私自身の結論である。Feis, *Europe : The World's Banker*, 74, 左記の書のなかの数値は，私と同様の結論であることを示している。Thomas R. Kabisch, *Deutsches Kapital in den USA*（Stuttgart : Klett-Cotta, 1982）, 26-27, 左記の書は一致している。Fisk, *Inter-Ally Debts*, 316-317, 他方左記の書は，ロシアを第 1 位にしているカール・ヘルフェリッチの表を載せている。私はロシアならびにアメリカにおけるドイツの投資に関する重大な資料に注目してきた。P.V. Ol', *Foreign Capital in Russia*（1922）（New York : Garland, 1983）, 左記の書は，ジェフリー・ジョーンズとグリゴリ・ゲレンスタインによって翻訳され，紹介された。その書には，ロシアにおけるドイツの投資に関して役立つ特別のデータの記載がある。私のこの研究では，1913年から1914年までのアメリカにおけるドイツの投資が，ロシアにおけるドイツの投資をはるかに超過しているということを確信した。フィスクは実際にあるページで（前掲書, 312），アメリカにおけるドイツの持ち分12億5000万ドルは，ロシアにおけるドイツの投資よりはるかに大きなレベルであったと記している。1914年のオーストリア＝ハンガリーにおけるドイツの投資は，アメリカにおける投資よりも大きかった可能性があるとも述べている（前掲書, 317）が，私は疑問視している。

(92)　Lewis, *America's Stake*, 546, 左記の書では 9 億5000万ドルであるが，次の書では12億5000万ドルとなっている。Fisk, *Inter-Ally Debts*, 312. 表 5 - 8 で私は， 2 つの推定値の中間を選び，

319

第Ⅱ部　世界最大の債務国

11億ドルとした。1914年5月にドイツ銀行のリチャード・ハウザーは、ドイツが10億ドル（この数値は多くの直接投資を除外していることが推測できる）のアメリカ証券を所有していると考えた。次の書を見よ。 *Commercial and Financial Chronicle*, 98（May 30, 1914）: 1649. *Europe : The World's Banker*, 74, 対照的に左記の書は、1914年のアメリカとカナダにおけるドイツの投資を、37億マルク＝8億8100万ドル（4.2マルク＝1ドルの換算レートで）と推定した。この金額は、アメリカとカナダにおけるドイツ投資としては大変少ない。フェイスの数値はあまりにも低すぎるのではないかと私は思う。1897年以降、ドイツ人には外国証券の特別所得税が課せられた（Riesser, *The German Great Banks*, 532-533）。多くのドイツ人は、ロンドン、ニューヨーク、アムステルダム、バーゼルあるいは（稀にしばしば）パリでアメリカ証券を購入した。スイスにおいてフランスは、圧倒的にジュネーブとのコネクションがあった一方で、フランクフルトとバーゼルは大変親しい間柄であった。このことは次の書に散見される。Hans Bauer, *Swiss Bank Corporation, 1872-1972*（Basle : Swiss Bank Corp., 1972）, ドイツの投資に関するクレオナ・ルイスの方法論を分析して、私はそれが脆弱であることを見つけた。彼女の「他の証券」項目の範疇は、アメリカにおけるドイツ投資として考慮すべきではないキューバ、日本、アルゼンチンおよび中国向け貸付の、アメリカにおけるドイツの所有を含めている。1914年以降に発行された証券も含まれていた。奇妙なことに、対立国の人が1917年に「ファースト・リバティ・ローン（First Liberty Loan）」として、64万1800ドル相当の貸付をしていた。このことについては、次の書を比較せよ。Alien Property Custodian, *Report, 1918-1919*, 431-433, および Lewis, *America's Stake*, 536-537, 123-124. しかしながら、以前私がルイスの数値を引用したハウザーの総額と比較したときに、さほど高くはなく、むしろ低かった。まとめると、彼女の方法論は脆弱であったけれども、推定値9億5000万ドルという概数（私は11億ドルと思うが）はそれほど的外れではないと思う。

(93)　11億ドルを73億ドルで割ると、15.1％になる。9億5000万ドルを60億ドルで割ると、15.8％になる。12億5000万ドルを73億ドルで割れば、17.1％となる。

(94)　外国人資産管理局のデータ使用者は、その資料が1914年ではなく、1917年現在であることを承知しておくべきである。また、1914年投資を反映するように調整する必要もある。1914年から1917年までのアメリカにおけるドイツの投資は、著しく変化していた（正味でみれば、おそらく直接投資における増加と、証券投資における減少である）。その変化および理由としては、アメリカにおける外国投資に関する私の歴史書の第2巻で、議論されることになるであろう。未発刊のデータは、メリーランド州のスートランド市にある国立古文書館の、「記録グループ131」という分類箱の中にある（この記録グループは、これ以降、ワシントンD.C.にある古文書館として引用される。なぜならば、古文書館を管轄する事務所がワシントンD.C.にあるからである。実際の記録はスートランドにある）。外国人資産管理局の報告書（1918-1919）を注意深く使用することは、有意義である。さらに私は、アメリカにおけるドイツの投資に関する未発刊の重要な資料を、ワシントンD.C.にある国立古文書館の「記録グループ59」（国務省記録）のなかで見つけた。アメリカにおけるドイツの投資に関する発刊された資料に関しては、特に次の書が有益であることがわかった。Dietrich G. Buss, *Henry Villard*（1976 diss. ; New York : Arno Press, 1978）; Franko, *The European Multinationals*；および Kabisch, *Deutsches Kapital in den USA*. カビックは、発刊された外国人資産管理局のデータを信頼し切っていたが、彼はドイツビジネス古文書館も利用していた。大変秀でた彼の1982年の研究は、私がこの本のドイツ投資に関する部分がほとんど終了した後に、私の元に9つ届いた。Kabisch's appendix, pp. 331-352, 左記の書には、外国人資産管理局によって確認された、1917

320

第**5**章 背　景

年のアメリカにおける有益なドイツ企業の一覧表が，アルファベット順で掲載されている。

(95)　Alien Property Custodian, *Report, 1918-1919*, 13-14.

(96)　Speare, "Selling American Bonds in Europe," 277.

(97)　Henri Hauser, *Germany's Commercial Grip on the World*（New York：Charles Scribner's Sons, 1918），至るところに。次の書も見よ。 Peter Hertner, "German Multinational Enterprise before 1914：Some Case Studies," in Hertner and Geoffrey Jones, *Multinationals : Theory and History*（Aldershot : Gower, 1986）.

(98)　次の書に基づいている。 U.S. Bureau of the Census, *Historical Statistics of the United States*（1960），57.

(99)　Jürgen Kocka, "The Rise of the Modern Industrial Enterprise in Germany," in *Managerial Hierarchies*, ed. Alfred D. Chandler, Jr., and Herman Daems（Cambridge, Mass.：Harvard University Press, 1980），99。左記の書は，第一次世界大戦以前のドイツおよび英国の大企業を比較対照し，資本集約的な技術優位産業におけるドイツ大企業，そして繊維・食品産業における英国の大企業を発見した。「一方，新産業と呼ばれている英国企業の化学，電子および他の一般機械ならびに輸送機産業は，未だそれほど目立った存在ではなかった」。国際投資を国籍別に捉えるときには，これらのコメントが示唆に富む。われわれが繊維，食品，輸送機械産業あるいは他の産業に関して語るとき，英国の外国直接投資がドイツ人の投資とは異なる分野であることを知る。Charles A. Conant, "The Economic Basis of Imperialism," *North American Review*, 167（Sept. 1898）：336。左記の書でコナントは，1898年にドイツ資本がブエノスアイレスからカルカッタまでの全世界において，投資先を模索していたと記している。続けて彼は，「ドイツ資本は」またアメリカにおける醸造業，製紙工場，石鹸工場，繊維工場，機械工場にも，かなり投資をしていたと記している。私が知る限り，前述した最初の2産業におけるドイツの主要な投資は，外国直接投資家の投資というよりはむしろ移民者の投資であった。石鹸工場についてはわからないが，繊維工場および機械工場は真の外国直接投資であった。

(100)　Alien Property Custodian, *Report, 1918-1919*, 185.

(101)　前掲書，185.

(102)　前掲書，188.

(103)　ヘンケルに関しては，次の書を見よ。Heinrich Kelleter, *Geschichte der Familie J. A. Henckels*（Solingen, 1924），186, 191, 192。イェーガーの下着に関しては，次の書とこの本の第10章を見よ。Frank Presbrey, *The History and Development of Advertising*（1929；rpt. New York：Greenwood Press, 1968），361.

(104)　Staley, *War and the Private Investor*, 532。左記の書には，オランダの投資が1913年から14年までに，海外で20億ドルなされたと記されている。*Economist*, 76（March 15, 1913）：638。左記の書で外国証券への投資は，約12億ドルであると推定している。比較のために表5-5を見よ。私はオランダの海外投資に関する，1875年から1914年までの英語で書かれた本の存在を知らない。次の書（Feis, *Europe : The World's Banker*）のような標準的な研究では，オランダ資本に関する，別の章だてもなされていない

(105)　この数値は次の書から引用した。Iverson, *Aspects*, 332.

(106)　表5-8を見よ。これらの期間におけるアメリカでのオランダの投資に関しては，英語で書かれた本はないが蘭語ではある。重要な次の書を見よ。K. D. Bosch, *Nederlandse Beleggingen in de Verenigde Staten*（Amsterdam：Uitgeversmaatschappij Elsevier, 1948）私はまた，次の書を援用した。Bert C. Forbes, "Investments by Hollanders in America,"

第Ⅱ部　世界最大の債務国

Van Norden Magazine, Oct. 1909, 59-65 (microfiche in New York Public Library) ; Economist, 76 (March 15, 1913) : 638 ; および Lewis, America's Stake, そしてさらに，オランダ人の投資による限定された産業に関するデータが，ルイスの左記の書にはある。

(107)　Forbes, "Investments," 60.

(108)　Bosch, Nederlandse Beleggingen, 345-348. 1914年3月のU.S.スチール（U.S. Steel）社のオランダ人による所有（一般株式と優先株式の額面価額）は，単独で3850万ドルであった。(Lewis, America's Stake, 126). アムステルダムに上場されたいくつかのアメリカ企業の証券に関しては，次の書を見よ。Moody's, 1914.

(109)　Economist, 76 (March 15, 1913) : 638, 左記の書は，1913年のアメリカ証券におけるオランダの所有が，10億フロリンすなわち約4億ドルと推定している。

(110)　Eugene Staley, War and the Private Investor, 左記の書によると，オランダの1914年の海外投資は20億ドルであった。表5-5を見よ。私はオランダのアメリカにおける1914年の投資を6億5000万ドルと推定し，その額はステイリーの世界総額のおおよそ3分の1になる。その額は経済誌『エコノミスト』掲載の数値とは異なるが，3分の1という比率は偶然にも一致している。

(111)　1913年の英国の比率は約20％であった。一方，ドイツは約16％，フランスは約5％であった。

(112)　アメリカ証券にとってアムステルダム市場の重要性は，一般的に認識されていた。一例として，次の書を見よ。Powell, The Mechanism of the City (1910), 98.

(113)　1899年にナサニエル・ベーコンは，どういうわけかアメリカにおける「スイス」投資は，フランスの持ち分（投資）よりも大きいと考えた。しかし彼は，「スイス」と記録したジュネーブにいる銀行家の数多くの顧客は実際にはフランス人であったことを追加して，その説明を充実させた（"American International Indebtedness," 272-273）。1912年頃，バーゼルにあるスイス銀行（SBC）取締役社長のL・ドボワは，取締役会に対して，「スイスで発行された当銀行の債券の過半数は，外国の顧客によって購入されている」と報告した。SBCはこのとき，アメリカの鉄道債券の発行に大いに関わっていた（Bauer, Swiss Bank Corporation, 1872-1972, 190, 188）。1913年のスイスの海外投資に対する数値に関しては，前掲書，201, を見よ。ホールガーテン社（Hallgarten & Co.）のアメリカ子会社は，スイス，スウェーデン，ドイツ，オーストリア，フランス，イングランド，およびデンマークにおいて，アメリカ債券の販売に特化していた。次の書を見よ。"History of Hallgarten & Co.,"draft typescript, 1950, 6 (copy from Moseley, Hallgarten, Estabrook & Weeden Holding Corporation).

(114)　欧州の直接投資の歴史を文書化しようとした最初の人物は，フランコであった（The European Multinationals）。この本は，私の初期研究の段階で非常に役立った。スイスの海外ビジネスに関しては，次の書を見よ。Ernst Himmel, Industrielle Kapitalanlagen der Schweiz im Auslande (Langensalz : Druck von Herman Beyer & Sohne, 1922). スイスの外国直接投資に関しては，次の書が非常に貴重であるので見られたし。Ragnhild Lundstrom, "Swedish Multinational Growth before 1930," in Multinationals, ed. Hertner and Jones.

(115)　Jacob Viner, Canada's Balance of International Indebtedness, 1900-1913 (Cambridge, Mass. : Harvard University Press, 1924).

(116)　Herbert Marshall, Frank Southard, and Kenneth Taylor, Canadian-American Industry (New Haven : Yale University Press, 1936). アメリカにおけるカナダのビジネスに関しては，次の書も見よ。R. T. Naylor, History of Business in Canada, 1867-1914 (Toronto : James

第**5**章 背　景

Lorimer, 1975).

(117)　カナダ，オーストラリア，あるいはインドで金儲けをした英国人は，しばしば英国に戻ってきては，残りの人生を祖国で送った。私が1875年から1914年までのアメリカにおける外国投資を調査していたとき，きわめて優れた裕福なアメリカ人のことが思い浮かんだ。彼はアメリカに移住し，富を形成して，英国に戻って行った。カーネギーのような人たちは，祖国に別宅を購入した。しかし，この時代のアメリカにおけるこのような生活パターンは，人々が一度移住を決意すると，移住者はアメリカ人になりきれたことを示している（イングランドで退職したウィリアム・ウォルドルフ・アスターは，もちろんアメリカ生まれであった。ジョージ・スミスは，1875年から1914年の期間前の1861年にイングランドに戻り，退職した。第6章を見よ）。

(118)　Lewis, *America's Stake*, 546. ルイスは左記の書のなか（p. 552）で，次のように記している。1914年にカナダの銀行は，4600万ドルの外国鉄道債券を保持しており，おそらくはその多くがアメリカの鉄道債のようであった，と。しかしこの表現は，本章の表5-16にあるデータ（p. 546）との合致を難しくしている。もしカナダの銀行が，アメリカの鉄道債券を4000万ドル所持していたとすると，他のカナダ人投資家の所有は，わずか800万ドルしかなかったということになる。それは彼女の「その他」の分類のアメリカ証券の推定値と比較すると，あまりにも少なすぎる。加えて，アメリカにおいてビジネスをしていたカナダの保険会社が保有していた証券を，彼女がいかにさばいたかが不明である。

(119)　Christopher Armstrong and H. V. Nelles, "A Curious Capital Flow : Canadian Investment in Mexico," *Business History Review*, 68（Summer 1984）: 190.

(120)　公益事業会社の所有は，この一般化されたものとは区別して扱われているようだ。

(121)　Bacon, "American International Indebtedness," 274.

(122)　New York State Superintendent of Banking, *Annual Report, 1913*, 15. Vincent P. Carosso, *The Morgans*（Cambridge, Mass. : Harvard University Press, 1987）, 851 n.163, 左記の書は，モルガン銀行において莫大な欧州投資があったことを記している。本書の第13章も見よ。

(123)　Lewis, *America's Stake*, 546. ルイスは総額にメキシコ政府向け鉄道の320万ドルの投資を含めた。

(124)　H. G. Moulton, *Japan, an Economic and Financial Appraisal*（Washington, D. C. : Brookings Institution, 1931）, 391, 左記の書は，非発刊の日本銀行推定値を掲載している。これらのデータは，日本銀行が著者モルトンのために準備した（その情報は次の学者からである。Professor Hiroaki Yamazaki, Tokyo, July 1984）。その数値は，次のように細分化された。4億6100万円には，5470万円の中国向けローン，645万円の「外国債券」，4億円の企業の海外活動費が含まれている。それらの企業投資のなかで，3億1000万円は中国への投資（満州向けを含む）で，5000万円はアメリカ（ハワイを含む）向け投資であり，4000万円はそれ以外の世界への投資であった。モルトン自身の推定額は，1913年の日本の外国投資額（p. 392）を6億円であったとしている。彼はアメリカおよびハワイ州における日本の投資が，5000万円という数値であることを受け入れた。John Dunning, "Changes in the Level and Structure of International Production," in *The Growth of International Business*, ed. Mark Casson（London : George Allen & Unwin, 1983）, 87, 左記の書は，1914年における日本の全世界への外国投資は，総合計が2000万ドルであろうと推定している。これは純粋な憶測である。もし日本銀行の数値が信頼できるならば，ダニングの推定値はおおよそ10%でなければならない。

323

第Ⅱ部　世界最大の債務国

(125)　Mira Wilkins, "Japanese Multinational Enterprise before 1914," *Business History Review*, 60 (Summer 1986)：218-223. 私は1914年以前の一括投資額の算出時において，アメリカ大陸のみとしハワイを除いた。

(126)　*Moody's Manual, 1914.*

(127)　前掲書.

(128)　前掲書（アメリカ企業のインターコンティネンタル・ラバー社は，その優先株式の半分を所有していた）. このことはディケンズが指摘しているように，アメリカにおける「ベルギー」の投資の一部であったのであろうか. 表5-8の注eを見られたし. その表の注pで示した如く，私はディケンズの数値があまりにも高いことを見つけた。

(129)　さらにイーストマン・コダック社や，ユナイテッド・フルーツ社のようなアメリカの国際企業は，海外で資金を調達した. イーストマン・コダック社は，ロンドンで定期的に配当金を支払った. ユナイテッド・フルーツ社は，ロンドンで1911年に発行した社債の利払いを実施した（*Moody's Manual, 1914*）. アメリカに本社を置くこれら多国籍企業の「外国」投資は，証券投資であった. Stone, "British Direct and Portfolio Investment in Latin America before 1914," 722. 左記の書は，英国人がアメリカ人の管理下で，たびたび南米に投資していたことを指摘している。

(130)　Thomas, *Migration and Economic Growth* (1973), 158, 174, 233, および彼の *International Migration and Economic Development*, 10-11.

(131)　その構図は，例えばイタリア人の移民との関係において生じた. イタリアは資本輸入国であった. おそらくは，「所得レベル」あるいは「階層」問題が同様にからんでいた. 多くのドイツ人やスコットランド人は，「中間層」世帯の出身であった. イタリア人移住者の所得レベルは，ドイツ人やスコットランド人より低い傾向であった。

(132)　Douglass C. North, "Transaction Costs in History," *Journal of European Economic History*, 14 (Winter 1985)：560.

(133)　Charles P. Kindleberger, *American Business Abroad* (New Haven：Yale University Press, 1969), および Mira Wilkins, *The Maturing of Multinational Enterprise : American Business Abroad from 1914 to 1970* (Cambridge, Mass. : Harvard University Press, 1974), レイモンド・ヴァーノン，ジョン・ダニングおよび多国籍企業論の申し子のようなマーク・ケーソンらの面々は，各々の異なる数々の研究のなかで，優位性，特に技術的な優位性の重要さを強調してきた. 一例として，次の書を見よ. W. D. Gruber, D. Mehta, and R. Vernon, "The R & D Factor in International Trade and International Investment of U.S. Industries," *Journal of Political Economy*, 75 (Feb. 1967) : 20-37 ; John H. Dunning, *International Production and the Multinational Enterprise* (London：George Allen & Unwin, 1981)；および P. J. Buckley and M. Casson, *The Future of the Multinational Enterprise* (London：Macmillan, 1976). 同様に次の書を見よ. Richard E. Caves, *Multinational Enterprise and Economic Analysis* (Cambridge：Cambridge University Press, 1982).

(134)　1885年から1914年までの期間に関する，特許運営委員会発行の年報に基づいている. その年報は「市民」という言葉を用いているが，「外国人」という言葉は，実質的に住居の所在で決定されているようにみえる。

(135)　スコットランドだけを取り上げた分類の仕方はない。

(136)　Jonathan Liebenau, "The Use of American Patents by German and American Industries, 1890-1935," unpublished paper, 1978.

324

第**5**章 背　　景

(137)　K. Pavitt and L. Soete, "International Differences in Economic Growth and the International Location of Innovation," unpublished paper, University of Sussex Research Unit, 1981.

(138)　アメリカ特許局における手間のかかる特許の探求により，望ましい情報の供給を可能とした。次の書を見よ。Alien Property Custodian, *Report, 1918-1919*, appendix, 437-465.価値ある膨大な詳細資料を供する，一産業に関する論文は次の書である。B. Herstein, "Patente und Chemische Industrie in den Vereinigten Staaten," in *Die Chemische Industrie in den Vereinigten Staaten und die Deutschen Handelsbeziehungen*, ed. Hermann Grossman (Leipzig：Verlag von Veit & Comp., 1912), 75-85.

(139)　Charles T. Davis, *The Manufacture of Leather* (Philadelphia：H. C. Baird & Co., 1885), 左記の書のなかで，「1790年以来1883年近くまで，アメリカで特許を取得した皮革製造に使用される一つひとつのプロセスや機械について」，年月日ごとや発明者ごとに，あるいはまた発明者の居住地ごとに述べられている。

(140)　ジョナサン・リーベナウは私に，発明家および譲受人の両方（氏名別，国籍別）を見つけ出すために，応用特許を調べることは可能であると述べた。譲受人の名前は，特許局の公報に記されている。プライス・ウォーターハウス社のパートナーであるマリアンヌ・バージは（1981年に），外国投資家は特許を親会社の手中に保管しておくことを，どちらかといえば好んでいると指摘している（もし収用があったならば，「財産＝特許権」は海外で親会社により保有され，その投資国のものではない）。私はこのことを，次の書にある1914年の事例のなかで見つけた（Alien Property Custodian, *Report, 1918-1919*, 105）。しかし第一次世界大戦中は，その優秀性がゆえに，外国人資産管理局を困らせることはなかった。このようにして，外国人所有の大西洋通信社は，テレフンケンの無線技術を使用するライセンスのみをもっていた。外国人資産管理局はとにかく，特許を掌握していた（前掲書，105-106）。要約すると，特許がドイツの親会社やそのアメリカの子会社によって所持されているかどうかには，アメリカ人は関心を示さなかった。先の両ケースでは，第一次世界大戦の期間中に，アメリカにおける「敵国資産」として没収された。多くの例で記されているように，ドイツの特許はドイツにおける親企業の所有を継続される。

(141)　「品質の一貫性」を提供するブランド名の役割に関しては，次の書を見よ。Dunning, "Changes in the Level," 97. これらの所有権や，外国直接投資の歴史に関する体系的な研究が非常に必要とされている。

(142)　その文献のすばらしい要約は，次の書のなかに見られる。Caves, *Multinational Enterprise*, 204-207.

(143)　特許所持者にはしばしば，「外国（直接）投資にとって必要とされたいくつかの資産」が欠けていた（前掲書, 205）。

(144)　E・M・グラハム（Graham）の多国籍企業に関する脅威や逆脅威に触れた書物や論文のなかで，思慮深い議論がなされていた。グラハムの次の博士論文を見よ。"Oligopolistic Imitation and European Direct Investment in the United States," Ph.D. diss., Harvard Business School, 1975. グラハムのアプローチは，私の本文中で示している内容と同一ではない。私の発見は，彼の理論的分析にぴったりとは当てはまらないが，その一方でそれらの発見は，「脅威」や反応，特に1875年から1914年までの期間の環境を，じっくり見つめるのに役立つような提案をしている。

(145)　Jones, ed., *British Multinationals*, 10. 左記の書は，1914年以前の英国において，世界に広

325

第Ⅱ部　世界最大の債務国

がる多国籍企業による合弁企業数が，注目に値すると述べている。私の研究は，英国の多国籍企業だけではなく，外国のすべての多国籍企業によって締結された合弁事業に関する早期の優先権を確認している。

(146)　これらのコメントが抽象的にみえないように，実際の例を順序よく並べる（私の本文中に，より詳細に出てくる）。リバプールが，本社のバルフォア・ウィリアムソン社（Balfour, Williamson & Co.）の提携関係はサンフランシスコの企業，バルフォア・ガスリー社との包括提携であり，明らかに，一貫して英国から管理する方法（権限委譲経営であるが）であった。その投資は，アメリカや英国で設立された数多くの企業によってなされた。アメリカのメルク社は設立の運びになったが，その親会社は，ドイツの一族の合名会社であった。リバプールのアルフレッド・ブース社とニューヨークのブース社は，その源が同一の出資者であった。彼らはアメリカで，製造および販売を行えるように投資した。プライス・ウォーターハウス（英国の合名会社）は，アメリカの企業に（英国の共同経営者が管理をする）包括提携契約で投資した。

(147)　これらの提携関係に関しては，数多くの文献がある。一例として，次の書を見よ。Robert Liefmann, *Cartels, Concerns and Trusts* (1932 ; rpt. New York : Arno Press, 1977). リーフマンは1897年に，ドイツ企業が主として英国，フランス，ベルギーあるいはオーストリアと一緒に参画した，40の異なる国際企業グループがあることを確認した。次の書も見よ。 Robert Liefmann, *Die Unternehmerverbande, Konventionen, Kartelle* (1897). Henry W. Macrosty, *The Trust Movement in British Industry* (London : Longmans, Green, 1907), 左記の書は，国際協定に関して議論をしている。次の書も見よ。 U.S. Federal Trade Commission, *Report on Cooperation in American Export Trade* (Washington, D.C., 1916) ; Alfred Plummer, *International Combines in Modern Industry* (1938 ; rpt. Freeport, N.Y. : Books for Libraries Press, 1971) ; および Ervin Hexner, *International Cartels* (Chapel Hill : University of North Carolina Press, 1946).

(148)　これ以降の章で，私はこれらの変化している取り決めを，産業別に詳細に述べていく。その影響も同様に幾度となく変わった。その研究は，カルテルの理論を発展させる試みをしているマーク・ケーソンによって進行中である。次の書を見よ。 Mark Casson, "Multinational Monopolies and International Cartels," in Peter J. Buckley and Mark Casson, *The Economic Theory of the Multinational Enterprise* (New York : St. Martin's Press, 1985), chap. 4.

(149)　その語句の出典は次の書である。H. van der Haas, *The Enterprise in Transition in Transition* (London : Tavistock Publications, 1967).

(150)　研究者が「市債」を言及するときには，市債と同様にある州債も含まれているかもしれない。

(151)　U.S. Secretary of the Treasury, *Annual Report, 1874.*

(152)　U.S. Secretary of the Treasury, *Annual Report, 1875.*

(153)　Council of the Corporation of Foreign Bondholders, *Annual Report, 1874* (issued Feb. 1875), 25.

(154)　U.S. Secretary of the Treasury, *Annual Report, 1876,* X, および U.S. Department of Treasury, *Specie Resumption and Refunding of the National Debt,* 46th Cong., 2nd sess., 1880, H. Exec. Doc. 9, 2, 左記の書には，その契約のコピーが含まれている。

(155)　1877年6月9日の契約については，次の書を見よ。前掲書，61およびU.S. Secretary of the

第**5**章　背　　景

Treasury, *Annual Report, 1877.*

(156)　U.S. Secretary of the Treasury, *Annual Report, 1878*, xviii.

(157)　U.S. Secretary of the Treasury, *Annual Report, 1879*, xv.

(158)　次の書を見よ。U.S. Department of Treasury, *Specie Resumption*, 各所に散見；Alexander Dana Noyes, *Thirty Years of American Finance*（1900；rpt. New York：Greenwood Press, 1969), 28-47；および Fritz Redlich, *The Molding of American Banking*（1951；rpt. New York：Johnson Reprint Company, 1968), pt. 2, 367-369.

(159)　これは次の書中の通信文が，十分な証拠になっている。U.S. Department of Treasury, *Specie Resumption.*

(160)　コナントの任命に関する手紙については，次の書を見よ。前掲書, 15, 12.

(161)　証券は，ロンドンから欧州大陸へと移動した。ロンド・キャメロンは，1877年のフランスの投資がピーク近くに達していたが，20億フランの価値があるアメリカ政府債券（すなわちおおよそ4億ドルの価値）を所有していたであろうと推定している。彼はフランス人のアメリカ政府債券の購入が，1870年代の「大きな部分である」と想定しているが，通常その証券はロンドンで購入され，フランスの外国投資とはまったく異なる性格を呈していたと記している（Rond Cameron, "French Foreign Investment, 1850-1880," Ph.D. diss., University of Chicago, 1952, 74, 80)。その4億ドルの数値は，表5-8の前後関係よりみることができる。もしその数値が正確ならば，19世紀後半の終わり，アメリカにおけるフランスの投資が急降下したことを暗示している。その数値は，マッデンの数値とも比較されるべきである。マッデンによると，欧州大陸からのアメリカ政府債券への全体の投資総額は，1876年には1億2150万ドルであった（*British Investment*, 79)。私はこれらの数値に関して，マッデンよりはキャメロンを信頼しているが，推定値の問題として目につく。

(162)　長い間，私はなぜそうなのかを考えてきた。Harry H Pierce, "Anglo-American Investors and Investment in the New York Central Railroad," in *An Emerging Independent American Economy, 1815-1875*, ed. Joseph R. Frese and Jacob Judd (Tarrytown, N.Y.：Sleepy Hollow Press, 1980), 135-136, 156, 左記の書は，その理由に対するヒントを与えてくれた。トーマス・ベアリング三世（1799-1873）の死後，ロンドンのベアリング・ブラザーズ社の上級共同出資者は，ボストン出身でハーバード大学卒のラッセル・スターギスであった。次の書を見よ。Ralph Hidy, *The House of Baring* (Cambridge, Mass.：Harvard University Press, 1949), 395. しかしながら南北戦争中にスターギスは，連邦軍を代表して自らのボストン時代の経歴・経験を非常に率直に語っていたので，ウィリアム・シャーマン将軍の弟であるジョン・シャーマン上院議員が，1867年にロンドンを訪問した際に，ベアリング社のアメリカ代表（サミュエル・ワード）は，スターギスを「シャーマン上院議員の訪問中に目に付かぬよう，蚊帳の外におくように」と，みんなに呼びかけていた（Pierce, "Anglo-American," 135-136, 156)。1877年から1881年まで，ラッセル・スターギスはベアリング・ブラザーズ社の上級共同出資者であり，ジョン・シャーマンはアメリカの財務大臣であった。この二個人の地位は，ベアリング社の関与がなかったことの一説明になっているようにみえる。ベアリング社は，1871年から1873年までの再蓄積の期間に入ったので，ベアリング社の関与がなかったことは，よりいっそうの疑惑を生んだ（シャーマンが財務省に移る以前のことであり，かつまた，スターギスが上級共同出資者の地位につく以前のことである）。第4章を見よ。1875年以前にベアリング社の社内報にアクセスしたプラットは，次のように結論づけていた。ベアリング家は南北戦争期間中，「北軍のためにできるすべてのことをしたかったようだ」（*Foreign Finance*, 149)。

327

第Ⅱ部　世界最大の債務国

(163)　次の書のなかにある，シャーマンがコナントに宛てた1877年10月4日付けの手紙 U.S. Department of Treasury, *Specie Resumption*, 162.

(164)　1877年5月12日にコナントからシャーマンに宛てた手紙（前掲書, 38）。

(165)　U.S. Department of Treasury, *Specie Resumption*, 295-297, および John Sherman, *Recollections*（Chicago：Werner, 1895), II, 627, 638-642.

(166)　U.S. Secretary of the Treasury, *Annual Report, 1879.*

(167)　U.S. Census Office, *Report on Valuation, Taxation, and Public Indebtedness of the United States-Tenth Census*（Washington, D.C., 1884), 490, 518. 1880年に20のニューヨークの銀行企業が，ニューヨークの財務省分局から現金を集めた外国所有者からの利札を受領し，またその利子を海外に送金した。これら20の銀行が外国所有者の代表として集めた2億2100万ドルの元本に関して，5大銀行は約1億8700万ドル，すなわち全体のほぼ85％を扱った。次の書を見よ（前掲書, 518）。その国勢調査は，銀行企業名を挙げていない。しかし私は，上位4社が次の企業であることを疑ってはいない。オーガスト・ベルモント社，ドレクセル・モルガン社，セリグマン社，モートン・ブリス社であろう。国勢調査事務所は，支払われたクーポン（しかし，20の銀行は支払わなかった）の1億5500万ドルの元本に関して，看視していなかった。この1億5500万ドルのいくらかは，紛れもなく外国の投資家によって所有された。

(168)　U.S. Secretary of the Treasury, *Annual Report, 1881.*

(169)　次の書のなかで引用されている，1881年1月28日付けのオーガスト・ベルモントからトーマス・ベイヤード宛ての手紙 David Black, *King of Avenue*（New York：Dial Press, 1981), 587.

(170)　*Banker's Magazine*, New York, 38（Jan. 1884）：577.

(171)　Paul Studenski and Herman E. Krooss, *Financial History of the United States*, 2nd ed.（New York：McGraw-Hill, 1963), 217, および Noyes, *Thirty Years*, 158. これは英国投資家によるアメリカ証券の，一般的な清算プロセスの一部であった。

(172)　Studenski and Krooss, *Financial History*, 218, 226-228；Noyes, *Thirty Years*, 236ff.；Lewis, *America's Stake*, 66；および Redlich, *The Molding of American Banking*, pt. 2, 370. 私は，1895年2月8日付の契約書の写しを，コロンビア大学図書館の特別閲覧コーナーで，「ベルモント家文書（Belmont Family Papers）」という分類のなかにあるオーガスト・ベルモントの内密の文書集で見つけた。オーガスト・ベルモントは，1890年に他界した。同じくオーガストと名乗る彼の息子は，オーガスト・ベルモント社のトップになった。その会社の通信文には，その会社の公式サインがなされていたが，時折ベルモント自身がサインをした。

(173)　「ベルモント家文書」のなかのオーガスト・ベルモントが，ロスチャイルド卿に宛てた1895年2月27日付け手紙。

(174)　Adler, *British Investment*, 163.

(175)　Studenski and Krooss, *Financial History*, 229.

(176)　ロンドンにあるロスチャイルド古文書館には，このことに関するいくつもの興味深い通信文がある。特に次の書を見よ。パリにいるアルフォンス・ロスチャイルド男爵が，ロンドンにいるいとこに宛てた1895年1月29日付手紙（RAL T16/90）。

(177)　J・P・モルガンの父であるJ・S・モルガンは，1890年4月に他界した。しかしその会社，J・S・モルガン社は継続している。

(178)　1895年12月23日，ベルモントはN・M・ロスチャイルド＆サンズに電話をかけ，「貴社が交渉を活発にしたいかどうか電報を打ってほしい」と頼んだ。1895年12月24日，ロスチャイルド

328

社は次のように回答した。「わが社は現下に社債発行に関するいかなる交渉にも入ることはできません。われわれの判断では，社債発行は全敗するでしょうし，たとえシンジケートを組んでも困難です」。1895年12月26日，ベルモントはそれに屈せず，次のように電信した。「J・P・モルガンと話し合ったところ……もし貴社が，今回提案中の社債取引に関して主要な立場で参加されないならば，……貴社は収益面のすべてにおいて大損をされるでしょう。そのリスクは，最悪のケースよりは少なく，成就する可能性の方が高い。その手段の範囲は疑いもなく広く，より所期の効果をあげることができるほど信頼できます。貴殿はこの重大な時期に，貴殿がからむことの重要性を軽視してはおられないでしょうか。……私の個人的な利益と，オーガスト・ベルモント社の利益は，全面的に貴殿に従うものであります」。1895年12月27日，N・M・ロスチャイルド＆サンズはこれに動ぜず，次のように返信した。「わが社のアメリカおよびアメリカ国民に対する，友情と厚情の気持ちに変化はありません。しかしわが社は，時期が熟するまで『アメリカ社債シンジケート』に幹事会社として，あるいは傘下会社として参加することはできないし，またするつもりはもありません。その時期とは，懸案課題（ベネズエラの国境線の争い）が，双方の満足いく形で調整されたことを，アメリカおよび英国の両政府が保証したときです」。ベルモントはそれでもあきらめず，1895年12月30日に，ロンドンに次のような返電をした。「厳秘にしていただきたいのですが，……J・P・モルガンとのやりとりは，最近ありません。われわれは，ベルリンのドイツ銀行がJ・P・モルガンに，政府の発行する1億ドルの国債全量の引き受けと，その政府の準備が整ったときに，実務的にシンジケート・ローンを組織する旨の提案をするであろうという信頼筋の情報を得ています。貴殿はこれ以上の情報をモルガン社より聞いておられませんか。それでも貴殿の立場は変わりませんか。わが社は，モルガン社単独の名の下で，彼らに一切の管理が委ねられるシンジケートに関する書類を，今しがた見たところです」。ロンドンのロスチャイルドは，1895年12月31日，この件に終止符を打つため，最後の電報を次のように打った。「わが社の立場は絶対に変わりません。……わが社は，シンジケートが欧州で市場に流通し，評価されるとは考えていません」(RAL II/51/14B)。

(179) Studenski and Krooss, *Financial History*, 230.

(180) 前掲書, 231. 1896年1月1日，ベルリンに住むゲイムラット・ボン・ハンズマンは，ロスチャイルド卿に次のような手紙を書いた。「アメリカの現在の傾向は，本当に驚くべき状況である。アメリカのローンに関して，ある限定された利益が，主にドイツ銀行に存在する」(RAL T16/118)。この文献は，クリーブランドのベネズエラ政策に対してよりも，アメリカにおける雄弁な扇動を確かにしていた。

(181) Studenski and Krooss, *Financial History*, 240 n.1.

(182) Bacon, "American International Indebtedness," 269, 271.

(183) Speare, "Selling American Bonds in Europe," 270.

(184) Paish, "Great Britain's Capital Investment" (Sept. 1909), 479.

(185) Paish, "Great Britain's Capital Investment" (Jan. 1911), 176. 1911年，アメリカ政府債に関する唯一の問題が，ロンドン株式相場の公式リストに現れた。その問題とは，N・M・ロスチャイルド＆サンズ社とJ・S・モルガン社によって，1895年初めに扱われた。次の書を見よ。*Stock Exchange Year Book*, 182.

(186) これらに関しては，次の書を見よ。Studenski and Krooss, *Financial History*, 270, および Alien Property Custodian, *Report, 1918-1919*, 432. この最後の割札に掲載された他のアメリカ政府の所有は，1917年に発行されたアメリカ政府債券であった。

第Ⅱ部 世界最大の債務国

(187) *Commercial and Financial Chronicle* 19 (Nov. 14, 1874) : 493.

(188) 例えば一例として，次の年次報告を見よ。*Annual Report, 1874* (Feb. 1875). 次の書も見よ。April 1889 correspondence in FO 5/2066, Public Record Office, London.

(189) 1880年のアメリカ国勢調査のとき，州ごとの債務の要約はあったが，州ごとの支払い拒否がされた債務の要約は省かれていた。この省略を正当化するのに，国勢調査は判断を先延ばしすべきではないと宣言している。次の書を見よ。U.S. Census Office, *Report on Valuation*.

(190) マサチューセッツ州債は5％の利子で，額面30万9500ポンドの98％で販売した。この「外国の植民地および商業ローン」のリストに基づいたものが，ロンドンのベアリング古文書館のAC 29にある。この合計は，1870年代におけるベアリング社としては少ない。

(191) R. H. Inglis Palgrave, "An English View of Investments in the United States," *Forum*, 15 (April 1893) : 197.

(192) Bacon, "American International Indebtedness," 265-266.

(193) Reported in *Banker's Magazine*, New York, 33 (Sept. 1878) : 190.

(194) Bacon, "American International Indebtedness," 269, および Bosch, *Nederlandse Beleggingen*, 526. オランダは，非常に割引率の高い州債に対し，かなり重点的に投資した。彼らは価格が高くなるであろうとの希望的観測で所持し続けた。彼らの損失は特に大きかった。例えば，再建（訳注：南北戦争中から戦後にかけて行われた連邦統一回復策）期間中に，フロリダ州は鉄道会社債の代わりに，鉄道2社のために400万ドルの州債を発行した。フロリダ州債は，オランダで販売された。その鉄道会社の社債は，債務不履行になった。フロリダ州の最高裁判所は，州債は不法であると宣告した。1880年にアメリカ連邦最高裁判所は，フロリダ州債は「詐欺にそまってしまった」がゆえに，オランダの保持者にはいくらかの是正がされるべきであると下した。オランダの保持者は，鉄道会社に対して先取特権を獲得した。その鉄道会社債券は，その時点で400万ドルの州債として発行されたものが，それとはかけ離れた泣くに泣けない35万5000ドルの値で売られた。次の書を見よ。B. U. Ratchford, *American State Debts* (Durham, N.C. : Duke University Press, 1941), 186-187, 173, 179. オランダ人は，400万ドルの債券を280万ドルで購入した。それでも彼らは，良い買い物とは考えていなかった。

(195) Bacon, "American International Indebtedness," 271. このことと，アメリカ市債の1850年代ドイツにおける巨大な利子を比較してみよ。第4章注（24）を見よ。

(196) Bacon, "American International Indebtedness," 271-272.

(197) *Economist*, 76 (March 15, 1913) : 653. 1877年の初期にチャールズ・コナントは，「すべてのアメリカの債券は友好的でない」と，ロンドンの雑誌『エコノミスト』で説明した（次の書中に記されている，1877年7月14日付のコナントからシャーマンに宛てた書簡 U.S. Department of Treasury, *Specie Resumption*, 105）。

(198) Dickens, "The Transition Period," 248-269 ; Bosch, *Nederlandse Beleggingen*, 521 ; および Alien Property Custodian, *Report 1918-1919*, 435. Carosso, *The Morgans*, 542-543, 828 n.55, 左記の書は，1907年の恐慌時におけるニューヨーク市の混沌さと，海外で社債を販売した際のモルガン社の役割を記している。

(199) Paish, "Great Britain's Capital Investment" (Sept. 1909), 479. これらの数値は，ディケンズが推定したものとたまたま不一致である。ディケンズは，1908年11月にニューヨーク市の210万ドルの市債がロンドンで販売されて，1909年6月にニューヨーク市ゴールド債が市場に放出されたとき，推定550万ドル相当がロンドンで購入されたと推定している。ロンドンでの購入のいくらかは，おそらく欧州大陸で投資されたであろう。

第5章 背　　景

(200)　Paish, "Great Britain's Capital Investment," 188.

(201)　前掲書, 189.

(202)　前掲書, 176.

(203)　前掲書, 176. これはディケンズが発見したことであるが, 1907年から1910年までの期間に
　　　ロンドンで発行されたニューヨーク市債に関する3260万ドルとは一貫性がない。6160万ドルの
　　　残額のニューヨーク市債は, 1911年から1914年に発売された。

(204)　第15章を見よ。

(205)　*Best's Insurance Reports*, 左記の書には多くの事例があり, 外国保険会社のアメリカ「支
　　　店」の, 証券に関して記している。

(206)　鉄道債権に対する外国投資が, 最高位に達したであろうと想定されるときに, もしこの数
　　　値が信頼されるべきものであるならば, 想定される唯一の例外とは, 1857年から1861年の頃か
　　　ら1864年までの期間であっただろう。表4-1とその注を注意深く読まれたし。

331

第6章

鉄道と土地

　米国が誘致した（1875～1914年間の）外国直接投資のなかで，個別分野としての最大規模は鉄道であった。海外からの投資は前年の実績をはるかに超える大変な金額であった。鉄道は資本集約的なものであったため，米国内での資本調達では不十分であった。ヨーロッパ人は米国の鉄道に1830年代から投資をしていたが，鉄道部門は線路延長のために1875年以降にもより多くの資金を必要としていた。1875年の初め頃，線路は7万2385マイルであったが，1914年10月には38万7208マイルであった。これは建設のために1875年から1914年にかけて相当の資金が海外から米国に投資されたことを意味するが，その金額は過去の実績を凌駕していた。

　投資機会を探すヨーロッパ人には，米国の鉄道はきわめて収益率の高いものとみえた。米国の鉄道に関する情報も豊富であった。東部の資本市場のみでは不十分と判断した鉄道会社の経営者は，引き続きイギリスやヨーロッパ大陸からの資本調達に頼った。資本移動チャンネルの発展によって資本移動はますます容易になってきた。名前の知られた鉄道会社のなかで外国資本を期待しないあるいは好まない経営者は一人もいなかった。

　アルブロ・マーティンは次のように書いている。「北米大陸への定着，天然資源や人的資源の急速な発展，資材の運搬および米国式生活の文化的側面において，成熟していた鉄道システムほど大きく貢献した個別要素は存在しない」。鉄道は他の分野への国内外の投資を刺激した。鉄道により国が開放されると，土地，鉱山，牧場に海外からの投資が行われた。鉄道は国内市場のポテンシャルを創造した。長続きはしなかったものの，ゼネラル・エレクトリック社（GE）の前身に対する相当金額の外国直接投資は，ヘンリー・ヴィラードの活動によるものだが，彼がドイツ資本に最初に接した契機は鉄道証券であった。

第**6**章　鉄道と土地

米国の投資銀行および海外業務への進出は鉄道の資金調達と密接な関係がある。
1875年まで鉄道は資金調達の専門家を必要としていた[7]。

　フランコ・キャロンの説明によれば，フランス人貯蓄家は19世紀の初期には
政府債を購入していたが，世紀末には固定利回りの鉄道債に期待を寄せるよう
になったという[8]。このフランス式パターンは国際的に模倣された。19世紀後半
のイギリスやヨーロッパ大陸の投資家や金融機関は，保障された収入を提供す
るために，米国鉄道債を含む鉄道債を購入したり，提案したりした[9]。かつて米
国政府債券を保有していた外国人投資家は，債券満期の到来や早期償還がなさ
れると（1870年代と1880年代），それをそのまま鉄道証券に再投資をした[10]。初期
の頃と同様に，米国鉄道への大半の海外投資は引き続き株式よりは債券に向け
られていた[11]。

　しかしながら，米国鉄道における海外投資を研究するには，債券と株式の両
方を考慮するのが望ましい。全期間を通じて前者の比重が高かったが，後者も
量的には少なくなかった。外国人が保有する債券と株式の割合は1875年と1914
年の間に不規則的に変動している[12]。海外の投資家が株式よりは債券をより多く
取得した理由は，(1)債券には固定収益率がついていたこと，(2)債券はたびた
び高い割引率（低い価格）で購入できたこと，満期に額面金額が償還されたこ
と（もちろん額面価額以下で購入した場合でも，表面金利より高い金利が投資家に払わ
れた）。そしてもっとも大切ことは，(3)債券は株式より期待収益は少なくても
リスクが少ないという認識によるものであった[13]。多くの海外投資家は鉄道抵当
債を保有していたが，これは不動産への請求権を意味していた（あるいは投資
家はそういうものと考えていた）[14]。多くは「金保証債」を保有していたが，これは
元本と利子を金で払うことができるものである。株式ではなく債券を売るとい
うことは，アメリカ人にとっては，少なくとも管財管理を受けるまでは，支配
権の保持を意味していた。

　『エコノミスト』誌（ロンドン）は米国鉄道への投資家に対して，時には中傷
めいたコメント付きで，定期的に警告を発してきた。「イギリスが稼いだお金
を全部米国の鉄道に注入すれば，株価はより安定し，株券も有望な投資機会に
なるかもしれないが（訳注：実際はそんなことはあり得ないという皮肉）[15]」。スコティ
ッシュ・アメリカン投資株式会社のような信託会社は多量の鉄道債を購入し

333

第Ⅱ部　世界最大の債務国

たが，最初の10年間は鉄道会社の株式は断固として買わなかった（同社の歴史家によれば，これは1882年までは議論の余地のないルールであった[16]）。もちろん，鉄道会社が倒産すれば（その多くが実際倒産した），債権保有者も株主も，ともに損失を被るのは当然であったが，ただし，前者には再生の際により優遇される可能性はあった。『エコノミスト』誌はその読者に，安全性の高い債券のみを購入するよう提案し，条件付きの証券，例えば抵当信託不動産債券，収益社債，第2順位抵当債券，無担保債券などは買わないように勧告した[17]。同じくスコティッシュ・アメリカン投資社も，鉄道会社の将来収益は，その会社の年間元利支払総額を支払える規模にならなければならないと注意を促したが，これはそれほど深刻な警告ではなかったため，人々はそれを忘れがちであった[18]。

　債券への投資は保守的なものではあったが，それにもリスク（投機）はあった。鉄道会社の資金調達は，実質的な規制のない自由行動に任せられていたため，注意深い投資家は利益を得たが，軽率な投資家は大損を被ったりした。これから説明しようとする倒産が日常的に起きた。債券の価格も騰落した。頻繁に債券が発行され，額面価額を大きく下回る値段で取引された。投資家は警告を無視しがちで，安全性のない債券に魅せられていた。特に，西部の鉄道会社は累積債務の利子を支払える収入がなかったので債券の価格も下がった[19]。株価の動向は債券の価格よりも不安定であった[20]。特に，オランダ人は値段の安い証券（債券と株式）および価格高騰への期待から，この騰落を有利に活用した[21]。一部のドイツ人もオランダ人に追従したが，株式よりは債券を重視した[22]。イギリス人やフランス人は，まったく投機的ではないとはいえないが，その程度は薄かった[23]。

　1875年以前の投資を考えるとき，ロンドンとヨーロッパ大陸で振り出された鉄道債券を基準にして[24]，鉄道産業における海外投資の規模を評価することについて，私はいくつかの難しさを指摘した。1914年にも1870年代半ばと同様の測定問題があった[25]。しかしながら，1875〜1914年の間には，ヨーロッパの人は以前よりは頻繁に仲間同士あるいはアメリカ人との間に，証券の取引を行った。最初の公募価格と時価は一般的に異なっていた。こうした証券が当時一般的であった無記名社債か，「仮借名証券」の場合は，その持ち主を追跡するのは事実上不可能であった[26]。また米国短期金融や担保付け信託の担保として保有され

ていた鉄道証券は，会社が倒産して初めてロンドン市場や大陸市場に出回った。会社が倒産すると，債務形態における変化が生じるが，最初は短期信用が長期信用に変わる。私が前にも言及したように，危機の際に，海外投資が少なくとも一時的に減少するのではなく増加する理由は，この点にある[27]。鉄道の再編が終わると，これは頻繁に行われたが，証券は数次にわたり他の証券に代替される。海外投資を勘定するとき，重複計算しないように注意しなければならない。

　同じく鉄道証券の保有者の国籍を明らかにするのも難しい。1887年1月，証券取引に課税する証券取引法がドイツで実施されるようになり，この税金を逃れるために，ドイツ人はロンドン，パリ，ニューヨーク，アムステルダム，バーゼルで米国の鉄道証券の売買を行った。もちろんそうした証券の持ち主はドイツ人であったが，ドイツ銀行のロンドン支店のように，海外で保有される場合が普通であった[28]。同じく，多くのイギリス人も便利さのためにニューヨークで購入した[29]。イギリスのマーチャントバンクは，アメリカ人代理人との共同口座によってニューヨークで米国の鉄道証券を購入したりした。海外投資であるこの証券の代金は，他の人の口座から支払われたかもしれない。この鉄道証券は部分的にはイギリスのマーチャントバンクの所有ではあるが，実物が米国を離れることは決してなかった[30]。

　米国鉄道証券は相当の量が非米国系企業，イギリス，ドイツ，ロシア，カナダをはじめとする外国の保険会社の米国支店や子会社などに保有されていたが，彼らはウォール街で購入した[31]。こうした証券は，米国の鉄道に対する外国人の請求権を意味するだけに，長期海外投資のはずだが，取引が米国内で行われたこと，保有者が米国住所を有していることから海外投資の表作成から除外される場合が多かった。

　上記の複雑な事情を勘案すれば，あらゆる統計の真偽に注意する必要がある[32]。投資家の国籍別にクレオナ・ルイスがまとめた表6-1によれば，1914年7月1日現在，米国の鉄道分野には推定で41億7000万ドルの海外投資が行われた[33]。こうした計算は時価ではなく額面ベースであるが，1914年の額面は一般的に時価より高かった[34]。ルイスの数値により明らかになったのは，巨額投資の存在である。もう一つ明らかになったものは，海外投資家のなかで28億ドルを投資したイギリス人が1位ということである。同じく興味深いことに，もしもこうし

335

第Ⅱ部　世界最大の債務国

表6-1　米国鉄道業における外国投資，1914年7月1日

国　　籍	レベル（100万 US ドル）[a]	対米投資総額の国別パーセント
イギリス人	2,800	66
ドイツ人	300	32
オランダ人	300	47
フランス人	290	71
カナダ人	130	47
中欧人	70	47
メキシコ人	3	[b]
その他国籍	277	66
合　　計	4,170	59

出所：Cleona Lewis, *America's Stake in International Investment*（Washington, D.C.：
　　　Brookings Institution, 1938），p. 546. また pp. 532-533を見よ。そこでルイスは総額を
　　　出した。私は，彼女の数値に基づいてそのパーセントを計算した。
a　額面価額。
b　入手不可。

た数値が信頼できるものであるなら，イギリスとフランスはドイツやオランダ
に比べて，米国での投資先として鉄道分野を相対的に重視したことを意味する[35]。
額面価額ベースで，ドイツ，オランダ，フランスによる1914年の米国鉄道への
投資金額はほぼ同じ規模であった（表6-1参照）[36]。

鉄道における海外投資の経過

　1875～1914年の米国鉄道における海外投資の経過はきわめて不規則的である。
米国の鉄道建設は浮沈が激しいという特徴をもつ。料金切り下げ競争は協定を
結ばない限りいつまでも続くし，収益性も不安定であった。多くの外国人投資
家は1873年と1874年の債務不履行以降，元本と利子を放棄した（1876年までヨ
ーロッパ人が保有する鉄道債の65％は債務不履行の状態にあった[37]）。1880年代外国投
資家が戻ってきたが，その様子を『バンカーズ・マガジン』誌（ニューヨーク）
の1887年7月号では，「鉄道会社が最近振り出した社債のなかで，全部とはい
わないが，かなりの部分をヨーロッパ人投資家が黙々と購入したのは確かであ
る」と伝えた[38]。1890年11月には米国鉄道会社の資金調達に重要な地位にあった
ベアリング社がアルゼンチン問題に関わり，倒産寸前になった。この危機によ
りイギリスでは流動性を確保しなければならないニーズが生じた。経済学者の

336

第**6**章　鉄道と土地

チャールズ・キンドルバーガーはこの点を，イギリス投資家は中南米の不良貸付を償還するために，米国の優良鉄道証券を手放したと表現した⁽³⁹⁾。

1891年マールボロ公爵は，「イギリスにおいてわれわれはあまりにも多くの米国鉄道会社に対する投機をみてきた……現在のところ，外国の投資家は実質的な力をもっていない。彼らはウォール街の陰謀に気づいていないのである」と書いている。1893年の恐慌によりヨーロッパの投資家はいっそう用心深くなった。1870年代や1880年代の「ヤンキー鉄道株」や「ロンドン証券取引所における投機家好みの中堅株」は1890年代には停滞を経験した⁽⁴¹⁾。1890年代の半ばでは，米国鉄道株式の60％ないし70％は配当を払えなかったし，主要鉄道会社は管財人の管理下に置かれていた⁽⁴²⁾。にもかかわらず，ある推定によれば，1890年代の10年間，米国鉄道による資金調達の15％ないし20％はイギリス人によるもので，この数値にはオランダ人，ドイツ人をはじめとする他の外国人は含まれていないとされる。また，数多くの失敗が起きたにもかかわらず，1890年代には大きな成功を収めた投資もいくつかはあった⁽⁴⁴⁾。

世紀の変わり目に起きたボーア戦争により資金はイギリスに還流した。イギリスの利子率がより魅力的になったためであった。米国鉄道に失望した多くのイギリス人は，米国における証券価格の上昇をそれを手放すチャンスとして捉えた。1899～1902年の鉄道会社の吸収合併の際に，アメリカ人は外国人が保有していた株式を買い戻した⁽⁴⁵⁾。表6-2では1890～96年から1905年の間に，外国人による米国鉄道の株式保有比率が低下したことを示している⁽⁴⁶⁾。

しかし，1907～08年の間に，イギリス人をはじめとする外国人投資が再開される。ロンドンにおける米国鉄道証券の予約金額は1907年6500万ドル，1908年に8300万ドルを記録した⁽⁴⁷⁾。1910年には1億1000万ドルに達した⁽⁴⁸⁾。1911年ジョージ・ペイシュは「近年」米国の鉄道会社は金利義務をきちんと守り，満足できる配当を提供したと書いている⁽⁴⁹⁾。第一次世界大戦が勃発する10年ほど前に，米国鉄道への海外投資が再開されたのを私は確認した。イギリスの投資家たちは既存の証券だけでなく新規発行の証券も購入していたのである。

第一次世界大戦が勃発する前の10年間，フランス人は米国の鉄道証券に特に興味を示した。1906年，ペンシルベニア鉄道はパリにおいて1件5000万ドルのローンに成功したが，フランによる返済が可能としてパリ証券取引所に上場

337

第Ⅱ部　世界最大の債務国

表6-2　外国人保有の米国鉄道株，1890〜1896，1905年

鉄　道	外国での保有パーセント	
	1890-1896年[a]	1905年
イリノイ・セントラル	65	21
ペンシルベニア	52	19
ルイヴィル・アンド・ナッシュヴィル	75	7
ニューヨーク・オンタリオ・アンド・ウェスタン	58	12
ニューヨーク・セントラル・アンド・ハドソン川	37	9
レディング	52	3
グレート・ノーザン	33	2
ボルチモア・アンド・オハイオ	21	17
シカゴ・ミルウォーキー・アンド・セントポール	21	6

出所：William Z. Ripley, *Railroads : Finance and Organization* (New York : Longmans, Green, 1915), p. 5.
a　リプレイはなぜ1890〜1896年という期間を限定したか言及していないが，彼は，1890年と1896年の間
　　の諸年の一つで彼が入手可能であったパーセントを選んだようにみえる。

した。翌年，ニューヨーク・ニューヘヴン・アンド・ハートフォード鉄道は[50]
2800万ドル，セントルイス・アンド・サンフランシスコ社は1700万ドルの確定[51][52]
利付き社債をそれぞれパリにて発行した。1910年にはシカゴ・ミルウォーキ
ー・アンド・セントポール社への大きなローンはフランスで行われた。おまけ[53]
に，1914年には，フランス人はサザン・パシフィック社，ユニオン・パシフィ
ック社，セントラル・パシフィック社，チェサピーク・アンド・オハイオ社の
かなり多くの部分を所有するようになった。メンフィス・エルパソ・アンド・[54]
パシフィック社のスキャンダル（第4章参照）により数年間米国の鉄道証券か
ら遠ざかっていたフランス人が，大規模投資を行いながら再び米国鉄道に戻っ
てきたのである。[55]

　米国鉄道に対するドイツによる大型投資は19世紀後半には太平洋沿岸北部地
区に集中した。1911年初期，米国とカリウム問題（第8章を参照）で争ってい[56]
たドイツ政府は，ベルリン証券取引所にて取引されるシカゴ・ミルウォーキ
ー・アンド・セントポール社債の保有者リストの公開要求を拒否した。ドイツ[57]
人投資家はこうした社債をパリやロンドン市場で購入した。米国鉄道へのドイ
ツ人の投資は引き続き行われた。

　オランダ資本は中西部や南西部の鉄道会社に特に集中していた。オランダ人
はミズーリ・カンザス・アンド・テキサス社，シカゴ・アンド・ノースウェス

338

タン社，ミズーリ・パシフィック社，デンバー・アンド・リオグランデ社の株を相当保有していた。[58] 1913年『エコノミスト』誌のオランダ特派員の報告によれば，「高価額の証券，たとえばサザン・パシフィック社，ユニオン・パシフィック社，アチソン社，ボルチモア社，ノーフォーク社，ルイヴィル・アンド・ナッシュヴィル社」におけるオランダ人の所有は低下した。「しかし，一般的に鉄道証券を信頼していた人々は鉄道株式の売買を継続した」。オランダ人は将来性あるが価格が低い，エリー社，サザン鉄道社，ロックアイランド社，デンバー社の株を大量に取得した。[59]

1906～13年のヨーロッパにおける米国鉄道証券の好調な販売は，ニューヨーク・ニューヘヴン・アンド・ハートフォード社とセントルイス・アンド・サンフランシスコ社の資金調達をめぐるスキャンダルをきっかけに1913～14年には急落する。この鉄道会社の倒産により特に大きな被害を受けたのはフランス人であった。[60] 1914年頃，ハーバードのエコノミストであるウィリアム・リプレイは以下のように記述している。

　　安定性のある投資よりは投機性の高い資産に関心を示すヨーロッパ人の習性は嘆くべきである。一流鉄道会社の株式は二流三流会社や負債過剰会社の債券よりもより選好されるという教訓を外国人投資家は学んでいないようにみえる。そして，鉄道債券は発行会社の種類（特性）や等級によって評価しなければならないことも彼らは知らない。[61]

鉄道証券における1913～14年の外国人投資は1890年代の水準からは減少したといわれるが，[62] 私は疑問に思う。何人かのコラムニストは，世紀の変わり目に配当送金が行われたが，1907～13年の間にヨーロッパにおいて米国鉄道証券の売買を急激に伸ばすことには失敗したと指摘している。1913～14年の間に金額の増加があったことを示す記録もある。[63] 表6-3は，米国鉄道証券におけるイギリス投資を推定したものであるが，持続的に増加している。[64]

1890年代の初期までは外国人が主要鉄道会社を支配（社債ではなく50％以上の株式）していたが，1914年にはそうではなかったという点は言及しておく必要がある。1890年代に主要5社の議決権株式50％以上は外国人に所有されたもの

第Ⅱ部　世界最大の債務国

表 6‑3　1876年から1913年までの米国の鉄道証券への英国の投資額（粗い推定額）

年	100万 US ドル表示額
1876	486
1880	486
1881	778
1885	972
1890	1,458
1895	1,458
1898	1,700
1910	2,850
1913	3,000

出所：1876年から1898年までに関しては次の書を参照（1880年を除く）。Dorothy Adler, *British Investment in American Railways* (Charlottesville : University Press of Virginia, 1970), pp. 166‑168. 1880年に関しては次の書を参照。Robert Lucas Nash, *A Short Inquiry into the Profitable Nature of Our Investments*, 3rd ed. (London : Effingham Wilson, 1881), p. 131. 1910年と1913年に関しては次の書を参照。George Paish, "Great Britain's Capital Investment in Individual Colonial and Foreign Countries," *Journal of the Royal Statistical Society*, 74 (Jan. 1911) ; reprinted in *British Overseas Investments, 1907‑1948*, ed. Mira Wilkins (New York : Arno Press, 1977). アドラー，ナッシュおよびペイシュの数値はポンド表示であるので，私が1ポンド当たり4.86ドルで換算した。その後，私は端数があると正確な数値であろうとかえって誤って理解されるのを避けて，100万ドル単位に丸めた。アドラーの数値は「市場価額」であり，ペイシュのは「一般応募資金額」である。

とみられる（表6‑2で示されている如く）。それらはイリノイ・セントラル社，ペンシルベニア社，ルイヴィル・アンド・ナッシュヴィル社，ニューヨーク・オンタリオ・アンド・ウェスタン社であった。レディング社の場合は外国人がマジョリティーを保有するようになったのは1914年である[65]。ただし，外国人所有比率の低下は全体の投資金額の減少を意味するものではない。前にも触れたように，1907〜13年の間に，ヨーロッパ人は大規模の社債購入を行った。

　表6‑4はリランド・ジェンクスによる米国鉄道証券（株式と社債）における外国人投資のおおまかな推定である。彼は1914年において米国鉄道証券の名目価格の30％を外国人が所有していると推定しているが，高いと思われる。1914年の米国鉄道による資本調達の残高は202億ドルであった[66]。もしクレオナ・ル

340

第6章　鉄道と土地

表6-4　1873年，1890年および1914年における米国鉄道証
　　　 券の名目価額に対する外国資本の割合

年	％
1873	20
1890	33
1914	30

出所：Leland Jenks, "Railroads as an Economic Force in
American Development," *Journal of Economics History*, 4
(May 1944)：9. これらは粗い推定額である。

イスによる海外投資41億7000万ドルという数値を信頼すれば，1914年において
外国人による所有は米国鉄道証券の5分の1（20％）を若干上回ったことにな
る（この場合，分母が名目残高と実際残高の両方を含むことにより誇張されている）。
1914年の30％あるいは20％という数値はおおまかな数値ではあるが，どちらが
正しいにせよ，両方とも持続的に外国資本が米国に流入してきたことを示す不
動の証拠である。

個別の鉄道企業

　鉄道各社における外国人投資の仕方は異なっていた。1870年代全体を通じて
ニューヨーク・セントラル・ハドソン川鉄道社の株式の5％未満をイギリス人
が保有していた。しかし，ウィリアム・ヴァンダービルトが保有していた持ち
分を売却したとき（1879年末期〜1880年初期），同社の株式に占めるイギリス人
保有比率は14％まで上昇した（1880年9月30日現在）。1895年には37％に達し，
低下したのは1900年の14％，1914年の9％の2回しかなかった。この両社にお
けるイギリス人所有は1895年の37％が最高であった。こうした数値はイギリス
人に当てはまる数値で，他の大陸の投資家には関係がない。そしてこの数値に
は社債は含まれていない。[67]
　ヨーロッパ依存が高かったペンシルベニア鉄道社は1880年代ロンドンに事務
所を開設した。[68] 1871年には株式のわずか7.3％が外国人に保有されていたこの
会社（鉄道システム建設の先頭走者であった）は，1890年には50％を超すことにな
った。金額は急激に低下し，1914年にはペンシルベニア鉄道社の発行株式の
15％に相当する約7億5000万ドル（額面金額）が米国以外の国で所有されるよ

341

第Ⅱ部　世界最大の債務国

うになった。鉄道会社はヨーロッパの社債市場から相当な量の資金調達を行った。

　数十年にわたり，エリー鉄道社の株式と社債はヨーロッパで取引された。1908年4月，同社の債務履行に問題があるようにみえたとき（多分5回目），ハリマン氏が救済のためにやってきて，ジェームズ・スティルマンはニューヨークが本社のナショナル・シティ銀行の支援を申し出るが，彼は友人に「もしエリー鉄道社が債務不履行に陥れば，米国の社債はヨーロッパ市場では販売できない」と言った。

　東部のラインが外国資本には特に魅力的であった。南西部のラインも外国からの資本調達を摸索しつづけた。イリノイ・セントラル社の株式は1873年まで全株式の73％が外国人に保有されていたが，この状況は世紀の変わり目まで続いた。1900年，オランダシンジケートはこの鉄道会社の株式4万株を30年以上保有していた。前にも述べたように，シカゴ・ノースウェスタン社はオランダ資本を引きつけた。

　ジェイ・グルドは1880～81年の間にワバッシュ鉄道社のために外国資本を必要としていた。イギリス人は（1870年代初期のエリー鉄道社と絡む彼の不正陰謀を想起しつつ）グルドにはまったく同情しなかったため，グルドはロンドン所在の他の鉄道会社の事務所を利用して，ロンドンで莫大な量の株式と1億1500万ドルの抵当社債の販売に成功した。しかしながら，1884年にワバッシュ鉄道は管財人による管理を受けるようになった。これに対するイギリス人のコメントは，ワバッシュという名前ほど欺瞞に満ちた名前はないし，恥知らずのペテン師グルドほど汚い会長はいない，というものだった。

　1880年代のイギリスにおいて，南西部ではベアリング・ブラザーズ社がアチソン・トピカ・サンタフェ社の筆頭株主となった。創立者のアーサー・スティルウェルが1893年の危機以降カンザスシティ・ピッツバーグ・アンド・ガルフ鉄道のための資金を求めたとき，彼はオランダに方向を変えた。

　1883年の秋，ドイツ銀行（ベルリン）とフランクフルトのジェイコブ・スターンはドイツにおけるノーザン・パシフィック鉄道の社債1800万ドルの半分以上を売却した。ヘンリー・ヴィラード（1881年9月から1884年1月までノーザン・パシフィック鉄道社の会長を務めた人物）は1886年には米国におけるドイツ銀行の

342

第**6**章　鉄道と土地

投資顧問になった。1886～90年に彼は個人的に6430万ドルのドイツの資金を米国の証券を買うために移動した。この資金の投資先12社のなかで11社が鉄道で，最も優遇された会社（2200万ドルを超す）がノーザン・パシフィック鉄道であった。1887年にはヴィラードが重役会に復帰し，ドイツ銀行のために働く。[81]

　1890年にはジェームズ・ヒルが設立したグレート・ノーザン社（1889年設立）がロンドンにおける資金調達を摸索していた。ヒルは彼の鉄道のための資金調達を行うために海外に目を転じた。ベアリング・ブラザーズ社はセントポール・ミネアポリス・アンド・マニトバ社による社債600万ポンドの引き受けシンジケートの代表幹事になることに同意したが，1890年11月ベアリング・ブラザーズ社が倒産寸前になり，300万ポンドしか売れなかった。[82]ヒルの友人たち（主要外国人投資家も含めて）は辛抱するしか方法がなかった。

　セントラル・パシフィック社が1899年に再編された際，サザン・パシフィック社が同社の株式の過半数をロンドンの株主総会を通じて取得したと伝えられた。[83]1899年，ドイツ人保有のサザン・パシフィック社の証券の市場価格は1500万ドルから1700万ドルの間くらいといわれた。[84]サザン・パシフィック社はドイツ投資家にとってノーザン・パシフィック社に次いで２番目に人気の高い会社であった。[85]

　1884年から1891年の間，ユニオン・パシフィック社は１ドルの配当もしなかったが，同社の株はイギリスでは人気があった。1891年にイギリス保有は18万5220株に達したが，それは全体の３分の１にあたるものであった。[86]1913年１月には，ロンドンのロスチャイルド＆サンズ社はユニオン・パシフィック社の株式２万7375株の配当を取り扱った。[87]20世紀初期は，ベアリング・ブラザーズ社はユニオン・パシフィック社がロンドンで証券を発行するとき，そこに関わったりした。[88]

　その結果，外国資本は米国南西部だけでなく南部全域に浸透することになった。ボルチモア・アンド・オハイオ社，アラバマ・グレート・サザン社，ノーフォーク・アンド・ウェスタン社（Norfolk and Western），ルイヴィル・アンド・ナッシュヴィル社には特にイギリス資本が入った。[89]ルイヴィル・アンド・ナッシュヴィル社の場合，1879年には外国人はたった5000株しか保有していなかった。[90]対照的に，1895年の12月には，41万3763株がヨーロッパ人に保有され

343

第Ⅱ部　世界最大の債務国

ていたのに対して，アメリカ人が保有する株は11万4236株であった。[91]

　このような簡単な概観からもいくつかのより重要な関与の存在がわかる。無数の鉄道会社が外国資本を株や社債を通して引きつけた。東部，中西部，南西部，西部，南部の鉄道会社は海外からの資金援助を必要としていた。[92]1914年の秋，ロリーは運行長100マイル以上をもつ米国の144社の鉄道会社の調査を開始した。1915年1月31日現在，105社に外国資本が入っていることを確認した。[93]

外国資本の導入

　資本の国際的な移転のためのチャンネルがますます効率的になり，国際的な流れが容易になってきた。ロンドン証券取引所は米国の鉄道のために特別室を提供した。[94]1887年にはニューヨークで上場される新規鉄道証券の半分がロンドンでもほぼ同時に上場されるようになった。[95]1888年には82社の証券がロンドン証券取引所の公式リストとして告示された。[96]表6-5はロンドン証券取引所に告示された米国鉄道証券の名目（額面）価格の上昇を示している。40年の間に20倍以上の価格上昇があったのは，米国鉄道会社による大規模な資本化や借入があったこと，イギリスの投資家が容易にこうした証券の取得が可能であったこと，そして巨大な資本が必要であったことによるものである。1ポンド4.86ドルで換算すると，1913年の末，告示された米国鉄道証券の価格は84億ドルになるが，[97]これは米国の鉄道会社が行った全体の名目資金調達の約42％に該当する。[98]ただし，この数値はイギリス人による実際上の投資を反映したものではなく，ロンドン市場において取引された鉄道証券の金額を反映したものにすぎない。ここで注意しなければならないのは，多くの鉄道証券はイギリス地方取引所でも取引されたということである。この点はドロシー・アドラーによる数値が明瞭に示している。米国の鉄道証券は早い時機にイギリスに紹介され出回っていたが，「米国の鉄道証券がロンドンで実質的な人気を博したのは」1880年代である。[99]

　なぜこうした証券は人気があったのか？　マイケル・エデルステインは「イギリス保有の無担保債券の1870〜1913年における予想収益率の順位」を出したが，保守的なイギリス証券に比較すれば米国鉄道証券の魅力は明白である（表

344

第**6**章　鉄道と土地

表6-5　1873年から1913年までロンドン証券取引所におい
て取引された米国の鉄道証券の名目価額

(単位：100万ポンド)

日　付	価　額
1873年1月1日	82.7
1883年1月1日	307.6
1893年12月28日	743.7
1903年12月31日	1,107.5
1913年12月31日	1,729.6

出所：E. Victor Morgan and W. A. Thomas, *The Stock
Exchange : Its History and Functions* (London : Etek Books,
1962), pp. 280-281.

表6-6　イギリス投資保有の社債への予想収益，1870～1913年

(単位：%)

社　債	1870-1879年	1880-1889年	1890-1893年	1900-1913年
米国鉄道	6.50	5.20	4.25	3.75
イギリス鉄道	4.00	3.50	3.00	3.50
英コンソル公債	3.25	3.00	2.75	3.00

出所：Michael Edelstein, *Overseas Investment in the Age of High Imperialism* (New York : Columbia
University Press, 1982), pp. 94-95, に基づく。特定された諸年は一律ではない。

6-6）。利子率のギャップがどのようにして縮まったのかをみるのも面白い。
その理由をエデルステインは「少なくとも米国証券の利回りが相対的に（間違
いなく絶対的にも）低下したのはリスクプレミアムの低下にある」としている[100]。
収益の予想値と実際値を比較してみた彼によれば，「米国鉄道の株式，社債と
もに非常に高いリスク調整収益を提供しているが，これにイギリス人の投資家
が魅せられたのは間違いない」という[101]。

　アムステルダムでは，米国の鉄道証券は長い間取引された。表6-7はアム
ステルダム証券取引所に上場しているすべての証券の増加（列A）[102]，米国鉄道
証券の重点度（列F, H, I）を示す。1875年から1914年の間にアムステルダムに
告示された米国鉄道証券の数は63から194へと増加した[103]。

　1872年は35の鉄道会社がフランクフルト証券取引所に上場された。1904年に
は69社であった[104]。米国鉄道はベルリン，パリ，ジュネーブ，チューリヒ，バー
ゼル，ブリュッセル，アントワープの取引所で上場された。いくつかの鉄道社

345

第Ⅱ部　世界最大の債務国

表6-7　アムステルダム取引所における証券，1875～1914年

年	(A) 取引された証券の総数（米国・非米国）	(B) 取引された米国証券 数	(C) 取引された米国証券 総数のうちのパーセント(B/A)	(D) 取引された全鉄道証券（米国・非米国）数	(E) 取引された全鉄道証券（米国・非米国）総数のうちのパーセント(D/A)	(F) 取引された米国鉄道証券 数	(G) 取引された米国鉄道証券 総数のうちのパーセント(F/A)	(H) 取引された米国鉄道証券 鉄道証券中のパーセント(F/D)	(I) 取引された米国鉄道証券 米国証券中のパーセント(F/B)
1875	238	78	33%	110	46%	63	26%	57%	81%
1885	432	106	24	175	40	98	23	56	92
1890	611	141	23	238	39	123	20	52	87
1895	782	173	22	284	36	150	19	53	87
1900	1,010	166	16	275	27	147	14	53	88
1905	1,253	190	15	306	24	168	13	55	88
1910	1,471	254	17	320	22	185	12	58	73
1914	1,796	302	17	328	18	194	11	59	64

出所：K. D. Bosch, *Nederlandse Beleggingen in de Verenigde Staten* (Amsterdam：Uitgeversmaat-schappij Elsevier, 1948), p. 139, に基づく。

債はドル表示もあった。[105] 他の社債はポンド表示であったが，イギリス市場では特にそうであった。ロンドンやヨーロッパ大陸では現地通貨で販売された（銀行が為替取引を手配した）。鉄道社債はヨーロッパでの販売促進のためにいろいろな形が用意された。例えば，デンバー・アンド・リオグランデ社の1000ドル第一抵当社債の利子は，ニューヨークでは35ドル，ロンドンでは7ポンド4シリング5ペンス，アムステルダムでは86ギルダーで支払うことができた。[106] 多くの場合，鉄道社債のクーポンには為替レートが捺印されていた。[107]

　イギリスやヨーロッパ大陸の金融機関は鉄道社債の購入者が為替問題や配当・利子の国境を超えた集金問題に心配をもたないよう配慮した。すべての手続きが国内で行われた。ロンドンで取引されるものはロンドンの銀行が担当した。このプロセスは機械的に行われた。ロンドンの株式ブローカーはイギリスの証券を販売するごとく鉄道証券を難なく販売した。[108] 同じくオランダの取引所も，自国民にオランダ証券を取引するという感じで，鉄道証券の売買，配当・利子の集金を行った。

　この時期，鉄道会社は資金調達のために米国や外国の金融機関を活用した。

第**6**章　鉄道と土地

第4章において私は新しい銀行の登場を論じた。1870年の末まで，数多くの金融機関が参加したが，鉄道証券の交渉に名をあげた国際的な金融機関は7社であった。これらは管理会社として活動し，グループで参加した。7社中3社は米国に本店がありロンドンには支社があった。ブラウン・ブラザーズ社，モートン・ブリス社，セリグマン社[109]。残りの4社はヨーロッパが本社で，米国に提携する会社があった。ロンドンのモルガン社（ニューヨークのモルガン社と提携），ロンドンのベアリング・ブラザーズ（キダー・ピーバディ社と提携を緊密にしつつあった），ロンドン，パリ，フランクフルトのロスチャイルド家（ニューヨークではオーガスト・ベルモント社が代理），エリセンやフランクフルトのラザード・シュパイアー社（ニューヨークではシュパイアー社，ロンドンではシュパイアー・ブラザーズ社と呼ばれる両社と関係をもっていた）[110]。このリストにもう1社，米国企業であるホールガーテン・エリセン社を加えなければならない[111]。同社のある歴史家の説明によれば，「モートン社と同様，ブリス社はモートン・ローズ社を代行してニューヨーク証券取引所で証券取引を行ったし，ロンドンの企業もロンドンにおいてニューヨークの企業を代行して取引を行った」[112]。どこの市場でも取引は迅速に行われた。

　1850年代，設立されたヨーロッパの銀行は鉄道証券を取り扱った（慎重な銀行もあればそうではない銀行もあった）。1875〜1914年の間にはヨーロッパのすべての主要投資銀行は鉄道証券と関わるようになった。スタンレイ・チャプマンが指摘しているように，イギリスではマーチャントバンク，合同証券会社，国際銀行，帝国銀行，割引銀行，株式ブローカー，信託銀行はすべて鉄道証券に関与するようになった[113]。1883年4月イギリス人エコノミストであるイングリス・パルグレイヴは次のようにコメントした。「イギリスにおけるベアリング社，ブラウン・シプレイ社（ブラウン社のイギリス店），ロスチャイルド家，その他類似した性格の金融機関による米国鉄道証券の引き受けは今まで成功を収めてきた。こうした金融機関は評判があるので，その評判を壊さないために注意しなければならない」。彼はさらに続けた。

　　米国には相当強いモラルがある。第1級のビジネスマンの間にみられる以上に道徳性の高い人を見つけるのは容易ではないだろう。多くの第1級の仲

347

第Ⅱ部　世界最大の債務国

介機関が存在するが，なかにはメトランド・フェルプス社，クーン・ロブ社のような純粋な米国系機関もあれば，シュパイアー・ブラザーズ社とシュパイアー社，ドレクセル・モルガン社，セリグマン社およびセリグマン・ブラザーズ社，モルガン社のような英米系もある。これ以上会社の名前を挙げるのは至って簡単なことであるが，これだけでも鉄道証券の取引には良い成果が期待できる機会が多かったという点を示すには十分だろう。[114]

　ニューヨークのドレクセル・モルガン社（1895年以降モルガン社）とロンドンのJ・S・モルガン社（1910年以降，モルガン・グレンフェル社）が鉄道証券の取り扱いをリードすることになった。[115] J・P・モルガンは1879～80年にW・H・ヴァンダービルトが保有するニューヨーク・セントラル社の株式をイギリスで売却した。翌年には他の国でも鉄道証券の販売を始めた。1880年代後半，特に1890年代には彼は米国鉄道の再編成過程で能力を発揮して有名になるが，その過程で外国人債権者や株主とうまく交渉した。[116]

　国際金融協会，ラフェル＆サンズ社，スターン・ブラザーズ社，ロバート・ベンソン社，ハンブロ＆サンズ社などは，新規鉄道証券を販売していた数多くのロンドン所在企業の一部である。[117] パリではモルガン・ドレクセル社，ハーレ社，[118] マンロー社（パリ）があった。また，ニューヨークのジョン・マンロー社等の企業が，その銀行の尊敬すべきパートナーのエドワード・タックがやってきたように，フランス人投資家向けに鉄道証券の助言を行った。[119]

　その他鉄道金融に積極的に関わった人物にフランクフルトおよびパリ出身のエルランガーがいたが，彼は1870年にロンドン支店を開設した。[120] ケネディ社およびその後継企業であるニューヨークのケネディ・トッド社はジェームズ・ヒルの鉄道会社と関係があったオランダの銀行の代理として行動した。またこの会社はスコティッシュ・アメリカン投資社という鉄道への大手投資会社のニューヨーク代理店として働いたことがある。[121] ウィンスロー・レニエは米国企業であり，ロンドンのグリン・ミルズ・クーリエ社とパリのホッティンガー社と提携関係にあった。[122] ウィンスロー・レニエは長い間鉄道金融に関わった。

　多くのオランダ銀行も鉄道会社には競争力を発揮してきた。ホープ社は依然重要な存在であった。ベルトハイム＆ゴンベルツ社，アドルフ・ボワスヴェイ

第**6**章　鉄道と土地

ン社，ブロス&ゴスマン社も同じ地位にあった。初期段階でオランダ人はいわゆる行政局というシステムを考案したが，これがオランダ資本の米国鉄道への投資を容易にするのに大きく寄与した[123]。アムステルダムおよびロンドンのボワスヴェイン・ファミリーは，ニューヨークおよびボストンのブレイク・ブラザーズ社と関係をもち，シュパイアー事務所と緊密に協同した。

1880年代までベルリンのドイツ銀行およびフランクフルトのジェイコブ・スターンは大量の鉄道証券を取り扱った[124]。同じくドレスナー銀行とディスコント・ゲゼルシャフトも米国証券のドイツ内仲介役として重要な存在であった[125]。1867年，ニューヨークで設立されたクーン・ロブ社は1880年代鉄道証券を積極的に海外で販売した[126]。クーン・ロブ社とハンブルグのウォーバーグ社は何社かを傘下に収めベンチャーを結成した[127]。ロンドンのサー・アーネスト・キャッセルとパリのエドアード・ノツェリン氏はクーン・ロブ社のシニアパートナーであるジェイコブ・シフと手を組んだ[128]。クーン・ロブ社はチューリヒのクレディ・スイス社とバーゼルのバンクヴェリン社と共同で鉄道問題に臨んだ。バンクヴェリンは大型配給業者で最高の証券引受人でもあった[129]。ジュネーブのロンバード・オディール社も「優良鉄道社債」を取り扱った[130]。鉄道問題では重要なボストンのリー・ビギンソン社がロンドンにハウスを開設したのは1906年である[131]。大きな問題にはシンジケートで対応するのが普通となった[132]。

1912年フレデリック・クリーブランドとパウエルは鉄道金融に関する著作のなかで，鉄道経営に関わる7大金融機関のリストを挙げている。(1)J・P・モルガン（ロンドンとパリの会社），(2)J・J・ヒル（ベアリング・ブラザーズと連携），(3)ドイツの強い関心を代弁するクーン・ロブ社のジェイコブ・シフ（実際には，彼らはドイツに限定せずヨーロッパを対象にした），(4)K・ヴァンダービルト（モルガンおよびモルガンの海外ネットワークと提携）[133]，(5)ジョージ・グルド（1908年クーン・ロブ社に依存するまでは銀行との関わりがなかった）[134]，(6)ムーア一族会社（彼らはシュパイアー社とそのイギリス，ドイツハウスを利用した），(7)ペンシルベニア鉄道（自分たちが海外において大規模社債販売が出来る能力をもっていることを皆が知っていると思っていた）[135]。

1913年まで米国とヨーロッパの銀行は米国の鉄道が必要とする巨額の資金調達において十数年間協力してきた。この時期に活動した米国に本店を置く5大

349

第Ⅱ部　世界最大の債務国

国際銀行のなかで3行はニューヨーク所在であった。モルガン社，クーン・ロブ社，シュパイアー社である。残りの2行はボストン所在のキダー・ピーバディ社，リー・ヒギンソン社であった。そのすべてが国内外における鉄道証券の引き受けや販売において優れた能力を発揮したし，ヨーロッパの銀行とも緊密な関係を維持した。以下で簡単に示すが，より詳細なデータは第13章で述べる。ヨーロッパを本拠地とする銀行に関するデータを付け加えるつもりである。しかしながら，ここで私が強調したい点は1913〜14年の間，鉄道証券の米国内およびヨーロッパでの販売において米国に本店を置く投資銀行が積極的な役割を果たしたということである。当時の米国の銀行インフラは大西洋向こうの各国の金融機関と密接につながっていた。

　ロンドンの銀行ネットワークは，米国鉄道に関して非常に精通していた。1905年には有名人が，寄付された巨額の鉄道証券の管理を行う王立病院基金の「財務」委員会に委嘱された。証券の寄付者により委員として推薦された人物は以下の面々である。

① ヒュー・コリン・スミス（1836-1910）。スミスはイングランド銀行の総裁であった（1897-1899）。1905年に彼は財務委員会の理事になった。彼の子息ヴィヴィアン・ヒュー・スミスはかつてモルガン社のパートナーであった。イングランド銀行は同基金に対して設備と銀行サービスを提供した。

② ロスチャイルド卿（Nathaniel Mayer Rothschild, 1840-1915）。彼の企業は長期にわたり米国投資を行い，鉄道にも積極的であった。そして鉄道に関する情報やアドバイスをオーガスト・ベルモント社から定期的に受け取った。

③ レベルストーク卿（John Baring, 1863-1929, 1897年には2代目のRevelstoke）。ベアリング社は英米取引には100年以上の経験を有する。鉄道各社に個別的に報告を行う自前のアドバイザーであるモリソン氏をもつ。1885〜86年，ジョン・ベアリングは米国で3，4カ月を過ごした。レベルストーク卿は1898年から1929年までイングランド銀行の理事を務めた。

④ サー・アーネスト・キャッセル（1852-1921）。コロン生まれの銀行家。ロンドン住まい。帰化した英国民。サー・アーネストは1870年ドイツ企業ビスコフヘイム＆ゴールドシュミット（Bischoffsheim & Goldschmidt）の事務

員としてイギリスでの銀行員生活を始めた。同社は1870年代の初期からアトランティック・アンド・グレート・ウェスタン鉄道およびエリー鉄道と関係があった。キャッセルはクーン・ロブ社のジェイコブ・シフの親しい友人であった。1884年，彼は自分のビジネスを始めるために勤務先のドイツ企業を辞職する（このときすでに彼は金持ちになっていた。1882年トーマス＝ギルクリスト方式に対するスウェーデン人の権利を取得したのが大当たりであった）。1884年，クーン・ロブ社といっしょにルイヴィル・アンド・ナッシュヴィル鉄道の再編成に参加した。1910年彼はロンドンで「ハリマン株主」の代弁者といわれた。彼の国際的な接触範囲は広かった。[142]

⑤ ロバート・フレミング (1845-1933)。彼はスコットランド投資信託の先駆者である。彼は頻繁に米国を訪問し，1870年代の半ば頃は無数の鉄道再編委員会の仕事にも関係した。1900年は住居をスコットランドのダンディー市からロンドンに移し，米国への投資，特に鉄道投資へのコンサルタントになった。サー・アーネスト・キャッセルと同様，フレミングはジェイコブ・シフと親しい友人であった。1901年から1909年まで彼が関わった鉄道証券の金額は3400万ドルに達した。[143]

ロスチャイルド卿，レベルストーク卿，サー・アーネスト・キャッセル，ロバート・フレミングは米国の鉄道金融にきわめてよく精通していたため，多くのロンドンの鉄道関係者のなかで最高峰という評価を受けた。彼らは互いに情報交換を行った。ヒュー・コリン・スミスはロンドン金融界の人間なら知らない人がいないほどであった。

鉄道産業における外国人投資家の分類

1875～1914年までの外国人投資家は3つのカテゴリーに分類できる。(1) 個人投資家，(2) 非鉄道会社。マーチャントバンクや商業銀行，信託会社，保険会社，製造企業など，(3) 鉄道会社。一般的に(3)のケースでは，重役会がピラミッド構造をしたり外国人が入ったりしていたが，(1)(2)のケースでは，重役会と経営者は米国に立地した。[145]

第Ⅱ部　世界最大の債務国

　外国人個人投資家（第1カテゴリー）は，一般的に証券ブローカーを通じて，ロンドン，他のイギリスの都市，アムステルダム，パリ，ベルリン，フランクフルト，他のヨーロッパの都市，モントリオール，トロント，ニューヨークなどの証券取引所に上場されている鉄道証券を購入した。これらの証券は新規のものもあれば既発行のものもあった。外国人投資家は銀行が私的に発行した鉄道証券を取得する場合ももちろんあった。鉄道証券を贈与や遺産相続（女性投資家に多い）によって取得する場合もあった。たまには個人投資家が直接鉄道経営に参加し，その参加の対価として証券を取得する場合もあった。個人の所有分は，証券代替（再編の際に起きる），債権満期の到来，あるいは償還，売買などを契機に変化した。ほとんどの個人投資家は米国市場にあまり詳しくなかったため，投機家ではなかった。

　歴史家ハリー・ピアスはニューヨーク・セントラル・アンド・ハドソン川鉄道の株式を購入した外国人投資家のことを「長期投資として証券を購入した普通のイギリス人」と描写した。1900年イリノイ・セントラル鉄道の株主6526名に関する調査によれば，保有株の数は59万9948株で，2543名（39％）はイギリス在住で保有株は19万8616株（33％）であった。イギリス人1名当たり平均株は78株であった。

　1875年セントポール・アンド・パシフィック鉄道（St. Paul and Pacific Railroad）第1分区鉄道が発行した社債（額面は1100万ドル）を購入したオランダ人投資家は600名ほどで，彼らのほとんどは小農夫や商人など，それほど特出した身分ではない。そして，彼らは自分たちの貯畜を信頼できる米国企業に投資しているという認識をもっていた。外国人資産管理局（1919年）によれば，米国鉄道に対する第一次世界大戦以前に行われた多くの個人投資のなかでドイツ人によるものも相当含まれているという。同じくカナダの個人投資家も鉄道証券に投資した。こうした個人による投資の一般的なパターンをみると，外国人による所有は広範囲にわたっていたと思われる。

　所有が分散しているため，外国人株主や社債保有者が経営をコントロールしたり，また影響力を行使することは不可能であった。しかし，一応倒産すれば，こうした投資家は「保護委員会（管財人管理の一部）」を通じて前面に出てくる。証券を発行し販売を行った証券会社は自社の評判が問われることになるので，

第**6**章　鉄道と土地

鉄道会社に対して利子の回収，配当支払，配当額の増額などを要求し，投資家を援助する努力を怠らない。

　例えばベアリングはマサチューセッツ・イースタン鉄道社のイギリス人債権者を援助した。1876年の冬，米国のベアリング事務所のワード氏はグランド・トランク社の部長であったジョセフ・ヒクソンに手紙を出した。「貴下はすでにご存知だと思いますが，ベアリングは昨年問題が生じたマサチューセッツ・イースタン鉄道社の社債のことを交渉しています。巨額に達するイギリス人投資家の利子の損失補填をお願いできればと思います」。ワードは手紙のなかでベアリングはイースタン鉄道社の成功に関心があるし，グランド・トランク社との関係に配慮していると付け加えた。ヒクソンは友好的な返事を送っている。[154]
このやり取りからロンドンの利益を守ることの難しさもわかる。ヒクソンは何気なく自分がイギリスに行くことを言及しているが，ワードは彼のロンドンのベアリング社訪問を提案していない。[155]

　1876年ロバート・フレミングはエリー鉄道のイギリス人債権者の代理となって，真のオーナー（社債保有者）による経営の効率的なコントロールが必要であるという点を主張した。[156]　1877年にはイリノイ・セントラル鉄道は年率10％（1865～73年），8％（1874～76年）の配当を4％まで下げた。ヨーロッパの株主は真相調査と配当率の向上を求める委員会を任命した。[157]

　1875年のはるか以前にも，イギリス，オランダ，ドイツでは数多くの保護委員会が組織された。この委員会は個人投資家を代理して財務問題を抱える鉄道会社のリストラに関与し，配当引き上げを要求した。[158]株主と社債保有者によって委員会は別々であるが，社債保有者のなかでも分かれる場合があった。[159]ドロシー・アドラーがイギリスの委員会に対して言及したところによれば，彼らはアメリカ人経営者にすべての実質的な事柄を任せることはなかった。すなわち，「組織再編の話になると，イギリス人投資家代表は……計画の立案に……積極的に参加した。1880年代，不渡りが起きるやいなや，イギリス人代理人は米国に飛んでいった」。[160]イギリスの銀行は保護委員会の結成や米国の鉄道会社に新しい理事を送り込むことにもイニシアティブを発揮した。[161]

　1884年，米国債・株式所有者英国協会という組織が米鉄道証券の財務問題に対応する目的でつくられた。個人の株主に代わって投票できる代理権を獲得し

353

第Ⅱ部　世界最大の債務国

た。この協会は保護委員会の組織者として，ワバッシュ，セントルイス・アンド・パシフィック，デンバー・アンド・リオグランデ，テキサス・アンド・パシフィック，シンシナティ・ワシントン・アンド・ボルチモア，オハイオ・アンド・ミシシッピ，ミズーリ・カンザス・アンド・テキサスなどの鉄道会社の組織再編に関わった。1887年にはイギリス人株主はペンシルベニア鉄道における自分たちの利益を代表できる委員会を結成した。彼らはより多くの配当をほしがっていたからである。1890年代，シカゴ・セントポール・アンド・カンザスシティ鉄道（CSPKC）が経営危機を迎えたとき，ジョン・ギリアトが経営再建のためにイギリスの保護委員会の筆頭メンバーとして派遣されたが，彼はイングランド銀行の元総裁かつ理事であり，ギリアト社の業務執行役員であった。1894年にはウィリアム・リダーデールがCSPKCの後継であるシカゴ・グレート・ウェスタン鉄道のロンドン金融委員会の会長になるが，彼もイングランド銀行の元総裁で理事であった。

　オランダの銀行はオランダ人投資家と，鉄道証券の保持，所有とコントロール，鉄道会社の再生時の利益代弁など，常時関係を保ってきた。このようにいくつかのオランダ銀行はセントポール・アンド・パシフィック鉄道において個々の投資家を代理して行動した。こうしたオランダ銀行はケネディ社のニューヨーク支店を通じて活動した。

　1876年マレ・オイェン社（H. J. de Marez Oyens & Co.）は「オランダにおける米国鉄道証券の管理事務所」の役割を担当していた。モートン・ブリス社と，この会社のロンドン支社であるモートン・ローズ社はその年，ギルマン・クリントン・アンド・スプリングフィールド鉄道社における「外国人社債所有者の救済」に当たっていた。また同社がイリノイ・セントラル社に統合されるとき，オイェン社が積極的に関わった。1883年3月にはアムステルダムの米国鉄道証券の管理事務所は，鉄道会社に対して自分たちの利益を代表してくれる理事の任命を要求した。管理事務所はルイヴィル・アンド・ナッシュヴィル証券を大量に所持するオランダ人個人投資家の代理人で構成された。ニューヨークのホワイトハウス氏が選出された。1884年ルイヴィル・アンド・ナッシュヴィル鉄道の新会長になったミルトン・スミス氏は「外国人の全面的なサポートがなければわが社はほとんど動けない」と語った。この場合の外国人はオランダ人と

第**6**章　鉄道と土地

イギリス人を指す。イギリス人個人投資家たちも自分の利益を代弁してくれる
人を派遣した。[170] 1884〜85年の間，オランダ投資家の代表の1名が，イギリス人
株主といっしょにニューヨーク・オンタリオ・アンド・ウェスタン鉄道社の再
編過程に参画し，重役メンバーに加わった。[171] 1885年はオランダ企業
（Administratiekantoor van Hubrecht, Van Harencarspel and Vas Visser）がフロリ
ダ・セントラル社の経営に関わるようになった。[172] 1886年の管財管理人の管理を
経てエリー社が再編されたとき，「交渉はアムステルダムと直接行われた」。[173]
1888年の春，オランダの委員会は新しい経営者をミズーリ・カンザス・アン
ド・テキサス鉄道に送り込んだ。[174]

　デンバー・アンド・リオグランデ社における再編過程に参加したあるイギリ
ス人は（数年後に）その過程を以下のように描写した。8名のグループがロン
ドンに集まった。「会長を選びます。彼は高い地位と正義感をもつ紳士です。
彼の道徳心は私たちの審議に有利であった。われわれの会合では地元の利益を
代表する人は1名もいなかった」。このグループは同社のアメリカ人経営者の
更迭を決めた。「彼が鉄道会社でこれ以上やることはまったくないし，私たち
もいかなることがあっても**彼**のアドバイスを求めようとはしない」。

　　「ナイフを深く切り込みなさい」。この言葉はわれわれのメンバーの一人が
　　使ったものですが，彼（ロバート・フレミング）はこうしたわれわれの仕事に
　　おいて準プロとしての名声を受けた。彼はスコットランドのある地域の出身
　　であるが，その地域は投資に対する利子率が高く，安全性も高いという投資
　　先を探す悪名高い地域であった……「ナイフは深く切り込みなさい」。こう
　　した仕事は初めてであったわれわれは，こうした神託にも似た言い回しがも
　　つ内容には疑念をもっていた。これは2つのことを意味していた。1つは鉄
　　道社債を半分に分けることと，2つ目は鉄道ラインを切って捨てること。

　このイギリス人は支線を切り捨てることは鉄道会社を壊してしまうことであ
ることに後で気づく。直接現場を訪問したイギリス人専門家が出した提案は粗
雑なもので，彼らがもっていた情報は「きわめて部分的」なものであった。

355

第Ⅱ部　世界最大の債務国

　　われわれは自分のビジネスはマネジメントする能力をもっていたが，われ
われのなかで鉄道会社のコントロールに関して経験をもつ人は一人もいなか
った。……確かにわれわれは鉄道会社の将来を肢体不自由者にしてしまった
のである。

　　外国人社債保有者のためにニューヨーク委員会やパリ委員会（もちろんパ
リにも委員会がありそうだが，彼は多分アムステルダム委員会を指しているようであ
る）が存在していた。それは一般的に株主のための委員会，収益社債，自動
車信託，後順位債権保持者のための委員会であった。われわれは一つひとつ
彼らの軍門に下った……われわれは勇敢に押しやったが，最後はいつも彼ら
のペースに巻き込まれた。……こうした過程は巨額のお金もかかるし，時間
もかかった。……

　　こうしてわれわれの会社は再編された。……最後にわれわれが処理したの
はわれわれ自身の報酬であった。……われわれは誰にも責任を取る必要がな
かったし，掌中には相当のお金もあった。それは株式に対する評価の残りで
あった。われわれはこの問題の解決を会長に委ねた。会長はわれわれの間で
尊敬されていたし，従業員の才能が賢明に使用されたならば，それ相当の報
酬が得られたであろうに。[175]

　　海外の投資家の代表による他の行動も役に立たなかった。例えば，1892年に
外国人株主がユニオン・パシフィック社におけるグルドのリーダーシップに満
足しなかったとき，アムステルダムグループは彼の放逐を摸索した。しかしグ
ルドは勝利した。それは匿名のロンドン銀行が約束を破って，グルドに友好的
な米国企業に委任状（1万票）を送ったためであった！[176]

　　1893年はユニオン・パシフィック社が再び管財人の手にわたった年だが，ア
ムステルダムのボワスヴェインは再編委員会に属していた。アメリカ人弁護士
ビクター・モラウェッツがオランダ委員会を代表したが，この委員会のメンバ
ーは相当量の7つの異なる証券を保有していた。[177]

　　イギリス委員会，オランダ委員会，ドイツ委員会が鉄道の再編成に参加した
としても，これはイギリス人，オランダ人，ドイツ人が経営者あるいは重役に
なったことを必ずしも意味するものではない。デンバー・アンド・リオグラン

356

デ社の再編成過程（1885年）でアムステルダム委員会向けに出された報告書では金融と経営の両部分の再編成を主張している。オランダ委員会のトロンプは「会社から数千マイル離れたところに住む人（訳注：アメリカ人ではないという意味）を重役に任命する慣習は中断すべきである」と書いた。トロンプは「会社の近所」に住む人を選ぶよう主張した。実際，オランダ人は権限をアメリカ人に委譲した。[178]

　自ら鉄道に投資をしていたドイツの銀行は倒産や経営危機があれば，ドイツ人の個人投資家のために行動した。鉄道には大きな利害関係をもっていたドイツ人は保護委員会を結成し，自らの代弁者を置いた。フランシス・エドウィン・ハイドの主張によれば，1876〜80年間，オレゴン・カリフォニア鉄道に投資していたドイツ人は，短期間で終わったとはいえ，相当の影響力を行使した。[179]1889年にセントルイス・アーカンソー・アンド・テキサス鉄道が倒産したとき，ホールガーテン社とシュパイアー社がドイツ人社債保有者を代弁した。結局アメリカ人弁護士は再編の話をまとめるためにドイツまで足を運んだ。[180]ドイツ人の関与が最も重要であったのはノーザン・パシフィック社（以下でさらに説明する）の再編のときであった。すなわち，外国人株主や社債保有者は個人的には投資金額が大きくはないが，問題が発生すれば，保護委員会が彼らを代表して関与した。[181]

　反対に，何人かの外国人投資家は，鉄道政策に直接的な影響力を行使できるほどの持ち分を有していた。そのなかの一人がジョージ・スミス（1808-1899）で，彼はスコットランド出身で米国の中西部において不動産と銀行で富を築き，1861年にはロンドン改革クラブに住居を構え，そこで長い余生を送った。彼は財産の多くを鉄道証券に投資した。1866年以降，彼は米国に帰ることはなかったが，彼はシカゴ・ミルウォーキー・アンド・セントポール鉄道（19世紀末，株式と社債の合計は2000万ドルくらいであった）およびシカゴ・バーリングトン・アンド・クインシー鉄道に投資された自分の財産を守るため，アメリカ人代表を置いた。彼の持ち分が大きかったため，彼は1870年代の半ばから死亡するまでの間，両鉄道会社の重役となっていたが，こうしたケースは彼一人であった。1877年，彼はシカゴ・ミルウォーキー・アンド・セントポール社の会長であった「アレックス」ミッチェルをベアリング・ブラザーズ社に紹介している。彼

第Ⅱ部　世界最大の債務国

の伝記作家は彼のことを「米国鉄道会社の株式の将来に関して誰よりも豊富な知識をもっていた人物」と記している。作家の彼女によれば，彼の資産は5200万ドルで，米国の鉄道証券に巨額を投資したのは間違いないという。彼はイギリスきっての金持ちの一人であった。このミッチェルおよびいくつかの特別な干渉（例えば，ある個別契約における支払条件など）は例外で，ジョージ・スミスは，億万長者であるにもかかわらず，配当と利子の集金に興味のある単なる遠距離所有者であったと思われる。彼が主要意思決定に関わったという証拠は見当たらない。

　スコットランド生まれの巨額を投資した他の2名の個人投資家は事情が異なる。彼らは重要な役割を果たした。ドナルド・スミス（1820-1914）は「ストラスコナ卿とマウント・ローヤル」になった人物で，彼のいとこ ジョージ・ステファン（1829-1921）は マウント・ステファン卿になった。この2人は幼い頃別々にカナダに移民にきた。彼らが初めて会ったのは1866年のことである。2人ともイギリスに戻りそこで死亡した。1901年8月，ストラスコナ卿のグレート・ノーザン鉄道社の持ち分だけで（もちろん彼は他の鉄道会社の証券も保有していた）970万ドル（時価）に達した。同じ会社におけるマウント・ステファン卿の株式保有（多様な信託を通じて所有された）は当時900万ドルであった。

　ジョージ・ステファンは1876〜81年の間モントリオール銀行の会長であった。彼は鉄道事業を始めたジェームズ・ヒルに1878〜79年に着手金として70万ドルを貸してやった。ドナルドとステファンもお金を追加した。ヒルの会社に対してステファンは決して保守的な態度は取らなかった。ヒルの文書にはステファンが送った300〜400通の手紙が含まれている。ステファンは鉄道のことを熟知していた。彼はカナディアン・パシフィック鉄道の設立者兼社長（1881-1888）で，彼がイギリスに隠居するためにカナダを離れたあとも（1890年代），ヒルへのサポートは続いた。

　1894年10月18日，マウント・ステファン卿はロンドンからヒルに電報を打った。それは，ノーザン・パシフィック社に投下された巨額のドイツ人資本を救うために努力しているドイツ銀行の監査役会会長であるジョージ・シーメンスに，彼が会ったという内容のものであった。ジョージ・シーメンスはドイツ人社債保有者の委員会のリーダーであった。マウント・ステファン卿はジェー

ムズ・ヒルのもとで，ノーザン・パシフィック（NP）社とグレート・ノーザ
ン（GN）鉄道社を統合するように勧告している[190]。ヒルは同じ考え方であった
ため熱心に取り組んだ。計画がつくられ修正された[191]。1896年8月，モルガン
（このとき彼はノーザン・パシフィック社の経営再建に関わっていた），ジェームズ・
ヒル，マウント・ステファン卿，ドイツ銀行 の理事であったアーサー・グウ
ィナーが参加したロンドン会合において「GNとNPが永続的な提携を結ぶこ
と」に最終的な合意が得られた[192]。

協約に誤解されるところがあったので，ガスパード・ファーレ（レフェブル
社のパートナーでまもなくベアリング・ブラザーズ社の理事になる）は，グウィナー
の意向を確かめる目的でマウント・ステファン卿宛てに手紙を出している
（1900年5月1日）。

> 彼はヒル（およびストラスコナ卿），そして貴下が，ノーザン・パシフィッ
> ク鉄道の財務危機の際に，巨額の現金を提供するか，それとも同鉄道の分割
> を防ぐために援助を惜しまないだろうと期待するのは合理的であると考えて
> いる。そして，現在グレート・ノーザン鉄道に対して保有する経営権の維持
> のためにも資金提供を再開してくれるだろうと期待するのも理に適っている
> と考えている[193]。

これは第三者的で公平無私な投資家に関わる文通の記録であるとは言い難い。
ドイツ人か，イギリス人か。
1900年，結局ヒルにノーザン・パシフィック社の経営権を獲得する道が開か
れた[194]。そしてE・H・ハリマンとユニオン・パシフィック社はそれを獲得する
ために（1901年5月）劇的な行動をとった。ヒルのロンドンの友人（基本的には
マウント・ステファン卿とストラスコナ卿）が彼のことを支援した。ヒルは後で
（1901年12月），「ハリマンが経営権を獲得するために相当努力をしたため，ノー
ザン・パシフィック社の普通株を200万株保有していたロンドンの友達の一人
は，その株式を1400万ドルで購入したいという提案を拒否した」と述懐してい
る[195]。1900～01年以降，ノーザン証券社（1901年設立）を設立したヒルの新しい
計画が実現した際，ドイツ人は資金は提供したが，さしたる役割は果たせなか

359

第Ⅱ部 世界最大の債務国

った。しかし，マウント・ステファン卿は積極的にサポートし，慎重に事態の進展を見守った。1902年ノーザン証券社の5分の1はヨーロッパで保有された。[196] マウント・ステファン卿がどれほど所有していたかは知らないが，相当の量を所有していたことは間違いない。要するに，マウント・ステファン卿はヒル鉄道の発展に深く関わったということである。彼はヒルに忠誠と政策におけるアイデアを提供した。ヒルは会社を上手に経営した。[197] 1908年ハリマンはマウント・ステファン卿のことを「彼はすばらしい公正心と常識を有する人物であった。ほとんどの外国人は，彼が直面していた困難はまったく知らずに，支払われる配当のみに関心があった」と述べている。[198]

　ドナルド・スミス（「ストラスコナ卿とマウント・ローヤル」）も重要な人物である。[199] 彼は18歳のとき（1838年）にカナダにあるハドソン・ベイ社（HBC）に入り，10年ほど毛皮商人としてラブレドール市で働き，その貯金を投資して金持ちになった人物である。最近彼の伝記を書いたアラステア・スウィニーによれば，彼は「最後まで HBC の人間」であったという。[200] 1870年，スミスはハドソン・ベイ社の首席理事になる。この年に彼はヒルに会って，ヒルのベンチャーにステファンを紹介した。[201] グレート・ノーザン社の歴史家ムリエル・ハイディは，スミスは「ミネソタからマニトバのセントボニファスまでの鉄道を完成させるのに重大な関心を示していた」という。[202] 彼は自分の資金および彼が管理する HBC 株券を提供しながらヒルを支援した。[203] スミスはカナディアン・パシフィック社の発展においてステファン（彼の部下的役割）といっしょに参画したが，1882〜87年はモントリオール銀行の副総裁，1887〜1905年は総裁，1905〜14年は名誉総裁を務めた。40年間彼はモントリオール銀行の理事として株主をコントロールできる立場にいた。[204] 1889年スミスはハドソン・ベイ社の総裁（首席の地位）に任命された。1896年にはロンドンのカナダ高等弁務官になったが，死ぬときまでこのポストを維持した。

　ロンドンに滞在したスミスは（今や「ストラスコナ卿とマウント・ローヤル」であった）所領への移民を積極的に勧め，数多くの会社の重役を務めた（彼は1909年から1914年までアングロ・ペルシャ石油社の会長であった）。[205] 彼は1914年に死亡したが，彼の財産をみると，グレート・ノーザン社の株式660万ドル，ノーザン・パシフィック社株式340万ドル，その他200万ドル（サザン，バーリングトン，

360

アチソン・トピカ・アンド・サンタフェ，ニューヨーク・セントラル，その他の鉄道会社）である[206]。しかし，翌年ジェームズ・ヒルは彼のことを「強くて有能な人だが鉄道には知識もなく，なにもしなかった人物」と描写した[207]。米国鉄道におけるきわめて企業家的な役割を果たした後（1870年代），彼は自身がもつ巨大な資産をヒルの計画をサポートする形で鉄道に投資しながらも，いとこの賢明な忠告に従って，ジョージ・ステファンの後ろに隠れていたようである。公開された文献にはヒルがストラスコナ卿の果たした役割を低く評価したということを示す証拠がある。ヒルのストラスコナ卿に対するコメントは誇張されている。確かにドナルド・スミスは鉄道の経営や戦略決定に参加できる立場にいたわけではないが，資金的な面からみれば，彼の貢献は非常に大きい[208]。

　鉄道に数百万ドルを投資したイギリス，ヨーロッパ，カナダの個人投資家の[209]なかで，私が知る限りこの２名のいとこほど強い影響を及ぼした人物はいないと思われる[210]。ほとんどの外国人投資家は配当や利子，株価上昇を期待して投資した。オランダ人は株価上昇に特に関心があった。ほとんどの投資家は会社のコントロールはいうに及ばず，経営に関与したり影響力を行使することには興味を示さなかった。ただし，前述したとおり，投資収益が好ましくないときには保護委員会を結成し，彼らの代表を鉄道会社の重役会に送り込んだ。マウント・ステファン卿およびストラスコナ卿は，２人とも鉄道会社における相当の持ち分をもち，経営政策への関心も高かったという点で異色の存在であった。

　われわれの２番目のカテゴリーは非鉄道会社である。マーチャントバンクや投資銀行は鉄道証券を一般の人々に販売し，個人投資家に代わって証券を保有したが，もちろん自ら保有する場合もあった。こうした金融機関が証券を保有する目的は，市場の維持あるいは投資のためという理由もあるが，証券の売れ残りのためという理由もたびたびあった。たまには鉄道会社に対して直接融資を行ったために証券を保有する場合もあったが，この場合，鉄道社債は銀行ローンの担保になった。

　1883年のアチソン・トピカ・アンド・サンタフェの株主リストによれば，ベアリング・ブラザーズ社が２万2300株を保有している[211]。同社の歴史家は1888年になってもベアリング社の保有は依然として２万2300株のままであったという[212]。この会社は単独で最も大きな株主であった。ロスチャイルドは数年間米国の鉄

第Ⅱ部　世界最大の債務国

道に深い利害関係をもっていた。時には自分の口座を所有する場合もあるが，オーガスト・ベルモント社と共同名義で所有する場合もあった。ドイツ銀行（ベルリン）も鉄道に相当投資をした。ドイツ系の金融機関も，前述したとおり，個人投資家の代理として，あるいは自分の口座で鉄道証券を保有した。

　多くの外国の商業銀行も投資目的で鉄道証券を購入した。モントリオール銀行は1889〜90年の間に200万ドルの鉄道債を保有していた。ステファン・ランドールが把握したところによれば，プエルトリコで営業活動を行うためには，銀行は米国の証券を預託することによってその信頼性を示す必要があったが，カナダ王立銀行，ノバ・スコティア銀行はこの目的で鉄道社債を利用した。1908年，ノバ・スコティア銀行は310万ドル分の鉄道債を保有していた（この年同行の証券投資の40％は米国の鉄道債券であった）。

　同じく，イギリスやスコットランドの商業銀行も，米国の鉄道債券を保有する傾向が強かったが，20世紀には特にそうであった。Ｃ・Ａ・Ｅ・グッドハートはイングランド・ウェールズ首都銀行およびユニオン銀行（ロンドン），そしてこの後継であるロンドン＆スミス・ユニオン銀行が投資目的で保有していた鉄道債券の詳細な資料を提示している。ジェフリー・ジョーンズの発見によれば，ペルシャ王立銀行（イギリス人が所有する銀行）の1913〜14年の投資台帳にも米国の鉄道社債が載っている。銀行は鉄道会社の倒産により債券を手にする場合もたびたびあった。グラスゴー・シティ銀行は国内ローンの担保として鉄道債券をもらったが，貸出先が倒産したため，同銀行が主要投資家になってしまった。

　たびたび，銀行融資団（シンジケート）として働いていた大手イギリス人証券ブローカーは，自分の口座で鉄道証券を保有した。まったく同じくイギリス人プロモーターも鉄道証券に関係した。例えば，オズボーン・オヘイガンのロンドン市契約社は，1897年，シカゴ・ハモンド・アンド・ウェスタン鉄道をシカゴ・ジャンクション鉄道・ユニオン家畜一時置場会社に売却する過程に関わり，一時的には同社の所有者になった。

　より大切な点は，スコットランドやイギリスの投資信託会社が鉄道証券を購入して保有していたことである。例えば，1913年スコッティシュ・アメリカン投資株式会社だけでも410万ポンドを米国に投資していたが，そのほとんどは

362

第**6**章　鉄道と土地

鉄道債権でもあった。[221]

　イギリスの保険会社も多くの鉄道証券を保有していた。例えば，スコットランド寡婦基金生命保険機構は1890年代の初め頃150万ポンドの金担保債券を引き受けたし，コマーシャル・ユニオン社も1900年70万ポンド分の鉄道証券を保有していた。1914年プルデンシャル保険社も鉄道債権に投資していた。[222]機関紙『ベスト保険報告書（1914年）』では，米国に所在する外国の保険会社の支社・支店が保有していた鉄道証券の詳細が提示されている。私が数えたところによれば，当時89社の支社・支店が保有する鉄道証券[223]の金額は，1913年12月現在の時価で，だいたい1100万ドルであった。[224]

　米国の鉄道証券を購入したのは外国の銀行，投資信託，保険会社だけでなく，イギリスの製造企業も，19世紀の末と20世紀の初め頃には鉄道に対する投資を行った。イギリスのタバコ産業のリーダーであった W. D. & H. O. ウィルスの場合，1880年頃の証券投資に関する記載の内容に，ペンシルベニア鉄道とインディアナポリス鉄道の証券が含まれていた。[225]イギリスのガラス企業ピルキントン社も，1914年の34万2000ポンドの証券投資のなかで 8 万1000ポンド（24%）を鉄道 9 社に投資している。最も大きな投資先はバッファロー・アンド・レイクヒューロン社（ 2 万1000ポンド）とイリノイ・セントラル社（ 1 万5000ポンド）であった。[226]

　「シェル」運輸取引社も，鉄道会社の「短期手形」や長期社債を保有していた。1913年の内訳をみると，ユニオン・パシフィック社，チェサピーク・アンド・オハイオ社，ペンシルベニア鉄道社，ニューヨーク・セントラル社のものが含まれている。1914年末同社による鉄道証券への投資残高は19万9397ポンド程度であるが，これは同社の証券投資全体の19%にあたる。[227]この数値にはシェル本社による投資分であって，米国におけるシェル関連会社の投資は含まれていない。その関連会社は米国の石油産業に巨額の直接投資を行っているが，シェル本社とは営業上の関係はない。同じくビルマ石油社も1913年投資の一環として鉄道証券をもっている。カンザスシティ・サザン社，サザン・パシフィック社，チェサピーク・アンド・オハイオ社の債券が中心である。同社が保有する債券はほとんどが金保証債で利子率は 4 %ないし 5 %くらいのものである。同社の証券投資に占める米国鉄道の比率は15%（ 7 万4258ポンド）くらいである。

363

第Ⅱ部　世界最大の債務国

シェルとは異なり，同社は米国において直接投資は行っていない。[228]

　1914年にはイギリスの小売業者，ホーム＆コロニアルストア社（同社は米国でのビジネスがなかった）は，ニューヨーク・ニューヘヴン・アンド・ハートフォード社の証券やシカゴ・ミルウォーキー・アンド・セントポール社の証券，サザン・パシフィック社やボルチモア・アンド・オハイオ社の証券を保有していた。[229]こうしたウィルス社，ピルキントン社，シェル社，ビルマ石油社，ホーム＆コロニアルストア社などの各社による個別の投資はそれほど大きくないが（ほとんどはあまりにも少なすぎて監視されない），しかし数千を超えるイギリスの製造企業や小売業者を合計すれば，その全体は大きい。以上の証拠からイギリスの中堅・大企業のなかで証券投資を行う企業の場合，そのほとんどは米国の鉄道証券を保有しているといえる。[230]

　前述したように，初期段階では，製鉄企業が鉄道証券を保有する場合があったが，それはレール供給に対する対価支払であった。1875～1914年の間，米国において製鉄企業が成長（新しいデザインの鋼鉄製のレールを供給できるようになった）し，投資銀行がますます専門化していくにつれ，この種の取引はだんだんなくなった。イギリス企業による米国鉄道への巨額の海外投資の基盤であった輸出代金の代わりに長期証券を取得することは，その重要性がなくなってしまった。[231]

　このように米国鉄道に投資をした非鉄道企業（金融機関も含む）のなかで，資本提供を超えて鉄道会社の経営に影響力を行使したケースは存在しなかったのであろうか。ある金融機関は重要な影響を及ぼした。ドロシー・アドラーの記録によれば，あらゆる米国の鉄道会社のなかで，アラバマ・グレート・サザン社（1877年設立）ほどイギリス的な会社はないという。所有者も経営者もイギリス人で，イギリス人が設立した。ジョン・スワンというエミル・エルランガー社の人が1877年の鉄道の再編過程に関与し，その会社の経営者になった（その後スワンはイギリス資本が強いその他の鉄道会社の経営に関わった。彼は米国に帰化した）。[232]

　1850年代から1880年代にわたり，フィラデルフィア・アンド・レディング社とロンドンの銀行家たちやマッキャルモン・ブラザーズ社との間には密接な関係が存在していた。1870年代後半，上記の鉄道会社が経営危機を迎えたとき，

364

同社のマジョリティーを所有していたマッキャルモン・ブラザーズ社が救済に乗り出した。しかし，1882年鉄道会社の経営者とロンドンの銀行との間に喧嘩が起きて，後者は株を全部売却してしまった。[233]

ドロシー・アドラーによれば，1880年頃，イギリスの銀行は米国において鉄道の操作が可能な一群のチームをつくり，彼らを信頼していたという。ニューイングランド生まれのフランク・ボンド（彼は以下の会社においてイギリス人の所有株式ために働いた。レディング，テキサス・アンド・パシフィック，アラバマ・グレート・サザン，シカゴ・ミルウォーキー・アンド・セントポール社の株式）。トーマス・ファウラー（彼は長い間ニューヨーク・オンタリオ・アンド・ウェスタン社の社長であった）。A・B・スティクニー（ミネソタ・アンド・ノーザン，シカゴ・セントポール・アンド・カンザスシティ鉄道社の社長で，最後はシカゴ・グレート・ウェスタン社の社長）。[234]イギリスの銀行の影響力は強かったが，彼らは個人投資家（前述）のため，あるいは自分自身のために活動した。こうした銀行は彼らを代表できるアメリカ人をもっていたが，だからといって影響力が落ちることはなかった。たびたび銀行はアメリカ人を部下として雇っていた。ヘンリー・ヴィラードは後でイギリス人が所有していたオレゴン鉄道・海運社の会長を務めた人物であったが，1882年2月3日，イギリス人銀行家（P・ブチャン）に次のような手紙を出している。「経営の細部において指図を受ける必要はない。もしも私が株主の信頼を受けているとすれば，細部は私が決めればよい。もし信頼されていなかったら，細部まで指図を受けられる新しい人物を探せばよい[235]」。

ロンドンのベアリング古文書館は，鉄道に関する米国とロンドン間に幅広い情報の流れがあったことを証言している。その一つにベアリング社は過去も将来も鉄道を注視していくと記されている。例えば，セントルイス・アンド・アイアンマウンテン鉄道社の場合，ベアリング社は大量の株式を取得したが（1877年），トーマス・ベアリングが直接米国に赴き，議決権を集め，経営変革に乗り出した。[236]

同じく，1885年10月，鉄道に関するベアリング社の米国顧問であったG・S・モリソンは，オハイオ・アンド・ミシシッピ社において現在は「イギリス人株主」が重役会のマジョリティーを占めていると書いている。[237]1886年にはトーマス・ベアリングは米国に住居を構えることになるが，彼が彼の兄であるエ

第Ⅱ部　世界最大の債務国

ドワード・ベアリング（１代目のレベルストーク卿）宛てに出した手紙のなかで，米国の鉄道の魅力を褒め称えている。「アチソン鉄道は旅行者にも株主にも誰にでも推薦できるすばらしいシステムである」。ボルチモア・アンド・オハイオ社に関しては「ロバート・ギャレット氏は誰彼かまわずお金を騙し取るので一切関与しない方がよい，という貴方の意見にはまったく同意する。彼は鼻もちならぬやつで嘘吐きである」。シカゴ・ロックアイランド・アンド・パシフィック鉄道に関しては，「取引に関わっている個人は……ほぼ全員が悪党である」。しかし対照的に，彼はイリノイ・セントラル社は好きであった。

　1888〜89年の間，アチソン・トピカ・アンド・サンタフェ鉄道が財政危機を迎えたとき，ベアリング・ブラザーズ社はキダー・ピーバディ社と協力して，再編に取りかかった。キダー・ピーバディ社のジョージ・マグン（George C. Magoun）が取締役会議長になり，トーマス・ベアリングがアチソン社の理事になった（1889年５月）。新しい経営陣は「操業の簡素化と合理化」を図った。ジョンソンとサップルによるこのコメントは事の真相を正確に捉えていない。同社は早速ラインの延長を図り，1890年５月にはセントルイス・アンド・サンフランシスコ鉄道（通称「Frisco」）を，1890年の９月にはコロラド・ミッドランド社をそれぞれ購入した。この購入代金は新株発行によって賄ったが，これは市場でアチソン社の株があふれることを意味した。困難な状況にいたベアリング・ブラザーズ社は10月にアチソン社株の売却を始める。1893年にアチソン・トピカ社が再び経営危機を迎えたときには，ベアリング・ブラザーズ社はもはや同社を救える地位にはいなかった。12月にマグン氏が死亡するが，ほぼ時期を同じくして同社は管財人の管理に入った。

　アチソン・トピカ社を再編する目的で保護委員会がロンドンとアムステルダムで結成された。ロバート・フレミングはロンドンから来たし，オランダのホープ社はジョン・ルデンを派遣し，それぞれの利益の保護に着手した。アチソン・トピカ社の取締役会に残っていたトーマス・ベアリングは1894年辞任した。1895年に会社は再編された。１億1148万6000ドル分の優先株が収益社債に代替され，主にイギリス人収益証券保有者および第二抵当保有者の手に渡された（発行金額はイギリス人関与の大きさを語る）。ベアリング・ブラザーズ社は再編コストの分担に合意した。社債の過半数はヨーロッパ人が保有していたため，ロ

ンドンとアムステルダムの委員会が新会社の経営をコントロールした。その過程で，同社は「Frisco」およびコロラド・ミッドランド鉄道を切り捨てた。[248][249]

イギリスの銀行もボルチモア・アンド・オハイオ社およびルイヴィル・アンド・ナッシュヴィル社の経営上の意思決定や財務再編成に関与していた。他の米国の鉄道会社にも同様の関与があった。[250][251]

同じくドイツの銀行も引き続き米国の鉄道の再編成に参画した。E・H・ハリマンの自伝によれば，彼がイリノイ・セントラル社の理事（1883年）に選出されたのは，ボワスヴェイン社の投票によるものだという。1890年代，A・A・H・ボワスヴェインはユニオン・パシフィック社（1893年）およびノーフォーク・アンド・ウェスタン社（1895年）の再編に参画した。セントラル・パシフィック社の1897～99年の負債再調整には，アムステルダムの企業（Texieira de Mattos Brothers）が一定の役割を果たした。1909年ボワスヴェイン家門の若手であったダニエル・ボワスヴェインは米国に渡り，一家を代表して何社かの鉄道会社の重役を務めた。[252][253][254]

ドイツ銀行はヘンリー・ヴィラード（1886年から1890年まで同銀行の米国代表を務めた人物）との関係を解消した。同銀行は彼の提案によりノーザン・パシフィック鉄道に深く関わるようになった。ある鉄道評論家の主張によれば，この鉄道会社が1890年代初め頃抱えていた問題が，1890年代のベアリング危機と直接関連があるという。ノーザン・パシフィック鉄道社はいくつかの約束をした。一般的な財政事情がパニックの状態であったため，大幅なディスカウントで債権を販売するしかなかったが，この選択は同社の重役が決めたもので，後の返済を考えれば，短期借入よりはディスカウント債のほうが有利という判断があった。グレート・ノーザン社対ノーザン・パシフィック社の運賃戦争により後者の収益は減少した。莫大な負債を返す手段を失ったノーザン・パシフィック社は，1893年管財人の手に入る。この時点で，同社の再編にドイツ銀行が参画する。エドワード・アダムズは同社の再編委員会で働いた。彼はヘンリー・ヴィラードに代わってドイツ銀行の米国代表となった。アダムズはウィンスロー・レニエ社のパートナーとして1880年代には鉄道会社の再編過程に積極的に関わった。1896年ノーザン・パシフィック社のための議決権信託が設立された際，彼の後継者であったジョージ・シーメンスがここで働くこととなったが，[255][256][257]

367

第Ⅱ部　世界最大の債務国

ドイツ銀行は彼の後継者を必ず指名する慣例ができた。[258] 1897年，アダムズは再編されたノーザン・パシフィック社の会長となった。[259]

　ドイツ銀行のジョージ・シーメンスとアーサー・グウィナーはグレート・ノーザン社とノーザン・パシフィック社の統合に関わる残務処理と詳細を議論するためにロンドンでマウント・ステファン卿に会った（そしてジェームズ・ヒルはグウィナーに会った）。ドイツ銀行は経営権よりは財務収益のほうに興味があったが，良い経営のために経営関与が必要な場合は，いつでも関与できる体制であった。[260]

　ドロシー・アドラーはイギリス人投資家が「たびたび料金戦争の解決に影響力を内密に行使する」事実を発見した。[261] その例として彼女は，ペンシルベニア社とニューヨーク・セントラル社との間の競争を防ぐために，1885年 J・P・モルガン社が手配したニューヨーク・オンタリオ・アンド・ウェスタン社の証券に対して，イギリス人投資家が支持を表明したことを取り上げる。[262] 同じ時期，アムステルダムの（クーン・ロブ社の）ジェイコブ・シフ，サー・アーネスト・キャッセル，ベルトハイム＆ゴンベルツ社はニューヨーク・オンタリオ・アンド・ウェスタン社の救済方法を検討していた。[263] 一般的に，外国の銀行（もちろんモルガンのような米国の銀行も）は競争を極端に嫌っていた。合意や協調，したがって投資家への安定的な収益が優先された。

　外国からの借入が可能となるかは，鉄道の経営者にとって死活問題であった。例えば，チャールズ・フランシス・アダムズ・ジュニアが1890年ユニオン・パシフィック社の会長の座を降ろされたのは，ベアリング社との資金調達交渉に失敗したためであった。[264] ギャレットは，外国銀行の信頼を失ったために生じた財務危機によって，一時期ボルチモア・アンド・オハイオ社の統制権を失った。[265]

　J・ローレンス・ローグリンが1918年に次のように書いている。第一次世界大戦以前の米国は海外市場の信用動向にかなり影響されていたと強調しながら，ある大手鉄道会社の社長から聞いた話を紹介している。この社長はニューヨーク市場において300万ドルないし400万ドルを要求したが，1890年のベアリング危機により資金調達が中止になったという。西部のライバルたちは，料金を値下げし，「まったく理性に反して，ただ状況適応のための反復で（がむしゃらに）」運行量を確保した。こうした会社の証券は主にイギリスで保有され，米

第**6**章　鉄道と土地

国の短期金融市場において「ベアリング社から現金を回収する最高の手段」として販売された。ニューヨークで外国人の所有が高まったときに，その鉄道会社は大口受け取りをせざるを得なかった。ローグリンは「このようにしてアルゼンチンの国債（ベアリング危機の引き金になった）とわが国の太平洋側地域における鉄道料金・信用との関係は直接的で必然的なものになった」と結論づけた。[266]

　外国の金融機関は鉄道の合併を支援した。私はグレート・ノーザン社とノーザン・パシフィック社との合併過程におけるドイツ銀行の役割に関して言及してきた。コリス・ハンティングトンが1897〜99年に，セントラル・パシフィック社とサザン・パシフィック社との合併を願った際，前者の財務状況の調整を要求している。ニューヨークのシュパイアー社，ロンドンのシュパイアー・ブラザーズ社，フランクフルトのラザード・シュパイアー・エリセン社，アムステルダムの企業（Teixeira de Mattos Brothers），そしてドイツ銀行がセントラル・パシフィック社の再編に関与した。セントラル・パシフィック社をサザン・パシフィック社に移管する過程でロンドン委員会は一定の役割を果たした。[267]

　外国からの影響をさらに検討するために，私はトーマス・コチュランの鉄道指導者組合のところに行った。鉄道の経営者たちは外国人投資家の役割をどのように認識していたのか。1888年 6 月12日，ミシガン・セントラル社の会長であるヘンリー・レドヤードは鉄道会社の重役の同僚に次のような手紙を出した。

　　鉄道資産を保有している人から私が聞いたのは，外国人が相当の株を保有していることである。外国人株主が配当収入だけを狙っていると思うのは話にならない。……外国人投資家は毎年の配当のみを好むし，ビジネスが十分に成長していないこの国において，いかに収益の改善や資本勘定の増加をするかに関しては理解していない。[268]

　ルイヴィル・アンド・ナッシュヴィル鉄道が配当よりは拡張投資を選択しようとしたとき，外国人株主はこの案に反対した。会長と株主との葛藤を鎮めるために，同社は1888年「株式配当」を行ったが，このアイデアはロンドンの株主たちが提案したもので，歴史家によれば同社初めてのケースであるという。[269]

369

第Ⅱ部　世界最大の債務国

　ヘザー・ギルバートは，ユニオン・パシフィック社に投資していたベアリング・ブラザーズ社の理事のガスパード・ファーレが1906年3月8日にE・H・ハリマン宛てに出した手紙を引用している。「今日私が手紙を書くのは貴方の配当に関するものです。6％はかなり大きいと思いますが，これに満足していないのは貪欲というものです」。そして，ギルバートは1906年8月にユニオン・パシフィック社の配当が6％から10％に引き上げられたと加えている[270]。

　要するに，米国の鉄道証券に投資をしたり仲介をしたりした外国の金融機関は，決して受動的ではなかった。彼らは鉄道そのものを経営することは望まなかったものの，状況変化により，頻繁に関与しなければならなかった。鉄道会社に対する外国の投資銀行の位置というものは米国の投資銀行のそれに非常に近い。反対に，外国の商業銀行は鉄道証券を単なる有価証券として保有していたが，これは一般的に取るに足らないものであった（彼らは満足しない場合，証券を売却した）。

　投資信託会社は鉄道会社の経営には影響力を行使しようとしなかった（影響力の行使に必要なほどの持ち分を保有するケースはほとんどなかった）[271]。ロバート・フレミングは例外的な人物で，いくつかの保護委員会に関わった[272]。また彼は数年間ノーフォーク・アンド・ウェスタン社の役員を務めた[273]。1884年，彼はサー・アーネスト・キャッセルおよびジェイコブ・シフといっしょに，テキサス・パシフィック社[274]の再編過程に参画し，1894年にはアチソン・トピカ・アンド・サンタフェ社の再編過程では重要な役割を果たした[275]。1914年には，彼はシカゴ・グレート・ウェスタン鉄道社の議決権のある受託者であった[276]。

　ベアリング家，ロスチャイルド家，ドイツ銀行，フレミングをはじめ，米国の鉄道証券をイギリスやヨーロッパの投資家に推薦した企業人は誰でも，彼らのアドバイスが良いパフォーマンスにより裏打ちされるのは大切なことであった。彼らの評判がかかっていたので，彼らは鉄道会社の収益には直接的な関心を示していた[277]。

　米国の鉄道証券を保有する外国企業（非鉄道企業）は，銀行が証券発行，財務的利益やその他の事業（担保として保有する場合）をはじめとした関連投資を行った。一般的に認識されているよりは頻繁に，投資銀行（マーチャントバンクを含む）は米国鉄道企業の財務管理に深く関わっていた。イギリス人，オラン

第6章　鉄道と土地

ダ人，ドイツ人が受動的というのは真っ赤な嘘である。銀行は鉄道会社の経営には関心がなかった。彼らは知識と，彼らの持ち分が大きい場合に彼らの利益を代表してくれる重役会のメンバーをほしがっていた。そして不満がある場合には，見返りに条件の変更や経営への干渉を行った。彼らは債権の利子は維持しなければならない，配当は払わなければならない，高ければ高いほど良いという考え方に徹していた。彼らはレートの安定がよりよい財務成果に寄与するものとみていた。重役会の彼らの代表は，彼らの利益を守り，証券保有者に見返りが支払われるのを見届けた。彼らは専門知識を利用して経営の弱い鉄道会社の財務再建を手伝った。彼らは相当の影響力をもっていたが，それは彼らの援助が組織再編には不可欠であったためである。この点では，米国の投資銀行とその役割における差はまったくなかった。[278]

　多くの外国の商業銀行は，自らの証券投資のために鉄道債券や株式を購入した。株式ブローカーや仲買人は臨時的に鉄道証券を保有していた。投資信託会社は多様な証券投資のために優良証券を探し求めていた。彼らは低いリスクと高い収益を求めていたが，経営統制には興味がなかった。大手投資信託会社のなかで，ロバート・フレミングは米国の鉄道再編成に直接介入した稀なケースであった。[279]保険会社やその他の企業が鉄道事業に投資をする第1次的な目的は，自分のビジネスを拡張するためではなく，安定的な収益の確保にあった。米国の鉄道に投資を行った多くの外国の商業銀行，株式ブローカー，仲買人，ほとんどの投資信託会社，そしてすべての保険会社，製造企業，小売企業は，鉄道会社の取締役会に彼らの代表を送り込めるほどの持ち分は保有していなかった。彼らは純粋な証券投資のための投資を行い，もっぱら財務基準に基づいて売買を行った。

　外国投資家の3番目のカテゴリーは，鉄道会社であった。イギリスやヨーロッパの鉄道会社が米国の鉄道に関連する投資を計画したり，実施したりしたケースは皆無であった。言い換えれば，どこの鉄道会社も，蒸気船を通して自分の線路を米国まで延長することに伴うビジネスには見向きもしなかった。[280]反対に，カナダの鉄道は，そのほとんどがイギリス資金によるものだったが，システムの完結のために国境を越えた。クレオナ・ルイスは，基本的にカナディアン・パシフィック社およびグランド・トランク（カナダ）社が主導したこの直

371

第Ⅱ部　世界最大の債務国

接投資の大きさを8200万ドル（1914年）と推定している。[281] この年，カナディアン・パシフィック社は，5320万ドルに及ぶ資本金と負債によって米国の鉄道会社を統制した。カナダのグランド・トランク社の場合は，2290万ドルであった。[282] こうした投資はイギリス投資なのか，カナダ投資なのか，その分類にややこしい点がある。なぜなら，その投資はその財務連脈のもとをたどるとイギリスまでつながっているためである。[283]

　ハーバート・マーシャル，フランク・サザード，およびケネス・テーラーはカナダ鉄道による米国の主要地までの延長事例を要約した。国立カナダ鉄道の前身，セントラル・バーモントグループ，グランド・トランクグループ，カナディアン・ノーザングループは，バーモント州，メイン州，ニューヨーク州北部，さらにシンシナティ，デトロイト，ダルースにつなぐ1778マイルの線路を建設した。[284] カナディアン・パシフィック鉄道は米国に5000マイルを超す線路を保有していた。同社の最初の米国路線はニューイングランドの北部にあった。1887年にはシカゴまで延長を計画していた。1888年にはミネアポリス・セントポール・アンド・スーセントマリー（スー・ライン）社を傘下に収め，他の米国鉄道との連携が続いた。[285]

　このようなイギリスの資金支援を受けたり，場合によってはイギリスが直接コントロールをしたカナダ鉄道は米国内の競争状況を変化させた。例えば，1870年代後半，グスタフ・スウィフトが冷凍食肉を運ぶための冷凍列車を利用しようとしたとき，米国の鉄道会社はこのアイデアに反対した。その理由は普通貨物の運賃収入の低下および家畜車両や東部の家畜一時置場における投資損失を心配したためであった（ニューヨーク・セントラル社およびペンシルベニア社は東部に家畜一時置場を保有していた）。これに対してスウィフトは自社製の冷蔵庫を作ることで対応した。彼はこれをカナダ鉄道，グランド・トランク社で運ばせた。この鉄道は家畜輸送の取り扱いが多くなかったので，幹線鉄道協会のメンバーではなく，持続的に料金を引き下げることで有名であった。威嚇が効いて，スウィフトは自分の新機軸を導入した。[286]

　1897年，グランド・トランク社はシカゴ進出をめぐる戦いに勝利を収めたが，これはもちろんスウィフトにも機会の到来を意味していた。早くもグランド・トランク社の40％の貨物は，シカゴを起点とするものであった。歴史家メリ

372

第**6**章　鉄道と土地

ル・デニソンによれば，ジョージ・ステファンはグランド・トランク鉄道と親しい関係を維持していて，彼がモントリオール銀行の会長を務めていたとき（1876〜81年）にはグランド・トランク社事業との関係でシカゴを頻繁に訪問した。[287]

　ここに競争を仕掛けたのがカナディアン・パシフィック社であった。1887年1月15日，ミシガン・セントラル社の会長であったヘンリー・レドヤードはコーンルウス・ヴァンダービルト宛てに手紙を出す。「私はカナディアン・パシフィック社をシカゴから追い出すことができると思わない。カナダ政府の支援のもとで，彼らは希望する地域ならどこにでも建設ができる立場にある。したがって，ここで問わなければならない問題は次のポイントである。彼らとどのような調整を行えば，あらゆる利害関係者に公平な形になるだろうか。そして西部への拡大をどのように防ぐのか」。レドヤードはニューヨーク・セントラル社，ボストン社，オルバニー社の利害関係も議論に含めるよう提案した。[288]1888年，レドヤードはミシガン・セントラル（A・マッカイ）の一般貨物担当の代理店に宛てた手紙のなかで，カナディアン・パシフィック社が近い将来「われわれの最も恐い競争相手」の一つになると語っている。[289]カナディアン・パシフィック社は積極的な拡張を続けた。[290]ジョージ・ステファンはカナディアン・パシフィック社（1881〜88年の間に会長を務めた）およびジェームズ・ヒルの鉄道合弁事業の両方とも緊密な関係にあるが，この点はたとえ両者の間に諍いがあったとしても，少なくともステファンがカナディアン・パシフィック社に影響力を保持していた時期には，互いが傷つくまでには発展しなかったことを示唆する。彼は1892年までカナディアン・パシフィック社の4名の執行役員の一人であり，1893年まで同社の理事であった。[291]ヒルの鉄道に巨額を投資していたもう一人の巨人ドナルド・スミスは，ステファンと同様，カナディアン・パシフィック社の4名の執行役員の1名であった。[292]同じく，グランド・トランク社によりヴァンダービルトの持ち株が挑戦を受けたとき，ヒルは比較的冷静さを保っていた。われわれはステファンの影響力を識別できるのか？[293]

　クレオナ・ルイスは1914年に米国鉄道に投資をしていた外国人のなかでメキシコ人によるものは320万ドルに及ぶという。[294]2つのメキシコ鉄道が国境を越えた。(1)メキシカン・セントラル社。これはイギリス人の資金によりイギリ

373

第Ⅱ部　世界最大の債務国

ス人が設立，管理していた会社である。(2)メキシカン・ナショナル社。この会社は米国において設立されたが，イギリスと米国資本によるものである。この[295]２社は1906〜07年の間にメキシコ政府に吸収され，メキシコ国有鉄道に編入された。このようにカナダやメキシコの鉄道が米国内まで延長されたのは，多[296]国籍企業型の投資を意味する。こうした投資は直接投資であった。

鉄道産業への外国人投資に関する結論

　海外からの巨大資金（その主役はイギリス，ドイツ，オランダ，フランス，カナダであった）が米国鉄道産業の資金調達に大きなインパクトを与えた。こうした海外資金の存在なしでは，米国の鉄道ネットワークがあれほど迅速かつ効率よく完成されることは難しかっただろう。海外資金の影響は資金援助を超えて，経営（無数の組織再編）や競争にまで影響を及ぼした。カナダ鉄道（あるいはメキシコ鉄道のマイナーなケース）を除けば，鉄道産業においては多国籍企業型の投資は存在しなかった。だからといって，巨大投資を行った外国人投資家が自[297]分の投資先に興味を示さなかったわけではない。リランド・ジェンクスは，イギリスの資本の大きさに比べれば，イギリス人の創業者精神やリーダーシップ，統制は小さかったと強調するが，中身を確認する必要がある。私はドロシー・[298]アドラーの意見に賛成だが，彼女によれば，1890年頃からイギリス人投資家は米国の鉄道経営により積極的に関与するようになったという。イギリス人，オ[299]ランダ人，ドイツ人がアメリカ人代理人を選任したことは，無関心や影響力のなさとは距離がある。

　最も大切なポイントはすべての外国人投資家が同じ立場にいたわけではないことである。例えば，マウント・ステファン卿が所持した株式を相続した未亡人や孤児，ベアリング・ブラザーズと共同のノバスコティア銀行，ジョージ・シーメンスと共同のドイツ保険会社ニューヨーク支店，あるいはロバート・フレミングと共同のシェルグループのロバート・ウォレイ・コーヘンでさえも間違いをした。それぞれの組み合わせにおいて，投資家たちは，重役会や再編委員会に自ら参加，あるいは代理人の派遣，そして戦略的な意思決定を手伝うことによって，米国の鉄道発展には直接的かつ重大なインパクトを与えた。彼ら

第6章　鉄道と土地

の売買注文によって証券価格が騰落した。彼らの援助は根本的であった。反対に，組み合わせのなかの前者は，プライステイカーであった。すなわち，彼らは純粋な証券投資を行っていたので，彼らの売買によって株価や鉄道会社が影響を受けることはほとんどなかった。私はドロシー・アドラーの結論に賛成だが，彼女は米国の鉄道におけるイギリス人の参加の仕方は，100％所有（銀行グループが所有していたアラバマ・グレート・サザン社）から微々たる所有（ペンシルベニア社とニューヨーク・セントラル社のケース）まで分布しているという。[300]

　海外投資家の第1の投資目的は資産収益率に集中した。米国鉄道証券の購入者は国内投資では得られない収益を上げ金持ちになった人も多かったが，[301]お金を失ったものもいた。[303]投資の目的が財務的な側面にあったため，ヨーロッパの投資家は規則的な利子の支払いと満期には元本を償還してくれることを期待していた。より高い配当を声高に要求した。初期段階ではオランダ人とドイツ人のほうがより冒険的で，開発途上の鉄道に投資をした。19世紀後半から20世紀初期には，イギリス人の関与がより大きくなった。20世紀の初め頃には，西部に延びる鉄道はもはや開発途上ではなく，フロンティアはなくなった。鉄道は国を統合する役目を果たした。

　鉄道の経営者は配当を高くすればするほど，より多くの資本が入ってくるということは知っていた。これはいつも健全なものとは限らなかった。アルブロ・マーティンの結論によれば，ヘンリー・ヴィラードはノーザン・パシフィック社の重役兼経営者としてドイツの資本を引っ張ってくる魔術師ともいわれたが，しかしこれが同社のハンディキャップになってしまった。なぜなら，「ノーザン・パシフィック社は，緊急を要していた線路設備の改善は後回しにして，配当はもちろん新株公募から集めた資金で利子も支払った」からである。[304]

　マウント・ステファン卿が示した米国鉄道の拡張ビジョンおよび当面の財務的利益を超えた持続的な援助は，E・H・ハリマンも指摘しているように，彼が外国人投資家のなかでは例外的存在であったことを意味する。他方，イギリス，オランダ，ドイツの銀行が行った財務再編措置は通常（いつもではなかったものの）当該鉄道会社の体質を強化する働きをした。[305]ここで言及しておかなければならないことは，イギリスやヨーロッパの大陸において，遠くから管理することに伴う困難さにつき，実質的な議論が行われていたことである。その典

第Ⅱ部　世界最大の債務国

型的なコメントとして1891年にマールボロ公爵は,「米国に進出したイギリス企業は純粋なイギリス式経営を行うか, それともイギリスから直接コントロールしているが, こうしたやり方の一番大きな欠点は, 短い手のようには長い手を効率よく動かせないという点である。こうした経営ではニューヨーク所在の米国企業やアングロアメリカン企業との競争に耐えられない」と述べた。[306]

　さらに, 海外投資家による影響力行使とコントロールとは区別しなければならない。外国人投資家は米国の鉄道に関して影響力を行使できるチャンスに恵まれていたし, 頻繁に行使したということを示す証拠は豊富である。ここでいう影響力とは, 投資家は結果を変えられる能力は有しているが, その範囲は制約され制限されているという状態を意味する。反対にコントロールとは, 鉄道企業の戦略や戦術を策定できる全般的な能力を意味するが, 行使されたことはあったが, 長期に及ぶことは稀であった。[307]新規ラインは膨大な資金需要があったため, 既存ラインに比べて外国からのコントロールにはより脆弱な立場にいた。[308]既存ラインは新規資本をほとんど必要とせず, 資本の返済に必要な適正な収益は確保していた。

　米国は鉄道の経営者が装備や運営を自由にできるようにした。インドからアルゼンチンまで, イギリス人が鉄道に投資をする際には, 現場のマネジメントおよび車両を供給し, 直接コントロールを行った。米国では反対であった。経営者, 装備, レールそのものは米国製で, アメリカ人が基本的な業務的, 戦略的意思決定を行った。外国人投資家の持続的な関心は, 彼らの代表として信頼できる人材をどのように選ぶのか, その代表を通じてどれくらいの影響力を行使できるかにあった。彼らの財務再編と重役会に送り込んだ理事は, 彼らの利益を保護するための影響力があった。

　要するに, 国内よりは米国のほうが投資の利回りが大きいと思った外国人投資家による相当な量の投資だけでなく, 資本調達能力をもつイギリス, オランダ, ドイツの銀行の活躍によって, 米国鉄道システムの建設は影響を受けたということである。外国人投資家は自分の利益を守るために経営者の選任や政策の策定に影響力を行使しようと努力した。米国の鉄道ネットワークは外国からの資本に依存していたが, そこには付帯条件もそえられていた。

第6章 鉄道と土地

土 地

　鉄道が全国に浸透し，西部への人口移動が始まると，地価が上昇する。1870年代後半，特に1880年代の初期，土地や土地抵当における主な新規投資は個々の外国人と米国の南西部に立地する企業によって行われた。こうした投資は直接的，間接的に鉄道網の拡張を刺激した。

　巨大な土地を無償提供された鉄道会社は，外国人購入者を探していた（定住者がメインであったがたまには投資家もいた）。ノーザン・パシフィック社に保管されている手紙では，1881年12月17日，イギリスのストックポートに住むリチャード・サイクス氏宛てに「ジェームズタウン支店近所の貴下の土地」，1882年5月4日，「ノーザン・パシフィック鉄道沿線の土地にマンチェスター公爵が興味を示している」と書いている。

　鉄道会社の土地を購入する目的で会社が設立された。クローズ兄弟（3名が米国に移住し，1名はロンドンに残った）はそういう土地を売買し，会社を組織して，イギリス資本を引いてきた。彼らは1881年に設立されたアイオワ土地株式会社に関係している。そしてカンザス土地株式会社（同社は1885年カンザス・パシフィック鉄道から10万エーカーの土地を購入した），第2のカンザス土地会社（同社は1886年アチソン・トピカ・アンド・サンタフェ社から15万エーカーの土地を購入した）にも関与した。なお，他のクローズ兄弟の会社であった西部土地会社は1887年シカゴ，ミルウォーキー，そしてサンタフェの各鉄道社からアイオワに所在する3万8000エーカーの土地を購入した。

　アラバマ・アンド・チャタヌーガ鉄道における外国人投資家は鉄道債が不渡りになり，その代わり土地をもらった。1880年にはテキサス・アンド・パシフィック社は自社の土地64万エーカーの所有権をフィラデルフィアのフィデリティ保険信託・安全預金会社に移管したが，これは外国人権利主張者（鉄道への外国人投資家）への信託財産であった。

　一部の外国人投資家は自ら土地を購入した。米国企業や外国企業の社債，株式を購入した際，それに土地が付帯していたこともあった。メンフィス・エルパソ・アンド・パシフィック社をめぐる詐欺（第4章を参照せよ）の渦中で，同

377

第Ⅱ部　世界最大の債務国

社のフランス人債権保有者はフランコ・テキサス土地会社の株主になったが，テキサスで設立されたこの会社は56万7000エーカーを保有していた。1876年7月25日に設立されたこの会社は，倒産した鉄道抵当債券の利子410万ドルを肩代わりする意図でつくられた。[315]J・フレッド・リピイの試算によれば，1880年から1890年の間に，イギリスでは米国の土地や土地抵当債券を保有するために，60社以上の会社が設立されたという。[316]イギリスの投資家は上記のイギリス人が設立した土地会社を通じて投資を行った（第14章参照）。もちろんドイツ人やオランダ人が設立した土地会社もあった。[317]1871年に設立された合衆国抵当社（第4章参照）は外国資本を利用しながら農場抵当を提供した。[318]

　西部の新設農場とともに重要な不動産会社が登場した。例えば，ニューヨークの公正抵当社，ジャービス・コンクリン抵当信託社，ロンバード投資社，ワトキンス土地抵当社などは，海外からの資金調達（主にイギリス）に依存し，[319]もし抵当権実施失効があれば，抵当権は譲渡人の手に渡った。[320]

　1884年外国人非居住者による土地保有のリストが下院に提出された。表6-8をみてもらいたいが，何人かの大型保有者の名前が抜けている。この表に基づき，米国下院公的土地委員会は「イギリスの貴族（主としてイギリス人）が取得した土地の合計は約2100万エーカーであると突き止めた」[321]（この2100万エーカーを保有する外国人は，下院委員会の解釈では「貴族」であった）。[322]さらに，この委員会は，「米国の鉄道や土地抵当債券絡みで外国人が保有する土地は1億エーカーに達するが，不渡りの際にはこれも（外国人）債権保有者の手に入るだろう」[323]としている。

　1880年代初期，議員，伯爵，公爵，侯爵夫人たちがイギリスで新たに設立された土地会社の重役会の席に座っていた。彼らはこの会社に栄誉を添えるために参加し，イギリス人投資家を引きつけるためにそこにいた。こうした貴族の多くは，すでに物件調査の目的か，あるいは当分の間滞在する目的で米国を旅行した経験の持ち主であった。[324]外国人が取得した土地のなかには鉱物資源（第7章，第8章参照）が埋蔵されていた。最も巨大な土地を保有していたテキサス，ニューメキシコ，モンタナ，コロラド，ワイオミング，ダコタ地域は牧場向けであった（第9章参照）。投資家は農業用の土地も所有していた（トウモロコシ，小麦，米，テンサイ，オレンジ木，木綿）。何人かは森林地を所有していた。土地

378

第**6**章　鉄道と土地

表6-8　1884年3月27日と6月3日の「最近の時期」に外国人によって購入された土地のエー
　　　カー数

購入者	場所	エーカー数
イギリスシンジケート No.1あるいは「オランダ土地会社」	テキサス ニューメキシコ	4,500,000
イギリスシンジケート No.3（XIT 牧場）	テキサス	3,000,000
サー・エドワード・J・リード・シンジケート（フロリダ土地抵当社）	フロリダ	2,000,000
J・フィルポッツ，首位イギリスシンジケート	ミシシッピ	1,800,000
肉牛牧場土地会社，ロンドン（トウィーデール侯爵）	テキサス	1,750,000
フィリップス・マーシャル社，ロンドン	ミシシッピ	1,300,000
ドイツシンジケート	不明	1,100,000
ロジャース（あるいはロッドジャース）氏を首領とするアングロ・アメリカンシンジケート，ロンドン	不明	750,000
ブライアン・H・エバースを首領とするイギリス会社，ロンドン	ミシシッピ	700,000
M・エラーハウザー，ハリファックス，ノバ・スコティア	ウェストバージニア	600,000
スコットランドシンジケート	フロリダ	500,000
サウザーランド公爵	アイオワ／ミネソタ	425,000
ブリティッシュ土地抵当社	カンザス	320,000
ウィリアム・ウェイリィ，M・P・ピーターボロウ，イギリス	不明	310,000
ミズーリ土地家畜社，エディンバラ	ミズーリ	300,000
スコットランド会社，ダンディー	不明	247,000
ロバート・テナント，ロンドン	不明	230,000
ミズーリ土地会社，エディンバラ	ミズーリ	165,000
スコットランドシンジケート	カリフォルニア	140,000
ジョージ＆アレキサンダー・グラント，ロンドン	カンザス	135,000
ダンモア卿	モンタナ	120,000
イギリスシンジケート（代表クローズ・ブラザーズ社）	ウィスコンシン	110,000
ベンジャミン・ニューガス，リバプール	不明	100,000
ヒュートン卿	フロリダ	60,000
ダンレイヴン卿（エステス・パーク社）	コロラド	60,000
イギリスシンジケート	フロリダ	59,000
A・ボエセン，ミルウォーキーのオランダ領事	ウィスコンシン	50,000
イギリス土地会社	フロリダ	50,000
イギリス土地会社（ベンジャミン・ニューガス）	不明	50,000
「イギリス資本家」	アーカンソー	50,000
アルバート・ピール，M・P・ライシェスターシャ（おそらくアルバート・ペルのことで，彼はイングランド・スコットランド・アメリカ抵当・投資株式会社の会長だった）	不明	10,000
サー・レスター・ケェイエ（またはケイ），ヨークシャー	不明	5,000
合　計		20,996,000

出所：私は，2つのリストを一括し，いくつかの明らかなスペルミスを訂正し，その他いくつかの修正を
　　した。ニューヨークのN・W・ナッティングは，1884年3月27日の下院におけるスピーチで2094万

第Ⅱ部　世界最大の債務国

1666エーカーを所有する外国人投資家たちのリストを示した。デラウェアのチャールズ・B・ロアは，1884年6月3日に下院に同様の（同じではない）2074万7000エーカーを数えるリストを提出した。両方のリストは，U.S. House of Representatives, 48th Cong., 2nd sess., 1885, Exec. Doc. 247, p. 46. のなかに再録されている。読者は，私の一括リストの不正確さに気づくはずである。すなわち，例えば，元のリストには「イギリスシンジケート No.2」は出ていない。450万エーカーはナッティングの名簿には「イギリスシンジケート No.1，テキサス」として，そしてロアのものは「オランダ土地会社，ニューメキシコ」として，リストアップされていた。これは同じ450万エーカーであるはずである——しかし，私が行った「フロンティア」歴史家へのおびただしい数の質問では，この規模の土地所有を特定することには失敗した。その説明については私の本文を見られたい。各リストは重複を含んでいる。ミシシッピの70万エーカーとフィリップス・マーシャル社の所有する130万エーカーは同じ土地であるようにみえる（次のものを見よ。Robert L. Brandfon, *Cotton Kingdom of the New South,* [Cambridge, Mass. : Harvard University Press, 1967], pp. 52-59. これは，いずれにせよ，ブランドホンによれば，1884年まではイギリス人の手に所有されていたわけではない）。Cleona Lewis, *America's Stake in International Investments*（Washington, D.C. : Brookings Institution, 1938), pp. 563-569は，外国人所有の土地2670万エーカーのリストを再録しているが，これはもともと *Philadelphia Bulletin,* Dec, 6, 1909に公表されたもので，それは，1884年リストに基づいていたように思われる（同じような多くの凸版印刷ミスがある）。この公報のリストにはさらなるエラーがあり——そしてまた1909年には外国人投資家には属していなかったことが私にはわかっている土地を含んでいた。

はディベロッパー（コロナイザー）に渡り，彼らはそれを細かく切って，定住を求める入植者に提供した。まったくの投機目的のものもあった。アメリカ人はたびたびヨーロッパの資本を求めていたのである。

　表6-8のなかで，450万エーカーという最も大量の土地の保有者は，あるリストには「イギリスシンジケート No. 1，テキサス」，他のリストには「オランダ土地会社，ニューメキシコ」となっている。私の考えでは，保有者は2社ではなく1社で，4ではなく1のタイプミスではないかと思う（このリストには同類のミスが多すぎる）。そして問題の土地会社は，かの有名なニューメキシコ州のマックスウェル土地授与社（Maxwell Land Grant Company）で，その前身のイギリスシンジケート（第4章参照）から設立された。イギリス人が関与したこの会社に関し，その名前をオランダ土地会社に変えた時期も長期間あったのは事実である。巨大なオランダ人投資が関与したのである。このよく知られた事実がどこのリストにも載っていないということは，私の指摘が正しかったことを示す。第4章において，私はニューメキシコのマックスウェル土地授与・鉄道社の起源について述べたが，同社は1875年夏に倒産してしまった。1877〜79年の間，譲渡の大きさはまったく不明で，米国政府が合法性を受け入れたのかもわからない。しかし1877年の調査では，171万4764エーカー（2680

380

第**6**章　鉄道と土地

平方マイル）が申告され，1879年5月19日内務省長官，カール・シュルツがそれに特許を発行している。

　土地の譲渡が一段落するに従い，「前ウォール街仲介人でロンドンのブローカー」であるフランク・レミントン・シャーウィンは同社の経営再建過程に，オランダ人債券保有者とともに参加した。1880年4月20日，以前の倒産会社に代わる新会社のマックスウェル土地授与社がオランダの法律のもとで設立された。この会社はオランダ人がコントロールしていて，シャーウィンが会長であった。彼はニューメキシコ州に住んでいたが，彼の家はペルシアン・スタイルとメキシカン・スタイルが半々で，贅沢な生活ぶりであった。彼が企業の金を盗んでいると確信したオランダ人は，彼を除去するために，1883年にオランダ人ブローカーのフレドリック・ジゲラーと投資家でもあった2名のオランダ人卿をニューメキシコに送った。激しい遣り合いの末，シャーウィンを追い出すのに成功した。ある観察者は「ジゲラー氏は彼をマックスウェルから追い出し，これ以上損害を与えれないようにしたが，もしあの夜問題が解決しなければ，彼と一戦を辞さない構えでいた」と書いている。自分の土地に対して権利を主張する（不法居住者との戦争の）ために，自分の資源（石炭と金）を開発するために，家畜を育てるために，土地を売るために，所得のソースを見つけるために，マックスウェル社がいかなる努力をしたのかに関しては，ジム・ベリー・ピアソンが著した『マックスウェル土地授与社』が詳しい。1914年頃までこの投資はニューメキシコにおけるオランダ人による巨大投資の一つであった。[325]

　1850年からイリノイの土地購入を始めたアイルランド人のウィリアム・スカリーは，1870年代および1880年代初期頃には，イリノイ，カンザス，ネブラスカ，ミズーリ（1890年代）の農場を購入し，保有土地は大きく拡大した。1888年には18万3000エーカー，1896年は22万5000エーカーに達した。22万5000エーカーのために彼は250万ドルを払った。彼の保有面積はマックスウェルや他の外国人投資家（表6-8を参照）に比べるとはるかに小さかったが，彼の経営方式は大きな関心を集めた。1870年以降，スカリーは土地を売却せず，現金リースを行っていたからである。彼の収入は米国に住む居住者からのものであった（もちろんアイルランドからも）。1878年以降，彼は非居住外国人による大規模土地保有に反対していた人民主義者のターゲットになった。[326]

381

第Ⅱ部　世界最大の債務国

　西北中央州におけるイギリス保有は，その規模に比べると，より注目され批判された。ラリイ・マクファーレインによれば，1890年イギリス人保有比率はノースダコタで1.8％，ミズーリ１％，サウスダコタ0.6％，ネブラスカ0.4％，ミネソタ0.06％にすぎなかった。[327]マクファーレインはカンザスとアイオワに関して，カンザス州のスカリーおよびアイオワ州における何名かの短期保有者を除けば，1890年代この２つの州においてイギリス人は主要土地所有者ではなかった。[328]表６-８の1884年のリストにあるカンザス州のブリティッシュ土地抵当社，ジョージ＆アレキサンダー・グラント社やサウザーランド公爵は，アイオワとミネソタのものであることが判明した。[329]スコットランド生まれでグラント＆ガスク社（旧名）をもつジョージ・グラントは10万エーカーの土地を保有していたが，彼は1870年代半ばカンザスに移民しているので，この表から除外しなければならない。[330]いずれのケースでも，中西部における土地保有は，その規模においてテキサス，ニューメキシコ，フロリダ，ミシシッピにおける巨大土地保有には適わぬものであった。

　南部では外国人投資家は巨大な造成用地を購入した。C・ウッドワードはイギリス人シンジケートが1881年フロリダにおいて200万エーカーの土地を購入したと書いている。イギリス人下院議員リードは，この土地を保有し，利益を上げるために分割して販売する目的で1882年にフロリダ土地抵当社を設立した。1888年５月まで，同社は当初の土地160万エーカーを依然として保有していた。[331]ロンドンのフィリップス・マーシャル社は1881年にヤズー・デルタ地域の13万エーカーの土地をミシシッピ州から購入したといわれるが，80エーカーだけが綿花畑，残りは松林であった。[332]

　1882年ノースアメリカ土地木材株式会社（NALTC）がロンドンに進出するが，その会長は議員 H・R・ブランドであった。同社は250万ドルの資金調達を（主としてイングランドで）行った。アメリカ人，ヤベツ・ワトキンスが管理していた会社と歩調を合わせて，NALTC はルイジアナ州の未開の沼地と草原150万エーカーを，エーカー当たり0.125ドルないし1.25ドルで購入した。このワトキンス・シンジケート（このグループはこのように呼ばれた）は，まず沼地の開拓を始め，その後新しい技術を活用して草原を耕作地に変えた。1889年頃ルイジアナ州は全米最大の米産地となった。[333]その間 NALTC は保有土地の販売

や処分を行った。1913年 6 月30日，同社が保有する土地は 7 万7111エーカーにすぎなかった[334]。

　カリフォルニアの果物に興味をもつ外国人がいた。エドウィン・ウォーターハウスはカリフォルニア州における灌漑およびオレンジ栽培に（1890年11月に設立されたリバーサイド・オレンジ株式会社経由で）投資した[335]。カリフォルニア州は木材分野においても外国人投資家を引きつけた。授権資本金90万ポンドのカリフォルニア・セコイア株式会社は1883年 7 月にエディンバラで設立されたが，ハンボルト郡のアメリカン杉林を購入した。この事業に必要な225万ドルはイギリスにおいて瞬時に集められた。製材所も購入したが，しかし同社は1878年の米国木材法違反および土地詐欺により起訴されることによって1885年に清算された[336]。

　他の地域でも木材は外国人投資家を引きつけた。例えば，1884年グラスゴーの投資家は授権資本金 4 万ポンドのスコットランド・カロライナ木材土地会社という会社を設立した。同社はノースカロライナ州アッシュヴィルの北西に位置する松林 4 万エーカーを購入した。そして，スコットランドからの定住者を引きつけるために，木材切断，土地開発，家畜飼育等を計画していた[337]。

　森林地への投資は森林開発を目的に設立された会社によるものが多かったが[338]，仲介商が関わる場合もあった。1880年，グラスゴーの木材仲介商，アレキサンダー・ミッチェルはカナダおよび米国の森林地と木材伐採権を購入するために，他のスコットランド人やモントリオール，トロントのクック・ブラザーズ社（ハーマン・クックは木材商人であった）と手を組んだ[339]。1889年，フロリダ州ペンサコラ近くの 3 社が運んでくる木材製造とリギダ松の事業を吸収する目的で，南部諸州土地木材株式会社という会社をロンドンに設立した[340]。

　この調査は単にサンプルを提供するだけである。1889年急激に伸びていた外国人による米国土地への投資は減少に転じるが，その原因は部分的にはアメリカ人の反発によるものであった。こうしたアメリカ人の情緒を反映して，州レベル，連邦レベルにおいて外国人不在地主から土地を守る法律がつくられた。第16章において，米国の土地への外国人投資に関してアメリカ人が示した辛辣な反応を記録した。ここでは簡単な指摘にとどめるが，1885〜95年の10年間，12の州が，1887年には連邦政府がそれぞれ外国人財産保有禁止法案を通過させ

第Ⅱ部　世界最大の債務国

た。もちろん投資ブームは巨大家畜会社の収益性が失望的であったことで低下した（第9章参照）。1890年代は農場の価値が非常に低迷し，地主が損失を被った時期であった。未開地が少なくなるにつれ価格の下落テンポが遅くはなったが，値上げが期待できる安くて良い土地はもはや期待薄であった。[341]

　20世紀の初め頃，外国人や個人投資家による新しい投資が，土地賃貸，木材，綿花関連に行われるようになった。リバプール市の企業バルフォア・ウィリアムソンのカリフォルニア支社であったバルフォア・ガスリー社は農地と土地開発に投資を行った。土地開発は抵当権の譲渡によるものであった。[342]1903年，ブライアント＆メイ社というイギリス有数のマッチ企業（1903年にはアメリカ人がコントロールしていたとみられるが）は，カリフォルニアの松森林18万エーカーの利益を確保する目的で，10万ポンドの社債を発行した。翌年，ブライアント＆メイ社はカリフォルニアでの仕事を完成させるために，ポンド建ての社債15万ポンドを追加発行した。[344]しかしながら，1908年同社は保有していたカリフォルニアの土地の半分を合弁相手であったダイヤモンド・マッチ社に216万ドルで売却した。社債により調達した資金のみが投資されたとすれば，この金額は投資金額を上回るものである。[345]1911年には別のイギリス会社（今回は間違いない）が後方統合の一環としてミシシッピの綿花プランテーションを取得した（第10章参照）。

　土地に対するオランダ人の投資は，マックスウェル土地授与社およびその関連会社に集中しているが，その他の会社にも投資は行われた。[346]非居住ドイツ人による土地所有もあった。しかし，ほとんどのドイツ人地主は移民を選択し，この国に住みついたため，私の研究の対象外になっている。表6-8に含まれている「ドイツシンジケート」が保有する110万エーカーの土地は，鉄道債の不渡り，あるいは鉄道会社による土地売却により取得したものである。彼らが引き続き土地を保有していたかどうか，私は証拠をもっていない。1914年までには初期のイギリス人非居住地主はなくなってきたし，鉄道会社もかつてのように巨大な土地を販売することはなくなった。米国の土地に対する外国人投資が次第に減少してきたのである。

　要するに，鉄道網の拡張によって米国の西部・南部の土地は，外国人投資の主要対象になった。1884年2億1000万エーカーの土地が外国人によって所有さ

第**6**章　鉄道と土地

れているという話は，アメリカ人を悩ませる亡霊になった。鉄道経営が失敗し
たり，土地抵当が不渡りになれば，巨大な土地が外国人の手に入るかもしれな
いという恐怖が農民を脅えさせた。ヨーロッパの企業は100万エーカー以上の
所有が可能であったが，イメージをさらに悪くした。大衆は農業賃貸料の海外
への流出に怒っていたのである。しばらくの間，われわれの最も価値のある資
源でもある土地のほとんどが，外国人の手，それもイギリス人の手に渡ってい
っているようにみえたのである。しかしながら1914年を境に，海外投資家は土
地への魅力を失った。相対的ではあるが，鉄道に比べれば，土地への投資金額
はそれほど大きなものではなかった。

注

（1）　すべての文献は，鉄道産業が最大の外国投資がなされた産業であったことを示している。
　　Jeffrey G. Williamson, *American Growth and the Balance of Payments* (Chapel Hill :
　　University of North Carolina Press, 1964), 136. 左記の書は，1870年から1915年までの期間に，
　　海外で保有されたすべての株式のうち，米国私企業の資産は，大雑把にいうとその水準の60%
　　が鉄道産業であると推定している。ウィリアムソンは実際のところ，この分野は非常に重要で
　　あったがゆえに，彼の分析のなかで，「鉄道分野における状況がほとんど全分野に広まるほど
　　の，正味の長期外国投資需要であった」と述べている。残念なことにどの文献も，米国におけ
　　る鉄道への外国投資に関しては，積極的に取り上げていない。Dorothy R. Adler, *British
　　Investment in American Railways, 1834-1898* (Charlottesville : University Press of
　　Virginia, 1970). アドラーの卓越した左記の書でさえ，英国投資のみの掲載であり，しかも
　　1898年までしか扱っていない。リランド・ジェンクス（Leland H. Jenks）の次の2論文は，
　　ともに英国投資のみについてであるが，重宝である。"Railroads as an Economic Force in
　　American Development," *Journal Economic History*, 4 (May 1944) : 1-20, および "Britain
　　and American Railway Development," *Journal of Economic History*, 11 (Fall 1951) :
　　375-388. 出版されたハリー・ピアス（Harry H. Pierce）の著書は，1875年から1914年の間の
　　出来事に関しては，時折脱線しているにもかかわらず，著者は1875年以前の投資について強調
　　している。彼の次の書を見よ。"Foreign Investment in American Enterprise" and
　　"Discussion" in *Economic Change in the Civil War Era*, ed. David T. Gilchrist and W.
　　David Lewis (Greenville, Del. : Eleutherian Mills-Hagley Foundation, 1965), 41-61, および彼
　　の "Anglo-American Investors and Investment in the New York Central Railroad," in *An
　　Emerging Independent American Economy, 1815-1875*, ed. Joseph R. Frese and Jacob
　　Judd (Tarrytown, N.Y. : Sleepy Hollow Restorations, 1980), 127-160. 彼の次の書も見よ。
　　Railroads of New York (Cambridge, Mass. : Harvard University Press, 1953). オランダの米
　　国における鉄道業への投資については，次の書が役立つ。K.D. Bosch, *Nederlandse
　　Beleggingen in de Verenigde Staten* (Amsterdam : Uitgeversmaatschappij Elvesier, 1948),
　　136-178, 521-530. 同様に次の書も，ドイツの投資に関しては適している。Dietrich G. Buss,

385

第Ⅱ部　世界最大の債務国

Henry Villard (New York：Arno Press, 1978). Michael Edelstein, *Overseas Investment in the Age of High Imperialism : The United Kingdom, 1850-1914* (New York：Columbia University Press, 1982), 左記の書は，英国投資における，米国の鉄道産業に関する重要性を強調している。

　私は鉄道の歴史，企業家の伝記，マーチャントバンクの歴史およびその銀行にある古文書や，その他諸々のたくさんのデータを引用している。私の研究は，1875年から1914年までの米国鉄道に関する外国投資の研究について，重要な点を指摘している。これらの期間には，米国鉄道に対する英国投資ばかりではなく，ドイツ，オランダ，フランス，スイスおよびその他外国関係者の投資が含まれている。このような研究は，鉄道および銀行に関する古文書を，集中的に利用する必要があった。この章は，そのような研究のお膳立てをしなければならない。ムリエル・ハイディが私に指摘した如く，米国鉄道に関する文献が膨大にもかかわらず，歴史家は鉄道への融資の複雑性にごまかされてきた。そのことはまったく不思議なことではない。個々の鉄道会社が異なる期間の融資を必要としていた。異なるときに個々の鉄道会社が異なる融資の中間業者を頼りにした。鉄道会社はある期間にある銀行と関係し，後には他の銀行と接触した。ある1社の鉄道会社への融資では，2社あるいはそれ以上の銀行間の提携関係はたびたび変化していた。

（2）　U.S. Bureau of the Census, *Historical Statistics of the United States* (Washington, D.C., 1960), 427, 429. 数値は，1874年12月31日と1914年6月30日現在に関するものである。

（3）　しかし，米国鉄道に関する外国投資についての研究は，1875年から1914年までの間よりも，南北戦争以前の1860年代後期から1870年代初期のほうが，よりいっそう多くなされた。Adler, *British Investment*, 203-210, その一例として左記の書では，1865年から1880年までに発行された，鉄道債を列挙している。ただし著者は，1880年で終了としているが，この鉄道債発行は1880年で終了したわけではなく，その後も継続された。

（4）　一例として，英国の雑誌や新聞などの報告記事を見よ。*Economist, Statist, Financial Times, Financial News,* および London *Times.* 「外国社債所有者企業委員会」の新聞記事ファイルは，現在ロンドンのギルドホールに所在するが，米国の鉄道に関してだけでも26巻もあり，それらは大いに役立っている。米国の鉄道に関するプア社のマニュアルは，「プア社にとってかけがえのない一冊であり，（英国の）仲買人，銀行家，資本家」に関して考察されていた。次の書を見よ。*Statist,* 20 (Oct. 15, 1887)：424, そのマニュアルに関しては，次の書を見よ。Alfred D. Chandler, *Henry Varnum Poor* (Cambridge, Mass. : Harvard University Press, 1956), 246-270. 次の書によれば，英国で出版されたヘラパスの *Railway Journal* は，米国の鉄道に関して，記述は良いが常々楽観的な見解を提供していた。Julius Grodinsky, *Jay Gould* (Philadelphia : University of Pennsylvania Press, 1957), 12, その記事は，「株の仲買人の手紙」のような響きがあった。オランダおよびドイツの金融雑誌は，米国の鉄道に関する記事を定期的に掲載した。銀行家や仲買人は，彼らの顧客に対し，手持ちの情報を提供した。一例として，次の書を見よ。David Kynaston, "The Late-Victorian and Edwardian London Stockbroker as Investment Adviser," (unpublished paper, 1982).

（5）　Albro Martin, "The American Political Economy," Harvard Business School Reprint Series, 1980, 96. しばらくの間，米国の学者は鉄道の大事な役割に関しては，懐疑的であった。次の書を見よ。Robert Fogel, *Railroads and American Economic Growth* (Baltimore：Johns Hopkins University Press, 1964). しかし，多くの米国の学者たちは，その意義ある役割を現在では高く評価している。一例として，次の書を見よ。Paul A. David, *Technical*

第**6**章　鉄道と土地

Choice, Innovation and Economic Growth (Cambridge : Cambridge University Press, 1975), 291-314, および Alfred D. Chandler, *The Visible Hand* (Cambridge, Mass. : Harvard University Press, 1977).

(6)　Chandler, *Visible Hand*.

(7)　この点については，次の書のなかで触れられている。Arthur M. Johnson and Barry E. Supple, *Boston Capitalists and Western Railroads* (Cambridge, Mass. : Harvard University Press, 1967), 345.

(8)　Francois Caron, *Economic History of Modern France* (New York : Columbia University Press, 1979), 61.

(9)　欧州のなかでも，とりわけ英国やフランスの投資家は，国内の鉄道に関する経験があったので，すぐに国際的な鉄道投資へと論理的な進展に入りやすかった。1875年から1914年までの間，米国における鉄道投資の多くが，「第 1 級の」証券としてみられていたこともあり，これは動かしがたい証左である。米国の鉄道債券の償還期限は，バラバラであった。その多くは，30年，40年，あるいは50年であったが，なんと償還期限が90年や100年という鉄道債があった。それらの事例では，投資家は基本的な年賦金を購入していた。米国の鉄道投資に関するガイドブックの裏面には，その債券が額面以上または以下で購入されたときの各種クーポンの年間実配当率が記載されていた。債券の償還に関しては，次の書を見よ。S. F. van Oss, *American Railroads as Investments* (London : Effingham Wilson, 1893), その表は, pp. 814-815に掲載されている。

(10)　Nathaniel T. Bacon, "American International Indebtedness," *Yale Review*, 9 (Nov. 1900) : 270. そのコメントは，ドイツの投資家について書かれたものであるが，その事実は，ごく一般的なものであった。

(11)　すべての文献は，社債が外国投資家の所有のなかでは支配的であり，また他の資産との混合所有ではないことで是認している。例えば，ダウ・ジョーンズの推定は，1914年に欧州で所有された米国鉄道債がおよそ40億ドルであり，そのうちの約10%は株式で所有され，また90%ほどが社債で所有されていたと指摘している (*Bradstreet's*, Oct. 31, 1914, 690)。L・F・ロリーの研究は，1915年 1 月31日現在，「外国人所有」の米国鉄道債券（額面価額）が次のような混合所有を形成していたことを見つけた。それは29%の株式と，69%の社債および 2 %の短期貸付証書であった (*Commercial and Financial Chronicle*, 104 [March 31, 1917] : 1216)。Cleona Lewis, *America's Stake in International Investments* (Washington, D.C. : Brookings Institution, 1938), 41, 左記の書は, 1919年の次の書 (*American Dollar Securities Report* [Cmd. 212]) に基づいて，1914年の英国人の社債保有と株式保有が，おおよそ 2 : 0.5の関係であったと語っている。次の書も見よ。Lewis, *America's Stake*, 558. 他方，「敵国」に所有されていた鉄道債券に基づいたデータによると，ドイツ，オーストリア，そして「その他の敵国」が, 1.8 : 1 の比率で鉄道社債より鉄道株式を多く所有していた。私自身の計算によるその比率は，次の書に基づいている。U.S. Alien Property Custodian, *Report, 1918-1919*, 375. しかしこのことは，1919年のこの要約が，1914年の比率に反映されていなかったがゆえに，早期の一般化を否定してはいない。「この敵国」の1914年から1917年までの鉄道債券の処分に関しては，社債が株式より容易に売却できたようにみえた。事実，ルイスはその書 (*America's Stake*, 123) のなかで，ドイツ人が所有する米国鉄道債券の「選択権」の大部分を，1917年 4 月以前に売却したと書いている。バスは，1880年代にドイツの銀行家が，鉄道株式ではなく鉄道債だけに投資したことを示した (*Henry Villard*, 179)。

387

第Ⅱ部　世界最大の債務国

(12)　1880年代以前，あるいはその次の十数年間，株式がより関係していたようにみえるけれども，その多種多様性については，私はいかなる傾向も認識できていない。

(13)　クーン・ロブ社のジェイコブ・シフが，休みなく外国投資家と接触して鉄道に投資したとき，「株式は社債よりしばしばうまくいかなかった」。彼の連邦議会での証言（1913年1月16日）を見よ。U.S. House, Subcommittee of the Committee on Banking and Currency, *Money Trust Investigation*, 62nd Cong., 2nd sess., 1912-13, 1676. Edelstein, *Overseas Investment*, 123, 125, 左記の書では，1870年から1913年までに実現された，「第1級および第2級」の米国鉄道における収益が，優先株式や社債および一般株式資本よりも，約2.4％高かった上に，感受できる危険を多分に反映した相違が，社債と株式間にはあったと記されていた。19世紀末期から20世紀初頭にかけては，われわれが今日社債と呼んでいる言葉が，時折，株式を意味していた。私はその文脈を，大変注意深く調査し続けてきた。その文脈には，株式（資本）や社債（債務）のどちらか一方あるいは両方の用語が言及して決められ，そして使用された。シフは株式の同意語として，近代的な語の使用方法を採っていた。

(14)　事実，早期の「抵当」社債は，不動産によって保証された。そのとき助成者は，他の会社の株式と社債を差し替えることにより，「保証された」「見返り信用担保」社債を計画した。次の書のなかにある，優れた説明を見よ。Keith L. Bryant, *Arthur E. Stilwell*（Nashville：Vanderbilt University Press, 1971）, 32-33. すなわち，すべての「抵当」社債は，似たものがなかった。また，すべてが不動産によって保証されてはいなかった。ジェイ・グルドの抵当社債を伴ったいたずらっぽいたわごとに関しては，次の書の至るところで散見される。Grodinsky, *Jay Gould*. The *Stock Exchange Official Intelligence for 1914*, London, 274ff. 左記の書は，「ロンドンで知られている」米国の，鉄道債に関した基本となる重要なデータを供している。人々は，多様性のある莫大な種類の社債があることを銘記した。

(15)　一例として，次の書を見よ。*Economist*, 45（Jan. 8, 1887）: 39.

(16)　Ronald B. Weir, *A History of the Scottish American Investment Company Limited, 1873-1973*（Edinburgh：Scottish American Investment Co., 1973）, 10.

(17)　*Economist*, 51（Feb. 25, 1893）: 229.

(18)　Weir, *A History*, 11.

(19)　鉄道が操業収益を上げるためには，2地点間を結合し完成させなければならなかった。

(20)　例えば，ユニオン・パシフィック社の株は，1882年から1892年までの10年間をみると，英国においては，5ドルから135ドルまでの幅の価格で販売された。これらのドル価格については，次の書を見よ。*Economist*, 50（May 14, 1892）: 63.

(21)　オランダ人は，英国の投資家よりかなり保守的ではないようにみえた。

(22)　1870年代中期の不況時に，ドイツの銀行であるジェイコブ・スターン社は，ヘンリー・ヴィラードに対し，「継続安定的な利益配当が可能である会社を決定するために，減価見積もりされた債券によって，米国の鉄道会社の条件を審査するよう」依頼した（Buss, *Henry Villard*, 43）。

(23)　社債を購入する欧州人の傾向に関する文献のなかで，多くが語られている一方，これらの「保守的な」投資に関する価格変動については，あまり強調されていない。額面以下で購入された米国政府債券に，どれだけの利益が反映されるかについては，誰でも関心がある。同じことが，鉄道債についてもいえる。投資家の典型的な利益および損失は，名目の利子支払い額ではなく，債券の価値に対する変化に関係していた。Edelstein, *Overseas Investment*, 左記の書は，こうした点に考慮した数少ない著者の書物である。彼は「最良の」債券のみを取り扱って

第**6**章　鉄道と土地

いたので，その資料は，最も極端な事例のいくつかを省略している。Adler, *British Investment*, 143, 左記の書は，1870年代における投資家の「キャピタルゲイン（資本獲得収入）」を，米国鉄道会社の連続する魅力の理由として注目している。英国人のスコットとは別のスコット家は，かなり値引きされた価格でしばしば社債を購入し，その価値が上がった段階で売却をしていた。したがって，値上がり益を含めると，かなりの高額収益を得ていた。

(24)　第4章の注（205）を見よ。

(25)　D. C. M. Platt, "British Portfolio Investment Overseas," *Economic History Review*, 2nd ser., 33（Feb. 1980）: 1-16, 左記の書では，この点を指摘している。

(26)　無記名社債は，たびたび秘密の事由が少なからずあるがために海外で所有されたが，その多くの債券の移管を支援するために所持されていた。社債はまた便宜上，町の名義で所持されていた。株式は同様に，実際の所有者名というよりはむしろ，しばしば，仲買人や銀行家の名義で所有されていた。無記名社債に関しては，次の書を見よ。Bacon, "American International Indebtedness," 226, および Adler, *British Investment*, xi. 債券は新しい所有者への名義書き換えを邪魔することなく移管されたが，社債そのものが交渉する余地のある手段であることが，その前提であった。オランダ人がドイツ人から購入する米国債券が直面する複雑で連続した問題に関しては，次の書を見よ。書簡 S. H. Cross, the Hague, to Director, Bureau of Foreign and Domestic Commerce, Feb. 20, 1924, in Record Group 151, 620 Germany, National Archives, Washington, D.C. アルバート・マーティンは，投資家の一覧表を使用することがいかに困難かについて，鉄道古文書館でのたくさんの経験により，コメントしている。「他人名義の受益者所有権では，公共の施設や個人によって所有されている株式があまりにも多いので，その一覧表は必ずしも特定の一人に関するなにかを語ろうとはしなかった」（書簡 Martin to Mira Wilkins, April 21, 1982）。

(27)　さらにドロシー・アドラーは，次のように指摘している。鉄道債が一般に発売される前に，マーチャントバンクはその鉄道会社向けの貸付を，しばしば延長した。その発行分は，後に英国の銀行に払い戻しされるのが常であった。地元の金融新聞がそのことに気づいたので，外国為替には影響を及ぼすことはなかった。なぜならば，その収益は米国に向けて，かなり以前に送金されていたからである（Adler, *British Investment*, 150）。われわれの目的に照らすと，これは短期貿易債務が，米国の鉄道における長期の「外国投資」になるという，単なる別のやり口である。

(28)　J. Riesser, *The German Great Banks*（1911；rpt. New York：Arno Press, 1977）, 532-533.

(29)　ニューヨークにおける英国人の購入に関する一例としては，次の書を見よ。書簡 Gaspard Farrer to Lord Roberts, Sept. 4, 1901, Baring Archives, London（以後 BAL と呼ぶ）。

(30)　この事実は銀行の古文書館にあるデータに基づいている。

(31)　これらの特別の所有に関しては，次の書を見よ。*Best's Insurance Reports.*

(32)　新しい「海外発行」（以前よりなされていたが）債券を監視することによって，米国の鉄道に対する外国投資を測るのは，真の投資水準を表すことにはなっていない。なぜならば，その投資水準は，実際の投資過程には影響していないからである。このような測定は，一方では誇張されているが，多くの投資を省略し，他方でいかなる特定時の投資水準も大いに過少表現しているかもしれない。

(33)　欧州が新たに，深く戦争に巻き込まれた1914年の秋に，米国財務省の高官は「海外に所有されている米国債券の，確度の高い概略金額を示した」数値を探しあてた。デラウェア・アンド・ハドソン社のロリー社長は，「鉄道業界における会社の地位によって，鉄道からのデータ

第Ⅱ部　世界最大の債務国

を得ることが可能であったが」，1915年1月31日現在の，米国鉄道債券に関する海外所有の一
環した情報を収集する仕事の代理人に任命された。彼は株式に関して，その発行会社の名義書
き換え帳簿の入力に注目した。彼は社債に関して，「票（所得税証明書）」によって明白になっ
た主な所有権者に対し，新しい連邦政府所得税法の条件の下で，被支払者申請制度により，問
い合わせをした。1915年の彼の数値は，額面通りの金額であった。彼は25億7600万ドルの米国
鉄道会社の株式と社債が，1915年1月31日現在において，海外で所有されていたことを検証し
た。さらに彼は，外国人所有の1億5000万ドルの鉄道債券が，アメリカ人の名義で所有されて
おり，27億ドルの外国人所有総額は，このようにして形成されたと推定していた。彼の調査結
果は，次の書で最初に報告された。Annalist, June 28, 1915, 674. 左記の書のなかで，彼の調査
が「1年あるいは2〜3年前には，その総額が考えられないくらいに高かった」とコメントし
ていた。次の書も見よ。Commercial and Financial Chronicle, 104（March 31, 1917）: 1216.
また，データに関する議論に関しては，次の書を見よ。Lewis, America's Stake, 531-533. ルイ
スは，1914年6月30日にロリーの数値を調整し，彼女自身の推定値を作成した。前述した雑誌
（Annalist と the Commercial and Financial Chronicle）に掲載されたロリーの統計値とは，
幾分異なっていた。それは1915年1月31日の数値に，ほんの少々高い値（この数値に関しては，
アメリカ人の名義で所有されていた外国人所有の鉄道債を除外して，27億ドルが海外で所有さ
れていたことが検証された）を加えたような数値であった。ルイスは，その雑誌からデータを
使用した。また，彼女は国籍別に分類をした。

(34)　鉄道債券は，「優良株」として額面および時価を提示している。Best's Insurance Reports の
データに基づくと，外国保険会社の米国支店によって所持された。クレオナ・ルイスは，もし
鉄道企業の一般株所有が，額面ではなく時価で計算されたならば，1914年の米国鉄道に対する
総外国投資額は，39億3000万ドルになるであろうと推定していた（America's Stake, 546, 558）。
彼女はその社債について，時価では再計算していなかった。

(35)　英国の統計学者であるジョージ・ペイシュは，1910年時に総額28億ドルの米国鉄道証券の英
国所有額は，米国における英国投資額の85%に等しいと述べている。次の書を見よ。George
Paish, "Great Britain's Capital Investment in Individual Colonial and Foreign Countries,"
Journal of the Royal Statistical Society, 74（Jan. 1911）: 176, reprinted in British Overseas
Investments, 1907-1948, ed. Mira Wilkins（New York: Arno Press, 1977). 1913年から14年
までの期間について，彼は自らの推定値を30億ドル，すなわち米国における英国所有額の82%
までに引き上げた（"The Export of Capital and the Cost of Living," Statist, 89 [Feb. 14,
1914]: vi, reprinted in British Overseas Investments, ed. Wilkins）。クレオナ・ルイスの数値
では，1914年の米国における英国の鉄道投資が28億ドル，すなわちすべての英国投資の66%で
あること示している。（この数値はペイシュの推定値より少ないが，比率としては大きい）。
Lewis, America's Stake, 546. 私は，ルイスの数値が入手可能な最良のものであることを発見し
た。したがって，ペイシュの数値は，見解により意見は分かれる。一例として次の書を見よ。
John Maynard Keynes, "Discussion," Journal of Royal Statistical Society, 74（Jan. 1911）: 195,
reprinted in British Overseas Investments, ed. Wilkins. しかしながら，ロバート・キンダース
リィ（Robert Kindersley）およびルイスの両名は，主張するその異なる方法論により，ペイ
シュの米国鉄道に対する英国投資の，1913年から14年までの推定値が，道理にかなっているこ
とを発見した。Kindersley, "A New Study of British Foreign Investment," Economic
Journal, 39（March 1929）: 9-10, reprinted in British Overseas Investments, ed. Wilkins. 左記
の書は，英国の戦時中における米国鉄道株式および社債の接収が，6億2300万ポンド（すなわ

390

ち4.86ドル/ポンド換算で30億3000万ドル）であると推定していたことを記している。キンダースリィはおそらく，英国の財務省あるいはイングランド銀行からこの数値を入手した。そのことは次の書のなかには現れていない。Gt. Brit., Parl. Papers, XIII-I, *Report of the American Dollar Securities Committee*, Cmd. 212 (1919). 一般的に信じられていることには，もしキンダースリィの数値に表われている通り1915年（接収が始まった年）の米国鉄道に対する英国投資が1913年よりも低いならば，ペイシュの推定値は，批評家が批判しているほど高くはなく，むしろ低いくらいであろう。ルイスは，キンダースリィの推定値を使用してはいなかった。彼女は議会の報告書を読んだときに，大変困惑したので英国財務省に行った。英国財務省は彼女に対し，その報告書には誤字がたくさんある旨を伝えた。分析に関しては，次の書を見よ。Lewis, *America's Stake*, 537-546, 前述したように，彼女はL・ロリーの1915年1月のデータから，米国鉄道会社への英国投資が28億ドルに到達した1914年7月1日までの米国鉄道企業債（額面ベース）で，英国および他国籍の投資額に関して再構築した（前掲書, 546, 532-533）。彼女の数値はペイシュの推定値より低い一方で，そのデータの不適正を考慮するならば十分に彼の数値に近い。もしわれわれがルイスの数値に頼るならば，フランスの1914年における鉄道投資は米国投資の71％にあたっていた（前掲書, 546）。その基礎をなす数値に明らかに疑問がもたれているにもかかわらず，私にはオランダ人やドイツ人の証券所有者と比較してみた場合，フランスや英国の証券所有者のなかには，相対的に高い比率の鉄道投資に自信をもって合理的に取り組んでいた者もいたように感じられる。オランダ人やドイツ人の証券所有者は，「保守的」ならぬ投資家であり続けた模様である。

(36) 例えば1890年からドイツ人やオランダ人の持ち分が，フランス人のそれよりもずっと大きかったのは真実であった。表6-1によると，1914年のフランス人の持ち分は，ドイツ人やオランダ人の持ち分よりも，わずかながら少ない程度であった。この本文のなかでだんだん明らかになったように，フランス人の投資の多くは，第一次世界大戦前の10年間になされた。

(37) *Banker's Magazine*, New York, 30 (May 1876)：846. この雑誌は，外国人所有の社債の債務不履行率が高いのは，外国人投資家の「無謀な悪債の選択」によるものであると指摘している。

(38) 前掲書, 42 (July 1887)：9.

(39) Charles Kindleberger, *Manias, Panics, and Crashes* (New York：Basic Books, 1978), 133. ここで特記すべきは，あのベアリング危機がユニオン・パシフィック鉄道社やセントポール・ミネアポリス・アンド・マニトバ鉄道およびルイヴィル・アンド・ナッシュヴィル鉄道社の建設計画を妨害したことである。また1893年には，アチソン・トピカ・アンド・サンタフェ鉄道が，ロンドンで資金を調達する際の邪魔になった。

(40) Duke of Marlborough, "Virginia Mines and American Rails," *Fortnightly Review*, n.s., 49 (Jan. 1891)：581-582.

(41) Charles Duguid, *The Story of the Stock Exchange* (London：Grant Richards, 1901), 246, 249, 251. 荒涼とした1890年代中期に関しては，次の書も見よ。W. Turrentine Jackson, *Enterprising Scot* (Edinburgh：Edinburgh University Press, 1968), 251.

(42) 英国の受けた影響に関しては次の書を見よ。E. G. Campbell, *The Reorganization of the American Railroad System, 1893-1900* (New York：Columbia University Press, 1938), 27-28, 30, および Paish, "Great Britain's Capital Investments" (Jan.1911), 175, in *British Overseas Investments*, ed. Wilkins.

(43) Adler, *British Investment*, xiii.

第Ⅱ部　世界最大の債務国

(44)　Campbell, *Reorganization*, 256-302, 左記の書のなかには，イリノイ・セントラル鉄道の経営が，1890年代を通してずっと好調だった一例が記されている。

(45)　William Z. Ripley, *Railroads : Finance and Organization* (New York : Longmans, Green, 1915), 8.

(46)　グレート・ノーザン鉄道社の外国人株主は，1901年にノーザン証券社の株式と，彼らの株式を交換した。最高裁判所は，1904年にノーザン証券社の決定を認定した。しかし，1905年までの間には，その株主らによるグレート・ノーザン証券社の買い戻しはなされなかった。それゆえ表6-2の数値は，このケースにおいては信憑性がないようにみえる。1903年7月にある個人投資家は，ノーザン証券社株式の5分の1が欧州で保持されており，その金額が上昇している旨の報告をした（書簡 Gaspard Farrer to E. J. Tuck, July 25, 1903, Gaspard Farrer Letterbook, BAL)。このようにして，この世紀の変換点における合併整理の動きのなかで，欧州の投資家の所有株は，しばしば親会社の担保信用社債と交換され，投資ならぬ株主持ち分は減少していった（Ripley, *Railroads*, 8)。疑いもなく投資の引き上げもあったが，この表は結局のところ，それらを誇張しているであろう。

(47)　George Paish, "Our New Investments," *Statist*, 63 (Jan. 2, 1909) : 21, in *British Overseas Investments*, ed. Wilkins.

(48)　Paish, "Great Britain's Capital Investments" (Jan. 1911), 174, in *British Overseas Investments*, ed. Wilkins.

(49)　前掲書, 175.

(50)　Pierce, "Foreign Investment," 48, および Lewis, *America's Stake*, 51, 120. ペンシルベニア鉄道によって保証されたのは，実際にはペンシルベニア社であった。次の書を見よ。Robert T. Swaine, *The Cravath Firm* (New York : privately printed, 1946), I, 716.

(51)　Ripley, *Railroads*, 9, および Charles E. Speare, "Selling American Bonds in Europe," *Annals of the American Academy of Politican and Social Science*, 30 (1907) : 278.

(52)　Lewis, *America's Stake*, 51, 左記の書によると，それとは別に500万ドルの無担保社債が，1910年に発行された。

(53)　前掲書, 120.

(54)　Pierce, "Foreign Investment," 59；Ripley, *Railroads*, 8-9；および Lewis, *America's Stake*, 120. フランス人による，米国の鉄道債券流入に関する当時の議論については，次の書を見よ。Lysis [Eugene Letailleur], *Contre l'oligarchie financière en France*, 9th ed. (Paris : Aux Bureaux de 'La Revue,' 1908), 99, 143, 149, 152；M. George Aubert, *La finance américaine* (Paris : Ernest Flammarion, 1910), 191；and 1910-1912 articles in Lysis, *Politique et finance d'avant-guerr* (Paris : Payot, 1920), 116-121, 124-125, 129-130, 304-306, 309-310. 次の書も見よ。Edmond Baldy, *Les banques d'affaires en france depuis 1900* (Paris : Librairie Generale de Droit, 1922), 160, 191.

(55)　1915年6月，フランス政府は米国の3銀行より融資を整えたが，それを仲介した会社は，ロスチャイルド・フレーレ (Rothchild Frères) であった。その融資は3000万ドルであり，ロスチャイルド・フレーレの約束手形は，シカゴ・ミルウォーキー・アンド・セントポール鉄道およびペンシルベニア鉄道の預金を担保として保証されることになっていた。次の書を見よ。Charles C. Tansill, *America Goes to War* (1938；rpt. Gloucester, Mass. : Peter Smith, 1963), 89.

(56)　次の書を見よ。Buss, *Henry Villard*；Fritz Seidenzahl, *100 Jahre Deutsche Bank*

第**6**章　鉄道と土地

(Frankfurt：Deutsche Bank, 1970), chap. 5；および Karl Helfferich, *Georg von Siemens* (Berlin：Verlag von Julius Springer, 1923), II, pt. 4, chap. 4.

(57)　Walter Herman Carl Laves, *German Governmental Influence on Foreign Investments, 1871-1914* (1927 Ph.D. diss.；New York：Arno Press, 1977), 62.

(58)　Bryant, *Arthur E. Stilwell*, 78. Robert Edgar Riegel, *The Story of the Western Railroads* (Lincoln：University of Nebraska Press, 1926), 139, 左記の書は，そのリストに次の鉄道会社を加えている。カリフォルニア・パシフィック社，セントポール・アンド・パシフィック社，セントラル・パシフィック社，ユニオン・パシフィック社，デンバー・パシフィック社，オレゴン・アンド・カリフォルニア社，カンザス・アンド・パシフィック社，アチソン・トピカ・アンド・サンタフェ社。州際商業委員会(ICC)は，1909年1月1日現在で，オランダの金融グループ13社が，7000万ドルに及ぶ米国鉄道の一般株と優先株を，同じ数だけ投資したことを確認していた。さらにオランダのなかでの最多所有は，カンザスシティ・サザン鉄道の1770万ドルで，続いてミズーリ・カンザス・アンド・テキサス社の1300万ドルであることも明らかにしていた。次の書のなかには，これらに関するデータがあるので見られたし。Bert C. Forbes, "Investments by Hollanders in America,"*Van Norden Magazine*, Oct. 1909, 65（microfiche in New York Public Library）. 私は，州際商業委員会の報告書の原本を探しあてることができなかった。フォーブスの報告によれば，州際商業委員会はかなりの社債を無視していた。アゥグスト・ヴェンダールは，米国鉄道における広範囲なオランダ投資についての本を書いている。

(59)　*Economist*, 76（March 15, 1913）, 638.

(60)　Ripley, *Railroads*, 44, および Paul A. Dickens, "The Transition Period in American International Financing：1897-1914," Ph.D. diss., George Washington University, 1933, 111.

(61)　Ripley, *Railroads*, 9.

(62)　Dickens, "The Transition Period," 104, 左記の書は，このことを信じていた。

(63)　一例として次の書がある。Margaret G. Myers, *The New York Money Market*（New York：Columbia University Press, 1931）, 292.

(64)　もちろん，アドラーとペイシュが用いた異なる方法は，これらの数値をまったく比較不可能なものにしている。ペイシュの数値に関しては，この章の注（35）を見よ

(65)　この点に関しては，次の書に基づいている。Ripley, *Railroads*, 8-9, および Dickens, "The Transition Period," 104.

(66)　この数値は，一般株や優先株と，発行後に名目上や実質的に残存したりする満期前担保付借款を包含している。次の書を見よ。U.S. Bureau of the Census, *Historical Statistics of the United States*（Washington, D.C., 1975）, pt. 2, 735.

(67)　Pierce, "Anglo-American,"138-154. J・P・モルガンは1879年に，ロンドンでヴァンダービルト株を売却するシンジケートを組織した（Chandler, *Visible Hand*, 158）。オーガスト・ベルモント社は，再保険業務をしていた（N. S. B. Gras and Henrietta M. Larson, *Casebook in American Business History*［New York：Appleton-Century-Crofts, 1939］, 552）。次の書も見よ。Lewis Corey, *House of Morgan*（New York：G. Howard Watt, 1930）, 139-142, 著者は左記の書において，ヴァンダービルトが「独占」的所有者と見なされて泣きをみるのを回避するために，数多くの個別の所持者に対し，ある程度の株式を売却しておきたかったのではないかと述べている。その株式発行の後で，J・S・モルガン社は，ロンドンでニューヨーク・セントラル鉄道社の総代理店になった。1881年10月15日，オーガスト・ベルモント社は，W・H・ヴァンダービルトに次のような手紙を送った。「N・M・ロスチャイルド＆サンズ社は，

393

第Ⅱ部　世界最大の債務国

貴殿が取引されている異なる鉄道の大株主であり，株式の仲買人でもある」。この手紙は，「海外で実施された取引の認証」を助長することと関連していた。ロンドンのロスチャイルド古文書館（以後「RAL」と呼ぶ）に，ある次の手紙を見よ。RAL, II/51/OB.

(68)　Adler, *British Investment*, 147. T・W・パウエルが代表者であった。

(69)　Chandler, *Visible Hand*, 155（システム建設について），および Ripley, *Railroads*, 5, 9. *The American Iron and Steel Association Bulletin*, 34（Dec. 10, 1900）: 201, 左記の書は，*Philadelphia Evening Telegraph* 紙を情報源としている。またその書は，1890年代におけるペンシルベニア鉄道社の，外国人所有株式が減少していた事実を，考証情報で提供した。以下の数値は，年ごとの外国人所有株式比率を表している。52（1890），48（1893），47（1894），45（1897），43（1898），36（1899），29（1900）。1900年の株式価格の上昇につれて，その株式を長期間所有していた多くの人々は売却した。*Stock Exchange Official Intelligence for 1914*, London, 300, 左記の書は，「ペンシルベニア鉄道の英国ポンドで支払われる配当小切手」が，英国では「会社指定の金融代理店で，その会社の半永久的な配当金様式における預金として」，郵便で受け取り可能であったことを記している。その「ロンドン金融代理店」は，ロンドン共同株式銀行として掲載されていた。

(70)　1906年のフランスフラン建て5000万ドルの借款に関しては，この章の本文を見よ。ベアリング社とロスチャイルド社は，1908年に協力して，ペンシルベニア鉄道の統合抵当債券を，400万ポンド（4％割引）発行した。古文書館にある，次の書の一覧表を見よ。"Foreign, Colonial, and Commerical Loans" in the BAL. 「ロンドンにおいて有名であった」多種類のペンシルベニア鉄道債券に関しては，次の書を見よ。*Stock Exchange Official Intelligence for 1914*, 300-301.

(71)　Edward H. Mott, *Between the Ocean and the Lakes : The Story of the Erie*（New York : John S. Collins, 1901），左記の書は，この鉄道会社における英国投資の重要性を示している。

(72)　Anna Robeson Burr, *The Portrait of a Banker : James Stillman*（New York : Duffield, 1927），244.

(73)　Paul W. Gates, *The Illinois Central Railroad and Its Colonization Work*（Cambridge, Mass. : Harvard University Press, 1934），76.

(74)　Solomon Huebner, "Distribution of Stockholders in American Railroads," *Annals of the American Academy of Political and Social Science* 22（1903）: 477. これらは，1850年代末期に欧州へと移動した一連の株式であったのだろうか（第4章参照）。それは最初に英国に行き，その後でオランダに行ったかもしれない。1902年にスチューサント・フィッシュは，1877年に初めてイリノイ・セントラル鉄道に雇われた際に，米国ではその企業株式の7分の1以下しか所有されていなかったが，一方ではその半数が英国で，さらに約30％はオランダの企業が所有していたと述べている。次の書を見よ。Gates, *The Illinois Central*, 76-77, および Chandler, *Visible Hand*, 184（フィッシュが，イリノイ・セントラル鉄道に参画したときのことについて）. George Kennan, *E. H. Harriman*（Boston : Houghton Mifflin, 1922），I, 71, 左記の書では，ボワスヴェイン・ブラザーズ社（Boissevain Brothers）における株式の，オランダ人所有者に関して明らかにしている。

(75)　Bryant, *Arthur E. Stilwell* 78.

(76)　Grodinsky, *Jay Gould*, 324-326, 337, 425. ジェイ・グルドに対して同情的な伝記作家であるグロディンスキーは，伝記を書き上げたとき，グルドは，「その当時に知り得た方法で，1株残らず市場操作していた」と記している（前掲書, 19）。

394

第**6**章 鉄道と土地

(77)　Keith L. Bryant, *History of the Atchison, Topeka and Santa Fe Railway* (New York：Macmillan, 1974), 151.

(78)　Bryant, *Arthur E. Stilwell*, 32ff.

(79)　Buss, *Henry Villard*, 156-157.

(80)　Eugene V. Smalley, *History of the Northern Pacific Railroad* (1883；rpt. New York：Arno Press, 1975), 244；Henry Villard, *Memoirs*, 2 vols. (Boston：Houghton Mifflin, 1904), II, 315；および Buss, *Henry Villard*, 159. ヴィラードは贅沢な方法で，ノーザン・パシフィック社のドイツ資本を引き受けていた。次の書を見よ。Buss, *Henry Villard*, 139-145, および Villard, *Memoirs*, II, 309-313.

(81)　Buss, *Henry Villard*, 182；James Blaine Hedges, *Henry Villard and the Railways of the Northwest* (New Haven：Yale University Press, 1930), 176；および Stuart Daggett, *Railroad Reorganization* (Boston：Houghton Mifflin, 1908), 275. 1890年12月以降においてヴィラードは，もはやドイツ銀行の代表ではなかったが，ノーザン・パシフィック鉄道社に関する重要な役割を，1901年まで果たした。ヴィラードの同社との顧問業務の終結に関しては，次の書を見よ。Buss, *Henry Villard*, 181, および Villard, *Memoirs*, II, 342-358. *Stock Exchange Official Intelligence*, 298, 左記の書は，1914年にノーザン・パシフィック鉄道社債の所有者が，ロンドンにあるそれらの証券に関する利子を，ドイツ銀行で回収できたと明示している。このようにして，ドイツ銀行は1901年以降でさえ，米国鉄道債との関わりを残していた。

(82)　Albro Martin, *James J. Hill and the Opening of the Northwest* (New York：Oxford University Press, 1976), 385. 1987年8月19日にベアリング・ブラザーズ社のジョン・オーベル博士は，私宛てに手紙をくれた。彼はそのなかで，600万ポンドの授権資本のうち，「われわれの記録によると，200万ポンドの社債しか売却されなかった」と述べている。

(83)　*Commercial and Financial Chronicle*, 48 (Feb. 25, 1899)：378. ヘンリー・ヴィラードは1889年8月，ドイツ銀行とラザード・シュパイアー・エリセン社を代表して，975万ドル相当のセントラル・パシフィック鉄道債券を購入した（Buss, *Henry Villard*, 185）。1899年8月現在でベーコンは，ドイツ人が1200万ドルから1500万ドルのセントラル・パシフィック鉄道債券を所有していたと推定している（"American International Indebtedness," 270）。1899年のセントラル・パシフィック鉄道債務の再整理時における，英国，ドイツおよびオランダの果たした役割に関しては，次の書を見よ。Swaine, *Cravath Firm*, I, 613-616.

(84)　Bacon, "American International Indebtedness," 270. サザン・パシフィック鉄道は，1880年にロンドンで1000万ドル社債を発行した（Adler, *British Investment*, 210）。

(85)　Bacon, "American International Indebtedness," 270.

(86)　*Economist*, 50 (May 14, 1892), 63. ユニオン・パシフィック鉄道で，組織再編成が進行中であった1896年に，欧州では「金融界」における反動に懸念があった（Kennan, *E. H. Harriman*, I, 122）。

(87)　"American Railway Dividend Account Book," 1913, RAL II/16/19. Williamson, *American Growth and the Balance of Payments, 1820-1913*, 153, 左記の書はウィリアムソンが，「1870年以降，英国の資本は，東部で開発され都市化された地域を営業路線とする鉄道会社よりも優勢であった。また，その東部は米国，オランダおよびドイツの投資家に西部開拓の課題を委ねていた」と述べていることで誤りがある。英国のある投資家たちは，西部の鉄道会社の巻き添えになるほど動きがゆっくりであったかもしれないが，最終的に彼らは，他の国の投資家とともにその課題に取り組んだ。ウィリアムソンの誤謬は，1880年までの英国投資に関する，彼の

第Ⅱ部　世界最大の債務国

研究に依存したことに起因する。1870年から1880年までが真実であるにもかかわらず，彼はその時期を，1880年から1914年までと誤って想定してしまった。

(88)　Heather Gilbert, *The End of the Road : The Life of Lord Mount Stephen, 1891-1921* (Aberdeen：Aberdeen University Press, 1977), 287. ユニオン・パシフィック鉄道の，1908年発行社債に関しては，次の書を見よ。Cyrus Adler, *Jacob H. Schiff* (Garden City, N.Y.：Doubleday, 1928), I, 116. ユニオン・パシフィック社のポンド債は，その元本と利子が，ロンドンのベアリング社で支払われた。次の書を見よ。*Stock Exchange Official Intelligence for 1914*, 308. ベアリング・ブラザーズ社は，1908年にグリン・ミルズとともにロンドンの「ポーション」債券（ユニオン・パシフィック社債）を所持していた。それは総額400万ポンドで，発行条件が95.5の4％利付き債であったが，その一方で，1910年には同社はグリン・ミルズとともに，150万ポンドの社債を第1優先特権付きの97で発行させて参加した。その後，ユニオン・パシフィック社の抵当社債を償還している。これらに関する資料は，BAL にある「外国，植民地および商業の借款」の一覧表から入手した。

(89)　John F. Stover, *The Railroads of the South* (Chapel Hill：University of North Carolina Press, 1955), および Adler, *British Investment*, esp. 192-193. ボルチモア・アンド・オハイオ鉄道を，南部の鉄道会社として分類すべきであるという議論には問題がある。その鉄道会社は，南部の都市と同様に，中西部の都市間を結んでいた。また長期間，英国の援助を求めていた。ベアリング・ブラザーズ社は，系列銀行を所有してきたし，モルガンもまた同様であった。1914年時点におけるその会社のロンドンの代理店は，シュパイアー・ブラザーズ社であった。次の書を見よ。Edward Hungerford, *The Story of the Baltimore and Ohio railroad, 1827-1927*, 2 vols. (New York：G. P. Putnam, 1928), II, 177；Adler, *British Investment*, 208, 210；Swaine, *Cravath Firm*, I, 594-597；および *Stock Exchange Official Intelligence for 1914*, 276. アラバマ・グレート・サザン鉄道は，ロンドンのエミル・エルランガー銀行によって，1877年に買収された（Greenberg, *Financiers and Railroads*, 131, および Adler, *British Investment*, 128-131）。ノーフォーク・アンド・ウェスタン鉄道およびルイヴィル・アンド・ナッシュヴィル鉄道については，次の書を見よ。Adler, *British Investment*, 134-136. ノーフォーク・アンド・ウェスタン鉄道の4％付き金保証債券は，ブリュッセル証券取引所において，数少ない米国の鉄道債券として取引されていた（"Foreign Stocks on the Brussels Bourse-1912," *Bulletin de l'Institut International de Statistique*, XX, pt. 2, 1365）。思うにこれは，欧州大陸からも投資を呼び込むための意図であった。事実これにより，オランダからの投資を呼び込んだ（Swaine, *Cravath Firm*, I, 511）。

(90)　次の書によれば，ルイヴィル・アンド・ナッシュヴィル鉄道は，この時点でも大株主であった。*Courier Journal*, Maury Klein, *History of the Louisville and Nashville Railroad* (New York：Macmillan, 1972), 176.

(91)　書簡 August Belmont & Co. to N. M. Rothschild & Sons, Dec. 3, 1895, RAL II/51/14B. ルイヴィル・アンド・ナッシュヴィル鉄道は，ベアリング・ブラザーズ社に続き，サー・アーネスト・キャッセル，そして最後には，ロンドン・ロスチャイルド家に，利益をもたらすという点だけで魅了してきた。

(92)　ピルズベリー・ウォッシュバーン社に対する英国の投資を調べるために，私はセントポール市のミネソタ歴史協会に行き，米国における外国投資を研究しているのだが，と話したときの図書館司書の第一声は，（その後で正しい答えもあったが），「貴女はわれわれの鉄道コレクションをじっくり見たいのですか？」というものであった。ミネソタ歴史協会は，ジェームズ・

396

第**6**章　鉄道と土地

J・ヒル文書，ノーザン・パシフィック文書，グレート・ノーザン文書および他の鉄道会社の
コレクションを所有している。シカゴ・アンド・セントポール・ミネアポリス鉄道路線と連結
する数多くの鉄道会社は，外国投資を引きつけた。この本文で記述したもの以外では，われわ
れはシカゴ・ミルウォーキー・アンド・セントポール鉄道，シカゴ・バーリントン・アン
ド・クインシー鉄道およびシカゴ・グレート・ウェスタン鉄道の名を挙げることができる。シ
カゴ・グレート・ウェスタン鉄道は，1892年にミネソタ・アンド・ノースウェスタン鉄道とシ
カゴ・セントポール・アンド・カンザシティ鉄道との合併により誕生し，その株式はすぐに
ロンドンで流通し，1914年には「外国人所有の」企業として称された。次の書を見よ。
Adler, *British Investment*, 149 ; Ripley, *Railroads*, 8 ; およびこの第6章の注（164）と第13章
の注（186）。

(93)　*Commercial and Financial Chronicle*, 104（March 31, 1917）: 1216.

(94)　Jenks, "Britain and American Railway Development," 376. マシュウ・サイモンは，これが
「ロンドン証券取引所の最大部門」になったことを確認していた（Matthew Simon, "The
Pattern of New British Portfolio Foreign Investment, 1865-1914," in *The Export of Capital
from Britain, 1870-1914*, ed. A. R. Hall [London : Methuen, 1968], 27）。

(95)　Jenks, "Britain and American Railway Development," 377.

(96)　W. Turrentine Jackson, *The Enterprising Scot*（Edinburgh : Edinburgh University Press,
1968), 54.

(97)　E. Victor Morgan and W. A. Thomas, *The Stock Exchange : Its History and Function*
（London : Elek Books, 1962), 281.

(98)　その名目上の資本金の計算に，私は次の資料を使用した。U.S. Bureau of the Census,
Historical Statistics of the United States（1975), 735.

(99)　Adler, *British Investment*, 143.

(100)　Edelstein, *Overseas Investment*, 94, 95, 97.

(101)　前掲書, 136.

(102)　Bosch, *Nederlandse Beleggingen in de Verenigde Staten*, 139. 左記の書によれば，その実
質成長は，1910年に初めて「外国人」リストを上回った「オランダ人および植民地リスト」に
よるものであった。

(103)　前掲書, 139.

(104)　A. Sartorius Freiherrm von Waltershausen, *Das Volkswirtschaftliche System der
Kapitalanlage im Auslande*（Berlin : Georg Reimer, 1907), 42-43.

(105)　発行されたその保証書は，鉄道管理者とマーチャントバンク間において議論された課題で
あった。一例として，次の書簡を見よ。オーガスト・ベルモント社からN・M・ロスチャイ
ルド＆サンズ社宛ての1881年7月12日および1881年7月16日付手紙。ドルあるいは英国ポン
ドによるボルチモア・アンド・オハイオ鉄道の可能な借款については，1881年7月29日付の次
の書簡を見よ。RAL Ⅱ/51/OB. この特別な借款は，ドルでも英国ポンドでもロスチャイルド
家によって承認されなかった。

(106)　Pierce, "Foreign Investment," 52.

(107)　ドイツ銀行は，1ドルに付き4.2マルクの交換保証率を強く迫った（Buss, *Henry Villard*,
178）。

(108)　Adler, *British Investment*, 146-147. 左記の書は，小規模マーチャントバンクと大規模株式
ブローカー間において，識別できないほどの差異があったことを指摘している。次の書を見

397

第Ⅱ部　世界最大の債務国

よ。W. J. Reader, *A House in the City*（London：B. T. Batsford, 1979），「フォスター＆ブライスワイト社が，米国の鉄道会社債券を容易に販売した」ことが，随所に書かれている。

(109)　Adler, *British Investment*, 143-145（国際金融企業7社に関しては左記の書）。「ブラウンの会社」に関する，いくつかの歴史がある。次の書を見よ。Edwin J. Perkins, *Financing Anglo-American Trade*（Cambridge, Mass.：Harvard University Press, 1975），左記の書は，1880年で停止している。John Crosby Brown, *A Hundred Years of Merchant Banking*（New York：privately printed, 1909）；および John A. Kouwenhoven, *Partners in Banking*（Garden City, N.Y.：Doubleday, 1968）。残念ながら彼らは，米国鉄道企業への融資に関しては著しておらず，また次の書でもそのことについては記述していない。Aytoun Ellis, *Heir of Adventure：The Story of Brown, Shipley & Co.*（London：Brown, Shipley, 1960）。米国の鉄道金融に果たした，ブラウン・シプレイ社（ブラウンのロンドン会社）の役割に関しては，次の書を見よ。Adler, *British Investment*, 81, 145n, 152, 164. Henry Clay, *Lord Norman*（London：Macmillan, 1957），10, 16-59, 左記の書で，ブラウン・シプレイ社は，第1次的な為替手形の引き受け業務会社であったと示している。Dolores Greenberg, *Financiers and Railroads, 1869-1889*（Newark：University of Delaware Press, 1981），左記の書は，モートン・ブリス社に関し，見事に記している。ジョージ・ブリスは，1896年に死亡した。そしてこの会社は，1897年に解散した。（前掲書, 214）。モートン・ローズ社は，この企業のロンドン子会社であった。次の書を見よ。Linton Wells, "House of Seligman," 1931, unpublished history（microfilm of typescript in New York Historical Society Library），641-700, 左記の書は，1875年から1914年の期間，海外における路線ごとの米国鉄道債券のセリグマン社による仲介に関して触れている。セリグマン家は，以下に示す鉄道会社債券の海外販売に従事していた。ニューヨーク・セントラル鉄道，セントルイス・アンド・サンフランシスコ鉄道，アトランティック・アンド・パシフィック鉄道，イリノイ・セントラル鉄道，ペンシルベニア鉄道，シカゴ・ミルウォーキー・アンド・セントポール鉄道，オレゴン鉄道・海運社，シカゴ・バーリングトン・アンド・クインシー鉄道，シカゴ・アンド・ノースウェスタン鉄道，デンバー・アンド・リオグランデ鉄道およびノーザン・パシフィック鉄道。

(110)　これらの企業に関しては，この章の本文および特に第13章を見よ。私は初期に，ドレクセル・モルガン社を，ロンドン支店のある「米国企業」として含めていた。Vincent Carosso, *The Morgans*（Cambridge, Mass.：Harvard University Press, 1987），しかしながら左記の書は，J・S・モルガン社が少なくとも1880年代中期までは，モルガングループの指導的な企業であったことを示唆している。キャロソの著書は，米国鉄道の金融に関して，ロンドンの金融企業の果たした重要性について関連情報を提供している。シュパイアー社を，国籍で分類することは困難である。ドイツに本社を置く1870年代末期の企業として，シュパイアー社を言及することは，道理にかなっているかのように思える（シュパイアー社はニューヨークで，1914年までに格好のタイミングで設立されたので，ニューヨーク企業と呼ぶのがふさわしいほどである）。

(111)　ホールガーテン社の以前の企業は，1850年にフランクフルトからの移民者によって設立された。ホールガーテン社は，欧州大陸で広範囲な契約を結んだ。この会社の「草案」歴史（訳注：創生期の意）は，米国鉄道の拡張へと突き進んだ多くの外国資本の流通網が，ほかならぬ欧州大陸であると説明している（ESW, "History of Hallgarten & Co." typescript, April 28, 1950, 4）。この本文によれば，ホールガーテン社は「20世紀初期までに」，米国の「鉄道および工業」債券を，スイス，スウェーデン，ドイツ，オーストリア，デンマークにおいて，「他

第**6**章　鉄道と土地

のいかなる同一性企業」よりも，おそらく多売した（前掲書，6）。私は，この誇張されたホールガーテン社の役割を信じてはいるが，どれだけ販売できたか定かではない。

(112)　Greenberg, *Financiers and Railroads*, 169.

(113)　私は，この「投資銀行」という用語に，英国のマーチャントバンクを含めて使用している。次の書を見よ。Stanley Chapman, *The Rise of Merchant Banking*（London：Allen & Unwin, 1984), 96-97.

(114)　R. H. Inglis Palgrave, "An English View of Investments in the United States," *Forum*, 15（April 1893）：198. メトランド・フェルプス社は，デンバー・アンド・リオグランデ鉄道への融資に関わった。次の書を見よ。Linton Wells, "House of Seligman," 671. メトランド・フェルプス社は，ロンドンのJ・K・ギリアト社と親交があった。

(115)　モルガン・グループ企業の紳士録に関しては，次の書を見よ。Vincent P. Carosso, "The Morgan Houses：The Seniors, Their Partners, and Their Aides," in *American Industrialization, Economic Expansion, and the Law*, ed. Joseph R. Frese and Jacob Judd（Tarrytown, N.Y.：Sleepy Hollow Restorations, 1981), 1-36.

(116)　Campbell, *Reorganization*, 145-216. 暗い1890年代のさなかに，J・P・モルガンは1895年5月のある日，ロンドンでニューヨーク・セントラル鉄道の債券を，105ドル（100ドル額面）で4万5717株販売した（前掲書，264）。モルガンの19世紀末における鉄道産業の金融に及ぼした「巨大な」影響力に関しては，次の書を見よ。前掲書，328-333. J・S・モルガンが1890年に死亡したとき，モルガン・グループのなかのニューヨークのモルガン社が，代表格として明らかになった（Carosso, *The Morgans*）。

(117)　1875年から1882年までの，英国における米国の鉄道社債販売時に，J・S・モルガン社とともに国際金融協会の果たした役割に関しては，次の書を見よ。P. L. Cottrell, "Investment Banking in England, 1856-1882：A Case Study of the International Financial Society," Ph.D. diss., University of Hull, 1974, 740-743, 783-787. スタンレイ・チャプマンは，クラインワート・ベンソンに関して，未公刊の研究を準備していた。次の書も見よ。Pierce, "Anglo-American," 142-145；Adler, *British Investment*, 149-150；および，その鉄道債券発行時の目論見書。ロバート・ベンソンは，シカゴ・グレート・ウェスタン鉄道と密接な友好関係にあった。第13章で，これらの企業に関してさらに触れている。

(118)　Carosso, "The Morgan Houses," および Pierce, "Foreign Investment," 53.

(119)　エドワード・タックは，1842年にニューハンプシャー州のエクゼター市に生まれ，ダートマス大学で学んだ。彼は，1862年にパリの米国副領事になった後，1865年には領事代理を務めた。彼はその翌年，ニューヨークが本社のジョン・マンロー社のパリ現地法人に参画し，1871年にニューヨークおよびパリの両銀行の共同出資者になった。10年後，彼は商売の実務から退いたが，米国鉄道事件に深く関わることになった。彼は1887年に，ニューヨークが本社のチェース・ナショナル銀行の役員になった。一方でその翌年にジェームズ・J・ヒルは，その銀行の役員になった。タックは，ヒルおよびヒルの友人と書簡のやりとりをした。タックおよびチェース・ナショナル銀行に関しては，次の書を見よ。William Ten Eck Hardenbrook, *Financial New York*（New York：privately printed, 1897), 275, 271. タックおよびヒルに関しては，次の書を見よ。Martin, *James J. Hill*, マーティンは左記の書のなかで，タックを「東部の金持ち民主党員」（p. 308）と呼び，モンテカルロ市に別荘を，そしてシャンゼリゼ付近にアパートをもつ（pp. 429, 437）と説明している。タックはグレート・ノーザン鉄道を，「彼の主たる趣味的事業」にしてしまった（p. 437）。また，欧州における鉄道事業の促進者で

第Ⅱ部　世界最大の債務国

もあった（p. 498）。エドワード・タックの伝記を執筆中の，ヴァンダービルト大学のフランクリン・ブルックス教授は，タックがフランスの投資を指揮し，ヒルの財産にしたという証拠を見つけた（書簡 Brooks to Wilkins, July 1, 1982）。

(120)　Leland H. Jenks, *The Migration of British Capital to 1875* (New York：Barnes & Noble, 1971), 268；Adler, *British Investment*, 131；および第 4 章の注（94）。エルランガー家は，アラバマ・サザン鉄道と親交があった。

(121)　Martin, *James J. Hill*, 至るところに，および Weir, *A History*, 8, 15.

(122)　Vincent Carosso, *Investment Banking in America* (Cambridge, Mass.：Harvard University Press, 1970), 91.

(123)　Pierce, "Foreign Investment," 56, 左記の書は，これらの行政局の機能について，的確な説明をしている。次の書も見よ。Bosch, *Nederlandse Beleggingen*, 至るところに。

(124)　Buss, *Henry Villard*, 183-185.

(125)　この語句は，次の書に由来する。Charles F. Speare, "Selling American Bonds in Europe," *Annals of the American Academy of Political and Social Sciences*, 30（1907）：274.

(126)　クーン・ロブ社に関する最良書は，サイラス・アドラーが著した上級共同出資者の伝記である。Cyrus Adler, *Jacob H. Schiff* (Garden City, N.Y.：Doubleday, 1928), vol. 1.

(127)　E. Rosenbaum and A. J. Sherman, *M. M. Warburg & Co., 1798-1938：Merchant Bankers of Hamburg* (New York：Holmes & Meier, 1979), 86, 88, 94.

(128)　Adler, *Jacob H. Schiff*, および Fritz Redlich, *The Molding of American Banking* (New York：Johnson Reprint Corp., 1968), pt. 2, 386.

(129)　一例として，1891年のルイヴィル・アンド・ナッシュヴィル鉄道の目論見書を見よ。クーン・ロブ社は，米国の鉄道金融では常連であった。同社はしばしば，外国銀行企業と提携をしていた。1897年にクーン・ロブ社の共同出資者になったオット・カーンは，ドイツで銀行論を学び，ドイツ銀行のロンドン支店で働いていた（Kennan, *E. H. Harriman*, I, 130）。

(130)　Speare, "Selling American Bonds," 278.

(131)　Bacon, "American Indebtedness," 272.

(132)　Carosso, *Investment Banking*, 91.

(133)　ウィリアム・K・ヴァンダービルト（William K. Vanderbilt）は，ウィリアム・H・ヴァンダービルト（William H. Vanderbilt）の息子である。

(134)　ジョージ・J・グルド（George J. Gould）は，ジェイ・グルド（Jay Gould）の息子である。

(135)　Frederick A. Cleveland and F. W. Powell, *Railroad Finance*, (New York：D. Appleton, 1912), 279-280. クーン・ロブ社は，パリで5000万ドルのペンシルベニア鉄道社債を起債した（Carosso, *Investment Banking*, 84, および Swaine, *Cravath Firm*, I, 716）。

(136)　Carosso, *Investment Banking*, 92, 93. キャロソは，J. & W. セリグマン社（J. & W. Seligman）を1914年の一覧表から除外した。その会社は今でも現存しているが，もはや上位 5 社に掲げられる企業ではなくなった。ジョセフ・セリグマンは，1880年 4 月に亡くなった。彼の息子は，1897年にその企業を再編した。セリグマン＆ステットハイマー社は，フランクフルトの現地法人であったが，1900年に閉鎖した。パリの現地法人の社長であったジョセフの弟は，1910年にフランスで死亡した。しかし，ロンドンの現地法人であるセリグマン・ブラザーズは，営業を続行した。次の書を見よ。Wells, "House of Seligman." ブラウンの会社は同様に1914年まで存在したが，米国鉄道の問題を交渉中の上位企業のなかには入っていなかった。

(137)　読者が，これからのページでより多く学ぶことになると思われる名前の一つに，マウン

ト・ステファン卿がある。その名前は，次の書のなかにも見られ，私はコメントを追加してきた。Gilbert, *End of the Road*, 274.

(138) R. S. Sayers, *The Bank of England, 1891-1944*, 3 vols. (Cambridge：Cambridge University Press, 1976), III, 362, および，イングランド銀行の博物館歴史研究部（Museum and Historical Research Section）のデータを参照した。彼の息子であるヴィヴィアン・ヒュー・スミス（1867-1956）は，後にバイセスター卿になった。彼については次の書を見よ。J. A. S. L. Leighton-Boyce, *Smiths the Bankers, 1658-1958* (London：National Provincial Bank, 1958), 307-308. スミスの社会的かつビジネス上の交友関係に関しては，ロスチャイルド卿（スミスの死に遭遇している）の同盟保険会社における，年次総会での発言を参照せよ。*Economist*, 70 (April 23, 1910), 907-908；Bo Bramsen and Kathleen Wain, *The Hambros, 1779-1979* (London：Michael Joseph, 1979), 298, 300, 334-335；および Leighton-Boyce, *Smiths*, 273, 308, 310.

(139) RAL におけるデータを参照。次の書も見よ。*Bankers' Magazine*, London, 99 (June 1915)：784, そしてより詳細には，本書第13章に記した。

(140) G・S・モリソンは，1850年代中期から1870年代中期まで，鉄道業に関するベアリング社のアドバイザーを務めていた W・H・スウィフトの後継者となった。スウィフトは，1879年に亡くなった。BAL のなかには，モリソンが下調べをしていた1875年以降の米国鉄道に関する多大な報告書が含まれている。

(141) レベルストーク卿に関する私のデータは，BAL および次の書から得た情報である。*Bankers' Magazine*, London, 127 (June 1929)：877-880. ベアリング家に関しては，第13章でさらに解説した。

(142) アーネスト・キャッセルに関しては，私はパトリシア・セインのおかげで記せたが，彼女は *Dictionary of Business Biography* という書のなかで，サー・アーネストの伝記的描写をしている。ビスコフヘイム＆ゴールドシュミット社と，米国の鉄道会社に関しては，次の書を見よ。Adler, *British Investment*, 205-207. キャッセルに関しては，次の書も見よ。Paul H. Emden, *Money Powers of Europe* (1937；rpt, New York：Garland, 1983), 331-342. *Banker's Magazine*, New York, 80 (May 1910)：767, 左記の書では，ハリマンが関係していたことを示唆している（E・H・ハリマンは当然のことながら，1909年にすでに亡くなっていた）。キャッセルが1921年に死亡したとき，彼は730万ポンド超の財産を残した。彼は英国の富豪の一人であった（W. D. Rubinstein, "British Millionaires, 1809-1949," *Bulletin of the Institute of Historical Research*, 47 [1974]：215）。キャッセルは，ロスチャイルド卿と友人であった関係上，エドワード七世国王の友人であった（Christopher Hibbert, *Edward VII* [London：Allen Lane, 1976], 173-174）。

(143) 偶然にもジェームズ・ボンドで名声の高いイアン・フレミングの祖父という関係であった，ロバート・フレミングに関して，私は以下の書籍が役立つと考えた。W. G. Kerr, *Scottish Capital on the American Credit Frontier* (Austin：Texas State Historical Association, 1976)；Gilbert, *End of the Road*；Jackson, *Enterprising Scot*；Adler, *British Investment*；Adler, *Jacob H. Schiff* I, 13；Swaine, *Cravath Firm*, vol. 1；および John Scott and Michael Hughes, *The Anatomy of Scottish Capital* (London：Croom Helm, 1980). その他本書の第14章も見よ。

(144) ここで私は，外国投資家（外国に本社がある企業の投資家であることは明らかであった）の，最初の関係者について述べている。さらに，米国の鉄道証券に寄与している「王立病院基

401

第Ⅱ部　世界最大の債務国

金」のような慈善団体もあった。

(145)　私が見つけたいくつかの例外的な企業は，(1)英国の持株企業である「アラバマ・ニューオーリンズ・テキサス・パシフィック・ジャンクション鉄道株式会社」(1881年6月設立)，(2)「ニューヨーク・ペンシルベニア・オハイオ第1抵当信託社」(1896年7月設立) である。次の書を見よ。Adler, *British Investment*, 129, および George Glasgow, *The English Investment Trust Companies* (New York：John Wiley, 1931), 142, 134. これ以外の書籍もあったが，みな正確ではなかった。対照的に世界の多くの地域に敷設されている鉄道は，しばしばロンドンにある企業に所有されていた。例えばサンパウロ鉄道は，ロンドンで取締役会を開いていた。次の書を見よ。Ellis T. Powell, *The Mechanism of the City* (London：P. S. King, 1910), 144.

(146)　カナダの仲買人は，特にニューヨーク証券取引所において，個人投資家として証券を購入した。前述したように，何社かの米国鉄道債券は，ジュネーブ，チューリヒ，バーゼル，ブリュッセルおよびアントワープの取引所においても売買されていた。

(147)　Rubinstein, "British Millionaires, 1809-1949," 204. 左記の書で著者は，遺言者の死亡時に，執行人によって作成された財産目録のなかで，米国鉄道株式を発見したと記している。富裕な投資家の死は，所有証券の相続人への移転という結果を生むが，それはまた新世代の投資家誕生でもある。

(148)　例えば投資家は，建築契約を取り扱って，証券で支払いをしていたかもしれない。

(149)　Grodinsky, *Jay Gould*, 左記の書を読んで，私はグルドのような行動を取った。外国の投資家が，ほかに実存したかどうかを尋ねた。答えは「いいえ」であった。雑誌『エコノミスト』は，「投機」に関してあまりにも批判的なコメントをしているけれど，ウォール街の人々を特徴づけるような極端な行動は見当たらない。

(150)　Pierce, "Anglo-American," 152.

(151)　Huebner, "Distribution of Stockholders," 477. イリノイ・セントラル鉄道の株式の額面は，100ドルであった (*Stock Exchange Official Intelligence for 1914*, 289)。

(152)　Martin, *James J. Hill*, 128. オランダ人は，額面よりもかなり低額でその証券を購入した。

(153)　Alien Property Custodian, *Report, 1918-1919*, 13.

(154)　一例として，次の書簡を見よ。S. G. & G. C. Ward to Baring Brothers, Oct. 15, 1875, BAL, HC 5.2.30, pt. 16；前掲書 pt. 21のなかの書簡 S. G. Ward to Baring Brothers, Jan. 4, 1876；8；前掲書 pt. 21のなかの書簡 S. G. & G. C. Ward to Baring Brothers, Sept. 5, 1876；および前掲書 pt. 22のなかの書簡 S. G. Ward to J. Hickson, Dec. 24, 1876, および Hickson to Ward, Dec. 28, 1876. ベアリング・ブラザーズ社が発行した，60万ポンドの社債に対する支払い利子総額に関しては，次の書を見よ。*Economist*, 24 (Feb. 5, 1876): 169.

(155)　ワードは，ヒクソンがモントリオールに戻ったときにこそ，連絡を取りたいと手紙を書いた。次の書簡を見よ。Ward to Hickson, Jan. 8, 1877, BAL, HC 5.2.30, pt. 22. いうまでもなく，ワードはすべての交信文をロンドンの本店に転送していた。

(156)　Daggett, *Railroad Reorganization*, 45.

(157)　Lewis, *American's Stake*, 105.

(158)　Adler, *British Investment*, 173ff. アドラーが用いなかった1冊の本がある。その本とは，Swaine, *Cravath Firm*, I, であり，多くの米国鉄道会社の再編成に，外国企業が関わる際にきわめて有益であった。その本の随所に，米国の鉄道会社とは，デンバー・アンド・リオグランデ社 (1885年)，セントルイス・アーカンソー・アンド・テキサス社 (1889年)，オハイオ・アンド・ミシシッピ社 (1891年)，ユニオン・パシフィック社 (1893年)，アチソン・トピカ・ア

　　　　　　　　　　　　　　　　　　　　　　　　　　　　　　　　　第**6**章　鉄道と土地

ンド・サンタフェ社（1893～96年），ノーフォーク・アンド・ウェスタン社（1895年），ボルチ
モア・アンド・オハイオ社（1898年），およびセントラル・パシフィック社（1898年）である
と記されている。

(159)　Daggett, *Railroad Reorganization*, 343-346, および至るところに散見。ダゲットは，株主
や社債所有者が，しばしば異なる利益を得ていたと指摘している。このようにして，彼らは異
なる委員会を代表していた。彼は，次に掲げる鉄道会社の，再編成時における外国企業の関わ
り合いについて論じている。フィラデルフィア・アンド・レディング社（1874年，1881年，
1889年，1893年），イースタンテネシー・バージニア・アンド・ジョージア鉄道（1886年），ボ
ルチモア・アンド・オハイオ社（1887年），アチソン・トピカ・アンド・サンタフェ社（1889
年，1894～95年），ユニオン・パシフィック社（1893～94年）およびノーザン・パシフィック
社（1893年）である。他の委員会において，例えばオランダの委員会は，ミズーリ・カンザ
ス・アンド・テキサス社（1884年）を，またロンドンの委員会はワバッシュ社（1885～86年）
を，そして英国の委員会はミズーリ・パシフィック社（1886年）を，さらにオランダの新委員
会は，ミズーリ・カンザス・アンド・テキサス社（1887～88年）をそれぞれ議論している。次
の書を見よ。Grodinsky, *Jay Gould*, 424, 429-433, 443-444, 539-540.

(160)　Adler, *British Investment*, 189. 次の書も見よ。Swaine, *Cravath Firm*, I, 372, 378.

(161)　このようにして，例えば英国人統治である，ロンドン＆サンフランシスコ銀行社のR・D・
ピープルは，1880年にオレゴン・アンド・カリフォルニア鉄道の再編組織委員会に関与してい
た。次の書を見よ。Buss, *Henry Villard*, 107, および Swaine, *Cravath Firm*, I, 378.

(162)　Adler, *British Investment*, 173, および A. Emil Davies, *Investments Abroad* (Chicago：A.
W. Shaw, 1927), 146-157.

(163)　*Economist*, 45 (Feb. 5, 1887)：184. ドロシー・アドラーは，「ペンシルベニア鉄道は，同社
の取締役会に対する英国の参加に同意しなかったという事実が，長年にわたり，ロンドンの新
聞界における不満の原因であった」と記している。しかしながら，ペンシルベニア鉄道の経営
陣は，「英国の株主や社債所有者に対し，継続して接触していく」ことになった（Adler,
British Investment, 175, 176n）。

(164)　Palgrave "An English View," 195-196, ギリアトに関するデータは，次の書を見よ。
Sayers, *Bank of England*, III, 360　ギリアトが，イングランド銀行の総裁を務めていたとき
（1883年から1885年まで），彼の会社（J・K・ギリアト社）は，デンバー・アンド・リオグラ
ンデ鉄道の再編成時（1884年から1885年まで）に先決権を取得した（Adler, *British
Investment*, 147-148, 173-174）。シカゴ・セントポール・アンド・カンザスシティ鉄道に関し
ては，次の書を見よ。*Investors' Review*, London, 2 (Nov. 1893)：637-645. その鉄道企業の目
論見書は，1887年4月にロンドンのロバート・ベンソン社により発行された。引き続き1890年
代には，シカゴ・グレート・ウェスタン鉄道が発行した。次の書も見よ。H. Roger Grant,
The Corn Belt：A History of the Chicago Great Western Railroad Company (DeKalb：
Northern Illinois University Press, 1984), 32-33.

(165)　1894年のタイプ原稿からの抜粋 Edwin Waterhouse, "His Story," n.d., in the Price
Waterhouse Archives, London, pp. 94-95. リダーデールは，ベアリング危機の間，イングラン
ド銀行総裁であった。

(166)　次の書を見よ。*Economist*, 76 (March 15, 1913)：638.

(167)　Martin, *James J. Hill*, 120-122. オランダ株主の米国代表であるジョン・S・ケネディは，
「調停」の役割と引き換えに，米国およびカナダで再編成された偉大なる鉄道債における額面

第Ⅱ部　世界最大の債務国

価額の，何と 5 分の 1 （20％）の利子を受領した。この事実は，次の書のなかで発見された。
Heather Gilbert, "The Unaccountable Fifth," *Minnesota History*, 42 (Spring 1971): 175-177.
次の書も見よ。Martin, *James J. Hill*, 154, 193. オランダ人銀行家で関与していたのは，シュ
ミット＆ウィーテン社，カークホーヘン社，リップマン・ローゼンタール社，ウルベイン＆
サン社，トテイン・ノルテニアス＆デ・ハーン社（以上はアムステルダムが本社の企業），ロ
ッテルダム本社の H・C・ヴールーヴ社およびユトレヒト本社のジョアン・カープ社であった。
オランダ社債所有者委員会は，ジョアン・カープ社が主宰していた。次の書を見よ。 Joseph
G. Pyle, *James J. Hill* (Garden city, N.Y.：Doubleday, Page, 1917), II, 432, and I, 185.

(168)　Greenberg, *Financiers and Railroads*, 122-128, 202. オイェンの他の活動に関しては，次の
書を見よ。Bosch, *Nederlandse Beleggingen*, 170.

(169)　Klein, *History of the Louisville and Nashville*, 202.

(170)　前掲書, 214. ベルトハイム＆ゴンベルツ社の，1884年のルイヴィル・アンド・ナッシュヴ
ィル鉄道における管理部門の役割については，次の書を見よ。 Bosch, *Nederlandse
Beleggingen*, 171-172. サー・アーネスト・キャッセルは，この再編成に積極的であった
（Emden, *Money Powers*, 333）。

(171)　Adler, *British Investment*, 182.

(172)　Bosch, *Nederlandse Beleggingen*, 172. フロリダ・セントラル鉄道に対するオランダ人投資
の背景に関しては，次の書を見よ。Max Winkler, *Foreign Bonds* (1933；rpt New York：
Arno Press, 1976), 274-275.

(173)　次の書のなかにみられる，シフがキャッセルに宛てた1989年 5 月27日付け手紙 Adler,
Jacob H. Schiff, I, 53.

(174)　Grodinsky, *Jay Gould*, 540.

(175)　"Reorganisation Reminiscences," *Investors' Review*, 4 (July 1894)：21-24. Herbert O.
Brayer, *William Blackmore* (Denver：Bradford Robinson, 1949), II, 274, 左記の書は，その
特定できない鉄道会社が，デンバー・アンド・リオグランデ社であったことを確認している。
ロンドンの雑誌（*Investors' Review*）は，それを特定する際の働きかけにおいて，大変皮肉め
いていた。これらの回想録の論調は，その雑誌の概調に影響を及ぼした。これと同じ再編成の，
さらなる好評に関しては，次の書を見よ。Swaine, *Cravath Firm*, I, 371-373.

(176)　Grodinsky, *Jay Gould*, 590. ジェイ・グルドは，1892年12月に死亡した（前掲書, 591）。彼
の息子であるジョージ・グルドは，この「グルド」勝利でリーダー的な役割を演じた。

(177)　Swaine, *Cravath Firm*, I, 499-501.

(178)　1885年の再編成時における，デンバー・アンド・リオグランデ鉄道の，オランダ委員会で
のトロンプの役割に関しては，次の書を見よ。前掲書, 373.

(179)　Francis Edwin Hyde, "British Capital and American Enterprise in the Northwest,"
Economic History Review, 6 (April 1936)：201-208. この鉄道会社の1885年時におけるドイツ
資本の役割に関しては，次の書を見よ。Swaine, *Cravath Firm*, I, 378.

(180)　Swaine, *Cravath Firm*, I, 376-377. ドイツ人は，1600万ドルの第一抵当社債のうち，約
1200万ドルを所持した。次の書を見よ。Grodinsky, *Jay Gould*, 550.

(181)　フランス国家証券所有者協会（Association Nationale de Porteurs Français de Valeurs
Mobilières）が，1898年に結成された。その協会は，外国証券におけるフランス人所有者の権
利を保護する行動を取った（Winkler, *Foreign Bonds*, 156-157）。私には，その協会が米国鉄
道債の件で，積極的であったとは見受けられない。米国鉄道に対する投資の関連で，いくつか

第6章　鉄道と土地

の「パリ」保護委員会があったが，それらの委員会の関与は，英国，オランダおよびドイツとは，比べものにならないほど少なかった。

(182)　ジョージ・スミスに関する私のデータは，次の書からである。Alice E. Smith, *George Smith's Money*（Madison：State Historical Society of Wisconsin, 1966）, esp. 139-163. ミッチェルを紹介している手紙は，1877年1月15日付の，スミスからエドワード・ベアリング宛ての書簡である。この手紙は，次のなかに収められている。Baring Papers, Public Archives, Ottawa, vol. 23, p. 012055. 1887年のミッチェル死後，（ベアリング社が特別な関係をもっていた企業であるキダー・ピーバディ社の）ジョージ・マグンは，この鉄道会社の取締役会のメンバーに加わった。この引用は Smith, *George Smith's Money*, 161 による。米国鉄道会社において，スミスが所有する金額は定かではない。アリス・スミスの記述は，かなりあやふやである。「第一次世界大戦の頃までは，ロンドンのジョージ・スミスの持ち分が，シカゴ・ミルウォーキー・アンド・セントポール鉄道社の社債および株式を合わせ，おおよそ2000万ドルであった」と彼女は記している（p. 155）。その鉄道会社は19世紀末に，俗にビッグ・フォーと呼ばれるスミス，肉の梱包業者のフィリップ・D・アーマー，ウィリアム・ロックフェラーの持ち分およびチャールズ・W・ハークネスの持ち分の庇護のもとで経営していた。また，ロックフェラー社とハークネス社の二者は，スタンダード石油社と関係があった。もしスミスが死亡したときに，1万9000株を所持したならば（前掲書, 176），その鉄道会社での彼の「資本」は，他の3人の持ち分資本よりもかなり少なくなった。私は，彼がどれだけ社債を所有していたかは知らない。私は2000万ドルという数値が，他の情報と合致しない点が気にかかる。私は所有額に関し，伝記作家としての見解からの提示と思われる数値のみを含めている。スミス死亡時の1899年11月に，シカゴ・ミルウォーキー・アンド・セントポール鉄道における一般株の1万9000株は，約240万ドル（この額は，次の新聞に掲載された相場による。*Commercial and Financial Chronicle*, 70 [Jan. 6, 1900]：22）の市場価値があったであろう。2000万ドルと240万ドルの差は，社債保有だけで形成されたのであろうか。

(183)　Smith, *George Smith's Money*, 170. アリス・スミスは，ジョージ・スミスの意思をサマセット事務所で確認したが，その土地の価値が決定されたのは，「数年」前であったと述べている。5200万ドルという数値に関して，彼女は次の新聞を引用している。*New York Times*, May 8, 1907. もしアリス・スミスの数値が正しければ，1070万ポンドの土地とは，ルービンスタインの計算による英国で1899年に死亡した最大の資産家の土地の3.5倍以上であったであろう。次の彼の書 "British Millionaires," 211 を見よ（前掲書, 223），左記の書には，「ジョージ・シカゴ・スミス」の名を，間違った死亡日時（1899年とすべきところを1900年としている）とともに，「外国人」として掲載している。また，「2次データ」では，彼に500万ポンドの財産があったことを記している。しかしルービンスタインは，印刷された検認ずみ遺言書のカレンダーという奇妙な物の上には，彼の名が「掲載されていない」ことに気がついた。なぜならば，サマセット事務所でアリス・スミスがその遺言書を発見したと書いているからである。その問題は，土地価格の計算に長期間費やしたことにあるかもしれない。また，スミスが伝記作家としての暗示（なぜならば，市場での所有は，容易に目録に載せられたであろうから）より，米国鉄道会社において少数株主であったことを意味している。

(184)　Smith, *George Smith's Money*, 158-159.

(185)　ジョージ・スミスとドナルド・スミスが親戚関係であったか，あるいはただ単に互いに知っている程度であったかを示すものはない。

(186)　その計算は，次の書に与えられているデータに基づいた，私の独自のものである。Martin,

第Ⅱ部　世界最大の債務国

James J. Hill, 210.

(187)　次のそれぞれの書を見よ。Pyle, *James J. Hill* ; Martin, *James J. Hill* ; マウント・ステファン卿の生涯に関する 2 巻の書，Heather Gilbert, *Awakening Continent* (Aberdeen : Aberdeen University Press, 1965), Heather Gilbert, *End of the Road* ; Merrill Denison, *Canada's First Bank : A History of the Bank of Montreal* (New York : Dodd, Mead, 1967), vol. 2 ; および W. Kaye Lamb, *History of the Canadian Pacific Railroad* (New York : Macmillan, 1977). ドロシー・アドラー，ジェンクスやピアスの誰一人もマウント・ステファン卿に関する著書を発行していない。米国鉄道会社に対する英国の投資に関する専門家は，誰一人として彼の名前さえ挙げていない。しかし，読者がヒルの鉄道に関する部分を読み始めると，マウント・ステファン卿の名は至るところに出てきた。

(188)　Martin, *James J. Hill*, 659.

(189)　Buss, *Henry Villard*, 248 ; Lewis, *America's Stake*, 34. 再編成時における，ボン・シーメンスの役割に関しては，次の書を見よ。Helfferich, *Georg von Siemens*, II, 255-272.

(190)　Martin, *James J. Hill*, 441.

(191)　ヒルは1889年 5 月初旬，ノーザン・パシフィック鉄道の支配権を得る必要があると悟り，高鳴りを覚えながら，ステファンに手紙を書いた（Pyle, *James J. Hill*, I, 450）。

(192)　Martin, *James J. Hill*, 455.

(193)　Gilbert, *End of the Road*, 180.

(194)　Martin, *James J. Hill*, 441-463. 次の書も見よ。Seidenzahl, *100 Jahre*, 94-97, および Gilbert, *End of the Road*, 75-96, 167ff, 左記の書は，マーティンの前掲書と一緒に読むべきである。

(195)　次の書のなかで引用されている。Pyle, *James J. Hill*, II, 106. その友達とは，マウント・ステファン卿かストラスコナ卿のいずれかであろうが，おそらくは後者であろう。これと同じ内容を若干違った表現で，この章の注（208）に記したので読まれたし。その数字は，たまたま一致してはいないが，要点は同じである。

(196)　ガスパード・ファーレが，E・J・タックに宛てた1903年 7 月25日付書簡，Gaspar Farrer Letterbook, BAL.

(197)　Martin, *James J. Hill*, 至るところに，また Gilbert, *End of the Road*, にも至るところに散見される。

(198)　ハリマンがスティルマンに宛てた，1908年10月23日付書簡に関しては，次の書のなかで引用されている。Burr, *Portrait of a Banker*, 241.

(199)　伝記的なデータは，次の書から手に入る。Denison, *Canada's First Bank*, II, 410-413, および Beckles Willson, *The Life of Lord Strathcona and Mount Royal*, 2 vols. (Boston : Houghton Mifflin, 1915). アルブロ・マーティンは，ヒルの論文には「がっかりするくらい，ドナルド・スミスからの手紙を含んでいない」ことを知った（*James J. Hill*, 659）。私は，ストラスコナ卿の伝記を完成させたアラステア・スウィニーに，深く感謝の意を表したい。スウィニーは私に，ハドソン・ベイ社に関する論文のなかで，スミスとヒルとの交信文がかなりの数に及ぶと手紙で教えてくれた（書簡 Alastair Sweeny to Mira Wilkins, May 17, 1983, and Aug. 17, 1983）。

(200)　スウィニーからウィルキンスに宛てた，1983年 5 月17日付の書簡。

(201)　Willson, *Lord Strathcona*, II, 61. スミスとヒルの最初の会談に関しては，次の書を見よ。Pyle, *James J. Hill*, I, 109.

第**6**章　鉄道と土地

(202)　書簡 Muriel Hidy to Mira Wilkins, April 12, 1983.

(203)　スウィニーからウィルキンスに宛てた，1983年5月17日付の書簡。

(204)　前掲書（株主を支配することに関する部分）。このことは，デニソンが保持したすべての職位が，銀行の歴史のなかに含まれているが，その銀行の社史中のデニソンの項目のなかには入っていない。ウィルソンの著書は，このことに関しては役に立たない。

(205)　R. W. Ferrier, *The History of the British Petroleum Company* (Cambridge, Cambridge University Press, 1982), vol. 1.

(206)　スウィニーからウィルキンスに宛てた，1983年5月17日付の書簡。

(207)　次の書のなかに，「1915年12月」と記されている。Pyle, *James J. Hill*, I, 168.

(208)　Albert Bigelow Paine, *George Fisher Baker* (New York : G. P. Putnam's Sons, 1938), 204-206. 左記の書は，ハリマンがノーザン・パシフィック鉄道の支配権を追求していた1901年5月の出来事の際に，ストラスコナ卿が人を惹きつけるような役割を演じたことを記している。ペインは，ヒルが彼の友人（ストラスコナ卿，ベアリング家およびマウント・ステファン卿）に対して電報を入れ，「即座に対応できるように待機」してほしい旨頼んだと記している。モルガン社のロバート・ベーコンは，英国において一時的な販売秘策をもっていた。「ヒルは冷静であったが，最後には堪えきれず，『ベーコンのこんちきしょう。気にするな！　俺の友人たちは引き込まれずに立ち止まっているであろう』と言った。ノーザン・パシフィック鉄道の株価は続伸した。多くの人々は売却したが，ヒルの英国の友人たちは，1株も売りに出さなかった」。ストラスコナ卿は，彼の所有株式に対して，1株当たり700ドルの買い入れ申し出があったが，動じなかった。「私はヒルから一言念押しされているので，私の株式を手放したりはしないし，突然で一時的な活況に惑わされたりはしない」。ペインによれば，あの時点でストラスコナ卿は，3万株ほど所有していた。そして，その「突然で一時的な活況」とは，彼の持ち株を売却すれば，2000万ドルの利益になったことを意味していた。ペインは，次のように結んでいる。「ストラスコナ卿の行動に勝る，金融上の信頼感と忠誠心は見当たらない。しかし，J・J・ヒルの友人たちも，同様な行動をとった。彼らもヒルに言われたとおり，『引き込まれずに立ち止まっていた』のである」。ストラスコナ卿の，忠誠心を確認するような話がある。彼の孫息子が結婚した1922年に，その夫婦はハネムーンで米国に行ったが，ジェームズ・ヒルの後継者たちは，その新婚ほやほやの夫婦を気前よくもてなした。長い年月の後に，その花嫁（ローナ・ハワード夫人という，英国の首相スタンレイ・ボルドウィンの娘）は，ヒルが彼の相続人に対して，ハリマンとの1901年の戦時に，ストラスコナ卿のご高配を決して忘れないようにと，指示を残していたことを思い出した。ローナ・ハワード夫人（88歳であったが）は1984年2月に，この話を彼女の甥であるB・J・ハワードに語った（B・J・ハワードがウィルキンスに宛てた1984年3月20日付け書簡）。

(209)　例えば，カナディアン・パシフィック鉄道との主要な請負工事業者として，モントリオールのジェームズ・ロスがいた。彼は1899年に「再編成されたケイプ・ブレトン社を代表して，鉄および石炭の利益のために」モントリオール銀行の取締役に選出され，1913年に亡くなるまでずっと取締役のままであった。彼は死亡時に，300万ドルの米国債券を所有していた。彼の所有債券に関しては，次の書を見よ。　Jacob Viner, *Canada's Balance of International Indebtedness, 1900-1913* (Cambridge, Mass. : Harvard University Press, 1924), 90. 彼の伝記に関しては，次の書を見よ。Denison, *Canada's First Bank*, II, 281, 422.

(210)　ジョージ・スミスもドナルド・スミスも，さらにジョージ・ステファンの名前も，次の優れた書のなかに出てこないのは驚きである。Cleona Lewis, *America's Stake.* しかしその3人

407

第Ⅱ部　世界最大の債務国

は，米国における個人の外国人投資家としては最大級であるし，特にドナルド・スミスとジョージ・ステファンは，真に影響力があった。ウィリアム・ウォルドルフ・アスターの（不動産）所有は，おそらくそれ以上であった。カンスエラ・ヴァンダービルトおよびマールボロ公爵に関しては，第5章も見よ。

(211)　Johnson and Supple, *Boston Capitalists*, 319.

(212)　Bryant, *History of the Atchison, Topeka and Santa Fe*, 151.

(213)　RALにおけるデータが参考になる。他の英国の多くのマーチャントバンクが，米国鉄道債券を所有していたという証拠がある。

(214)　Denison, *Canada's First Bank*, II, 251.

(215)　Stephen Randall, "The Development of Canadian Business in Puerto Rico," *Revista/Review Inter Americana*, 7 (Spring 1977)：11. カナダ王立銀行は，ユニオン・パシフィック鉄道，シカゴ・バーリングトン・アンド・クインシー鉄道，ロックアイランド鉄道，グレート・ノーザン鉄道およびサザン・パシフィック鉄道の債券を，1910年に預けた（前掲書）。

(216)　R. T. Naylor, *The History of Canadian Business, 1867-1914* (Toronto：James Lorimer, 1973), II, 244.

(217)　イングランド・ウェールズ首都銀行における1913年時の米国鉄道に関する有価証券明細書については，次の書を見よ。C. A. E. Goodhart, *The Business of Banking, 1891-1914* (London：Weidenfeld & Nicholson, 1972), 478. ロンドンのユニオン銀行およびその後継企業（1894年から1914年まで）の，米国鉄道株式の所有に関してもまた，グッドハートはすばらしかった（前掲書, 508-513）。この書は，証券の売買ともに記載されている点で，特に貴重である。ロンドンのコンソリデイテッド銀行の会長は，アトランティック・アンド・グレート・ウェスタン鉄道証券に関連して，1833年にその銀行の地位（信用）を尋ねられた（本書の第4章参照）。彼は，口座を閉じてはいなかったけれども「銀行株式を所有するに値しない」と答えた。T・E・グレゴリイは，その銀行の所有規模を明らかにしていない（*The Westminster Bank through a Century* [London：Westminster Bank, 1936], II, 64）。ジェフリー・ジョーンズは，次のようなことを発見した。1909年から1910年にかけて，ペルシャ王立銀行が，以下の鉄道株式をそれぞれ取得した。ペンシルベニア鉄道を5670ポンド，ロックアイランド・アーカンソー・アンド・ルイジアナ鉄道を5790ポンド，イリノイ・セントラル鉄道を5220ポンド，ミネアポリス・スーセントマリー・アンド・アトランティック鉄道を6225ポンド，ノーザン・パシフィック鉄道を6375ポンドで取得した。これらの証券は，1913年から1914年にかけての投資有価証券明細書の一部であった。これらのデータは，ジョーンズが私に宛てた手紙（1985年4月3日付け）によると，香港銀行グループの古文書館から抽出されている。私はまた，米国鉄道の証券に関するデータをもっている。それらは，ロンドンシティ＆ミッドランド銀行およびロイド銀行における，1913年から1914年にかけての有価証券明細書であり，両銀行の古文書館のご好意によるものである（次の書簡を参照せよ。書簡 Edwin Green to Mira Wilkins, April 19, 1985, および書簡 J. M. L. Booker to Mira Wilkins, June 3, 1985）。

(218)　R. E. Tyson, "Scottish Investment in American Railways：The Case of the City of Glasgow Bank, 1856-1881," in *Studies in Scottish Business History*, ed. Peter L. Payne (London：Frank Cass, 1967), 390.

(219)　フォスター＆ブライスワイト社に関しては，次の書を見よ。W. J. Reader, *A House in the City* (London：B. T. Batsford, 1979).

第**6**章　鉄道と土地

(220)　Swaine, *Cravath Firm*, I, 623.

(221)　本書の第14章を見よ。 Jackson, *Enterprising Scot*, 13-16, 21 ; H. Burton and D. C. Corner, *Investment and Unit Trusts in Britain and America*（London : Elek Books, 1968）, 18-19 ; および Weir, *A History*, 10, 18.

(222)　Barry Supple, *The Royal Exchange Assurance : A History of British Insurance, 1720-1950*（Cambridge : Cambridge University Press, 1970）, 345. プルデンシャル社の保有物に関しては，本書の第15章を見よ。

(223)　*Best's Insurance Reports of 1914.*

(224)　これは，いくつかの報告書のなかのデータに基づいた私の推定である。

(225)　B. W. E. Alford, *W. D. & H. O. Wells*（London : Methuen, 1973）, 136.

(226)　T. C. Barker, *The Glassmakers : Pilkington*（London : Weidenfeld & Nicholson, 1977）, 238-239 . その1914年12月31日付け有価証券明細書は，アチソン・トピカ・アンド・サンタフェ鉄道（5000ポンド），アトランティック・アンド・セントローレンス鉄道（8000ポンド），ボルチモア・アンド・オハイオ鉄道（1万ポンド），ノーザン・パシフィック鉄道（6000ポンド），オレゴン・アンド・ワシントン鉄道・海運社（5000ポンド），セントルイス・アイアンマウンテン・アンド・サザン鉄道（9000ポンド），セントポール・ミネアポリス・アンド・マニトバ鉄道（7000ポンド）およびサザン・パシフィック鉄道（1万2000ポンド）を含んでいた。

(227)　ロンドンのシェル社古文書館のデータである。シェル社の有価証券明細書において，次の2項目が特別な興味を描き出している。(1)非常に卓越した「短い注」，(2)1914年における米国鉄道への投資が上昇。私は，年度末（12月31日）のデータを見つけた。私の間違った仮定は，1914年末の数値が1913年末（その文献は1914年7月に，英国人による米国債券の大量売りがあったと記している）のそれより低いであろうとしたことである。シェル社の1913年における，米国の「レール（鉄道）」会社に関する所有は，安全上ドルとスターリング・ポンドの両建てで表示されていたことにも注意したい。

(228)　Burmah Oil Company, Ltd., "Assets 1913." これらのデータは，その企業の古文書館から取り出され，T・A・B・コーレイ氏より私に与えられた。

(229)　Peter Mathias, *The Retailing Revolution*（London : Longmans, Green, 1967）, 130.

(230)　これらが長期投資なのか，あるいは利益から得た現金を，そのビジネスに再投資するまでの流動資産の一時的な保有であったのかは明らかでない。鉄道会社の有価証券は，本当に流動性があった。しかし私が証拠をもっているような多くの事例において，その有価証券は1年以上所有された（すなわち，技術的にその債券は長期投資であった）。

(231)　C. K. Hobson, *The Export of Capital*（London : Constable, 1914）, 15-16, 左記の書は，この点を突いている。Riegel, *Western Railroads*, 43-44, 左記の書は，連邦政府より土地供与を受けた西部地方の鉄道会社が，米国製のレールや鉄鋼製品の使用を余儀なくされたと記している。

(232)　Adler, *British Investment*, 131, 128-129. エルランガーの詳細なシステムに関しては，次の書を見よ。Stover, *Railroads of the South*, 246, および 92, 136-137, 215. ストーバは，この鉄道会社の一般株の大多数が，1890年の春に英国人からアメリカ人の手に渡ったと述べている。Adler, *British Investment*, 131, 左記の書で，このシステムにおける英国人の持ち株は，1924年まで維持されたと暗示している。*Stock Exchange Official Intelligence for 1914*, London, 274, 左記の書は，唯一ロンドンで組織された，米国の鉄道会社を記載している。その会社とは，アラバマ・ニューオーリンズ・テキサス・アンド・パシフィック・ジャンクション鉄道株式会社

409

第Ⅱ部　世界最大の債務国

(1881年に会社登録済み) のことである。その企業の1914年の取締役会会長は，エミル・B・エルランガー男爵であった。*Stock Exchange Official Intelligence for 1914*, 左記の書は，この鉄道会社がヴィックスバーグ・シュレブポート・アンド・パシフィック鉄道を，管理下においていたと述べている。アラバマ・グレート・サザン鉄道は，サザン鉄道の管理下にあるとして掲載されていた。モルガン・グレンフェル社は，1914年のロンドンにおける「金融代理店」であった。

(233)　Adler, *British Investment*, 75, 81-82, 89, 94-95, 170, および Daggett, *Railroad Reorganization*, 96. ヒュー・マッキャルモン (1809-1887) が310万ポンドの財産を残して死亡したとき，彼は英国における最大の資産家の一人であった。彼がフィラデルフィア・アンド・レディング鉄道へ参画できたことは，幸運であった。次の書を見よ。Rubinstein, "British Millionaires," 209. フィラデルフィア・アンド・レディング鉄道社には，英国の大きな持株会社が1889年時点で未だにあった。次の書を見よ。Ripley, *Railroads*, 5, および Daggett, *Railroad Reorganization*, 119, 126.

(234)　Adler, *British Investment*, 131, 188. A・B・スティクニーとの関連で挙げられている 3 つの鉄道会社は，お互いに継承者同士であった。関与した「英国の銀行会社」一覧のなかには，マッキャルモン社，ロバート・フレミング (「会社」というよりはむしろ個人として)，エルランガー社，ベアリング社，J・S・モルガン社およびロバート・ベンソン社が含まれていた。

(235)　Thomas Cochran, *Railroad Leaders* (Cambridge, Mass.：Harvard University Press, 1953), 66. その背景に関しては，次の書を見よ。Buss, *Henry Villard*, 67-110, および Hyde, "British Capital," 201-208. ハイドの論文は，ヴィラードが英国資本を使用して，いかにドイツの支配，すなわち「ドイツ金融のわずらわしい負荷」を骨抜きにしたかについて示している (前掲書, 208)。それからしばらくして，ヴィラードは米国鉄道会社に対するドイツ資金を，再度求め始めるようになった。

(236)　トーマス・ベアリングよりベアリング・ブラザーズ社に宛てた，1877年 2 月13日付書簡，BAL, HC 5.2.30, pt. 22. 次の書簡も見よ。S. G. Ward to Baring Brothers, Jan 9, 1877, および Thomas Baring to Baring Brothers, Feb. 20 and 26, 1877 (前掲書)。ベアリング一家の紳士録に関しては，第13章までの注にも記載があるのでそれを見よ。

(237)　書簡 G. S. Morison to S. G. Ward, Oct. 2, 1885, BAL, HC 5.2.30, pt. 54.

(238)　書簡 Thomas Baring to "Ned" (Lord Revelstoke), April 18, 1886, BAL, HC 5.1.27, pt.2.

(239)　前掲書, April 22, 1886, BAL, HC 5.1.27, pt. 2. ベアリング・ブラザーズ社は1887年 9 月に，あたかもボルチモア・アンド・オハイオ鉄道に融資するかのようにみえたが，彼らの参画の条件はその経営が「シンジケートを満足させ，またベアリング社の能力のある片腕として」発揮できるかであった (Daggett, *Railroad Reorganization*, 11-12)。

(240)　書簡 Thomas Baring to "Ned," April 22, 1886, BAL, HC 5.1.27, pt. 2.

(241)　前掲書, Aug. 6, 1886, BAL, HC 5.1.27, pt. 2.

(242)　Johnson and Supple, *Boston Capitalists*, 325, 327.

(243)　Bryant, *History of the Atchison, Topeka*, 156-157. その事業拡大とは，早期の改革が「無用な練習のようになされた」ことを意味していた (前掲書, 158)。

(244)　前掲書, 163-164, および Campbell, *Reorganization*, 74-75, 77-83.

(245)　Bryant, *History of the Atchison, Topeka*, 164-165；Swaine, *Cravath Firm*, I, 506；および Campbell, *Reorganization*, 217-232.

(246)　Bryant, *History of the Atchison, Topeka*, 167.

第**6**章 鉄道と土地

(247)　前掲書, 168.

(248)　Swaine, *Cravath Firm*, I, 507；Campbell, *Reorganization*, 218. 左記の書は, 1894年に鉄道
会社社債の4分の3が, イングランドおよび欧州大陸で所持されていたことを記している.

(249)　1896年4月23日に弁護士であるビクター・モラウェッツは, オランダ委員会の代表者であ
るジョン・ルデンに, 次のような手紙を書いた.「ボストンの人々は, われわれの失敗に対し
て極端に辛く当たったので, フリスコ (Frisco) の資産を確保できなかった. ……そしてこの
すべてが, 外国人の雇用を左右していた」(Swaine, *Cravath Firm* I, 508).

(250)　ボルチモア・アンド・オハイオ鉄道に関しては, 次の書を見よ. 前掲書, I, 595, 597, および
Stock Exchange Official Intelligence for 1914, 276. ロンドンのシュバイアー・ブラザーズ社,
ニューヨークのシュバイアー社およびニューヨークのクーン・ロブ社は, 1898年と1908年にボ
ルチモア・アンド・オハイオ鉄道のための「再組織化マネジャー」であった. 次の書を見よ.
Money Trust Investigation, 1732, 1712.

(251)　オーガスト・ベルモントの息子は, 1886年にルイヴィル・アンド・ナッシュヴィル鉄道の
取締役会のメンバーになった. 彼は1891年から1903年までの期間, その取締役会の「強力な」
会長として君臨した. この会社は, ベルモントがロスチャイルド社から, 金融支援を確保でき
ることを望んでいた. このことは, 次の事例として証明されている. ロスチャイルド社の会計
帳簿は, N・M・ロスチャイルド＆サンズ社が, ルイヴィル・アンド・ナッシュヴィル鉄道
(L ＆ N 社) の2万1297株 (時価総額は29万3851ポンドであった) を, 1895年末まで所持して
いたことを示している. また, その鉄道会社の担保付き社債のうちの, 6万4830ポンドを所持
していた. L ＆ N 社におけるロスチャイルド家の所有分は, L ＆ N 社が所有する他の17米国
鉄道会社のいずれのものよりも大きかった. ベルモントは, L ＆ N 社に関する重要な情報を
ロンドンに送った. ジョン・ゲイツが, L ＆ N 社株式を市場で買い占めようとした1902年に,
外国の株主は売りに出された. オーガスト・ベルモントは, 1903年に会長を辞任した (Klein,
History of the Louisville and Nashville, 242-243, 251, 311-312, および Adler, *Jacob H. Schiff*,
I, 58を参照せよ). ベルモントが会長職を継承する以前に, L ＆ N 社はベアリング危機によっ
て, 欧州での社債発行に失敗し処分した (Adler, *Jacob H. Schiff*, I, 56). ロスチャイルド家の
所有に関しては, 次の書を見よ. American Account Book for 1895 in RAL II/3/27. 一般的
な情報の流れに関しては, 一例として次の電信を見よ. cables sent to N. M. Rothschild &
Sons, Dec. 23, 26, 1895 (RAL II/51/48). ロンドンにあるロスチャイルド古文書館や, コロン
ビア大学内にある特別コレクションのベルモント家所蔵図書コーナーでは, L ＆ N 社に関す
る非常に貴重な文献を陳列している. ベルモント家所蔵図書コーナーのコレクションには, ベ
ルモント家とロスチャイルド家間の往復書信や, ベルモントとサー・アーネスト・キャッセル
との書簡がある.

(252)　Kennan, *E. H. Harriman*, I, 71；Swaine, *Cravath Firm*, I, 500, 511；Nelson Trottman,
History of the Union Pacific (New York：Ronald Press, 1923), 252；および Campbell,
Reorganization, 233.

(253)　Swaine, *Cravath Firm*, I, 614-615.

(254)　Forbes, "Investments by Hollanders," 64.

(255)　Buss, *Henry Villard*, 181, 248.

(256)　Campbell, *Reorganization*, 43-44.

(257)　Buss, *Henry Villard*, 248；Seidenzahl, *100 Jahre*, chap. 5；Helfferich, *Georg von
Siemens*, II, 255-272；および Martin, *James J. Hill*, 441-456. エドワード・D・アダムズに関

第Ⅱ部　世界最大の債務国

しては，次の書を見よ。*National Cyclopedia of American Biography*, X, 419.

(258)　Daggett, *Railroad Reorganization*, 296.

(259)　Gilbert, *End of the Road*, 30.

(260)　事実，ジェイコブ・シフは，1911年4月にE・D・アダムズに宛てて，ドイツ銀行はミズーリ・パシフィック鉄道に関与した大株主の一人であったので，その鉄道会社の新しい社長を見つける試みに加わるべきである，と手紙を書いた（Adler, *Jacob H. Schiff*, I, 127）。

(261)　Adler, *British Investment*, xiii.

(262)　前掲書, 179-184.

(263)　Adler, *Jacob H. Schiff*, I, 151.

(264)　Adler, *British Investment*, 150. さらなる詳細は，次の書を見よ。Maury Klein, *The Life and Legend of Jay Gould*（Baltimore：John Hopkins University Press, 1986）, 454-455.

(265)　1887年のロバート・ギャレットの放逐に関しては，次の書を見よ。Campbell, *Reorganization*, 130-131. ギャレットが再び株式支配をしたとき，英国でシンジケートが組織されたが，その計画で突き進むことを拒否されたため，融資に必要なことを行わなかった（前掲書, 131）。この章の注（239）も見られたし。

(266)　J. Laurence Laughlin, *The Credit of Nations*（New York：Charles Scribner's Sons, 1918）, 279. アチソン・トピカ・アンド・サンタフェ鉄道は，不詳の「有罪」になったのであろうか。多分そうであろう。

(267)　Swaine, *Cravath Firm*, I, 613-616.

(268)　Cochran, *Railroad Leaders*, 403. その手紙は，カナダ・サザン社の副社長であるチャールズ・F・コックス宛てであった。

(269)　Klein, *History of the Louisville and Nashville*, 244, 249, 255. オーガスト・ベルモントの息子は，1888年にルイヴィル・アンド・ナッシュヴィル鉄道の取締役会のメンバーであったが，まだ会長ではなかった。Adler, *British Investment*, 171, 左記の書は，英国の「銀行と鉄道の関係」という文脈のなかで，この鉄道会社について議論している。このときが，最初の株式配当ではなかった。南北戦争の期間中，英国人支配のフィラデルフィア・アンド・レディング鉄道が，株式配当を実施した。第4章注（106）を見よ。

(270)　Gilbert, *End of the Road*, 287.

(271)　例えば，スコティッシュ・アメリカン投資株式会社は，一銘柄の証券にも，資本の10分の1以上は投資しないという方針であったが，その会社が投資する以前にその鉄道会社の経営を「有能かつ実直な人物」の手中に収めたかった（Weir, *A History*, 9-10）。

(272)　エリー委員会における，1875年から1876年の活動で彼の果たした役割については，次の書を見よ。Adler, *British Investment*, 116n, および Daggett, *Railroad Reorganization*, 45, デンバー・アンド・リオグランデ委員会の1855年の活動に関しては，次の書も見よ。Adler, *British Investment*, 174n. Swaine, *Cravath Firm*, I, 372, 左記の書は，デンバー・アンド・リオグランデ鉄道に関する，フレミング報告の一部を抜粋したものである。フレミングは1886年に，ミズーリ・パシフィック鉄道における再編成委員会を指揮した（Grodinsky, *Jay Gould*, 443-444）。彼は1886年に，イースタンテネシー・バージニア・アンド・ジョージア鉄道の再編成の際に，外国人の社債保有者を代表した（Daggett, *Railroad Reorganization*, 155）。

(273)　Adler, *British Investment*, 148, および Swaine, *Cravath Firm*, I, 380.

(274)　Adler, *Jacob H. Schiff*, I, 123-124.

(275)　Swaine, *Cravath Firm*, I, 502-509. 彼はアチソン・トピカ鉄道における英国の投資家の利益

を保護していた1894年に，ノーフォーク・アンド・ウェスタン鉄道の再編成にも（アムステルダムのA・A・ボワスヴェイン社とともに）参加した（Adler, *Jacob H. Schiff*, I, 68）。

(276)　*Stock Exchange Official Intelligence for 1914*, 280.

(277)　Daggett, *Railroad Reorganization*, 346. 左記の書はこの点をついている。私はまた別の文脈で，その点について説明してきた。

(278)　前掲書, 345. 左記の書には一般的な，すなわち特に外国の銀行家や金融家ではない関係者に関するコメントが書かれている。

(279)　ロバート・フレミングは，彼自身が所有する銀行を組織した。しかしそれ以前に，彼は鉄道会社の再編成に直接参加した。

(280)　これは不合理なことではない。E・H・ハリマンは，中国に対する実現不確かな計画を考えていた。次の書を見よ。H. J. Eckenrode and Pocohontas Wight Edmunds, *E. H. Harriman* (New York : Greenberg, 1933), 98-99. 私は，直接投資との関係に触れていないが，外国の船会社は明らかに，米国の鉄道会社との緊密な提携の開発について考えていた。ある英国の鉄道会社は，船会社に投資した。北ドイツ・ロイド航路会社は，ボルチモア・アンド・オハイオ鉄道と「提携」を結んだ（Chandler, *Visible Hand*, 157）。

(281)　詳細な区分に関しては，次の書を見よ。Lewis, *America's Stake*, 546, 567.

(282)　前掲書, 569.

(283)　問題を複雑にしているのは，特に創生期に，カナディアン・パシフィック鉄道（CP社）に対し，米国によるかなり大口の有価証券所有があったことである。しかし，英国投資は顕著になってきた。CP社への初期の融資に関しては，次の書を見よ。Greenberg, *Financiers*, 200. Denison, *Canada's First Bank*, II, 214. 左記の書は，1883年にCP社全株の半数が，米国内で所有されていたと記している。Herbert Marshall, Frank A. Southard, and Kenneth W. Taylor, *Canadian-American Industry* (New Haven : Yale University Press, 1936), 194. 左記の書は，1906年のCP社の所有株主は，11％がカナダ人，61％が英国人，15％がアメリカ人，13％が「その他外国人」であったことを明確にしている。ダウ・ジョーンズの調査報告書は，1914年6月1日までにCP社株式（一般株および優先株）の3分の2が，イングランドで所有されていたことを示していた（*Bradstreet's*, Oct. 24, 1914, 690）。

　　Marshall, Southard, and Taylor, *Canadian-American Industry*, 190. 左記の書には，グランド・トランク社に関して，最初から「イングランドで大部分が融資および管理され，ロンドン本社の取締役会によって支配されていた」と書かれている。Denison, *Canada's First Bank*, II, 187. 左記の書は，英国株主の利益代表者と，カナダにおける鉄道運営の責任者間との長い激しい衝突の後で，1876年頃にグランド・トランク社の経営陣支配が，ロンドンよりモントリオールに移転したことを記している。しかし，4年後の1880年に，サー・ジョン・マクドナルドがCP社の計画に参画したときに，彼はグランド・トランク鉄道社の社長であったサー・ヘンリー・テーラーとロンドンで話し合いをもった（Gilbert, *Awakening Continent*, 67, 69）。カナディアン・ノーザン社の証券の多くは，英国で販売された（Lamb, *History of the Canadian Pacific*, 290）。

(284)　Marshall, Southard, and Taylor, *Canadian-American Industry*, 188ff. 運行距離数（1937年現在）に関しては，前掲書, 191に述べられているが，その会社の鉄道建設は，1914年までにほぼ完結した。その運行距離数は，1937年と概ね同じであった。次の書も見よ。William J. Wilgus, *The Railway Interrelations of the United States and Canada* (New Haven : Yale University Press, 1937).

第Ⅱ部　世界最大の債務国

(285)　Marshall, Southard, and Taylor, *Canadian-American Industry*, 191-193（5000マイル超に関して），および Lamb, *History of the Canadian Pacific*, 167, 237, 238. ラムは，1914年の米国鉄道の運行距離数を示していない。カナダの運行距離数は，1914年には1万2000マイルより少なかったが，1930年代半ばには1万7000マイルになった。Viner, *Canada's Balance of International Indebtedness*, 90, 左記の書には，カナダの鉄道会社が1912年に，米国内の7197マイルの鉄道距離を所有・管理していたと記述されている。米国内の鉄道を，1914年時点で支配していたカナダの鉄道会社名については，次の書を見よ。Lewis, *America's Stake*, 567.

(286)　次の書を見よ。"Armour 1867-1953," Harvard Business School Case, 1954, 3；R. A. Clemen, *American Livestock and Meat Industry*（1923；rpt. New York：Johnson Reprint Co., 1966), 234；および Adler, *British Investment*, 194.

(287)　Lamb, *Canadian Pacific*, 3, および Denison, *Canada's First Bank*, II, 188.

(288)　Cochran, *Railroad Leaders*, 398.

(289)　前掲書, 404（1888年10月2日）.

(290)　次の書を見よ。Lamb, *History of the Canadian Pacific*, 至るところに.

(291)　次の書を見よ。Martin, *James J. Hill*, 至るところに. しかし，ヒルの競争力のある行動に関しては，次の書を見よ。前掲書, 570-571. 次の書も見よ。Lamb, *History of the Canadian Pacific*, 195-204 and 459 n.10. ヒルの鉄道会社と CP 社との提携は，長期間にわたった。ヒルは，CP 社の当初の共同運営者として関与した。ヒルは1883年5月3日に，CP 社の取締役会を辞任した。その後ステファンは，1883年7月12日に，ヒル所有のセントポール・ミネアポリス・アンド・マニトバ鉄道の取締役を辞任した。こうすることでステファンは，「ヒルの鉄道会社の方針が，CP 社と敵対関係にならない限りにおいては」，少なくとも自身の所有株数を減らす意思がない旨を伝達しようとした。彼はこの鉄道2社間で，「緊密で友好的な提携」がなされることを期待していた。次の書を見よ。Pyle, *James J. Hill*, I, 298ff., esp. 322-324. ステファンの CP 社に対する影響力は，彼が取締役に就任したときに大きく飛躍した。彼が CP 社で，1881年から1888年まで社長であったとき，成功によって報いられはしたが，と同時に彼は，厳しい個人攻撃を受け，不満の募った時期でもあった。他方，ヒルの鉄道会社はステファンを億万長者にし，ステファンは「神の祝福を受けた古い鉄道」として，ヒルの当初の鉄道会社を言及している（Martin, *James J. Hill*, 443）. 2社間の利害が衝突したときに，マウント・ステファン卿は，CP 社よりもむしろヒルに対して同情的であったとの，いくつかの暗示がある。これはステファンの利益に反して，どの道働いていたということをいっているわけではない。次の書を見よ。Gilbert, *End of the Road*, 16, および 彼女の *Awakening Continent*,（至るところに）. ステファンとスミスは，1888年から CP 社よりも，ヒルの鉄道会社に多くの投資をした（Martin, *James J. Hill*, 375）.

(292)　私は，ステファンとスミスがカナダに住んでいたときには，「カナダの投資家」であったと考えている。そして，彼らが住居を英国に移した後は，英国の投資家として捉えている。CP 社との関連におけるスミスの役割については，次の書を見よ。Lamb, *History of the Canadian Pacific*, 81, 106, 196, 204, 238. ステファンが，1892年に CP 社の4人の上級委員会を辞した後でも，スミスは長くその委員会の一員であった。スミスが1896年にカナダの上級執行委員になったとき，彼はまだ CP 社の取締役であり，1914年に死ぬまでそれを継続した。また1892年に，CP 社の上級委員会のなかにおいて，ヒルの鉄道会社と早くからの関係にあったのは，R・B・アンガスであり，彼は1910年から1913年までモントリオール銀行の社長を務めた。次の書を見よ。Denison, *Canada's First Bank*, II. ラムの著書 *History of the Canadian*

第**6**章　鉄道と土地

Pacific とアルブロ・マーティンの著書 *James J. Hill* は，同一年に前後して発刊されヒル，ス
テファン，スミスおよび CP 社に関する内容の図書とともに読まれた。ロンドンの一個人およ
び機関の多くが，ヒルおよび CP 社と関わりがあった。ヒルおよび CP 社と関係があった男は，
トーマス・スキナーである。彼は1841年にイングランドのブリストルで生まれ，1874年に次の
書を出版した。*Stock Exchange Manual*. 彼は一時期，CP 社のロンドンの代理店をしていた。
また，英国とカナダのビジネスに関する専門家としても知られていた（W. G. Kerr, *Scottish
Capital on the American Credit Frontier* [Austin：Texas Historical Association, 1976],
92-94, Gilbert, *End of the Road*, 33, 71, 322）。および Martin, *James J. Hill*, 413, 左記の書は
スキナーに関して，「最も効率のよいロンドンの仲買人の一人」であり，「グレート・ノーザン
鉄道の代表として，ノーザン・パシフィック鉄道を買収するために」，1895年5月10日のいわ
ゆるロンドン協定に調印した4人（ヒルとステファンを含む）グループの一人であったと報告
している。（前掲書, 376）。マーティンは，スキナーがドイツ銀行のために，1895年協定のも
とで活動したと記述している（前掲書, 413）が，私はそのことを疑問に思っている。一方，
ラムは1896年に，トーマス・スキナーが CP 社の役員をしていたと述べている（前掲書, 204）。
スキナーがセントポール・ミネアポリス鉄道と関係のあった，ピルズベリー・ウォッシュバーン
小麦製粉株式会社の会長を，1910年には務めていたことを見つけた。その製粉会社の総会の報
告書を見よ。 Report of the General Meeting, Sept 23, 1910, in John S. Pillsbury and
Family Papers, Minnesota Historical Society, St. Paul. スキナーは，1915年までの間に（それ
以前ではないかもしれないが），モントリオール銀行のロンドン諮問委員会の委員長を務めて
いた。（Denison, *Canada's First Bank*, II, 330）。スキナーは，モントリオール銀行の役員をし
ていたことはない。したがって，カーはこの点で誤っている。しかしスキナーは，1914年には
ハドソン・ベイ社の副総裁になっていた（Willson, *Lord Strathcona*, II, 463）。この公社の総
裁は，かの有名なストラスコナである。

(293)　グランド・トランク社が，スー社を買収しようと試みたときの，ステファンとスミスの役
　　　割に関しては，次の書を見よ。Martin, *James J. Hill*, 288. ヒルは，もちろんカナダ生まれで
　　　あるが，私はこの件に関しては，カナダ生まれであることが影響していないと考えている。

(294)　Lewis, *America's Stake*, 546.

(295)　Adler, *British Investment*, 195.

(296)　Lewis, *America's State*, 316.

(297)　前述したように，大西洋鉄道は存続していたと想像されるにもかかわらず，英国の鉄道所
　　　有者は米国において，船舶や鉄道企業を買収していた。

(298)　Jenks, "Britain and American Railway Development," 378. このことは，多くの学者が取り
　　　上げている。一例として，次の書を見よ。Roger V. Clements, "British-Controlled Enterprise
　　　in the West between 1870 and 1900 and Some Agrarian Reactions," *Agricultural History*, 27
　　　(Oct. 1953)：133.「多大なる米国の鉄道会社に対する英国の投資は，衝撃的なほど受身のま
　　　まであり，影響力はなかった」。前掲書, 135では，クレメンツが米国における他国の投資に対
　　　して，英国の管理方式と鉄道会社における方式とを比較している。

(299)　Adler, *British Investment*, xiii. ジェンクスは，1875年以降の所有者に関するよりも，それ
　　　以前の投資に関してはるかに専門的知識があった。

(300)　前掲書, 199-200.

(301)　米国の鉄道会社への投資で富をなした英国の「億万長者」には，ヒュー・マッキャルモン，
　　　マウント・ステファン卿，ストラスコナ卿が名を連ねた。

第Ⅱ部　世界最大の債務国

(302)　Edelstein, *Overseas Investment*, 123, 125, 左記の書は，1870年から1913年までの「最良の」米国鉄道証券についてのみ考察し，そのうち１株当たりの実現利益率が8.41％で社債は6.03％であったことを記している。著者は，債務不履行になった鉄道会社の債券は省いている。

(303)　債務不履行の記録をエデルステインが省略してしまったことは，この著書の大きな損失となっている。

(304)　Martin, *James J. Hill*, 440. リプレイ（ハーバード大学の経済学者）の次の書は，一般的な外国投資に対して等しく冷淡であった。Ripley, *Railroads*, 10. 「不在者所有は経済関係の悪魔であり，米国の鉄道会社のケースにおいて危害となる，特別な生産物になってきた」。彼は自らの見解を説明するにあたり，まったく確信があったわけではないが，その示唆するところは，不在者所有は「投機」であり，操業上の利益欠如を伴うというものであった。多分，1915年に書いているリプレイは，彼がその撤退には賛成であったが，外国投資が永久ではないこと，連続せずして撤退もありうることを懸念していたということである。配当に関しては，前述したように再投資された収入が排除される，ヘンリー・レドヤードの苦情が，同一種の関心事項であった。

(305)　これは取りあえず嬴屓目にみての結論であり，この課題はさらに突っ込んだ調査が必要である。外国の投資家は明らかに，一般的に慎重な態度を示した。彼らは特に，1890年代においては外部の公認会計士に依頼した。このことに関しては，Price Waterhouse Archives, London, Box 1にあるデータを見よ。Daggett, *Railroad Reorganization*, 341, 左記の書は，1908年に次のように結んでいる。米国の「条件に不適合な方法である操業勘定や，本勘定間の割り当て経費に介入された外国の投資家は，時折災害の原因になっていた」。知識欠如のため，外国銀行家の役割が疑問視されていたいくつかの再編成があった。*Investors' Review*, London, 1890年代初期における左記の書は，再編成時の英国人の役割に関して批判的であり，英国人の収益は，本来鉄道会社や投資家にいくべき英国人の収益が参加者の手に渡ってしまったと強く主張している。一例として，次の書を見よ。*Investors' Review*, 2 (Nov. 1893) : 637-645；4 (July 1894) : 21-24；および 4 (Sept. 1894) : 171-173.

(306)　Marlborough, "Virginia Mines and American Rails," *Fortnightly Review*, n.s., 69 (March 1891) : 792.

(307)　米国の鉄道会社の運営に関する多くの研究でも，外国のいかなる役割についても述べていないということには驚かされる。ムリエル・ハイディは，個人的な見解として，このことは投資家の消極性に起因するものではなく，鉄道会社の金融を取り扱う歴史家の不適切さに起因すると主張した。いくつかの文献では，資本の源泉ではなく，鉄道会社への融資，すなわち発行された社債の種類を取り扱っている。

(308)　彼らは情報のすべてが，きちんと確実に扱われることを欲していた。例えば，米国鉄道における英国の投資を扱ったある者は，グレート・ノーザン鉄道の年次報告書（1894〜95年）に関して，悲痛の面持ちで次のように書いていた。「投資家というのは，忍耐強い動物である。また，彼が理解する限りにおいて，すべてに頑強に耐えている」（ギルバートの次の書に引用されているガスパード・ファーレが，マウント・ステファン卿に宛てた1895年11月26日付けの手紙がある。Gilbert, *End of the Road*, 66）。

(309)　鉄道会社の不動産販売に関しては，次の書を見よ。John D. Hicks, *The Populist Revolt* (Minneapolis : University of Minnesota Press, 1931), 11-15. 総計１億8000万エーカーが連邦政府より鉄道会社に貸与譲渡され，最終的にはそのうちの１億エーカー以上が，「鉄道会社に占有譲渡」された（Riegel, *Western Railroads*, 41-13）。典型的な鉄道会社は，海外の土地を

見込み，住人や米国移住をするであろう欧州の人々に売却した。このような販売はまた，不動産会社によってもなされたが，この研究のなかには含まれていない。なぜならば，その土地の所有者は，すでに米国在住に至っていたからである。鉄道会社はさらに，米国や欧州在住の投機家にも売却したが，彼らは購入した土地を，将来は小区画にする計画であった。鉄道会社は国の内外を問わず，家畜の農場経営者にも売却した。次の書を見よ。　前掲書，282-283.

　　鉄道会社は基本的に，土地を利用する購入者がほしかったわけだが，輸送量や収益が当然上がるという前提で，鉄道が運搬する農場の生産物を確保しておきたかった。スコットランドの投資家に対する鉄道会社の不動産販売については，次の書を見よ。Jackson, *Enterprising Scot*, 31, 101, 104.

(310)　次の書を見よ。書簡集 Henry Villard letters, Dec. 17, 1881, and May 4, 1882, in Northern Pacific, President Letters Sent, vol. 24, Minnesota Historical Society, St. Paul, Minn. これらの信書は，米国非在住の外国人宛てであった。U.S. Sen., 48th Cong., 1st sess., 1884, Exec. Doc. 181, 2, 左記の文書は，サイクス＆ヒューズ社の投資および，ノースダコタ地区でビジネスをしている英国企業に関して記述している。サイクス＆ヒューズ社は，1884年にアイオワ州やミネソタ州で，合計8万5000エーカーを所有していたと言われている。次の書を見よ。Jacob Van der Zee, *The British in Iowa* (Iowa City：State Historical Society of Iowa, 1922), 116.「マンチェスターのサイクス氏」が，1881年5月にアイオワ州を訪問し，彼の土地を視察したことに関しては，次の書を見よ。前掲書，260n，(ストックポート市は，マンチェスター近郊である)。多分彼はその旅行中に，北太平洋岸地域からノースダコタ州に至る地域の土地を購入している。ラリイ・マクファーレインの次の書によれば，Larry A. McFarlane, "British Agricultural Investment in the Dakotas, 1877-1953," *Business and Economic History*, ed. Paul Uselding, 2nd ser., V (1976), 115, 119, 125, マンチェスターが本社のリチャード・サイクス・イースター社は，ノースダコタ州のジェームズ・リバー・ヴァレイ近くの土地を購入して，定住者に魅力あるように試みた。リチャード・サイクス社は，1881年に次の書を刊行した。*Land and Farming in North Dakota on the Northern Pacific Railroad.*

(311)　全員が英国生まれの，クローズ家の4人兄弟がいた。彼らの名は，ジョン・ブルックス (1850年生)，ジェームズ・ブルックス (1851年生)，ウィリアム・ブルックス (1853年生)，フレデリック・ブルックス (1854年生) である。ジョン・ブルックスがマンチェスターに残って，「彼自身のためばかりではなく，英国にいる友人のために，かなりの投資資金」を，彼の若い3兄弟にもたせた後，3兄弟は米国に移住した。次の書を見よ。Van der Zee, *The British in Iowa*, 57, 258, 69. その兄弟の最初の事業は，アイオワ州での土地買収であり，1878年に始まった (前掲書，57, 61, 99, 121)。彼らの会社 (1879年までは「クローズ・ブラザーズ」と呼ばれた) は，ロンドンとマンチェスターに事務所を構え，アイオワ州への移民を奨励していた (前掲書，77)。1884年までに彼らは，アイオワ州よりもミネソタ州でより多くの土地を所有していた (前掲書，116)。年上の3兄弟らはケンブリッジ大学に入学し，ボート部の上手な漕ぎ手となった。ケンブリッジの有力なもう1人の漕ぎ手に，コンスタンチン・W・ベンソンがいた。彼は，イリノイ・セントラル鉄道のロンドン代表として活動していた，ロバート・ベンソンの息子であった。コンスタンチンは，ロバート・ベンソン株式会社およびマーチャント信託社で活躍するに至った，もう一人のロバート・ベンソンと兄弟であった。C・W・ベンソンは，1880年から1884年までクローズ・ブラザーズ社のパートナーになっており，ロンドンで開業した。次の書を見よ。前掲書，81, 100, 102-103, 114, 170, 277n. ヴァン・デ・ジーは，イリノイ・セントラル鉄道との関係を構築できなかった。次の書を見よ。Gates, *The Illinois Central,*

第Ⅱ部　世界最大の債務国

224, 317, 348. シカゴ・セントポール・アンド・カンザスシティ鉄道社について議論している記事, *Investors' Review*, 2 (Nov. 1893)：640, のなかで, その会社の債券は, 1886年にロンドンのロバート・ベンソン株式会社によって「支援されていた」ことが記されている。またその雑誌では, アイオワ州におけるロバート・ベンソンの持ち分および, その鉄道会社の後継会社であるシカゴ・グレート・ウェスタン鉄道との関連における彼の役割に関してコメントしていた。

(312) Van der Zee, *The British in Iowa*, 103ff. クローズ家の兄弟が, 1881年から1884年までこの会社を運営した後, C・W・ベンソンがその経営を引き継いだ。サウザーランド地区の公爵は, この事業に大きな関心をもっていたとされている（前掲書, 105, 114, 104, 107）。アイオワ土地株式会社は, 英国で112万5000ドルから250万ドルの資金を築いたといわれている（前掲書, 104）。この会社は, アイオワ州と同様にミネソタ州にも投資した（前掲書, 1-6）。また同社は, サウスダコタ州にも抵当権設定者を排除する土地を所有していた（次の書を見よ。McFarlane, "British Investment-Dakotas," 115）。

(313) Larry A. McFarlane, "British Investment in Midwestern Farm Mortgages and Land, 1875-1900：A Comparison of Iowa and Kansas," *Agricultural History*, 47 (Jan. 1974)：189. 1921年11月に, ウィリアム・B・クローズはロンドンで, ヴァン・デ・ジー宛てに次のような手紙を書いた。カンザス土地株式会社の10万エーカーの土地は,「1年以内に」2倍の価格で売却された。彼はアチソン社から, カンザス州にある土地を10万ドルで購入した。その同時期に, クローズ兄弟はテキサス・パンハンドル地域の3万3300エーカーの土地を購入したが, 1890年代に損失を出して売却したと説明している（Van der Zee, *The British in Iowa*, 118）。クローズ兄弟は, 1885年に彼らの会社を設立させ, シカゴに本社を据えた。業務内容としては, 農場を担保に貸付をするもので, 4～5％の金利の借入を英国で実施した。先に紹介したヴァン・デ・ジーの著書によれば,「この国における貸付金利は, 実質6.5％から7％であった」とのようである（前掲書, 118）。クローズ・ブラザーズ社は明らかに, 英国通貨をウィスコンシン州に持ち込む仲立ちをしたようである。表6-8を見よ。彼らはコロラド州の灌漑プロジェクトに関与し, また自らがロンドンで資金を集めて, アラスカにおけるホワイト・パス・アンド・ユコン鉄道建設にも参画した。フレデリックは1890年に, またジェームズは1910年に死亡した。ジョン・ブルックス・クローズは英国にとどまり, 彼の弟たちに資金を供給していたが, 1914年3月20日に亡くなった。年月日は不詳であるが, ウィリアム・ブルックス・クローズは英国に再移住した（前掲書, 106, 118-119, 248）。1914年, 彼はロンドンが本社の, 1897年6月17日に設立登記した「譲渡抵当・社債券株式会社（Mortgage and Debenture Company, Ltd.)」の会長であった。この会社は50万ポンドの資本金で, 米国およびカナダにおける「不動産あるいは他の債券を担保とする最初の貸付」を推進した（*Stock Exchange Official Intelligence for 1914*, 1047）。

(314) アラバマ・アンド・チャタヌーガ鉄道に関しては, 次の書を見よ。Winkler, *Foreign Bonds*, 266. またテキサス・アンド・パシフィック鉄道に関しては, 次の書を見よ。Lewis, *America's Stake*, 82. 数年後, ロバート・フレミングはテキサス・アンド・パシフィック鉄道の再編成に, 外国人投資家を代表して関与したようである。この第4章の本文を見よ。

(315) Virginia H. Taylor, *The Franco-Texan Land Company* (Austin：University of Texas Press, 1969), 113ff. その土地会社における株式のために放棄された鉄道社債の額面価額は, 410万ドルであった。

(316) J. Fred Rippy, "British Investments in Texas Land and Livestock," *Southwestern*

第**6**章 鉄道と土地

Historical Quarterly, 58 （Jan. 1955）: 332.

(317) 「Societe Fonciere et Agricole des Etats Unis」に関しては次の書を見よ。Taylor, *Franco-Texan Land Company*, 166ff. 主要なオランダの企業に関しては，私の本文を見よ。

(318) 「合衆国抵当社」に関しては，次の書を見よ。H. Peers Brewer, "Eastern Money and Western Mortgages," *Business History Review*, 50 （Autumn 1976）: 362-372, および Ivan Wright, *Farm Mortgage Financing* （New York : McGraw-Hill, 1923), 318. ブルーワーによれば，欧州人は1870年代中期までに，その企業のニューヨーク支社が貸付可能なより安い金利の社債販売から，できるだけ多くの資金を造成した。そして利益は，利子負担債権との関連において，増加した利子負担債務として徴収された（Brewer, "Eastern Money," 371）。しかしペリンによれば，その企業は生き延び，1893年1月に信託預金事業に乗り出した。そして1895年に，「合衆国抵当信託社 （United States Mortgage and Trust Company）」と改名した。次の書を見よ。Edward Ten Broeck Perine, *The Story of the Trust Companies* （New York : G. P. Putnam's Sons, 1916), 202-204. ライトは彼の著書のp. 318で，1890年代に貸し付けたときに抵当権を取らなかったと記している。

(319) これらの不動産抵当貸付会社に関しては，次の書を見よ。Allan G. Bogue, *Money at Interest*, （Ithaca, N.Y. : Cornell University Press, 1955), 77, および至るところに. 不動産抵当による貸付は高い利子率が適用され，特に魅力的なビジネスのようにみえた（前掲書, 88）。次の書も見よ。Wright, *Farm Mortgage Financing*, 315-322, および Brewer, "Eastern Money," 356-380. 英国の利子率に関しては，次の書を見よ。Larry A. McFarlane, "British Investment and the Land : Nebraska, 1877-1946," *Business History Review*, 57 （Summer 1983） : 237-272, 彼の "British Investment-Iowa and Kansas," 179-198；および "British Investment-Dakotas," 116. 次の書も見よ。Jackson, *Enterprising Scot*, 254-255 ; Bogue, *Money at Interest*, 88, 90, 117, 128-129, 132-136, 191-192；および Kerr, *Scottish Capital*, 190. ジャービス・コンクリン抵当信託社は，1887年に米国に資金を仲介する目的で，ロンドンに事務所を設立した（Clyde William Phelps, *The Foreign Expansion of American Banks* [1927 ; rpt. New York : Arno Press, 1976], 133）。J・B・ワトキンス土地抵当社もまた，1887年までにロンドン支店を設けた（Bogue, *Money at Interest*, 132）。その前身の企業である J・B・ワトキンス社は，1878年にロンドンに事務所を開設した（次の書を見よ。"Inventory of the Jabez Bunting Watkins Collection at the University of Kansas," *Business History Newsletter* [Oct. 1983], 6）。ロンバード投資社は，英国の資金と同様に，オランダおよびドイツ資金を米国に導入した（Swaine, *Cravath Firm*, I, 548）。McFarlane, "British Investment-Dakotas," 121, 左記の書は，英国資金を米国に移入した，米国の10大抵当貸付会社を掲載している。彼は次のように記している。「ロンドン，エディンバラおよび他の英国の都市で，10大抵当貸付会社は支店を開設し，4～7年の期間で，4～6％の利子の無担保社債を販売する代理人を保持していた。あるいは農場を抵当にして，6％以上の利率で貸し付けていた」。10社中7社は，1880年代にダコタ州でビジネスを開始し，残りの3社も1890年代には参入した（マクファーレインの，1986年1月27日付けデータによる）。

(320) カンザス州で1889年から1893年の間に，1万1122件の農場抵当の流質処分があった（Riegel, *Western Railrord*, 286）。しかしながら，国内外の抵当貸付会社は流質処分を望んではおらず，彼らは土地を所有することが目的ではなく，貸付を通して利益を上げていたという事実を記憶にとどめることが重要である。次の書を見よ。McFarlane, "British Investment-Iowa and Kansas," 196.

419

第Ⅱ部　世界最大の債務国

(321)　U.S. House, "Land Titles to Aliens in the United States," 48th Cong., 2nd sess., H. Rept. 2308, Jan. 20, 1885, 2.

(322)　前掲書には，2100万エーカーという数字がしばしば引用されていたが，*National Economist Almanac of 1890* という書のなかでは，6190万エーカーが「外国人によって所有された」と記されていた。N. B. Ashby, *The Riddle of the Sphinx* (Chicago：Mercantile Publishing, 1892), 93. 左記の書のなかに引用はあるが，出所は明らかにされていなかった。

(323)　U. S. House, "Land Titles," 2.

(324)　このことは，フランスやオランダの企業についても同様のことがいえる。「Societe Fonciere et Agricole des Etats Unis」は1879年に組織され，その初代社長にコムテ・デ・コンスタンチンが就任した。オランダのマックスウェル土地授与社の取締役には，男爵が選ばれた。西洋の歴史家であるハーバード・ブレイヤーは，その著書のなかで，畜牛大牧場に関する記事に関し，「公爵が西に行った」という見出しをつけた。*The Westerners Brand Book*, IV (1948), 55-76. 次の書も見よ。Lewis Nordyke, *Cattle Empire* (New York：William Morrow, 1949), chap. 5, 特に「プレーリー卿」に関しては p. 77を見よ。

(325)　次の書を見よ。Jim Berry Pearson, *The Maxwell Land Grant* (Norman：University of Oklahoma Press, 1961), 72-280. オランダ人は，1961年時点でもまだ関与していた。私はシャーウィンの生活様式や放逸に関しては，若きオランダ人のアルバート・ヴァーウェイの書簡を頼りにした。この書簡は，ブレンダ・ウォルヴカンプ＝バクスターによって，次のように再印刷されている。"New Mexico, 1883：The Maxwell Grant and the Cimarron Country in the letters of Albert Verwey," *New Mexico Historical Review*, 59 (April 1979)：125-147. ヴァーウェイは，シャーウィンの120万エーカーの統治に言及している。人々は広大な土地に関する話になると，ことさら無力であった。マックスウェル土地授与社に関しては，次の書も見よ。Bosch, *Nederlandse Beleggingen*, 180-181, 663-666. ボッシュは，マックスウェル土地授与社の資本金を，100万ポンドであったとしている。ワシントン D.C. では，ニューメキシコ州のオランダ土地会社に関するものであると語られている。次の書を見よ。*Congressional Record*, 51st Cong., 1st sess., Aug. 20, 1890, 8878.

(326)　スカリーに関しては，次の書を見よ。Homer E. Socolofsky, *Landlord William Scully* (Lawrence：Regents Press of Kansas, 1979), およびソコロフスキーの早期の著作 "William Scully：Ireland and America, 1840-1900," *Agricultural History*, 48 (Jan. 1974)：155-175. 次の書は，今なお役立つと思う。Paul Wallace Gates, *Frontier Landlords and Pioneer Tenants* (Ithaca, N. Y.：Cornell University Press, 1945), 34-61, および John Davis, "Alien Landlordism in America," in *The Land Question from Various Points of View*, ed. C. F. Taylor, (Philadelphia：C. F. Taylor[1898]), 55-59. スカリーの土地所有の全貌は，1884年の一覧表には含まれていなかった。表6-8を見られたし。ルイスの書 *America's Stake*, 568, に引用されている *Philadelphia Bulletin* の1909年の論説は，「スカリーの所有地」が200万エーカーの規模であったと記述している。これは明らかに誤りである。スカリーは，1906年に亡くなったが，彼の妻が相続人となった。彼女は米国市民であり，ワシントン D.C. に家を保持していたが，1912年から彼女が死亡する1932年まで，彼女は「いつも通り」ロンドンに住んでいた（Socolofsky, *Landlord*, 137, 146）。スカリー自身は，1900年に米国市民権を取得したが，1900年から1906年までの間は，多くの時間をロンドンで過ごしていたようにみえる。私は居住基準を用いて，スカリーの所有財産を「外国人」投資家としての分類に入れている。

(327)　McFarlane, "British Investment-Nebraska," 271, および彼の著書である "British

Investment-Dakotas,"122. マクファーレインが, 1984年1月23日に私に宛てた信書のなかで, 彼自身がミズーリ州の割合を修正するつもりではあるが, 「その修正は1％以上であるべきではない」(すなわちミズーリ州の割合は, 小さいままであろう) ということを示唆している.

(328)　McFarlane, "British Investment-Iowa and Kansas," 197. マクファーレインの数値は, 1890年についてである. ヴァン・デ・ジーによれば, アイオワ州およびミネソタ州における, 英国人の土地所有の「頂点」は, 1884年とのことである. 彼の著書を見よ. *The British in Iowa*, 114. その1890年は, 英国の所有に対する激しい撹乱が始まってから, 6年が経過していた.

(329)　ブリティッシュ土地抵当社の米国法人会社は, 1883年にカンザス州マンハッタン市に, 米国の「原野事務所」を開設した. その会社は, 2つの牧畜農場, 小麦農場, 穀物昇降機および小麦粉工場を所有し, それらの農場, 工場, 倉庫は稼動していた. その会社は損失後, 用地資産を売却した. 次の書を見よ. McFarlane, "British Investment-Iowa and Kansas," 191. (その土地の正確な売却日は明らかでないが, おそらく1880年代の末期であろう). サウザーランド公爵に関しては, 次の書を見よ. Van der Zee, *British in Iowa*, 103-104, 107.

(330)　James Macdonald, *Food from Far West* (London and Edinburgh : William P. Nimmo, 1878), 82. 私は居住者の投資家を除外している. 彼のパートナーのアレキサンダー・グラントは, おそらく英国にとどまっていた.

(331)　C. Vann Woodward, *Origins of the New South* (Baton Rouge : Louisiana State University Press, 1951), 119 ; Mira Wilkins, *Foreign Enterprise in Florida* (Gainesville : University Presses of Florida, 1979), 11 ; Edward Crapol, *America for Americans* (Westport, Conn. : Greenwood, 1973), 114 ; および *Stock Exchange Year Book, 1890*, 556. 長い間その考えは, 会社が売却した土地を担保に貸付を供与していたことを意味していた. フロリダ土地抵当社が年鑑 (*Stock Exchange Official Intelligence*) に, 最後に登場したのは1899年であった. その会社は, フロリダ土地信託社に取って代わった. しかしその代替会社も, 1906年以降に解散してしまったようである. 次の書を見よ. *Stock Exchange Year Book, 1890*, 556.

(332)　Woodward, *Origins*, 119 ; および Crapol, *America for Americans*, 114. この投資に関しては, 次の書を見よ. Robert L. Brandfon, *Cotton Kingdom of the New South* (Cambridge, Mass. : Harvard University Press, 1967), 52-59.

(333)　Joseph C. Bailey, *Seaman A. Knapp* (New York : Columbia University Press, 1945), 109-123, および Bogue, *Money at Interest*, 191-197, 126. この大所有は, その下院委員会によって確認された, 2100万エーカーには含まれていないようである (表6-8). 1914年の年鑑 (*Stock Exchange Official Intelligence*) の p. 1057を見ると, NALTCの当初の土地買収は85万エーカーであった. その数値は, 150万エーカーがNALTCの所有に, ワトキンスの所有と合算されているがゆえに, 私の本文と一貫性がある.

(334)　*Stock Exchange Official Intelligence for 1914*, 1057.

(335)　次の書を見よ. 1889 and 1903-1906 extracts from Edwin Waterhouse, "His Story," n.d., in the Price Waterhouse Archives, London, 43, 113-118, 126, 128-132, および *Stock Exchange Official Intelligence for 1914*, 842.

(336)　Jackson, *Enterprising Scot*, 222-231.

(337)　前掲書, 232.

(338)　前掲書, 222ff.

(339)　前掲書, 220-222.

第Ⅱ部　世界最大の債務国

(340)　マスコギー木材社（Muscogee Lumber Company），セミノール木材社およびゲオ・ロビンソン社に関しては次の書を見よ。*Burdett's Official Intelligence, 1895*, 1156-57. 南部諸州土地・木材社に関しては，次の書簡も見よ。James Stillman to Archibald Balfour, March 19, 1891, Stillman Papers, Special Collections, Columbia University Library. スティルマンは，合衆国信託保証株式会社に依存しながら，この会社の株式を所有し，これらの証券を売るべく，この会社に対して熱心に促していた。彼は，「その管理費用は莫大のように思える。私の印象では，会社（南部諸州土地・木材社）はその所有地に対して，途方もない値段を支払った。その土地の木々は急ぎ伐採されたが，その価値はおよそ，土地購入価格までになった。その土地は大変長期間にわたり，農業目的には処分することができなかった」と記している。またこの会社に関しては，次の雑誌を見よ。*Investors' Review*, London, 4（July 1894）：64. ローズベリイ卿は，大規模な投資をしていた。この会社が最後に年鑑（*Burdett's Official Intelligence*）に現れたのは，1898年であった。

(341)　Bacon, "American International Indebtedness," 269, および Palgrave, "An English View," 197-198. 米国の4大抵当貸付会社は，1893年に破産した。この損失に関しては，次の書を見よ。Jackson, *Enterprising Scot*, 254-255, および本書の第14章。

(342)　カリフォルニア州にあった1910年の大きな投機的事業（「ブレントウッド（Brentwood）」と呼ばれていた）に関しては，次の書を見よ。Wallis Hunt, *Heirs of Great Adventure*（London：Balfour, Williamson, 1960）, II, 25.

(343)　当初の購買面積は，6万5000エーカーであった。その面積は後に18万エーカーにまで増加した。次の書を見よ。Maurice Corina, *Trust in Tobacco*（London：Michael Joseph, 1975）；Dickens, "The Transition Period," 243. 拡大された土地面積に関しては，次の書を見よ。*Moody's, 1914.*

(344)　Dickens, "The Transition Period," 244-245.

(345)　*Moody's, 1914.* ブライアント＆メイ社によって施された，この短期間（1903年から1908年まで）の侵略は，同社が合弁企業の相手先パートナーとの関係を明らかにした後，まもなく遅ればせながら統合に至った。そのパートナーとは，米国のマッチ製造業の主導的企業であったダイヤモンド・マッチ社である。1896年にこの会社は英国に工場を建設し，1897年に英国の関連会社を組織した（Diamond Match Company, *Annual Report, 1897*）。ブライアント＆メイ社は，1901年にダイヤモンド・マッチ社の英国関連会社を，その工場とともに買収した。それとの交換条件で，ダイヤモンド・マッチ社はブライアント＆メイ社を支配する株式を取得した。1949年の調査によれば，ブライアント＆メイ社のアメリカ人所有株式，すなわちダイヤモンド・マッチ社所有の大半は，1912年から1920年の間に英国人株主に取って代わられたが，ダイヤモンド・マッチ社は少数株主の立場を堅持した（Report of Commissioner, Combines Investigation Act, Department of Justice, *Matches*, Ottawa, Dec. 27, 1949, 7）.

　　ブライアント＆メイ社とダイヤモンド・マッチ社間で，1901年に市場分割協定が締結された。1903年にダイヤモンド・マッチ社が森林地買収の融資を受けるために，ブライアント＆メイ社の「親会社」になったようだ。最早ダイヤモンド・マッチ社のブライアント＆メイ社に対する興味は薄れてきていたので，米国ではなく英国でこの株式をもてることを喜んだ。私はブライアント＆メイ社が，なぜカリフォルニアの企業株式を売却したかは知らない。他のケース（例えばタバコ産業）のなかで明らかになっていくであろうが，国際市場分割協定は供給指向であり，すなわち米国における欧州企業による輸出関連投資を除外してはいなかった（例えば，インペリアル・タバコ社は米国市場向けに，米国での生産はしないことを協定した後に，協定相

422

第**6**章　鉄道と土地

手先の株式を取得している。本書の第9章を見よ）。ブライアント＆メイ社の，ダイヤモンド・マッチ社との国際ビジネス関係に関しては，次の書を見よ。Haken Lindgren, *Corporate Growth : The Swedish Match Industry in a Global Setting* (Stockholm : Liber Forlag, 1979), 57-58, 382, 294, 287. リンドグレンは，左記の書の p. 382で，1950年代の調査を引用し，その移行は「大変急速に」起きたと述べているが，ダイヤモンド・マッチ社が，ブライアント＆メイ社の少数株主になったのはいつなのかを示していない（しかし，上記調査の引用が1949年になされたのであるならば，1912年と1920年間の8年間と記されており，これは「大変急速に」とは甚だ言い難い）。ブライアント＆メイ社が，森林地への投資をした（もっともらしく思える）1903年から1908年までの間が，もしも未だにアメリカ人の支配下であったならば，おそらくその投資は，英国関連子会社を利用した米国企業の投資として扱われるべきであったろうし，また決して，「外国」の直接投資に含めるべきではない（例えば私は，一般的にはアメリカ人の支配下にあったとされる，第一次世界大戦以前の「ブリティッシュ・アメリカン・タバコ社」における米国投資に関しては，上記の理由により，外国直接投資から除外している。第9章を見られたし）。他方，ブライアント＆メイ社はこの投資に関し，英国において資金を募った。これには，ある「外国」投資がその証拠としてある。Karl-Gustaf Hildebrand, *Expansion Crisis Reconstruction, 1917-1939* (Stockholm：Liber Forlag, 1985), 25. このブライアント＆メイ社の，米国における森林地投資の背後には，他の理由が示唆されている。それはダイヤモンド・マッチ社はマッチ製造機械を所有していたが，それを海外に売却した。それらの機械は，ブライアント＆メイ社が，森林地で使用するのに適していなかった。より明白なことは，ダイヤモンド・マッチ社の支配下にあったブライアント＆メイ社が米国に投資をし，米国の幾種類かのマッチ用木材を輸入していたことから窺えるように，親会社の機械を利用することが可能であったということである。

(346)　Bosch, *Nederlandse Beleggingen*, 182-183.

第7章

貴金属と石炭，鉄，鋼

　米国の豊富な鉱物資源は外国投資家を引きつけた。米国には，豊かな資源，すなわち金，銀，石炭，鉄およびその他の非貴金属や非鉄金属があり，鉄道網が整備されたためそれらは新たに入手可能となった。本章と次章では，米国の鉱山業と鉱物資源関連産業への外国投資を考察する。しかし，初めに米国鉱山業への外国投資について一般的な説明をしておきたい。鉱山業への投資の多くは，これら企業のいくつかはより大きい集団の一部を構成するかあるいは同じ「管理」エンジニアに関係していたにしても，私が第5章でフリースタンディング・カンパニーと呼んだものにより実行されていた。フリースタンディング・カンパニーは，私がまず初めに考察する一連の事業——金および銀事業では広く存在した。同様に，石炭と鉄関連活動でも支配的であった。しかし鉱物抽出産業ではその企業形態があったが，非貴金属および非鉄金属では一般的ではなかった。思い起こしていただきたいが，フリースタンディング・カンパニーは，投資本国における既存企業の事業から直接発展したものではない。むしろ，特別な海外事業を監督するという別の目的のために独自に形成されたものである。それらは有価証券（株式と時には債権）を資本輸出国で売り出し，企業は資本移動の水路となるのである。反外国人規制にもかかわらず，鉱山業と鉱物資源産業への外国投資は，1875年から1914年の間に増加した。

　クラーク・C・スペンスは，少なくとも，8118万5000ポンド（約3億9500万ドル）の名目資本をもつ584の有限責任の共同出資会社が1860年から1914年の間に英国で登録された証拠があると述べており，それらは「西部と南西部山脈の中間」[1]で鉱山業および関連工場に従事したのである。スペンスは英国資本がミシシッピ州西部を横断した地域の鉱山業に「かなりの量」[2]流れ込んだと述べた。エドワード・アシュミードのそれ以前の研究によれば，米国鉱山業に関わる

424

第7章　貴金属と石炭，鉄，鋼

659の企業が1880年から1904年の間に英国で登録されており，資本金は9956万8738ポンドに達していた(3)！　私の研究によれば，1875～1914年の間における米国鉱山業への英国の投資は他の諸国からの投資を上回っているのであるが，他国からの投資に関する比較可能な評価資料はない。

　米国鉱山業への英国の熱狂は急速に盛り上がり，次には時として衰退した。1870年代初期におけるエマ鉱山の大失敗は（1870年代中期において）英国の新規参入の遅延をもたらし——あるいは少なくとも健全な懐疑を生み出した(4)。やがて慎重さは1880年代には消滅し，大規模な投資が行われた。後年，Ｔ・Ａ・リカードは次のように述べている。米国鉱山業企業の行動様式は，

　　ロンドンでつくられた。それは茶番狂言ふうの喜歌劇であった。当時（1880年代半ば），抜け目のないアメリカ人にとってモンタナかコロラドにおける一連の請求権，例えば，5万ドルの選択権を獲得し，それをロンドンにおいて5万ポンド（約25万ドル）で売却することは，日常茶飯事だった。不合理さをなくすため，プロモーターの彼は鉱山技師を装い，結構な報酬の鉱山監督者に成りすまし，それによって暴露の日を先延ばしする機会を得るのである。工場が建設され鉱山は英国資本で開発される。それからシリングの配当金が公表され，株式が額面以上で売却される運びとなる。配当とは何か？　シリングは鉱山企業資本の乏しい収益であり，運用益ではない。翌年あるいは翌々年，「再建」となる。くだんの監督者兼プロモーターは辞任のうえ姿を消し，会社の所有地に穴を残すのである(5)。

　リカードの記述は一つのことを省いていた。すなわち，ロンドンで株式売却中のプロモーターは，彼が新しい過大評価企業に移転した資産と交換に「ベンダー株」を入手するのである。ひとたび配当が公表され，株式価格が額面以上となると，プロモーターはその所有株を売却する。それによって超過利潤を取得し，騙されやすい投資家を放置するのである。

　1893年には，英国人は再び嫌な経験をして，米国の鉱山株と他の有価証券から逃げた。次の記述は，1893年，ロンドンで売買された米国鉱山会社に関するものである。

第Ⅱ部　世界最大の債務国

　ニューモンタナ社は資本の過大評価と銀価格の下落に加えて裁判費用に悩んでいる。ヤンキーガール社は完全に消滅しつつある。アメリカンベル社は権利停止状態にある。ニューガストン社とメイド・オブ・エリン社は順調とはいいがたい。株主は再建に応募しないだろうから，ヤンキーガール社の資産は社債券所有者によって売却されるだろう。ラ・プラタ社はコロラドの鉱山操業を停止した。そして……ニネス氏は東アフリカのモザンビーク地域へ金の鉱脈を探査するべく派遣された。モンタナとニューメキシコで鉱山業を営んでいたゴールデン・リーフ社は，操業を停止した。……新エバーハード社は，ネバダのエバーハード鉱山を停止した。(6)

　これは嘆き節のほんの一例にすぎないのである。(7)スペンスは，彼が研究した英国企業のうち，わずかに約10社中1社がなんらかの配当を支払ったにすぎないと報告している。(8)最も利益をあげた英国の投資は次の通りである。すなわち，キャンプ・バード株式会社（金鉱山），デ・ラマー鉱山株式会社（もとは金・銀鉱山），リッチモンド統合鉱山社（銀鉱山），そして最後に，アリゾナ銅株式会社である。(9)ほとんどの英国企業が，満足以下の成果しかあげていないにもかかわらず，さらに第一次世界大戦以前の時期に米国と競争して注意を引きつけた他国における新鉱山開発にもかかわらず，(10)英国ばかりでなくドイツ，フランス，ベルギー，オランダの投資家が，1875年から1914年の間に米国における鉱山発見の新たな報道のたびに興奮し，そして「信じがたい」収益の空想に浸った。

　この期間，投資対象は直接投資から証券投資，貴金属から産業用金属，鉱山業から加工，製造そして販売業へ広がった。鉱山会社は，ロンドン，エディンバラ，グラスゴー，あるいはまれにパリで登録した（その多くは，既述のように，私がフリースタンディング・カンパニーと呼ぶものであった）。ロンドンで登録された会社の株主は，必ずしも英国人ではなく，フランス人，ドイツ人，あるいはその他であった（時々，アメリカ人の一部所有もあり，それはたいてい鉱山の売却者であった）。(11)米国の州で設立され，外国居住者あるいは外国登録会社によって所有された会社もあった。海外設立の会社もあればそうでない会社もあった。社債発行で資金を調達した会社もあった。重要な英国人プロモーターであるH・オズボーン・オヘイガン（H. Osborne O'Hagan）はある米国の鉱山会社との経

第7章　貴金属と石炭，鉄，鋼

験を次のように書いている。ベアリング・ブラザーズはリトル・アニー金山として知られた資産の「買収」を目的とする英国企業の設立を援助してほしいアメリカ人の銀行家から接触を受けた。ベアリング・ブラザーズはオヘイガンに事態の処理を依頼し，彼はそれに対して，もし彼が選んだ専門の鉱山技術者がその鉱山に好意的な報告をすればそれに合意すると答えた。オヘイガンはビュイック・モアリング社のアルジャーノン・モアリングを現場に派遣した。モアリングは誠実で，彼の「不満足である」という報告は会社設立を停止させた[12]。ところが既述のように，他のプロモーターは良心的ではないので，多数の詐欺的な鉱山証券が英国で発行されたのである。

　1892年の『ミネラル・インダストリー』誌は，ロンドン市場で売買された35の米国鉱山会社の株式価格と「パリ鉱山株式市場」における少数の（同数ではない）株式価格を掲載している[13]。1892年の株式価格表と比較するとスペンスとアシュミードによって指摘された大多数の企業は，きわめて移ろいやすい性格を反映している。すなわち，有価証券市場を通さない大多数の投資[14]とごく少数の企業によるある年における売買の存在である。このようにして，米国における外国鉱山企業は現れては消えたのである[15]。

　スペンスは，大英帝国で設立された企業が広範な企業政策を決定するべく英国で会議を行う重役会をもっていることを発見した。たいていの企業は（代理人，ゼネラルマネジャー，スーパーインテンデント，あるいは社長として知られる）個人を米国に派遣するが，彼らは鉱山を経営し，人を雇用（あるいは解雇）し，そして借金の契約を締結する権限をもつ。それら企業は「社長」をもちロンドン勤務の他の取締役は問題を検討するべく定期的に米国に旅行している[16]。1870年代初期のエマ鉱山の失敗は二流の英国人経営者のせいにされ，英国人は今やよりよい方策を求めるのであった[17]。1878年に，エバーハード・オーロラ鉱山株式会社の取締役が，ネバダの資産を所有するべく合衆国子会社の設立を企図したとき，ロンドンの事務弁護士は管理の実施は大変困難であろうと警告した。英国の「治外法」権が，通常，低開発国に関わっていることを述べたなかで，ヘンリー・キンバー社は，「資産に対する株主の力と権限に関するあらゆる問題は米国において米国の法律で決定され，法廷が満足のできる解決を行ったことは，州（ネバダ）ではない」と書いたのである[18]。

第Ⅱ部　世界最大の債務国

　同様に，『ミネラル・インダストリー』は1893年に，長期間株式が実際上無
価値であった，ユタ州のフラッグスタッフ鉱山社再建について，「英国人取締
役と主要株主は鉱山の社長，（ミノス・クレイボーン）ヴィンセント教授の解雇
を決定した。それは，彼が自分の利益のためにだけ会社を経営し，株主の利益
を考慮しなかったと考えたからである」，以上のように報告していた。[19]

　西部の鉱山業者は（米国の鉄道業者のように）英国人は配当に関心をもちすぎ
る，会社は借金して配当を支払っている，と考えたのである。米国への訪問に
もかかわらず，英国の取締役は政策を実施させることと信頼のおける管理者を
見つけ出すことが困難であった。ある歴史家が言ったように，「金融の準備金
は自然災害に対処するように蓄えられなければならないということが実現され
たとは誰も思っていない」のである。[20]

　1886年，エキスプロレイション株式会社が2人のアメリカ人エンジニア，す
なわちハミルトン・スミスとエドムンド・デクラーノによってロンドンで設立
された。資本は英国ロスチャイルド社からきた。その会社は米国に重要な鉱山
事業をもっていた。鉱山は単一の鉱物資源に限定されていなかった。それは海
外の鉱物資産の支配への英国の試みとつながっていた。エキスプロレイション
社に興味をもった（成功企業である）ある会社は，例えば，その提携覚書におい
て，取締役は「（トンボイ金鉱山）会社の事業を管理する現地取締役や代理人を
任命できる……あるいは現地取締役の構成員となる人物，管理者または代理人
を指名できる」という特殊規定を定めていた。[21]

　ロンドンの王立鉱山学院卒の，Ｔ・Ａ・リカードは，カリフォルニアとコロ
ラドにおける多数の英国人所有鉱山のマネジャーや顧問技師をしていた。[22]南ア
フリカ統合金鉱山社（Consolidated Gold Fields of South Africa, Ltd.）は米国子会
社，金鉱山アメリカ開発株式会社をもっており，その会社は，米国鉱山資産事
業の発見，調査，買収そして監督を行う最良のエンジニア（多くはアメリカ人）
を雇用していた。[23]1909年，ガイ・ウィルキンソンは金鉱山事業のアメリカ人
経営者であり，カリフォルニアに彼の事務所をもっていたようである。[24]金鉱山
グループは金鉱山資産ばかりでなく（第8章で明らかになるように）他の米国鉱
山事業を所有していた。

　既述のように，1887年に議会が外国人財産法を通過させた。[25]同法は外国人あ

428

第７章　貴金属と石炭，鉄，鋼

るいは外国人によって20％以上所有されている会社による準州の土地の買収と事後の所有を禁止した。同法はダコタ，アイダホ，モンタナ，ニューメキシコ，ユタ，ワシントン，ワイオミング，オクラホマ，そしてアラスカにおける外国人投資家に影響を及ぼした。鉱山は同法の適用から除外されなかった。南北ダコタ，モンタナ，そしてワシントンは，1889年に，正式の州となり，それゆえもはや当該法律の適用対象ではなくなった。1890年にアイダホとワイオミングが州として合衆国に加わり，1896年にはユタが続いた。その後，1897年に同連邦法が修正され，鉱物地は対象から外れた。1887年から1897年に，制限が強化され，一方で，一時的に外国人の鉱山投資が（土地投資と同様に）減速し，他方で，しばしば抜け道が見つかり，効力がなかった。クラーク・スペンスは，「英国の鉱山会社は，やっかいな法令にもかかわらず，絶えることなく設立され，準州における操業を開始した」と報告していた。[26]

　全部で概要，1500から2000の鉱山および鉱山関連会社が設立され，1875年から1914年の間に米国で事業を開始し，外国資本で資金を調達した。私の数字（これは控え目であるが）は，集計から多くのケースを除外したために，スペンスとアシュミードによって確認されたものより少ないが，[27]大事なことは関係者の数ではなく彼らの影響である。本章と次の章において，私は，きわめて多様な投資パターンとこれまた多様な米国鉱山業における外国企業の重要性を指摘したい。本章は，金，銀，石炭，鉄，そして鋼を扱う。金と銀は「貨幣」金属であるので，特殊な影響を受けやすい。1875年頃には，米国は両貴金属の世界最大の生産国であった。[28]石炭，鉄，そして鋼は産業経済の基礎を作り出す。1875年には，大英帝国はまだ，石炭，鉄，鉄鋼の生産において合衆国を凌駕していた。[29]第８章では，非貴金属，非鉄金属を論じる。第８章における結論は２つの章に関するものである。

金

　貴金属は欧州の投資家（バージニア社以降）を長く米国に引きつけてきたのである。その関心は，間違いなく，カリフォルニアのゴールドラッシュとともに，1848年以降加速した。今やあらゆる新発見が追加的な外国投資の波を大きくさ

第Ⅱ部　世界最大の債務国

せたのである。1850年以降，米国が重要な産金国となったとき，カリフォルニアは世界の主要な金生産地となった[30]。1860年代と1870年代の間，モンタナはカリフォルニアに次ぐ砂金の産地となった。1880年代の鉄道敷設がコロラドの鉱山への接近を可能にしたので，コロラドはカリフォルニアにとって代わり米国の最大産金州となった[31]。

　第4章で，私は，カリフォルニア金鉱山への英国の投資について述べた[32]。1883年に，モンタナ株式会社は，モンタナ州メアリヴィルのドラムルモン鉱山の取得に関して「世界最大の金銀鉱山の一つと考えられる」と英国で「報道され」た。これは典型的な誇大宣伝であったが，しかしこの場合，英国資金のおかげで，金は実際1914年まで鉱山が掘り尽くされるまで採掘されたのである[33]。1893年から1908年まで，コロラド州テラー郡クリプル・クリーク地域の鉱山は，合衆国におけるほとんどの金を供給した。1895〜98年間に起業された会社のうち，少なくとも17の異なる「アングロ・コロラド」会社が，「クリプル・クリーク」を会社名の一部に用いたのであった[34]。1899年，ウィンフィールド・S・ストラットンはコロラドにある彼のインディペンデンス鉱山をロンドンのベンチャー社に公表価格1000万ドルで売却した（この売却と続くロンドンでの発行は長期訴訟のもとになった）。クラーク・スペンスは，ストラットンのインディペンデンス社を「かつて西部（米国）鉱山において操業した最大級の英国企業の一つ」と呼んでいる。1908年までに，英国の親会社には4500の株主がいた[35]。コロラドの同地域に立地し，1900年に，100万ポンドの名目資本で設立された，キャンプ・バード社は，より成功した英国人の金鉱山事業となった。もっとも，ストラットンのインディペンデンス鉱山に失望した何人かの英国人は慎重であったが[36]。1911年に，キャンプ・バードは，約800万ドルをパリで発行し，それは「舞台裏」で売買された[37]。

　1886年のユコンと1896年のクロンダイクにおけるアラスカ金の発見は，東部合衆国と英国の資本を引きつけた[38]。1890年代，金がブリティッシュ・コロンビア州の南部で発見されたときには，カナダ人は西方へ向かい，多くのカナダ人がワシントン州境の南部で試掘を開始した[39]。金は，サウスダコタとネバダの外国所有企業（金よりも銀で重要）によって採掘された。英国企業は，ニューメキシコの金鉱山に投資した[40]。アリゾナでは，銅山が開発されたので，金は副産物

430

第7章　貴金属と石炭，鉄，鋼

であった。同様に，1880年代末まで，金はしばしばモンタナの銅およびユタの銅と鉛の副産物として産出された。成功した英国人所有企業，デ・ラマー鉱山株式会社はアイダホで1891年に，既操業の一群の金・銀鉱山を買収してスタートした。1880年から1990年の間に，少なくとも16の有限責任会社が米国南部のノースカロライナ州における金採掘のために，英国で設立された。1910年末までに，1つを除いてすべてが解散や自主的操業停止に陥るかあるいは資産を債権者によって差し押さえられた。

　数百に上る個別設立の金鉱山企業があるとはいえ，それらすべてが必ずしも独立していたわけではないことを認識しておかなければならない。ロンドンに本社がある「国際グループ」が最も成功したもののいくつかに含まれる。次のようなグループである。すなわち，ロスチャイルド（エキスプロレイション社を通して），セシル・ローズ・フレンズ（南アフリカ統合金鉱山社を通して），「ハーシュ・シンジケート」（多数の企業を通して），そして南アフリカで活動する英国企業，ウェルナー・バイト社（Wernher, Beit & Co.）である。

　要するに，米国鉱山業への多くの外国投資（特に英国）は金への期待によって引きつけられたのである。ほとんどの金鉱山会社は現地に精錬所をもっていたので，追加的な加工工程への投資は，商業ベースの管理には重要ではなかった。金が，銀，銅，あるいは鉛産出の副産物として採掘されたときにのみ，加工工程への投資が目立つことになった。産出された金の市場は常に存在しており，英国，カナダ，そして米国の銀行が購買者そして輸送者として活躍した。

　米国鉱山業においては一般的であり，とりわけ金鉱山においてはそうなのだが，カナダと大陸欧州（主としてフランス）の投資があったとはいえ，英国は最大の投資国であり続けたように思える。同様に次のことを言及しておく。米国投資を行う英国企業にフランス人やドイツ人が投資するケースもあった。ある推計によれば，1917年における米国の金鉱山投資のうち，95％は米国所有鉱山であり，5％は英国企業所有である。

　それ以前には，英国設立あるいは英国人出資による米国金鉱山会社の割合は，疑いもなく，より高かったものと思われる。金鉱山開発会社の驚くべき増加と実質的な英国資本（ロンドン設立企業の株式登録で明らかなように）の利用にもかかわらず，英国企業は米国金鉱山を支配することは決してなく，その事業は

431

第Ⅱ部　世界最大の債務国

1914年には1880年代や1890年代における企業数よりも少なかった（そして1917年にはさらにいっそう少なかった）。1914年には，米国鉱山は1875年の2.7倍の金を産出したが，米国はもはや世界最大の産出国ではなかった。南アフリカが，第1位であり，第2位である米国の2倍の産出を記録した。[47] 合衆国の生産の拡大は英国資本に助けられた。そして，後にみるように，英国とドイツからの寄付金にも助けられた。

　世界の金生産量は1850年以降増加したので，世界各国は金本位制を採用した。1879年に，米国は事実上の金本位を経て，金本位制に進んだ。1880年代においてそして1890年代もほとんど，米国の商品生産量は金生産を上回って増加した。金を基準とする貨幣供給量は十分拡大せず，部分的にはこのため，米国の価格が低下した。学校の生徒は，1896年のウィリアム・ジェニングス・ブライアンによる次のような演説を読んだ。それは「人類を金の十字架にはりつけにすることはできない」という不満を表明したものであった。[48]

　ブライアンの言葉が響き渡ったときにも，利用可能な金量の実質的増加を促す2つの出来事が発生していた。1つは，金鉱山の発見であり，それは南アフリカとクロンダイクにおける産出量の増加をもたらした。2つ目は，より大事なことだが，金再生におけるシアン化物処理法の採用がもたらした変化である。[49] シアン化物処理法は，英国の開発会社，マッカーサー・フォレスト（MacArthur-Forrest）の開発によるものであり，英国企業によって米国に導入された。その技術はすぐに公的所有に移行したので，スコットランド人の特許所有者はその後の米国における普及にはなんら役割を果たすことはなかった。対照的に，決定的なのは，ドイツ人の米国への直接投資が米国産業に必要なシアン化法を提供したことである。ドイツの投資家とは，ドイツ金銀選鉱所（DEGUSSA）のことであった。[50]

　DEGUSSAは，（ドイツ）フランクフルト貨幣鋳造所の職人であったエルネスト・フリードリッヒ・ロエスラーの小さな検査会社から始まった。1868年に，ロエスラーの2人の息子が父親の事業を継承し，1873年にその会社がフィリップ・アブラハム・コーヘンによって大分前に設立されたもう一つの検査会社と合併した。合併の結果，ドイツ金銀選鉱所ができ，その生産ラインを拡大するとともに1880年代末にはシアン化物の製造を開始した。[51]

432

第7章　貴金属と石炭，鉄，鋼

　1882年，DEGUSSA がシアン化物の生産準備を開始する前に，フランツ・ロエスラーは彼の同族企業の代表者となるべく米国に旅行した。2年後，彼にもう一人のドイツ人，ヤコブ・ハースラハーが加わった。2人は米国における提携関係を DEGUSSA の支配下で開始した。1889年，2人はロエスラー・ハースラハー化学株式会社を提携関係の継承として立ち上げた。同社は，1500株を発行し，ドイツの DEGUSSA が1325株を所有した[52]。この DEGUSSA 米国子会社は，カリウムのシアン化物，ソーダの次亜流酸塩およびその他化学物質の広告と販売で成功した[53]。1895年，同社は，シアン化物の生産に用いられる，金属性ナトリウム製造の新キャストナー法に関する米国における権利を取得した[54]。その年，ロエスラー・ハースラハー化学社，その親会社 DEGUSSA，そして英国企業アルミニウム株式会社は（各3分の1所有で）ニューヨーク州ナイアガラ・フォールズで金属性ナトリウムを生産するナイアガラ電気化学社を形成した。新会社はそこで安価な電力を利用する便宜を得たであろう[55]。ナトリウムはシアン化物の生産に用いられたものと思われる[56]。それらドイツ企業は米国におけるシアン化物の唯一の大規模生産者となり[57]，米国における金再生法の革新をもたらし，その結果，米国金生産のダイナミックな成長と米国における価格の上昇に寄与した。ロエスラー・ハースラハー化学社は，米国におけるシアン化物の相場をつくったのである[58]。

銀

　1859年，ネバダ州コムストック鉱脈の銀の発見は，米国における大規模な銀山開発の幕開けとなった。1859年から1902年の間に，さらに重要な銀山の発見が米国の西部で生まれた[59]。金山と同様に銀山でも，英国資本が参加した。ユタ州の悪名高いエマ鉱山は銀山であった[60]。（1871年形成の）リッチモンド統合社は，ネバダで大規模な成功をした英国人支配による銀鉱山会社であった。1893年までに，同社は，430万ドルの配当金を支払ったが，1888〜90年間と1892年には配当金の支払いをしなかった[61]。同様にまた，英国企業コーテイズ鉱山社は，ネバダで1888年に操業を開始し，高い潜在力をもつようにみえた。しかしながら，1890年代初頭，銀の低価格化が同社を倒産から解散に追い込んだ。同社は，米

433

第Ⅱ部　世界最大の債務国

国企業に資産を売却した。[62]　ほかにも多数の英国企業が銀鉱山向けに設立された。[63]
ある鉱山史研究者はネバダにおける銀鉱山の（一部英国人の）不在所有者がコ
ロラドにおける（多くの場合，金鉱山の）不在所有者より多いことを発見してい
る。[64]　フランス人出資企業であるレキシントン鉱山株式会社が，モンタナで銀を
採掘した。[65]

『ミネラル・インダストリー』1893年版は次のように述べている。

　　銀鉱山業にとって1893年は，1873年に次いで歴史に名を残す年であった。
　後年始まる銀の本位通貨からの陥落は，合衆国ではシャーマン法の廃止によ
　って1893年に完了した。それは，最後の世界最強国を当該金属価格の引き上
　げという無駄な試みから撤退させることになった。さらにインドの貨幣鋳造
　所が銀貨幣の鋳造を停止し，銀本位諸国は，全面的であれ部分的であれ，メ
　キシコ，いくつかの南米諸国そして東洋諸国のみとなったのである。今や，
　安価な鋳造需要を奪われた当該金属の未来は，きわめて悲観的になったので
　ある。[66]

　1893年には，銀会社の倒産は日常茶飯事になった。Ｔ・Ａ・リカードは，
「1893年の銀恐慌」のことを書いている。[67]
　銀は銀鉱床から採掘されるが，19世紀末，新技術が現れ，さらに銀需要が崩
落したために，当貴金属はしばしば銅や鉛の副産物として採掘されるようにな
った。[68]　実際，情報が入手可能な1917年において，合衆国銀産出のわずか３分の
１が銀鉱山からの採掘であり，残りは鉛と銅の鉱山から採掘された。このこと
は，銀生産がますます卑金属産出に伴ったことを意味している。[69]　非鉄金属の溶
解と精製工程の支配は銀売買にとって重要となり，外国投資は当該金属の加工
と販売に堅調に数字を残していた（第８章参照）。金売買に従事するマーチャン
トバンカー（特にロスチャイルド）は巨額の銀口座をもっていた。[70]

米国南部の石炭，鉄，そして鋼への英国の直接投資

　19世紀末および20世紀初頭における米国の石炭，鉄，製鉄所および鋼への多

第7章　貴金属と石炭，鉄，鋼

くの外国投資は，金や銀への投資に比較して活気がなく，投機的でもない。1878年，英国が鉄と鋼の生産においてまだ第1位を占めていたとき，合衆国の製鉄業者は，米国生産の増加と輸入防御の関税ゆえに，英国の鉄鋼産業は米国市場を「失った」と，すでに確信していた。そればかりか，英国は世界貿易において合衆国からの予測された競争を恐れていた。1870年代半ば，英国鉄鋼産業の「最重要人物」であるサー・ラウシアン・ベルは，米国の成果は，「現地のアメリカ人ではなく，米国に渡った英国人労働者に」帰因すると考えていた。彼はさらに「追い出しの恐れがあった英国資本が，確実に有利な市場性があることを証明された企業群や配当を追い求めていたことは，英国人の最も普通のつましさのように思える」と付け加えた。いくぶん，彼の忠言と示唆によって，米国南部における鉄鋼の発展は英国の人，金，技術，そして企業によって深く影響された。英国鉄鋼産業の影響を，バーミンガム，カンバーランド，ミドルスボロ，そしてシェフィールドの地名で知ることができる。同じ名前を米国鉄鋼産業で発見するからである。そしてもちろん，クリーブランドも，オハイオ州クリーブランドばかりでなく，テネシー州クリーブランドとアラバマ州クリーブランドでも確認できる。

　南北戦争後，南部の産業への最初の重要な進出は，英国の事業としてはまったくの失敗なのであるが，1874年4月に始まった。それは，ジェームズ・ボーロン・シニア（James Bowron, Sr.）が，北部イングランドのクリーブランド地方からクエーカー教徒の製鉄業者の代表として旅行し，テネシーについたときであった。彼は，豊富な米国の資源を利用して英国産業より安価に鉄鋼を生産する企業を起こすのに適切な立地を探そうとしたのであった。アラバマ州境近くのテネシー州南部，チャタヌーガの南方40マイルの地点が，彼をとらえた（図7-1参照）。ナッシュヴィル・アンド・チャタヌーガ鉄道の社長と会い，鉄道網敷設の約束を得たのち，そしてさらに（ボーロンの主要保証人でイングランド，ストックトンのソーナビー製鉄所の創始者である）トーマス・ホイットウェルと連絡をとった後，その英国人は新しい町，南ピッツバーグの地として利用するべく農場を購入した。彼はまた，隣接して16万3000エーカーに及ぶ石炭・鉱石床を取得した。1875年にイングランドで設立された，南部諸州石炭・鉄・土地株式会社が，これら資産を所有したものと思われる。表7-1は，この新会社の

第Ⅱ部 世界最大の債務国

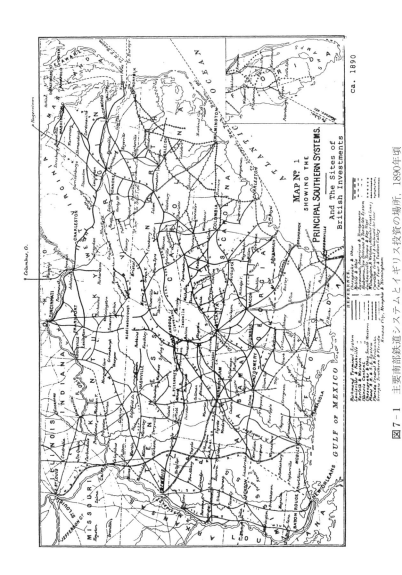

図7-1 主要南部鉄道システムとイギリス投資の場所，1890年頃

第7章　貴金属と石炭，鉄，鋼

表7-1　南部諸州石炭・鉄・土地株式会社の重役

名　前	英国の会社または職業
トーマス・ホイットウェル	ウィリアム・ホイットウェル社（ソーナビー製鉄所），ストックトン・オン・テイーズ
ヘンリー・フェル・ピーズ，J. P.	石炭鉱山所有者，ダーリントン
ウィリアム・バレット	ノートン製鉄株式会社，ストックトン・オン・テイーズ
ヘンリー・バレット	鉄，真鍮鋳造者，ロンドン
ジョシュア・スタッグ・バイヤース	ストックトン溶鉱炉社，ストックトン・オン・テイーズ
ウィリアム・ヘンリー・ヒューレット	ウイガン炭鉄株式会社，ウイガン

出所：Dorothy Adler, *British Investment in American Railways, 1834-1898* (Charlottesville : University Press of Virginia, 1970), p. 124n, および Ethel Armes, *The Story of Cool and Iron in Alabama* (1910 ; rpt. New York : Arno Press, 1973), 385.

重役たちを示している。全員が英国に比較し得る事業を営んでいることを確認できる。彼らは名目的な重役ではない。そうではなく，米国の企業を発展させるべく専門的技術の行使を計画したのである。

この新プロジェクトは強力であった。当時60歳近く（1816年生まれ）だが精力的であったボーロンは南ピッツバーグに町をつくり，機械を輸入し，そして英国から人を募集するべく米国にとどまった[77]。1877年に，トーマス・ホイットウェルはそこを訪問し，進歩の証拠を認めたが，生産はまだ始まっていなかった[78]。同年夏，33歳のジェームズ・ボーロン・ジュニアは，ホイットウェルの要請で，英国とスペインにおける「貿易事業」との関係を断ち切って，家族および産業労働者とともに，父親の援助をするべくテネシーに向かった[79]。年老いたボーロンは，1877年の晩夏，亡くなった。重役たちは，息子に経営を引き受けるよう打電した。若いボーロンは，新しい地位に押しつぶされそうになり，「私は学ぶことだらけだ」と強く回想している[80]。

翌年夏（1878年8月5日），ホイットウェルはソーナビー製鉄所のガス爆発のため死亡した。溶鉱炉建設の分野における卓越した技術者であり，冶金学者にして革新者であるホイットウェルは，米国事業の守護神であった[81]。

彼の死は南ピッツバーグにとって「実際上，本社事務所の転位」を意味した[82]。若いボーロンは既存のテネシー石炭・鉄・鉄道社への売却を提案したが，英国の重役たちは反対した。そのため投資額が増加したが，第1号高炉は1879年に操業を開始した。それは計画が始まってから5年後であった。C・バン・ウッドワードは，それをテネシーにおける第1号炉と呼んだ[83]。

437

第Ⅱ部　世界最大の債務国

　収入は芳しくない。テネシー（とアラバマ）の製鉄所は，近隣の小規模市場
と他地域への高い輸送費用に直面した。ある英国人専門家は1883年に，イング
ランドより安く鉄を造るという希望を抱いて製鉄事業に進出した人はお金を喪
失した，と報告したのである。「南部の製鉄事業にとって……大きな欠点は，
それが多様な形状に加工される（米国あるいは英国の）産業の大中心地に運ぶの
に，費用がかかることであった[84]」。

　その時（1883年）までに，英国のクエーカー教徒たちはその資産を売却して
いた。1882年2月1日，テネシー石炭・鉄・鉄道社は，南部諸州石炭・鉄・土
地株式会社の株式70万ドル，社債70万ドルを取得した。テネシー社の資本金は
300万ドルに引きあげられた。会社は，同州最大の石炭と鉄の生産者となった。
ジェームズ・ボーロンは，同社に雇用されやがて副社長になった。南部諸州社[85]
の存続期間は8年未満であった。それは，英国から経営，資本，技術そして支
配を導入した直接投資であった。同社は，いくつかの継続中の英国企業と緊密
に関連をもっていた。主導権はイングランドからきたのであり，米国（や英国）
の「プロモーター」からではなかった。

　同社の不幸な経験が他の英国投資を妨げることはなかった。1885年，サウス
カロライナ州，チャールストンに本社があるリン塩酸鉱山会社の代表デヴィッ
ド・ロバーツは，アラバマに到着し，そこで彼は，バーミンガムの南，約13マ
イルの地点に，3万エーカーの石炭床の売買権を獲得した。1885年には，アラ
バマ州バーミンガムは，隣接して鉄鉱石と石炭鉱山をもつので，鉄と鋼の生産
中心地になるように思われた。ロバーツは，資金援助をチャールストンの共同
事業者と英国のグループから得た。そのグループには，F・F・ゴードン，C・
C・ワイリー，E・H・ワット，デイルワイン（ママ）・パリッシュ，アルフレ
ッド・パリッシュが含まれていた[86]。1886年，ロバーツは，資本金200万ドルで
デバーデレベン石炭・鉄会社を設立し（取得した石炭床を所有していたヘンリー・
F・デバーデレベンはバーミンガムの地域開発で重要な人物であり新会社の社長になっ
た。ロバーツは，副社長であり総支配人であった），土地は100万ドルで購入した。
新会社は，製鋼設備の設置で完了する予定の（ベッセマーと呼ばれる）市の建設
を計画した[87]。1887年，デバーデレベンとロバーツは会社の資本金を1300万ドル
に引き上げた（うち300万ドルは債券）[88]。英国の投資家たちが1886年かあるいは

438

第7章 貴金属と石炭，鉄，鋼

1887年にいくらの出資を依頼されたかは不明である。デバーデレベン社は米国人が経営していたように思える。同社は，テネシー石炭・鉄・鉄道社の強力なライバルとなり，後者は，最終的に1891年に前者の株式1000万ドルとテネシー社の証券800万ドルとの交換で，その競争者つまりデバーデレベン社の株主を吸収した。[89] 1892年には，テネシー社の資本金は2000万ドルに達した。[90] 南部の他企業はテネシー石炭・鉄・鉄道社に吸収された。同社は，テネシー－アラバマ地域における石炭，鉄そして鋼の生産を完全に一貫して支配した。その活動拠点は，バーミンガムであった。テネシー社がU.S.スチール社に吸収された1907年までに，その資本金は3000万ドルを超えていた。[91] 1914年におけるU.S.スチール社への外国証券投資のかなりの額は，疑いなく，ここで説明した南部諸州―デバーデレベン―テネシー石炭―U.S.スチール社の合併の帰結であり，各ケースで売り手に発行された有価証券が関係していた。

　一方，1882年に，アラバマ石炭・鉄・土地・植民地化会社（ACILCC）が形成された。同社は，英国人投資家が債務不履行となったアラバマ州政府証券と交換に受領した土地で営業を行った。その英国人所有者たちは，銀行のエミル・エルランガー社を含むのであるが，アラバマ・グレート・サザン鉄道に参加したのと同一グループであった。ACILCCは，明らかにその社名にもかかわらず，石炭と鉄鉱山ではなく土地売却で利益をあげていた。[92]（英国人の鉄道会社である）バーミンガム・シェフィールド・アンド・テネシー川鉄道社と関連のあるノーザン・アラバマ開発社は，1980年における事業目的に，北アラバマにおける石炭・鉄鉱石鉱山の買収と開発を挙げていた。テネシー石炭・鉄・鉄道社は，その産出物の購入に合意していた。[93]

　ドロシー・アドラーは，南部の多くの地域における石炭と鉄に対する大規模な英国人の事業を発見した。それはしばしば英国人の鉄道経営とつながっていた。例えば，バージニアとウェストバージニアでは，英国人投資家はカナワ炭田の初期の事業を拡張した。[94] 英国資本は，ノーフォーク・アンド・ウェスタン鉄道網の沿線にある炭田開発のために設立されたフラット・トップ石炭社に出資した。[95] その鉄道は実際上英国投資でなりたっていた。[96] ロンドンの銀行家であるヴィヴィアン・グレーの会社は，1883年以来ノーフォーク・アンド・ウェスタン鉄道と提携関係にあり，1889年に，同社の近くで設置計画された「採掘と

439

第Ⅱ部 世界最大の債務国

製造」を目的とする，バージニア開発社への出資案内を受けた。[97] 1883年には，合衆国最大の溶鉱炉と呼ばれた炉がバージニア州ロックブリッジ郡で操業開始となったが，それは他の英国企業によって所有されたのである。[98]

　米国南部への最も重要な英国人の進出は，1887年1月11日ロンドン設立の，アメリカン・アソシエーション社である。それは，プロモーターによって設立された典型的なフリースタンディング・カンパニーであった。同社は，ケンタッキー，テネシー，そしてバージニアに合計6万エーカーの鉱山を取得し，ケンタッキー州ミドルスボロ（Middlesborough，のち Middlesboro に改名）の新産業都市をつくった（図7-1参照）。1890年によく顔を出す英国人取締役，ディルウィン・パリッシュは同社の取締役会メンバーであった。社長は，英国マンチェスターのヤコブ・ヒグソンであり，ウェールズのカーディフにあるワッツ・ワード社のエドガー・ワッツとフランク・ワッツが参加していた。エドガー・ワッツは鉱山技術者であった。一連の企業が組織され，そのなかにはワッツ鋼鉄シンジケート社があり，同社はゆくゆく4基の溶鉱炉と製鋼設備を建設することになっていた。[99] すべての会社が，ロンドンで設立された。（1889年8月）の『バンカーズ・マガジン』は，「鉄，鋼，そして鉄道拠点の開発を目的とする」アメリカン・アソシエーション社への400万ドルにのぼる英国人投資の「大変重い」支出と「さらなる事業の遂行のための600万ドルの追加投資を約束した」と書いている。[100] 1889年5月，ケンタッキー州ミドルスボロには，住人が50人いた。4カ月後，ルイヴィル・アンド・ナッシュヴィル鉄道が延長し，町まで来た。1890年8月には，人口は6200人となりその後まもなく1万5000人となった。[101] 1891年の訪問後，マールボロ公爵はミドルスボロを「英国人の資金で建設され運営されている，南部州の英国人の町」と記述した。[102]

　しかしながら，ベアリング危機が，英国人に対してすべての米国証券への危惧の念を抱かせることとなり，1893年の不況で，英国の投資家は文字どおり興味を失った。バブルがはじけたのである。1893年10月，アメリカン・アソシエーション社は破産した。[103] プロモーター-投資家たちは十分考え抜いているとはいえない野心的な計画をもっていた。アメリカン・アソシエーション社を「動かす」親会社はなく，効果的な管理組織はなかった。1899年，バージニア鉄・石炭・コークス社は，製銑製鋼設備を取得した。歴史家，ビクター・クラーク

440

第7章　貴金属と石炭，鉄，鋼

は，控え目な表現で，かつての巨額な英国人の投資に関して「熟慮を欠いていた」と後に述べた。ルイヴィル・アンド・ナッシュヴィル鉄道の歴史家は，創立者の期待に反して，ミドルスボロは決して，（アラバマあるいは英国の）「第2のバーミンガム」にならなかったと書いている。理由は，計画が目的を求める英国人たちの能力を超えていたことにあった。この恐るべき企業を動かすための，有効な経営管理組織はできなかった。

　さらに南，南東テネシーに，英国人所有のダックタウン硫黄・銅・鉄株式会社が，1891年に形成され，かつて南北戦争以前に英国人の資金を引きつけたことのある地域，テネシー州イサベルに拠点を置いた（第4章参照）。この会社は，鉄よりも銅で重要であった。1893年初頭，バージニア州境近く，テネシー州ブリストルの東，北東テネシー州のシャディ・バレーで，ウォルター・オリバー卿率いる英国人企業組合は，鉄とマンガン鉱の豊富な鉱山約6万2000エーカーを，およそ60万ドルで購入したといわれた。しかし当該鉱山がその後開発された兆しはなかった。

　要約すると，1870年代と1880年代，そして1890年代初頭において，かなりの英国資本が米国南部の石炭，鉄，そして鋼の開発に投下されたのである。しかしながら，1890年代半ばには，この地域における英国の直接投資は，過去の話になっていた。直接投資が短命であったとはいえ，意義がなかったのではない。それは，新しい米国南部の工業化の基礎を築いたのである。

米国西部，中西部，および東部における石炭，鉄，ならびに鋼への英国の直接投資

　米国の石炭，鉄鋼産業への英国人の事業は，南部に限定されない。西部，中南部，そして東部にもあった。西部では，英国企業はニューメキシコ，ユタ，ワイオミング，ワシントンで石炭を採掘し，しばしば産物を鉄道会社に供給した。かくしてニューメキシコのホワイト・オーク石炭鉱山社は，「外国資本家」を引きつけ，その産出物をカンザスシティ・エルパソ・アンド・メキシコ鉄道に販売した。他方，英国資本の投資があったワイオミングのロッキー山脈石炭・鉄会社は，セントラル・パシフィック鉄道を顧客にもっていた。1879年，

441

第Ⅱ部　世界最大の債務国

セントラル・パシフィック石炭・コークス社は，8％利付きの第一抵当社債，金額にして15万ポンドを英国人に公募した。その目論見書は，当該炭田を合衆国の「最も豊かな鉱山地域」にある自由保有権地の1万760エーカーを含むものと書いていた。[109]ロンドンにおけるこの宣伝は，米国の鉄道証券の販売に関連しており，かつその「ただ乗り」であったものと思える。

　1886年，ピーター・カークはシアトル・レイクショアー・イースタン鉄道に鋼製レールを販売するべく米国西海岸に旅行した。この旅行は，彼が当初意図していたよりもさらにいっそう野心的な事業の基礎になった。カークと彼の従弟チャールズ・バレンタインは，1873年に，英国カンバーランドでカーク＆バレンタインを設立した。（バレンタインが主導したように思える）1881年の後継企業は，モス・ベイ赤鉄鉱・鉄鋼株式会社であった。ある情報によれば，1886年，カークは英国のモス・ベイ社の株式持ち分を売却し，銑鋼一貫企業を立ち上げるべくワシントン州に移民した。カークは英国人との縁故関係を維持しており，レールのセールスマンから鋼生産者への転換を意図して，米国西海岸から鉄鉱石のサンプルを検査のためにカンバーランドへ輸送した。1888年，カークは，合衆国におけるいくつかの企業の設立に参加した。それら企業には，鋼製レールの生産を目的とする米国モス・ベイ鉄鋼社（資本金，500万ドル），土地開発会社，鉄鉱石鉱山会社そして石炭鉱山会社が含まれていた。カークと米国モス・ベイの経営者は，ワシントン州の新設備は，遠い西部で販売されている価格の半値で売れる鋼製レールを生産するだろうと考えた。

　米国モス・ベイ鉄鋼社（MBISA）とモス・ベイ赤鉄鉱・鉄鋼株式会社の間には重複した企業組合があり，1888年には英国企業がリバプールに本社を置く，バルフォア・ウィリアムソン（あるいはそのカリフォルニアの分家，バルフォア・ガスリー）にMBISAに供給するべくワシントンのカスケイド山脈にある石炭と鉄鉱石鉱山の開発への協力依頼をしたことがあったが，米国モス・ベイ鉄鋼社が，モス・ベイ赤鉄鉱・鉄鋼株式会社によって支配されていたとは思われない。バルフォア・ウィリアムソンは，当時，石炭をオーストラリアから西海岸へ輸入しており，米国の高率関税に遭遇していた。カークの計画とは別に，同社は独自の市場のための地域資源を獲得するという考えをもっていた。おそらく，その石炭鉱山はカークが必要とするより多くの石炭を生産したことであろ

442

第**7**章　貴金属と石炭，鉄，鋼

う。それゆえ，英国モス・ベイ社のチャールズ・バレンタインは，ワシントン
の石炭・鉄鉱石鉱山の開発のためにバルフォア・ガスリーとの間に2つの合弁
事業を締結した。バルフォア・ガスリーは，ダーラム石炭鉱山とクレ・エラン
鉄鉱石鉱山の資本金の38％を出資した。

　1888年秋には石炭が採掘され，新しい町ができ，そして米国モス・ベイ鉄鋼
社は英国から機械を注文した。そして1890年には，MBISA は流動性危機を迎
えた。同社は解散し，同年5月，新しいグレート・ウェスタン鉄鋼社がその代
わりに設立された。石炭採掘会社は英国人所有のままであるが，このより近代
的な製造企業（資本金，100万ドル）の資金調達は，すべてアメリカ人によって
行われたように思われる。本来の「英国人グループ」であるピーター・カーク
と W・W・ウィリアムズは，グレート・ウェスタン鉄鋼社の株式所有者に名
前が挙がっていた（カークが米国に移住したことを想起していただきたい）。1891年，
新しい町カークランドの製鋼所建設が始まったが，同所の操業開始以前に，グ
レート・ウェスタン社は破産した。(1962年に) ある歴史家は，全プロジェクト
を「西海岸において銑鋼一貫製鉄所を建設しようとした民間資本による最後の
大きな努力」と呼んだ。英国人所有の石炭採掘事業のみが存続したが，満足の
いく成果からはほど遠かった。[110]

　オーティス製鋼株式会社（資本金，60万ポンド）は，1873年設立のオハイオ州
クリーブランドにある，オーティス鋼鉄社の製鉄所と営業を引き継ぐべく，ロ
ンドンで1889年に発足した。[111] 新設の英国企業は，オハイオの会社のために450
万ドルを支払った。[112] 後者の設備は，1875年10月に操業を開始しており，米国に
おける平炉鋼生産のパイオニアであった。[113] 製品は「名声」を得ていた。[114] 新オー
ティス製鋼株式会社ロンドンの取締役会長は，ジョサイア・ティミス・スミス
であった。[115] 彼は，1860年から1886年まで，西北イングランドに立地するバロー
赤鉄鉱製鋼株式会社の社長であり，同社は，1867年に開始したイングランドに
おける平炉生産の草分けであった。[116] チャールズ・A・オーティスは，オハイオ
のオーティス製鋼所の経営権を保持していた。[117] 同社は1880年代末におけるフリ
ースタンディング・カンパニーの多くの特徴を備えていた。そのタイプの企業
はしばしば失敗していた。しかしながら，この場合，英国人所有者のもとでオ
ーティス社は拡大した。そのアメリカ人経営者は有能であった。1913年，同社

443

第Ⅱ部　世界最大の債務国

はクリーブランドの342エーカーの土地に新設備を建設し，それが主要な稼動
拠点となった[(118)]。しかしながら，同社は1911年にオハイオの株式会社として事業
を再開し，英国人投資家は米国事業の株式所有者（証券投資家）になったよう
に思える。新会社は，ロンドンの重役（1914年，J・E・トーシェ）を抱えていた
が，明らかにクリーブランドから経営していた。英国の直接投資が証券投資に
転換したのである[(119)]。

　重要にしてかつまったく異なったタイプの英国投資家はシェフィールドの坩
堝鋼生産者であった。（「プロモーター」によって設立される）フリースタンディン
グ型の投資であるオーティス製鋼株式会社とは異なり，シェフィールドの製鋼
業者たちは長年にわたり，米国へ輸出を行ってきた。1820年代以来，合衆国市
場で販売してきた者もいた。米国の関税とさらにより重要なのは関税の保護に
守られた米国生産の増加に直面したので，彼らは現地生産に踏み切り，長年，
貿易で培った販売網を利用しつづけたのである。1876年，シェフィールド最大
の坩堝鋼生産業者の一社であるサンダーソン・ブラザーズは，スイート製造社
からニューヨーク州シラキュースの「ゲッデス製鋼所」を買収した。サンダー
ソン・ブラザーズが支配する新会社，サンダーソン・ブラザーズ製鋼社（資本
金，45万ドル）が形成された。ウィリアム・スイートが社長になった。スイー
トは明らかに事業の少数株主であり，彼は6年後引退する際に英国人株主に所
有株を売却した[(120)]。

　サンダーソン・ブラザーズ製鋼社は初めから，サンダーソンの「名前，トレ
ード・マーク，特許権，……そしてシェフィールド製鋼法で用いられるすべて
の秘密情報に関する排他的特権」を有していた。その親会社は，資本金ととも
にシェフィールドで訓練された熟練労働者を供給した。シラキュースの会社は，
（親会社と同様）スウェーデン鉄鉱石を使用し，親会社はまた子会社が「これ
まで（イングランドの）シェフィールドから供給されたものと同一の形質と硬度
をもつ鋼」を生産するように監視した。まもなく同社は，最高級の工具用鋼を
生産するようになり，そして1881年には250人を雇用し，約80万ドルの収入を
得たのである。

　しかしながら，（米国におけるシェフィールド鋼製造子会社にして最も権威のある）
ジェフリー・トウィーデールは，サンダーソンのシラキュース事業は親会社の

第7章　貴金属と石炭，鉄，鋼

期待に達しておらず，そして「シェフィールド方式は徐々に放棄された」ことを発見した。それでも生産量は（1882年の）3000トンから（1892年の）5000トン，（1901年の）7000トンへ増加し，同社は1890年代末には，新しい道，クロミウム・タングステン鋼の開発に向かった。

　1900年，アメリカ坩堝鋼社が（資本金，5000万ドルで）設立された。同社は，坩堝鋼を生産する米国の主要な13の設備を統合しており，それにはサンダーソンのシラキュース工場も含まれていた。新しい大企業は，同国坩堝鋼の95％を生産しており，同時にまた世界最大の生産者であった。同社の最初の会長は，チャールズ・ハーバート・ハルコムであり，彼はシェフィールド・サンダーソン・ブラザーズ社の社長の息子であった。（1881年）弱冠22歳で，ハルコムはシラキュース工場に加わっていた。それゆえに彼の米国在住は19年におよんだ。シラキュースの会社が当該大企業に吸収されたとき，シェフィールドのサンダーソン・ブラザーズ社が坩堝製鋼に関する権限を保持していたとは思えないが，にもかかわらずハルコムと（シェフィールドおよびシラキュースの）サンダーソン・ブラザーズ社で訓練を受けた冶金専門家は米国における工具用鋼の製造・発展に重要な影響を持ち続けた。[121]

　他方，それに次いでよく知られたシェフィールドの製鋼業者であり，サンダーソンと同様米国に長年にわたり輸出してきたトーマス・ファース＆サンズ社は，1895年に，「米国の事業は，熟慮の末，同地で製造拠点を設立する機会を得るまでに達した」と述べたのである。1896年に，英国企業はホイーリング・スターリング製鋼社の支配可能な株式を購入した。同社は坩堝鋳造鋼とアーマー・ピース弾薬の製造で「高い評価」を得ていた。ファースは，取得した会社をファース・スターリング製鋼社と改名し，生産を拡大した。ファース・スターリングの資本金は，1897年に80万ドルであった。同製鉄所は，すべての「スターリング」ブランドの鋼を生産し，さらにシェフィールドと同じ方法で生産したファース工具鋼を追加した。1900年に，坩堝製鋼会社が形成されたとき，同社はこの設備を取得しなかった。1908年，米国に導入された鋼を生産する第2の電気炉がペンシルベニア州ファース・スターリング・マッキーズポート工場に設置された（マッキーズポートは，ピッツバーグの南である）。要するに，同社は相対的に小規模だが，革新的な企業であった。[122]

445

第Ⅱ部　世界最大の債務国

　第3のシェフィールド製鋼業者，ウィリアム・ジェソップ&サンズは，（米国の高関税に守られた）坩堝製鋼会社との競争を恐れて，1901年に，ピッツバーグの約25マイル南，ペンシルベニア州ワシントンに，坩堝製鋼所を建設した。その新工場は，「米国方式」で建設された。同所は，シェフィールド方式の再現を試みることはなく，その代わりに，最新の米国型労働節約技術を採用した。ジェソップの製鋼会社と呼ばれたこの新しい会社は，米国の製造者用に販売されたのこぎり用鋼を生産した。米国における高度に特殊なニッチ市場を満たしたのである。[123]

　米国に投資したシェフィールドの第4の会社は，エドガー・アレン社であり，1910年に，エドガー・アレン・マンガン鋼社を設立した。同社は，イリノイ州シカゴハイツにあるアメリカン・ブレークシュー鋳造社の設備を買収し，さらにデラウェア州ニューキャッスルにあるトロペナス製鋼社の小規模な製鋼鋳造工場を取得した。マンガン鋼における英国人の役割は，知識の開拓にあった。[124]

　これら4つ——サンダーソン・ブラザーズ，ファース，ジェソップ，そしてアレン——のシェフィールド製造業業者のすべては，米国市場に供給するべく資本を投資し，多くの場合，新技術を導入した。米国進出にあたって，英国あるいは米国資本市場の資金調達に徹底したものはなかった。すべて多国籍企業型の投資を行っていた。この点は，第5のシェフィールド製鋼業者である，ヴィッカー社の場合も正しい。同社は，同時期に製鋼業以外に投資した（第12章ヴィッカー社の投資を参照のこと）。こうした参入方式は驚くにあたらない。すべて，英国が長い間名声を得て生産物を輸出してきた，特殊鋼生産分野に属するのである。米国市場の特殊な分野をすべて満たし，企業の優秀さが特殊な優位性を獲得していた。[125]

　他のニッチ市場でも，英国の投資家が同様に事業機会を利用した。米国では，自転車が1890年代に短いが劇的なブームを呈した。[126] それは，米国自転車業者が当初輸入していた軽量管材の需要を創出したからである。1891年，（明らかに英国資本ではなかったが）英国技術を用いた，オハイオ州シェルビーのシェルビー鋼管社が，米国において最初に製鋼した継目無鋼管の生産者となった。[127]（ドイツ・マンネスマンの子会社とは異なり）英国の鋼管株式会社（Tubes, Ltd.）と同様，シェルビー製鋼社は，圧搾法で割り貫いたスウェーデン産の穴明きビレットを

第7章　貴金属と石炭，鉄，鋼

使用していた。1891～92年頃，サミュエル・スネルがイングランドのバーミンガムから，ハドソン製管（ハドソン株式会社）とトーマス・ウォーウィック&サンズ社の代理人となるべく米国にやってきた。1896年，スネルは鋼管製造のアメリカ非溶接鋼管社をオハイオ州トレドで立ち上げた。トーマス・ウォーウィック&サンズのエドワーズ・ウォーウィックは，総支配人であった。1897年，『ニューヨーク・タイムズ』紙は，アメリカ非溶接鋼管社の工場を，「英国の工場」と呼んでいた。

他方，1895年，（米国に移住したスイス人技師）ラルフ・C・スチーフェルの新しい優れた特許を利用したペンシルベニア州エルウッド市のエルウッド非溶接鋼管社は，鋼管を剋り貫いてつくる米国初の会社となった。剋り貫きの新機軸（と1897年ディングレー関税法で与えられた保護）は，米国の鋼管の輸入が急速に低下することを意味した。その方式は米国所有であった。

1897年夏，英国で鋼管アメリカ社の株式が公開された。それは新規設立会社であり，主要な役員は同業の英国企業である鋼管株式会社からきていた。目論見書は，鋼管アメリカ社がエルウッド非溶接鋼管社（同社が重要なスチーフェル特許を所有していた），オハイオ州トレドのアメリカ非溶接鋼管社および他の小規模米国鋼管製造会社と統合する予定であることを述べていた。鋼管アメリカ社はこの計画を実行することはなかった。というのは，決定的なときに，シェルビー製鋼の会長がイングランドに到着し，同市場への進出の意図を公表したからである。英国の鋼管業者はこの計画された米国における投資への本格的な参加から急激に手を引き，代わりに1897年には，多数の継目無鋼管生産者（エルウッド社とアメリカ非溶接鋼管社を含む）が，オハイオ，インディアナ，そしてペンシルベニアに工場をもつ再組織されたより大規模なシェルビー鋼管社（資本金，500万ドル）に加わった。歴史家は（多分不正確であるが）新シェルビー社は英国人が多数株主であると報告した。1898～99年の間に，シェルビー鋼管社は，他の競争者を吸収し自転車用鋼管の製造において目に見える独占的地位を獲得して，拡大した。資本金は1500万ドルに増額された。そして自動車の出現とともに，自転車ブームは終わった。シェルビー鋼管は，製品の多様化を図ったが，新分野では競争力がなく，最後に1901年，U.S.スチールの形成とともにシェルビー鋼管はこの巨大企業の子会社になった。

447

第Ⅱ部　世界最大の債務国

　鉄鋼産業の発展と緊密に結合しているのは，ブリキ板産業である。実際，ブリキ板の生産は鉄鋼産業の一部と考えられている。1890年のマッキンリー関税法の引き上げ以前に，米国はウェールズから大量のブリキ板を輸入していた。高関税のもとで，米国市場の完全な喪失を防ぐべく「わびしい，手遅れの試み」として，米国に在住代理人を指名したり，商品の直接輸送をするべく地域事務所を開設したりしたウェールズの生産者があった。さらに他のウェールズの生産者，例えば，リアネリー立地のE・モアウッド社のジョン・ロジャーズとモリストンのダフリン製鉄所のウィリアム・エドワーズは，米国のいわゆる錫めっき小屋を設立した。それは「海岸地帯に立地し」，そこで親工場から輸入した黒鋼板にめっきを施したのである。モアウッド社は，錫めっき鋼材の製⁽¹³⁶⁾造用としてインディアナ州ガス市に4つの大きな建物を建設し，拡張した。⁽¹³⁷⁾1893年末，ロジャーズは米国にいた。彼は，米国における事業をガス市に集中させることとし，まもなくそこの新工場で錫めっきとブリキ材の生産を始めた。当初，その工場では外国と米国の黒鋼板を使用していたが，同社が圧延機を完成したとき，黒鋼板を内製化することにした。⁽¹³⁸⁾

　1894年のウィルソン関税法は錫めっき材への関税を維持するとともに黒鋼板の輸入関税を上げたので，黒鋼板の輸入と圧延機をもたない錫めっき小屋の建設を完全に終わらせることになった。モアウッド社はすでに米国に圧延機を所⁽¹³⁹⁾有していた。このウェールズ人所有の米国企業になにが起きたかは明らかでない。しかしながら，1894年と1898年の間に，米国錫めっき産業は新技術の導入により，急速に成長した。1898年，アメリカ錫めっき鋼板社が形成され，90%以上の産出を占めて米国同業者のなかで最大となった。英国では1898年に，かつてウェールズ錫めっき業界で最大かつ最新技術を誇ったE・モアウッド社が倒産した。米国輸出事業の消滅ゆえに1890～99年の間に91社中77社が倒産したという出来事があった。モリストンのエドワーズの事業はウェールズで生き延びたのだが，それが合衆国投資を継続したかどうかは不明である。世紀の変わり目には，新しい，強力な米国の錫めっき産業が出現した。1901年には，アメリカ錫めっき鋼板社はU.S.スチール社に吸収された。⁽¹⁴⁰⁾

　本章で私が説明した石炭，鉄そして鋼へのすべての英国の投資（あるいは計画）は，明らかに，急速に拡大する鉄鋼産業の全体的な規模に対しては小規模

第7章　貴金属と石炭，鉄，鋼

であった。しかしながらこの分野では重要な英国の役割があった。すなわち，1870年代における南部諸州の新事業から1890年代におけるトーマス・ファース社の買収を含む坩堝鋼生産者，1910年におけるマンガン鋼生産へのエドガー・アレンの参入，さらには錫めっき生産への防衛的な参入まであった。一般的に，英国人の参加したところでは，英国人鉄鋼業者，技術，そして機械が用いられた。実際上，すべての投資は既存の英国企業と直接的な関連をもっていた。これら企業はかなりの影響力があった。それらの多くの企業が発足したとき，英国は世界の鉄鋼生産のリーダーであった。1914年までには米国が明らかに優位に立っていた。いくつかの既存の英国企業との関係はすでに希薄になっており，ボーロンとホイットウェルの死亡とアメリカン・アソシエーション社および米国モス・ベイ社の巨額かつ継続的な資本の必要性は，英国の参加の終了をもたらした。それでも1914年に，英国の直接投資は残っており，いくつかは成功していた。概して成功した企業，それらは主に坩堝鋼の企業であるが，それらは米国の安価な原材料の開発という試みから出発したというより，むしろ既存の英国企業がまず販売，次いで製造と進化したものであった。同様に重要なのは，有効な経営組織が習得か新規導入かで制定されることであった。さもなければ，成功はおぼつかなかったのである。

　地域の観点からみると，英国の影響力は米国南部の新たな鉄鋼産業において最も大きかったといえよう。これら英国資本は，テネシー州における第1号炉の建設やアラバマ州バーミンガムとその近郊における新産業の発展を援助した。英国の投資**と支配**が継続したところでは，ファース社，ジェソップ工場，そしてアレン製鉄所の場合，いずれも相対的に中規模で高度に革新的な会社となった。それらは，特殊なそして限られた市場を獲得した。設備は，ピッツバーグ地域，シカゴ，そして（デラウェア州）ニューキャッスルにあった。英国の直接投資は，米国鉄鋼産業の創出を援助した。さらに，初期の直接投資の結果として，英国の証券投資が明らかに継続することになった。

石炭，鉄，そして鋼へのドイツ，フランスおよび他国の直接投資

　第一次世界大戦以前に，米国石炭へのドイツの投資のいくつかは存在したが，

第Ⅱ部　世界最大の債務国

しかし，鉄鋼以外の活動に関係していた。一例として，ドイツ人が支配したアメリカン金属社は，アメリカ亜鉛・化学社（1913年設立）の株式100%を所有した。アメリカ亜鉛社はペンシルベニア州ランゲロスの新しい町に立地したが，それは「炉に必要な燃料資源である石炭鉱山に近い」ゆえに選択されたのであった。[143]同社は，石炭埋蔵量1800万トンを見込まれていた，ピッツバーグとルースター鉱脈の2450エーカーの地域に関する石炭採掘権を所有していた。[144]1913年8月設立（資本金，200万ドル）のドイツ人支配の会社，エリー石炭社は，イリノイ州ジラード近郊，スプリングフィールドの南に，3万エーカーに及ぶ未開発の石炭鉱山の権利を保有していた。[145]ドイツ銀行を代表とするシンジケートによって設立されたリーハイ・コーク社は，もう一つの第一次世界大戦以前の米国へのドイツ人の投資であった。[146]

　1893年，フリードリッヒ・アルフレッド・クルップは，クルップ社の展示のあるシカゴ万国博覧会に行く途中ピッツバーグを訪問した。[147]1900年，（ドイツ，エッセンの）クルップ社は，A・E・ピオコウスキー大将を米国代表にした。[148]「クルップ的な」装甲用鋼板が，おそらくライセンス方式により，ベスレヘム製鋼で生産された。[149]私は，アメリカ人代表を除いて，この巨大ドイツ製鋼業者に他のアメリカ人を見出すことができない。[150]

　特殊鋼製品——はさみ，大はさみ，かみそり，小型ナイフ，テーブルナイフなど——の重要な生産者で，世界市場でシェフィールドと競争していたドイツ，ゾーリンゲンのJ・A・ヘンケルは，1883年，総代理人を通して米国に進出した。1909年1月，ヘルマン・カインドの指導のもとで，販売会社，J・A・ヘンケル・ニューヨークを設立した。この米国企業は，ドイツの親会社が50%，代理人を引き継いだアメリカ人が50%を所有していた。[151]

　さらに大事なことは，継目無鋼管において，ドイツ企業が米国の生産に乗り出そうと試みたことである。そこではドイツ企業は技術の上では英国企業をはるかに超えていた。1885年，ドイツ，レムシャイドのマックスとラインハルド・マンネスマンは，継目無鋼管生産の技術を開発し特許権を得た。兄弟は，本国と外国で鋼管工場を建設することにした。1887年にウェールズで，兄弟は米国に輸出する既存企業を買収し，鋼管工場を建設した。[153]しかし同社は，米国鋼管生産量（特にシェルビー製鋼製鉄所の生産）の増加による厳しい競争に遭遇

第7章　貴金属と石炭，鉄，鋼

した。1893年夏，マンネスマン社は米国における生産を決定した。1894年秋，彼らは，（米国自転車生産のリーダー）Ａ・Ａ・ポープ大佐との合弁事業を発表したが，それは実現されなかった。それから1896年，英国人所有のアメリカ非溶接鋼管社が形成されたのと同じ年に，それよりもさらに大規模なドイツ人所有のマンネスマン自転車鋼管社が設立された。同社は，マサチューセッツ州アダムズ近郊に工場を建設した。しかしまもなく同社は，資金困難に直面し，1897年３月には，マンネスマン自転車鋼管工場として再組織された。再び，マンネスマン兄弟ははかない成功をみることになり，工場は1898年に閉鎖された。[155] 1893～98年間におけるドイツ・マンネスマン社の進出の試みは，どんなに高度な技術による生産物であっても，米国企業（この場合，強力なスチーフェル特許をもつ，エルウッド社）が生産しているときには，いかに米国市場への侵入が困難であるかを示している。シェフィールドの製鋼業者と異なり，マンネスマン社が米国の競争企業よりもよりよく満たしうる特殊なニッチ市場は存在しなかったのである。そしてもちろん，自転車売買の低落はマンネスマンの販売への需要を削減した。

多数の他のドイツ企業が，米国で多様な特殊鉄鋼製品を生産しあるいは販売した。（ドイツ，ウイリックのスタルワーク・ベッカー株式会社所有の）アメリカ・ベッカー製鋼社がこのなかに入る。それら企業の生産物のほとんどは，「機械と設備」であり，私は第12章でそうした企業を考察する。

フランス人投資家はあまり目立たない。フランスの技術は米国製鋼産業で用いられており，例えば，ヘロート電気炉がそれである。[156] 初期のヘロート炉についてみると，電極はスウェーデンから輸入された。1910年，ポール・ヘロートが，当該生産物の生産のために，ニューヨーク州ナイアガラ・フォールズ市にアメリカ電極社を設立した。[157] 資金調達はいかになされたか，フランス人の投資があったかどうかは定かでない。

オランダ人の投資は，ニューメキシコの石炭鉱山にあり，マックスウェル土地授与社の資源開発事業と関連していた。石炭は，アチソン・トピカ・アンド・サンタフェ社で販売された。[158] ほかには，（米国最大の鉄鋼会社への証券投資を除いて）オランダ人の石炭，鉄そして鋼への投資はなかった。

カナダ人の事業についていえば，クレオナ・ルイスは，1914年にはカナダ企

451

業であるドミニオン鋳造製鋼社とカナダ鋳造・鍛造社が，米国支社か子会社を
もっていたと考えている。私は，それらの第一次世界大戦前の立地や事業（販
売であることは疑いない）については，いかなる情報も発見することはできなか
った。1890年代の短い期間，カナディアン・パシフィック社がメサビ山脈に評
価の高い鉄鉱石鉱山をもつダルース・アンド・ウィニペグ鉄道を支配した。ジ
ェームズ・J・ヒルが，1897年に鉄道と鉄鉱石資産を取得したのである（ヒルの
英国人支持者が彼の鉄鉱石投資に参加した）。クレオナ・ルイスは，スターリング
石炭株式会社（1914年の資本金，200万ドル）はカナダ人が所有していたと報告し
ている。

鋼カルテル

　米国は，かつて，英国から銑鉄を次いで鋼製レールを大量に輸入した。19世
紀末，米国産業は，その巨大な国内市場の必要性を満たすようになった。1893
年に初めて，米国は鉄と鋼の輸出が輸入を凌駕したのである。1900年，英国の
レール生産者は，カーネギー製鋼社が英国企業である，グレート・イースタン
鉄道社に大量に販売したとき混乱した。1901年，巨大 U.S.スチールが形成され
た。他方，ドイツ製鋼業は同時に拡大した。1904年11月，国際鋼製レール協定
が，ドイツ，英国，ベルギー，フランス，そして多分米国の生産者の間で締結
された。「五大湖の南，北部米国レール市場」（すなわち，米国とメキシコ）は米
国企業に，他方，カナダと南米市場は，「集合的に」ドイツ，英国，フランス，
ベルギーそして米国を拠点とする企業に割り当てられた。他の市場では，欧州
企業は米国企業との競争はなかった。他の鋼製品，例えば鋼管についても，米
国の生産者は明らかに，国際協定に参加していた。その協定はおそらく，ドイ
ツ，フランス，そしてベルギーの生産者による米国製鋼業への投資を禁じてい
たであろう。しかしながらこの取り決めがなくても，米国企業の成長著しい競
争力を考慮したときに，さらなる進出が起きたとは考え難いのである。

第**7**章　貴金属と石炭，鉄，鋼

石炭，鉄，鋼への外国投資と証券投資

　19世紀と20世紀初頭における米国の石炭，鉄，鋼への外国投資の多くは，直接投資であり，それとともに経営と支配を持ち込んだ（あるいは持ち込みを試みた）が，鉄鋼産業への例外的に大規模な証券投資が起きた。1914年6月1日現在，U.S.スチール社の記録によれば，同社の普通株の1万2240万ドルと優先株の2750万ドルは，自国民以外によって所有されており，所有者は英国，オランダ，ドイツ，フランス，スイスおよびカナダの投資家であった。この巨大な投資額は，初期の頃におけるテネシー－アラバマや他の前任企業への英国投資によって産出される額をはるかに超えている。ベスレヘム製鋼はまた，ロンドンとアムステルダムで売買された債券を発行し，さらに1912年に，同社は約720万ドルを海外で発行した。1914年，オーティス製鋼は，重要な英国証券投資家をもっていた。

　要するに，19世紀末および20世紀初頭，米国の石炭，鉄，および鋼産業には外国直接投資と証券投資の両方があったのだ。投資総額は，相当な額に上っている。前者は通常知られているよりもより非常に多い。また，それは以前知られていたよりも頻繁に，初期投資段階から経営管理の実行の試みをねらっていた。産業の多面的な側面における輸入代替の生産において，外国投資は触媒的な役割を演じてきた。関税は，外国と内国からの新規投資を促進する上で重要であった。20世紀初頭，国際カルテルは潜在的な外国投資の参入の動機を削減した。それよりもはるかに大事なことは，アメリカ人所有の強力かつ巨大な産業の成長とその継続的存在が，外国企業の参入に刺激されたとはいえ，次の外国投資をあきらめさせたように思えることである。石炭採掘と坩堝製鋼業におけるバルフォア・ウィリアムソン社やその他企業を除いて，1914年には，石炭，鉄そして鋼産業において存続する外国直接投資はほとんどなかった。外国で所有されたU.S.スチール株式会社の1億5000万ドルの株式は，証券投資であるが，それが米国初の10億ドル企業であることを思い起こすことがなければ，畏敬の念をもたれるかもしれない。外国投資家の寄与にもかかわらず，1914年に世界最大の米国鉄鋼産業が，国内資本の支配下にあったことは疑問の余地がないの

453

第Ⅱ部　世界最大の債務国

である。

注

（1）　Clark C. Spence, "British Investment and the American Mining Frontier, 1860-1914," *New Mexico Historical Review*, 36（April 1961）: 121. それ以降のページでは，「英国の投資」として引用されている。スペンスの論文は，南東部の州，太平洋岸の州およびアラスカを除外している。1860年から1901年までに設立された企業（全体の518社）は，彼の初期の著書に記載されていた。*British Investments and the American Mining Frontier, 1860-1901*（Ithaca, N. Y. : Cornell University Press, 1958）, 241-260. 彼には以前にも，右記のような著書がある。"British Investment and Oregon Mining, 1860-1900," *Oregon Historical Quarterly*, 57（June 1957）; 101-112. これ以降のページでは，"British Investment-Oregon"，として引用される。カリフォルニア州の鉱山業に対する英国の投資に関しては，次の書を見よ。Albin Joachim Dahl, "British Investment in California Mining, 1870-1890," Ph. D. diss., University of California, Berkeley, 1961.

（2）　Spence, *British Investments*, 233. 彼は意義深くは定義していない。鉱業投資（米国および外国において）の総額は，例えば鉄道業に対する投資（米国内および外国）と比較して小さい。意義深くみえるのは，この部門に対する米国投資家の貢献に関連した，鉱業への外国投資家の貢献である。

（3）　Edward Ashmead, *Twenty-five Years of Mining, 1880-1904*（London : Mining Journal, 1909）, 81-90. アシュミードは，スペンスが除外した地理学的領域を包含した。次の書も見よ。Alfred P. Tischendorf, "North Carolina and the British Investor, 1880-1910," *North Carolina Historical Review*, 32（Oct. 1955）: 512-518, ティスクヘンドルフは，特定の1州における30年間に及ぶ鉱業投資について研究した。

（4）　エマ鉱山に関しては，本書の第4章ならびに次の書を見よ。Spence, *British Investments*, chap. 8, および Rodman W. Paul, *Mining Frontiers of the Far West, 1848-1880*（New York : Holt, Rinehart & Winston, 1963）, 152-153.

（5）　T. A. Rickard, *Retrospect*（New York : McGraw-Hill, 1937）, 36.

（6）　*Mineral Industry, 1893*, 806-807.

（7）　W. Turrentine Jackson, *The Enterprising Scot : Investors in the American West after 1873*（Edinburgh : Edinburgh University Press, 1968）, 188-189, 左記の書には，1872年から1913年までの間にスコットランドで登録された，37の米国西部の鉱山業者が記載されている。これらのうち，8社を除いたすべてが，10年間に組織を解散した。そのうちの3社は，1913年まで存在していた。またこのうちの1社は事実上，なんと1913年ギリギリに閉鎖した。これらの会社は，カリフォルニア，コロラド，ユタ，アリゾナ，アイダホ，サウスダコタ，ミズーリ，ネバダ州に資産を所有していた。

（8）　Spence, "British Investment," 127. さらにこの部分でさえも懐疑的である。なぜならば前述の如く，借金のなかから最初の配当を支払うことや，鮮明な報告書の発行をうまく通して，一連の新しい資本を引きつけることは，鉱業企業にとっては常識的になっていたからである。

（9）　Spence, *British Investments*, 68-69. 次の書 *Mineral Industry, 1893*, 236, によると，1882年から1893年の間，アリゾナ銅社は無配であった。Spence, "British Investment," 127. しかし左記の書には，アリゾナ銅社は「南西部の州にある英国の鉱業企業のなかで，初期投資額に対

454

して少なくとも100％の収益還元があった唯一の企業である」と記されている。

(10) Cleona Lewis, *America's Stake in International Investments* (Washington, D. C. : Brookings Institution, 1938), 113. 左記の書を読むと，多くの外国投資家は特に1904年から1914年の間に，新鉱山の発見に利用すべく，米国から他の地域へと彼らの鉱山投資を移していたことがわかる。

(11) これは，私自身が手がけた株主記録に関する研究調査に基づいている。多くの場合，所有者は英国人であった。それゆえ，ロンドンが「鉱業金融」の中心になっていたが，しばしば欧州大陸の投資家による「（米国を含めて）外国の」投資を，その都市に設立された企業を通してなされていた。

(12) H. Osborne O'Hagan, *Leaves from My Life* (London : John Lane, 1929), I, 79-83.

(13) *Mineral Industry, 1892,* 483, 490.

(14) 鉱山企業として登録された個人，友人グループならびに家族グループは，そのグループ以外から資金を求めることは決してなかった。その企業は一度も売買されなかった。

(15) 複数の会社が3ないし4回の再編成を通して，新規の名称とあらたな引受人とともに再生されてきた。次の書を見よ。*Stock Exchange Year Book* and Register of Companies, London. 主にコロラド州にあるこれらの短命な鉱山企業名は，次の書でマイクロフィルムの形で見ることができる。"Western Range Cattle Industry Study," Manuscript Room, Library of Congress, Acc. 11, 092（これ以降はWRCISと略す）。推進者は複数の会社の企業化を試み，時々登録したが失敗した（Dahl, "British Investment," 130-132）。短命であったのは，米国における英国の鉱山企業だけではなかった。ピーター・ペイン（Peter Payne）は，「解散に至った**スコットランド系**企業の平均的年数」（ゴシックは私自身による）は16.4年であるとしている。一方，海外の鉱業や石山業社の平均年数は6.4年であり，これは彼が研究したあらゆる分類の産業のなかで，最も短命であった（*The Early Scottish Limited Companies, 1856-1895*［Edinburgh : Scottish Academic Press, 1980］, 101）。

(16) Spence, *British Investments,* 92-93. 次の書も見よ。Rickard, *Retrospect,* 30.

(17) Spence, *British Investments,* 170. 左記の書では1875年の報告を引用しており，またその p. 174では，1876年の報告を引用している。また次の書も参照されたい。Jackson, *Enterprising Scot,* 14. また，経営陣の導入に関する英国の試みに関しては，次の書がある。 Spence, *British Investments,* chap. 6.

(18) 次の書からの引用である。Spence, *British Investments,* 198.

(19) *Mineral Industry, 1893,* 808. ヴィンセントに関しては，次の書を見よ。 W. Turrentine Jackson, "British Impact on the Utah Mining Industry," *Utah Historical Quarterly,* 31 (1963) : 352, 367-369. フランスの会社，レキシントン鉱山株式会社（Société Anonyme des Mines de Lexington）がギオヴァニ・ラヴァニノを技術マネジャーに指名した1886年に，米国の編集者は次のようなコメントをした。「もしその会社が，全フランスの鉱業技術者の部隊を指名したならば，その鉱山の支払いはおろか，投資資金の回収にも失敗していたであろう」。もしすべてが信用詐欺であるならば，海外から管理する経営は，要約すると時として無駄になる。次の書を見よ。Clark C. Spence, *Mining Engineers and the American West* (New Haven : Yale University Press, 1970), 9-10.

(20) Jackson, "British Impact," 370. これらのコメントは，ユタ州への英国投資との関連でなされた。そのユタ州は特別の難題を抱えていたが，それはユタ州に特有のものではない。Spence, "British Investment," 130-132. 左記の書は，特に英国人が距離を管理する際の難問に対して役

第Ⅱ部　世界最大の債務国

立つであろう。著者は「管理や鉱業の経験よりは,『男爵の愛する英国民』に取り入るために」介入に送りこまれたのは少数派であったが,かなりの人々が選ばれた,と記した（前掲書,130）。

(21)　Spence, *Mining Engineers*, 22-23, 137, 265. ハミルトン・スミスは,ケンタッキー州で生まれた。私はデクラーノの生誕地は知らない。スペンスは,デクラーノをアメリカ人であると記している。その引用については,次の書を見よ。Memorandum of Association, p. 33, Tomboy Gold Mines Company, Ltd., June 7, 1899, WRCIS, reel 72. エキスプロレイション社に関しては,次の書を見よ。Rob Turrell and Jean-Jacques van Helten, "The Rothschilds, the Exploration Company and Mining Finance," *Business History*, 28（April 1986）: 181-205.

(22)　Rickard, *Retrospect*, 29, 37, 48, 53-54, 75-76.

(23)　Lewis, *America's Stake*, 90. さらに（1911年に設立された）米国の関連子会社については,次に記載するデータを見よ。Companies Registration Office, London-microfilm in Bancroft Library, University of California, reel 33.

(24)　ウィルキンソンに関しては,次の書を見よ。Williams Haynes, *American Chemical Industry*, 6 vols.（New York：Van Nostrand, 1945-1954）, II, 149. 金鉱山社の株主は,金鉱山アメリカ開発社が1911年に設立される以前に,カリフォルニアの商売に関わっていた。1887年に設立された南アフリカ統合金鉱山社は,後にセシル・ロード社になった。次の書を見よ。Lewis Michell, *The Life and Times of Cecil John Rhodes*, 2 vols.（1910；rpt. New York：Arno Press, 1977）, I, 197；A. P. Cartwright, *The Gold Miners*（Cape Town：Purnell, 1962）, 85；および Paul Johnson, *Consolidated Gold Fields*（New York：St. Martin's Press, 1987）, 21-22, 28-29, 38.

(25)　Act of March 3, 1887, 24 U.S. Stats. 476.

(26)　Spence, *British Investments*, 205-213. さらに第16章も見よ。その法律を回避する一つの方法は,その鉱山をリースにすることであった。もう一つの方法は,民間の合意書に調印したアメリカ人の手に,その所有権を設置することであった。その所有権は実質上,外国人所有の企業資産であった。投資家の何人かは,その制定法を最初から無視していた。

(27)　スペンスの584社の数値（"British Investment," 121）は,英国の居住者によって直接所有され米国で設立された（すなわち英国本社企業を通してではない）企業を除外している。英国で社債の売却によって資金を増やした米国の企業および極西部（カリフォルニア,オレゴンおよびワシントン各州）と,南東部の各州にある英国企業のことである。スペンスはまた,アラスカ州を省略した。ここの意味が摑めない。彼の数値は,鉱業およびフライス旋盤加工企業に拘っている。これらの企業については,「鉱物資源産業」として私は触れている。さらに加えると,彼は米国におけるすべての非英国の外国投資を除外している。多くの鉱業企業は小さな企業であり,英国で特許状によって設立されたわけではない。伝記作家であるウィートマン・パーソン（後にコードレイ卿となった）は,思いつくままに次のような記録を残している。1914年以前のロバート・プライスと一緒に,パーソンの「支配下」にある鉱山,「コロラド,モンタナ,メイン各州（原文のまま）」,また同様にメキシコ,オーストラリアおよびロシアにおいて,その企業の生誕地（すなわち鉱山の場所ではない）を言及しつつ,メイン州にある「鉱山」について,という書き方であった（Robert Middlemas, *Master Builders*［London：Hutchinson, 1963］, 220）。スペンス作成の表は,1860年から1874年までの間をカバーしていない。何社かの企業は,1874年までに廃業していた。このようにしてスペンスは,私の総額から除外されていった。私はアシュミードがカバーしなかった,多くの企業を認識し始めた。

456

第**7**章 貴金属と石炭，鉄，鋼

(28)　金ならびに銀の生産量に関しては，次の書の数値を見よ。*Journal of the Society of the Arts*, 24（March 17, 1876）: 365.

(29)　私は次の書をもとに数値をまとめたので参照されたい。*Harper Encyclopedia of the Modern World*（New York : Harper & Row, 1970）, 704, 707. ある読者は，「鉄鋼」が「鉱物資源産業」の代表として考慮されるべきであるという問題提起を促した。私は鉄鋼を含めた1914年以前の *Mineral Industry* という年鑑の道程に従っている。

(30)　J. E. Spurr, ed., *Political and Commercial Geology and the World's Mineral Resources*（New York : McGraw-Hill, 1920）, 464, 466.

(31)　前掲書, 467-468. しかしながら，カリフォルニアの投資は継続し，例えば1910年4月には，カリフォルニア州が本社の「ナトマス統合社」（1908年設立）債のために，ロンドンにおいて予約申し込みが始まった。公募総額500万ドルで，当初は6％利付きで20年間の最高級担保付き債券（額面）の購入申し込みが，ロンドンにあるハーシュ・シンジケート社でなされた。カリフォルニア金鉱山社には，「その債券購入シンジケートによって指名された」3人の役員がいた（その3人とは，リブルデール卿，サー・チャールズ・デイ・ローズ，およびアルバート・レイトリンガーのことである）。次の書を見よ。*Economist*, 70（April 2, 1910）: 760-761, および *Stock Exchange Official Intelligence for 1914*, 1050-51.

(32)　カリフォルニアにおける1874年から1888年までの新しい金鉱業投資に関しては，次の書を見よ。Dahl, "British Investment," 至るところに.

(33)　Spence, *British Investments*, 60, 124. この資産に関しては，次の書を見よ。*Mineral Industry, 1892*, 178, 477（1883年から1892年までの配当総額は260万ドルで，それについては, 223, および483）.

(34)　Spurr, *Political and Commercial*, 467 ; Jackson, *Enterprising Scot*, 201ff. ; および Spence, *British Investments*, 63. その17社に関しては，次の書を見よ。WRCIS, reels 43-45, 63-65.

(35)　Spence, *British Investments*, 28-29, 107-108, および Jackson, *Enterprising Scot*, 202. ストラットン・インディペンデンス社は，1899年に110万ポンドの資本金で設立された。WRCIS にはフィルムが8巻（No.65-No.72）あり，それらは1899年から1915年までの株主に関するものであった。1000万ドルの売却価格は，すべての文献に繰り返し登場する。しかし，売却合意書における価格は，1000万ドルの半額以下の100万ポンドであった。大変著名な個人や企業は，この鉱山事業における初期の投資家であった。ゲオ・ブッチャーが合同株式会社の記録係に宛てた，1908年5月7日付け信書を見よ。4500の株主が明記されている（WRCIS, reel 69）。1902年までに主要な英国の銀行は，その会社が収益力に比べて，かなりの過大な資本をもっていることになると確信していた。次の書を見よ。書簡 Gaspard Farrer to J. W. Sterling, June, 1902, Baring Archives, London（これ以降は"BAL"と略して引用する）. T. A. Rickard, *A History of American Mining*（New York : McGraw-Hill, 1932）, 146. 左記の書は，このロンドン企業の株式が，いかに「無謀な促進としてもてあそばれたか」を記している。このことは，WRCIS の第65巻から第72巻までのなかで明らかにされており，全プロセスを物語っている。次の書も見よ。Marshall Sprague, *Money Mountain : The Story of Cripple Creek Gold*（Boston : Little, Brown, 1953）, 68-75, 111-132, 162-165（ウィンフィールド・ストラットンに関して），128-129, 211-215（プロモーターのヴェルネ・Z・リードに関して），および314（投資収益に関して）。スプレイグによれば，ストラットンは1000万ドルを，リードが100万ドルを払い込み，これにより英国人の合計投資額はなんと1100万ドルであったとしている。

(36)　Spence, *British Investments*, 243, 68 ; Cleona Lewis, *America's Stake*, 91. ガスパード・ファ

457

第Ⅱ部　世界最大の債務国

ーレは，1902年に J・W・スターリング宛ての信書（June 11, 1902, BAL）において，次のよ
うに記している。キャンプ・バード鉱山の購入者には，レオポルド・ハーシュ社（この会社は
南ア連邦の鉱山に出資し，ウェルナー・バイト社と関係ある）が約20万株，チャプリン・ミル
ン・グレンフェル社が20万株，ベンチャー会社とその友人が30万株，さらに米国の株主分10万
株が含まれている。ベンチャー会社のストラットン鉱山への関与は，ハーシュの参加が効果的
ではあったが，キャンプ・バードに対する英国民への偏見をもたせるとファーレは考えた。

(37)　Lysis [Eugene Letailleur], *Politique et finance d'avant-guerre* (Paris : Payot, 1920), 304.
パリ証券取引所には，ある種の「市場」，いわゆるクーリス（パリ取引所の非公式市場）と呼
ばれている関連子会社の交換場があった。そこで証券は，"cote officielle"すなわちパリ証券取
引所の公式リストによってなされた。次の書を見よ。 Jacob Viner, "Political Aspects of
International Finance," *Journal of Business*, 1 (April 1928) : 159. 英国法人キャンプ・バード
社の取締役会会長であるアーサー・M・グレンフェルが破産に至った1914年に，キャンプ・バ
ード社はその会社の資金運用を間違え，危機を迎えた。次の書を見よ。George H. Nash, *Life
of Herbert Hoover* (New York : W. W. Norton, 1983), 563-566. チャプリン・ミルン・グレン
フェル社は，1914年6月に支払い停止となった（前掲書, 564）。

(38)　Paul Dickens, "The Transition Period in American International Financing, 1897 to 1914,"
Ph.D. diss., George Washington University, 1933, 98. 英国のロスチャイルドは，「アラスカ・
メキシコ金鉱山社」に関与した。次の書を見よ。書簡 N. M. Rothschild & Sons to that firm,
June 12, 1895, Rothschild Archives, London （これ以降"RAL"と略する），II/10/74. ロンドン
本社のエキスプロレイション社は，1890年初期にアラスカ・トレッドウェル金鉱山社の大株主
になった（Rickard, *A History*, 59）。リカードは，アラスカのジュノー鉱山は「その主要な株
主であるウェルナー・バイト社の南部アフリカン発起人会，金融業者，（そしてまた）旧ロン
ドン本社の，エキスプロレイション社によって構成される個人会社であった」と報告している
（前掲書, 73）。アラスカ州に対する他の英国人投資については，次の書を見よ（前掲書, 68）。

(39)　Clifford H. Ince, *The Royal Bank of Canada : A Chronology*, 1864-1949 (n.p., n.d.),
12-13.

(40)　サウスダコタ州にある鉱山を所有している，クローバー・リーフ金鉱山に対するフランス人
の投資に関しては，次の書を見よ。Donald Hugh Welsh, "Pierre Wibaux, Bad Lands
Rancher," Ph.D. diss., University of Missouri, 1955, 260-264. ニューメキシコ州にある鉱山へ
のフランス人投資に関しては，次の書を見よ。 Jim Berry Pearson, *The Maxwell Land
Grant* (Norman : University of Oklahoma, 1961), 179-182 （アズテック鉱山に1894年に投資），
および Nash, *Herbert Hoover*, 47, 604 n.89, 55 （ロスチャイルド&スティーブル・ロック開発
会社には1896年に投資）. 次の書をまた参照されたい。U.S. Senate, *Mining Interests of Aliens*,
50th Cong., 2nd sess., 1889, S. Rept. 2690, 18.

(41)　Spurr, *Political and Commercial*, 467-468.

(42)　Spence, *British Investments*, 48, 68, および Lewis, *America's Stake*, 91. 初期の不成功に終わ
った英国の経験のうち，アイダホ州の金鉱山およびその後のデ・ラマー鉱山社に関しては，次
の書を見よ。W. Turrentine Jackson, "British Capital in Northwest Mines,"*Pacific Northwest
Quarterly*, 47 (July 1956) : 77-82, 84-85.

(43)　Tischendorf, "North Carolina," 512-518.

(44)　Spurr, *Political and Commercial*, 496.

(45)　Turrell and van Helten, "The Rothschilds," 183, 左記の書は，ロスチャイルド家がロンドン

第**7**章　貴金属と石炭，鉄，鋼

で金の売買で得た資金を，金鉱山へ再投資していたことを示唆している。本書の第3章の注
(249) も参照されたし。

(46)　Spurr, *Political and Commercial*, 480. 残念ながら，私は1914年の数値をもっていない。

(47)　一度，南ア連邦の金鉱山が開始されると，多くの英国の株主は南アへと方向転換していった。
しかしながら，本書で記述した如く，南ア連邦に関与した企業はすべて，米国の鉱山にも関係
していた。南アフリカ統合金鉱山社の主たる米国の関連子会社は，「金鉱山アメリカ開発株式
会社（Gold Fields American Development Company, Ltd.）」であり，その会社は「ユバ金鉱
山統合社（Yuba Consolidated Gold Fields）」の株式および，他の米国の金鉱山会社の株式を
見返りに所有していた（Lewis, *America's Stake*, 90)。米国の金の生産量に関する数値は，米
国・国勢調査局の次の書に記載がある。U.S. gold production figures are in U.S. Bureau of
the Census, *Historical Statistics of the United States*（Washington, D.C., 1960), 371. 南ア連邦
の生産量に関しては，私が準備した次の書を見よ。Harper Encyclopedia, 712.

(48)　William Letwin, ed., *A Documentary History of American Economic Policy since 1789*
（New York：W. W. Norton, 1972), 256.

(49)　Milton Friedman and Ana Jacobson Schwartz, *A Monetary History of the United States,
1867-1960*（Princeton, N.J.：Princeton University Press, 1963), 91.

(50)　S. G. Checkland, *The Mines of Tharsis*（London：George Allen & Unwin, 1967), 126-133.
左記の書は，マッカーサー・フォレストの開発プロセスに関する秀作である。グラスゴー本社
のキャッセル金抽出株式会社（1906年には「キャッセル・シアン化物会社」と企業名称を変更
した）は，マッカーサー・フォレスト法の特許所有権を1887年に取得した。そのプロセスは，
1888年から1893年の間に，米国を含め世界の大手金産地で実験された。そしてキャッセル社は，
プロセスの特許供与を開始した。チェックランドによれば，米国内にマッカーサー・フォレス
ト法の使用権を供与するための会社を設立した。しかしながらその特許は，トランスバール
（南ア連邦），英国，ドイツにおいて，1896年までに無効と裁定された。そのプロセスは，それ
を使用する人誰でもが自由に使用できるようになった。キャッセル社は，英国で大手シアン化
物メーカーに成長した。DEGUSSA社とキャッセル金抽出株式会社間の関係については，次
の書を見よ。L. F. Haber, *The Chemical Industry, 1900-1930*（Oxford：Clarendon Press,
1971), 77. この話を念頭に置きながら，次の書を読まれたし。Jackson, *Enterprising Scot*,
159-161, 188. 米国サイドで起きたことは，次の企業間によるものであった。(1)グラスゴー会
社，キャッセル（原文のまま）金抽出株式会社，(2)「マッカーサー・フォレスト法」の特許
をもつデンバー会社，(3)（コロラド金鉱山の株式を所有の）テイボー投資社，(4)（キャッセル
金抽出株式会社より役員が派遣されている）アメリカ金・銀抽出社。この会社は1893年に，11
万ポンドの資本金でグラスゴーに設立された。その後で，（明らかに，マッカーサー・フォレ
スト法と類似していた）シンプソン法の特許を獲得した。マッカーサー・フォレスト法が，誰
でも使用可能となった1896年以降でさえも，この会社はスコットランドの投資家のために資金
形成を試みていた。しかし，1904年に廃業した。この企業は，キャッセル金抽出株式会社の関
連子会社として組織されたが，1899年までに親会社が子会社株式を売却した。次の企業データ
バンクの情報を見よ。Companies Registration Office, Edinburgh-microfilm in the Bancroft
Library, University of California, reel 16/B.

(51)　L. F. Haber, *The Chemical Industry during the Nineteenth Century*（Oxford：Clarendon
Press, 1969), 125. コーヘン（1790-1856）の金属仲買業は，1881年にメタルゲゼルシャフト
（Metallgesellschaft）社になった。

第Ⅱ部　世界最大の債務国

(52)　書簡 James Gifford to W. W. Wilson, Jan. 22, 1926. Du Pont Papers, Eleutherian-Mills Historical Library, Wilmington, Del. この文書では，DEGUSSA 社（ドイツの金・銀鉱山会社）の創立者の息子であるフランツ・ロエスラーについて説明している。

(53)　Alien Property Custodian, *Report, 1918-1919*, 56（これ以降は *APC Report* と記す）.

(54)　Haynes, *American Chemical Industry*, I, 282.

(55)　前掲書および *APC Report*, 56; および Haber, *Chemical Industry, 1900-1930*, 77. アルミニウム株式会社（1887年から1888年にかけて英国で設立された）は関与していた。なぜならば，長年にわたり DEGUSSA 社は，この会社の金属性ナトリウムの購入要求に応えていたからである。アルミニウム株式会社は，アルミニウムを製造するために，金属性ナトリウムをデヴィル法によって生産していた。そのプロセスは後に，さらなる効率的なホール＝ヘロート法によって置換された（この本の第8章を読まれたし）。アルミニウム株式会社は，アルミニウムの生産を中止したが，アメリカ人のハミルトン・Y・キャストナーが開発した技術を使用して，金属性ナトリウムは引き続き製造していた。またその産品は，DEGUSSA に販売していた。キャストナーが合成塩の電気分解によって，金属性ナトリウムを取り出す優れた手法を考案した1890年に，アルミニウム株式会社はこの新法の特許権を取得した。英国企業のキャストナー・ケルナー・苛性ソーダ社は，1900年にアルミニウム社を買収した。アルミニウム株式会社に関しては，次の書を見よ。*Mineral Industry, 1892*, 13-14；*Mineral Industry, 1901*, 594-595；および Haber, *Chemical Industry, 1900-1930*, 77.

(56)　*APC Report*, 56.

(57)　前掲書, 37. Martha Moore Trescott, *The Rise of the American Electrochemicals Industry, 1880-1910*（Westport, Conn.：Greenwood Press, 1981), 68, 左記の書は，ナイアガラ・フォールズ市にある電気化学産業の2人の歴史家を，次に記す趣旨で引用している。「R & H 社はその工場を操業し，そこの製品の販売代理店として活動していた。その製品は金属性ナトリウム，シアン化ナトリウム，過酸化ナトリウムであった」。Data from 1914 in Record Group（RG）59, 165.102/196, and later information in RG 131, Box 200, National Archives, Washington, D.C. 左記のデータ類は，金属性ナトリウムをナイアガラ・フォールズ市で製造していたことを証明しているが，シアン化物はニュージャージー州パース・アンボイ市にある，ドイツ人所有の工場で製造していた**かもしれなかった**ことを示唆している。

(58)　Data in RG 131, Box 200. 次の書も見よ。Trescott, *Electrochemicals Industry*, 68.

(59)　Erich W. Zimmermann, *World Resources and Industries*（New York：Harper & Bros., 1933), 731.

(60)　第4章を見よ。その騒動と他のユタ州の銀鉱山にまつわる好ましからざる体験の後で，英国人はユタ州のすべての投資から手を引きがちになった（Jackson, "British Impact," 372)。1875年から1900年の間に，同州で新しく操業開始したのはわずか1社で，英国人の銀鉱山として成功した。1871年から1873年間のわずか3年間に，15社が開山したのと比較すると，その消極さ加減がよくわかる（前掲書, 374)。英国人は，他の州ではそれほど用心深くはなかった。

(61)　*Mineral Industry, 1892*, 476.

(62)　Spence, *British Investments*, 68, 245, 264.

(63)　前掲書, 241-260.

(64)　Paul, *Mining Frontiers*, 111.

(65)　*Mineral Industry, 1892*, 477, 478, 490, 実際にそこで銀と金を採掘した。次の書を見よ。U.S. Senate, *Mining Interests of Aliens*, 17.

第7章 貴金属と石炭，鉄，鋼

(66) *Mineral Industry, 1893*, 311.

(67) Rickard, *Retrospect*, 53.

(68) アナコンダ鉱山は多年にわたって銀を副産物として生産していたがゆえに，優良な銅鉱山となり，米国最大の銀産出高を記録した。次の書を見よ。Thomas R. Navin, *Copper and Copper Mining* (Tucson：University of Arizona Press, 1978), 202-203.

(69) Spurr, *Political and Commercial*, 498, 500, および Zimmermann, *World Resources*, 737.

(70) （英国およびフランスの）ロスチャイルド家は，銀のビジネスに深く関わっていた。それは銅および鉛ビジネスの一部としてばかりではなく，銀単独として独立して成立していた。次の書を見よ。John McKay, "The House of Rothschild (Paris) as a Multinational Industrial Enterprise, 1875-1914," in *Multinational Enterprise in Historical Perspective*, ed. Alice Teichova et al. (Cambridge：Cambridge University Press, 1986), 76-78. 私はロスチャイルド家の銀取引に関する，RAL にある以下のデータを見つけた。「ロンドンのロスチャイルド商会は1897年に，欧州における銀販売の代理業として働くことに同意した。グッゲンハイム社，オマハ溶解社およびカンザス市営連続溶解精錬社の業務によって，生産された銀の欧州への船積みを計画した。この銀の処分にあたり，ロスチャイルド商会は溶解業者の利益および意見を代表して，銀の需要，銀の需要源，同一市場での条件，政府関係の顧客からの手数料に関することを除いて，彼らの優れた知識と情報を最大限利用した。ロスチャイルド家は，販売実績に関するすべての情報を溶解業者に知らせた。溶解業者はロスチャイルド商会に対して，銀の販売実績に対して 8 分の 1 ％の手数料を支払った」(undated [1897] memorandum, RAL VII/36/0)。この協定に基づき大量の銀がロスチャイルド商会によって販売された。次の書を見よ。 RAL VI/11/64, and RAL I/0/110-111，左記の書では，ロスチャイルド商会が仲買人として扱われている。グッゲンハイム商会は，ロスチャイルド商会が時間を見計らってタイミングよく，「ロンドンの公式価格に上乗せした水準」で販売していることを喜んだが，その一方で，「銀販売の政策価格」についての助言を求めていた。「その市場に期待して，好んで銀が出荷される週をまたいで配送をしていた」(書簡 M. Guggenheim's Sons to N. M. Rothschild & Sons, Feb. 16, 1900, RAL VII/36/5)。グッゲンハイム商会は，1901年 4 月にアメリカ溶解精錬社を買収し，管理下に置いた。彼らは 4 月19日に，ロスチャイルドに対し次のような電信をした。「買収は効果が上がっている。この全株主に対し，最善の利益をもたらすためには，調和を促進し，株主間の利害衝突を避け，すべての銀を『ユナイテッド金属販売社』を通して販売することが，賢明であると考えられていた。われわれは現在の流通経路が，連続不能になる可能性があることを残念に思っている」。グッゲンハイム商会はこの電信に対して，次のような内容説明する手紙を返信した。「ある大変秀でた株主」は，「銀販売の問題に関しては，絶対的に動かし難い」。そしてグッゲンハイム商会を通して「取引を継続する願望を放棄しない。──その統合会社は敗北したかもしれない。しかしながら，多くの友情が貴社と当社間では存在し，継続していく」(書簡 M. Guggenheim's Sons to N. M. Rothschild & Sons, April 19, 1901, RAL VII/36/11)。アメリカン溶解精錬社は，ルーイソン・ブラザーズ社になった。次の書を見よ。 John Moody, *Truth about Trusts* (Chicago：Moody's, 1904), 49-51, および Mira Wilkins, *The Emergence of Multinational Enterprise* (Cambridge, Mass.：Harvard University Press, 1970), 268n. 銀販売に関しては，私はスタンレイ・チャブマン博士からの提案や，ロスチャイルド古文書館の司書 (Yvonne Clarke および Simone Mace) に負っている。

(71) さらに役立つ議論としては，次の書を見よ。「1870年に発行されたアラバマ州 8 ％利子の金債券に関する英国人委員会」編, *Hill Country of Alabama, USA* (London：E. & F. N. Spon,

461

第Ⅱ部　世界最大の債務国

1878), 6-9（これ以降は *Hill Country* として引用される）.

(72)　前掲書, 22に引用されている。サー・ラウシアン・ベルに関する説明は，次の書を参考にされたい。T. H. Burnham and G. O. Hoskins, *Iron and Steel in Britain, 1870-1930* (London : George Allen & Unwin, 1943), 33. サー・ラウシアン・ベルが，この声明をいつ発表したかについての正確なところは，明らかにされていない。彼は1874年に米国を訪問し，1875年にはその旅行記を刊行した。彼は1876年に英国に戻った。次の書を見よ。Dorothy Adler, *British Investment in American Railways, 1834-1898* (Charlottesville : University Press of Virginia, 1970), 125, および *American Iron and Steel Association Bullentin*, 27 (Feb. 22, 1893) : 60. その明言は，左記の書のなかで引用されている。

(73)　米国のその町は，当初ミドルボロ (Middlesborough) と呼ばれていたが，後にミドルスボロ (Middlesboro) と改名された。英国名ではミドルスブロー (Middlesbrough) であった。

(74)　Ethel Armes, *The Story of Coal and Iron in Alabama* (1910 : rpt. New York : Arno Press, 1973), 377. クエーカーとのつながりに関しては，次の書を見よ。Paul Emden, *Quakers in Commerce* (London : Sampson Low, Marston, 1939), 43-58.

(75)　Armes, *Coal and Iron*, 378. 次の書 *American Iron and Steel Bulletin*, 27 (Feb. 22, 1893) : 60 によれば，トーマス・ホイットウェルは米国で，1874年にサー・ラウシアン・ベル（これ以降は Mr. Bell と略す）と面談している。

(76)　Armes, *Coal and Iron*, 384, および *Hill Country*, 66.

(77)　Armes, *Coal and Iron*, 384-385. トーマス・ホイットウェルが関連している7社のフィラデルフィアの代表者は，新規の炉を建設するため南ピッツバーグに移住した。英国にて教育を受けたスイス生まれのこの技術者に関しては，次の書を見よ（前掲書, 288-289）。

(78)　前掲書, 389, 387.

(79)　前掲書, 387.

(80)　前掲書, 389-390. その会社は，1876年末までに8万8738ポンドを費やし，1877年には英国で2度目の増資を行った（*Hill Country*, 66）。

(81)　ホイットウェルおよび彼が考案した近代的な溶鉱炉に関しては，次の書を見よ。W. T. Hogan, *Economic History of the Iron and Steel Industry*, 5 vols. (Lexington, Mass. : Lexington Books, 1971), I, 28-29；J. C. Carr and W. Taplin, *History of the British Steel Industry* (Cambridge, Mass. : Harvard University Press, 1962), 51n；および Adler, *British Investment*, 122.

(82)　その引用は，1910年の著書による（Armes, *Coal and Iron*, 390）。

(83)　前掲書, 390；Victor S. Clark, *History of Manufactures*, 3 vols. (Washington, D. C. : Carnegie Institution, 1929), II, 213；および C. Vann Woodward, *Origins of the New South* (Baton Rouge : Louisiana State University Press, 1951), 126.

(84)　ロバート・バリヴァル・ポーターの声明は，次の書のなかで囲繞されている。Armes, *Coal and Iron*, 305.

(85)　前掲書, 390. 私は英国人が投資した金額と，この140万ドルをどのように比較したらよいのかを知らない。彼らは現金を得てはおらず，テネシー企業の株式と社債のみであったことに注目しよう。

(86)　ディルウィン・パリッシュは，1884年のデンバー・アンド・リオグランデ鉄道の債務不履行後，J・K・ギリアト社のようなマーチャントバンク企業が組織した，「ロンドン保護委員会」の派遣代表者を務めていた。彼は1885年に米国へ出張した。ドロシー・アドラーは，彼がス

第7章　貴金属と石炭，鉄，鋼

コットランドの投資信託会社関係者と，非常に親しい関係にあったことを確認している。1880
年代のアルフレッド・パリッシュの行動に関しては，次の書のなかで説明されている。
Armes, *Coal and Iron*, 335, 左記の書では，彼を英国人として説明しているが，ドロシー・ア
ドラーは彼をフィラデルフィアの出身者として扱い，バーミンガム・シェフィールド・アン
ド・テネシー川鉄道（後のノーザン・アラバマ鉄道）の社長であったと記している。ディルウ
ィン・パリッシュは，その鉄道会社における英国人社債所有団の代表をしていた。次の書を見
よ。 Adler, *British Investment*, 148, 149, 177. "D. Parish" として左記の書には登場するが，デ
ィルウィン・パリッシュのことであろう。彼はビール会社の統合の可能性に関して，1888年の
夏にフレデリック・パーブストに接触したが，失敗に終わった。彼は「ロンドンの金融業者」
を代表しているといわれていた（Thomas C. Cochran, *The Pabst Brewing* Co. [New York：
New York University Press, 1948], 153）。1892年版の *Directory of Directors* の名簿には，デ
ィルウィン・パリッシュは「イングランド＆スコットランド・アメリカ抵当・投資社」，「ロン
ドン＆ニューヨーク投資社」，「ノーザン・アラバマ開発社」「アメリカン・アソシエーション
社」および「エキスプロレイション株式会社」の役員として掲載されている。エキスプロレイ
ション株式会社は，英国のロスチャイルド商会の一部門であった。私はロスチャイルド古文書
館のなかで，ディルウィン・パリッシュとの関連事実をなにも見つけられなかった。"E. H.
Watt"というのは，カーディフ市にあるワッツ・ワード社と関係があったのであろうか。本書
中の，アメリカン・アソシエーション社に関する部分を見よ。

(87)　Armes, *Coal and Iron*, 331-333. ベッセマー市は，アラバマ州バーミンガム市の郊外に位置
していた。Thomas D. Clark and Albert D. Kirwan, in *The South since Appomattox*（New
York：Oxford University Press, 1967）, 158, 左記の書には，デバーデレベンがサウスカロライ
ナ州で生まれたことと，ロバーツ家との関係についての説明が記されている。

(88)　Armes, *Coal and Iron*, 339.

(89)　前掲書, 423. マールボロ公爵が1890年に米国を訪問したときに，彼はアラバマ州バーミンガ
ム市にある「英国」企業が，鉄鋼メーカーであることを記している（Duke of Marlborough,
"Virginia Mines and American Rails," *Fortnightly Review*, n. s., 49 [June 1891]：783）。この
企業はおそらく，デバーデレベン社と関連があったであろう。米国の銀行家であるジェーム
ズ・スティルマンは，「デバーデレベン石炭・鉄会社」の証券と，「テネシー石炭・鉄会社」の
社債を，1891年4月に英国の投資家に推薦していた（書簡 James Stillman to Archibald
Balfour, London, April 24, 1891, Stillman Letterbook, Stillman Papers, Columbia University）。

(90)　Armes, *Coal and Iron*, 537.

(91)　前掲書, 390, 425；Adler, *British Investment*, 139；および U.S. Steel, *Annual Report, 1907*.

(92)　Lewis, *America's Stake*, 83；Adler, *British Investment*, 129-130；および *Stock Exchange
Official Intelligence for 1914*, 121, 左記の書では，「鉄，石炭，および鋼」をそれぞれの項目
ごとに列挙している。

(93)　Adler, *British Investment*, 139. 本章の注（86）は次のような意味である。ディルウィン・
パリッシュが1892年にノーザン・アラバマ開発社の役員であったことは，彼のデバーデレベン
会社グループとの結びつきを考慮するならば，特に驚くべきことではなく，「バーミンガム・
シェフィールド・アンド・テネシー川鉄道社」は「テネシー石炭・鉄・鉄道社」との契約を所
有していた。

(94)　Adler, *British Investment*, 139, 123.

(95)　前掲書, 135；および Vann Woodward, *Origins*, 126. 本書第4章を見よ。

463

第Ⅱ部　世界最大の債務国

(96)　Adler, *British Investment*, 136n, 148-149.

(97)　*Economist*, 47（Nov. 2, 1889）: 1400. ヴィヴィアン・グレー社のノーフォーク・アンド・ウェスタン社との関係については，次の書を見よ。Adler, *British Investment*, 135.

(98)　Clark, *History of Manufactures*, II, 212. クラーク自身は，「ピッツバーグの大きな書庫」と比較することは難しいと考えていた。

(99)　創立年月日およびアメリカン・アソシエーション社の役員に関しては，次の年鑑を見よ。*Stock Exchange Year Book, 1890*, 526. 後者はその町を開発した，ミドルスボロ・タウン社の株式を所有した。6万エーカーの場所に関しては，次の書を見よ。Maury Klein, *History of the Louisville and Nashville Railroad*（New York : Macmillan, 1972）, 280. *American Iron and Steel Association Bulletin*, 24（April 16, 1890）105, 左記の書は，ライランドの次の書から引用している。Ryland, *Iron Trade Circular*, Birmingham, England, 左記の書は，ワッツ・ワード社に関して詳細に論述している。ワッツ鉄鋼シンジケート社の米国側のパートナーは，ワッツ鉄鋼社であったと思われる。後者については，次の書を見よ。Klein, *Louisville and Nashville Railroad*, 281, および Duke of Marlborough, "Virginia Mines and American Rails," 792, 左記の2書はともに，創生期における2基の鉄鋼炉の建設に関して記述している。契約は，鉄鋼工場の建設についても結ばれている。マールボロ公爵は，鉄鋼生産が1891年時点で，実質的には進行していたと暗示している（前掲書, 783）。ワッツ鉄鋼シンジケート株式会社の，1893年1月時点での生産活動については，次の書を見よ。*American Iron and Steel Association Bulletin*, 27（Jan. 11, 1893）: 13, および（Feb. 15, 1893）: 53. クラークの *History of Manufactures*, II, 205, によると，「金融の逼迫」が鉄鋼炉建設にも忍び寄ってきており，事実，最初の炉に灯火されたのは，1895年であった。最終的には4炉と，鉄鋼工場についての構成となった。次の書を見よ。Victor S. Clark, *The South in the Building of the Nation*（Richmond, Va. : Southern Historical Society, 1909）, VI, 273. Klein, *Louisville and Nashville Railroad*, 280, 左記の書は，ベアリング・ブラザーズ社がアメリカン・アソシエーション社に関与していたことを記している。私はこのことに関して，他の書では見つけることができなかった。英国のミドルスボロに関しては，次の書を見よ。Emden, *Quakers in Commerce*, 50-52. *The Investors' Review*, London, 左記の書は，次の企業を区別して述べている。「受託者・執行者・保証抵当保険会社」の一部の参画者である，アメリカン・アソシエーション社の事業，産業・一般信託社，ロンドン&ニューヨーク投資社（London and New York Investment Corporation），およびレオポルド・ソロモングループ各社についてである。次の書を見よ。*Investors' Review*, 2（Nov. 1893）: 606 ; 3（March 1894）: 176 ; および 3（Jan. 1894）: 13, 36. レオポルド・ソロモンは，ベアリング・ブラザーズ社のグループではなかった。マンチェスター居住のヤコブ・ヒグソンは，短命（1888-1894）であったがコロラドの金鉱山事業，ニッケル・ワット金鉱山社に関係していた。次の書を見よ。WICRS, reel 52.

(100)　*Banker's Magazine*, New York, 44（August 1889）: 82-83.

(101)　Klein, *Louisville and Nashville Railroad*, 281. その町の振興に関しては，次の書も見よ。*American Iron and Steel Association Bulletin*, 24（April 16, 1890）: 105.

(102)　Duke of Marlborough, "Virginia Mines and American Rails," 782-783, 791-792.

(103)　Klein, *Louisville and Nashville Railroad*, 281-282. アメリカン・アソシエーション社は，1893年までに倒産してしまったので，「その株式は紙くずと化した」。次の書を見よ。*Investors' Review*, 2（Nov. 1893）: 606-608, 左記の書によると，ミドルスボロ会社グループ全体は，以下で構成されていた。ミドルスボロ土地整備会社，ミドルスボロ石炭・鉄鋼銀行会社，

第 7 章　貴金属と石炭，鉄，鋼

ミドルスボロ・ホテル会社，カンバーランド・ガス会社，ミドルスボロ電力会社，ミドルスボ
ロ水会社，ミドルスボロ路面電車会社である。次の書も見よ。*American Iron and Steel
Association Bulletin*, 27（Oct. 25, 1893）：317, および（Nov. 22 and 29, 1893）：34.

(104)　Clark, *History of Manufactures*, III, 27.

(105)　Klein, *Louisville and Nashville Railroad*, 283.

(106)　Spurr, *Political and Commercial*, 230；Lewis, *America's Stake*, 93, 564；および *APC
Report*, 82.

(107)　*American Iron and Steel Association Bulletin*, 27（March 15, 1893）：85.

(108)　U.S. Senate, *Mining Interests of Aliens*, 18-19, 21-23. 英国で1885年に組織されたワイオミ
ング石炭・コークス株式会社に関しては，次の書も見よ。Spence, *British Investments*, 260.

(109)　"News from London," *Commercial and Financial Chronicle*, 29（Aug. 9, 1879）：13.

(110)　Joseph Daniels, "History of Pig Iron Manufacture on the Pacific Coast," *Washington
Quarterly*, 17（1926）：184-185, および William R. Sherrard, "The Kirkland Steel Mill,"
Pacific Northwest Quarterly, 53（Oct. 1962）：129-137. ワシントン州オリンピア市にある，州
立古文書館から得た資本金のデータに関しては，次の書を見よ。Wallis Hunt, *Heirs of Great
Adventure : The History of Balfour, Williamson and Co., Ltd.*, 2 vols.（London：Balfour,
Williamson, 1951, 1960）, I, 149-150, 166；II, 27（左記の書では，その企業がどのように関与し
たかについて触れている）. 次の書も見よ。　R. V. Clements, "British Investments and
American Legislative Restrictions," *Mississippi Valley Historical Review*, 42（Sept. 1955）：
220, および *Banker's Magazine*, New York, 44（Aug. 889）：83. 英国のモス・ベイ赤鉄鉱・鉄鋼
株式会社（Cumberland, England）は，1881年に有限責任会社に移行した（*Burdett's Official
Intelligence, 1891*, 1868-69）。ピーター・カークとチャールズ・バレンタインに関しては，次
の書を見よ。Charlotte Erickson, *British Industrialists*（Cambridge：Cambridge University
Press, 1959）, 211, 47. バルフォア・ウィリアムソン社の生産活動について，鉱業のみに従事
していたという証拠はみあたらない。ワーキングトン製鉄鉄鋼株式会社は，1909年に英国で設
立され，後にモス・ベイ赤鉄鉱・鉄鋼株式会社を買収した。私はワーキングトン製鉄鉄鋼株式
会社が，米国投資を実施したという形跡を，どこにも見つけることができなかった。次の書を
見よ。*Statist*, 81（Aug. 22, 1914）：475. ワーキングトン製鉄鉄鋼株式会社に関しては，次の書
のなかでデュルハム石炭鉱山社およびクレ・エラン鉄鉱石鉱山社におけるバルフォア・ウィリ
アムソン社の投資を，「白い象」として言及している。　Hunt, *Heirs*, II, 27.

(111)　Date of formation in Hogan, *Economic History*, III, 1263.

(112)　*Banker's Magazine*, New York, 44（Aug. 1889）：83.

(113)　Hogan, *Economic History*, I, 233.

(114)　*Banker's Magazine*, New York 44（Aug. 1889）：83.

(115)　*Burdett's Official Intelligence, 1891*, 1374-75.

(116)　スミスとバローに関しては，次の書を見よ。Erickson, *British Industrialists*, 29, 152-153,
159.

(117)　*Burdett's Official Intelligence, 1891*, 1374.

(118)　Hogan, *Economic History*, III, 1263.

(119)　*Stock Exchange Official Intelligence for 1914*, 1274. 本書の第 5 章で示した如く，税金や他
の事由により，ロンドンのフリースタンディング・カンパニーは，しばしば置換された。オー
ティス製鋼株式会社は，米国で直接投資を行う代わりに，今ではその会社の英国株主が，米国

465

第Ⅱ部　世界最大の債務国

企業のポートフォリオの投資家となっていた。

(120)　私はこのことが，オーティス製鋼社の状況とはまったく異なっていたと思う。J・T・スミスは英国の投資家を引きつけ，そのビジネスを経営するのではなく，英国で設立された企業の，取締役会の一員になっていった。英国にあるサンダーソンの企業は，意図された管理や直接の監督下にあったようだ。

(121)　私はジェフリー・トウィーデール（Geoffrey Tweedale）の次の書によって，多くの知識を得た。"Sheffield Steel and America," *Business History*, 25（Nov. 1983）：230, および彼の"Sheffield Steel Industry and Its Allied Trades and the American Market, 1850-1930," Ph.D. diss., London School of Economics, 1983, 178-183, 左記の書には，シェフィールド鉄鋼社の人々に関する私の情報の，ほとんどが記されている。坩堝鋼社に関しては，次の書を見よ。Clark, *History of Manufactures*, III, 71. ハルコムは，1905年にシラキュースでハルコム鉄鋼社を設立したが，彼は金融面で再び行き詰まったようだった。ハルコム鉄鋼社は，1911年に坩堝鋼社の一部になった（Tweedale, "The Sheffield Steel Industry," 183）。トウィーデールは，シェフィールドにあるサンダーソン・ブラザーズ社における役員の報告書を，次の書のなかで発見した *Ironmonger*, 92（Oct. 6, 1900）：34, その報告書では，米国資産の「全部」が「非常に有利な条件」で換金化されたし，サンダーソン・ブラザーズ社はその条件下では，坩堝鋼社の無利子借用の継続を認めた模様であったと記している（書簡 Tweedale to Wilkins, Aug. 13, 1984）。

(122)　次の書を見よ。Thos. Firth and John Brown, Ltd., "Souvenir of a Visit to the Atlas and Norfolk Works," Sheffield, 1954, booklet in Nuffield College Library, Oxford University ; A. C. Marshall and Herbert Newbould, *The History of Firth's*（*1842-1918*）（Sheffield : Thos. Firth, 1925）, 71-72. 1908年建設の高炉に関しては，次の書を見よ。Hogan, *Economic History*, II, 414. また次の書も参考になる。Tweedale, "Sheffield Steel and America," 231, 234, および彼の "The Sheffield Steel Industry," 184-186.

(123)　Tweedale, "Sheffield Steel and America," 231, および彼の "Sheffield Steel Industry," 190-194. トウィーデールはある役員が（1905年に），米国の工場は非常に優れているので，その企業の英国工場を「閉鎖」したいと，考えるようになったと記している（"Sheffield Steel Industry," 192）。

(124)　Tweedale, "Sheffield Steel and America," 233-234, および彼の "Sheffield Steel Industry," 235-237. トウィーデールは *Implement and Machinery Review*, 36（May 1, 1910）：103, のなかで，エドガー・アレンのイリノイ会社の資本金は30万ドルであったことを見つけ，私に報告してくれた（書簡 Tweedale to Wilkins, Aug. 13, 1984）。

(125)　トウィーデールは，米国の鉄鋼産業に関する記述家が，この重要な活動に対し，適切な注意を払ってこなかったと考えている。

(126)　この自転車の「熱狂ぶり（ブーム）」は1896年にピークを迎え，1900年まで続いた（Hogan, *Economic History*, II, 664）。

(127)　J. Perc Boore, *The Seamless Story*（Los Angeles：Commonwealth Press, 1951）, 1 ,27, 34-37.

(128)　前掲書, 43, 52.

(129)　前掲書, 122-123. *Investors' Review*, 7（June 1896）：342. 左記の書によれば英国において1894年には部品製造会社（Components Manufacturing Company）が結成されてビジネスを開始し，数社の特許権「（E・ウォーウィックが事務局長を務める）『トーマス・ウォーウィッ

466

第7章　貴金属と石炭, 鉄, 鋼

ク＆サンズ社』やハドソン株式会社を獲得した」。（ダンロップの）ハービー・ド・クロスは,
部品製造会社の会長を務めていた。

(130)　*New York Times*, June 20, 1897, p. 1.

(131)　Boore, *The Seamless Story*, 45. スチーフェルは, ウェールズにある「マンネスマン鋼管」
社の工場で働いていた。

(132)　前掲書, 52-59. 鋼管アメリカ社の目論見書は, 1897年6月28日に英国のバーミンガムで発
行された。応募申し込みは, バーミンガム, マンチェスターおよびリバプールの取引所でなさ
れた（前掲書, 56）。

(133)　前掲書, 59-61. 鋼管アメリカ社と同様の連結決算対象の企業数社は, シェルビーを先頭と
する新しい企業集団によって乗っ取られた。鋼管アメリカ社は, 1899年に解散した（*Stock
Exchange Official Intelligence for 1914*）。

(134)　Clark, *History of Manufactures*, III, 128. および Hogan, *Economic History*, I, 283. しかし,
このこと全体に関する最良の情報源であるブアーは, 外国所有に関してはなにも記述していな
い。新会社の取締役会には, 英国人が名を連ねた形跡はない。クラークとホーガンがお流れに
なり, 鋼管アメリカと一緒になったその企業を, 私は英国人に過半数を所有された企業集団と
混同していたように思う。他方, 鋼管アメリカの株式の出資者は, シェルビー製鋼社の株式で
払い戻しを受けた。アメリカ非溶接鋼管社の英国人の株式所有者は, シェルビー製鋼社の所有
権管理に際して, 十分な違いを示すことはできなかったようである。

(135)　Hogan, *Economic History*, I, 282-284；Clark, *History of Manufactures*, III, 128-129；およ
び Moody, *Truth about Trusts*, 142-143. すべての英国の株主は, U.S.スチール社の株主にな
った。

(136)　W. E. Minchinton, *The British Tinplate Industry*（Oxford：Clarendon Press, 1957）
43-44, 72, 66；Clark, *History of Manufactures*, II, 372-376；および（関税に関しては）
Hogan, *Economic History*, I, 348-355.

(137)　モアウッド社の米国での拡張に関しては, 次の書を見よ。 *American Iron and Steel
Association Bulletin*, 27（March 9, 1893）：75, および 27（Oct. 4, 1893）：293.

(138)　前掲書, 27（Oct. 18, 1893）；308, および 27（Dec. 6, 1893）：3 49.

(139)　Minchinton, *The British Tinplate Industry*, 67, 72, および D. E. Dunbar, *The Tin-Plate
Industry*　（Boston：Houghton Mifflin, 1915）, 21.

(140)　Minchinton, *The British Tinplate Industry*, 70, 75, 89. Moody, *Truth about Trusts*,
157-158. 左記の書は, 米国におけるブリキ生産の95％が, 米国の新規企業によって占有され
ていると述べている。次の書も見よ。 Levy, *Monopoly and Competition*, 204, 207, および
Dunbar, *The Tin-Plate Industry*, 83, 84.

(141)　前述の如く, 南部の州のその事業は, 1877年と1878年の両名の死亡を経ても, 数年間は継
続した。しかしこれらの死は明らかに, プロジェクトの重要性を徐々に衰えさせた。

(142)　例えば, U.S.スチールやオーティス製鋼にみられる。

(143)　Seymour S. Bernfeld（in collaboration with Harold K. Hochschild）, "A Short History of
American Metal Climax, Inc.," in American Metal Climax, Inc., *World Atlas*（New York：
n.d.[1962]）, 7.

(144)　*APC Report*, 74.

(145)　前掲書, 309, および RG 131, Box 102, National Archives, Washington, D.C. 1914年まで所
有されていた75％は, ドイツのゲラやルアスに住むジョージ・ハーシュが, 残り25％は, オー

467

第Ⅱ部　世界最大の債務国

ストリアに住むイグナット・パトチェックが所有していた。

(146)　*APC Report*, 42.

(147)　*American Iron and Steel Association Bulletin*, 27（July 5 and 12, 1893）: 205（左記の書は，その月に「予定されていた」訪問に関して記されており，私はその訪問が実行されたと考えている）．クルップの展示会に関しては，次の書を見よ．前掲書, 27（Aug. 2, 1893）: 226. F・A・クルップは，この時代におけるドイツ企業のトップを務めていた．

(148)　クルップ社の代表者であった「ドイツ陸軍」のビオコウスキーに関しては，次の書を見よ．前掲書, 34（April 1, 1900）: 66. ジョン・トンプソンとノーマン・ビースレイの，国際ニッケル市場の歴史に関する著書, *For the Years to Come*（New York : G. P. Putnam's Sons, 1960）, 42, によると，クルップ社は1886年に「ニューヨーク代理店」を置いていた．

(149)　*American Iron and Steel Association Bulletin*, 34（April 1, 1900）: 69.

(150)　第一次世界大戦に伴い，米国にあったクルップ社の資産は，外国人資産管理局によってまったく没収されなかった（*APC Report*）．*American Iron and Steel Association Bulletin*, 34（April 1, 1900）: 66, 左記の書によれば，クルップ社グループ（エッセン工場および海外の鉱業と，精錬部門の企業を含めて）では，1900年に約7万5000人を雇用していた．クルップ社というのは，明らかに巨大企業であった．

(151)　Heinrich Kelleter, *Geschichte der Familie J. A. Henckels*（Solingen, 1924）, 185, 186, 191, 192, および *APC Report*, 322. ヘンケル株式会社は，1906年にオハイオ州に設立された．この企業は，J・A・ヘンケルとは関係がないようであるが，同一製品を生産して，ヘンケル社の知名度をうまく利用したようにみえる．もちろんその企業の製品には，ヘンケルの有名な「ツイン（twin）」の登録商標を使用することはできなかった．オハイオ州フレモント市のヘンケル株式会社については，次の書を見よ．*American Cutler*, June 1919, 8-10. J・A・ヘンケルは，米国では一切生産していなかった．

(152)　Boore, *Seamless Story*, 1-2, 10.

(153)　前掲書, 10-11, 17.

(154)　前掲書, 11. その理由は，明らかではない．

(155)　前掲書, 14. 最終的にその企業の機械，設備，特許は，コネチカット州ウォーターベリイ市にあるベネディクト&バーンハム製造社に売却された．譲渡先は，マンネスマンが継目無しの鋼管と真鍮管の製造技術を，1894年に供与した企業である（前掲書, 11, 13, 15）．マンネスマン自転車鋼管造社は，資本金1000万ドルで大手引き受け先として計画された（Thomas R. Kabisch, *Deutsches Kapital in den USA*〔Stuttgart : Klett-Cotta, 1982〕, 242）．

(156)　Hogan, *Economic History*, II, 414.

(157)　前掲書, 同ページ．

(158)　Pearson, *The Maxwell Land Grant*, 210-218 および至るところに．

(159)　Lewis, *America's Stake*, 572. Herbert Marshall, Frank Southard, and Kenneth Taylor, *Canadian-American Industry*（New Haven : Yale University Press, 1936）, 182, 左記の書は，カナダ鋳造・鍛造株式会社が，ニューヨーク州のバッファロー市に工場（いつ建設されたかは不明）を所有し，その工場が1922年に焼失し，再建されなかったと記している．しかし，1910年から1922年までのバッファロー市の電話帳には，カナダ鋳造・鍛造株式会社の名前が掲載されていなかった．1916年から1921年の電話帳には，鋳物用鋳鉄メーカーのカナダ高炉株式会社は載っていた（Buffalo City directories and data from Barbara M. Soper, librarian, Buffalo and Erie County Public Library, April 26, 1982）．

第7章　貴金属と石炭，鉄，鋼

(160)　Albro Martin, *James J. Hill* (New York：Oxford University Press, 1976), 468-469, および W. Kaye Lamb, *History of the Canadian Pacific Railroad* (New York：Macmillan, 1977), 202-204. 次の書も見よ。Heather Gilbert, *End of the Road* (Aberdeen：Aberdeen University Press, 1977), 323-329, 334-335 (高品質の鉄鉱石の，英国投資に関して).

(161)　Lewis, *America's Stake*, 564. ルイスは米国の立地に関し，なにも記していない。このことは誤りの可能性があり，英国ファース・スターリング製鋼社と関係のある企業名を意味するかもしれない。

(162)　Hogan, *Economic History*, II, 776.

(163)　前掲書.

(164)　U. S. Federal Trade Commission, *Report on Cooperation in the Export Trade* (Washington, D.C., 1916), II, 81. 次の書も見よ。前掲書, I, 348-349, 左記の書には，米国企業が実際に参画したかどうかについて触れられている。Hogan, *Economic History*, II, 788, 左記の書には，1904年11月時点の一員として，U.S.スチール社や他の米国企業を含んでいない。Hermann Levy, *Monopoly and Competition* (London: Macmillan, 1911), 261-262, 左記の書では，米国企業が1905年からの一員であったと考えている。また米国の輸出を規制するにあたり，カルテルがいかに効果的になされたかが記されている。他方，米国市場は十分に保護されてはいなかったとする説がある。このようにして，ベスレヘム製鋼社のチャールズ・シュワブは，1908年に外国のレール輸入に対する高率保護関税の継続を擁護した。次の書を見よ。Robert Hessen, *Steel Titan : The Life of Charles M. Schwab* (New York：Oxford University Press, 1975), 190. しかし関税が1909年に引き下げられたときにも，ベスレヘム社は大きな打撃を受けなかった (前掲書, 194). Alfred Plummer, *International Combines in Modern Industry* (2nd ed., 1938；rpt. Freeport, N.Y.：Books for Libraries, 1971), 161-162, 左記の書には，1904年に米国の鉄鋼およびレールメーカーが，国際レールメーカー協議会に加盟したとの記述がある。協定書は1907年に改訂され，5年間効力があったが，1912年にさらに3年間の更新がなされた。固定された見積りが，米国を含む加盟各社に課せられた。

(165)　*FTC Report on Cooperation*, II, 81.

(166)　*Bradstreet's*, Oct. 24, 1914, 690. これは一般株式の約25％を，優先株式の約8％を構成した。1914年3月31日と12月31日の数値に関しては，次の書も見よ。*Commercial and Financial Chronicle*, Oct. 20, 1923, 1740.

(167)　アメリカ錫めっき鋼板株式会社における英国の投資資金が，U.S.スチールへの投資に流れる傾向のようである。同様にシェルビー鋼管社に対する英国の資本は，U.S.スチール株式と交換された模様である。第4章で触れたように，カーネギーは英国で資金を稼いだ。しかし私は，証券投資が，1901年には未だになされてはいなかったと考えている。連邦製鋼社，アメリカン製鋼・ワイヤー社における証券資本が，U.S.スチール社の株式資本にまわったことは紛れもない事実であろう。しかしこれらの企業や他の後継企業の投資は，U.S.スチール社の設立後であることは明白であり，U.S.スチール社の債券は海外で購入され，売却された。

(168)　Dickens, "Transition," 263.

(169)　表5-11に記載されている1910年の，ジョージ・ペイシュによる「石炭・鉄・鋼」の数値に関し，英国投資を170万ドルとした推量は，明らかに非常識である。数値はそれ以上に低い。

第8章

その他鉱物

――銅から石油――

　銅，鉛，亜鉛から，リン酸塩，カリウム，黄鉄鉱，塩，ホウ砂，ラジウム，アルミナおよびアルミニウム，石油まで，非鉄金属・非貴金属鉱物に外国企業は大規模な投資を計画し，また，数多くが実行に移された。これらのうち，いくつかの事業は採掘業であったが，しかしながら，製錬や精錬などの加工事業への投資もしばしばあり，また，時には，例えば肥料生産を行う製造業でもあった。垂直統合的多国籍企業であるフリースタンディング・カンパニーも存在した。加えて，個人投資家を主とする海外からの大規模な証券投資が行われた。進出パターンに決まりきった定型はほとんどなく，これら鉱業における外国の役割の歴史は，複雑に絡み合ったものである。主要な関係業種には，製造企業に加えて，外国貿易会社，商業銀行が含まれる。直接投資と証券投資とが併存していた。

銅，鉛，亜鉛

　銅，鉛，亜鉛をそれぞれ個別に考察できる場合とは，ある鉱山が産出する主要鉱物が，例えば銅ただ1つだけのようなケースである。しかしながらこの3つの鉱物は，しばしば同一の鉱床で発見されたのだ。精錬・製錬会社は，3鉱物すべてを処理することがしばしばであったが，しかし，それぞれは別個の最終目的に利用された。これら鉱物の採掘，加工，および取引における産業組織は，手に負えないほど複雑であった。

　外国人投資家は，銅，鉛，および亜鉛の採掘業で米国に投資したが，時が経つにつれて，加工業や貿易の重要性が増していった。イギリスやフランス，ドイツ，そして若干のオランダの利権が存在していた。1883年，米国はチリの産

第**8**章　その他鉱物

出量を抜いて，世界最大の銅産出国となった。銅の産出は，新興の電気産業を主とする国内および海外需要の拡大に対応したものであった。米国の銅採掘，精錬，製錬事業への外国投資は，銅産業で米国を世界のトップへ押し上げることはなかったが，これは1880年代の最初に，事業がごく小さい規模であったためである。2 人のドイツ人移民，ルーイソン兄弟が，1880年にモンタナ銅社の設立に加わり，国外でその証券を販売した。スコットランド人が管理するアリゾナ銅株式会社は，フリースタンディング・カンパニーであり，1882年エディンバラにて設立された。この会社から，1880年代初期における国際投資の規模がうかがえる。すなわち，それは小規模であった。[(1)]

　外国投資家がアナコンダ社の株式を取得するにつれて，この状況は変化した。1881年，アメリカ人マーカス・デイリーは，3 人の同郷人ジェームズ・B・ヘギン，ロイド・テビス，ジョージ・ハーストを説き伏せて，モンタナ州に小さな銀鉱を有するアナコンダ銀採掘社を買い入れた。価格は 3 万ドルであった。[(2)]その会社は銅鉱を発見し，1880年代初期には，リバプールにあるバルフォア・ウィリアムソン社のカリフォルニア商会，バルフォア・ガスリー社を海運および仲買業者として使用した。バルフォア・ガスリー社は，精製のため，アナコンダ社の銅マットをモンタナ州のブットから，ウェールズのスオンジー市に向けて船積みした。1884年，アナコンダ社の所有者たちは，バルフォア・ガスリー社に125万ドルと引き替えで「鉱山の提供」を申し出た。バルフォア・ウィリアムソン社は，熟慮の末にこの提案を拒否した。[(3)]同年，パリ・ロスチャイルド家の代理人は，本家（およびリオ・ティント社，ロスチャイルドが利権をもつ在スペインのイギリス系銅採掘会社）に対して，アナコンダの鉱山を買い取るよう説得を続けた。しかし，この人物が後に回想したように，彼は懐疑心をもたれ，嘲笑を受けた。1884年時点，アナコンダ鉱山はまだ「無名」であった。[(4)]

　アナコンダの産出と海外販売は拡大し，1885～87年までには，（ロスチャイルドを含む）ヨーロッパの鉱山所有者たちは神経質になった。というのも，米国からの大量の輸出により，世界の銅価格が押さえつけられたからである。1887年 9 月末，ヨーロッパ最大の銅使用企業，金属工業通商会社（SICM）の取締役会長 M・セクレタン（M. Secretan）は，自社およびベアリング・ブラザーズ，フランス・ロスチャイルド家，およびパリ商業銀行（Comptoir d'Escompte de

471

第Ⅱ部　世界最大の債務国

Paris）の支援により，銅採掘企業の証券と，より重要なことに銅の現物を，凄まじい規模で購入し始めた。1887年末までには，セクレタンのグループは主要なスペインの銅鉱を支配下に置き，1888年の半ばには，世界の銅産出量の4分の3を握った。セクレタンが所有する銅の保有量は増えていった。1889年2月，フランス・ロスチャイルドはセクレタンとの契約を破棄した[5]。3月には，価格の暴落が起きた。銀行は，債権の回収に走った。セクレタンは鉱山の証券や保有する銅の投げ売りを行った。パリ商業銀行の経営者は自殺した。セクレタンは銅市場を牛耳り，世界の銅価格を引き上げることに失敗した[6]。

　ある説明では，セクレタン騒動の結果として，アナコンダはロスチャイルドに債務を背負い込んだ。債務には，当鉱山の買収の権利が含まれていたが，その時点では行使されなかった[7]。トーマス・R・ネイビンによる別の報告では，1891年にジョージ・ハーストが死去すると，彼の未亡人は遺産の一部の現金化を要求し，ハーストの弁護士が以前セクレタン事業団で面識をもっていたロンドンのロスチャイルド家に，ハーストの資産を売却しようと試みた。ロンドンのロスチャイルド家は，株式を自由にする権利を与えられることになったが，このときにはこれを行使しなかった，とネイビンは確信している[8]。パリおよびロンドンのロスチャイルド家保管文書をみても，両者の見解を立証するようなものを，私は見つけることはできなかった。1891年当時，米国とヨーロッパの銅生産者が希望することは銅価格の安定であったが，これはほとんど成功しなかった[9]。オーガスト・ベルモントの書簡によれば，1891年秋時点で，ロンドン・ロスチャイルド家が「アナコンダ鉱山における権利」を有していることは明らかである。1891年9月15日，ロスチャイルド家の米国代理人であったオーガスト・ベルモントは，「アナコンダ買収にロンドン（のロスチャイルド家）が興味をもっていること」に対し，彼（ベルモント）と（クーン・ロブ社の）ジェイコブ・シフはこれを残念に思う，という手紙をロスチャイルド卿に宛てている。この2人は，「このビジネスの旬の時期が過ぎてしまった」ことを心配したのである。「事情通」のイギリス人銀行家のアーネスト・キャッセルいわく，「この問題にこれ以上深追いしないほうが，万事上手くいくであろう」と結んでいる[10]。

　しかしながら，問題はこれで終わりではなかった。その翌年の1892年，パ

リ・ロスチャイルド家は，付設の新しい製錬所と最新式の電気式精製所を併せて，アナコンダ鉱山の買収交渉を開始した[11]。その電気式精製所は，同タイプでは米国西海岸で最初のものであった。当時のアナコンダは，巨大統合企業だったのである。

1894年7月でもこれらの問題は決着をみていなかったが，ロスチャイルド卿は，ロンドンから米国の代理人オーガスト・ベルモントに宛てた手紙のなかで，次のように述べている。「われわれの最大の関心事は，できるだけ早急に，米国とヨーロッパの鉱山の間で相互理解が確立することを見届けることである[12]」。しかしながら，なにも合意に至らなかった[13]。1895年8月に銅価格は上昇し[14]，その9月には，ついに，ロスチャイルド家と「エキスプロレイションズ（イギリス・ロスチャイルドの企業「エキスプロレイション株式会社」を指す）」が，本気でアナコンダの株式を購入することになった[15]。1895年10月半ばに，ロスチャイルドは750万ドルのアナコンダ株式のうち4分の1を買い入れ[16]，持ち株はロンドン・エキスプロレイション株式会社に譲り渡した[17]。アナコンダおよび（米国以外の）他の鉱山への投資を通じて，ロスチャイルドは1890年代後半までに，販売面で世界のおよそ40%の銅を「支配」する力をもった[18]。1890年代に，アナコンダは自ら製錬と精製施設を有する世界の主要な銅生産者となった。

ロスチャイルド家はアナコンダの証券を売りさばくことに熱心であり，彼らの投資は証券投資的性質をもっていたような節もある[19]。（だが）これは誤りである。イギリス，フランスのロスチャイルド家は，ともに，銅貿易に長らく従事しており，1890年代には，リオ・ティント社（スペイン）やボレオ社（メキシコ）などの銅鉱山に数多くの投資を行っている[20]。同じように，鉛，亜鉛の貿易や採掘にも熱心であった。金属貿易は，彼らのビジネスの一部であった[21]。ロスチャイルド家の投資は，ヨーロッパ企業による米国の銅採掘における最も重要な投資であった。

その一方で，米国の銅山に対する他国の投資も増大した。1899年までに，外国により管理される米国の銅産出は，全産出の25%以上に達した！ アナコンダだけでも，その当時，米国産銅の17%を産出した。スコットランド人が管理するカリフォルニア州のマウンテン銅社は4%，同様のアリゾナ銅社も，米国産出の約3%を占めた[22]。加えて，アリゾナ州のケルヴィン近くに，イギリス管

第Ⅱ部　世界最大の債務国

理のレイ銅山株式会社もあったが，これは（その当時）まったく重要ではなか
った[23]。また，テネシー州にイギリス所有の銅鉄会社，ダックタウン硫黄・銅・
鉄株式会社が1891年に設立されている（ここの生産に関する1899年の数字を，私は
持ち合わせていないが，主要鉱山の一つではなかった）。ボストン＆モンタナ銅銀統
合社は，1899年に米国の銅産出の11％を占めていたが，この株式を（規模は不
明だが）ヨーロッパ人が所有していた[24]。ここでの数字は，先の25％の数字に含
めていない。というのも，ボストン＆モンタナ社が外国から管理されていた，
という信頼に足る根拠を私が見つけられなかったためである。だが，ボストン
＆モンタナ社が，ユタ州で銅，金，銀の採掘を行うための株式は，1898年ロン
ドンで発行されていた（資本金50万ポンド）。ここはのちに，巨大な銅産出地と
なる[25]。要約すれば，地味な19世紀にも，米国の銅採掘には，ヨーロッパ人によ
る重要な直接投資，証券投資がともに実在していた[26]。

　アナコンダでのロスチャイルドの役割は短命であった。1896年から98年，パ
リ家は，当鉱山の将来に限界があるという噂を耳にするようになった[27]。1899年
アマルガメイティッド銅社が結成され，ここがアナコンダ銅社の多数株式を取
得した結果，アナコンダはアメリカ人の管理下に帰することとなった[28]。1899年
11月に，エキスプロレイション株式会社は，アナコンダのヨーロッパ代理業務
を廃業した。ロスチャイルドがアナコンダを「コントロール」する主な関心は，
言及したように，アナコンダ産銅を，銅価格を攪乱させないようなやり方でヨ
ーロッパで販売することにあった。H・H・ロジャーズとウィリアム・ロック
フェラーがアマルガメイティッド社を設立したとき，最初に彼らが行ったこと
は，ルーイソン・ブラザーズ社にヨーロッパでの販売権を接収させることであ
った[29]。

　1899年の当初，アマルガメイティッド銅社は，アナコンダだけでなく，ルー
イソン・ブラザーズ社が関連していた物件も取得した。少なくともそのうちの
一つが，ボストン＆モンタナ銅銀統合社であり，以前にはこの会社は，モンタ
ナ銅社を吸収してヨーロッパの投資を引きつけていた[30]。アマルガメイティッド
銅社の初期資本金は7500万ドルであった。この発行額のうち，約970万ドルは
ロンドンとアムステルダムで販売され，この株式は広範囲に流通した[31]。銀行家
のJ・ヘンリー・シュローダーは，ロンドンにて予約販売を受け付けた[32]。ロス

474

チャイルドは，なんらの役割も果たさなかったようだ。

　設立当初から，アマルガメイティッド銅社は世界最大の銅会社であった。20世紀初期の間，アマルガメイティッド銅社と，その子会社アナコンダも含めた米国銅企業は，国際投資を拡大していった[33]。銅価格が低迷していた1902年，ある新聞記事は次のように報告した，「ロスチャイルド家は，成功につながる取り決めなら，どんなものでも大歓迎するであろう[34]」。第一次世界大戦以前，米国銅生産の唯一のライバルがスペインのリオ・ティント鉱山であり，ロスチャイルド家はここにかなりの利権を有していた[35]。しかしながら，私の確証によれば，1899年以降，ロスチャイルド家は，米国の銅鉱山になんら直接的な利権を有していなかった。

　かくして，1914年までの米国の銅鉱山へのイギリスの直接投資は，1899年に比較して減少していた。イギリスの投資家は，アリゾナ銅社[36]，カリフォルニア州のマウンテン銅社，ダックタウン社などを依然支配していた[37]。この３つの企業を併せても，米国の銅産出量の約2.5％である[38]。加えて，イギリス，フランス，そしておそらく他のヨーロッパの投資家は，ユタ銅社の小数株主であった。この会社は，1910年にボストン銅金統合株式会社を取得している。1910年，後者の株主（主にヨーロッパ人）はユタ銅社の31万株を取得している。ユタ銅社は高利益をあげていた[39]。1915年の９月，不特定のフランス人銀行家たちが，ユタ銅社の株式10万株（発行株数162万4490のうち6.1％に相当）を売却して，660万ドルを受け取った[40]。有望なレイ銅統合社は，失敗に終わったレイ銅山株式会社を引き継いだ会社だが，ここは，1912年にパリの証券市場で400万ドルを起債した形跡がある[41]。1914年，フランス人は米国銅山に対してなんらの支配権も有していなかったが，重要な証券投資を行っていたことは明らかである。フランスの（そしてイギリスの）ロスチャイルド家は，世界の銅貿易で中心的な役割を果たし続けた。巨大なアマルガメイティッド銅社は，純粋な証券投資の形で広くヨーロッパ人に保有されており，これは，1914年の米国における銅採掘の外国利権のリストに付け加える必要がある[42]。結論として，1914年時点で，米国の銅採掘に対するヨーロッパ人の証券投資の利権は広く行き渡っていたが，しかし，1899年時点で25％以上であった銅産出への支配権は，今や３％以下に低下していた。

475

第Ⅱ部　世界最大の債務国

　しかしながら，話はここで終わりではない。1880年以降，米国の銅生産が増加するにつれ，製錬・精製用の設備も拡大した。アナコンダの銅は，すでに述べたように，当初ウェールズで加工されていたが，国内産出量が一定以上に達したため，米国内での製錬・精製が可能になった。米国における外国所有の採掘会社——アナコンダなど——が加工部門を統合したことで，外国投資家が製錬・精製事業に関わることになった。ロスチャイルド家がアナコンダに利権を有していたとき（1895〜99年）は，もちろんこのケースにあたる。歴史家のトーマス・ネイビンによれば，1880年代，イギリス資本は，エリザベスポート市にあるニュージャージー抽出会社——ここは旧式の，完全に満足のいかない電気式精製所であったが——を支援した。これは，精製事業への例外的なイギリスのフリースタンディング投資であった。米国が支配権をもつアメリカン製錬・精製社（ASARCO）や，関連会社のアメリカン製錬証券社の優先株式が海外で販売され，これは純粋な証券投資に帰結した。

　このような加工業における外国の利権に加えて，ドイツ人支配の3企業が，米国の鉛や亜鉛，および銅を加工・販売した点は非常に重要である。これらドイツ企業の米国における活動は，ここで私が論じたイギリスやフランスの直接投資，証券投資とは無関係である一方，世界中のドイツ貿易業者は，銅ビジネスで他のヨーロッパ諸国の重要人物とつながりをもっていた。ドイツ人がフランス・ロスチャイルド家の米国事業と関係していたという証拠を私は持ち合わせていないが，したがって，パリ・ロスチャイルド家は，米国で展開するドイツ企業の親会社とは関係をもっていた。ドイツ電子産業の拡大により，ドイツは銅の一大消費国となり，ドイツの銅輸入は，19世紀末および20世紀に急上昇した。

　米国の採掘事業は，ドイツ企業にとってまったく重要でなかった。すべては貿易から始まり，後方連関的に加工事業を統合した。米国の金属貿易に対するドイツの直接投資は1880年に始まっているが，この年に，フランクフルトとロンドンのマートン家と婚姻関係をもつフランクフルトのレイデンバーグ一家が，個人銀行商館——レイデンバーグ・タルマン株式会社——をニューヨークに開設した。ここは，小さな金属部を付設していた。1887年，アメリカン金属社が設立され，この部を継承した。当初，アメリカン金属社は，家族的結びつきを

476

第**8**章　その他鉱物

もったドイツ系3企業——レイデンバーグ・タルマン株式会社（ニューヨーク），ヘンリー・マートン株式会社（ロンドン），メタルゲゼルシャフト社（フランクフルト）——に所有されていた。アメリカン金属社は，銅だけでなく，鉛や亜鉛，その他金属の貿易を行った（すでに触れたように，鉛や亜鉛は性質上，銅と一緒に発見されることが多く，そのため事業は関連していた）。

　1887年末までに，レイデンバーグ・タルマン株式会社は，新会社——つまりアメリカン金属社——に所有する株式を，他の2社の共同所有者に売却した。このうち，メタルゲゼルシャフト社は，アメリカン金属社のヨーロッパ大陸での貿易を担当し，ヘンリー・マートン株式会社は，イギリスおよびその他大英帝国のほとんどの地域の通商に責任を負った。アメリカン金属社が新しいプロジェクトを計画したときには，常にこの2つの親会社との協議と合意に従って行動した。日々の市場取引において，アメリカン金属社はフランクフルトおよびロンドンと絶えず連絡を取り合った。1889年から90年，セクレタン・シンジケートが銅在庫の処分先を探した際には，メタルゲゼルシャフト社を頼りにした。アメリカン金属社は，主に南米とカナダから銅含有鉱を米国に輸入し，米国式の新型製錬・精製所で処理を行い，イギリス，ヨーロッパ大陸の市場での販売を目的に，米国の銅を搬出した。1892年には，ミズーリ州セントルイスに事務所を開設した。

　ミシガン州，アリゾナ州，モンタナ州の銅地帯が生産に入り，米国企業が製錬と精錬で新技術を取り入れることで，1800年代初期より続いたウェールズ，スオンジーの独占状態が崩れるにつれ，アメリカン金属社の所有者は，これまで行ってきた鉱石，鉱物，金属の処理に加えて，金属貿易を行うことを決めた。1891年，これはアナコンダが最初に大規模な精製所を始動したのと同じ年だが，アメリカン金属社は，銅と鉛の製錬・精錬を行うニュージャージー州ニューアークのバルバッハ製錬精錬社の設立に加わった。新鋭の施設に，フランクフルトからの技術支援も加わった。これは，電気式精製が機能する先駆けとなった。1913年までに，アメリカン金属社はバルバッハ社の3分の1の株式を保有し，その全生産物の販売を請け負った。

　1890年代前半のあるとき，ロングアイランド島ロレルヒルに所在し，バルバッハ社よりもさらに規模の大きい精錬施設をもつニコルス銅社のかなりの株式

477

第Ⅱ部　世界最大の債務国

を，アメリカン金属社は取得した。1896年，アメリカン金属社は，オーフォード銅社，ニッケル社（ロスチャイルド家の会社である），およびカナダ銅社と契約を結び，ニッケル事業への足がかりをつかんだ。アメリカン金属社の利権は，より広範囲に及んだ。1912年，フランスの企業が，アルミニウム工場の建設をノースカロライナに計画（以下を参照）した際に，アメリカン金属社の社史によれば，その25％の株式を取得した[54]。

　その上，アメリカン金属社は，コロラド州サリダに鉛精錬所をもつオハイオ・コロラド製錬・精錬株式会社の株式65％を取得した[55]。アメリカン金属社は，オクラホマ州やカンザス州の様々な亜鉛製錬所の支配権を手に入れた[56]。1913年，この会社は新会社に大型投資を行い，アメリカ亜鉛・化学社を設立した[57]。さらに，アメリカン金属社は，その設立当初からメキシコの鉱山や製錬所への重要な投資者であった[58]。

　端的にいえば，アメリカン金属社は，（アメリカ亜鉛・化学社のペンシルベニア事業と共同所有する炭坑を除き）実質的に米国で鉱山を所有していなかった[59]。しかしながら，アメリカン金属社は，様々な合弁事業を通じて，1914年までには，金属貿易事業と同様，米国の新しい製錬，精錬，加工産業における主要な債権金融業者になっていた。この会社は，最初から最後までドイツ人のコントロール下にあった。1914年時点で，アメリカン金属社の発行株式３万5000のうち，66.6％がその２つの親企業によって保有されていた[60]。1887年時点での資本ストックは20万ドルにすぎなかったが，1899年には100万ドルに，1906年には300万ドルに達し，1914年には350万ドルであった。投資収益は十分であった[61]（表8-1参照）。ハロルド・ホフスチャイルド（アメリカン金属社初代マネジャーの息子）は次のように述べている。「メタルゲゼルシャフト社，ヘンリー・マートン株式会社，アメリカン金属社からなるビジネス集団は，その国際主義と，３社の経営者間の不断かつ密接な人間関係に基礎を置いている」[62]。

　第一次世界大戦前の米国非鉄金属取引で，２つの別のドイツ企業が，同じように頭角を現してきた。うち一つは，ドイツ，ハルバーシュタットのアーロン・ハーシュ＆ゾーン社であり，1897年米国子会社Ｌ・フォーゲルシュタイン株式会社を開設している[63]。社長のルードヴィヒ・フォーゲルシュタイン（1871～1934）は米国に帰化したが[64]，ドイツの親会社は株式を手放さなかった[65]。

第**8**章　その他鉱物

表8-1　アメリカン金属社の業績，1909〜1914年(単位：USドル)

年末 7月1日	資本株 残高	販売総額	純利益
1909年	3,120,000	64,274,041	854,720
1910年	3,500,000	84,402,083	685,335
1911年	3,500,000	68,519,484	842,781
1912年	3,500,000	57,060,048	1,365,816
1913年	3,500,000	79,243,603	1,001,895
1914年	3,500,000	68,835,489	1,088,771

出所：Alien Property Custodian, *Report, 1848-1919*, p. 84.

アメリカン金属社と同じように，L・フォーゲルシュタイン社も貿易会社として事業を開始した。しかし，1901年7月，ルードヴィヒ・フォーゲルシュタインは，ニュージャージー州クロームにて電解式の銅精製所建設でJ・R・デ・ラマー氏との合意に達し，75％をデ・ラマーが，25％をL・フォーゲルシュタイン株式会社が出資した。後者は，出資の見返りに，精製銅の販売代理店としての権利と，銅価格に1％の販売手数料を上乗せすることを認められた。精製所はデ・ラマー銅精製社という名称で，1902年に稼働を開始した。[66]

　1905年，L・フォーゲルシュタイン株式会社はデ・ラマーの精製社の株式を取得し，うち一部を，フォーゲルシュタインが，1906年1月10日にメイン州で設立されたアメリカ製錬精製採掘社（USSRMC）と呼ばれることになった会社に売却した。[67] USSRMCは，即座に，ニュージャージー州クロームの銅製錬所の生産を拡大し，米国で最初の電解式亜鉛精製所を，シカゴ近郊のインディアナ州グラッセリに開設した。[68]

　他方，1903年11月，合衆国金属精錬社が（ニュージャージー州で）設立された。この会社は，あるとき，クローム電解銅製錬所とグラッセリ電解亜鉛精錬所を所有することになり，逆に，自身は3分の1をL・フォーゲルシュタインに，3分の2をUSSRMC社により所有されることとなった。[69] L・フォーゲルシュタイン株式会社は，1906年1月から製錬銅の産出に対する10年間の独占契約を結び，[70] 亜鉛販売に関しても同様の契約を交わしたようにうかがえる。さらに，L・フォーゲルシュタイン株式会社は，複数の生産設備を有するアメリカ鉛亜鉛製錬社や，（サンフランシスコの鉛製錬所とアイダホ州スウィニー市に精製所をもつ）[71] バンカー・ヒル＆スリバン採掘選鉱社に利権を得て，独占販売契約を得た

479

第Ⅱ部　世界最大の債務国

ようである。[72]

　フランクフルトのビア・ゾンドヘイマー株式会社が，1906年にニューヨーク
支店を開設したとき，米国の金属取引での第3弾のドイツの参入が始まった。[73]
この支店は，アイダホ州，モンタナ州，ワシントン州，コロラド州にまたがる
多数の亜鉛鉱山の全産出鉱物に関連する契約を結んで，主に亜鉛取引を行った。
1907年には，（オクラホマ州バートレスビルの亜鉛製錬所とともに）ナショナル亜鉛
社の支配株主持ち分を取得し，同年には，イリノイ州スプリングフィールドの
亜鉛製錬所とカンザス州アルゼンチンの酸剤施設を賃借した。1908年までには，
キューバの銅山に投資し，また，バージニア州ウェストノーフォークの銅製錬
所と長期賃借契約を交わしたが，ここは，ノーフォーク製錬社の名で操業した。
1911年には，米国生産者と銅鉱・銅精鉱の請負契約を交わした。1913年までに，[74]
ビア・ゾンドヘイマー株式会社は，米国における主要な鉱物製錬企業に加わり，
鉱物抽出の浮揚法の重要な特許を握っていた。

　浮揚法はイギリスで開発されたが，米国で特許権が与えられていた。1903年
には，特許権を管理するイギリス企業，鉱物分離会社が結成された。1910年，
この企業は，米国で特許権を活用することを目的に，米国での特許権を新設の
イギリス企業，鉱物分離アメリカ・シンジケートに委譲した。シンジケートは，
ビア・ゾンドヘイマー株式会社の米国子会社がこれを代行するという契約を交
わした。その後，1913年には，さらに3つ目となるイギリス企業，鉱物分離ア
メリカ・シンジケートが設立されたが，ビア・ゾンドヘイマー株式会社はその
株主であった。この新設企業は米国企業に対し，米国鉱業で重要となった浮揚
法の使用権を与える権限を有していた。[75]1914年までに，鉱物抽出プロセスは世
界中で導入されたが，米国では，この「イギリス」企業が，特許違反として米
国企業と係争中であった。[76]要するに，1914年までの8年の存続期間に，米国に
おけるドイツ親会社の利権を代行していたビア・ゾンドヘイマー株式会社の米
国子会社は，亜鉛取引の主要な業者に成長し，いくつかの亜鉛鉱山と銅精錬所
を支配し，鉱物抽出の新しい技術を伝える重要な役割を担った。

　ドイツ金属「御三家」──メタルゲゼルシャフト社，アーロン・ハーシュ＆
ゾーン社，ビア・ゾンドヘイマー株式会社。それぞれの米国会社は，アメリカ
ン金属社，L・フォーゲルシュタイン株式会社，ビア・ゾンドヘイマー（米国）

480

第8章　その他鉱物

――は，あらゆる意味で多国籍企業である。世界中に245以上の支店を有し，
鉱業，加工業，金属貿易に従事していた。[77] 米国とのつながりは，彼らの国際業
務の決定的部分を構成していた。

　ドイツ企業は，世界の銅市場に強い影響力をもっていた。アメリカン金属社
とL・フォーゲルシュタイン株式会社は，「米国」の銅輸出会社の主要6社に
ランクされた。[78] ドイツ企業は，鉛貿易でも同様の大きな影響力を有した。1909
年国際鉛協定が結ばれた際に，メタルゲゼルシャフト社はその独占的仲介者で
あった。アメリカン金属社がこのグループに加わり，産出統制と世界価格の固
定化が行われた。[79] フランス・ロスチャイルド家もこれに関与した。[80] 亜鉛につい
ていえば，1909年ドイツの亜鉛シンジケートにはドイツ金属御三家のすべてが
含まれており，1911年には（国際亜鉛シンジケートの結成に伴い）他の主要ヨーロ
ッパ生産者とともに，彼らは次々とこれに参加した。世界価格の上昇を目的に，
亜鉛取引業者たちの協定では，在庫の増加に応じて亜鉛製錬の産出制限が規定
されていた。[81] 供給量を制限することで，シンジケートは亜鉛の世界価格をコン
トロールした。ドイツ御三家は，米国の亜鉛市場に君臨した。[82] 世界の金属市場
におけるドイツの役割は，ドイツ企業がアメリカン金属社，L・フォーゲルシ
ュタイン株式会社，ビア・ゾンドヘイマーの子会社へ直接投資することで著し
く強化された。この関与によって，世界最大の鉱物産出国である米国における，
この3社の所有者の立場が不動のものとなった。

　米国におけるこれ以外の主要な金属取引業者，特にグッゲンハイム社とルー
イソン社は，ドイツ的伝統を引き継いだ。しかしながら，これらの一族は，米
国内に本社を置き米国籍となった。これらの企業は，常に（ヨーロッパとの連携
を欠かさず）ヨーロッパの金融市場を注視していたものの，会社は米国に基盤
を置き，外国から支配されることはなかった。したがって私は，米国における
「ドイツの企業」から，（海外資本を利用したことは留意しつつも）グッゲンハイム
とルーイソンを除外している。[83] 好対照に，ドイツ金属御三家はドイツに本社を
もち，また米国業務は，大西洋のヨーロッパ側から組織され，調整され，かな
りの程度の管理下に置かれていた。これらは，米国への直接投資である。

　要約すれば，1914年まで米国金属取引業務への直接投資を通じたドイツの影
響力は「強力」であり，また拡大した。[84] 海外市場では，ドイツ企業は銅の主要

481

第Ⅱ部　世界最大の債務国

な売り手であり，世界の鉛と亜鉛市場を「完全に」コントロールしているといわれていた。[85]米国がこれら3金属の大産出地となって以来，ドイツ商社は米国に深く入り込んだ。後方産業を統合し，供給確保のために加工部門に投資した。製錬・精錬への投資は，たいてい100％の株式取得ではなかったが，情報の確保と安定供給が保証されるには十分であった。イギリスとフランスにあるロスチャイルド家は，1895年から1899年，アナコンダの利権を使って同様の策略を謀ったが，しかしこれを断念した。先ほど私が軽く触れたが，アナコンダの資源が枯渇しかけている，という報告を受けたことに，この理由があった。

　1914年，クレイトン反トラスト条令の公聴会で，アマルガメイティッド銅社のジョン・D・ライアンが連邦委員会に伝えたところによれば，米国は全世界の75％にあたる銅を産出し，そのうちの55％を，未加工の状態で他国へ販売していた。

　　ドイツ，イギリス，フランスなどの欧州で銅を販売する際に，われわれは結託した買い手に売り渡すことを余儀なくされる。景気が悪く在庫が増大しているときなどは特に，欧州の取引業者や購入者は，米国銅生産者に影響力を行使するために，繰り返し常に連携した。このようなときには，彼らはほぼ言い値で価格付けし，その結果，1901年から1913年までの14年間における未精錬銅販売8億5000万ポンドのうち4億5000万ポンドが，ヨーロッパを主とする外国との間で成立したが，これは，国内販売で確保される価格に対して，1ポンドにつき0.5セントの損失を伴った。

　ライアンによれば，クレイトン条例は，「この国の銅生産者が，ヨーロッパの国々の結託した購買力に対抗するために起草された」としている。[86]

　結論として，1914年まで，銅，鉛，亜鉛の，特に国際貿易の分野で，米国における外国企業は重要であった。（セクレタン・シンジケートを使った）銅輸出や，特に1890年代後半における鉱山所有者としてのイギリスとフランスの直接的な役割は，1914年までには低下した。もっとも，イギリス・フランス両ロスチャイルド家は相当な証券投資を続けており，また両家は金属貿易にも大きな影響力を依然有していたが。米国の銅採掘でイギリスの地位が真に重要だった時期

第**8**章 その他鉱物

は，1895年から99年のほんの短命に終わった。これとは逆に，1880年に民間銀行の小さな金属貿易部署として控え目に開始されたドイツの役割は，ドイツ工業化の拡大に合わせて飛躍的に拡大し，その結果，第一次世界大戦が始まる1914年の夏には，ドイツ人支配による在米３企業は，米国における非鉄３金属の製錬・精錬・貿易の分野での主要参加企業となっていた。これらの企業が，加工・通商に参入したことは妥当であった。これらドイツ系企業は，米国で大規模な鉱山投資を行って後方連関部門を統合する必要がなかった。[87]

肥料および素原料——リン酸塩，カリウム，および黄鉄鉱

　肥料の調合剤として使われるいくつかの鉱物に対する外国投資は（肥料会社に対する投資も含めて）重要であった。肥料の重要な素原料であるリン酸塩がこれにあたる。20世紀初期には，米国は世界最大の天然リン酸塩産出地であり，1913年には世界総産出の44.4％を占めた。[88]

　米国リン酸塩への最初の外国投資は，1870～80年代，サウスカロライナ州におけるリン酸塩業に魅了されたイギリスによるものであった。[89] 1890年，ロンドン植民地金融株式会社は，サウスカロライナの豊かなリン酸塩鉱山を購入した。[90] 同年，フロリダ・リン酸塩株式会社（Florida Phosphate Company, Ltd.）は，フロリダ州で新たに発掘されたリン酸塩鉱床の買収と開発のために，ロンドン市場で株式発行した。[91] 現代の資料によれば，フロリダ・リン酸塩株式会社は，1892年時点でフロリダにおける最大（ではないにしても）採掘企業の一つであった。最新の技術（浚渫機）を使い，低コストと高能率で知られていた。フロリダ本社は，ポーク地方のフォスフォリアに置かれていた。[92] これら全投資は，フリースタンディング企業が行ったもののようにみえる。

　フランスはリン酸塩鉱山を有していたが，国内の埋蔵量が枯渇するにつれて，19世紀末および20世紀初頭には，自国産出量は減少した。[93] ドイツには，採算のとれるリン酸塩鉱床がなかった。[94] したがって，19世紀末および20世紀初頭にフランスとドイツが一大輸入国となるにつれて，フランス・ドイツの企業はフロリダ州のリン酸塩鉱山に投資した。これらの企業は産出物を輸出し，ヨーロッパで肥料に加工した。[95] 垂直的統合はなかったように見受けられる。外国の仲介

483

第Ⅱ部　世界最大の債務国

者が，米国の生産者とともに，これらの企業の輸出販売を取り扱ったようである[96]。

　北アフリカ（なかでもチュニス）でリン酸塩が発見されると[97]，地理的に近接した場所から輸入を確保しようと，フランス企業は1909年から1913年にかけて米国から立ち去った。あるフランス企業，フロリダ・リン酸塩社（Companies Générale des Phosphates de la Florida）は，1913年，自身のフロリダの資産を，ニューヨーク州のコロネット・リン酸塩社に100万ドルで売却した[98]。第一次世界大戦前には，米国リン酸塩鉱山におけるフランスの投資は減少し始めていた[99]。逆に，ドイツは，巨額の鉱山投資を維持した。フロリダ鉱床から，かなりの割合のリン酸塩岩がドイツに輸出されたが[100]，その際，貿易とならんで鉱業でも，関与していたのはドイツ系企業であった。

　1914年，米国産のリン酸塩のおよそ46％が，米国の3肥料会社，すなわち，アメリカ農業化学社，バージニア・カロライナ化学社，および国際農業社（I. A. C.），により採掘されたものであった[101]。1909年の創業当時，国際農業社がカリウムを必要としていることに絡み，ここはオーストリア資本を呼び込んだ（肥料製造にはカリウムが必要であり，これはドイツでのみ採掘された[102]）。1909年，国際農業社の設立の経緯，およびその主要海外投資家の活動には，注目する必要がある[103]。

　20世紀初期，カリウムの産出量と価格に対する統制は，ドイツ・カリウム・シンジケートが行っていた。同組織は，遡れば1880年代より，定期的に再組織されてきたドイツ・カリウム鉱山所有者の自発的な組合である。このカリウム・カルテルの長は，プロシア政府により任命された。1905年，オーストリアの富豪ハーマン・シュミットマンは，5000万トンのカリウム埋蔵量をもつプロシアの新しいゾルステッド（Sollstedt）鉱山を手に入れた[104]。また，シュミットマンは，飛び抜けて巨大な鉱山をプロシアに有し，ドイツ・カリウム・シンジケートへの古くからの参加企業であるアシャーシュレーベン社の株式も多数所有していた。アシャーシュレーベン社はシンジケートのメンバーであったが，ゾルステッド社はそこへの参加を拒否した。

　1905年，ハーマン・シュミットマンは，プロシアのカルテル解体に着手した。年半ばには，彼の25歳の息子，ウォルデマール・シュミットマンが，ゾルステ

484

ッド社の新規事業として，米国での買方と契約を結ぶために米国へ赴いた。契[105]
約価格は，シンジケートの価格を下回った。その当時，米国の2大企業である
アメリカ農業化学社とバージニア・カロライナ化学社は，シンジケートから大
量購入割引を受けていた。シュミットマンは，米国内の比較的小規模で独立し
た肥料生産者に接近し，シンジケートがその2大企業に提示している価格より
も，彼の価格が決してそれを上回らないことを確約した。

　当然ながら，プロシア企業は警戒的となり，1907年5月10日，ゾルステッド
社は圧力に屈してシンジケートに加わった。しかしながら，このことはシュミ
ットマンが従順になったことを意味しない。シンジケートの協定は，1909年6
月30日まで有効であった。7月1日早朝，シンジケートが再組織されるに先立
って，ハーマン・シュミットマンは米国企業との間で，彼のカリウム生産物へ
の契約を締結した。[106]

　これに先立つ2週間前，1909年6月14日，息子シュミットマンは，米国企業，
国際農業社の設立に助力したが，この会社は，アメリカ人トーマス・C・メド
ウズのテネシー・リン酸塩社の資産を取得していた。[107]国際農業社は，当初から，
第3位の規模をもつ肥料会社となった。ウォルデマール・シュミットマンは初
代社長となり，メドウズは副社長となった。[108]この新しい会社は，米国資本を呼
び寄せた。[109]設立後すぐ，国際農業社は，ドイツ・ゾルステッド・カリウム鉱山
を有するゾルステッド・カリウム製造社（Kaliwerke Sollstedt Gewerkschaft）の
株式100％を買い取り，400万ドルを支払うことに合意した。[110]1909年7月以前，
ゾルステッド社の75％がハーマン・シュミットマン所有であり，25％は，ハー
マン・シュミットマンの支配下にあるドイツ企業，アシャーシュレーベン・カ
リウム製造所（Kaliwerke Aschersleben Gesellschaft）が所有していた。[111]支払いに
関して，ゾルステッド社の前所有者たちは，400万ドル価値相当評価の国際農
業社の株式を受け取る形にした。[112]1909年7月，ドイツ・カリウム・シンジケー
トが再結成されたときにも，ゾルステッド社とアシャーシュレーベン社は部外
者にとどまった。

　1910年3月，国際農業社は，ナイアガラ・フォールズ地域の新設の電気化学
産業で，アシャーシュレーベン・カリウム製造所の代理を務めた。ドイツに拠
点をもち，オーストリア人が支配するこのカリウム企業は，カリウム輸入と引

第Ⅱ部　世界最大の債務国

き替えに与えられる抵当権により，ロバーツ化学社の現存業務の支配権を手に入れた。新設のドイツ人所有企業，ナイアガラ・アルカリ社は，ロバーツ化学社の資産を引き継いだ。⁽¹¹³⁾

シュミットマンらは，米国へのカリウム輸出を拡大し，国際農業社への関与を深めたが，これは，プロシア鉱山所有者を驚かせた。カリウム１トン当たり20ドルという，シンジケートよりもかなり低い価格を提示することで，ゾルステッド社とアシャーシュレーベン社は，米国が必要とするカリウムの80%の契約を得た。米国輸出をまかなうために，ドイツでのゾルステッド社の操業は，約５倍に拡大した。⁽¹¹⁴⁾その後1910年５月，ドイツ国会は強制的なカリウム・カルテル条例の法案を通過させたが，⁽¹¹⁵⁾これは，生産規制とその「超過」産出に対して罰金を課すものであった。一夜にして，米国の買い手たちへの契約価格が，（もともとの20ドルに罰則課税22ドルが加わり）１トン当たり42ドルに跳ね上がったことになる。ドイツ・カリウム・シンジケートは，カリウム販売を目的にニューヨーク州との共同で，米国子会社ドイツ・カリ・ワークスを設立した。トン当たり35.75ドルが彼らの提供価格であった。⁽¹¹⁶⁾著しい混乱と交渉の末に，1911年10月末，ゾルステッド社とアシャーシュレーベン社は断念してカルテルに加わった。⁽¹¹⁷⁾ドイツの1910年法案があるために，国際農業社は，プロシアに所有するカリウム鉱山の所有権にメリットのないことを悟り，自身のゾルステッド社株式の半分をアシャーシュレーベン・カリウム製造所に売却した。アシャーシュレーベン社は，別の50%の株式を購入する権利も与えられた。⁽¹¹⁸⁾1913年12月，ウォルデマール・シュミットマンは国際農業社の社長を辞し（取締役には留まった），⁽¹¹⁹⁾アメリカ人がこれに代わった。このような対処にもかかわらず，ハーマン・シュミットマンに連なる大企業は，国際農業社の株式所有（額面価格400万ドル）を続けた。⁽¹²⁰⁾

国際農業社は，テネシー州からフロリダ州にまたがるリン酸塩鉱山を拡張し，酸化施設，肥料工場に投資した。⁽¹²¹⁾1914年時点で，マンハッタン南部に本社を置く主要企業であった。株式の時価総額は，普通株式で730万3500ドル，優先株式で1305万5500ドルであり，外国人資産管理局による後の報告書によれば，国際農業社における（主にシュミットマンの保有による）「敵対的」株式の比率は，資本ストックの23.27%であった。⁽¹²²⁾

第**8**章　その他鉱物

　他方，1910年5月，ドイツでカリウム法が通過したとき，米国の買い手たちはドイツ・カルテルの強制的高価格に直面した。その結果，新たに，自国で原材料鉱山を開発する誘因が発生した。1898年には，カリフォルニア州のシアレズ塩湖にカリウムのあることが知られていたが，当時はドイツからの安価なカリウムが利用でき，そこを開発する誘因は存在しなかった。今や，高価格により，投資家たちは開発権を主張し始めた。一例が，カリフォルニア・トロナ社（2万6000エーカーの払い下げ請求地）である。1909年来，この会社（セシル・ローズ〔Cecil Rhodes〕の会社である）は，南アフリカ統合金鉱山株式会社と結びついた株式によってコントロールされていた。1913年6月，カリフォルニア・トロナ社は，やはり統合金鉱山グループが経営権をにぎる新アメリカ・トロナ社（資本金1250万ドル）によって買収された。アメリカ・トロナ社は，カリウム加工施設を1914年に完成させたが，商業生産が開始されるまでには時間を要した。[123]

　要約すれば，サウスカロライナ州とフロリダ州のリン酸塩に，1914年までイギリス投資が存在し，フロリダ州のリン酸塩鉱山にはドイツとフランスの利権があった。しかしながら，最も重要なことは，オーストリア人のシュミットマンが，国際農業社に抱える株式を中心とする，フロリダ州とテネシー州のリン酸塩鉱業会社を所有する23.27％という数字である。国際農業社への外国投資の誘因は，リン酸塩ではなくカリウム事業と関連している。シュミットマンの策略への対抗措置として，1910年5月ドイツでの法律制定は強引なカリウム・カルテルを形成し，これが逆に，カリフォルニア州でのカリウム採掘・精製事業へのイギリスの投資を呼び起こした。1914年時点でこれらの利権はわずかであり，米国はドイツ産出のカリウムを依然輸入していた。

　米国は黄鉄鉱も輸入していたが，これは，リン酸塩やカリウムと同じように，肥料生産に投入された。1873年，リオ・ティント社はスペインで銅山の採掘を開始したが，[124]1880年代半ばには，ここはロスチャイルド家と関係をもつようになっていた。1891年，リオ・ティント社は，[125]米国企業のペンシルベニア塩工業社に対し，自社の黄銅鉱を米国内で販売する独占権を付与した。[126]11年後（1902年），リオ・ティント社は，「洗鉱し終えた黄鉄鉱」の販路を求めて，化学技師であり，化学肥料の専門家でもあり，実業家でもあるアメリカ人A・D・ルドゥーの指導を受け，米国に自社の支店を開設した。ペンシルベニア塩製造社は，

487

第Ⅱ部　世界最大の債務国

引き続き黄鉄鉱の買い手であった。⁽¹²⁷⁾1911年，リオ・ティント社は，米国市場への販売子会社としてイギリスに黄鉄鉱株式会社を設立した。ルドゥーが初代社長であった。⁽¹²⁸⁾黄鉄鉱株式会社の売り先は肥料企業，特にバージニア・カロライナ化学社，およびやや規模の小さいデラウェア州のデヴィソン化学社であった。⁽¹²⁹⁾これら2つの企業は，もし黄鉄鉱株式会社のほうで副次的に排出される燃え殻の処理さえ行ってくれるのであれば，かなりの量の黄鉄鉱を買い入れる用意があった。これに応じて，1913年，黄鉄鉱株式会社は2工場の建設を開始した。一つは，デヴィソン化学社の設備に近いデラウェア州のウィルミントン市近くに，今一つは，バージニア・カロライナ化学社の工場に近接するバージニア州ロアノークにあった。これらの工場では，肥料企業で使われた輸入黄鉄鉱から出る燃え殻を処理し，「鉄の原料」として有効に活用した。⁽¹³⁰⁾このように，1914年まで，イギリスと連なるリオ・ティント社（主業務はスペインだがロスチャイルド家に支配されていた）は，米国に販売代理店と2つの工場を保有した。リオ・ティント社の対米投資は，米国市場で黄鉄鉱を販売したいという願望に基づくものであった。結局，肥料関連の活動に対する外国投資は，様々に異なるパターンを帰結した。シュミットマンの国際農業社への投資と同様，リオ・ティント社の米国での利権は，ヨーロッパの生産物をそこで販売するために計画された。

塩

イギリスは，塩の一大生産地かつ輸出国であった。1888年，64社のイギリス企業が塩連合株式会社を結成し，生産量の90％を握った。⁽¹³¹⁾この連合は，ただちに（1889年），米国での塩の利権の確保を計画した。これに応じて，塩連合株式会社の取締役会は，取締役会のメンバーの一人，ジェームズ・スタッブスを米国へ派遣し，「世界2大塩産出国間でなしうる協調行動」の可能性をさぐらせた。スタッブスはイギリスへの帰途で死んだが，しかし（彼に随行した）トーマス・ワードJ. P.は，破滅的競争を阻止するための会社を設立する要望が米国に存在する，との報告を行った。イギリスの塩が米国価格を引き下げないよう，塩連合株式会社が手はずを整えた。その計画では，新会社（ノースアメリ

488

カン塩会社）がロンドンで株式発行し，米国とカナダの塩総産出の8分の7を手中に収めることになっていた。ロンドンの諮問委員会は，塩連合株式会社会長のサーロウ卿，同取締役のジョセフ・ヴァーディン，および同じく塩連合取締役出身のその他2名で構成された。ノースアメリカン塩会社の企業案内が発行され，米国資産の評価は，ニューヨークのプライス・ウォーターハウスにより行われた。新会社が設立された。どうも株式での資金調達に失敗したようであった。[132] その10年後，1899年にニュージャージー州でナショナル塩会社が米国の生産者を統合し，競争を除去するという同じ目標の達成を試みた際には，かつての失敗の議論には触れられず，また，イギリスが関与しているという形跡もなに一つみられなかった。[133]

ホウ砂とラジウム

　ホウ砂とラジウムは，医療目的で利用される鉱物であった。ホウ砂については，別の利用もあった（例えば食料保存剤など）。1914年まで，完全に外国，すなわちイギリス支配の手中にあったものは，米国鉱産物のなかで唯一これだけである。しかしながら，イギリスの投資者は，米国のホウ砂産業の開拓者ではなかったし，事実，彼らは米国内の主要鉱山が開発されるまで，投資を行わなかった。[134]

　アメリカ人のフランシス・マリオン・スミスは，米国のホウ砂鉱山の開発と供給を管理し，1890年にパシフィック・コースト・ホウ砂社を設立していたが，市場開拓と鉱山事業への資金支援を求めて，1896年，彼はロンドンにいた。そこで彼は，イギリスの保存食品加工業者であるレッドウッド＆サンズ社との業務「融合」を企て，自身のホウ砂精錬工場建設の計画を立てた。レッドウッド＆サンズ社にとって，この米国との合併は，原材料供給を安定化させる後方連関の統合となる。補完関係は明らかであり，スミスと（レッドウッドの）リチャード・C・ベイカー両者の必要性を満足させるものであった。その結果，パシフィック・ホウ砂＆レッドウッド化学製造株式会社（PBRC）が1896年6月に設立され，（まだ存続していた）パシフィック・コースト・ホウ砂社のホウ砂関連の施設を得た。スミスは，ロンドンのこの新会社の約4分の3の株式を手に

第Ⅱ部　世界最大の債務国

入れた。米国事業を担当するスミスと，ロンドンでの企業金融，イギリスその
他国際事業およびPBRCのための買収業務を扱うベイカーの2人が，共同取
締役となった。1899年，ベイカーは別の新規企業，ホウ砂統合株式会社
（BCL）を発足させた。本社はイギリスに置かれ，当初，米国の関連企業
（PBRCがもつ鉱山および加工施設）のみならず，世界の主要な3つのホウ砂採掘
企業（チリ1社とペルー2社），およびイギリス，フランスのホウ砂購入企業と
加工業者など，10余の企業が合併したものであった。ホウ砂統合株式会社は，
140万ポンド（およそ700万ドル）の資本金をもち，うち60万ポンドが投票権をも
つ普通株，80万ポンドが優先株であった。この他，さらに100万ポンドの第一
抵当社債が加わった。ベイカーはこの多国籍企業の主導権を狙ったが，スミス
が圧倒的な最大株主であった。1901年，スミスは本社のニューヨーク移転を提
案したが，ベイカーの反対でこれを取り下げた。スミスは，（イギリスの監査役
に監視されながらも）かなりの自主性を保証されてこの企業の米国事業を運用し
た。ベイカーは，年に何度か大西洋を超えて，親会社であるホウ砂統合株式会
社を切り盛りした。米国では，採掘から消費者製品に至るまで，業務は完全に
統合されていた。ホウ砂が，入浴剤として消化作用に効果的で，てんかん・腱
膜瘤を快復させ，また衣服の漂白剤など，様々な用途に利用できることが広く
広告されていた。

　他方，これらの活動に専念することにスミスは満足しておらず，彼個人の投
機的活動は膨れあがった。そして，1913年，カリフォルニアのビジネス界はス
ミスの経済的破綻に「大揺れに揺れた」。ベイカーは，スミスがBCLにもつ全
株式を400万ドルで取得し，イギリスの公開市場で売り出した。1914年春，ベ
イカーはスミスに，イギリス法では破産者が会社の取締役を続けることが認め
られないと告げ，スミスは表舞台から姿を消した。BCLは，ベイカーの指導
のもと，米国事業の完全なる支配権を手に入れ，拡大を始めた。BCLは，米
国および世界のホウ砂産業に君臨した。[135]

　1909年，イギリス，リバプールの国際バナジウム社が，米国子会社，ゼネラ
ル・バナジウム社を設立し，翌年より，コロラド州でバナジウム，ウラン，ラ
ジウムを含有するカルノー鉱石の採掘を開始した。1913年には，ゼネラル・バ
ナジウム社は米国の2大カルノー鉱石生産者の一つに数えられるようになった

（今一つはピッツバーグのスタンダード化学社であった）。ゼネラル・バナジウム社
は，産出物の多くを輸出し，1914年，その親会社はリバプールに加工工場の建
設を開始した。1914年，科学者たちはラジウムがある種の癌の治療物質である
と見なし，米国議会ではカルノー鉱石の輸出と外国による所有権の問題への関
心が高まった。[136] ホウ砂とラジウムは，医療目的の鉱石として例外的であった。

アルミニウム

　アルミニウムは新産業であり，これも米国に直接投資を呼び込んだ。フラン
スの工場が，デヴィル加工法により，1855年に世界で最初のアルミニウムを生
産したが，これは1ポンド当たり90ドルで売られた。1882年にイギリスで生産
が開始されるまで，フランスは生産を独占した。やはりデヴィル加工法を利用
したイギリス企業，アルミニウム株式会社が，1887年から88年，コストを引き
下げ，1ポンド当たり5ドルの利益で生産物を販売することができた。1888年
から89年の米国では，カウリー社とピッツバーグ・リダクション社が，1ポン
ド当たり2ドルの利益で販売可能であった。ヨーロッパでは，ヘロート法
（Héroult Method, ホール法と同じもの）により，同じように低コストで高い生産
量が得られることが明らかになった。1891年から92年には，新生産方式により
1ポンド当たりの価格が50セント上昇していたが，ホールもしくはヘロート法
の特許を使う生産者は，依然，利益を捻出していた。[137] デヴィル技術は時代遅れ
になった。

　1892年，世界最大のアルミニウム生産者は，スイスのノウハウセンにあるア
ルミニウム産業株式会社（A.I.A.G.）であった。この会社は，1888年に設立さ
れ，ヘロート加工により1889年に商業生産を開始していた。A. I. A. G.は，ス
イスとドイツの資本参加により結成され，[138] スイスのほか，即座にドイツとオー
ストリアに投資した。[139] 1893年には，ピッツバーグ・リダクション社（1888年に
設立され，1907年にはアメリカ・アルミニウム社〔Alcoa：アルコア〕と改名される）
が米国で唯一の生産者となった。ピッツバーグ・リダクション社は輸出も手が
け，1891年から92年にかけて，フランスに工場を建設した（これは成功しなかっ
た）。また，短期間（1895～96年）だがA.I.A.C.と市場維持協定も結び，カナダ

第Ⅱ部　世界最大の債務国

に投資を行った（成功）。1901年，このカナダ子会社は，スイス（A.I.A.G.），フランス（2社），イギリス（1社）のアルミニウム企業と協定の合意に至った。このなかで，国内マーケットは国内生産者が独占的に占有するということが約束された。[140]米国市場は，米国以外の企業には「鎖国市場」となった。1906年と1908年には，市場分割の新しい国際合意も締結された。[141]

　1911年12月，アルコア社社長のA・V・デイヴィスはヨーロッパを訪れ，そこで，フランスのアルミニウムグループが米国に工場建設の計画を立てたことを知った。[142]当時，米国司法省は，米国アルミニウム産業におけるアルコア社の独占的地位について精査を進めていた。1912年6月7日，アルコア社は同意判決に調印したが，これは，米国の輸出・輸入を限定するなどのような協定を結ぶことを禁止し，1908年の国際協定にある制限的盟約を無効にするものであった。アルコア社がこの法令に調印するに先立ち，デイヴィスは司法長官補佐のJ・A・ファウラーに手紙を書き，イギリスとドイツのアルミニウム企業が，フランス生産者による米国投資の計画に不満を表していることを説明した。その「意図するところ」は，その新規事業は，米国外のあらゆる参加者によって担われるべきである，ということである。アルコア社は，このなかに自社のカナダ子会社，ノーザン・アルミニウム社も含まれるであろう，と書き記している。デイヴィスは司法省に対し，その反論の有無を尋ねた。[143]司法省の返答を，私は発見していない。[144]

　『工学採掘雑誌（*Engineering and Mining Journal*）』1912年6月22日号のなかで，サザン・アルミニウム社の設立が発表された。[145]フランス・アルミニウム社（l'Aluminium Français）の取締役であるエイドリアン・ベイディンが社長であった。[146]サザン・アルミニウム社は，フランスの経営下に置かれた。[147]ポール・ヘロート（Paul Héroult）自ら，自身の発明による工学的作業に携わった。[148]歴史家は，サザン・アルミニウム社がフランスの事業と書き記している。[149]彼らのほとんどが，ドイツ支配下のアメリカン金属社とその親会社，メタルゲゼルシャフト社がこれに関与していたことを理解していない。[150]しかしより論理的な点は，1911年にフランスにあるフランス・アルミニウム社の組織に，メタルゲゼルシャフト社以外の参加がなかったことである（メタルゲゼルシャフト社はフランス・アルミニウム社のドイツ代理店となっていた）。[151]アルコア社のカナダ子会社，ノー

492

第**8**章　その他鉱物

ザン・アルミニウム社は，サザン・アルミニウム社の株式を取得しなかったようである。1915年，サザン・アルミニウム社の弁護士は，この企業は90％がフランス，10％がドイツ所有であると記している[152]。

　サザン・アルミニウム社の初期資本は640万ドルであった[153]。ノースカロライナ州のホイットニーに3000エーカーの土地を購入し，水力発電を得るためにイエドキン川（Yadkin River）にダムを建設し，アルミニウム工場の建設を開始した。これは1915年に完成し，1200人から1500人の雇用が生まれると予想された[154]。当初の計画では，工場が必要とするアルミナ（新サーペック〔Serpek〕技法で生産される）の供給確保のために，米国内で合弁事業が提案され，これにはアルコア社やそのカナダ子会社ノーザン・アルミニウム社，およびサザン・アルミニウム社が含まれていた[155]。

　サザン・アルミニウム社による巨額事業は，かなりのマスコミの注目を集めた。この企業の参入があったのは，おそらく，アルコア社が独占禁止法の圧力下にあり，ヨーロッパ企業は米国外に留まるべきであると主張するに1912年が適切な時期ではない，と感じていたことが理由であろう[156]。フランス企業はアルミニウム生産に新技術，サーペック技法を導入し，アルコア社もこの恩恵にあずかった。アルミナの供給に合弁形式の事業が計画されたことは，サザン・アルミニウム社が完全に独立的でなかったことを示唆している[157]。1914年にヨーロッパで戦争が勃発したとき，サザン・アルミニウム社の野心的な生産施設は未だ建設の途中であった[158]。

石　　油

　最後になるが重要なことを述べる。外国投資は米国石油産業で増大した。19世紀および20世紀初頭，米国は世界の石油の主要産出地であり，輸出国であった[159]。19世紀にはある程度の外国投資があったものの，少額に留まったようである[160]。1900年以前のヨーロッパからの投資は，概して東部に振り向けられた。1874年から，スウェーデンのノベル社はロシア油田に投資していた[161]。1886年，ビルマでの生産のために，ビルマ石油社が設立された[162]。ロイヤル・ダッチ社は，1890年に行ったオランダ領東インドの既存油田の開発がその起源である[163]。

493

第Ⅱ部　世界最大の債務国

　19世紀には，フランス，イギリス，ドイツの企業が石油の通商に従事した。
1866年，パリ・ロスチャイルド家は石油販売に参入を開始し，1880年初頭まで
には，米国の石油を精製，ヨーロッパに輸入していた。1883年には，ロシアの
石油生産に投資した。ロスチャイルド家は，バクーからバトゥーミに至る鉄路
の完成に，ほぼ1000万ドルを費やしたが，このことにより，西ヨーロッパ市場
で，ロシア産石油が米国産に対して競争力を持ち始めた。シェル社の前身の[164]
M・サミュエル株式会社は，東洋との交易のために1830年代に設立された商社
であり，1890年代にはロシア産石油の極東での販売を開始した。1895年から96
年に，M・サミュエル株式会社はオランダ領ボルネオで最初の石油生産に参入
した。19世紀末には，ドイツ銀行がドイツへの石油の輸入業者となり，ルーマ[165]
ニアの石油生産に投資した。このように，国際的な石油産業に対するヨーロッ[166]
パの関心は，失われることがなかった。

　19世紀末，米国石油に対するヨーロッパの投資がわずかであったことは，お
そらく，スタンダード石油社の巨大な存在が，少なくとも部分的に関連してい
た。同社は，米国産原油の購入，精製，輸出を支配しており，世界全土の販売
網に投資していた。20世紀初頭，米国で油田が発見され，また石油の需要が増[167]
大するにつれ，米国内での競争が激しくなった。ここに，ヨーロッパ投資が加
わった。ヨーロッパによる初期の巨大投資の背景には，第1に，そしてなにによ
り，米国での新油田の発見があり，これらの国々はこれに実際に関与した。こ
の参入には，新市場を提供することになる米国自動車産業の成長の影響もあっ
た。以下で私が示すが，米国石油産業に対する外国投資のなかで最も肝要なも
のは，米国のガソリンの必要量を満たすために1914年までに開始されたもので
あった。

　リバプールのバルフォア・ウィリアムソン社のサンフランシスコ商店である
バルフォア・ガスリー株式会社は，1899年，カリフォルニアの油田に投資した
が空振り続きだった。引き下がれないバルフォア・ウィリアムソン社は，1901
年，公営ながら自身が経営権を握るカリフォルニア油田株式会社を組織した。
初期資本は25万ポンドであった。このイギリス投資は，まさに大当たりした。
産出量は急上昇し，1904年には，カリフォルニア油田社がカリフォルニアの全
産出量の11％を占めた。カリフォルニア油田社は，自身の原油をスタンダード

494

第**8**章　その他鉱物

石油社およびその前身企業に売却していたが，その供給量が増えるに従って精製設備を拡大した。バルフォア・ウィリアムソン社による石油産業への投資は，自動車産業とは無関係であったが，動機は新興産業の生産物，すなわち燃料，石油が既存の石炭貿易の脅威になるであろう，という認識にあった。[168]これは，米国石油におけるイギリス投資の最初の成功例になった。

　1901年，イギリスの人々が石油の情報収集のためにテキサスに群がった。[169]その年，テキサス州ボーモントの油田の購入に，テキサス油田株式会社がイギリスで結成された。ロンドンで普通株式105万4410ドル（ポンド表示）が発行された。[170]元テキサス州知事のジェームズ・ステファン・ホッグがスピンドルトップの土地を購入し，ホッグ・スワイン・シンジケートに参与した。[171]1902年2月，ホッグは資金調達にイギリスを訪れ，そこで，テキサス石油の質・量について事情通の人物と遭遇した。[172]新設のイギリス企業が，ホッグ・スワイン・シンジケートの資産を600万ドル（現金と株式で）で買い取る，という計画が練られた。[173]これは実行されず，ホッグが米国へ戻ると，ホッグ・スワイン・シンジケートはテキサス社（後のテキサコ〔Texaco〕）に改組された（1902年4月7日）。[174]1902年夏，会社の代表者がイギリスで出資を募ったが，無駄に終わった。[175]テキサスの産油に関して，特筆すべきイギリスの成功はみられなかった。

　あるイギリス事業団の報告では，そこが1902年にワイオミング州シャノン油層からの石油を得るや，1905年からは，ベルギー，フランス，オランダによる相当な油田投資が，その後にはワイオミング州で最も枢要な精製会社への投資が行われた。[176]このほか，1906年，オクラホマ州グレン油層の発見が注目され，[177]1907年から08年，スマトラでの独立産油企業として成功した二人のオランダ人が，オクラホマ石油社（ハーグに本社）を，その1年後（1909年）にはユニオン石油社とツルサ石油社を設立した。[178]このオランダ企業グループは，1911年，パリの企業オクラホマ・ユニオン石油（Union des Petroles d'Oklahoma）に売り渡された。[179]1912年，ここはフランスで最大の石油会社であり，ある著者は，パリ証券取引所で取引される企業のなかで，ここを58番目の資産規模に数え上げていた。[180]このほか，オクラホマ州の石油には，アレキサンダー・マッカイ（マタドール土地牧畜社で活躍したスコットランド人）および新聞で誉れ高いノースクリフ卿の兄弟であるR・レスター・ハームスワースが1914年に投資を行った。[181]

495

第Ⅱ部　世界最大の債務国

　はるか西方では，1913年には，イギリスの海運王アンドリュー・ウィア（後のインヴァーフォース卿）が，ゼネラル石油社（General Petroleum Company）の取締役会の一員になっており，新聞が伝えるところによると，その年の10月，ウィアと彼の協賛者たちは，この会社とゼネラル石油社のオプション行使下にあるユニオン石油社とを買収した。[182]1914年1月，すでにゼネラル石油社を支配下に置いていたといわれるウィア「連盟」は，175社により構成される独立生産者機関を管理しているユニオン石油社にも調略を仕掛けた。[183]1914年3月13日，ゼネラル石油株式会社は，米国の同名社を取得するために，ロンドンに登記された。数週間後，西オーシャン・シンジケート（ウィアと協賛者たち）はユニオン石油社の経営権を獲得し，後の1914年7月，ブリティッシュ・ユニオン石油株式会社をロンドンで設立して，ユニオン石油での利権を確保し，そこへ1200万ドルの現金を提供した。ウィアがゼネラル石油とユニオン石油を手中にしたことで，彼のグループはカリフォルニアの石油の3分の1を支配することになりそうであった。ヨーロッパで第一次世界大戦が勃発すると，その影響が大いにあり得そうに思えたが，これまで決してなかったことが，その後わかった。[184]

　同社の古文書館によれば，1901年初めから，イギリスの建設会社，ピアソン＆サン社（S. Pearson and Son）は，多くの米国石油資産の売却の申し出を受けた。1901年にテキサス州，1907年にネブラスカ州とテキサス州，1908年にはオクラホマ州，ワイオミング州，テキサス州の申し出を受けたが，ほとんど下調べもせずに，すべてを辞退している。米国，イギリス双方の個人や企業によるこれらの提案が，この企業の関心を引きつけた。[185]しかしながら，ピアソン＆サン社は，（メキシコ・イーグル石油株式会社すなわち「アギラ」社を通じて）メキシコ油田へ巨大な投資を行った。この会社は，メキシコの原油をニュージャージー州のスタンダード石油社に販売し，1912年7月24日，イギリスで法人化されたアングロ・メキシカン石油生産株式会社（AMPPC）のニューヨーク事務所を，1913年に開設した。[186]ニューヨーク事務所は，メキシコ原油の船積施設の建設を監督し，c.i.f.（原価・保険・運賃込み）基準に基づく原油と燃料の米国内での販売を手がけ，「アギラ」向け原材料の調達を行った。イギリスAMPPCの取締役ハーバート・カーがニューヨーク事務所を運営した。[187]

　20世紀初期における米国石油産業への数多くの外国投資のなかで，最も重要

でかつ持続的であったものは，ロイヤル・ダッチ・シェルグループによるものである。この会社は，1914年時点で米国石油産業の全分野を包摂する外国投資として唯一であり，ただ一つの完全統合企業であり，米国内の全国的規模で操業していた。[188] 1890年代のほとんどの期間，シェル社の前身企業（すなわちM・サミュエル社），ロイヤル・ダッチ社およびニューヨークのスタンダード石油社は，東アジア市場で互いに競合していた。1897年，シェル運輸取引社がイギリスで設立された。同年，極東では，イギリス・シェル社がロイヤル・ダッチ社とぎこちない連合を形成したが，両企業が，パリ・ロスチャイルド家の参加を得て，日本から南アジアにわたり石油販売を行うアジア石油社を設立した1902年から03年に，この協調関係は正式なものとなった。[189] 1907年，シェル社とロイヤル・ダッチ社は，利益の60％がロイヤル・ダッチ社，40％がシェル社という基準に基づき，両者の世界的事業を統合した。ロイヤル・ダッチ・シェル社は，今や，世界規模で石油の供給源と市場を探し求めた。

　この間，1905年，ニューヨークのスタンダード石油社とアジア石油社は，極東の石油貿易の割り当てを行うことに合意したが，1910年8月，価格引き下げと販売拡大を狙ったスタンダード石油社が，この協定を破棄した。カリフォルニアのスタンダード石油社は，アジア石油社から余剰ガソリンを購入していたが，同年1910年，ロイヤル・ダッチ・シェル社の取締役会長ヘンリ・デターディン（Henri Deterding）に対して，もはやその必要はないと告げた。カリフォルニアのスタンダード石油社は，自社の精製施設でガソリンを生産し，また，原油は，バルフォア・ウィリアムソンが所有するカリフォルニア油田株式会社，およびペルーのロビトス油田株式会社の2社からより大量に購入することになっていた。[190]

　1910年の新局面に直面したデターディンの反応であるが，ニュージャージー・スタンダード石油社（スタンダード石油グループの幹事社）のウォルター・ティーグルに対し，ヨーロッパでの解決なしに東ヨーロッパ市場に関する合意には応じられない，と告げた。[191] この主張を通すために，ロイヤル・ダッチ・シェル社は，ルーマニア石油を使い**ヨーロッパ**の灯油マーケットに参入して，スタンダード石油社に挑戦した。より重要なことは，1911年初頭，デターディンが，スタンダード石油社の本拠地である米国に進出すると公表したことである。デ

第Ⅱ部　世界最大の債務国

ターディンの会社は，カリフォルニア・スタンダード石油社が買い入れを拒否したスマトラ産ガソリンの「余剰分」を，米国西海岸で販売するのだ。[192]

　デターディンは，長い間，世界最大市場の米国での販売を熟考していた。早くも1909年6月には，アジア石油社はワシントンD.C.にて，「シェル自動車魂」の商標を登記していた。[193]さらにデターディンは，自社グループが米国産原油を購入しており，[194]米国での石油生産投資の将来展望に魅了されていた。1909年，オクラホマ州に投資しているオランダ人（前出）が，資金援助を目的にロイヤル・ダッチ・シェル社に接近した。デターディンはメキシコ湾までパイプラインを布設し，そこに精製所を建設する「全工程事業」に相当関心をもっていた。彼は，実際，調査として人員を派遣したが，その人物はオクラホマ油田が早晩枯渇すると考え，投資計画をうやむやにした。[195]潜在的な買い取り手と映ったために，ロイヤル・ダッチ・シェル社は別の売却提案も受けた。1909年，ますますデターディンは，米国における「油井からランプ芯へ（原油からランプオイルへ）」という事業を考案していた。[196]その年に商標をワシントンで登録していたことから，彼がガソリン販売業を考慮していたことは明らかである。

　歴史家F・C・ジェレットソンによれば，1910年春，フランコ・アメリカン銀行（Banque Franco-Américaine）が，デターディンに対し，オクラホマ州，イリノイ州，インディアナ州に110万エーカーの敷地をもつ持株会社バーンズダル石油買収のために，合弁会社の設立をもちかけた。[197]デターディンがこの提案を勘案していると，ニュージャージー・スタンダード石油社のウォルター・ティーグルは，世界マーケット安定化を目的とした交渉を彼に呼びかけた。デターディンは，バーンズダルに関する交渉をうち切った。「ロイヤル・ダッチ・シェル社の米国への参入は，企業戦略というより脅迫的性質以上のものであった。心のなかでは，デターディンは，昔の原則に基づいた新市場分割を依然として望んでいた」とジェレットソンは書き記している。すなわち，スタンダード石油社との市場協定のことである。[198]

　1911年5月，米国最高裁判所はスタンダード石油社の解体を命じた。このような状況のもとで，ティーグルとデターディンの交渉は明らかに不適切であった。その年の夏，ロイヤル・ダッチ社のJ・C・ヴァン・エックとF・P・S・ハリス（アジア石油社ガソリン部のロンドン局長）は，海洋ターミナルの場所とし

498

第**8**章　その他鉱物

て，シアトル，ポートランド，ヴァンクーバー，サンフランシスコを選定した。[199]
これらのターミナルは，米国西海岸で販売されるスマトラ産ガソリンを貯蔵す
ることになっていた。1911年6月，アジア石油株式会社は，カリフォルニアで
「シェル」の商標を登記した。[200]

　その後もなお，スタンダード石油社からの「激しい」競争にもかかわらず，[201]
ロイヤル・ダッチ・シェル社の計画は無難に進展した。反トラスト法で国内の
拡張が妨げられていたニュージャージー・スタンダード石油社が，スマトラ石
油鉱区に投資を決定するまで，これは続いた。このロイヤル・ダッチ社心臓部
への突撃で，デターディンは素早い対応を余儀なくされた。[202]1912年4月11日，
ニュージャージー・スタンダード石油社が，オランダ植民地石油社
（Nederlandsche Koloniale Petroleum Maatschappiji）を設立し，オランダ東インド
地方で石油探索を始めると，デターディンはすぐさま（4月12日——ジェレット
ソン記による）ロイヤル・ダッチ社の取締役会で危機的状況を説明し，必要と
される対策の概略を練り，取締役会の承認を得るとロンドンへ戻り，行動に取
りかかった。[203]

　2つの局面で，デターディンは決定を下した。第1に，スマトラ産ガソリン
を米国西海岸で販売すること，第2に，アメリカ大陸中部で原油を産出するこ
と，であった。2つの戦略は合わせて展開した。1912年4月，シェルグループ
は西海岸におけるシェルの販売業務を監督するために，アメリカ人ドネル・
C・フィッシャーをシアトルに派遣した。フィッシャーは事務所を賃貸し，シ
ェルのシアトル・ターミナルの建設を急がせた。[204]1912年9月3日，シェルグル
ープは，太平洋側でのガソリン（「シェル自動車魂」）販売を目的に，ニューヨー
クにアメリカン・ガソリン社（American Gasoline Company）を設立した。北シ
アトルにシェルの海洋ターミナルが完成し，9月16日，シェルのタンカーがス
マトラ産ガソリン100万ガロン以上の積み荷を運び入れた。[205]

　ところで，1912年6月，デターディンは，普通株100万ポンドと後配株1000
ポンドの資本金で，スフラーフェンハーフェ協会（'s-Gravenhage Association,
訳注：'s-Gravenhage とは，オランダ語でハーグの意味）を設立した。この会社の株
式の51％はロイヤル・ダッチ・シェルグループが保有し，残りは，ロンドンや
パリの金融会社（これには，9.4％で最大少数株主であったパリ・ロスチャイルドも含

499

む）を主とするグループの「資金同盟者」により保有された。7月には，新たにロクサーナ石油社を設立して州内の物件購入のために，シェル職員がオクラホマ州ツルサを訪れた。この会社は，次には（ニューヨークの会社を通じて）スフラーフェンハーフェ協会に所有されることとなった。デターディンの代理人たちは，6社を買収し，（デターディンの所望した1万5000バレルではなく）2900バレルを産出した。それでも，米国西海岸での販売事業とオクラホマ州での買収の成功により，1912年12月，デターディンは次のように書き記した。「われわれは，今や米国にいるのだ」。

後にデターディンは，次のように回顧している。「われわれの事業がこのような国際的次元に拡張するにつれ，米国という土地で，われわれが売買人としての地位を確実にする必要があった。さもないと，われわれは自らの足場をどこかへ置き忘れてしまうことになったであろう。われわれが米国で通商を開始する前，世界価格を支配していたのは米国の競争相手であった。そこで，この状態に終止符を打つためには，われわれの全般的経営プランのなかに，米国を取り込む必要がある，と私が判断したのだ」。

それ以降，ロイヤル・ダッチ・シェル社は果敢に米国で拡張を続けた。デターディンの侵略が続いても，反トラスト法で縛られているスタンダード石油社はほとんどなす術がなかった。ロイヤル・ダッチ・シェル社は，ニューヨークに販売代理店を置いた。1913年2月，デターディンはロンドンから米国に地質学者B・H・ファン・ディア・リンデンを派遣したが，この人物は，オランダ領東インドから帰国したばかりであった。彼の任務は，カリフォルニアで油田を探し当てることであった。米国太平洋岸の市場は，オランダ領東インドからの輸入で供給し続けることは不可能であろう――とデターディンはこう確信していた。8月6日には，カリフォルニアのシェル職員は，ロンドン本社から電報を受け取った。イギリスのバルフォア・ウィリアムソン社は，順調なカリフォルニア油田株式会社の支配株主を握っていたが，連絡窓口としてここの代理店，サンフランシスコのバルフォア・ガスリー株式会社を設立した。

1913年8月8日，シェル運輸取引社の取締役会にて，取締役たちはロバート・ウォレイ・コーヘン（当時，グループのなかでデターディンに次ぐ第2位）からカリフォルニア油田株式会社の状況について説明を受けていた。この会社へ

第**8**章　その他鉱物

の投資は，シェル株式に対して年率57％の利益を生み出すであろうことが期待
できる，とウォレイ・コーヘンは報告した。他の考慮事項を別にすれば，この
ように買収は「利益上，魅力的」であるが，しかし，ウォレイ・コーヘンは，
カリフォルニア油田社は「東部でわれわれと競合するスタンダード石油社が船
で送る灯油の総量の半分」を供給してきた，と付言した。したがって，買収は
極東市場で好ましいインパクトをもつであろう。取締役会は，デターディンと
マーカス・サミュエルが，買収に向けた交渉を遂行することを認めた。同じ
1913年8月8日の会議では，ウォレイ・コーヘンによる詳しい説明を受けて，
米国事業にいっそう関与していくことが支持された。取締役会では，スフラー
フェンハーフェ協会（オクラホマのグループ生産会社に対する持株会社）の少数株
主持ち分（49％）の買収に向けた交渉（これにはロイヤル・ダッチ社も含む）で，
デターディンとサミュエルがシェル運輸取引社の代理を務めることが議決され
た。ファン・ディア・リンデンは，地質学的な見地から，カリフォルニアの地
所に関して好ましい趣旨の報告を打電している。1913年8月11日，デターディ
ンは，グループ向けにこれらを取得した。同じく彼は，グループ向けにスフラ
ーフェンハーフェ協会の株式100％を取得した。

　1913年10月，サー・マーカス・サミュエルは，シェル運輸取引社取締役会議
長の立場で，グループのカリフォルニア油田が7040エーカーからなり，うち
4960が石油を含んでいる土地であることを説明した。「115の油井が稼働中であ
り，17が掘削中である」。続く15年間，シェル社のカリフォルニア油田は，大
陸中部油田の産出量を上回っていた。バルフォア・ウィリアムソン社は，この
価値あるカリフォルニアの資産を売るのに躊躇した。しかしながら，シェル社
からの提案は，この企業にとって好ましく映った。より重要なこととして，カ
リフォルニア油田がスタンダード石油社と交わしていた3年間の販売契約が，
1913年8月に更新を迎えていた。バルフォア・ウィリアムソン社とそのお得意
さまとの間では，原油価格について交渉はまったくかけ離れていた。デターデ
ィンによる時勢の見計らいは，見事だったということである。

　1913～14年，デターディンは，メキシコ湾石油会社の取得，およびそれによ
るテキサス州での大きな地歩の獲得を模索した（これらの交渉は所望の目的を達
成できなかった）。しかしながら，ロイヤル・ダッチ・シェルグループは，相変

501

第Ⅱ部　世界最大の債務国

わらずオクラホマ州で拡大を続けた。カリフォルニア州では，（失敗に終わるの
だが）ゼネラル石油社に商談をもちかけた。[220]これは，州内の現存の油田を増強
するものだった。[221]パイプラインが建設され，サンフランシスコ湾のマルチネス
に，近代的な大精製施設の建設を開始した。1914年，グループは，カリフォル
ニアの販売会社の名称を，アメリカン・ガソリン社から，カリフォルニア・シ
ェル株式会社へ変更した。[223]1914年初頭，販売部長ドネル・フィッシャーは，北
西部での利用目的に最初のカーブサイド・ガソリンポンプを手に入れた。[224]

　1914年まで，ロイヤル・ダッチ・シェルグループの対米直接投資は（1912年
1月にはゼロであったが），1770万ドルを超えていた。[225]この会社は，カリフォル
ニア州とオクラホマ州で石油を採掘し，私の見積りでは，3つの小型精製施設，
および建設中の大型のもの1基を，カリフォルニア州に保有していた。[226]同州で，
パイプラインに300万ドルを投資しており，西海岸には販売網を拡張していた。
ニューヨーク事務所も構えていた。1914年に同社が米国で産出する原油約500
万バレルは，全米総産出のほぼ2％にあたった。[227]1914年，米国の石油産業には
他の外国投資（多数の純イギリス企業，ウィアの大きなカリフォルニア利権，オクラ
ホマ州のフランス企業，オランダ―フランス企業集団，ワイオミング州のフランス―ベ
ルギー―オランダ企業集団，および販売のパーソンズ）も存在していたが，ロイヤ
ル・ダッチ・シェル社は，枢要な多工程操業を有する唯一の企業であった。同
社は，多国籍企業型の投資を行っていた。デターディンはロンドンより，戦略
的決定を下した。専門家がイギリスやオランダから派遣された。米国業務は，
ロイヤル・ダッチ・シェル社の世界事業の一部に統合された。事業の開始と拡
大とは，ともにデターディンの世界戦略と結びついていた。ヨーロッパで第一
次世界大戦が勃発するまでに，ロイヤル・ダッチ・シェル社は，自社の未来の
成功への基礎を米国市場で固めた。シェル社は，実質的に「米国の」石油会社
となったのである。1914年，米国におけるあらゆる外国製造企業単独として，
同社は最大の直接投資を行った。[229]

鉱物および鉱物関連産業

　1875年から1914年にかけて，イギリス，ドイツ，フランス，オーストリア，

第**8**章　その他鉱物

ベルギー，オランダから，数多くの対米外国直接投資が，米国鉱物の採収，探査，加工，変成，輸出などの業務に参入した。1887年の外国人資産法の存在は，長期的には実質的障害とはならなかった。全期間を通じ，鉱業の様々な分野で，外国の資本，技能，技術，経営組織が米国の発展に引き込まれ続けた。国内および世界貿易に動員されうる大量の資源が，史上初めて，米国の鉄道により解き放たれた。ヨーロッパおよび米国の新規産業に加え，人口の成長が，鉱物産業への空前の需要を作り出した。海外市場に特殊な知見をもつ外国投資家は，米国輸出を刺激した点で重要であった。米国の豊富な資源は，海外からの投資を引きつけた。外国直接投資は，時には鉱業の始動に貢献した（例えば金や銀，リン酸塩など）。またしばしば，発展が十分に軌道に乗った後からの参入もみられた（銅，ホウ砂，石油など）。

　ロンドンは，採掘融資の中心地であり，数多くのフリースタンディング・カンパニーが，そこで資金調達を行った。そのなかでごくわずかの企業が，鉱物加工業，1次金属製造業に進出した。鉱産物貿易に従事するものはなかった。鉱業におけるフリースタンディング・カンパニーは，利潤機会に便乗しようとする創業者（投資者）の欲求に基づいてはいたが，すべてに同じというわけではなかった。これらの企業には，以下のものが含まれた。(1)米国とイギリスのプロモーターがロンドンで資金調達を準備し，イギリスと他国の資金を手に入れた企業（特に金・銀採掘にこの例は多い），(2)設立者企業間の頻繁な企業内取引により，直接一貫生産されてはいないものの，イギリスの同じ産業内の個人によりロンドンで設立された企業（南部諸州石炭・鉄・土地株式会社などがこの例である），(3)業務に関して幾ばくかの知識をもつ役員が初期の取締役会にはいたものの，追加資本を調達したプロモーターにより設立された企業（オーティス製鋼社などである），(4)鉄道融資の付属物として設立された企業（米国の鉄道各社向けに販売する石炭会社），そして，(5)多国籍企業の制度組織上の分類上，強い類似性を示すが，相互に緩やかに連結した法人（一例として，将来展望を慎重に吟味し，信頼のおける鉱山技師を使いこなせる協力者を得て，米国に代理店をもち，ロンドンで資金調達した金採掘企業。ロンドンには，鉱物貿易業者，および彼らと密接な連携をもつ商業銀行家のネットワークが存在していた。彼ら商業銀行家は，部外者が一見すると独立企業と見なすような「鉱業関連投資」を行っていた）。イングランド

第Ⅱ部　世界最大の債務国

やスコットランドで設立されたフリースタンディング・カンパニーのいくつか
は，投資信託会社と見なされている（例えば，アメリカン・アソシエーション株式
会社，オーティス製鋼，アリゾナ銅社など）。フリースタンディング・カンパニー
のいくつかは，イギリスで製造した機械のマーケットとして役立った——あるい
は，そのために取締役や創業者により設立された——かもしれない（トーマ
ス・ホイットウェルは，南部諸州石炭・鉄・土地株式会社に溶鉱炉を販売したようであ
り，また，エドガー・ワッツのカーディフの会社は，プラント建設でアメリカン・アソ
シエーション株式会社と契約を交わしていた）。米国リン酸塩・石油産業における
フリースタンディング・カンパニーの正確な性質を明らかにするには，いっそ
うの調査が必要であるが，しかしながらこれらの企業では，他のフリースタン
ディング・カンパニーとの相互関連原則が明らかにされている。

　イギリスで法人組織化されたフリースタンディング・カンパニーを，私は外
国**直接**投資と呼称してきた。というのも，イギリスにおけるこれらの企業設立
の明確な目的が，経営権の行使であったからである。鉱物産業におけるフリー
スタンディング・カンパニーは，過剰投資であり，時には（まったく最初から）
虚構であり，また，創業者利潤が，自身の事業よりは企業設立から生まれてい
たために，数多くが短命に終わった。多くが短命であったのは，本社事務所に
常勤職員が置かれなかったことで，しばしば大西洋にまたがって起こる問題を
効率的に管理することができなかったためである。経営上のこの問題点に対処
し，投資家に対して信頼できる情報を提供するために，鉱山管理企業が採用さ
れた。実際，最も成功をおさめたフリースタンディング・カンパニーは，協力
者を相互に共有し，長い歴史をもつ企業グループを連想させるような企業集団
の一部であったようである。このような仕組みは，これら企業に対して，経営
問題の対処への支援となった。イギリスとフランスのロスチャイルド家は，両
家の世界規模での関与を反映して，貴金属から石油に至るまで米国鉱業への投
資の幾多の局面に登場する。両家は，優秀な鉱山技師とも接触をもっていた。
両家は，金山，銅鉱山，石油生産投資に100％の所有権を有することはなかっ
た。むしろ，両家（あるいはエキスプロレイション株式会社）は，それによる世界
の金属・石油市場に与える効果，および関連企業の支援という観点から，生産
活動に投資した。ロスチャイルド家は，フリースタンディング・カンパニーの，

504

イギリスおよび米国法人組織の設立に貢献した。[230]

　米国鉱業において外国に本社を置く多国籍企業は，以下のように様々な企業を含む。南アフリカ統合金鉱山株式会社，ドイツ金銀選鉱所（DEGUSSA），バルフォア・ウィリアムソン社，サンダース・ブラザーズ社，トーマス・ファース＆サンズ株式会社，ウィリアム・ジェソップ＆サンズ社，エドガー・アレン株式会社，鋼管株式会社，E・モアウッド株式会社，ダフリン製鉄所，マンネスマン社，メタルゲゼルシャフト社，アーロン・ハーシュ＆ゾーン社，ビア・ゾンドヘイマー株式会社，シュミットマンの諸企業，リオ・ティント社，塩連合株式会社，ホウ砂統合株式会社，国際バナジウム社，フランス・アルミニウム社，ピアソン＆サン社，そして，ロイヤル・ダッチ・シェル社である。これらの企業のうちいくつかは，米国での事業計画が実現されなかったか，失敗ともいえる短期間の投資を行ったにすぎない。しかしながら，それ以外の企業はかなりの成功を収め，採掘あるいは単一の製造単位以上の工程に関わっていった。うちいくつかは，手に負えない次元の多工場，多工程，多地域での事業に発展した。成功を収めた事業はすべて，なんらかの特別な優位性，手腕，および市場ニッチを握っていた。

　ドイツの金属商社は，とりわけ銅，鉛，亜鉛の分野で，このような多工場，多工程の施設を有していた。これらの企業は世界の金属市場で絶大であり，その優位性は，親企業の経験とそことの連携にあった。これらの企業は，米国精錬・精錬業において，後方連関への大きな投資を行った。多くの場合，精錬・製錬施設における持ち株は100％以下であったが，子会社集団には総合的管理が施された。

　ドイツの金属商社（およびバルフォア・ウィリアムソンなど鉱業・石油生産における他の商社）は後方連関を統合する一方，ヨーロッパ**製造業**が，自国での需要を満たすために後方垂直統合を行うことはごく稀であった。[231]すなわち，イギリス，フランス，ドイツが自国での利用を目的として米国鉄鉱石に投資した外国鉄鋼企業は存在しない。銅鉱山を所有した外国電子企業も存在せず，鉛鉱山を取得した外国電子蓄電池産業もみられない。イギリス，フランス，ドイツの肥料会社が，サウスカロライナ州やフロリダ州のリン酸塩鉱山に投資することも（私の知る限りでは）なかった。

505

第Ⅱ部　世界最大の債務国

　ヨーロッパ製造業による後方連関統合の数少ないケースは，(1)ホウ砂にお
けるレッドウッド＆サンズ社（後のホウ砂統合株式会社）で，この場合，米国生
産者との（後者の主導による）効果的な連携があった，(2)国際バナジウム社で，
この会社は米国でカルノー鉱石の採掘を開始した**後**に，イギリスで工場を建設
した，(3)ロイヤル・ダッチ・シェル社で，ここは国外精製所への売り渡しを
目的とした米国原油生産への投資を行わ**なかった**。

　このように，全般的に外国製造業が自身の国外使用のために米国原材料採掘
に投資を行わなかったことは，どのように説明されるべきなのか。産業により
別個の説明が適切なように思える。その理由としては，代替的な原材料の利用
可能性，輸送費，馴染みの薄い活動での投資コスト，および鉱業と製造業プロ
セス間の経済規模の相違などに関連するものが含まれるように思える。このよ
うに，米国の鉱物は輸出される一方，外国所有の商社はかなり特徴的なやり方
で参入していた。また，ドイツ企業が米国の精錬・精錬所にかなりの投資を行
った一方，ヨーロッパの**製造業**（ホウ砂統合株式会社を除く）は，本国での原材
料需要を得るための後方連関工程の統合を行わなかった。

　これとは対照的に，外国製造業（外国採掘企業も含む）は，本国や米国でつく
った製品の米国内販売を目的に，鉱業に投資を行った。興味深いことに，イギ
リスの鉄・鋼鉄製造企業（あるいはその本社）は，フリースタンディング・カン
パニーの設立に，（原材料入手のためではなく，前述したように機械の販売を目的と
して）参加や投資を行っていたようである。大いにもっともらしいとはいえ，
想定外の垂直統合の形態（後方ではなく前方連関的）を，この見方はうまく表し
ている。

　本国品や外国産品を米国で販売する要請が明白であったのは，次のような諸
ケースである（フリースタンディング・カンパニー以外も含む）。ウェールズのブリ
キ生産者が，米国の錫会社に投資したとき，シュミットマン家が，国際農業社
の設立を支援したとき，リオ・ティント社が，輸入黄鉄鉱から排出される燃え
殻の処理のための工場を，デラウェア州とバージニア州に建設したとき，ピア
ソン＆サン社が，ニューヨークに事務所を開設したとき，そして，ロイヤル・
ダッチ・シェル社が，スマトラ産ガソリンの販売のために西海岸でターミナル
を建設したときである。さらに，米国消費者への接近を目的に，DEGUSSA

506

第**8**章　その他鉱物

社はナイアガラ・フォールズ市に投資し，シェフィールドの坩堝鋼生産者は，米国で工場を買収・建設した。実際に，製造業や採掘業など，数多くの外国企業が，米国の市場をいっそう獲得するために，販売，産出物の加工部門，および製造部門に投資した。

　自由な国際鉱産物貿易は存在しなかった。銅，鉛，亜鉛，カリウム，アルミニウム，石油の分野で，カルテル協定（とその形成・解体過程）の存在が，通商や外国投資の道筋を規定した。しかしながら，競争が存在しなかったわけでは決してない。アルミニウムや石油の分野では（アルミニウムの場合には，限られた期間ではあったけれども），反トラスト的行動が，実際に相当量の外国直接投資に活路を開いた。

　鉱業における外国直接投資は，多くの場合，米国の外国直接投資が存在しない産業に対して行われた（例えば，坩堝鉄鋼，ブリキ，リン酸塩，そして塩など）。他方，銅，アルミニウム，石油の領域では，外国へ米国が直接投資を行っていた。それにもかかわらず，これらの産業一つひとつでは，相互投資のパターンに顕著な非対象性が存在している[233]。

　結論すれば，外国直接投資は，米国の鉱産物資源——金，銀，石炭，鉄，銅，鉛，亜鉛，リン酸塩，ホウ砂，カルノー鉱石，および石油——の発展を後押しした。利害関係者は採掘，加工，製造，貿易に関与した。外国直接投資によって導入された技術進歩には，以下のものが含まれる。金の新回収加工（マッカーサー・フォレスト工法），その加工に使われるシアン化物の生産，南部の鉄・鋼鉄施設で用いられた機械，坩堝鉄鋼製造のノウハウ，板金技術（はっきりとしたものではないが），電気式精製工法，浮揚選鉱技術，そして（リン酸塩採掘で使用された）ジッパー浚渫船，である。アルミニウム製造のためのサーペック技法が実用化されていれば，これは外国直接投資による技術移転の重要な一例となっていたであろう。外国直接投資は，米国の銅，鉛，亜鉛輸出で中心的な役割を果たした。外国直接投資を持続させるには，投資家はある種の利益を必要とした。一般的に資本は十分ではなかった。1914年時点で米国に残っていた外国投資家——坩堝鋼製造業者の DEGUSSA 社，アメリカン金属社，ホウ砂統合株式会社，そしてロイヤル・ダッチ・シェル社ら——は，自身の巨大米国投資に細心の経営上の注意を払った。

第Ⅱ部　世界最大の債務国

　米国鉱業における外国直接投資に加えて，海外からの証券投資は重要になった。証券投資は，2つの経路から由来した。第1は，直接投資が証券投資に転じたものである——U.S.スチール社（同社は前身の会社への直接投資が証券投資に変わった）の例や，オーティス製鋼（同社は親企業であるイギリスのフリースタンディング・カンパニーの解体により，イギリス投資家の米国への出資が証券投資として残った）の例，である。第2の経路は，おそらくいっそう重要なものであって，米国企業——その企業自身および（合併した際の）後継企業の両者——における，現存もしくは新規発行された証券の国外販売であった。このような証券販売は，以下の企業に対する証券投資の大部分を占めた。すなわち，U.S.スチール社，ベスレヘム製鋼社，アマルガメイティッド銅社，アメリカン溶解・精錬社，ならびにユタ銅社やレイ銅統合社などのより規模の小さい一連の企業すべてである。事実，1914年，ドル換算で，米国鉱業における証券投資は直接投資を凌駕していたようである。しかしながら効果，すなわち新資産，新規市場，新技術の成長でみた場合には，直接投資がはるかに有意味であった。

　私は，米国経済史を書き換えているのではない。第一次世界大戦が開始される以前に，米国の鉱業（あるいは少なくとも採掘業）が基本的に米国自身の手中にあった，という見解に反論するものではない。当時，鉱物関連産業における外国直接投資の役割の重要性は明らかであり，特に外国貿易がより強力な影響下にあった。1875年から1914年の間，米国が豊富に有する天然資源の発展過程において，外国資本，技術，経営手腕，特に国際マーケティングの手腕が活用された。ヨーロッパ企業の関与を忠実に参照することなしに，米国鉱業の歴史を書き表すことは不可能である。

注
（1）　1880年代初期の米国の銅産業に関しては次の書を見よ。D. W. Fryer, *World Economic Development*（New York：McGraw-Hill, 1965），404. モンタナ銅社に関しては次の書を見よ。Thomas R. Navin, *Copper Mining and Management*（Tucson：University of Arizona Press, 1978），304. アリゾナ銅社に関しては次の書を見よ。W. Turrentine Jackson, *The Enterprising Scot*（Edinburgh：Edinburgh University Press, 1968），chap. 7.

（2）　T. A. Rickard, *A History of American Mining*（New York：McGraw-Hill, 1932），351.

（3）　Wallis Hunt, *Heirs of Great Adventure*, 2 vols.　（London：Balfour, Williamson, 1951, 1961），I, 129.

第**8**章　その他鉱物

（4）　Report of E. Cumenge, Paris, Dec. 15, 1894, pp. 1-2, Box 104, Rothschild Papers, French National Archives, Paris（これ以降は RAP として引用する）．すべての収納箱番号は仮のものである．

（5）　書簡 Ed Raquet, Rothschild's, to Administrative Director of Societe Metallurgique du Cuivre, Feb. 16, 1889, Box 100, RAP.

（6）　セクレタン・シンジケートに関しては次の書を見よ。M. A. Abrams, "The French Copper Syndicate, 1887-1889," *Journal of Economic and Business History*, 4（May 1932): 409-428 ; W.Y. Elliott et al., *International Control in the Non-Ferrous Metals*（1937 ; rpt. New York : Arno Press, 1976), 395-397 ; および Charles E. Harvey, *The Rio Tinto Company*（Penzance : Alison Hodge, 1981), 68-73. The Rothschild Archives, London（これ以降は RAL として引用する），左記の古文書館はパリのアルフォンス・デ・ロスチャイルド男爵からロンドンのいとこたちへの書簡（1888〜89年）を多数所蔵している。セクレタン問題に関しては次の書を見よ。RAL T15／17.

（7）　Elliott, ed., *International Control*, 397.

（8）　Navin, *Copper Mining*, 204.

（9）　Mira Wilkins, *The Emergence of Multinational Enterprise*（Cambridge, Mass. : Harvard University Press, 1970), 80.

（10）　書簡 August Belmont to Lord Rothschild, Aug. 21, 1891, Belmont "Confidential Letter Book," Belmont Family Papers, Columbia University Library（on "an option"). 次の信書も参照されたし。書簡 Belmont to Lord Rothschild, Sept. 25, 1891, in ibid., および書簡 Ernest Cassel to Belmont, Oct. 3, 1891, Belmont Family Papers. クーン・ロブ社のジェイコブ・シフがキャッセルと連絡を取り合っていたのは明らかであった。ここに掲げたのがまさにそのケースである。次の書を見よ。Cyrus Adler, *Jacob H. Schiff*（Garden City, N.Y. : Doubleday, 1928), I, 155-156. ベルモントは1891年8月に，J・B・ヘギンとその問題について話し合った結果を報告した（書簡 Belmont to Lord Rothschild, Aug. 21, 1891, Belmont "Confidential Letter Book," Belmont Family Papers）。前掲の1891年7月15日付けの手紙もまた参照されたし。

（11）　これは次の書に基づいている。E. Cumenge, Dec. 15, 1894, p. 2, RAP.

（12）　書簡 Nathaniel Rothschild, London, to Belmont, July 31, 1894, RAL II/11/0（ロスチャイルド卿の名に関しては本書の第13章を見よ）。この手紙はさらに続けて，「しかしベルモントさん，どんな事柄についても誤解すべきではないでしょう。われわれは米国の銅鉱山会社に融資することを一瞬でも考えてはいけないでしょうし，またわれわれはただ単に同一株式の販売のみを監督すべきであることは明白です」と記していた。

（13）　次の往復信書を見よ。RAL II/11/0, 1894-95, および RAL II/15/14A, Jan. June 1895.

（14）　次の信書にあるデータを見られたし。RAL II/11/0.

（15）　*Statist*, 36（Sept. 14, 1895): 323, 左記の書は，「ロスチャイルド・エキスプロレイション社が何人かの友人とともに，アナコンダ鉱業社のかなりの株式を購入した」という情報が，鉱山資産の精密調査で米国に来ていたハミルトン・スミスによる調査によるものであったと報告していた。彼はその調査を1カ月，すなわち10月15日まで続けた。1895年10月3日にアルフォンス・ロスチャイルドは，ロンドンのいとこに宛て，パリから次のような手紙を出した。「アナコンダ社事件に関しては多くの懸念がある。もしその事件が現実に起こらなければ，ひどい期待はずれであり，リオ・ティント社の株価に，少なくとも一時的に影響する（原文のまま）で

509

第Ⅱ部　世界最大の債務国

あろう」(RAL　T16/107)。

(16)　Elliott, *International Control*, 397. 750万ドルというのは額面総額であった。次の書を見よ。*Statist*, 36 (Oct. 19, 1895)：477, 左記の書は，アナコンダ社の資本金が再投資され，3000万ドルに達したと報告している。総株式の4分の1は，ロスチャイルド家とロスチャイルド・エキスプロレイション社がずっと所有していた。書簡 E. Cumenge to Messieurs Mirabaud-Pascard & Co., Paris, Aug. 28, 1896, Box 101, RAP, 左記の書は800万ドルという数値を使用している。1895年10月29日，クーン・ロブ社のジェイコブ・シフはアナコンダ社のマーカス・デイリーに対し，「アナコンダ社の株式を購入したほうがよいという私の思いを，ロンドンの友人たちが汲み上げてくれたことを嬉しく感じている」という内容の手紙を投函した(Adler, *Jacob H. Schiff*, I, 156)。Navin, *Copper Mining*, 204, 左記の書によると，購入されたのはハーストの株であったと述べている。

(17)　Isaac F. Marcossen, *Anaconda* (New York：Dodd, Mead, 1957), 92. アナコンダは1894年にアナコンダ鉱業株式会社として組織された。ロスチャイルド家の買収後，アナコンダ銅鉱業株式会社として再編成された。次の書を見よ。William S. Greever, *The Bonanza West：The Story of Western Mining Rushes, 1848-1900* (Norman：University of Oklahoma Press, 1963), 240. グリーヴァーもまた，ロスチャイルド家が購入したのはハーストの株式であったことを指摘している。

(18)　Wilkins, *Emergence*, 80, 左記の書中で，私が使用する「支配」の意味は，欧州におけるアナコンダ社の銅マーケットを支配することであり，まさにそれはロスチャイルド家の主たる狙いであった。ロスチャイルド持株会社はアナコンダ社の過半数の株式を所有できなかったが，10％以上を所有したので，現代の米国商務省の基準によって，これを直接投資と呼ぶことにした。

(19)　Clark C. Spence, *British Investments and the American Mining Frontier* (Ithaca, N.Y.：Cornell University Press, 1958), 78.

(20)　リオ・ティント鉱山とボレオ鉱山は，1900年度の世界における優良な銅鉱山のトップテンにランクされた(具体的には2位と8位であった)。次の書を見よ。Navin, *Copper Mining*, 396.

(21)　Wilkins, *Emergence*, 180, 116, 100；Harvey, *Rio Tinto Company*, 71, 188, 202, 110；および Alfred Plummer, *International Combines in Modern Industry* (2nd ed., 1938；rpt. Freeport, N.Y.：Books for Libraries Press, 1971), 239-240. 次の書を見よ。Bertrand Gille, *Histoire de la maison Rothschilds, 1848-1870* (Geneva：Libraire Droz, 1967), II, 550-552, 左記の書は，1848年から1870年までのロスチャイルド家の非鉄金属への関与について触れている。パリとロンドンのロスチャイルド家の古文書館にあるデータは，ビジネス活動におけるその企業の利益を明示している。ロスチャイルド家はまた，本書の第7章のなかで記述した如く，金および銀と南アフリカのダイヤモンドビジネスに大変深く関わっていた。ロスチャイルド家のニッケルビジネスについては，本文および本章の注(53)を見られたし。

(22)　Navin, *Copper Mining*, 396, 左記の書によると，私が示した25％という数値は，1900年当時の状況を勘案し，アナコンダ社(17％)，マウンテン銅社(4％)，アリゾナ銅社(3％)，その他(1％)の1900年の状況の総合計値であり，次の書に基づいている。Navin, *Copper Mining*, 396, 399. マウンテン銅社の英国の所有比率に関しては次の書を見よ。J. E. Spurr, *Political and Commercial Geology and the World's Mineral Resources* (New York：McGraw-Hill, 1920), 230, および Cleona Lewis, *America's Stake in International Investments*

（Washington, D. C. : Brookings Institution, 1938), 91. S. D. Chapman, "British-Based Investment Groups before 1914," *Economic History Review*, 2nd ser., 38（May 1985）: 234-235, 左記の書はマウンテン銅社を「マセソン・グループ」企業として峻別している。このスコットランドグループの創生期には，重要なスペインにあるリオ・ティント社を管理下においていた（Harvey, *Rio Tinto*, 188）。マウンテン銅社に関する最良の資料は，次の書の付録である。Albin Joachim Dahl, "British Investment in California Mining, 1870-1890," Ph.D. diss., University of California, Berkeley, 1961, 249-267. マウンテン銅社は，1896年12月１日にロンドンで設立登記された。同社は19世紀の転換期の頃，カリフォルニア州ケスウィック市にある鉱山とその精錬所において1500名余の人員を採用した。マセソン・グループのウィリアム・ケスウィックが開発の主たる責任者であった。アリゾナ銅社およびスコットランドの投資家に関しては次の書を見よ。Jackson, *Enterprising Scot*, chap. 7, および W. G. Kerr, *Scottish Capital on the American Credit frontier*（Austin : Texas State Historical Association, 1976）. 同社は「スコティッシュ・アメリカン抵当社（Scottish American Mortgage)」によって設立され，その後はスコティッシュ・アメリカン投資社（Scottish American Investment Company）によって支配された。

(23) レイ銅山株式会社（Ray Copper Mines, Ltd.）は1899年６月にロンドンで上場され，70万ドル強の資金を集めた（Paul Dickens, "Transition Period in American International Financing, 1897-1914," Ph.D. diss., George Washington University, 1933, 239-240, および Navin, *Copper Mining*, 29, 112）。レイ銅山は明らかに下手な経営をしていた（Navin, *Copper Mining*, 112）。ハービー・オコナー（Harvey O'Connor）は次のように記述している。「米国社会は殺伐とした経験をもつが，株主の息子たちは午後の紅茶の時間（毎日４時）に，アリゾナ鉱山社会の醜聞化を即座に払いのけ，和らげた。そして，若い英国人がいつも切り尾の子馬の背につけたフェルト製の鞍にまたがり，山脈のすそに沿って，そりかえる乗馬癖で，かの有名なボンド通りをかっぽしている光景があった」（*The Guggenheims*［New York : Covici Friede, 1937], 300-301）。

レイ銅山株式会社は1901年初頭に破産したと見なされている。S. G. Checkland, *The Mines of Tharsis*（London : George Allen & Unwin, 1967), 189, 左記の書では，経営者が「欧州本社から」の経営を試みたことが破産の原因であるとしている。その操業は最終的にアングロ・アメリカン社の手に渡り継続された。大陸横断鉄道はアリゾナ州ケルヴィン市まで，1905年にようやく到達した。その間に，新技術によってこの鉱山は操業可能な事業になった。米国の鉱山専門家のジャクリングは，鉱山の埋蔵量が確かであることを確認した。米国の鉱山技師のフィリップ・ワイズマンは，鉱山を隈なく調査した。ネイビンは以下のように述べている。「ワイズマンは，熱力学で名高いケルヴィン卿から，金銭的支援を受けた英国グループの鉱山技術者たちが，鉱山を成功に導かなかったということを知って挫折した。ワイズマンは英国人のスポンサーを探そうとしたが，彼らを探し当てることはかなり困難なことであった」（*Copper Mining*, 260, 314-315）。次の書も見よ。Rickard, *A History*, 298-299. アリゾナ州ケルヴィン市は，ケルヴィン卿の名に因んだものである。「レイ銅統合社（Ray Consolidated Copper)」は1910年に設立され，事業を引き継いだ。有益な詳細事項については次の書も見よ。David Lavender, *The Story of Cyprus Mines Corporation*（San Marino : Huntington Library, 1962), 30-34, 347. 当初，レイ銅山株式会社は典型的なフリースタンディング・カンパニーであった。

(24) Navin, *Copper Mining*, 304, 207, 396, 399. これらは証券投資であった。前述の如く，ルーイソン・ブラザーズ社（Lewisohn Brothers）は1880年に欧州株主をモンタナ銅社に引きつけた。

第Ⅱ部　世界最大の債務国

同社は1887年に吸収され，ボストン＆モンタナ銅銀統合鉱山社になったが，新会社は1899年に再びアマルガメイティッド銅株式会社に買収された。ネイビンによる前掲書，304から，1880年時点のモンタナ銅社の大株主は，「欧州人」であったことがうかがえる。クーン・ロブ社のジェイコブ・シフは，アーネスト・キャッセル宛てに，「欧州で大きな注目を浴びている」「ボストン＆モンタナ社の株主」に関する手紙を書いた（Adler, *Jacob Schiff*, I, 155）。

(25)　W. Turrentine Jackson, "British Impact on the Utah Mining Industry," *Utah Historical Quarterly*, 31 (Fall, 1963)：374, および O'Connor, *The Guggenheims*, 288, 352, 360, 375, 416.

(26)　そのほかにも英国が融資した会社があった。例えばカパー・キング社は1899年1月にロンドンで上場し，31万5000ドルを手当てして，カリフォルニア州にある鉱山を買収した。次の書を見よ。Dickens, "Transition Period," 239-240. 他の資料では，より多くの資金が集められ，費やされたことを示している。カパー・キング社はサンフランシスコ近郊の鉱山を開発し，1901年4月に精錬所を建てた（R. P. T. Davenport-Hines, "Davison Alexander, Dalziel," *Dictionary of Business Biography*, II, 6）。同社は1903年初めに支払い不能に陥り，破綻処理手続きが開始された。現地の責任者は粗雑で誤った経営をしたとして訴えられた。鉱山ならびに精錬所は1905年に売却され，同年，アメリカ人の買い手に引き渡された。次の書の付録を見られたし。Dahl, "British Investment," 267, 269-271. カパー・キング社はもう一つの短命なフリースタンディング・カンパニーの例である。

(27)　次の古文書館のデータを見られたし。Box 101, RAP.

(28)　Wilkins, *Emergence*, 80.

(29)　*Mining Manual* (London), 1912, 587, および Wilkins, *Emergence*, 80-81.

(30)　Navin, *Copper Mining*, 206-207, 304.

(31)　Dickens, "The Transition Period," 239.

(32)　*Mining Manual*, 1912, 585. Navin, *Copper Mining*, 204. 特記のない時点において，ハーストの証券の一群が，長年アナコンダ社の大株主であったオランダの投資信託会社の手に渡り，ニューヨークのホールガーテン社を窓口にして，取締役員会を代表する存在で，オプション行使をしたとネイビンは記している。私はこの件に関しこれ以上の情報を取得できなかった。

(33)　Wilkins, *Emergence*, 80-82. アマルガメイティッド銅社は1915年5月に解散し，子会社の資産はアンコンダ社が買収した。

(34)　John Moody, *The Truth about Trusts* (New York：Moody, 1904), 28.

(35)　前掲書, 16. アマルガメイティッド銅社は，スタンダード石油社と関係のあった2人の個人投資家（H・ロジャーズとG・ロックフェラー）によって組織された（前掲書, 4-5, 9）。2人はスタンダード石油社の執行役員ではあったが，アマルガメイティッド銅社はスタンダード石油社（ニュージャージー）の社史（1899-1911）の底流には現れない。Ralph Hidy and Muriel Hidy, *Pioneering in Big Business* (New York：Harper, 1955) （前掲書, 314）. しかしある歴史家は，パリのロスチャイルド家はスタンダード石油社に対し一時は好意をもっていたが，巨大石油会社が銅事業に参入したことで，非常に神経質になったとみている。次の書を見よ。F. C. Gerretson, *History of the Royal Dutch* (Lieden：E. J. Brill, 1957), IV, 204. パリのロスチャイルド家は，当初スタンダード石油社と世界の石油市場を分割すべく交渉したが，失敗に終わった。このことについては，アルフォンス男爵が1894年6月11日にいとこに宛てた手紙（RAL T16/64）とともに次の書も読まれたし。Wilkins, *Emergence*, 82. 左記の書では，スタンダード石油社との交渉が遅々として進まなかったと報告している。Robert W. Tolf, *The Russian Rockefellers：The Saga of the Nobel Family* (Stanford, Calif.：Hoover Institution

第**8**章　その他鉱物

Press, 1976), 116-117. ジュール・アーロンという男がパリのロスチャイルド社と交渉していたものの, 本件は1895年春に決裂した。パリのロスチャイルド社は金属と同様に石油にも関与していた。ロンドンのロスチャイルド社の銅に関する継続的な関心については, 一例として次の信書を読まれたし。Nathaniel Mayer Rothschild, London, to cousins, Paris, May 31, 1907 ; July 22, 1907 ; Oct. 3, 1907 ; および Oct. 17, 1907, RAL XI/130A/1. 7月22日付け信書は, アマルガメイティッド銅社のジョン・ライアンがロスチャイルド社を訪問したことを記している。

(36) 1901年から1914年までの14年間, スコットランド人所有のアリゾナ銅株式会社は非常に繁栄した。次の書を見よ。Jackson, *Enterprising Scot*, 181-182. 同社は1921年にフェルプス・ドッジ社によって, 1820万ドルの株式額面が「安売り」価格となって買収された (Navin, *Copper Mining*, 55, 232)。

(37) 1900年に世界の銅生産会社の10傑であったカリフォルニア州のマウンテン銅社は, 1914年にはその業界で重要でなくなっていた (Navin, *Copper Mining*, 55, 396)。同社の銅生産量の減少は, ホーネット鉱山から産出される黄鉄鉱の1910年から1914年まで産出量の上昇によって大部分は相殺された。その黄鉄鉱の産出量の大部分は, サンフランシスコ湾を臨むマルチネス市近郊の精錬処理施設に持ち込んでいた。ダールの著書によると, これらの処理施設は硫酸および過リン酸塩製造プラントまでを包含しており, 1905年に完成した。同社は硫化銅鉱石より硫酸を生産する100%子会社のサンフランシスコ化学社を所有していた (Dahl, "British Investment," 256, 258)。テネシー州にあるダックタウン硫黄・銅・鉄株式会社もまた, 精錬の副産物として硫酸製造ビジネスをしていた。テネシー化学肥料社が所有する世界一の硫酸工場が, 1908年にテネシー州において完成したが, それは前述のダックタウン硫黄・銅・鉄株式会社と米国所有のテネシー銅社の合弁企業であった。次の書を見よ。Williams Haynes, *American Chemical Industry*, 6 vols. (New York : Van Nostrand, 1945-1954), I, 263 ; III, 173 ; IV, 81.

(38) 1917年の数値は次の書に記されている。Spurr, *Political and Commercial*, 229-230.

(39) O'Connor, *The Guggenheims*, 288, 352, 360, 375, 416.

(40) Lewis, *America's Stake*, 91, 550, 933. ケネコット銅社は, 1916年から1923年の間に, ユタ銅社を傘下におさめ, 完全子会社とした (Navin, *Copper Mining*, 262)。

(41) 1912年のパリでの証券発行に関しては次の書を見よ。Lysis [Eugene Letailleur], *Politique et finance d'avant-guerre* (Paris : Payot, 1920), 572. レイ銅統合社の前身に関しては次章の注 (23) を見られたし。同社はグッゲンハイム企業グループの一員であったが, その資産は1926年にケネコット銅社の子会社によって買収された。次の書を見よ。U.S. Federal Trade Commission, *Report on the Copper Industry* (Washington, D.C., 1947), 311. 同社は1912年までに莫大な利益をあげる優良企業になった (前掲書, 134)。

(42) 前述した如く, アマルガメイティッド銅社はアナコンダ社のみならず, ボストン&モンタナ銅銀統合社をも手中に納めた。

(43) Navin, *Copper Mining*, 62. ネイビンは1880年代に, ニュージャージー抽出社に英国資本が投入されたと説明している。しかしながら, 同社はフリースタンディング・カンパニーではなかったであろう。Dahl, "British Investment," 258, 左記の書において, 20世紀初頭にマウンテン銅社の子会社であるニュージャージー精錬社は, その英国資本管理の企業がカリフォルニア州で採掘溶解したかなりの銅を精錬していたと指摘している。ニュージャージー抽出社とニュージャージー精錬社は, 同一の企業であろうか。可能性があるように思う。

(44) O'Connor, *The Guggenheims*, 134-136, 左記の書は詳細に次のことを記している。グッゲン

513

第Ⅱ部　世界最大の債務国

ハイム家はクーン・ロブ社，サー・アーネスト・キャッセルおよびアメリカン製錬証券社の助けを借りながら，1904年から05年にかけてアサルコ（ASARCO）社を設立させ，パリ銀行を通じてフランス市場で，またアムステルダム銀行を通してオランダ市場で，そしてキャッセル社のコネクションによりコロンとフランクフルト市場において優先株販売を手配した。オコナーによれば，グッゲンハイム家は2200万ドルを調達した。クーン・ロブ社は1905年12月に，ホープ株式会社およびアムステルダム銀行を通して，オランダの証券取引所よりアサルコ社の株式1万3000株を取得した（Adler, *Jacob H. Schiff*, I, 157）。アメリカン製錬証券社が発行した優先株式のうち，1535万ドル相当が1912年にロンドンで売却された。次の書を見よ。Dickens, "Transition Period," 263.

(45)　次の書に記されたデータを参考にされたし。Box 101, RAP, および Plummer, *International Combines in Modern Industry*, 239-240.

(46)　Herbert Feis, *Europe : The World's Banker*（1930 : rpt. New York : W. W. Norton, 1965), 79, 左記の書には，ドイツ企業は鉱山業に関連して少しの経験もなかったので，海外における鉱業では巨大な投資を控えたと記している。しかし著者フェイスは，ドイツ企業が金属取引においていかに重要であったかを記さずにいる。

(47)　メタルゲゼルシャフト社は家族企業であり，1881年にドイツで組織された。フィリップ・アブラハム・コーヘン（1790-1856）の功績により，同社は19世紀初期に設立された金属取引企業のなかで最も成長を遂げた。コーヘンの評価分析事業は，DEGUSSA 社の一部門となった。本書の第7章全体と注（51）を読まれたし。コーヘンの娘の一人は，ロンドンに居住するラファエル・モーゼ（1817-1883）と結婚した。モーゼはその後，名前をラルフ・マートンに変えた。コーヘンの死に際し，彼は義父のフランクフルト会社の事業を引き継ぎ，拡大させた。ラルフの息子であるヘンリー・ラルフ・マートン（1838-1872）は，ロンドンにおいて「ヘンリー・R・マートン社」（Henry R. Merton & Co.）と呼ばれる提携企業を開設した。ラルフのもう一人の息子であるウィルヘルム・マートン（1848-1916）は，1870年代に「ある意味でロンドンの関連子会社の」，またフランクフルト会社の総支配人になった。メタルゲゼルシャフトが1881年に設立されたときに，彼は責任者となった。ヘンリー・ラルフの2人の息子（エミールとザカリ）は，ヘンリー・R・マートン社の経営に参画した。ウィルヘルム・マートンは結婚し，フランクフルトのレイデンバーグ家の一員になった。ウィルヘルム・マートンの義理のいとこであるザカリイ・ホクキルド（1854-1912）は，1881年にメタルゲゼルシャフト社の重要人物になった。ザカリイの弟のバートホルド・ホクキルド（1860-1928）は，ニューヨークにあるアメリカン金属社の最初の責任者であった。次の書を見よ。Seymour S. Bernfeld, "A Short History of American Metal Climax," in American Metal Climax, Inc., *World Atlas*（n.p., n.d.[1962]), 2-3, および Walther Dabritz, *Fünfzig Jahre Metallgesellschaft, 1881-1931*（Frankfurt : privately printed, 1931). バーンフェルドは著書のとある部分で「ザカリアス（Zacharias）」ホクキルドとして触れているが，他の箇所では「ザカリイ（Zachary）」と書いている。私はその名について，ダビリッツの書の綴りを採用した。

(48)　Bernfeld, "A Short History," 6.

(49)　Navin, *Copper Mining*, 114-115, および Dabritz, *Fünfzig Jahre*, 93-94.

(50)　Bernfeld, "Short History," 4.

(51)　新しいアプローチが徐々に起こり，*Mineral Industry*, 10の広告は，アメリカン金属社がウィリアムス・フォスター社（Williams, Foster & Co., Ltd.）とパスコ・グレンフェル＆サンズ社（両社はスオンジー市にある）の代理店になったと告げた。スオンジー市の銅精錬産業に

第**8**章　その他鉱物

関する非常に有益な概観は，次の書を参考にされたし。Harvey, *Rio Tinto*, 150-152.

(52)　Spurr, *Political and Commercial*, 279；Alien Property Custodian, *Report, 1918-1919*, 76（これ以降は *APC Report* として引用する）；および Martha Moore Trescott, *The Rise of the American Electrochemicals Industry, 1880-1910*（Westport, Conn.：Greenwood Press, 1981）, 96.

(53)　アメリカン金属社の親会社であるメタルゲゼルシャフト社は，フランスのニッケル社の取締役会にも役員を送っていた。フランクフルトのメタルゲゼルシャフト社のZ・ヘキルドおよびフランスのロスチャイルド社のJ・アーロンとの交信に関しては，次の古文書館資料が参考になる。RAP, Box 101. フランスのニッケル社の重要性については，次の書からうかがえる。John F. Thompson and Norman Beasley, *For the Years to Come*（New York：G. P. Putnam's Sons, 1960）, 117-118. 銅とニッケルは，しばしば一緒に発掘されたので，これらには直接関係があった。オーガスト・ベルモントは1895年11月8日にロスチャイルドのアルフォンス男爵に書信を送付し，ベルモントと「ルエフ氏」（パリのロスチャイルド社の支社長らしい）が，カナダ銅社（国際ニッケル社の前身）のロバート・トンプソンと毎日交渉していることを報告した。ベルモントはその結果によって「ロスチャイルド社，カナダ銅社とニッケル社間で話し合いがされるのを」望んでいた。ベルモントは次のように続けた「もしこの話し合いが合意に至らなかったならば，私がニッケル産業を脅かそうとする危険をはっきりと自覚するまで，われわれの調査は前進しなかったであろう。貴社（ニッケル社）およびカナダ銅社の両社の生産能力は需要量よりははるかに大きいので，どちらか一社の価格水準で，市場探求するという無茶なやり方が災難に至る」と述べていた。ベルモントはこの信書の続きとして，11月30日にトンプソン氏と交わした契約書は，メタルゲゼルシャフトとの契約書と基本部分は同じである旨を書いて発信した。ベルモントはその結果に満足した。「なぜならば，私はこの競争が今までもそして将来も，いかに悩みの種になりうるかを知っているからである」（書簡 Belmont to Baron Alphonse de Rothschild, Nov. 8, 30, 1895, Belmont Family Papers）。この協定は明らかに，本文に記されたアメリカン金属社との協定の前文そのものである。

(54)　Bernfeld, "Short History," 6. 私はアメリカン金属社が25％の株主であったかどうかの真偽はわからない。同社は実際にはノースカロライナ州にあったが，バーンフェルドはサウスカロライナ州に工場建設を考えた。アメリカン金属社が工場建設計画をもっていたのは明らかであるが，それにしても25％の株式所有という数字は大きいように思える。

(55)　Spurr, *Political and Commercial*, 279, 281, および *APC Report*, 73. この企業の資本金は300万ドルであった。

(56)　前掲書, 83.

(57)　アメリカ亜鉛・化学社は，1913年から1919年までの間にペンシルベニア州のランゲロスで，独自の亜鉛精錬，硫酸製造工場を建設し，石炭会社を買収したので，その地は企業城下町として発展した。投資額は優に400万ドルを越えた（*APC Report*, 73-74）。その町はランゲロスと改名されたが，それは，ジェイコブ・ランゲロスが1887年に設立されたアメリカン金属社の実質的な責任者であり，メタルゲゼルシャフト社の取締会副会長の役職を終了した後であった（Bernfeld, "Short History," 3）。ランゲロス氏は，1888年から1911年まではアメリカン金属社の社長を，1911年から1914年までは会長を務めた（前掲書, 4, 6, 7）。

(58)　Dabritz, *Fünfzig Jahre*, 78, 85-86.

(59)　メタルゲゼルシャフト社は「アメリカン金属社が米国における鉱業ビジネスに参入すべきではない」と断言したことが次の書に記されている。Navin, *Copper Mining*, 274. 明らかに炭鉱

第Ⅱ部　世界最大の債務国

は除かれていた。

(60)　*APC Report*, 72.

(61)　前掲書, 72.

(62)　Bernfeld, "Short History," 7.

(63)　これ以前から，アーロン・ハーシュ＆ゾーン社は米国の銅取引に興味を示していた。N・M・ロスチャイルド＆サンズ社と米国の銅生産者との株式提携のうわさが1894年の秋に流れたとき，ハーシュはロスチャイルド社に対し「貴社がドイツにおいて高く評価し，発注して頂いている銅の産出量を販売するというわれわれのサービス」の「申し出」の手紙を書いた（書簡 Aron Hirsch & Sohn to N. M. Rothschild & Sons, Nov. 2, 1894, RAL II/11/0）。

(64)　Bernfeld, "Short History," 6, および *APC Report*, 85.

(65)　前掲書, 100.

(66)　前掲書, 85.

(67)　*APC Report*, 85, および *Moody's, 1914*.

(68)　Elliott, *International Control*, 670. ボストン市ステート通り44番地のJ・J・ストローから，ロバート・ロスチャイルド男爵に宛てた1906年10月25日付けの手紙は Box 101, RAP に所蔵されているが，それには「アメリカ製錬精製採掘社」がいかに「経営している」かが記されている。Dickens, "Transition," 246. 左記の書は，同社が1906年10月に一般株式と優先株式を発行し，そのうちの50万ドルが英国において購入されたと記している。ストローは彼の手紙のなかで，株式発行に関してはいっさい触れていない。ジェームズ・ジャクソン・ストローは，1900年にリー・ビギンソン社のボストン金融子会社のパートナーとなった。次の書を見よ。Vincent P. Carosso, *Investment Banking in America* (Cambridge, Mass.：Harvard University Press, 1970), 94. リー・ビギンソン社とロスチャイルド社との関係については，本書の第13章を参照されたし。

(69)　ニュージャージー州政府から認可された日付である。それは次に記す資料から得た情報である。*APC Report*, 65, および Bernfeld, "Short History," 7. また雑誌 *Mineral Industry, 1912* の広告によると，USSRMC社は標示された資産の所有者として掲載されていた。次の書も見られたし。*Moody's, 1914*. USSRMC社は1912年までに3分の1の株式がドイツ企業のL・フォーゲルシュタイン社（L. Vogelstein & Co.）によって，また3分の2の株式が一部外国資本を含んではいるものの，米国資本のアメリカ製錬精製採掘社によって所有されていた。

(70)　*APC Report*, 86.

(71)　前掲書, 65, 86.

(72)　前掲書, 86. 同社については次の書も参照されたし。Spurr, *Political and Commercial*, 280-281, 300, 310.

(73)　*APC Report*, 88.

(74)　前掲書, 88-89.

(75)　前掲書, 91-92, 99.

(76)　*Mineral Industry, 1914*, 855, 859, 866.

(77)　*APC Report*, 65, および U.S. Federal Trade Commission, *Report on Cooperation in American Export Trade* (Washington, D. C., 1916), I, 356-369 (以後 *FTC Report on Cooperation* と省略する).

(78)　*APC Report*, 68-71 ; W. R. Ingalls, "How Metals are Sold-Copper," *Engineering and Mining Journal*, 93 (May 4, 1912): 888. 米国にある他の4大輸出企業はすべて米国籍であった。

第**8**章　その他鉱物

(79)　*APC Report*, 68, および *FTC Report on Cooperation*, I, 363.

(80)　Plummer, *International Combines*, 240.

(81)　*APC Report,* 67. 協定は米国を除き，世界市場における亜鉛鋳塊の生産高を統制した。*FTC Report on Cooperation*, I, 362-363. 左記の書には国際亜鉛シンジケートとその前身に関して詳細に記されている。

(82)　*APC Report*, 68, および Spurr, *Political and Commercial*, 310-311.

(83)　Wilkins, *The Emergence*, 81. グッゲンハイムの会社となったアメリカ製錬精製採掘社は欧州で株式を売却したが，そのことは純粋な証券投資に興味を起こさせた。同様に，ユタ銅社およびレイ統合社は，ともにグッゲンハイムの傘下になったが，海外（主にフランス）で資金調達をした。その資金は再び，純然たる証券投資のみに費やされた（第8章の本文を読まれたし）。また似たような例として，前述のルーイソン社は欧州でアメリカ製錬精製採掘社の株式を売却した（Navin, *Copper Mining*, 304）。ドイツからの米国への移民は，国際ビジネス交流を維持する結果となった。グッゲンハイム社および1897年から1901年までの銀の販売に関する英国ロスチャイルドの活用ついては，本書第7章の注（70）を参照されたし。

(84)　*APC Report*, 63.

(85)　前掲書, 63-64.

(86)　Testimony of John D. Ryan, U.S. House, Judiciary Committee, *Hearing on the Clayton Act*, 63rd Cong., 2nd sess., 1914, I, ser. 7, pt. 11, 435, 438. 次の書を見よ。*FTC Report on Cooperation*, I, 361.

(87)　さらに本文で記した如く（この章の注（53）も参照されたし），アメリカ金属社は1896年にニッケルビジネスを包含することになった。国際ニッケル社は，1902年に世界一のニッケル生産企業として誕生した。創立者のロバート・トンプソンは，定期的に欧州に出張し，パリのロスチャイルド家の人々と懇談した（Thompson and Beasley, *For the Years to Come*, 139）。ロスチャイルド家と国際ニッケル社との間では，価格と市場占有率に関する取り決めをしていた（Wilkins, *Emergence*, 137, 100）。Bernfeld, "A Short History," 4-5. 左記の書は，ロバート・トンプソンとアメリカ金属社の間で，「アメリカ金属社がニッケルの海外需要の増加により，多額の利益を得られるようにする」という緊密なビジネス関係が保たれていたことを示唆している。しかしながら，アメリカ金属社との提携関係をたどってみると，外国人資産管理局はニッケルについてはなにも触れていない。銅とニッケルは一緒に採掘されるので，ニッケル需要の上昇はアメリカ金属社に銅の販売増をもたらしたようである。しかし，ロバート・トンプソンとアメリカ金属社との関係は，いっそう親密にみえた。事実，ロンドンのヘンリー・マートン社（アメリカ金属社の親会社の一社）のパートナーであるヘンリー・ガードナーは，1902年に国際ニッケル社の社長のポストに誘われたが断った。しかし同社の歴史家によれば，彼は1944年に亡くなるまで，その顧問として踏みとどまり，同社の方針作成に一役かったようである。次の書を見よ。Thompson and Beasley, *For Years to Come*, 144-145. 私は，メタルゲゼルシャフト社（アメリカ金属社の親会社）がニッケル販売をしていたかどうかについて定かではないが，特にフランスのニッケル社の取締役代理事会に代表者を送っていたことなどからも，メタルゲゼルシャフト社はニッケル事業をしていたようである。次の書も参照されたし。書簡 August Belmont to Baron Alphonse de Rothschild, Nov. 30, 1895, Belmont Family Papers, 左記の書はこのことを示唆しているようである。

(88)　League of Nations, *Report on the Problem of Raw Materials and Foodstuffs*, by Corraco Gini（Geneva, 1921）, 224.

第Ⅱ部　世界最大の債務国

(89)　Philip E. Chazal, *The Century in Phosphates and Fertilizers : A Sketch of the South Carolina Phosphate Industry* (Charleston, S.C. : Lucas-Richardson, 1904), 53-54. 左記の書には一般的にオークポイント鉱山社として知られているサウスカロライナ・リン酸塩株式会社が,「1870年に英国企業として設立された」と記されている。Tom W. Shick and Don H. Doyle, "The South Carolina Phosphate Boom and the Stillbirth of the New South, 1867-1920," *South Carolina Historical Magazine*, 86 (Jan. 1985): 9, 左記の書では同様に, オークポイント鉱山社を1870年代における「英国人所有」企業として説明している。C. C. Hoyer Millar, *Florida, South Carolina and Canadian Phosphates* (London : Eden Fisher, 1892), 160, 左記の書では, オークポイント鉱山社が1878年にサウスカロライナ州にあるめのう鉱山に関わった8大企業の1社であったと記している。前掲書, 160, 163は,「サウスカロライナ鉱山社」は英国で（おそらく1880年代であろう）リン酸塩株式会社として登録され, その「巨大な」浚渫機は, 1892年まで年間3万トン以上のリン酸塩を掘削したことを示している。サウスカロライナ・リン酸鉱物社の1880年代の参画者であったデヴィッド・ロバーツは, 英国と取引関係があった（本書第7章における鉄鉱石議論を参照されたし）。Shick and Doyle, "South Carolina," 18, 左記の書では, ロバーツの重要性を記しているが, 英国で彼と親交のあった人を暴露することもなく, また知っているようにもみえなかった。前掲書, 22によれば, オークポイント鉱山社は, 1890年にリン酸塩の大手産出企業であり, 現地企業であるクーソー鉱山社に併合された。存続会社はクーソー鉱山社であった（Chazal, *The Century*, 56）。

(90)　Robert T. Swaine, *The Cravath Firm*, 2 vols. (New York : privately printed, 1946, 1948), I, 434. チャザルもミラーも, またシックやドイルでさえも, どんな企業や土地が購入されたのか, この投資に関係することをなんら示していなかった。

(91)　*Burdett's Official Intelligence*, 1981, 848-849.

(92)　Millar, *Florida, South Carolina*, 61-62, 69. Arch Fredric Blakey, *The Florida Phosphate Industry* (Cambridge, Mass. : Harvard University Press, 1973), 48, ブレイキーの著書は, フロリダ・リン酸塩社がフロリダにおける中礫鉱業ビジネスにいち早く参入していたことを記している。彼はその会社になにが起こったかについては説明していない。彼が, ロンドン本社のフロリダ中礫・リン酸塩社として言及している企業を, アメリカ人のジョセフ・ハルが1902年買収したと p.56に記述している。

(93)　League of Nations, *Raw Materials and Foodstuffs*, 224.

(94)　*Mineral Industry, 1914*, 596.

(95)　フロリダ州におけるフランス系2社とドイツ系2社に関しては次の書を見よ。League of Nations, *Raw Materials and Foodstuffs*, 231, および Haynes, *American Chemical Industry*, II, 187, また次の書も見よ。Blakey, *Florida Phosphate Industry*, 59, 左記の書は, フランス系シンジケートが（おそらく1891年から92年の間に）フロリダ州マリオン郡オカラ市付近のペニンシュラ・リン酸塩社の砂利, 岩石の採掘権を購入していたと記している。Millar, *Florida, South Carolina* (1892), 93-95. 次の書にある統計数値を参考にされたし。League of Nations, *Raw Materials and Foodstuffs*, 225, 231, 233.

(96)　*FTC Report on Cooperation*, I, 299.

(97)　League of Nations, *Raw Materials and Foodstuffs*, 224.

(98)　Haynes, *American Chemical Industry*, II, 187.

(99)　何人かのフランス人による投資は, 第一次世界大戦中まで継続した。次の書を見よ。Blakey, *Florida Phosphate Industry*, 59.

第**8**章　その他鉱物

(100)　*Mineral Industry, 1914*, 596. ヘインズの次の書によれば，鍵となるドイツ企業は硬い岩盤層地域で操業していた。Haynes, *American Chemical Industry*, II, 187. 例えば，フロリダ州ホルダー市でのブットゲンバック社やオカラ市でのシェルマン＆ベン社である。

(101)　Haynes, *American Chemical Industry*, II, 185. 国際農業社は1942年に国際鉱物化学社になった。

(102)　米国が植民地であった時代（本書第1章を参照されたし）に，アメリカ人はカリウム産業を実質的な輸出産業へと育成していた。しかし1812年戦争の後で，その輸出は下降線をたどった。まず，米国のカリウムはスコットランド産のケルプ灰に代替され，その後，英国産の新化学肥料であるソーダ灰に代えられた。米国の森林製品産業でもあるカリウム業に対する「死の一撃」は，プロシアのカリウム鉱山によって1861年に始まった。当時，それらの鉱山カリウム塩は最良のカリウムの供給源であったので，米国のカリウム産業は消え失せた。次の書を見よ。Haynes, *American Chemical Industry*, I, 160-164.

(103)　ワシントンD.C.にある国立古文書館には，カリウムに関する数百点の書類が国務省管轄の記録として保存されている。次の書を見よ。RG 59, 611. 627；特に611.627/331が該当している。また「カリウム論争——ドイツ・カリウム・シンジケートを代表した発言——1911年1月20日」と記された書類がある。M・H・デイヴィスがそれに注釈をつけ，後に「カリウム論争」として引用している。1909年から1911年の間の一部の交信やそれ以外の資料は，次の文書のなかに整理されている。*Foreign Relations of the United States, 1910*, 198-243. 私は古文書館の原本を使用した。

(104)　*Moody's, 1914.*

(105)　非公式な未改訂の原稿である"History of the International Minerals and Chemical Corporation"はタイプ印書であるが，発刊月日不詳（1960年代かもしれない）である。この書のp.2に，ウォルデマールは1880年にロンドンに生まれ，3歳のときに孤児となり，それ以降，ハーマン・シュミットマンの養子となったと記されている。爾来，この書は"Draft History"として引用されるようになった。

(106)　国立古文書館の資料，特に「カリウム論争」の項。

(107)　"Draft History," 1-2. 会社設立年に関しては*Moody's 1914*に依った。

(108)　ウォルデマール・シュミットマンの社長時代については次の書を見よ。"The Potash Controversy," 18.

(109)　1914年の取締役会はトーマス・W・ラモント，アルバート・H・ウィギン，ベンジャミン・ストロング，E・R・ステティナスというスターたちがずらりと居ならんでいた。次の書を見よ。*Moody's, 1914.* ステティナスを除く他の3人は，1909年時点ですでに取締役会メンバーになっていた。"Draft History," 2. トーマス・W・ラモントは，1909年にニューヨークに本社のある第1国法銀行の副社長に就任した。また彼は，1911年にはJ・P・モルガンのパートナーになった。アルバート・H・ウィギンは，1909年にニューヨークが本社のチェース・ナショナル銀行の副社長に就任し，1911年には社長に昇任した。ベンジャミン・ストロングはバンカーズ・トラストの副社長就任後，1914年1月に社長に昇任した。彼は1914年10月に，連邦中央銀行ニューヨーク地区の初代総裁に納まった。E・R・ステティナスは，1916年1月1日付けでモルガンのパートナーになった。

(110)　*Moody's, 1911*, および Investor's Agency, "International Agricultural Corporation," Feb. 18, 1913, Scudder Collection, Columbia University Library. 1909年におけるドイツのその投資は，帳簿上では400万ドル繰越されていた（Wilkins, *The Emergence*, 98）。

519

第Ⅱ部　世界最大の債務国

(111)　ゾルステッドの所有権に関するデータは次の場所に保存されている。RG 131, Box 161, National Archives. RG 131 には外国人資産管理局の記録も含まれている。次のデータも見よ。RG 59, 611.627.

(112)　RG 131, Box 161 のなかのデータ。

(113)　Haynes, *American Chemical Industry*, VI, 306. A・V・デイヴィスは1913年4月にパリ本社のフランス・アルミニウム社 (l'Aluminium Français) のベイディンに宛てた手紙のなかで，強力な取締役で構成される国際農業社はナイアガラの滝付近で炭化・窒化アルミニウムの生産を支援していたと書いた (letter of April 22, 1913, included in *U.S. v. Aluminum Company of America*, Exhibits, Eq. 85-73 [SDNY 1937-1942], Exhibit 564, p. 3088)。同社はナイアガラ・アルカリ社とは異なる企業であるが，いくつかの相互関係はあったようである。

(114)　"The Potash Controversy," 20, 23.

(115)　Wilkins, *The Emergence*, 98. 詳細は次の書を見よ。RG 59, 611.627, esp. 611.627/314.

(116)　M. H. Davis, "Memorandum on Potash Controversy with Germany," Jan. 20, 1911, RG 59, 611.627/338. 米国におけるシンジケートの代表者であるドイツ・カリ・ワークスに関しては，次の書を見よ。RG 59, 611.627/141, 230, 324, 329, 331, および Haynes, *American Chemical Industry*, II, 142-143. 左記の書では，ドイツ・カリ・ワークスはヘインズが述べている1909年よりずっと前に設立されたことを暗示している。また同社は少なくとも1903年までは，米国に代表部を置いていた。

(117)　M. H. Davis, "Memo," Nov. 3, 1911, RG 59, 611.627/457. 国務省は「アメリカ人」の利益を防衛することに熱心であった。国務省の主席交渉者であった M・H・デイヴィスは，1911年の春までに次のような結論を出せなかった。シュミットマンは国務省を熱心に「活用」した。それはアメリカ人の契約を処理したり，罰金を免除するというものではなく，むしろドイツのシンジケートを以ってして「ドイツにおける鉱山経営業者に好条件で」売り渡すことにするというものであり，また国際農業社とシュミットマンの利益が「実務上同一になる」ものであった。次の書を見よ。M. H. Davis, "Present Phase of the Potash Question." April 8, 1911, Confidential. RG 59, 611.627/457. 国務省の次官補のハンティングトン・ウィルソン (HW) は，備忘録に「俺のかわいいやつよ，話をしたのが遅すぎたね。HW」と鉛筆で走り書きをしていた。

(118)　Investor's Agency, I.A.C., Feb. 18, 1913, Scudder Collection, Columbia University Library.

(119)　"Draft History," 9.

(120)　私の要約は，大変込み入った話をあまりにも簡略化しすぎている。

(121)　Haynes, *American Chemical Industry*, IV, 331, および *Moody's, 1914*. 国際農業社の大規模なフロリダ州での活動に関しては，次の書を見よ。Blakey, *Florida Phosphate Industry*, 56.

(122)　*APC Report*, 324：data in RG 131, Box 161. 国際農業社の1914年における社外株については次の書を見よ。*Moody's, 1914*.

(123)　Haynes, *American Chemical Industry*, II, 149-150. 南アフリカ統合金鉱山社に関連する他のアメリカ人の持ち分については，第7章と第8章の注 (228) を見られたし。南アフリカ統合金鉱山社は1909年に多角経営をしていた。同社は米国で数多くの異業種に投資をした。次の書を見よ。Paul Johnson, *Consolidated Gold Fields* (New York：St. Martin's Press, 1987), 38, 40.

(124)　Harvey, *Rio Tinto*, 11.

(125)　前掲書, 188, 110, 202. フランスと英国の両国のロスチャイルド家は，リオ・ティント社と

第**8**章　その他鉱物

のビジネスに長く関わっていたようにみえる。ハービーはロスチャイルド家が同社を統治していたのは1880年代後半としているが，パリ在住のクメンゲの1894年12月15日付け報告書（pp. 1-2, Box 104, RAP）は，リオ・ティント社が1884年にロスチャイルド社と株取得で親交があったことを示唆している。

(126)　Harvey, *Rio Tinto*, 78-79.

(127)　前掲書, 81-82, 87, 161.

(128)　前掲書, 82, 161, 165.

(129)　前掲書, 161.

(130)　前掲書, 162, および Haynes, *American Chemical Industry*, II, 198.

(131)　Hermann Levy, *Monopoly and Competition* (London：Macmillan, 1911), 242-243, および W. J. Reader, *Imperial Chemical Industries* (London：Oxford University Press, 1970), I, 103.

(132)　*Economist*, 47（July 20, 1889）：948-949. 『エコノミスト』誌に掲載された目論見書には，「Thurloe 卿」というタイプミスがある。この会社のニューヨーク市場における証券発行の失敗に関しては，前掲書（Aug. 10, 1889）, 1096。ニューヨークのプライス・ウォーターハウス社は「ノースアメリカン塩会社（North American Salt Company, Ltd.）」に代わり，1890年10月31日にニューヨーク州ワルシャワ市における塩工場の集積度調査に同意した。プライス・ウォーターハウス社は1907ドルを請求したが，抵抗に遭い，支払われた様子はない。次の書を見よ。1890-91 correspondence in Box 1, Price Waterhouse Archives, London. 1891年2月に「ノースアメリカン塩会社」の再編成は成功であったとサーロウ卿は，なお確信しきっていた。次の書を見よ。Albert F. Calvert, *A History of the Salt Union* (London：Effingham Wilson 1913), 40. これ以降，「ノースアメリカン塩会社」に関する話が出ることはなかった。

(133)　Arthur S. Dewing, *Corporate Promotions and Reorganizations* (Cambridge, Mass.：Harvard University Press, 1914), chap. 8.

(134)　米国産業に関しては次の書を見よ。N. J. Travis and E. J. Cocks, *The Tincal Trail：A History of Borax* (London：Harrap, 1984), 39-68, および George H. Hildebrand, *Borax Pioneer, Francis Marion Smith* (San Diego：Howell-North Books, 1982), 1-41.

(135)　Travis and Cocks, *The Tincal Trail*, 69-75（レッドウッド＆サンズ社に関して）, 76-138（PBRC と BCL に関して）, 139-145（スミスの「失墜」に関して）; Hildebrand, *Borax Pioneer*, 42-92, esp. 46, 53, 57（PBRC と BCL におけるスミスの所有株数とベイカーの役割に関して）, および前掲書, 90（ヒルドブランドは，ベイカーが400万ドルの「オプション」によって，スミスの持ち株を買い取ったと記している。この文脈から，私はこの事実を単にその金額を支払ったという意味だと考えている）。さらに，「ホウ砂統合社（Borax Consolidated, Ltd.）」の歴史については，私は次の書を利用した。United States Borax & Chemical Corporation, *The Story of Borax* (Los Angeles：United States Borax & Chemical Corp., 1979), 6-16；*The London Times*, June 12, 1959；Haynes, *American Chemical Industry*, I, 322-323；II, 245-246；および VI, 318-319；John Donaldson, *International Economic Relations* (New York：Longmans, Green, 1928), 324；Harry Foster Bain and Thomas Thornton Read, *Ores and Industry in South America* (New York：Harper & Bros., 1934), 264；Benjamin L. Miller and Joseph T. Singewald, *The Mineral Deposits of South America* (1919；rpt. New York：Arno Press, 1977), 306；*Burdett's Official Intelligence*, 1901 および前掲書, 1898；*Mineral Industry, 1901*, 58；および *Mining Manual 1912* (London), 623. スミスの失墜に関

第II部　世界最大の債務国

して，私は次の書を興味深く読んだ。George H. Nash, *The Life of Herbert Hoover* (New York : W. W. Norton, 1983), 471.

(136)　U.S. House, 63rd Cong., 2nd sess., Feb. 3, 1914, H. Rept. 214, 3, 5, 7, 8, 10, 14.

(137)　*Mineral Industry, 1892*, 12, 17. その価格は1899年には1ポンド当たり33セントまで下落した。Donald H. Wallace, *Market Control in the Aluminum Industry* (Cambridge, Mass. : Harvard University Press, 1937), 13, 17.

(138)　*Mineral Industry, 1892*, 13 ; Wallace, *Market Control*, 6, 33 ; および Albrecht Strobel, "Aluminium-Industrie-Actien-Gesellschaft Neuhausen (A. I. A. G.) Today : Schweizerische Aluminiumindustrie A.G.-Alusuisse and Its Multinational Activity, 1888-1914," unpublished paper, presented at Florence Conference, 1983. スイス企業の Maschinenfabrik Oerlikon のピーター・ヒューバーと A.E.G. (Allgemeine Elektrizitats Gesellschaft) のエミル・ラーテナウが A.I.A.G.の主たるプロモーターであった。1893年以降は，ベルリナ・ハンデル社のカール・フルステンベルグも非常に関与していた。

(139)　前掲書.

(140)　1901年のスイス企業とは A.I.A.G.のことである。フランス企業とは次の2企業のことである。(1) Société Electrométallurgique Française, at Froges. 同社は1888年設立で，ヘロート特許を使用していた。(2) M・ペシネの子会社の Compagnie de Produits Chimiques d'Alais et de la Camargue. 同社はホールの特許を使用して，1898年に電解工場を建立した。それ以前はデヴィル製法を久しく使用していた。英国企業とは British Aluminium Company のことであり，同社は1894年に設立された（似たような企業に Aluminium Company, Ltd.があり，間違えやすい）。同社は A.I.A.G.より購入したヘロート特許を使用し，1896年に生産開始した（Wallace, *Market Control*, 34-37, および Strobel, "A.I.A.G."). 明らかに，A.I.A.G.が協定に参加する以前は，同社は米国に電解工場を建設する計画をもっていた。しかし，この製法では競争に勝てないと判断し断念した（Strobel, "A.I.A.G.")。

(141)　Wilkins, *The Emergence*, 87-88.

(142)　A.I.A.G.は欧州において，他を圧倒していたが，エイドリアン・ベイディンが率いるペシネ社に「脅かされて」いた。ベイディンは1909年に「サーベック技法」に関する独占実施権を購入した。その技法はボーキサイトのコストをほぼ半減し，酸化アルミニウムの生産をする革命的なものであると誰もが考えた。ベイディンはその独占特許権をニトロジェン・ゼネラル社に譲渡した。フランス企業に明白な優位性を与えたのはこのサーベック技法であった。また1912年に設立された持株会社フランス・アルミニウム社 (Société l'Aluminium Français) において，フランスのアルミニウム生産者が大同団結のきっかけとなったのもこの技法であった（Strobel, "A.I.A.G.")。

(143)　書簡 A. V. Davis to J. A. Fowler, Feb. 17, 1912, in *U.S. v. Aluminum Company of America*, Exhibits, Eq. 85-73 (SDNY 1937-1942), Exhibit 1011, pp. 5018-19. 前述の文献のなかに引用されている「ドイツ」企業は，疑いもなくノウハウセン社，すなわち A.I.A.G. であり，主にドイツ人が所有していた。

(144)　事実，書面での回答はされなかったようである。国立古文書館内の米国・法務省のファイルにはその回答は保存されておらず，また米国・法務省内の古文書館にもみあたらない。さらにアルコア社に関する資料箱のなかにも参照物件はない。次の書を見よ。書簡 Clarence F. Lyons, National Archives, to Mira Wilkins, May 18, 1981, および書簡 Catherine C. McMillan, Justice Department, to Mira Wilkins, June 2, 1981. 米国政府対アルコア社の裁判闘争（この

章の注（143）を参照されたし）において供給されたデータからアルコア社の弁護団は1912年
3月に法務省と同意に向けた議論をしていたことは明らかである。次の事例を見よ。Exhibit
1015. その「回答」は議論のなかで明らかに口頭で述べられた。

(145) *Mineral Industry, 1912,* 18. 左記の書のなかに再掲載されている論文を参照されたし。ニュー
ヨークで1912年8月27日に実際に設立された企業は，1912年9月11日に登記された。次の
書を見よ。*U.S. v. Alcoa,* Exhibit 562, pp. 3078-83. そのフランス計画の背景に関しては次の書
を見よ。C. J. Gignoux, *Histoire d'une enterprise française*（Paris：Hachette, 1955）, 108.

(146) George W. Stocking and Myron W. Watkins, *Cartels in Action*（New York：Twentieth
Century Fund, 1946）, 242. 先導的なフランスのアルミニウム生産社群を構成するフランス・ア
ルミニウム社に関しては，次の書を見よ。Gignoux, *Histoire,* 108-109, 113-116, および本章の
注（142）.

(147) Wallace, *Market Control,* 117.

(148) *Mineral Industry, 1912,* 18. 彼は同社の書類上では，取締役と株主の双方に名を連ねてい
た（*U.S. v. Alcoa,* Exhibit 562, pp. 3082-83）。次の書も見よ。Gignoux, *Histoire,* 115.

(149) 例えば，次の書を見よ。Lewis, *America's Stake,* 93. Wallace, *Market Control,* 115, 左記の
書には，すべての株式が「欧州人によって」所有されており，また資金はフランスやスイスに
ある銀行から調達したと記されている。Gignoux, *Histoire,* 116, 左記の書によると，当初の融
資はフランコ・アメリカン銀行であり，その後リヨネ信用銀行社やルイ・ドレフュス銀行から
の融資になった。

(150) Bernfeld, "Short History," 6, 左記の書にはアメリカン金属社が資本金の4分の1を取得し
たと記されている。設立登記証からは，カール・ロブやアメリカン金属社の現住所であるブ
ロードウェイ通り52番地のセオドレ・スターンフェルドが関与していたことがわかる。ロブは
1917年にアメリカン金属社の社長となった。メタルゲゼルシャフトのザカリイ・ホクキルドは，
サザン・アルミニウム社の役員をしていた。次の書を見よ。*U.S. v. Alcoa,* Exhibit 562, pp.
3082-84, および Bernfeld, "Short History," 6, 16. 雑誌 *Mining World* は1908年頃に，アメリカン
金属社のドイツ人脈が，米国のアルミニウム業界への参入を考慮していると推測していた
（Jan. 25, 1908, 157）。*Mineral Industry, 1912,* 18, 左記の雑誌は，アメリカン金属社の参画が
あった旨を記している。

(151) メタルゲゼルシャフト社とフランス・アルミニウム社の関係については次の書を見よ。
Wallace, *Market Control,* 39. サザン・アルミニウム社のアメリカン金属社との関係や，サザ
ン・アルミニウム社の役員会におけるホクキルドの役割について，ウォレスは明らかに知らな
かったようだ。フランス・アルミニウム社の経営計画は1911年に作成されたが，その社則は
1912年1月16日付けになっている（Gignoux, *Histoire,* 108）。他の書（Strobel, "A.I.A.G."）も
また，フランス・アルミニウム社の設立年を1912年としている。

(152) *U.S. v. Alcoa,* Exhibit 146, pp. 788-789.

(153) 前掲書, Exhibit 562, p. 3079.

(154) *Mineral Industry, 1914,* 16. 次の年報誌も見よ。*Mineral Industry, 1913,* 15. この論説の
なかには具体的に詳しく記されている。

(155) アメリカン窒素社設立のための，1912年10月23日付け協定書を参照されたし。（*U.S. v.
Alcoa,* Exhibit 179, pp. 1016-21）。同社ではサーペック技法を使用していた。ベイディンは1913
年4月16日までに，アメリカン窒素社の計画が無効になればよいと考えていた。次の書を見よ。
前掲書, Exhibit 564, p. 3099. 合弁によるアルミナのプラントは建設されることはなかった。

第Ⅱ部　世界最大の債務国

Strobel, "A.I.A.G." 左記の書によれば，技術的かつ経済的な問題が解決できなかったので，サーペック技法は1913年に終わった。しかしベイディンは，1913年4月にA・V・デイヴィスに宛てたフランス語による手紙のなかで「結果は十分に満足いくものである」と書き，デイヴィスを安心させた（前掲書，3093）。彼は合弁計画に他の理由も添えて反対していた。

(156)　アルコア社が同意した判決に調印した3日後の1912年6月10日に，米国法務省が承知の上で，アルコアのカナダの子会社（ノーザン・アルミニウム）は米国外での通商を制限していたため，フランス・アルミニウム社とその他の企業と提携した。次の書を見よ。U.S. v. Alcoa, Exhibit 1009（同意書）および Exhibit 143（6月10日の協定）。ノーザン・アルミニウム社とアルコアの弁護士であるジョージ・ゴードンは，法務省に対し協定書を見せながらサザン・アルミニウム社の参入により，米国における欧州企業の「自由な競争」となったと指摘した。彼の次の信書を見よ。letter of Nov. 25, 1912, 前掲書，Exhibit 1021, pp. 5050-51.

(157)　ベイディンは1913年4月16日付け親書のなかで，次のように記している。「米国の政治状況のもとで，われわれのようなアルミニウム業界が連合することが望ましいとは，私には思えない。また，たとえそれがアルミナ製造だけの話だとしても望ましくはない」。彼は，アルコア，サザン・アルミニウム社，ノーザン・アルミニウム社はそれぞれの工場をもつべきであると提案していた。次の書を見よ。前掲書，Exhibit 564, p. 3098. 参照書類563と564は，デイヴィスとベイディンの心温まる関係を語っている。前述した如く，Strobel, "A.I.A.G."によると，フランスの企業は1913年時点で新しいサーペック技法を会得していなかったが，デイヴィスがこの技法を認識していたという証拠はない。

(158)　欧州における戦争の影響で，アルコアは1915年にサザン・アルミニウム社の工場を獲得した。そのときの同社の状況は，ノースカロライナ州に1万9000エーカーの土地を有し，ダム，道路，鉄道や建物を建設中であった。まさにアルミニウムの工場を建設開始したところであった（前掲書，Exhibit 146, pp. 787-792）。次の書も見よ。Mineral Industry, 1914, 16.

(159)　ロシアの生産高と輸出高が米国のそれらを凌駕したのは，20世紀初頭に数年あったが，それらは例外である。

(160)　第4章ですでに述べた投資に加え，1989年のワイオミング州には，フランス，ベルギー，オランダ，そして英国からの投資があった。次の書を見よ。Lewis, America's Stake, 96, および John Ise, United States Oil Policy（New Haven : Yale University Press, 1926), 94. 疑いもなく，他の少額の株主が存在した。

(161)　次の書を見よ。Tolf, The Russian Rockefellers, chap. 3, および Mira Wilkins, "The Internationalization of the Corporation — The Case of Oil," in The Corporation and Australian Society, ed. K. E. Lindgren et al.（Sydney : Law Book, 1974), 280.

(162)　T. A. B. Corley, "Strategic Factors in the Growth of a Multinational Enterprise : The Burmah Oil Company, 1886-1928," in The Growth of International Business, ed. Mark Casson（London : George Allen & Unwin, 1983), 216, 219-221, および T. A. B. Corley, A History of the Burmah Oil Company, 1886-1924（London : Heinemann, 1983）.

(163)　Gerretson, Royal Dutch.

(164)　Gille, Histoire, II, 552 ; Tolf, Russian Rockefellers, 85 ; および Wilkins, "Internationalization," 280-281.

(165)　Robert Henriques, Lord Bearsted（Marcus Samuels）(London : Barrie & Rockliff, 1960).

(166)　Wilkins, "Internationalization," 280-281.

524

第**8**章　その他鉱物

(167)　Hidy and Hidy, *Pioneering in Big Business*, 左記の書に散見される.

(168)　Hunt, *Heirs*, II, 28-31. カリフォルニア州の石油に関し, この企業による他の投資については, 前掲書, 83, を参照されたし. 同社はまた, ペルー産石油と米国の石炭産業にも興味を示していた（後者については第7章を見よ）. 1904年の生産高に関しては, 次の報告書を見よ. report of the California Oilfields, Ltd., annual meeting, in *Statist*, 56 (Nov. 11, 1905): 873. 同社の主要な顧客に関しては次の書を見よ. Gerald T. White, *Formative Years in the Far West* (New York：Appleton-Century-Crofts, 1962), 253-255, 266, 286, 294, 337, 343-344, 462. スタンダード石油（カリフォルニア）の前身は, パシフィック・コースト石油社であった.

(169)　Robert C. Cotner, ed., *Addresses and State Papers of James Stephen Hogg* (Austin：University of Texas Press, 1951), 501. 彼らは明らかに単なる情報収集以上のことをしていた. ジェームズ・ロッシュという名の英国人は「ポートアーサー市で40エーカーの石油精製サイトに関する一時的な借用」を受けた. 彼はのちにその土地をホッグ・スワイン・シンジケートに売却し, 「かなりの利益」を得た（*Cotner, James Stephen Hogg*［Austin：University of Texas Press, 1959］, 544）.

(170)　Dickens, "Transition," 99, 241. Lewis, *America's Stake*, 95, 565. ルイスの左記の書によれば, 1913年にこの企業は4万3000ポンドの資本金を有するブリティッシュ・フレモント石油社に売却された後, まもなく同社は単に保険業者だけを喜ばせて「消滅」してしまった. 次の書も見よ. *Stock Exchange Official Intelligence for 1914*, 1463. 左記の書の中で, テキサス油田社の1913年7月に可決された再挑戦決議が報告されている.

(171)　Harold F. Williamson et al., *The American Petroleum Industry, 1899-1959* (Evanston, Ill.：Northwestern University Press, 1963), 83, および Cotner, *Hogg*, 525ff.

(172)　Cotner, *Addresses*, 501.

(173)　Cotner, *Hogg*, 541.

(174)　前掲書, 542-544, および Williamson, *American Petroleum*, 84.

(175)　Cotner, *Hogg*, 546.

(176)　Ise, *United States Oil Policy*, 95（英国のシンジケートについて）. ワイオミング州の石油に関する外国投資の込み入ったいきさつについては, 次の書を見よ. U.S. Federal Trade Commission, *Report on the Petroleum Industry of Wyoming* (Washington, D.C., 1921), 19-20, 31；Harold D. Roberts, *Salt Creek Wyoming* (Denver：Midwest Oil Corporation, 1956), 30-108；および Gene M. Gressley, "The French, Belgians and Dutch Come to Salt Creek," *Business History Review*, 44 (Winter 1970): 498-519. ベルギーとフランスの両資本の会社であるバンゴアメリカン・ワイオミング社は1902年に, そしてオランダ資本の会社マチャビ塩渓流石油社は1906年に, ワイオミング州に投資するため設立された. これらの株主は, ワイオミング石油開発・天然炭酸ソーダパイプライン精製社に共同出資者として参画した. その後別のフランスのグループが, 1911年に60万ドルをミッドウェスト石油社に投資した. さらに1914年には, ミッドウェスト精製社が2000万ドルの資本金を以て設立され, また前述したワイオミング石油開発・天然炭酸ソーダパイプライン精製社を運営するベルギー, フランス, オランダの3カ国が所有するフランス石油社の株を51%（後に100%）取得し, またミッドウェスト石油社を買収し, 商権を取得した. この1914年の取引により, ベルギー, フランス, オランダの3カ国すべての投資家が大同団結した. またミッドウェスト精製社は, コロラド州の投資促進員やニュージャージー・スタンダード石油の役員による投資を誘引した. 次の書を見よ. Bennett H. Wall and George S. Gibb, *Teagle of Jersey Standard* (New Orleans：Tulane

第Ⅱ部　世界最大の債務国

University, 1974), 96-97. 彼らの早期の株式資本が基礎になり，英国，ベルギー，フランス，オランダの投資が，ミッドウェスト精製社に継続してなされた。その会社は1914年にはワイオミング州における石油精製産業で支配的地位になったので，生産者と20年間の契約を締結できた。私は1914年における同社への投資額についてはわからない。

(177)　Gerretson, *Royal Dutch*, IV, 233.

(178)　Kendall Beaton, *Enterprise in Oil : A History of Shell in the United States*（New York：Appleton-Centry-Crofts, 1957), 114 ; Gerretson, *Royal Dutch*, IV, 233；および Augustus J. Veenendaal, Jr., "Railroads, Oil and Dutchmen," *The Chronicles of Oklahoma*, 63 (Spring 1985): 15-21.

(179)　Gerretson, *Royal Dutch*, IV, 236；U.S. Federal Trade Commission, *Foreign Ownership in the Petroleum Industry*（Washington, D.C., 1923), 35；および Lewis, *America's Stake*, 97. オクラホマ・ユニオン石油も，英国の投資家によってメイン州で設立されたプレミア石油社の財産を買収した。次の書を見よ。*Stock Exchange Official Intelligence for 1914*, 1457.

(180)　順位については，次の書に従っている。J. Houssiaux, *Le pouvoir de monopole*（Paris：Sirey, 1958), 307. そうであったとしても，オクラホマ・ユニオン石油の資産はわずか8万1130ドル（42万7000フラン）であった。オスィオのデータは数多くの企業を除外しており，同社の資産数値はかなり疑わしい。フランスの経済史家であるアルバート・ブローダーは，フランス企業は概して資産を少な目に申し出ると著者に話してくれた。

(181)　Beaton, *Enterprise in Oil*, 135-136. 彼らの投資はダンディー石油，サモセット石油とアルマ石油になされた。さらに次の書 *Stock Exchange Official Intelligence for 1914*, 1449, 1455, 1464, には，オクラホマ州にある石油鉱床をもつ企業として，以下があげられていた。括弧内はロンドンに登録された年である。カンザス・オクラホマ石油精製株式会社（1912），オクラホマ石油株式会社（1910），およびツルサ石油株式会社（1912）。オランダ・オクラホマ石油社，ツルサ石油社，そして Oil という単語を Petroleum で代用する英国企業との間において，なんらかの関係があったとは，私はにわかに信じ難い。

(182)　カリフォルニア州のゼネラル石油は，1912年にコンティネンタル石油を買収した。その買収合併にはフランシス・アルゲノン・ガヴェット，レスリー・アルガートや他の英国資本が融資に動いた。ゼネラル石油はその年に，カリフォルニア州のユニオン石油を支配下におく権利のオプションを獲得した。ハーベット・フーバーは1913年に，ゼネラル石油の株式をロンドン市場で売却すべく工作した。これらの取引に関する最良の情報源は次の著作である。Nash, *Herbet Hoover*, 476-469. ウィアの会社には，アーサー・グレンフェルとティルデン・スミスのという2人の英国人の会計士がいた（前掲書，469）。カリフォルニア州のユニオン石油とオクラホマ州のユニオン石油は，相互になんの関係もなかった。

(183)　*Mineral Industry, 1914*, 555.

(184)　Nash, *Herbert Hoover*, 469-173. ゼネラル石油の再編成計画は，1914年11月にアメリカ人（英国企業を除き，ウィアとそのシンジケート）によって提出された。そして1916年までにこの「1913～14年取引」は事実上破棄された。ナッシュの前掲書は次の書よりはるかに優れている。*Mineral Industry, 1913*, 537, および *Mineral Industry, 1914*, 555-556；Dickens, "Transition," 100, 269；F.T.C., *Foreign Ownership*, 21. 私は当初，次の図書の欠落したページが，この意義ある参入であると解釈するようにしていた。R.J. Forbes, *A Chronology of Oil*, 2nd ed.（n.p., 1965), 45. カリフォルニア州の油田地帯には，数多くの英国資本が追加投資された。次の書を見よ。*Stock Exchange Official Intelligence for 1914*.

第**8**章　その他鉱物

(185) この英国の建設会社が探査した案件の一つに、「1907年のテキサス提案」があった。古文書館にある次の資料の一覧表を見よ。"Sundry USA Propositions" in Box C30, Pearson Archives, Science Museum, London.

(186) 古文書館の次の資料を見よ。April 4, 1912, Contract, Box C41/2, Pearson Archives.

(187) この企業に関しては、次の書を見よ。Box C49/1, Pearson Archives. Box No.C50/1にある資料から、1913年にはニューヨーク事務所があったことがわかる。この事務所設立の計画については次の資料のなかにもたびたび出てくる。B. Clive Pearson, "The Anglo Mexican Petroleum Products Co., Ltd. Memorandum re : Organization," Sept. 17, 1912, in Box C50/5.

(188) われわれが調べてきた多くの他の外国投資は、一つの目的に従ってなされた。例えば、ワイオミング州の投資家は原油の採掘と精製が目的の投資である。カンザス・オクラホマ石油精製会社もまた、同様の行動計画であったが、そのようにはいかなかった例外であった（本章の注（181）を見よ）。

(189) Beaton, *Enterprise in Oil*, 49. Gerretson, *Royal Dutch*, IV, 204, 左記の書には、パリのロスチャイルド家との間柄についての興味深い説明がある。ゲレストンはその書のなかで、パリのロスチャイルド家はスタンダード石油がアマルガメイティッド銅社に関与しているとみていたと記述している。これは驚くべきことであるが、この章の注（35）を見られたし。このようにして、アルフォンス・ロスチャイルドは、1903年にロイヤル・ダッチ社の筆頭者であるヘンリ・デターディンと一緒に「彼の鉱区に賭けてみる」ことを決意した。

(190) Hidy and Hidy, *Pioneering in Big Business*, 549, 553 ; Beaton, *Enterprise in Oil*, 56-57 ; Hunt, *Heirs*, II, 80-81, 85-86 ; および White, *Formative Years*, 462, 296-297. ロビトス鉱区からの原油は1910年4月に初めて産出された。その油はガソリン分を多く含むものであった。

(191) Hidy and Hidy, *Pioneering in Big Business*, 568.

(192) Beaton, *Enterprisein Oil*, 57.

(193) 登録日に関しては、シェル・ユニオン石油社にある次の資料に記されている。Organization Papers (1922), Agreement No. 1, Shell Library, London.

(194) シェル社はロイヤル・ダッチ社となる合併前でさえも、1901年にはテキサス州の原油を購入していた。次の書を見よ。Forbes, "*Chronology*," 34, および Henriques, *Lord Bearsted*, 349.

(195) Gerretson, *Royal Dutch*, IV, 233-235.

(196) 前掲書, 237.

(197) 前掲書, 238. Gignoux, *Histoire*, 116, 左記の書によれば、フランコ・アメリカン銀行は1912年に設立されたが、なんと1913年にははやくも不安定になってしまった。ジノウはその設立日について誤記をしているに違いない。M. Georges Aubert, *La finance américaine* (Paris : Ernest Flammarion, 1910), 163, 左記の書にはフランコ・アメリカン銀行は3～4年前にニューヨーク支店を開き、順調であったと記されている。サザン・アルミニウム社の持ち分については、本章の注（149）も参考にされたし。

(198) Gerretson, *Royal Dutch*, IV, 238. Hidy and Hidy, *Pioneering in Big Business*, 509, 左記の書によれば、ティーグルは1910年春に欧州に向け出航し、デターディンとの交渉に入った。

(199) Beaton, *Enterprise in Oil*, 60-62.

(200) 登録日に関しては、シェル・ユニオン石油社にある次の資料に記されている。Organization Papers, Agreement No. 1.

(201) 次の書を見よ。Shell, *Reports of Annual Meetings*, June 14, 1911, および June 7, 1912, および Royal Dutch Company, *Report for 1911* (dated June 1912).

527

第Ⅱ部　世界最大の債務国

(202) Beaton, *Enterprise in Oil*, 118, および Gerretson, *Royal Dutch*, IV, 241. 次の書も見よ。George Sweet Gibb and Evelyn H. Knowlton, *The Resurgent Years, 1911-1927* （New York : Harper & Bros., 1956), 91-92.

(203) Gerretson, *Royal Dutch*, IV, 241. 私はシェル社のロンドンにおける4月12日の会議決定に関し，ずっと以前から立証に努めたができないでいる。

(204) Beaton, *Enterprise in Oil*, 62.

(205) 前掲書, 56.

(206) 次の書を見よ。Henriques, *Lord Bearsted*, 521, 525-526；Beaton, *Enterprise in Oil*, chap. 4；Gerretson, *Royal Dutch*, IV, 242；および Swaine, *Cravath Firm*, II, 74-76, 左記の書はいくつかのオクラホマ石油買収の専門的事項について触れている。

(207) Gerretson, *Royal Dutch*, IV, 243. その日付は次の書に記されている。Beaton, *Enterprise in Oil*, 126.

(208) Sir Henri Deterding, *An International Oilman* (1934；rpt. New York : Arno Press, 1977), 87-88.

(209) Swaine, *Cravath Firm*, II, 76.

(210) Gerretson, *Royal Dutch*, IV, 228. カリフォルニア油田社の配当性向は，1908年が30％，1909年と1910年が35％，1911年と1912年は30％であった。次の書を見よ。*Stock Exchange Official Intelligence for 1914*, 1442.

(211) ロンドンのシェル本社で1913年8月8日開催された取締役会の議事録の抜粋は著者の手元にある。ロバート・ウォレイ・コーヘンに関しては，次の書を見よ。Robert Henriques, *Sir Robert Waley Cohen, 1877-1952* （London：Secker & Warburg, 1966). 抜粋の一部は，「ジョン・フィッシャー提督が1913年4月にウィンストン・チャーチルに対して，英国海軍がカリフォルニア油田社との大型の供給契約を締結する提案をしたことを，デターディンは知っていたか」である。次の書を見よ。Geoffrey Jones, *The State and the Emergence of the British Oil Industry* （London：Macmillan, 1981), 168. この事が1913年8月8日のシェル社の取締役会において議論されたという記録はない。多分にフィッシャーがデターディンの関心を引くためにシェル社に持ち込んだ話だったようで，デターディンは刺激されて，この特殊な所有案件の買収を検討した。

(212) Gerretson, *Royal Dutch*, IV, 228.

(213) 前掲書, 242.

(214) *London Times*, Oct. 11, 1913.

(215) データはロイヤル・ダッチ社のアニュアルレポートから抽出した。

(216) 明らかにバルフォアはカリフォルニア油田社をスタンダード石油社に売却することを考慮していた。しかし，スタンダード石油社はその油田よりは原油を購入することを望んでいた。次の書を見よ。White, *Formative Years*, 343-344.

(217) Hunt, *Heirs*, II, 81-82, および White, *Formative Years*, 462 (1910年8月の3カ年契約の締結に関して). この契約の石油がスタンダード石油社の組織のなかで，同社の分解前にどのように取り扱われたかは定かでない。精製されてスタンダード石油・カリフォルニア社に売却されたようにも思える。灯油はスタンダード石油・ニューヨーク社によって極東地域の市場に流されたようだ。またガソリンはスタンダード石油・カリフォルニア社が同州で売りさばいた。

(218) カリフォルニア油田社はすでに英国資本になっていたので，この案件は一外国の投資家か

第**8**章　その他鉱物

ら他の外国の投資家への転移と考えられる。

(219)　Gerretson, *Royal Dutch*, IV, 244-246.

(220)　前掲書，230によると，デターディンは1913年か1914年にゼネラル石油社に対して，ユニオ
ン石油社を1000万ポンドで買収したいと申し出た。しかしその交渉は失敗に終わった。Nash,
Herbert Hoover, 471. 左記の書によると，ゼネラル石油社は1914年1月頃にじつは「カリフ
ォルニア石油」と買収合併を試みていた。本章前半にあったゼネラル石油社とユニオン石油社
に対するアンドリュー・ウィアの持ち株数に関する議論を思い出してほしい。

(221)　Gerretson, *Royal Dutch*, IV, 230, および Beaton, *Enterprise in Oil*, 80.

(222)　White, *Formative Years*, 476. 新しい精製所は1915年12月に操業開始した。

(223)　Beaton, *Enterprise in Oil*, 79.

(224)　前掲書，78.

(225)　Lewis, *America's Stake*, 95. この数値はまったくもって低すぎると思う。英国の米国に対
する1910年（すなわちロイヤル・ダッチ社が参入する前）の石油投資は，すでに1740万ドルに
達していたとペイシュは推定している。次の書を見よ。George Paish, "Great Britain's Capital
Investments in Individual Colonial and Foreign Countries," *Journal of the Royal Statistical
Society*, 74, pt. 11 (Jan. 1911)：176. カリフォルニア油田社の買収は，1913年に1300万ドルで
なされた。同社の子会社であるスフラーフェンハーフェ協会は，資本金が440万ドルであった
（以上は次の書によっている。Beaton, *Shell Oil*, 71, 118）。このようにして，ロイヤル・ダッ
チ・シェル社の投資は1913年末までに，アメリカン・ガソリン社の油槽所の土地買収を計算に
入れなくとも，すでに1740万ドルに達していた。そしてロイヤル・ダッチ・シェル社は1914年
に新たな投資に踏み切った。私はシェル社のロンドン本社に投資額を尋ねたが，そのとき数値
は見当たらないと関係者は答えた。私としては，1914年末のシェル社自身による約100万ドル
の鉄道債券（主には短期預り証）による投資は，「直接投資」であると強調したい（このデー
タはシェル・ロンドン本社による）。Lewis, *America's Stake*, 565. 左記の書にはシェル社のカ
リフォルニア州における1914年の「株式資本」は，1770万ドルであったとの記述がある。もし
ルイスがシェル社グループの総合投資額として用いたのであれば，オクラホマ石油社関連の所
有株式をすべて除いていたことになる。

(226)　Gerretson, *Royal Dutch*, IV, 225, 左記の書によれば，シェルグループは1912年にワシント
ン精製社を設立し，輸入したガソリン用の原油を精製するために，サンフランシスコに小規模
な製油所を建設した。Beaton, *Enterprise in Oil*, 75, 左記の書には，カリフォルニア油田社と
合同で，シェル社がサンフランシスコの湾岸一帯の小さな老朽化した製油所で操業しているキ
ャピトル精製社を買収したことを記している。3番目の小さな製油所は，1914年初めにコーリ
ンガに現地需要を満たすために建設された（Gerretson, *Royal Dutch*, IV, 230）。4番目はマル
チネス製油所の建設による操業であった。

(227)　Royal Dutch, *Annual Report, 1914*, 左記の書によると，ロイヤル・ダッチ・シェルグルー
プの米国における生産は，500万バレル（内訳：カリフォルニア州440万バレル，オクラホマ州
60万バレル）であった。The American Petroleum Institute, *Petroleum Facts and Figures,
1971*, 70, 左記の書によると，1914年の米国の石油生産高は2億6500万バレルであった。

(228)　このことに関しては私のノートと次の書に記されている。F.T.C., *Foreign Ownership*,
34-35. バルフォア・ウィリアムソン社は，1913年にシェル社に対し，カリフォルニア油田社
を売却する前後に，他のカリフォルニア州の石油物件を探していたが，結局なにも見つからな
かった（Hunt, *Heirs*, II, 83）。Johnson, *Consolidated Goldfields*, 38, 左記の書は「英国金鉱山

第Ⅱ部　世界最大の債務国

会社（British Gold Fields）」グループが1909年に米国とメキシコにある石油企業の株式を買い
占めたと記しているが，それ以上の追加情報はない。

(229)　モントリオール銀行シカゴ支店は，1914年に3300万ドルの資本剰余金を保持していたが，
同店の投資はシェル石油のその額を大幅に上回っていた。私は鉄道事業への直接投資を「工
業」投資としては勘定していない。例えば1914年には，カナディアン・パシフィック社による
米国の鉄道への投資が5320万ドルあった。この額は資本金と長期借入金であるが，カナダのグ
ランド・トランク社には2290万ドルの資本金と長期借入金があった。次の書を見よ。Lewis,
America's Stake, 567.

(230)　John McKay, "The House of Rothschild（Paris）as a Multinational Industrial Enterprise,
1875-1914," in *Multinational Enterprise in Historical Perspective*, ed. Alice Teichova et al.
（Cambridge：Cambridge University Press, 1986）, 74-86. 左記の書には，ロスチャイルド家が
示した米国以外の比較に適した役割を説明している。例えば，同家が1912年にオクラホマ州で
ロイヤル・ダッチ・シェル社とともに投資したのは，確かにある会社を助けるためであった。

(231)　セクレタン事件の期間中に，フランス企業の「金属工業通商社（SICM）」がある銅会社の
債券と棚卸資産を購入したときに，この行為が逆の川上統合の観点で厳しく検査された。
SICM 社は製造業を営んでいた。しかし，このことは通常ビジネスの流れのなかで生産者によ
る逆の統合というより，銅市場を買い占める試みであった。とにかく短期間しか続かなかった。

(232)　興味深いことに，「パシフィック・ホウ砂＆レッドウッド化学社（PBRC）」とその後継会
社である「ホウ砂統合社（BCL）」は，フリースタンディング・カンパニーの方式で設立され，
英国資本市場に打って出た。また多くのフリースタンディング・カンパニーと同様に，ロンド
ンのホウ砂2社はインド・ゼネラル投資信託社という投資信託会社と組んでいた。PBRC と
BCL の両社にはサー・アレキサンダー・ウィルソンが取締役会の会長として信託者に名を連
ねていた（Travis and Cocks, *The Tincal Trail*, 77）。

(233)　このことは，本章において私が次の書を使用してデータを比較したときに明白になった。
Wilkins, *The Emergence*, 至るところに散見される。

530

第**9**章

食料・飲料・タバコ・食品雑貨類

　食料・飲料・タバコ・食品雑貨類に対して行われた外国投資例は多数に及んだ。主要な投資は，主としてイギリスによるもので，牧畜業に対して行われ，すなわち東部沿岸地区での肉牛畜殺，輸出および海外販売に対し，またユニオン家畜飼育会社（Union Stock Yards）だけでなく，中西部地区でも豚肉や牛肉の生肉出荷業に対して行われた。米国においてイギリス人投資家は，米から果物に至るすべてのものを生産したが，最も顕著なものは（小麦生産に留まらず）穀物取引，特に製粉所に対する彼らの取り組みであった。イギリス企業は多くの米国のビール工場を買収または統合したが，他のアルコール飲料は，多少の注目を集めるに留まり，その注目度ははるかに低かった。イギリス，スイス，ドイツの各企業は加糖練乳からベビーフード，チョコレートに至るまで，また，ドッグビスケットからコーヒー，紅茶，炭酸清涼飲料に至る，自社の商標権付きの食料・飲料製品を提供したが，この分野の事業では米国において系列販売店と工場をもっていた。イギリスのタバコ会社も米国に投資した。イギリスの石鹸製造業者や非食料雑貨品生産業者も同様だった。わが国において彼らのブランド付き製品を配送するために，外国企業によって採用された方法は同一ではなく，その方法には外国直接投資を伴う可能性もあったが，必ずしもそうなるわけではなかった。

　以前みたものと同様，これらの製品における外国直接投資の３つの形態とは，(1)個人，(2)（第７および８章で論じた採鉱業者の多くに類似するような）フリースタンディング・カンパニー，(3)近代的な多国籍企業におけるように，米国にビジネス活動を広げた，外国経営の会社である。第１の場合，個人がアメリカ人と提携を結んだり，米国に自分たちの代表者を送り込むことが常だった。第２のよくあるケースでは，外国（主としてイギリスの）金融市場において，資金調

531

第Ⅱ部　世界最大の債務国

達のために企業発起者が企業家と組み，これらのイギリスの会社が米国に直接投資を行った。時には，これらの会社が解散する際には，イギリスの会社によって行われた米国での外国直接投資は，かつてこのイギリス企業に権益をもっていた個人の証券投資に変換された。第3の場合では，（主としてイギリスまたはヨーロッパ大陸，そして珍しい一つのケースでは日本に本部があった）現存する会社が供給源や，さらに多くの場合，米国市場を求めて進出し，その過程で米国に投資をした。食料，飲料，タバコ，食品雑貨品の外国直接投資は大きかったが，外国証券投資は小さかった。したがって，本章はほぼ外国直接投資だけを限定的に扱うこととする。

牧畜会社

　鉄道や採掘業の開拓者が西進するにつれ，広大な平原で放牧することが可能となった。大平原での牛放牧は南北戦争後の産物で，外国投資が主として参加してきた。米国における放牧場に対するパイオニア的な，大規模外国投資としては，テキサスのJA牧場社に対するものがあった。スコットランド—アイルランド系のジョン・G・アデアは，アイルランドのラスデア市の大地主であった。彼は1866年に合衆国に初めて旅し，同年，（代理人としての責任の下で）ニューヨークに「仲介業」事務所を設立した。彼は4％の利息でイギリスにおいて資金を借り，米国において10％で貸した。1869年にアメリカ人と結婚し，夫婦はある時期を合衆国に住み，またある時期はアイルランドに住んだ。「故郷」はずっとアイルランドであったようで，1882年の契約書のなかでは，アデアは「アイルランド出身の」と記載された。

　1874年にアデアは米国西部に狩猟旅行に出たが，それは富裕なイギリス人たちの間で流行していた遊びであった。1875年に彼は（実際には貸金業事務所だったらしい）仲介業事務所を，コロラド州デンバー市に移転した。彼は牧畜業に投資の潜在的可能性があるとみて1877年の6月18日にアメリカ人，チャールズ・グッドナイトとの提携関係を結んだ。1885年までにグッドナイトは，自分とアデアのためにテキサスパンハンドル地域（テキサス州で他州の間に細長く突入している地域）に，133万5000エーカーを超す土地および10万頭の牛を取得し

532

第**9**章　食料・飲料・タバコ・食品雑貨類

ていたが，この投機事業は当初から大きな利益を生むことがわかった。⁽¹⁾

またこの間，1870年代の末に，イギリスおよびスコットランドの家畜業者た
ちは，牛（家畜としての）や血抜き処理済みの牛肉（冷凍肉）の米国の輸出量増
大を懸念し，潜在的競争力を調査した。⁽²⁾1870年代に行われた（他者の調査を合わ
せ）彼らの調査の結果，イギリスよりもはるかに安価な米国の国土は，牧畜業
において莫大な利益を生む可能性を示すものだとの結論を下した。この牧畜業
には，イギリスおよびスコットランドの資本が生きる絶好の機会があった。報
告書のなかには，投資家たちが無償で土地が入手可能とか，少なくとも自分の
牛が，平原の「無料の放牧場」を使えるとしたものもあった。⁽³⁾

1879年以降，肉牛や牛肉の輸入，またさらに大きな利益が得られるだろうと
いう期待に刺激され，イギリスおよびスコットランドの牧畜業者たちは，他の
多くのイギリスの投資家たちの参加を得て米国の牧畜業への莫大な投資をする
こととなる牧畜会社に参入した。⁽⁴⁾グッドナイトのように，イギリス資本を求め
たアメリカ人起業家の活動に投資家たちが鼓舞されることも多かった。しかし
アデアの提携の進め方とは異なり，これらの1879年以降の牧畜新規開発事業の
多くは，イギリス国内で設立認可された会社によって進められたものであった。
表9-1はイギリスの牧畜会社の急増を示している。⁽⁵⁾

プレーリー牧畜会社の取締役会の首席会長である，エアリー伯爵はスコット
ランドで最も良質の牛を育てていた。⁽⁶⁾彼の名前が同社の取締役会にあることで，
イギリスの投資家たちは勇気づけられた。⁽⁷⁾牧畜会社のプロモーターたちは，ア
メリカ人にせよ，イギリス人にせよ，投資家たちを25％ないし50％もの年間利
益を生み出す人たちだと褒め称えた。誰がこの勢いに抵抗できただろうか。⁽⁸⁾そ
の投資機会は金銀鉱石の輝きを放っていた。アデアの成功を知っていた者たち
は，同様の利潤を胸に描いた。アメリカ人プロモーターたちは，イギリスに行
き土地財産の購入を盛んに勧誘し，資金仲介に重要な役割を果たした。

表9-1に挙げられた会社は，すべてイングランドおよびスコットランドで
登録されたものだった。当表は個人としてのイギリスおよびフランスの投資家
による牧場の直接取得は除外してある。⁽⁹⁾同じように，ロンドンで資金調達した
米国法人化の牧畜会社は含まれない。⁽¹⁰⁾当表は取得された当初の面積だけを示し
ていて，牧場によってはその後大きく成長したものもあった。第6章にて私は，

533

第Ⅱ部　世界最大の債務国

表9-1　イギリスの会社による米国西部地方における牛牧場の取得例，1879～1889年

趣意書の日付	会社名 場所，設立者	当初の資本金（単位ポンド）	商活動地域および(または)その州名	所有エーカー数(明白な場合)	コメント
1879	アングロ・アメリカン牧畜株式会社 ロンドン	70,000	ワイオミングおよびダコタ準州	不明	1882年には取引所上場廃止
	コロラド牧場会社 ロンドン（ジェームズ・W・バークレー，スコットランド国会議員，創立者）	25,000	コロラド	10,000	コロラド抵当投資会社（土地鉱工業）に関連 1884～86年に苦境に陥る
1880	※プレーリー牧畜会社，エディンバラ事業，「ダンディーの大きな支配という含みがあった」（エアリー伯爵が初代会長）	200,000	ニューメキシコ，コロラド，テキサス	2,240,000（1883年「支配権終了」）	スコティッシュ・アメリカン抵当会社，1914年12月清算
1881	※テキサス土地牧畜株式会社 ロンドン（ダンディーマネーズ）	240,000	テキサス	236,000	1901～06年に土地および家畜を売却
1882	アーカンソーヴァリー土地牧畜株式会社（バークレーの会社）	250,000	コロラド	1884年までに1,000,000エーカーの土地囲い込み確保	1890年に廃業を決定
	カリフォルニア田園農業株式会社（スコティッシュ・アメリカン投資会社グループ）	250,000	カリフォルニア	94,000	1911年に牧場売却
	肉牛牧場土地株式会社 ロンドン（チーフプロモーター，ルファスハッチ；ダンディーインヴェスターズ）	200,000	テキサス	1,280,000	1893年以降存続不能
	※ハンスフォード土地牧畜株式会社 ダンディー	210,000	テキサス，ニューメキシコ	14,000	最終的に1912年に清算
	※マタドール土地牧畜株式会社 ダンディー	400,000	テキサス	303,260（しかし放牧場は「1,800,000エーカーの	第二次世界大戦後も存続

534

第9章　食料・飲料・タバコ・食品雑貨類

				土地」を確保してい た)	
	マックスウェル牧畜株式会社（ロンドン理事会には，マンチェスター公爵とロスリン伯爵がいた）	200,000（第一抵当債権）	コロラド，ニューメキシコ	1,750,000	1886年に破産，株主は20万ポンド失った。株式資本は私的所有（ロンドン商工人名録になし）巨額なオランダ利権，さらに大規模なマックスウェル土地授与社の一部となり，同社が1886年頃吸収
	ミズーリ土地家畜株式会社エディンバラ	100,000	ミズーリ	475,000	1883年に，鉛，亜鉛の入植調査会社になった。最終的に土地を売却
	パウダー・リバー牧畜株式会社（理事会にはマンチェスター公爵，フアークリフ伯爵，ヘンリー・ネヴィル卿がいた）	300,000	ワイオミング		1886年に自主精算した。20万ポンドの損失
	ウェスタン・アメリカン牧畜株式会社（スコティッシュ・アメリカン投資会社グループ）	220,000	ダコタ準州		
	ウェスタン土地牧畜株式会社ロンドン	115,000	テキサス，カンザス		1892年に終業
	※ワイオミング肉牛牧場株式会社	200,000	ワイオミング	2,560,000超	1886年に破産，10万ポンドの損失
1883	ダコタ家畜放牧株式会社ロンドン	250,000	ダコタ準州	400,000	1884年には事実上消滅。1886年に終業，7万ポンドの損失
	ディアトレイル土地牧畜株式会社	400,000	コロラド	10,000（契約面積	資本のめどがたたず，企画は開

535

第Ⅱ部　世界最大の債務国

				はこれをは	始前に終了
	ロンドン			るかに凌	
				ぐ)	
	カンザス＆ニューメキシコ	150,000	カンザス	1,000	公的資金請求な
	牧畜土地株式会社				し
	ロンドン				
1883	ネバダ土地牧畜株式会社	300,000	ネバダ	30,000	公的資金請求な
	ロンドン				し，1892年に管
					財人管理となる
	新合衆国肉牛牧場株式会社	250,000	カンザス	30,000	
	ロンドン				
	ロッキングチェアー牧場株	150,000	テキサス	150,400	「金融の大惨事」
	式会社				
	ロンドン（トウィードマウ				
	ス卿）				
	サンドクリーク土地牧畜株	100,000	ワイオミング	150,000	
	式会社				
	ロンドン				
	※スワン土地牧畜株式会社	600,000	ワイオミング	520,966	1905年に羊を導
	エディンバラ			(1885年)	入
	ユニオン土地牧畜株式会社	350,000	テキサス		同業者リストに
	ロンドン				記載なし
	※ウェスタン牧場株式会社	112,000	ダコタ準州,	70,000	1890年代には好
	エディンバラ（スコティッ		ワイオミング,		業績会社，ウェ
	シュ・アメリカン投資会社		モンタナ		スタン牧場投資
	グループ）				株式会社として
					1910年に再編,
					1919～21年に清
					算
1884	※アメリカン田園株式会社	400,000	テキサス	204,000	牧畜および入植
	ロンドン（バークレーの会				が企画された。
	社）				第一次世界大戦
					が起きると LX
					牧場を売却
	カリゾロ肉牛牧場株式会社	80,000	ニューメキシ		
			コ		
	肉牛牧場自由保有地株式会	100,000	テキサス	17,000	計画が実行され
	社				ず
	※エスピュエラ土地牧畜株	500,000	テキサス	494,500	1907年に牧場売
	式会社				却
	ロンドン				
	モンタナ羊牧畜株式会社	8,000	モンタナ		1890年までに2

第9章　食料・飲料・タバコ・食品雑貨類

年	会社名		所在地		備考
					万2000ポンドの損失，まもなく「廃業」
1885	※キャピトル自由保有土地投資株式会社 ロンドン（アバディーン伯爵，サーロウ卿，トウィーデール公爵婦人が会長）	3,000,000	テキサス	3,000,000	同社の受託者は有名な XIT 牧場を所有，1909年に理事が社債償還完了，このイギリス会社は消滅
	シーダーヴァリー土地牧畜株式会社 ロンドン	150,000	テキサス	75,000	土地売却により牧畜経営の挫折による衝撃を緩和，1893年に家畜売却
	チョークバッツ牧場肉牛株式会社	a	モンタナ		まもなく「廃業」
	チャマ牧畜株式会社 ロンドン	a	ニューメキシコ		最初からうまくいかなかった
	クレスウェル牧場肉牛株式会社 エディンバラ	320,000	テキサス	189,000	1890年代に牧畜終了
1886	ディアヴェイル牧場株式会社	a	テキサス		まもなく廃業
	国際牧畜会社	a	テキサス		再編されたパウダー・リバー社であった
	ワイオミング・ヒアフォード牧畜土地協会株式会社 ロンドン	150,000	ワイオミング	86,879	
1887	デンバー牧場株式会社	10,000	コロラド	259,000	
	リオアリバ土地牧畜株式会社 ロンドン	160,000	ニューメキシコ	270,000	
1889	肉牛牧場株式会社	80,000	テキサス		肉牛牧場土地株式会社の財産を引き継ぐために設立された（1882年を見よ）

出所：様々な資料については章の本文および注を見よ。

※は最重要の会社を示す。

a　入手不可能。

第Ⅱ部　世界最大の債務国

イギリス人による様々な土地投機に触れたが，牧畜に対するものの規模ははるかに大きかった。[11]

　1880年にテキサス州には80万頭の放牧牛が，ワイオミング州には25万頭がいたが，1883年にはその頭数はテキサスで500万に，ワイオミングではざっと100万に膨れ上がった。その主たる増加原因は，外国人投資家によるものだった。[12]テキサス，ワイオミング，コロラド，ニューメキシコの主たる牧場は，イギリスの会社の所有に移行した。両ダコタ州やモンタナ州も外国資金を誘致した。特にイギリス人投資家たちは，莫大な資本を自由に操り巨大な土地取得で，ニューヨーク市民やシカゴ市民を印象づけたが，西部の人たちにはあまり印象が残らなかった。

　投機事業への投資方法は土地物権（エスピュエラ土地牧畜株式会社など）を所有するために設立されたイギリスの会社の普通株販売から，定額利息の債券販売（キャピトル自由保有土地投資株式会社〔Capitol Freehold Land and Investment Company, Ltd.〕）にまで多岐にわたった。時には外国での公的発行もあった。また，イギリス人投資家たちがともに組んで一団となり，外部の参加なしでイギリス人の会社をつくったりした。エディンバラのスコティッシュ・アメリカン抵当社は，有名なプレーリー牧畜会社や他の牧畜会社に対する資金調達の仲介者であった。これらのイギリスの牧畜会社は，多くはスコットランドの投資トラストや抵当会社と密接な関係はあったものの，フリースタンディング・カンパニーであり，他のイギリス企業の子会社ではなかった。

　第4章および第6章で論じたスコットランド人ロバート・フレミングは，重要なマタドール土地牧畜会社に参加し，エディンバラのウィリアム・J・メンジーズのスコティッシュ・アメリカン投資会社グループは，多数の牧畜会社の利権に手を染めていた（表9‐1参照）。ダンディーのウィリアム・マッケンジーは（ダンディー抵当社およびその後の同盟信託会社に参加したことで）牧畜分野では重要な人物として登場した。いくつかの牧畜会社は，ウィリアム・マッケンジーとエアリー卿の親友であったスコットランドのフォーファー出身の議員（表9‐1参照）のジェームズ・W・バークレーを抱き込んでいた。[13]別の分野のビジネス活動を米国で行っていた，サー・ジョン・ペンダー（1815-1896）は南北両ダコタ州で投資した。[14]

538

第**9**章　食料・飲料・タバコ・食品雑貨類

　これらの利権を綿密に調査した W・タレンティン・ジャクソンは，米国での牧畜業に対するイギリス人の投資金は，1880年代の10年間の最初の5年間に行われた元本投資を含め，1880年代には4500万ドルに達しようとしていたと見積もった。(15) 輸入されたイギリスの血統書付きの動物によって，米国の家畜の質が向上すると牛の品質も向上していった。(16) 外国投資は，スコットランドの家畜業者の専門知識を米国にもたらした。「人工灌水設備，有刺鉄線のフェンスおよび無条件相続で保有された永久的放牧」が標準的なものとなり，山岳での放牧場は家畜飼育式牧場となっていった。(17)

　多くのイギリス人所有の牧場が，アメリカ人の管理者を雇った。例えば，巨大なテキサス XIT 牧場の場合では，イギリス人重役たちは「その（牧場の）運営にはほとんど関わることはなかった」。XIT のアメリカ人取締役社長は，イギリス人で構成される重役会で年次報告をし，「牧場の状況，牛の頭数，販売量，価値」を提供するだけだった。(18) またそれとは対照的に，他の牧場では，イギリス人の綿密な管理のもとにあるものもあった。マタドール土地牧畜会社は，1882年にテキサスで操業を開始したが，投資家たちを求め始めたのは，あるアメリカ人がダンディーを旅した後のことだった。そのアメリカ人は，新しく組織されたスコットランドの会社の重役と合わせてその牧場の管理責任者となったが，最も重要なことは，スコットランド人たちが，「イギリス北部で牧畜業の経験」のあるダンディーの商人，ウィリアム・ファイフ・サマービルを派遣し，管理者助手にさせたことである。彼は（1885年から1890年に死亡するまでは）管理者となり，スコットランド重役会から指揮を執った。

　彼は，ダンディーに週1度の，またはより頻繁な週2度の報告書を送った。アメリカ人の牧場監督が外国の干渉に反抗した際には，スコットランドのマタドール社の理事長のアレキサンダー・マッカイは，彼を叱りつけて言った。「君はその管理責任をもつ施設財産から何千マイルも離れた所にある重役会の立場になって考えなくてはならないし，牧場やその活動が，重役たちが，いわば，眼前で把握できるように，最大限の情報を絶え間なく送らなくてはならないと認識すべきだ。管理責任者たちは**いつどんな**経営をしなくてはならないかは君に言うが，それを**どのように**するかが君の仕事なのだ」。(19) 重役会の希望通りにことが確実に行われるように，マッカイは毎年牧場施設を訪れ，その滞在

第Ⅱ部　世界最大の債務国

は約1カ月続くこともあったし，通常イギリス人重役が同行していた。[20] 1890年にマタドール社は，プレーリー牧畜会社（すでに見てきたように米国におけるもう1つのスコットランドの牧畜会社である）のスコットランド生まれの前管理責任者を雇用した。この新しい管理責任者がスコットランドの理事会に情報を送るのが遅い，と批判されると，プレーリーの所有者たちは，定期情報を要求しなかったためと説明した。これに対し，マッカイは反論した。「われわれは何度も手紙を書いている」。そしてダンディーの理事会は週1回開いていてデータを要求している，と付け加えた。[21] エスピュエラ土地牧畜株式会社の最初の住み込みの管理責任者はアメリカ人で，次の一人はスコットランド人だった。[22]

　牛の牧場に対する，イギリス本国からの管理の度合いは，同じイギリス所有の会社でもかなり異なり，ある一つの極端な場合では，広大な（300万エーカー）テキサスの XIT 牧場の監督不足があったり，他方の極端なケースでは，マタドール新規開発企業の入念なまでの指示があったりするなど様々だった。全般的には，スコットランドの投資家たちの方が，イングランドの投資家たちより，自らの投資に対し，より注意深い目配りをする傾向があった（この傾向はスコットランドの鉱山や抵当会社にもいえた）。

　会社組織牧場に投資したイギリス人投資家たちは，期待した程の大きな利益は得られなかった。早や1884年に，彼らは「自分たちが急いで牧畜会社をつくったことが間違った助言に基づいていた」と理解し始めた。[23] 投資家が期待したより牛の値段が安かったのだ。会社によっては自分たちの損益計算書を好ましいものとするために，若い家畜を売り払い将来の収入源を減らしてしまうこともあった。[24] その後1886～87年の厳冬がやってきたが，これにより多くの家畜が死に，これらの業者の多くが倒産に追いやられた。[25] 1887年3月に米国議会は地方行政区での外国人による土地所有を規制する法律を通過させたが，これでさらにその後の投資が鈍った（コロラド州は同年外国人土地法を制定した）。1890年までに当時の人々は「西部における牧畜および家畜飼育に対するイギリス人投資を襲った損失と惨事」と論評した。[26] ある学者は，1885～95年の間にイングランド人の融資による企業損失は約1000万ドルに達し，一方，スコットランド人所有投資事業は約700万から800万ドルを失ったと見積もった。スコットランド人の方の損失が少なかったのは，彼らが経営に，より注意を払ったからだろう。[27]

540

第**9**章　食料・飲料・タバコ・食品雑貨類

しかし牧畜会社のなかには主として土地を売り払うことで，耐え忍び損失を取り戻すところもあった。ほんの少数ではあるが，イギリス人所有の牧畜会社として続いたところもあった。[28]一部のイギリス人管理責任者は，世界の別の地域を求めて移って行った。1887年以降にJA牧場を管理した，「ディック」ウォルシュは，結局牧場経営のためにローデシアに移り，マタドール土地牧畜会社のマードー・マッケンジーは，1911年に，巨大牧場経営のためにブラジルに渡った。[29]このような状況のなか，1914年には，イギリス人による西部における牧場投資は部分的に残ったものの，その投入資金は1880年代初期の頃よりはるかに減少していた。この主たる理由は1880年代半ばと1890年代の投資家の損失にあった。

1870年代末における米国による対イギリスの牛と冷凍肉輸出は，米国牧場に対するイギリス人の投資**私利**を刺激していた。その後は，米国からの輸出の果たした役割は，家畜飼育に対する外国人投資の決断および投資家戦略にはほとんど関連のないものとなってしまった。牛の牧場はロマンであり，投資は挿話的な出来事，一つの流行であった。金銀鉱山のように，多くの投資家たちがだまされていた。にもかかわらず，投資は巨額で西部における肉牛飼育にも大きな影響をもっていたのだ。米国におけるイギリスの牧畜会社は（米国のものと同様），少なくともその一部は，統合を可能とする特許状があったし，一部はシカゴの精肉業者が価格統制するのをみるにつけ，現状を打破したいと願ったのではあるが，統合を進めなかった。[30]初期投資からずっとイギリスの牧場主たちは家畜仲介業者に権限を委託する形で，米国国内で牛を販売した。[31]したがって，彼らの計画は，米国での牛の価格次第で決まった。輸出参加業者を考える際には，別のグループの外国人投資家に目を向ける必要がある。

東部沿岸における屠殺，輸出，海外販売

米国内における「生肉」の最初の**国内**交易には家畜の運搬が伴った。すなわち，鉄道で西部から運ばれた牛は，東部で屠殺されその後，肉が東部市場で売られた。米国からイギリスへの，生きたままの畜牛および加工処理済牛肉の輸出は，ほぼ同じ頃に開始されたが（約1868〜69年頃），国内交易の延長線上にあ

541

第Ⅱ部　世界最大の債務国

るものだった。すでにみたように，これらの輸出量は1870年代の末に急増した。この頃までに，生きたままの畜牛と加工処理済の牛肉双方の輸出を扱い，主要な立場にあった畜牛輸送輸出業者は，ニューヨークのティモシー・C・イーストマン（1821-1893）だった。[32]彼は家畜を東部，さらに海外へと輸送し，ニューヨークで屠殺し，東部で販売し輸出もした。彼の事業はやがてイギリス人の所有となる。

　1875年にイーストマンは初めて船輸送による**大量の**冷凍牛肉をイギリスに送った。[33]同年10月盛大なファンファーレのなか，彼はビクトリア女王の前に米国冷蔵牛肉の贈り物を差し出した。[34]彼は船内にも，自らのニューヨークの「屠殺場」にも，冷蔵設備をつくった。[35]1877年初頭，（その約4年前には生きたままの牛を米国からイギリスまで輸送していた）スコットランド企業のジョン・ベル＆サンズ社は，イーストマンの加工処理牛肉のグラスゴー代理店になった。[36]ヘンリー（後のサー・ヘンリー）・ベルと兄弟のジェームズ（後のサー・ジェームズ），ジョン・ベルの息子たちは，機械力による冷蔵に興味を抱き，J・J・コールマン（ベル・コールマン機械冷蔵会社）と提携関係を結んだが，同社は1877年に冷蔵の特許を取った。冷蔵方法の技術革新で1878年に米国加工処理牛肉の対イギリス向け輸出ドル価格は，事実上（例外的に）米国の生きたままの畜牛輸出価格を超えた。[37]1879年の春，最初のベル・コールマンの機式式の冷蔵機械が船上に設置された。[38]しかし1880年代には，毎年，対イギリスの，ひづめのついたままの，生きた米国畜牛輸出のドル価格の方が，加工処理されたものの価格を超えていたのだ。[39]この加工処理牛肉を圧迫した主要な要因は，冷蔵であり，冷蔵技術がなお未熟な段階にあったことだ。

　この生きた畜牛と「死んだ」（加工処理済みの）肉の交易が共存して続いたのは，イギリス人の嗜好の結果だと思われる。1880年代や1890年代初頭に至っても，多くのイギリス人はまだ冷蔵および冷凍肉は「ひづめのついたままで送られてくる」ものよりも質が落ちると考えていた。[40]死肉のほうが安価だった（その結果貧困層の人々に売られた）。その地位は冷蔵技術の進歩につれて，特に1890年代に上がった。

　一方，冷蔵食肉販売の主導権を握ったのは，イギリスのベル兄弟だった。彼らは船上冷蔵を導入するとともに，1879年にイギリスで小売り食肉店（精肉店）

第**9**章　食料・飲料・タバコ・食品雑貨類

を開店した。その後まもなく彼らの企業は小売り段階において，イギリス国内の多数の食肉店で，輸入冷凍冷蔵牛肉を売っていた。ベルのイギリスでの小売り事業が発展する一方，会社は，イギリス国内のイーストマン社の代理店としての役割を果たし続けた[41]。1888年にジョン・ベル＆サンズ社は株式会社としての登録を終え，株式は社員や経営者たちが所有した。そして1年も経たない1889年の1月に，ベル兄弟は90万ポンドの資本金でイギリスにて，イーストマン株式会社を組織した。同社は，ティモシー・イーストマンとジョセフ・イーストマン（おそらくティモシーの息子）のニューヨーク畜牛・牛肉事業を，ロンドンとグラスゴーのジョン・ベル＆サンズ株式会社の貿易団体に合併させた。当時ベル社にはイギリス国内にざっと330の小売り食肉店があった[42]。イーストマン株式会社の米国内における投資額，つまりイーストマンの事業が行った購入額は，合計が500万ドルになると報じられた[43]。この頃，スウィフト，アーマー，ハモンドはイギリスに冷蔵牛肉を輸出していたが，このうちどの会社もイギリス国内での小売りには参入していなかった。

　イーストマンの名前はこの新しいイギリス会社のために使用されたが，イーストマン社からは一人も重役として名を連ねなかった。最初の重役のなかには，グレンヴィル卿，ヘンリー・ベル，ジェームズ・ベルがいた[44]。しかしジョセフ・イーストマンは米国事業を任せられたまま「大量のイギリス会社証券」を保有した[45]。もともとは，イーストマン株式会社はイギリス人が管理する統合企業で，ニューヨークに「大規模な屠殺場」をもち[46]，畜産牛と冷蔵牛肉の大西洋横断貿易輸送を行い，イギリスに冷蔵庫設備や鮮肉の小売店網をもっていた。イーストマン株式会社は，多くのイギリスのフリースタンディング・カンパニーと同時発生的に設立されたが，その主要重役は常勤の経営者であった。ベル兄弟はイギリスにおける小売店に供給するために，米国に継続して投資していた。

　イーストマン株式会社が設立されるとすぐ，「あまりに多くの量を」輸送しようとしたジョセフ・イーストマンに対し，新規参入のイギリス人オーナーたちは，「彼は頑固者で他の加工処理精肉輸送業者をやっつけようとの決意を固めているようだ」などと不満を抱いた。このアメリカ人は御しがたかったのだ[47]。その後，1891〜94年の間にイーストマン株式会社は，米国産畜産牛や牛肉の輸

543

第Ⅱ部　世界最大の債務国

送で多大な損失を負った。[48]

　1890年代には，冷蔵技術が進歩し，冷蔵さらに冷凍牛肉も一般的に採用されるようになった。冷蔵肉輸送が経済的に有利なのになぜ畜牛を輸送するのか。米国は加工処理（冷蔵）牛肉では，群を抜いて対イギリス輸入の最大供給国であったが，1890年代には南アメリカ（主にアルゼンチン）からのイギリスの牛肉輸入量が増加し始めていた。1899年にイーストマン株式会社のヘンリー・ベルは，イギリス国内でアルゼンチン産畜牛の，屠殺，冷凍，輸送，販売をこなしていたリバープレート鮮肉会社の代表取締役になった。[49]翌年の1900年にイーストマン株式会社は，その米国部門（以前にはティモシーとジョセフ・イーストマンの所有であった）を処分した。[50]1912年にイーストマン株式会社は，イギリス国内に冷蔵倉庫と1400を超える店舗をもち，ニュージーランド産子羊肉や羊肉を大量に購入し，世界各地からの冷凍・冷蔵牛肉を取り扱っていた。その年，同社は米国における精肉業に対する投資はしていなかった。[51]もはや米国にはイギリス市場に対する供給源としての競争力はなかった。しかしその米国の加工精肉業者もイギリス市場供給のためにアルゼンチンに投資していた。[52]

中西部の精肉業

　食肉に対して行われた1番目の外国直接投資分野は畜産牛飼育であり，2番目の分野はイーストマン株式会社による，東部沿岸部の屠殺業とイギリスでの販売業の統合事業に対するもので，3番目のグループは米国中西部の精肉業に対してのものだった。中西部における精肉業に対する外国投資はまず豚に対して，次に牛肉に対して行われた。

　シンシナティ次いでシカゴなどの，米国中西部における精肉業は豚で始まった。豚の飼育には特に注目するような外国投資はなかったが，豚精肉業に対しては重要な取り組みがあった。第4章でみたように，1871年にイギリスとの貿易に対応するために，ジョン・モレル社のリバプール食料貿易商社は，シカゴの豚精肉業者に投資した。1877年にジョン・モレル社は，アイオワ州オタムワ市で豚精肉工場をリースし，翌年には自社工場を建設するために，オタムワに61エーカーの土地を購入した。この工場の生産量の大部分は輸出用であった。[53]

544

第**9**章 食料・飲料・タバコ・食品雑貨類

　1880年代を通して，ベーコンとハムの対イギリスの米国輸出のドル建て価値
は，同じイギリスへの畜産牛および加工処理済牛肉を合算したドル価値を超え
た状態が続いた。モレル社は，（1880年時点で，イギリスおよび米国両国でジョン・
モレル株式会社であったが）これらの米国産ベーコンおよびハムの輸出には重要
な貢献を果たしていた。1888年にジョン・モレル株式会社はシカゴ工場を閉鎖
し，アイオワのオタムワでの生産に集中した。1889年までに同社のアイオワ事
業部には500人の従業員がいて，ブランド名の入ったハムとベーコン，ソーセ
ージを販売していた。アイオワ工場が1893年に焼失すると，ジョン・モレル株
式会社は，それをより大規模で近代的な工場に変えた。1893年に同社は初めて
冷凍車輌を全部で25台購入した。この数はスウィフト，アーマー，モリス，ハ
モンドなどの巨大企業に比べると少数であった。

　しかし，モレル社は多国籍企業タイプの事業体で，米国での操業活動に対す
る資金の多くは明らかに米国内の銀行から調達したものであったにもかかわら
ず，イギリス本国の調整を受ける，米国やイギリス企業が参入していた。モレ
ル社は，海外同様米国内でも販売活動をし，米国の主要都市に支社をもち，米
国全土のネットワークを作り上げた。1904年には，オタムワ工場には1150人の
従業員がいた。1909年には，当社はサウスダコタ州スーフォールズ市にもう一
つの精肉工場を買収した。その年イギリスの税法により，別組織の米国籍会社
を設立し，米国内事業を買い取り，運営した。この新会社が設立されるとモレ
ルの米国内の施設財産は，100万ドルを超すと見積もられた。この再編にもか
かわらず，同社の歴史研究家は次のように書いている。「イギリス事業はより
元気な米国青年に対する支配力をまだ見かけ上は保っていた」。

　1909年以前には，畜産牛の屠殺は（依然として主に豚精肉会社のままであった）
モレル社の米国国内事業のほんの一部にすぎなかったが，その年同社はオタム
ワに新しい「牛肉店」を開き，牛肉が企業生産物の重要品目となった。モレル
社は決して子羊肉や羊肉に関わらなかった。実際，同社が新しく牛肉に目を向
けたことは，米国の**国内**販売に対する関心の高まりとも重なった。やがて米国
市場は同社の戦略のなかで相対的な重要度を増していった。モレル社は
1875～1914年までの期間全体を通して続いたという点で，米国の精肉業におけ
る唯一のイギリス投資事業であった。しかしその存在が中西部の豚肉または牛

545

第Ⅱ部　世界最大の債務国

肉の精肉業のなかで決して唯一であるわけではなかった。

　もう一人のイギリス人投資家はトーマス・J・リプトンだった。リプトンは1850年グラスゴーで生まれた。彼は10代の頃，米国を訪れ，4年間滞在してバージニアのタバコ農園の仕事やニューヨーク市の生鮮雑貨店の仕事などいろいろな仕事についた。1869年にグラスゴーに戻り，リプトンは両親の店で働き，1871年にこの町で自分自身の店舗を開き，アイルランドベーコンを売った。そしてその十分な品揃えができなくなると，米国のベーコンとハムの輸入を始めた。まもなく，彼はスコットランドとイングランドでも店舗経営に乗り出した。[56]

　1880年8月，リプトンは米国を再度訪れ，自らのイギリスの店舗での販売のための，ベーコンとハムを購入すべく「買い付け代理店」をつくった。歴史家ピーター・マサイアスは，この1800年の訪問でリプトンが1日に約300から400頭の豚を処理できるシカゴの豚肉梱包工場を買収したのは「ほぼ確実」だとしている。このように彼はこの都市で，モレル株式会社に参入した。リプトンは自社の製品をイギリスに輸送し，それを自分自身のイギリスの小売り販売網を通して売った。[57]

　1880年代半ばには，リプトンは「世界最大の小売り食料業者」だと誇らしげに語っていた。イギリスでの販売が拡大すると彼は米国からのさらなる輸出を要求し，1886年11月にネブラスカのサウスオマハで1日2000頭の豚を処理する能力をもつリプトン精肉社の工場の操業を始めた。リプトンは今や海外だけでなく，米国でも自社の生産物を売っていたのだ。[58]

　マサイアスによれば，リプトンの米国事業は「それを最初に立ち上げたリプトンの店舗からの需要とは別の，独立した活路を急速に強めていった」。リプトンはニューヨークに貯蔵倉庫を開設し，さらに，ネブラスカの工場を拠点に西部沿岸での商活動を続行した。米国市場のために彼は明確な「加工処理技術と独立ブランド」を構築した。彼はリプトン精肉出荷会社がイギリス国内消費用の精肉を保存処理する一方，自社の米国内での交易のため，ジョンストン精肉出荷社（ジョンストンは彼のミドルネームだった）をつくった。[59]

　サウスオマハ工場の操業開始から1年も経たないうちに，リプトンにはネブラスカ産の豚を原料としたベーコンは，イギリス人の味覚には「若干油っこい」ことがわかった。そこで1887年にフィリップ・アーマーとその提携相手の

546

第**9**章　食料・飲料・タバコ・食品雑貨類

マイケル・カダヒーは，その新しい工場のために7万ドルをリプトンに提示すると，このスコットランド人はそれを売った（この精肉工場は，同社の米国企業であるアーマー・カダヒー精肉出荷会社の所有になった[60]）。リプトンは依然として米国内でのビジネスに傾倒していて，彼はこの頃シカゴのユニオン家畜飼育会社にあった，より広大な工場を購入した。そこでは日に2000ないし4000頭の豚の処理ができた。彼はラードとソーセージづくりを加えるために生産を拡大した。1880年代の末にはリプトンの同工場生産販売額は，イギリスと米国市場においてほぼ同額の半々だった[61]。リプトンは太字で「リプトン」と書かれた冷蔵車輛の一団を組織し，それらは米国中を走り宣伝となった。彼は豚肉製品を販売するために米国で小売店を開くことは決してなかった。彼は米国内の小売り網を回ることに専念し，自社の米国内マーケティング策を卸売り業に限定した[62]。

　リプトンはイギリスにて1898年に株式会社を一社設立したが，同社には大きな米国事業を除外した[63]。その頃には彼の米国事業活動には，彼のシカゴ本社に促される形で，茶の販売も含まれるようになっていた[64]。（後に述べるが，彼の茶振興の卸売りの組織網同様に）彼の会社の茶販売も結果的に拡大する一方，リプトンは，25万ドルでシカゴ工場をユニオン家畜飼育会社での友人であり隣人であったアーマーに1902年に売却し，彼の精肉操業は終了した[65]。

　約言すれば，約22年間（1880～1902年），リプトンは米国で豚精肉業に参加し，（子羊肉や羊肉はおろか）牛の精肉業には決して入り込まず，精肉業における彼の米国投資はすべて豚に関連するものだった。

　モレル社とリプトンが米国産の子羊肉や羊肉に興味を示さなかったのは特に珍しいことではなかった。当然予期されたことだが，米国の精肉業者もこれらの食肉に対して，特に積極的でもなかった。というのも，（大衆市場という観点では）羊肉や子羊肉に対する好みをアメリカ人がついぞ持ち合わせることはなかったわけで，米国においての羊肉と子羊肉に対する外国投資があったという証拠を私は，まったく持ち合わせていない。イギリス人（フランス人も）はある程度，羊の飼育に対して米国投資を行ったが，精肉というより羊毛関連のものだったようだ[66]。

　対照的に，1890年代初頭にはイギリスの投資家たちは，米国の競合相手と同様，巨大な規模で**中西部における**牛精肉業に参加していた。イギリスではベー

547

第Ⅱ部　世界最大の債務国

コン，ハム，「缶詰」精肉は雑貨店で売られたが，（ベル社の例で示されたように）冷凍肉は多くの場合，精肉のチェーン店で売られた。イギリスの精肉のマーケティング構造は別だった。しかし米国の企業では同じ精肉業者が（別々の工場で）豚肉も牛肉も扱った。米国の会社を買収したイギリス人投資家は，米国のやり方に従い両方の肉の処理を続けた。すでに示したように，モレル社はやがて米国のやり方を取り入れ牛肉を生産に加えた。

　1890年から1892年の間に，イギリスの主要5社が組織され，米国中西部の精肉業の施設を所有することとなったが，このどれもがロンドンで設立されたが（括弧内の日付はイギリスでの登録日を示している），(1)G・H・ハモンド株式会社（1890年3月3日），(2)シカゴ精肉食料株式会社（1890年7月8日），(3)ファウラー・ブラザーズ株式会社（1890年9月8日），(4)ジョージ・ファウラーサン株式会社（1891年7月11日）(5)国際精肉出荷貯蔵株式会社（1892年5月21日）である。[68]

　第一陣はグループのなかで最大のものだった（自己資本総額は大きさを反映するものでもないが）。[69]生まれはニューイングランドの，ジョージ・H・ハモンドは，1860年代にデトロイトに移住し，そこに屠殺場をつくり，精肉の卸売りと小売業に関与し，早くも1869年に，米国北東部地方に冷蔵牛肉を送り込み，イリノイ州の州境線をまたぐ形で，精肉工場をインディアナ州に建設し（シカゴのユニオン家畜飼育会社からは近距離だった），ジョージ・ハモンド社を設立した（1873年）。彼は他のアメリカ人の大規模精肉業者とともに，市場分割価格協定に参加し（1885年頃），ネブラスカのオマハにもう一つの精肉工場を開設した（1885～86年）。1886年に死亡するまでに，ハモンドはスウィフト，アーマー，モリスと肩を並べ米国の精肉梱包業の「ビッグフォー」の一つとしての地位を築いた。[70]1889年までにハモンド企業は，「シカゴ，ハモンド（インディアナ），デトロイト，ボストン，ニューヨーク，ロンドン，リバプールに工場と代理店」を有した。[71]

　その年，イギリス人が投資の対象として米国の多数の産業資産の評価にあたっていると，ハモンド社は利用可能で魅力的なものだった。イーストマン株式会社を1889年にロンドンでつくったイギリス人プロモーターのH・オズボーン・オヘイガンは，ハモンド事業がイギリス所有権に委譲される手助けをした。[72]この買収は，1889年7月1日に効力を発することになっていたが，[73]ハモンド社

548

第**9**章　食料・飲料・タバコ・食品雑貨類

の有価証券は，イーストマン株式会社の最初の配当直後にタイミングを合わせた1890年になってようやく，イギリス国民に渡った[74]。

　ジョージ・H・ハモンドの会社は，ロンドンでは「ハムと牛肉の会社」として知られていた。1889～90年にオヘイガンはこの米国会社のすべての株を取得し，それを新しいイングランドの会社であるG・H・ハモンド株式会社（株式資本金は94万ポンド，抵当債券による資金は34万ポンド）に転売した[75]。1890年にジョセフ・イーストマンが管理を受けずに輸送にあたっていると，米国の一法律事務所がハモンド社は彼に対する規制に乗り出すべきだと提案した[76]。ハモンド社は米国の主要競合会社同様，冷凍牛肉を輸出していたがイギリスの所有権のもとにあったので，豚精肉とベーコンやハムの輸出に注意を払っていた。ハモンド社の他の豚肉梱包会社との関係におけるイギリスの指示にはなんの変化もなかったようで，同社は，1891年と1893～96年にかけて，また1898～1901年にかけて，アーマー，スウィフト，モリス社らとともに米国で，共同出資協定に参加し続けた[77]。1898年にハモンド社は，資本金170万ドルと，ミズーリ州セントジョセフ市に屠殺場を有する系列会社，ハモンド精肉出荷社（イリノイ）を設立した。1901年にはイギリス人管理の当ハモンドグループは，1195台の冷蔵車輛（投資額62万136ドル），多数の支店（見積り資産額155万3964ドル），そして3つの主要な屠殺場（総資産額は252万8152ドル）を，インディアナ州ハモンド，ネブラスカ州サウスオマハ，ミズーリ州セントジョセフ市に所有していた。それは数百万ドルの資産と多数の工場を有する垂直統合型企業であった[78]。

　1890～92年間のイギリスにおける他の4つの会社設立には，2組の「独立型」精肉会社を巻き込むこととなった。まず最初の組には，シカゴ精肉出荷貯蓄株式会社（資本金40万ポンド）があり，同名のシカゴの会社とH・ボッツフォード社のベーコン・ハム事業を買収した。2年後には，関連会社の国際精肉出荷貯蔵株式会社（IPPC）は，国際精肉社，T・E・ウェルズ，アラートン精肉出荷社，ジョン・カダヒー，ジョン・C・ヘイトリー，ヘイトリー・ブラザーズ社，ジョーンズ＆スタイルズ精肉出荷社，各社のシカゴ事業を合併した。IPPC社長はH・ボッツフォードで，T・E・ウェルズ，S・W・アラートン，J・カダヒー，J・C・ヘイトリー，J・スタイルズ（すべてシカゴが拠点）が社長に協力し，6人のイギリス人が同社の重役として参加した。IPPCは，公認

549

第Ⅱ部　世界最大の債務国

（おそらく誇張された額だろうが）資本を１万7000ポンドと第一抵当社債を２万5000ポンドもっていた[79]。1894年の２月にW・J・シーザー（シカゴのプライス・ウォーターハウスの代表）は，シカゴ精肉出荷貯蔵会社が米国の会社として再編されるとの情報をつかんだこと，またその理由はアメリカ人株主たちが，イギリス人経営陣の費用処理の仕方に反対であり，「もしこのことが本当ならば，国際精肉出荷貯蔵会社も同様の結果となり」さらに「これらの会社の監査に関してはアメリカ人の管理の下では，どうなるか結果は明らかである」と，ロンドン本社に対して，書き送った。シーザーは監査が行われないだろうと述べた[80]。1896年１月21日に，IPPCの清算人が任命され，1901年にはシカゴ精肉食料株式会社も清算された。これらの会社はアメリカ人管理に戻った[81]。

　1890年から1892年に至る第２の会社発起グループは，リバプール地区の企業家を巻き込むものとなった。ファウラー・ブラザーズ株式会社の有価証券は1890年にイギリス国民に公開された。その株式資本は115万1000ポンドで，対米国用食料の保存処理，梱包，配送などを行う多数の会社を併合した。すなわち，リバプールのファウラー・ブラザーズ株式会社，ニューヨークのファウラー・ブラザーズ，ニューヨークのアンダーソン・ファウラー社，インディアナのアングロ・アメリカン冷蔵車会社，ネブラスカのオマハ精肉出荷社の利権を含む，シカゴのアングロ・アメリカン貯蔵会社である。社債，優先株式，普通株の３分の１が合併企業の売却者によって取得され，残りはロンドン市民に提供された[82]。ファウラー・ブラザーズ株式会社同様，ジョージ・ファウラーサン株式会社はリバプールに本社があった。この２社の名前は似ていて文献には「提携」会社として言及されているが，設立時から共通の取締役がいたわけでも，同じリバプールの住所を共有していたわけでもなかった。ジョージ・ファウラーサン株式会社は1891年７月11日に登録された。その資本金は24万ポンドで，リバプールのジョージ・ファウラー株式会社とカンザスシティのジョージ・ファウラーサン社の事業を取得したが，その商業活動は「豚と牛およびそれらの加工品をイギリスと米国の両方の市場のために準備することだった」[83]。これらはその後，中部の精肉業者（ハモンドグループ会社，２つの独立グループ，およびファウラー会社）を含むイギリスの主要な５つの発起人会社となったのである。

第**9**章　食料・飲料・タバコ・食品雑貨類

　一方これよりさらに注目すべき中西部の米国資本がイギリス人投資家の手に
移った。1890年7月，スコティッシュ・アメリカン抵当社の会長は，株主に対
して，シカゴのユニオン家畜飼育会社が1900万ドルでロンドンの会社に売却さ
れたと伝えた[84]。敷地面積は300エーカーで，一度に500台の鉄道車輌積載を可能
とする設備をもつユニオン家畜飼育会社は，1865年に9つの鉄道会社によって
設立された。同社は世界最大の家畜集積場だった[85]。とりわけアーマーとリプト
ンには集積場のなかに梱包工場があった。

　この取引の裏話はオヘイガンの著（*Leaves from My Life*）とロバート・T・ス
ウェーンの著（*The Cravath Firm*）のなかで最も見事に語られている[86]。イース
トマン株式会社とG・H・ハモンド株式会社を立ち上げたオヘイガンは，ロン
ドン市契約会社という会社を支配した[87]。おそらく1890年の初め頃，オヘイガン
はボストン人のフレデリック・H・プリンスの「友人」の一人から，シカゴの
ユニオン家畜飼育会社の買収資本調達のために会社を「組織する」よう依頼さ
れたと聞いた。1890年6月にプリンスとロンドン市契約株式会社は，イリノイ
州の会社（ユニオン貯蔵中継ヤード会社）を支配する権利を買った[88]。彼らはその
権利を1890年に新しくニュージャージーで設立された株式会社，シカゴ・ジャ
ンクション鉄道・ユニオン家畜飼育会社に売却したが，普通株式で650万ドル，
優先株式で650万ドル，およびこのニュージャージーの企業債券で350万ドルが[89]
ニューヨーク，ボストン，ロンドン，アムステルダムで額面価格により支払わ
れた（ブレーク・ボワスヴェイン社がロンドンでの支払いを，アドルフ・ボワスヴェイ
ン社がアムステルダムでの支払いを扱った）。調達資金の支払いの一部はプリンス
の所有財産への支払いに，また一部はロンドン市契約会社への返済に充てられ
た。

　この手形が発行されるとすぐベアリング危機が起き，（1890年11月には）イギ
リス人による米国の有価証券の購買をやめさせようとした。それどころか，そ
れ以前にも，ロンドンの『エコノミスト』誌は新会社を誰が経営するかをめぐ
る対立を報じていた[90]。普通株式は人気のない店ざらしもので，その40％くらい
しか売れず，それも主にアメリカ人にしか売れなかった[91]。このニュージャージ
ーの会社の取締役会をみてみると，10人の取締役のうち4人がロンドンに居住
し[92]，5人は東部人で，たったの1人しかシカゴの出身者がいないことにシカゴ

551

第Ⅱ部　世界最大の債務国

市民たちは気がつくに至った。[93]シカゴの主要な精肉業者たちは激怒した，というのは，彼らは再編において完全に無視されていて（おそらくロンドンの役割というよりはるかに）東部人や鉄道家の存在が気に入らなかったのだ。彼らは敵対的な集積場を立ち上げると脅しをかけた。[94]普通株式の株価は急落し，オヘイガンはこの混乱を阻止するために株を買い占めた。[95]

　オヘイガンはグスタヴス・スウィフトとフィリップ・アーマーの（1891年のことと確実視される）ロンドン訪問やオヘイガンと２人の米国企業指導者との間で，１カ月にわたって取り交わされた日ごとの交渉話に関する興味ある話を語っている。結局，1892年米国の精肉業者たちは，シカゴ・ジャンクション鉄道・ユニオン家畜飼育会社の取締役会への参加と新たな５％の収益社債（債務証券や優先株式に次ぐ地位にある）で300万ドルを取得した。[96]その際，（イギリス所有の数社を含む）独立業者との問題が生まれていた。[97]いったんこの訴訟が解決すると，家畜集積場は繁栄した。シカゴ人たちは投資し，ニュージャージー会社のイギリス人の所有株式は再び米国に戻ることとなった。[98]1890年代の半ばには再編の促進剤であった外国資金は，もはや重要性を失っていた。

　実際，モレル社は例外とし，中西部の精肉業に関するイギリスの投資は短命に終わった。[99]1902年には，残っていたイギリス人投資家のほとんどが米国の工場，市場施設，イギリス国内の販売店を主要米国精肉業者に売却した。[100]米国業者は大規模な合併を計画したが，その期待感から，1902年６月にジョージ・ファウラーサン株式会社やファウラー・ブラザーズ社に支配されていた米国の工場および資産はアーマーとスウィフトによって取得されることとなった（アーマーの役員たちはオマハ精肉会社をファウラー・ブラザーズ社から，250万ドルといわれる価格で買い取り，他の５つのファウラーのグループ会社はスウィフトによって620万ドルを超える額で購入された[102]）。その同じ月に，アーマーの役員たちはＧ・Ｈ・ハモンド株式会社およびハモンド系列精肉会社の株を440万ドルで買った。[103]

　米国の精肉業者によって計画された合併が実現しないことになると，アーマーとスウィフトは1903年にハモンドおよび，（ファウラー精肉，オマハ精肉，アングロ・アメリカン食料を含む）ファウラー・グループから取得した資産を，アーマー，スウィフト，モリスによる所有となった持株会社である国民精肉出荷会社の支配下に置いた。国民精肉出荷会社の公認資産は，1500万ドルであった。[104]

552

第**9**章　食料・飲料・タバコ・食品雑貨類

　要するに，1900年から1902年には，精肉業におけるイギリスの対米国投資からの退却が起きたが，イギリスによるイーストマン株式会社やリプトンからの資金撤退やシカゴ精肉食料株式会社の清算も，イギリスによるハモンドやファウラーの利権売却などもすべてこれらの数年間に起きた。それらの３年間だけに集中して売却されたイギリスの精肉業に対する投資は，総額1800万ドルから2000万ドルに達すると思われる。この撤退は米国の精肉業における整理統合に関係しているが，さらに同じく重要なことは，イギリスにおける別の牛肉供給源，すなわちアルゼンチン，オーストラリア，ニュージーランドの登場と結びついていた。イギリスに対する米国の加工牛肉の輸出（重量ベース）は1901年に頂点を迎え，1905年には南アメリカからイギリスへの牛肉輸入量は米国からのものを追い抜くこととなった。同様に，1901年に米国ベーコンのイギリス輸入量（重量ベース）はピークに達した後，1910年までにはデンマークがイギリスへのベーコンの主要供給国として米国を抜いていた。米国国内における人口増加と実質収入の増加は，米国内精肉生産量の多くを国内需要が消費吸収してしまうことを意味していた。すでに示したように，米国の精肉業者は対イギリス市場の供給のためにアルゼンチンに投資した。リバプールのユニオン冷凍庫会社が1897年に設立され世界的企業に成長し，1914年までにブエノスアイレスから漢口（ハンコウ）に進出したとき，同社がなんらの米国利権も持ち合わせていなかったことは象徴的だった。さらに，投下資本の引き揚げは，前に述べた世紀の転換期に起きたイギリスの対米投資の，より全般的な撤退という流れのなかで捉えるべきだろう。1890年代における低価格と低利益（あるいは無利益）が何年か続き，所有する米国資産に対し，高額を提示されると売却したいという誘惑は抑制できないものとなることも多かった。その他の分野ではイギリスの財源が再度参入をみたものの，精肉業ではそうではなかった。最後まで耐えたのはモレル社だけで，1914年までにはその商業活動の大部分は米国市場向けのものとなっていた。

　約言すれば，19世紀末の短期間に，イギリスは米国の「精肉産業」に対して大きな投資をしたのだ。すなわち米国の牧畜場（おおむね1879年から1900年まで），東部の屠殺業，ニューヨークからの肉牛および加工肉の輸出（1889年から1900年），中西部の牛肉（1889年から1902年），シカゴの家畜集積場（1890年後のはっき

553

第Ⅱ部　世界最大の債務国

りと確定できない期間）であった。1890年代の初期にはこれらの投資は8000万ド
ルを超えていたかもしれない[110]。ほとんどの投資は，その行使した程度の違いは
あれ経営管理を伴うものだった。一部のものは，例えばベルとイーストマンの
事業を統合したイーストマン社などは，明らかにプロモーション企業だったが，
典型的なフリースタンディング・カンパニーというよりむしろ多国籍企業の形
に近いように思われるものの，多くはフリースタンディング・カンパニーの形
態を取った。イーストマン社は米国での商業活動から撤退後，イギリスに操業
と本部を残した。それとは対照的に，イギリスのハモンド社は典型的なフリー
スタンディング・カンパニーだった。それには「運営を指示する」親会社がな
かった。その米国での資産がアーマーによって取得されると，アーマーは傘下
のイギリスの販売特約店も手中に収め，前のイギリスの親会社は解散した。同
様に，例えばシカゴの独立会社を統合したイギリスの会社が解散されたときな
どには，イギリスには本部は残らなかった。イギリスの株主のなかには米国の
事業に対する証券投資者となった者もいた。

　牧畜場に対する一部のイギリス人投資は続いていた。モレル社はフリースタ
ンディング・カンパニーではないが，主要な独立精肉業者として事業を続行し
た。リプトンは茶販売業者として米国に留まった。しかし1914年までに，イギ
リスが米国の精肉業および肉輸出に対し，大規模に参加した時代は過去のもの
となっていた。詳しく論じた投資はすべてイギリスのものだった。さらに（マ
ックスウェル牧畜会社への）オランダの投資や家畜飼育に対するフランス人の株
式投資もいくらかあった[111]。（証券投資として）20世紀の初期にはヨーロッパの投
資が，主要な米国精肉業者に対して確かに行われていたものの，家畜飼育や，
精肉業に対するヨーロッパ大陸による目立った投資は見出せない[112]。

食料生産，穀物取引，製粉に対する外国投資

　米国の農業，食料生産さらに農業および（このケースは多くはないが）魚製品
の加工に対する外国投資の例は多かった。第6章では，ルイジアナの米生産に
対するイギリス投資を述べた。太平洋沿岸では，リバプールの貿易会社バルフ
ォア・ウィリアムソンの米国会社バルフォア・ガスリーは，ぶどう園を所有し，

554

第**9**章　食料・飲料・タバコ・食品雑貨類

果樹園を経営し，取ったプルーンを乾燥し，出荷包装する事業に株主所有権を
もち，レーズン取引に参加し，さらにはアラスカ梱包組合への株式も保有して
いたが，この団体のためにバルフォア・ガスリーは大量のサケ缶詰を輸出して
いた。1890年代には，スコットランドのグリーノック（グラスゴーの近く）で精
糖業をしていたジョン・ウォーカー社の経営者は（米国も参加し）「企業連合」
を組織し，ワシントン州砂糖株式会社に7000ポンドを投資し，ワシントン州ス
ポーカン郡で7000エーカーの貸借権を取得し，ワシントン州ワバリー市で砂糖
大根を栽培し，砂糖精製場を買い取った。同社はワシントン州によって課せら
れた外国人の投資活動に対する規制と闘うために，明らかに，その投資額のほ
とんどを注ぎ込んだが成功しなかった[114]。

　西部だけでなく，アイオワ，カンザス，大平原諸州の別の場所で小麦栽培に
対する外国投資が行われる一方[115]，小麦および小麦粉取引に対して重要な外国投
資がなされていた。小麦粉取引会社の最も成功した事業例は，モートン・ロス
スタインによるもので，彼はウィリアム・ラスボーン社，デヴィッド・ビンガ
ム社，パターソン・ブラザーズ社，ラリ・ブラザーズ社（イギリス系ギリシャの
会社）に参画していて，すべてのこれら企業は1870年代末にはニューヨークに
支店をもっていた。1880年代までにルイ・ドレフェス社がニューヨーク市場で
積極的に活動していた。米国の西部沿岸では，別のグループの取引業者や輸送
業者が小麦取引に参加した[116]。小麦と小麦粉の大規模輸出業者として，イギリス
人は小麦栽培および取引だけでなく鉄道，農業従事者に対する抵当貸付，貿易
資金投資にも及ぶ関連投資で際立った存在であった。

　ブリティッシュ土地抵当アメリカ社は1880年代の半ばにカンザス州に１つの
小麦農場，１つの穀物昇降機，１つの精肉工場をもっていたが短命な事業とな
った[117]。1880年代の半ばには，小麦粉輸出のために，オレゴンの製粉工場に対し
て投資されたスコットランドのいくつかの利権が不成功に終わった[118]。大規模な
穀物輸出業者であったバルフォア・ガスリーは，1889年までには，カリフォル
ニア州ストックトン市のある製粉所の３分の１の所有権（10万ドル）を所有し
た[119]。イギリス人投資家が米国の精肉業とシカゴの家畜集積場に特に興味を抱き，
穀物倉庫や製粉業にも主要な投資を行ったのは1889年から90年にかけてであっ
た。

第Ⅱ部　世界最大の債務国

　ロンドンの『フィナンシャル・タイムズ』の編集者のダグラス・ゴードン・マクレーは，中西部の企業におけるイギリス資本に関する取材で，1889年にシカゴを訪問した。彼はシカゴの弁護士レヴィー・マイヤーに連絡すると，ある新興のイギリスの会社，シカゴ＆ノースウェスト穀物倉庫株式会社がミネアポリス・スター・エレベーターとミネソタ州ロチェスター市のG・W・ヴァン・ドゥーゼン社の両方の資本株を取得し，北西部における穀物倉庫のチェーンを成し遂げるようだ，との報告があった。ヴァン・ドゥーゼン社はミネソタ，ダコタ，モンタナにおける主要な穀物業者であった[120]。『ノースウェスタン・ミラー』誌は，その新会社のロンドンの取締役会は1人の上院議員と2人の下院議員で構成されていると報じた[121]。ほぼ同じ頃，シカゴ市穀物倉庫ライン社が誕生し，それをイギリスのある会社（シカゴ市穀物エレベーター社）が取得した[122]。当時の人々が言うには，この買取は「アメリカ人が握っていた穀物取引支配をイギリス人に開放した」[123]。さらに，1889年から90年には，イギリス投資家がセントルイスの多数の製粉場を買収したとの報告がなされた[124]。

　最も重要なことは，1889年にイギリスのあるグループが，主要米国小麦粉製造業者であったピルズベリーの製粉場の監督権を取得したことだ[125]。チャールズと彼の叔父ジョン・S・ピルズベリーは，2人ともニューハンプシャーで生まれた。10代の若者であった頃にはミネアポリスに移り，そこで1872年までにチャールズ・ピルズベリーは製粉場を買い取り，また増設して製粉所のレイアウトの革新を図り，貨物取り扱いの揚穀機システムをつくり，1880年代半ばには「国際的な名声」を勝ち取った「ピルズベリー・ベスト」を売却した家族経営会社，C・A・ピルズベリー社を組織していた[126]。1880年代の半ばに小麦粉価格が下落すると，ミネアポリスの製粉業者は競争を抑制し価格安定を図るために統合を考えた。同様の目的で1889年には，イギリスのある「企業連合」がC・A・ピルズベリー社の3つの製粉場とその競合相手の1つ（ウォッシュバーン製粉会社）の2つの製粉場を買い取り，この新しいベンチャー事業はトータル1万4500バレルの能力を有した。これらのイギリス人たちは，2つの水力発電会社とミネアポリス＆ノーザン・エレベーター社を加えたが，これはセント・アントニー滝の水力に対する支配力，最終集積地および穀物倉庫としての巨大な能力，1本の線でつながった北部ミネソタとノースダコタにおける地方穀物倉

556

第**9**章　食料・飲料・タバコ・食品雑貨類

庫を手に入れることを意味した。これらのイギリス人オーナーたちは100万ポンドの資本金で（さらに63万5000ポンドの抵当社債を加えて）ピルズベリー・ウォッシュバーン小麦製粉会社を設立したが，この会社は1889年にイギリスで認可された。総米国資産の購買価格は625万ドルで，その一部は現金で，一部はその新企業の有価証券で支払われた。⁽¹²⁷⁾

　チャールズ・A・ピルズベリーは取締役社長に任命され，ピルズベリー家はイギリスの新会社の「かなりの額の」株を所有した。設立に際し，ピルズベリー・ウォッシュバーン小麦製粉会社は世界一の規模の製粉企業となった。⁽¹²⁸⁾チャールズとその叔父，ジョン・S・ピルズベリーおよびW・D・ウォッシュバーンは「アメリカ人経営委員会」をつくった。⁽¹²⁹⁾イギリスの取締役会は米国からの報告を期待した。

　ドロシー・アドラーによれば，イギリス人が米国鉄道で獲得した株式によって，ピルズベリー・ウォッシュバーン小麦製粉会社の設立が可能となったのであり，特に穀物を東部へ，すなわち，「ミネアポリス・スーセントマリー・アンド・アトランティック社（the Minneapolis, Sault Ste. Marie and Atlantic, 後のミネアポリス・セントポール・アンド・スーセントマリー社）へと運ぶイギリス支配の新しい輸送路システムそのものによるものであった。この鉄道は，ミネアポリスからスーセントマリーのあるカナダ国境，カナダ太平洋，ニューヨーク，オンタリオ，西部まで走っていた」。⁽¹³⁰⁾『ニューヨーク・コマーシャル・ブリテン』誌は，この結果，小麦粉の輸出が増加し，小麦の輸出が減少すると予測した。⁽¹³¹⁾当大企業のイギリスの取締役たちは銀行業，貿易業，運送業に関わっていた。⁽¹³²⁾例えば，イギリス人取締役のシドニー・T・クラインは「小麦粉商人」だった。⁽¹³³⁾モートン・ロススタインによれば，ウィリアム・クライン＆サン社（同社は大陸とイギリス双方に営業拠点を有した）はイギリスにおけるピルズベリー・ウォッシュバーンの主要代理店だった。⁽¹³⁴⁾ピルズベリー・ウォッシュバーン小麦製粉会社にはロンドン本社があり，年間約1300ポンドの「支出」を計上していたが，⁽¹³⁵⁾ミネアポリスの製粉場の外国取引に対して，垂直統合的な経営はまったくしていなかった。⁽¹³⁶⁾

　ロンドンにおけるピルズベリー小麦製粉株式会社の1889年の投資活動はうまくいかなかった。証券引受人たちの手許には，様々なイギリス信託会社に預け

557

第Ⅱ部　世界最大の債務国

ていた証券が残された。[137]この合併は確かに米国内で直接的衝撃を与えるもので
あった。その対応措置として，ミネアポリスの６つの独立製粉場を統合し，米
国資金によるノースウェスタン製粉統合会社が組織されたが，これにより１万
1400バレルの総生産能力を有するものとなった。[138]

　イギリス所有権のもとで，ピルズベリー・ウォッシュバーンはたじろいだ。[139]
ある著述家は，チャールズ・ピルズベリーに関して，以前は企業家として能力
を発揮したものの経営者としてはそれほどは能力を発揮できなかったと述べた。[140]
それに対し，ピルズベリー社の年代記編者は買収前後で経営方法に変化はみら
れないとした。[141]しかし1894年に『ノースウェスタン・ミラー』誌は，イギリス
所有の最初の２年間は，会社が「米国の考えで経営されて」いる時期で，会社
は配当金を支払ったが，「その後イギリスの利権要求が支配的になり，それゆ
え配当金が満足のいくものでなければ，アメリカ人でなくイギリス人自身の責
任となった。部分的に外国支配を受ける米国のある製粉会社は現実に不利益な
立場に追い込まれていた」と示唆した。[142]最も特筆すべきことは，1890年代に価
格が下落したことで，低利益につながったことだ。

　その後チャールズ・A・ピルズベリーの健康状態が悪化し，1899年に死亡し
た。熱心な企業活動家であった彼の叔父のジョンも1901年末に死亡した。1889
年の合併の前，1882年から1888年に至る時期に「不況だ」という製粉業者の不
満のなかで，ピルズベリー・ウォッシュバーングループ各企業は年平均80万ド
ルの利益を記録した。統合後の1898年までの９年間は，利益平均は年41万2000
ドルで，配当金は支払われないことも多かった。[143]

　1898年，ニューヨークのプロモーターのトーマス・マッキンタイアは全国の
製粉場での買い取りを始め，1899年２月には合衆国製粉業会社を設立し，ピル
ズベリー・ウォッシュバーン社，ウォッシュバーン・クロスビー社，ノースウ
ェスタン統合会社を含む，当産業における主要企業の支配権を手中に収めよう
とした。不満をもちながらもイギリスの株主たちは，合衆国製粉業会社による
ピルズベリー・ウォッシュバーンの吸収を黙認することもありえたが，しかし
実際にはこの吸収は実現しなかった。というのはピルズベリー家のメンバーが
マッキンタイアの計画を妨害するために，イギリスの**親**会社の証券を十分買い
込んでいたからだ（ノースウェスタン統合会社は合衆国製粉業会社の一部にはなった

558

ものの，それは1900年2月には財産管理を受けることなり，スタンダード製粉会社として再登場することとなった[144]）。

　マッキンタイアの連合を無視したことで，ピルズベリー・ウォッシュバーン小麦製粉会社はその生産力を向上できず，20世紀の初期に当社は小麦投機で巨額を失い，その小麦粉の等級を切り下げ，資産価値を低下させることとなり，最終的に1908年8月にミネアポリスの銀行は信用貸付をすることを拒否し，当イギリス企業を強制財産管理下に置くこととなった。残ったイギリスの株主たちは泥棒に追い銭をすることを望まず，ピルズベリー家にはイギリスの親会社をもつ意味がなくなった。勝ち目のない提案に直面し，イギリスの株主たちはピルズベリー家とミネアポリス出身の管財人（A・C・ローリング）によって提案された計画を受け入れたが，この計画で，小額の賃貸料を支払い利益を分け与えるという交換条件である新しい米国国内設立管理による「運営」会社，ピルズベリー製粉会社が設立され，土地財産を20年間借りる権利を獲得することとなった。ローリングがピルズベリー製粉会社の社長となった。大元のイギリス企業は存続したものの，収入を生む資産は有したが経営実態のない形だけのものだった[145]。

　ミネソタ歴史協会の文書と，ガスパード・ファーレのロンドン側の書簡を合わせて調査してみると，チャールズ・A・ピルズベリー死後のイギリスの親会社とミネアポリスの会社との関係がかなりの程度明らかになってくる。ジョン・S・ピルズベリー（チャールズの叔父）からのロンドンの取締役会会長のR・H・グリン宛ての1901年の手紙により，その年，ジョン・S・ピルズベリーは事業の米国への移転（米国での法人化）を望んでいたことがわかる。グリンがそれに反対すると，ピルズベリーはその件をそれ以上追求することはせず，「われわれとしてはイギリス本社側から受けた待遇や行動に不満を漏らすなんらの理由も持ち合わせていない。われわれがお願いできることは，本社の諸々の指揮と会社としての全般的な行動だけなのだ」と述べている[146]。

　ミネアポリスの経営者たちはロンドンに簡単な報告書を送るのが常であった。1889年にピルズベリー・ウォッシュバーン小麦製粉会社のロンドン本社秘書役になり，後に（まだロンドン居住中に）「取締役社長」になったフランク・スペンサーは1907年に次のように書いている。小麦粉の利益は「ずっと一つの曇に

第Ⅱ部　世界最大の債務国

隠されたような状態で，ミネアポリス・ミラー社のようなまさしく聡明な人々の一団が，どうして，協力して製粉業者に対し販売されるバレル単位で利益を出す価格設定ができないのか，私にはどうしても理解ができないのだ」[147]。

　この1907年の手紙のなかで，スペンサーは「かなりの差額勘定残高」について触れ，役員たちに報告すべきであると述べている。「企業と地理的に遠く離れていて，起きていることがしっかり伝わっていない」とスペンサーはたびたび不満を漏らした。彼は米国側がロンドンにほんの「少ししか報告」を送っていないと考えた[148]。ロンドンの重役たちが追加報告を送るように依頼した際，スペンサーはその要求を当然なものと考えた。「なにか事がうまくいかない場合はわれわれが矢面に立つのだ」と。彼はロンドンの重役たちも，すべて米国の経営陣に任せているという「言い訳」は使えないはずだと感じていた[149]。

　1908年７月にピルズベリー・ウォッシュバーン社が「資金繰りに困窮した」際には，その知らせはロンドン重役会には驚きをもって伝えられた。「慎重な会計監査でも，現金が底をついていたということしかわれわれにはわからなかった」とスペンサーは書いている[150]。1908年７月27日に，スペンサーは電報によって「想定以上の100万ドルを超える負債が明るみに出たこと」を知った。当日はアルフレッド・ピルズベリーと会社の顧問弁護士のラルフ・フィーランは「取締役会に対する報告のために」ロンドンへ向かう途中であった。スペンサー（名ばかりの「取締役社長」）は次のように付け加えた。「われわれにはまったく事実が知らされていない」[151]。1908年８月13日以前にスペンサーは書き送っている。「（ロンドンにいる）私たち全員が完全にだまされていた状態で，何年もの間，貸借対照表は不正なものであって事実を隠すものであったと私には思われるのだ」[152]。そして彼は「われわれは誰を管理人に指名すべきかなんらの発言力もなかったのだ」と嘆いた[153]。

　マウント・ステファン卿を含むジェームズ・J・ヒルのロンドンの友人たちは，すべてピルズベリー・ウォッシュバーン小麦製粉会社に投資していて，1908年秋，不正が次第に明らかになると，ベアリング・ブラザーズの重役，ガスパード・ファーレは再編計画を検討評価するために独自の情報を探し始めた。彼は投資された「巨額のイギリス資金」に気づいていた。私的な手紙のなかで彼はピルズベリー・ウォッシュバーンに関し，「その経営にスキャンダルが絶

第**9**章　食料・飲料・タバコ・食品雑貨類

えることなどこれまでほとんどなかったのだ」と書き送っている。[154]

　1910年7月，イギリスの取締役社長フランク・スペンサーは，ピルズベリー・ウォッシュバーン小麦製粉会社との「協定」の期限が切れ，同社と20年間を共にした後，彼は「老いぼれた没落企業に決別を告げた」。彼のイギリス人[155]重役仲間で，ピルズベリー・ウォッシュバーン社の最大の個人投資家だったシドニー・T・クラインに対して，スペンサーは次のような捨てぜりふをはいた。[156]「当人（クライン）は自分が会社経営している株主で，当社の小麦粉を買い，彼の利権がどうなっているか容易に調べられるように，ミネアポリス支社に息子を送り込んでいるんだ」。要するに，1910年以降（またはより正確には，1899年以[157]降で，マッキンタイアの脅威の後）イギリス人所有者とロンドンの重役たちはピルズベリーに対する支配力を失っていた。長距離をまたぐ「指示」，またはその指示が機能しなかったことで結果的に失敗した。[158]

　1889年の穀物倉庫に投機したイギリスのベンチャー企業にも同様な悪運が付きまとった。1894年にシカゴ市穀物エレベーター株式会社は米国の会社，シカゴ鉄道ターミナル社によって買収されたが，米国の株主たちは「イギリスの経営の犠牲になることに」反対し，イギリスの親会社を切り捨てた。シカゴ＆ノ[159]ースウェスト穀物倉庫株式会社は1910年に清算された。[160]

　しかしこれとは対照的に，貿易会社のバルフォア・ガスリーは事業の直接管理をし，穀物取引関係の新しい活動に乗り出し，太平洋岸で倉庫業や穀物昇降機業に投資した。「彼らはすべての中間商人を排し，すでに小麦地帯全体にわたって80の倉庫や穀物昇降機を保有していた」と1903年に，あるオブザーバーが同社に関して書いている。1910年にバルフォア・ガスリーはオレゴン州ポートランド市に巨大な製粉所を建設した（クラウン・ミルズ社）。これらの投資は[161]いずれも，慎重な経営をし，国際ビジネスの主要な役割を担った。明らかに，考察対象の数年間を通してみると，バルフォア・ガスリーが最も顕著な例だが，外国企業が太平洋岸の小麦・小麦粉取引を支配した。「彼らは格付け制度，契約形態，取り扱い方法の質に影響を及ぼした」。[162]

　要するに，主としてイギリス人であったが，外国投資家たちは様々な食品生産業に参入し，その最大のものは，穀物取引，穀物昇降機業，製粉業であった。投資家には利益はもたらさなかったが，ピルズベリー・ウォッシュバーンに対

561

第Ⅱ部　世界最大の債務国

する投資は，その重要な実例であった。バルフォア・ガスリーは西部の穀物・
小麦粉事業では主要企業として際立っている。

アルコール飲料

　精肉業，穀物昇降機業，製粉業などと同じように，米国のビール会社が1888
年から1891年の間にイギリスの投資家の大きな注目を引きつけることとなった。
肉や小麦粉（言い換えれば肉牛と小麦だが）とは異なりイギリスはビールを輸入
したわけでは「なかった」。19世紀末および20世紀初頭にはイギリスのビール
業は，米国における最大規模の事業としての地位を築いていた。[163] 米国のビール
製造に対する投資は，お祭り気分の投資の連続でイギリス人は見込まれる利益
に酔いしれた。このビール業への投資は国際取引とはまったく関係なかった。
しかし他の米国投機に加わっていた同じ個人の多くが，ビール業の真剣な試み
に参加した。[164]

　1886年にアーサー・ギネス社（ダブリン）の株がベアリング・ブラザーズ社
によってロンドンで発行された。1887年にはロンドン＆ウェストミンスター銀
行がサミュエル・オールソップ＆サンズ社に対しイギリスの別のビール会社と
の合併を提案した。イギリスのビール業の合併やそれに続く起債は定番になっ
た。[165] 国内のビール業に出資していたイギリス人の一部は，米国の同業活動に目
を向けた。[166] 1888年から1891年における合衆国のビール業の合併を記したアメリ
カ人著述家は，それらの合併を，スタンダード石油トラスト（1882年），コット
ンオイルトラスト（1884年），砂糖トラスト（1887年）の流れのなかに位置づけ
た。[167] イギリスと米国の双方における展開は互いに関連性をもっていた。

　米国のビール会社を買収および合併統合した最初のイギリスのグループは，
1888年のニューヨーク・ビール株式会社だった。[168] もう一つのイギリス人のグル
ープはフィラデルフィアで，Ｊ・Ｆ・ベッツ＆サン社を買い取った。1888年の
この２つの参入は互いに別のものだったが，アメリカ人ジャーナリストたちは
それらを，巨大な「ビール業の企業合同」の始まりとみた。[169] イギリスの会社発
起人が主要なミルウォーキーのビール会社の所有者であるフレデリック・パー
ブストを訪問し，シュリッツ社およびブラッツ社と一緒に合併するよう説得を

562

第**9**章　食料・飲料・タバコ・食品雑貨類

試みた。両社の米国の代理人はパーブストにこのような合併の利点について書き送り，「会社をはるかロンドンに」連れ出すことで成し遂げられるであろうし，世界規模の企業になると宣伝した。このベンチャーは「再編後１年以内に30％の販売および利益増」を成し遂げ「右に出るものはギネス社のみの存在となろう」。

イギリス人プロモーターたちは魅力的な現金提示，新会社の株式，無担保社債などをもってアメリカ人ビール業者に近づいた。そのやり方はファウラー・ブラザーズ，ピルズベリー・ウォッシュバーン，その他の当時の起業方法と似ていた。それは以前イギリスでの米国鉱工業会社の発起に使われた手続きに従っていた。（イーストマン社とG・H・ハモンド社を統合した）プロモーターのオヘイガンは，自分が個人的に参加した合衆国内のビール会社の９つの合併について書いている。国際精肉出荷貯蔵会社やシカゴ＆ノースウェスト穀物倉庫会社をつくる手助けをしたシカゴの事務弁護士，レヴィー・マイヤーはイギリス資本をシカゴのビール業に引き入れる役も果たした。

1888年から1891年の間に24のイギリスの「企業連合」が80の米国のビール会社と２つのモルト醸造会社を取得した。報告されているところでは，彼らの投資は約9000万ドルに達した。米国のビール会社に対する投資額は，総計では，肉牛牧場，精肉業，穀物倉庫，穀物昇降機業，小麦製粉業に対するものよりも多かった。イギリス企業に買収されたビール会社は，ボストンからサンフランシスコに至る，米国中にあった（表9-2を参照）。これらの新企業は多数の工場をもつものだった。

最大のものは1889年につくられたセントルイス・ビール会社（当初の資本金，285万ドル）で，同社はミラー・ブラザーズ・ビール会社を含む，セントルイスの17の，東セントルイスの１つのビール会社を併合した。もう一つの巨大なイギリス主導の合併（1890年）は，５つのシカゴのビール会社を巻き込む，ミルウォーキー＆シカゴ・ビール会社（資本金227万1000ドル）だった。1891年に，同社はミルウォーキーのV・ブラッツを併合した。バレンタイン・ブラッツがその社長となった。ミルウォーキー＆シカゴ・ビール会社の取締役会には何人かのイギリス人ビール業者がいて，そのなかには大企業のインディペンデント・クープ社の会長，エドワード・トーマス・ヘルムもいた。

563

第Ⅱ部　世界最大の債務国

　ブラッツは自分の会社をイギリスの会社に売却したが，パーブストとシュリッツは違った。同様に，セントルイスでは，イギリス人がミラー・ブラザーズ社やその他を買収したが，ブッシュに対して800万ドルを提示したにもかかわらず，アンホイザー・ブッシュは取得し損ねた。1892年に，シカゴの２つのイギリスのビール会社は「これらの会社の独占的支配を受けるはずの酒場」の買取または賃貸の決定をした。それらはいわゆる特約酒場のような，イギリスのビール産業の慣例に従っていた。

　エラスタス・ワイマンは，1889年に文書に著し，イギリス人は入念にビール会社を調査および併合し，売り手やそのスタッフのサービスの継続性を確保し，米国の会社の元の所有者たちが少数派の株保有を続行させたと述べた。ワイマンは次のように書いている。イギリスの親会社には「著名で地位のある人たちが要職につき，それらの人々が取締役会にいることで完全な調査が行われ，また経営が公正かつ効率的に管理されるだろうということで，資本家に対する保証になるのだ」。他の発起活動の場合のようにロンドンの重役たちが選ばれた。なぜなら彼らには肩書き，名声，人脈があったのだ。

　一部のオブザーバーは営業開始時から疑念を抱いていた。イギリスの『エコノミスト』誌のニューヨーク駐在記者は1889年に次のように書いている。

　　これからこれらの証券に投資しようとする者は，なぜこれらのビール会社が売却されたか，なぜ本国ではなくそれらが遠く離れた所で市場展開されるのか，そしてなぜこれらの販売や経営が，なにを売り，なにを監督すべきか理知的な判断をすべく立場にあることもなく，その経験もない，ただ著名なイギリスの会社の管理に任せられているかよく考えたほうがいいだろう。

　当記者は，ビール会社で過剰設備投資がされていると警告した。取締役会に著名なビール業者がいたが，これらのイギリスの会社はフリースタンディング事業であり，どこかのイギリスのビール業者の多国籍的な広がりに預かるものではなかった。

　1889年にニューヨークの『ネーション』誌は，教会禁酒会によって発行されたある記録により，ニューヨークのビール酒場のほとんどが「ビール業者によ

564

第**9**章　食料・飲料・タバコ・食品雑貨類

表9-2　「企業連合」のビール醸造業，1891年4月　　　　（単位：ポンド）

会　　　　社	資　本　金
ボルチモア・ビール会社 　バウアーンシュミット＆マール・ビール会社	190,000
バーソロメイ・ビール会社 　バーソロメイ・ビール会社，ロチェスター・ビール会社，ジェネシー・ビール会社，E・B・パーソンズ＆J・N・ウースアウト・モルトハウス	970,000
ベッツ・J・F＆サン社 　J・F・ベッツ＆サン，フィラデルフィア	550,000
シカゴ・ビール会社 　マクアヴォイ・ビール会社，ワッカー＆バーク・ビール・モルト会社	1,000,000
シンシナティ・ビール 　シンシナティのユング・ビール会社，オーロラのクレッセント・ビール会社	230,000
シティ・オブ・ボルチモア・ユナイテッド・ビール会社 　ジョン・バウアーンシュミット，ウィリアム・ミラー社，H・ストラウス・ブラザーズ社	335,000
シティ・オブ・シカゴ・ビール＆モルティング会社 　コンラッド・サイブ・ウェスト・サイド・ビール会社，F・J・デュイス，ジョージ・ブレン社およびL・C・ハックの麦芽製造所	1,900,000
デンバー・ユナイテッド・ビール会社 　Ph.ザング・ビール会社，デンバー・ビール会社	600,000
デトロイト・ビール 　チャールズ・エンドリス，ジェイコブ・マン，バヴァリアン・ビール会社，A・ゴウベル社	160,000
エメラルド＆フェニックス・ビール会社 　ニューヨークのT・C・ライマン社，ニューアークのF・J・カストナー	470,000
ヒルズ・ユニオン・ビール会社 　ニューアークのウィリアム・ヒル	115,000

第Ⅱ部　世界最大の債務国

イリノイ・ユナイテッド・ビール　　　　　　　　　　　　　　　　　　300,000
　ジップス・ビール会社，ユニオン・ビール会社，グス・ライシー・ビ
　ール会社，J・コルマー社，エドウィン・ポーター，ジョリエット，
　ウィルミントンのマーカート社

インディアナポリス・ビール会社　　　　　　　　　　　　　　　　　　430,000
　C・F・シュミット，ピヒーバー・ビール会社，C・マウス

ジョーンズ・フランク・ビール会社　　　　　　　　　　　　　　　1,300,000
　ニューハンプシャー州ポーツマスのフランク・ジョーンズ，ボストン
　のクック社

ミルウォーキー＆シカゴ・ビール会社　　　　　　　　　　　　　　2,271,000
　M・ブランド・ビール会社，バルトロマエ＆ライクト・ビール会社，
　アーンスト・ブラザーズ・ビール会社，バルトロマエ＆ロウシング・
　ビール会社，シカゴのK・G・シュミット・ビール会社，ミルウォー
　キーのV・ブラッツ

ニューイングランド・ビール会社　　　　　　　　　　　　　　　　　610,000
　ジョン・ロウスル，ハッフェンレファー社，ボストンのサフォーク・
　ビール会社，ローレンスのスタンレー社

ニューヨーク・ビール会社　　　　　　　　　　　　　　　　　　　　930,000
　H・クラウセン＆サン・ビール会社，フラナガン・ネイ社

セントルイス・ビール会社　　　　　　　　　　　　　　　　　　　2,850,000
　アントニー＆クーン・ビール会社，ブレーメン・ビール会社，ブリン
　クワース・ノーカー・ビール会社，チェロキー・ビール会社，エクス
　セルシアー・ビール会社，グリーン・トリー・ビール会社，A・グリ
　ースダイク・ビール会社，H・グローン・ビール会社，ハイド・パー
　ク・ビール会社，クラウスマン・ビール会社，リバーティ・ビール会
　社，ミラー・ブラザーズ・ビール会社，シュリング＆シュナイダー，
　ジョセフ・シュナイダー，チャールズ・G・スティフェルズ，ワイン
　ライト・ビール会社，ジュル・ウィンケルマイヤー・ビール組合―セ
　ントルイスのすべて，および東セントルイスのハイムズ・ビール会社

サンフランシスコ・ビール会社　　　　　　　　　　　　　　　　　1,500,000
　ワイランド・ビール会社，米国ビール，シカゴ・ビール会社，ウイロ
　ーズ・ビール会社，サウス・サンフランシスコ・ビール会社，パシフ
　ィック・ビール―サンフランシスコのすべて，サンノゼのフレデリッ
　クスブルグ・ビール，オークランドのオークランド・ビール，東オー
　クランドのブルックリン・ビール，西バークレーのホフブルグ・ビー
　ル

第**9**章　食料・飲料・タバコ・食品雑貨類

ショーンホウヘン・ピーター・ビール会社 　P・ショーンホウヘン・ビール会社	617,000
スプリングフィールド・ビール会社 　シュナイダー・ブラザーズ，オハイオ州スプリングフィールドのヴォース&ブリー	135,000
合衆国ビール会社 　ニューヨーク州オルバニーのオルバニー・ビール会社 　G・クルーガー・ビール会社，P・ハウク社，ミセス・C・トレフズ―ニューアークのすべて，およびニューヨークのA・ヒュープフェルズ・サンズ	1,100,000
ヴォイト・ビール会社 　デトロイトのE・W・ヴォイト	200,000
ワシントン・ビール会社 　ワシントンのアルバート・ケアリー	161,000

出所：*Western Brewer*, 16（April 15, 1891）：878，および Thomas C. Cochran, *The Pabst Brewing Company*（New York : New York University Press, 1948), pp. 405-406.

り抵当にされていたこと」また1つのビール業者が約200軒の酒場を所有していたことが明らかにされたと述べた。『ネーション』誌の記者は次のように続けている。

　　酒場の一つひとつから適正な収益を確保するためには，当然厳しい注意が必要である。ここですべてのビール業者が連帯し，これらおよび外部にある彼らの付属物，酒場がロンドンで開くある種の取締役会に対し，責任をもつ唯一の管理下に置かれたと思い描いてみるといい。結果はどうなるだろうか。私たちは，たった一つのことと6人にも満たない人たちを監督しなくてはならない場合にも，外国人所有による西部の鉱山でごまかしがあったと聞いたことがある，十数社もの米国の都市のビール会社や酒場店主を，誰が監督し，ロンバート通りの信じやすい融資団体に対し，毎週，毎月の忠実な会計を報告するだろうか。[184]

第Ⅱ部　世界最大の債務国

　米国のビール会社に対するイギリスの経営方法は多岐にわたった。イギリスの会社は本国からバーソロメイ（ロチェスター），セントルイス，サンフランシスコのビール会社に代表者を送り込んだが，これらの男たちはこれらの都市で自分の家庭をもち，地元の経営に直接参加し，ロンドン本社と常に連絡を取った。1890年，セントルイスのイギリスの所有者たちは，前所有者兼経営者を解雇したが，このような道を選んだことをニューヨークの『バンカーズ・マガジン』誌は「自殺的行為」と診断した。シカゴのビール会社には同じような介入行為はなかったが，イギリスの会計会社プライス・ウォーターハウスのシカゴ支社は，会計検査機能に加えてシカゴのビール会社の「ロンドン」本社に対して顧問サービスを提供したが，プライス・ウォーターハウスのシカゴ支社長は，会計同様に経営と財務政策に関する意見を提供した。[(185)]

　権威ある取締役会のメンバーやイギリスからの指示などの試みがあったが，米国のビール会社の有価証券を懸念する当時の人々の判断は正しかった。米国のビール会社に対して投資したほとんどのイギリス人は，強い不満感をもつこととなった。遠隔地経営の問題だけでなく，1890年代には，価格下落で米国内のイギリス人所有ビール会社は「多数の不快かつ儲けのない価格競争」に参加したが，米国所有の会社は結束し，イギリスのライバル会社に対抗した。このようにセントルイスの小規模ビール会社の一団はアンホイザー・ブッシュとレンプの支援を受け，イギリスの競合相手と太刀打ちするために協会をつくった。[(186)]歴史家トーマス・コクランは，イギリスの会社は最強の米国会社との競争を余儀なくされたと述べている。[(187)]

　米国のビール業投資と経営に深く関与していた，オヘイガンの米国代理人であるイギリス人，ラッセル・モンロー[(188)]は，1894年8月に友人で会計士のプライス・ウォーターハウスのJ・ガーニー・ファウラーに対し，モンローの主張では一時的な不況の結果としたイギリスのビール会社の窮状について書き送っている。モンローはビール会社の状況はすばらしく，「健全経営で」，「長期的には大丈夫だろう」[(189)]と主張した。しかしそれは先のみえないなかでの強がりだった。

　低利潤が続いたのは，イギリスの参入企業も同じだった。1900年にナサニエル・ベーコンは米国における外国投資について書き，大規模なビール業の利権

568

第**9**章　食料・飲料・タバコ・食品雑貨類

について特に注目した。クレオナ・ルイスは1898年に，米国で経営している23の「イギリスビール会社および蒸留酒会社」の7500万ドルに満たない額の資本金に注目した。イギリスビール業界歴史研究家ジョン・バイジーは1908年末に次のように書いている。イギリスの投資家はイギリス，米国両方のビール会社株に幻滅した。「1888年から1890年に株を発行した，イギリス人所有の米国ビール会社が，株主たちに配当金として支払った額はないに等しいものだった[192]」。1908年の『エコノミスト』誌は「（イギリス所有の米国ビール会社の）ほとんどに当てはまるスキャンダル的な過剰投資」についてコメントした[193]。

　ジョージ・ペイシュは，1910年における米国ビール業界と蒸留酒業界へのイギリスによる投資額を5590万ドルと推計した[194]。クレオナ・ルイスの見積りも同様なものだった。彼女は1914年に金融マニュアルのなかで，（1899年の総計23から）米国における16のイギリス所有のビール会社と１つの蒸留酒会社を特定し，それらの資本金は（1899年の750万ドルに対し）少額の，約580万ドルであった[195]。要するに，1914年には，イギリスが，米国ビール業界にはかなりの規模の利権を残したものの，彼らの役割は以前ほど重要でなくなっていて，イギリス人は米国のビール技術，分配，経営には特に目立つ追加投資はしなかった。彼らが一つ貢献したとすれば，合併を加速したことだ思われる[196]。

　米国のビール業に対するドイツ人による非居住者投資はまれだった。ドイツ移民は米国ビール業に確かに投資したが，それらはわれわれの定義では，外国投資ではなかった。パープストは，1914年には13％がドイツ人の所有だったが，明らかに証券投資による利権だった[197]。あるロンドンの企業連合によって1888年から1890年の間に設立された，ニュージャージー州ニューアーク市の米国ビール会社は，1914年までに61％がドイツ人所有になっていた[198]。同社の主要利権およびニューアークの３つのほかのビール会社の利権は，1914年にドイツ居住だったアメリカ人，ゴットフリート・クルーガーによるものであった[199]。シカゴのピーター・ショーンホウヘン・ビール会社は1914年までには，63％がドイツ人所有になっていた[200]。

　その他のアルコール飲料でも，外国投資家が参加した。1889年に，イギリスのある独立企業がケンタッキー蒸留酒会社（バーボンの生産者）のグループを買収した[201]。イギリスのスコッチウイスキーメーカーは，市場が有望だとみて米国

569

第Ⅱ部 世界最大の債務国

に輸出した。1902年にジェームズ・ブキャナンは，ニューヨークに支社を開いた（これは短命だった）。1910年までにジョン・デュアーは，ニューヨーク支社をもった。ジョン・ヘイグ社は1912年から1914年の間に，アメリカ人代理人を任命して米国取引を拡大し始めた。ヘイグ＆ヘイグ社（別会社）は，1897年に，代理店に対して，米国内での「ピンチ（ディンプルデラックス）」（高級ブレンデッドウイスキー）の専売権を与え，1912年から13年までには，ヘイグ＆ヘイグ社はこの国で好業績を収めていた。このように，イギリスのスコッチメーカーは，米国内で蒸留酒会社を設立することも買収することもなかったものの，この市場を無視したわけではなかったのである。同様に，川を挟んで，デトロイトのちょうど対岸にある，オンタリオ州ウォーカービル市で「カナダ・クラブ・ウイスキー」を製造していたカナダの会社，ハイラム・ウォーカー＆サンズ社は巨大な米国事業を立ち上げ，ずっとその瓶，ラベル，ブランドネームを模倣しようとする者たちを寄せつけなかった。フランス人は米国において，フランスシャンペン販売貿易会社を有していた。ドイツ人商人は米国系列販売店と組んでワインと蒸留酒を輸入した。これらのアルコール飲料に対するすべての投資は，イギリスのビール業に対する大規模投資と比べて小規模だった。

　結論的に，米国におけるイギリスビール会社は合併を促進した。当時は，米国では企業連合は普通であったので，イギリスの果たした役割はおそらく決定的なものとはならなかったはずだ。イギリスによるハモンド社合併により，外国の所有者たちは，一時的に米国精肉業における「4大企業」の地位を得たし，ピルズベリー・ウォッシュバーンの一部買収により，イギリスはこれまた一時的だが，米国製粉業の頂点に登った。しかし海外の投資家たちは，2つの主要なビール業者であるミラーとブラッツは確かに取得したものの，ビールにおける米国の3大企業（シュリッツ，パーブスト，アンホイザー・ブッシュ）のどれも取得することはできなかった。イギリスが米国のビール業界をリードするメーカーを買収しなかったことは，その挑戦がなかったからということではない。米国のビール業にはかなりの額のイギリス資本が投資され，イギリスの会社が米国のビール業者のトップ6会社のなかにランクされたほどだ。対照的に，その他のアルコール飲料に対する外国投資は全部合わせても，取るに足らないものだった。

570

第**9**章　食料・飲料・タバコ・食品雑貨類

加糖練乳，ベビーフード，チョコレート，その他の糖菓類

　スイス，ドイツ，イギリスの企業によって，米国内で製造されたその他のブランド食品および飲料としては，加糖練乳，ベビーフード，チョコレート，タフィーなどがあった。スイスの持ち株には，これまで食品・飲料業界においてわれわれが考察してきたものとは異なる複雑な歴史があり，彼らの参入は，今日の多国籍企業の成長や経営に当てはまるものとかなり合致していた。スイスの会社は米国で加糖練乳，ベビーフード，チョコレートを製造した。ドイツの会社は加糖練乳やベビーフードを製造販売はしなかったが，１社がチョコレート製造において重要な役割を果たした。イギリス企業はチョコレートを導入しようとし，タフィーをつくった。ここでも，ドイツおよびイギリスの企業の場合，その形は本国の拠点から（米国を含む）外国諸国へと拡大していくというものであった。

　1882年に，スイスのチャムのアングロ・スイス加糖練乳社は，その輸出量を減らす原因となっていた米国の高い輸入関税回避のために，米国内で加糖練乳を製造することに決めた。アングロ・スイス社は1866年に２人のアメリカ人の兄弟，チャールズとジョージ・ページによってスイスで起業され，その会社は明らかに当初イギリスおよびスイスの資本によって資金提供されたが，やがて完全にヨーロッパ企業になった。本社のあるチャムで，1867年に加糖練乳を製造し始め，1870年代の末には，イングランドおよびババリアでも製造した。ジョージ・ページはアングロ・スイス社のために，1882年にニューヨーク州ミドルタウン市でその最初の米国工場を取得し，米国のトップ企業ボーデン社との直接対決に挑んだ。ボーデン社は「低価格の競争的銘柄」によりこれに対抗した。アングロ・スイスは儲けを失うこととなったが，くじけることなく生産量を伸ばし，さらなる米国における設備の建設および買収を行い，1900年までには，５つの製造工場を有する，米国における多数の工場をもつベンチャーになっていた。しかしこの頃には，ボーデンの競争力はあまりに激しさを増し，1902年にはアングロ・スイス社は200万ドルで米国資産をボーデンに売却し，アメリカ人従業員はボーデンに入った。同じ頃，1902年２月15日に，この２つ

571

第Ⅱ部　世界最大の債務国

の会社は，ボーデンに米国およびカナダ市場に対する独占権を与え，その代価
として，ボーデンは世界のその他すべての市場から撤退するという協定を結ん
だ[205]。

　また，スイスの（チャムのアングロ・スイスの本社から約120マイル離れた）ブベ
ー市で，ヘンリ・ネスレは，1867年に赤ん坊のための「ミルクフード」の製造
を始めた。ブベーは長いことスイスチョコレートの重要中心地であり，ネスレ
の工場もダニエル・ピーターのチョコレート工場の近くにあった。1875年にピ
ーターの工場の一人の従業員が，ネスレのミルクをピーターのチョコレートに
混ぜ，その結果生まれたのが，ピーターが製造販売することとなる「ミルクチ
ョコレート」であった。1878年，ネスレ社は初めて加糖練乳を生産した（その
前年，アングロ・スイス社は加糖練乳をベースにしたベビーフードを開発していて，ネ
スレ社との直接競合に入ったが，ネスレ社は，アングロ・スイスの市場に入り込み加糖
練乳を缶詰にすることで対抗した[206]）。

　ネスレ社の操業はスイス国外にも広がったが，1900年になって初めて，同社
は米国内における工場建設を決定した。同社はニューヨーク州フルトン市に工
場を建てたが，そこには「豊かな牧草地と多数の牛の群れ」があり，優れた新
鮮な牛乳の供給が可能であった。1901年の宣伝によると，ネスレは「最も純粋
で最も濃い牛乳」を擁した。この新米国事業は「幼児のためのネスレのフー
ド」と「ネスレの加糖練乳」を宣伝した。同社のフルトン工場は「完璧な製品
を保証するために，自動化された，省労働の機械類にすべての注意が払われ
た」近代的なものといわれた[207]。

　1905年，アングロ・スイスおよびネスレ社のスイスにおける親会社同士が合
併し，ネスレ＆アングロ・スイス加糖練乳社を設立させた[208]。アングロ・スイス
社は1902年に，ボーデンに米国市場の独占権を移譲していたが，ネスレにはそ
のような協定がなかったので，スイスでの合併が完結する前に，ボーデンとの
交渉が必須であった。それゆえネスレは1905年に米国およびカナダにおける加
糖練乳取引（ボーデンが米国およびカナダにおける「ネスレの加糖練乳」ブランドの
独占権をもっていた）から撤退することに同意をした。ネスレはベビーフード事
業に留まることはできたが，米国およびカナダで販売するすべてのベビーフー
ドに対し1缶につき1セントの特許使用料をボーデンに支払う契約をした[209]。そ

572

第**9**章　食料・飲料・タバコ・食品雑貨類

の年，この新しく合併したスイスの会社が25万ドルの資本金でニューヨーク・ネスレ・フード社を設立し，米国内でネスレのベビーフードを製造販売した。[210] 1913年のフルトン市の案内書はネスレ・フード社を「ネスレの幼児，児童，病弱者用フード」の製造者と表現した。1901年の広告とは異なり，加糖練乳についての言及はなかった。[211]

その同じ1913年のフルトン市の案内書は，1907年にフルトン市にてピーター・カイラー・ケラー・スイス・チョコレート社が「ネスレのミルクチョコレート」を含むチョコレートの製造を始めたと報じた。同チョコレート会社の社長は（1913年には）ニューヨークのＣ・Ａ・コーリスだった。[212] これは米国におけるもう一つのスイスによる投資だった。その背景は複雑である。1904年1月にスイスでピーターとケラーは，彼らのチョコレート事業を統合し，そして（ア[213]ングロ・スイス・ネスレの合併以前の）1904年7月に，ネスレはミルクチョコレートのネスレブランドを製造する新しいピーター＆ケラーに資本金を出す約束をしていた。[214]

ネスレはその新会社のチョコレートを市場に出した。[215] 1905年にトーマス・Ｗ・ラモント（後のＪ・Ｐ・モルガンのパートナー）はスイスでピーターのチョコレートの味を知った。[216] それより約10年前の1894年にラモントはクッシュマン・ブラザーズ社に関与していて，この会社は製造者たちのための販売代理店の役を果たした。[217] 1898年にクッシュマン・ブラザーズが倒産の一歩手前に追いこまれたときにはラモントがその再編にあたった。[218] 1900年までにこの会社はウエッソンの調理用オイルやサラダオイルを含む，ブランド食料加工品を専門に取り扱った。[219] ラモントの書類では，いつラモント・コーリス社が組織されたか（彼の自伝では1898年だといっている）明らかではないが，1904年までにラモント・コーリス社（チャールズ・Ａ・コーリスとトーマス・ラモントとは義理の兄弟だった）がクッシュマン・ブラザーズに取って代わっていた。[220] ニューヨークのラモント・コーリス社の秘書役は1905年4月4日にスイス，ブベー，ヘンリー・ネスレ気付オーガスト・ロウシーへ，自分の会社について次のように述べている。

　　わが社の役割は，高級食品製造に携わる数社の，唯一かつ独占的販売代理者としてのものである。わが社が彼らのために扱う範囲は米国およびカナダ

573

第Ⅱ部　世界最大の債務国

に及んでいる。わが社の本部はこのニューヨークにあり，ここでわが社は7階のビルをまるごと占有し，わが社は，上記のレターヘッドで示してあるように，（ボストン，フィラデルフィア，ワシントン，バッファロー，ピッツバーグ，シカゴ，ミネアポリス，セントルイス，モントリオール，サンフランシスコ，イングランドのロンドン）すべての都市に支社を完備している。ニューヨークから，そして多くの支社を拠点として，わが社は国全体の取引をカバーしていて，最低限70人の販売員を有し，このように国全体に，ほぼ完璧なネットワークを構築している。

　わが社のビジネスシステムにより，製造会社はアメリカ市場における取引の進展育成に絡む細目事項から一切開放されることとなる。わが社は当市場にて商標登録食品を作り出す仕事の「専門家」であり，わが社との取引をお考えの方ならどなたにも，例えばクリーム・オブ・フィート社，E・マクイルヘニー・サン社（タバスコソース），マッキントッシュ・タフィー社のように，わが社がすでに代表を務めている製造者から，わが社の経営方式に関して照会をいただければ，私どもの喜びとするところである。わが社は前述の製造者側が，適切な宣伝活動をすることで十分かつ理にかなった程度までわが社の努力を支援することに同意してくれない限りは，いかなる製造者側の代表販売も受理しない。この条項をわが社の代表販売の条件とすることで，われわれの失敗の可能性を最小限に抑えることができる。

　わが社は自社が代表販売している製造者側から，わが社が購入する総販売量に対して理にかなった歩合で，値引きしてもらうのが慣習であり，常に販売手数料を受けることを条件とする購買方法により，わが社自身のかなり多額の販売活動経費を賄うことが可能となっている。[221]

　手紙は続き，会社の幹部の名を挙げ会社の資金的なコネは「最強である」ことを強調した。[222]ラモントはラモント・コーリス社のためにピーター＆ケラーのチョコレートの北米における独占権を取得した。[223]

　2年後（1907年），ピーター＆ケラーはニューヨークのフルトンでチョコレートの製造を始めた。[224]1909年には（スイスの）ピーター＆ケラーはラモント・コーリス社の37％の利権を取得したようで，ピーター＆ケラーの米国事業はラモ

574

ント・コーリス社と合併され，C・A・コーリスがスイス・チョコレート社の米国事業部の社長になったが，その結果，垂直統合の米国事業が完成した。1911年，スイスではカイラーがピーター＆ケラーと統合し，スイスと米国での事業部門は双方ともピーター・カイラー・ケラー・スイス・チョコレート社となった。ラモント・コーリス社は（1902年に）「チョコレート専門のセールスマン」を雇用する決断をした。1913年にピーター・カイラー・ケラー・スイス・チョコレート社は米国でのチョコレートパッケージの重量を増やし，「ほぼハーシーの重さに合わせよう」としていたが，それは，そのままではハーシーが「ミルクチョコレート」事業を「独占しようとする勢い」だったからである。米国で製造されるスイス・チョコレートは，この頃には，「国内のどの都市や町でも知られ，また広大な北米大陸のなかを走る，ほとんどすべての列車や旅客蒸気船でも手に入った」。

　かいつまんでいえば，1914年には，米国の加糖練乳製造にはスイス資本はなにも残っていなかった。ボーデンが最高位にあり，後にペット・ミルク（砂糖を加えずに牛乳を貯蔵する過程の，「無糖練乳」を製造した）と改称し，カーネーション社とヘルベティア・ミルク・コンデンシング社がその主たる競合2社であった。しかしネスレ＆アングロ・スイス加糖練乳社は，自社の米国の子会社であるネスレ・フード社を通じて（ボーデンに対し1缶いくらで使用権量を支払い）ベビーフードを製造市販し，ピーター・カイラー・ケラー・スイス・チョコレート社（ネスレは1911年にはこのスイスの会社に39％の利権を所有していた）とのスイスでの関係を通し，ネスレは米国内でチョコレート製造に従事していた。ベビーフードもチョコレートも米国内販売のため，ニューヨークのフルトンでつくられた。ピーター・カイラー・ケラー・スイス・チョコレート社は，ピーターのミルクチョコレート，カイラーのミルクチョコレート，ネスレのミルクチョコレート，ケラーのチョコレート（ミルク抜き），ピーターのボンボンをつくり，このスイスのチョコレート会社が37％の株式を所有していたラモントによって国内で販売された。この会社の構造的複雑さはさておき，ネスレは米国での長い歴史をスタートさせていた。

　ネスレはチョコレート，さらにいえば，キャンデーにおける唯一の外国投資者というわけではなかった。何年もの間，ケルンのゲブルダー・ストールワー

第Ⅱ部　世界最大の債務国

ク株式会社は代理店を通し，米国内で自社の登録商標付のチョコレートを売っていた。1904年頃，当ドイツ企業は，コネチカット州スタムフォード市の43エーカーほどの土地を取得し，2年以上の期間（1905年から1907年）にかけて，そのチョコレート製品を製造するために米国工場を建設した。その新会社は主として，ドイツ製の機械類を装備していた。事業が成長するにつれ，同社は1909年にその製造設備を拡張した。ストールワーク・ブラザーズ社は自社の販売事務所を，ニューヨーク，ボストン，シカゴ，サンフランシスコに開設した。1914年までには，同社の米国製造販売子会社の資本金は125万ドルになっていた。歴史研究家のブルノ・クスケは，その会社が米国内で（ボストンのウォルター・ベイカー社に次ぐ）2番目に大きなチョコレート工場を有したといった。この会社は明らかにチョコレートキャンデーだけでなく「調理用」チョコレートも製造した。

⁽²³³⁾

⁽²³⁴⁾

イギリス人はさらにアメリカ人のチョコレート好きに訴えかけようとした。キャドベリー・ブラザーズ社は，1831年にイギリスにて最初にココアとチョコレート製品をつくったのだが，ニューヨーク市とフィラデルフィアの店舗に対し，キャドベリーのココアとチョコレートを売る米国の「代理店」を1882年に立ち上げた。しかし，スイス人やストールワークとも異なり，キャドベリーは米国内では製造しなかった。同社の歴史研究家は，米国は「キャドベリー製品の販売にとっては常に多少失望させられる土地であったのだ」と述べている。どうも好みの違いがあったようだ。

⁽²³⁵⁾

⁽²³⁶⁾

もう一つのイギリスの砂糖菓子メーカーが米国での製造を試みていた。1890年に，ジョン・マッキントッシュは，ヨークシャーのハリファックスの小売店でタフィーを作り始めていた。彼は自ら1894年に，最初のイギリスのタフィー工場を建設し，大々的に宣伝をした。1903年に初めて合衆国を訪問した際，彼は米国の広告代理者，J・ウォルター・トンプソンに連絡を取った。1904年に彼は米国を再度訪問した。これらの出張のうち，いずれかにおいて（おそらく第1回目の出張で）彼はラモント・コーリス社が彼の会社の卸売り流通業者（これは同社がスイスと契約を結ぶ前のことだ）の役割を果たすよう手配した。1904年の訪問の際，マッキントッシュは米国での製造を決めニュージャージー州の海辺のリゾート都市，アズベリー・パークに工場を買い，その施設スタッフとし

第**9**章　食料・飲料・タバコ・食品雑貨類

て部分的に自社のイギリス工場の従業員を充てた。

　マッキントッシュは米国事業に没頭し，米国の多くの都市に小売店を開き，無料のサンプルを配り宣伝活動を続けた。しかし彼の事業は繁栄しなかった。スイスとドイツのチョコレートメーカーは成功したが，タフィーはアメリカ人には新しいものであり，マッキントッシュはそれを包装せず割れた板状で販売した。夏の暑さのなかでは柔らかくなりべとついてしまった。1907年または1908年に，マッキントッシュは自社の米国工場の閉鎖を決めた。彼の息子は後に回想している。「われわれが米国市場でともかく成功できるようになったのは，われわれがモダンな形の包装と商品パッケージを学び取った後のことだ」。彼はさらに付け加えた。「米国での冒険で父はイングランドで成し遂げた財産のほとんどを失い，本国企業の財源はいささか緊迫したものとなった」。重要なことは他のチョコレートメーカーと同じように，商標登録され，宣伝も行き届いた製品でありながら輸送に耐えない（すなわち輸出が容易でない）製品の製造業者であるマッキントッシュが米国で競争を試みたということである。

　結論的には，1914年にネスレ社は米国にあり，ベビーフードおよびチョコレートをつくっていた。ストールワークはこの国における重要なチョコレートメーカーであった。チョコレートとタフィーでは，スイス，ドイツ，イギリス等の所有会社が米国市場向けの製造のために，米国に投資していた。彼らの経験は様々なもので，スイス人とドイツ人だけが成功した。キャドベリーは野心的なやり方で米国事業を続行する勇気はなかったようだが，マッキントッシュの失敗の原因は，同社がモダンなパッケージを採用しなかったことにあった。

その他の有名ブランド食品および非アルコール飲料

　多数の「ブランド物の」イギリス食品が米国の食料雑貨店において，さらに米国の通信販売会社を通して売られた。例えば，スプラットのドッグケーキ，コールマンのマスタード，リー＆ペリンズのウスターソース，クロス＆ブラックウェルのインディア醤油，ベンガル・クラブのチャツネとイギリスピックル，およびピーク・フリーンのビスケット，ハントリー＆パーマーズのビスケット，リービヒ（Liebig）の牛肉エキスである。これらのうちスプラットのドッグビ

577

第Ⅱ部　世界最大の債務国

スケットだけがこの国におけるイギリス企業の子会社によってつくられた。
1886年，スプラット特許会社が米国の会社を設立し，米国内でブランド付きの
ドッグビスケットの製造を開始した。[239] 他の製品に関しては，イギリスの会社は
特に代理店や販売代理者を米国内に置いた。[240] スイス人やドイツ人はマギーの調
味料とロリオのペパーミントを紹介した。[241]

　さらに米国内で製造された日本のブランド付き食品も１つあり，これは直接
投資によるものだった。日本の醤油メーカーのキッコーマンは，国内外ですで
に自社製品のイメージを作り上げていて，1879年にカリフォルニアで，さらに
1906年にワシントンD.C.で，米国全体に通用する商標を登録した。1892年に，
コロラド州デンバー市で，キッコーマン社は日本人移民に対して供給するため
の醤油を製造する小規模工場を，米国に建設した。[242] しかし他のどの国のものよ
り，多くのイギリスの食品が米国に導入されたことは確かである。[243]

　ドイツの数社による米国内の投資は，コーヒー関連製品におけるものだった。
1907年に，ブレーメンの富豪のコーヒー商人の息子，ルードヴィヒ・ロゼリウ
スによって設立されたカフェー・ヘンデルズ株式会社は，カフェー・ハグ株式
会社（1914年３月設立）の50％を所有したカフィー・パテント株式会社を含む多
国籍企業を設立した。カフェー・ハグ社の製品は当時デコファと呼ばれ，何年
も後にサンカという名前で売られるようになったカフェイン抜きコーヒーを米
国内で市場販売した。[244] 1909年に，ルードヴィヒ・ロゼリウスは「カフェイン抜
き提案」に関して，ラモント・コーリス社とともに事業展開ができないかその
可能性を話し合った。[245] とても話し合いで結果が出ることなく，カフェー・ハグ
社が誕生したのは，ニューヨーク車輌宣伝会社（鉄道車輌の宣伝会社）の社長が
ドイツでのカフェイン抜きコーヒーの成功をみたときであった。この米国企業
は，50万ドルに相当する宣伝費を拠出していることを考慮して，米国のカフェ
ー・ハグ社の残る50％も所有することとなった。[246]

　ドイツのルードヴィヒスブルグのハインリッヒ・フランク・ジェーネ社はヨ
ーロッパ中に数個の，また米国国内に１つの支社をもっていた。ヨーロッパで
はこのドイツ企業は様々な食品を扱ったが，その米国での事業内容は，（ニュ
ーヨーク州フラッシング市の工場で）コーヒーの「混和物」または代用品として
使用されるキクニガナの栽培，保存処理，販売，に限られていた。それはドイ

578

第9章　食料・飲料・タバコ・食品雑貨類

ツ人栽培者から受け取るキクニガナの種子を，ミシガン州ベイシティ市近郊の
アメリカ人農業従事者に供給し，彼らが契約のもとで栽培した。同社は米国内
において主としてドイツ語による宣伝を行い，特定の当該移民集団に販売した。
同社は商標登録された製品「フランクのファインスター・チコリーエン-エキ
ストラクト」をもっていた。また模造品に注意するよう同ブランドに注目を喚
起した。エミル・シーリグはもう一つのキクニガナの「製造業者」（50％がドイ
ツ人所有）⁽²⁴⁷⁾だった。

　リプトン紅茶会社は，前にみたように，米国で紅茶の商品パック，ブレンド
を行った。トーマス・J・リプトンはアメリカ人に紅茶を飲むことを「教え込
もう」とした。1890年に，彼はブランド付きの，事前包装をしたセイロン紅茶
の米国内での販売促進活動を始めた。2年間で，彼は自社の精肉配送システム
の事業を補強し，ホテルとレストランでの販売をしようと代理店網をつくった。
彼の本部は精肉業の中心地，シカゴにあった。リプトンは紅茶販売のために小
売店を開くことを考えた（そして確かに挑戦はしたのだが，それらのうち4つは失敗
した）。その代わりに，彼は広範囲にわたる宣伝キャンペーンを続行し，紅茶
では卸売業を直接管理した。彼は米国の販売会社をつくり，ブランド付きの紅
茶，コーヒー，そして時にはその他の食品を輸入，梱包，配送した。⁽²⁴⁸⁾すでに示
したように，1898年にリプトン社がロンドンで建設されたとき，同社はリプト
ンの米国資産をなにも取得しなかった。⁽²⁴⁹⁾1914年までにリプトンの米国紅茶事業
は大成功を収めていた。このときまでにリプトンの米国本社および主要「工
場」（すなわち紅茶梱包およびブレンディング用設備）はニューヨークの中心地フラ
ンクリン通りにあった。⁽²⁵⁰⁾同社はイギリス所有を貫き，リプトン自身は明らかに
主要な所有者だった。

　一方，1888年にジョセフ・テトリー社の一人の従業員が米国を訪問し，ある
代理人を任命していた。テトリーの紅茶はリプトンのものと同様，広く宣伝さ
れ米国ではよく知られるようになった。同社は1913年に米国の1子会社，テト
リー紅茶会社を合併することとした。⁽²⁵¹⁾

　1884年シュウェップスはニューヨーク州ブルックリンに瓶詰め工場を建設し
たが，これは不成功で，1892年に閉鎖した。同社は8年間ミネラルウォーター
を売った。その年代記編者はその失敗の理由は説明していない。⁽²⁵²⁾1892年までに

579

第Ⅱ部　世界最大の債務国

米国には多くの炭酸飲料メーカーやソーダ水市場ができていた。シュウェップスが明らかに，特別有利だったわけではなかった[253]。アメリカ人消費者が入手できる，イギリスの他のノンアルコール飲料には，エップのココアやフライの同種療法ココアがあった。これらは輸入され，米国内で商品として梱包されることもなかったようだ[254]。

　米国内市場で販売されている外国からのブランド付き食品は，主として専門品目だったようだ。いったいいくつのブランド付きノンアルコール「飲料」製品があったかは，興味に値するが，コーヒー，紅茶，ココアはどの道，輸入されなくてはならなかっただろう。おそらくこのことでドイツやイギリスの投資家はある程度有利になった（少なくとも米国の競合者に対して不利にはならなかった）[255]。

タ バ コ

　1901年に，巨大なアメリカン・タバコ社が，イギリスの主要な紙巻タバコメーカーの一つであるオグデン社を合併した。この米国の「侵攻」に対して13のイギリス企業が巨大なインペリアル・タバコ社をつくり，反撃すべく米国内で製造することを決断した。しかし実際にはそうすることなく，その代わり1902年に，アメリカン・タバコ社と市場を分け合うことを選択した。その後は米国内における同社の利権は，葉タバコの入手に限られた[256]。同じ1902年に，ブリティッシュ・アメリカン・タバコ社（BAT）がイングランドで法人化され，アメリカン・タバコが3分の2を，インペリアル・タバコが3分の1を所有した。同社の目的は国際事業を行うことであった。1911年の最高裁の決定後，アメリカン・タバコは自社のBAT株を株主に分配した。このようないきさつで，BATは米国所有を維持し，「一定の米国内の生産会社」に対する同社の持ち株は，利益を得るロンドンのBATの所有者（および経営者）がアメリカ人であることから，外国による投資とはならなかった[257]。

　インペリアル・タバコの前身会社は，長いことアメリカン・タバコが，バージニアのタバコの収穫を「買い占める」かもしれないと懸念していた[258]。発足時にインペリアル・タバコは中央茶葉購入委員会を設立していて，バージニア州

580

第**9**章　食料・飲料・タバコ・食品雑貨類

リッチモンド市に営業所を開いた。この営業所によって，仲買人を通す購入より，同社の原料を安価に入手できた。インペリアル・タバコが買収したイギリス企業の1つ（ウィリアム・クラーク＆サンズ社）はその「ダーク・ウェスタン」のタバコの要求基準に対処するために，すでにケンタッキーに加工工場をもっていた。1902年の市場分割協定のもとで，インペリアル・タバコの，イギリスへの**輸出**目的の，米国内での葉タバコ調達に対する投資続行は容認された。1902年2月に，同社はウィリアム・クラークの地元の子会社とその現在ある機能設備を「併合」したインペリアル・タバコ・ケンタッキー社を合併した。1904年には，インペリアル・タバコはバージニアのリッチモンドに営業事務所ビルを建設し，そこから「6つの加工工場を根拠地として」米国の葉タバコ戦略を調整した。4年後（1908年に）同社はノースカロライナのファロン＆マーティン・ダラム社およびその他のいくつかの加工工場を買収した。[259] これらの投資はすべて同社のイギリスの工場にタバコを供給するためのものであった。[260] 同社の購買が大量に及ぶことが多く，価格を押し下げているという非難を受けやすくなった。

　規模は異なるが，同様にイギリスの独自資本の紙巻タバコ製造者，ギャラハーは「ダーク・ウェスタン」のタバコを買うためにバージニアとノースカロライナに経営責任者を置き，トム・ギャラハーは頻繁に米国を訪れた。インペリアル・タバコ同様，ギャラハーの米国の持ち株は，タバコを買うための後方統合を伴うものだった。[261]

　私が確認した第一次世界大戦前の10年における，米国市場供給のための唯一の外国所有タバコ投資は，フィリップ・モリスの事業であった。ロンドンの1891年発行の『バーデット・オフィシャル・インテリジェンス』では，ロンドンのフィリップ・モリス株式会社を，タバコ製造取引業者兼葉巻タバコ輸入業者と表現した。[262]「タバコ商人」のフィリップ・モリスは，1847年，ロンドンのボンド通りに，明らかにある店舗を開店していた。1854年，彼はクリミア戦争から本国に帰国した将校が，紙に巻いたタバコを吸うのを見て，燻製保存処理済みの，トルコタバコの手巻き紙巻タバコをつくる決意をした。彼は，最も古いイギリスの紙巻タバコメーカーの一人であり，「シガレット」という言葉を彼がつくった可能性さえもある。[263] ある時点で，フィリップ・モリス株式会社は

581

第Ⅱ部　世界最大の債務国

米国代理人を任命し，1902年に，ニューヨークでフィリップ・モリス社を組織した。同社は1909年に，ニューヨーク法人フィリップ・モリス株式会社として再度法人化された。それらが米国市場用に企画されたようだということ以外，私はその活動にはほとんど無知である。やがて，当然のことながら，フィリップ・モリスは，重要な「米国拠点の」タバコ会社になることとなった。その時点では，同社はイギリス所有者との関係を絶っていた。同社は米国産業のリーダーとなったがそれらすべてが現実となったのはかなり後のことだった。⁽²⁶⁴⁾

<h2>石鹸と食品以外の雑貨製品</h2>

　米国内で外国投資家によって製造および配送された多くの製品には，リプトンのベーコンやリプトンの紅茶，ピルズベリーの「ベスト」小麦粉，商標登録を受けたビール，ネスレの幼児用フード，ストールワークのチョコレート，カフェー・ハグのカフェイン抜きのコーヒー，テトリーの紅茶などが含まれたが，これらは米国所有の雑貨店で売られていた。これらの商標登録のある消費財には，広告活動，特殊梱包，多くの場合絵画入りの，少なくともカラフルなラッピングやラベルなどが必要だった。米国内でイギリス人投資家によって提供された雑貨品のなかには，リーヴァー・ブラザーズ社（Lever Brothers）の石鹸があった。⁽²⁶⁵⁾

　1888年に（イングランドのポートサンライトの自らの新会社がまだ建設中だった頃），リーヴァー・ブラザーズを設立したウィリアム・ヘスケス・リーヴァーは，自社の輸出業務に対応する販売代理店準備のため，米国を訪れた。⁽²⁶⁶⁾その後，リーヴァーは何度も大西洋横断の出張をすることとなった。1894年に，彼はポートサンライト社に供給するために，ミシシッピ州ヴィクスバーグ市で，綿実油の工場を買収するのだが，これは，（リーヴァーのための）例外的な供給活動に関する米国投資であった。⁽²⁶⁷⁾次の年，リーヴァーはイギリスからの石鹸輸出を奨励するため，ニューヨークに販売事務所を開いた。⁽²⁶⁸⁾石鹸に対する米国の関税率は引き下げられていて，販売の拡大は有望とみられた。⁽²⁶⁹⁾関税の引き下げは一時的なもので，1897年には再び税金が上がり，運送料も高騰し，リーヴァーは米国市場に乗り込むために米国国内での製造を決めた。⁽²⁷⁰⁾1897年には，彼はボストン

582

第**9**章　食料・飲料・タバコ・食品雑貨類

とケンブリッジにおけるカーティス・デイヴィス社の支配的持ち株を買い，同時に自社のウェルカムの石鹸の権利を取得した。[271]　2年後の1899年，リーヴァーはフィラデルフィアのベンジャミン・ブルック社とその有名なモンキー・ブランド社の洗浄石鹸を取得した。[272]世紀が改まるまでに，リーヴァーは3つのアメリカ工場をもっていたが，1つはミシシッピ州ヴィクスバーグ，第2のものはマサチューセッツ州ケンブリッジ市に（これはボストン工場と呼ばれた），そして3つ目はフィラデルフィア工場であった。さらにニューヨーク社はまだ存在していた。

　米国でのリーヴァーの販売量はささやかなものだった。1902年まで，彼はフィラデルフィア工場が運営されていた「行き当たりばったりの」やり方に悩まされた。「彼らは単に機械的に動くモンキー・ブランドの機械的製造過程のなかに陥ってしまっていて，洗濯石鹸をつくるようになった頃には，ブランド名のサンライト（Sunlight）も救命ブイ（Lifebuoy）に対して常時警戒することが必要となり，彼らはその重圧に耐えられなくなっていた」。[273]1903年には，リーヴァーは米国事業で損失を出していた。[274]その年の4月までに，彼はリーヴァー・ブラザーズ社のボストン工場（カーティス・デイヴィス社を引き継いだ）の少数派株主の持ち株を買う手配をした。[275]彼は次のように書いている。「これをなし終えて，私はフィラデルフィアの閉鎖および『サンライト』，『救命ブイ』，モンキー・ブランドのメーカーをボストンに移転させる決心をした。わが社はちょうどボストン工場の拡張を終えたばかりで，ボストンは今，この追加生産を取り扱う立場にある。この変更により，年約3万ドルの経費節約を成し遂げられるはずだ」。[276]完全自社所有のアメリカン・リーヴァーの子会社は，1903年にリーヴァー・ブラザーズ社（Lever Brothers Company）と名づけられた。

　1904年，リーヴァーはミシシッピのヴィクスバーグにいて，綿実油工場売却の手配をしていた。[277]数年後，彼は次のように説明した。すなわち，この設備の当初の目的は，イギリスのポートサンライト工場に対する供給だったが，米国市場が「イギリス市場よりはるかに好調で，米国価格が実際に高かったので，わが社はヴィクスバーグでつくられた油を売り，その代わり，ハルでエジプトの種から絞られた油をリバプールで買い直した」。この状況は6年間続いたところで，リーヴァーは「わが社は石鹸メーカーであり，石鹸作りのためにオイ

583

第Ⅱ部　世界最大の債務国

ルをつくっているだけなので」工場を売却するのが賢明だろうとの判断を下した。1905年までにリーヴァーは，再び米国で小さな利益をあげるまでになっていた。1906年に，6年間イングランドで売られたラックス・フレイクスが米国に導入された。

　リーヴァーは個人的に石鹸の包装から輸送料金，製品の質感（「私はポートサンライトに戻り次第，モンキー・ブランドの脆さ〔割れやすさ〕に対する疑問を考えてみるつもりだ」），小分けのケース，セールスマンの給料に至るまで，米国事業の細目すべてに従った。彼はケンブリッジの経営陣に，脆くて割れやすい石鹸という問題は「あなたたちが適切な温度で作業していないことによって起きている」と書いている。

　早い時期にリーヴァーは米国事業展開のため，イギリス人を送り込んだ。しかし米国からリーヴァーは新しい石鹸，モンキー・ブランドを入手し，この石鹸はイングランドで製造されるようになった。ベンジャミン・ブルック社を買収するとすぐ，彼はさらにリーヴァー・ブラザーズ社のイギリスの取締役会に名を連ね，1910年までイングランドにあった親会社に留まったシドニー・グロスを獲得した。リーヴァーとグロスは，宣伝とマーケティングに関して互いに頻繁に討論し書き送った。リーヴァーはグロスに対し，フライのチョコレートの色彩の入ったイラストに興味があることを伝え，自社も似たことができないかと提案した。彼はピーク・フリーン・ビスケットだけでなくハントリー＆パーマーズ・ビスケット，エップのココア・キャドベリーチョコレートの宣伝活動について話し合った。

　1903年にリーヴァーは，ケルンのチョコレート製造業者，ストールワーク・ブラザーズの重役，ラドウィグ・ストールワークの紹介状をボストン工場に送った。ストールワーク社は，すでに示したように，合衆国でその後かなりの投資をするようになり，ラドウィグ・ストールワークはマンハイムのサンライト・サイフェンファブリックにおける，リーヴァーのパートナーであった。包装済みブランド付きチョコレートと包装済みブランド付き石鹸の市場販売には，明らかに類似点があった。

　1909年には，リーヴァーは，米国内石鹸販売の進展には不満を抱くようになっていた。好みに違いがあったのだ。イギリスのサンライト石鹸は人気がなく，

第**9**章　食料・飲料・タバコ・食品雑貨類

米国の消費者は明らかに救命ブイの香りを好まなかった。ラックス・フレイクスは導入されたばかりだということを考えれば，かなり好調に展開していた。その1909年に，1897年にカーティス・デイヴィス社からリーヴァー・ブラザーズ社にやってきたアメリカ人，フランシス・A・カウントウェイが米国におけるリーヴァー・ブラザーズの販売組織の再編を行い，ラモント・コーリス社をニューイングランド外では唯一の販売代理店に任命した。そのラモント・コーリス社がマッキントッシュ社およびスイスのチョコレートメーカーの販売代表を務め，ドイツのカフェイン抜きのコーヒー製品を受け継ぐことを考えていたことを思い起こしていただきたい。ラモント・コーリス社の卸売りのネットワークは，少なくともこの時点では，リーヴァーの子会社が独自で行うよりも，国中の仲買業者や小売販売者にとって，よりよいサービスを提供できた。しかしリーヴァーのボストン工場は，近隣のニューイングランドの販売自体を監督し，自社のセールスマンでその地方全体を担当していた。

　当初は，リーヴァー企業とラモント・コーリス社の関係は不安定なものだった。C・A・コーリスは「彼らはわが社に年に総計約2万5000ドル支払う」という路線を維持したかった。しかし1902年彼は書いた。「これらの人たちは古いタイプの製造業者である。彼らは棍棒をもって数週間に1度わが社を攻撃してくる。彼らと議論して彼らの誤りを示そうとしても無駄だ」。その年，1912年に，アメリカン・リーヴァー・ブラザーズ社の新任総支配人カウントウェイはサンライト石鹸の米国販売をやめ，ウェルカム，救命ブイ，ラックス・フレイクスに集中することを決断した。

　カウントウェイは凄腕のセールスマンであることを立証し，彼がリーヴァーの米国の子会社の経営上におけるより重要な任務につくと，その販売量は上がった。その約7年後，リーヴァーは自社のカナダの子会社のもつ問題を論じ，その経営を米国のものと比べて次のような感想を漏らした。「わが社の米国事業に対する，ともかく天才という存在の招聘は，カウントウェイ氏が来て初めて実現したのであり，わが社が必要としているのは，天才であって，サンライトの石鹸の樹脂ではないという強い意見を私はもっている」。

　早くも1905年に，米国のリーヴァー・ブラザーズ社がJ・ウォルター・トンプソンのサービス事業を引き受けたのは明らかである。後にこの米国の広告代

第Ⅱ部　世界最大の債務国

理店はリーヴァーの目覚しい成功に寄与することとなる。事実，この米国の広
告代理店はリーヴァーのラモント・コーリス社の記録書類ではなにも証拠は残⁽²⁹²⁾
していないものの，ラモント・コーリス社がやがてリーヴァーの勘定書に，か
つてなかったほどの喜びを感じたことはあり得よう。ラモント・コーリス社に
よって組織された団体は，おそらく以前食品会社に対してしたのと同じことを
リーヴァー・ブラザーズのためにしたはずだ。

　イングランドにある，ベルギーのソルベイ社の系列会社ブルナー・モンド社
は，イギリスのリーヴァー・ブラザーズにアルカリを供給した。1911年にブル⁽²⁹³⁾
ナー・モンドは，2つの巨大なイギリス石鹸製造者，クロスフィールド社とゴ
セッジ社の支配権を買い取ったが，その2年後に，ブルナー・モンドはイギリ
スのリーヴァー社に対し，石鹸事業においては，これ以上拡張しないことを約
束した。数社による「リーヴァー・ファミリー」は，ヨーロッパと北アメリカ
のものは別として，ブルナーからすべてのアルカリを買うことに同意し，ヨー
ロッパと北アメリカでは「ブルナー・モンドとその系列会社を優先するものと
し，その代わりにブルナーは『リーヴァー・ブラザーズと彼らの提携会社を優
遇することを保証するために自社の影響力を使う』」ことを約束した。このよ⁽²⁹⁴⁾
うにしてリーヴァーのイギリス合意は大西洋を越えて広がり，米国のリーヴァ
ー・ブラザーズ社は影響を受けた。

　一方，クロスフィールドは，水素化方式で数種のオイルを硬化油脂に変換す
る，ドイツ人化学者によって取得された特許を買い上げていて，リーヴァーの
米国での競合相手であるプロクター＆ギャンブル社に使用認可を与えていた。⁽²⁹⁵⁾
1914年5月，リーヴァー・ブラザーズ社とプロクター＆ギャンブル社は米国で
協定を結び，それにより両社に属す水素化の特許権を保持するために新しい水
素化会社が設立されることとした。これで，2者のライバル間の協調が開始さ⁽²⁹⁶⁾
れたわけではなかった。彼らは激しく競い合った。私がこの点を記すのは，国
際投資における絡みの衝撃的影響そのものを示すためである。

　1914年に米国におけるリーヴァーの製造を，マサチューセッツ州ケンブリッ
ジの1つの工場に集中させた。リーヴァーの米国会社は375万ドルの資本金の
ストックがあったが，ケンブリッジ工場と販売事務所では，148人しか雇用さ
れていなかった。販売額は1914年に最高新記録に達したものの，たったの91万

586

第**9**章　食料・飲料・タバコ・食品雑貨類

2320ドルでしかなかった。ニューイングランドでは販売は米国の子会社によって行われ，ラモント・コーリス社の米国のその他の地域における担当は続いた。リーヴァーの米国事業は小規模のままだったが，将来の拡張の基礎は敷かれていた。[297]

　1892年に，イギリス企業のレキット＆サンズ社は，ロビン・スターチやパリス・ブルーを含む商標登録製品の販売のために，ニューヨーク支社を開いた。1904年，同社はニュージャージー州ニューブランズウィックに工場を買い，ブルー（漂白剤）をつくった。1908年に，同社は米国での事業を行うために，子会社レキット（U.S.A.）社をつくった。[298]米国のリーヴァー・ブラザーズ社同様，同社は洗濯用製品を製造販売した。

　もう１つ追加されたイギリス製品を含めなくてはならない。すなわち──ペアーズの石鹸で──，米国で広くかつ見事に宣伝された。1884年から1920年まで，ペアーズの石鹸の配送は，ニューヨークのウォルター・ジャンヴィエによるものだった。[299]その製品は雑貨店よりもドラッグストアで売られたが，[300]それには雑貨店品目と多くの類似点があった。[301]イギリスのペアーズ社は1888年にはブルックリンで倉庫スペースを所有していたようだ。[302]1889年に，ネアン・リノリウム社の販売促進がカリフォルニアで開始された際に，W.＆ J.スローン社の重役の一人は「ネアン・リノリウムはまもなく西部沿岸でペアーズ石鹸のように万人に知られる言葉となるだろう」と確言した。[303]1903年，ある米国の宣伝マンが「宣伝の結果，ペアーズ石鹸はイギリス本国自体よりももっと知名度をもつに至った」と宣言した。[304]1911年には，A.＆ F.ペアーズ社の会長兼取締役社長のトーマス・J・バラットは，米国における製造業の現場視察のために米国を訪れた。米国の税金は50％で，この国の石鹸メーカーはイギリス製品を真似ていたが，1913年に米国の関税が下げられると，イギリスのペアーズ社は計画中の米国工場交渉を棚上げにし，同社の米国の顧客に対しては，輸入による供給が続いた。[305]ペアーズはウォルター・ジャンヴィエという，同社の米国販売を扱う献身的かつ全面的に満足のいく独立代理人を見出したようであった。その宣伝は見事なもので，ペアーズの「スペースバイヤー」（すなわち宣伝用スペースの買い手）はまさにペアーズに随行し米国に渡ることとなった（第15章参照）。

　もう一つのブランド品であるマッチは包装され，ラベルがつけられ，宣伝さ

587

第Ⅱ部　世界最大の債務国

れ，商標登録された。1904年に創業された米国会社，ダイヤモンド・マッチ社
は，スウェーデンの主要メーカー（1913年創立），イエンシェビング＆バルカン
ズ・タンドスティックスファブリカ株式会社の米国における販売代理店の役割
を果たした。1910年にイエンシェビング＆バルカンズは米国工場を開くことを
検討したものの，他の国際戦略が優先されることとなった。1913年にフォーナ
デ・スベンスカ・タンドスティックスファブリカ社がイエンシェビング＆バル
カンズ社から独立したすべてのスウェーデンの工場を併合し，対米国輸出を開
始した。ダイヤモンド・マッチは，ニューヨークのフォーナデの販売会社（ス
トロンボルグ輸出入会社）が競合をやめるよう「要求」した。第一次世界大戦前
に，ダイヤモンド・マッチ社は輸入の支配権を握ることにおいて成功を収めた。

<h2 style="text-align:center">商標登録された雑貨製品の配送</h2>

　外国ブランド付きの消費製品の配送方式を，簡単な図式にぴったりと当ては
めることは不可能である。外国企業のなかには，直接外国投資をせずに，非独
占的な独立販売代理店を使ったものもあった。例えば，ロリオ・ペパーミント
はラモント・コーリス社を使ったし，（リー＆ペリンズ社のように）配送だけでな
く米国内での製造も行うために，自社の「販売店」に許可を与えたものもあっ
たし，1社については，配送には，当産業内における米国のメジャー製造企業
（イエンシェビング＆バルカンズ社）を使った。短期間，部分的に給料制を採用す
る配送会社（ハントリー＆パーマーズ，ラウントリー社）1社だけを数社が共同で
使うことにしたものもあった。また一部には（ピーターズ・チョコレートのよう
に）指定配送会社と共同で米国内に工場をもち，さらに非独占的配送業者の部
分的少数所有権を保有するという，配送会社とは「混成」の関係をもつものも
あった。1社は（リーヴァー・ブラザーズのように）製造もし，かつ自社工場近
隣の地方では自社のセールスマンを使い，国のその他の地方では，非独占的卸
売業者を使うものもあったし，またもう1社は（ストールワーク・チョコレート
のように）製造もしかつ国内全体を網羅した自社の卸売り業を取り扱うものも
あった。（マッキントッシュやリプトンのように）小売店を開いたものはほんの少
数で，これらはまもなく閉鎖された。米国内の外国企業のなかには，製造業者

や（小分けの）梱包業者として成功したものもあり，独立またはジョイント企業で卸売り業者として成功したものもいたが，小売り業で成功したものはなかった。（上記の程度の詳細さでみた）配送業への具体的参入形態では，その後の米国内におけるこれらの企業の成否を予測することはできなかった。

食品，飲料，タバコ，雑貨品

　かいつまんでいえば，多種にわたる食品，飲料，タバコ，雑貨品のなかでは，外国投資としては主としてイギリスからで，一部大きなものとしてドイツとスイスからのものがあった（フランス，オランダ，カナダの投資資本ははるかに小さなものだった）。一部重要な投資として，食料輸入に対するイギリスの必要性によって駆り立てられたものもあった（このようにして，穀物および小麦粉同様，肉牛牧場や精肉業への投資が誕生していった）。しかし国際取引とは関係のない米国ビール醸造業界同様，これらの分野に対しても，最大のイギリス投資が駆り立てられた明らかな要因は，輸入の必要性それ自体というよりも投資家たちにもたらされる，潜在的利益の可能性であった。1880年から1883年に，イギリスが熱中したことは，米国における牧畜会社設立の促進だった。1888年から1890年にかけて，米国精肉業，大倉庫業，製粉業，ビール醸造業促進が新たに注目されることとなった。これらすべての投資に対して，イギリス人は経営においてなんらかの役割を果たすことを期待した。しかし1つの著しい例外，イーストマン社を除き，続発した会社の立ち上げはフリースタンディング経営的なもので，（一部の合併取得された精肉業者のなかには，イングランドですでに販売代理店を保有しているかあるいは後に販売代理店をつくったものもあったが）イギリスの親会社による統合された営業はなかった。対照的に，モレル社もリプトン社も自社の米国事業のために外部資金をイギリス資本市場において調達することはしなかった。各々はイギリス国内で，自社の米国投資と連携した事業をもち，自社のイギリスでの操業活動に対して供給するために米国に投資した。ほんの少数の例外（最も著名なものとしてマタドール土地牧畜会社とモレル社）があったが，牧畜会社と精肉業におけるイギリス投資家たちは，それがフリースタンディング的なものか，あるいは通常多国籍企業の種類に定義されたものかはともかく，代わ

第Ⅱ部　世界最大の債務国

りの供給源が利用できたり，大きな利益が期待できなかったりした場合，あるいは，これらの両方の理由が重なった場合には，米国利権を処分した。

リバプールに本社のある貿易企業，バルフォア・ウィリアムソンはそのカリフォルニア社であるバルフォア・ガスリーを通して貿易および食品生産において，供給を指向した管理投資を多数行ってきた。米国におけるインペリアル・タバコの投資は供給関連のもので，当社のイギリス工場のためであった。またW・H・リーヴァーの最初の米国内の製造業への参加も，綿実油を自社のイギリス工場に供給するものだった。インペリアル・タバコとリーヴァーの投資は多国籍企業という性格を有するもので，加工段階までは産業企業体による後方垂直統合を行った（農業生産段階までは含まなかったが）。リーヴァーは自社のサンライト製作所が，ほかでより安価に購入できるようになると，この綿実油工場を売却した。合衆国からの葉タバコがイギリスでの事業には必須だったので，インペリアル・タバコはその投資を続けた。米国の食品とタバコに対する外国投資家による「供給志向」の投資を再検討してみると，成否の決定要因は経営状況と経営者の対応に関係していたのであり，外国人財産法はなんら実質的衝撃を与えるものではなかった。

米国における，食品，飲料，雑貨品に対して行われた外国直接投資の大部分は，米国市場を対象としたものだった。このことは，発足起源にかかわらず，フリースタンディング・カンパニーの多くに当てはまるようになっていった。ビール醸造に関しては，米国内の販売が，当然のことながら第一の目的であった。同様に（精肉業からの撤退以前の）リプトンおよびモレル社のどちらも当初の戦略では米国「市場志向」ではなかったが，両社とも精肉製品において相当量の米国取引を展開した。ブランド付きの雑貨品に対する外国参入は，米国の顧客を取り込むためにヨーロッパの会社によってなされたものだが，親会社の事業が国際的に拡大した結果でもあった。開業当時からこのことは，加糖練乳やベビーフードにおけるスイス人の参入に当てはまった。また（チョコレートを含む）糖菓およびその他のブランド食品におけるスイス，ドイツ，イギリス各社にも当てはまり，コーヒー関連商品におけるドイツ事業，紅茶，瓶詰めのミネラルウォーターおよびその他の非食品雑貨におけるイギリス企業およびスウェーデンのマッチメーカーに当てはまった。この多国籍的拡大は，時には投

590

第9章　食料・飲料・タバコ・食品雑貨類

資を伴うことなく，（イエンシェビング＆バルカンズ社の場合のように）販売代理店
の指名に留まることもあったし，時には販売支社が開設されることもあったし，
時には一部のブランド食品調達者のなかには，米国の会社に対して国内製造の
認可を与えたものもあった。多数のスイス，ドイツ，イギリス企業が米国の消
費者のために製品を提供するため米国内で製造し，この国が多国籍企業に対し
て期待した通りの役割を果たしてくれた（ネスレ，ストールワーク，リーヴァーが
好例である）。

　ほとんどの市場指向のヨーロッパ直接投資家は注目に値するほどの成功は収
めなかった。外国企業から発展した事業は，フリースタンディング事業より失
敗に終わる率が少ないという傾向がみられた。しかし状況次第では，多国籍企
業による市場志向投資は，撤退するか，縮小されてしまうことが多かった（ア
ングロ・スイス社は売却され，シュウェップス同様，マッキントッシュは閉鎖され，リ
ーヴァーは自社のフィラデルフィア工場を売却した）。端的にいえば，供給関連の投
資同様，必要とされた成果が上がらなかったのだ。ここでも供給関連投資の場
合と同様，外国人財産法はほとんど影響力をもたなかった（このような法律が一
つのはっきりとした障害となった唯一の事例は，ワシントン州の砂糖大根栽培と精製で
あり，これを市場志向と仮定したのは私の間違いかもしれない）。しかし会社のなか
には専門分野に特化し，差別化した商標登録により耐え抜き，やがて大成功を
収めたものもあった。

　これらの食品，飲料，タバコ，雑貨製品投資における興味ある特徴としては，
成否こもごもの結果に終わった供給，市場双方に関連した活動が混在している
ことだ。牧畜会社は，供給関連の意図で動かされていたが，最終的には，（外
国ではなく）米国で製品を市場販売し，すなわち精肉設備が主にこのパターン
に当てはまるが，私は，ピルズベリーがイギリス所有になって以降，小麦粉輸
出が増加したという証拠を見届けてはいない。当初からビール醸造業，蒸留酒，
加糖練乳の投資は米国市場への供給を目的としていた。インペリアル・タバコ
は米国市場参入に踏み切ると脅しをかけていたが，その成功した投資は供給関
連のものだった。リーヴァーの最初の投資は供給関連のもので，後の投資は市
場関連のものとなった。同じことがリプトンにも当てはまった。供給関連の活
動で参入したものは，多くの場合市場関連の活動に移行した。市場関連を計画

第Ⅱ部　世界最大の債務国

していたものが供給志向のものへと移行する頻度ははるかに少なかった（インペリアル・タバコのケースがこれだが非典型的なものだ）。最終的にはすでに示したように，市場関連投資が優勢となった。

　市場関連事業のためには，商標登録された，ブランド付きの，多量の宣伝を施した製品の重要度が目立つ。そのようなイギリス製品は数限りなくあった。[311]しかし宣伝に対して大きな支出をしても，それが定義上，即製造業に対しての直接投資を意味したわけではなかった（ペアーズ石鹸がこの好例である）。さらに（本国で人気の）商標登録された製品が単にあるというだけでは成功の保証につながるものではなかった。キャドベリーのチョコレートもマッキントッシュのタフィーも米国の消費者を満足させなかった。関税の存在はたびたび障壁内での製造の動機とはなったものの，関税によって製造を強要されたわけでもなかった。ただ多くの会社は自社の輸出削減に対応することができなかったのだ。拡張過程のなかには必ずこうなるという必然性などまるでなかった。製品のなかにはその性質上，どうしても消費者の近くでつくらなくてはならないものもあった。例えばチョコレートはすぐ品質が低下する。米国国内で製造するという決断は，製品の性格にある（関税は関係ない）かもしれないわけであり，ここでも必然性はなにもなかった。スイスやドイツのチョコレート会社が米国で製造する一方，イギリスのどのチョコレート会社もそうすることはなかった。たまに会社が代理店を認可してブランド製品をつくらせた（リー＆ペリンズのウスターソースが一例である）が，これは妥協的な方法で，通常は米国の会社が主導権を取った。

　米国市場は巨大でかなり特別なものだった。多くの外国企業はとても太刀打ちできないことを悟った。倒産率（または撤退というパターンもあるが）には目覚しいものがある。イギリス所有の会社として，ピルズベリーは米国製粉業で第1位の座から陥落し，[312]ハモンドは牛肉製造のトップ4企業中，第1位の座を失った。これらの例においては，不在者所有および経済的に意味のない大西洋をまたいでの権威者集団が，優位を維持できなかったのである。イギリスの支社は，多くて常勤は1人と，他の企業の非常勤重役で人員構成されていて，米国での企業繁栄に貢献することはできなかった。しかしすでに示したように，多国籍の組織も成功を保証するものではなかった。アングロ・スイスは大規模な

592

拡張の後，ボーデン社と市場分割を受け入れ退却し，ネスレとの合併の直後に，アングロ・スイスは米国に再度参入した。

　食品，飲料，タバコ，雑貨製品に対して行われた大規模な外国投資の衝撃は一律なものではなかった。新しい経済活動のための資本が提供された。米国の畜産生産量は増大し，その質も向上した。畜産業投資家は牧畜の土地を増やし，放牧から飼育牧場への転換を加速させた。彼らの投資は大きな結果を伴った。さもなければ外国の会社が多くの食品の**総**生産量や質，またタバコに対して大きな影響力をもつことはなかったと思われる。例えば，イギリスの事業によっておそらくベーコン，穀物，葉タバコの輸出は確かに伸びただろうが，イギリスの参入によって米国の小麦粉やビールが質量ともに進歩し得たとは，私には思えない。

　イギリスの会社設立運動は，精肉業，小麦粉，醸造業における合併を奨励することには役立ったが，すでに見届けたように，合併統合が19世紀末の米国では標準的であり，イギリスの促進剤が必要とされていたかも明白ではない。外国所有企業の多くが，多工場操業であったことは，特に外国所有企業に限ったことではなかった。シカゴ家畜業に対する短命かつ華々しいイギリス投資には，家畜業に対する米国所有権の変化を助長させるという唯一の効果があったようだ。

　本章で扱った外国投資家の主たる貢献の一つは，新しい消費製品といえる，大規模に宣伝された新しい「ブランド名」，すなわち（1914年以前ではないとしても）その後米国で一般語となった，例えばネスレのチョコレート，ラックス・フレイクス，リプトンの紅茶，テトリーの紅茶，フィリップ・モリスの紙巻タバコなどの導入だった。1914年以前，ネスレのチョコレートは広範囲に売られていたものの，テトリーの紅茶を含めてもいいかもしれないが，おそらくリプトンの紅茶だけは確実に全国的に万人の知る一般語となっていた。

　決定的なことは（最終的に外国による管理を貫き，長期的にみて，所有者に高利益をもたらした）「好業績」外国企業には，親団体との融合と経営に対する気配りという特徴が常にあった。すなわち米国市場で売り，際立つ存在感があり，広く宣伝された商標登録製品を提供した企業だった。

　C・K・ホブソンは，1914年に次のように記している。イギリス資本の流入

593

第Ⅱ部　世界最大の債務国

は，米国に対するものが減り，「すでにイギリスの食糧の2つの主たる供給元となっていたカナダとアルゼンチンに対する流入の方が多いこと」を見出した。彼は米国の食品に対するイギリス投資が減ったのは「逓減法則」が米国農業に当てはまるようになっていたからだと考えた。カナダとアルゼンチンは未だ手つかずの地域のままだった。しかしバルフォア・ウィリアムソンのような企業⁽³¹³⁾は，米国内で農業投資を続行した。ホブソンの説明はまたビールや（輸出用食品を除く）紅茶や石鹼に至る雑貨製品に対するイギリス投資や（これも輸出用の食品ではない）チョコレートに対するスイスやドイツの投資には当てはまらなかった。1914年には，米国内でのそのような消費財の製造および市場販売に対する多国籍会社による積極的な資本的取り組みは，それ以前の紅茶，精肉，小麦粉，ビールなどに対する莫大な投資と比べれば，未だ小さかった。しかしビールは例外として，20世紀初期の投資は現代的な多国籍企業活動を象徴してい⁽³¹⁴⁾た。

注

（1）ジョン・アデアおよび彼の米国投資に関する最も優れた資料は，ハーレー・T・バートンの書にある。Harley T. Burton, *A History of the JA Ranch* (1927 ; rpt. Ann Arbor : University Microfilms, 1966), 17-59. バートンは詳細な共同経営協定を出版している。さらにJ・エヴェット・ヘイリーの書を見よ。J. Evetts Haley, *Charles Goodnight* (Norman : University of Oklahoma Press, 1936), 293-326. アデアは1885年5月14日に死亡し，妻が共同経営を続けた。アデアのもとに加わる以前は，グッドナイトはロンドンの会社設立プロモーターのウィリアム・ブラックモアからイギリス資本を得ようとしたようだ。しかし，そのことは実現しなかったようである。次の書を見よ。Herbert O. Brayer, *William Blackmore* (Denver : Bradford Robinson, 1949), I, 148, 217, 222, 224, esp. 244n.

（2）1877年の春にジェームズ・マクドナルドがスコッツマン（エディンバラの新聞社）によって調査のために派遣された。彼は米国中を旅した。帰国すると彼は『極西部の食料』(James MacDonald, *Food from the Far West* [London and Edinburgh : William P. Nimmo, 1878])を書いた。1879年にはイギリス政府の調査が行われた。すなわち，それが「クレア・リード氏と国会議員アルバート・ペル氏の合同報告」(Joint Report of Mr. Clare Read and Mr. Albert Pell, M. P.) であり，イギリスと議会による，1880年8月の「農業利権委員会」警視監の報告となった。同報告は「肉牛と食肉」同様小麦およびその他の作物も扱っていて，「株主の平均利益は数年間，33%は優に超していることを」指摘している (p. 8)。*Fotnightly Review* の28章のpp.438-457で，1880年にW・ベイリー・グロールマン（W. Baillie Grohlman）は，場所は特定されていないが，「極西部の牛牧場」と題して書いた。さらに興味があれば，次の著書を見られたし。Maurice Frink, W. Turrentine Jackson, and Agnes Wright Spring, *When Grass Was King* (Boulder : University of Colorado Press, 1956), 141-142 ；および W. G.

594

第**9**章　食料・飲料・タバコ・食品雑貨類

Kerr, *Scottish Capital on the American Credit Frontier*（Austin：Texas State Historical Association, 1976）, 10-18.

（３）　前の注で挙げた著作以外にジェームズ・W・バークレーの書も見るといい。James W. Barclay, *The Denver and Rio Grande Railway of Colorado*（London, 1877）, 119. このなかで，彼はコロラドを「農業や牧畜に特に向いている」と絶賛している。これはロバート・E・アサーンの書にも引用されている。Robert E. Athearn, *Westward the Briton*（New York：Charles Scribner's Sons, 1953）, 124, 186. バークレーに関してはカーの書を参照したい。Kerr, *Scottish Capital*, 64. S・N・タウンセンドは，次の書のなかで米国西部では急速にカネがカネを産むと書いている。S. N. Townsend, *Colorado : Its Agriculture, Stockfeeding, Scenery and Shooting*（London, 1879）, 116. これもアサーンの書（Athearn, *Westward*, 199-200）で引用されているが，ウィリアム・ソーンダースは，同様な調子で，その著で「放牧」によって米国から入る安価な牛肉が，リードとベルの報告中の p. 8（前の注を見よ）でも論じられていることを説明している。

（４）　例えば，スワン土地牧畜株式会社の1883年版株主リストのなかでも，24人の投資者が自らを「農業従事者」だとしている。ララミー市ワイオミング大学西部歴史調査センターによる，April 18, 1883, in Acc. 79, Western Range Cattle Industry Study, における株主リストを見よ。

（５）　1876年８月19日に，（リメリックの）ダンレイヴン卿は「あらゆる種類の家畜，肉牛，羊の繁殖，育成，またその製品の商いを行い，酪農事業運営を行うため」コロラドに土地を開発すべくエステス・パーク株式会社を設立した（資本金３万3000ポンド）。この新会社により鉱山地開発，ホテル，店舗の建設，入植援助が可能となった。同社はダンレイヴン卿と彼の友人たちによって管理された。Library of Congress, Acc. 11, 092, reel 46の，ウェスタン放牧場肉牛研究コレクションのデータを見ていただきたい。同社はアデアの事業と同じ頃に設立され，これにより３年もすれば，イギリスの会社が殺到することが予期された。イギリスの会社による対米国肉牛牧場投資は，全般的にみて，ハーバート・O・ブレイヤーの著書のなかで非常に見事に記録されている。リッピー，グラハム，カーはテキサスの牧場を特別に強調している。ルイス・アサートンの書はイギリス投資家に関して有益なものである。Herbert O. Brayer, "When Dukes Went West," *Westerners Brand Book*, IV（1948）, 55-76, と "The Influence of British Capital on the Western Range Cattle Industry," *Journal of Economic History*, Supplement, 9（1949）：85-98（これらの２つのブレイヤーの論文は事実上同じものである）；J. Fred Rippy, "British Investments in Texas Lands and Livestock," *South-western Historical Quarterly*, 58（Jan. 1955）：331-341；Jackson, "British Interests"（1956）および *Enterprising Scot*, chaps. 3, 5（1968）；Richard Graham, "The Investment Boom in British-Texas Cattle Companies, 1880-1885," *Business History Review*, 34（Winter 1960）：421-445；および Kerr, *Scottish Capital*, chap. 2（1976）, 左記の書でリッピー，ジャクソン，グラハムおよびカーはテキサスの家畜農場について強調している。Lewis Atherton, *The Cattle Kings*（Bloomington：Indiana University Press, 1967）.

　さらに，イギリスの会社所有の個々の牧場に関する歴史的記述がある。すなわち，ラリイ・A・マクファーレインの書がある。Larry A. McFarlane, "The Missouri Land and Live stock Company, Limited, of Scotland：Foreign Investment on the Missouri Farming Frontier 1882-1908," Ph.D. diss., University of Missouri, 1963（copy in New York Public Library）. エスビュエラ土地牧畜株式会社に関しては，ウィリアム・カリー・ホールデンの書がある。William Curry Holden, *The Spur Ranch*（Boston：Christopher, 1934）. マタドールに関して

595

第Ⅱ部　世界最大の債務国

はW・M・ピアスの書がある。W. M. Pearce, *The Matador Land and Cattle Co.* (Norman：University of Oklahoma Press, 1964). XITに関しては，J・エヴェッツ・ヘイリーの書がある。J. Evetts Haley, *The XIT Ranch of Texas* (Norman：University of Oklahoma Press, 1953)，さらにルイス・ノーダイクの書がある。Lewis Nordyke, *Cattle Empire : The Fabulous Story of the 3,000,000 Acre XIT* (New York：William Morrow, 1949). パウダー・リバーに関してはL・ミルトン・ウッドの書がある。L. Milton Wood, *Moreton Frewen's Western Adventures* (Boulder：Robert Rinehart, 1986). スワンに関してはハーモン・ロス・マザーズヘッドの書がある。Harmon Ross Mothershead, *The Swan Land and Cattle Company Ltd.* (Norman：University of Oklahoma Press, 1971). マックスウェル牧畜会社に関しては，ジム・ベリー・ピアソンの書がある。Jim Berry Pearson, *The Maxwell Land Grant* (Norman：University of Oklahoma Press, 1961), 97-107.

　　さらに役立つのは*Burdett's Official Intelligence*, Londonおよび*Stock Exchange*, Londonである。国会図書館の原稿部は（マイクロフィルムの）コレクションをもち，the Western Range Cattle Industry Study Collection (WRCIS), Acc. 11,092と呼ばれている。このなかにはハーバート・O・ブレイヤーによって集められたマタドール土地牧畜会社，プレーリー牧畜会社，スワン土地牧畜株式会社および他の企業を含むデータがある。米国牧畜会社へのイギリス投資に関する追加的な著作に関しては，アン・T・オストライの書を見よ。Anne T. Ostrye, *Foreign Investment in the American and Canadian West, 1870-1914 : An Annotated Bibliography* (Metuchen, N.J.：Scarecrow Press, 1986).

(6)　エアリー伯爵は1873年に設立された，オレゴン&ワシントン信託社を監督していた（第4章を見よ）。彼は，同盟信託社（Kerr, *Scottish Capital*, 171）の前身で，1876年に設立されたダンディー抵当会社の会長であった。エアリー卿は1881年に死んだが，娘がコロラドのエステス・パークにあるダンレイヴン卿の肉牛牧場の経営者と結婚した。彼の息子もコロラドの肉牛牧場業を始め，最終的にコロラドに移住した（前掲書，172-173）。

(7)　様々な業種に属すイギリス人個人投資家が牧畜会社に投資した。商人，製造業者，株式ブローカー，公認会計士，銀行家などである。例えば，本章の注（4）で引用したスワン土地牧畜株式会社の417人の株主リストを見よ。カーの書Kerr, *Scottish Capital*, chap. 2, は多くの米国牧畜会社におけるスコットランドの株主を詳細に論じている。彼は家畜飼育者の関与は強調せず，むしろ抵当会社や投資信託と密接につながった企業家の集団を記述している。

(8)　設立発起の文献に関してはジャクソンの書を見よ。Jackson, *Enterprising Scot*, 76, およびKerr, *Scottish Capital*, 10-12.

(9)　例えばダコタ準州で1883年に設立された肉牛牧場のなかにラング牧場があり，所有者はサー・ジョン・ペンダーで，経営者は，ペンダーによって企業の設立および運営のために派遣されたスコットランド人のグレゴール・ラングだった。これについてはハーマン・ハゲドーンとリンカーン・A・ラングの書を見よ。Hermann Hagedorn, *Roosevelt in the Badlands* (Boston：Houghton Mifflin, 1921), 8-9, 11, 20, 22, およびLincoln A. Lang, *Ranching with Roosevelt* (Philadelphia：L. B. Lippincott, 1920). ピエール・ワイボウは，ダコタおよびモンタナ準州で成功した牧場活動により，フランス資金を獲得した。ドナルド・ヒュー・ウェルシュの書を見よ。Donald Hugh Welsh, "Pierre Wibaux, Bad Lands Rancher," Ph.D. diss., University of Missouri, 1955. ワイボウは「荒地」で最大の肉牛牧畜家になった。彼は1881年から1882年にはイングランドにいて，そこで，米国での肉牛牧畜における財産作りをめぐる熱い話の一部始終を耳にしたのである（前掲書，2）。

第**9**章　食料・飲料・タバコ・食品雑貨類

(10)　ベアリング・ブラザーズのニューヨーク代理店の S. G. & C. G. ワードは，ベアリング・ブラザーズに宛て，ニューヨークのチェイス＆ヒギンソンからの書簡を転送した。この書簡には，ワイオミング準州シャイアンのユニオン牧畜会社のための，活字に印刷された設立趣意書が入っていた。チェイス＆ヒギンソンはワードに次のように述べ，ロンドンのベアリング・ブラザーズに手紙を書くように依頼した。すなわち，「ワイオミング準州のユニオン牧畜会社関係者になんらかの照会があった場合には，当社に関係する紳士たちは，最高に立派な者ばかりといって間違いない」（HC 5.2.30, pt. 48 [Aug.-Dec. 1883], Baring Archives, London [これ以降BAL と省略する]）。

(11)　表 6-8 と 9-1 を比較のこと。実際に所有もしくは経営面積に関してあいまいな場合が多々あった。この場合も 2 つの表のデータが一致しない。

(12)　Jackson, *Enterprising Scot*, 114.

(13)　Kerr, *Scottish Capital*, 23-2, 21, 173.（スコットランドのクラックマンシェアの）アレキサンダー・マクナブはマタドール，スワン，エスピュエラ社に出資した。もう一人のスコットランド人，トーマス・ローソンはミズーリ土地家畜株式会社の主要な運営者であり，彼の報告ではスワン土地牧畜会社の堅実ぶりが保障されていた。ホールデン，マザーズヘッド，およびマクファーレインの書を見よ。Holden, *The Spur Ranch*, 24；Mothershead, *The Swan Land and Cattle Co.*, 19-29, 100；および McFarlane, "The Missouri Land and Livestock Company," 13.

(14)　本章の注（9）を見よ。ペンダーはグラスゴーとその後マンチェスターで商人になったスコットランド人であった。彼はサイラス・フィールドの大西洋横断電信に対する出資に参加し「電信王」になった。第14章を見よ。彼は1862年から1866年，1872年から1885年，1892年から1896年の間，国会議員であった。次の書，およびヒュー・バーティーキングの書を見よ。*Men and Women of the Time*, 1895, 661-663, および Hugh Barty-King, "Sir John Pender," *Dictionary of Business Biography*.

(15)　Jackson, *Enterprising Scot*, 100, および Jackson, "British Interests," 223.

(16)　Richard Perren, *The Meat Trade in Britain, 1840-1914* (London：Routledge & Kegan Paul, 1978), 118, 157.

(17)　Haley, *Charles Goodnight*, 316.

(18)　Haley, *The XIT Ranch*, 73. 親会社はロンドンのキャピトル自由保有土地投資株式会社だった。しかし，Nordyke, *Cattle Empire*, 76 は，キャピトル自由保有社のロンドン会社は「社費用としての」5 万ドル（1 万ポンド）の年間予算を有したと述べている。1902年にマタドール土地牧畜会社が XIT の土地の一部を買い取った際，彼らは XIT のアメリカ人経営者がその販売の権限をもっていたことを知った。Pearce, *The Matador Land*, 82-85.

(19)　Pearce, *The Matador Land*, 10-11, 18-20（Dec. 8, 1884, letter）, 32, 41.

(20)　マッカイ自身は1912年になって初めて重役になった。

(21)　Pearce, *The Matador Land*, 41（June 10, 1891, letter）. マタドール経営に対する本社の重役たちの厳しい詮索は「伝説的」なものとなった。Kerr, *Scottish Capital*, 8n.

(22)　Holden, *The Spur Ranch*, 20-24. エスピュエラ社の場合，ロンドンに常勤の「秘書役」がいて，重役会で練られた「政策」を駐在経営者に伝えた。同社が受け取る全収益は即座にロンドンに送金された。このように管理は徹底的に行われた（前掲書, 25-26）。

(23)　Jackson, *Enterprising Scot*, 114 and chap. 5.

(24)　Kerr, *Scottish Capital*, 39-41.

第Ⅱ部　世界最大の債務国

(25)　Gene Gressley, *Bankers and Cattlemen* (New York：Alfred Knopf, 1966), 243-248, および Jackson, "British Interests," 256-260. 対照的に，フランス人のピエール・ワイボウは1883年に，東部モンタナとダコタ準州で肉牛牧畜を始めていたが，1886年から87年の悲惨な冬の後，新しい機会を見出した。彼と兄弟関係のジョセフは，フランスで織物製造業者をしていたが，リル市にある銀行（その経営はヘンリー・デヴィルダー社）に加え，ローバイから40人ばかりの出資者を募り，倒産したイギリスのあるベンチャー会社，パウダー・リバー牧畜会社の家畜を含む，ピエール・ワイボウの肉牛の買い付けに出資するよう彼らを説き伏せた（Welsh, "Pierre Wibaux," esp. 118, 147-148, 206）。しかし1890年代には，ピエール・ワイボウの期待したような成功はもたらされず，彼はフランス人投資家からの借金を返済し，1890年代の末には牧畜業以外の事業に出資し始め，1907年1月には，ほぼすべての肉牛を売却していた（前掲書，224, 259）。

(26)　Erastus Wiman, "British Capital and American Industries," *North American Review*, 150 (Jan. 1890)：227. 例えば，サー・ジョン・ペンダーは1886年から1887年の冬に肉牛の80％を失った後，ダコタ準州での投資から撤退した。おそらく1887年3月の外国人財産法も，サー・ジョン・ペンダーに「新しい」投資を思いとどまらせた要因の一つだっただろう。企業としての肉業界者の抱える諸問題に関しては，表9-1のコメントを見よ。

(27)　Jackson, *Enterprising Scot*, 137；および Rippy, "British Investments," 336-341. ピエール・ワイボウはフランスの兄弟のもとに次のような手紙を書き送っている。イギリス所有のパウダー・リバー牧畜会社が直面している問題の「原因は例えば，ずさんな管理とイングランドだけでなく米国における，かなりの額の不必要な支払いである。彼らは数も数えず肉牛を買ってきたのだ」（Welsh, "Pierre Wibaux," 148）。

(28)　例えば，マタドールは1920年代になるまで土地を売りに出さなかった。

(29)　Atherton, *The Cattle Kings*, 62-63, 99-100. ブラジル土地肉牛出荷会社の経営をブラジルで8年間行った後，マードー・マッケンジーはマタドール社に戻った（前掲書，234, 239-240）。

(30)　例えば，ジャクソンが「本社（home office）」と書く際（"British Interests," 318）は，それは経営陣か秘書役のことである。これらの本社は，輸入，屠殺，冷蔵，マーケティングなどの川下の活動には手を出さなかった。1883年のスワン土地牧畜会社協会の覚書により同社は，「土地購入，肉牛や他の家畜の購入，育成，放牧，購買，処理肉取引，さらにはこれらや全米の他の農産物を製造し，米国内およびその他の地域で市場性のあるものへ転換し，さらに前述の目的のために陸路，水路による運搬する権限」を得た。投機事業が短命で終わった（1883〜86年）一人のフランス人，マルキス・デ・モレスは，彼の義理の父で，ニューヨークの銀行家，ルイ・ボン・ホフマンに全面的に資金提供を頼っていた可能性があり，（マルキスはフランス資金の入手を自慢したものの，外国資金はまったく誘引しなったようで）例外的に統合された活動をしていた。彼は肉牛および肉牛用の土地を取得し，メドラ（ダコタ準州）にシカゴ西部で最大といわれた屠殺場をつくった。彼はノーザン・パシフィック冷凍車輛会社を組織した。彼の計画は失敗した。次の書を見られたし。Mary Yeager, *Competition and Regulation：The Development of Oligopoly in the Meat Packing Industry* (Greenwich, Conn.：JAI Press, 1981), 66；Welsh, "Pierre Wibaux," 85；Arnold O. Goplen, "The Career of Marquis de Mores in the Badlands of North Dakota," *North Dakota History*, 13 (Jan.-April 1946)：5-70；および Charles Droulers, *Le Marquis de Morès, 1858-1896* (Paris：Librairie Plan, 1932), 42-51.

(31)　これはすべての家畜業者が共通して行ってきたことだった。ロバート・M・アドゥデルとル

第**9**章　食料・飲料・タバコ・食品雑貨類

イス・P・ケインの書を見よ。Robert M. Aduddell and Louis P. Cain, "Public Policy toward' The Greatest Trust in the World," *Business History Review*, 55（Summer 1981）: 221. 著者の本文の結論は「イギリス人」投資家たちに言及している。もっとも、フランス人投資家もいたのであるが、彼らは本国市場で販売も行っていたものの、その実質的な重要度は低かった。

(32)　MacDonald, *Food from the Far West*, 4-5 ; U.S. House of Representatives, 48th Cong., 2nd sess., 1885, Exec. Doc. 247, 172（これ以降 "Nimmo Report" として表示する）. W. D. Zimmerman, "Live Cattle Export Trade between the United States and Great Britain, 1868-1885," *Agricultural History*, 26（Jan. 1962）: 47、左記の書でイーストマンを米国の最大の肉牛輸出業者であると述べている。イーストマンは1859年にニューヨーク・セントラル鉄道の肉牛事業経営者にされた。その後彼は自分自身の事業を始め、1870年代には、肉牛輸出、精肉業、冷凍肉の輸送に乗り出した（*Who Was Who in America, 1607-1896*）。ペレンはPerren, *Meat Trade*, 126で、特に1870年代の後半に会社は肉牛と冷凍肉の両方を輸出したと述べている。

(33)　"Nimmo Report," 172、左記の書にある1885年4月13日付けイーストマンからの書簡。

(34)　James T. Critchell and Joseph Raymond, *A History of the Frozen Meat Trade*（London : Constable, 1912）, 26.

(35)　MacDonald, *Food from the Far West*, 5.

(36)　Critehell and Raymond, *Frozen Meat*, 24.

(37)　U.S. Treasury, Bureau of Statistics, *Commerce and Navigation of the United States*（Washington, D.C., 1879）, for 1878, 234（新鮮な「死んだ」牛肉）and 200（肉牛）. この非典型的な状況はジェームズ・マクドナルドのような外部からの訪問者の印象を潤色することとなった。

(38)　Critchell and Raymond, *Frozen Meat*, 25.

(39)　米国財務省統計局の年次報告に基づく。U.S. Treasury, Bureau of Statistics, *Commerce and Navigation of the United State*.

(40)　Jackson, "British Interests," 290.

(41)　Critchell and Raymond, *Frozen Meat*, 210, 26.

(42)　前掲書、210. 人名録の *Who Was Who in America* は、ティモシー・C・イーストマンには1人の息子がいたが、自分の名前は彼につけなかったことを示している。父のイーストマンは1893年に72歳で死亡した。そのニューヨーク事業はアメリカの子会社を通してそのロンドン社によって所有された。

(43)　Wiman, "British Capital," 226. この状況はイーストマン社が90万ポンドで和解するには少し難しい。ワイマンには誇張する傾向があった。

(44)　*Stock Exchange Year Book, 1890*、左記の書には重役の名簿が掲載されている。

(45)　Robert T. Swaine, *The Cravath Firm*（New York : privately printed, 1946）, I, 429. 米国資産の売却者が、このような新しいイギリスの持株会社の株式を取得するというのは典型的なことだった。

(46)　Wiman, "British Capital," 172.

(47)　Swaine, *Cravath Firm*, I, 432-433, スウェーンは左記の書で、1890年12月2日の米国の法律事務所スワード・ダコスト&ガスリーからイギリス会社プロモーターのH・オズボーン・オヘイガンへの書簡を引用している。この書簡は興味深い。なぜなら、イーストマンは「ネルソン」の事業がオヘイガンの手中にあることを知り、後者の行動が「ネルソン集団」の利益にな

599

第II部　世界最大の債務国

っていると感じたからである。イギリスの会社であるジェームズ・ネルソン＆サンは1885年から86年にアルゼンチンに工場を建設し，そこからイギリスへの輸送業務をしていた。次の書を見よ。J. Colin Crossley and Robert Greenhill, "The River Plate Beef Trade," in *British Imperialism, 1840-1930*, ed. D. C. M. Platt（Oxford：Clarendon Press, 1977), 300, および Perren, *Meat Trade*, 183-184, 193.

(48)　J. H. Clapham, *An Economic History of Modern Britain*（Cambridge：Cambridge University Press, 1968), III, 240.

(49)　Critchell and Raymond, *Frozen Meat*, 77.

(50)　前掲書，210によると次の声明は1900年4月1日のイーストマン社の年次総会で行われた。「わが社は早い時期に米国からの冷凍肉の輸入をやめる決心をし，シカゴのスウィフト社に望ましい条件で，わが社のニューヨーク屠殺場を貸す手配をした。わが社はまだニューヨークにオットーマン社とベイニック社を保有していて，これらの事業は大変順調である」（*Commercial and Financial Chronicle*, 70〔April 28, 1900〕：844)。しかし，明らかに屠殺場と冷凍肉を手放したことは，米国事業の中核を終えることを意味した。

(51)　Critchell and Raymond, *Frozen Meat*, 210. 私は自分の展開する議論において，重要度の高いイーストマン社に的を絞った。カーは Kerr, *Scottish Capital*, 13n, 16-17で，1870年代の初期以降の10年間で，米国から英国に肉牛と鮮肉を輸入すべく，多くのイギリスの会社が設立されたと述べている。例えば，設立書で北アメリカから「肉牛を輸送する改善された方式」を提案した英国・北大西洋蒸気船航海株式会社があり，一方米国側のフォーリン＆コロニアル精肉株式会社（1877年）はイギリスで「米国の新鮮な肉」を販売しようとした。カーはこれらの企業の成否に関してはなにも資料を持ち合わせていない。その他の特に短命に終わった会社に関しては，WRCIS, reels 23 and 24, を見よ。

(52)　Mira Wilkins, *The Emergence of Multinational Enterprise : American Business Abroad from the Colonial Era to 1914*（Cambridge, Mass.：Harvard University Press, 1970), 189-190.

(53)　Lawrence Oakley Cheever, *The House of Morrell*（Cedar Rapids, Iowa：Torch Press, 1948), 72, 75.

(54)　この説明は米国財務省統計局の製品別一覧の輸出品年間ドル価格から，飽き飽きするほど手間のかかる比較作業に基づいて行われた。ベーコンの輸出はハムのものより，はるかに大量であった。ペレンは Perren, *Meat Trade*, 170, で1890年から1913年の米国の対イギリス冷凍肉輸出量を対イギリスベーコンの輸出量と比較している。彼の数値も米国ベーコン輸出の重要度を示している。

(55)　Cheever, *House of Morrell*, 88-89, 111, 121, 126-127, 143, 146-153（引用は p. 153より), 156, 164. 1904年に米国企業局からの調査官がアイオワの「ジョン・モレル精肉株式会社」のジョン・モレルと話し合い，そこの製品の3分の2は，イングランドに輸出されていると告げられた（書簡 T. A. Carroll, Special Agent to Commissioner of Corporations, July 11, 1904, RG 122, File 666, pt. 5, National Archives, Washington, D.C.)。外国所有についての話はなにもなかった。1904年の雇用統計は前掲書からのものである。

(56)　Peter Mathias, *Retailing Revolution*（London：Longmans, Green, 1967), 41-46；Alex Waugh, *The Lipton Story*（Garden City, N.Y.：Doubleday, 1950), 12-39；および Thomas J. Lipton, *Leaves from the Lipton Log*（London：Hutchinson, n.d.〔1931？〕), 24-112.

(57)　Mathias, *Retailing*, 98, 109. シカゴ工場はコーク・パッキング社という名のもとに操業して

第**9**章　食料・飲料・タバコ・食品雑貨類

いた。

(58)　前掲書, 98, 110. ネブラスカ工場については, カダヒー社によって1938年に発行された, "Cudahy Packing Co.," booklet を見よ。

(59)　Mathias, *Retailing*, 99, 110, および Lipton, *Leaves*, 185.

(60)　Mathias, *Retailing*, および Lipton, *Leaves*, 186-187. さらに "Cudahy Packing Co.," booklet を見よ。当冊子によると, 1887年にアーマー・カダヒー精肉社が組織されサウス・オマハ工場を買収した。1890年にマイケルおよびエドワード・カダヒーは, 投機事業におけるアーマーの利権を買いカダヒー精肉社を設立した (マサイアスによって提示されている)。7万ドルという額は低いようであるが, リプトンは, 地元の商人たちがサウスオマハ市に事業をもちたい意気込みがあまりにも強く, 自分は工場にはなにも支払っていないと書いている。1887年の発足時にはアーマー・カダヒー精肉社は75万ドルの資本金を有していた (U.S. Federal Trade Commission, *Report on Meat Packing* [Washington, D.C., 1919], 239)。

(61)　Mathias, *Retailing*, 110-111.

(62)　Lipton, *Leaves*, 188.

(63)　J. Aubrey Rees, *The Grocery Trade* (London : Duckworth, 1910), II, 247-248, および Mathias, *Retailing*, 112.

(64)　マサイアス (*Mathias, Retailing*, 342) によれば, リプトンは1890年に米国で新会社, T・J・リプトン社 (米国) を立ち上げた。

(65)　前掲書, 111, とアーマーの「わが良き友」に関するリプトンの書 Lipton, *Leaves*, 191.

(66)　ブレイヤーは自著 Brayer, *William Blackmore*, 24, 215, およびその他で, 米国の羊飼育におけるイギリス投資に関して, その都度言及している。アイオワのクローズ・ブラザーズは羊飼育に関わった。1905年にワイオミングのスワン土地牧畜株式会社は羊を導入したが, その目的は肉よりもむしろ羊毛を取ることであった (Mothershead, *The Swan Land and Cattle Co.*, 123-124)。南北両ダコタで, マルキス・デ・モレスは牧羊に投資した。以前に述べたように, たとえあったとしても, 外国からのどの程度の額のカネがこのフランス人の牧場に費やされたのか, 私には確信がない。

(67)　Perren, *Meat Trade*, 169.

(68)　*Stock Exchange Year Book, 1893*, 1012, 986, 1009-10, 1014.

(69)　国際精肉加工株式会社およびファウラー・ブラザーズ株式会社は, 各々がG・H・ハモンド株式会社を超える資本金を有した。しかしながら, ハモンドの重要度が最も高かった。

(70)　次の書を見られたし。Mary Yeager Kujovich, "The Dynamics of Oligopoly in the Meat Packing Industry : An Historical Analysis, 1875-1912," Ph.D. diss., Johns Hopkins University, 1973, 107-110, 165, 208n.

(71)　Bessie Louise Pierce, *A History of Chicago* (Chicago : University of Chicago Press, 1857), III, 115-116.

(72)　H. Osborne O'Hagan, *Leaves from My Life*, 2 vols. (London : John Lane, 1929), I, 230.

(73)　*Stock Exchange Year Book, 1893*, 1012.

(74)　Swaine, *Cravath*, I, 429. そのような戦略は一般的ではなかった。1881年のプレーリー牧畜会社の配当の直後, 牧畜会社がいくつかまとまって設立された。それらの牧畜会社とは連結性をもつ重役会がいくつかあった。というわけで, 例えば, G・H・ハモンド株式会社の重役であったコリン・ジェームズ・マッケンジーは, スワン土地牧畜株式会社の重役でもあった (*Directory of Directors*, 1892)。しかしマザーズヘッドはその著書で, この2社間の特別な関

601

第Ⅱ部　世界最大の債務国

係を示していない（ハモンド社の名はマザーズヘッドの著書の索引欄にさえもない）。

(75)　O'Hagan, *Leaves*, I, 330-331.

(76)　Swaine, *Cravath Firm*, I, 433.

(77)　イギリスの所有権がその協力に対して貢献した可能性さえある。

(78)　Kujovich, "Dynamics," 209, 214, 231, 233-234, 166.

(79)　*Stock Exchange Year Book, 1893*, 986, および Pierce, *A History of Chicago*, III, 117. 単位名称は，株式がポンド，抵当債券はドルとなっている。1893年の証券取引所年報は，両社には同じイギリス「秘書役」A・W・バーがいて同じロンドン社があったことを示している。しかし両方に連結関係をもつ重役はたった一人きりで，その人物とは，いくつかの米国ビール会社の重役でもあった，英国陸軍少佐，J・E・ジェイムソンであった。次の書を見よ。*Directory of Directors*.

(80)　書簡 W. T. Caesar, Chicago, to T. Gurney Fowler, London, Feb. 14, 1894, Price Waterhouse Archives, London, Box 1.

(81)　*Burdett's Official Intelligence, 1896*, 1121, および前掲書，1901, 1132. 実際に起きたのは，そのイギリスの親会社の清算という事態であったようだ。その事業はその後米国企業として再組織された。イギリスの株主たちは事実上すべてを失い，米国の所有者たちは管理権を取り戻した。

(82)　*Stock Exchange Year Book, 1893*, 1009-10. 設立趣意書は『エコノミスト』誌に掲載された。同誌はその財産に関して，次のように言及している。「1889年10月31日付けで引き継がれる予定であり，ジェームズ・マクドナルドは1877年にシカゴのファウラー・ブラザーズ精肉加工工場を訪れたが，そこでは400人の大人の男性や少年たちが一日に200から300頭のブタの屠殺，保存，包装作業のために雇われていた」（MacDonald, *Food from the Far West*, 188）。1877年に同社が「イギリスの会社」であったという示唆はなにもない。

(83)　*Stock Exchange Year Book, 1893*, 1014.

(84)　Jackson, *Enterprising Scot*, 113, のなかで引用されている。彼がどこから1900万ドルという数字を得たのかは明白ではない。同書ではシカゴのユニオン家畜飼育会社はまもなくあるイギリスの企業連合に売却されるだろうと報じられた。価格は300万ドルで，「その支配利権を求めて，多数の富裕なイギリス人がその金額を準備できる」とのことだった。

(85)　Harold F. Williamson, ed., *The Growth of the American Economy*, 2nd ed. Englewood Cliffs, N.J.: Prentice-Hall, 1951), 453.

(86)　クラヴァス社の前身（Seward, Guthrie & Morawetz）は，当該米国主要法律事務所だった。

(87)　Swaine, *Cravath Firm*, I, 424.

(88)　同社はそのかわりシカゴのユニオン家畜飼育会社を所有した。年報を見よ。*Stock Exchange Year Book, 1893*, 985. この取引は新聞社やスコティッシュ・アメリカン抵当社の会長に衝撃を与えた。

(89)　設立年月日に関しては次の書を参照されたし。*Stock Exchange year Book, 1891*, 870. 連邦商業委員会（*Report on Meat Packing*[1919], pt. 1, 240.）によれば，そのニュージャージーの会社が1891年に家畜置場を受け継いだとのことである。

(90)　Swaine, *Cravath Firm*, I, 463.

(91)　O'Hagan, *Leaves*, I, 311.

(92)　A. von Andrė, F. B. Blake, B. T. Bosanquet, および the Rt. Hon. H.C.E. Childers. *Stock Exchange Year Book, 1891*, 870, を見よ。この理事会にアンドレ，メンデル社，「ロンドンの

第**9**章　食料・飲料・タバコ・食品雑貨類

マーチャントバンク」のアドルフ・フォン・アンドレがいたことは興味深い。アンドレ一族は
有名なマーチャントバンクの経営者だった。次の著書を見よ。T. S. G. Wilson, *French
Banking Structure* (Cambridge, Mass.：Harvard University Press, 1957), 137-138；Dan
Morgan, *Merchants of Grain* (New York：Viking Press, 1979), 至るところで散見される；
Directory of Directors, 1892；および Philippe Chalmin, *Negociants et Chargeurs* (Paris：
Economica, 1985), 35, 207.

(93)　関心事については，次の書を見よ。Pierce, *History of Chicago*, III, 141.

(94)　前掲書, 142；Swaine, *Cravath Firm*, I, 464；および O'Hagan, *Leaves*, I, 314.

(95)　O'Hagan, *Leaves*, I, 314.

(96)　前掲書, 317-322, および Pierce, *History of Chicago*, III, 142.

(97)　Pierce, *History of Chicago*, III, 143, および Swaine, *Cravath Firm*, I, 466-469.

(98)　次の著書に基づいている。Swaine, *Cravath Firm*, I, 469；Pierce, *History of Chicago*, III,
143；O'Hagan, *Leaves*, I, 324；および Federal Trade Commission, *Report on Meat Packing*
(1919), 240, 283-284, 332. それらにはイギリスの役割に関する記述がなにもない。

(99)　さらにモレル社は「イギリスの設立」でなく多国籍型の企業で，すでに存在する企業が発展
したものである。

(100)　イギリスの系列直売店があったことは，クジョヴィッチの書（Kujovich, "Dynamics," 308）
および会社の設立趣意書に示されている。

(101)　Kujovich, "Dynamics," 261.

(102)　データはワシントン D.C.の国立古文書館（RG 122, File 3558-1）とさらにクレオナ・ルイ
スの書，Cleona Lewis, *America's Stake in International Investments* (Washington, D.C.：
Brookings Institution, 1938), 88にある。620万ドルが，アングロ・アメリカン食料（120万ド
ル），およびカンザスシティ工場（500万ドル）用のものだった。これらの額を本文に記された
25万ドルという1902年のリプトンの販売価格と比べられたい。この流れからみると，リプトン
の利権はかなり小規模にみえる。アーマーとスウィフトが「ファウラー」の所有物件を分配し
たことは初期の親会社の組織とは相容れないものだった。

(103)　データは RG 122, File 3558-1とクジョヴィッチの書（Kujovich, "Dynamics," 268, 263-264）
から引用。彼らはその米国で設立されたハモンド社をイギリスの親会社から買った。ファウラ
ー社グループがハモンド社の指定した額より高い値段をつけたのはかなり興味深い。

(104)　Kujovich, "Dynamics," 278, および John Moody, *Truth about Trusts* (New York：
Moody, 1904), 257.

(105)　これは私独自の概算である。

(106)　企業局はこれらの工場が「より安定的な組み合わせ」の利点を求めて買収されたと考えた。
RG 122, File 3551-1を見よ。

(107)　Critchell and Raymond, *Frozen Meat*, appendix II.

(108)　Perrens, *Meat Trade*, 170. これらの供給元の変化は，部分的には投下資本の引き揚げの原
因というよりもむしろ「結果」であるのだろうか。おそらく双方にあるのであろう。

(109)　Clapham, *Economic History*, III, 277-278.

(110)　肉牛の4500万ドル，精肉業の1900万ドル，および家畜集積場の1900万ドルに基づく私自身
の計算。

(111)　オランダの投機に関しては K. D. Bosch, *Nederlandse Beleggingen in De Verenigde Staten*
(Amsterdam：Uitgeversmaatschappij Elsevier, 1948), 180-181, 665-666. フランスの投資に

603

第Ⅱ部　世界最大の債務国

関しては Atherton, *Cattle Kings*, 14, および本章の注（9）, （25）, および（30）を見られた
し。

（112）　1910年にサルツバーガー＆サンズ社が米国で設立された際, この精肉会社の優先株の一部
　　　はアムステルダムのアドルフ・ボワスヴェインを通してオランダで売却された（Swaine,
　　　Cravath Firm, II, 74）。これらの株式の一部はロンドンで売られる可能性もあった（Paul
　　　Dickens, "The Transition Period in American International Financing, 1897 to 1914," Ph.D.
　　　diss., George Washington University, 1933）。私の考えるところでは, ディケンズのジュルツ
　　　バーガー（原文のまま）に対する言及はサルツバーガーである。さらにボッシュの書（Bosch,
　　　Nederlandse Beleggingen, 348）を見よ。これには Salzberger が Sulzberger と綴られている。
　　　ボッシュはまた1912年に, スウィフトの普通株がアムステルダムで売られたことを示している。

（113）　Wallis Hunt, *Heirs of Great Adventure*, 2 vols.（London：Balfour, Williamson, 1951,
　　　1960）, II, 27, 25, 52.

（114）　Jackson, *Enterprising Scot*, 244. 19世紀の末に近づくと, もともと西インド諸島の奴隷が生
　　　産していたサトウキビを基本とした, スコットランド, グリーノックの砂糖精製所は, 援助金
　　　を得た大陸の甜菜糖との新しい競争に直面した。次の書を見よ。W. H. Marwick, *Economic
　　　Developments in Victorian Scotland*（London：George Allen & Unwin, 1936）, 127. 明らかに
　　　一つの対応としてワシントン州での投資があった。

（115）　第6章を見よ。

（116）　Morton Rothstein, "Multinationals in the Grain Trade, 1850-1914," *Business and
　　　Economic History*, 2nd ser., 12（1983）：85-93. ロススタインは次のように書いている。ファ
　　　ウラー・ブラザーズ株式会社（精肉加工業）も大規模な穀物取引に参入した（前掲書, 90）。
　　　ファウラー・ブラザーズ株式会社に関しては, 本章の前の部分を見よ。さらに Morton
　　　Rothstein, "American Wheat and the British Market, 1860-1905," Ph. D. diss., Cornell
　　　University, 1960, を見よ。

（117）　Larry A. McFarlane, "British Investment in Midwestern Farm Mortgages and Land,
　　　1875-1900：A Comparison of Iowa and Kansas," *Agricultural History*, 47（Jan. 1974）：191.

（118）　Jackson, *The Enterprising Scot*, 243-244.

（119）　Hunt, *Heirs of Great Adventure*, I, 182. Larry A. McFarlane, "British Agricultural
　　　Investment in the Dakotas, 1877-1953," *Business and Economic History*, 2nd ser., 5（1976）：
　　　114, 左記の書にはダコタ準州の「現地の製粉場」における英国の出資を記している。さらに
　　　Rothstein, "Multinationals," 85-93, を見よ。

（120）　Edgar Lee Masters, *Levy Mayer and the New Industrial Era*（New Haven：n. p., 1927）,
　　　46；Dorothy Adler, *British Investment in American Railways, 1834-1898*（Charlottesville：
　　　University Press of Virginia, 1970）, 159n；Wiman, "British Capital," 226；および *Burdett's
　　　Official Intelligence, 1895*.

（121）　*Northwestern Miller*, 28（Nov. 8, 1889）：521. 会長のヘンリー・セトン‐カー国会議員もキ
　　　ャピトル自由保有土地投資株式会社の理事でもあり, 同社はテキサスの XIT 牧場に対する投
　　　資をしていた（上記の書を見よ）（*Directory of Directors, 1892*）。ここでの関連は, 双方の活
　　　動がシカゴの投資家たちを巻き込んでいたことである。

（122）　Wiman, "British Capital," 226. 1889年10月30日登録（*Stock Exchange Year Book, 1890*）
　　　のシカゴ市穀物エレベーター株式会社は, かつてマンガー・フィーラー社所有のシカゴの土地
　　　物件を買収した（*Burdett's Official Intelligence, 1891*）。マンガー・フィーラー社の重要性に

関しては Rothstein, "Multinationals," 89,を見よ.

(123)　Pierce, *History of Chicago*, III, 74.

(124)　Victor S. Clark, *History of Manufactures*, 3 vols. (Washington, D.C.：Carnegie Institution, 1929), II, 167. 私はこの取得に対するこれ以外の言及を見出していない.

(125)　ピルズベリーが第 1 級に属すことに関しては，次の書を見よ. Charles Byron Kuhlmann, *The Development of the Flour-Milling Industry in the United States* (Boston：Houghton Mifflin, 1929), 133.

(126)　背景に関しては次の書を参照されたし. 前掲書, 131-132；Herman Steen, *Flour Milling in America* (Minneapolis：T. S. Denison, 1963), 284；および John Storck and Walter Dorwin Teague, *Flour for Man's Bread* (Minneapolis：Minnesota Press, 1952), 211. C・H・ピルズベリー社という名称がいつ使われたのかに関する少しの論争がある. 1871年のミネアポリス市の市案内書（出版されたのは1872年のようだ）には C・A・ピルズベリー社という名前をあげていて，『ノースウェスタン・ミラー』は1871年の期日を使っている. ピルズベリーの歴史記述家のドニヴァー・ランド教授と家計図により1872年の記述に落ち着いた.

(127)　この設立趣意書が『エコノミスト』誌に載った. *Economist*, 47 (Nov. 2, 1889)：1400. W・D・ウォッシュバーンの工場は含まれていた. それらは，含まれなかったウォッシュバーン・クロスビーの財産と混同されてはならない (Steen, *Flour Milling*, 64).

(128)　Kuhlmann, *The Development*, 134-135.

(129)　*Northwestern Miller*, 28 (Nov. 8, 1889)：521. この貿易ジャーナルは特別に優れた情報源である. それは独自のロンドン支社ももち，一人のロンドン駐在の記者がいて，ロンドンで開催される，ピルズベリー・ウォッシュバーン小麦製粉株式会社の年次大会を取材した.

(130)　Adler, *British Investment*, 160n. ミネアポリス・スーセントマリー・アンド・アトランティック鉄道がイギリスの支援でカナダの利権資本によって建設された（前掲書, 195）. 同社は1888年にカナディアン・パシフィック・システムの一部所有となった (Herbert Marshall, Frank Southard, and Kenneth Taylor, *Canadian-American Industry* [New Haven：Yale University Press, 1936], 192). セントポール – ミネアポリス地域の鉄道には，カナダ＝イギリス連合の利権が大きかった. 第 6 章を見よ. 最も重要なことは，ミネソタの製粉業の投資はミネソタの鉄道や土地における，イギリス投資の全体的な状況のなかでみられるべきだということのように，私には思われる. シカゴ＝セントポール枢軸は海外の甚大な利権を引きつけた. 例えば，*Investors' Review*, 2 (Nov. 1893)：637-645, を見よ. モートン・ローズ社は1887年 4 月に，ミネアポリス・セントポール・アンド・スーセントマリーのロンドンにおける第一抵当社債を発行した. それはピルズベリー・ウォッシュバーン小麦製粉株式会社の普通債，累積型の優先株，抵当社債を1889年10月に提供した. 前掲書, 604-605, や *Economist*, 47 (Nov. 2, 1889)：1400, を見よ. 本文で明らかにされるように，ジェームズ・ヒルのイギリスの友人たちが，ピルズベリー・ウォッシュバーン小麦製粉株式会社の大規模投資家になった.

(131)　次の書より引用された. *Economist*, 47 (Nov. 16, 1889)：1461.

(132)　R・H・グリンが会長だった. 1893年までに有望なリバプールの商人および運送業者ウィリアム・B・フォーウッドが重役会に加わった. フォーウッドの自伝はピルズベリー・ウォッシュバーンのことはいっていないが，米国の商取引に深く関わる一人の男のことを述べている. 1888年に彼はキュナード社とリバプール銀行の重役に選ばれた（彼は前者の会長代理を 2 年間していて，1898年に後者の会長となった）. 彼の書 Sir William B. Forwood, *Recollections of a Busy Life* (Liverpool：Henry Young, 1910), 至るところで散見されるが，特に71-77,81,

605

第Ⅱ部　世界最大の債務国

176-177を見よ。証券取引所年報は重役の名前を提供していて，その重役たちや重役名簿が彼らの連結的な提携のデータを与えている。

(133) *Northwestern Miller*, 28 (Nov. 15, 1889)：553.

(134) Rothstein, "Multinationals," 89. ロススタインはこの関連についてなんのデータも挙げていない。1892年の重役名簿はシドニー・T・クラインをウィリアム・クライン＆サン社所属と述べている。

(135) これらは1893年から94年の費用で，特別な年ではない。半分弱が重役の報酬料になった。これはロンドン社の社費のなかで，群を抜いて最大の項目であった（*Northwestern Miller*, 38 [Dec. 7, 1894]：904a）。社費が3500ポンドまで上昇したときのことについては，次の書を見よ。前掲書，46（Dec. 16, 1898）：1052.

(136) 前掲書，37（Jan. 19, 1894）：90. 左記の書は同社の外国貿易の活動を説明している。クラインに関する言及はない。

(137) 前掲書，28（Nov. 29, 1889）：613. 多くの信託会社を含む，著名な株主一覧が前掲書，46（Dec. 16, 1898）：1052, にある。イギリス国民側の利潤は減ったが，併合された会社の所有者は支払いを受けた。

(138) Kuhlmann, *The Development*, 136ff., および Storck and Teague, *Flour Milling*, 308.

(139) 1893年11月までに10ポンドで発行された普通株が２ポンドとの見積りを受け，一方100ポンドの社債は60ポンドと見積もられた。次の書を見よ。*Investors' Review*, 2（Nov. 1893）：605.

(140) Roger V. Clements, "The Farmers' Attitude toward British Investment in American Industry," *Journal of Economic History*, 15（June 1955）：158. チャールズ・ピルズベリーは1894年に，イギリスの会社の株主たちに「それが私的な合名会社であったかつては，自分が毎日各工場を訪問することが必要だと考えていた」と語った。同じ演説で彼はかつて取られていた政策について語った。「しかし私は他人のカネに対してリスクを冒すという責任は取る気がしない」（*Northwestern Miller*, 38 [Dec. 7, 1894]：904b, 931）。彼の演説は「経営者」としての，多少異なる役割をまさに暗示していた。

(141) 1982年２月のドニヴァー・ランドとの会話。ランドはピルズベリー社の社史を完結しようとしている。

(142) *Northwestern Miller*, 38（Dec. 7, 1894）, 897. 明らかにこの言及は小麦の在庫を多くもつことに関する政策の違いに対するものだった（前掲書，904a and 931）。

(143) Storck and Teague, *Flour Milling*, 309.

(144) Kuhlmann, *The Development*, 169-170, および1899年２月16日のジョン・S・ピルズベリーからピルズベリー・ウォッシュバーン小麦製粉株式会社の株主への手紙。これは「普通株でも優先株でもどちらも，大部分が今や当社の元の株主や彼らの友人によって所有されている」と言明している。このイギリスの会社株の大半は，マッキンタイア連合に「ずっと反対していた」米国国民によって保持された（*Northwestern Miller*, 47 [Feb. 22, 1899]：340）。われわれはこの時点での管理権は，大西洋をまたいで戻って来たと結論できるだろうか。

(145) Kuhlmann, *The Development*, 171-172.

(146) J・S・ピルズベリーからR・H・グリン，ジョン・S・ピルズベリーへの書簡（1901年９月20日付け），および家族新聞（Box 2, Minnesota Historical Society（MHS）, St. Paul）。この手紙はJ・S・ピルズベリーの死の一カ月弱前に書かれた。７年後，*Northwestern Miller*, 75（Aug. 12, 1908）：391, は次のようにコメントした。「イギリスの株（ピルズベリー・ウォッシュバーン小麦製粉株式会社の）を確保しようという，また同社を純粋に米国のものとする試み

第**9**章　食料・飲料・タバコ・食品雑貨類

がなされたが，それらは決して成就せず年々古い体制が蔓延していった」。

(147)　1907年5月7日のスペンサーからウィリアム・デ・ラ・バレへの書簡（ミネソタ歴史協会のデ・ラ・バレ文書）。スペンサーのデ・ラ・バレへの驚くほど率直な手紙の内容はすべて「個人的秘密事項」だった。それらは米国でスペンサーが信頼する唯一の男に宛てたものだった。

(148)　前掲書，1907年5月7日。

(149)　前掲書，1907年6月12日。

(150)　前掲書，1908年7月22日。

(151)　前掲書，1908年7月27日。

(152)　前掲書，1908年8月13日。

(153)　前掲書，1908年8月13日。

(154)　ガスパード・ファーレからトーマス・スキナー（1908年9月8日と10日付け），グリン（9月28日付け），ロバート・メイファン（9月29日と11月3日付け，引用は後者），およびマウント・ステファン卿（10月8日付け）への書簡（Gaspard Farrer Letterbook, BAL）。

(155)　スペンサーからデ・ラ・バレへの書簡（1910年7月6日付け）（出所：ミネソタ歴史協会のデ・ラ・バレ文書）。この「協定」とは彼の勤務を維持する契約のことであっただろう。

(156)　またはそのようにクライン自身が表現した。次を見よ。*Northwestern Miller*, 83（Oct. 10, 1910）：361.

(157)　スペンサーからデ・ラ・バレへの書簡（1910年7月6日付け）（出所：ミネソタ歴史協会）。クラインは，主要な発言権をもつその新運営会社に対して，また管理権などにはまして興味がなかった。彼の「息子」は重要な地位には就いていなかった。

(158)　ピルズベリー・ウォッシュバーン小麦製粉株式会社は，1910年に管財人による管理から脱した。それは1914年に94万6100ポンドの資本金を有した（Lewis, *America's Stake*, 566）。1923年に同社は米国の管理会社に売却され，資産と経営は米国で組織された会社の手に統合された（Kuhlmann, *The Development*, 172）。

(159)　同社の変遷に関しては次の書を見よ。*Burdett's Official Intelligence, 1901*. そしてその内容説明に関しては，プライス・ウォーターハウスの古文書保管所にあるW・J・シーザーのJ・ガーニー・ファウラーへの書簡（1894年2月14日）を見よ。なにももたらすことはしないイギリスの重役たちに，なぜ給料を支払うのか。

(160)　*Stock Exchange Year Book, 1911.*

(161)　Hunt, *Heirs of Great Adventure*, II, 25（ジェームズ・ガスリーを引用している），79-80（ここはクラウン・ミルズに関して）。さらにスティーンの著書を見よ。Steen, *Flour Milling*, 380.

(162)　Rothstein, "Multinationals," 88.

(163)　P. L. Payne, "The Emergence of the Large Scale Company in Great Britain, 1870-1914," *Economic History Review*, 2nd ser., 20（Dec. 1967）：539. 左記の著書は，1905年の資本量で格付けされた，上位30のイギリス企業の12のビール会社を挙げている。

(164)　例えば，1892年にJ・ユースタス・ジェイムソン少佐がシカゴ加工食品株式会社，セントルイス・ビール会社，サンフランシスコ・ビール会社の重役だった。ラッセル・H・モンローはイーストマン社，バーソロメイ・ビール株式会社，シティ・オブ・シカゴ・ビール＆モルティング会社，セントルイス・ビール会社の重役だった（*Directory of Directors, 1892*）。ヘンリー・セトンとM・P・カーは1895年に，キャピトル自由保有土地投資会社，シカゴ＆ノース

607

第Ⅱ部　世界最大の債務国

ウェスト穀物倉庫，ゴーベル・ビール会社（デトロイト・ビール会社を再建したもの）の重役
だった。次の書を見よ。*Investors' Review*, 7（March 1896）：145.

(165)　J. E. Vaizey, "The Brewing Industry," in *Effects of Mergers*, ed. P. Lesley Cook and Ruth
Cohen（London：George Allen & Unwin, 1958）, 403；Clapham, *Economic History*, III, 210,
257；および O'Hagan, *Leaves*, 240-255.

(166)　南アフリカビール醸造所もロンドンで設立された（*Economist*, 47［Nov. 2, 1889］：1400）。
面白いことに，ベアリング一家は米国のどのビールの案件にも参画しなかった。ビール会社の
設立における活動全般に関しては，次の書を見よ。Lance E. Davis and Robert A.
Huttenback, *Mammon and the Pursuit of Empire*（Cambridge：Cambridge University
Press, 1986）, 90-91.

(167)　例えば，次の書を見よ。Thomas C. Cochran, *The Pabst Brewing Company*（New York：
New York University Press, 1948），またニューヨーク記者の報告 *Economist*, 47（June 29,
1889）：828，さらに前掲書（July 27, 1889）：965. これらの「米国のトラスト」の構成に関し
ては次の書を見よ。Alfred D. Chandler, Jr., *The Visible Hand*（Cambridge, Mass.：Harvard
University Press, 1977）, 320-331.

(168)　Stanley Baron, *Brewed in America : A History of Beer and Ale in the United States*
（Boston：Little, Brown, 1962）, 268.

(169)　前掲書，および Cochran, *Pabst Brewing Company*, 405.

(170)　Cochran, *Pabst Brewing Company*, 153-154.

(171)　前掲書，154，左記の書は H・M・ビゲロウからの1888年11月の書簡を引用している。

(172)　O'Hagan, *Leaves*, I, 295.

(173)　Masters, *Levy Mayer*, 46.

(174)　Cochran, *Pabst Brewing Company*, 406, 158.

(175)　1891年3月4日の，ミルウォーキー＆シカゴ・ビール会社の設立趣意書（*Prospectuses of
Public Companies — 1891 as Advertised in the Times*, 33）。

(176)　Cochran, *Pabst Brewing Company*, 158-159.

(177)　Baron, *Brewed in America*, 269.

(178)　前掲書，273.

(179)　前掲書は米国のビール会社も小売直売店をもっていたこと，さらに「特約酒場」という言
い方だけはなじみがなかったことを指摘している。Vaizey, "The Brewing Industry," 407，左
記の書は，彼が特約酒場という方式は米国に「存在しなかった」と書いている点では，明らか
に誤りだった。しかし米国のビール会社は一定の酒場を支配したかもしれないが，国家規模で
イギリスのパブのようなネットワークに相当するものはなにももっていなかったというのは明
らかのようだ。

(180)　Wiman, "British Capital," 227-228.

(181)　前掲書，228.

(182)　フランク・ジョーンズ・ビール会社に関連する名門グループに関しては，次の書を見られ
たし。*Investors' Review*（London）3（Jan. 1894）：13. 多くの場合，投資者に対して重役会
に専門知識のある人がいること確約するためにビール醸造者がそのメンバーに加えられた（O'
Hagan, *Leaves*, I, 295-296）。

(183)　*Economist*, 47（June 29, 1889）：829.『エコノミスト』誌のビール会社に対する警告は，米
国の鉄道会社に対する同誌の初期の軽視的な観点を反映するものだった。

第**9**章 食料・飲料・タバコ・食品雑貨類

(184) 次の書で報告された。前掲書, 47 (Aug. 17, 1889) : 1059.

(185) Robert Berger (ジョージ・O・メイの援助による), "History of Price, Waterhouse & Co. and Jones, Caesar & Co. 1890 to June 30, 1901," typescript, 1947, pt. 2 (ニューヨークで編纂された) (Price Waterhouse Archives, London). セントルイス・ビール会社での解雇に関しては *Banker's Magazine*, New York, 45 (Sept. 1890) : 185, を見よ。

(186) Baron, *Brewed in America*, 270, および Clements, "The Farmers' Attitude," 159.

(187) Cochran, *Pabst Brewing Company*, 159.

(188) Swaine, *Cravath Firm*, I, 424. 左記の書はモンローの正体をオヘイガンの代表者としている。

(189) 1894年8月19日付けのモンローのファウラーへの書簡 (Price Waterhouse Archives, London, Box 1)。モンローのビール醸造に対する関与に関しては, 次を見よ。*Directory of Directors*.

(190) Nathaniel T. Bacon, "American International Indebtedness," *Yale Review*, 9 (Nov. 1900) : 266.

(191) Lewis, *America's Stake*, 99.

(192) John Vaizey, *The Brewing Industry, 1886-1951* (London : Isaac Pitman, 1960), 15 ; さらに次の書も見よ。*Economist*, 67 (Dec. 19, 1908) : 1170-71.

(193) 前掲書, 1171.

(194) 表5-11を見よ。

(195) Lewis, *America's Stake*, 99, 565.

(196) *Stock Exchange Official Intelligence for 1914*, 430-509. 左記の書は米国のビール会社とともに, 16のイギリスの会社のデータを提供している。本文は不幸な成果を反映している。(ロチェスターの) バーソロメイ・ビール株式会社の普通株の最後の配当は1897年の12月に1.5%だった (p. 430)。J・F・ベッツ&サンズ・ビール会社は, 普通株にはなにも配当金が支払われなかった (p. 445) などである。デイヴィスおよびハッテンバックの書 (*Mammon and the Pursuit of Empire*, 91) は, ゴーベル・ビール会社 (デトロイト・ビール会社の再編されたもの) は, 1905年から1912年の間に年平均15.5%の利益を生んだと述べている。1908年から1913年の間には普通株に17.5〜20%の配当金を支払った (*Stock Exchange Official Intelligence for 1914*, 458)。これは例外的であった。

(197) Alien Property Custodian, *Report, 1918-1919*, 150 (以降 *APC Report* として引用する)。

(198) 前掲書, 356.

(199) 前掲書, 1150, 323, 329, 355-356. 米国商務省の基準により, 国籍でなく, 所有者の居住が, 直接外国投資の決定要因となった。クルーガーのビール会社は合衆国ビール会社合併に含められていた。表9-2を見よ。

(200) *APC Report*, 347.

(201) Clark, *History of Manufactures*, II, 167. ルイスも名は挙げていないが, イギリス所有の一つの酒類会社のことを書いている。ケンタッキーのアンダーソンのある醸造酒会社「T・B・ライペイ」は (1889年に) ニューヨークの会社設立振興者のM・ホフハイマーが代表を務めるあるイギリスの企業連合に売却され, 3分の2の利益が彼の醸造会社に入り, それは50万ドルと見積もられた。ライペイは経営者として年額8000ドルで5年間慰留された。この売却で, 彼のもっていたウイスキーの全ブランドが, すべての権利, 資格, 醸造所の利権とともに当イギリス企業連合に渡った。次を見よ。*American Iron and Steel Association Bulletin*, 24 (Jan.

609

第Ⅱ部　世界最大の債務国

1 and 8, 1890）：2. 1890年2月に，あるシカゴの新聞が，この都市で行われた，イギリスの企業連合を代表する，E・C・デペイヤーと同ウイスキー・トラストのジェイコブとサミュエル・ウォルナー（確かウールナーのはず）との間の会議を報じた。そこで，トラストの支配利権をイギリスの企業連合に売却するという同意が2者間になされた。契約書類は1890年2月27日に署名されることになっていた（前掲書，24［March 5, 1890］：61）。私はイギリスの「企業連合」が，この巨大な醸造酒メーカーと肉牛飼育者のトラストの支配権を受け継いだという証拠を見出し得ない。

(202)　Ross Wilson, *Scotch : The Formative Years* (London : Constable, 1970), 150-151.

(203)　例えば，次を見よ。*Hiram Walker & Sons, Ltd. V. Mikolas et al.*, 79 Fed. Rep. 955 (April 8, 1897).

(204)　*APC Report*, 149-151.

(205)　Jean Heer, *World Events, 1866-1966 : The First Hundred Years of Nestlé* (Rivaz, Switzerland, 1966), 28-29, 39, 43, 56-57, 65-66, 72-77 ; Thomas Horst, *At Home Abroad* (Cambridge, Mass. : Ballinger, 1974), 36 ；および Mira Wilkins, "Cross Currents : American Investments in Europe, European Investments in the United States," *Business and Economic History*, 2nd ser., 6 (1977)：27-29. 1902年2月15日付けの協定は次の書に全文が掲載されている。U. S. Federal Trade Commission, *Report on Milk and Milk Products* (Washington, D. C., 1921), 156-163.

(206)　Heer, *Nestlé*, 34, 60, 64, 79, および *Fortune*, Feb. 1946, 122.

(207)　*Fulton, New York, 1901* (Fulton, N.Y. : Morrill Press, 1901), 65.

(208)　Heer, *Nestlé*, 88.

(209)　Horst, *At Home Abroad*, 36. また次の書に掲載されている協定の全文を見られたし。F. T. C., *Report on Milk*, 164-167.

(210)　Heer, *Nestlé*, 117.

(211)　I. J. Isaacs, compiler, *The City of Fulton, Interests and Industries, 1913* (Fulton, N.Y., 1913), 33.

(212)　前掲書，35. さらに次を見よ。*Forward with Fulton* (Fulton, N.Y.), May 30-June 2, 1962, 5.

(213)　Heer, *Nestlé*, 85.

(214)　前掲書，86.

(215)　Geoffrey Jones, "Multinational Chocolate, Cadbury Overseas, 1918-1939," *Business History*, 26 (March 1984)：61.

(216)　Heer, *Nestlé*, 144.

(217)　次のデータを見よ。 Box 235, folder (fl.) 6, Thomas W. Lamont Papers, Harvard Business School, Boston（これ以降 TWL Papers として引用），および Thomas W. Lamont, *Across World Frontiers* (New York : Harcourt Brace, 1951), 25.

(218)　T・W・ラモントから F・L・スレイドへの書簡（Feb. 25, 1903, Box 235, 81.9, TWL Papers）。

(219)　*Merchants' Review*, Aug. 10, 1900, Box 235, n.9, TWL Papers.

(220)　次のデータを見よ。Box 235, fl. 9, TWL Papers, および Lamont, *Across Frontiers*, 32.

(221)　書簡（Box 235, fl. 11, TWL Papers）。このコピーにはレターヘッドが入っておらず，支社のリストは別のレターヘッドから取ったものである。さらに T・W・ラモントの A・ロウシ

第**9**章　食料・飲料・タバコ・食品雑貨類

ーへの1905年 4 月 5 日付け書簡（Box 235, fl. 11, TWL Papers）。オーガスト・ロウシーはネスレ社の重役で会長の息子であった（Heer, *Nestlé*, 86, 89）。

(222)　1905年 4 月 4 日の書簡（Box 235, fl. 11, TWL Papers）。

(223)　Heer, *Nestlé*, 144. この書簡はピーター＆ケラー社よりもむしろネスレとのものである。なぜならすでに述べたように，1904年以降，ネスレは同社のチョコレートを商っていたからである。

(224)　*1913 Fulton Guide*, 35. その年，ラモント・コーリス社は，ピーターのオリジナルラベルを侵害しないように，そのラベルを変える交渉をハーシーと行っていた。Ｔ・Ｗ・ラモントのハーシーへの1907年 1 月19日付け書簡（Box 235, fl. 12, TWL Papers）を見よ。

(225)　Heer, *Nestlé*, 105, 144. 1909年 6 月21日に，Ｔ・Ｗ・ラモントはニューヨーク，フルトンのネスレ・チョコレート工場気付ヘンリ・モンテットに次のように書き送った。「新しく団結した会社の将来の関係についてのあなたのすべての友愛の情を繰り返しつつ」（Box 235, fl. 13, TWL Papers）。

(226)　*1913 Fulton Guide*, 35. 1913年 3 月にヘンリ・モンテットはラモント・コーリス社の秘書役として加えられていた。

(227)　Heer, *Nestlé*, 105.

(228)　Ｃ・Ａ・コーリスのＴ・Ｗ・ラモントへの1912年 8 月23日付け書簡（Box 235, fl. 16, TWL Papers）。

(229)　Ｃ・Ａ・コーリスのＴ・Ｗ・ラモントへの1914年11月 2 日付け書簡（Box 235, fl. 18, TWL Papers）。1913年に米国のチョコレート会社は，ピーター・カイラー・ケラー・スイス・チョコレート社で，工場はニューヨークのフルトンにあり，ニューヨーク社はハドソン通り131番地だった。次の書を見よ。*1913 Fulton Guide*, 35.

(230)　*1913 Fulton Guide*, 35.

(231)　Heer, *Nestlé*, 106.

(232)　*1913 Fulton Guide*, 35（製品に関して），およびHeer, *Nestlé*, 142-143（マーケティングに関して）。さらに1914年11月 4 日のＴ・Ｗ・ラモントからＪ・Ｊ・ケラーへの書簡（Box 235, fl. 18, TWL Papers）。そのなかで彼は結果報告をし，次のように述べている。ラモント・コーリス社は「疑いもなく今年は 2 期の優先株に対して満額の 7 ％の配当金を支払えるだろう」。さらに彼は普通株については，1 株あたり 1 ドルの「名目」価値の約10倍の価値をもっていると付け加えた。ネスレはベビーフードそれ自体を商った。次の著書を見よ。Heer, *Nestlé*, 117.

(233)　資料 RG 131, Box 257, National Archives, Washington, D.C.

(234)　Bruno Kuske, *100 Jahre Stollwerck-Geschichte*, 1839-1939（Köln：Stollwerck, 1939), 106. ベイカーは当然「調理用」チョコレートをつくっていた。ストールワークは多くの異なる種類のチョコレート製品をつくったようだ。

(235)　Iolo A. Williams, *The Firm of Cadbury, 1831-1931*（London：Constable, 1931), 6, 62, 73, 130. キャドベリーが米国でなぜ，深刻な業績不振に陥ったかは多少なぞである。ウィリアム・タリスは，キャドベリーのバーネヴィル工場で職工長をしていたが，1882年に若いバロー・キャドベリーとともに米国を旅した。キャドベリー一家の生活はドイツのストールワーク工場に左右され，息子たちはそこで見習いとなった（前掲書, 73）。米国におけるストールワークの拡大で，キャドベリーの米国における拡大意欲が果たして萎んだのだろうか。

(236)　Geoffrey Jones, "Multinational Chocolate," 61, ジェフリー・ジョーンズは左記の書で，「チョコレートや菓子類に対する国民の好みは大きく異なるが，キャドベリーの製品は，特別

第Ⅱ部　世界最大の債務国

にイギリス人の好む味を提供したと主張している。大陸でも米国においても，キャドベリーの自社製品の市場開拓は，ほぼ不可能だと知った」と強調している。

(237)　マッキントッシュに関する資料は，次の著書から入手できる。Geo. W. Crutchley, *John Mackintosh : A Biography* (London：Hodder & Stoughton, 1921), 31-34, 44ff., 86-87, 92-96, 99, および H. A. Thomson, ed., *By Faith and Work : The Autobiography of the First Viscount Mackintosh of Halifax* (London：Hutchinson, 1966), 32-34. 彼の息子がいうには，J・ウォルター・トンプソンの契約は1903年に実現し，クラッチェリーは1904年だとしている。マッキントッシュの2回目の訪問を予告する宣伝を考慮すると，その調整には1903年という期日が納得のいくもののようだ。ラモント・コーリス社の秘書役，アーヴィング・コックスの1905年4月14日の書簡はマッキントッシュを顧客として挙げている。ラモント，コーリスはJ・ウォルター・トンプソンと親しい関係を築いていた。次のデータを見よ。Box 235, fl. 12, TWL Papers. マッキントッシュもドイツ，カナダ，オーストラリアに工場を建設した。その調整はロンドンのJ・ウォルター・トンプソンが相手だったかもしれない。1899年にその米国広告代理店が「ヨーロッパの企業家たちが米国で販売や宣伝をし，彼らの米国での宣伝をトンプソンに任せようと誘い込むために」ロンドン事務所を開いていた (*Advertising Age*, Dec. 7, 1964, 32)。

(238)　*Sears, Roebuck Catalogue, 1897*, 9-10, 12-14. Frank Presbrey, *The History and Development of Advertising* (1929；rpt. New York：Greenwood Press, 1968), 361, 左記のフランク・プレスブリーの書には，1880年代と1890年代の米国における国家定期刊行物のなかで宣伝された製品のなかに，リービヒの牛肉エキスが出てくる。

(239)　*Investors' Review*, 3 (May 1894)：301, 左記の書では，米国の子会社（さらに同時期にできたロシアの子会社）は，自社の社債に対して利子の全額も支払えず，「まったくの餓死寸前の人であることが露呈した」。しかしC・A・リードからジョン・ダニングに宛てた1960年6月22日の書簡と1960年7月8日のダニングの会見によると，この米国子会社は一製造業者として，営業を続行したとのことである。1897年にスプラット特許（米国）社の年次総会に対する報告では，この米国系列会社は優れた成長を示していた。米国における当社の製品に対する「偏見」は消えていて，期待は「まもなく」投資に利益が生じるだろうというものだった。イギリス会社は1958年までは米国市場から撤退しなかった。「スプラット特許」も犬の石鹸に加えて犬用の皮癬薬と虫下し薬を販売した (*Sears, Roebuck Catalogue, 1897*, 593)。

(240)　例えばリー＆ペリンズのウスターソースなどが米国に長く輸出されていた。（米国企業である）ジョン・ダンカン＆サンズ社は，1830年代から米国でこのソースを販売し，1900年にその代理業者が許可を受けて製造を始めた。ラモント・コーリス社は1909年4月に「わが国のために」リー＆ペリンズ・ウスターソース社からの引き合いを顧客として取り上げるべきかどうかの調査をしたが，C・A・コーリスはジョン・ダンカン＆サンズ社を切り離して同社の顧客にするのは難しいだろうと考えた（書簡R. H. Cory, New York, to T. W. Lamont, April 20, 1909, Box 235, fl. 13, TWL Papers）。クロス＆ブラックウェル社は1840年代から米国に輸出しておりボストンに代理店をもっていた。イギリスのビスケットメーカー，ハントリー＆パーマーズ社は1888年に一人のアメリカ人代表者を任命し，同社およびイギリスのキャンデーメーカーのラウントリー社（ヨーク市にある）のために働かせた。次の書を見よ。T. A. B. Corley, *Quaker Enterprise in Biscuits : Huntley & Palmers* (London：Hutchinson, 1972), 90-92, 126, 161.

(241)　1891年までにチューリヒの会社，ファブリーク・デ・プロデュイ・マギー社 (Fabrique

第**9**章　食料・飲料・タバコ・食品雑貨類

de Produits Maggi S. A.）は，えんどう豆，豆スープのパウダー，調味料を市販しその後，米国で初めて肉のブイヨンキューブを導入した（Heer, *Nestlé*, 70-71）。「ドイツ」製品のなかには，ストラスブルグの会社，アンゲマク社製のロリオのペパーミントがあり，ラモント・コーリス株式会社を通して販売した（書簡 C. A. Corliss to Lamont, Corliss & Co., Aug. 23, 1912, Box 235, fl. 16, および Lamont to Frederick Coudert, June 26, 1915, Box 235, fl. 19, TWL Papers）。

(242)　Yosuke Kinugasa, "Japanese Firms' Foreign Direct Investment in the U.S.," in *Overseas Business Activities*, ed. Akio Okochi and Tadakatsu Inoue（Tokyo : University of Tokyo Press, 1984), 54-55, 57.

(243)　この点に関し私は，アルフレッド・D・チャンドラー・ジュニアの指摘を受けた。

(244)　*APC Report*, 155 ; RG 131, Box 171, National Archives, および *New York Times*, March 2, 1981.

(245)　書簡 L. Roselius to T. W. Lamont, April 17, 1909, Box 235, fl. 13, TWL Papers.

(246)　RG 131, Box 171, National Archives にあったデータ。

(247)　*APC Report*, 153-154. Thomas R. Kabisch, *Deutsches Kapital in den U.S.A.* (Stuttgart : Klett-Cotta, 1982), 281, 367（ハインリッヒ・フランク・ジェーネ社 [Heinrich Frank Söhne & Co.] に関して)，多数のドイツ企業がコーヒーを輸入したが，巨大なクロスマン＆シールケンなどがあり，同社は，事実上すべてドイツの所有である，530万ドルの資本金を有していた。A・ヘルド社（75％がドイツ所有）は南米から（さらに確かに中米からも）米国にコーヒーをもたらした。これはシュット・ブネマン社（これも75％ドイツの所有）がしたことと同じである。次の書を見よ。*APC Report*, 143-144. ドイツ人は，グアテマラ，コロンビア，ベネズエラはラテンアメリカの他の地区と同様，コーヒーの栽培および（または）買い付けにおける最大の投資者であった。

(248)　ロンドンのユニリバー古文書館のデータ（ユニリバーは後にリプトンの米国事業を取得する）は，茶会社は1893年米国内のシカゴで「設立」されたことを示している。ユニリバーが後に取得することになる会社は1915年7月8日に法人化された。マサイアスの書（Mathias, *Retailing*, 342）によれば1890年に法人化された T・J・リプトン社がこの状況のどこに適合するのか，私にははっきりとした確信をもてない（この章の注（64）を見られたし）。

(249)　Rees, *The Grocery Trade*, II, 247-248. イギリスのリプトンと米国のリプトンは世界市場を二分し，米国リプトンの事業を米国に限定させた（Mathias, *Retailing*, 343）。

(250)　"History Outline" in Unilever Archives, London.

(251)　John Dunning interview with the Tetley company, March 31, 1960（Dunning data）。

(252)　Douglas A. Simmons, *Schweppes*（London : Springwood Books, 1983), 44, 48.

(253)　John J. Riley, *A History of the American Soft Drink Industry*（1958 ; rpt. New York : Arno Press, 1972), 116-118. 前後の状況を参考として付け加えれば，コカコーラが1886年に設立された。

(254)　*Sears, Roebuck Catalogue*, および Presbrey, *The History*, 338.

(255)　ドイツ人はコーヒー取引の鍵であった（本章の注（247）を見よ)。リプトンは，非常に広範囲にわたる，茶葉獲得のネットワークを有していた。コーヒーと紅茶は基幹製品だった。ココアは特別製品の一つだった。

(256)　Wilkins, *The Emergence*, 92, および B. W. E. Alford, *W. D. & H. O. Wills*（London : Methuen, 1973), chap. 11, esp. 268.

613

第Ⅱ部　世界最大の債務国

(257)　*Moody's, 1914*. BAT は1904年に輸出のために（ダニングのデータによる）バージニア州のピーターズバーグで操業を開始した工場をもっていた。これは紙巻タバコの工場だったようである（フィリップ・シェパードの情報）。BAT は，1911年には米国で，特に中国への輸出用として紙巻タバコを製造した。次の書を見よ。Reavis Cox, *Competition in the American Tobacco Industry*（New York：Columbia University Press, 1933）, 37, 71, 73. BAT はまた米国の茶葉の最大の購買者であり，（1911年には）バージニアとノースカロライナで収穫された茶葉のほぼ17％を買っていた（前掲書，32）。

(258)　Maurice Corina, *Trust in Tobacco*（London：Michael Joseph, 1975）, 95.

(259)　前掲書，107-108, 110, 122. さらにハーマン・リーヴィの書を見よ。Hermann Levy, *Monopoly and Competition*（London：Macmillan, 1911）, 269-270.

(260)　Cox, *Competition*, 38.

(261)　Corina, *Trust in Tabacco*, 110, 112.

(262)　*Burdett's Official Intelligence, 1891*, 956-957, 左記の書にフィリップ・モリス社が1888年12月4日に会社登録され，この時点で「前身会社」（設立期日は挙げられていない）は解散したことを示している。

(263)　Philip Morris, *Annual Report, 1980*（1847年の日付と造語に関して），および Nannie Mae Tilley, *The Bright-Tobacco Industry*（Chapel Hill：University of North Carolina Press, 1948）, 506（クリミア戦争の指揮官に関して）。これらの参考資料に当たるようにと指示してくれたことに対して，フィリップ・シェパードに感謝する次第である。

(264)　Corina, *Trust in Tabacco*, 23, 51, 69, 75, 左記のコリーナの書は，ニューヨークのフィリップ・モリス株式会社が，その主たる資産としてロンドンで販売されていたマールボロと呼ばれるブランドを挙げていて，「デュークの背後で」米国市場でイギリスブランドを振興しようとした点を，われわれに語っている。1900年から1914年の間は，フィリップ・モリスは有力なイギリスの会社ではなかった。例えば, *the British Cigarette World and Tabacco News*, 9（Sept. 15, 1904）：274が，イギリスの紙巻タバコ産業を評した際には，フィリップ・モリスの名前さえ挙げていない。しかし1904年2月にフィリップ・モリス株式会社は「大蔵大臣記念館」の，またその他のイギリス紙巻タバコ製造業者の仲間入りを確かに果たし，輸入紙巻タバコにより高い関税をかけるよう要求した（前掲書，[Feb. 15, 1904]：51）。明らかにそれは「大陸の競争力」を気にかけていた。このように米国での存在感を上げていた同じときに，それがイギリスに実在していたことは確かである。しかしその存在はたいしたものにはならなかった。1894年という年が，フィリップ・モリス株式会社が同誌（*Burdett's Official Intelligence*）に登場する最後となり，コックスの書（Cox, *Competition in American Tabacco*, 330）は，1919年初期にタバコ製品株式会社が，イギリスのフィリップ・モリス株式会社の米国利権を買ったと伝えている。1981年のムーディーズは「フィリップ・モリス株式法人」は1919年2月21日にバージニアで法人認可を受け，「ニューヨークの法人」であるフィリップ・モリス株式会社を取得したと語っている。1919年にタバコ製品株式会社に雇用され，1929年にフィリップ・モリスで働き始めた，一人のフィリップ・モリスの役員，アルフレッド・E・リヨンによると，「フィリップ・モリス紙巻タバコ」というブランドが最初に登場したのは1933年になってからのことで，その年，「フィリップ・モリスに電話しなさい」が同社のスローガンになった。そのときまでに（おそらく1919年以前ではないとしてもそれ以降ずっと）同社は明らかに米国のものとなった。アルフレッド・リヨン（1886年生まれ）は1952年に，1933年以前「マールボロ紙巻タバコがわが社の主たる収入源だった」と想起している。次の書

614

第**9**章　食料・飲料・タバコ・食品雑貨類

を見よ。*America's Twelve Master Salesmen*（New York：B. C. Forbes, 1952）, 91-102. しか
しハル・モルガンの書（Hal Morgan, *Symbols of America*［New York：Penguin Books,
1987］, 95）も見よ。彼は、フィリップ・モリスの一人のボーイが「フィリップ・モリスのボ
ンド通り紙巻タバコに電話をしなさい」という言い方を口にしているもともとの絵は1919年に
さかのぼるとしている。

(265)　私が自分の書のなかでリーヴァーの石鹸をどこに入れたらいいか迷ったとき、ウィリア
ム・J・リーダーが賢明にも、この方向に導いてくれた。

(266)　Charles Wilson, *Unilever*（New York：Frederick A. Praeger, 1968）, I, 90. 早くも1887年
に、彼の会社は米国でサンライトの商標登録をしていた。リーヴァー・ブラザーズ株式会社と
の間の1903年6月2日の協定（ロンドンのユニリバー・PLC 古文書館の資料）で、リーヴァ
ー・ブラザーズ社の登録商標と暖簾はサンライト社によるものとしていることを確認されたい。

(267)　Wilson, *Unilever*, I, 90.

(268)　ニューヨーク社に関しては、A・J・ウォルフェンデイルの W・H・リーヴァー宛ての1895
年11月20日の書簡（A. J. Wolfendale to W. H. Lever, Nov. 20, 1895, Lever Correspondence
（以降 L. Corr. として引用する）, 367, Unilever Archives, London（以降 UAL として引用す
る）を見よ。

(269)　History Section of Legal Department, Lever Brothers and Unilever, Ltd., London, Dec.
1947, "Answers to Questionnaire pertaining to Early History of Lever Brothers Company,
Cambridge, Mass." in "Historical File," UAL.

(270)　前掲書、および Wilson, *Unilever*, I, 99, 104.

(271)　Manuscript notes by P. J. Winser, Oct. 28, 1897, L. Corr., 1699, UAL.

(272)　Wilson, *Unilever*, I, 104, 56. 1890年代初期にはすでにブルックの石鹸、モンキー・ブランド
はイギリスで「大々的に宣伝され」、国内で「よく知られて」いた。T・R・ネヴェットの書
T. R. Nevett, *Advertising in Britain*（London：Heinemann, 1982）, 73は、1892年1月23日の
ブルックの石鹸のイラストレイテッド・ロンドン・ニュースのなかに掲載された、優雅な全面
広告を載せている。「モンキー・ブランド」という文句はそこにはないが、広告にはサルの絵
が入れてある。このイギリスの広告はリーヴァー取得の7年前に出た。この広告には「銅を金
のように、真鍮を鏡のように、鍋や釜の使用に、衣類は洗えない」と書いてあった。サルは輝
く金属に映った自分の姿をみている。ブルックの石鹸はリーヴァーがこのフィラデルフィアの
製造業者を買収する以前にイングランドでよく知られていた。さらに次の書を見よ。
Investors' Review, 7（April 1896）：249, および Blanche B. Elliott, *A History of English
Advertising*（London：B. T. Batsford, 1962）, 176. これらの事例におけるリーヴァーの米国投
資は、海外事業戦略のなかでの米国ビジネスへの反応だったようである。

(273)　書簡 W. H. Lever to S. Gross, Nov. 18, 1902, L. Corr., 182d, UAL.

(274)　"Historical File," UAL, から得られた財政データ。

(275)　ユニリバー PLC のデータによれば、リーヴァー・ブラザーズ株式会社ボストン工場が1899
年10月に法人組織化された。

(276)　書簡 W. H. Lever to S. Gross, April 22, 1903, L. Corr., 182d, UAL.

(277)　私の知るところでは、彼は1904年2月15日に A・J・ウォルフェンデイルのもとから W・
H・リーヴァーに派遣されてそこにいた（L. Corr., 367, UAL）。

(278)　書簡 W. H. Lever to Dr. H. D. Thomas, March 11, 1907, L. Corr., 6022, UAL.

(279)　"Historical File," UAL, から得られた財政データ。

第Ⅱ部　世界最大の債務国

(280)　"Historical File," UAL にある "The Lever Story, 1895-1959," のパンフレット。

(281)　1904年 8 月14日付けの W・H・リーヴァーからリーヴァー・ブラザーズ社宛ての書簡と前掲書（ともに Corr., 1482, UAL）。

(282)　前掲書，Sept. 3, 1904, L. Corr., 1482, UAL.

(283)　Wilson, *Unilever*, I, 50.

(284)　書簡 W. H. Lever to Sidney Gross, Dec. 16, 1902, L. Corr., 182d, UAL.

(285)　前掲書.

(286)　書簡 W. H. Lever to Directors, Lever Brothers, Ltd., Boston Works, March 21, 1903, L. Corr., 1482, UAL.

(287)　TWL Papers.

(288)　Wilson, *Unilever*, I, 205.

(289)　書簡 C. A. Corliss to T. W. Lamont, July 12, 1912, Box 235, fl. 16, TWL Papers.

(290)　Wilson, *Unilever*, I, 205. 1912年に米国のリーヴァーは，再度実質的損失を示したが，1913年には再度，若干の利益をみた（"Historical File," UAL）。

(291)　書簡 Lever to H. G. Hart, July 1, 1919, L. Corr., 8408, UAL.

(292)　1964年11月13日付け，ニューヨークのリーヴァー・ブラザーズ社の社長，ミルトン・C・マムフォードからウォルター・トンプソン社のノーマン・H・ストウスに宛てた書簡を見よ。これには「JWT…が持続的に59年間リーヴァー・ブラザーズ社とともに仕事をしてきている」と述べている（*Advertising Age*, Dec. 7, 1964, 111）。本章の注（237）で示されているように，ラモント・コーリス社はたびたび J・ウォルター・トンプソンと共同で仕事をした。

(293)　Wilson, *Unilever*, I, chap. 9.

(294)　前掲書，126, 133.

(295)　前掲書，137, 204.

(296)　前掲書，204.

(297)　資本の備蓄に関してはルイスの書 Lewis, *America's Stake*, 566, 雇用に関しては "Historical File," UAL，販売に関しては Unilever PLC, を見られたし。比較のための参考として，スイス・チョコレート社とリーヴァー社の得意先を取得する以前にラモント・コーリス社は，すでに225万ドルほどの事業を行っていた（書簡 T. W. Lamont to Arthur H. Lockett, March 4, 1904, Box 235, fl. 9, TWL Papers）。

(298)　Basil Reckitt, *The History of Reckitt and Sons Ltd.* (London：A. Brown, 1951), 52, 101.

(299)　"Lever Golden Jubilee-USA-1895-1945," 1945 booklet in UAL.

(300)　前掲書.

(301)　「ブルックの石鹸」の1892年の宣伝（本章の注（272）を見よ）は，それが「金物店，食糧雑貨店，薬局」で売られていたことを示している（「薬局（chemists）」はイギリスで米国の「ドラッグストア」に相当するものだった）。ストールワークもドラッグストアを通じマーケティングの一部を行っていた（Kuske, *100 Jahre*, 14, 104）。

(302)　Ann Francis, *A Guinea a Box* (London：Hale, 1968), 118.

(303)　Augustus Muir, *Nairns of Kirkcaldy* (Cambridge：W. Heffer, 1956), 88.

(304)　次の書のなかで引用されている。Presbrey, *History of Advertising*, 396.

(305)　次の書を参照されたし。T. A. B. Corley, "From National to Multinational Enterprise：The Beecham Business, 1848-1945,"（1983年の発刊されなかった新聞），および London *Times*, Oct. 27, 1911；Oct. 25, 1912；Oct. 23, 1913. トーマス・J・バラットは1865年に24歳の

第**9**章　食料・飲料・タバコ・食品雑貨類

若さでA.& F.ペアーズ社の共同経営者になった。その見事な広告はトーマス・J・バラット個人によるものだった。彼は1914年に亡くなった。前掲諸紙，April 27, 1914と『ニューヨーク・タイムズ』，1914年4月27日，の死亡記事を見よ。1917年に，イギリスのリーヴァーがA.& F.ペアーズ株式会社を取得した後，リーヴァー・ブラザーズ社は，リーヴァーのケンブリッジ工場でペアーズの石鹸の製造を開始した（"Lever Golden Jubilee" booklet）。

(306)　次の書を見よ。Håkan Lindgren, *Corporate Growth : The Swedish Match Industly in Its Global Setting*（Stockholm：Liber Förlag, 1979）, 56-58, 294, 382. リンドグレンの書 Lindgren, *Corporate Growth*, 78, によると，フォーナデはストロンボルグ輸出入会社を「取得」した。ダイヤモンド・マッチの要求に関しては，前掲書，102. を見よ。さらに次の書を見よ。Karl-Gustaf Hildebrand, *Expansion, Crisis, Reconstruction, 1917-1939*（Stockholm：Liber Förlag, 1985）, 34, 429 n.9.

(307)　本章，注（241）を見よ。

(308)　本章，注（240）を見よ。

(309)　本章の本文を見よ。

(310)　本章，注（240）を見よ。

(311)　Alfred Chandler, "The Emergence of Managerial Capitalism," paper delivered at American Historical Association meeting, Dec. 1983, 左記の論文は，イギリスが最初の「消費社会」になり，これらの製品がその市場の必要性を反映していたと論じた。

(312)　Steen, *Flour Milling*, 293, 左記の書はウォッシュバーン・クロスビー（ゼネラル・ミルズの前身）が1909年に1位になったと語っている。当然，1909年にはピルズベリー・ウォッシュバーン小麦製粉株式会社はわれわれが届けたように，管財人の管理下にあり，1899年以降この「イギリス」会社における支配的株主はアメリカ人であったから，われわれはイギリス人投資者を責めるべきだろうか。

(313)　C. K. Hobson, *The Export of Capital*（London：Constable, 1914）, 73.

(314)　さらにビールにおけるものも，前の時代から移譲されたもので新しい投資ではない。

617

第10章
繊維製品，衣料品，皮革製品および関連製品

　経済史家の多くは，1875年から1914年の間におけるアメリカ繊維産業は，技術的に成熟したものと見なしていたが，これは綿製品や多くの羊毛製品について紛れもなく当てはまるものであった。しかしながら，繊維産業が専門化したそれぞれの分野では，新しい動きがみられた。羊毛の**ウーステッド**の糸や布地，発展しつつあった絹製品製造，高級レース，新しい形で真に国際化した綿糸および麻糸事業，最初の合成繊維，染色や漂白のための化学薬品における革新，そして改良された繊維機械は，繊維産業のより古い伝統的な部門ではみられなかったダイナミズムをもたらした。

　本章では，アメリカ繊維産業におけるかなりの数の海外からの投資（実際にはすべて直接投資）を扱うが，その範囲は綿花プランテーションから綿製品，羊毛製品，絹製品，「繊維製品仕上げ」，製糸，レーヨン，衣料品にわたる。さらに，繊維の生産に必要な化学薬品である染料およびアルカリの製造における外国からの投資と，アメリカの繊維メーカーに供給するための機械製造業に対するヨーロッパ企業の事業活動について簡単に考察する。アメリカ繊維産業における海外からの投資の範囲は驚くに値するものであった[1]。結論としては，こうした海外直接投資の重要な役割がなぜ生じたのかを説明し，この関与がアメリカにおける海外投資（特に直接投資）についてわれわれになにを物語るのか，それらはすでに分析した他の産業における投資といかに比較されるかを説明しようとするものである。

原 材 料

　アメリカにおける綿花プランテーションの大半は，アメリカ人によって所

第**10**章　繊維製品，衣料品，皮革製品および関連製品

有・管理されていた。もっとも，原綿の取引は長い間そうであったように，し
ばしばイギリス人によって資金が供給されていた。そして，この時期のプラン
テーション所有者はイギリスの貿易商社や金融会社に負債を負っていた。(2)1880
年代および90年代において，イギリスの抵当貸付会社が農民に貸付を行った結
果，綿花プランテーションは時として返済不履行のために彼らの手にわたった。
私が資料を入手している事例はアシュリー社であるが，同社は1894年にルイジ
アナ州マディソン・パリッシュで，抵当権の行使によって取得した一連の綿花
プランテーションを経営していた。同社は当時，明らかにこれらの不動産を抵
当に入れていた。1894年末にスコットランドのいくつかの抵当貸付会社は，ア
シュリー社の支払能力を維持するためにデルティック投資社を設立した。スコ
ットランドの会社は，アシュリー社の抵当を56万9000ドルで取得し，プランテ
ーションを経営するために人を雇い入れ，耕作の範囲を決定し，作物の販売に
ついて手はずを整えた。彼らはルイジアナ州への移民を促進した。6年後の
1900年に，スコットランドの会社は直接耕作をすることをやめ，土地を小作人
に貸し付けた。1906年までには，スコットランド人所有者はその土地で働くよ
うに**イタリア人**家族のルイジアナ州への移住を勧めていた。そして，翌1907年
にデルティック投資社は，その土地の売却を始め，残ったものを貸し付けた。
その後，ワタミハナゾウリムシという害虫が発生して綿花が壊滅した。1913年
にデルティック社は，作物を分配する方式で小作人に融資をした。この綿花プ
ランテーションは，スコットランド人投資家にとって，決して利益のあがるも
のではなかった。(3)

　アメリカの綿花プランテーションに対する海外直接投資のもう一つの異なっ
た形態は，細綿紡績機社（Fine Cotton Spinners' and Doublers' Association）の
事例である。同社は1898年5月に，高品質（シー諸島）綿の紡績やこの高級紡
績糸や他の綿を原料とする合糸製造に携わるイギリス企業31社が合併して設立
されたものである。その合併過程は，イギリスにおいて，なかでもランカシャ
ーにおいて行われた。1911年，ミシシッピ州のヤズー・デルタにおいてかつて
ないほどの「最大の売却」といわれた事例において，同社は約3万8000エーカ
ーの綿花栽培農地を概ね200万ドルから300万ドルで購入し，2つのプランテー
ション事業を組織した。これらの農地は，新設のミシシッピ・デルタ・プラン

第Ⅱ部　世界最大の債務国

ティング社に貸し付けられたが，この会社の株式資本は細綿紡績機社によって
100％所有されていた（1919年，ミシシッピ社は依然としてイギリス人によって所有
されていたが，社名はデルタ＆パイン土地会社へと変更された[4]）。

　この細綿紡績機社のプランテーションで栽培されミシシッピ綿は，イギリス
に輸出されることになった。ある歴史家によれば，その投資は「最高級糸の紡
績のために必要とされる長繊維綿花の供給を確保する上で繰り返し困難が生じ
たことが唯一の理由である[5]」。デルタ地域の研究者であるロバート・ブランド
フォンは，1909〜10年に作物不良のため高品質綿糸の価格が急騰した，と説明
している。イギリス人にとって，さらに問題があった。なぜならば，長繊維の
エジプト綿の供給は満足のいくものではなかったからである。1910年の国際会
議で，ある報告がヤズー・デルタ地域は高品質綿紡績のために必要な特殊綿繊
維のための優れた供給源となることができたと，言及している[6]。そのために，
1911年に直接投資が行われたのである。それは，後方統合を行っていた例外的
な事例である。つまり，大部分の外国紡績業者は自らの綿花プランテーション
を所有していなかったからである。さらに，ブランドフォンは，「イギリス系
の高級綿紡績業者は，自らの栽培するデルタ綿を1ポンドたりとも使用しなか
った」と記している。というのは，この繊維は，エジプトからの長繊維やアメ
リカ南部のどこかで購入されるものと競争することができないことが判明した
からである。したがって，その綿花はオープン・マーケットで販売された。し
かしながら，細綿紡績機社は，同社がその産出物がその特殊な目的に適合しな
いことがわかったときにも，ミシシッピ州のプランテーションを処分しなかっ
た。むしろ，同社はその子会社を所有し続けた。なぜならば，その子会社が利
益をあげていたからである[7]。

　羊毛については，いくつかのイギリス企業が羊の飼育に投資していた[8]。その
投資は小規模かつ雑多なものであり，多国籍企業の行動，原毛の価格，あるい
はアメリカにおける羊の飼育になんら影響を与えるものではなかった。綿花の
場合には，細綿紡績機社の投資にみられるように，大規模なイギリス企業は原
料を入手するために投資をしたが，アメリカにおける羊毛の調達においてはそ
れに匹敵するような大規模な投資はみられなかった[9]。

620

第 **10** 章　繊維製品，衣料品，皮革製品および関連製品

繊維製品の製造

　アメリカの繊維製造業における外国からの直接投資は，すべてアメリカ市場を対象としたものであった。それらには，イギリス，ドイツ，フランス，スイス企業が含まれていた。それらの企業は，綿製品，羊毛製品，羊毛およびその他の敷物，絹製品，レース，刺繍，そして布地のシルケット加工および染色に従事していた。

　アメリカの1883年関税法は一時的に関税を低下させたが，高番手の綿布の関税は引き上げられた。その結果，「いくつかの」ランカシャー企業は，関税障壁を乗り越えてアメリカでの取引を守るために，この国で綿布の製造を開始したと報告されている。これらの企業名を特定することはできないが，これらの企業が大規模なアメリカの綿布産業において主要な役割を果たしていたとは思えない。

　ジョン・P・ディクソン（John P. Dixson）は，1905年にイギリス綿工業について触れ，次のように報告している。つまり，アメリカの関税によって「活動（つまり輸出）を行っている，われわれイギリスの優れた企業の多くがアメリカに工場を開設せざるを得なくなった」と。しかし，彼が提示した例は，極端なものであった。つまり，イギリスやアメリカにおいて，製本用布地の取引を実質的に独占していたマンチェスターのある企業が，アメリカから締め出されたので，「自己防衛のため，……同国に工場を開設した」ことから，これを事例として挙げているのである。アメリカで工場が稼動したことによって，この企業のイギリスにおける生産は減少していた。しかし，「同社は『アメリカ製』布地で，以前享受していたのと同じ独占を確保した」。ディクソンは，この会社の名前を明らかにしてはいない。おそらく，この会社はウィンターボトム・ブック・クロス社と思われる。というのは，同社はイギリスで1891年11月26日に有限会社として登記したとき，イギリス企業7社と同社が1883年に買収していたロードアイランド州プロビデンスのインターラーケン・ミルズ社を合併したからである。製本用布地は差別化された特殊な製品であり，普通の綿製品ではなかった。

621

第Ⅱ部　世界最大の債務国

　もう一つの企業も，イングランドのコベントリーにあるJ.&J.キャッシュ
社（J.&J.Cash, Ltd.）という高度に専門化された綿製品企業で，アメリカに布
製のラベルや名札テープを輸出していた。同社は，1875年以来ニューヨークに
販売事務所を構え，1906年にはコネチカット州サウスノーウォークで製造を開
始している。かなり後になって，同社の経営者は季節による需要の変動に迅速
に対応する必要性からアメリカで製造を行う決定をしたと説明している[15]。要す
るに，私が確認できる綿繊維製品分野においてアメリカで活動していたイギリ
スの企業は，一般的なヤード単位で売買されるような反物ではなく，特殊な製
品を扱うものであった[16]。

　関税に直面して，いくつかのイギリスの毛織物メーカーも綿製品メーカーと
同じように，アメリカに投資を行ったが，これにはソールテールのサー・タイ
タス・ソールト・バート・サンズ社がある。サー・タイタス・ソールトのひ孫
の指摘によれば，このソールテールの企業は，紳士用の腰布の製造に必要なフ
ラシ天を生産するために，1891年コネチカット州ブリッジポートにソールト織
物会社を設立した。同社は，1939年まで同地で製造を行っていた[17]。

　イギリスで開催された1905年の公聴会で，あるブラッドフォードの羊毛繊維
の製造業者（J・K・エンプソール）が次のように証言している。「われわれは，
アメリカに移転しようとしている会社を所有している。……すでに織機をアメ
リカに輸送してしまった。……彼らはここでその工場を維持しようとしている
が，彼らはそれ（生産）を減少してしまった[18]」。ヨークシャーのバーリー・イ
ン・ワーフィデールにある別の製造業者であるW・H・ミッチェルは，多分
上記の同じ会社に触れたものであると思われるが，次のように報告している。
「ブラッドフォードにおいて非常に長期にわたってアメリカ向けに製品を製造
してきたメサーズ・ベン社は，今まで最も成功を収めてきた大規模企業である
が，紛れもなく関税問題に直面して，その工場の大部分をまさにアメリカに移
転完了したところであり，アメリカで1000人の労働者を雇用しようとしてい
る[19]」と。同様に，ハダーズフィールドのアルフレッド・サイクスは，次のよう
に付け加えている。つまり，彼の会社の一つは「関税が非常に高い」ので，ア
メリカに分工場をすでに立ち上げている[20]，と。

　イギリスの絨毯メーカーもまた，アメリカで製造を開始した。ヨークシャー

622

第 **10** 章　繊維製品，衣料品，皮革製品および関連製品

のヘックモンドワイクのＴ・Ｆ・ファース＆サンズは，その一例である[21]。ニューヨーク州コーンウォール（ビーコンの南，ハドソン川の西岸の町）では，同社の子会社であるファース・カーペット社が，1884年に工場を建設し生産を開始している。新しい事業は繁栄し，その資産は1900年までに100万ドルの価値をもっていた[22]。イギリスの絨毯産業に関する1905年のある報告は，名前の確認できないイギリスの絨毯製造業者（これはＴ・Ｆ・ファース＆サンズに間違いないと思われる）が，1884年にアメリカで製造を開始していた，と指摘している。この生産者は，次のように証言している。「わが社はアメリカで自ら糸を紡ぎ，製品を製造しているし，嗜好の違いがあるため製品の色を除いて，イギリス国内で生産しているものとまったく同じ製品を製造している」と[23]。名前が不明であるイギリスの別の絨毯メーカーは，1874年まではアメリカは主要市場であった，と報告している。「それ以後，わが社はアメリカで工場を開設し，梳毛糸紡績のために大規模な工場をもち，同国でカーペットのプリントをしたり織ったりしている[24]」。

　ハリファックスのジョン・クロスリー＆サンズ社のＧ・マーチェッティは，1905年に，彼の会社はロシアとオーストリアにすでに製造工場を開設しており，おそらく大陸のどこかで同じことをするであろう，と指摘している。「われわれは現在アメリカに進出するという提案を有している。アメリカでは，実際一群の紳士たちがすでに資本の半分を提供してくれている」。しかし，マーチェッティは次のように宣言している。つまり，関税のために「われわれはおそらく戦えないであろう」と[25]。1911年，ジョン・クロスリー＆サンズは，ペンシルベニア州イーストンに土地を取得した。しかしながら，同社は十分な資本を調達するのが困難であったために，工場建設を延期した[26]。これは，製造活動を拡大する上において資本調達が制約となった一つの稀な事例である。通常，外国企業は十分な資金源を有し，資本を調達するのにほとんど困難はなかった。

　別の異なった種類の敷物においては，「スコットランドのカーコールディのネアン家が所有する大規模なリノリウム企業が，リノリウムの生産のために19世紀の末にアメリカ，フランス，ドイツに工場を設立した[27]」。リノリウムはジュートや黄麻布からつくられたので，繊維産業部門に分類される。絨毯製造業者と同じように，ネアンは長い間アメリカに輸出を行っていた。同社のアメリ

623

第Ⅱ部　世界最大の債務国

カの代理店（そして主要な顧客）は，ニューヨークのW.&J.スローンであり，この会社は当時「あらゆる種類の敷物」に専門化していた。アメリカ市場の大きさとW.&J.スローンからの要請は，需要が存在したことを意味し，1886年夏にマイケル・ベイカー・ネアンがニューヨークを訪れたとき，彼はニュージャージー州カーニーのハドソン川を越えたところに，リノリウム工場に適した立地を探求・発見し，資本金30万ドルで，ニュージャージー州で登記されたネアン・リノリウム社の設立の手はずを整えた。ネアンは，アメリカの工場を経営させるためにスコットランドからピーター・キャンベルを派遣した。ネアンと彼のパートナーの何人かは，スローン家の2人のメンバーとともに，この会社の取締役会に名を連ねた。私には，W.&J.スローンがこの製造事業に資本を有していたかどうかは不明である。おそらく，同社は所有に関わっていたと思われる。というのは，スローンの企業は，紛れもなくアメリカにおけるネアン社製品の販売代理店としてとどまったからである。ネアンの投資は高関税のみならず潜在的な市場によっても動機づけられたものである。それにもかかわらず，工場の操業開始5カ月前（一部はまだ建設中であったが），ジョン・スローンは，国会議員に手紙を書き，リノリウムに対する関税の導入を主張している。ひとたびニュージャージーで生産を開始すると，ネアンは輸入品と競争することに直面することを望まなかったのである。事業は繁栄し，1909年までにはアメリカの子会社の資本は200万ドルに増資され，W.&J.スローンが販売網を敷いていない都市に販売店を開設する計画が立案された。

『1919年版　株式取引所公式情報』は，（フレデリック・ウォルトンのニューパテントの）グリニッジ・インランド・リノリウム社は，1895年に設立されたものであるが，アメリカのグリニッジ・リノリウム社に20ドル株を2493株所有していた，としている。これは，1914年には1万246ポンドの価値があった。この投資については，これ以外のことについては私にはなにもわからない。同社に触れたのは，アメリカへのリノリウム投資はネアンのみではなかったことを指摘するためだけのものである。

さらに，イギリス企業はアメリカにおける新しい絹製造業に投資をした。アメリカでは19世紀末から20世紀初頭にかけて，絹生産は劇的に増加した。1891年に創業されたコネチカット州のソールト織物会社は，絹のフラシ天（フラシ

第**10**章　繊維製品，衣料品，皮革製品および関連製品

天は絹，綿，羊毛，その他の原料，あるいはこれらの2種類を混合したものからつくることができる）を製造した[33]。いくつかのイングランドおよびスコットランドの企業は，1890年のマッキンリー関税に対応するためにペンシルベニア州，コネチカット州，ニューヨーク州にレースやレースのカーテンの工場を開設した[34]。ベルファストの企業であるヨーク通り亜麻紡績会社（York Street Flax Spinning Company）は，アイルランドのリンネル製品のステッチ飾りや縁取りを行うために，ニューヨーク州に少なくとも1つの工場を開設した。この場合もまた，高関税が理由であった[35]。

　1901年頃，「繊維仕上げ」において，イギリスのコットン＆ウール・ダイヤーズ・アソシエーションは，「優れたシルケット加工事業」を行うためにアメリカに子会社を取得した[36]。巨大なキャリコ・プリンターズ・アソシエーションは，アメリカに工場を設立する可能性を調査するために，1904年に2人の人間を派遣した。しかし，開設に否定的な決定がなされた[37]。1898年に設立された繊維の染色においてきわめて重要なイギリス企業であるブラッドフォード・ダイヤーズ・アソシエーション社は，1913年に同社の株主に次のように語っている。つまり，1912年の晩秋に，同社は「ロードアイランド州ブラッドフォードにあるアメリカ工場」の操業を開始していた，と。親企業における20万8608ポンドの増資の「かなりの部分は，新しいアメリカ工場建設と関連したものであった」[38]。1913年の事業について，ブラッドフォード・ダイヤーズの会長は，「大規模工場」であるアメリカ工場がフル生産するのに遅れていることを指摘している。彼は，親会社の株主に次のように述べた。「皆様は，慣れない国でわが社の工場のような複雑な事業を設立するのは非常に困難であることを，理解していただけるでしょう」と。ブラッドフォード社には，能率的な労働者を獲得するという問題が存在した。かつてアメリカへの移民は北ヨーロッパからであった。しかし，今日の移民は「主として怠惰で知力のおとる南ヨーロッパおよび西アジア（ママ）からの人々である」と，同社の会長は不満を述べている。ブラッドフォード社の経営者は，これらの人々は「極端に渡り鳥的な性格をもつ」と見なした。それに対応して，同社は「限りなく流入する渡り鳥的なほとんど教えることが不可能な労働者ではなく，……家族持ちの労働者を必要としているので，より多くの落ち着いた，積極的かつ知性的な労働者を引きつける

第Ⅱ部　世界最大の債務国

ために多くの社宅を」建設することが必要であると感じた。次に，1913年の関税を引き下げることに関して不確実な事柄が存在した。そして，事態をさらに悪化させたことは，同年ニューヨークで衣料品産業におけるストライキが生じたことである。それにもかかわらず，1914年の初めまでには，ブラッドフォード・ダイヤーズ社の会長は楽観的であり，イギリスが第一次世界大戦に突入したときに新しいいくつかの問題に直面したのみであった。[39][40]

　要するに，多くのイギリス繊維企業は熟考の末，その多くの企業がアメリカにおける製造活動へ投資を行ったのである。最大規模の投資には，ソールテールのサー・タイタス・ソールト・バート・サンズ社，ヘックモンドワイクのT・F・ファース＆サンズ，そしてブラッドフォードのブラッドフォード・ダイヤーズ・アソシエーションがあった。これらの投資家のいずれも，アメリカの投資のためにロンドン市場で「新しい債券発行」を行わなかった。

　ドイツ人投資家はアメリカにおける綿繊維製品の製造に対しては投資をしなかったが，ほかに羊毛製品，絹製品，レース製品について投資を行った。1890年以前，羊毛製品やウーステッド製品のドイツ人工場所有者は，アメリカに製品を輸出していた。1890年のマッキンリー関税の成立を予想して，ドイツのライプツィヒの紡績企業であるシュテア社は，同社のアメリカ市場を確保するために，同社はこの国で製造を行うべきであることを決定した。こうして，シュテア社は1890年にニュージャージー州パセーイクに360万ドルの資本金でボタニー・ウーステッド社を設立し生産を開始した。この事業はきわめて成功したので，他の主要なドイツの毛織物製品メーカーがこの先駆企業に倣ってアメリカへの投資を行った。以後20年間に，ドイツ企業はパセーイクにさらに大規模な5工場，ニュージャージー・ウーステッド紡績社，パセーイク・ウーステッド紡績社，ゲラ・ミルズ，ガーフィルード・ミルズ，およびフォーストマン＆ハフマン社を設立した。

　いずれの場合も，ドイツ人が100％所有したものではなかった（ボタニー社が71％，他の5社についてはそれぞれ75，71，89，47，そして31％であった）。しかしながら，工場はきわめてドイツ的性格の強いものであり，ドイツ人の経営者，技術者，職長を擁していた。それらの工場は輸入した紡績機械を使用し，ドイツの親会社と緊密な関係を維持した。ある歴史家の言葉を借りれば，1903年に開

626

第**10**章　繊維製品，衣料品，皮革製品および関連製品

設されたニュージャージー州のフォーストマン＆ハフマンの工場は，「そのド
イツの親企業の複製に限りなく近いものであった」。これらの企業の経営者は，
アメリカの高関税を強く主張した。これらドイツ企業所有の工場が中心となっ
て，ニュージャージー州は，第一次世界大戦までにアメリカにおける高級ウー
ステッド糸や高級婦人服地の製造の中心地となった。1914年までには，これら
ドイツ企業の近代的な大規模工場は，１万5000人を雇用していた。[41]この年，マ
サチューセッツ州は，アメリカにおいて毛織物およびウーステッド製造を初め
て行った。それに続いて，ペンシルベニア州，ロードアイランド州，ニューヨ
ーク州，そしてニュージャージー州が続いた。1914年以前の25年間に，ニュー
ジャージー州はこれら新設のドイツ企業が所有する工場のおかげで，順位が30
位から５位に上昇していた。[42]毛織物およびウーステッド衣料品産業に対するド
イツ企業の投資は，イギリスの毛織物製品への投資をはるかに凌ぐものであっ
たように思える。ドイツ企業は，この産業において明らかに技術的な優位性を
有していた。[43]

　他のドイツ企業は，絹およびビロードの取引や製造に関与した。ドイツのエ
ルバーフェルトにある強固なＨ・Ｅ・シュニーウィンドによって所有され，ヘ
ンリー・シュニーウィンドが経営する巨大なサスケハナ・シルク・ミルズは，
ペンシルベニア州に数カ所，オハイオ州マリオンに１カ所の絹布工場を運営し
ていた。同社はまた，ペンシルベニア州サンベリーに染色・仕上げ工場を有し
ていた。同社の複数工場からなるアメリカの事業は，1896年に資本金15万ドル
で控え目に操業を開始していたが，1914年10月までに資本金は350万ドルにな
っていた。同社は，約4300人を雇用していた。[44]アメリカにおいてドイツ企業が
一部所有していた絹製品製造業者には，R.＆ H.サイモンとオーディガー＆マ
イヤー社が含まれていた。[45]

　ドイツ企業は，アメリカにレース製造工場を建設した。ドイツのランガーフ
ェルトに本拠地をもつパートナーシップであるアルバート＆Ｅ・ヘンケルズは，
世界的にみても最大のレース製造業者の一つであった。同社のアメリカの関連
会社である国際織物会社は，1909年に設立されたが，コネチカット州ブリッジ
ポートに工場を開設した。この工場は，各種のレースを製造した。さらに，同
社は細幅物に専門化した第２工場をペンシルベニア州ヨークに建設した。[46]ドレ

627

第Ⅱ部　世界最大の債務国

スデンのドレスドナー・カーテン・レース製造会社は，コネチカット州法のもとに1910年に授権資本金22万5000ドルで設立されたドレスデン・レース・ワークス社の主要な所有者であった。コネチカット州ノーウォークに設立された同社の工場は，「高級リンネル」とクラニー・レース（主にアメリカのコルセット製造業者に販売された）を製造した。ドイツ企業が25％所有するアメリカン・ラ・デンテーレ株式会社は，アメリカにおいてクラニー・レースを製造するもう一つの会社であった。

　私は，アメリカにおける綿繊維製品産業に投資したフランス企業の存在については知らないが，1897年のディングレー関税に対応して，３つのフランス企業所有の紡毛糸工場がロードアイランド州ウーンソケットに設立された。投資家は，ベルギーとの国境に近いフランス北西部の出身であった――この地域は，フランスの毛織物製品の中心地であった（ルーベおよびトゥルクワンという近接した都市がある）。最初の投資案件であるラファイエット・ウーステッド社は，1899年に資本金30万ドルで設立された。同社の親会社は，ルーベのオーギュスト・レポート社であった。1907年に２番手のフレンチ・ウーステッド社が資本金40万ドルで設立された。同社のフランスの親企業は，トゥルクワンのC・ティーベルジュン＆サンズであったが，この親企業はアメリカ工場を建設する以前に他の海外事業（オーストリアとチェコスロバキアに工場）を有していた。第３の投資は，ジュール・デサモン・ウーステッド社で，1910年に資本金50万ドルで設立された。トゥルクワンのジュール・デサモン父子会社が親企業であった。

　フランス企業は，投資のためにロードアイランド州ウーンソケットを選択した。その理由は，そこにすでに熟練した繊維労働者であったフランス語を話す人々が存在していたからである。ウーンソケットの郷土史家は次のように説明している。「これらの労働者はフランス式の加工糸生産技術の習得において，フランスから派遣された経営陣が容易に訓練することができた」と。最初に進出した企業は，オーギュスト・レポートの企業であったが，まったくの偶然によってウーンソケットを選択した（そしてそれは，良い選択であったことが証明されうることになった）。オーギュスト・レポートは，アメリカを訪問したとき，バーモント州の列車のなかでフランス語を話す司祭に会った。この司祭はロードアイランド州の町を推薦していた。他のフランスのビジネスマンは同国人の

第 **10** 章　繊維製品，衣料品，皮革製品および関連製品

薦めに従っていた。⁽⁵¹⁾

　ウーンソケットの新しい工場はフランス国民によって運営されていた。つまり，工場の言語はフランス語であった。そして，糸はいわゆるフランス式によって紡がれていた。これらの工場が建設される以前には，アメリカにおける大部分の紡毛糸はブラッド方式，つまりイギリス式によって紡がれていた。フランス式によって紡がれた糸は，「アメリカにおける毛織物製品ならびにウーステッド産業に革命をもたらした。……その糸は，最初主として高級婦人用衣類に使用されていたが，次第にこの国で生産されるほとんどすべての毛織物ならびに梳毛織物のために使用される糸となった」。⁽⁵²⁾

　これらのフランス企業の工場は，製品の高品質を維持するために，糸を紡ぐ全工程を行っていた。つまり，これらの工場は独自に原毛を購入し，その等級を評価するために羊毛選別者を雇用し，最終的に糸に紡がれる「羊毛トップ」を生産するために羊毛を洗毛，洗浄，そして梳いた。2つの企業は，染色工場をもっていた。「フランス糸」は純粋に羊毛であったが，これらの企業は，メリノ糸と呼ばれる羊毛と綿の混紡の繊維製品をも製造した。これらのフランス企業の所有する企業は急速に成長・繁栄した。その製品はアメリカ全土で販売された。⁽⁵³⁾

　他のフランス人は，アメリカの絹産業に投資した。⁽⁵⁴⁾この場合には，フランスからの投資は，フランスのまったく異なった地域から行われた。リヨンでつくられるフランスの絹布は，長い間アメリカに輸出されていた。そのため，1875年にフランスの絹製品はアメリカの絹布消費においてトップであった。そのために，フランス人はフランスからの輸入に取って代わるアメリカでの生産の台頭を警戒していた。⁽⁵⁵⁾1898年にリヨンのレオポルド・デュプランは，デュプラン・シルク社を設立した。この会社の工場は，ペンシルベニア州ハゼルトンにあった。その後，デュプランはフランスに戻り，そこで彼は1906年にリヨンから南西に約80マイル離れたビジルに巨大な工場をもつ同盟織物会社を設立した。6年後の1912年には，彼はこの企業を離れ，もう一つのフランスの巨大企業であるティサージュ・ドゥ・ビジルを開業させた。フランスの歴史家であるミッシェル・ラフレール（Michel Laferrère）は，次のように書いている。つまり，ティサージュ・ドゥ・ビジルは当初から，デュプラン・シルク社を通してアメ

629

第Ⅱ部　世界最大の債務国

リカでの製造活動に関与していた。1914年には，ジーン・L・デュプランがアメリカの事業を運営していた[56]。

　リヨンの企業であるJ・B・マーチンはベロアおよびフラシ天の専門業者であったが，1898年にアメリカに子会社を設立し，2年後にコネチカット州ノーウィッチで生産を開始した。1909年にこのフランス企業はメイン州ポートランドにおいてJ・B・マーチン社を設立し，この新会社がコネチカット州のJ・B・マーチンを買収した。ピエール・カイエ教授が私宛てに送ってくれた手紙によれば，同社の経営会議はポートランドかリヨンかで開催された。同社の工場はコネチカット州ノーウィッチにとどまった。同様に，1914年以前にリヨンの絹織物の染色業者であるエドモンド・ジレがアメリカの「分工場」であるユナイテッド布染め工業社（United Piece Dye Works）の設立に参加したが，これはニュージャージー州ロディに立地していた[57]。

　フランス人のJ.-L.デュプランは1917年に書いたもののなかで，次のように論評している。つまり，リヨンの絹織物の会社はロシアの絹工場の発展において主導権を発揮し，他の多くの国々に工場を有していたが，彼は，フランス企業はアメリカの絹織物生産の拡大を推進する上では「微弱な」役割しか果たさなかった，と。彼の指摘によれば，皮肉にもエルバーフェルトに本拠地をもつドイツ企業（H・E・シュニーウィンドによる投資に間違いないと思われるものに言及して）が，アメリカに投資を行っていたが，それは「ドイツが強みをもつ」産業ではなく，フランスが優越していた産業に対してであった。デュプランは同国人に対して，このアメリカの産業においてもっと優位な地位を獲得しなければならないと，苦言を呈している。これに対して，他の人々（移民，アメリカ生まれの企業家，そしてドイツの対外投資家）は職長を含むフランス人の能力を適正に評価し，かつてフランス企業の顧客であった，あるいは依然としてそうであると思われるものを奪い取っていた[58]。デュプランが報告したものによれば，フランス企業による対外投資が存在しなかったということではないことがわかる（デュプラン・シルク社その他が存在した）。しかし，フランス企業の生糸における重要な役割やリヨンのかつて存在した（しかし今は喪失した）アメリカ市場への輸出による主導権を考慮すれば，その活動ははるかに大きかったはずであることがわかる。

630

第**10**章　繊維製品，衣料品，皮革製品および関連製品

　スイスの投資家もまた，アメリカ繊維産業において重要な役割を演じた。アメリカ絹織物組合の1901年の年次報告書によれば，チューリヒのロバート・シュワルツェンバッハが世界最大の絹織物の製造業者であると述べているが，同社はスイス，フランス，ドイツ，イタリア，そしてアメリカにおける工場で1万5000人以上の職工を雇っていた。同じ年次報告書は，生糸組合の組合員として，ニューヨークのブルーム通り472番地のシュワルツェンバッハ・フーバー社を掲載している。ジャック・フーバーがこの子会社の最高経営責任者であった。アメリカの工場は，ニュージャージー州ウェストホーボーケンにあった。1905年までには，これらの工場はこの新しいアメリカ産業において，「最も重要な」工場として位置づけられていた(59)。

　あるスイス銀行（Swiss Bank Corporation）史によると，スイスのアーボンの刺繍製造業者であるアーノルド・B・ハイネ社（後のアーボン刺繍製造会社）は，1912年にニューヨーク州に「子会社」を所有していた。この子会社の機能が販売であったのか製造であったのかは知られていない(60)。スイス人著者であるジュリウス・ラントマンは，のちにアメリカにおける刺繍産業はスイス資本およびスイス製機械によって発展した，と叙述することになったのである(61)。

　1905年に英国関税委員会（民間の保護主義者の集団）は，イギリス繊維企業のアメリカへの移転を調査した。多くの所有者がイギリスにある工場を閉鎖して，大西洋を越えて移転していた。他の企業は，アメリカの関税，とりわけマッキンリー関税（1890年）およびディングレー関税（1897年）のために，アメリカに「分」工場を開設していた。というのは，これらの企業は輸出によってはアメリカの既存市場を維持・拡大することができなくなったので，分工場を設置したのである(62)。事実，主にアメリカの関税に対応するために，イギリス，ドイツ，フランス，そしてスイスに本社をもつ企業が，アメリカにおける製造活動に多くの投資を行ったようにみえる。というのは，すべてが直接投資であり，これによって同時に経営管理や統制を行ったからである。

　さらに，アメリカ繊維産業に対するイギリスのフリースタンディング投資についてのうわさがあったが，それは決して実現しなかった(63)。そして，当時いくつかの証券投資があった。1899年に，アメリカの9つの綿糸工場は合同して，ニューイングランド綿糸会社となったが，この年同社はロンドンで約500万ド

631

第Ⅱ部　世界最大の債務国

ルを調達するために，第一抵当社債と累積的優先株を発行した[64]。アメリカ繊維産業に対しては，証券投資よりもはるかに多くのヨーロッパの資金が直接投資の形態で行われ，主として関税に対応するために行われた直接投資の影響は，証券投資のそれよりもはるかに大きなものがあった。

　アメリカ繊維産業におけるヨーロッパの投資は，親企業あるいは外国居住者が利権を維持していたが，これはもっと前の「移民所有者」の波と区別されなければならない[65]。歴史家であるフィリップ・スクラントン（Philip Scranton）の発見によれば，1882年に50人以上の労働者を雇用していたフィラデルフィア繊維製造業者の標本284のうち，工場所有者の27％がイギリス，18％がアイルランド，３％がスコットランド，そして８％がドイツ生まれであった。つまり，主要なフィラデルフィアの繊維工場（綿・羊毛・混紡製品，敷物，絹，メリヤスおよびニット製品，染色・仕上加工，そして紡績工場）の所有者の優に56％がイギリスかドイツの生まれであった[66]。スクラントンは，これらの所有者と彼らの母国にある企業との関係を分析はしていない。おそらくいくつかの場合には，結びつきがあったと思われる。しかしながら明らかに，これら基本的には単独所有者企業の大部分は外国企業とは分離しており，外国からの直接投資はなされていなかった[67]。

綿糸・麻糸紡績業

　海外からのアメリカ繊維産業への多くの直接投資のうち，一つの分野が規模，市場支配，そして長期的な役割において突出していた。つまり，綿糸および麻糸の生産・流通におけるイギリスの投資である（この分野の事業活動においては，ヨーロッパ大陸の投資家はまったく関与していない）。

　1890年のアメリカの国勢調査は，綿糸業をアメリカ綿工業における最も重要な分野の一つであると述べている[68]。その国勢調査後10年足らずで，アメリカの主要な綿糸メーカーのほとんどすべてはイギリス人所有，つまり非居住のイギリス企業によって所有されていた。それは，昔から常にそうであったというわけではない。例えば，綿糸の**マーケティング**のためのアメリカへの投資は，南北戦争以前に始まっていた。そして，南北戦争終結後まもなく，スコットラン

632

第**10**章　繊維製品，衣料品，皮革製品および関連製品

ド企業2社がニュージャージー州ニューアーク（J.& J.クラーク，1879年以後は
クラーク社と名称変更）と，ロードアイランド州ポータケット（J.& P.コーツ）
で製造を開始していた。当時，アメリカにも製造業者が多く存在していた。

　スコットランドおよびアメリカの綿糸業における主導企業は，J.& P.コー
ツとなった。この企業は，1826年に設立されたものであるが，グラスゴーに近
いペイズリーに本社を構えていた。1900年までに，同社はイギリス最大の産業
企業となっていた。スコットランドの製糸業が1858年に発明された自動巻取機
や1867年から採用されたリング精紡機を使用するずっと以前に，コーツ社を含
むスコットランドの企業は綿糸製造において世界の主導的地位に立っていた。
19世紀後半までには，綿糸は最も資本集約的な産業となっており，イギリス綿
製品産業のなかで最も収益の高い部門となっていた。そのために，明らかにコ
ーツ家の人々はイギリスの百万長者に名を連ねていた。コーツおよび他の裁縫
糸の会社はブランド名のついた商標製品を大規模に広告・販売した。特にコー
ツは，模倣者に対して断固として戦い，商標権侵害者と裁判で争った。このよ
うな産業特性のために，裁縫糸の企業が国際的な投資やとりわけアメリカへの
投資を行うことになったのは不思議なことではない。

　すでに第4章において，ロードアイランド州ポータケットでのコーツの製造
施設の開設（1869年）や，もっと古いJ.& P.コーツのスコットランドにおける
競争企業であるJ.& J.クラークのニュージャージー州ニューアークの製造工
場に言及した。これらの企業に，1870年代初期にジョン・クラーク・ジュニア
社が仲間入りをしたが，この企業はニュージャージー州イーストニューアーク
（つまりカーニー）で製造を開始していた。これら3社はすべて，アメリカの関
税障壁を乗り越えるためにアメリカでの生産を拡大したものである。ポータ
ケットのコーツは，コナント製糸社の名称で操業していたが，1876年に第4工場
を，1877年に染色工場を建設した。1878年までに同社は，約1500人を雇用し，
その財産価値は「数百万ドル」に値するといわれた。コーツの社史を書いた
J・B・K・ハンターによれば，1870年代にアメリカの事業からあがるコーツの
利益は，スコットランドの親企業の総利益の90％以上に相当するものであった。
1881年に，コーツはポータケットに第5工場を開設した。スコットランドにお
けるコーツの記録によれば，1876年に同社のコナント製糸社への投資は35万

633

第Ⅱ部　世界最大の債務国

9773ポンドであり，1882年には56万6343ポンドにも達した。このアメリカへの
投資は，スコットランドの親企業の1882年における総資本の30％以上にもなっ
ていた。コナント製糸社は，J.＆P.コーツによって「ほぼ100％」所有されて
いた。糸は，ポータケット工場がそのアメリカ人設立者による，コナント製糸
社方式で1893年まで操業していたとはいえ，コーツの名前で販売された。しか
しながら，1893年以後，生産活動は「J.＆P.コーツ（株式会社）の分工場の一
つとして運営」されたが，依然としてジェームズ・コーツの社長，アメリカ人
のヒゼキヤ・コナントの「執行」指揮体制のもとにあった。コナント製糸社は
存在し続け，その工場を「ポータケットの分工場であるJ.＆P.コーツ社」に
賃貸した（これは，アメリカにおいてコーツの商標地位をより確固たるものにするた
めの法的助言に基づくものであった）。コナントは1902年に死亡した。そのため，
ジェームズの息子のアルフレッド・M・コーツが総支配人の地位を継いだ。
1913年になって，J.＆P.コーツ（ロードアイランド州）社は**製造**事業を表すた
めの企業名となった。1880年代までには，コーツはアメリカにおいて大規模な
広告を行い，写真，絵葉書，紙の人形，CMのコピー本，暦，そして趣味的な
糸箱を配布した。1891年コーツ製糸社が，コーツ糸の**マーケティング**を担当す
るために設立された。

　一方，ニューアークのクラーク製糸社は，その事業を拡大した。1873年にジ
ョージ・A・クラークが死亡したときに，彼の弟のウィリアム・クラークが，
工場と販売会社であるジョージ・A・クラーク＆ブラザーの経営を受け継いだ。
当初，クラーク製糸社はペイズリーのJ.＆J.クラーク社とは弱い関係しか有
していなかったが，ジョージ・A・クラークの死後は，スコットランドの会社
（1879年以後はクラーク社）がアメリカの製造会社への参加を強め，1870年代末
までにはクラーク製糸社の過半数を所有していた。1883年に，クラーク社の上
級パートナーであったジョン・クラークはニューアークのクラーク製糸社の社
長になった。1880年代に，クラーク社の「O.N.T.（Our New Thread）」糸は，
アメリカの全国的な雑誌に広告が掲載された。

　さらに，第3のスコットランドの製糸メーカーであるグラスゴーのジョン・
クラーク・ジュニア社は，1883年にアメリカの子会社であるクラーク・マイル
エンド・スプール・コットン社を通して，ニュージャージー州カーニー（ニュ

634

第 **10** 章　繊維製品，衣料品，皮革製品および関連製品

ーアークの近く）にある工場を拡張した。スコットランドでは，1884年にクラーク社がジョン・クラーク・ジュニア社を吸収した。第4のスコットランドの企業であるカー社は，1881年にマサチューセッツ州フォールリバーに比較的小規模な工場を設立していた。ハンターによれば，イギリス企業であるジェームズ・チャドウィック社は，1883年からコネチカット州ブリッジポートにアメリカ工場を1つ，そして1893年からニュージャージー州ジャージーシティにそれよりも大規模な工場を有していた。1880年代および90年代の初めを通して，アメリカ市場においては，コーツ，クラーク，カー，そしてチャドウィックがアメリカの無数の製糸メーカーやいくつかのイギリスの輸出業者と競争していた。ミシンの販売が拡大するにつれて，糸巻きに巻いた糸の市場も拡大した。

　イギリスでは，1890年にJ.& P.コーツが初めて株式会社となった。そして，1895年にJ.& P.コーツ株式会社がスコットランドのペイズリーのカー社を取得し，1896年には同じくペイズリーのクラーク社，およびボルトンのジェームズ・チャドウィック社とハダーズフィールド近郊メルザムのジョナス・ブルック社のイギリス企業2社を買収した。すでに述べたように，1896年までにはコーツ，クラーク，カー，そしてチャドウィックはすべて，アメリカに製造工場を有していた。ジョナス・ブルックはアメリカに輸出を行い，この国には工場を所有していなかった。合併によって，1896年にJ.& P.コーツ株式会社はスコットランド，イングランド，アメリカ，カナダ，ロシア，オーストリア＝ハンガリーに17の生産拠点を有し，60の支店と150の流通倉庫を有していた。同社は巨大な多国籍企業であり，世界中で2万1000人の従業員を雇用していた。そして，アメリカにおいては，同社は複数の工場を有する事業を展開し，生産・流通に6000人以上を雇っていた。同社のロードアイランド州ポータケット工場のみで，1897年に2000人以上を雇用し，そこに投資された資本は400万ドルを超えていた。

　コーツグループ以外では，1896年に約20の製糸メーカーがイギリスに，ヨーロッパ大陸に約40社存在し，アメリカには大規模なものが2社と多数の小規模なものが存在していた。イギリスにおいては，1895年から96年の合併に対応して，14社が参加して1897年にイングランド縫製綿株式会社（English Sewing Cotton Company, Ltd.）が設立された。この企業はコーツの合同に対抗するもの

635

第Ⅱ部　世界最大の債務国

として組織化されたが，J.& P.コーツ株式会社から決して完全に独立したものではなかった。というのは，当初からJ.& P.コーツ株式会社がイングランド縫製綿会社の20万ポンド分の普通株を取得したからである。1902年のイングランド縫製綿会社の組織再編成後，J.& P.コーツのイギリスの販売会社（セントラル・エージェンシー社）は，イングランド縫製綿会社のためにマーケティングを行うようになった。

　ちょうど，イングランド縫製綿会社が，J.& P.コーツ社の1895年から96年の吸収に対抗するために1897年にイギリスで設立されたように，アメリカにおいてもまたイギリスのコーツ社の合併が派生的に生じていた。1898年３月10日に，アメリカン製糸社が，ニューイングランドの13社（ロードアイランド州の２社，コネチカット州の２社，ニューヨーク州の１社，ニューハンプシャー州の１社，そしてマサチューセッツ州の７社）を結合して，ニュージャージー州に設立された。アメリカン製糸社に参加した最大の企業は，最も古いアメリカ人所有の綿糸メーカーであるウィリマンティック・リネン社であった。アメリカン製糸社の初代社長はライマン・R・ホプキンスであった。彼は自ら所有するアメリカ企業であるメリック製糸社を約40年間も率いていたが，彼は自分のこの会社を新しい巨大な企業に参加させたのである。アメリカン製糸社は，アメリカ綿糸業における「破滅的な競争」に対応して生まれたものである。1898年，アメリカン製糸社のほかには，J.& P.コーツグループに属する多くのアメリカ工場が存在した。事実，1901年にホプキンスは，アメリカン製糸社にとって主要な競争企業は「外国企業である巨大なコーツの事業である」と証言した。ホプキンスは，次のように続けている。「現在，製造を行っている企業は，チャドウィック社，ブルック社は外国企業であったが，コーツ社と合同した。これらの企業はかの地で糸を生産し，これらの糸はかつてこの地に送られていた。これらの企業が合同して以来，これらの糸はコーツ社によってここで生産されている」。

　1898年に合併したアメリカン製糸社は，アメリカ人の弁護士であるジョン・ドス・パソス（小説家の父）によって手はずが整えられていた。ドス・パソスは巨大企業を誕生させる専門家であり，例えばほかにも砂糖トラストの形成に参加した。1898年の初め，ドス・パソスはいくつかのアメリカ綿糸企業のトップを訪問し，彼らが売却すると思われる株式の価格について，「彼らに合意さ

第 **10** 章　繊維製品，衣料品，皮革製品および関連製品

せていた」。ホプキンスによれば，それからドス・パソスはイングランドに旅
立ち，「そしてイングランド縫製綿会社を代表する人々と会い，……その計画
に興味をもたせるようにした」。新しいイングランド縫製綿会社は，イギリス
においてコーツグループに属していない独立企業を結合したものであった。ア
メリカで，同じことを行うことは当然のことであった。イングランド縫製綿会
社の代表者たちは，大西洋を渡ってこの提案を調査し，アメリカの綿糸企業の
合併を可能にするために株式を購入する必要な資金を提供することに合意した
（構成企業のもとの所有者は，現金および新設企業の社債で支払われることになったの
である）。「物事を最終的に完成させるために」ジョン・ドス・パソスは，アメ
リカでイングランド縫製綿会社のために働いた[98]。

　1898年の創設時には，アメリカン製糸社は1200万ドルの資本金を有していた。
そのうち，普通株600万ドル（すべて払い込まれた）と優先株600万ドル（1901年
まで489万475ドルが未払いであった）[99]であった。つまり，同社の固定負債は600万
ドルであった。同社のアメリカ人社長であるライマン・ホプキンスはアメリカ
産業委員会に次のように述べている。「新しいアメリカン製糸社を（1898年に）
創設することが決定されたとき，証券発行目論見書がイギリスとこの国で発行
され，優先株の大半がほとんどイングランドで引き受けられた。そして，その
一部とほとんどすべての普通株がこの国で引き受けられた」と。J. & P. コー
ツ株式会社は，独自に50万ドル分の優先株を保有した[100]。

　もちろん，社債には投票権はなかった。これは，優先株についても同様であ
った。「投票権はすべて普通株によって行使された」と，ホプキンスはこの委
員会に報告している。そして，（ジョン・ドス・パソスの提案によって取り決められ
た）イングランド縫製綿会社は，アメリカン製糸社のほとんどすべての普通株
を取得し，これによって支配権を得た[101]。要するに，1898年にイギリス人が所有
していたのはコーツグループの工場のみならず，別の新しいアメリカン製糸社
も同様に所有していたのである。

　事態をさらに複雑にしたのは，1899年にアメリカン製糸社が，その親企業で
あるイングランド縫製綿会社の12万株を購入したことである[102]。しかしながら，
支配権は明らかに東から西に対して行使された。そして，イングランド縫製綿
会社の3人の筆頭取締役はアメリカン製糸社の取締役会に席を占めていた[103]。さ

637

第II部　世界最大の債務国

らに，1898年12月のアメリカン製糸社の証券発行目論見書は，スコットランド
のペイズリーにあるR.＆J.P.カーのジェームズ・カーが取締役であったこと
を示唆している。カーのアメリカにおける子会社であるマサチューセッツ州フ
ォールリバーのカー製糸社（アメリカン製糸社の取締役会に代表を送っていた）は，
アメリカン製糸社によって取得された企業の一つであった。1895年にスコット
ランドの親企業がJ.＆P.コーツ株式会社に買収されていたことを思い起こし
てもらいたい。このように，アメリカン製糸社陣営内にトロイの木馬——コー
ツ——が存在した。コーツは，「競争」に関する情報を得るために，アメリカ
ン製糸社およびイングランド縫製綿会社において投票権をもたない普通株の所
有に依存する必要はなかった。ホプキンスはカーの役割については委員会になん
の説明もしていないし，委員会のメンバーの誰もこれについては尋ねなかっ
た。イングランド縫製綿会社がコーツから独立していなかったのとまったく同
じように，イングランド縫製綿会社のアメリカの子会社であるアメリカン製糸
社もアメリカのコーツグループから独立したものではなかった。

　アメリカン製糸社とコーツグループはアメリカ市場において競争したのであ
ろうか。ホプキンスが，1901年に産業委員会に対して行った説明によれば，
「絶対的な協定はなかった。それら（コーツの工場）は，かつてほど争いの種と
はなっていない。しかし，それらはいくつかの製品に関する価格においてはわ
れわれの支配下にあるし，いくつかのものについては，われわれは彼らの支配
下にある」。ホプキンスは，次のように続けている。「われわれは今日では，か
つてのように争ってはいない。しかし，彼らの販売員はわれわれの人々（顧
客）のところに行って販売しようと試みている」。アメリカン製糸社とコーツ
のアメリカ工場全体で占有している市場シェアが70％を超えるのかどうかと聞
かれて，ホプキンスは，「厳密にはお答えできないが，それぐらいのものでし
ょう」と答えている。イギリス人支配の2つの相互に密接な関係を有するグル
ープ——イングランド縫製綿会社とJ.＆P.コーツ株式会社の子会社——は，
アメリカの裁縫綿糸市場の70％をはるかに超える占有率を有していた。ごく控
え目に見積もっても，世紀の転換期でアメリカの綿糸市場の3分の2はイギリ
スからの企業によって支配されていた。おそらく，その割合は80〜90％という
ほうがもっと正確であろう。

第**10**章　繊維製品，衣料品，皮革製品および関連製品

　1901年には，外国の綿糸はアメリカに輸入されていないし，アメリカの綿糸
メーカーは輸出を行っていない。J.& P.コーツ株式会社は，海外市場に対し
てはアメリカではなくスコットランドのペイズリーから製品を供給した。コー[(106)]
ツのイギリス販売子会社は，イングランド縫製綿会社の輸出取引を担当するよ
うになったが，それらはアメリカにはまったく輸出されなかった。アメリカに[(107)]
おける綿糸業の賃金はイギリスの賃金のほぼ２倍であった。イギリスの会社は，
厳しい保護関税のために大西洋を越えてアメリカで製造することを決定してい
たのである。その製品は，世界市場においては競争力をもたなかった。それは，
紛れもなく国内販売向けのものであった。イギリスでは1912年までに，イング[(108)]
ランド縫製綿会社の経営者は，特に過去５年間において，参加の企業がいかに
「同社の巨大な競争企業であるJ.& P.コーツ株式会社と同社の間の友好的な
関係のために」恩恵を被っていたかについて，述べるほどにまでなっていた。[(109)]
２社の間の密接な関係は，アメリカにおいても反映されたのである。

　アメリカでは，アメリカン製糸社が合併後すぐに，いろいろな都市に存在し
た構成企業のすべての販売会社を統合した。スレッド・エージェンシーと呼ば
れる，アメリカン製糸社のある事業単位は多くの工場のためにマーケティング
を担当したようである。同社は，利益の低い工場を閉鎖し，残ったものをいっ
そう専門化した。同社は，自らの活動をすべて合理化した。そして，1903年１
月，個々の構成企業が清算され，その財産は統合された。[(110)]

　一方，すでに述べたように，1891年にコーツ製糸社はアメリカにおけるコー
ツ社の製品を販売するために組織されていた。そして，1898年には，この子会
社の名称は，スプール・コットン社に変更され，この会社は1899年１月１日ア
メリカにおけるコーツおよびクラークの３つの商標，つまりコーツ・コット
ン・スプール，クラークのO. N. T.，そしてマイルエンド（マイルエンドは1817
年にグラスゴーで最初のジョン・クラーク・ジュニア社が設立されていた場所である）
の販売を担当するようになった。裁縫糸と同様にかがり糸，かぎ針編み糸，刺
繍糸は，1870年頃からクラーク社のニューアーク工場で，1894年以後はコーツ
のポータケット工場で生産された。20世紀初頭においては，19世紀末と同じよ[(111)]
うに，ロードアイランド州ポータケットのコーツ工場が「ペイズリーの工場と
同じくらい大規模」であった。つまり1910年に，J.& P.コーツはポータケッ

639

第Ⅱ部　世界最大の債務国

ト工場だけで2500人を雇用していた。[(112)]

　1913年3月3日にアメリカ政府は，アメリカン製糸グループおよび「スプールズ・コットン」（つまりコーツ）に対して，シャーマン反トラスト法の第1節の違反による訴訟を提起した。被告は，価格を固定し，生産を制限し，市場を分割し，そうでなければ取締役兼任制や株式持合によって協調することに合意したために，綿糸における州際商業を妨害した罪に問われた。その後約1年を経過した1914年6月2日，その訴訟はニュージャージー州の連邦地区裁判所での10ページにわたる終局判決によって終結した。[(113)]

　反トラスト訴訟における被告は，第1のグループにはアメリカン製糸社，スレッド・エージェンシー，イングランド縫製綿株式会社，そしてその代理店があり，第2のグループにはスプール・コットン社，J.＆P.コーツ株式会社，クラーク製糸社，クラーク・マイルエンド・スプール・コットン社，ジョージ・A・クラーク＆ブラザー，J.＆P.コーツ（ロードアイランド州）社，ジェームズ・チャドウィック＆ブラザー株式会社，ジョナス・ブルック＆ブラザーズ社，およびそれらの代理店が含まれていた。これら2つのグループは不法な結合を形成したと見なされたのであり，この結合に対して，裁判所は解散を命じたのである。2つのグループ間の株式や証券の相互持合および取締役や経営執行者の兼任は禁止された。第1グループの被告の1社以上が第2グループに，非常に長期にわたって同じ経営執行者，取締役，あるいは支配的な株主を有していたので，両グループともにアメリカ国内における州際商業，あるいはアメリカの裁縫糸の海外貿易に従事することが禁止された。同様に，両グループは，それらのメンバー企業が「アメリカ国内外を問わず」価格固定，生産制限，市場分割の協定の当事者となっている限り，アメリカ内の州際商業に参加することを禁止された。この判決は「飛行編隊」の使用に対する禁止を含め，強制的な販売慣行に対する特別な禁止条項を含んでいた。この飛行編隊と呼ばれる販売慣行は，いわゆる闘争ブランド名——割引価格（異なる商標名で同じ糸に対して販売業者によって要求される価格より低い価格）——で消費者に提供されるブランド名の商品を取り扱う販売部隊と定義されるものであった。[(114)]

　解散判決は2つの英米グループを分離することを目的としたものであったが，イングランド縫製綿会社とそのアメリカ子会社であるアメリカ製糸社，ある

640

第**10**章　繊維製品，衣料品，皮革製品および関連製品

いはJ.＆P.コーツ株式会社とそのいくつかのアメリカ子会社との間の財務的な関係を変えることは決してなかった。この判決の2年後の1919年に発行されたアメリカ連邦公正取引委員会の報告は，当時イングランド縫製綿会社がアメリカン製糸社の普通株全部を所有していた，と指摘している[115]。そのときまでに，アメリカン製糸社の配当は，そのイギリスの親会社の純益の大体半分に相当していた[116]。イギリスでは，コーツはイングランド縫製綿会社の製品の世界的な（アメリカ以外の）マーケティングを担当し続けた[117]。J.＆P.コーツ株式会社は，そのニュージャージー州やロードアイランド州の工場およびアメリカの販売組織を保有した。

　こうして，1914年にはアメリカの反トラスト措置は，競争を回復する目的をもって，アメリカ綿糸業におけるイギリス人の所有構造を修正していた。このため，アメリカにおいてはイングランド縫製綿会社とJ.＆P.コーツ株式会社の所有権は分離した。もっとも，両イギリス企業はともにその大規模なアメリカ事業を維持したのではあるが[118]。アメリカの反トラスト措置が拡大され，国境を越えてアメリカにおけるこれら外国人投資家に影響を与えるようになったが，彼らにその大規模な投資を減少させることにはならなかった。

　イギリス人はまた，アメリカにおいて麻糸紡績にも投資した。イギリスでは麻糸業は，3つの同族グループによって主導されるようになっていた。つまり，バーバー家（このもともとの企業は北アイルランドに移住していた一人のスコットランド人によって設立されていた），ノックス家，そしてフィンレイソン家である。これらの同族のそれぞれは，イギリスに工場を有していたが，1880年代までにはアメリカにも工場を有していた。バーバー家は，ベルファスト西のリスバーン，ニュージャージー州パターソンに，ノックス家はスコットランドのペイズリー近郊のキルバニー，メリーランド州ボルチモアに，そしてフィンレイソン家はペイズリー近郊のジョンストンとマサチューセッツのノースグラフトンに工場を所有していた[119]。すべてではないとしても，アメリカ工場のいくつかは，アメリカの関税に対応して建設された[120]。これらの工場のうち，最大かつ最重要である工場はパターソンにあった。そこでは，バーバー兄弟3人の経営のもとに，同社が製造を行い，全国的な販売組織を通して販売を行っていた[121]。第4章においてすでに述べたように，パターソンでの事業は大体1864年から65年にか

641

第Ⅱ部　世界最大の債務国

けて始まっていた[(122)]。アメリカにおける他の同族の工場はこの先例に従った（フィンレイソン・ブーズフィールド社は1881年に進出した[(123)]）。

　1898年までには，アメリカおよびイギリスの麻糸業はともに競争が激化していた。そして，アメリカのウィリアム・バーバー大佐はニューアークのマーシャル家の工場（もう一つのスコットランド企業）およびフィンレイソン家の工場に，傘下に入るように提案した[(124)]。それから，彼はバーバー家およびノックス家の支持を得るためにイギリスに出かけた。この大佐の指導力によって，1898年にリネン製糸社が誕生するようになったのである。この会社は，北アイルランドのヒルデンのウィリアム・バーバー＆サンズ，ニュージャージー州パターソンのバーバー亜麻紡績会社，ニューヨークのバーバー・ブラザーズ，ニュージャージー州ニューアークのマーシャル製糸社，スコットランドのジョンストンおよびマサチューセッツ州ノースグラフトンのフィンレイソン・ブーズフィールド社，そしてキルバニーのW.＆J.ノックス社を合同したものである[(125)]。リネン製糸社は，200万ドルの資本金を有していた。同社は最初から，アメリカにおいて，そしておそらく世界中においても最大の麻糸の製造業者であった[(126)]。その製品は，主として長・短靴産業および敷物産業向けのものであった[(127)]。

　J.＆P.コーツ株式会社のサー・トーマス・グレン‐コーツは，新設のリネン製糸社の取締役会のメンバーであった[(128)]。アメリカ司法省は，綿糸取引における制限を調査していたときに，同省は麻糸には関心を払わなかった[(129)]。こうして，コーツはアメリカの2つの産業部門に存在していた。同様に，そしてJ.＆P.コーツの重要性を示すものとして，世紀の転換期に，このスコットランド企業は細綿紡績機社の20万株を取得した。後者のイギリス企業は1911年ミシシッピ州の綿花プランテーションを取得した[(130)]。さらに，コーツ家の裕福な構成員（J.＆P.コーツの最高経営執行者であるアーチボルド・コーツを含む）は，アメリカの潜在力に魅了されて，アメリカの中西部や西部において森林地や鉱山に投資を行った。これらの投資は，紡績事業とは関連を有してはいなかった（そして単に一族の構成員の個人的な投機であった）ように思える。それらは，利益のあがるものではなかった[(131)]。対照的に，例えば紡績業のように企業が知識を有していた分野においては，収益をあげていたのである。

　要するに，イギリス資本はアメリカの製糸事業において，主導的な役割を演

642

第**10**章　繊維製品，衣料品，皮革製品および関連製品

じたのである。J.& P.コーツ株式会社の投資が成功したために，イングランド縫製綿会社やリネン製糸社といったイギリス企業が，20世紀初頭においてアメリカの綿糸および麻糸の両産業を支配したのである。

レーヨン

いっそう印象的であったのは，アメリカ繊維産業のもう一つの分野であるレーヨンの生産が，1914年までにはイギリス資本によって独占されていたということである。レーヨンは世界最初の合成繊維であった。この新産業の父は，イレール・ドゥ・シャルドンネ伯爵であり，彼は1884年11月11日に自身で最初のフランス特許を取得した。フランスのブザンソンで，シャルドンネは世界最初の「人絹」工場を開設した。そして，その工場はいわゆるニトロセルロース法を使用した。その後まもなく，イギリスにおいて，レーヨン製造の第2の方式，つまり「ビスコース法」が開発され，チャールズ・F・クロスとE・F・ベバンが1892年に特許を取得した。1902年にC・F・トッパムのポット式遠心紡糸機の発明によって，この製法に関連した重要な製法上の隘路が取り除かれた。コートールド株式会社の先駆企業であるサミュエル・コートールド社（コートールド株式会社は1913年に設立された）が，1904年にクロスとベバンのイギリス特許を買収し，1905年にコベントリーに工場を設立し，重要な技術的な問題を解決して，ビスコース糸を製造し，その製品を輸出し始めた。ヨーロッパ大陸では，他のいくつかの企業がビスコース法を採用し始めていた。そして，1906年コートールドとフランス，スイス，ベルギー，そしてイタリアのビスコース糸生産者が互いの市場での競争を避け，技術ノウハウを共有し，そして会社がまだ設立されていない国々においては特許権の販売から互いに利益を得ることに合意した。

一方，フィラデルフィアの弁護士であったサイラス・W・ペティットは，1904年にアメリカのビスコース特許を取得した。この特許は，アメリカで成功しなかったゼネラル人絹社によって生み出されつつあった。ペティットは，この会社をゼナスコ社として存続させた。ペンシルベニア州ランズダウンにある後者の工場は，1904年から7年にかけては「実験的なもの」であった。1907年

643

第Ⅱ部　世界最大の債務国

　5月にペティットが技術的な助言をイングランドで繁栄しつつあったコートールドの企業やフランスのソシエテ・フランセーズ・ドゥ・ラ・ビスコースから技術上の助言をもとめたので，まさにそれまでは実験的であったといえる。これら2社（両者とも1906年のヨーロッパ協力協定に参加した）は，ペティットの要求をその仲間に持ち込み，このアメリカ企業を自分たちの市場分割および技術共有の協定に参加させる目的をもって対話を始めた。1908年8月コートールドは，ペティットに支払う手数料と引き換えにアメリカへ輸入する許可をペティットから得た（というのは，ペティットはアメリカのビスコース糸特許を保有していたからである）[137]。

　国際協定にゼナスコが参加することに関する議論が長びいている間に，ペティットは1908年11月に死去した。そして，コートールドのアメリカの代理店であるサミュエル・A・サビジは，後に次のように主張した。つまり，彼はイギリス企業にペティットの息子からビスコース法のアメリカの特許権を含む父親の事業を買収するように説得していた[138]，と。ほとんど同時に，1909年のペイン＝オールドリッチ関税法は，アメリカに輸入される人絹に対して高関税を課した。明らかに，コートールドには輸出に関して競争力を維持することはできないと思われた。このため，コートールドは15万ドルでアメリカのビスコース特許権を取得し，（アメリカの関税障壁を乗り越えるために）アメリカで製造することを決定した[139]。

　コートールドのために，H・G・テットレーは，ペンシルベニア州ランズダウンの既存工場を検査し，それが「かなり役に立たないもの」であると見なした[140]。テットレーの推薦に従ったサミュエル・コートールド社は，新しい工場を建設して問題を解決しようとし，1910年にアメリカの子会社であるアメリカン・ビスコース社を設立した。この会社はアメリカにおけるレーヨン生産のまさに開拓者であった[141]。ペンシルベニア州マーカス・フックで，同社は近代的なビスコース糸工場を建設し，この製法において改善された最も優れたものを使用していた。そして，1911年10月に生産を開始した。コートールドの初期投資は83万7000ドルであったが，その後イギリスの会社が増資した。イギリスでは，1914年にコートールド株式会社がラスター・ファイバーズ株式会社を設立した。同社のニューヨーク支店は，アメリカン・ビスコース社のためにアメリカでの

644

第**10**章 繊維製品，衣料品，皮革製品および関連製品

マーケティングを行った。1913年11月には，コートールド社のアメリカの代理
店がアメリカン・ビスコース社のためにマーケティング活動を行うことに対し
て反トラスト問題が生じていた。そのために，この新しいマーケティング方式
が採用された。これは，事業活動の変化というよりも「法的なもの」であった
ようにみえる。第11章は，ドイツの化学会社による同様の問題について触れて
いる。

　アメリカン・ビスコース社はその当初から，「そのクロス＝ベバン＝トッパム
特許に対する占有権のために，アメリカにおけるビスコース・レーヨンの生
産において完全な独占を享受した」。同社は，きわめて利益の高い企業であっ
た。製造を開始して３年もたたないうちに，つまり1914年の半ばまでには，ア
メリカの事業はすでに親企業の総利益の13.5％を貢献していた。そして，1916
年には同社はコートールドの総利益の53.7％を生み出すまでになっていたので
ある。

衣 料 品

　アメリカの綿，羊毛，麻，あるいは絹の衣料産業への非居住の外国からの直
接（あるいは証券）投資は，ほとんどなかった。事実，私が証明できる唯一の
外国からの直接投資は，ウィルヘルム・ベンガー・ゾーネ——ドイツのシュト
ゥットガルトのパートナーシップ——による，ドクター・イェーガーのサニタ
リー・ウーレン・システム社製品を製造・販売するためにニューヨークに1887
年春に設立されたドクター・イェーガーのサニタリー・ウーレン・システム社
の所有であった。1890年に，ウィルヘルム・ベンガー・ゾーネは毛織の下着の
ためにアメリカの商標を適用することを始めた。1890年代に，イェーガー・ア
ンダウエアはアメリカの全国誌に広告を掲載していた。こうして，この会社は
例外的な衣料品メーカーではあったが，商標付きの広く広告され専門化された
製品を製造していた。アメリカの衣料品生産における海外からの他の直接投資
があったと思われるが，重要なものはなかった。

645

第II部　世界最大の債務国

皮革製品

　もっと重要なことは，外国からの直接投資は皮革製品に対して行われたことである。1863年にイングランドのリバプールで新設された貿易会社であるアルフレッド・ブース社は，アメリカにおいて手袋，ハンドバッグ，長靴用の「軽量皮革」の販売に専門化することを決定した。同社はイギリスの羊皮（なめし皮もなめしてない皮もあった）をアメリカに輸出することを開始した。まもなく，同社のアメリカへの輸出は拡大され，多くの国から輸出された。それらは，山羊や羊の皮革を含んでいた。1877年に同社は，アメリカの手袋製造業の中心地であるニューヨーク州グラバーズビル（フルトン郡）のなめし工場の利権を取得した。この工場は輸入皮革を購入し，アルフレッド・ブース社に支払い未済の負債を有していた。9年後の1886年に，アルフレッド・ブース社はこの工場の取得を完了した。[146] 1890年までに，アルフレッド・ブースおよびそのニューヨークの会社（ブース社）は，「塩蔵毛皮の仲介業者」として，ボストン市場向けの原材料に専門化しており，補助的事業としてグラバーズビルの小規模工場を所有していた。[147] 同社はまた，その製品を運搬する蒸気船を有していた。[148]

　ブースのグラバーズビルのなめし工場で，アメリカ人のオーガスタス・シュルツ（アニリン染料のニューヨークの企業によって雇われた化学者）は，1884年に自らの特許であるクローム塩を使用した永久なめし法を開発するために1880年代に最初の実験を行った。クロームなめし法は，軽量皮革，次に重量皮革のために使用され，1890年代にこの産業に革命をもたらした。歴史的にみて，「皮革製造活動の技術におけるよりいっそうの進歩」が，この10年に他のどの10年間におけるよりもみられた。[149] 産業が変化するにつれて，ブースの事業もまた変化した。フィラデルフィアにおいては，J・P・マシュー社を含む皮革なめし業者は，新しいなめし法を採用した。ブースはブラジル産の山羊革をマシュー社に供給した。マシュー社の工場でその皮革に対して，一定の手数料でクロームなめしが行われ，つや出し加工がなされた。加工済みの子山羊皮は，それからサーパースという商標名でブース社によって販売された。1894年に，ブース社のグラバーズビル工場は，通常的に山羊やカンガルーの皮革のクロームなめし

646

第**10**章　繊維製品，衣料品，皮革製品および関連製品

を行い始めた[150]。1901年までに，グラバーズビル工場は，手袋用の皮革を製造することをやめて，子山羊やカンガルーの靴用皮革に専門化した[151]。

　一方，1893年に巨大な合衆国レザー社が，靴底皮を製造していたアメリカの主要ななめし工場を合併して資本金8000万ドルで形成されていた。この新しい結合は外国からの投資は含んでいなかったし，ブース社が専門化していた「靴の表甲」の軽量皮革製造業者も含んではいなかった[152]。ブース社の社史を書いた歴史家によると，1890年代の後半までには，フィラデルフィアで生産されたサーパース皮革は，アメリカで製造される子山羊皮の最良のものとして位置づけられていた[153]。1898年にブース社は，マシュー社によってなめされた皮革からエナメルをかけて子山羊皮（一種のエナメル皮）を製造するウルフ・プロセス・レザーに投資を行った。その製品が不満足なものであったため，1904年にブース社は，この企業に対する投資を引き上げた[154]。1899年に，アメリカン・ハイド＆レザー社が，約3500万ドルの資本で設立された。この企業は，アメリカの皮革産業において２番目に大規模なアメリカ人所有の合同会社となった。同社はアメリカで生産される「靴の表甲」の約４分の３を製造した[155]。ブース社のグラバーズビル工場における表甲生産量は，このアメリカ人所有の巨人によって縮小せざるを得なくなった。

　1904年12月に，ブース社やＪ・Ｐ・マシュー社はその活動を統合し，製造・販売活動から得た利益を共同管理した。1906年，彼らは生産・販売のためにサーパース・レザー社を組織した。新会社の株式の過半数は，ブース社によって所有され，「Ｊ・Ｐ・マシュー社の所有権の漸次的な清算のための」取り決めが行われた[156]。同社の最初の通年度である1907年に，サーパース・レザー社のなめし皮の販売による収入は560万ドルであり，1908年から1913年の間に，その年間収入は500万ドルから600万ドルの間となった[157]。サーパース・レザー社は南米（主としてブラジル），スペイン，中東，中国，インドから輸入された皮革をなめしたり，仕上加工をしたりした。そのうち，インド産が同社の生産量の約半分を占めていた[158]。山羊皮は，無関税で輸入された[159]。第一次世界大戦以前は，サーパース・レザー社は，アメリカ全体で年間生産される２億4000平方フィートの子山羊皮の約８分の１をなめした[160]。ブース社がその子会社のために購買する皮革の量は，これらの輸入品の価格に影響を与えることができるほど大きなもの

647

第Ⅱ部　世界最大の債務国

であった。[161]1912年および13年に，ブース社はさらに別のアメリカ製造業者2社，つまりガーディナー・ルーカス・グルー＆ゼラチン社とデンステン・フェルト＆ヘア社の利権を取得した。これら両社ともに，グラバーズビルおよびフィラデルフィアにあるブース社の工場が生み出す副産物の顧客であった。[162]ブース社はサーパース・レザー社のためにアメリカで販売組織を発展させ，さらにその生産物をヨーロッパに輸出したのである。[163]

　1890年には，ブース社は主として商人であった。しかし，1914年にはこのイギリスの会社は，なによりもまず製造業者であり，同社の貿易に関する専門知識を通して取得した自らのアメリカへの輸入によって，所有するアメリカ工場のための原材料を供給した。[164]同社はアメリカにおける多国籍企業であり，4つの製造工場を擁していた。もし，われわれがアメリカの皮革産業全体を考察するならば，その影響はとるに足らないものである。しかし，それはもしわれわれがクロームなめしに対するシュルツの研究に対して，同社が刺激を与えたということを考慮しないならばの話である。[165]同社の生産量は産業界の巨人である合衆国レザー社やアメリカン・ハイド＆レザー社のそれと比べれば小さい。この産業の専門化された子山羊皮においてのみ，このイギリスの事業は「大規模」かつ重要であった。この特殊な隙間市場において，山羊皮の輸入を基盤として，同社はアメリカにおいてまさに重要性を発揮したのである。

繊維・皮革製品産業用の化学製品

　第一次世界大戦以前のアメリカ繊維・皮革製品産業に対するヨーロッパ化学産業の影響は，コートールドやブースのグラバーズビルのなめし工場におけるシュルツの活動を超えた幅広いものであった。第4章において，ニューヨーク州ブルックリンのホリデイ兄弟やニューヨーク州オルバニーにおけるバイエルによるアニリン製造に対する初期の投資についてすでに言及した。これらの工場でつくられる染料は，繊維産業に販売されていた。1864年から1883年にかけて，染料産業は保護されていた。しかし，1883年に重要な染料に課されていたアメリカの関税が撤廃された。当時，アメリカ化学産業に対する外国からの直接投資は，繊維用のいくつかの染料を含んでいた。しかしながら，1914年に，

648

第 **10** 章　繊維製品，衣料品，皮革製品および関連製品

アメリカにおける紡績および織布工場がアメリカで消費される染料の半分を占めていたとき，保護政策はとられずにこれら染料の大部分が輸入されていた。[166]

ドイツ産業は，染料製造において秀でていた。ドイツ企業は多数のアメリカ特許を取得し，アメリカにおいてその生産物を販売するために海外直接投資を行った。1914年時点では，アリザリン，アントラセン染料，あるいは合成藍は製造されていなかった。これらの基本的な染料は，アメリカの繊維メーカーによって使用されたが，ドイツから輸入され，ドイツ企業の支店によって販売されていた。[167] シャーロット・エリクソン（Charlotte Erickson）は，次のように書いている。19世紀初期において，アメリカにおける織物に適した生地の染色は，ヨーロッパからの熟練労働者の輸入を必要としていたが，1890年代までには，それは「染料の生産者によってそれを使用する人々へ供給されるようになった大量の情報のために，高度な熟練を必要とする職業ではなくなっていた」。[168] しかしながら，彼女はこのノウハウを提供し，熟練労働者を非熟練労働者に代替することを可能にしたのがドイツ企業であったことには触れていない。1908年に，アメリカで染料に課される保護関税に関して公聴会が開かれた（そして，アメリカ独自の染料産業を発展させるある試みが行われた）とき，アメリカの繊維製造業者は保護に反対し，1909年のペイン＝オールドリッチ関税の草案者は，低価格の原材料を求める繊維生産者の要求に共鳴した。[169]

ドイツのフリードリッヒ・バイエル社は，最初アメリカ市場へ輸出を通して進出していた。同社は代表者をアメリカに派遣し，オルバニー・アニリン化学製作所（第4章参照）に投資していたが，その後1881年頃この製造事業から撤退した。1882年に，同社はニューヨーク州レンセレアに工場を建設したハドソン・リバー・アニリン染色製作所に新たに投資を行った。もともとこのレンセレア工場は，繊維業ではなく皮革業向けの染料を生産していた。バイエルは，繊維工場へ販売するための染料をドイツから輸入した。事実，そして興味深いことであるが，ハドソン・リバー社のアメリカ人共同所有者（オルバニーの百貨店所有者であるルイス・ワルドマン）は，バイエルがドイツから自ら輸入していた繊維用の染料をアメリカで生産することを拒否したときに，パートナーシップから外れた。20世紀初頭，バイエルは繊維用の染料をいくつか製造していたかもしれないが，主要なものは依然輸入されていた。[170]

649

第Ⅱ部　世界最大の債務国

繊維の生産に使用される重化学製品は，ソーダ灰や苛性ソーダを含んでいた。[(171)]
1890年代も半ばに近づくと，イギリスから輸入されたルブラン・ソーダやさら
し粉がアメリカ市場を支配した。[(172)]1890年代初めに，ユナイテッド・アルカリ社
は，ブルナー・モンド——より最新のソルベイ法を使用した生産者——と同じ
ように，アメリカに輸出した。その後，主としてアメリカの関税のために，外
国の革新や投資に支えられて国産の産業が発展した。

　アルカリに対する最も重要な外国からの投資は，大規模なベルギーおよびイ
ギリスのソルベイ・プロセス社への投資であった。1881年に組織されたこの企
業は，ベルギーのソルベイ社（Solvay & Cie）およびイギリスのブルナー・モ
ンドを含むソルベイ諸会社の国際的なネットワークの一部分であった。ソルベ
イ・プロセス社は，アメリカにおけるソーダ灰の最初の生産者（1884年）であ
り，苛性ソーダの最初の生産者（1889年）であった。同社のアメリカ人設立者
であるローランド・ハザードはロードアイランド州出身の繊維製造業者であり，
自分の事業にとってアルカリが重要であることを認識していた。[(173)]

　1896年，マシソン・アルカリ・ワークス（イギリス系のキャストナー・ケルナ
ー・アルカリ社に一部所有されているといわれていた）[(174)]は，バージニア州でさらし
粉の生産を開始した。次に，マシソン社は，1898年にナイアガラ・フォールズ
で産業向けのアルカリのアメリカにおける開拓者的な製造業者となった。1900
年に，同社はキャストナー電解アルカリ社を組織化したが，この会社はキャス
トナー・ケルナー・アルカリ社の「アメリカにおける代表」として機能した。
1907年までに，キャストナー電解アルカリ社は，ナイアガラ・フォールズ地域
におけるアルカリおよび塩素の最大の製造業者であった。[(175)]1910年，ナイアガ
ラ・フォールズにあるナイアガラ・アルカリ社にドイツ人が参加した。そして，
ナイアガラ・アルカリ社は，固体および液体の塩素を生産した。[(176)]

　ドイツのエッセンのTh. ゴールドシュミットのアメリカ関連会社（ゴールド
シュミット錫回収社〔Goldschmidt Detinning Company〕）は，1910年にアメリ
カン・カン社の「錫めっきを除去する」という要求に対応するためにニュージ
ャージー州カーテレットに工場を開設した。使用された製法は，アメリカの絹染
色業に販売されることになった四塩化錫を生み出し，後者の「絹の増量」に使
用されるこの原料に対するすべての需要を充たした。その使用のピーク時には，

第**10**章　繊維製品，衣料品，皮革製品および関連製品

「職布の重量の98％もが錫であり，わずか２％が実際のシルクであったにすぎない」。[(177)]

　バイエルのレンセレア工場は，皮革業界に貢献した唯一の外国人所有の化学施設ではなかった。1903年から1907年の間に，若いドイツ人化学者であるオットー・ロームは，皮革のなめしに使用される天然の犬や鳥の糞に代替する合成物（オロポン）を開発した。1907年に，ロームはオットー・ハースとともにパートナーシップを組み，ドイツでオロポンの製造・販売を行った。２年後，ハースはアメリカに渡り，そこで彼はドイツのパートナーシップの分工場ともいうべきローム＆ハース社を設立した。最初，この会社は自身が製造している独特な製品を輸入した。製造活動は，販売の増大とともに生じてきた。もともと，アメリカの会社は輸入した原料を調合するだけであった。その後1914年にハースは，アメリカの皮革なめし業の中心であるシカゴに「完全な工場」を開設した。ローム＆ハースは，羊，豚，山羊および牛の皮革すべての主要ななめし業者に販売した。[(178)]

　イギリス人所有の森林地，木材，そして鉄道会社が皮革なめし業者向けの原料を提供していたが，これらはアルゼンチンにおけるアカケプラコ・エキスの生産やアカケプラコ材の同国からの輸出における支配企業であった。アカケプラコ・エキスは皮革のなめしに使用された。1914年に，このイギリス企業はニューヨーク日焼止エキス社の工場と不動産を買収したが，この企業はニューヨーク州ブルックリンに大規模なエキス工場を有していた。フォレスタル社は，アカケプラコ・エキスの製造において世界的な独占企業であった。[(179)]

　次章では，アメリカの化学産業に対するきわめて重要な外国からの投資について詳細を示す。ここで触れておくべきこと（そしてこの議論の理由）は，アメリカの繊維・皮革製品産業の要件が，外国人所有の化学企業のための主要な市場を提供したということである。外国人所有の化学企業はアメリカ繊維・皮革産業の近代化において重要な役割を果たしたのである。

繊維産業機械

　1870年代の後半において，アメリカの綿工業における繊維機械の約４分の１

第Ⅱ部　世界最大の債務国

は，イギリス製であり，イギリスから輸入された。しかしながら，高関税障壁の背後では，アメリカの会社が輸入代替を遂行し，かつて輸入されていたものを製造しつつあった。1894年のウィルソン＝ゴーマン関税法は，輸入機械に課される関税を従価で45％から35％に**引き下げた**のではあるが，イギリスの機械の販売業者にとって大きな救済を約束したものではなかった。

　1884年から1894年の間に，イングランド人のチャールズ・E・ライリーは，アメリカ国内でイングランドのアクリントンのハワード＆バローによって生産された繊維機械を熱心に販売していた。顧客はその機械を好んだが，ライリーは次のように認識した。関税およびアメリカ国内産業のために，販売を拡大するどころか，販売を維持するために，ハワード＆バローは大西洋のこちら側での製造しなければならなくなったのであろう，と。セールスマンであるライリーは，イギリス人雇用主を説得し，その結果1894年にハワード＆バロー・アメリカン・マシン社が組織化された。同社はイギリスの設立許可を受けたもので，その資本はイギリスから供給された。そして，その製品はすべてイギリス人の設計によるものであったと思われる。ライリーは同社の最高執行経営者となった。

　ハワード＆バロー・アメリカン・マシン社は，アメリカにおいて20年以上前に創業した最初の重要な繊維機械企業であり，私が実証することができた繊維機械工場におけるイギリスの最初の直接投資であった。1894年4月において，『ファイバー・アンド・ファブリック』誌は，同社はローウェル，プロビデンス，フォールリバー，そしてポータケット（いずれもアメリカ繊維産業の中心地）で，8万ドルの工場の建設場所として「土地をざっと調査していた」と，報告していた。ロードアイランド州境近くのマサチューセッツ州アトルボローの町は，製造業者を誘致するために25エーカーの土地と10年間の免税（6万ドル分に相当するといわれた）を提供した。1894年6月までには，このイギリス企業は同町のこの提案を受け入れており，工場の建設が進行中であった。新しい会社は，そのアメリカの主要な競争企業2社（ローウェル・マシン・ショップとホワイティン・マシン・ワークス）と比べてより小規模な工場で創業を開始した。しかし，同社は綿紡績工場に設置するための機械をフルラインで提供した。アメリカにおいては，ローウェル・マシン・ショップのみがフルラインの製品を提供

第 **10** 章 繊維製品，衣料品，皮革製品および関連製品

できた。さらに，すでにイギリス製品は世界的な評価を得ていた。というのは，アメリカの競争企業のある経営史家によれば，アメリカの競争企業にとって，アメリカでの製造のためのハワード＆バローの工場は「おそらく，繊維機械産業が過去30年の間に聞いた最も不安をもったニュースであった[(180)]」。

　カード製造事業が1896年に下降したとき，アメリカ綿業機械製作業者協会のカード製造メンバーはボストンで会合し，市場の安定化を図ろうとした。彼らはライリーを招待しなかった。なぜならば，彼は主としてイギリス製機械をアメリカから締め出すことに懸命であったこの組合に歓迎されなかったからである。ボストンでの会合は，「競争倫理の任意協定」を生み出す結果となったが，これはカードやそれに関連した機械の最低価格を設定したものである。たとえ参加者ではなかったとしても，アメリカ人たちはハワード＆バロー・アメリカン・マシン社が彼らのルールに従うように期待した。しかしながら，一方では実際にはピッカーを「捨て」て，同社はカードに課すその価格を維持することによってその協定を回避した（同社は，2つの製品をパッケージにして販売したが，それらの価格は別々に設定した。もちろん，買い手は合計の費用のみに関心を払った）。結局，1898年7月1日に，アメリカのカード製造業者はこのイギリスの会社にカードならびにピッカーの最低価格を維持することに同意するように「強制した[(181)]」。1905年3月に主導的なアメリカの繊維機械メーカーは，合同してローウェル・マシン・ショップの株式を購入しようとしたとき，ハワード＆バロー・アメリカン・マシン社は参加した[(182)]。そのときまでに，イギリス人所有の会社は，「アメリカの」繊維機械メーカーの統合体の一部となっていた。

　1911年，ライリーはイングランドのハワード＆バローに，アメリカの事業はイギリスではなくアメリカにおいて設立されるべきであると示唆し，同社がイギリスの特許状に基づいて設立されているために，アメリカ人所有者がこの会社に対して偏見をもっていると論じた。したがって新しい会社はＨ＆Ｂアメリカン・マシン社と同じく，メイン州で設立された。そして同社は，その親会社によって60％が所有された[(183)]。残りの40％は，ライリーによって所有されていたようである。同社は，1912年2月ロンドン市場で累積的優先株を販売にすることによって，さらに追加の117万ドルを調達した[(184)]。新しく「アメリカ化された」（たとえ所有面ではそうではないとしても，設立場所でみれば）企業は，依然として

653

第Ⅱ部 世界最大の債務国

イギリスの親企業によって設計されたイギリス型の機械をつくっていた。

そのアメリカの競争企業と同じく，Ｈ＆Ｂアメリカン・マシン社は，混綿機に専門化していた。アメリカにおける毛織物の機械産業は小規模であったし，明らかにウーステッド紡績や専門化した織機類はイギリスやドイツから大半が輸入され続けた。私は毛織物産業のための生産機械における海外からの投資については証拠を見つけることはできなかった。毛織物産業に対する外国人投資家は輸入機械を使用した。[186]

対照的に，アメリカにおけるニット機械およびその針の製造は，ドイツ人直接投資家によって支配されるようになった。外国人資産管理局は，1919年に第一次世界大戦前期について，これはアメリカにおける「ドイツ企業が支配している最も重要な産業の一つである」と記している。ドイツ企業は，長年にわたって，これらの機械や針を輸出していた。それから，明らかに高関税のために，ドイツ企業はアメリカにおける生産者となったのである。こうして，ニューヨークのグロッサー・ニッティグ・マシン社は，ドイツのパウル・グロッサーによって100％所有されていたが，最初は販売店として活動した。20世紀初頭までには，同社はニューヨーク地域で製造を開始していた。1914年までには，ドイツ・ケムニッツのアーネスト・ベッカートが，ニット機の針を製造する次のアメリカ企業３社を有していた。つまり，ニューハンプシャー州マンチェスターのカリアー・ニッティング・マシン社，ベッカート・ニッティング＆サプライ・マシン社，そしてＣ・ウォーカー・ジョーンズ社であった。後の２社は，いずれもフィラデルフィアの企業であった。[187]第一次世界大戦前の25年間に，アメリカのニット製品産業は約４倍に拡大した。[188]ドイツ機械——アメリカでつくられた——は，この発展を助長した。

外国企業の影響

輸出向けに原材料を調達するための事業に海外から直接投資をする事例がいくつかあったが，これは目立ったものではなかった。むしろ，外国企業が重要な投資を行ったのはアメリカ繊維産業の他の諸分野においてであった。19世末および20世紀初頭に，繊維産業においてはアメリカの企業自体が海外に進出し

654

第**10**章　繊維製品，衣料品，皮革製品および関連製品

たことはなかった。しかし，この時期においてはイギリス，ドイツ，フランス，そしてスイス企業は，アメリカの繊維生産においてはきわめて目立った存在であった。そして，多くの投資を行った企業は多国籍の製造活動を行っていた（つまり，母国，アメリカ，そして他のヨーロッパ諸国に工場を有していた）。こうして，フランス・トゥルクワンのC・ティーベルジュン＆サンズは，フランスやアメリカとならんで，オーストリアやチェコスロバキアに工場をもっていた。なお，いくつかの絹製品製造業者や製糸会社も同様であった。ある特定のイギリスの繊維企業（例えば，ジョン・クロスリー）はヨーロッパに工場を有していたが，アメリカには有していなかったその活動形態は，「相互的な」取り決めでもなかったし，アメリカの鉱業，食料生産，そして醸造においてわれわれがよくみる種類のフリースタンディング企業でもなかった。同様に，繊維における証券投資は重要なものではなかった。多様な形態の近代多国籍企業の海外直接投資が一般的にみられるものであった。

　なぜ，アメリカ繊維産業に対してこのように大規模なヨーロッパの直接投資が行われたのであろうか。これらの投資家を特徴づけたものはなんであろうか。多くの場合，この産業におけるヨーロッパ企業は，アメリカの競争企業に対してなんらかの優位性をもっていたか，外国の投資家はなんらかの理由でアメリカの資本を引きつけなかった専門化された隙間市場へ目を向けたか，あるいはその双方であったかである。優位性は技術あるいは製品の性格にあったと思われる。専門化された隙間市場は，製法あるいは市場分野にあったと思われる。産業の下位部門に集中するのが常であった。

　例えば，綿製品においては，参入したのは反物製造業者ではなく，装丁用布地メーカーと織物の名札製造業者であった。羊毛製品においては，外国の投資家は，イギリス人であれ，ドイツ人であれ，フランス人であれ，大量生産品よりも高級品に専門化していたようにみえる。フランス式の毛糸製造法はとりわけ革新的なものであった。イギリスの敷物産業（および紛れもなくイギリスのリノリウム生産者）は，少なくとも品質という点において，アメリカでは容易に入手できない商品を提供していたようである。この時期の絹産業に関していえば，それはアメリカでは新しい産業であり，ヨーロッパで最初に発展した技術や経験が海外からの直接投資によって移転されることになった。アメリカがこ

655

第Ⅱ部　世界最大の債務国

の奢侈産業においてなんらかの優位性をもっていた，と考える根拠はなにもない。レースや刺繍は専門化された細かい仕事を含むものであり，アメリカ人が優越性をもてるような種類の産業ではなかった。繊維製品の染色は，高度な技能を必要とするきわめて労働集約的な仕事であった。それはアメリカ人に教えられたが，アメリカ人は指導者を必要とした。この場合もまた，外国人投資家はアメリカにおいてすぐに充たすことができないニーズを充たしたのである。というのは，アメリカでは熟練労働者の賃金が比較的高価であったからである。

　綿製品，毛織物およびウーステッド製品，カーペットその他の敷物，絹，レース，そして刺繍に投資を行った外国企業のリストに目を通すことによって明らかになったことは，外国投資家は「その分野の最高の」商品に目を向ける傾向があったということである。販売されたいくつかのもの（ネアン・リノリウムはその顕著な例である）は，広告され商標名が付けられていた。これらの製品の多くの製造業者は，特殊なノウハウを必要とした。参入のためには，しばしば新製法や新製品を含んでいなければならなかった。

　スコットランドの綿糸企業は，技術およびマーケティングの専門的な能力によって世界的に優位性を有していた。それらの企業はまず輸出を行い，アメリカに販売組織を設立し，そして高関税によって輸出が困難になった後で製造を行った。これらの企業の投資は，巧妙な広告活動やリーダーシップを確立し維持することによって，時間の経過とともに増加した。イギリスにおける産業工場の変化は，アメリカでも並行してみられた。つまり，イギリスでの合併は，アメリカにおける合併として繰り返された。糸は商標が付けられ，積極的に広告された差別化製品であった。多くの点で，それは通常の繊維製品よりも，すでに述べた，国際直接投資を進めた他の事業であるチョコレート，石鹸，そしてマッチにより近いものであった。[191]しかし，これこそが私の指摘したい点である。それは，海外直接投資プロセスを構成するものは「標準化された」普通の繊維製品ではなく，特殊な取り扱い上・マーケティング上の注意を必要とするむしろユニークな製品であった。[192]紡績業においては，イギリスの直接投資家は，アメリカ市場においてアメリカ企業にとって代わった。そして，アメリカの紡績会社で国際的に拡張したものはなかった。

　同じことは，レーヨンについても当てはまる。アメリカの企業で海外におい

656

第 **10** 章　繊維製品，衣料品，皮革製品および関連製品

てレーヨンの生産に携わったものはなかった。しかし，すでに指摘したように，
イギリスの企業は1911年から14年の間に，アメリカ市場におけるこの産業にお
いて独占的な地位を占めていた。一部，この部門におけるイギリスの優越性は，
特許の結果であった（しかし，他の特許によって可能な他の製法が国際的に存在した。
そのため，特許はアメリカの参入を廃除した唯一の基礎と見なすことはできない）。重
要な点は，専門的能力が海外で保持されたことである。この場合，イギリス人
投資家がアメリカ企業を買収した（このアメリカ企業は「ほとんど役に立たない」
工場を有していたり，もっと重要なことはアメリカの特許を保有していたことである）。
コートールドは，自らの技能やノウハウを基礎として，アメリカで高い成功を
収めた。

　通常，そしてこれは正しいことではあるが，経済史家はアメリカの繊維産業
は集中度を欠いていると考えた。(193)しかし，もし誰かがこの産業の下位部門を考
慮するならば，しばしば（しかしいつもというわけではないが）集中という要素が
現れ，興味深いことに私が外国からの直接投資が大きく重要な役割を果たして
いると見なす分野においてこの集中がみられる。こうして，この集中がみられ
るようになった産業である綿糸業においては，イギリス企業が1914年までには
アメリカへの投資を通して，アメリカ市場の少なくとも３分の２を支配してい
た。麻糸においても，その状況は同じようなものであったと思われる。同様に，
レーヨンにおいては，イギリス人投資家はアメリカ市場を100％支配した。

　多くの生産者からなる産業である衣料品においては，海外からの直接投資は
とるに足らないものであった。しかし，一つの積極的に広告された商標名付き
製品が例外として存在した。皮革製品産業においては，アメリカの巨大企業２
社によって支配されるようになったとはいえ，まだまだ非常に多数の小規模生
産者を有していたが，あるイギリスの貿易商社がこの産業の高度に専門化され
た分野のニーズ（子羊皮の製品）を充たした。

　ドイツ企業は，主として販売組織における直接投資を通して，繊維産業に販
売される輸入染料の流通を支配した。繊維産業において使用されるアルカリや
漂白剤においては，イギリス，ベルギー，そしてドイツといった外国企業の製
造活動への直接投資は顕著であった。これらの化学製品へのヨーロッパ企業の
大規模な投資の理由は，第11章において説明するつもりである。ドイツおよび

657

第Ⅱ部　世界最大の債務国

イギリスの皮革取引用の化学製品やアカケプラコ・エキスへの投資も存在した。

綿紡績工場用の機械製造においては，イギリス企業のある子会社は主要な生産者の一つとして位置づけられていた。この会社は国際的な評価を受け，製造を開始する以前に長期間アメリカで販売を行っていた。ドイツの機械および針——アメリカにおいてドイツ人所有の企業によってつくられる——は，ニット製品産業を支配した。同様に，この機械を生産するドイツ企業は，アメリカにおいて製造活動に乗り出す前に輸出を通してこの国で販売を行っていた。ドイツ企業は，専門化された機械産業において優越性を有していた。

ヨーロッパ企業による投資の多くの場合において——綿製品，毛織物およびウーステッド婦人服地，毛糸，敷物，絹製品，刺繍製品，綿糸・麻糸，レーヨン，アルカリ，混綿機，ニット製品機械の大部分において——関税が大西洋のアメリカ側へ販売から製造活動を移転するという投資家の決定に大きな役割を果たしていた。繊維製品および関連製品の製造に対する外国企業の投資の流れに主要な影響を与えたアメリカの関税は，1883年，1890年，そして1909年のものであった。1860年代の関税のためにもともと建設されたいくつかのイギリス人所有の製糸工場は，典型というわけではなかった。

対照的に，ブース社のアメリカにおける拡大は，価格および品質に対する支配権を得るための自然の成り行きであったもので，関税に影響されたものではなかった。同様に，場合によっては，特許を得た製法によって生産された商標付き製品の市場は，特別な保護がなくても，アメリカでの製造を保証するに十分足りるものであった（ローム＆ハースが好例である）。ネアンは保護がないときに事業を開始したが，その後保護を要求した。安価な染料を求めていた繊維メーカーは，染料に課す**低い**関税を支持することに成功し，基本的な染料はほとんどアメリカでは製造されなかった。[194]

アメリカ産業を援助することを企図した関税は，外国人所有の事業に関税を乗り越えてアメリカにおける製造活動に投資をするという選択肢を与えた。その投資過程は，しばしば関税障壁の**背後**で台頭しつつあった産業と関係し，結果としてヨーロッパ企業の輸出市場はさらに減少したのである。時に自らの発想で，時にアメリカ企業に触発されて，多くのヨーロッパ企業はその挑戦を受け入れた。新しい外国人所有の製造施設は，ロードアイランド州，コネチカッ

658

第 **10** 章　繊維製品，衣料品，皮革製品および関連製品

ト州，ペンシルベニア州，ニュージャージー州，ニューヨーク州，そしてマサチューセッツ州——アメリカ繊維産業の中心地——に立地していた。いくつかの事業は，既存の成長能力をもったアメリカ企業の買収（アメリカン・ビスコース社 – イングランド縫製綿会社）による。ほかは，ほとんど機能していないアメリカ企業の買収（アメリカン・ビスコース – コートールド）であった。

　アメリカ繊維産業における製造活動へ投資したヨーロッパの投資家は，製品を他の生産者へ販売し，最終製品を消費者へ販売した。ヨーロッパ企業のアメリカへの繊維製品輸出はかって大規模なものであり，ヨーロッパ企業が優位性をもっており，アメリカの生産者および消費者市場が巨大な潜在力を提供したので，製造活動における外国企業の関与は増大した[195]。それらは，第一次世界大戦前のアメリカ繊維産業の多くの異なった局面に存在した。本書で叙述したように，私はさらにヨーロッパ企業の投資がないかと探し続けた。すでに指摘した通り，投資企業の数が多く多様なことと，複数工場をもった企業が多いことがまず驚きであった。しかも，私の分析は次のことを示している。まず，アメリカへ成功裡に進出した企業は，特殊な技術ノウハウ，特許（場合によって），商標付き製品，そしてアメリカ企業が無視した特定の隙間市場をもったものであったということである。つまり，それらの企業はしばしば，下位部門において高い集中度を有することになったのである。投資は，アメリカ企業に対して優位性をもっているヨーロッパ企業によって行われた。すべての事柄を考慮すると，驚きは消滅する。なぜならば，これらは多国籍企業研究者が期待するようになった海外直接投資の紛れもない特徴だからである。

注
（1）　まずもってびっくりしたのは，1960年代と1970年代に遍く出版された多国籍企業に関する文献を調べると，繊維産業に関して，海外におけるアメリカビジネスについてはページが多く割いてあるのだが，自国外で操業している会社の活動については，ほとんどなにも書かれていないということであった。
（2）　私が知っている限りではイギリスのマーチャントバンカーが，1871年から1914年にかけて借金の債務不履行によって綿花の大農園のオーナーになる場合があったが，彼らの投資額（土地を販売したときに得る価格によって認知される）は何万ドルという単位であり，これはきわめて小額かつ一時的な資産であるので，詳細を語るのは不要であろう。
（3）　W. Turrentine Jackson, *The Enterprising Scot* (Edinburgh：Edinburgh University Press,

659

第Ⅱ部　世界最大の債務国

1968), 253-254, 274-275.

（4）　この投資に関して一番良い情報源は，Robert L. Brandfon, *Cotton Kingdom of the New South* (Cambridge, Mass.：Harvard University Press, 1967), 117-131, である。以下の文献も見よ。Cleona Lewis, *America's Stake in International Investments* (Washington, D.C.：Brookings Institution, 1938), 84n, 571；U.S. Federal Trade Commission, *Report on Cooperation in American Export Trade* (Washington, D.C., 1916), I, 250. そして1975年10月2日に実施したデルタ＆パイン土地会社との面談記録（files of Duane Kujawa. *The Stock Exchange Official Intelligence for 1914*, 668）によれば，1911年に細綿紡績機社は，「アメリカのテネシー州のメンフィスで綿花栽培の土地をもっている」2社に対して支配的株式を獲得した。この事実はミシシッピの綿花の農園にも影響を及ぼしている。ミシシッピ川に面しているメンフィスはヤズー・デルタの北限にあたる（Brandfon, *Cotton Kingdom*, 25）。

（5）　M. T. Copeland, *The Cotton Manufacturing Industry in the United States* (Cambridge, Mass.：Harvard University Press, 1912), 342n, 359.

（6）　Brandfon, *Cotton Kingdom*, 127-129. また，1911年にはオランダの会社，Delta Landbouw Mij.（英語名 Delta Planting Company；Delta Farms Company）がミシシッピに8000エーカーの綿花栽培の土地を獲得した。K. D. Bosch, *Nederlandse Beleggingen in de Verenigde Staten* (Amsterdam：Uitgeversmaatsehappij Elsevier, 1948), 450 を見よ。ブランドフォンはオランダによるこの投資についてなにも語っていない。この投資は細綿紡績機社の投資ほどの重要性はないことは間違いない。

（7）　Brandfon, *Cotton Kingdom*, 129-131. このこととレバー氏によってなされたミシシッピにある綿実油工場に関する決定とを比較されたし（第9章を見よ）。

（8）　1905年にこのスワン土地牧畜株式会社が自社の家畜を売り，ウールをとるために羊の飼育を始めた。しかし，うまくいかなかった。しかし，1914年を迎えるまでには自らを「ワイオミング州における羊の飼育ビジネス」と称するようになっていた。Harmon Ross Mothershead, *The Swan Land and Cattle Company Ltd.* (Norman：University of Oklahoma Press, 1971), 123-124, および *Stock Exchange Official Intelligence for 1914*, 1083, を見よ。また，第9章の注（66）も見よ。

（9）　その投資のことをここで述べたのは，この章で扱う範囲に入っていると判断したからである。この投資はつまるところ，一応「繊維関連の」対アメリカ向けの外国からの投資ということであった。

（10）　Asher Isaacs, *International Trade, Tariffs, and Commercial Policies* (Chicago：Richard D. Irwin, 1948), 196-197.

（11）　S. B. Saul, *Studies in British Overseas Trade, 1870-1914* (Liverpool：Liverpool University Press, 1960), 146, および Victor S. Clark, *History of Manufactures*, 3 vols. (Washington, D.C.：Carnegie Institution, 1929), II, 167. どちらの文献も特に会社の名は書いていない。イギリスからの移民の場合は，アメリカの紡績工場にやってきた（R. T. Berthoff, *British Immigration to Industrial America* [Cambridge, Mass.：Harvard University Press, 1953], 32-36）。その工場群は「移民の」会社になった可能性もあった。

（12）　通常の文献をみる限りではそれらの会社は特には載っていない。オールドハムマスター綿紡績工協会（Oldham Master Cotton Spinners' Association）の秘書官のサミュエル・アンドリューが「イギリスの製造業社は昔から，そしてずっと今も海外で工場をつくっているんじゃないですか」と1886年に聞かれたときに「まあ，そうだ，とははっきりは言えないな。でも，ル

第**10**章　繊維製品，衣料品，皮革製品および関連製品

ーアン市にあるイギリスの紡績工場は一応知っているよ」と答えたことから推察せよ（Great Britain, Parliamentary Papers, Second Report of the Royal Commission on Depression of Trade and Industry, XXII［c. 4715］, 1886, 154, パラグラフ4525）。アンドリューはアメリカ国内の紡績工場に対するイギリスの投資についてはなにも語っていない。イギリスの大会社のライランズ＆サンズ社は紡ぎ，織り，色抜き，染め，とそれに服の製造もやっていて，アメリカにセールスマンがいたことは間違いがないが，この国に工場があったという証拠はない。この会社については，次の書を見よ。Copeland, *Cotton Manufacturing*, 345, 368.

(13)　Testimony in the Tariff Commission, *Report on the Textile Trades*（London：P. S. King, 1905）, II, pt. 1, "The Cotton Industry," パラグラフ526.「関税委員会（tariff commission）」というのは政府機関ではなく，イギリスの私的な団体である。よって，*Tariff Commission Report* として引用しておく。

(14)　*Burdett's Official Intelligence, 1895*, 1184-85. また，ドイツの子会社をもっていた。次も見よ。John Dunning data, University of Reading, Reading, England.

(15)　1960 interview in Dunning data.

(16)　*Bulletin of the National Association of Wool Manufacture*, 27（Dec. 1898）：420, によれば1898年10月にマサチューセッツ州ピッツフィールド市にあるポメロイ工場が，イングランドのリーズ市にあるヘレウェル社にリースされた。特殊な製品である織物の縦糸，車用の布などをつくるためであった。

(17)　William Ashley, *The Tariff Problem*, 2nd ed.（London：P. S. King, 1903）, 77, によれば「近年」，ソールテール村にあるサー・タイタス・ソールト・バート・サンズ株式会社（Sir Titus Salt, Bart., Sons & Co., Ltd.）（服飾用品その他）がアメリカに投資を行った。この投資に関してはすばらしい情報が1982年の8月2日と12月14日のデニー・ソールト（Denys Salt）から私に宛てた手紙のなかにある。それによるとマッキンリー関税法が1890年に通過した後，コネチカット州ブリッジポート市にソールト織物会社が設立されたことを記していた。ソールトはその会社がサー・タイタス・ソールト・バート・サンズ株式会社によって所有されており，従業員数はおよそ1500名であると思い込んでいた。製品はアメリカの隅々で仲買業者や製造業者に販売された。同社に関しては，以下を見よ。*Bulletin of the National Association of Wool Manufacturers*, 22（Sept. 1892）：299-302, および25（Dec. 1895）：356.

(18)　*Tariff Commission Report*, II, pt. 2, "The Wool Industry," パラグラフ1683.

(19)　前掲書，パラグラフ1624.

(20)　前掲書，パラグラフ1765. 1905年の関税の聴聞会で述べられた「毛織物」を扱う他の会社のうち，その時点ですでにアメリカでの「工場建設」は終えていた会社は，以下のようなものがある。まず，ブラッドフォード市にあるプリーストリー社。次にリーズ市にあるマーシャルズ社は一時，リーズで4000人の従業員がいたと記されている。それにハダーズフィールド市にあるリスター社もそうである。いずれも，にせのアザラシの革，布を扱っていた（前掲書，パラグラフ1486）。会社のなかにはイギリスでの操業を完全に止めたところもあった。アメリカの毛織物産業に対してイギリスからの移民が与えた影響については，Berthoff, *British Immigrants*, 38-39, に記されている。ただし，この本はイギリスのいわば，「製造業者になりかかっている」会社がアメリカに完全にシフトしたのか，はたまた，自分の母国イギリスに工場と家をおいたまま，そこからアメリカに対して「外国への」投資をしていたのかについては，はっきりとは語っていない。

(21)　Ashley, *The Tariff Problem*, 77.

第Ⅱ部　世界最大の債務国

(22)　J. Neville Bartlett, *Carpeting the Millions : The Growth of Britain's Carpet Industry* (Edinburgh : John Donald, n.d. [1977 ？]), 60-61, 106.

(23)　*Tariff Commission Report*, II, pt. 5, "The Carpet Industry," 契約書 No. 71, パラグラフ 2932-33. 日付は Bartlett, *Carpeting*, 60（ファース社に関して）の日付と一致する。

(24)　前掲書, Firm No. 4292, パラグラフ2997. 私のみるところ契約書 No. 71は Firm No. 4292から出てきたものではない。この証言はファース社によるものではなかった。私はＴ・Ｆ・ファース＆サンズがアメリカに投資を行った唯一のイギリスのカーペットメーカーだとは思っていない。しかし, この会社がファースであったという可能性自体は否定できない。このレポートが言いたいことはアメリカに投資を行っていた会社の数が多かったということと, その会社群がこのようなずるい作戦をとった可能性が強いということだ。

(25)　前掲書, パラグラフ2931.

(26)　Bartlett, *Carpeting*, 61. これはクロスリー社（Crossley）のアーカイブの1909〜12年のデータに基づいている。クロスリーのオーストリア工場, ロシア工場は1880年代に建てられた（前掲書, 60）。バートレット（p. 61）のレポートによるとジョン・クロスリー＆サンズ株式会社は1870年に１番の取引先がアメリカの工場に資金をもってくるようにとの申し出をしてきたが, これを却下した。また, 1890年代の後半にも再度同じような申し出を却下している。

(27)　Bruce Lenman and Kathleen Donaldson, "Partners' Incomes Investment and Diversification in the Scottish Linen Area, 1850-1921," *Business History*, 13（Jan. 1971）: 15.

(28)　W.＆ J.スローン社は今日では家具の小売りでよく知られている。この会社はカーペットの販売は続けていたが, ここにリノリウムを買いに来る人はおそらくいないだろう。Bartlett, *Carpeting*, 37. によると W.＆ J.スローンは1870年代にカーペットの輸入と販売を手がけることでよく知れわたっていたとしている。

(29)　W.＆ J.スローンが株式をもっていたとすると, ２者の関係はラモント・コーリス社とニューヨーク州フルトン市のチョコレート工場のようになっていたであろう。これに関しては第9章で記した。W.＆ J.スローンは小売りを行ったが, ラモント・コーリス社は小売りはしなかった。また, ネアン氏が W.＆ J.スローンの株式をもっていたという証拠もない。

(30)　Augustus Muir, *Nairns of Kirkcaldy*（Cambridge : W. Heffer, 1956）, 68, 85-89, 92, 101-102.

(31)　*Stock Exchange Official Intelligence for 1914*, 690.

(32)　Berthoff, *British Immigration*, 45, 43, は「アメリカに支店の工場を出した」イギリス製のシルクとレースをつくる製造業者について記している。その場所はペンシルベニア州, コネチカット州, およびニューヨーク州であった。バートホフは所有権に関しては明言を避けている。また,「支店」という語を使ってはいるが,「支店」のうちのいくつかのものはアメリカに進出したイギリスの製造業者の工場にすぎない可能性もある。

(33)　デニー・ソールトから私への1982年の12月14日付けの手紙のなかで記されているが, ソールト・テキスタイル会社は, ニューヨーク州の住所でアメリカ絹織物組合の1914年の３月のメンバーのリストに載っている。*Annual Report, 1914*, 122. 1880年代の後半にマンチェスターにあるシルクの製造会社のＨ・Ｔ・ガッダムとワッツ＆サンのなかにはニューヨークに代理店をもつところも出てきた。以下を見よ。William C. Wyckoff, *American Silk Manufacture*（New York : Silk Association of America, 1887）, 138. これらの代理店はどうやら紡績糸を売っていたようである。アメリカでこの店舗群が実際にシルクをつくっていたのかについては確たる証拠がない。ブラッドフォードにあるウィリアム・ワトソン・リスター社のマニンガム工場は20

第**10**章 繊維製品，衣料品，皮革製品および関連製品

世紀初頭においては，シルクのフラシ天では最も重要なイギリスの製造業社であったが，1905年にアメリカで製造を始めることを考え，実際に何度も大西洋を越えて行ったが，結局は投資を見送った。そのときはすでにアメリカには需要を満たすに十分な会社の数が存在していたのである。以下を見よ。*Tariff Commission Report*, II, pt. 6, "Silk Industry," パラグラフ3311, 3318. マニンガム工場とS・カンリフ・リスター（マシャム卿）に関しては次の書を見よ。*Bulletin of the Association of Wool Manufactures*, 25（Dec. 1895）：356-357.

(34) Berthoff, *British Immigration*, 43, 45. 本章の注（32）を見よ。The *Tariff Commission Report*, II, pt. 4, "Lace Industry," パラグラフ2730，によるとアメリカの関税があまりに高いので，イギリスの製造業社は「シカゴ，フィラデルフィア，メイン（原文のまま），それにボルチモア」にレース製造工場を建てた。バートホフで引用した場所との違いに留意せよ。

(35) *Tariff Commission Report*, II, pt. 7, "Flax, Hemp & Jute Industies," パラグラフ3829, 3843. ベルファスト市にある，ヨーク通り亜麻紡績株式会社の会長と社長をかねているR・H・リード氏は自分の会社（亜麻の紡績業，織物業，漂白業，染物業，配送業）の拠点がニューヨーク，ロンドン，パリ，ベルリンの各都市にあることを証言している。関税があまりに高いので，「私のところとほかのアイルランドの多数の会社も縫い合わせと縁縫いの会社をニューヨークにつくりました」と。ヨーク通り亜麻紡績会社の最初のアメリカ「支店」はニューヨークに1871年にはすでに存在した（Emily Boyle, "John Mulholland," *Dictionary of Business Biography*, IV, 375）。

(36) Henry W. Macrosty, *The Trust Movement in British Industry*（London：Longmans, Green, 1907）, 166.

(37) キャリコ・プリンターズ・アソシエーション，取締役会議事録，1904年1月28日付け（この件に関してはアンソニー・ハウ博士から知識を得た）。キャリコ・プリンターズはたくさんの企業が合併した巨大な会社であった。1899年9月の趣意書で59のイギリスの会社の合併を発表した（Macrosty, *The Trust Movement*, 149）。1899年には会社のプロモーターたちのなかで，3つのグループが（少なくともそのうちの1つはイギリス本国に資本があるといっていたが）マサチューセッツ州のフォールリバー市とニューベッドフォード市に30のプリント布地の工場を購入し，1つにまとめようとした（この工場群には225万の紡ぎ糸の軸があった）。合併が実現することは結局なかった。「プリント布地の企業連合」と販売業務を行う同盟はもっていたが，イギリスのビジネスがどちらかの会社に影響を与えたという証拠はみたことがない。以下を見よ。Clark, *History of Manufactures*, III, 181-182. 私の判断では1899年に会社の発起人たちは，イギリスの合弁会社のキャリコ・プリンターズをアメリカにもっていこうと考えたが，うまくいかなかった。実際にはこれから述べるように，イングランド縫製綿会社に関してはアメリカン製糸社の力添えですでに1897～98年にアメリカ進出が成し遂げられていた。

(38) Report of Shareholders Meeting, Year ending Dec. 31, 1912, in *Economist*, 76（March 1, 1913）：534. 前掲書，74のなかの以下も見よ。1911 report（March 2, 1912）：482-483.

(39) Report of Shareholders Meeting, Year ending Dec. 31, 1913, *Economist*, 78（Feb. 28, 1914）：548. 社長はドイツの会社の工場のことに言及した。その工場では様々な問題を解決してきた実績があったからだ（前掲書）。

(40) Report of Shareholders Meeting, Year ending Dec. 31, 1914, *Economist*, 80（Feb. 27, 1915）：448.

(41) "German Textile Factories in America," *Bulletin of the National Association of Wool Manufacturers*, 29（Dec. 1899）：380；前掲書，29（March 1908）：58, 127-128（高関税を擁

663

第Ⅱ部　世界最大の債務国

護する意見に関して）；Alien Property Custodian, *Report, 1918-1919*（これより以降 *APC Report* と記す）, 128-129；Clark, *History of Manufactures*, III, 198；および Arthur H. Cole, *American Wool Manufacture*（Cambridge, Mass：Harvard University Press, 1926）, II, 163（引用）．ドイツの会社はゲラ市，グライツ市，ライプツィヒ市に本社があった．

(42)　Clark, *History of Manufactures*, III, 195.

(43)　今述べたドイツの産業に関しては，以下を見よ．W. O. Henderson, *The Rise of German Industrial Power*（Berkeley：University of California Press, 1975）, 145-146, 238. ニュージャージー州パセーイク市のドイツの会社は非常に重要な意味合いをもっていた．ボタニー・ウーステッド社は，「磨きの入る前のカシミアで，この国の工場で仕上げたもの」の輸入を少量ずつではあるがすでに始めていた．原材料はライプツィヒにある親会社のシュテア社から仕入れていた（*Bulletin of the National Association of Wool Manufacturers*, 22［Sept. 1892］：312）．1912年にはすでにボタニー・ウーステッド工場は，「綺麗な女性用の小物と衣服，男性用の着物類，美しい梳毛糸製品（乾燥紡ぎ）」をつくっていた．この工場はアメリカの10の都市に「高級ドレス品販売室」をもっていた．前掲書の以下の部分を見よ．42（March 1912）：advertisement. フォーストマン家の会社（この会社の何世代にもわたってドイツで毛織物の製造をやってきた）とこの会社がもつアメリカの工場に関しては前掲書の以下の部分などを見よ．37（Dec. 1907）：439；41（Sept. 1911）：457；および42（March 1912）：advertisement.

(44)　次の文献のなかにあるデータ Record Group 131, Box 254, National Archives, Washington, D. C. 以下の文献も見よ．Silk Association of America, *Annual Report, 1910*, 47. 従業員の数は *Moody's 1920*, 1135, による．しかし，この数は1914年時点のものだと考えられる．

(45)　1899年9月にフランクフルトにいるアメリカの副領事（サイモン・W・ハナウアー）の報告によると，クレフェルド市にある絹織物の工場のいくつかがアメリカで支店の工場を出す計画があるとのことだった．クレフェルドは当時ドイツでは絹織物の最大のメッカであった．以下を見よ．*Bulletin of the National of Wool Manufactures*, 29（Dec. 1899）：380. その工場群が実際に工場を出したかどうかはわからない．クレフェルドにあるウィリアム・シュローダー社はドイツとスイスに工場をもっており，ヨーロッパのなかでも一番大きな絹織物の工場のうちの一つであった．ニューヨークにも1870年につくった海外法人の子会社をもっていた．工場はもっていなかったようである（Silk Association of America, *Annual Report, 1907*, 49）．ハーマン・サイモンとその兄弟のロバート（1901年に亡くなった）はともにフランクフルトからアメリカに移住した．この兄弟は1883年にペンシルベニア州イーストン市で工場を始めた．1913年までにはR. & H. サイモン社は，ニュージャージー州ユニオンヒル市とイーストン市で絹を扱う「大企業」になっていた．ハーマン・サイモンは1913年9月27日に亡くなった時点で，R. & H. サイモン社の現役の社長であり，「個人では世界で一番の量のシルク」を扱っていることで知られていた．R. & H. サイモン社は（1917年時点で）若干の外国の資本が入っていた．18％であった．R. & H. サイモン社に関しては以下を見よ．Silk Association of America, *Annual Report*, 1886, 111. ハーマン・サイモンの死亡記事については，前掲書，1914, 36と *APC Report*, 346, を見よ．ニュージャージー州パターソン市にあるオーディガー＆マイヤー・シルク社については以下を参照．Silk Association of America, annual reports. オーディガー＆マイヤー・シルク社が絹織物組合（Silk Association）のメンバーだったのは1907年が最後のようであるが，*APC Report*, 297, によると1914年時点でこの会社は，まだ現存しており，ドイツの資本が68％入っていたとなっている．

(46)　*APC Report*, 132.

664

第**10**章　繊維製品，衣料品，皮革製品および関連製品

(47)　前掲書，131-132.

(48)　前掲書，133.

(49)　フランスは織物類の絹，毛，綿を大量に輸出していた。フランスの外国との貿易におけるこれらの原材料の重要性については以下を参照。Francois Caron, *An Economic History of Modern France*（New York：Columbia University Press, 1979），106.

(50)　A. P. Thomas, *Woonsocket : Highlights of History, 1800-1976*（East Providence, R.I.：Globe Printing, 1976），108-118, にはフランスの工場に関する記述がある。ドナルド・マルシャン（Donald Marchand）教授のおかげでこの本の存在を知ることとなった。以下の書物も参照のこと。Cole, *American Wool Manufacture*, II, 163.

(51)　Thomas, *Woonsocket*, 108, 111. ロバート・レポート氏は1985年に亡くなる前に父親のオーギュスト・レポートが1899年にアメリカでの現地生産の可能性を探るためにアメリカに渡っていたことを書き記した。息子のロバートはその牧師の話も同時に語った（1985年のロバート・レポートによるメモ。ルーベ市において。ジャン-フランソワ・エナー氏の好意による。1986年2月3日）。

(52)　Thomas, *Woonsocket*, 109. 1911年にニュージャージー州パセーイク市にあるドイツが所有する会社のうちの一つの代表がいうには，アメリカにドイツ工場ができたときに，競争に負けないようにするには，ドイツ本国の機械のほとんどをもってくる必要があった。その当時は毎年採用が増えつつあったフランス流梳毛糸の紡ぎのシステムとして知られたやり方で機械を使う場合には特にそうだった（Clark, *History of Manufactures*, III, 198）。ニュージャージー州パセーイク市にあるドイツのフォーストマン＆ハフマン社は1912年に「フランス流の純度の高い乾燥紡ぎの梳毛織物の宣伝を行った」。以下を見よ。*Bulletin of the National Association of Wool Manufactures*, 42（March 1912）.

(53)　Thomas, *Woonsocket*, 108-118.

(54)　Émile Becque, *L'internationalisation des capitaux*（Montpellier：Imprimerie Générale du Midi, 1912），212-213, はアメリカにおけるフランスの絹のメーカーに関して書いているが，具体的な名前は出していない。Clark, *History of Manufactures*, III, 216, の記録によるとアメリカ内の絹工場は国際的な大きな会社の完全なチェーンであった。クラークが語っていた工場は，スイスの工場であったかもしれないし，ドイツの工場だったかもしれないし，イギリスの工場だったかもしれない。しかし，私が思うに彼はフランスの工場のことをいっていたのだと判断している。

(55)　Michel Laferrère, *Lyon : ville industrielle*（Paris：Presses Universitaires de France, 1960），12, 142n, および A. Beauquis, *Histoire économique de la soie*（Paris：H. Dunod et E. Pinat, 1910），494-495. Wyckoff, *American Silk Manufacture*, 137, によると1887年にはリヨン市に本社があるグエリン・ヴェ＆フィル社はニューヨークに支店をもっており，E・パラディンがリヨンのP・H・バーベザットのニューヨークでの代理店の役割を果たしていた。J.-L. Duplan, *Lettres d'un vieil américain*（Paris：Payot, 1917），83, によると1875年にはアメリカで消費される絹の90％がフランス製であったという。

(56)　Laferrère, *Lyon*, 187-188. 工場の場所に関しては以下を参照。Silk Association of America, *Annual Report, 1909*, 35. デュプラン・シルク社もニューヨーク市のブルーム通りにまず進出し，それからユニオン広場に進出した。前掲書の以下のところを見よ。1911, 78, および1913, 91. ジーン・L・デュプラン社のアメリカ進出に関しては前掲書の以下のところを参照。1914, 47.

665

第Ⅱ部　世界最大の債務国

(57) フランスの絹を扱う会社の研究に関してピエール・カイエ教授に助けてもらった（カイエから
ウィルキンスへの1983年1月5日付けの手紙）。メイン州オーガスタ市に存在する国のレベ
ルでいえば国務省にあたる機関はJ・B・マーチン社の会社設立を1909年10月2日に承認した
（ウィルキンスへの1983年3月18日付けの手紙）。J・B・マーチン社はコネチカット州ノーウ
ィッチ市を住所として使い続けた。以下を参照のこと。Silk Association of America, *Annual
Report, 1914*, 121. 1900年代の初期までにはユナイテッド布染め工業社はニュージャージー州
ロディ市に工場をつくっていた。ユナイテッド布染め工業社がアメリカ絹織物組合のメンバー
に加わったのは1904年の3月である。前掲書の以下のところを参照。1904, 70. また、染め方、
型付け、仕上げに関して「ニュージャージー州ロディ市とニューヨーク市」にあるユナイテッ
ド布染め工業社のアルバート・ブルム氏が説明していることに関しては、前掲書の以下のとこ
ろを参照。1910, 51. ブルムはニュージャージー州ロディ市にあるアレキサンダー布染め工業
社（ユナイテッド布染め工業社の前の会社である）に関わり合いをもち、経営もしていた。い
つエドモンド・ジレが関わり合いをもったのかははっきりしない。彼の役割に関して私が得た
情報源は、カイエから私への1983年1月5日付け書簡である。

(58) Duplan, *Lettres*, 84-87.「J.-L.デュプラン」とデュプラン・シルク社の「ジーン・L・デュプ
ラン」はまず間違いなく同一人物である。

(59) Silk Association of America, *Annual Report, 1901*, 21, 48, 120. スイスのシュワルツェンバ
ッハ社は1860年にはヨーロッパで最初の力織機の会社となっていた。1885年にはロバート・シ
ュワルツェンバッハ氏がアメリカに行って、ウェストホーボーケン市に工場用地を取得した。
彼のいとこのアーネスト・A・オツ氏は1879年の1月にJ・シュワルツェンバッハ・ランディ
ス（絹製造会社、在チューリヒ）の代表として、ジャック・フーバーとロバート・シュワルツ
ェンバッハ（1839-1904；彼はスイスに残った）とともにアメリカを訪れシュワルツェンバッ
ハ・フーバー社を1888年1月1日に立ち上げた。この会社は「アメリカにシルクの工場をつく
るべきというシュワルツェンバッハ兄弟の強い決意」があって初めてできたものである。前掲
書の以下のところを参照。1902, 39-40. 1904, 40（オツの死に関する記事）。ロバート・シュ
ワルツェンバッハの死亡に関しては前掲書の以下を参照。1905, 60-61. シュワルツェンバッ
ハおよび他のスイスのシルクの製造業者に関しては、次を見よ。Ernst Himmel, *Industrielle
Kapitalanlagen der Scfzweiz im Ausland*（Langensalza：Hermann Beyer, 1922）, 13, 36, 42
and esp. 124-125. ヒメルはシュワルツェンバッハが1880年代にはすでにアメリカでビジネス
を始めていたことは知らなかった。

(60) この商売に関するデータは以下で述べられている。Hans Bauer, *Swiss Bank Corporation,
1872-1972*（Basle：Swiss Bank Corporation, 1972）, 168-169. じつはスイス銀行（Swiss
Bank Corporation）の頭取のA・シノニウスは1912年に自分の銀行のアメリカ支店を監督し
に行くために、なんとタイタニック号に乗っていたのである。スイス銀行はスイスの製造業が
外に向けて挑戦することに注目をしていた。

(61) Julius Landmann, *Die Schweizerische Volkswirtschaft*（Einsidein, Switzerland：
Verlagsanstalt Benziger, 1925）, 189. スイスの刺繍産業の重要性に関しては、前掲書の177ff.
を見よ。1870年代の初めにはマイヤー・グッゲンハイム（Meyer Guggenheim）の妻の叔父が
機械による刺繍を行う工場をスイスですでに始めていた。マイヤーはアメリカでは販売を行う
つもりであったが、自分の息子をスイスの刺繍のメッカであるセントゴール市に送り込み、ス
イスの製造業者のためにニューヨークにオフィスを構えた。これがマイヤー・グッゲンハイム
の成功の始まりとなった。次を見よ。Harvey O'Connor, *The Guggenheims*（New York：

666

第**10**章　繊維製品，衣料品，皮革製品および関連製品

Covici, Friede, 1937), 37-40. グッゲンハイムは100%輸入だけを行っていた。製造は一切行わなかった。アメリカの刺繍業界においてどれほどスイスの影響があったかに関しては次を見よ。Himmel, *Industrielle Kapitalanlagen*, 126-127, およびページ番号のない要約の部分。1914年の時点でスイスはアメリカの産業のあらゆる分野のなかで刺繍産業における投資額が一番大きかった。工場が多数の場所にまたがるスイス-アメリカ刺繍産業協会の投資額は4750万フラン（約920万ドル）であった。

(62)　*Tariff Commission Report*, 至るところに，完全な移転に関しては，例えば pt. 7, パラグラフ4241, を見よ。アメリカに入ってきてから関税を要求されたネルン市のようなところは例外である。

(63)　*Amelican Iron and Steel Association Bulletin*, 23 (Dec. 11, 1889)：341, によれば「イギリスとニューヨークの大金持ちがシンジケートをつくって，アメリカ中の綿の工場を買い占めて一つにまとめて，ボルチモアに本部を置いたという話があったことになっている。そのためには1500万ドルから1800万ドルくらいが要っただろうということだ」。私は「イギリスが」そのような投資をしたという証拠は持ち合わせてはいない。

(64)　1899年4月の時点の*Fall Rivel News*によると，その時点で考えうる限りでは一番大きな合併のうちの一つが進行中であった。それはまさにイギリスがアメリカ全土の綿糸産業を買い取ってしまおうというたくらみであった。それには1億ドルを優に超す資本が必要であった。しかし，ニューベッドフォードの銀行団はそのような異常な大金を扱うのがだんだんと心配になり，安全策をとった。つまり，ニューベッドフォードの銀行団はイギリスのお金持ちを焚き付けるという方策にでた。もっとも，そのニュースは合併の規模に関してもイギリスの役割に関してもあまりにも誇張が入っていた。ニューイングランド綿糸会社（1899年7月に成立）は授権資本として5万ドルを普通株として有しており，6万5000ドルを優先株の形で有していた。そして，さらに6万5000ドルを5％の抵当債券の形でもっていた。優先株と債券はニューヨークのキダー・ピーバディ社とロンドンのベアリング・ブラザーズによって額面で一般の人に買ってもらうように提供された。次を見よ。Arthur S. Dewing, *Corporate Promotions and Reorganization* (Cambridge, Mass.：Harvard University Press, 1914), 305, 309n, 313-314. ポール・D・ディケンズ（Paul D. Dickens）は，ロンドンで稼いだ金額は500万ドルだと判断した。次の彼の博士論文を見よ。"Transition Period in American International Financing," George Washington University, 1933, 244.

(65)　以前の研究と同じく，私の研究からはアメリカに入ってきた移民のパワーは除いた。移民のなかにはアメリカにそれなりの資本をもたらした者もいたが，その後長期的な海外からの投資という形にはならなかった。

(66)　Philip Scranton, *Proprietary Capitalism：The Textile Manufacture at Philadelphia, 1800-1885* (Cambridge：Cambridge University Press, 1983), 339.

(67)　この結論は間接的な資料によった。数多くの移民製造業者に関してほじくりかえすことは私の研究の射程から外れている。しかし，一例として，ショフィールドを例にとってみる。セビル・ショフィールド氏は，1832年にオールドハムの近くのリースで生まれた。つまり，「織物で有名なランカシャー地方の家庭」に生まれたのである。彼は両親と5人の兄弟とともに1845年にアメリカに渡った。一家はフィラデルフィアに行った。そこで父親のジョゼフは他の移民のために工場を経営しようと考え労働の契約を結んだ。セビルは工場勤めを始めた。そのうちジョゼフは自分の工場をもち，セビルがそれを引き継いだ。1857年にはすでにセビルは家族経営の会社をもっていた。綿織物とカーペットの織糸をやっていた。会社は大きくなった。1880

667

第Ⅱ部　世界最大の債務国

年代には息子たちが共同経営に参画した（前掲書，57-62）。*Burdett's Official Intelligence, 1891*, London，には綿の紡ぎをやっているJ・K・ショフィールド株式会社という名前の会社と綿の生産をやっているランカシャーのベリーにあるスプリングフィールド・ミル社が載っている。大西洋をはさんでなにか関係があったのだろうか。J・K・ショフィールドとセビル・ショフィールドに姻戚関係があった可能性はある。メリマックバレー織物博物館の手書きの原稿のなかには移民による手工業のデータが残されている。例えば，チャールズ・フレッチャー（1839-1907）はアメリカの毛織物産業の世界で有名になった。彼はイギリスのソーントンで生まれ，ブラッドフォードの工場でトレーニングを受けた。アメリカに1864年に渡り，自分の工場を立ち上げ，ポカセット・ウーステッド社（ロードアイランド州のソーントンが本社）を創立した。アメリカ羊毛会社のトップの一人にもなった。次を見よ。Helena Wright, *The Merrimack Valley Textile Museum : A Guide to the Manuscript Collections*（New York：Garland, 1983），100. 外国からの投資はなかったように思われる。

(68)　Edward Stanwood, "Cotton Manufacture," in U.S. Department of Interior, Census Office, *Report on Manufacturing Industries in the United States*, 11th Census, 1890（Washington, D. C., 1895, pt. 3, 180）.

(69)　ジェームズ・コーツは1826年にスコットランドに小さな紡績工場を建てた。息子のジェームズとピーターは，J. & P. コーツ社の名前で，父親の仕事を1830年6月1日に引き継いだ。次を見よ。"Text of the 150 Year Exhibition," Renfrew District Libraries, Scotland, *panel 9*. このデータに関してはステファン・ヤング博士に知見を得た。

(70)　Leslie Hannah and J. A. Kay, *Concentration in Modern Industry*（London：Macmillan, 1977），1，によると1900年にはイギリスで最も大きな会社であったとなっている。

(71)　コーツ社の技術に関しては次を見よ。D. A. Farnie, *The English Cotton Industry and the World Market, 1815-1896*（Oxford：Clarendon Press, 1979），155.

(72)　前掲書，28.

(73)　前 掲 書，28, 195, お よ び Mathew Blair, *The Paisley Thread Industry*（Paisley：Alexander Gardner, 1907），52, 73. W・D・ルービンスタイン（W. D. Rubinstein）の "British Millionaires, 1809-1949," *Bulletin of the Institute of Historical Research*, 74（Nov. 1974）：202-223, のデータを利用したFarnie, *English Cotton*, 155, によると1830年から1942年の間に亡くなったイギリスの綿織物産業の出身の24人の百万長者のうち，（コーツ家の11名を含めて）16名が紡績の製造業者であった。次も見よ。W. D. Rubinstein, *Men of Property*（New Brunswick, N.J.：Rutgers University Press, 1981），84.

(74)　"Photographs and Brief Description of the Establishment of the Conant Thread Company, Pawtucket, R. I.," 1878. Copy in Pawtucket Library. このパンフレットは「1877年から1878年にかけての冬にサー・ピーター・コーツを訪問した記念品」としてつくられたものである。このパンフレットはおそらくアメリカ人によってつくられたものと思われるので，ここでのミリオンという数字は数百万「ドル」であり，ポンドではないと考える。このことはサー・アレク・ケアンクロスによる1956年頃に書かれた未完成原稿（The Early Growth of Messrs. J.& P.Coats）のデータに基づいている。

(75)　1986年4月27日のJ・B・K・ハンター氏（J. B. K. Hunter）からの情報による。コーツ社全体の利益のなかでアメリカでのビジネスが占める割合はそのときによってかなり差がある。J.& P.コーツ社を専門にしている歴史家のハンターによると，コーツ社のピークは1870年代であったということである（ハンターから私への私信[1986年4月27日付]）。

第 **10** 章　繊維製品，衣料品，皮革製品および関連製品

(76)　Robert Grieve, *An Illustrated History of Pawtucket* (Pawtucket, R.I. : Pawtucket Gazette & Chronicle, 1897), 275, および R. I. Historical Preservation Commission, Pawtucket, *Statewide Historical Preservation Report*, P-PA-1, Oct. 1978, 17. ポータケット市にあるコーツの工場のデータに関しては，ポータケット公共図書館の図書館司書のポール・アーセノールト氏より情報を得た。投資の額に関しては次を見よ。Cairncross, "The Early Growth". また，J・B・K・ハンターから私宛ての1986年4月27日付けの私信も見よ。

(77)　Grieve, *An Illustrated History*, 17, および1893年の名前の変更理由，およびアルフレッド・M・コーツの役割については，ハンターから私への私信（1986年4月7日付けと8月2日付け）を参考にせよ。私はコナントの死亡日に関して，*National Cyclopaedia of American Biography* (1932), XXII, 57-58, を利用した。生まれたのは1827年である。

(78)　"150 Year Exhibition," panel 18.

(79)　ハンターからの私信（1986年4月7日付け）。

(80)　Frank Presbrey, *The History and Development of Advertising* (1929 ; rpt. New York : Greenwood Press, 1968), 338.

(81)　Stanwood, "Cotton Manufacture," 181.「カーニー」と「ニューアーク」はそのときに応じて同じ場所の違う名前として使われているようである。この2つの町はお互いに隣接する町である。ハンターはこれらの工場に対しては，「イーストニューアーク」の地名をあてている。

(82)　"Text of 150 Year Exhibition," panel 7. この合併によってクラーク社の2つのアメリカ工場（「カーニー」あるいは「ニューアーク」にある）が両方とも同一のスコットランドのオーナーのもとに入ることになった。

(83)　1881年の何月何日かについては次の文献に依拠している。*Industrial Commission Report*, 19 vols. (Washington, D.C., 1899-1903), XIII (1901), 343.

(84)　1986年4月7日付けのハンターからの私信。

(85)　しかし，*Banker's Magazine*, New York, 41 (1889年8月) : 83, によるとニュージャージー州とロードアイランド州の製糸工場がアメリカのなかでは，おそらく「最高のイギリス人（原文のまま）の企業」だということになっている。

(86)　次の2つの文献を見よ。Robert Bruce Davies, *Peacefully Working to Conquer the World : Singer Sewing Machines in Foreign Markets, 1854-1920* (New York : Arno Press, 1976), および Mira Wilkins, *The Emergence of Multinational Enterprise American Business Abroad from the Colonial Era to 1914* (Cambridge, Mass. : Harvard University Press, 1970), 37-45.

(87)　Macrosty, *The Trust Movement*, 126. 1896年以前のイギリスの会社による輸出に関しては，次を見よ。Testimony of Lyman Hopkins, April 9, 1901, *Industrial Commission Report*, XIII, 350. また，1986年4月27日付けのJ・B・K・ハンターからのデータも見よ。

(88)　Macrosty, *The Trust Movement*, 127 ; Blair, *Paisley Thread*, 52 ; および data from J. B. K. Hunter, April 27, 1986.

(89)　ハンターからウィルキンスへの1896年8月22日付の書簡（6000という数字に関して），および Grieve, *An Illustrated History of Pawtucket* (1897), 275（ポータケットのベンチャーに関して）。

(90)　H. E. Blyth, *Through the Eye of a Needle : The Story of English Sewing Cotton* (n. p., n. d. [1947 ?]), 10-19, には社史として18世紀に遡れる会社を含む14の会社の詳細が記されている。その会社のなかにはドイツとフランスに工場をもっていたのもあるし，モントリオールに

669

第Ⅱ部　世界最大の債務国

工場があった会社もある。イングランド縫製綿会社には綿の貿易では非常に名前を知られている会社もある（例えば，シュトラット工場やアークライト工場）。

(91)　Macrosty, *The Trust Movement*, 129-130. また，次も見よ。Archibald Coats, comments at the Fifteenth Annual Meeting of J. ＆ P. Coats, reported in *Statist*, 56 (Nov. 11, 1905)：869.

(92)　J. H. Clapham, *An Economic History of Modern Britain* (Cambridge：Cambridge University Press, 1968), III, 225, 231, 288, 305, 311；Blair, *Paisley Thread*, 63；および Macrosty, *The Trust Movement*, 135.

(93)　John Moody, *Truth about Trusts* (New York：Moody, 1904), 234. The *Industrial Commission Report*, XIII, 361, には13の会社が掲載されている（1社のみムーディーに掲載されていない）。しかし p. 343にはアメリカ製糸社（American Thread merger）のなかに14の会社が載っている。

(94)　*Industrial Commission Report*, XIII, 363, および Stanwood, "Cotton Manufacture," 180. ウィリマンティック・リネン社（Willimantic Linen Company）の先人は1840年代に始めた。ウィリマンティック・リネンはクラーク製糸（Clark Thread）と以前にいざこざがあった。コーツがクラーク社を併合する前にウィリマンティック・リネン社はアメリカのクラーク製糸を紡績の機械のパテントの違反行為に関して訴えを起こした。クラーク製糸の言い分では，その機械は以前からイギリスにあるパテントであるということだった。ウィリマンティックは下級裁判所では勝ったが，アメリカ最高裁判所ではクラーク製糸に有利な判決であった。次を見よ。*Clark Thread Company, Appl. v. Willimantic Linen Company*, 140 U.S. 481 (1891). ヒゼキア・コナントは9年間（1857-1868）ウィリマンティック・リネンで働いた。次を見よ。Richard Bayles, ed., *History of Providence County Rhode Island* (New York：W. W. Preston, 1891), 450-451.

(95)　*Industrial Commission Report*, XIII, 358.

(96)　Hopkins testimony, 前掲書, 346, 348, 350.

(97)　この巨大会社に好意的なジョン・ドス・パソス氏の1899年12月12日の証言に関しては前掲書の以下の部分を参照。I, 1139ff., esp. 1155. 弁護士としてのジョン・ドス・パソスに関しては次の息子の自伝を見よ。John H. Wrenn, *John Dos Passos* (New York：Twayne, 1961), 21. 小説家となった息子の生誕年は1896年である。

(98)　Hopkins testimony, *Industrial Commission Report*, XIII, 353.

(99)　Moody, *Truth about Trusts*, 234.

(100)　Hopkins testimony, *Industrial Commission Report*, XIII, 353.

(101)　前掲書.

(102)　U. S. Federal Trade Commission, *Report on Cooperation in the Export Trade* (Washington, D.C., 1916), I, 253.

(103)　*Industrial Commission Report*, XIII, 354, 361 (list of directors).

(104)　前掲書, 354, 356.

(105)　1901年時点でのアメリカ製糸社の市場のシェアはおそらく3分の1弱（Hopkins testimony, *Industrial Commission Report*, XIII, 348）から50％（Moody, *Truth about Trusts*, 235）の間であったと推測できる。コーツは3分の1をもっていたといわれている（Hopkins testimony, *Industrial Commission Report*, XIII, 356）。しかし，コーツのその持ち分がロードアイランド州のポータケットの工場だけの分なのか，コーツの全会社の分を指しているのかは

第**10**章　繊維製品，衣料品，皮革製品および関連製品

っきりしない。1899年の時点でのコーツのアメリカにおける売上高はクラーク社の売り上げの倍あったといわれている（"Text of 150 Year Exhibition," panel 18）。

(106)　Hopkins testimony, *Industrial Commission Report*, XIII, 351-352.

(107)　*Statist*, 56（Nov. 11, 1905）：869.

(108)　Hopkins testimony, *Industrial Commission Report*, XIII, 348-349. アメリカ工場の給料が本国のスコットランドの工場の給料の倍程度あったことも Gordon Donaldson, *The Scots Overseas*（London：Robert Hale, 1966）, 115, に記されている。ドナルドソンの書いた内容から判断すると，彼はホプキンスが言及した時代よりももっと早い時期（おそらく1860年代の終わりから1870年代にかけて）のことに言及していると考えられる。

(109)　*Statist*, 72（July 27, 1912）：318.

(110)　Hopkins testimony, *Industrial Commission Report*, XIII, 346；Dunning data；および Clark, *History of Manufactures*, III, 181.

(111)　"Text of 150 Year Exhibition," panels 18 and 4．カーニー工場は言及されていない。この工場は1880年代か1890年代のある時期にニューアーク工場と合併したらしい。コーツはこの年代の頃には偽物商品やコピーライトの侵害の問題を相変わらず抱えていた。20世紀の初頭に，アメリカの弁護士がニューヨーク議会に対して紡績会社の「不公平な競争」を避けるために糸巻きにつける糸の長さの基準を決めるように要求した。糸を扱う業者がコーツ社の糸巻きよりも太い芯でより少ない糸を使用した模造品をつくっていたからだ。コーツ社の法律会社は，国中でジョン・コーツという一人の人物によって侵害されていたコーツという名前の商標権を守るために，コーツ社に代わって訴訟を起こした。次を見よ。Robert T. Swaine, *The Cravath Firm*（New York：privately printed, 1946）, I, 770, 772. 名前の権利の侵害の問題はそのずっと前から存在していた。次を見よ。*Journal of the Society of the Arts*, 24（Nov. 26, 1875）：20, および第4章の注（266）．商標権侵害の問題ではコーツ社は，1862年よりも20世紀により多くの問題を抱えていたようである。

(112)　Blair, *The Paisley Thread Industry*, 52. 1910年には J.& P.コーツ社はロードアイランド州のポータケットに5つの工場を構え，J・B・K・ハンターが私に寄こした手紙（1986年4月27日付）には1880年代の初期にはポータケットの工場は，ペイズリー市のコーツの工場と同等の規模を誇っていたと記してあった。その経済学者によれば，ポータケットのコーツの従業員は2年前に10%の減給があり，また生活費にかかるお金も増えてきたと不満を言っていたということである。そこの労働者たちはストを行った。経営者側はそれに対して工場を5つ閉鎖し，2500人の紡績工場の従業員を解雇するという形で応じた。次を見よ。*Economist*, 70（Feb. 5, 1910）：279.

(113)　アメリカ政府対アメリカン製糸社他の係争に関する裁判所の最終の判決。衡平法に基づく裁判（第312号），ニュージャージー地方裁判所，1914年6月2日。

(114)　この当時では反トラスト法のなかで，「戦う」ということはとんでもない値引きを意味していた。例えば，「戦う船」とは戦艦という意味ではなく，競争相手をビジネスの世界から追い出すためにとんでもなく安い値段をつけた船を指していた。

(115)　*FTC Report on Cooperation*, I, 253, および *Statist*, 88（July 15, 1916）：130.

(116)　*Statist*, 88（July 15, 1916）：130.

(117)　Graham Turner, *Business in Britain*（Boston：Little, Brown, 1969）, 402.

(118)　J.& P.コーツはアメリカン製糸社よりもビジネスがうまくいっていた。アメリカン製糸社は工業用の糸を主につくっていたが，コーツ＆クラーク社の工場は一般向けの糸を製造してい

671

第Ⅱ部　世界最大の債務国

た。次を見よ。J. Herbert Burgy, *The New England Cotton Textile Industry*（Baltimore：Waverly Press, 1932）, 201. しかし，長きにわたってアメリカン製糸社は親会社のイングランド縫製綿株式会社よりも規模が大きかった（Turner, *Business in Britain*, 403）。

(119)　このことに関する一番の情報源は Linen Thread Company, Ltd. による *The Faithful Fibre*（Glasgow：Linen Thread, 1956）, 25, 27, 29, である。

(120)　Berthoff, *British Immigration*, 44（パターソン工場に関して）.

(121)　Linen Thread Company, *Faithful Fibre*, 25.

(122)　第4章を見よ。

(123)　Linen Thread Company, *Faithful Fibre*, 27, 29, および Clark, *History of Manufactures*, II, 459.

(124)　Clark, *History of Manufactures*, II, 460, による。この会社（ニューアークにあるマーシャル工場）はもしかするとイギリスで営業を終え，その後アメリカで新たに設立されたものか，あるいはスコットランドからの移民が運営した会社であるか，どちらかの可能性が高い。

(125)　Linen Thread Company, *Faithful Fibre*, 33. ヒルデン工場は北アイルランドのリズバーンにあった。

(126)　1898年の資本総額に関しては次を見よ。*Stock Exchange Official Intelligence for 1914*, 748.

(127)　Linen Thread Company, *Faithful Fibre*, 53. ニュージャージー州のパターソンにあるバーバー工場は1905年の時点でその工場一つだけで北アイルランドにあるバーバーの大工場と規模が同等であったといわれている（R. H. Reade, Belfast, testimony, *Tariff Commission Report*, pt. 7, パラグラフ3845）。

(128)　Macrosty, *The Trust Movement*, 136-137.

(129)　アメリカン製糸社は綿糸だけでなくリネンも製造した。

(130)　コーツは細綿紡績機社に投資をするために，イングランド縫製綿会社の株を一部売却したと思われる。次を見よ。Macrosty, *The Trust Movement*, 132, および FTC, *Report on Cooperation*, I, 252. コーツは細綿紡績機社と近い関係を構築した。1889年にコーツはフロリダ製造会社（私はこの会社について，規模，内容，フロリダのどこにあるのかさえはっきりとは知らない）から定期的にカイトウメン（海島綿）の綿を買うようになっていた。1900年にコーツと細綿紡績機社は一緒にエジプトの綿を輸出する会社であるカーヴァー・ブラザーズ社に投資を始めた。それと同時にコーツは細綿紡績機社に「アメリカの綿に関して，ある種の相互的な手はずを提案した」（Fine Cotton Spinners', Executive Directors Minutes, April 25, 1900）。その手はずというのは，じつはフロリダ製造会社を乗っ取る目的でイギリスの会社2つとニュージャージー州ニューアークにあるクラーク製糸社とを絡ませるということであった。この投資に関する情報はアンソニー・ハウからきた1986年9月11日付けと5月1日付けの手紙，それとJ・B・K・ハンターからの同年8月22日付けの私への手紙程度でわずかである。ハウの手紙（1986年9月11日付け）によると最初の年に細綿紡績機社は1万8271ポンドの投資に対して13.5％の分配のリターンを得た。このジョイントベンチャーによるフロリダ製造会社への投資は，細綿紡績機社が1911年にミシシッピで急成長していた綿に投資した額に比べると小さいものであったらしい。

(131)　Jackson, *Enterprising Scot*, 221, 229, 左記の書は1882〜84年の間のミシガンの森林地に対するコーツ社の利益とアーチボルド・コーツのカリフォルニアにあるフンボルト・レッドウッド社に対する7000ポンドの投資に関して記している。コーツ一家が糸巻きをつくるのにミシガ

第**10**章　繊維製品，衣料品，皮革製品および関連製品

ン州の木を使うつもりだったのか，カリフォルニアの木を使うつもりだったのかどちらだった
のかについて，私は証拠を持ち合わせていない。Blair, *Paisley Thread*, 77. しかし，左記の書
によると1907年にペイズリーで使用されていた木材のほとんどは北ヨーロッパと北米から輸入
されていたことになっている。1896年以降のグラスゴー西部探鉱会社グループをその一部に含
めながら，ユタ州，ネバダ州，コロラド州において，コーツ家が行った採鉱と精錬の投資に関
しては次を見よ。Jackson, *Enterprising Scot*, 192-193, 202. グラスゴー西部探鉱会社グループ
の場合はコーツ家が実際に企業の中心的な役割を担い，会社支配的利権もずっと保持していた。
グラスゴー西部探鉱株式会社とその子会社は，土地を採掘し，精錬所，トンネル，鉄道をつく
った。採掘と精錬所関連で約500万ドルを要した（Lewis, *America's Stake*, 571）。このグルー
プはユタ州，ネバダ州，コロラド州で事業を行った。1913年に借金でグラスゴー西部探鉱株式
会社は，事業から手を引かざるを得なくなった。商売自体は，すべての資産が売却されるか負
債が清算されたかした1921年まで続いた（Jackson, *Enterprising Scot*, 193）。

(132)　何年も後，1920年代になって，このやり方はアメリカではチュービズ人絹会社によって採
　　　用されるに至った。次を見よ。Jesse W. Markham, *Competition in the Rayon Industry*
　　　(Cambridge, Mass.: Harvard University Press, 1952), 8, および D. C. Coleman, *Courtaulds*
　　　(Oxford: Clarendon Press, 1969), II, 147.

(133)　Coleman, *Courtaulds*, II, 30, および chaps. 2 and 3.

(134)　前掲書，79.

(135)　前掲書，18-19.

(136)　前掲書，104, および Markham, *Competition*, 15.

(137)　Coleman, *Courtaulds*, II, 83.

(138)　前掲書，および第4章，第5章.

(139)　前掲書，II, Chap. 5.

(140)　前掲書，II, 108.

(141)　1910年にアメリカン・ビスコース社（American Viscose Company）が設立されたが，さ
　　　らに1915年には新会社のビスコース社として再組織化され，1922年にアメリカン・ビスコース
　　　社（AVC: American Viscose Corporation）に組みこまれた。ビスコース社は1937年まで
　　　AVC の子会社として存続したが，それ以降は AVC そのものがビスコース社の役割を担うよ
　　　うになった。

(142)　Coleman, *Courtaulds*, II, 119.

(143)　Markham, *Competition*, 22.

(144)　Coleman, *Courtaulds*, II, 113, 142, 151.

(145)　*APC Report*, 458-459, 325, 561-562; *Guide to the Exhibits of American Wool*
　　　Manufactures, World's Columbian Exposition (Chicago, 1893), 27; および Presbrey, *History*
　　　of Advertising, 361.

(146)　A. H. John, *A Liverpool Merchant House* (London: George Allen & Unwin, 1959),
　　　27-28, 49-51. Clark, *History of Manufactures*, III, 234, 左記の書によると，この頃のアメリカ
　　　国内で生産されていた皮の手袋全体の半分は，ニューヨーク州のフルトン郡でつくられており，
　　　4分の1以上がグラバーズビル市でつくられていた。

(147)　John, *Liverpool Merchant House*, 74.

(148)　前掲書，至るところに。

(149)　前掲書，78; Clark, *History of Manufactures*, III, 278; および Williams Haynes, *American*

第Ⅱ部　世界最大の債務国

Chemical Industry, 6 vols. (New York : D. Van Nostrand, 1945-1954), I, 246.

(150)　John, *Liverpool Merchant House*, 78.

(151)　前掲書, 77.

(152)　Clark, *History of Manufactures*, III, 227.

(153)　John, *Liverpool Merchant House*, 79.

(154)　前掲書, 79-80.

(155)　Clark, *History of Manufactures*, III, 228. アメリカ製の皮の事例と同様, 外国投資は関係し なかったようである。

(156)　John, *Liverpool Merchant House*, 81.

(157)　前掲書, 79, による。

(158)　前掲書, 82.

(159)　Clark, *History of Manufactures*, III, 229.

(160)　John, *Liverpool Merchant House*, 83.

(161)　前掲書, 84.

(162)　前掲書, 86-87.

(163)　前掲書, 85-86.

(164)　前掲書, 87.

(165)　この事実をあまり強調することはできない。ブース社のグラバーズビル工場でのシュルツ (Shultz) の最初の実験は1880年代であったが, この工場がようやく実際にこの工程を採用し たのは1894年が最初であった。

(166)　L. F. Haber, *The Chemical Industry. During the Nineteenth Century* (Oxford : Clarendon Press, 1969), 145, および Clark, *History of Manufactures*, III, 221.

(167)　*APC Report*, 36.

(168)　Charlotte Erickson, *American Industry and the European Immigrant* (Cambridge, Mass. : Harvard University Press, 1957), 133, 242 n.54, を参照のこと。ペンシルベニア州に おける技能教育に関するレポートが引用されている。

(169)　Haynes, *American Chemical Industry*, I, 312.

(170)　前掲書, I, 308 ; VI, 174-175. もしそうでないとするとエルバーフェルド社 (バイエルの ニューヨークの販売会社) のファーベンファブリケン (Farbenfabriken) が *Bulletin of the National Association of Wool manufactures*, 35 (March 1905) に, この会社が「ハドソン・ リバー・アニリン染色製作所の唯一の代理店である」と宣伝するなどということはなかっただ ろう。

(171)　Erich W. Zimmermann, *World Resources and Industries* (New York : Harper & Bros., 1933), 748.

(172)　Haber, *The Chemical Industry during the Nineteenth Century*, 143.

(173)　Haynes, *American Chemical Industry*, VI, 10, 392. 詳細については第11章を見よ。

(174)　第11章を見よ。キャストナー・ケルナー・アルカリ株式会社は1895年にイギリスで創立さ れた。

(175)　Martha Moore Trescott, *The Rise of the American Electrochemical Industry, 1880-1910* (Westport, Conn. : Greenwood Press, 1981), 67. この塩素が液体の塩素であったとは 考えられない。アメリカで最初に液体の塩素を作り出したのはゴールドシュミット錫回収社で あり, それは1909年の10月のことであったからだ (もっとも, その液体塩素は織物産業に販売

第**10**章　繊維製品，衣料品，皮革製品および関連製品

されることはなかった）。次を見よ。Roy A. Duffus, Jr., *The Story of M & T Chemicals Inc.* (New York：Codella Duffus Baker, 1965), 9, 12. 事実，Haynes, *American Chemical Industry*, III, 4, はキャストナー電解アルカリ社を漂白剤の「粉」を製造する会社と見なしている。ヘインズによると20世紀の最初の10年は，「漂白剤の粉が拡大を続けていたアルカリ産業の歯車の中心の歯であった」（前掲書）としている。ユナイテッド・アルカリ社は塩素の製造でアメリカに投資を行った（第11章を見よ）。このことが織物業界の需要と関係しているのかは私にはわからない。

(176)　次を見よ。letterhead, Jan. 3, 1911, letter in RG 59, 611. 627/293, National Archives, Washington, D.C.

(177)　Duffus, *M & T Chemicals*, 6-9, 13.

(178)　Haynes, *American Chemical Industry*, VI, 356；*APC Report*, 344；および Sheldon Hochheiser, *Rohm and Haas* (Philadelphia：University of Pennsylvania Press, 1986), 3-14.

(179)　次を見よ。Mira Wilkins, *The Emergence of Multinational Enterprise* (Cambridge, Mass.：Harvard University Press, 1970), 188；FTC, *Report on Cooperation*, I, 191-192. 新たにアメリカの子会社ができた。それはニューヨーク・ケブラチョ抽出会社である。次も見よ。Agnes H. Hicks, *The Story of the Forestal* (London：Forestal Land, Timber and Railways, 1956), 4, 15, 21. この書のこの部分をみた限りでは，イギリスの会社がアメリカで行ったこの買収は1912年であったことがうかがえる。

(180)　イギリスでは1890年代にハワード＆バロー社には6000名の従業員がいた。次を見よ。S. B. Saul, "The Engineering Industry," in *The Development of British Industry and Foreign Competition, 1875-1914*, ed. Derek H. Aldcroft (London：George Allen & Unwin, 1968), 192, 193-194. ハワード＆バロー・アメリカン・マシン社に関しては次を見よ。Thomas R. Navin, *The Whitin Machine Works since 1831* (Cambridge, Mass.：Harvard University Press, 1950), 241-242.

(181)　Navin, *Whitin Machine Works*, 245-249.

(182)　前掲書，281-282.

(183)　前掲書，353.

(184)　Dickens, "The Transition Period," 261.

(185)　Navin, *Whitin Machine Works*, 5. Clark, *History of Manufactures*, III, 198, によると1912年には織機については，外国製が23%であったが，アメリカの毛織物産業の全部門で使用されている他の機械のうち78%が外国製であった。次も見よ。Saul, "The Engineering Industry," 194. フランスから機械を輸入することもあった。輸入業者のアトキンソン・ヘイセリック社に関しては次を見よ。Wright, *The Merrimack Valley Textile Museum*, 239.

(186)　Clark, *History of Manufactures*, III, 198.

(187)　*APC Report*, 146.

(188)　Clark, *History of Manufactures*, III, 220.

(189)　次を見よ。Wilkins, *The Emergence*, 至るところに，「そのようなものとして」と書いたのは，機械の製造業社，特にシンガー・ミシン社が織物に関係する産業に属していたからである。

(190)　その他については次を見よ。*Tariff Commission Report*, pt. 2, パラグラフ1486, および Ashley, *The Tariff Problem*, 77.

(191)　縫い糸はチョコレート，石鹸，マッチのような「コンビニの品物」だろうか。つまり，消

675

第Ⅱ部　世界最大の債務国

費者が選ぶときに会社の名前を知っているからそのまま買うというような廉価な商品であろう
か。「コンビニの品物」に関しては次を見よ。F. M. Scherer, *Industrial Market Structure and Economic Performance*（Boston：Houghton Mifflin, 1980）, 5. 彼の挙げた例は練り歯磨き，剃刀の刃，タバコだった。

（192）　広い意味でアメリカ以外の国における，このようなアメリカビジネスに似た点については次を見よ。Wilkins, *Emergence of Multinational Enterprise.*

（193）　例えば次を見よ。Louis Galambos, *Competition and Cooperation*（Baltimore：Johns Hopkins University Press, 1966）, 15. 国際企業に関する少なくとも一部の理論が，アメリカの繊維分野のビジネスでは海外進出がないことの理由として，産業集積がないことを挙げている。

（194）　関税はいつどのような染料が，アメリカでつくられたのかを左右する重要な要因であった。

（195）　織物製品の輸入は1869年の消費高の20.8％であり，1909年の消費高の8.6％にすぎない。次を見よ。Lance E. Davis et al., *American Economic Growth*（New York：Harper ＆ Row, 1972）, 572.

第11章

化学産業

外国直接投資は，第一次世界大戦以前のアメリカの化学産業に，他のどの産業よりも大きなインパクトを与えた。非アメリカ系多国籍企業は，至るところで主役となり，投資の脅威を与え，また，しばしば実際の投資をすることも多かった。外国の間接投資保有は，無視できるほどのものであった。鉱山業と関連して，すでに次のような点について，第7章と第8章で触れておいた。すなわち，ドイツのDEGUSSAによるアメリカの化学産業での事業活動と，金の探鉱に用いられるシアン化物を製造する，イギリス企業であるアルミニウム社との合弁事業。金属を分離するための浮揚法の導入におけるドイツ企業の役割。[(1)]オーストリア・シュミットマンの国際農業社に対する投資。ホウ砂統合社への出資。[(2)]冶金に適用される電解法への，ドイツ，イギリス，フランスの資本参加。[(3)]また，第9章では，リーヴァー・ブラザーズの雑貨品としての石鹸について考察したが，それは，別の形では，消費者用化学品と分類することも可能である。[(4)]コートールドによる，アメリカのレーヨン製造の革新は化学的工程を含んでいる。第10章では，同社の投資を「繊維」部門に含めている。第10章には，バイエル，ソルベイ，ローム＆ハース，Th. ゴールドシュミット，その他の名前が出てくるが，それは，こうした企業が，アメリカにおける販売や，繊維および皮革品のアメリカの生産者によって使用される化学品を準備するのに参加しているからである。

こうして前の諸章で取り扱ってはいるが，アメリカにおける化学品の販売や生産における外国直接投資の展開の重要性は，他のトピックスに含ませてしまうことはできない。1875〜1914年の時期には，他の産業ではどこも，ヨーロッパ企業は，それほどにはアメリカ企業より進んではいなかった。また，一つの産業で，外国の技術的貢献がこれほど劇的であった産業はない。1875〜1914年

677

第Ⅱ部　世界最大の債務国

の世界的な化学産業は，火薬から染料，医薬品，香料，重化学品に至る何万という化学の新製品で構成されていた。ここでは，そうした品目の外国対米投資を考察し，大西洋間の相互交流を概観する。どうしても必要な場合を除いて，前に示した情報は繰り返さない。

　1875～1914年の時期には，ドイツ，イギリス，スイスが化学的研究の中心であった。同様に，ベルギー，フランスは，化学産業の一部の諸部門で重要な地位を得ていた。ヨーロッパ企業が形成され，特許をとったり，また，生産や拡張を行い輸出するにつれて，大規模なアメリカ市場で，代理店やセールス代表者を指名した。時間がたつにつれて，独立した非総代理店は，独占的販売権をもつ総代理店となり，ヨーロッパ企業によって所有され，支配されるようになった（例えば，ヘキストに対するハーマン・メッツの事業(5)）。ドイツ企業の販売代表者は，ヨーロッパからアメリカに渡り，住み着き，アメリカ市民になることも多かった。自らの事業を興すものもあった（A・クリプシュタイン社や，セイデル化学社は，そうした起源をもつものであった(6)）。独立すれば，こうした企業は，もはや，外国直接投資ではなくなる。

　海外に拠点を置くドイツ企業は，販売の支店や子会社を設立し，続いてアメリカで部分的な生産を始め，次いで完全な製造を行った（ヘイデン化学社およびメルク社が好例である(7)）。時には，アメリカ企業がイニシアティブをとり，特許と外国化学企業の特許と製造法によって生産することを望んだ。外国投資がそれに続いて行われた（ソルベイ・プロセス社がそれに当てはまる(8)）。

　化学産業は，特許を幅広く援用し，アメリカで登録された外国特許のうち大きな割合が，化学製造法と製品に関連するものであった。第一次世界大戦中には，外国人資産管理局が，5700件のドイツの特許を接収したが，それは主に化学に関連するものであった(9)。イギリス，フランス，スイス，ベルギー，スウェーデンによる化学産業での発明は，また，アメリカで特許が与えられた。アメリカ企業が，外国の保有する特許の権利を獲得したときには，見返りに，ヨーロッパ企業にアメリカ企業に対する資本参加を供与した（アルミニウム社のナイアガラ電気化学社に対する出資は，こうしたやり方の結果であったし，Th. ゴールドシュミットによるゴールドシュミット錫回収社への投資も同様である(10)）。アメリカの法では，特許は，確認されて適用される必要はなかった。特許は，ヨーロッパ企

678

業がアメリカ人による製造をあらかじめ排除する手段となった場合もあった。市場を確保し，防護するために，特許が利用されることもあった。加えて，外国化学会社が，アメリカで無数の商標を登録したのも，非常に重要であった[11]。これもまた，そうした企業に，市場での優位を与えた。

　19世紀には，ヨーロッパの化学産業での教育は，アメリカより優れていた。アメリカ企業と外国の支店・子会社に対する販売代理店，マネジャー，化学者は，外国で教育を受けたアメリカ人である場合もあったかもしれないが，ヨーロッパの大学（主にドイツの）を卒業しアメリカに移住したドイツ人，イギリス人，フランス人であることが非常に多かった。第一次世界大戦前のアメリカは，「ドイツの化学者であふれていた。ドイツ出身のものでないものも，直接間接に訓練されてドイツ人になったものが大部分である[12]」と描き出すこともできよう。

　19世紀末から20世紀初頭には，ドイツ企業が輸出市場で非常に攻勢を強めたが[13]，これは特に化学産業に当てはまるものであった。代理人と販売代表部は，アメリカでドイツの化学品の販売を推進した[14]。アメリカの関税がドイツの輸出を阻害する場合には，市場を守るために，輸出企業は関税障壁の内部の製造業に投資した（例えば，医薬品におけるバイエル）。

　競合のなかでは，市場を分割する協定が一つの可能なやり方である。そうした合意は，他のアプローチと密接に関連している。アメリカに輸出していた外国化学会社，または，アメリカで製造していた会社でさえ，「なわばり」をつくることは，秩序と安定を作り出し，遠く離れた場所で，大規模な事業展開の管理を試みる困難を，いくらかは解除することになった。もし，競争的な理由から，外国特許をアメリカで作用させる必要があれば，アメリカ工場の市場が用意されなければならない。そうした化学品の国際協定は，次の点を伴う場合と，伴わない場合があった。(1)ライセンス協定（これは，随伴することが多かった）。(2)外国投資（しかし，既存の外国投資があっても，通常は少数投資であろう。100％支配は，公式の市場分割の合意を必要とするものではなかった）。(3)技術支援（これは，アメリカ企業が，短期の借り受けか，または常勤ベースで，外国企業から化学者を獲得するために，よくみられたものであった）。民間の「条約」は，外国企業がアメリカ市場に浸透する試みの一部でったが，それはまた，アメリカ企業が

第Ⅱ部　世界最大の債務国

海外に拡張するのを阻止したいという外国企業の願望にも直接結びついていた。それは，大規模な世界的協定の一部を表すことが多かったのである。先に，コートールドの国際提携について指摘したが，続いて，その他の大陸間の領域的取り決めを示しておきたい。1905年から1914年の間に，また，1910年から1914年の間にさえ，アメリカでは，反トラスト問題に公衆の関心が高まるにつれて，企業関係の再編成もいくつかみられたし，契約は改定された。また，アメリカ人所有の企業は，ヨーロッパの同胞が望むように事業活動を規制するのを躊躇したものが多かった。

　アメリカ化学産業の歴史研究者は，アメリカ企業とヨーロッパ企業の間の「結びつき」を曖昧に叙述することが多い。そうした曖昧さは，両者の相互関係の複雑性（そして性格の変化が頻繁であること）に根ざしている。要するに，そうした「結びつき」は，以下のような点の考察に関連している。

① **貿易**　ヨーロッパ企業が輸出し，その最終品をアメリカ企業が販売する関係にあった。ヨーロッパ企業は，アメリカ企業に中間財を輸出し，アメリカ企業は，輸入品を使用するかまたは再販売した。

② **要員**　アメリカ企業は，ヨーロッパから来た雇用者（ヨーロッパの投資家の親会社からのことが多かったが，常にというわけではなかった）のおかげで，成長をとげた。時には，ヨーロッパ事業と同じ一族グループの延長にある者が関わっていることがあった。

③ **投資**　ヨーロッパの会社，またはその長が，100％から少数まで，アメリカ企業の株式を所有した。そうした投資は，（販売または加工段階を進める）垂直的統合や，（海外と同じ製品の製造へ向かう）水平統合を前進させることが可能であった——または，両方とも促進するのがもっとありそうであるが。

④ **特許，技術的ノウハウ，商標**　ヨーロッパ企業の無形資産（特許，技術的ノウハウ，商標）は，アメリカのライセンス獲得や買収によって利用された。時には，ライセンスのために，別企業が設立された。

⑤ **市場分割**　ヨーロッパ企業は，アメリカ企業と市場領域を分割する協定をした。

第11章　化学産業

　「結合」関係は，どんなときでも，こうした交錯する結合関係の一つ，いくつか，またはすべてを同時に含んでいたであろう。外国の１つまたは複数の親会社との様々な機能と様々な結びつきをもって，一群の会社が存在していたのである。この時期の化学産業で，静態的なものはなにもなかった。ある年の企業の提携や事業の機能および市場は，次の年には変化していただろう。

　上で示した５つのタイプの相互関係と，そしてそれは，整然としたものであることはほとんどなかったという事実，および，この時代の化学産業の技術の爆発によって，歴史研究者の大部分が，相互結合関係に曖昧であってもほとんど不思議はない。続いて，曖昧な世界に切り込んで，アメリカの化学産業における外国化学企業の役割を可能な限り正確に実証することを試みることにしよう。

火　　薬

　デュポンは，フランスの直接投資として，19世紀初めに形成されたが，急速にアメリカ企業となった。その1875〜1914年の国際的な事業は，外国の起源にはまったく関連していなかった。19世紀末にかけて，火薬メーカーであるデュポンは，競争力のある新製品であるダイナマイトを取り込まなければならなくなっていた。第４章で，スウェーデン人のアルフレッド・ノーベル（1833-1896）が，1865年にニトログリセリンのアメリカでの特許をとり，1866年にアメリカに最初の企業を設立したことを指摘しておいた。ノーベルは，スウェーデン，ドイツ，フィンランド，ノルウェー，ボヘミア，スコットランドでも工場を始めた。[16]彼は，製品の性質上，輸出より現地製造を選好した（それは輸送が困難であった）。1866年以降，ノーベルはアメリカを再訪することはなかった。アメリカ企業に対する彼の投資は，結局，持続的なものではなく（彼は，経営を試みようとはしなかった），ほどなく彼は，株式を売却した（最後の株式が1885年に処分された）。ノーベルは，特許に基づくロイヤリティを受け取り続けたが，1889年には「顕微鏡でしか見えない」[17]ほどのものだといった。

　他方では，1871年にはスコットランドで，アルフレッド・ノーベルは，ブリティッシュ・ダイナマイト社を設立し，普通株の半分を保有した。[18]1877年には，

681

第Ⅱ部　世界最大の債務国

同社は再編成され，社名もノーベル火薬会社（Nobel's Explosive Company, Ltd.）
に変更された。ずっと前の1865年にノーベルは，アルフレッド・ノーベル社を
ドイツで創業していたが，同社は76年以降，ダイナミット社（またはDAG）と
して知られるようになった。アルフレッド・ノーベルは，フランス（1871年），
スペイン（1872年），スイス，イタリア，ポルトガル，ハンガリー（1873年）の
新規事業にライセンスを供与した。

　1884年9月には，DAGは，ドイツの主要なライバル企業と「価格協定」に
サインした。同年10月には，スコットランド，ヨーロッパ，ラテンアメリカの
ダイナマイト製造業者を含む「第一次国際協定」を結んだ。1885年11月には，
利潤プール協定が成立し，ドイツの主要な競合企業と「ドイツ同盟」が形成さ
れた。1886年には，ノーベルの諸会社は，「第二次国際協定」と一連の「トラ
スト協定」に参加した。協定No.2によって，ノーベル火薬会社と，「ドイツ
同盟」の諸会社の株式を保有するために，ノーベル・ダイナマイト・トラスト
社と呼ばれるイギリスの会社がロンドンでの登記で設立された。

　ノーベル・ダイナマイト・トラスト社の創設の数週間後，そのスコットラン
ドの子会社であるノーベル火薬会社は，アメリカの新会社，ニューヨーク・ス
タンダード火薬会社の10万ドルの資本金の59％を獲得した（1886年12月）。同社
は，ニューヨーク市から約65マイルにあるニュージャージー州トムズ・リバー
に工場を建設した。アメリカのダイナマイトメーカーは，こうした海外からの
侵入に警戒心をかきたてられた。1887年10月に，アメリカのメーカー6社（ラ
モント・デュポンによって設立されていたレパウノを含む）はノーベル火薬会社にこ
う電信を打った。「われわれは，アメリカで悩まされないでいたい。そうすれ
ば，ヨーロッパで貴社を妨害しない」。

　1888年4月に，ノーベル火薬会社のゼネラルマネジャー，トーマス・ジョン
ストンがアメリカに到着し，スタンダード火薬会社の状況について，楽観的な
見通しを表明した。しかし，12月までに，ノーベル火薬会社は，アメリカでは
競合しないことを決断していた。同社は，スタンダード火薬会社の株式をアメ
リカ人に売却し，ノーベル・ダイナマイト・トラストの諸会社全社とともに，
カリフォルニアと東部の主要ダイナマイトメーカーと，市場分割と価格固定協
定に署名した。ノーベル火薬会社グループのアメリカからの撤退と，再参入し

682

第 **11** 章 化学産業

ないという約束と引き替えに，アメリカ企業は，ヨーロッパ，アフリカ，オーストラリア，アジア植民地には手を出さないことに合意した。ラテンアメリカとカリブ地域，朝鮮，日本，中国は，「同権領域」とされた。この1888年の協定は，1893年まで続き，更新されなかったようである[28]。

　そして，1896年，アメリカの一企業，エトナ・パウダー社が，南アフリカにダイナマイトを輸出した。南アフリカは，ノーベル・ダイナマイト・トラスト社が「イギリスの領域」と考えていた国であった。1897年に，ノーベル・ダイナマイトは，ニュージャージーに工場を建設し，アメリカ市場に参入すると発表した。そして，ライン・ウェストファーレン・スプレングシュトフ（ノーベル・ダイナマイトの子会社）が，ニュージャージー州ジェームズバーグの近郊に，新工場用に約600エーカーを取得した。

　再度脅威にさらされて，デュポンはエトナ・パウダー社，ラフリン＆ランド，アメリカン・パウダーミル，その他のアメリカの火薬メーカーとともに，イギリス，ドイツのライバル企業に対し，「共通の利害を傷つける行為をすべて避ける」ことを誓約した（1897年10月26日）。ヨーロッパ企業は，ジェームズバーグの新工場を完成しないことと，広い範囲で火薬類のアメリカ市場をアメリカ企業に任せることに合意した。ヨーロッパ企業は，また，アメリカに将来も工場を建設しないこととした。アメリカ企業は，ヨーロッパメーカーの「領域」では，競合しないことを約束した。世界は再度分割され，ヨーロッパの投資家は，アメリカから手を引いた。この1897年の合意は，1888年のものよりはるかに幅広く，黒色火薬の製造，販売，新無煙火薬，ダイナマイトを含んでいた[29]。

　デュポンは，1906年には，1897年の合意がアメリカの反トラスト法をおそらく侵犯しているのではないかと危惧するようになっていた。そして，1907年には，アメリカの法に触れないものとなっていることを期待して，イギリス・ドイツ系メーカーとの協定の改訂に署名した。その後1911年には，アメリカの裁判所は，デュポンが「州際取引を制限する企業連合」を行っているものとした。1912年6月13日，地方裁判所の判決は，1907年のヨーロッパ企業との措置を違法とはしなかったが，1913年に，デュポンは協定を廃棄することがよいことであると決定した[30]。

　代わって，1914年に，特許と秘密加工法の国際的クロスライセンスを含む新

683

第Ⅱ部　世界最大の債務国

しい協定が交渉された。デュポンは，協定を厳密に技術交流と結びつけることによって，アメリカの反トラスト当局の非難を呼びおこさずに，続けて，メーカーを割り振ることができると考えていた。ヨーロッパ企業は，自らの技術がアメリカ企業より優れていると思っていた[31]。それは違っていたことは確かである。ノーベル・ダイナマイト・トラスト社のヘンリー・ド・モーゼンタールは，こう言っている。ヨーロッパの手法をよく知っている者がデュポンの工場に行くのは，「ウェスト・エンドの仕立屋と作業するのに慣れきっているときに，卸売り用衣料品の工場に入っていくように思える」[32]。戦争の勃発によって，1914年の技術交換契約の批准は，延期された（そしてドイツは除外された）[33]。

　こうした一連の協定の結果，アメリカ企業は，イギリスとドイツのノーベルの諸会社の上陸を阻止するのに成功した。ヨーロッパの火薬メーカーが，アメリカでの製造に参入しようとした3回の試み（1866年，1886年，1897年）にもかかわらず，アメリカで長続きするような投資は行われなかった。ある歴史研究者は，1897〜1914年の相互の取引を次のように要約している。「火薬産業における，大西洋を越えた協力は，非常に円滑に機能した」[34]。

染　　料

　染料産業では，国際的な事業関係は，まったく異なるものであった。ドイツの役割が，幅広いものであった。単なる試みに留まらず，重要で，影響力のある外国からの参入があった。ドイツの諸会社が，世界の染料生産と販売で支配的であり，その優位はアメリカにも及んでいた。合成染料は，先進技術の新産業であった。1914年まで，ドイツ最大のメーカーは，レヴァークーゼンのフリードリッヒ・バイエル染色工場（Farben Fabriken vorm. Friedrich Bayer & Co.）であった。バイエルは，早くも1870年代初めからニューヨーク市に販売事務所，または販売代理店をもっていた。そして，おそらく1865年[35]には，ほどなく，バイエルは，アメリカで膨大な販売ネットワークを発展させていた。ボストン，プロビデンス，フィラデルフィア，シカゴ，サンフランシスコ，トロント（カナダ）に支店事務所があった[36]。染料のマーケティングには専門的な知識，経験と継続的な顧客サービスが必要であった。製品が複雑なために，ドイツのバイ

第**11**章　化学産業

エルのマネジャーは，販売をコントロールしようとした。そのため，アメリカのバイヤーとの緊密な接触を必要とした。

　バイエルのアメリカ製造業への最初の投資は，おそらく1871年のオルバニー・アニリン化学製作所へのものであった（第4章を見よ）。バイエルのドイツ事業の職長であったハーマン・プライスが，1870年代に，ドイツの工場からオルバニー工場の監督のために派遣されていた。バイエルは，オルバニー・アニリンでは，少数株主にしかすぎなかった。アメリカの支配株主の息子が，戦略の決定を追求しようとしたときに，バイエルは株を売り払った。ハーマン・プライスおよび他のバイエルグループのメンバーは，1882年に，ハドソン・リバー・アニリン染色製作所を創業し，ニューヨーク州のオルバニー近郊のレンセレアに工場を建設した。この新施設の資金は，主としてオルバニーのデパートオーナーのルイス・ウォールドマンによるものであった。このように，オルバニー・アニリンのケースと同様，ここでもドイツ・バイエルは少数株主であった。当時バイエルのアメリカ代表であった，E・ゼールバッハを通じて，ドイツ・バイエルは，1万ドル以上を投資した（1903年のハドソン・リバー・アニリン染色製作所の後継会社の資本金は，4万1000ドルにすぎなかった）。新たなハドソン・リバー社は，溶解性ブルー，アルカリ性ブルー，ビスマルク・ブラウン，フクシン・クリスタルを製造し，皮革業者に販売された。バイエルは，他の多くの産業が必要とした染料はドイツから輸入し続けた。1898年には，ウォールドマンは――皮革業者用の染料の生産に限定しようというバイエルの主張に反対して――離職して，競合企業を創業した。バイエルは，ハドソン・リバーの100％の所有者となった。

　1903年には，工業化学者のカール・デュイスベルグ（1884年にドイツ・バイエルに参加）は，フリードリッヒ・バイエル二世に伴われてアメリカに渡り，レンセレア工場の能力を拡張し，同地で初めてバイエルの医薬品の製造を始めた。ドイツ・バイエルは，高関税（100％にのぼる）のためにアメリカで医薬品を生産することを決めた。また，バイエルのアメリカでのフェナセチン（アスピリンの前の製品）に対する特許が失効していた。アメリカでの製造を行っていなかったら，バイエルの市場に競争がもたらされたかもしれなかった。その結果，1905年に，レンセレア工場は医薬品――当初フェナセチン，後にアスピリン

第Ⅱ部　世界最大の債務国

——の製造を始め，しかもそれに特化した。レンセレアでは，バイエルはかなりのアスピリンの産出を展開し，特別設計の機械類を備え付けていた。しかし，バイエルは十分供給するほどの生産は行わず，ドイツからの輸入でアメリカ産の製品を補完した。

1913年までに，ハドソン・リバー・アニリン染色製作所は，「ペーパー」（殻）カンパニーになっていた。レンセレアの資産は，バイエル社（ニューヨーク）と化学合成特許社（Synthetic Patents Company, Inc.）という，ドイツ人が支配する新会社2社に売り払われていた。ドイツ人所有のバイエルは，それまでにアメリカで第3位の染料メーカーとなり，レンセレア工場で非常に小さいアメリカの生産高の約17％を製造していた。生産で非常に重要な役割をもつようになっていたのは，顔料ではなく，アスピリンであった。同様に，1914年までに，バイエルは約1200のアメリカの特許を保有していた。アメリカでのバイエルの実際の長（何年にもわたってそうであったが）は，アンソニー・グレフであった。彼は，「熟達し，抜け目のない特許担当の弁護士であり，その主な仕事は，染料と医薬品の特許と商標を保護すること」であった。バイエルのアメリカの販売組織は，巨大であった。バイエルは，アメリカに数百万ドルの事業投資を行っていた。多くの中間財（大部分が輸入）と消費財（アスピリン）を販売していた。その製品のすべてがコールタールをベースにしたものではなかった。例えば，19世紀初めには，バイエルはヘロイン（商標登録された医薬品）を輸入し，モルヒネの代替品として世界中に宣伝していた。アスピリンは，1914年以前に薬屋で売られ始めていた。1898年にドイツに初めてアスピリンが導入されたときには，バイエルは，約3万人の医師にパンフレットを配り，その多くに見本を配った。アメリカでのバイエルの最初の販売・広告活動は，医師を通じて行われた——バイエルの通常のやり方に従って。

1914年に第一次世界大戦が勃発したときに，アメリカには7つの染料工場しかなかった。主要な3工場はバイエルのもので，2工場がアメリカ企業が所有していた（シェールコップ社とヘラー＆メルツ社）が，すべてドイツからの輸入中間財に依存していた。7施設を合わせて528人を雇用し，年間3000トンを製造していたが，金額はわずか250万ドルであった。歴史研究者L・F・ハーバーが述べているように，「実際上，アメリカは，完全に輸入に依存していた」。別

686

第 **11** 章　化学産業

の推計では，1914年には，アメリカの染料の国内消費の約 9 割は，輸入されて
いた。おそらく，アメリカにおけるドイツのヘキストの代表であるハーマン・
A・メッツによる1914年 8 月の声明が，アメリカの化学産業を，最もよく描き
出している。

　事実上，染料木材以外で，世界全体で消費されている染料の75％は，ドイ
ツのライン川とマイン川沿いの 5 ～ 6 工場で製造されている。ロシアやフラ
ンス，イギリスのような諸国では，また程度は下がるがアメリカでさえ，染
料を製造する工場を設立してきたが，操業をさらに実行するための原材料は，
自前のモノではなく，今や完全にドイツに依存しつつある。綿，羊毛，絹工
場ばかりでなく皮革，紙工場，インクおよびペンキマーカーも，無色か染色
かを問わず，こうしたドイツ企業に依存している。それは，サイズ塗り，仕
上げおよび染色に化学品が使われているからである。アメリカには，繊維用
化学品・染料の60日以上の在庫しかないが，それも様々な輸入業者やドイツ
企業の代理店が保有している。

　要するに，1913～14年には，事実上，先進技術による合成染料はすべてドイ
ツによるものであった。1913年のドイツの産出高は，13万5000トンであった。
そのうちドイツの消費量は， 2 万トンであった（アメリカの消費量は，約 2 万
6000トン）。アメリカはまた，ドイツの染料メーカーが製造した一定の輸入医薬
品にも依存していた。しかしこうして輸入品に依存しているからといって，ド
イツメーカーがアメリカに保持していた強力な**マーケティング**組織を無視する
ことになってはならない。バイエルばかりでなく他の主要なドイツの化学会社
はすべて，第一次世界大戦前，アメリカで，その製品の**販売**に重要な投資を行
っていた。バイエルに加えて，次のような諸会社がアメリカに進出していた。
ライン川のバディッシェ・アニリン・ソーダ製造所，ルドヴィグシャフェン
（バディッシェは現在，しばしばBASFとして知られている）。ベルリンのアニリン
製造株式会社（AGFA）。マイスター・ルキアス＆ブリューニング染色工場，ヘ
キスト・アム・マイン（ヘキスト），レオポルド・カッセラ有限会社（カッセラ）。
ビーブリッヒのカレ・ウント・カンパニ（カレ），フランクフルトのグリーシ

687

第Ⅱ部　世界最大の債務国

ャム電気化学製造所（グリーシャム）。フェルディンゲンのケミッシュ・ファーブリケン・フォルマルス・ヴァイラ・タール・メーア（ヴァイラ・タール・メーア製造所）などである。最後の会社は，スイス・J・R・ガイギー社と密接に連携していた。すべて染料メーカーであった。最初の5社とバイエルは，普通，ドイツ化学産業の6大会社と呼ばれる[57]。

　バディッシェは，1869年にアメリカでアリザニンの特許をとり[58]，1914年までに，アメリカの特許を500件保有していた[59]。1860年には，14歳のアドルフ・クットロフがアメリカにやってきた。7年後，彼はアメリカに帰化し，1870年には，ニューヨークでフランスのポアリエとバディッシェの製造したフクシンやその他の染料を輸入する事業を始めた[60]。ピッカード一族の様々なメンバーと共同して，一連の合資会社と株式会社を通じて，クットロフは，45年以上にわたってアメリカでバディッシェ関係の事業を行った[61]。1907年には，ニューヨークでバディッシェ社が設立された[62]。その株式は，「形式的」にはアドルフ・クットロフ，カール・ピッカードとその社員によって保有された。第一次世界大戦期の調査によって，「表面的な所有は，実態とは違う」こと，そして，このニューヨークの販売会社の100％のコントロールをドイツのバディッシェが握っていることが明らかにされた。ニューヨークのバディッシェ社は，そのスタッフの給与や，その他無数の同様な問題について，ドイツの親会社に相談を求めてさえいた[63]。バディッシェというドイツ企業名が，その国際的な名声のゆえに，「アメリカ」企業に用いられていたのである。

　ドイツのAGFAは，綿用染料やいくつかの特殊医薬品，そして特に重要なものとして，写真用化学品（現像・定着液剤，乾板，フィルム）を製造していた[64]。アメリカではその代理会社は，当初はヘンリー・A・グールト社であったが，次いで，ニューヨーク＆ボストン・ダイウッド社に代わり，その後，1899年3月31日に，ニューヨークで販売会社ベルリン・アニリン製造所を組織した。1901年までに，ニューヨーク事務所がシカゴ，シャーロット，シンシナティ，ボストン，フィラデルフィアの販売事務所を統括した[65]。

　ヘキストによるアメリカ事業は，エネルギッシュなニューヨーク生まれのH・A・メッツが指揮するようになった。彼は，1882年（15歳のとき）に染料材輸入会社（P・シュルチェ・ベルゲ）に事務員として参加した。当時ヘキストの

688

第**11**章　化学産業

アメリカ代表は，代理店ルツ＆モビウスであったが，その後，J・モビウス＆サンに代わった。マネジャーは，ビクター・ケッヘルが務めていた。1884年頃，ケッヘルはP・シュルチェ・ベルゲに参加し，同社はP・シュルチェ・ベルゲ＆ケッヘルに社名が変更された。数年後，同社はJ・モビウス＆サンと合併し，P・シュルチェ・ベルゲ＆モビウスとなった。同社がヘキストの代理店を引き継ぎ，最初の重要なコールタール医薬品であったアンチピリン（鎮痛剤として使用）を輸入した。当初，シュルチェ・ベルゲ＆モビウスは他のヨーロッパ企業の代理店も続けた。[66]

　しばらくして，シュルチェ・ベルゲ＆モビウスは代理店を辞め，ビクター・ケッヘル社が，ハーマン・メッツを副社長および財務担当者として形成された。[67]メッツはその後，ケッヘルを買収し社長となった。後にメッツは回想して，同社を分割し，ビクター・ケッヘル社を医薬品事業で継続し，染料輸入については，H・A・メッツ社を組織したと述べている。[68]メッツはまた，統合色彩化学社[69]（Consolidated Color & Chemical Company）を設立し，工場をニュージャージー州ニューアークにおいて，1914年にはアメリカの染料の約2～3％を生産した。[70]

　一連の協定によって，ドイツのヘキスト社はメッツの株を取得し，その事業の支配権を得た。[71]ドイツの親会社はH・A・メッツ社の顔料事業の利益の50％，ハーマン・メッツの医薬品事業の利益の75％を受け取った。後者は，ヘキストが抗梅毒合成サルバルサン（ドイツでは1910年商用生産）と鎮痛剤ノボカインの[72]製造を開発した後にはとりわけ重要性を増した。サルバルサン——ポール・エーリッヒの発明で，しばしば魔法薬と呼ばれた——は当時流行し，ひどい影響を与えていた梅毒に対する唯一既知の効果的治療薬を提供した。[73]サルバルサンとノボカインはともに，重要な商標となった。1914年にこれらの薬剤は，まだアメリカに輸入されていた。

　潜在的なドイツの不当な高値販売への事前対策として，ハーマン・メッツは，すべてのヘキスト社製品のH・A・メッツ社に対する販売によって生じるドイツ親会社の利益の一定パーセントを受け取ることにした。[74]1912年，資本金20万ドルでニューヨーク市のダウンタウンに住所をもつフープヴェルケ・ヘキスト社が設立された。同社は，H・A・メッツ社を引き継いだ。そうした名前の変

689

第Ⅱ部　世界最大の債務国

更は，「のれん」価値がドイツ名で確定されるようにするためであった。同年，メッツはブルックリンから連邦下院議員に選出された。[75][76]

　1912〜13年に，メッツは，ヘキストであると認識され続けていたが，アメリカにおけるドイツの資本支配会社が，シャーマン反トラスト法の事業制約の下で行動するものと見なされるであろうとヘキストに告げた。メッツは，ドイツの会社が表面上は独立したアメリカ企業を通じて製品を売れば，問題ないと考えた。そうした前提で，1913年にメッツは，ニューヨーク・ヘキスト社の株を取得した。しかし，ドイツ側の支配は続いた。利益配分のベースは変更されなかった。メッツが死ぬか，もしくは引退した場合，ニューヨーク・ヘキスト社はドイツ親会社が再買収するものと理解されていた。後に，外国人資産管理局は，メッツが株を「保有」しているとしても，同社は，実際にはドイツが99％所有していると決定した。[77][78]

　1914年のメッツのレターヘッドは，フープヴェルケ・ヘキスト社の社長であるとしている。同社は，ニューヨーク，ボストン，フィラデルフィア，プロビデンス，シカゴ，シャーロット，アトランタ，サンフランシスコ，ニューアーク，モントリオール，トロント，ハンブルグの支店を有していた。またそのレターヘッドは，同様に彼が統合色彩化学社（ニュージャージー州ニューアーク），ビクター・ケッヘル社（ニューヨーク），エトリック・ミルズ（マサチューセッツ州ウースター），ストーンビル社（マサチューセッツ州オーバーン）およびテクスティレアザー社（ニューヨーク-ニューアーク）の社長であることを示していた。最後の3社は，小製造企業で，染料のバイヤーであった。これらは，ドイツの親会社なしに，メッツが所有していたようであった。[79][80]

　1914年には，1901年にニューヨークで創立されたカッセラ・カラー社がレオポルド・カッセラのアメリカにおける代表権をもっていたが，表面上は，ウィリアム・J・マシソンとロバート・ショーというアメリカ生まれの2人が完全に所有していた。外国人資産管理局は，しかし，支配権（57％）はドイツ親会社にあると裁定した。メッツが，公式には，1913年にフープヴェルケ・ヘキスト社の株式を取得していたためであり，同じ反トラスト的な理由から同年，マシソンとショーが，カッセラ・カラー社の「単独」所有者となったからである。1913年以前には，カッセラ・カラー社は，ドイツ企業が57％を保有していたの[81]

690

である。1913年の前も後も，利潤は57％がドイツのカッセラに，43％が２人の
アメリカ人に分配されていた。[82] 少なくとも1880年代の初めには，マシソンはア
メリカでカッセラを代表していた。[83] ドイツのカッセラは，バイエルやヘキスト，
および程度は下がるが AGFA と同様に，薬剤や一般用医薬品，顔料に進出し
ていたし，そのアメリカの会社はそうした製品の販路となっていた。[84] 1914年ま
でに，カッセラ・カラー社は，ニューヨーク，ボストン，フィラデルフィア，
アトランタ，およびモントリオールに支店をもっていた。[85]

　1896年には，そしておそらくもっと早期に，ドイツのカレ社は，ドイツで訓
練された染料化学者をスタッフとする同名のニューヨーク販売店をもっていた。
1913年に，カレ色彩化学社が，ニューヨークで株式会社として設立された。[86] グ
リーシャム電気社は，ガイゼンハイマー社および A・クリプシュタインをア
メリカにおける代理店としていた。両社ともアメリカ人が支配権をもっていた
ように思われるが，グリーシャムに事業を依存していた。[87] 第一次世界大戦以前
のヴァイラ・タール・メーアのアメリカの提携先はガイギー・タール・メーア
社であり，その20％を所有していた。残りの株は，スイスのガイギー・ター
ル・メーア社が保有していた。ガイギー・タール・メーア社は，1903年にアメ
リカでの小規模製造に投資した。[88]

　要するに，当時，1870年代に始まり，特に1880年代・1890年代から重要度を
増すが，アメリカにおいてすべてのドイツの主要染料会社が代理店を指名し，
その後，販売提携先を発展させた。はじめ，「代理店」は完全に商品を買い，
自己勘定で販売した。やがて商品は委託販売され，ドイツ企業が，代理店を
――１社ずつ――買収した。[89] 1899年から1913年の間に，ほとんどのドイツ企業
は，その国際的名声を利用するために，アメリカで親会社名を採用した。すべ
ては宣伝広告された。

　バイエル社やいくつかのドイツの染料会社がアメリカで製造に直接投資を行
ったが，アメリカ市場での優位は，主に次のような点によって達成された。(1)
マーケットは，よく訓練された経験豊かなスペシャリストによる幅広い全国的
な販売組織，(2)その特許，(3)商標付きの薬，(4)親会社名とのれん，(5)アメリ
カでの代替品がない独自商品，(6)中間財と最終製品両方のアメリカへの輸出。
ドイツのプレゼンスとインパクトは，きわめて大きかった。その投資は，アメ

第Ⅱ部　世界最大の債務国

リカの顧客に──染料から医薬品に至る──ドイツ品をもたらした。[90]

医　薬　品

　1903～04年に，ドイツのカール・デュイスベルグは，緩い連合にバイエル社，バディッシェ，AGFA を結合した。当時彼は，他のドイツの薬剤メーカーを入れることを望んでいた。ドイツで1905年に，AGFA は E・メルク，J・D・リーデル，クノル社および医薬品のドイツメーカー 2 社と，ファルマ，A. G. と呼ばれるグループを形成した。[91] AGFA 同様，メルク，リーデル，クノルは1914年以前にアメリカ株を保持していたが，メルクが 3 社のうちで最も際立っていた。

　ダルムスタッドの E・メルクは，1820年代の薬剤師店に始まる。1887年にドイツ生まれの長年のメルク従業員，テオドル・ベイカーが，ダルムスタッドの会社を代表するために，アメリカに行った。1891年に，20万ドルの資本を E・メルクから得て，アメリカン・メルク社を創設し，本社をロワー・マンハッタンにおいた。[92] 同年，当時 E・メルク社長の息子（創設者の孫）である23歳のジョージ・メルクがニューヨークのベイカーに参加した。当初この子会社は，親会社から製品を輸入したが，1899年にメルク社は，ニュージャージー州ラーウェーに150エーカーの土地を購入し，アメリカ販売用のモルヒネ，コデイン，コカインを製造するために工場をつくった。すぐに他の製品が追加された。1906年に，同社はヘルフ＆フライクスの製造ビジネスを買い，メルクのセントルイス支社となった。[93] 1910年にメルク社のチャールズ・ダリウスは，ワシントンで証言し，「アメリカ産のコカイン 1 オンスにつき10～12セント程度のアメリカメーカーの保護を減ずるに等しい」として，コカ葉の輸入に対する課税法案に反対した。[94] メルク社は，自らを「アメリカ」メーカーと表明し，供された保護を利用した。他の外資系企業と同様，いったんアメリカで生産を始めた以上，メルク社は保護を望んだ。メルク社は1914年までに，いくつかの薬による利益の多い事業を有していた。[95] ジョージ・メルクは，アメリカ市民になり，この繁栄会社を経営した。1914年までには，メルク社によってアメリカで販売された薬の大部分は，輸入よりむしろラーウェーの工場で製造されたものであっ

第**11**章 化学産業

⁽⁹⁶⁾
た。

　ジョージ・メルクは後になってよく，メルク社が「いつも」「家族ごと」と
して扱われたというようになった。ドイツの創設者E・メルクの死によって，
彼の財産は，3人の息子，カール，ジョージ，ウィルヘルムに渡った。彼らが
死んだとき，今度はその株は，子供たちにいった。ジョージ・メルクの父（ウ
ィルヘルム）は1901年に亡くなったが，ジョージは，ドイツのダルムスタッド
のE・メルクの帳簿上にあった父の持ち分の半分を相続した。それを彼はいつ
でも引き出すことができた。1908年にアメリカでメルク社が（先の非株式会社を
置き換えるために）設立されたときに，その財源の一部はドイツのE・メルクか
ら，一部はアメリカの会社の留保利潤からまかなわれた。何年もの間，ジョー
ジ・メルクはドイツに利益を送金し，ドイツで，E・メルクの他の収益ととも
にプールされた。ほぼ年に1度，ジョージ・メルクは，ダルムスタッドを訪れ
た。アメリカ事業に関しては，1918年に，彼は「長年にわたって」，「ダルムス
タッドのE・メルクの介入なしに自分の絶対的な裁量で運営し，E・メルクは，
経営，支配に関していかなる発言もなかった」と主張した。明らかに，この国
際的な事業は，ファミリー事業であった。ジョージ・メルクが，アメリカ側の
運営をしていたのである。アメリカがドイツと戦争を始めた後に，彼はメルク
社における株持ち分の80％を「敵性資産」として外国人資産管理局に預託した。
ダルムスタッドにおけるパートナーシップが解消されれば，20％分の配分を受
ける資格があるはずであったからである。この部分を彼はアメリカン・メルク
社における自らの株式保有分であると見なしたのである。⁽⁹⁷⁾

　リーデル社はニューヨークにおける，ある販売業者の80％を保有していた。⁽⁹⁸⁾
同社には，ボニヴァル，サリピリン，ユースコボルなどの商標の薬があった。⁽⁹⁹⁾
クノルは，1907年に設立されたが，アメリカでなんらかの事業をしていたよう
であり，おそらくそれは販売事業であった。⁽¹⁰⁰⁾同社は，多数のアメリカ特許を保
持していた。その一つ（1909年）は，ジギタリスエキスに関するものであった。⁽¹⁰¹⁾
リーデルとクノルは，メルクと比べるとアメリカでは（ドイツでも）小規模で
あった。

　シェリング社は，前身は1851年のドイツにさかのぼるが，一族のメンバーを
ニューヨークに送り，1870年代後半にシェリング＆グラッツの創立に参加した。

693

第Ⅱ部　世界最大の債務国

同社は親会社からの輸入を扱ったように思われる。シェリング社は，カンフル合成における研究をカバーするアメリカ特許を取得した。シェリング＆グラッツは，1914年にはまだ存在していたが，当時ドイツ所有の会社であったかは疑わしい[(102)]。

　アメリカにおいてドイツの諸会社が薬を販売し，また，バイエル社やメルクのケースでは，製造を行ったが，そればかりでなく，スイス企業が同様にアメリカにおけるこの化学産業分野に投資を行った。1905年には，スイス・F・ホフマン・ラロシュ社が，ホフマン・ラロシュ化学製作所を設立し，輸入業者としてニューヨークのダウンタウンでビジネスを始めた[(103)]。

　1914年から1915年の間のどこかの時点で，あるアメリカの薬剤メーカーは，「フランスの薬剤が，今そうなっているように，制限なく，大量にアメリカに入ることが許され，さらに製造も許可されていると同時に，フランスがわれわれの製剤を排除するというのは，道理に合わない」[(104)]と不満を表明した。こうした言明は，おそらく第一次世界大戦前の状況と関連してなされたものであろうが，フランスの医薬品の大量輸入の証拠がないので，少々不思議である。フランスの企業が単独か複数，アメリカで医薬品を生産していたという手がかりはごくわずかしか手元にない[(105)]。

　イギリス諸会社のアメリカにおける医薬品の販売・製造に関しては，もっとよい記録がある。ブリティッシュ・バローズ・ウェルカム（1880年にロンドンでアメリカ人２人が設立）[(106)]は，ニューヨークで長く独立の販売代理店をもっていた。1906年には，ニューヨーク支店を開き軽度の製造に着手した。２年後には，ニューヨークに別個の製造研究所を開始した[(107)]。1913年には，アメリカにおけるバローズ・ウェルカム製品は，医者を通じて販売されるタブロイド医療用（医学ベースの）医薬品から，ケプラー・コッドリバー・オイル，ケプラー・モルト・エキス，トイレット・ラノリン，ヘイゼリン・スノー，サッカリン，人工鼓膜，その他タブロイド・リビングストン・ルーザーやタブロイド・フォースド・マーチといった突飛な名前のドリンク剤や下剤などの範囲にわたっていた[(108)]。

　1889年に，アメリカにおける醸造所やその他産業株のイギリス起債が殺到したときに，アメリカ，カナダ，イギリス，ドイツ，オーストリア＝ハンガリー，およびオーストラリアで安全治療法やログ・キャビン（丸太小屋）療法を販売

第 **11** 章　化学産業

していたアメリカ人Ｈ・Ｈ・ワーナーは，イギリスとアメリカ事業にロンドン
資本市場を利用する決心をした。ワーナーは，イギリスのプロモーター，Ｈ・
オスボーン・オヘイガンのところに行ったが，オヘイガンはワーナーの会社は
「繁栄の頂点にある」として起債を断った。他のイギリス本国人は，それほど
控え目ではなく，1889年11月には，Ｈ・Ｈ・ワーナー社が，イギリス公衆に公
開された。新会社は，ワーナーの現行の特許医薬品事業を獲得するものと目さ
れた。ワーナーは，イギリス投機家を困惑させ，取引で一儲けした。しかし，
1893年までにワーナーは破産した。イギリス会社は残り――その後（1908年）
ニューヨーク州ロチェスター工場をアメリカ人にリースした[109]。

　経済史家Ｔ・Ａ・Ｂ・コーレイは，アメリカにおけるビーチャムの役割を解
読するのを助けてくれた。トーマス・ビーチャムは「胆汁および神経症，胃，
頭痛，めまい」用の錠剤をイギリスで製造していた。彼は広く宣伝し，顧客は
彼の製品を愛好した。1888年に，ニューヨーク州ブルックリンにあったビーチ
ャムの「獲得された」オフィスと倉庫施設は，別の重要なイギリス広告主であ
るペアーズ石鹸の所有している建物の一部であった。同年，ビーチャム社は，
アメリカとカナダに7000通の手紙を送り，錠剤の販売促進をした。アメリカ大
統領候補の写真を配布し，その裏にビーチャム社の錠剤の広告を載せたもので
あった。アメリカ人は糖衣錠を求めていたので，ビーチャムは，アメリカの消
費者のために糖衣錠とした。1890～91年の約２年間，売り上げは増え，創設者
トーマス・ビーチャムの息子，ジョセフ・ビーチャム（1848-1916）は，アメリ
カの記者に，増大する需要を迅速に充足するため，ブルックリンに機械が据え
付けられつつあることを告げている。その時点から以降，アメリカで販売され
るビーチャムの錠剤は，アメリカ製となった[110]。人気は高く，ジョセフ・ビーチ
ャムは，偽造と商標権侵害対策に奔走しなければならなかったほどであった[111]。
彼はアメリカを定期的に訪問し，それは60回に及んだといわれている――それ
が正しければ，もう１人の根っからのイギリス人投資家－旅行者，ロバート・
フレミングの記録に匹敵する[112]。1911年，ビーチャム社は新しい工場建屋を買い，
ブルックリンの生産は急増した[113]。

　アルフレッド・Ｄ・チャンドラー教授は，ビーチャムの錠剤のような「消費
者用化学薬品」の販売促進は，イギリスの「雑貨品」と軌を一にしたものであ

第Ⅱ部　世界最大の債務国

ることを私に指摘している。特別な包装とブランド名をもち，宣伝に関与していた。じつに，チャンドラー教授は，石鹸（私が雑貨品として第9章に入れたもの）を消費者用化学品と分類した。同類の商品であったのである。対照的に，ドイツの薬品の大部分——サルバルサンからコデインに至るまで——が，製造業者によって医者と病院を通じて販売された。スイスのホフマン・ラロシュ社も，ドイツ各社同様のチャンネルで販売していた。バローズ・ウェルカムは，専門職層を介して流通する処方薬を揃えていたが，その特許薬は，処方なしで小売りされた。

　すべての薬は，商品名をもっていた。早くも1912年に，アメリカ薬学会は，医師の処方において勝手につけた商品名か，真性の化学名か，いずれを使うべきかを議論するフォーラムを設けた。同年，（バイエルの）アンソニー・グレフ，（ヘキストの）ハーマン・メッツは，「宣伝広告付きで命名された化学薬品の代替品を販売する薬剤師を逮捕，有罪宣告する撲滅運動」の主要な唱道者の中心人物となった。明らかに，ヨーロッパ各社は，治療分野で——奇跡の薬物治療（サルバルサンのような）から万能薬に至るまで——アメリカに進出していたが，家庭薬よりも処方薬がはるかに重要であった（各社とも，市場全体の大きな部分を占め，模倣すべき手本となった）。その分野で，アメリカの競合他社が急増したのである。

ファイン・ケミカル

　外国各社は，アメリカで各種の「ファイン・ケミカル」を販売し，製造していた。「ファイン・ケミカル」とは，コールタール薬品（すでに論じた）から芳香剤までのすべてを含む用語である。このカテゴリー——風味・香り付け——には，フリッツェ・ブラザーズ，フリーズ・ブラザーズ，メイウッド化学製作所があったが，それぞれドイツと関係していた。フリッツェ・ブラザーズは，ライプツィヒの企業シンメル社の販売支社として1871年にニューヨークで設立された。世紀交代時に，ハロルド・H・フリーズ博士は，彼のドイツ人の叔父のアメリカ販売代表になった。

　フリッツェ・ブラザーズ，フリーズ・ブラザーズはともに，アメリカにおい

696

第**11**章　化学産業

て，販売から製造に進出した。20世紀初め，フリッツェ・ブラザーズは，「フルーツ・エステル」を製造し，一方，フリーズ・ブラザーズは，ニュージャージーでバニリン，サッカリン，その他の類似の製品を製造した。フリーズ・ブラザーズは，さらにフランスの所有（ローヌ化学製造会社）も入っていたし，ドイツとの結びつきもあったのに加えて，ドイツ人所有のメイウッド化学製作所は，1910年以前にアメリカでバニリンを製造していた。こうした企業の製品には商標が付けられていたものもあったようであるし，「消費者用化学品」のように思われる（サッカリンは，時には「薬」と分類されることもあった）。

　アメリカにおける外国人所有のファイン・ケミカルメーカーのうち最大のものは，明らかに，ヘイデン化学製作所（Heyden Chemical Works）であった。同社は，法的にはドイツ企業のヘイデン化学製造所（Chemische Fabrik von Heyden）の完全所有子会社で，経営管理上は支店であった。そうした事業の多くと同様，親会社の製品の輸入業者として出発したものであった。1890年代には，同社はアメリカでサクロール，アルコーズ，ズッカリン，ヘイデン・シュガーなど，多数の商標を登録した。1900年に同社は，フリッツェ・ブラザーズからニュージャージー州ガートフィールドの工場を買収した（フリッツェ・ブラザーズは，ニュージャージー州クリフトンに移り，そこで製造を再開した）。ヘイデン化学製作所は，サリチル酸（薬剤，染料，芳香族化合物のための中間化合物）とサッカリンを製造した。1902年に，ドイツの甜菜糖の利益集団からの圧力に対応して，ドイツ法が国内のサッカリン製造を禁止した。そのため，ドイツの甘味料メーカーは，工場をスイスとアメリカに設立した。ヘイデン化学製作所（およびフリーズ・ブラザーズも同様に）は，ドイツにおける禁止のほとんどすぐ後に，アメリカにおいてサッカリンの製造を始めたようである。

　おそらくアメリカにおけるサッカリンの生産にドイツ企業が投資した理由として同じような重要性をもったのは，1901年11月に創立されたアメリカの新会社モンサントが，そうした製品の製造を開始したことであろう。モンサントの中間化合物を製造していたドイツメーカーは，供給を削減してモンサントを押し止めようとした。モンサントはそのあと，スイスの会社ケミッシェ・ファブリク・フォルム・サンドツに，ノウハウと輸入中間化合物の供給を仰ぐことになった。モンサントの社史によれば，この時点で，ドイツ企業は，ニュージャ

第Ⅱ部　世界最大の債務国

ージーでサッカリンの製造を開始し，価格を急落させた。モンサントにとって，それは破産の危機を伴う「負け戦」に思われた。モンサントが多角化し，カフェイン，バニリン，フェナセチンのような他の製品を導入してはじめて，生き残りの見通しはよくなった。[124] ドイツでサッカリンの製造が禁止されたとき，ドイツの１社，ファールバーグ・リスト社だけが禁止を免除され，医療用目的にのみドイツでの生産の継続を許された。[125] 同社には100％所有のアメリカ子会社があり，アメリカで甘味料を製造するようになった。[126] ほとんど一夜にして，アメリカには多数のサッカリン製造業者が現れた。

　同じく，ファイン・ケミカルにおいて，第一次世界大戦前に，アメリカにおける人工香水の最大メーカーは，ハーマン・デ・レアレ・シェーファー社であった。同社は，ドイツ企業ハーマン＆レイマーと，フランスのデ・レアレの共同所有であり，商標を付けた製品を販売した。[127] グラッセ（フランスの香水センター）のアントイーネ・クリスは，長年にわたり販売代理店でアメリカにおける同社を代表していたが，1914年にアメリカで芳香剤を生産することを決定した。ハウス・オブ・クリスは，ニュージャージー州デラウェアに13エーカーの土地を買い，工場建設——1914年開設予定——を始めた。[128] 要するに，芳香剤から香水，甘味料に至るファイン・ケミカルの分野で，外国企業はアメリカで重要な直接投資を行ったのである。

重工業薬品

　L・F・ハーバーによれば，工業化学薬品で首位を占めるアメリカ企業は，ゼネラル化学社であった。同社は，1899年に硫酸メーカー12社が合併して組織化されていた。イギリスでも，巨大なユナイテッド・アルカリ社（1891年）は，「新しいソルベイ法の破壊的な競争の脅威」に対応するものとして，ルブラン法メーカーによって設立されたが，それと同様に，アメリカでも「バディッシェの接触法による不気味な競争によって，アメリカの多数の硫酸メーカーが，多かれ少なかれ不本意ながらそうした動きに参加することを強要された」。当初，ゼネラル化学社は，バディッシェの特許を回避しようと試みた。それに対し，バディッシェは特許侵害訴訟を起こしたが，示談となった。1906年にゼネ

ラル化学社は，バディッシェから接触酸製法のライセンスを確保した。アメリカの硫酸産業は，「成長した」。ゼネラル化学社は設立当初からアメリカ人所有で，その後もそのまま留まったが，アメリカの工業薬品産業の他の多くの企業は外国所有で，イギリス，ベルギー，ドイツの諸企業が代表例である。イギリス人所有のダックタウン硫黄・銅・鉄会社は，硫酸生産の革新者であった。そのほかは，ゼネラル化学社のレパートリー外の製品を生産した。[129]

ダックタウン硫黄・銅・鉄会社は，東テネシーで採掘し，精錬していた。その製錬業者（アメリカ人所有のテネシー銅社の精錬業者も）は，近隣で植物を枯らす硫黄ガスを放出していた。ジョージア農家からの抗議は強く，1905年に同社を告訴した。対応して，2社——ダックタウンの鉛会社とともに——は，1908年に，世界最大の硫酸工場を建設した（第8章，注（37）を参照）。新技術が使われた。かつて廃棄物で汚染物質であったものが，回収され，商業用製品となった。[130]

アメリカの工業薬品生産の他の面での成長は，真に急速かつ劇的であった。1892年の『ミネラル・インダストリー』でフランシス・ワイアットは，染料におけるアメリカの後進性についてコメントし，より一般的に次のように述べた。「アメリカの化学工業は，比率において，ほとんど無視しうる程度にしか重要性はなく，アルカリ，ソーダ塩，（または）漂白剤のいずれも市場価値を決定する影響力はなかった」。ワイアットは，「アメリカの化学業は，イギリスのユナイテッド・アルカリ社が主に支え，頼みの綱となった」と結論した。[131]10年後に，そうした所見は，並はずれた発展によって乗り越えられた。ゼネラル化学社が巨大な企業として登場したばかりでなく，外国投資によって刺激されて，工業薬品産業における無数の製品がアメリカでつくられるようになった。1914年にはアメリカの化学業がいずれにせよイギリスのユナイテッド・アルカリ社の恩義を受けていたという言い方は，おかしなものとなっていた——それほど時代は変わったのである。

ユナイテッド・アルカリ社は，1890年に設立され，1891年にイギリスで登記されていた。出発時には，同社は世界最大の化学会社で，48のイギリス工場をもっていた。合併した工場の大部分は，アルカリを製造するのにルブラン法を採用していた。当時，同法は「非常に長く支配するようなものではない」と認

699

第Ⅱ部　世界最大の債務国

識されていた。近代アルカリ産業は，フランス人化学者ニコラス・ルブランによる18世紀末の発見までさかのぼる。それは，食塩を硫酸で処理し石灰石と石炭で加熱してソーダ灰を製造する方法であった。同法——ユナイテッド・アルカリ社の工場の大部分で使われていた——は，1863年まで確固とした地位を維持したが，同年，ベルギーの製塩業者の息子アーネスト・ソルベイが，アンモニア・ソーダ法を開発し，ソルベイ社を設立した。1870年代までには，ソルベイ法は名声を勝ち得つつあり，ソルベイは彼の監督のもとに，フランス，イギリス各社に製造のライセンスを与えた。アルカリは繊維生産ばかりでなく，ガラス，紙，石鹸，その他の産業において不可欠なものであった。ソルベイのアンモニア・ソーダ法は，近代的な連続操業製法であった。それは，ルブランのバッチ‐プロセス生産者には過酷な競争を強いた。

　アメリカでは，第10章でみたように，ロードアイランドの織物業者ローランド・ハザード（1829-1898）が，アルカリの重要性を認識して，ソルベイ法に対するアメリカでの権利を獲得できれば，アンモニア・ソーダ工場に融資することを決めていた。ハザードは，ベルギーでアーネスト・ソルベイを訪問し合意を得て，ニューヨークにソルベイ・プロセス社を設立した。ソルベイ・プロセス社は，アメリカにおけるアルカリ生産のパイオニアとなった。ベルギーのソルベイ社は，その確立されたやり方に従って，ソルベイ・プロセス社にロイヤリティを課さなかったが，新企業の議決権株のほとんど半数を獲得した。ソルベイ社は，ソルベイ・プロセス社に，操業すべての詳しい一覧表を大型の標準化された報告書式で，毎月ベルギーに報告することを要求した。ソルベイ社の他の外国関連会社も同じ手続きを踏襲した。こうして，ソルベイ・プロセス社は，ブリュッセルに本社を置く多国籍企業の一部となった。

　1881年にはソルベイ・プロセス社は，30万ドルの資本金を有していた。社長はローランド・ハザードであった。以前ミズーリ州でハザードのために鉱山を経営していたウィリアム・コグズウェルがゼネラルマネジャーとなった。新会社は，ニューヨーク州シラキュース近くに工場を建てた。その建設はベルギー人技師とフランス人技師が監督し，計画案はすべてブリュッセルのソルベイ社から来た。アメリカ人4人が，トレーニングを受けるためにソルベイ社のドムベスル（フランス）事業所に出向いた。

700

第11章　化学産業

　ソルベイ・プロセス社は，新施設の立地としてニューヨーク州シラキュース
を選んだが，それは近くに石灰石の大きな鉱床があり，オノンダガ湖からの豊
富な水と，塩水泉があったからである。最終的に，1884年1月に，ソルベイ・
プロセス社は，最初のソーダ灰を生産した[141]。同年，資本金は50万ドルに増額さ
れた[142]。1880年代に工場は拡張され，新製品が加えられた。重曹（1888年），苛性
ソーダ（1889年），ガラス産業用の濃ソーダ（1890年）などである[143]。こうした展
開のすべてにおいて，ソルベイ・プロセス社は，海外のソルベイ事業所の革新
を自由に共有した。アメリカのソルベイ社の技術者は，相互交流を次のように
述べている。「アイデアの交換の方針は非常に自由であったため，（世界中の）
ソルベイ工場はすべて（製法の）完成に向けて協力した。全世界のエンジニア
リング技能は，工程で利用される装置それぞれを全産業に利益になるよう効率
と完成の状態に置くよう利用されたといえる[144]」。

　ソルベイ・プロセス社は，もともとアメリカでのアルカリの唯一の生産者で
あったので，初期の競争は輸入から生じた。しかし，ソルベイ・プロセス社の
シラキュース工場の増産につれて，アメリカへの毎年の苛性ソーダ，その他の
製品の輸入は減少した。1894年には，ソルベイ・プロセス社は，ナトリウムセ
スキ炭酸塩を製品ラインに追加した。これは，ソルベイ・スノーフレーク・ク
リスタルとして販売された（初期の洗剤）。1895年には製紙産業向けのカルシウ
ム硫酸塩を，1897年には塩化カルシウムの生産を相次いで始めた[145]。生産が増え
るにつれ，コストは低下した。1895年にソルベイ・プロセス社は，デトロイト
にソーダ灰を生産する第2工場を建設した（1897年に操業開始）[146]。デトロイト事
業所が開始される前でさえ，新しいライバル生産者がいくつかあったにもかか
わらず，ソルベイ・プロセス社は，アメリカにおけるソーダ灰の最大生産者の
地位を維持していた。1896年に同社は，3000人を雇用していた[147]。1900年には，
アメリカソーダ灰市場におけるソルベイ・プロセス社のシェアは，90％であっ
た[148]。1905年までに，同社のシラキュース施設は，世界最大のソーダ工場となっ
ていた[149]。同社の資本金は，1911年前には，1000万ドルに増加していた[150]。

　一方，アンモニアを獲得するために，1892年にソルベイ・プロセス社は，シ
ラキュースにバイプロダクト・コークス炉を建設した。この分野でも同社は，
アメリカにおけるパイオニアであった。それは，「ビーハイブ炉でそれまで浪

701

第Ⅱ部　世界最大の債務国

費されていた大量の材料を節約し，多くの新しい重要な製品をもたらし，有機化学産業に土台を与える」ものであった。同種の炉は，ヨーロッパでは最初1882年に生産を開始した。同社はヨーロッパの技術を利用し，1895年にはソルベイ・プロセス社は，新企業セメト・ソルベイ社を分離新設し，バイプロダクト・コークス工場を建設し操業した。セメト・ソルベイ社の所有関係ははっきりしないが，ベルギーのソルベイ社が同社に出資していたであろう。セメト・ソルベイ社をソルベイ・プロセス社の子会社と呼ぶものもいる。1914年までに，セメト・ソルベイ社は，アメリカで1000基以上の炉を建設していた。同社は，純粋なグレードのベンゼン，トルエン，ソルベント・ナフサを生産するアメリカ最初の会社となった。1900年には，コークス－オーブンガスから回収した軽質原油からベンゼン，トルエンを得るために，シラキュースにプラントを造った。1910年には，ゼネラル化学社とバレット社をパートナーとして，ペンシルベニア州フランクフォードでアニリン油とアニリン塩を製造するベンゾール・プロダクツ社を組織した。

　1900年から1914年の間に，ソルベイ・プロセス社は，新たなアメリカ企業からの競争に遭遇した。同社のアメリカにおける成功は，同産業に他企業が参入するのを促し，同社のアメリカ市場におけるソーダ灰のシェアは，90％（1900年）から46％（1914年）に低下した。しかしながら，ソルベイ・プロセス社と，スピンオフしたセメト・ソルベイ社ともに，まだ巨大企業であり，アメリカの化学工業の大きな先駆けであることは明瞭であった。両社ともにアメリカにおける生産を創造する上で，革新者であった。その国際関係は，その発展にとってきわめて重要であった。

　ソルベイ・プロセス社が1881年に形成される前に，ソルベイ社のイギリス関連会社ブルナー・モンドはイギリスとアメリカで販売するものとし，大陸を他のソルベイ諸会社に任せた。そのため，ブルナー・モンドは，ソルベイ・プロセス社の計画に不安をもって注視していた。1880年代半ば，ブルナー・モンドは，イギリスよりアメリカにおける販売量（輸出）のほうが大きかった。1885年に同社は，ベルギー・ソルベイ社（Solvay & Cie.）と，イギリス，北アメリカはイギリスの同社の領域であるとの書面契約を交わした。1886年にブルナー・モンドは，輸出を通じ，アメリカアルカリ市場の37％を占めていた。これ

702

は，ユナイテッド・アルカリ社が形成される前であったが，その先行会社（ル
ブラン法メーカー）は，さらに大きなシェア——48.5%——を占めていた。同年，
誕生したばかりのソルベイ・プロセス社のアメリカをベースとした販売は，生
産高の14%を占めたにすぎなかった。しかし，同社の生産高が増えるにつれ，
その市場シェアは明らかに増大しただろう。1887年にブルナー・モンドは，ソ
ルベイ・プロセス社の株20万ドルを取得した。こうした株が新規発行なのか，
あるいは誰から取得したのか，はっきりしない。しかしそうした株の動きは，
ブルナー・モンドが当時アメリカ事業の一部をソルベイ・プロセス社に譲り渡
したとの，ソルベイ社のブリュッセル本社における認識を表すものであった。[159]
当時，ブルナー・モンドは，ブルナー・モンド保有株が付与する議決権につい
て，恒久的かつ取消不能の委任状をハザード一族に与えるとの協定に署名した。[160]
1887年には，ベルギーのソルベイ社は，ソルベイ・プロセス社の多数株主の地
位を維持していた。[161]

　1887年以降，一連の協定によって，イギリスのブルナー・モンドは，しぶし
ぶながらしかし着実に，同社のアメリカ事業をソルベイ・プロセス社に譲り渡
した。それはイギリスからの輸出ではなく，株式保有から生じる同社のアメリ
カでの利益を頼りにしていたためであった。ブルナー・モンド社の社史の著者
はそのように書くことになろう。[162]しばらくの間，確かに，ブルナー・モンドは
アメリカへの輸出の試みを続け，アメリカのアルカリ市場をイギリスの競争相
手やソルベイ・プロセス社と分け合ったが，[163]1889年が始まるまでに，ジョン・
ブルナーは，ルードヴィヒ・モンド宛ての書簡で，「ソルベイ・プロセス社の
アルカリ販売の増加は，どの形態でも，われわれと競合するようになった」と
書いている。[164]その後，マッキンリー関税（1890年），さらにディングレー関税
（1897年）によって，アルカリ関税が高くなり，イギリス製品は競争力を失った。[165]
ブルナー・モンドは不吉な前兆をみてとった。1895年10月には，ソルベイ・プ
ロセス社が，アメリカにおけるブルナー・モンドの代理人になった。ソルベ
イ・プロセス社は，販売をアメリカに限定し，ソルベイ・グループ他社の「な
わばり」では販売しなくなった。[166]

　1900〜13年の間，アメリカにおけるソルベイ・プロセス社の市場シェアが，
多数のアメリカ新参メーカーからの競争のために低下するにつれ，その「ヨー

第Ⅱ部　世界最大の債務国

ロッパの主人たち」は，不安を募らせた。1913年までに，アメリカの5つの企業がアンモニア・ソーダを製造するようになった。依然として，ソルベイ・プロセス社が最大であった。セメト・ソルベイ社は，その分野におけるアメリカ産業では卓越した位置を占めていた。帝国化学工業社（I.C.I.）のW・J・リーダーによる社史のデータと，リーダーが私に提供してくれたI.C.I.のアーカイブスからの他の情報に基づいて概算すると，1914年のソルベイ・プロセス社株の発行済み13万7309株のうち，ブルナー・モンド2万3886株，ブルナー・モンド「諸個人」438株を合わせて，合計2万4324株，17.7％がイギリスグループによって保有されていた。ブリュッセルのソルベイ社，は，6万3000株で45.9％を保有していた。残りの大部分は，アメリカ人，ハザード一族，ウィリアム・B・コグズウェルの手中にあった。

　現代的な意味では，ソルベイ・プロセス社は，合弁事業と呼ばれるであろう。同社は海外が多数を所有したが，ハザード一族がブルナー・モンド株に投票したため，「支配権」は，アメリカ側の手にあった。同社を設立するためのイニシアティブは，アメリカ側にあった。国際間での科学技術情報のやりとりは，恐るべきものであった。ある技術者の説明によれば，毎月，各ソルベイ・プラントは，他のプラント（ベルギー，イギリス，フランス，ロシアなど）に対し，先行する30日間の基礎技術的操業データを「開示」した。それぞれの技術スタッフは，こうしたシステムにおける他のすべてのプラントそれぞれから，標準書式で提示された最新の操業データを得ていた。主なソルベイ技術者の国際的委員会が毎年ブリュッセルで開催され，互いの諸問題を論じた。工場間の訪問が奨励され，調査結果は，すべてのソルベイ・プラントに供給された。誰もが，他のすべての者を知悉していた。ブリュッセルのソルベイ社は，情報センターの役割を果たした。もう一度いえば，ソルベイ・プロセス社は，ソルベイ社をセンターとする多国籍企業の一部であった。

　1914年までに，ミシガン州ワイアンドットのアメリカ人所有のミシガン・アルカリは，アメリカにおけるソルベイ・プロセス社の主な競争相手となっていた。ミシガン・アルカリは，アメリカの板ガラス産業における革新者であったJ・B・フォードによって，1890年代に設立された。彼は，自らのガラス事業所にソーダ灰を供給する必要性を認識していた。フォードは，イギリスのブ

704

第**11**章　化学産業

ルナー・モンドのアンモニア・ソーダ・プラントで養成された人員を，自らの事業を運営するために雇い入れた[174]。ミシガン・アルカリは，大胆にも苛性ソーダを輸出し，イギリスの生産者を動転させた[175]。

　ソルベイ・プロセス社のアメリカ第2の競争相手は，マシソン・アルカリ社であった[176]。同社は，苛性ソーダとソーダ灰を生産するために，1892年にバージニア州ソールトヴィルに設立された。ミシガン・アルカリ同様に，その創設者はイギリスの人材を利用し，ニール・マシソンの息子であるトーマス・T・マシソンをプラント経営のために迎え入れた。ニール・マシソン社は，イギリスにおけるアンモニア・ソーダの重要な生産者となっていた。同社のウィドネス工場（イギリス）は，1892年にはユナイテッド・アルカリ社に売却されたところであった。その結果，アメリカの新企業が，マシソンの名前を獲得することができたのである[177]。1894年には，マシソン・アルカリ社は，苛性ソーダと塩素の生産のために，ハミルトン・Y・キャストナーの電解槽に対するアメリカにおける権利を獲得した。1896年冬，同社は，バージニア州ソールトヴィルに新プラントを開設し，この製法でアメリカで初めて漂白粉を生産した[178]。ある帝国化学工業社の社史の研究者は，イギリスのキャストナー・ケルナー・アルカリ社が，マシソン・アルカリ社の株を保有していたと書いている[179]。イギリス投資の程度や，それがいつ創設されたかは，私にはわからない[180]。

　マシソン・アルカリ社は，1896～97年に安い電力を利用して，ナイアガラ・フォールズに電気化学施設を新設した（1898年に操業開始）。そして，バージニア州の漂白粉プラントを解消し，生産をナイアガラ・フォールズに移転した[181]。1900年には，ナイアガラ・フォールズでの操業のために，マシソン・アルカリ社は，キャストナー電解アルカリ社を組織した（2年後，同社は，「イングランドのキャストナー・ケルナー社のアメリカ代表部」といわれるようになる）[182]。同社は，ナイアガラ・フォールズ地域の電気化学産業の最初の新規5社の一つであった。しかし，こうした革新グループのなかで外資を引きつけたのは同社に限られなかった。ナイアガラ・フォールズ地域に当初から進出した5社のうち外資が絡むもののあと2つは，一つはナイアガラ電気化学社，もう一つは，オールドバリー電気化学社であった[183]。

　ナイアガラ電気化学社（1895年に創設）は，もともと，アルミニウム獲得の

705

第Ⅱ部　世界最大の債務国

ための還元剤としてナトリウムを生産するキャストナーの技術に起源をもつものであった。第7章において指摘したように，ドイツ金銀選鉱所（DEGUSSA），およびそのアメリカ子会社，ロエスラー＆ハースラハー化学社，イギリス企業のアルミニウム社（1900年以降，キャストナー・ケルナー・アルカリ社）が，ナイアガラ電気化学社を形成した。同社は，金回収プロセスの鍵となる金属ナトリウムおよびシアン化物を製造した。ナイアガラ電気化学社は，後に，過酸化水素とペロボレイトも生産した。[184] ナイアガラ電気化学社は，ロエスラー＆ハースラハー化学社を含むアメリカにおけるドイツのグループの一部であった（1914年には，約75%をDEGUSSAが保有していた）。[185] ロエスラー＆ハースラハー化学社は，アメリカでDEGUSSAの製品を販売し，ナイアガラ電気化学社でDEGUSSAを代表し，また自社設備ももっていた。加えて，同社は，40万ドルの資本金で1903年に設立されホルムアルデヒド，および木材蒸留製品を製造したパース・アンボイ化学製作所のかなりの部分に出資していた。同社4000株のうち，ロエスラー＆ハースラハーは，1960株を所有していた。また似たような数を，ドイツ企業木材石炭工業社（DEGUSSAと密接な関連があった）が保持した。残りの80株（DEGUSSAが保有）が握るキャスティング・ボートは，ロエスラー＆ハースラハーに与えられた。[186] 1914年，ロエスラー＆ハースラハーは130万ドルの資本金を有していた。その様々な関与によって，同社はアメリカの新電気化学産業のリーダーとなった。[187] パース・アンボイ工場，ロエスラー＆ハースラハー化学社，およびナイアガラ電気化学社は，一つの事業単位として経営された。[188]

　ナイアガラ・フォールズの電気化学産業における革新企業5社のもう一つの会社は，1896年11月に創立され，イギリス企業オルブライト＆ウィルソン社の子会社であったオールドバリー電気化学社であった（製品ラインはさらに限定されていたが）。オルブライト＆ウィルソン社の上級役員が，アメリカを毎年訪問し，子会社の進展をチェックした。1897年9月，オールドバリー電気化学社は，電気炉法によってナイアガラ・フォールズで白リンの生産を始めた。当初の市場はアメリカのマッチ産業であった。長年にわたり，オルブライト＆ウィルソンは，アメリカに輸出していた。同社がアメリカでの製造を決定したのは，アメリカで保護主義的空気が増大したためであった。1900年に同社は，アメリカ

706

第**11**章　化学産業

の競争相手3社（アレン，モロ・フィリップス，ランコカス）を買収し，閉鎖した。自らのナイアガラ・フォールズプラントには，新製品——塩素酸塩，カリウム過塩素酸塩，セスキ硫化物，赤リン——を追加した。安価な電力によって，コストはイギリスの親会社をかなり下回った。[189]

　同じく新しい電気化学産業においては，また，ディングレー関税に対応して，1898年と1910年の間に，さらに追加して外国支配会社がアメリカで生産を開始した。[190]巨大なユナイテッド・アルカリ社がアメリカ製造子会社を設立した。1890～91年の設立当初から，ユナイテッド・アルカリはアメリカ市場に特別の注意を払い，1891年に漂白粉販売のため，また1892年には苛性ソーダ販売の両方を行う専属代理店を指定した。[191]アメリカでの競争と高い関税障壁に直面したことによって，ユナイテッド・アルカリは，アメリカに塩素工場を建設することを決めた。同社は「偵察隊」を中西部に送り，デトロイトで不動産を取得した。それからさらに調査した後，デトロイトの北108マイルにあるミシガン州ベイシティを生産立地として選んだ。よい塩水ベッドと，すぐに近くに石炭供給があり，賃金はデトロイトより低かったユナイテッド・アルカリは，1898年4月にノースアメリカン化学社を形成し，同月操業を開始した（建築費は，約125万ドルに達した）。カリウム塩素酸塩の生産は，1898年11月にベイシティで始まった。主な販売先は，アメリカのマッチ産業であった。1904年までに同社は，同じくナトリウム塩素酸塩の製造を始めた。同社は，いくつかのアメリカ企業と並んで，オールドバリー電気化学社と競争した[192]

　1898年に工業薬品に参入したのは，イギリス人所有の支工場で株式会社となったがカナダをベースとしたエレクトリック・リダクション社（E.R.C.）であった。その主要なプラントは，カナダに立地した。同社は，ニューヨーク州オグデンスバーグで，次亜リン酸塩に対するアメリカの関税のため，輸入された白リン，石灰，カリウム，ソーダから次亜リン酸塩を製造した。しかし，1年後（1899年）には，E. R. C. は，施設をカナダに移すことに決めた。それは，オグデンスバーグの高い製造コストがアメリカの関税障壁のなかで生産する利点を相殺したためであった。[193]

　化学工業における外国投資家のほとんどが新しく操業を開始したが，既存施設を買収して操業したものもあった。1900年に2人のアメリカ人が，ロバーツ

707

第Ⅱ部　世界最大の債務国

化学社を設立し，ナイアガラ・フォールズで，輸入されたソーダ灰塩化物から電解法塩素，苛性カリウムによって生産した。カリウムはドイツから購入されなければならなかった。1910年に（第8章で指摘したように）そのオーストリア人支配（ハーマン・シュミットマングループ）のドイツサプライヤーは，原材料を確保するために，ロバーツ化学社によって与えられた抵当権を通じて同社の支配権を得た。新たな所有者——アシャースレーベン・カリウム製造所——は，アメリカでは，国際農業社（I.A.C.）が代表したが，同社は1910年3月11日にドイツ人所有の（受益者としてはオーストリア所有の）ナイアガラ・アルカリ社を組織化し，ロバーツ化学社の資産を獲得した。ナイアガラ・アルカリはアメリカにおける苛性ソーダの最大メーカーとなった。同社は，引き続きドイツの原材料に依存して生産した。また，液体塩素の原材料である塩素ガスを生産した。[194]1911年までに，固体および液体塩素をともに生産するようになっていた。[195]

　同様に，工業薬品において，ゴールドシュミット錫回収社が，アメリカで製造を開始していた。1908年に設立された同社は，ドイツ，エッセンの Th. ゴールドシュミットと，アメリカン・カン社の合弁企業であった。Th. ゴールドシュミットは，塩素脱錫技術と引き替えに，錫回収新会社の普通株100万ドルを得た（資本金300万ドルの3分の1）。[196]ゴールドシュミットの脱錫法は液体塩素を必要とした。1909年10月に，同社は，ミシガン州のワイアンドットの自社事業所で，液体塩素を生産するアメリカで最初のケースとなった。ゴールドシュミット錫回収社が同市のペンシルベニア塩製造会社の施設から塩素ガスを購入する必要があったため，ワイアンドットが選定された。ゴールドシュミット錫回収社の塩素液化プラントは，バディッシェ・アニリン・ソーダ製造所によって設計され同社の設備を使用していた。同社は，その代金としてゴールドシュミット錫回収社の優先株10万ドルと普通株5万ドルを受け取った。ゴールドシュミット錫回収社のメタルスクラップの新プラントはニュージャージー州クローム（後にカーテレットと改称）にあった。同工場は，アメリカ最初の無水四塩化錫を生産した。第10章で指摘したように，絹染料にすでにその既存市場があった。ニュージャージーのプラントは，1910年1月に生産を開始した。ゴールドシュミットは，さらにインディアナ州イーストシカゴに第3工場を開設（1912年）したが，それは，別の新製法——アルカリ脱錫法——を使用するもの

708

第**11**章　化学産業

であった。複数プラントをもつ同社は，要するに，アメリカ化学（および金属）産業の革新者であったのである。

　1908年に，アメリカの法律事務所クラヴァス・ヘンダーソン＆ジャースドーフは，オーベルシュレジッヘ・コークス製造・化学製作社に代わって，「コークスとガス製造とその副産物を扱うために」，ドイツ・アメリカン・コーク＆ガス社を組織した。ドイツ親会社は，約850万ドルの資本金をもち，４つのタール蒸留および屋根葺紙工場で2200人を雇用した。同社は，ドイツの資産額上位50社の一つであった。アメリカ子会社の活動については情報を持ち合わせていない。

　要するに，アメリカの工業薬品（電気化学プロセスを含む）分野における外国企業のプレゼンスは，ベルギーのソルベイ社，イギリスメーカー（キャストナー・ケルナー・アルカリ，ブルナー・モンド，ユナイテッド・アルカリ，オルブライト＆ウィルソン），ドイツ（DEGUSSA グループ，および Th. ゴールドシュミット），オーストリアのシュミットマンのカリウム関連事業からなっていた。バディッシェは，多数のライセンス供与協定と，少なくとも１つの少数株保有で関与していた。1899年には，アメリカ製の化学薬品のわずか３％が，電気法によるものであった。1914年までに，それは15％となった。外国投資，技術，人員で，そして，事業展開は，こうした変化に恐るべき影響を与えた。ハミルトン・キャストナーはアメリカ人であったが，彼のノウハウは，イギリス会社経由でアメリカにもたらされていた。そのほか，アメリカの工業薬品の発展に貢献したのは，主にドイツ，ベルギー，イギリス系各社であった。完全に新しいアメリカベースの工業薬品産業が創出された。

　同産業は，市場を決め特許使用に関連した縦横の事業協定網によって織り上げられるようになった。ユナイテッド・アルカリ，ブルナー・モンド，ソルベイは，そのアメリカ子会社を包含する相互の結合によって関連し合っていた。キャストナー・ケルナー・アルカリは，もう一つ別の一連の合意によって，同じような形でアメリカの関連会社を包含するユナイテッド・アルカリ，ブルナー・モンド，ソルベイと結ばれていた。世界的な市場と技術を分有する協定が当然のこととなった。時には，アメリカの会社は序列を壊した。1910年に，ユナイテッド・アルカリのジョン・ブロックは，アメリカのソーダ輸出を抑制す

第Ⅱ部　世界最大の債務国

べく，イギリス苛性ソーダ製造協会を代表してアメリカを訪問した（先に指摘したように，ミシガン・アルカリ——アメリカ人所有企業——が輸出していた）。ブロックはどこへも行けなかった。彼は，アメリカ司法省の反トラスト調査で，アメリカ人がそうした協定を結ぶには時期が悪いことを知った。[205]

　工業薬品産業が実質的に存在しなかった1890年代初めから1900年代初頭までに，輸入代替が大規模に生じていた。アメリカ人所有の諸会社は，輸出さえ始めていた。外国投資によって促進され，1900年までに，さらに1914年までにはより強固に，アメリカは成長力のある工業薬品産業を保持するようになった。工業薬品における外国投資のなかで，図抜けて大きく最も成功したのはソルベイ・プロセス社であった——しかし，それ1社には限られなかったのである。

他の化学薬品

　工業製品の他の分野にも，外国直接投資があった。例えば，1895年に，ミュンヘンのカール・フォン・リンデ博士は，商業的に成功した最初の空気液化機械をつくっていた。それ以前に彼は，ドイツ企業ソフト製氷機製造会社を設立していた。1886年にブリン酸素社がイギリスで設立された。同社は，1906年にブリティッシュ酸素社に改称された。カール・フォン・リンデはその重役となった。そしてドイツのリンデ社はそのイギリス会社株の25％を所有するようになった。1906年には，カール・フォン・リンデはアメリカに行き，ナショナル・カーボン社と連携して，オハイオ州クリーブランドからのグループとともに，リンデ・エアー・プロダクツ社を組織した。同社は，バッファローに最初のリンデ社の設備を据え付けるのに，イギリス人セシル・ライトフットを雇い入れた（彼の父Ｔ・Ｂ・ライトフットはブリティッシュ酸素社の重役で重要な投資家であった）。他の設備設置が続いた。カール・フォン・リンデまたは彼のドイツ会社は，リンデ・エアー・プロダクツ社（この時期の後にユニオン・カーバイドの一部となった）には，少数出資であったように思われる。[206]

　イギリスの会社国際ペインツ社は，1901年に，ニューヨークのブルックリンにプラントを開設したと伝えられている。同様に，1913年には，ヘッドワース・バリウム社（バリウム過酸化物の世界最大メーカー）のパートナーであったイ

710

ギリスのヒューおよびJ・C・ローリンはローリン化学社を組織した。同社は，ウェストバージニアにプラントを建設した。[207] ほかにもそうした種々の外国人所有の化学会社もあった。

いくつかの一般的結論

　結局，1914年までに，アメリカの化学産業で外国直接投資が関係しなかった分野はほとんどなかった。他のアメリカ産業で，それほどまでにヨーロッパ企業によって影響を受けたものはない。主要なドイツ化学会社はすべて，アメリカにあった。イギリスおよびベルギーの主要企業のほとんども同様であった。スイスおよびフランスの化学企業も，はるかに小さな役割ではあるが目についた。火薬では，スウェーデン，イギリス，ドイツによる投資攻勢は失敗に終わり，アメリカ諸会社が優位を占めた。染料および医薬品は違った。ドイツの染料販売は，アメリカ市場を支配した。医薬品では，バイエルおよびメルクがアメリカの基軸メーカーとしての位置を占めた。ヘキストは，サルバルサンとノボカインの特許と商標を保持し，科学的な薬学研究の最前線にあった。これらのドイツ系企業は，その特定製品分野で第1位にあった。バローズ・ウェルカムとビーチャムは，多くのアメリカ競合企業があったにもかかわらず，アメリカの医薬品事業で確固とした基盤を得ていた。ファイン・ケミカルにおいては，海外からメーカーがずらりと並んで，アメリカで販売し生産を行った。そのなかでは，ドイツのヘイデン化学製作所が最も重要なものであった。工業薬品においては，新しいアメリカ産業が出現した。ソルベイ・プロセス社が，アメリカ製ソーダ製品の巨人であった。工業薬品における最大企業ゼネラル化学社は，アメリカ企業であった。しかし，同社は，外国投資家の代表によって許可されたバディッシェ特許を使用した。ナイアガラ・フォールズのまったく新しい電気化学産業では，最初の革新的参入企業5社のうち3社が，海外からの投資であった（ドイツとイギリス）。アメリカ製の最初の液体塩素は，ドイツの系列会社によるものであった。一人のドイツ人科学者が，アメリカにおける酸素生産の発展に参画した。彼の技術援助は，直接投資を伴っていたようである。国境を越えたインパクト——特にドイツ企業の——は，恐るべきものであった。

711

第Ⅱ部 世界最大の債務国

　ドイツ企業がはっきりと優越していたが，他の国籍の企業の役割も無視すべきではない。イギリス各会社も様々な能力があった。ベルギーのソルベイ社も鍵を握った。スイスのJ・R・ガイギーは，投資していた。フランス企業は，例えば電機化学プロセス（アルミニウムとアルミナで），芳香剤（ローヌ化学製造会社），および香水（ド・ロレアル）に関与した。アルミニウムおよびアルミナ事業（第8章で詳しく論じた）は，確かに短命であった――そしてフランスのファイン・ケミカルメーカーは，アメリカの基礎化学産業では周辺的であった。それでもなお，フランス企業の関与はあったのである。

　ヨーロッパの投資家のインパクトは明らかに多様であった。そして，なぜ，重要部門である染料においては，アメリカ企業がドイツからの輸入に依存したままであったのか（ドイツ企業の子会社か系列会社によってアメリカメーカーに直接販売されたにもかかわらず），また他方では，同じく重要な化学産業の分野であるアルカリにおいて，アメリカ，外国の投資家がどちらも，それまで輸入されていた製品をアメリカ製品で代替したのか，その理由を尋ねることは重要である。化学産業のそうした二面が海外投資を引きつけたが，投資家は1875～1914年には，違った経路をたどった。

　この場合，そうした分岐化の主な理由は，化学産業のこれらの面の特定の属性にあるように思われる。あるエコノミストが書いているように，染料生産は，「ひどく詳細で精巧な製法を伴い，様々な製品に高度に訓練され高給の労働者を適用するものである(208)」。染料は，アルカリの分野よりはるかに複雑な化学の理解を必要とした。研究開発が決定的に重要であった。第一次世界大戦がヨーロッパで勃発した直後の著述で，アーサー・D・リトル（MITで養成された化学者で，アーサー・D・リトル社の創設者）は，染料産業がアメリカの実業家には魅力がなかったことを論じ，次のような説明をした。(1)シアーズ・ローバックのみの総収入は，ドイツの染料メーカーすべての売り上げ合計よりもはるかに大きかったし，1913年には，シアーズ・ローバックの最終特別配当は，ドイツの染料メーカーの総配当額の2倍であった。(2)1913年に「フォード自動車会社は，1つの標準製品によって，1200の製品のドイツ化学プラントよりも大きな年間事業を行い，ドイツ化学会社の支払賃金の3倍を払いその配当合計の4倍を稼ぎ出した(209)」。こうした産業的特徴によって，染料輸入が容易に利用可能

第 11 章　化学産業

であった時期には，アメリカの輸入代替には，誘因はほとんどなかった。さらに，また同様に重要であったのは，こうした基本資材の価格上昇を恐れたアメリカの染料のバイヤーが，アメリカの高関税への反対に成功したことであった。それは，アメリカの染料メーカーが競争的ではないとみられていたためであった。[(210)]

　対照的に，アルカリ産業は，エネルギー集約的であった。豊富な天然資源，安い電力によって，アメリカで生産することは適切であった。アメリカ企業（国内または外国投資家）は，輸入品よりはるかに低コストでアルカリを生産できた。おそらくまた，ローランド・ハザードのイニシアティブで，アメリカの織物業 1 社がアルカリ生産に転じ，新たなアメリカのアルカリ産業に重要な刺激となった。[(211)] 関税――一度アメリカメーカーが発展すればアメリカのコストが下がるとみた織物メーカーが主張したのであるが――が幼弱な産業の生き残りにセーフガードとなった。関税の賦課に保護され，新企業が参入した。

　ウィリアムズ・ヘインズは，同じ趣旨に沿って，戦争コストがもう一つ別の理由であったかもしれないことを示唆している。染料は，アルカリより価格―重量比がはるかに低かった。アメリカのアルカリ生産コストは海外企業よりも低かった（利用可能な原材料と安いエネルギーのため）ばかりでなく，また，輸入アルカリという高度の原材料内容が，高い輸送料要求を加重した。[(212)]

　染料とアルカリは両方とも，アメリカの産業の重要な投入品であった。どちらも，特許製品と製法，および先端技術が関わっていた。なぜアメリカの染料製造が第一次世界大戦前にあまり発展しなかったのかという以下の説明は，しばしばドイツ企業のいわゆる反競争的戦略をみていた。それは，「無慈悲な」販売戦略（特許の支配，ダンピング，組織的な値下げ，フル－ラインの強要，贈収賄，不正直で詐欺的なラベル付けを含む）によってアメリカの製造発展の努力を抑圧したといわれていた。アメリカの軍事力を無力化するドイツ政府とドイツ染料諸会社の陰謀があったとさえ提起されてきた。[(213)]

　こうした議論はどのように評価したらよいのだろうか？　ドイツの特許は，**ライセンスなし**では，アメリカの類似品の生産を排除するものであったことは本当である。しかし，ライセンスが利用可能なオプションであった。[(214)] この時期にアメリカの染料産業がかなりの規模では存在していなかったことについて，

713

第Ⅱ部　世界最大の債務国

ドイツの略奪的な貿易慣行を「非難」するのは難しいことがわかる。アメリカ人が1914年以前に染料を大規模に製造することが利益となることを見出していたならば，ライセンスを獲得し（化学工業の他分野で行ったように），合弁を組み，高い保護関税を要求して獲得し，また，特許をめぐって画策して，同産業に参入していたはずである。特許は，国内のアルカリや漂白粉産業の興隆を妨げなかった。購買代理人や染物師は，賄賂を受け取っていれば解雇されたであろう。そうした評論家によって無視された決定的なポイントは，ドイツからの染料輸入が1914年以前のアメリカ諸産業に安価な優良品を供したことであった。

　指摘したように，染料の運搬費は，価格と比べ高くなかった。アメリカの顧客は，低コスト――「ダンピング」であろうとなかろうと――のドイツの染料を好んだ。ドイツ人は，専門技術をもっており，必要とされたものを生産した。そのラベルは，人をだますようなものではなかった。商標は，国際的評価と合わせて企業を特定するものであった。アメリカの軍事的潜在力を破壊するドイツ政府の陰謀といった議論を拒絶することはたやすいと思われる。アメリカの火薬産業は存在していたし，抑制はされなかった。

　ドイツ企業の優位に圧倒されたため，アメリカ企業に染料製造能力や知識がなかったという点もまた，提起されてきた。これは，妥当とは思われない。技術的ノウハウは，国際的にたやすく移転された。F・W・タウシッグが後に主張したように，「化学工業に適性を欠いていたのではなく，また，訓練された化学者が大きく不足していたり，（アメリカ企業側の）能力が欠けていたわけでもなく，（化学）産業における染料分野の性格が，戦前の状況を主に説明するものである」。後に，第一次世界大戦下の状況で化学産業が急速に発展したことは，タウシッグの主張を支持するものである。アメリカ企業は，バイエル，バディッシェ，ヘキストなどドイツの巨大企業に対して価格や品質で競争力がなかった。ドイツの工場は大規模ではあったが，アメリカ企業の長所であった「大量生産」を特徴とするものではなかった。輸出を続けられる限り，ドイツの投資家には，アメリカでそれに匹敵するような染料プラントを発展させようとする動機はなかった。対照的に，アルカリは大量生産産業であった。

　電気化学産業の発展全般についても同じことがいえる。同産業は，安い電力と規模の経済に依存していた。アメリカ企業（また外国投資家）は――特にナイ

714

第 **11** 章　化学産業

アガラ・フォールズの安い電力によって——低コストで操業を進めることができた。関税は，新産業に勝算を与えた。外国投資家は，アメリカの電気化学生産における革新者であった。要するに19世紀末から20世紀初頭に，アメリカの化学産業が姿を現した。化学産業における火薬，アルカリ，電気化学分野は，たくましく急速に発展した。染料製造はそうではなかった——化学工業のこの分野の本性とドイツ企業とアメリカ企業の生産上の比較優位がその理由であった。

　本書は，ヨーロッパからの移住者が創立した多数のアメリカの化学会社や，既存企業における移民経営管理者の存在を無視してきた。また，大西洋を越えた複雑なライセンス供与やクロスライセンスについて詳しく触れてこなかった。それは，外国投資は含まなかったが，市場を規制したものであった。さらには，アメリカ人所有事業が，依存からの解放を図るさし迫った試みについても強調してこなかった。例えば，ダウ化学社（1897年に設立）の初期の歴史は，外国からの競争と頻繁に戦った歴史であった。[(217)] 先に指摘したように，モンサントは，激しいドイツの競争に遭遇して，はっきりと違ったコースをとろうと必死であった。

　むしろ本書では，アメリカの化学ニーズを充足する上で，また一定の分野では，アメリカの産出を刺激しアメリカ最初のハイテク製品の生産をもたらす上で，ヨーロッパ直接投資があまねくきわめて重要な貢献をしたことを示そうとしてきた。化学薬品分野では，全般に，外国直接投資は非常に重要であった。これはおそらくドイツが大きな力を保持していた近代科学を基盤とした産業であったためであろう。私は，1914年以前にアメリカにおいて外国直接投資が関与した50社以上の企業を特定している。化学薬品へのヨーロッパからの投資は——すでに示したように——多国籍企業の拡大の一部であった。6大染料メーカーと並んで，ドイツからのメルク，ヘイデン，DEGUSSA，Th. ゴールドシュミット，スイスからのガイギー，ベルギーからのソルベイ，さらにイギリスからのコートールド，ブルナー・モンド，バローズ・ウェルカム，ビーチャム，オルブライト＆ウィルソン，ユナイテッド・アルカリは，資本だけでなく，人，技能，科学的知識，技術能力，マーケティングの経験，特許，製法，商標，商品，また多国籍企業組織をアメリカに導入した。それは単なる「金融」をはる

715

第Ⅱ部　世界最大の債務国

かに超えたものであった。資金調達のためだけにヨーロッパに行ったアメリカ
の鉄道や多くの鉱山プロモーターとは異なり，こうしたケースでは，そのイニ
シアティブはしばしば海外にあることが多かった（常にではないが，ソルベイ社
の重要なケースでそうであったように）。外国企業は，事業を国境を越えて拡張し
た。牧畜会社，醸造所とは異なって，またブランド食品や繊維会社と同様に，
これらの外国企業は，フリースタンディング・カンパニーではなかった[218]。ヨー
ロッパに本社をもつこうした化学会社は，アメリカに参入することに成功し，
自ら所有する販売チャンネルを通じて販売した。そうした諸会社が輸出だけで
市場を維持することが不可能であった場合には，アメリカで製造するのが典型
的であった。ヨーロッパの化学会社の関与は，現代アメリカの近代化学産業の
創造に決定的に重要な役割を果たしたのであった。

注
（1）　第7章を見よ。
（2）　第8章を見よ。
（3）　鉱物製品の電気化学的生産物は鉱山業，化学産業，あるいは電気産業の一部として分類され
　　　うる。次を見よ。Martha Moore Trescott, *The Rise of the American Electrochemicals
　　　Industry, 1880-1910* (Westport, Conn.：Greenwood Press, 1981). したがって，電気分解液
　　　を利用した精製の分野にアメリカン金属社が行った投資は「化学産業」分野だと考えられる。
　　　この分野におけるイギリスの投資も同様であろう（例：ニュージャージー抽出会社）。また，
　　　ナイアガラ・アルカリ社に対するドイツの投資とサザン・アルミニウム社に対するフランスの
　　　投資も同様であろう。これらはすべて第8章に記されている。
（4）　このカテゴリーに入れられることが多い。
（5）　以下のアメリカの上院，司法委員会の文献がある（U.S. Senate, Judiciary Committee,
　　　Alleged Dye Monopoly, Hearings, 67th Cong., 1922, 749 ［これ以降 *1922 Dye Hearings* として
　　　省略する］）。
（6）　Williams Haynes, *American Chemical Industry*, 6 vols. (New York：D. Van Nostrand,
　　　1945-1954), I, 330. 例えば，ブリュッセルで生まれたハーマン・セイデルは1896年にドイツの
　　　企業であるカレ社の色彩分析者としてアメリカにやってきた。1899年から1904年の間は別のド
　　　イツの会社のベルリン・アニリン製造所の営業の仕事を行っていた。1904年に彼は自分の会社
　　　を立ち上げ，1920年には遂に自分の名前を冠したセイデル化学社（前掲書，VI，370）という
　　　名の会社になった。注にも記すことになるが，この章を書くにあたっては，このヘインズの6
　　　巻からなる本にまとめられた重要な研究が大いに助けとなった。ガーランド出版社が1983年に
　　　復刻版を出してくれた。
（7）　前掲書，I, 330. これらの会社は1914年の時点で，すでにアメリカのみの操業となっていた。
（8）　以下の内容を見よ。
（9）　Alien Property Custodian, *Report, 1918-1919*, 61（これ以後は *APC Report* と呼ぶことに

第 **11** 章　化学産業

する），4500の特許が化学ファンデーション社に売られた。それに加えて，1200のバイエル社の特許も売られた（*1922 Dye Hearings*, 287）。化学ファンデーション社に販売された特許のなかには，化学産業に関係のないものもあったが（前掲書，105），ほとんどの特許は化学産業に関係していた。アメリカの化学産業分野の特許に関する一番よいデータ（1900～10年間の国籍と新化学物質に関して）は次にある。Hermann Grossmann, *Die Chemische Industrie in den Vereinigten Staaten* (Leipzig：Verlag von Veit & Comp., 1912). 私はこの文献を紹介してくれたジョナサン・リーベナウに感謝している。次も見よ。Haynes, *American Chemical Industry*, III, 483-491.

(10)　エルテリアン製作所歴史図書館（Eleutherian Mills Historical Library）のなかにあるデュポン古文書館に保管されている1926年1月22日のジェームズ・M・ギフォードからW・W・ウィルソンへの手紙によるとナイアガラ電気化学社の株式の30％がアルミニウム株式会社に対して「便宜をはかった見返りに」発行されたという。アルミニウム株式会社は重要な特許を保持していた。Th. ゴールドシュミット社に関しては，次を見よ。Roy A. Duffus, Jr., *The Story of M & T Chemicals Inc.*（New York：Cordella Duffus Baker, 1965), 10, 16.

(11)　*APC Rerort*, 454ff. 商標に関してよりも化学薬品関連の特許に関しての方が言及されることがはるかに多かったが，商標は非常に重要であった。

(12)　前掲書，25，および Haynes, *American Chemical Industry*, I, 392-393. Grossmann, *Chemische Industrie*, 76，によると1900年から1910年の間に化学薬品の分野では，アメリカの特許よりもドイツの特許の方が認可の数が多かったということになっている。

(13)　ドイツの輸出の課題に関しては次を見よ。Ross J. S. Hoffman, *Great Britain and German Trade Rivalry, 1875-1914*（Philadelphia：University of Pennsylvania Press, 1933)，および Henri Hauser, *Germany's Commercial Grip on the World*（New York：Charles Scribner's Sons, 1918).

(14)　*APC Report*, 30-31.

(15)　アルミニウム——電気化学の産業の1つ——もまた大陸間の協定の影響を示すよい例であった。第8章を見よ。

(16)　W. J. Reader, *Imperial Chemical Industries*（London：Oxford University Press, 1970), I, 16-26（これ以後は *I.C.I.* と略す）。

(17)　前掲書，21.

(18)　前掲書，26.

(19)　前掲書，487.

(20)　前掲書，20, 60, 68.

(21)　前掲書，70.

(22)　前掲書，490, 61, 81-85.

(23)　前掲書，85-86. この第1と第2のいずれの「国際会議」にも参加したアメリカの会社はなかった。

(24)　前掲書，86-87.

(25)　前掲書，156-157.

(26)　前掲書，158.

(27)　前掲書，157-158, 482.

(28)　前掲書，159，および Alfred D. Chandler and Stephen Salsbury, *Pierre S. du Pont and the Making of the Modern Corporation*（New York：Harper & Row, 1971), 170~171. この協

第Ⅱ部　世界最大の債務国

定が更新されることはおそらくなかったであろう。どの会社もこの協定の内容を守っており，更新の必要はなかったと想定される。

(29)　Reader, *I. C. I.*, I, 159, 161. 1897年の10月26日の協定の文書が以下にある。William L. Stevens, ed., *Industrial Combinations and Trusts*（New York：Macmillan, 1913）, 176-183. 次も見よ。Mira Wilkins, *Emergence of Multinational Enterprise*（Cambridge, Mass.：Harvard University Press, 1970）, 89-90, および Chandler and Salsbury, *Pierre S. du Pont*, 171-172.

(30)　Reader, *I. C. I.*, I, 198, 200-204, 212-231；Chandler and Salsbury, *Pierre S. du Pont*, 192-193, 197-199, 299, 650 n.83；Stevens, ed., *Industrial Combinations and Trusts*, 463-471；および Du Pont, *Annual Report, 1912*.

(31)　Reader, *I.C.I.*, I, 196, 172.

(32)　前掲書, 197, に引用あり。

(33)　前掲書, 194-215.

(34)　前掲書, 173.

(35)　第4章を見よ。バイエルの最初のドイツ工場はエルバーフェルト市にあった。1914年にはバイエルのドイツの本社はレヴァークーゼン市に移っていた。カール・ランフは1870年代の当初にはバイエルのニューヨーク代表となっていた。ランフは1880年頃にドイツに戻った（Haynes, *American Chemical Industry*, VI, 174）。彼の次の会社はおそらくゼールバッハ社で，その後にエルバーフェルト・ファーベンファブリケン社が続き，その後にバイエル社が続いた。前掲書と次を見よ。Herman Metz testimony in *1922 Dye Hearings*, 749. 「エルバーフェルト社の染料工場ファーベンファブリケン」は1897年に存在していた。*Bulletin of the National Association of Wool Manufacturers*, 27（1897）の広告を見よ。1905年には広告によれば，I・J・R・ムーリングが社長でWm・ディーステルが財務担当者となっていた。

(36)　バイエル社ニューヨーク支店のレターヘッド（1914年10月3日付け）に支店が記載されている。Record Group（RG）のレターヘッド（pp. 59, 165）を見よ。102/11, National Archives, Washington, D.C.

(37)　Haynes, *American Chemical Industry*, VI, 174.

(38)　前掲書, I, 308；VI, 174-175. RG 131, Box 147, National Archives, のデータによるとハドソン・リバー・アニリン染色製作所が最初に法人格をもつ会社となったのは1882年の8月であった。ニューヨーク州で再法人化されたのが1903年である。1903年にできた会社の資産は最初4万1000ドルであった。工場はオルバニー市の近くのレンセレア町にあったが，会社自体はオルバニーにオフィスをもっていたようである。この会社の広告にはニューヨーク州オルバニーにあるハドソン・リバー・アニリン染色製作所と記載されている。次を見よ。*Bulletin of the National Association of Wool Manufacturers*, 35（March 1905）and 36（March 1906）. ニューヨーク州国務省，会社部門によると法人化は1882年となっている（1985年8月15日付けの手紙）。

(39)　Haynes, *American Chemical Industry*, VI, 175. ライバル会社となったウォールドマンの会社は結局うまくいかなかった。

(40)　John Joseph Beer, *The Emergence of the German Dye Industry*（Urbana：University of Illinois Press, 1959）, 124-125；L. F. Haber, *The Chemical Industry during the Nineteenth Century*（Oxford：Clarendon Press, 1958）, 134；および Haynes, *American Chemical Industry*, I, 312. バイエルは1898年，最初にドイツでアスピリン錠を導入した。次を見よ。L. F. Haber, *The Chemical Industry, 1900-1930*（Oxford：Oxford University Press, 1971）,

第**11**章　化学産業

128.

(41)　Ford, Bacon, Davis, "Report on Bayer Co.," Nov. 7, 1918, in RG 131, Box 34, NA.

(42)　輸入の必要性については次を見よ。Herman Metz, "Memo," Aug. 12, 1914, RG 59, 165. 102/2, NA.

(43)　RG 131, Boxes 147 and 34, NA のデータによる。1913年6月12日にドイツのバイエル社所有のハドソン・リバー・アニリン染色製作所がニューヨーク州レンセレア近郊の土地を5万ドルで化学合成特許会社に販売した。この土地は帳簿にはなんと17万8479ドルの値段で記載された。化学合成特許社は1913年6月3日に5万ドルの資本で設立された。この会社はレンセレアの土地を得ただけでなく，バイエルグループに対してはニューヨークにおける販売戦力として働く会社であるエルバーフェルド・ファーベンファブリケン社の名において公に知られているすべてのアメリカの特許状に対して22万5000ドルを支払った。1913年6月12日にハドソン・リバー・アニリン染色製作所はバイエル社に31万6598ドルで商品と原材料在庫，工場の備品をも販売した。バイエル社は1913年6月3日にニューヨークで法人化されている。バイエル社はまたハドソン・リバー・アニリン染色製作所の資産とエルバーフェルド・ファーベンファブリケンの商標，のれんその他までも獲得した。バイエル社はもともと資産として75万ドルもっていた。しかし，これらの資産はすべて会社の内部での取引であったので，これらの数字が投資の大きさという点でどれほどの意味があったのかははっきりとはしない。

(44)　Haynes, *American Chemical Industry*, I, 313.

(45)　*APC Report*, 34.

(46)　Haynes, *American Chemical Industry*, III, 312-314（グレフに関して）.

(47)　1918年にバイエルと化学合成特許会社（上記注（43）の株式が530万ドル（*APC Report*, 220）で一般に売買された。この値段は1914～18年に会社が大きく拡張したことを表している。したがって，この値段は1914年の会社の規模を反映してはいない。むしろ，1918年の時点では値段としては安いといえるかもしれない。注の（43）に記した数字はこれよりも小さい数字だが，すでに述べたように，この数字群は投資の大きさをはかる上であまり信用はできない数字であろう。初期の頃はバイエルの医薬品は薬の卸しをやっていたシーフェリン社を媒介にして売られていたようであるが，いざ生産が始まると，バイエル社が販売も行うようになった。次を見よ。Tom Mahoney, *The Merchants of Life*（1959; rpt. Freeport, N.Y.: Books for Libraries, 1972）, 212, および7-8, 163（シーフェリン社に関して）.

(48)　1898年にはドイツの科学者が，人工のアルカロイドであるヘロインがモルヒネから取れることを発見していた。U.S. House, Committee on Ways and Means, *Prohibiting the Importation of Opium for the Manufacture of Heroine*, 68th Cong., 1st sess., 1924, 1-2, 30-35, 46. 次も見よ。Haynes, *American Chemical Industry*, III, 300（バイエルの役割に関して），および Hal Morgan, *Symbols Symbols America*（New York: Penguin Books, 1987）, 83. この書では1898年の時点での商標は「Heroin」となっているが，1912年の時点までには商標が「Heroine」と変わった（Haynes, *American Chemical Industry*, III, 313）.

(49)　Haber, *Chemical Industry during the Nineteenth Century*, 135.

(50)　Haynes, *American Chemical Industry*, III, 314, によるとアメリカのバイエル社はまず1916年に，一般大衆に向けて最初に宣伝を開始した。この時点まで医者たちはアスピリン錠に関して「医師の処方なしには売買できない薬」であると見なしていた。アスピリン錠は当初，錠剤の形ではなく粉の状態で売られていた（Mahoney, *Merchants of Life*, 212）。バイエル社の第一次世界大戦以前のアメリカ市場の開拓に益したすばらしい医薬品については次を見よ。

719

第Ⅱ部　世界最大の債務国

Bayer Company, Inc., v. United Drug Company, 272 Fed. Rep. 505（SDNY 1921）. 実際には
薬は町の薬屋で普通に売られていたようである。その場合，薬屋はバイエルという名前を使う
のではなく，しばしば自分の名前を使っていた。

(51)　Haynes, *American Chemical Industry*, I, 313, および VI, 292-293；Haber, *Chemical
Industry, 1900-1930*, 181；および *APC Report*, 36. 他の下記する 4 つの会社でアメリカでの
生産の約12％を占める。ベッカーズ・アニリン化学製造所（ 5 ％），セントラル・ダイスタッ
フ化学社（ 3 ～ 4 ％），統合色彩化学社（ 2 ～ 3 ％），ハブ・ダイスタッフ化学社（ 1 ％以下）。
統合色彩化学社（ヘキスト企業）を除いた他の 3 社はすべてアメリカ所有の会社である。ウィ
リアム・G・ベッカーズ博士はドイツ「生まれ」であった（*APC Report*, 51）。もちろん，ヤ
コブ・シェールコップ，フレデリック・ヘラー，ヘンリー・メルツもそうであった。ベッカー
ズはバイエル社専属の色彩の専門家としてアメリカにやってきた（Haynes, *American
Chemical Industry*, III, 234-235）。トーマス・ホリデイ，チャールズ・ホリデイおよびリー
ド・ホリデイの息子たちによって設立されたブルックリン社──第 4 章を見よ──はリストに
含まれていない。1881年，つまり，アメリカには染料の会社が 7 つあったが，ホリデイ社は独
自の中間化合物を使用して，ベンゾール，ニトロベンゾール，ダイニトロベンゾール，アニリ
ン，薬用塩類を作り出す唯一の会社であった。この会社は1883年の関税の引き下げも乗り切っ
た。1889年にエドガー・ホリデイは，経営が順調な状態で会社を引き継いだ。25万ドルの資本
で会社は1890年に株式会社となった。私は（あるかどうかはわからないがもしあったとして
も）アメリカ・ホリデイ社の株とイギリスのリード・ホリデイ＆サンズ社との関係については
なにもわからない。
　　アメリカ・ホリデイ社については次を見よ。Haynes, *American Chemical Industry*, I, 303,
307, 312. Herman Metz, *1922 Dye Hearings*, 750, 左記の書のなかで，リード・ホリデイ＆サ
ンズ社を1890年代のアメリカにおける染料の**輸入業者**として，またイギリスを代表するような
企業であると言及している。1883年以後，染料の中間生成物にかかる関税が撤廃され（前掲書，
102, を見よ），最終製品に対する関税が引き下げられたとき，アメリカ・ホリデイ社は関税を
上げるようにとの運動を行った。しかし，1890年に染料関連の関税はさらに引き下げられた
（Haynes, *American Chemical Industry*, I, 312）。おそらくアメリカ・ホリデイ社はその際に製
造の仕事をやめて，輸入を専門にするようになったと考えられる。リード・ホリデイ＆サンズ
社の1914年の記念すべきパンフレット（Haber, *Chemical Industry during the Nineteenth
Century*, 145, で引用される）によると トーマス・ホリデイの息子（エドガー？）が ボスト
ンとフィラデルフィアにアメリカで仕事をするための支店を開いた。1916年にアメリカ人がコ
ールタール産業に新たに目を向け始めたときに，リード・ホリデイ＆サンズ社の創立者の孫の
R・W・ケンプがアメリカのホリデイ・ケンプ社を組織してトップとなった（Haynes,
American Chemical Industry, III, 237）。Reader, *I.C.I.*, I, 438, は1922年にリード・ホリデイ
のアメリカの会社のことを記している。

(52)　Haynes, *American Chemical Industry*, VI, 175. 比較をする方法では，ドイツのバイエル社
は1913年に 1 万600人の従業員を雇っていた（Harber, *Chemical Industry, 1900-1930*, 128）。

(53)　Haber, *Chemical Industry, 1900-1930*, 29.

(54)　*APC Report*, 38.

(55)　1914年 8 月20日のこの声明は，大統領のウッドロー・ウィルソンの秘書のジョセフ・P・テ
ューマルティによって国務省に転送された。テューマルティは（ホワイトハウスの書簡紙で）
この声明の重要性を記している。次を見よ。RG 59, 165.102/13, NA.

720

第 **11** 章　化学産業

(56)　Reader, *I.C.I.*, I, 258.

(57)　*APC Report*, 32. および Haber, *Chemical Industry, 1900-1930*, 121. 1904〜08年の間に緩やかにまとまった会社群が2つ成立し，ドイツで一番大きな染料の会社のまとまりが2つできた。カール・デュイスベルグによって組織された会社は，バイエル，バディッシェそして AGFA 社の3つが結びついたものである。2つ目はヘキスト社，カッセラとカレが結びついたものである（*APC Report*, 33. と Haber, *Chemical Industry, 1900-1930*, 124-128）。アメリカにおいてドイツの会社は，一つひとつが独立した別の代表者を指名し続けた。

(58)　Haynes, *American Chemical Industry*, VI, 183；I, 312.

(59)　*APC Report*, 34.

(60)　Haynes, *American Chemical Industry*, VI, 183. および *1922 Dye Hearings*, 180-181. パリとリヨンのA・ポアリエに関しては次を見よ。Michel Laferrère, *Lyon : ville industrielle* (Paris : Presses Universitaires de France, 1960), 493. 1890年代にアメリカではサイケス＆ストリート社（後に "Walter F. Sykes"と呼ばれた）が，輸入業者としてA・ポアリエを代表していた（*1922 Dye Hearings*, 750）。

(61)　*APC Report*, 53. その会社は以下の通りであった（カッコ内は初年度の年である）：Wm. ピッカード＆クットロフ社（1871），クットロフ・ピッカード社（1899），大陸色彩化学社（1906），およびバディッシェ・グループ会社（1907）。次を見よ。*1922 Dye Hearings*, 181.

(62)　*1922 Dye Hearings*, 181.

(63)　*APC Report*, 39, 53-55. クットロフはすでにドイツの業者と密に仕事をするベテランの輸入業者になっていた。

(64)　Haber, *Chemical Industry, 1900-1930*, 132.

(65)　*1922 Dye Hearings*, 749. ニューヨーク＆ボストン・ダイウッド社の広告に関しては次の書がある。*Bulletin of the National Association of Wool Manufactures*, 27 (1897). また次のデータも参考にした。Department of State, Albany, New York, March 19, 1981. 会社に関しては次を見よ。Lutz Alt, "The Photo‐Chemical Industry : Historical Essays in Business Strategy and Internationalization," Ph.D. diss. MIT, 1986, 35.

(66)　*1922 Dye Hearings*, 276, 749.

(67)　前掲書，750（1894 or 1895），276（1902）.

(68)　前掲書，750. ボストン，プロビデンス，シャーロット，サンフランシスコ，フィラデルフィア，シカゴ，アトランタ，モントリオールに支店をもち，さらにニュージャージー州のニューアークに「実験室」をもつニューヨークのメッツ社の広告を見よ。この広告は次にある。*Bulletin of the National Association of Wool Manufacturers*, 40 (March 1912). 1912年のほかのデータによるとメッツ社はビクター・ケッヘル社のすべての資産を引き継いだ。したがって，その後その部門は「薬の部門」として認知された（*1922 Dye Hearings*, 278）。

(69)　Metz at the *1922 Dye Hearings*, 750, によるとこの会社は1899年に設立されたとある。しかし p. 744では1893年か1894年だと述べられている。他のデータをみると1902年となっている。

(70)　Haynes, *American Chemical Industry*, I, 313. メッツの弟のグスタフ・P・メッツ博士は統合色彩化学社（1902〜12年）の生産部門の統括責任者となりフープヴェルケ・ヘキスト（1913〜17年）の「コンサルタント」となった（前掲書，III, 319n）。

(71)　*1922 Dye Hearings*, 276, 754. *APC Report*, 51, によると1912年のだいぶ前にヘキストはメッツ社の大部分を手に入れていた。

第Ⅱ部　世界最大の債務国

(72)　*APC Report*, 52，および Haber, *Chemical Industry, 1900-1930*, 121-122, 131-132.

(73)　1981年10月にロンドンのジョナサン・リーベナウとの議論を行うことで薬のサルバルサンの重要性に気がついた。次も見よ。U.S. Senate, Committee on Patents, *Salvarsan Hearings*, 65th Cong., 1st sess., 1917. ポール・エーリッヒの研究はレオポルド・カッセラ社によって金銭的なサポートがなされた。この会社とヘキストとの間には密接な関係が存在した。エーリッヒは自分がもつサルバルサンの特許をヘキストに譲渡した（Mahoney, *Merchants of Life*, 10）。

(74)　これはその当時「移転価格」問題と呼ばれていた問題に対処するための算段であったと思われる。

(75)　*APC Report*, 51. ヘキストのこの会社は，実質的にヘキスト本人が100％の株をもっていた（もっと正確にいうと，10株以外の株はすべてドイツの所有であった）。

(76)　*1922 Dye Hearings*, 278.

(77)　*APC Report*, 51-52. 1912年にフィラデルフィアの弁護士軍団が，代理店を購入するために賄賂を渡しているということで，バイエルのアメリカの子会社の役員を告発した。訴訟が進むうちに弁護士軍団は，ドイツの親会社との関係が貿易の制限に引っかかると判断し，シャーマンの反トラスト法が使える可能性に気がついた。アメリカ国内のドイツの会社はそれから非常に神経質になった（*APC Report*, 41）。次も見よ。Howard Watson Ambruster, *Treason's Peace* (New York：Beechhurst Press, 1947), 5-10，および *1922 Dye Hearings*, 278-279.

(78)　*APC Report*, 41-42, 51-52，および *1922 Dye Hearings*, 278-279.

(79)　RG 59, 165.102, NA，にはメッツに関してかなりの資料がある。メッツのレターヘッドに関しては次を見よ。165.102/90（1914年10月3日付けの書簡）。

(80)　*1922 Dye Hearings*, 745, 748.

(81)　次の部署で得たデータ Department of State, Albany, N.Y., March 19, 1981.

(82)　*APC Report*, 39, 363, 41-42, 49.

(83)　Haynes, *American Chemical Industry*, I, 312. 1899年にゼネラル化学社ができたとき，（その会社はアメリカの化学産業における最初の重要な企業合併であったが）マシソンが取締役であった（前掲書，I, 265）。

(84)　Haber, *Chemical Industry, 1900-1930*, 132-133.

(85)　以下にあるレターヘッドを見よ。RG 59, 165.102/40, NA（1914年8月24日付けの書簡）. 1908年時点ではマシソンはサウスフロリダ海岸の近くのキービスケイン島の大部分が買えるほど裕福であった（マイアミのダウンタウン近郊）。

(86)　Haynes, *American Chemical Industry*, VI, 370. および *APC Report*, 326. RG 131, Box 172 のデータによると，1913年にニューヨークで設立された会社のカレ色彩化学社は1914年2月の時点で公的な記録として以下の株主をもっていた。ドイツのシュトゥットガルトのハーマン・ライス（500株），イギリスのマンチェスターのマシュウ・ライス（500株），ニューヨークのエドガー・フィッシャー（500株）。ドイツ生まれのフィッシャーは1914年7月9日にアメリカ国籍を取得した。

(87)　*APC Report*, 55. グリーシャムに関しては次を見よ。Haber, *Chemical Industry, 1900-1930*, 114-115. メッツによれば，あるとき（1890年代に）クリプシュタインはアメリカにおけるスイスのチバ（CIBA：Chemical Industry in Basle［化学産業のための組織］）の代表（輸入業者）であった。次を見よ。*1922 Dye Hearings*, 750.

(88)　*APC Report*, 56，および Lawrence G. Franko, *The European Multinationals* (Stamford, Conn：Greylock, 1976), 164.

第 **11** 章　化学産業

(89)　*1922 Dye Hearings*, 749.

(90)　アメリカに対してはスイスとフランスの影響も多少はあったが，ドイツの影響と比肩すべくもなかった。W. J. Reader, *I.C.I.*, I, 261-262, 277, 437, によるとイギリスの染料の会社のレビンシュタイン株式会社（1890～95年の間，3分の1をレビンシュタイン家が所有し，3分の1をバイエルが所有し，残りの3分の1は AGFA が所有していた）はエドガー・レビンシュタイン（創立者のイワン・レビンシュタインの息子）をマサチューセッツ州のボストンに「何年もの間，家族の事業を管理するために」駐在させた。エドガー・レビンシュタインはレビンシュタイン株式会社（つまりアメリカにおけるレビンシュタインの販売会社）を経営し，実際に大きな支配力をもっていたように思われる。次も見よ。*1922 Dye Hearings*, 750. 1881年にイギリスの会社であるレビンシュタイン・キャンプベル社（レビンシュタイン株式会社の前身）にいたウィリアム・レッサーが販売の責任者としてオルバニー・アニリン化学製作所に入った。「バイエルのグループ」がハドソン・リバー・アニリン染色製作所を創立する際にはレッサーがそれについていった。のちに彼は最新の技術を学ぶためにドイツにあるバイエルの研究所に行くこととなった（Haynes, *American Chemical Industry*, I, 308）。

(91)　Haber, *Chemical Industry, 1900-1930*, 134.

(92)　次を見よ。Greeley & Giles, "Report on Merck & Co.," Oct. 2, 1918, RG 131, Box 187, NA. ピーター・ハートナーはダルムスタッドのメルクアーカイブで1890年の契約書を発見した。その契約書はドイツの会社とジョージ・メルクとの間に交わされたもので，ジョージ・メルクとベイカーとの間にアメリカにおける「協力関係」を確立するためのものであった。次を見よ。Peter Hertner, "German Multinational Enterprise before 1914," in *Multinationals : Theory and History*, ed. Hertner and Geoffrey Jones（Aldershot : Gower, 1986）, 116.

(93)　Haynes, *American Chemical Industry*, I, 330 ; VI, 271. 次も見よ。書簡 George Merck to Alien Property Custodian, April 4, 1918, RG 131, Box 186, NA. 1904年にジョージ・メルクとぶつかった後，ベイカーは裕福なアメリカ人と結婚していたこともあり，奥さんの父親から経済的な援助をしてもらい，アメリカ・メルク社を辞めて，スクイブ＆サンズ社を購入した（Mahoney, *Merchants of Life*, 193）。この時点で36歳になっていたメルクは会社の全責任を負っていた。

(94)　U.S. House, Committee on Ways and Means, *Importation and Use of Opium, Hearings*, 61st Cong., 3rd sess., 1910-11, 145-146.

(95)　*APC Report*, 59, および Haynes, *American Chemical Industry*, III, 292.

(96)　書簡 George Merck to Alien Property Custodian, April 4, 1918.

(97)　前掲書および次におけるその他のデータを参照。RG 131, boxes 156 and 187, NA.

(98)　*APC Report*, 343.

(99)　前掲書，461.

(100)　U.S. Department of Commerce, *Foreign Direct Investment in the United States*, 9 vols.（Washington, D.C., 1976）, V, G-93. 直接投資に関して私のみた限りほかに証拠はなかった。商務省の研究では情報源が記されていない。しかし，1914年9月の RG 59, 165.102/16, NA, のデータではクノル社はヨーロッパで戦争が勃発する前からアメリカに輸出を行っていたことになっている。

(101)　Haynes, *American Chemical Industry*, III, 484-485.

(102)　シェリング＆グラッツの始まりに関しては次を見よ。Hans Hollander, *Geschichte de Schering Aktiengesellschaft*（Berlin : Schering, 1955）, 14-15. 次も見よ。Haynes, *American*

723

第Ⅱ部　世界最大の債務国

Chemical Industry, III, 483-484. *APC Report*, はシェリング＆グラッツ社に関してなにも記していない。この会社は第一次世界大戦を乗り切ったようである（この名前で）。次を見よ。Haynes, *American Chemical Industry*, III, 322；VI, 470. シェリング＆グラッツに関しては次も見よ。Mahoney, *Merchants of Life*, 253.

(103)　Haynes, *American Chemical Industry*, VI, 209.

(104)　この引用は次による。U. S. Federal Trade Commission, *Report on Cooperation in American Export Trade*（Washington, D.C., 1916), II, 432. この引用は1914年か1915年に出された問い合わせに対する回答である。

(105)　これはフリーズ・ブラザーズとローヌ化学製造会社との間の関連を示すものであるかもしれない。次の２つを見よ。この章の「ファイン・ケミカル」の節および Haynes, *American Chemical Industry*, VI, 171. このフランスの会社は，フランス国内で医薬品を製造していた（Haber, *Chemical Industry, 1900-1930*, 159）。フリーズ・ブラザーズはサッカリンをつくっていたが，サッカリンは「医薬品」として認識される可能性があった。サッカリンはまた，アントワーヌ・シリス（Antoine Chiris）の工場でも造られていた可能性があった（この章の「ファイン・ケミカル」の節を見よ）。この工場は後に医薬品の製造を行ったのである。次を見よ。Haynes, *American Chemical Industry*, III, 320（1922年のことを述べている）。

(106)　これはイギリスにおけるアメリカ事業といえるかもしれないが，実際にはそうではなかった。この会社はアメリカの親会社をもっていなかった。この会社の初期の歴史については次を見よ。Mahoney, *Merchants of Life*, 95-106, 113.

(107)　Haynes, *American Chemical Industry*, VI, 61.

(108)　Fred A. Coe, Jr., *Burroughs Wellcome Co., 1880-1980*（New York：Newcomen Society, 1980), 11. この会社が最初にタブロイドを1884年に商標とした（Mahoney, *Merchants of Life*, 99）。

(109)　*Economist*, 47（Nov. 23, 1889)：1510；H. Osborne O'Hagan, *Leaves from my Life*, 2 vols.（London：John Lane, 1929), II 32-38；および *New York Times*, Jan. 28, 1923（on Warner's 1893 losses). Ｔ・Ａ・Ｂ・コーレイが1986年７月19日と９月10日に私に宛てた手紙によると，1899年にワーナーは会社に借りていた自分の借金をなんとかするために会社の株を「手放した」。この会社はこの時点ですでに決済に関してイギリスに支配権があった。

(110)　Ann Francis, *A Guinea a Box*（London：Hale, 1968), 64, 70, 118, 146-147, 154. T. A. B. Corley, "From National to Multinational Enterprise：The Beecham Business, 1848-1945," unpublished paper, 1983, によるとジョセフ・ビーチャムは会社の代理人Ｂ・Ｆ・アレンに指図をして錠剤をブルックリンでつくらせるようにした。正式な契約ではなく，アレンが工場の従業員に給料を支払い，その後でイギリス本国の会社にお金を支払ってもらうという口約束であった。

(111)　この問題はイギリスの会社（そしてドイツの会社も）が，消費財としてなにか製品を販売するとなると必ず大きな問題となった。J. & P.コーツ社も同じ問題を抱えていた。また，ドイツのステンレスのナイフやフォークなどの刃物類をつくっているヘンケルそしてドイツ・ハインリッヒ・フランク・ジェーネ社なども同様の問題を抱えていた。

(112)　1982年６月27日のＴ・Ａ・Ｂ・コーレイからの手紙による。私の想像では60回の旅行という計算は，片道だけで１回の旅行ということだと思う。しかし，それでも30回の旅行であり，ジョセフ・ビーチャムが1916年に亡くなったことを考え合わせると，驚くべき回数である。彼は1880年代の後半にアメリカのビジネスに対して興味を持ち始めたと判断できる。その時期以

第 **11** 章　化学産業

降にアメリカ旅行が毎年の恒例になったようである。

(113)　Corley, "From National to Multinational," によるとビーチャムが1890～91年に製造を始め
た理由は次の通りである。(1)ビーチャムはニューイングランドから薬箱を輸入していた。つ
まり，薬箱をイギリスに送って，それからまたわざわざ，アメリカに送り返すのは面倒であろ
う。(2)ビーチャムは顧客のすぐ近くで薬の製造を行いたかった。(3)アメリカ人は甘い味付け
がしてある薬を好んだ。そして(4)関税が高かった。コーレイは現地で生産を行うと，製品を
真似してつくる業者を防ぐことができるということも付け加えた。私には最後の理由は今一つ
納得ができない気がするが。薬の製造を現地で行う理由としてもう一つ考えられるのはマッキ
ンリーの関税で，精製前の砂糖に関税がかからないようになったことが考えられる。そうなる
と，アメリカで現地生産を行うコストが下がることになる。次を見よ。F. W. Taussig, *Tariff
History of the United States*, 8th rev. ed.（New York：Capricorn Books, 1964）, 275-282.

(114)　ペアーズ石鹸（第 9 章では他の石鹸も扱っている）は，アウトレットの店で販売された。
ペアーズ石鹸のマーケティングに関しては次を見よ。"Lever Golden Jubilee — USA,
1895-1945"（booklet, 1945）, 5, in Unilever Archives, London. 1909年にジョセフ・ビーチャム
は，ロンドンにある A. & F. ペアーズ社の役員会に加わった。その関係に関しては次を見よ。
Corley, "From National to Multinational." 1910年に A. & F. ペアーズ社の会長兼社長のトーマ
ス・J・パラットが株主に語ったところでは，ビーチャムは「私がわざわざアメリカに行く必
要がないようにしてくれた。ビーチャムは自分の事業と自分の利益のためにアメリカに行った
あとでアメリカから戻ってくるところだった」（London *Times*, Oct. 27, 1910）。1911年にパラ
ットがアメリカにペアーズ石鹸の工場を建設する計画を立てたときには，パラットはジョセ
フ・ビーチャムと一緒にアメリカに行った（前掲書，Oct. 27, 1911）。

(115)　Alfred D. Chandler, "Global Enterprise," unpublished paper, 1982, によると医者や病院に
薬を売り出したのはドイツ人が最初であるということだ。フランコの考えではドイツは政府が
健康保険の制度を早くに採用したことがその理由だとしている。そうすることで大きな需要が
生じた（*European Multinationals*, 36）。他にはドイツでは産業が科学に重きを置いていたと
いうことがある。多くの場合，ドイツでは処方箋の必要な薬が販売されていたので，医者を通
じて販売するよりほかなかった。上に記したように，アスピリン錠ですら最初は医者を通して
広がった。

(116)　Haynes, *American Chemical Industry*, III, 313. 1912年時点でアスピリン錠は 1 パウンド
4.40ドルで売られていた。しかし，別の名前の代用品では 1 パウンド0.65ドルであった。他の
製品でも状況は同じようなものであった。ヴェロナル21.00ドル／ポンドに対して代用品は5.75
ドル／ポンド，ヘロイン8.80ドル／オンスに対して代用品は6.45ドル／オンス（バイエルによっ
て輸入された）であった。アリストール1.80ドル／オンスに対して0.36ドル／オンス（前掲書，
313, 300）であった。ヴェロナルは1904年にメルク社によって発見されたバルビツール酸系催
眠鎮静薬であった（Haber, *Chemical Industry, 1900-1930*, 128）。バイエルも自身独自で同じ
製品を開発したようである。その結果その 2 社は共同生産を行うことになった（Haber,
Chemical Industry during the Nineteenth Century, 135）。1906年の純正食品・薬品法によっ
て，ラベルをつけてアヘン，コカイン，ヘロイン，モルヒネが製品に入っていることを示す必
要が生じた。1914年 2 月に議会を通過したハリソン法によってまず麻酔薬の販売に強い制限が
課された。1924年にはヘロインの製造と販売を目的とする，未精製のアヘンの輸入が禁止され
た（Haynes, *American Chemical Industry*, III, 414, 300-303）。

(117)　上に記したようにサルバルサンはブランドの名前である。

第Ⅱ部　世界最大の債務国

(118)　1906年のアメリカ議会委員会の証人によると5万もの特許医薬品（自家製造の売薬）がアメリカで生産され販売されていた。次を見よ。James Harvey Young, *The Medical Messiahs* (Princeton, N.J.: Princeton University Press, 1967), 23.

(119)　Haynes, *American Chemical Industry*, VI, 172；III, 331.

(120)　前掲書, VI, 171. 1913年の時点でローヌ化学製造会社はフランスの「オーガニック医薬品」のリーダーになっていた。この会社は医薬品, 光化学品, 精油（バニリンとクマリン）それに酢酸セルロースフィルムを専門に扱っていた（Haber, *Chemical Industry, 1900-1930*, 159）。1928年にこの会社はローン・ポレンの一部となった（前掲書, 305）。フリーズ・プラザーズの所有権がどこまで及ぶのかはわからない。

(121)　Haynes, *American Chemical Industry*, VI, 171-172；I, 329.

(122)　前掲書, I, 327-328；VI, 207；および *APC Report*, 457.

(123)　Haber, *Chemical Industry, 1900-1930*, 222.

(124)　Haynes, *American Chemical Industry*, VI, 283；I, 328. 1914年にモンサントはドイツからの輸入に大きく依存していた（書簡 Monsanto to U.S. Department of State, Aug. 31, 1914, RG 59, 165.102/12, NA）。

(125)　Haber, *Chemical Industry, 1900-1930*, 22.

(126)　*APC Report*, 310. 面白いことに, ヘインズはこのアメリカの工場のことをなにも言っていない。もっとも彼はコンスタンチン・ファールバーグのデータはもっているが（Haynes, *American Chemical Industry*, I, 328）。

(127)　Haynes, *American Chemical Industry*, III, 331, および *APC Report*, 467.

(128)　Haynes, *American Chemical Industry*, III, 515.

(129)　Haber, *Chemical Industry during the Nineteenth Century*, 146. ゼネラル化学社に関しては次を見よ。Haynes, *American Chemical Industry*, I, 264-265；III, 5-6. ゼネラル化学社のJ・M・ゲーチウスは後に1911年にバディッシェ社の人間が会社の備品のチェックを行ったとよくいっていた。その結果, ドイツ人はアメリカ人から機器を注文したいと望むようになった（前掲書 I, 265-266）。W・J・マシソン——彼はカッセラ社（アメリカにある6つの大きなドイツの染料の会社のうちの一つ）の代表であった——は1899年にはゼネラル化学社の創立に関わる役員であったことは注目すべきである（前掲書, 265）。ゼネラル化学社は1920年にアライド化学染料社に吸収合併される予定であった（前掲書, VI, 9）。

(130)　ダックタウン社に関しては, 次を見よ。Haynes, *American Chemical Industry*, I, 263, とIV, 81；および Duane A. Smith, *Mining America: The Industry and the Environment, 1800-1980* (Lawrence: University Press of Kansas, 1987), 96-98. 私は親会社の違法な採掘のおまけとして硫酸を生産していたイギリスの会社のサンフランシスコ化学社はここで挙げなかった（第8章注（37）を見よ）。サンフランシスコ化学社が生産した硫酸の量は, アメリカの硫酸の全流出量のなかではかなり小さな量であったからだ。

(131)　*Mineral Industry, 1892*, 57.

(132)　Reader, *I.C.I.*, I, 106, および *Mineral Industry, 1892*, 63.

(133)　Reader, *I.C.I.*, I, 5-8；Haber, *Chemical Industry during the Nineteenth Century*, 89；および Haber, *Chemical Industry, 1900-1930*, 3.

(134)　Haynes, *American Chemical Industry*, I, 270-272；VI, 391. 私の考えではローランド・ハザードに関する最適の情報源は次の書にある2つの記事である。*Bulletin of the National Association of Wool Manufacturers*, 28 (Sept. 1898 and Dec. 1898): 264-266 and 313-341.

第**11**章　化学産業

彼の織物の会社はロードアイランド州ピースデイル市にあるピースデイル製造会社である。

(135)　次の書による。Haynes, *American Chemical Industry*, I, 272；VI, 392. エドワード・N・トランプ (Edward N. Trump) は "Looking Back at 50 Years in Ammonia‐Soda Alkali Industry," *Chemical and Metallurgical Engineering*, 40 (March 1933)：127, のなかで最初の資本のうちの3分の1はソルベイ関係者が提供し，残りの3分の2はハザード，ウィリアム・コグズウェルと，シラキュースにいる彼らの少数の友人達が提供した，と記している。しかし，トランプは所有権のことについてはなにも語っていない。さらに，彼はもともと所有権になんらからんでいなかった可能性すらある。

(136)　Haynes, *American Chemical Industry*, I, 272, と VI, 392；Trump, "Looking Back," 128-129. 歴史家の W・J・リーダーはこう記している。「あなたのいう詳細な表はじつのところソルベイ・グループのいろいろな工場のコストの比較表であった。そのコストの比較はきわめて洗練された方法で詳細が記されていた。金銭でコストを決めたのではなく，労働時間と出来上がった品物の量でコストを決めていた」(1981年1月24日付けのリーダーからの手紙)。

(137)　Haynes, *American Chemical Industry*, I, 272.

(138)　前掲書，271-272；Trump, "Looking Back," 126；および Jacques Bolle, *Solvay, l, invention l'homme, l'entreprise, 1863-1963* (Brussels：Solvay, 1963), 130.

(139)　Haynes, *American Chemical Industry*, I, 272, および Haber, *Chemical Industry during the Nineteenth Century*, 148.

(140)　Trump, "Looking Back," 128.

(141)　Haynes, *American Chemical Industry*, VI, 392.

(142)　前掲書，I, 272.

(143)　前掲書，VI, 392-393.

(144)　Trump, "Looking Back," 128. トランプは1882年にソルベイ・プロセス社 (S.P.C.) に加わった。

(145)　Haynes, *American Chemical Industry*, VI, 392-393.

(146)　前掲書，392 (1897)，および I, 272 (1898).

(147)　Haber, *Chemical Industry during the Nineteenth Century*, 149.

(148)　Reader, *I.C.I.*, I, 222.

(149)　前掲書，I, 100.

(150)　Haynes, *American Chemical Industry*, I, 272.

(151)　Reader, *I.C.I.*, I, 95, および Haynes, *American Chemical Industry*, VI, 10 (quotation).

(152)　Haynes, *American Chemical Industry*, VI, 392. ベルギーのソルベイ社は1920年には間違いなく，セメト・ソルベイ社に関心があった。次を見よ。Cleona Lewis, *America's Stake in International Investments* (Washington, D.C.：Brookings Institution, 1938), 566. Reader, *I. C.I.* は財政に関してなんら明らかにしていない。

(153)　Trump, "Looking Back," 128.

(154)　Haynes, *American Chemical Industry*, VI, 367-368.

(155)　Reader, *I.C.I.*, I, 222-223, 291.

(156)　前掲書，97.

(157)　前掲書，64, 97, 96.

(158)　前掲書，98.

(159)　20万ドルという数字は W・J・リーダーに教えられたのだが，I.C.I.古文書館の BPB.

727

第Ⅱ部　世界最大の債務国

B169ff., Jan. 7, 1889, に出ている。株はアメリカのグループから取得したのであろう。

(160)　Reader, *I.C.I.*, I, 100, 293, 139. この代理権でもって，もしアメリカの所有者がひとまとまりになって投票したとすると，力を行使するのに十分な株をもっていたことになる。

(161)　50％を「ほんの少し下回る」状態であったと想定される。

(162)　Reader, *I.C.I.*, I, 140, 64, 98.

(163)　前掲書，100.

(164)　I.C.I.古文書館のBPB. B. 169ff., Jan. 7, 1889, の手紙のことは，W・J・リーダーに教わった。

(165)　Reader, *I.C.I.*, I, 64.

(166)　前掲書，223.

(167)　前掲書，222.

(168)　Haber, *Chemical Industry, 1900-1930*, 177.

(169)　両方の会社とも1920年にはアライド化学社の一員となる予定であった。

(170)　ここでの計算はReader, *I.C.I.*, I, 292とW・J・リーダーが私に教示してくれたI.C.I.古文書館にある書簡E. N. Trump to Roscoe Brunner, May 13, 1917, in MDW 94/3/7, に基づいている。

(171)　Trump, "Looking Back," 128-129.

(172)　その会社は1943年にワイアンドット化学社となった。

(173)　Reader, *I.C.I.*, I, 222-223. 1914年にミシガン・アルカリが27万トンのソーダ灰を生産した。それに対してソルベイ・プロセス社は45万トンの生産があった。Haynes, *American Chemical Industry*, I, 273, の指摘によると1800年代の終わりには，「ソルベイのオリジナル特許」はすでにかなり前に失効をしていた。裁判所の裁定により改良品に対する追加的な特許は，「他社が同じ方法を採用することを防ぐために，会社の健全な運営のためには不十分であるとした」。つまり，ドアは多くの新参者にも開かれていた。

(174)　Haynes, *American Chemical Industry*, I, 273.

(175)　Haber, *Chemical Industry, 1900-1930*, 177.

(176)　Haynes, *American Chemical Industry*, I, 273. この会社は1948年にマシソン化学社と名前を変え，6年後にオーリン・インダストリーズと統合し，オーリン・マシソン化学社となった（Haber, *Chemical Industry during the Nineteenth Century*, 150）。

(177)　Haynes, *American Chemical Industry*, VI, 264, およびReader, *I.C.I.*, I, 108.

(178)　Haynes, *American Chemical Industry*, VI, 264.

(179)　Reader, *I.C.I.*, I, 229.

(180)　1895年にキャストナー・ケルナー・アルカリ株式会社がイギリスでできたときに，イギリス・アルミニウム社からキャストナーのアルカリと塩素の特許に関してイギリスの権利を獲得した（*Mineral Industry, 1901*, 604）。アメリカの権利はマシソン・アルカリ社が獲得したようである。

(181)　Haynes, *American Chemical Industry*, VI, 264, 114, および*Mineral Industry, 1901*, 559.

(182)　Haber, *Chemical Industry during the Nineteenth Century*, 150, およびTrescott, *Electrochemicals Industry*, 67（「アメリカの代表」），に引用されているジョセフ・W・リチャーズを参照せよ。*Mineral Industry, 1901*, 599, によるとキャストナー電解アルカリ社（CEAC）は，1900年に300万ドルの資本で設立された。その目的はアメリカにおけるキャスターの特許を購入し使用することと，ナイアガラ・フォールズ市にあるマシソン・アルカリ電気化学工場を獲得するためであった。マシソン・アルカリ社はキャストナー電解アルカリ社のシ

第 **11** 章　化学産業

ェアのうち200万ドルを所有していた。Haynes, *American Chemical Industry*, VI, 264-265, によると1917年にキャストナー電解アルカリ社はマシソン・アルカリ社と再併合を行い，マシソン・アルカリ・ワークス株式会社という名前を使用した。The *Stock Exchange Official Intelligence for 1914*, London, 609-610, によると1900年6月29日にキャストナー電解アルカリ社がバージニア州で設立されたのは苛性ソーダとさらし粉を製造するためであったということになる。この会社はナイアガラ・フォールズ市に土地をもっていた。社債の受託者向けのロンドンでの代理業務をキャストナー・ケルナー・アルカリ株式会社が行った。Paul D. Dickens, "The Transition Period in American International Financing : 1897-1914," Ph.D. diss., George Washington University, 1933, によれば1900年7月に「アメリカのキャストナー電解アルカリ社」がロンドンにおける15年の第一抵当によるポンドの社債を申し出たということだ（彼の試算では約72万9900ドルがそこで使われた）。

(183)　Trescott, *Electrochemicals Industry*, 64, はナイアガラ・フォールズ市にやってきた順番に電気化学会社をリストアップしている。ピッツバーグ・リダクション社（後のアルコア）とカーボランダム社は，1895年にそこで会社を始めた。このアメリカ資本の2社と外国投資に依存している3社が最初のパイオニア的な5社として活動を始めた。

(184)　Haber, *Chemical Industry, 1900-1930*, 179. 1900年以降に英国のキャストナー・ケルナー・アルカリ株式会社は，ナイアガラ・フォールズ市のキャストナー電解アルカリ社とナイアガラ電気化学社に対しては少数株主持ち分をもっていたようであるが，このアメリカの2社はお互いに関連がなかったようである。少なくとも私の知りうる限りは関連がない。この会社は工業薬品のなかで，それぞれが別の製品をつくっていたのである。

(185)　*APC Report*, 56.

(186)　ジェームズ・ギフォードから W・W・ウィルソンへの1926年1月22日付けの手紙。デュポンペーパーを参照（パース・アンボイ工場の法人化の日付けに関して）；Haber, *Chemical Industry, 1900-1930*, 123；および *APC Report*, 56.

(187)　*APC Report*, 344. 前掲書，65，左記の書には，ゼネラル・ベークライト社に関連したアメリカにおける利払いがあるロエスラー＆ハースラハー社，アメリカ・エナメル会社および塩素製品会社が登場する。ゼネラル・ベークライト社に関しては以下を参照。Haynes, *American Chemical Industry*, III, 78-380.

(188)　次を見よ。RG 131, Box 200, NA のデータ。アメリカ内の DEGUSSA 社グループに関しては，次を見よ。Thomas R. Kabisch, *Deutsches Kapital in den USA*（Stuttgart：Klett-Cotta, 1982）, 262-270.

(189)　Haynes, *American Chemical Industry*, VI, 313, および Haber, *Chemical Industry during the Nineteenth Century*, 151. オールドバリー電気化学社の詳細については，その親会社のビジネスの歴史をみる必要がある。次を見よ。Richard E. Threlfall, *The Story of 100 Years of Phosphorous Making*（Oldbury：Albright & Wilson, 1951）, 94, 153-163, 260-263.

(190)　本文中で記しているこれらの会社のほかには1890年代中頃から後半にかけてナショナル電解会社がナイアガラ・フォールズ市で操業を始めた。この会社は基本的にはアメリカ資本の会社ではあるが，イギリス生まれのウィリアム・テーラー・ギブズの特許を使用した。ギブズはナショナル電解会社の株（支配的持ち分ではない）を獲得した（Threlfall, *Phosphorus Making*, 281-283, 290）。この会社は1898年に関税を課された後，塩素酸塩（エステル）の生産を始めた（Haynes, *American Chemical Industry*, I, 282）。Trescott, *American Electrochemicals Industry*, 64, はこの会社はナイアガラ・フォールズ市における革新者とは

729

第Ⅱ部　世界最大の債務国

していない。トレスコットはこの会社のナイアガラ・フォールズ市での操業を「1902年頃」と
しているからである。この年月はおそらく間違っているのであろう。ヘインズ（I, 282），スレ
ルファル（p. 281），そしてトレスコット（p. 80）自身も含めて 3 人とも，それよりも前の年
を記している。しかし，最も最初に操業を行った会社のうちの一つであるとはいってよいであ
ろう。

(191)　*Mineral Industry, 1892*, 64. アメリカ国内の販売代理店に関しては次の書を見よ。
Haynes, *American Chemical Industry*, I, 276.

(192)　Edward Salisbury Clark, "An Outline History of the North American Chemical Company
of Bay City, Michigan : 1898-1928," typescript, 1928. ベイシティ図書館のメアリー・B・マク
マンマンのおかげでこの資料を利用することができた。ノースアメリカン化学社（1898～1914
年）の社長はジョン・ブロックでイングランドに居住していた（前掲書, 39）。ブロックはユ
ナイテッド・アルカリ内で「実際に現場で仕事をするトップ」であった（Reader, *I.C.I.*, I,
106）。ノースアメリカン化学社に関する他の文献は次の通り。Leslie Arndt, *The Bay County
Story* （Linwood, Mich. : privately printed, 1982), 149 ; Haber, *Chemical Industry during the
Nineteenth Century*, 151 ; Haynes, *American Chemical Industry*, I, 282 ; Haber, *Chemical
Industry, 1900-1930*, 28 ; Threlfall, *Phosphorus Making*, 262 ; および Reader, *I.C.I.*, I, 228.
ノースアメリカン化学社は初期の方がうまくいっていたようである。イギリスのユナイテッ
ド・アルカリ社はノースアメリカン化学社よりもはるかに多くの製品を扱っていた。ノースア
メリカン化学社は生産ラインが非常に少なかったからである。ユナイテッド・アルカリはアル
カリをつくるために，古いスタイルのルブラン法をアメリカに持ち込もうとはしなかった。私
はしばらくの間どうしてこの会社がデトロイトに目を向けたのかわからなかったが，1895年か
ら1897年にかけてソルベイ・プロセス社が，デトロイトですでに工場を建設済みであったこと
を知り納得がいった。ユナイテッド・アルカリがそのことに気がついていた可能性が高い。

(193)　Threlfall, *Phosphorus Making*, 287. 1902年にイギリスの会社のオルブライト＆ウィルソン
株式会社がエレクトリック・リダクション社（E.R.C.）に対して支配的持ち分を獲得した。
それに伴って次亜リン酸塩の工場が，アメリカのナイアガラ・フォールズ市にある支社のオー
ルドバリー電気化学社に移転された（前掲書, 288-289, 154）。

(194)　Haynes, *American Chemical Industry*, VI, 305, および *APC Report*, 37.

(195)　次を見よ。レターヘッド，Jan. 3, 1911, letter in RG 59, 611.627/293, NA.

(196)　このジョイントベンチャーに関する詳細については次を見よ。Duffus, Jr., *The Story of M
& T Chemicals*, 1-16. 資本金の300万ドルのうち，200万ドルは普通株で100万ドルは優先株で
あった。アメリカン・カン社はゴールドシュミット錫回収社の普通株のうち50万ドル分を所有
していた。優先株100万ドルのうちのほとんどと，残りの普通株の50万ドル（100万ドル分はエ
ッセンの Th. ゴールドシュミット社が所有していたことに注意）は一般に売り出されたが，
若干分はドイツの製造業者に流れた。

(197)　前掲書，9-12. 1911年にゴールドシュミット錫回収社の資産が300万ドルから375万ドルに
増えた。新たに発行された株式は，アルカリ錫を取り出す技術との交換で Th. ゴールドシュ
ミット社のものとなった（前掲書, 15-16）。これによりそのドイツの会社の持ち分が47％にな
った。Th. ゴールドシュミット社はアメリカ企業のなかでは最大かつ単独株主になった。1916
年には戦争の発生により，そのドイツの会社は額面価格175万ドルのゴールドシュミット錫回
収社の株を100万ドルで売却した（前掲書, 24）。1915年にゴールドシュミット錫回収社は現金
50万ドルでゴールドシュミット・テルミット社を購入していた（前掲書, 20）。後者は Th. ゴ

730

第 **11** 章 　化学産業

ールドシュミットが所有していた可能性がある。

(198)　Robert T. Swaine, *The Cravath Firm*（New York：privately printed, 1946）, II, 110.

(199)　Haber, *Chemical Industry, 1900-1930*, 114.

(200)　このリストはアルフレッド・D・チャンドラーが準備した。

(201)　Alien Property Custodian Report は，この会社に関してなにも述べていない。さらにヘインズも，さらには Kabisch, *Deutsches Kapital in den USA* もなにも述べていない。

(202)　Haynes, *American Chemical Industry*, I, 283.

(203)　Trescott, *Electrochemicals Industry*, 15-16 は，電気化学の活動のうちの国際的な面（科学的かつ工学的な活動），特許の活動，産業の発達，教育を扱っている。しかし，彼女は国際投資については扱ってはいない。彼女は間違いなくそれに加えてフランスの影響を扱うであろう（しかし純粋に化学の面に関してというよりは，電気化学の面に関してである）。

(204)　Reader, *I.C.I.*, I, 230, 290.

(205)　Haber, *Chemical Industry, 1900-1930*, 177. イギリス苛性ソーダ製造協会には以下の会社が加盟している。ユナイテッド・アルカリ社，ブルナー・モンド社，キャストナー・ケルナー社，そして他のイギリス化学会社の名前がある（前掲書, 138-139）。

(206)　次を見よ。Haynes, *American Chemical Industry*, VI, 433-434（リンデ社とリンデ・エアー・プロダクツ社に関して）；Haber, *Chemical Industry, 1900-1930*, 30-31（リンデ社に関して），144（ソフト製氷機製造会社に関して）；*Stock Exchange Official Intelligence for 1914*, 588（ブリティッシュ酸素社に関して）；および Haynes, *American Chemical Industry*, III, 159（セシル・ライトフットに関して）。1917年10月にユニオン・カーバイド社と炭素会社が成立し，リンデ・エアー・プロダクツ社を買収した。*APC Report*, 395, 左記の書は「活発に動いていない」アメリカの産業関連会社がもっている株のうちで，またアメリカ外の国がもっている株式のうち，リンデ・エアー・プロダクツ社の4237株を上場した（額面価額でかつ市場価格の42万3700ドルで）。その時点までにリンデ・エアー・プロダクツ社はすでにユニオン・カーバイド社の一部となっていた。私の推測ではその量はリンデもしくは彼のドイツの会社の持ち分であったと思う。リンデはアメリカの支店のまとめ役であったし，彼の会社はブリティッシュ酸素会社の少数株主持ち分を獲得していたので，リンデもしくは彼のドイツの会社が，リンデ・エアー・プロダクツ社の少数株主持ち分を所持していた可能性が高い。この仮定を立証する意味でも次も見よ。Monopolies and Restrictive Practices Commission, *Report on the Supply of Certain Industrial and Medical Gases*（London：H.M.S.O., 1956）, 9-10, 19. アルフレッド・チャンドラーはドイツの情報源を利用して，リンデのライセンスはリンデが交換により株を受け取ったことによっていることを確認した。その前にすでにリンデは，アメリカの会社が冷蔵庫の製造と販売を行う許可を与えていた。

(207)　Dunning data による。University of Reading, Reading, England（国際ペインツ社），および Haynes, *American Chemical Industry*, II, 248（ローリン化学社）。

(208)　Taussig, *Tariff History*, 472. 同様の説明が例えば，次にある。Haynes, *American Chemical Industry*, I, 312.

(209)　Haynes, *American Chemical Industry*, III, 225. リトル氏に関しては次を見よ。前掲書, I, 396-397.

(210)　*1922 Dyestuffs Hearings*, 102-103, は1864年から1883年の間のコールタールの染料と通常の染料にかかるアメリカの関税の歴史を追っている。1864年と1883年の間に顔料と中間生成物の両方に対して緩やかな庇護があった。1883年以降は染料（中間生成物）に対する関税は撤廃

731

第Ⅱ部　世界最大の債務国

された。1897年のディングレー法，1909年のペイン＝オールドリッチ関税法，そして1913年の関税ではコールタールの染料（顔料）は30％の関税がかかっていた。その一方で，中間生産物には関税がかからない状態が続いた。現存するアメリカの「染料」工場は典型的には染料をつくり，輸入した中間生産物に依存している。

(211)　ソルベイ・プロセス社の始まりに関する多くの解説では，ウィリアム・B・コグズウェルの役割にかなり注目している。彼は最初にアーネスト・ソルベイとコンタクトをとった人物である。例えば次を見よ。Haber, *Chemical Industry during the Nineteenth Century*, 148，および Trump, "Looking Back," 126. コグズウェルは，ソルベイ・プロセスの統括責任者となった。彼はローランド・ハザード社の従業員であった。ハザードは1898年に亡くなる。彼の息子のフレデリック・R・ハザード（1858-1917）もまた家族で経営していたロードアイランド毛織物工場で働いていたが，ソルベイ・プロセスのキーパーソンとなった。次を見よ。Haynes, *American Chemical Industry*, I, 272-273. ローランド・ハザードの重要な役割については次も見よ。T. Bolle, *Solvay*, 85.

(212)　Haynes, *American Chemical Industry*, III, 3.

(213)　*APC Report*, 34-35, は購入を行う代理店と染料のバイヤーの腐敗を特に強調している。次も見よ。U.S. Department of Commerce, *The German Dyestuffs Industry*（Washington, D.C., 1924）, 57；Haynes, *American Chemical Industry*, I, 312；および Ambruster, *Treason's Peace*, 1-14. アムブラスター（pp. 2-3）の判断では第一次世界大戦の前の時代に，その巨大なドイツの会社群がドイツ政府と組んで，アメリカの有機化学産業を潰そうとしていた。「われわれ（アメリカ）がこの軍事的に戦略的な産業をまったく発展させることができなかったことは，つまりクルトゥア（訳注：ドイツの精神文化）の代表がわれわれの境界のなかで行ったドイツの目的の明確さ，ドイツによくあることとんまでやる性質，ドイツが戦争の力と産業とを合体させたことを示している」。

(214)　モリス・R・ポーシャーは第一次世界大戦が始まる前に，アメリカにあるバディッシェ社で働いていたのだが，ウィリアムズ・ヘインズに語ったところでは，何年もの間バディッシェは特許や関税の関連で半ダースもの進行中の訴訟を抱えていたということである（Haynes, *American Chemical Industry*, I, 312n）。アメリカのバイエルのチーフ・エグゼクティブのアンソニー・グレフは能力の高い特許を扱う弁護士であった（前掲書，III, 312）。バディッシェは特に，様々なライセンス供与に関わった。そのなかでも最も重要であったのはゼネラル化学社との関わりであった。

(215)　アメリカでの製造に関する理由書あるいは関税が高くなったかなどの証拠は見つかっていない。ドイツの会社がアメリカの会社にライセンスを与えない，そしてもしくは，アメリカの子会社を通じて製造をしなかったのであろう。

(216)　Taussig, *Tariff History*, 473.

(217)　次を見よ。Haynes, *American Chemical Industry*, VI, 114-115, および Haber, *Chemical Industry during the Nineteenth*, 150.

(218)　系列下にない会社は2社のみがこの章全体のなかで記述がある。そのうちの一つはワーナー社で，この会社は例外的であることがはっきりとしているし，重要度も低い（ワーナー自身の金儲けの手段としては重要だが）。もう一つはダックタウン硫黄・銅・鉄会社（Ducktown Sulfur, Copper and Iron Company）で，汚染の問題で訴えられたことを契機として革新的な会社となった。このパターンもまた第一次世界大戦前の化学産業界では例外的な出来事であった。

732

第12章

他の製造業

　外国企業は米国において農機具の製造と販売に投資をした。例えばゴムタイヤ，タイヤ以外のゴムおよびゴムに類した製品，非電気機械と工具，制御製品，さらに電気機械と工具，民間や軍需の輸送工具，その他諸々の道具である。

　この章において私は広範囲にわたる米国における外国の製造会社をカバーし，以前の章で議論しなかった投資に関して考察していく。外国投資家はこれらの「他の製造業」で直接投資活動をした。織物あるいは化学品のケースはそれほどでもないが，ここで議論する多くの企業は米国ビジネスのなかでは非常に活発に海外活動をした産業に属している。しかしながら，外国の直接投資家は米国におけるある特殊な隙間を見出したり，それ以外の場合は投資そのものが短命であったりした。この章の終わりに向けて，私は前述した産業部門での外国の有価証券投資に関しても考察する。

農場機械

　米国が得意とした農場機械分野では，米国における外国の直接投資はカナダの一企業，すなわちマッシー・ハリス耕運機会社（Massey-Harris Harvester Company）に限られていた。その会社はカナダ連邦（英連邦の自治領の旧称）で最も重要な農機具メーカーであった。⁽¹⁾マッシー・ハリス社は大手の輸出会社であった。1900年にその会社は，ほぼ40％以上の農産物を輸出していたが，米国と接する南の国々に対してではなかった。なぜならば，高率の関税によって外国メーカーとの競争から米国の生産者を保護していたからである。⁽²⁾マッシー・ハリス社の最初の米国投資は1906年であった。それはアーカンソー州の2万1000エーカーの材木集積地帯であり，また投資の狙いはオンタリオ州の高品質

733

第Ⅱ部　世界最大の債務国

な堅木が枯渇したとき，その企業を援助することであった。材木はその農場建設に必要とされた⁽³⁾。

　1902年直後に大企業として組織された国際耕運機会社は，カナダに工場を建設し，そこで農業機械の製造を1904年に始めた⁽⁴⁾。当時その産業に競争があったにもかかわらず，マッシー・ハリス社は明らかに米国のその工場の対策を講じなかった。しかし1905年から1909年の間に，国際耕運機会社がヨーロッパのいくつかの工場を建設あるいは買収するために動き出したとき，マッシー・ハリス社にはその大きな輸出市場がおびやかされているようにみえた⁽⁵⁾。また，ある訴訟を意図していたが，訴訟はしないことに決定した。しかしながら，そのカナダの生産者は注意深く国際耕運機会社の動きを観察し，1906年にカナダの関税が引き下げられ，米国製の農機具がカナダ連邦市場にあふれ出たかにみえたとき，マッシー・ハリス社は米国とカナダの顧客に対応するべく，ニューヨーク州ナイアガラ・フォールズ市に工場建設の可能性を探査していた⁽⁶⁾。1907年当時のカナダの関税は自国産業保護を保持しているときであり，そのような事業は不必要のようにみえた。1910年に「互恵主義」（米国およびカナダ双方の関税の減額）の話し合いをもった際，マッシー・ハリス社の役員は再度，米国工場を「低廉な米国の製造業者の製造コスト，輸送コスト，他の米国の競争優位を満たすためのポジション」に置くことを検討していた。マッシー・ハリス社は，互恵主義によって米国の農機具メーカーがカナダ市場において優位性をもつのではないかと心配していた。そのカナダ企業は競争しうる低価格の基地を米国でもちたかった⁽⁷⁾。

　その後，1910年11月14日にマッシー・ハリス社の株主が集合し，ジョンストン耕運機会社の買収資金として，100万ドルの株式発行を承認した。ジョンストン社はバタヴィア市（ニューヨーク州）に工場をもつ，米国では歴史のある大手の独立系農機具メーカーの一社であった。1910年末にマッシー・ハリス社はその会社の発行済みの約1万5000株式のうち，およそ1万1000株を取得して支配権を得た。ジョンストン社は年間売上高が約250万ドルで，その3分の2は米国内，残りは欧州でのビジネスによるものであった。従業員は約1300人の企業であった。この買収により，マッシー・ハリス社はカナダ以外で最初の農具工場をもった。その買収はカナダにあるマッシー・ハリス社の現存工場を補完

第**12**章　他の製造業

し，必要たる余剰能力を追加した。その一方で，それは同時に米国市場参入への重大な一歩を成し遂げた[8]。

1910年にマッシー・ハリス社はまた，ビンガムトン市（ニューヨーク州）に本社のあるデヨ・メイシー社を買収し，その頃の最新の機械を駆使して，カナダでの販売を主目的にした据付式のガソリンエンジン[9]の生産を開始した[10]。2年後（1912年）にカナダ連邦におけるそのエンジンの生産を決定し，ビンガムトン市にある工場を閉鎖して，そこにある機械類の生産をトロント市（カナダ）に移す計画を立てた[11]。

その間，マッシー・ハリス社によるバタヴィア市にあるジョンストン社の工場買収（それはデヨ・メイシー社事業よりはるかに重要である）は，カナダにおいて大々的に新聞報道されていた。すなわちカナダでは保守党が，この買収は貿易障壁を低め，カナダの有力企業が同国を去っていく例であると決めつけた。このようにして，1911年には米国が互恵協定を批准したが，カナダはその協定を批准しなかったのでその関税が残った[12]。

1913年，米国の農機具に対する関税は撤廃された。輸送コストを節約する以外には，ジョンストン社の工場では，米国市場において，マッシー・ハリス社のカナダ工場に対する予想コストの優位性はまったくなくなった。またカナダの関税による影響で，旧ジョンストン社の工場はマッシー・ハリス社の生産量を補強できず，カナダの農夫への販売さえもままならなかった。しかしながら，既述の如く，米国におけるこの新規買収はカナダ企業にとって初めてであった。また，マッシー・ハリス社に米国市場で腰を据えるという決意をさせた。事実，バタビア市の生産量が拡大するにつれて，可鍛性の鋳造工場の能力は倍増し，労働者は2500人にまで増えた。その成長を支えるべく，金融面ではジョンストン社の資本金を150万ドルから175万ドルに増強させた。1910年から1914年の間，この事業は利益を上げた[13]。マッシー・ハリス社のジョンストン社に対するこの投資は，おそらく第一次世界大戦前までの**製造業において**，カナダからの米国に対する最大の直接投資であった[14]。

第Ⅱ部　世界最大の債務国

自転車と自動車

　ごく少数の英国資本が米国の自転車産業に存在していた。1896年，一英国企業がクロフォード自転車会社という米国企業を買収した。第7章で記したように1890年代もまた，英国の数人の投資家と唯一のドイツの投資会社であるマンネスマンは，自転車の製造に使用されていた継目無鋼管の製造に関して，一時的な所有権をもっていた。米国の自動車生産に対する外国の直接投資はより重要であった。

　20世紀初頭，米国の自動車生産が急激に成長し，かつ海外に投資を開始したのと同時に，米国への外国の直接投資はフランス，ドイツ，イタリアからなされた。1900年には，米国は乗用車部門で特にフランスからの輸入が多く，輸出量を超える輸入国であった。12のフランスの自動車生産者がそれぞれの製品を販売するために，1904年までにニューヨークにおいて独立法人を設立した。1906年にはルノーがニューヨークに販売事務所を開設した。裕福なアメリカ人は，手製の豪華なヨーロッパの匂い豊かなモデルを賞賛し購入した。なぜなら初期の米国製の自動車は，見かけも実物も劣っていたからである。しかし45％の関税を後ろ盾に，上昇する国内競争や莫大な国内の潜在需要に鼓舞され，米国の乗用車メーカーは彼らの生産量を増大させると同時に，重要な課題であった国内販売車の品質向上に努めた。1907年までには，台数および出荷額の双方で米国は自動車の輸入を上回る輸出国となっていた。

　ヨーロッパからの輸入品が高関税に直面し，米国の自動車生産に競争しつつあったとき，外国メーカー数社は対応を図った。1901～02年頃に，フランス車CGV（シャロン，ギラード，ボイト）がローマ市（ニューヨーク州）のローマ機関車会社の工場で生産された。その車は4気筒の米国産CGVとして5000ドルで販売された。1905年にはアメリカ機関車会社が，米国において「バーリエット（Berliet）」の組み立てをするライセンスを獲得した。1905年から1908年までの間に，著名な車「米国版バーリエット」として，1909年から1913年には「アルコ（Alco）」として生産された。バーリエット社は50万フランの利益を得て，その現金をフランスのリヨン工場に投資した。バーリエット社が「アメリカ機

736

第**12**章 他の製造業

関車会社」への継続投資をしたかどうかについての確証はない。[21]

この間に，米国において「メルセデス」の生産の基礎ができあがったという，さらに有意義なことが起こった。1888年に米国のピアノメーカーのウィリアム・スタインウェイは，ドイツのシュトゥットガルトを訪れた。[22] またその年の10月にはゴトリブ・ダイムラーがスタインウェイに対し，ニューヨークにダイムラー自動車会社（Daimler Motor Company）を設立する権限を与えた。[23] その少し前の1885年に，ダイムラーはフランスのパンハード＆レバゾー社にダイムラー車の生産に関するライセンスを授与した。ダイムラーはスタインウェイとの1888年の調整で，資本金に組み入れられた米国の新しいダイムラー自動車会社株式を66株取得した（明らかに少数株主である）。ウィリアム・スタインウェイが主たる大株主であった。米国において，スタインウェイはドイツの投資家のために行動するように任命された。またその投資家は，そのニューヨークの会社にすべての特許証書が移管することに同意した。「その特許とは，米国特許事務所によって1888年10月6日に調印されたこの協定の日付以前に授与されたものであり，その後に同事務所から再発行，更新されたすべての特許を指す」。[24]

その後の1889年1月26日，ダイムラー自動車会社は20万ドルの授権資本に至った。[25] 当初，同社は船舶用および据付タイプエンジン用の輸入モーターを販売した。それから，1891年にウィリアム・スタインウェイがコネチカット州ハートフォードにある国営機械会社に，ダイムラー販売のモーターの生産を委託した。[26] まもなくスタインウェイは，ロングアイランド州のスタインウェイ市にある自社のピアノ工場のそばにダイムラー自動車会社の工場を建て，そこでダイムラーのモーターを生産することを提案した。そして，1890年代初期のある時期から，そのピアノ工場から2ブロック離れた場所で新しいダイムラー自動車会社の工場が生産を開始した。[27] また，ダイムラーはニューヨーク市にショールームを設けた。

1892年4月2日号の『アメリカ芸術誌（*American Art Journal*）』に「ダイムラー自動車会社，すなわちダイムラー製モーターとガスエンジンの生産者はスタインウェイホールの隣（ニューヨーク市東14番通り111番地）に進出した」という広告を掲載した。[28]

1893年，カール・ベンツ社はニューヨーク市に代表者事務所を設立した。[29] そ

737

第Ⅱ部　世界最大の債務国

してその年に，熱血漢のゴトリブ・ダイムラー氏はさらなるビジネス拡大のための豊富な計画を携えて米国を訪問した。1893年の恐慌がその計画をさえぎった。ウィリアム・スタインウェイは1896年に亡くなった。彼の死後，「ダイムラー製造会社（Daimler Manufacturing Company）」が1898年に設立された[30]。その米国子会社には，設立の経過からスタインウェイ一族の資本が盛られたようにみえるかもしれないが，その親会社はドイツのダイムラー・モトーレン社（Daimler Motoren Gesellschaft of Unterturkheim）である[31]。ゴトリブ・ダイムラー[32]は1900年に亡くなった。

　ダイムラー製造会社は設立から早い時期に，ロングアイランドの工場でモーターと搬送トラックを生産し，欧州ダイムラー，メルセデス，パンハード＆レバゾーの自動車も輸入販売した[33]。後の1905年に，ダイムラー製造会社は最初の米国製メルセデスを組み立てた。その車は「材料，生産技術，外車のデザインを忠実に踏襲した再生産品」といわれた。またその車は7500ドルで，方やその輸入車は1万500ドルで販売された[34]。米国の輸入車に対する高関税政策のために，ダイムラーは1905年にロングアイランドでついに自動車生産を開始した。

　イタリア車もまた米国で生産することになった。1906年にフィアット社の社長であるギオバニ・アネリは米国を訪問し，ニューヨーク市に販売支社を開設した[35]。3年後の1910年には，イタリアのトリノで高級車を製造しているフィアット社が，ニューヨーク州のポキプシー市で乗用車の生産を開始した[36]。1913年までにパンハード＆レバゾー社のカタログには，パリ，レイム，ニューヨークに工場がある旨，記されている[37]。一方，フランスの企業は，第一次世界大戦前に米国で製造すればよかったが，しなかった。米国関税は輸入品の競争力を弱めた。

　1913年にダイムラー製造会社のロングアイランド工場は焼失した。また，次の3つの理由からその工場は再建されなかった。(1) 1914年に起きた欧州の騒動，(2) 1905年から1913年の間に高度に発達し，十分な競争力をもった米国の国内産業の高揚，(3) ドイツ側の高品質要求を成就させるための米国産メルセデスの明らかなる失敗。

　米国は1913年に，2000ドル以下の自動車の輸入関税を45％から30％に下げた。これはメルセデス工場を再建しないという決定には影響しなかった。なぜなら

738

ば，メルセデスのような高級車は45％課税のままであったからである。事実，欧州の車はすべて高価格であった。もし外国車の生産者が米国の消費者側であれば，彼らは米国での生産をすべきであった。

1914年にフランス車が米国で生産され，またポキプシーにあるフィアット自動車会社の工場でも生産を続けていた。その年の自動車販売数は54万8139台で，輸入車はわずか708台であった。[38]

1900年から1914年の間に，米国でフランス車，ドイツ車，イタリア車が何台製造されたかの記録は存在していないし，再構築できそうにもない。バーリエットの場合を除くどのケースでも，欧州メーカーは米国での生産会社において，なるべく少数株主になりたがっていた。疑いもなく，米国における外国自動車メーカーの総生産量は，国産車の生産量とは比較にならない位わずかであった。米国の自動車産業の初期には多数の企業が競争したが，他方で多くの企業は零細企業であり短命であった。重要なことは高輸入関税，増大する需要および米国の産業の緊急性により，欧州の指導者が輸出代替となる米国での生産のために大西洋を渡ったことである。前述した如く，これらの企業は自国と同様に，例外なく米国でも高級車を生産した。それとは対照的に，1914年に米国の自動車生産者は高価格および低価格車を市場に出した。またフォード社は大量生産品で，なおかつ低価格な車に特化し始めた。フォード社と競合する車を欧州メーカーは販売しなかった。1914年8月，米国の消費者はフォードのTモデル・ロードスターをわずか440ドルで購入することができた。[39]そのとき到達したマーケットは，欧州メーカーが供給したエリート市場とは本質的に異なっていた。要約すると，米国自動車産業における海外直接投資家の役割は1914年まできわめて小さかった。

タイヤ生産

欧州メーカーは米国においてタイヤ生産を請け負った。そして投資の手始めとして自転車用タイヤを供給した。1889年のある月に，ダブリンで「ダンロップゴム社」の前身である「空気制御タイヤ＆ブース回転エージェンシー社」が設立された。その企業は世界的規模の支店および代理店網を確立することを決

第Ⅱ部　世界最大の債務国

定した。1889年に米国に向け自転車用の空気制御タイヤを初めて出荷し，会社の代表者が米国を訪問した[40]。1891年にその会社を代表して，ハービー・クロス（Harvey du Cross, Sr.）がシカゴにあるアルフレッド・フェザーストン社に米国でのダンロップの自転車タイヤ生産の権利を与えた。クロスの息子であるハービー・ジュニアが英国の会社の子会社，米国ダンロップタイヤ社をニュージャージー州に組織し設立準備を始めたときに，その権利は1893年に更新された。その子会社はダンロップの自転車用タイヤをニューヨークで生産した[41]。1899年に当時のダンロップ社のカナダ支店長であったリチャード・ガーランドは，数人のトロントの資本家代表として，米国におけるダンロップの権利[42]を買った。そしてその資本家グループは1900年にゴム製品製造会社にその権利を売却した。その製造会社は1905年までに合衆国ゴム社の管理下に入ることになる[43]。

　1900年にゴム製品製造会社が米国ダンロップタイヤ社のすべての特許および権利契約とともに全株を取得したとき，米国ダンロップタイヤ社は，歴史家のビクター・クラークの言葉を借りれば「米国における最も重要な自転車と自動車のタイヤメーカー」であった[44]。ゴム製品製造会社はまたハートフォードゴム製造所を買収し，1903年までにこの子会社は，「ハートフォード・ダンロップ」という名のもとに平滑タイヤを市場開拓し生産した[45]。1903年のある時点までずっと，そのタイヤはダンロップの商品名で市場に出回った[46]。

　乗用車産業が米国や欧州で躍進したとき，英国ダンロップの所有者は米国の権利による販売成績に失望していた。地元の英国では，ダンロップは自転車用のみならず自動車用タイヤも製造しており，世界的な需要に対応するべく規模拡張の可能性を読んでいた。1909年に「ハービー」「ウィリアム・クロス（ハービー・ジュニアの息子）」および「Ｌ・Ｍ・バーギン社」の３社（すべて英国ダンロップの会社）は米国に進出した。合衆国ゴム社から米国での製造権を買い戻し，ダンロップの商品名で商売したいと願っていた。バーギンは後に「私は合衆国ゴム社からダンロップ名の使用権獲得に失敗した。またタイヤに関して，米国での通商禁止措置の高まりがあったので，ダンロップ名の使用権なしの状態が継続した」と回想している。このように妨害されたので，英国ダンロップはなにもできなかった[47]。

　1913年３月，合衆国ゴム社の子会社の合衆国タイヤ社は，人気のある『サタ

740

デイ・イブニング・ポスト（*Saturday Evening Post*）』紙の一面広告で「本物の
ダンロップ平滑タイヤメーカー」であると掲載した。その広告では，この10年
間ずっと製造販売し続けたと述べ，「今までずっと宣伝しなかったけれども，
われわれのダンロップ販売はこの間に継続して伸長した。昨年単独ではこの増
加は600％以上におよんだ」と訴えた。その広告は英国ダンロップの存在に関
して述べていなかったが，「本物のダンロップ平滑タイヤは合衆国タイヤ社で
のみ製造されている」と喚起していた。[48]英国は混乱し続けていたようだ。1914
年，英国ダンロップの経営者がダンロップ商品名の米国での権利奪還を再び試[49]
みた。合衆国ゴム社[50]は米国における最大のタイヤメーカーになっていたので，
米国でのダンロップ商品名の使用権を保持していた（1915年以降に英国ダンロッ
プはその商品名の権利を再取得することになるが）。[51]

　この間に，ダンロップの最大の強敵である欧州メーカーのミシュランは国際
的に拡張していた。ミシュランのフランス初の工場は1832年に建設された。ミ
シュランの空気制御タイヤのフランスでの生産開始は1891年であった。[52]また，
1904年にはロンドンで，さらにフィアットに供給するため1906年にイタリアの
トリノ市で，1907年にはニュージャージー州のミルタウン市で生産開始した。[53]
ミシュランの米国生産への参入は疑いもなく拡大するタイヤ需要への対応であ
ったが，結果としてダンロップの経営者に米国市場に再参入する試みに刺激を
与えた。また前述したように，1906年にアネリはニューヨークにフィアットの
販売支店を設立した。おそらくフィアットとミシュランの両者は，欧州での商
売で明らかに提携していたので，米国でも相互関係があった。

　ミシュランはその工場とニュージャージー州のミルタウン市にあるＡ＆Ｖタ
イヤ社の機械を購入した。その新しい事業の資本金は300万ドルであった。イ
タリアのトリノにおけるその会社の支店および工場建設計画に基づき，すぐに
ミルタウン市に8つの建設を開始した。[54]1912年8月，親会社のCEOであるエ
ドアード・ミシュランの甥であるマルセル・ミシュランは，科学的経営の米国
の専門家であるフレデリック・Ｗ・テーラーを訪ねた。そのときテーラーは夏
休みを，マサチューセッツ州のプリマスで過ごしていた。なぜならば彼の妻は
病気で，彼は看病のためにそこを離れることができなかったからである。テー
ラーは同僚のＨ・Ｋ・ハザウェイに，テーラーシステムで稼動しているいくつ

第Ⅱ部　世界最大の債務国

かの現場をマルセル・ミシュランにみせるように頼んだ。ハザウェイはマルセル・ミシュランを連れて，ミルタウン市にあるミシュラン工場の訪問もした。[(55)]
マルセル・ミシュランは米国の工場にいたく感心したようで，そのときの印象をテーラーに宛て次のように書いている。「あのようなシステムに従って仕事をすれば，莫大な優位性が得られることを悟った」。また1912年9月11日付けの手紙では，「私は今フランスに戻るところである。われわれは貴方流のやり方をわれわれの特殊なタイヤ産業に適用させるすべに関して，叔父と話し合う準備が十分にできた」と書いている。[(56)]

　1912年9月28日に，ハザウェイはフォローアップのために，12ページの報告書をマルセル・ミシュランに届けた。そのなかで「貴工場における科学的経営管理の採用とその進め方」を推奨しつつ，次のように書いている。

　　テーラー氏の意見は，貴方の工場において科学的経営管理の導入を採用するにあたり，最も良い方法はミルタウン市にある米国工場で最初に実施することである。そのために少なくとも優秀な2人の作業者を米国に派遣し，有能な指導エンジニアの管理下で，科学的経営管理のシステム開発の手伝いをさせる。そこで習得したものはフランスのクレモントの貴工場に導入し，訓練によりものにできる。[(57)]

それからハザウェイは3年の実施計画案を完成させた。[(58)]
　フレデリック・W・テーラーの論文は採用すべき進め方についてはなんの示唆も含んでいない。しかし1920年代に，フランスのミシュラン社は科学的経営管理の強烈な信奉者であったということが論文に記されている。
　重要なことは1912年までにミシュラン社が米国に大規模な工場をもち，そこで自動車タイヤの生産をし，一方でニューヨークから西はシアトルまで，またデトロイトから南はニューオーリンズに至るまで，米国の16都市に営業支店を設けたことである。[(59)]　ミシュラン一族の一人であるJ・H・ミシュランは米国の責任者であった。[(60)]　その会社は1930年までミルタウンで製造を続けていた。[(61)]
　1914年以前の米国市場におけるフランスとイタリアの自動車メーカーの存在を認識するとき，ミシュラン社の米国参入は一見してさほど驚くことではなか

742

った。それは自動車会社の参入よりも成功したかにみえた。サザン・アルミニウム社とともに，ミシュラン社は米国におけるフランスの主要な直接投資先として位置づけられた。サザン・アルミニウム社とは異なり，この投資は短命な関与ではなかった。1914年までに米国が世界の自動車産業界の中心になったことで，欧州の２大タイヤメーカー（ダンロップとミシュラン）は米国で製造販売を望んでいた。ミシュランの第一次世界大戦前の多国籍企業のような拡大は，他の欧米タイヤメーカーのいずれの会社よりも強烈であった。[62]

他のゴムおよびゴムの類似品

　外国企業は米国でタイヤよりも他のゴム製品を生産した。1891年１月，英国企業が多くの米国企業を買収していったときに，ロンドンが本社の「ニューヨーク・ベルト梱包会社」が設立され，その証券は英国民に販売された。[63]その新会社は1846年にジョン・チーバーとヘンリー・デュラントによって創業された既存の米国の企業を買収した。[64]そしてその新会社は，運搬用ベルト，ゴムの梱包，シート状ゴム製品，ホース，防水ゴム毛布を生産していた工場（コネチカット州サンディーフック市にあり，チャールズ・グッドイヤーのゴムの基本特許権を有していた）を包含した。1869年にこのビジネスの製造部門の一端が，ニュージャージー州のパセーイク市に移った。英国による企業買収が起きた1891年までに，米国のその会社は３つの大規模工場を有していた。そのうちの２工場はコネチカット州に，１工場はニュージャージー州にあった。

　1891年１月に，ニューヨーク・ベルト梱包会社の証券が英国に上場された。その前任創業者のジョン・チーバーは役員に名を連ねた。もう一人の役員としてサミュエル・ポープがいた。彼はたまたまそのときに「米国債・株式所有者英国協会」の会長をしていた。その一般公募はベアリング危機の後，まもなくしてなされた。私はその公募が成功したか失敗したかについてなにも知らないが，1892年８月に米国におけるロスチャイルド社の代表であるベルモントが，同年，合衆国ゴム社を併合した米国側のプロモーターであるチャールズ・フリントに接近した。ベルモントは一次的な英国所有のニューヨーク・ベルト梱包会社を包含する**機械用ゴム製品**の製造統合を提案した。1892年には機械ゴム社

743

第Ⅱ部　世界最大の債務国

の本社を，ニュージャージー州のパセーイク市に置くことが提案通りに実現した。その会社はニューヨーク・ベルト梱包会社のほかにいくつかの米国企業をも買収した。この時点で明らかに，資本主は米国側に戻された。1899年にゴム製品製造会社が組織された（1900年には米国ダンロップ社を買収したが）とき，機械ゴム社の株式を取得した。前述したように，ゴム製品製造会社は取って代わり，合衆国ゴム社によって買収されてしまった。[65]

　ゴム型製品の生産に関する英国のもう一つの参入は，スコットランドで靴製造をしていた企業のR＆Jディック社によるものであった。その会社はグッタペルカ（ゴムのようなガム層）から，靴の皮革の上部，靴底，踵部を製造していた。英国のR＆Jディック社は，1885年にバラタ（グッタペルカのような樹液）から「ドライビング・ベルト」を製造した。このベルトは皮革でできているものに比べて優れ，「類まれな引張り強度，柔軟性，摩擦性」を有していた。R＆Jディック社はそのベルトを輸出していた。1909年にその会社は米国に販売支社を開設した。英国における模倣者や米国関税の擁護のもとで生産してきた他の会社は，バラタ・ベルトの独自のブランドで競争したために，R＆Jディック社の経営陣は競争力をつけるためには，米国でのベルト生産をせざるを得ないと意思決定した。したがって，スコットランドで生産されている製品の複製，すなわち「ディックベルト」の生産工場をパセーイクに建設した（1911年に完成）。その会社の最初のマネジャーはJ・F・リン氏で，長期間R＆Jディック社のロンドン支店で勤務していた。[66]しかし，米国における英国所有の3つ目のベルト企業は，ヨークシャー州のクレックヒートンにある「ブリティッシュ・ベルト＆アスベスト社」であった。またこの会社は19世紀の末に米国子会社を設立し，1904年にニュージャージー州のパターソンでベルトとブレーキライニングを生産開始した。[67]

非電動機具・機械，および計器

　多数のドイツの直接投資が米国の非電動機具・機械および多種の計器の製造工場に企てられた。それらの機械類には大西洋溶接会社の溶接道具類，ディディ・マルク社[68]の耐火煉瓦およびガス・レトルト，ゴッツェ・ガスケット梱包会

社のガスケット，J・M・リーマン社のチョコレートおよびココア製造機械，
セラ社のガス混合機械，サイモン・ブーラー＆ボーマン社の醸造機械，シェー
ファー＆ブデンブルグ製造会社のエンジニアリング機器が含まれる。外国資産
管理局レポートの1918—1919年号は，ドイツ資本に管理された多数の機械およ
び計器会社の投資（その多くは小口の直接投資）を掲載している。[69]他国の資本は，
これらの産業に投資をほとんどしていない。

　いくつかのドイツの機械メーカーは特に重要で，注目に値した。1914年にベ
ルリンに本社のあるオレンスタイン・コペル＆アーサー・コペル社は，1913年
のドイツにおいてトップ20社に位置づけられるほど，世界的規模でビジネスを
しているドイツの巨大企業であった。[70]歴史家のジャーガン・コッカは，ドイツ
の機械メーカーのなかでも，通常顧客仕様で機具を製造するメーカーに関して
次のように記している。「彼らの競争力の源泉は卓越した技巧にある」。[71]オレン
スタイン・コペル社はまさにこの記述通りの企業であった。米国では広範囲の
軽軌道機具と他の産業用の機械を製造した。1897年にピッツバーグから35マイ
ル離れた町で商売を開始した。後にその町はペンシルベニア州コペル市と名づ
けられた。1909年，ペンシルベニア州政府より「オレンスタイン・アーサー・
コペル社」の名で営業する許可を得た。その会社は一連の子会社群を組織し，
コペル市に多くの工場を建て，650エーカー超を所有した。また，その企業城
下町で産業財の顧客，すなわちウェスティングハウス，U.S.スチール，デュ
ポンのために生産した。同社はピッツバーグ，ニューヨーク，シカゴ，サンフ
ランシスコに支店を開設した。この独系の米国メーカーは，ドイツからの輸入
材料に頼る必要はなかった。その上，同社はペンシルベニア州から西インド諸
島や南米にある多国籍企業向けの市場に輸出した。[72]

　1906年，U.S.スチール社は，ドイツのエッセン社のハインリッヒ・コパー
ズ博士が発明した効率の良い新しいコークス炉を学んだ。U.S.スチール社の
招きで，コパーズ博士は1907年に訪米し，自身のドイツ企業の支店を設立した。
1912年にH・コパーズ社が組織され，米国鉄鋼会社向けのコークス炉が継続
して建設されるようになった。コパーズ社はセメト・ソルベイ社
（Semet-Solvay，第11章を参照）の重要な競争相手になったが，それは1914年以
降のことである。[73]

第Ⅱ部　世界最大の債務国

　この間，1872年にはゴトリブ・ダイムラーを工場長とするドイツ企業のガスモーター製造ドイツ社（Gasmotorenfabrik Deutz）が，ドイツのデッツェ市に「オットー」エンジンを製造するための工場を建設した。1875年にその会社は初のガソリンエンジンを開発した。ガスモーター製造ドイツ社は1875年に据付型ガスエンジンを製造・販売すべく，フィラデルフィアで支店活動を開始した。[74] 1914年にドイツ人は機関車スーパーヒーター会社の大株主になった。その会社は自社が特許を所有する機関車用のスーパーヒーターを製造し，そのヒーターは実際に米国における重量級の長距離機関車に使用された。[75] もう一社のドイツ系の機械メーカーは，ドイツのハノーバー市のアーネスト・コーティン氏が所有するフィラデルフィア市のシュッテ・コーティン社であった。明らかに誇張されてはいるが，外国人資産管理局のリストではアーネスト・コーティンを「ドイツのアンドリュー・カーネギー」と後に呼び，高く評価している。コーティンの義理の息子であるアデルバート・フィッシャーは，1904年に米国に来て，このフィラデルフィアの工場を操業開始させた。その会社は，多くのアメリカの軍艦に使用されている自動射出機や噴射ボイラーバルブ関係の独占的使用権を所有し管理していた。[76]

　1911年に米国ノーマ社は，ニューヨークで設立された。ドイツのシュトゥットガルト市キャンスタットに本社があるノーマ有限会社が，1000株すべてを所有していた（当初資本金は10万ドル）。その会社は10株を現金で支払い，残りの990株相当については特許および商標をもって譲渡した。1912年11月にドイツのノーマ社は，1913年にベアリングの製造を開始した米国子会社に20万ドルを貸し付けた。その米国の子会社はドイツ製の機械を使用した。ノーマベアリング社は高速機械を取り入れて精密ボールベアリングを製造していた。[77] ドイツのウィリック市が本社のスタルワーク・ベッカー株式会社は，米国にベッカー鉄鋼会社を設立した。その子会社はねじれドリル，ボーリングやリーミングの道具，ボールベアリングを市場に投入し，またそれらを親会社の特許のもとで製造してきたと思われる。[78]

　しかし，米国にあったもう一つのドイツの機械製造会社は，コロン市のゲブルダー・ストールワーク社（Gebrueder Stollwerck）であった。私はすでに米国のチョコレートビジネスに関して記した。このチョコレートメーカーはまた，

746

第**12**章 他の製造業

ドイツにおいて自動販売機の製造と，当時米国でもドイツでも「オートマット」（自動レストラン）と呼ばれている食料販売機の製造に関わっていた。そのドイツの自動販売機製造会社の名は「ドイツ自動販売機製造所（Deutsche Automatengesellschaft Stollwerck & Co.）」であり，1894年に設立された。1894年以前にストールワーク社は米国において，チョコレートばかりでなくチューインガムも供給できる自動販売機を売り出し始めていた。ストールワーク社はブルックリンで客先仕様の機械を製造した。1911年に新会社「自動販売ガム・チョコレート会社」がニューヨークでチューインガムとチクルを製造，販売，運営する会社に併合する目的で組織された後に，この会社は米国にある自動販売機の工場と特許を買収した。買収した会社はドイツ自動販売機ゲブルダー・ストールワーク株式会社と，ストールワーク家の３人が所有していた。この新会社がいかなる所有形態であったかは明らかでない。ドイツのストールワーク社の社史によれば，先の３人は創立者であった。自動販売ガム・チョコレート会社は，1914年４月30日時点で1040万ドルの資産をもっていた。その会社の産物は，ドイツが秀でている特殊機械分野を代表していた。⁽⁷⁹⁾

ナイ・シェーレ社は100％ドイツ人の所有であるが，米国における外科手術機械では最大の販売と製造を手がけた会社であり，相当量の輸出もしていた。その米国の会社は精密機械株式会社（A.G.F.M.）によって所有され，米国子会社を管理するために A.G.F.M. を手中に収めたリチャード・ナイから1896年に買収していた。⁽⁸⁰⁾

ドイツ人は米国市場が高関税や競争状態にあることに気がついており，彼らは頻繁に関税障壁を飛び越えて投資をした。英国人はしばしば積極性に欠け，この現象は広く現代史において認知されている。さらに，英国におけるウェイア工場は米国で大きな売上を記録していた。そして米国工場を迂回させることによって，30％の関税をまぬがれていた。米国企業のワーシントン・ポンプ社は，顧客である米国の造船メーカーと取引していた。ウェイア社の役員は彼らの市場が失われたことに関し議論したが，なんの手も打たなかった。彼らは米国の工場で米国の競争には太刀打ちできなかった。そこには無気力さがみられた。⁽⁸¹⁾

1890年にブレーク・ノウルズ蒸気ポンプ製造会社は，ジョージ・ブレーク製

747

第Ⅱ部　世界最大の債務国

造会社とノウルズ蒸気ポンプ製造会社の全株式を取得して英国に会社登記し，米国に3工場をもった。その資本金は30万ポンドであった。これは前述した形態と類似したフリースタンディング・カンパニーになっていたかにみえる。[82]1899年に新しく組織された国際蒸気ポンプ会社（ISPC）は，マサチューセッツ州イーストケンブリッジ市にあるブレーク・ノウルズ蒸気ポンプ製造会社を，米国の蒸気ポンプ産業の大部分にあたるグループ企業群（ワーシントン・ポンプ社を含む）とともに吸収合併した。ISPCの社債の利子はロンドン，パリ，アムステルダムで支払われた。[83]欧州の利子は有価証券利子となっていった。英国のウェイクフィールド市にあるグリーン＆サン社は，熱節約タイプのボイラーを製造していた。1913年に同社は英国子会社で1000名の従業員を雇った。また，米国に分工場をもったと報告されている。これらは直接投資であった。[84]

　英国人は鉄道用機具に関する雑多な株式をもっていた。英国資本は米国における鉄道の全車両の製造に関わり合いをもった。手はじめとしてアトランティック・アンド・グレート・ウェスタン鉄道社に参加した。[85]『米国鉄鋼協会年鑑（*American Iron and Steel Association Bulletin*）』によれば，英国の資本家はジョン・バス氏が所有していたフォートウェイン，セントルイス，またシカゴにあった大きな自動車用車輪工場，ボイラー，蒸気機関車工場を1889年に買収した。『年鑑』は「バス氏がいくつかの西部鉄道会社向けのすべての車輪やボイラーの仕事を請け負っていた」と報告している。インディアナ州のフォートウェイン市にある彼の鋳造およびエンジン工場はショーケースのように開放され，何百人もの観光客が訪れた。彼の工場は，世界で最も大きな自動車・鉄道用車輪メーカーであった，と伝えられている。また『年鑑』は，バス氏が英国で買収した物件に含まれているアラバマ州の鉄や石炭鉱山の株式を多数所有していたことも報告している。[86]私はこのことに関しこれ以上のことは知らない。

　上記のような状況ではあるが，その道の学者がエンジニアリング産業において，米国に所在する真に積極的な英国企業を見出すことは困難であるに違いない。一つの事例は第10章で説明した繊維機械におけるハワード＆バロー（Howard & Bullough）社である。もう一つの重要な参画者は，直接投資としては短命であった（これはしばしば英国企業の関与の場合では真実であった）が，型通りの起源をもっていなかった。1890年1月7日，フレーザー＆チャルマー社は，

第**12**章　他の製造業

英国において工場を建てるため，また米国企業を買収するためにロンドンで会社登記した[87]。これに先立つこと数十年前（1849年頃），2人のスコットランド人，デヴィッド・フレーザー（機械工であり機械据付工でもある），トム・チャルマー（鋳造工）は米国に移住した。そこシカゴでは，鉱山機械を生産するフレーザー＆チャルマー社を1872年に設立した。その会社はシカゴ工場から米国の鉱山企業に供給した。1880年代までには輸出業務を発展させた[88]。

　南アフリカにあるダイヤモンド，金鉱山の拡大に伴って，英国ロスチャイルド社とウェルナー・バイト社は南アフリカ向けに英国で鉱山機械を製造したかった[89]。彼らはシカゴにあるフレーザー＆チャルマー社と接触し，同社製品を南アフリカに輸送していた。その結果によりロンドンにあるフレーザー＆チャルマー会社の設立に関わった。その当初の取締役は，ロスチャイルドが所有しているエキスプロレイション社のデクラーノ，「デ・ビア社」の役員であるロバート・イングリシュ氏，ウェルナー・バイト社のオーナーであり，後にサー・ジュリアスとなったチャールズ・ウェルナーであった。米国のビジネスの創設者，フレーザー＆チャルマー社およびチャルマーの息子のウィリアムは，英国の新しい親会社で取締役会の一員となった。ジュリアス・ウェルナーは会長であった。この会社の株式は英国民に公開されたが，フレーザー＆チャルマー社の大多数の株式をウェルナー，アルフレッド・バイト，そして両名による指名者ら（企業の実質の管理者），その内訳はロスチャイルドが指名した人たち，フレーザー，チャルマー家（父と息子），そして南アフリカのダイヤモンド・ビジネスに従事していた数人のフランス人が保持していた[90]。フレーザー＆チャルマー社では，英国のエリスに新しい工場を建設中，シカゴ工場が海外向けの販売エージェントであった。英国工場の完成と同時に，シカゴ工場とエリス工場は国際ビジネスの上で相互に補完し合った[91]。

　1901年，ミルウォーキー市にあるエドワード・アリス社のエドウィン・レイノルズは，それまでフレーザー＆チャルマー社の米国子会社社長であったウィリアム・チャルマーと面談した。2人はエドワード・アリス社，フレーザー＆チャルマー社の米国子会社と他の小さな2企業を1901年に合併させることで調整した。

　合併により新「アリス・チャルマー社」が誕生した。後世の歴史家によれば，

749

第Ⅱ部　世界最大の債務国

ウィリアム・チャルマーはこの合併を非常に強く推し進めたかったようである。なぜならば，シカゴ工場では多くのビジネスが期待できないし，重篤な財務問題をかかえていたからである。これに関連して，英国の親会社，フレーザー＆チャルマー社の年次総会報告書（1900年12月11日付け）で，シカゴ工場は満足すべき成果が進んでいると述べているので，きわめて対照的である。

　1901年にアリス・チャルマー社が設立され，フレーザー＆チャルマー社のシカゴ工場が買収されたときに，英国の親会社は新生の米国企業を支配するほどではないものの，影響力があるくらいの株式を取得した。1905年12月に，サー・ジュリアス・ウェルナーはフレーザー＆チャルマー社のロンドンでの年次総会で，同社の売上の２大源泉を次のように報告している。

　⑴大多数の優先株式を所有する米国子会社（アリス・チャルマー社）

　⑵エリスにあるわれわれの工場とそこが関係する取引

　サー・ジュリアスはアリス・チャルマー社について，「うまくいっていない」また「われわれは米国のビジネスに関して少しも管理していない」と株主に言い放った。米国の合併が1901年に起きたとき，ウィリアム・チャルマーはアリス・チャルマー社の副社長になっていたが，彼が新規採用したアメリカ人の従業員は彼を嫌うようになった。結局，1905年12月１日に彼は退くことになった。ミルウォーキーの人々（現地アメリカ人）がその会社を完全に管理したことになる。

　1906年11月，アリス・チャルマー社はドイツ銀行を通じて500万ドルの短期借入をした。そしてドイツ銀行の米国代表者（エドワード・アダムズ）がアリス・チャルマー社の会長になった。1907年以降，アリス・チャルマー社の財務状況は弱体化していった。そしてついに1912年３月に行き詰まり，４月に管財人が指名された。フレーザー＆チャルマー社は組織の再構築に反対し，当初の法的手続きは明らかに成功しなかった。したがって，英国の親会社は所有しているアリス・チャルマー社の優先株式を6500株から4500株に減らした。フレーザー＆チャルマー社が保有していた株の残りを売却した時期についてははっきりしないが，売却したかにみえる。いずれにせよ，経営面に関する限り，英国の親会社は実務的な目的により，1901年に米国のビジネスをどのみち処分した。1914年まで，もしアリス・チャルマー社の株式を保持していたとしても，それ

750

第**12**章　他の製造業

はごくわずかであったろう。しかしながら，1953年の米国企業史のタイプ印書
は，親と子の2企業は友好的な関係であり，おそらくはその関係が1912年の訴
訟時まで続いたと記している。米国において，フレーザー＆チャルマー社によ
ってなされたこの投資の成就は，英国のエリス工場に対する米国の鉱山機械技
術の移転に役立った。アリス・チャルマー社との関係において，ドイツ銀行の
役割はいっそうぼやけてしまった。純粋な財務的な役割であったかもしれない。

　クレオナ・ルイスは，歯科材料，器具，道具のメーカーでもあるクローディ
アス・アッシュ・サンズ株式会社を経営する英国の商人が，1914年以前に米国
でなんらかの操業をしていたことを突きとめた。私はそれらの活動を見つけら
れずにいる。これは英国の稀なる精密機械分野への投資であった。

　非電気機械器具分野において，少なくとも4件の重要なスウェーデンの直接
投資が存在した。他の分野ではこれ以上の重要な投資はなかった。投資の一例
としては，ガス蓄熱会社がある。この会社はアセチレンガスを使用して，灯台
の水路標識をつくっていた。1907年，米国に子会社を設立し，フィラデルフィ
アに本社を構えた。スウェーデン人による2件の米国投資には，豊富な資金を
もつスウェーデン人投資家，グスタフ・レイバル氏の関連会社が絡んでいる。
レイバル・アングタービン社（De Laval Angturbin AB）は1893年に設立さされ，
米国子会社，レイバル蒸気タービン会社を通じて，1901年にニュージャージー
州トレントン市で蒸気タービンの製造を開始した。当初はタービンが水力発電
プラント，工場，農場に設置された。1909年，蒸気変換タービンの開発技術は
応用されて船舶の推進力となった。

　1879年あるいはそれ以前に，グスタフ・レイバル氏はクリーム分離機を開発
し特許化した。彼はこの製品を米国に輸出した。そして1883年，彼はニューヨ
ーク市に少数株主になっている販売会社を設立した。1889年，彼のスウェーデ
ン企業である分離機会社（AB Separator）は，アルファ分離機というドイツの
技術者から特許を手に入れた。まさにその年，分離機会社は後に「アルファ・
レイバル社」と社名が変わるものの，米国販売会社の全株式を取得し，ニュー
ヨーク州ポキプシー市にアルファ分離機の工場設立を企画して，1892年には製
造開始に漕ぎつけている。1900年までに米国でのこの操業のために1000名の労
働者を雇用した。1910年頃までに，その米国子会社はスウェーデンにある親会

751

第Ⅱ部　世界最大の債務国

社に，およそ75％の利益を配当した。この事実は一時的な現象であるが，意義
深い指標であった。アルファの特許でその会社は強力な優位性に立ち，米国の
酪農を主とする州での分離機マーケットの70％を，また全米の分離機マーケッ
トでは50％のシェアを獲得した。20世紀初頭に特許が消滅したとき，少なくと
も1914年までに米国や他のスウェーデンメーカーからの競争圧力により，マー
ケットシェアは30％まで落ちた。その会社は米国分離機市場では第１位を保持
していた。

　この躍進は米国における４番目のスウェーデンの投資を呼ぶことになる。そ
れはアメリカで著名なウォレンベルグ一族による，クリーム分離機産業への銀
行投資であった。その一族の一人，グスタフ・ウォレンベルグは，レイバルの
ポキプシーでのビジネスの成功とは関係なく，米国へ旅行に出掛けた。したが
って，アルファの特許の消滅とともに，グスタフ・ウォレンベルグは米国にお
いて帝国クリーム分離機会社という新しいクリーム分離機の会社を組織した。
その設立の正確な日付は不詳である。スウェーデンにおけるウォレンベルグ一
族，すなわちストックホルム・エンスキルダ銀行は新しいビジネスのために投
資をして，スウェーデンの機械を送り，人材を派遣した。あるときまで（おそ
らく1913年まで），1904年にスウェーデンに設立され酪農機械分野でレイバルの
競争相手であるバルティック社は，帝国クリーム分離機会社とニュージャージ
ー州のブルームフィールドにある米国の工場を買収した。1913年，スウェーデ
ン人所有の帝国クリーム分離機会社は，米国分離機マーケットの約７％を所持
し，レイバルの子会社は30％をもっていた。⁽¹⁰⁴⁾

　これら４カ所のスウェーデン人所有の製造工場に加えて，1901年にスウェー
デンで外灯，主に鉄道の潤滑油ランプを製造するために設立されたラックス社
は，1910年から1920年の間に，この国でなんらかの製造をしたと思われる米国
の子会社をもっていた。⁽¹⁰⁵⁾また，ストックホルム・エンスキルダ銀行のマルカ
ス・ウォレンベルグが率いるシンジケート団（ニューヨークにあるナショナル・
シティ銀行とブラウン・ブラザーズ銀行を含む）は，1913年にスウェーデン人の管
理する新しい会社，マッキントッシュ＆セイモア社に融資を行った。また，そ
のセイモア社はウォレンベルグ一族が所有しているディーゼルモーター社の特
許である変換ディーゼルモーターの製造・販売を企画していた。マッキントッ

752

シュ＆セイモア社は，西半球に加え，全米の植民地と所有のおよぶ地域に関して特許を保持していた。1914年7月以前に生産開始したかは不詳である。[106]

　一方では，1911年の数年前にルドルフ・ディーゼル社の米国での基本特許を取得し，その後長期間保持していたアドルフ・ブッシュ（米国のビール製造者）は，1911年，スイスのウインテルツアー市にあるスルザー・ブラザーズ社と合弁事業を始めた。また彼はブッシュ・スルザー・ブラザーズ・ディーゼルエンジン社を設立し，ブッシュビール醸造所のあるセントルイス市に新工場を建て，スルザー・ブラザーズ・ディーゼルエンジン社のKシリーズとしてすでに世に認められているエンジンを量産した。スルザー・ブラザーズ社がこの会社の株主資本を所有していたということは（ロバート・スルザーが取締役員会のメンバーであったことからも）明らかである。しかし，ブッシュは支配を保ち続けていた。[107]

　スウェーデンおよびスイスの投資，また多くの英国の投資にもかかわらず，ドイツ人は機械，器具，道具分野での米国投資では明らかに先んじていた。そのドイツの先進性は驚くほどではなかった。ドイツ人は彼らが得意とするこれらの産業分野に投資した。それらの分野では，時として特許化された特殊技術や高度な精密さを要求している。彼らはしばしば米国の関税障壁を乗り越えているようにみえる。事実，米国に対する2件のスウェーデンの投資（アルファ分離機とディーゼルモーター）およびスイスのディーゼルエンジンの投資はドイツの発明に基づいていた。[108]しかし面白いことに，有名なドイツの機械・器具メーカー，例えば機関車メーカーのボルグ社，フンボルト社，マシネンファブリック・アウグスブルグ・ニュルンベルグ（M.A.N.）社（Maschinenfabrik-Augsburg-Nurnberg）などの企業は米国投資をしていない。これらの企業は米国で特別な優位性をもっていなかった。[109]

電気機械

　非電気機械器具分野と同様に，電気機械分野は米国において，外国の直接投資を呼び込む魅力があった。私はすでに第11章で電気化学企業におけるある外国企業の関与を述べた。米国の電気化学産業を含む電気機械産業では，高度技

第Ⅱ部　世界最大の債務国

術をもった革新的なドイツ企業が投資家として際立っていた。

　1880年代までにドイツの電気産業は，2グループが支配的であった。第1グループは1847年に設立されたシーメンス＆ハルスキー社であり，電信網の設置，電線ケーブルや他の器具の製造に関与していた。この会社は後に，より多くの電気産業分野に進出した。第2グループはエミル・ラーテナウ社とアメリカ・エジソン社の資本で始まった比較的新しい巨大企業である。ラーテナウは1881年のパリの博覧会でエジソンの電球を見つけ，ヨーロッパへの導入を望んだ。1883年にシーメンス＆ハルスキー社が特許侵害で訴えたとき，ドイツの2企業は合意に達していた。それ以来，2企業は別個の路線を歩みつつ，全般的には友好関係にあった[110]。

　1883年，ラーテナウはドイツにおけるエジソン社の電燈の特許を利用するためにドイツ・エジソン社を設立した[111]。4年後の1887年，彼の会社の名前は「アルガマイン電気社（A.E.G.：Allgemeine Elektrizitats Gesellschaft）」に変更された。A.E.G.社の会長はジョージ・ボン・シーメンスで，彼はドイツ銀行の取締役を務め，ウェルナー・ボン・シーメンスとは従兄弟の関係にあり，シーメンス＆ハルスキー社のCEOでもあった。1883年の締結の結果，A.E.G.社とシーメンス＆ハルスキー社はエジソンのドイツでの特許を共有した。A.E.G.社の当初の最大株主はシーメンス＆ハルスキー社であった。A.E.G.社は1887年に，アメリカ・エジソン社から株式資本面で全面的に独立した[112]。

　この間，米国に渡ったドイツ人移民であるヘンリー・ヴィラードは，米国に巨大なドイツ資本の拠点をつくった。すでに第4章でドイツ人の社債所有者の代表者であったヴィラードについて触れた。また第6章では，ドイツ人の貯金を「ノーザン・パシフィック鉄道」や他の鉄道会社に導入したときの役割に関して触れた。伝記作家のダイトリック・バスによれば，1879年からヴィラードは1879年からトーマス・エジソンと深い親交があった[113]。ヴィラードは1884年にノーザン・パシフィック鉄道会社の社長を辞した後，表向きエジソンの発電プラントを市場で売買するという名目でドイツを旅行した[114]。旅行とはいえ，彼はシーメンス＆ハルスキー社のウェルナー・ボン・シーメンスやドイツエジソン社のエミル・ラーテナウに会い，これと同時にドイツ銀行のジョージ・ボン・シーメンスと旧交を温めた[115]。ヴィラードは1887年，ドイツエジソン社が

754

第**12**章　他の製造業

A.E.G.社に移管されるように交渉を手助けした。[116]

　しかしながらそれ以前（1886年）に，ヴィラードはドイツ銀行の代表者として米国に戻った。そして，シーメンス＆ハルスキー社から権限委譲を受け，シーメンスの鎧装ケーブルとカップリングに関して，排他的製造権を行使した。[117]米国の高関税からして，ヴィラードはシーメンス＆ハルスキー社が米国で電線ケーブルを製造してはどうかと提案した。そして1887年4月に，彼はシーメンスの特許による米国での工場生産を準備した。[118]ヴィラードは，そのケーブル製造をライセンスのもとでエジソン社が請け負ってはどうかと考えた。[119]1888年の春，ヴィラードはシーメンス＆ハルスキー社に報告するため，ベルリンに戻っていた。また過激な差別化戦略へと進展した。ヴィラードはドイツのお金を使い，米国にあるすべてのエジソン社の事業を支配することを提案した。[120]彼はドイツ銀行とシーメンス＆ハルスキー社で彼の友人に会い，また同様にA. E. G.でエミル・ラーテナウと会って，彼らの支持を取りつけた。[121]

　1880年代後半，ドイツの電気産業は開花していた。それゆえにシーメンス＆ハルスキー社，A.E.G.社およびドイツ銀行が，ヴィラードの計画に好意的な反応を示した。伝記作家のバスによれば，ヴィラードはその後でエジソンのところに行った。エジソンは「ヴィラードが実働資本の欠如のもとではすりきれてしまう」ので，彼の計画を了解した。[122]1889年4月，新しい会社，エジソン・ゼネラル・エレクトリック（エジソンGE）社は米国で法人化された。エジソンとウェルナー・ボン・シーメンスは，製造ノウハウはもとより研究に関しても相互に協力，交換することになった。また新生会社は，米国でシーメンス＆ハルスキー社が所有する，すべての価値ある特許のライセンスを保持することになるであろう。[123]

　伝記作家のバスが見つけたヴィラード文書によると，シーメンス＆ハルスキー社は400万ドル，A.E.G.社は380万ドル，ドイツ銀行は50万ドルを投資し，新生会社の資本金1200万ドルのうち830万ドルを3社が投資した。[124]これは1889年当時の外国資本による産業への投資としては破格の金額であった。このドイツの投資は1889年4月26日に行われた。[125]これはすなわち，新しいエジソンGE社の設立であり，またドイツの主要な電気メーカー2社によるドイツ人の管理の始まりであった。

755

第Ⅱ部　世界最大の債務国

　この新会社は外国投資をしなかった。国際ビジネスを構築したエジソンは，国外活動の管理力を失っており，かってないほどに国内活動においても失速していた。ヘンリー・ヴィラードはこのプロジェクトのドイツ人の代表者として，また企業家としても，エジソン GE 社の創立期の社長となった。

　1889年 4 〜 5 月，ヴィラードは1884年に設立されたスプローグ電気鉄道モーター社をエジソン GE 社に併合することを提案した。フランク・スプローグは路面電車用のモーターを発明し，彼の会社はバージニア州リッチモンド市にある路面電車の軌道を敷設するのに成功した。シーメンス＆ハルスキー社は，スプローグ電気鉄道モーター社の**欧州**における公営輸送業務市場での競争力を恐れていた。このようにして，ヴィラードはシーメンス＆ハルスキー社の株式に働きかけをして，エジソン GE 社に将来の可能性を秘めたライバル会社を買収させようと企てた。そして1889年にはエジソン GE 社がスプローグ社を吸収した。エジソン GE 社は1890〜91年までに，6000人位の従業員を雇用する巨大企業になった。これはドイツの直接投資であった。

　1890年，シーメンス＆ハルスキー社の米国における新しい電線ケーブル工場の計画は組織化された（その工場はドイツ人による大規模な投資結果となるように手はずを整えスタートしていた）。1890年 2 月18日，シーメンス＆ハルスキー社は子会社であるエジソン GE 社に，鉛被ケーブルの特許の使用実施権を与えた。ライセンス契約には，その工場建設，保守，会計処理方法，ベルリンにあるシーメンス＆ハルスキー社に準備されるであろう設計業務に関する詳細が記されていた。エジソン GE 社はその工場の設備機械代金と工場長の給与（年間 1 万ドル）を支払うことで合意した。シーメンス＆ハルスキー社は，その工場の純利益の20％を受領する保証がなされ，工場の会計帳簿に自由にアクセスする権利を与えられた。この新工場はニューヨーク州スケネクティディ市にあるエジソン工場に隣接して，1891年に建てられた。

　ヴィラードの次のステップは，エジソン GE 社の最も重要な米国のライバル会社であるトーマス・ヒューストン社を，彼の管理下に置いたまま統合させることであった。彼はこの目標を達成させるために追加資金が必要であったが，ドイツ人の支援者は鉄道事業に関する理由で，このときまで出資することを望んではいなかった。ヴィラードは J ・ P ・モルガン社へ融資の要請に行ったが，

756

第**12**章　他の製造業

モルガンはヴィラードに対し，なんと合併時にはヴィラードが引退するように
と主客転倒を迫った。エジソン GE 社とトーマス・ヒューストン社は1892年に
合併した。そしてゼネラル・エレクトリック社が，トーマス・ヒューストン社
の前 CEO であったチャールズ・コフィンを長として組織された。ゼネラル・
エレクトリック社の資本金は当初，3500万ドルであった。その合併と，おそら
く1891年に実施された再組織化の前に，マシュウ・ジョセフソンによれば「約
200％の相当額の利益を手にして」ドイツの投資家は完全に撤退した。このよ
うにして，大規模ではあったが，おおよそ２年程度の短命なドイツによる米国
への直接投資は終了した。

　電線ケーブル工場はゼネラル・エレクトリック社の一部になった。A.E.G.
社について，私はドイツにおけるエジソン社のように誕生したと記したが，
A.E.G.社はゼネラル・エレクトリック社とはドイツ銀行を通しての関係とい
うよりは，むしろ直に緊密な関係を保っていた。このとき以来，ゼネラル・エ
レクトリック社自身はアメリカ人により所有され管理されていた。

　1891年から1892年までの冬に，エジソン GE 社からドイツ資本が撤退したと
きと同じころ，ウェルナーの息子のアーノルド・ボン・シーメンスはあるシー
メンス特許の利用可能性を追究するために，米国を旅した。1892年，彼は新会
社「アメリカ・シーメンス＆ハルスキー電気社」を組織した。その当初の経営
陣はドイツ人であったが，米国の合弁パートナーがすぐに加わり，新子会社の
社長にアメリカ人のマイゼンバーグが就いた。シーメンス＆ハルスキー社の，
ベルリン工場出身のアルフレッド・ベルリナが工場長になった。アメリカ・シ
ーメンス＆ハルスキー電気社はシカゴに工場を建設した。しかし，マイゼンバ
ーグはベルリナを解任した。ベルリナはその後偶然にも，ドイツにあるシーメ
ンス・シュケルト・ヴェルケ社の経営陣の会長にまで登りつめた。

　1893年，ウェルナーの次男であるウィルヘルム・ボン・シーメンスは，万国
博覧会のためにシカゴを訪れ，シーメンスの新シカゴ工場を視察した。彼はそ
の子会社が，50万ドルという最適な資本金相当額をはるかに超える責務を承継
したことに気がついた。ウィルヘルム・ボン・シーメンスと彼の米国のパート
ナーは，設立以来の危機を克服するために倍額増資することで合意した。アメ
リカ・シーメンス＆ハルスキー社は，特に照明器具の製造で成功しており，そ

757

第Ⅱ部　世界最大の債務国

れをビール醸造所やドイツ生まれの移民ビジネスマンによって運営されている他の企業向けに，上手く販売するようになった。この会社は拡大していった。[140]

　その後，1894年7月にそのシカゴ工場は焼失した。6カ月の後マイゼンバーグは，アメリカ・シーメンス&ハルスキー社が一時的に避難していたグラント機関車製造会社を買収する提案書を携えてベルリンに着いた。マイゼンバーグはまた，その会社が機関車をつくり，再び資本金をその時点の100万ドルから200万ドルへ増強することを示唆した。ドイツ人側は自国においては繁忙だったが，米国の経済は1893年恐慌の後遺症で不確かな状況であったので，追加投資を決定しなかった。したがって，ビジネスにおけるアメリカ人パートナーの取り分は増え，シーメンス記念館所属の歴史家は「その米国支店はベルリンの会社（シーメンス本社）の管理下から離れた」と書いている。[141]1897年，アメリカ・シーメンス&ハルスキー社の資本金は，同社がペンシルベニア鉄鋼製造会社を取得したとき，再び増加した。これにより「初期目的から完全に遊離」していった。シーメンス&ハルスキー（ベルリン）社は資本を引き上げた。[142]

　1899年5月4日，シカゴの弁護士レヴィー・マイヤー（Levy Mayer）は，電気自動車会社（Electric Vehicle Company）がアメリカ・シーメンス&ハルスキー電気社の買収を完了したと発表した。彼はそのアメリカ・シーメンス社が数年前に，シカゴにある古いグラント機関車工場を買収し拡張したこと，またその工場は7エーカーあり，2000名の雇用があったことも報告した。アイザック・ライスは蓄電池会社（Electric Strage Battery Company）と電気自動車会社の社長であったが，アメリカ・シーメンス社の社長に選任された。[143]

　ジョン・ムーディによれば，1900年の4月にゼネラル・エレクトリック（GE）社は，アメリカ・シーメンス&ハルスキー社の全株式を取得した。[144]ドイツ資本が撤退するにつれて，アメリカ・シーメンス&ハルスキー社の競争的ポジションは悪化した。[145]1900年にアメリカ・シーメンス&ハルスキー社は，機械工組合と非常に不利な契約を締結した。1900年のシカゴ労働争議に関する米国産業調停委員会の宣誓証言は，その合意の結果，同企業は東方地区のメーカーとの競争力がなくなったことを言明している。[146]

　1903年シーメンス&ハルスキー（ベルリン）社は，かつて子会社だったアメリカ・シーメンス&ハルスキー社との特許契約について破棄およびその会社か

758

ら，シーメンス＆ハルスキーの名前の抹消も望んでいた。もし米国子会社と早期合意していたならば，ベルリン本社は米国において自社名の生産やそれ以外の生産もまったくできなかったことを意味していた。1904年，新合意書では，別前により，米国内の生産ができた。ドイツから輸入した商品に自社名をつけて販売することは自由であった。[147] ドイツ・シーメンス社の歴史家は，そのベルリン企業が子会社を失ったものと信じている。なぜならば，その米国子会社の管理は，多くのアメリカ人の手に委ねられていたからである。この歴史家は，シーメンス社が自己の経営方式に主張すべきであったと考えていた。[148] シーメンス＆ハルスキー社は徐々に支配力を失いつつあったので，完全に提携を中止した。まとめると，20世紀の初頭にドイツの2大電気機械会社であったシーメンス＆ハルスキー社とA.E.G.社は，かつて双方とも米国で有意義な直接投資をしていたが，今やそれらの子会社を保持していなかった。

　1903年，A.E.G.社とGE社とは，前者が多くのヨーロッパ地域，トルコ，アジアの一部に属するロシアを排他地域として所有し，他方で後者は，マーケットエリアとして米国とカナダを所持することで合意した。この合意書はGE社によってなされた国際契約の一部であり，[149] これによって，GEは基本となる米国電気機械市場において，海外メーカーとの競争を効果的に避けることができた。そのシカゴの頓挫した投資の後で，シーメンス＆ハルスキー社は少なくとも主要な製品を米国市場にどうも再投入したらしい。

　私は1903年にベルリンのシーメンス＆ハルスキー社が，以前の子会社との提携を打ち切ろうとして動いていたことと，A.E.G.社がGE社と国際契約を締結したことがたまたま一致したとは考えていない。ドイツにおいてシーメンス社とA.E.G.社は協力関係にあったので，GE－A.E.G.契約はシーメンスの役割に影響を与えたことは疑う余地もない。ドイツの巨大な2企業のこの象徴的な関係は，1903年に2社が協力してドイツで周知のテレフンケン社を設立するに至った。[150]

　シーメンス＆ハルスキー社とその子会社であるシーメンス・シュケルト・ヴェルケ社は，米国に代表者としてカール・フランク博士を擁していた。博士はテレフンケン社がロングアイランド島のセイヴィル市に無線センターを建てたときに（第14章を参照されたし），テレフンケンの技術者の給与を負担した。[151] し

759

第Ⅱ部　世界最大の債務国

かし，米国におけるテレフンケン社の存在は，ただ単にドイツ人による早期の重要な関わり合いの表れにすぎなかった。1912年に GE 社，A.E.G.社，シーメンス社を含んだ特許の相互交換を狙いとした合意書案が完成したが，調印には至らなかった。なぜならば，シーメンス社はウェスティングハウス電機会社に話をもちかけたかったが，その一方で A.E.G.社は，ウェスティングハウス社を含めることは敵になる会社を強化することになると考えたからであった。[152]

　ウェスティングハウス電機会社は1900年までに米国の電機産業において，GE 社に次いで第2位になっていた。この会社は創生期には海外に向けて飛び出して行った。しかし，1907年の夏にウェスティングハウス社は困難に直面し，財政支援を必要とした。同社はパリとロンドンで270万ドルの10年物の代用証券を販売した。それを購入したのが現存する欧州の電機メーカーであったかどうかは定かでない。[153] ウェスティングハウス社には，外国の直接投資がなされなかったのは確かである。

　外国の直接投資は米国の電機産業において，一般的な基礎電気機械の分野から，高度に特殊化された分野にみられるようになった。シュトゥットガルトが本社のロバート・ボッシュ社は，自動車のイグニッションに使用されるマグネット発電機に投資をし，特許を取得した。[154] 20世紀初頭，米国の企業はボッシュ社のマグネット発電機を輸入していた。その関税を考えると，ボッシュは1906年に米国での生産が望ましいと判断した。[155] その年，彼はロバート・ボッシュ・ニューヨーク社を設立した（まもなく「ボッシュ・マグネット発電機」に社名変更された）。当初，資本金は2万5000ドルであった。[156] その年はたまたま，ダイムラー製造会社が米国で米国製メルセデスをつくり始めたのと同じ1906年であった。ボッシュの新会社は販売業務のみでスタートした。そして1910年に製造を開始した。[157] ボッシュ・マグネット発電機会社は統合された資本および650万ドル超の利益ならびにマサチューセッツ州スプリングフィールド市にある近代的工場およびデトロイト，シカゴ，サンフランシスコの「支店」を，1914年の夏までに所持した。その主たる事務所と販売部門はニューヨーク市を本社と定めた。その上，同社の代理店と供給センターを米国の100以上の都市に置いた。ボッシュ・マグネット発電機会社は米国において最良品質のマグネット発電機を製造し，およそ130件の特許を所有していた。1912年にはまた，ニュージャ

760

第**12**章 他の製造業

ージー州ブーントン市にあるブーントン・ゴム製造会社の支配権を獲得した。
このゴム会社はモールド絶縁品の米国最大のメーカーであり，マグネット発電
機産業にとって欠く事のできない製品のメーカーであった。1914年5月，ボッ
シュ・マグネット発電機会社はニュージャージー州プレインフィールド市にあ
るラッシュモア・ダイナモ製造会社を75万ドルで買収した。その工場は後に閉
鎖し，取り壊した。1912年にボッシュ・マグネット発電機会社は，シュトゥッ
トガルト市にあるアーネスト・アイゼマン有限会社が設立したアイゼマン・マ
グネット発電機会社の発行株式2000株のうち900株を所有した。この会社はド
イツ人が管理するマグネット発電機分野の競争相手でもあった。この株式購入
により，ボッシュ・マグネット発電機会社は，その会社の単独でかつ最大の株
主となった。さらに，1914年までにドイツの2社のボッシュ・マグネット発電
機会社とアイゼマン・マグネット発電機会社は，米国で製造されるマグネット
発電機の半分以上を生産し，この重要で特殊な産業を支配した。[158]

　米国における電気機械分野の他のメーカーとしては，英国資本により支配さ
れ1899年に設立されたアメリカ・マルコーニ無線電信会社がある。その会社は，
イタリア人の発明家であるグアエルモ・マルコーニの無線電信の発明品を使用
した。なぜならば，この一連の投資は通信に関連していた。私は第14章でこれ
らについて触れるので，ここでは少なくとも1905年より早い時期に米国マルコ
ーニ社が米国で無線通信関連の設備を製造していたことだけを記しておく。米
国マルコーニ社はニュージャージー州にある工場で，商船上に設置する真空管
と無線機械を製造することになった。[159]テレフンケン社はロングアイランド島の
セイヴィル市で，わずかながらも新しい設備を製造していたかもしれなかった。[160]
たいしたことではないが，ドイツ人支配下の潜水艦無線会社はまた，米国にお
いて潜水艦用無線機械を製造した。[161]

　電機産業とはまったく違った分野で，1898年に英国で設立されたグラマフォ
ン社は，米国で1901年に組織されたビクター社と包括的な合意書を締結した。
その合意は次のように規定されている。

　(1)米国の会社（ビクター社）は，定められた条件によって製品をグラマフォ
　　　ン社に供給する。

　(2)世界市場を2社で分割し，互いに競争はしない。

761

第Ⅱ部　世界最大の債務国

(3)英国の会社（グラマフォン社）は，コストの半額（最高1万ドル）をビクター社の管理する米国の実験研究設備に供給する。

　最後の項目はグラマフォン社が米国で小額の投資をし，その見返りにアメリカで創出された研究成果を手中に納めたいという表れである。新しい工場にはなんの資本投入もなかった。グラマフォン社の貢献は市場分割関係を形成したことである。グラマフォン社は，ビクター社との利害関係についてなんの脅威もないことを提示した。似たような例で，少しの可能性とより重要な意味あいで，1912年にパッセ・フレレ蓄音機会社が組織された。その会社はブルックリン地区に最新の工場を建て，蓄音機とレコードを製造した。その会社はフランスのパッセ・フレレ株式会社の子会社であった。しかし，電機製品以外の製品ラインでは，スウェーデンのエリクソンが米国の電話器具市場への参入を試みた。エリクソンはそれ以前から米国に輸出をしていた。1902年に彼はニューヨークに販売事務所を開設し，1904年に子会社としてエリクソン電話製造会社を設立した。その会社はニューヨーク州バッファロー市で1907年に電話機製造を開始した。しかし，米国資本のウェスタン・エレクトリック社はすでに米国のこの市場で実質上の独占会社であったし，（巨大な国際ビジネスも）していた。エリクソンが競争はできないと悟ったとき，彼の米国子会社の社名を変更してエリクソン製造会社とし，電話機の製造をやめ，自動車用のイグニッション類の製作を始めた。

　英国では1881年にキャレンダーが絶縁ケーブルの特許を取得した。また彼の3人の息子であるトーマス，ウィリアム，ジェームズとともに1882年4月，キャレンダー・ビチューメン電報防水会社を設立した。この会社は後に社名変更してキャレンダー・ケーブル敷設会社となった。この英国の会社は米国の特許を取得し，その特許を1883年より少し前に設立した子会社，アメリカ・キャレンダー絶縁防水会社に売却した。その代金すべてと社債で，40万ドルを新会社の持ち分資本とした。英国の親会社は実働資本を供給し，「有効な支援を得て彼と彼の息子」がニュージャージー州のイーストニューアーク市で新工場建設の監督をし，初期の工場管理をしていたことにキャレンダーは同意した。その工場は建設後，1885年に施工したニュージャージー州ブランズウィック市の電気照明を含め，数々のケーブル供給と敷設業務をした。しかし，その子会社は

第**12**章　他の製造業

財政的には成功しなかった。1889年までに会社は清算され，つかの間の英国の投資となった。⁽¹⁶⁶⁾その後しばらくして，1890年代に米国の重要な絶縁電線電纜のメーカーであるオコナイト社が比較的短期間ではあったが，再び英国資本の支配下に入った。1914年にこの会社は完全に米国の会社となった。⁽¹⁶⁷⁾

　これらの米国の電機産業に対する欧州からの全投資は，ハイテク製品に限られていた。マグネット発電機，無線機器，点火装置は例外であるが，多くのハイテク製品は短命であった。エジソンGE社のA.E.G.社とシーメンス社の莫大な持ち株は，わずか2年間しか継続しなかった。2つの会社（A.E.G.社やグラマフォン社）は，米国への大規模投資の代替として世界市場を分割することを承諾した。

　シーメンス＆ハルスキー社は，アルフレッド・ノーベル氏が分野は違うがダンロップ社などを手放したように，自分の米国子会社を手離した。遠隔管理は困難をきわめた。パッセ・フレレ蓄音機社は1921年に買収先の手に渡った。多国籍で製造業務をし，ユニークな製品を所持していたエリクソンは，電話機セットをアメリカ人の購入者に届けることができなかった。なぜならば，ウェスタン・エレクトリック社が市場で強固な地位にいたためである。その代わり，点火装置の製造へと転換した。1920年までにその業務を中止した。キャレンダーは米国で経営に失敗した。シーメンス＆ハルスキー社とA.E.G.社の2大ドイツ電機会社が，米国で強い地位を獲得することができなかったのは，たぶん大きな意味をもったであろう。このことはもちろん，ドイツの主要な化学企業による米国市場への浸透とは著しく対照的であった。この相違の基本的な理由は，米国の化学産業に所属する多くの企業と比較して相対的に米国の電気機械産業は土着の力を有していたからである。この説明は**ドイツの同じ産業につい**てはいえない。なぜならばドイツの電気機械メーカーは，他の外国市場で非常に活発に行動していたからである。⁽¹⁶⁹⁾2番目の理由として，ドイツ企業は例えば電線ケーブルで一時的な技術優位があったが，これらの優位を米国に投資をしたときに維持することができなかったことが挙げられる。一方米国企業は，スタートから新しい電機産業で世界のリーダーシップを取っており，米国のビジネスマンにとって，ドイツで可能だったことのすべてを，大変素早く実施することは比較的容易であった。したがって，その電機産業のうち，非常に特殊化

763

第Ⅱ部　世界最大の債務国

されたいくつかの領域のみ外国の投資から取り残された。対照的に，私が前述した通り，化学産業のある優れた分野の場合において，ドイツ企業は米国企業より，研究開発面で明らかに幸先の良いスタートを切り，維持継続させた。3番目に考えられることは，シーメンス＆ハルスキー社とA.E.G.社がエジソンGE社に重要な投資をしたとき，銀行主導によるものであったことである。すなわち，ヴィラードとドイツ銀行間の非常に親密な関係から発展した投資であった。一方，ドイツにおける最も基礎となる化学産業への投資は，いずれも類似の起源ではなかった。このことは米国の電機産業において，ドイツ資本がより重要でなかったあかしであると（私は）示唆しておきたい。

　ここで，要約してみよう。電機産業では海外投資と相互技術交換が著しくなされた。1875年から1914年までは，より新しい動態的な時期であった。その米国の市場は急速に拡大した。しかし，その主たる貢献は国内である。1914年における外国の投資といえば，少しニッチな特殊分野，無線装置（今でも大変小さいビジネスであるが）やマグネット発電機（これはさらに重要なビジネスになったが）のみであり，傑出した役割を果たした。

輸送機械——民間用および軍事用

　私がすでに取り上げたように，輸送用機械の分野ではドイツ，フランス，イタリア，スウェーデン，英国の企業が直接投資をした。この章の前段で，私は自転車，自動車，ゴムタイヤ産業における外国投資を調査した。また電気機械および非電気機械の種々の類型をながめてきた。以後，それらの類型に則し，輸送関連の機械設備についてみていく。この節の2つの目的は，輸送用機械産業に貢献した企業を要約すること，また前節までで述べたことのないいくつかの追加投資を含めることである。

　ドイツ企業は自動車組立から部品の製造，機械類，器具，また自転車用，自動車用，鉄道用，船舶用，潜水艦用の器具・装置に至るまで，米国市場のあらゆる分野に参加していた。フランス企業は，米国では自動車とゴムタイヤを生産していた。イタリア企業1社がこの国で自動車をつくっていた。スウェーデン企業は点火装置，蒸気タービン（一部ではディーゼルエンジンも可能），そして

第12章　他の製造業

鉄道の操車場の灯油ランプも製造しており，このようにして自動車，船舶，鉄道関連の器具を供給していた。[170]

英国企業は自転車および自転車組立用のチューブの分野で短命の投資をした。[171]ダンロップ社の当初の興味は自転車用タイヤであった。しかしその英国企業は，米国の自動車業界と自動車部品産業からかなり遠ざかっていた。外国直接投資が優位性から生じるという理論は，この空白を予想できたであろう。この英国企業は，19世紀末期から20世紀初頭には，なんの優位性ももっていなかった。英国資本は鉄道機械の製造に参加していた。英国による輸送機械に対するもう一つの投資は，マルコーニ社の船舶用米国製無線装置であった。

潜水艦製造分野での英国資本の一例はヴィッカー＆マキシム社であった。この投資ともう一つのヴィッカーの投資（これは計画されたが成就しなかった）は以前に議論しなかったので，ここで注目してみる。ヴィッカー＆マキシム社の前身は，長い間米国に輸出をしていた。1897年以前は，この会社は元来，「1フィートの兵器」のような大型鉄器物をつくる鉄鋼メーカーであった。[172]この後で徐々に兵器生産に移ることになった。そのような状況下で，米国の輸送機械分野への2つの急襲があった。一つは不成功の，もう一つは大成功の急襲であった。19世紀末期にヴィッカー社は，軍需工場に国際的な合弁，あるいは単独での投資を開始した。[173]

1898年にヴィッカー社のサイマンド・ローがワシントンD.C.の連邦政府を訪れ，あらゆるタイプの軍艦を設計し，大砲などの兵器を完璧に取り付け，自社工場内で建造して引き渡すことが可能な一貫統合の軍需工場を米国内に建設する提案をした。ローは「英国というのは米国より大変離れた所に位置する」[174]ゆえに，米国の政府高官を受け入れ可能であるとした。[175]

ヴィッカー社は一見すると米国の企業のようであり，事実上ヴィッカー社の支配下に置いた子会社の設立を熟慮していた。[176]最終的にその計画は一般大衆に知れわたった。1900年12月，新聞業界は「英国の金持ちが米国の船舶製造の支配を狙っている」と報道した。[177]1901年の初め，フィラデルフィア国法銀行の協力を得て，ヴィッカー社はこの計画を前進させられる，と考えていた。そしてヴィッカー社は新会社，クランプ・ヴィッカー・マキシム・ミッドヴェル社の法定資本金である1500万ドルを，出資者から募集する目論見書を準備した。こ

765

第Ⅱ部　世界最大の債務国

の新会社はフィラデルフィア・ヴィッカー・ウィリアム・クランプ社とミッド
ヴェル製鋼社の合弁会社であった。目論見書は決して一般には公開されなかっ
たのは確かである。たぶん，このことは米国新聞業界におけるこの事業に対す
る否定的な反応があったからであろう。1901年のこの時点で，ヴィッカー社は
ベスレヘム製鋼社株式の75％を取得するかのようにみえた。しかし，これは実
現することなく通り過ぎてしまった。1903年までヴィッカー社は米国での統合
された船舶建造軍需工場の建設に望みをかけていたが，このプロジェクトは実
現せず失敗に終わった。20世紀初め，アメリカ人はあまりにも国粋主義的にな
っていたので，英国人による建造や英国人管理下の船舶建造の軍需工場をもつ
事ができなかった。

　この間，ヴィッカー社は輸送機械のもう一つの事業に参画していた。最初の
起動力は大西洋の方からやってきた。1899年にアイザック・ライス（アメリカ
人）は「オランダ潜水艦」の特許を取得していた。それはその種の潜水艦では，
操業可能な第１号船であった。当時電気自動車会社の社長であったアイザッ
ク・ライスは，蓄電池会社とアメリカ・シーメンス＆ハルスキー電気会社とと
もに，1899年に潜水艦製造を目的として電気船舶会社（Electric Boat Company）
を設立した。彼はごく自然に，米国海軍が彼の主たる顧客になると信じ，また
輸出もしたいと思っていた。1900年７月，彼は英国海軍省と接触するため英国
を旅した。海軍省は彼にヴィッカー社の役員と面談するように伝えた。英国海
軍省としては国内で製造された船舶を購入する必要があった。1900年10月27日，
電気船舶社とヴィッカー社は，ライスの会社が25年間にわたって英国で潜水艦
をつくり，欧州および大英帝国で販売することを目的にし，英国海軍省に特許
を与えるという合意書を結んだ。この1900年の合意書は合弁契約には触れてい
なかった。米国と英国の会社は，一方では技術を共有していたが，ともに独立
しており，距離をおいていた。ヴィッカー社はすぐに英国での潜水艦建造の準
備に取りかかった。対照的に，電気船舶社は米国で障害にぶち当たった。セオ
ドア・ルーズベルト大統領はライスに次のように言った。「最優先施策である
潜水艦製造に関する積極的な大統領の支援とは，米国議会が軍艦を造るために
資金を割りあてないということである」。そのため注文はほとんどなく，米国
政府の資本参加もなく，電気船舶社はまもなく財務的に行き詰まった。それを

766

第**12**章　他の製造業

打開するため，1902年の春にヴィッカー社の役員は，一般株式換算で4万ポンドに相当するかなり多くの少数株式を購入した。電気船舶社は持ちうる技術を失いたくはなかったので倒産した。このあとまもなくして，ヴィッカー社の利益が彼らの投資を増やした結果，1904年1月までにライスは，最近の株式調整は電気船舶社に対する英国の「絶対的な支配」を確実にした，と書いていた。

　ヴィッカー社は，その米国子会社が米国海軍より得た注文よりも多くの注文を英国海軍省から継続して得ていた。1907年の経済恐慌のとき，電気船舶社は英国の親会社から借金をしてビジネスを継続せざるを得なかった。ヴィッカー社もしくはその役員が，電気船舶社の資本株式を継続して所有していたかは明らかでない。クリーブ・トレビロック（歴史家）は，ヴィッカー社の組織について，1914年時点で同社は電気船舶社の50％の株式を保有していたと説明したが，疑問も呈していた。[182]ヴィッカー一族の株式は直接投資であり，ライセンスやノウハウを取得し，米国企業として存続することを狙いとしていた。米国海軍はこのような関係に反対してはいなかった。1907年，電気船舶社はその株主間で，ロスチャイルド社を含む世界の主要な金融会社であるシュパイアー社，レイデンバーグ・タルマン社，チャプリン・ミルン・グレンフェルを順位づけた，とトレビロックは記している。[183]米国の技術を取得するための英国企業による米国企業への投資は一般的ではなかったが，前代未聞でもなかった。例えば，フレーザー＆チャルマー社への初期の英国投資や米国の研究施設に対するグラマフォン社の持ち株は，まさにこの動きであった。要約すると，鉄道から自動車，船舶，潜水艦に至るまで，欧州の人々は目的を問わず，民間や軍需用の輸送関連機械分野に投資をした。これらの投資は広い領域をカバーしていた。すなわちその投資は，米国市場の取得と，少なくとも1社の事例がある米国の技術取得というためになされた。

外国製造会社による他の直接投資

　米国の製造業に対する数々の他の外国投資があった。私は当初，それらの投資の事実はあまりにも明らかだが，大きくなかったために取り上げるつもりはなかった。このグループの事例は幅広い分野にわたっている。

767

第Ⅱ部　世界最大の債務国

　材木や木材製品の分野では，ドイツのシュタイン市にある鉛筆メーカーの
Ａ・Ｗ・ファーバー社（A. W. Farber, 1900年以降は「ファーバー・キャステル社」
となった）が，米国でその会社組織を変更した。第4章で，私はエバーハー
ド・ファーバーの重要な鉛筆製造の起源と成長に対して資料を提示した。そこ
で述べたように，エバーハード・ファーバーは米国に移住したが，一方でニュ
ルンベルグ近郊のシュタイン市にある同族会社との緊密な関係を維持しつつあ
った。彼の姉のバーサは，ドイツの彼女のいとこであるウィルヘルム・ボン・
ファーバー（1853-1893）と結婚した。そのいとこは1877年から1893年まで，ド
イツのファーバー社の工場を経営していた。エバーハード・ファーバーが1879
年に亡くなったとき，彼の息子のエバーハード・ファーバー二世（1859-1946）
は，その米国子会社の経営を引き受けた。そして1879年から1893年まで，大西
洋をまたぐそのビジネスは同族企業の経営の一部として残っていた。

　ウィルヘルム・ボン・ファーバー男爵の死は，その一族のドイツと米国の会
社間での亀裂と時期を同じくしているかにみえた。なぜならば，1894年にシュ
タイン市のファーバーはエバーハード・ファーバーのビジネスの全顧客と取引
をしており，新しく個別の米国の請負業務に乗り出した。このようにして，シ
ュタイン市のファーバーはニュージャージー州のニューアーク市に競争力のあ
る鉛筆工場を建てた。そして1894年からおそらく1914年まで，そのエバーハー
ド・ファーバー社のビジネスはすべてアメリカ人によってなされた。1903年以
降，もはやファーバー社の名前は使用されなかった。この消滅は第一次世界大
戦中に制定された「外国人資産管理法」によって没収されたからではなかった。
それとは対照的に，ドイツのシュタイン市のアレキサンダー・ボン・ファーバ
ー・キャステル伯爵と彼の妻であるオティリー・ボン・ファーバー・キャステ
ル女伯爵で構成される合名会社の「ファーバー社」は，1914年にニューアーク
で鉛筆をつくり始めた。この企業は100％ドイツ人資本で，ドイツ人によって
経営されていた。⁽¹⁸⁴⁾

　少なくとも英国の2つの出版社は米国でよく知られていた。オックスフォー
ド大学出版社は1896年，ニューヨークに販売支店を開設した。⁽¹⁸⁵⁾それよりかなり
早い1860年代末期，ロンドンに本店のあるマクミラン社はジョージ・ブレット
をニューヨークに派遣し，印刷し出版するのではなく，英国の書物の委託販売

第**12**章　他の製造業

と事務所で受注したものを販売するように指示した。ブレットは同社の米国支店を設立した。1890年にブレットが亡くなったとき，彼の息子がそのあとを引き継いだ。アメリカ・マクミラン社は，ブレットの息子のジョージ・P（訳注：原文のまま）が駐在パートナーとして英国マクミラン社の一員として，独立したパートナーになった。1896年英国マクミラン社は有限会社になった。その米国のビジネスは，このときに「英国マクミラン社の効果的な所有権」のもとでのニューヨーク・マクミラン社となった。この時点で，単なる英国書物の輸入販売者という機能は終了した。そして自社の版権で出版する企業となった。その会社は米国において卸売りの立場で，また時々，小売業者の立場で英国マクミランの名前と同様にアメリカ・マクミラン社の名で販売した[186]。

　クレオナ・ルイスは，1914年以前に米国で操業していた他の英国の2出版社をあげている。一社はケリー商工名鑑会社で，1890年までは子会社であり，当初の資本金は10万ドルであった。もう一社はラファエル・タック社で，サー・アーサー・コナン・ドイルがこの会社役員の一人であった[188]。私はこれらの会社が販売組織だけなのか，実質的に米国で出版業務に携わっていたか，わからない。似たようにして，エディンバラの出版社のトーマス・ネルソン氏が，ニューヨーク市に支店を設けたと報告されている[189]。何社かのドイツ人資本の会社（ニューヨーク市のアルファ・オメガ出版社とクリーブランド市の合同新聞会社）は，ドイツからの移民共同社会のための新聞を発行した[190]。

　まったく異なった産業である光学ガラス産業においてもまた，ドイツの投資家は米国で名を馳せていた。この産業はドイツ人の活動が優る分野だった。ゴルツ・アメリカ光学会社は99％がドイツ人資本（ドイツのフリッデノ市のオプティシュ・アンタルト・ゴルツ株式会社が所有）であった。その会社は写真と光学製品に特化しており，米国で約80の特許のもとに操業していた。これらの特許はすべて親会社が所有し，写真関連の器具から鉄砲の望遠鏡，潜水艦の潜望鏡，距離測定器具に至るまで全種類をカバーしていた[191]。ゴルツ・アメリカ光学会社は，ドイツの親会社が自由に取り消し可能なこれらの特許の使用権を所持していた。その後の報告では次のように述べられていた。「ドイツ企業はもし，米国子会社が自分の支配から抜け出したら，このようにいつでも使用権を無効にし，米国の製造を中止できるような立場にいた[192]」。端的にいえば，ドイツの親

769

第Ⅱ部　世界最大の債務国

会社は特殊化された製品にとって不可欠な製品の品質を維持できた。

　光学ガラス産業でさらに重要な企業はボウシュ＆ロム光学会社であり，2人のドイツ移民者（ジョン・ボウシュとヘンリー・ロム）によって南北戦争以前に販売代理店として米国に設立された。1912年，その会社は小さな光学ガラス炉を建設し，1914年までに道具・器具に使用されるガラス用型の良質な実験用バッチ（混合物）を生産した。ボウシュ＆ロム光学社は長期間，ドイツのジェナ市にある有名なカール・ゼイス製造社の販売代表者として従事し，同社との緊密な関係を維持してきた。このドイツのゼイス社は，1914年にはボウシュ＆ロム社の資本金の25％を所有していた。一方，ボウシュ＆ロム社はゼイス社から技術情報や特許実施権を得ていた。[193]

　ある時期，米国はセメントの輸入国であった。19世紀末期から20世紀初頭にかけて，米国のセメント産業は急速に拡大をとげた。20世紀の最初の10年間に，米国のセメント生産高はおおよそ27倍に上昇した。したがって輸入は約93％下落した。[194]セメントの輸送は大変高くついた。この輸入代替に対応して，ドイツの2社（ヘムールオステ市にあるポートランド・セメント加工社とハンブルグ市にあるオルゼンシュ・ポートランド・セメント加工社）は，米国に工場を建設した。最初の工場はシカゴに本社のある独米ポートランド・セメント製造会社の様式で，2番目の工場はニューヨークに本社のある「アメリカ・オルセン・ポートランド・セメント製造社」の様式であった。[195]記録されている連邦通商委員会の1916年の報告書によれば，これらの子会社は多額の配当金を支払っておらず，また米国全体の生産高と比較しても影が薄かったようだ。[196]これと同じ産業で，米国の西海岸にある英国企業のオリンピック・ポートランド・セメント株式会社（1911年1月に設立，ロンドンに上場）は，ワシントン州北部のベリンガム湾の海岸線に重要なセメント工場を建設し，操業を始めた。この会社はリバプール市の企業であるバルフォア・ウィリアムソン社と，カリフォニア州の企業，バルフォア・ガスリー社2社の，見事に管理された数多くのプロジェクトの一つであった。[197]

　1882年，フランコ・テキサス土地会社は，テキサス州フレスネイ市に焼き石膏の工場を建設した。その工場では，焼き石膏，セメント，石膏からの肥料を生産した。フランス人のマネジャーがテキサスの会社の応接室で射殺された

第**12**章　他の製造業

（1883年）後に，その工場は適切な管理者が不在となり，活発でなくなって，最後には淘汰された[198]。オランダ支配のマックスウェル土地授与社も似たような結末であった。同社は，ニューメキシコ州に利益が上がらず，しばしば休止するセメント会社の所有権を1882年から1910年までもっていた[199]。コロラド抵当投資株式会社の子会社は，コロラド州で煉瓦をつくった[200]。これらの建設用品の活動は，土地開発の需要と関連している。

ドイツ人所有のアメリカ耐火煉瓦会社は，耐火粘土を生産した[201]。さらに重要なことは，もう一社のドイツ人支配の企業のドイツ・アメリカ炻器製造会社が，ニュージャージー州で特殊な炻器を生産した。その会社とその兄弟会社であるディディ・マルク社は，1907年から1913年の間に建設と買収を繰り返し，1914年までにはニュージャージー州に３工場をもっていた。親会社であるドイツのシャロテンバーグ市にあるドイツ大石工製作所（Deutsche Ton-und Steinzeugwerke）は，1836年にアーント・マルクが設立した陶器工場の，創業時における製品の由来をたどった[202]。

もう一つの産業であるピアノ製造には，ある外国の投資が存在していた。米国のピアノ生産は，ドイツ移民とその子供たちが支配していた。第一次世界大戦が勃発したとき，幾千ものピアノメーカーのうち，名目上４社が外国人資産管理法によって乗っ取られた。この４社のうちの２社（ブレイク社とスターリング社でそれぞれ99％と57％の敵対的所有をしていた）は，後に説明する「ドイツ軍の官僚により」支配されていた。４社のうち，スターリング社は唯一意義ある会社であった。1885年に米国で設立され，その工場は1910年に4300台のピアノを生産した。このとき，スタインウェイ社でさえ5000台であった[203]。

この無差別抽出は外国直接投資の多様性をカバーし始めている。『外国人資産管理レポート 1918—1919』は，ドイツのニコチン製造者からラジウム発光時計ダイアルまでのすべてに関して報告されている[204]。一人の主要な外国人投資家であるカナダ人のムーア氏は，1914年以前にニューヨーク州，マサチューセッツ州，コネチカット州に印刷，土産用の銀製スプーンの生産，紙箱の生産，販売カタログの製作に関連する米国の雑多な工場を所有していた[205]。エセックス郡ブレイントリー市にある英国企業クリタル社は，フェネストラ社という子会社を通し，デトロイトでフォード自動車会社の新しいハイランドパーク工場

771

第Ⅱ部　世界最大の債務国

（1908年頃完成）向けに窓フレーム用の鉄サッシを生産していたようである。一方，英国のもう一社のロンドンのモルガン坩堝社は，1910年にロングアイランドにカーボンブラシ生産のための米国工場を建てた。これらのすべてが直接投資であった。

⁽²⁰⁶⁾を省略→本文中 (206)

いくつかの証券投資

この章で取り扱われる産業のなかに，多くの米国の大企業への外国証券投資があった。例えば，国際耕運機会社はそのような投資を引きつけた。これと同様に，いくつかの外国証券投資が米国の自動車会社のうちでも，とりわけスチュードベーカー社にはなされた。ロンドンの商業銀行のクラインワート・サンズ社は，1911年３月にスチュードベーカー社を蘇らせるための再組織化に参加した。スチュードベーカー社の証券が1911年ロンドンとアムステルダムで発行された。オランダの投資家はかなりの株式を所有した。またオランダ証券信託会社（Dutch Nederlandsch Administratieen Trustkantoor）は，スチュードベーカー社の上位５位になった。

私は合衆国ゴム社への外国証券投資に関する証拠をもっていなかったけれども，それらは疑いもなく存在した。確かに外国証券投資の性質をもったゴム製品製造会社の，合衆国ゴム社による乗っ取りからおそらく派生したものであった。さらにゴムタイヤの分野では，グッドリッチ社が1912年にロンドン市場において，優先株式と一般株式をおよそ1500万ドル分売り出した。私は以前に，国際蒸気ポンプ社の欧州証券投資について触れた。それと同じように，私は20世紀初頭にウェスティングハウス社が外国金融市場に視線を向けたことを記しておいた。1910年，ウェスタン・エレクトリック社は海外で金保証付抵当債券を発行した。この２年後の1912年，GE 社による400万ドルの50年金無担保社債がロンドン市場で取り扱われた。

この本のいずれの部分においても，私はイーストマン・コダック社に対する証券投資について触れなかったが，ここで論じるのが適当であろう。1898年に英国で設立された会社であるイーストマン・コダック株式会社は，典型的なフリースタンディング・カンパニーであった。その会社名にはあるアメリカ人の

第**12**章　他の製造業

名前をもらったが，それが1898年までに世界を率いるカメラとフィルムの生産者になった。コダック社の目論見書には，イングランド，スコットランド，フランス，ドイツのそれぞれの銀行が含まれていた。英国議会議員のサー・ジェームズ・ペンダーが会長で，著名なケルヴィン卿が副会長として名を連ねていた。その資本はスターリング・ポンド通貨建てであった。コダック社は英国で登記され，米国での英国による直接投資としては非常に短命であった。同社はロンドン市場でビジネスのために，そしてその製品を宣伝するために資本を醸成することを狙いとしていた。ボーア戦争で，所得に対し５％の英国所得税が課せられた。そしてロンドンの本社を維持することは，英国の出資者を喜ばせる以外になんの合理性もなく，この英国登記のフリースタンディング・カンパニーは1901年にニュージャージー州に登記された会社に取って代わった。その英国の株主は，ニュージャージー州にある企業の株をもつか，英国の株を売るかの２つの選択を迫られた。多くの株主は最初の選択，すなわちアメリカ・イーストマン・コダック社の純粋な証券投資家になる道をたどったようだ。この本の初めの部分で，われわれは他の証券投資の創始に際し，同じ様相をながめた。

　まさに20世紀初頭，第11章までにおいて多くの産業に関し考えてきたのと同様に，この章で論じた他の製造業の産業においても，数々の米国の大企業は欧州からの証券投資を獲得した。19世紀末期は，欧米の銀行がこの世紀の転換点として鉄道産業に特化してきた。また第一次世界大戦の数年前にそれらの銀行は米国の新しいビジネスすなわち工業企業に証券投資を整えた。このとき，欧州の投資家は企業の資本源を積み増ししたが，それらはそれ以上の重大な結果とはならなかった。資本と同時に技術をも供給する外国の直接投資は，非常に大きな影響力があった。

概　　要

　ここで学んだ海外企業は，米国の製造業に対する投資に関し，それぞれに異なった動機をもっていたが，すべてではないにせよ，数々の事例において米国の高関税がその決断の基礎にあった。前章までで論じた多くの外国直接投資は，

773

第Ⅱ部　世界最大の債務国

米国企業が海外で優位性のあった産業とは別の産業になされた。早い時期にみ
られた主な例外は，銅，アルミニウム，石油産業であったが，これらの分野の
いずれにも，相互投資パターンの著しい非対称がみられた。[216]しかしこの章で私
は，第一次世界大戦前に米国の企業が意味深い外国投資を受けたいくつかの産
業に目を向けた。その産業は農場機械，自動車，電機，非電気機械産業であっ
た。しかしいずれの事例においても，カナダ資本のマッシー・ハリス社を除き，
結局のところ1914年以前の投資パターンとは際立ったほど非対称であった。こ
のようにして，自動車産業ではフォードが海外で安価な車の製造組立および販
売に投資をした。一方，欧州自動車メーカーは米国で高級車に投資した。フォ
ードの主要な外国投資はカナダと英国になされた。カナダや英国の自動車メー
カーは，いずれの会社も米国には投資しなかった。非電気機械分野では，海外
で米国企業が生産した機械類の型式と，米国への海外企業による機械類の型式
とには，適合という観点で，類似の欠陥があった。電気機械分野において，
「相互投資」がなされたにもかかわらず，最終的に米国で成功した投資は，海
外のアメリカ企業になされた分野であるマグネット発電機から無線機器までの
特殊なニッチ分野を切り開き，そのことは海外における米国企業に対する株主
利益とはまったく異なっていた。[217]

　この章で扱った外国直接投資のなかで，ある投資は既存工場の買収であり，
ある投資は新工場の建設であり，またある投資ではそのいずれもがなされた。
多くの投資は複数工場であり，あるいは複数都市に販売事務所を設けた。いく
つかの操業は大変小規模であり，その他の投資はかなり大規模であった。いく
つかの企業では，投資を伴うものやそうでないものがあってライセンスを取得
した。その多様性が，米国市場に浸透しようとする外国直接投資の柔軟性を表
していた。マッシー・ハリス社の材木スタンドへの投資や，フレーザー＆チャ
ルマー社への英国の投資などのいくつかの例外はあるが，多くの外国直接投資
は米国の顧客に到達しようとする願望がその動機であった。

　フリースタンディング・カンパニーは，ベルトやケーブル分野，あるいは大
変短期間ではあったが，イーストマン・コダック社の事例にみられるカメラや
フィルムの分野に存在している。しかしそれ以外の分野にも，前章までに論じ
たいくつかの産業と同様に，そのような企業があったのかはっきりしない。[218]対

774

第**12**章　他の製造業

照的にカナダや欧州の企業は，しばしば彼らのビジネスを近代多国籍企業の手法により，国境を越えたところまで拡大させた。

　成功と失敗には多様性が存在する。投資はかなり頻繁に短命であった。ニューヨーク・ベルト梱包社やオコナイト社のようなフリースタンディング・カンパニーでは，これが真実であった。しかし米国ダンロップ社やキャレンダー・ケーブル工場における英国の持ち株資本などの，数多くの他の事例においても同様であった。さらに，エジソン GE 社やアメリカ・シーメンス＆ハルスキー社におけるドイツの重要な投資事例でも同じであった。

　なぜそんなにも多くの企業が短期間の進出に終わったのであろうか。その理由は時として経営の無視に根ざしている。しかし，たとえ注意が払われたとしても，これらの産業においては，他の産業のような遠方からの経営は困難であった。距離を越えての管理運営は，多くの欧州企業にとって欠けている経験を必要としていた。米国の大市場に侵入するのが困難であった。これらの産業に属する欧州企業は，米国において米国企業との競争があり，特殊な優位性はまったくなかった。

　しかしながら，多くの外国の直接投資家が進出し，早々に撤退する一方で，ある企業は耐えて成功した。例えば，ミシュラン社は米国の成長する需要に対応しながら，ニュージャージー州でかなり手広くタイヤの生産をしていた。その工場はちょうど上手い具合に市場の拡大に合わせて対応した。米国の競争にも対処した。ペンシルベニア州にあるオレンスタイン＆コペル社の工場では，アーサー・コペルが高度な品質の鉄道用機械と産業用機械を，米国の重要な産業購買者に供給した。コパーズ社もコークス炉で同様のことをした。ドイツ人所有のナイ・シェーレ社は，高度に特殊化されたニッチ市場を充たしつつ，米国における手術用器具の最大メーカーになった。フレーザー＆チャルマー社における英国の持ち株資本は，外国の直接投資としては長く続かなかったが，米国から英国への鉱業機械の技術移転を容易にした。スウェーデン企業，分離機会社がドイツの特許を使用して，米国の酪農州のクリーム分離機市場の約70％を保持した。ドイツ資本のボッシュ・マグネット発電機会社は，米国の新しいマグネット発電機産業における主要な企業となり，繁盛する米国の自動車産業において不可欠な存在となった。英国人が管理するアメリカ・マルコーニ社は，

775

第Ⅱ部　世界最大の債務国

1914年までに無線通信関連の製造装置分野で第1位になった。英国資本のもう1社のヴィッカー＆マキシム社は，米国では最先端の潜水艦建造者の支配的株式をもっていたようである。このようにして，ここで論じた多くの企業はそれぞれの個別細分類の産業分野で，じつに大切な存在であった。

　移民者，特にドイツ移民は，ウィリアム・スタインウェイがダイムラーのために行動したように，いくつかの投資案件で道筋をつけるような重大な役割を果たした。またスイスのスルザー・ブラザーズ社と一緒のアドルフ・ブッシュのように合弁パートナーになったり，ジョン・ボウシュやヘンリー・ロムがカール・ゼイス工場で働いたドイツ企業を代表したり，アメリカ・シーメンス＆ハルスキー社のように市場を創出するような事柄について，重要な役割を担った。われわれはこれまで眺めてきたように，このパターンはこの章で扱った産業に特有のものではなかった。

　このように家族は重要である。ミシュラン一家の一人は，その会社のアメリカ工場を運営した。ドイツ人，アーネスト・コーティンの義理の息子は，アメリカで彼の代理を務めた。ウォレンベルグ家の一人はその一族の銀行から融資を受けて，クリーム分離機会社を始めた。さらに，読者のみなさんはこの家族の役割の重要性についてずっと以前からながめてきたはずである。例えば，ロードアイランド島の毛織物工場で働くフランスの人たちから，米国やドイツでのメルク一族の活躍までである。

　しかし，移民者とその家族の関係は，長期間の繁栄を約束するものではないことも記す必要がある。スタインウェイ一族のコネクションでは，アメリカ・メルセデス社の生産の継続を確保できず，またしなかった。さらに移民者のヘンリー・ヴィラードは，彼のドイツ人の仲間がエジソンGE社の引き継ぎ会社であるGE社に，継続して影響を及ぼすことはできなかった。ドイツ人の市場にもかかわらず，シーメンス＆ハルスキー社はその米国子会社を維持できなかった。その上，家族というものは企業に縛り付けておくほど十分ではなかった。W・O・キャレンダーの息子は，その企業のニュージャージー州の工場長として適任者ではなかった。ファーバー一族の血縁関係は，米国のエバーハード・ファーバーとドイツ・シュタイン市のファーバー・キャステル工場間の関係を，数世代を通して堅く結びつけることができなかった。以上の事例は成功する

776

第**12**章　他の製造業

「優位性」があったに違いないのだが。

　撤退や失敗はあったものの，さらに多くの新製品や新プロセスが海外から導入された。移民者と家族のつながりは，否定的な影響よりも一般的には肯定的であった。ドルベースでは，これらの産業に対する1914年までの証券投資は外国の直接投資よりも多かったけれども，外国の直接投資が大規模になったことで，これらの米国の産業で，すべての米国の製造業の発展と同様に，証券投資よりはさらに大きな成長効果があった。米国の鉄道業が海外に資金を求めて出て行ったように，この章で論じた多くの製造業の大企業もまた，海外に融資を求めた。しかし，これらのビジネスが海外資本を求めていた20世紀初頭までに，米国の資本市場は十分に発達していたので，これらの製造業者にとって，外国での資金調達，すなわち外国証券投資は，「支援する手」として，より役立った。それは，ウェスティングハウスやスチュードベーカーにとって重要であったが，むしろ米国の成長にとって絶対に不可欠な基本の要素として，また鉄道融資の一般的な事例よりも役立った。しかしながら，前章までに扱われたいくつかの大規模な製造活動と同様に，これらの「他の産業」において，アメリカ人が米国系製造企業で証券投資をすることや，欧州の資本市場を開拓することが可能であるということがはっきりした。しかし疑うまでもなく，証券投資家以上により顕著に，最も注目すべき貢献をなしたのは，他の製造業における外国の直接投資であった。それは資本のみならず技術の移転も伴い，細かく分類された数多くの他の産業に至るまでの外国の直接投資であった。

注
（1）　マッシー・ハリスに関して2点有益な文献を記す。Merrill Denison, *Harvest Triumphant* (Toronto：Collins, 1949), および E. P. Neufeld, *A Global Corporation : A History of the International Development of Massey-Ferguson Ltd.* (Toronto：University of Toronto Press, 1969).
（2）　Denison, *Harvest Triumphant*, 159.
（3）　前掲書，171.
（4）　国際耕運機会社の外国で稼動中の工場（順序進行と製品）に関する一番の情報源は，同社のアニュアルレポート（*Annual Report, 1909*）である。カナダ工場の詳細に関しては1907年のアニュアルレポートも見よ。
（5）　前掲書，1909, および Fred V. Carstensen, *American Enterprise in Foreign Markets* (Chapel Hill：University of North Carolina Press, 1984), 142ff.

第Ⅱ部　世界最大の債務国

（ 6 ）　Denison, *Harvest Triumphant*, 164, 179.

（ 7 ）　米国でのコストがどうして当時低かったのかは明瞭ではない。スケールメリットがあったのか，電力が安かったのか，投入物と産出物にかかる運搬費用が安かったのか。これらの可能性が考えられる。

（ 8 ）　Denison, *Harvest Triumphant*, 182-184, および Neufeld, *A Global Corporation*, 20-21.

（ 9 ）　Neufeld, *A Global Corporation*, 20, による。Denison, *Harvest Triumphant*, 185, によると「1912年に」デヨ・メイシー社は「即座に購入された」。

（10）　Denison, *Harvest Triumphant*, 171, によると1906年にマッシー・ハリスは，カナダにおける米国製の固定式ガソリンの農園用エンジンに関する不特定の製品群を市場調査した。私が思うにこれはデヨ・メイシーの製品群ではなかったかと思う。

（11）　Denison, *Harvest Triumphant*, 185, による。Neufeld, *A Global Corporation*, 20, によるとマッシー・ハリスは，実際に1916年に（トロント郊外の）ウェストンにその機械をもってゆき，その年にそこでそのようなエンジンの生産を始めた。

（12）　Denison, *Harvest Triumphant*, 184, および Neufeld, *A Global Corporation*, 20-22.

（13）　Denison, *Harvest Triumphant*, 184, および Neufeld, *A Global Corporation*, 22. 1914年には認可された資本は175万ドルであった。次の書を見よ。Cleona Lewis, *America's Stake in International Investments*（Washington, D.C. : Brookings Institution, 1938）, 566.

（14）　それ以外でそれよりも大きなカナダによる製造関連の投資というと，Ｓ・Ｊ・ムーアの投資ならばあり得るかもしれない（この章の内容を見よ）。

（15）　Robert T. Swaine, *The Cravath Firm*, 2 vols.（New York : privately printed, 1946）, I, 546.

（16）　第7章を見よ。

（17）　James M. Laux, *In First Gear : The French Automobile Industry to 1914*（Montreal : McGill-Queen's University Press, 1976）, 99. これらが「独立した」代理店であったかどうかははっきりとしない。

（18）　Patrick Fridenson, *Histoire des usines Renault*（Paris : Seuil, 1972）, 54.

（19）　Mira Wilkins, "Multinational Automobile Enterprises and Regulation : An Historical Overview," in *Government, Technology, and the Future of the Automobile*, ed. Douglas H. Ginsburg and William J. Abernathy（New York : McGraw-Hill, 1978）, 224.

（20）　Charles W. Bishop, *La France et l'automobile*（Paris : Editions M.-Th. Genin, 1971）, 300.

（21）　Michel Laferrère, *Lyon : ville industirelle*（Paris : Presses Universitaires de France, 1960）, 371, 374 ; Jean-Pierre Bardou, Jean-Jacques Chanaron, Patrick Fridenson, および James M. Laux, *LA révolution automobile*（Paris : Albin Michel, 1977）, 49 ; および G. N. Georgano, ed., *Encyclopedia of American Automobiles*（New York : Rainbird Reference Books, 1971）, 15.

（22）　Brochure of Mercedes-Benz Sales, Inc., n.d. [1962 ?], および F. Schildberger, "75 Years of Mercedes Ties with the United States," in *Mercedes in aller Welt*（Stuttgart : Daimler-Benz, 1963）, 211.

（23）　"Power of Attorney," Oct. 6, 1888, Steinway Archives, Long Island City, N.Y.

（24）　前掲書.

（25）　私は1977年1月28日にニューヨーク州のオルバニー市にある企業局から資本に関するデータを取得した。その前にすでにジョン・スタインウェイに手紙を書いて，その資本のうちの何％がダイムラー社のもっている66株にあたるのかを聞いた。彼の返事はこうだった。「私はダイ

第**12**章 他の製造業

ムラー社のもともとの資本がどのくらいであったかはまったくわからない。取引の記録を見つけることもできなかった。しかし、私の祖父は1896年に亡くなったが、彼の資産のなかにダイムラー社の1180株があった。私はゴトリブ・ダイムラーにとっての66株は、ほんのわずかなものであったのではなかろうかと思っている」（スタインウェイからミラ・ウィルキンスへの1977年1月20日付けの書簡）。ダイムラー社の資産が1888年と1896年でまったく同じであったかどうかはわからない。もし1888年に1株が100ドルだとすると（それはありうることだが）ダイムラー社の株は20万ドルのうちの6600ドルを占めていたことになる。それは3.3％にあたる（そしてもし、1888年の時点でスタインウェイが1180株をもっていたとすると、彼の持ち分は59％ということになる）。もし、1888年時点で株が1000ドルだとすると、ダイムラー社の持ち分は33％になる（そしてスタインウェイが1896年に1180株をもつためには、それに伴う資産は上がらざるを得なかった）。いずれにしてもダイムラー社がもっていた持ち分は少数株主持ち分であったことだけは明らかである（私はすべての「授権資本」が実際に発行されたのかはわからない）。

(26) Friedrich Schildberger, "Die Entstehung des industriellen Automobilbaues in den Vereinigten Staaten bis Jahrhundertwende und der deutsche Einfluss," *Automobil-Industrie*, Jan. 1969, 56.

(27) 前掲書；William Greenleaf, *Monopoly on Wheels* (Detroit：Wayne State University Press, 1961), 32；および John Steinway, Jan. 20, 1977, からのデータ。

(28) この広告はピアノ産業の歴史の専門家のシリル・アーリック教授によって発見された。

(29) Schildberger, "Die Entstehung," 57-58.

(30) この会社は1898年8月2日に成立された。Corporations Bureau, Albany, N.Y., Feb. 10, 1977, からのデータ。

(31) 米国のメルセデスの宣伝が載っている1906年のパンフレットでは、ダイムラー社は「親会社と密接に結びついていて」かつ「米国の特許と従業員発明の実施権のもとで経営がされている」と記されている。ダイムラー・モトーレン社（Daimler Motoren Gesellschaft）は1890年にすでに設立されていた（Bardou et al., *La révolution*, 24）。

(32) ジョン・スタインウェイは、叔父のルイ・ボン・ベルナスがかつてその会社を経営していたことを思い返して述べた。ジョン・スタインウェイのデータ。

(33) 「メルセデス」は1901年、最初にドイツで登場した。ダイムラー・モトーレン社による製造であった。

(34) 1906年のパンフレット。

(35) Bardou et al., *La révolution*, 60. フィアット社は1899年にイタリアで設立された（前掲書, 61）。

(36) Louis T. Wells, "Automobiles," in *Big Business and the State*, ed. Raymond Vernon (Cambridge, Mass.：Harvard University Press, 1974), 231, 295. Georgano, ed., *Encyclopaedia*, 78, によると米国のフィアット社は、「米国の資本を使って、米国の製造ライセンスのもとでフィアットの車を製造する別の独立した会社である」と述べている。無論、イタリアが少数株主持ち分をもっていた可能性は否定できない。フィアット自動車会社は、米国フィアットの製造の「支店」と見なされることもあった。次の書を見よ。Patrick Fridenson, "The Growth of Multinational Activities in the French Motor Industry," in *Multinationals : Theory and History*, ed. Peter Hertner and Geoffrey Jones (Aldershot：Gower, 1986), 157. Valerie Castronovo, *Giovanni Agnelli* (Torino：Einaudi, 1977), 47-48, によるとこの米国内

第Ⅱ部　世界最大の債務国

のベンチャー企業はイタリア人とアメリカ人との共同経営であった。

(37)　Chambre Syndicate des Constructeurs d'Automobiles, *Annuaire* (Paris, 1914). この文献はパトリック・フライデンソンのおかげで知ることができた。ゲオルガーノ (Georgano) はこのことに関してなにも述べていない。

(38)　Wilkins, "Multinational Automobile Enterprises," 224-226, および Alfred D. Chandler, Jr., *Giant Enterprises* (New York : Harcourt, Brace, 1964), 3.

(39)　Mira Wilkins and Frank Ernest Hill, *American Business Abroad : Ford on Six Continents* (Detroit : Wayne State University Press, 1964), 53.

(40)　Kathleen Edith Dunlop, "The History of the Dunlop Rubber Company, Ltd., 1888-1939," Ph. D. diss. University of Illinois, Urbana, 1949, 28, 114-116. 最初はタイヤだけではなく自転車も輸送していた。

(41)　ジェフリー・ジョーンズ博士はダンロップの文書館を利用し，私が米国におけるダンロップの歴史を再構築するのを大いに助けてくれた。次の書を見よ。Geoffrey Jones, "Growth and Performance of British Multinational Firms before 1939 : The Case of Dunlop," *Economic History Review*, 2nd ser., 38 (Feb. 1984) : 35-53, および彼の "Expansion of British Multinational Manufacturing," in *Overseas Business Activities*, ed. A. Okochi and T. Inoue (Tokyo : University of Tokyo Press, 1984), 129-130. サー・アーサー・デュ・クロスのいうところによれば，彼の父親 (Harvey, Sr.) は1890年のクリスマスの日に初めて米国にやってきた。次の書を見よ。Arthur du Cros, *Wheels of Fortune* (London : Chapman & Hall, 1938), 47. 1981年12月8日付けで，ニューヨーク州のオルバニー市にある企業局が私に送ってきた文書によると，ニュージャージー州にある企業の米国ダンロップタイヤ社は，1893年7月21日付けでニューヨークでビジネスを行うことができる許可を得た。Jones, "The Growth," 38, 左記の書のなかのジョーンズの言では，この新しい米国ダンロップタイヤ社は，「100％外国資本の外国に存在する製造会社の支店であった」。

(42)　Dunlop, "The History," 117 (1899). ジョーンズはどちらの論文でも1898年としている。L. M. Bergin, Testimony of July 20, 1922, Dunlop Archives (ジョーンズからのデータ)，によると1898年から99年の間としている。私がすでに述べたように，1898年から1900年の間に数多くの英国の会社が次々と米国でのビジネスから手を引いた。しかも，その時期はちょうど自転車のマーケットがピークを迎えたようにみえた時期でもあった。

(43)　Glenn D. Babcock, *History of United States Rubber Company* (Bloomington : Bureau of Business Research, Graduate School of Business, Indiana University, 1966), 73-74. 合衆国ゴム社は1892年に設立された。

(44)　Victor S. Clark, *History of Manufactures*, 3 vols. (Washington, D.C. : Carnegie Institution, 1929), III, 236. 1899年に成立したゴム製品製造会社は，多くの工場を一緒にまとめて，自転車のタイヤをつくる最も大切な工場の管理を堅牢なものにした。前掲書および次を参照。John Moody, *Truth about Trusts* (New York : John Moody, 1904), 269.

(45)　Babcock, *History of U.S. Rubber*, 114.

(46)　*Saturday Evening Post*, March 1, 1913, 63.

(47)　L. M. Bergin testimony (obtained from Dr. Jones).

(48)　*Saturday Evening Post*, March 1, 1913, 63.

(49)　L. M. Bergin testimony.

(50)　Babcock, *History of U.S. Rubber*, 117.

第**12**章　他の製造業

(51)　ダンロップ社が米国のビジネスに2度目の挑戦をしたが，それについては合衆国における外国の投資に関する私の歴史書第2巻で取り上げるつもりである。

(52)　Barbou, *La revolution*, 28.

(53)　外国の工場に関しては，次の書を見よ。ミシュラン・タイヤ社のレターヘッド Frederick W. Taylor Papers, Stevens Institute of Technology, Hoboken, N.J. ジェームズ・ローが私に指摘したところでは，*The Automobile*, March 28, 1907は，ミシュランが1906年にはすでに米国で1万6000個のタイヤ（すべて輸入品）を販売していた。当時の関税は35%であり，よってこの会社はこの国で製造を行っても，市場として十分な可能性があると判断をした。

(54)　前掲書，Oct. 3, 1907.

(55)　書簡 Taylor to Edouard Michelin, Aug. 29, 1912, Taylor Papers.

(56)　書簡 Marcel Michelin to Taylor, Sept. 11, 1912, Taylor Papers.

(57)　Hathaway Report of Oct. 4, 1912, Taylor Papers.

(58)　前掲書.

(59)　ミシュラン・タイヤ社のレターヘッドに記載の支店リスト，Taylor Papers. Hal Morgan, *Symbols of America*（New York：Penguin Books, 1987）, 222, には1910年の頃のミシュランの宣伝ポスターが載っている。このポスターが米国で使用されたのであろう。

(60)　Typescript of Works Progress Administration, "History of Milltown," 1936, 30-34.

(61)　前掲書と次を参照せよ。*Milltown Review*, April 25, 1930, および Sept. 11, 1930.

(62)　米国のタイヤ会社が1914年以前に米国外で果たした小さな役割に関しては，次の書を見よ。Mira Wilkins, *The Emergence of Multinational Enterprise：American Business Abroad from the Colonial Era to 1914*（Cambridge, Mass.：Harvard University Press, 1970）.

(63)　例えば，肉，小麦粉，醸造業に関して（第9章を見よ）。The *American Iron and Steel Association Bulletin*, 24（March 5, 1890）：61, が1890年2月13日付けのニュージャージー州のトレントン発の電報を引用した。それによると「英国の企業連合とトレントンの中央ゴム信託社」との間の交渉によって，トレントンの5工場を英国の資産家に売却するという内容で同じ日にまとまった。契約総金額は「300万ドル超」であった。私にわかることはこれで全部であるが，おそらくこのこととニューヨーク・ベルト梱包会社（New York, Belting and Packing Company）の買収とは関連がないであろう。トレントンはフィラデルフィアにかなり近い。ニューヨーク・ベルト梱包会社の投機的企業はニューヨーク市にほど近いニュージャージー州パセーイク（ニューアークの少し北にあたる）にある。

(64)　デュラントは1871年にウェルズリーカレッジの創立者となった。

(65)　ニューヨーク・ベルト梱包会社に関しては1891年1月26日発売のロンドンの『タイムズ』紙に趣意書が掲載されている。また次の書を見よ。Babcock, *History of U.S. Rubber*, 44-47. ここで関連のあるベルモントとはオーガスト・ベルモント・ジュニアで父親は1890年に亡くなっている。米国債・株式所有者イギリス協会は，英国の投資家のために行動することが多かった。その役割とベルモントの投機的企業のなかのある企業（ルイヴィル・アンド・ナッシュヴィル鉄道）の役割に関しては，次の書のなかにある1891年6月27日付けと9月5日付けのアーネスト・キャッセルからベルモントへの書簡を見よ。Belmont Family Papers, Special Collections, Columbia University Library.

(66)　Thomas Chalmers, *100 Years of Guttapercha：R. & J. Dick, Ltd.*（Glasgow：privately printed, n.d.［1947 ？］）, 17, 40-44, および Lewis, *America's Stake*, 566.

(67)　英国にあるブリティッシュ・ベルト＆アスベスト社で1960年7月20日に行われたジョン・ダ

781

第Ⅱ部　世界最大の債務国

ニングによるインタビューに基づく。ダニングの草稿によれば，米国の支店はそれより63年前にできており，「1925年以前の工場はパターソン市とボストン市にあった。設立年は1904年である」（Dunning data, University of Reading, Reading, England）。

(68)　次の書を見よ。Williams Haynes, *American Chemical Industry*, 6 vols. (New York：D. Van Nostrand, 1945-1954), VI, 177-178.

(69)　これらの会社すべてに関しては，次の書を見よ。Alien Property Custodian, *Report, 1918-1919*, 119-120（これより *APC Report* と呼ぶ）。

(70)　前掲書，117，およびアルフレッド・D・チャンドラー・ジュニアが準備した未公表のランキングリスト。

(71)　Jürgen Kocka, "The Rise of the Modern Industrial Enterprise in Germany," in *Managerial Hierarchies*, ed. Alfred D. Chandler, Jr., and Herman Daems (Cambridge, Mass.：Harvard University Press, 1980), 104.

(72)　*APC Report*, 117-118, および Record Group 131, Box 212, National Archives, Washington, D.C., のなかのさらに重要なデータ。

(73)　1914年に（ヨーロッパでの戦争の発生に続いて）H・コパーズ社の株式の過半数の株がアメリカ人によって購入された。1917年までにはドイツ人が20％の株を保持していた。次の書を見よ。Fred C. Foy, *Ovens, Chemicals, and Men! Koppers Company, Inc.* (New York：Newcomen Society, 1958), 11-13；Haynes, *American Chemical Industry*, VI, 242；および *APC Report*, 327；さらにセメト・ソルベイとコパーズに関するアルフレッド・D・チャンドラー・ジュニアからの1987年9月18日付けのデータ。

(74)　W. Robert Nitske and Charles Morrow Wilson, *Rudolf Diesel* (Norman：University of Oklahoma Press, 1965), 184-185（ドイツ［Deutz］社に関して），および Gustav Goldbeck, *Kraft für Die Welt* (Düsseldorf：Econ-Verlag, 1964), 46, 73, 91, 229（米国工場に関して）。Nitske and Wilson, *Rudolf Diesel*, 254, によると1910年に「ドイツのドイツ社のライセンス下にあるオットー・エンジン社がフィラデルフィアにある工場でディーゼルエンジンをつくり始めた」。これは同じ工場であったのだろうか。

(75)　*APC Report*, 122.

(76)　前掲書, 119, 347, 564. 標準的なドイツの経済の文献では，コーティンのことは触れることすらしていない。

(77)　詳細に関しては次を見よ。data in RG 131, Box 200, National Archives. この章の注（108）も見よ。

(78)　*APC Report*, 299, 220, 148.

(79)　Bruno Kuske, *100 Jahre Stollwerck-Geschichte, 1839-1939* (Köln：Stollwerck, 1939), 87-93, 104-107；*Moody's Public Utilities and Industrials, 1916*, 1863；および Gyula Meleghy, "Die Vermittlerrolle der Bahken bei deutschen Investitionen in Nord-und Mittelamerika bis zum Ersten Weltkrieg," Ph. D. diss., University of Cologne, 1983, 216-242, 302-304. 1911年にはラドウィグ・ストールワークが取締役会長であった。

(80)　*APC Report*, 120-121, 327. ニューヨーク公立図書館は，ニューヨークにあるナイ・シェーレ社が用意した豊富な説明による20世紀初期（第一次世界大戦以前）のカタログを所蔵している。例えば，「解剖顕微鏡」のカタログもある。*Kny-Scheerer* という綴りは珍しい綴りだが，間違いではなく，実際にカタログのなかで使用されている。

(81)　W. J. Reader, *Weir Group* (London：Weidenfeld & Nicolson, 1971), 37-38.

第 **12** 章　他の製造業

(82)　この会社に関しては，次の書を見よ。*Stock Exchange Year Book, 1893* と *Burdett's Official Intelligence, 1891.* 普通株はすべてアメリカ人の商人によって購入された。英国人には社債と優先株が提供された。

(83)　*Moody's, 1914.* International Steam Pump Company, *Annual Report, 1901*（Scudder Collection, Columbia University），によると ISPC の資産のうち20万ポンドがブレーク・ノウルズ蒸気ポンプ製造所の普通株であり，ISPC の子会社のジョージ・ブレーク製造会社の負債としては，ブレーク・ノウルズ蒸気ポンプ製造所の抵当債権として100万ドル，優先株として50万ドルあった。ISPC, *Annual Report, 1904*, によるとブレーク・ノウルズ蒸気ポンプ製造所は1903年に解体し，同じ名前のニュージャージー州の会社に取って代わられた。

(84)　S. B. Saul, "The Engineering Industry," in *The Development of British Industry and Foreign Competition*, ed. Derek H. Aldcroft（London：George Allen & Unwin, 1968), 205. 私にはこれらの工場の場所はわからない。加えて，*Stock Exchange Official Intelligence for 1914*, 713, によると1913年6月6日に登記されポンプ動力株式会社を吸収合併するべくしてできたハンフリー・ポンプ株式会社は，ハンフリーの内燃機関ポンプの特許と普通株17万2600ドル（トータル100万ドルのうち）とハンフリー・ガスポンプ会社（ニューヨーク州シラキュース市）の優先株1万2600ドルを保持していた。私はこの少数株主持ち分のことについてはなにも知らない。

(85)　合衆国鍛造棒会社は英国の投資家により1871年にアトランティック・アンド・グレート・ウェスタン鉄道社に資材を提供するために組織されたと思われる。ビスコフヘイム＆ゴールドシュミット社は，その年にロンドンで余っている会社の株を提供した。10万ポンドの発行額であった。1878年時点でのそこの社長は大将であった。1893年までに会社は経済的に行き詰まり，1894年に合衆国自動車会社として再出発した。1897年にこの会社は再度支払いに行き詰まり，今度はイリノイ自動車機械会社として生まれ変わった。この時点では米国に工場を3つもっていた。しかし，新会社も「英国人のオーナーの不参加者経営の形で経営が行われていたが，相変わらず利益を出すことができずにいた」。1903年にはこの会社は自分の工場をリースに出していた。次の書を見よ。Swaine, *Cravath Firm*, I, 315, 480-481, 645-646, および Dorothy Adler, *British Investment in American Railways*（Charlottesville：University Press of Virginia, 1970), 113, 205, 206. イリノイ自動車機械会社は本社がシカゴにあったのだが，1914年にはロンドン取締役会があり，ロンドン「長官」がいた（*Stock Exchange Official Intelligence for 1914*, 717)。この会社はニュージャージー州で法人化された。そしてイリノイ自動車会社の株式のすべてを所有していた。

(86)　*American Iron and Steel Association Bulletin*, 23（Dec. 11, 1889)：341, および Clark, *History of Manufactures*, II, 341. アラバマ州の鉄に対するイギリスのその他の大規模投資に関しては第7章を見よ。

(87)　*Stock Exchange Year Book, 1911*, および "History of Fraser & Chalmers," unsigned typescript, March 31, 1953, copy in Milwaukee County Historical Society Research Collection（MCHSRC).

(88)　"History of Fraser & Chalmers," および H. Schiffin "Brief Historical Sketch of the Origin and Growth of Gates Iron Works and Fraser & Chalmers," Oct. 1, 1942, copy in MCHSRC.

(89)　おそらく，彼らは英国ではコストはもっと安いと思っていたのだろう。確かに，英国から南アフリカに品物を送るのと，米国から南アフリカに品物を送るのとを比べると，コストと安定性の面で，英国から送った方が勝っていることは間違いない。1890年時点では，英連邦内特恵

783

第Ⅱ部　世界最大の債務国

関税の問題は関連がないであろう。私には自分でそれなりに理解した答えが1つだけあるのだが，完璧な答えだとは思っていない。その考え方は以下の通りである。「これらの鉱山はすべて英国資本による開発であったので，この英国の資本に依拠して，機械が英国で製造されるほかなかったのである」(Schifflin, "Brief Historical Sketch")。

(90)　"History of Fraser & Chalmers."

(91)　前掲書.

(92)　Walter Peterson, *An Industrial Heritage* (Milwaukee : Milwaukee Historical Society, 1978), 107.

(93)　*Economist*, 57 (Dec. 15, 1900) : 1782.

(94)　"History of Fraser & Chalmers."

(95)　*Statist*, 56 (Dec. 16, 1905) : 1024. 彼はこう付け加えた。「しかし，たとえわれわれが米国のビジネスに大きな力をもっていたとしても，あるいはわれわれだけがそれを支配していたとしても，私の考えでは，そこで実際に発生した事態を変えることはできなかったであろう」。

(96)　Peterson, *An Industrial Heritage*, 137.

(97)　前掲書, 109, および *Commercial and Financial Chronicle*, 83 (July 14, 1906) : 90.

(98)　Peterson, *An Industrial Heritage*, 141.

(99)　前掲書, 142.

(100)　*Statist*, 74 (Nov. 23, 1912) : 584.

(101)　つまり，その会社が合併を受け入れたときである。引用は以下からのものである。*Stock Exchange Year Book, 1911.*

(102)　"History of Fraser & Chalmers."

(103)　これらの産業がどのようなものであったかに関しては，次の書を見よ。Lewis, *America's Stake*, 571, および *Stock Exchange Official Intelligence for 1914.*

(104)　米国におけるスウェーデンの直接投資の材料全般に関しては，全面的にランヒルド・ルンドストレーム (Ragnhild Lundström) の次の論文に依拠している。"Early Swedish Multinationals," paper prepared for the European Science Foundation Conference on Multinationals, Sept. 1983, 彼女のデータはその論文のなかに記載がある。さらに1983年10月30日付のルンドストレームから私宛ての書簡にもあった。この論文の改訂版が以下の文献のなかにある。*Multinationals : Theory and History*, ed. Peter Hertner and Geoffrey Jones (Aldershot : Gower, 1986), 135-156. 私は帝国クリーム分離機会社がニュージャージー州で法人化されたことを証明できるが，ニュージャージー州トレントン市にある総務局の文書 (1984年5月18日付け) で私に知らせてきた内容によると，なんと法人化した日付がわからないとのことであった。

(105)　ルンドストレームからウィルキンスへの1983年10月30日付の書簡。子会社のアメリカ・ルクス・ライト社 (American Lux Light Company) が1906年6月8日にニューヨーク州で法人化された。この会社のビジネスの主な拠点は，ニューヨーク州のショトーカ郡で，この州の一番西の辺りになる。New York Department of State, Nov. 17, 1983, からのデータ。

(106)　ルンドストレームからウィルキンスへの1983年10月30日付の書簡。マッキントッシュ＆セイモア社は1913年11月24日にニューヨーク州で法人化された。主たるビジネスの場所は，州北部のカユーガ郡 (カユーガ郡はイサカの北，シラキュースの西にあたる) であった。マッキントッシュ＆セイモア社は1936年8月31日に吸収合併され，アメリカ機関車会社となった。ニューヨーク州総務局からの1983年11月17日付のデータによる。ルドルフ・ディーゼルの国際ビジ

784

第**12**章　他の製造業

ネスへのアプローチの仕方は，ドイツと外国の会社の商標を許可するというやり方であった。ディーゼルモーター社および，この会社独自の技術革新，そしてマッキントッシュ＆セイモア社に関しては，次の書を見よ。Nitske and Wilson, *Rudolf Diesel*, 168, 256. この会社は重要な会社となった。

(107)　前掲書, 126, 150, 178-179, 191, 201-202, 253-254. おそらくルドルフ・ディーゼルがこの会社の15万ドルに及ぶ株を受け取ったことは間違いないであろう（前掲書, 201-202, 205）。これは少数株持ち分ではあったが（この会社の資産は210万ドルであった）。ルドルフ・ディーゼルが自分のエンジンを米国に導入しようとしていたことについては次を見よ。Richard H. Lytle, "The Introduction of Diesel Power in the United States, 1897-1912," *Business History Review*, 42 (Summer 1968)：115-148. 1897年10月9日にディーゼルは，自分がもっていた米国所有の特許を23万8000ドルでブッシュ氏に譲渡した。そして，売却したエンジンすべてに対して6％のロイヤリティを得た。ルドルフ・ディーゼルが自分の権利を売ってしまったことは，「大きな誤り」であったとする解釈に関しては，次も見よ。Saul, "Engineering Industry," 218.

(108)　スウェーデンとドイツの関係はかなり深いものがあった。ドイツ・ノーマ社つまり米国ノーマ社のオーナーでボールベアリングをつくっている会社であるが，1912年時点で，50％の株式はスウェーデンのSKFが所有しているとされていた。次の書を見よ。Charles Higham, *Trading with the Enemy* (New York：Delacorte Press, 1983), 252. ノーマ社の米国への投資に関しては，既述した説明を見よ。

(109)　しかし，M.A.N.社は新ロンドン船舶エンジン社（電気船舶社の納入業者）に海で使用するディーゼルエンジンを生産する許可を与えた（Lytle, "The Introduction of Diesel Power," 135）。

(110)　次の書を見よ。Georg Siemens, *History of the House of Siemens*, 2 vols. (1957；rpt. New York：Arno Press, 1977)，至るところに。ラーテナウ社に関しては，次の書を見よ。Felix Pinner, *Emil Rathenau und das elektrische Zeitalter* (1918；rpt. New York：Arno Press, 1977). 次の書も見よ。Wilkins, *The Emergence*, 154. 時にはシーメンス社とA.E.G.社の間はしっくりといかず，戦いの様相をみせるときもあった。次を見よ。Hugh Neuburger, "The Industrial Policy of the Kreditbanken, 1880-1914," *Business History Review*, 51 (Summer 1977)：205.

(111)　Wilkins, *The Emergence*, 54.

(112)　Rathenau to Edison, Feb. 19, 1889, Edison Archives, West Orange, N.J.：Siemens, *House of Siemens*, I, 100；および Neuburger, "The Industrial Policy," 193-195.

(113)　Dietrich G. Buss, *Henry Villard* (New York：Arno Press, 1978), 188. エジソンの伝記を書いた著者によるとヴィラードはエジソンの強力な支持者であり，1880年代初期にはエジソン電気電燈会社へも投資をしていた。次の書を見よ。Matthew Josephson, *Edison* (New York：McGraw-Hill, 1959), 236.

(114)　Buss, *Henry Villard*, 196.

(115)　前掲書, 197, および Siemens, *House of Siemens*, I, 100. ヴィラードとジョージ・ボン・シーメンスとの初期の関係については，次を見よ。Buss, *Henry Villard*, 157. 1883年シーメンスはノーザン・パシフィック社へ向けて，かの有名な「祝賀旅行」に出かけたが，この旅行はヴィラードが手配したものだった（前掲書, 140ff.）。

(116)　Siemens, *House of Siemens*, I, 100.

第Ⅱ部　世界最大の債務国

(117)　Buss, *Henry Villard*, 197.

(118)　前掲書, 198.

(119)　前掲書, 199.

(120)　前掲書, 200.

(121)　前掲書.

(122)　前掲書, 200-201.

(123)　エジソンGE社向けのプラン。Edison Archives, n.d. [1888].

(124)　この数字については Buss, *Henry Villard*, 208-209, が以下を引用した。"To the stockholders of the Edison Electric Light Co.," April 26, 1889, Henry Villard Papers, vol. 63, Harvard Business School. Buss, *Henry Villard*, 209, によれば, 合計が820万ドルとなっているが, これは計算ミスか誤植であろう。

(125)　Buss, *Henry Villard*, 184.

(126)　エジソンがどのようにして外国のビジネスに関して, 力を失っていったかについては, 次の書を見よ。Wilkins, *The Emergence*, 52-58. ドイツが果たした役割の詳細については, 次の書を見よ。Karl Helfferich, *Georg von Siemens*, 3 vols. (Berlin：Verlag von Julius Springer, 1923), II, 97.

(127)　Buss, *Henry Villard*, 208, 214.

(128)　前掲書, 202.

(129)　前掲書. この吸収合併には, これ以外にほかに複数の理由があった可能性がある。スプローグ社に関しては, 次の書を見よ。Melvin Kranzberg and Carroll W. Pursell, ed., *Technology and Western Civilization*, 2 vols. (New York：Oxford University Press, 1967), I, 572-574, 左記の書でこの吸収合併は,「スプローグ社のこの分野での圧倒的な力」が理由であったとしている (p.574)。しかし, この著者はシーメンス＆ハルスキー社の懸念に気がつかなかった。もっとも, 最初の路面電車の路線は1879年にドイツの会社が敷設したことは記している (p.572)。スプローグ社に関しては, 次の書も見よ。Harold C. Passer, *The Electrical Manufacturers, 1875-1900* (Cambridge, Mass.：Harvard University Press, 1953), 239-249, および彼の"Frank Julian Sprague, Father of Electric Traction, 1857-1934," in *Men in Business*, ed. William Miller (New York：Harper Torchbooks, 1962), 212-237. パッサー (前掲書, 229) は次のように記した。エジソンGEがスプローグ社を吸収することによって,「その会社の最大の顧客がその他のどこか別のところで仕事を奪うことはないようにした。(エジソンGEの) スケネクティディ工場でつくられたモーターのうち, 65%以上は1889年にスプロークに販売された」。パッサーは吸収合併に際するシーメンス＆ハルスキーの役割についてはなにも語っていない。したがって, そのあたりのことはなにも知らなかったのであろう。

(130)　前掲書, 228-229, および Josephson, *Edison*, 327-353.

(131)　Alfred D. Chandler, *The Visible Hand* (Cambridge, Mass.：Harvard University Press, 1977), 427.

(132)　Buss, *Henry Villard*, 212. エジソンはロンドンのシーメンス・ブラザーズに1889年の秋の価格を聞き, ケーブル線を米国でつくることを決心した。次の書を見よ。Edward Dean Adams, *Niagara Power* (Niagara Falls, N.Y.：Niagara Falls Power Co., 1927), I, 146.

(133)　Buss, *Henry Villard*, 211-212.

(134)　前掲書, 218-219. この件に関して, バスに従っておく。彼はこのことに関する記録をみることができたからだ。Henry Villard, *Memoirs* (Boston：Houghton Mifflin, 1904), II, 325, で

第**12**章　他の製造業

はヴィラードが吸収合併には反対したことが示唆的に書かれている。

(135)　Josephson, *Edison*, 365.

(136)　前掲書, 364. ジョセフソンはドイツの関わりを知っていた。詳しくは知らなかったのだが。ドイツがどういう風に手を引いたのか（その分の株がどこに売られたのか）は、はっきりとしない。おそらくはモルガンがドイツの株を手に入れた可能性が高い。

(137)　Siemens, *House of Siemens*, I, 128-129. この本はこの米国旅行とドイツがエジソン GE から手を引いたことは無関係としているが、関係があることはほぼ明らかある。

(138)　次を見よ。Memorandum, April 9, 1892, in Siemens Archives, Munich, SAA (Siemens Archiv-Akte) 68/L：262. 私はシーメンス古文書館の資料のコピーを得たが、それはハーム・シュロッター博士のおかげである。

(139)　Siemens, *House of Siemens*, 128-129, 306, 320-322.

(140)　Passer, *Electrical Manufactures*, x. アメリカ・シーメンス＆ハルスキーの重要性に関しては、次の書を見よ。John Winthrop Hammond, *Men and Volts : The Story of General Electric* (Philadelphia：J. B. Lippincott, 1941), 214, 218-219. 1894年の5月にGEの東地区の販売責任者は、直流に関しては主なライバルはシーメンス＆ハルスキーであることに気がついた。後者の器具は値段においてGEのものよりも15％安く、しかも「作りがよく、洗練されていて、あらゆる面で申し分なかった」(Passer, *Electrical Manufacturers*, 127)。

(141)　Siemens, *House of Siemens*, I, 309. 1895年8月にGEの販売責任者が語ったところによると、彼の担当地区では電気器具のカテゴリーではGEが60％のシェアを占め、シーメンス＆ハルスキー社が15％、ウェスティングハウス社も15％で、残りのシェアをその他の小さな会社が分け合っていたとのことだ (Passer, *Electrical Manufacturers*, 126)。シーメンス＆ハルスキーの1895年のシカゴにおける工場の拡張に関しては前掲書, 334, を見よ。

(142)　Siemens, *House of Siemens*, I, 104. 1897年のアメリカ・シーメンス＆ハルスキー社に関しては、次の書も見よ。Passer, "Frank Julian Sprague," 231.

(143)　*Commercial and Financial Chronicle*, May 13, 1899, 927. 電気自動車会社 (Electric Vehicle Company) はアイザック・ライスによって設立された。この頃にこの会社はウィリアム・C・ホイットニーに乗っ取られようとしていた。次の書を見よ。Allan Nevins, *Ford* (New York：Charles Scribners' Sons, 1954), 618, 287-288.

(144)　John Moody, *Truth about Trusts* (New York：Moody, 1904), 249. Hammond, *Men and Volts*, 284, および Passer, *Electrical Manufacturers*, x, 334, は1900年のGEによる吸収合併を認めている。

(145)　前掲書, 334, は1896年以降のこの会社の競争力の低下を述べている。パッサーにとっては親会社が米国でのビジネスを捨ててしまうことや米国の会社が他の分野に進むこと、などは想像の範囲を超えていた。

(146)　Testimony of "Mr. Walser" of Goss Printing Company, New York, U.S. Industrial Commission, *Report* (Washington, D.C., 1900), VIII, CXViii, 376. Passer, *Electrical Manufacturers*, 334, はストライキが長引いたことを記している。

(147)　シーメンス古文書館の古文書のなかでシュロッター博士が明らかにしたデータを考慮すると、ジョージ・ボン・シーメンスによるシーメンス社の歴史のこの話は、完全に正確なものとはいえないように思う。私は自分が発表する際には古文書館のデータを使う。次の書簡を見よ。書簡 Wilhelm von Siemens, Paris, to Siemens & Halske, Secretariat, April 16, 1903, および書簡 Edward D. Adams (the Deutsche Bank representative in the United States) to

787

第Ⅱ部　世界最大の債務国

Deutsche Bank, Secretariat, April 17, 1903, both in SAA 4/LK77 (Wilhelm von Siemens). ベルリンのシーメンス＆ハルスキー社はアメリカ・シーメンス＆ハルスキー電気社との契約を無効にするためと，この米国の会社名から自分の名前を消すために，アダムズに助けを求めた。アダムズは GE のチャールズ・A・コフィンとは親友であることを明らかにした上で，チャールズとこの問題について話し合いをもった。コフィンはヨーロッパに出かけていて，ベルリンを訪れた際にシーメンス＆ハルスキーの件を話し合うために，（ドイツ銀行の）アーサー・グウィナーに面会しようとした。アメリカ・シーメンス＆ハルスキー電気社に「巨額のお金」を支払い，ベルリンのシーメンス＆ハルスキー社が，いかなる者にも自分の名前を使わせないということと米国での特許を使わせないことを確かなものにしておきたかった。1903年6月13日に GE とベルリンのシーメンス＆ハルスキー社との間で協定の草案が作成された。次を見よ。copy in SAA 4/LK77 (Wilhelm von Siemens). この草案は承認されなかったことは明らかである。実際の合意は以下にある。Circular 174, Berlin, July 20, 1904, SAA 68/L：262. 1908年4月3日に，アメリカ・シーメンス＆ハルスキー電気社の消滅の証明書は，イリノイ州スプリングフィールドで提出された (Edward D. Adams to Deutsche Bank, Secretariat, Berlin, Oct. 26, 1908, SAA 4/LK77 [Wilhelm von Siemens]). Passer, *Electrical Manufactures*, 334, によると GE は「電力関連の特許が弱かった」という理由で，アメリカ・シーメンス＆ハルスキー電気社を買収したとしている。

(148)　Siemens, *House of Siemens*, I, 309-310. 次の書も見よ。Georg Siemens, *Carl Friedrich von Siemens* (Freiburg：Verlag Karl Alber, 1960), 57. この書は GE によるアメリカ・シーメンス＆ハルスキー電気社の買収と後者の会社の最終的な清算計画のことを記している。

(149)　詳細については次の書を見よ。Wilkins, *Emergence*, 94-95.

(150)　私はアメリカ・シーメンス＆ハルスキー電気社の成立のタイミングについて述べた。この会社はシーメンス社と A.E.G. がともにエジソン GE 社から脱出するタイミングを捉えて成立した。私には確たる証拠はないが，1903年，つまりシーメンス＆ハルスキー社が米国内の前の子会社との特許の合意を破棄したいと願っているときに，A.E.G. が GE と市場分割協定の合意をしたことは偶然とはとても思えない。テレフンケン社の成立に関しては，次の書を見よ。Harm Schröter, "A Typical Factor of German International Market Strategy：Agreements between the U.S. and German Electrotechnical Industries up to 1939," in *Multinational Enterprise in Historical Perspective*, ed. Alice Teichova et al. (Cambridge：Cambridge University Press, 1986), 161.

(151)　*APC Report*, 104. カール・G・フランクの1940年12月15日の死亡記事が『ニューヨーク・タイムズ』紙に載ったのだが，これが意味するのは，彼が1903年に「シーメンス・ハルスキー・シーメンス・シュケルト・ヴェルケのここでの代表として」米国に来たということである。*Jahrbuch der drahtlosen Telegrapie―― 1912-1913*, 202, において以下の説明があった。ニューヨークの「合衆国テレフンケン・ワイヤレス・テレグラフ社」は自前の工場をもっている。しかし，同じ『年鑑』のこの会社のその後のリスト内容を見ると，このビジネスに関連する資本はなにもないといわざるを得ない。アールブックのデータに関しては，以下のなかにある要点を説明した論文を利用した。Box 71, Owen Young Papers, Van Hornesville Community Corporation, Van Hornesville, N.Y. *APC Report*, はテレフンケンの工場に関してなにも述べていない。

(152)　Schröter, "A Typical Factor," 161. GE とシーメンス＆ハルスキーのカール・フリードリッヒ・ボン・シーメンスとの間で戦争の直前に交され，結果として，この2社の結びつきがより

第**12**章　他の製造業

強くなったであろう。「秘密の合意」に関しては前掲書，163，を見よ。カール・フリードリッヒ・ボン・シーメンス（1872年生まれ）は，ウェルナー・ボン・シーメンスの息子であった，この息子はウェルナーの2度目の結婚で生まれた息子であり，前の結婚で生まれた兄弟のアーノルド，それにウィルヘルムよりもずっと年少であった。20世紀初頭，英国のシーメンス・ブラザーズ社でカール・フリードリッヒ・ボン・シーメンスは懸命に働いていた。この会社は彼の叔父のサー・ウィリアム・シーメンスが設立した。次の書を見よ。J. D. Scott, *Siemens Brothers, 1858-1958*（London：Weidenfeld & Nicolson, 1958), 75, 22, 263. 次の書も見よ。Siemens, *Carl Friedrich von Siemens*.

(153)　ウェスティングハウスの第一次世界大戦前の海外でのビジネスに関しては，次の書を見よ。Wilkins, *Emergence*, 95-96. ウェスティングハウスの困難な時代に関しては，次の書も見よ。Swaine, *Cravath Firm*, II, 33ff. 1907年10月27日付けのロスチャイルド卿からパリの従兄への書簡，Rothschild Archives London XI/130A/1では，「ウェスティングハウスの（こう願いたいものだが）一時の困難さによって，引き起こされたパリのソシエテ・ゼネラル社の難しい状況」が記されている。

(154)　Theodor Heuss, *Robert Bosch : eben und Leistung*（Stuttgart：Rainer Wunderlich Verlag, 1946), 121, 至るところに。

(155)　Lawrence G. Franko, *European Multinationals*（Stamford, Conn.：Greylock, 1976), 164.

(156)　American Bosch Corporation Prospectus, Oct. 25, 1938, 3, Scudder Collection, Columbia University, および Heuss, *Robert Bosch*, 177.

(157)　Heuss, *Robert Bosch*, 213, 218-219, および American Bosch Corporation Prospectus, Oct. 25, 1938, 7.

(158)　*APC Report*, 108-111, 187.

(159)　Gleason L. Archer, *History of Radio to 1926*（New York：American Historical Society, 1938), 89, および U. S. Federal Trade Commission, *Report on the Radio Industry*（Washington, D.C., 1924), 11, 185.

(160)　この章の注（151）を見よ。

(161)　*APC Report*, 120.

(162)　Geoffrey Jones, "The International Expansion of the Gramophone Company：An Anglo-American Multinational, 1898-1931," *Business History Review*, 59（Spring 1985）：81. その投資は投資と呼ぶことができるかどうかさえ疑わしい。実際には良き研究成果が期待されていたので，お金が投資されたと考えるべきだ。

(163)　次の書を見よ。*Moody's, 1920*, 836.

(164)　Wilkins, *Emergence*, 51, 200, 213.

(165)　Lundström, "Early Swedish Multinationals," sources therein, および書簡 Lundström to Wilkins, Oct. 30, 1983.

(166)　R. M. Morgan, *Callender's 1882-1945*（Prescott, Merseyside：BICC, 1982), 1, 5, 19, 20, 26, 28, 37, 167-170. 米国の工場が閉められてからは，生産は英国のエリス市で集中的に行われた。

(167)　1890年6月24日，オコナイト（ニューヨーク）社は英国のショー＆コノリイ（マンチェスター）社と一緒になり，両社ともに新たに国際オコナイト株式会社に吸収された（*Stock Exchange Year Book, 1893*）。1893年10月27日に国際オコナイト株式会社はオコナイト株式会社に名前を変更した。次の書を見よ。*Burdette Official Intelligence, 1895*, 1118-19. 1913年ま

第Ⅱ部　世界最大の債務国

でオコナイト社はロンドンの*Stock Exchange Official Intelligence* に記載されていた。しかし，この重要な有価証券ハンドブックの1914年版には記載されていなかった。1924年にこの会社は米国の会社とされていたが，英国企業のキャレンダー・ケーブル敷設会社の関連会社のオコナイト・キャレンダー（ニュージャージー）社となった（Morgan, *Callender's*, 78）。

(168)　この会社が生産する電話機にはウェスタン・エレクトリックがつくる製品とは異なる特徴があった。ランヒルド・ルンドストレームからのデータである。

(169)　ドイツの電気産業のラテンアメリカにおける巨大企業化に関しては，次の書を見よ。Gerard Jacob-Wendler, *Deutsche Elektroindustrie in Lateinamerika : Siemens and AEG, 1890-1914*（Stuttgart：Klett-Cotta, 1982）.

(170)　詳細はこの章ですでに述べた。

(171)　自転車のチューブ関連の投資の詳細については第7章を見よ。

(172)　J. D. Scott, *Vickers*（London：Weidenfeld & Nicolson, 1962）, 43.

(173)　Clive Trebilcock, *The Vickers Brothers*（London：Europa Publications, 1977）, 133.

(174)　前掲書，137.

(175)　前掲書，136. 1886年のに米国海軍法により，造船会社は軍艦を製造する場合は国内の材料のみを使用することが義務づけられた。次の書を見よ。John G. B. Hutchins, *The American Maritime Industries and Public Policy, 1789-1914*（Cambridge, Mass.：Harvard University Press, 1941）, 458. 海軍との契約のおかげで，ベスレヘム製鉄社は，1886年にベスレヘム製鉄の工場をリフォームするために，イングランドのウィットワース社が装備，技術者，情報を提供できるように取り計らった。ベスレヘムはまた，鋼鉄製の装甲板のための図面と備品をシュナイダー・クルソット社から入手した。ヨーロッパの兵器の技術は米国の兵器の技術を明らかに上回っていた。前掲書および次の書を見よ。Clark, *History of Manufactures*, II, 271, 313-316.

(176)　Trebilcock, *Vickers Brothers*, 137. 1899年5月にミッドヴェル製鋼社の社長のチャールズ・ハラーが，当時カーネギー製鋼社の社長であったチャールズ・シュワブに語ったところによると，ヴィッカーズ・サンズ＆マキシム社が「ミッドヴェルを購入する直前であった」とのことである。2週間後シュワブはヴィッカーが米国では装甲車両を生産する意図はまったくないとの電報を受け取った。次の書を見よ。Robert Hessen, *Steel Titan, The Life of Charles M. Schwab*（New York：Oxford University Press, 1975）, 99, 320. 実際にはヴィッカーの計画はもっと野心的なものであった。

(177)　Trebilcock, *Vickers Brothers*, 138. 次も見よ。Clark, *History of Manufactures*, III, 143, および *American Iron and Steel Association Bulletin*, 24（Dec. 10, 1900）：205.

(178)　この計画はハラー氏が以前語っていた計画であるかもしれない。上述の注（176）を見よ。

(179)　Trebilcock, *Vickers Brothers*, 138.

(180)　前掲書，138-139.

(181)　1912年にフレデリック・テーラーがマルセル・ミシュランを送りこんで，科学的な経営原理のもとで運営されている様々な工場を臨検することを計画しているときに，彼が言ったのは，「この国では米国民でない者は，誰であっても造兵廠，もしくは海軍工廠に入ることを禁じられているから」ウォータータウンの造兵廠は含まれないのだということである（書簡 F. W. Taylor to Edouard Michelin, Aug. 29, 1912, Taylor Papers）。米国の造船所で完全に上手く統合されているところは一つもなかった。造船所はすべて外部の鋼鉄会社に依存していた（Hutchins, *American Maritime Industries*, 465-466）。市民の生活に使用するものであれ，戦

争に使用するものであれ，米国内での造船業を外国資本の会社が行っている例はなかった。ただし，潜水艦を除く。

(182) ヴィッカー社と電気船舶社に関しては，次を見よ。Scott, *Vickers*, 62-67, および Trebilcock, *Vitkers Brothers*, 99-102, 155. アイザック・ライスの背景知識に関しては，次を見よ。*National Cyclopaedia of American Biography*, XI (1901), 447-448. アメリカ・シーメンス＆ハルスキー社に関しては上述の文章を見よ。

(183) Trebilcock, *Vickers Brothers*, 100.

(184) 私はこの複雑なストーリーを以下からのデータを使い解析した。（ ）内の日付は調査日。エバーハード社（ペンシルベニア州クレストウッド市，1983年4月29日），ファーバー・キャステル（ニュージャージー州パーシッパニー市，1986年1月13日），A・W・ファーバー・キャステル（ドイツ，ニュルンベルグ近郊のシュタイン市，1986年2月14日［エアランゲン＝ニュルンベルグ大学のオスカル・シュヴァルツァー氏を通じて］），*von Faber et al. v. Faber*, 124 Fed. Rep. 603 (SDNY1903), *von Faber-Castell v. Faber*, 139 Fed. Rep. 257 (CCA2 1905). 次も見よ。*APC Report*, 556.

(185) この支店は米国で聖書とそれに英国のオックスフォード大学出版社が刊行した宗教と関係のない本も広く販売した。次を見よ。*Oxford Publishing since 1478* (London : Oxford University Press, 1966), 9-10.

(186) Charles Morgan, *The House of Macmillan* (London : Macmillan, 1944), 4, 82-83, l63-164.

(187) Lewis, *America's Stake*, 571.

(188) *Stock Exchange Official Intelligence for 1914*, 897, によると，ラファエル・タック＆サンズ社は書籍の出版社である。

(189) ネルソンに関する私の情報源は以下のものである。W. Turrentine Jackson, *The Enterprising Scot* (Edinburgh : Edinburgh University Press, 1968), 14. この著者はネルソンがニューヨーク支店がらみで，米国を何度か訪れたと記している。ジャクソンの情報源は次のものである。*The Scotsman*, Oct. 21, 1892. この支店の機能に関してはなにも述べられていない。

(190) *APC Report*, 290, 152.

(191) 前掲書，317, 185, 462-463.

(192) 前掲書，186.

(193) Haynes, *American Chemical Industry*, III, 361, および Ervin Hexner, *International Cartels* (Chapel Hill : University of North Carolina Press, 1945), 375.

(194) Clark, *History of Manufactures*, III, 253-256, および U. S. Federal Trade Commission, *Report of Cooperation in American Export Trade*, 2 vols. (Washington, D. C., 1916), II, 44.

(195) *APC Report*, 147, 290, 315, 566, 569. 独米ポートランド・セメント社は後に，ラサール・ポートランド・セメント社と名前を変えた。

(196) *FTC Report on Cooperation*, II, 44.

(197) Wallis Hunt, *Heirs of Great Adventure* (London : Balfour, Williamson, 1960), II, 78 ; Lewis, *America's Stake*, 101-102, 566 ; および *Stock Exchange Official Intelligence for 1914*, 807.

(198) Virginia H. Taylor, *Franco-Texan Land Company* (Austin : University of Texas Press, 1969), 195-196, 199.

(199) Jim Berry Pearson, *The Maxwell Land Grant* (Norman : University of Oklahoma Press,

第Ⅱ部　世界最大の債務国

1961），168-171，219-221.

(200)　Roger V. Clements, "British Controlled Enterprise in the West between 1870 and 1900," *Agricultural History*, 27（Oct. 1953）：132-141.

(201)　*APC Report*, 293.

(202)　Haynes, *American Chemical Industry*, VI, 177-178. この米国の会社は第一次世界大戦中に名前がゼネラル・セラミクス社と変わった。次も見よ。*APC Report*, 314.

(203)　*APC Report*, 145. 米国のピアノ産業とスターリング社については，次を見よ。Cyril Ehrlich, *The Piano*（London：J. M. Dent, 1976），至るところに，および139.

(204)　次の書を見よ。*APC Report*, 292, 293.

(205)　次の書を見よ。Herbert Marshall, Frank A. Southard, Jr., and Kenneth W. Taylor, *Canadian-American Industry*（1936；rpt. New York：Russell & Russell, 1970), 178-180. S・J・ムーアは1879年にトロントに小さなプリントショップを開いて，書籍を生産，販売するためにカーター・クルム社をつくった。1880年代に彼はバッファローで工場建設を行い，彼の米国での事業はカナダのビジネスを上回るに至った。1893年にはお土産用の銀のスプーンを製造販売するためにナイアガラ銀スプーン会社を立ち上げた。1901年にムーアはこの会社をマサチューセッツ州とコネチカット州の銀製品の食器を扱う会社と統合した。そして，ウィリアム・A・ロジャーズ社という会社を立ち上げた。1909年の少し前に，バッファローにいる友人たちを通じて，ムーアは小さな紙箱を製造する会社のF・N・バート社に投資した。バート株式会社が1909年に，ムーアがもっていたカナダの3つの会社と一緒にバート会社をも吸収合併するために，立ちあげられた。1911年にはムーアの会社群のなかでも最大の会社が成立した。ニューヨーク州ナイアガラ・フォールズ市，ニューヨーク州エルマイラ市，ロングアイランドにそれぞれあるムーアの会社群をきれいに整理統合するために，1911年にオンタリオで立ち上げた会社のアメリカ図書販売株式会社がそれである。アメリカ図書販売株式会社に関しては，次の書を見よ。*Moody's, 1928*, 2245. ムーアの米国への投資額はかなりの額であった。Cleona Lewis, *America's Stake*, 566, によると1914年のアメリカ図書販売株式会社の「資本金」は394万ドルであった。米国内の産業に対するその他の非常に小さな額のカナダによる投資に関しては，次の書を見よ。R. T. Naylor, *The History of Canadian Business, 1867-1914*（Toronto：James Lorimer, 1973), II, 247-248.

(206)　書簡 Charles Jones to Mira Wilkins, June 24, 1987（クリタル社に関して）および Dunning data, University of Reading, Reading, England（モルガン坩堝社に関して）.

(207)　次の書を見よ。Fred Carstensen, "International Harvester," 1985 Bellagio paper, forthcoming；London City and Midland Bank Balance Sheet, Dec. 1913, Midland Bank Group Archives（data from Edwin Green, archivist）；および Paul Dickens, "The Transition Period in American International Financing, 1897 to 1914," Ph.D. diss., George Washington University, 1933, 261.

(208)　Minutes of Board of Directors meeting, Studebaker Brothers Manufacturing Company, Jan. 27, 1911. このデータは1981年5月29日にドナルド・F・デイヴィスから手に入れた。

(209)　次の書を見よ。Dickens, "The Transition Period," 258. 彼の試算によれば，1350万ドルの優先株のうち300万ドルが海外の投資家に買われたことになる。

(210)　K. D. Bosch, *Nederlandse Beleggingen in de Verenigde Staten*（Amsterdam：Uitgeversmaatschappij Elsevier, 1948), 348,（普通株式と優先株式に関して）.

(211)　1981年5月29日のドナルド・F・デイヴィスによるデータ。1919年12月18日時点でオラン

第12章　他の製造業

ダ証券信託会社は発行された30万株の普通株のうち7700の普通株と15万の優先株のうち3070の優先株を保持していた。これらの株はすべて第一次世界大戦前に購入されたのであろう。

(212)　Dickens, "The Transition Period," 263.

(213)　前掲書, 253.

(214)　前掲書, 264.

(215)　Carl W. Ackerman, *George Eastman* (Boston : Houghton Mifflin, 1930), 129ff, esp. 129, 132, 142-143, 173-175. 英国での「プロモーション」の根本的な理由の一つは知名度を上げることであった。醸造の初期のプロモーターたちが米国の醸造業者に宣伝になるからとロンドンの会社をもつように仕掛けたのと同様のことであった（第9章を見よ）。これはイーストマン・コダック社の計画であった。サー・ジェームズ・ペンダー（1841-1921）は有名なケーブルの「実力者」の息子であった（第14章を見よ）。ケルヴィン卿（Lord Kelvin）はほかにも米国との関わりをもっていた（彼の米国銅産業との関わりに関しては，第8章注（23）を見よ）。イーストマン・コダック社が英国の会社からニュージャージー州の会社にとって代わろうとするちょうどそのときに，ピルズベリー社やホウ砂統合社のアメリカ人たちも自分たちの会社の法律上の「本社」の大西洋越えを望んだ。実際にはどちらの会社もそうしなかった。ピルズベリーのケースで理由として想定できることは，親会社が余分であったということである。ピルズベリーの書類のなかに税金が絡んでいることを示す文は見つからなかった。フランシス・マリオン・スミスはホウ砂統合社の本社をニューヨークに移すことを望んでいる際に（そして英国で登録されている会社を解散する際に），同社はコダック社のやり方を踏襲すべきと考えた（N. J. Travis and E. J. Cocks, *The Tincal Trail* [London : Harrap, 1984], 142)。*Stock Exchange Official Intelligence for 1914*, London, 654, によるリストではイーストマン・コダック社は1901年10月24日にニュージャージー州の法に則って会社として法人化されたとなっている。その時点でもサー・ジェームズ・ペンダーがトップの役員として入っていた。

(216)　第8章を見よ。

(217)　したがって，シーメンス＆ハルスキー社はヨーロッパでの競争を和らげるために，ヴィラードがスプローグ社を買うことを望んだ。これはクロス投資の良い事例であったが，シーメンス＆ハルスキー社のエジソンGE社への関わりは長くは続かなかった。

(218)　しかし，1889年に英国のプロモーターが米国に進出するという一般的な動きに伴って，英国は収穫関連の製造業者を「シングルトラスト」にして，耕作用のすきをつくる米国の会社との企業合同をつくろうと「試みた」。独立した会社に対するこれらの計画は失敗に終わった。例えば，サイラス・マコーミック二世は興味をそそられなかった。フレッド・カーステンセンは，これらの英国の動きに関するデータを次で見出した。McCormick Collection at the State Historical Society of Wisconsin, Series W, Box 1, files : American Harvester Company, Correspondence, May-October 1889 and October-December 1889. 1986年4月1日付けのカーステンセンからウィルキンスへの書簡を見よ。1889年から90年の間に3つの別々の「プロモーター」が（それぞれが英国資本に支えられていたが）耕作用すきづくりの会社の連合をつくろうとした。ウェイン・ブロエルはこの点における彼らの無駄な努力に関して非常に内容のある文を書いている。次の書を見よ。Wayne Broehl, *John Deere's Company* (New York : Doubleday, 1984), 258-270.

(219)　アルフレッド・チャンドラーはこの原稿の初校を読んだときに，特にこのような印象をもった。

(220)　次の書を見よ。Mira Wilkins, "The History of Multinational Enterprise : A New Look,"

第Ⅱ部　世界最大の債務国

Journal of European Economic History, 15（Winter 1986）: 483-510.

第 13 章

銀 行 業

　米国における外国資本の参入と蓄積は，莫大かつ多様なサービス部門への投資に関与し，しばしばそれを助けることになった。それらの投資は，銀行業から電力・電燈業務におよぶすべてのサービスを提供した。何人かの投資家は時には自分がもつ，時には他人が所有するかなり大きな資金を投資に回した。彼らはいろいろな人とたまたま知り合いになって，情報の新しい道筋を開いた。これらのサービス産業の社名の多くは，この本の最初の部分に出てきた。以後の３章で，私はこれらの外国企業を正確に考察していく。

　私はサービス部門に，銀行および金融業者を含める。他の資金および情報の中間業者としては，株式ブローカー，プロモーター，投資信託会社，土地・不動産担保供給業者，トレーダー，船会社，通信会社，無線送受信会社がある。第３グループの部門は次の参画者で構成された。広告業者，卸売りおよび小売りの流通ネットワーク，保険，会計事務所，エンジニアリング業，建設，そして電力，電燈，公営輸送業務である。銀行および金融会社についてはこの章で取り上げる。第２グループについては第14章で，第３グループは第15章で述べる。この高度で特異な企業群集団から目立って除かれているのは，外国のソリシター（訳注：バリスターと訴訟依頼人との仲に立って法律事務を取り扱う弁護士）や弁護士であり，彼らの業務により国際ビジネスがスムーズに運んだ。例えば，ロンドンにあるリンクレイター事務所，フレシュフィールド事務所，アシャースト事務所は，米国の株主と英国の投資家を扱っていた。また，彼らの顧客に米国の法律事務所を紹介したが，これら英国の法律事務所は一社も大西洋を横断してまで米国には拡大しなかった。米国における外国企業は米国内で主としてニューヨークやシカゴの弁護士を利用した。法的な職業は技能，知識，ある現場に深く根ざした訓練といった，国際的には容易に移転できない優位性をも

795

第Ⅱ部　世界最大の債務国

っていた。

　米国内外において，多くのアメリカ人，とりわけ，弁護士，民間銀行家，興
業主，担保会社の創立者（例えばジョン・ドス・パソス，Ｊ・Ｐ・モルガン，ヘンリ
ー・ヴィラードとアーサー・スティルウェル，ジェームズ・Ｌ・ロンバード）は，米国
へ欧州通貨を導入するのに重大な役割を演じた。1897年，ニューヨーク州のナ
ショナル・シティ銀行は外国為替を扱う外国部を設け，外国人口座の獲得を狙
った。また，外国銀行や外国企業に対して広範囲の商業サービスを提供した。
この章ならびに次の２章では，私の興味は米国民や米国のビジネスにあるので
はなく，むしろ外国の企業家にある。さらに重要なことは，外国人が所有かつ
コントロールしている企業，すなわち外国投資家と中間業者に興味がある。

　ここで私は最初に外国の銀行を扱う。私は鍵となる企業を明確にし，外国の
直接投資家として，彼らの役割や機能を読み解くことにする。外国の直接投資
家は，米国における彼らの従業員とともに，直接参加者としてこの国で銀行業
務を提供する。私はまた，銀行業とは別の活動分野における外国証券投資家，
ときとして外国直接証券投資家としての役割，他の投資家の長期資本提供のた
めの導管としての役割を考察する。

外国銀行と米国の商業銀行

　1913年末現在の預金高の計算により得られた世界の10大銀行は表13－1の通
りであり，米国の銀行は１社も入っていない。1913年末までにこれらの10大銀
行の何社かは直接，米国に進出したり，またしようとしていた。１人ないしは
それ以上の人が雇用された代表事務所，代理店，支店，子会社あるいは有限会
社であった。その多くはコルレス銀行から米国証券会社の持ち株会社に至るま
で，米国でなんらかのビジネス関係を保っていた。これらの主要な10社中の１
社であるロシア帝国銀行には，米国株主がまったくいなかった。唯一，ドイツ
銀行のみ非常に重要な米国株主を所有していた。これらの株主は，米国の商業
銀行や米国連邦ないし州の銀行のなかにはおらず，アメリカ人の預金を預かり，
国内向け貸し出しをしていた銀行のなかにもいなかった。事実，これらの10大
銀行のいずれも，米国における決まりきった国内商業銀行業務には直接参加を

796

第13章　銀行業

表13-1　1913年末における世界の巨大銀行の預金高

（単位：100万ポンド）

銀　行　名	預金高
ロシア帝国銀行（Imperial Bank of Russia）	126
ロイド銀行（Lloyds Bank）	104[a]
ロンドンシティ＆ミッドランド銀行（London City and Midland Bank）	94
リヨネ信用銀行（Crédit Lyonnais）	89
ロンドン郡・ウェストミンスター銀行（London County and Westminster Bank）	88
ドイツ銀行（Deutsche Bank）	79
ソシエテ・ゼネラル（パリ）（Société Générale（Paris））	72
イングランド銀行（Bank of England）	71
イングランド国民地方銀行（National Provincial Bank of England）	68
香港・上海銀行（Hongkong and Shanghai Banking Corporation）	62

出所：*Banker's Magazine*, New York, 89（July 1914）：76.
a　ウィルツおよびドルセット（Wilts and Dorset）地方を含む。

していなかった。[7]

　米国の国内銀行が，これらの大きな外国銀行のなかに入っていなかった理由の一つは，米国の銀行システム構造によるものである。19世紀末と20世紀初頭には，米国の鉄道，製造業，そして保険会社までもが国民的な組織，また時には国際的な組織になった。商業銀行ではこのようなことにはならなかった。その国が連邦の制定法のもとで国民の銀行システムをもっている一方で，例えばジェームズ・スティルマンのような人物が，いくつかの州の銀行に株を所有していた。また彼は明らかに，異なる州にある銀行の取締役会の一員として活動していた。さらに米国のコルレス銀行システムが拡大される一方で，**オペレーション**でみると（すなわちその企業自身の拡大の観点で）米国の銀行は国民的ではなかった。[8] 1864年の国法銀行法は，国法銀行法に基づく役員は米国市民であって，その銀行が業務をしているその州の，その地域の，あるいはその領域の住民であらねばならないと規定していた。[9] この規定は国法銀行が業務を定められた場所で行い，支店を勝手に出すことができないことを意味すると理解されていた。国法銀行の制定法上では，その銀行に外国株主が参入することをなんら妨げてはいないが，外国人の所有者は，彼らの利益を代表する自国の市民権をもった役員を送り込めなかったようだ。このことは連邦制定法における米国国法銀行の外国人所有に関し，2つの制約があったことを意味している。1つに

797

第Ⅱ部　世界最大の債務国

は，国法銀行はある一定の非常に限られた場所を越えては会社として成長でき
なかったということであり，もう一つは外国人あるいは外国銀行が彼ら自身の
国籍をもつ役員を指名することができないように，銀行業務を抑制されていた
ということである[11]。

　米国は「二重」構造の銀行制度であったことが，より大きな意味をもってい
た。その国法銀行制定法が1863年から1864年にかけて議会を通過し，1865年に
税金が州の銀行券発行に課せられたとき，多くの州法銀行は国法銀行に転換さ
れた。そのとき，州法憲章に基づく銀行は徐々に姿を消していったと思われる。
1880年頃までに国法銀行の紙幣発行権は，連邦憲章に競争優位を与えた。しか
し1880年以降，多くの米国の銀行家は資本金や準備金の要件がより少なく，銀
行行為の規制が少ない州法憲章銀行に転じた[12]。それらの銀行がさらに追加の州
法憲章銀行を設立したときには，新しい州の規則に従った[13]。このように，各州
には商業銀行の預金や貸付業務に関するその州の法律があり，今でも継続して
存在する。州制定法は米国や外国銀行に適用された。海外から米国に来たいか
なる銀行も，このようにして連邦政府の規制の壁のみならず，その銀行が取引
を希望するそれぞれの州にある異なる規制に同時に従わねばならなかった。

　ニューヨーク市は米国の金融の首都となった。そこにある銀行はニューヨー
ク州法にしばられ，1880年代の前半まで州外や米国外での営業を厳しく規制さ
れた。ニューヨーク市は外国銀行としては明らかに新規参入の地であった。し
かしニューヨーク州法のもとでは，このような制度が「銀行ビジネス」に引き
込まれることはなかった。1886年10月27日，ニューヨーク市にいる英国総領事
は，本国ロンドンの外務省に手紙で次のように状況を説明した。この都市にお
ける外国銀行は，「預金を受け取れず，金融手形を割引できず，借用証書の発
行ができず，お金を流通させることもできない。私的個人が『民間銀行』とし
て預金を受け取ることや金融手形の割引ができたけれども，これは『外国企
業』に対する規制である[14]」。1914年のニューヨーク銀行法は，明らかに外国銀
行の支店の設営を禁止していた。外国銀行会社は限定された事業を行う代理店
としてのみ設立可能であった。したがって，手形の発行や預金の受け取り業務
は含まれていなかった[15]。

　預金量で世界3位の大銀行であるロンドンシティ＆ミッドランド銀行会長の

サー・エドワード・H・ホールデンのような銀行家は，1914年初めに「預金業務や割引業務が許可されていないという理由で，ニューヨーク市には英国の合弁銀行の支店を開設できなかった」とこぼしていた。1913年末までにロンドンシティ＆ミッドランド銀行は867支店をもっていた。その銀行は米国内に45もの驚くほど数多いコルレス銀行のネットワークを形成した。その銀行はニューヨーク支店の設立をずっと望んでいたふしがある。サー・エドワードの苦言は1914年のニューヨーク銀行法の通過前になされた。その流れのなかで，ドイツ銀行のリチャード・ハウザーが1914年初めに次のように記している。連邦準備制度を設立した1913年の米国**連邦**制定法のもとでは，米国の国法銀行は最初から外国に支店を設立できた。それゆえ彼は，ニューヨーク州に存在する外国銀行の支店禁止に関する法律を撤回する呼びかけは，適切なことであると感じていた。彼はまた，その州がその禁止条項を再確認したときに失望した。このように外国銀行にとって支店銀行をもつことが必然的であるが，ニューヨーク州は彼らの出店を禁止し続けた。

　対照的にイリノイ州法は，他州や他国からの銀行を許可した。モントリオール銀行がシカゴにおけるすべての業務に対応する銀行として早期に成功したことは，カナダ商業銀行（1875年），ブリティッシュ・ノースアメリカ銀行（1881年），そしてカナダ・マーチャントバンクが1881年に参入するのを刺激した。これらのカナダの4銀行は，シカゴにおいて預金業務を認可され，市の金融機関内に競争をもたらした。特にそれは穀物取引関係の金融機関においてであった。しかし新規参入者の活躍は短命であった。なぜならば，その取引で金融することの利益が減少するに伴って，新規参入の3銀行は1886年にシカゴ事務所を閉鎖したからである。シカゴに残った外国銀行はモントリオール銀行だけとなった。1891年にモントリオール銀行と連携し，カナダ王立信託銀行はシカゴに進出した。その銀行はイリノイ州法のもとで1893年に王立信託銀行として設立された。同銀行は商業銀行業務とともに抵当貸付業務をしていたようだが，1909年にイリノイ中央信託会社に吸収された。

　この間，1893年のシカゴ万博が海外からの訪問者を魅了し，また何社かの外国銀行は1892年および1893年にシカゴ支店を開設した。それらの外国銀行とは，ノバ・スコティア銀行，リヨネ信用銀行，パリ国立銀行であった。フランスの

第Ⅱ部　世界最大の債務国

２銀行はじつに短期間営業であった。リヨネ信用銀行は1893年の１年間のみの開店であったし，パリ国立銀行はシカゴで1893年から1900年までしか営業していなかった。[27]

　1914年までシカゴにおいて州政府の規則が欠如していたにもかかわらず，外国銀行の２社（ノバ・スコティア銀行とモントリオール銀行）は残っていた。それらは商業銀行業務をしていた。1914年時点のシカゴのモントリオール銀行には，3300万ドルの資本金および剰余金があった。その金額は当時の水準からすると，シカゴにおける最大の商業銀行であり，その最も近接するライバル会社の大陸商業銀行よりもわずかに大きく，同銀行の資本金および余剰金は3270万ドルであった。1914年のシカゴにおいて３番目に大きな銀行は，シカゴ第１国法銀行で，2230万ドルの資本金および剰余金があり，４番目のノバ・スコティア銀行は，1700万ドルの資本金および剰余金があった。[28]

　要約すると，1914年，シカゴにおけるモントリオール銀行はイリノイ州で最大の銀行であり，また事実上，米国の中央西部地区においても最大であった。その銀行はシカゴ決済取引所の一員であった。1875年から1914年までの間，その地域の輸出取引に融通する重大なる役目を果たしていた。[29]そこでのカナダの銀行，とりわけモントリオール銀行は求めに応じて資金を供給するという銀行業務本来の重要性による観点から，シカゴの銀行業界では感謝されていた。[30]シカゴは1875年から1914年までの全期間，米国全土において，商業銀行における外国銀行の役割という点で関わっていた。州制定法は，来るもの拒まずのオープン・ドアであった。興味深いことに，カナダの銀行は国際収支では債務国の身であり，欧州の債権国からの出ではないが，傑出した地位を占有していた。すべてのことを考慮するならば，人々がシカゴとカナダ間の経済関係や鉄道を通した結合を思い出したとしてもそれほど奇妙なことではなかった。すなわち銀行家は取引上，標準的な顧客にサービスするために投資している。[31]またカナダにおいては，支店銀行取引が標準であることは驚くべきことでもないだろう。モントリオール銀行は英連邦内に支店をもち，これらを通し本社所在地以外で営業経験を積んでいった。言語の障壁はまったくなかった。モントリオール市を本社としていたが，その銀行はスコットランドから来た外国人によって経営されていた。彼らは米国の他の商売にも大変深く関わっていた。

第 **13** 章 銀 行 業

　外国の銀行家は南部の方に進出し，南北戦争前には綿花取引との関連で，ニューオーリンズ市では重要なビジネスコネクションをもっていた。その市にある商業銀行におけるいくつかの投資は1830年代になされ，50年間保たれた。例えば，アムステルダムにあるホープ社は，19世紀後半に市民銀行の株式を保持していた。対照的に，ベアリング社が早い時期からルイジアナ商業銀行の株を持ち続けていたという証拠はなにもない。同様に，南北戦争およびその後の連邦再建期には，ルイジアナの銀行で外国投資の減少が継続してみられた。カナダ商業銀行は1896年，ニューオーリンズ市に代理店を開設したが，州政府がその代理店を「外国企業」であると規定して重課税を始めるとその銀行は1901年，カナダの銀行の歴史家によれば，「提携された企業」として説明されているニューオーリンズ商業国法銀行にその代理店を売却した。1894年から1897年の間のいつのときか，パリ国立銀行は国際部門の拡張化の一環として，ニューオーリンズ市に代理店を開設するも，1903年には閉店してしまった。1902年までにホープ社は市民銀行の株主ではなくなっていた。20世紀に突入する数年前には，ルイジアナの銀行は完全に米国の銀行だけとなった。1902年，ルイジアナ州法は，「その州における銀行業は規定に則った株式会社によってのみ継続されるとし，個々の市民やその州に本拠地のある企業によって，またルイジアナ州と連邦法のもとで組織されたその活動メンバーは，この州の市民であること」と規定していた。

　テキサス州においては，土地，牧畜，その後石油に対する外国の投資が，海外銀行による株式取得としてみられた。1905年，テキサス州はその州において外国の企業（米国籍の国法銀行を除いて）が銀行業に参画することを禁止した。テキサス州法は**外国**という単語を米国の外を含む「州の外」を意味する言葉として使用していた。

　アリゾナ州法のもとでは，ソノラ信託銀行会社が1914年 5 月24日に設立された。その会社は本社をアリゾナ州ノガレス市に置いた。そこはメキシコ市民が管理していた。同じ時期にメキシコにもいくつかの支店を開設した。アリゾナ州法ではメキシコ人が支配するこのような会社を，なんら禁止していなかった。

　私が前述した通り，カリフォルニア州では米国外の銀行が州の金融制度の発展に多大なる貢献をした。1876年に設立されたサンフランシスコ決済取引所組

801

第Ⅱ部　世界最大の債務国

合において，当初の15会員のうちの6会員，すなわちブリティッシュ・コロンビア銀行，ブリティッシュ・ノースアメリカ銀行，ベロック・フレーレ社，ロンドン＆サンフランシスコ銀行，スイス・アメリカ銀行，そしてアングロ・カリフォルニアン銀行が重要な外国資本会社として有名であった[41]。デヴィッドソン社はロンドンにあるロスチャイルドの代理店であり，この組合の一員でもあった[42]。1877年にはラザード・フレーレ社も加わった[43]。その組合の初代会長は，英国資本のロンドン＆サンフランシスコ銀行のアメリカ人社長であった[44]。表13－2は1875年から1914年間までの重要な外国資本銀行の一覧であり，またそれらの1914年の状況を示している。1875年に存在していた銀行のなかで，1914年に外国銀行としてカリフォルニア州で生き残ったのは3社，すなわち香港・上海銀行株式会社，ブリティッシュ・コロンビア銀行（1914年にはカナダ商業銀行になるが），ブリティッシュ・ノースアメリカ銀行だけであった。1914年までには横浜正金銀行が加わった。

　香港・上海銀行株式会社は1875年にサンフランシスコに設立され，外国為替取引と銀塊購入に特化していた。1875年から1914年までの中国は，銀本位の制度であった。香港銀行はサンフランシスコのチャイナタウンで大掛かりな商売をしていた。中国人はその銀行を金持ちの交換業者を意味する**ウェイ・ホン**と呼んでいた。中国の歴史家は次のように書いている。「その銀行が中国社会において営業しているときには，海外居住の何千万人もの中国人の本国送金を取り扱った」[46]。

　カリフォルニアの銀行に詳しい歴史家のイラ・クロスは，1864年設立のブリティッシュ・コロンビア銀行のサンフランシスコ支店に関して，設立当初から数えて30年間は，カリフォルニア州の優れた3大銀行の一つであったと記述している[47]。彼は，ロンドン＆サンフランシスコ銀行会社に関しては，「米国の北西部の農業と工業の発展に多大なる影響を及ぼしてきた」と特徴づけている[48]。ブリティッシュ・コロンビア銀行は，1901年にカナダ商業銀行に買収されてカリフォルニア州の商業銀行業務に携わるようになったので，もはやブリティッシュ・コロンビア銀行としての全盛期は過ぎて，それほどの存在感はなかった[49]。同じように，ロンドン＆サンフランシスコ銀行会社は年々相対的に地位が低下していった。競争力がないということを，現地で日々管理され，不利な組織の

第**13**章 銀行業

表13-2　1875年から1914年までのカリフォルニア州の外国銀行一覧

金融機関名，主要活動場所	設立場所あるいは米国ビジネスの本社	サンフランシスコ市での設立年	1914年時点の状況
アングロ・カリフォルニアン銀行，カリフォルニア州	ロンドン	1873年	1908年に英国系ロンドン・パリ国立銀行に吸収された
ブリティッシュ・コロンビア銀行，ブリティッシュ・コロンビア州／西北米	ロンドン	1864年	カナダ商業銀行により1901年に買収
ブリティッシュ・ノースアメリカ銀行，カナダ	ロンドン	1864年	1914年時点で存在
カナダ商業銀行，カナダ	トロント	1901年	1914年時点で存在
香港・上海銀行，極東	香港	1875年	1914年時点で存在
ラザード・フレーレ[a]　フランス，英国，米国	パリ？	1849年頃	1884年にロンドン・パリ・アメリカ銀行に支店が買収
ロンドン・パリ・アメリカ銀行，カリフォルニア州	ロンドン	1884年	1908年に米国管理のロンドン・パリ国民銀行になった
ロンドン＆サンフランシスコ銀行，カリフォルニア州	ロンドン	1865年	1905年に米国管理のカリフォルニア銀行に買収された
スイス・アメリカ銀行，カリフォルニア州	ジュネーブ	1873年	1877年に閉店
横浜正金銀行，世界各所	横浜	1899年	1910年2月28日にカリフォルニア州法に基づきサンフランシスコに設立され，1913年2月にロサンゼルスに支店を開設

出所：Ira B. Cross, *Financing an Empire* (Chicago：S. J. Clarke, 1927), vols. 1, 2, and 3. 香港・上海銀行は日常の銀行業務（預金および貸付）をカリフォルニア州では扱っていなかった。他のすべての銀行はその業務をしていたようだ。パルグレイヴ（Palgrave）社の1914年発行の『銀行年鑑』によると，米国連邦貿易委員会(U.S. Federal Trade Commission)は *Report on Cooperation in Export Trade* (Washington, D.C., 1916), I, 64のなかで，台湾銀行も1914年にサンフランシスコ支店を開設したことになっている。私はこのことを実証できないでいた。

a　ラザード・フレーレが外国銀行として指定されていたか，大変疑問である。第13章の注（43）を見よ。

第Ⅱ部　世界最大の債務国

なかで，すべての大きな取引に関してロンドン本社から承認を得る必要性により説明されていた。1905年米国資本のカリフォルニア銀行がロンドン&サンフランシスコ銀行会社を買収し，ポートランド，タコマ，シアトル市に支店を開いた。そして米国企業となった。ブリティッシュ・ノースアメリカ銀行はサンフランシスコで営業を続けていたが，特に重要な銀行ではなくなっていた。

　1899年の夏，横浜正金銀行はサンフランシスコに支店を開店した。それはカリフォルニア州における日本の銀行の第1号であった。この銀行は1910年2月28日にカリフォルニア州法に基づき，サンフランシスコ事務所として，法人登録された。この銀行は日米間の外国為替を中心に扱い，外国貿易金融にも携わっていた。さらに，サンフランシスコと近隣地域に急増する日本人の，より一般的な金融の必要性に対しサービスを提供した。預金業務は行われていた。また1913年2月には，横浜正金銀行のサンフランシスコの「支店扱い」でロサンゼルスに開店した。同支店は商業銀行業務と広範囲な外国為替業務も行った。

　1900年以降，日本人移民者はカリフォルニア州に急増したが，1903年と1907年の間に，7つの「日本籍銀行」が開設された。それらの銀行は横浜正金銀行のように，多国籍企業の一部門であるか，非居住者日本人によって設立されたかどうかは不明瞭である。1907年，ルーズベルト大統領は日本からの移民を中止する「紳士協定」の交渉に入った。2年後にカリフォルニア州が，すべての銀行が健全な状態を保つことを狙いとする銀行法を通過させたとき，条例施行者は日本の銀行に対して特殊な精査を義務づけた。1909年7月1日から1910年10月31日の間，カリフォルニア州の銀行監督官は10銀行（うち5銀行は日系銀行）および2つのロサンゼルス支店（ともに日系）の閉鎖を決めた。理由は「不公正か資本の欠如，もしくは経営のまずさ」であった。監査人は狙いとした日本の銀行とその支店が，日本語で帳簿をつけていたことを発見した。その後翻訳をしたときに，それらの銀行は横領していたことが発見された。それ以降，カリフォルニア州法では銀行に対し英語で帳簿をつけることを義務づけた。

　1909年のカリフォルニア州銀行法は，外国銀行が州内に支店をもつことを禁止した。それは横浜正金銀行のサンフランシスコ支店を法人化することの禁止である。カリフォルニア州の銀行監督官は，1907年設立のサクラメント・日本貯蓄銀行に対し，1909年10月19日に閉店させた。その後1909年12月7日にサク

804

第 13 章 銀 行 業

ラメント・日本銀行として再開を許可した。1910年までに横浜正金銀行は閉鎖⁽⁶⁰⁾
されることはなく，またサクラメント・日本銀行も生き延びたが，残りの6つ
の日系銀行は閉店した。横浜正金銀行は明らかに，日本からの外国直接投資の
例である。多分，日本銀行もそうであろう。ブリティッシュ・ノースアメリカ⁽⁶¹⁾
銀行やカナダ商業銀行は，1909年のカリフォルニア州法の施行まで生き延びた
が，その後は商業銀行として継続した。香港・上海銀行の操業は，この新しい
条例によって影響を受けることはなかったようである。⁽⁶²⁾

　外国銀行に関するカリフォルニア州法は，1913年によりいっそう厳しくなっ
た。その年以前にカリフォルニア州で操業した外国法人銀行の「支店」は，従
来通り営業できた。その支店は州法の要求事項を満たさなければならず，その
資本金は支店に帰属し，同支店の受け取ったすべての資金や預金をあたかも独
立企業のように，親企業の一般ビジネスや資産と分離しなければならなかった。
すなわち，それは単なる支店にはなり得なかった。このことは1909年の規則の
繰り返しのようである。しかし，銀行監督官によって交換手形の支払いや受取
手形業務，信用状（L/C）の発行，また銀行業務をすることを限定しない事務
所をもつことは認証されていたが，1913年以降に新設された外国銀行会社は，
カリフォルニア州では預金の受領ができ**なかった**。要約すると，その市場参入⁽⁶³⁾
が1913年以前でなかったならば，カリフォルニア州では外国銀行によるすべて
の銀行業務ができなかった。

　ワシントン州で1905年に制定された法律は，外国銀行に対し，ある制限付き
でビジネスを認めた。その制限とは預金業務の禁止であった。カナダ商業銀行⁽⁶⁴⁾
は州法のもとで設立認可され，「祖父」条項（訳注：南部諸州で黒人の参政権登録
をはばむために考案された法的措置）により一般銀行業務を許されてきた。1899⁽⁶⁵⁾
年，ハリファックス・マーチャントバンク（1901年にカナダ王立銀行に名称変更）
は，個人の小さな地方銀行を買収し，ワシントン州リパブリック市の鉱山町に
支店を開設，そしてそのことは，「その周囲の環境でかなり繁栄していくこと
に関心があったモントリオール市の名だたる顧客の必要性にサービスするため
であった」。ハリファックス銀行は，金鉱開発が盛んだったブリティッシュ・
コロンビア州の州境付近に支店をもっていた。その新しいワシントン州の支店
は「前進することなく」，1905年の制定法発効前の1904年に閉店した。その間，⁽⁶⁶⁾

805

第Ⅱ部　世界最大の債務国

モントリオール銀行は多分，1903年の早い時期にワシントン州のスポーカン市に支店を開設した。その支店は1924年まで残った。そしてカナダ商業銀行のように，1905年の制定法のもとで，「祖父」条項により一般銀行業務を許され続けてきた[67]。対照的に，オレゴン州は継続して外国銀行を許可し，ポートランド市ではカナダ商業銀行が一般銀行業務をこなしていた。

　これはその頃の米国において，外国銀行がすべての商業銀行業務を限定つきではあるにせよ，実際にしていたことを物語っていた。1914年まではイリノイ州，カリフォルニア州，ワシントン州，オレゴン州にカナダの銀行があり，最も重要な存在であった[68]。アリゾナ州のメキシコ人所有の銀行と，カリフォルニア州にあった日本人所有の銀行は典型からはずれていた。香港・上海銀行も非典型であった[69]。1910年の米国には，7138の国法銀行と１万7376の州法銀行および民間銀行があった。1914年には，これらの２万4514の商業銀行は預金高が123億ドルであった[70]。1910年から1914年の間に外国銀行が米国の商業銀行業務のなかで果たした明確な役割は，全国規模でみれば重要ではなかった。

ニューヨーク州における外国銀行代理店と一つの外国所有の信託銀行

　外国銀行が米国市場に参入する他の方法がある。1864年および1865年の米国の国法銀行法は，第４章で述べた如く，米国最大の銀行にとって外国貿易金融に参画する十分な基盤を提供しなかった[71]。その貿易金融のいくつかは，ロンドンを通して取引を授受する外国銀行の取扱店，また英国にいくつかの関係会社をもつ米国の個人企業（例えばブラウン・ブラザーズ社），あるいは非常に際立った州法銀行や，多分，米国の信託会社（ロンドンを通して手はずを整える）によって準備された[72]。20世紀初期までに，金融を必要とする外国貿易の量は小さくなかった。世界の輸出額に占める米国の地位は１位か２位かで変動していた。しかしできるだけ多くの貿易金融をするために，米国企業は外国，特に英国の金融機関のサービスに頼っていた[73]。

　このようにして，たとえ外国銀行がニューヨークにおいて通常の銀行業務を請け負えなかったとしても，銀行の何社かはそこでの存在を示したかった。外国銀行は外国貿易金融，外国為替の取り扱い，世界で最も重要な「債務」国

第13章 銀行業

（米国）において起きている情報サービスに参入することができた。

1914年までに米国以外が拠点の20の外国銀行は，ニューヨークに独自の取扱店をもち，ニューヨーク州法のもとで商業認可を受けた。その20社とは，ニューヨーク州の銀行監督官が『1914年の年報』に掲載した表13‐3のことである。私はその取扱店が，ニューヨーク州に設立された年を（それを確定できた場合）付け加えた。また米国の他の都市に，1914年に存在した銀行も補足した。この一覧表には，ロンドンに本社を置く10の銀行と主にカナダで営業する銀行の1社であるブリティッシュ・ノースアメリカ銀行を含んでいることに注目してもらいたい。このロンドンの10大銀行は「外国および植民地銀行」として重要であったが，英国の銀行はアフリカ，南米，アジアとの貿易に従事していた。その一覧表は，カナダに本社を置く5つの銀行を含んでいる。残りの5社は香港，ナポリ，プラハ，ハバナ，横浜に本社を置いていた。また香港・上海銀行は，英国の「外国および植民地銀行」の範疇にぴったり入る。ナポリとプラハの銀行は，移民者の本国送金に際し，米国との直接的な関わりがあった。ハバナの銀行，すなわちキューバ国立銀行は米国の重要な砂糖貿易に関わっていた。日本の最大の銀行である横浜正金銀行は，前に記したように，日米間とたぶんある米中間の貿易に，金融をつけていた。同銀行のニューヨーク事務所は1880年に開店した。同年，その銀行はまさしく日本で設立された。ニューヨーク市ウォール街55番地に構えた横浜正金銀行は，長期間にわたりアメリカ絹織物協会の一員であった。同銀行は米国において日本の借金に対する利子を支払うために，日本政府の資金を保有することにも携わっていた。

1911年，ニューヨーク州銀行法は最初に，これらの外国銀行業務の取扱店が銀行監督官の認可を得ることを要求した。それらの外国銀行は「この州内において安全に商売ができると思われる」金融状態であることを示し，銀行監督官を満足させていた。表13‐3に掲載された銀行は，この州法のもとで認可されていた。支店銀行業務は行っていないが，これらの銀行は重要であった。

しかし，先のリスト（表13‐3）から脱落している銀行も，よりいっそう明らかになってきた。香港・上海銀行は例外であるが，表13‐1に掲載された世界の巨大な預金銀行のいずれも表13‐3には含まれていない。英国の巨大な預金銀行のいずれも，自行の外国業務取扱店が「支店」にとってふさわしい代替

807

第Ⅱ部　世界最大の債務国

表13-3　1914年におけるニューヨーク州銀行法のもとで認可された外国（国外）銀行の取扱店

銀行名と本社所在地[a]	ニューヨークに設立年	他の米国の都市での営業[b]
アフリカ銀行 ロンドン	[c]	なし
アングロ・南アメリカ銀行 ロンドン	1907[d]	なし
ナポリ銀行 ナポリ（イタリア）	[e]	なし
ブリティッシュ・ノースアメリカ銀行 ロンドン	1850年代中期[f]	サンフランシスコ[g]
英国・西アフリカ銀行 ロンドン	[c]	なし
モントリオール銀行 モントリオール	1818-1841[h] 1859[i]	シカゴ，スポーカン（ワシントン州）
ノバ・スコティア銀行 ハリファックス	[1832][j]	シカゴ，ボストン[k]
ボヘミア合同株式銀行 プラハ	[c]	なし
カナダ商業銀行 トロント[l]	1872	サンフランシスコ，シアトル，ポートランド（オレゴン州）
インド・オーストラリア・中国・勅許銀行 ロンドン	1902[m]	なし
植民地銀行 ロンドン（カリブ海周辺国で営業）	1890[n]	なし
スペイン・アメリカ商業銀行 ロンドン	1912[o]	なし
香港・上海銀行 香港	1879/1880[p]	サンフランシスコ[g]
ロンドン・ブラジル銀行 ロンドン	[q]	なし
ロンドン・リバープレート銀行 ロンドン	[q]	なし
カナダ・マーチャントバンク モントリオール	1870年代中期[r]	なし
キューバ国立銀行 ハバナ	1901年頃ではないか[s]	なし
カナダ王立銀行 モントリオール	1899[t]	なし
南アフリカスタンダード銀行 ロンドン	1905[u]	なし
横浜正金銀行 横浜	1880[v]	サンフランシスコ， ロサンゼルス

a　ニューヨーク州銀行監督官による1914年の年報の20ページには，銀行名と本社所在都市名が書かれてある。この一覧表はコネチカット州ブリッジポート市にある国際銀行会社を含んでいた。それには国内，州外の銀行が含まれていた。私はその表から，国外の銀行ゆえに除外してきた。アルファベット順である。

b　1914年6月時点。

第**13**章　銀　行　業

c　不明。

d　David Joslin, "A Century of Banking in Latin America"（London：Oxford University Press, 1963), p. 200.

e　不明，Lugi de Rosa, *Emigranti, capitali, e banche (1896-1906)*（Naples：Edzione del Banco di Napoli, 1980), p. 675を参照。また，1906年にニューヨーク市にあった "Inspectorate"（Ispettorato）の権威を参照している。実際の代理店業務は疑いもなく，その年に引き続いてなされた。

f　オタワの公立古文書館にあるモントリオール銀行アーカイブのデータと Merrill Denison, *Canada's First Bank*, 2 vols.（New York：Dodd, Mead, 1966).

g　Ira Cross, *Financing an Empire*, 4 vols.（Chicago：S. J. Clarke, 1927).

h　独立取扱店。

i　独自の取扱店。

j　Bank of Nova Scotia, *Bank of Nova Scotia, 1832-1932*（Toronto：privately printed, 1932), p. 43参照。しかし *Banker's Magazine*, New York, 34（June 1880)：918では，ノバ・スコティア銀行の取扱店に関する掲載なし。また他の証拠は，1832年当初の取扱店が連続していないことを示している。一例として D. L. C. Galles, "Bank of Nova Scotia," *Minnesota History*, 42（Fall 1971)：268を参照されたし。そのページでは「1832年・ニューヨーク取扱店」に関し全面的に省略している。しかし1911年，ニューヨーク州が最初に外国銀行業務取扱店の許可を要求したとき，ノバ・スコティア銀行は認可された（ニューヨーク州銀行監督官による1911年の年報の14ページを参照）。

k　Bank of Nova Scotia, *Bank of Nova Scotia, 1832-1932*, pp. 163-164.

l　Victor Ross, *A History of the Canadian Bank of Commerce*, 2 vols.（Toront：Oxford University Press, 1920).

m　Compton Mackenzie, *Realms of Silver*（London：Routledge & Kegan Paul, 1954). しかし，Leone, Levi, "Banking-National and International,"（*Banker's Magazine*, London, 41（March 1881)：191, によれば，この銀行は1881年に米国で支店をもっていた。

n　*Banker's Magazine*, New York, 46（Jan. 1891)：551.

o　Joslin, *A Century of Banking*, p. 205.

p　Francis A. Lees, *Foreign Banking and Investment in the United States*（New York：John Wiley, 1976), p. 11参照。また *Banker's Magazine*, New York, 34（June 1880)：918には，1880年 5 月までにニューヨークに存在した銀行を記している。J. R. Jones, "New York"（1964年頃発行——香港にある香港・上海銀行の古文書館のJ4ファイルで所蔵）によれば，1879年末に取扱店を設置するという決定がなされた。その「特殊な代理人」は英国から派遣され，1880年 1 月の初めにニューヨークに到着した。1881年に香港・上海銀行は A・M・タウンゼットがニューヨークの代理人になったことを示している。このことについては *Commercial and Financial Chronicle*, 32（Jan. 1, 1884)：24を参照。

q　ロンドン・ブラジル銀行およびロンドン・リオプレート銀行は，ともに1862年に創立されたが，その後まもなくしてニューヨークに駐在員を任命した（Joslin, *A Century of Banking*, pp. 29, 64参照）。ジョスリンはその 2 社を，いつニューヨークに駐在員を任命したかについては示していない。

r　Dolores Greenberg, *Financiers and Railroads*（Newark：University of Delaware Press, 1980), p.35を参照。また *Banker's Magazine*, New York, 34（June 1880)：918には，1880年 5 月までニューヨークにあった銀行を記している。

s　この章の注（78）を参照。

t　Clifford H. Ince, *The Royal Bank of Canada: Chronology, 1864-1969*（n.p., n.d.）pp. 15, 111-112.

u　J. A. Henry, *The First Hundred Years of Standard Bank*（London：Oxford University Press, 1963), p. 155.

v　Mira Wilkins, "American-Japanese Direct Foreign Investment Relationship, 1930-1952," *Business History Review*, 56（Winter 1982)：507.

809

第Ⅱ部　世界最大の債務国

だとは感じていなかった。1914年，ロンドンシティ＆ミッドランド銀行はニューヨーク市に13のコルレス銀行をもっていたが，自前の取扱店はなかった[83]。同様に，ロイド銀行はニューヨークにおける「取扱店およびコルレス銀行」として，アメリカ銀行，アメリカン・エクスプレス，バンカーズ・トラスト社，ブリティッシュ・ノースアメリカ銀行，チェース・ナショナル銀行，イゼリン社と契約していたが，「認可された取扱店」はなかった[84]。

　イングランド銀行は表13-3には入っていない。同銀行の社史はその米国代表部に関してなにも明らかにしていない[85]。しかし1826年の初めに，同銀行はニューヨークの弁護士であるR・M・ブラッチフォードを「米国における金融の代理店および法律顧問」として任命した。長い間，イングランド銀行はブラッチフォードと彼の後継者を利用し，英国の法務官や投資家を法律会社に向けさせた[86]。多くの州知事やその銀行の役員は，米国で暮らしてきたか，あるいは画期的な米国ビジネスをしていた企業と関連があったかにより，米国の上流社会の慣習を知っていた。多くは米国で個人的な投資をしていた[87]。たとえイングランド銀行がニューヨークから認可された取扱店をもっていなくとも[88]，米国で起きていることに関して十分に知っていた[89]。

　同様に，英国の重要なマーチャントバンクは米国でかなり大きい活動をしつつも，ニューヨークより認可された取扱店を1911年から1914年の間にはもっていなかった[90]。またドイツ，フランス，オランダ，スイスの銀行も，英国の銀行と同様にリストに掲載されていなかったことに注目したい[91]。多くの銀行は疑いもなく，ニューヨークの銀行監督官による監査のための書類提出については，秘密保持の観点から望んではいなかった。しかし，私が示してきたように，英国を含む欧州のマーチャントバンクや投資銀行は，米国への資金の導管としての役割を果たした。その多くの銀行は，20世紀の初めにはニューヨークに代表事務所や共同運営事務所をもっており，さらにまた過多の非公式な提携先をもっていたが，**規制された**ニューヨークの「取扱店」をもってはいなかった。要約すると，認可されたニューヨークの取扱店をもたなかったことは，決して米国でビジネスをしていなかったということではなく，またニューヨークや米国のほかの地で存在感がなかったことを意味するものでもない。

　面白いことに，フランスとオランダの金融機関は，1880年にはニューヨーク

810

第 **13** 章　銀 行 業

に取扱店をもっていた。その年の 4 月に，外国銀行資本に課税するという一つ
の法案がニューヨーク州議会を通過した。カナダの 4 大銀行（カナダ商業銀行，
モントリオール銀行，ブリティッシュ・ノースアメリカ銀行，カナダ・マーチャントバ
ンク）およびリヨネ信用銀行ならびにオランダ貿易協会（オランダ語では the
Nederlandsche Handel-Maatschappij と呼ぶ）および香港・上海銀行は影響を受け
た。カナダ人は新しい税金に怒りを顕にした。彼らは貸付を取り立て，「マネ
ー・マーケット騒動の原因」となるポンド相場に投資をした。ニューヨーク州
知事はその法案を拒絶した。（著しく低い税金だった）外国の銀行家に対する，
有利な法案は通過し，1880年 6 月に調印された。しかし，1882年にリヨネ信用
銀行がニューヨークの取扱店を閉鎖したとき，その理由の一部はニューヨーク
州の税金であったと明言した。

　1880年から1914年にニューヨークで取扱店をもった外国銀行のなかで，ロン
ドンが本店のブリティッシュ・ノースアメリカ銀行のニューヨークの代理店や
取扱店は，1850年代の中期に操業開始し，おそらくは最も長い間継続していた。
その銀行はしばしば，他の銀行のコルレス銀行として機能した。このようにし
て，同銀行は1893年から1907年の間，ロンドンシティ＆ミッドランド銀行とそ
の前任者のためのコルレス銀行であった。同様に，ブリティッシュ・ノースア
メリカ銀行は1913～14年までに，ニューヨークにおいてロンドンに本店のある
ロイド銀行の代理店とコルレス銀行になった。

　認可された取扱店をもつすべての銀行のうち，モントリオール銀行は疑いも
なく米国ビジネスに最も影響を与えた。そのカナダ人の頭取であるマウント・
ステファン卿（本名はジョージ・ステファンで1876年から1905年まで頭取であった）
および彼のいとこのストラスコナ卿ならびにマウント・ローヤル（本名はド
ナルド・スミスで1882年から1887年まで副頭取，1887年から1905年まで頭取，1905年から
1913年まで名誉頭取）および R・B・アンガス（1869年から1879年まで総支配人，
1910年から1913年まで頭取）の 4 人は，ジェームズ・ヒルのセントポール・アン
ド・パシフィック鉄道をグレート・ノーザン鉄道に連結する鉄道プロジェクト
として意義あるものにした。先に示した通り，その銀行はヒルのプロジェクト
を成功させるために元手を供給していた。モントリオール銀行は1859年以来，
ニューヨークに取扱店をもっており，長期間にわたり外国貿易金融や米国，カ

811

第Ⅱ部　世界最大の債務国

表13-4　1879年と1880年に海外で用いたカナダの銀行資本[a]

(単位：100万ドル)

年月日	モントリオール銀行	他のカナダの24銀行	合　計
1879年11月30日	8.95	8.02	16.97
1880年4月30日	14.42	11.27	25.69

出所：Bank "return" reported in *Banker's Magazine*, New York, 35 (Aug. 1880)：124.

a　カナダの銀行とカナダおよび英国の国外の取扱店で期限のきている残高として認識できる額。この「海外で使用している資本」は米国においてはとてもかなわないといわれていた。

ナダ，英国間の為替業務を取り扱っていた。1870年代の中頃，モントリオール銀行は当初，投資銀行業務に携わっていた。1879年以降，その銀行はクーン・ロブ社と親しい関係にあり，そのクーン・ロブ社はモントリオール銀行と一緒に，同年，ニューヨークで初めて発行されたと謳われた外国のローン（じつは誤っているけれども）を申し出ていた。それはケベック州のためであった。[99]　その資金の逆の流れに対する上記の申し出は，もっと型にはまったままであった。1880年3月にモントリオール銀行はクーン・ロブ社に対し，上限の200万ドルまで貸付を拡大した。その年の4月までに，米国の銀行および取扱店からの借入で支払わなければならない残金は1440万ドルを超えていた。[100]　モントリオール銀行の1880年の部長は，ニューヨークの商売は「最も安全で最も手に入りやすい」と信じていた。[101]　表13-4はモントリオール銀行の状況を金融数字で示している。1879年から1880年までの米国において，カナダへの「貸付」の50％以上はモントリオール銀行によるものであった。歴史家のR・T・ネイラー（Naylor）によれば，カナダの銀行の海外貸付は事実上，すべてが米国に対するものであり，1900年（**差引**外国預金残高）は2300万ドル，1909年は9000万ドルであった。[102]　モントリオール銀行はヒルの鉄道会社のような企業にも開業資金を貸し付けたばかりではなく，コール資金や短期銀行資金をも供与した。しかしカナダのほかの銀行のように，その投資項目の一部として，米国の債券もまた購入した。このようにモントリオール銀行は，1876年には米国政府国債の「大きな塊」とともにシンシナティ市債を購入していた。[103]　1889年から1890年までの間に，その銀行は米国の鉄道債券をほぼ200万ドル所有した。[104]　私はその年以降の投資リスト・項目に関するデータをもってはいないが，その銀行は米国債券を所有し続けたことは明らかである。すなわち，その銀行は米国において，長

812

短期の投資をしていた。

20世紀初頭にカナダの資金需要が旺盛になったとき，モントリオール銀行を含むすべてのカナダの銀行は，国内での貸付の新しい機会を見つけた。そして，カナダの銀行による米国への貸付量が**増加した**ようにみえる一方で，カナダ国内の貸付は，カナダと米国間のビジネスの成長度合いで，あまり重要でなくなった。しかしこれらの銀行，特にモントリオール銀行は，米国での意義ある存在感を保ち続け，それらのニューヨークの取扱店は，米国ビジネスの窓口として顧客サービスをした。

外国銀行がニューヨーク市の銀行業務に参入する方法は，ニューヨークの認可された取扱店をもつという代替案であったが，それは，外国銀行にとって「信託会社」を買収するか，設立するかのどちらかであった。私は1875年から1914年までの間に，このやり方に従った銀行仲間を知っている（ほかにも多数の事例があったはずである）。1912年5月2日，ハンガリーの3大銀行によって組織化された環大西洋信託会社は，ニューヨークに初登場した。この新しい銀行は，米国のハンガリー移民者に対して，彼らの預金の保管や本国にいる彼らの家族に対する送金をするための「銀行」としてサービスを提供した。そのハンガリーの信託会社は，ハンガリー王立郵便預金銀行と特殊な関係にあった。その王立銀行は，新しいニューヨークの「銀行」に対し，ハンガリーの郵便制度を通して送金業務をすることを許可した。その環大西洋信託会社の CEO はブタペストから来た。[105]

米国の金融界における外国銀行

ニューヨークで認可されたにもかかわらず，取扱店（あるいは信託銀行）をもたなかった欧州の他の銀行各社は，米国の国際金融界，すなわち為替手形の引き受けビジネス，貿易金融，そして最も重要なわれわれの目的である長期資本移動，債券発行および共同引き受けを包含し，輝かしい役割を演じた。そのような外国機関は，米国金融の必要性に対して，重要な貢献を果たした。[106]19世紀後半から20世紀の初めに，以前と同様に，「マーチャントバンク」のベアリング・ブラザーズ社やロスチャイルドは重要なままであった。[107]J・S・モルガン社

第Ⅱ部　世界最大の債務国

は特に1890年代とそれ以降で，より顕著な例であった（1910年以降はモルガン・グレンフェル社になっていた）。

　J・S・モルガン社はジュニアス・S・モルガンというアメリカ人によって設立され，彼が英国に移動した後も，ジョージ・ピーバディの初期のビジネスを継続した。モルガンの銀行業務は本社をロンドンにおいた。彼は米国生まれであったが，彼の息子（J・P・モルガン）はニューヨークで卓越した銀行家になった。米国証券に関するかなりの規模の取引は，モルガン社を通じ，また後継会社であるモルガン・グレンフェル社を通してなされた。

　ジュニアス・モルガンは1890年に物故したが，英国企業は1880年代中期までアメリカ人居住者のパートナーをもたず，モルガン関連企業間において指導的な立場になった。ヴィンセント・キャロソは次のように記している。ジュニアスとJ・P・モルガンは同一企業でのパートナーではなかったが，父と息子は相互に親密に連携するようになった。しかしその息子は，1890年にJ・S・モルガン社において上席パートナーとなった。そしてモルガン社は，次第にパートナー同士が一致団結するようになった。

　1870年代後期と1895年に，J・S・モルガン社はロンドンに流通している米国連邦政府証券に参加した。その企業は米国鉄道の融資に関する仕事に特化し，次の鉄道企業の融資では先導的な役割を果たした。「ボルチモア・アンド・オハイオ」，「ニューヨーク・セントラル」，「ペンシルベニア」，「ミズーリ・パシフィック」，「シカゴ・アンド・バーリングトン」，「フィラデルフィア・アンド・レディング」，「ノーザン・パシフィック」鉄道会社ほか，多数の鉄道会社であった。

　ロンドン・モルガン社は，ロンドン＆サンフランシスコ銀行からマンハッタン高架鉄道や都市間高速鉄道（Interborough Rapid Transit Company）に至るまでの米国内の追加ビジネスに参画した。1880年代の中期から，J・P・モルガンが責任をもったことにより，これらの取引に関する率先権はロンドンからというよりはむしろ，米国から広まった。その「本社」は大西洋を渡った。[(108)]

　ベアリング・ブラザーズ社は，銀行団のシンジケートが米国の借金を返済するために，また正金支払いの復活を支援するために組織された1870年代の終盤まで，ずっと目立たない存在であった。[(109)]しかし，1870年代の末期から1880年代

814

第13章　銀　行　業

に入ると，ベアリング・ブラザーズ社はボストンの投資銀行家であるキダー・ピーバディ社と懇意になり，同社の米国ビジネスは拡大した[110]。1886年1月，ベアリング・ブラザーズ社のロンドン支店は，キダー・ピーバディ社を米国の独占的代理店として任命した[111]。またその年に，トーマス・ベアリング（1839-1923）がキダー・ピーバディ社の共同出資者になり，同社のもう一人の共同出資者であるジョージ・マグンが，その会社のニューヨーク事務所に加わった[112]。このようにして，ベアリング・ブラザーズ社は米国のビジネスから撤退しなかった。

　ベアリング・ブラザーズ社は米国の鉄道融資ビジネス，特にマサチューセッツ・イースタン鉄道，セントルイス・アンド・アイアンマウンテン鉄道，アチソン・トピカ・アンド・サンタフェ鉄道に参画した[113]。1886年，その会社はロンドンでイリノイ・セントラル債券の発行に踏み切った[114]。1889年5月，キダー・ピーバディ社とベアリング・ブラザーズ社は，アチソン・トピカ・アンド・サンタフェ鉄道の経営権を握った[115]。ベアリング・ブラザーズ社は1887年から1889年まで，セクレタン銅山の融資に従事していた[116]。1890年，その会社はセントポール・ミネアポリス・アンド・マニトバ債（「その頃までになされた米国鉄道史上で最大の融資の一つである」と称されている[117]）の総額600万ポンドを融資するシンジケート団の幹事会社になった。

　1890年秋にベアリング・ブラザーズ社が破産寸前に陥ったとき，同社の米国の銅山への融資事業は資源を減縮するのに役立っていたが，その会社のアルゼンチンの株主が問題の責任を負った[118]。1890年の難題の後で，ベアリング・ブラザーズ社は有限会社ベアリング・ブラザーズ社として再び組織化された。これはその会社が共同出資者というよりもむしろ株主や取締役が主であり，個人商人の銀行会社という過去数十年前のままの操業と，なんら変わらない状態であったことを意味している[119]。

　ベアリング社による1890年10月と11月に生じた金融不安は，米国内企業の重要性という点で驚くべき反響を与え，米国の株式市場にも影響を及ぼした。その窮状の連鎖として，ベアリング・ブラザーズ社はアチソン・トピカ・アンド・サンタフェ鉄道の大多数の株を売却し，他の米国証券をも処分したことが明らかである[120]。多くの英国人も，同社の米国株式および債券を売却して追随し

815

第Ⅱ部　世界最大の債務国

た。ベアリング・ブラザーズ社の問題は，セントポール・ミネアポリス・アンド・マニトバ債の半数以上に投資することができないことを物語っている。他の米国の鉄道会社には，ロンドンの融資は無駄であるようにみえた[121]。

　1891年，ベアリング・ブラザーズ社は最初に家族の名前でニューヨーク法人ベアリング・マグン社を設立した。そのベアリング家は新会社に200万ドルを拠出し，キダー・ピーバディ社が同額を払い込んだ。セシル・ベアリングはベアリング・マグン社の共同出資者として，彼の叔父であるトーマス・ベアリングの仕事に加わった。マグンが1893年に亡くなったときに，ニューヨーク法人は彼の名前を残したままにし，その状態は1906年まで続き，同年にベアリング社（Baring & Co.）と社名を変更した。そのとき米国にいたベアリング家は，セシルの兄弟のユーゴだけであった。ユーゴ・ベアリングの1908年の英国帰国に伴い，ベアリング社のニューヨークビジネスは模様替えされて，1886年から1890年のときと同様に，キダー・ピーバディ・ボストン社の支店となった。しかしながらキダー・ピーバディには，ベアリング家からの共同出資者が誰一人としていなかった[122]。1890年代末期と20世紀の初期に，ロンドンではジョン・ベアリング（1897年時点においてレベルストーク卿の2代目）が「ベアリング・ブラザーズ社（Baring Brothers & Co., Ltd.）」を率い，その会社は米国ビジネスを活発に継続した。

　ベアリング・マグン社は，1898年にボルチモア・アンド・オハイオ鉄道の再編に参画した[123]。1901年5月，ジェームズ・ヒルのノーザン・パシフィック鉄道の支配権獲得が挑戦的であったかにみえたとき，ベアリング・ブラザーズ社で長らく働き，1902年には取締役になったレフェブル社のガスパード・ファーレは，彼や彼の友人の手をヒルにさしのべる約束をした[124]。1901年10月，ファーレはモルガン社（ニューヨーク）気付で，ロバート・ベーコンに次のような手紙を書いた。「シカゴ・バーリングトン・アンド・クインシーの合同債をロンドンで申し込みすることは，あなたにとってメリットがありますか。私の知る限りでは，過去数日の間に約100万ドルの取引がされました。4％の利率では，社債にとって需要が少ないようにみえます。もし必要書類を送った方がよければ，私はその問題にすぐに対応致します」[125]。

　ガスパード・ファーレは，マウント・ステファン卿，ストラスコナ卿，ジェ

816

第13章　銀行業

ームズ・ヒルと個人的な付き合いがあった。ファーレはニューヨークの有名な⁽¹²⁶⁾
弁護士であるジョン・ウィリアム・スターリングをよく知っており，同氏はシ
ャーマン・スターリング社の顧問弁護士であった。スターリングはマウント・⁽¹²⁷⁾
ステファン卿とストラスコナ卿が英国に移ったときに，両者を代表していた。⁽¹²⁸⁾
スターリングは事実，長期間にわたりジェームズ・スティルマンの親友であっ
た。スティルマンはニューヨークの「ナショナル・シティ銀行」の社長であり，
またウィリアム・ロックフェラー・スタンダード石油社の社長でもあった。ロ
ジャーズはかつて，スタンダード石油社の社長であり，そのときはアマルガメ
イティッド銅社の社長でもあったが，彼の弁護士としてスターリングを起用し
ていた。マーチャントバンクにおいて，交友関係は非常に重要であった。⁽¹²⁹⁾⁽¹³⁰⁾

　ベアリング家はロンドンにおけるグレート・ノーザン社の銀行になった後，⁽¹³¹⁾
ノーザン証券会社を開設した。ノーザン証券会社が分裂した後，ベアリング・⁽¹³²⁾
ブラザーズ社はユニオン・パシフィック社の主力銀行になった。1905年にベア⁽¹³³⁾
リング・ブラザーズ社とキダー・ピーバディ社は，アメリカン電信・電話社
（AT＆T）の社債を2500万ドルという「勝利の買い付け値」を提出した。ロン
ドンのベアリング社は6500万ドルの購入希望を出した。弁護士スウェーンは，⁽¹³⁴⁾
20世紀初頭の最も重要な公益事業の社債発行は，AT＆Tの1億ドルの4％
利子付き転換社債（1906年）であったと書いている。モルガン社，クーン・ロ
ブ社，キダー・ピーバディ社，ベアリング・ブラザーズ社は，引き受けシンジ
ケートの幹事として働いた。⁽¹³⁵⁾

　要点をまとめると，ベアリング家の米国における長期間の融資は持続した。
1886年以降，ベアリング社の最も重要な米国の関係先はキダー・ピーバディ社
であった。しかしその会社は，モルガン社，クーン・ロブ社ともども，米国の
債券発行に関しては手を結んだ。ガスパード・ファーレは，2代目のレベルス
トーク卿の最も有能で信頼のおける仲間になった。1890年危機は後遺症として⁽¹³⁶⁾
残ったが，その会社は1891年から1914年まで生き残り，英国の貯蓄資金を米国
に移管するように促進し続けた。

　1870年代末期，米国財務省は「正金復活」（第5章を参照せよ）の支援資金の
ため，ヨーロッパ市場に目を向けていた。ニューヨークにあるオーガスト・ベ
ルモント社は，ロンドンのロスチャイルド社を代表して行動した。正金復活と

817

第Ⅱ部　世界最大の債務国

国の債務を補塡することに関する公式の交信（1876年8月24日から1879年10月18日まで）には，ロンドンのロスチャイルドの果たす意義に触れられている[137]。例えば，1877年6月9日締結の契約書のなかで，ロスチャイルド自身とロンドンのロスチャイルド社を代表して，オーガスト・ベルモント社は総額2500万ドルの4％利子付き転換社債のうち，1032万1500ドルを購入した。それは1社当たりで購入した他のどの銀行と比べても2倍以上の額であった[138]。他のロスチャイルド＆サンズのビジネスと比較して，貸付の規模やタイミングに関しては，オーガスト・ベルモント社がかなり優位にあったことを証明していた[139]。1881年にニューヨーク市債の利子は，「海外で支払われる金保証債の利子やロンドンにあるロスチャイルド社とその支店で支払われる利子を除き」ニューヨークのコントローラー事務所で支払われた[140]。

　その英国会社を率いたリオネル・ロスチャイルド男爵が1879年6月3日に亡くなったとき，ナサニエル・ロスチャイルド（1840-1915）は1845年にロスチャイルド家として最初の卿（Lord）称号となった[141]。ロスチャイルド卿は相互に親交関係を深める英国の選良銀行界に身を置いた[142]。ジェームズ・ロスチャイルド男爵（1792-1868）は，数十年間パリの子会社のトップに君臨していた。そして現在まで，彼の息子たち，特に長男のアルフォンス・ロスチャイルド男爵（1827-1905）によって引き継がれてきた。アルフォンスはフランスのロスチャイルド社の新世代を担う主要な人物であった。アルフォンスの死亡に伴って，彼の息子エドアード（1868年生まれ）はアルフォンスの2人の兄弟であるグスタフとエドモンドの協力を得て，フランスのロスチャイルド社を率いた[143]。ロスチャイルド社のフランクフルト支店は1901年まで続いたが，男系相続人が途絶えてしまい，その年に閉店された[144]。ロンドンのロスチャイルド＆サンズ社およびパリのロスチャイルド・フレーレ社のいとこらは，ロンドンとパリの新しい世代として，各々の会社が独立した意思決定をするという彼らの親の行動様式を継続した。その一方で，彼らは相互の家族の接触や情報交換を密にした。「ヒエラルキー構造」があったようにはみえない。すなわち，ロンドンはパリに対して命令を出さなかったし，パリもまたロンドンに命令しなかった。英国とフランス支店のロスチャイルド家は，過去の時代と同様に米国ビジネスに関わっていた[145]。

第13章 銀行業

　1870年代，英国のロスチャイルドは米国のある鉄道会社の株主になったが，ロンドン市場におけるこれらの貸付は公の発行を引き受けなかった[146]。リオネル・ロスチャイルド男爵の死後（1879年），ロンドンのロスチャイルド社は米国の鉄道（ペンシルベニア鉄道，イリノイ・セントラル鉄道，ニューヨーク・セントラル鉄道）によりいっそう興味を示した[147]。1882年，パリのロスチャイルド社はイリノイ・セントラル鉄道に投資した[148]。1880年代までに英国とフランスのロスチャイルド社はともに，米国の鉄道証券の重要な所有者となっていた[149]。1880年代末期にパリのロスチャイルド社は，セクレタン社の銅シンジケートに大きく参画することになった[150]。1890年，英国ロスチャイルドはロンドンにあるフレーザー＆チャルマー社の組織に関わっていた。その会社は，米国の製造工場を買収していた[151]。その年，ロスチャイルド卿はキャタラクト建設会社の「資金提供者」として現れた。その会社はナイアガラの滝の電力開発を請け負っていた[152]。

　ロスチャイルド家の名前は，米国における種々の投資分野で，1890年代にしばしば話題になっていた。ロンドンのロスチャイルド＆サンズ社は，いっそう深く米国の鉄道業，特にルイヴィル・アンド・ナッシュヴィル鉄道に興味を示していた[153]。1895年，ロスチャイルド家はモルガン社とともに，米国財務省による米国の金流出防止の試みである2月の契約に参加した。その取引の「刺激」はロンドンのロスチャイルド社からきたものである，と報道された[154]。1890年代，パリのロスチャイルド社は国際銅取引では名を馳せていた[155]。1895年から1899年の短期間に，ロスチャイルド＆サンズ社から融資を受けた企業のエキスプロレイション社は，米国で最大の銅生産者であるアナコンダ社の株式の4分の1を所有した。そしてまた，ヨーロッパの銅市場も調査中であった。そのエキスプロレイション社は1886年に設立され，米国の他の鉱山業を所有した。そして米国のパシフィック・コースト社とキャプテン・トーマス・マイン社に代表者をもっていた。金融性金属の売買に関するロスチャイルド家との長期の関わり合いの結果，エキスプロレイション社の米国鉱山業における多くの利益は，金によるものであった[156]。1897年から1901年の間，英国ロスチャイルド社はヨーロッパにおいて，グッゲンハイムのために莫大な銀販売のブローカーとして行動した[157]。1912年，パリのロスチャイルド社はロイヤル・ダッチ・シェル社がオクラホマ州において石油生産に参入するための融資をすることとなった[158]。オーガス

819

第Ⅱ部　世界最大の債務国

ト・ベルモントが彼の取引をニューヨーク地下鉄システムにまで手を広げすぎたときに，ロンドンとパリのロスチャイルド社は1907年にニューヨーク代表部の彼を「救い出し」た。[159]

ロンドンとパリのロスチャイルドは，米国の代理店としてニューヨークのオーガスト・ベルモント社の個人的な銀行会社にとどまった。オーガスト・ベルモント二世は，1837年に米国におけるロスチャイルド社の代表者となった。長期にわたった両者の関係は時折嵐に見舞われたようであったが，しっかりと継続されていた。[160] 1890年にベルモントが亡くなると，彼の息子のオーガスト（1853-1924）は父の死後すぐに，自分の名前から「息子」を意味する「Jr.」を外して社長に就いた。彼のロスチャイルドとの関係，父の名声，彼自身の権限のために，ベルモント二世は米国の金融業界で重要な人物となった。彼は1882年頃から，彼の父の全般にわたる指示も一部では受けていたが，オーガスト・ベルモント社をずっと率いた。[161] 米国の実業界では，オーガスト・ベルモントの名はロスチャイルド財閥と同意語であった。

ロスチャイルド家はカリフォルニア州に1849年から1880年まで代理店を設置しており，カリフォルニア銀行と提携するコルレス銀行となっていた。[162] ロンドンのロスチャイルドはクーン・ロブ社のジェイコブ・シフと協力関係にあった。[163] より重要なことは，1901年にロスチャイルドはボストンに本社のあるリー・ヒギンソン社と公式に提携契約を結んだことである。1901年11月6日に，ボストンにあるその投資会社は，ロスチャイルド卿宛てに次のように書いた。

　　ヒギンソン氏はボストンに戻りました。それゆえにわれわれは今，交換ビジネスに関するわれわれの結論をお伝えしたいのです。まず，われわれはこのビジネスを引き受けることに決定しましたが，ある限度をもってでの話です。今後どれだけ発展させられるかについて，様子をみましょう。
　　……われわれはこの最初の提携が，より親密な関係と双方に利益をもたらすことを心より希望します。

この手紙の残りの部分には，米国の通商条件に関する情報を含んでいた。[164] 1週間後，リー・ヒギンソンは交換ビジネスとの関連で次のように返信した。

820

第**13**章 銀 行 業

「昨年8月，われわれは光栄にもロスチャイルド卿にお会いできたので，ヒギンソンとレイン一族に対するそちらが申し出た条件を受諾致します」。この手紙は手数料と条件を明確に説明していた。「貴手数料は1％，条件は8分の1でお願いします」。20世紀の初頭，ロスチャイルド＆サンズ社はリー・ヒギンソン社と緊密な関係を打ち立てていた。したがって，ロンドン・ロスチャイルド社の米国における1913年収支は，オーガスト・ベルモント社との取引のみならず，見出しとして「ボストン本社のリー・ヒギンソン社」と付され，その下に「一般勘定科目」「わが社の勘定」「証券勘定」という頭書があった。後半部分には，オマハ市にあるピュジェ深測輸送会社（Puget Sound Traction）とアメリカン・カン社の債券に投資，U.S.スチール社，アメリカ精錬精製採掘社（4000株），ノーザン・パシフィック社の一般株式に投資，アメリカ農業化学社の優先株式を2000株購入，という内容が記されていた。アメリカ精錬精製採掘社とアメリカ農業化学社では，ロンドンのロスチャイルドの株数のなかでリー・ヒギンソン名義が圧倒的多数であった。

　ロスチャイルド家は，米国の社会でなにが起きていたかを十分に知らされていた。彼らの提携先は詳細な情報を伝えた。例えば，ロスチャイルド卿は1907年にパリのいとこに対し，米国の出来事について次のように書いている。「米国株式は人気を呼んでいる。……ここに莫大な米国勘定がある」（1907年1月7日）。「ユニオン・パシフィック社の株価は少し下がったが，ハリマンによる公開はここと同様に，ウォール街では同一効果を生み出しているようにはみえなかった」（1907年1月8日）。「今朝早くわれわれは米国証券に対し，かなりの高利で多額の将来資金を貸し付けるべきであったが，われわれはすべての既存資金で継続するけれども，これ以上『米国市場』に貸し付けることは断念する」（1907年1月14日）。「米国鉄道の株式には幾分かげりが出てきたが，あまりに悲観的になることは間違いであろう」（1907年1月18日）。「1月中のある2週間にわたって起きたこの小さな事例は，厳重注意を促している。ロンドンのロスチャイルドは，鉄道事業に対するルーズベルト大統領の敵意に狼狽している」（1907年3月14日）。1907年3月15日に，ロスチャイルド卿は次のように書いている。「米国からのわれわれの電信は，新聞紙上よりも多くを伝えてはいないし，サー・エドガー・スペンサーのような最良の情報提供者でさえも単なる推

第Ⅱ部　世界最大の債務国

測しかできない。ニューヨークにおける販売高は，社会的規範のおそれもしくはルーズベルト大統領の一部または多数の州に対する行動により，十分に影響を受ける可能性がある」。ロスチャイルド卿は，米国の鉄道が「過大資本化されているというより，過小資本の状態である」と考えていた。[169]

　ロンドンのロスチャイルド家は，1907年の米国危機の成り行きに従った。その間，彼らの交信内容は自信に満ちて，1907年10月24日に次のように記している。ロンドンでは「すべての優良米系企業や安売り狙いの多くの投資家が毎朝，米国株式の相当の買い手となっていた」。ロスチャイルド卿はその危機の時点で，モルガン社の役割に痛く印象づけられた。「われわれの友人であるモルガンは，以前にも増して，この危機のさなかに偉大な人物であるということを示してくれた」（1907年10月27日）。これはロスチャイルド文庫からのわずかな引用であるが，その会社の米国ビジネスに対する高い関心度を反映している。ロンドンにいたロスチャイルド卿の，パリのいとこに宛てられたこれらの手紙は，米国における英国の株主と同様に，重要なフランスの株主に示唆している。「あなた方はわれわれとほとんど同量の情報を米国から受信しているに違いない」と，ロスチャイルド卿はパリのいとこ宛てに1907年10月24日に送った。[170]

　纏めると，英国およびフランスのロスチャイルド社は，ヨーロッパと米国の中間資金の獲得に参画していた。また，数多くの異なる経済活動にも参加した。1880年から1914年までは，米国にはロスチャイルド「銀行」なるものはなく，市中銀行におけるロスチャイルドの「共同出資者」もおらず，ロスチャイルド家のなかに大西洋を渡って移り住むような人もいなかった。その代わりオーガスト・ベルモント社は，ロンドンとパリのロスチャイルド社が米国の状況に遅れないようにした。そして，ロスチャイルドに助言を与え，それは注意深く評価され，あるときは受け入れられ，またあるときには拒絶された。ロスチャイルド家がベルモント社を通して行動している間，彼らは他の人々とも商売をしていた。例えば，彼らの取引名簿によると，フレーザー＆チャルマー社，オクラホマ市のロイヤル・ダッチ・シェル社，クーン・ロブ社，そして20世紀初頭から取引のあるリー・ヒギンソン社であった。ロスチャイルド家の米国の金融界における役割は大いに注目に値する。[171]スタンレイ・チャプマンの最近の研究によると，1870年から1914年の間では，ロスチャイルド＆サンズ社が資本金換

算でロンドンにおける最も重要なマーチャントバンクであったことを示してい
る[172]。その会社の米国のビジネスが「上がり，下がり」している間，同社の広が
りは強い印象を与え続けた。ロスチャイルド家は米国市場を決して無視しなか
った。

　モルガン社，ベアリング家，ロスチャイルド家は，米国金融界において主要
な関係者であったが，孤立していたわけではなかった。米国ビジネスに関与し
ていた多くの欧州の銀行家は，ある自国の正規の提携先をもっていた。例外は
アーネスト・キャッセルであった。彼は彼自身の利権のなかで卓越し，彼の経
歴の大半は個人行動であり，米国金融界の至るところで活躍した[173]。すべての主
要な英国のマーチャントバンクは，英国および欧州からの米国に対する資金流
入，特に米国の鉄道業への流入に参画していた。その後の1899年から1914年ま
では，一時的に他の産業にも参画した[174]。ヘンリー・シュローダー社はエルラン
ガーとともに，1863年に南部連合軍に融資を申し出た。その後も米国南部，特
にアラバマ州における関係を保持していた[175]。その世紀が代わる頃，その会社は
アマルガメイティッド銅社のロンドンでの巨大な株式公開を取り扱っていた[176]。
サザン・パシフィック社の社債発行に関して，利子と元本はロンドンのヘンリ
ー・シュローダー社で支払われることになっていた[177]。ハンブロ＆サン社は，ロ
ンドンおよびニューヨークのモルガン社と米国債券発行で手を組んだ。エベラ
ード・ハンブロが上級の共同出資者であり，Ｊ・Ｐ・モルガンの親友でもあっ
た[178]。個人的な関係であると同時に，ハンブロ＆サン社は米国の鉄道債券の発行
にも関わっていた[179]。

　1880年代中期以前のビスコフヘイム＆ゴールドシュミット社は，エリー社お
よびアトランティック・アンド・グレート・ウェスタン社と関係があった[180]。マ
ッキャルモン・ブラザーズ社は，フィラデルフィア・アンド・レディング社と
の関係では長く知られる存在であった[181]。ギリアト社は手広く米国ビジネスを，
とりわけデンバー・アンド・リオグランデ社に関する商売をしていた。具体的
には，ニューヨークが本社のメトランド・フェルプス社が，ギリアト社からニ
ューヨーク本社の共同出資人として英国人のジョージ・カペルを迎えた[182]。ロン
ドンのスターン・ブラザーズ社は，ドイツのジェイコブ・スターン社の英国法
人であった。彼らは単独で，あるいは共同でドイツ銀行と組んで，米国で莫大

823

第Ⅱ部　世界最大の債務国

なビジネスをしていた。ラフェル&サンズ社は，米国の代理店としてルイ・ボン・ホフマン社を起用した。ロバート・フレミング社は，米国ビジネスでは重要な役割をもつもう一つのロンドンにある会社であった。このように，ロバート・ベンソン社の活動の大部分は，米国における鉄道業と不動産業融資に関わっていた。クラインワート社はかつて，ベンソン社と旧クラインワート社が合併してできた会社であった。そしてその会社は，ロンドンにおける米国の産業界，例えばアメリカン精錬・精製社やスチュードベーカー社を指揮していた。さらにまた，ニューヨークにあるゴールドマン・サックス社と親しい関係にあった。南部連合軍債の発行時にシュローダーと協力関係にあったエルランガーはまた，アメリカン・サウス社において自分たちの拡大したビジネスを展開した。リバプールの銀行家からロンドンの銀行家に転向したベンジャミン・ニューガスは，このようにして米国の大資本家になった。

　国籍では区別するのが難しい市中銀行がある。例えば，モートン・ローズ社は米国企業のモートン・ブリス社が成長して生じたものであった。リヴァイ・モートン社は米国企業であった。しかしながら，その後継企業であるチャプリン・ミルン・グレンフェル社には，米国の共同出資者がいなかった。モートン・ローズ社が米国の鉄道業に特化したのに対し，チャプリン・ミルン・グレンフェル社は鉱業債券に特化していった。その頃，ブレーク・ボワスヴェイン社という企業があった。スタントン・ブレークとW・B・ブレークはボストン出身者であった。ボワスヴェイン一家はオランダ人であった（A・A・H・ボワスヴェインはこの世代で最も重要なボワスヴェイン家の一員であった）。ロンドン本社のブレーク・ボワスヴェイン社が1901年1月1日に清算されたとき，すでに目立った米国ビジネスをしていたスイス銀行社（Swiss Bankverein）が多くの顧客を引き継いだ。ラザード・ブラザーズ社は，ニューヨーク・ラザード・フレーレ社と同社のパリ法人と提携していたので，米国ビジネスに参画していた。ブラウン・シプレイ社とセリグマン・ブラザーズ社は，英国における米国企業であった。ロンドンのシュパイアー・ブラザーズ社は，国籍判定が難しいケースである。なぜならば，サー・エドガー・シュパイアーは彼独自の利権において，英国と米国の金融界に有意義な足跡を残したからである。ロンドンのシュパイアー・ブラザーズ社には，共同出資者としてフランクフルトのエデュアード・

824

第13章　銀行業

バイト・シュパイアーと同様に，ニューヨークのジェームズ・シュパイアーが
いた。その3つのシュパイアー企業は，共同出資者として相互に絡み合ってい
た。[195]

　英国におけるこれらの全企業そしてより多くの企業が加わって，長期にわた
り英国の資金を米国に移すことを促進させた。[196]第6章で述べた如く，これらの
いくつかのマーチャントバンクは，米国の鉄道業の資金管理に積極的に介入し
た。1915年に出版された本に，パウエルは洞察力をもって次のように書いてい
た。「外国社債の投資家は借入者よりむしろ銀行家を信用している」[197]。もし英国
に設立された銀行あるいは銀行家が米国証券を引き受けたり，裏書き保証をし
たならば，それは英国投資家の健全性に自信を与えた。[198]英国のマーチャントバ
ンクは，米国の投資銀行と手を組んだ。彼らは時には共同出資者として相互に
絡み合っており，親しい提携会社を長期間にわたりもっていた。このような国
際的な銀行業界（とりわけ米国証券を取り扱う銀行業者は），相互に顔見知りであ
り協力しあった。米国の投資銀行業に関する歴史家のヴィンセント・キャロソ
は，「多種の投資銀行家は相互に結合してグループを結成し，彼らの引き受け
財源を集めて保管していた」と記している。[199]

　英国における商業銀行は，米国ビジネスに関して，貿易金融という枠組みを
越えた役割を演じていた。[200]例えば，グリン・ミルズ社などは英国における米国
証券の発行を引き受ける会社として活躍していたし，またモルガン社のような
卸業者に証券を販売していた。さらに元本の支払いと社債の利払いは，彼らの
事務所内でなされるように手はずを整えた。[201]英国の大商業銀行であったパーズ
銀行は，英国民に対してシティ・サービス会社の優先株式を販売した。この証
券譲渡時の補償に関し，同社は普通株式を受け取ったようだ。[202]いくつかの商業
銀行は，米国鉄道の再編成時に「保管人」としての役割を果たした。[203]

　ある商業銀行は米国証券を担保物件として取り，国内外の短期融資をして，
返済不能融資の引き取り証券の所有者にもなった。[204]ブリティッシュ・リネン銀
行は，米国鉄道業界に直接，融資を行った。[205]ロンドンの『タイムズ』紙（ある
いは『エコノミスト』誌，あるいは他の新聞雑誌）に掲載された，米国ビジネスに
関連する企業の新株発行の目論見書には，いつも英国の銀行名が掲載されてい
た。このように，例えばロイド銀行は1891年，ミルウォーキー&シカゴ・ビー

825

第Ⅱ部 世界最大の債務国

ル会社に対する「元締め」として機能した。一方，同年マンチェスター・リバ
プール地域銀行はデ・ラマー鉱山会社に対して「元締め」の役割を果たした。[206]
この役割において，これらの銀行はしばしば，デ・ラマー鉱山会社の英国の預
金を保管し，株式譲渡を可及的に取り扱った。[207] さらに，英国における商業銀行
は米国の鉄道証券を購入し，頻度は少ないが，他の米国証券を彼らの投資証券
に組み込んだ。[208] フランスの監視者，ジョルジュ・オーバートは，1910年に次の
ように記している。ロンドンシティ＆ミッドランド銀行とロンドン＆スミス・
ユニオン銀行は，ニューヨークの「2大」銀行と非常に親しい関係にあった。
これらの英国の銀行は，米国と英国間の商業為替を促進する莫大なビジネスを
していた。そして，米国の証券をロンドン証券取引所に上場するという金融取
引をしていた。[209] すべての多種多様のコネ関連にもかかわらず，大きな英国のマ
ーチャントバンクは，明らかに米国における長期証券投資の主たる中間業者で
あり，また「手形交換所」銀行よりはさらにたくさんあった。[210]

　1875年から1914年の期間に，ドイツの偉大で普遍的な銀行の時代が到来し，
それらの銀行は同時に「預金銀行，信用銀行，融資会社」であった。[211] ドイツの
経済が成長するにつれて，その銀行はだんだんと集中統合化された。ドイツの
民間銀行の多くは，米国ビジネスに関与していた。例えば，ブライクローダー
社，メンデルスゾーン社，ロバート・ワーシュワー社，ロスチャイルド社，エ
ルランガー社，そしてスルツバック・ブラザーズ社は利潤を得ていたが，巨大
な新規参入社によって成長を妨げられた。[212] しかし，引き続きすぐに，米国にお
ける重要な株主に発展した。1905年までの資本金および積立金換算によるドイ
ツの4大銀行は，ドイツ銀行，ディスコント・ゲゼルシャフト，ドレスナー銀
行，ダルムスタッド銀行（別名 the Bank für Handel und Industrie）であった。[213] ド
イツの5番目の銀行はベルリナ・ハンデル・ゲゼルシャフトであった。[214] すべて
の5大金融機関は米国企業に融資したが，ドイツの多くの中小銀行もまた同様
に融資をした。ドイツの銀行は国際化していった。それらは外国債券をドイツ
に持ち込み，海外のドイツ企業を助けた。[215] 米国は論理的に，それら銀行の海外
における多国籍ビジネスの一部になった。

　表13-5は，米国におけるドイツ銀行の主たるいくつかの提携を示している。
モルガン社を除き，一覧表の米国企業は大西洋を渡ってフランクフルト（もし

826

第 13 章　銀　行　業

表13-5　19世紀後期および20世紀初期におけるドイツと米国の銀行間の主要な「提携」

ドイツ	米国（すべてニューヨーク本社）
ドイツ銀行 　米国取引ではしばしばジェイコブ・スターン社やラザード・シュパイアー・エリセン社とも提携していた	シュパイアー社
ディスコント・ゲゼルシャフト	クーン・ロブ社 ゴールドマン・サックス社
ドレスナー銀行 　1905年に関係ができた	モルガン社
ダルムスタッド銀行	ホールガーテン社
ベルリナ・ハンデル・ゲゼルシャフト 　1904年に株式取得	ホールガーテン社
ラザード・シュパイアー・エリセン社	シュパイアー社
セリグマン＆ステットハイマー社 　1900年までの提携	セリグマン社
ブライクローダー社	レイデンバーグ・タルマン社
ウォーバーグ社	クーン・ロブ社

出所：Paul Emden, *Money Powers of Europe*（New York：Appleton-Century, 1938）, pp. 398-399, 223, 239, 244, を参照し，修正および追加した。エムデン（同書 p.397）によれば，ニューヨークのレイデンバーグ・タルマン社は，「一時的」にブライクローダー社によって「管理」された。ゴールドマン・サックス社については，Walter E. Sachs, "Reminiscences," Oral History Collection, Columbia University, New York, pt. 1, p. 18, を参照。セリグマン＆ステットハイマー社は1900年に閉鎖した。

くはその周辺）から移住した個人あるいは団体によって設立された。このようにして，その米国企業はドイツの銀行界と個人的に親しい関係をもち，その関係を継続し続けた。[216]すべてのドイツ銀行がロンドンに子会社や事務所を設けていたわけではないが，彼らの米国融資の多くは，ロンドン経由というよりは直接なされていた。しかしながら，アメリカ人とドイツ人はビジネスを処理するために，しばしばロンドンで会っていた。それゆえ2国間というよりもむしろ，国際的な関係として見なすことが重要である。

　ドイツ最大の銀行であるドイツ銀行はベルリンに本社があり，第4章で記した如く，1872年にニューヨークにある民間銀行の「ノブローチ＆リヒテンスタイン社（Knoblauch & Lichtenstein）」に業務を担当しない共同出資者になった。ノブローチ＆リヒテンスタイン社のマネジャーによる投機で，その合弁事業は

827

第Ⅱ部　世界最大の債務国

不成功に終わり，1882年に会社を清算した。同じように，ダルムスタッド銀行は1854年に遡ると，ニューヨークのバウア社の株主であったが，その会社の「業務を担当しない」共同出資者から撤退した。バウア社は1885年の末頃に清算された。1904年にベルリナ・ハンデル・ゲゼルシャフトは，ホールガーテン社から2人の共同出資者を迎え入れた。表13-5に掲載された提携は，1875年から1914年までのビジネス関係の基礎部分である。国法銀行あるいは州法許可銀行との提携ではなく，米国の民間銀行との提携であったことに注目したい。またその提携が，関係先の銀行間で排他的ではなく，時には共同出資者として相互に絡み合っていたり，時にはそうではなかったことにも注目したい。ディスコント・ゲゼルシャフトは，クーン・ロブ社およびゴールドマン・サックス社と緊密に連携した。ドレスナー銀行は米国の主導的銀行であるモルガン社や他の銀行とも同じように取引を結合させていた。

　ドイツ銀行は1914年時点で，預金量換算では世界の第6位であったが，米国に莫大な金額を注ぎこんでいた。その銀行のCEOのジョージ・シーメンス（1839-1901）やアーサー・グウィナー（1856-1931）は，米国ビジネスで親しくしていた。1870年代初期に，その銀行はダイレクト合衆国ケーブル会社に融資をもって支援した。1880年から81年までに，ドイツ銀行はいくつかの異なる米国鉄道債券に興味を示した。1882年から83年までにその銀行は，ハンブルグ・アメリカン航路会社と大西洋横断貨物輸送の北ドイツ・ロイド航路会社の融資に関し，ドイツ側で参画していた。1883年にその銀行は，ノーザン・パシフィック社に最初の投資を行った。そのとき，ヘンリー・ヴィラードがその鉄道会社の社長であった（彼は1881年9月に社長になり，1884年1月に退任した）。1886年から1890年までのヴィラードと1893年から1914年までのエドワード・アダムズという2人のアメリカ人（ヴィラードはドイツからの移住者で，アダムズは米国の有名な一門）は，ドイツ銀行の大規模な投資と米国における同社の企業再編成を代表して行った。

　ドイツ銀行の米国に対する公約で一番意義あるものは，ノーザン・パシフィック鉄道会社に関連したことである。1883年，ドイツ銀行は欧州でその鉄道の債券を市場に出した。ヴィラードがドイツ銀行の米国代表者であった期間中，その銀行はノーザン・パシフィック鉄道会社の証券を取得し，大掛かりに引き

828

第13章　銀　行　業

受けた。1887年，ヴィラードはドイツ銀行の代表として，再びノーザン・パシフィック鉄道会社の取締役会の一員になった[227]。その後，1896年のノーザン・パシフィック鉄道会社の再編成時に，ドイツ銀行は非常に役立った。また20世紀に入る前まで大株主の立場を保ち，その会社の財務管理にも参画していた[228]。1890年代末期，ノーザン・パシフィック鉄道会社と関連のあったベルリンのドイツ銀行で重要な役割を演じたのは，1894年にドイツ銀行の執行役員に加わったボン・グウィナーであった[229]。1901年にシーメンスが亡くなった後で，ボン・グウィナーは「ドイツ銀行の頭取で同僚のなかでトップに立つ人」となった[230]。

　1886年，ドイツ銀行が米国における代表者としてヴィラードを任命したとき，ジョージ・ボン・シーメンスは9月29日に彼の下手な英語でドレクセル・モルガン社に宛て，次のように書いている。

　　われわれはわが親密な友であり，また忠告者でもあるヴィラードのために，あなたの会社から快諾が得られるように，モルガン氏に前もって依頼しておきました。おそらくモルガン氏は，事前に口頭による許可をするでしょう。そして，われわれはあなた方の近くにいる彼の存在が，われわれの会社間における相互の頻繁かつ有利な取引をもたらすことを祈念いたします[231]。

　ドイツ銀行のノーザン・パシフィック鉄道会社の株所有は，モルガン社との緊密な関係をもたらした。そして，その銀行会社との業務上の関係は，他のビジネス分野，すなわち鉄道業以外の別な産業へと発展していった[232]。

　シーメンス＆ハルスキー電気会社とアルガマイン電気会社とともに，ドイツ銀行は1889年にエジソンGE社に投資した。一方モルガンはエジソンGE社に，また1892年には新GE社に参画した（このときまでにドイツ資本は手を引いた）[233]。1893年のこの公約から「あるまずい結末」になる可能性は未だに残存していた。そしてジョージ・ボン・シーメンスは米国に出向き，関係正常化を果たした。ドイツ銀行は明らかにシンシナティ電燈会社にすでに関わっており，ボン・シーメンスは「完全に上陸する」ことを希望していた[234]。その一方で，1890年に，ドイツ銀行はナイアガラ電力会社に出資した[235]。その銀行はさらに，米国の鉱業と製造業における何件かのドイツの直接投資に融資の援助をした。その例とし

829

第Ⅱ部　世界最大の債務国

て，リーハイ・コーク社，ライプツィヒ支店を通したボタニー・ウーステッド製造会社，ゴルツ・アメリカ光学会社があった[236]。

1895年の12月末から1896年1月にかけて，ドイツ銀行はモルガン社と共同で，欧州における米国連邦政府債券を市場化させるシンジケートの組織に参画した[237]。欧州におけるその銀行の石油ビジネスへの関与により，米国石油ビジネスの外国投資家との接触が深まることになった[238]。1906年にその銀行は異業種であるアリス・チャルマー社に500万ドルの短期貸付をした[239]。同銀行の米国代表者であるエドワード・アダムズは，アリス・チャルマー社の取締役会長に就任した[240]。

米国での取引において，ドイツ銀行はしばしば，ドイツ・ラザード・シュパイアー・エリセン社とその会社の米国法人であるシュパイアー社とを接触させ，あとで，フランクフルトにあるジェイコブ・スターン社をもそこに結合させた。アーサー・ボン・グウィナーはアン・シュパイアーと結婚した[241]。ジェイコブ・スターン社の共同出資人であるオットー・ブローンフェルは，ドイツ銀行の取締役会の一員になり，両社の代表として頻繁に米国ビジネスを引き受けた[242]。あるシンジケートローンでは，ドイツ銀行はオーガスト・ベルモント社およびロンドンのロスチャイルド社と組んで参加した。さらに，ドイツ銀行はクーン・ロブ社とも提携関係があった。ドイツ銀行のお抱え伝記作家であるジェイコブ・シフは，クーン・ロブ社はジョージ・ボン・シーメンスとアーサー・ボン・グウィナーとの共同で「楽しい個人的な関係」を築き上げたと報告している[243]。ドイツ銀行はハイデルバッハ・アイケルハイマー社とニューヨーク本社のミューラー・スカル社を合併させた[244]。1904年から1907年まで，ドイツ銀行はセントラル・パシフィック社とサザン・パシフィック社をベルリン市場に上場させるのを手伝い，彼らの証券の販売条件を交渉した[245]。要約すると，ドイツで最大規模であるドイツ銀行の関与は，ノーザン・パシフィック鉄道に対するものであり，その間その銀行は多数の米国企業の株主になっていた。

類似の方法で，私はディスコント・ゲゼルシャフト，ドレスナー銀行，ダルムスタッド銀行，ベルリナ・ハンデル・ゲゼルシャフトの4社における米国との提携および米国の問題について概略説明ができた。鉄道業から他の産業に至るまで，これらの銀行は積極的に米国の金融業界に参画した[246]。

そして同様に，1913年時点の預金量換算でフランスの2大銀行であったリョ

830

第 13 章 銀 行 業

ネ信用銀行とソシエテ・ゼネラルは，ドイツの銀行ほどではないが米国ビジネ
スに従事していた。リヨネ信用銀行は，その国際的な拡大の一部として，1879
年にニューヨーク代理店を開設した。その開設は「商業的重要性，米国の金融，
リヨンの土地とともに考慮すべきそれらの関係」によって正当化された。前述
したように，リヨネ信用銀行は1882年にこのニューヨーク代理店を閉鎖した。
同銀行は1893年の万国博覧会の期間中，一時的にシカゴにあった。同銀行はノ
ースカロライナ州にあるフランスの巨大なアルミニウム企業に融資し，1913年
にはその役目を果たした。パリ本社のソシエテ・ゼネラルは，フランスにおけ
る米国証券の引き受けに参画した。それらの証券とは，アメリカン製錬証券社
および米国のペンシルベニア鉄道，ニューヨーク・ニューヘヴン鉄道ならびに
シカゴ・ミルウォーキー・アンド・セントポール鉄道とセントラル・パシフィ
ック鉄道など，いくつかの鉄道会社を含んでいた。それはウェスティングハウ
ス社に融資をしたときと酷似していた。

　パリ商業銀行は，1888年から1889年に実施されたセクレタン銅社のシンジケ
ート融資に，不幸にも参画した。その後継会社，パリ国立銀行は，シカゴに
1893年から1900年まで「支店」すなわち代理店をもっていた。また1890年代中
期から1903年まで，ニューオーリンズにも代理店があった。

　フランスの銀行のもう一つの範疇に目をむけると，最大の銀行は通称バン
ク・ダフェールと呼ばれる産業銀行である。この銀行は以前のパリ・パイバ銀
行であり，1870年に設立されたパリ銀行（Banque de Paris）とパイバ債権貯蓄
銀行（Banque de Credit et Dépôt des Pays-Bas）の合併により1872年に設立した。
1875年，同銀行のアムステルダム支店は，米国鉄道会社へのシンジケート融資
で身元不詳のニューヨークの企業に参画して，ついにその年に支払い保留にな
ったときに甚大な損失を被った。それ以降には，パリ銀行は米国への関与より
も手広く，国際取引に深く従事するようになった。しかし，パリ銀行はいくつ
かの米国のビジネスをもっており，同銀行のエドアード・ノツェリンは長期間，
クーン・ロブ社のジェイコブ・シフと連絡を取り合っていた。パリ銀行は1883
年にベアリング・ブラザーズ社およびモートン・ローズ社と提携契約を交わし
た。同銀行は英国企業がロンドンで取り扱っていたのと同じくらいたくさんの
米国証券をパリで取り扱っていたようにみえた。このようにして，その銀行は

831

第Ⅱ部　世界最大の債務国

シカゴ・ミルウォーキー・アンド・セントポールおよびセントラル・パシフィ
ック鉄道と同様に，アチソン・トピカ・アンド・サンタフェ鉄道のパリ証券取
引所への上場作業に参画した。その参画と発行は，1897年のユニオン・パシフ
ィック社債発行と1906年の AT ＆ T 社債発行を含んでいた。1907年 3 月，そ
の銀行はニューヨークにフランスの銀行を設立するという計画のもとに，米国
へ代表者を送ったが，その計画案はまったく実現しなかった。

　1904年設立のパリ連合銀行は，フランスのもう一方のバンク・ダフェールで
あり，20世紀初期におけるパリ証券取引所のセントルイス・アンド・サンフラ
ンシスコ鉄道の証券を提供した。その銀行はフランス・アメリカ金融会社の主
たる創立者であった。1906年あるいは1907年初め，フランコ・アメリカン銀行
がニューヨークで開店した。1910年までにその米国法人は活発な見通しのある
ビジネスを展開し，米国における産業活動に，明らかにフランスの資金を投入
していた。

　大規模な英国のマーチャントバンクやドイツの主要な銀行のように，フラン
スの大きな銀行のすべてが米国の鉄道債券の発行に参画していたようである。
フランスでは20世紀初頭に，例えばロスチャイルド・フレーレやホッティンガ
ー社（Hottinguer & Cie）などの長期にわたり設営されていた民間企業の銀行に
対して，米国ビジネスにおける競争を挑んだ。この部分において，私は米仏企
業 3 社，すなわちモルガン・ハーレ社，ラザード・フレーレ社，マンロー社を
も含めるべきであると考えている。フランスの大銀行は発行を変動させ，その
メリットを投資家に説明した。これらの銀行の国内支店は「預金を集め，それ
と引き換えにそれらの本社が発行した証券を流通させた」。主導的なフランス
の銀行において，一部の米国証券も含まれるが，外国証券の市場化は莫大な利
益の源泉であった。

　オランダの銀行家は米国金融では非常に経験があり，フランスの銀行家より
もはるかに多くの米国証券を取り扱っていた。そのオランダの銀行家が人材を
派遣して，米国鉄道株の証券相場を示す掲示板の近くに座らせた。そして恒常
的に米国と英国，そして時には，ドイツ，フランス，スイスの投資家やマーチ
ャントバンカーに協力していた。米国取引をするオランダのその銀行集団のな
かで，卓越していたのはアムステルダム銀行（1871年にドイツのダルムスタッド

銀行によって創立された[271]）, アドルフ・ボワスヴェイン社[272], ブロス＆ゴスマン社, ガンスル社, ホープ社, フベシュト・ヴァン・ハレンカスペル＆ヴァス・ヴィセル社（Hubrecht, van Harencarspel and Vas Visser）, カークホーヘン社, リップマン・ローゼンタール社, オランダ貿易協会, オイェン社, テキイラ・デ・マトス社, トテイン・ノルテニアス＆デ・ハーン社, ベルトハイム＆ゴムベルツ社, そしてヴェステンドルプ社であった。20世紀初頭には, 多くのオランダの企業が米国の鉄道債や株式に一度は特化したが, 今では米国の工業会社の証券も同様に市場で売買している[273]。

　ナサニエル・ベーコンによれば, 一時期, ジュネーブにある民間銀行のロンバード・オディール社は, 米国投資に投入される仲介資金の市場で, スイスにおける「事実上の独占」であった。そしてベーコンは, 1890年代後半までに, ジュネーブで所有されていたあらゆる証券の, 全総額の3分の1は米国関係であったと記している[274]。1840年代にアレックス・ロンバードは, 米国の州債務に関する顧客の相談業務をこなしていた。1850年代の中期に, 彼の会社はスイスで米国の郡債券を販売した。南北戦争の終了前に, 彼の会社は米国政府債を顧客に販売した。1872年にその会社は, もう一社のスイスの銀行（スイス銀行会社）をサンフランシスコにあるスイス・アメリカ銀行の所有にすることを企てた。なおまた1870年代初期にはナッシュヴィル・アンド・チャタヌーガ鉄道の融資に参画した。1880年代, 1890年代まで, その会社は非常に優良な米国鉄道債に特化していた[275]。

　19世紀後半の20年間は, ジュネーブ, バーゼル, チューリヒにあるスイスの銀行家が, 新たに米国証券, 特に鉄道債の発行の交渉に加わった。英国, ドイツ, フランス, オランダの銀行家のように, 典型的なスイスの銀行家は米国の民間銀行と, そしてまたしばしば他の欧州の銀行とも提携していた。スイス, 特にジュネーブの銀行家は, 頻繁にフランス人が代表者となっている企業に投資した[276]。ジュネーブとリヨンの関係は非常に親密であった。

　1913年までのスイスにある最大の銀行は, バーゼル本社のスイス銀行会社（Schweizerischer Bankverein）であった。その銀行はフランクフルトの金融機関と協力関係にあり, それらの銀行を通して莫大なる米国ビジネスを発展させた。その銀行はロンドン事務所（Swiss Bankverein）を1898年に開設し, 1899年にシ

第Ⅱ部　世界最大の債務国

表13‑6　1897年から1914年までの種類別米国証券の外国人引き受け名目価値額

（単位：100万ドル）

年	政　府	蒸気鉄道	公益事業	工業他	英国企業	計
1897	2.0	21.6	1.9	−	9.4	34.9
1898	0.5	58.5	−	−	12.7	71.7
1899	−	3.5	−	9.7	11.2	24.4
1900	−	4.3	2.5	−	3.0	9.8
1901	−	22.8	−	0.2	4.0	27.0
1902	−	57.0	7.0	−	1.5	65.5
1903	−	101.7	1.5	−	1.7	104.9
1904	−	83.0	20.0	−	0.7	103.7
1905	−	92.8	10.0	1.8	1.1	105.7
1906	−	86.2	25.0	3.0	0.1	114.3
1907	10.0	122.6	70.7	−	7.6	210.9
1908	10.1	89.0	23.0	2.0	0.1	124.2
1909	8.0	104.2	33.2	20.5	−	165.9
1910	24.5	345.9	21.8	7.4	10.1	409.7
1911	5.0	192.0	27.8	20.1	6.4	251.3
1912	15.0	99.2	75.0	59.9	2.4	251.5
1913	5.0	174.9	118.9[a]	20.3	2.7	321.8
1914	30.0	130.9	10.1	0.5	11.5	183.0
計	110.1	1,790.1	448.4	145.4	86.2	2,580.2

出所：Paul Dickens, "The Transition Period in American Finance," Ph.D. diss., George Washington University, 1933, p. 109. 彼の計算の交換レートは£1 = $4.8665。

a　私の計算によると，ディケンズの著書"The Transition"の pp. 264‑266に基づくこの数字の多くは「鉄道」に分類すべきであった。一部は「電気鉄道」であったかもしれない。

カゴ・アンド・アルトン鉄道会社の株式と，サザン・パシフィック社の金保証債券の引き受けをするために他行に加わった。その銀行に雇われている歴史家のハンス・バウアは，1907年から1914年までの間のスイス銀行会社の貸付と債券発行活動に関し，その米国の鉄道会社の投資は「かなり有利である」と記している。そのロンドン法人は，1914年にはシカゴのユニオン家畜飼育会社を所有していた企業のシカゴ・ジャンクション鉄道・ユニオン家畜飼育会社のロンドンの代理店として掲載されており，それらの鉄道会社はその法人と直結していた。スイス銀行社は，ロンドンの金属取引業者や，フランクフルトのメタルゲゼルシャフトと呼ばれる金属取引業者の「メルトン・グループ」と連結していた。またその金属取引業者は，アメリカン金属社の株式を支配していた。そのスイス銀行は，国内の製造企業に融資しており，いくらかは米国に投資して

834

⁽²⁸¹⁾
いた。その銀行は1907年，ニューヨークで起きた特記のない倒産の結果，甚大な損害を被った。したがって，その銀行は「代理店の仲裁によって信用供与を終了させ，時々海外にいる顧客を直接訪問した」。

1913年時点でスイスにおいて2番目に大きな銀行は，チューリヒが本社の「クレディ・スイス社」であった。1895年から1906年の間に，250の外国企業に対し金融提供を通して参画した。そのなかで最も重要であったのは，米国鉄道債券の発行業務であった。

他の欧州の銀行は，米国証券を取り扱うか米国金融（例えば，スウェーデンのウォレンベルグ社）に参画したが，彼らの役割は全体からみれば微々たるものであった。

表13-6は1897年から1914年における種類別米国証券の外国人引き受け**名目**価値額に関して，ポール・ディケンズが編集したデータに基づく推定額を含んでいる。その表は，米国への流入あるいはそこでの外国投資フローあるいはレベルに関してはなにも伝えていない。それが示していることは，(1)海外で新規に発行された米国証券に関連して公に記録された活動，(2)証券として資金提供された鉄道業の継続意義，についてである。外国の銀行はこれらの引き受け業務に，また少なくとも米国の長期資金のある部分の流通に参画したことになる。

外国銀行の役割

結論として，1914年に米国において連邦準備制度が開始されたときに，米国の商業銀行で大規模な外国投資があったという形跡はない。米国における商業銀行は，外国銀行の支店や子会社の請負ではなかった。米国の全国規模および州法銀行の数多くは，アメリカ人による所有であった。米国の製造業者や米国内で製造し，全土で販売する，コーツ社からメルク社に至るまで，外国資本が支配している製造業者とは似ておらず，米国の銀行は製造業よりも外国資本が所有する銀行はかなり少なく，全土で支店を通して預金業務や融資はしていなかった。1914年までに唯一，シカゴだけが国内市場において外国資本所有の銀行として重要な都市であった。私は「貯蓄銀行」に関してここまで議論をして

第Ⅱ部　世界最大の債務国

こなかった。なぜならば，オレゴン州ポートランド市は唯一の例外であるが，外国投資家の役割がこれらの貯蓄引き受け会社において，ほとんど形跡がみられなかったからである。(288)

　対照的に，南北戦争前夜の時代にいくつかの外国のマーチャントバンクを含め，議決権なしではあるが，外国の投資家は米国で最大の，また2番目の銀行の株式を所有した。そして，このようにして，外国の投資家は米国内の銀行業務でかなり大きな投資を全国規模でしていた。1830年代のルイジアナ州のように，外国の投資家は州の銀行制度で支配的であった。前に記したように，1837年時点でルイジアナ銀行の払込資本の52％は欧州からきていた。1870年代初期のカリフォルニア州においても同様で，外国資本所有の銀行（このケースでは外国の直接投資家）が重大な役割を担ったが，1914年時点ではもはや真実ではなかった。米国における銀行制度の変遷が，結果として全土にわたって支店をもたない銀行にさせて以来，これは多分に外国の証券投資や直接投資を制限した。さらに，州法は外国からの投資を遅らせた。さらに重要なことは，19世紀末期から20世紀初頭までは，米国の銀行が日常の循環的銀行業務の要求を適宜行っていたということである。米国の全国規模の銀行や州単位の銀行は彼ら自身で自立可能であったので，外国からの資本を必要としなかった。外国銀行あるいは外国資本所有の銀行は，純粋な国内ビジネス市場ではなんの優位ももたなかった。

　外国銀行の「コネクション」が重要であることを証明したのは，米国全土もしくは地方の取引よりはむしろ**国際**取引であった。1914年にニューヨークには20の外国銀行の代理店があった。これらの外国直接投資家は，米国の輸出入業者に融資で支援した。それらの代理店は外国直接投資と呼ばれている。彼らは外国為替を取り扱い，移民者を支援した。彼らは情報の導管の役目を果たしたが，外国資本の導入に関する仲介者としては重要では**なかった**。

　しかしながら，他の外国銀行および銀行業務企業は，長期海外資本が米国の銀行業**以外**の産業に向けられるように重要な役割を演じた。いくつかの外国直接投資はあった。金属取引や鉱業部門におけるロスチャイルド家の参画は融資の枠をはるかに超えていた。銀行自身が証券投資，すなわち彼ら自身の勘定で米国証券を所有することをしていた一方で，外国銀行および銀行業務企業は米

836

第13章　銀行業

国証券の引受人や流通業者として，明らかに最も重要な存在であった。彼らは海外での米国証券の提供では発行業務の初期化および参画という点で，また米国の要求に合わせた長期間の外国証券投資の流動化という点でもかなり意義ある存在であった。彼らは外国貯金を集め，その資金を米国に移管させることを支援したが，これを遂行するために，米国において大きな「存在」になる必要はなかった。

　いくつかの外国のマーチャントバンクあるいは投資銀行あるいは銀行は，確かに米国の民間銀行と親しい家族的な関係を結んでいた。例えば，モルガン社とドレクセル・モルガン社の関係，サー・エドガー・シュパイアーとエデュアード・バイト・シュパイアー社，そしてシュパイアー社との関係である。外国の銀行はボストンあるいはニューヨークに銀行をもっていたが，特別な姻戚関係のない共同出資者であった。例えば，1886年から1890年までのボストンのキダー・ピーバディ社におけるベアリング社，1880年代のニューヨークのメトランド・フェルプス社におけるギリアト社，1872年から1882年までのニューヨークのノブローチ＆リヒテンスタイン社におけるドイツ銀行，1904年から1914年頃までのニューヨークのホールガーテン社におけるベルリナ・ハンデル・ゲゼルシャフトの関係である。多くの外国の銀行は，独立しているニューヨークの企業とともに定常的に取引をしていた。オーガスト・ベルモント社とロスチャイルド家の関係はこの適例である。さらに，ルイ・ホフマン社とラフェル社との取引，クーン・ロブ社とディスコント・ゲゼルシャフトとの取引，クーン・ロブ社とパリ・パイバ銀行との取引がこの例である。いくつかの外国銀行は，彼らの代表者として従事した米国の有力者をもっていた。例としては，ドイツ銀行が1886年から1890年までヘンリー・ヴィラードと1893年から1914年までは，エドワード・アダムズとの契約がある。これを短く要約すると，複雑な相互関係の事例である。いずれの外国銀行，外国銀行業務会社，あるいは銀行家の米国での代表の型，すなわち米国での「存在」は，ときとともに本質的にしばしば変化していた。例えば，ベアリングの米国での1875年から1914年までの活動はこの本文でも説明したように変化をとげていた。その提携は典型的で非排他的であった。すなわち「本人」が他の米国企業を取り扱っていた。例えば，ロスチャイルド家はオーガスト・ベルモント社だけと商売したわけではなかった。

837

第Ⅱ部　世界最大の債務国

「代理店」は多種の欧州の本人と提携関係にあった。例えば，クーン・ロブ社は多くの外国銀行および銀行家と協同してビジネス活動をした。その米国との「コネクション」が公式であろうと非公式であろうと，外国銀行および外国銀行業務会社は米国に資金を移入させる導管として重要な役割を果たした。

　ロスチャイルド家は1870年代後期と1895年に米国政府債券を取り扱っており，またドイツ銀行が1896年に同様の行為をしたが，それらの活動は例外的であった。1880年から1914年まで，政府の貸付は米国市場において，鍵ではなかったし，外国銀行業務会社の重要な機能でもなかった[289]。むしろ，このとき生じた基本的なことは，大西洋を渡って私企業，鉄道業，そして他の産業に融資するために，個人的に保持されていた欧州人の貯蓄が移動したことである。外国銀行業務会社の広範囲にわたる活動は，欧州の主たる金融市場において金融の仲介人によって提供され，流通される非政府米国証券の投資にも関わっていた。これは多くの米国企業が「公の大衆」になった時代を意味し，事実，彼らはそのように行動した。欧州の銀行および銀行業務会社は，それらの企業に対する資金の接触通路を拡大させた。その欧州における主要な金融機関は，米国金融界に関与していた。

　　注
（1）　登録された英国人のソリシターは，事業を米国の法律事務所に照会した。したがって彼らは，海外投資の「間接的な」導管としての役割を果たした。Robert T. Swaine, *The Cravath Firm*, 2 vols. (New York : privately printed, 1946), I, 149, 367, 458 ; II, 110, 238, を見よ。ロンドンのフレシュフィールド社は，1878年のボルチモア・アンド・オハイオ鉄道の再編に直接関与していたかもしれない（前掲書, I, 597, を見よ）。しかしこれは例外的であった。例えば，シカゴのレヴィー・マイヤー，クラヴァス事務所やそのクラヴァス事務所の前身の事務所，ニューヨークのシャーマン・スターリングなどの米国法律事務所は，海外投資の参入を積極的に受け入れた。Edgar Lee Masters, *Levy Mayer and the New Industrial Era* (New Haven : n. p., 1927)，および Swaine, *Cravath Firm*, vols. 1 および 2，を見よ。弁護士ジョン・スターリングはストラスコナ卿の米国の受託者であった（書簡 Alastair Sweeney to Mira Wilkins, May 17, 1983）。 John A. Garver, *John William Sterling* (New Haven : Yale University Press, 1929)，を見よ。
（2）　ジョン・ドス・パソスは，会社買収に関する大手の弁護士であった。民間銀行経営者のJ・P・モルガン，ヘンリー・ヴィラード，アーサー・E・スティルウェルといったプロモーター，さらには抵当会社創立組織員の会長であるジェームズ・L・ロンバードなどもそうであった。
（3）　Mira Wilkins, *The Maturing of Multinational Enterprise : American Business Abroad from 1914 to 1970* (Cambridge, Mass. : Harvard University Press, 1974), 19. これは，長期

838

第 **13** 章　銀　行　業

的外国投資よりも短期的投資の誘因となったように思われる。

（４）　銀行業の用語では agency という語は独立した会社というよりは，むしろ直接投資会社のことを指すことが多い。多国籍企業の大半の研究者のとっては，agent という語は通常「独立」代理人を指す。銀行業の用語では，agent は agency とは異なり，やはり独立会社を意味することになりうる。

（５）　少なくとも私が調査した範囲内では，なかった。長期間にわたって，表13‐1でロシア帝国銀行が第１位を占めていたことは，私を悩ませた。ロシア帝国銀行，あるいは，ロシア銀行，つまり「国家銀行（State Bank）」（しばしばそう呼ばれた）は，多額のロシア資金の預金を保持していた。1895年から1914年まで，ロシア財務省が有していたこの銀行への預金高は民間銀行への預金高を大きく凌いだ。次の書を見よ。Manuel Larkin, "The Russian Imperial Bank," master of philosophy thesis, University of Chicago, 1910, 9, copy in New York Public Library, および Olga Crisp, "Russia, 1860-1914," in *Banking in the Early Stages of Industrialization*, ed. Rondo Cameron（New York：Oxford University Press, 1967）, 200.

（６）　私は，実際の投資に関して本章の後半で言及する。

（７）　香港・上海銀行は，後に示すように，カリフォルニアにおける銀行業を継続するためのライセンスをもっていた。しかし，その銀行は基本的には国内向けではなく海外向けの業務に専念した。次の書からのデータを参照。J. R. Jones, ca. 1964, in File J4, Archives, Hongkong and Shanghai Banking Corporation, Hongkong.

（８）　Harold van B. Cleveland and Thomas F. Huertas, *Citibank, 1812-1970*（Cambridge, Mass.：Harvard University Press, 1985）, 38-39.

（９）　Ross Robertson, *The Comptroller and Bank Supervision*（Washington, D. C., 1968）, 195-212, にすべて印刷されている文書記録の第９部を見よ。第９部は p. 197にある。この書物は，米国の二元的な銀行制度の進化に関して非常に有益である。Clyde William Phelps, *The Foreign Expansion of American Banks*（New York：Ronald Press, 1927）, 第12章も見よ。

（10）　私は，これが海外の「企業買収」を阻害したということではなく，むしろ，海外投資家が新たな国法銀行を設立するのを阻止したということを論じている。というのもそのような銀行は創業において，圧力を受けるがゆえである。海外投資家が国法銀行を設立することを禁ずる法律はなかった。

（11）　1887年から1897年にかけての国法銀行の所有権に関する統計は，John A. James, *Money and Capital Markets*（Princeton, N.J.：Princeton University Press, 1978）, 173, に詳述されており，「地方銀行」と「準備都市銀行」に分けられている。これにより次のことが明らかになっている。合衆国のいかなる地域においても，40％以上が州外在住所有者というのは，「国法銀行と地方銀行の組合せ」にはなかった。「国法銀行と準備都市銀行の組合せ」に関しては，いかなる都市においても44％以上の州外在住者の所有による銀行はなかった。ジェームズはその書の p. 172で，州外所有の「大部分は」近隣州に住む人々によるもので，残りは北部や東部の州都によって保有されていると示唆した。彼は，いかなる持ち分も（重要な持ち分についてはいうまでもなく）国外所有，つまりヨーロッパやカナダ，となっていることは決してなかったことを示唆した。国法銀行の州外所有のわずかな部分は，確かに国外所有となったが，その持ち分量は重要ではない。Nathaniel Tobacco, "American International Indebtedness," *Yale Review*, 9（Nov. 1900）：266, は1899年にその持ち分を「無限小」と呼んだ。

（12）　Robertson, *The Comptroller*, 64-67. 州法銀行業の増加に関するさらなる理由は，James,

839

第Ⅱ部　世界最大の債務国

Money and Capital, 36-38, 226, を見よ。1892年までに，州立法人化銀行の数は国法銀行の数を凌ぎ，1914年までには，米国は1万7498の州法銀行と7518の国法銀行を有するに至った（Robertson, *The Comptroller*, 67）。

(13)　前掲書，61-71.

(14)　Letter in FO 5/2043, Public Record Office, London. ニューヨーク州が外国銀行の代理店による預金の受け入れをいつ制限したか，また実際に法律による制限があったかどうかについては明らかではない。しかし，モントリオール銀行（1859年に代理店を設立した）にニューヨークで預金があったという証拠はないが，シカゴにおいては実際に預金を受け入れた。これによりその制限が長期間に及ぶものであったと思わせるものであろうが，1880年のニューヨーク銀行法には，州内の代理店を通じて「預金を受けたり」，貸付を行ったり，「銀行業者として事業に従事する」海外法人への明白なる言及が残っている。*Banker's Magazine*, New York, 25（July 1880）：3, and 25（Aug. 1880）：140, を見よ。これにもかかわらず，1881年，あるフランス人銀行家は，リヨネ信用銀行のニューヨーク代理店でニューヨーク州法によって，預金の預け入れができなかったと不満を述べた。Jean Bouvier, *Le Crédit Lyonnais de 1863 à 1882*（Paris：S.E. V.P.E.N., 1961），II, 569, を見よ。私は *Banker's Magazine*（New York）やニューヨーク州銀行局の年報に目を通してきたが，1880年から1886年までで海外銀行のニューヨーク代理店が，預金を受け入れることを明らかに禁じるようになったという変化を読み取ることはなかった。にもかかわらず，私の文献やリヨネ信用銀行のデータが明らかにするように，モントリオール銀行の件を考慮に入れれば，これが，少なくとも1880年代あるいはそれ以前までの法律解釈の仕方であった。1880年における法律の語句は単に形式上のものであったのではなかろうか。銀行業の歴史をたどってみて，私は，公認されなかった特別なものが禁じられたということに気づいた。これは，今回の例に当てはまるといえないであろうか。

(15)　その依頼に応えて，ニューヨーク州オルバニーにある銀行局は，1919年6月10日，1919年にまだ有効であった1914年の立法に関して，米国・国内外通商局に書簡を送った。「海外銀行業者は，為替手形の売買および支払い業務，信用状発行や送金受領，手形，小切手，電信等による送金，また，英貨や他の通貨による貸付，そのような取引業務の部分的実行といった，取引業務のみを目的とした州内における代理店の継続許可を銀行監督官から得た」。書簡 Banking Department, Albany, New York, to A. S. Chadwick, Dec. 5, 1919, を見よ。両文書とも RG 151, 600 US 1919-1935, National Archives, Washington, D.C. にある。*The Commercial and Financial Chronicle*, 97（May 30, 1914）：1650 は，1914年の立法に関して有益である。また，A. S. J. Baster, *International Banks*（1935；rpt. New York：Arno Press, 1977），31, も有用である。

(16)　*Banker's Magazine*, New York, 88（March 1914）：397, および *Bankers' Magazine*, London, 97（March 1914）：475.

(17)　ロンドンシティ＆ミッドランド銀行に関しては，Thomas Balogh, *Studies in Financial Organization*（Cambridge：Cambridge University Press, 1950），1, 13, 16, 112-113, を見よ。

(18)　ロンドンシティ＆ミッドランド銀行の最初の米国における取引関係先は，ブリティッシュ・ノースアメリカ銀行であり，ニューヨーク州代理店とカリフォルニア支店をもっていた。この関係は1893年から1907年まで存続した。1914年6月までには，ロンドンシティ＆ミッドランド銀行は，ニューヨーク州における全部で13銀行をコルレス銀行としていた（関係設立の日付を括弧内に示す）。ニューヨーク商品取引銀行（1898年12月），ナショナル・シティ銀行（1904年6月），カウンツェ・ブラザーズ（1904年12月），穀物取引銀行（1908年12月），ハノーバー国

840

第13章　銀行業

法銀行（1908年12月），マーチャント国法銀行（1908年12月），ナショナルパーク銀行（1908年12月），マンハッタン銀行（1909年6月），バンカーズ・トラスト社（1909年6月），国法商業銀行（1909年12月），メカニック・メタル国法銀行（1910年12月），第4国法銀行（1912年12月），および国法中央国法銀行（1913年12月）。さらに1914年6月に「フィラデルフィア」にある5つの銀行との取引を追加した。センテニアル国法銀行（1898年12月），トレードマン国法銀行（1904年12月），4番街国法銀行（1909年12月），ジラード国法銀行（1909年12月），そしてフィラデルフィア国法銀行（1910年12月）であった。「シカゴ」には2行，シカゴ第1国法銀行（1898年12月），リパブリック国法銀行（1898年12月）。「ミルウォーキー」には1行，ミルウォーキー第1国法銀行（1898年12月）。「インディアナポリス」には1行，インディアナポリス商業国法銀行。「ニューオーリンズ」には3行，ホイットニー国法銀行（1901年6月），キャナル・ルイジアナ信託社（1905年12月），ヒベルニア信託社（1908年12月）。「ボストン」には3行，ロックスベリー人民国法銀行（1902年1月），第1国法銀行（1910年12月），ショーマット国法銀行（1912年12月）。カンザス州ハッチントンには1行，第1国法銀行（1904年6月）。「ミズーリ州セントルイス」には2行，マーカンタイル信託社（1904年6月），第3国法銀行（1905年12月）。コロンビア州ピッツバーグには1行，コロンビア商業国法銀行（1905年12月）。「カリフォルニア州オークランド」には1行，オークランド貯蓄銀行（1907年12月）。「サンフランシスコ」には3行，アングロ・ロンドン・パリ国法銀行（1909年12月），クロッカー国法銀行（1901年12月），イタリア銀行（1911年12月）。「ダラス」には1行，シティ国法銀行（1909年12月）。「ミネアポリス」には2行，ノースウェスタン国法銀行（1909年12月），スカンジナビア国法銀行（1909年12月）。さらに，「カリフォルニア州サンタバーバラ」にサンタバーバラ国法銀行（1910年6月），「ニューハンプシャー州マンチェスター」に商業国法銀行（1901年6月），「ミシガン州カラマズー」にシティ貯蓄銀行，そして「シンシナティ」にドイツ国法銀行があった。さらに加えて，他の取引銀行も任命された。しかし取引関係は1914年まで存続しなかった。以上は，ロンドンシティ＆ミッドランド銀行の1893年から1897年の間の年次報告書からのデータとミッドランド銀行記録文書保管係のエドウィン・グリーン氏から私に送付された1898年から1914年までのロンドンシティ＆ミッドランド銀行の年次報告書からのデータである（1985年4月15日付け文書）。

(19)　サー・エドワード・H・ホールデンは，1904年に初めて米国を訪れ，ミッドランド銀行はさらに積極的な役割を担うべきであると確信した（Edwin Green, "Sir Edward Hopkinson Holden [1848-1919]," *Dictionary of Business Biography*, III, 294）。Edgar Jones, *Accountancy and the British Economy* (London：B. T. Batsford, 1981), 106, には，ロンドンシティ＆ミッドランド銀行の1912年の米国における業務拡大計画について言及している。M. Georges Aubert, *La finance américaine* (Paris：Ernest Flammarion, 1910), 165, には，ロンドンシティ＆ミッドランド銀行のサー・エドワード・ホールデンと，ロンドン＆スミス・ユニオン銀行社のフェリックス・シュスターは，各々の所有銀行の新たな利益事業への着手という目的——同僚や株主に隠すことなく——をもって渡米した。エドガー・ジョーンズの書物における言及は，銀行の支店や代理事務所よりもむしろ取引先とのつながりの拡大に向けられていると，エドウィン・グリーンは私に書いてきている（グリーン氏からウィルキンスへの書簡，1985年4月）。にもかかわらず，1914年初頭におけるサー・エドワードの苦情は，彼がより広義で考えていたことを示唆している。またグリーンは *Dictionary of Business Biography*, 294, において，サー・エドワードは制限的立法のためにニューヨーク州支店開設の意向を放棄したことに言及した。

第Ⅱ部　世界最大の債務国

(20)　*Commercial and Financial Chronicle*, 97（May 30, 1914）: 1640.

(21)　F. Cyril James, *The Growth of Chicago*, 2 vols.（New York : Harper & Bros., 1938）, I, 495. 次も見よ。書簡 State of Illinois, Banking Department, to U.S. Bureau of Foreign and Domestic Commerce, June 9, 1919, RG 151,600 US 1919-1935, National Archives.

(22)　James, *Growth of Chicago Banks*, I, 495-496 ; II, 1191, 1172, 1318.

(23)　前掲書, I, 496-497.

(24)　前掲書, I, 521 ; II, 1191, 1172, 1318.

(25)　前掲書, II, 1362.

(26)　D. L. C. Galles, "Bank of Nova Scotia," *Minnesota History*, 42（Fall 1971）: 273. ノバ・スコ ティア銀行は1885年にミネアポリスに支店を開き, カナダの全地域で貸付, 為替売買, 集金を 行った。このミネアポリス支店は預金を預からなかった。この銀行は1892年にシカゴとミネア ポリスで操業し, 不要な経費を支払うよりもミネアポリス支店を閉鎖することを決定した（前 掲書, 268-276）。同銀行は1892年にシカゴに支店を開いた。新たな海外銀行支店に関しては, James, *Growth of Chicago Bonks*, I, 590, を見よ。

(27)　前掲書, II, 1218, 1211.

(28)　前掲書, 826, 824. しかし, 1913年にプジョー委員会がクレジット制限の集中を調査しシカ ゴの５大銀行を検査したとき, その調査が大陸商業銀行, 第１国法銀行, 穀物取引銀行, マー チャント信託銀行, イリノイ信託貯蓄銀行といった国内銀行にのみ言及していたのは奇妙であ った。U.S. House, Subcommittee of the Committee on Banking and Currency, *Money Trust Investigation*（Washington, D.C., 1913）, pt. 23, 1640-41, を見よ。

(29)　プジョー委員会によるその除外に関する説明の唯一の方法は, 委員会が国際的商業団体への 関心が全般的に欠如していた――彼の質問を通じて明らかになったことであろうが――ことで ある。カナダの銀行の規模と役割に関する私の情報源は, シカゴ銀行業の優れた歴史家, F・ シリル・ジェームズである。Vincent P. Carosso, "The Wall Street Money Trust from Pujo through Medina," *Business History Review*, 47（Winter 1973）: 425-428, はプジョー委員会 の「政治的な」焦点を示している。

(30)　James, *Growth of Chicago Banks*, II, 912. Merrill Denison, *Canada's First Bank : A History of the Bank of Montreal*, 2 vols.（New York : Dodd, Mead, 1967）, II, 180, 197. 残念な ことに, デニソンはシカゴ支店の1875年から1914年の状況については, ほとんど語っていなか った。彼は1893年の金融恐慌の間, シカゴにおいて流通貨幣が稀少になるにつれ, 時にカナダ 貨幣は実際に商業や賃金支払いの目的で使用されたことに言及している（前掲書, II, 260）。 同様に, 1907年にモントリオール銀行シカゴ支店は, カナダから通貨を流入することによりミ ッドウェスタン銀行の救済を行った（前掲書, 295）。

(31)　Charles P. Kndleberger, *The Formation of Financial Centers*（Princeton University, International Finance Section, Department of Economics, 1974）, 8, は「銀行業の地理的な分 布は通商と関連性がある」と述べている。Green, "Sir Edward Hopkinson Holden," 294, は ホールデンが1904年にロンドンシティ＆ミッドランド銀行対象のシカゴ支店を考えていた, と している。しかし, 実現しなかった。その考えは非論理的ではなかった。同銀行はシカゴにお いてコルレス銀行として継続した。

(32)　Stephen A. Caldwell, *A Banking History of Louisiana*（Baton Rouge : Louisiana State University Press, 1935）, 109.

(33)　1885年ニューオーリンズのH・D・フォーサイスは, 市民銀行（Citizens' Bank）再編成案

842

第13章 銀 行 業

に関して，ベアリング社代表 S・G・ワードに1885年10月 3 日付けで手紙を出している（Baring Achives, London, HC 5.2.30, pt. 54）。フォーサイスは「ロンドンの B・ニューガス（Neugass）氏（原文のまま）」と彼の提携者たちが，より多くの新たな株式購入をすべきであると暗示した。フォーサイスはベアリング・ブラザーズが購買者になるかどうか疑問を抱いていた。フォーサイスは「ここでは高く評価されるであろうが」それを強く疑っていた。ベアリングの反応を示すものはなにもなかった，また実際に株式購入が行われたかどうかをも示すものはない。ニューガス（Newgass）氏と彼の関心に関しては本章，注（189）を見よ。ニューガス氏はリバプール在住時にリーマン・ブラザーズと親交があった。当時リーマン・ブラザーズは綿花貿易に深く関与しており，ニューオーリンズに事務所を有していた。スタンレイ・チャプマンからの資料による。Caldwell, *Banking History*, はニューガスに関してはなんの記述もなかった。

(34) Victor Ross, *The History of the Canadian Bank of Commerce* (Toronto : Oxford University Press, 1922), II, 296.

(35) 前掲書，297. おそらく「コルレス先」となったであろう。

(36) D. E. Kaufmann, *La banque en France* (Paris : M. Giard & E. Briere, 1914), 249-250.

(37) Caldwell, *Banking History*, 110.

(38) Chamber of Commerce of the United States, Finance Department, *Laws and Practices Affecting the Establishment of Foreign Branches of Banks* (Washington, D.C. : Chamber of Commerce of the U.S., 1923), 15. その法律は1906年に修正されたが，これらの条項においてはなんら変化がなかった。

(39) 前掲書，15.

(40) Phelps, *Foreign Expansion*, 18.

(41) サンフランシスコ決済取引所に関しては Ira B. Cross, *Financing an Empire*, 4 vols. (Chicago, S. J. Clarke, 1927), II, 884, を見よ。アングロ・カリフォルニアン銀行会社は，セリグマンの銀行であり，ロンドンで会社設立認許を得た一方で，重大な米国の利権を有した。Linton Wells, "House of Seligman," 1931, microfilm of typescript, New York State Historical Society Library, p.195, によると，1888年にセリグマンは監督権を委譲し，事実上ラザード・フレーレ社へすべての持ち株を売却した。アングロ・カリフォルニアン銀行に関しては前掲書，178ff. を見よ。

(42) デヴィッドソン社は1878年に操業停止し，その事業は1880年まで「A・ガンセル & J・カレン社」によって引き継がれた。そのとき操業再開は永久にあり得ないように思われた。「アルバート・ガンセル（Albert Gansel）」はナポリのロスチャイルド代理店からやってきた。Cross, *Financing an Empire*, I, 51, (ロスチャイルド社の記録はその名前を "Gansl" とつづっているので，会社名にも Gansl & Cullen を使用している) を見よ。1880年 9 月にカリフォルニア銀行はロンドンのロスチャイルド & サンズの取引先として事業を行うことに同意した（書簡 Bank of California to N. M. Rothschild & Sons, Sept. 7, 1880, Rothschild Archives London [RAL] II/50/0)。

(43) ラザード・フレーレ社は，1847年にフランスのロレーヌ地方出身の 3 人兄弟によってニューオーリンズに設立され，綿花の取引に従事した。J. S. G. Wilson, *French Banking Structure and Credit Policy* (Cambridge, Mass. : Harvard University Press, 1957), 147, を見よ。1849年ラザード兄弟は，サンフランシスコへ転居し，そこで事務所を再設立した。まもなく金銀に関連した外国為替取引を行った（Cary Reich, *Financier* [New York : William Morrow,

843

第Ⅱ部　世界最大の債務国

1983], 27)。ラザード・フレーレはニューヨークにもオフィスを開設し、「会社の何人か」がヨーロッパへ戻りパリで為替交換所を始めた（フェルプスによれば1849年に、ウィルソンによれば1852年に、ライヒによれば1852年までに、テュルプチールによれば1856年に為替交換所を始めたとされる）。1876年にはニューヨーク、サンフランシスコ、パリの事務所はそれぞれ個人銀行となった。一方その間、1870年にはテュルプチールによると、ロンドンにラザード・ブラザーズ社として支店を開き、1877年にラザード・ブラザーズ株式会社がロンドンに結成され、通常の銀行業に従事した。

　ニューヨーク州のラザード・フレーレ社への支配的利権はアメリカにあった。この状況はサンフランシスコ決済取引所にも当てはまるように思われる。その親族会社のグループは一斉に行動した。C. W. Phelps, *Foreign Expansion of American Banks* (1927 ; rpt. New York : Arno Press, 1976), 8, 10, および R. J. Truptil, *British Banks and the London Money Market* (London : Jonathan Cape, 1936), 142, を見よ。Cross, *Financing an Empire*, I, 425-426, では、1876年9月にサンフランシスコの新聞各紙は「老舗の輸入業者」ラザード・フレーレが将来銀行業に乗り出すであろうと発表したことが報告されている。その会社は優れてフランスとの取引関係を有しており、太平洋側におけるフランス政府の代理権を有していると言及されていた。サンフランシスコのラザード・フレーレ社は、外国為替の取引をリードした（前掲書、III, 64）。

　1884年にカリフォルニア・ラザード・フレーレ社は英国の特許状と40万ポンドの資本金をもってロンドン・パリ・アメリカ銀行株式会社となった。1891年に後者は、ロンドンの『タイムズ』紙にロンドンで本店をもち、サンフランシスコには支店をもつと宣伝していた。ラザード・フレーレ社はニューヨークの「代理店」であった一方でラザード・フレーレ社はパリの「代理店」であった（London *Times*, March 9, 1891, 14, を見よ）。1908年ハーバート・フライシャッカーが率いるカリフォルニアグループがその銀行を支配しロンドン・パリ国法銀行として再編した（資本金200万ドル）。フライシャッカーはサンフランシスコ生まれのアメリカ国民であったが、ロンドン・パリ・アメリカ銀行株式会社頭取のジークモンド・グリーンバウムの義理の息子であった。この時点で、Wilson, *French Banking Structure*, 146, によると、ラザード・フレーレは売却された（Truptil, *British Banks*, 142, には1884年にラザード・フレーレグループが売却したと書かれている）。1908年あるいは1909年にロンドン・パリ国法銀行はアングロ・ロンドン・パリ国法銀行へと合併した（資本金2600万ドル）。セリグマンが設立したアングロ・カリフォルニアン銀行株式会社との合併であった。先に付した注（41）において、リントン・ウェルズによると、1888年にセリグマンはアングロ・カリフォルニアン銀行の支配権を放棄し、事実上そのすべての株式をラザード・フレーレ社に売却した。その買取に関しては Cross, *Financing an Empire*, I, 268, 426 ; III, 69, を見よ。1908年の日付は前掲書、II, 716, にある。他の箇所ではクロスは日付を1909年としている。

(44)　Cross, *Financing Empire*, II, 884.

(45)　表13-2の7社、さらにデヴィッドソン社とベロック・フレーレ社を追加すれば9社となる。しかし、表13-2にあるようにラザード・フレーレ社を「海外」と分類することは、大変疑わしい。そのため、8社とする方がより正確な数字であるのかもしれない。

(46)　Cross, *Financing an Empire*, III, 145, において、クロスは香港銀行が、常に外国為替と銀塊の購入「のみに特化した」と述べている。キダー・ピーバディ社の文書記録のデータは香港銀行にはもう一つの役割があったことを示している。1892年に、キダー・ピーバディはサンフランシスコ不動産の販売から得た利益をサンフランシスコの香港・上海銀行の会社預金へ預け

844

第13章　銀　行　業

入れるよう指示を出した。書簡 Kidder, Peabody, Boston, to Lloyd & Wood, San Francisco, May 11, 1892, Kidder, Peabody Confidential Letters, Kidder, Peabody Collection, vol. 5, Harvard Business School Library, を見よ。香港銀行年代記編者のフランク・H・H・キングは，カリフォルニア支店のバランスシートを見て，あれは預金ではなかった，金融機関の乗っ取りであったと私に書いてきている（書簡 King, Hong Kong, to Mira Wilkins, 1984年6月24日）。J. R. Jones, "History of the Bank in California," ca. 1964, File J4, Archives, Hong Kong and Shanghai Banking Corporation, には，1875年に「事務所」が開設されたとき，その目的は，「メキシコドルや銀の延べ棒の購入とそれらの中国への輸出，および米国西部諸州に定住する何千人にも及ぶ中国人への外国為替の販売を監督する」ことであったと明記されている。1912年にその銀行は，自身の名前のもとにカリフォルニアにおける銀行業を継続できるライセンスを獲得した。「法律に従うために」，そのバランスシートは5万ドルの資金があることを示した（前掲書，およびキングの前掲書のなかでのキングからウィルキンス宛ての信書，1984年6月24日からの引用）。カリフォルニア大学のバンクロフト図書館には，サンフランシスコの香港・上海銀行社の訪問者署名本があり，1906年から1936年の間の預金高が記録されている。この文献はカリフォルニア在住中国人の自国への送金から集金された合計額を表しているように思われる。その合計額は相当なものであった。

(47)　カリフォルニア州におけるブリティッシュ・コロンビア銀行の歴史については，Cross, *Financing an Empire*, I, 257, および Ross, *Canadian Bank of Commerce*, I, 300-346, を見よ。ロスは，カリフォルニア銀行と1875年以降のネバダ銀行だけが，カリフォルニア州において，ブリティッシュ・コロンビア銀行に大差をつけることができた金融機関であったと書いている。前掲書，322, を見よ。

(48)　Cross, *Financing an Empire*, I, 258.

(49)　Ross, *History*, II, 558（カナダ商業銀行の支店に関して），を見よ。にもかかわらず，カナダ商業銀行のサンフランシスコ支店の初代支店長であるA・C・ケインズは，1914年にサンフランシスコ連邦準備銀行の初代総裁となった（Cross, *Financing an Empire*, II, 645）。

(50)　Cross, *Financing an Empire*, I, 258. 銀行の創始者に関しては，第4章注（290）を見よ。1875年に，ロンドン＆サンフランシスコ銀行株式会社は，ロンドン支店をブロードストリート22番地においた。その取締役にはヘンリー・L・ビスコフヘイム（Bischoffsheim），J・F・フレミッヒ（Flemich），E・H・グリーン，ジュニアス・S・モルガン，J・メイ，J・バロット，フレデリック・ロデワルド，ロバート・リリー（Ryrie），ハーマン・スターン男爵およびルドルフ・スルツバッハらが含まれた（*Stock Exchange Year Book*, 1875）。1880年には，ロンドン＆サンフランシスコ銀行株式会社は再編成され，ロンドン支店をロンバード街73番地へ移転した。1890年代前半においては，その取締役にはジョージ・W・キャンベル（フィンレイ・キャンベル社員でありまた東インドマーチャント銀行所属），ヘンリー・ゴシェン（フルリング＆ゴシェン社の代表・商業および外国為替銀行業），チャールズ・ヘメリー（ジョージ・ヘメリー＆サンズ社の代表で商業銀行業），ウィリアム・ニューボルド（ラテンアメリカ鉄道にも関与），ロバート・テビー・ピープル（常務取締役），ロバート・リリー（東インドマーチャント銀行）およびノーマン・ダニング・ライドウト（カリフォルニア出身）らが就任した。*Stock Exchange Year Book, 1890*, および *Directory of Directors, 1892*（advertisement for bank and director identification），を見よ。ドレクセル・モルガン社はニューヨークの銀行代理店であった。

(51)　Cross, *Financing an Empire*, I, 258. カリフォルニア銀行は1905年には州法銀行であった。

845

第Ⅱ部　世界最大の債務国

後に国法銀行となり，こういった歴的経緯から，1927年に本店がある州以外にも支店をもつ米
国で唯一の国法銀行となった（前掲書，Ⅱ，905）。

(52)　前掲書，Ⅱ，641．実際に早くも1880年には（銀行が設立された年），日本の大蔵省はサンフ
ランシスコにおいて支店，代理店，代理事務所の操業開始を許可していた。Shinji Arai,
History of the Yokohama Specie Bank（Tokyo, 1981），Ⅱ，38（日本語による），を見よ。1886
年に，大蔵省は代理事務所すなわち代理店をサンフランシスコに設立した（Yokohama Specie
Bank, *History of the Yokohama Specie Bank*［Tokyo 1920］；日本語による）。私はこの情報
に関しては山崎広明教授の多大な恩恵に預かった。1899年にサンフランシスコ事務所は支店銀
行となった（Arai, *History*, Ⅱ，91）。

(53)　Cross, *Financing an Empire*, Ⅱ，641．

(54)　Phelps, *Foreign expansion*, 202，および横浜正金銀行の貸借対照表から日本において入手し
たデータ。

(55)　Cross, *Financing an Empire*, Ⅲ，517．

(56)　その7行に関しては，前掲書，Ⅱ，655，665，683，689，693，696，を見よ。なかには民間
銀行もあり，さらになかには州によって認可されたものもあった。

(57)　Frank Freidel, *America in the Twentieth Century*（New York：Alfred A. Knopf, 1960），
47．

(58)　Cross, *Financing an Empire*, Ⅱ，727-728．1903年から1907年に設立された7つの銀行のうち，
5行はカリフォルニア銀行局によって廃業命令が下り，2行はすでに1909年には自主的精算に
追い込まれていた。

(59)　A. S. J. Baster, *International Banks*（1935；rpt. New York：Arno, Press, 1977），159，およ
び Cross, *Financing an Empire*, Ⅲ，50．1913年に設立された横浜正金銀行ロサンゼルス支店は，
海外銀行ではなくサンフランシスコ支店銀行の事務所であった。

(60)　Cross, *Financing an Empire*, Ⅱ，696．

(61)　1924年に日本銀行の資産が，サクラメントにある住友銀行カリフォルニア支店に売却された
（前掲書，699）。私は日本銀行を表13-2には含めなかった。その理由は，その銀行の所有権
が非居住の海外投資家にあたったかどうか不確定であったからである。

(62)　本章注（46）を見よ。1912年の法改正は1909年の法律への反応であったか，あるいは1913年
の法律を予測したものであったかのいずれかであろう。また両方を見据えてのことであったと
もいえる。

(63)　カリフォルニア州の1913年の法律は，米国商工会議所による *Laws and Practices*, 15-16,
に詳述されている。

(64)　U.S. Senate, National Monetary Commission, *Digest of State Bank Statutes*, 61st Cong.,
2nd sess., 1910, S. Doc. 353, 693．

(65)　Phelps, *Foreign Expansion*, 202．

(66)　Clifford H. Ince, *The Royal Bank of Canada : A Chronology, 1864-1969*（n.p., n.d.），13,
15, 16, 112．

(67)　Denison, *Canada's First Bank*, Ⅱ，276, 353，には，スポーカン支店に関する詳細がほとんど
記されていない。

(68)　文献のなかで言及されていないこの時期における米国の海外商業銀行の他の支店は，私の知
り得る限りボストンのノバ・スコティア銀行の支店であった。

(69)　注で解説したように，香港銀行はカリフォルニアにおける銀行業継続ライセンスを得た一方

第13章　銀 行 業

で，基本的に国際取引にも関与した。

(70)　Richard E. Sylla, *The American Capital Market, 1846-1914* (1968 diss.：New York：Arno Press, 1975), 26.

(71)　クライド・ウィリアム・フェルプスによると，1913年の連邦準備法に従って，国法銀行は歴史上初めて，「自分自身に作成された振込命令書を受領許可された」(Phelps, *Foreign Expansion*, 109)。同様に，注釈されているように，1914年まで（連邦準備制度が整うまで）米国の国法銀行は海外に支店を置くことができなかった（前掲書，92）。したがって，国内の最大銀行であった国法銀行は束縛を解かれてはいなかったのであった。

(72)　Ellis T. Powell, *The Evolution of the Money Market* (1385-1915) (London：Financial News, 1915), 375-376, には，「偉大なるイングランドの引き受け可能な会社や銀行の独特の堅実さや責任が」ロンドンを偉大なる世界の金融の中心とするカギとなったと書かれている。彼はさらに続けて，「一見したところ，米国の民間金融会社が大規模な為替引き受け業務を展開すべきでないとする理由はない」（米国の国法銀行は法律により為替引き受け業務を禁じられていた）。しかし，それらの銀行が引き受け業務を行おうとはしなかったというのが事実であった。というのもその試みにより，それらの銀行による信用引き受けが，ロンドン証券取引所と比較して不利な事態へと追い込まれるであろうことが予測されたからであった。国際銀行会社は米国貿易への融資における役割を果たし始めていた。Mira Wilkins, *The Emergence of Multinational Enterprise* (Cambridge, Mass.：Harvard University Press, 1970), 107, を見よ。ブラウン・ブラザーズ社およびブラウン・シプレイ社の米国貿易融資における役割に関しては，Henry Clay, *Lord Norman* (London：Macmillan, 1957), 9-10, 16, 53-54, 57, を見よ。1914年4月の立法が通過して初めてニューヨーク州において法人化された銀行は，外国と輸出入される商品の輸送に対して作成された為替手形や小切手を受け付けることを法令によって許可された (W.P.G. Harding, "The Results of the European War on America's Financial Position," *Annals of the American Academy of Political and Social Science*, 60 [July 1915]：113)。ナショナル・シティ銀行のこの業務における利子の上昇に関しては，Cleveland and Huertas, *Citibank*, 42-44, を見よ。

(73)　U.S. Federal Trade Commission, *Report on Cooperation in American Export Trade* (Washington, D.C., 1916), I, 22, 40, 63-64. 1901年から1903年の米国は，英国の年間13億8000万ドル，ドイツの11億2000万ドルと比べ，年間平均14億1000万ドルと，世界で最も大きな輸出国となった。1911年から1913年の間，米国の年間平均輸出は英国に次いだ。英国の年間平均輸出は，23億8000万ドル，米国は22億9000万ドル，ドイツは21億6000万ドルであった（前掲書，I, 17）。

(74)　実際，21の「海外銀行」が認可された。うち1行はコネチカット州の国際銀行社からのものであった。私は，その銀行を除外した。なぜならばそれは純然たる「国外銀行」ではなかったからである。

(75)　この文脈における**代理店**（agency）という語は，海外銀行の所有組織のことであり，外国直接投資の例である。それは独立した組織ではない。ここでは，**支店**（branch）という語は使用されなかった，というのも支店とすると，代理店よりも大きな権限を有していたことになったからである。先に注釈を加えたように，海外銀行の支店はニューヨーク州法のもとでは出店が禁じられていたのであった。

(76)　南米の事業に関わっていた英国の銀行に関しては，David Joslin, *A Century of Banking in Latin America* (London：Oxford University Press, 1963), が大変貴重な文献となる。

847

第Ⅱ部　世界最大の債務国

(77)　J. R., Jones, "New York," ca. 1964, in File J4, 香港・上海銀行会社（本社：香港）の記録文書には，ニューヨークにおける銀行の歴史に関する多くの重要なデータが含まれている。

(78)　キューバ国立銀行はキューバ国内で最大のものであった。100万ドルの資本で1901年に設立され，ノースアメリカン信託社の初期のキューバ事業を受け継いだものであった。その出発点においては，キューバ国立銀行は占領政府の財務代理機関であった（ノースアメリカン信託社と同様に）。それからキューバ政府のために同じ目的をもって仕えた。おそらく，その設立，すなわち1901年以来ずっと，ニューヨークに代理機関をもっていたと思われる。1914年までに，690万ペソの余剰資金と2370万ペソの預金を有し，3270万ペソの総資産があった（1914年当時のペソはドルと同等であった）。私の知る限り，ノースアメリカン信託社は，米国所有であった。ヴィンセント・キャロソによって，20世紀初頭（1905年から1910年）には，キューバ国立銀行資本の5分の1（1万株）は，モルガンのパリ商会モルガン・ハーレによって所有されていたということが明らかとなっているが，1914年において同銀行もやはり米国所有であったように思われる。その総裁はアメリカ人で，社内通信は英語で行われた（1928年までには，5万株のうち2万5001株はスペイン国籍のキューバ在住者ホセ・ロペス・ロドリゲスの手に渡っていた。ロペス・ロドリゲスは1919～20年の間，同銀行の支配権を得た）。Henry C. Wallich, *Monetary Problems of an Export Economy : The Cuban Experience, 1914-1947* (Cambridge, Mass.：Harvard University Press, 1950), 51-53, 56, および Vincent Carosso, *The Morgans* (Cambridge, Mass.：Harvard University Press, 1987), 851 n.163, を見よ。

(79)　横浜正金銀行に関しては，Mira Wilkins, "American-Japanese Direct Foreign Investment Relationships, 1930-1952," *Business History Review*, 56 (Winter 1982)：507, にある。横浜正金銀行に関する日本語の社史はある（この章の注（52）を見よ）。その注が示すところによると，1886年にはサンフランシスコに代表者事務所があった。また同様の事務所を1892年にハワイに開設した（併合する以前）。そして，サンフランシスコとホノルル事務所は1899年に「支店」に昇格した（Yokohama Specie Bank, *The History*, および Arai, *History*, II, 91）。1914年，横浜正金銀行のニューヨークの代理店は本店，ロンドン支店，ボンベイ支店および上海支店に次ぐ5番目の取り扱い高を有した（Japan, Ministry of Finance, *Business Report of Banking and Trust Business* [Tokyo, 1916], 69 [日本語]）。私は左記の書の翻訳に関して，山崎広明教授に負う所がある。

(80)　例えば，アメリカ絹織物協会（Silk Association of America）発行の年次報告書，*Annual Report, 1910*, 81, を見られたし。

(81)　Japan, Ministry of Finance, *Business Report*, 75, および Arai, *History*, II, 100-101.

(82)　New York Superintendent of Banking, *Annual Report for 1911*, 14.

(83)　本章注（18）を見よ。

(84)　Lloyds Bank, *Annual Report, 1914*.

(85)　イングランド銀行に関する最も優れた社史は，J. H. Clapham, *Bank of England*, 2 vols. (Cambridge：Cambridge University Press, 1966), および R. S. Sayers, *The Bank of England, 1891-1944*, 3 vols. (Cambridge：Cambridge University Press, 1976), である。

(86)　Swaine, *Cravath Firm*, I, 14, 149, 367, において，スウェーンはR・M・ブラッチフォードが，1826年以降，40年以上にわたりその地位にあったと述べているが，1884年ブラッチフォードの孫息子が，ブラッチフォードによってイングランド銀行との間に築かれた関係の副産物として，クラヴァス社の英国人顧客について書いている。その示唆するところは，イングランド銀行は未だ法律事務所を使用していたということである。

848

第13章　銀行業

(87)　ジョン・ソーンダース・ギリアト，ウィリアム・リダーデール，レベルストーク第一卿，第二卿，アルフレッド・チャールズ・ロスチャイルド，エベラード・ハンブロ，エドワーズ・チャールズ・グレンフェルは，米国に関心があったイングランド銀行取締役であった。マーク・ウィルクス・コレット（総裁，1885年から1887年）は1832年から北米との通商関係に従事しており，1851年にリバプールのブラウン・シプレイ社に加わった。コレットに関しては Aytoun Ellis, *Heir of Adventure : The Story Brown, Shipley & Co.* (London : Brown, Shipley, 1960), 56-58, 93, 100, および Clay, *Lord Norman*, 7-11, を見よ。コレットの孫息子モンタギュー・コレット・ノーマン（1871-1934）は米国で数年を過ごした。彼は1907年にイングランド銀行取締役に初めて選出された（前掲書, 18-29, 55）。イングランド銀行の米国介入に関するかなり偏った見解に関しては，*Investors' Review*, London, 3 (March 1894) : 131-134, を見よ。そこでは，マーチャント信託銀行と米国との関係が論じられている。*Investors' Review* には，イングランド銀行との長期にわたる抗争が掲載されており，イングランド銀行は「麻痺状態の銀行」というレッテルを張られている（3 [Jan. 1894] : 1-17, を見よ）。この定期購読誌は常に正確な情報が掲載されていたわけではない。その結論には大きな意義を唱えることも可能である。しかし，この購読誌ならではの米国証券との関連におけるイングランド銀行の役割に関する興味深いデータを提供してくれる。前掲書, 2 (Nov. 1893) : 644, および "Maple Leaf"── the Chicago, St. Paul and Kansas City Railroad Company", に関するコメントを見よ。イングランド銀行がこういう類の事業と混同されてしまうことは遺憾なことであり，海外起源の海の物とも山の物ともつかない米国鉄道（同雑誌の p. 637 に「海外の紳士たち」が鉄道の建設計画をしたということが指摘されていた）にとって，並のダフ屋になることを許可したり，時には命令した取締役たちは，こういった類のことはいかなることでもすべきではなかった。同雑誌には，「イングランド銀行の取締役たちはやろうと思えば関与することが可能であったが，彼らは介入を強く取り締まるべきである」とある（前掲書, 645）。前掲書, 3 (Jan. 1894) : 13, によると，「イングランド銀行取締役会や関連会社の 6 人以上の取締役が」，フランク・ジョーンズ・ビール会社──つまり米国投資に関与していた。Edwin Waterhouse, "His Story," typescript in Price Waterhouse Archives, London, 94, からの抜粋では，シカゴ・グレート・ウェスタン鉄道のロンドン財政委員会について論じられている。ウォーターハウスは委員の一人であり，その委員会には「われらが友人，リダーデール氏」が含まれており，彼は委員長であった。A・F・ウォリス（リダーデール氏のイングランド銀行の同僚）そして，ハワード・ギリアトも委員であった。その委員会は，シカゴ鉄道の財政再編成を活動目標とした。シカゴ鉄道は，シカゴ・セントポール・アンド・カンザスシティ鉄道の後継社であった。米国において事業を展開していた英国登録の会社のリストに目を通すと，イングランド銀行と関連のある名前があった。確かに，眺めれば眺めるほど，銀行の取締役の名前が記載されている場所が驚くべきところである。したがって，コロラド州クリプル・クリークの金鉱ストライキの後まもなく，ウィリアム・リダーデール以外にそこを訪れる人がいたであろうか（彼の訪問は1892年であったように思われる）。Marshall Sprague, *Money Mountain : The Story of Cripple Gold* (Boston : Little, Brown, 1953), 99.

(88)　私はこういった一般化に確信をもっている。

(89)　英国が短期的資金提供を米国に頼ったボーア戦争中に，J・P・モルガン社は1900年，イングランド銀行代理店として活躍し，米国における英国戦時公債への申し入れを行った。Vincent Carosso, *Investment Banking in America* (Cambridge, Mass. : Harvard University Press, 1970), 80, を見よ。その後，イングランド銀行はモルガン，キダー・ピーバディ，ベア

849

第Ⅱ部　世界最大の債務国

リング・マグンに対して，米国における英国の貸付申し込みの権限を許可した（前掲書）。
(90)　実際に，イングランド銀行に情報を提供し続けたのは，これらの「銀行業者」であった。私は本章の後半で詳細に論ずることとする。
(91)　1912年から1914年までのリストには一人も載っていなかった。
(92)　ブリティッシュ・ノースアメリカ銀行はイングランドに本拠地を置くが，カナダで主な活動をしており，しばしばカナダ銀行とも呼ばれた。
(93)　*Banker's Magazine*, New York, 34 (June 1880)：918，によると，ノバ・スコティア銀行はこのリストに載っていなかった。その数年前に，1832年に設立したニューヨーク代理店を閉鎖し，まだ開店していなかったと私は思う。Galles, "Bank of Nova Scotia" は，1880年代の同銀行を扱っているが，ニューヨーク代理店のことについてはまったく触れていない（1900年当時の銀行の歴史を出所としているが）。そしてミネアポリス支店（1885年から1892年）が「海運国カナダ以外の最初の試みであった」と述べている（p. 268）。1832年のニューヨーク代理店の存在を認めたのは後になって書かれた銀行史（1932年）であった。
　　　Bouvier, *Le Crédit Lyonnais*, II, 569-572，によると，リヨネ信用銀行は1879年から1882年までニューヨーク州に代理店を有していた。オランダ貿易協会に関しては，R. S. Sayers, ed., *Banking in Western Europe* (Oxford：Oxford University Press, 1962), 199, を見よ。オランダ貿易協会はニューヨーク代理店の営業を1878年後半あるいは1879年前半に開始した。オリバー・S・カーター，スタントン・ブレーク，ヘンリー・ホーリーが代理店形成を任ぜられた。*Banker's Magazine*, New York, 33 (Feb. 1879)：648, には，「業務には，債権，株券や他の証券の売買，為替売買，他の商業的性質の取引が含まれることになるであろう」と報告されている。カーターとホーリーはニューヨークの貿易商人であった，一方ブレークはニューヨークとボストンにあるブレーク・ブラザーズ銀行を所有していた。オランダ貿易協会がニューヨーク代理店を閉鎖したのがいつかはわからないが，ブレーク・ブラザーズ銀行はオランダとの長期間にわたる重要な関係を保った。Nederlandsche Handel-Maatschappij（オランダ貿易協会）の事務所の宣伝を見よ。142 Pearl St. *Commercial and Financial Chronicle*, 32 (Jan. 1, 1881)：24. 同様に，オランダ企業の Nederlandsche Indische Handelsbank, Amsterdam, and Adolph Boissevain & Co., Amsterdam の宣伝がある。前者はニューヨーク・ブレーク・ブラザーズ銀行を代理店として掲げ，後者は同銀行をニューヨークの取引店として挙げた。
(94)　書簡 August Belmont to N. M. Rothschild & Sons, April 30. 1880, RAL T59/34. Denison, *Canada's First Bank*, II, 196-197, も見よ。銀行総支配人のチャールズ・スミザーズは1880年のモントリオール銀行年次総会で，その制定法に対応して，450万ドルをほんの数日間で回収したとカナダ人に向かって言った。
(95)　*Banker's Magazine*, New York, 34 (June 1880)：920；35 (July 1880)：3；および35 (Aug. 1880)：141-142.
(96)　Bouvier, *Credit Lyonnais*, II, 572.
(97)　私は，BBNA の存在を1850年代中盤まで辿ることができる（モントリオール銀行とノバ・スコティア銀行は初期にはニューヨーク「代理店」をもっていたが，その継続は途絶えた）。エドウィン・グリーン（1985年4月15日付け）とJ・M・L・ブッカー（1985年7月3日付）が，私に送ってきたロンドンシティ＆ミッドランド銀行およびロイド銀行の年次総会報告書からのデータは，BBNA のそれらの銀行への代行者であったことを示している。
(98)　第6章を見よ。また Denison, *Canada's First Bank*, II, 419-420, および Albro Martin, *James J. Hill and the Opening of the Northwest* (New York：Oxford University Press,

第13章　銀　行　業

1976），至るところに，を比較せよ。

(99)　Denison, *Canada's First Bank*, II, 183, 186-187（300万ドルの件について）．デニソンがそれを最初に呼んだことは正しくなかった。ニューヨークのダブニー・モルガン社は1871年より数年前に，200万ドルの7％利率のペルーへの貸付交渉を行ったが，もっともこの貸付はロンドンのJ・S・モルガン社が開始したものではあった。1871年7月時点で，1871年4月9日付けの『ニューヨーク・タイムズ』紙は，その貸付額は買い戻しのために引き出された債権によって，53万1500ドルにまで減額するであろうと発表した。未払い貸付の残余は159万4500ドルであった（ヴィンセント・キャロソは，その貸付が存在したことに関する私の情報源である）。

(100)　Denison, *Canada's First Bank*, II, 194, 196.

(101)　前掲書，196.

(102)　R. T. Naylor, *History of Business in Canada*, 2 vols.（Toronto：James Lorimer, 1975），II, 240. この文献は，もちろん短期のコールローンを含んでいる。これらの数字はおそらく表13-4の数字に正確には対応するわけではない。

(103)　Denison, *Canada's First Bank*, II, 205.

(104)　前掲書，251.

(105)　「信託会社」は銀行業に従事し，実際には規制されていなかった。環大西洋信託会社の設立月日は，ニューヨーク州銀行局のエリザベス・ジャガーズからミラ・ウィルキンスへの1985年8月19日付けの書簡から得られた。その所有権と役割に関する詳細は，外国人資産管理局（Alien Property Custodian）の *Report, 1918-1919*, 134-137, にある。ニューヨーク州においては，先に示したように，ナポリ銀行とボヘミア合同株式銀行の代理店が，カリフォルニア州において，横浜正金銀行と香港銀行が行ったのと同様に，移民たちの送金の手助けを行ったように思われる。米国内に外貨を持ち込む仲介機関の役割を果たした米国の信託会社に関しては，第14章注（30）を見よ。

(106)　1875年から1914年までの間の金融の真の国際的性質を描くことは困難である。著述家の多くの焦点は国内レベルにとどまりがちである。よく知られているポール・H・エムデンのPaul H. Emden, *Money Powers of Europe*（London：Sampson Low, Marston, 1937）は，主要金融機関の複雑な国際的相互間の関連性把握において優れている。

(107)　その文献は，1875年以前のこれら2つの会社の役割を強調する傾向にあり，1875年から1914年に及ぶ国際的貸付の大時代における役割についてはそうではなかった。私にいわせれば，これは，第一次世界大戦以前の40年間における，これらのマーチャントバンカーの活動に関する研究不足に起因する誤りである。英国の「マーチャントバンク」は，非常に特別な地位にあった。1871年に，ブラウン・シプレイ社（ロンドンとリバプールにある米国の会社）のF・A・ハミルトンはソールズベリー卿に「バンクホリデイ」議案の際に，「実際に法律的には銀行家ではなく貿易商人でありながら，銀行家よりも大きな規模で為替手形や国内外の貨幣運用による取引を行っている会社，例えば，ロスチャイルド，ベアリング・ブラザーズ社，私自身のブラウン・シプレイ社など，多くある」といった（一般の手形や紙幣取引は，修正されてこれらの取引に含める）。Ellis, *Heir of Adventure*, 102-104, を見よ。英国マーチャントバンクに関する最も優れた著述は，Stanley Chapman, *The Rise of Merchant Banking*（London：Allen & Unwin, 1984），である。

(108)　現存する記録に基づくと，すべての米国証券取引の何％が，ロンドン・モルガン社を通過したものかを決定することは不可能に思われる。ほかにも多くの会社が取引に参加した。モルガン家の役割に関しては，私は，優れた研究書 Carosso, *The Morgans*, に多くを負っている。

851

第Ⅱ部　世界最大の債務国

というのもその研究は他の書からでは得られない数多くの希少な情報を提供してくれるからである。これはモルガン家に関する権威ある書である。パリ・モルガン社はモルガン・ハーレ社であった。それはロンドンとニューヨークの支店に比して重要性はきわめて低かったが，フランスで米国証券を提供した。また同じ証券がロンドンとニューヨーク支社でも扱われた。本章におけるモルガン社に関する私の資料は，モルガン家の重要性にもかかわらず，ベアリング家やロスチャイルド家に関するものよりも詳細に乏しい。なぜならば1890年以降，この会社の本社は米国に置かれたからである——本章は「海外」銀行による米国の銀行業を扱っているのである。

(109)　第5章を見よ。

(110)　1885年末までベアリング家はニューヨークではS. G. & G. C.ワードという会社名で代理店業を行っていた。サミュエル・グレイ・ワードとジョージ・カボット・ワードは1829年ベアリング社の米国代表者となったボストン出身のトーマス・レン・ワード（1786-1858）の息子であった。House Correspondence —— North American, New York, BAL, HC 5.2.30 (1872-1886)，および Ralph Hidy, *House of Baring* (Cambridge, Mass.：Harvard University Press, 1949), 98, を見よ。Vincent Carosso, *More Than a Century of Investment Banking : The Kidder, Peabody & Co. Story* (New York：McGraw-Hill, 1979)，および Arthur M. Johnson and Barry E. Supple, *Boston Capitalists and Western Rail* (Cambridge, Mass.：Harvard University Press, 1967), 319. ロンドンのベアリング社の記録には，S. G. & G. C. ワード（1872-1886）からベアリング・ブラザーズ社への通信文書，キダー・ピーバディとの通信文書，ほかにもベアリング・マグン社との通信文書，さらにガスパード・ファーレ信書控帳などが幅広く含まれている。すべて，ベアリング社の米国での事業への継続的関心を裏づけるものである。

(111)　これは長く続いたベアリング社とワード家との関係の終焉を示すものであった。

(112)　Carosso, *More Than a Century*, 17, 33, および Johnson and Supple, *Boston Capitalists*, 319. 1878年と1882年の間，ロンドン・ベアリング・ブラザーズ社の上級パートナーはボストン出身のラッセル・スターギス（1805-1887）であった。彼の主たる関心は極東にあった。1882年に彼が退任すると，会社の指揮権がエドワード・チャールズ・ベアリング（1828-1897）に移り，1885年時点でレベルストーク第一卿は，若い頃に米国各地を広く旅したので，米国に永続的な関心を抱いていた（Hidy, *House of Baring*, 395, 44）。キダー・ピーバディ社の共同経営者となったトーマス・ベアリング（1839-1923）はレベルストーク卿の兄弟であった（*Burke's Peerage*；*Bankers' Magazine*, London, 116［July 1923］：28）。1880年代中盤以降，エドワード・Cの息子，ジョン・ベアリング（1863-1929），レベルストーク第二卿（1897年時点），そして彼の兄弟セシル・ベアリング（1864-1934）とユーゴ・ベアリング（1876-1949）らのベアリング家の新たな世代が米国事業に関心をもった。ジョン・ベアリングは1890年に，ベアリンググループの共同経営者に就任し，その後まもなく彼の父が退いたとき，ロンドン事業所は，彼と彼の従弟ノースブルック男爵の息子，フランシス・ヘンリー・ベアリングが指揮を執った。1902年にフランシス・ベアリングが退くと，米国金融に大きな関心があったガスパード・ファーレが社長となった（*Bankers' Magazine*, London, 127［June 1929］：877-880）。ジョージ・C・マグン（1841-1893）はすでに1862年にキダー・ピーバディ社のニューヨーク支店を開いていた。彼は1872年にキダー・ピーバディ社の社長となった（Carosso, *More Than a Century*, 33）。

(113)　これらに関しては，BAL, HC 5.2.30, の資料を見よ。特に，米国の代理店が自らの業績と

852

第**13**章 銀行業

見なしたものの要約に関しては，書簡 S. G. Ward to Baring Brothers, Feb. 19, 1891, BAL, HC 5.2.30, pt. 59, を見よ。アチソン・トピカ社に関しては，第6章を見よ。ベアリング社のイースタン鉄道への関心は，1852年に遡る。Ralph W. Hidy and Muriel E. Hidy, "Anglo-American Merchant Bankers and Radroads of the Old Northwest, 1848-1860," *Business History Review*, 34 (Summer 1960)：154, を見よ。

(114)　目論見書および議論に関しては，BAL, HC 5.1.27, pt. 2., を見よ。

(115)　Keith Bryant, *History of the Atchison, Topeka and Santa Fe Railroad* (New York：MacMillan, 1974), 151, を見よ。

(116)　第8章を見よ。

(117)　Martin, *James J. Hill*, 385. これはグレート・ノーザン鉄道用のものであった。その規模とDorothy Adler, *British Investment in American Railway, 1834-1898* (Charlottesville：University Press of Virginia, 1970), appendix 1, に挙げられている発行部数（1865～80年）とを比較せよ。残念ながらアドラーのリストは1880年で中断している。

(118)　U.S. Federal Trade Commission, *Report on the Copper Industry* (Washington, D.C., 1947), 184, は *Banker's Magazine*, New York, 45 (Dec. 1890)：406, と同様，これを示唆している。1890年6月，ベアリング・ブラザーズ社はN・M・ロスチャイルド社に「約833トンのアナコンダ・マットというグレードの製品に相当するワラント（短期公債）の当方の引き渡しに対して，貴社より過払いされた金額にほぼ相当する」2万ポンドの小切手を与えた。当社は（6月17日付けの書簡は続く）本日フランス銀行に，エキスプロレイション（探査）会社との間に交わした8600トンを完遂するために，まだ引き渡さなくてはならない約270トンのアナコンダ・マットの残高を当方に供給することを依頼する通知を書いている（ベアリング・ブラザーズ社からN・M・ロスチャイルド＆サンズへの通信文書，1890年6月17日付け，RAL XI/4/54）。その通信文書にはベアリング・ブラザーズ社の関与の規模が示されている。英国銀行業と英国金融業に関する研究は，例外なく1890年のベアリング危機について言及しており，その危機をベアリング社のアルゼンチンへの資金投入と結びつけている。ベアリング社の危機に関する最も優れた扱いは，Clapham, *Bank of England*, II, 326-339, である。銅山への関与は決定的なものではなかった。それらはただベアリング社をより脆弱にしただけである。

(119)　Balogh, *Studies in Financial Organization*, 1 は，『エコノミスト』誌（1914年春季号）がベアリング・ブラザーズ社を「株式銀行」と分類したのは「法律上正しい」ものであるとする一方で，「機能的分析の観点からは」正しくないとしていると主張している。

(120)　J. C. Gilbert, *A History of Investment Trusts in Dundee, 1873-1938* (London：P. S. King, 1939), 29. しかし，遅ればせながら1894年には，トーマス・ベアリングはアチソン・トピカ・アンド・サンタフェ鉄道の重役会に留まった。Bryant, *Atchison, Topeka*, 165, を見よ。ベアリングは明らかにその米国有価証券を売却した，なぜならばそれらは交渉可能で必要時には資金を稼ぐ手立てとなったからである。

(121)　第6章と Adler, *British Investment*, 160-161；および E. G. Campbell, *Reorganization of the American Railroad System* (New York：Columbia University Press, 1938), 13, 43-44, を見よ。米国金融市場への衝撃に関しては，例えば，Alexander Dana Noyes, *Thirty Years of American Finance, 1865-1897* (1900；rpt. New York：Greenwood Press, 1969), 158, を見よ。米国では二重の衝撃があった。1890年7月に国会がシャーマン銀購入法案を通過させ，これが国際金融共同体を混乱させることとなった。さらに，ベアリング危機の問題が続いた。Matthew Simon, *Cyclical Fluctuations and the International Capital Movements of the*

第Ⅱ部　世界最大の債務国

United States, 1865-1897（1955 diss.；New York：Arno Press, 1978）, 466-475, を見よ。その英国の米国証券界からの撤退は，「シティ」がベアリング社の経営問題を知る以前から始まっていた。

(122)　Carosso, *More Than a Century*, 33-34, 188, および Heather Gilbert, *End of the Road*（Aberdeen：Aberdeen University Press, 1977）, II, 256n, を見よ。ベアリング・マグン社が結成されたとき，トーマス・ベアリングはキダー・ピーバディ社社長から身を引き，それに代わって，ニューヨークにおけるベアリング社の新たな共同経営に参加した。

(123)　Campbell, *Reorganization*, 211.

(124)　Martin, *James J.Hill*, 502, および Gilbert, *End of the Road*, 196ff., および本書第6章も見よ。

(125)　書簡ファーレからベーコン宛て，1901年10月11日付け，信書控帳，BAL。これはベアリング・ブラザーズ社の業務というよりも，むしろファーレ自身の私的活動であったかもしれない。銀行業者が従事する業務を示すものとして含まれている。ファーレはＪ・Ｓ・モルガン社がこの業務を担当するであろう，となぜ思わなかったかという疑問が残る。

(126)　ヘザー・ギルバートが示しているように，ファーレはマウント・ステファン卿と非常に親しい関係にあった。

(127)　Garver, *John William Sterling*, 87. 何年間もファーレは毎年6月に大西洋を渡り，スターリング社を訪ね，彼とともに「カナダのグランドメティスにある設備の整った釣り小屋に行った。釣り小屋は，マウント・ステファン卿の言葉を借りると，スターリング氏は自分が招きたい友人と毎年サーモンフィッシングの季節に1カ月間占有することになっているのだそうである」。

(128)　前掲書，86. ストラスコナ卿とスターリング氏の関係については，ストラスコナ卿の伝記作家，アラステア・スウィニーからの資料も見よ。

(129)　Garver, *John William Sterling*, 87-88, 90.

(130)　これは過度に強調されているわけではない。1875年から1914年の間の国際金融の世界は，交友関係がものをいうことが多く，そのような交友関係のネットワークから得られる知識や情報が決定的要因となった。

(131)　Gilbert, *End of the Road*, 198.

(132)　ノーザン証券の立ち上げに関するベアリングとファーレの役割に関しては，前掲書，198-209, を見よ。

(133)　前掲書，287, および1908年起債のユニオン・パシフィック社の社債に関して，Cyrus Adler, *Jacob H. Schiff*（Garden City, N.Y.：Doubleday, 1928）, I, 116, を見よ。

(134)　Carosso, *More Than a Century*, 31；Adler, *Jacob H. Schiff*, I, 172；および Swaine, *Cravath Firm*, I, 734-735.

(135)　Swaine, *Cravath Firm*, I, 734-735.

(136)　ジョン・Ａ・ガーバーは，ジョン・Ｗ・スターリングの伝記のなかで，ファーレをベアリング・ブラザーズ社の「頭取」と誤記している（*John William Sterling*, 87）。その誤記はファーレの重要性を示唆するものである。同様に *Banker's Magazine*, London, 127（June 1929）：879では，ジョン・ベアリング（レベルストーク卿）の蓋棺録に，後者は「聡明で」しかも共同経営者ガスパード・ファーレの健全な見通しのきく判断力に援助されたとあった。

(137)　U.S. Treasury, *Specie Resumption and Refunding of National Debt*, 46th Cong., 2nd sess. 1880, H. Exec. Doc. 9.

第**13**章 銀 行 業

(138) 前掲書，61.

(139) 私は，英国ロスチャイルド家の年代記編者，リチャード・デイヴィスからそのように伝えられた。私はロスチャイルド家の損益計算書をまだ見ていない。

(140) *Commercial and Financial Chronicle*, 32（Feb. 1881）：xii.

(141) Richard Davis, *The English Rothschilds*（Chapel Hill：University of North Carolina, 1983），至るところに，左記の書では *Burke's Peerage* と同じく，彼をネイサンと呼んでいる。しかし，ロスチャイルド家の保管文書では彼をナサニエルと記している。明らかに，彼の母親はナサニエルと呼んだ。というのも彼の義父がネイサンであったからである（Davis, *The English Rothschilds*, 63, および Rothschild Archives London 文書館員からの情報）。オーガスト・ベルモント父もまた彼をナサニエルと呼んだ。後ろの注（146）を見よ。オーガスト・ベルモント・ジュニアは彼にロスチャイルド卿と語りかけた（例えば，ベルモントからロスチャイルド卿宛ての1909年 5 月22日付けの書簡，RAL, II96/1, を見よ）。ロスチャイルド卿自身は何年間にもわたって自身の通信で「ナサニエル」を使っていたように思われる。

(142) Bo Bramsen and Kathleen Wain, *The Hambros*（London：Michael Joseph, 1979），298-299. ロスチャイルド卿は英国皇太子（後の国王エドワード七世）の親しい友人となった。Christopher Hibbert, *Edward VII*（London：Allen Lane, 1976），173, を見よ。

(143) Jean Bouvier, *Les Rothschild*（Paris：Fayard, 1967），296, を見よ。

(144) Shepard B. Clough and Charles W. Cole, *Economic History of Europe*（Boston：D. C. Heath, 1941），637.

(145) 例えば，通信文書 RAL XI/101, を見よ。

(146) Adler, *British Investment*, 91n and appendix 1. おそらく1869年のウィリアム・ムアーヘッドからジェイ・クック宛ての書簡は，ヘンリエッタ・ラーセン（Henrietta Larson）の *Jay Cooke*（Cambridge, Mass.：Harvard University Press, 1936），266, において引用されているように，未だにロスチャイルドの見解を表している。彼等はノーザン・パシフィック社の社債を購入したり市場に出したりすることを拒否していた。なぜならばそれらの債権は取り扱いにおいて危険と問題をはらんでいると彼らは思ったからである。クックが彼らに取ってほしかった金額はあまりにも大きすぎた。そして最も重大なことに，まだ道筋が完成しておらず，また，現金がまったく支払われていなかった。要するに，ロスチャイルド社は用心深い投資家であった。1879年 5 月，リオネル男爵逝去の 1 カ月足らず前であるが，オーガスト・ベルモントは実息のペリー・ベルモントに「ナサニエルが私に債権と鉄道株の為替を送ってほしい（私の勘定とリスクのために低い委託料で行う）とお前に言ってきたら，——あいつは本末転倒している」と書き送り，さらにロスチャイルド社側に米国事業の重要性への認識がまったく欠けていることと海外電信や銀行家，銀行およびシンジケートの競争による変化を無視したことへの不平をいって手紙を締めくくっている（オーガスト・ベルモントからペリー・ベルモントへの1879年 5 月の書簡，Perry Belmont, *An American Democrat*［1941；rpt. New York：AMS Press, 1967］, 207）。N. M. Rothschild & Sons, "American Railway Dividend Account Book" は1876年に開始されているが，1880年代になるまで目に見える大幅な関与はなかった（RAL II/16/0）。

(147) RAL II/16/3. Belmont letters, RAL II/51/0B も見よ。ロンドン証券取引所がオーガスト・ベルモントにシカゴ・ロックアイランド・アンド・パシフィック鉄道社の株千株を購入するよう願ったとき，ニューヨーク支店が「市場の値上げを避けるために」漸次購入を行った（書簡 August Belmont & Co. to N. M. Rothschild & Sons, Sept. 23, 1881, RAL II/51/0B）。

第Ⅱ部　世界最大の債務国

(148)　David Black, *The King of Fifth Avenue : The Fortunes of August Belmont* (New York :
Dial Press, 1981), 658.

(149)　第6章を見よ。

(150)　第8章を見よ。

(151)　第12章を見よ。

(152)　Edward D. Adams, *Niagara Power, History of the Niagara Falls Power Company,
1886-1918* (Niagara Falls, N.Y. : Niagara Falls Power Co., 1927), I, 295. 第15章も見よ。

(153)　American Account Book, 1895, RAL II/3/27.

(154)　Fritz Redlich, *The Molding of American Banking* (New York : Johnson Reprint Corp.,
1968), pt. 2, 370. フランスおよび英国ロスチャイルドの両社とも関与していた（RAL
T16/91-92)。第5章を見よ。

(155)　ロンドン・ロスチャイルド社も参加した。1901年11月6日, ボストンのリー・ヒギンソン
社は, ロスチャイルド卿に「米国における関心の多くは銅に集まっている。間違いなく, 貴社
は銅への大きな利権があるため, この件に関しては, 弊社より情報をもっている」と書いた
（RAL II/53/0B)。

(156)　第7章および第8章を見よ。George H. Nash, *The Life of Herbert Hoover* (New York :
W. W. Norton, 1983), 604 n. 89, 47, 55 ; さらに Clark C. Spence, *Mining Engineers and the
American West* (New Haven : Yale University Press, 1970), 137-138, 265, 272, では, エ
キスプロレイション株式会社がアナコンダ社においてはいうまでもなく, アラスカ・トレッド
ウェル社で活動中であると述べ, トンボイ金鉱山（Tomboy Gold Mines）社の活動について
も説明している。エキスプロレイション社はニューメキシコ州のカーライル鉱山（1896～97
年）で操業したスティープル・ロック開発会社を支配するといわれた。加えて, この会社はア
イダホ州, モンタナ州, コロラド州においても明らかに他の会社創立に関与した。トーマス・
マインを含むすべての鉱山技師が, アメリカ人であったかのように思われる（少なくともスペ
ンスによれば）。1890年にフレーザー＆チャルマー社が, ロンドンで登記されたときに, エキ
スプロレイション株式会社が「プロモーターおよび社債受託者」としての役割を果たした。エ
キスプロレイション社社長のエドマンド・G・デクラーノはフレーザー＆チャルマー社の取締
役となった（The History of Fraser & Chalmers, "unpublished typescript, March 31, 1953,
pp.2-3, Milwaukee County Historical Society, Milwaukee, Wisconsin)。エキスプロレイショ
ン社に関する最も優れた文献は, ロブ・テュレルとジャン・ジャック・ヴァン・ヘルテン
(Rob Turrell and Jean-Jacques van Helten) による "The Rothschilds, the Exploration
Company and Mining Finance," *Business History*, 28 (April 1986), 181-205, である。および
同書の pp. 188-189には, 1895年に同社はパリのコンパニエ・フランセ社, ロスチャイルド・
フレーレ社, ジェームズ・デ・ハーシュ男爵, パリ・ソシエテ・ゼネラル銀行を主要株主とす
る探査鉱山会社（Mines d'Or et d'Exploration）を創立したと記されている。私はコンパニ
エ・フランセ社が1899年のトンボイ金鉱山社の創立における主要共同者であったことを見出し
た（Western Range Cattle Industry Study [WRCIS], Manuscript Room, Library of
Congress, Acc. 11,092, reel 72)。

(157)　詳細に関しては, 第7章注（70）を見よ。この件に関する1897年の備忘録には, 英国ロス
チャイルド家が「この手配の重要性」に関して書き残している。RAL VII/36/0における備忘
録を見よ。

(158)　第8章を見よ。

第**13**章 銀 行 業

(159) 第15章を見よ。

(160) ブラック（Black）の *August Belmont*, 591, 639, 640, 658, 704, には，1881年から1887年までのオーガスト・ベルモント社ロンドンおよびパリ証券取引所との不安定な関係が書かれている。RAL における通信もこれを追認している（例えば，書簡 August Belmont & Co. to N. M. Rothschild & Sons, March 1, 1881, RAL II51/0A, を見よ）。にもかかわらず，その関係の緊張感は誇張されるべきではない。ロスチャイルド家はオーガスト・ベルモント社に依存していたが，彼らは自身の決断を米国よりもずっと広汎な局面において行った。1880年代においてロンドン，パリ，ニューヨークではロスチャイルド，ベルモント両家に新たな世代のリーダーが現れた。オーガスト・ベルモントがロスチャイルド家の米国に関する唯一の情報提供者ではなくなったのだ。国際銀行業のコミュニティは，特に大西洋両岸を結ぶ事業においては，多くの非公式な関係を結んだ。したがって，例えば，エドワード・D・アダムズは1880年代においてはウィンスロー・レニエ社のパートナーであったが，ロンドンにいたときは常にロスチャイルド卿のもとを訪れた。Adams, *Niagara Power*, I, 297, を見よ。

(161) Black, *August Belmont*, 723-724, 658. したがって，オーガスト・ベルモントに関するすべての言及は，息子に関するものである。1891年の早い時期には，オーガスト・ベルモントは，ルイヴィル・アンド・ナッシュヴィル鉄道の取締役社長となった。Maury Klein, *History of the Louisville and Nashville Railroad*（New York：Macmillan, 1972), 252, を見よ。

(162) 本文と本章注（42）を見よ。

(163) Adler, *Jacob H. Schiff*, I, 194.

(164) 書簡 Lee, Higginson & Co., Boston, to Lord Rothschild, Nov. 6, 1901, RAL II/53/0B.

(165) 書簡 Lee, Higginson & Co., Boston to N. S.（原文のまま）Rothschild & Sons, Nov. 13, 1901, RAL II/53/0B.

(166) 通信文書 RAL II/53/0B, を見よ。

(167) 1913 American Accounts, RAL II/3/27, を見よ。私はリー・ヒギンソンとの証券勘定のみを引用している。これは，決して，ロスチャイルド家の全米の持ち株を示してはいるわけではない。アメリカ製錬精製採掘社に関しては第8章を見よ。

(168) 1907年1月のすべての書簡はロンドンのロスチャイルド卿からパリのいとこに宛てたものである。それらは，RAL XI/130A/1である。当時のハリマン社およびユニオン・パシフィック社に関しては James Blaine Walker, *The Epic of American Industry*（New York：Harper & Bros., 1949), 284, を見よ。

(169) ロンドン在住のロスチャイルド卿からパリのいとこへの1907年の書簡，RAL XI/130A/1.

(170) 前掲書。

(171) 1910年から1914年頃までには，オーガスト・ベルモント社は，おそらくそれ以前の中心的地位にはなかった。したがって，ブジョー委員会が米国の貸方項目の集中を調査したとき（1912～13年），ヒアリングにおいてオーガスト・ベルモント社の名前は出なかった。U.S. House of Representatives, Subcommittee of the Committee on Banking and Currency, *Money Trust Investigation*（Washington, D.C., 1912-13), を見よ。Carosso, *Investment Banking in America*, 44, には，1900年までには，ニューヨークで工業株を販売している主要な2社は，ベアリング・マグン社とオーガスト・ベルモント社であったと書かれている。彼が最後にオーガスト・ベルモント社について触れたのは，1900年時の記述のなかであった。前掲書, 91, を見よ。1907年の都市間高速鉄道社との困難な状況の後，オーガスト・ベルモントはそれまでと比べてはるかに低姿勢を取り始めた。それにもかかわらず，1909年11月，ライト社

857

第Ⅱ部　世界最大の債務国

が20万ドルの払込資本で法人化し，ライト・ブラザーズの航空機特許を獲得しようとしたとき，オーガスト・ベルモントは，もともとの株主に数えられた。Walker, *The Epic of American Industry*, 364, を見よ。私はロスチャイルドの介入に関する証拠を見つけてはいない。

(172)　S. D. Chapman, "The Evolution of Merchant Banking in Britain in the Nineteenth Century," in *Transformation of Bank Structures in the Industrial Period*, ed. V. I. Bovykin (Budapest：Adademiai Kiado, 1982), 26-27.

(173)　サー・アーネスト・キャッセルは，1884年に退社することとなったビスコフヘイム＆ゴールドシュミット社で銀行員としてスタートしたが，スログモートン・ストリートの住所で営業を続けた。1910年に彼はS・ジャフェット社のパートナーとなった。その間，彼は米国や米国以外に関わる幾多の国際的な事業において，様々な金融会社と共同あるいはまったく独自で活動した。Patricia Thane, "Sir Ernest Joseph Cassel (1852-1921)," *Dictionary Business Biography*, を見よ。第6章も見よ。

(174)　これは，英国投資家にとっての米国の長期にわたる魅力を考慮すれば，不思議なことではない。Chapman, *The Rise of Merchant Banking*, 至るところ，を見よ。pp. 202-204では，チャブマンはマーチャントバンカーの名簿と彼らの地理的影響範囲を載せている。

(175)　H・A・シュローダーは家族の一員として，アラバマに住んだ，そしてロンドン事務所がアラバマ州の債務を取り扱った。アラバマのシュローダーは1875年の勇退までモービルのアラバマ南部銀行の頭取を務めた。ロンドンのシュローダー社は鉄道事業を含むアラバマの事業に続けて関与した。Adler, *British Investment*, 126, および Leland Jenks, *Migration of British Capital* (New York：Harper & Row, 1973), 421, を見よ。

(176)　第8章を見よ。

(177)　*Stock Exchange Official Intelligence for 1914*, 306, を見よ。

(178)　Bramsen and Wain, *The Hambros, 1779-1979*, 301. 同じことがハンブロ社とモルガン社の次世代にも当てはまった。前掲書，328-329, を見よ。C・J・ハンブロ＆サン社が1898年に証券に投資した100万ポンドのうち，30％は米国鉄道会社へのものであった（前掲書，330）。

(179)　Adler, *British Investment*, 150. それは，例えば，マリエッタ・アンド・ノースジョージア鉄道との盟約を載せた。*Investors' Review*, London, 3 (March 1894)：132, および Bramsen and Wain, *The Hambros*, 309；306-307（米国投資の重要性について），を見よ。エベラード・ハンブロ（1842-1925）は，ロンドン銀行業界の重要人物とすべて面識があった。彼はまたエキスプロレイション社の事業にも参加していた（Turrell and van Helten, "The Rothschilds," 185, を見よ），さらに米国鉱山の投機事業にも直接的に関与していた。例えば，1899年に彼はストラットン・インディペンデンス社の5000株を獲得した（WRCIS, reel 65）。

(180)　その主要な関わりは，1870年代前半にあった（第4章を見よ）。しかしその問題を解明するには数年を要した（Adler, *British Investment*, 113-115, および Emden, *Money Powers*, 330, 332）。

(181)　1850年代から1882年に至るまで。第6章を見よ。1885年以降，モルガン家がこの鉄道経営に関わった。

(182)　Adler, *British Investment*, 147, による。

(183)　Dietrich G. Buss, *Henry Villard* (New York：Arno Press, 1978), 183-185, を見よ。

(184)　ジェイ・クックが1871年に米国借換債を売買したとき，彼のヨーロッパの銀行の名簿には「R・ラフェル＆サンズの名前が先頭にあった（ボン・ホフマンとの100万ドルの共同預金口座を含んで）」。第4章，注（152）および Wells, "House of Seligman," 148, を見よ。オーガス

858

ト・ベルモントは，1880年2月19日付けでロンドンのN・M・ロスチャイルドに書簡（RAL T59/33）を送り，ニューヨークの第1国法銀行とロンドンのラフェル家および彼らの現地（ニューヨーク）代理人ボン・ホフマンとの間の「緊密な関係および米国債の大量取引」について述べている。「私は，ロンドンのラフェル＆サンズ社に手紙を書き，彼らの記録にルイ・ボン・ホフマンが代理人の役割を行った期間が記されているかどうかを尋ねた。ラフェル・ゾーンのM・H・トレマシュが返答し（1985年2月付け），彼らの記録のほとんどは戦時中に破棄されたゆえ，正確な機関を言い当てることは不可能である。しかし，ボン・ホフマンは少なくとも1890年まではその任務にあった。トレマシュは付け加えた。「米国金融裁定の目的でわれわれは，ボン・ホフマン社との共同預金口座を有していたことが私の理解していたことであった」。

ルイ・ボン・ホフマンは鉄道財政にも積極的であった。Dolores Greenberg による *Financiers and Railroads, 1869-1889, A Study of Morton, Bliss & Co.*（Newark：University of Delaware Press, 1980), 13, を見よ。1860年代後半に，この会社はエリー社のロンドンの出資に参加した。1870年初頭に，L・ボン・ホフマン社はロンドン委員会の受託者となり，株式は「ヒース・ラフェル」（前掲書，100）の名前でニューヨークへ送られ登録された。エドワード・ハロルド・モット（Edward Harold Mott）による *Between the Ocean and the Lakes : The Story of Erie*（New York：John S. Collins, 1901), 178, には，これはロバート・A・ヒースとヘンリー・A・ラフェルへの言及かもしれないということが示唆されている。1873年ラフェル社とロンドンのユニオン銀行は，ロンドンでニューヨーク中央銀行の株式を大量に発行した（Adler, *British Investment*, 207）。ルイ・ボン・ホフマン（1815-1909）は，父と共同でルイ・ホフマン社を設立した（*New York Times*, Feb. 5, 1909）。ボン・ホフマンの娘はフランスの貴族モレス侯家に嫁いだ。モレス侯は，ボン・ホフマン社の資金を利用し，1880年代にダコタで，牛と羊の精肉業に大型投資を行った。Lewis Atherton, *Cattle Kings*（Bloomington：Indiana University Press, 1961), 37, 59, 136, を見よ。どの程度の外貨が（たとえあったにせよ）モレス侯の事業に使用されたかは明白ではない。

(185)　ロバート・フレミング社に関しては第14章を見よ。

(186)　ロバート・ベンソン社は，1850年代中盤からイリノイ中央銀行の代理人を務めてきたが，上級共同経営者の死亡後1875年に破産した。数カ月後，ロバート・ベンソンの息子（同じくロバートと名乗った）が，米国証券業界で父の事業を継続することを決意した。もう一人の息子，コンスタンティン・W・ベンソンはアイオワ州の土地開発を行っていたクローズ・ブラザーズ社の共同出資者（1880-84年）となった。ロバート・ベンソンはそういった土地の宣伝者となった。1884年には，C・W・ベンソンはアイオワ土地株式会社の経営権を受け継いだ。1880年代中盤に，ロンドンの事務所がロバート・ベンソン社の名前で再開した。ロバート・ベンソン社はロンドンの証券発行商社でシカゴ・セントポール・アンド・カンザスシティ鉄道やミネソタ・アンド・ノースウェスタン鉄道の第一抵当社債発行を行った。これからの鉄道会社は，シカゴ・グレート・ウェスタン鉄道の前身であった。1892年にシカゴ・グレート・ウェスタン鉄道が創設され，ロバート・ベンソン社が資金を調達した。H. Roger Grant, *The Corn Belt : A History of the Chicago Great Western Railroad Company*（DeKalb：Northern Illinois University Press, 1984), 32-33；Adler, *British Investment*, 147, 149, 192n；および Jacob Van der Zee, *The British in Iowa*（Iowa City：Iowa State Historical Society, 1922), 102-103, 114, 170, 277n, を見よ。この会社はマーチャント信託銀行と深い関わりがあった（*Investors' Review*, London, 3 [March 1894]：131-135）。1914年には，ロングアイランド鉄道のロンドン

第Ⅱ部　世界最大の債務国

代理店となった（*Stock Exchange Official Intelligence for 1914*, 294）。ロバート・ベンソン社の米国における事業は手ごわいものであった。ロバート・ベンソンとその会社に関する全般的データについては，Chapman, *The Rise of Merchant Banking*, 129, を見よ。

(187)　米国における事業のなかで，クラインワート・サン社のアメリカン製錬・精製社のロンドン代理店としての役割を担ったが，そのことに関しては *Stock Exchange Official Intelligence for 1914*, 538, を見よ。スチュードベーカー社との関係については，第12章を見よ。クラインワート・サン社はゴールドマン・サックス社の創業に際して取引関係を結んだ。クラインワートとゴールドマン・サックス社の関係については，Stephen Birmingham, *Our Crowd*（New York：Dell, 1967), 163-164；Hermann Wallich and Paul Wallich, *Zwei Generationen im deutschen Bankwesen, 1833-1914*（Frankfurt：Fritz Knapp Verlag, 1978), 278, 284；および Walter E. Sachs Reminiscences, Oral History Collection, Columbia University, New York, 2 pts., 1956, 1964, pt. 1, 21, pt. 2, 220, を見よ。

(188)　エルランガーの鉄道会社への関与については第6章を見よ。

(189)　ベンジャミン・ニューガス（Benjamin Newgass, 彼の名前は，現代の参考文献においてはしばしば誤って綴られている）はリバプールで委託販売業者として事業を始めた。Chapman, *The Rise of Merchant Banking*, 77, には，1873年にはニューヨークのリーマン・ブラザーズ社と事業取引があったと書かれている。1873年には，ニューガス社は，リバプールで最大の綿花輸入業者であった（スタンレイ・チャプマンの提供によるベアリング・ブラザーズ社からのデータに基づいて）。リーマン・ブラザーズ社との共同出資は，1875年に終結した（Brandt Circulars, 1875, 180-181, Nottingham University Library ——チャプマン提供の情報）。ニューガス社は米国の不動産に投資した。次の文献を見よ。U.S. House, 48 the Cong., 2nd sess., 1885, Exec. Doc. 247, 46, および本書表6-8。彼はロンドンへ引っ越した（正確な日付は不明）。1885年に，ニューオーリンズ市民銀行への投資を計画していた（本章注（33）を見よ）。彼は，米国鉄道株式を取得し取引を行った。1886年には，ロバート・フレミングとともにテキサス・アンド・パシフィック鉄道のリオグランデ支社における社債所有者のロンドン委員会のメンバーとなった（Adler, *British Investment*, 158 n.89）。彼は，1886年の為替ブームで大金を稼ぎ，米国実業界では「敏腕投機家」として知れわたっていた（Chapman, *The Rise of Merchant Banking*, 77）。タレルとヴァン・ヘルテン（Turrell and van Halten）の "The Rothschilds," 185, には，ベンジャミン・ニューガス社のジョン・ダドリー・ライダーがエキスプロレイション株式会社（1889-1925）の取締役および株主になったと記されている。ドロシー・アドラーは，ベンジャミン・ニューガス社が，1890年10月下旬のユニオン・パシフィック鉄道株の大型売却主であったと信じていた（*British Investment*, 160-161）。チャプマンは，英国商業銀行史執筆の準備において，私同様，数多くの米国企業の一つとしてのニューガス社への言及（*The Rise of Merchant Banking*, 77, 190 n.22）を見つけた。例えば，土地所有に関しては，John Davis, "Alien Landlordism," in *The Land Question from Various Points of View*, ed. C. F. Taylor（Philadelphia：C. F. Taylor [1889]), 43, および Lewis, *America's Stake*, 569, を見よ。*The Stock Exchange Official Intelligence for 1914*, 275, には，アトランティック・アンド・ダンビル鉄道会社（1894年組織）が社長に英国ロンドンのB・ニューガスを迎え，ロンバード街のベンジャミン・ニューガス社をロンドン代理店にしたということを明らかにしている。1914年のブラウン・シプレイ社の社内通知では，ニューガスは「抜け目のない老人」（Chapman, *The Rise of Merchant Banking*, 72, からの引用）と呼ばれている。

(190)　モートン・ローズ社に関しては，Greenberg, *Financiers and Railroads*, を見よ。ロンド

ンにおいてモートン・ローズ社はシカゴ・バーリングトン・アンド・クインシーの有価証券を発行した。それは，バーリングトンとシカゴ・ミルウォーキー・アンド・セントポールのロンドン代理店であった（*Investors' Review*, London, 3〔1894年3月〕：132）。

(191)　その主要共同出資者アーサー・グレンフェルは，コロラド州の当時羽振りのよかったキャンプ・バード採鉱社の会長であった。Nash, *The Life of Herbert Hoover*, 563-566 は，チャプリン・ミルン・グレンフェル社に関する有益な資料である。さらに，*New York Times*, June 7, 1914, 1, も見よ。この会社は1914年6月6日に業務を停止した。

(192)　Adler, *British Investment*, 146. この米国の会社は，ニューヨークとボストンにあるブレーク・ブラザーズ社であった。

(193)　Hans Bauer, *Swiss Bank Corporation, 1872-1972*（Basle：Swiss Bank Corp., 1972), 137.

(194)　Phelps, *Foreign Expansion of American Banks*, 10, では，ニューヨークの事務所は米国で取り締まられていた。本章注（43）も見よ。

(195)　ロンドン証券取引所の1914年共同出資者に関しては，*Stock Exchange Official Intelligence for 1914*, 423, を見よ。シュパイアー社に関しては本章注（216）を見よ。

(196)　他の英国共同出資者には，例えば，フルリング＆ゴシェン社，フレデリック・フース社，スミス・ペイン＆スミス社，H・S・レフェブル社，トムソン・ボナー社，S・ジャフェット社などが名を連ねていた。ウェルナー・バイト社のランド事務所や，マテソン投資グループのように，世界の他地域での採鉱を専門とするハーシュグループ（レオポルド・ハーシュ社）の名前もあった。国際金融協会も当時米国の手形振り出しに参加した。P. L. Cottrell, "Investment Banking in England, 1856-1882：A Case Study of the International Financial Society," Ph. D. diss., University of Hull, 1974, 740-743, 783-787, を見よ。マテソン投資グループに関しては，S. D. Chapman, "British-Based Groups before 1914," *Economic History Review*, 2nd ser., 38（May 1985)：233-235, を見よ。

(197)　Powell, *The Evolution*, 389.

(198)　英国の代表的な投資銀行家は，信用貸しをベースに事業活動を行った。J・P・モルガンは彼の父から教授され，1912年にプジョー委員会のヒアリングの場で尋問されたときに，同様の見解を表した。

　　　アンターマイアー：「あなたは発行された有価証券に責任をもっているか？」
　　　モルガン　　　　：「道徳的にはそう思っている……」
　　　アンターマイアー：「あなたは自身が発行した有価証券を保護する義務があると考えていないのか？」
　　　モルガン　　　　：「問題が発生しない限りは」

Morgan testimony, Dec. 19, 1912, U.S. House, Subcommittee of the Committee on Banking and Currency, *Money Trust Investigation*（Washington, D.C., 1913), 1064, を見よ。

(199)　Carosso, *Investment Banking in America*, 78.

(200)　例えば，バークレーは米国有価証券を扱う典型的な業者ではなかったが，時に英国ファンドの米国への仲介役を行った。したがって，米国抵当会社J・B・ワトキンス土地抵当社のロンドン支社のH・G・チョークリーは，1887年に，バークレーが会社の抵当社債を「引き受け」，「債券6ドルにつき1ポンドの値上げ」を行えるよう取り計らった。Allan G. Bogue, *Money at Interest*（Ithaca, N. Y.：Cornell University Press, 1955), 132, を見よ。1894年4月，J・B・ワトキンス土地抵当社の管財人が任命されたとき，後者の負債は，「無担保債券によって支払い保証をされたバークレー社，バンカーズ・ロンドン社からの借入金」9万7500ドル

861

第Ⅱ部　世界最大の債務国

（前掲書，202）を含んでいた。ボーグはチョークリーを「クエーカー教の財政代理業者」と呼び，これがバークレー社の取引の基礎となったと説明する。Allan G. Bogue, "The Administrative and Policy Problems of the J. B. Watkins Land Mortgage Company, 1873-1914," *Bulletin of the Business History Society*, 27 (March 1953)：31，を見よ。

　W・G・カーは米国へのファンドの仲介をしていたスコティッシュ・アメリカン抵当社には3社の銀行が付いていたと書いている。それらは，スコットランド王立銀行，ユニオン銀行（スコットランド），ブリティッシュ・リネン銀行の3社であった（ロンドンのグリン・ミルズ・クーリエ銀行も利用していた）。その「引当金」は王立銀行かブリティッシュ・リネン銀行株に投資された（W. G. Kerr, *Scottish Capital on the American Frontier* [Austin：Texas State Historical Association, 1976], 108, 114-115）。しかしながら，ほかにこれを示す証はあるものの，カーの文献からでは，スコットランドの銀行自らが，米国投資に直接関与していたかどうかは不明である。

　英国において銀行の取締役たちの，米国投資仲介業者との個人的なつながりは数多くあった。エディンバラのサー・ジョージ・ウォレンダーは，19世紀後半にはスコットランド王立銀行取締役であったが，スコティッシュ・アメリカン投資株式会社役員会の初代委員長となり，アリゾナ銅社，スコティッシュ・アメリカン投資信託，アングロ・アメリカン債券社の役員を務めた。Ronald B. Weir, *A History of the Scottish American Investment Co., Ltd.* (Edinburgh：Scottish American Investment Company, Ltd., 1973), 7, 15，を見よ。

　リバプール銀行の取締役ウィリアム・B・フォーウッドは，1898年から役員会委員長を務め，米国実業界と多くの関係があった。*Directory of Directors, 1892 : The Investors' Review*, 3 (April 1894)：200-203；および William B. Forwood, *Recollections of a Busy Life, Being the Reminiscences of a Liverpool Merchant, 1840-1910* (Liverpool：Henry Young, 1910)，を見よ。

(201)　グリン・ミルズ社はしばしば（預金を受け入れたので）商業銀行と分類されるが，確かにマーチャントバンクとして操業し，米国鉄道の資金調達にも参加した。米国実業界では，ウィンスロー・レニエ社と提携した。グリン・ミルズ社に関しては，Balogh, *Studies*, 11-12, 309，を見よ。この会社はベアリング・ブラザーズ社とともに，1908年，1910年にユニオン・パシフィック鉄道の問題にも関与した（"Foreign, Colonial, and Commercial Loans" list in BAL）。チェサピーク・アンド・オハイオ鉄道の1910年における金転換社債は，ニューヨークで支払い可能な元本と利益を有したが，所有者の選択権により，1ポンド4.87ドルのレートでロンドンのグリン・ミルズ・クーリエ社で支払いすることが可能であった。*Stock Exchange Official Intelligence for 1914*, 279，を見よ。グリン・ミルズの例外的な役割に関しては，Chapman, "The Evolution," 26と30，を見よ。私は，グリン・ミルズのJ・S・モルガン社との関係の情報については，ヴィンセント・キャロソに多くを負うところがある。

(202)　第15章を見よ。キャロソは私にそのような補塡手続きは，特段異常なものでないと語った。

(203)　例えば，1908年6月22日のボルチモア・アンド・オハイオ鉄道の再編計画を見よ。ロンドン＆ウェストミンスター銀行が保管人であったこと（U.S. House, Subcommittee of the Committee on Banking and Currency, *Money Trust Investigation*, pt. 23, 1712）。カンザスシティ・メキシコ・アンド・オリエント鉄道が1912年に管財人の管理下におかれたのち，英国の債権保有者たちはロンドンのグリン・ミルズ・クーリエ社へ「招待」された（*Stock Exchange Official Intelligence for 1914*, 289）。

(204)　英国の銀行は米国との貿易金融に参加した。この活動に関連した貸付が債務不履行になっ

た場合には，「和解」の取り決めにより，銀行側が「長期」金融へと進出した可能性がある。グラスゴー・シティ銀行は，米国国内向けに貸付を行った。米国国内貸付の債務不履行の場合には，銀行は，コラテラル（担保）として預かり入れた米国鉄道有価証券の所有者となった。銀行の米国進出に関しては，R. E. Tyson, "Scottish Investment in American Railways：The Case of the City of Glasgow Bank, 1856-1881," in *Studies in Scottish Business History*, ed. Peter L. Payne（London：Frank Cass, 1967），を見よ。グラスゴー・シティ銀行は1878年倒産した。

(205)　オレゴン鉄道会社への貸付に関しては，R. C. Michie, *Money, Mania and Markets*（Edinburgh：John Donald, 1981），156，を見よ。

(206)　*Issues Advertised in the Times, 1891*, 33, 37.

(207)　コロラド州のキャンプ・バード社のロンドンの「取引銀行」となっていたチャプリン・ミルン・グレンフェル社が管財人の管理下に置かれたとき，キャンプ・バード社は，チャプリン・ミルン・グレンフェル社に 1 万6000ポンドの預金があった（Nash, *Herbert Hoover*, 564）。カリフォルニア州のナトマス統合社がロンドンで資金調達しようとしたとき，ハーシュ・シンジケート社が，寄付申し込みを扱った。ロンドンの「取引銀行」はロンドン郡ウェストミンスター銀行であった（*Economist*, 70 [April 2, 1910]：760-761）。

(208)　C. A. E. Goodhart, *The Business of Banking*（London：Weidenfeld & Nicolson, 1972），478, 508-513，を見よ。私はロンドンシティ＆ミッドランド銀行の米国有価証券──1913年12月時点での──のリストの提供に関しては，ミッドランド銀行のエドウィン・グリーン氏に多くを負った。ニューヨーク市債と約10万2600ポンドの国際耕運機会社の 5 ％の手形を除けば，米国の有価証券明細表は完全に鉄道に関するものであった。それは合計で53万ポンドに達し，投資有価証券明細表の6.8％を占めた。同様に，ロイド銀行の古文書担当Ｊ・Ｍ・Ｌ・ブッカーは，その銀行が，1913年から14年にかけて，様々な米国鉄道有価証券に加えて，シカゴ高架鉄道とニューヨーク市歳入手形を保有していたことを見出した（ロイド銀行投資委員会議事録に基づく）。

(209)　Aubert, *La finance américaine*, 166. ロンドン＆スミス・ユニオン銀行は，米国鉄道の証券引受業に参加した（Goodhart, *The Business of Banking*, 138）。スミス・ペイン＆スミス社──1902年にロンドン・ユニオン銀行と合併しロンドン＆スミス・ユニオン銀行となった──は，合併のずっと以前から米国の事業に深く関わってきていた。合併に関しては前掲書, 397，を見よ。ユニオン銀行も同様に，米国における事業には関わってきた。Chapman, *The Rise of Merchant Banking*, 136，を見よ。1888年，ニューヨークのハノーバー国法銀行が外資部門を設立したとき，その最初の口座取引はスミス・ペイン＆スミス社との間で行われた。「主な取引は顧客の手形売上やロンドンおよび大英帝国の他の様々な都市の物品収集から成っていた」（Roger Holden, "The Story of Central Hanover," typescript, 1930, Manufacturers Hanover Trust Company History Center, New York）。ロンドンシティ＆ミッドランド銀行のニューヨーク取引先に関しては本章注（18）を見よ。ニューヨークの 2 大銀行はナショナル・シティ銀行と第 1 国法銀行であった。ロンドンシティ＆ミッドランド銀行は，ナショナル・シティ銀行を取引先とした。Cleveland and Huertas, *Citibank*, 33，には，ジョージ・Ｆ・ベーカーの第 1 国法銀行が，債券の当初融資金融機関としてよりもむしろＪ・Ｐ・モルガン銀行のようなほかとの連携銀行として記されている。

(210)　さらに，英国所有の「海外および植民地」銀行は，証券投資充実のために既存の米国鉄道有価証券を獲得した。そのような有価証券は通常の仲介経路を通じてロンドンで購入されたと

第Ⅱ部　世界最大の債務国

思われる。したがって，ペルシャ帝国銀行は——厳密に投資として——1909年から1914年の間米国鉄道有価証券を所有した（ジェフリー・ジョーンズにより1985年4月3日に，私へ提供された香港銀行グループの古文書館からのデータ）。銀行の株式保有に関する詳細については第6章を見よ。

(211)　Henri Hauser, *Germany's Commercial Grip on the World* (New York : Charles Scribner, 1918), 43, および J. Riesser, *The German Great Banks and Their Concentration* (1911 ; rpt. New York : Arno Press, 1977), 至るところに記載あり.

(212)　Clough and Cole, *Economic History of Europe*, 637. ブライクローダーは初期から米国金融に関係していた。Emden, *Money Powers*, 397, によると，しばらくの間，ブライクローダーはニューヨークの銀行レイデンバーグ・タルマン社を「支配」した。アメリカン金属社（American Metal Company）の前身を築いたのは，レイデンバーグ・タルマン社であった（第8章を見よ）。ほかにも，マンハイムのW・H・レイデンバーグ・ゾーネ社，フランクフルトのE・レイデンバーグ社；ロンドンのW・レイデンバーグ社があった。これらすべてに関しては，Emden, *Money Powers*, を見よ。(1886年時点の) メンデルスゾーン社のセントポール・ミネアポリス・アンド・マニトバの4.5%の金保証債券の発行に関しては，Hans Furstenberg, *Carl Fürstenberg* (Berlin : Verlag Ullstein, 1931), 166, を見よ。ベルリンのロバート・ワーシュワー社もこの発行に参加した（前掲書）。
　　　1901年にディスコント・ゲゼルシャフト社がフランクフルトのM・A・ロスチャイルド＆ゾーネ社を引き継ぎ，1904年にはドレスナー銀行はフランクフルトのエルランガー＆ゾーネ社を吸収した（Emden, *Money Powers*, 268n, 397-398）。もちろん，ロスチャイルド家とエルランガー家はロンドンで事業を継続した。米国での事業に積極的であったフランクフルトのゲブルーダー・スルツバック社（例えば，ロンドン＆サンフランシスコ銀行）は生き残ったが，米国における重要な事業参加者としてではなかった（前掲書，258, 398）。Kindleberger, *The Formation of Financial Centers*, 26-27, 左記の書中のデータは，ドイツにおけるエルランガー家とロスチャイルド家の事業終焉が，ドイツにおける金融の中心としての重要性に関して，フランクフルトからベルリンへ移ったことの象徴であることを示唆している。1860年以降のドイツ銀行業は次第にベルリンに集中してきた。20世紀初頭には，ベルリンのメンデルスゾーン社とブライクローダー社，ハンブルグのM・M・ウォーバーグ社は，米国有価証券を市場で取り扱っていた。ウォーバーグ社に関しては，E. Rosenbaum and A. J. Sherman, *M. M. Warburg & Co., 1798-1938* (New York : Holmes & Meier, 1979), 103, を見よ。しかしながら，フランクフルトは，長期間に及んだ米国との親交を維持し，米国事業から得られた南北戦争以後の利益は，米国，特にしばしば鉄道に再投資された。

(213)　ドイツ銀行は電気工事企業や米国企業と関係していた。世界10大銀行に挙げられていた唯一のドイツの銀行であった。表13-1を見よ。ディスコント・ゲゼルシャフトは特に輸送関連に積極的であった。ドレスナー銀行は，繊維，化学，鉱山を専門としていた。ダルムスタッド銀行は，特別な企業関連や地理的な市場で隙間がないくらい万遍なく扱っていた。これらの銀行に関しては，Riesser, *The German Great Banks*, 至るところに，を見よ。また Edgard Depitre, *La mouvement de concentration dans les banques allemandes* (Paris, 1905), および the review of Depitre's volume by R. H. Inglis Palgrave in *Economic Journal*, 16 (June 1906) ; 248-250, も見よ。

(214)　Emden, *Money Powers*, 240-245 は，ベルリナ・ハンデル・ゲゼルシャフトを「まったく無類無比な」機関として描いている。それは「まず第一義的に，証券発行取引銀行であり，し

864

第13章　銀 行 業

たがって，その資産として他の銀行より多くの投資資金を含んでいた。発行数においては，他の銀行の追従を許さなかった」。この銀行に関する最も有益な情報源は，Furstenberg, *Carl Furstenberg*, である。

(215)　Walter Herman Carl Laves, *German Governmental Influence on Foreign Investments, 1871-1914* (1927 ; rpt. New York : Arno Press, 1977), 8-9.

(216)　ニューヨークのシュパイアー社は，第6章の注にもあるように，1914年にはニューヨークでは主要投資銀行の一つであり，ロンドンのシュパイアー・ブラザーズ社はもちろん，フランクフルトの老舗，ラザード・シュパイアー・エリセン銀行とも相互連結による共同出資関係を保っていた。1914年，シュパイアー社の社長は，ジェームズ・シュパイアーであった。彼は1861年ニューヨーク生まれで，すでに父のグスタブスと叔父のフィリップ・シュパイアーが，ニューヨークでシュパイアー社の前身ともなる会社を経営していた。1864年，グスタブスはドイツへ帰った。ジェームズはフランクフルトで育ち，グスタブスはドイツへ戻り，そこの親会社で見習いとして勤めた。1885年，彼はニューヨークのシュパイアー社の一員となり，1899年にその社長となった。1892年，ハンブルグのエデュアード・バイトがグスタブスの娘と結婚した。1910年，フランクフルトにはもはやシュパイアーの係累はなくなり，エデュアード・バイトは，バイト・フォン・シュパイアーというプロシアの称号を得た。ジェームズ・シュパイアーの義理の兄弟となったバイトは，ラザード・シュパイアー・エリセン社の社長となった。彼はニューヨークのシュパイアー社に関心があった。ロンドンの会社は一家のサー・エドガー・シュパイアーが率いていた。多くの米国投資において，ドイツ銀行がラザード・シュパイアー・エリセン社およびシュパイアー社と密接な関係にあった。*New York Times*, Nov. 1, 1941 (James Speyer obituary)；Emden, *Money Powers*, 274-277；および Stephen Birmingham, *Our Crowd* (New York : Dell, 1967), 406, を見よ。Emden, *Money Powers*, 274, によれば，「一方ではドイツとフランクフルトの最強の関係を，また他方ではニューヨークとフランクフルトとの関係が（ある程度はロンドンの関係を含んで）シュパイアー家によってもたらされ維持された。ドイツとドイツの業務において彼らが占めた特別な地位は，第1に，自らの大きな資金力，第2に，家族たちが設立した会社か，ある会社の経営者が同時に他の会社の経営であったように，互いに非常に緊密に提携していたという事実に支えられていた」。合資性関係については，ドイツ上院予算委員会におけるジェームズ・シュパイアーの証言，*Sale of Foreign Bonds, Hearings*, 72nd Cong., 1st sess., 1932, 605-606, 609, を見よ。

　　クーン・ロブ社は同様に，1914年，米国の主要投資銀行会社であった。第6章を見よ。ゴールドマン・サックス社に関しては，次の書を見よ。Walter E. Sachs Reminiscences, pt. 1, 18 (ディスコント・ゲゼルシャフトとの関係に関して), pt. 2, 54, 55, 127 （フランクフルトとの結びつきに関して）を見よ。ホールガーテン社は，フランクフルトからの移民ラザルス・ホールガーテンにより設立された。"History of Hallgarten & Co.," draft typescript, April 28, 1950, 1, を見よ（私はモズリー・ホールガーテン・エスタブルック・ヴィーデン持株会社のジョン・バックリーに負うところがある）。J.＆W.セリグマン社のフランクフルトとの関わりは，J.＆W.セリグマン＆ステットハイマー社が廃業した1900年に終結した。J.＆W.セリグマン社は，ニューヨークで操業を継続した。ロンドンのセリグマン・ブラザーズ社も同様であった。しかし，1914年，J.＆W.セリグマン社は，もはやかつてのような米国投資銀行の筆頭ではなくなっていた。Wells, "House of Seligman." レイデンバーグ・タルマン社に関しては，本章の注（212）を見よ。

(217)　Riesser, *The German Great Banks*, 435, 478.

第Ⅱ部　世界最大の債務国

(218)　前掲書，61，447，502．ライサーの G・フォム・バウアよりもむしろ E・フォム・バウア
を用いたこと（447において）は，タイプ上のエラーであり，米国の会社における名前の転換
ではなかったと私は想定している。

(219)　Emden, *Money Powers*, 244，には，1903年にドイツ銀行のカール・フルシュテンベルグが，
ニューヨーク・ホールガーテン社と「非積極的共同出資者」になったと書かれている。ホール
ガーテン社の社史 "History of Hallgarten & Co." によると，チャールズ（ママ）・フルシュテ
ンベルグは，1904年から1912年まで共同出資者であった。ハンス・ヴィンターフェルトは1904
年から1908年まで，ルートヴィッヒ・トライテル博士は1908年から1912年まで共同出資者であ
った。社史の原稿には，フルシュテンベルグとヴィンターフェルトは「共同出資者となる前は
ベルリン銀行の役員であった」と述べられている。1904年ホールガーテン社には 8 人の共同出
資者がいた。1883年にベルリナ・ハンデル・ゲゼルシャフトの経営を引き継ぎ，1933年に亡く
なるまでその経営に携わったカール・フルシュテンベルグに関しては，Emden, *Money
Power*, 241-245，および Furstenberg, *Carl Fürstenberg*, を見よ。後者はハンス・ヴィンター
フェルトがベルリナ・ハンデル・ゲゼルシャフトの代表として米国に渡り，ホールガーテン社
に積極的な関心をもったと記している。彼は後者を1908年に去り，シュパイヤー社に加わった。
彼はカール・フルシュテンベルグの義理の息子，トライテルに後を譲った（前掲書，197，330，
449，525-531，を見よ）。フルシュテンベルグはホールガーテン社の「非積極的共同出資者」
であったのに対し，ヴィンターフェルトと後のトライテルは，積極的な会社運営に関心を示し
た。1908年マックス・ホロヴィッツが，共同出資者となり，1912年に彼はベルリナ・ハンデ
ル・ゲゼルシャフトの代表となった。1912年にトライテルの後を引き継いだのは，トライテル
の「親友」アルバート・ロスバルトであった。"History of Hallgarten & Co."，および
Wallich and Wallich, *Zwei Generationen im deutschen Bankwesen*, 301，を見よ。

(220)　ゴールドマン・サックス社のワルター・E・サックスは，後になって（1956年に）第一次
世界大戦前のゴールドマン・サックス社とディスコント・ゲゼルシャフトの関係について述べ
た。「われわれは，彼らと非常に緊密な関係にあり，その結果，私（ワルター・E・サックス
は1907年当時，若輩であった）は，管理者を意味するいわゆる『役員』の席に座り，帳簿を眺
めることを許された類い稀な経験を有した」。サックスはそう言ってはいなかったが，ディスコント・
ゲゼルシャフトはドイツ市場において，ゴールドマン・サックス社の有価証券を分配したこと
があるように思われる。Riesser, *The German Great Banks*, 446，によると，ドレスナー銀行
が，「国際金融と債券発行業務の分野における共同計画と米国証券に対するドイツ市場の拡大
を目的とし，ニューヨーク・ロンドン・パリの J・P・モルガン銀行と密接な連携に入った」。

(221)　一般的な関連性については前掲書，435．

(222)　ノーザン・パシフィック鉄道の出資による1833年のシーメンスの心躍る最初の旅行に関し
ては，Karl Helfferich, *Georg von Siemens*（Berlin：Julius Springer, 1923），II, 231-233，およ
び Dietrich G. Buss, *Henry Villard*（New York：Arno Press, 1978），139-145，を見よ。

(223)　Helfferich, *Georg von Siemens*, II, 14-21, 33．

(224)　前掲書，225．

(225)　ヴィラードとドイツ銀行に関しては Buss, *Henry Villard*, 157, 171-185, 200，および Henry
Villard, *Memoirs*（Boston：Houghton Mifflin, 1904），II, 315ff.，を見よ。*Who Was Who in
America*, I, 5-6，には，アダムズの銀行代表取締役としての在任期間が記されている。エドワ

866

第13章 銀行業

ード・D・アダムズ（1846-1931）は，経験豊富な銀行家であった。彼はドイツ銀行代表となる前にウィンスロー・レニエ社（1879〜93年）の一員であり，数多くの鉄道再編成に関与してきており，米国鉄道界にも精通していた。アダムズは，鉄道会社のみならず，電気会社にもドイツ銀行と共通の関心を懐いていた（交流発電機と変圧器のエンジニアリングに関して，ウェスティングハウスの工場でどのように実施されているかをみて来るようアダムズがエジソンを説得したことに関しては次の書を見よ。Matthew Josephson, *Edison* [New York : McGraw-Hill, 1959], 349）。

　アダムズはニューヨークのエジソン電気照明会社の役員となった（1884〜89年）が，1890年に彼がキャタラクト建設の社長に就任したときに役員の職を辞した（Adams, *Niagara Power*, I, 164）。キャタラクト建設は，ナイアガラの滝で電力を生産し，アダムズがドイツ銀行代表を務める間ずっと，この水力発電巨大プロジェクトと関係していた。1927年にアダムズは，ナイアガラの滝における水力発電の計画展開について，2冊からなる歴史書を書いた（*Niagara Power*）。そのなかで彼はドイツ銀行については触れていなかった。しかしながら，その書物は，アダムズの電力革命への知見と意欲を示したものであった。ナイアガラの滝発電への関与については，第14章を見よ。1893年からずっと，アダムズはノーザン・パシフィック鉄道再編において，ドイツ銀行を代表した。第6章を見よ。1926年にエドワード・エベレット・バートレットが，ニューヨークでアダムズに対する賛辞を，私人としての身近な印刷物の形で *Edward Dean Adams* として著した。この印刷物は注意して取り扱わなくてはならないが，ここには1925年4月9日のアダムズ79歳の誕生日に，ドイツ銀行の経営トップが彼に電信を打ったという記述がある。「ノーザン・パシフィック鉄道の再編によりわれわれは密接な関係になった。その後，長年にわたりわれわれの間では日々のコンタクトが続いた」（前掲書，25）。

(226)　ドイツ銀行の社史，Fritz Seidenzahl, *100 Jahre Deutsche Bank, 1870-1970* (Frankfurt : Deutsche Bank, 1970) は，一章すべてをノーザン・パシフィック鉄道に割いている。

(227)　彼は1889年に取締役会の議長になった。1893年に取締役会を辞職した。ドイツ銀行の利息はそのまま継続した。Villard, *Memoirs*, II, 327, 332, 365, および Seidenzahl, *100 Jahre*, 第5章を見よ。

(228)　第6章を見よ。Seidenzahl, *100 Jahre*, chap. 5 ; Helfferich, *Georg von Siemens*, II, 233ff. ; Stuart Daggett, *Railroad Reorganization* (Boston : Houghton Mifflin, 1908), 273-296 ; Gilbert, *End of the Road*, 75, 82, 95, 130, 168, 173, 180, も見よ。

(229)　ボン・グウィナーが，取締役会に加わった日付に関しては，Seidenzahl, *100 Jahre*, 443, を見よ。ノーザン・パシフィック鉄道に関する彼の役割については，第6章を見よ。Arthur von Gwinner, *Lebenserinnerungen* (Frankfurt : Fritz Knapp Verlag, 1975), 62-78, 121-152, も見よ。

(230)　Emden, *Money Powers*, 236.

(231)　Buss, *Henry Villard*, 172-173.

(232)　ドイツ銀行と米国の鉄道会社については，第6章を見よ。

(233)　第12章および Josephson, *Edison*, 353-354, 363-364, を見よ。

(234)　Hugh Neuburger, *German Banks and German Economic Growth from Unification to World War I* (New York : Arno Press, 1977), 92.

(235)　Helfferich, *Georg von Siemens*, II, 97. Adams, *Niagara Power*, には，これに関してなにも書かれてない。ドイツ銀行代表としての役割にあったアダムズは米国電力開発において，起こりつつあったことに当然歩調を合わせたかもしれない。ミュンヘンのシーメンス社にある保

867

第Ⅱ部　世界最大の債務国

管文書のデータによると，ベルリンのシーメンス＆ハルスキー社が，米国との事業上の問題を起こしたとき，その会社はベルリンのドイツ銀行に助言を求め，ドイツ銀行はただちにエドワード・D・アダムズのもとを訪問したことが明らかになった。例えば，書簡 Adams to Deutsche Bank (Secretariat), April 17, 1903, および Arthur Gwinner to Wilhelm von Siemens, April 27, 1903, を見よ。両者ともウィルヘルム・ボン・シーメンスに関しては Siemens-Archiv-Akte (SAA) 4/LK77, にある。この資料に関して，私はハルム・シュローター博士にお世話になった。第12章も見よ。

(236)　Alien Property Custodian, *Report, 1918-1919*, 42-43, 559-560, 569. エドワード・アダムズはリーハイ・コーク社（1910〜17年）の取締役会会長であった（Bartlett, *Adams*, 38）。

(237)　Redlich, *The Molding of American Banking*, pt. 2, 370-371.

(238)　Seidenzahl, *100 Jahre*, chap. 11. しかしながら，あり得ないように思われるが，ドイツ銀行が米国の石油産業になんらかの投資を行ったという話もあるが，私は証拠をもっていない。

(239)　第12章を見よ。

(240)　*Commercial and Financial Chronicle*, 83 (July 14, 1906)：90. アリス・チャルマー社のチャルマー側がスコットランドからの移住者で構成されていた頃は，アリス側はドイツ人移住者の集団だったとアルフレッド・チャンドラーが私に教えてくれた。このことはドイツ銀行のコネクションを説明しているのであろうか。バートレットによれば，アダムズは1901年にアリス・チャルマー社の役員になった（*Adams*, 37）。

(241)　Emden, *Money Powers*, 236, には，影響力のあったシュパイアー家とドイツ銀行の間の密接な関係が記されている。

(242)　前掲書, 232, 233, 260. 実際，米国との主な深い関係を担っていたのは，ドイツ銀行とフランクフルトのジェイコブ・S・H・スターン社との関係にあったことが，行間から読み取れる。早くも1872年4月には，ヘンリー・ヴィラードがスターン社をウィスコンシン・セントラル社の社債に関わらせた。1881年にヘンリー・ヴィラードは，S・H・スターン社をオレゴン鉄道・海運会社の金融担当とした。スターン社は，ヴィラードのカンザス・アンド・パシフィック鉄道の取り扱いで財をなした（ヴィラードは1876年管財人となっていた）。オットー・ブローンフェルは1883年にジョージ・ボン・シーメンスとともに，ノーザン・パシフィック鉄道祝典旅行に出かけた。Buss, *Henry Villard*, 29, 43, 122-123, および Villard, *Memoirs*, II, 310, を見よ。

(243)　Cyrus Adler, *Jacob H. Schiff* (Garden City, N.Y.：Doubleday, 1928), I, 195.

(244)　両者に関しては，Buss, *Henry Villard*, 183-185, および Wallich and Wallich, *Zwei Generationen im deutschen Bankwesen*, 278, 291, を見よ。ミューラー・スカル社は明らかにドイツ資本であった（Alien Property Custodian, *Report, 1918-1919*, 216）。

(245)　Paul Dickens, "The Transition Period in American International Financing：1897 to 1914," Ph.D. diss., George Washington University, 1933, 117-118, 244, 246.

(246)　これらの銀行のなかには，自国で米国に投資する事業に関与しているところもあった。ディスコント・ゲゼルシャフト（およびハーマン・シュミットマン社），ドレスナー銀行（およびオレンスタイン・コペル社），さらにドイツの保険会社を伴う銀行すべて（Riesser, *The German Great Banks*, 484, 495, 至るところに）。どのようにしてこのようなドイツの連合が，大西洋の向こう側の米国で広がりをみせていったのかは不明である。
　　ハンブルグ・アメリカン航路会社のアルバート・バリンは，太平洋横断の船舶協定の交渉をディスコント・ゲゼルシャフトの取締役出席のもとで行っていた（Bernhard Huldermann,

868

第 **13** 章　銀　行　業

Albert Ballin［London：Cassell, 1922］, 55）。ディスコント・ゲゼルシャフトはドイツ投資家を代表して，ペンシルベニア鉄道株を有していた（Harry H. Pierce, "Foreign Investment in American Enterprise," in *Economic Change in Civil War Era*, ed. David T. Gilchrist and W. David Lewis［Greenville, Del.：Eleutherian Mills-Hagley Foundation, 1965］, 57）。ディスコント・ゲゼルシャフトとゴールドマン・サックス社，およびモルガンとドレスナー銀行との関係については本章注（220）を見よ。

　Thomas R. Kabisch, *Deutsches Kapital in den USA*（Stuttgart：Klett-Cotta, 1982）, 196, には，1870年から1905年の間のこれらのドイツの銀行の米国における事業展開に関するデータがある。彼の資料によると，米国との関わりで第1位を占めていたのは鉄道であり，それらの件に関してダルムスタッド銀行が，比較的重要な地位にあったことを示している。後者の理由は，ダルムスタッド銀行とニューヨークのホールガーテン社との関係にあったのであろう。表13-5を見よ。1906年に，米国における事業拡大を計画し，ダルムスタッド銀行は（他のドイツおよび米国の銀行と協力し），ベルリンに米国の銀行を設立したが，大きな影響があったとは思われない（1907年の投資家が怯えたパニック）。そしてその銀行は1909年に解散した（Riesser, *The German Great Banks*, 448, 507）。

　Karl Erich Born, *International Banking in the 19th and 20th Centuries*（New York：St. Martin's Press, 1983）, 129, には，1884年からのベルリナ・ハンデル・ゲゼルシャフトの米国鉄道への融資参加の日付が記されている。例えば，事業参加者の典型的な組み合わせは，J.＆W. セリグマン社が1886年7月に，セントルイス・アンド・サンフランシスコ鉄道の利率5％，期間50年間の総額500万ドルの通常抵当証券を90％価額で引き受けたときに，ベルリナ・ハンデル・ゲゼルシャフト，キダー・ピーバディ社，E・W・クラーク社，セリグマン＆ステットハイマー社，クーン・ロブ社，ホールガーテン社，ブラウン・ブラザーズ社，モートン・ブリス社を含むシンジケートを形成したのが該当する（Wells, "House of Seligman," 643-644, 648）。キダー・ピーバディ社の書類は，国際的な関係のいくつかを明らかにしている。アチソン・トピカ社融資に関して，フランシス・H・ピーバディは，1887年11月30日に，ジョージ・マグンに「ベアリング氏は他のいくつかの会社——例えば，ホープ社あるいはベルリナ・ハンデルゲゼルシャフト（原文のまま）に第5期の半分と第6期の半分に参加させることができなかったのか？」と書いている（書簡 Peabody to Magoun, Nov. 30, 1887, Kidder, Peabody Collection, vol. 5, 1888-1895）。Furstenberg, *Carl Furstenberg*, 165-166, 196, 309, 446, 527-532, は，ベルリナ・ハンデル・ゲゼルシャフトのドイツにおける米国の債券発行の取り扱いに関して，大変良い資料である。1911年早春，ドイツ政府はシカゴ・ミルウォーキー・アンド・セントポール鉄道債券のベルリン証券取引所での上場を拒否した（第16章を見よ）。これらの債券はベルリナ・ハンデル・ゲゼルシャフトが取り扱った。特に1875年から1914年までに発行された米国債券に特定のドイツ銀行が関与していたかに関するさらなる情報は，次の書を見よ。Gyula Meleghy, "Die Vemittlerrolle der Banken bei deutschen Investitionen in Nord-und Mittelamerika bis zum Ersten Weltkrieg," Ph.D. diss., University of Cologne, 1983, 270-283.

（247）　Bouvier, *Le Crédit Lyonnais de 1863 à 1882*, I, 252. この書籍はその銀行のアメリカにおける活動に関して驚くべき著書である。残念ながら，ブーヴィエールの記述は1882年までで終わっている。

（248）　前掲書，II, 569-572.

（249）　本章前半のデータを見よ。

（250）　第8章を見よ。リヨネ信用銀行のニューヨークにおける1909年から1910年までの重要では

869

第Ⅱ部　世界最大の債務国

ない役割に関しては，Aubert, *La finance américaine*, 163, を見よ。オーバートは，リヨネ信用銀行がニューヨークに代理店をもたなかった理由は，そのような重要な事業の指揮を執る人材を見出すのが非常に困難であったことをほのめかしている（前掲書，164）。

(251)　Edmond Baldy, *Les banques d'affaires en France depuis 1900* (Paris：Librairie Générale de Droit & de Jurisprudence, 1922), 190-191. 1895年ソシエテ・ゼネラル銀行は，コンパニエ・フランセ採掘鉱業社に資本参加した。そして今度は後者が，米国の採掘金融に参画した。本章注（156）を見よ。

(252)　書簡 Nathaniel Mayer Rothschild, London, to cousins, Paris, Oct. 27, 1907, RAL XI/130A/1, を見よ。このなかでこの書簡の書き手は，パリのいとこ「ジミー」（1878-1957）に，「ウェスティングハウス社の狼狽」によってソシエテ・ゼネラル銀行が置かれた難しい立場に関する後者の書簡を送ってくれたことを感謝している。

(253)　第8章を見よ。

(254)　James, *Growth of Chicago Banks*, II, 1211, および Kaufmann, *La banque en France*, 237（カフマンはシカゴの「代理店」は1899年に清算したと述べている）。ニューオーリンズ代理店に関しては前掲書，249-250, を見よ。ジェームズはシカゴのアウトレットを「支店」と呼んだ。当時のニューヨークにおける商業銀行の特筆するほどでもない役割に関しては，Aubert, *La finance américaine* (1910), 163, を見よ。

(255)　その創設者には，アンリ・バンベルジェール（ルイ・ビスコフヘイムの甥）とエデュアルド・ヘンチが含まれていた。Rondo Cameron, *France and the Economic Development Europe* (Princeton, N. J.：Princeton University Press, 1961), 197, を見よ。ビスコフヘイムとヘンチの名前は両方とも米国の投資活動においてはよく知られている。パイバ銀行設立におけるビスコフヘイム＆ゴールドシュミット社の役割に関しては，Emden, *Money Powers*, 163, を見よ。先に注を施したように，ビスコフヘイム＆ゴールドシュミット社は米国の鉄道に積極的に参加した。Chapman, "The Evolution," 25, では，ビスコフヘイム＆ゴールドシュミット社は「パリに本拠地を置く」としていた。

(256)　Henry Collas, *La Banque de Paris et des Pays-Bas* (Dijon：Imprimerie Barbier, 1908), 17. 詳細な記述はない。

(257)　前掲書，至るところに.

(258)　Kaufmann, *La banque en France* (1914), 222, には，パリ銀行とパイバ銀行は，ソシエテ・ゼネラル銀行とともに，ベアリング社やクーン・ロブ社が介入する数多くの米国との取引に参加したと書かれている。

(259)　Adler, *Jacob Schiff*, I, 195.

(260)　Baldy, *Les banques d'affaires*, 160.

(261)　前掲書.

(262)　Collas, *La Banque de Paris*, 154.

(263)　Baldy, *Les banques d'affaires*, 160.

(264)　Collas, *La Banque de Paris*, 66.

(265)　Baldy, *Les banques d'affaires*, 166. Swaine, *Cravath Firm*, II, 118, も見よ。

(266)　Baldy, *Les banques d'affaires*, 114, 166.

(267)　Aubert, *La finance américaine* (1910), 163. オーバートは次のように示唆している。それは「支社」であったが，あり得ないことである，というのも，ニューヨークの法律では海外の銀行は支社をもつことを禁じられていたからであった。その油とアルミニウムの事業に関して

は，第 8 章を見よ。オーバートによると，ニューヨーク支店の代理人は，Ｍ・Ｈ・ブルナーという，米国にけるビジネスには30年間の経験をもつ男であった。C. J. Gignoux, *Histoire d'une enterprise française*（Paris：Hachette, 1955），116，には，フランコ・アメリカン銀行は，1913年に失速しつつあった――そうしてその繁栄は長くは継続しなかったようであると書かれている。

(268)　この意見は Herbert Feis, *Europe : The World's Banker*（1930；rpt. New York：Kelley, 1964），38，や他にも書かれている。ホッティンガー社（Hottinguer & Cie）は米国の事業の重要性を保った（Kaufmann, *La banque en France*, 172）。Harry White, *The French International Accounts, 1880 ― 1913*（Cambridge, Mass.：Harvard University Press, 1933），279，には，「ロスチャイルド，ベルネ，マレットといった大きな民間銀行が，債券引き受けビジネスの指導的な業者として取って代わり，また大手銀行が債券売却の過程（原文のまま）にある代理店の多くを管理下においているがゆえに，そのような民間銀行は大手銀行と提携せざるを得なかった」と記述されている。

(269)　モルガン・ハーレ社に関しては，本章注（108）を，またラザード・フレーレ社に関しては注（43）を見よ。マンロー社は1851年に米国の銀行としてパリで操業を開始したが，マーチャンダイジング業に取って代わった。1850年代以降その会社は，米国の有価証券を積極的に販売した。エドワード・タックは，南北戦争後，何年かにわたってニューヨークとパリの会社の共同出資者であった（彼はフランスの投資家をジェームズ・Ｈ・ヒルの鉄道会社へ引き入れることに従事した）。ジョン・マンローの娘は，アンリ・ホッティンガーと結婚し，米国証券業界において活動的な 2 つの会社を結びつけた。ジョン・マンローはその年の後半になって亡くなったが，パリの会社は存続した。マンロー社に関して，私は，Cleona Lewis, *America's Stake in International Investments*（Washington, D.C.：Brookings Institution, 1938），192；1982年 7 月 1 日のフランクリン・ブルックスからの資料（ブルックスはタックの伝記を執筆中である）；Max Gerard, *Messieurs Hottinguer, banquiers à Paris*（Paris：Hottinguer, 1972），II，670-671；および Charles P. Kindleberger, *Multinational Excursions*（Cambridge, Mass.：MIT Press, 1984），120（キンドルバーガーは，その会社は1930年まで存続したと書いている），を使用した。

(270)　White, *French International Accounts*, 279-280. Aubert, *La finance américaine*（1910），160-169，には，フランスの銀行は米国の事業をもっと行うべきであるとの考えが記されている。

(271)　Riesser, *The German Great Banks*, 503.

(272)　ボワスヴェインという名前は米国実業界では至るところで耳にした。そのオランダの会社はブレーク・ボワスヴェイン社という事務所をロンドンにもっていた。その会社はしばしばボワスヴェイン家の利益のために活躍した。したがって，1896年にわれわれは，ブレーク・ボワスヴェイン社のハウランド・デイヴィスが，ボルチモア・アンド・オハイオ鉄道の取締役会に加わっていることに気づいた。E. G. Campbell, *The Reorganization of the American Railroad System, 1893-1900*（New York：Columbia University Press, 1938），137，を見よ。Ａ・Ａ・Ｈ・ボワスヴェイン自身は1894年にユニオン・パシフィック鉄道の再編に参加した（前掲書，233）。第 6 章および Adler, *British Investment*, 146, も見よ。ブレーク・ボワスヴェイン社は，ニューヨークとボストンのボワスヴェイン・ブラザーズや，ニューヨークのシュパイアー社と密接に事業を行った。

(273)　私にはこれらのオランダの会社と米国との結びつきを，一つひとつ個別に取り扱うほどの

第II部　世界最大の債務国

紙幅がない。トテイン・ノルテニアス＆デ・ハーン社に関しては，Augustus J. Veenendaal, Jr., "The Kansas City Southern Railway and the Dutch Connection," *Business History Review*, 61 (Summer 1987): 291-316, を見よ。

(274)　Bacon, "American International Indebtedness," 271-272. Bouvier, *Credit Lyonnais*, II, 564, も見よ。

(275)　Alex Lombard, *Notice sur la position financière actuelle des états de l'amerique du Nord* (Geneva：lmprimerie de Ch. Gruaz, 1841), さらに彼の *Notes financièrs et statistiques sur L' état d' Ohio* (Geneva, 1847)；Bacon, "American International Indebtedness," 271-272；Bouvier, *Crédit Lyonnaise*, II, 568；および Bauer, *Swiss Bank Corporation*, 368.

(276)　スイスはこの頃，「フランス資本家の黄金郷」と叙述された（Nicholas Faith, *Safety in Numbers* [New York：Viking Press, 1982], 68）。Bacon, "American International Indebtedness," 273, を見よ。

(277)　Bauer, *Swiss Bank Corporation*, 195（スイス銀行の相対的規模に関して），また，至るところに（フランクフルトとの結びつきに関して），135, 137（ロンドンの事務所に関して），188（引用に関して）。前に注を施したように，ロンドン・ブレーク・ボワスヴェイン社が1901年1月，会社整理に入ったとき，スイス銀行会社がその顧客の多くを引き受けた。ジョージ・F・ブレークがロンドンの銀行協会に会長として就任した。アムステルダムとニューヨークのボワスヴェイン社は，関連会社として残った（前掲書，137）。

(278)　*Stock Exchange Official Intelligence for 1914*, London, 280. これは間違いなくスイス銀行がブレーク・ボワスヴェイン社の顧客を引き継いだからである。

(279)　Bauer, *Swiss Bank Corporation*, 165.

(280)　第8章を見よ。

(281)　Bauer, *Swiss Bank Corporation*, 168-169, アーボン刺繍製造会社に関する記述がある。

(282)　前掲書，192. ニューヨークの倒産した会社は名前が確認されていない。

(283)　Faith, *Safety in Nunbers*, 41.

(284)　R・ルンドストレーム博士からの情報である。

(285)　Paul Dickens, "The Transition Period," in appendix A, schedule II, 236-270, には，債券発行者のリスト（会社名），債券の等級（株もしくは社債の種類），海外販売取扱市場，発行規模，外国持ち株数，価格が書かれていた。彼はその表のなかで，発行総額に対する「外国人所有比率」という項目を追加した。多くの場合，彼自身で「外国株式」の**評価**を行ったことを明示した。

(286)　これらは，「新たな発行債券」の名目上の価値である。これらの数字では，実際に，どのくらいが米国に譲渡されたかはわからない。またどの程度の投資であったかもわからない。というのもすでに発行された債券が活発に取引されていたからであった。ディケンズ自身も認めたように（前掲書，115），「米国から海外へ出入りをした債券の流れは継続的なものであった」。また，ディケンズはロンドンの発行のすべてを網羅したように思われるが，私は大陸（ヨーロッパ）での多くの発行漏れを発見した。したがって，「新たな発行」に関する彼の数字は，現実よりも低いものであるかもしれない。一方，ロンドンと大陸における「発行」は，国際的な債券引き受け組合が同じ債券をいくつかの市場に流したために，しばしば混同されることとなった。

(287)　しかしながら注を付したように，販売ルートを通じた額は26億ドルではなかった。実際の合計は不明である。

872

第13章 銀 行 業

〔288〕 第14章注〔91〕を見よ。

〔289〕 表13-6 に示された政府の貸付額は，主にニューヨーク市によるものであり，米国の投資
銀行は海外の銀行の協力を得ながらも，一歩先んじてニューヨーク市債を海外に持ち出した。
例えば，the *London Times*, April 27, 1914, を見よ。

873

第14章

金融（サービス），商業（サービス），および通信サービス

　外国の株ブローカー，会社設立活動家（プロモーター），投資信託会社，および土地と不動産抵当の提供者は，米国に向かう海外投資の重要な水路となっていた。同様に，外国人貿易商，輸送業者，ケーブル会社，および無線通信業者は，米国への投資家であるとともに「仲介業者」でもあった。これら事業投資家の様々なタイプはすべて，米国への関わり方において二重の機能を果たしていた。第1の役割は，外国人投資家である。第2の役割は，彼らの顧客，つまり彼らのサービスの利用者に，米国における投資機会を伝える役割である。

株ブローカー

　イギリスにおいては，たくさんの大手の株ブローカーが，1875年から1914年にかけてイギリス人の貯蓄を米国への投資に振り分ける役割を果たした。1876年には，例えばフォスター＆ブライスワイト社がペンシルベニア鉄道の社債（bond）を私的に振り分けることに関わった。そのほかには，ロンドン市の重要なマーチャントバンカーによる米国における取引に密接に関連して，ボースウィック・ウォーク社とE・F・サタースワイト社が含まれる[2]。ロンドン市の大手株ブローカーであるヴィヴィアン・グレー社は，1880年代に顧客をノーフォーク・アンド・ウェスタン鉄道に紹介した。加えて，もう一つの大手株ブローカー企業であるヘゼルタイン・パウエル社は，マリエッタ・アンド・シンシナティ鉄道にイギリス人を引き込んだし，イギリスの社債保有者の代行店として活動した。スコットランドの株ブローカーの多くは米国の鉄道に助言を与え，顧客の資金を米国の抵当に割り当てさえしていた[3]。ハリー・パミュア・ゴードンは，1876年にロンドン市にある自身の株ブローカー企業（パミュア・ゴードン

第14章　金融（サービス），商業（サービス），および通信サービス

社と呼ばれる）を設立したが，大口の外国への融資を割り当てる能力で有名だった。彼は，1890年にサンフランシスコ・ビール会社の社債を引き受けた。彼は米国を訪問して，（1892年に）そのときの旅行に基づいて本を書いた。その本のなかで，彼はユニオン家畜飼育会社に株を推薦せざるを得なかった。これらの（あるいはその他の）株ブローカーは誰も，米国に自らの「代理店（agencies）」あるいは共同パートナーをもたなかった。誰もが米国に接触をもっていた。彼らは資金の仲介業者であり，時には自らが投資家（証券投資家）だったが，**彼ら自身の**「事業活動（operations）」は国際的というよりむしろ，地域的あるいは国内的であった。

　オランダ，ドイツおよびフランスにおいては，ある種の株ブローカーが米国の有価証券への資金割り当てを専門的に担っていた。米国をよく知っているものもいたが，イギリスの同業者と同様に，彼らは米国に「代理店」をもたなかった。こうして，『投資としての米国鉄道（*American Railroads as Investments*）』の著者であるサロモン・フレデリック・ヴァン・オスは，世紀が変わるとまもなくヘイグ市に自らの株ブローカー会社を設立し，1904年にはオランダ人投資家への手引書である，『ヴァン・オスの株式読本（*Van Oss' Effectenboek*）』と銘うった刊行物をスタートさせた。ヴァン・オスは，オランダにおける米国の有価証券販売を促進したのである。

会社設立活動家（プロモーター）

　プロモーターは，ノンバンクの金融仲介業者のもう一つのグループを構成した。彼らはアメリカ人である可能性もあったが，イギリス人プロモーターの包括的な派閥もあった。イギリスの株式会社（鉱山，牧畜会社，醸造業，およびその他の産業）はしばしば，私が示してきたように，米国の資産を購入した。アメリカ人の場合もあればイギリス人の場合もあるが，だれかがイニシアティブをとらなければならなかった。これがプロモーターの役割であった。時には，プロモーターは既存の会社を買収したり合併したりしたし，新たに会社を起こすこともあった。こうして，プロモーターは鉱山を購入し，あるいは米国企業の集団を統合することもあった。彼はその企業に新しい名前をつけ，それからそ

875

第Ⅱ部　世界最大の債務国

れをロンドン市の人々にお披露目するであろう[7]。一般に，プロモーターはベンチャーの究極的な収益力よりも，米国の資産を買収し，それらを「一包みに（packaging）」し（そうした有価証券の潜在的な買い手にとって魅力的な目論見書を準備し），それから「新会社」を再売却して得られる収益に関心をもっていた[8]。

　そうしたプロモーターの一人であるロンドン市のジョン・R・ホイットニーなら，例えばまったく新しい会社を始めるであろう。1882年に，彼は壁装飾品の特許を購入し，それを利用するために米国に会社をつくった。1894年には，彼はニューヨーク市にアイススケートのリンクを建設するために企業を起こすことを計画した。ホイットニーはすでに，リンクの表面をすばやく凍らせる特許を獲得していたのであった[9]。既存のマーチャントバンカーは，そうした投機には尻込みしていた。

　ハーマン・クルースとマーティン・ブリンは，**アメリカ人**プロモーターを「資金を所有しているか，あるいは巨額の資金に速やかに寄り付いてくる金融家というよりも，産業合併の組織者あるいは有価証券の分配者である点で，投資銀行家と区別されるもの」として描いている。この描写はまったく同様に，たいていのイギリス人プロモーターにも当てはまる。しかし，ロンドン市場においては，アメリカ人およびイギリス人プロモーターはしばしば協力して活動したことに注意しよう。クルースとブリンは，保守的な投資銀行が手をつける前に，プロモーターはしばしば産業有価証券を人々に紹介したことを指摘している。ここでもまた，米国の事例とイギリスのそれとの類似が存在する。彼らは，やがて投資銀行家は産業証券をじかに引き受けたり，株を選り好みしたこと，さらに投資銀行にとって代わられるにつれて，プロモーターの時代は短期間で終わりを告げたことを付け加えている[10]。類似したパターンは，イギリス人とアメリカ人とが共同で行う事業にも当てはまるように思われる。「融資の対象になったことがない外国の借り手は，ロンドン市にある『評判の高い』一流のマーチャントバンクからはサービスを受けられなかった。その代わりに，彼らの債券は『そのためにつくられた』シンジケートによって扱われた」と，P・L・コットレルは強調している。一流のマーチャントバンクは保守的であり，「費用の経済を生み出す」巨額の債券には偏見をもっていた[11]。やがて，重要なマーチャントバンクも米国の産業債券を取り扱うようになったが，最も

第14章　金融（サービス），商業（サービス），および通信サービス

「手堅い」ものに限られていた。時にはしかしながら，イギリスにおいてはプロモーターとマーチャントバンクとの緊密な協力関係が存在した。ジェームズ・B・ジェフリーが指摘するところでは，プロモーターはイギリス本国の企業よりもイギリスの海外企業に対して目立った存在であり，それというのも海外企業はプロモーターのサービスをはるかに必要としていたからである。[12]

　あらゆるイギリス人プロモーターのなかでも，最も有名な人物はH・オズボーン・オヘイガンである。たくさんの活動によって，彼はたいていのプロモーターよりも責任感があると思われており，自分が支援した企業に関心を持ち続けていた。彼は，自分が管理する会社，つまりロンドン市契約株式会社（CLCC）を通じて活動した。[13] オヘイガンはたくさんの米国における会社設立活動に参加し（それらの大部分は，1889年と1890年に集中していた），さらには米国における事業を扱う分社，すなわちロンドン＆シカゴ契約株式会社を設立したけれども，決して米国を訪れることはなかった。彼は代理人を送り込んだだけだった。[14] 米国におけるCLCCの初代代理人は，ラッセル・H・モンローであった。[15] オヘイガンは触媒としての役割を演じるなかで，巨額の短期間で終わりを遂げた投資を行ったのである。[16]

　米国における「会社設立活動」に従事したもう一つの英国企業には，受託者・執行者・保証抵当保険株式会社（Trustees', Executors' and Securities' Insurance Corporation, Ltd.）という人を安心させる名前がつけられていた。[17] レオポルド・ソロモン，J・スペンサー・バルフォアおよびサー・ジョン・ペンダーからなる，いわゆるウィンチェスター・ハウスグループによって1887年につくられると，[18] この会社は弁護士エドワード・C・ヘンダーソンを米国における代理人とした。サー・ジョン・ペンダーはケーブル事業に深く関わり，長期にわたって米国にコネをもっていた。[19] 受託者・執行者・保証抵当グループは，しばらくすると米国におけるその事業のどこにでも顔を出すようになり，国際投資信託会社，ニューヨーク投資株式会社，合衆国債務証書株式会社，アメリカン・アソシエーション株式会社，シカゴ市穀物エレベーター株式会社，フランク・ジョーンズ・ビール株式会社，南部諸州土地・木材株式会社，およびキャタラクト建設会社において役割を演じた。これらの企業のなかにはパフォーマンスが悪いものもあったし，良い方のものもあった。例えばフランク・ジョ[20]

877

第Ⅱ部　世界最大の債務国

表14-1　ニュートリニダード・レイク・アスファルト株式会社のロンドン市における借金振り出し費用，1897年（ポンド建て）

全発行額の6％にあたる借受金		400,000
費用		70,000
借り受け手数料　10％	40,000	
ロンドン市契約株式会社およびヘンリー・ベル殿	15,000	
セワード・ガスリー＆ステール社（ニューヨーク市における代理人）	2,183	
アシャースト，モリス，クリスプ（ロンドン市における代理人）	1,500	
ロンドン市契約株式会社の出費	1,022	
会計士，ブローカー，および雑費	10,295	
ニュートリニダード会社の信用総額		330,000

出所：Arthur S. Dewing, *Corporate Promotions and Reorganizations* (Cambridge, Mass.：Harvard University Press, 1914), p. 419n.

ーンズ・ビール会社は，「重い債務を支払うためにつくられた過剰資本と『内情（inside）』に立ち入ることを認められたものに分け与えられた業務手数料のために太りすぎだ」と書かれた。ロンドン市の『投資家評論（*Investors' Review*）』は，「受託者・執行者株式会社が信託会社をつくること」を「いかさま手品まがいの融資注文を多かれ少なかれ実体もなく生み出している」と評した。[21] 『評論』のコメントにもかかわらず，1892年には受託者・執行者株式会社の有価証券の市場価値は額面を超えており，それは自らが設立発起したたくさんの企業の場合よりも確かなことだった。[22] 企業は生き残ったし，それが関連した投資信託も同様であった。[23]

　それから，鉱山・金融信託シンジケート株式会社のような企業もあり，これは1890年にエルクホーン鉱山株式会社（モンタナ市），1891年にデ・ラマー鉱山株式会社（アイダホ市）といった鉱山会社を設立した。[24] 事実，投資信託会社の多くが「会社設立活動」を引き受けていた。

　ロンドン市で会社を起こすために，イギリスでカネを工面する報酬としてプロモーターが受け取る手数料は高くついた。アメリカ人のA・L・バーバーに関する論文には，債券40万ポンド分の出費細目（表14-1を参照）が含まれており，この金額は，彼が新しく設立したイギリスの株式会社であるニュートリニダード・レイク・アスファルト株式会社の借受金の6％にあたっていた（1897年）。これらのデータは，オヘイガンのロンドン市契約株式会社が受け取った

第**14**章　金融（サービス），商業（サービス），および通信サービス

手数料を明らかにしているし，ロンドン市で米国企業のためにカネを工面する[25]
にあたって，様々な仲介業者が協力していたことを示している。

　しばしば，プロモーターは，設立されたばかりの会社が（株あるいは債券の売却収入から）最初は人目を引きつける配当を発表することに注目していた。このことはその会社の「健全さ」を「検証する」ことになるし，設立に携わったプロモーターは次の会社設立活動に目途をつけることができた。もっと重要なことには，こうした配当によって，当該プロモーターは自分自身の株を市場に出す機会を得たのである。さらにいえば，2回目の配当となると，決して払われなかったのであるが！　プロモーターたちは，取締役会に在籍して自分の会社の威信を高めてくれる，人目につく人物を見つけ出した。会社設立活動は，1875年から1914年の年代にはほとんど目新しいものではなくなったが，19世紀の最後の25年には倍増した。そうした設立活動は基本的にはイギリスと米国との共同による現象であったが，フランスと米国との共同による似たような活動もあった。同様に，ロンドン市におけるプロモーターは，フランス，ドイツ，[26]
およびその他の外国資本を，イギリスの法人による米国における活動に引きつけたのである。[27]

イギリスの投資信託会社

　イギリスの投資信託会社は，当時重要な金融仲介業者となっており，スコットランドおよびイングランドの貯蓄を米国への投資に吸い上げていた。1930年に刊行され，1914年以前の時代を扱った本のなかで，ハーバート・フェイスは，これらの信託会社が「大胆な信念と注意深い判断を通じて力をつけて」，米国における金融においてきわめて重要な役割を担うとともに，「投資案件の動きを安定させ，冷静に判断した」ことに注目した。金融の構造は異なっていたけ[28]
れども，この時代のイギリスの投資信託会社は，（投資家の目からみると）現代の相互基金に酷似していた。

　投資信託会社の経営者たちは，経験がない相対的に小規模な投資家のために，融資報酬が十分に得られるように腕を振るった。これらはリスクを共有する機関投資だった。イギリスの投資信託会社は，個人投資家の貯蓄をプールし，た

879

第Ⅱ部　世界最大の債務国

くさんの様々な有価証券に投資を広げ，多様な証券を生み出した。(29)この節では，
外国に本社があった投資信託会社だけを扱うことにしよう。(30)1880年代にイギリ
スで設立された投資信託会社のなかには，重要でないものもあった。1890年の
ベアリング危機と1893年の米国恐慌を乗り切った会社が，フェイスの描写に見
合うのであった。(31)

　イギリスの投資信託会社は新しいタイプの金融仲介業者で，最初のものは
1868年に設立された。こうした会社は，貯蓄はあるけれどもどこに投資してよ
いかわからない新興の中産階級にサービスを提供した。投資信託会社のなかに
は，特定の産業を扱うものもあったし，特定の地域を扱うものもあったが，も
ともとなんでも扱う会社もあった。投資家のために高い報酬を獲得しようとし
て，イギリスの投資信託会社の多くは海外投資に参加した。(32)

　第4章において，私はそのような機関が行った初期の米国投資のいくつかに
ついて論じた。1870年代の半ば，つまり1873年恐慌の後には，アメリカ人がイ
ギリス人投資家の興味を米国に向けさせることは一時的に困難になったが，そ
れというのも鉄道が破綻したうえに，国はまだ正貨支払いを再開していなかっ
たからである。(33)たくさんのイギリスの投資信託会社がこの時期流れに逆らって，
注意深く投資を行い，安く購入した。1870年から1880年における米国政府の公
債の利回りは，イギリスコンソル公債の3.84％と比べると，平均して7.5％で
あり，さらに米国の鉄道債券の場合には9.3％であり，イギリスの鉄道の場合
よりも著しく高かった。(34)そのようなインセンティブによって，イングランドと
スコットランドの信託会社は用心深く系統立てて米国に投資した。1879年1月
に米国が正貨支払いを再開すると，ドルが10％から16％安かったときに投資の
多くを行っていたために，スコットランド人とアメリカ人の共同経営による投
資信託会社はとりわけ巨額の為替差益を手に入れた。(35)1880年代にイギリスでは，
投資信託会社が流行し，1886年から1890年には30社以上が存在した。その後，
1890年のベアリング危機の後には，設立数が急増した1904年から1914年までは，
新しい会社はほとんど組織されなかった。(36)この時期を通じて，米国への投資は
これらの機関にとって重要だった。

　イングランドの投資信託会社は，たいていのものが本社をロンドン市に置い
ていたが，なかにはリバプール市，ハル市，およびその他の州都に置いている

第 **14** 章　金融（サービス），商業（サービス），および通信サービス

会社もあった。スコットランドの会社は主としてダンディー市とエディンバラ市にあったが，2，3のものはグラスゴー市とアバディーン市にあった。ロンドン市の信託会社はしばしば兼任重役会制を採っていたが，スコットランドの信託会社は相互に提携したり，ロンドン市の会社と提携したりするものもあった。信託会社のなかには，マーチャントバンク会社と提携する会社もあった。会計事務所に支配されたように思われる会社もあった。どの会社も，投資市場に通じたアドバイザーを必要としていた。最も大きな会社は同盟信託株式会社だったようにみえるが，この会社はスコットランドのダンディー市で1888年に設立されたもので，ダンディー抵当・信託会社とダンディー投資会社との合併によって誕生した。しばしば，成功したダンディー市の投資信託会社は，他社にとってモデルの役割を果たした。

　（長期にわたる大西洋間のつながりと高い利子率を含む）多くの理由によって，イギリスの投資信託会社の経営者は，米国をとりわけ魅力的なものとみていた。投資会社は米国に直接に投資したし，ロンドン市で取引される有価証券や米国で事業を行う**イギリス**の株式会社に投資した。ウォール街における付き合いがあれば，経営者たちは大英帝国と同じくらい簡単に，ニューヨーク市で有価証券を売買することができよう。

　大手の投資会社の社長たちは，米国との緊密な関係を発展させた。1890年にロンドン市で設立された合衆国信託保証株式会社（United States Trust and Guarantee Corporation, Ltd.）を例にとろう。1911年に，この会社は米国信託株式会社となった。その1890年当時の取締役はすべてイギリス人で，自分自身の関わりを通じて，誰もが米国の状況について知っていた。設立当初，取締役には以下のような人物が含まれていた。すなわち，トムソン・ボナー社のアーチボルド・バルフォア，ロイド銀行のバーナード・T・ボサンケット，スペイン・イングランド連合銀行との関わりが認められるアルフレッド・H・フース，およびアングロ・アメリカン土地抵当・代理人会社のC・フレイザー・マッキントッシュ議員である。米国側では，7人からなる米国「助言委員会」があり，これにはロンバード投資信託会社およびカンザスシティ第1国法銀行とのつながりがあるロンバード家のメンバーが含まれていた。ジェームズ・スティルマンは，1911年になるとニューヨーク市のナショナル・シティ銀行の頭取になる

881

第Ⅱ部　世界最大の債務国

のだが，この委員会の一員だった。ニューヨーク市，ボストン市，フィラデル
フィア市，ボルチモア市，およびカンザス市出身の60人のアメリカ人が，54の
イギリスの個人および会社とともに，1890年に「創立者」として名を連ねた。
アメリカ人の創立者には，外国投資を引きつけてきた企業に関わっているもの
が数名含まれており，例えばウィリアム・バーバー（バーバー・ブラザーズ社，
リネン糸），ジョージ・ホッチキス（ハモンド調理用牛肉会社），トーマス・ファ
ウラー（ニューヨーク・オンタリオ・アンド・ウェスタン鉄道），およびR・F・
オークス（ノーザン・パシフィック社）がそれである。また，創立者のなかには，
国際的なコネをもったアメリカ人投資銀行家や，ジョン・マンロー社，オーガ
スト・ベルモント社，J. & W.セリグマン社，およびブリス・モートン社の代
表，さらにはチェース・ナショナル銀行からの一人を含む商業銀行家もいた。
数名のスタンダード石油社からの出向者もアメリカ人の参加者のなかに入って
おり，その一人はウィリアム・ロックフェラーだった。イギリス人創立者の名
簿には，銀行家，（トーマス・ウェイド・ガスリー社からの）会計士，および事務
弁護士が含まれていた。イギリス人取締役の3人（バルフォア，ボサンケット，
およびフース）は，もう一つのロンドン市に本社を置いていた投資信託会社で
ある，帝国・外国投資代理人株式会社の取締役でもあった。イギリス人もアメ
リカ人もすべて，イギリスの金融資源を米国における投資機会に合わせること
に関わっていた。

　私は，1890年から1896年までの，合衆国信託保証株式会社の活動と米国投資
とを記録した膨大な手紙のコレクションを発見した。イングランドにおける主
要人物は，アーチボルド・バルフォアだった。ジェームズ・スティルマンは，
米国におけるイギリス企業の投資管理者になった。彼は，イギリス人のために
鉄道の債券と株，およびスタンダード石油の株に投資したが，まったくユニー
クなことに，米国中の地方銀行の株に（5000ドルを決して超えることはなく，しば
しば2000ドルに満たない）小額規模で，株式会社の資金を投資したし，それぞれ
の投資は彼が個人的に見積りしたものだった。このイギリスの投資信託会社は，
ウィリアム・A・ロンバードとジェームズ・L・ロンバードというアメリカ人
たちがつくったものだったが，スティルマンはきわめて早く彼らに不信を抱く
ようになり，必然的に彼らがもはや関わらないように注意した。それでもなお，

882

第 **14** 章　金融（サービス），商業（サービス），および通信サービス

（現実にはロンバード一族を排除したことの帰結でもあるが）1893年のロンバード投資会社の破綻に際して，合衆国信託保証株式会社はその会社の筆頭株主だった。信託会社は厳しい時代に直面したが，注記したように生き残った。1890年代におけるイギリス企業は，ニューヨーク市の民間銀行であるジョン・マンロー社を用いて，自社の有価証券を確保するとともに，イギリス企業のためにスティルマンが購入した株と債券への支払いを扱わせた。(50)

　イギリスの投資信託会社のなかには，新しい米国の有価証券の発券費用を引き受け，その販売努力を行ったものもあった。(51)（一時は，対インドイギリス金融大臣であった）サー・サミュエル・ラングによって運営された，ロンドン市の鉄道株投資信託株式会社と，（1888年に名称変更し）それを継承した鉄道株信託・代理人株式会社は，例えばロンドン市において米国鉄道債券を発行した。(52) 注記したように，投資信託会社のなかには，そこで会社設立活動に参加したものもあった。これらの会社のなかには，米国の産業有価証券の未売却券を買い占めるために活動した会社もあった。例えば，植民地有価証券信託会社，商業投資・一般信託会社，国際投資信託会社，産業・一般信託会社，およびロンドン＆ニューヨーク信託株式会社は，1889年から1891年にかけて市場が拒絶してしまったピルズベリー・ウォッシュバーン株を買収した。(53) たくさんの会社が巨額の鉄道投資をするようになった。エリス・T・パウエルが1910年に書いているところでは，「よく知られていることだが，比較的近年に米国の鉄道有価証券が大いに値上がりしたときには，信託会社のなかには多数の持ち株を手にしているとみられているものもあったが，そうした会社は，ほとんどが値上がりのピーク時に，多くの機会に持ち株を売却し，自らに莫大な利益をもたらしたのであった」。(54)

　これらの金融仲介業者による米国への証券投資が重要なものであったと，大げさに語ることは難しい。「これらの関係者（投資信託会社）がもたらしてきた進歩は，イギリスで名前が知られた人物と，米国で投資をする際の成功条件を理解している人物とを含む取締役会によって，それらの経営が行われたことに基づいている」と，経済学者のR・H・イングリス・パルグレイヴは1893年に書いた。(55)

　ロンドン市にあるマーチャント信託株式会社は，例えば米国への投資，とり

883

第Ⅱ部　世界最大の債務国

わけ鉄道への投資にきわめて大規模に関わっていた。ウッドロー・ウィルソン[56]が1912年に米国の大統領に選ばれたあと，マーチャント信託株式会社の会長であったロバート・ベンソンは，会社の年次総会（1913年2月28日）で，米国の政治的および経済的見通しについて論じたが，それというのもそれが会社の利害に影響を与え，重要になってきていたからだった。ロバート・ベンソンは長らく米国における事業に関わりをもってきていた[57]。

　イングランドの投資信託会社はもっと数が多く，全体として米国への投資にもっと多くの資金をつぎ込んだが，スコットランドの信託会社はとりわけ収益を上げるようになったし，スコットランドの投資信託会社を扱う歴史家たちは，こうした会社がイングランドのそれよりもいっそう成功していたことを提示している[58]。（スコティッシュ・アメリカン投資信託会社の創立者である）ダンディー市にいたロバート・フレミングは，夥しい投資信託活動に参加している。彼は，1870年から1923年の間に大西洋を横断する旅行を128回もしていた[59]。これが汽船旅行の時代であったことを想像してみてほしい。1893年の金融危機のあと，1894年という陰鬱な年に，フレミングの信託会社は依然として配当を払ったが，フレミング自身は利益を上げるために懸命に働き，12カ月に7回も大西洋を横断したのである[60]！　フレミングは，直接に鉄道会社の再編に参加した。彼は米国を知っていたし，その国の基幹的銀行と鉄道会社の重役，およびその有価証券について熟知していた。彼は，クーン・ロブ社のジェイコブ・シフの親しい友人だった[61]。次第に，フレミングは自分の事業活動をダンディー市（そこは彼が自分のキャリアを開始したところだった）からロンドン市へと移し，1888年3月にロンドン市で投資信託株式会社をつくり[62]，1890年あるいは1900年に自分自身[63]のロンドン事務所を開設し[64]，最後には1909年にロンドン市に本社を置くロバート・フレミング社を組織した[65]。フレミングは，アドバイザーとして夥しいスコットランドとイングランドの信託会社にサービスを提供した。フレミングの会社は，最初から株と債券，とりわけ債券の方に関わっていた[66]。

　もう一人のスコットランド人であるウィリアム・J・メンジーズ（1834-1904）は，弁護士兼金融業者だったが，1873年にエディンバラ市でスコティッシュ・アメリカン投資株式会社[67]を設立しており，米国の金融業界で長らく活動した。1913年に，スコティッシュ・アメリカン投資株式会社は，フレミングの会社と

第**14**章 金融（サービス），商業（サービス），および通信サービス

同様に鉄道債券に集中していたが，米国で410万ポンドの投資を行った[68]。さらに，3人目のスコットランド人であるウィリアム・マッケンジーは，オレゴン＆ワシントン信託投資株式会社（1873年）とともにキャリアを開始して，やがて巨大な同盟信託会社を率いるようになった[69]。マッケンジーの会社の一つであるダンディー土地投資会社は，1880年代の初めに，ポートランド州の中心街であるカンザス市のオフィスビルとデンバー州の中心部で様々な不動産資産を購入した[70]。メンジーズとマッケンジーの両者とも，フレミングと同様に，頻繁に大西洋を横切る旅行をした[71]。マッケンジーの諸会社は，フレミングやメンジーズのそれとは異なり，主として土地抵当事業から出発した[72]。スコティッシュ・アメリカン投資会社やそれに付け加わる投資活動と連携したスコットランド人として，そのほかには，有名なエディンバラ市の一族の家長であり，スコットランド王立銀行の取締役だったサー・ジョージ・ウォレンダーと，エディンバラ市の出版社であるトーマス・ネルソン社の社長であったトーマス・ネルソンがいた[73]。

　スコットランドの投資信託会社は，米国の企業と緊密に協力していた。メンジーズのスコティッシュ・アメリカン投資株式会社は，例えば，抜け目のないスコットランド人のJ・S・ケネディをニューヨーク市における最初の代理人にしていた。ケネディが1884年に引退したときには，彼の甥であるジョン・ケネディ・トッドがスコットランド信託会社のニューヨーク市代理人となったし，1902年にその彼が引退するに際しては，J・P・モルガン社がニューヨーク市における代理店に任命された[74]。メンジーズは「米国への投資は，米国でいくらか尊敬に値する会社に引き受けてもらわなくてはならない」と信じていた[75]。

　歴史家のジーン・グレスリーは，イングランド生まれのフランシス・スミスの活動について研究したが，この人物は，北部諸州投資信託会社およびダンディー抵当・信託会社を含む，数多くのイギリスの投資会社のために米国中西部および南部で活動した。イングランドにおけるスミスの顧客たちは，米国の政治，税，外国人財産に関する諸法，および彼らの投資に影響を与える司法の諸決定について，彼に最新の情報を求めた[76]。

　1870年代およびその後では，イギリスの投資信託会社は，米国の鉄道債券，主として第1級の抵当が保証され，金で返済される債券を購入した[77]。鉄道株を

第Ⅱ部　世界最大の債務国

表14-2　代表的なイギリスの投資信託会社：米国への投資割合，1914年

信託会社	割合
アメリカン投資信託株式会社，ロンドン市	100
同盟信託株式会社，ダンディー市	83
イギリス資産信託株式会社，エディンバラ市	81
第3スコティッシュ・アメリカン信託株式会社，ダンディー市	76
ノースアメリカン信託株式会社，ダンディー市	71
アングロ・アメリカン債券株式会社，ロンドン市	60-70
鉄道株信託・代理人株式会社，ロンドン市	60-70
鉄道債券・一般信託株式会社，ロンドン市	60-70
第2スコットランド北部投資信託株式会社，アバディーン市	60
マーチャント信託株式会社，ロンドン市	51
スコットランド北部投資信託株式会社，アバディーン市	50
産業・一般信託株式会社，ロンドン市	24

出所：J. C. Gilbert, *A History of Investment Trusts in Dundee* (London：P. S. King, 1939), pp. 94, 80, 104；U.S. Department of Commerce, *British Investment Trusts* (1923), pp. 29-30, reprinted in *European Foreign Investments as Seen by the U.S. Department of Commerce,* ed. Mira Wilkins (New York：Arno Press, 1977)；George Glasgow, *The English Investment Trust Companies* (New York：John Wiley, 1931)；George Glasgow, *The Scottish Investment Trust Companies* (London：Eyre & Spottiswoode, 1932)；Ranald C. Michie, "Crisis and Opportunity：The Formation and Operation of the British Assets Trust, 1897-1914," *Business History,* 25 (July 1983)：141.

購入したり，土地や不動産を購入したりする会社もあったし，土地および不動産抵当をもっている会社も多かった。鉱山の有価証券を買収する会社も少しあった。1870年代の終わり，およびとりわけ1880年代においては，スコットランドの投資信託会社（あるいはそれらの経営者たち）の多くが，米国における牛の放牧に関心をもつようになった。牛の放牧はたいてい，金融的には成功しなかったが，投資信託会社は多様な持ち株のおかげで，ずっと儲けを上げた。1880年代の終わりには，米国における産業企業の有価証券を買い始める信託会社もあったし，イギリスで会社を起こしたり，米国で会社を起こしたりするものもあった。しかしながら，この時期を通じて，とりわけ最も慎重な会社の間では，米国の鉄道債券が主要な投資対象だったように思われる。表14-2には，イギリスの投資信託会社のいくつかが含まれており，1914年の米国への全投資がその会社の投資に占める，おおよそのパーセンテージを示している。米国への利害関心をもっているそうした機関のリストは，全体のなかのきわめて小さなサ

第14章　金融（サービス），商業（サービス），および通信サービス

ンプルにすぎない。[81]

　何年もあとになって，ロバート・キンダースリィが，イギリスの海外投資について情報をまとめたとき，彼は「金融信託株などを含めると二重に集計することになるため，それらを」除いてしまった。[82]米国へのイギリス投資に関するもう一人の年代記家である，ジョン・マッデンも同様に，二重集計を避けるためにこれらの信託会社による米国投資を除外することに決めたが，それというのも，こうした会社の持ち株はすでにロンドン市で「発券され」，それゆえ彼の分類表に含まれているからであった。[83]投資信託会社が，ロンドン市で「株が発行され」，設立あるいは売買された鉄道会社を購入したか，あるいは（例えば，アメリカン・ビール醸造所，ピルズベリー・ウォッシュバーン社，あるいはストラットン・インディペンデンス株式会社などの）イギリスで登記された会社の有価証券を購入した場合には，キンダースリィとマッデンが指摘した点は妥当である。それにもかかわらず，W・G・カー，ロナルド・C・ミッチー，W・タレンティン・ジャクソン，およびロナルド・ワイヤーといった歴史家たちがスコットランドの投資信託会社について指摘し，私の研究がイングランドのそれのいくつかに関連して明らかにしたように，1875年から1914年にこれらの投資信託会社が行った投資の多くは，イギリスおいてではなく直接に米国において行われたものだった。[84]こうして，イギリスの株交換取引，ロンドン市における鉄道株の発券，イギリスで公的に登記された会社株の発券，あるいはイギリスおよびスコットランドの会社の登記をみても，これらの持ち株がどれほどイギリスに帰属するものかは捉えられない。[85]大手の投資信託会社は米国の代理店および代行店だったので，彼らが米国内で投資を実行することは容易だったのである。[86]そのうえ，イギリスの投資信託会社が米国の抵当貸付に参加すればするほど，なかにはその後米国の抵当に投資した**諸会社**に投資したものもあったけれども，この貸付の多くは直接に実行されなければならなかった。[87]

イギリスの抵当貸付業者

　投資信託会社の（および当時それと区別がつけられなかった）活動に密接に関連していたのは，土地と不動産に関する，米国における抵当貸付へのイギリスの

第Ⅱ部　世界最大の債務国

関わりであった。スコットランドの信託会社の多くは，とりわけ米国における土地と不動産抵当に直接に投資したし，こうした会社は抵当を投資の「保証」として認識していた。経済学者のF・ラヴィントンが指摘するように，「平均的な投資家が，米国における不動産の抵当と引き替えに貸そうとするなんて問題外である」。経験豊富な信託会社であれば，まさにそんなことができよう。[88]

　（1913年までの）米国連邦銀行法のもとでは，米国の国法銀行は，土地あるいは不動産を元手にした融資をすることは認められていなかった。米国においては，州法銀行，信託会社（その多くは外国の資金を仲介した），抵当会社（同様に外国から資金を持ち込んだ）[90]が，貯蓄銀行と諸団体と住宅金融組合と同様に，そのギャップを埋めたのである。さらに，外国の投資家が，本国で組織された投資会社，抵当会社，および土地会社を通じて，抵当のための資金を提供した。[91]

　土地と不動産を担保とした抵当貸付は，きわめて地域性の強い試みである。鉄道の有価証券の買収（それは典型的には株ブローカーを通じて行われた）とは異なり，抵当貸付は債権者を債務者との直接の取引に引き込んだし，その場合には相対的に小額の債務者が取引相手となった。多くの点で，それは巨額の外国の関与が期待されるビジネスではなかった。しかし，そうした参加がある場合には，主として法外な報酬があるためだった。米国のフロンティアにおいては，定住が西に広がるにつれて，抵当資金の需要が高まった。1880年代には，ミズーリ州カンザスシティは，西部における抵当譲渡の中心地となった。[92]スコットランドの投資信託会社の多くは，実際には抵当会社であるか，あるいは抵当会社と密接に提携していた。[93]イングランドの会社は自らの企業を通じて抵当貸付に関わるようになり，スコットランドの会社よりも頻繁に，ロンバード投資社，J・B・ワトキンス土地抵当社，ジャービス・コンクリン抵当社，および公正抵当社のような米国の企業を通じて投資した。時には，イングランドの信託会社と抵当会社とは，米国のそうした会社と提携した。[94]米国の企業ならば，必要とされる細心の注意を払ってこの信用譲渡活動を行えると想定された。しかしながら，外国企業の多くは抵当貸付を直接に扱った。この節において，私の関心は，米国企業を「代理店」として採用するとともに，外国の貯蓄を米国における土地と不動産抵当に仲介するための，自らの貸付組織をも開発した外国企業に向けられている。

888

第14章　金融（サービス），商業（サービス），および通信サービス

　このタイプの信用を提供するイギリス企業は，3つの基本的なルートを追求したようにみえる。第1のルートは（投資信託会社と提携して），米国の鉄道債券とちょうど同じような，高額の報酬を生んでくれる第1級の担保物件として，抵当を捉えるものだった。第2のアプローチは，土地開発に集中するものだった。会社は土地を購入してそれを区割りして売却し，購入者に抵当を認めたのであり，抵当は土地販売を容易にしたのである。利益は，土地開発と改良を伴ったそれに続く土地処理，およびそれから補足的な抵当に由来していた。大英帝国においては，有価証券の手引書は「金融会社，土地会社，および投資会社」を一つの題目のもとに括ったが，それは現実の提携関係を反映していた⁽⁹⁵⁾。第3のコースはすでに存在していた取引から成長したもので，土地と不動産抵当は現に進行している商業活動に付随するものとなり，顧客のニーズに対応したものとなった。

　3つの相互に関連したルートのどれが選択されるにせよ，（必ずしもすべてではないが）たいていのイギリスの抵当資金は，中西部，西部，および南部といった資本が不足している地域における農地の抵当に投入された。都市の不動産（事務所ビルディングおよび街の区画）を担保に取った外国からの資金貸しも存在したけれども，農地への融資が最も普通だったと思われる⁽⁹⁶⁾。投資家は利子率に敏感であり，抜け目のなさの程度は様々だが，利子の差異を捉えるために米国内の州から州へと重点的な対象地域を移動させた⁽⁹⁷⁾。カンザス州の元下院議員（ジョン・デイヴィス）の見積りによれば，大いに誇張されているものの，1889年の米国全体における未払い抵当融資の60億ドルのうち，約30億ドル（あるいは50％）が外国の投資家によるものだった！　私は，この途方もなく高い評価額も，そのような外国からの融資が目に見えるものであることを示すために分析に加えることにする⁽⁹⁸⁾。

　私は第1に，投資信託会社，すなわち米国の土地および不動産の抵当を魅力的で信頼できる報酬を伴った有価証券とみていた投資家が行った抵当貸付を考察しよう。この範疇にはスコットランド人のロバート・フレミング，ウィリアム・メンジーズ，およびウィリアム・マッケンジーが組織した企業や⁽⁹⁹⁾，経営がうまくいっていた，エディンバラ市のスコティッシュ・アメリカン抵当株式会社のようなたくさんの企業が含まれていた⁽¹⁰⁰⁾。エディンバラ市のホームズ・アイ

第Ⅱ部　世界最大の債務国

ボリーは，1884年に資本金100万ポンドで合衆国抵当スコットランド株式会社を設立するために，シンジケートを設け，アメリカ人をこの事業を管理するために任命した。もう一人のスコットランド人であるジェームズ・テイトは，以下のような会社を創立した。すなわち，アメリカン抵当社（1877年），エディンバラ・アメリカン土地抵当社（1878年），オレゴン抵当社（1883年），およびアメリカン信託・代理人株式会社（1884年，1889年に解散）がそれらである。スコットランド人であるジョン・E・ギルドは，投資家抵当証券株式会社（資本金100万ポンド）の初代会長だったが，この会社は1891年に創業し，米国の抵当を専門に扱う企業だった。

　ロンドン市における資本金200万ポンドの連合抵当・銀行信託会社もあったが，この会社は米国における改良農業所有地を第一の抵当にとって貸すことを公言しており，「その結果，その種の担保物件の優位性と，大英帝国よりも『新しい』国で得ることができるもっと高い収穫量とを結びつけることになった」。その会社は，自社の社債と交換に，「公正な」利子率で投資家から資金を獲得し，その蓄えた資金を投資するにあたっては「小額の取引を高利子で行い，こうして平均化の法則によって与えられた安全保障を確保した」。アングロ・アメリカン土地抵当・代理人株式会社は，1883年にロンドン市でつくられ，ミズーリ州，ネブラスカ州，カンザス州，およびアイオワ州における農地融資に投資した。1880年代においては，イングランドの会社の多くは，──植民地・合衆国抵当株式会社，統一信託株式会社，カナダ・アメリカ抵当・信託株式会社などの名前をもっていた──スコットランド人とともに米国の農地抵当証を買収し，この「紙切れ」をすばらしい報酬をもたらすものとしてみていた。

　イギリスの抵当貸付業者はすべて，米国の代理人を任命したが，これらの「代理人」は米国の抵当会社である場合もあれば，そうでない場合もあった。手続きとしては，外国企業がイギリスで借りて米国で貸し付けるというもので，（少なくとも1880年代の初めには）6から7ポイントもの値開きがあった。これが意味するものは，イギリスの会社は本国で3.5から6（あるいは7）％の利子で借りて，10から13％で貸すということであり，そうすることで米国の代理人と分け合う適当な利潤が残ったのである。ウィリアム・カーは，スコットランドの企業がこの事業をどのようにして行ったかを書いてきた。こうした企業は米

第14章　金融（サービス），商業（サービス），および通信サービス

国の代理人と定常的な関係を結び，これらの代理人を通じて，3分の1から2分の1の資産評価に基づいて，相対的に短期（3年から5年）の抵当融資を行った[109]。こうした企業は代理人に対して，保守的に融資の上限を定めた[110]。スコットランド人にとっては，彼らの本国での借入（発行された社債）は3年，5年，および7年期限であり，そういうわけで，彼らの米国における資金貸しとイギリスにおける受け取りとの満期は，理にかなって十分に見合うものだったのである[111]。スコットランド人は，抵当証券に合わせて社債を発行する革新者だったようにみえるし，そうした行為は米国企業によって採用されるようになった[113]。

　スコットランドとイングランドとの投資信託会社における差異について，ジョージ・グラスゴーは，ずっと後になって書いたときに，スコットランドにおける信託会社の一つの特徴は「期限付きの社債，一時的な融資および預金」を振り出すという行為であることに注目した。イングランドの投資信託会社は，グラスゴーがみるところでは，主として社債株を発行することに自社の活動を限定していた。期限付きの社債を発行するイングランドの投資信託会社はほとんどないが，事実上スコットランドの会社はすべてこれをやっていると，彼は結論づけた[114]。グラスゴーはそこまで言っていないが，創業時からスコットランドの投資信託会社がスコットランドの抵当認可企業と密接な関係を結んでいたことによって，現実にイングランドの会社と活動が異なることが説明されることは疑いなかった[115]。支払期日があっていたことに注目したことは，すばらしい処方箋となった。スコットランド人は，米国の代理人を監視するために，スコットランドから監査人を派遣し，代理人は資産を評価して融資を行った。米国の抵当におけるスコットランド人の支柱は，明らかに直接投資だった[116]。そうした投資は，「ロンドン市の金融市場から大規模に引き離されたのだった」[117]。

　イングランドの抵当会社は，スコットランドのものと同様に，米国の農夫たちに信用を供与することに参加した。ロンドン市の外部にあった会社は，同様にロンドン市の金融市場から分離していたように思われる[118]。マクファーレインは，抵当企業に関する卓越した研究を行ったが，少なくともアイオワ州とカンザス州においては，スコットランド人たちはイングランド人よりも早く入ってきたし，後者はもっと西部に別の可能性があることにあまり気づいていないとみていた。彼は，スコットランド人がもっと多角的に投資する傾向があること

891

第Ⅱ部　世界最大の債務国

表14-3　米国における事業に従事した，新しい金融，土地，投資会社（1882年および83年設立）

名称，設立年	本社	資本金（ポンド）	コメント
アリゾナ信託・抵当株式会社，1883年	エディンバラ市	300,000	アリゾナ銅会社の債券を買収する目的，W・J・メンジーズが関与
ブリティッシュ土地抵当アメリカ株式会社，1883年	ロンドン市	1,000,000	土地の買収，開発，売却が目的，第一抵当権を取って融資，活動はミシッシピ州の西，C・S・グレンフェルが取締
東フロリダ土地・青果品株式会社，1883年	ロンドン市	200,000	フロリダ州セントオーガスティン市近郊の土地買収および開発が目的
フロリダ土地・抵当株式会社，1883年	ロンドン市	1,275,000	フロリダ州における資産買収が目的
ノースアメリカン土地協会株式会社	ロンドン市	500,000	米国およびカナダにおける土地購入が目的，ノースダコダ州において，43,000エーカーを買収
スコットランド抵当・土地投資会社のニューメキシコ州株式子会社，1882年	グラスゴー市	200,000	米国の不動産抵当への投資が目的，特にニューメキシコ州で活動
南ミネソタ土地株式会社，1883年	ロンドン市	250,000	ミネソタ州で約104,415エーカーの土地を買収・再売却
テキサス土地・抵当株式会社，1882年	ロンドン市	500,000	米国における土地購入・開発，および融資会社の運営が目的
ウェスタン抵当・投資株式会社，1883年	ロンドン市	500,000	米国における資産担保をとった資金投資が目的

出所：*Burdett's Official Intelligence for 1884.* 牧畜会社を除く。

に気づいていた。[119]イングランドの抵当会社は，イングランドの投資信託会社とは関連がなかったように思われる。[120]

　創業時から，スコットランドの投資信託会社およびスコットランドの抵当会社の多くは，同じ経営者と米国におけるコネとを共有していた。[121]不動産への融資が巨額の場合には，スコットランド人はそれをシンジケートとして行うであろう。[122]マクファーレインは，スコットランド人が「秀逸な事業情報システム」をもっていることを見出したが，彼はまた，中西部においてはスコットランド人とイングランド人は「ほとんどいつも同じ代理人を使い」，そして「時にはあちこち移動して回る同じ監査人を採用する」ことも指摘した。[123]同様に米国の他の地域においても，スコットランドとイングランドの抵当認可機関は，同一の代理人を雇ったのである。[124]

　1882年と1883年においては，牧畜会社を除いて，[125]少なくとも９つのイギリスの（スコットランドとイングランドの）会社が，米国の土地を購入するかあるいは抵当を扱うために，あるいはその両方を行うために設立された。表14-3は

892

第**14**章　金融（サービス），商業（サービス），および通信サービス

不完全なリストを提供しているが，この集団だけでも2300万ドルを超える資本総額を含んでいた。[126] 1882年と1883年に組織された会社の多数は，「土地開発」に関わっていた。米国におけるイギリス企業による抵当貸付の第2のルートは，上で示したように，土地開発のルートだった。おそらく，これらの企業のなかで最も重要なものは，1882年につくられたテキサス土地・抵当会社であった。それは土地を売買し，土地抵当をとって金を貸し，「南西部におけるイギリスの利益のために，ある種の手形交換所」として活動した。それは，ダラス市において自社の事務所を運営した。[127]

イングランドの会社の多くは土地開発業者として出発し，その後農地への融資を提供するようになった。こうして，ロンドン市とシカゴ市にあったクローズ・ブラザーズ社はアイオワ州に土地を買い，それから土地を区分けして移民に再売却し始めた。1890年代までには，クローズ・ブラザーズ社は，アイオワ州，サウスダコタ州，ネブラスカ州，カンザス州，イリノイ州，およびウィスコンシン州において農地への融資に深く関わっていた。彼らによる抵当貸付は，利潤の源泉として土地開発活動よりもはるかに重要になっていた。現地にはクローズ兄弟がいたし，イギリスにも兄弟の一人がいた。[128]

1881年には，スコットランドのフォーファー議会のメンバーであるジェームズ・W・バークレーは，ロンドン市コロラド抵当投資株式会社の役員会の会長[129] であったが，その会社はニューメキシコ州で土地を買い，コロラド州で土地投機に加わっていた。[130] バークレー自身は，1870年代の終わりと1880年代の初めに，米国における肉牛の放牧に投資した。[131]

1887年には，アメリカ人のシーマン・A・ナップが，ルイジアナ州に資本をひきつけるためにイギリスに渡った。彼は，イングランドのレスター市にあったルイジアナ南部諸州不動産・抵当株式会社を組織する手助けをした。米国に帰ってから，彼はその会社と対になる南部不動産融資・担保株式会社をつくって，イングランドの会社の「実働代理店」として奉仕させた。これらの会社は不動産を売買し，抵当を取って融資し，ルイジアナ州の都市計画と2つの町の開発を行い，12の大規模な水田を運営し，森林を購入し，製材所を経営し，さらには砂糖を生産した。[132] 場合によっては，牧畜会社（例えば，ウェスタン牧場株式会社など）が，抵当貸付業者に転換することもあり，1910年には抵当を取っ

893

第Ⅱ部　世界最大の債務国

て金を貸す新しいウェスタン牧場投資株式会社が，以前の牧畜会社にとって代わった[(133)]。要するに，イングランドの企業の方がいっそう多かったのだが，スコットランドの企業のなかにも，土地会社あるいは牧畜会社として出発し，その後，土地投資に関してよりよい報酬を実現するために，抵当貸付に移ったものがあった。

　米国においてイギリス人が抵当貸付にいたる第3のルートは，カリフォルニア州におけるバルフォア・ガスリー社の行動に典型的にみられる。この企業は，リバプール市におけるバルフォア・ウィリアムソン社を親会社としており，太平洋海岸からの穀物輸出業者として，その米国における貿易活動を開始した。この会社は，「いつも金不足の」農夫たちとの定期的な付き合いを発展させた。この貿易会社はその後融資をはじめ，担保として農地の抵当を受け入れた。1878年には，それは，（「ダンディー市の会社のモデルにならって」[(134)]）太平洋融資・投資株式会社を，後に太平洋信託協会株式会社を組織した。1886年には，太平洋融資・投資株式会社は，株を公開する会社としてイギリス市場で再編・設立された。イギリスの本社は，リバプール市にあるバルフォア・ウィリアムソン社の事務所に置かれていた。融資事業は手堅く運営され，（第1級の抵当だけを対象に，資産価値の50％を上限としており），経営はバルフォア・ガスリー社によって行われた[(135)]。1880年代の初めにもまた，バルフォア・ガスリー社は，リバプール信託・融資社（この会社の主たる株主は，バルフォア・ウィリアムソン社の共同出資者だった）のために活動した。スティーブン・ウィリアムソンは1880年代の初めに，この会社は第1級の抵当によって金貸しをして，「9，10，11，および12％の純益を得続けて」いることを自慢していた[(136)]。「投資」，「土地開発」，あるいは「貿易ニーズ」などのどのようなルートであろうとも，米国において抵当貸付を認めたイギリスの会社は，1870年代後半および1880年代に増大したことに注目しよう。米国における現場の代行人を通じて，これらの会社は，南東部のジョージア州とアラバマ州から中西部のアイオワ州とカンザス州，さらには太平洋側北西部のオレゴン州とワシントン州に至るまで，米国の農民に信用を供与した。

　1889年（前に引用した年）に関して，下院議員のデイヴィスが行った，米国の抵当へ30億ドルの外国投資があったという見積りは軽率なほど高かったけれど

894

第 **14** 章　金融（サービス），商業（サービス），および通信サービス

も，どのくらいの外国資金が米国の抵当に流れ込んでいたかは誰にもわからない。オレゴン州ポートランド市のウィリアム・リードは，（1874年5月から1885年6月までに）5000件以上の融資を行ったといわれたが，その総額は759万7741ドルに及び，そのうちの600万ドルはスコットランドの資本から成り立っていた。W・G・カーによる注意深い研究によれば，1880年代後半にはテキサス州における3つのスコットランドの抵当会社が，抵当証書の発行に120万ポンド（あるいは580万ドル以上）を当てていることがわかった。マクファーレインは，1890年に関して，1650万ドルほどがカンザス，アイオワ，ネブラスカ，および南北ダコタ諸州におけるイギリスの抵当融資につぎ込まれたことを確認した。これら3つをまとめると（約2850万ドルに上るが），これが全体のわずかの部分を表すにすぎないことは認めるとしても，われわれはなお，デイヴィスによる30億ドルという数字にはかなりかけ離れている。

　しかし，とりわけ1880年代においては，農業用具と農業改良のために資金が必要であったため，米国の農民は頻繁に自分の土地を抵当に入れたことは疑いないように思われる。イギリスの投資家たちは，農民のニーズのいくつかを満たす手助けを実際に行ったのであり，とりわけその10年間においては，土地と不動産を担保にした抵当貸付が急速に増加したのだった。イギリス起源の基金があったことは，フロンティアにおける利子率を下げたように思われる。イギリスの貸付業者は，「社債会社」の革新者であったように思われ，農地の抵当を手に入れることに備えて（と引き換えに）社債を発行したのである。

　1888年から1894年の間，旱魃とその他の悪天候によって米国の穀物が打撃を受けたので，農民たちは債務不履行になり，貸付業者たちは担保として手に入れた土地を売る市場を見つけられなかった。その結果，「**平原が多い諸州**に融資を集中していた（米国の）抵当会社の，多くは倒産した」。これらの国内における倒産を受けて，倒産した米国の会社と緊密に提携していた，いくつかのイギリスの抵当会社も困惑し崩壊することになった。W・タレンティン・ジャクソンは，700万から900万ポンドのイングランドとスコットランドの資金が，1893年から94年における最も巨大な4つの米国抵当会社の倒産に「結びついている」と見積もった。

　1893年に，R・H・イングリス・パルグレイヴは，米国の不動産に基づく抵

895

第Ⅱ部　世界最大の債務国

当は決して「現時点ではイングランドにおける好ましい投資ではない。農業不況は，多くの人に土地に手を出して痛い目にあわせた。米国においては，優良な抵当を見つけるのがますます困難になっている」と書いていた。彼は，米国の不動産は「イングランドにおいて人気が出る可能性はかつてよりも小さいだろう」と報告した。彼はスコットランドについてはなにも書かなかった。歴史家ウィリアム・カーは，米国において活動する，スコットランドで組織された大手の抵当会社のなかで，倒産したものは一つもなかったと指摘してきた。

1890年代後半以後に，新たな外国投資を押しとどめたもう一つのものは，利子率の変化であった。1870年から1896年までは，抵当率が急落したために，中西部，西部，および南部における農地抵当から得られる報酬は着実に減少した。1900年にナサニエル・ベーコンは，米国への外国投資に関する研究において，以下のように記録した。

　　私は，投資会社による場合を除いて，米国において不動産抵当を取ってイングランドの人々が貸した資金が，他と比べてもほんのわずかな額であるという指標を見つけることができた。1893年以前にはこの種の投資は大規模なもので，主としてロンバード投資社および類似の会社によって行われたが，1893年恐慌の期間に農地価格が著しく低下し，その結果これらの会社の多くが倒産することになり，それ以来こうした資本はたいてい米国から撤退してしまった。

　私は，ベーコンが1893年以降も残った「イングランドの」投資家による資金（stakes）を過小評価していると思う。パルグレイヴと同様に，彼は米国の抵当へスコットランドから巨額の投資があったことをまったく無視した。そのうえ，ベーコンが書いた後，とりわけ1904年から1914年には，米国の抵当に向けてイギリスからの投資が新たに行われたのである。

　外国直接投資，つまり直接に管理された投資は，1890年代のトラウマを乗り切って生き延び，必然的に米国の農地抵当はヨーロッパで上々の評判を得た。こうして，バルフォア・ガスリー社が所有する太平洋融資・投資会社，およびその傘下の太平洋信託協会株式会社がうまく監督したベンチャーが，カリフォ

第**14**章　金融（サービス），商業（サービス），および通信サービス

ルニア州において資金提供を続けた⁽¹⁵²⁾。同じく，日ごとに代わる事業環境に注意
深く注目したので，大手のスコットランドの抵当会社は（注記したように）存続
した。米国には，成功する投資のためのインフラストラクチュアが存在した。
バルフォア・ガスリー社は，直接に経営を行った。米国におけるスコットラン
ド人は，アドバイザー，代理人，および監査人としてスコットランドの会社に
サービスを提供した。スコットランド人の経営者は，米国の状況について知っ
ていて，最善のものを利用する機会を注意深く取捨・選択した。例えば，エ
ディンバラ市のスコティッシュ・アメリカン抵当会社（SAMC）はアメリカ人の
代理人を利用したが，彼らの多くは移住したスコットランド人で，そういうわ
けで信用に値すると判断された人々だった。早くも1877年11月には，SAMC
はシカゴ市にあるモントリオール銀行を「アメリカ人が経営する」取引銀行に
任命したのだったが⁽¹⁵³⁾，当時のモントリオール銀行の頭取は，スコットランド人
だった。スコットランドの抵当会社は，頻繁にイギリスの（しばしばスコットラ
ンドの）保険事務所に助言を求めた。イギリスの（またしてもしばしばスコットラ
ンドの）会計士が手助けしたが，今一度彼らは典型的にはスコットランド人移
民だった。1913年までに，SAMCだけで196万9478ポンドを米国の不動産抵当
に投資していた（この会社のその他の投資は，13万4732ポンドにすぎなかった）⁽¹⁵⁴⁾。

　1890年代においては，外国人投資家の多くが米国における抵当貸付を縮小す
るか，あるいはやめるかしてしまった一方で，少なくともスコットランド人に
おいては，明らかに多くが残っていた⁽¹⁵⁵⁾。巨大なダンディーの同盟信託会社（マッ
ケンジーの会社）は，その証券における抵当の構成を1890年の持ち株比率の
87％から1900年には68％に引き下げた。この会社は，1905年まで（57％に）切
り詰めを継続し，1914年にはわずかに56％に低下した。それにもかかわらず，
同盟信託会社の投資は主として米国に向けられたままだったし，1914年には
234万5182ポンドの抵当投資を行ったが，とりわけそのすべてが米国に向けら
れたものだった⁽¹⁵⁶⁾。

　相対的に新しく参入した，エディンバラ市の投資家抵当証券株式会社（1891
年創業）は，1913年に抵当および不動産に125万ポンド，一般投資には68万ポ
ンドを費やした。その抵当は，カナダにもいくらかあったが，主として米国の
ものだった⁽¹⁵⁷⁾。こうして，おそらくは米国抵当への3つの基幹的なスコットラン

897

第Ⅱ部　世界最大の債務国

ド投資家であった，SAMC，同盟信託会社，および投資家抵当証券株式会社は，合わせて1913年から14年におよそ2700万ポンドを米国の抵当に注ぎ込んでいた。

この合計額に，われわれは太平洋融資・投資株式会社（バルフォア・ガスリー社）による，1914年における400万ポンドの融資を付け加えることができる。[158] カーのデータによれば，テキサス土地・抵当株式会社が，（1880年代後半の45万ポンドと比べて）1914年までにほぼ80万ポンド（約400万ドル）をテキサス州の抵当に投資したことがわかる。[159] テキサス土地・抵当株式会社はロンドン市に本社を置いていたが，カーはそれを「スコットランド企業」に含めている。1880年代から1914年にかけて振り出されたこの会社による融資のドル建て価値が上昇したことは，インフレおよび20世紀初頭の石油発見を受けたテキサス州における資産価値の上昇を考慮して修正が行われた後では，私には重要なことには思われない。[160] それにもかかわらず，この数字によって，イギリスの抵当資金の多くが米国から引き上げられなかったことが確かめられる。[161]

1900年代の初期には，米国における抵当貸付に参加したイギリス人の多くが，米国における抵当貸付を拡大するよりもむしろ，世界中に投資を広げ始めた。[162] 同様に，米国国内においては，彼らはその他の機会に目を向けた。バルフォア・ウィリアムソン社を研究する歴史家は，カリフォルニア州におけるこの会社の関連会社が，（1910年に）抵当にはあまり資金を向けず，固定した投資に多くの資金を投入していることを報告した。[163]

スコットランドの投資信託および抵当会社にとっては，米国における抵当貸付は，1870年代後半および1880年代においては重要だったし，1914年においてもまだ意義があったが，早い時期の「熱狂」は冷めていた。[164] それに対して，米国における土地および不動産抵当へのイギリスの資金が，1914年よりも1880年代の方が大きかったのは当然である。[165] 私は州ごとの分析を行っていないが，そうした研究によって，南部および西部の奥地における抵当融資に比べて中西部における抵当貸付が**相対的**に減少したことに伴い，1914年よりも1880年代の方がむしろ，イギリスの抵当貸付がきわめて異なった形で地域的に**分配されている**ことが示されても，驚かないであろう。[166]

抵当貸付には，適切に管理されているうえに，現地の状況を詳細に熟知していることが求められるので，最も成功している会社は抵当への投資機会のみな

第14章　金融（サービス），商業（サービス），および通信サービス

らず，他の見込みについても同様に知っていた。こうして，抵当を提供した同種の企業の多くが，他のベンチャーを支援した。私は，スコットランドの投資会社と抵当会社との緊密な連携に注目してきた。双方とも，牧畜企業とコネをもっていた。相互関係はいっそうさらに進展した。こうして，SAMCの取締役が，（1882年に）イギリス人が管理する重要なアリゾナ銅会社を設立する企業家となった。[167] この結びつきは，情報へのアクセスと潜在的な投資先に関する知識にあった。[168] 要するに，イギリス企業を抵当貸付へと導いたのは，異なる事業機会だけではなく，抵当貸付に由来する抜け目のなさであり，それが今度は外国投資家の地平を拡大したのである。

大陸ヨーロッパおよびカナダにおける投資信託会社および抵当会社

イギリス国民といえば，投資信託会社および抵当会社と典型的にまた正しくも結びつけられるけれども，米国における資金貸付へのこうしたアプローチは，彼らだけのものではなかった。オランダの銀行会社は，米国有価証券の多様な証券を手に入れるために投資会社をつくったし，実際にネーデルランドの投資家のために，イギリスの投資信託会社がイギリス海峡の向こうの金融業者にしたのと同じサービスを提供した。たいていの場合には，イギリスの会社と同様に，オランダの投資会社は米国の鉄道有価証券を手に入れた。投資会社それ自身の有価証券は，それからオランダ国民に売却された。これによって，最終的な投資家は，流動性と既知の通貨（ギルダー）建てで振り出された有価証券をも手にした。こうして，カークホーヘン社とボワスヴェイン・ブラザーズは，アメリカ債券基金を所有したし，ベルトハイム＆ゴンベルツ社，ヴェステンドルプ社，およびF・W・オーベルは，アメリカ鉄道証券抵当共同資産会社（Vereenigd Bezit van Amerikaansche Hypothecaire Spoorwegobligatiën）を経営し，ホープ社は，合同資産会社（Gemeenschappelijk Bezit）を所有し，さらにブロス＆ゴスマン社は，アメリカ基金共同資産会社（Vereenigd Bezit van Amerikaansche Fondsen）を設立・指導したのである。1906年には，フェアメール社と一般信託会社が，アメリカ工業株式シンジケート（the Syndicaat van Amerikaansche Industrieele Aandeelen）を設立し，米国工業の好ましい株を買収

第Ⅱ部　世界最大の債務国

した。[(169)]

　1905年に，パリ連合銀行は，（1000万ドルを少し下回る）資本金5000万フラン
でフランス・アメリカ金融会社（the Société Financière Franco-Americaine：
S.F.F.A.）を組織したが，これは米国の工業企業株のための持株会社で，米
国の有価証券に資本をいくらか投資したいが，ニューヨーク市の市場における
きわめて多数の売り物のなかから選び方がわからないフランス人のよく似た要
望に応えるものだった。S.F.F.A.は，ニューヨーク市のシュパイアー社およ
びイゼリン社と協力して設立された[(170)]。スイス銀行も株を買収した[(171)]。

　1890年の3月に，ドイツ・アメリカ信託会社（Deutsche-Amerikanische
Treuhand-Gesellschaft）が，資本金2000万マルク（約500万ドル）でベルリンにお
いて登記されたが，この会社は，⑴自ら購入した米国の手堅い有価証券に基
づいて自社債を発行し，⑵破産してしまった米国企業が発行した有価証券を
所持している人々の利益を代弁することを目的としていた。その会社設立発起
人（プロモーター）には，ベルリン市のジョージ・ボン・シーメンス，フラン
クフルト市のオットー・ブローンフェル氏，ベルリン市のドイツ銀行，および
フランクフルト市のヘンリー・オズワルトとテオドール・スターンが含まれて
いた。ドイツ銀行とジェイコブ・S・スターンの銀行は，その資本の90％を所
有していた[(172)]。このベンチャーは成功しなかった[(173)]。1901年12月9日に，この会社
はドイツ信託会社として再建された[(174)]。1915年にイギリスの著述家は，ドイツに
おける信託銀行の役割は一定程度子会社にあたる銀行（Tochtergesellschaften）
によって埋め合わされており，その子会社は親会社が提供した資本によって工
業への融資を継続していると結論づけていた[(175)]。

　バーゼル州のスイス銀行連合は，投資会社の全体グループに加わった。こう
して1904年に，それはチューリヒ・アメリカ信託会社（Zurich-American Trust
Company）の株を買収し，この信託会社は北米の有価証券事業を行った。1905
年には，上に述べたように，それはパリのS.F.F.A.株を買い取った[(176)]。その年に，
この連合は（ベルリン市の）ノースアメリカ割引会社連合（Nordamerikanische
Konsortium der Discontogesellschaft）の取引に参加した。1906年には，それは，
オランダの銀行によってつくられていた，米国の工業株を扱う「シンジケー
ト」にも加わった[(177)]。

900

第**14**章　金融（サービス），商業（サービス），および通信サービス

　ドイツ人，フランス人，オランダ人，およびスイス人がつくった投資信託会社はすべて，銀行と提携していたが[178]，こうした提携関係は，注記したように，なかにはイギリスの銀行や米国の銀行との結びつきを現にもっていたものもあったけれども，たいていのイギリスの投資信託会社には当てはまらなかった[179]。

　スコットランドの投資信託会社が，米国の抵当，および「投資信託会社」と「抵当会社」との間に存在する提携に利害関心をもっていた一方で，大陸ヨーロッパの投資の場合，典型的な「投資会社」が所有していた有価証券には，抵当は含まれて**いなかった**。しかしながら，表14‐4が示すように，米国の西部と東部においてはオランダの「抵当銀行」が存在した。この表は，それらの設立日とその他の情報を提供してくれる。米国へのオランダ投資を扱う歴史家は，これらの抵当銀行の活動を直接投資と呼んだ。それらは，1913年12月31日の時点で，発行されている「抵当債券」の形で，7313万7000フラン（2925万4800ドル）を保持していた[180]。

　これらオランダ銀行の活動のなかには，傑出したものもあった。これらの銀行は，農地と同様に都市の不動産に基づいて，資金を貸した。1893年恐慌の後では，ノースウェスタン・パシフィック抵当銀行（the Northwestern and Pacific Hypotheekbank）が，債務不履行の債券を処分して，ワシントン州スポーカン市の最も良い市中心部資産の大部分（およそ25％）を買収した。オランダ人たちはこのことに否定的な外国人への反応を恐れて，秘密にしていたし，できるだけ速やかに建物と土地を売却した。この企業はまたワシントン州に7万8179エーカーの土地を所有するようにもなった。この銀行は恐慌を乗り越え，ワシントン州で貸し続け，事実1910年には第二のノースウェスタン・パシフィック抵当銀行を組織したが（表14‐4参照），このことは利用可能な資本を増やしたのだった[181]。

　1880年代には，オランダとドイツの資金は，ロンバード投資社を通じて米国の抵当へと投資されていた。この会社が負債を整理して解散したとき，アムステルダム委員会も関わった。1900年のベーコンの報告によれば，「ドイツの資金はほとんど，米国の不動産あるいは不動産抵当には投資されていな」かった[182]。このことは，1914年にも同様に当てはまるようにみえたし，後に外国人資産管理局がつくったデータによって確かめられている[183]。フランスの資金（ルイ・フ

表14-4　1913年に米国で活動していたオランダ抵当銀行

抵当銀行	本社	米国のセンター	米国での事業	設立年	登記資本（フロリン）表示額	支払額 1913年12月31日	抵当債券の残高1913年12月31日（フロリン）
オランダ・アメリカ土地マーツシャペイ	アムステルダム	セントポール	ミネソタ，アイオワ，モンタナ，米国南部	1883	f2,500,000	f1,532,000	f11,550,700
第一ノースウェスタン・パシフィック抵当銀行	アムステルダム	スポーカン	ワシントン，オレゴン，アイダホ	1889	1,860,000	1,860,000	10,969,000
オランダ・アメリカ抵当銀行	アイトハイゼン	セントポール	ミネソタ，ミシシッピ，アーカンソー，モンタナ，アイダホ，ワシントン，オレゴン	1893	4,400,000	1,958,500	25,999,500
オランダ銀行	アムステルダム	スポーカン	ワシントン，アイダホ	1896	1,436,400	1,231,200	3,909,200
国際抵当銀行	アペルドーン	スポーカン	ワシントン，アイダホ，オレゴン，モンタナ，カルフォルニア，ユタ，ワイオミング，米国南部	1909	1,000,000	168,000	4,873,900
第二ノースウェスタン・パシフィック抵当銀行	アムステルダム	スポーカン	ワシントン，オレゴン，アイダホ	1910	1,500,000	1,000,000	4,813,500
オランダ・テキサス抵当銀行	アムステルダム	ポートアーサー	テキサス	1911	1,495,000	1,495,500	500,000
オランダ・ワシントン抵当銀行	アムステルダム	シアトル	ワシントン，オレゴン	1912	1,850,000	} 805,400	2,754,200
北パシフィック貸付・信託会社	スポーカン	スポーカン	アイダホ	1901	500,000		1,850,000
オランダ・アメリカ抵当銀行	ユトレヒト	シアトル	ワシントン，オレゴン，アイダホ，ジョージア，アラバマ，フロリダ，テキサス，アーカンソー，ミシシッピ	1912	750,000	246,000	1,808,850
ホールアメリカ抵当銀行	ハーグ	ポーランド	オレゴン，ワシントン	1912	500,000	50,000	1,509,600
オランダ・ノールツ・アメリカ抵当銀行	ゴリンヘーム	シアトル	ワシントン，アイダホ，モンタナ	1912	500,000	100,000	1,357,350
ノールツ・アメリカ抵当銀行	レーウバルデン	ボーゼマン	ワシントン，アイダホ，オレゴン，モンタナ，ジョージア，フロリダ，アラバマ，アーカンソー	1912	1,476,000	59,000	1,241,200
1913年12月31日付の合計						10,505,600	73,137,000

出所：K. D. Bosch, *Nederlandse Beleggingen in de Verenigde Staten* (Amsterdam：Uitgevers-maatschappij Elsevier, 1948), pp. 440-441.

第**14**章　金融（サービス），商業（サービス），および通信サービス

レミー社とフランス不動産銀行）は，1871年に認可された合衆国抵当会社に加わっていたが，この会社は少なくとも1883年まで重役会をパリ市で続けた。私はフランスの投資になにが起こったかは知らない。合衆国抵当会社は農地に基づいて資金を貸すことをやめ，1890年代の初期には信託会社に転換した。1910年には，ジョルジュ・オーバートが，米国の不動産を担保とする資金貸付のために，不動産銀行を設立することを呼びかけた。彼の提案をさらに徹底した形跡はない。

　カナダの金融機関が，米国における1914年以前の抵当貸付において大きな役割を果たしたことを示すものはない。カナダの銀行は，国内にせよ外国においてにせよ，抵当貸付を禁じられていた。カナダ王立信託会社は，モントリオール銀行と提携して，資本金50万ドルで1891年8月にシカゴ市でまさに事業を開始した。第13章で注記したように，それは，王立信託銀行の名のもとに1893年にイリノイ州で法人化された。1897年には，この銀行は商業融資・信託会社を買収し，1909年には，資本金は依然として50万ドルだったが，イリノイ中央信託会社に吸収された。この銀行は，1891年から1909年にかけて抵当貸付に携わっていたかもしれない。

　クレオナ・ルイスは，あらゆる外国の投資家による，農地を含めた米国の不動産を抵当に取った融資が，1914年には**総額で**2億から2億5000万ドル以上になると見積もったが，私ならば（その総額「以上」というよりは）単に2億から2億5000万ドルの範囲に数字を設定するけれども，この見積りは妥当であるように思われる。この総額の大部分は，スコットランドの（そして，量はもっと少ないが，イングランドの）投資家によって代行されたと思われ，大陸ヨーロッパおよびカナダの貢献は全体のほんのわずかにすぎなかった。

商　　社

　ヨーロッパの投資銀行の多くはマーチャントバンクとして創業したし，自らをそうした名称で認識していた。銀行のなかには，銀行というよりも貿易商というものもあったが，両方の機能を担っていた。よい事例は，バルフォア・ウィリアムソン社というリバプール市の企業で，この企業は，南米および北米の

903

第II部　世界最大の債務国

西海岸で活動した。そのカリフォルニア州の支社であるバルフォア・ガスリー社（1869年設立）は、貿易と輸送に従事し（親会社は実際に船をもっていた）、2つのイギリスの保険会社の代理店となり、保険それ自体を提供し、（注記したように）抵当融資を行い、波止場と倉庫の施設を開発し、（必要なサービスを低価格で受けられるように）タグボートの会社に投資し、石炭、鉄鉱石、および石油生産のために公正な融資を行い、製粉所を購入し、果実農園を手がけ、セメント工場を建設し、鮭缶会社の公正な株を所有し、そしてこういうわけで広範な多角的な活動に参加したのである。この会社は、**資本と経営**の双方をカリフォルニア州、ワシントン州、およびオレゴン州における企業に提供した。この会社が参加したたくさんの事業には、イングランドにおいて追加資本を募集し、アメリカ人と合弁企業をつくる必要があった。この企業を扱った歴史家は、これらのプロジェクトのすべてにおいて、「所有権がどこにあろうとも、経営はいつもバルフォア・ガスリー社の責任だった」と書いている。[189]

　バルフォア・ウィリアムソン社ほど広範な米国投資への関わりをもっている商社はほとんどなかったが、貿易、輸送、および製造を結びつける会社はたくさんあった（例えば、アルフレッド・ブース社は国際貿易に加わり、輸送航路を経営し、米国で革製品を製造した）。ラスボーン・ブラザーズ社は、もともとリバプール市の企業だが、ニューヨーク市に事務所を置き続けた（1857年から1863年まで、その支社事務所はウィリアム・リダーデールによって管理されていたが、この人は1890年のベアリング危機のときのイングランド銀行頭取だった）。ラスボーン・ブラザーズ社は、ロンドン市で米国鉄道株を扱い、米国の鉄道再編および穀物貿易に関わった。[190]

　アントニー・ギブズ&サンズ株式会社は、貿易商兼銀行家で、（バルフォア・ウィリアムソン社と同様に）南米の事業にきわめて深く従事していたし、米国の金融にも首を突っ込んでいた。1888年に、ギブズ&サンズ社は、合衆国ビール会社の設立に発券会社としてサービスを提供した（資本金40万ポンド）。1889年の春には、米国における基幹的な醸造業者であるパーブスト社とアンホイザー・ブッシュ社とが、ギブズ&サンズ社からの買収の申し入れとそれを受けたロンドン市における会社設立を拒絶した。1912年には、北米および南米の貿易のために必要となったので、ギブズ&サンズ社はニューヨーク市に支店を開設

第14章　金融（サービス），商業（サービス），および通信サービス

した。その翌年には，この会社は米国のチリ硝酸塩市場のシェア拡大を追求した。[191]

ドイツの金属貿易会社は，第8章で詳しく論じたように，後方活動を統合し，米国における製錬，精錬，およびその他の活動に巨額の投資を行う貿易商だった。「金融」におけるこうした会社の役割は，関連する活動に向けられていた。しばらくは，メタルゲゼルシャフト社の株を扱う持株会社は，金属銀行・メタルゲゼルシャフト社（Metallbank and Metallurgische Gesellschaft, A. G.）であった。[192]

最大の日本商社である三井物産株式会社（1876年に日本で創業）は，早くも1879年にニューヨーク市に支店を開いていた。そのニューヨーク支店は，日本から生糸を輸入した。1880年代初めに日本政府が輸出の補助金を打ち切ったとき，三井物産はニューヨーク市の出店を閉鎖した。その後1895年に，三井物産の岩原健三が東京を発ってニューヨーク市に向かい，そこで事業を再開した。2つの日本の競争相手が十分に体制を整えて以来，初めて三井物産は困難に直面した。それにもかかわらず，1897年以後は，三井物産の米国‐日本事業は急速に拡大した。1898年に，三井物産はサンフランシスコ市の事務所を開設し，それは小麦と小麦粉を輸出したが，他方で三井物産のニューヨーク市の事務所は引き続き日本の生糸輸入と，米国の鉄道機材，機械，および原綿の輸出を扱っていた。1911年には，三井物産はテキサス州ヒューストン市に完全子会社の南部製品会社を設立し，その会社は1912年にダラス市に移転した。この子会社は，この商社にとって重要な原綿輸出を援助することになっていた。三井物産は，米国原綿の日本への輸入の30％以上を担うようになった。1907年までには，三井物産は日本の生糸輸出における第一人者にもなった。1914年に，その取引には，日本製生糸の米国への全輸入の33.6％が含まれていた。三井物産は自社の船隊を所持していて，日本郵船会社（NYK）から船を借りていた。1910年に，三井物産のニューヨーク支店は28人の従業員を雇っており，サンフランシスコ支店は4人のスタッフを抱えていて，オレゴン州ポートランド市にあるサンフランシスコ支店の出店には1人が配置されていた。[193]

米国に代行店を置いていた日本の商社がそのほかにいくつあったかは，確かではない。[194]歴史家の川邊信雄は，原綿の輸出に関しては，日本綿貿易会社が，1910年にテキサス州のフォートワース市に子会社を設立したこと，江商会社が，

905

第Ⅱ部　世界最大の債務国

1913年にテキサス州サンアントニオ市に子会社をつくっていることを発見した。[(195)]
1903年には，日本企業である横浜生糸貿易会社が日本からの生糸輸出をリード
していたが，結局1907年に三井物産によって追い抜かれた。米国の化学産業を[(196)]
扱う歴史家であるウィリアム・ヘインズは，三井物産，鈴木商店，日商岩井，
三浦正造，および久原財閥を，日本および中国からニューヨーク市に，樟脳，
はっか，除虫菊（虫除けとして使われる花），大黄根，およびその他の医薬・芳
香製品を輸入する日本商社として見なしていた。日本の銀行，とりわけ横浜正[(197)]
金銀行は，日本と米国との貿易の多くに関して，融資を調整したと思われる。[(198)]

海運，ケーブル，無線通信，電話，および電信

　イギリス，ドイツ，フランス，オランダ，および日本の輸送会社は，（その
他の国籍の会社とともに）米国の港湾都市に自社の代理店を所持しており，それ
らのなかには設立されてからだいぶ経つものもあったが，1875年から1914年の
時期に新しく設立されたものもあった。ドックをもつようになった会社も2つ，
3つあった。1875年から1914年までの年代を通じて，キュナード航路会社が，
米国と取引するイギリス最大の輸送会社だった。2つの基幹的なドイツの航路[(199)]
会社である，北ドイツ・ロイド社とハンブルグ・アメリカン社が20世紀初頭に
おいて傑出しており，これらの会社はその頃までには，「ニューヨーク市の港[(200)]
だけではなく米国においても，海洋航路会社にとって最大で最良の設備をもっ
たドック」を所有するといわれていた。主要なフランス企業である，一般間大[(201)]
西洋船舶会社（Compagnie Générale Transatlantique）とオランダ・アメリカ社も
重要だった。太平洋海岸においては，日本郵船会社がシアトル市まで定期運行
サービスを提供し，他方でサンフランシスコ市には東洋汽船会社が就航した。[(202)]
両海岸にまたがる取引に加わった外国の航路会社は存在しなかったが，それは
1817年の米国の法律によって，そうした事業が米国の輸送会社に限定されたか
らだった。[(203)]

　1892年にフレデリック・レイランドが死んだ後は，ジョン・R・エラーマン
（1892-1933）がフレデリック・レイランド社を経営するようになっていたが，
このイギリスの会社は北大西洋における重要な貨物運送航路を運営した。1899

第 14 章　金融（サービス），商業（サービス），および通信サービス

年には，エラーマンが，レイランド社を通じて自立した米国の会社である大西洋輸送会社を買収することになるといううわさが，米国内に流れた。フィラデルフィア市の市民のクレメント・アクトン・グリスコンは，北大西洋の輸送において最も重要な米国企業だった国際航海会社（ニュージャージー州）の社長だったが（この会社はアメリカン航路会社およびレッド・スター航路会社を運営した），自らの計画によってエラーマンの予想される攻撃に対抗した。[204]

　グリスコンは，融資を行うという J・P・モルガンの協力を取り付け，まもなくモルガンは深く関わりをもつようになった。その年，つまり1899年に，リバプール市のトーマス・H・イスメイが死んだ。彼の遺産には，単独では最大となる，ホワイト・スター航路会社の大口株が含まれていたが，この会社はイスメイが創立していたもので，世界で最も威信のある海洋定期船を所有していた。ウィリアム・J・ピィアリー（Pirrie）（後にピィアリー卿）は，ハーランド＆ウルフ社というベルファスト市の企業の人間で，世界の主要な造船業者の一人だったが，ホワイト・スター航路会社の大口の株も所持しており，この航路会社はピィアリーの最良の顧客だったのである。

　1902年に，J・P・モルガンは，授権資本 1 億2000万ドルをもって，国際商業航海会社（IMM）を組織した。この会社は，ホワイト・スター航路会社，レッド・スター航路会社，アメリカン航路会社，レイランド社，大西洋輸送会社，およびドミニオン航路会社を買収し，こうして外国輸送航路会社と国内のそれとを合併した。IMM は型に逆らって，グリスコンの事業（国際航海会社）およびホワイト・スター航路会社と手を取り合って，もともと狙っていた会社（大西洋輸送会社）と同様にもともと攻撃を仕掛けてきた会社（レイランド社）も買収したし，それに加えて IMM はオランダ・アメリカ航路会社の25％の株を獲得したのだった。[205]それは，すばらしい協力体制だった。

　同時期に，モルガンは，ハンブルグ・アメリカン航路会社のアルバート・バリンおよび北ドイツ・ロイド航路会社のハインリッヒ・ヴァイガントと，運行量および利益プールの協定交渉を行った。[206]バリンは，IMM とドイツの企業とがオランダ・アメリカ航路会社の株を購入して，それを「中立化する」ことを主張していた。そういうわけで，新しい協定の一部として，ドイツの輸送航路会社がオランダ・アメリカ航路会社の持ち株を手に入れた。[207]イギリス人たちは，

907

第Ⅱ部　世界最大の債務国

モルガンの動きを挑戦とみていた。キュナード社およびその他の重要なイギリ[208]
ス航路会社8社は，IMM という巨人の傘下には入っていなかった。[209]

　グリスコンは，IMM の初代社長となった。5人からなる信託メンバーが投票に基づく管理を行っており，そのなかにはモルガン，彼のパートナーであるチャールズ・スティール，P・A・B・ワイドナー（フィラデルフィア路面電車の出資者として有名），J・ブルース・イスメイ（トーマス・H・イスメイの息子），およびピィアリーが含まれていた。エラーマンは出資したが，参加はしなかった。IMM の取締役は，13人中5人がイギリス人だった。こうして当初においては，この会社はアメリカ人が支配している会社であるかのようにみえた。しかしながら，この新しい米国の企業にはイギリスの影響が実質的に及んでおり，しだいにそれは強くなった。IMM が買収したイギリス企業は，分社としてのアイデンティティをもったままで，**こうした会社**の取締役の多くは依然としてイギリス人だった。ＩMMが所有する船隊の多くは，イギリスの旗を掲げて航行した。[210]

　1903年に，J・ブルース・イスメイはグリスコンと IMM の社長を交代した。同時代の人々は，このことを IMM が「イギリス人の管理」に移ったと見なした。[211]イスメイのもとで，この企業は成功せず，不幸にしてイスメイは，1912年にホワイト・スターの定期船である**タイタニック**の不幸な処女航海に乗り合わせたのだった。彼は生き残ったが，その後の災害調査において面目を失い，イスメイはその結果 IMM 社長を辞職し，（1913年6月30日の時点で）ハロルド・A・サンダーソンにとって代わられた。この人もリバプール市のホワイト・スター航路会社に所属し，社長職につくことに伴ってロンドン市に移ってきた。[212]IMM は，決して繁栄しなかった。1914年9月に，この会社は株の配当を中断し，翌年には財産管理を受けるに至った。[213]

　イギリス人たちは，依然として海の支配を握っていた。[214]1908年には，米国への輸入品の86.5％と米国からの輸出品の92％とが，外国の旗を掲げた船舶で運ばれたし，そのおよそ半分がイギリスの旗を掲げた輸送船で運ばれていた。外[215]国の「旗」は，必ずしも外国の所有あるいは管理を意味するものではなかったけれども，外国貿易に従事し米国の港に寄港する輸送船においては，事実上外国所有が支配的だった。[216]

908

第14章　金融（サービス），商業（サービス），および通信サービス

　第一次世界大戦以前に，運賃を固定あるいは規制し，運行を割り当て，収益をプールするための協約，「協議による」調整，および取り決めは，普遍的なものとなっていた。ニューヨーク市から外国までの既定サービスを実施した蒸気船の航路会社を代表する委員会が報告しているように，これらの協定は「耐えがたい競争状況から自然に生まれてきたもの」だった。1914年までに，米国の外国輸送貿易において活動する会社間で決められた80以上の協約が，競争を制限し，運賃を安定させ，航路の重複をなくし，運輸業に秩序を作り出した。この協定には，事実上すべての米国における外国貿易航路で活動している，定期運行する蒸気船航路会社のほとんどすべてが含まれていた。外国所有あるいは外国の管理のもとにはない，米国における定期運行の海洋輸送会社は，そうした所有あるいは管理のもとにある輸送会社と十分な協力関係をもっていた。海外で開催される会議では，頻繁に運賃が決定された。

　輸送航路会社は，（重要な投資決定を行う）乗客を乗せ，（情報伝達の基礎となる）手紙を届け，（貿易のみならず投資にも関連した）財を運んだ。外国に所有および管理された会社に助けられて，輸送サービスが大きく拡大したことによって，運搬コストが低下し，情報，移民，貿易，および投資のための，新しいこれまでになかった回路が開かれた。1875年から1914年の時期には，外国の蒸気船会社が，夥しい量の米国の国際貿易と旅客サービスに関する輸送能力のほとんどを扱っていた。

　ケーブル会社は同じように，情報伝達を速め，そのことが今度は外国投資を容易にした。ここでもまた，外国，とりわけイギリスの企業が傑出していた。最初の間大西洋ケーブルサービスは，1866年に外国資本が融資したものだった。1883年には，1280万ポンドを投資して，8つの主要なケーブルが大西洋に広がった。イギリスの会社であるアングロ・アメリカン電信会社（資本金700万ポンド）は，そのうちの4つのケーブルを所有していた。ダイレクト合衆国ケーブル会社（資本金130万ポンド）は，1つ持っていた。フランスの会社である，パリ・ニューヨーク間フランス電信会社（資本金168万ポンド）も，1つ運営していた。イングランドでは，サー・ジョン・ペンダー（1815-1896）が，国際ケーブルにおける「精神的な支配者」だった。

　J・P・モルガンとJ・A・スクライムサーは，1896年に太平洋ケーブル会社

第Ⅱ部　世界最大の債務国

を組織し，「すでにイギリスの会社に占拠されている分野」にむなしく入り込
もうとして，米国政府の補助金を求めた。1900年には，ドイツ・大西洋電信会
社がドイツのボルクム‐エムデン市からニューヨーク市まで海底ケーブルを敷
設し，1904年には第２の海底ケーブルが同じルートに沿って敷かれた。これら
のドイツのケーブルは，イギリスの世界的な優位をほとんど弱めることはなか
った。

　同様に，もっと新しい「無線電信」の分野においても，イギリス人は傑出し
ていた。1897年には，ロンドン市の無線電信・信号株式会社がつくられ，グア
エルモ・マルコーニの特許を利用した。マルコーニが社長だった。1899年11月
に，彼は米国の関連会社，つまり米国マルコーニ無線電信会社をつくった（親
会社の名称は，1910年にマルコーニ無線電信株式会社に変更された）。

　はじめから，米国マルコーニ社は665万ドルの授権資本をもっていた。（100
ドルから25ドルに株の名目価値を減らすことによって）資本金は1910年に166万ドル
に減らされた。この後者の合計額のなかで，およそ55％がイギリスのマルコー
ニ社によって所有されていた。米国マルコーニ社は，イギリスの親会社がもっ
ている特許を利用し活用する排他的な権利をもっていた。米国の子会社は船舶
に無線サービスを提供し，海上の船と交信するための陸上通信局を建て，（ニ
ュージャージー州ローゼルパーク市において）1905年までには船舶用装置を製造し
はじめていた。

　この会社は米国における特許侵害訴訟の多くを起こし，1912年３月には倒産
した。（しかし，それにもかかわらず重要な）米国企業であるユナイテッド無線会
社を訴えた。1912年３月21日には，ユナイテッド無線会社の代表が特許侵害を
認め，その結果米国マルコーニ社はその会社の特許と資産をすべて獲得し，米
国における無線通信装置供給の「実質的な独占」を獲得した。この獲得によっ
て，70ほどの沿岸通信局と（マルコーニ社自身の176の船舶搭載装置に加えて）400
以上の船舶搭載機材を手にした。1912年には，米国マルコーニ社の主要な事業
は，船から船へ，あるいは船から岸へと送信することに関連したものになった。

　1901年に，米国マルコーニ社は間大西洋通信の実験で初めて成功していた。
その電波に乗せて，セオドア・ルーズベルトは1903年１月に国王エドワード七
世に挨拶を送ったが，1912年になって初めて，ユナイテッド無線会社の資産を

第 **14** 章　金融（サービス），商業（サービス），および通信サービス

獲得した後で，米国マルコーニ社は**大洋横断**通信において本当に劇的な役割を
演じ始めたのである。

　1912年 3 月 7 日に，イギリスの郵政局は，大英帝国内における長距離無線局
のチェーンに関して，イギリス・マルコーニ社と入札の調印をしてしまった。[237]
その 2 日後にゴドフリー・アイザックは，そのときまでイギリス・マルコーニ
社の社長だったのだが，米国に向けて出発し，米国で彼はユナイテッド無線会
社の乗っ取りと，米国マルコーニ社の資本金を1000万ドルに引き上げる野心的
な計画に関わり，ユナイテッド無線会社の買収に出資し，新しい米国の長距離
通信局のために適当な基金を提供することになるのだった。[238]1912年 3 月29日に，
イングランド・マルコーニ社は，（イギリス郵政公社総裁から認められた免許に従っ
て）ロンドン市内あるいはその近郊に高出力の通信局を建設し，計画されてい
る米国の設備とイギリス・マルコーニ社が装備したそれとを結びつけることに
同意した。[239]その 3 日後の 4 月 1 日には，一方ではイギリスおよび米国のマルコ
ーニ社と，他方ではウェスタン・ユニオン電信会社およびカナダ・ノースウェ
スタン電信会社との間に 1 つの協約が結ばれ，それによって，あとの 2 つの会
社は，ケーブル会社が享受していた同じ安い料金で，マルコーニ社のメッセー
ジを集配することに同意した。[240]1912年 4 月15日にタイタニック号が沈んだ。こ
の悲劇によって，人々は無線通信の価値に目覚めた。米国マルコーニ社は，そ
の当時自社の大計画のために資本金を増額しようとしていたが，株主たちが金
融再編と新規株式発行を裁可する前でさえ，その有価証券価格が急騰する事態
に直面した。[241]

　初めて，1913年に米国マルコーニ社は，グレース湾，ノバ・スコティア，お
よびアイルランドのクリフトン市を経由する**商業的な**大洋横断通信を開始した。
1914年 7 月に，この会社はニュージャージー州ベルマー市とニューブランズウ
ィック市とにある 2 つの新しい通信局で，最終テストを実行しつつあった。こ
れによって，米国とウェールズとが直接に結ばれることになるはずだった。こ
の会社はまた，海洋無線送信のために，大西洋岸および太平洋岸にそって高出
力の通信局を建て始めた。[242]この会社は依然として，研究・開発を進めるにあた
っては，イギリスの特許にほとんど完全に依存していたし，[243]あらゆる意味でイ
ギリス多国籍企業の関連会社だった。[244]1914年には，その発行されている200万

911

第Ⅱ部　世界最大の債務国

株のうち，56万6826株がイギリスにあるマルコーニ無線電信株式会社によって
所有されていた。米国マルコーニ社には３人のロンドン市出身の取締役がいた
が，みんな親会社からの出向者だった。[245]1899年から1912年の年代には，この会
社は配当を払わなかった。1913年８月に最初の配当を払ったが，たったの２％
だった。[246]経済史家のヒュー・G・J・アイトケンによれば，ユナイテッド無線
会社を吸収したあと（1912年以後），米国マルコーニ社は「米国の無線産業にお
いて疑問の余地なく支配的な企業に」なっていた。[247]

　マルコーニ会社グループが計画を立てたので，ドイツの政治家とドイツの事
業家は心中穏やかではなかった。無線は，彼らにとってイギリスの海洋支配と
結びついたものに思われた。[248]ドイツ人たちは競争力を追求し，1910年から1914
年にかけてドイツ企業は，セイヴィル市，ロングアイランド，およびニュージ
ャージー州タッカートン市で２つの高出力無線通信局の建設を引き受け，それ
を完成させた。[249]セイヴィル市の通信局は，大西洋通信会社によって建設され，
ドイツにおいて設計された「テレフンケン」システムを用いた。[250]テレフンケン
は有名な名前で，アルガマイン電気社（A.E.G.）とシーメンス＆ハルスキー
社とのジョイントベンチャー会社につけられたものだった。[251]大西洋通信会社の
株の97％は，テレフンケン社の子会社の経営者だったハンス・ブレドウの名義
で所有されるとともに，テレフンケン社のもう一つの子会社によって所有され
ていた。[252]報告されているところでは，ドイツ人たちはセイヴィル通信局に50万
ドルを費やした。[253]長年にわたって，国際的な規模で，マルコーニ社とテレフン
ケン社とは活発に競い合っており，「執念深い敵意」といった気味を帯びた競
争心をもっていたが，1912年にマルコーニ社のグループが大陸間無線通信に深
く関わるようになるにつれて，イギリス・マルコーニ社とドイツ・テレフンケ
ン社とは，お互いに特許をめぐって訴訟しあうことを止め，特許を相互に利用
することに同意した。この協約は米国における事業を含めて，双方の企業のグ
ローバルな事業を網羅するものだった。[254]

　ニュージャージー州タッカートン市の高出力無線通信局は，（ホマク社として
知られていた）無線電信・高周波機械株式会社（Hochfrequentz Maschinen
Aktiengesellschaft für Drahtlöse Telegraphie）[255]によって建設されたが，フランス
の無線会社である無線電信・電話一般会社（C.U.T.T.）との契約に基づいた

第**14**章　金融（サービス），商業（サービス），および通信サービス

ものだった。1914年にヨーロッパで戦争が勃発したとき，ホマク社はまだちょうど完成したばかりの米国で用いる設備をフランスの所有者に納入していなかった。テレフンケン社（あるいはその親会社）は明らかに，ホマク社と「仕事上の気脈」を通じていた[256]。事実，多くの文献では，このフランスの会社の通信局は，テレフンケン社によって建てられたと記述されている[257]。外国人資産管理局の『報告 1918—1919年号（*Report 1918-1919*）』によれば，ドイツ人が建てた2つの通信局には異なるシステムが使われていたことが強調されている[258]。

　要するに，イギリス人とドイツ人は，大洋間無線通信においては秀でた存在となっていた。アメリカ人が管理する会社は，関わっていなかった。無線通信はすべてきわめて新しいことで，送信はまだ信頼できるものではなかった[259]。ケーブル会社はメッセージを運ぶ事業のたいていを握っていた（そして，ここでもイギリス人が先んじていた[260]）。しかしながら，私が示してきたように，無線会社はケーブル会社と同じ条件で電信会社と提携する協約を結んだ。海上の船舶間，および船舶と沿岸との間における無線通信の分野では，イギリスの子会社である米国マルコーニ社が，1914年に米国において事実上の独占を獲得した[261]。上述した，輸送，ケーブル，および無線における活動のすべては，重要な部門への外国直接投資だった。

　米国国内の電信および電話においては，外国証券が重要な役割を担っていた（ジョージ・ペイシュは，これらの活動におけるイギリスの持ち株は1910年には総額2100万ポンドに及ぶと見積もったが，この数字は見積り額としてはきわめて低い部類だったように思われる[262]）。現実に，米国の電話・電信会社はロンドン市で実質的に増資したし，これらの有価証券はロンドン証券取引所で取引された。アメリカン電話・電信会社，キィストーン電信会社，ウェスタン・ユニオン社，およびニューヨーク電話会社といった会社の発券株が，アムステルダム市の取引所に上場され，オランダの投資を引きつけた[263]。アメリカン電話・電信会社（A.T.T.）は，それに加えて，パリの証券取引所においても人気のある株だった[264]。1905年4月に，H・B・セイヤー（ウェスタン・エレクトリック社の副社長）は，私的な手紙のなかで以下のように説明した。すなわち，A.T.T.は毎年3000万ドルの新規資本が必要であり，A.T.T.社長のフレデリック・P・フィッシュは「国外から調達できるものは調達に努める価値があると感じている」というのだっ

913

第Ⅱ部　世界最大の債務国

たA.T.T.は，巨額のヨーロッパ資本を獲得することに成功した。電話会社お[265]
よび電信会社によって，外国から目を見張る額が集められたにもかかわらず，[266]
全般的なインパクトから判断すると，外国直接投資がより重要だった。

概　　要

　結論すると，ノンバンクの仲介業者の多くが外国投資を米国へともたらした。
このことは，外国の株ブローカーと会社設立活動家に当てはまる。巨額の米国
債券をもっていたイギリスの投資信託会社および抵当会社は，1875年から1914
年の年代には重要であり，資本を米国経済に導いた。オランダ人たちは，オラ
ンダから米国のプロジェクトに貯蓄を振り分けることを容易にした投資会社と
抵当銀行を所持していた。

　とりわけバルフォア・ウィリアムソン社や，それよりも小さいけれども三井
物産のような大きな国際貿易会社のなかには，米国における多様な活動に参加
したものもあった。外国輸送，ケーブル，および無線会社は，国際輸送および
通信において米国企業のうえに君臨していたし，米国からの情報量を増やし，
米国への資本を増大したのである。米国への真に重要な外国投資は，イギリ
ス・マルコーニ社のそれである。1914年に，その米国における関連会社である
米国マルコーニ社は，提携相手もなく無線通信という新しい分野に乗り出した。
この会社は，「ハイテク」を米国にもたらした。米国国内における通信，例え
ばアメリカ電話・電信会社への投資は，これに比べて証券投資だった。

　要するに，夥しい外国ノンバンクの，金融関連，商業関連および通信関連の
仲介業者が，長期にわたる資本流入，外国貿易，および情報のための水路を提
供した。外国の投資信託会社と抵当貸付業者は，国内の信用を提供した。しか
しながら，もっと重要なことに，米国はその国際貿易に関して外国の融資に依
存していただけでなく，1914年には，米国はその国際取引において，外国が所
有する輸送手段，外国が所有するケーブル，および外国が所有する無線通信に
依存しなければならなかったのである。

第 **14** 章　金融（サービス），商業（サービス），および通信サービス

注

（1）　P. L. Cottrell, "Investment Banking in England, 1856-1882," Ph. D. diss., University of Hull, 1974, 741；Dorothy Adler, *British Investment in American Railways*（Charlottesville：University Press of Virginia, 1970）；W. J. Reader, *A House in the City*（London：B. T. Batsford, 1979），至るところに，左記はフォスター＆ブライスワイト社に関する記述。リーダーは前掲書，52-53，のなかで，フォスター＆ブライスワイト社はアメリカ人の専門家であると見なされていたと指摘している。彼の書籍は，数多くの米国鉄道において，この会社が所有している株数に関しての十分な紙幅を含んでいる。

（2）　Adler, *British Investment*, 146. E・F・サタースワイトの会社は1894年に倒産した（Reader, *A House in the City*, 53）。

（3）　「株式仲買人」と「マーチャントバンカー」の職務内容の垣根が低いこともあった。アドラーの著書 *British Investment* は，p. 147でヴィヴィアン・グレー社を株式仲買業として触れ，p. 149ではマーチャントバンカーとして言及している。前掲書，147，135-136，および Reader, *A House in the City*, 53（ヘゼルタイン・パウエル社に関して）。ヘゼルタイン・パウエル社はしばしば米国鉄道の債券を保有しているヨーロッパ人の署名を保証した。この収容力において，アチソン・トピカ・アンド・サンタフェ鉄道債券，ボルチモア・アンド・オハイオ鉄道債券，シカゴ・グレート・ウェスタン社，シカゴ・ミルウォーキー・アンド・セントポール鉄道，デンバー・アンド・リオグランデ鉄道，ノーザン証券会社およびピッツバーグ・フォートウェイン・アンド・シカゴ鉄道債券を取り扱った。次の書を見よ。*Stock Exchange Official Intelligence for 1914*, 312-314. また，カナダの証券ブローカーはカナダの投資家を米国の証券投資のなかに入れた。

（4）　David Kynaston, "Harry Panmure Gordon（1837-1902），" *Dictionary of Business Biography*, II, 611-613, および H. Panmure Gordon, *The Land of the Almighty Dollar*（London：Frederick Warne, 1892），174-175. イギリスの株式仲買人と彼らが有していた米国の証券の取り扱い状況に関しては David Kynaston, "The Late-Victorian and Edwardian Stockbroker as Investment Adviser," unpublished paper, 1982. を見よ。

（5）　John J. Madden, *British Investment in the United States, 1860-1880*（1958 diss.；New York：Garland, 1985），123，には，マーチャントバンカーとは異なる株式仲買人は，米国の鉄道会社と長期間にわたる資金提携を行わなかったことを示唆している。ジョン・J・マッデンが確信するに，株式仲買人は，新たな債券発行に際して，むしろ委託販売社として活動する傾向にあったということなどが示唆されていた。他方，私がフリースタンディング・カンパニーの株主の登録を調査すると，「株式仲買人」は株式登録のある所有者としても記載されていることがしばしばあった。

（6）　次の著書を見られたし。S. F. Van Oss, *American Railroads as Investments*（London：Effingham Wilson, 1893），および Augustus J. Veenendaal, Jr., "Railroads, Oil and Dutchmen," *Chronicles of Oklahoma*, 63（Spring 1985）：4-27.

（7）　合併の動きは，1889年から90年にかけての，多くの新会社設立の典型的パターンであった。Erastus Wiman, "British Capital and American Industries," *North American Review*, 150（Jan. 1890）：220-234, および *Banker's Magazine*, New York, 44（August 1889）：81-85, を見よ。例えば1899年にイギリス人プロモーター，ハリー・S・フォスターが，自動計量機器の米国製造会社グループを合併して，アメリカ自動計測機器会社を設立した。このロンドンにおける会社設立は，ご多分にもれず，成功しなかった。Robert T. Swaine, *Cravath Firm and*

第Ⅱ部　世界最大の債務国

Its Predecessors (New York：privately printed, 1946), I, 641, を見よ。*The Stock Exchange Year Book* および *Burdett's Official Intelligence* は数多くの新会社設立の格好の情報供給源となっている。イギリスのマスコミは，ロンドンが米国のプロモーターたちによって食い荒らされるとみたが，多くのイギリス人プロモーターたちは，アメリカ人同様，イギリスの貯蓄を誘引するためのこれらの合併提案を「編成し」，資金を得ることに熱心であった。

（8）　Paul Dickens, "The Transition Period in American Finance," Ph. D. diss., George Washington University, 1933, 6.

（9）　Swaine, *Cravath Firm*, I, 311, 544, 420.

（10）　Herman E. Krooss and Martin R. Blyn, *A History of Financial Intermediaries* (New York：Random House, 1971), 130-131.

（11）　P. L. Cottrell, *Industrial Finance, 1830-1914* (London：Methuen, 1980), 181. マイケル・エデルステインは，以前これと同様の意見を述べた。ロンドンの第1級マーチャント銀行は，大型の債券発行を扱った。そうすることは効率が良かった。「第1級マーチャント銀行は，海外で発行される小型，中型の債券を無視した」(Michael Edelstein, "Rigidity and Bias in the British Capital Market, 1870-1913," in *Essays on a Mature Economy：Britain after 1840*, ed. Donald N. McCloskey [Princeton, N. J.：Princeton University Press, 1971], 86-87)。

（12）　James B. Jefferys, *Business Organisations in Great Britain, 1856-1914* (New York：Arno Press, 1977), 306.

（13）　オヘイガンの活動を網羅した2冊の優れた書籍がある。(1)彼の回顧録：H. Osborne O'Hagan, *Leaves from My Life*, 2 vols. (London：John Lane, 1929)，および(2)オヘイガンが関与した米国の法律事務所の歴史に関して，Swaine, *Cravath Firm*, vol. 1, 至るところに.

（14）　この会社は，1890年10月3日にロンドンで法人化された。その監査役はプライス・ウォーターーハウス社であった。その取引銀行はロイド銀行であった。この会社は，ロンドン市契約会社（CLCC）と同じ事業を米国において展開するために組織された——すなわち，新会社設立関連の事業を取り扱うためであった。*Burdett's Official Intelligence, 1895*, 1088-89, 994-995, を見よ。ロンドンとシカゴにある会社の4分の1は，CLCCによって所有され，また別の4分の1はイギリス人一般投資家によって，2分の1はアメリカ人一般投資家によって所有された。詳細は，Swaine, *Cravath Firm*, I, 469-470, を見よ。

（15）　Swaine, *Cravath Firm*, I, 424. いくつかの新会社設立において，CLCCは，ニューヨークの法律事務所を活用し，事業の問題——単なる法律上の問題を超えた問題——に対処した。R・H・モンローはロンドン＆シカゴ契約株式会社の役員会の一員であったが，CLCCの役員ではなかった（*Burdett's Official Intelligence*, 1895）。

（16）　彼は，よく資産になるものを購入しては転売していた。

（17）　そのプロモーターとしての役割に関しては，Swaine, *Cravath Firm*, I, 765, を見よ。*Investors' Review*, 1 (Jan. 1892)：55；2 (Nov. 1893)：606-607；3 (Jan. 1894)：13, 15, 36；3 (March 1894)：176-177；3 (April 1894)：200-202；4 (July 1894)：64；5 (May 1895)：204, も見よ。

（18）　「ウィンチェスター・ハウス」は，*Investors' Review* が評したように，「なんの利益にもならない，なんの配当金も得られない」物件（会社）であった。1887年にこのイギリス不動産物件は，新たに設立された管財人法人へ移管された（前掲書，2 [Jan. 1894]：13）。

（19）　ペンダーは，サイラス・フィールド社が最初の大西洋横断ケーブルに融資する手助けに関与していた。彼のケーブルに関するその後の役割に関しては，本書以下の本文を見よ。彼は南北

916

第**14**章　金融（サービス），商業（サービス），および通信サービス

両ダコタ州における農場経営にも投資した。

(20)　本章注（17）でも引用した *Investors' Review*, を見よ。キャタラクト建設会社（似非会社でも，受託者会社が創設したものでもない）への受託者会社の投資に関しては，Edward D. Adams, *Niagara Power*（Niagara Falls, N. Y.：Niagara Power Co., 1927), I, 295, を見よ。いずれの「製造」会社も上手には対処できてはいなかった。

(21)　*Investors' Review*, 3（Jan. 1894)：13, 15.

(22)　前掲書，1（Jan. 1892)：55. 例えば，アメリカン・アソシエーション社は倒産した――第7章を見よ。

(23)　George Glasgow, *The English Investment Trust Companies*（New York：John Wiley, 1931), 100（その名前が1917年8月に Trustees Corporation に改名されたことに関して)，66（国際投資信託会社に関して)，74（ロンドン＆ニューヨーク投資会社に関して)，106（合衆国債務証書会社に関して）を見よ。The *Stock Exchange Official Intelligence for 1914*, 1090, では，受託者・執行者・保証抵当保険株式会社（アポストロフィーが脱落した），G・A・トゥシュ（国会議員）を会長とし，（1887年に）「⑴管財人，代理人，実行者，管理者としての役割を担い，⑵そのコーポレーションに預けられた株式証券の安全な管理と保証を行い，⑶預けられた証券に対してのワラントや証書の発行を行い，⑷海外，植民地，都市における貸付やクーポンの支払い業務を行う目的で組織された」と記されている。その本部は，ロンドンの長期の賃借物件となっていた，ウィンチェスター・ハウスであった。

(24)　Clark C. Spence, *British Investments and the American Mining Frontier, 1860-1901*（Ithaca, N. Y.：Cornell University Press, 1958), 48. 鉱山・金融信託シンジケート社は存続できなかった。最後に *Stock Exchange Official Intelligence* に名前を連ねていたのは，1905年であった。Albin Joachim Dahl, "British Investment in California Mining, 1870-1890," Ph.D. diss., University of California, Berkeley, 1961, 128, 135-141, 242, は，米国鉱山開発事業のイギリス人プロモーターに関して特に有益である。

(25)　オヘイガンの著書は，彼の報酬についてなんの情報も提供してくれない。私は，トリニダードよりもむしろ合衆国における「米国の」新会社設立について情報を求めたが，できなかった。しかしながら，経費が異なったであろうと確信する理由はまったくない。トリニダード債券発行経費は17.5％に至った。ディア社の経営陣が，1889～90年にイギリス融資による農業企業の合併についてプロモーターと話したとき，「委託とプロモーター報酬の外部の限界は，20％となると見なされた」，あるいは，ディア社の役員がそう確信した。Wayne C. Broehl, *John Deere's Company*（New York：Doubleday, 1984), 267, を，見よ。しかし，the Duke of Marlborough, "Virginia Mines and American Rails," *Fortnightly Review*, n. s., 49（June 1891)：793, には，「大西洋の両側のプロモーターたち，弁護士，信託銀行等は，利益の分け前を得るであろう，と書かれている。ニューヨークでは，1つの会社を市場へ出すのに関連する費用の33～35％よりも低い割合での保留額で予算計画を論ずることはない」と書かれている。もしマールボロ公爵が誇張しているのでなければ，A・L・バーバーは「安い買い物」をしたことになる。ディア社はロンドンの合併には応じなかった。

(26)　例えば，ニューオーリンズ生まれのポール・P・デ・ベレの場合を例に挙げてみよう。彼は，1878年にフランスからP・G・T・ボールガール将軍（南部同盟諸州の将軍）に手紙を書き，ボールガール将軍は，ルイジアナ州，カルカッソーの硫黄鉱山会社の6カ月間のオプションを獲得すべきであると提案した。「古い会社のすべての株をもって，われわれは閣下の経営のもと新会社を組織し，株式会社設立許可状，管轄権，われわれの会社の株式によって保証され，

917

第Ⅱ部　世界最大の債務国

当地パリから株式を発行することが可能です……閣下のお名前はわれわれの成功を保証するという点でかなり大き過ぎます」(Virginia H. Taylor, *The Franco-Texan Land Company* [Austin：University of Texas Press, 1969], 153-154)。これが, 「典型的な」プロモーターの策略であった。

(27)　イギリスで法人化された会社の株主名簿によると, これがその場合に当てはまることを示している。

(28)　Herbert Feis, *Europe : The World's Banker* (1930；rpt. New York：W. W. Norton, 1965), 8-10.

(29)　J. C. Gilbert, *A History of Investment Trusts in Dundee* (London：P. S. King, 1939), 1；Ronald Weir, *A History of the Scottish American Investment Company Limited, 1873-1973* (Edinburgh：Scottish American Investment Co., 1973)；および E. T. Powell, *The Evolution of the Money Market* (London：Financial News, 1915), 469, および彼の *Mechanism of the City* (London：P. S. King, 1910), 34-35.

(30)　1914年以前には, 投資信託会社自体が, 米国的な方式ではなかった。しかしながら, 合衆国に本社をもつ「信託会社」の雑多なグループがあり, それらのなかには, 米国投資へ海外資本を招き入れたものもあった。環大西洋信託会社(第13章を見よ)を除いては, 私は, 1875年から1914年の間に国外で支配された米国の投資銀行を見つけることはできなかった。

Krooss and Blyn, *A History Financial Intermediaries*, 102, 138, によると, 南北戦争終結時には, 合衆国には信託会社はわずか7社しかなかったが, 1908年には約1470社が存在した。そのなかに含まれたのは, マーカンタイル信託会社で, 1876年にロンドンに事務所を設立し, 米国西部地域の土地を抵当証書によって資金を稼ぐことを目的とした。ロンドンの事務所は成功せず, 1880年には, マーカンタイル信託会社は, 実質的には抵当事業から撤退し, 「預金と商業貸出」に基づく業務へと移行した。H. Peers Brewer, "Eastern Money and Western Mortgages in the 1870s," *Business History Review*, 50 (Autumn 1976)：35, を見よ。

突出した合衆国信託会社(1853年設立)を米国の外貨仲介機関に含めるべきかどうかは, 私にはわからないが, 断片的な証拠により, 合衆国信託会社は仲介機関としての役割を担っていたことが示唆されている。その創設者, ジョン・A・スチュワートは1871年の合衆国抵当社(USMC)の設立に加わった(Ivan Wright, *Farm Mortgage Financing* [New York：McGraw-Hill, 1923], 318, を見よ)。さらに, スチュワートは1870年代にスコティッシュ・アメリカン投資会社(SAIC)のニューヨーク助言委員会に勤めた(Weir, *The Scottish American Investment Company*, 8)。USMC と SAIC は米国へ外貨をもたらした。私は, 合衆国信託会社とロンドンの合衆国信託株式会社との間には, 同じ人物集団が両社に参加していたとはいえ, 直接的な関係があったとは確信していない。

ジャービス・コンクリン抵当信託会社は, 1887年にロンドンに事務所を開設し, イギリス資本を米国抵当事業に引き入れた。合衆国ペアレント社が1893年の恐慌で倒産したとき, ロンドンの事務所は, ノースアメリカ信託会社に引き継がれた。このニューヨークに本店を構える会社は, 1905年にアメリカ信託会社に改名した。1912年にニューヨークの公正信託社(1902年に採用された名前で, 同じ名前の1870年代の会社との混同を避けるため)は, アメリカ信託会社をロンドン事務所ごと, さらに元ジャービス・コンクリン社を経営陣と事務所をまるごと獲得した。この間, 1910年にニューヨークの公正信託社はパリ支店を開設し, そこが「パリ訪問あるいは在住の銀行の顧客」に対して, 情報局の役割を果たした。同支店はフランス人投資家のために, 米国証券を扱っていたようだ。また公正信託社は, ニューヨークにおいて大規模な外

第14章　金融（サービス），商業（サービス），および通信サービス

国為替ビジネスを展開していた（次の著書を見られたし。Clyde William Phelps, *The Fore Expansion of American Banks* [1927. New York：Arno Press, 1976] 133-135；New York, Superintendent of Banks, *Annual Report for 1911*, 18-19；および Edward Ten Broeck Perine, *The Story of the Trust Companies* [New York：G. P. Putnam's, 1916], 216-219）。

1914年には，合衆国に本店をもつ最も大きな信託会社は，ニューヨークの保証信託社であった。すでに1897年にロンドンに事務所を設立しており，これは当然，ヨーロッパ資金を米国に移入するためというよりはむしろ合衆国の海外事業を援助する目的であった。1912年，保証信託社は，若干の外国持ち株所有権を有し，海外資本を米国投資へと導く手助けとなった（本章注（96）を見よ）。ニューヨークのスタンダード信託社を併合した。保証信託社は，1914年には，ニューヨークに大きな海外部を設けた（Perine, *The Story of Trust Companies*, 199；Phelps, *Expansion*, 137.；および Swaine, *Cravath Firm*, I, 591-594，を見よ）。

農民貸付信託社は，1830年代にまで遡るが，ヨーロッパマネーを合衆国に招き入れていた（第3章）。1906年，その会社はロンドンとパリに支社を設立した。1911年に，ニューヨーク銀行監督官は，それらの支社は合衆国有価証券への海外投資額を引き上げ，国際金融業務の利益において米国の当該団体に分配分を与えた（Phelps, *Foreign Expansion*, 139, および Superintendent of Banks, Annual Report for 1911, 18-19, を見よ）。

さらに，1902年に組織されたニューヨークのエンパイアー信託社は，1913年6月に，ロンドン事務所を設立した（Phelps, *Foreign Expansion*, 141-142）。ボストン旧植民地トラスト社は，「1890年の創業以来，四半世紀が経過していたが」，カナダ，メキシコ，西インド諸島，中央アメリカ，南アメリカ，イングランド，フランス，スイス，イタリア，ドイツ，シリア，中国，日本，オーストラリアなどの多くの海外の国々から顧客を集めた（Perine, *The Story of Trust Companies*, 189-190）。

ニューヨークのニッカーボッカー信託社（1907年10月22日の支払いを停滞させ，1907年の恐慌を引き起こす原因となった）は，海外投資に関連した取引に従事した。ストラットン・インディペンデンス社（米国鉱山のイギリス法人所有者）は，1899年にニッカーボッカー信託社を10万株（資本全体の9％）の保有者として示している。ニッカーボッカー信託社は，1899年から1900年にかけてイングランドにおける株式の大半を売却したように思われる（Register of Companies, London, Stratton's Independence, Ltd. Western Range Cattle Industry Study, Manuscript Room, Library of Congress, Acc. 11, 260, reels 65 and 66, を見よ。以降 WRCIS として引用する）。

国家法および州法により米国の商業銀行に課せられた規制のため，合衆国の多くの信託会社は，1890年代には信託業務遂行の特権を加えて，商業銀行としての業務へ転換した。1903年，バンカーズ・トラスト社が，米国の銀行家たちにより組織された。他の信託会社とは異なり，この会社は銀行と競い合うことを目的としていなかった。その顧客には，外国政府も含まれたが，そういった政府のためにどういった業務を行ったかは不明である（Perine, *The Story of Trust Companies*, 222-228, を見よ）。

他の合衆国の信託会社はもちろん，これらすべての信託会社は，適切な投資先への投資を行いつつ，海外投資家の預金を取り扱ったように思われる。これらの会社は，「被信託者」としての業務を行ったので，その機能はイギリスの信託会社の役割とも似ていなくもない。

(31) 米国の事業からの「ドロップアウト組」のなかには，アメリカ一般抵当投資株式会社や英米信託金融株式会社があった（*Investors' Review*, 1 [Jan. 1892]：51-55, に挙げられた1870～90年に設立（あるいは組織）された信託会社の名簿と *Stock Exchange Official Intelligence for*

第Ⅱ部　世界最大の債務国

1914, および Glasgow, *The English Investment Trust*, 中の名簿の比較検討に基づいている）。1880年代後半のイギリス信託会社の業務実態に関しては，U.S. Securities and Exchange Commission, *Investment Trusts in Great Britain*, 76th Cong., 1st sess., 1939, H. Doc. 380, 6-7, を見よ。この報告書はトーマス・バロとアーネスト・ドブリンによって準備・作成された。

(32)　例えば，*Stock Exchange Official Intelligence for 1914*, を眺めてみるだけで，鉄道，醸造業，ゴム製造業，製茶，電信における専門性を有した「金融信託会社」，米国，マレーシア，ロシア，インドにおける地理的専門性を有した「金融信託会社」，さらには一般投資会社があったことがわかる。

(33)　Matthew Simon, *Cyclical Fluctuations and the International Capital Movements of the United States* (1955 diss. ; New York : Arno Press, 1979), chap. 4.

(34)　Gilbert, *A History*, 6. ギルバートは，鉄道会社の債務不履行をいかに扱ったかを示していない。合衆国の鉄道会社に関する利益は，様々に計算されてきた。Michael Edelstein, *Overseas Investment in the Age of High Imperialism* (New York : Columbia University Press, 1982), 94, を見よ。名目上はもちろん実質上の米国鉄道会社の利回りに関しては，Jeffrey G. Williamson, *Late Nineteenth-Century American Development* (Cambridge : Cambridge University Press, 1974), 97, も見よ。利率はイギリスよりも米国の方が高かったことは疑う余地もない。

(35)　Gilbert, *A History*, 24.

(36)　前掲書, 7-8. Glasgow, *The English Investment Trust*, では，信託会社がベアリング危機を境としてその前後で分類している。1885年から1890年代にかけての，投資会社，信託会社，金融会社の乱立に関しては，良い情報源は *Investors' Review*, 1 (Jan. 1892) : 51-55, である。投資信託会社の担保証券の「当時の価値」と「現在の価値」を比較した一覧表が含まれている。

(37)　Gilbert, *A History*, 9. スコットランドの投資信託会社に関する優れた研究，なかでも特にその米国における役割については優れた研究がある。ギルバートとウェイアーの著書は，前にも引用したが，優れており，W. Turrentine Jackson, *The Enterprising Scot* (Edinburgh : Edinburgh University Press, 1968), および W. G. Kerr, *Scottish Capital on the American Credit Frontier* (Austin : Texas State Historical Association, 1976) も，投資信託会社に関する重要な情報があり優れている。Ranald C. Michie, "Crisis and Opportunity : The Formation and Operation of the British Assets Trust, 1897-1914," *Business History*, 25 (July 1983) : 125-147, も見よ。合衆国におけるイングランドの投資信託会社に関する公表された情報は，はるかに少ない。上に引用したグラスゴーの1931年の文献がある。*Investors' Review*, 1892 ff, には，イングランドの信託会社の重要な情報が含まれている。それはイングランドの会社の不明確な投資についての鋭い批判である。H. Burton and D. C. Corner, *Investment and United Trusts in Britain and America* (London : Elek Books, 1968), 15-13 は，やや有益である。明らかに，ロンドン以外に本店をもつイングランドの信託会社のうち，1931年のグラスゴーの文献に収められたものはない。彼がリストに収めたイングランドの信託会社は，すべてロンドンに本拠地をもつものであった。なかには，地方市場で事業を開始した会社も含まれていたが，それらもロンドンへとその重心を転じたと思われる。しかしながら，*Stock Exchange Official Intelligence for 1914*, には，ロンドンベースでないイングランドの投資信託会社も含まれている。例えば，J・R・エラーマン信託グループ会社，ロンドン一般投資信託会社（1889年），醸造・商業投資信託会社（1890年），ディベンチャー証券投資信託会社（1895年）についてわれわれはもっと知りたいのである。設立年は括弧内に記されている。エラーマンは，これらの

第14章 金融（サービス），商業（サービス），および通信サービス

信託会社同様，米国に多くの利権を有していた。エラーマンと彼の信託会社に関しては，James Taylor, *Ellermans: A Wealth of Shipping* (London：Methuen, 1921), 119-121, にある稀少な資料を見よ。

(38)　Glasgow, *The English Investment Trust.* お互いに実権を握りあう兼任関係の例は，ディルウィン・パリッシュとイングランド・スコットランド投資株式会社，A・D・クラークとバンカー投資信託会社，アーネスト・ノエルと商業投資・一般信託株式会社，そしてG・A・トゥシュと産業・一般信託株式会社（Adler, *British Investment,* 214-216）等を含む，ロンドン＆ニューヨーク投資株式会社（1889年）の創立者間において明らかである。取締役たちは，信託会社が投資を行ったロンドンに本拠をもつ会社との兼任取締役制を採ることが多かった（『取締役年鑑』に基づく）。同様に1939年に，the U.S. Securities and Exchange Commission, *Investment Trusts in Great Britain,* 17-18, のために用意された研究では，（1935年のときと同様）11のイギリス投資信託会社「グループ」が確認され，それらの相互関係は，これらの会社を超えて進んだと注釈されていた。1914年より以前にも，すでに，投資信託会社のグループ化と兼任取締役制に関して語ることは可能であったのだ。前掲書，6, に指摘されているように，1880年代後半には，「同じ人物が，数多くの新たな信託会社の役員会に繰り返し名前を連ねていた」。

(39)　John Scott and Michael Hughes, *The Anatomy of Scottish Capital* (London：Croom Helm, 1980), 25ff., および Jackson, *Enterprising Scot,* 至るところに。

(40)　例えば，ロバート・ベンソン社はマーチャント信託株式会社と関係があり，一方でロバート・フレミング社は多くの投資信託会社との連携関係にあった。これはヴィンセント・キャロソが私に語ったものだ。J・S・モルガン社は，「証券引受者と購買者の両方の立場としての法人顧客」のなかに，スコットランドの投資信託会社をいくつか抱えていた。

(41)　信託会社のなかにはエラーマングループとトゥシュグループがあった。

(42)　この投資信託会社は基本的には米国における抵当貸付の取り扱いに関し，操業を開始した。

(43)　Gilbert, *A History,* 10, 40-64.

(44)　社名変更に関しては Glasgow, *The English Investment Trusts,* 102, を，1890年の参加者の名称に関しては Adler, *British Investment,* 216-219, を見よ。

(45)　トムソン・ボナー社は，米国鉄道会社への投資と融資にある程度関わっていたイギリスのマーチャントバンクであった。Stanley Chapman, *The Rise of Merchant Banking* (London：Allen & Unwin, 1984), 97, 144, 204, を見よ。

(46)　ロイド銀行は合衆国ですでに長い間事業を行ってきた。フース家（F・フース社）も同様に，米国の取引と金融に長い間関係してきた。

(47)　1890年において，これは米国で最も大きな「抵当を譲渡する」会社であった。

(48)　トーマス・ウェイド・ガスリー社は独自の米国投資を行った。第15章を見よ。

(49)　Adler, *British Investment,* 216.

(50)　ジェームズ・スティルマン（James Stillman）によって書かれた1890年から1896年にかけての合衆国信託保証株式会社の業務に関連する文書は，彼の Letterbooks, Stillman Papers, Special Collections, Columbia University, に収められている。最も良く最も数が多いものは，スティルマンからアーチボルド・バルフォア宛てのものである。ニューヨーク・ジョン・マンロー社やロンバード家（主に，ウィリアム・A・ロンバード）に宛てたものもある。特に書簡 James Stillman to Archibald Balfour, Dec. 30, 1890, を見よ。そこには，国中の銀行に投資を行うための戦略についてそれが列記されている。その戦略に関するさらなる詳細に関しては，

921

第Ⅱ部　世界最大の債務国

前掲書，Jan. 16, 1891，そして，実際の購買に関しては，前掲書，Jan. 20, 1891. 合衆国信託保証株式会社のロンバード投資会社の持ち株に関しては，書簡 James Stillman to W. P. Manley, March 11, 1893，および Stillman to Archibald Balfour, Sept. 22, 1893，を見よ。スティルマンはその会社のすべての投資を扱っていたわけではなかった——しかも彼はしばしば米国において事業を展開する会社への，ロンバード社がロンドンにおいて行った特別な投資について調査する内容の手紙を書いた。合衆国信託保証株式会社とイギリス人投資家たちの初期の歴史に関する他の資料については，*Investors' Review*, 4 (Oct. 1894)：244，を見よ。1914年に関与したグループについては，*Stock Exchange Official Intelligence for 1914*, 1133，を見よ。1914年，ジェームズ・スティルマンとF・A・ヴァンダーリップは，ロンドン取締役7人会に勤めた。また同年には合衆国助言委員会も継続して開かれた。

(51)　ドロシー・アドラーは，1867年にスコティッシュ・アメリカン投資信託社をオルバニー・サスケハンナ社の振出手形を扱う会社として登録した（*British Investment*, 209）。1880年代終盤の販売促進と買取引き受けにおける投資信託会社の役割に関しては，U.S. Securities and Exchange Commission, *Investment Trusts in Great Britain*, 7，を見よ。1899年8月には，アングロ・アメリカン債券株式会社はコロラドの鉱山企業である，新たなストラットン・インディペンデンス株式会社の110万株のうち99万9900株を所有した。1900年の終わりまでに，その法人会社は，これらすべての株を売却した（WRCIS, reel 61）。

(52)　Glasgow, *The English Investment Trust*, 96 (date of name change)，および Adler, *British Investment*, 151, 208.

(53)　例えば，名称に関しては，*Northwestern Miller*, 40 (Dec. 16, 1898)：1052，を見よ。前掲書，27 (Nov. 29, 1889)，購入申し込み手続きが未了の株式がどうなったかに関しては，613，を見よ。1893年12月31日のロンドン＆ニューヨーク投資会社の投資に関しては，*Investors' Review*, London, 3 (March 1894)：176-177，を見よ。信託会社が断片的な発行株を獲得した全般的な経緯に関しては，前掲書，1 (Jan. 1892)：43-46，を見よ。サンフランシスコ・ビール株式会社株の主要な保有者は，例えば，アメリカ醸造一般証券社，北部イングランド保管ディベンチャー財産会社，中国・日本・海峡信託貸付社，および「帝国・外国投資代理人会社」などがあった。最後に挙げた会社は，上に注を与えたように，合衆国信託保証株式会社と同じ経営陣であった。同様に，オーティス製鋼社の主要なイギリス人所有者には，産業・一般信託社，国際投資信託社，合衆国・南アメリカ信託社，ロンドン信託社および，合衆国債務証書社が含まれていた（前掲書，43, 45）。

(54)　Powell, *Mechanism of the City*, 5-6.

(55)　R. H. Inglis Palgrave, "An English View of Investments in the United States," *Forum*, 15 (April 1893)：199，この記事と *Investors' Review*, London, に掲載される記事を比較対照せよ，後者の記事は，「有名な」人々が，そのような活動に対して名前を課すことに不適切な振る舞いを行ったことを示唆した。例えば，前掲書，3 (Jan. 1894)：13ff.，と5 (May 25, 1895)：302-304，を見よ。これらの記事のなかで最後のものは，1866年に誕生し，1894年7月に破綻したイングランド・スコットランド商業投資信託株式会社の債務返済時に関するものである。その記事によると，その信託会社の「社財は，オーティス製鋼社株，ピルズベリー・ウォッシュバーン社株，シカゴ市穀物エレベーター社株，受託者・執行者の持ち株，企業所有の株式，ミドルズバラタウンランド社株等が主なものであり，夥しい負債を残し，会社を倒産させた人々を起訴するだけの資金もないまま死の床についている」（前掲書，304）。

(56)　*Investors' Review*, London, 3 (March 1894)：129-141.

第14章　金融（サービス），商業（サービス），および通信サービス

(57) *Statist*, 75 (March 8, 1913)：501. マーチャント信託銀行は1889年に設立された。その元の取締役会は，ロバート・ベアリング大佐（レベルストーク卿の兄弟），ロバート・ベンソン（R・ベンソン社），C・E・ブライト（アントニー・ギブズ＆サンズ社取締役），W・M・キャンプベル（イングランド銀行取締役），H・ギリアト（J・K・ギリアト社），C・ハンブロ（C・J・ハンブロ・サンズ社社長の兄弟），それからキネアード卿（後にバークレー・ベヴァンズ社と合併したランザム・ブーベリ社の共同出資者）のメンバーから成っていた。*Investors' Review*, London, 3 (March 1894)：129-141, を見よ。これらの人物および彼らの会社は米国投資，特に米国鉄道会社への投資に精通していた。

(58) ジョージ・グラスゴー（George Glasgow）の *The Scottish Investment Trust Companies* (London：Eyre & Spottswoode, 1932), 至るところ，および彼の *English Investment Trust*, 至るところに散見。Burton and Corner, *Investment and Unit Trusts*, 43；および本章注(37) の言及に基づく。

(59) Gilbert, *A History*, 30.

(60) Jackson, *Enterprising Scot*, 251. フレミングの原型となった会社は，スコティッシュ・アメリカン投資信託社（1873年）であった。1879年には継続会社が3社あり，それらは，それぞれ第一，第二，第三スコティッシュ・アメリカン投資信託社であった。これら3社はすべて同じ経営者のもとにおかれた。前掲書，21-23, および Gilbert, *A History*, 13-27, を見よ。また *Stock Exchange Official Intelligence for 1914*, 1112, 1129, 1132, も見よ。

(61) 第6章を見よ。

(62) Scott and Hughes, *The Anatomy*, 74, および Glasgow, *The English Investment Trust*, 70-71, を見よ。

(63) Burton and Corner, *Investment and Unit Trusts*, 42, による。

(64) Gilbert, *A History*, 30, および Jackson, *Enterprising Scot*, 71, による。

(65) Scott and Hughes, *The Anatomy*, 74.

(66) Swaine, *Cravath Firm*, I, 372, には，フレミングは早くも1885年にはロンドンに事務所を有していたということが示唆されている。フレミングの伝記は残っていない。Adler, *British Investment*, 至るところ，にはフレミングと米国鉄道会社債に関する重要な資料がある。フレミングのその後の役割については，Securities and Exchange Commission, *Investment Trusts in Great Britain*, 18, 22, を見よ。Chapman, *The Rise of Merchant Banking*, 99 は，フレミングの「シンジケートブック」1900-1912年に目を向けている。それらは，彼が米国鉄道，公共事業や産業株に深く関わっていたことを示している。445の口座のうち，わずかに8口座だけが，イギリスの会社用のものであり，残りのほとんどは米国企業向けのものであった。

(67) フレミングのスコティッシュ・アメリカン投資信託社と混同を避けるためである。

(68) Weir, *Scottish American Investment Company*, 10, 18.

(69) ダンディーの同盟信託社は1888年に組織された。Kerr, *Scottish Capital*, 166ff., を見られたし。

(70) Jackson, *Enterprising Scot*, 62（1881年に関して）。カンザスシティとポートランドの社屋のほとんどは，1886年に売却され利益を生んだ。前掲書，66, を見よ。

(71) これらの人物に関する追加詳細情報に関しては，Gilbert, *A History*, 34, 至るところに；Jackson, *Enterprising Scot*, 13ff.；および Weir, *The Scottish American Investment Company*, 3 (esp. good biographical data on William J. Menzies), を見よ。またマッケンジーに関しては，Kerr, *Scottish Capital*, 168-171, を見よ。

923

第Ⅱ部　世界最大の債務国

(72)　Jackson, *Enterprising Scot*, 69, 71.

(73)　Weir, *The Scottish American Investment Company*, 7, 15, および Kerr, *Scottish Capital*, 62. サー・ジョージ・ウォレンダーに関しては，第13章注（200）を見よ。

(74)　Weir, *The Scottish American Investment Company*, 8, 15.

(75)　William J. Menzies, *America as a Field for Investment*（Edinburgh：William Blackwood, 1892）, 19.

(76)　Gene M. Gressley, *Bankers and Cattlemen*（New York：Alfred A. Knopf, 1966）, 192-205, および Gene M. Gressley, "Brokers to the British to the Francis Smith & Co.," *Southwestern Historical Quarterly*, 71（July 1967）：7-25. 1889年設立の北部諸州投資信託株式会社は，イングランドのブラッドフォードに本拠を置いた。*Stock Exchange Official Intelligence for 1914*, 1059, を見よ。ダンディー社は同盟信託社の前身であった。

(77)　Gilbert, *A History*, 18, および Kerr, *Scottish Capital*, 29.

(78)　牧場の家畜に関しては第9章を見よ。

(79)　これらの投資は *Investors' Review*, 1892ff., に特によく記録されている。エディンバラのアメリカ信託社（1899年操業開始）が，アメリカビート製糖会社，アメリカ製鋼・ワイヤー会社，アメリカ綿油社，連邦製鋼会社への投資を開始したとき，これらの工業会社への投資において取締役の間で厳しい取り決めがあった（Jackson, *Enterprising Scot*, 261）。しかしながら，20世紀初頭においては，信託会社は主要な米国工業企業への投資を行った。例えば，エディンバラでロバート・フレミングとジョン・ギルドによって設立されたイギリス投資信託株式会社は，1913年に米国の証券に250万ポンドの投資を行い，そのうち100万ポンドが工業会社へのものであった（前掲書, 56, 269）。1880年後半と1890年代には，イングランドの信託会社は，しばしばイギリス法人の米国工業会社の株を所有した。1900年代初期の米国産業への投資は，主に，米国法人の会社へのものであった。Edelstein, *Overseas Investment*, 60, には，1880年代後半にはイギリスの投資会社が初めて工業会社の債券の買い取りに関与し始めたと記している。なかには，米国に工場をもつ「工業会社」もあった。

(80)　合衆国信託保証株式会社の1890年から1891年の間の証券に関するスティルマン文書のデータによると，その莫大なる投資は鉄道証券に対してではなかったことが明らかになった。同様に，これは，*Investors' Review*, 1892ff., で論じられていた信託会社の多くに当てはまらなかった。したがって，1914年までには，非常に慎重なダンディーの同盟信託株式会社は，合衆国証券の50％を抵当の形で依然として所有していた（本章次節を見よ）。この点に関して，それは例外的であったと思われる。

(81)　例えば，ほかにも1914年に大型の米国投資を行った会社には，以下の会社が含まれる。アメリカ信託株式会社（エディンバラ），イギリス投資信託株式会社（エディンバラ），第一スコティッシュ・アメリカン信託株式会社（ダンディー），海外アメリカ一般投資信託株式会社（ロンドン），国際金融会社（ロンドン），国際投資信託会社（ロンドン），投資信託株式会社（ロンドン），ロンドン・スコティッシュ・アメリカン信託株式会社（ロンドン），商業投資・一般信託株式会社（ブラッドフォード），スコティッシュ・アメリカン投資会社（エディンバラ），スコティッシュ投資信託株式会社（エディンバラ），第二スコティッシュ・アメリカン信託株式会社（ダンディー），第二スコティッシュ・エディンバラ信託株式会社（エディンバラ），第二スコティッシュ投資信託株式会社（エディンバラ），第三エディンバラ投資信託株式会社（エディンバラ），受託者・執行人・保証抵当保険会社（ロンドン），合衆国南アメリカ投資信託株式会社（ロンドン），合衆国債務証書株式会社（ロンドン），合衆国投資株式会社（エディ

924

第14章　金融（サービス），商業（サービス），および通信サービス

ンバラ），そして合衆国信託株式会社（ロンドン）。

(82)　Robert M. Kindersley, "A New Study of British Foreign Investments" (1929), 10, reprinted in *British Overseas Investment, 1907-1948*, ed. Mira Wilkins (New York：Arno Press, 1977).

(83)　Madden, *British Investment*, 75.

(84)　William J. Kerr, "Scottish Investment" in *Studies in Scottish Business History*, ed. P. L. Payne（London：Frank Cass, 1967）, 370；Kerr, *Scottish Capital*, 至るところに；Michie, "Crisis and Opportunity," 137-139；さらに Jackson, *Enterprising Scot*, 至るところに. カーとジャクソンは特にスコットランドの企業に言及しているが，これは，イングランドの企業にも当てはまる. Adams, *Niagara Power*, I, 297, を見よ.

(85)　専門的には，イギリス金融仲介業者（Bfi）がロンドンの会社に投資を行ったとき（今度はこの会社が米国の会社に投資する），二重に勘定されることを避けるために，この投資は Bfi によって国内投資と見なされているはずである. もし米国の有価証券に投資されれば，それがロンドンで獲得されたものであれ，ニューヨークで獲得されたものであれ，米国向け投資とされた.

(86)　これらすべてのコメントを与えられた上で，米国における投資信託会社による投資規模の概算を予測すべきである. 残念ながら，私は然るべく概算をするための適当なデータを持ち合わせていない.

(87)　合衆国信託保証株式会社は，例えば，スコティッシュ・アメリカン抵当株式会社へ投資を行った. 書簡 James Stillman to Archibald Balfour, Feb. 24, 1891, Stillman Papers, を見よ. 注にも述べたようにその会社は，ロンバード投資会社にも投資した.

(88)　Lavington, *The English Capital Market*, 119.

(89)　John A. James, *Money and Capital Markets in Postbellum America*（Princeton, N. J.：Princeton University Press, 1978）, 237. 確かに，多くの国法銀行は，そのような貸付を行った. Richard H. Keehn and Gene Smiley, "Mortgage Lending by National Banks," *Business History Review*, 51（Winter 1977）：474-491, を見よ.

(90)　米国の信託会社に関しては，本章注（30）を，また米国の抵当会社に関しては Wright, *Farm Mortgage Financing*, 至るところに, を見よ.

(91)　本章において，私は抵当資金準備における英国投資家の「典型的な」経路について論ずるつもりである. 典型的なものはオレゴン州ポートランドにあり，オレゴンに移住してきたウィリアム・リードとスコットランド人投資家によって1876年に設立されたオレゴン＆ワシントン抵当貯蓄銀行である. この銀行はオレゴンで最初の積立貯蓄銀行でオレゴンとスコットランド両方の資金を使い不動産抵当に投資を行った. 1881年までには，同銀行は370万ドルの未払いローンを抱えることとなった. H. K. Hines, *An Illustrated History of the State of Oregon*（Chicago：Lewis, 1893）, 310, および Jackson, *Enterprising Scot*, 28, を見よ. 1882年に，スコットランド人関係者らによってオレゴンとダンディーにあるダンディー抵当会社と同じ経営下におかれた. もう一つの「銀行」は，1886年英国において登記されたテキサス土地・抵当銀行であった. 成功し大規模になったため，その会社は，土地への抵当貸付に従事した（最終的に1922年に解散した）. Lewis, *America's Stake*, 86, 563, 574, および Kerr, *Scottish Capital*, 194, を見よ. その会社はイングランドのブラッドフォードに本拠をおいた. その株価はブラッドフォードとリーズの取引所で相場が付けられた. その資産は100万ポンドであった. *Stock Exchange Official Intelligence for 1914*, 405, を見よ. 「銀行」と名乗っていたにもかかわら

第Ⅱ部　世界最大の債務国

ず，投資会社としての機能をも果たしていたかのように思われる。私は，この会社がテキサス
で預金を受けていたという証拠を有してはいない。

(92)　米国の主要抵当会社のうちの3社——ロンバード投資会社，ジャービス・コンクリン抵当信
託会社，それから公正抵当会社——はカンザスシティにあった（Wright, *Farm Mortgage
Financing*, 321）。それらの会社は海外からの投資はいうまでもなく東海岸からの投資も引き寄
せた。農場抵当への英国の利益に関する最も優れた最近の文献は，ラリイ・A・マクファーレ
イ ン （Larry A. McFarlane）に よ る 一 連 の 記 事 で あ る。彼 の "British Investment in
Midwestern Farm Mortgages and Land, 1875-1900：A Comparison of Iowa and Kansas,"
Agricultural History, 47 （Jan. 1974）：179-198；および彼の "British Agricultural Investment
in the Dakotas, 1877-1953," *Business and Economic History*, 2nd ser., 5 （1976）：112-126；
さ ら に 彼 の "British Investment and the Land：Nebraska, 1877-1946," *Business History
Review*, 57 （Summer 1983）：258-272, を見よ。マクファーレインは，英国抵当貸付を以下の
3点に分類している。(1)スコットランドの会社を通したもの，(2)イングランドの会社を通し
たもの，(3)米国企業を通したもの。

(93)　スコットランド企業の「抵当攻勢」を知るために，Glasgow, *The Scottish Investment
Trust*, と彼のイングランド投資信託を比較せよ。Kerr, *Scottish Capital*, 198, には，米国に
おけるスコットランドの会社の投資信託資金の「多く」が農場抵当へと流れていたと書かれて
いる。多くのスコットランドの会社は抵当会社として発足した。スコットランドの投資信託会
社 と 抵 当 会 社 の 密 接 な 関 係 に 関 し て は，Kerr, *Scottish Capital*, 至 る と こ ろ に，お よ び
Jackson, *Enterprising Scot*, 至るところに，が優れている。このような事情は，特にマッケン
ジーグループ企業についてもいえることである。

(94)　ロンバード投資会社に関しては，Wright, *Farm Mortgage Financing*, 315, 318-322, を見よ。
この会社はアイオワ州で操業を開始した。1882年にボストンとミズーリ州カンザスシティで組
織化された。1885年に本拠をカンザスシティに移した。ジェームズ・L・ロンバードは「栄光
の絶頂時」には，ヨーロッパの数カ国で証券を販売した。先に注を付したように，1893年に，
ロンドンの合衆国信託保証株式会社が，ロンバード投資社の最大の株保有者となった。J・B・
ワトキンス土地抵当社に関しては，Allan G. Bogue, *Money at Interest：The Farm Mortgage
on the Middle Border* （Ithaca, N.Y.：Cornell University Press, 1955）, を見よ。J・B・ワト
キンス土地抵当社に1880年代後半に登録されている1800名の投資家の分析によると，投資家の
約28％が英国およびアイルランドに住んでおり，それらのなかではイングランド出身者が大多
数を占めた（前掲書, 134, 136）。ジャービス・コンクリン抵当信託会社に関しては，Phelps,
Foreign Expansion of American Banks, 133, を見よ。公正抵当会社に関しては，McFarlane,
"British Investment — Iowa and Kansas," 196, 198, を見よ。そこには，1888年にこの会社が
英国に一連の77の投資専門の事務所を開き，1892年までには363万7500ドルの抵当債券を，外
国人資本家に販売した。

(95)　例えば，*Burdett's Official Intelligence*, を見よ。

(96)　都市部の不動産貸付に関しては，例えば，Jackson, *Enterprising Scot*, 16 （サンフランシス
コ）, 17-18 （シカゴ）, 31 （カンザスシティ）, を見よ。書簡 McFarlane to Wilkins, Jan. 23,
1984, には，彼が，都市部の不動産と都市部の貸付への英国投資に関する記事を書くことを計
画していることが示されている。都市部不動産への英国最大の投資は，ウィリアム・ウォルド
ルフ・アスターが自らの邸宅を1890年に英国へ移し，ニューヨークにあった彼の不動産が「英
国」投資になったときのものである。この不動産の大半は所有財産であったが，私は，そのな

第 14 章　金融（サービス），商業（サービス），および通信サービス

かには貸付抵当を含んでいたと仮定している。第5章を見よ。

　1897年に，アメリカ人弁護士 W・D・ガスリーは，自らのニューヨークの会社（セワード・ガスリー＆ステール）がヨーロッパ人投資家の合衆国における事業を扱っていたが，以下のように自問している。「なぜセワード社は，すべての抵当管財人，株式名義変更代理業者や登録業者を——米国投資の外国人依頼者によって送られた資金の関連する事業はいうまでもなく——関係をもたない信託会社へと売りさばこうとしているのであろうか。なぜ，セワードの共同経営者たちは自身の信託会社をもたないのであろうか」。したがって，1897年1月にガスリーは，共同経営者たちを取締役とし，スタンダード金融・信託会社（資本金10万ドル）を組織した。彼は，まずニューヨークとシカゴにおいては，「市有財産を抵当にし保証された海外資本投資に関する大きな市場がある」と信じていた。新会社は成功し，1898年にガスリーは資本金50万ドルでニューヨーク・スタンダード信託会社を組織した。ガスリー法律事務所は英国人プロモーターである H・オズボーン・オヘイガンが実務を行い，オヘイガンは新会社の指揮を執るということで，5万ドルの持ち株（つまり全体の10％）を提案され，またスタンダード信託社の取締役にも就任した。この企ては大成功を収めた。1912年スタンダード信託社はニューヨークの保証信託社に併合された（Swaine, *Cravath Firm*, I, 591-594）。出版文献には，都市部不動産や不動産抵当に関するよりも，はるかに多くの海外の農場所有や農業信用貸付に関する議論が掲載されている（人民党員の反対のため）。私は，抵当となった農場への海外投資は，都市部不動産への投資よりもはるかに多いと信じている。しかしながら，都市部不動産への貸付は間違いなく存在していたが，それらは，会社建物，ホテル，有閑地に対してであり，住宅家屋そのものに対してではなかったように思われる。私は，海外投資家が（数少ない例を除いて），都市部の抵当——一般家庭住宅——に関与していたということを示すものはなにも見出せていない。広大な都市地域においては，海外投資家は，複数家族共有住居物件（いわゆるアパート）への融資に参加していた可能性はある。

(97)　マクファーレインは，ジャクソンとカー同様，"British Investment — Iowa and Kansas," 184-185, でこの意見を述べている。Jackson, *Enterprising Scot*, 19, には，1879年には，金利が6％に落ち込んだため，イリノイ州はもはや満足のゆく海外の農場抵当投資の場ではなくなったと報告されている。彼は，スコットランドの投資家は金利8％が可能なアイオワとミネソタ州南部のほうを向いていたと書いている。Kerr, *Scottish Capital*, 192, は，1891年にカンザス州が海外抵当会社の活動「調査」を規定する立法案を通過させ，それがかなりの学問的作業であったことに注目した。「1880年代後半および1890年代までには，英国およびスコットランドの会社は，すでに投資対象域をテキサス州や南部に転じていた」。英国投資家は中西部から南東部，南西部さらには太平洋岸へと場を転じた。しかしながら，それらの地域内でも差が生じた。北部中央の州，例えば，両ダコタ州は，長期間にわたり最も高い率を保っていた。

(98)　John Davis, "Alien Landlordism in America," in *The Land Question from Various points of View*, ed. C. F. Taylor (Philadelphia：C. F. Taylor, [1898]), 56.

(99)　この**直接**貸付は，他への投資を行っていた会社の行動とは対照的であった。すでに述べたスコットランドの投資信託会社（抵当を抱えていた）は除いて，これらの人物たちは，ダンディー抵当信託投資株式会社（マッケンジーとフレミング）——同盟信託株式会社の前身——やアリゾナ信託・抵当株式会社（ウィリアム・J・メンジーズ）と関連があった。ダンディー抵当信託投資株式会社は，アイオワ州マスカティンで活発に事業を行った，というのもウィリアム・マッケンジーの兄弟ジョージがそこに定住し，マスカティン抵当社とマスカティン抵当・信託社を1882年，1883年に創立していたからであった（Kerr, *Scottish Capital*, 182）。マッケ

927

第Ⅱ部　世界最大の債務国

ンジーのオレゴン＆ワシントン信託投資会社は，土地抵当に投資するために1873年に創立された（Gilbert, *A History*, 33）。この会社は，1879年にダンディー抵当信託投資株式会社と合併した（前掲書, 43）。後者とダンディー投資株式会社（マッケンジーグループのもう一つの会社で，ダンディー土地投資株式会社の後継社）は1899年に合併し，1888年4月に創立されていた同盟信託社へと新たに組み入れられた（前掲書, 56-57, 64）。先に注を付したように同盟信託社は，設立当初は抵当供与会社であった。

(100)　大成功を収めたスコティッシュ・アメリカン抵当株式会社は1874年に創立された。Jackson, *Enterprising Scot*, 17-19, 36-37；Kerr, *Scottish Capital*, 98ff.；そして第4章を見よ。書簡 Stillman to Archibald Balfour, March 19, 1891, Stillman Papers（「よく管理された経営」と述べている）。

(101)　Jackson, *Enterprising Scot*, 41-42，および Scott and Hughes, *The Anatomy*, 26-27. これは1871年ニューヨークで設立された合衆国抵当会社とは関係がなかった。少なくとも，私は関係を突き止めることができていない。

(102)　Scott and Hughes, *The Anatomy*, 25，および Jackson, *Enterprising Scot*, 42. 米国抵当社は，アイオワ州とミズーリ州，両ダコタ州，オレゴン州，ワシントン州，ジョージア州，アラバマ州，ミシシッピ州において貸付を行った（前掲書, 19）。エディンバラ・アメリカン土地抵当株式会社に関しては前掲書, 19-20, を見よ。オレゴン抵当会社に関しては，Hines, *An Illustrated History of the State of Oregon*, 310, を見よ。

(103)　Glasgow, *The Scottish Investment Trust*, 96，および Kerr, *Scottish Capital*, 63. ギルドは，1820年に生まれ，商人として仕事を始めた。彼は，運送業に従事した。彼は，フレミングとマッケンジーに，彼らが自分より25歳以上年上であったにもかかわらず，「親しく関係をもった」。ギルドはスコティッシュ・アメリカン投資信託（いわゆるフレミング諸会社）とダンディー抵当信託投資会社の会長を務め，のちには，同盟信託社（マッケンジー諸会社）の会長をも務めた。前掲書および Jackson, *Enterprising Scot*, 56-57, 67, 69, を見よ。出版された文献は彼の年下の親交のあった仲間よりも彼自身に関するものがはるかに少ない。しかしながら，カーはギルドを「投資信託業界のオリンピック選手と呼び，ロバート・フレミングと同格の起業の父であり，おそらく米国証券に関してもフレミング同様精通していたとしている」（Kerr, *Scottish Capital*, 63）。

(104)　Powell, *Evolution of the Money Market*, 473. この会社は1880年代に設立されたように思われる。McFarlane, "British Investment — Iowa and Kansas," 43n, では，その存続の記録があまりにもはっきりとせず実際の貸付の概算額を得られないとしている。最後に the *Stock Exchange Official Intelligence*, に載ったのが1903年であった。

(105)　McFarlane, "British Investment — Iowa and Kansas," 191, および彼の "British Investment — Nebraska," 266. その会社は，ロンバード投資会社と関係していた。

(106)　McFarlane, "British Investment — Nebraska," 261；"British Investment — Iowa and Kansas," 198；および "British Investment — Dakotas," 115, には，合衆国抵当貸付に参入したイングランドの会社の名前が挙げられている。これらの会社の多くは，ロンドン以外に本拠を置いていた。例えば，ハル，リバプール，マンチェスター，ノリッジであった。ネブラスカ州，アイオワ州，カンザス州，両ダコタ州において，マクファーレインのデータ資料は，1890年にイングランドの貸付はスコットランドの貸付を追い越していたということを示唆している。

(107)　Kerr, *Scottish Capital*, 55. かなりの程度まで，特にテキサス州におけるスコットランドの会社の実態の記述に基づくものが続いている。

第14章　金融（サービス），商業（サービス），および通信サービス

(108)　1880年代前半のダコタ州近隣地域において，利率が特に高かった。農場主は12%から18%の抵当金を支払った。抵当会社は至るところに乱立した——「すべての町に活発な代理店を伴って。これらは概ねイングランドの資金を扱った」。10%を海外投資家に支払い，その差額は米国代理店に入った。John Jay Knox, *History of Banking in the United States*（1903；rpt. New York：Augustus Kelley, 1969），801，を見よ。

(109)　Kerr, *Scottish Capital*, 9, 56, 70, 111.

(110)　前掲書，111.

(111)　前掲書，70.

(112)　投資家たちは，定額収入があった負債証券や利益に基づいた配当金を発行する信託あるいは抵当会社の持ち株を購入できた。その選択は，リスクに対する投資家個々の姿勢により異なった。

(113)　Barry Eichengreen, "Mortgage Interest Rates in the Populist Era," *American Economic Review*, 74（Dec. 1984）：997，では，抵当に基づく最初の負債証券は1881年設立のアイオワ貸付信託社に起因したと記述している。1870年代のスコットランド人は，すでに米国抵当処理をこの慣習にしたがって行っており，真の改革者であった。同様に，合衆国抵当会社は1870年代に抵当に対して負債証券の発行も行った。アイオワ貸付信託会社は自らを改革者であるとは決して言わなかった。Howard H. Preston, *History of Banking in Low*（1922；rpt. New York：Arno Press, 1980），278-279（「負債証券会社」と農場抵当に関して）.

(114)　Glasgow, *The Scottish Investment Trust*, 11. スコットランドの会社もまた「担保付社債」を発行した（前掲書，11-12）。

(115)　繰り返しになるが，スコットランドの「投資信託会社」のなかには，——オレゴン＆ワシントン信託投資会社（1873年創設）はこの場合の例——実際には土地抵当会社であった。本章注（93），（99）を見よ。

(116)　Kerr, *Scottish Capital*, 201. スコットランドの会社は貸付活動を支配した。

(117)　前掲書，197.

(118)　前掲書のなかでカーは，学者が英国海外投資を扱うときに「地方市場」を一般的には無視することに着目している。

(119)　McFarlane, "British Investment — Iowa and Kansas," 192. クローズ・ブラザーズ社の例をのぞいて，彼が名簿に含めたイングランドの抵当会社は，1880年代かそれ以降に始まっていた。そしておそらくクローズ・ブラザーズ社は，1880年代まで抵当貸付に参入しなかった。Jacob van der Zee, *The British in Iowa*（Iowa City：State Historical Society of Iowa, 1922），を見よ。ダンディーのスコットランド人は1860年代に米国の土地抵当を熟知しており，早くも1873年には，オレゴン＆ワシントン信託投資社とともに，スコットランド人はすでに太平洋岸における土地抵当提供への直接投資を行いつつあった。第4章を見よ。対象分散投資に関しては，McFarlane, "British Investment — Dakotas," 118-119，も見よ。スコットランド人の一歩先んじた参入開始の程度に関して，一般化することは条件整備を必要とする。リバプールのバルフォア・ウィリアムソン社はそのカリフォルニア支社を通じて少なくとも1878年までには，あるいは，おそらくそれ以前に，西部における農場抵当を行っていた——本章のテキストを見よ。その会社は中西部における貸付には従事していなかった。さらにのちに明らかとなるが，スコットランドの「お手本」にならったのであった。

(120)　しかしながら，いくつかの例において，イングランドの投資信託会社と抵当会社の両方に従事していた個人もいたように思われる。したがって，ここでも，兼任関係があった。

929

第Ⅱ部　世界最大の債務国

(121)　Kerr, *Scottish Capital*, および Jackson, *Enterprising Scot*, を見よ。

(122)　Kerr, *Scottish Capital*, 57-58.

(123)　McFarlane, "British Investment — Dakotas," 120.

(124)　例えば，フランシス・スミス社は，テキサス州において，イングランドとスコットランドの会社の両方を代表して活動を展開した。ジョージア州アメリカスにあるジョージア貸付信託会社はジョージア州，アラバマ州，テネシー州およびフロリダ州のイングランドとスコットランドの会社の代理店であった。アーカンソーにおいても同じ地域代理店がスコットランドとイングランドの抵当貸付を行った（Kerr, *Scottish Capital*, 163）。

(125)　牧畜会社に関しては，第9章を見よ。

(126)　しかしながら，必ずしもすべての資本が，社債として発行され，投資家が購入申し込みをし，時には繰り上げ償還がなされたわけではないことを思い出されたし。

(127)　J. Evetts Haley, *Charles Goodnight*（Norman : University of Oklahoma Press, 1936），344-345，および Kerr, *Scottish Capital*, 50-87.

(128)　McFarlane, "British Investment — Iowa and Kansas," 188-189，および "British Investment — Nebraska," 265, 266.

(129)　Kerr, *Scottish Capital*, 173，および Herbert O. Brayer, *William Blackmore*（Denver : Bradford Robinson, 1949），II, 211, 256, 261.

(130)　Jackson, *Enterprising Scot*, 62-63, 67. Brayer, *William Blackmore*, II, 211，ではその会社（1877年設立）がコロラド州の土地投資に従事していたと述べている。ロンドンのコロラド抵当投資株式会社は，1877年に組織された。1880年代初期に，その会社はコロラドにハイライン灌漑運河——83マイルの灌漑用水路——を64万ドルの経費をかけて建設した。この会社は，抵当に取って金を貸し出し，その子会社にデンバーの不動産（ウィンザーホテルを建設した）と煉瓦製造業に従事させた。Clements, "British — Controlled Enterprise in the West between 1870 and 1900," *Agricultural History*, 27（Oct. 1953）: 137-141，を見よ。明らかにその灌漑計画は，「土地開発」の一部分であった。灌漑がなされた土地は高く値段がつき，移住者たちをひきつけることが予測された（しかも抵当事業にも利益を与える）。それは成功しなかったが，1898年に *Burdett's Official Intelligence*,に最後に登録された。1893年にもう一つの会社であるコロラド抵当投資株式会社がロンドンで結成された。この会社は初年度に5％の配当金を支払ったが，再び支払うことはなかった。*Stock Exchange Official Intelligence for 1914*, 1008，を見よ。1897年ウィンザーホテル株式会社の未払い3000株のうち，コロラド抵当投資株式会社が1200株を所有し，ジェームズ・W・バークレーが657株を所有していた。次を見られたし。WRCIS, reel 64.

(131)　第9章を見よ。

(132)　Joseph Canon Bailey, *Seaman A. Knapp*（New York : Columbia University Press, 1945），123-124. しかしながら，（1890年に制定されたマッキンリー法のもとで）国内のサトウキビ生産者に与えられた政府助成金が，1894年に中止されたため，この投機企画は損失事業となった。

(133)　Jackson, *Enterprising Scot*, 133，および *Stock Exchange Official for 1914*, 1098.

(134)　これは，マッケンジーのダンディー抵当信託投資株式会社に言及したものである。Gilbert, *A History*, 40，を見よ。

(135)　Wallis Hunt, *Heirs of Great Adventure*, 2 vols（London : Balfour Williamson, 1951, 1960），I, 95, 147-148 ; II, 25，および Morton Rothstein, "A British Firm on the American West Coast," *Business History Review*, 37（Winter 1963）: 403-404.

第 14 章　金融（サービス），商業（サービス），および通信サービス

(136)　Hunt, *Heirs of Great Adventure*, I, 148.

(137)　Hines, *History of Oregon*, 310. ハインズの著書は，1893年出版され，そのリードに関する伝記的資料は1885年以前に及んでいる。しかしながら，リードは1885年のスコットランド人の支持者と関係破綻した――鉄道に関する複雑な懸案が原因で（前掲書，311）。

(138)　Kerr, *Scottish Capital*, 189.

(139)　マクファーレインは，1890年における 2 つのスコットランドと 7 つのイングランドの企業の農場抵当貸付金額を270万ドルと見積もった（さらに200万ドルが，米国の会社を通じて投資されていた）。そしてアイオワ州の 4 つのスコットランド，3 つのイングランドの会社が120万ドル（さらに70万ドルが米国企業を通じて投資されていた）。ネブラスカ州に関して，マクファーレインは，3 つのスコットランド企業で未払い貸付が40万ドルあり，一方で 9 つのイングランド企業で200万ドルの未払い貸付があった（さらに100万ドルが米国仲介会社を通していた）。McFarlane, "British Investment — Iowa and Kansas," 197-198, および彼の "British Investment — Nebraska," 266. 同年に，3 つのスコットランド，11のイングランド企業がサウスダコタ州で270万ドルの未払い抵当を抱え（さらに160万ドルが米国企業を通じて），2 つのスコットランド，6 つのイングランド企業がノースダコタ州で130万ドルの未払い抵当を抱えていた（さらに90万ドルが米国企業を通じて）。McFarlane, "British Investment of Dakotas," 115-116, を見よ。マクファーレインの数値はすべて「最小見積り」である。これらを合計すると，1890年には，彼はカンザス州，アイオワ州，ネブラスカ州，両ダコタ州において，英国企業による未払い抵当貸付額を約1650万ドルと見積もることができた。

(140)　オレゴンの資料とカーおよびマクファーレインの数値を合わせ，オレゴンの材料が1885年のものであり，ストックではなくフロー（つまり，なされた貸付であって，未払い貸付ではない）を含んでいることを認めても，さらにカーとマクファーレインの数値は低く，調査対象地域における海外抵当貸付をいくらか省いており，貸付があった米国の他の多くの地域を含んでいないことを認めても，デイヴィス下院議員の30億ドルという数値からは，はるかに遠いのである。われわれは，デイヴィスの米国抵当の数値の50%を McFarlane, "British Investment — Nebraska," 271, のパーセントによる概算と比較することもできる。マクファーレインは1890年の海外資本はネブラスカ州とミネソタ州における農場貸付の約 4 %，ノースダコタ州の約10%，サウスダコタ州の14.5%に融資されたと計算した。マクファーレインは，1890年までに――アイオワ州とカンザス州における低金利やカンザス州における反外国人心情等の不利な条件もあって――これら 2 州の数値は単に 1 %（アイオワ州），2 %（カンザス州）になったと考えた。私には「カンザス州の 2 %という数値は，その地域の反発を考慮に入れても，特に低いこと」がわかる。マクファーレインは，著書"British Investment — Iowa and Kansas," 196-197, において，アイオワとカンザスにおいて，それぞれ 1 %，2 %の数字は「予備の**低限**」見積りであったと述べた。マクファーレインは，南部や極西部の州に関する数値は提供していないが，もし彼の概算がともかくも真実に近いものであるのであれば，（私はそれらの数値はたいていの場合かなり正確ではないかと思っている）デイヴィスの数値はまったく高すぎるのである。

(141)　George K. Holmes, "A Decade of Mortgages," *Annals of the American Academy of Political and Social Science*, 4（1894）：904-918. ホームズは国内抵当貸付を扱っている。彼は，外国投資家との取引はなかった。

(142)　Kerr, *Scottish Capital*, 193 では，「英国の抵当会社が，米国信用貸付の境界地域における競争を激化させ，その結果利率の低下を引き起こした」という。また1870年代後半にカンザス

931

第Ⅱ部　世界最大の債務国

州の利率が落ち込んだとき，アメリカ人のJ・B・ワトキンスは，カンザスにおいて抵当を供給していたが，「長期金利が米国東部地域の長期金利よりも低かったイングランド向けの抵当担保証券の金利を下げる政策に従った」とする（Bogue, *Money at Interest*, 117）。これは，ワトキンスが，より低金利の資金調達の結果，他よりも低い金利での抵当提供を持続できたことを意味するように思われる。

(143)　この引用は Jackson, *Enterprising Scot*, 245（ゴシックでの強調は私自身による），からである。Bogue, *Money at Interest*, 189ff., および Wright, *Farm Mortgage Financing*, 321-323, も見よ。

(144)　ハルの植民地・合衆国抵当会社は，その株式への資金請求を行うことを余儀なくされた（Jackson, *Enterprising Scot*, 254）。しかしながら，その会社は，倒産しなかった。McFarlane, "British Investment — Iowa and Kansas," 190；McFarlane, "British Investment — Dakotas," 115；および *Stock Exchange Official Intelligence for 1914*, 1007, を見よ。アングロ・アメリカン土地抵当・代理人会社は，ロンバード投資会社と関連があったが，満期になりつつあった社債の元本を支払うことができなかった。この会社は1894年11月に管財人による財産管理を受けることとなった（Jackson, *Enterprising Scot*, 254, および *Investors' Review*, 4［Dec. 1894］: 370）。この会社は明らかに復活し，1905年にアングロ・アメリカン資産会社へと改名した。成功と失敗の際立った例は，イングランド・ブラッドフォードに拠点をもつ1886年創業のヨークシャー投資アメリカ抵当株式会社であった。その米国代理店はカンザスシティのジャービス・コンクリン抵当信託会社であった。その会社は，1891年の秋までに，55万8284ポンド（270万ドル）を米国に投資した。そしてその年に各々10％ずつの配当金を2回支払った。しかしながら，1897年までに，この会社は「負債による理由で」もはや操業を続行できなくなり，店仕舞を始めた。WRCIS, reel 55, の資料を見よ。

(145)　Jackson, *Enterprising Scot*, 254-255. ジャクソンは公正抵当会社，ジャービス・コンクリン抵当信託，およびロンバード投資社について言及している。4番目はJ・B・ワトキンス土地抵当会社であった。

(146)　Palgrave, "An English View of Investments," 197-198. これは，「投資信託を」賞賛して以前引用したものと同じ文献である。それは明らかに，イングランド人精神においては鉄道債や他の債券に関心があったイングランドの「投資信託」は，土地抵当とは同一ではなかったということを示している。

(147)　Kerr, *Scottish Capital*, 9.

(148)　Williamson, *Late Nineteenth-Century*, 98. 彼は中西部についてのみ言及しているが，その言及は西部や南部にも当てはまる。McFarlane, "British Investment — Nebraska," 260 は，ネブラスカ州における抵当信用貸付価格の低下について注目している。ネブラスカ州においては，「平均金利」が1870年代には12％，1880年代には8.7％，1890年代には8.4％あったが，それが1900年には5.7％に落ち込んだ。金利が落ちる一方で，激しい地域格差が依然としてあった。例えば，1893年から1897年にかけて，ボストンでは，「週間平均公定歩合が」3.8％，であったのに対し，アラバマ州バーミングハムやテキサス州ヒューストンでは8％であり，デンバーでは10％であった（James, *Money and Capital Markets*, 10）。これらの地域差は，1880年代はさらに大きいものであった（前掲書，14）。「公定歩合」と「抵当利率」は明らかに異なったが，協定賃金は同等であった。それは，スコットランドの抵当会社が最も良い機会を見出したのは南部と西部においてであった。にもかかわらず，金利がより低ければ，良い抵当が得られる可能性がより少なくなることを意味した。

第**14**章　金融（サービス），商業（サービス），および通信サービス

(149)　Nathaniel T. Bacon, "American International Indebtedness," *Yale Review*, 9 (Nov. 1900)：268-269. ロンバード投資会社の運命に関しては，New York State, Superintendent of Banking, *Annual Report Relative to Foreign Mortgage, Loan, Investment and Trust Companies, 1891-1893*（この情報源の題字中の "Foreign" は「州外の（out of state）」を意味した。したがって「国外（out-of-country）」の会社はこの報告書には含まれていない），を見よ。さらに同社についての詳細に関しては，Wright, *Farm Mortgage Financing*, 315, 318-332, を見よ。

(150)　Kerr, *Scottish Capital*, 162 は，1890年代にスコティッシュ・アメリカン抵当会社がテキサス州と南部で強力であり続けたことに注目している。同社は，ワシントン州，ミネソタ州，サウスダコタ州，イリノイ州はもちろん，テキサス州，ジョージア州，アラバマ州，フロリダ州，ミシシッピ州，アーカンソー州，テネシー州においても貸付を行った。1890年には，テキサスを含んだ南部が，その貸付の65％を占めた。ワシントンにおけるその新たな代理店はちょうど操業を開始したばかりであったが，ミネソタを除いて，北部―中央州はその会社にとって重要性を失っていた（前掲書，162-165）。

(151)　1923年執筆時にイヴァン・ライト（Ivan Wright）は「アメリカ人には奇妙に思われるかもしれないが，ヨーロッパ人投資家たちは，米国の農場抵当が貸付を行う良い担保物件と見なしている」と述べた（*Farm Mortgage Financing*, 172）。同様に，以前に注をほどこしたように，Lavington, *English Capital Market*（1921），には，信託金融会社とそういった会社の「米国の不動産」への投資について書かれている。1914年度版の *The Stock Exchange Official Intelligence* は，米国における事業に従事している数多くの英国抵当会社を列挙している。

(152)　Hunt, *Heirs of Great Adventure*, I, 187；II, 25, 27.

(153)　Kerr, *Scottish Capital*, 108.

(154)　Glasgow, *The Scottish Investment Trust*, 54. 1 ポンド = 4.86ドルでは，おおまかに見積もって960万ドルである。

(155)　Jackson, *Enterprising Scot*, 258, には，1895年の米国投資に関与する16のダンディーとエディンバラの抵当会社が挙がっている。ジャクソンは，それらの会社の資本金と社債についても明らかにしている。3つの最も大きな会社は（加えて1895年の資本金と社債は），ダンディーの同盟信託株式会社（資本金150万ポンド，社債207万ポンド），エディンバラの投資家抵当株式新会社（100万ポンド，78万6726ポンド），そしてエディンバラのスコティッシュ・アメリカン抵当会社（127万4672ポンド，55万2947ポンド）であった。Davis, "Alien Landlordism," 54-68, には，1898年に中西部における外国抵当証券がまだ生きているということが示されている。北部中央州に関してはマクファーレインの文献を見よ。

(156)　Gilbert, *A History*, 7（1893年の問題点に関して），10（同盟信託社の規模に関して），95（抵当率に関して），さらに Jackson, *Enterprising Scot*, 282（抵当投資の規模に関して）.

(157)　それらの数値は Glasgow, *The Scottish Investment Trust*, 96, からのものである。グラスゴーはその会社が米国抵当を専門に扱っていたことを述べている。Jackson, *Enterprising Scot*, 249-250, 272, を見よ。そこには，その会社が西部と南部それからカナダにも投資を行ったことが書かれている。

(158)　Cleona Lewis, *America's Stake in International Investments*（Washington, D.C.：Brookings Institution, 1938), 87n.

(159)　Kerr, *Scottish Capital*, 189.

(160)　これは私自身の解釈である。カーは上昇が重要であると感じた。

933

第Ⅱ部　世界最大の債務国

(161)　すでに名前を挙げた会社に加えて，1913年から14年にかけて数多くの他のスコットランドの抵当会社も米国史上に残っていた。例えば，エディンバラ・アメリカン土地抵当株式会社（1878年），ダンディーの西部ハワイ投資株式会社（1883年），エディンバラのオレゴン抵当株式会社（1883年），エディンバラの合衆国抵当スコットランド株式会社（1884年），エディンバラの合衆国投資法人株式会社（1890年），エディンバラのスコティッシュ・アメリカン抵当株式会社（1906年），エディンバラのウェスタン牧場投資株式会社（1910年）などである。カッコ内に示したのは設立年である。1909年オレゴン抵当株式会社はワシントン州，オレゴン州，モンタナ州，アイダホ州に280万ドルの貸付があった。オレゴン抵当会社に関しては，Jackson, *Enterprising Scot*, 273, を見よ。またイングランドの会社も残っていた——例えば，ロンドンのブリティッシュ＆アメリカン抵当株式会社（1877年），ロンドンのアメリカン自由保有土地抵当株式会社（1879年），ハルの植民地・合衆国抵当株式会社（1880年），リバプールのカナダ・アメリカ抵当・信託株式会社（1884年），ロンドンのロンドン・北西アメリカ抵当株式会社（1886年），ロンドンのアイオワ信託抵当株式会社（1889年），マンチェスターの同盟抵当・投資株式会社（1890年），そしてロンドンの譲渡抵当・社債券株式会社（1897年），これはクローズ・ブラザーズの会社。1914年度版 *Stock Exchange Official Intelligence* は，イングランドの会社に関しては役立つ。

(162)　Jackson, *Enterprising Scot*, 266-271, esp. 268.

(163)　Hunt, *Heirs of Great Adventure*, II, 27.

(164)　スコットランドの抵当会社の多くは，そのうちに「投資信託会社」へと変貌した（Glasgow, *The Scottish Investment Trust*, 至るところに）。その語 craze（熱狂ぶり）は Wright, *Farm Mortgage Financing*, 323, のなかに記されている。

(165)　しかしながら，1909年から1913年までに，依然として生き残っていたイングランドの米国抵当関連会社の多くは，正規の配当金を支払っていた。ロンドン・北西アメリカ抵当株式会社は，抵当と不動産からなる社財を実現しており例外的であった。*Stock Exchange Official Intelligence for 1914*, 980-1100, を見よ。

(166)　このことはマクファーレインの著作や Preston, *Banking in Iowa*, 278-279, のなかで提案されている。

(167)　Jackson, *Enterprising Scot*, 163.

(168)　ウィリアム・リードの抵当貸付から鉄道投資への移行に関しては Hines, *History of Oregon*, 310-311, を見よ（いずれの場合にも彼はスコットランドの投資を引き入れた）。

(169)　K. D. Bosch, *Nederlandse Beleggingen in de Verenigde Staten*（Amsterdam：Uitgeversmaatschappij Elsevier, 1948), 175-178, 351.

(170)　Edmond Baldy, *Les banques d'affaires en France depuis 1900*（Paris：Librairie Générale de Droit, 1922), 114, 166. Linton Wells, "House of Seligman," unpublished manuscript, 1931, New York State Historical Society, 472, も見よ。Anne T. Ostrye, *Forein Investment in the American and Canadian West 1870-1914 : An Annotated Bibliography*（Metuchen, N. J.：Scorecrow Press, 1986), 128(item 573), には，フランス・アメリカ金融会社（1905-1918）に関する資料がフランス国立古文書館のなかにあることを示している。

(171)　Hans Bauer, *Swiss Bank Corporation*（Basle：Swiss Bank Corp., 1972), 161.

(172)　*Economist*, 48（May 3, 1890)：557, および J. Riesser, *The German Great Banks*（1911：rpt. New York：Arno Press, 1977), 435. オットー・ブローンフェルはジェイコブ・S・H・スターンのフランクフルト銀行と関係があった。Fritz Seidenzahl, *100 Jahre Deutsche Bank*

第 14 章　金融（サービス），商業（サービス），および通信サービス

（Frankfurt：Deutsche Bank, 1970），56，を見よ。D．A．T．G．に関しては，Thomas R. Kabisch, *Deutsches Kapital in den USA*（Stuttgart：Klett-Cotta, 1982），75, 185-186，も見よ。

（173）　Riesser, *German Great Banks*, 478.

（174）　前掲書，436．それは，元の会社の第2の機能を果たしたが，その主な活動は「株式会社の預金高の調査と被信託実施事業や担保保有事業になった」。

（175）　Powell, *Evolution*, 478.

（176）　私は先にイゼリン社のS．F．A．への参加を記した。ニューヨークのイゼリン社はスイスで設立され，1870年代前半，スイス銀行（Schweizerischer Bankverein）が米国銀行設立を考慮したとき，イゼリン社を参加させようと計画した。Bauer, *Swiss Bank Corporation*, 48，を見よ。1914年ニューヨークのイゼリン社はロンドンのロイド銀行の地方代理店に挙げられた（この情報はロイド銀行の記録保管人のJ・M・L・ブッカーからである）。

（177）　Bauer, *Swiss Bank Corporation*, 161. オランダ企業は名前が付いていなかった。それは簡単にアメリカ債券基金（Vereenigde Amerikaansche Fondsen）であってもよかった，というのもスイス銀行はボワスヴェイン家との結びつきをもっていた。あるいは同社はおそらくアメリカ工業株式シンジケート（Syndicaat van Amerikaansche Industrieele Aandeelen）だったであろう。

（178）　私は銀行と関連するものはなにも見出してはいない。

（179）　例えば，ロバート・フレミングは，「投資銀行家」および投資信託アドバイザーとして行動した。ロバート・ベンソンとJ・S・モルガンも同様であった。スコティッシュ・アメリカン投資株式会社は，ジョン・S・ケネディ，J・トッド・ケネディ，およびJ・P・モルガン社，「米国銀行」と関係があった。

（180）　Bosch, *Nederlands Beleggingen*, 441，に基づく。

（181）　John Fahey による文献，"When the Dutch Owned Spokane," *Pacific Northwest Quarterly*, 72（Jan. 1981）：2-10，を見よ。ワシントン州は外国人財産法を1890年代中盤に適用した。

（182）　Swaine, *Cravath Firm*, I, 548，および Bacon, "American International Indebtedness," 270.

（183）　Alien Property Custodian, *Report, 1918-1919*（これ以後 *APC Report* とする）。

（184）　Rondo Cameron, *France and the Economic Development of Europe, 1800-1914*（Princeton, N. J.：Princeton University Press, 1961），131. Brewer, "Eastern Money and Western Mortgages in the 1870s," 362-372，には，合衆国抵当会社のヨーロッパから米国への資金の仲介における事業活動内容の詳細が述べられている。この会社は，2つの取締役会があり，その一つはニューヨークで，もう一つはパリで開かれた。

（185）　Wright, *Farm Mortgage Financing*, 318. ブルーワーは，1870年代にその会社について議論しただけだが，その会社は1890年代中盤についに，攻勢に転じ事業に成功したという趣旨で脚注を加えている。Perine, *The Story of Trust Companies*，によると，合衆国抵当会社は最初，1893年に信託預金事業を行い，1895年にその名前を合衆国抵当信託社に変更した。

（186）　M. Georges Aubert, *La finance américaine*（Paris：Ernest Flammarion, 1910），167-168.

（187）　F. Cyril James, *The Growth of Chicago Banks*（New York：Harper & Bros., 1938），1362.

（188）　Lewis, *America's Stake*, 86-87. 私見ではクレオナ・ルイスは英国の抵当供給会社の数を少なく見積もっていたが，貸付総額を低く見積もっていたわけではなかった。注を付したように，貸付は，3年から5年と比較的短期になる傾向があった。したがって同じ資金が運用され，こ

935

第Ⅱ部 世界最大の債務国

れがある特定の日付けで未払い総額を減少させるのに役立った。クレオナ・ルイスは，1916年から17年にかけての海外投資家の抵当貸付（ルイスの見出した数値）は1914年時のものよりも低くなったとした。Bosch, *Nederlandse Beleggingen*, 441, には，ルイスのオランダ抵当銀行貸付に関する仮定は誤りであるということが示されている。したがって，彼女のオランダに関する見積りは，実際より高かった。クレオナ・ルイスの情報源は，*Commercial and Financial Chronicle*, April 1, 1916, 1207, および Sept. 15, 1917, 1046, であった。本章で，筆者は5つの英国企業が1913年から14年にかけて3500万ドルの未払い米国抵当を抱えていることを示した。本章注（161）で示したように，ほかにも多くの貸付業社があった。第15章において，私は，英国の保険会社が，米国不動産貸付に資金を供給したことを示している。われわれは，農場へはいうまでもなく，都市部不動産抵当における英国投資を忘れずに含まなくてはならない。このようにして，およそ5倍の＄35/株に増加させるために，さらにオランダ抵当銀行投資の2930万ドル，他の諸々の事業元本の約300万ドルを加えても理屈に合わないわけではない。

(189)　Hunt, *Heirs of Great Adventure*, ⅠおよびⅡ, 至るところに。この引用はⅡ, 27, からのものである。

(190)　A. H. John, *A Liverpool Merchant House Being the History of Alfred Booth & Co., 1863-1958* (London：George Allen & Unwin, 1959), 24；Adler, *British Investment*, 147, 149, 187n；さらに Morton Rothstein, "Multinationals in the Grain Trade, 1850-1914," *Business and Economic History*, 2nd ser. 12 (1983)：87.

(191)　Antony Gibbs & Sons, Ltd., *Merchants and Bankers, 1808-1958* (London：Antony Gibbs, 1958), 33, 102, 36；Thomas C. Cochran, *The Pabst Brewing Co.* (New York：New York University Press, 1948), 155 (以上はパーブストおよびアンホイザー・ブッシュ社に関して).

(192)　Walther Däbritz, *Fünfzig Jahre Metallgesellschaft* (Frankfurt, 1931), 162, 292-298, を見よ。

(193)　Mitsui & Co., *100 Year History*, 13, 31-32, 295, 34, 68-69, 50, 71, 77-78 (全般)；および Kazuo Yamaguchi et al., "100 Year History of Mitsui & Co.," unpublished 1978 manuscript in Japanese, Ⅰ, 207 (サンフランシスコ支店), および357 (南部製品会社). 私は，1984年7月この日本語の文献に関する手助けを頂き，山崎広明教授に感謝申し上げる。東京の日本ビジネス史研究所から三井物産の米国事業に関する雇用資料を入手した。同様に，私は the Mitsui & Co., *Semi-Annual Report, Nov. 1913 ― April 1914*, in Mitsui & Co. Archives, Tokyo, を利用した。この年次報告書は日本語で書かれており，再び山崎教授から手助けを頂いた。比較のためにいうと，三井物産は，上海支社に48人，香港に41人，ロンドンに18人の従業員を抱えていた。

(194)　1880年の『米国絹製品商工名鑑』に，マリー通り46番地というニューヨークの住所とともに横浜・三井物産の K・山尾の名がある。またニューヨーク市の絹原料輸入者として足立なにしろう (住所は同じ)，日本が本社の大和貿易会社の代理店のおりあ・かい (マーサー通り51番地)，横浜が本社の田代四郎の代理店の佐藤・新井社 (ウォーカー通り55番地)，O・山田と M・福井 (ウォーカー通り58番地) などの名前が登録されている。この商工名鑑は W. C. Wyckoff, *Silk Goods of America*, 2nd ed. (New York：Silk Association of America, 1880), 131, に印刷されている。1882年には，三井物産は，三井の歴史から予測できるように，もはや名簿に載っていなかった。おりあ・かい (日本織物協会) は，当時東京の本社と横浜の支社，

第14章　金融（サービス），商業（サービス），および通信サービス

イングランドのロンドン支社，ロシアのウラジオストック支社を公表していた大和貿易の「代理人」として名簿に留まっていた。それはフランス・リヨンに「通信関係の会社」を所有していた。1882年R・新井は横浜ドウシン社「ニューヨーク総代表」として名簿に名前を連ねた。ドウシン社はリヨンに支社をもっていた。1882年のこれらの会社の氏名録と広報は W. C. Wyckoff, *Silk Manufacture in the United States*（New York：n.p., 1883），139, 145, 146, にある。1887年には，横浜のドウシン絹会社代理人として絹協会氏名録でR・新井が確認されたのを除いて，他のすべての日本人の名前が氏名録から消えた（W. C. Wyckoff, *American Silk Manufacture*［New York：Silk Association of America, 1887］, 137）。佐藤・新井社とR・新井の「新井」は，ハル・松方・ライシャワー女史の祖父であった。彼女は自著，*Samurai and Silk*（Cambridge, Mass.：Harvard University Press, 1986），190ff., のなかで，絹輸入に携わった新井良一郎と佐藤桃太郎（1867年来米，ニューヨークに一般雑貨を扱う店舗を開店，その後日本へ帰国し日本人従業員募集を行った）について語った。新井は1876年米国へ渡り，1878年に佐藤と共同経営契約を結び原料絹を輸入した。当時彼は重要な絹輸入業者となった。

(195)　Nobuo Kawabe, "Japanese Business in the United States before World War II：The Case of Mitsubishi Shoji Kaisha, the San Francisco and Seattle Branches," Ph. D. diss., Ohio State University, 1980, 18. この論文は日本語で出版されている。

(196)　Mitsui & Co., *100 Years*, 70.

(197)　Williams Haynes, *American Chemical Industry*（New York：D. Van Nostrand, 1954），II, 274. その状況によると，これは明確には述べられていないが，第一次世界大戦前であったことがわかる。

(198)　しかしながら，三井物産はヨーロッパの銀行と融資枠をもっていた（Mitsui & Co., *Semi-Annual Report, Nov. 1913 — April 1914*）。

(199)　私は，D. H. Aldcroft, "The Mercantile Marine," *The Development of British Industry and Foreign Competition, 1875-1914*（London：Allen & Unwin, 1968），326-363, を英国海運業に関して特に有益な文献であると思う。

(200)　ドイツ海運業の成長に関しては John G. B. Hutchins, *The American Maritime Industries and Public Policy, 1789-1914*（Cambridge, Mass.：Harvard University Press, 1941），525, を見よ。Henri Hauser, *Germany's Commercial Grip on the World*（New York：Scribner's Sons, 1918），106-107, には，1914年に北ドイツ・ロイド社およびハンブルグ・アメリカン社がドイツ商船業界の40％を占めていたと書かれている。ハンブルグ・アメリカン社は，「68の航路を有し」，すべての米国の港につながっていた。バリンの指揮下にあったハンブルグ・アメリカン社の驚くべき拡大に関しては，Bernhard Huldermann, *Albert Ballin*（London：Cassell, 1922），esp. 69-130, を見よ。また，Ross J. S. Hoffman, *Great Britain and the German Trade Rivalry*（Philadelphia：University of Pennsylvania Press, 1933），200-231, も見よ。

(201)　*APC Report*, 126. ドイツの2社は，米国の子会社を通じて桟橋を「所有していた」（北ドイツ・ロイド社は999年間賃借をしていた）。米国政府が1918年にこれらのドック（荷揚げ場）を占有したとき，710万ドルの価値を決定した。それは外国人資産管理局に結局は支払われる金額であった。

(202)　Hutchins, *American Maritime Industries*, 515. 大阪商船会社も香港・タコマ間の太平洋横断定期航路を就航させた。どの会社がどの航路を利用したかに関する貴重な詳細に関しては，U.S. House of Representatives, Committee on Merchant Marine and Fisheries, *Investigation*

937

第Ⅱ部　世界最大の債務国

of Shipping Combinations（Washington, D.C., 1913），および U.S. House of Representatives, Committee on Merchant Marine and Fisheries, *Steamship Agreements and Affiliations in the American Foreign and Domestic Trade*（Washington, D.C., 1914），を見よ。日本の太平洋横断航路に関しては，William D. Wray, *Mitsubishi and the N.Y.K., 1870-1914*（Cambridge, Mass.：Harvard University Press, 1984），408-412 が，Keiichiro Nakagawa, "Japanese Shipping," in Tsunehiko Yui and Keiichiro Nakagawa, *Business History of Shipping*（Tokyo：University of Tokyo Press, 1985），6-7，と同じく有益である。さらに重要なこととして，ノルウェーとスウェーデンの海運会社も米国の港に入港した。また重要なものとして例えばイタリアの海運会社のナビガジオン・ジェネラル・イタリアナ（Navigazione Generale Italiana）およびブラジルのロイド社もあった。このブラジル・ロイド社のニューヨーク代理店によると，この海運会社はブラジル政府所有であった（*Shipping Combinations*, 49）。

(203)　第3章および第16章を見よ。法律が効果的に実施されなかったため，ある外国海運会社の米国子会社は国際貿易に幅広く従事できたのかもしれない。

(204)　Thomas R. Navin and Marian V. Sears, "A Study in Merger：Formation of the International Mercantile Marine Company," *Business History Review*, 28（1954）：291-300. エラーマンに関しては，Taylor, *Ellermans*, 12, 41，を見よ。

(205)　IMM に関する最も優れた研究は，Navin and Sears, "A Study," 291-328，である。私も *Shipping Combinations*, esp. 573-602；N.S.B. Gras and Henrietta Larson, *Casebook in American Business History*（New York：Appleton-Century-Crofts, 1939），566-596；Lewis Corey, *The House of Morgan*（New York：G. H. Watt, 1930），304-307；およびムーディからの資料を活用している。ホワイト・スター航路会社に関しては，W. H. Bunting, *Portrait of a Port：Boston, 1852-1914*（Cambridge, Mass.：Harvard University Press, 1971），426，および Gras and Larson, *Casebook*, 578 を，エラーマンに関しては Taylor, *Ellermans* を，ドミニオン航路会社に関しては N. R. P. Bonsor, *North Atlantic Seaway*（Prescot, Lancashire：T. Stephenson, 1955），243-248，を見よ。ボンソールの研究はすべての客船会社に関しては優れたものである。Vivian Vale, *The American Peril：Challenge to Britain on the North Atlantic, 1901-04*（Manchester：University Press, 1984）は，国際海運業と IMM に関する詳細を加えている。

(206)　Huldermann, *Albert Ballin*, 55-57，およびさらに優れた Lamar Cecil, *Albert Ballin*（Princeton, N.J.：Princeton University Press, 1967），49-57，を見よ。

(207)　Navin and Sears, "A Study," 308，および *Albert Ballin*, 53n.

(208)　英国における警報サービス産業に関しては，Mira Wilkins, *The Emergence of Multinational Enterprise*（Cambridge, Mass.：Harvard University Press, 1970），70-71，を見よ。

(209)　Francis W. Hirst, *Monopolies, Trusts, and Cartels*（London：Methuen, 1905），140.

(210)　Gras and Larson, *American Business History*, 580-582. 米国の立案者たちは，最初にすべての米国海運企業に対して米国政府補助金を望んだ。補助金法案が下院を通過できなかったとき，こういった冒険的な事業がすべて米国主導であることがもはや重要性を失った。

(211)　Hirst, *Monopolies*, 140.

(212)　Gras and Larson, *Casebook*, 583，および Cecil, *Shipping Combinations*, 573-575.

(213)　この会社は米国の海運会社として再び登場した。1913年 IMM の米国副会長のフィリッ

第14章　金融（サービス），商業（サービス），および通信サービス

プ・A・S・フランクリンは米国下院委員会で「IMM の実際の所有権がどこにあるかを言い当てることは困難である。しかし IMM 社は，ここ（米国）が支配している」と語った。おそらくこれは議決権信託の大多数が米国にあったからであろう。IMM 社債は登記可能ではあったが，実際に登記されたのはわずかであった。そしてフランクリンは「どこに社債が保有されているか言い当てることがまず不可能である」と報告した（*Shipping Combinations*, 573-575）。社長が英国人でロンドンに住んでいることを考えると，IMM 社を「米系企業」と見なすのはおかしい。IMM 社はアムステルダム取引所に名を連ねた。したがって確かにオランダの証券投資がいくらかあった（Bosch, *Nederlandse Beleggingen*, 347）。また IMM 社は，オランダ・アメリカ海運の25％の利益を得ていたことを忘れてはならない。

(214)　Aldcroft, "The Mercantile Marine," 327；Hirst, *Monopolies*, 140；および P. N. Davies, "British Shipping and World Trade," in *Business History of Shipping*, ed. Yui and Nakagawa, 78.

(215)　U.S. House of Representatives, Committee on the Merchant Marine and Fisheries, *Free Ship Bill Hearings*, 62nd Cong., 2nd sess., 1912, 371-372. 1890年に，その占有率は輸入に関して83.3％，輸出に関して90.6％であった。英国のシェアに関しては次を参考にされたし。Aldcroft, "Mercantile Marine," 329, 362-363.

(216)　この文献は全般的に「所有権」よりもむしろ「旗艦」を扱っているが，海外所有権が目立っていたことは明らかなように思われる。本章注（222）を見よ。

(217)　その条件会議の最も優れた議論は，*Shipping Combinations*, 1361, に掲載されている。海運航路同盟は文字通り航海日程，利率，プーリング，リベートに関して決議する会議であった。なぜ conference（会議）という語が使用されていたかであるが，協力の理念をもっていたからであろう。

(218)　前掲書，1360. この委員会は，合意がなければ弱者は路傍に置き去りにされ独占企業が現れてしまうであろうとさえ主張した。

(219)　*Steamship Agreements*, 415, および Hutchins, *American Maritime Industries*, 525-526. 最も早く議論された合意は，1892年1月にハンブルグで決着した北大西洋蒸気船海運合意であった（*Steamship Agreements*, 26）。もっと早く締結されたものもあった。最初のものは，1875年のカルカッタ会議であるといわれた。Ervin Hexner, *International Cartels*（1946；rpt. New York：Greenwood Press, 1971）, 387. 海運業と漁業に関する議院のアレキサンダー委員会は，1913年にその合議を法的に有効なものとする文書を発行した。*Shipping Combinations and Steamship Agreements*, を見よ。この合議は定期便を保証した。概して，不定期貨物船は（用船契約されてはいたが）こういった合意からは外れた（*Shipping Combinations*, 1360）。そのような用船契約は，しばしば不安定なものであった（Hoffman, *Great Britain and the German Trade*, 220-222）。ドイツの役割に関しては，Cecil, *Albert Ballin*, 46-62, を見よ。

(220)　*Steamship Agreements*, 至るところに．

(221)　この内容は，*Shipping Combinations*, の至るところ，に挙げられている証言のなかに現れる。

(222)　このことは，どのようにわれわれが外国の会社を定義づけしようと，あるいは管理しようと，真実のように思われる。例えば，アメリカ人ウィリアム・ボイドは，下院委員会の前で米国のリオプラタ海運は「われわれ」のものであると証言した。ボイドはその会社を組織し「その所有者をして彼らの船舶をわれわれの便に使用せしめた」。しかしながら，汽船そのものは英国所有であった。この海運会社の船舶はすべて英国の旗印のもとで稼働した（*Shipping*

939

第Ⅱ部 世界最大の債務国

Combinations, 385-386)。私はそのような船舶の手配方法を一般的な意見に矛盾することなく
米国的と呼ぶことができると考える。明白で明瞭な外国の会社の役割の幅が非常に拡大された
のであった。さらに重要なことに，私は，すべてのIMM社のすべての海運を——フランクリ
ンの意見に従って（上記注（213））——この一般的意見に反することなく，米国管理と分類す
ることさえ可能である。注を付したように，船舶関連文書における「外国船トン数」という語
の通常使用は，所有や管理ではなくその船舶が掲げている旗に関係するのである。したがって，
英国国旗を掲げた米国所有あるいは管理（直接的間接的を問わず）の船舶は，英国船籍であろ
う。外国所有・管理の汽船会社が，外国籍船トン数の統計が示唆するよりも少ないトン数を扱
っていたけれども，実際にはそれでも米国輸出入の大部分を輸送していたという証拠は明らか
である。私は，外国貿易運送業者を国旗よりも所有（管理はいうまでもなく）により区分けし
た数字をみたことはない。Aldcroft, "The Mercantile Marine," 327, は「所有者」を（国籍別
に）挙げようとしているが，この著者は実際には「国旗」の情報を与えているにすぎないと私
は考えている。前掲書，327, 328, 362-363, と比較せよ。

(223) 会社と投資総額のリストに関しては，書簡 S. G. Ward & G. C. Ward to Baring Brothers,
July 25, 1883, BAL, HC 5.2.30 pt. 47, を見よ。

(224) 前掲書．アングロ・アメリカン電信会社は，サイラス・フィールドの大西洋横断電信会社
を直接引き継いだものであった（第4章を見よ）。サー・ジョン・ペンダーは，フィールドの
冒険的事業の初期の投資者の一人であった。*Men and Women of Our Times*, 14th ed.
(London, 1895), 661-662, を見よ。「電信王」と呼ばれているサー・ジョン・ペンダーに関す
る詳細については，*Dictionary of National Biography*, Supplement, 130；Georg Siemens, *The
House of Siemens*, 2 vols. (1957；rpt. New York：Arno Press, 1977), I, 71-73；J. D. Scott,
Siemens Brothers, 1858-1959 (London：Weidenfeld & Nicholson, 1958), 56-58；および
Hugh Barty-King, "Sir John Pender," *Dictionary of Business Biography*, IV, 609-614, を見よ。
ダイレクト合衆国ケーブル会社（Direct United States Cable Company）は，1873年ウィリ
アム・シーメンス（「英国人の」シーメンス）によって，彼のいとこ，ドイツ銀行のジョー
ジ・ボン・シーメンスの援助を受け，築かれた。この会社は，ペンダーの支配のもとにあった
通信社の地位に挑戦することを目論んだ。すぐに，この会社は，ペンダーのグループに参入し，
そのうちにペンダーはこの社においても重要な人物となった。ダイレクト合衆国ケーブル会社
に関しては Scott, *Siemens Brothers, 1858-1958*, 39-40, 56-57, および Karl Helfferich, *Georg
von Siemens*, 2 vols. (Berlin：Verlag von Julius Springer, 1923), II, 14-21, を見よ。
1879年フランスの通信会社が英国の「大西洋横断通信独占」に異議を唱えようとした。この
会社もまもなくペンダーの輪のなかに加わった（Georg Siemens, *House of Siemens*, I, 73）。
1883年にはアメリカン電信・通信社（2本の海底ケーブル：資本金，280万ポンド）もあった。
同社は1880年ジェイ・グルドが外国会社独占に対抗しようと立ち上げたものであった。彼は自
社で設置した2本の海底ケーブルをウェスタン・ユニオン（当時彼の管理下にあった）に期間
借用させ，1882年に，ペンダーグループと共同資金合意を行った。したがってすべての実用目
的のために「外国独占」は続いた。ペンダーグループは，大西洋横断通信においては最上位を
保ったままであった。Julius Grodinsky, *Jay Gould* (Philadelphia：University of
Pennsylvania Press, 1957), 279, 285；Siemens, *House of Siemens*, I, 73；および Wilkins,
Emergence, 48, を見よ。
1883年12月12日，アメリカ人ジョン・W・マッカイ（コムストック鉱脈で資金を得た）とジ
ェームズ・ゴードン・ベネット（新聞記者）は商業通信社を築き，1884年に2本の大西洋横断

第14章　金融（サービス），商業（サービス），および通信サービス

海底ケーブルを設置し，ペンダー企業連合と料金競争に持ち込んだ。料金競争は1888年に決着した（Siemens, *House of Siemens*, I, 74；Scott, *Siemens Brothers*, 64, 191；および Wilkins, *Emergence*, 48）。ペンダーの構築した国際通信の帝国は，大西洋横断接続以外の通信も包含した。彼の持株会社──グローブ電信信託社──は全世界通信に参入した（Scott, *Siemens Brothers*, 56）。グローブ電信信託社は1873年に結成された。1896年のペンダー死去まで，ペンダーの通信組織は「5万海里の海底ケーブルを操業し，年間200万件の通信業務を行い1800人もの個人を雇い入れた」（Barty-King, "Sir John Pender," 612）。

(225)　Corey, *House of Morgan*, 222.

(226)　ドイツの通信業に関しては *Foreign Relations of the United States, 1899*, 310-314, と前掲書，1920, I, 134, を見よ。

(227)　W. J. Baker, *A History of the Marconi Company*（London：Methuen, 1970），35. ヘンマルコーニのいとこであるヘンリー・ジェイムソン＝デイヴィスは最初の実質社長である「常務取締役」になった。ベイカーの研究は，英国の会社の歴史であった。Hugh G. J. Aitken, *Syntony and Spark ── The Origins of Radio*（New York：John Wiley, 1976），224, および W. P. Jolly, *Marconi*（New York：Stein & Day, 1972），44, も有益であった。

(228)　その歴史に関しては，Gleason L. Archer, *History of Radio*（New York：American Historical Society, 1938）；L. S. Howeth, *History of Communications ── Electronics in the United States Navy*（Washington, D.C., 1963）；および U.S. Federal Trade Commission, *Report on the Radio Industry*（Washington, D.C., 1924），を見よ。米国融資会社に関して特に手助けとなったのは，Marquess of Reading, *Rufus Isaacs, First Marquess of Reading*（London：Hutchinson, 1942），I, 225ff., および Frances Donaldson, *The Marconi Scandal*（London：Rupert-Hart, Davis, 1962），であった。

(229)　Baker, *History of the Marconi Company*, 52.

(230)　Reading, *Rufus Isaacs*, I, 233-234, および *Stock Exchange Official Intelligence for 1914*, 1603, を見よ。Federal Trade Commission, *Radio Industry*, 1, 11, には，最初は1000万ドルで，その25％は親会社が保有していたと書かれている。これは誤りである。より正確さを期するならば，1910年から1912年には，151万1200ドルだけしか小切手が発行されていなかったように思われる。親会社は87万5000ドルつまり58％を保有していた。Lord Robert Cecil Report, in *Donaldson, The Marconi Scandal*, 273-274, を見よ。

(231)　Baker, *A History of the Marconi Company*, 73, によると，マルコーニの発明に対するアメリカ人の権利は親会社から米国の系列会社へ1902年に5万ポンドで移管された。

(232)　Archer, *History of Radio*, 89, には，その工場はニュージャージー州のローゼルパークにあったと書かれている。Baker, *A History of the Marconi Company*, 180, および U.S. Federal Trade Commission, *Radio Industry*, 11, 185, には，その工場は，ニュージャージー州アルディーンにあったことが書かれている。私はアルディーンもローゼルパークも同一の場所であったのでないかと推察している。

(233)　Donaldson, *Marconi Scandal*, 272. ユナイテッド無線会社は当時，株主再組織委員会によって経営されていた。その取締役たちは，金融不正により投獄中であった。Hugh G. J. Aitken, *The Continuous Wave : Technology*, および *American Radio, 1900-1932*（Princeton, N.J.：Princeton University Press, 1985），192-194, がユナイテッド無線会社に関する最も良い情報提供源である。

(234)　Baker, *A History of the Marconi Company*, 130；Archer, *History of Radio*, 101；

第Ⅱ部 世界最大の債務国

Donaldson, *The Marconi Scandal*, 272-278；および Aitken, *The Continuous Wave*, 193.

(235) David Sarnoff, *Looking Ahead*（New York ：McGraw-Hill, 1968）, 3.

(236) Archer, *History of Radio*, 75, および Baker, *A History of the Marconi Company*, 80.

(237) Donaldson, *The Marconi Scandal*, 14.

(238) 前掲書, 272-274；Reading, *Rufus Isaacs*, 232-237；および Archer, *History of Radio*, 63, 101. ゴドフリー・アイザックは, 1910年英国の会社の常務取締役社長となった（Jolly, *Marconi*, 172）。新たな資金のうち, 150万ドルはユナイテッド無線会社の社財の買い上げにまた組織再編に, 親会社に対して相当分返還に使用された。残りは, 高電力所の建設に費やされた。イングランドにおける新たな増資とその結果生ずる醜聞の成り行きは, Lord Robert Cecil's Report, June 1913, reprinted in Donaldson, *The Marconi Scandal*, 273-389, および前掲書, 至るところに, で十分語られている。

(239) Donaldson, *The Marconi Scandal*, 273. 1912年3月の米国マルコーニ社とその親会社の合意により, 資金総額の条件を取り決めた。

(240) 前掲書, 273.

(241) 前掲書, 277-278. 米国マルコーニ社は, 1912年4月18日に株主総会を開催することになり, そこでは新たな株式発行を支持し, 3月29日の合意を是認することとなった。株式の取引高, ゴドフリー・アイザックの兄弟の関与, サー・ルーファス（英国司法長官）の介入, さらに郵便局契約の役割, すべてがいわゆるマルコーニ疑惑の要因となった。疑惑そのものは米国の発展に影響を与えなかったため, 私自身はそれ以上の関心はない。

(242) *New York Times*, July 11, 1914.

(243) Howeth, *History*, 208.

(244) 英国マルコーニ社もまたロシア, フランス, スペイン, カナダに関連会社を有していた（Reading, *Rufus Isaacs*, 232）。

(245) *Stock Exchange Official Intelligence for 1914*, 1603.

(246) Reading, *Rufus Isaacs*, 233, および *Stock Exchange Official Intelligence for 1914*, 1603. 1913年1月31日時点での, 利益損失勘定書の貸方残高はわずか22万4483ドルであった。その投資額と貸付額は263万2847ドルであった（前掲書）。

(247) Aitken, *The Continuous Wave*, 194.

(248) *APC Report*, 103.

(249) 前掲書.

(250) 前掲書.

(251) 第二次世界大戦後, これはA・E・G・テレフンケン社となった。第12章でも注を付したように, テレフンケン社は1903年に設立された。

(252) *APC Report*, 104, 296.

(253) 前掲書, 104. テレフンケン社の他の国際的事業活動に関しては, Reading, *Rufus Isaacs*, 227, および 1919 Briefing Paper, Box 71, Owen Young Papers, Van Hornesville Community Corporation, Van Hornesville, N. Y.（第一次世界大戦以前のビジネスに関して）, を見よ。

(254) Howeth, *History*, 152, および Baker, *A History of the Marconi Company*, 130-135. ベーカーは前述の書の p. 158に次のように記している。1912年から1914年までに,「私企業のマルコーニ社とテレフンケン社間の『戦争』は, 2社間相互訪問によって固められた技術情報交換が, その日の命令となった平和的な共存の期間が継続した」。

(255) *APC Report*, 103, および Howeth, *History*, 207.

第14章　金融（サービス），商業（サービス），および通信サービス

(256)　*APC Report*, 103, および Howeth, *History*, 225.

(257)　例えば，Federal Trade Commission, *Radio Industry*, 12.

(258)　*APC Report*, 103. Aitken, *The Continuous Wave*, 159, 283 は，テレフンケン・フォン・アルコ社の機器が1914年にセイヴィルに据え付けられ，フランス・ゴールドシュミット社の交流発電機がタッカートンに同年据え付けられたと記している。

(259)　Federal Trade Commission, *Radio Industry*, 12, 14.

(260)　Aitken, *Syntony and Spark*, 240-243, では，電信会社と競争することを提案したマルコーニの大胆さを論じている。Barty-King, "Sir John Pender" は，サー・ジョン（1896年没）が，自身の会社は無線通信社の脅威をまったく感じなかったということを記している。

(261)　Federal Trade Commission, *Radio Industry*, 12. 確かに，ユナイテッド・フルーツ社は，その所有する船舶と固有の無線通信手段をもっており，カリフォルニア連邦電信社（1911年結成）は，米国西海岸で船舶—陸地間，船舶—船舶間の無線交信を行った。これらは例外的なことであった。もちろん米国海軍は独自の無線局を有していた。Archer, *History of Radio*, 124.

(262)　George Paish, "Great Britain's Capital Investment in Individual Colonial and Foreign Countries," *Journal of the Royal Statistical Society*, 74（Jan. 1911）: 176, reprinted in Mira Wilkins, *British Overseas Investment, 1907-1948*（New York : Arno Press, 1977）.

(263)　Bosch, *Nederlandse Beleggingen*, 346. 興味深いことに，米国マルコーニ無線通信社の普通株は，アムステルダムでも上場された（前掲書）。さらに広範なロンドンの上場に関しては，Paul Dickens, "The Transition Period in American International Financing : 1897 to 1914," Ph. D. diss., George Washington University 1933, 236-264, を見よ。

(264)　A.T.T. 社株発行の批判的議論に関しては，Lysis［Eugene Letailleur］, *Politique et finance d'avant-guerre*（Paris : Payot, 1920）, 311（reprint of his July 7, 1911 article）, を見よ。

(265)　書簡 H. B. Thayer to F. R. Welles, April 25, 1905, Western Electric Archives. ウェスタン・エレクトリック社は A.T.T. 社の製造に従事する子会社であった。

(266)　その1906年の社債発行に関しては，第13章を見よ。

第15章
その他のサービス

　外国投資家は，金融や貿易や通信のほか，様々なサービスも提供した。広告，卸業，小売業，保険，会計，エンジニアリング，建設，電力，照明，送配電などである。この章では，これらのサービスを提供する外国直接投資と証券投資を明らかにする。

広　告　業

　アメリカ人は広告業に優れていることから，この分野に関しては海外からの投資は少ないのではないかと私は予想した。しかし，少なくとも１つの会社が存在した。それはＴ・Ｂ・ブラウン社である（この会社は1876年にイギリスで操業を開始し，その後まもなく，ペアーズ石鹸社やその他の国際的な広告会社のスペースバイヤー〔space buyer：訳注：新聞雑誌広告のスペース確保業〕や「代理店」となった）。またブラウン社は，ペアーズ社の対米輸出にも関わり，米国に事務所を開設した。フランク・プレスブリーは1929年に広告業の歴史を執筆したが，その結論で「国際的な広告業に先鞭をつけたのはイギリス人であり，米国におけるペアーズ石鹸社の広告業は同国の本格的な広告業の始まりに大きな影響を与えた」と記した。1880年代に，ペアーズ石鹸社は他に先駆けて，米国の雑誌に一面広告を出した。プレスブリーによれば，1890年代の初頭に，購入したり特注したりした絵画を使うというイギリスのやり方を米国に導入したのは，ペアーズ石鹸社である。しかしながら，外国企業が製品の流通に果たした大きな役割に比べれば，広告業におけるそれは，予想通り，微々たるものである。当時ほとんどの場合，外国投資家は米国の広告代理店を使ったのである。

第**15**章　その他のサービス

卸業と小売業

　米国でのマーケティングに参加する外国のメーカーはおびただしい数にのぼり，海外や米国内で生産した製品を売ろうとしていた。これらの前方垂直統合に関しては，関連産業の章で，すでに多くの事例を検討した。このように，例えば，ニューイングランドにおけるリーヴァー・ブラザーズ社の石鹸の卸業は，私が食料雑貨について取材したときより，もっと早い時期に考えられていた。米国における外国の卸業者には，国際取引を米国に拡大した貿易会社も含まれており，海外から輸入した製品を米国内で販売していた。貿易会社に関しては第14章で述べた通りである。したがって，ここでは米国内に独自の流通網をもつ海外のメーカーと貿易会社について，特に卸業と小売業に絞って，まとめて述べることにしたい。さらに，米国の小売業におけるその他の外国投資についても付言したい。

　第一次世界大戦前の米国においては，多くの外国企業が（支店や子会社や関連会社を通じて）自社ブランドの食品，糸，鉛筆，書籍，化学製品，石油製品，ゴムタイヤ，特殊機械の流通を直接手がけていた。外国のメーカーが米国内での卸業を内部化することはよくあることで，一つの業界に限ったことではなかった。なお，広範に広告を行う製品や特別の扱いや販促が必要な製品は，独立した卸ではなく，企業の流通網で販売するのに適していた。米国で製造していた外国企業のなかには，米国での生産と販売をそれぞれ別々の会社を通じて行うところもあった。これは，法的要件を満たすためのみならず，それぞれ組織上の区分に対応した措置であったと思われる。このような外国メーカーの生産と販売の分離は様々の業界で起こっており，海外で培われた商習慣を模倣したものと推測される。

　外国企業の顧客が米国のメーカーである場合は，中間業者を使うのではなく，外国企業の米国代表が直接，バイヤーに赴いた。これは購入者の数が比較的少ない場合で，特別の用件があるときであった。例えば，米国に事務所を構える日本の商社は米国の製糸工場に生糸を販売していた。特殊製品（染料や機械類の場合など）には，ヨーロッパのメーカーで米国に営業所や支店を置く企業の

第Ⅱ部　世界最大の債務国

熟練した社員が，米国の繊維，ガラス，化学製品，その他の工場を訪ね，同時に製品の使用方法や技術的な用途を説明し，直接販売を行っていたのである。

これと対照的に，消費財に関しては，外国のメーカーはほとんどの場合，卸業を利用しており，小売りを行ったり消費者に直接販売したりすることはなかったのである。一つ顕著な（また成功した）例外があるとしたら，それはメーカーでも商社でもない。日本の大阪にある山中商事であった。この会社は19世紀末から20世紀初めにかけて，ニューヨークに小売店を開業し，オリエンタルアートやアンティークなど，ほとんどが中国製であったが，ニューヨークの新興富裕層のニーズに合わせたものを販売し，ニッチ市場で成功したのである。

もう一つのユニークな例は，ドイツのチョコレート・メーカー，ゲブルダー・ストールワーク社である。この企業のチョコレートと機械のビジネスに関しては前述の通りである。同社は「自動販売式レストラン」（「自動ビュッフェ」「自動レストラン」）用の機械と自動販売機を製造していた。同社は1880年代にニューヨーク，フィラデルフィア，セントルイス，その他の米国の都市で自動販売式レストランをオープンした。ニューヨークの鉄道の駅には，チョコレートの自動販売機を設置した。しかし，実際にはレストランや自動販売機の所有者ははっきりしていない。もっとも，同社の社史専門家は少なくとも，もともとストールワークが小売販路において権益を所持していたことを示唆しているようだ。

19世紀末と20世紀初頭には，イギリスで「小売業の革命」が起きていた。つまり，チェーンストアが国中に広がっていたのである。果たして「水平的な統合」，米国の小売店に匹敵するようなものはあったのだろうか？　例えばリプトンは，前述の通り，米国で小売店の展開を考え，実際に４店舗を開設したが，結局，紅茶のみ（食肉も）を卸売りすることに決めたのである。リプトンが初めて米国に投資したのは，イギリスの店舗のためのハムを買うためであった。次のステップは屠殺業と豚肉の加工という後方統合であり，ハムとベーコンの米国での卸売りであった。さらに米国市場に関する知識に照らして，リプトンは米国で初めはホテルやレストランに，次第に小売店に紅茶を販売したのである。

その他のイギリスの小売業者も，リプトンのように，イギリスの店舗に供給

第**15**章　その他のサービス

するために米国に投資した。⁽¹⁰⁾当時は水平的な投資をするイギリスの小売業はな
かった。大西洋にまたがって並行的な小売網をつくり上げることはしなかった
のである。その理由は明らかである。イギリスのような比較的小さく均質な国
で，多くの都市や近隣で販売することと，米国市場のような距離的にも離れた
巨大で異質な国で店舗網を作り上げることは，まったく別のことであったから
である。ピーター・マサイアスは，リプトンが米国内で卸業に徹することを決
断したことに関して，次のように説明している。「卸業の管理の方が，大規模
な店舗網の管理より，安全である⁽¹¹⁾」。同様に，イギリスの小売業者はイギリス
国内では大規模なビジネスを展開していたが，彼らは米国市場という巨大で根
本的に異なったところには同じような形では進出できなかったし，（実際にしな
かった）のである。面白いことに，米国の大手小売業者——例えばＡ＆Ｐ社
やグランド・ユニオン社やクローガー社などは，もともと紅茶の販売を行って
おり，自国の市場に精通していたため，当時，イギリスの小売業者が真似でき
ないようなチェーン店舗の管理を米国で行うことができた。⁽¹²⁾これに対して，イ
ギリスの業者はそのような地の利に恵まれていなかったのである。

　しかしながら，証券投資に関しては海外から米国の小売業に対して相当額行
われていたが，これには米国の民間銀行が介在していた。20世紀の初頭に，ユ
ナイテッド・シガー社，シアーズ・ローバック社，ウールワース社，Ｓ・Ｓ・
クレージュ社が，ロンドンと欧州大陸で資金の調達を行っていた。投資家たち
は投資収益に関心をもっており，マネジメントの特権を行使する意図はなかっ
たのである。⁽¹³⁾これらには**食品**の小売チェーンはまったく含まれていなかったこ
とに注目するべきである。米国の食料品雑貨が海外に資金を求めたという証拠
はまったくない。

保 険 業

　外国の保険会社は米国で卸業と小売業の両方に進出し，重要な投資機関とな
った。外国の保険会社は，(1)生命保険，(2)海上火災保険，(3)事故その他の保
険をカバーしていた。第1の分類においては，米国の保険会社は強力であり，
自ら国際的であった。⁽¹⁴⁾ほんの一握りのカナダの保険会社が米国で生保の事業を

第II部　世界最大の債務国

行っていたが，それ以外の外資の生保における役割は小さいものであった。これとは逆のことが海上火災保険ではみられた。外資系の保険会社（すでにこの頃までに米国内で地歩を固めていた）は米国市場で重要な役割を果たしており，全国的に保険の販売を行っていた。3番目の分野である事故その他の保険であるが，1913年から1914年くらいまでに，およそ12社の外資系保険会社が活躍していた。これらの外国の保険会社はすべて米国内で保険料を徴収し保険金を支払っていたのみならず，米国内で巨額の証券投資も行っていた。この節では，これら外資系保険会社の二重の機能，すなわち，保険サービスの売り手と米国金融資産の買い手と所有者という2つの役割について，検討する。

　1875年当時，外国企業，特にイギリスの保険会社は米国にとって珍しくない存在であった。イギリスの海上保険が対米貿易における輸送を補塡していた。前述の通り，南北戦争の前に，イギリスの火災保険会社数社が米国でビジネスを始めていた（1社は1812年の戦争以前に着手していた）。多くの保険会社が南北戦争の直後に参入した。撤退したものもあったが，多くは市場に残った。先に示したように，イギリスの保険会社は，シカゴの大火（1871年）とボストンの大火（1872年）の後，相当額の損害賠償を支払ったため，新たな信用力を獲得した。1875年までに米国におけるイギリスの火災保険会社は，それ以前に比べて，より重要な地位を占めていたのである。これらの保険会社は大手であり，米国企業にとって基準や模範となるものであった。マーキス・ジェームズは，北米の保険会社（1792年に創業）の歴史に関する著作において，1877年までにこの会社は「米国の保険会社のなかで債務に対して最大の余剰を生み出し，それは**外国企業のどれに対しても見劣りしない**ものであった」と書いている（ゴシックの強調は私自身による）。

　外国の保険会社は引き続き米国に参入し，新たに支店や関連会社を設立した。また既存の米国企業を買収するケースもかなりあった。その多くは1880年代，1890年代と20世紀の初頭に米国に進出した。じつに，1913年に米国で傷害保険のビジネスを行う企業として『ベスト保険報告書』に掲載されたイギリス，ドイツ，カナダ，スイスの支店や関連会社が，米国市場に参入したのは1881年以降であった。同様に，先鞭をつけたのはイギリスであったが，多くの外国の保険会社が潤沢な米国市場に参入してきたのである。1880年代初頭においては米

948

国の保険会社に比べて，外国の保険会社の規模の方が平均的に大きいという傾向があった。1914年に米国のすべての州が外国の保険会社が事業を行うことに認可を与えた。イギリスの保険会社がいかに浸透していたかは，1890年のジョージア州メイコン市の住所録をみると明らかである。なんとこの南部の一つの都市に，17ものイギリスの保険会社が掲載されているのである！

　外国の保険業者として米国でトップの座を占めるのは，イギリスの火災保険会社であった。トップ2社の本社はともにリバプールにあった。リバプール＆ロンドン＆グローブ社とロイヤル保険会社あった。さらに米国はリバプールよりももっと多くのロンドンの保険業者を引きつけたのである。同様にエディンバラはスコットランドの保険会社の重要な拠点であったが，米国でも火災保険のビジネスを行った。

　1881年には米国の火災保険全体のおよそ4分の1を外国の保険会社が占めており，全体の5分の1がイギリスの会社であった。これらの外国企業にとって，米国の保険料が加わることにより世界市場での収入が大きく増えたのである。次にその例を挙げよう。サン保険会社はイギリスの会社であるが，米国での事業を，ウォータータウン社を買収して1882年にようやく始めたのだが，1900年に米国での火災保険収入がイギリスのそれに肩を並べるくらいになったことがわかった。ロイヤル為替保険会社もまた，米国に比較的新規に参入した会社であり，1891年にカリフォルニアに代理店を設立した。1902年から1914年までの間に得た米国での火災保険料収入はイギリスのそれを超えたのである。1905年にイギリスの大手保険業者9社は**全世界の**保険料収入1560万ポンドの半分を米国の火災保険料から得たのである。

　ほとんどのイギリスの保険会社は1906年のサンフランシスコの地震後に起こった大火をよく耐え抜き，米国の保険会社よりも首尾よく乗り切った。ただ，一部の企業は多大な損失を被り，深刻な事態に陥った。シカゴとボストンの大火のときと同様に，イギリスの保険会社は損害を補填したことによって，米国でその名を高めたのである。

　米国のイギリス大手火災保険会社（リバプール＆ロンドン＆グローブ社とロイヤル保険社とコマーシャル・ユニオン社）は，「米国の別の関連会社を通じて傷害保険を販売した」。損害保険において米国で最大手の会社は，ロンドンの独立法

第Ⅱ部　世界最大の債務国

人である雇用者負債保証会社であった。この会社は1880年にイギリスで創業され，負債保険を販売した初めての保険会社といわれている。1886年に米国に進出し，ボストンに支店を開いた。米国では，負債補償保険に特化し，1913年の保険料収入は610万ドルに上った[30]。

　1913年だけとっても，イギリスの海上火災保険の31の支店と11の関連会社が，6800万ドルもの保険料の純収入を米国で得たのである[31]。さらに，その年に，イギリスの保険会社は負債保険，傷害保険，健康保険，身元保証保険，労働者補償保険，盗難保険で2500万ドルの保険料を得ている。またこれに比べて額は少ないが，自動車，厚板ガラス，蒸気ボイラーやその他もろもろの保険からも収入を得ているのである[32]。

　米国とイギリスの企業が米国内の様々な地域において，イギリスの保険業者の代理店として活躍した。例えば，バルフォア・ガスリー社，これはリバプールの貿易会社バルフォア・ウィリアムソンのサンフランシスコにある子会社であるが，カレドニアン保険会社（スコットランドの企業）とブリティッシュ外国海上保険会社の代理を務めた[33]。カレドニアン社は，農場から船舶までの穀物の輸送を対象とする火災保険を販売した（バルフォア・ガスリー社は大規模な穀物輸出業者であった[34]）。

　1875年から1914年にかけて，イギリスは米国における外国保険会社のなかで最大の地位を誇っていた。その他の多くの国に本部をおく保険会社が米国に進出し，時を経るにつれ，イギリスの相対的な立場は弱くなった。表15-1は1913年の米国における外国の海上火災保険会社の数と保険料純収入と「公認資産」を示している。

　ドイツの移民が米国に到着し，それに従ってドイツの保険会社が米国に進出した。ベルリン，ケルン，ハンブルグ，ミュンヘン，フランクフルト，マンハイム，その他に本社を置く企業が続々と米国に拠点を設置し，火災保険のビジネスを展開した[35]。1913年にはワルシャワの1社を含め，米国には9つの「ロシア」の火災保険会社があった。その当時はポーランドのほとんどがロシア帝国に帰属していたことを思い起こしてほしい[36]。1913年の米国における最大のロシアの会社は，ペテルスブルグのロシア保険会社（Rossia〔sic〕Insurance Company）であり，支店はコネチカット州のハートフォード市にあった。火災

950

第**15**章　その他のサービス

表15-1　米国における外国の海上火災保険会社，1913年12月31日[a]

国　籍	総　数		保険料純収入		公認資産	
	数	パーセント	100万ドル	パーセント	100万ドル	パーセント
イギリス	42	47%	$68	56%	$116	63%
ドイツ	13	15	18	15	24	13
ロシア	9	10	18	15	19	10
フランス	9	10	4	3	7	4
スイス	3	3	3	2	3	2
ブルガリア	2	2	3	3	3	2
カナダ	2	2	3	2	4	2
スウェーデン	2	2	2	2	3	2
その他6カ国[b]	7	8	2	2	5	3
総　計	89	100[c]	121	100	184	100[c]

出所：次の書に基づき表作成した。*Best's Insurance Reports, Fire and Marine, 1914.*

a　表は支店と関連会社を含む。

b　中国（支店2カ所）とスペイン，オランダ，ニュージーランド，オーストリア，日本（それぞれ支店1カ所）を含む。

c　総計は四捨五入した数字。パーセントは四捨五入以前の数字をもとに算出。

再保険を手がけていた。その支店は1904年に開設され，1913年までに年間の保険料純収入は670万ドルに達していた。これは米国内の外国保険会社のなかで（保険料純収入に基づいた場合。リバプール＆ロンドン＆グローブ社とロイヤル保険会社とコマーシャル・ユニオン・グループに次いで）第4位であった。[37] 当時，フランスの保険業者は米国内であまり大きなビジネスをしていなかった。ただし1913年に，そのうちの9社が海上火災保険の認可を得ている。[38]

　表15-1に示したブルガリアの2社は，ハートフォードの支店を通じて火災の再保険を扱った。そのうちの1社であるソフィアのバルカン国立保険会社は1910年に米国に進出した（この会社はブルガリアとトルコでも保険業を営んでいた）。もう一つは「ブルガリア」といわれるラウストチョーク市にある第一ブルガリア会社で，1912年に米国市場に参入した。これは正真正銘の多国籍企業であり，イギリス，ドイツ，ベルギー，フランス，オランダ，スペイン，トルコおよびブルガリアでビジネスを展開していた。なぜこれらのブルガリアの企業が大規模な米国進出を行ったのか，その理由は不明である。[39]

　経済学者であるクレオナ・ルイスによれば，1861年から1914年にかけて53にものぼる外国の保険会社が，米国内の支店を閉鎖したという。[40] 多くの外国企業

第Ⅱ部　世界最大の債務国

が米国で事業を行い，保険料を受け取り，顧客をだましたあげく，消え去ったというのである！　なかには登記せずにビジネスを行った会社もあった。1914年に，『ベスト保険報告書』は「未承認の」外国企業，つまり許認可を得ずに米国内でビジネスを行っている外国企業に対して警告を発している。米国のビジネスマンで自分が所在する州で認可を受けている会社から十分な火災保険を得られないため，外国の会社の保険に加入したものもあったが，大概よい結果は得られなかった。[41]

　1882年にニューヨーク州議会は外国の企業（国外の企業）が在外勘定を提示することを禁止した（あるフランスの会社は巨額の資産があると宣伝したが，実際にはそのほんの一部しか米国で被った損失の補填に使うことはできなかった[42]）。1851年にはすでにニューヨーク州議会は生命保険会社と火災保険会社を規制する法律を可決し，財務責任能力を示すために「ニューヨークの預金」を義務づけている[43]。1880年代以降は，州の保険に関する規制がいっそう厳しくなり，顧客を違法な売り手から守ろうとした。十分な資産が米国内にないため，州当局から許認可を受けられない外国企業も多くあり，撤退を余儀なくされた。

　外国企業のなかには，米国市場から撤退して，何年も経ってから，再度参入するところもあった。支店を閉鎖して，その代わりに関連会社を通じて再スタートするところもあった。カリフォルニアの火災（1906年）の頃に，多くのヨーロッパ大陸の会社は店をたたみ，損害を補填しなかった[44]。イギリスの保険会社のなかには，保険金を払ったところもあるが，火災の後，撤退し，イギリスでの引き受け業務を再開しないところもあった[45]。その他の会社は特定の州から撤退したが（例えば大火の後のカリフォルニア州など）米国での全般的な事業は拡大した[46]。

　1861年から1914年にかけて53の外国保険業者が事業を閉鎖したが，1914年に米国で海上火災保険の認可を受けた89の外国保険業者の支店と関連会社が，『ベスト保険報告書』に記載されている[47]。明らかに拡大と縮小が共存していたのである。じつに，イギリスの企業のなかには安定性と長期性において名を馳せたところもあった。象徴的なのが，ニューヨークのダウンタウンのパイン通りとウィリアム通りにある近代的な8階建ての鉄骨のビルであった。これは1881年にリバプール＆ロンドン＆グローブ社が建てたものである[48]。外国の海上

952

火災保険会社の支店と関連会社89社が集めた年間の保険料は，1913年には 1 億2100万ドルに達している（表15-1 を参照）[49]。さらに，『ベスト保険報告書（傷害その他）』は外国保険会社の約12の支店と関連会社が1913年に総計2700万ドルの保険料を集めたと記載している[50]。さらにこのグループに加えて，『ベスト保険報告書（生保）』に米国で事業をする認可を受けたカナダの生保 5 社が記載されている。そのうち最大手がサン生命保険会社とカナダ生命保険会社である[51]。『ベスト保険報告書（海上火災保険）』および『ベスト保険報告書（傷害その他の保険）』は米国でビジネスを行っている外国の保険会社に焦点を当てたが，『ベスト保険報告書（生保）』は米国とカナダの企業に的を絞っていた[52]。

外国の保険会社は米国内で営業を拡大するとともに，投資も行った。1880年には13のイギリスの保険会社が1900万ドルの米国資産を有していた。同年の最大の米国の**投資機関**はリバプール＆ロンドン＆グローブ社であり，投資額は440万ドルに上っていた。その他，ロイヤル保険会社は270万ドル，ノースブリティッシュ貿易社は180万ドル，コマーシャル・ユニオン社は170万ドル，クイーン社は150万ドルであった[53]。

前述の通り，州法により許認可を受ける条件として，外国の保険会社に米国証券の預託が義務づけられていた。例えば，ロイヤル為替保険会社（REA）は1891年にサンフランシスコでビジネスを開始したが，4 ％米国債を25万ドル購入し預託しなくてはならなかった。1909年までに REA は米国の州法に準拠するために，175万ドルの米国証券を購入し，受託者に預けなければならなかった[54]。さらに示されたように，州当局は外国企業が損害を補塡するために流動資産を国内に保有するという保証を求めたのである。

1913年末までに，米国で海上火災保険のビジネスを行っていた42のイギリスの支店と関連会社の「公認資産」は 1 億1600万ドルに上った[55]。1880年から1913年にかけての資産の増加は著しいものがあった。1913年にリバプール＆ロンドン＆グローブ社のニューヨーク支店の資産は1400万ドル以上になり，同社のニューヨークの関連会社の資産も100万ドルになったのである。ロイヤル保険会社のニューヨーク支店の資産は1250万ドルになり，さらにそのイギリスの親会社は1891年にニューヨークにあるクイーン保険会社の親会社を買取し，その結果，1000万ドルの資産が加算された。明らかに，ロイヤルとクイーンの両社は

953

第Ⅱ部　世界最大の債務国

米国内ではそれぞれ別々の企業組織を維持していた（しかし両社は同じ組織に所属するため，初めから合弁事業として記述するべきだったかもしれない）。ノースブリティッシュ貿易社のニューヨーク支店の資産は880万ドルであり，同社のニューヨークの関連会社の資産は210万ドルであった。コマーシャル・ユニオン保険会社の火災保険グループのニューヨーク支店の資産は740万ドルであり，カリフォルニアの関連会社の資産は110万ドルであり，パラタイン保険会社の資産は320万ドルであった。⁽⁵⁶⁾

　イギリスの傷害保険会社の米国における資産は1913年には2700万ドルであった。そのうち，約1200万ドルがリバプール＆ロンドン＆グローブ社，ロイヤル保険会社，コマーシャル・ユニオン保険会社の関連会社のものであった。イギリスの保険会社の規模を量る場合は，これらの傷害保険会社も含めるべきである。⁽⁵⁷⁾

　1913年から1914年にかけて，イギリスの海上火災保険会社が外国（と米国の）保険会社のなかで最強であった。イギリス企業は数の面では，外国の海上火災保険会社の47％を占めるにすぎなかったが，**資産**の面では63％も占めていた（表15-1を参照）。この比率は傷害保険ではさらに高かった。イギリスの保険会社は外国企業の資産の85％も占めていたのである。⁽⁵⁸⁾米国内で500万ドル以上の資産を保有していたイギリス以外の外国の海上火災保険会社は2社にすぎなかった。これら2社は火災再保険のビジネスを行っていた，ミュンヘン再保険会社（640万ドル）とロシア保険会社（670万ドル）であった。⁽⁵⁹⁾

　米国における外国保険会社の投資は以下の3つの分野に分かれていると思われる。(1)米国で事業を行っている外国保険会社の支店や関連会社が，米国債券や株式，特に国債（連邦，州，地方）や鉄道関連証券を購入した場合。1914年の『ベスト保険報告書（海上火災）』にはこれらの支店や関連会社の証券投資の一覧表が掲載されている。⁽⁶⁰⁾ほとんどの投資は米国内で集めた保険料を原資としており，海外からの資金流入はほとんどなかったようだ。しかしながら，所有者は米国内の外国企業であるため，これらは「外国」投資であり，外国企業が米国資産の請求権をもっている。外国保険会社の支店や関連会社の「公認資産」のすべてを米国株式や債券が占めているわけではないが，かなりの比率であることは確かである。

第**15**章　その他のサービス

　(2) 海外の親会社が米国の高い利回りに惹かれて米国証券に投資した場合である。ロスチャイルド卿は1907年10月18日にパリで彼のいとこに宛てて次のように書いている。「ノースブリティッシュ貿易社は，聞くところによると，今日，ニューヨークに電報を打ち，アチソン社優先株式，ユニオン・パシフィック社優先株式ならびにボルチモア・アンド・オハイオ社の優先株式を，米国の信用枠を利用して，相当数購入するように指示した[61]」。これらの証券はニューヨークかロンドンで購入することができた。歴史学者であるR・T・ナイラーは，カナダの保険会社は（カナダの法律に従って）「支店を置く外国で，積立金として証券を預託することを当該国の法律によって義務づけられていた範囲内で，投資を行うことを許可されていた」という。しかしながら，ナイラーはカナダの企業はその範囲を大きく逸脱して投資しており，「長期資本を積極的に米国に輸出しており，さらに株式と債券への投資に加えて，米国の仲介人に対してつなぎ融資を行っていた」と記している[62]。後に，カナダの企業であるサン生命保険社が事業区域の中西部が義務づけていた法的な要件を大幅に超えて，巨額の投資を行っていたことについて明らかにする[63]。

　(3) 米国で保険を販売し**なかった**外国の保険会社も米国で投資を行っていた。例えば，スコットランド寡婦基金生命保険機構が米国で保険を販売したという証拠を（私は）みたことがない。しかし1890年代に，この団体は米国鉄道の金の抵当証券を150万ポンド取得したのである（第16章に記述する通りである）[64]。そして1896年には，ニューヨークの法律事務所を通じて，米国の**不動産**抵当証券に投資を行い，同事務所に回収業務を委託している。20世紀初頭に，この法律事務所は「多くの」不動産融資をスコットランド寡婦基金の代理で行っている[65]。同様に，会計事務所アーサー・ヤング社（Arthur Young & Co.）の初期（第一次世界大戦前）の仕事は，スコットランドの生保に代わって不動産融資を行うことであった[66]。さらに重要なことは，1915年の夏に，プルデンシャル保険会社が米国証券を4000万ドル保有していたことである[67]！

　これらの持株会社は1914年まで存在した。私はこのイギリスの生命保険会社が米国で保険販売をしていたという証拠は探し出せていない[68]。

　手短かにいえば，外国の保険会社は，特に海上火災保険において利益を上げる機会を利用して，米国で相当額のビジネスを行った。保険業務のみならず，

955

第Ⅱ部　世界最大の債務国

他の外国に本部を置く保険会社とともに，米国証券，特に国債と鉄道債（後者が多かったが）に巨額の投資を行ったのである。なかには不動産を保有するところもあり，米国で不動産融資を行うところもあった。あるカナダの保険会社は，米国の公益事業体に大規模な投資を行った（この点は後述する）。

会計事務所

　外国の法律事務所は米国でそれほど大きな投資は行わなかった。しかし多国籍企業としての法律事務所の存在は，かなり重要であった。それらは米国の同業者の範となったのである。1870年代にイギリスの会計事務所数社が米国の「調査」に関与するようになった。プライス・ウォーターハウスの社史によると，この会社が米国で初めて仕事に着手したのは1873年のことである[69]。エドウィン・ウォーターハウスは顧客に，イギリスのストックトンにあるホイットウェル鉄工所を抱えていた[70]。トーマス・ホイットウェルがテネシーで鉄鋼業に投資したときに（第7章参照），ロンドンのプライス・ウォーターハウスが米国の監査を引き受けた[71]。

　しかしながら，イギリスの会計事務所が実際に米国に事務所を開設したのは，1883年のことである。その年に，ロンドンとマサチューセッツのトーマス・ウェイド・ガスリー社（Thomas, Wade, Guthrie & Co.）のエドウィン・ガスリーはイギリスの金融機関（名前不明）の破産管財人であった。後者は米国に不動産を保有していた。ガスリーは大西洋を渡り，イギリスの顧客の問題を処理した。その不動産の監査をするのにふさわしい米国の会計事務所を見つけることができなかったために，ニューヨークで自らが会計事務所を設立したのである。米国のジョン・ワイリィ・バローとともに，ガスリーは米国で初めてのイギリスの会計事務所であるバロー・ウェイド・ガスリー社を開設したのである[72]。バローは保険数理士であるが，イギリスの火災保険会社数社が本社に送る月次報告書が正確かどうか伝票をチェックし，証明するビジネスをすでに行っていた。したがってすでにイギリスとのつながりがあった。この人が米国在住のパートナーとなったのである。

　イギリスのパートナーであるトーマス・ウェイド・ガスリー社は，ニューヨ

ークに新しく設立されたバロー・ウェイド・ガスリー社に運転資金を提供した。バローは1886年に他界した。ガスリーは米国に戻り、（ちょうどニューヨークに着いたばかりの）イギリス人ジェームズ・T・アニオンを米国事務所の代表にすえた。アニオンは1887年にパートナーになった。[73] この対米直接投資を初めて行ったイギリス会計事務所の米国における初期の顧客は、ニューヨーク・オンタリオ・アンド・ウェスタン鉄道であった。アニオンによれば、これは公認会計士を監査として雇い、年次報告書の正確さを証明した初の米国の鉄道会社である。[74] イギリスとオランダの大規模な投資を誘致したのは鉄道であった。[75] バロー・ウェイド・ガスリー社の1880年代のその他の顧客は、以下のイギリスの投資機関であった。リバプールのロイヤル保険会社、ブリティッシュ外国海上保険会社、ロンドン保険会社、サン保険会社、ヨーク通り亜麻紡績会社である。[76] 1890年にトーマス・ウェイド・ガスリー**および**バロー・ウェイド・ガスリーはともに、合衆国信託保証会社の設立に関わった。[77] 少なくとも1890年までに、バロー・ウェイド・ガスリーはシカゴに事務所を開設した。[78]

　その間、ロンドンのプライス・ウォーターハウスは、1887年に米国での事業が拡大したために、米国に半永久的な拠点を設けるべきであると判断した。イギリスの資本が米国に次々の流入するにつれ、投資家がプライス・ウォーターハウスに「調査」を依頼することが多くなっていた。[79] プライス・ウォーターハウスはプロモーターであるH・オズボーン・オヘイガンの依頼による多くの調査案件を扱った。もう一つのイギリスの会計事務所であるデロイト・ディーバー・グリフィス社もまた、米国での事業が拡大していると考え、1888年の春に社内のパートナーであるジョン・グリフィスは鉄道関係のビジネスを探るためにニューヨークに船で渡ったが、歴史家によれば、この頃までに同社はすでにニューヨーク、ボストン、ブルックリン、シカゴ、デンバー、「ケンタッキー」（原文のまま）、ミネアポリス、フィラデルフィアで多くの調査活動を行っていたという。[80] 1880年から1890年の間では、イギリスの会計事務所のうち米国で一番多くビジネスを手がけていたところはデロイトのようである。[81] 1880年代に米国で事務所は置かずにビジネスを行っていたイギリスの会計事務所は、ハート・ブラザーズ・ティベット社、J・R・エラーマン社、ターカンド・ヤングス・ビショップ＆クラーク社であった。[82] イギリスの投資家は信頼している会

第Ⅱ部　世界最大の債務国

計事務所からの報告を求めていた。

　1890年になってようやく，デロイト・ディーバー・グリフィス社とプライス・ウォーターハウスはニューヨークに事務所を開設した。そのきっかけとなったのは，ロンドンを中心とした米国の**ビール会社**の合併であった。[83]デロイトはニューヨーク・ビール会社とジョン・F・ベッツ＆サンズ・ビール会社に関与していた。両社は同事務所の最も初期の顧客である。プライス・ウォーターハウスは多くのビール会社を抱えており，バーソロメイ・ビール会社，ミルウォーキー＆シカゴ・ビール会社，およびサンフランシスコ・ビール会社も含まれていた。[84]もともと，デロイトのニューヨークのスタッフ数はプライス・ウォーターハウスのスタッフよりも多かった。[85]両社ともシカゴに事務所を開設した。デロイトはおそらく1891年であり，プライス・ウォーターハウスは確かにこの年であった。[86]この２つの会計事務所が参入した時期は，ちょうどイギリス資本による米国企業を買収する動きが新たに活発になった頃である。会計事務所は顧客に伴って米国に進出したのである。さらに企業の再編成にも関わっていた。1891年９月と1893年６月に，デロイト・ディーバー・グリフィス社は銀行再編委員会の要請を受けて，ウェスティングハウス電機会社とナショナル索条会社の財務報告書を作成した。[87]

　ロンドンのプライス・ウォーターハウスの資料館には米国における同社の活動の資料が豊富に取り揃えてある。1890年８月に，ルイス・D・ジョーンズ（1877年よりロンドンのスタッフを務めていた人だが）とプライス・ウォーターハウスの間に「合意書」が作成された。[88]これに基づいて1890年９月11日に正式の協定書が交わされた。ジョーンズはニューヨークに開設することになっていたプライス・ウォーターハウスの「代理店（Agency）」のビジネスに自らの「時間とエネルギーのすべてを」注ぎ込むことに同意した。プライス・ウォーターハウスはジョーンズに運転資金と必要なスタッフを提供することを約束した。しかしながらジョーンズは，プライス・ウォーターハウスが「あらかじめ承認しない限り」，顧客に対してプライス・ウォーターハウスの名でサインすることはできなかった。米国での事業の利益はジョーンズが20％，ロンドンのプライス・ウォーターハウスが80％の比率で分け合うことになっていた。ジョーンズには最低，年間4000ドルの報酬が保証されていた。[89]

958

第15章　その他のサービス

　プライス・ウォーターハウスのニューヨーク事務所が手がけた初期の案件の一つにニューヨーク州ワルシャワの製塩工場の代金回収の検査がある。その請求額は1907ドルで，顧客の代理を務めていたエラスタス・ワイマンはこれを途方もない数字であるとし，回収はきわめて困難であった[90]。ノースアメリカン塩会社はロンドンで起債していたが，明らかにうまくいっておらず，評判もはかばかしくなかった[91]。プライス・ウォーターハウスの役割は，顧客であるこの企業を保証し，イギリスの投資家の信用を得ることであった。

　1891年の春，ジョーンズはロンドンに対して，もっとスタッフが必要であり，具体的にある人を雇ってほしいという旨の手紙を書いた。ロンドンのプライス・ウォーターハウスは次のように答えた。「われわれの米国のスタッフがイギリス人である限り，われわれの顧客は異議を唱えないであろう。異議というのは，以前にもいったように，アメリカ人による会計検査のことだが。それと同時に，米国の滞在が長い人に関しては，注意が必要だ」[92]。米国で過ごす時間が長くなると堕落する，ということであった[93]。

　1891年にロンドンのプライス・ウォーターハウスは，Ｗ・Ｊ・シーザーを米国のジョーンズのもとに送り込んだ。シーザーはシカゴの新しい事務所の代表を務めることになっていた。プライス・ウォーターハウスはシカゴで重要なビール会社とのビジネスがあり，Ｇ・Ｈ・ハモンド社とユニオン家畜一時置場会社の監査もしていた。ロンドンでＨ・オズボーン・オヘイガンが担当していた起債の大半は，プライス・ウォーターハウスが監査をしていたため，そのニューヨークとシカゴの事務所が米国での調査を行っていた[94]。シカゴ事務所はビール事業，家畜一時置場での食肉梱包にどっぷり漬かっていたため，スタッフたちは自分たちを「ビールと牛肉小僧」と呼んでいたほどである[95]。

　ジョーンズとシーザーが米国の見込み顧客に対して1892年に「ちらし」を送ろうとしたが，ロンドンのプライス・ウォーターハウスはその道の慣習にはずれているとして次のように述べ，その広告に反対した。「君達は法外な金額を要求せず，良い仕事をすることに専念し，知名度をあげ顧客から信頼されるようになるまで忍耐強く待つべきである。君達がビジネス界や一般社会で面識ができるようになれば自然とうまくいくものである」[96]。

　1892年には，ロンドンのハート・ブラザーズ・ティベット社が（パイン通り

959

第Ⅱ部　世界最大の債務国

の25番地に）ニューヨーク事務所を構えており，デンバーにも事務所をもっていた（1889年にイギリスで登記したデンバー・ユナイテッド・ビール会社の監査をしていた）。その後，この事務所が米国でどうなったかは知るよしもない。1893年恐慌までに，イギリスの会計事務所４社が，米国内に８カ所の事務所をもっており，ニューヨークに４カ所，シカゴに３カ所，デンバーに１カ所であったことはわかっている。

　1890年代初期はこれらの事務所にとって不遇の時代であった。1890年11月のベアリング危機のときは，ロンドンでもプロモーターとしての仕事は少なかったし，あまりうまくいったものはなかった。イギリス人は米国証券に幻滅していた。1893年の経済恐慌がさらに追い討ちをかけ，会計事務所は閑古鳥が鳴いていた。1894年の初期，プライス・ウォーターハウスのジョーンズはロンドンに対して「デロイトは不況のため，米国の人員を削減している」と報告している。1894年１月にジョーンズとシーザーはロンドンに対して次のように書き送っている。「ニューヨーク以外では，サンフランシスコには多少はありますが，米国の会計業務はほとんどないし，また理解さえされていないというのが現状です。シカゴやその他の主要都市では，われわれの仕事の90％以上はイギリス系企業の依頼で地元の企業の会計検査を行っているといって差し支えないでしょう。したがってそれほど大きなビジネスにはなっていません」。この書簡は次のように続いている。ニューヨークでは「純粋な米国企業にとって，１日25ドルという料金は高すぎるのです」。シカゴでも顧客が料金のことで文句を言っている。将来の見通しに関しては，ジョーンズとシーザーは次のように述べている。「鉄道会社のトップは，ロンドンで資金調達をもくろまない限り，独立会計事務所に会計検査を頼もうとは思っていません」。さらに続けて次のように言っている。「このことは米国の大企業の経営者全般に当てはまることです」。銀行は州の検査官が検査を行っており，それによって会計事務所が入り込む余地はなくなっていた。しかしながら，ジョーンズとシーザーは「米国に進出しているヨーロッパの保険会社の支店の会計検査に特化すれば仕事はある。これらの会社は相当数に上っている」と考えていた。しかしながら，米国進出を果たした４年後の1894年には，ジョーンズとシーザーはやる気を失っていた。

　さらに，シーザーはシカゴの主な取引先と折り合いが悪くなっていた。この

960

第**15**章　その他のサービス

ため，ジョーンズが担当を交換しようと提案した。1894年の初めに，ジョーンズはシカゴに行き，シーザーはニューヨークに行った。[101] 1894年の初めの頃は会計事務所の見通しがあまりにも悪かったため，ジョーンズは転職を考えたほどであった（ロンドン保証事故会社の米国支店長のポストに応募したが，この会社はなんとアメリカ人を雇いたかったのである！）。[102]

当時，新たに減価償却という難題が持ち上がっていた。ロンドンのプライス・ウォーターハウスのパートナーであるJ・ガーニー・ファウラーが米国のビール会社の会計に減価償却引当金を含めるべきであると主張した。1894年は受難の年だが，米国の株主は配当を失い，このような引当金には反対であった。イギリス本国人のラッセル・モンローはビール会社の財務に関わっていたが，オヘイガンの米国における代理を務めていた。このモンローはファウラーに対して，優先配当を認めれば，米国のビール会社の棺おけの最後の釘を打ち付けることになると書いた。[103] シカゴの新聞は，減価償却は株主を搾取するためにイギリスの「やっかいな」会計士がでっちあげたものだと書きたてた。実際，プライス・ウォーターハウスは減価償却手当ての減額には，ことごとく首尾よく抵抗した。[104] また，ビール会社は引き続き赤字であったが，「死に絶える」ことはなかった。この論争は，米国企業の将来に関する不吉な前兆にさらに拍車をかけることとなった。

デロイトは減価償却手当てをプライス・ウォーターハウスほど執拗に追いかけることはしなかったようだ。[105] 1894年11月14日発行の『ミラーズ・ガゼット（*Miller's Gazette*）』（ロンドン）は，工場の減価償却に関して（デロイトが間違いないことを証明していた）ピルズベリー・ウォッシュバーン小麦製粉株式会社のバランスシート上で，いかに完全に見過ごされたかについて述べたときに，『ノースウェスタン・ミラー』誌（ミネアポリス）はこの会計事務所の解釈を弁護して，次のように述べた。「経営がうまくいっている米国の製粉会社では工場の減価償却はない」。[106]

1894年の夏に，プライス・ウォーターハウスのロンドンのパートナーはニューヨークとシカゴの事務所の会計を見直して仰天した。米国でのビジネスの一番の責任者であるJ・ガーニー・ファウラーはジョーンズに次のように書いている。「代理店契約に対してウォーターハウス氏が反対している主要な点は，

961

第Ⅱ部　世界最大の債務国

借方残高が絶えず増加しており，送金してそれを減らそうとしていないことである」。同様に，プライス・ウォーターハウスは米国代表との取り決めを修正して，「ニューヨークとシカゴの自社の事務所に伴う損失というリスクから自由になること」を決定した。その計画とは，ジョーンズとシーザーが独立してジョーンズ・シーザー社というパートナーシップをつくり，できる限り米国のビジネスを獲得するというものであった。さらにこのパートナーシップはロンドンのプライス・ウォーターハウスの「代理店」を務め，「代理店契約」によって支払いが行われることになった。ロンドンのプライス・ウォーターハウスは３年分の最低限の収入を保証することに同意した。

　ロンドンのプライス・ウォーターハウスが驚いたことに，シーザーはただちに他のロンドンの会計事務所——クーパー・ブラザーズ社とターカンド・ヤングス・ビショップ＆クラーク社から仕事を得ようとして，次のようなに書いている。「貴社は米国に事務所をもつ企業と同じようには米国での仕事に直接関与しておられないでしょうから，初めはそれほどビジネスがないと想像しております」。プライス・ウォーターハウスはそのような書き方は手紙の草案として「時期尚早」であると遺憾を表明した（実際にはこの手紙は送られなかった）。同事務所はまた，イギリスの会計事務所の同業者たちは「米国での彼らのビジネスが取るに足らないものだといわれたら憤慨するだろう！」と付け加えている。

　1895年１月１日にジョーンズ・シーザー社（Jones, Caesar & Co.）は誕生した。ロンドンにはパートナーはいなかった。初めの数年は，米国のプライス・ウォーターハウスのレターヘッドには次のように書かれていた。ジョーンズ・シーザー社，（イギリスの）公認会計士，そしてその下には，プライス・ウォーターハウスの代理店と書かれていた。プライス・ウォーターハウスはジョーンズ・シーザー社をノーフォーク・アンド・ウェスタン鉄道の監査に紹介し，これが初めての重要な鉄道関係の顧客となった。ほかもこれに続き，次第に米国での収益は持ち直した。「共同事業」と「代理店」を区分けするのは大変難しくなった。1897年末までに景気が回復し，ロンドン側は英米を再度結びつける関係が肝要であることを認識した。その頃までに，ロンドンのプライス・ウォーターハウスは米国の優良企業において，会計監査の重要性が新たに受け入れ

962

第15章　その他のサービス

られるようになったと確信していた。

　大西洋をまたがってどのような取り決めをしたらよいかについて，頻繁に議論が交わされた。米国側は米国の労働契約法に懸念を抱いていた。ロンドンのプライス・ウォーターハウスは米国に「アシスタント」を送ることができたが，米国企業は契約ベースで「アシスタント」を雇い入れることができなかった。シーザーは米国側が十分に報酬を受けられるという保証を望んでおり，「プライス・ウォーターハウスが紹介した」ビジネスの米国での仕事量を誇らしげに語った。シーザーはまた，米国には「外国企業」に対する偏見があることも指摘した。ニューヨーク州は1896年 4 月17日に，「公認会計士（CPA）」という肩書きを与える証明書の発行に関する初めての米国の法律を可決した。ニューヨークでは，CPA は米国市民または「米国市民になる意向を表明した者」のみに与えられることになった。これが米国における公認会計士という職業の始まりである。シーザーはおそらく米国市民になるという「意図」を表明してCPA になったものと思われる。

　1897年までにジョーンズ・シーザー社は鉄道関係をかなり扱うようになった。ボルチモア・アンド・オハイオ鉄道の特別検査も行い，債券発行代金がどのように使われたのかを確認した。J・P・モルガン社もこれに関わっていた。1897年から1898年にかけて，ジョーンズ・シーザー社はついに利益をあげることができたが，これは特にアメリカン製鋼・ワイヤー社に吸収合併されることになった企業体の審査に関連してであった。この仕事は J・P・モルガン社の紹介によるものだった。1897年以降，ジョーンズ・シーザー社は，米国のロスチャイルドの代表であるオーガスト・ベルモント社の審査も行った。1898年に，米国のウォーターハウスはノーザン・パシフィックのビジネスに関与していた。

　1898年の 2 月か 3 月に，ロンドンのウォーターハウスとジョーンズ・シーザー社は，広範囲の契約は継続審査として，とりあえず短期の協定を結んだ。1898年の 2 月に草案が作成された。米国ではジョーンズ・シーザー社とプライス・ウォーターハウス社の両社のスタイルでビジネスを行っていた。その事業規模は初期のリーダーであったデロイトを超えていた。1898年の10月にシーザーはロンドン宛ての手紙に，ジョーンズ・シーザー社はデロイトの 2 倍のスタッフを抱えており，「実際にわれわれの事務所は米国最大である」と書いた。

963

第Ⅱ部　世界最大の債務国

さらにその手紙は「われわれは貯蓄銀行という初めての銀行の顧客も獲得した」という喜びも伝えていた[120]。

プライス・ウォーターハウスと米国の代表との間の新たな提携に関する審議はさらに続き，シーザーはジョーンズ・シーザー社という名称は米国で知名度が高いために，「その名前を継続することと代理店として仕事を続けること」が「必須である」とロンドンに対して書き送っている。彼は再度，ニューヨークで外国人の会計士を雇うことに対して抵抗があることを報告した[121]。

1899年2月に突然，ジョーンズが他界した（40歳であった）。このため，ロンドンのプライス・ウォーターハウスはシーザーとの新たな契約調印を延期した。本社は，米国のビジネスは「われわれ側からの援助」により強化する必要がある，と考えたのである[122]。それとは対照的に，シーザーは米国における唯一のパートナーとして仕事を続けることができると主張した。シカゴ，セントルイス，ボストン，ボルチモア，ロチェスター，ワシントンの顧客とは電話で話をすればいい，と言った[123]。ロンドン側は，米国での仕事を処理するには少なくともあと1名，ないしは複数のパートナーが必要だと答えた。

そして1900年に気性の激しい41歳のシーザーは引退すると宣言し，ロンドン側はそれを（しぶしぶ）承諾した。シーザーは「米国で確固たる職業的地位を築き，前年の利益は10万ドルという新記録を塗り替えた」その「代理店」を去ったのである[124]。彼はこのように記している。「顧客の方から頼みに来るようになりました。プライス・ウォーターハウスは鉄道会社の監査として知名度がありましたし，ジョーンズ・シーザー社は大手企業の監査として認められていました。そのように確固たる地位を占めていましたので，Ｊ・Ｐ・モルガンのような銀行も業種によってわれわれを使い分けて仕事を依頼してきました[125]」。

19世紀末から20世紀にかけて，米国では吸収合併の動きがあり，会計士はますます必要とされていた。トーマス・ウェイド・ガスリー社，デロイト社（同社はこの頃までにシカゴの事務所を閉鎖し，ニューヨークだけでビジネスを行っていた），そしてプライス・ウォーターハウスである。このジョーンズ・シーザー社にはジョージ・Ａ・トゥシュ社が加わっていた[126]。トゥシュは（1861年にエディンバラで生まれたが）かの有名なスコットランド人，アレキサンダー・Ｔ・ナイブンのもとで会計士として修業を積んだ。彼は若くして投資信託に関与するよ

964

うになった（少なくとも1889年頃に）。当時，彼はロンドンに住んでいた。1898年にトゥシュはロンドンでジョージ・A・トゥシュ社を設立した。その間，父（アレキサンダー）のもとで修業を積んだジョン・B・ナイブンは1897年に米国に渡っていて，プライス・ウォーターハウスのシカゴ事務所で働いていた。その後，1900年2月にジョージ・A・トゥシュとともにニューヨークでトゥシュ・ナイブン社を設立したのである。これはトゥシュが初めて米国の会計ビジネスに参入したきっかけとなった（この事務所は現在ではトゥシュ・ロス・ベイリー＆スマートと呼ばれている⁽¹²⁷⁾）。

1901年5月にアーサー・ロース・ディキンソン，M・A・ケンブリッジ公認会計士が米国のプライス・ウォーターハウスに入社したという発表が行われた。ディキンソンは米国の会計業界ではきわめて重要な存在となった。彼はこの分野では権威であった。イギリスのパートナーと2人の米国のパートナー，ディキンソンとヘンリー・ウィルモットとの間に契約が交わされた。これにより新しい米国のパートナーシップが誕生した⁽¹²⁸⁾。しばらくの間，この事務所はプライス・ウォーターハウス社とジョーンズ・シーザー社の両方の名を併用していた（ジョーンズとシーザーがいないにもかかわらず）⁽¹²⁹⁾。1902年にプライス・ウォーターハウスのやり方に従って，この事務所はU.S.スチールという米国最大の企業の監査法人に任命された⁽¹³⁰⁾。1914年7月までに同会計事務所のレターヘッドはプライス・ウォーターハウスという名称のみとなった⁽¹³¹⁾。この間，同会計事務所は活況を呈した。

ディキンソンが1901年7月に米国のプライス・ウォーターハウスとジョーンズ・シーザー社の上級パートナーに就任した頃には，前者はニューヨークとシカゴに事務所をもち，ビール会社，保険会社，鉄道会社，鉄鋼会社，機械メーカーなどの大手企業の顧客を抱えていた。企業の合従連衡の財務面で重要な役割を果たしていたニューヨークの有数な金融機関や弁護士に信頼されていた⁽¹³²⁾。ディキンソンの巧みな経営手腕により，セントルイス，ピッツバーグ（ここは有力顧客のU.S.スチールをカバーするためである），サンフランシスコ，シアトル，フィラデルフィア，ボストン，モントリオール，トロント，ヴァンクーバーに次々と支店が開設された⁽¹³³⁾。米国のパートナーは全員公認会計士となった⁽¹³⁴⁾。1897年に米国に移住したジョージ・O・メイ（1875-1961）は1902年にパートナーと

第Ⅱ部　世界最大の債務国

なり，1911年に上級パートナーとなった。メイは会計士の業界でリーダーとなったのである。[135][136]

　同じ頃，デロイトも米国でビジネスを拡大したが，その歩みは控え目であった。1905年にシンシナティに事務所を開き，1912年にはシカゴ事務所を再開した。デロイトは不運なことに，長年，ピルズベリー・ウォッシュバーン小麦製粉会社の会計を検査していたが，1908年に不正が発覚した。デロイトはその後再編成された会社から干されたようで，トゥッシュ・ナイブン社のジョン・ナイブンがこれに代わったのである。デロイトはピルズベリー・ウォッシュバーンの管財人に「詐欺」の当事者を訴追するように働きかけたが，不発に終わった。[137][138][139][140]

　その間，1905年にニューヨークのアームストロング委員会が生保の大掛かりな審査をすることになった。この委員会の法律顧問がチャールズ・エバンス・ヒューズである。プライス・ウォーターハウス社は，エキタブル生命保険会社とニューヨーク生命保険会社の会計検査を任された。デロイトも参加し，また後にデロイトの米国のパートナーになったハスキンズ＆セルズ事務所も参加した（現在では，デロイト・ハスキンズ＆セルズと呼ばれている）。[141]

　1911年の西回りの大西洋横断の旅で，イギリスのW・B・ピート社のウィリアム・B・ピートは，スコットランド人のジェームズ・マーウィックに出会った。マーウィックはすでに米国に移住しており，1897年にマーウィック・ミッチェル社を設立していた（彼のパートナーであるロジャー・ミッチェルもスコットランドからの移民であった）。このニューヨークへの旅で，ピート（生まれはスコットランド）とマーウィックは米国でともに力を合わせることを決めたのである。彼らは新たに，マーウィック・ミッチェル・ピート社を設立した（同社は1925年にピート・マーウィック・ミッチェル社〔PMM〕となった。また1950年には，バロー・ウェイド・ガスリー社がPMMの一部となった）。1911年10月1日に新しいパートナーシップが誕生し，ピートの持ち分は25％であった。ピートは6万2500ドルを出資し，さらにマーウィックとミッチェルという名前に対して，3万4820ドルの暖簾代を支払った。ピートはマーウィックとミッチェルに協力することによって，ニューヨーク，ミネアポリス，シカゴ，ウィニペグ，トロント，ピッツバーグ，フィラデルフィア，カンザスシティ，ワシントンD.C.，ニューオーリンズ，ボストン，ミルウォーキー，セントルイスにすでに事務所をもつ

第**15**章　その他のサービス

米国企業と連携することができたのである。1912年にオレゴン州のポートランドとサンフランシスコに事務所を開設した。[(142)]

　1914年にイギリス企業であるウィニー・スミス＆ウィニー（現在はアーンスト＆ウィニーと呼ばれている）がニューヨークに事務所を開いた。その社史専門家によると，米国でのコルレスビジネスの拡大を望んでいたロンドンのロンドンシティ＆ミッドランド銀行を支援するためであった。[(143)]

　つまるところ，1914年までに，多くの著名なイギリスとスコットランドの会計事務所が米国で地歩を築いたということである。両国の会計事務所は米国の会計業にきわめて大きな影響を与えた。米国の会計の歴史はことごとく，プライス・ウォーターハウスを取り上げており，その他の会計事務所のことにも触れている。ある会計史には米国の会計士がイギリスの会計士に対して嫉妬の念をもっていた，と記されている。「イギリスの会計士は銀行家のお気に入りであり，最も儲かる仕事の多くは彼らの手中にあったから」と付記し，歴史家は以下のように続ける。

　　しかしながら，振り返ってみると，明らかに会計業はイギリスとスコットランドの公認会計士の存在に利するところが多い。彼らによって，職業の背景，訓練，基準そして職業としての誇りがもたらされたのである。彼らは仕事を熟知しており，考えを明瞭に述べ，教育レベルも高かった。勤勉で頭脳明晰であった。彼らは高い基準を満たすことに熱意を傾けていた。[(144)]

米国でイギリスの会計法人に雇われている人の大半はイギリスから来ていたが，プライス・ウォーターハウスは1897年に初めて大卒のアメリカ人を雇った。[(145)]アメリカ人は全員「信用できない」とかつて考えられていたことが変化したのである。

　1907年に州際商業委員会が初の会計基準を発表した。1909年に米国の法人税が導入されたが（これは消費税として知られており，収入によって算定された），1913年には連邦準備制度を創設する法案が可決され，同年，州政府は所得税を認める憲法改正を批准した。1914年には連邦取引委員会が誕生した。これら一連の措置は，米国において新たに独立した会計士を必要とすることを意味して

第Ⅱ部　世界最大の債務国

いた。同様に，株式を公開していた米国の大手企業は社外監査役を求めていた。米国内のイギリスの会計法人はもともとイギリスの手法や先例に依拠していたが，発展途上にある米国の会計業に指示を与え，指導した。そもそもイギリスの会計事務所が米国に進出したのは，イギリス企業の対米投資を支援するためであったが，1914年までに，イギリス企業のみならず米国企業も対象にビジネスを行うようになり，仕事量も後者の方がはるかに大きかった。

　今日のいわゆる「ビッグ・エイト」といわれる米国の8大会計法人のうち，イギリス側の5社（デロイト・ハスキンズ＆セルズ，アーンスト＆ウィニー，ピート・マーウィック・ミッチェル，プライス・ウォーターハウス，トゥシュ・ロス）は，前述の通り，第一次世界大戦以前に米国でビジネスを開始している。これらは多国籍企業の直接投資であった。6番目のクーパーズ＆ライブランド社は1914年以前に米国で仕事をしていたが第一次世界大戦前に米国に事務所をもっていたという証拠を私は見出さなかった。7番目のアーサー・ヤング社は1890年に米国に移住したスコットランド人によって始められ，1894年に米国で創業した。これはイギリスには親会社がないため，（親会社の）海外進出でない移民の事業は排除するという私の方針に従って，この節には含めなかった[146]。今日の「ビッグ・エイト」のうち，1社（アーサー・アンダーセン社）だけがイギリスと関連がなかった。しかしながら，アンダーセンが1908年に初めてした仕事，つまり会計における「試練」は，プライス・ウォーターハウスのシカゴ事務所においてであった[147]。

エンジニアリング・サービス

　イギリス人は，アメリカ人の会計士を信用しなかったのと同様に，少なくともほぼ19世紀を通じて，計画していた投資の評価を行うにあたって，アメリカ人のエンジニアも信頼していなかった。かくして，新たなプロジェクトを検討し既存の案件を管理する「コンサルティング・エンジニア」の一群が誕生したのである。コンサルティング・エンジニアは米国の鉱業や建設や公益事業に関与していた。ジョン・テーラー＆サンズ社はロンドンで古くからあるエンジニアリング・コンサルタントの会社であるが，1850年にカリフォルニアで金鉱の

968

第**15**章　その他のサービス

調査をした。1883年から1890年にかけて，イギリスの投資家から米国オン鉱山を精査するように頻繁に依頼されていた。コロラドに４カ所，アイダホに３カ所，アリゾナに２カ所，南北両ダコタ州に１カ所，ワイオミングに１カ所，ニューメキシコに１カ所である。1905年にジョン・テーラー＆サンズ社はアラスカで金鉱の探索をしていた。この事務所はまたイギリス人が所有していた鉱山の管理も行っていた。例えば，コロラドのシルバー・ピーク鉱業会社（1880年），モンタナのブロードウェイ金鉱山会社（1881年），ハーニー・ピーク（ダコタ）錫会社（1887年）であり，広範にわたる国際的なビジネスを行っていた。

　もっと重要なイギリス法人は，ロンドンのビュイック・モアリング社であり，H・オズボーン・オヘイガンやその他の企業が所有している鉱山の調査報告を依頼していた。ビュイック・モアリング社はネバダとコロラドでイギリスが所有していたいくつかの鉱山の事業を監督していた。1880年代と1890年代において，同社はサンフランシスコとソルトレイクシティに支店をもっていた。ビュイック・モアリング社は鉱業の財務に深く関与していた。1901年までに同社の上級パートナーであるチャールズ・アルジャーノン・モアリングは，起債や株式ブローカーとの折衝や同社の世界規模の事業の資金調達に大半の時間を割いていた。（有料での）パートナーシップは「ロンドンに登記している鉱業会社に対して，事務所や株式名義書き換えや事務サービス」を提供していた。

　ロンドンの王立鉱山学校を卒業したT・A・リカードは，イギリス企業の代理としてコロラドのアイダホ・スプリングス近郊でいくつかの鉱山を管理していた叔父の紹介で，1886年に米国の鉱山を初めて調査した。リカードは鉱山エンジニアの家系に生まれた。彼は後年，アメリカ人になった。リカード・ブラザーズ社（T・A・リカードの父の会社）は米国の鉱山プロジェクトで「コンサルティング・エンジニア」の業務を遂行した。同社は米国にスタッフをおいていた。モアリングと異なり，リカードは「鉱業財務」という言葉が嫌いであった。

　20世紀の初頭までに，米国の鉱山エンジニアは世界中を旅していた（イギリス企業に雇われていることが多かった）。しかしながら，ロンドンが鉱業のエンジニアリングや管理や財務の中心地であった。1913年にA・チェスター・ビーティ（米国生まれでコロンビア鉱山学校卒）はロンドンに永住するため移動した。後に彼はイギリス人として米国企業，特にその国際ビジネスへの出資において

969

第Ⅱ部　世界最大の債務国

重要な役割を果たすことになる。⁽¹⁵⁸⁾

　イギリスのエンジニアはその他の職務もこなしていた。米国の鉄道や橋，道路やトンネルなどの大規模な建設事業の大半は，米国のエンジニアが計画し遂行していた。しかしながら，特にトンネルの建設においては外国の人材も活躍していた。ドゥ・ウィット・ハスキンというアメリカ人は1874年以前にハドソン・トンネルの仕事に着手したが，十分な資金がなかったため，1880年代半ばにこの事業を諦めた。イギリス人のチームが（サー・ジョン・ファウラーとサー・ベンジャミン・ベイカーがコンサルティング・エンジニアの役目を果たしていたが）この仕事を引き受けた。ロンドンで債券が発行された。サー・ベンジャミンのアドバイスに従って，イギリスの建設会社であるS・ピアソン&サン社が受注し，1889年11月に着工した。しかし，1891年のベアリング危機の後，イギリスでこれ以上資金調達ができないことになり，S・ピアソン&サン社はこの事業から撤退した。⁽¹⁵⁹⁾後になって，イギリスのエンジニアリング会社であるトーマス・コステイン社がハドソン川のトンネルに関与するようになるのである。⁽¹⁶⁰⁾

　イギリスのエンジニアは米国の公益事業に投資する見込みがあるところの依頼を受け，評価を行った。例えば，セントローレンス電力プロジェクトへの投資は，イギリスの振興促進機構であるクラウン開発株式会社の詳細な報告を受けて行われたのである。**探査会社**（exploration company）という表現はイギリスでよく使われていたが，これは案件を調査し，イギリス市場で資金調達をするエンジニアの集団を指していた。1896年にクラウン開発会社は調査の準備のため，イギリスのエンジニアを米国に送りこんだ。彼らの報告書は，ニューヨーク，マセナ近郊のセントローレンス川のロング・ソルト・ラピッド社の潜在能力を高く評価していた。一時，ある米国の法律事務所はこの事業には「あまりにも多くの開発業者がいて，その割にエンジニアの数が少なすぎる」と判断したこともあったが，実際はこの2つの機能は重複していることが多かった。300万ドルあまりのイギリス資本がセントローレンス電力プロジェクトに投下されたようだ。その後（1906年に），米国企業であるアメリカ・アルミニウム社（通称アルコア）が再編された会社を手中に収めた。⁽¹⁶¹⁾「エンジニア」が足りないにもかかわらず，イギリス人は米国のプロジェクトを自らの人材で評価しようとした。1899年には，なんとチャールズ・アルジャーノン・モアリングがセン

970

第**15**章　その他のサービス

トローレンス電力会社の社長に就任したのである！[162]

　その一方，1886年にナイアガラの滝を動力化するために，ナイアガラ川水力トンネル電力下水道会社がニューヨークに設立された。[163] 海外での資金調達を求めて，同名のトンネル会社がロンドンで設立された。その授権資本は100万ポンドであった。設立趣意書が印刷されたが，発表前にイギリスの仲買人はジョージ・ブリスというニューヨークの弁護士を雇い，所有地の調査を依頼した。ブリスはこの案件に関して「危険で投資すべきでない」と判断した。それを受けて，ロンドンのグループはオプションを放棄し，起債を取りやめた。1887年の半ばまで，ナイアガラ・フォールズ社はこの方法を使って，資本を求め続けた。[164]

　1889年に，ナイアガラ・フォールズ社はJ・P・モルガン，ブラウン・ブラザーズ社，ウィンスロー・レニエ社から構成される銀行団と金融の取り決めを行った。ウィンスロー・レニエが参加することに同意する前に，パートナーであるエドワード・D・アダムズを調査に送り込んだ。その後，37年間以上にわたって，アダムズはナイアガラの電力開発に関わったのである。1927年（81歳のとき）に彼はナイアガラ電力に関する2巻にわたる歴史書を叙述した。[165] このエドワード・アダムズこそ，1893年から1914年まで米国でドイツ銀行の代表を務めた人物なのである（第13章を参照）。

　1889年に，もともとのトンネル会社が名称を変更して，ナイアガラ・フォールズ電力会社とした。1890年に同社の株式を取得したのが，キャタラクト建設会社である（この会社は1889年に設立された）。1890年にアダムズがキャタラクト建設会社の社長に就任した。ただちに，ヨーロッパに向けて出発したが，これは資金調達のためではなく，技術情報を集めるためであった。ロンドンで彼は（長年の知り合いであった）ロスチャイルド卿を訪ね，ナイアガラの滝の利用計画を説明し，キャタラクト社の役員が「活用できる最新の技術」を知りたがっていることを告げた。[166] ロスチャイルド卿はあるエンジニアを推薦し（彼は推挙する能力を十分に備えていた），次にこのように尋ねたとアダムズは回想している。

　「財務計画の準備はできていないようだね」。アダムズ社長に問いかけた。
　「いいえ。ある程度できています。ナイアガラの滝を活用しようとした大規

第Ⅱ部　世界最大の債務国

模な計画はこれまでことごとく失敗していますが，科学が大変進歩したため，
それをうまく使えば，まもなく，ナイアガラの動力化をビジネスとして実現
できるかもしれません」。

　アダムズはロスチャイルドにこう告げた。「お金がほしくて来たのではあり
ません。アドバイスがいただきたくて来たのです。貴殿の息のかかった科学者
とエンジニアの忠告に投資することから始めたいのです」。ロスチャイルド卿
はこのアメリカ人の要請を面白いと思い，アダムズによると，「この会見の結
果」，まずは5000ポンドを出資したのである。しかしながら，アダムズがエン
ジニアに関するアドバイスを求めてイギリス人のロスチャイルドに会いに行っ
たことは，なんら珍しいことではなかった。『イギリスのロスチャイルド家
(*The English Rothschilds*)』のなかでリチャード・デイヴィスは，すでに1840年
代にはロスチャイルド家はフランスの鉄道建設の資金調達に深く関与しており，
「エンジニアを派遣するのにかなりの時間を割いていた」と書いている。これ
はロスチャイルドの鉱山事業にも当てはまる。ロスチャイルド家は，当時最高
のエンジニアの人脈に通じていたのである。
　米国でもヨーロッパでも，キャタラクト建設会社の公募はなかったが，本書
に記した人々の多くは初期の投資家に名を連ねていた。アーネスト・キャッセ
ル，ロバート・フレミング，ホッティンガー社（パリ），鉄道株信託・代理人
会社（ロンドン），受託者・執行者・保証抵当保険株式会社（ロンドン），そして
ロスチャイルド卿である。アダムズは「代表的な海外の資本家が関心をもつよ
うになった。特に彼らのニューヨークの代理店の起債を通じて」と書いている。
外国投資家の名簿をみると，米国と関係があるところが多く，参入しやすかっ
たことがわかる。アダムズは1880年代に鉄道再編の資金調達において，これら
の外国投資家の大半と付き合いがあった。ロスチャイルド卿にコンサルティン
グ・エンジニアの件でアドバイスを求めたことは，これらの外国投資家の関心
を募ったのである。
　明らかに，アダムズは水力発電の動力化の実際の技術を探し求めるうちに，
イギリスのノウハウよりもスイスとフランスの専門知識の方が優れていること
に気づいた。彼はスイスとフランスの科学者とエンジニアに会いに行った。ア

972

第**15**章　その他のサービス

ダムズがドイツ銀行と関係があったにもかかわらず，ロンドンのシーメンス・ブラザーズ，ベルリンのシーメンス＆ハルスキーあるいはアルガマイン電気社に技術支援を求めた形跡はない（1890年にロンドンのシーメンス・ブラザーズはプロジェクトを提案したが，採用されなかった[172]）。アダムズがドイツ銀行と関係があったことは——これはシーメンス・ブラザーズのプロジェクト案が却下された後，1893年のことであるが——**ドイツ**の電気産業にとって米国の電力開発に関する重要な情報源であったらしい[173]。イギリスのコンサルティング・エンジニアの重要な機能は，イギリスの資本家に対して事業の健全性を証明することにあった。ナイアガラの案件は成功した。キャタラクト建設会社はその業務を完了すると，1900年に解散した。ナイアガラ・フォールズ電力会社が事業会社として継続したのである[174]。

　手短かにいえば，イギリスの「コンサルティング・エンジニア」は通常，イギリスの投資家（またはイギリスのマーチャントバンカーやプロモーター）に依頼されて，案件を評価し，管理業務を提供し，特に米国の報告を信頼しなかったイギリスの投資家に自信を与えたのである[175]。エドワード・D・アダムズは海外投資家と仕事をすることが多かったが，彼がロスチャイルド卿を訪ね，コンサルティング・エンジニアを推薦しほしいと要請したことにより，前述の通り，外資の道を開いたのである。

建設業務

　イギリスの建設会社であるS・ピアソン＆サンは，前述の通り，ハドソン川トンネルの仕事を手がけた（1889年から1891年）。1901年に建設が再開され，イギリス生まれのチャールズ・M・ジェイコブスの監督のもとで，トンネルはついに竣工されたのである。ジェイコブスはジェームズ・H・グレイトヘッドとともにシティとサウスロンドン間の地下鉄工事で，すでにトンネルの建設に関わっていた。ペンシルベニア鉄道がそのトンネルを使った[176]。ハドソン川トンネルの建設が進んでいた頃，1902年に，（S・ピアソン＆サンの）ウィートマン・ピアソンは，イースト川の複数のトンネルの契約に関してペンシルベニア鉄道に正式なオファーを出した。1908年までに，4つのトンネルがイースト川の下で

第Ⅱ部　世界最大の債務国

つながった。S・ピアソン＆サンが米国の子会社を通じて，この建設を担当した[177]。

　資本集約的である灌漑のプロジェクトは外国投資家の関心を呼んだ。臨時の木材構造は「大掛かりな鉄鋼と石造りの仕組みと最良のエンジニアの雇用に取って代わられた」。エルウッド・ミードは，1880年代に西部の州につくられた「最大かつ最も高価な」灌漑用水の多くは，イギリスとスコットランドの資本により実現した，という[178]。大規模な灌漑事業の一つは，サンアントニオ国土灌漑株式会社が手がけた（この会社は1911年にカナダで設立され，トロントに本社をおいていたが，資金調達はロンドンで行われた[179]）。

　特別の専門知識が必要なトンネル建設と西側諸国のイギリスの国土会社と関連があった灌漑計画やその他の例外を除いては[180]，イギリスは米国の建設自体には**あまり大きく**関わらなかった。米国の会社が建設を担当していたのが典型的な例であった。

電力，照明，公営輸送業務

　電力や照明や公営輸送業務においては，ほとんどの場合，外国投資は直接投資よりも証券投資であった。海外投資はかなり存在していた。1875年から1914年にかけて，（そして特にこの期間の終わりに近づくにつれ）電力と照明の設備が大きく拡大し，電機鉄道システムが都市部の輸送に適用された（路面電車と地下鉄）。投資（国内および外国）は巨額であった。基本的に投資が職業訓練に向けられていた広告や会計とは異なり，電力や照明や公営輸送業務においては，機械設備に巨額の投資が必要であった。

　世界の多くの地域において，これらの活動に対する外国投資は強力な機械類の販売に関連していたようである。第13章で，ドイツ銀行がシンシナティ電燈会社に関与していたことについて特記した。これはドイツ銀行がエジソン・ゼネラル・エレクトリック社に出資していたことに端を発しているらしい。しかしながら，私は機械類の販売に基づく米国電力会社のヨーロッパ資金調達網の存在を証明するには至っていない[181]。その理由の一つは，1903年のゼネラル・エレクトリック社とアルガマイン電気社（A.E.G.）との市場分割協定にあるの

974

かもしれない。⁽¹⁸²⁾

　これによれば，明らかに米国の電力と照明と公営輸送業務の大きな進歩には，ヨーロッパの資金があったのである。また後で示すように，カナダの参加もあった。エドワード・D・アダムズがナイアガラの滝の動力化に関連して，イギリスに行き，ロスチャイルド卿の進言を仰ぎ，この英断がイギリスとフランスを引きつけたことは，前述の通りである。

　1927年のナイアガラ電力開発の歴史に関する書物のなかで，アダムズは1893年から1914年までの間，自分が米国のドイツ銀行の代表であったことや，ドイツ銀行がこのプロジェクトに出資したことには，まったく触れていない。しかしドイツ銀行頭取のジョージ・ボン・シーメンスの伝記作家によると，同銀行はナイアガラ・フォールズ電力会社に出資していたのである。同様に，電気化学の開発（ナイアガラ電気化学社とナイアガラ・アルカリ社〔第11章を参照〕）に携わっていたドイツの企業数社は，安価な電力を利用しており，電力会社に対して収入を提供していた。確かに，外国資本はナイアガラの滝の電力開発の成功に貢献したが，主力ではなかった。

　公益事業は大規模な資本を必要としたため，多くは海外で資金調達をしようとした。20世紀の初期，イギリスとオランダとドイツの投資家は，米国の公益事業の証券を購入した。クレオナ・ルイスは次のように記している。（ニューヨーク州マセナの）セントローレンス電力，アメリカ水・電気会社，ボルチモアのガス電力照明統合会社などの企業は，1914年にヨーロッパ市場に上場していた米国の公益事業体である。

　イギリス市場に財務支援を求めた企業には，テキサス州ガルベストンのブラッシュ電燈電力会社がある。1910年に新しいシティ・サービス会社（1910年9月2日に設立）は，すでに「イギリス」の傘下に入ったブラッシュ電燈を買収した。これを135万ドルの優先株と47万2500ドルの普通株をロンドンのパーズ銀行に135万ドルで売却して受け取った代金でまかなった。同銀行は普通株を保持し，優先株は1株85ドルでイギリスの一般大衆に公開した。経済学者であるポール・ディケンズはこの取引を単にイギリス側が一つの米国企業からもう一つの企業に権利を移転したにすぎないと考えた。つまり，イギリス側は1番目はコントロールしたが2番目はしていないからである。ディケンズは次のよ

975

第Ⅱ部　世界最大の債務国

うに言っている。「所有権と支配権は……イギリスから米国に変わった」。国際
間の現金の移動は不要であった。外国為替も関与していなかった。しかしなが
ら，取引においてイギリスの公益事業に対するイギリスの権利は増大した。投
資先の企業が大きくなったのである[187]。

　ニューヨーク市で路面電車と地下鉄が建設されたときに，外国の投資が関与
し，証券投資を行った。ロバート・フレミングは1897年から，ブルックリンの
路面電車の資金調達を取り計らった。また，オーガスト・ベルモント（ロスチ
ャイルドのニューヨーク代表）もニューヨークの地下鉄の開発に一肌脱いだ[188]。ニ
ューヨークの地下鉄の資金調達物語——アメリカ人のトーマス・フォーチュ
ン・ライアンを含む「公営輸送業務の王」のたくらみ——は私の研究の領域を
はるかに超えている。重要なことは，ベルモントが深く関与したことである。
1904年に，ジョン・ムーディが，都市間高速鉄道会社（IRT）を「ベルモント
傘下」である，と述べている[189]。1907年5月に，IRTはロンドンで1000万ドル
の金保証債券を発行した[190]。同月末に，ベルモントはイギリスに「意気盛んに」
到着した。ロスチャイルド卿はパリのいとこ宛てに次のように書いている。
「ベルモントはこの鉄道会社を高く評価しており，今後必要となる支出は軌道
の拡張のためであり，確固たる自信をもってこのプロジェクトの将来を見据え
ている[191]」。1907年8月までに状況が一変したが，ベルモントは依然として保証
していた[192]。そして1907年の米国の恐慌である。ベルモントはこの都市間高速鉄
道債を大量に購入していたし，個人的にも割当て以上に出資していた。彼はイ
ギリスとフランスの両方のロスチャイルドに助けを求め，担保として差し出し
たこれらの債券の代わりに，ロスチャイルドの名義で保有していた株式と債券
を当てたい，そしてロスチャイルドに都市間高速鉄道債を預託したいと願い出
た。ロスチャイルド卿はパリのいとこに次のように勧めた。「われわれはこれ
をしないわけにはいきません。この措置は彼にとって大変有益でしょう。そし
てわれわれにとっても。彼の（高速鉄道会社）社長としての立場を強固にする
のみならず，（トーマス・フォーチュン・）ライアン氏に対してきわめて強い立場
になることができるでしょう[193]」。ロンドンのロスチャイルド卿もパリのいとこ
も「なんとかしてベルモントを助けなくてはならないという思いは同じ」であ
った[194]。

976

第**15**章　その他のサービス

　イギリスとフランスのロスチャイルドはベルモントの勘定を綿密に調べた。ロスチャイルド卿の甥であるリオネル・ロスチャイルド（1882-1941）とロンドンとパリから会計士を１人ずつ，ニューヨークに送り込み，「ベルモントの帳簿と状況報告書を精査させた」。ロスチャイルド卿は1907年の半ばには次のように確信していた。

　　ベルモントになにか起こるとしたら（債務不履行に陥ったとしたら），それは不運な出来事の一つであり，（ニューヨーク金融市場の）新たな危機の到来を早めないとしても，現在の危機の経過に悪影響を与え……，さらに高速鉄道会社の再建に害を与えるであろう。

　ロスチャイルド卿は現在の状況をベアリング危機になぞらえて，「皆が何カ月も苦しい時期を過ごし，自信を取り戻すまでかなりの時間を要した」という。しかしながら，1908年の初めに，ロスチャイルド卿は「都市間高速鉄道会社は世界のなかで最も良質な鉄道資産の一つであり，少し忍耐すればすぐに繁栄を取り戻すであろう」と述べている。この地下鉄網は1908年と1909年にロンドンで追加の資金調達を行った。1909年になってベルモントはようやく「危機から脱出」したのである。1909年５月22日にベルモントはロスチャイルド卿に私信を送り，そのなかで「代替の可能性を見越して手元にある貴殿の証券に対していかなる種類の停止措置をとる必要がなくなったこと」は喜ばしいと伝えた。1914年にオーガスト・ベルモントは都市間高速鉄道会社の取締役会長として留まった。ベルモントを助けることによって，ロスチャイルドはニューヨークの地下鉄網の開発の手助けをしたのである。これは珍しい例であった。通常，米国の公益事業に対するヨーロッパの関与は資本市場を通じて行われる傾向があった。米国の電力や照明や都市間のサービスといった公益事業体の多くは，20世紀初頭（第一次世界大戦以前）にロンドンに行き，大規模な資金調達を行った。

　カナダもイギリスの照明と電力と路面電車の事業に参加した。経済学者であるジェイコブ・ヴァイナーは，カナダの投資家が米国の公益事業体の一部を実際にコントロールしたことを認めている。カナダの投資はイギリスの投資と連携していることが多かった。ヴァイナーはカナダ側のコントロールは「普通株

977

第Ⅱ部　世界最大の債務国

の所有は，ほとんどがプロモーター株を通じてであり，大半が実際に投資された資金の一部にすぎないと報告している。これらの企業の資金調達は主にロンドンでの起債を通じて行われた[203]」。カナダ側は公益事業体の資金調達に特化した経験を積み重ね，それを本国や米国やラテンアメリカで活用した[204]。例えば，米国南部の大規模な外国投資は，アラバマ電鉄電燈電力株式会社であった。1914年にその株式資本は1797万5000ドルであり，長期負債は1345万2000ドルであった。クレオナ・ルイスはこれをカナダのコントロールと見なしている[205]。この会社は1912年にカナダで設立された。アラバマ電力会社の資金がアラバマ州（または米国において）で調達できないためであった[206]。一方カナダの持株会社はロンドンで大半の資金調達を行った[207]。

　米国の公益事業体に対するカナダの出資方法が異なっていたことは，カナダの大手企業であるサン生命保険会社の投資をみても明らかである。カナダの金融仲介機関は，高い利回りに惹かれて，大規模な投資を行った。サン生命保険は，1895年，デトロイトに米国で初めての保険事務所を開設した。その7年後の1902年に経営陣は米国の公益事業体に対する大規模な投資に着手することを決意し，多くの企業の債券や株の購入を開始し，それらをイリノイ公営輸送会社（Illinois Traction Company, 1904年5月に設立）という持株会社のもとに束ねたのである。サン生命保険は，イリノイ州南西の中心部の市町村に投資を行った。ガス，電気照明，路面電車，都市間サービスなどである。また当時，イリノイ公営輸送会社はイリノイ，ミズーリ，アイオワ，カンザス，ネブラスカの55の子会社を傘下におさめ，運営していた。1914年時点のサン保険会社の投資額はわからないが，巨額であったことは確かである。1922年に同社が持ち株を処分したとき，3090万ドルを受け取った[208]。このほか，カナダは米国の公益事業体に対して，オハイオ州のトレドとミネソタ州のミネアポリスで投資を行っていた[209]。カナダのプロジェクトは投資先を厳しく選択していたようだ。例えば，大規模なセントローレンス電力やナイアガラ・フォールズ電力へ投資したという証拠は（私は）入手していない。

　米国の公益事業体に対するヨーロッパの投資は，（前述の通り）例外を除いては，金融市場を通じて行われた。ベルギー，フランス，ドイツ，スイスの投資家とイギリスの投資家はこれらの企業の株式，またより多くの場合，債券を取

978

第**15**章　その他のサービス

得した。ディケンズによれば，米国公益事業体（電信，電話，電力，照明，電鉄会社を含める）の証券の「引き受け」を通じてヨーロッパ側が得た額面価額は，1897年から1913年にかけて4億4840万ドルに上り，主な引き受けは1904年から1913年に集中していた[210]。この4億4840万ドルという額は，証券が取引されていたため，1913年から1914年の外国投資のレベルを反映するものではまったくない。この数字を引いたのは，証券投資が大規模であったことを示すためである。カナダは国内で電力と照明の設備を大いに必要としていた。国内で資金調達の仲介をする過程で，カナダ側は専門知識を蓄積し，これを米国で活用することができたのである。こうしてカナダは米国の公益事業体の資金調達に手を貸すようになったのである。同様に，サン生命保険の重要な投資先はカナダからあまり離れていない地域であった。ある意味では，これは米国国境を越えた「流出」であった。ヨーロッパとカナダは米国の電力や照明や都市鉄道網へ大規模な投資を行っていた。しかしこれらの公益事業体の経営はアメリカ人の手中にあった[211]。

多くのサービス

　手短かにいうと，多くのサービス——広告，流通，保険，会計，エンジニアリング，建設，公益事業（電力，照明，都市間都市内鉄道）——において，直接投資や証券投資の形で外国の投資がみられた。広告に関しては，直接投資はほとんどみられず，証券投資はまったくなかった。流通に対する投資には多国籍企業のその他の事業との連携がみられた。米国の大規模小売業に対する外国の投資は証券投資であった。外国保険会社は保険の販売という直接投資を行った。鉄道やその他の米国証券への出資は証券投資であった。会計士やエンジニアは直接投資家であった。彼らの報告書は証券の資金の流れを促進し，独立企業体の直接投資を促した。建設業への外国直接投資は特に複雑な案件を対象としており，他の外国投資と連携していた。公益事業に対するヨーロッパの大規模な投資は主に証券投資であった。しかしながら，ニューヨーク地下鉄網の場合におけるロスチャイルドの役割は，米国の企業家（オーガスト・ベルモント）の立場を守ることにあった[212]。カナダの米国公益事業体への出資は金融であり，カナ

979

第Ⅱ部　世界最大の債務国

ダ側の金融の専門知識を駆使していた。

　この章で検討したサービスは明らかに多種多様であるが，すべてが米国に恩
典をもたらした。1875年から1914年までの投資に関する議論がこれで完結した。
鉄道から始まり，鉱山と製造業を網羅し，さらにもう一度インフラの整備に戻
ったのである。顕著なことは，これらのサービス（特に保険と会計）における多
国籍企業型投資と証券投資（小売業と公益事業）の組み合わせである。本章で明
らかにした外国投資は，20世紀の初頭すなわち第一次世界大戦以前に劇的に増
加したのである。

注
（1）　そのほかに海外の投資家によって供給される様々な一連の事業もあった。例えば，ニューヨ
　　　ークタクシー株式会社は，フランス人が所有する会社であった（フランスはタクシーを製造し
　　　ていた。なんらかの関連性があったのか）。ニューヨークのベルリッツ語学学校も，フランス
　　　人所有であった。1890年イングランドで結成された（ニューヨークの）タターソール株式会社
　　　は，アメリカ馬取引所およびイーストン国立馬・家畜取引所の事業を獲得した。これらの件に
　　　関しては，Cleona Lewis, *America's Stake in International Investments*（Washington, D.C.：
　　　Brookings Institution, 1938）, 102；*Stock Exchange Official Intelligence for 1914*, 1637, ；およ
　　　び *Burdett's Official Intelligence, 1895*, 1164-65, を見よ。
（2）　Frank Presbrey, *The History and Development of Advertising*（1929；rpt. New York：
　　　Greenwood Press, 1968）, 107. プレスブリーは，いつ T・B・ブラウンが米国に事務所を開設
　　　したかはっきりしていないが，状況によると1880年代か1890年代であることが示唆される。
　　　T・B・ブラウンに関しては，T. R. Nevett, *Advertising in Britain*（London：Heinemann,
　　　1982）, 104, および Diana and Geoffrey Hindley, *Advertising in Victorian England,
　　　1837-1901*（London：Wayland, 1972）, 38, 2031, を見よ。ヒンドリーの書籍には，ブラウン
　　　が，A. & F. ペアーズの「バブルズ（石鹼）」のポスターを制作したことや，ブラウンが専門
　　　的な登録商標部門をもった初めての広告業者であったことが書かれている。19世紀末から20世
　　　紀初頭にかけて，このロンドンの会社は，グラスゴー，マンチェスター，パリに支店をもち，
　　　英国で最大級の広告代理店であったと書かれている。米国支店に関してはなにも言及されては
　　　いない。
（3）　Presbrey, *The History*, 394-395, 338, 386, 98. プレスブリーは，ペアーズ石鹼社が1883年に
　　　米国で宣伝を開始したと書いている。米国製造業者がまだ宣伝を躊躇していたのは国際広告で
　　　あった。1888年に，その宣伝予算は20万ドルであったといわれている。そのうち 3 万5000ドル
　　　は米国へつぎ込まれた（前掲書，395）。
（4）　私は，この単語を一般的に使用している。というのは比較的大規模な貿易会社は，われわれ
　　　がみてきたように，米国で製造を開始し自社製品を国内向けに販売したからである（例えば，
　　　バルフォア・ガスリー社やブース社である）。
（5）　しかしながら，独立卸売業者が満足していたのであれば，会社はその業者を取り換える理由
　　　はない。ペアーズ石鹼社は――米国で最も多く宣伝がされた製品に関して――1884年から1920

980

第**15**章　その他のサービス

年までの36年間にわたり，独立代理店（ウォルター・ジャンビエ）を使用した。1920年になって初めて，この会社は上流部門を物流部門に統合し，そのときまでにはペアーズ石鹸社はリーヴァー・ブラザーズ社の子会社となっていた。前記したように，ペアーズ石鹸社は，第一次世界大戦前は米国では製造を行わなかった。

（ 6 ）　例外であったのは，英国菓子製造会社のジョン・マッキントッシュ社であった。この会社は不成功に終わった。米国における英国所有のビール会社のなかには，娯楽サロンに関心を示すところもあった（それに伴う問題に関しては第 9 章を見よ）。英国の出版会社は少なくとも時には直接，米国の読者と取引した。しかしながらこれらは単発的な事例であった。

（ 7 ）　Mira Wilkins, "American-Japanese Direct Foreign Investment Relationships, 1930-1952," *Business History Review*, 56（Winter 1982）: 510. 同様に，Ｆ・Ａ・Ｏ・シュバルツ社は，玩具や新案物の小売りを行い，25％の資本はドイツ所有であった。

（ 8 ）　Bruno Kuske, *100 Jahre Stollwerck-Geschichte, 1839-1939*（Cologne：Stollwerck, 1939），105. 第12章も見よ。

（ 9 ）　第 9 章を見よ。

（10）　ベル社はイーストマン社と関わるようになった。第 9 章を見よ。

（11）　Peter Mathias, *Retailing Revolution*（London：Longmans, Green, 1967），343. 英国小売業に関しては，James B. Jefferys, *Retail Trading in Britain, 1850-1950*（Cambridge：Cambridge University Press, 1954），および W. Hamish Fraser, *The Coming of the Mass Market, 1850-1914*（London：Macmillan, 1981），を見よ。

（12）　Alfred D. Chandler, *The Visible Hand*（Cambridge, Mass.：Harvard University Press, 1977），234.

（13）　S. Japhet, *Recollections from My Business Life*（London：privately printed, 1931），89, 91 ユナイテッド・シガー社およびシアーズ・ローバック社の株式発行は1906年であった。Ｓ・Ｓ・クレージュの発行は1912年であった。"History of Hallgarten & Co.," draft typescript, 1950, 6；Hermann Wallich and Paul Wallich, *Zwei Generationen im deutschen Bankwesen, 1833-1914*（Frankfurt：Fritz Knapp Verlag, 1978），282-284；Walter E. Sachs Reminiscences, Oral History Collection, Columbia University, New York, 2 pts.（1956, 1964），pt. 1, 32, 34, 35, 87-88；pt. 2, 220；および Vincent Carosso, *Investment Banking in America*（Cambridge, Mass.：Harvard University Press, 1970），82-83, を見よ。

（14）　Mira Wilkins, *The Emergence of Multinational Enterprise*（Cambridge, Mass.：Harvard University Press, 1970）.

（15）　英国保険会社に関する優れた研究文献は，Harold E. Raynes, *A History British Insurance*, rev. ed.（London：Sir Isaac Pitman, 1959）。火災の衝撃に関しては pp. 264, 270, 274, を見よ。Robert L. Nash, *A Short Inquiry into the Profitable Nature of Our Investments*, 3rd ed.（London：Effingham Wilson, 1881），92, も見よ。

（16）　Marquis James, *Biography of a Business, 1792-1942*（Indianapolis：Bobbs Merrill, 1942），172.

（17）　*Best's Insurance Reports*（*Casualty and Miscellaneous*），*1918-19*（以降は *Best's — Casualty* として引用），を見よ。

（18）　*Commercial and financial Chronicle*, 34（Feb. 4, 1882）：128.

（19）　*Best's Insurance Reports*（*Fire and Marine*），*1914*（以降は *Best's — Fire* として引用），に基づく。*Best's Insurance Reports* は，米国における外国保険会社に関する他を圧倒する最も

第Ⅱ部　世界最大の債務国

有益な情報源である。

(20)　W. G. Kerr, *Scottish Capital on the American Credit Frontier* (Austin：Texas State Historical Association, 1976), 163.

(21)　P. G. M. Dickson, *The Sun Insurance Office, 1710-1960* (London：Oxford University Press, 1960), 221 は，リバプール＆ロンドン＆グローブ社を1876年の第1位に挙げている。1914年のランキングに関しては，*Best's ― Fire*, を見よ。リバプールの会社の重要性に関しては，Barry Supple, *The Royal Exchange Assurance* (Cambridge：Cambridge University Press, 1970), 214, を見よ。

(22)　*Best's ― Fire.*

(23)　Dickson, *The Sun*, 221.

(24)　前掲書，221-231. サン保険会社がこの購入を行ったとき，ウォータータウン社は，約30州で操業しており1400の代理店を有していた（前掲書，227）。

(25)　Supple, *Royal Exchange Assurance*, 342-343. ロイヤル保険会社とロイヤル為替保険会社は別々の会社である。

(26)　前掲書，213.

(27)　前掲書，246-249, 363. サンフランシスコの火災後，リバプール＆ロンドン＆グローブ社は，470万ドルを支払ったのに対し，ロイヤル保険会社は750万ドルを支払った。T. Dyer Simpson, *1936 Our Centenary Year* (London：Liverpool & London & Globe, 1936), 62, を見よ。英国コマーシャル・ユニオン社とその関連会社であるニューヨーク王立コマーシャル・ユニオン社は，地震で起こった火災による損失の負債を対象から除外する条件を含んだ方針をもっていた。にもかかわらず，そのグループはサンフランシスコ火災の結果として，ほぼ400万ドルの支払いを行った。Edward Living, *A Century of Insurance* (London：H. F. & G. Witherby, 1961), 100, を見よ。

(28)　Supple, *Royal Exchange Assurance*, 249-250.

(29)　リバプール＆ロンドン＆グローブ社は，1911年ニューヨークにグローブ補償社を設立した。この会社はすべての種類の負債，災害と健康，蒸気ボイラー，はずみ車，板ガラスや盗難補償を請け負い，誠実で確実な保証契約を提供した（*Best's ― Casualty*）。ニューヨークのロイヤル補償社（The Royal Indemnity Company）は，1911年にロイヤル保険会社により結成された（前掲書）。重要な英国保険会社であるオーシャン災害補償法人株式会社は，1895年に米国に参入し，信用保証保険を扱い始めた。1898年には，同社はすべての災害補償を扱い始めた。1910年に，英国の会社，コマーシャル・ユニオン社と連携し始めた。Living, *A Century of Insurance*, 102-103, および *Best's ― Casualty*, を見よ。ロイヤル為替保険社の第一次世界大戦前の米国における事故実質掛金は，火災掛金の約15％であった（Supple, *Royal Exchange Assurance*, 470, 242）。

(30)　*Best's ― Casualty.*

(31)　*Best's ― Fire*, における資料からの編集。

(32)　*Best's ― Fire*, における資料からの編集。

(33)　Wallis Hunt, *Heirs of Great Adventure* (London：Balfour, Williamson, 1951), I, 78, 129.

(34)　前掲書，129.

(35)　*Best's ― fire*；Alien Property Custodian, *Report, 1918-1919*, 435-436；および *Best's ― Casualty.*

(36)　*Best's ― Fire*. ワルシャワ保険会社はロシア・ワルシャワ社として一覧表に掲載されている。

第**15**章　その他のサービス

(37)　前掲書. *Best's ─ Fire* には，保険会社と再保険会社の両方が含まれる。

(38)　前掲書.

(39)　前掲書. それらは私が確認できた唯一の米国におけるブルガリアの投資であった。

(40)　Lewis, *America's Stake*, 111.

(41)　*Best's ─ Fire*, 5. この警告は特に国外（州外だけでなく）の武器産業に対するものであった。

(42)　Dickson, *The Sun*, 229.

(43)　ニューヨーク州の1851, 1859, 1866年における法律制定に関しては Raynes, *History*, 270-271, を見よ。

(44)　Supple, *Royal Exchange Assurance*, 249.

(45)　例えば，ロンドンの同盟保険株式会社は1891年以前から米国で，様々な場合に事業展開を行った。その年，同社はサンフランシスコのユニオン火災保険会社を併合した。1906年の火災後（その損害は69万ポンドであったとき），同社は米国事業から撤退した。Sir William Schooling, *Alliance Assurance, 1824-1924*（London：Alliance Assurance, 1924), 41, 72-73, を見よ。

(46)　例えば，ロイヤル為替保険会社は1908年カリフォルニア州から撤退したが，全般的に米国における事業を拡大した（Supple, *Royal Exchange Assurance*, 250, 242)。

(47)　*Best's ─ Fire*.

(48)　John A. Garver, *John William Sterling*（New Haven：Yale University Press, 1929), 74. 米国の生命保険会社は，安定性や信頼性を示すために海外での買い付けや支社設立といった同じパターンを辿ることとなった。Wilkins, *The Emergence*, 65.

(49)　*Best's ─ Fire*.

(50)　*Best's ─ Casualty*. 同じ親会社の名前が代表で使用された場合もあったが，保険の掛け金にはダブリはない。

(51)　*Best's ─ Life ─ 1911/1912* には，大西部生命保険会社，製造者生命保険会社およびノースアメリカン生命保険会社が米国で事業を行っている会社として含まれる。1914年の同じグループに関しては，*Best's ─ Life ─ 1916/1917*, も見よ。R. T. Naylor, *The History of Canadian Business, 1867-1914*（Toronto：James Lorimer, 1973), II, 246 には，「1914年には，主なカナダの生命保険会社はいずれも米国に支社をもっていた」と書かれている。これは，ベストの資料では確認できない。サン生命保険社に関しては，Joseph Schull, *The Century of the Sun*（Toronto：Macmillan of Canada, 1971), 7, 37-39 を見よ。そこには，ベストの報告書以上に広範囲に及ぶサン生命保険社の米国における企業活動が示されている。読者は，カナダのサン生命保険社（Sun Life）と英国の火災保険会社のサン保険会社（Sun Insurance）を混同せぬよう。両社はなんの関係もない。

(52)　この件は，事業の性質を反映している。Rayner, *History of British Insurance*, 271 には，「英国の会社の米国における生命保険事業は，そんなに大きなものでは決してなかった」と書かれている。前掲書，276, も見よ。私は，以前に同様の指摘を行った。

(53)　前掲書，271：「米国資産は保険準備金を構成する」。

(54)　Supple, *Royal Exchange Assurance*, 342.

(55)　*Best's ─ Fire*.

(56)　前掲書.

(57)　*Best's ─ Casualty*. 重複部分はなかった。

(58)　前掲書.

(59)　*Best's ─ Fire*.

983

第Ⅱ部　世界最大の債務国

(60)　前掲書. 災害保険会社に関しては *Best's — Casualty*, も同様である。

(61)　書簡 Nathaniel Mayer Rothschild, London, to cousins, Paris, Oct. 18, 1907, Rothschild Archives London（RAL）XI/139A/1. 他のイングランドとスコットランドの保険会社（それらの支社と系列会社から明らかである）が米国債券を保有していたという証拠に関しては, Supple, *Royal Exchange Assurance*, 345-346, も見よ。

(62)　Naylor, *History*, II, 246.

(63)　Schull, *Century of Sun*, 45.

(64)　Supple, *Royal Exchange Assurance*, 345.

(65)　Robert T. Swaine, *The Cravath Firm*（New York：privately printed, 1946), I, 547, 767.

(66)　*The Arthur Young Journal*, 75th anniversary ed.（Spring — Summer 1969)：33, におけるウィリアム・サウザーランド（当時90歳）の1967年の回想録を見よ。彼は1903年にアーサー・ヤング社に加わった。

(67)　大蔵大臣レジナルド・マッキーナが, 1915年夏, 戦時購入のためドルが必要になったとき, 彼は, プルデンシャル社会長のサー・トーマス・デューイと代表取締役の A・C・トンプソンを呼び出し, 2人にプルデンシャル保険社は, 米国公債をどの程度所有しているかを尋ねた。彼らの回答は4000万ドルであった（Lord Beaverbrook, *Politicians and the War*［1925；rpt. New York：Archon Books, 1968], 147-149)。私は, プルデンシャル保険株式会社の貸借対照表を確認し（London *Times*, March 6, 1914 により), こういった話が可能かどうかを確かめた。プルデンシャル社は, 見出しに「投資」として, 「鉄道会社および他の社債や社債株, さらに金およびスターリングポンドで――国内外に」1970万ポンドを保有していた。したがって, アメリカ公債4000万ドルの話は, この想定内で, 十分ありうることであった。プルデンシャル保険会社は, 英国外に抵当をもっていなかった。

(68)　大英帝国のプルデンシャル保険会社は, 1848年に設立された。その米国における同名の会社は, （1874年に設立され, 社名が1877年にアメリカ・プルデンシャル保険会社に変わった）英国プルデンシャルをモデルとした。実際に, 同社の創始者は, 後者（英国プルデンシャル）の名声を利用しアドバイスを得にロンドンを訪問した。しかしながら, プルデンシャル株式会社が, 米国の駆け出しの会社に融資を行ったり,「管理」を行ったことはなかった。William H. A. Carr, *From Three Cents a Week : The Story of Prudential Insurance Company of America*（Englewood Cliffs, N.J.：Prentice-Hall, 1975), 13-15, 17-18, 27-29.

(69)　C. W. DeMond, *Price, Water house and Company in America*（New York：Price Waterhouse, 1951), 126.

(70)　Edwin Waterhouse, "His Story," n.d., p.16, Price Waterhouse Archives（これ以降は PWA として引用する), London.

(71)　1875年にテネシー州鉄鋼産業発展のために結成された, 南部諸州石炭・鉄・土地株式会社の1877年度版設立趣意書を見よ。Copy in English Committee of the Alabama 8 percent Gold State Bonds of 1870, *Hill County Alabama U.S.A.*（London：E & F. N. Spon, 1878), British Museum shelfmark 10410cc5. 第7章も見よ。

(72)　私は, ヴィーシー＆ヴィーシー社よりもバロー・ウェイド・ガスリー社を第1と呼んできた。なぜならばウィリアム・H・ヴィーシーが米国に移住し――イングランドにはヴィーシー＆ヴィーシー社は, 残っていなかったことは明らかであったからだ。James Don Edwards, *History of Public Accounting in the United States*（University：University of Alabama Press, 1978), 48, を見よ。ガスリー社は英国にも残った。

第**15**章　その他のサービス

(73)　James T. Anyon, *Recollections of the Early Days of American Accountancy, 1883-1893*（New York：Privately printed, 1925), 9-19.

(74)　前掲書，19.

(75)　Dorothy Adler, *British Investment in American Railways, 1834-1898*（Charlottesville：University Press of Virginia, 1970), 181-182. この書は1884年にはこの鉄道会社の少なくとも1750万ドルの一般株が，英国とオランダの手中にあったことを示している。第6章を見よ。

(76)　Anyon, *Recollections*, 19. ヨーク通り亜麻紡績会社に関しては，第10章を見よ。

(77)　Adler, *British Investment*, 218. この投資信託会社に関しては，第14章を見よ。

(78)　シカゴの事務所に関しては，Norman Webster, *The American Association of Public Accountants：Its First Twenty Years, 1886-1906*（New York：American Institute of Accountants, 1954), 377, の伝記的寸描を見よ。

(79)　Waterhouse, "His Story," 58.

(80)　Deloitte, Plender, Griffiths & Co., *Deloitte & Co., 1845-1956*（Oxford：Privately Printed, 1958), 47. これらの調査は，1888年以前か1888年から1890年にかけてのもののどちらか，私は疑問に思う。これらの場所は，1880年代後半における大型の英国投資を呼び寄せた。

(81)　*Burdett's Official Intelligence*, とロンドンPWAの資料中の一覧表に基づく。

(82)　*Burdett's Official Intelligence*, の資料に基づく。Adler, *British Investment*, 199n は，ターカンド社の米国鉄道会社に関する「初期の」製作物に注目している。

(83)　Deloitte, *Deloitte*, 47. および DeMond, *Price, Waterhouse*, 11-12. ビール醸造業の振興に関しては第9章を見よ。

(84)　*Burdett's Official Intelligence*.

(85)　書簡 W. J. Caesar to J. Gurney Fowler, Oct. 14, 1898, PWA, Box 1. すべての文書のやり取りは，特記しない限り，大きな箱 No.1 に保管されている。

(86)　Deloitte, *Deloitte*, 48. および書簡 Lewis D. Jones, New York, to PW & Co., June 16, 1891, PWA. Edwards, *History of Public Accounting*, 51 には，2つの有名な公認会計士事務所が，1891年シカゴに開かれたと書かれている。彼はその一つがプライス・ウォーターハウスで，もう一方がデロイト・ディーバー・グリフィス社であったことを確認している。注を付したように，バロー・ウェイド・ガスリー事務所はそれ以前からシカゴ事務所を有していた。

(87)　Arthur S. Dewing, *Corporate Promotions and Reorganizations*（Cambridge, Mass.：Harvard University Press, 1914), 142n and 178n.

(88)　DeMond, *Price, Waterhouse*, 13, にあるジョーンズの背景。

(89)　"Heads of Agreement," August 1890, in PWA, Box 1. 私は1890年9月11日付けの記録文書を発見できなかったが，書簡 PW & Co. to Jones and Caesar, Dec. 29, 1891 には，その基本的事項の要旨がある。

(90)　Correspondence in Box 1, PWA. "British Capital and American Industries," *North American Review*, 150（Jan 1890)：220-234, の執筆者エラスタス・ワイマン（Erastus Wiman）は，米国へ移住してきたカナダ人企業家でR・G・ダンの共同経営者であった。ワイマンについての詳細に関しては，Naylor, *The History of Canadian Business*, 11, 250, を見よ。その請求書が支払われた証拠はない。

(91)　さらなる詳細に関しては第8章を見よ。

(92)　書簡 Jones to PW & Co., May 29, 1891, および PW & Co. to Jones, June 9, 1891, PWA.

(93)　「腐敗した」米国の概念は長い間継続してあった。会計士たちは繰り返しジェイ・グルドの

985

第Ⅱ部　世界最大の債務国

話を語った。ジェイ・グルドは，詐欺行為をはたらくイングランドの投資家たちをだましたと
して，説明を要請されたとき，投資総額を証明するために証券証書の提出を求めた。証書が投
資家から彼の手元に返却されたとき，彼はそれを切り刻み証拠隠滅を謀った。Gary John
Previts and Barbara Dubis Merino, *A History of Accounting in America* (New York：
Ronald Press, 1979), 137, を見よ。確かに，英国人会計士の必要性は，不適切な米国の常習的
商習慣に基づいていた。

(94)　シーザーとの取り決めに関しては，書簡 PW & Co. to Jones, June 9, 1891；Jones to PW
& Co., June 16, 1891；PW & Co. to Jones and Caesar, Dec. 29, 1891, PWA, を見よ。

(95)　DeMond, *Price, Waterhouse*, 18.

(96)　書簡 PW & Co. to Jones and Caesar, April 5, 1892, PWA.

(97)　ニューヨークとデンバーの事務所に関する私の情報は，ロンドンのハート・ブラザーズ・ティ
ベット社の創業者の息子アーネスト・ハートの伝記的寸描からのものである。ハートは1892
年に会社のニューヨーク事務所で短期間働き，1892年から1893年にかけてデンバー事務所で働
いた（Webster, *American Association*, 352）。*Burdett's Official Intelligence 1895* は，デンバ
ー・ビール会社の預金高に関する私の情報源である。J・R・エラーマンは，米国事務所は開
設しなかったものの，米国のビール醸造には関与した。第14章を見よ。

(98)　しかしながら，前述の注のように，デロイトは銀行再編委員会の仕事を行った。

(99)　書簡 Jones to J. Gurney Fowler, Jan. 31, 1894, PWA.

(100)　書簡 Caesar and Jones to PW & Co., Jan. 27, 1894, PWA.「銀行（banks：米国の商業銀
行）」とヨーロッパの「銀行業務会社（banking houses）」との違いに注目されたし。第13章を
見よ。

(101)　書簡 Jones to Fowler, Feb. 12, 1894, および Fowler to Jones, Feb. 26, 1894, PWA.

(102)　書簡 Caesar to Fowler, Feb. 14, 1894, および Fowler to Caesar, Feb. 26, 1894, PWA. ロ
ンドン保証事故会社は，1892年に米国に参入した。同社はシカゴに支店をもった。*Best's —
Casualty*, を見よ。

(103)　書簡 Russell Monro to Fowler, Aug. 19, 1894, PWA. モンローは，アメリカ醸造一般証券
信託株式会社，バーソロメイ・ビール会社，シティ・オブ・シカゴ・ビール・アンド・モルテ
ィング会社，商業同盟醸造投資株式会社，セントルイス・ビール会社の取締役であった。
Directory of Directors, を見よ。モンローのオヘイガンとの関係については Swaine, *Cravath
Firm*, I, 424, を見よ。

(104)　Robert Berger（ジョージ・メイの助成金で）, "History of P. W. & Co. and Jones, Caesar
& Co., 1890 to June 30, 1901," New York, typescript 1947, pt. 2, chap. 5, pp. 1-3, in PWA, を
見よ。

(105)　「なぜデロイトや他の会計士よりずっと大きなところを帳消しにしたのですか」とラッセ
ル・モンローは尋ねた。書簡 Monro to Fowler, Aug. 19, 1894, PWA.

(106)　*Northwestern Miller*, 38（Dec. 7, 1894）：897. 減価償却の問題は英国に本社がある企業がか
らんで，アメリカ人をいらだたせた。このようにフランシス・マリオン・スミスは，この「奇
妙な英国の慣行」に「軽蔑的な」態度であったので，彼は受取配当金が減額されるだろうと考
えた。このことはホウ砂統合会社にとって，1901年までは時宜を得たことであった。

(107)　書簡 Fowler to Jones, Aug. 30, 1894, PWA.

(108)　書簡 PW & Co. to Caesar & Jones, Oct. 10, 1894, PWA.

(109)　前掲書；書簡 Caesar to PW & Co., Nov. 5, 1894； Jones, Caesar & Co. to PW & Co., Jan.

第**15**章　その他のサービス

14, 1985；および PW & Co. to JC & Co., Oct. 25, 1897, PWA.

(110)　書簡 Caesar to PW & Co., Nov. 5, 1894, そしてその同封物, PWA.

(111)　書簡 PW & Co. to Jones and Caesar, Nov. 21, 1894, 最初の下書きおよび実際の書簡, PWA.

(112)　DeMond, *Price, Waterhouse*, 29.

(113)　書簡 Caesar to PW & Co., Jan. 16, 1897, PWA.

(114)　1897年と1898年の往復信, PWA.

(115)　John L. Carey, *The Rise of the Accounting Profession : From Technician to Professional, 1896-1936*（New York：American Institute of Certified Accountants, 1969）, 44, および Previts and Merino, *History*, 98.

(116)　Webster, *American Association*, 338. シーザーはロンドンには告げていなかった。

(117)　"Profit Accounts" in Box 1, PWA, および Berger, "History," 1，2，3，4 章を見よ。プライス・ウォーターハウス社は，1890年に結成され，オーガスト・ベルモントが参加したニューヨーク・ベルト梱包株式会社の監査法人であった。*Burdett's Official Intelligence*, を見よ。

(118)　書簡のやり取りのなかでは言及されているものの，私は，短期合意を見つけることはできなかった。1898年2月の原稿は Box 1, PWA, にあった。

(119)　書簡 Caesar to Fowler, Oct. 14, 1898, PWA.

(120)　前掲書。

(121)　書簡 Caesar to Fowler, Oct. 14, 1898—Second letter—PWA.

(122)　書簡 PW & Co. to Caesar, Feb. 8, 1899, PWA.

(123)　書簡 Caesar to A. W. Wyon, Feb. 27, 1899, PWA.

(124)　書簡 Caesar to Fowler, Aug. 1, 1900, PWA. シーザーは，1859年5月6日生まれであった（Webster, *American Association*, 338）。

(125)　書簡 Caeasr to Fowler, Aug. 27, 1900, PWA. 省略は原文のままである。

(126)　私は，この時期の米国ハート・ブラザーズ・ティベット社に関する証拠をもっていない。おそらく，当該会社の2つの事務所は1890年代半ばの浮き沈みの激しい時期に閉鎖したものと思われる。

(127)　Mary E. Murphy, "Sir George Touche, Bart. C. A., 1861-1935：A Memoir," *Business History Review*, 34（Winter 1960）：468-469, 473. U.S. House, *The Money Trust Investigation*（Washington, D.C., 1913）, pt. 13, 952, における J・B・ナイブンの証言も見よ。1889年 G・A・トゥッシュはすでにロンドン&ニューヨーク投資株式会社の創立者（の一人）として，また産業・一般信託株式会社の社長として米国における事業に関わっていた（Adler, *British Investment*, 214-215）。

(128)　Box C2, PW Private-American Agency, PWA, における合意。

(129)　DeMond, *Price, Waterhouse*, 128.

(130)　前掲書, 60.

(131)　前掲書, 129.

(132)　Berger, "History," chap. 17, 1.

(133)　DeMond, *Price, Waterhouse*, 52, 64, 74, 93, 102, 104, 122, 129, および C2, PW Private-American Agency, PWA 内の資料。

(134)　同文書内の資料。Previts and Merino, *History*, 142 は，1903年にイリノイ州会計協会の53

第Ⅱ部　世界最大の債務国

人の構成員のうち，21人がプライス・ウォーターハウス事務所所属であったという。彼らは「英国臣民であるという理由でニューヨーク州では公認されなかったが，委員会の自発的権利放棄規定のもとでイリノイ州においては，公認された会計士であった」。この職業は1903年にイリノイ州において初めて認可された。[J. C. Burton, ed.], *Arthur Young and the Business He Founded* (New York：privately printed, 1948), 20.

(135)　Paul Grady, ed., *Memoirs and Accounting Thought of George O. May* (New York：Ronald Press, 1962), 25, 31.

(136)　例えば，R. H. Parker, "The Third International Congress of Accounting Historians," *Journal of European Economic History*, 10 (Winter 1981)：746, を見よ。

(137)　Deloitte, *Deloitte*, 48, 150.

(138)　書簡 Frank Spencer to William de la Barre, Aug. 13, 1908, de la Barre Papers, Minnesota Historical Society, St. Paul.

(139)　前掲書，1909年9月3日；さらに *Northwestern Miller*, 83 (July 27, 1910)：217-218.

(140)　*Northwestern Miller*, 83 (July 27, 1910)：218.

(141)　George Soule and Vincent P. Carosso, *American Economic History* (New York：Dryden Press, 1957), 311, および Deloitte, *Deloitte*, 88.

(142)　Walter Hanson, *Peat, Marwick, Mitchell & Co.* (New York：Newcomen Society, 1978), 8-9, および T. A. Wise, *Peat, Marwick, Mitchell & Co.* (n. p.：Peat, Marwick, Mitchell, 1982) 13-15, 98 (1919年から1925年の間に取り決めが終了した時期があった。前掲書，14-15).

(143)　Edgar Jones, *Accountancy and the British Economy, 1840-1980：The Evolution of Ernst & Whinney* (London：Batsford, 1981), 106, および Edwin Green, Midland Bank, to Mira Wilkins, 1985年4月15日付け書簡。

(144)　Carey, *The Rise*, 34.

(145)　DeMond, *Price, Waterhouse*, 40-41. The Minutes of the Partners' Meeting in New York, Oct. 21-22, 1910 には，米国の大学卒業者，つまり「まさしく最も優秀な人材」を雇用するという新たな計画が示されている。Minutes in Box C2, PW Private-American Agency, PWA. 第一次世界大戦前の時代には，米国公認会計士の推奨実務経験年数は，常に州および国家組織によって延長された。歴史学者たちは，こういった発展は，英国の実習見習い制度の米国環境への適用であったということを示唆している (Previts and Merino, *History*, 156)。こういった示唆を行うことは，英国から移入された，より重要な専門職業意識を不当に軽視することになる。

(146)　私の同僚ケネス・モストは，Arthur Young：[Burton, ed.], *Arthur Young*, および *The Arthur Young Journal* (1969) 75周年号の2つに彼の履歴が載っている書物を見つけてくれた。アーサー・ヤングは（スチュワート＆ヤングの称号で）1894年（ジョーンズとシーザーが思わしくないとした年)・にシカゴで仕事を開始した。ヤングの初期の事業は，1893年の恐慌でひどい打撃を受けた「スコットランド人とイングランド人経営者の会社を」救済することであった。ヤングはこれらの会社の役員を「英国にいたとき」知っていた。スチュワート＆ヤング社は，主にこれらの投資会社の農場貸付の実現を円滑化するためにカンザスシティに支社を開設した。Burton, *Arthur Young*, 20-21, を見よ。投資信託による抵当貸付におけるカンザスシティの重要性に関しては，Allan G. Bogue, *Money at Interest* (Ithaca, N.Y.：Cornell University Press, 1955)；Ivan Wright, *Farm Mortgage Financing* (New York：

McGraw-Hill, 1923), 319, 321；および George Holmes, "A Decade of Mortgages," *Annals of the American Academy of Political and Social Science*, 4（1894）：904-907, 916-917, を見よ。非居住ではあるが英国のＷ・Ｂ・ピート社との結びつきがあったために，私は先の議論にマーウィック・ミッチェル社を含めた。

(147)　Wise, *Peat, Marwick*, 3. アンダーセンは，1908年に23歳でイリノイ州で公認会計士の資格を受けた。彼はそれ以前にシカゴのプライス・ウォーターハウス事務所で働いていたかもしれない。

(148)　Clark C. Spence, *British Investments and the American Mining Frontier*（Ithaca, N. Y.：Cornell University Press, 1958）, 70.

(149)　T. A. Rickard, *A History of American Mining*（New York：McGraw-Hill, 1932）, 19.

(150)　Spence, *British Investments*, 117.

(151)　前掲書，および H. Osborne O'Hagan, *Leaves from My Life*（London：John Lane, 1929）, I, 79-83. ビュイック・モアリング社は1897年にハーバート・フーバーを雇った。次の書を見られたし。Wilkins, *The Emergence*, 71, および T. A. Rickard, *Retrospect*（New York：McGraw-Hill, 1937）, 69-70.

(152)　Spence, *British Investments*, 117.

(153)　George H. Nash, *The Life of Herbert Hoover*（New York：W. W. Norton, 1983）, 224.

(154)　前掲書，224-225. 当該社の特別な世界規模での事業活動に関しては，前掲書，226, および至るところに，を見よ。

(155)　英米採掘事業界へのリチャード家の重要な影響に関しては，Spence, *British Investments*, 71, 95, 102-103, および Rickard, *Retrospect*, を見よ。

(156)　Rickard, *Retrospect*, 34, 36-37. 他の英国採掘技術会社に関しては，Spence, *British Investments*, 118, を見よ。Clark C. Spence, *Mining Engineers and the American West*（New Haven：Yale University Press, 1970）, 至るところに，を見よ。

(157)　ビーティの初期のグッゲンハイム開発社との関わりの歴史に関しては，Nash, *Life of Herbert Hoover*, 388-389, を見よ。

(158)　採掘技術者という専門職の世界的な職性を過大評価することは難しい。ロンドンは世界の中心地であったので，才能のあるアメリカ人がいても，国際採掘経営の場合においてはいうまでもなく，国際開発や評価の場合においても英国の会社によって採用された。第7章において注を付したように，ロスチャイルド・エキスプロレイション株式会社は，1886年以降ずっとアメリカ人技術者を採用した。

(159)　ハドソン川のトンネルに関しては，A. Spender, *Weetman Person*（London：Cassell, 1930）, 52-58；Robert Keith Middlemas, *The Master Builders*（London：Hutchinson, 1963）, 181-182；Box 67, Pearson Papers, Science Museum, London のなかの資料；および Carl W. Condit, *Port of New York*（Chicago：University of Chicago Press, 1980）I, 249-251, を見よ。

(160)　Adler, *British Investment*, 122n.

(161)　Swaine, *Cravath Firm*, I, 626, 631, はこの冒険的企業に関して優れている。

(162)　Nash, *Life of Herbert Hoover*, 224.

(163)　Edward D. Adams, *Niagara Power*, 2 vols.（Niagara Falls, N.Y.：Niagara Falls Power Co., 1927）, I, 115-120.

(164)　前掲書，125-128, 134. アダムズはジョージ・ブリスをニューヨークの弁護士としている。この人物は，モートン・ブリス社のジョージ・ブリスであったのであろうか。このジョージ・

第Ⅱ部　世界最大の債務国

ブリスは弁護士ではなかった。アダムズは彼を知っていたはずであったし、身元確認において誤りを犯すはずはない。

(165)　この歴史書――Adams, *Niagara Power*――はこれ以降のほとんどの基盤となる。

(166)　前掲書, I, 297.

(167)　前掲書, 297-298.

(168)　Richard Davis, *The English Rothschilds* (Chapel Hill：University of North Carolina Press, 1983), 134.

(169)　Adams, *Niagara Power*, I, 295.

(170)　前掲書, 297.

(171)　前掲書, 165-166.

(172)　前掲書, 443.

(173)　先章において注を付したように、ドイツ銀行は電気機器開発に従事した。サー・ウィリアム・シーメンス（1823-1883）――ウェルナー・シーメンス兄弟で英国シーメンス・ブラザーズ社の創立者――は、1876年にナイアガラの滝を訪れ、それ以来、「ほとんど有効な結果をもたらすことなく永遠に費やされるエネルギー量」に驚愕した。J. D. Scott, *Siemens Brothers* (London：Weidenfeld & Nicolson, 1958), 22, 43, 263, および Adams, *Niagara Power*, II, 167.

(174)　Adams, *Niagara Power*, I, 244.

(175)　この項で私は、米国における最も重要な英国「コンサルティング・エンジニア」であると思われるものについて考慮してきた。「産業」という語は、膨大である――ビジネス列伝におけるエントリーの数が証明している。すでに述べたものは別として、他の会社は米国事業を有していた。例えば、ウッドハウス・ローソン連合会社は、「エンジニアリングと電気工事請負会社」であり、1889年に「支社、事務所、流通拠点、代理店」を、ミズーリ州セントルイスを含む全世界にもっていた（*Economist*, 47 [July 20, 1889]：950）。私はすべてを包括的ではなく、選択的に扱うようにしてきた。

(176)　本章注（159）を見よ。

(177)　イースト川のトンネルに関しては、Boxes 8 and 9, Pearson Papers；Middlemas, *The Master Builders*, 191-192；および Condit, *Port of New York*, 391, を見よ。

(178)　Elwood Mead, *Irrigation Institutions* (New York：Macmillan, 1907), 57, 344. コロラド川灌漑計画への英国の関わりに関しては、Roger V. Clements, "British-controlled Enterprise in the West between 1870 and 1900 and Some Agrarian Reactions," *Agricultural History*, 27 (Oct. 1953)：136-141, を見よ。

(179)　*Stock Exchange Official Intelligence for 1914*, 1073.

(180)　「建設会社」は、注を付したように、ナイアガラの滝開発に関連し、早期の段階において重要なやり方で英国資本を探し出した。

(181)　Thomas P. Hughes, *Networks of Power*：*Electrification in Western Society, 1880-1930* (Baltimore：John Hopkins University Press, 1983), は残念ながらこの件に関して手助けとならない。

(182)　第12章を見よ。この協定は基本的に、アメリカ人は米国製の電気機器と設備を買うということを意味した。例外はあったが、米国市場は典型的に米国的であった。スイス人が大きく技術的に一歩先んじていた水力発電機械において、スイスデザインのタービン（ジュネーブのフェーシュ＆ピカード社、チューリヒのエッシャー・ウィス社による）が、フィラデルフィアのI・P・モリス社によって制作された。Adams, *Niagara Power*, II, 227, 433, 439, を見よ。

990

第**15**章　その他のサービス

(183)　Karl Helfferich, *Georg von Siemens* (Berlin：Verlag von Julius Springer, 1923), II, 97-98.

(184)　アダムズは，水力発電の顧客をナイアガラ・フォールズ地域へ引き寄せようとし，電力会社に営業収益を供給した。一例を挙げると，彼は可能性のある供給者を探した。1891年にE・E・L・ブラウンがオエリコン機械工場（スイス，チューリヒ近郊にあった）を離れることを耳にすると，アダムズは，ブラウンにナイアガラ・フォールズに新たな技術工房を設立することを勧め，そのような事業を広めてゆくことを申し出た。ブラウンはちょうどそのとき，ブラウン・ボヴェリー社を創設したばかりで，アダムズの誘いを断った（Adams, *Niagara Power*, II, 180）。

(185)　Lewis, *America's Stake*, 73.

(186)　前掲書，72. 米国の電力照明会社へのドイツ投資に関しては，Alien Property Custodian, *Report, 1918-1919*, 407-416, を見よ。クレオナ・ルイスの名簿はせいぜい表面上のものである。さらに米国において事業を行い，その社債がロンドンでも入手できた電気照明会社に関しては，*Stock Exchange Official Intelligence for 1914*, 944-975, を見よ。

(187)　Paul Dickens, "The Transition Period in American International Financing," Ph. D. diss., George Washington University, 1933, 105, 260, 261, および *Moody's 1914*.

(188)　Swaine, *Cravath Firm*, I, 646, 729-734.

(189)　John Moody, *The Truth about Trusts* (New York：Moody, 1904), 394. その話の一部分に関しては，Charles W. Cheape, *Moving the Masses* (Cambridge, Mass.：Harvard University Press, 1980), 92-95, を見よ。

(190)　Dickens, "The Transition Period," 247.

(191)　書簡 Nathaniel Mayer Rothschild, London to cousins, Paris, May 30, 1907, RAL XI/130A/1.

(192)　前掲書，Aug. 26, Aug. 28, Sept. 2, 1907, を見よ。

(193)　前掲書，Nov. 18, 1907.

(194)　前掲書，Nov. 19, 1907.

(195)　前掲書，Nov. 19, Nov. 21, Dec. 2, Dec. 9, Dec. 12, Dec. 24, Dec. 30, 1907, および書簡 Lionel Rothschild to cousins, Paris, Dec. 6 and Dec. 10, 1907.

(196)　書簡 Nathaniel Mayer Rothschild, London, to cousins, Paris, Nov. 19, 1907, RAL XI/130A/1.

(197)　前掲書，Nov. 20, 1907.

(198)　書簡 Nathaniel Mayer Rothschild, London, to cousins, Paris, Jan. 6, 1908, RAL XI/130A/2.

(199)　Dickens, "The Transition Period," 249, 251. しかしながら，あるフランス人が1910年の米国金融について書き，その多大な機会に注目している例外的な事例として，冒険的事業を伴った「大」ニューヨーク「銀行」に関して，成功を保証できなかったと警告した。彼が引用した2つの例は，モルガンと海運信託社（IMM）およびベルモントとニューヨーク地下鉄路線であった。M. Georges Aubert, *La finance Americaine* (Paris：Ernest Flammarion, 1910), 16.

(200)　書簡 August Belmont to Lord Rothschild, May 22, 1909, RAL II/96/1.

(201)　*Stock Exchange Official Intelligence for 1914*, 288, を見よ。

(202)　1897年から1914年の間に海外に資金を求めた米国における公益事業体の名前に関しては，Dickens, "The Transition Period," 236-269, を見よ。

(203)　Jacob Viner, *Canada's Balance of International Indebtedness, 1900-1913* (Cambridge,

第Ⅱ部　世界最大の債務国

Mass. : Harvard University Press, 1924), 89.

(204) Christopher Armstrong and H. V. Nelles, "A Curious Capital Flow : Canadian Investment in Mexico, 1902-1910," *Business History Review*, 58 (Summer 1984) : 201.

(205) Lewis, *America's Stake*, 566.

(206) 前掲書，102.

(207) Herbert Marshall, *Frank Southard*, および Kenneth Taylor, *Canadian-American Industry* (New Haven : Yale University Press, 1936), 261.

(208) Schull, *Century of Sun*, 45. Marshall, *Southard*, および Taylor, *Canadian-American Industry*, 261, も見よ。同書には，サン生命保険社との結びつきは扱われていなかったが，第一次世界大戦前のイリノイ公営輸送会社は，「明らかにカナダ人所有管理下にあった」ことを認めている。1914年に，モントリオールのT・B・マコレイ（T. B. Macauley）は，イリノイ公営輸送会社の「取締役」および「長官」として名簿に掲載された（*Moody's 1914*, 386）。当時，トーマス・バセット・マコレイもまたサン生命保険社の長官兼総取締役であった（Schull, *Century of Sun*, 49）。鉄道債が19世紀向けであったように，そのような投資は，20世紀向けであったというマコレイの信念に関しては，前掲書，41, を見よ。

(209) Armstrong and Nelles, "A Curious Capital Flow," 190.

(210) Dickens, "The Transition Period," 109.

(211) コンサルティング・エンジニアがおり，マコレイがイリノイ公営輸送会社の取締役会の一員であったけれどもこれに関しては真実であった。チャールズ・アルジャーノン・モアリングは1899年にセントローレンス電力会社の社長であったが，彼は，常勤の経営メンバーではなかった。彼は同時に他の多くの事業活動に従事していた。

(212) ベルモントはロスチャイルドの代理であったが，彼自身の権利は明らかに米国の民間の銀行家としてのものであった。

第16章

アメリカ合衆国における外国投資への反応

　1875年から1914年におけるアメリカ国内での実質的な外国投資が，当時の人々に無視されていたわけではない。アメリカでは，資本を拠出した国々と同様，政策が主張され，時には投資を振興したり，制限したり，さらには阻止したりするための法律，規則，規定などの具体的な形にされた。これらの時代は，国際的な資本の移動が制限されない時代（そしてこの資本移動は，その後の数十年間と対照的に合法的だった）だと評するのが慣例である。しかしながら，多くの政府措置が外国の投資家に影響を及ぼした。本章において，私は（特別な利権の弁護に対する，よく聞く言葉巧みな語り口からジャーナリストたちの考え，またより深い経済的な分析に至るまで）当時の人々の姿勢を考察し，いろいろな意見がどの範囲まで公的な政策にされたかを見極めたい。そのような個人や関係団体などをいろいろ雑多な集合体から考察し，経済的反応を政治的反応とともに含めて考えることを私が正当なものと判断する根拠は，(1)多様な意見そのものこそ重要であり，(2)私は，論評がなされた当時の事実的証拠をたどったのであり，(3)公的な政策はそのような気運がいろいろ織り交ざったなかから生まれたのである，ということである。概して達観的にみえる姿勢にも，偏狭な，実際的な，功利的な見方に基づいた姿勢が随所に散見されている。繰り返すが，このように雑多なものをすべて含めることの合理的根拠は，その存在そのものにあるのである。

　私はここでは，大体において，証券投資と直接投資で資料を分けていない。なぜならそれぞれの型の投資への反応は，術策を含んでいたからである。すなわち，それらは肯定的な，肯定否定の両面のある，否定的な，さらには中立的な反応であったりした。諸意見自体は証券および直接投資の範疇によって滅多に分けられるものではなく，私がここで，これから示そうとしているように，

993

第Ⅱ部　世界最大の債務国

見解の相違はあったものの，それらの意見は，まさに特定の利益団体や企業と結びついていた。しかしながら読者も悟ることになるだろうが，ヨーロッパの政府の場合には，外国の証券投資と直接投資の間に事実上の，あるはっきりとした区別があることを私は見出した。

アメリカ──積極的姿勢とそれに対応した政府の政策

アメリカでは，多くの人が外国投資の参入を好意的にみた。そのような状況のなか，ある投資銀行家は1912年に次のように述べた。

> われわれは状況を直視した方がいいだろう。われわれはアメリカで要求されるすべての資本を供給できない。われわれはヨーロッパ諸国に目を向け，援助を求めるべきだ。そしてこの資本に対する需要が続く間は，資本がわが国に参入してくるのを脅迫的行為によって阻止することのないように，われわれは万全の注意を払わなくてはならない[1]。

同様な調子で，『ニューヨーク・イブニング・メール』(1907)の経済欄主任は，次のように書いた。「貯蓄され，使用されずに寝かされた状態のイギリス人の英貨ポンド，フランス人，ベルギー人，スイス人のフラン，オランダ人のギルダーおよびドイツ人のマルクがなかったら南北戦争の終局以来のアメリカの運命となった実質的な進歩は続くことはなかっただろう[2]」。
ルイジアナ州シュリーヴポート市の商業会議所書記官は，1912年にアメリカ商務省に対し，外国の農業専門家や企業家によって投げかけられた，アメリカ国内での土地取得や企業の開設に関する質問に回答するため，アメリカ領事を通すことを依頼した。彼は次のように主張を続けた。「アメリカ国内にすでに投資された数百万ドルの外国資本は，すべてのヨーロッパの商業中心地がわが国に対し，真の興味をもっていることを示している[3]」。サンフランシスコの不動産局，商業会議所，通商局そして商人協会は1913年に結束し，アメリカ国内に居住しない「ヨーロッパ人による」大変望ましい投資を抑制しないようにするため，アメリカ国内に居住する日本人の土地所有を制限するように，あるカ

994

リフォルニア州法が制定されたことを確認した。[4]

アメリカ側の振興担当者や実務責任者は，アメリカの鉄道を完成するために必須であると理解していた資金を求めるために，ヨーロッパに定期的に出張した。ニューヨークの銀行家たちは，自分たちがアメリカの鉄道に融資した際に国内保有額を補うために外国投資を常時呼びかけた。[5]テキサス州のパンハンドル地域（訳注：細長く他の州に入り込んでいる地域）では，1870年代の末からアメリカの牧場経営家チャールズ・グッドナイトは自国がさらに多くの，さらに安価な資本をもっと多く必要としていると信じ，イギリスの直接投資を求めた。[6]

西部の鉱工業業者は執拗に外国の資金を切望した。[7]アメリカ議会が地方行政区で外国人の土地所有を禁止する法律を（1887年に）通過させると，ニューメキシコ州のある新聞は強く反論した。

　　イリノイ州の紛れもない馬鹿者（ルイス・E・ペイソン下院議員）は下院における外国人法の産みの親だが，おそらく木星の赤斑点がなにであるかわからないように，自分が実際にしていることがまるでわかってなかったのだろう。地方行政区での鉱工業は主に外国人によって育成されてきたもので，今年に売却されるはずだった数百の鉱山は，今となっては何年も買い手のないままになるだろう。なぜなら，イリノイ州から出た1人のほら吹き扇動政治家が，他の地域からの多数のペテン師の勢いに乗じて，その見通しも影響もどうなるのか自分たちでもわからない法案を，議会の最終日に，馴れ合い投票によって通過させてしまったのである。[8]

あるアメリカ上院委員会のオブザーバーは，1889年に「地方行政区鉱山に投資した外国人投資家のおかげでわが国の発展が容易になったのであり，人口を支える助けとなり，農場経営者が市場を得て，さらにその他のすべての産業が繁栄することができたのである」と伝えた。[9]

アイダホ州立法部の請願書も「外国では資金がより豊富で，金利も低く，そして投資先があまりないので」外国の資本家はより大きな賭けに出るだろうからという理由で，鉱工業に対する外国投資を好意的に眺めた。同様に，モンタナ地方行政区からの派遣代表のジョセフ・K・トゥールは（1888年1月1日に）

第Ⅱ部　世界最大の債務国

次のように書いている。「外国資本は新しい（鉱工業）地区で頻繁にパイオニアとしての役割を果たし，アメリカの資本が途切れないための働きをした[10]」。さらにアリゾナ州クリフトン市のあるイギリスの鉱工業会社を賞賛して，あるアメリカ人の下院議員は，外国の投資家たちは何百人ものアメリカ人労働者の雇用を果たし，「大変ありがたい賜物であった」と（1890年に）宣言した[11]。

1886年の「シェフィールド（イングランド）のある主要鉄鋼メーカー」がアメリカの関税障壁がゆえに[12]，アメリカで投資に乗り出しそうとしているというニュースについて，ニューヨークの『バンカーズ・マガジン』は拍手喝采を送った。新聞は多くのヨーロッパの企業家が厳しい関税規定によってアメリカ国内での製造業への投資を余儀なくされるべきではないという理由はどこにもないのだ，と論じた。「この国で雇われた労働者に食糧を供給することを，私たちの農民たちは独占的に行ってきたが，外国で彼らを食わせることにおいては，わが国の農産物は急速に壊滅的になりつつあるほどの競争を受けている」。簡単にいえば，アメリカの関税を上げることは，アメリカの製造業への外国投資を奨励することになるだろうし，そうなれば，お返しにアメリカの農業生産物を購入する人たちに雇用先を提供することになるだろう。こうすることで，アメリカの農産物の輸出への農業従事者の依存度が低まるのだろう[13]，ということである。

まったく異なる反応が，といってもこれまた友好的なものだったが，ピルズベリー・ウォッシュバーン小麦製粉株式会社がロンドンで設立された際に生じた。貿易誌『ノースウェスタン・ミラー』の立場は次のようなものだった。

　　わが国の鉄道がほとんど外国の資本で建設されたからといって，アメリカ的ではないといえないように，外国の資本を導入したことで，アメリカ的でなくなるとはわれわれはまったく考えていない。資金とは国境を超越する世界的なものであり，言語に例えるならば，すべての国で語られるのである。貿易の脱国家化を守るには，株主の数が十分であればいい。さらに，わが国は能力の大きな増大を見込んでいる。結果的にわが国の製粉業は大きく増大し，わが国の輸出は好転するだろう[14]。

第**16**章　アメリカ合衆国における外国投資への反応

　1886年にイギリスの企業家，トーマス・リプトンがネブラスカ州サウスオマハ市で，生肉の梱包工場を計画したとき，あるホテルの支配人とある地元の商人は，それがその地域社会で新しいビジネスを生み出すとみて，無料でその設備を建設した。ナイアガラの水力発電を開発した会社の社長，エドワード・D・アダムズは，その地区に外国の企業が投資し，低コストの電力を使うことを奨励した。

　外国所有の保険会社の収益性を賞賛をもって触れ，『コマーシャル・アンド・フィナンシャル・クロニクル』紙は，1882年に，これらの会社は「最も有能な社員の確保および安全な路線をよりしっかり遵守することにおいて以外，なにも成功の秘訣は持ち合わせていない。彼らが来てくれることは望ましいことだ」と注目した。

　これらの時代（1875〜1914年）には，アメリカ側が新しい技術に関係する外国投資を要求することはそんなに頻繁にあることではなかった。一つの実例がダコタ地方行政区にあったが，そこでは，1883年に錫が発見されたのである。アメリカの鉱工業者たちは，この金属に対する知識が乏しく，経営者たちは，イングランドで資本だけでなく生産と処理方法に関する情報を入手することを願った。別の業種でも，1889年に，ドイツの毛織物会社が，大規模なアメリカでの投資を計画していたとき，フランクフルトのアメリカ人副領事のサイモン・W・ハナウワーはその動きを賞賛した。「それは，それにより人口が増加し，アメリカの国富が増大するための新しい資本と熟練労働力だけでなく，この技能と，資金力が引き出された国とともに世界市場で競うために，わが国の能力を強化するのだ」。第15章で注目したように，エドワード・D・アダムズはヨーロッパの技術を求めたのであり，結果として資本と技術の両方を得た。

　要約すれば，特にアメリカ資本を補填するものとして，アメリカ中の有権者たちは喜びをもって，外国の証券投資と直接投資の両方が入ってくることを眺めたのである。外国の資金力なしにアメリカが工業化できないことを問題にした者はいなかった。むしろ，外国からの投資を擁護した者は，さらに資本が追加されれば，経済上の発展の過程を助長し，速めることができると信じた。

　外国投資に対する積極的な姿勢は，時として政府の政策になった。都市のなかには，公的資金を求めて外国に目を向けるものもあった。市当局は外国直接

第Ⅱ部　世界最大の債務国

投資家たちが参入できるように（国内の企業に出すのと同じ）奨励金を出した。
1890年に，例えば，ニューヨーク州のポキプシー市は分離機会社（AB
Separators）に，そこでそのスウェーデンの多国籍企業が機械を製造し，その
後の5年間で200人の労働者を雇用するという条件で，無料で工業用地を提供
した。別の事例では，マサチューセッツ州のある町が1894年に，25エーカーの
土地と10年間は課税しないとの約束を与えて，イギリス所有のハワード＆バロ
ー・アメリカン・マシン社の工場を誘致した。同様に，イングランドのブラッ
ドフォードにある絹製品，フラシ天，ビロードを紡織製造するリスター社（マ
ニンガム・ミルズ）のウィリアム・ワトソンは，1905年に，その会社が投資すれ
ば，あるアメリカの町が25エーカーの用地と20年間は地方税を免除しようと申
し出たと報告している。いろいろな都市が**その所有権はどこにあろうと**雇用の
場を提供してくれる，新しい産業を求めた。

　そこでまた，州政府も時には外国投資の誘致を試みた。そのなかには外国で
資金を調達したものもあったが，1875年から1914年の間では，このやり方は典
型的なものではなかった。州政府の有価証券が，私企業に対しかなりの直接支
援をした時代はとうの昔のものとなっていた。州（地方政府同様）は初期の時
代では，すでにみてきたように，銀行，運河，鉄道に外貨貯蓄を流すためのパ
イプを提供した。この時代には，援助の型は適切な法的環境を与えるというも
のに傾いてきていた。鉱工業の盛んな州は，イギリス当局の責任者たちには不
動産の取引における契約に立ち会う権限を与えた。「イングランドの会社」で
ある太平洋沿岸にあるアメリカ・モス・ベイ鉄鋼会社の活動は，ワシントン州
議会から新しい産業活動を奨励するための特別の扱いを受けた。イギリスの会
社であるサン保険会社がニューヨークで営業したいと考えたとき，その州政府
に適切な法律をつくってもらう政治運動をした（そして実際に取りつけたのだ）。
1911年に，ニューヨーク銀行監督官はニューヨーク公正信託会社の新しい海外
支店をパリに，ニューヨーク農民貸付信託会社の支店をロンドンとパリに置く
ことを認可した。それらの支店はアメリカの有価証券における外国投資額を増
やし，さらに最も重要なことは，「国際金融操作の利益の分け前を，わが国の
機関投資家のために獲得すること」が期待されたことである。要約していえば，
州政府は時には，外国からの特定の企業や投資を引き寄せ，留めておくための

998

第**16**章　アメリカ合衆国における外国投資への反応

行動をとった。[32]

　連邦政府は，1870年代および1895年に特別な必要性が生じた際，資金的な援助を求めて外国に目を向けた。[33]それ以外の場合は，1875年から1914年の期間における**連邦**政府の政策決定の巨大な全体像というものを細かく調べたが，それ以上の外国投資を呼びこむ意図をもった特定の方策は発見できなかった。それだけでなく，1875年から1879年と，さらに1895年から1896年に，外国投資家に対するアメリカの公的資金への援助の呼びかけのなかにも，それらの投資家に対する特典は見あたら**なかった**。[34]

　1912年に，ルイジアナ州シュリーヴポート市の商業会議所は，アメリカ領事に外国で外国投資を呼び込むために特定のいくつかの都市を宣伝してもらいたいと，アメリカ商務省に対し依頼をすると，アメリカの海外および国内商務局長はその考えが気に入ったものの，アメリカ領事局長のウィルバー・J・カーは多くの地域社会のパンフレットが，かなり粉飾されている場合が多いとし，また，領事館職員は保証できないと信じ，その計画を拒否した。[35]

　アメリカ外国局は，**アメリカ製品**の輸出を推し進めることに熱心だった。1911年に「アメリカにあり，アメリカ製品の輸出を扱っていて」，外国に所有権のある企業に，公的援助を行うべきかどうかの疑問が起きた。今度の場合は，カーは「**本物**のアメリカ製品の名声を守るために」援助すると約束した。そして同時に，外国所有の貿易会社に対し，いかなる損害賠償要求も，その会社の属する国の政府に対して行わなければならないと警告した。要するに，アメリカ政府はアメリカの輸出を振興させるために，外国所有の会社には，制限された範囲で援助を与えようというものだった。[36]

　時には連邦政府の方策が，ほとんど意図しない形で，外国投資を援助している結果になることがあった。アメリカの関税はアメリカの産業の保護を意図したものだったが，結果的に，フランス，イギリスの織物メーカーからドイツおよびイタリアの自動車メーカーに至るまでの，多数の外国企業が，アメリカ国内でその障壁の背後で製造に従事することを促進することになった。アメリカの特許権をもつ法的定款が内外の投資家にとって同じように価値をもった。[37]1881年の商標法は，外国諸国との商取引で使用されている商標を保護し，そしてアメリカおよび外国からやってきた企業の財産権を明確化するのに役立った。

999

第Ⅱ部　世界最大の債務国

反トラスト政策は，競争力を高めることを求め，アメリカ・アルミニウム社（アルコア）も，ニュージャージー・スタンダード石油社もどちらも，アメリカの国内市場に外国企業が参入するのを阻止できないようにすることを意図した。フランスの会社，サザン・アルミニウム社の賭け投資が短命だったのに対し，今日では，シェルオイルが重要性を持ち続けている。ニュージャージーのスタンダード石油を分裂に追いやることになる1911年のアメリカ最高裁の決定がなかったら，アメリカにおけるシェルオイルの歴史もまったく異なったものになっていただろう。このように連邦政府の方策は外国投資を確かに援助したものの，意図せずにそうなったことも多かった。実際に，外国投資を優遇しようという積極的な連邦政府の政策がなかったこと自体の意義は大きい。根本的にはほとんどの場合，アメリカ人は政府の援助が最小限でも自力で発展させるという課題を推し進めることができると信じていたので，政府主導の外国からの援助などはあまりあてにしていなかった。

アメリカ——複雑な思いとそれに対応した政府の政策

　外国人投資に対する歓迎の表現は和らげられることも多かった。アメリカ人は次のように問いただした。外国投資が受け入れられた条件は満足のいくものであったのか。外国投資は損害を与えるような問題を持ち込まないだろうか。そのように，鉄道会社の経営者たちによって外国の資本が求められたものの，その条件が重要だった。1881年にボルチモア・アンド・オハイオ鉄道のジョン・Ｗ・ギャレットは，標準価格以下でヨーロッパにて自社の証券を売るより，むしろ待つことを選択した。同様に，1884年の9月に，何人かのイギリスおよびオランダの銀行家のグループは，ルイヴィル・アンド・ナッシュヴィル社の普通株を，1株20セントで500万ドル分と，利率6％の10から40種の債権（170万ドル相当）を60セント（100ドル当たり手数料）で引き受けることを申し出た。鉄道会社は大変困窮していたが，その理事会はその提案を負担が大きすぎるとして拒否した。双方の場合でも，仮にアメリカ人が同じような条件を出しても，反応はおそらく同じようなものだったはずだ。

　アメリカの鉄道家たちや鉱山経営家たちは，常に資本を求めて外国に目を向

第**16**章　アメリカ合衆国における外国投資への反応

けていたが，これらの同じ請願者たちも，投資家たちは利益分を再度投資しなければならないことがわかっていないと不満を述べた。外国投資家は，国土の大きさと西部の鉄道の必要性を理解していないと非難された。E・H・ハリマンの1908年の私的な手紙のなかのコメントは，アメリカの鉄道家の一般的な見方を物語っていた。「ほとんどの外国人はその大変さを理解せず支払われる配当金だけに目を向けるのだ」。鉱工業では，外国人経営者は，同様に，余剰分を緊急事態のためにとっておくことの重要性を理解せず，直接的な払戻金を常に要求しているとみられた。南北両ダコタ州での牛の放牧業に，フランスの資本を集めたあるフランス人は，配当金を早期に支払えば経営にマイナスだと主張し，同郷人を寄せ付けないようにさせておかなくてはならなかった。

　高い払戻金が即座に支払われるのを望んだという点では，外国投資家たちはニューヨーク，ボストン，フィラデルフィアの国内投資家たちとまるで異なっているわけではなかったが，外国人の証券保有者は，感受性とアメリカ西部の状況理解に特に欠けていたとしてよく区別された。

　ニューヨークの『バンカーズ・マガジン』は，外国人投資家には，税や他の面での優遇を与えるべきではないという一貫した見方をした。そんな状況のなか，1879年の4月号で次のように述べた。「アメリカの証券をアメリカ人が保持することを優遇するというやり方は，特に虫がいいということはない，というのは，それらの証券はここアメリカにおいてアメリカ紙幣で支払われるべきであり，外国人は，国内投資家が受ける税金を免除されるという形などで，アメリカ人と競い合ううえでの助成金や利点などを享受すべきでないのだ」。同様に，1880年にその定期刊行雑誌は外国の抵当権について論じた。「アメリカ国土を担保に借りたい人の数が多い限りは，また彼らの借りたいという欲求が強く，緊急的なものである限りは，そのビジネスにイギリスの資本が大量に流れてくるのを阻止する手立てはない。そのような流れがローンの金利率を減じるのならば，ある面では，金利の切り下げをすべきではない」。しかし『バンカーズ・マガジン』は「アメリカの土地の自由保有権は，高い金利や数百万ドル単位の額でのイギリス国民に対する抵当で賄えるだろう」と消極的な気持ちを表明した。一番重要な点は，「外国の貸主に対し国内の貸主より税金の面で優遇することで，そのような貸付が簡単に生じたり，実際によく起こりうるよ

第Ⅱ部　世界最大の債務国

うにするべきでは**ない**」という点であった。当記事は次のように続けた。「も
し外国の貸付会社自体がわが国に根を下ろしたり，アメリカ人の自由保有権に
抵当をかける目的でここに代理店を開いたりすれば，アメリカ人の抵当権者が
同じ状況の場合に支払いを余儀なくされるように，彼らは納税をすることで，
すべての目的で貢献することは大変妥当なことである」。また，さらに次のよ
うに付け加えている。「多くの人は，実際にはこれ以上に深入りし，外国人に
対するいかなる類の負い目も大きな悪なので，外国資本には差別税を課すこと
で，その負い目を感じることを抑制すべきであると主張したのだ」。しかし
『バンカーズ・マガジン』は，1880年１月のこの時点で，平等の課税という条
件を主張し，慎重にではあるが，外国投資を認めた。⁽⁴⁷⁾

　1880年夏，『バンカーズ・マガジン』は満足感を示し，アメリカにおけるカ
ナダ資本の存在について述べている。「もし一般の評判を信じるなら，ここで
のその雇用方法は大いなる公正さと寛大さによって特徴づけられてきたよう
だ⁽⁴⁸⁾」。しかし，ここでも同誌は再度，えこひいきが絶対ないことを主張した。
カナダの銀行は，特別な税法上の優遇措置を与えられるべきでなく「ニューヨ
ークは，同業の国内資本が受けるのと同じ税金の免除すなわち賄賂のように外
国資本を使うことを提案する余裕はない⁽⁴⁹⁾」。

　このような与えられる条件，配当金，利子条件待遇の平等性などに関する外
国投資への様々な賛否入り乱れた反応のなかには，より形のはっきりしない控
え目の態度もあった。明らかに，外国投資からは利潤が生じたが，その代価と
して，アメリカの諸問題などほとんど理解していないロンドンの重役会がつき
まとうこともあり得た。景気のいい時期には，当該の政治的な手配のためにロ
ンドン市民に支払われた手数料は，外国から資金調達に関する必要経費として
企業家に受け入れられていた。景気の悪い時期には，特にそれ以上の外国の資
金の将来的見込みが限られているとみると，その重役会の階層制集団は過剰な
ほどに思われた。こんな状況のなか，アメリカでの経営陣は，海外の出資者た
ちを排除しないために，またピラミッド的な階層的な重役会を，すなわち持株
会社的な構造を廃止するべく会社を再編した。⁽⁵⁰⁾

　さらに「不在者」経営とはいったい有効なものかという疑問も生じた。ロン
ドンにある重役会はアメリカの諸問題に精通しうるだろうか。この話題は鉄道

第**16**章　アメリカ合衆国における外国投資への反応

問題から酒造界，銀行業に至るまで繰り返して表面化した。アメリカ人は何度も訝った。イギリス人の介入は適正なものだろうか。彼らはいったいアメリカを理解するだろうか。

　このことはおびただしい数の鉄道の財政再編策における話題だった。イギリス，ドイツ，オランダの投資家が，保護委員会を代表して，コストを削減し，鉄道負債の条件変更を希望したとき，アメリカの鉄道建設家たちの答弁の口調は，しばしば，国際通貨基金に，改革が行われない場合は新しい資金は出ませんよ，といわれた今日の発展途上国の政府の役人の口調に聞こえた。緊縮経済は国を壊すでしょう，が今日の答えで，再編をすれば鉄道界はだめになるでしょう，が昨日のコメントだった⁽⁵¹⁾。

　酒造界のようにアメリカ産業界へ巨額のイギリス資本が出資された時，ロンドンの『エコノミスト』誌のニューヨーク通信員は，1889年に次のように報告していた。一人のアメリカ人の反応は喜びをもって迎えるものだった。というのは，新しい投資で，この国の生産能力は上がるだろうし，利子率は下がるだろうからだ。保護主義はアメリカの資金を本国に残し，イギリスの資金を持ち込む。そして同ニューヨーク通信員は次のように付け加えた。もし万一アメリカがイギリスと戦争するようなことがあれば，アメリカ人がいつでもイギリスの財産を没収してしまうこともできるのだ⁽⁵²⁾。

　外国投資に対しての和らげられた反応は，双方の悪弊を抑制し，内外の企業に均等に適応された法制化に反映されていた。このようにして，19世紀には多くの州議会が内外の投資家に同様の影響を及ぼす反トラスト法を通過させた。ケンタッキーの反トラストに関するある州法は，例えば，インペリアル・タバコ社とそのケンタッキーの子会社への訴訟という結果を生んだ。法廷は親会社と子会社を，葉タバコの価格を共謀して「公正価格」以下に下げたとして有罪とした。しばらくは，インペリアル・タバコの子会社は州の許可証を失うかもしれないと思われたが，そうならなかった。というのは，あるアメリカ企業に関係する1914年の6月8日の，「国際耕運機会社（アメリカ）対ケンタッキー州の裁判」で，アメリカ最高法廷がケンタッキーの反トラスト法は合憲ではないという判決を下したからだ⁽⁵³⁾。そのケンタッキーの反トラスト法は，特に外国投資家を狙ったものではなかった。むしろすべての投資家が適切に行動するよう

1003

第Ⅱ部　世界最大の債務国

に意図されたものだったが，偶然にもあるイギリス企業をその適応範囲に当てはめることになった。

　しかし，19世紀の末や特に20世紀の初頭には，州議会立法部は国内の銀行業および保険業の規制に乗り出した。その過程で当該管区にある外国企業に対し新しい規定を課すことにもなった。外国所有の銀行は，審査および規定を受けることになり，州は外国所有の保険会社が，アメリカにおいて支払い請求額を支払うことのできる十分な財産をもっているかどうかについて注意を払った。多くの方策ができ，外国投資家が彼らの義務条件に達しない可能性からアメリカ人を守ろうとした。本質的には，そのような州法は公金を扱う，内外の銀行や保険会社側での慎重な行動を促したものであった。これらの法律はそれ自体，外国投資家に対する攻撃ではなかった。

　州政府はそれぞれの主権を主張した。1882年4月に，あるテキサスの判事が，テキサスで法人化されたがフランス所有であったフランコ・テキサス土地会社は，当州内に本社を置かねばならず，よってフランスのパリで開かれた（会社法に準ずる）株主総会は無効であったとの判決を下した。テキサス州最高裁判所は，1883年4月，この決定を支持した。テキサスは州外（国外も同様に）の会社に対して同様な規則をもっていた。しばしばこの国での法人化は，支配運営をする本拠地がヨーロッパからアメリカに移ったと感じられ，アメリカで法人化することを要求することで，外国所有の会社は，現地にいるより責任感があるアメリカ人経営者を選ぶだろう。そのような法律は，外国投資に対してではなく，そのような投資に伴うであろう規制に対する攻撃であった。

　外国投資に対する条件付きの反応が連邦互恵法制にあった。1881年から1906年の間には，商標の登録と保護のためのアメリカの法律は，互恵条項を含んでいて，すなわち，アメリカ国民に与えるのと同じような特典が，条約，慣例もしくは法律により，アメリカ国民に対して同様な特典を与えている国の国民，およびその臣民であった者で，アメリカに居住していない外国人にもその範囲が広げられて与えられたのだ。アメリカの「門戸開放政策」（独占特権なし）に伴う条件は，アメリカでのケーブル設置許可を取得したパリ・ニューヨーク間フランス電信会社およびドイツ・大西洋電信会社が**参入**してきたことに課せられたのだ。

1004

第**16**章　アメリカ合衆国における外国投資への反応

連邦政府の反トラスト政策は（州の政策同様）彼らの投資を減じるためでなく，「独占」の慣習を止めさせるために外国の投資家に適用された。（1911年の）アメリカン・タバコの事例において，アメリカ最高裁判所が「タバコトラスト」を解体したとき，その決定はイギリス所有のインペリアル・タバコ社と当時はアメリカに支配権はあったが，ロンドンに本部があったブリティッシュ・アメリカン・タバコ社（BAT）に影響力を及ぼした。(61) 同法廷は1902年の国際通商自粛協定を無効とした。永久差し止め命令でインペリアル・タバコおよびBATがアメリカ産の葉タバコを購入するために同じ代理店を使うのが禁じられた。(62) アメリカにあるイギリス所有のアメリカン製糸社およびコーツ社の企業は同様に，反トラストの調査を受け，外国投資は手をつけることなくそのままにし，イングランド縫製綿会社（アメリカン製糸社の親会社）やコーツのアメリカの関連会社がこの国で互いに独立的に創業する要求をした1914年の法令で頂点に達した。(63) タバコとスレッド（織物の糸）の事例でのアメリカの法的な手続きは，投資家がアメリカの規則を遵守すること，すなわち，互いに結託するのではなく，競い合うことを要求した。

アメリカ連邦政府の反トラスト法は，アメリカ合衆国内でのドイツの化学薬品会社に対し，フィラデルフィアの弁護士によって使われた。(64) これらの会社のうちのいくつかは，そしてイギリスのレーヨンの会社も，彼らのアメリカ人経営者がアメリカの反トラスト法が要求する条件を受け入れやすいように，自分たちの会社の法的な組織を修正した。(65) しかしアメリカの反トラスト法の政策は1875年から1914年の間には，外国投資家たちを特別な違反者層としては槍玉にあげることはなかった。要するに，州および連邦政府の法律や政策は外国からの投資家の行動を規定した。外国投資家は，アメリカの投資家と同様，アメリカの法律のもとで，アメリカの法廷によって解釈に基づいて，動いた。(66)

アメリカ――敵意ある反応とそれに対応した政府の政策

様々な反応の全体像を見渡してみると，これらを是認的反応，条件付きの反応などと同時に，この国での証券や，直接的な外国投資の両方に強く反対する意見もけっこうあった。ニューヨークの『バンカーズ・マガジン』は４年前に

第Ⅱ部　世界最大の債務国

控え目に，カナダの資本とイギリスおよびスコットランドのローン会社を歓迎
したが，（1884年に）癇癪を起こした様子で，社説で次のように論じた。「たっ
た１枚でも優良なアメリカの証券が外国に所有されることなく，アメリカが，
ヨーロッパの銀行家たちや金融貸付業者たちの搾取の場にならなくなれば，わ
が国にとって喜ばしい日となるだろう。外国人にした貢物は不快極まりない。
われわれは，資本はすべての国中を充足するに至ったので，ロンドン，パリ，
フランクフルトに出かけていく屈辱を受ける必要からは脱したのである[67]」。
1900年にウォール街の業界評論家である，Ａ・Ｄ・ノイエスは次のように信じ
た。すなわち，外国でアメリカの証券を売ることで，アメリカの商取引に対し
資金を投入することには多大なリスクが伴ったわけで，外国人がこれらの証券
を売却した場合は，アメリカ市場において混乱を起こすだろう[68]，と。社会一般
の恐怖は「金流出」のものだった。外国人の手にアメリカ証券が渡ることは，脅
威をもたらすものだった。なぜなら，利子や配当金の支払いにおいて，そして
さらに悪いことに，証券が「アメリカに戻された」ときは（すなわち，売却もし
くは買い戻されたときは），金が輸出されなければならなかったからだ[69]。その流
出が起きればアメリカは平伏することになろう[70]。

　1880年の半ばから1890年代に至る時期に，熱狂的でこれまでとは似つかわし
くない怒りの嵐が，アメリカでの外国投資に対して巻き起こった[71]。それはかな
り激しくなり，1892年に，あるニューヨークの法律事務所は，イギリス資本に
対する西部の偏見のために顧客（外国投資家）がイリノイ州法廷で公正な扱い
を受けられないのではないかと懸念を抱いた[72]。

　歴史家のロバート・リーゲルが書いているように，西部の鉄道に対する東部
の支配はうまくいっていなかったが，外国人の「操縦」はさらに悪かった。
「西部は東部人の保有財産以上に外国人の保有財産に反対した[73]」。物品を市場に
運ぶのを鉄道に頼っていた人々は，不在地主，特に外国の投資家たちが，優れ
た交通機関を提供することに興味を失い，ただ金儲けだけに没頭しないかと懸
念して最も強く反対した。鉄道経営者は，鉄道を外国人所有者に対する「独占
的利益」にはあたらないはずの公共物で，必要なものと見なした。鉄道経営者
たちは，「外国の企業連合」にこれらの貴重な財産を売却して，与えられた公
金を浪費していると，こっぴどく非難された[74]。チャールズ・フランシス・アダ

第 16 章　アメリカ合衆国における外国投資への反応

選挙の歌（聖句）を歌え。
「ホッグをやっつけること」が歌い文句さ，
するとキューニーのクロウタドリの一群が
焼かれてパイになった。

パイが開けられると，
キューニーが歌い始めた。
すると小さなジョージは本当に
小さな自分が自分たちの王になったと思った。

でも今や本当の民主主義者は皆知っていた。
この陰謀者たちはずるい奴らだと。
それで11月の8日になれば，
二人とも殴って「パイ（混乱状態）」にしてしまうのさ。

クラークとクロウタドリ『テキサス・ファーマー』紙　1892年10月29日

図16-1　アメリカの鉄道に対するイギリス人の興味

出所：Robert C. Cotner, *James Stephen Hogg*（Austin：University of Texas Press, 1959）, 314.
　ジェームズ・ステファン・ホッグはテキサス州知事選に出馬した。N・ライト・キューニーが対抗馬，ジョージ・W・クラークの票集めをしていた。この選挙は1892年にあり，ホッグが勝利した。この漫画が示すように，クラークはイギリスの資金力と結びついているとの烙印を押されていた。

1007

第Ⅱ部　世界最大の債務国

ムズは，後にユニオン・パシフィック社の社長になり外国投資を求めることになるのだが，1875年には，外国からの投資家には大変批判的で，1865年から1870年に至る時期には次のように論じた。「外国」資本がアメリカの鉄道に入り込んでいて，その結果は膨大な浪費であり，「最良の路線も最悪の路線も同じように建設されたものであり，西部人たちは自分たちのために自分たちの鉄道を建設させるために熱心に外国人を招聘したのだ」。その結果は競争過多となり，使用者に利益をもたらさなかった。アダムズはさらに，アメリカの鉄道証券をイギリスが保有していることを「ヒンドゥスタン」から利益を得た東インド社のイギリスの株に喩えることまでしている。イングランドでは誰一人として「自分たちの強制取り立てのもたらした悲惨さ」を気にとめる者はいなかった。[76]

　テキサス鉄道委員会は鉄道料金を設定した。1892年に外国社債保有者があまりに低い料金では運営費さえ賄えないと訴え，社債保有者側が勝訴した。テキサス州知事（ジェームズ・ステファン・ホッグ）は激怒し，鉄道に対する怒りを支持者と債権者に向けた。[77]図16－1を参照のこと。

　農民たちは鉄道の「水増し株」に不満を漏らして次のように論じた。高額な運賃はインフレ的資本化から起こったもので，「誠実な」資本化をしていれば負担は下がるはずだ。ほとんどの農民たちは「インフレ的」資本化を直接的には外国投資に結びつけなかったが，彼らはよく（一気に）「東部外国資本」とけなした。[78]

　疑いもなく，外国投資に対する最も強く最も感情的な非難は，土地に対する投資に結びついた。この問題に関しての表現は，けたたましいものがあった。多くのアメリカ人は，国土資源は有限であると認識し「わが国土」は，アメリカの民主主義の理解に欠けた，アメリカ的平等とは相容れない土地借用制度を導入した，そして投機家としてその土地を生産的に使えなかったヨーロッパの貴族に渡すべきではないと信じたのである。彼らは主張した。土地は，遠方の不在投資者でなく農業従事者によって所有されるべきである。耕作者によって所有されるべきで，大規模な土地を特権階級者によって占領されるべきでない。巨大な人間味のない法人より入植者の財産になるべきである。「よそ者の」法人が不正に巨大な保有物を溜め込み，非合法的に公的な土地に囲いをめぐらせ

第**16**章　アメリカ合衆国における外国投資への反応

たのだ。灌漑事業を扱う外国の会社は水をせき止め，必要とする者に水増し請求をしたかもしくはそのように申し立てられた。抗議者は会社による所有（国の内外の会社による）を「土地の独占」と同一視し，独占は民主主義社会に対する侮辱であるとした。経済力および政治力が一般人の要求と衝突したのだ，と彼らは主張した。

　東部，西部および南部からは，絶え間ない憤りが豪雨による洪水のように押し寄せた。「アメリカの国土はアメリカ人のためのものであり，アメリカ国民だけによってのみ所有および管理されるべきだ」と，1885年にニューハンプシャー州議会立法部を通過した共同決議は宣言した。『ニューヨーク・タイムズ』紙（1885年1月24日付）は「イギリス貴族による地方行政区における，広大な土地取得——巨大な悪弊」に対して社説で論じた。ニューヨークの新聞はその「悪弊」に対し「議会が注目することを要求しているが，われわれはイギリス人による広大な私有地の造成は回避されるべきだと信じる」としている。

　プレーリー諸州（イリノイ州を中心とする）では，1885年から1887年に，特にイリノイ，カンザス，ネブラスカでは「スカリー主義」に対するごうごうたる非難が起きた。アイルランド人のウィリアム・スカリーは，イングランドに住み，これらの州と同様アイルランドに巨大な土地を所有していたが，「よそ者の地主かたぎ」の真髄と目されるようになった。彼から土地を借りているアメリカ人の貸借人は「彼のような心ないよそ者の支配のもとで完全な農奴制に」置かれているといわれた。『シカゴ・モーニング・ニューズ』紙は1887年5月5日に，スカリーを「貸借人がただの惨めな，卑屈な，貧困に打ちひしがれた奴隷と化すまで，しいたげいじめる紛れもない悪魔」としてみた。

　アメリカの公的な土地政策の目的は国への定住だった。が，多くの人はそのようには考えず，巨大な企てによって合法的な植民者の定住が抑止させられたと信じた。1880年の初頭に，牧畜会社が放牧地に柵をめぐらすと，内務省総合土地事務所の特別官吏が，広く行われていたこの行為を，公的な土地の「無許可での」囲い込み行為だと公表した。イギリスの牧畜会社が槍玉にあげられた。例えば，双方ともスコットランド所有の法人である，アーカンソーヴァリー社（コロラド）とプレーリー牧畜会社（コロラド）はそれぞれ約100万エーカーの土地を囲い込んだといわれた。

1009

第Ⅱ部　世界最大の債務国

次は典型的な不満の声である（1884年1月16日）。

　数年前，移住者たちは家産差押え免除法が実際に定住する者に与えた優遇措置によって，南コロラドに引きつけられることになった。彼らは自分の土地の権利書を取得し，家族を移住させ，いろいろな生活改善を行った。畜牛を購入し，やがて小さな群を手に入れ利益が生まれた。他の移住者も彼らの成功につられてやってきた。しかしこのことが一巻の終わりになり，実際の定住者たちは定住者でもなんでもなかった人たちによって立ち退かされる危険の只中に置かれた。

　プレーリー牧畜会社と呼ばれるスコットランドの，財力にものを言わせた牧畜会社は，多数の家畜をまとめて購入し，他の畜牛をテキサスから持ち込み，彼らに土地を売却しなかった人たちを，狭く追いやられた範囲以外からしめ出そうと国中に柵を広げたのである。彼らは定住者を追い出す土地の権利をまったく持ち合わせていなかった。

　このスコットランドの会社は，一続きになった土地の公有地譲渡証書を取得したことで移住者を追い出すこともできその意志もあった，と主張している。もし彼らが「譲渡証書取得」をしたのなら専売権および家産差押え免除法に照らし不正手段によるものだ。というのは，彼らが主張している地域のほとんどには，未だかつて定住が行われたことがないことは定住者たち自身がわかっているからだった。

　コロラドのその地域におけるように人口が十分にある場所では，大規模な資本家たちの被雇用者しかいず，1年の半分を無為に過ごし，そこで土地家屋を取得して生活改善を図る希望もなくカウボーイがよくするように，放蕩に身をゆだねている。

この記事を書いた著者は，定住者たちが公的区域を享受することを妨害したことに対し，厳重な罰則を科す法律の通過を強く訴えた。[87]

　土地に対する外国投資への攻撃は南部にも達した。アラバマ州の下院議員ウィリアム・C・オーツは土地への外国投資の熱心な擁護者だった。[88]多くのテキサスの住民はイギリスの所有者の気取った態度を笑った。（1代目トゥィードマ

ウス男爵の）サー・ダッドリー・コウツ・マージョリバンクスは息子のサー・アーチボルド・マージョリバンクスを派遣し，テキサス・パンハンドルの東部にあるロッキングチェアー牧場会社の経営をさせた。テキサス人は彼の英国式の鞍について冗談を言い（カウボーイたちはそれを「男性のシンボル」〔卑語〕と呼んだ），彼が土地の習慣を軽蔑する気持ちに憤然とし（彼は自分がサー・アーチボルドと呼ばれることを強調した），鋏のように尾が分かれたコートを着て町に馬で繰り出すのをなじった。ある歴史家は，彼らのあざけりは「カウボーイに対する彼（アーチボルド卿）の，あたかも召使いのような扱いと，東部パンハンドルに挑んで入植してきていた移住者をあたかも小農民であるかのように扱ったことへの報復だった」と説明している。そして当歴史家は次のように続けている。「他のイギリス的な衣装がこのような俗物的な扱いを受けることはなかったが，かなりの程度まで，ロッキングチェアー牧場会社の経営者たちは，すべてのことが判断されることで人気のない標準を設定した。さらに平均的な定住のカウボーイの，馬の背中という現実からみた意見は，大会社に対してはかなり反発的だった⁽⁸⁹⁾」。

（1890年には）候補者で，その当時（1891～95年）にはすでにテキサス州知事だったジェームズ・ステファン・ホッグは，巨大な「土地財産」をイギリスが支配することを激しく非難した。「土地の権利が少数者の所有に集中していて，そのような不公平な片寄った状態では愛国心が失われる」。「よそ者の地主により支配されている巨大な土地財産が生まれ，国民の平安と幸福を脅かし，土地貸借者自身を，農奴制に永続的に縛り付けるのだ」。テキサスのその知事は「われわれの子孫が，わが国の政府原則を理解せず気にもかけない外国の地主の貸借人や借金付きの労働者にならないように，守っていかなくてはならない」との信念を抱いた⁽⁹⁰⁾。

ニューメキシコでは，マックスウェル土地授与会社による立ち退きに直面した定住者たちは「オランダ，イギリスおよびアメリカの土地泥棒会社」に向かって声を荒げた⁽⁹¹⁾。文字通り定住者と会社経営者側間の戦争（すなわち，争い）があった。農業従事者連合および人民党の運動は（1886年～1892年に），アメリカ議会が「よそ者や外国の企業連合によって現在所有されているすべての土地を取得するためのなんらかの企画を案出するために，迅速な行動をとるよう要求

第Ⅱ部　世界最大の債務国

した」。これらの農業従事者団体は，「よそ者による土地所有」は禁止されるべきだとの信念をもっていた[92]。

　外国人所有の土地担保も同じような敵意を呼び覚ますことになった。カリフォルニアの上院議員リランド・スタンフォードは1890年 5 月に，土地に対して政府が貸付金を出すという法案を導入し，次のような声明を発表して，自らの提議を裏づけた。「私はその条項により，われわれが外国の金融貸付業者から独立でき，利子という形で現在外国に流れている何百万ドルかを本国に留まらせることができると信じる[93]」。リランド・スタンフォードは（1863～93年に）セントラル・パシフィック鉄道の，さらに（1885～90年に）サザン・パシフィック社の社長を務めたが，双方の鉄道会社も外国資本を集めていた[94]。彼の声明は，アメリカにおける外国人嫌いの気持ちに訴えることを意図していた。

　農業従事者団体の外国の金融貸付業者に対する批判には，上院議員よりはるかに激烈なものがあった。彼らはいかなる抵当貸付も良しとせず，スタンフォードの計画は政府を金融業に追いやることになると反対した[95]。1892年に彼らの地方出身の下院議員たちへの公開状のなかで，カンザス州からの農業従事者たちは，抵当権喪失と，国の内外を問わず勤勉な家族から資本家の手に土地を委譲してしまった行為を非難した[96]。よく批評家たちは，外国の金融貸付業者たちによって提供された抵当貸付を，土地貸借農業に結びつけ，両方とも自由なアメリカ人にヨーロッパの小作農民の「精神構造」を強要したと決めつけた[97]。彼ら（農業従事者団体）は，アメリカ人が両者を同一視し，金融貸付業者も地主にも負い目を感じるべきではないと言い放った[98]。

　1898年にカンザス出身の元下院議員，ジョン・デイヴィスは「アメリカにおけるよそ者の地主制度」への辛辣な攻撃をしたためて，1890年代には状況が悪化していたと主張した。「われわれの隷従の程度，すなわちどの程度までわれわれがよそ者の主人の手中にあるか，ほとんど想像できないほどだ」。彼は，よそ者連中は「国内の連中より 2 ランクも 3 ランクもひどい」と主張し，すべての地主制度を糾弾した。イギリス人は（17世紀以降）世界搾取を通し，余剰金を溜め込んでいて，長期にわたるイギリスの武力と財力による征服は腹黒く残忍な国家殺戮の物語であり，世界を悲嘆におとしめたのだとデイヴィスは論拠づけた[99]。

1012

第**16**章　アメリカ合衆国における外国投資への反応

　1890年代にかなり入り込んだ頃，外国人による大規模土地所有と農地に設定された抵当権への懸念は，不在者所有と隷属状態への不安とが渾然と混じり合っていた。「王の権限」，王様とか貴族は旧世界の制度だった。アメリカ人はアイルランドやインドの住民のように扱われるべきではない。アメリカは自由で独立した人民のものだったのだ。実例を挙げれば，サウザーランド公爵，トウィーデール卿，サー・ジョン・ペンダー，マンチェスター公爵などが，すべてアメリカ国土への投資者であることで，人民党員の懸念は高まり，1776年に彼らが戦った者たちへの攻撃の弁舌が多彩なものとなった。

　土地への外国投資とそれに関連する農地の抵当貸付は，怒り，激情，恐怖をもたらす一方，鉱工業に対する同じように巨額な外国投資に対しては，あまり不評は出なかった。しかしながら，1890年の議会が，外国人による農地所有の禁止を狙った法制度から，鉱山および鉱山採掘の請求権を除外するかに関して討論した際には，鉱工業地域の出身でなく，外国人の農地所有について警戒感のあった地方の出身であったイリノイ州の下院議員（ルイス・E・ペイソン）が，次のように叫ぶと拍手喝采を浴びた。「私は，アメリカ人によってアメリカ人のためにのみ開発されなければならない，国民の神がわれわれに与えてくれたすべての富の源を守るという原則に立つのです」。

　その同じ1890年の討論において，インディアナ州出身のある下院議員は，アメリカの鉱山に投資したヨーロッパの投資者たちは，「それ自体で貴重であり，彼ら（アメリカ人労働者）の労働力によってさらに価値あるものとされる国の富，原鉱石を搾取し，それら（原鉱石）をヨーロッパに輸送し，そこで精錬され，ヨーロッパ人の労働力によって原石から貴金属が取り出されている」と不満を述べた。彼は「アメリカの鉱山はアメリカ人の手で採掘されるべきで，その生産物は，アメリカで加工処理されるべきだ」と主張した。こうすることで，アメリカで付加価値がつけられ，それによりアメリカ国民に雇用の場を提供するのだ。アメリカの輸出品の価値を増すことは，この国の輸出条件の向上につながるだろう。

　アメリカ人は，いずれの場合でも，生産物により高い価格を獲得すべきである。アメリカの鉱山所有者たちは，外国人による価格支配に反対した。彼らは価格が外国の「カルテル」および外国の「狡猾な」商人によって不当に抑えら

1013

第Ⅱ部　世界最大の債務国

れていると考えた。同じように，（1914年には）あるイギリスの会社によって採[105]掘されているラジウムを含む原石の所有および輸出をめぐって，懸念が起きていた。ガンの治療に役立つと信じられたラジウムを含むアメリカの鉱山が外国人に所有され，その産出物が海外に輸送されるのは妥当なことだったろうか。[106]その問題は，価格でなく，限りある資源の問題であり，さらに重要なことに，人々の健康の問題に関係した。他のアメリカ人生産者である肥料メーカーなどでは，アメリカ国内に系列販売店を開設していたドイツの「カルテル」が，アメリカに**輸入される**カリウムの価格を引き上げたときに混乱が巻き起こった。[107]要するに，外国直接投資による鉱物産物の輸出入に関しては，広範囲にわたって憂慮の念が生まれていたのだ。

　カリフォルニアで石油生産における外国の賭け投資額が高まり，かなりの額に達すると，『石油・塗料・薬品リポーター』誌は（1914年1月3日）「不安定な状況」をみて取り，一方，『ミネラル・インダストリー』誌は1914年，同州の[108]石油産業は，巨大な企業の手中に集中しつつあることに注目した。カリフォルニアのゼネラル石油社の社長で，スコットランド生まれのジョン・バーンサン[109]は，アンドリュー・ウィアとその仲間によって自らの企業を買収されたことを「イギリスの鮫」による急襲，と呼んだ。1913年から14年にかけて続いていた[110]外国所有の企業がアメリカの石油供給を枯渇させてしまうだろうとの懸念が，初めて表面化した。[111]

　ボストンでの「金権主義か産業国有主義かどちらか」に関する演説のなかで，小説家で社会評論家のエドワード・ベラミーは次のように宣言した。

　わが国の新しい産業界のトップの大体は不在者である。以前は産業面で失敗したのとはまったく対照的に，最近イギリス人がアメリカに侵入し成功を収めつつある。貴族社会の政治的基礎が崩壊しつつある今日では，王が自分の寵臣に分け与えたものより，豊かな産業用地としての君主領，公爵領，男爵領が売りに出されている市場に外国人投資家たちが乱入してくるのも驚くに値しない。

　われわれはアメリカ国民が駆り集められ，檻に入れられ，数百ほどの偉大なるアメリカおよびイギリスの家族の被扶養者としての烙印を押されるのを

第 16 章　アメリカ合衆国における外国投資への反応

図16-2　「悪魔のフィッシュ（蛸）」

出所：William H. Harvey, *Coin's Financial School*, ed. Richard Hofstadter (Cambridge, Mass.: Harvard University Press, 1963), 215.
不鮮明だが，アメリカに描かれている数字は次のように書いてあるようだ。国家債務：5億ドル；鉄道債務：51億ドル；市の（おそらく抵当貸付の）債務：30億ドル。

みすみす許すのか。

　その演説は，アメリカの新聞がアメリカのビール会社，製粉所，その他の企業体をイギリスが買い取った記事を掲載している時期（1889〜90年）に行われた。
　ハモンド生肉梱包会社を買い取ったイギリスのバイヤーが，指名されたイギリスの会社にアメリカの製造設備を所有させ創業させることで費用が安くなる

1015

第Ⅱ部　世界最大の債務国

と提案すると，会社担当のアメリカの法律事務所は（1890年2月に）その計画を拒否し，「多くの州に広くはびこる反イギリス的感情のなかで，そうすることは，この業界での熾烈な競争を考慮すると，業界の繁栄にマイナスの影響を及ぼすだろう」と説明した[114]。

　多くのアメリカ人は国の「貯蓄」は国外に持ち出すべきではなく，国内で費やされるべきであると感じた。もし外国の銀行がアメリカの貯蓄を「奪う」ことが許されたならば，彼らは文字通りそうするだろうし，苦労して稼いだアメリカ人の資金は，国外へ運び去られてしまうだろう[115]。信用貸しを外国側が支配することをアメリカ人は極度に恐れた。外国の投資家は「堅実な」投資金と高い利子率を熱望した。多くのアメリカ人は，すぐ手に入る安い資金を欲しがった[116]。

　W・H・ハービーの有名な，複本位制の広報用パンフレット，「コインズ・フィナンシャル・スクール」（1894）は，50億ドルを下回ることのないアメリカの証券が，ヨーロッパ，特にイングランドで保有されていたと述べたが[117]，それは大きな過大評価であった。ロスチャイルド家は，アメリカ人や世界中の人々を締めつける「イギリスの蛸」としてみられた（図16-2参照）。金で支払い可能な4％では，アメリカの外国債務は，アメリカ側の利子の年間支払い額では2億ドルを意味したが，世界の金の産出高は年間1億6000万ドルと見積もられた。どうやってアメリカは支払いをするのだろうか。当初は，銀行側の答えは「イングランドでもっと債券を売りなさい」だったが，ハービーの敵対者は，これではアメリカ側の負債高を上げてしまい，問題を複雑にするだけだと反論した。「われわれはイギリスのライオンの口に自分の頭を突っ込んでしまい，今や問題はどうやってそれをそこから出すかである」。イングランドが「18世紀に武器弾薬でしそこなったことを，19世紀に金本位制でやっているのだ」。複本位制は，アメリカが外国での（および本国内の）負債を支払う際の助けとなるだろう。契約のなかで「金が指定される」ことを許した法律は，制定法上の背信行為である。「わが国の通貨は国旗と同じで神聖であるべきだ」[118]。

　1895年2月に，グローバー・クリーブランド大統領がモルガン・ロスチャイルド金融連合（第5章参照）と契約を結んだとき，銀の支持者たちは混乱した。契約には，銀行がアメリカの政府債の4％を取得する交換条件として，財務省

第**16**章　アメリカ合衆国における外国投資への反応

に金を与えるという条項があった。もしアメリカ合衆国が「金の条項」をつけ
て国債を発行すれば，銀行側は利札レートを4〜3％に引き下げるだろう。ク
リーブランドは議会に「金保証債」を発行する権限を要求したが，銀の支持勢
力は応酬し，政府が利己的な国際金融家に乗っ取られたと告発して，1600万ド
ル（4％と3％の利子の差額）をアメリカ金融政策を操作する権利を得るために
提供したと，銀行側を厳しく非難した。[119]

　1896年に民主党は，アメリカ合衆国をロンドンへの隷属状態に陥れたとして，
金本位制に反対を宣言した。同党は，金本位制は非アメリカ的かつ反アメリカ
的で「1776年に，われわれが政治的な独立を宣言し，それを独立戦争で勝ち取
った自由の精神と自由への愛」を抑圧してしまうだろうと論じた。[120] 1896年4月，
歴史家ヘンリー・アダムズは，以下のように書いた。「アメリカは債務超過の
状態にある。ヨーロッパはわが国に返済する以上の毎年2500万ポンドをわれわ
れから奪い，オリオンやプレイアデスの富も年間2500万ポンドの出費を永久に
耐えていくわけにはいかないだろう」。アダムズは「自由に銀貨幣を鋳造する
という危険性が生じた場合は，資本を撤退すると脅している」「ロンバード通
り」の「ユダヤ人」をのろった。[121]

　時には，外国投資家がアメリカ人から職を奪っていると酷評された。労働騎
士団のテレンス・V・パウダーリーは，イギリス投資家は契約労働法を違反し，
安い労働力を引き入れている傾向があると信じた。[122]

　アメリカ人の企業家のなかには，アメリカ国内の外国企業は，不正な競争力
を与えられた（彼らの使う「安い」労働力が問題ではなく，むしろ彼らの値付けの政
策が懸念材料だった）とみた者もいた。[123] 会計士は，外国人会計士がアメリカ式営
業の「甘い汁」を吸っていることが妥当でないと考えた。[124]

　すでに本書のなかで，テキサス州のジェームズ・ステファン・ホッグ知事が
鉄道と土地における外国投資を口頭で酷評したのを見届けてきたが，彼は次の
ように宣言した（1894年7月2日）。

　　アメリカの商船員はあたかも，森林にそびえるカシの大木のわきに生える
　春芽のように，または，鯨のわきに寄り添うヒメハヤのように，「グレー
　ト・イースタン号」の隣の一艘のカヌーのように，独断的で，強欲なイング

1017

第Ⅱ部　世界最大の債務国

ランドの支配内に捕えられた交通の独占に味方している。

　（アメリカの）輸送業はイングランドの支配のなかにある。われわれは，その輸送業をしているが，実際はイギリス人が運送している。われわれは富を生産し，彼らが交通税というやり方を通してそれを得ている。このように，この数年，われわれの労働力の果実の甘い汁を吸ってその小さな島の民は太り，次第にわれわれの財政および商業における債権者および支配者となったのだ。[125]

　1896年には，高い関税を是認した共和党綱領が，「外国の輸送業におけるわが国の船輸送」を育成するとの条項を含めた。「その結果，アメリカの船舶，アメリカ人の労働の産物，アメリカの造船所の労働者，さらにアメリカの国旗を掲げて航行し，アメリカ人の高級船員と普通船員を配備した，アメリカ人所有のアメリカ船によって，われわれの外国交易の運送権を取り返せるのだ」[126]。

　独立営業のアメリカの会社は，海運および海外電信業が外国に支配されていることで損害を被るとみた[127]。海運サービスの利用者であるアメリカの貿易業者たちは，海運に対する「外国による支配」は外国企業へのえこひいきという結果をもたらし，アメリカの輸出物の運送を遅らせたり，不規則にしたり，アメリカ人の運送料を高くしたり，外国でのアメリカ顧客の情報をヨーロッパの競争業者にもらしたり，これらすべてがアメリカの商人を不利にさせたと，しばしば主張した。彼らは，海運を外国が牛耳っていることでアメリカの貿易業は抑圧されたと主張した。自らの鉄道会社のための資本を求めに外国に行くことをいとわなかったジェイ・グルドも[128]，自分の海外電信ケーブルなら国家の独立を促進させ，ヨーロッパの独占を打ち破り，人工的に操作されている価格を下げることができると主張し「外国による海外電信業の独占を荒々しい口調で攻撃した」[129]。

　国家の保安という点では，アメリカ海軍はアメリカへの外国投資が，アメリカの造船業，無線電信，燃料用石油供給を支配し，国防を危うくすることを恐れた。1898年に，陸軍省は沿岸防衛用の大砲の発射台を購入し，アメリカン・マンネスマン・チューブ会社（1895年にニュージャージーで法人化されたが，最終的にはドイツの所有となった）[130]が，その契約を受けた。そのドイツの子会社は，

第**16**章　アメリカ合衆国における外国投資への反応

アメリカ国内での発射台の製造に同意した。アメリカ陸軍省が新しい「アメリカの」企業が建設されるだろうし，そうすれば，マンネスマンは，アメリカで製造し迅速な運搬が可能になるという理由で，その契約を正当化したのに対し，アメリカ海軍は反対した。結局その契約は無効にされたが，表向きの理由は2つあった。すなわち，熟練労働者を連れてくるというマンネスマンの計画は，契約労働法違反であると考えられることと，最も気に入らなかったことは，マンネスマンは生産工程の企業秘密段階からアメリカ政府の査察官を締め出すと宣言したことだった。解約の後，アメリカの会社のなかで秩序に亀裂が生じ，マンネスマン工場は建設されなかった。[131]最初からアメリカ海軍は，マンネスマンが関わることに中心となって反対を唱えた。アメリカでアメリカの軍艦を造るとする1898〜1903年にヴィッカーがしていた提案も，認可を得られずに終わったが，これは確かに海軍からの敵意によるものだった。[132]

　海軍はさらに，アメリカ・マルコーニ無線電信会社の主導による活動を不安をもってみていた。1901年に，海軍が伝書鳩の使用を止め，無線電信に代えることを計画していたとき，アメリカ・マルコーニ無線電信会社との討論が緊迫化した。というのは，そのイギリスの親会社が海軍が買うことを望んだ装置を貸し出すと主張したからだ。海軍はアメリカ・マルコーニ無線電信会社をイギリスが支配するのを反対した。1903年，海軍は，ドイツ海軍によって使われたものである競争力があるドイツのスラビー・アルコ・システムを採択した。[133]装置は輸入しなくてはならなかった。アメリカ海軍は，独自の無線電信設備をつくり，外国（イギリスやドイツ）の企業のなすがままにされることがないように願った。[134]1913年の末までに海軍は23の無線局を所有していた。[135]しかしこの分野では，ヨーロッパの技術は群を抜き，海軍はイギリスに支配されるアメリカ・マルコーニ無線電信会社に多くの点で頼り続けた。[136]

　1908年頃から船舶の燃料は重油になり，海軍はアメリカの石油供給が，十分かどうかに懸念を抱いた。1908年9月，ウィリアム・ハワード・タフト大統領は，カリフォルニアとワイオミングの公有地のなかにある300万エーカーの油田地を，連邦政府が使用するように割り当てた。石油価格が上昇し出すと（1912年以降），海軍はさらに備蓄をせまった。[137]1913年12月，海軍長官ジョセファス・ダニエルズは「イギリスの企業がメキシコや他の場所にイギリス海軍の

第Ⅱ部　世界最大の債務国

需要に応えるために，入り込んでいる」と注目した。その後，事態はより深刻
化した。「軍艦のための燃料代の高騰と，**外国企業**が速いペースで，アメリカ
内の石油の備蓄分を購入しているという理由により，1914年の初頭に刊行され
た『ミネラル・インダストリー』誌は，1913年に海軍長官が議会に「海軍の備
蓄分から原油を生産し，それから燃料を得るという政策」を薦めていたと報告
した。アメリカ海軍は完全に重油燃料の船舶に傾倒していたことと，アメリカ
への「外国の」石油会社の参入の話題は，まだ新鮮だったこともあり，アメリ
カの石油資源を守るための連邦政府の活動を増大させたいというダニエルズ長
官自身の要求に，もう一つの武器を与える形となった。さらに，歴史家のジョ
ン・アイスは後に次のように特に言及している。

　この頃（1914年）に，イングランドでは世界の石油備蓄の一部を確保する
　必要性，さらにこの方向でイングランドがどの程度まで野心をもっているの
　かに関してかなり軽率な発言があり，この発言の一部は大西洋を越えたアメ
　リカでも聞かれた。1914年，H・W・A・デターディンは，ロイヤル・ダッ
　チ・シェル社の指揮に当たっていたが，不測の事態が起きなければ，10年以
　内にダッチ・シェル社が世界の燃料石油を支配し，石油燃料によるいかなる
　船舶も燃料庫にダッチ・シェルの石油を入れることなく海を航行ことはでき
　ないだろうと宣言した。

　アメリカ海軍が，特に1913年から14年に至るロイヤル・ダッチ・シェルの次
第にかさむアメリカへの投資に心穏やかでなかったのは，ほとんど驚くに値し
ない。
　要するに，広範囲にわたる敵対的かつ不安な感情が，アメリカに参入しつつ
ある外国証券および直接投資に対し存在し，その多くは，特にイギリスの保有
のものに対して向けられた。敵意は，外国投資および投資家たちを独占的，反
民主主義的姿勢，そして金本位制と結びつけた人民党員から発せられた。しか
し農業従事者団体や複本位制の擁護者だけが，外国からの投資が好ましいもの
でないと考えたわけではない。アメリカの知識人，銀行家，鉄道家，企業家，
会計士たちも，時には愛国的な感情に任せて，反対意見をはっきりと述べた。

第 **16** 章　アメリカ合衆国における外国投資への反応

そしてアメリカ海軍が，特に国家の保安に関して警戒の念を示した。このことは，すべての外国投資に反対する意見の統一があったというわけではない（多くの事例で，好意的な反応もあったことは，私が示した通りである）。しかし重要なことは，否定的な反応が，単一の利益団体に留まらなかった点である。外国嫌いの気持ちは，もっと深い所に根があった。アメリカでは，依存することに対する恐怖の念が存在していた。

　多くの場合，その反感は州と連邦の両方のレベルで，法制化の形をみて，そのような気運の重要性と影響力を示した。当時のある著述家は，ウィスコンシンの「ポッター法」（1874年に安い鉄道料金の設定のために通過された）を，「州の公的設備の改善につぎ込まれた何百万ドルもの外国資本の事実上の没収」と呼んだ。それは1876年に撤回された。1881年に，ダンディー抵当信託投資会社とダンディー土地投資株式会社（スコットランド所有の会社で，両方とも巨額のアメリカ投資をしていた）の最高執行責任者ウィリアム・マッケンジーは，イギリスの外国支社に「他の州や国からの企業体」に反する法律を通過させたアメリカの州法に関して不満を漏らした。マッケンジーは次のように書いている。すなわち，1878年にオレゴンにいたときに，「地元の競合業者に有利になり，わが社に対して不利になるように働きかけるもくろみをもって」いくつかの法案が提出されたのがわかった。エアリー卿は1880年10月，外国の会社法人に年間1000ドルの認可税を課すという法案がオレゴン州の議会立法部で討論されていることに注目した。マッケンジーは，この特別な方策は無効にされたものの「それを提出したことで真の危険の影が投げかけられた」と指摘した。アメリカ人は「利益の出る仕事をしていると，外国企業をねたみ，税金を彼らにかけることで不利に追い込もうという傾向が大変強い」。オレゴン州立法部は，1881年にイギリスの保険会社に不利となる法律を検討していた。

　1879年にインディアナ州は，非居住の会社法人から法廷の保護を撤回する法律を通過させた。スコットランドの抵当貸付会社はそれを「外国投資への死を告げる鐘」としてみた。彼らの代理店は，インディアナに投資された金を，アメリカ南部で使うように会社を説得した。このような場合には，州法ではアメリカから外国投資家を追い払うことはなかったし，会社は同じ資金をアメリカの別の場所に再度割り当てた。

第Ⅱ部　世界最大の債務国

　1885年から1895年に，多くの州の立法部は，非居住の外国人の土地所有を禁止する方策を法律化し，一部の法律では，外国資本で全面的にまた部分的に支配される会社法人の土地所有を禁止した。州によっては，非居住の外国人の（国外にいる）土地所有を禁止するために，州憲法を改正した。これらの行動は，農地の所有にねらいを定めたもので，それらはしばしば，鉱山地，都市部にある不動産，他の非農業用地や物件を除外した。時には，外国の抵当貸付会社のための免除もあった。12の州，すなわち，コロラド（1891年に廃止），アイダホ，イリノイ，インディアナ，アイオワ，カンザス，ミネソタ，ミズーリ，ネブラスカ，テキサス，ワシントン，ウィスコンシンが，これらの時期に外国人の土地所有をなんらかの形で制限する規定を採択した[148]。できた法律や憲法の条項は，外国（特にイギリス）の非居住者による土地所有への強烈な反対に対する反応であった。それらの規定は外国人投資家に向けられ，確かに幾分かは新しい投資を遅らせた。しかし，法律の多くが外国の投資家に巧みにすり抜けられたり，またはすでに手遅れだったり（つまり，投資家がすでに土地を取得した後に通過しても，法律は遡って適用されなかった），多くの場合，それらは目的を貫徹できなかった[149]。

　同時に，1880年代，1890年代および（この場合）1900年代の初頭に，州立法部は外国銀行，保険会社，抵当物件貸付業者に対する規定を厳しくして，多くの方策は国内と国外の資本で扱いを変え，後者（国外）に不利な条件とした。いくつかの州は，国外の銀行を特に締め出す法律を通した。ニューヨーク州は，外国の支店銀行を禁じた。この法律には（第13章で）私が示したように，明らかな衝撃的影響があった[150]。

　いくつかの州は，外国の保険会社に特別な規定を課した。このような背景のもと，1886年，ニューヨークのある外国の保険会社が，50万ドルの払込み済み資本を所有していなければならなかったが，それに対し「本国の」会社に対しては，20万ドルが最低限度だった[151]。1895年に，あるイギリスの保険会社であるコマーシャル・ユニオン社の経営者は，州法のため「イギリスの会社は，アメリカから完全な撤退を余儀なくされることになるかもしれない」と懸念していた。その悩みは，法によって許される地方税に関するものだった。しかしこの会社は，なんとか耐え抜いた[152]。

第**16**章　アメリカ合衆国における外国投資への反応

　1890年，ブリティッシュ＆アメリカン抵当会社のサミュエル・カーは，テキサス立法部に提出され，金融貸付業者にねらいを定めたいつもの数の「会社いじめの立法措置を無効にするか棚上げにするために，他の系列会社を動員した」[153]。1891年に，テキサスの立法部が，外国人による抵当権喪失による販売での土地所有および購入を禁じる法律を通すと，イギリスの抵当物件貸付業者は警戒したが，テキサス法廷は，その法律が年末までは無効だとし，代替法案が[154]1892年に通過され，結局貸付業者たちは「何の妨害も受けなかった」[155]。

　ニューヨーク州は，1896年にすべての公認会計士をアメリカ市民，もしくは市民となる意思を表明した者でなくてはならないとの立法措置を定めた[156]。多数の州が，アメリカ市民の所有による資本とは異なった方法で，外国資本に税金を実際にかけたり，かけようとした[157]。

　各々の州の外国投資家に対するすべての法律を見直す必要性もなかったし，それができる可能性もなかった。重要なことは，州立法部が，非居住の形をとる外国の所有者よりアメリカ人を優遇するという多数の法律を通したことである。その法律のなかには，明らかに外国資本を抑止し，その動きを遅らせたり，外国投資の引き揚げを促進したりしたものもあった[158]。それらの法律は，外国投資に使われた法的形態に影響を及ぼした。外国からの投資家たちは，アメリカ法廷でいくつかの法律について法廷闘争をし，勝訴し，いくつかの法律を回避した。全体的に捉えれば，州法は（銀行業法は重要な例外だが），アメリカにおける外国投資の成長を長期的には妨げる，主要な要素とはならなかったようだ。しかし短期的には，州立法部は，明らかにこれらの投資家たちにはおびただしい数の問題を生んだ。

　連邦政府の法律も，一部の外国投資を思いとどまらせたり，制限したり，禁じたりもした。外国投資家は，銀本位制論者の圧力によって促された法制化は，自分たちの利益に反すると信じた。1878年のブランド・アリソン法も1890年7月のシャーマン銀購入法も外国からの新しい投資を一時的に削ったり，現在ある賭け投資金を引き揚げさせたりする結果になった。それらの法律の立案者たちは，その法律によって外国投資は下火になるという意識があり，心配しなかった[159]。1895年，銀本位制論者の要求に基づき，前にみたように，議会はアメリカ国債に金本位制の条項を織り込むことに反対の票を投じたが，これは外国の

第Ⅱ部　世界最大の債務国

銀行家たちが望んだことで，結局アメリカ連邦政府は3％ではなく4％の国債を発行し，結果は貸付業者よりもアメリカに対して厳しいものとなり，貸付業者たちはより高いレートを受けることとなり，ドルの価値が下落しなかったので，利益を失うことはなかった。[160]

　1872年，アメリカ議会は，すべての貴重な鉱床やそれが発見された公有地の「アメリカ市民および市民になる意図を宣誓した者による」調査や政府からの購入は自由である，と明記した鉱山法を通していた。アメリカで組織された企業法人は「市民」と見なされ，当法律はその所有を論じたものではなかった。（第4章で）私は個人の外国投資家も政府から購入した者から買うことができたこと，また二者による取引の必要性，もしくはアメリカの法人を組織する必要性が外国投資家に対する価格の上昇（大きくはないが）を生んだ点に注目した。[161]1878年6月3日，議会は，正真正銘のアメリカ居住民だけに，公有地での木材伐採を許すという木材法を制定した。[162]同じ日付の木材鉱石法により，アメリカ市民および市民になることの意思を公言した者だけが，1エーカー2ドル50セントでカリフォルニア，オレゴン，ネバダおよびワシントン地方行政区の公有の森林地160エーカーを購入できた。[163]このような森林法による訴訟により，いくつかの外国所有企業の営業に対し，マイナスの影響を及ぼした。[164]

　さらに重要なことに，1883年から1886年の間に18の法案がアメリカ上院，下院に，自治領およびアメリカにおいて，外国人が土地の取得または所有をすることを禁じるために提出された。[165]1885年，議会は，アメリカ国民が自分たちの土地を「ヨーロッパの貴族やアジアの首長（引用のまま）やアメリカに忠誠心をもたないその他の人々」に売却することを禁止する法律を検討はしたが，認可はしなかった。[166]アラバマ出身の下院議員ウィリアム・C・オーツによって提出されたこの包括的な外国嫌いの法的措置により，「アメリカ市民および市民になるとの意思を法的に宣言した者以外」によるアメリカ国内のいかなる場所の土地所有も阻止するはずだった。[167]

　1887年3月，議会は「アメリカ国民への地方行政区における不動産所有の制限を行う法律」を認可した。この法律は，州際商業委員会法のほんの1カ月後，そしてシャーマン反トラスト法の3年前に法制化された。それは，同じ人民党の見地を反映していた。1887年の外国人土地法は，いろいろな州内の土地には

1024

影響しなかった。それは「地方行政区」の不動産（土地を含む）所有を市民または市民になることを公言した外国人に限定するものだった。その規定条項では，20％を超える外国人所有の株式をもつ会社は，不動産の取得，保有もしくは所有が，さらに（国の内外を問わず）交通通信業の会社以外のいかなる会社も，地方行政区では5000エーカーを超える土地が所有できなくなった。この法律は法人化された場所によらず，その株の所有者によって「よそ者」と法人を分類した初めての連邦政府の法律になったようだ。すでに登録されている外国の投資家は，その所有高を広げようと望まなければ，影響を受けなかった[168]。その1887年の法律が，鉱山地を除外しなかった[169]。その法律は，その当時すでにあるどの法律より，はるかに適用範囲は広かった。外国の投資家たちは気をもんだ[170]。それにより一部の新しい投資は遅れた[171]。しかし同法律はオーツ法案よりはるかに実害性はなく，イギリスおよび他の外国の投資家は，すぐそれを施行することはいかに困難かを悟った。例えばアメリカ政府は，20％を超えるアメリカの法人の株式が，外国人に所有されているかを，どうやって知りうるのか。法人所有形態の開示はなにも要求されていなかった[172]。1890年，オーツ下院議員は，外国人がアメリカの**いかなる場所においても**土地を取得することを禁じる法案を再提出した。しかしそれは通らなかった[173]。

　1897年までに，連邦政府の1887年の外国人土地法は，張子の虎であることが明らかになっていた。ある法律専門家は次のように書いた。「われわれは（アメリカ）政府が介入し，その法律によって規定された没収を施行しようと求めた事例は，たったの一つも知らない」[174]。その年に議会は，特に鉱山および採掘権をその法律から除外し，特別に，地方行政区においての外国人の抵当物件貸付業を合法化した。アメリカの土地を所有する法人への，外国人による株式保有高の制限も除かれた[175]。そのときまでにその法律によって適用される「地方行政区」は，新しい州がアメリカに参入するにつれて狭まった[176]。要するに1887年の法律は，土地に対する外国投資に対する広く浸透した反感を反映していた。それは一部の新しい投資を渋らせたが，その権限のもとで履行された法的措置は，完全にその条文の期待する内容を裏切るものだった。

　他の連邦政府の法律は，外国投資や投資家に否定的な影響を及ぼした。1885年には，議会は契約労働を禁止していた。アメリカにあるイギリスの会社（例

第Ⅱ部　世界最大の債務国

えば毛織物の）のなかには，アメリカの工場で雇用するために，ヨークシャーの労働者と契約していたものもあった。その法律により，イギリスの会社は「暗黙の賃金契約」に代え，それは「法的強制力がなく，正式な支払いができない」ものとなり「アメリカにおけるこれらのイギリスの工場の労働コストは上昇した[177]。またイギリスの投資が関係していて，スコットランドから大理石のカッターを輸入していたテキサスの「キャピトル・シンジケート」も，同様だった。労働騎士団は1888年に訴訟を起こし，これは契約労働法に反すると主張した[178]。1892年に，イギリス所有のアイオワ州オタムワに工場をもつジョン・モレル株式会社は，アメリカ市場用にイギリスのポークパイをつくる計画を立てたが，アメリカに有能なパン職人を呼び入れるためには「会社が望んだように『補償契約をもつパイ製造者』ではなく，一人の自由な人間として入国しなくてはならない」と悟るとその考えを断念した[179]。アメリカでの営業準備の話し合いにおいて，プライス・ウォーターハウスは，契約労働法に違反しないように特別な注意を払った[180]。その法律は，外国と国内の企業活動を同様に扱ったが，外国投資家の方が，外国からの被雇用者を連れてくる傾向がより強かったので，後者より前者に対して明らかにより大きな負担となった[181]。

　外国投資に厳しい連邦政府の法律に含まれるものとして，銀行規則があった。国法銀行業制度のもとでは，1875年から1913年の期間を通して，すべての国法銀行総裁はアメリカの市民でなければならなかった。連邦準備制度を設立した1913年の法律は，その規定を残し，外国人がアメリカの国法銀行の総裁になることを許さなかった[182]。両制度（1913年以前と1913年以降の）のもとでは，外国人の個人および外国人の金融機関は，彼らが重役会の代表として，アメリカ市民を受け入れる準備が「あれば」アメリカ国法銀行の株が購入できた。彼らが直接的に銀行を支配できないことが投資の抑止として働いた。

　沿岸および内陸の輸送を外国運輸会社がするのを禁じた1817年の法律（第3章を参照せよ）が，この当時に国土に関する法律として残っていて，議会はアラスカを1868年に，プエルトリコとハワイをそれぞれ1898年と1899年にその法律の範囲に加えた。ある経済学者は，この保護がなければイギリス，ノルウェーおよび日本の船舶は他の国籍の船舶同様，アメリカの沿岸貿易に参入していただろう[183]，という。しかし，1875年から1914年の間に，ほとんどの海運業は会

1026

社によって経営され，その会社の**所有権**を注意深く調べることはなかった。いくつかの外国経営の会社が，確かに参入していたようだ。1880年代の初頭に，「（アメリカ）財務省長官に対して，ある海運会社の株が，法律の許容枠を超えて大量に（外国で）保有されているとの陳述がなされた」が，アメリカ財務省は，行動を起こさなかった。同じように，大規模な外国人による所有権を有するアメリカの鉄道会社が，沿岸用船舶を所有していたが，その法律に反する可能性があるとして彼らに対決するための試みがなされたという証拠は，なにも存在していない。

　国防に関しては，外国投資家に対する連邦レベルでの特別な規則は，ほとんどなかった。一つの大きな例外は，沿岸貿易の船舶航行の独占で，これは国家保安の合意事項にみられる（その原点は1817年原理である）。アメリカは適切な造船業も，国際的海運業に従事する十分な商船をも造り損ねた。外国からの訪問者たちは，政府の兵器工場には立ち入ることは許されていなかったものの，いかなる法律も軍事生産に投資することを禁じてはいなかった。しかし，私がすでに示したように，ヴィッカーもマンネスマンもその問題を「解決できなかった」。海軍は外国投資に関する問題に対し，どの政府部局よりも強い姿勢を取った。それは独自の無線局を運営し，無線電信において独自の専門知識を開発したが，にもかかわらず，外国投資家たちは，無線電信に支配力を振るうことが許されてしまった。石油に関しては，タフト大統領の1909年の公有地の連邦政府のために使用することからの撤退の後，1912年のカリフォルニアのエルク・ヒルズとブエナ・ビスタの2つの海軍石油備蓄基地の建設が行われたが，1914年以前には，いかなる土地貸付の規定も採択されなかった。いかなる規則も外国の石油会社によるアメリカへの投資には，課せられなかった。

　国務省と議会は，反外国の「州」政府法に暗黙の認可を与えた。国務省も議会のどちらも，連邦政府に州立法部を黙らせてもらいたいと要求する，時折ロンドンから入ってくる外交上の問い合わせには応えなかった。国務長官ジョン・ヘイは（1899年に）かなり標準的な形で，外国の火災保険業者に対する不平等な税金に関するそのような一つの依頼に対し答えた。「アイオワ州によって施行されたような法律は，中央政府の行政府の支配できる能力を超えている」。

第Ⅱ部　世界最大の債務国

　（後日）第一次世界大戦以前の外務職員局の政策の説明に当たり，1911年に
国務省のアメリカ貿易関係局の領事官補であったデウィット・C・プールは，
政策立案者たちが，国家の外国負債の支払いに結びついたものとして，輸出の
振興の重要性と，またアメリカの輸出は，国家の債務国としての忌まわしい立
場を今回限りで完全に終らせることを考慮したことを想起した。[191]

　要するに，外国投資家に対して多くの不利な**州**法が通過し，それらは土地，
抵当物件貸付，銀行業務，保険，専門職の認可，および税法に関したものだっ
た。そのような法律はより広範囲に及ぶもので，他のもっと縁遠い国家法規よ
りも，参入および営業を続行することに対する障壁として，ほとんどの外国投
資家たちによってより大きな脅威とみられた。銀本位制の圧力を黙認する姿勢
をみせる連邦政府の法律により，外国投資家たちは，一時的に，アメリカ国債
にはあまり魅力を感じなくなっていた。土地，銀行業，沿岸海運においては，
連邦政府は外国投資や，外国投資家たちの財産保有に関する規制に対して特定
の制限を課した。地方行政区における外国人による鉱山採掘に対する短期の規
制（外国人土地法の一部分，1887〜97年）は，それらが他のほとんどの「反外国」
的な立法措置にある広範囲な賛成に欠けていたという点で，例外的なものだっ
た。労働契約法は一部の外国投資家の融通性を制限しコストを上げた。連邦政
府の行動は，このように，外国投資に抑制を加えるという形で存在した。連邦
政府は世界の経理において「債務国」としてのアメリカの役柄を，決して良し
としなかった。ワシントンからの見方も，依存に対する国家的な憤りを反映し
ていた。しかしその対処方法は，主として輸入促進によるものだった。外国投[192]
資に対する連邦政府の規制は，特に要注意の部門に限られていた。すべての参
入してくる，またすでに国内にある外国投資に対しては，州および連邦政府当
局は，監視もまして統制（または阻止）しようとする試みはまるで行わなかっ
た。

アメリカ──中立的な反応と関連する政府の政策

　外国投資や投資家に対して，好意的あるいは背反する感情が共存し，混じり
合うまた敵対的な反応とともに，多くの「中立的な」見方も存在した。このよ

第**16**章　アメリカ合衆国における外国投資への反応

うにアメリカの鉄道，鉱山および他の活動に外国投資を集めようという実質的な努力があったし，外国投資家が自分たちの存在を誇示しようとしたり，特別な有利な条件を得ようとしたり，さらにアメリカの国土におけるイギリスの投資をめぐって，ほとんどヒステリー状態が続いた期間があったものの，アメリカの社会的および政治的論評や経済上の政策決定は，外国からの資金の大量な流入にはあまり注意を払わ**なかった**。

　確かに，19世紀末や20世紀初頭のアメリカにおける重大な経済政策の各問題，すなわち銀本位制，保護主義，独占の力などは，外国投資に結びついた面があったが，外国投資をめぐる論争は1880年半ばの時代と散発的に1890年代の例外はあるが，他の問題に関するほどの激しさに達したことはなかった。[193]このように，銀本位制の擁護者は精力的に外国（特にイギリス）の銀行家を，金本位制を守る者で危険だと攻撃し，一方では外国で利子や配当金を払わなくてはならず「流出」を懸念した。主として，彼らの最大の関心事は，アメリカの通貨供給量，より低い利子率への願望，さらに低下しつつある19世紀末の商品および労働の価格だった。銀本位制の支持者は，はっきりと外国投資を阻止するというのではなく，国債における，金の条項の削除を欲した。ほとんどの農業従事者たちは，特に外国の金融貸付業者でなく，「カネ貸し業者」全般に対する「行きすぎた」利益に反対した。外国の融資者であるロンバード通りのほうが程度はひどかったかもしれないが，人民党員は，国内の業者も同様に非難した。[194]

　保護主義の信奉者たちは，アメリカの関税障壁が外国資本を誘致する役を果たすだろうと主張し，またはその代わりに，そしておそらくこちらの言い方のほうが多かっただろうが，外国の銀行家や外国の競合業者が自由取引を支持したとして非難しかねなかった。これらの姿勢，すなわち外国投資家や外国投資を是認したり反対したりする姿勢は，じつは高い関税の支持者による**アメリカ**産業に対する基本的な支持に対しては，末梢的なものであった。

　同様に，「独占勢力」つまり鉄道独占，土地独占，トラスト，信用貸しに対する支配の集中，運送業の連合など，巨大な企業体の出現に関する討論が，巨大企業や不在者所有での経営と管理の分離の討議とともに外国投資に関する問題と複雑にからんでいた。外国投資家は，州際商業委員会が設立されたときに影響を受けた。アメリカ最高裁判所がノーザン証券会社の解散を命じたときは，

1029

第Ⅱ部　世界最大の債務国

大変な衝撃を外国投資家に与えた。ロスチャイルド卿は1907年3月に鉄道事業に対するセオドア・ルーズベルトの「憎しみ」という状況のなかで，次のように書いた。「アメリカ市場の堕落は，姿を変えた祝福かもしれない」。なぜならそのおかげで社会主義者の法制化や鉄道に対するさらなる攻撃を回避できるだろうからだ。外国投資家は「土地独占」にねらいを定めた提議の標的だった。[(195)]スタンダード石油の事例におけるアメリカ最高裁判所の決定は，たとえ偶然であったにせよ，ロイヤル・ダッチ・シェルがアメリカ業界に参入する道を開いた。アメリカにおける外国企業に対するアメリカの規制および反トラスト政策の影響は，多重なものだった。しかし全体的には，アメリカの政策決定者自身の見地からみると，外国投資は主要な論争の中心問題ではなく，二次的なものだった。外国の富豪階級に対する「貢物」などよりも，国家収入の配分の問題が大規模経営に対する攻撃の背後にあった。独占に反対する声のなか，国際的というよりむしろ国家内の競争が注目を浴びた。

　土地問題に関しては，確かに外国投資家に対して最も激しい反対があったが，入植が進むに連れ，利用できる土地の減少とあいまって，公有地の誤った割り当てや使用がその討論の最も基本的な内容だった。[(196)]

　1912年から13年のプジョー委員会の聴聞会において，同委員会の顧問サミュエル・アンターマイアーは，信用貸しに対する権力の集中について，主要なアメリカの銀行に容赦なく詰問した。アンターマイアーは「金融トラスト」が存在していると確信していた。[(197)]多くの証人が，自分たちの銀行業務が国際的なもので，アメリカの財務に外国人が参入していたことを証言した。[(198)]しかしアンターマイアーは，アメリカの金融市場においてのヨーロッパの関与について集中的な尋問を行うやり方はしなかった。その手抜きは尋常ではなかった。[(199)]

　同様に，海運に対する徹底的な調査において，例えば，ジョシュア・アレキサンダーズ・ハウス商船海運委員会は，1913年から14年にかけて，広範にわたる運送業における外国人所有や支配よりも，むしろ海運業者間の連合（協定）に目を向けた。実際に振り返ってみると，「ヨーロッパの海運トラスト」に関する証人の証言があったにもかかわらず，また，後の（1916年の）外国による[(200)]（1914年から1916年の調査に基づく）支配に関する連邦取引委員会の調査結果にもかかわらず，[(201)]アレキサンダーズ委員会は，外国人所有や支配の件にほとんど注

1030

第 **16** 章 アメリカ合衆国における外国投資への反応

目しなかった。[（202）]

　時には，ある特定の「産業」の一般的な問題に対して，外国投資家たちが親密に関わっているということを考えると，明らかなアメリカの不関与の態度の説明がつき，その結果「外国投資家」という側面は，それ自体関係はないとされた。このように，鉄道証券の**すべて**の所有者の利益は，アメリカ人，外国人問わず，安定したよい状態にあり，これが高ければ高いほど都合が良かった。スコットランド所有の牧畜会社は，アメリカの牧畜家と同じほど強気に，政府が規定した鉄道料金を切望した。[（203）]製造業に参入した外国投資家は，特に高いアメリカの関税を希望した。外国の銀行家はアメリカ銀行家同様，金本位制を支持していた。外国の海運業者はアメリカの大規模な同業者と協力した。

　要するに，1875年から1914年の外国投資をめぐるアメリカの論争を，1945年から1985年におけるカナダ，メキシコ，もしくはブラジルの討論と同等なものとみるのは，事実の歪曲であり，われわれの意図するところではない。それらの国々では，外国投資自体が切り離された主要な問題だった。1875年から1914年におけるアメリカに関しては，偏りのない評価をすれば，その話題はじつに重要だったと認識されなくてはならない。私がすでに示したように，この問題には注意が払われた。事実，搾取，依存，主権の危機をめぐる憂慮と相まって，この時代の語り口は，1970年代や1980年代の第三世界の言い回しを予期させるものがあった。しかし外国投資は，その話題が間接的にすべての主要事項と結びついていたという事実はあるものの，19世紀末から20世紀初頭の数十年間の最も火急な問題**そのもの**でも，そのうちの一つでもなかった。標準的なアメリカ経済史の教科書に，1875年から1914年までの外国投資が取り扱われていない（取り扱われていたとしてもほんの数ページに追いやられている）ことは，アメリカ人がいかに他の問題にとらわれていて，外国資本の大きさ，広がり，そしてその実質的な影響に，**比較的**無関心であったかを反映している（私は，かなり過度に反映していると考える）。[（204）]しかし，その当時だけ取ってみれば，アメリカでの外国投資は，確かにこの国で，1985年から1988年の期間に，問題になったほどの事項であった。

1031

第Ⅱ部　世界最大の債務国

外　　　　国——積極的姿勢とそれに対応した政府の政策

　1875年から1914年の期間に，外国，特にアメリカへの資金の流出について，資本輸出諸国から不協和音の声が聞こえてきた。その見解はアメリカ国内の資本輸出に対するものと同様，広範囲に及んだ。ヨーロッパ，特にイギリス，フランス，ドイツで，資本流出は討論されてもいる**主要な**事項であった[205]。

　1909年にイギリスの統計学者ジョージ・ペイシュは次のように宣言した。「イギリスが現在他国に供給している巨大な資金額は，すべての階層の自国民への大きく増額された収入を保証し，当国が製造する商品の外国市場を広げ，イギリスの過密で常時増大しつつある人口に，豊富な食糧や原料を供給するための大きな助けとなるだろう[206]」。ペイシュはイギリスが資本輸出によって繁栄をしたと信じた[207]。「世界のために鉄道をつくり，われわれは世界がともに生産を増し，この国が特に購入したい食糧と原料を生産することを可能にさせた[208]」。外国での繁栄は購買力を生んだ。すなわち他の国々は，イギリスの商品を買う余裕ができたのだ[209]。1913年までにペイシュは外国投資の多くの利点に加え，イギリスに流れ込む「巨額の収入」をもたらしたとする[210]。外国投資が資本輸出国と資本輸入国の双方にとって良いものであるとペイシュは結論づけた。

　ペイシュの見方は資本流出を好意的に眺めた古典的経済学者の長い伝統と歩調の合うものだった[211]。ペイシュの1909年の論文の論評者は，彼の積極的な評価に同意した。エドガー・クラモンドは「外国での資本投資の最も重要な影響の一つは，諸外国に与えたわれわれの市場内での購買力だった」と考えた。外国投資はまた，「ロンドン市内や他の都市で管理者，経営者，事務員，事務弁護士，会計士など，大規模な雇用を生んだ。しかし外国に送られた資金はそのままイギリス企業によって管理されるべきだった。すなわち，アメリカ内の会社は本社の直接管理であり続けることが望ましかった[212]」。1911年，クラモンドは「イギリスの資本投資は，この国の海運，製造，商業および金融業に対してはプラスの影響を及ぼした[213]」と書いた。

　ジョン・メイナード・ケインズは『ニュークォータリー』誌において1910年2月に，イギリスの海外投資を「わが国の主要な顧客の購買力を増大させ」，

1032

第**16**章　アメリカ合衆国における外国投資への反応

「信用とわが国の主要な食糧および原料の輸送手段を開拓し，供給した」として擁護した。イギリスが自国の収入を引き出した場所の豊富な多様さも安定性を増し，同様に，外国での投資は国内経済を混乱させることなく「必要なときに」引き出せる，巨大な財源を与えた（彼の挙げた例はボーア戦争に融資するために外国投資を本国に引き揚げたことだった）。彼は「イギリスが海外で資本拡大をしていくことは，国内での発展を犠牲にするものではなくむしろその発展を伴うものであったようだ」と悟った。⁽²¹⁴⁾

　もう少し遠慮がちではあったが，1914年にＣ・Ｋ・ホブソンは，外国投資は本国と受け入れ国の両方に益をもたらすものだ，と決めてかかった。本国には，外国投資が国内投資よりもより大きな収益率をもたらし「外国投資からの利益は損益をはるかに上回った」と彼は信じた。⁽²¹⁵⁾外国投資は，確かに国内で利率を上げたが，このことでその逆の場合以上の国内投資が起きた。⁽²¹⁶⁾海外投資の全体的影響は，イギリスの国家収入の増加という結果になった。⁽²¹⁷⁾海外でのイギリスの投資は，「当面は」資本のために収入を再分配することで，イギリスの給与所得者に打撃を与えたものの，長期的には彼らは全体的な国家収入の増加で得をするだろうとホブソンは感じた。⁽²¹⁸⁾その後や同時代の何人かの著述家とは異なり，ボブソンは「国内の好況」は通常「外国での好況」と一致し，一般的に資本の輸出には，国内での高額な投資が伴うものと考えた。⁽²¹⁹⁾

　一部のイギリス人は，他に代替案がないとみて外国での投資に賛成した。ラウシアン・ベル（後のサー・ラウシアン）は，例えば1870年代に，イギリスの鉄鋼メーカーは，もはやイギリスの生産が競争力を失ったので，アメリカ合衆国に投資すべきだと信じた。⁽²²⁰⁾イギリスの経済学者ハイド・クラークは，自分の国の資本は，最も高い収益率をもたらした分野に投資**すべき**だと提案した。「もしわが国の外国融資業務から利益が得られるならば，それをしないのは損失であるし，わが国の財源に対する利益にならない」。⁽²²¹⁾資本に対するより高い収益率が，イギリス経済全体の助けとなろう。⁽²²²⁾

　すべてのこれらの主張は一般的なものについて述べたものであったが，イギリス人には信頼がおける好機のある国，そして安定した政治形態，土地が豊かで，気候も良く，連合王国などのような植民して久しい国よりも，利益を生む金の使い方の余地がより多くある進取的な競い合いのある「新しい国」として

1033

第Ⅱ部　世界最大の債務国

みられたアメリカの大きな利権が念頭にあった。アメリカに対して投資を行った多くのイギリス人が，経済学者Ｒ・Ｈ・イングリス・パルグレイヴを引用し続け，イングランドで得られるより，紛れもなくより高い収益率が保証されたことに「目がくらんで」[223]いた。明らかに同じことが，ドイツ人，フランス人，オランダ人投資家にもいえた。

　ドイツでは，一部の経済学者が「世界市場での国の地位を維持し強化するためには，ドイツは外国融資事業を規制するのでなく増大させる必要があろう」[224]と信じた。巨大なドイツの「銀行は投資の機会の自由に興味をもっていた」。彼らは，ドイツ産業界と密接な関係をもち，しばしば外国融資がされたなら，ドイツ産業界は製品の注文により利益を得ると主張した。国際的な業務に関与していた多くのドイツの会社が，自分たちの投資が利益を生んでいることを確認した[225]。フランスの銀行は巨額な外国手形の発行を望んだ。歯切れのよいフランス人は，彼らの同国人がアメリカで，大規模で儲かる機会を利用していないと批判し，さらにそれゆえ，外国投資を増額することを支持した[226]。フランス人のなかには，アルフレッド・ネイマークを含め，巨額なフランス資本の輸出が，世界平和に貢献しているとみた者もいた[227]。1879年から1881年および1883年から1885年に，フランスの首相を務めたジュール・フェリーは，富裕な国にとって植民地は資本投資するには最も儲かる理想的な場を提供していると主張した[228]。何年かすると，オランダの，特にアメリカ証券を扱っていた金融仲介業者は，経験を積みさらに国際投資を追加することを支持するようになった。

　ヨーロッパ大陸では（イギリスと同様），外国投資の支持者は，それがより高い収益率をもたらし，その後に大規模な国際交易が続くことで，外国投資を擁護した。フランスの資金は，しばしば「外交術の侍女」と見なされたが，それはフランス商品の購入者へのご褒美のようなものだった[229]。多くの者は投資によって自分たちの国家の政治的影響力が拡大していくものと見なし，外国投資を「愛国心」や「国旗」と結びつけた。フランスやドイツから発せられていた外国投資に対する全体的にみて積極的な気運の多くの部分は，次第に政治面の影響力の拡大が望ましいとの考えに結びついていった[230]。

　イギリスおよび他のヨーロッパ政府は，一部の開発途上国に対しては，不平等な「治外法権的」条約を，そして投資環境を改善した先進国には別の条約を

もっていたし，政府は，政治目的のために，外国での投資を活発に促進した（例えば，イギリス政府は，スエズ運河，そしてフランス政府は，国民にロシアでの投資を奨励した）ものの，ヨーロッパ（や他の）政府の側に，「アメリカ合衆国に対し」その国民をもしくは後者の（ヨーロッパ以外の）会社が投資するのを援助するとか，まして投資に駆り立てるなどという行為を見出すのは難しい。[231]

　明らかな例外が一つあるとすれば，海運におけるものだろう。この領域では，キュナード社またさらに，ドイツやフランスの大西洋横断海運が国の補助を受けた。確かにアメリカに投資したり，投資を望む自国民のために，ヨーロッパ政府による外交上の介入が多くあったが，これらの介入はアメリカにおけるヨーロッパの賭け投資の拡大には，決定的な重要性をもつものとは程遠かったようだ。[232]領事館の業務として投資者に情報を流したが，広範囲にわたる私的な機関による情報の流れに比し，アメリカの状況について彼らが明らかにしたことは，全般的な見地からみればあまり重要とはいえないものだったようだ。[233]要するに，アメリカにおける外国投資に対する本国政府の振興活動にも，私がみた限りでは，この国におけるヨーロッパによる投資の発展に対しては，根本的な影響力は認めることができなかった。

外　　国──複雑な思いとそれに対応した政府の政策

　一部の当代の経済学者たち（例えばＣ・Ｋ・ホブソン）は，外国投資が常に望ましいわけではないことを認識していた。[234]このことは，海外での投資全般にもいえたが，特に，アメリカの投資に当てはまった。仲介業者や投資家は，ある外国投資は適切だが，他はそうでないという選択をした。アメリカにおける各々の外国投資に出資しようとする者はそのメリットを評価した。資本輸出に参入した一部の者，つまり仲介業者や投資家は，自分たちの政府の外国債を清算するのが賢明だと感じた。

　外国での投資や，特にアメリカへの投資に対するヨーロッパ内での「複雑な」見解の多くが，管理する能力があるか，タイミングをいかに選ぶかどうかなどに関係した。投資に適した時期もあればそうでない時期もあった。良い投資も悪くなることがあり得た。投資すべきときもあれば投資すべきでないとき

第Ⅱ部　世界最大の債務国

もあった。賢明な投資家は慎重に選択せねばならなかった。例えばロバート・ルーカス・ナッシュは1881年に次のように書いている。「エリー社やフィラデルフィア・アンド・レディング社の株式が結果的に思わしくなくなっても，アメリカの鉄道事業を非難するのは愚かなことだろう[(235)]」。

　大口投資家は収益を得るために選択が重要であるだけでなく，その投資の後の十分な追跡調査も必要だと悟った。エリス・T・パウエルは1910年に投資の評価方法について論じて，彼の著作の読者に，操業現場をみることをしきりに勧めた。アメリカの醸造界の場合では，彼は次のように指摘した。「アメリカ法の緊急性によって，これらの会社は，実際の支払い地指定の醸造所の所有者であるアメリカの会社の有価証券だけを所有することが余儀なくされる。そのように，本拠地（操業現場）は，イングランドの株主たちはここ，アメリカが支払い地指定の会社の株だけ所有し，逆に外国が支払い地指定の別の会社の株を所有するので，二重の意味で所有者から遠ざけられている[(236)]」。この役員会の階層的権力組織，つまり持株会社構造は弱い管理力を意味し，懸念のもとであった[(237)]。われわれがすでにみてきたように，イギリスの投資家たちは，十分にアメリカでの投資報告の実情を確かめるために，イギリスの会計士や技術者を雇った。投資を注視することは，リスクを減らし，よい収益を得る方法だと思われた。

　外国投資に対する「複雑な反応」はまた，タイミングに関係した。イギリスの銀行家は，今が，ある特定の証券に適した時期かどうか，アメリカの顧客に告げたものだ。タイミングは金融市場の状況によってだけでなく，時には国際政治によっても影響を受けた。N・M・ロスチャイルド＆サンズ社は，そのニューヨークの代理店に，1895年12月27日に電報を打った。「わが社は，時期が熟するまで『アメリカ社債シンジケート』に幹事会社として，あるいは傘下会社として参加することはできないし，またするつもりはありません。その時期とは，懸案課題（ベネズエラの国境線の争い）が，双方の満足いく形で調整されたことを，アメリカおよびイギリスの両政府が確認したときです[(238)]」。そこで示唆されていたことは，ロスチャイルドが，その問題をイギリス政府に問いただしたか，少なくとも相談したことであった。

　ハーバート・フェイスはイギリス政府によって提議された外国融資や政治情

第**16**章　アメリカ合衆国における外国投資への反応

勢に関する情報に関しての，オフレコの意見を伝える非公式的な方法について書いている。フェイスがほのめかすところでは，イングランド銀行が「銀行と政府の間の便利な情報媒体」を提供した。彼がいうには，さらに，「クラブ，田舎で過ごす週末，遊猟会などで，サー・アーネスト・キャッセル，ロスチャイルド卿やレベルストーク卿が公的な考えを知り，自分たちの考えを明かすことができた⁽²³⁹⁾」。イギリスのロスチャイルド家の最も新しい歴史家リチャード・デイヴィスは，19世紀の最後の数十年までにイギリスロスチャイルド家は「政治上の問題が討議されその解決法が提案される，比較的信頼がおける小さな（ロンドンの）サークルのなかの完全に受け入れられたメンバーになっていた」と書いている⁽²⁴⁰⁾。ある時期に望ましいことも異なる状況においてはそうでなくなるであろう。

　タイミングの問題は，国際政治と同様，アメリカの国内政府および経済にも関係することがあった。オランダの銀行家G・M・ボワスヴェインは，アメリカの資金と銀行業に関する評論（1908年11月に書かれた）のなかで次のようなコメントをその序文に書いている。「新しい商業や産業の発展を傷つける政府介入という懸念を，ルーズベルト氏の大統領の座を受け継ぐ後任者としてタフト氏が選出されたことで払拭できたようである今，去年，アメリカを取りついて放さなかった恐ろしい危機は，ようやく乗り越えたと見なされてもいいだろう」⁽²⁴¹⁾。アメリカは投資家にとって再度有望な場所となった。ルーズベルトのアメリカにおける巨大企業への攻撃は，不安の元となっていたのだ⁽²⁴²⁾。

　外国投資への「複雑な反応」のもう一つのタイプは，1913年11月にロンドンの『ネーション』誌に掲載された，次の社説のようなものである。「外国で投資されたすべてのイギリス資本の記録が，外務省または商業会議所の特別の部署で保管されるべきである。ここの記録簿のなかには，認可や保護のなんらかの措置を受けるに値する，特権企業のリストがなくてはならない」。立派な企業だけが援助されるだろう。「望ましくない事業，およびそこから得られる収入に対し所得税を高くするなどのペナルティーを科すことも可能となるかもしれない⁽²⁴³⁾」。

　ヨーロッパの政府による外国投資に対するトーンの抑え気味の反応は，しばしば政治的目的を含んでいた⁽²⁴⁴⁾。多くの場合，イギリス政府は，アメリカにおけ

第II部　世界最大の債務国

るイギリス人の投資家のために外交的な介入を行った。だが，みてきたように，介入には身が入っていなかった。**なぜなら**統率力をもった政治力の行使が検討されたという目立った動きはなかったからだ。同様に，（アメリカにおける巨額なスコットランドの投資信託会社の利益代表である）ウィリアム・マッケンジーは，アメリカと交わしたイギリスのある協定によって「多くの場合，無知で無節操な人間によって支配されている」と彼には思えるアメリカの州法の「偏見に満ち，敵意のある法律の適用範囲が，イギリス企業に届かないように」させようとせまったが，イギリス政府は彼に強い支持を与えずじまいだった。[246]

　時には政府は「無節操な」外国人から，自分たちの罪もない国民を守ろうとしたこともあった。これは特にフランスに当てはまった。[247] 1907年にあるフランスの法律は，手形の振り出し銀行は，趣意書で謳っている正確な金額に対して責任をもつものと規定した。[248] フランスの投資家たちは，アメリカでの一連の投資で，ひどい経験をしたのだった。そのような政府による投資家の保護は，外国投資に対する一つの「複雑な反応」の表れだった。

　しかし多くの場合，ヨーロッパでは，外国における投資に対する姿勢は，ひどく片寄ったものとなった。私がすでに示したように，ある人々はそれらが大変好ましいものと考えた。他方では，逆の見方をする者もいた。複雑な反応でも，時には良い投資，悪い投資，イエスかノーかの決断に関する二分法を象徴するものとして見なされうる。このように，私は中道をさまよう必要はないし，むしろ資金の流出に対する，同時的に激流のように押し寄せた否定的な反応に論を移そう。

外　　国──敵意ある反応とそれに対応した政府の政策

　ジェイコブ・ヴァイナーが後に指摘したように，「すべての巨額資本輸出国では，多くの影響力のある筋で，そのような資本輸出が資本を流失させないかとの深刻な懸念が表明された」。「貸しすぎ」の心配があった。[249] ヨーロッパの多くの人々は，外国投資には国内のものより常に大きなリスクが付きまとい，外国で失われた資金が本国にはなにももたらさなかったと信じた。資本には限りがあった。外国に行った金とビジネスは，減らされた国内投資，そしてそれゆ

1038

第**16**章　アメリカ合衆国における外国投資への反応

え減らされた雇用を象徴した。外国で貯蓄された利子や配当金は，本国での税
金を免れた[(250)]。本国では外国投資の結果として利子率が上がり，その上昇を評論
家は好ましからざるものと考えた[(251)]。一部の反対者は，外国投資は本国での富の
誤った分配を導いた（資本に対し高い収益率はあったが，労働に対しては低かった）
と論じた。その結果として，国内経済活動が下火になるのなら，資金を国外に
送り出すのは「愛国的ではなかった[(252)]」。さらに，外国投資は，本国でもそうな
るであろう競合相手を外国で生み出した。

　私がすでに引用した，C・K・ホブソンが自著の『資本の輸出』（1914）を書
いたとき，序論で彼は，この書を書いたのは，「数年前」イギリスで起きた外
国投資をめぐっての激しい非難のためであり，この外国投資は「不吉な現象，
イギリス産業の生命の血を奪い，われわれにとって大変恐ろしい競争相手で競
争相手に新たな力を与える，膿の出る傷」として見なされた。その問題は議会
で討議されたが，その場で「発言者たちは失業の増加や商業取引の停滞を嘆き，
それらを，彼らは比類の資本流出に原因があるとした[(253)]」。

　外国投資に対する否定的な見方と結びついていたものは，巨大企業は非効率
的だという（特にイギリス国内での）優勢な考え方だった[(254)]。経済学者のアルフレッ
ド・マーシャルは，小規模なビジネスでは，「主人の目はすべてに行き届き，
職場主任や労働者による怠け行為も，責任のなすりあいも，部署から部署に十
分理解されていない通信をやり取りすることもない」と書いた[(255)]。大きなビジネ
ス，そして暗にほのめかされていることだが，（これはマーシャルの言葉では
ないが）国境をまたぐビジネスは，長距離の情報伝達の難しさに加え，不在者所有
の問題もあった[(256)]。国際投資には資源がうまく使われなかった。

　特にイギリスでは，「自由貿易主義者」と「公正貿易論者」の間での戦いの嵐
が吹き荒れ，D・C・M・プラットが注目したように，外国投資の問題は，保
護主義をめぐる討論の渦に巻き込まれていった[(257)]。自由貿易主義者たちの意見が
割れていた（ほとんどは外国投資がいいものだと信じたが，これからみていくように，
強い懸念をもつ人々もいた）のに対し，ほとんどの公正貿易論者たちは資本の流
出を非難し，その資本の輸出を，本国のビジネスの保護に賛成するための論拠
として使った[(258)]。

　もう一つの一般的な懸念は，生産に反映せず，「南海泡沫事件」的な事件を

1039

第Ⅱ部　世界最大の債務国

生む可能性を開いた「金融資本」「証券」「手形」の増加に関係した。このような流れのなかで，「国際的銀行家」の出現は気がかりなものに思われた。さらにイギリス，フランス，ドイツなどの銀行業への集中は，20世紀初頭までに，主要な論議の的になっていて，この力の集中を攻撃した書籍がかなり出版された。巨大な国際銀行は，**国家**利益になる働きをしたのか。[(259)]

　外国での証券および直接投資への否定的な姿勢は，特にアメリカで行われた投資に向けられたことが多かった。アメリカでの投資は，「投機的」とみられた。アメリカ人は，不公正で信頼に値しなかった。州政府は契約の履行を怠った。鉱工業会社の詐欺は至るところに起きた。投資は「無節操な山師たちによって煽動された」。[(260)] じつに，アメリカ投資に対してかなり入れ込み同情的な者でさえ，ミシシッピの南北戦争前の契約不履行（1875年から1914年にはまだ未処理の問題だった）からバージニアのさらに新しい「恥ずべき不道徳」に至るまでの不名誉な事例を知っていた。[(261)] イングランドにいる人たちは，ほとんどアトランティック・アンド・グレート・ウェスタン社やエマ鉱山について聞いたことも読んだこともなかった。エリー社での投資家の損失ゆえに，ジェイ・グルドはイギリス人には好ましからざる人物であった。[(262)] オランダ人は，イギリス人より悟るのが遅く，より割安の投資を追求する傾向があった。しかし1888年までには，彼らはグルドの約束に耳を傾けるという過ちを繰り返そうとはしないようになっていた。[(263)] フランスでは投資家たちは，自分たちの祖父や父が味わった1830年代のアメリカ州債や，1849年から50年のカリフォルニア協会，また1869年のエルパソ・アンド・パシフィック鉄道などの経験を忘れ，結局1913年の「フリスコ」鉄道の大失敗で，ひどいやけどを負うこととなった。

　明らかに，アメリカにおける証券および直接投資には危険が存在していた。アメリカ投資に賛成した者や複雑な感情をもった者は，そのリスクは回避可能な（優れた利益が得られる）ことを信じた。それとは対照的に，評論家たちは，アメリカ投資の環境には必然的に落とし穴が潜んでいると感じた。反対者たちは，不実表示や詐欺的行為がアメリカの不道徳さの典型であるとみた。下品な行動や契約不履行などはありふれたものと見なされ，好機は少なく，完全かつ正確な資料は「内部の者」にしか手に入らなかった。[(264)]

　例えば，ロンドンの『エコノミスト』誌は，しばしばアメリカにおける投資

1040

第 **16** 章　アメリカ合衆国における外国投資への反応

をけなした。なぜ，イギリス人はある特定の証券を買うように依頼されたのか。⁽²⁶⁵⁾
確かにアメリカ人は金をもっていたが，もちろんその証券が高く値をつけられ
すぎていることを知っていた。イギリス国民に提示された鉄道は，実際に資産
を所有し，宣伝されているような潜在能力があったのか。鉱工業の趣意書は真
実だったのか。イギリス人が購入を依頼された証券会社は資本を過大評価され⁽²⁶⁶⁾
ていなかったか。これはまったくの思惑売買だったのか。経営陣は誠実だった
か。何千マイルも遠く離れた投資家が，「ウォール街の陰謀」に直面したとき⁽²⁶⁷⁾
どうすべきかをいかに知りうるのか。「多数ある英米系鉱山のうち，株主にな⁽²⁶⁸⁾
んらかの利益を生み出しているのは，片手の指で数えられるほどだ」と，『エ
コノミスト』誌は1889年に断言している。⁽²⁶⁹⁾

　ドイツでは，アメリカの鉄道の契約不履行に対し，『フランクフルター・ツ
アイトゥング（*Frankfurter Zeitung*）』誌は，1884年に「政府」（ドイツまたはアメ
リカの？）による鉄道の資金繰りの監督を，アメリカの鉄道証券のドイツ証券
取引所への上場を許可するための条件とする提案をしたし，一方『ノードイッ
チェ・ツアイトゥング（*Norddeutsche Zeitung*）』はドイツ取引所からすべての
アメリカ鉄道会社を除外することを要求した。⁽²⁷⁰⁾

　1908年にロンドンの『エコノミスト』誌は，いくつかのイギリスの会社が，
アメリカの各地から高収入を上げたことを認めた。

　　しかし全般的にいってイギリスの投資家がアメリカの製造業に資金を貸し
　付けた分野では，投資は失望させられるもので，収益はまったく不十分なも
　のだった。もちろんその理由は，これまでいい儲け口がここにもたらされな
　かったことだ。アメリカの金融業者は，すべての有望なベンチャー企業には，
　当然ながら出資の約束をする準備ができていたので，高い評判と保証された
　見込みに裏づけられた会社は，自分の国で必要な資金を集めることができた。
　彼（アメリカの金融業者）は，その地に最初にいた者で自分の好きなものを取
　ることができる。残り物をロンドンに送ることができるのだ。⁽²⁷¹⁾

アメリカの「銀本位制」による資金の擁護者は，イギリスで広く知られて，
「堅実な」資金に対抗する謳い文句は，アメリカの投資に難癖をつける人々の

第Ⅱ部　世界最大の債務国

論拠に信用を添える様相をみせた。在ロンドンのアメリカ財務省の代表者（チャールズ・コナント）は1877年10月に，ワシントンの上司に次のように書き送った。「仮に銀本位制による資金を極端に支持する者の意見が，不幸にも議会で採択されたような場合，必ずわが国の外国における信用はだめになるだろう[272]」。ウィリアム・ジェニングス・ブライアンの派手な演説がヨーロッパで引き合いに出されたとき，それらはアメリカでの危険を象徴するものとされた。

　さらに悪いことには，アメリカ企業には倒産が付きまとった。1875年から1914年の期間での1000の企業における倒産率は，最高158件（1878年）と最低63件（1880年）の間で推移した。その40年間のわずか半分で，倒産率は1000件で100企業以下に下がった。1904年からの10年間では，1000件で120件を超えた[273]。例えば，1910年にピルズベリー・ウォッシュバーン小麦製粉株式会社が，管財人による財産管理を受けたとき，『ノースウェスタン・ミラー』誌は，「アメリカ的」見解をイギリス的見解と対比させた。アメリカ人は再起を賭けて自らの力を投入した。「イギリスの株主は怒り狂う。倒産前に彼は状況に気づかないでいた。形式的で表面的な軽信に基づく使者の報告に満足し，彼は幸福の幻影のなかにいたのである。転落がやってくると，彼は復讐を叫ぶ」。『ミネアポリス』誌は次のような社説を出した。「ロンドンでの最近の（株主）総会は，覆水盆に返らずで，無残にこぼれた回収不可能なままに失われてしまった牛乳を大いに嘆いて，古い藁を打つような無益なやり方を象徴していた。済んでしまったことは済んでしまったのだ[274]」。イギリス人は，この姿勢自体が無頓着でかつ無責任だと信じた。外国投資の支持者は何度もアメリカ人の不正，開拓者的な無謀さ，気まぐれな海賊的な行動を取り立てて強調した。後者（アメリカ人）は恥知らずのようにみえたのだ[275]。外国投資に対するフランスの批評家，「ライシス（Lysis）」は1911年，アメリカ人がフランス市場に不安定な配当金付きの株を出していると警告を発した。そのような証券はアメリカ人金融家による操作をかなり受けやすく，フランスの貯蓄には大きな脅威だった[276]。

　アメリカ投資の高いリスクに対する見解は，イギリス，さらにカナダ，ドイツ，フランスでもあり，国内で使えまた使うべき資本を，そのような賭け投資が本国から奪ったとの信念が共存していた。エディンバラ大学の政治経済学教授のJ・シールド・ニコルソンは1901年に，オランダがヨーロッパでの巨額の

1042

第 16 章　アメリカ合衆国における外国投資への反応

『バーミンガム・デイリー・メール』1905年12月28日木曜日
北ウスターシア
「働く人：私の出番はどこにあるのですか。」
オルブライト氏とウィルソン氏は合衆国の敵意に満ちた関税を回避するために，米国内で仕事場をつくった。こうしてアメリカ人に雇用の場を与えたが，それをしなければアメリカ人はイギリスに行きイギリスの労働者になったのだ。

『バーミンガム・デイリー・メール』1910年1月24日月曜日
北ウスターシアのための財政の実物提示による授業
失業中の労働者が，(J・W・ウィルソン氏に向かって)「知事さん，あなたはそれでいいでしょうが，私の出番はどこにあるのですか。」

図16-3　オルブライト＆ウィルソン・アメリカ工場について

出所：R. E. Threlfall, *The Story of 100 Years of Phosphorous Making, 1851-1951* (Oldbury：Albright & Wilson, 1951), 157, 161.
オルブライト＆ウィルソン株式会社の好意でこれらの漫画の写真が提供された。

1043

第Ⅱ部　世界最大の債務国

貸付国となった際,「その国富と国力は着実に減退した」と注目した。同様な意味で,彼は次のようなコメントをした。[277]

　　最大の利益を得るのが投資家の目的で,自分の資本がどこに投資されたかは,これまで重要ではなかった。しかし労働者や一般社会にとっては,場所は大変重要なものである。もし資本がアメリカの鉄道建設に投入されれば,イギリスの鉄道の建設に充てられるよりはるかに高い利益を永久にもたらすだろうが,前者の場合には外国の労働者が雇用され,後者ではイギリスの労働者が雇用されるだろう。極端なケースを取ってみれば,もしこの国（イギリス）の製造業者に現在投入されているすべての資本がアメリカに送られれば,もっと多くの利潤が生まれるだろうが,その場合,労働者はそれに従うか,飢えることになるかもしれない。[278]

　ニコルソンは「最近の（1890年代の）不況の主たる原因の一つは,イギリスのような古い国々から（アメリカのような）新しい国々へ,原料を開発したり彼らの鉄道を建設するために,巨大資本を移したことだ」と確信した。[279]

　1903年にイギリスの経済学者,W・J・アシュレーは,「不穏な類の資本の移動」という表現で書いた。すなわち,外国（アメリカを含む）の関税障壁の影にかくれた,「イギリスの製造業者による保護された地域内での工場建設」だった。アシュレーはさらに,外国の関税は,その輸出を減少させることで,イギリス人の仕事を損なうだけでなく,仕事自体が外国でのこれらの工場建設によって輸出されている,と付け加えた。イギリスはこのとき,まだ自由貿易にかけていた。ニコルソンやアシュレーは自由貿易主義を信じていた。しかしほとんどの保護貿易主義者たちも,外国投資に反対の論を展開し,外国関税は海外で雇用を生み出しているので,イギリスは自国の産業を守ることで応えなくてはならないと主張した。**高い**イギリスの関税によってのみ国内の雇用が残り得た。[280][281][282]

　1905年12月28日および1910年1月24日付の『バーミンガム・デイリー・メール』紙の漫画（図16-3参照）にはニコルソンやアシュレーと同様の気持ちが表れていた。それらはオルブライト＆ウィルソン社がアメリカの関税障壁を乗り

越えて，大西洋を渡って製造を始める決心をしたときの「働く人」の見解を明示している。配当金は，工場所有者には収益を意味したが，被雇用者についてはそうではなかったので，彼らは尋ねた。「知事さん，あなたはそれでいいでしょうが，私の出番はどこにあるのですか」。外国投資は労働者でなく，またさらに社会全体でもなく，資本家に利益をもたらすように所得を再配分した，とそのように批判者は主張した。

あるイギリスフェビアン協会の社会主義者（ウィリアム・クラーク）は，1890年6月に，アメリカ人のヘンリー・デマレスト・ロイドに書き送り，イギリスの労働者ではなく，アメリカ人に対するイギリスの資本輸出の影響について論評した。「あなた方の『自由な』国民はロンドンの富豪たちの証券により，もはや奴隷になりかけている。（ジョージ）ワシントンは，このような『独立』をみてどう思うでしょうか」。[283]

もう一人の強烈な批判者で，社会主義者ではないが多くの社会主義者に影響を及ぼす人物 J・A・ホブソンは，1902年に出版された本『帝国主義』のなかで，「公的な力が私的な投資の分野に伸ばすには必要であったので，外国投資を『帝国主義の最も重要な経済的要素』と呼んだ」。「『金融家』は『帝国主義の経済的寄生虫』で『愛国主義の寄生虫』だった」。ホブソンは，アメリカが「初期の時代の鉄道，鉱山，製造業の開発のためにイギリスや他の国々から借りた負債を返却し，後には自分たち自身が，外国諸国に対する債権者階級となった」と書いた。彼はアメリカにおいて続行される外国投資がどこまで行き着くのかその広がりがまるでわからず，またそれは彼には重要なことでもなかった。というのは，この投資を推進する「公的な力」も「帝国主義」もなかったからである。それでホブソンは自分のケースを裏づけていないことは無視したのだ。[284] 彼の外国投資に対する批判は，帝国主義者の努力に外国投資を関連づけたが，アメリカ「国内での」投資とは，完全に無関係だった。私がそのような意見を取り上げるのは，それが外国投資やその実質的な結果としての影響をめぐる，より一般的な討論においては登場してくるからである。その意見は，資本輸出が世界の調和に寄与しているとみたネイマークや他の者のものとはまったく対照的だった。資本輸出，帝国主義，戦争の結びつきは，イングランドおよびヨーロッパ大陸で，1902年から1914年にかけていろいろな形で表面化し，

第Ⅱ部　世界最大の債務国

統合された，互いに依存し合う世界経済こそ平和への推進力であるという見解に異議を唱えた。[(285)]

モントリオール銀行がアメリカに投資したとき，カナダ人は懸念を表明した。同銀行の頭取はカナダ国内でなく，国境の南の資金源を銀行が使用する権利を守らなければならなかった。[(286)]カナダは多額の資本輸出国ではなかったが，「資本流出」の心配は，それにもかかわらず存在した。

外国投資，特にアメリカ国内での投資に対するヨーロッパ内でのさらに否定的な判断は，オーストリア人のマルキスト，ルドルフ・ヒルファーディングのものだった。ヒルファーディングは1910年に次のように書いた。

　　諸外国の関税によって脅かされた産業は，（本国での）生産の一部を外国に移すことで，今やこれらの関税を自分自身の目的のために利用している。もしこのことで親会社の拡張が阻止できて，生産コストを少なくすることで利益率を上げる可能性を除外できれば，同じ資本の持ち主が，現在外国で生産している商品の値上げによって受け取る利益の増加分で埋め合わせられるのだ。

ヒルファーディングは，（直接投資も証券投資も）資本輸出は国内市場における利益の下落幅を帳消しにしたと考えた。[(287)]以前に他の人たちがそうしたように，全体としての資本輸出は国内経済の助けとなり，生産を高め，雇用率を上げたと認めたものの，さらに重要なことは，彼はそれが「資本主義社会の弊害に対する意識を抑制し，その実現可能性に対する楽観的な見解を生むものだ」と感じたことだ。[(288)]後に自らの主張のなかで，ヒルファーディングは，「イングランド人（引用のまま）労働者，ひいては国家全体によってもたらされた」アメリカにおける製糸業へのスコットランドの投資，およびそれに続くイギリスでの雇用の減少の例を参照した。[(289)]「資本輸出」を「資本主義が急速に発展するための条件」と一方でみながら，外国の産業（彼のいう脈絡のなかではアメリカの産業である）が，そのうちに「イギリスの支配」の「くびきをふるい落とし，その金利という貢物を縮小するほど強力になるだろうし」，その時点で，現在あるイギリス（または資本輸出者全般）にとってのつかの間の利益は消滅し，「資本

第 **16** 章　アメリカ合衆国における外国投資への反応

主義社会の弊害」は明らかになるだろうと彼は予想した。競争相手が生まれ，資本輸出者に付きまとうようになるだろう。

　20世紀初頭に，ドイツおよびフランスからの巨額な資本流出が起き，大きな論争を巻き起こした。ヨーロッパ大陸には不安が広がった。急速に成長するドイツ経済はイギリスやフランスには脅威としてみられた。植民地をめぐる衝突もあった。外国の資本流出は多くの人々の心中で，国際主義，不適切な政治目標，不穏な経済的結果などと結びついていた。フランス人は，自分たちの資本がドイツの産業を後押ししているのではないかと懸念した。

　ドイツの社会主義者たちは「弱い民族の抑圧をもたらし，国を必ず国際紛争に巻き込むもととして」外国投資を非難した。フランスの社会主義者たちも資本流出をとがめた。イギリスでは20世紀初頭に，一部の外国投資の批判者たちは，資本が無論，関係のない別事項である社会主義的立法や押収ともいえる税金によって，海外へと駆り立てられていると示唆した。

　ドイツ農民党員たちは，「熱烈な民族主義者」として，強い自主独立的なドイツを望むがゆえに外国投資を非難したが，彼らは外国投資を外国のものであるという理由そのもので反対した。「彼らにとって外国投資は，両方とも国際的かつ民主的なものであるはずの産業や資本が支配力をつけてきた，新しい時代の一部を象徴していた」。彼らは，銀行がその国際的な関係を通し，国家の独自性を失いつつあると信じた。さらに，これらの保守的なドイツ人は外国投資が国内での利子率を引き上げ，農業者の信用貸しをより高価なものとしていると非難した。

　ドイツの大規模な土地の所有者たちは，資本流出が反民族主義的かつ「あまりに民主主義的」だとして非難した一方，フランスの政治評論家ライシスも資本輸出を声高に弾劾し，反民族主義的であるとして保守主義者に賛同したが，さらにその結果は**反民主主義的**であると反論した。資本輸出について書いた（1912年の）ある別のフランス人著述家も，同様に敵意に満ちていた。（「自由主義派」が主張したように）債権国での生産活動を刺激する代わりに，エマイル・ベケは，資本の移動は本国では活動を麻痺させる影響力を発揮する傾向があったと主張した。資本輸入国に商品を輸出することを促進するどころか，彼は，結果が資本輸入国**から**資本を供給した国々への輸出の増加となったことを知っ

1047

第Ⅱ部　世界最大の債務国

た。国際的な貸付は，国内経済を蔑ろにすることや外国での生産高が増えるに連れて不可避的に起きる国内諸問題を意味した。外国への投資は，国際法での規制もなく，契約が破られても十分に頼るところもない状態で，危険が伴った。人々は信用で有価証券を買い，結局それらがいんちきまがいのものであることがわかるということもあった。契約不履行が多くあった（そしてベケは，その例として，アメリカ南部諸州の政府，テネシー，ウェストバージニア，ルイジアナ，ミシシッピ，アーカンソー，フロリダを挙げた）。正しい情報が欠けていた。ベケはフランスの貯蓄が輸出されて失われ，国内産業からその大切な必要条件を奪ってしまったとの結論を下した。⁽²⁹⁶⁾

　後に，経済歴史家のハーバート・フェイスは，フランスの多くの「産業雇用者」が国内での利子率の上昇を恐れ，⁽²⁹⁷⁾外国での投資がフランス産業との競合を生み，助長させはしないかと気をもんで資本輸出に反対したことに注目した。⁽²⁹⁸⁾ジェイコブ・ヴァイナーは第一次世界大戦以前のすべての資本輸出国のなかでは，フランスで資本輸出に対する反対が最も強かったが，「そのフランスでは政治家，政治評論家，生産業者が，フランスの貯蓄の巨額な外部への流出を，国内産業の発展のための必要な資金の外国企業への譲渡として見なした」。ヴァイナーはさらに，戦争の直前の数年間に反対は特に激しくなったと付け加えた。⁽²⁹⁹⁾スイスでも，外国投資は資本が「愛国的な配慮に導かれていなければならず，諸外国に利するために国自体の必要性を蔑ろにしてはならない」という批判を浴びた。⁽³⁰⁰⁾

　約言すれば，資本輸出国では外国での投資をめぐり大きな懸念がはっきりと表明され，反対者たちは，自由主義的な教授たちから，金融ジャーナリスト，社会主義者たちから保守的な農民党員や産業界のリーダーたちまで幅広い人たちに及んだ。資本流出に反感をもつ人々は，「愛国主義」「民族主義」「国産的軋轢」などの政治的問題と合わせ，国内投資，国家収入の分配，国内利子率，資本の喪失，外国での競争の創造等に対する影響等の経済的問題に取り組んだ。多くの場合，一般的な批評は，アメリカにおける投資に関する細目にも触れていた。⁽³⁰¹⁾資本の流出を快く思わない多くの人たちは，外国投資が拠出国の犠牲のもとに受け入れ国に利していると考えた。しかしなかには，拠出国への影響は無視し，ただ純粋に民族主義的な言い方で，資金輸出は望ましくないと主張し

1048

第**16**章　アメリカ合衆国における外国投資への反応

た者もいた。それが拠出国にも受け入れ国にも両方に有害であるとみた者はほとんどいなかった。

　これらの否定的な気運に対する政府の反応は様々だった。反対意見があったものの，イギリスでは積極的に活動しないこと，中立を守ること，無視すること（下記を参照）が，反対意見と解釈されることはできても，アメリカへの投資に反対する，イギリスとしてのいかなる表立った政策とか行動も，見出すことは困難である。同様に，私はオランダ政府の反対も，アメリカにおける外国投資に抑制をかけるスイスの規定も認められなかった。それとは対照的に，1875年から1914年の期間のドイツやフランスでは，後を引き継ぐ政府が，追跡調査をし，巨額な外国証券の発行を禁じたり，時には外国債に対して特別な税金をかけたりもした。

　1887年，ビスマルクは外国資本の流出に関してブライクローダー社に対し抗議した。1911年1月6日（セントルイス・アンド・サンフランシスコ鉄道の5％の債券がベルリンおよびフランクフルト証券取引所に上場されたとき）から第一次世界大戦の勃発に至るまで，いかなるアメリカの鉄道債券も，ドイツの証券取引所に参入が認められたためしがなかった。1911年の春，プロシア政府は，シカゴ・ミルウォーキー・アンド・セントポール鉄道のベルリン証券取引所への上場を禁止し，ドイツ市場がこれ以上の外国債を受け入れられる立場にはないと説明した。しかし（アメリカのものではない）他の企業は上場された。歴史家のウォルター・ハーマン・カール・レイヴィスが感じるところでは，真の理由は，カリウム論争（第8章参照）に関係していたようだ。ドイツ政府はどうやら，シカゴ・ミルウォーキー・アンド・セントポール社のドイツにおける資本額の上昇という便宜を阻止すれば，このまったく無関係の問題に関して，アメリカ政府に対しドイツの影響力を与えることができると信じたようだ。いずれにしても，ドイツ政府は外国証券が発行されている数量を懸念していたので，この形の経済外交は，逆効果ではなかったようだ。しかしドイツ政府は，資本輸出を封鎖することはせず，そう決めた者ならいかなるドイツの投資者（またはその代表者）でも，ロンドンでシカゴ・ミルウォーキー社の証券を購入できた。すべてのドイツの主要銀行がロンドンに代表者を置いていたので，こうすることは全然困難なことではなかった。

1049

第Ⅱ部　世界最大の債務国

　同様に，フランス政府は国民に対して影響力をもつことを求めた。ジョセフ・カイロー（1911年6月から1912年1月までフランス首相で，何度も財務大臣を務めた）は，1913年に次のように記述した。「私は，フランスに政治的および経済的な利点を保証する外国債だけの相場付けを認めたのであり，とりわけ財務省とその財源の必要性を考慮したのだ」。1900年にナサニエル・ベーコンは「パリ証券取引所で証券の取引を禁止することで，その筋になじみのない証券の取引で，子羊たちのようにか弱い国民が損失を出すのを阻止しようとするフランス政府の父親的な努力の結果は」2つの面があることを見出した。(1)フランス人はアメリカでは巨額投資家ではなかった。そして(2)フランス人がアメリカに投資を望むときは，ロンドン，アムステルダム，ブリュッセル，ジュネーブを通して行ったが，「パリには他の方法でじっとしていた手数料という甘い汁を吸って私腹を肥やしたブローカーたちがいた⁽³⁰⁸⁾」。

　1909年に，フランス政府は，U.S.スチール社の普通株のパリ証券取引所への公式的な上場を拒否したが，このときほとんどの筋によれば，「雇用者団体組織」は，同鉄鋼会社は，「競合的」産業に入っていたと指摘した。フランス人はU.S.スチール社（あるいは他のアメリカ証券）をフランスの銀行家や銀行，または他の証券取引所で購入できたし，実際そうしていた。

　シカゴ・ミルウォーキー・アンド・セントポール社に関するドイツの行動やフランスの当を得たU.S.スチール社との関連の行動は，双方とも外国への資本でなくむしろ「実物商品」（時にカリウムだったり鉄鋼だったりした）を送り込むことを促進する試みであった。資本輸出に関しては，誰にいわせても，ドイツおよびフランスの政府は，イギリス政府よりはるかに積極的な役割を果たした。

　1875年から1914年の期間は，まだ全般的に外国為替を規制する以前の時代だった。どの国も，フランスもドイツも資本輸出を禁止することはなかった。個人や会社が外国に投資すべきか自分で決め，独自の理由でそうした。金融誌には変動する信頼度の高い情報が満載されていた。さらにこの場合でも，政府の姿勢が証券投資に向かっているか直接投資に向かっているかを区別することが必要なのだ。第一次世界大戦以前の政府の政策決定者たちは，通常，慎重に考慮して両者をはっきり区別することは**なかった**⁽³¹¹⁾。しかし現実には，政府の**立法**

1050

措置には明確な区別が現れるのだ。取引所でやり取りされた新しく発行された証券は，「一般大衆」を巻き込むものだった。これは外国債や鉄道会社**および**他の企業の株式や債券に当てはまった。証券の発行は，目に見えるもので，宣伝もされた[312]。対照的に，会社が外国に工場を建設したり，銀行が支店，商社，代理店を開設したり，または保険会社が国際的に進出したりしても，その決定は会社の幹部によってなされた[313]。外国投資に関する社会的な論議や，特にそれに対する反対は，私が示したように，証券投資と直接投資の双方に及んだ。しかし概して，例えば取引所に上場されうる発行株式証券の決定など，ヨーロッパの諸政府による規制は，証券投資にのみ適用された。直接投資は，私企業の決定の分野であり，ヨーロッパ大陸においてさえも国家の管理が届かなかったようだ。銀行が企業の海外進出や国際的な関係をもつことを援助すべきかどうかをめぐっての広い議論があったものの，私は少なくとも，アメリカでのそれらの投資に関しては，産業，銀行業，保険業の**直接**投資に対する本国政府による規制は見出せなかった[314]。

外　　国——中立的な姿勢と関連する政府の政策

この点を考えると外国投資に対するヨーロッパの「中立的」姿勢が，まず頭に浮かぶ。中立性は2つの形に分類できる。第1のものは，証券投資でなく直接投資に関係し，第2のものは，直接投資および証券投資の両方に関係する。⑴外国投資は避けて通れないものであり，すでに決定されたものを今さらどうして反対するのか。別の言い方をすれば，外国投資は正常で，自然な企業の成長の一部であり，それゆえ，⑵外国投資は，国家全体でなく，個人投資家にとって重要なものであった。

最初の見解はアメリカの製造業に対して直接投資を行った多くの外国人によって支持された。ある会社は，ニューヨーク，ペンシルベニア，コネチカット，ニュージャージー，ロードアイランドに投資したが，それは会社やイギリス，ドイツ，フランス，スイス，スウェーデンもしくはアメリカに「良い」からではなく，またそれが「愛国的な」行為であるからでもなく，そうしないと市場を失うことになったからだった。高いアメリカの関税があり，アメリカに輸出

第Ⅱ部　世界最大の債務国

した企業は，市場放棄（多くの会社がそうして実際に販売を衰退させた）か，アメリカの関税障壁の背後で製造を続行するかの選択をせまられていた。[315]「良い」か「悪い」かなどの，いかなる広範囲な意味の観念的かつ標準的な疑問は入り込むこともなく，まして議論されることはなかった。選択は単純であった。すなわち投資か，市場の喪失かであった。

　同様な意味合いで，もし市場がアメリカにある販売組織によって手が届くものでありうるならば，そこに投資をすれば，会社の発展に部分的に寄与できた。アメリカは，再度の鉱工業の発展をみていた。溶解炉や精錬所がこぞって建設される計画があった。賢い金属関係業者は製造工程に投資する必要があった。投資家の頭には，国家経済に関しての「正しいか」「間違っているか」という疑問はまるでなかった。企業は存続できる機会を求めた。国際政治という論争がよく起き，大変張り詰めた世界では，どのくらい頻繁に企業家が中立的態度を示したかを認識することが重要である。政治学や巨視的な経済学的考察は無関係で，決定は個々の会社の利益をもくろんでなされた。

　第2の「中立的」見解は，多くの場合，特にイギリスおよび外からみたところではオランダにおいて，**政府政策**の基本となった。その見解は，外国投資は投資家の問題であり，国家のものではないというものだった。この時代の資本流出をめぐる不安にもかかわらず，多くの場合，政府はそれを無視した。イギリス人がアメリカでの投資で金を失っているとき，外務省は無関心でいる様子がよくみられた。土地所有問題に関するアメリカにおける反イギリスの気運が高まり，議会が1887年の外国人財産法を通過させると，イギリス政府は情報を集めはしたが，アメリカでのイギリス投資をいかなる結果を伴ってでも「守ろう」とする態度には出なかった。[316]イギリス外務省商務部のチャールズ・M・ケネディはその優勢な見解を次のように要約している。「外国に投資するイギリス国民は，これらの国々の法律をそのまま受け入れなくてはならず，それらを勝手に変えようとしてはならない[317]」。1889年にロンドンの外国債権所有者協議会が債務不履行のままになっているそれらのアメリカ州債に関して，アメリカ大統領ベンジャミン・ハリソンに強く抗議の書簡を書き送ったとき，外務省はその書簡の調子を和らげるように提案さえした。[318]

　1910年8月18日，アメリカおよびイギリスは，両国の間で未解決のままにな

第**16**章　アメリカ合衆国における外国投資への反応

っている金銭上の主張問題に対する調停に付託合意をするという特定規定に調印した。イギリスの主張には未だに債務不履行の状態になっている州債は含まれて**いなかった**。ポンソンビー卿が後に説明したように「大英帝国国王閣下の政府は，たとえアメリカ政府に対し意見陳述が発せられても，アメリカ政府は，債務不履行州に支払いを強制させる力はないだろうし，連邦政府がその件における債務を肩代わりする気持ちがあると考える理由はなかった」と考えた。要するにイギリス政府はなにもしなかったのである。

イギリス政府の「中立性」は，アメリカにおける証券投資も直接投資も奨励するのでもなく，阻止するのでもないという態度にあった。おそらく「アメリカへの」投資に対する全般的な中立性は，イギリス人投資家にとって行動を起こしやすくさせたかもしれない。一方，フランスやドイツ政府によるしばしばより明確に表明された否定的な姿勢により，両国の投資家の道が限界収支的にみて困難なものとなったことはありうる。しかしヨーロッパ大陸ではほとんどの場合，政府はアメリカ投資に関して同じように消極的で，確かにアメリカでの直接投資に関しては，これまで確認されてきたよりも，フランスとドイツにおいて，政府がより中立的な態度を取ってきたようである。

概　　観

約言して，当時のアメリカ内外の各界を代表する人々は，アメリカでの投資や外国投資一般に対して，広範囲にわたる様々な態度を取った。大西洋を隔てた双方の側で，鋭く辛辣な批判が無関心的態度と同時に存在した。1875年から1914年に至る期間の支持者および反対者は，様々な経済的（時には政治的）な論拠を繰り出した。敵意ある態度を表明した者の方が好意的態度を表明した者より，強く感情に訴える傾向があった。

外国投資の支持者は，しばしば個人的に利益を得ている者，すなわち（アメリカや外国での）金融仲介業者，アメリカ人および外国人企業家，アメリカおよび外国の鉱工業者，アメリカにおける借り手側の人々，外国の貸し手側の人々などだった。企業の立場からは，アメリカでは，おそらく最大の歓迎が鉄道への新しい外国投資に，また鉱工業に対してはさらに大きな歓迎が送られた

第Ⅱ部　世界最大の債務国

はずだ。外国での好意的な見方は，広範囲で多彩な外国投資をする傾向のある企業側の示す態度として，あまり具体的に認められるものはなかった。

　外国投資に対する敵意はよく実際に痛い目に会った人々たち，いやさらに重要な点は，個人的な不利益を**感じとった**人から発せられた。すなわち，アメリカの農業従事者の団体だったり，また（異なる理由で）ドイツ農民党の関係者，（外国人の役割が不適切だとか，外国の直接投資家が不当な競争を生んでいると感じた）アメリカの企業家たち，（資金の流出はすなわち本国の利子率の引き上げやアメリカからの新しい競争につながるとみた）ヨーロッパの企業家たち，（農業従事者たちの主義に共鳴し「大規模な」経営に反対した）アメリカの労働団体や社会主義者たち，（資金流出が雇用の輸出をもたらしたと考えた）外国における同様の団体などであった。（外国投資家たちが貪欲だとみた）アメリカの借り手と（資金流出を**自**国の上昇しつつある金利と結びつけた）外国の借り手の両方から反発があった。数々の否定的な反応も，アメリカ，また（金利や配当金そして最終的には，元金を支払わなくてはならない）債務国から，また（資本輸出のために支払わなくてはならない）債権国の側からの金(きん)の流出に対する恐れと結びついていた。さらに大西洋をまたぐ双方の側の多くの人々が，それが存在するばかりに，アメリカおよび資本輸出国における国家の主権を衰退させているらしい国際投資に憤慨した。企業側からの見地からいえば，外国人の土地所有が群を抜いてアメリカで反発を招き，他方，外国では否定的な態度は特に企業に限ったものではなかった。

　当時の経済学者のなかには，資本輸出を是とする者もいたし，反対する者もいた。この問題は，関連する銀本位制，保護主義，独占の力を懸念していたアメリカ側よりも，イギリスおよびヨーロッパ大陸の経済学者にとって，はるかに重要な問題であるように思われた。

　どこに意見の優位性があったかを決定しようとするのは適切なことでない。明らかにアメリカと外国の双方において，意見の一致は存在しなかった。関連した賛否両論にわたる多様な意見があった。しかしこれらの入り乱れた見解の重要性の評価をするとすれば，それらが政府の政策にまで繰り込まれたというその程度の深さである。

　諸政府は，投資のもつ政治的重要性を考慮した。国家政府，そして州や地方自治体政府がアメリカ国内において資金の流出に影響を与える行動を起こした

1054

第**16**章　アメリカ合衆国における外国投資への反応

が，全体的には，この時期はアメリカおよび外国の政府による介入は比較的少ない（少なくとも次に続く時期に比べて）時期で，このことはアメリカへの投資に関して特に当てはまった。アメリカに入ってくる一部の外国投資は，確かにこの国の市当局の助成金を受け，（より重要なことは）他のものではアメリカの関税に保護されていたものもあったが，私は，1875年から1914年における**外国政府の**主導，主催，または実質的に後援を受けたアメリカへの外国投資を探してみたものの，（海運会社のものとドイツのカリウム・シンジケートによる，ある販売子会社への小額の投資以外には）なにも見つからなかった。[(323)]同様に，社会一般の叫びに応えて，アメリカに多数の規則や規定があり，影響力をもつ外国政府のいろいろな規制があったものの，アメリカにおける外国投資の成長に対する，全体の累積的な実質的影響は少なかった。外国資本の参入に対する影響としては，アメリカの法律の方が，外国の規定より重要性をもっていたようだった。しばしば敵意に満ちた強烈な言葉尻や多様な規定や規制があったにもかかわらず，外国からアメリカへ資金流入が簡単に行われていたという事実がその障害より際立っている。

注

（1）　アメリカ投資銀行協会の最初の年次大会でのホーンブロウワー・ミラー＆ポッター社のW・W・ミラーの演説である。The Investment Banker's Association of America, *Report of Meeting*, 1912, 48.

（2）　Charles F. Speare, "Selling American Bonds in Europe," *Annals of the American Academy of Political and Social Science*, 30（1907）：269.

（3）　アメリカ商務省海外国内商務局の局長であったA・H・ボールドウィンのE・L・マクコルギンに対する1912年11月23日の書簡，RG 59, 811.60/1, National Archives, Washington, D.C.

（4）　Edwin E. Ferguson, "The California Alien Land Law," *California Law Review*, 35（March 1947）：67.

（5）　第6章を見よ。

（6）　J. Evetts Haley, *Charles Goodnight*（Norman：University of Oklahoma Press, 1936）, 350.

（7）　Clark C. Spence, *British Investments and the American Mining Frontier, 1860-1901*（Ithaca, N. Y.：Cornell University Press, 1958）, および Roger V. Clements, "British Investment in the Trans-Mississippi West, 1870-1914, Its Encouragement, and the Metal Mining Interests," *Pacific Historical Review*, 29（Feb. 1960）：35-50, を見よ。

（8）　*New Mexico Interpreter*（White Oaks）, June 3, 1887, quoted in Jim Berry Pearson, *The Maxwell Land Grant*（Norman：University of Oklahoma Press, 1961）, 110-111.

（9）　U.S. Senate, *Mining Interests of Aliens*, 50th Cong., 2nd sess., 1889, S. Rept. 2690, 2.

1055

第Ⅱ部　世界最大の債務国

(10)　前掲書, 3, 5.

(11)　アリゾナ出身の共和党員スミス, *Congressional Record*, 51st Cong., 1st sess., Aug. 20, 1890, 8880. この言及はアリゾナ銅会社に対するものに違いない。

(12)　この特別な投資が行われたとは考えられない。シェフィールドの製鋼会社によるその他の投資に関しては第7章を見よ。

(13)　*Banker's Magazine*, New York, 40 (Feb. 1886)：578.

(14)　*Northwestern Miller*, 28 (Nov. 8, 1889)：521.

(15)　Thomas J. Lipton, *Leaves from the Lipton Logs* (London：Hutchinson, n.d. [1931？]), 183.

(16)　Edward D. Adams, *Niagara Power*, 2 vols. (Niagara Falls, N.Y.：Niagara Falls Power Co., 1927), II, 180, 423. 第15章を見よ。

(17)　*Commercial and Financial Chronicle*, 34 (Feb. 4, 1882)：129.

(18)　U.S. Senate, *Mining Interests of Aliens* (1889), 11-12. 第8章において私はこれらの錫の鉱床には触れなかった。なぜなら同イギリス会社が立ち上げられたものの, 発展には至らなかったからである。1920年発行のある書物は, この鉱床は「商業的な重要性というよりも科学的観点の興味の対象」であったとしている。次の書を見よ。J. E. Spurr, ed., *Political and Commercial Geology and the World's Mineral Resources* (New York：McGraw-Hill, 1920), 330. アルコアがフランス・アルミニウム社のアメリカアルミニウム業界に対する参入を認めたのは, ある程度, サーペックの技法に結びついているとみることが可能である。第8章を見よ。

(19)　*Bulletin of the National Association of Wool Manufactures*, 39 (Dec. 1899)：380.

(20)　多くの場合, アメリカ企業はヨーロッパの技術を外国投資とは切り離して探し出そうとした。ヨーロッパの外国直接投資家たちは多くの場合, 新技術を持ち込んだ。私がここで珍しいとしたのは, 外国投資と技術を抱き合わせて追求した点である。

(21)　第5章を見よ。そうしたところは少数だった。

(22)　1900年には分離機会社は, 1000人の従業員を雇用していた。次の書を見よ。Ragnhild Lundström, "Early Swedish Multinationals," in *Multinationals : Theory and History*, ed. Peter Hertner and Geoffrey Jones (Aldershot：Gower, 1986), 141, および Thomas R. Navin, *The Whitin Machine Works since 1831* (Cambridge, Mass.：Harvard University Press, 1950), 241 (ハワード＆バローについて), を見よ。

(23)　William Watson's testimony before the Tariff Commission, *Report on the Textile Trades* (London：P. S. King, 1905), II, pt. 6, パラグラフ3318, を見よ。

(24)　私が挙げた3例は, 北東部の都市である。1890年代および20世紀初頭には, これらの地区は製造業における優位性が, アメリカの他の地域によって脅かされつつあると感じ始めていた。

(25)　第5章を見よ。

(26)　私は1830年代におけるこの重要性を指摘した。

(27)　Clements, "British Investment in the Trans-Mississippi West," 45, 左記の書でクレメンツは, **時に**州の働きかけが, かなり広範囲な外国資本の評価につながったが「財産権の法制化の分野以外では, その流入に対して大きな影響力となったとは認められなかった」と結論づけた。明らかに金属鉱業諸州では (クレメンツの調査には含まれていないニューイングランドでも), 外国資本を評価する動きがかなり広範囲に起きた。大草原諸州では, そのような評価そのものが, 州の政策に存在していたかは疑わしく, 南部における評価の度合いはかなり限定的であっ

第**16**章　アメリカ合衆国における外国投資への反応

た。

(28)　前掲書.

(29)　Roger V. Clements, "British Investment and American Legislative Restrictions in the Trans-Mississippi West, 1880-1990," *Mississippi Valley Historical Review*, 42（Sept. 1955）：220.

(30)　P. G. M. Dickson, *The Sun Insurance Office, 1710-1960*（London：Oxford University Press, 1960）, 223-230.

(31)　New York Superintendent of Banks, *Annual Report, 1911*, 18-19.

(32)　Clements, "British Investment in the Trans-Mississippi West," 44-45, 左記の書はあるコロラド州政府職員をイギリスの鉱山の代理人として，任務に充てるために休暇を与えるなど，かなり多岐にわたる州の援助があったことを付記している。

(33)　第5章を見よ。

(34)　前掲書.

(35)　書簡 E. L. McColgin to A. H. Baldwin, Baldwin to Wilbur J. Carr, および Carr to Baldwin, Nov. 23, Nov. 26, Dec. 4, 1912, all in RG 59, 811. 60/1, National Archives, 左記の書を見よ。

(36)　Richard Hume Werking, *The Master Architects : Building the United States Foreign Service, 1890-1912*（Lexington：University of Kentucky Press, 1977）, 228-229, 305. これに関連した企業はカラコンダ・ブラザーズであった。

(37)　一部のアメリカ関税擁護者は，外国投資が雇用を生むとみたものの，アメリカ関税そのものが外国投資を振興するために企画されたとはみることはできない。

(38)　まさに社歴さえ存在しなかったかもしれない。これは大変な論争を巻き起こした一大事で，積極的なヘンリ・デターディンがアメリカに参入しただろうと主張する人もいるだろう。私の見解は，ニュージャージー・スタンダード石油社社長のウォルター・ティーグルが，アメリカの打ち出した反トラストによって規制されなかったとしたら，彼はデターディンとともに世界市場の分割をしたであろうし，アメリカはアメリカ人たちの天然資源保護地域になっただろう，というものである。その他のやり方で，アメリカの反トラスト政策がシェルを助ける結果となった。同グループが1912年にオクラホマ州で石油利権の取得に乗り出した際，多くの場合，住民は損害補償権利を有し，いわゆる分割賃貸における彼らの権益は連邦法によって課せられた4800エーカーの制限を超えるものとなった。

　オクラホマの大部分の最も良質な石油産出地域は，インディアン所有者のために，アメリカ内務省インディアン部局によって管理されていて，（スタンダード石油を想定し）賃貸の寡占を回避するために議会は何人たりとも，インディアン人の賃貸による4800エーカーを超す土地の所有を禁じていた。内務省の政策は法人としての身分を無視し，法律文面を厳格に解釈するものだった。この法律は，さらに重要なことに，その解釈がロイヤル・ダッチ・シェル社に大きな問題となってのしかかり，「4800エーカーの限度を超す土地におけるインディアンによる賃貸をすべて処分することを要求した」。この状況のなかで，1912年に同グループのニューヨークの法律事務所は，アメリカ内務省長官（ウォルター・L・フィッシャー）に接触を図ると，フィッシャーは同法律事務所の顧客は，スタンダード石油社の手先ではないかとの懸念を表明したが，そうではないと確約された。その結果，関係した弁護士の後の回想によると，「分割賃貸に影響を及ぼしていた連邦法の条文に対する当省の欺瞞の一部が緩和されたが，それらによる法的規制は重大な問題となり続けた」（R. T. Swaine, *The Cravath Firm*［New York：privately printed, 1946］, II, 75-76）。スウェーンはフィッシャーに宛てた自らの1912年10月23

1057

第Ⅱ部　世界最大の債務国

日付の書簡を引用している。

多少不用意にも，外国投資を奨励することになったかもしれないもう一つのアメリカの法律は，1877年の砂漠地域法である。居住を要求した他のほとんどのアメリカ公有地法制とは異なり，当法は乾燥地域に対する灌漑を目的としてできたものの，居住を要求するものではなかった。これがこの分野の土地投資へと外国投資家を引きつける役を果たしたことはありうる。この関係については次の書を見られたし。Elwood Mead, *Irrigation Institutions* (New York：Macmillan, 1907), 16-17, 34-36, 56-59, 344.

(39)　この関税政策でアメリカ連邦政府は国内産業を援助（保護）した。

(40)　書簡 August Belmont & Co. to N. M. Rothschild & Sons, July 29, 1881, Rothschild Archives, London（RAL）Ⅱ/51/OB.

(41)　Maury Klein, *History of the Louisville and Nashville Railroad* (New York：Macmillan, 1972), 219.

(42)　書簡 E. H. Harriman to James Stillman, Oct. 23, 1908, 左記の書簡は次の書のなかで引用されている。Anna Robeson Burr, *Portrait of a Banker, James Stillman* (New York：Duffield, 1927), 241.

(43)　W. Turrentine Jackson, "British Impact on the Utah Miming Industry," *Utah Historical Quarterly*, 31 (Fall 1963)：470.

(44)　Donald Hugh Welsh, "Pierre Wibaux, Bad Lands Rancher," Ph.D. diss., University of Missouri, 1955, 143.

(45)　最終的に1881年に，デンバー・アンド・リオグランデの投資に関し，その有価証券は「投機的操作」に依存する傾向があり，さらにその成功は「将来の問題」で同地域の定住終了後初めて可能となるとの理由で，当責任者である，ロンドンのロスチャイルドに投資を止めるように助言したのは「アメリカの」銀行，オーガスト・ベルモント社だった（書簡 August Belmont & Co. to N. M. Rothschild & Sons, Oct. 18, 1881, RAL Ⅱ/51/OB）。

(46)　*Banker's Magazine*, New York, 33 (April 1879)：749.

(47)　前掲書，34 (Jan. 1880)：520-521（ゴシックは私自身による）.

(48)　前掲書，35 (Aug. 1880)：125.

(49)　"Taxing Foreign Banking Capital," *Banker's Magazine*, New York, 34 (June 1880)：919.

(50)　実例としては次の書簡のなかの議論を見よ。W. J. Caesar, Chicago, to J. Gurney Fowler, Feb. 14, 1894, Price Waterhouse Archives, London.

(51)　アメリカの銀行家の行動に関して，同様の懸念があったかもしれないが，外国投資家が絡むと懸念はしばしばより顕在化した。

(52)　*Economist*, 47 (July 27, 1889)：965.

(53)　234 U.S. 216. 次の書を見られたし。Reavis Cox, *Competition in the American Tobacco Industry* (New York：Columbia University Press, 1933), 38.

(54)　1886年の規則に関しては次のデータを見よ。FO 5/2043, Public Record Office (PRO), London. それ以降の規則および歴史的背景に関しては次を見よ。Chamber of Commerce of the United States, *Laws and Practices Affecting the Establishment of Foreign Branches of Banks* (Washington, D.C.：Chamber of Commerce, 1923), および Clyde William Phelps, *The Foreign Expansion of American Banks* (1927；rpt. New York：Arno Press, 1976), 194-203. 多くの場合，州政府による外国銀行に対する禁止事項が課せられる前に審査や規制が行われた。一例としてカリフォルニア州の外国銀行禁止のときあるいは以降の規制に関して

1058

第**16**章　アメリカ合衆国における外国投資への反応

は第13章を見よ。

(55)　例えば1886年に，ニューヨークでは外国の保険会社の資本金の最低限度額が法律で規定され，その資本金は認可を受けた有価証券に投資されなくてはならなくなり，外国の保険会社は州の監督者に対して登録しなくてはならなくなった。ニューヨークおよびその他の州規定に関しては，次の書簡と第15章を見られたし。Consul General, New York, to Foreign Office, Oct. 27, 1886, FO 5/2043, PRO.

(56)　フェルプスが著書（*Foreign Expansion*, 195）で指摘するように，銀行に対する規定は預金者保護を目的としていた。*Best's Insurance Report* (*Fire and Marine Insurance*), 1914, 5, 左記の書は通常の許可証が金銭上の責任および被保険者保護に役立ったと述べている。

(57)　国際銀行業務の歴史記述家のクライド・フェルプスの感じるところでは，「外部（国外および州外）の銀行」に敵対的な州法とは，「主として，ある州が州内の事業企画を**アメリカの他の州の労働組合**から防衛しようと望んで，採用されることが多いようだ」（Phelps, *Foreign Expansion*, 194［ゴシックは私自身による]）。国外からの投資家は，個々の州の外部からの投資家と同じように扱われた。州外銀行に対して適用された州法が国外銀行にも適用された。

(58)　Virginia H. Taylor, *The Franco-Texan Land Company* (Austin : University of Texas Press, 1969), 221-223. より一般的な論点はデトレヴ・F・ヴァグツの書で明らかである。Detlev F. Vagts, "The Corporate Alien : Definitional Questions in Federal Restraints on Foreign Enterprise," *Harvard Law Review*, (June 1961) : 1528.

(59)　William Marion Gibson, *Aliens and the Law* (Chapel Hill : University of North Carolina Press, 1940), 75. 1881年の法律における互恵規定は，1905年の法制化で再確認された（前掲書，77）。しかし1906年に，新アメリカ連邦法により同互恵条項が削除され，アメリカ国内にて製造業施設を有するはずの登録商標をもつ者ならば誰にでも同様の保護が与えられた（前掲書，81）。同条項は施行における煩雑さのために採用されなかったようだ。

(60)　David M. Pletcher, "1861-1898 : Economic Growth and Diplomatic Adjustment," in *Economics and World Power*, ed. William H. Becker and Samuel F. Wells, Jr. (New York : Columbia University Press, 1984), 141（プレッチャーはこのフランス電信会社の名前も，それが参入を許されたかに関しても記録していないし，その条件も明確に述べていない）。ドイツの電信会社に関しては次の書を見よ。*Foreign Relations of the United States, 1899,* 311-312.

(61)　特にインペリアル・タバコ社を襲うこととなった大きな衝撃的影響により，アメリカの影響力が低下することになる（アメリカン・タバコはインペリアルの少数株式を売却しなくてはならなかった）。インペリアル社は輸出用タバコ葉取得に対しアメリカに出資していて，1911年以降この出資は，その決定によって触れられることもなくそのまま残った。ブリティッシュ・アメリカン・タバコ社に対する法廷の措置の影響で，1920年代には，同社がイギリスによる支配を受ける道筋をたどることになった。その後，輸出のための同社によるアメリカ内における投資（紙巻タバコ製造とタバコ葉購入における投資資金）は，アメリカからイギリスへと変化することとなる。

(62)　Cox, *Competition*, 28.

(63)　第10章を見よ。

(64)　目的は明らかにドイツの染色会社によってアメリカバイヤーに対して支払われる賄賂の排除であった。次書を見よ。Howard Watson Ambruster, *Treason's Peace* (New York : Beech-hurst Press, 1947), 5-10, および Alien Property Custodian, *Report, 1918-1919,* 41.

1059

第Ⅱ部　世界最大の債務国

賄賂は「略奪的価格設定」すなわち，反競争的であるとみられた。

(65)　第10章および第11章を見よ。

(66)　既述のように，外国投資家たちはアメリカの法律事務所を使い，適応可能なアメリカ法の解釈をするのが典型的であった。

(67)　次を見よ。*Banker's Magazine*, New York, 38 (Jan. 1884)：577，さらに同様の観点に関しては次を見よ。*Banker's Magazine*, New York, 40 (Feb. 1886)：578. しかし前掲書で，同誌はアメリカ関税障壁内におけるアメリカの製造業に対して，ヨーロッパが投資することを容認する考えも表明しているのだ。好意的な反応を扱うこの章の部分を見よ。1879年に『バンカーズ・マガジン』は，大多数のアメリカ国民は「国外で保有されるその（アメリカの）公的，企業団体の，または私的な有価証券があることは，不幸であると考えるとのコメントをしていた。最も安価な市場で借り入れるという主義は，理論上正しいだろうが，一般的な理解では，外国人に支払われる利子は，アイルランドの懸案の悩みである不在者地主に支払われる賃貸料に多分に似たところがある」(*Banker's Magazine*, 33 [April 1879]：746) としている。要するに，同誌はその時々で異なる意見を，また同一時期に異なる分野に対する投資に異なる意見を持ち得たのである。

(68)　A. D. Noyes, *Thirty Years of American Finance* (1900；rpt. New York：Greenwood Press, 1969), 122-123. 同様の懸念に関しては次の書を見られたし。Henry Adams, *Letters*, ed. Worthington Ford, 2 vols. (Boston：Houghton Mifflin, 1930, 1938), II, 103. 左記の書のなかで彼は，1896年の4月に外国資金に対する自らの懸念として表明している。要求があれば融資する。「これではわが国の市場は，極度に傷つきやすく危険なものとなる」。

(69)　E. C. Stedman, *New York Stock Exchange* (1905；rpt. New York：Greenwood Press, 1969), 298, 348, 352, 354.

(70)　まもなく明らかになるが，これは一部の銀行家だけでなく人民党の指導者の見解だった。

(71)　否定的な反応に関しては，次の書を見られたし。Roger V. Clements, "British Investment and American Legislative Restrictions"；彼の著書 "British-Controlled Enterprise in the West between 1870 and 1900," および "Some Agrarian Reactions," *Agricultural History*, 26 (Oct. 1953)：132-141；および彼の著書 "Farmers' Attitude toward British Investment in American Industry," *Journal of Economic History*, 15 (June 1955)：151-159, および Edward P. Crapol, *America for Americans* (Westport, Conn.：Greenwood Press, 1973).

(72)　Swaine, *Cravath Firm*, I, 467, で引用された1892年4月17日の書簡。これはシカゴ家畜集積所問題に関するものである。

(73)　Robert E. Riegel, *The Story of Western Railroads* (Lincoln：University of Nebraska Press, 1926), 138-140, 290.

(74)　N. B. Ashby, *The Riddle of the Sphinx* (Chicago：Mercantile Publishing, 1892), 266-267.「不在者所有」に対する敵対心は積年的なものである。農場経営者の考える前提とは，アメリカ東部やヨーロッパの投資家は，地元の世論や必要性にはあまり応えてくれないというものだった。Solon Justus Buck, *The Granger Movement, 1870-1880* (Cambridge, Mass.：Harvard University Press, 1913), 12-13.

(75)　Charles Francis Adams, "The Granger Movement," *North American Review*, 120 (April 1875)：397. アダムズは外部的 (foreign) という言葉をヨーロッパ人に対してだけでなくアメリカ東部の人に対してもよく用いた。

(76)　前掲書，398で，アダムズは述べている。「実際に平原に住んでいたのは東インド人ではなく，

自分たちの権利をはっきりとした形で無視されることに対しては，彼らが長くは屈していると
いう可能性はまずない。彼らも訴えるべき立派な不満をもっていた」（前掲書，399）。

(77)　Robert C. Cotner, *Addresses and State Papers of James Stephen Hogg*（Austin：
University of Texas Press, 1951），277-278. その事例や判例は次の通りである。*Mortgage
Trustees of the Texas and Pacific, the St. Louis and Southwestern, the Tyler Southwestern,
the International and Great Northern and the Gulf, Colorado and Santa Fe v. Texas
Railroad Commission and C. A. Culberson, Attorney General*（1892）.

(78)　農業経営者たちの不満に関しては John D. Hicks, *The Populist Revolt*（Minneapolis：
University of Minnesota Press, 1931），60-66，を見よ。彼は外国投資問題は論じていない。し
かしその他の問題は外国投資に関する「水増しされた」資本に関するものである。

(79)　公認されていない公的な土地の囲い込みに関しては次を見よ。U.S. Senate, 48th Cong., 1st
sess., 1894, Exec. Doc. 127, esp. 2, 31, 38-39. 詐欺や不正に関しては，次の書を見られたし。
Paul Wallace Gates, "The Homestead Law in an Incongruous Land System," in *The Public
Lands*, ed. Vernon Carstensen（Madison：University of Wisconsin Press, 1963），338. さらに
次も見よ。Commissioner of General Land Office, *Annual Report, 1885*, 167, 173.

(80)　イギリスの「灌漑」会社に対する反応に関しては，Roger V. Clements, "British-Controlled
Enterprise in the West," 135-141，を見よ。これらの会社は土地の値段を上げる手段として灌
漑に関係した。基本的には「土地会社」であった。土地および水利権のための高い頭金を支払
わざるを得なかった農場経営者は，自分がその土地と（そこから生じる）水利権を買った会社
に対して自らの農場を抵当に入れることを余儀なくされたと抗議者たちは，主張した（前掲書，
136）。

(81)　Cotner, *Papers of James Stephen Hogg*, 226, 272-274.

(82)　次の書のなかで引用されている。Crapol, *America for Americans*, 94.

(83)　*New York Times*, Jan. 24, 1885.

(84)　ウィリアム・スカリーと彼に対する反応についての優れた著作は，Paul Wallace Gates,
Frontier Landlords and Pioneer Tenants（Ithaca, N.Y.：Cornell University Press, 1945），
34-64. スカリーは議会報告のなか，実名入りで言及されている。例えば次を見よ。U.S.
House, 49th Cong., 1st sess., 1886, H. Rept. 1951, 3. ある著作家はスカリーのことを「火花と呼
び，それは民衆の想像力に火をつけるために必要なものだった」と語った（James Karr
Taylor, "Escheats under Statutes Disqualifying Aliens from Holding Property," masters'
thesis, Faculty of Law, Columbia University, 1935, 62）。

(85)　スカリーの優れた伝記に引用されている。Homer E. Socolofsky, *Landlord William Scully*
（Lawrence：Regents Press of Kansas, 1979），118.

(86)　U.S. Senate, 48th Cong., 1st sess., 1884, Exec. Doc. 127, 2.

(87)　書簡 William A. Hall to Hon. Mr. Belford, member of Congress from Colorado, Jan. 16,
1884，前掲書，31.

(88)　オーツは外国の所有者たちに対抗する強固な法規制を擁護した。次を見よ。U.S. House,
"Land Titles to Aliens in the United States," 48th Cong., 2nd sess., Jan. 20, 1885, H. Rept.
2308, HR 5266.

(89)　Lewis Nordyke, *Cattle Empire*（New York：William Morrow, 1949），76-77. アーチボル
ド・マージョリバンクスに関して，さらなる読書家は次の書を見られたし。Clements,
"British-Controlled Enterprise," 134n.

第Ⅱ部　世界最大の債務国

(90)　ジェームズ・ステファン・ホッグの演説。次の書を見られたし。*Papers of James Stephen Hogg*, ed. Cotner, 97（April 19, 1890）, 116-118（inaugural address, Jan. 21, 1891）, 180-181（March 14, 1892）.

(91)　1888年の広告チラシである。Pearson, *Maxwell Grant*, 131を見よ。

(92)　Demands of the Farmers' Alliance of Texas, 1886；St. Louis Demands, Dec. 1889；Ocala Demands, Dec. 1890；Cincinnati Platform, May 1891；St. Louis Platform, Feb. 1892；および Omaha Platform, July 1891. 左記の政綱のそれぞれが非外国人財産の項目（綱領）をもっていた。次の書を見られたし。Vernon Carstensen, ed., *Farmer Discontent, 1865-1900*（New York：Wiley, 1974）, 74, 78, 79（最初の3政綱に関して）, および Hicks, *The Populist Revolt*, 428, 431, 433, 438, 443（最初の政綱を除くすべてに関して）.

(93)　アシュビーの次の書に引用されている。Ashby, *The Riddle of the Sphinx*（1892）, 322-326.

(94)　リランド・スタンフォード（1824-1893）に関する伝記的資料に関しては，次の書を見られたし。Richard B. Morris, ed., *Encyclopedia of American History*（New York：Harper & Row, 1976）, 1155-56. 実際1889年8月にドイツ人投資家がセントラル・パシフィック社のかなりの利権を取得していた。スタンフォードの1890年5月のコメントとこの購買との間に関連はあったのか。ドイツ人の買収に関しては次の書を見られたし。Dietrich G. Buss, *Henry Villard*（New York：Arno Press 1977）, 185. セントラル・パシフィック社とサザン・パシフィック社がロンドンで金を集めていた（Dorothy Adler, *British Investment in American Railways*［Charlottesville：University Press of Virginia, 1970］, 207, 210）。

(95)　Ashby, *The Riddle of the Sphinx*, 327："Debt has ever been the symbol of bondage." 抵当および抵当貸し手の双方に反対する農業者同盟に関しては，次の書を見られたし。Allan G. Bogue, *Money at Interest*（Ithaca, N.Y.：Cornell University Press, 1955）, 150. ボウグは1891年11月24日の抵当権給付者のJ・B・ワトキンスがイギリスの代表者に送った書簡を引用している。

(96)　1892年10月1日に（テキサスの）ジェームズ・ステファン・ホッグの演説に引用された公開状。*Papers of James Stephen Hogg*, ed. Cotner, 273. これらのカンザスの農場経営者たちは抵当権喪失が，これらの農場の所有権を得るために前もって考えられた目的に基づいていたものと考えた（前掲書）。カンザスの抵当権喪失に関しては次の書を見られたし。Hicks, *Populist Revolt*, 84.

(97)　Ivan Wright, *Farm Mortgage Financing*（New York：McGraw-Hill, 1923）, 1, 43.

(98)　抵当を当然視する今日では，彼らがかつて巻き起こした論争の激しさを理解することは難しい。そこでジョージ・K・ホームズは「抵当とは繁栄の証か否か」の疑問を論じている。彼は，この種の恩義の「自発性」を指摘し，「その自発性こそが，繁栄を推し進める手段であるという一般世論の証となっているはずだと信じた」。しかしながら，ホームズは次のように認識した。「不作が起きれば，利子を支払う重圧は消費者には転換できず，農場経営者たちは政治的な革命や借金の重荷を軽減すべく法制化の企てを考え始める」（George K. Holmes, "A Decade of Mortgages," *Annals of the American Academy of Arts and Sciences*, 6［1894］：913-914）。

(99)　John Davis, "Alien Landlordism in America," in *The Land Question from Various Points of View*, ed. C. F. Taylor（Philadelphia：C. F. Taylor,［1898］）, 56-57, 61-63. ジョン・デイヴィスはカンザスの人民主義の精神的指導者であり，新聞の編集をしたり議会での奉職経験（1891-95）もある。次の書を見られたし。Socolofsky, *Landlord*, 113, 169n.

1062

第 **16** 章　アメリカ合衆国における外国投資への反応

(100)　Davis, "Alien Landlordism," 61. この激高した感情がアイルランドにおけるイギリス人地主支配に関する，名前を明らかにしていない一人のアメリカ人著者からのデイヴィスの引用に反映されている。すなわち，「サクソンの武士は意地汚い，やりたい放題の獣で，やがて生まれながらの海賊のデーン人……がサクソン人と混血した。その後生まれながらの山賊のノルマン人が来た。世界は新しい創造物をみることとなった。……鋼の心をもち，容赦のないイギリス人不在者地主だ。3分の1は海賊で3分の1は山賊で3分の1はブタ野郎だ」。この言い方に対しデイヴィスは次のように付け加えている。「われわれが家族を差し出したのはこの貪欲と残忍な獣，この容赦のないブタ野郎，海を越えてやってきたこの海獣なのだ。神よ助け給え。アメリカ人に危険を気づかせる人間か神の声はないのか」(前掲書，67-68)。

(101)　20世紀初頭にカリフォルニア州に居住する日本人の農場経営に絡み，外国人土地所有に反対する新しい波が起きた。次の書を見られたし。Dudley O. McGovney, "The Anti-Japanese Land Laws of California," *California Law Review*, 35 (1947)：7. これらの懸念が非居住者でなく移住者に関係していたという理由から，この問題は私の研究の範囲外である。1900年から1914年の間にイギリス人の土地所有に対する反感は続くが，それ以前の20年間の激しさは失った。

(102)　1902年初頭，ジェームズ・S・ホッグはヨーロッパに3カ月滞在し，テキサス産石油の開発のためホッグ・スワイン・シンジケートに外国資本を呼び込もうとした (Cotner, ed., *Papers of James Stephen Hogg*, 501)。これは1891年から1895年までテキサス州知事として，テキサスの大地におけるイギリス人による投資を非難したまさに同一人物のホッグであった。

(103)　*Congressional Record*, 51st Cong., 1st sess., Aug. 20, 1890, 8879. ペイソンは大草原の諸郡を代表し，反外国人土地所有法制を強く支持していた。次の書を見られたし。Gates, *Frontier Landlords*, 59.

(104)　*Congressional Record*, 51st Cong., 1st sess., Aug. 20, 1890, 8878.

(105)　銅およびジョン・D・ライアンの懸念に関しては第8章および，次の書を見られたし。C. C. Hoyer Millar, *Florida, South Carolina and Canadian Phosphates* (London：Eden Fisher, 1892), 104. 左記の書のなかで，フロリダのリン酸塩輸出価格を低下させた「イギリスから来た厳しい商売をする兄弟たち」に対する，あるアメリカ人の不満が (非難しながら) 引用されている。

(106)　次を見よ。U.S. House, 63rd Cong., 2nd sess., Feb. 3, 1914, H. Rept. 214.

(107)　第8章を見よ。

(108)　次の書のなかに引用されている。*Mineral Industry, 1914*, 555.

(109)　前掲書，555-556.

(110)　George H. Nash, *The Life of Herbert Hoover* (New York：W. W. Norton, 1983), 472.

(111)　本章の後半の国防に関する部分を見よ。

(112)　次の書のなかに引用されている。Ashby, *The Riddle the Sphinx*, 250-251.

(113)　1889年から90年までのアメリカ産業において，イギリス利権の拡大によって受けた範囲の広さを誇張しすぎることは難しい。例えば次の議論がある。*Banker's Magazine*, New York 44 (Aug. 1889)：81-85. 例えばビール醸造業，鉄鋼業におけるイギリス投資に関しては次の論議を見よ。*The American Iron and Steel Association Bulletin*, 23 (Dec. 11, 1889)：341. 左記の書は以下の点を報告している。(1)あるイギリスの企業連合がアラバマ州のジョン・バスの鉄および石炭鉱山とともに，セントルイスのフォートウェインおよびシカゴにある巨大な車両用車輪工場とボイラー，機関車工場を350万ドルで買い付けていたこと。(2)シカゴの弁護士，

1063

第Ⅱ部　世界最大の債務国

エドウィン・コーウィンが代表を務めるあるイギリスの企業連合が，エルギン・ナショナル時計会社に8500万ドルで買収をもちかけていたこと。(3)コーウィンが（前述のイギリスの企業連合の援助で）ミシガン・ストーブ会社傘下で，3つのデトロイトのストーブ会社を1つに統合することを計画していたこと。(4)あるイギリス企業連合がヴァン・ドゥーゼンの穀物昇降機を買い上げていたこと。(5)あるイギリスとアメリカの合同の企業連合がアメリカのすべての綿のズック製造工場を買い上げるための金額を1500万ドルから1800万ドルに上げる計画をしていたこと，である。これらの投資のいくつかは成就しなかった。綿のズック製造工場を巻き込む最大の企画は実現しなかった。

同機関紙は1890年1月1日号と8日号で次の報告をした（vol.24, p.2）。(1)ニューイングランドの約24の皮革場（ショーの皮革場が最も主要なものだが）をイギリス人投資家に売る計画があったこと。3人のイギリス人会計士が現場にて調査していたこと。(2)ケンタッキーの醸造酒製造業のT・B・ライペイがイギリスの企業連合に事業を手放したこと。(3)アンガス・スミス穀物昇降機システムは，あるイギリス企業連合に100万ドルで売却されたこと，である。同紙の次号（1890年1月15日）は，シカゴのグランド・パシフィック・ホテルにて，ロンドンのトーマス・スチュアートが，英国資本の1500万ドルを投資する計画を立てていることを語った。さらにグレンズ・フォールズ，レミントン，ニューヨークの4つの主要製糸工場が，イギリス人企業連合に売却されつつあり，その価格は，400万ドルから500万ドルであったと伝えた。このように，次々と発刊される同紙で新情報を提供し続けた。その他の翻訳に関しては，次の書を見られたし。Erastus Wiman, "British Capital and American Industries," *North American Review*, 150 (Jan. 1890)：220-234.

(114)　拒絶する他の理由としては，(2)われわれが恐れたのは，英国の会社がもつ巨大資本ゆえに，企業活動を行うであろう多くの諸州で，重税を受けるのではないかということだった。(3)当社が自社の企業活動に必要とする不動産保有権の問題もあろう。多くの州で外国企業は不動産の所有ができなかった（Swaine, *Cravath Firm*, I, 430 [Feb. 20, 1890, letter]）。

(115)　Phelps, *Foreign Expansion*, 195.

(116)　アメリカの銀本位制擁護者，農民党員，債務者たちは（国内外の）債権者たちに憤った。アメリカはもっと多額の金銭を保有しなくてはならない。「ロスチャイルドや金融縮小によって利する利権者たちは，彼らを権力の座から降ろそうとするわが国政府のいかなる動きにも敵対している」（Ashby, *The Riddle of the Sphinx*, 330）。

(117)　この数字は他の推定をはるかに超えている。表5-4を見よ。

(118)　このような状況のなかで，最新のロスチャイルド社史にて語られている記事は興味深い。当時1892年に大蔵大臣のサー・ウィリアム・ハーコートは，複本位制会議への派遣団の必要性を感じ，ロスチャイルド卿（ナサニエル・M・ロスチャイルド）に頼んだが，彼はこの招待を断り，自分の兄弟のアルフレッドを推薦した。サー・ウィリアム・ハーコートはアルフレッドが「十分信頼できる単本位制主義者（グラッドストーン氏は「良識のある人間」と呼ぶ）であるか，そして死ぬまで金本位制を支持するか」と尋ねた。ロスチャイルド卿はハーコートに心配はないと請け負った。次書を見よ。Richard Davis, *The English Rothschilds* (Chapel Hill：University of North Carolina Press, 1983), 222. デイヴィスはハーコート氏の書簡を左記の書の根拠としている。

(119)　F. Cyril James, *The Growth of Chicago Banks*, 2 vols. (New York：Harper & Bros. 1938), I. 634.

(120)　前掲書，640，より引用。銀本位制擁護者と外国人土地所有反対論者は，多くの場合同一だ

った。実例としてはデイヴィスの書を見よ。Davis, "Alien Landlordism," 61, 63n.

(121)　Adams, *Letters*, II, 103, 110（July 1896 letter）. アダムズの1893年9月の書簡を見よ。この
なかで彼は「金本位制の狂信的擁護者の集まるユダヤ人と仲買人の社会では，私は居場所がな
い」と書いている（前掲書，33）。

(122)　パウダーリーはクレイポルの書で引用されている。Crapol, *America for Americans*, 97.

(123)　アメリカ企業家たちは例えば，イギリスの織物機械製造者やドイツの染料メーカーに対し
これらの懸念を抱いていた。

(124)　次の書簡を見られたし。書簡 W. J. Caesar to J. G. Fowler, Oct. 14, 1898, Box 1, Price
Waterhouse Archives, London. これは「外国の」会計士に対する「偏見」に関するものであ
る。書簡 Caesar to Price, Waterhouse, London, Oct. 14, 1898, 前掲書における左記の書簡は
外国人会計士雇用に対するニューヨークでの扇動に関するものである。さらにアメリカ人会計
士のねたみに関して，次の書を見られたし。John L. Carey, *The Rise of the Accounting
Profession*（New York：American Institute of Certified Public Accountants, 1969）, 34.

(125)　Cotner, ed., *Papers of James Stephen Hogg*, 374-375.

(126)　Carstensen, ed., *Farmer Discontent, 1865-1900*, 121.

(127)　例えばシドニー・ストーリー（パンアメリカン郵便船会社の副社長）の証言を見よ。New
Orleans, Jan. 7, 1913, U.S. House of Representatives, committee on Merchant Marine and
Fisheries, *Investigation of Shipping Combinations*（Washington, D.C., 1913）, 5-21. この会社は
「海運連合」を図ったために廃業に追い込まれた（前掲書，5）。

(128)　特定の不満はここに要約されている。U.S. Federal Trade Commission, *Report on
Cooperation in American Export Trade*（Washington, D.C., 1916）, I, 36-40. また次も見よ。
Shipping Combinations, 至るところに，さらにU.S. House of Representatives, Committee on
Merchant Marine and Fisheries, *Steamship Agreements and Affiliations in the American
Foreign and Domestic Trade*（Washington, D.C., 1914），至るところに.

(129)　Julius Grodinsky, *Jay Gould*（Philadelphia：University of Pennsylvania Press, 1957）, 279.

(130)　それは明らかにイギリスのマンネスマン鋼管会社の子会社であり，今度はドイツ人の管理
下に置かれた。

(131)　J. Perc Boore, *The Seamless Story*（Los Angeles：Commonwealth Press, 1951）, 13. 左
記の書には詳細な記載がある。

(132)　第12章を見よ。しかし何者もヴィッカーが潜水艦事業に参入することを阻止できなかった。
第12章で述べたように，潜水艦がアメリカ海軍の最優先項目ではなかった。1912年までにはア
メリカの規定により，外国人のアメリカ海軍工廠への立ち入りさえ禁止された（書簡 F. W.
Taylor to E. Michelin, Aug. 29, 1912, Taylor Papers, Hoboken, New Jersey）。

(133)　Gleason L. Archer, *History of Radio*（New York：American Historical Society, 1938），
63, 78.

(134)　L. S. Howeth, *History of Communications-Electronics in the United States Navy*
（Washington, D.C., 1963）.

(135)　U.S. Navy, *Annual Report, 1913*, 17.

(136)　Howeth, *History*, および第4章.

(137)　John A. DeNovo, "Petroleum and the U.S. Navy before World War I," *Mississippi Valley
Historical Review*, 41（March 1955）：641-656；Gerald Nash, *United States Oil Policy,
1890-1964*（Pittsburgh：University of Pittsburgh Press, 1968）, 5, 8-11, 16-19；および John

第Ⅱ部　世界最大の債務国

　　　Ise, *United States Oil Policy* (New Haven : Yale University Press, 1926), 157-158, 309-320.

(138)　U.S. Secretary of the Navy, *Annual Report, 1913*, 14.

(139)　*Mineral Industry, 1913*, 537, 左記の書のなかでは雑誌 *Engineering and Mining Journal*, Jan. 31, 1914, を引用している。 Nash, *Herbert Hoover*, 472, 左記の書でナッシュは，アンドリュー・ウィアのカリフォルニア油田事業を英国海軍の必要性の文脈中で捉えている。

(140)　U.S. Secretary of the Navy, *Annual Report, 1914* (Dec. 1, 1914), 17.

(141)　Ise, *United States Oil Policy*, 460, 左記の書のなかで，イギリス政府が1914年に将来的な自国の海軍用の燃料油供給を確保するために，アングロ・ペルシャ石油会社の支配権を買い占めるのを，アメリカ側も注意深くみていたと述べられている。イギリス政府の活動に関しては次の書を見られたし。Geoffrey Jones, *The State and the Emergency of the British Oil Industry* (London : Macmillan, 1981), および R. W. Ferrier, *The History of the British Petroleum Company* (Cambridge : Cambridge University Press, 1982), vol. 1.

(142)　Ise, *United States Oil Policy*, 460.

(143)　これはすべて内覧的なものであり，外国企業とアメリカの石油備蓄が1919年から1923年の期間により深刻な問題となる。

(144)　引用は次の著書からのものである。Adams, "The Granger Movement" (April 1875), 395. 前述の如く，アダムズは「外国の」という言葉を，ヨーロッパ資本と同様にアメリカ東部のものにも，しばしば使用した。ポッター法の詳細に関しては次の書を見よ。Buck, *The Granger Movement*, 182-205. 州政府によるものでも連邦政府によるものでも，鉄道に対する法規制はしばしば投資に対する収益を減じるものとみられた。しかし外国からの投資家たちに対する特別な偏見はなかった。よって私は鉄道法制を論じることはしない。それが特に海外投資家だけを取り上げているわけではなかったからである。

(145)　書簡 William Mackenzie to Earl Granville, Jan. 7, 1881, FO 5/1763, PRO.

(146)　Gene M. Gressley, *Bankers and Cattlemen* (New York : Alfred A. Knopf, 1966), 193, および彼の "Brokers to the British : Francis Smith and Company," *Southwestern Historical Quarterly*, 71 (July 1967) : 9. 彼らはこの法律が非居住の会社から抵当流れ処分権を奪うものと信じた。

(147)　前掲書.

(148)　非居住の外国人所有者を直撃する当初の措置が連続したが，それが起きた諸州および年度を挙げた（一部の州では複数の法律が通過した）。すなわち，インディアナ (1885)，ウィスコンシン，ミネソタ，コロラド，ネブラスカ，イリノイ (1887)，アイオワ (1888)，ワシントン（憲法規定，1889)，カンザス，アイダホ，テキサス (1891)，ミズーリ (1895) である。州制定法と次の書を見られたし。Clements, "British Investment and American Legislative Restriction," 219-222 ; Crapol, *America for Americans*, 103-107 ; Charles H. Sullivan, "Alien Land Laws : A Re-Evaluation," *Temple Law Quarterly*, 36 (1962) : 31n ; Gates, *Frontier Landlords*, 58-59 ; および Douglas W. Nelson, "The Alien Land Law Movement of the Late Nineteenth Century," *Journal of the West*, 9 (Jan. 1970) : 52-54.

(149)　イギリスで開催された（テキサスの土地を大規模に所有する）マタドール土地牧畜株式会社の第11回株主年次大会 (1893年) で，会長はテキサスの土地問題に関する最近のかなり人騒がせな新聞記事を次のように論じた。「時折，アメリカ国内の外国人所有の土地没収をつぶやく声が聞かれる。これらのうわさが実際の没収という結果になったことはかつてないし，今後ともないだろう。外国人はすべての文明国が有する法律が認める権利をもち，一方外国人が境

1066

第 **16** 章　アメリカ合衆国における外国投資への反応

界線内の土地を取得する権利を拒否するために法律を変更することは，州および連邦国家の権利の範囲内ではあるものの，禁止法が導入される以前に法律的資格によって土地を取得したいかなる外国人の財産をも，力づくで取り上げることはできない。われわれは自分たちの財産的権利が異議を挟む余地がなく，それゆえ連邦法廷が，外国人の権利を剥奪しようとするいかなる試みに対しても安全な防衛となることを十分認識している」(W. M. Pearce, *The Matador Land and Cattle Company*〔Norman：University of Oklahoma Press, 1964〕, 51)。ミズーリ州が外国人土地法（1895年）を通過させた後，一人の外国の大規模投資家に対し，自分の「外国人としての」立場が望ましからざるものだということがはっきりすると，スカリーは単純にアメリカ市民となる意図を宣言した（1895年9月20日）。1900年10月17日に彼はアメリカ市民となったが，それでもロンドンに自宅を保有し続けることはやめなかった。同法が遡及的に適用されるものでないことで，スカリーが以前に取得したものは守られた。

(150)　第13章を見よ。州外の支店も禁じられたが，ニューヨークは国外の銀行に対し特別に注視した。

(151)　次の書簡を見られたし。Consul General, New York, to Foreign Office, Oct. 27, 1886, FO 5/2043, PRO. 州による措置が増えるにつれ，いくつかの外国保険会社はそれらから逃れる道を求めた。1887年にイギリス出身のサン保険事務所の代理人は，同社のアメリカの経営者が運営していた「州の多くで参入権を得ていたのは，適切な人間に対して適切なやり方で賄賂を贈るという昔ながらの方法によるものであることを知った」(Dickson, *The Sun Insurance Office*, 231)。本社は驚いたが，その驚きはその慣習に対してではなく，仕事がらみの非効率さに対するものだった。少なくともある保険会社の監督者は2度買収されたのだ。

(152)　Edward Living, *A Century of Insurance*（London：H. F. & G. Witherby, 1961), 55.

(153)　書簡 Samuel Kerr to M. J. Dart, Dec. 27, 1890, 左記の書簡は次の書のなかで引用されている。Bogue, *Money at Interest*, 165.

(154)　W. G. Kerr, *Scottish Capital on the American Credit Frontier*（Austin：Texas State Historical Association, 1976), 191.

(155)　Bogue, *Money at Interest*, 166. 1892年の法律のコピー in *Papers of James Stephen Hogg*, ed. Cotner, 549-551, またその背景に関して，前掲書，158, 179-181. 外国人財産法はどれも外国の貸付業者を脅かした。多くの場合，抵当会社は，抵当流れ処分を行い短期間その土地を保有できる権利を与える条項で保護されていた。Clement, "British Investment and American Legislative Restrictions," 219. 土地とはローンに付随するもので，もし抵当会社が抵当流れ処分にする権利をもたない場合は担保物件ももつことはなかった。

(156)　Gary John Previts and Barbara Dubis Merino, *A History of Accounting in America*（New York：Ronald Press, 1979) 198. 多くの外国人会計士がイリノイ州で公認会計士となった。それはそのような規制がなかったからだ。アメリカ市民になると宣言したものの，実際にはならない者もいた。

(157)　外国投資家は税金に関して懸念した。クラヴァスの法律事務所とその前任者たちは助言を与えた。例えば次の書を見よ。Swaine, *Cravath Firm*, I, 430. また Gibson, *Aliens and the Law*, 108, は第一次世界大戦以前には，州の相続税と財産税において，居住を伴わない外国人に対する差別が存在していたことを記録している。イリノイ州は，ウィリアム・スカリーに対し，「1875年から1881年の期間の個人財産税を取り戻す訴訟を1882年に起こし，外国人大規模地主であるウィリアム・スカリーからさらなる税金を要求した。イリノイ州の貸付台帳に基づき，彼が税金の負債があるとの主張を受けると，彼の弁明は，これらの台帳はイギリスの所有

1067

第Ⅱ部　世界最大の債務国

でイリノイ州のものではなく」それゆえ州では課税対象とはならないというものだった。一つ
の地方陪審は原告擁護の決定を下したが，イリノイ州最高裁は反スカリーの決定を翻した
（Gates, *Frontier Landlords*, 54，および Socolofsky, *Landlord*, 90）。1887年にイリノイ州の立
法部は「外国人地主が，小作人に対して，借りる土地に対して評価された税金を，支払うよう
に要求すること」を禁止する法案を通過させた。スカリーは支払うべき税金に匹敵する賃貸料
を値上げすることで対応した（前掲書，108）。銀行業務では，外国銀行または銀行代理店に対
し特別な税を課した州もあった（第13章を見よ）。以下の書は1890年代における，外国保険会
社に対する差別的な州税法を指摘している。Living, *A Century of Insurance*, 55. 1899年にサ
ー・ジュリアン・ポーンセフォウト（英国大使）は，アイオワ州の法制やミズーリとネブラス
カの両州で提案された法律が，外国の火災保険会社に対して差別的な税を課していることに対
し，アメリカ国務長官ジョン・ヘイの注意を喚起した。これは一例である。明らかに州の課税
権は，外国投資家に差別的に適用され得たし，実際適用された。

(158)　すでにみたように，時にはそのような法律により，アメリカ国内における外国投資家たち
は，拠点も変えた。

(159)　次の書を見られたし。Matthew Simon, *Cyclical Fluctuations and the International
Capital Movements of the United States, 1865-1877* (New York：Arno Press, 1979),
231-234, 467-469.

(160)　James, *The Chicago Banks*, I, 634.

(161)　第4章，次の法律およびスペンスの書を見よ。Act of May 10, 1872, 17 U.S. Stats. 91，お
よび Clark C. Spence, "British Investment and the American Mining Frontier, 1860-1914,"
New Mexico Historical Review, 36 (April 1961)：134. イギリス外務省は実際に抗議したが，
効果はなかった。

(162)　20 U.S. Stats. 88. 次の書を見られたし。Spence, *British Investments*, 196. Jenks Cameron,
The Development of Governmental Forest Control in the United States (1928；rpt. New
York：DaCapo Press, 1972), 216，左記の書は1878年の法制化を「西部の農業および鉱工業の
事業者が，盗みを働く必要性に追い込まれることなく，木材を手に入れることができる方法を
考え出そうとする」努力の頂点としてみている。キャメロンは反外国条項についてはなにも触
れていない。次の書も見よ。Victor Westphall, *The Public Domain in New Mexico, 1854-
1891* (Albuquerque：University of New Mexico Press, 1965), 113.

(163)　W. Turrentine Jackson, *The Enterprising Scot* (Edinburgh：Edinburgh University
Press, 1968), 224. 前にみたように，反外国条項は少なくとも1841年の土地先買権法以来続く，
連邦政府の公有地法の典型であった。

(164)　Spence, *British Investments*, 196-197. スコットランド資本のカリフォルニア・レッドウッ
ド社に対する衝撃に関しては次の書を見られたし。Jackson, *Enterprising Scot*, 224-231.

(165)　1883年には1つの法律が，1884年には5つ，1885年には3つ，1886年には9つの法律がで
きた。次の書を見よ。Spence, *British Investments*, 204.

(166)　私は長いこと「アジアの首長」という言い方に対する理解に苦しんだ。現在信じるところ
では，インドや東アジアで巨万の富を築いたイギリス人で，アメリカ国内で投資していた者の
ことをいっているのではないかということだ。しばしばイギリスに対抗的な冗長表現には，ア
メリカ人は東インド人ではなくそのように扱われるべきではない，という言い方がつきものだ
った。ここまでいえば，名義上はインドや中国になっているイギリスのいくつかの信託会社は，
確かにアメリカでの投資に参加し，アジアでの企業活動に大きく関係していたイギリスのいく

第**16**章　アメリカ合衆国における外国投資への反応

つかの投資グループも、アメリカでの利権を有してはいたものの、イギリスの投資家によるインドや東アジアからアメリカへの大規模財産移転があったという証拠はなにもないことをも、即座に付け加えるべきだろう。

(167)　U.S. House, "Land Titles," および Jackson, *Enterprising Scot*, 107-109. さらに次の書簡を見られたし。L. S. Sackville West, Washington, D.C., to Earl of Granville, Jan. 22, 1885, FO 5/1902, PRO. なぜこの法律がアラバマ出身の下院議員に端を発したのか。その理由は部分的には、アラバマの州債や鉄道に対する巨額な外国投資が早い時期から行われていて、結果として大規模な土地所有という形に変わっていたことにあるだろう。

(168)　Act of March 3, 1887, 24 U.S. Stats. 476. 当法の正式名称は「アメリカ国民等に対する未編入地域（準州）における不動産所有規制のための法律」であった。それはしばしば外国人土地法とか1887年の外国人財産法などと呼ばれた。次のデータも見よ。data in FO 5/1979, PRO. この連邦政府の法律は、1887年以降に通過された多くの州法のモデルとなった。同法は現在の投資家に影響することのないように、条文の至るところに「今後」という言葉が出てくる。同様に一つの条項により現段階以前に発生した負債の取り立てにおいて取得された土地、すなわち、すでに抵当となっている財産に対する外国のローン会社による受け戻し権喪失（抵当流れ）は対象外とした。ヴァグツ（Vagts）は"The Corporate Alien"（1532）において、持ち株によって会社を外国のものと分類するやり方がこの法律で開始されたことを示唆している。

(169)　Spence, *British Investments*, 205；*Financial News*, July 20, 1887；さらに膨大なデータが次にある。FO 5/2043, PRO.

(170)　例えばカルデロン・カーリスルのサー・L・サックヴィル・ウェストに宛てた1887年4月6日付けの書簡を見よ（FO 5/1979, PRO）。次のホルマン議員の報告も見よ。Rep. Holman, *Congressional Record*, 51st Cong., 1st sess., Aug. 20, 1890, 8878. 外国人投資家たちが同法案に反対の陳情活動をしたことを示唆している。

(171)　U.S. Senate, *Mining Interests of Aliens*, 50th Cong., 2nd sess., 1890, S. Rept. 2690. 一方、1887年4月にピエール・ワイボウは、ダコタ準州の彼の牧場に対するフランスの投資の手はずを取りつけたところであった。1887年3月の法律は、彼の企業の法律上の組織運営に影響したものの、なんら外国投資を規制するものではなかった。次の書を見よ。Welsh, "Pierre Wibaux," 118-119.

(172)　国有地管理局の規定によれば、特許権をもつ会社は、それが外国で所有するものの20%未満である証拠を提出しなくてはならなかった。しかしその後外国へ所有権移転をしても、その追跡調査をする者はいなかった（Spence, *British Investments*, 210）。さらに次の書簡を見よ。British Consul General, New York, to Lord Salisbury, July 23, 1887, FO 5/1987, PRO.

(173)　Jackson, *Enterprising Scot*, 113.

(174)　次の書に引用されている。Spence, *British Investments*, 210. デイヴィスは1898年に次のように賛意を表明している。「アメリカの土地における外国投資を規制したり、抑制する、いかなる効果のある、議会による法制化もわれわれは持ち合わせてはいないのだ」（"Alien Landlordism," 60）。

(175)　Law of March 2, 1897, 29 U.S. Stats. 618.

(176)　1889年に南北ダコタ、モンタナ、ワシントンが州となり、1890年にワイオミングが、1896年にユタが州となった。オクラホマは1907年に、アリゾナおよびニューメキシコが1912年になった。州となりそれらはもはや同法の範囲外となった。

(177)　Rowl and Tappan Berthoff, *British Immigrants in Industrial America, 1790-1950*

1069

第Ⅱ部　世界最大の債務国

(Cambridge, Mass. : Harvard University Press, 1953), 39.

(178) Robert C. Cotner, *James Stephen Hogg* (Austin : University of Texas Press, 1959), 136. キャピトル・シンジケートやキャピトル自由保有土地投資株式会社に関しては，前掲書，134-135，を見よ。Nordyke, *Cattle Empire*, 62-77, 至るところに；J. Evetts Haley, *The XITR Ranch of Texas* (Norman : University of Oklahoma Press, 1953), 49, 71-73, 至るところに．その訴訟が解決をみたのかどうかは私の知るところではない。

(179) Lawrence Oakley Cheever, *The House of Morrell* (Cedar Rapids, Iowa : Torch Press, 1948), 102.

(180) 1897年12月21日に，ジョーンズ・シーザーがプライス・ウォーターハウス宛てに送った書簡を見よ（Price Waterhouse Archives, London）。1885年の契約労働法は本職としての従事者は除外した。しかし同法は1891年には修正され本職者も含むことになった。

(181) 同法の効力を発揮させずに回避する方法は多くあった。次の書を見られたし。 Charlotte Erickson, *American Industry and the European Immigrant, 1860-1885* (Cambridge, Mass. : Harvard University Press, 1957), chaps. 9 and 10. エリクソンは「アメリカの企業」によるヨーロッパの熟練労働者の募集を，施行後20年経た契約労働法が阻止できなかったことにコメントし，次のように述べている。すなわち，比較的新しいアメリカの錫製造業，絹，靴下類，レース用品製造業はすべて，この期間に熟練労働者を受け入れ（前掲書，175），靴下類製造業（この分野で私は外国直接投資があったことを確認していない）を除き，他の「新興企業」は確かに外国直接投資を誘引した。同法は熟練労働者の導入を禁じたのではなく，単に彼らの契約書のもとでの受け入れはできないと規定しただけなのだ。

(182) このことは1864年の国法銀行法の9節で規定された。次の書を見られたし。Ross M. Robertson, *The Comptroller and Bank Supervision* (Washington, D.C., 1968), 197. それは1913年の連邦準備法でも繰り返された。

(183) John G. B. Hutchins, *The American Maritime Industries and Public Policy, 1789-1914* (Cambridge, Mass. : Harvard University Press, 1941), 542-543.

(184) 次の書簡 Letter to Lord Salisbury, July 23, 1887, FO 5/1987, PRO, を見よ。これは，数年前の出来事について触れたものだ。ハッチンスは外国で所有が「認可される」株式比率についてはなにも論じていないが，確かに1817年以降は「アメリカ国内で建造され所有される船舶のみが」沿岸運送業務に参入できたと明言している。会社に対しての決められた比率はなかった（*American Maritime Industries*, 252）。その背景に関しては次の書を見よ。Vagts, "The Corporate Alien," 1503-4.

(185) 鉄道会社の参加に関しては，次の書を見られたし。Hutchins, *American Maritime Industries*, 569-571.

(186) 政治科学を専門とする私の同僚の一人（デヴィッド・ズワイグ）の示唆するところでは，主権の防衛は「国家防衛」事項で，1887年の外国人財産法も国家防衛と見なされた可能性がある。しかし私は「国家防衛」という言葉を軍事的な意味で使ったのであり，外国人財産法制は戦争が起きた際の攻撃に対する脆弱性から，われわれを守ろうという意図でつくられたものではないということだ。

(187) Hutchins, *American Maritime Industries*, 540.

(188) 1912年8月13日の無線電信法（37 U.S. Stat. 302）に基づき，いかなる個人も会社も，アメリカ商業労働長官の許可なくして，数州間や外国との，またはアメリカのいかなる船舶上での無線による通信のための装置を操作することはできなくなった。同法は，許可証はアメリカ国

民もしくはアメリカ国内の州，または準州の法律のもとに法人化された会社にのみ発行される
ことを義務づけた。アメリカの会社の所有権にはなにも触れていず，即座にアメリカ司法長官
は，同法が法人認可を受けた者に対する外国支配を容認するものと解釈した。29 Op. Att'y
Gen. 579（1912）。これによりいかなる反外国的な意図も無効にする効果があった。司法長官
の意見に関しては次の書を見よ。U.S. Department of Commerce, *Foreign Direct Investments
in the United States*（Washington, D.C., 1976）, VII, 300-301.

(189) DeNovo, "Pretroleum and the U.S. Navy," 647, および Ise, *United States Oil Policy*, 324.
鉱山地帯借地契約法が通過したのは，第一次世界大戦の終了後（1920年）のことであった（確
かに同法の外国人投資家に対する影響はあったが，その影響が出るのは本書の扱う時間的範囲
［1914年まで］を超えた後のことである）。

(190) 書簡 John Hay to Reginald Tower, April 27, 1899, *Foreign Relations of the United States,
1899*, 346. 次の書簡も見よ。Edw. Thornton to Earl Granville, June 13, 1881, FO 5/1761,
PRO.

(191) Werking, *The Master Architects*, 226. 1935年3月のプールの演説の注に基づいている。

(192) 債務者身分の取り扱い方法としての輸出振興は，当然外国投資は国際収支上の「貸借対照
の」事項であり，その年の輸入に対して輸出超過となれば外国への債務は減ると仮定している。
長期の外国投資が「自律的な」取引としてみれば，輸出振興は無意味なものとなる。論じられ
た他の措置すべては外国投資をそれ自体でみた。輸出振興は国家に対し，外国債務の利子や配
当金を支払う外国為替を確かに提供しているのだ。

(193) Gates, *Frontier Landlords*, 58. 左記の書のなかで，ゲイツは農民党員の運動に関する史実
記述家たちは，西部の不満の根本原因ではあった銀本位制や鉄道会社の不正行為に注意を向け
るあまり，外国人の地主制度という問題をないがしろにしたと考えている。この考えにおいて
同意するものは少数であるが，彼はこの分野では最も優れた史実記述家の一人とされている。

(194) 使われた典型的な言い方は「東部および外国の資本」であった。ボウグの優れた著書
Money at Interest は，アメリカの土地抵当に入るイギリス資本の相互仲裁を詳細に論じてい
るが，高利貸しへの人民党の見解を扱う際の概要のなかでは，一度も特にイギリス投資家のこ
とは述べていない。「高利貸し」はその国籍は関係なく農民にとっては「ハイエナの顔をした
シャイロック」だった。

(195) 書簡 Nathaniel Mayer Rothschild, London, to cousins, Paris, March 14, 1907, RAL
XI/130A/1.

(196) ゲイツは同意しようとしなかった。上述の注（193）を見よ。

(197) 事実，聞き取り調査は以下の題目が付けられた。"The Money Trust Investigation"（U.S.
House, Subcommittee on Banking and Currency, *Money Trust Investigation*［Washington,
D.C., 1912-13］）. Vincent P. Carosso, "The Wall Street Money Trust from Pujo through
Medina," *Business History Review*, 67（Winter 1973）: 425-428. 左記の書はプジョーの調査
における偏見を示している。

(198) 例えば，次の宣誓証言が挙げられる。the testimony of J. P. Morgan, Jacob H. Schiff（of
Kuhn, Loeb）, Henry P. Davison（of J. P. Morgan & Co.）, and Robert Winsor（of Kidder,
Peabody）, *Money Trust Investigation*, pt. 14, 1003ff.; pt. 23, 1660ff.; pt. 25, 1850ff.; pt. 26,
1995ff.

(199) サミュエル・アンターマイアーがアメリカにおける外国企業に関して，もっていた知識の
深さを知れば，それはさらに注目に値するものだ。1902年に世界市場を分け合うためにアメリ

第II部　世界最大の債務国

カン・タバコと協定を結んだときに，彼はイギリスの会社であるインペリアル・タバコのアメリカ側の弁護士だった。1902年の協定のコピーを見よ。ニューヨークの銀行監督官が（1911年に），アメリカの国際金融のなかで外国銀行の利益を十分認識していたことを知る場面も注目に値する。次の書も見られたし。*Annual Report, 1911*, 19.

(200)　例えば次を見よ。*Shipping Combinations*, 10.

(201)　FTC, *Report on Cooperation in the Export Trade*.

(202)　*Shipping Combinations and Steamship Agreements*, 左記の書のなかに引用は至るところにある。主な焦点を「連合」に当てていて，結論は特に外国との連合や外国との協定というよりも，協定そのものに関するものである。もっともこの点は全体を通して明白に語られているわけではなかった。

(203)　Lewis Atherton, *The Cattle Kings* (Bloomington：Indiana University Press, 1967), 118.

(204)　1875年から1914年を扱っている主要な情報源のほうが，２次的なものよりはるかに外国投資を多く論じている。教科書は資料性が最も少ない。

(205)　1914年以前の，同胞人による外国投資に対するドイツおよびフランスの反応についての，いくつかの優れた研究があった。出版年順に挙げれば，Yves Guyot, "The Amount, Direction and Nature of French Investment," *Annals of the American Academy of Political and Social Science*, 68 (Nov. 1916)：esp. 36-38；Walter Herman Carl Laves, *German Governmental Influence on Foreign Investment, 1871-1914* (1927 diss.：New York：Arno Press, 1977)；Jacob Viner, "Political Aspects of International Finance," *Journal of Business*, 1 (April 1928)：141-173, および彼の "Political Aspects of International Finance-II," *Journal of Business*, 1 (July 1928)：324-363；および Herbert Feis, *Europe : World Banker, 1870-1914* (1930；rpt. New York：W. W. Norton, 1965). 私は，これらおよび他の主要かつ２次的な作品も利用した。

(206)　George Paish, "Great Britain's Capital Investments in Other Lands," *Journal of the Royal Statistical Society*, 72 (Sept. 1909)：480.

(207)　前掲書.

(208)　前掲書.

(209)　前掲書.

(210)　*Statist*, 79 (Feb. 14, 1913)：Viii.

(211)　J. S. Mill, in *Principles of Political Economy*, first published in 1848 (7th ed., 1871), 左記の書のなかの記述を見よ。国内で得られるより高い利益を求めて，植民地や外国に資本がずっと続いて流出することで，英国の利益の減少は（……止まったのだ）……この流出は火災，洪水，商業上の危機が起こっただろうというような結果をもたらす。すなわち，この流出は資本の増加分を持ち去ってしまい，これで利益の減少が起きる。しかし第二段階では，持ち去られてしまった資本は失われてはいず，主として植民地建設に使われたりして，それが安価な農産物の輸出元となってくれたり，旧社会の農業生産を伸ばしたり改善することもある。われわれが主としてわれわれの人口の増加に見合った，安価な食糧や衣料用の原材料を求めるために，最も目を向けなければならないのは，この英国の資本流出なのだ。それで，利益を減じることなく，このような原材料の供給の支払いをするための加工品生産において，国内での雇用を見出す資本が増加することが可能となるのだ。

このように，資本輸出は生き残る分野の雇用を拡大するという，大きな効能をもつ薬剤であり，資本を多く国外に送れば，その分所有も増え国内にも残ることが可能だと，ある程度まで

1072

第 **16** 章　アメリカ合衆国における外国投資への反応

確言できよう。「資本が非常に急激に増加する旧社会があり、高い利益が確保できている新社会があり続ける以上、旧社会は蓄積を止めてしまうような割合までは落ち込むことはなかろう。すなわちその落ち込みは、外国に資本を送る時点で止まっているのだ」と、D・K・フィールドハウスによってまとめ上げられたすばらしい作品集のなかで、ミルの第 7 版から引用している。D. K. Fieldhouse, *The Theory of Capitalist Imperialism* (London：Longman, 1967), 34-35. ペイシュやその他の著者のなかでは、その利益率が国内より高いことが理由で、外国において投資がなされることは、一般的に認められていた。ペイシュは国内での利率の影響を論じなかった。この点をミル以外の者が論じていることは、これから私が示すところである。

(212)　*Journal of the Royal Statistical Society*, 72（Sept. 1909）：482-483. ヘンリー・ボウモントは「諸外国に、大規模に増大する投資を有することは国家、資本家、すべての者にとってすばらしいことである」と考えた（前掲書、484）。外国商工会議所連盟の会長である、C・ローゼンラードも同意見を述べている（前掲書）。

(213)　Edgar Crammond, "British Investments Abroad," *Quarterly Review*, 215（July 1911）：67.

(214)　この全論説は次の書のなかで掲載されている。John Maynard Keynes, *Collected Writings*, ed. Elizabeth Johnson（London：Macmillan, 1971), XV, 4459, esp. 56-59. 後にケインズは外国投資に対しかなり非同調的態度になる。

(215)　C. K. Hobson, *Export of Capital*（London：Constable, 1914), 54, 27. ホブソンは今日では尋常ではないほど単純だと思われるような言い方で次のように述べている。「資本家は……今や自分の直接的管理下にない財産で不利益を被るという心配をする必要はない。地理的なことに対する考慮は、過去よりはるかに意味がなくなり、……外国人の所有ではあっても、私有財産に対して敬意の増大は、なによりもまして資本家路線の商業および産業の発展に対する世界中の切望がより大きくなったことによってもたらされた」(p. 78)。3 年後ロシア革命によりその幻想が崩れ、当然第一次世界大戦そのものにより「敵性外国人」の財産に対して新しい態度が生まれた。

(216)　前掲書、54-55. これは J・S・ミルの研究方法に沿ったものである（上記の注（211）を見よ）。

(217)　前掲書、61.

(218)　前掲書、67、236.

(219)　前掲書、221、228. 彼は引き合いには出していないものの、前述に引用したケインズの1910年の論説と同じ内容を述べていた。

(220)　1870年のアラバマの 8 ％州金保証債券に関する英国委員会で引用された。*Hill Country of Alabama, USA*（London：E. & F. N. Spon, 1878), 22.

(221)　Hyde Clarke, *Sovereign and Quasi-Sovereign States：Their Debts to Foreign Countries*（London：Effingham Wilson, 1878), 21.

(222)　前掲書.

(223)　R. H. Inglis Palgrave, "An English View of Investments in the United States," *Forum*, 15（April 1893）：191.

(224)　Jacob Riesser, *The German Great Banks*（1911；rpt. New York：Arno Press, 1977), 387. ライサーはベルリン大学教授であった。外国投資に対する好意的な意見に関しては、次の書を見られたし。前掲書、391、and 537ff.

(225)　Laves, *German Governmental Influences*, 8, 9.

(226)　M. Georges Aubert, *La finance américaine*（Paris：Ernest Flammarion, 1910).

第Ⅱ部　世界最大の債務国

(227)　フランスにおける外国有価証券問題に関するデータを主として集めていたのは、アルフレッド・ネイマーク（Alfred Neymarck）であった。世界平和に関する彼のコメント（1911年9月）に関しては次を見よ。*Bulletin de l'Institut International de Statistique*, 19（1912）: pt. 2, 225.

(228)　フィールドハウスの著書中にあるジュール・フェリーの抜粋を見よ。Fieldhouse, *The Theory of Capitalist Imperialism*, 51.

(229)　George W. Edwards, "Government Control of Foreign Investment," *American Economic Review*, 18（Dec. 1928）: 687-690.

(230)　ハーバート・フェイスの著書 *Europe* はこれらの問題に関しては特に有益である。投資輸出に関しての賛（否）に関しては、次の書も見よ。Michel Arboux, *Les valeurs mobilières étrangères sur le marché français*（Paris : Recueil Sirey, 1913）. オーバート（Aubert）の次の書 *La finance américaine*（1910）が同胞人たちをこき下ろした際には、自分は一人の国を愛するフランス人としてそうしたのだと何度も述べた。Rondo E. Cameron, *France and the Economic Development of Europe, 1800-1914*（Princeton, N.J. : Princeton University Press, 1961）, 494-495. 左記の書には次のように記述されている。「フランスの大臣たちはロシアにおいて、政府発行および私的有価証券の双方に対してフランスの投資奨励のために自由に使える手段を、是が非でも求めた。一方投資家の側は即座に対応したが、愛国心や国益に対する訴えは、彼らの決断にはあまり重要なものではなかった。……フランス人投資家には高い収益性と、ロシアの貸付金と政府保証のついた鉄道債の明らかな信頼性が魅力だった」。

(231)　フェイスは次のように書いている。ドイツ政府は「しばしば帝国主義的目的の推進に必要だと考えられる計画に対する投資に、銀行と投資家を誘い込もうと戦った」（*Europe*, 169）。しかしこれはアメリカの状況に合うものではない。外国投資が植民地および影響力の及ぶ地域の発展の援助となるという、フランスやドイツ政府高官の「帝国主義的」議論は、アメリカにおける外国投資には関係のないものである。ドイツやフランスの大使館はクルップやシュナイダーのために鉄道貸付金や為替をめぐって取引をしたとたびたびいわれた。例えば次の書を見よ。*Nation*, London, 14（Nov. 29, 1913）: 382. パリ証券取引所における U.S. スチール社の上場をフランスが拒絶した一例（これは積極的というより、消極的な措置であり、この点に関しては本章の本文を見よ）を除き、私はアメリカがらみの状況（1875～1914年）のなかで、そのような「取引」は確認していない。ジェイコブ・ヴァイナー（Jacob Viner）は彼の書 "International Finance and Balance of Power Diplomacy, 1880-1914," *Southwestern Political and Social Science Quarterly*, 9（March 1929）: 407-451, のなかで、第一次世界大戦以前の「外交網」および金銭交渉を論じ、外国目的のための外国政府貸付金に対する、フランスおよびドイツ政府の振興（および抑制）の明確な実例を示している。ヴァイナーは主要な債務国を考察した上で、アメリカは（負債者側として）財政「外交」には「不参加」であったと明確に述べている（前掲書, 449）。債務国ではあったが、他の債務国と同様の扱いは受けていない。レイヴィスはドイツ海軍が外国投資を強く擁護していたことを知った。また外国投資の増加は保護の必要性を生むだろうし、海軍はドイツの投資家たちが外国に進出するのを欲していたので、より多額の充当予算を要求できるようになった（*German Governmental Influence*, 9）。しかしアメリカ投資に対する妥当性は明らかではない。イギリスの石油における海外投資に関するイギリス海軍本部の役割については、ジョーンズの調和の取れた研究書を見よ。Jones, *The State and the Emergence of the British Oil Industry*. ここにもアメリカ投資に関する詳細は明言されていない。しかしカナダ政府がカナディアン・パシフィックに対して援助した、

1074

第 **16** 章　アメリカ合衆国における外国投資への反応

あるいは，アメリカ鉄道家がそう考えたとする多少の証拠はある。

(232)　確かにこのイギリスのケースにおいては，抗議がかなり形式的なものであるという印象を受ける。すなわちイギリス人が拒絶されると，外務省はイギリス投資家への「援助」を打ち切ってしまった。このようにして1875年から76年には外務省は1872年のアメリカ鉱山法に抗議はするが効果がなかった。同じ性格の本質的に本腰でない，イギリスの介入は他に多くみられた。Bruce M. Russett, *Community and Contention* (Cambridge, Mass.：MIT Press, 1963), 229, 63-67，左記の書のなかでラセットは，アメリカにおけるイギリスの投資およびイギリスにおけるアメリカの投資に関して書き，相互投資に関する外交関係を模索した。彼はアメリカ以外の諸国における外国投資へのイギリス政府の援助は見つけたものの，アメリカにおけるイギリス人投資家に対するいかなる特別な援助の記録もなかった。同様の結論がジョーンズの書からも表明されていている。Jones, *The State and the Emergence of the British Oil Industry.* D. C. M. Platt, *Finance, Trade, and Politics in British Foreign Policy, 1815-1914* (Oxford：Clarendon Press, 1968), 73，プラットは自著のなかで，次のように論じている。すなわち，第一次世界大戦直前における，初期の放任主義的な観点から変更してイギリス政府は，外国における善意のイギリス資本を援助する（物理的な圧力というよりむしろ宣伝活動もしくは説得）用意があった。アメリカにおけるイギリス投資に特に当てはまるというよりも一般論である。

ドイツ政府は同国のドイツ電信会社がアメリカ国内にケーブルを敷設する手助けをした。次書を見よ。*Foreign Relations of the United States, 1899,* 310-314. 同政府はカルテルが，ドイツおよびアメリカにおけるあるオーストリア人投資家から脅迫を受けた際に，アメリカ市場におけるカリウムのカルテルを援助した（このことに関しては第8章を見よ）。その他の介入もあったが，非常に明らかであったことは，ドイツ政府の援助からは，ドイツ企業が独立性をもっていたことで，アメリカに投資していたドイツ企業は，特に政府の援助を必要としなかったことだ。Jeannette Keim, *Forty Years of German-American Political Relations* (Philadelphia：William J. Dornan, 1919)，左記の書の記述は，1870年から1910年のアメリカとドイツ間の外交関係を明確化しようとした。ケイムは（イギリスに対するラセットの試みのように）アメリカドイツ間の外交関係の一部として，アメリカ国外の外国投資家に対するドイツ政府の援助を論じたものの，アメリカにおけるドイツの投資に関する論点を確認していない。

Welsh, "Pierre Wibaux," は，膨大な家族間の書簡に基づいてアメリカにおけるフランスの投資を扱っているが，いかにその国際的事業関係が外交関係とは無縁であったかを示している。ワイボウは決してフランス政府の援助を要求することはなかった。電信および海運問題以外は，フランス政府のアメリカにおけるフランス利権に対する振興や保護にも無関心だったようだ。

(233)　その他の受け入れ国では，領事館の活動の方が明らかに重要性が高かった。1875年から1914年の，アメリカとヨーロッパ間の私的分野の「情報ネットワーク」のインフラは，私の指摘通り大きく発展を遂げた。

(234)　Hobson, *The Export of Capital.*

(235)　Robert Lucas Nash, *A Short Inquiry into the Profitable Nature of Our Investments,* 3rd ed. (London：Effingham Wilson, Royal Exchange, 1881), 30.

(236)　E. T. Powell, *The Mechanism of the City* (London：P. S. King, 1910), 145.

(237)　ネバダ州の「裁判所」は満足のいくものには程遠いので，依頼人はイギリスの法のもとで経営会社を設立せよとの助言をしたなど，あるイギリスの事務弁護士によるコメントの記述が次の書にある。Spence, *British Investments,* 198.

(238)　RAL II/51/14B. 詳細に関しては第5章の注（178）を見よ。

1075

第Ⅱ部　世界最大の債務国

(239)　Feis, *Europe*, 86-87. さらに次の書も見よ。J. Henry Richardson, *British Economic Foreign Policy* (1936 ; rpt. New York : Garland, 1983), 58-59.

(240)　Davis, *The English Rothschilds*, 141.

(241)　G. M. Boissevain, *Money and Banking in the United States* (Amsterdam : J. H. deBussy, 1909), 5.

(242)　例えば1907年3月13日付けのパリのいとこへのロスチャイルド卿からの書簡を見よ。RAL XI/130A/1.

(243)　*Nation*, London, 14 (Nov. 29, 1913) : 383.

(244)　これらの問題に関しては，例えば次の書を見よ。D. K. Fieldhouse, *Economics and Empire* (Ithaca, N. Y. : Cornell University Press, 1973) ; Eugene Staley, *War and the Private Investor* (Garden City, N.Y. : Doubleday, 1935) ; および Viner, "International Finance and Balance of Power Diplomacy, 1880-1914," と彼の "Political Aspects," とさらに彼の "Political Aspects ― II".

(245)　または，アメリカとの友好関係が重要だとみられたからであろう。

(246)　書簡 William Mackenzie, Dundee, to Earl Granville, Jan. 7, 1881, FO 5/1763, PRO, とこの記録のなかの他のデータを見よ。

(247)　投資家に対するフランス政府の保護に関しては次の書を見られたし。Feis, *Europe*, 118-122.

(248)　Harry D. White, *French International Accounts, 1880-1913* (1933 ; rpt. New York : Arno Press, 1978), 280.

(249)　Viner, "Political Aspects," 144 ; Edwards, "Government Control of Foreign Investment," 688.

(250)　1914年1月の内国税収入報告は，海外で利潤を蓄積し所得税をイギリス人が回避したことを批判し，イギリスで税金を納めなかった海外での「留保」収入を非難した。次の書を見よ。Avner Offer, "Empire and Social Reform : British Overseas Investment and Domestic Politics, 1908-1914," *Historical Journal*, 26 (1983) : 136.

(251)　当時の全研究者たちの意見は，外国投資によって国内の利率が上昇したことでは一致したが，さらに高い利率の影響に関して，意見は異なった。国内の借り手たちは高利率では，新しい投資がそがれてしまうと考え，貸付側（さらに1875年から1914年のほとんどの経済学者たち）は高利率によって，新しい投資がもたらされたと考えた。借り手たちは批判的であった。

(252)　常にこのような状況のなかで，「愛国主義」的なテーマが再燃した。例えば，1905年のイギリス関税委員会のヒアリングを見よ。これによればイギリスの織物製造業者が外国で投資することは「愛国的でなかった」。

(253)　Hobson, *Export of Capital*, xv. この討論の非常に興味をそそる要約があるので読まれたし。"Empire and Social Reform," 119-138.

(254)　以前われわれはアメリカ人の間にそのような意見があるのを見届けた。（アメリカ人よりその規模は小さかったものの）これはヨーロッパ人がかつて歴史になかったほどの企業活動をみることになった時代であることを想起すべきである。

(255)　Alfred Marshall, *Principles of Economics*, 4th ed. (London : Macmillan, 1898), 363.

(256)　（他の者はそうしたが）マーシャルは外国投資家たちに当てはめなかった。同じように，彼は大規模会社に生ずる一定の利点をみた。すなわち「巨大な企業の長は自らの取引の最大，かつ根本的な問題に対処するために力をとっておくことができ，細かなことに惑わされる必要が

第**16**章　アメリカ合衆国における外国投資への反応

ないのだ。自らの事業の最も難しく，重要な問題を解決するために自分の考えを新鮮かつ明晰なものにしておくことができる。というのは，市場のより大きな動き国内**外**の現在の出来事の，これから生じるであろう結果を研究し，自らの事業の，国内外の関係の組織作りにおける改善の仕方を工夫できるのである」（前掲書，ゴシックは私自身による）。

(257)　D. C. M. Platt, *Britain's Investment Overseas on the Eve of the First World War*（New York：St. Martin's Press, 1986）, 68-70.

(258)　しかしすべての保護主義者たちが外国投資を非難したわけではない。本章の注（282）を見よ。

(259)　例えばフランス人は国内外で発行される「有価証券」に特別注目した。土地財産ではなく，有価証券の所有者としての投資者のいるこの「匿名」企業は，高等銀行融資に結びつく新しい現象のようだった。次のネイマークの報告を見よ。*Bulletin de l'Institut International de Statistique*. ネイマークは外国投資を批判的にみたわけでなく，ネイマークのデータを使った他の者たちがそうであった。

(260)　最後の言い回しに関してはクラークの書を見よ。Clarke, *Sovereign and Quasi-Sovereign States*, 9. 彼の著作は1878年に出版された.

(261)　後者に関しては，次のコメントを見よ。comments by E. P. Bouverie to Foreign Office, April 26, 1889, FO 5/2066, PRO.

(262)　Grodinsky, *Jay Gould*, 323.

(263)　前掲書，539-545.

(264)　以前私は私的な情報網により，領事館の情報サービスが不必要になったと述べた。このことは私のこのコメントと矛盾するものではない。すべての批評家たちは，領事館のサービスが提供するよりも，はるかに情報の深さを欲したのである。これらの人々は，情報網は優れていてもそれでも未だ十分ではないと主張した。

(265)　1877年7月14日のチャールズ・F・コナントからアメリカ財務省ジョン・シャーマンへの書簡（H. Exec. Doc. 9, 105），左記の書では『エコノミスト』誌を「すべてのアメリカ有価証券に対して好意的でない」と表現した。

(266)　額面通りに受け取れないのには多くの場合理由があった。しばしば誤伝があった。エマ鉱山の大失敗の後は，誰一人たりともイギリス人はユタでの投資を欲しなかった。このような状況のなかで「ボストン銅金統合株式会社」として，一つのユタの鉱山会社の設立提案がロンドンでなされた。設立趣意書が多くの場合実態を反映していたわけではなかった。

(267)　例えば鉄道債に関しては『エコノミスト』誌を見よ。*Economist*, 45（Jan. 8, 1887）：39，および47（June 29, 1889）：829. 興味あることに，『エコノミスト』誌はある点で，何年にもわたり，（少なくとも早や1852年には）イギリス人投資家がアメリカ人の有価証券の購買を見届けるようにせかした，『アメリカ鉄道ジャーナル』編集者，ヘンリー・ヴァーナム・プアと同じ意見を繰り返した。次の書を見られたし。Alfred D. Chandler, *Henry Varnum Poor*（Cambridge, Mass.：Harvard University Press, 1956）, 99.

(268)　この引用はマールボロ公爵からのものであり，『エコノミスト』誌からのものであり得たものの，そうではない。Duke of Marlborough, "Virginia Mines and American Rails," *Fortnightly Review*, n.s., 49（Jan. 1891）：582. プアのアドバイスはアメリカ人顧問を利用することだった（Chandler, *Poor*, 98）。イギリス人はどっちを信頼するか迷った。

(269)　*Economist*, 47（June 29, 1889）：828.

(270)　Feis, *Europe*, 70.

1077

第Ⅱ部　世界最大の債務国

(271)　*Economist*, 67（Dec. 19, 1908）：1170.

(272)　書簡 Conant to Sherman, Oct. 11, 1877, U.S. Treasury, *Specie Resumption*, 167. さらに1877年10月7日のベルモントからシャーマンへの書簡を見よ。（前掲書，183）。

(273)　U.S. Bureau of the Census, *Historical Statistics of the United States*（Washington, D.C., 1960）, 570. 大恐慌と比較して1930年の倒産率は1000に対し122，1931年は133，1932年は154であった（前掲書）。1940年から1980年の40年間において最も高かった倒産率は64であり（1961年），20年間で40以下まで落ちた（最下点は1945年の4）。次を見よ。*Economic Report of the President, 1985*, 337.

(274)　*Northwestern Miller*, 83（July 27, 1910）：213.

(275)　イギリス人は自分たちの歴史を忘れてしまっていた。1859年にD・モリエール・エヴァンスは書いている。「古い会社が倒産した後に新しい（イギリスの）会社がおそらく英ポンドで数シリング支払っただけで，いとも簡単に組織されたことは奇妙なことだ」。以上が次の書に引用された。W. J. Reader, *A House in the City*（London：B. T. Batsford, 1979）, 20.

(276)　次の論説を見よ。the June 29, 1911, article in Lysis [Eugene Letailleur], *Politique et finance d'avant-guerre*（Paris：Payot, 1920）, 310.

(277)　J. Shield Nicholson, "Introductory Essay" to Adams Smith, *Wealth of Nations*（London：T. Nelson, 1901）, 26.

(278)　前掲書，24-25.

(279)　前掲書，26.

(280)　W. J. Ashley, *The Tariff Problem*, 2nd ed.（London：P. S. King, 1903）, 77.

(281)　前掲書.

(282)　ここでは，イギリスの織物製造業者によって外国で設立された工場に対する膨大なヒアリング調査を行った。これは私的保護貿易主義者団体である1905年の関税委員会の立場だった。第10章を見よ。イギリスのほとんどの保護主義者は，自由貿易政策は「国外へと資本を追い払うことでイギリスの企業活動と労働力に痛手となる」と主張し，外国投資に反対した。保護主義によって資本が国内に残るだろう。ケインズの苛立ちを見よ。*New Quarterly*, Feb. 1910, republished in Keynes, *Collected Writings*, XV, 44. サー・トーマス・デューワーは1911年に国外に工場を建設した多くのイギリスの会社について触れ，これを国内の保護主義に対する拠り所としてみた。デューワーのコメントはA.& F.ペアーズ株式会社の年次大会でなされた。同石鹸会社はアメリカ工場の建設を考えていた。デューワーは（アメリカの高関税ゆえに計画された）この投資に反対せず，実際に好意的にみた。しかし彼はイギリスの雇用が減ると考え，イギリス人は自分たちの企業を守るべきだとも考えた。次を見られたし。London *Times*, Oct. 27, 1911.

(283)　次の書のなかで引用されている1890年6月28日の書簡。Clements, "The Farmers' Attitude," 154n.

(284)　J. A. Hobson, *Imperialism*（London：James Nisbet, 1902）, 56-69, 82. J・A・ホブソンはC・K・ホブソンとは無関係である。興味深いことに，J・A・ホブソンが特に戦争から利益を得たと主張した「金融業者」を論じることにおいて，彼は「これらの人たちの政策は確かに戦争に寄与するわけでなく，戦争はあまりにも多大で永続的な損害をもたらすのであり，織物業界のベネズエラをめぐる大英帝国とアメリカ間の危険な論争のように，平和に影響を及ぼすものだ」とも付け加えている（前掲書，66）。これは第5章の注（178）で引用されたロスチャイルド古文書館の資料と比べるべきである。Fieldhouse, *The Theory of Capitalist Imperialism*,

64-65. 左記の書は，帝国主義に対するホブソン的な観点の一部が生まれたのは，南アメリカに対する理解とそこの「国際資本家たち」の役割にあったと述べた。次の書を見よ。William Langer, *Diplomacy of Imperialism, 1890-1902*, 2nd ed.（New York：Alfred A. Knopf, 1951）, 68-69, 96-97.

(285)　「金融資本家」を経済上の「寄生虫」とみた考えは，ホブソンに始まったものではない。サヴェスはその著書 Edward N. Saveth, *American Historians and European Immigrants, 1875-1925*（New York：Columbia University Press, 1948）, 71, のなかで，1895年にロンドンで著書を出版した彼の兄弟である，ブルックス・アダムズの著作（Brooks Adams, *The Law of Civilization and Decay*）からヘンリー・アダムズが「寄生虫的金融資本主義」について知ったことを書いている。オッファー（Offer）は著書 "Empire and Social Reform," 128, で，1909年にはJ・A・ホブソンの見方は変化しており，初期には外国投資を批判していたが，「国家間の平和と親善」に向かう原動力として外国投資を褒めたたえたことを述べ，それが戦争を切望する熱病に対する，最も有効な解毒剤であると書いている。

(286)　例えば次のデニソンの書を見よ。Merrill Denison, *Canada's First Bank*（New York：Dodd, Mead, 1967）, II, 196.

(287)　Rudolf Hilferding, *Finance Capital*（1910；English trans.：London：Routledge & Kegan Paul, 1981）, 314. この観点は新しいものではなかった。J・S・ミルに関しては本章の注（211）を見よ。

(288)　Hilferding, *Finance Capital*, 318.

(289)　前掲書, 426.

(290)　前掲書, 365, 427.

(291)　ドイツ社会党員の反応に関しては次の書を見られたし。Laves, *German Governmental Influence*, 11（引用），および Feis, *Europe*, 160.

(292)　Feis, *Europe*, 125. *L'humanité* という社会主義者の新聞は，資本輸出を攻撃する定期的論説を掲載した。次の書のなかで再印刷されているものを見よ。Lysis, *Politique et finance d'avant-guerre*（Paris：Payot, 1920）.

(293)　次のホブソンの書によるこれらの批判者たちに対するコメントを見よ。C. K. Hobson, *Export of Capital*, xv.

(294)　Laves, *German Governmental Influence*, 10-11；Viner, "Political Aspects," 145；および Feis, *Europe*, 160.

(295)　Lysis, *Contre l'oligarchie financière en France*, 9th ed.（Paris：Aux Bureaux de "La Revue," 1908）, 190-191.

(296)　Émile Becque, *L'internationalisation des capitaux*（Montpellier：Imprimerie Générale du Midi, 1912）, 94-99, 173-218. 彼は外国直接投資，非経営参加型投資双方に対して批判的であった。ベケによる，アメリカにおける投資が「投機的」とした批判には，フランス人のなかでは一人どころか，多くの同調者がいた。例えば次の書を見られたし。Lysis, *Contre l'oligarchie financière en France*, 144.

(297)　Feis, *Europe*, 125.

(298)　前掲書, 125-126, 130.

(299)　Viner, "Political Aspects," 145. フランスの首相，アリスタイド・ブライアンドは1909年に，当時の金融大臣（後［1912年から1913年］の首相，1913年には共和国大統領になった）レイモンド・ポワンカレと同様，資本流出に関する懸念を表明していた。次の書を見よ。Guyot,

第Ⅱ部　世界最大の債務国

"The Amount," 36-37. 政治評論家としてのライシスは，資本輸出に加担したとしてフランスの銀行をこき下ろした。1910年にライシスは，多数のアメリカ鉄道債がフランスに導入されたことを述べた。*L'humanité,* June 2, 1910, reprinted in Lysis, *Politique et finance,* 118, フランスの資金はロシアの例のように，アメリカに飲み込まれるだろう（左記の彼の論説を見よ）。Arboux, *Les valeurs, mobilières etrangères* (1913), 234. これはアーボウの書で，フランスにおける優勢な見方は，外国有価証券は悪であり，追放されるべきだというものだったという。

(300)　Hans Bauer, *Swiss Bank Corporation, 1872-1972* (Basle：Swiss Bank Corp., 1972). スイス銀行（Schweizerischer Bankverein）社の専務取締役は，スイスが国際的資本交換に参加する経済上の必要性があったのだと反論し，スイスで発行された有価証券の大部分が「外国の顧客によって購入された」ことに注視した。

(301)　資本輸出，植民地，領土がらみの国際的な衝突を扱う，ヨーロッパ大陸側における論争の否定的側面という部分は，アメリカにおける外国投資に関連性のまったくもたない，全体的な議論の一つの大きな部分であった。

(302)　イギリス政府の態度に関する役立つ概要は次の書のなかに記されている。Feis, *Europe,* 83-117, および Viner, "Political Aspects," 144-145, 156-158.

(303)　Feis, *Europe,* 118-188, 55；Guyot, "The Amount," 38；Hobson, *Export of Capital,* 447；Viner, "Political Aspects," 158-165；および Riesser, *German Great Banks,* 532-533.

(304)　Feis, *Europe,* 69. これは同社がビスマルク本人のために外国投資をしたわけで，むしろ逆説であった。

(305)　Laves, *German Governmental Influence,* 62-66. カリウム問題は実際にそれ自体のカルテルに対するドイツ政府の支持も巻き込むものだった。後者はアメリカに販売子会社を有したが，ドイツ国家の役割はその小さな投資を「保護すること」ではなかった。シカゴ・ミルウォーキー・アンド・セントポール社の株式上場を禁止するとのプロシアの商務大臣の決定によって，ドイツでは大きな議論が起きた。さらに1910年にシカゴ・ミルウォーキー・アンド・セントポール社はパリにおいて大きな問題となっていた（Viner, "Political Aspects ─ Ⅱ," 356-357）。

(306)　シカゴ・ミルウォーキー・アンド・セントポール社はパリで大変多額の債券発行をした（Lysis, *Politique et finance,* 118）。

(307)　Feis, *Europe,* 123, および Viner, "Political Aspects ─ Ⅱ," 161. ジョセフ・カイロー（1863-1944）は，最初にワルデック＝ルソー政権の金融大臣として，1899年から1903年の間奉職した。カイローの華麗な経歴に関しては，次を見よ。*New York Times,* Nov. 23, 1944.

(308)　Nathaniel T. Bacon, "American International Indebtedness," *Yale Review* 9 (Nov. 1900)：273.

(309)　Guyot, "The Amount," 38, から, Feis, *Europe,* 125-126, に至る, すべての主要な2次的出典資料は，この1909年の除外に関してコメントしている。別の文脈のなかで，フェイスはフランス最大の鉄鋼メーカーであるクレソーが「外国貸付」に対するフランス政府の政策作りに大きく関わっていたと述べている（前掲書，127）。おそらくなんらかの影響が一般化した株式提供の問題に及ぶだろう。フェイスはさらにフランス政府の行動は，（不成功に終わったが）鉄鋼に対する，より低いアメリカ関税を得るために企画されたと論じた（前掲書，130）。ギュヨ，ヴァイナー（"Political Aspects", 354），およびフェイスは，政府の行動が企業団体からの圧力に原因があるとする一方，ライシスは，*Politique et finance,* 309, で U.S. スチールの株式が上場しなかった理由は，社会党の党首であるジーン・ジャウレスによって働きかけられた圧力であったと指摘した。

第 **16** 章　アメリカ合衆国における外国投資への反応

(310)　多数のフランス人がそうしたという証拠がある。さらにライシスは両書（Lysis, *Contre l' oligarchie financière*, および *Politique et finance*）で，1905年から1912年の数年間に，特に多数のアメリカ有価証券が新しくマルシェ・オフィシャル（*marché official*）や非公式市場に上場されていたのは明らかだとしている。

(311)　しかし一部のドイツの報告，例えば1905年の海軍報告は，その相違をまさに認識していた。

(312)　T. R. Nevett, *History of British Advertising*（London：Heinemann, 1982），左記の書は資金的宣伝に関する要素をもっている。

(313)　同社の株式保有者にはそのことが告げられていたのかもしれない（またはそうでないかもしれない）。

(314)　「貸付金」に関する政府企業活動の関係と直接投資には明らかな違いがあった。

(315)　別のやり方としては，関税障壁内でアメリカの会社が製造する認可を与えることで，多くの場合これには少しの投資が伴った。伴わない場合は，以前の市場からの少しの収入は維持できたが，親会社にとって「市場の喪失」を意味した。

(316)　次の資料を見よ。data in FO 5/2043, FO 5/1902, FO 5/1979, PRO, および Crapol, *America for Americans*, 107-109.

(317)　Crapol, *America for Americans*, 109（March 30, 1887, Memo），のなかで引用されている。連邦外国人財産法（24 U.S. Stats. 476）が1887年3月3日に法制化された。

(318)　Memo, April 15, 1889, FO 5/2066, PRO.

(319)　次の書を見られたし。*Foreign Relations of the United States, 1911*, 266, 269-270, および statement of Lord Ponsonby（March 12, 1930），次の書のなかで引用されている。James W. Gantenbe, *Financial Questions in United States Foreign Policy*（New York：Columbia University Press, 1939), 202.

(320)　このような状況のなかで，私はイギリス政府の「代表者として」の役割が外国投資に影響したかどうかを見届けるために，イギリスの銀行の働きをみてみようとした。明らかに巨額な金の流出を阻止しようとした中央銀行としての行動は，投資の流れに確かに影響したが，その影響は，国内政策条件に基づいていたもので，「外国投資」を「善」とか「悪」とか特定の規範的な認識を含むものでなかったようだ。私はこの点で，ブルームフィールドとイエーガーの次の書が利用価値が高いことを見出した。Arthur I. Bloomfield, *Monetary Policy under the International, Gold Standard, 1880-1914*（1959；rpt. New York：Arno Press, 1978), および Leland B. Yeager, *International Monetary Relation*（New York：Harper & Row, 1966), 258-265. また次の書も参照されたし。Robert Triffin, "National Central Banking and the International Economy," in Lloyd A. Metzler, Robert Triffin, and Gottfried Haberler, *International Monetary Policies*（1947；rpt. New York：Arno Press, 1978), 50, および Lloyd Mints, *A History of Banking Theory in Great Britain and the United States*（Chicago：University of Chicago Press, 1945).

(321)　先に引用したカイローの1913年の説明にもかかわらず，1911年に政治評論家のライシス（Lysis, *Politique et Finance*, 310）は，一方では，アメリカ有価証券の恐ろしい侵略がフランスの貯蓄に大きな脅威となったと述べているが，他方ではカイローがフランスの銀行と協定を結んで，これらの有価証券がフランス市場に参入することを容認したことを非難している。

(322)　アメリカにおける外国投資と関係しない感情的な「積極的な」見方，「帝国主義的な」主張が存在した。このように自分の拡大政策，すなわち植民地に最も有利な資本投入を行うために，富裕国には植民地が必要なのだとする考えを擁護したのは，一人の感情的なフランスの首相，

1081

第Ⅱ部　世界最大の債務国

　　ジュール・フェリーだった。次の書を見よ。Viner, "Political Aspects — II," 350.

（323）　本章の注（231）で，私はカナダ政府のカナディアン・パシフィック社に対する援助に関す
　　るアメリカの鉄道家たちの懸念を示した。しかし私は政府の援助があったからといって大きな
　　変化が生まれたとは考えていない。

エピローグ

　この本は，米国の植民地時代から1914年に至る外国の証券投資および直接投資の発展およびその利害関係者の相反する反応を描いたものである。その話の概略を述べ，広範な外国の関与の結果を，長い歳月を隔てた現在時点で評価することは，われわれに委ねられている。

　1607年から1914年まで，とりわけ1776年から1914年までは，アメリカ人の長期的債務は絶対額で増加していった。表3-1，表4-1および表5-4は，1789年から1914年にかけての発展の道筋を数字で示したものである。独立のとき（1776年）に，米国の長期海外債務はわずか110万ポンドであった。[1] 1789年までに，海外で所有されていた公的債務額（民間部門では外国投資ははるかに少なかった）は，長期外国債務合計がおそらく1700万ドルから1800万ドルの間であったのに対して，1600万ドルを超えていた。[2] 1914年には，米国長期外国債務は――そのときはすでに主として民間部門の債務であったが――およそ70億ドルであった。[3] 第一次世界大戦の直前に，米国は世界で最大の債務国であった。私のデータによれば，1914年における米国の長期対外債務は相対額では（絶対額でもそうであるが）1776年と比べてはるかに大きかったことが示されている。[4]

　外国投資には変動があった。ある特定の期間では，そうした外国投資は他の投資よりも大きな経済的影響を与えた。1776〜1803年，1830年代後期，1849〜57年，南北戦争後の10年間，1880年代と1909〜12年は，米国における外国資本の役割が特に顕著であった時期として際立っている。全体像を提供しようと試みているこの本では，長期外国債務の累積的な上昇を強調するのと同じようにはその増減について強調していない。第1〜4章と第16章において，私は外国資本の流入と存在に対するアメリカ人の反応にはいつも二面性が伴っていたことを示した。1914年以前には，外国の貢献を歓迎するアメリカ人とそれ

に憤慨する人たちが常に存在していた。

　米国に対する外国投資は，この国の経済発展に影響を与えただけではなく，資本輸出諸国にも影響を与えた。19世紀後半と20世紀初頭までには，米国はイギリス，ドイツ，そしてオランダからの資本流出の最大の単一受け入れ国であった。かくして，きわめて手短かにいえば，このエピローグでは，出資諸国の人々の米国への投資がそれら諸国に対して与えた影響を，長い歳月を隔てた現在時点で考察することが適切となる。ここでの私の見解は，結論的なものというよりはむしろ暗示的であることを意図している。その理由は，完全なる評価はこの研究のはるか範囲外にあるからである。次に私はこの受け入れ国である米国への外国投資の実際の費用便益について——これも概要であるが——考えたい。つまり債務国という地位は米国の経済発展に実際に役立ったのであろうか，それとも妨げることになったのであろうか。

　資本輸出国にとっては，米国への投資は決して「平穏な航海」ではなかった。われわれは損失，破産および債務不履行を学んできた。バージニア社以降，投資家はひどい経験をしてきた。（1607～1914年において）資産の「没収」に至るただ一度の損失は独立戦争中のイギリス人の投資に対するものだけであったが，破産あるいは単に幸運さを欠いていたことにより終結した短命の投資は頻発した。米国連邦政府は決して債務不履行をしなかったが，1840年代初期と1870年代には州政府はそうした。（1830年代に発行された）ミシシッピ州債は未だに債務不履行状態にある。1863年の南部連合国公債では外国投資家は損失を被った。

　1875～1914年の時期へ，そして民間部門における本当に大規模な外国投資の増加がみられる時期へと移るにつれて，われわれは多額の損失，破産，債務不履行について述べ続けることができる——これらには詐欺であったものや米国市場において単に競争力をもたなかっただけのその他短命の冒険的事業，破産とすんでの破産，および多くの鉄道債券の債務不履行がある。外国の証券投資および直接投資の双方について，海外からの相当額の貯蓄が米国において消滅したことについては疑いがない。私の本は1914年で終わっているので，第一次世界大戦期の米国におけるドイツ資産の米国による接収を考慮していない。しかし，ある意味で将来の戦争における没収は海外投資の危険に含まれるものであった。

エピローグ

　損失があったし，あり得たであろうが，同時に米国における機会は測り知れないものであった。イギリスの百万長者のリストを綿密に吟味してみると，（彼らの経歴における初期と後期の双方において）米国に関与した者がきわめて高い比率であることが示される[6]。1776年から1914年を通じて，米国への長期投資に対する名目的収益はヨーロッパで得られるものより高かった[7]。外国投資家が米国に対して巨額の投資を継続したことは，このような行動に利益があることがわかっていたことを示唆する。

　実際の帳尻はどのようなものであったのだろうか。債権者にとっては，米国においていっそう大きな失敗が，あるいはいっそう大きな成功があったのだろうか。論争——すでに1914年以前に存在していた——は継続した。1924年にジョン・メイナード・ケインズは「海外投資と国家的利益」と題する論文を書いた。彼は外国投資を3つのカテゴリーに分けた。⑴「貿易，鉱業および開発（exploitation）」を目的としてなされ，投資国に「通常巨大な金融的利益をもたらすことがわかっていた」もの。⑵海外で鉄道を建設するためになされ，「おそらく，当時は国家的利益に寄与した」もの。そして⑶海外の政府および地方機関への貸付金。最後のものは「結局のところひどい結果となった」。債務不履行のなかで，ケインズは米国の南部諸州の事例を挙げている。この論文で，ケインズは2つの等しいリスクの投資——国内投資および海外投資——にとっては，どちらの損失も民間投資家には同一であるのに対して，国内投資の場合は国家は概して「投資目的とその成果」を保ったことに注目して，外国人投資家にとっての私的利益とより広範囲な公的利益とを区別した。「国内投資に関して，たとえそれが無分別なものであり，あるいは法外に実行されたものであるとしても，少なくともそれが価値があるものかどうかはともかくとしてその国には進歩がある……。良くない海外投資は完全に飲み込まれてしまう」[8]。このようなコメントにもかかわらず，1920年代末には，——米国における第一次世界大戦の損失をまだ嘆いていたドイツ人を例外として——1914年以前の米国への投資に対する債権国の立場からの評価はおおむね好意的な傾向があった[9]。そしてドイツ人のなかにも肯定的に回顧するものさえいる。一人の英国系ドイツ人の銀行家（セイミー・ヤペテ）は，19世紀後半と20世紀初頭におけるドイツビジネスの大発展の土台は，南北戦争後に米国政府債券に投資したドイツ人に

1085

よって獲得した経験および利益に直接帰因すると示唆することさえした。

　1930年代に，債権国の困難さが増していくにつれて，学者たちはより以前の時代を再考察し，資本輸出国にとって望まれることに関してより多くの留保をつけるようになった。ヨーロッパの経済史において（1941年に最初のテキストブックが出版された），シェパード・クラフ（Shepard Clough）とチャールズ・コール（Charles Cole）は，第一次世界大戦以前の「外国投資の帰結」がなぜ必ずしも資本輸出者が期待する通りにはならなかったのかという7つの理由を要約した。(1)「貸付金は，必ずしも政治的同盟を強固にしなかった」。(2)債務不履行がたくさんの数に上ったので，海外の高金利は見かけだけであった。(3)債務不履行の事例においては，資本輸出国には価値のない有価証券が残され，資本輸入国には少なくとも鉄道が保有されることとなった，など。(4)外国投資は国際貿易を増加させたが，必ずしも資本輸出国の輸出を増加させたわけではなかった。(5)資本流出は，資本輸出国の国内生産者を徐々に弱体化し，受け入れ国を助けた（米国の鉄道に対するイギリスの投資は，イギリスの農民の産出物よりも安く売る米国の農業地域を広げていったため，イギリスの農業は「低い水準に」低下していったというのがその実例であった）。(6)外国からの貸付金は機械類の購入に向かい，資本輸出国の消費財部門に反対の影響を与えた。消費財部門は損害を受けたため，これにより国内水準を減少させた。そして，(7)本国において投資され，高賃金と生活水準の上昇に貢献すべきであった資金は，かわりに海外に流出した。彼らやその他のものの解説書のなかでは，1914年以前の国際投資に関する文献は，だんだんと直接投資ではなく，証券投資を扱うこととなった。その理由は1930年代の証券投資に伴う特有の諸問題に――しかも，その投資のより際立った性格に――ある。

　第一次世界大戦以前の時期について著述しているA・K・ケアンクロス（A. K. Cairncross）とブリンリー・トーマス（Brinley Thomas）の両者は，イギリス本国と外国投資の間に存在している逆の相関関係を立証した。トーマスは「米国のシステムがすでに飲み込んだものを消化するときには，イギリスからの人と資金の輸出は取るに足らないものとなるが，本国の投資に対するイギリスの食欲は増し，実質所得は通常よりも急速に増大するであろう」と主張した。そのときには米国は投資のための場所であろうし，イギリス本国投資は減速する

1086

エピローグ

であろう。1950年代を通じて，学術的な分析は（そして学術的には劣る分析も）時に，特にイギリスからの，米国に対するある特定の投資が利益を出したであろうことは認めているものの，概して1914年以前の外国投資の出資国側（イギリス，ドイツ，フランス）には高コストであることを強調した。[16]

　しかし，そうした疑念が示されたときでさえ，学者はもう一度外国投資の利益に立ち返った。ロンド・キャメロンは，第一次世界大戦以前に，フランスの資本輸出が異常に大きな時代はフランスの繁栄と急速な国内資本形成の時期と一致することに気がついた。[17]さらに新しい概括的な研究は，特にイギリスの海外投資に対して，より好意的になる傾向さえある。[18]マイケル・エデルステインは，1870年から1914年の間に，そしてイギリスにとっては，利子率は単に海外で高かっただけではなく，対外投資（そして特に米国での株式に対する）に対する実収益は実際には本国投資に対するものよりも大きかったと論じた。[19]外国投資はイギリスに利益を与えた。エデルステインは，国内および外国投資の「正反対の長期波動」を論じてはいないが，イギリス資本の海外流出は「新しい国内産業が制度的な未熟さあるいは不適切さのために資金不足になっていたことによるものではなかった」と納得しており，確信していた。イギリス経済には国内的拡大を賄うための適切な手段が存在していた。資本流出はこの時期におけるイギリスの新しい事業の成長を制約した原因ではなかった。[20]私の見解では，エデルステインのそれ以外の点ではすばらしい本は，債務不履行とはうまく折り合っていない。また，彼は（クラフトとコールを当惑させた）イギリス農業の衰退に対する外国投資の影響を扱ってはいない。確かに，イギリス農業の縮小を気にしてきたエコノミストはほとんどいなかった。大部分のものは，安価な食糧品輸入はイギリスの経済成長を遅らせるというよりも高めるものと見なしてきた（し，現在もそうである）。イギリスという小さな島は食糧の輸入から利益を得るであろうという古典派経済学者の議論は反論することが難しいと思われる。[21]

　1870年から1914年にかけてのイギリス経済に対する資本輸出の効果に関する議論に貢献した最新のものはシドニー・ポラードによる周到に用意して書かれた論文である。それはなんと米国へのイギリス投資に限定したものではなく，むしろ概括的なものとなっている。ポラードは，1870年代初期までは，対外投

1087

資に対するイギリスの収益は，プラスのためイギリス全体に利益を与えて，一般的には資本流出を超過していたと指摘する。しかし便益と費用の評価がさらに考慮されなければならない。彼は外国直接投資は証券投資よりも「より合理的になされた」可能性が高かったことを示唆する。しかし「海外直接投資は，市場もしくは原料資源の戦略的確保，または関税障壁の回避といったような異なった基準に従うので，どの程度それが国益に対応するのかについての算定はよりいっそう困難である」。ポラードは種々のテーマを探求し，先行研究の弱点に注目し，そして「極端に単純化した」解答に疑いを投げかけている。巨額な資本輸出がもたらしたイギリスへの利益がその費用を超えたかどうかについては，その問題に対する明快な答えはないと彼は結論する。しかしながら，未来を犠牲にすることがあったかもしれないが，短期的には収益があったであろうことを彼は示唆している[22]。

　要するに，1914年以前の出資国経済に関して，長年にわたり多くの文献が外国投資（多くの場合は米国に対する外国投資）に対する好意的および否定的な立場の両者に基づいて出版されてきたが，その結論はまだ出ていない。私の研究はいくつかの点でこれらの分析に付け加えるものである。最初に「政治的問題」に関してである。1914年以前の外国投資に関連するテーマについては多数の2国間外交の議論があり，稀な場合には米国への投資を決定する場合に政治的な配慮が経済的な配慮よりも優勢になってしまい，そして米国独立戦争の間のフランスからの貸付金が確かに2つの国の間の政治的な絆を強固にすることがあったけれども，この本の読者が銘記すべきことは，米国への資本輸出の本国にとっての賛否両論の議論においては，「政治的な」問題をいかに少なくしか計算に入れる必要がないかということである。資本輸出国の観点による政治的問題はわれわれの議論にはほとんど関連がないように思われる。

　経済的影響に関しては，私の研究はイギリスから米国への資本流出はイギリス産業を犠牲にして生じたものではないというエデルステインの見解を強く支持する。実際，イギリス産業企業の有価証券明細表の多くには米国の鉄道債券が含まれるようになったことを私は発見した[23]。イギリス産業自体が米国の有価証券にその余剰を投資したのである。その上，私が以下に論じるように，多国籍企業は国内投資を犠牲にして外国直接投資を実施することはなかったのであ

エピローグ

る。

　私の研究から発生する3つ目の新しい点は情報経路，そしてそれの経営者への影響と管理の重要性に関連している。米国への投資が成功する上で決定的であったのは——直接投資と同じく外国証券投資の場合も——経験と知識であった。植民地時代の損失はおそらく利益を上回っていたが，その理由は情報の不足と，遠距離でのコミュニケーションにひどく手間取るために事業の管理が困難であったことによる。19世紀までには情報経路は改善されていた。損失はいかなるときも利益によって相殺され，余剰利益が出た——**もし投資家が十分な知識をもっていたならば**。「行動による学習」，すなわち学習経験の蓄積であり，「学習効果」も存在していた。諸個人と金融仲介諸機関は，優れた情報と経験により，好機に乗じ，安く買い高く売るために彼らの投資の時期を調整することができた。そのような投資家はきわめて巧みに行動した。かつて実行された投資を監視するための制度的な経路は，収益の実現にとって肝要であった。このことは，いろいろな点で，なぜ米国へのイギリス証券投資家が，フランス人よりも成功する傾向があったのかという理由を説明する——彼らの情報源はいっそうよく開発されていた。[24]

　同様に，1914年以前の資本流失に対する1914年以降の賛否両論の**評価**のうちで主要なもの（ケインズの1924年の論文とポラードの1985年の論文は例外であった）は，外国への証券投資と直接投資とを区別しなかったか，あるいは彼らはもっぱら証券的の利害関係のみを扱った。[25] 1875～1914年に，米国への外国投資が最大であった時期に，より多くの外国直接投資が，大部分の後の解説者が認識している以上に実施された。多くの米国への外国投資は海外からの潜在能力を運んできた。管理能力が発揮されたときには損失は減少した（なくなることはなかったが）。

　米国には，外国直接投資に2つの別個の範疇が共存していた。1つは，潜在的管理能力はあるが，資本調達力以上の能力をほとんどもたず，脆弱で，無視できるほどの，時に実質的には実在しない「本国事務所」組織をもつ投資を含んでいた。これらの会社は海外に投影させるような国内操業経験をもっていなかった。米国ではこうした直接投資の実行者は失敗率が高く，業績の悪さを経験した。これらの事例においては，われわれが近代的な多国籍企業と結びつけ

1089

る基本的な特徴はまったく備えていなかった。すなわち，これら海外に投資して いる企業は，技術，知識，そしてその他企業特殊的な優位性を備えていなか った。プロモーターはしばしば発起後に関心を失った。米国の鉱山，牛の大放 牧場，そしてビール醸造所に対する投資の多くが含まれていた。さらに第2の タイプに属するイギリス直接投資はたくさんあったとはいえ，これの大部分は イギリス方式であった。それに加えて今日の多国籍企業に類似している第2の タイプの直接投資は，特定の会社とその経営的組織能力——その会社独自のス キル，経験，技術，経営そして販売体験の「パッケージ」——が米国のなかへ と広がっていくことをもたらした。これは明らかに外国直接投資の実施に関す るドイツ方式となった。国際的拡大という刺激が企業組織を拡張させ，新しい 挑戦を提供し，そして企業が新しい需要に反応するように強いたので，米国へ の投資に成功した多国籍企業の国内基盤は強化されたように思われる。これら の会社の多くには多額の利益を生み出す能力があることが判明し，親会社の強 さに貢献した。国民経済は企業で成り立っているので，企業の生存能力の向上 はその経済を強くする（国内投資に対する利益の増加，税制，そして株主への分配）。 その同時性は完璧さにはほど遠いが，社会的便益は私的便益と同時に起こるよ うに思われる。こうした米国に対する直接投資は（いくつかの例外はあるが） 「本社国（headquarters country）」に対してきわめて有利な影響を与えてきたよ うに思われる。

　さらに，1875年から1914年の時期になされた外国直接投資の第2のタイプの 事例では，投資決定者は国内で投資するかあるいは海外に投資するべきかとい う選択にめったに直面することはなかった。すなわち，私の研究は，もし国内 に投資機会があったなら，イギリス，ドイツ，あるいは他の国の企業は常にま ず国内に投資したであろうことを示している。**米国市場**を獲得するためになさ れる米国における販売網への投資は，概して米国市場の潜在力のためになされ た——あるいはもし製造業に対する投資があった場合は，輸出が実行できなか ったことによる。この投資は国内事業の代替物ではなかった。これらの多国籍 企業に関しては，米国市場の要求を効果的に満たすためにイギリス，スコット ランド，ベルギー，フランス，ドイツ，あるいはその他の国の「国内に」同等 の工場を拡大または建設することができたはずである第一次世界大戦以前の時

期に，それら外国投資家によって建設または買収された工場は米国にはなかったことが私の調査結果に示されている。そうした投資の本国内における雇用への因果関係を評価することは非常に難しいが，新たに建設または買収された米国の工場は出資国の工場の代替物ではなかったので，これらの直接投資が本国から雇用を「奪う」とはいえないことは明らかである。多国籍企業による米国における後方への垂直的統合については，これらの投資は，本国では入手不可能なまたは同じほどには安価でない原材料を獲得するためのものであった。多国籍企業はしばしばヨーロッパの生産者のために原材料コストを引き下げた。

　すでに指摘したように，ケインズは1924年の論文，そしてクラフとコールは彼らの教科書において，もしイギリス人が国内で鉄道に投資したものと海外で投資したものがあったとして，そしてどちらもが破産した場合，最初の事例では少なくとも本国は鉄道（物的資産）を有するのに対して，海外で投資がなされたときは本国と投資家がともに損をすると主張した。このことは確かに証券の利害関係者には当てはまった。しかし，第一次世界大戦中に米国における巨大なドイツの多国籍企業型の利害関係が失われたときでさえ，ドイツ企業はなお経営的ノウハウ，スキル，知識，技術，そして能力（直接投資に伴うパッケージ）を保持していた。多国籍企業型の直接投資に伴うこうした無形の「企業特殊的」資産は，第一次世界大戦後のドイツ再生のための基礎として役立つことができた。要するに，もし経営が密接に外国投資と結びついているなら，出資国に対する効果はより明白なものである可能性が高い。

　出資国に対して外国投資が与えた影響を論じる場合に，私の研究から明らかになった4番目の特徴は，証券投資を直接投資から区別すること，そしてまた直接投資の2つのタイプを区別することが有益なことである。資本輸出の経路は重要である。私の論拠は，外国の証券投資と直接投資（そして直接投資の2つのタイプ）は異なった制度的行動様式に従うので，それらが本国の利害関係者に影響を与える道筋が同一である可能性は少なかったというポラードの考えを裏づける。私は外国の証券投資と直接投資による資本流出の関係に関する統計を示すことはできないけれども，私の研究はこの点に関する1870〜1914年の文献における欠落部分を明らかにする。

　1914年以前の資本流出が出資国に対して与える影響に関する論争に私が貢献

することは，決定的な解答を提供するというよりも，新しい資料と新しい洞察を加えるというものである。明らかに，ある国——米国——への投資の経験は，すべての外国投資の典型例であるということはできない。同様に，それぞれの時代の米国への個々の外国証券投資および直接投資からは，それぞれの投資家と彼らの国内経済に対して，明らかに多種多様な影響があった。私は一般的には投資家に良かったものは本国経済にも良かったということを見出したが，これが当てはまらない若干のケースがあった。それにもかかわらず，その複雑さは認識されており，承認されていたので，私は混乱を解明し，「正味（net）効果」への集中を試みることにする——細部をうまく説明し，本質的要素に焦点を当てながら。すでに言及したように，おそらく植民地時代には，米国へのイギリスの長期投資家の損失は収益を超えていた。1776～1875年には，投資国の国民が行った米国事業から投資国が得た収益は損失を上回ったかもしれないということを私の資料は示唆している——しかし，系統だった申し分のない証拠は不足したままである。投資家に知識があればあるほど，それだけ彼はよりよく行動する。最大の投資時代に関しては，ここでもおびただしいほどのあいまいさが残されているが，私の研究によれば，概して，データがすべての資本輸出国にとって米国への外国投資は純利益を示すと結論づけるように導いている。[31]この研究にとって重要で関連があることは，1875～1914年までは，米国への投資は資本輸出国に強い経済的影響を与えるほど十分に巨額であったということである。米国に対する投資は世界規模の国際投資全体を概観する上で重要な要素であった。

　多数の論説や論文が1914年以前の米国への外国投資の諸側面を扱ってきたが，[32]第一次世界大戦以前の時期における米国への外国投資に関して——時間という視点から——便益・費用の全体を分析したものはない。（資本輸出諸国について大急ぎで試みたように）他の人たちの仕事を再検討するよりもむしろ，私は今は，適切な場合には種々の学者のあちらこちらに散在している結論を活用して，利用可能な論拠を直接に参照するであろう。[33]同時に，私は外国の利害関係に対する当時にみられた反応を考慮に入れるであろう。私は反事実的条件法（代替的発展経路）を主張することはしないが，代わりに利用可能な情報をもとにして，外国の証券投資および直接投資の両者に関する主要な賛成および反対という見

エピローグ

方に決着をつけようとしている。

米国への外国投資のタイプと投資額は変化したのであるから，便益と費用は明らかに時期により異なっていた。われわれがみてきたように，植民地時代には，海外からの直接投資家は（勅許会社とともに）貿易および海運サービスを提供し，主要な製鉄所を発展させて，入植地のための基礎を提供した。代償──利潤の海外送金──はほんの僅かであった（しばしば送金される利潤がなかった）。

独立後には，海外投資──そのときには主に証券投資──の便益はきわめてはっきりと感じられるようになった。独立戦争は外国，主にフランスの資金が融資された。アレキサンダー・ハミルトンの財政計画はオランダの融資によって援助された。ルイジアナ準州の購入は外国借入によって可能となった。他方で，アメリカ人は「従属的」であるように思われた。1803年には少なくとも56％の連邦債務は海外で所有されていた。米国の最大の経営事業体である合衆国銀行の資本の62％が外国の手にあった。州法銀行株の35％とすべての法人株の33％がヨーロッパの投資家によって所有されていた。

その従属性はひどく差別的なものではないことがわかった。海外に所有されていた連邦債務の比率は長い期間にわたって変動した。しかし，外国人投資家は決してそれらの所有を通じて米国の公共政策を支配することはできなかった。確かに，「従属性」については常に懸念されていたけれども，米国の連邦債務は──1795年以降のこの本の対象期間を通じて──常にドル建てであった。このことは非常に重要である。開発途上国では，国家債務はしばしば外国債権者の通貨により表され，当然，債務者の国家の通貨当局の管理外に債務を作り出す。

さらに，米国では，国内銀行業務の必要性を満たす外国資本の利用は時がたつにつれて根本的に減少した。国内銀行業務に対する外国投資は，1840年代初期における合衆国第2銀行の崩壊までは重要であった。その後，比率という観点からは，この部門における外国投資の役割は急激に低下した。米国の国内銀行数は隙間を満たすために増加した。米国の普通の商業銀行の必要性に対して資本を提供するようになった国内投資家あるいは国内諸機関の「クラウディング・アウト」はなかった。

米国の経済開発が起きたときに，当然のことながら，初期には無名の米国企

1093

業に外国資本を引き寄せることは困難であった。したがって，政府は民間ビジネスの先頭に立ち，海外資金を調達し，これらの外国の貯蓄を米国の運河，鉄道，銀行へと振り向けた。ここで再びわれわれは基礎的なインフラストラクチュアへと入っていった証券投資について話をしている。1830年代の米国における綿花ブームはこれらの投資の助けがあった。1841年から42年までに，米国の巨額の国家債務の大部分が海外で所有された。それから債務不履行の時代がやってきた。アメリカ人は費用を支払うことができなかった。イギリスの銀行家は，連邦政府による州債の引き受けを提唱して，介入する準備ができているように思われた。米国の「独立」は危険にさらされているように思われたが，それは違った。連邦政府は州債の肩代わりをしなかった。アメリカ人と外国の銀行家は交渉した。大部分の外国人投資家が資金を失った。アメリカ人は外国債権を利用する機会が一時的に縮小するという代償を支払った。しかしながら，1840年代後半までに，新しい外国投資が米国に入ってきた。そして1853年には――より以前の債務に基づいて――州債務の約58％がまだ海外に所有されていた。

　ほぼ1875年までは，外国投資にとって公的有価証券が最大の部門であった（北部は南北戦争に勝利するために外国の金融に依存してはいなかったが，勝利を確実にしたと思われた後に，連邦債務は海外に移動し始めていた）。戦争後（1879年）に事実上の金本位制への復帰が外国投資によって推進された。南部諸州の再統合期には新しい州債が背負い込まれた。これらの大部分は1870年代初期に支払いが拒否された。債務履行拒絶の代償は南部諸州が再び外国借入を再開することができなかったことである。

　一方，1830年代に米国が鉄道建設に着手して以降，外国人投資家は一定の役割を演じてきた。1850年代に米国の鉄道債は鉄製レールの輸入と引き換えにしばしば海外へと移動した。価格は高かったが，十分にない正貨で支払うよりは望ましかった。南北戦争の後に，米国の鉄道有価証券市場が海外でかなり発達するようになった。米国は自らの鉄鋼産業を確立した。南北戦争後の数十年間には，米国におけるレール販売との関連はもはやなしに，新しい資金が米国鉄道建設へと流入することがみられた。1875年から1914年の時期に，米国の鉄道網を完成させるために，空前の金額がヨーロッパから流入した――ヨーロッパ

エピローグ

人が米国の鉄道有価証券を購入するにつれて。若干の鉄道投資は直接投資であったが，圧倒的な大多数はそうではなかった。米国の鉄道は証券投資を引き寄せた。アメリカ人経営者は鉄道システムを建設した。

1875年から1914年には，鉄道が最大額の資金を呼び込んだので，民間部門に対する外国投資は公的部門をはるかに超過した。鉄道路線が米国の広大な地理的範囲全体に広がったので，この外国資本から得られる利益は巨大であった。米国の国内的金融資源はそのニーズを満たすには不十分であった。そこで，外国資本は米国の貯蓄を埋め合わせた。外国資金の利用可能性は利子率の下落に役立った。すべての主要な米国の鉄道は外国融資をあてにしていた。

もちろん，外国資本の利用には費用が必要であった。外国人は彼らの債券に対する利子と株式に対する配当金を期待した（しかしアメリカ人投資家もそうであった）。米国における鉄道金融は疑いなく悪弊に満ちたものであったが，アメリカ人は外国のプロモーターおよび投資家と同じくらい（そしておそらくよりいっそう）責任があった。もし外国のそして米国の投資家が，短期的収益よりも長期的収益を目指していたならば，アルブロ・マーティンは，（例えば）ヘンリー・ヴィラードと彼が引き寄せた外国人投資家がノーザン・パシフィック鉄道の開発に損害を与えたとは結論しなかったかもしれない。その問題は修正された。すなわちノーザン・パシフィックと他の大陸横断鉄道は建設されたのである。そして，もしその過程が歴史家，エコノミスト，またはそのことに関しては投資家が好んだであろうような整然としていて，規則正しく，あるいは効率的なものではなかったとしても，外国の株式所有者あるいは債券所有者の貪欲さを非難することは不適切である。

成長への資金供給はどこでも順調な過程ではなく——米国でもそうではなかった。ベアリング危機（1890年）の後に，ロンドンに依存していた鉄道業は，それらの資金源が一時的に遮断されていることを発見した。実際，それは損われていた。しかし，国内的投資も米国の景気循環を通じて周期的に縮小していたのであり，この困難性は国際金融に対する依存が作用したものであるというよりもむしろ金融市場の特徴であった。海外からの資本の撤退は，時に米国の景気下降が強調されるが，他の時期には米国経済にとって外生的な条件によって影響を受けた（ベアリング危機からボーア戦争への資金供給の必要性まで）。外国

1095

人投資家は，全体として，国内投資家よりも気まぐれではないことがわかった。いかにその流れが「移り気な（volatile）」ものであるとしても，外国投資が追加されることは，たびたび不安定になる過程を相殺する以上に十分な利益があるため，価値があった。

しばしば外国人投資家は鉄道債券に金約款を要求した。彼らは米国で「健全通貨」を望んだ——そして世界的にも。米国の（1879年後の）金本位制への執着は，一部はそうした海外投資を引き寄せたいという米国の願望の結果であった。1898年までは十分な金（gold）がなく，米国には19世紀末期の価格下落を原因とする苦難があった。それにもかかわらず，その時期は実質経済成長の時期であった。インフレーションがなく，そして事実上はデフレーションが存在していたことは，米国の輸出が世界市場でますます競争的になることを助けた。19世紀末期に米国は工業製品の重要な輸出国となり，そして米国の商品貿易収支は（1970年代まで）首尾一貫してプラスとなった[35]。これは外国投資の費用を支払うために十分な金あるいは外貨が一般に利用可能であることを意味した。

きわめて巨額の外国証券投資の利益は複合的であった。もし外国投資がなかったならば，米国鉄道システムがあれほど急速に完成されるはずがなかったことは明らかである。連関効果は強力であった。入植地を求めて新しい土地が開拓された。鉄道は，工業製品の輸出の増加と同様に農業および鉱業製品の海外販売のための基礎を供給して，フロンティアに依存した米国資源の発達を可能にしたのである。ラグナー・ヌルクセが書いたように，外国資本の第一次世界大戦前の投資は「輸出部門それ自体の拡大だけではなく，国内活動の拡張にも欠かすことのできない諸施設（とりわけ鉄道）の建設」を導いた[36]。

鉄道業への海外からの証券投資は，単に鉄道建設に資金を供給し，新しい土地を開拓し，新たな農業および鉱業地区を発展させただけではなく，米国のインフラストラクチュアの発展に追加的かつ決定的な影響を与えた。必要とされる資本の供給において，米国の金融仲介機関（特に民間銀行）はイギリスのマーチャントバンク，オランダの金融企業およびドイツの銀行と協力した。その過程で，米国の民間銀行は，ニューヨーク市を金融センターとして創設することに大きく貢献することになったであろう金融における経験，すなわち専門的技術を獲得することになった。

エピローグ

　鉄道投資——主に証券投資——が米国に対して大きな利益であったのと同時に，米国の経済進歩に同じく大きな意義があったその他多くの対米外国投資が1875〜1914年の時期に存在した。新しい土地が入植地のために利用可能になるにつれて，海外の投資家は土地を獲得した。過去の出来事を振り返ってみると，外国人の土地所有に対する当時の国民の抗議にもかかわらず，ある歴史家が書いているように，外国人投資家は決して「米国の土地貧民に対していかなる大きい脅威でも」なかったことは明白であると思われる。米国は「外国人」に土地を贈与したわけではなかった。私が第16章で書いた大げさな言葉は，事実からというよりも直感から出てきたものと認識し，退けなければならない。米国の土地に対する外国投資——直接投資——は相当な大きさであったが，土地の全体量に対応したものではなく，そしてさらに重要なことは，外国の投資家は主に生産的な目的のために彼らの土地取得を用いたのである。彼らは「単なる」投機家ではなかった。

　外国の直接投資家は，米国の鉱山を開発し，鉱物資源の加工において新技術を導入することに積極的であった。外国の直接投資家は，米国の農家の産出物と同じく，米国の鉱山の産出物のためにも海外市場を拡大した。これらは「搾取的な」関わり合いであったのだろうか。ある意味ではおそらくそうであった。すでに指摘したように，外国の買い手は（例えば）ヨーロッパ市場で米国の銅価格を引き下げた，とアメリカ人はおそらく正当に，苦情を訴えた。他方，外国の貿易業者は海外で販売される量を大きく増加させ，それが価格低下を十分に相殺したであろう。収入は販売された価格と量に基づくものであり，そしてもし価格の下落が，その価格の低下よりも早く輸出量を増加させることに役立つならば（すなわち，もし外国の需要が弾力的であるなら），収入は増大するであろう。今日では，一次産品に対する需要は非弾力的となりがちである。このことが1870年から1914年に当てはまるかどうかははっきりしない。さらに，外国の直接投資家はある特定の輸出品（銅から鉛，亜鉛まで，そしてまた穀物からタバコの葉まで）の取り扱いにおいて重要ではあったが，アメリカ人も参加したのである。米国の外国貿易を拡大することによる利益は，その結果として生じるいかなる米国の輸出品の価格下落をも相殺するにあまりあるものであったように思われる。ある外国の大石油会社（ロイヤル・ダッチ・シェル社）は1912年に米

1097

国に参入した——原油生産者および市場販売者として。これは輸出を目的とし
たものではなく，米国の消費を求めた投資であった。ロイヤル・ダッチ・シェ
ル社はこの国において重要な会社となった。1914年にはその会社の米国におけ
る最初の重要な精製所が建設中であった。

　もしかなりの外国直接投資が，1875年から1914年の時期に，一次産品におい
て米国の国際貿易を引き上げ，一次産品生産を増加させることに役立ったなら
ば，多数の外国直接投資が多くの産業で輸入代替に対する基礎を作ったといえ
る。外国の直接投資家は，例えば，南部の鉄鋼業において革新者であった。投
資家への報酬はわずかなものであったが，新産業の確立は現実のものであった。
米国の南部は利益を得た。

　関税は南北戦争から1913年までは高く，そして関税障壁の後押しで国内製造
業が拡大した。外国直接投資家は，海外から先端技術を導入し，そして応用し
ながら，一連の米国新産業に参加した。新参入の注目すべき側面はそれらの非
阻害的性格であった。それらは大部分がダイナミックで，成長している経済へ
と容易に混合された。しかしながら，それらは遍在していた。アスピリンから
アルカリまで，レーヨンから「フランス風製法ウール」まで，外国直接投資家
は，米国で新製法を使用し，新しい製品をつくった。それらは米国の発生期化
学工業における開拓者であった。ヨーロッパの多国籍企業の多くの系列会社は，
単に米国において製造しただけではなく，全国的な販売組織を有した。それら
はまさに多国籍企業であった。これはミシュラン社，ヘキスト社，オレンスタ
イン・アーサー・コペル社とその他多数の会社について当てはまった。多くが
米国に1つ以上の工場（plant or mill）をもっていた。

　米国における直接投資家の重要性は，1875年から1914年にかけての時期に，
外国直接投資家が——短期間ではあるが——，新しい米国の電機産業において
トップに（エジソン・ゼネラル・エレクトリック社がドイツの支配下に置かれたとき
に），米国の小麦粉生産においてトップに（ピルズベリー・ウォッシュバーン社），
米国の採鉱設備においてトップに（フレーザー＆チャルマー社），米国の食肉加工
においてトップ4に（ハモンド社），そして米国の新しい無線産業においてまさ
しく頂点に（マルコーニ社）位置づけられたことをわれわれが理解するときに
はっきりする。

エピローグ

それに加えて，外国直接投資家は，米国のアルカリ生産（ソルベイ・プロセス社），レーヨン生産（コートールド社），木綿生産（J. & P. コーツ社），潜水艦建造（電気船舶社），マグネット生産（ボッシュ社），外科用機器生産（ナイ・シェーレ社），そしてクリーム分離機生産（分離機社）において第1位であった。外国直接投資家は米国のわずかな染料製造（バイエル社）においてトップ3に，米国の綿織物機械生産（ハワード＆バロー社）を主導する3社のなかに，そして米国のビール醸造所においてトップ6を占めていた。また外国直接投資家は，米国の処方箋なしには販売できない薬品生産，米国の新しい電解精錬，米国の新しい電気化学産業，米国の羊毛と絹生産，そして米国のチョコレート製造において有名であった。石鹸から坩堝鋼，光学製品にまで，外国の多国籍企業は存在していた。これらはほんのサンプルでしかない。外国直接投資家は消費財および生産財に存在しており，米国の拡大し，拡張しつつある工業生産に貢献した。

エコノミストは，外国資本の移転が今日の開発途上国を「窮乏化的成長」と呼ばれてきたものへと導いてきたことを問題にしてきた。後者は関税のゆがみ（distortion）という条件のもとで発生する。そこでは，海外からの資本の流入は窮乏化を引き起こす。なぜならば，その国は資本集約財を輸入し続け（不完全に特化されたまま），そしてその国の交易条件は，輸出価格が輸入価格に対して相対的に低下するので，不利になる。「窮乏化的成長」は，財の交易条件の悪化と，国民所得の決定において外国の利益が控除されるときに生じる損失によって，繁栄の衰退に帰着する。

このことは1875年から1914年における外国資本輸入に関する米国の経験に当てはまるのであろうか。この時期は関税のゆがみの時期であり，それゆえその条件が持続したのである。米国が資本集約的な財を輸入し続けなかったということは適切でない。外国資本は，国内の開発プロセスにおいてゆがみをつくらず，そして実際はそのゆがみを減らしたであろう。利用可能な統計は，米国の交易条件は1869年から1913年の時期に改善されたことを示している[38]。

米国の輸出は輸入よりも速く増大した。外国の直接投資家と国内投資家は，関税障壁の背後で輸入代替に貢献した[39]。海外投資は国内的な産業投資を「閉め出さなかった」。ある産業（例えば木綿糸）において，外国直接投資の結果とし

1099

て米国が所有する工場はずっと少なかったが，他の産業（例えばアルカリ）では，外国直接投資は製造業において新しい米国の投資——新しい競争者——を刺激した。典型的には，外国直接投資家は，国内の投資家とともに，米国の関税障壁の背後で均衡のとれた方法で生産を増大させた。「窮乏化的成長」ではなく実質的成長があった。さらに，そしてより重要性は少ないが，米国は単に製造部門に対する外国直接投資を得ただけではなく，米国の多数の大規模な「工業企業」が外国の金融市場に彼らの資本の必要性の幾分かを提供するように要求することが可能であった。

　外国の金融機関は，米国鉄道の資金調達だけではなく，米国の工業企業と公益事業の資金調達を支援した。米国に対する彼らの直接投資は証券投資の仲介と比較してわずかなものであった。鉄道に関してと同じように，これらの他の証券に関しても，特に世紀の交替期および20世紀初頭に，資金供給はニューヨークやボストンの銀行と共同してなされた。米国が1919年に主導的な債権国になることができたのは，1875年から1914年の期間そしてそれ以前の時期に資本を輸入することによって得られた学習過程と豊かな経験に少なからずよるものであった。米国民間銀行は，外国資金を米国に引き寄せるという活動で外国の金融機関と協力することによって，国際金融における洗練された手法を習得した。米国金融機関が資本輸入によって獲得した知識は，彼らが海外に融資するようになったとき，用いられるようになった。

　それに加えて，国際貿易への資金供給に従事している多くの外国銀行は，ニューヨークに代理店を設立し，米国貿易への融資を助けた。同様に，外国の海運会社と電信会社は米国に対する直接投資を実行し，米国企業にここでもサービスを提供した。

　1875年から1914年の時期における外国直接投資家は，アメリカ人により安い不動産抵当貸付資金を，より良い会計サービスを，そしてより包括的な火災および海上保険を提供するという点で，重要な時代の流行に力を貸した。しかしながら，これらの活動のいずれにおいても，外国の所有者は決して独占的地位を占めていたわけではない。それぞれのケースで，米国企業は外国が提案したことを補足し，完成させるために出現してきた。しばしば米国企業は外国企業の行動をコピーし，複製することが可能であり，それが新興の米国企業のため

エピローグ

のモデルとして役立った。

　米国経済の発展は資本不足により妨害されることは決してなかった。外国の資金源が利用可能であったことは，米国にとって資本が成長過程に対する制約条件とはならないことを保証した。1914年までに，外国の証券投資および直接投資が存在しており，そして高度に発達した産業をもつ東部，新しいナイアガラの滝の電力開発，中西部，中北部諸州，南東部，南西部，そして極西部地方における新しい経済活動の拡大に貢献した。米国のどの地方も締め出されることはなかった。どこでも，新しい開発が起きたときには，特に外国直接投資が参加した。地理的分散は印象的であった。

　これらすべての貢献には代償があった。主要な費用は，アメリカ人が外国からの借入金に利子および外国人の株式保有に配当を支払わなければならないというものであった。今日の多くの開発途上国の事例にみられように，1875年から1914年の時期の米国の国際収支の推計においても，米国に対する外国人の既存の投資に対して外国人に支払われた利子と配当が新しい資本流入を超過したことがうかがわれる。そうした推計は（今日の開発途上国に関連してしばしばなされるけれども）本質的には無意味である。海外に支払われた「貢ぎ物」（もし数字が正確であったとしたら）は，アメリカ人――こうした代償について強く不満をいう――を憤慨させたのであるが，実際には，米国から資本を奪ったわけではない。国内成長は外国資本を利用することに支払われた以上に手に入れられたように思われる。もし便益が費用を超えるならば，外国投資に（そしてそれが外国**直接**投資であるときにはそれに伴うひとまとめのビジネス能力に）支払いをすることは有害ではない――そして，外国投資が生産活動のなかに入っていくにつれて，このことが米国で確かに当てはまったのだ。さらに，すでに指摘したように，この時期に米国では輸出が増加したことにより，その当時に存在した懸念にもかかわらず，利子と配当が容易に輸出所得から支払えることを意味した。

　1875年から1914年の米国への外国投資が大きな役割を演じたために，問題が発生する。この債務国における外国人投資家は米国の政治的生命を支配しようとしたのであろうか。彼らは自分たちの利益につながる政治的な決定に影響を与えようと努めたのであろうか。彼らは米国の法律に対して無礼にも軽視する

ように振る舞ったのであろうか。しばしば今日では，ラディカル・エコノミストは開発途上債務国における外国人投資家のそのような行動を非難する。もし外国人投資家が米国に存在することが，米国の経済成長に貢献し，経済的利益があるならば，政治的な代償はあったのであろうか。主権は窮地に立ったのであろうか。

　外国人投資家による政治的介入は確かに存在した。イギリス本国人は，1878年における連邦政府のブランド・アリソン法（Bland-Allison Act）の議会通過を妨げるために努力した（成果をもたらさないものではあったが）[43]。多くの外国企業は，彼らの商品が締め出されていると見なしたため，低関税を求めるロビー活動を実施した。その後そうした企業がひとたび米国製造業への投資を実施すると，一般にその企業は国内産業保護の提唱者となり，そこから利益を得た[44]。イギリスの保険会社は，州議会の「不愉快な」動きに対抗するために「多額の資金」をパシフィック・コースト社に費やした[45]。第16章で述べたように，ある外国企業の経営者は，彼が州議会で通過した気まぐれな法律であると考えたものから外国直接投資家を保護するために，米国とイギリス間の条約を要求しさえした（成功しなかったが）[46]。イギリスの投資家が米国の法律の抜け穴を見つけて，そしてそれを得意げに自慢する事例が存在した。H・オズボーン・オヘイガンは，外国人が不動産を所有することを妨げる外国人土地法をもつ州で，それらの法律は「不動産を所有している管財人という手段によって克服される」と書いた[47]。

　しかしながら，私が政治的な審議や米国の法律の回避に影響を与える多くの試みを検討すると，その全体は論理的でないように思われる。概して，米国の法律は，外国人投資家による現存のあるいは潜在的な（現実的あるいは仮定的）——政治的そして経済的な——悪用にうまく対処することが可能であったし，実際にうまく対処した。大部分の有力な外国人投資家は，自分たちを国内の同業者と同じように見なした——そのためなんら特別の外国人としての負担が生じることはなかった。国際的債務者としての米国の地位により，国家的独立は決して危うくなることはなかった[48]。

　経済的利益はおびただしかった。政治的主権は犠牲とはならなかった。確かに，米国の経験を評価すると，私は自らがジェイコブ・ヴァイナーの1928年の

エピローグ

意見に同意していることに気がつく。「債務国の観点からは，たとえ表面的にでももっともらしい**経済的考察**が**生産的な目的**のための自由な資本輸入に反対して提起されたと考えることは困難である」。振り返ってみて，ここ米国への外国投資に対する当時の否定的な反応の大多数は，合理的であるというよりも感情的であったように思われる。その経済的利益ははるかに費用を超えていた。利益は，外国金融（証券投資）と外国直接投資（外国所有で外国支配下にある企業の存在）の両者から生じた。

　実際に，米国は以前にどの国もまだ実行していなかったときに，海外から資本を吸収した。外国の証券投資および直接投資は空前の額で流入した。外国投資はイギリス，ドイツ，オランダ，フランス，スイス，ベルギー，そして他の多くの諸国からやってきた。1875年から1914年までは，巨額の流入が起きたときに，資本は主に民間部門へと入った。1913年のヨーロッパの外国投資は「持てるものに貸し付けられるべきである」という原則に従った。米国への外国投資における以上にこのことが当てはまることは決してなかった。米国は世界で飛び抜けて最大の債務国であった。短期的には，債務国であったことが利益を与えた。長期的には，利益は形成され，そして保持された。債務国としての米国の地位は，将来，米国が世界最大の債権者となる手段を提供するであろう。外国資本は，その基礎を築き，制度的前提条件をつくり出すことを手助けして，その転換を助長した。

　外国資本は米国の資源を開発した——鉄道業に対する巨額の証券投資，鉱山業，牛牧場経営，そしてその後の油田に対する多数の直接投資により。外国直接投資家は米国の広範囲な産業活動における急速な輸入代替の発展をともにした。外国の多国籍企業は新技術を導入した。外国の多国籍企業は不動産抵当貸付資金から会計，火災保険に至るまでのサービスを提供した。外国証券および直接投資家は，米国の国内成長を促進するという点で，直接的役割および触媒的役割の両者を備えていた。その貢献は持続的なものであった。外国証券および直接投資は，米国の経済発展を助長した点で重要性があった。ヨーロッパの戦争が勃発する直前に海外から米国経済に投資された70億ドル以上は，1914年の米国国民総生産のほぼ20％と等しい金額に相当した。この相当に大きな外国投資から米国経済が得た利益は費用をはるかに上回った。1875年から1914年の

1103

米国は世界で最大の産業国となった。外国資金と外国ビジネスが果たした役割は実体的で必然的であった。

注

（1）　第1章p.33を見よ。私は有意味な交換レートに関して確信がないため，ここをドルに置きかえることを躊躇する。

（2）　第2章p.52およびその章の注（34）を見よ。さらに表3-1も見よ。

（3）　第5章を見よ。

（4）　これは海外投資に関する私の調査と国民総生産と1人当たりの実質所得および国富に関する他の調査に基づいた私自身の結論である。

（5）　例えば，完結した現代英国経済史を必要とするであろう。さらに私は短期的効果の範囲にとどめるつもりである。1914年から今日までの英国経済の不十分な成果が第一次世界大戦前に英国民が国際投資（特に米国への）に大きく関与していたことによるものかどうかに関する考察を行うことは，私の研究の範囲を大きく超えている。米国における海外投資対主要資本輸出国全体の海外投資の割合に関しては第5章を見よ。

（6）　W. D. Rubinstein, "British Millionaires, 1809-1949," *Bulletin of the Institute of Historical Research*, 47（1974）: 202-223, により準備されたリストを私は調査した。こういった類の証拠は体系立っているというよりはむしろ裏づけに乏しい。

（7）　この期間全体を通じて米国における比較可能な有価証券に関する名目上の長期「利益率」（すなわちコンソル公債対米国連邦政府の国債証書：英国鉄道対米国鉄道）は，次第にその差が縮まったにもかかわらず，ヨーロッパよりも高かったことに疑問の余地はないように思われる。米国鉄道の1870年から1913年までの実績については，例えば，Michael Edelstein, *Overseas Investment in the Age of High Imperialism*（New York：Columbia University Press, 1982）, 94, を見よ。

（8）　*The National and the Athenaeum*, 35（Aug. 9, 1924）: 584-586. また再版 John Maynard Keynes, *Collected Writings*, ed. Elizabeth Johnson（London：Macmillan, 1971）, XVII, 274, および John Maynard Keynes in the London *Times*, Sept. 18, 1921, も見よ。そのなかで彼は，海外投資は過去の時代においては新旧両国にとって利益があったかもしれないが，1920年代には望ましいものではなかったと認めた。『ネーション』誌の記事は，それより以前のニコルソンの懸念のいくつかをそっくりそのまま繰り返している。第16章を見よ。

（9）　一般的見解に関しては Herbert Feis, *Europe : The World's Banker*（1930；rpt. New York：W. W. Norton, 1965）, 5-7, を見よ。第一次世界大戦後，ドイツ人の記者たちは英国が「友好国」に資本提供を行っていた一方で，ドイツ貨幣は敵国に投資され，戦争とともに失われたという（F. Lenz, "Wegen und Structure des deutschen Kapitalexports vor 1914," *Weltwirtschaftliches Archiv*, 18［1922］: 49）。資本輸出に関する第一次世界大戦後の論評者は，レーニンのパンフレット *Imperialism*（1916年の春にチューリヒで書かれた）が手がかりとなった。レーニンはホブソンの1902年の見識とヒルファーディングの考えに影響された。すなわち，「金融資本」と資本輸出が世界的に資本主義を拡散すると信じていたレーニンはまた，国と資本輸入国としての米国の両側面にとっての利益と出費を評価する手助け（あるいは直接的な関連性）を提供してくれるものではない。それらの文献で米国の植民地時代や米国の独立戦

エピローグ

争中の英国の敗北を扱ったものはない。私は，資本輸出と帝国主義に関する資料を精査し，しばしば議論に上る関連を認めた。例えば，D. K. Fieldhouse, *Economics and Empire, 1830-1914* (Ithaca, N.Y. : Cornell University Press, 1973)，および彼の *Theory of Capitalist Imperialism* (London : Longman, 1967)；Alan Hodgart, *The Economics European Imperialism* (New York : W. W. Norton, 1977)；P. J. Cain, *Economic Foundations of British Overseas Expansion, 1815-1914* (London : Macmillan, 1980)；Kenneth E. Boulding and Tapan Mukerjee, eds., *Economic Imperialism : A Book of Readings* (Ann Arbor : University of Michigan Press, 1972)，を見よ。*Economic Imperialism* は，K. Fieldhouse (1961) and Mark Blaug (1961) による記事を含んでいる。それらは俗説や「経済帝国主義」に関するホブソンとレーニンの論争を論破し，英国およびヨーロッパ資本が，総じて1914年以前には後進国よりもむしろ先進国である新たな国家へと流れたことを指摘する。ブラウグは「資本産出は一般的に発展途上国よりも資本が豊かな国においてより高い，なぜなら先進国における資本は基幹産業や輸送や発電において補足的な方法で投資されるからである」と述べた（前掲書，109, 146-147）。すなわち，数少ない例外はあるものの，第一次世界大戦後の（加えて第二次世界大戦後の）資本輸出と帝国主義に関する文献に，米国における膨大な国内投資の自国への衝撃について明らかにしたものはない。したがって私は私のテキストのなかにこの文献を含めなかった。

(10) 第4章および S. Japhet, *Recollections from My Business Life* (London : privately printed, 1931), 13, 32, を見よ。

(11) Cleona Lewis, *America's Stake in International Investments* (Washington, D.C. : Brookings Institution, 1938), 488には，「米国が債務国でなくなって以来経過した20年間は『債権国』という概念に関する誤った認識をある程度払拭するのに役立った……不況や貸し手による財産引渡しの到来とともに，われわれは，卸売り不履行，支払停止や据え置き合意に直面した。したがって，時に債権者の役割は債務者の役割とほぼ同程度の困難さをはらむということがわかった」と書かれている。

(12) Shepard B. Clough and Charles Woolsey Cole, *Economic History of Europe* (Boston : D. C. Heath, 1941), 659-660. Harry D. White, *French International Accounts* (1933 ; rpt. New York : Arno Press, 1978), chaps. 12 and 13では，第一次世界大戦前における「フランスの資本輸出の経済的効果」が評価されている。この本の著者は，同時代の人々の仮定に反し，海外投資の見返りは，実際に，国内投資のそれよりも大きくないと信じていた (p. 274)。彼は，海外投資への偏見が証券発行商社（銀行）に対するより高い利益や脱税のより大きな可能性に基づいているものとして説明した (p. 283)。ホワイトはフランス国内経済への影響はマイナスであったし，国内では金利が上昇したと結論づけた (p. 291)。貯蓄能力が減退した (p. 292)。資本金への利子の増加に伴い，収入が「賃金労働者，土地所有者，企業家」の不利益にならぬように再分配された (p. 293)。フランスの資本流出は，全般的に輸入品の価格を下げなかった (pp. 294-295)。さらに悪いことに，フランスの産業と公共事業は資金を剥奪された (pp. 297-299)。

(13) 第一次世界大戦前（リカードと J・S・ミルの時代から）の海外投資は，国内資本への必然的な「減益」を相殺するというテーマであり，第一次世界大戦後にマルクス主義者たちによってのみ議論されたにすぎない。資本に対する「必然的な減益」は「必然的」でないことが判明した。利益率が下降するという自然傾向やこの傾向の修正要因に関しては，Hodgart, *The Economics of European Imperialism*, 8-9, 16ff., を見よ。

1105

(14) Alec K. Cairncross, *Home and Foreign Investment, 1870-1913* (Cambridge：Cambridge University Press, 1953). この重要な書の「中心部分」はケアンクロスの1935年ケンブリッジ大学博士論文（前掲書, xiii）に基づいている。また Brinley Thomas, *Migration and Economic Growth*, 2nd ed. (Cambridge, Mass.：Harvard University Press, 1973), esp. 97, 108 (1st ed., 1954), および Charles H. Feinstein, "Home and Foreign Investment," Ph.D. diss. University of Cambridge, 1959, を見よ。

(15) Thomas, *Migration and Economic Growth*, 108-109. トーマスとケアンクロスは, Ｃ・Ｋ・ホブソンとは異なり, 高い国内投資と海外投資は交互にされると信じた。見解の相違の根本的な要因は, より高い利子率（資本流出に起因する）の結果であった。Ｃ・Ｋ・ホブソンはこれらがさらに多くの投資を引き起こすと考えた。ケアンクロスとトーマスの見解は, 資本流出が国内における利子率を上げる一方で, 国内の企業にとっては資金借入コストがより高くなり, 結果, 投資を減少させるというものであったように思われる。

(16) 以前に引用した例は別として, 他に特に米国の利害関係にあるものには J. Fred Rippy, "British Investments in Texas Lands and Livestock," *Southwestern Historical Quarterly*,57 (Jan. 1955) がある。その p. 338において著者は「ほとんど例外なく利益は少ない。大半の例では損失が利益を勝る」と結論づけている。Clark C. Spence, *British Investments and the American Mining Frontier, 1860-1901* (Ithaca, N.Y.：Cornell University Press, 1958) は, p. 232において, the *Anglo-Colorado Mining Guide*, Nov. 28, 1903, の次の箇所を引用している。

現代の投機においては, あなたは自分で言葉を選ばなくてはならない。
勝てばそれは「投資」であるが,
敗れればそれは単なる「賭博」である。

スペンスのコメントは以下の通りである。「1860年から1901年の期間全体を考慮に入れれば, 余剰資金を米国の鉱山に注ぎ込んだ英国人は, 確かに『賭博』を行ったのだ」。にもかかわらず, 非常に批判的な分析の後, Cairncross, *Home and Foreign Investment*, 235, において,「1914年に至るまで, 英国の資本輸出においては個人の利益と社会利益の一致が十分にみられ……概して英国の海外投資は十分見返りがあった」と結論づけられている。

(17) Rondo E. Cameron, *France and the Economic Development of Europe, 1800-1914* (Princeton, N.J.：Princeton University Press, 1961), 504-505. それにもかかわらず, フランソワ・カロン（Francois Caron）は, その著 *An Economic History of Modern France* (New York：Columbia University Press, 1979), 4, において, フランスの資本輸出について論じている文脈のなかで, 19世紀後半と20世紀初頭におけるフランス資本主義の失敗について書いている。さらにキャメロンは *France and the Economic Development of Europe*, 504, において,「1914年以降のインフレと債権支払い拒否による大きな資本損失を考慮に入れると, フランスはもし資本輸出のすべて, あるいはほとんどが国内に投資されていたとしたら, 今日のフランスはより暮らし向きが良くなっていたであろうということに疑いの余地はない」と結論づけた。1960年代（そしてその後も）国際投資の融資国への利益やコストに関する継続的な学問的議論があった。例えば, John Dunning, "The Costs and Benefits of Foreign Direct Investment to the Investing Country：The U. K. Experience," in his *Studies in International Investment* (London：George Allen & Unwin, 1970), 49-117, および Ivor F. Pearce and David C.

エピローグ

Rowan, "A Framework for Reseach into the Real Effects of International Capital Movements" (1966), reprinted in John Dunning, *International Investment* (Harmondsworth：Penguin Books, 1972), 163-197. さらには次の書を見よ。Neil Hood and Stephen Young, *The Economics of Multinational Enterprise* (London：Longman, 1979), chap.7. こういった理論に関する文献の大半は, 私の研究とは明らかに関連してはいるものの, 特に1914年以前の投資を扱ったものではなかったし, ましてや, ホスト国として米国との一対一のコストや利益を扱ったものでもなかった。そのデータ全般は, 私の1914年以前の評価にほんの少し触れるだけであったことはいうまでもなく, 広汎に及んでいるので（しかも未決である）, そのような文献の存在について単に言及する以上のことをするのは不適当と思われた。

(18) W. G. Kerr, *Scottish Capital on the American Credit Frontier* (Austin：Texas State Historical Association, 1976), 199-205, には, スコットランドの抵当と投資信託会社による大成功について書かれている。カーは, 以前に認められたよりはるかに多数の英国企業による成功を見出している（前掲書, 200）。The World Bank, *World Development Report, 1985* (New York：Oxford University Press, 1985), 13, には, 1870年から1914年におよぶ期間の海外投資は, 大英帝国およびヨーロッパ大陸の国々の投資家にとって, 利益が上がるものであったという以下の概説がある。「国内投資の利益よりも1.6から3.9%高いと見積もられる利益を稼ぎ出した」。この文献は, アルバート・フィッシュロー（Albert Fishlow）によって書かれた"Lessons from the Past," *International, Organization*, 39 (Summer 1985)：383-439, を背景書として引用している。その p. 396においてフィッシュローは, 英国に関するだけでもこれらの同じ数字を引用している。これらの数字はマイケル・エデルステインのものである。それらはすべての英国の海外投資を示しているが, 米国の利益数値に関しては, 重要な計算値である。

(19) Michael Edelsteins, *Overseas Investment in the Age of High Imperialism*：*The United Kingdom, 1850-1914* (New York：Columbia University Press, 1982). エデルステインは, 1870年から1913年までに, 英国において公に取引された第 1 級や第 2 級の普通株, 優先株, 無担保社債に対して, 収益の実質減価率を見積もった。利益率は配当や利払いや資本利得を含んだ（エデルステインは, 証券について12月の最終週に買われ 1 年後に売られたと仮定した）。彼は第 1 級と第 2 級の証券には, 定期的に配当や利払いがなされ, 長期間にわたってひどい不払いを引き起こさなかったものと定義している。したがって彼は, 債務不履行による損失を除外した。彼は国内利益率よりも海外利益率の方が, 高いということが判った。最優良証券のなかに, 彼は米国鉄道の10の社債を含めた（3～9社はある年に実際に追跡調査した）。1870年から1913年までのそれらの平均利益率は, 英国内で調査対象となったすべての社債の6.37%に比べて, 8.41%に上った。同様に, 彼の51の米国鉄道の株式債券の調査（ある 1 年間に 1 から38まで行った）によると, その利益率は, 自分の研究に含まれるすべての英国の「社債の分け前」の利率が3.21%であったのに対し, 6.03%であった。明らかに, 米国鉄道の「最優良」株を買った英国人は, 自国内で投資した人たちよりも利益が上がった（*Overseas Investment*, 114-127）。さらに, はるかに希薄な根拠に基づいて, エデルステインは, すべての海外における債務不履行や支払い不能を含んでも（特に米国の債券に関してとは限らない）, その結果として, 海外利益率が依然として国内利益率を凌いでいたという「紛れもない印象」を表した（前掲書, 130）。エデルステインは海外における債務不履行や支払い不能が大きく過大に評価されたと信じた。彼のこの主張の診断法にはいくつかの問題がある。例えば, 彼は, 英国登録の会社は, 国内で活動しており, それらの債務不履行は国内のものとして処理した（前掲書,

1107

129）。実際には，多くの英国登録会社は海外で事業を展開し，その債務不履行は国内から切り離され海外事業として処理されなくてはならなかった。エデルステインは優れた研究者であり，自身の「紛れもない印象」は決して結論ではないことをよく自覚している（前掲書，130）。アルバート・フィッシュローはエデルステインの利益性の見解を受け入れながらも，「米国はプラスの影響であり，『実演効果』があり，周辺地域への英国の投資を引き出した。米国鉄道は米国の生産と貿易の能力を増加させ，他の分野においても潜在的なモデルとなった」と主張する（"Lessons from the Past," 397）。彼は，米国投資の成功を自国への利益と見なしさらなる海外投資を生んだとしている。

(20)　Edelstein, *Overseas Investment*, 65, 73.

(21)　Cairncross, *Home and Foreign Investment*, 233, において，ケアンクロスは「われわれは，食糧輸入の低価格化で利益を得た」と書いている。White, *French International Accounts*, 294 で，食糧品の低価格化は海外投資の利益と見なされている。エデルステインは英国農業への効果を論ずることすらしていない。私は賢明なことであると思う。しかしながら，米国西部が切り開かれた後に起こった農産物の急落が，英国農業の衰退に必然的な拍車をかけたことは疑う余地のないことであるように思われる。Charles H. Feinstein, "Home and Foreign Investment," を見よ。しかし，これが英国における購買力を上げることになった。米国鉄道の証券の有力な投資者であり，米国鉄道の財務補助者であるオランダ人も，米国からの低価な穀物輸入により1873年から1895年まで農業部門における大きな景気後退に直面した。Johan de Vries, *The Netherlands Economy in the Twentieth Century*（Assen：Van Gorcum, 1978），37, を見よ。

(22)　Sidney Pollard, "Capital Exports, 1870-1914：Harmful or Beneficial？" *Economic History Review*, 2nd ser., 38（Nov. 1985）：489-514.

(23)　第6章を見よ。

(24)　特に第5，6，13章を見よ。ドイツ人とオランダ人投資家は英国人と同じ理由でしばしば利益を得た。

(25)　他の例外は A. Emil Davies, *Investment Abroad*（1927；rpt. New York：Arno Press, 1977）；Eugene Staley, *War and the Private Investor*（Garden City, N.Y.：Doubleday, 1935），もある。加えて，いくつかの非常に特殊な文献を含む。

(26)　Edith Penrose, *The Theory of the Firm*（New York：Wiley, 1959），は過少雇用に基づいた拡大を強調した。確かに，英国の会社のなかには難局に対処できなかったものもあった。Geoffrey Jones, "The Performance of British Multinational Enterprise, 1890-1945," in *Multinationals：Theory and History*, ed. Peter Hertner and Geoffrey Jones（Aldershot：Gower, 1986），を見よ。

(27)　この意見は，議論の対象となりうる。なかには利益は国内で再投資されることなく（その利益は再投資目的で利用可能であるにもかかわらず）さらに国内の税金が減額される（これは現にいくつかケースがある）という主張もある。しかし，私の理解は，私的利益は最終的には社会的利益と一致するというものである。

(28)　もちろん主な例外は，ドイツ人の場合である。有価証券の利益も加えて，これらの利益が第一次世界大戦中に失われた。しかし私はそのような投資に伴う損失が，証券投資に原因がある損失より少ないことを，後で指摘している。

(29)　製造業への海外直接投資が及ぼす国内経済への雇用効果は，ここで示されているよりはるかに複雑である。1960年代と70年代の多国籍企業の雇用効果に関する研究は，Hood and Young,

エピローグ

The Economics of Multinational Enterprise, chap. 7. に要約されている。

(30)　ドイツの復活はそして第二次世界大戦後にも起きた。

(31)　私は，それが最も一般的に受け入れられている考えであると思われはするものの，1875年から1914年に至る年に関して言明をする際に躊躇する（ポラードの関心と多くを共有している）。その証左は米国投資の利益率は——債務不履行と損失を差し引いても——実際には，それに相当する国内利益率よりも高かったということを示唆している。ここで，私はエデルステインと，多少の条件はあるものの，基本的には意見の一致をみていることに気づいた。ヤフェットによるドイツに関するコメント——先に引用したが——は誇張ではあろうが，一理あるものかもしれない。米国における国民の大型投資の**オランダ経済**に対するコストと利益のデータは，私の知る限りでは存在しない（それらはボッシュのオランダ人の米国へ投資に関する優れた研究にすら含まれてはいない）。しかしながらオランダ人投資家たちが最も利益を得たということを示す記録はある。フランス経済は純利益に関する唯一の例外であった可能性がある。フランス人投資家たちは米国投資に関しては動きが鈍かった。その理由に関しては次の書を見よ。White, *French International Accounts*, chap. 12. また，フランスの場合には，海外投資全体に対する多国籍企業型投資の比率が，他の機関投資輸出国に比べて低かった——そして，すべての投資に関する情報経路は少なかった。しかし，もし私がフランスをすべての投資のなかに含めて考えるならば，私の総括意見は確かにそのままにしておくであろう（フランスにおける損失は，他の国々の利益によって相殺されるであろう）。しかも，第5章でも述べた通り，フランスの米国における海外投資の全海外投資に対する割合は，英国，ドイツ，オランダと比して小さいものであった。私は，ここでは，米国における海外投資の主要輸出国における対国際貿易，生産者対消費財，所得配分，海外移住，景気の周期などへの影響を考慮に入れてこなかった。これらの事柄は非常に重要ではあるものの，本研究の範囲外である。また，私は，米国から主要な輸出国への技術移転のつなぎ手としての海外直接投資家に関して，なにも考慮してこなかった。そのような移転は，望ましい結果を伴ったが，その程度に関しては海外直接投資家の自国の経済発展に実質的影響を与えるほどのものではなかった。

(32)　この書籍の注および参考文献だけでも膨大なものである。

(33)　利益とコストに関する分析は一つもないが，多くの著者が意見を述べている。また，海外投資の主催国への利益と経費を扱った文献は数限りなくあるが，米国における1914年以前の海外投資を特に専門的に扱ったものはない。例えば，次の書を見よ。Ragnar Nurkse, G. D. A. MacDougall, and Murray Kemp, *International Investment*, ed. Dunning, 97-162, および Hood and Young, *The Economics of Multinational Enterprise*, chap. 5.

(34)　Albro Martin, *James J. Hill*（New York：Oxford University Press, 1976）, 440. ヒルに心惹かれた海外投資家たちは，それほどの否定的な役割を演ずることはなかった。

(35)　米国国勢調査局（U.S. Bureau of the Census）の *Historical Statistics of the United States, Colonial Times to 1970*（Washington, D.C., 1975），II, 889-890, and 864-865. 1971年以降，米国が商品貿易においてプラスの残高となったのは，わずか2年間だけであった。*Economic Report of the President, 1985*, 344, を見よ

(36)　Ragnar Nurkse, *Patterns of Trade and Development*（New York：Oxford University Press, 1961）, 18.

(37)　Robert E. Riegel, *The Story of Western Railroads*（Lincoln：University of Nebraska Press, 1926）, 283. 抵当権借り主が抵当流れ処分を「あらかじめ」計画するという現代的な考えを支持する証左はまったくない。それとはまったく逆に，借り主は抵当権から収入を求めた。

(38) Richard A. Brecher, Carlos F. Diaz Alejandro, "Tariffs, Foreign Capital and Immiserizing Growth," *Journal of international Economics*, 7 (Nov. 1977)：317-322；Jagdish N. Bhagwati, Richard A. Brecher, and Tatsuo Hatta, "The Generalized Theory of Transfers and Welfare：Bilateral Transfers in a Multilateral World," *American Economic Review*, 83 (Sept. 1983)：606-618；Richard A. Brecher and Jagdish N. Bhagwati, "Foreign Ownership and the Theory of Trade and Welfare," *Journal of Political Economy*, 89 (June 1981), 497-511；および Richard A. Brecher and Jagdish N. Bhagwati, "Immiserizing Transfers from Abroad," *Journal of International Economics*, 13 (Nov. 1982)：353-364, を見よ。私の同僚であるアミタヴァ・ダッタ博士は，この文献を私に紹介してくれた最初の人物であった。米国の交易条件に関しては，Lance E. Davis et al., *American Economic Growth* (New York：Harper & Row, 1972), 566, を見よ。

(39) 確かに，なかにはこの輸入代替活動に参加した海外の多国籍企業が，親会社や他の外国の系列会社のために市場を留保する目的で，米国の系列会社に輸出制限するよう働きかけた場合もあった。もし米国の系列会社の費用が（海外市場へ到達するための輸送費用や他の費用も加えて）親会社（あるいは他の外国の系列会社の）費用よりも低ければ，この海外における取引制限は，海外直接投資の「費用」（罰則）と考えられうる。他方，私の調査研究によると，通常，親会社（あるいは，海外多国籍企業の別の系列会社）が海外取引を扱い，米国の系列会社が米国や近隣の海外市場のみに対応するときには，その理由は，海外多国籍企業の他の部門に利益を回すために，米国輸出を非効率的に削減することよりも，むしろ最も費用のかからない選択との連携がある（私は，類似した貿易協定の国際的制限措置がこれとは別の状況下で米国における海外投資がまったくないなか行われうると述べたい。確かに，米国の生産者の輸出をそのように抑制することは，しばしば米国における海外多国籍企業の存在とは無縁である）。米国における海外直接投資は，実質上，時にそのような投資に伴う企業間協定に起因しうる小さな「引き算」より，はるかに多く米国輸出を増大させたように思われる。さらに，「巨視的な」観点からみると，米国内で操業する海外多国籍企業によるそのような協定は，清掃品の米国輸出の全般的成長を実質的に鈍らせることは決してなく，そして先に示したように，その成長はしたがって1875年から1914年の間に急速に伸びたのであった。

(40) 染料産業に関する証拠を熟考し，これが国内生産の締め出しではなかったことを確信した。同様に，海外投資家がすべての米国生産に供給しているレーヨンの生産においても，締め出し効果を認めることはできない。

(41) Charles Bullock, John H. Williams, and Rufus S. Tucker, "Balance of Trade and the United States," *Review Economic Statistics*, 1 (July 1919)：227, 231, にある数字は，これを示唆している。Bullock, Williams, and Tucker, *Survey of Current Business*, July 1954, 14, にある要約データも見よ。

(42) この主張は，Fishlow, "Lessons from the Past," 397, で行われている。

(43) 振り返ってみると，ロバート・ギフェン（英国経済学者）が，米国にはこの銀本位制の立法を通過させる「権利」があるということを容認したのは，異常事態であるように思われる。Hyde Clarke, *Sovereign and Quasi-Sovereign States：Their Debts to foreign Countries* (London：Effingham Wilson), 1878, 47, を見よ。

(44) 保護主義を**支持する立場**に関しては，例えば，リノリウム（ネアン社製）とコカイン（メルク社製）に関する前述のデータを見よ。米国内のドイツ製の毛織物業者もまた高い関税の強力な擁護者となった。

エピローグ

(45)　書簡 William Mackenzie to Earl Granville, Jan. 7, 1881, FO 5/1763, Public Record Office (PRO), London, を見よ。

(46)　前掲書.

(47)　H. Osborne O'Hagan, *Leaves from My Life* (London：John Lane, 1929), I, 296.

(48)　第16章において，私は第一次世界大戦前のヨーロッパ人が，海外投資ならびに戦争と平和の関係に関する議論を行い，しかも米国海軍が海外投資によって，米国の国防が妥協せざるを得なくなるとの懸念をもったということを示した。これらの問題は——今日われわれが債務国の状況下でよく頭を悩ませるものとは異なって——それに続く多くの議論を誘発し政治的主権の問題と関連しうる。資本の輸出が第一次世界大戦の原因となった（Lenin, *Imperialism*, 9）というレーニンの見解があった（米国の状況下ではそうではなかったが）。第一次世界大戦後，1914年時点での米国における海外投資は，「われわれを大戦へと引きずり込んだ経済的吸引力」という指摘がなされたであろう（例えば，次の書簡のなかにおける意見を参照されたし。Francis P. Garvan enclosed in James K. Powers ［外国人編集長］, the *Boston Globe*, to Senator David J. Walsh, June 16, 1937, in RG151, 620 General/1937, National Archives, Washington, D.C. この見方はホブソン＝レーニンの考えと外国投資が国際的なもめごとの「原因になっている」という点で一致していた。フランシス・ガルヴァン［Francis P. Garvan, 1875-1937］は，第一次世界大戦の期間中に，外国人資産管理局の捜査部門の指揮官であった。次の書を見られたし。Alien Property Custodian, *Report, 1918-1919*, 156. ガルヴァンは1919年3月4日に外国人資産管理局のミッチェル・パーマーの後継者になった。伝記的なデータに関しては次の書を見られたし。William Haynes, *American Chemical Industry*, 6 vols. ［New York：D. Van Nostrand, 1945-1954］, II ［1945］, 260-263）。もしこれが真実であれば，その当時政治的な主権は危機に瀕していた。しかし，いかなる具体的な証拠も，国際的な資本移動がより統合された，相互依存の関係の世界経済を創造する（しかし本当は無関係な）という確信を除いて，この結論を立証しない。

　　確かに国防は海外直接投資によって（ドイツの染料市場の制御のために）一時的に損害を被ったかもしれない。第一次世界大戦勃発後，船舶輸送の外国支配により，米国は大きな不自由を受けた。にもかかわらず，私は，米国における海外投資の事実があっただけで，米国が第一次世界大戦に躍り出てゆくことを可能にしたという主張は，弱くまた「立証不能」であると思う。シュナイダー，クルップ，ヴィッカーや武器製造者の議論は米国における海外投資とほとんど関連性がないように思われる。私が立証しうる限り，シュナイダーは1914年時点で米国投資はなにもない。クルップには米国販売代理人がいたように思われる。ヴィッカーは潜水艦に関心があったが，しかしそのような海外投資が米国を大戦へと押し出した必然的理由を見出すことは困難である。Charles C. Tansill, *America Goes to War* (1938；rpt. Gloucester, Mass.：Peter Smith, 1963), 45 and 47, においては，大戦が始まってからの電気船社とヴィッカーの関連性について書かれている。タンシルもナイ（the Nye）委員会——両者とも武器製造者と米国の第一次世界大戦への参戦の関連性を調査した——は，ヴィッカーによる電気推進船船舶への投資について，まったく関知していなかった。批評家の大半は投資よりも貿易を取り扱った。

　　しかしながら，外国人資産管理局が第一次世界大戦中に米国におけるドイツ資産を没収した際，ドイツの海外投資を大手銀行，ドイツ産業およびドイツ国家による米国産業の積極的な「乗っ取り」と見なそうとした。私は，Thomas R. Kabisch, *Deutsches Kapital in den USA* (Stuttgart：Klett-Cotta, 1982), の出した，1914年以前の米国への海外投資の推進におけるド

イツ政府の役割は，実質的にはゼロで米国を大戦へと駆り立てた要因では決してない，という最近の結論には完全に同意する。また現代的に引き続く関心にもかかわらず，総括すると，私は，海外投資の犠牲として米国が大戦へと「巻き込まれる」という「見通し」を包含することは，まったく不適当であると思う。そういうわけでこの長い議論を本文中ではなく注に含めることにした。

(49) Jacob Viner, "Political Aspects of Internal Finance," *Journal of Business*, 1 (April 1928)：150 (ゴシックは私自身によるもの)．**経済的考察**と**生産的な目的**という表現は非常に重要である。今日の視点からみると，もちろん，私は，生産目的のための資本流入自由化を妨げる可能性のあった多くの経済的考察を想像できる——例えば，もしそれが「苦難や悲惨を伴う成長」の原因となったり，国内資産を押し出すことになったり，また，それが国内の有能な (あるいは潜在的に有能な) 企業家による生産の代替を，抑制や先導するような方法で行われたり，さらには，資本課徴金などを支払えるだけの外貨を稼ぐための十分な輸出利益が生じなかったならば——。しかし1914年以前の米国には，これらの条件は一つも当てはまらなかった。私の本文では，海外資本による米国における所得分配に与える影響を扱ってはこなかった——それは発展途上の国々における海外投資に関する今日の文献で，しばしば論議の対象となる問題であり，1914年以前の米国における同時代の国々にとって重大事であった問題でもあった。本書の最初の草案ではその重要性に関して多くの紙面を割いたが，証拠文献が不十分であったため，分析がきわめて不完全なものとなった。したがって，その議論をすべて除外することとした。

(50) W. Arthur Lewis, *Growth and Fluctuations, 1870-1913* (London：Allen & Unwin, 1978), 177. アーヴィング・クラヴィスは，「海外資本が米国経済の成長を促すよりも米国内における経済成長の方が海外資本を引きつけた」ということを示唆した。Irving B. Kravis, "The Role of Exports in Nineteenth Century United States Growth," *Economic：Development and Cultural Change*, 20 (April 1972)：404, を見よ。これは私の結論ではない。むしろ，私の証左は，国内成長が外国資本を引きつけ，今度はそれがさらなる成長を促すという共生的な関係を指摘する。

(51) 1914年の国民総生産は364億ドルであった。70億ドル割る364億ドルは0.19である。もしわれわれが71億ドルの数字を選べば，割り算の結果は0.195となる。これは投資規模を示す比較目的のためだけのものである。

参考文献

基本的資料　調査した所蔵文献と会社

多くの場合，文書館員，図書館員，会社役員，そして学者達が，未発表データのコピーなどを私に郵送してくれたし，また私が図書館相互利用制度を使ってマイクロフィルムを借り入れた。

カナダ

Ottawa. Public Archives. Bank of Montreal. Resolve Books.
_____. Baring Brothers & Co. Papers.

イングランドとスコットランド

London. Baring Brothers & Co., Ltd. Archives.
_____. British Museum. Manuscript Room. Peter Hasenclever Correspondence, Add. Ms. 22679, fs. 38-41.
_____. _____._____. Principio Company Papers, Add. Ms. 29600, fs. 1-46
_____. Calico Printers. Data from Anthony Howe.
_____ Fine Cotton Spinners' & Doublers' Association. Data from Anthony Howe.
_____. Imperial Chemical Industries. Data courtesy of William J. Reader.
_____. Lloyds Bank. Data from J. M. L. Booker, Archivist.
_____. London School of Economics. Business History Unit. British business history files of Leslie Hannah.
_____. _____. _____. Dunlop and the Imperial Bank of Persia. Materials from Geoffrey Jones.
_____. Midland Bank. Data from Edwin Green, Archivist.
_____ N. M. Rothschild & Sons. Archives.
_____. Public Records Office. Foreign Office Records. FO 5/2043 (Reports on the Status of Aliens and Foreign Companies in the United States of America, 1886-1888), FO 5/2066 (Diplomatic Correspondence, Various, 1889), FO 83/110 (Circular Letters), FO 83/111 (British Mercantile Houses in U.S., 1842 [incomplete], 1848), FO 83/115 (French Mercantile Houses in U.S., 1848).
_____. Price Waterhouse. Archives.
_____. Science Museum Library. S. Pearson & Son Papers.
_____. Shell Oil Company. Archives.
_____. Library.
_____. Unilever PLC. Archives. William Lever Papers.
_____. T. J. Lipton, Inc., Papers.
Paisley. Renfrew District Library. J. & P. Coats, Ltd. Text of 150 Year Exhibition. Data

from Dr. Stephen Young.

Reading. University of Reading. British business in the United States files of John H. Dunning.

_____. Burmah Oil. Materials from T. A. B. Corley.

フランス

Paris. National Archives. Rothschild Bank Papers.

ドイツ

Dortmund. Stiftung Westfälisches Wirtschaftsarchiv. Data on Peter Hasenclever.

Munich. Siemens-Museum. Siemens Archives. Data from Harm Schröter.

Stein bei Nürnberg. Faber-Castell. Data from Peter Schafhauser.

香　港

Hong Kong. Hongkong & Shanghai Banking Corporation. Archives. Data from Frank H. H. King and from S. W. Muirhead, Controller Group Archives.

日　本

東京三井文庫『三井物産事業報告書』（山崎広明教授のガイダンスと翻訳のご支援による。）

スイス

Geneva. Lombard, Odier & Cie. Data from Thierry Lombard.

アメリカ合衆国

Albany, N.Y. Bureau of Corporations, Department of State. Incorporation data on specific companies.

Ann Arbor, Mich. University of Michigan. William L. Clements Library. Shelburne Papers. Peter Hasenclever, "Thoughts Concerning America" (after 1766).

Baltimore, Md. Maryland Historical Society. Principio Company Papers.

Bay City, Mich. Bay County Library. Edward Salisbury Clark, "An Outline History of the North American Chemical Company of Bay City, Michigan: 1898-1928." Typescript.

Berkeley, Calif. University of California. Bancroft Library. Microfilmed Records from Companies Registration Office (London), Companies Registration Office (Edin-burgh), and the Public Records Office on British companies in the United States. 677 Reels.

_____. Hongkong and Shanghai Banking Corporation "Signature Book Recording Amounts of Deposit," 1906-1936.

Boston, Mass. Harvard Business School. Baker Library. Kidder, Peabody Papers.

_____. _____. _____. Thomas Lamont Papers.

Dearborn, Mich. Ford Motor Company Archives.

Fulton, N.Y. Fulton Public Library. Data on Nestle's plant from Ellen I. Morin, Librar-ian.

Hoboken, N.J. Stevens Institute of Technology. Frederick W. Taylor Archives. Miche-lin Correspondence. File Taylor-France.

Laramie, Wyo. University of Wyoming. Western History Research Center. Western

参考文献

Range Cattle Industry Study. Swan Land and Cattle Company, Ltd. Prospectus, List of Shareholders, etc., Acc. 79.

Long Island City, N.Y. Steinway Company Archives. Data from John Steinway.

Madison, Wis. State Historical Society of Wisconsin. McCormick Collection. Data from Fred Carstensen.

Milltown, N.J. Milltown Public Library. Data on Michelin Tire Company from Dorothy Ji, Director of the Library.

Milwaukee, Wis. Milwaukee County Historical Society. Allis-Chalmers Manuscript Collection. Two typescript histories of Fraser & Chalmers, one by H. Schifflin (1942) and a second not signed, probably prepared in London (1953).

Nashville, Tenn. Vanderbilt University. Data from Franklin Brooks on Edward Tuck.

New York. Allied Chemical (now Allied Signal). Miscellaneous historical data.

_____. American Metal Climax (materials from F. Taylor Ostrander).

_____. Columbia University Libraries. Graduate School of Business. Marvyn Scudder Financial Records Collection.

_____. _____. Special Collections. Belmont Family Papers.

_____. _____. _____. James Stillman Papers.

_____. _____. _____. Oral History Collection. Walter E. Sachs Reminiscences.

_____. Manufacturers Hanover Trust Company. History Center.

_____. Moseley, Hallgarten, Estabrook Weeden Holding Company. "Draft History of Hallgarten & Co." Typescript. From Jon A. Bulkley.

_____. New York Historical Society. Erving-King Papers.

_____. _____. Linton Wells, "House of Seligman." Microfilm of unpublished typescript.

_____. New York Public Library. Manuscript Room. Royal Commission on American Loyalist Claims. 60 volumes of transcripts.

_____. _____. _____. Principio Company Records.

_____. Western Electric Company. Archives.

Northbrook, Ill. International Minerals and Chemical Corporation. Unofficial, unrevised company history (n.d. 1960). My thanks to Robert Mixter, Director, Public Relations.

Olympia, Wash. State Archives. Data' on Moss Bay Iron and Steel Company of America.

Parsippany, N.J. Faber-Castell Corporation. Chronologies.

Pawtucket, R.I. Pawtucket Public Library. Data on J. & P. Coats from Paul Arsenault, Reference Librarian.

South Bend, Ind. Discovery Hall Museum. Studebaker Corporation Papers. Data from Donald F. Davis.

St. Paul, Minn. Minnesota Historical Society. William de la Barre Papers.

_____. _____. Northern Pacific Papers.

_____. _____. John S. Pillsbury and Family Papers.

Stamford, Conn. American Thread Company. Miscellaneous historical data.

Van Hornesville, N.Y. Owen Young Papers. Data from Mrs. Everett Case on the Marconi organization.

Washington, D.C. Library of Congress. Manuscript Division. Western Range Cattle Industry Study. Acc. 11,092. 75 reels of microfilm.

_____. National Archives. Record Groups 40 (Department of Commerce), 59

(Department of State), 122 (Federal Trade Commission and Bureau of Corporations), 131 (Alien Property Custodian), 151 (Bureau of Foreign and Domestic Commerce).

West Orange, N.J. Edison National Historic Site. United States Department of the Interior. Thomas Edison Papers.

Wilmington, Del. Eleutherian Mills Historical Library. Du Pont Papers.

Wilkes-Barre, Pa. Eberhard Faber, Inc. Historical data from Russell H. Williams.

判 例

Bayer Company, Inc. v. United Drug Company. 272 Fed. Rep. 505 (SDNY 1921).

Clark Thread Company, Appl. v. Willimantic Linen Company. 140 U.S. 481 (1891).

Coats et al. v. Merrick Thread Co. et al. 36 Fed. Rep. 324 (SDNY 1888).

Hiram Walker & Sons, Ltd. v. Mikolas et al. 79 Fed. Rep. 955 (DCMN 1897).

International Harvester Company of America v. Commonwealth of Kentucky. 234 U.S. 216 (1914).

J. & P. Coats, Ltd. v. John Coates Thread Co. 135 Fed. Rep. 177 (DCMN 1905).

United States v. Aluminum Company of America. Eq. No. 85-73 (SDNY 1937-1942). Testimony, exhibits, briefs, and final judgment.

United States v. American Thread et al. Final Decree, Equity no. 312 (DCNJ 1914).

United States v. American Tobacco Company. 221 U.S. 106 (1911).

Von Faber et al. v. Faber. 124 Fed. Rep. 603 (SDNY 1903).

Von Faber-Castell v. Faber. 139 Fed. Rep. 257 (CCA2 1905).

図書，論文，学位論文，公文書

Aalders, Gerald, and Cees Wiebes. "Stockholms Enskilda Bank, German Bosch and IG Farben. A Short History of Cloaking." *Scandanavian Economic History Review*, 33 (1985): 25-50.

Abramovitz, Moses. "The Passing of the Kuznets Cycle." *Economica*, 35 (1968): 349-367.

Abrams, M. A. "The French Copper Syndicate, 1887-1889." *Journal of Economic and Business History*, 4 (1932): 409-428.

Ackerman, Carl W. *George Eastman.* Boston: Houghton Mifflin, 1930.

Adams, Charles Francis. "The Granger Movement." *North American Review*, 120 (1875): 394-424.

Adams, Charles Francis, and Henry Adams. *Chapters of Erie.* 1886. Rpt. Ithaca, N.Y.: Cornell University Press, 1956.

Adams, Donald R., Jr. *Finance and Enterprise in Early America: A Study of Stephen Girard's Bank, 1812-1831.* Philadelphia: University of Pennsylvania, 1978.

Adams, Edward D. *Niagara Power: History of the Niagara Falls Power Company, 1886-1918.* 2 vols. Niagara Falls, N.Y.: Niagara Falls Power Company, 1927.

Adams, Henry. *Letters.* Ed. Worthington Ford. 2 vols. Boston: Houghton Mifflin, 1930, 1938.

Addis, John P. *The Crawshay Dynasty.* Cardiff: University of Wales Press, 1957.

Adler, Cyrus. *Jacob H. Schiff.* 2 vols. Garden City, N.Y.: Doubleday, 1928.

Adler, Dorothy R. *British Investment in American Railways, 1834-1898.* Charlottesville: University Press of Virginia, 1970.

Adler, John H., ed. *Capital Movements and Economic Development.* London: Macmillan,

1967.

Aduddell, Robert M., and Louis P. Cain. "Public Policy toward the Greatest Trust in the World." *Business History Review*, 55 (1981): 217-242.

Aitken, Hugh G. J. *The Continuous Wave: Technology and American Radio, 1900-1932.* Princeton, N.J.: Princeton University Press, 1985.

_____. *Syntony and Spark: The Origins of Radio.* New York: John Wiley, 1976.

Albion, Robert G. *The Rise of New York Port, 1815-1860.* Hamden, Conn.: Archon Books, 1961.

Aldcroft, Derek H., ed. *The Development of British Industry and Foreign Competition, 1875-1914.* London: George Allen & Unwin, 1968.

Alderfer, E. G., and H. E. Michl. *Economics of American Industry.* 2nd ed. New York: McGraw-Hill, 1950.

Alford, B. W. E. *W. D. & H. O. Wills.* London: Methuen, 1973.

Allen, William V. "Western Feelings toward the East." *North American Review*, 157 (1896): 588-593.

Allis, Frederick S., Jr., ed. *William Bingham's Maine Lands, 1790-1820.* 2 vols. Boston: Colonial Society of Massachusetts, 1954.

Alt, Lutz. "The Photo-Chemical Industry: Historical Essays in Business Strategy and Internationalization." Ph.D. diss. MIT, 1986.

Alvord, Clarence Walworth. *The Mississippi Valley in British Politics.* 2 vols. 1916. Rpt. New York: Russell & Russell, 1959.

Ambruster, Howard Watson. *Treason's Peace: German Dyes and American Dupes.* New York: Beechhurst Press, 1947.

America's Twelve Master Salesmen. New York: B. C. Forbes, 1952.

Andrews, Charles M. *The Colonial Period of American History.* 4 vols. New Haven: Yale University Press, 1964.

Andrews, E. B. "The Late Copper Syndicate." *Quarterly Journal of Economics*, 3 (1889): 508-516.

Anyon, James T. *Recollections of the Early Days of American Accountancy, 1883-1893.* New York: privately printed, 1925.

Arai, Shinji. *History of the Yokohama Specie Bank* (in Japanese). Vol. 2. Tokyo, 1981. (新井眞次『横濱正金銀行全史』第 2 巻，東京銀行，1981年)

Arboux, Michel. *Les valeurs mobilières étrangères sur le marché français.* Paris: Recueil Sirey, 1913.

Archer, Gleason L. *History of Radio to 1926.* New York: American Historical Society, 1938.

Armes, Ethel. *The Story of Coal and Iron in Alabama.* 1910. Rpt. New York: Arno Press, 1973.

Armstrong, Christopher, and H. V. Nelles. "A Curious Capital Flow: Canadian Investment in Mexico." *Business History Review*, 58 (1984): 178-203.

Armstrong, Leroy and J. O. Denny. *Financial California.* 1916. Rpt. New York: Arno Press, 1980.

Arndt, Leslie E. *The Bay County Story.* Linwood, Mich. privately printed, 1982.

Arrow, Kenneth J. *The Limits of Organization.* New York: Norton, 1974.

Ashby, N. B. *The Riddle of the Sphinx.* Chicago: Mercantile Publishing, 1892.

Ashley, Sir William. *The Tariff Problem.* 2nd ed. London: P. S. King, 1903.

Ashmead, Edward, *Twenty-Five Years of Mining, 1880-1904.* London: Mining Journal,

1909.

Ashworth, William. *A Short History of the International Economy since 1950.* 3rd ed. London: Longman Group, 1977.
（W.アシュワース著；尾上久雄，行澤健三訳『國際經濟史』有斐閣，1955年）

Athearn, R. G. *Westward the Briton: The American Far West, 1865-1900.* New York: Charles Scribner's Sons, 1953.

Atherton, Lewis. *The Cattle Kings.* Bloomington: Indiana University Press, 1961.

Atkins, John Michael. *British Overseas Investment, 1918-1931.* New York: Arno Press, 1977.

Aubert, M. Georges. *La finance Americaine.* Paris: Ernest Flammarion, 1910.

Ayer, Jules. *A Century of Finance, 1804 to 1904: The London House of Rothschild.* London: n.p., 1905.

Babcock, Glenn D. *History of United States Rubber Company.* Bloomington: Bureau of Business Research, Graduate School of Business, Indiana University, 1966.

Bachman, Van Cleaf. *Peltries or Plantations: The Economic Policies of the Dutch West India Company in New Netherland, 1623-1639.* Baltimore: Johns Hopkins University Press, 1969.

Bacon, Nathaniel T. "American International Indebtedness." *Yale Review*, 9 (1900): 265-285.

Bailey, Joseph C. *Seaman A. Knapp.* New York: Columbia University Press, 1945.

Bailey, Thomas A. *A Diplomatic History of the United States.* 6th ed. New York: Appleton–Century-Crofts, 1958.

Bain, Harry Foster, and Thomas Thornton Read. *Ores and Industry in South America.* New York: Harper & Bros., 1934.

Baker, W. J. *A History of the Marconi Company.* London: Methuen, 1970.

Baldy, Edmond. *Les banques d'affaires en France depuis 1900.* Paris: Librairie Générale de Droit & de Jurisprudence, 1922.

Bank of Nova Scotia. *Annual Reports.*

Bank of Nova Scotia. *Bank of Nova Scotia, 1832-1932.* Toronto: privately printed, 1932.

Barclay, R. E. *Ducktown.* Chapel Hill: University of North Carolina Press, 1946.

Bardou, Jean-Pierre, Jean-Jacques Chanaron, Patrick Fridenson, and James M. Laux. *La révolution automobile.* Paris: Albin Michel, 1977.

Baring, Alexander. My *Recollections, 1848-1931.* Santa Barbara, Calif.: Schaver Printing Studio, 1933.

Barker, T. C. *The Glassmakers Pilkington: The Rise of an International Company, 1826-1976.* London: Weidenfeld Nicolson, 1977.

Baron, Stanley. *Brewed in America: A History of Beer and Ale in the United States.* Boston: Little, Brown, 1962.

Bartlett, Edward Everett. *Edward Dean Adams.* New York: privately printed, 1926.

Bartlett, J. Neville. *Carpeting the Millions: The Growth of Britain's Carpet Industry.* Edin–burgh: John Donald Publishers, n.d. [1977?]

Barty-King, Hugh. *Girdle round the Earth.* London: Heinemann, 1979.

Baruch, Bernard. My *Own Story.* London: Odhams Press, 1958.

Baster, A. S. J. *The Imperial Banks.* London: P. S. King, 1929.

_____. *The International Banks.* 1935. Rpt. New York: Arno Press, 1977.

Bauer, Hans. *Swiss Bank Corporation, 1872-1972.* Basle: Swiss Bank Corporation, 1972.

Bayles, Richard, ed. *History of Providence County, Rhode Island.* New York: W. W.

Preston, 1891.

Bayley, Rafael. *The National Loans of the United States*. 1800. Rpt. New York: Burt Franklin, 1970.

Beaton, Kendall. *Enterprise in Oil*. New York: Appleton-Century-Crofts, 1957.

Beauquis, A. *Histoire economique de la soie*. Paris: H. Dunod et E. Pinat, 1910.

Beaverbrook, Lord. *Politicians and the War*. 1925. Rpt. New York: Archon, 1968.

Becker, William H., and Samuel F. Wells, Jr. *Economics and World Power*. New York: Columbia University Press, 1984.

Becqué, Emile. *L' internationalisation des capitaux*. Montpellier, France: Imprimerie Génér−ale du Midi, 1912.

Beer, John Joseph. *The Emergence of the German Dye Industry*. Urbana: University of Illinois Press, 1959.

Belmont, Perry. *An American Democrat*. 1941. Rpt. New York: AMS Press, 1967.

Bemis, Samuel Flagg. *A Diplomatic History of the United States*. 3rd ed. New York: Henry Holt, 1950.

———. *Jay's Treaty*. Rev. ed. New Haven: Yale University Press, 1962.

Bendikson, L. "Holland. Millions of Dollars in Our Investments." Newspaper Clipping, 1912. New York Public Library.

Bergeron, Louis. *Les capitalistes en France (1780-1914)*. Paris: Gallimard, 1978.

Berle, Adolf A., and Gardiner C. Means. *The Modern Corporation and Private Property*. Rev. ed. New York: Harcourt, Brace & World, 1968.
（A.A.バーリー，G. C. ミーンズ著；北島忠男訳『近代株式会社と私有財産』文雅堂書店 , 1958年）

Bernfeld, Seymour S., with Harold K. Hochschild. "A Short History of American Metal Climax, Inc." In American Metal Climax, Inc., *World Atlas*, pp. 1-16. New York: n.d. (1962) .

Berthoff, Rowland Tappan. *British Immigrants in Industrial America, 1790-1950*. Cambridge, Mass.: Harvard University Press, 1953.

Bhagwati, Jagdish N., Richard A. Brecher, and Tatsuo Hatta. "The Generalized Theory of Transfers and Welfare: Bilateral Transfers in a Multilateral World." *American Economic Review*, 83 (1983) : 606-618.

Bining, Arthur Cecil. *Pennsylvania Iron Manufacture in the Eighteenth Century*. 2nd ed. Harrisburg: Pennsylvania Historical & Museum Commission, 1973.

Birch, Alan. *The Economic History of the British Iron and Steel Industry, 1784-1879*. London: Frank Cass, 1967.

Birmingham, Stephen. *Our Crowd*. New York: Dell, 1967.

Birnie, Arthur. *An Economic History of the British Isles*. New York: F. S. Crofts, 1940.

Bishop, Charles W. *La France et l'automobile*. Paris: Editions M. Th. Genin, 1971.

Bishop, J. Leander. *A History of American Manufactures from 1608 to 1860*. 3 vols. 1868. Rpt. Philadelphia: Edward Young, 1967.

Black, David. *The King of Fifth Avenue: The Fortunes of August Belmont*. New York: Dial Press, 1981.

Blair, Matthew. *The Paisley Thread Industry and the Men Who Created and Developed It*. Paisley, Scotland: Alexander Gardner, 1907.

Blakey, Arch Fredric. *The Florida Phosphate Industry*. Cambridge, Mass.: Harvard University Press, 1973.

Blodget, Samuel. *Economica: A Statistical Manual for the United States of America*. 1806.

Rpt. New York: Augustus M. Kelley, 1964.

Bloomfield, Arthur I. *Monetary Policy under the International Gold Standard, 1880-1914.* New York: Federal Reserve Bank of New York, 1959.

（A.I.ブルームフィールド著；小野一一郎，小林龍馬共訳『金本位制と国際金融——1880-1914年』日本評論社，1975年）

_____. *Patterns of Fluctuation in International Investment before 1914.* Princeton, N.J.: Princeton University Press, 1968.

Bloomfield, Gerald. *World Automotive Industry.* North Pomfret, Vt.: David & Charles, 1978.

Blumenthal, Henry. "The California Societies in France, 1849-1855." *Pacific Historical Review,* 35 (1956): 251-260.

_____. *A Reappraisal of Franco-American Relations, 1830-1871.* Chapel Hill: University of North Carolina Press, 1959.

Blyth, H. E. *Through the Eye of a Needle: The Story of the English Sewing Cotton Company, 1897-1947.* N.p., n.d. [1947?]

Bogue, Allan G. "The Administrative and Policy Problems of the J. B. Watkins Land Mortgage Company, 1873-1894." *Bulletin of the Business History Society,* 27 (1953): 26-59.

_____. "Land Credit for Northern Farmers, 1789-1940." *Agricultural History,* 50 (1976):68-100.

_____. *Money at Interest: The Farm Mortgage on the Middle Border.* Ithaca, N.Y.: Cornell University Press, 1955.

Bohme, Helmut. *Frankfort und Hamburg, Des Deutsches Reiches Silber-und Goldloch und die Allerenglischste Stadt des Kontinents.* Frankfurt: Europaische Verlagsanstalt, 1968.

Boissevain, G. M. *Money and Banking in the United States.* Amsterdam: J. H. de Bussy, 1909.

Bolle, Jacques. *Solvay: L' invention, l' homme, l' entreprise industrielle, 1863-1963.* Brussels: Solvay, 1963.

Bonn, M. J. *The Crumbling of Empire.* London: George Allen Unwin, 1938.

Bonsor, N. R. P. *North Atlantic Seaway.* Prescot, Lancashire: T. Stephenson, 1955.

Boore, J. Perc. *The Seamless Story: A History of the Seamless Steel Tube Industry in the United States.* Los Angeles: Commonwealth Press, 1951.

Borchard, Edwin, and W. H. Wynne. *State Insolvency and Foreign Bondholders.* 2 vols. 1951. Rpt. New York: Garland, 1983.

Borkin, Joseph. *The Crime and Punishment of I. G. Farben.* New York: Free Press, 1978.

（ジョーゼフ・ボーキン著；佐藤正弥訳『巨悪の同盟——ヒトラーとドイツ巨大企業の罪と罰』原書房，2011年）

Born, Karl Erich. *International Banking in the 19th and 20th Centuries.* New York: St. Martin's Press, 1983.

[Borsig]. *100 Jahre Borsig, 1837-1937.* Berlin, 1937.

Bosch, K. D. *Nederlandse Beleggingen in De Verenigde Staten.* Amsterdam: Uitgeversmaatschappij Elsevier, 1948.

Boulding, Kenneth E., and Tapan Mukerjee. *Economic Imperialism: A Book of Readings.* Ann Arbor: University of Michigan Press, 1972.

Bouvier, Jean. *Le Crédit Lyonnais de 1863 a 1882.* 2 vols. Paris: S.E.V.P.E.N., 1961.

_____. *Le krach de l' Union Generale, 1878-1885.* Paris: Presses Universitaires de

France, 1961.

_____. *Les Rothschilds*. Paris: Fayard, 1967.

Bovykin, V. I., ed. *Transformation of Bank Structures in the Industrial Period*. Budapest: Akademiai Kiado, 1982.

Boxer, C. R. *The Dutch Seaborne Empire, 1600-1800*. New York: Knopf, 1970.

Boyer, Charles S. *Early Forges and Furnaces in New Jersey*. Philadelphia: University of Pennsylvania Press, 1963.

Bramsen, Bo, and Kathleen Wain. *The Hambros, 1779-1979*. London: Michael Joseph, 1979.

Branch, Harllee. *Alabama Power Company and the Southern Company*. New York: Newcomen Society, 1967.

Brandfon, Robert L. *Cotton Kingdom of the New South*. Cambridge, Mass.: Harvard University Press, 1967.

Bray, Charles I. "Financing the Western Cattle Man" (1928). Rpt. in *Bankers and Beef*. New York: Arno Press, 1975.

Brayer, Herbert O. "The Influence of British Capital on the Western Range Cattle Industry." *Journal of Economic History, Supplement*, 9 (1949): 85-98.

_____. "When Dukes Went West." *Westerners Brand Book*, 4 (1948): 55-76.

_____. *William Blackmore*. 2 vols. Denver: Bradford-Robinson, 1949.

Brecher, Richard A., and Jagdish N. Bhagwati. "Foreign Ownership and the Theory of Trade and Welfare." *Journal of Political Economy*, 89 (1981): 497-511.

_____. "Immiserizing Transfers from Abroad." *Journal of International Economics*, 13 (1982): 353-364.

Brecher, Richard A., and Carlos F. Diaz Alejandro. "Tariffs, Foreign Capital and Immiserizing Growth." *Journal of International Economics*, 7 (1977): 317-322.

Brewer, H. Peers. "Eastern Money and Western Mortgages in the 1870s." *Business History Review*, 50 (1976): 356-380.

Bridenbaugh, Carl. *Jamestown, 1544-1699*. Oxford: Oxford University Press, 1980.

Bridge, James Howard. *The Inside History of the Carnegie Steel Company*. New York: Aldine, 1903.

Broehl, Wayne G. *John Deere's Company*. New York: Doubleday, 1984.

Brown, John Crosby. *A Hundred Years of Merchant Banking*. New York: privately printed, 1909.

Brown, Michael Barratt. *The Economics of Imperialism*. Harmondsworth: Penguin, 1974.

Bruchey, Stuart. *Colonial Merchants*. New York: Harcourt, Brace & World, 1966.

_____. *Robert Oliver: Merchant of Baltimore, 1783-1819*. Baltimore: Johns Hopkins University Press, 1956.

Bryant, Keith L. *Arthur E. Stilwell*. Nashville: Vanderbilt University Press, 1971.

_____. *History of the Atchison, Topeka and the Santa Fe*. New York: Macmillan, 1974.

Buck, Solon Justus. *The Granger Movement, 1870-1880*. Cambridge, Mass.: Harvard University Press, 1913.

Buck, Sydney Norman. *The Development of the Organization of Anglo-American Trade, 1800-1850*. New Haven: Yale University Press, 1925.

Buckley, Peter J., and Mark Casson. *The Economic Theory of the Multinational Enterprise*. New York: St. Martin's Press, 1985.

_____. *The Future of Multinational Enterprise*. New York: Holmes & Meier, 1976.

（P.J.バックレイ，M.カソン著；清水隆雄訳『多国籍企業の将来』文眞堂，1993年）

Buckley, Peter J., and Brian R. Roberts. *European Direct Investment in the U.S.A. before World War I*. London: Macmillan, 1982.

Buist, Marten G. *At Spes non Fracta: Hope & Co., 1770-1815. Merchant Bankers & Diplomats at Work*. The Hague: Martinus Nijhoff, 1974.

Buley, R. Carlyle. *The Equitable Assurance Society of the United States*. New York: Appleton-Century-Crofts, 1967.

Bullock, Charles, John H. Williams, and Rufus S. Tucker. "Balance of Trade of the United States." *Review of Economic Statistics*, 1 (1919): 213-263.

Bunting, W. H. *Portrait of a Port: Boston, 1852-1914*. Cambridge, Mass.: Harvard University Press, 1971.

Burgin, Alfred. *Geschichte des Geigy-Unternehmens von 1758 bis 1939*. Basle: J. R. Geigy, 1958.

Burgy, J. Herbert. *The New England Cotton Textile Industry*. Baltimore: Waverly Press, 1932.

Burk, Kathleen. *Britain, America and the Sinews of War, 1914-1918*. Boston: George Allen Unwin, 1985.

Burnham, T. H., and G. O. Hoskins, *Iron and Steel in Britain, 1870-1930*. London: Allen Unwin, 1943.

Burns, Duncan. *The Economic History of Steelmaking, 1867-1939*. Cambridge: Cambridge University Press, 1961.

Burr, Anna R. *The Portrait of a Banker: James Stillman*. New York: Duffield, 1927.

Burton, H., and D. C. Corner. *Investment and Unit Trusts in Britain and America*. London: Elek, 1968.

Burton, Harley True. *A History the JA Ranch*. 1927. Rpt. New York: Argonaut Press, 1966.

[Burton, J. C., ed.]. *Arthur Young and the Business He Founded*. New York: privately printed, 1948.

Buss, Dietrich. *Henry Villard: A Study of Transatlantic Investment and Interests, 1870-1895*. New York: Arno Press, 1978.

Byatt, I. C. R. *The British Electrical Industry, 1875-1914*. Oxford: Oxford University Press, 1979.

Cain, P. J. *Economic Foundations of British Overseas Expansion, 1815-1914*. London: Macmillan, 1980.

Cairncross, Sir Alec. "Did Foreign Investments Pay?" *Review of Economic Studies*, 3 (1935): 67-78.

_____. "The Early Growth of Messrs. J. & P. Coats." Unfinished, unpublished paper (ca. 1956).

_____. *Home and Foreign Investment, 1870-1913*. Cambridge: Cambridge University Press, 1953.

Caldwell, Stephen A. *A Banking History of Louisiana*. Baton Rouge: Louisiana State University Press, 1935.

Callender, Guy S. "The Early Transportation and Banking Enterprises of the States in Relation to the Growth of Corporations." *Quarterly Journal of Economics*, 17 (1902): 111-162.

_____. "English Capital and American Resources, 1815-1860." Ph.D. diss., Harvard University, 1897.

Calvert, Albert F. *A History of the Salt Union.* London: Effingham Wilson, 1913.

Cameron, Jenks. *Development of Governmental Forest Control in the United States.* Baltimore: Johns Hopkins University Press, 1928.

Cameron, Rondo. *France and the Economic Development of Europe, 1800-1914.* Princeton, N.J.: Princeton University Press, 1961.

_____. "French Foreign Investment, 1850-1880." Ph.D. diss. University of Chicago, 1952.

_____, ed. *Banking and Economic Development.* New York: Oxford University Press, 1972.

_____, ed. *Banking in the Early Stages of Industrialization.* New York: Oxford University Press, 1967.

（R.キャメロン著；正田健一郎訳『産業革命と銀行業』日本評論社，1973年）

Campbell, Edward G. *The Reorganization of the American Railroad System, 1893-1900.* New York: Columbia University Press, 1938.

Canada. Report of Commissioner. Combines Investigation Act. Department of Justice. *Matches.* Ottawa, 1949.

Canovan, Margaret. *Populism.* New York: Harcourt Brace, 1981.

Carey, John L. *The Rise of the Accounting Profession: From Technician to Professional, 1896-1936.* New York: American Institute of Certified Accountants, 1969.

Caron, Francois. *An Economic History of Modern France.* New York: Columbia University Press, 1979.

Carosso, Vincent P. "A Financial Elite: New York's German-Jewish Investment Bankers." *American Jewish Historical Quarterly,* 56 (1976): 67-88.

_____. *Investment Banking in America.* Cambridge, Mass.: Harvard University Press, 1970.

_____. *More Than a Century of Investment Banking: The Kidder, Peabody & Co. Story.* New York: McGraw-Hill, 1979.

_____. *The Morgans.* Cambridge, Mass.: Harvard University Press, 1987.

_____. "The Wall Street Money Trust from Pujo through Medina." *Business History Review,* 47 (1973): 421-437.

Carr, Charles C. *Alcoa.* New York: Rinehart, 1952.

Carr, J. C., and W. Taplin. *History of the British Steel Industry.* Cambridge, Mass.: Harvard University Press, 1962.

Carr, William H. A. *From Three Cents a Week: The Story of Prudential Insurance Co. of America.* Englewood Cliffs, N.J.: Prentice-Hall, 1975.

Carstensen, Fred V. *American Enterprise in Foreign Markets.* Chapel Hill: University of North Carolina Press, 1984.

Carstensen, Vernon, ed. *Farmer Discontent, 1865-1900.* New York: John Wiley, 1974.

_____, ed. *The Public Lands.* Madison: University of Wisconsin Press, 1963.

Carswell, John. *The South Sea Bubble.* London: Cresset Press, 1960.

Carter, Alice C. "Dutch Foreign Investments, 1738-1800." *Economica,* n.s., 20 (1953): 322-340.

Carter, George R. *The Tendency toward Industrial Combination.* London: Constable, 1913.

Cartwright, A. P. *The Gold Miners.* Cape Town: Purnell, 1962.

Cassel, Gustav, et al. *Foreign Investments.* Chicago: University of Chicago Press, 1928.

Casson, Mark. *Alternatives to the Multinational Enterprise.* New York: Holmes &

Meier, 1979.

———, ed. *The Growth of International Business*. London: George Allen & Unwin, 1983.

———, ed. *Multinationals and World Trade*. London: Allen & Unwin, 1986.

Castronovo, Valerio. *Giovanni Agnelli*. Turin: Einaudi, 1977.

Catterall, R. C. H. *The Second Bank of the United States*. Chicago: University of Chicago Press, 1903.

Caughey, John Walton. *California*. New York: Prentice-Hall, 1940.

Caves, Richard E. *Multinational Enterprise and Economic Analysis*. Cambridge: Cambridge University Press, 1982.

Cecil, Lamar. *Albert Ballin: Business and Politics in Imperial Germany, 1888-1981*. Princeton, N.J.: Princeton University Press, 1967.

Chalmers, Thomas. *100 Years of Guttapercha: R. & J. Dick Ltd*. Glasgow: privately printed, 1947.

Chalmin, Philippe. *Negociants et chargeurs*. Paris: Economica, 1985.

Chamber of Commerce of the United States. *Laws and Practices Affecting the Establishment of Foreign Branches of Banks*. Washington, D. C.: Chamber of Commerce of the United States, 1923.

Chandler, Alfred D., Jr. "Anthracite Coal and the Beginnings of the Industrial Revolution." *Business History Review*, 46 (1972): 141-181.

———. "The Beginnings of "Big Business' in American Industry." *Business History Review*, 33 (1959): 1-31.

———. "The Emergence of Managerial Capitalism." Paper delivered at American Historical Association Meeting, 1983.

———. " Evolution of the Large Industrial Corporation: An Evaluation of the Transaction Cost Approach." *Business and Economic History*, 2nd ser., 11 (1982): 116-134.

———. *Giant Enterprise*. New York: Harcourt Brace, 1964.
（A. D. チャンドラー著；内田忠夫, 風間禎三郎訳『競争の戦略――GM とフォード, 栄光への足跡』ダイヤモンド社, 1970年）

———. "The Growth of the Transnational Industrial Firm in the United States and in the United Kingdom: A Comparative Analysis." *Economic History Review*, 2nd ser., 33 (1980): 396-410.

———. *Henry Varnum Poor*. Cambridge, Mass.: Harvard University Press, 1956.

———. "Patterns of American Railroad Finance, 1830-50." *Business History Review*, 28 (1954): 248-263.

———. *Railroads*. New York: Harcourt Brace, 1965.

———. *Strategy and Structure*. Cambridge, Mass.: MIT Press, 1962.
（A. D. チャンドラー著；三菱経済研究所訳『経営戦略と組織』実業之日本社, 1967年）

———. *The Visible Hand*. Cambridge, Mass.: Harvard University Press, 1977.
（A. D. チャンドラー著；鳥羽欽一郎, 小林袈裟治訳『経営者の時代――アメリカ産業における近代企業の成立（下）』東洋経済新報社, 1979年）

Chandler, Alfred D., Jr., and Herman Daems. *Managerial Hierarchies*. Cambridge, Mass.: Harvard University Press, 1980.

Chandler, Alfred D., Jr., and Stephen Salsbury. *Pierre S. du Pont and the Making of the Modern Corporation*. New York: Harper & Row, 1971.

Chandler, Alfred D., Jr., and Richard Tedlow. *The Coming of Managerial Capitalism*. Homewood, Ill.: Richard D. Irwin, 1985.

Chandler, George. *Four Centuries of Banking*. 2 vols. London: B. T. Batsford, 1964, 1968.

Channon, Derek F. *The Strategy and Structure of British Enterprise*. Boston: Division of Research, Graduate School of Business Administration, Harvard University, 1973.

Chapman, Sidney J. *The History of Trade between the United Kingdom and the United States with Special Reference to the Effects of Tariffs*. London: Swan Sonnenschein, 1899.

Chapman, Stanley D. "British-Based Investment Groups before 1914." *Economic History Review*, 2nd ser., 38 (1985): 230-251.

_____. "British Marketing Enterprise: The Changing Roles of Merchants, Manufacturers, and Financiers, 1700-1800." *Business History Review*, 53 (1979): 205-233.

_____. "The International Houses: The Continental Contribution to British Commerce, 1800-1860." *Journal of European Economic History*, 6 (1977): 5-48.

_____. *The Rise of Merchant Banking*. London: Allen & Unwin, 1984.

Chazal, Philip E. *The Century in Phosphates and Fertilizers: A Sketch of the South Carolina Phosphate Industry*. Charleston, S.C.: Lucas-Richardson, 1904.

Cheape, Charles W. *Moving the Masses: The Evolution of Public Transit*. Cambridge, Mass.: Harvard University Press, 1980.

Checkland, S. G. *The Mines of Tharsis: Roman, French and British Enterprise in Spain*. London: George Allen Unwin, 1967.

_____. *Scottish Banking, 1695-1973*. Glasgow: Collins, 1975.

Cheever, Lawrence O. *The House of Morrell*. Cedar Rapids, Iowa: Torch Press, 1948.

Chester, Edward W. *United States Oil Policy and Diplomacy*. Westport, Conn.: Greenwood Press, 1983.

Choffel, J. *Saint Gobain*. Paris: Plon, 1960.

Cipolla, Carlo M. *Before the Industrial Revolution*. New York: Norton, 1976.

Clapham, J. H. *The Bank of England*. 2 vols. Cambridge: Cambridge University Press, 1966.

_____. *Economic Development of France and Germany, 1815-1914*. 4th ed. Cambridge: Cambridge University Press, 1961.

_____. *An Economic History of Modern Britain*. Vol. 3. Cambridge: Cambridge University Press, 1968.

_____. *The Woolen and Worsted Industries*. London: Methuen, 1907.

Clark, Victor S. *History of Manufactures in the United States*. 3 vols. Washington, D.C.: Carnegie Institution, 1929.

Clarke, Hyde. *Sovereign and Quasi-Sovereign States: Their Debts to Foreign Countries*. London: Effingham Wilson, 1878.

Clay, Sir Henry. *Lord Norman*. London: Macmillan, 1957.

Clay, John. *My Life on the Range* (1924). Rpt. in *Bankers and Beef*. New York: Arno Press, 1975.

Clemen, R. A. *American Livestock and Meat Industry*. New York: Ronald Press, 1923.

Clements, Roger V. "British-Controlled Enterprise in the West between 1870 and 1900 and Some Agrarian Reactions." *Agricultural History*, 27 (1953): 137-141.

_____. "British Investment and American Legislative Restrictions in the Trans-Mississippi West, 1880-1900." *Mississippi Valley Historical Review*, 42 (1955): 207-227.

_____. "British Investment in the Trans-Mississippi West, 1870-1914, Its Encouragement, and the Metal Mining Interests." *Pacific Historical Review*, 29 (1960): 35-50.

_____. "The Farmer's Attitude toward British Investment in American Industry." *Journal of Economic History*, 15 (1955): 151-159.

Clerget, Pierre. *Les industries de la soie en France*. Paris: Libraire Armand Colin, 1925.

Cleveland, Frederick A., and Fred W. Powell. *Railroad Finance*. New York: B. Appleton, 1912.

_____. *Railroad Promotion and Capitalization*. New York: Longmans, Green, 1909.

Cleveland, Harold van B., and Thomas F. Huertas. *Citibank, 1812-1970*. Cambridge, Mass.: Harvard University Press, 1985.

Clews, Henry. *Twenty-Eight Years in Wall Street*. New York: Irving, 1888.

Clough, Shepard B., and Charles Woolsey Cole. *Economic History of Europe*. Boston: D. C. Heath, 1941.

Clough, Shepard B., and Richard T. Rapp. *European Economic History*. 3rd ed. New York: McGraw-Hill, 1978.

Coase, Ronald H. "The Nature of the Firm." *Economica*, n.s., 4 (1937): 386-405.
（ロナルド・H. コース著；宮沢健一，藤垣芳文，後藤晃訳『企業・市場・法』東洋経済新報社，1992年）

Cobden, Stanley, and Forest G. Hill, eds. *American Economic History*. Philadelphia: Lippincott, 1966.

Cochran, Thomas C. *Frontiers of Change: Early Industrialism in America*. New York: Oxford University Press, 1981.
（T.C. コクラン著；天川潤次郎訳『経済変革のフロンティア——アメリカ初期工業史 1785~1855年』ミネルヴァ書房，1987年）

_____. *The Pabst Brewing Co*. New York: New York University Press, 1948.

_____. *Railroad Leaders*. Cambridge, Mass.: Harvard University Press, 1953.

Coe, Fred A., Jr. *Burroughs Wellcome Co., 1880-1980*. New York: Newcomen Society, 1980.

Cole, Arthur Harrison. *The American Wool Manufacture*. 2 vols. Cambridge, Mass.: Harvard University Press, 1926.

Coleman, Donald C. *Courtaulds*. 2 vols. Oxford: Oxford University Press, 1969.

Coleman, Peter. *Debtors and Creditors in America, 1607-1900*. Madison: State Historical Society of Wisconsin, 1974.

Collas, Henry. *La Banque de Paris et des Pays-Bas*. Dijon: Imprimerie Barbier, 1908.

Conant, Charles A. "The Economic Basis of Imperialism." *North American Review*, 167 (1898): 326-340.

Condit, Carl W. *The Port of New York*. Chicago: University of Chicago Press, 1980.

Condliffe, J. B. *The Commerce of Nations*. New York: Norton, 1950.

Conybeare, F. A. *Dingle Bank*. Cambridge: W. Heffer, 1925.

Cook, P. Lesley, and Ruth Cohen. *Effects of Mergers*. London: George Allen Unwin, 1958.

Cooke, Jacob E. *The Reports of Alexander Hamilton*. New York: Harper & Row, 1964.

_____. *Tench Cox and the Early Republic*. Chapel Hill: University of North Carolina

Press, 1978.

Cope, S. R. "Bird, Savage & Bird of London: Merchants and Bankers, 1782-1803." *Guildhall Studies in London History*, 4 (1981): 202-217.

Copeland, Melvin Thomas. *The Cotton Manufacturing Industry of the United States*. Cambridge, Mass.: Harvard University Press, 1912.

Coram, T. C. "The Role of British Capital in the Development of the United States, 1600-1914." M.Sc. (Soc. Science) thesis, University of Southampton, 1967.

Corey, Lewis. *The House of Morgan*. New York: G. Howard Watt, 1930.

Corina, Maurice. *Trust in Tobacco*. London: Michael Joseph, 1975.

Corley, T. A. B. "From National to Multinational Enterprise: The Beecham Business, 1848-1945." Unpublished paper, 1983.

_____. *A History of the Burmah Oil Company, 1886-1924*. London: Heinemann, 1983.

_____. *Quaker Enterprise in Biscuits: Huntl Palmers of Reading, 1822-1972*. London: Hutchinson, 1972.

Corning, Howard. "The First Iron Works in America-1645." Paper read before American Iron and Steel Institute at New York, May 25, 1928. Pamphlet published in New York, 1928.

Corti, Egon Caesar. *The Rise of the House of Rothschild*. New York: Cosmopolitan Book Corp., 1928.

Cotner, Robert C. *James Stephen Hogg*. Austin: University of Texas Press, 1959.

_____, ed. *Addresses and State Papers of James Stephen Hogg*. Austin: University of Texas Press, 1951.

Cottrell, P. L. *British Overseas Investment in the Nineteenth Century*. London: Macmillan, 1975.

_____. *Industrial Finance, 1830-1914*. London: Methuen, 1980.

_____. "Investment Banking in England, 1856-1882: A Case Study of the International Financial Society." Ph.D. diss., University of Hull, 1974.

Council of the Corporation of Foreign Bondholders. *Annual Reports*, 1874-1914.

Court, W. H. B. *British Economic History*. Cambridge: Cambridge University Press, 1965.

Courtney, Leonard H. "On the Finances of the United States of America, 1861-67." *Journal of the Statistical Society of London*, 31 (1868): 164-221.

Cox, Reavis. *Competition in the American Tobacco Industry, 1911-1932*. New York: Columbia University Press, 1933.

Cox, Rowland, ed. *American Trade Mark Cases*. Cincinnati: Robert Clarke, 1871.

Crammond, Edgar. "British Investments Abroad." *Quarterly Review*, 207 (1907): 245-272.

_____. "British Investments Abroad." *Quarterly Review*, 215 (1911): 43-67.

_____. "The Economic Position of the Allied Powers." *Quarterly Review*, 224 (1915): 193-222.

Crapol, Edward. *America for Americans*. Westport, Conn.: Greenwood Press, 1973.

Crary, Catharine S., ed. *The Price of Loyalty: Tory Writings from the Revolutionary Era*. New York: McGraw-Hill, 1973.

Craven, Wesley Frank. *Dissolution of the Virginia Company*. New York: Oxford Univer—sity Press, 1932. *The Virginia Company of London, 1606-1624*. Williamsburg: Virginia 350th Anniversary Celebration Corporation, 1957.

Crawford, J. B. *The Credit Mobilier of America*. Boston: C. W. Calkins, 1880.

Crick, W. F., and J. E. Wadsworth. *A Hundred Years of Joint-Stock Banking.* London: Hodder & Stoughton, 1936.

Critchell, James Troubridge, and Joseph Raymond. *A History of the Frozen Meat Trade.* 2nd ed. London: Constable, 1912.

Cross, Ira B. *Financing an Empire: History of Banking in California.* 4 vols. Chicago: S. J. Clarke, 1927.

Crutchley, Geo. W. *John Mackintosh: A Biography.* London: Hodder & Stoughton, 1921. [Cudahy Packing Co.] *The Cudahy Packing Co.* Chicago: privately printed, 1938.

Curie, J. H. *The Gold Mines of the World.* London: Waterlow, 1902.

Currie, A. W. "British Attitudes toward Investment in North American Railroads." *Business History Review,* 34 (1960): 194-215.

Cyert, Richard, and James G. March. *A Behavioral Theory of the Firm.* Englewood Cliffs, N.J.: Prentice-Hall, 1963.

Dabritz, Walther. *Fünfzig Jahre Metallgesellschaft, 1881-1931.* Frankfurt, privately printed, 1931.

Daems, Herman, and Herman van der Wee. *The Rise of Managerial Capitalism.* Louvain: Lourain University, 1974.

Daggett, Stuart. *Railroad Reorganization.* Boston: Houghton Mifflin, 1908.

Dahl, Albin Joachim. "British Investment in California Mining, 1870-1890." Ph.D. diss., University of California, Berkeley, 1961.

Daniels, John D. *Recent Foreign Direct Manufacturing Investment in the United States.* New York: Praeger, 1971.

Daniels, Joseph. "History of Pig Iron Manufacture on the Pacific Coast." *Washington Quarterly,* 27 (1926): 168-189.

David, Paul A. *Technical Choice, Innovation and Economic Growth.* Cambridge: Cambridge University Press, 1975.

Davies, A. Emil. *Investments Abroad.* 1927. Rpt. New York: Arno Press, 1977.

Davies, Robert Bruce. *Peacefully Working to Conquer the World: Singer Sewing Machines in Foreign Markets.* New York: Arno Press, 1976.

Davis, Charles Thomas. *The Manufacture of Leather.* Philadelphia: H. C. Baird, 1885.

Davis, Donald F. "Studebaker Stumbles into Detroit." *Detroit in Perspective,* 4 (1979): 14-32.

Davis, John. "Alien Landlordism in America." In C. F. Taylor, ed., *The Land Question.* Philadelphia: C. F. Taylor, n.d. (1898?)

Davis, John P. *Corporations.* 1897. Rpt. New York: Capricorn Ed., 1961.

Davis, Joseph S. *Essays in the Earlier History of American Corporations.* 2 vols. Cambridge, Mass.: Harvard University Press, 1917.

Davis, Lance E. "The Investment Market, 1870-1914: The Evolution of a National Money Market." *Journal of Economic History,* 25 (1965): 355-399.

Davis, Lance E., et al. *American Economic Growth.* New York: Harper & Row, 1972.

Davis, Lance E., Jonathan R. T. Hughes, and Duncan C. McDougall. *American Economic History.* Homewood, Ill.: Richard D. Irwin, 1961.

Davis, Lance E., and Robert A. Huttenback. "The Export of British Finance, 1865-1914." In A. N. Porter and R. F. Holland, *Money, Finance and Empire, 1790-1960,* pp. 28-76. London: Frank Cass, 1985.

_____. *Mammon and the Pursuit of Empire.* Cambridge: Cambridge University Press,

参考文献

1986. "The Political Economy of British Imperialism: Measures of Benefits and Support"; "Discussion" by Michael Edelstein. *Journal of Economic History*, 43 (1982): 119-130; 131-132.

Davis, Pearce. *The Development of the American Glass Industry*. Cambridge, Mass.: Harvard University Press, 1949.

Davis, Richard. *The English Rothschilds*. Chapel Hill: University of North Carolina Press, 1983.

Deloitte, Plender, Griffiths & Co. *Deloitte & Co., 1845-1956*. Oxford: privately printed, 1958.

DeMond, C. W. *Price, Waterhouse and Company in America*. New York: Price, Waterhouse, 1957.

de Neuflize et Cie, 1667-1925. Paris: Imprimerie de Vaugirard, 1926.

de Neuflize, Schlumberger et Cie, 1800-1950. Paris, 1950.

Denison, Merrill. *Canada's First Bank: A History of the Bank of Montreal*. 2 vols. New York: Dodd, Mead, 1966, 1967.

_____. *Harvest Triumph: The Story of Massey-Harris*. Toronto: Collins, 1949.

DeNovo, John A. "Petroleum and the United States Navy before World War I." *Mississippi Valley Historical Review*, 41 (1955): 641-656.

Depew, Chauncey, ed. *1795-1895: One Hundred Years of American Commerce*. 2 vols. New York: D. O. Haynes, 1895.

Depitre, Edgard. *La mouvement de concentration dans les banques allemandes*. Paris, 1905.

Deterding, Sir Henri. *An International Oilman*. London, New York: Harper & Bros., 1934.

Detjen, David W. *The Germans in Missouri, 1900-1918*. Columbia: University of Missouri Press, 1985.

Devine, T. M., ed. *A Scottish Firm in Virginia, 1767-1777: W. Cunningham & Co.* Edinburgh: Scottish History Society, 1984.

DeVries, Jan. *The Economy of Europe in an Age of Crisis, 1600-1750*. Cambridge: Cambridge University Press, 1976.

De Vries, Johan. *The Netherlands Economy in the Twentieth Century*. Assen: Van Goreum, 1978.

Dewey, Davis R. *Financial History of the United States*. 12th ed. 1934. Rpt. New York: A. M. Kelley, 1968.

Dewing, Arthur S. *Corporate Promotions and Reorganizations*. Cambridge, Mass.: Harvard University Press, 1914.

Diamond, Sigmund, ed. *A Casual View of America: The Home Letters of Salomon de Rothschild, 1859-1861*. London: Cresset Press, 1962.

Dickens, Paul D. "The Transition Period in American International Financing: 1897 to 1914." Ph.D. diss., George Washington University, 1933.

Dickson, P. G. M. *The Sun Insurance Office, 1710-1960*. London: Oxford University Press, 1960.

Donaldson, Frances. *The Marconi Scandal*. London: Rupert Hart-Davis, 1962. Donaldson, Gordon. *The Scots Overseas*. London: Robert Hale, 1966.

Donaldson, John. *International Economic Relations*. New York: Longmans Green, 1928.

Downard, William L. *Dictionary of the History of American Brewing and Distilling Indus - tries*. Westport, Conn.: Greenwood Press, 1980.

Droulers, Charles. *Le Marquis de Mores, 1858-1896*. Paris: Libraire Plon, 1932.

Du Cros, Sir Arthur. *Wheels of Fortune*. London: Chapman & Hall, 1938.

Dudden, Arthur Power. "Antimonopolism, 1865-1890: The Historical Background and Intellectual Origins of the Antitrust Movement in the United States." Ph.D. diss., University of Michigan, 1950.

Duffus, Roy A., Jr. *The Story of M T Chemicals, Inc.* New York: Codella Duffus Baker, 1965.

Duguid, Charles. *Story of the Stock Exchange*. London: Grant Richards, 1901.

Dunbar, D. E. *The Tin-Plate Industry*. Boston: Houghton Mifflin, 1915.

Dunlop, Kathleen Edith. "The History of the Dunlop Rubber Co., Ltd. 1888-1939." Ph.D. diss., University of Illinois, Urbana, 1949.

Dunn, William Edward. *Spanish and French Rivalry in the Gulf Region of the United States, 1678-1702: The Beginnings of Texas and Pensacola*. 1917. Rpt. New York: Books for Libraries Press, 1971.

Dunning, John H. "British Investment in U.S. Industry." *Moorgate and Wall Street*, Autumn 1961, pp. 5-23.

_____. *International Production and Multinational Enterprise*. London: George Allen & Unwin, 1981.

_____. *Studies in International Investment*. London: George Allen & Unwin, 1970.

_____ . "United States Foreign Investment and the Technology Gap." In Charles P. Kindleberger and Andrew Shonfield, eds., *North American and Western European Economic Policies*, pp. 364-406. London: Macmillan, 1971.

_____. ed. *International Investment*. Harmondsworth: Penguin, 1972., ed. *The Multinational Enterprise*. New York: Praeger, 1971.

Dunning, John H., John Stopford, and Klaus Haberick. *World Directory of Multinational Enterprises*. 2 vols. New York: Facts on File, 1980.

Duplan, J. L. *Lettres d'un vieil americain un francais*. Paris: Payot, 1917.

Du Pont, B. G. *E. I. Du Pont de Nemours & Co.: A History, 1802-1902*. New York: privately printed, 1920.

_____. *Life of Eleuthere Irenee du Pont, 1799-1802*. Vol. 5. Newark: University of Delaware Press, 1924.

Dutton, William S. *Du Pont*. New York: Charles Scribner's Sons, 1942.

[Earle, Walter K.] *Shearman Sterling*. [New York]: Shearman & Sterling, 1973.

Eccles, W. J. *France in America*. New York: Harper & Row, 1972.

Eckenrode, H. J., and Pocahontas Wight Edmunds. *E. H. Harriman: The Little Giant of Wall Street*. New York: Greenberg, 1933.

Edelstein, Michael. "The Determinants of U.K. Investment Abroad, 1870-1913: The U.S. Case." *Journal of Economic History*, 34 (1974): 980-1007.

_____. "Foreign Investment and Empire, 1860-1914." In Roderick Floud and Donald McCloskey, eds., *The Economic History of Britain since 1700*, II, 70-98. Cambridge: Cambridge University Press, 1981.

_____. *Overseas Investment in the Age of High Imperialism*. New York: Columbia University Press, 1982.

_____. "Rigidity and Bias in the British Capital Market, 1870-1913." In Donald N. McCloskey, ed., *Essays on a Mature Economy: Britain after 1840*, pp. 83-105. Princeton, N.J.: Princeton University Press, 1971.

Edler, Friederich. *The Dutch Republic and the American Revolution*. Baltimore: Johns

Hopkins University Press, 1911.

Edsall, Nicholas C. *Richard Cobden*. Cambridge, Mass.: Harvard University Press, 1986.

Edward, Michael M. *Growth of British Cotton Trade, 1780-1815*. Manchester: Manchester University Press, 1967.

Edwards, George W. *The Evolution of Finance Capitalism*. New York: Longmans, Green, 1938.

Edwards, James Don. *History of Public Accounting in the United States*. University: University of Alabama Press, 1978.

Edwards, Ronald S., and Harry Townsend. *Business Enterprise: Its Growth and Organi - zation*. London: Macmillan, 1961.

Egerton, Hugh Edward, ed. *Mass Violence in America: The Royal Commission on the Losses and Services of American Loyalists, 1783 to 1785*. New York: Arno Press and the New York Times, 1969.

Ehrlich, Cyril. *The Piano*. London: J. M. Dent, 1976.

Eichengreen, Barry. "Mortgage Interest Rates in the Populist Era." *American Economic Review*, 74 (1984): 995-1015.

Elbaum, Bernard, and William Lazonick. *The Decline of the British Economy*. Oxford: Clarendon Press, 1986.

Elliott, Blanche B. *A History of English Advertising*. London: B. T. Batsford, 1962.

Elliott, William Yandell, et al. *International Control in the Non-Ferrous Metals*. 1937. Rpt. New York: Arno Press, 1976.

Ellis, Aytoun. *Heir of Adventure: The Story of Brown, Shipl & Co*. London: Brown, Shipley, 1960.

Emden, Paul H. *Money Powers of Europe in the Nineteenth and Twentieth Centuries*. New York: D. Appleton-Century, 1938.

_____. *Quakers in Commerce: A Record of Business Achievement* London: Sampson Low, Marston, 1939.

Engelbourg, Saul. "John Stewart Kennedy and the Scottish American Investment Company." Unpublished paper, October 1986.

Engelbrecht, Helmut Carol, and Frank Cleary Hanighen. *Merchants of Death*. New York: Dodd, Mead, 1934.

English Committee of the Alabama 8 per cent Gold State Bonds of 1870. *Hill Country, Alabama, U.S.A*. London: E. and F. N. Spon, 1878. (British Museum shelf-mark: 10410 cc5.)

Erickson, Charlotte. *American Industry and the European Immigrant, 1860-1885*. Cambridge, Mass.: Harvard University Press, 1957.

British Industrialists: Steel and Hosiery, 1850-1950. Cambridge: Cambridge University Press, 1959.

Evans, Paul D. *The Holland Land Company*. Buffalo, N.Y.: Buffalo Historical Society, 1924.

_____. "Pulteney Purchase." *New York State Historical Association Quarterly Journal*, 3 (1922): 83-104.

Fahey, John. "When the Dutch Owned Spokane." *Pacific Northwest Quarterly*, 72 (1981): 2-10.

Faith, Nicholas. *The Infiltrators*. London: Hamish Hamilton, 1971.

_____. *Safety in Numbers*. New York: Viking Press, 1982.

Farnie, D. A. *The English Cotton Industry and the World Market, 1815-1896.* Oxford: Clarendon Press, 1979.

Faust, Albert B. *The German Element in the United States.* 2 vols. Boston: Houghton Mifflin, 1909.

Feinstein, Charles H. "Home and Foreign Investment: Some Aspects of Capital Formation, Finance, and Income in the United Kingdom, 1870-1913." Ph. D. diss., Cambridge University, 1959.

_____. "Capital Formation in Great Britain." In Peter Mathias and M. M. Postan, eds., *Cambridge Economic History of Europe.* vol. 7, pt. 1, chap. 2. Cambridge: Cambridge University Press, 1978.

_____. *National Income, Expenditure and Output of the United Kingdom, 1855-1965.* Cambridge: Cambridge University Press, 1972.

Feis, Herbert. *Europe: The World's Banker, 1870-1914.* 1930. Rpt. New York: Norton, 1965.

Felix, David. "Alternative Outcomes to the Current LDC Foreign Debt Crisis: Some Lessons from the Past." Department of Economics, Washington University, Working Paper #73, 1984.

Fenn, Charles. *A Compendium of English and Foreign Funds.* 14th ed. London, 1889.

Ferguson, E. James. *The Power of the Purse: A History of American Public Finance, 1776-1790.* Chapel Hill: University of North Carolina Press, 1961.

Ferguson, Edwin E. "The California Alien Land Law and the Fourteenth Amendment." *California Law Review,* 35 (1947): 61-90.

Ferrier, Ronald W. *The History of the British Petroleum Company.* Vol. 1. Cambridge: Cambridge University Press, 1982.

Field, Henry M. *The Story of the Atlantic Telegraph.* New York: Charles Scribner's Sons, 1893.

Fieldhouse, D. K. *Economics and Empire, 1830-1914.* Ithaca, N.Y.: Cornell University Press, 1973.

_____. *The Theory of Capitalist Imperialism.* London: Longman, 1967.

_____. *Unilever Overseas.* Stanford, Calif.: Hoover Institution Press, 1978.

Firth (Thos.) & John Brown, Ltd. *Souvenir of a Visit to the Atlas and Norfolk Works.* Booklet, Sheffield, 1954. In Nuffield College Library, Oxford University.

Fishlow, Albert. "Lessons from the Past: Capital Markets during the 19th Century and Interwar Period." *International Organization,* 39 (1985): 383-439.

Fisk, Harvey E. *The Inter-Ally Debts.* New York: Bankers Trust, 1924.

Flinn, M. W. *Men of Iron: The Crowleys in the Early Iron Industry.* Edinburgh: University Press, 1962.

Flint, Charles R. *Memories of an Active Life.* New York: G. P. Putnam's Sons, 1923.

Floud, Roderick. *The British Machine Tool Industry, 1850-1914.* Cambridge: Cambridge University Press, 1976.

Floud, Roderick, and Donald McCloskey, eds. *The Economic History of Britain since 1700.* Vol. 2 (1860 to the 1970s). Cambridge: Cambridge University Press, 1981.

Fogel, Robert W. *Railroads and American Economic Growth.* Baltimore: Johns Hopkins University Press, 1964.

Fogel, Robert W., and Stanley L. Engerman, eds. *The Reinterpretation of American Economic History.* New York: Harper & Row, 1971.

（R.W.フォーゲル著；田口芳弘，渋谷昭彦訳『アメリカ経済発展の再考察』南雲堂〔新アメリカ史叢書 6〕，1977年）

Forbes, Bert C. "Investments by Hollanders in America." *Van Norden Magazine*, Oct. 1909, pp. 59-65. On microfiche in New York Public Library.

Forbes, John Douglas. *J. P. Morgan, Jr., 1867-1943*. Charlottesville: University Press of Virginia, 1981.

Forbes, R. J. A *Chronology of Oil*. 2nd ed. N.p.: Bataafse Internationale Petroleum Maatschappij NV and Shell Internationale Petroleum Company, Ltd., 1965.

Forrestal, Dan J. *Faith, Hope, and $5,000: The Story of Monsanto*. New York: Simon & Schuster, 1977.

Forwood, Sir William B. *Recollections of a Busy Life: Being the Reminiscences of a Liverpool Merchant, 1840-1910*. Liverpool: Henry Young, 1910.

Fouraker, Lawrence E., and John M. Stopford. "Organizational Structure and Multinational Strategy." *Administrative Science Quarterly*, 13 (1968): 47-64.

Foy, Fred C. *Ovens, Chemicals, and Men! Koppers Company, Inc*. New York: Newcomen Society, 1958.

Francis, Anne. A *Guinea a Box*. London: Hale, 1968.

Franko, Lawrence G. *The European Multinationals*. Stamford, Conn.: Greylock, 1976.

Frantz, Joe B. *Gail Borden*. Norman: University of Oklahoma Press, 1951.

Fraser, J. B. "The Emigration of Capital." *Contemporary Review*, 85 (1904): 550-554.

Fraser, W. Hamish. *The Coming of the Mass Market, 1850-1914*. London: Macmillan, 1981.

Freedman, Joseph Robert. "A London Merchant Banker in Anglo-American Trade and Finance, 1835-1850." Ph.D. diss., University of London, 1969.

French, B. F. *History of the Rise and Progress of the Iron Trade of the United States from 1621 to 1857*. 1858. Rpt. Clifton, N.J.: Augustus M. Kelley, 1973.

Frese, Joseph R., and Jacob Judd, eds. *American Industrialization, Economic Expansion, and the Law*. Tarrytown, N.Y.: Sleepy Hollow Press, 1981.

_____, eds. *Business Enterprise in Early New York*. Tarrytown, N.Y.: Sleepy Hollow Press, 1980.

_____, eds. *An Emerging Independent American Economy, 1815-1875*. Tarrytown, N.Y.: Sleepy Hollow Press, 1980.

Frewen, Moreton. "The Transatlantic Cattle Trade." *Fortnightly Review*, n. s., 49 (1891): 713-724.

Fridenson, Patrick. *Histoire des usines Renault*. Paris: Seuil, 1972.

Friedel, Frank. *America in the Twentieth Century*. New York: Knopf, 1960.

Friedman, Milton, and Ana Jacobson Schwartz. A *Monetary History of the United States, 1867-1960*. Princeton, N.J.: Princeton University Press, 1963.

Frink, Maurice, W. Turrentine Jackson, and Agnes W. Spring. *When Grass Was King*. Boulder: University of Colorado Press, 1956.

Fryer, D. W. *World Economic Development*. New York: McGraw-Hill, 1965.

Fulford, Roger. *Glyn's, 1753-1933*. London: Macmillan, 1953.

Fürstenberg, Hans. *Carl Fürstenberg: Die Lebensgeschichte eines deutschen Bankiers, 1870-1914*. Berlin: Ullstein, 1931.

Galambos, Louis. *Competition and Cooperation*. Baltimore: Johns Hopkins University Press, 1966.

Galenson, David W. "The Rise and Fall of Indentured Servitude in the Americas: An

Economic Analysis." *Journal of Economic History*, 44 (1984): 1-26.

Galles, D. L. C. "Bank of Nova Scotia." *Minnesota History*, 42 (1971): 268-276.

Gantenbein, James W. *Financial Questions in U.S. Foreign Policy*. New York: Columbia University Press, 1939.

Garver, John A. *John William Sterling*. New Haven: Yale University Press, 1929.

Gasslander, Olle. *History of Stockholms Enskilda Bank to 1914*. N.p., n.d. [after 1960].

Gates, Paul Wallace. *Frontier Landlords and Pioneer Tenants*. Ithaca, N.Y.: Cornell University Press, 1945. *The Illinois Central Railroad and Its Colonization Work*. Cambridge, Mass.: Harvard University Press, 1934.

Gates, William B. *Michigan Copper and Boston Dollars*. Cambridge, Mass.: Harvard University Press, 1951.

Gatty, Richard. *Portrait of a Merchant Prince: James Morrison, 1789-1857*. Northallerton, Yorkshire: Pepper Arden, n.d. [1977].

Gee, Joshua. *The Trade and Navigation of Great Britain Considered*. London, 1729. Rpt. 1730, 1731, 1738, 1750, 1755, and 1767, and subsequently. I used the 1729 and 1750 editions.

Geist, Walter. *Allis-Chalmers: A Brief History*. New York: Newcomen Society, 1950.

Gerard, Max. *Messieurs Hottinguer, banquiers a Paris*. 2 vols. Paris: Hottinguer, 1968, 1972.

Gerretson, F. C. *History of the Royal Dutch*. 4 vols. Leiden: E. J. Brill, 1953-1957.

Gibb, George Sweet, and Evelyn H. Knowlton. *The Resurgent Years, 1911-1927*. New York: Harper, 1956.

Gibbs (Antony) & Sons, Ltd. *Merchants and Bankers, 1808-1958*. London: Antony Gibbs, 1958.

Gibson, William Marion. *Aliens and the Law*. Chapel Hill: University of North Carolina Press, 1940.

Gignoux, C. J. *Histoire d'une entreprise francaise*. Paris: Hachette, 1955.

Gilbert, Geoffrey. "Maritime Enterprise in the New Republic." *Business History Review*, 58 (1984): 14-29.

Gilbert, Heather. *Awakening Continent: The Life of Lord Mount Stephen*. Vol. 1: 1829-1891. Aberdeen: Aberdeen University Press, 1965.

_____. *The End of the Road: The Life of Lord Mount Stephen*. Vol. 2: 1891-1921. Aberdeen: Aberdeen University Press, 1977.

_____. "The Unaccountable Fifth." *Minnesota History*, 43 (1971): 175-177.

Gilbert, J. C. *A History of Investment Trusts in Dundee, 1873-1938*. London: P. S. King, 1939.

Gille, Bertrand. *Histoire de la Maison Rothschild*. 2 vols. Geneva: Librairie Droz, 1965, 1967.

Gilpin, Robert. *U.S. Power and the Multinational Corporation*. New York: Basic Books, 1975.

(R. ギルピン著；山崎清訳『多国籍企業没落論——アメリカの世紀は終わったか』ダイヤモント"現代選書". 1977年)

Gini, Corraco. *Report on Problems of Raw Materials and Food Stuffs*. Geneva: League of Nations, 1921.

Gittins, L. "Innovations in Textile Bleaching in Britain in the Eighteenth Century." *Business History Review*, 53 (1979): 194-204.

Glasgow, George. *The English Investment Trust Companies*. New York: John Wiley,

1931.

_____. *Glasgow's Guide to Investment Trust Companies (1935)*. London: Eyre & Spottiswoode, 1935.

_____ *The Scottish Investment Trust Companies*. London: Eyre & Spottiswoode, 1932.

Glauber, Christian Gottlieb. *Peter Hasenclever*. Landeshut, Schlesien, 1794. I obtained a copy from Stiftung Westfalisches Wirtschaftsarchiv, Dortmund.

Goldbeck, Gustaf. *Kraft für der Welt 1864-1964: Klockner-Humboldt-Deutz AG*. Diisseldorf: Econ-Verlag, 1964.

Goldsmith, Raymond W. *Comparative National Balance Sheets*. Chicago: University of Chicago Press, 1985.

_____. *A Study of Savings in the United States*. Princeton, N.J.: Princeton University Press, 1955.

Goodhart, C. A. E. *The Business of Banking, 1891-1914*. London: Weidenfeld Nicolson, 1972.

Goodrich, Carter. *Government Promotion of American Canals and Railroads, 1800-1890*. New York: Columbia University Press, 1960.

Goplen, Arnold O. "The Career of Marquis de Mores in the Badlands of North Dakota." *North Dakota History*, 13 (1946) : 5-70.

Gorter, Wytze. *United States Shipping Policy*. New York: Harper, 1956.

Goschen, George J. *Essays and Addresses on Economic Questions (1865-1863)*. 1905. Rpt. New York: Garland, 1983.

Govan, Thomas P. *Nicholas Biddle*. Chicago: University of Chicago Press, 1959.

Grady, Paul, ed. *Memoirs and Accounting Thoughts of George O. May*. New York: Ronald Press, 1962.

Graham, E. M. "Oligopolistic Imitation and European Direct Investment in the United States." DBA diss., Harvard Business School, 1975.

Graham, Richard. "The Investment Boom in British-Texan Cattle Companies, 1880-1885." *Business History Review*, 34 (1960) : 421-445.

Grant, H. Roger. *The Corn Belt Route: A History of the Chicago Great Western Railroad Company*. De Kalb: Northern Illinois University Press, 1984.

Gras, N. S. B., and Henrietta M. Larson. *Casebook in American Business History*. New York: Appleton-Century-Crofts, 1939.

Gray, H. Peter. *Uncle Sam as Host*. Greenwich, Conn.: JAI Press, 1986.

Great Britain. Board of Trade. *Survey of International Cartels and Internal Cartels*. 2 vols. London, 1944, 1946.

_____. House of Parliament. Reports of the Assistant Commissioners [Clare Read and Albert Pell] , *Agricultural Interests Commission*. August 1880. I used copy on reel 3, Western Range Cattle Industry Study, Library of Congress, Acc. 11,092.

_____. Monopolies and Restrictive Practices Commission. *Report on the Supply of Certain Industrial and Medical Gases*. London, 1956.

_____._____. *Report on the Supply of Insulated Electric Wires and Cables*. London, 1952.

_____._____. *Report on the Supply of Linoleum*. London, 1956.

_____. Parliamentary Papers. *Report of Commission on Depression of Trade and Industry*,

_____._____. *Report of the American Dollar Securities Committee*. XIII-I (Cd.212) 1919. XXI (C.4621) 1886; XXII (C.4715) 1886; XXIII (C.4797) 1886; XXIII (C.4863) 1886.

Green, George D. *Finance and Economic Development in the Old South*. Stanford, Calif.: Stanford University Press, 1972.

Greenberg, Dolores. *Financiers and Railroads, 1869-1889: A Study of Morton, Bliss & Co.* Newark: University of Delaware Press, 1981.

_____. "A Study of Capital Alliances: The St. Paul and Pacific." *Canadian Historical Review*, 47 (1976): 25-39.

_____. "Yankee Financiers and the Establishment of Trans-Atlantic Partnerships." *Business History*, 16 (1974): 17-35.

Greene, Evarts, and Richard B. Morris. *Guide to Sources for Early American History in New York City*. New York: Columbia University Press, 1953.

Greever, William S. *The Bonanza West: The Story of Western Mining Rushes, 1848-1900*. Norman: University of Oklahoma Press, 1963.

Gregory, T. E. *The Westminster Bank through a Century*. 2 vols. London: Westminster Bank, 1936.

Gressley, Gene M. *Bankers and Cattlemen*. New York: Knopf, 1966.

_____. "Brokers to the British: Francis Smith and Company." *Southwestern Historical Quarterly*, 71 (1967): 7-25.

_____. "The French, Belgians and Dutch Come to Salt Creek." *Business History Review*, 44 (1970): 498-519.

Grieve, Robert. *An Illustrated History of Pawtucket*. Pawtucket, R.I.: Pawtucket Gazette & Chronicle, 1897.

Grodinsky, Julius. *Jay Gould*. Philadelphia: University of Pennsylvania Press, 1957.

Grohman, W. Baillie. "Cattle Ranches in the Far West." *Fortnightly Review*, n.s., 28 (1980): 438-457.

Grossmann, Hermann. *Die chemische Industrie in den Vereinigten Staaten und die deutschen handelsbeziehunge*. Leipzig: Verlag von Veit, 1912.

Grunwald, Kurt. "Mindsor-Casser-The Last Court Jew." In *Leo Baeck Institute Year Book XIV*, pp. 119-161. London: Leo Baeck Institute, 1969.

Gueneau, Louis. *Lyon et le commerce des soies*. 1923. Rpt. New York: Burt Franklin, 1973.

Guyot, Yves. "The Amount, Direction and Nature of French Investments." *Annals of the American Academy of Political and Social Science*, 68 (1916): 36-54.

Gwinner, Arthur von. *Lebenserinnerungen*. Frankfurt: Fritz Knapp, 1975.

Gwyn, Julian. "British Government Spending and the North American Colonies, 1740-1775." In Peter Marshall and Glyn Williams, eds. *The British Atlantic Empire before the American Revolution*, pp. 74-84. London: Frank Cass, 1980.

Habakkuk, H. J. *American and British Technology in the Nineteenth Century*. Cambridge: Cambridge University Press, 1962.

Haber, L. F. *The Chemical Industry during the Nineteenth Century: A Study of the Economic Aspect of Applied Chemistry in Europe and North America*. Oxford: Clarendon Press, 1969.

_____. *The Chemical Industry, 1900-1930*. Oxford: Clarendon Press, 1971.

Hacker, Louis. *American Capitalism*. Princeton, N.J.: Van Nostrand, 1957.

Haeger, John Denis. *The Investment Frontier: New York Businessmen and the Economic Development of the Old Northwest*. Albany: State University of New York Press, 1981.

Hagedorn, Hermann. *Roosevelt in the Bad Lands*. Boston: Houghton Mifflin, 1921.

参考文献

Haley, J. Evetts. *Charles Goodnight*. Norman: University of Oklahoma Press, 1949.
_____. *The XIT Ranch of Texas and the Early Days of the Llano Estado*. Norman: University of Oklahoma Press, 1953.
Hall, A. R. *The London Capital Market and Australia*. Canberra: Australian National University, 1963.
_____, ed. *The Export of Capital from Britain, 1870-1914*. London: Methuen, 1968.
Hammond, Bray. *Banks and Politics in America: From the Revolution to the Civil War*. Princeton, N.J.: Princeton University Press, 1957.
Hammond, J. L., and Barbara Hammond. *The Rise of Modern Industry*. New York: Harcourt, Brace, 1926.
Hammond, John Hays. *Autobiography*. 2 vols. New York: Farrar Rinehart, 1935.
Hammond, John Winthrop. *Men and Volts: The Story of General Electric*. Philadelphia: Lippincott, 1941.
Hannah, Leslie. "Mergers in British Manufacturing Industry, 1880-1918." *Oxford Eco - nomic Papers*, 26 (1974): 1-20.
_____. *The Rise of the Corporate Economy: The British Experience*. 2nd ed. London: Methuen, 1983.
_____, ed. *Management Strategy and Business Development*. London: Macmillan, 1976.
Hannah, Leslie, and J. A. Kay. *Concentration in Modern Industry*. London: Macmillan, 1977.
Hanson, Simon G. *Argentine Meat and the British Market*. London: Oxford University Press, 1937.
Hanson, Walter E. *Peat, Marwick, Mitchell & Co.: 80 Years of Professional Growth*. New York: Newcomen Society, 1978.
Hardenbrook, William Ten Eck. *Financial New York: A History of the Banking and Financial Institutions of the Metropolis*. New York: privately printed, 1897.
Harris, J. R., ed. *Liverpool and Merseyside*. London: Frank Cass, 1969.
Hartley, E. N. *Ironworks on the Saugus*. Norman: University of Oklahoma Press, 1957.
Harvard Business School. Case. "Armour & Co." Mimeo. BH98-1954.
Harvey, Charles E. *Rio Tinto Company, 1873-1954*. Penzance, Cornwall: Alison Hodge, 1981.
Harvey, W. H. *Coin's Financial School*. Chicago: Coin Publishing, 1894.
Hasenclever, Adolf. *Peter Hasenclever aus Remscheid-Ehringhausen*. Gotha: Friedrich An-dreas Berthes, 1922.
Hasenclever, Peter. *The Case of Peter Hasenclever*. London, 1774.
Hassbring, Lars. *The International Development of the Swedish Match Company, 1917-1924*. Stockholm: Liber, 1979.
Hauser, Henri. *Germany's Commercial Grip on the World*. New York: Charles Scribner's Sons, 1918.
Hawke, G. R. " The United States Tariff and Industrial Protection in the Late Nineteenth Century." *Economic History Review*, 2nd ser., 28 (1975): 84-99.
Hawley, Ellis. *The Great War and the Search for a Modern Order, 1917-1933*. New York: St. Martin's Press, 1979.
Haynes, Williams. *American Chemical Industry*. 6 vols. New York: Van Nostrand, 1945-1954.
Hedges, James Blaine. *Henry Villard and the Railways of the Northwest*. New Haven: Yale University Press, 1930.

1137

Heer, Jean. *World Events, 1866-1966: The First Hundred Years of Nestle*. Rivaz, Switzerland, 1966.

Heerding, A. *The History of N. V. Philips' Gloeilampenfabrieken*. Vol. 1. Cambridge: Cambridge University Press, 1985.

Heindel, Richard Heathcote. *The American Impact on Great Britain, 1898-1914*. Philadelphia: University of Pennsylvania Press, 1940.

Helfferich, Karl. *Georg von Siemens*. 3 vols. Berlin: Verlag von Julius Springer, 1923.

———. *Germany's Economic Progress and National Wealth, 1888-1913*. New York: Germanistic Society of American, 1914.

Heller, H. Robert, and Emily Heller. *The Economic and Social Impact of Foreign Investment in Hawaii*. Honolulu: Economic Research Center, University of Hawaii, 1973.

———. *Japanese Investment in the United States: With a Case Study of the Hawaiian Experience*. New York: Praeger, 1974.

Hellmann, Ranier. *The Challenge to U.S. Dominance of the International Corporation*. New York: Dunellen, 1970.

（R.ヘルマン著；田口統吾訳『多国籍企業の抗争──アメリカに挑戦するヨーロッパ』日本生産性本部，1971年）

Henderson, W. O. "The American Chamber of Commerce for the Port of Liverpool, 1801-1908." In *Transactions of the Historical Society of Lancashire and Cheshire for the Year* 1933, pp. 1-61. Liverpool, 1935.

Hennart, Jean-Francois. *A Theory of Multinational Enterprise*. Ann Arbor: University of Michigan Press, 1982.

Henriques, Robert. *Marcus Samuel, First Viscount Bearsted, 1853-1927*. London: Barrie & Rockliff, 1960.

———. *Sir Robert Waley Cohen, 1877-1952*. London: Secker & Warburg, 1966.

Hertner, Peter. "Fallstudien zu deutschen multinationalen Unternehmen vor dem Ersten Weltkrieg." In Norbert Horn and Jurgen Kocka, eds., *Law and the Formation of the Big Enterprises in the 19th and Early 20th Centuries*. Gottingen: Vandenhoeck Ruprecht, 1979.

———. "German Multinational Enterprise before 1914." Unpublished paper, 1983.

———. "German Multinational Enterprise before 1914: Some Case Studies." In Peter Hertner and Geoffrey Jones, eds., *Multinationals: History and Theory*. Aldershot: Gower, 1985.

Herzen, Alexander. *My Past and Thoughts: The Memoirs of Alexander Herzen*. Berkeley: University of California Press, 1982.

Hessen, Robert. *Steel Titan: The Life of Charles M. Schwab*. New York: Oxford University Press, 1976.

Heuss, Theodor. *Robert Bosch: Leben and Leistung*. Stuttgart: Rainer Wunderlich Verlag, 1946.

Hexner, Ervin. *International Cartels*. Chapel Hill: University of North Carolina Press, 1946.

Hibbert, Christopher. *Edward VII: A Portrait*. London: Allen Lane, 1976.

Hicks, Agnes H. *The Story of the Forestal*. London: Forestal Land, Timber and Railway Company, 1956.

Hicks, John D. *The Populist Revolt*. Minneapolis: University of Minnesota Press, 1931.

Hidy, Muriel E. *George Peabody*. New York: Arno Press, 1978.

参考文献

Hidy, Ralph W. *The House of Baring in American Trade and Finance.* Cambridge, Mass.: Harvard University Press, 1949.

Hidy, Ralph W., and Muriel E. Hidy. "Anglo-Merchant Bankers and the Railroads of the Old Northwest, 1848-1860." *Business History Review,* 34 (1960) : 150-169.

_____. *Pioneering in Big Business.* New York: Harper, 1955.

Higham, Charles. *Trading with the Enemy: An Expose of the Nazi American Money Plot,* 1933-1949. New York: Delacorte, 1983.

Hildebrand, George H. *Borax Pioneer: Francis Marion Smith.* San Diego: Howell-North Books, 1982.

Hildebrand, Karl-Gustaf. *Expansion, Crisis, Reconstruction, 1917-1939.* Stockholm: Liber, 1985.

Hilferding, Rudolf. *Finance Capital.* London: Routledge & Kegan Paul, 1981.
（R. ヒルファディング著：岡崎次郎訳『金融資本論』岩波文庫，1955，1982年）

Himmel, Ernst. *Industrielle Kapitalanlagen der Schweiz im Auslande.* Langensalza: Her−mann Beyer, 1922.

Hindley, Diana, and Geoffrey Hindley. *Advertising in Victorian England, 1837-1901.* London: Wayland, 1972.

Hines, H. K. *An Illustrated History of the State of Oregon.* Chicago: Lewis, 1893.

Hirst, Francis W. *Monopolies, Trusts and Kartels.* London: Methuen, 1905.

Hobson, C.K. "British Oversea Investments, Their Growth and Importance." *Annals of the American Academy of Political and Social Sciences,* 68 (1916) : 23-35.

_____. *The Export of Capital.* London: Constable, 1914.
（C.K.ホブソン著：楊井克巳訳『資本輸出論』日本評論社，1968年）

Hobson, J. A. *Imperialism: A Study.* London: James Nisbet, 1902.
（J. A. ホブソン著：石澤新二訳『帝国主義論』大和書房〔改造文庫覆刻版〕，1977年）

Hochheiser, Sheldon. *Rohm and Haas.* Philadelphia: University of Pennsylvania Press, 1986.

Hodgart, Alan. *The Economics of European Imperialism.* New York: Norton, 1977.

Hoffman, Ross J. S. *Great Britain and Germany Trade Rivalry, 1875-1914.* Philadelphia: University of Pennsylvania Press, 1933.

Hoffmann, W. G. *British Industry, 1700-1950.* 2 vols. Oxford: Blackwell, 1955, 1965.

Hogan, Michael J. *Informal Entente: The Private Structure of Cooperation in Anglo-American Economic Diplomac y, 1918-1928.* Columbia: University of Missouri Press, 1977.

Hogan, W. T. *Economic History of the Iron and Steel Industry in the United States.* 5 vols. Lexington, Mass.: Lexington Books, 1971.

Holden, William Curry. *The Spur Ranch.* Boston: Christopher, 1934.

Holdsworth, J. T., and Davis R. Dewey. *The First and Second Banks of the United States.* Washington: 61st Cong., 2nd sess., S. Doc. 571, 1910.

Holland, R. F., and A. N. Porter, eds. *Money, Finance and Empire, 1790-1960.* London: Frank Cass, 1985.

Hollander, Hans. *Geschichte der Schering Aktiengesellschaft.* Berlin: Schering, 1955.

Holmes, George K. " A Decade of Mortgage Lending." *Annals of the American Academy of Political and Social Science,* 4 (1894) : 904-918.

Homes, H. A. *Notice of Peter Hasenclever, an Iron Manufacturer of 1764-69.* Albany, N. Y.: Joel Munsell, 1875.

1139

Hood, Neil, and Stephen Young. *The Economics of Multinational Enterprise*. London: Longman, 1979.

Hooker, A. A. *The International Grain Trade*. London: Sir Isaac Pitman, 1939.

Hoover, Herbert. *Memoirs*. Vol. 1. New York: Macmillan, 1952.

Horst, Thomas. *At Home Abroad: A Study of the Domestic and Foreign Operations of the American Food-Processing Industry*. Cambridge: Ballinger, 1974.

Houssiaux, Jacques. *Le pouvoir de monopole*. Paris: Sirey, 1958.

Houston, Tom, and John H. Dunning. *U.K. Industry Abroad*. London: Financial Times, 1976.

Howeth, L. S. *History of Communications-Electronics in the United States Navy*. Washing–ton, D.C.: Government Printing Office, 1963.

Huebner, Solomon S. "Distribution of Stockholders in American Railroads." *Annals of the American Academy of Political and Social Science*, 23 (1903): 475-490.

Hughes, Thomas P. *Networks of Power: Electrification in Western Society, 1880-1930*. Baltimore: Johns Hopkins University Press, 1983.

Huldermann, Bernhard. *Albert Bailin*. London: Cassell, 1922.

Hungerford, Edward. *The Story of the Baltimore and Ohio Railroad, 1827-1927*. 2 vols. New York: G. P. Putnam, 1928.

Hunt, Wallis. *Heirs of Great Adventure: The History of Balfour, Williamson and Company, Ltd.* 2 vols. London: Balfour, Williamson, 1951, 1960.

Hunter, P. V., and J. T. Hazel. *Development of Power Cables*. London: George Newnes, 1956.

Hutchins, John G. B. *American Maritime Industries and Public Policy, 1789-1914*. Cam–bridge, Mass.: Harvard University Press, 1941.

Huth, Hans, and Wilma J. Pugh. *Talleyrand in America as a Financial Promoter, 1794-96*. New York: Da Capo Press, 1971.

Hyde, Francis Edwin. "British Capital and American Enterprise in the Northwest." *Economic History Review*, 6 (1936): 201-208.

Hymer, Stephen Herbert. *The International Operations of National Firms: A Study of Direct Foreign Investment*. Cambridge, Mass.: MIT Press, 1976.
（ステファン・ハイマー著；宮崎義一編訳『多国籍企業』岩波書店，1978年）

Imlah, Albert H. "British Balance of Payments and Export of Capital, 1816-1913." *Economic History Review*, 2nd ser., 5 (1952): 208-239.

_____. *Economic Elements in the Pax Britannica*. Cambridge, Mass.: Harvard University Press, 1958.

Ince, Clifford H. *The Royal Bank of Canada: A Chronology, 1864-1969*. N.p., n.d.

Isaacs, Asher. *International Trade, Tariffs and Commercial Policies*. Chicago: Richard D. Irwin, 1948.

Ise, John. *The United States Oil Policy*. New Haven: Yale University Press, 1926.

Isichei, Elizabeth. *Victorian Quakers*. Oxford: Oxford University Press, 1970.

Iversen, Carl. *Aspects of the Theory of International Capital Movements*. Copenhagen: Levin Munksgaard, 1936.

Jackson, W. Turrentine. "British Capital in Northwest Mines." *Pacific Northwest Quarterly*, 47 (1956): 75-85.

_____. "British Impact on the Utah Mining Industry." *Utah Historical Quarterly*, 31 (1963): 347-375.

_____. "British Interests in the Range Cattle Industry." In Maurice Frink, W.

Turrentine Jackson, and Agnes Wright Spring, *When Grass was King*, pp. 133-330. Boulder: University of Colorado Press, 1956.

_____. *The Enterprising Scot*. Edinburgh: Edinburgh University Press, 1968.

James, F. Cyril. *The Growth of Chicago Banks*. 2 vols. New York: Harper & Bros., 1938.

James, John A. *Money and Capital Markets in Postbellum America*. Princeton, N.J.: Princeton University Press, 1978.

James, Marquis. *Biography of a Business, 1792-1942: Insurance Company of North America*. Indianapolis: Bobbs Merrill, 1942.

Jameson, J. Franklin. *The American Revolution Considered as a Social Movement*. Princeton, N.J.: Princeton University Press, 1967.

Japhet, S. *Recollections from My Business Life*. London: privately printed, 1931.

Jefferys, James B. *Business Organisation in Great Britain, 1856-1914*. New York: Arno Press, 1977.

_____. *Retail Trading in Britain, 1850-1950*. Cambridge: Cambridge University Press, 1954.

Jenkins, D. T., and K. G. Ponting. *The British Wool Textile Industry, 1770-1914*. London: Heinemann, 1982.

Jenks, Leland H. "Britain and American Railway Development." *Journal of Economic History*, 11 (1951): 375-388.

_____. *The Migration of British Capital to 1875*. New York: Barnes & Noble, 1973.

_____. "Railroads as an Economic Force in American Development." *Journal of Economic History*, 4 (1944): 1-20.

Jeremy, David J. *Transatlantic Industrial Revolution: The Diffusion of Textile Technologies between Britain and America, 1790-1830*. Cambridge, Mass.: MIT Press, 1981.

John, A. H. *A Liverpool Merchant House, being the History of Alfred Booth & Co., 1863-1958*. London: George Allen & Unwin, 1959.

Johnson, Arthur M., and Barry Supple. *Boston Capitalists and Western Railroads*. Cambridge, Mass.: Harvard University Press, 1967.

Johnson, Paul. *Consolidated Goldfields*. New York: St. Martin's Press, 1987.

Johnson, Sir William. *Papers of Sir William Johnson*. Albany: The University of the State of New York. Vol. 5, 1923; vol. 6, 1928; vol. 10, 1951; vol. 11, 1953; vol. 12, 1957; and vol. 13, 1962.

Jolly, W. P. *Marconi*. New York: Stein & Day, 1972.

Jones, Alice Hanson. *Wealth of a Nation to Be*. New York: Columbia University Press, 1980.

Jones, Charles A. "Great Capitalists and the Direction of British Overseas Investment in the Late Nineteenth Century: The Case of Argentina." *Business History*, 22 (July 1980): 152-157.

Jones, Edgar. *Accountancy and the British Economy, 1840-1980: The Evolution of Ernst and Whinney*. London: Batsford, 1981.

Jones, Geoffrey. "The Expansion of British Multinational Manufacturing, 1890-1939." In Akio Okochi and Tadakatsu Inoue, eds., *Overseas Business Activities*, pp. 124-153. Tokyo: University of Tokyo Press, 1984.

_____. "The Gramophone Company: An Anglo-American Multinational 1899-1931." *Business History Review*, 59 (1985): 76-100.

_____. "The Growth and Performance of British Multinational Firms Before 1939: The Case of Dunlop." *Economic History Review*, 2nd ser., 37 (1984): 35-53.

_____. "Multinational Chocolate: Cadbury Overseas, 1918-1939." *Business History*, 26 (1984): 59-76.

_____. "The Performance of British Multinational Enterprise, 1890-1945." In Peter Hertner and Geoffrey Jones, eds., *Multinationals: Theory and History*, pp. 96-112. Aldershot: Gower, 1985.

_____. *The State and the Emergence of the British Oil Industry*. London: Macmillan, 1981.

_____, ed. *British Multinationals: Origins, Management and Performance*. Aldershot: Gower, 1986.

Jones, Howard. *To the Webster-Ashburton Treaty: A Study in Anglo-American Relations, 1783-1843*. Chapel Hill: University of North Carolina Press, 1977.

Josephson, Matthew. *Edison*. New York: McGraw-Hill, 1959.

_____. *The Robber Barons*. 1934. Rpt. New York: Harcourt, Brace & World, 1962.

Joslin, David. *A Century of Banking in Latin America: The Bank of London & South America Ltd*. London: Oxford University Press, 1963.

Joyner, Fred B. *David Ames Wells*. Cedar Rapids, Iowa: Torch Press, 1939.

Judson, Isabella Field. *Cyrus W. Field: His Life and Work*. New York: Harper & Bros., 1896.

Kabisch, Thomas R. *Deutsches Kapital in den USA*. Stuttgart: Klett-Cotta, 1982.

Katz, Irving. *August Belmont: A Political Biography*. New York: Columbia University Press, 1968.

Kaufmann, Eugene. *La banque en France*. Paris: M. Giard & E. Briere, 1914.

Kawabe, Nobuo. "Japanese Business in the United States before World War II." Ph. D. diss., Ohio State University, 1980.
（川邊信雄『戦前三菱商事の在米活動』文生書院，2012年）

Keim, Jeannette. *Forty Years of German-American Political Relations*. Philadelphia: William J. Dornan, 1919.

Kelleter, Heinrich. *Geschichte der Familie J. A. Henckels*. Solingen: privately printed, 1924.

Kellett, Richard. *The Merchant Banking Arena*. New York: St. Martin's Press, 1967.

Kennan, George. *E. H. Harriman*. 2 vols. Boston: Houghton Mifflin, 1922.

Kennedy, William P. " Foreign Investment, Trade and Growth, 1870-1913." *Explorations in Economic History*, 11 (1974): 415-444.

_____. "Institutional Responses to Economic Growth: Capital Markets in Britain to 1914." In Leslie Hannah, ed. *Management Strategies and Business Development*. London: Macmillan, 1976.

Kenwood, A. G., and A. L. Lougheed. *The Growth of the International Economy*. London: George Allen & Unwin, 1983.
（A.G.ケンウッド，A.L.ロッキード著；岡村邦輔ほか訳『国際経済の成長——1820～1960』改訂版，文真堂〔Bull 選書〕，1979年）

_____. *Technological Diffusion and Industrialisation before 1914*. New York: St. Martin's Press, 1982.

Kerr, William G. " Foreign Investments in the United States." In *Dictionary of American History*, vol. 3, pp. 62-67. New York: Charles Scribner's Sons, 1976.

_____. *Scottish Capital on the American Credit Frontier*. Austin: Texas State Historical Association, 1976.

Keynes, John Maynard. *Collected Writings*. Vols. 15 and 17. Ed. Elizabeth Johnson.

London: Macmillan, 1971, 1977.

（John Maynard Keynes 著；中山伊知郎〔ほか〕編『ケインズ全集』第15，17巻，東洋経済新報社，1977年）

_____. *The Economic Consequences of the Peace*. New York: Harcourt, Brace & Howe, 1920. （同上第2巻，早坂忠訳）

_____. "Foreign Investment and National Advantage." *The Nation and the Athenaeum*, 35 (1924): 584-587.

Kindleberger, Charles P. *American Business Abroad*. New Haven: Yale University Press, 1969.

_____. *Economic Growth in France and Britain*. 1964. Rpt. New York: Simon & Schuster, 1969.

_____. A *Financial History of Western Europe*. London: Allen & Unwin, 1984.

_____. *The Formation of Financial Centers*. Princeton, N. J.: International Finance Section, Department of Economics, Princeton University, 1974.

_____. *Manias, Panics, and Crashes*. New York: Basic Books, 1978.

_____. *Multinational Excursions*. Cambridge, Mass.: MIT Press, 1984.

_____, ed. *The International Corporation*. Cambridge, Mass.: MIT Press, 1970.

Kindleberger, Charles P., and David B. Audretsch, eds. *The Multinational Corporation in the 1980s*. Cambridge, Mass.: MIT Press, 1983.

Kingsbury, Susan Myra. *The Records of the Virginia Company of London*. 4 vols. Washington, D.C.: Government Printing Office, 1906-1935.

Kirby, M. W. *The Decline of British Economic Power Since 1870*. London: Allen & Unwin, 1981.

Kirkaldy, A. W. *British Shipping*. London: Kegan Paul, 1914.

Kirkland, Edward C. *Men, Cities and Transportation*. Cambridge, Mass.: Harvard University Press, 1948.

Klebaner, Benjamin J. "State Chartered American Commercial Banks, 1781-1801." *Business History Review*, 53 (1979): 529-538.

Klein, Maury. *History of the Louisville and Nashville Railroad*. New York: Macmillan, 1972.

_____. *The Life and Legend of Jay Gould*. Baltimore: Johns Hopkins University Press, 1986.

Knox, John Jay. *A History of Banking*. 1903. Rpt. New York: August Kelley, 1969.

Kouwenhoven, John A. *Partners in Banking*. New York: Doubleday, 1968.

Kranzberg, Melvin, and Carroll W. Pursell. *Technology in Western Civilization*. 2 vols. New York: Oxford University Press, 1967.

Kravis, Irving B. "The Role of Exports in Nineteenth Century United States Growth." *Economic Development and Cultural Change*, 20 (1972): 387-405.

Krooss, Herman E., and Martin R. Blyn. *A History of Financial Intermediaries*. New York: Random House, 1971.

Krooss, Herman E., and Charles Gilbert. *American Business History*. Englewood Cliffs, N.J.: Prentice-Hall, 1972.

Kuhlmann, Charles Byron. *The Development of the Flour-Milling Industry in the United States*. Boston, New York: Houghton Mifflin, 1929.

Kujovich, Mary Yeager. "The Dynamics of Oligopoly in the Meat Packing Industry: An Historical Analysis, 1875-1912." Ph. D. diss., Johns Hopkins University, 1973.

Kuske, Bruno. *100 Jahre Stollwerck Geschichte, 1839-1939.* Cologne: Stollwerck, 1939.

Kuznets, Simon. *Capital in the American Economy.* Princeton, N. J.: Princeton University Press, 1961.

_____. "International Differences in Capital Formation and Financing." In National Bureau of Economic Research, *Capital Formation and Economic Growth,* pp. 19-106. Princeton, N.J.: Princeton University Press, 1955.

Kynaston, David. " The Late-Victorian and Edwardian London Stockbroker as Investment Adviser." Unpublished paper, 1982.

Labasse, Jean, and Michel Laferrère. *La région lyonnaise.* 2nd ed. Paris: Presses Univer−sitaires de France, 1966.

Ladas, Stephen P. *The International Protection of Industrial Property.* Cambridge, Mass.: Harvard University Press, 1930.

Laferrère, Michel. *Lyon, ville industrielle.* Paris: Presses Universitaires de France, 1960.

LaFollette, Robert R. "The American Revolutionary Debt and Its Liquidation." Ph.D. diss., George Washington University, 1931.

Lail, Sanjaya, and Siddharthan, N. S. " The Monopolistic Advantages of Multinationals: Lessons from Foreign Investment in the U.S." *Economic Journal,* 92 (1982) : 668-683.

Lamb, W. Kaye. *History of the Canadian Pacific Railway.* New York: Macmillan, 1977.

Lamont, Thomas W. *Across World Frontiers.* New York: Harcourt, Brace, 1951.

Landes, David S. *Bankers and Pashas.* 1958. Rpt. New York: Harper Torchbook, 1969.

_____. "The Bleichroeder Bank: An Interim Report." In *Leo Baeck Yearbook V,* pp. 201-20. London: Leo Baeck Institute, 1960.

Landmann, Julius. *Leu & Co., 1755-1905.* Zurich: Art Institut Orell Fussli, 1905.

_____. *Die schweizerische Volkswirtschaft.* Einsideln: Benziger, 1925.

Lang, Lincoln A. *Ranching with Roosevelt.* Philadelphia: Lippincott, 1926.

Langer, William. *The Diplomacy of Imperialism, 1890-1902.* 2nd ed. New York: Knopf, 1951.

Lanier, H. W. *A Century of Banking in the United States.* New York: George H. Doran, 1922.

Larkin, Manuel. "The Russian Imperial Bank." M.Phil. thesis, University of Chicago, 1910.

Larson, Henrietta. *Jay Cooke.* Cambridge, Mass.: Harvard University Press, 1936.

Larson, John Lauritz. *Bonds of Enterprise.* Boston: Division of Research, Graduate School of Business Administration, Harvard University, 1984.

Laughlin, J. Laurence. *Credit of Nations.* New York: Charles Scribner's Sons, 1918.

Laux, James M. *In First Gear: The French Automobile Industry to 1914.* Montreal: McGill-Queen's University Press, 1976.

Lavender, David. *The Story of Cyprus Mines Corporation.* San Marino, Calif.: Huntington Library, 1962.

Laves, Walter Herman Carl. *German Governmental Influence on Foreign Investments, 1871-1914.* New York: Arno Press, 1977.

Lavington, F. *The English Capital Market.* London: Methuen, 1921.

Leach, Josiah Granville. *History of the Girard National Bank, 1832-1902.* 1902. Rpt. New York: Greenwood Press, 1969.

League of Nations. *Industrialization and Foreign Trade.* 1945. Rpt. New York: Garland, 1983.

参考文献

_____. *Raw Material Problems and Policies*. 1946. Rpt. New York: Garland, 1983.

Lees, Francis A. *Foreign Banking and Investment in the United States*. New York: John Wiley, 1976.

Leighton-Boyce, J. A. S. L. *Smiths the Bankers, 1658-1958*. London: National Provincial Bank, 1958.

Lenfant, J. H. "British Capital Export, 1900-1913." Ph.D. diss., University of London, 1949.

Lenin, V. I. *Imperialism*. 1916. Rpt. New York: International Publishers, 1939.
（V.I. レーニン著；宇高基輔訳『帝国主義――資本主義の最高の段階としての』岩波文庫，1956年，他）

Lenman, Bruce, and Kathleen Donaldson. "Partners, Incomes, Investment, and Diversification in the Scottish Linen Area, 1850-1921." *Business History*, 13 (1971): 1-18.

Lenz, Friedrich. "Wesen und Struktur des deutschen Kapitalexports vor 1914." *Welt - wirtschaftliches Archiv*, 18 (1922): 42-54.

Levy, Hermann. *Monopoly and Competition*. London: Macmillan, 1911.

Lévy-Leboyer, Maurice. *Les banques europénnes et l'industrialisation internationale dans la prèmiere moitié du XIXe siècle*. Paris: Presses Universitaires de France, 1964.

_____."Hierarchical Structure, Rewards and Incentives in a Large Corporation: The Early Managerial Experience of Saint-Gobain, 1872-1912." In Norbert Horn and Jurgen Kocka, eds., *Law and the Formation of the Big Enterprises in the 19th & Early 20th Century*. Gottingen: Vandenhoeck Ruprecht, 1979.

_____, ed. *La position internationale de la France: Aspects économiques et financiers, XIXeXXe siècles*. Paris: Éditions de l' École des Hautes Études en Sciences Sociales, 1977.

Lewis, Cleona. *America' s Stake in International Investments*. Washington, D. C.: Brookings insfitution, 1938.

Lewis, Colin M. *British Railways in Argentina, 1857-1914*. London: Athlone Press, 1983.

Lewis, Lawrence. *A History of the Bank of North America*. Philadelphia: Lippincott, 1882.

Lewis, Ronald L. *Coal, Iron, and Slaves: Industrial Slavery in Maryland and Virginia, 1715-1865*. Westport, Conn.: Greenwood Press, 1979.

Lewis, W. Arthur. *Growth and Fluctuations, 1870-1913*. London: George Allen Unwin, 1978.

Liebenau, Jonathan. "The Use of American Patents by German and American Indus−tries, 1890-1935." Unpublished paper, 1978.

Liebeschutz, R. "August Belmont and the House of Rothschild." In *Leo Baeck Institute Yearbook XIV*. London: Leo Baeck Institute, 1969.

Liefmann, Robert. *Cartels, Concerns and Trusts*. London, 1932. Rpt. New York: Arno Press, 1977.

Lindstrom, Talbot S., and Kevin P. Tighe. *Antitrust Consent Decrees*. 2 vols. Rochester, N.Y.: Lawyers' Cooperative, 1974.

Linen Thread Company, Ltd. *The Faithful Fibre*. Glasgow: Linen Thread Co., 1956.

Lippincott, Isaac. "A Century and a Half of the Fur Trade at St. Louis." *Washington University Studies*, 3 (1916): 205-242.

Lipton, Thomas J. *Leaves from Lipton Logs*. London: Hutchinson, 1931.

Liveing, Edward. *A Century of Insurance: The Commercial Union Assurance Group, 1861-1961*. London: H. F. G. Witherby, 1961.

Livermore, Shaw. *Early American Land Companies*. New York: Commonwealth Fund, 1939.

Lloyd, Ian. *Rolls Royce: The Years of Endeavor*. London: Macmillan, 1978.

Logan, Sheridan. *George F. Baker and His Bank, 1840-1955*. New York: Sheridan A. Logan, 1981.

Lombard, Alex. *Notice sur la position financèiere actuelle des états de l'Amerique du Nord*. Geneva: Imprimerie de Ch. Gruaz, 1841. *Notes financières et statistiques sur lé'etat d'Ohio*. Geneva, 1847.

Lysis [Eugene Letailleur]. *Contre l'oligarchie financèiere en France*. 9th ed. Paris: Aux Bureaux de la Revue, 1908.

_____. *Politique et finance d'avant guerre*. Paris: Payot, 1920.

Lytle, Richard H. "The Introduction of Diesel Power in the United States, 1897-1912." *Business History Review*, 42 (1968): 115-148.

MacDonald, James. *Food from the Far West*. London, Edinburgh: William P. Nimmo, 1878.

MacKenzie, Compton. *Realms of Silver*. London: Routledge & Kegan Paul, 1954.

MacKenzie, F. A. *Beaverbrook: An Authentic Biography*. London: Jarrolds, 1931.

Macrosty, Henry W. *The Trust Movement in British Industry*. London: Longmans, Green, 1907.

Madden, John J. *British Investment in the United States, 1860-1880*. Ph.D. diss., Cambridge University, 1958. New York: Garland, 1985.

Madden, John T., Marcus Nadler, and Harry C. Sauvain. *America's Experience as a Creditor Nation*. New York: Prentice-Hall, 1937.

Maddison, Angus. *Phases of Capitalist Development*. New York: Oxford University Press, 1982.

Mahoney, Tom. *The Merchants of Life: An Account of the American Pharmaceutical Industry*. New York: Harper, 1959.

Manchez, Georges. *Societes de depot, banques d'affaires*. Paris: Librairie Delagrave, 1918.

Mandeville, A. Moreton. *The House of Speyer*. London, 1915.

Marans, J. Eugene, et al., eds. *Foreign Investment in the United States, 1980: Legal Issues and Techniques*. Washington, D.C.: District of Columbia Bar, 1980.

Marcosson, Isaac F. *Anaconda*. New York: Dodd, Mead, 1957.

Markham, Jesse W. *Competition in the Rayon Industry*. Cambridge, Mass.: Harvard University Press, 1952.

Marlborough, Duke of. "Virginia Mines and American Rails." *Fortnightly Review*, n. s., 49 (1891): 570-583, 780-797.

Marlio, Louis. *The Aluminum Cartel*. Washington, D.C.: Brookings Institution, 1947.

Marriner, Sheila, ed. *Business and Businessmen: Studies in Business, Economic and Accounting History*. Liverpool: Liverpool University Press, 1978.

Marshall, A. C., and Herbert Newbould. *The History of Firth's, 1842-1918*. Sheffield: Thos. Firth, 1925.

Marshall, Alfred. *Principles of Economics*. 4th ed. London: Macmillan, 1898.
（A．マーシャル著；馬場啓之助訳『経済学原理』〈第4〉東洋経済新報社，1967年，他）

参考文献

Marshall, Herbert, Frank A. Southard, and Kenneth W. Taylor. *Canadian-American Industry*. New Haven: Yale University Press, 1936.

Marshall, James 1. *Eldridge A. Stuart: Founder of Carnation Co*. Los Angeles: Carnation Co., 1949.

Martin, Albro. *James T. Hill*. New York: Oxford University Press, 1976.

Marwick, W. H. *Economic Developments in Victorian Scotland*. London: George Allen & Unwin, 1936.

Marx, Daniel. *International Shipping Cartels*. Princeton, N. J.: Princeton University Press, 1953.

Mason, Frank R. *American Silk Industry and the Tariff*. Cambridge, Mass.: American Economic Association, 1910.

Masters, Edgar Lee. *Levy Mayer and the New Industrial Era*. New Haven: n.p., 1927.

Mathias, Peter. *The Brewing Industry in England, 1700-1830*. Cambridge: Cambridge University Press, 1959.

_____. *The First Industrial Nation, 1700-1914*. London: Methuen, 1969.

_____. *Retailing Revolution: A History of Multiple Retailing in the Food Trades*. London: Longmans, Green, 1967.

Mathias, Peter, and M. M. Postan. *The Cambridge Economic History of Europe*. Vol. 7, pt. 1. Cambridge: Cambridge University Press, 1978.

Matthews, P. W., and Anthony Tuke. *History of Barclays Bank, Ltd*. London: Blade, East & Blade, 1926.

May, Earl Chapin. *Principio to Wheeling, 1715-1945*. New York: Harper & Bros., 1945.

Mayer, Josephine, and R. A. East. " An Early Anglo-American Financial Transaction." *Bulletin of the Business Historical Society*, 11 (1937) : 88-96.

McClain, David Stanley. "Foreign Direct Investments in the United States: Old Currents, New Waves, and the Theory of Direct Investment." In Charles P. Kindleberger and David B. Audretsch, eds., *The Multinational Corporation in the 1980s*, pp. 278-333. Cambridge, Mass.: MIT Press, 1983.

_____. "Foreign Investment in United States Manufacturing and the Theory of Direct Investment." Ph.D. diss., MIT, 1974.

McCloskey, Donald. *Enterprise and Trade in Victorian Britain*. London: Allen & Unwin, 1981.

_____. *Essays on a Mature Economy: Britain after 1840*. Princeton, N. J.: Princeton University Press, 1971.

McCusker, John J. "Sources of Investment Capital in the Colonial Philadelphia Shipping Industry." *Journal of Economic History*, 32 (1972) : 146-157. *Money and Exchange in Europe and America, 1600-1775*. Chapel Hill: University of North Carolina Press, 1978.

McCusker, John J., and Russell R. Menard. *The Economy of British America, 1600 - 1789*. Chapel Hill: University of North Carolina Press, 1985.

McDonald, P. B. *A Saga of the Seas: The Story of Cyrus W. Field and the Laying of the First Atlantic Cable*. New York: Wilson-Erickson, 1937.

McFarlane, Larry A. "British Agricultural Investment in the Dakotas, 1877-1953." *Business and Economic History*, 2nd ser., 5 (1976) : 112-126.

_____. "British Investment and the Land: Nebraska, 1877-1946." *Business History Review*, 57 (1983) : 258-272.

_____. " British Investment in Mid-Western Farm Mortgages and Land: A

Comparison of Iowa and Kansas." *Agricultural History*, 47 (1974): 179-198.

_____. "The Missouri Land and Livestock Company, Ltd., of Scotland: Foreign Investment on the Missouri Farming Frontier, 1882-1908." Ph. D. diss., University of Missouri, 1963. Microfilm copy in New York Public Library.

McGovney, Dudley O. "The Anti-Japanese Land Laws of California and Ten Other States." *California Law Review*, 35 (1947): 7-60.

McGrane, Reginald C. *Foreign Bondholders and American State Debts*. New York: Macmillan, 1935.

_____. *The Panic of 1837*. Chicago, London: University of Chicago Press, 1924.

McKay, John. "The House of Rothschild (Paris) as a Multinational Industrial Enterprise, 1875-1914." In Alice Teichova et al., *Multinational Enterprise in Historical Perspective*, pp. 74-86. Cambridge: Cambridge University Press, 1986.

Mead, Elwood. *Irrigation Institutions*. New York: Macmillan, 1903.

Meleghy, Gyula. "Die Vermittlerrolle der Banken bei deutschen Investitionen in Nord–und Mittlelamerika bis zum Ersten Weltkrieg." Ph.D. diss., University of Co–logne, 1983.

Menzies, W. J. *America as a Field for Investment*. Edinburgh: William Blackwood, 1892.

Metzler, Lloyd A., Robert Triffin, and Gottfried Haberler. *International Monetary Policies*. 1947. Rpt. New York: Arno Press, 1978.

Miall, Stephen. A *History of the British Chemical Industry*. London: Ernest Benn, 1931.

Michalet, Charles Albert, and Michel Delapierre. *The Multinationalization of French Firms*. Chicago: Academy of International Business, 1975.

Michell, Lewis. *The Lives and Times of Cecil John Rhodes, 1853-1902*. 2 vols. New York: Mitchell Kennerley, 1910.

Michener, James A. *Centennial*. New York: Random House, 1974.

Michie, Ranald C. "Crisis and Opportunity: The Formation and Operation of the British Assets Trust, 1897-1914." *Business History*, 25 (1983): 125-147.

_____. "The London Stock Exchange and the British Securities Market, 1850-1914." *Economic History Review*, 2nd ser., 38 (1985): 61-82.

_____. *Money, Mania and Markets: Investment, Company Formation and the Stock Exchange in Nineteenth Century Scotland*. Edinburgh: John Donald, 1981. " Options, Concessions, Syndicates, and the Provision of Venture Capital, 1880-1913." *Business History*, 23 (1981): 147-164.

Middlemas, Robert Keith. *The Master Builders: Thomas Brassey, Sir John Aird, Lord Cow-dray, Sir John Norton-Grzffiths*. London: Hutchinson, 1963.

Mikesell, Raymond F., ed. *United States Private and Government Investment Abroad*. Eugene: University of Oregon Press, 1962.

Miles, Robert. *Coffin Nails and Corporate Strategy*. Englewood Cliffs, N.J.: Prentice-Hall, 1981.

Millar, C. C. Hoyar. *Florida, South Carolina and Canadian Phosphates*. London: Eden Fisher, 1892.

Miller, Benjamin L., and Joseph T. Singewald. *The Mineral Deposits of South America*. 1919. Rpt. New York: Arno Press, 1977.

Miller, George H. *Railroads and the Granger Laws*. Madison: University of Wisconsin Press, 1971.

Milward, Alan S. *The Development of the Economies of Continental Europe, 1850-1914*. Cambridge, Mass.: Harvard University Press, 1977.

Minchenton, W. E. *The British Tinplate Industry*. Oxford: Clarendon Press, 1957.

Mints, Lloyd. *A History of Banking Theory in Great Britain and the United States*. Chicago: University of Chicago Press, 1945.

Miguel, Rene. *Dynastie Michelin*. Paris: La Table Ronde, 1962.

Mitchell, Broadus. *The Rise of Cotton Mills in the South*. Baltimore: Johns Hopkins University Press, 1921.

[Mitsui & Co.] . *The 100 Year History of Mitsui & Co., Ltd., 1876-1976*. Tokyo: Mitsui & Co., 1977.
(『稿本三井物産株式会社100年史』日本経営史研究所, 1978年)

Montgomery, Robert. *Fifty Years of Accounting*. 1938. Rpt. New York: Arno Press, 1978.

Moody, John. *The Truth about Trusts*. New York: Moody, 1904.

Morgan, Charles. *The House of Macmillan (1843-1943)*. London: Macmillan, 1944.

Morgan, Dan. *Merchants of Grain*. New York: Viking Press, 1979.

Morgan, E. Victor, and W. A. Thomas. *The London Stock Exchange*. New York: St. Martin's Press, 1962.

Morgan, Hal. *Symbols of America*. New York: Penguin, 1987.

Morgan, R. M. *Callender's, 1882-1945*. Prescott, Merseyside: BICC, 1982.

Morison, Samuel Eliot. *The Oxford History of the American People*. New York: Oxford University Press, 1965.

Morley, John. *Life of Richard Cobden*. London: Chapman & Hall, 1883.

Morris, Richard B. *John Jay: The Nation and the Court*. Boston: Boston University Press, 1967.

_____. *The Peacemakers: The Great Powers and American Independence*. New York: Harper & Row, 1965.

_____, ed. *John Jay: The Making of a Revolutionary: Unpublished Papers, 1745-1780*. New York: Harper & Row, 1975.

Morrison, Fred L., and Kenneth R. Krause. *State and Federal Legal Regulation of Alien and Corporate Land Ownership and Farm Operations*. Economic Research Service, U. S. Department of Agriculture, Agricultural Economic Report no. 284, Washington, D.C., 1975.

Morsell, Henri. " Les rivalités internationales et l' industrie française de l' aluminium." In Maurice Lévy-Leboyer, *La position internationale de la France*, pp. 365-370. Paris: Éditions de l' École des Hautes Études en Sciences Sociales, 1977.

Moss, Scott. *An Economic Theory of Business Strategy*. New York: John Wiley, 1981.

Mothershead, Harmon Ross. *The Swan Land and Cattle Co., Ltd*. Norman: University of Oklahoma Press, 1971.

Mott, Edward H. *Between the Ocean and the Lakes: The Story of the Erie*. New York: John S. Collins, 1901.

Moulton, Harold G. *Japan: An Economic and Financial Appraisal*. Washington, D.C.: Brookings Institution, 1931.

Moulton, Harold G., and Cleona Lewis. *The French Debt Problem*. New York: Macmillan, 1925.

Moulton, Harold G., and Constantine E. McGuire. *Germany's Capacity to Pay: A Study of the Reparation Problem*. New York: McGraw-Hill, 1923.

Muhlstein, Anka. *Baron James: The Rise of the French Rothschilds*. New York: Vendome Press, 1983.

Muir, Augustus. *Nairns of Kirkcaldy. A Short History of the Company (1847-1956)*. Cambridge: W. Heffer, 1956.

Mulhall, Michael G. "British Capital Abroad." *North American Review*, 168 (1899): 499-505.

_____. *Dictionary of Statistics*. 4th ed. 1899. Rpt. Detroit: Gale Research, 1969.

Mulholland, James A. *A History of Metals in Colonial America*. University, Ala.: University of Alabama Press, 1981.

Murphy, Mary E. "Sir George Touche, Bart., C.A., 1861-1935: A Memoir." *Business History Review*, 34 (1960): 467-477.

Murray, Andrew J. *Home from the Hill: A Biography of Frederick Huth*. London: Hamish Hamilton, 1971.

Myers, Gustavus. *History of the Great American Fortunes*. New York: Modern Library, 1936.

Myers, Margaret. *The New York Money Market*. New York: Columbia University Press, 1931.

_____. *Paris as a Financial Center*. 1936. Rpt. New York: Garland, 1983.

Nash, George. *Herbert Hoover*. New York: Norton, 1983.

Nash, Gerald D. *United States Oil Policy, 1890-1964*. Pittsburgh: University of Pittsburgh Press, 1968.

Nash, Robert. *A Short Inquiry into the Profitable Nature of Our Investments*. 3rd ed. London: Effingham Wilson, 1881.

National Industrial Conference Board. *The International Financial Position of the United States*. New York: National Industrial Conference Board, 1929.

Navin, Thomas R. *Copper Mining and Management*. Tucson: University of Arizona Press, 1978.

_____. *The Whitin Machine Works since 1831*. Cambridge, Mass.: Harvard University Press, 1950.

Navin, Thomas R., and Marian V. Sears. "A Study in Merger: Formation of the International Mercantile Marine Company." *Business History Review*, 28 (1954): 291-328.

Naylor, R. T. *History of Business in Canada, 1867-1914*. 2 vols. Toronto: James Lorimer, 1975.

Neill, Edward D. *History of the Virginia Company of London*. Albany, N. Y.: Joel Munsell, 1869.

Nelson, Douglas W. "The Alien Land Law Movement in the Late Nineteenth Century." *Journal of the West*, 9 (1970): 46-59.

Neu, Irene D. "An English Businessman in Sicily, 1806-1861." *Business History Review*, 31 (1957): 355-374. *Erastus Corning: Merchant and Financier, 1794-1872*. Ithaca, N.Y.: Cornell University Press, 1960.

Neuburger, Hugh. *German Banks and German Economic Growth from Unification to World War I*. New York: Arno Press, 1977.

_____. "The Industrial Policies of the Kreditbanken, 1880-1914." *Business History Review*, 51 (1977): 190-207.

Neufeld, E. P. *A Global Corporation: A History of the International Development of Massey-Ferguson Ltd*. Toronto: University of Toronto Press, 1969.

Nevett, T. R. *Advertising in Britain*. London: Heinemann, 1982.

Nevins, Allan. *The American States during and after the Revolution, 1775-1789*. 1924.

Rpt. New York: Augustus M. Kelley, 1969.

_____. *History of the Bank of New York and Trust Company, 1784-1934.* New York: privately printed, 1934.

_____. *Study in Power: John D. Rockefeller.* 2 vols. New York: Scribner's, 1953.

Nevins, Allan, and Frank Ernest Hill. *Ford.* 3 vols. New York: Scribner's, 1954- 1963.

New Jersey Archives: Documents Relating to the Colonial History of the State of New Jersey, ed. Frederick W. Ricord and William Nelson, ser. 1, vol. 9. Newark: Daily Advertiser Printing House, 1885.

New Jersey Archives: Documents Relating to the Colonial History of the State of New Jersey, ed. William Nelson, ser. 1, vol. 28. Paterson, N.J.: Call Printing and Publishing, 1916.

New Jersey Archives: Documents Relating to the Revolutionary History of the State of New Jersey, ed. William S. Stryker, ser. 2, vol. 1. Trenton: John L. Murphy, 1901.

Newman, Peter C. *Company of Adventurers.* New York: Viking Penguin, 1985.

Neymarck, Alfred. Reports to the Institut International de Statistique. In *Bulletin de l' Institut International de Statistique,* 11-20 (1895-1913).

Nicholas, Stephen J. "British Multinational Investment before 1939" *Journal of European Economic History,* 11 (1982): 605-630.

_____. "Agency Contracts, Institutional Modes, and the Transition to Foreign Direct Investment by British Manufacturing Multinationals before 1939." *Journal of Eco - nomic History,* 43 (1983): 675-686.

Nicholson, J. Shield. "Introductory Essay." In Adam Smith, *Wealth of Nations.* London: T. Nelson, 1901.

Nimmo, Joseph. "The Range and Ranch Cattle Traffic." U. S. House of Representatives, 48th Cong., 2nd sess., 1885, Exec. Doc. 267.

Nitske, W. R., and C. M. Wilson. *Rudolf Diesel.* Norman: University of Oklahoma Press, 1965.

Noble, H. G. S. *The New York Stock Exchange in the Crisis of 1914.* Garden City, N.Y.: Country Life Press, 1915.

Nolte, Vincent. *Fifty Years in Both Hemispheres or, Reminiscences of the Life of a Former Merchant.* New York: Redfield, 1854.

Nordyke, Lewis. *Cattle Empire.* New York: William Morrow, 1949.

North, Douglass C. *The Economic Growth of the United States, 1790-1860.* Englewood Cliffs, N.J.: Prentice-Hall, 1961.

_____. "International Capital Flows and the Development of the American West." *Journal of Economic History,* 18 (1956): 493-505.

_____. "International Capital Movements in Historical Perspective." In Raymond F. Mikesell, ed., *U.S. Private and Government Investment Abroad,* pp. 10-43. Eugene: University of Oregon Books, 1962.

_____. *Structure and Change in Economic History.* New York: Norton, 1981.

_____. "Transaction Costs in History." *Journal of European Economic History,* 14 (1985): 557-576.

_____. "The United States Balance of Payments, 1790-1860." In *Trends in the American Economy in the Nineteenth Century.* Studies in Income and Wealth, vol. 24, pp. 573-627. Princeton, N.J.: Princeton University Press, 1960.

North, Douglass C., Terry L. Anderson, and Peter J. Hill. *Growth and Welfare in the American Past: A New Economic History.* 3rd ed. Englewood Cliffs, N.J.: Prentice-

Hall, 1983.

Notz, William F. "International Private Agreements." *Journal of Political Economy*, 28 (1920): 658-679.

Notz, William F., and Richard S. Harvey. *American Foreign Trade*. Indianapolis: Bobbs Merrill, 1921.

Noyes, Alexander Dana. *Thirty Years of American Finance*. 1900. Rpt. New York: Greenwood Press, 1969.

_____. *The War Period of American Finance*. New York: G. P. Putnam's Sons, 1926.

Nurkse, Ragnar. *Patterns of Trade and Development*. New York: Oxford University Press, 1961.

（R. ヌルクセ 著：大畑弥七訳『外国貿易と経済発展』ダイヤモンド社，1960年）

Oberholtzer, Ellis Paxson. *Jay Cooke: Financier of the Civil War*. 2 vols. 1907. Rpt. New York: Burt Franklin, 1970.

O'Brien, Denis Patrick, ed. *The Correspondence of Lord Overstone*. 3 vols. Cambridge: Cambridge University Press, 1971.

O'Connor, Harvey. *The Guggenheims*. New York: Covici Friede, 1937.

Offer, Avner. "Empire and Social Reform: British Overseas Investment and Domestic Politics, 1908-1914." *Historical Journal*, 26 (1983): 119-138.

O'Hagan, H. Osborne. *Leaves from My Life*. 2 vols. London: John Lane, 1929.

Okochi, Akio, and Tadakatsu Inoue. *Overseas Business Activities*. Tokyo: University of Tokyo Press, 1960.

Oss, S. F. van. *American Railroads as Investments*. 1893. Rpt. New York: Arno Press, 1977.

Ostrye, Anne T. *Foreign Investment in the American and Canadian West, 1870-1914: An Annotated Bibliography*. Metuchen, N.J.: Scarecrow Press, 1986.

Overton, Richard C. *Burlington West*. Cambridge, Mass.: Harvard University Press, 1941.

Owen, Roger, and Bob Sutcliff, eds. *Studies in the Theory of Imperialism*. London: Longman, 1972.

Oxford Publishing since 1478. London: Oxford University Press, 1966.

Paine, Albert Bigelow. *George Fisher Baker*. New York: G. P. Putnam's Sons, 1938.

Paish, George. "The Export of Capital and the Cost of Living." *Statist Supplement*, 79 (1914): i-viii. In Mira Wilkins, ed., *British Overseas Investments, 1907-1948*. New York: Arno Press, 1977.

_____. "Great Britain's Capital Investments in Individual Colonial and Foreign Countries" and "Comments." *Journal of the Royal Statistical Society*, 74, pt. 2 (1911): 167-200. In Mira Wilkins, ed., *British Overseas Investments, 1907-1948*. New York: Arno Press, 1977.

_____. "Great Britain's Capital Investments in Other Lands" and "Comments." *Journal of the Royal Statistical Society*, 72, pt. 3 (1909): 465-495. In Mira Wilkins, ed., *British Overseas Investments, 1907-1948*. New York: Arno Press, 1977.

_____. "Our New Investments in 1908." *Statist*, 63 (1909): 19-21. In Mira Wilkins, ed., *British Overseas Investments, 1907-1948*. New York: Arno Press, 1977.

_____. "Trade Balance of the United States." In U.S. Senate, *National Monetary Commission*. 61st Cong., 2nd sess., 1910, S. Doc. 579.

Palgrave, R. H. Inglis. "An English View of Investments in the United States." *Forum*, 15 (1893): 191-200.

Palyi, M. "Foreign Investment." *Encyclopedia of the Social Sciences*, 6 (1931): 364-378.
Panmure Gordon, H. *The Land of the Almighty Dollar*. London: Frederick Warne, 1892.
Parsons, A. B. *The Porphyry Coppers*. New York: American Institute of Mining and Metallurgical Engineers, 1933.
Passer, Harold C. *The Electrical Manufacturers*. Cambridge, Mass.: Harvard University Press, 1953.
_____. "Frank Julian Sprague." In William Miller, ed., *Men in Business*, pp. 212-237. New York: Harper Torchbooks, 1962.
Paterson, Donald G. *British Direct Investment in Canada, 1890-1914*. Toronto: University of Toronto Press, 1976.
_____. "The Failure of British Business in Canada, 1890-1914." In Herman Krooss, ed., *Proceedings of the Business History Conference*. Bloomington: School of Business, Indiana University, 1975.
Patterson, Robert T. *Federal Debt Management Policies, 1865-1879*. Durham, N. C.: Duke University Press, 1954.
Paul, Rodman W. *California Gold*. Cambridge, Mass.: Harvard University Press, 1947.
_____. *Mining Frontiers of the Far West, 1848-1880*. New York: Holt Rinehart & Winston, 1963.
Pavitt, Keith and L. Soete. "International Differences in Economic Growth and the International Location of Innovations." Unpublished paper, University of Sussex Research Unit, 1981.
Payne, Peter L. *The Early Scottish Limited Companies, 1856-1895*. Edinburgh: Scottish Academic Press, 1980.
_____. "The Emergence of the Large-Scale Company in Great Britain, 1870-1914." *Economic History Review*, 2nd ser., 20 (1967): 519-542.
_____, ed. *Studies in Scottish Business History*. London: Frank Cass, 1967.
Pearce, W. M. *The Matador Land and Cattle Company*. Norman: University of Oklahoma Press, 1964.
Pearson, Henry G. *Son of New England: James Jackson Storrow, 1864-1926*. Boston: privately printed, 1932.
Pearson, Jim Berry. *The Maxwell Land Grant*. Norman: University of Oklahoma Press, 1961.
Penrose, Edith. *The Theory of the Growth of the Firm*. New York: John Wiley, 1959.
(E. ペンローズ著：日高千景訳『企業成長の理論』ダイヤモンド社，2010年)
Perine, Edward Ten Boeck. *The Story of the Trust Companies*. New York: G. P. Putnam's Sons, 1916.
Perkins, Edwin J. *The Economy of Colonial America*. New York: Columbia University Press, 1980.
_____. *Financing Anglo-American Trade: The House of Brown, 1800-1880*. Cambridge, Mass.: Harvard University Press, 1975.
Perren, Richard. *The Meat Trade in Britain, 1840-1914*. London: Routledge & Kegan Paul, 1978.
Peterson, Walter F. *An Industrial Heritage: Allis-Chalmers Corporation*. Milwaukee: Milwaukee County Historical Society, 1978.
Phelps, C. W. *Foreign Expansion of American Banks*. 1927. Rpt. New York: Arno Press, 1976.
Philip Morris. *Annual Report, 1980*.

Pierce, Bessie L. *A History of Chicago, 1871-1893*. Vol. 3. Chicago: University of Chicago Press, 1957.

Pierce, Harry H. "Anglo-American Investors and Investment in the New York Central Railroad." In Joseph R. Frese and Jacob Judd, eds., *An Emerging Independent American Economy, 1815-1875*, pp. 127-160. Tarrytown, N.Y.: Sleepy Hollow Press, 1980.

_____. "Foreign Investment in American Enterprise" and "Comments." In David T. Gilchrist and W. David Lewis, eds., *Economic Change in the Civil War Era*, pp. 41-53, 54-61. Greenville, Del.: Eleutherian Mills-Hagley Foundation, 1965.

_____. *Railroads of New York: A Study of Government Aid, 1826-1875*. Cambridge, Mass.: Harvard University Press, 1953.

Pigott, S. C. *Hollins: A Study of Industry, 1784-1949*. Nottingham: William Hollins, 1949.

Pinner, Felix. *Emil Rathenau und das elektrische Zeitalter*. 1918. Rpt. New York: Arno Press, 1977.

Pitkin, Timothy. *A Statistical View of the Commerce of the United States*. 1816. Rpt. New York: Augustus M. Kelley, 1967.

Platt, D. C. M. *Britain's Investment Overseas on the Eve of the First World War*. New York: St. Martin's Press, 1986.

_____. "British Portfolio Investment Overseas before 1870: Some Doubts." *Economic History Review*, 2nd ser., 33 (1980): 1-16.

_____. *Finance, Trade and Politics in British Foreign Policy, 1815-1914*. London: Oxford University Press, 1968.

_____. *Foreign Finance in Continental Europe and the U.S.A., 1850-1870*. London: George Allen & Unwin, 1984.

_____. "Foreign Finance in Europe and the Americas, 1815-1875" Typescript, 1981. "The Sixth Great Power in Europe: Baring in High Finance, 1763-1870" Typescript, 1978. "Some Drastic Revisions in the Stock and Direction of British Investment Overseas, 31 Dec. 1913." In R. V. Turrell and T. J. Van Helten, eds., *The City and the Empire*, pp. 11-25. London: University of London, Institute of Commonwealth Studies, 1985.

_____, ed. *Business Imperialism, 1830-1840*. Oxford: Clarendon Press, 1977.

Plummer, Alfred. *International Combines in Modern Industry*. Rev. ed. London: Sir Isaac Pitman, 1938.

Pollard, Sidney. "Capital Exports, 1870-1914: Harmful or Beneficial?" *Economic History Review*, 2nd ser., 38 (1985): 489-514.

_____. *The Integration of the European Economy since 1815*. London: George Allen & Unwin, 1981.

Porter, A. N., and R. F. Holland, eds. *Money, Finance and Empire, 1790-1960*. London: Frank Cass, 1985.

Powell, Ellis T. *Evolution of the Money Market (1385-1915)*. London: Financial News, 1915.

_____. *The Mechanism of the City*. London: P. S. King, 1910.

Prais, S. J. *The Evolution of Giant Firms in Britain*. Cambridge: Cambridge University Press, 1976.

Pratt, Edward Ewing. *International Trade in Staple Commodities*. New York: McGraw-Hill, 1928.

Pratt, Sereno S. *The Work of Wall Street.* New York: D. Appleton, 1921.

Presbrey, Frank. *History and Development of Advertising.* 1929. Rpt. New York: Green-wood Press, 1968.

Pressnell, L. S., and John Orbell. *A Guide to the Historical Records of British Banking.* New York: St. Martin's Press, 1985.

Preston, Howard H. *Banking in Iowa.* 1922. Rpt. New York: Arno Press, 1980.

Previts, Gary John and Barbara D. Merino. *A History of Accounting in America.* New York: Ronald Press, 1979.

Price, Jacob M. *Capital and Credit in British Overseas Trade: The View from the Chesapeake, 1700-1776.* Cambridge, Mass.: Harvard University Press, 1980.

_____. "The Rise of Glasgow in the Chesapeake Tobacco Trade, 1707-1775." *William and Mary Quarterly,* 9 (1954): 179-200.

_____. ed. *Joshua Johnson's Letterbook, 1771-1774.* London: London Record Society, 1979.

Purdy, Helen Throop. *San Francisco.* San Francisco: Paul Elder, 1912.

Pyle, Joseph G. *The Life of James Hill.* 2 vols. Garden City, N.Y.: Doubleday, Page, 1917.

Rabb, Theodore K. *Enterprise and Empire.* Cambridge, Mass.: Harvard University Press, 1967.

Raikes, Thomas. *A Portion of the Journal Kept by Thomas Raikes, Esq., from 1831 to 1847.* 2 vols. New ed. London: Longman, Brown, Green, Longmans & Roberts, 1858.

Randall, Stephen J. "The Development of Canadian Business in Puerto Rico." *Revista/Review InterAmericana,* 7 (1977): 5-20.

Ratchford, B. U. *American State Debts.* Durham, N.C.: Duke University Press, 1941.

Ratcliffe, B. M., ed. *Great Britain and Her World, 1750-1914: Essays in Honor of W . O. Henderson.* Manchester: Manchester University Press, 1975.

Raymond, William J. *American and Foreign Investment Bonds.* Boston: Houghton Mifflin, 1916.

Raynes, Harold E. *A History of British Insurance.* Rev. ed. London: Sir Isaac Pitman, 1950.

Reader, William J. *Bowater: A History.* Cambridge: Cambridge University Press, 1981.

_____. *A House in the City: A Study of the City and of the Stock Exchange Based on the Records of Foster and Braithwaite, 1825-1975.* London: B. T. Batsford, 1979.

_____. *Imperial Chemical Industries: A History.* Vol. 1. London: Oxford University Press, 1970.

_____. *The Weir Group.* London: Weidenfeld Nicolson, 1971.

Reading, Marquess of. *Rufus Isaacs, First Marquess of Reading.* 2 vols. London: Hutchin-son, 1942, 1945.

Reckitt, B. N. *The History of Reckitt and Sons.* London: A. Brown, 1951.

Reddaway, William Brian. *Effects of U.K. Direct Investment Overseas: An Interim Report.* London: Cambridge University Press, 1967.

_____. *Effects of U.K. Direct Investment Overseas: Final Report.* London: Cambridge University Press, 1968.

Redlich, Fritz. *The Molding of American Banking.* New York: Johnson Reprint Corp., 1968.

Rees, J. Aubrey. *The Grocery Trade.* 2 vols. London: Duckworth, 1910.

Reich, Cary. *Financier: The Biography of Andre Meyer.* New York: William Morrow,

1983.

Reich, Leonard S. "Research, Patents and the Struggle to Control Radio." *Business History Review*, 51 (1977): 208-235.

Reischauer, Haru Matsukata. *Samurai and Silk*. Cambridge, Mass.: Harvard University Press, 1986.

Remini, Robert V. *Andrew Jackson and the Course of American Freedom, 1822-1832*. New York: Harper & Row, 1981.

Reynolds, Jack. *The Great Paternalist Titus Salt and the Growth of 19th Century Bradford*. New York: St. Martin's Press, 1984.

Richardson, J. Henry. *British Economic Foreign Policy*. New York: Macmillan, 1936.

Rickard, Thomas A. *A History of American Mining*. New York: McGraw-Hill, 1932. .
_____.*Retrospect*. New York: McGraw-Hill, 1937.

Riegel, Robert Edgar. *The Story of Western Railroads*. Lincoln: University of Nebraska Press, 1926.

Riesser, J. *The German Great Banks and Their Concentration*. 1911. Rpt. New York: Arno Press, 1977.

Riley, James C. *International Government Finance and the Amsterdam Capital Market, 1740-1815*. Cambridge: Cambridge University Press, 1980.

Riley, John J. *A History of the American Soft Drink Industry: Bottled Carbonated Beverages, 1807-1957*. 1958. Rpt. New York: Arno Press, 1972.

Rink, Oliver A. *Holland on the Hudson*. Ithaca, N.Y.: Cornell University Press, 1986.

Ripley, William Z. *Railroads: Finance and Organization*. New York: Longmans, Green, 1915.

Rippy, J. Fred. "British Investments in Texas Lands and Livestock." *The Southwestern Historical Quarterly*, 58 (1955): 331-341.

Robbins, Michael Warren. " The Principio Company: Iron-Making in Colonial Maryland 1720-1781." Ph.D. diss., George Washington University, 1972.

Roberts, Harold D. *Salt Creek Wyoming*. Denver: Midwest Oil Corporation, 1956.

Robertson, Ross M. *The Comptroller and Bank Supervision: A Historical Appraisal*. Washington, D.C.: Office of the Comptroller of the Currency, 1968.

Rogers, T. B. A *Century of Progress, 1831-1931: Cadbury Bournville*. Bournville: Cadbury Bros., 1931.

Rosa, Luigi de. *Emigranti, Capitali e Banche (1896-1906)*. Naples: Edizione del Banco di Napoli, 1980.

Rosenbaum, E., and A. J. Sherman. *M. M. Warburg & Co. , 1798–1938: Merchant Bankers of Hamburg*. New York: Holmes & Meier, 1979.

Rose-Troup, Frances. *The Massachusetts Bay Co*. New York: Grafton Press, 1930.

Ross, Victor. *A History of the Canadian Bank of Commerce*. 2 vols. Toronto: Oxford University Press, 1920, 1922.

Rothstein, Morton. "American Wheat and the British Market, 1860-1905." Ph.D. diss., Cornell University, 1960.
_____. "A British Firm on the American West Coast, 1869-1914." *Business History Review*, 37 (1963): 392-415.
_____. " Multinationals in the Grain Trade, 1850-1914." *Business and Economic History*, 2nd ser., 12 (1983): 85-93.

Rousseau, Jacques. *Histoire mondiale de l'automobile*. Paris: Hachette, 1958.

Rowland, John. *Progress in Power: The Contribution of Charles Merz and His Associates to*

Sixty Years of Electrical Development, 1899-1959. London: privately published, 1960.

Royal Institute of International Affairs. *The Problem of International Investment.* 1937. Rpt. London: Cass, 1965.

（王立国際問題研究所著；楊井克巳．中西直行共訳『国際投資論』〔経済学名著選〕日本評論社，1970年）

Rubinstein, W. D. "British Millionaires, 1809-1949," *Bulletin of the Institute of Historical Research*, 47 (1974): 202-223.

_____. *Men of Property: The Very Wealthy in Britain since the Industrial Revolution.* New Brunswick, N.J.: Rutgers University Press, 1981.

_____. "The Victorian Middle Classes: Wealth, Occupation and Geography." *Economic History Review*, 2nd ser., 30 (1977): 602.

Rugman, Alan M. *Inside the Multinationals: The Economics of Internal Markets.* New York: Columbia University Press, 1981.

（A．M．ラグマン著；江夏健一他訳『多国籍企業と内部化理論』ミネルヴァ書房，1983年）

Russett, Bruce M. *Community and Contention.* Cambridge, Mass.: MIT Press, 1963.

Sakolski, A. M. *The Great American Land Bubble.* New York: Harper & Bros., 1932.

Salsbury, Stephen. *The State, the Investor and the Railroad.* Cambridge, Mass.: Harvard University Press, 1967.

Salter, Sir Arthur. *Foreign Investments.* Princeton, N.J.: Princeton University Press, 1951.

Sandberg, L. G. *Lancashire in Decline.* Columbus: Ohio State University Press, 1974.

Sanna Randaccio, Francesca. "European Direct Investments in U.S. Manufacturing." B.Litt. diss., Oxford University, 1980.

Sarnoff, David. *Looking Ahead: The Papers of David Sarnoff.* New York: McGraw-Hill, 1968.

Sartorius, A., Freiherrn von Waltershausen. *Das Volkswirtschafliche System der Kapita-lanlage im Auslande.* Berlin: Georg Reimer, 1907.

Sasuly, Richard. *I. G. Farben.* New York: Boni & Gaer, 1947.

Satterlee, Herbert L. *The Life of J. Pierpont Morgan.* New York: privately printed, 1937.

Saul, S. B. "The Market and Development of the Mechanical Engineering Industries in Britain, 1860-1914." *Economic History Review*, 2nd ser., 20 (1967): 111-130.

_____. *The Myth of the Great Depression.* New York: St. Martin's Press, 1969.

_____. *Studies in British Overseas Trade, 1870-1914.* Liverpool: Liverpool University Press, 1960.

Saveth, Edward N. *American Historians and European Immigrants, 1875-1925.* New York: Columbia University Press, 1948.

Sayers, R. S. *The Bank of England, 1891-1944.* 3 vols. Cambridge: Cambridge University Press, 1976.

（R.S. セイヤーズ著；西川元彦監訳；日本銀行金融史研究会訳『イングランド銀行——1891-1944年』上・下，東洋経済新報社，1979年）

_____. *Lloyds Bank in the History of English Banking.* Oxford: Clarendon Press, 1957.

（R.S. セイヤーズ著；東海銀行調査部訳『ロイズ銀行——イギリス銀行業の発展』東洋経済新報社，1963年)

_____. ed. *Banking in Western Europe.* Oxford: Clarendon Press, 1962.

Scharf, J. Thomas. *History of Saint Louis City and County.* 2 vols. Philadelphia: Louis H. Everts, 1883.

Scheiber, Harry N., Harold Vatter, and Harold Underwood Faulkner. *American Economic History.* New York: Harper & Row, 1976.

Scherer, F. M. *Industrial Market Structure and Economic Performance.* Boston: Houghton Mifflin, 1980.

Schiff, Eric. *Industrialization without National Patents.* Princeton, N. J.: Princeton University Press, 1971.

Schneider, Jurgen. "German Investments in the USA (1872-1914)." Paper delivered at 1982 Fuji Conference.

Schooling, William. *Alliance Assurance, 1824-1924.* London: Alliance Assurance, 1924.

Schull, Joseph. *The Century of Sun.* Toronto: Macmillan of Canada, 1971.

Schulze-Gaevernitz, Gerhart von. " Die deutsche Kreditbank." In *Grundriss der Sozialökonomik.* Sec. 5, pt. 2. Tübingen: J. C. B. Mohr, 1915.

Schumpeter, Joseph A. *Business Cycles.* 2 vols. New York: McGraw-Hill, 1939.
（J. A. シュムペーター著；金融経済研究所訳『景気循環論──資本主義過程の理論的・歴史的・統計的分析』有斐閣，1958-1964年）

_____. *Imperialism and Social Classes.* New York: Augustus M. Kelley, 1951.
（J. A. シュンペーター著；都留重人訳『帝国主義と社会階級』岩波書店，1956年）

Schuwer, Philippe. *History of Advertising.* London: Leisure Arts, 1966.

Schwarz, Jordan. *The Speculator: Bernard M. Baruch in Washington, 1917-1965.* Chapel Hill: University of North Carolina Press, 1981.

Scott, J. D. *Siemens Brothers, 1858-1958.* London: Weidenfeld & Nicolson, 1958.

_____. *Vickers.* London: Weidenfeld Nicolson, 1962.

Scott, John, and Michael Hughes. *The Anatomy of Scottish Capital: Scottish Companies and Scottish Capital, 1900-1979.* London: Croom Helm, 1980.

Scott, W. R. *The Constitution and Finance of English, Scottish, and Irish Joint Stock Companies to 1720.* 3 vols. Cambridge: Cambridge University Press, 1912, 1910, 1911.

Scott, William A. *The Repudiation of State Debts.* New York: Thomas Y. Crowell, 1893.

_____. " Scottish Capital Abroad." *Blackwood' s Edinburgh Magazine,* 136 (1884): 468-480.

Scranton, Philip. *Proprietary Capitalism.* New York: Cambridge University Press, 1983.

Scrivenor, Harry. *History of the Iron Trade.* London: Longman, 1854.

Sedgwick, M. *Fiat.* London: Batsford, 1974.

Segal, Harvey H., and Matthew Simon. "British Foreign Capital Issues, 1865-1894." *Journal of Economic History,* 21 (1961): 567-581.

Seidenzahl, Fritz. *100 Jahre Deutsche Bank.* Frankfurt: Deutsche Bank, 1970.

Seybert, Adam. *Statistical Annals.* Philadelphia: Thomas Dobson, 1818.

Seyd, Ernest. "The Fall in the Price of Silver, Its Consequences and the Possible Avoidance." *Journal of the Society of the Arts,* 24 (1876): 306-334.

Sherman, John. *Recollections.* 2 vols. Chicago: Werner, 1895.

Sherrard, William Robert. "The Kirkland Steel Mill." *Pacific Northwest Quarterly,* 53 (1962): 129-137.

Shick, Tom W., and Don H. Doyle. "The South Carolina Phosphate Boom and the Stillbirth of the New South, 1867-1920." *South Carolina Historical Magazine,* 86

(1985): 1-31.

Shumway, Harry I. *Famous Leaders*. 4th ser. Boston: L. C. Page, 1936.

Shurtleff, Nathaniel B., ed. *Records of the Governor and Company of the Massachusetts Bay in New England*. Vol. 2. Boston: William White, 1853.

Siemens, Georg. *Carl Friedrich von Siemens*. Freiburg: Karl Alber, 1960.

_____. *History of the House of Siemens*. 1957. 2 vols. Rpt. New York: Arno Press, 1977.

Siemens, Werner von. *Inventor and Entrepreneur*. London: Lund Humphries, 1966.

Simmons, Douglas. *A Schweppes*. London: Springwood Books, 1983.

Simon, Matthew. *Cyclical Fluctuations and the International Capital Movements of the United States, 1865-1897*. Ph.D. diss., 1955. New York: Arno Press, 1978.

_____. "The Enterprise and Industrial Composition of New British Portfolio Foreign Investment, 1865-1914." *Journal of Development Studies*, 3 (1967): 280-292.

_____. "The Pattern of New British Portfolio Foreign Investment, 1865-1914." In A. R. Hall, ed., *The Export of Capital from Britain, 1870-1914*. London: Methuen, 1968.

_____. "The United States Balance of Payments, 1861-1900." In *Trends in the American Economy in the Nineteenth Century*. Studies in Income and Wealth, vol. 24, pp. 628-715. Princeton, N.J.: Princeton University Press, 1960.

Simpson, J. Dyer. *1936: Our Centenary Year*. London: Liverpool & London & Globe, 1936.

Smalley, Eugene V. *History of the Northern Pacific Railroad*. 1883. Rpt. New York: Arno Press, 1975.

Smith, Adam. *The Wealth of Nations*. 1776. Rpt. New York: Modern Library, 1937. （A. スミス著；大河内一男監訳；玉野井芳郎，田添京二，大河内暁男訳『国富論』中央公論新社，2010年）

Smith, Alice E. *George Smith's Money: A Scottish Investor in America*. Madison: State Historical Society of Wisconsin, 1966.

Smith, Duane A. *Mining America: The Industry and the Environment, 1800-1980*. Lawrence: University Press of Kansas, 1987.

Smith, James. *The Development of Trust Companies in the United States*. New York: Henry Holt, 1928.

Smith, Sydney. *Letters on American Debts*. 2nd ed. London: Longman, Brown, Green & Longmans, 1844.

Smith, Walter Buckingham. *Economic Aspects of the Second Bank of the United States*. 1953. Rpt. New York: Greenwood Press, 1969.

Sobel, Robert. *The Big Board*. New York: Free Press, 1965.

Socolofsky, Homer E. *Landlord William Scully*. Lawrence: Regents Press of Kansas, 1979.

_____. "William Scully: Ireland and America, 1840-1900." *Agricultural History*, 48 (1974): 155-175.

Soltow, J. H. "Scottish Traders in Virginia, 1750-1775." *Economic History Review*, 2nd ser., 12 (1959): 83-98.

Soule, George, and Vincent P. Carosso. *American Economic History*. New York: Dryden Press, 1957.

_____. *The South in the Building of the Nation*. Vols. 5 and 6. Richmond, Va.: Southern Historical Publication Society, 1909.

Soutter, Arthur W. *The American Rolls-Royce*. Providence: Mowbray Company, 1976.

Spackman, William F. *Statistical Tables*. London: Longman, n.d. [1843].

Sparks, Earl Sylvester. *History and Theory of Agricultural Credit in the United States.* New York: Thomas Y. Crowell, 1932.

Speare, Charles F. "Foreign Investments of Nations." *North American Review,* 190 (1909): 82-92.

_____. "Selling American Bonds in Europe." *Annals of the American Academy of Political and Social Science,* 30 (1907): 269-291.

Spence, Clark C. "British Investment and Oregon Mining, 1860-1900." *Oregon Histor - ical Society, Portland, Quarterly,* 58 (1957): 101-112.

_____. "British Investment and the American Mining Frontier, 1860-1914." *New Mexico Historical Review,* 36 (1961): 121-137.

_____. *British Investments and the American Mining Frontier, 1860-1901.* Ithaca, N.Y.: Cornell University Press, 1958.

_____. *Mining Engineers and the American West: The Lace-Boot Brigade, 1849-1933.* New Haven: Yale University Press, 1970.

_____. *The Sinews of American Capitalism.* New York: Hill & Wang, 1964.

Spender, J. A. *Weetman Pearson.* London: Cassell, 1930.

Spotswood, Alexander. *Official Letters.* 2 vols. Richmond: Virginia Historical Society, 1832.

Sprague, Marshall. *Money Mountain: The Story of Cripple Creek Gold.* Boston: Little, Brown, 1953.

Spurr, J. E. *Political and Commercial Geology and the World's Mineral Resources.* New York: McGraw-Hill, 1920.

Stacey, Nicolas A. H. *English Accountancy, 1800-1954.* London: Gee, 1954.

Staley, Eugene W. *Raw Materials in Peace and War.* 1937. Rpt. New York: Arno Press, 1976.

_____. *War and the Private Investor.* Garden City, N.Y.: Doubleday, 1935.

Stalson, J. Owen. "The Pioneer in American Life Insurance Marketing." *Bulletin of the Business Historical Society,* 12 (1938): 65-75.

Stanwood, Edward. "Cotton Manufacture." In U.S. Department of Interior, Census Office, *Report on Manufacturing Industries in the United States.* 11th Census, 1890, pt. 3, pp. 1-236. Washington, D.C., 1895.

Stedman, Edmund C. *The New York Stock Exchange.* 1905. Rpt. New York: Greenwood Press, 1969.

Steen, Herman. *Flour Milling in America.* Minneapolis: T. S. Denison, 1963.

Steiner, Henry J., and Detlev F. Vagts. *Transnational Legal Problems.* Mineola, N.Y.: Foundation Press, 1968.

Stern, Fritz. *Gold and Iron.* New York: Knopf, 1977.

Stern, Siegfried. *The United States in International Banking.* 1951. Rpt. New York: Arno Press, 1976.

Sterns, Worthy P. "The International Indebtedness of the United States in 1789." *Journal of Political Economy,* 5 (1897): 27-53.

Stevens, G. R. *History of the Canadian National.* New York: Macmillan, 1973.

Stevens, John Austin. *Colonial Records of the New York Chamber of Commerce.* 1867. Rpt. New York: Burt Franklin, 1971.

Stevens, Mark. *The Big Eight.* New York: Macmillan, 1981.

Stith, William. *History of Virginia.* 1747. Rpt. Spartanburg, N.C.: Reprint Co., 1965.

Stone, Irving. "British Direct and Portfolio Investment in Latin America." *Journal of*

Economic History, 37 (1977): 690-722.

_____. "British Long-Term Investment in Latin America, 1865-1913." *Business History Review*, 42 (1968): 311-339.

Stone, William L. *The Lfe and Times of Sir William Johnson, Bart.* Vols. 1 and 2. Albany: J. Munsell, 1865.

Stopford, John M. "The Origins of British-Based Multinational Manufacturing Enterprises." *Business History Review*, 48 (1974): 303-335.

Storck, John and Walter Dorwin Teague. *Flour for Man's Bread*. Minneapolis: Minnesota Press, 1952.

Stover, John F. *The Railroads of the South, 1865-1900*. Chapel Hill: University of North Carolina Press, 1955.

Strobel, Albrecht. "Aluminium-Industrie-Actien-Gesellschaft Neuhausen (A. I. A. G.) (today: Schweizerische Aluminiumindustrie AG-Alusuisse) and Its Multinational Activity, 1888-1914." Unpublished paper, 1983.

Studenski, Paul, and Herman E. Krooss. *Financial History of the United States*. 2nd ed. New York: McGraw-Hill, 1963.

Sullivan, Charles H. "The Alien Land Laws: A Re-Evaluation." *Temple Law Quarterly*, 36 (1962): 15-53.

Supple, Barry. "A Business Elite: German-Jewish Financiers in Nineteenth Century New York." *Business History Review*, 31 (1957): 143-178.

_____. *The Royal Exchange Assurance: A History of British Insurance, 1720-1950*. Cambridge: Cambridge University Press, 1970.

Surrey, N. M. Miller. *The Commerce of Louisiana during the French Regime, 1699-1763*. New York: Columbia University Press, 1916.

Svedberg, Peter. "The Portfolio Direct Composition of Private Foreign Investment in 1914 Revisited." *Economic Journal*, 88 (1978): 763-777.

Swaine, Robert T. *The Cravath Firm and Its Predecessors*. 2 vols. New York: privately printed, 1946, 1948.

Swank, James Moore. *History of the Manufacture of Iron in All Ages*. Philadelphia: American Iron and Steel Association, 1892.

Swift, Louis F. *The Yankee of the Yards*. Chicago: A. W. Shaw, 1927.

Sylla, Richard E. *The American Capital Market, 1846-1914*. New York: Arno Press, 1975.

Tansill, Charles C. *America Goes to War*. 1938. Rpt. Gloucester, Mass.: Peter Smith, 1963.

Tariff Commission. *Report on the Iron and Steel Trades*. Vol. 1. London: P. S. King, 1904.

_____. *Report on the Textile Trades*. Vol. 2. London: P. S. King, 1905.

Taussig, F. W. *The Tartff History of the United States*. 8th rev. ed. New York: Capricorn, 1964.

Taylor, A. J. P. *Beaverbrook*. New York: Simon & Schuster, 1972.

Taylor, C. F., ed. *The Land Question from Various Points of View*. Philadelphia: C. F. Taylor, 1898.

Taylor, Graham D., and Patricia E. Sudnik. *DuPont and the International Chemical Indus - try*. Boston: Twayne, 1984.

Taylor, James. *Ellermans: A Wealth of Shipping*. London: Wilton House Gentry, 1976.

Taylor, James Karr. "Escheats under Statutes Disqualifying Aliens from Holding

Property." Masters' thesis, Faculty of Law, Columbia University, 1935.

Taylor, Virginia H. *Franco-Texan Land Company*. Austin: University of Texas Press, 1969.

Teichova, Alice, Maurice Lévy-Leboyer, and Helga Nussbaum. *Multinational Enterprise in Historical Perspective*. Cambridge: Cambridge University Press, 1986.

Temin, Peter. *The Jacksonian Economy*. New York: Norton, 1969.

Thistlethwaite, Frank. *The Anglo-American Connection in the Early Nineteenth Century*. Philadelphia: University of Pennsylvania Press, 1959.

Thomas, A. P. *Woonsocket: Highlights of History, 1800-1976*. East Providence, R. I.: Globe Printing, 1976.

Thomas, Brinley. *International Migration and Economic Development*. Paris: UNESCO, 1961.

_____. *Migration and Economic Growth*. 1st and 2nd eds. London: Cambridge University Press, 1954, 1973.

_____. "Towards an Energy Interpretation of the Industrial Revolution." *Atlantic Economic Journal*, 8 (1980): 1-15.

_____, ed. *Economics of International Migration*. London: Macmillan, 1958.

Thomas, W. A. *The Provincial Exchanges*. London: Cass, 1973.

Thompson, John F., and Norman Beasley. *For the Years to Come: A Story of International Nickel of Canada*. New York: G. P. Putnam's, 1960.

Thomson, H. A., ed. *By Faith and Work: The Autobiography of the 1st Viscount Mackintosh of Halifax*. London: Hutchinson, 1966.

Threlfall, Richard E. *The Story of 100 Years of Phosphorus Making*. Oldbury: Albright & Wilson, 1951.

Thwaites, Reuben Gold. *France in America, 1497-1763*. New York: Harper & Bros., 1905.

Tilley, Nannie May. *The Bright-Tobacco Industry*. Chapel Hill: University of North Ca−rolina, 1948.

Tilly, Richard H. *Financial Institutions and Industrialization in the Rhineland, 1815-1870*. Madison: University of Wisconsin Press, 1966.

_____. "Mergers, External Growth and Finance in the Development of Large Scale Enterprise in Germany, 1880-1913." *Journal of Economic History*, 42 (1982): 629-655.

Tindall, Robert E. *Multinational Enterprise*. Dobbs, Ferry, N.Y.: Oceania, 1975.

Tischendorf, Alfred P. "North Carolina and the British Investor, 1880-1910." *North Carolina Historical Review*, 32 (1955): 512-518.

Tolf, Robert W. *The Russian Rockefellers: The Saga of the Nobel Family*. Stanford, Calif.: Hoover Institution Press, 1976.

Tolley, B. H. "The Liverpool Campaign against the Order in Council and the War of 1812." In J. R. Harris, ed., *Liverpool and Merseyside*, pp. 98-146. London: Frank Cass, 1969.

Tombs, Laurence C. *International Organization in European Air Transport*. New York: Columbia University Press, 1936.

Tosdal, H. R. "The Kartell Movement in the German Potash Industry." *Quarterly Journal of Economics*, 28 (1913): 140-190.

Travis, Norman J., and E. J. Cocks. *The Tincal Trail: A History of Borax*. London:

参考文献

Harrap, 1984.

Travis, Norman J., and Carl L. Randolph. United States Borax and Chemical Corporation. New York: Newcomen, 1973.

Trebilcock, Clive. Phoenix Assurance and the Development of British Insurance. Vol. 1, 1782-1870. Cambridge: Cambridge University Press, 1985.

_____. *The Vickers Brothers: Armaments and Enterprise, 1854-1914*. London: Europa, 1977.

Trescott, Martha Moore. The Rise of the American Electrochemicals Industry, 1880-1910. Westport, Conn.: Greenwood Press, 1981.

Trevelyan, Raleigh. *Princes under the Volcano*. London: Macmillan, 1972.

Trotter, Alexander. *Observations on the Financial Position and Credit of Such of the States of the North American Union as Have Contracted Public Debts*. London: Longman, Orme, Brown, Green and Longmans, 1839.

Trottman, Nelson. The History of the Union Pacific. New York: Ronald Press, 1923.

Trump, Edward N. " Looking Back at 50 Years in the Ammonia-Soda Alkali Industry."*Chemical and Metallurgical Engineering*, 40 (1933) : 126-129.

Truptil, R. J. *British Banks and the London Money Market*. London: Jonathan Cape, 1936.

Tugendhat, Christopher. *The Multinationals*. London: Eyre & Spottiswoode, 1971.

Turner, Graham. *Business in Britain*. Boston: Little, Brown, 1969.

Turrell, R. V., and Jean-Jacques Van Helten. " The Rothschilds, the Exploration Company and Mining Finance." *Business History*, 28 (1986) : 181-205.

_____, eds. *The City and the Empire*. Collected Seminar Papers no. 35. London: University of London, Institute of Commonwealth Studies, 1985.

Tweedale, Geoffrey. "Sheffield Steel and America." *Business History*, 25 (1983) : 225-239.

_____. "Sheffield Steel Industry and Its Allied Trades and the American Market, 1850-1913." Ph.D. diss., London School of Economics, 1983.

Tyson, R. E. "Scottish Investment in American Railways: The Case of the City of Glasgow Bank, 1856-1881." In Peter L. Payne, ed., *Studies in Scottish Business History*. London: Frank Cass, 1967.

United Nations. *International Capital Movements during the Inter-War Period*. Lake Suc−cess, N.Y.: United Nations, 1949.

U.S. Alien Property Custodian. *Report, 1918-1919*.

U.S. Bureau of the Census. *Historical Statistics of the United States*. Washington, D.C., 1960.

_____. *Historical Statistics of the United States, Colonial Times to 1970*. D.C., 1975.

U.S. Bureau of Corporations. Report on the Beef Industry. Washington, D.C., 1905.

U.S. Census Office. Report on Valuation, Taxation and Public Indebtedness of the United States-10th Census. Washington, D.C., 1884.

U.S. Commissioner of Patents and Trademarks. Annual Reports. Washington, D.C.

U. S. Comptroller of the Currency. Impact of Foreign Direct Investments: Case Studies in North and South Carolina. Washington, D.C., 1976.

U. S. Comptroller General of the United States. Despite Positive Effects, Further Foreign Acquisitions of U.S. Banks Should Be Limited. Washington, D.C., 1980.

U.S. Congress. *American State Papers on Finance*. Vol. 1. Washington, D.C., 1832.

_____. House. *Report from the Secretary of the Treasury on the Condition of State Banks*.

26th Cong., 1st sess., 1840. H. Doc. 172.

_____. House. *Report of the Commissioner Sent to Europe to Negotiate a Loan for the Use of the United States.* 27th Cong., 3rd sess., 1843. H. Doc. 197.

_____. House. 27th Cong., 3rd sess., 1843. H. Rept. 296.

_____. House. 28th Cong., 1st sess., 1844. H. Doc. 15.

_____. House. *Report from the Secretary of the Treasury on the Returns of the State Banks from 1841 to 1846.* 29th Cong., 1st sess., 1846. Exec. Doc. 226.

_____. House. *Report of the Special Commissioner of Revenue.* 41st Cong., 2nd sess., 1870. Exec. Doc. 27.

_____. House. *Gold Panic Investigation.* 41st Cong., 2nd sess., March 1, 1870. H. Rept. 31.

_____. House. *Letter from the Secretary of Interior on the Entries of Public Lands by Foreign Companies.* 48th Cong., 1st sess., 1883-84. H. Exec. Doc. 165.

_____. House. *Land Titles to Aliens in the United States.* 48th Cong., 2nd sess., Jan. 20, 1885. H. Rept. 2308.

_____. House. 48th Cong., 2nd sess., 1885. Exec. Doc. 267. The Nimmo Report (see Nimmo, Joseph).

_____. House. *Aliens Owning Lands in the United States.* 49th Cong., 1st sess., April 27, 1886. H. Rept. 1951.

_____. House. *Report of the Committee on Public Lands on Ownership of Real Estate in the Territories.* 49th Cong., 1st sess., 1885-86. H. Rept. 3455.

_____. House. *Report of the Committee on Mines and Mining to Amend the Alien Land Act.* 50th Cong., 1st sess., 1887-88. H. Rept. 703.

_____. House. *Report of Committee on Public Lands on Sale to Aliens of Certain Mineral Lands.* 50th Cong., 1st sess., 1887-88. H. Rept. 3016.

_____. House. *Report of the Committee on Mines and Mining to Amend the Alien Land Act.* 51st Cong., 1st sess., 1890. H. Rept. 1140.

_____. House. *To Provide for . . . Radium Bearing Ores.* 63rd Cong., 2nd sess., Feb. 3, 1914. H. Rept. 214.

_____. House. Committee on Banking and Currency. *Resumption of Specie Payments Hearings.* 45th Cong., 2nd sess., 1878. Misc. H. Doc. 62.

_____. House. Committee on Banking and Currency, Subcommittee. *Money Trust Investigation, Hearings.* 62nd Cong., 2nd sess., 1912-1913. The Pujo Committee.

_____. House. Committee on Banking and Currency, Subcommittee. *Report of the Committee to Investigate the Concentration of Control of Money and Credit.* 62nd Cong., 3rd sess., 1913. The Pujo Committee Report.

_____. House. Committee on Foreign Affairs, Subcommittee on Foreign Economic Policy. *Direct Foreign Investment in the United States, Hearings.* 93rd Cong., 2nd sess., 1974. The Culver Committee.

_____. House. Committee on Foreign Affairs, Subcommittee on Foreign Economic Policy. *Direct Foreign Investment in the United States, Report.* 93rd Cong., 2nd sess., 1974. The Culver Committee Report.

_____. House. Committee on Government Operations. Subcommittee. *The Adequacy of the Federal Government Response to Foreign Investment in the United States.* 96th Cong., 2nd sess., 1980. The Rosenthal Committee Report.

_____. House. Committee on Government Operations. Subcommittee. *The Operations of Federal Agencies in Monitoring, Reporting on, and Analyzing Foreign*

Investments in the United States. Pts. 1-5. 95th Cong., 2nd sess., and 96th Cong., 1st sess., 1980. The Rosenthal Committee Hearings.

_____. House. Committee on the Judiciary. *The Clayton Act, Hearings.* 63rd Cong., 2nd sess., 1914.

_____. House. Committee on the Merchant Marine and Fisheries. *Free Ship Bill, Hearings.* 62nd Cong., 2nd sess., 1912.

_____. House. Committee on the Merchant Marine and Fisheries. *Investigation of Shipping Combinations.* 62nd Cong., 1913.

_____. House. Committee on the Merchant Marine and Fisheries. *Steamship Agreements and Affiliations in the American Foreign and Domestic Trade.* 63rd Cong., 1914.

_____. House. Committee on the Merchant Marine and Fisheries. *Radio Communications, Hearings.* 64th Cong., 2nd sess., 1917.

_____. House. Committee on Ways and Means. *Importation and Use of Opium, Hearings.* 61st Cong., 3rd sess., 1910-11.

_____. House. Committee on Ways and Means. *Prohibiting the Importation of Opium for the Manufacture of Heroin, Hearings.* 68th Cong., 1st sess., 1924.

_____. Senate. *Report of the Secretary of the Treasury.* 33rd Cong., 1st sess., 1854. Exec. Doc. 42.

_____. Senate. *Report from the Commission of the General Land Office Concerning Entries of Public Lands by the Estes Park Company and Other Foreign Corporation.* 48th Cong., 1st sess., 1884. Exec. Doc. 181.

_____. Senate. *Report of the Committee on Public Lands on Unauthorized Fencing of Public Lands.* 48th Cong., 1st sess., 1884. Exec. Doc. 127.

_____. Senate. *Mining Interests of Aliens.* 50th Cong., 2nd sess., 1889. S. Rept. 2690.

_____. Senate. *Oil Prospecting in Foreign Countries.* 67th Cong., 1st sess., 1921. S. Doc. 39.

_____. Senate. Committee on Agriculture, Nutrition, and Forestry. *Foreign Investment in United States Agricultural Land.* 95th Cong., 2nd sess., 1979. Data collected for the Talmadge Committee.

_____. Senate. Committee on Banking, Housing and Urban Affairs, Subcommittee on Financial Institutions. *Foreign Bank Act of 1975, Hearings.* 94th Cong., 2nd sess., 1976. The McIntyre Committee.

_____. Senate. Committee on Banking, Housing and Urban Affairs, Subcommittee on International Finance. *Foreign Investment in the United States, Hearings*, 93rd Cong., 2nd sess., 1974. The Stevenson Committee.

_____. Senate. Committee on Banking, Housing and Urban Affairs, Subcommittee on Securities. *Foreign Investment Act of 1975*, 94th Cong., 1st sess., 1975. The Williams Committee.

_____. Senate. Committee on Commerce, Subcommittee on Foreign Commerce and Tourism. *Foreign Investment in the United States, Hearings.* 93rd Cong., 1st sess., 1973. The Inouye Committee.

_____. Senate. Committee on Commerce, Subcommittee on Foreign Commerce and Tourism. *Foreign Investment in the United States, Hearings.* 93rd Cong., 2nd sess., 1974. The Inouye Committee.

_____. Senate. Committee on Commerce, Subcommittee on Foreign Commerce and Tourism. *Foreign Investment Review Act of 1974, Hearings.* 93rd Cong., 2nd sess.,

1974. The Inouye Committee.

_____. Senate. Committee on Commerce, Subcommittee on Foreign Commerce and Tourism. *Foreign Investment Legislation, Hearings.* 94th Cong., 1st sess., 1975. The Inouye Committee.

_____. Senate. Committee on Finance. *Sale of Foreign Bonds, Hearings.* 72nd Cong., 1st sess., 1931-32.

_____. Senate. Committee on the Judiciary. *Alleged Dye Monopoly, Hearings.* 67th Cong., 1922.

_____. Senate. Committee on Patents. *Patents Hearings.* 77th Cong., 2nd sess., 1942.

_____. Senate. Committee on Patents. *Salvarsan, Hearings.* 65th Cong., 1st sess., 1917.

_____. Senate. National Monetary Commission. *Digest of State Banking Statutes.* 61st Cong., 2nd sess., 1910. S. Doc. 353.

_____. Senate. National Monetary Commission. *State Banking before the Civil War.* By Davis R. Dewey. 61st Cong., 2nd sess., 1910.

_____. Senate. National Monetary Commission. *Trade Balance of the United States.* By George Paish. 61st Cong., 2nd sess., 1910. S. Doc. 579.

_____. Senate. Special Committee Investigating the Munitions Industry. *Hearings,* pts. 1-40. 73rd and 74th Cong., 1934-1936. The Nye Committee.

_____. Senate. Special Committee Investigating the Munitions Industry. *Munitions Industry.* Report no. 944, pts. 1-6. 74th Cong., 1st and 2nd sess., 1935-36. The Nye Committee Report.

U.S. Department of Agriculture. Economic, Statistics, and Cooperatives Service. *For - eign Ownership of U.S. Agricultural Land.* Agricultural Economic Report no. 447. Washington, D.C., 1980.

_____. *Monitoring Foreign Ownership of U.S. Real Estate.* 3 vols. Washington, D.C., 1979.

_____. *Yearbook, 1914.* Washington, D.C., 1915.

U.S. Department of Commerce. *Long Term Economic Growth, 1860-1965.* Washington, D.C., 1966.

_____. *Foreign Direct Investment in the United States, Interim Report to Congress.* 2 vols. Washington, D.C., 1975.

_____. *Foreign Direct Investment in the United States.* 9 vols. Washington, D.C., 1976.

_____. Bureau of Foreign and Domestic Commerce. *British Investment Trusts.* Trade Information Bulletin no. 88. Washington, D.C., 1923.

_____. Bureau of Foreign and Domestic Commerce. *The German Dyestuff Industries.* Misc. ser. 126. Washington, D.C., 1924.

_____. Bureau of Foreign and Domestic Commerce. *Foreign Investments in the United States.* Washington, D.C., 1937.

_____. Bureau of International Commerce. Office of International Investment. "List of Foreign Firms with Some Interest/Control in American Manufacturing and Petroleum Companies." Unpublished, July 1971.

U.S. Department of the Navy. *Annual Reports of Director of Communication.*

_____. *Annual Reports of the Secretary.* 1913, 1914.

U.S. Department of State. *Foreign Relations of the United States.*

U.S. Department of the Treasury. *Annual Reports.* 1850-1914. *Specie Resumption and Refunding of National Debt. Official Correspondence, Aug. 24, 1876 to Oct. 18, 1879.*

参考文献

46th Cong., 2nd sess., 1880. H. Exec. Doc. 9.

_____. *Summary of Federal Laws Bearing on Foreign Investment in the United States.* Washington, D.C., 1975.

_____. *Taxation of Foreign Investment in U.S. Real Estate.* Washington, D.C., 1979. Thomas Horst Study.

_____. Bureau of Statistics. *Commerce and Navigation of the United States.* Washington, D.C., 1878-1890.

U.S. Federal Energy Administration. Office of International Energy Affairs. *Report to Congress on Foreign Ownership, Control, and Influence on Domestic Energy Sources and Supply.* Washington, D.C., 1974.

U.S. Federal Trade Commission. *Report on Cooperation in American Export Trade.* 2 vols. Washington, D.C., 1916.

_____. *Report on Foreign Ownership in the Petroleum Industry.* Washington, D.C., 1923.

_____. *Report on Milk and Milk Products, 1914-1918.* Washington, D.C., 1921.

_____. *Report on the Meatpacking Industry.* Summary and pt. 1. Washington, D.C., 1919.

_____. *Report on the Radio Industry.* Washington, D.C., 1924.

_____. *Report on the Petroleum Industry of Wyoming.* Washington, D.C., 1921.

U.S. General Accounting Office. "Emerging Concerns over Foreign Investment in the United States." Unpublished Staff Paper, 1975.

U.S. Industrial Commission. *Reports.* 19 vols. Washington, D.C., 1900-1902.

U.S. Securities and Exchange Commission. *Investment Trusts in Great Britain.* 76th Cong., 1st sess., 1939.

U.S. Tariff Commission. *Report on Dyes and Related Coal Tar Chemicals, 1918.* Rev. ed. Printed for use of Ways and Means Committee. Washington, D.C., 1918.

U.S. Temporary National Economic Committee. *Investigation of Concentration of Economic Power, Hearings* 76th Cong., 3rd sess., pt. 25 (Cartels), 1940.

_____. *Investigation of the Concentration of Economic Power, Regulation of Economic Activity in Foreign Countries.* Monograph no. 29. 76th Cong., 3rd sess., 1940.

United States Borax & Chemical Corporation. *The Story of Borax.* Los Angeles: United States Borax & Chemical Corp., 1979.

Vagts, Detlev F. "The Corporate Alien: Definitional Questions in Federal Restraints on Foreign Enterprise." *Harvard Law Review,* 74 (1961): 1489-1551.

Vaizey, John. *The Brewing Industry, 1886-1951.* London: Sir Isaac Pitman, 1960.

Vale, Vivian. *The American Peril: Challenge to Britain on the North Atlantic, 1901-04.* Manchester, University Press, 1984.

Van der Haas, H. *The Enteivrise in Transition: An Analysis of European and American Practice.* London: Tavistock, 1967.

Van der Zee, Jacob. *The British In Iowa.* Iowa City: State Historical Society of Iowa, 1922.

Van Winter, Pieter J. *American Finance and Dutch Investment, 1780-1805.* 2 vols. New York: Arno Press, 1977.

Veenendaal, Augustus J., Jr. "The Kansas City Southern Railway and the Dutch Connection." *Business History Review,* 61 (1987): 291-316.

_____. "Railroads, Oil and Dutchmen." *Chronicles of Oklahoma,* 63 (1985): 4-27.

Vernon, Raymond. *Big Business and the State.* Cambridge, Mass.: Harvard University Press, 1974.

_____. "The Location of Economic Activity." In John Dunning, ed., *Economic Analysis and the Multinational Enterprise*. London: George Allen & Unwin, 1974.

_____. "The Product Cycle Hypothesis in a New International Environment." *Oxford Bulletin of Economics and Statistics*, 41, (1979): 255-267.

_____. *Storm over the Multinationals*. Cambridge, Mass.: Harvard University Press, 1977.

（R．バーノン著；古川公成訳『多国籍企業を襲う嵐』ダイヤモンド社，1978年）

Vila, Adis M. "Legal Aspects of Foreign Direct Investments in the United States." *International Lawyer*, 16 (1982): 1-49.

Villard, Henry. *Memoirs of Henry Villard*. 2 vols. Boston: Houghton Mifflin, 1904.

Viner, Jacob. *Canada's Balance of International Indebtedness, 1900-1913*. Cambridge, Mass.: Harvard University Press, 1924.

_____. "International Finance and Balance of Power Diplomacy, 1880-1914." *Southwestern Political and Social Science Quarterly*, 9 (1929): 407-451.

_____ "Political Aspects of International Finance." *Journal of Business*, 1 (1928): 141-173.

_____. "Political Aspects of International Finance, II." *Journal of Business*, 1 (1928): 324-363.

_____. *Studies in the Theory of International Trade*. 1937. Rpt. Clifton, N.J.: Augustus M. Kelley, 1975.

（J．ヴァイナー著；中澤進一訳『国際貿易の理論』勁草書房，2010年）

Waldmann, Raymond T. *Direct Investment and Development in the United States*. Washington, D.C.: Transnational Investments, 1979.

Walker, James. *Epic of American Industry*. New York: Harper & Bros., 1949.

Wall, Bennett H., and George S. Gibb. *Teagle of Jersey Standard*. New Orleans: Tulane University, 1974.

Wall, Joseph Frazier. *Andrew Carnegie*. New York: Oxford University Press, 1970.

Wallace, Benjamin B., and Lynn Ramsay Edminster. *International Control of Raw Mate - rials*. Washington, D.C., Brookings Institution, 1930.

Wallace, Don, Jr., ed. *International Control of Investment*. New York: Praeger, 1974.

Wallace, Donald H. *Market Control in the Aluminum Industry*. Cambridge, Mass.: Harvard University Press, 1937.

Wallich, Hermann, and Paul Wallich. *Zwei Generationen im deutschen Bankwesen, 1833-1914*. Frankfurt: Fritz Knapp, 1978.

Walton, Gary M., and James F. Shepherd. *The Economic Rise of Early America*. Cambridge, Mass.: Cambridge University Press, 1979.

Warren, Charles. *Bankruptcy and American History*. Cambridge, Mass.: Harvard University Press, 1935.

Waugh, Alec. *The Lipton Story*. Garden City, N.Y.: Doubleday, 1950.

Webster, Daniel. *Works*. Vols. 3 and 4. 8th ed. Boston: H. G. Brown, 1854.

Webster, Norman E. *The American Association of Public Accountants*. New York: Arno Press, 1978.

Wechsberg, Joseph. *The Merchant Bankers*. Boston: Little, Brown, 1976.

Weir, Ronald B. *History of the Scottish-American Investment Co., Limited, 1873-1973*. Edinburgh: Scottish-American Investment Co., 1973.

Wells, F. A. *Hollins and Viyella*. Newton Abbot: David & Charles, 1968.

Wells, Linton. "House of Seligman." Microfilm of unpublished typescript, 1931.

New York Historical Society, New York.

Welsh, Donald H. "Pierre Wibaux: Bad Lands Rancher." Ph.D. diss., University of Missouri, 1955.

Werking, Richard Hume. *The Master Architects: Building the United States Foreign Service, 1890-1913.* Lexington: University of Kentucky Press, 1977.

Westerman, J. C. *The Netherlands and the United States.* The Hague: Martinus Nijhoff, 1935.

Westphall, Victor. *Public Domain in New Mexico, 1854-1891.* Albuquerque: University of New Mexico Press, 1965.

White, Gerald T. *Formative Years in the Far West: A History of Standard Oil of California and Predecessors through 1919.* New York: Appleton-Century-Crofts, 1962.

White, Harry Dexter. *The French International Accounts, 1880-1913.* 1933. Rpt. New York: Arno Press, 1978.

Whitely, William G. [mistake for Henry Whitely, corrected in third article]. "The Principio Company" *Pennsylvania Magazine of History and Biography,* 11 (1887): 63-68, 190-198, 288-295.

Wilgus, William J. *The Railway Interrelations of the United States and Canada.* New Haven: Yale University Press, 1937.

Wilkins, Mira. "American-Japanese Direct Foreign Investment Relationships, 1930-1952." *Business History Review,* 56 (1982): 497-518.

_____. "Crosscurrents: American Investments in Europe, European Investments in the United States." *Business and Economic History,* 2nd ser., (1977): 22-35.

_____. *The Emergence of Multinational Enterprise: American Business Abroad from the Colonial Era to* 1914. Cambridge, Mass.: Harvard University Press, 1970.

（M. ウィルキンス著；江夏健一，米倉昭夫訳『多国籍企業の史的展開——植民地時代から1914年まで』ミネルヴァ書房，1973年）

_____. " European Multinationals in the United States: 1875-1914." In Alice Teichova et al., eds., *Multinational Enterprise in Historical Perspective,* pp. 55-64. Cambridge: Cambridge University Press, 1986.

_____. *Foreign Enterprise in Florida.* Gainesville: University Presses of Florida, 1979.

_____. "The Free Standing Company, 1870-1914." *Economic History Review,* 2nd ser., 41 (1988): 259-282.

_____. "The History of European Multinational Enterprise: A New Look." *Journal of European Economic History,,* 15 (1986): 483-510.

_____. " The Internationalization of the Corporation-The Case of Oil." In K. E. Lindgren, H. H. Mason, and B. L. J. Gordon, eds., *The Corporation and Australian Society,* pp. 276-290. Sydney: Law Book Co., 1974.

_____. "Japanese Multinational Enterprise before 1914." *Business History Review,* 60 (1986): 199-231.

_____. *The Maturing of Multinational Enterprise: American Business Abroad from 1914 to 1970.* Cambridge, Mass.: Harvard University Press, 1974.

（M. ウィルキンス著；江夏健一，米倉昭夫訳『多国籍企業の成熟』上・下，ミネルヴァ書房，1976-78年）

_____. "Modern European Economic History and the Multinationals." *Journal of European Economic History,* 6 (1977): 575-595.

_____. " Multinational Automobile Enterprises and Regulations: An Historical Overview." In Douglas Ginsburg and William J. Abernathy, eds., *Government,*

Technology, and the Future of the Automobile, pp. 221-258. New York: McGraw-Hill, 1978.

_____. "The Role of Private Business in the International Diffusion of Technology." *Journal of Economic History*, 34 (1974): 166-188.

_____, ed. *British Overseas Investments, 1907-1948*. New York: Amo Press, 1977.

_____, ed. *European Foreign Investments, as Seen by the Department of Commerce*. New York: Arno Press, 1977.

_____, ed. *Foreign Investment in the United States*. New York: Arno Press, 1977.

Wilkins, Mira, and Frank Ernest Hill. *American Business Abroad: Ford on Six Continents*. Detroit: Wayne State University Press, 1964. (Revised edition. Cambridge University Press, 2011)

(M. ウィルキンス，F. E. ヒル共著；岩崎玄訳『フォードの海外戦略』上・下，小川出版，1969年)

Williams, Benjamin H. *Economic Foreign Policy of the United States*. New York: McGraw-Hill, 1929.

Williams, D. M. "Liverpool Merchants and the Cotton Trade, 1820-1850." In J. R. Harris, ed., *Liverpool and Merseyside*, pp. 182-211. London: Frank Cass, 1969.

Williams, Iolo A. *The Firm of Cadbury, 1831-1931*. London: Constable, 1931.

Williamson, Harold F., ed. *Evolution of International Management Structures*. Newark: University of Delaware Press, 1975.

_____, ed. *The Growth of the American Economy*. 2nd ed. Englewood Cliffs, N.J.: Prentice-Hall, 1951.

Williamson, Harold F., et al. *The American Petroleum Industry, 1899-1959*. Evanston, Ill.: Northwestern University Press, 1963.

Williamson, Harold F., and Arnold R. Daum. *The American Petroleum Industry, 1859-1899*. Evanston, Ill.: Northwestern University Press, 1959.

Williamson, Jeffrey G. *American Growth and the Balance of Payments, 1820-1913*. Chapel Hill: University of North Carolina Press, 1964.

_____. *Late Nineteenth Century American Development*. Cambridge: Cambridge University Press, 1974.

Williamson, John G. *Karl Helfferich, 1872-1924*. Princeton, N.J.: Princeton University Press, 1971.

Williamson, Oliver E. *Corporate Control and Business Behavior*. Englewood Cliffs, N.J.: Prentice-Hall, 1970.

(O. E. ウィリアムソン著；岡本康雄；高宮誠訳『現代企業の組織革新と企業行動』丸善，1975年)

_____. *The Economic Institutions of Capitalism*. New York: Free Press, 1985.

_____. *Markets and Hierarchies: Analysis and Antitrust Implications: A Study in the Economics of Internal Organization*. New York: Free Press, 1975.

(O. E. ウィリアムソン著；浅沼萬里，岩崎晃訳『市場と企業組織』日本評論社，1980年)

_____. "Microanalytic Business History." *Business and Economic History*, 2nd ser., 11 (1982): 106-115.

_____. "The Modern Corporation: Origins, Evolution, Attributes." *Journal of Economic Literature*, 19 (1981): 1537-68.

Willis, H. Parker, and Jules I. Bogen. *Investment Banking*. 1936. Rpt. New York: Arno Press, 1975.

Willson, Beckles. *The Life of Lord Strathcona and Mount Royal.* 2 vols. Boston: Houghton Mifflin, 1915.

Wilmot, John Eardley. *Historical View of the Commission for Enquiring into the Losses, Services, and Claims of the American Loyalists, at the Close of the War between Great Britain and Her Colonies in 1783.* London: J. Nichols, Son, & Bentley, 1815.

Wilson, Charles. *Anglo-Dutch Commerce and Finance in the Eighteenth Century.* Cambridge: Cambridge University Press, 1941.

_____. *The History of Unilever.* 3 vols. New York: Frederick A. Praeger, 1968.

Wilson, J. S. G. *French Banking Structure and Credit Policy.* Cambridge, Mass.: Harvard University Press, 1957.

Wilson, Ross. *Scotch: The Formative Years.* London: Constable, 1970.

Wiman, Erastus. "British Capital and American Industries." *North American Review,* 150 (1890): 220-234.

Winston, W. E., and R. W. Columb. "How the Louisiana Purchase Was Financed." *Louisiana Historical Quarterly,* 12 (1929): 189-237.

Wise, T. A. *Peat, Marwick, Mitchell & Co.: 85 Years.* N.p.: Peat, Marwick, Mitchell, 1982.

Wolvekamp-Baxter, Brenda M. "New Mexico, 1883: The Maxwell Grant and the Cimarron Country in the Letters of Albert Verwey." *New Mexico Historical Review,* 54 (1979): 125-147.

Woodruff, William. *Impact of Western Man.* New York: St. Martin's Press, 1967.

Woodward, C. Vann. *Origins of the New South, 1877-1933.* Baton Rouge: Lousiana State University Press, 1951.

World Bank. *World Development Report 1985 (International Capital and Economic Develop - ment).* New York: Oxford University Press, 1985.

World's Columbian Exposition. *Guide to the Exhibits of the American Wool Manufacturers.* Chicago, 1893.

Woytinsky, W. S., and E. S. Woytinsky. *World Commerce and Government.* New York: Twentieth Century Fund, 1955.

Wray, William D. *Mitsubishi and the N.Y .K., 1870-1914: Business Strategy and the Japanese Shipping Industry.* Cambridge, Mass.: Harvard University Press, 1984.

Wrenn, John H. *John Dos Passos.* New York: Twayne, 1961.

Wright, Benj. C. *Banking in California, 1849-1910.* San Francisco: H. S. Crocker, 1910.

Wright, Helena E. *The Merrimack Valley Textile Museum: A Guide to Manuscript Collec - tions.* New York: Garland, 1983.

Wright, Ivan. *Farm Mortgage Financing.* New York: McGraw-Hill, 1923.

Wyckoff, William C. *American Silk Manufacture.* New York: Silk Association of America, 1887.

_____. *Silk Goods of America.* 2nd ed. New York: Silk Association of America, 1880.

_____. Silk Manufacture in the United States. New York, 1883.

Yeager, Leland B. International Monetary Relations. New York: Harper & Row, 1966.

Yeager, Mary. Competition and Regulation: The Development of Oligopoly in the Meatpacking Industry. Greenwich, Conn.: JAI Press, 1981.

Yokohama Specie Bank. *The History of the Yokohama Specie Bank.* Tokyo, 1920. In Japanese.

(『横濱正金銀行：マイクロフィルム版 第1期〜第6期』丸善，2003年〜)

Young, Alexander K. *The Sogo Shosha: Japan's Multinational Trading Company*. Boulder, Colo.: Westview Press, 1979.
（A. K. ヤング著；中央大学企業研究所訳『総合商社──日本の多国籍商社』〔翻訳叢書〈1〉〕中央大学出版部，1980年）

Young, James Harvey. *The Medical Messiahs*. Princeton, N.J.: Princeton University Press, 1967.

_____. *Toadstool Millionaires*. Princeton, N.J.: Princeton University Press, 1961.

Yui, Tsunehiko, and Keiichiro Nakagawa. *Business History of Shipping*. Tokyo: Univer-sity of Tokyo Press, 1985.

Zartman, Lester W., ed. *Yale Readings in Insurance: Fire Insurance*. New Haven: Yale University Press, 1909.

_____ *Yale Readings in Insurance: Life Insurance*. New Haven: Yale University Press, 1909.

Zimmerman, W. D. "Live Cattle Export Trade between the United States and Great Britain, 1868-1885. " *Agricultural History*, 36 (1962): 46-52.

Zimmermann, Erich W. *World Resources and Industries*. New York: Harper & Bros., 1933.

新聞，雑誌，人名録，紀要，百科事典

Advertising Age
American Cutler
American Iron and Steel Association Bulletin American Silk Goods Directory
Annalist
Annals of the American Academy of Political and Social Science
Arthur Young Journal
Bankers' Magazine, London
Banker's Magazine, New York (title varies)
Best's Insurance Reports (Casualty and Miscellaneous)
Best's Insurance Reports (Fire and Marine)
Best's Insurance Reports (Life)
Blackwood', Edinburgh Magazine
Bradstreet's
Buffalo City Directories
Bulletin de l'Institut International de Statistique
Bulletin of the National Association of Wool Manufacturers
Burdett's Official Intelligence
Burke's Peerage and Baronetage
Business History
Business History Review
Cigarette World and Tobacco News
Commercial and Financial Chronicle
Contemporary Review
Dictionary of American Biography
Dictionary of Business Biography
Dictionary of National Biography
Directory of Directors
Directory of Foreign Firms Operating in the United States, 1971

参考文献

Economist
Encyclopedia of the Social Sciences
Encyclopedia of World History
Engineering and Mining Journal Federal Reserve Bulletin
Financial News
Financial Times
Fortnightly Review
Harper Encyclopedia of the Modern World
Hunt's Merchant Magazine Insurance Yearbook
International Encyclopedia of the Social Sciences
Investment Bankers' Association Annual Reports
Investors' Review
Issues Advertised in the Times
Journal of Economic History Journal of the Royal Society
Journal of the Society of the Arts Mineral Industry
Mining Journal
Mining Manual
Mining World
Moody's Industrial Manual (title varies)
Moody's Manual of Public Utilities (title varies)
Moody's Manual of Railroads (title varies)
Nation, London
Nation, New York
National Cyclopedia of American Biography
New York State Superintendent of Banking, Annual Reports
New York State Superintendent of Banking, Annual Reports Relative to Foreign Mortgage,
    Loan, Investment, and Trust Companies
New York Times
Niles' National Register Niles' Weekly Register
North American Review Northwestern Miller
Oil and Petroleum Manual Saturday Evening Post
Sears, Roebuck Catalogues
Silk Association of America Annual Reports
Statist
Stock Exchange Official Intelligence
Stock Exchange Year Book Survey of Current Business Times, London
Wall Street Journal
Who's Who in America

章別解説

第Ⅰ部　発展途上国の時代——1607〜1874年

第**1**章　初期の対米投資——1607〜1776年

　やがてアメリカになるこの国への海外投資が始まった17世紀初頭，イギリス国王による２大勅許貿易会社の活動から，この壮大な人類史上の画期をなす対米投資の幕開けが説き起こされる。植民地から独立して20世紀の世界をリードする未曾有の新興大国に成長したアメリカらしい事始めである。本章は，そのようなアメリカ合衆国の創世期とともに始まるこの大作の導入部であり，以後の本書全体に関わる基本概念や視点，キーワードなどが出てくる関係上，本解説もやや立ち入った長めのものになっている。またそこに，良くも悪くも，解説者の個人的解釈が入りこんでくる点はお許し願いたい。

　勅許貿易会社とは，国王ジェームズ一世から勅許という排他的貿易特権を与えられて，アメリカの地にイギリス入植地（クラウン）を発足させる会社組織で，最初はジェームズタウンと呼ばれていたバージニアのバージニア社（ロンドン社）とマスコヴィ社の２社で出発した。出資者は騎士，紳士，商人など投機家たちであった。世界の宗主国・重商主義のリーダー大英帝国の国王と投資家たちが未知の大陸アメリカの一大開発に踏み出した図柄である。以後４世紀にわたって，カナダ，オーストラリア，インド，中南米，そして日本などを経て，今日の中国など東アジア，ブラジル，南アフリカなどにおいて繰り広げられている外資依存型新興地域開発の，最も先駆的で代表的なケースとして，その詳細な経緯と歴史的意義をしっかり見極めることの重要性が，改めて伝わってくる。

　ロンドンを中心とする投資家・投機家たちは，「マガジン」と呼ばれた一種の投資会社を組織し，勅許貿易会社の農園など現地資産の管理運営などを指揮した。これまた，現在のアメリカ投資グループの得意とするタイプである。ただし，これら初期の現地会社組織は，まさに未経験の諸問題に直面し，まもな

1175

く解体・再組織を余儀なくされた。そうしたなかで，植民したピルグリムなどピューリタンたちによる勅許会社設立もあり，そこでアメリカ的特徴は，彼らが本社をロンドンからボストンに移すなど企業統治権限の大西洋横断を図った点である。その時点からこの会社は多国籍企業ではなくなるのである。

しかしこうした活動はイギリスだけの専売特許ではなかった。ヨーロッパの他の主要宗主国，オランダ，スウェーデン，フランスの勅許会社についてもかなり詳しく興味深く記述され，それらをまとめた特徴が改めて示される。そのなかでも特に強調されているのは次の2点である。一つは，国王に収入をもたらし，国家的な影響力を拡張することが期待されていたこと，今一つは，本書全体を通じて最も重要なキーワードの一つというべき「国内化（domestification）」という概念が設定されていることである。後者が，前述の「企業統治権限の大西洋横断」を指すことはいうまでもない。新興国開発プロセスのなかでも，アメリカに目立って特徴的な点である。

この勅許貿易会社に続いて，独立戦争までアメリカ植民地とイギリスなどヨーロッパとの貿易を担ったのは，個人・家族単位の小規模の商社であった。彼らはもはや国王の支えを必要とせず，ヨーロッパに居住するか一時的にアメリカに住んで，船や商店，倉庫などを所有し，その貿易額はそれ以前より大きくなったが，それはアメリカ居住者側に相当な額の債務を累積させ，これは事実上の長期投資になっていた。

土地取引も，宗主国国民による植民地の領土所有として重要な意味をもったが，その際やはりイギリス王侯が絡んで，一種の長期投資が行われた。すなわち，王侯によるイギリス居住者への土地授与が，資本流入を伴わない国境を越えた債権の創出を意味し，またその多くが投機的に行われたという興味深いプロセスである。このユニークな解釈もすばらしい。

鉱業と製造業についても，重要な事実が発見され，現代からみても示唆に富んでいる。主に取り上げられているのは，鉄工所と鉄鋼業である。先のバージニア社が1620年代にマサチューセッツに鉄鉱床を発見，鉄工所を始めたが失敗した。当時すでに，こうした産業育成を奨励する税制などがあったにもかかわらず，ヒト，モノ（機械設備），カネすべてイギリスからの持ち込みで，コスト上採算に合わなかったのである。

章別解説

　しかし植民地側からみれば，それは単なる失敗には終わらず，技術上の知識や熟練が残され，18世紀に継承され，鉄溶鉱炉などの成功に結びついていく。この成功を可能にした主因の一つに，イギリス側の燃料としての木材不足による鉄鋼輸入の必要性があった。その経緯も詳述されているが，ここでも興味深いのは，イギリス議会が1750年に鉄鋼法を成立させ，一方では植民地に鉄鋼関係の機械設備の生産を禁じながら，他方で鉄鋼製品のイギリスへの輸入を奨励する免税措置をとったことである。またその際，生産技術上注目されるのは，イギリス側の投資家（同時に買い手でもある）がこの植民地の鉄製品の品質に満足せず，技術者や熟練工をアメリカの事業所に送ったことである。こうした一連のプロセスは，現代に至るまで世界各地で繰り返されることになるのである。

　またそのような過程には，大規模投資を主導したハーゼンクレヴァー（ドイツ人でロンドンを舞台に活動）がいたが，彼のいとこは，ドイツ人の鉱山業者や鉄鋼の親方，その妻子を含む500人余りの一団を引き連れてアメリカでの事業に参加していた。これは，本書の他の箇所でも時々登場するドイツスタイルである。このハーゼンクレヴァーは，結局事業に行き詰まって1769年にアメリカを去るが，その直接の原因は資金調達の失敗ながら，今一つ注目されるのは，彼がアメリカにおける製造業発展の可能性に幻滅していた点である。その理由として「労働が高すぎる」ことが挙げられている。

　ここからは本解説者の見解であるが，この点は，これ以降のアメリカ製造業発展要因に関わる核心部分であり，多くの国の工業化の要因や可能性の説明に関して複眼的な評価能力が問われる基本問題なのである。詳論はできないが，じつはアメリカ製造業がその後の世界を席巻できたのは，R・ヴァーノンなどもいっているように，労働節約的な大規模機械工業発展の結果である。これは部分的には，1960年代以後のドイツなどヨーロッパ諸国や70年代以後の日本の経済発展にも当てはまるであろう。他方で，60年代までの日本や80年代以降の中国に代表される東アジア諸国の経済成長が豊富な労働力供給に支えられたのも事実であって，それはまた別の説明論理を必要とするのである。

　本章の最後の結語部分では，独立革命前夜のアメリカにおける海外投資残高を，折しも行われた戦時強制保管された海外資産の損失請求を評価する委員会の資料を使って，推計している。革命前のアメリカにおけるビジネスの金融と

1177

いう意味では，基本的にはその大部分が海外特にイギリスからのものであった。これは大部分が短期金融に属するであろうから，同委員会によって「許容された」賠償請求額を長期外国投資と見なすと，それは植民地の富の１％にすぎないと推計される。これは「驚くほど小さい」額で，長期外国投資が本格的に増加していくのは独立以後ということになる。

（安保哲夫）

第2章　政治的独立／経済的従属──1776～1803年

　アメリカ合衆国にとってイギリス植民地からの政治的独立という歴史的な一大画期が，経済的にはより大きな依存につながっていくという逆説が，本章のメインテーマである。この時期の最後を画する1803年は，アメリカがフランスからルイジアナ地域をすべて外国資金に依存して購入するという，一大事業が成就したときである。

　新国家・政府が創設されれば，公・民両部門で様々な出費の必要が待ち受けていたが，それらの大きな部分は外国から調達する以外にはなかった。政府部門は，まず独立革命時に負った内外の債務を支払わなければならず，新国家の枠組みをなす各種制度を整備するためには巨額の財政支出を必要とし，民間部門でも銀行，保険，交通などの諸企業が事業を起こすのに大きな資金需要があったから，こうした必要を満たすのに，これまでのアメリカにはみられなかった外国証券投資が現れることになったのである。

　この外国証券投資への資金依存の中味は，２つの時期で大きく異なる。一つは，1776年に独立宣言をしてイギリス植民地から離脱した時期で，それまでアメリカの資金需要の大半を賄っていたイギリスからの流入は途絶え，代わってフランス，オランダ，スペインなどヨーロッパ諸国からの資金に依存しなければならなくなった。注意すべきは，独立以前に流入していたイギリスからの資金は，外国投資ではなく，宗主国の植民地財政支出であった点である。今一つは，戦争終了の1783年以後で，イギリスを中心とする外国民間証券投資が増加していった時期である。

　独立戦争の時期には，大陸ヨーロッパの主要諸国が揃って，宣戦布告をするなどイギリスに敵対して対米貸付を行ったというのは，やや意外である。これ

がなければアメリカが7年間にも及ぶ戦いに勝利するのは簡単ではなかったであろうことを考えると，大義名分もさることながら，この重商主義末期におけるヨーロッパ列強間の対立関係の熾烈さを思い知らされる。

　他方，アメリカは，イギリスの在米資産を「アメリカ化（Americanized）」した。議会は差し押さえた財産を先の大陸会議発行の貸付証書に「投資」し，各州は没収法を定めて没収した土地を再販売した。接収された鉄工所などはアメリカ側の大砲製造に使われたが，その際きわめてアメリカ的と思われるのは，イギリス側のパートナーの一人はアメリカに住み続けて革命勢力側に付いたことである。イギリス人にとってアメリカは，単なる植民地ではなく，その少なくない人々には，母国を「裏切って」までそこを新たな祖国とする「自由の地」たり得たのである。ただ，この時期にアメリカによる大陸ヨーロッパ諸国からの借入額はイギリスからの没収財産額を上回り，その主要な貸し手はフランス人であった。

　独立戦争終了の1783年以後，イギリスからの没収財産の返還は，連邦政府，州政府のいずれによっても，それほど積極的には進められなかった。他方，戦後の復興・新国家建設に必要な資金需要を充たす大陸ヨーロッパにおける債権国の主役は，ナポレオン戦争などこの地域の政治的大変動のなかで，フランスから一時オランダに移り，1790年代末から1800年代初めには再びイギリスが第1位の地位を取り戻した。この過程に重要な関わりをもつ興味深い事実として，次のような経緯があった。すなわち，オランダの大銀行商会の一つホープ社が，ナポレオン軍がアムステルダムに侵攻した際ロンドンに移り，業務関係のあった大マーチャントバンクであるベアリング一族とともに対米事業活動を再開したのである。

　1800年代の初め頃には，アメリカでも企業証券の発行が増え始めるが，その大部分は銀行，保険など金融機関が発行したもので，うち州法銀行が過半を占め，全企業証券の発行残高のうち33%を外国人が所有していた。さらに，1791年に初めて設立された「中央銀行」である合衆国第1銀行の株主は，1803年までに外国人が62%に達していたという（つまりそれは私企業的性格が強いなど，厳密には中央銀行ではない。本来の中央銀行は，1913年設立の連邦準備制度まで待たなければならない：解説者）。外国人は，取締役にならなければ，所有そのものには

1179

禁止規定はなかったが，ここでは「支配」に関わる所有はみられなかった。

　1790年代にはイギリス商人による貿易活動が復活してくるが，それに関連して，そこに登場する「仲買人，委託販売人，小売店主」といった人々の活動がイギリスからみて対外直接投資の一部といえるかどうかという，やや紛らわしい定義論を展開している。ポイントは，その業務内容そのものではなく，管理運営の主体や所有がどちらにあるかであり，特に所有＝支配がイギリス側にある場合のみ対外直接投資といえるのである。ただ具体的な諸ケースは様々で，それらを４つに区分して説明している。原文でもやや意味不明のところがあり，著者の了解を得て訳文を微調整したところもある。

　この時期，独立後の新たな経済活動を始めたアメリカにおいて，対内直接投資で最も目立っていたのは土地投資であった。法律上は多くの州が土地所有を制限していたが，そこはアメリカ市民名義を使うなどの抜け道があり，当時はこの広大な未開地では外国投資は事実上歓迎されたということであろう。製造業はなお大きな動きにはなっていないが，なかにはフランスの大手化学企業デュポンのように，経営，資本，機械，そして作業員まで引き連れて参入していた企業もあり，この企業は後に「アメリカ化」したことは周知の通りである。

　今一つ取り上げられている重要な論点は，「外国投資に対する態度」である。これは，いつの時期，いずれの国においても多大な議論を呼ぶ問題であり，世界史的に門戸開放に向けて動いた大きな転換点は，1970〜80年代のアジア—中国において輸出指向型開発戦略が採用されてからである。その点アメリカは，多民族国家であり，資源豊富，資本・人材不足で開発のスケールも桁外れに大きかったから，例外的に寛大であったといってよい。それでも，外資規制の議論が決して少なくはなかった点は，興味深い。

　最後に，独立戦争後19世紀初頭までの30年足らずの時期が，新しい２つの側面としてまとめられている。一つは，政府借入の新たな重要性で，新政府はルイジアナ地域の買収をイギリスとオランダのマーチャントバンクの仲介による民間資金の借入で賄ったのである。今一つは金融や交通関係の公共インフラの整備資金が民間企業の外国証券投資受け入れで調達された点で，これもアメリカらしいといえよう。こうして，巨大債務国家アメリカの形はこの時期にはっきりしてきたのだが，政府・民間両部門で経済的依存が強まったのだから，

章別解説

「債務国のアンビバレンス」に関わる議論が出てきたのも当然であろう。

（安保哲夫）

第**3**章　開発の半世紀——1803～1853年

　ここで取り上げられる半世紀は，アメリカにおける外国投資がさらに劇的な変化を遂げて，この国の新興資本主義としての本格的な開発を推進する主要契機になっていく時期である。アメリカ側の受け入れ主体は，連邦政府から州政府，そして民間の貿易，銀行，土地，特に交通業に移っていった。

　しかもその推移は一様ではなく，内外に様々な歴史的大事件が頻発して，不連続な様相を呈した。ヨーロッパではナポレオン戦争が再発し，アメリカでも1812年戦争が再度イギリスとの間で勃発するなど，この国の開発プロセスは大いに変動を被ることになる。しかしアメリカ資本主義発展のダイナミズムは，そのような変動要因をものともせず，1815年以降は早くもイギリスが主要債権国として復帰して，30年代の外国投資ブームとその崩壊に関わり，次いで40年代の終わりから50年代のカリフォルニア・ゴールドラッシュ，そして鉄道建設ブームの盛り上がりをも媒介したのである。

　この半世紀に起こったアメリカにとっての重大変化の一つは，めざましい地理的な拡大である。1803年のルイジアナに続いて，東西フロリダ，オレゴン，テキサス，カリフォルニアなど，ヨーロッパやアジアの平均的な国の数カ国分以上の面積が，このもともと広大な国に追加されたのである。しかもいずれも，これ以降この国の経済的発展を引っ張った有力な辺境領域であった（その多くは1846～47年の米メキシコ戦争など武力制圧によるものだが，ここでも一定金額を支払ったところが，市場主義志向のアメリカらしい：解説者）。

　この時期の対外債務の流れは，対英戦争期の変動などを含みつつも，基本的に連邦債務は減少し，各州政府が借入を増やすという方向であった。そして重要なのは，この州政府借入が，新たな経済活動の動脈となりつつあった銀行，運河，特に鉄道会社の株式や社債の購入に充てられる形で，なお信用が不足していた民間企業の対外借入を肩代わりする役割を担った点である。この関係は，アメリカ経済の一大開発過程にはもちろん不可欠な必要条件であったが，イギリス他ヨーロッパの投資関係者にとってもきわめて好ましいものであった。著

者は多くの点を挙げているが，特に，州政府の肩代わりによる安全性，アメリカの経済発展に対する楽観的見通し，高金利，ロンドン中心の金融市場における豊富な資金の存在，それを運用するマーチャントバンクなど金融組織の機能的充実，などである。そこで，こうした金融証券仲介活動の主役を演じたマーチャントバンクについて，これまでにも登場した代表的なベアリング，ホープ，ロスチャイルドの３社，および米系も含むいくつかの商社のプロフィールと事業内容を，かなり詳しく紹介していて，有益である。そして1838年には，州政府証券残高におけるイギリスを主とする外国人保有分が38％に達していたのである。

　この時期，イギリスで軌道に乗り始めた綿業に関わる綿花輸入と製品輸出，さらにアメリカで建設が始まった鉄道関連資材の輸出などを取り扱う貿易関係事業が盛んになるが，それに関連した対米投資が種々現れてきた。その一つに，アメリカ側の貿易債務の支払いにアメリカの国および州の有価証券が用いられるというのがあった。これは，アメリカ側の輸入決済が国内通貨ドルで行うことができることを意味し，それを受け取るイギリスの輸出関係業者はドル証券形態での金融―投資をしたことになるであろう。さらに，ヨーロッパの貿易関連会社がアメリカに特派員，代理人，パートナーなどをもつことが多くなったが，それは一種の対外直接投資であろう。

　金融・保険会社への外国の利権についても，いろいろなケースが説明されているが，大手の典型的なものは，先にみた州政府証券への投資を通じた間接的なものであった。この形態は，この時期においても，運河，鉄道など輸送業にも適用され，外資導入の主要ルートであった。製造業への対外直接投資もなおゼロに近く，低関税のもと輸出による市場浸透が主流であった。

　本章のこれ以降は，1830年代のブームに続くアメリカ経済のマクロ的な経過とそれの外国投資への影響について概観が行われるが，ポイントだけを拾っておこう。

　1830年代半ばに，上記のような各種外国資金の流入やメキシコからの銀流入などに刺激された投機的ブームが盛り上がり，インフレに火がついた。当時の連邦政府は，公有地購入に「正貨流通」を命じるなど投機の過熱を抑制し，景気は一転パニックに陥った（前述のように，1790年代に第１，第２の合衆国銀行が

設立されるが，これらは本来の中央銀行ではなく，この度の「正貨流通〔鋳造法に基づく〕」は，連邦政府の行政命令に従ったやや手荒な一種金本位制的な運用であったと思われる。この後も停止と再開を繰り返した：解説者）。これ以後ほぼ40年代いっぱい続く経済不調のなかで，海外の投資家やマーチャントバンクなど国際金融機関は多難な対応を迫られた。その様相がかなり具体的に描写されている。対米投資仲介の最も代表的なマーチャントバンクであるベアリングは，1843～48年の間に，アメリカ証券保有分のうち3分の1を売却したのである。

　ただし，本著者は，この1840年代の厳しい様相が誇張されてはならない，という。この10年間に，前の10年間の2倍以上に当たる5000マイルの鉄道が建設され，産業的発展や新規土地投機もみられた点が，挙げられている。そして，さらなる新たな転機が1848年にきた。ヨーロッパにおけるプッシュ要因としての1848年革命とアメリカにおけるプル要因としてのカリフォルニアの金鉱発見である。こうして50年代初めまでに，アメリカの国際的な信用力が回復したのである。

　1800年代前半の半世紀の外国投資を1853年時点でまとめると，次のようになる。連邦政府証券残高に占める外国人比率は46％（1803年には56％），全米で最大の金額に達した州政府証券の外国人比率は38％（州債務の別の推定では58％）になっていた。3分の2，4分の3といった州も少なくなく，アラバマ98％，ルイジアナ83％というのもあった。要するに，19世紀前半のアメリカ開発の半分以上が，イギリス他ヨーロッパからの外国資金によって賄われたということである。

　この時期の終わりにかけて注目すべきは，外国資金の鉄道証券への直接流入である。既述のように，この時期において大半は州政府証券を通じた間接形態をとっていたが，1852年に，N・M・ロスチャイルド＆サンズがニューヨーク・アンド・エリー，ペンシルベニア鉄道の鉄道債への直接投資を初めて行った。またこの頃には，ピーバディといったアメリカの会社（投資銀行と呼ばれた：解説者）が鉄道債取引の引き受けに加わった。さらにこの鉄道債取引はレールなど鉄道資材取引と「ひもつき」になっていた点も重要で，ベアリングなどマーチャントバンクはその事業形態からみても，こうした組み合わせを得意としていたことは明らかである。

1848年に始まるカリフォルニアのゴールドラッシュへの外国投資にも触れられている。フランス人による現地投資協会設立なども盛んであったようだが，投機的な性格も強く，利益を出せないケースも少なくなかった。しかし全体として，この金と銀の輸出によって外国人投資家が大きな利益を得た。

この時期についても，外国人投資に対するアメリカ人の反応の両面性が取り上げられている。開発のレベルが高まるにつれて，これに好意的な議論とともに，ポピュリスト的な従属性への反発も強まっていった。しかし，このときのアメリカの経済規模に対する外国投資の比重は，歴史上最も高くなっていた（1980年以降との比較：解説者）。

本章でも最後に，1803〜53年の外国投資をまとめている。以上の説明と重複するところは繰り返さないが，いくつか注意すべき指摘もみられる。1841〜42年不況時の対外債務不履行は歴史上最大となった／銀行の対外債務比率の激しい低下／数少ない製造業多国籍企業のなかでの本格派イギリスの綿織物業者 J. & P. コーツのケース／外国投資の西部への拡張が広大なアメリカ経済の東西，南北を結びつける架け橋となった点／そしてこの間にその総額が6500〜7000万ドルから2億2220万ドルに急増したこと，などである。

（安保哲夫）

第4章　19世紀中葉の危険な20年間——1854〜1874年

南北戦争をはさんだ前後20年間（1854〜74年）におけるアメリカへの債券投資を含む外国投資に関する詳細な記述がされている。債券売買による外国資本の流入による社会資本の充実もなされた。その結果鉄道路線の延伸はもとより，大西洋横断ケーブル事業も1866年に完成している。本章は原題が perilous decades となっており，risky decades ではない。perilous は risky と同じ「危険な」という意味であり，投資を受けるアメリカにおいては，南北戦争という1861〜65年の内戦があって危険で不安定な状況であったかもしれないが，勃発当初の動揺はともかく，当時のイギリスやドイツは決して投資先として，アメリカを通常のリスクテイキングな事業を行うに値しないほど危険な国とは考えていなかったようである。

1850年代は外国で所有されている鉄道債や証券の額が，5200〜8290万ドルと

いわれていたが、1861年の南北戦争開始までには、保有額は1億ドルに達していた。それによる資金はエリー社、イリノイ・セントラル社、ミシガン・サザン・アンド・ノーザン・インディアナ社など7社にむかったが、マーチャントバンク（手形引き受けおよび社債発行を行う）が仲介者として業務を行うことで、アメリカの鉄道が資本を集める手助けをした。その金融業者としてはダンカン・シャーマン社やピーバディ社などがあるが、J・P・モルガンはこの頃両社の「代理店」に下級事務員として入社している。また1850年代中葉にはカナダの銀行がアメリカに進出を開始し、特にモントリオール銀行は1857年頃までにはアメリカで最大の銀行となった。

　南北戦争勃発によって多くのヨーロッパ人はアメリカの証券を投げ売りし、予定していたアメリカへの投資を延期し、アメリカに預金していた自国通貨を引き出した。一方で議会は1861年7月に2億7000万ドルの公債発行を決定し、うち1億ドルをヨーロッパでさばけることを期待したが、失敗に終わっている。その後は戦争資金の国内調達派と外国調達派の論争があったが、国内派が優勢で推移した。鉄道債は戦争初期には処分されたが、1863年に北部側が勝つとアメリカの鉄道は再び外国で人気を取り戻した。1865年までにはロンドンで発行されたすべての鉄道証券のうち、アメリカのそれは約3分の1を占めた。

　南北戦争の間、カリフォルニアにはアメリカ国内外からかなりの投資資金が集まった。ネバダに新しい銀山が発見され、サンフランシスコは一大金融中心地としてその重要性が高まった。また合衆国議会は南北戦争中、外国為替手形や為替手形に関する規定がない国法銀行法を通過させた。アメリカの国法銀行は、国内最大の商業銀行でありながら、国際的取引にはなんら関与することがなく、モントリオール銀行等がこのような取引において大きな位置を占めた。

　著者は南北戦争後（1865〜74年）の外国投資に関して、合衆国債、州債、鉄道債、不動産および不動産抵当などの証券投資、また鉱業と石油産業、紡績業、コールタール製造業、染料製造業、鉛筆製造業、鉄鋼業、それに保険・銀行・貿易などの非製造業などを産業別に記述している。詳細は本文に譲るとして、特記事項を記しておく。証券投資では再びアメリカ鉄道証券の人気が海外で高まり、欧州市場にあふれるようになると、アメリカおよび外国銀行は海外での売買を容易にするため、ロンドン、フランクフルト、パリとの提携を拡大した。

1185

例えば，セリグマン社はロンドン，フランクフルト，パリに支店を開いた。

製造業ではアルフレッド・ノーベルがニトログリセリンのアメリカでの特許をとり，1866年にはアメリカを訪れ，アメリカ人経営者らとともに，ニューヨークに合衆国ブラスティング・オイル社を設立，同社に特許を譲り渡した。その後2年間にサンフランシスコ市場開拓のため，同地でジャイアント・パウダー社の設立，また東部向けにアトランティック・ジャイアント・パウダー社を設立したが，直接経営には関与せずに大株主に留まった。

1871年10月のシカゴと1872年11月にボストンで起きた大火事を通して，リバプール＆ロンドン＆グローブ社とノースブリティッシュ貿易社を中心とするイギリス企業の6社は，多くのアメリカ保険会社が支払いきれないほどの額となった火事損失の請求額を支払った。このような保険金支払いは負担にはなったが，イギリス保険会社にとって信頼性を宣伝するよい機会となり，アメリカでの事業拡大のきっかけとなった。

（山﨑克雄）

第Ⅱ部　世界最大の債務国──1875〜1914年
第5章　背　景

本章は1875〜1914年のアメリカへの外国投資を扱う第Ⅱ部の頭章であり，原文は The Setting である。この章では，アメリカが世界最大の債務国となる1914年までの40年間における時代背景（setting）に関して，対米投資国別に詳細に解説している。また外国証券投資と外国直接投資に関して分野別に要点をまとめている。本章を通読すると，アメリカが巨大債務を抱える国家に凝固（setting）していくプロセスが理解できる。

世界最大の工業国として，1875年まではイギリスが君臨していたが，1914年にはアメリカがその座を奪い，世界工業生産高の3分の1を上回るようになった。この40年間の開始年と終了年で商品輸出は約5倍の24億ドルに急増し，商品輸入額も約4倍の19億ドルとなった。世界の工場となった背景には，高い関税障壁下での輸入代替化が進んだことも寄与している。国内商業も拡大し，「シンジケート」という言葉が専門的金融業の分野で使用されるようになったのもこの時代である。また1875年に金本位制への復帰を義務づける法案が通過

章別解説

し，1879年に実行に移された結果，アメリカの証券は金を担保として発行された。アメリカは海外へ投資する以上に，成長と期待から外国証券投資と直接投資を引きつけた結果，歴史上最大の債務国となった。

イギリスの全世界への海外投資推計額は，1880年の63億ドルから1913年には183億ドルに増加したが，対米長期投資額は1876年の約11億ドルから1914年には約40億ドルを超える水準になった。そのため第一次世界大戦までの40年間は，アメリカが常にイギリス投資の最大の受け入れ国であった。イギリスの対米投資の資金は主にスコットランドとイングランドからきたもので，ウェールズとアイルランドからの資金はほとんどなかった。アメリカにおけるイギリスの証券および直接投資の水準は，投資機会を見逃すまいとする潤沢なイギリス資本の存在によって支えられ，そこに大西洋をまたがる企業家的情報の往来があり，それによってまたアメリカの資金ニーズが増大するという相互作用がみられた。

何千という会社がアメリカで事業を行うためにイギリスで設立され，それらの企業は通常，本社がイギリスにあり，事業はアメリカにおいてのみ営まれているというフリースタンディング・カンパニーであった。この種の企業が短命であった理由を3点挙げている。(1)財やサービスを生み出すための個体としてのまとまり，すなわち成功する多国籍企業型の構造が欠けていた。(2)アメリカでの事業を企画・評価し，事業の質を向上させるために，企業内部の経験を蓄積していくような所有と経営の形とはなっていなかった。(3)母国にある本部は事実上存在せず，取締役会のメンバーは，他に責任をもちながら片手間で仕事をしていた。

1914年時点でのイギリスに次ぐ世界の資本輸出国はフランスであったが，その最大の投資受け入れ国はロシアであって，アメリカではなかった。ドイツは対米投資国としてフランスよりはるかに重要であり，ドイツ居住人の1913〜14年の外国投資額は，73億ドルにも及んだ。これは信頼できるドイツ人がアメリカにいたからであろう。1884〜85年のドイツからアメリカへの移民の数は，オランダ，ベルギー，ルクセンブルク，スイス，フランスの合計の9倍を上回った。1914年までのオランダの対外投資は，イギリス，フランス，ドイツといったヨーロッパの主要国に比べて小さかったが，1913〜14年のオランダの対外投資は国富の17.5%に相当すると推計され，対米投資はフランスのそれを上回り，

1914年時点で6億5000万ドルに上った。カナダは債務国であったにもかかわらず，アメリカとの長い国境線を有するという地理上の関係から，アメリカからカナダへの投資のみならずカナダからアメリカへの投資があった。カナダ人はアメリカの証券を購入し，カナダの個人投資家ならびに企業は国境を越えて直接投資を行った。

　長期外国証券投資のうち，重要なのは鉄道証券であった。内外の金融市場と金融仲介業者に関わりがあったが，投資は流動的で，しばしば不安定であった。その多くは確定利付証券であったものの，なかには企業株式もあり，証券投資は移民と密接に結びついていた。著者は自分の研究が非居住者の投資に関するものであり，移民がアメリカ在住者になるや，もはや外国人投資家ではなくなったことを強調している。また外国直接投資には経営や支配の試みが伴うし，技術移転，商標，人の移動が含まれる。したがって経営組織にも関連する様々な問題に直面するということを事例で説明している。著者はさらに，ある企業が技術上の優位性をもつ場合にはより直接投資を呼び起こす傾向が強いことを，アメリカで取得された外国の特許と外国直接投資には相関があるという仮説を立てて傍証している。

　第6章以下第15章までで，1875〜1914年間のアメリカへの外国投資を産業別に，詳細かつ緻密に調査・研究した結果が著されている。

（山﨑克雄）

第6章　鉄道と土地

　第6章は1875〜1914年のアメリカが受け入れた外国直接投資のなかで，個別分野として最大規模であった鉄道に関する著述である。鉄道は資本集約的なものであったため，アメリカ国内での資本調達だけでは不十分であった。1830年代からヨーロッパ人はアメリカの鉄道に投資をしていたが，鉄道部門は線路延長のために1875年以降にもより多くの資金を必要としていた。1875年の初め頃，線路は7万2385マイルであったが，1914年10月には38万7208マイルであった。投資機会を探すヨーロッパ人には，アメリカの鉄道はきわめて収益率の高いものとみえたし，同国の鉄道に関する情報も豊富であった。東部の資本市場のみでは不十分と判断した鉄道会社の経営者は，引き続きイギリスやヨーロッパ大

陸からの資本調達に頼った。資本移動チャンネルの発展により，その移動はますます容易になってきたので，名前の知られた鉄道会社のなかでも，外国資本を期待しないあるいは好まない経営者は一人もいなかった。

　アメリカ鉄道における海外投資を研究するには，債券と株式の両方を考慮するのが望ましい。全期間を通じて前者の比重が高かったが，後者も量的には少なくなかった。外国人が保有する債券と株式の割合は1875年からの40年間に不規則的に変動している。海外の投資家が株式よりは債券をより多く取得した理由は，(1)債券には確定利子がついていたこと，(2)債券はたびたび高い割引率（低い価格）で購入できたことならびに満期に額面金額が償還されたこと，(3)債券は株式より期待収益は少なくてもリスクが少ない，という認識によるものであった。

　債券への投資は保守的なものではあったが，それにもリスクはあった。鉄道会社の資金調達は，実質的な規制のない自由行動に任せられていたため，注意深い投資家は利益を得たが，軽率な投資家は倒産が日常的に起きて大損を被ったりした。頻繁に債券が発行され，価格も騰落した結果，額面金額を大きく下回る値段で取引されたこともあった。投資家は警告を無視しがちで，安全性のない債券に魅せられていた。株価の動向は債券の価格よりも不安定であった。鉄道証券の保有者の国籍を明らかにするのは難しいが，オランダ人は値段の安い証券（債券と株式）に関して，この騰落を有利に活用した。何名かのドイツ人もオランダ人に追従したが，株式よりは債券を重視した。イギリス人やフランス人の商売は，まったく投機性はないとはいえないが，その程度は薄かった。

　イギリスのマーチャントバンクは，アメリカ人代理人との共同口座によってニューヨークでアメリカの鉄道証券を購入し，証券の代金は他の人の口座から支払われたかもしれない。したがって鉄道証券は部分的にはイギリスのマーチャントバンクの所有ではあるが，実物がアメリカを離れることは決してなかった。アメリカ鉄道証券は相当の量が非米系企業，イギリス，ドイツ，ロシア，カナダをはじめとする外国の保険会社のアメリカ支店や子会社などに保有されていたが，彼らはウォール街で購入した。こうした証券は，アメリカの鉄道に対する外国人の請求権を意味するだけに，長期海外投資のはずだが，取引がアメリカ国内で行われたこと，保有者がアメリカ住所を有していることから海外

投資のリストから除外される場合が多かった。鉄道会社は資金調達のためにアメリカや外国の金融機関を活用した。

1875〜1914年までの外国人投資家は3つのカテゴリーに分類できる。(1)個人投資家，(2)非鉄道会社。マーチャントバンクや商業銀行，信託会社，保険会社，製造企業など。(3)鉄道会社。一般的に(3)のケースでは，重役会がピラミッド構造をしたり外国人が入ったりしていたが，(1)(2)のケースでは，重役会と経営者はアメリカに所在した。

1875年のはるか以前にも，イギリス，オランダ，ドイツでは数多くの保護委員会が組織された。この委員会は個人投資家を代理して財務問題を抱える鉄道会社のリストラに関与し，配当引き上げを要求した。自ら鉄道に投資をしていたドイツの銀行は倒産や経営危機があれば，ドイツ人の個人投資家のために行動した。鉄道には大きな利害関係をもっていたドイツ人は保護委員会を結成し，自らの代弁者を置いた。投資信託会社は鉄道会社の経営には影響力を行使しようとしなかった。

海外からの巨大資金（その主役はイギリス，ドイツ，オランダ，フランス，カナダであった）がアメリカ鉄道産業の資金調達に大きなインパクトを与えた。こうした海外資金の存在なしでは，アメリカの鉄道ネットワークがあれほど迅速かつ効率よく完成されることは難しかっただろう。海外投資家の第一の投資目的は資産収益率に集中した。投資の目的が財務的な側面にあったため，ヨーロッパの投資家は規則的な利子の支払いと満期には元本を償還してくれることを期待していたので，より高い配当を声高に要求した。20世紀の初め頃には，西部に延びる鉄道はもはや開発途上ではなく，フロンティアはなくなった。鉄道は国を統合する役目を果たした。

鉄道が全国に浸透し，西部への人口移動が始まると，地価が上昇した。1870年代後半，特に1880年代の初期，土地や土地抵当における主な新規投資は個々の外国人とアメリカの南西部に立地する企業によって行われた。こうした投資は直接的，間接的に鉄道網の拡張を刺激した。一部の外国人投資家は自ら土地を購入した。アメリカ企業や外国企業の社債や株式を購入した際，それには土地が付帯していたこともあった。

20世紀の初め頃，外国人や個人投資家による新しい投資が，土地賃貸，木材，

章別解説

綿花関連に行われるようになった。土地開発は抵当権の譲渡を通じて行われた。要するに，鉄道網の拡張によってアメリカの西部・南部の土地は，外国人投資の主要対象になった。鉄道経営が失敗したり，土地抵当が不渡りになれば，巨大な土地が外国人の手に入るかもしれないという恐怖が農民を脅えさせた。その頃，最も価値のある資源でもある土地のほとんどが，外国人の手，それもイギリス人の手に渡っていっているようにみえたのである。しかしながら1914年を境に，土地は海外投資家の魅力を失った。相対的ではあるが，鉄道に比べれば，土地への投資金額はそれほど大きなものではなかった。

(山﨑克雄)

第7章　貴金属と石炭，鉄，鋼

　第7章は1875〜1914年のアメリカへの外国投資のうち，貴金属，石炭，鉄鉱石，鉄鋼産業に関連する著述である。鉱山業と鉱物資源産業への外国投資は，この40年間で増加した。鉱山業への外国投資の多くは，フリースタンディング・カンパニーにより，とりわけ金および銀事業では広く実行されていた。同様に石炭と鉄関連事業活動でも支配的であった。しかし鉱物抽出産業ではその企業形態はあったが，非貴金属および非鉄金属では一般的ではなかった。この種の企業形態は，投資本国における既存企業の事業から直接発展したものではなく，むしろ，特別な海外事業を監督するという別の目的のために独自に形成された。

　おおむね1700ぐらいの鉱山および鉱山関連会社が設立され，40年の間にアメリカで事業を開始し，外国資本の資金を調達した。大事なことは関係者の数ではなく彼らの影響である。きわめて多様な投資パターンとこれまた多様なアメリカ鉱山業における外国企業の重要性を著者は指摘している。1875年頃には，アメリカは金と銀の世界最大の生産国であり，大英帝国は，石炭，鉄，鉄鋼の生産においてアメリカを凌駕していた。

　イギリスのアメリカ鉱山業への投資は急速に盛り上がり，1870年代初期におけるエマ鉱山の大失敗から1870年代中期には一時的に衰退したものの，1880年代には大規模な投資が行われるようになった。他国における新鉱山開発であるにもかかわらず，イギリスばかりでなくドイツ，フランス，ベルギー，オラン

ダの投資家は，40年間にアメリカにおける鉱山発見の新たな報道のたびに興奮し，信じがたい収益があるという空想に浸れるようなった。投資対象は直接投資から証券投資へ，貴金属から産業用金属へ，鉱山業から加工，製造そして販売業へと広がった。鉱山会社は，ロンドン，エディンバラ，グラスゴー，あるいはまれにパリで登録したが，その多くは，著者がフリースタンディング・カンパニーと呼ぶものであった。ロンドンで登録された会社の株主は，必ずしもイギリス人ではなく，フランス人，ドイツ人などもいた。

アメリカ議会は外国人財産法を通過させ，外国人あるいは外国人によって20％以上所有されている会社による準州の土地の買収と事後の所有を禁止した。その結果，ダコタ，アイダホ，モンタナ，ニューメキシコ，ユタ，ワシントン，ワイオミング，オクラホマ，そしてアラスカにおける外国人投資家に影響を及ぼした。南北ダコタ，モンタナ，そしてワシントンは，1889年に正式な州となったので，もはや当該法律の適用対象ではなくなったが，さらに1897年に同連邦法が修正され，鉱山は対象から外れた。

19世紀と20世紀初頭におけるアメリカの石炭，鉄，鋼への外国投資の多くは，直接投資であり，それとともに経営と支配を持ち込んだ（あるいは持ち込みを試みた）が，鉄鋼産業へは例外的に大規模な証券投資が行われた。1914年6月1日現在，U.S.スチール社の記録によれば，同社の普通株の1億2240万ドルと優先株の2750万ドルは，自国民以外によって所有されており，所有者はイギリス，オランダ，ドイツ，フランス，スイスおよびカナダの投資家であった。ベスレヘム製鋼はまた，ロンドンとアムステルダムで債券を発行し，さらに1912年に同社は，約720万ドルを海外で発行した。オーティス製鋼は，1914年時点でイギリス証券投資家による所有であった。

19世紀末および20世紀初頭，アメリカの石炭，鉄，および鋼産業には外国直接投資と証券投資の両方があり，投資総額は相当な額に上っている。外国投資は輸入代替の生産過程において触媒的な役割を演じてきた。関税は外国と内国からの新規投資を促進する上で重要であり，国際カルテルは20世紀初頭の潜在的な外国投資の参入を削減した。さらに重要なことは，アメリカ人所有の強力かつ巨大な産業の成長とその継続的存在が，次の外国投資をあきらめさせたように思える。石炭採掘と坩堝製鋼業においてはバルフォア・ウィリアムソンや

その他企業を除き，1914年には存続する外国直接投資がほとんどなかった。

（山﨑克雄）

第8章　その他鉱物——銅から石油

　本章は1875〜1914年のアメリカへの外国投資のうち，銅，鉛，亜鉛から，リン酸塩，カリウム，硫化金，塩，ホウ砂，ラジウム，アルミナおよびアルミニウム，石油まで，非鉄金属・非貴金属鉱物に関する著述である。また鉱業とフリースタンディング・カンパニーとの関係について鋭い考察がなされている。

　鉱物関連産業における外国直接投資が重要な役割を果たしたことは明らかである。特に40年間は外国貿易が盛んであり，アメリカが豊富に有する天然資源の発展過程において，外国資本，技術，経営手腕，特に国際マーケティングの手腕が活用された。外国企業は大規模な投資を計画し，また，数多くが実行に移されたが，いくつかの事業は採掘業であった。また下流のプロセスである製錬や精錬などの加工事業への投資もしばしばあり，時には肥料生産を行う製造業もあった。垂直統合的多国籍企業であるフリースタンディング・カンパニーも存在し，加えて個人投資家を主とする海外からの大規模な証券投資もなされた。進出パターンに決まりきった定型はほとんどなく，これら鉱業における外国資本の役割は，複雑に絡み合った歴史であった。一つは鉱業の関係業種として製造企業に加えて，外国貿易会社と商業銀行が含まれる点である。さらにその歴史には直接投資と証券投資とが併存していた。

　1887年からの外国人財産法の存在は，長期的には実質的障害とはならなかった。全期間を通じ，鉱業の様々な分野で，外国の資本，技能，技術，経営組織がアメリカの発展に引き込まれ続けた。ヨーロッパおよびアメリカの新規産業に加え，人口の成長が鉱物産業への空前の需要を作り出した。アメリカの豊富な資源は，海外からの投資を引きつけ，外国直接投資は時には鉱業，例えば金や銀，リン酸塩などの始動に貢献し，発展が十分に軌道に乗った後からの参入もしばしばみられた（銅，ホウ砂，石油など）。ロンドンは採掘融資の中心地であり，数多くのフリースタンディング・カンパニーが，そこで資金調達を行った。そのなかでごくわずかの企業が，鉱物加工業，一次金属製造業に進出した。それゆえに鉱業におけるフリースタンディング・カンパニーは，利潤機会に便

乗しようとする創業者すなわち投資者の欲求に基づいていた。

　イングランドやスコットランドで設立されたフリースタンディング・カンパニーのいくつかは，投資信託会社と見なされている（例えば，アメリカン・アソシエーション株式会社，オーティス製鋼，アリゾナ銅社など）。それらの企業の何社かは，イギリスで製造した機械のマーケットとして役立った。アメリカのリン酸塩・石油産業におけるフリースタンディング・カンパニーの正確な性質に関してはそれを明白にするいっそうの調査が必要である。イギリスで法人組織化されたフリースタンディング・カンパニーを，著者が外国直接投資と呼称してきたのは，イギリスにおけるこれら企業の設立の明確な目的が，経営権の行使であったからである。鉱物産業におけるフリースタンディング・カンパニーは，過剰投資であり時には（まったく最初から）虚構であり，また，創業者利潤が，自身の事業よりは企業設立から生まれていたために，数多くが短命に終わった。多くが短命であったのは，本社事務所に常勤職員が置かれなかったために，大西洋にまたがって起こる問題を効率的に管理することができなかったからである。経営上のこの問題点に対処し，投資家に対して信頼できる情報を提供するために，鉱山管理企業が採用された。実際，最も成功をおさめたフリースタンディング・カンパニーは，協力者を相互に共有し，長い歴史をもつ企業グループを連想させるような企業集団の一部であったようである。

　イギリスとフランスのロスチャイルド家は，両家の世界規模での関与を反映して，貴金属から石油に至るまでアメリカ鉱業への投資の幾多の局面に登場する。両家は，優秀な鉱山技師とも接触をもっていた。両家は，金山，銅鉱山，石油生産投資に100％の所有権を有することはなかった。むしろ，両家は採掘株式会社を中心として，世界の金属・石油市場に与える効果，および関連企業の支援という観点から，生産活動に投資した。ロスチャイルド家は，フリースタンディング・カンパニーのイギリスおよびアメリカ法人組織の設立に貢献した。

　アメリカ鉱業において外国に本社を置く多国籍企業のなかには，リオ・ティント社，塩連合株式会社，ホウ砂統合株式会社，国際バナジウム社，フランス・アルミニウム社（l'Aluminium Français），ロイヤル・ダッチ・シェル社がある。このようにして外国直接投資は，アメリカの鉱産物資源──金，銀，石

炭, 鉄, 銅, 鉛, 亜鉛, リン酸塩, ホウ砂, および石油——の発展を技術進歩
の面でも後押しした。

（山﨑克雄）

第9章　食料・飲料・タバコ・食品雑貨類

　本章の対象である食料・飲料など主に農産物関連の加工製品は, 19〜20世紀
初頭のヨーロッパに対する世界の農業国としてのアメリカが, イギリスを中心
とするヨーロッパの投資家に提供するきわめて魅力的な分野であった。それら
製品の輸出から始まり, ヨーロッパ企業による農場経営を含む現地事業も広範
に展開され, そのなかにはフリースタンディング・タイプもかなり目立ってい
た。

　製品ごとの投資先は地域によって分かれていた。牧畜業による投資はイギリ
ス企業が多く, 東部沿岸, 中西部などで, 豚, 牛肉の精肉出荷・輸出が中心で
あった。さらにイギリス企業は, 米から果物に至るまですべてのものを生産し
たが, 特に穀物の栽培と製粉所操業で目立っていた。また加工練乳, チョコレ
ート, コーヒー, 紅茶, 清涼飲料など日常嗜好品では, イギリスとともにスイ
ス, ドイツ企業も重要な位置を占め, ここでは商標が大きな役割を果たした。

　牧畜へのイギリスの投資は大規模に行われ（その一端は40件近い取得例の表を
みただけでもわかる）, 土地とともに一大投機の対象になった点が特徴的だが,
それだけではない。スコットランドの家畜業者の専門知識がもたらされ, アメ
リカの牧畜経営が, 放牧場から家畜飼育式牧場へとイギリス式の綿密な管理に
変わったのである。ただ, いずれにせよ, イギリス人投資家は期待したほどの
利益は得られず, しかも1887年の法律で外国人の土地所有が規制されて, 重ね
てよくない結果に見舞われることになった。

　牛肉の屠殺とその運搬・輸出には, 生肉と加工処理済肉の双方があり, 1875
年に初めて冷蔵牛肉のイギリスへの運搬という革新が, その東部沿岸における
代表格イーストマン社（後にイギリス人所有へ）によって開始された。それとは
別に, この頃この分野に多くのフリースタンディング・カンパニーが設立され
た。そのやり方がわかってしまえば, 比較的容易に模倣できたからであろう。
イーストマン社は, こうした競争を排除しようとして過剰投資を行い, 大きな

損失を被ったという。さらにアメリカの加工精肉業は1890年代には，アルゼンチンなど南米からの競争に敗退して，イギリスのその関連企業への投資に向かったのである。

　さらに精肉業への外国投資は，中西部でも豚そして牛へと拡大した。そこでイギリス投資事業のモレル社など大手のイギリス企業数社が組織され，アメリカ人の大規模業者とともに市場分割協定に参加した。この地域では，ベーコン・ハム事業が盛んで，1880年代にはそれらの対イギリス輸出が生肉のそれを超えた点も，注目される。また精肉関係のイギリス投資家のなかには，リプトン社のように，紅茶の販売の方で著名なブランドを築いた企業も出た。

　食品産業では，主としてイギリス人による大企業やその企業連合が，倉庫を含む穀物取引，製粉業に大規模な投資をしたが，これもさほど利益はもたらさなかったようだ。イギリス人はまたビール業で，19世紀末〜20世紀初頭にアメリカにおける最大規模の地位を得ていて，この製品はもっぱらアメリカ国内で取引された。しかしここでも，イギリスビール企業はアメリカ企業との競争に直面するようになり，1914年までに過剰投資が表面化して，配当なども支払い困難になっていた。

　以上の他にも，今日からみて重要な食品，嗜好品関連の外国投資が多々あった。加糖練乳分野では，ヨーロッパ・ブランド企業のアングロ・スイスとネスレが，アメリカのトップ企業ボーデンと対決して欧—米で市場を分け合い，両社は1905年に合併した。同様の動きはチョコレートやタバコなどでもみられた。巨大タバコ産業では，アメリカ発のアメリカン・タバコが，イギリスメーカーを合併するなど逆「侵攻」する動きがあり，対抗してイギリス企業間の大合併でインペリアル・タバコができ，結局1902年に両社が市場を分け合うべくブリティッシュ・アメリカン・タバコ社（BAT）がイギリスで法人化されるといった，華々しい活劇があった（BATについては，その後，次の図書・邦訳が出た。COX, H., *The global cigarette: origins and evolution of British American Tobacco 1880-1945*, Oxford University Press, 2000〔山崎廣明・鈴木俊夫監修，たばこ総合研究センター訳『グローバル・シガレット——多国籍企業BATの経営史1880〜1945』山愛書院，2002年〕）。その際興味深いのは，このアメリカン・タバコの合併関係がアメリカ最高裁の反トラスト決定で問題とされ，最終的にはBAT株をアメ

リカン・タバコの株主に分配することで決着がつけられ，BAT の所有権はアメリカに残ることになった，いかにもアメリカ的な経緯である。

　最後に，本章の内容のポイント，意味合いを整理したやや長めのまとめがある。特に示唆的な点を拾っておこう。(1)牧畜，精肉，倉庫，製粉，ビールといった食品産業へのイギリス中心のヨーロッパ投資の動因は，イギリス側でのこれら製品への必要性から出たものがあったことは間違いないが，かなりの製品は投資家たちの純粋に投資利益追求によるものであり，ビールのようにまったくアメリカ市場向けのものもあった。そのことは，多くがイギリスなどに事業経営の親会社がないフリースタンディング・タイプのものであったことによってもよく示されているし，また少なくなかった経営成果不調の場合，アメリカ利権は簡単に処分されたのである。(2)したがってこれら対米投資の多くが「市場志向」であり，また牧畜，精肉など当初の意図は明らかにイギリスなどへの「供給志向」であっても，やがて多くの場合アメリカ市場での販売が主になっていった。(3)「市場志向」関連の事業においては，商品登録・ブランドの役割が大きかった。(4)関税は，障壁内での製造の動機になったとはいえ，それを強要するほどの決定的な意味をもったわけではない。やはり市場近くでの生産の必要やチョコレートの品質問題など経済的な事情の方がより重要であったということである。

　(5)こうした，ヨーロッパからの外国投資や企業が，結局アメリカ市場にいわば飲み込まれてしまうといった事態を説明するものは，とにかくアメリカ市場が「巨大でかなり特別なもの」である点である。これは，多くの多国籍企業受け入れ国の歴史のなかでもかなりアメリカ特有のもので，本解説者のみる限り，現代中国がある程度これに比較可能であると思われる。アメリカにおいては，膨大な外国投資を吸収し，それを自らの新興資本主義国としての発展の活力に変えていくエネルギーが強烈であった。おそらくアメリカにしかみられなかったのは，持ち込まれる外国のカネ，モノ，ヒトの多くを「アメリカ化」してしまう内なる多国籍性と奥深さであろう。現代中国には，これに匹敵する諸条件がみられるが，政治体制の問題と文化的な受容性の点で，同列にはいかないであろう。いうまでもなく日本はこれの対極にあって，良くも悪くも，外国の経営諸資源を日本人の手でしか「日本化」できない「同質社会」で

1197

ある。

（安保哲夫）

第10章　繊維製品，衣料品，皮革製品および関連製品

　本章で取り上げられる繊維関連製品は，この時期すでに成熟産業といわれながら，綿花，羊毛，麻など原材料の栽培から各種製糸，織布，染色，縫製，そして新興の合成繊維に至るまで，広範囲で奥深く，なおかつ今日に至るまで，絶えざる革新を繰り返すダイナミズムを含んでいる。そうした様々な発展のプロセスが，外国投資によっていかに媒介されたかが，ここでのテーマである。以下，そのおおまかな動態の特徴を拾ってみよう。

　19世紀におけるイギリス資本主義の中核産業である綿工業に，その原料綿花の大部分をアメリカが供給する形で，この時期イギリス中心の世界経済における農工分業の基幹が形成されていた。綿花プランテーション事業の大半は，アメリカ人の所有・管理の下に置かれていたが，その資金はしばしばイギリスの貿易商社などによって供給されていた。つまりプランテーションを抵当に資金供与がなされていたから，その返済不履行が生じるとイギリス側に利権と経営権が移り，外国直接投資の形をとることになった。

　最初から綿花プランテーション経営を意図した大規模投資もあった。細綿紡績機社の場合で，高品質・高級綿を原料とするイギリス綿糸製造業者13社が合併して1898年に設立され，1911年にミシシッピ地域において大規模な綿花栽培農地を購入し，2つのプランテーションを組織した。これは後方統合の例外的な事例であった。この最高級綿は長繊維綿花で，従来エジプトから供給されていたが間に合わなくなっていたという，よく知られた背景があった。

　繊維製品は現地生産が相当に拡大した分野だが，それには，上記のような当時の欧米間の工農分業からくる自然の流れのなかで，関税の影響がかなり規定的であったようで，個々の関税と企業について詳しく述べられている。やはりイギリス会社が多いが，1905年に開催された公聴会で，ある羊毛繊維製造業者は，関税が非常に高いので1000人を雇用するアメリカの工場に移転したが，すぐに分工場を立ち上げている，と報告している。さらにアメリカ現地生産の問題点として，1913年におけるブラッドフォードの大規模工場運営の遅れについ

て，当時の南欧や西アジアからの移民労働者の質の悪さが，親会社株主への報告で指摘されている。

　技術移転の仕方における親会社の母国による違いも興味深い。ドイツ企業は，綿繊維では投資しなかったが（それほどの強味はなかったであろう：解説者），羊毛，絹，レースなどでは，1890年のマッキンリー関税の後，それまで輸出していた製品の現地製造を始めた。その際このドイツ企業工場で特徴的なのが化学など他の産業でもみられたが，経営者，技術者，職長までドイツ人で，紡績機械もドイツ製といったように，ある歴史家の言葉を借りれば「親企業の複製に限りなく近いもの」であった点である。日本企業のことを聞くようだが。フランス企業も，1897年のディングレー関税に対応して，高級毛織物の糸の生産工場をロードアイランドに立地したが，それはこの地にフランス語を話す繊維職人がいたためであった。これが成功して，以後アメリカで生産される毛織物にはすべてこのフランス式糸が使用されることになったという。フランスは絹織物で国際的競争優位をもち，対米輸出でも1875年頃にはトップであったが，現地生産には積極的でなく，この面では優位の劣るドイツ企業に後れをとっていた。

　繊維産業への直接投資において，（イギリスの産業革命を主導した）綿糸業が，規模，市場支配，長期的な役割において突出していた。主要メーカーはイギリス人所有で，イギリスを代表し世界の主導的地位にあったコーツ社を含むスコットランドの企業が，やはり関税を乗り越えるためにアメリカでの生産を拡大したのである。このアメリカ事業は成功し，それが1870年代に上げた利益は親企業のそれの90％以上にも相当した。同社は巨大な多国籍企業で，1896年当時すでに世界中で2万1000人，アメリカで6000人を雇用していた。それはまさに，本書がカバーする第一次世界大戦前の時期におけるイギリスの対米投資を代表するもので，イギリス・ヨーロッパおよびアメリカでの吸収合併などによる競争相手との市場独占のための諸活動，アメリカのシャーマン反トラスト訴訟をめぐる一大対抗策の展開など，この時期を特徴づける重要事項が集約的に示されている，といってよいであろう。なお今一つ，特記すべき事実が挙げられていて，1901年には，外国の綿糸はアメリカに輸入されていないし，アメリカの綿糸の輸出もされていない。アメリカの綿糸業の賃金はイギリスの2倍であって，もちろん広大な潜在的市場の存在を前提にして，ほとんど関税の存在のみ

1199

がアメリカ現地生産の決定要因であったのである。

　以上のほかにもいくつかの繊維産業が取り上げられている。最初の合成繊維であるレーヨンでは，英独占的企業コートールドの活動において，やはり関税に関わる現地生産，その際の反トラスト問題など，他の産業と共通する経緯がみられた。繊維産業機械も，1870年代後半に4分の1がイギリス製であったが，ここでも高関税のために，資本と設計技術がイギリスから供給されて，アメリカ工場が設立された。

　最後のまとめの部分で特に強調されているのは，アメリカ進出で成功した企業は，その分野において特殊な各種技術ノウハウ・商標ブランドなどの競争優位をもっていたという最も基本的な大原則を確認しつつ，加えて，アメリカ企業が無視した特定の隙間市場に参入した点を挙げている。一般に，標準品の大量生産に強いアメリカ企業に対するヨーロッパ企業の強味に関連している点であろう。

（安保哲夫）

第 11 章　化学産業

　この化学産業の章は特に力作である。外国直接投資が，第一次世界大戦以前のアメリカの産業発展に最も大きなインパクトを与えたケースとして，19世紀後半から20世紀初頭に至る世界とアメリカの化学産業勃興期の全体像と主要個別事例が，詳細で厳密な資料の裏づけをもって活き活きと描かれ，深く分析されている。

　1875〜1914年の時期には，ドイツを筆頭とするイギリス，スイス，さらにベルギー，フランスなどヨーロッパ主要国において，化学的研究が盛んになり，火薬から染料，医薬品，香料，重化学品に至る何万という化学の新製品が開発され市場にあふれて，近代化学産業の基本構造が形成された。その科学技術的貢献度の高い産業特性からして，対外直接投資やライセンス協定に馴染みやすく，これら新製品・技術の多くが対米直接投資や特許を媒介として大西洋を渡った。この基礎の上に，20世紀には世界最強の一角を占めるアメリカ化学産業が成立していくのである。

　この時期に世界の化学産業をリードしたのはドイツであったから，ドイツの

企業とアメリカ化学産業・企業の関係が多く取り上げられる。ドイツ企業がアメリカで販売代理店や現地生産施設を管理運営する場合，これまでの諸章でも触れられてきたように，ドイツ人の派遣の仕方や現地での活動形態にはかなり共通した特徴があった。カネはもちろんのこと，ヒト，モノなど経営資産を本国親企業から大量に持ち込む点である。ドイツの技術優位が際立っていた化学産業では特にその傾向が目立ち，ことにヒトに関しては現場の職長クラスまで含めていわば一族郎党が集団をなして移動し，そのままアメリカに住み着いて市民になってしまうこと（前述「アメリカ化」）も多かった点が，興味深い。こうして，第一次世界大戦前のアメリカでは，「ドイツの化学者であふれていた」のである。

　その点，第二次世界大戦後1970〜80年代に電機，自動車などで世界をリードし多国籍企業化が始まった日本企業のスタイルにも共通面がみられるが，日本企業の場合は現地の市民化はどの地域においてもそれほどはないといってよいであろう（われわれ日本多国籍企業研究グループによる1980年代以来の四半世紀にわたる世界調査から。とりあえず，安保哲夫「日本型生産システムの国際移転研究の変遷──6大陸のハイブリッド工場」『国際ビジネス研究』第3巻第1号，2011年を参照）。日本企業では，技術移転においても親子関係は基本的に繰り返し再生産されるのが一般的であり，それは日本人社会の他の社会に対するアイデンティティの強さに由来するものといえるかもしれない。

　化学産業のアメリカへの移植において特に重要な役割を果たした制度や協定に，特許とそれに付随する市場分割協定，商標登録，そして関税がある。アメリカで登録された外国特許のうち化学製造法と製品に関連するものが多かったが，これはその製品の科学技術的理論と製法がわかれば，工程管理法は機械産業などに比して比較的容易に習得できるという，この産業の特性によるものと思われる。ヨーロッパ企業は，特許と引き替えに資本参加と市場分割協定を実現したのである。関税が，技術先進国の企業に製品輸出から関税障壁内部における現地生産を選択させるという関連が，ここでも典型的にみられた。また，ヨーロッパ企業による一方的な進出だけでなく，アメリカ企業が，ヨーロッパ企業から特許など国際的な技術協力を受けて自前の生産活動を展開するケースも活発になってきた。その際は特に，このヨーロッパ企業とアメリカ企業との

間の「結合」関係が，アメリカの厳しい反トラスト訴訟問題に巻き込まれることになった。

　こうした全体的な概況説明に次いで，主要個別産業の状況がかなり詳しく取り上げられる。まず，近代化学の製品が有力なビジネスの対象となった最初の一つである火薬の導入経緯は，ノーベルの発明がヨーロッパで事業化され，それがアメリカ的規制環境のもとでデュポンなどアメリカ企業の経営下に置かれる事情を示しており，きわめて興味深い。ノーベルは，ダイナマイトという歴史的な大発明の成果をヨーロッパの多くの地域で現地生産したが（製品の輸送は危険であった），アメリカでは，その最初の試みを早めに断念し，特許を通じた技術移転を志向した。アメリカ側のデュポン（当初はフランスからの直接投資によって設立されたが，1875～1914年の国際事業にはその外国の起源に関連するものはなにもなかった）に代表される化学企業は，裁判所からのマークを避けつつ，最終的にはライセンス協定を「技術交流」として，このスリルに富んだストーリーをなんとか成功させたのである。

　次に，この時期の化学製品を代表し，ドイツ企業がその世界の生産・販売を支配した染料が，詳しく分析されている。ドイツ最大の企業バイエルは，早くも1865年以来アメリカ主要各地に販売ネットワークを築いていったようだ。その際，医薬品も含めて，特許と親会社名を使った商標の保護が最重要な管理事項であった。71年からいくつかの生産にも小数株主として関わったが，やはり輸入が主力であったし，また現地生産の場合も，その中間財はすべてドイツからの輸入に依存していた。バイエル以外にも，ドイツ化学産業の6大会社はすべてアメリカに進出しており，なかでも，バディッシェ，ヘキストなどの主要な活動内容が紹介されている。なお染料の場合，火薬やこの後取り上げられる多くの化学製品と比べて，関税のことが問題になっていない。それは，本章の最後に触れられているように，ドイツ染料産業の隔絶した競争優位に起因していたといってよく，染料のアメリカ国内消費の9割が輸入されていたという事実にも示されていた。

　以上のほかに，医薬品は，やはりドイツ企業に優位があったが，スイス，フランス，イギリスなどの企業にも一定の競争力があった。サッカリンなどのファイン・ケミカル分野でもドイツ企業が強かったが，ドイツでサッカリンが製

造禁止になったほか，ここでは，スイスやフランス企業などとともにモンサントなどアメリカ企業にも競争者が現れて，これらがそれぞれアメリカで製造活動を行った。

　今一つ重要な化学製品に硫酸などの工業薬品があったが，そこでは，1899年にアメリカ硫酸メーカー12社が合併して大手ゼネラル化学社が成立して，かなり異なった様相を呈した。この頃はドイツ，イギリスなどで硫酸など工業薬品も新製法が続出する革新期で，その特許をめぐる争いも激しかったが，ゼネラル化学は，アメリカ人所有のもと1906年にドイツのバディッシェから接触製法のライセンスを確保し，外国人所有下にあった他の多くのアメリカ企業とは違った経営戦略を志向した。

　さらに，主要工業薬品の一つアルカリについては，イギリスに世界最大のユナイテッド・アルカリ社が1891年に設立されていたが，他方ベルギーのソルベイ社がソルベイ法を開発して1870年代までには名声を得つつあった。アメリカのハザードは，議決権株の半分近くを譲渡することと引き替えにこのライセンスを得て，ニューヨークにソルベイ・プロセス社を設立し，アメリカにおけるアルカリ生産のパイオニアになった。このソルベイ・プロセス社は，ブリュッセルに本社を置く多国籍企業ソルベイ社の一部であり，操業すべての詳しい一覧表を毎月本社に提出するなど厳格な管理下に置かれていた。ライセンス型を併せた多国籍企業といってよいであろうか。このアメリカ社の最初の工場はニューヨーク州に建設され，その指揮はベルギー人とフランス人技師がとり，アメリカ人4人がフランス事業所に派遣されて訓練を受けた。ソルベイ・プロセス社は，1900年頃にはアメリカのアルカリソーダ灰市場の90％シェアを占め，3000人を雇用する一大化学企業になったが，その後競争者が現れて1914年には46％に低下したものの，全体をリードする革新者であり続けた。またそれは，欧米に多くの子会社をもつ多国籍企業ソルベイ社の複雑な組織における一環として指導的役割を果たしていた状況も，具体的に詳しく説明されている。

　この分野の新しい競争相手として登場した各企業も取り上げられている。ナイアガラの安い電力を利用した企業，イギリスのユナイテッド・アルカリ社の子会社やカナダ，ドイツ，オーストリア系などの企業であった。

　本章の最後に，改めて「いくつかの一般的結論」がうまくまとめられている

が，ほぼ以上の解説と重なるであろう。そこで特に重要なのは，アメリカ近代化学産業の創造におけるヨーロッパ化学会社の決定的な役割の強調である。本解説者からみて特に興味深いのは，次の２点である。一つは，化学産業全体に共通にみられた特徴として，ライセンス型でしばしば市場分割協定を利用していた点の重要性が，控え目ながら改めて指摘されていること。二つ目は，ドイツが支配的な化学産業のなかでも，製品によって競争優位の移転度合いや仕方に違いが出ている点である。研究開発主導で精巧な製法を必要とする染料では，ドイツ製品の輸入が主流であったのに対して，研究投資集約度が低く，エネルギー集約的で大量生産に向いているアルカリの場合は，関税の介入もあって，現地生産が志向され，主導権がアメリカ企業に移転しやすかったのである。今日のアーキテクチャ論議を思わせるものがある。

（安保哲夫）

第12章　他の製造業

　本章は1875～1914年のアメリカへの外国投資のなかで第11章までで説明のあった主要な製造業のうち，化学産業を除く第二次産業に関する詳細な調査研究である。まず農場機具ではマッシー・ハリス耕運機会社（カナダ企業）にまつわる投資の小史である。「自転車と自動車」のなかで，アメリカのピアノメーカーのウィリアム・スタインウェイがドイツのシュトゥットガルトのダイムラーを訪れたとき，ゴトリブ・ダイムラーがダイムラー自動車会社をニューヨークに設立する権限を与えたことを記している。1900年から1914年の間に，アメリカでフランス車，ドイツ車，イタリア車が何台製造されたかの記録は存在していないし，欧州メーカーは一部の例外を除きアメリカでの生産会社において，なるべく少数株主になりたがっていた。その理由はアメリカにおける外国自動車メーカーの総生産量が，国産車の量とは比較にならない位わずかであったためである。タイヤ産業では外国資本が一手にアメリカの需要をまかなった。ダンロップ（イギリス）社は現地法人を設立して，まず自転車用タイヤの供給を開始した。ライバルのミシュラン（フランス）はニュージャージー州のミルタウン市に本拠を置き，1912年までに大規模な工場をもって自動車タイヤの生産をし，一方でニューヨークから西はシアトルまで，またデトロイトから南はニ

ューオーリンズに至るまで，アメリカの16都市に営業支店を設けた。

　非電気機械器具および計器は，ドイツ人が得意とする分野である。例えばベルリンに本社のあるオレンスタイン・コペル＆アーサー・コペル社は，アメリカにおける高関税がアメリカ国内における彼らの競争の障壁になっていることに気がついており，彼らは頻繁に関税障壁を飛び越えて投資をした。この分野では，イギリス人はしばしば積極性に欠けていたが，スウェーデンの直接投資が少なくとも4件存在した。他の分野ではこれ以上の同国の重要な投資はなかった。投資の一例としては，ガス蓄熱会社で，アセチレンガスを使用した灯台の水路標識をつくっていた。ドイツ人はこの分野でのアメリカ投資は明らかに先んじていたが，先進性は驚くほどではなかった。ただ面白いことに，アメリカにおける2件のスウェーデンの投資（アルファ分離機とディーゼルモーター）およびスイスのディーゼルエンジンの投資は，ドイツの発明に基づいていた。一方，有名なドイツの機械・器具メーカー，例えば機関車メーカーのボルグ社，フンボルト社，マシネンファブリック・アウグスブルグ・ニュルンベルグ（M. A. N.）社などの企業はアメリカ投資をしていない。これらの企業はアメリカで特別な優位性をもっていなかった。

　電気機械分野でもドイツの電気機械メーカーは，アメリカ市場はもとより他の外国市場で非常に活発に行動していたが，電線ケーブルでは一時的な技術優位があったものの，その優位をアメリカに投資をしたときに維持することができなかった。1880年代までにドイツの電気産業は，2つのグループが支配的であった。第1グループは1847年に設立されたシーメンス＆ハルスキー社であり，電信網の設置，電線ケーブルや他の器具の製造に関与していた。第2グループはエミル・ラーテナウ社とアメリカ・エジソン社の資本で始まった比較的新しい巨大企業「アルガマイン電気社（A. E. G.）」である。A. E. G.社は1887年に，アメリカ・エジソン社から株式資本面で全面的に独立し，エジソンGE社となり，1891年までに，6000人くらいの従業員を雇用する巨大企業になった。アメリカの電機産業においては，ウェスティングハウス電機会社が1900年までにGE社に次いで第2位になっていた。同社では，外国の直接投資がなされなかったのは確かである。

　シュトゥットガルトが本社のロバート・ボッシュ社は，自動車のイグニッシ

ョンに使用されるマグネット発電機に投資をし，特許を取得した。20世紀初頭，アメリカの企業はボッシュ社のマグネット発電機を輸入していた。その関税を考えると，ボッシュ氏は1906年にアメリカでの生産が望ましいと判断した。彼はロバート・ボッシュ・ニューヨーク会社を設立してまもなくボッシュ・マグネット発電機に社名変更された。当初，資本金は2万5000ドルであった。1914年までにドイツの2社（ボッシュ・マグネット発電機会社とアイゼマン・マグネット発電機会社）は，アメリカで製造されるマグネット発電機の半分以上を生産し，この重要で特殊な産業を支配した。

　イギリス資本により支配され1899年に設立されたアメリカ・マルコーニ無線電信会社は，イタリア人の発明家であるグアエルモ・マルコーニの無線電信の発明品を使用した。なぜならば，この一連の投資は通信に関連していたからである。1898年にイギリスで設立されたグラマフォン社は，アメリカで1901年に組織されたビクター社と包括的な合意書を締結した。イギリスでは1881年にキャレンダー氏が絶縁ケーブルの特許を取得した後，彼の3人の息子であるトーマス，ウィリアム，ジェームズとともに1882年4月，キャレンダー・ビチューメン電報防水会社（後にキャレンダー・ケーブル敷設会社と変名）を設立した。同社はアメリカで特許を取得し，その特許を1883年頃に設立した子会社，アメリカ・キャレンダー絶縁防水会社に売却した。

　スウェーデンのエリクソンがアメリカの電話器具市場への参入を試みたのは，それ以前からアメリカに輸出をしていたためで，1902年にニューヨークに販売事務所を開設し，1904年に子会社としてエリクソン電話製造会社を設立した。

　輸送用機械の分野ではドイツ，フランス，イタリア，スウェーデン，イギリスの企業が，目的を問わず，民間輸送の鉄道から自動車，船舶，そして軍需用の潜水艦に至るまで，直接投資をした。これらの投資は広い領域をカバーし，アメリカ市場の獲得と少なくとも1社の事例があるアメリカの技術取得のためになされた。潜水艦製造分野ではイギリス資本の一例（ヴィッカー＆マキシム社）がある。20世紀初め，アメリカ人はあまりにも国粋主義的になっていたので，イギリス人による建造やイギリス人管理下の船舶建造の軍需工場をもつことができなかった。

　アメリカの製造業に対して前述以外の産業に対する外国直接投資があり，そ

れは資本のみならず技術の移転も伴った。材木や木材製品の分野では，ドイツのシュタイン市にある鉛筆メーカーのＡ・Ｗ・ファーバー社が，アメリカで「ファーバー社」を1914年に設立し，ニューアークで鉛筆製作を開始した。この企業は100％ドイツ資本で，ドイツ人によって経営されていた。光学ガラス産業で重要な企業はボウシュ＆ロム光学社であり，２人のドイツ移民者（ジョン・ボウシュとヘンリー・ロム）によって南北戦争以前に販売代理店としてアメリカに設立され，その後生産を始めた。セメント産業は輸送費が大変高くついたので，輸入代替に対応して，ドイツの２社（ヘムールオステ市にあるポートランドセメント加工社とハンブルグ市にあるオルゼンシュ・ポートランド・セメント加工社）が，アメリカに工場を建設した。

（山﨑克雄）

第13章　銀　行　業

　この章は1875～1914年のアメリカへの外国投資のなかで銀行業に焦点を当てた詳細な調査研究である。1913年末現在の預金高による世界10大銀行リストには，アメリカの銀行は１社も入っていない。また1913年末までにこれらの10大銀行の何社かは直接，アメリカに進出し，またそれを試みていたが，アメリカにおける通常業務を行う国内商業銀行には直接参加をしていなかった。この事実の理由の一つは，アメリカの銀行システム構造によるものである。アメリカは「二重」構造の銀行制度であり，国法銀行制定法が1864年に議会を通過し，1865年に税金が州の銀行券発行に課せられたとき，多くの州法銀行は国法銀行に転換された。そのとき，州法憲章に基づく銀行は徐々に姿を消していったようである。各州には商業銀行の預金や貸付業務に関するその州の法律があり，今でも継続して存在する。州制定法は外国銀行にも適用された。海外からアメリカに来たいかなる銀行も，このようにして連邦政府の規制の壁のみならず，その銀行が取引を希望するそれぞれの州にある異なる規制に従わねばならなかった。

　ニューヨーク銀行法は，明らかに外国銀行の支店の設営を禁止していた。預金量で世界３位の大銀行であるロンドンシティ＆ミッドランド銀行は，アメリカ国内に45ものコルレス銀行のネットワークを形成した。しかしニューヨーク

市は外国銀行の出店を禁止し続けたので、同銀行は規制があるニューヨークの取扱店をもってはいなかった。対照的にイリノイ州法は、他州や他国からの銀行を許可し、モントリオール銀行ほかカナダ系３社が進出許可されたが、穀物取引関係の金融機関としてであった。そのためであろうが、新規参入者の活躍は短命で同取引での金融利益が減少するに伴って、新規参入の３銀行は1886年にシカゴ事務所を閉鎖した。その結果シカゴに残った外国銀行はモントリオール銀行だけとなった。

外国の銀行家は南部の方に進出し、南北戦争前には綿花取引との関連で、ニューオーリンズ市では重要なビジネスコネクションをもっていた。同市にある商業銀行におけるいくつかの投資は1830年代になされ、50年間保たれた。またテキサス州においては、土地、牧畜、その後石油に対する外国の投資が、海外銀行による株式取得としてみられた。同州は州内で外国および州外企業が銀行業に参画することを1905年に禁止した。さらにアリゾナ州法のもとでは、ソノラ信託銀行会社が1914年５月24日に設立された。同社は本社をアリゾナ州ノガレス市に置き、メキシコ市民が管理していた。同時期にメキシコにもいくつかの支店を開設した。同州法ではメキシコ人が支配するこのような会社を、なんら禁止していなかった。

カリフォルニア州では外国銀行が州の金融制度の発展に多大なる貢献をした。1914年に外国銀行としてカリフォルニア州で生き残ったのは３社、すなわち香港・上海銀行株式会社、ブリティッシュ・コロンビア銀行（1914年にはカナダ商業銀行になる）、ブリティッシュ・ノースアメリカ銀行だけであった。1914年までには横浜正金銀行が加わり、また香港・上海銀行は1875年にサンフランシスコに設立され、外国為替取引と銀塊購入に特化していた。ワシントン州で1905年に制定された法律は、外国銀行に対し預金業務の禁止という制限付きでビジネスを認めた。

Ｊ・Ｓ・モルガン社はジュニアス・Ｓ・モルガンというアメリカ人によって設立され、彼がイギリスに移動した後の銀行業務は、本社をロンドンにおいた。息子（Ｊ・Ｐ・モルガン）はニューヨークで卓越した銀行家になった。アメリカ証券に関するかなりの規模の取引は、モルガン社を通じ、また後継会社であるモルガン・グレンフェル社を通してなされた。ベアリング・ブラザーズ社は、

銀行団のシンジケートがアメリカの借金を返済するために，また正金支払いの
復活を支援するために組織された1870年代の終盤まで，ずっと目立たない存在
であった。ベアリング家のアメリカにおける長期間の融資は持続した。同社に
よる1890年10月と11月に生じた金融不安は，アメリカ国内企業の重要性という
点で驚くべき反響を与え，アメリカの株式市場にも影響を及ぼした。

　ジェームズ・ロスチャイルド男爵（1792-1868）は，数十年間パリの子会社の
トップに君臨していた。彼の息子たち，特に長男のアルフォンス・ロスチャイ
ルド男爵（1827-1905）によって引き継がれてきた。ロスチャイルド家の名前は，
アメリカにおける種々の投資分野で，1890年代にしばしば話題になっていた。
ロンドンのロスチャイルド＆サンズ社は，アメリカの鉄道業にいっそう深く，
特にルイヴィル・アンド・ナッシュヴィル鉄道に興味を示していた。1895年，
ロスチャイルド家はモルガン社とともに，アメリカ財務省によるアメリカの金
流出防止の試みである２月の契約に参加した。さらにロスチャイルド家の提携
先は詳細な情報を伝えたので，同家はアメリカの社会でなにが起きていたかを
十分に知らされていた。

　1914年にアメリカにおいて連邦準備制度が開始されたときに，アメリカの商
業銀行で大規模な外国投資があったという形跡はない。アメリカの銀行は，製
造業よりも外国資本が所有するものはかなり少なく，全土で支店を通して預金
業務や融資はしていなかった。1914年までに唯一，シカゴだけが国内市場にお
いて外国資本所有の銀行として重要な都市であった。外国銀行のコネクション
が重要であることを証明したのはアメリカ全土もしくは地方の取引よりはむし
ろ国際取引であった。1914年にニューヨークには20の外国銀行の代理店があり，
これらの外国直接投資家は，アメリカの輸出入業者に融資面で支援した。また
代理店は外国為替を取り扱い移民者を支援し，情報の導管の役目を果たしたが，
外国資本の導入に関する仲介者としては重要ではなかった。

（山﨑克雄）

第14章　金融（サービス），商業（サービス），および通信サービス

　1875～1914年のアメリカへの外国投資における，株ブローカー，会社設立仲
介業者（プロモーター），投資信託会社，土地と不動産抵当の提供者，外国人貿

易商，輸送業者，ケーブル会社，および無線通信業者に関する著述である。これら事業の投資家はすべて，アメリカにおいて二重の機能を果たしていた。第1の役割は外国人投資家であり，第2は彼らの顧客すなわち彼らのサービスの利用者に対し，アメリカにおける投資機会を伝える役割である。

　いくつかの興味深い例を記述している。『投資としてのアメリカ鉄道』の著者であるサロモン・フレデリック・ヴァン・オスは，オランダにおけるアメリカの有価証券販売を促進した。まずヘイグ市に自らの株ブローカー会社を設立し，1904年にはオランダ人投資家への手引書である，『ヴァン・オスの株式読本』と銘うった刊行物をスタートさせた。あるいはイギリスではサー・サミュエル・ラングによって運営された，ロンドン市の鉄道株投資信託株式会社と，それを継承した鉄道株信託・代理人株式会社は，例えばロンドン市においてアメリカ鉄道債券を発行した。

　1913年までのアメリカ連邦銀行法のもとでは，アメリカの国法銀行は，土地あるいは不動産を元手にした融資をすることは認められていなかった。それゆえに州法銀行，外国の資金を仲介した信託会社，抵当会社が，貯蓄銀行と住宅金融組合と同様に，そのギャップを埋めたのである。さらに，本国で組織された投資会社の外国投資家が，抵当会社および土地会社を通じて，抵当投資のための資金を提供した。イングランドの会社の多くは土地開発業者として出発し，その後農地への融資を提供するようになった。こうして，ロンドン市とシカゴ市にあったクローズ・ブラザーズ社はアイオワ州に土地を買い，それから土地を区分けして移民に再売却し始めた。同社は，1890年代までにアイオワ州，サウスダコタ州，ネブラスカ州，カンザス州，イリノイ州，およびウィスコンシン州において農地への融資に深く関わっていた。彼らによる抵当貸付は，利潤の源泉として土地開発活動よりもはるかに重要になっていた。

　マーチャントバンクとして創業していたヨーロッパの投資銀行は，銀行と貿易商の機能を担っていた。例えば，バルフォア・ウィリアムソン社というリバプール市の企業は，南米および北米の西海岸で活動した。そのカリフォルニア州の支社であるバルフォア・ガスリー社（1869年設立）は，貿易と輸送に従事し（親会社は実際に船をもっていた），2つのイギリスの保険会社の代理店となり，保険それ自体を提供し，抵当融資を行い，波止場と倉庫の施設を開発し，タグ

ボートの会社に投資し，石炭，鉄鉱石，および石油生産のために公正な融資を行い，製粉所を購入し，果実農園を手がけ，セメント工場を建設し，鮭缶会社の相応の株を所有し，広範な多角的な活動に参加した。

　三井物産株式会社に関する記述がある。同社は1879年にニューヨーク市に支店を開設し，日本から生糸を輸入した。1880年代初めに日本政府が輸出の補助金を打ち切ったとき，同社はニューヨーク市の出店を閉鎖したが，1895年に事業を再開した。1897年以降は，事業は急速に拡大し，1898年にサンフランシスコ市の事務所を開設し，小麦と小麦粉を輸出した。1911年には，テキサス州ヒューストン市に完全子会社の南部製品会社を設立し，1912年にダラス市に移転し，重要な原綿輸出を手がけた。同社は，日本が輸入するアメリカ原綿の30％以上を担うようになったし，1907年までには，日本の生糸輸出における第一人者となった。その取引は1914年に，日本製生糸に関してアメリカの全輸入の33.6％が含まれていた。自社の船隊を所持していて，日本郵船会社（NYK）から船を借りていた。1910年に，同社のニューヨーク支店は28人の従業員を雇用し，サンフランシスコ支店は4人のスタッフを抱え，さらにオレゴン州ポートランド市は1人が配置されていた。

　J・P・モルガンは，1902年に授権資本1億2000万ドルをもって，国際商業航海会社（IMM）を組織し，レイランド社も買収した。さらにIMMはオランダ・アメリカ航路会社の25％の株を獲得し，隆盛の一途をたどっていたが，1914年9月に株の配当を中断し，翌年には財産管理を受けるに至った。しかし，イギリス人たちは，依然として海の支配を握っており，1908年には，アメリカへの輸入品の86.5％とアメリカからの輸出品の92％とが，外国の旗を掲げた船舶で運ばれたし，そのおよそ半分がイギリス籍の輸送船で運ばれていた。

　ケーブル会社は同じように，情報伝達を速め，そのことが今度は外国投資を容易にした。ここでもまた，外国，とりわけイギリスの企業が傑出していた。最初の大西洋横断ケーブルサービスは，1866年に外国資本が融資したものだった。1883年には，1280万ポンドを投資して，8つの主要なケーブルが大西洋に広がった。イギリスの会社であるイギリス・アメリカ電信会社（資本金700万ポンド）は，そのうちの4つのケーブルを所有していた。アメリカはその国際貿易に関して外国の融資に依存していただけでなく，1914年にはアメリカはその

国際取引において，外国が所有する輸送，外国が所有するケーブル，および外国が所有する無線通信に依存しなければならなかったのである。

（山﨑克雄）

第15章　その他のサービス

1875～1914年のアメリカへの外国投資におけるサービス業のうち，第13章と第14章で記述のあった銀行業，金融業，貿易商，輸送業，ケーブル会社および無線通信業を除くサービス産業に関する著述である。具体的には広告，卸業，小売業，保険，会計，エンジニアリング，建設，電力，照明，送配電などであり，これらのサービスを提供する外国直接投資と証券投資が明らかにされている。

ペアーズ石鹸社（イギリス）はアメリカにおける広告業の始まりに大きな影響を与えた。同社は1880年代に他に先駆けて，アメリカの雑誌に一面広告を出し，1890年代の初頭に購入したり特注したりした絵画を使うというイギリスのやり方をアメリカに導入した。第一次世界大戦前のアメリカにおいては，多くの外国企業が，支店や子会社や関連会社を通じて自社ブランドの食品，糸，鉛筆，書籍，化学製品，石油製品，ゴムタイヤ，特殊機械の流通を直接手がけていた。消費財に関して，ほとんどの外国メーカーの場合，卸業を利用しており，小売を行ったり消費者に直接販売したりすることはなかった。

リプトンはアメリカで小売店の展開を考え，実際に4店舗を開設したが，結局，紅茶（食肉も）を卸売りすることに決めたのである。リプトンが初めてアメリカに投資したのは，イギリスの店舗用にハムを買うためであった。次に同社は屠殺業と豚肉の加工に進出し，ハムとベーコンのアメリカでの卸売りを開始した。さらにリプトンはアメリカのホテルやレストランに，また小売店に紅茶を販売したのである。イギリスの小売業者はイギリス国内では大規模なビジネスを展開していたが，彼らはアメリカ市場という巨大で根本的に異なったところには同じような形では進出できなかった。

外国の保険会社は，(1)生命保険，(2)海上火災保険，(3)事故その他の保険をカバーしていた。第1分類においては，アメリカの保険会社は強力であり，自ら国際的であった。ほんの一握りのカナダの保険会社がアメリカで生保の事業

を行っていたが，それ以外の外資の生保における役割は小さいものであった。これとは逆のことが海上火災保険ではみられた。外資系の保険会社（すでにこの頃までにアメリカ国内で地歩を固めていた）はアメリカ市場で重要な役割を果たしており，全国的に保険の販売を行っていた。事故その他の保険分野では，1914年くらいまでに，およそ12社の外資系が活躍していた。

　外国の法律事務所はアメリカでそれほど大きな投資は行わなかったが，多国籍企業としての存在はかなり重要であり，アメリカの同業者の範となったのである。1870年代にイギリスの会計事務所数社がアメリカ企業の調査に関与するようになった。プライス・ウォーターハウスがアメリカで初めて仕事に着手したのは1873年のことである。例えば同社の顧客に，イギリスのストックトンにあるホイットウェル鉄工所を抱えており，その企業がテネシーで鉄鋼業に投資したときに，ロンドンのプライス・ウォーターハウスがアメリカの監査を引き受けた。さらに同社は，1887年にアメリカでの事業が拡大したために，アメリカに半永久的な拠点を設けるべきであると判断し，イギリスの会計事務所であるデロイト・ディーバー・グリフィス社もまた，アメリカでの事業が拡大していると考えていたので，両社は鉄道関係で提携した。会計監査の重要性が新たに受け入れられるようになったと確信していた。19世紀末から20世紀にかけて，アメリカでは吸収合併の動きが活発になり，会計士はますます必要とされていた。1914年までに，多くの著名なイギリスとスコットランドの会計事務所がアメリカで地歩を築いた。

　新たなプロジェクトを検討し既存の案件を管理する「コンサルティング・エンジニア」の一群が誕生し，アメリカの鉱業，建設，公益事業に関与した。例としてナイアガラの滝を動力化するためのナイアガラ川水力トンネル電力下水道会社が顧客であった。通常，イギリスの投資家またはイギリスのマーチャントバンカーならびにプロモーターに依頼されて，案件を評価し，管理業務を提供した。特にアメリカの報告を信用しなかったイギリスの投資家に自信を与えた。イギリスの建設会社 S・ピアソン＆サンは，ハドソン川トンネルの仕事を1889年から1891年まで手がけた。さらに1901年に建設が再開され，イギリス生まれのチャールズ・M・ジェイコブスの監督のもとで，トンネルが竣工された。また資本集約的である灌漑のプロジェクトは外国投資家の関心を呼んだ。1880

年代に西部の州につくられた最大かつ最も高価な灌漑用水の多くは，イングランドとスコットランドの資本により実現した。大規模な灌漑事業の一つに，サンアントニオ国土灌漑株式会社がある。

　電力（電燈）や公営輸送事業のほとんどの場合，外国投資は直接投資よりも証券投資であった。1875年から1914年にかけて，電気鉄道システム（路面電車と地下鉄）が都市部の輸送に適用された。電力や照明や公営輸送業務においては，機械設備に巨額の投資が必要であった。カナダの投資はイギリスの投資と連携していることが多かった。アメリカの公益事業体に対するカナダの出資方法が異なっていたことは，カナダの大手企業であるサン生命保険会社の投資をみても明らかである。カナダの金融仲介機関は，高い利回りに惹かれて，大規模な投資を行った。サン生命保険はデトロイトにアメリカで初めての保険事務所を1895年に開設し，1902年に経営陣はアメリカの公益事業体に対する大規模な投資に着手することを決意した。多くの企業の債券や株の購入を開始し，それらをイリノイ公営輸送会社（1904年5月に設立）という持株会社のもとに束ねた。サン生命保険は，イリノイ州南西の中心部の市町村のガス，電気照明，路面電車，都市間サービスに投資を行った結果，イリノイ，ミズーリ，アイオワ，カンザス，ネブラスカの55の子会社を傘下におさめ運営していた。

　この章のサービス業は明らかに多種多様であるが，すべてがアメリカに恩典をもたらした。1875年から1914年までの投資に関する議論がこの章で完結した。鉄道から始まり，鉱山と製造業を網羅し，さらにもう一度インフラの整備に戻ったことになる。顕著なことは，これらのサービス（特に保険と会計）における多国籍企業型投資と証券投資（小売業と公益事業）の組み合わせである。本章で明らかにした外国投資は，20世紀の初頭すなわち第一次世界大戦以前に劇的に増加した。

（山﨑克雄）

第16章　アメリカ合衆国における外国投資への反応

　アメリカに対する外国投資に関する国内外の反応について，著者の史実に基づく鋭い分析がなされている。アメリカ国内の反応に関しては，積極派，中立派，敵対派に分け，また外国での反応に関しては，アメリカ投資の積極派，中

立派，両面交錯派などの6分類に記述しているが，6派ごとの解説は省略する。

　当時のアメリカ内外の，各界を代表する人々はアメリカでの投資や外国投資一般に対して，広範囲にわたる様々な態度を取った。大西洋を隔てた双方の側で，鋭く辛辣な批判が無関心的態度と同時にあり，1875年から1914年に至る期間の支持者および反対者は，様々な経済的，時には政治的な論拠を繰り出した。敵意ある態度を表明した者の方が好意的態度を表明した者より，強く感情に訴える傾向があった。この40年間のアメリカ国内での実質的な外国投資が，当時の人々に無視されていたわけではなく，資本を拠出した国々と同様，政策が主張され，時には投資を振興したり，制限したり，さらには阻止したりするための法律，規則，規定などの具体的な形態がとられた。この時代は国際的な資本の移動が制限されない時代であり，この資本移動はその後の数十年間と対照的に合法的だったと評するのが慣例である。しかしながら，多くの政府措置が外国の投資家に影響を及ぼした。著者はジャーナリストたちの考え，またより深い経済的な分析に至るまで当時の人々の姿勢を考察し，どの範囲までいろいろな意見が，公的な政策の形をとったかを見極めている。また達観的にみえる姿勢にも，偏狭な，実際的な，功利的な見方に基づいた姿勢が随所に散見されていることを記している。

　外国投資の支持者は，しばしば個人的に利益を得ている者，すなわちアメリカや外国での金融仲介業者，アメリカ人および外国人企業家，アメリカおよび外国の鉱工業者，アメリカにおける借り手側の人々，外国の貸し手側の人々などだった。企業の立場からは，アメリカではおそらく最大の投資先が，鉄道への新しい外国投資であり，次に鉱工業に対してであった。外国での見方は，広範囲で多彩な外国投資をする企業側に示す態度はそれほど好意的ではなかった。

　外国投資に対する敵意はしばしば実際に痛い目に会った人々たち，すなわちアメリカの農業従事者の団体だったり，また異なる理由でドイツ農民党の関係者，さらに外国の直接投資家が不当な競争を生んでいると感じたアメリカの企業家たち，資金の流出は本国の利子率の引き上げやアメリカからの新しい競争につながるとみたヨーロッパの企業家たち，農業従事者たちの主義に共鳴し大規模な経営に反対したアメリカの労働団体や社会主義者たち，資金流出が雇用の輸出をもたらしたと考えた外国における同様の団体など，であった。

イギリスおよびヨーロッパ大陸の経済学者のなかには，資本輸出を是とする者もいたし，反対する者もいたが，関連する銀本位制，保護主義，独占の力を懸念していたアメリカ側よりも，はるかに重要な問題として取り上げられたように思われた。明らかにアメリカと外国の双方において，意見の一致は存在しなかったし，関連した賛否両論にわたる多様な意見があったし，それらが政府の政策にまで繰り込まれた。

諸政府は，投資のもつ政治的重要性を考慮し，国家政府，そして州や地方自治体政府がアメリカ国内において資金の流出に影響を与える行動を起こしたが，全体的にはこの時期はアメリカおよび外国の政府による介入は，少なくとも次に続く時期に比べて比較的少ない。アメリカに入ってくる一部の外国投資は，確かに市当局の助成金を受け，アメリカの関税に保護されていたものもあった。しかし，著者は，1875年から1914年に外国政府の主導や主催による，または実質的に後援を受けたアメリカへの外国投資を探してみたが，なにも見つからなかったと述べている。同様に，社会一般の叫びに応えて，アメリカに多数の規則や規定があり，加えて影響力をもつ外国政府のいろいろな規制があったものの，アメリカにおける外国投資の成長に対する，全体の累積的な実質的影響は少なかった。外国資本の参入に対する影響としては，アメリカの法律の方が，外国の規制より重要性をもっていたようだった。また多様な規定や規制があったにもかかわらず，外国からアメリカへ資金流入が簡単に行われていたという事実がその障害より際立っていた。

（山﨑克雄）

エピローグ

本書の最後で，著者は，本文だけでも600ページを超えるこの大著の主要ポイントを要約し，総括している。まず，その壮大・多彩な内容，すなわちアメリカが新興国として世界史に登場した17世紀初頭から，資本主義としての経済的土台を形成した18～19世紀，そしてイギリス，ドイツに次ぐ世界列強の仲間入りをした第一次世界大戦前の20世紀初頭に至る約300年間において，そのめざましい経済発展に果たした外国投資の決定的な役割や，イギリスをはじめヨーロッパ投資国にとっての意味などを再確認している。その上で，投資国，受

入国それぞれにとっての利益と損失について，時期や関係諸国，投資分野など，経済的側面だけでなく，政治的国民感情の面まで含めて，改めて総合的に評価を加えているのである。

また本書を通じて，現代的な問題関心から，特に新興発展途上諸国の外資導入型経済開発プロセスを意識した分析・評価が随所にあるが，それがここでさらに示唆的に指摘されている。それは，その後資本主義・市場経済的発展を遂げた日本やロシア，オーストラリア，また現に遂げつつある中東欧，中国，インド，ブラジル，南アフリカのBRICS諸国，さらにはそれを追従しているその他の中南米，東南アジア，アフリカ諸国まで，それらの様々な側面に新鮮な光を当てているのである。

ここでは，資本輸出諸国に与えた影響が，ケインズ，ケアンクロスなど当時の多数の著名な学者，著述家の議論を吟味しつつ，総合的に評価されていて，有益である。ただし慎重な著者は，なお最終的な結論はまだ出ていない，彼女の研究もそれにいくつかを付け加えたもの，としている。著者の研究の主要なポイントは次のようなものである。(1)国家的支配 - 従属など「政治的問題」はあまり大きく取り上げない方がよい，(2)経済的影響では，エデルステインのイギリスの資本輸出は国内産業を犠牲にして生じたものではないという見解を強く支持——産業企業がアメリカ鉄道債券などに「余剰」を投資したのだから，(3)情報経路の利用と影響——イギリス投資家のフランス投資家に対する優位，(4)資本流出への賛否両論の多くが証券投資と直接投資の区別をしていなかった点——後者では損失は減少した，(5)対米直接投資の２つの範疇——第１，フリースタンディングという「イギリス方式」，第２，会社の経営組織能力のパッケージ導入という「ドイツ方式」——を挙げ，後者は海外での成功が国内基盤を強化して「本社国」へ有利な影響を及ぼすなど，外国直接投資は投資国における国内事業の代替物ではない——したがって「雇用の輸出」ではなかった，(6)さらに，資本流出が出資国に与える影響について新しい資料に洞察を加え，植民地時代には，イギリスの投資家は損失が収益を上回った，1776〜1875年には，収益が損失を上回ったとほぼ推測され，1875〜1914年では，すべての資本輸出国に純利益をもたらしたと結論できる，としている。またそのなかで，1803年には，連邦債務の56％，アメリカ銀行資本の62％が外国人所

有などという，注目すべき実態も明らかにされ，ただそれらはドル建てであり，そこに一部で懸念されていた「従属性」はみられなかった，と指摘されている。

この時期を通じて対米投資の一大ハイライトは鉄道証券への資金流入であった。1830年代～50年代には，鉄製レール輸入と鉄道債流出がセットになっていたが，南北戦争後には，アメリカ鉄鋼産業の確立とともに，鉄道証券のみの流出に代わり，1875～1914年のアメリカ鉄道網完成の時期には，空前の資金量がヨーロッパから流入した。このアメリカ資本主義の確立──大国化の時期における最大の民間交通インフラ建設は，全国的市場の基礎を形成しつつ，それに必要な資金の一大部分が外国投資によって賄われたが，その歴史的特徴と意義が，特別に強調されている。それには，農業，鉱業といった関連産業の発展や，貿易関連分野から金融業に至るまで，広範な波及効果が含まれていたのである。

鉄道投資ばかりはなく，著者は一般に，外国投資のアメリカ経済における生産的な側面を高く評価している。土地投資についても，当時よくあった投機的なものという抗議に対して，基本的にはこれを擁護している。ことに外国の直接投資については，積極面を強調する場面が目立つ。石油など鉱山の開発やその資源の加工は，輸出を拡大し国内市場発展に大いに貢献した。一次産品も同様であり，多くの産業において，輸入代替－国内生産の基礎をつくる役割を果たした。それらは，鉄鋼業をはじめ，化学，電機，小麦粉生産，食肉加工，無線通信，繊維，機械，醸造，食品などに及び，外資系企業はそれぞれの産業でトップクラスの位置を占めたものも少なくない。これについて，現代のエコノミストたちによる，外資が開発途上国を「窮乏化的成長」に導くといった議論を取り上げ，アメリカの場合をそれに当たらなかった反証として提起している。アメリカでは実質的成長があったと説明して，説得的である。

外国の金融機関による直接投資に関して，きわめて重要な点が再確認されている。すなわち，その資金調達額は莫大な証券投資の仲介と比較するとわずかなものであったが，この活動の過程で協力関係にあったアメリカ民間銀行が国際金融における高度の手法を習得する機会を得た。この経験が，第一次世界大戦後一挙に，アメリカが世界最大の債務国から最大の債権国に飛躍し，Ｊ・Ｐ・モルガンなど投資銀行が世界をリードする資本輸出の仲介者として登場するという，驚異的な一大変身を可能にした，というのである。

章別解説

さらに外国投資の費用／収益計算によくある単純な議論についても，反論している。それは，アメリカが支払った投資国への利子・配当額が新規資本流入額を上回った（つまり受け取るより多く支払った）から，貢献より代償の方が多かったという批判に対して，これは無意味だとしている。この資本流入によって可能にされた国内成長は，その代償を上回るものであり，これが直接投資の場合はビジネス能力の移転が加わり，1875〜1914年の時期にはアメリカの輸出が増大したから，利子・配当の支払いは容易に行われたのである（まさに資本輸出が生産的に使われた典型的なケースである：解説者）。

最後に，現代ではラディカル・エコノミストなどが問題にしている政治的代償があったかどうかの論点を取り上げている。そして，低関税や外国直接投資家保護を要求したりする投資国側の活動がみられたりしたが，結局それらは実現しなかったし，また論理的とも見なされなかった。むしろ，外国の直接投資家たちは，高関税への対処法として現地生産を選び，それを保護する高関税の提唱者になったのである（今日でもよくあるように：解説者）。

以上から要するに，第一次世界大戦前のアメリカは世界で飛び抜けて最大の債務国であったが，その債務国としてのアメリカの地位は，将来，アメリカが世界最大の債権者となる手段を提供したのであり，また外国資本はその基礎を築き，制度的前提条件を作り出すことを手助けして，その転換を助長したことになる。

（安保哲夫）

監訳者あとがき

監訳者　安保哲夫・山﨑克雄

　本書は，本文だけでも600ページを超え，これに300ページ余りの膨大な注，その他参考文献，索引などを加えると，実に1000ページに余るまさに大著である。しかしそこに盛り込まれた精細・多彩で壮大な内容は，そのページ数の分量感を上回る迫力をもって描かれていて，圧倒される思いを禁じ得ない。この壮大な作品の邦訳を始めることをミネルヴァ書房の杉田啓三氏の了解を得て決めたのが2001年末で，それ以来すでに十数年を経過しており，訳出に取り組んだのが本文に14人，注の一部に2人であったから，多大な時間と人手を要したことになる。それについては，なによりも，その間原著者からは再三にわたって進捗状況の問い合わせをいただいた監訳者の怠慢の責任が問われるべきだが，量・質ともに超重量級とでもいえる原文の偉大さにも一理があったと，ささやかな言い訳にさせていただきたい。

　その訳出や監修に当たっては，正直のところ，延々ととどまる所なく企業・機関名，人名，地名，品名などの退屈な山に付き合うことになるが，それらが続いたところどころに，時々ぞくっとするような歴史・理論分析の光が差し込んできて，やがて著者のいう「ストーリー」がみえてくる，といった作業の繰り返しであった。そうした訳者なりの忍耐を通じて，そのような史実の本流を裏づけるべく執拗に探索・収集された膨大な資料・データを揃えてこの書物を書き上げた本著者は，まずは第1級の歴史家であることが，改めてよくわかる。

　しかし本書は，単なる対米投資の歴史分析にとどまるものではない。それは，20世紀初頭にアメリカ資本主義経済が世界の一角を占めることになるその形成・発展を準備した過程と構造を，外国資本の役割に焦点を当てて国際面から

克明に跡づけており，それ自身アメリカの経済・企業経営史の全体像を深く洞察した，見事で比類の少ない古典的名著であるといってよい。著者自身，序文において本書の主旨を述べている。「外国投資はアメリカの全発展構造にどのような意義をもっていたか」と。そのような点も考慮し，ミネルヴァ書房編集部の要請もあって，各章の要点と位置づけについて監訳者が短い「解説」を加えてみた。読者の参考になれば幸いである。

　20世紀に資本主義世界のリーダーになるアメリカが，新興国として世界史に登場した17世紀初頭から，資本主義としての経済的土台を形成した18〜19世紀を経て，そしてイギリス，ドイツに次ぐ世界列強の仲間入りをした第一次世界大戦前の20世紀初頭に至る約300年間において，そのめざましい経済発展に果たした外国投資の決定的な役割や，イギリスをはじめヨーロッパ投資国にとっての意味なども併せて，ほぼ完璧な資料・関連文献の収集と批判的検討を通じて，克明に跡づけた後，深い考察を加えている。

　本著者は，周知のように，この対米外国投資の著作を出版する前に，アメリカの対外投資の歴史研究の第一人者として，1914年までの「発生」からそれ以後1970年代までの「成熟」に至る長大な2冊本やフォード自動車史の事例研究⁽¹⁾の大作などを出版しており，それらはすでに不朽の古典的名著となっている。⁽²⁾この資本の「出た方」に対して，今回の「入った方」も，C・ルイス（Cleona Lewis）の古典的名著⁽³⁾に続き，それを凌駕したものと評価できよう。本著者はルイスの研究をきわめて高く評価し，本書でもしばしば引用されている。しかし，ルイスの研究がポートフォリオ（証券投資）を中心にしているのに対して，本著者のそれは対米投資全体を取り上げ，しかも直接投資を重視している点できわめて有益である。

　また本書を通じて，訳者が特に注目することの一つは，現代的な問題関心から，特に新興発展途上諸国の外資導入型経済開発プロセスを意識した分析・評価が随所にあり，示唆に富んでいる点である。それは，その後資本主義・市場経済的発展を遂げた日本やオーストラリア，また現に遂げつつある中東欧，ブラジル，ロシア，インド，中国，南アフリカのBRICS諸国，さらにはそれを追

監訳者あとがき

従しているその他の中南米，東南アジア，アフリカ諸国まで，それらの様々な側面の解明に鮮やかな光を当てているのである。

　この点の意義は，1980年代以後のNIESに始まり，ASEAN，中国，インドと続く"アジアの世紀"の経済発展パターンが外資主導・輸出志向型であったこと，また80年代末ベルリンの壁崩壊以後の先進諸国主導の新自由主義の時代におけるグローバルな国際投資・マネーの大膨張が起こったことによって，いっそう高まったといってよい。

　もちろんその際，アメリカのもつ次の二面性は一応分けてみる必要があろう。すなわち，一つはその例外性で，ヨーロッパからの移民に先導されつつ形成された多民族の新開国で，ほとんどあらゆる自然資源に恵まれていることであり，今一つ，その一般性は，新興国として外資受け入れによる経済発展の潜在余力をもち，その実現を通じて輸出志向型発展につなげていった点である。1980年代の東アジア諸国やその後のBRICSなど新興諸国の爆発的な発展に大きな示唆を与えるのは，主に後者である。

　また，本書が明らかにした時期の対米投資の役割・意義論を拡張・適用すれば，さらに他の時期における外国投資との比較について，いくつかの重要な諸側面を解明する有力な手掛かりがみえてくる。ことに外国資本の経済・経営面における役割の「生産性」をめぐる側面である（安保［1984］もかつて，戦間期アメリカの対外投資分析において「生産性」をめぐる視点の重要性を取り上げた[4]）。一つは，アメリカ自身の二回目の世界最大債務国化との比較論への適用である。第一回目が恐ろしく生産的であったのに比べて，1985年を転機に急速に債務大国化した第二回目は，日本からの自動車産業などの直接投資を別にして，全体としてもはや返済不能になるほどの巨大な「非生産的」な借金を積み上げてしまった。

　今一つは，現局面において，繰り返し生起しているアメリカを含む世界経済のバブル的膨張との関連である。そのおよその経緯は次のようである。始まりは90年代後半から2000年代初めのアメリカを中心とするITネット・株式ブームとその崩壊，その後のブッシュ減税・イラク戦争・サブプライム住宅ブーム

1223

から発展途上諸国にまで広がった世界的な株式・債権バブルと08年の大崩壊
——各国政府による巨大な救済融資・未曾有の政府債務累積——「超金融緩和
策」の世界的広がりとマネーバブル再肥大化への兆しをみせて，現在に至る。
こうして，金融経済面では，グローバルに歴史上未経験のバブル的マネーの膨
張が進行しているが，他方実体経済面にそれに見合う資本蓄積・生産や市場の
拡大が伴っているであろうか。この両面における進行にギャップがあれば，肥
大化したマネーは，膨大な「非生産的」な投資・融資として，その発端は地中
海諸国かアメリカか中国か，はたまたアベノミクスの日本か，結局グローバル
な一大インフレとその崩壊による大収縮・債務危機，という恐ろしい再バブル
化とその崩壊のプロセスの進行を予想せざるを得ない。外国投資の「生産性」
をめぐる議論は，今日的には，このような射程をもっているということである。

　本書にはまた，アメリカに特有の経済・経営的諸現象が適切に概念化され，
それがやがて学問的に有益な一般的用途を見出していくような用語が，いくつ
もみられる。その代表格がfree standing companyである。これは，本書が出
版される前年のThe Economic History Reviewに掲載された論文，Mira Wil-
kins, "The Free-Standing Company, 1870-1914 : An Important Type of
British Foreign Direct Investment"（New Series, Vol. 41, No. 2, May, 1988），に
最初に発表され，本書で全面的な内容説明を経て，その後国際的な学界で賛否
あわせて多くの論争を呼び起こした大きな問題提起であった。ここでその全容
に深く関わることはできないが，ともかく，これに関わる広範な史実の確認や
議論の展開を通じて，イギリス発でアメリカにおいて普及したユニークな多国
籍型経営スタイル——投資国の本社には経営組織の実体がなく，受け入れ国の
子会社に経営の実権と実体がある——の重要な諸側面が明らかにされ，その後
の多国籍企業研究の進展に大きな財産を残したことは間違いない（既存の経営
組織概念を基準にしてこれをミスリーディングと批判する議論によって，この有用性の
高い問題提起を矮小化してしまうのはあまりにも「非生産的」ではなかろうか[5]。それは，
以下に述べるようなアメリカ的な多国籍企業の受け入れ形態の重要な特徴の一つを浮か
び上がらせるのにきわめて適切である。また近年，海外子会社の自立的な発展を取り上

監訳者あとがき

げる多国籍企業論が盛んで(6)，日本企業についても，アジアに進出したその"創造的子会社"の活動形態が注目されている(7)。これらはfree standing company自身を問題にしているわけではないし，また本監訳者がこうした自立論に全面的に賛成しているわけではないが，本国親会社にはない経営成果を生み出す海外子会社を取り上げるという意味では，アメリカはそうしたケースの宝庫であったのであり，その特殊性も含めて示唆に富んでいるといえるであろう）。

　Domestification（「国内化」と訳したが「現地国内化」の方が意味内容をよく表す）という表現も，特殊アメリカ的な多国籍企業の受け入れ形態をよく示す用語である。現地子会社が本国親会社から実質・形式ともに独立していく状況は，どこの投資受け入れ国でも多少ともみられる現象であり，ことにオーストラリアやカナダ，アルゼンチン，南アフリカなど白人権力が続いた新開国ではそうであろう。ただアメリカの場合は，それが広範かつ普通の事態となったのであり，その背景としては，現地に歴史的に先行した住民や文化的存在の影響力が少なく，自然的経済・経営的環境条件にも恵まれて，理想の地として大量の移民が定着する状況にあり，そうした人々が在米子会社の経営管理の担い手として広範に存在したことが挙げられよう。じつは，先のfree standing companyのアメリカ型展開には，このような事情と密接につながっており，イギリス側からの制度・形式面だけでこれを批判する議論は，その重要性を見過ごすことになろう。そこでは，資本や技術だけでなく，人も一緒に出て行って定着してしまう点が，特に重要なのである。

　それは，今一つの重要な用語法Americanizationとも重なっている。ヨーロッパの大企業でありながら，「アメリカ化」した著名な例では，デュポン（化学産業，ノーベルのダイナマイト会社のアメリカ版），イーストマン・コダック（家畜業から写真フィルム業へ），リプトン（精肉業から紅茶販売へ），Ｊ・Ｐ・モルガン，クーン・ロブ（投資銀行業）など，多数ある。

　さらに付言すれば，そうした事情は，日本企業の海外展開の仕方の特徴とは対照的であるといってよく，興味深い。本訳者の多くが属する日本多国籍企業研究グループ（JMNESG）は，多年にわたって日本型経営生産システムの国際

移転に関する調査研究を遂行しているが，日本企業がアメリカやヨーロッパなど日本とは歴史的文化的に差異の大きい地域に進出する際には，本国で形成した経営方式の強みを現地に持ち込む（「適用」と呼ぶ）のは簡単ではなく，その現地「国内化」（「適応」と呼ぶ）には大きな困難を伴う。その点，ヨーロッパ企業がほとんど白地の新開国アメリカに進出する場合には，「適用―適応の"ジレンマ"」の問題は，さほど大きくなかったといえるであろう。そうした事情を端的に示す文章に，例えば次のものがある。「イギリスの絨毯製造業者（これはT・F・ファース＆サンズに間違いないと思われる）が，1884年にアメリカで製造を開始していた，と指摘している。この生産者は，次のように証言している。『わが社はアメリカで自ら糸を紡ぎ，製品を製造しているし，嗜好の違いがあるため製品の色を除いて，イギリス国内で生産しているものとまったく同じ製品を製造している』」（10章）。日本企業の場合でも，文化圏として共通面の多い東アジア地域においては，「適用―適応」問題の壁が比較的低いことは，われわれの調査結果にはっきり出ているのである。

　ここでは，翻訳上の苦労話はあまりしないことにしたい。彼女の英語そのものは，かなり複雑な事柄でも平易な名文で明快に述べられていると感じられた。ただ一つだけ挙げたくなるのは，企業名，人名，地名など，本書の主要部分を構成する大変な数の固有名詞をカタカナ表示にする作業の困難さである。英語の場合にもそれは簡単ではないが，本書に登場するのは多大なドイツ語，フランス語，時にオランダ語などで，難しさはそれぞれの原発音の問題だけではなく，それらがアメリカ英語化していることも多く，その辺の頃合いをどうするか本当に参ってしまうこともしばしばであった。

　最後にこの場を借りて，訳者の多くがこれまでに著者ウィルキンス教授から得てきた多大な恩義に対して深い謝意を申し上げたい。特に監訳者の一人安保は，1980―81年にマイアミにある彼女の所属校フロリダ国際大学に留学を許され，その時は主にアメリカの対外投資，ことに多国籍企業の歴史研究に関して，特別の暖かくしかし厳しい指導と配慮をいただいた。彼女は，本書の謝辞のなかで，ダニングからイギリスの在米製造会社に関するファイルの使用を許され

監訳者あとがき

たことに感謝している。じつはそれより先に、安保は、彼女の研究室にあった
ファイルケースの中味の自由な利用を認められたのであるが、そのなかには、
前記のMaturingやFord on Six Continentsなどの執筆のためにまさに6大陸を
回って企業、文書館、関係研究者などを訪れ、収集し克明にタイプした生々し
い各種資料がぎっしりと詰まっていたのである（その最初の主要な成果が前掲安
保[1984]である[10]）。その後本訳者の大部分が関わった前記JMNESGによる海外調
査が1980年代半ばに始まると、マイアミ大学のD・クジャワ教授（D. Kujawa）
などとともにその在外メンバーに加わり、日本の親会社や工場から在米子会社
工場での調査やその後の評価をめぐる議論にまで、参加してくれたのである。

　ミネルヴァ書房の方々にもこの間大変お世話になった。特に社長の杉田啓三
氏は、この出版社にとってはまず儲かる見込みのない大部の歴史書の翻訳出版
に当初から好意的で、遅々として進まない訳出作業を寛大に見守って下さった
ことに、敬意と謝意を表したい。途中から編集部責任者となられた堀川健太郎
氏も、本訳書出版の意義をよく理解され、出版に伴う技術的な諸問題まで含め
て誠実に対応して下さった。さらに、氏以外の編集部諸氏、特に訳者と接点の
多い校正担当者の方々が、300ページを超える小文字で印刷された注の細部に
まで目を通され、いちいち翻訳上の問題点やミスを指摘して下さった。これは、
正直なところ、訳者、監訳者にとってじつに「手強い」相手であった。それで
われわれがどれほど助かったか、あわせて感謝の意を述べたい。

注
（1）　Wilkins, M.(1970), *The Emergence of Multinational Enterprise*, Harvard University Press
　　（ウィルキンス，M.，江夏健一・米倉昭夫訳〔1973年〕『多国籍企業の史的展開』ミネルヴァ
　　書房）．
　　　　Wilkins, M.(1974), *The Maturing of Multinational Enterprise*, Harvard University Press
　　（ウィルキンス，M.，江夏健一・米倉昭夫訳〔1976年〕『多国籍企業の成熟』上・下，ミネルヴ
　　ァ書房）．
（2）　Wilkins, M. and Hill, F.E. (1963), *American Business Abroad: Ford on Six Continents*,
　　Wayne State University（ウィルキンス，M. & F. E. ヒル，岩崎玄訳〔1969年〕『フォードの
　　海外戦略』上・下，小川出版）．
（3）　Lewis, C. (1938), *America's Stake in International Investments*, The Brookings Institution.

（4） 安保哲夫（1984）『戦間期アメリカの対外投資』東京大学出版会。
（5） 例えば次のものがある。
猿渡啓子（2014）『フリースタンディング・カンパニーとクラスター』同文舘出版。
小池賢治（2011）「イギリス多国籍商社の経営システムと収益メカニズム――Ｈ＆Ｃを中心として―経営代理資本主義分析への一接近」『駿河台経済論集』21(2)。
Grosse, R. (2001), JIBS Book Review : *The Free-Standing Company in the World Economy* : eds. by Mira Wilkins and Harm Schroter, Oxford University Press, (1998,) December, 2001.
（6） 次のものを参照。
Birkinshaw, J. and N. Hood (1998), Multinational subsidiary evolution : Capability and charter change in foreign-owned subsidiary companies. *Academy of Management Review* 23 (4).
Mudambi, R. and Navarra, P. (2004), Is knowledge power? Knowledge flows, subsidiary power and rent-seeking within MNCs. *Journal of International Business Studies* 35(5).
Cantwell, J. and Mudambi, R. (2005), MNE competence-creating subsidiary mandates. *Strategic Management Journal* 26(12) : 1109-1128.
Asakawa, K. (2001), Evolving headquarters-subsidiary dynamics in international R&D: The case of Japanese multinationals. *R&D Management*31(1).
Abo, T. (2015), Researching international transfer of the Japanese-style management and production system : Hybrid factories in six continents. *Asian Business & Management* 14 (1) : 5-35.
（7） 次のものがある。
銭佑錫（2011）「日本多国籍企業の海外子会社におけるイノベーションの創出」『中京経営研究』20（1・2）。
銭佑錫（2014）「ボッシュの国際経営――グローバルな社内標準化と「創造型」海外子会社」『赤門マネジメント・レビュー』13(6)。
（8） とりあえず次を参照。
安保哲夫・板垣博・上山邦雄・河村哲二・公文溥(1991)『アメリカに生きる日本的生産システム』東洋経済新報社；Abo,T. ed. (1994), *Hybrid Factory: Japanese Production System in the United States,* New York, Oxford University Press；(中国語訳：安保哲夫等著・ハオ燕書・苑志佳監訳（2001）『日本式生産方式的国際移転』中国人民大学出版社)
（9） 板垣博編著(1997)『日本的経営・生産システムと東アジア』ミネルヴァ書房。
（10） 安保哲夫(2011)「日本型生産システムの国際移転研究の変遷――6大陸のハイブリッド工場」『国際ビジネス研究』第3巻第1号。

人名索引

あ 行

アースキン，ロバート　29,48,72
アーマー，フィリップ　546,547
アール，ジョン　19
アイザック，ゴドフリー　911
アイス，ジョン　1020
アイトケン，ヒュー・G・J　912
アイレデル，ジェームズ　19
アシュレー，W・J　1044
アスター，ウィリアム・ウォルドルフ　268
アダムズ，エドワード・D　971
アダムズ，ジョン　64
アダムズ，チャールズ・フランシス　175
アデア，ジョン・G　532
アドラー，ドロシー　100,160,189,344,557
アニオン，ジェームズ・T　957
アネリ，ギオバニ　738
安保哲夫　ix
アリバー，ロバート　ix
アルソップ，リチャード　134
アルソップス家　92
アルフォード，バーナード　ix
アロー，ケネス　x
アンガス，R・B　811
アンダーソン，テリー　255
アンターマイヤー，サミュエル　1030
アンドリューズ，チャールズ　6
イーストマン，ジョセフ　543
イーストマン，ティモシー・C　542
イゴネ，レネイ　ix,147
イスメイ，J・ブルース　908
イスメイ，トーマス・H　907
インガム，ベンジャミン　134
イングランド，ジョン　24,25
ヴァーノン，レイ　viii

ヴァイナー，ジェイコブ　1038
ヴァン・スタフォルスト兄弟　73
ヴァンダービルト，ウィリアム　341
ヴァンダービルト，カンスエラ　269
ヴァン・レンセレーア，キリエン　11
ウィア，アンドリュー　496
ウィトウィック，ジョン　23
ヴィラード，ヘンリー　185,367,754
ウィリアムズ，W・W　443
ウィリアムソン，オリバー　x
ウィリアムソン，ジェフリー・G　129,155,255
ウィリアムソン，チャールズ　62,77
ウィリンク，ウィルヘム　73,99,140
ウィリンク，ジャン　73,76
ウィルキンソン，ガイ　428
ウィルソン，チャールズ　x
ウィルムセン，マリア　x
ウィンストン，J・E　68
ウィンスロップ，ジョン　9
ウィンスロップ二世，ジョン　21
ウェブスター，ダニエル　103,119,143,148
ウェルズ，T・E　549
ウェルズ，デヴィッド　177
ウェルド，ヘンリー・トーマス　146
ウェルナー，サー・ジュリアス・チャールズ　749
ウォーターハウス，エドウィン　956
ウォルトン，ゲイリー・M　32,43,44
ウォレンベルグ，グスタフ　752
ウッドワード，C・バン　382,437
エアリー卿　538,1021
エアリー伯爵　533,596
エクルズ，W・J　12
エジソン，トーマス　754
エデルステイン，マイケル　x,258,344,

1087
エバンズ，P・D　77
エリクソン，シャーロット　649
エルギン卿　159
オーヴァーストーン卿（ロイド，サミュエル・
　　ジョーンズ）　88,103,129,159
オーチンクロス，フー　146
オニオン，ステファン　27
オヘイガン，H・オズボーン　426,548,551,
　　563,599,957
オリバー，フランシス・J　92
オリバー卿，ウォルター　441
オルレアン公　12

か　行

カー，ウィリアム　890
カー，サミュエル　1023
カーク，ピーター　442,443
カーステンセン，フレッド　ix
カーテレット，サー・ジョージ　18
カーネギー，アンドリュー　184,197
カーマーセン侯爵　95
カイエ，ピエール　ix,630
カイロー，ジョセフ　1050
カウントウェイ，フランシス・A　585
ガスリー，エドウィン　956
カゼノヴェ，テオフィレ　52,59,76
カダヒー，ジョン　549
カダヒー，マイケル　547
カニンガム，ウィリアム　16
ガレンスン，デヴィッド・W　35
カレンダー，G・S　85
川邉信雄　905
ギー，ジョシュア　23,26,39
キャッセル，サー・アーネスト　349,350,
　　823
キャメロン，ロンド　ix,136,1087
ギャラティン，アルバート　66,119
ギャラハー，トム　581
キャリヨ，フネジイ　140
ギャレット，ジョン・W　1000

キャロソ，ヴィンセント　ix
キャンベル，ピーター　624
ギリアト，ジョン　354
ギルバート，チャールズ　65
ギルピン，ロバート　258
キング，フランク　ix
キンドルバーガー，チャールズ　ix
グウィナー，アーサー　368,828
クスケ，ブルノ　576
クズネッツ，サイモン　255
クック，ジェイ　169
グッゲンハイム，マイヤー　666
グッドイヤー，チャールズ　743
グッドソン，S　172
グッドナイト，チャールズ　532
クットロフ，アドルフ　688
クデル，ジャン・サミュエル　78
クラーク，ウィリアム　1045
クラーク，ジョージ・A　167
クラーク，ジョン　37
クラーク，ビクター・S　28,30,42,440
クライン，シドニー・T　561
グラハム，ジョン　37
クラフ，シェパード　1086
クラモンド，エドガー　1032
グラント，ジョージ　382
クリーブランド，グローバー　292,1016
クリーブランド，フレデリック　349
クリス，アントイーネ　698
クルーガー，ゴットフリート　569
クルース，ハーマン・E　65,208,876
クルツ，ロバート　x
クルップ，フリードリッヒ・アルフレッド
　　450
グルド，ジェイ　182,208,342,1018
グレー，ヴィヴィアン　439
グレンヴィル卿　543
グレン・コーツ，サー・トーマス　642
クローズ兄弟　377
クロザ，アントワン　12
クロス，イラ　802

人名索引

クロス，チャールズ・F　643
グロッサー，パウル　654
クロフォード，ジェームズ　147
クロメリン，チャールズ　17
ゲア，ヘンリー　166
ケアンクロス，サー・アレキサンダー　ix，270，1086
ケインズ，ジョン・メイナード　1032
ケーソン，マーク　ix
ゲスト，ジョン・ジョサイア　115
コーツ，アーチボルド　642
コーツ，アンドリュー　107，146
コーツ，サー・ピーター　171
コーツ，ジェームズ　199
コーティン，アーネスト　746
ゴードン，ハリー・パミュア　874
コーニング，エラスタス　104
コーヘン，ロバート・ウォレイ　374，500
コーリイ，トニイ　ix
コーリス，C・A　573，585
コール，チャールズ　1086
コールマン，J・J　542
コーレイ，T・A・B　695
コグズウェル，ウィリアム・B　704，732
コクラン，トーマス　568
コチュラン，トーマス　369
コックス，ダニエル　18
コックス，テンク　64
コットレル，ピル　ix
コナント，ヒゼキヤ　199，634
コパーズ，ハインリッヒ　745
コリンソン，ジョン　191

さ　行

サイモン，マシュウ　155，267
サウザーランド公爵　382
サップル，ベイリー　x
サマービル，ウィリアム・ファイブ　539
サミュエル，サー・マーカス　501
サラザール-キャリロ，ホルフェ　x
サンディズ，サー・エドウィン　6，34

シーザー，W・J　550，959
シーメンス，ウィルヘルム・ボン　757
シーメンス，ジョージ　358
シーラ，ディック　x
シーリグ，エミル　579
ジェームズ，マーキス　948
ジェームズ一世　3，9
シェパード，ピル　x
ジェファーソン，トーマス　16，17，36，43，66
シェファード，J・F　32，43，44
ジェフォンス，W・S　194
ジェフリー，ジェームズ・B　877
シェルドン，ヘンリー・I　193
ジェレットソン，F・C　498
ジェレミー，デヴィッド　ix
ジェンクス，リランド　86，87，106，138，176，340，374
シッポラ，カルロ　10
シフ，ジェイコブ　349
シモンズ，ジョージ　xii
シャーウィン，フランク・レミントン　381
シャーマン，ジョン　290
ジャクソン，アンドリュー　94，120
ジャクソン，ウィリアム　78
ジャクソン，W・タレンティン　539
ジャスティス，フィリップ・S　200
シャルドンネ伯爵，イレール・ドゥ　643
ジャンヴィエ，ウォルター　587
シュパイアー，ジェームズ　184
シュパイアー，フィリップ　184
シュミットマン，ハーマン　484
シュルツ，オーガスタス　646
シュレーター，ハーム　x
シュローダー，J・ヘンリー　474
シュワルツェンバッハ，ロバート　631
シュンペーター，ヨーゼフ　188
ショー，ロバート　690
ジョージ三世　153
ジョードン，サミュエル　103
ジョーンズ，ジェフリー　ix，362，780
ジョーンズ，チャールズ　ix

1231

ジョーンズ，ルイス・D　958
ジョセフソン，マシュウ　757
スウィニー，アラステア　x
スウィフト，W・H　114,150
スウィフト，グスタフ　372
スウェーン，ロバート・T　551
スカリー，ウィリアム　118,152,381
スクラントン，フィリップ　632
スコット，W・R　34
スターン，S・P　74
スターン，ジェイコブ　342
スタインウェイ，ウィリアム　737
スタインウェイ，セオドア　117
スタインウェイ，ハインリッヒ　117
スタンフォード，リランド　1012
スチューヴェサント，ピーター　11
スティーゲル男爵，ハインリッヒ・ウィルヘルム　30
スティクニー，A・B　365
スティルウェル，アーサー　342
ステファン，ジョージ（マウント・ステファン卿）　358,811
ステューデンスキー，ポール　208
ストラットン，ウィンフィールド・S　430
スネル，サミュエル　447
スプローグ，フランク　756
スペンサー，フランク　559
スペンス，クラーク　429
スポッツウッド，アレキサンダー　23
スミス，アダム　15,20,47,153
スミス，ウィリアム　6
スミス，サー・トーマス　4,6,34
スミス，シドニー　106
スミス，ジョージ　97,357
スミス，ジョサイア・ティミス　443
スミス，ジョン　7
スミス，W・H　171
スミス，トーマス　167
スミス，ドナルド（ストラスコナ卿とマウント・ローヤル）　358,360,811
スミス，ハミルトン　428

スミス，ヒュー・コリン　350
スミス，フランシス・マリオン　489
スミス，ミルトン　354
セヴィラ，カルロス　x
ゼールバッハ，E　685
セクレタン，M　471
ソウル，S・B　x
ソエト，リュク　281
ソコロフスキー，H・E　152
ソルベイ，アーネスト　700

た　行

ダイムラー，ゴトリブ　738
タウシッグ，F・W　714
ダッタ，アミタヴァ　x
ダニエルズ，ジョセファス　1019
ダニング，ジョン　viii,781
タフト，ウィリアム・ハワード　1019
ダンモア卿　37
ダンレイヴン卿　595
チェイス，S・P　169
チェトウィンド，ウィリアム　24
チャーチ，ロイ　ix
チャールズ一世　9
チャールズ二世　12
チャドウィック，デヴィッド　204
チャプマン，スタンレイ　ix,41,347,822
チャルマー，ウィリアム　750
チャンドラー，アルフレッド・D　695
チャンドラー・ジュニア，アルフレッド・D　iii,viii
デイヴィス，A・V　492
デイヴィス，ジョン　1012
デイヴィス，ドン　ix
デイヴィス，リチャード　ix
ディキンソン，アーサー・ロース　965
ディクソン，ジョン・P　621
ディケンズ，ポール　975
テイコバ，アリス　x
テイト，ジェームズ　890
ティリイ，リチャード　x

人名索引

テイン，パトリシア　x
デヴィッドソン，ベンジャミン　117
テーラー，フレデリック・W　741
デクスター，トーマス　21
デクラーノ，エドムンド　428
デターディン，ヘンリ　497
テットレー，H・G　644
デュアー，ジョン　570
デュイスベルグ，カール　685,692
デューワー，サー・トーマス　1078
デュプラン，レオポルド　629
トウィーデール，ジェフリー　x
ドゥスベルグ，カール　692
トゥロープ，ロバート　63
トーマス，ブリンリー　40,270,279,1086
トクヴィル伯爵，アレクシス・ド　144,160
ドス・パソス，ジョン　636
トッパム，C・F　643
トレビロック，クリーブ　767
トロッター，アレキサンダー　102,142
トンプソン，G・A　189
トンプソン，J・ウォルター　585

な 行

ナイラー，R・T　955
中川敬一郎　ix
ナッシュ，ロバート・ルーカス　1036
ナップ，シーマン・A　893
ニコラス，スティーブ　ix
ニコルス，リチャード　12
ニコルソン，J・シールド　1042
ヌルクセ，ラグナー　1096
ネイマーク，アルフレッド　1034
ネイラー，R・T　812
ネヴィン，アラン　16
ネスレ，ヘンリ　572
ノイ，イレーネ　ix,135
ノース，ダグラス・C　x,79,81,107,167,
　　255
ノーベル，アルフレッド　202,681
ノーマン，G・W　103

ノツェリン，エドアード　349
ノルテ，ヴィンセント　82

は 行

パーキンス，エドウィン　ix,18
ハークネス，チャールズ・W　405
バークレー，ジェームズ・W　538
バークレー卿，ジョン　18
パース，ジョン　7
ハースト，ジョージ　472
ハーゼンクレヴァー，ピーター　19,27,40
ハーデンブルック，ウィリアム・テン・エック
　　134
ハートナー，ピーター　ix
ハートフォード，ロード　143
ハートレイ，E・N　22
バーバー，A・L　878
バーバー家　641
ハーバー，L・F　686,698
ハービー，W・H　1016
ハーフォード，ヘンリー　43
パープスト，フレデリック　562
ハームスワース，R・レスター　495
バイエル，フリードリッヒ　201
バイジー，ジョン　569
ハイディ，ムリエル　360
ハイディ，ラルフ　90,130
バウアー，ハンス　150
パヴィット，キース　281
パウエル，F・W　349
パウエル，エリス・T　1036
パウダーリー，テレンス・V　1017
バクスター，デヴィッド　193
ハザード，ローランド　700
ハザウェイ，H・K　741
バス，ダイトリック　754
ハナー，レス　ix
ハミルトン，アレキサンダー　50,51,58,66,
　　105,119
ハモンド，ジョージ・H　548
ハモンド，ブレイ　57,165

1233

ハリソン, ベンジャミン　1052
ハリマン, E・H　359,375
パルグレイヴ, R・H・イングリス　293,
　347,895,1034
パルティニー, サー・ウィリアム　62,63
バルフォア, アーチボルド　882
パルマーストン卿　106
バロー, ジョン・ワイリィ　956
バンクロフト, ジョージ　148
ハンター, J・B・K　ix,633,668
ハンティングトン, コリス　369
ハンフレイ, ジェストン　29
ピアス, ハリー　171
ピアソン, ウィートマン　973
ピアソン, ジム・ベリー　381
ピィアリー, ウィリアム・J　907
ピーター, ダニエル　572
ビーチャム, ジョセフ　695
ビーチャム, トーマス　695
ピート, サー・モートン　181
ピーバディ, ジョージ　91,148
ピール, サー・ロバート　148
ヒクソン, ジョセフ　353
ビクトリア女王　174,542
ビスマルク, オットー・フォン　1049
ビドル, ニコラス　131
ヒル, ジェームズ・J　349,560
ヒル, ピーター　255
ピルズベリー, ジョン・S　559
ピルズベリー, チャールズ　556
ヒルファーディング, ルドルフ　1046
ビンガム, ウィリアム　75,77
ブア, ヘンリー・ヴァーナム　149
ブア, ヘンリー・ヴァーナム　150
ファーバー, ウィルヘルム・ボン　768
ファーバー, エバーハード　202
ファーバー・キャステル伯爵, アレキサンダ
　ー・ボン　768
ファーマー, ジョセフ　23,26
ファーレ, ガスパード　359,559,560
ファウラー, J・ガーニー　568

ファッシュ, J・J　29
フィッツ, ウィリアム　37
フィリップス, アイザック　90
フィリップス, ロバート　90
フーパー, ロバート　72
ブーン, トーマス　19
フェイス, ハーバート　879,1036,1048
フェインスタイン, C・H　45
フェッセンデン, W・P　170
フェリー, ジュール　1034
フェントン, W　172
フォーウッド, ウィリアム・B　605
フォーゲルシュタイン, ルードヴィヒ　479
フォーサイス, ジョン　131
フォード, J・B　704
フォーレイ卿　40
ブキャナン, ジェームズ　570
ブッチャー, ウィリアム　201
ブライアン, ウィリアム・ジェニングス
　432,1042
ブライクローダー, ガーソン・フォン　176
プライス, ジョン　27
プライス, ハーマン　685
プライス, ヤコブ　32,36,43
ブラックモア, ウィリアム　192
ブラッツ, バレンタイン　563
プラット, D・C・M　1039
プラット, クリストファー　ix
フランク, カール　759
フランクリン, ベンジャミン　37,49
ブランズウィック公爵　161
ブランドフォン, ロバート　620,660
フリーズ, ハロルド・H　696
フリーデンソン, パトリック　ix
ブリストー, B・H　289
ブリッジズ, ロバート　21
ブリン, マーティン　876
プリンス, フレデリック・H　551
フリント, チャールズ　743
ブルシェイ, スチュアート　ix,16
ブルックス, フランクリン　ix

人名索引

ブルナー，ジョン　703
ブレイヤー，ハーバート・O　192
プレスブリー，フランク　944
フレミー，ルイ　194
フレミング，ロバート　351，353，538，695，
　976
ブロジェット，サムエル　56，79
ブロック，ジョン　709
ブロンソン，アイザック　96
ベアリング，アレキサンダー（アシュバートン
　卿）　53，58，63，75，77，148
ベアリング，エドワード　365
ベアリング，トーマス　815
ベアリング，フランシス　53
ベアリング，ユーゴ　816
ヘイ，ジョン　1027，1068
ベイカー，テオドル　692
ベイシュ，ジョージ　267，293，569，1032
ベイソン，ルイス・E　1013
ベイツ，ジョシュア　89，143
ヘイトリー，ジョン・C　549
ヘイル，ダニエル・H　193
ヘインズ，ウィリアム　201，713，906
ベーコン，ナサニエル・T　248，293，568，
　1050
ページ，ジョージ　571
ヘス，ウィリアム　60
ベッカート，アーネスト　654
ペティット，サイラス・W　643
ベドフォード公爵　19
ヘナート，ジーン-フランスワ　ix
ベバン，E・F　643
ベラット，ウィリアム　43
ベル，サー・ラウシアン　435，1033
ベル，ジェームズ　543
ベル，ヘンリー　543
ヘルツェン，アレキサンダー　159
ヘルム，エドワード・トーマス　563
ベルモント，オーガスト　90，101，117，132，
　168
ベルモント・ジュニア，オーガスト　976

ヘロート，ポール　451
ペン，トーマス　43
ベンソン，アーネスト・レオポルド・シュレジ
　ング　108
ベンソン，ロバート　167
ペンダー，サー・ジェームズ　773
ペンダー，サー・ジョン　538，909
ヘンチ，ヘンリー　164
ベントン，トーマス　154
ホイットウェル，トーマス　437
ホイットニー，ジョン・R　876
ハウエ，アンソニー　ix
ホープ，ヘンリー　56
ホープ，ヘンリー・トーマス　167
ボーロン・ジュニア，ジェームズ　437
ポーンセフォット，サー・ジュリアン　1068
ホブソン，C・K　19，160，593，1033
ポラード，シドニー　1087
ホリデイ，リード　201
ボルチモア卿，フレディリック　18，43
ボワイエ，チャールズ　72
ボワスヴェイン，A・A・H　367
ポンソンビー卿　1053
ボンド，フランク　365

ま 行

マーシャル，アルフレッド　1039
マーチャンド，ドナルド　ix
マーティン，アルブロ　ix，332，375，1095
マールボロ公爵　269，376
マイネルゲン，ダニエル　153
マイヤー，レヴィー　563
マイヤース，マーガレット　255
マクファーレイン，ラリイ　ix，382
マクレイン，ルイス　102
マクレー，ダグラス・ゴードン　556
マグン，ジョージ　366，815
マケイ，ジョン　ix
マコレイ卿　159
マサイアス，ピーター　546，947
マシソン，ウィリアム・J　690

1235

マシソン，トーマス・T　705
マシソン，ニール　705
マッカイ，アレキサンダー　495，539
マッカスカー，ジョン　43
マッキンタイア，トーマス　558
マッキントッシュ，ジョン　576，612
マッケンジー，ウィリアム　538，1020
マッデン，ジョン・J　250，267
マルクス，カール　147
マルコーニ，グアエルモ　761
マンネスマン，マックス　450
マンネスマン，ラインハード　450
ミード，エルウッド　974
三浦正造　906
ミシュラン，J・H　742
ミシュラン，マルセル　741
ミッチェル，W・H　622
ミッチェル，アレキサンダー　383
ミルズ，エドワード　110
ムーア，サー・ヘンリー　42
メイ，アール・チャピン　23，25
メイ，ジョージ・O　965
メッツ，ハーマン・A　678，687，688，690
メナード，ラッセル・R　18，43
メルク，ジョージ　692
メルトン，ジェームズ　x
メンジーズ，ウィリアム・J　538，884
モウ，ジム　x
モーゼンタール，ヘンリー・ド　684
モラウェッツ，ビクター　356
モリス，フィリップ　581
モリス，リチャード　ix
モリス，ロバート　64，65，78
モリソン，サミュエル・エリオット　18
モリソン，ジェームズ　108
モリソン，チャールズ　108
モリル，ロト・M　290
モンロー，ラッセル　568

や　行

山崎広明　x，936

ヤング，ステファン　x
由井常彦　x
ヨーク公　12

ら　行

ライクス，トーマス　143
ライシス　1042
ライス，アイザック　766
ライト，ジェームズ　19
ライリー，チャールズ・E　652，653
ラインガナム，ポール　186
ラウ，ジム　ix
ラサル，ロバート・キャベラー・デ　12
ラッセル，ジェームズ　27
ラッセル，トーマス　48
ラッセル二世，トーマス　26
ラニエ，ジェームズ　183
ラフレール，ミッシェル　629
ラボウチェア，ピエール・C　56，89
ラモント，トーマス・W　573
ランス，ウィリアム　167
ランフ，カール　718
リー，ロバート　174
リーゲル，ロバート　1006
リーダー，W・J　704
リーダー，ビル　ix
リーダー，リチャード　22
リーベナウ，ジョナサン　ix，280
リヴィングストン，シューラー　93，134
リオサトス，パノス　x
リカード，T・A　425
リグズ，エリシャ　102
リダーデール，ウィリアム　166
リチャード，ジョン　63
リトル，アーサー・D　712
リピイ，J・フレッド　378
リプトン，トーマス・J　546，579，997
リプレイ，ウィリアム　339
リレイ，ジェームズ　68
リンデ，カール・フォン　710
ルイス，クレオナ　79，172，252，253，569

人名索引

ルーズベルト，セオドア　910
ルドゥー，A・D　487
ルンド，ドニヴァー　ix
ルンドストレーム，ランヒルド　ix, 784
レイヴィス，ウォルター・ハーマン・カール
　1049
レイバル，グスタフ　751
レヴィ・レボワイエ，マウリス　ix
レーニン，ウラジミール　1104
レオナード，ジェームズ　23
レオナード，ヘンリー　23
レドヤード，ヘンリー　369, 373
レベルストーク卿　350
レロイ，ヤコブ　17
ロウ，ジョン　12, 13
ロエスラー，エルネスト・フリードリッヒ
　432
ロー，サイマンド　765
ローグリン，J・ローレンス　368
ローザ，ルース　x
ローザ，ロバート・V　x
ローム，オットー　651
ローリン，J・C　711
ローリン，ヒュー　711

ロススタイン，モートン　555
ロスチャイルド卿，ナサン・メイヤー　90,
　350, 976
ロスチャイルド男爵，アルフォンス・デ
　117, 292, 818
ロスチャイルド男爵，ジェームズ・デ　101,
　111, 117, 818
ロスチャイルド男爵，リオネル　818
ロゼリウス，ルードヴィヒ　578
ロック，ホワード　x
ロックフェラー，ウィリアム　405, 882
ロバーツ，デヴィッド　438
ロビンソン，ウィリアム　145
ロンバード，A　144
ロンバード，ウィリアム・A　882
ロンバード，ジェームズ・L　882

わ 行

ワード，サミュエル・G　353
ワード，トーマス・レン　89, 92, 130
ワーナー，H・H　695
ワイマン，エラスタス　564
ワイルダー，S・V・S　88, 129
ワシントン，アウグスチン　24

事項索引

あ 行

アーカンソーヴァリー社　1009
アーカンソー州　179,733
アーカンソー州債　112
アーカンソー商業銀行　101
アーサー・アンダーセン社　968
アーサー・ギネス社（ダブリン）　562
アーサー・ヤング社　955,968
アーノルド・B・ハイネ社　631
アーマー・カダヒー精肉出荷会社　547
アーマー社　545,552,554
アームストロング委員会　966
R.&I.フィリップス社　90,101,132
R.&H.サイモン社　627,664
R&Jディック社　744
アーロン・ハーシュ＆ゾーン社　480
アーンスト＆ウィニー社　967
IOUノート　16
アイオワ州　890
アイオワ土地会社　377
愛国活動　27
愛国者　48
アイゼマン・マグネット発電機会社　761
亜鉛シンジケート　481
アカケブラコ・エキス　651
麻糸　632
アジアの首長　1068
アシャーシュレーベン・カリウム製造所
　484,485,486
アシュリー社　619
頭権利　18
アチソン・トピカ・アンド・サンタフェ鉄道会
　社　342,815,955
圧延機　22,146
圧搾法　446

アトランティック・アンド・グレート・ウェス
　タン鉄道会社　162,172,181,182
アトランティック・アンド・ダンビル鉄道会社
　860
アドリアン＆ジョン・イゼリン社　150,163
アドルフ・ボワスヴェイン社　348,833
アナコンダ銀採掘社　471
アナコンダ銅会社　471
アニリン　648
アニリン製造株式会社（AGFA）　687,688,
　692
アマルガメイティッド銅会社　474
アムステルダム委員会　356
アムステルダム銀行　832
アムステルダム証券取引所　276,345
アメリカ亜鉛化学社　478
アメリカ・アルミニウム社（Alcoa）　491,
　970
アメリカ・イーストマン・コダック社　773
アメリカ・エジソン社　754
アメリカ化　48,61,653
アメリカ海軍　1019
アメリカ合衆国公債（連邦債）　i,50,53,56,
　70,79,81,82,85,89,106,122,174
アメリカ機関車会社　736
アメリカ基金共同資産会社　899
アメリカ絹織物組合　631,662
アメリカ・キャレンダー絶縁防水会社　762
アメリカ銀行　810
『アメリカ芸術誌』　737
アメリカ国債・株式所有者イギリス協会
　353,743
アメリカ国務省　1027
アメリカ・コンゴ社　278
アメリカ最高裁判所　498
アメリカ財務省　112,115

事項索引

アメリカ財務省統計局　600
アメリカ財務省報告書　125
アメリカ財務長官　115
アメリカ・シーメンス＆ハルスキー電気社
　757
アメリカ証券　70,83
アメリカ商務省　113
アメリカ植民地政府　47
アメリカ人経営委員会　557
アメリカ錫めっき産業　448
アメリカ政府金融　75
アメリカ耐火煉瓦会社　771
『アメリカ鉄鋼協会年鑑』　748
アメリカ鉄鋼社　28,31
アメリカ鉄工所　48
アメリカ鉄道業　116,123
アメリカ鉄道債　115,150
『アメリカ鉄道ジャーナル』　119,167
アメリカ鉄道証券　114,140,187
アメリカ鉄道抵当債券　188
アメリカ独立戦争／独立宣言／独立革命　i,
　3,17,19,21,26,31,46,47
アメリカ特許局　280
アメリカ・トロナ社　487
アメリカにおける長期外国投資総額　126
アメリカ農業化学社　484
アメリカの銀行　113
アメリカの銀行に対する所有権　113
アメリカの公的債務　50,111
アメリカの国王派　43
アメリカの国際投資ポジション　74
アメリカの国内債務　51,55
アメリカの債務証券　51
アメリカの長期的な国際債務　122
アメリカファンド　75
アメリカ・プルデンシャル保険会社　984
アメリカ・マクミラン社　769
アメリカ・マルコーニ無線電信会社　761,
　910
アメリカ水・電気会社　975
アメリカ綿業機械製作業者協会　653

アメリカ・モス・ベイ鉄鋼会社　998
アメリカ郵便契約　110
アメリカ陸軍省　1019
アメリカ坩堝鋼社　445
アメリカレール市場　108
アメリカン・リーヴァー・ブラザーズ社
　585
アメリカン・アソシエーション社　440,504
アメリカン・エクスプレス社　810
アメリカン・ガソリン社　499,502
アメリカン・カン社　708
アメリカン金属社　476
アメリカン航路会社　907
アメリカン製糸社　636,637,1005
アメリカン生命保険・信託会社　97,137,
　138,145
アメリカン製錬・精製社（ASARCO）　476
アメリカン・タバコ社　580
アメリカン電話・電信会社　817,913
アメリカン・ハイド＆レザー社　647,648
『アメリカン・ビジネス・ヒストリー』　65
アメリカン・ビスコース社　644,645
アメリカン・マンネスマン・チューブ会社
　1018
アメリカン・メルク社　692
アメリカン・ラ・デンテーレ株式会社　628
アメリン社　73
アメルング，フリードリッヒ　51
アラートン精肉出荷会社　549
アライド化学社　728
アラスカ梱包組合　555
アラスカ州　429
アラバマ・アンド・チャタヌーガ鉄道会社
　377
アラバマ・アンド・テネシー川鉄道会社
　116
アラバマ・グレート・サザン鉄道会社　343,
　364,439
アラバマ州　179,932
アラバマ石炭・鉄・土地・植民地化会社
　（ACILCC）　439

1239

アラバマ電鉄電燈電力株式会社　978

アラバマ・ニューオーリンズ・テキサス・アン

　　ド・パシフィック・ジャンクション鉄道会

　　社　409

アリザニン　688

アリス・チャルマー社　749

アリゾナ州　996

アリゾナ州法　801

アリゾナ銅会社　426,473,504,899

アルガマイン電気社(A.E.G.)　754

アルカリ　650

アルカリ脱錫法　708

アルコーズ　697

アルファ・オメガ出版社　769

アルファ分離機　751

アルファ・レイバル社　751

アルフレッド・ノーベル社　682

アルフレッド・ブース社　646,647,658

アルフレッド・フェザーストン社　740

アルミナ　493

アルミニウム産業株式会社（A.I.A.G.）

　　491

アルミニウム社　678,706,717

アングロ・アメリカン債券株式会社　922

アングロ・アメリカン貯蔵会社　550

アングロ・アメリカン電信会社　175,909

アングロ・アメリカン冷蔵車会社　550

アングロ・カリフォルニアン銀行　802

アングロ・コロラド会社　430

アングロ・スイス加糖練乳社　571

アングロ・ペルシャ石油社　360

アングロ・メキシカン石油生産株式会社

　　（AMPPC）　496

安全な投資　86

アンチピリン　689

アントニー・ギブズ＆サンズ株式会社　904

アンドリュー・ジャクソン大統領の拒否権声明

　　135

アントワープ取引所　345

アンホイザー・ブッシュ社　564,570,904

アンモニア　701

アンモニア・ソーダ法　700

イースタン鉄道（マサチューセッツ）　184,

　　353

イーストマン株式会社　543

イーストマン・コダック社　772

イーストランド社　4

E・モアウッド社　448

「いいものでかつ安いアメリカ投資」　105

イエドキン川　493

イエンシェビング＆バルカンズ・タンドスティ

　　ックスファブリカ株式会社　588

イギリス苛性ソーダ製造協会　710,731

イギリスからの投資　111

イギリス関税委員会　631

イギリス銀行法　159

イギリス・シェル社　497

イギリス商会　109

イギリス商人　15

イギリス繊維企業のアメリカへの移転　631

イギリスの航行法　139

イギリスの債務請求権　32

イギリスの商社　30

イギリスの製鉄業者　99,115

イギリスの鉄道建設引き受け業者　151

イギリスの投資家　562

『イギリスの貿易と海運の考察』　26

イギリスのロスチャイルド家　128

『イギリスのロスチャイルド家』　972

イギリスフェビアン協会　1045

移住意思宣言　152

委託販売人　60

一般大西洋船舶会社　906

異邦人の財産権　48

違法なる独占　36

移民　82

移民製造業者　667

医薬品　685

イリノイ公営輸送会社　978

イリノイ州法　799

イリノイ・セントラル鉄道会社　115,161,

　　162,186,340,342,363

事項索引

イリノイ中央信託会社　799
イリノイ投資会社　97
イリノイ・ミシガン運河会社　108
インガム・ステファンズ社　93
イングランド　261
イングランド・ウェールズ首都銀行　362
イングランド銀行　101,152,175,810
イングランド縫製綿会社　635,637,638,643,
　1005
インディアナ州債　143
インディアナ州債保持委員会　145
インディアナポリス鉄道会社　363
インディペンデンス鉱山　430
インディペンデント・クープ社　563
インド社　13
インフラストラクチュア　261,1094
インフレーション　141
インペリアル・オフィス　204
インペリアル・タバコ社　580,590,1005
インペリアル・タバコ・ケンタッキー社
　581
ヴァン・ドゥーゼン社　556
ヴァン・ビーフティン＆ブーン社　63
ウィア連盟　496
ウィギン社　88,92
ヴィクスバーグ商業銀行　95
ウィスコンシン海上火災保険会社　97
ヴィッカー社　147
ヴィッカー＆マキシム社　765
ウィニー・スミス＆ウィニー社　967
ウィリアム・ジェソップ＆サンズ社　446
ウィルソン＝ゴーマン関税法　448,652
ウィルヘルム・ベンガー・ゾーネ社　645
ウィンスロー・レニエ社　112,122,149,348,
　367,971
ウィンターボトム・ブック・クロス社　611
ウィンチェスター・ハウス　917
ウール織物　92
ウールワース社　947
ウェールズ　261
ウェスタン鉄道会社（マサチューセッツ）

101
ウェスタン保険会社　204
ウェスタン・ユニオン電信会社　911,913
ウェスティングハウス電機会社　760,831
ウェスト・ウィスコンシン鉄道会社　191
ウェストバージニア州　180
ウェストファリア貿易社　27
ウェブスター＝アシュバートン協定　148
ウェルナー・バイト社　749
ウォータータウン社　949
ウォッシュバーン製粉会社　556
ウォレン社　139
受取手形業務　805
ウッドハウス・ローソン連合会社　990
裏保証　144
ウルフ・プロセス・レザー社　647
運河　i,87
運河会社　99
運河プロジェクト　123
運用可能な資本　88
A.＆F.ペアーズ社　587,725
A＆P社　947
英貨債　101
永久差し止め命令　1005
A・クリプシュタイン社　678,691
A・W・ファーバー社　768
H・ゲルブーケ社　163
H・コパーズ社　745
H・ポッツフォード社　549
エキスプロレイション社　431,473,856
エキタブル生命保険会社　966
『エコノミスト』　294,333,564,569,602,605
エジソン・ゼネラル・エレクトリック社（エジ
　ソンGE）　284,755,974
エジプト綿　620
S・S・クレージュ社　947
SKF　785
エステス・パーク株式会社　595
S・ピアソン＆サン社　496,970,973
エスピュエラ土地牧畜株式会社　538
エドガー・アレン社　446

1241

エドガー・アレン・マンガン鋼社　446
エトナ・パウダー社　683
エトリック・ミルズ　690
エドワード・アリス社　749
エバーハード・オーロラ鉱山社　427
F・デ・リザーディ社　93
エマ銀鉱山株式会社　196
エマ鉱山　425
エミル・エルランガー社　364,439,826
エミル・ラーテナウ社　754
M・M・ウォーバーグ社　187,349
M・サミュエル株式会社　494
エリー運河　87,184
エリー運河債務　87
エリー石炭社　450
エリー鉄道会社　162,339
エリクソン電話製造会社　762
エルウッド非溶接鋼管社　447
L・M・バーギン社　740
エルテリアン製作所歴史図書館　717
L・フォーゲルシュタイン株式会社　478
エレクトリック・リダクション社（E.R.C.）
　　277,707
沿岸貿易　15
塩水泉　701
塩素脱錫技術　708
エンパイアー信託会社　919
王室諮問会議　4
王立信託銀行　799
王立鋳造精錬所　152
王立病院基金　350
王立評議会　34
O.N.T.　639
オーガスト・ベルモント社　289,362,820,
　　822
オーギュスト・レポート社　628
オーディガー＆マイヤー社　627
オーティス製鋼社　443,504
オートマット　747
オーバーン・アンド・ロチェスター鉄道会社
　　104

オーフォード銅会社　478
オーベルシュレジッヘ・コークス製造・化学製
　　作社　709
オーリン・マシソン化学社　728
オールドハムマスター綿紡績工協会　660
オールドバリー電気化学社　705,706
オグデン社　580
オクラホマ州　429
オクラホマ石油社　495
オクラホマ・ユニオン石油社　495
オコナイト社　763
汚染物質　699
オタムワ工場　545
オタワにある公立古文書館のベアリング文書
　　（BAO）　128
オックスフォード大学出版社　768
オバーエンド・ガルーニー社　88,175,205
オハイオ・コロラド製錬・精錬株式会社
　　478
オハイオ社　19
オハイオ州　170,627
オハイオ州債　112,143
オハイオ生命保険・信託会社　97
オプション　521
オマハ精肉出荷会社　550
オランダ銀行企業　52
オランダ証券信託会社　772
オランダ商社　17
オランダ植民地石油社　499
オランダシンジケート　342
オランダ土地会社　63,79,96,99,120
オランダ西インド社　10,14
オランダの投資家　112
オランダ東インド社　10
オリンピック・ポートランド・セメント株式会
　　社　770
オルゼンシュ・ポートランド・セメント加工会
　　社　770
オルバニー　12
オルバニー・アニリン化学製作所　201,649,
　　685

1242

事項索引

オルバニー商業銀行　95
オルブライト＆ウィルソン社　706,709,730
オレゴン・アンド・カリフォルニア鉄道会社
　184,186
オレゴン＆ワシントン信託会社　596
オレゴン＆ワシントン信託投資株式会社
　885,928
オレゴン（準）州　82,173,806
オレゴン抵当株式会社　934
オレゴン鉄道・海運会社　365
オレンスタイン・アーサー・コペル社　745
オレンスタイン・コペル＆アーサー・コペル社
　745
オンタリオ州　733

か 行

カーク＆バレンタイン社　442
カークホーヘン社　188,899
カー社　635
カー製糸社　638
カーティス・デイヴィス社　583,585
ガーディナー・ルーカス・グルー＆ゼラチン社
　648
カーネーション社　575
カーネギー製鋼社　452
ガーフィルード・ミルズ　626
カーマン社　164
カール・ゼイス製造会社　770
カール・ベンツ社　737
海外からの投資　21
海外の直接投資　124
海外のマーチャントバンク　123
貝殻数珠　22
ガイギー・タール・メーア社　691
外国為替手形　173
外国債券所有者協議会　1052
外国債券所有者諮問委員会　190,195,294
外国債務　54,123
外国資本　121
外国証券投資　i,vi,46,123
外国・植民地政府信託　176

外国人株主　142
外国人財産法　590,591
外国人資産管理局　273,654,678,690,693
外国人所有者　102
外国人投資（家）　112,351
外国人土地法　1024,1028
外国人に所有される州債　122
外国人持株額　137
外国船の完全禁止策　153
外国直接投資　i,60,123,124,677
外国投資　81,107,118,122,123,679
外国投資に対するアメリカ人の反応　118
外国投資に対する態度　65
外国投資の系統的な統計　96
外国土地保有　18
外国特許　679
外国のお金に好意的な見解　119
外国の株式所有者の特権剝奪　136
外国の技術的貢献　677
外国の鉱山業者　121
解散判決　640
会社組織牧場　540
海上運輸業　3
海上輸送　17
ガイゼンハイマー社　691
買い付け代理店　546
カウリー社　491
価格協定　682
化学合成特許社　686,719
価格固定協定　682
化学産業での教育　679
化学品の国際協定　679
化学ファンデーション社　717
革命的な損失　39
火災保険　114
過酸化水素　706
仮借名証券　334
ガス蓄熱会社　751
ガズデン地区買収　82
ガス電力照明統合会社　975
ガスモーター製造ドイツ社　746

1243

河川航海　i
家族的商社　17
家族持ちの労働者　625
家畜業者　533
家畜仲介業者　541
合衆国銀行　57, 69, 94, 95, 101, 102, 121, 123,
　　132
合衆国ゴム社　740
合衆国信託保証株式会社　881
合衆国第1銀行　57, 94
合衆国第2銀行　89, 91, 94, 120, 123, 136
合衆国タイヤ社　740
合衆国抵当会社　378, 918
合衆国テレフンケン・ワイヤレス・テレグラフ
　　社　788
合衆国ブラスティング・オイル社　202
合衆国レザー社　647
カッセラ・カラー社　690
カッセラ社　726
合併統合　593
家庭薬　696
カナダ王立銀行　362
カナダ王立信託銀行　799
カナダ商業銀行　799
カナダ銅会社　478
カナダ・ノースウェスタン電信会社　911
カナダ・マーチャントバンク　799
カナディアン商業銀行　206
カナディアン・ノーザングループ　372
カナディアン・パシフィック鉄道会社　277,
　　360, 413
カニンガム貿易社　43
カフェー・ハグ株式会社　578
カフェー・ヘンデルズ株式会社　578
株式買付選択権　297
株式仲買人（業者）　171, 915
株式ブローカー　150, 347, 874
カムデン・アンド・アムボイ鉄道会社　99
ガラス製造　51
カリアー・ニッティング・マシン社　654
ガリーナ・アンド・シカゴ鉄道会社　163

借入の肩代わり　86
カリウム　30, 32
カリウム・カルテル　484
カリウム法（1910年，ドイツ）　487
カリウム問題（論争）　338, 1049
カリフォルニア協会　110, 126
カリフォルニア金鉱　81, 110, 116, 147, 195
カリフォルニア・シェル株式会社　502
カリフォルニア州　165, 801
カリフォルニア州銀行法　804
カリフォルニア州法　804, 994
カリフォルニア・トロナ社　487
カリフォルニア油田株式会社　494
カルノー鉱石　491
カレ・ウント・カンパニ（カレ）　687, 691,
　　716
カレ色彩化学社　691
カレドニアン保険会社　950
為替手形　173
為替レート　346
カンザスシティ・エルパソ・アンド・メキシコ
　　鉄道会社　441
カンザスシティ第1国法銀行　881
カンザスシティ・ピッツバーグ・アンド・ガル
　　フ鉄道会社　342
カンザス州　555, 890
カンザス土地会社　377
カンザス・パシフィック鉄道会社　184
関税　26, 108, 571, 582, 621, 622, 632, 641,
　　679, 715, 731
関税委員会　661
関税障壁　142, 244, 633, 644, 652
環大西洋信託会社　813
甘味料メーカー　697
キィストーン電信会社　913
機械ゴム社　744
機械力による冷蔵　542
帰化法　67
企業統治権限の大西洋横断　9
企業特殊的資産　1091
企業向け外国投資　59

事項索引

貴金属の鉱脈　152
キクニガナ　579
技術交換契約　684
技術支援　679
技術的ノウハウ　680
偽造　695
キダー・ピーバディ社　366,815
北ドイツ・ロイド航路会社　147,828,906
キッコーマン社　578
絹　624
規模の経済　714
キャストナー・ケルナー・アルカリ社　650,
　706,709
キャストナー電解アルカリ社　650,705,728
キャタラクト建設会社　819,971
キャッセル金抽出株式会社　459
キャッセル・シアン化物会社　459
キャドベリー・ブラザーズ社　576
キャピタルゲイン（資本獲得収入）　389
キャピトル自由保有土地投資株式会社　538,
　597
キャピトル・シンジケート　1026
キャリコ・プリンターズ・アソシエーション社
　625,663
キャレンダー・ケーブル敷設会社　762
キャンプ・バード社　426
求償委員会　72
キューバ・アメリカ砂糖社　278
キューバ国立銀行　278
窮乏化的成長　1099
キュナード社　110,906,908,1035
教会禁酒会　564
許可条項　58
居住投資家　14
ギリアト社　354,823
金恐慌　210
金属銀行・メタルゲゼルシャフト社　905
金属工業通商会社（SICM）　471
金属ナトリウム　706
近代的多国籍企業　5
金保証債　333

金本位制　432,1064
金本位法　245
金融資本　1104
金融信託会社　920
金融代理人　90
金融仲介人（業者）　91,124,276
「金融的娯楽」　261
『金融に関するアメリカ国家報告書　第1巻』
　54
グアダルーペ・イダルゴ条約　148
クイーン社　953
クイーンズ・オフィス　204
空気制御タイヤ＆ブース回転エージェンシー社
　739
クーパーズ＆ライブランド社　968
クーパー・ブラザーズ社　962
クーポン　346
クーポン債　291
クーン・ロブ社　348,349,822
クエーカー教徒　435
グッゲンハイム家　461,481
クッシュマン・ブラザーズ社　573
グッドリッチ社　772
クノル社　692
久原財閥　906
クラーク製糸社　634
クラーク・マイルエンド・スプール・コットン
　社　634
クラインワート・サンズ社　772
クラウディング・アウト　1093
クラウン（直轄植民地）　4,6
クラウン・ミルズ社　561
グラスフォード社　43
グラッセリ電解亜鉛精錬所　479
グラマフォン社　761
グラント機関車製造会社　758
グランド・トランクグループ　372
グランド・トランク鉄道会社　372
グランド・ユニオン社　947
クランプ・ヴィッカー・マキシム・ミッドヴェ
　ル社　765

1245

グリーシャム電気化学製造所（グリーシャム）
　687,691
グリーノウ一家　134
グリニッジ・インランド・リノリウム社
　624
クリミア戦争　581
グリン・ミルズ・クーリエ社　348,825
クレイトン反トラスト条令　482
グレート・カナワ社　194
グレート・ノーザン鉄道会社　343,360
クレディ・スイス社　349,835
クローガー社　947
クローズ・ブラザーズ社　893
クローディアス・アッシュ・サンズ株式会社
　751
クローム電解銅製錬所　479
クロームなめし法　646
クローリー鉄工所　39
クロスフィールド社　586
クロスマン＆シールケン社　613
クロスライセンス　683,715
グロッサー・ニッティング・マシン社　654
クロフォード自転車会社　736
郡債　168
経営と支配　v
『景気循環論』　188
経験　684
経済成長　ii
継続的な顧客サービス　684
契約労働法　1017,1019
毛皮会社　94
毛皮貿易　11
ケネディ社　348
ケネディ・トッド社　348
ゲブルダー・ストールワーク株式会社　575,
　746
ケミッシェ・ファブリク・フォルム・サンドツ
　社　697
ケミッシュ・ファーブリケン・フォルマルス・
　ヴァイラ・タール・メーア（ヴァイラ・タ
　ール・メーア製造所）　688,691

ゲラ・ミルズ　626
ケリー商工名鑑会社　769
減価償却　961
減価償却引当金　961
研究開発　712
健全通貨　1096
ケンタッキー州債　112
ケンタッキー蒸留酒会社　569
現地製造　681
原綿　619
航海独占　153
航海独占法　119
航海法（イギリス）　30
『工学採掘雑誌』　492
高関税　624,627,685,713
交換手形の支払い　805
工業化学薬品　698
公共セクター　123
高金利　87
工具製造　108
鉱山　ii
鉱山・金融信託シンジケート株式会社　878
『鉱山世界』　196
鉱山法　197,1024
公式レート価格　152
合糸製造　619
工場　ii
江商会社　905
公正信託会社　194
合成染料　684,687
公正抵当会社　378,888
公正貿易論者　1039
公的債務　59
公的信用　66
公的信用制度　46
『公的信用に関する報告書』　50,51
公的リスト　99
合同証券会社　347
合同新聞会社　769
公認会計士（CPA）　963
鉱物分離アメリカ・シンジケート　480

事項索引

合弁事業　704
後方統合　620
硬木材蒸留　118
公有地の購入　101
港湾税　153
コークス炉　745
コーツグループ　638
コーツ製糸社　634
コーテイズ鉱山社　433
コートールド株式会社　643
コーヒー関連製品　578
コーヘン＆ブラザーズ社　134
コールタール　686
ゴールドシュミット錫回収社　674,678,708
ゴールドマン・サックス社　828
ゴールドラッシュ　429
コカコーラ社　613
国債　179
国際亜鉛シンジケート　481
国際カルテル　453
国際銀行　347
国際金融協会　348
国際耕運機会社　734,772
国際債務危機　310
国際収支統計　42
国際蒸気ポンプ会社(ISPC)　748,772
国際商業航海会社(IMM)　907
国際精肉社　549
国際精肉出荷貯蔵株式会社（IPPC）　548,549
国際通商自粛協定　1005
国際的企業　ii
国際的銀行家　1040
国際投資　ii
国際鉛協定　481
国際農業社（I.A.C.）　484,708
国際バナジウム社　490
国際ペインツ社　710
黒色火薬　683
国内化　14,30
国内債務　54

国内の金融求償　44
『国富論』　15,47
国法銀行業制度　1026
国法銀行制定法　798
国法銀行法　173,797,806
穀物州　20
国立カナダ鉄道　372
互恵協定　735
互恵主義　734
ゴセッジ社　586
国会文書　133
ゴッツェ・ガスケット梱包会社　744
コットン＆ウール・ダイヤーズ・アソシエーション社　625
固定資本　5
固定収益率　333
ゴデフロイ・サイレム社　117
コナント製糸社　199,633,634
コネクション　836
コネチカット運河会社　59
コネチカット州　627,630
コネチカット州法　628
好み（嗜好）の違い　576,584,623
『コマーシャル・アンド・フィナンシャル・クロニクル』　180,189,997
コマーシャル・ユニオン・グループ　951
コマーシャル・ユニオン社　204,363,949,1022
小麦　22,555
ゴム製品製造会社　740,744
米プランテーション　19
古文書館　iv
雇用者団体組織　1050
コラテラル（担保）　863
ゴルツ・アメリカ光学会社　769
コルレス銀行システム　797
コロネット・リン酸塩社　484
コロラド州　186,192,378
コロラド自由保有権土地・移住株式会社　192
コロラド抵当投資株式会社　771,893

1247

コロラド・ミッドランド鉄道会社　366
コロンビア抵当証券　106
コンサルティング・エンジニア　968
コンソル債　142

さ 行

『サーキュラー・トゥ・バンカーズ』　91
サー・タイタス・ソールト・バート・サンズ社
　622
サーパース・レザー社　647
サーペック技法　493
サーモン社　49
債権国　iii,1105
裁判所記録　34
再保証　103
債務国　iii,iv
債務国のアンビバレントな性格　70
財務省次官報告書　127
財務省証券　iv,111
債務責任　122
債務不履行　81,105,122,189,207,294,659
細綿紡績機社　619,642,660
材木の蒸留工場　152
サイモン・ブーラー＆ボーマン社　745
サイレント・パートナーシップ　188
サウスカロライナ鉱山社　518
サウスカロライナ州　56,518
サウスカロライナ州債　102,143
サウスカロライナ米作プランテーション信託
　192
サウスダコタ州　430,931
先買権法　120,152
「詐欺師の国家」　106
酢酸塩　118
サクラメント・日本貯蓄銀行　804
サクロール　697
鎖国市場　492
サザン・アルミニウム社　492,743
サザン鉄道会社　339
サザン・パシフィック鉄道会社　338,343
サスーンズ家　205

サスケハナ・シルク・ミルズ　627
『サタデイ・イブニング・ポスト』　740
サッカリン　697
砂糖植民地　20
サニタリー・ウーレン・システム社　645
差別化された特殊な製品　621
差別税　1002
サミュエル・コートールド社　643,644
サモアのゴデフロイ　151
サリチル酸　697
サルツバーガー＆サンズ社　604
サルバルサン　689
サンアントニオ国土灌漑株式会社　974
産業組織の内生的な発展　28
サン生命保険会社　978
サンダーソン・ブラザーズ社　147
サンダーソン・ブラザーズ製鋼社　444
サンティー運河会社　59
サンフランシスコ決済取引組合　801
サンフランシスコ・ビール株式会社　922
サン保険会社　949
残留投資家　43
シアーズ・ローバック社　712,947
シアトル・レイクショアー・イースタン鉄道会
　社　442
シアレズ塩湖　487
シアン化物　432,706
C・ウォーカー・ジョーンズ社　654
G・H・ハモンド株式会社　545,548,549,
　959
C・A・ピルズベリー社　556
C・ティーベルジュン＆サンズ社　628,655
シーフェリン社　719
G・フォム・バウア社　164
シーメンス＆ハルスキー社　754
J・R・ガイギー社　688
J.&J.キャッシュ社　622
J.&J.クラーク社　633,634
J.&W.セリグマン社　289
J.&P.コーツ社　107,124,125,633,635,638,
　642,724,1005

事項索引

J・A・ヘンケル社　450
J・A・ヘンケル・ニューヨーク社　450
JA牧場　532,541
J・S・モルガン社　814
J・F・ベッツ＆サン社　562
J・M・リーマン社　745
J.L.＆S.ジョセフ社　90,101
ジェイ・クック銀行　208
ジェイ・クック・マックロック社　184
ジェイコブ・スターン社　830
J・C・ゴデフロイ社　117
ジェイ条約　54,67
J・B・マーチン社　630
J・P・マシュー社　646,647
J・P・モルガン社　205,349,573,756,907
J・モビウス＆サン社　689
J・モリソン＆サン社　104
シェーファー＆ブデンブルグ製造会社　745
ジェームズ・フィンレイ社　92
ジェームズ河会社　59
ジェームズタウン　3,21
ジェームズ・チャドウィック社　635
シェフィールド金物グループ　147
シェフィールドの（鉄鋼）製造業者　110,
　　147,446
シェリング＆グラッツ社　693,694,724
シェリング社　693
シェル運輸取引社　497,500
シェルビー鋼管社　446,447
塩連合株式会社　489
シカゴ・ジャンクション鉄道ユニオン家畜飼育
　　会社　551
シカゴ・アンド・アルトン鉄道会社　833
シカゴ・アンド・ノースウェスタン鉄道会社
　　185,342
シカゴ＆ノースウェスト穀物倉庫株式会社
　　556,561
シカゴ・グレート・ウェスタン鉄道　354
シカゴ市穀物エレベーター株式会社　556,
　　561
シカゴ市穀物倉庫ライン社　556

シカゴ商業貯蓄融資信託会社　173
シカゴ精肉出荷貯蓄株式会社　549
シカゴ精肉食料株式会社　548,550
シカゴ・セントポール・アンド・カンザスシテ
　　ィ鉄道会社（CSPKC）　354
シカゴ第1国法銀行　800
シカゴ手形交換所　206
シカゴ鉄道ターミナル社　561
シカゴ・バーリントン・アンド・クインシー
　　鉄道会社　357
シカゴ・ミルウォーキー・アンド・セントポー
　　ル鉄道会社　185,338,357
『シカゴ・モーニング・ニューズ』　1009
事業活動の大西洋横断　14
自己統治植民地　9
市債　168
資産収益率　375
持参人証明書　144
市場志向投資　591
市場分割　680,682
市場分割価格協定　548
市場を分割する協定　679
実物資産　v
シティ・サービス社　825
自動販売ガム・チョコレート会社　747
自動巻取機　633
支配　58
支配権　588,637,689,690,704
資本参加　678
『資本の輸出』　1039
資本流入　122
ジャービス・コンクリン抵当会社　888
ジャービス・コンクリン抵当信託会社　378,
　　918
シャーマン銀購入法　1023
シャーマン・スターリング社　817
シャーマン反トラスト法　244,640,690,722,
　　1024
ジャイアント・パウダー社　202
ジャクソン政権　101
社債　874

1249

社宅　626

州（政府）証券　i, 88, 90, 101, 112, 115, 123

シュウェップス社　579

州際商業委員会法　1024

「州際取引を制限する企業連合」　683

重商主義者　153

州制定法　798

州政府債　50, 56, 85-87, 103, 179

州政府債残高　86, 91, 105

州際商業委員会　1029

州政府チャンネル　123

従属性　121, 1093

州と地方自治体の証券　101

自由特権　22

自由貿易主義者　1039

州法銀行　69, 101, 114, 119, 123, 165

州法憲章銀行　798

重量レール　108

ジュール・デサモン・ウーステッド社　628

重レール　124

熟練労働者　656

シュテア社　626

シュパイアー社　369, 767

シュパイアー・ブラザーズ社　369

シュリキル・サスペンハナ河　67

シュリッツ社　562, 570

シュワルツェンバッハ・フーバー社　631

純正食品・薬品法　725

準備都市銀行　839

蒸気船　82, 155

商業銀行　371

商業債務　32

証券投資　v, 59, 96, 183

少数者利権　24

沼鉄鉱　21

譲渡抵当・社債券株式会社　934

商人投資家　15

消費財　267

消費者用化学品　696

商標（権）　578, 633, 645, 679, 680, 691, 695, 714

商標登録　592

商標登録製品の販売　587

商標保護　110

商品送り状　5

正味効果　1092

正味国際赤字（短期貿易赤字を含む）　74

商用口座　93

ジョージ・ワイルド社　88, 92, 101

ジョージア州　15, 949

ジョージア州債　179

ジョージ＆アレキサンダー・グラント社　382

ジョージ・A・クラーク＆ブラザー社　167

ジョージ・A・トゥシュ社　965

ジョージ・クリーク炭鉱・鉄鉱社　100

ジョージ・ハモンド社　548

ジョージ・ピーバディ社　112

ジョージ・ファウラーサン株式会社　548, 550

ジョーンズ＆スタイルズ精肉出荷会社　549

ジョーンズ・シーザー社　962

ジョーンズ・ロイド社　159

初期対外直接投資　13

植民地化　12

植民地金融　70

植民地時代　i, iv, vi, 3, 19, 31, 42, 125

植民地生産活動　29

植民地総督　4

ジョシュア・アレキサンダーズ・ハウス商船海運委員会（アレキサンダーズ委員会）　1030

ジョセフ・テトリー社　579

処方薬　696

所有支配　22

所有と支配　v

ジョリエット鉄鋼社　204

ジョン・クラーク・ジュニア社　92

ジョン・グラスフォード社　16

ジョン・シモン・グッゲンハイム財団　viii

ジョン・ヘンリー・カゼノヴェ・ネフュー社　76

事項索引

ジョン・ウォーカー社　555
ジョン・H・ターンブル社　118
ジョン・F・ベッツ＆サンズ・ビール会社
　958
ジョン・クラーク・ジュニア社　154,200,
　634,635,639
ジョン・クロスリー＆サンズ社　623,655
　──のアーカイブ　662
ジョン・J・アスター社　94
ジョンストン耕運機会社　734
ジョンストン精肉出荷会社　546
ジョン・ダンカン＆サンズ社　612
ジョン・テーラー＆サンズ社　116,968
ジョン・ヘイグ社　570
ジョン・ベル＆サンズ社　542,543
ジョン・マンロー社　348
ジョン・モレル株式会社　544,545,1026
ジラード銀行　95,113,149
シルバー・ピーク鉱業会社　969
シンガー社　125
人工香水　698
シンジケート（団）　196,245,752
シンシナティ　113
シンシナティ電燈会社　974
迅速な利払い　87
信託銀行　347
新ノースアメリカ銀行　47
人民党　1024
シンメル社　696
信用状（L/C）の発行　805
スイス・アメリカ銀行　206,802,833
スイス・F・ホフマン・ラロシュ社　694,
　696
スイス銀行会社　833
スイスチョコレート　572
垂直的統合　1091
垂直統合型企業　549
垂直統合のアメリカ事業　575
スウィフト社　545,552
スウェーデン西インド社　11,14
スカリー主義　1009

スクイブ＆サンズ　723
スクールキル銀行　95
スコッチウイスキーメーカー　569
スコットランド　261
スコットランド寡婦基金生命保険機構　955
スコットランド・カロライナ木材土地会社
　383
スコティッシュ・アメリカン抵当会社（SAMC）
　193,538,551,897,899
スコティッシュ・アメリカン投資株式会社
　333,362
鈴木商店　906
スターリング社　771
スターリング石炭社　452
スターン・ブラザーズ社　348,823
スタインウェイ社（ニューヨーク）　117
『スタティスト』　288
スタフォードシャー　92
スタルワーク・ベッカー株式会社　746
スタンダード製粉会社　559
スタンダード石油社　405,494,882
スタンダード石油トラスト　296
スチュードベーカー社　772
ズッカリン　697
ストールワーク・ブラザーズ社　576,584
ストーンビル社　690
ストックホルム・エンスキルダ銀行　752
ストライキ　626
ストラットン・インディペンデンス社　919,
　922
スビーアス・フレンチ社　17
スプール・コットン社　639
スフラーフェンハーフェ協会　501
スプラット特許会社　578
スプローグ電気社　284
スプローグ電気鉄道モーター社　756
スペイン国債　106
スペインタバコ　6
スペースバイヤー　587,944
スポッツウッド溶鉱炉　31
住友銀行　846

スラビー・アルコ・システム 1019
3 W 88
スルザー・ブラザーズ社 753
スルター・バス・ソイヤー社 73
スルツバック・ブラザーズ社 826
スワン土地牧畜株式会社 660
正貨の輸出 139
請求訴訟 43
生産財 267
政治的な統治委任 10
西漸運動 20
製造業 69,100,108,117,141
セイデル化学社 678,716
精肉業 553
西部拡張 107
政府公債 111
西部土地会社 377
西部ハワイ投資株式会社 934
精密機械株式会社(A.G.F.M.) 747
整理統合 553
セイレム(マサチューセッツ) 8
製錬業者 699
世界最大の債務国 vii
石炭鉱業 100
『石油・塗料・薬品リポーター』 1014
セクレタン銅会社 831
セシル・ローズ・フレンズ 431
石灰石 701
石鹸 582,696
切断機 22
設立許可状 94
ゼナスコ社 643,644
ゼネラル・エレクトリック社(GE) 332
ゼネラル海上保険社 204
ゼネラル化学社 698,702,711
ゼネラル人絹社 643
ゼネラル石油社 496
ゼネラル・バナジウム社 490
セメト・ソルベイ社 702,745
セラ社 745
セリグマン家 205

セリグマン社 187,347
1913年の関税 732
全国的な販売組織 691
戦時債務残高 47
染色業者 630
潜水艦無線会社 761
銑鉄と棒鋼 25
宣伝 592
セントポール・アンド・パシフィック鉄道会社 185,352
セントポール・ミネアポリス・アンド・マニトバ鉄道会社 343
セントラル・エージェンシー社 636
セントラル・バーモントグループ 372
セントラル・パシフィック石炭・コークス社 442
セントラル・パシフィック鉄道会社 338,343
セントルイス・アンド・アイアンマウンテン鉄道会社 184,365
セントルイス・アンド・サンフランシスコ鉄道会社(Frisco) 338,339,366,1040
セントルイス・ビール会社 563
セントローレンス電力会社 970,975
専売権 570
船舶業者 153
1837年のパニック 90,101
1812年戦争 89,119,122
1883年関税法 621
1842年の関税制度 146
1848年の革命 110
全米毛織物製造業者協会 200
専門化された隙間市場 655
専門知識 539,684
ソウガス(マサチューセッツ) 21
相互投資 774
総代理店 678
造幣局 152
ソーダ灰 700
ソールト織物会社 622,624,661
ソシエテ・ゼネラル社 831

事項索引

ソシエテ・フランセーズ・ドゥ・ラ・ビスコース　644

ソノラ信託銀行会社　801

祖父条項　805

ソフト製氷機製造社　710

ソリシター　795

ゾルステッド・カリウム製造社　485,486

ソルベイ技術者の国際的委員会　704

ソルベイ社　586,650,700,702-704,709,712

ソルベイ・プロセス社　650,678,700,703,704,710,711

ソルベイ法　698

た　行

ターカンド・ヤングス・ビショップ＆クラーク社　962

第一次世界大戦　iii,686,687

第一抵当社債　346,442,550

大英帝国政府　107

大西洋横断ケーブル　158,175

大西洋間の小包郵便　52

大西洋輸送会社　907

ダイナマイト　681,683

ダイナミット社（DAG）　682

太平洋間の貿易　151

大法人企業　17

『タイムズ』　161

ダイムラー自動車会社　737

ダイムラー・モトーレン社　738

ダイヤモンド・マッチ社　384,588

大洋汽船航海社　110

代用証券　760

大陸議会　48

代理店　92,678,691,732,962

代理人　18,92,93,103

ダウ化学社　715

ダウニング街　106

ダウレイス工場　115

多角化　698

兌換　168

多国籍企業　27,60,531,554,571,677,700,704

ダコタ　378

「戦う船」　671

ダックタウン硫黄・銅・鉄株式会社　441,474,475,699,726

ダニエル・クロムリン＆サンズ社　128

タバコ　20

タバコ栽培者　16

タバコ種　5

タバコトラスト　1005

タバコプランテーション　20

タバコ貿易　5

W.＆S.ブッチャー製鋼所　147,200

W.＆J.スローン社　587,624,662

W.＆J.ノックス社　642

W.D.＆H.O.ウィルス社　363,364

W・B・ピート社　966

ダフリン製鉄所　448

ダベンポート・アンド・セントポール鉄道会社　184

ダルース・アンド・ウィニペグ鉄道会社　452

ダルムスタッド銀行　164,184,187,826

単位高コストによる過剰生産能力　38

ダンカン・シャーマン社　164

短期商業信用　iv

探査会社　970

鍛造炉　22

ダンディー抵当・信託会社　881

ダンディー投資会社　881

ダンディー土地投資会社　885

ダンピング　714

単本位制主義者　1064

ダンロップゴム社　739

ダンロップタイヤ社　740

チェース・ナショナル銀行　810

チェース・マンハッタン銀行　136

チェサピーク・アンド・オハイオ鉄道会社　338,363

チェサピーク・オハイオ運河会社　103,128

チェサピーク地区　36

1253

チェスターフィールド炭・鉄鉱社　100
チェトウィンズ　23
チェムング運河債券　129
蓄電池会社　758
血抜き処理済みの牛肉（冷凍肉）　533
チバ(CIBA)　722
地方銀行　839
地方都市政府証券　86
チャサニス社　78
チャプリン・ミルン・グレンフェル社　767
チューリヒ・アメリカ信託会社　900
長期外国投資（短期貿易黒字を含む）　74
長期債務　42
長期投資　18
長距離をまたぐ指示　561
長繊維綿花　620
直接投資　v, vi, 62, 124, 620, 681
直販店　100
勅許　7
勅許会社　9, 12, 13, 15
勅許権　4
勅許大貿易会社　3
賃金　639, 656
陳情者　72
通商の黄金期　92
通信産業　125
ツルサ石油社　495
Ｔ・Ｆ・ファース＆サンズ社　623
Ｔ・Ｂ・ブラウン社　944
帝国化学工業社(I.C.I.)　704
帝国銀行　347
帝国クリーム分離機会社　752
ティサージュ・ドゥ・ビジル　629
ディスコント・ゲゼルシャフト　349, 826
ディディ・マルク社　744
抵当会社　538
抵当債券　901
抵当社債　388
抵当州債　106
抵当証書　96
ディベロッパー（コロナイザー）　380

ティモシ・ウィギン社　101
ディングレー関税　628, 631, 703, 707
デヴィソン化学社　488
デヴィッドソン社　802
デヴィル加工法　491
Th. ゴールドシュミット社　708, 709, 717
テキサス XIT 牧場　539
テキサス州　378, 496, 801
テキサス州法　801
テキサス鉄道委員会　1008
テキサス土地・抵当会社　893, 898
テキサス油田株式会社　495
テクスティレアザー社　690
手数料代理店　146
鉄鋼産業　23
鉄工所　21
鉄工所請負会社　31
鉄鋼法　26
鉄道会社　101, 151
鉄道建設　81, 87
鉄道債　110
鉄道証券　271, 339
鉄道抵当社債　115
鉄道用鉄鋼　104
鉄道レール　102
鉄レール　99, 146
デニソン社　143, 149
テネシー州　166, 180
テネシー州債　112
テネシー石炭・鉄・鉄道会社　438, 463
テネシー・リン酸塩社　485
デバーデレベン石炭・鉄会社　438, 439, 463
デ・ビア社　749
デュプラン・シルク社　629
デュポン古文書館　717
デュポン社　65, 100, 681
デラウェア・ラリタン運河会社　99
デラウェア州　446
デ・ラマー鉱山社　426, 826
デルタ＆パイン土地会社　620
デルティック投資社　619

1254

デ・レアレ社　698
テレフンケン社　759,912
デロイト・ディーバー・グリフィス社　957
デロイト・ハスキンズ＆セルズ社　966
転換社債　817
電気式精製工法　507
電気自動車会社　758
電気船舶会社　766
甜菜糖　697
デンステン・フェルト＆ヘア社　648
デンバー・アンド・リオグランデ鉄道会社
　　186,339,346
デンバー・ユナイテッド・ビール会社　960
電報電信回線業　158
ドイツ・アメリカ信託会社　900
ドイツ・アメリカ炻器製造会社　771
ドイツ・アメリカン・コーク＆ガス社　709
ドイツ移民　126,148
ドイツ・エジソン社　754
ドイツからの染料輸入　714
ドイツ企業の反競争的戦略　713
ドイツ金銀選鉱所（DEGUSSA）　432,459,
　　706,709
ドイツ銀行　335,826
ドイツ自動販売機製鋼所　747
ドイツ資本　148
ドイツ大石工製作所　771
ドイツの工場　117
投機家　5,20
投機の加熱　101
同権領域　683
陶工　92
統合色彩化学社　689,690
銅鉱石　29
倒産　101
投資信託会社　101,370,889
投資トラスト　538
トゥシュ・ナイブン社　965
トゥシュ・ロス社　968
東方貿易　10
同盟織物会社　629

同盟信託会社　596,928
東洋汽船会社　906
トーマス・ウィルソン社　88,92,94,101
トーマス・ウェイド・ガスリー社　956
トーマス・コステイン社　970
トーマス・ヒューストン社　756
トーマス・ファース＆サンズ社　445,449
独自商品　691
特殊税　89
特殊なノウハウ　656
独占権　572,574
独占的調整　296
独占的特権　6,13,22
独占的販売権　678
特派員　89,93
独立戦争借款　70
独立代理人　587
ド・コッペ社　164
都市間高速鉄道会社（IRT）　976
土地　62,69,107
土地局　192
土地所有権　37
土地セールスマン　62
土地投機（者）　18,20,52,538
土地独占化システム　67
土地の非居住者所有　18
土地ブーム　141
特許　586,678,680,686,691,693,713,717
特許医薬品事業　695
特許権の販売　643
特許使用料　275
特許侵害訴訟　698
特許薬　696
トナワンダ鉄道会社　99
ドミニオン航路会社　907
トラスト　245
トラスト協定　682
取引の停止条令　81
ドル建て　85,88
奴隷　44
奴隷制度　102

ドレクセル・モルガン社　290, 348
ドレスドナー・カーテン・レース製造会社
　628
ドレスナー銀行　349, 826
ド・ロレアル　712
トロント証券取引所　352

な 行

ナイアガラ・アルカリ社　486, 650, 708
ナイアガラ川水力トンネル電力下水道会社
　971
ナイアガラ電気化学社　433, 678, 705, 706,
　717
ナイアガラ・フォールズ電力会社　973
ナイ・シェーレ社　747
内部化　266
『ナイル週刊レジスター』　119
仲買人　60
ナショナル・カーボン社　710
ナショナル索条会社　958
ナショナル塩会社　489
ナショナル・シティ銀行　342, 752, 796
ナショナル電解会社　729
ナッシュヴィル・アンド・チャタヌーガ鉄道会
　社　833
ナポレオン戦争　53, 81
なわばり　679
南海泡沫事件　1039
南部諸州石炭・鉄・土地株式会社　438, 503,
　504
南北カロライナ　15
南北戦争　iii, 155, 162, 172
ニール・マシソン社　705
ニコルス銅会社　477
西アフリカ商業活動に関する独占権限　10
西インド社　35
西オーシャン・シンジケート　496
西側への拡張　125
ニッカーボッカー社　150
ニッカーボッカー信託会社　919
ニッケル社　478

日商岩井　906
ニトログリセリン　681
ニトロセルロース法　643
日本郵船会社(NYK)　905
ニューイングランド（社）　8, 15
ニューイングランド地域のプランテーション
　35
ニューイングランド評議会　8
ニューイングランド綿糸会社　631
ニューオーリンズ運河・銀行会社　95, 113,
　137
ニューオランダ（社）　10
『ニュークォータリー』　1032
ニュージャージー・ウーステッド紡績社
　626
ニュージャージー州　202, 477, 627, 631, 633,
　743
ニュージャージー信託委任会社　138
ニュージャージー・スタンダード石油社
　499
ニュージャージー抽出会社　476
ニュージャージーの鉱山　39
ニュージャージー立法部　97
ニュースウェーデン　11
ニュートリニダード・レイク・アスファルト株
　式会社　878
ニューメキシコ州　192, 378, 995, 1011
ニューヨーク　12, 89
ニューヨーク・アンド・エリー鉄道会社
　116
ニューヨーク＆ボストン・ダイウッド社
　688
ニューヨーク委員会　356
『ニューヨーク・イブニング・メール』　293,
　994
ニューヨーク・オンタリオ・アンド・ウェスタ
　ン鉄道会社　340, 355, 368, 957
ニューヨーク海上火災保険会社　97
ニューヨーク銀行　57, 95
『ニューヨーク・コマーシャル・ブリテン』
　557

事項索引

ニューヨーク車輌宣伝会社　578
ニューヨーク州　56,160,202,444,623,734
ニューヨーク州債　104,129,143
ニューヨーク州法　798
ニューヨーク州立法部　98
ニューヨーク州ロック船舶社　59
ニューヨーク商業銀行　95,107
ニューヨーク証券取引所　352
ニューヨーク・スタンダード火薬会社　682
ニューヨーク生命保険・信託会社（NYLTC）
　96,137,145
ニューヨーク生命保険会社　966
ニューヨーク・セントラル・アンド・ハドソン
　川鉄道会社　341
ニューヨーク・セントラル・アンド・ペンシル
　ベニア鉄道会社　172
ニューヨーク・セントラル鉄道会社　162,
　363,373
『ニューヨーク・タイムズ』　447,617,1009
ニューヨーク電話会社　913
『ニューヨーク・トリビューン』　207
ニューヨーク・ニューヘヴン・アンド・ハート
　フォード鉄道会社　338,339,364
ニューヨーク・ネスレ・フード社　573
ニューヨーク・ビール会社　562,958
ニューヨーク日焼止エキス社　651
ニューヨーク・ヘキスト社　690
ニューヨーク・ベルト梱包会社　743
ニューヨーク法人フィリップ・モリス株式会社
　582
ニューヨーク・マクミラン社　769
二律背反の問題　126
ネアン・リノリウム社　587
『ネーション』　208,564,1037,1104
ネーラー・ヴィッカー社　108,154,167
ネスレ＆アングロ・スイス加糖練乳社　572,
　575
ネスレ社　572,575
ネバダ州　430
ネブラスカ州　496,890
年季奉公契約　24

農業利権委員会　594
農民火災保険貸付会社　138
農民貸付信託会社　138,145,998
能率的な労働者を獲得するという問題　625
ノーザン・アルミニウム社　492
ノーザン・クロス鉄道会社　161
ノーザン証券会社　359,1029
ノーザン・パシフィック鉄道会社　185,342,
　343,828
ノーザン・パシフィック冷凍車輌会社　598
ノースアメリカ銀行　51,57,58,73,149
ノースアメリカ土地木材株式会社（NALTC）
　382
ノースアメリカン化学社　707
ノースアメリカン塩会社　959
ノースアメリカン信託・金融会社　97,145
ノースアメリカン土地会社　64
ノースウェスタン製粉統合会社　558
ノースウェスタン・パシフィック抵当銀行
　901
『ノースウェスタン・ミラー』　556,558,996
ノースカロライナ州　169
ノースカロライナ州債　112
ノースダコタ州　185,931
ノースブリティッシュ貿易社　953
ノースブリティッシュ貿易保険社　204
ノーフォーク・アンド・ウェスタン鉄道会社
　343,367,439,962
ノーベル火薬会社　682
ノーベル・ダイナマイト・トラスト社　682
ノーマベアリング社　746
ノーマ有限会社　746
ノックス家　641
ノッティンガム鉄工所　31,43,48,72
ノバ・スコティア銀行　98,362,799
ノブローチ＆リヒテンスタイン社　188,827,
　837
ノベル社　493
ノボカイン　689
のれん価値　690
ノンバンク　914

1257

は 行

バークレー＆リヴィングストン社　93
バージニア委員会　232
バージニア開発社　440
バージニア・カロライナ化学社　484
バージニア社　3,5-8,13,14,21,33,34
バージニア借款事務所　132
バージニア州　160,180
バージニア州債　112
バージニア植民地　6,9,34
バージニアタバコ　5
バース・アンボイ化学製作所　706
バース特許　7
バーゼル　150
『バーデット・オフィシャル・インテリジェンス』　581
バード・サヴェイジ＆バード社　54
バード・サヴェイジ社　76
ハードウェア輸入業者　110
ハートフォードゴム製造所　740
ハートフォード・ダンロップ　740
ハート・ブラザーズ・ティベット社　959
ハーニー・ピーク（ダコタ）錫会社　969
バーバー亜麻紡績会社　642
バーブスト社　570,904
パーマー・マッキロップ・デント社　145
ハーマン＆レイマー社　698
ハーマン・デ・レアレ・シェーファー社　698
バーミンガム　92
『バーミンガム・デイリー・メール』　1044
バーモント州　372,628
バーリエット社　736
ハーレ社　348
バーンズダル石油社　498
バイエルグループ　685
賠償金　148
排他的権利　13,36
排他的な貿易特権　4
ハイテク　267,914

バイプロダクト・コークス炉　701
ハイラム・ウォーカー＆サンズ社　570
ハインリッヒ・フランク・ジェーネ社　578,724
ハザード一族　704
パシフィック・コースト・ホウ砂社　489
パシフィック・ホウ砂＆レッドウッド化学製造株式会社（PBRC）　489
パシフィリック・コースト社　1102
パセーイク・ウーステッド紡績社　626
ハゼルトン石炭社　100,141
バタヴィア・バッファロー鉄道協会　99
パッセ・フレレ蓄音機会社　762
バッファロー・アンド・レイクヒューロン鉄道会社　363
バディッシェ・アニリン・ソーダ製造所（BASF）　687,688,698,709
ハドソン・ベイ社　93,94,124,277,360
ハドソン・リバー・アニリン染色製作所　649,685,718
パトルーン　11
バニリン　697
ハミルトンによる借り換え　68
ハモンド生肉梱包会社　1015
ハモンド精肉出荷会社（イリノイ）　549
パラドックス　121
バランスシート　104
パリ委員会　356
パリ国立銀行　799
パリ証券取引所　337,495
パリ人民会社　144
ハリソン法　725
パリ・ニューヨーク間フランス電信会社　909
パリの国立古文書館　132
パリのロスチャイルド事務所　90
パリ・パイバ銀行　831
ハリファックス・マーチャントバンク　805
パリ・ボルス家　136
パリ連合銀行　832,900
バルティック社　752

事項索引

バルティニー企業グループ　77

バルティニー家　77

バルバッハ製錬精錬社　477

バルフォア・ウィリアムソン社　207，453，494，590，770，903，914

バルフォア・ガスリー社　207，443，555，770，894，904

バレット社　702

バロー・ウェイド・ガスリー社　956

ハワード＆バロー・アメリカン・マシン社　652，653，998

ハワード＆バロー社　652，748

ハワイ　1026

バンカーズ・トラスト社　810

『バンカーズ・マガジン』　159，189，256，568

バンカー・ヒル＆スリバン採掘選鉱社　479

ハンガリー王立郵便貯金銀行　813

バンカ・ロマナ社　136

バンクヴェリン社　349

バンク・ダフェール　831

バンク・デ・ベルジク社　136

バンクホリデイ議案　851

反事実的条件法　1092

『ハント・マーチャント・マガジン』　93，159

反トラスト法　493，683，1003

反トラスト問題　645，680

ハントリー＆パーマーズ社　167，588

パンハード＆レバゾー社　738

販売カルテル　287

ハンブルグ・アメリカン航路会社　906，937

ハンブルグ・ドレスデン火災保険社　204

ハンブロ＆サンズ社　348

ビア・ゾンドヘイマー株式会社　480

ピーク・フリーン社　167

Ｐ・シュルチェ・ベルゲ＆ケッヘル社　689

Ｐ・シュルチェ・ベルゲ＆モビウス社　689

Ｐ・シュルチェ・ベルゲ社　688

ピースデイル製造会社　727

ピーター＆ケラー　574

ピーター・カイラー・ケラー・スイス・チョコレート社　573，575

ピーター・ショーンホウヘン・ビール会社　569

ビーチャム社　695

ピート・マーウィック・ミッチェル社（PMM）　966

ビーバー　22

ビール業の企業合同　562

東インド社　4，9，34，36

東インドマーチャント銀行　845

非居住者　43

非居住者投資　iv，30，32

非居住所有者（投資家）　3，21

ビクター・ケッヘル社　689，690

ビクター社　761

飛行編隊　640

ビスコース法　643

ビスコフハイム＆ゴールドシュミット社　182，184，823

ビスマルク政権　176

非総代理店　678

ビッグ・エイト（会計会社）　968

ピッツバーグ製鉄社　39

ピッツバーグ・リダクション社　491，729

ひもつき条項　151

ひもつき投資　115

ひもつきローン　151

ビュイック・モアリング社　427，969

ピューリタン　9

標準化された報告書式　700

標準産業分類　289

漂白業者　30

漂白粉　705

ピルキントン社　364

ピルグリム　7，8

ピルズベリー・ウォッシュバーン小麦製粉会社　557，559，560，966，996，1042

ビルマ石油社　363，493

ファージング銅貨　66

ファース・スターリング製鋼社　445

ファーストバンク　51

ファースト・リバティ・ローン　320

1259

ファーバー・キャステル社　768
ファーバー社　768
ファールバーグ・リスト社　698
『ファイバー・アンド・ファブリック』　652
ファウラー・ブラザーズ株式会社　548,550
ファロン&マーティン・ダラム社　581
フィアット社　738
フィデリティ保険信託・安全預金会社　377
『フィナンシャル・タイムズ』　556
フィラデルフィア・アンド・レディング鉄道会
　　社　108,161,162,171,364
『フィラデルフィア・イブニング・テレグラフ』
　　394
フィラデルフィア・ヴィッカー・ウィリアム・
　　クランプ社　766
フィラデルフィア郡銀行　132
フィラデルフィア市銀行　132
フィラデルフィアの綿紡績業者　147
『フィラデルフィア・レジャー』　159,211
フィリップ・シュパイアー社　164
フィリップス・マーシャル社　382
フィリップ・モリス株式会社　581,614
フィリップ・モリス紙巻タバコ　614
フィンレイソン家　641
フィンレイソン・ブーズフィールド社　642
フーブヴェルケ・ヘキスト社　689,690
ブーントン・ゴム製造会社　761
フェニックス保険会社　97,114
フェネストラ社　771
プエルトリコ　1026
フォーストマン&ハフマン社　626,627
フォート・オレンジ　10
フォート・ナッソウ　10
フォード自動車会社　739
『フォートナイトリー・レヴュー』　594
フォスター&ブライスワイト社　150,171,
　　874
フクシン　688
複本位制会議　1064
不公平な競争　671
不在地主　31,121

ブジョー委員会　1030
プッシュ効果とプル効果　110
プッシュ・スルザー・ブラザーズ・ディーゼル
　　エンジン社　753
不動産と個人財産の損失に関する請求を評価す
　　る委員会　31
浮揚法　480
ブライアント&メイ社　384
プライス・ウォーターハウス社　489,550,
　　568,916
プライム・ワード&キング社　95,98
プライム・ワード&サンズ社　89,98,139
ブラウン・シプレイ社　135
ブラウン・ブラザーズ社　130,347,752,806
フラシ天　622,624
フラッグスタッフ鉱山社　428
ブラッシュ電燈電力会社　975
ブラッツ社　562,570
ブラッドフォード・ダイヤーズ・アソシエーシ
　　ョン社　625
ブラッド方式　629
フランク・ジョーンズ・ビール会社　877
『フランクフルター・ツアイトゥング』　1041
フランクフルト証券取引所　163,294
フランクフルト・スルツバック・ブラザーズ社
　　184
フランコ・アメリカン銀行　498
フランコ・テキサス土地会社　378,770
フラン社債　99
フランス・アメリカ金融会社(S.F.F.A.)
　　900
フランス・アルミニウム社　492
フランス革命（1848年）　111
フランス国王　17
フランス車CGV（シャロン，ギラード，ボイ
　　ト）　736
フランスシャンペン販売貿易会社　570
フランス商社　48
フランス商人　17
フランス政府銀行　13
フランス不動産銀行　194

事項索引

プランター銀行　96
プランテーション（植民地）　26
ブランド・アリソン法　291,1023,1102
ブランド名　593
ブランド力　282
フリースタンディング・カンパニー　265,
　531,538,554,716
フリースタンディング事業　564
フリースタンディング投資　631
ブリースト＆ゲルプーケ社　163
フリーズ・ブラザーズ社　696,724
フリードリッヒ・バイエル社　648,649,679,
　684,711,717
フリッツェ・ブラザーズ社　696
ブリティッシュ・アメリカン・タバコ社
　（BAT）　580,614,1005
ブリティッシュ・アメリカン保険会社　204
ブリティッシュ＆アメリカン抵当会社　1023
ブリティッシュ・コロンビア銀行　205,802
ブリティッシュ酸素社　710
ブリティッシュ・ダイナマイト社　681
ブリティッシュ土地抵当アメリカ社　555
ブリティッシュ土地抵当会社　382
ブリティッシュ・ノースアメリカ銀行　98,
　139,165,205,206,799,802
ブリティッシュ・ハウス・オブ・ベアリング社
　53
ブリティッシュ・バローズ・ウェルカム社
　694
ブリティッシュ・ベルト＆アスベスト社
　744
ブリティッシュ・ユニオン石油株式会社
　496
ブリマス社　3,7,14
ブリュッセル取引所　345
ブリン酸素社　710
ブリンシピオ社　23,24,26,27,38,43,48,72,
　125
フルーツ・エステル　697
ブルデンシャル保険会社　363,955
ブルナー・モンド社　586,650,702-704,709

ブレイク社　771
プレイジャー・リーベート社　49
ブレーク・ノウルズ蒸気ポンプ製造会社
　747
フレーザー＆チャルマー社　748
ブレーメンの商人　51
プレーリー諸州　1009
プレーリー牧畜会社　533,538,540,1009
フレデリック・フース社　129,140
フレデリック・レイランド社　906,907
フレンチ・ウーステッド社　628
ブロードウェイ金鉱山会社　969
プロクター＆ギャンブル社　586
ブロス＆ゴスマン社　349,899
プロテスタント　144
プロビンス合衆国　11
プロモーター　192,196,440,548,743
フロリダ国際大学財団　viii
フロリダ州　180
フロリダ州債　145
フロリダ州のプランテーション　145
フロリダ土地抵当会社　382
フロリダ・リン酸塩株式会社　483
フンボルト社　753
分離機会社　751,775
ペアーズ石鹼社　944
ベアリング（家／社／商会）／サー・フランシ
　ス・ベアリング社／ベアリング・ブラザー
　ズ社　54,55,58,63,74-76,79,88,89,94,
　99,101,103,106,107,111,113,123,130,
　131,139,153,342,370,814
ベアリング危機　291,440,551
ベアリング・マグン社　816
ヘイグ＆ヘイグ社　570
ヘイデン化学社　678
ヘイデン化学製作所　697,711
ヘイデン化学製造所　697
ヘイデン・シュガー　697
ヘイトリー・ブラザーズ社　549
平炉生産　443
ペイン＝オールドリッチ関税　649,732

1261

ペーパー（殻）カンパニー　686

ヘキスト・アム・マイン（ヘキスト）　678,
　687,688,711

『ベスト保険報告書』　948

ベスレヘム製鋼社　450,766

ヘゼルタイン・パウエル社　874

ベッカー鉄鋼会社　746

ベッカート・ニッティング＆サプライ・マシン
　社　654

ベッセマー製鋼工場　200

ペット・ミルク社　575

ヘッドワース・バリウム社　710

ペリカン・ライフ社　98,139

ベルギー商社　49

ベル・コールマン機械冷蔵会社　542

ベルトハイム＆ゴンベルツ社　181,348

ヘルベティア・ミルク・コンデンシング社
　575

ヘルマン・ブリッグス社　132

ベルリナ・ハンデル・ゲゼルシャフト　826

ベルリン・アニリン製造所　688,716

ベルリン証券取引所　338

ヘロイン　686

ヘロート電気炉　451

ヘロート法　491

ベロック・フレーレ社　802

ベロボレイト　706

ペン一家　18

ヘンケル社　724

返済基金計画　54

返済不履行　619

ペンサコラ銀行　96

ベンジャミン・ブルック社　583,584

ペンシルベニア塩工業社　487

ペンシルベニア借款事務所　132

ペンシルベニア州　56,627

ペンシルベニア州債　133,143

ペンシルベニア製鋼社　200

ペンシルベニア生命保険会社　150

ペンシルベニア鉄鋼製造会社　758

ペンシルベニア鉄道会社　116,162,194,340,
　341,363

ペンシルベニア瀝青炭・土地・木材社　100

ベンゾール・プロダクツ社　702

ベンダー株　425

ヘンリー・R・マートン社　514

ヘンリー・A・グールト社　688

ヘンリー・キンバー社　427

ヘンリー・シュローダー社　823

ヘンリー・マートン株式会社　477

ホイッグ党　153

ホイリング・スティール社　39

貿易関連投資　59,91

貿易禁止令　81

貿易金融（商業債務）　33,43,91

貿易債務　20,32,70

貿易債務の債務不履行　118

貿易所　7,10

防御規定　58

ホウ砂統合株式会社（BCL）　490

ボウシュ＆ロム光学会社　770

包装会社　108

ボーア戦争　337,773

ボーデン社　571

ポートランド・セメント加工会社　770

ホープ家　74

ホープ社　53,88,89,94,99,104,124,131

ホーム＆コロニアルストア社　364

ホールガーテン・エリセン社　347

ホールガーテン社　869

牧畜会社　892

北米インディアン　10

北米割引会社連合　900

保険会社　101,114,125,150

保護委員会　352

保護関税　649

保護主義　706

保護の権利　48

補償委員会　43

ボストン　113

ボストン・アンド・オルバニー鉄道会社
　373

事項索引

ボタニー・ウーステッド社　626
ホッグ・スワイン・シンジケート　495
没収法　48,72
ボッシュ・マグネット発電機　760
ポッター法　1066
ホッティンガー社　88,103,129,348
ポット式遠心紡糸機　643
ポトマック運河会社　59
ポピュリスト　245
ホフスチャイルド，ハロルド　478
ホフマン・ラロシュ化学製作所　694
ホリデイ兄弟　648
ボルグ社　753
ボルチモア・アンド・オハイオ鉄道会社
　102,103,115,184,343,955
ボルチモア社　27
ホルムアルデヒド　706
ホワイティン・マシン・ワークス　652
ホワイト・オーク石炭鉱山社　441
ホワイト・スター航路会社　907
ホワイト・マーシュ溶鉱炉　27
ボワスヴェイン・ブラザーズ社　188,899
香港・上海銀行株式会社　802
ポンド建て　88

ま　行

マーウィック・ミッチェル社　966
マーウィック・ミッチェル・ピート社　966
マーカンタイル信託会社　918
マーケティング　632
マーケティング組織　687
マーサラの葡萄酒　134
マーチャント商会　3
マーチャント信託株式会社　883
マーチャントバンカー　68,93,659,915
マーチャントバンキング　163
マーチャントバンク　69,86,91,93,95,113,
　347
マイスター・ルキアス＆ブリューニング染色工
　場　687
マイヤー社　147

マイルエンド　639
マウンテン銅会社　473
マウント・サヴェイジ工場　108
マウント・サヴェイジ社　146
マウント・サヴェイジ鉄工所　108
マガジン　5
マクミラン社　768
マサチューセッツ・ベイ社　8,14
マサチューセッツ・ベイ同業組合　21
マサチューセッツ州　56,169,586,636
マサチューセッツ州債　143
マシソン・アルカリ社　705
マシソン・アルカリ・ワークス　650
マシネンファブリック・アウグスブルグ・ニュ
　ルンベルグ社(M.A.N.)　753
マスカティン抵当・信託会社　927
マスコヴィ社　4
マタドール土地牧畜会社　539
マッカーサー・フォレスト社　432
マッカーサー・フォレスト法　459,507
マッキャルモン・ブラザーズ社　161,365,
　823
マッキントッシュ＆セイモア社　752
マッキンリー関税　448,625,626,631,661,
　703,725
マックスウェル土地授与・鉄道会社　191
マックスウェル土地授与会社　380,771
マックスウェル牧畜会社　554
マッシー・ハリス耕運機会社　733
マリー＆カンツ社　164
マリエッタ・アンド・シンシナティ鉄道会社
　162
マルキス社　136
マルコーニ無線電信株式会社　911,912
丸太小屋建築　14
マレ・オイェン社　354
マンガー・フィーラー社　604
マンチェスター　92
マンネスマン社　736
マンハッタン銀行　95,150
マンロー社　348

1263

見返り信用担保社債　388
ミシガン・アルカリ社　704
ミシガン・サザン・アンド・ノーザン・インディアナ鉄道会社　162
ミシガン州債　142
ミシガン・セントラル鉄道会社　162,369
ミシシッピ社　12,37
ミシシッピ州債　149,179
ミシシッピ州債購入者　121
ミシシッピ・デルタ・プランティング社　619
ミシシッピ綿　620
ミシュラン社　741
ミズーリ州　154,890
ミズーリ州債　101
三井物産株式会社　905
ミッドヴェル製鋼社　766
南アフリカ統合金鉱山株式会社　505
『ミネアポリス』　1042
ミネアポリス・スーセントマリー・アンド・アトランティック鉄道会社　557
ミネアポリス・セントポール・アンド・スーセントマリー鉄道会社　372,557
ミネアポリス＆ノーザン・エレベーター社　556
『ミネラル・インダストリー』　427,699,1014,1020
ミューラー・スカル社　830
ミュンヘン再保険会社　954
ミラー社　570
『ミラーズ・ガゼット』　961
ミラー・ブラザーズ社　564
ミルウォーキー＆シカゴ・ビール会社　563,825
ミルクチョコレート　572
民間会社への投資　87
民間セクター　123
ムーア一族会社　349
無煙火薬　683
無記名債券　247
無形資産　285

向こうみずな習慣　102
無線電信・高周波機械株式会社（ホマク社）　912
無線電信・信号株式会社　910
無線電信・電話一般会社(C.U.T.T.)　912
メイウッド化学製作所　696
名目額　250
メイン州　372
メーデンヘッド炭坑会社　100
メキシコ・イーグル石油株式会社（アギラ社）　496
メキシコからの銀輸入　100
メキシコ戦争　111,148
メキシコ戦争の退役兵　152
メキシコに対するアメリカ市民の求償　148
メキシコへの補償　148
メサーズ・ベン社　622
メタルゲゼルシャフト社　477,834
メトランド・フェルプス社　348,823
メリーランド銀行　57
メリーランド州　56,120,641
メリーランド州債　103,143
メリーランド・ニューヨーク鉄鋼・石炭社　108
メリーランドのマウント・サヴェイジの鉄工場　124
メリノ糸　629
メルク社　678,692,711
メルトン・グループ　834
綿花　92
綿花プランテーション　619,642
綿糸　92,632,639
メンフィス・エルパソ・アンド・パシフィック鉄道会社　185,208
モートン・ブリス社　347,824
モートン・ローズ社　347,824
モービル銀行　113
木材　23
木材鉱石法　1024
木材蒸留製品　706
木材石炭工業社　706

木材法　1024
モス・ベイ赤鉄鉱・鉄鋼株式会社　442
モス・ベイ鉄鋼社　443
モリス運河・銀行会社　91, 99, 140
モリス社　545
モリソン・クライダー社　134
モルガン・グレンフェル社　814
モルガン坩堝社　772
モルガン・ロスチャイルド金融連合　1016
モルヒネ　686
モンキー・ブランド社　583
門戸開放政策　1004
モンサント社　697, 715
モンタナ州　378, 934
モントリオール銀行　98, 118, 139, 165, 206,
　358, 799
モントリオール証券取引所　352
モンロー・ドクトリン　292

や　行

安い電力　713, 714
ヤズー・デルタ地域　620
山中商事　946
ヤンキー鉄道株　337
遺言検認記録　36, 44
有益な製造業者設立協会　65
U.S. スチール社　447, 508, 745
有価証券　57, 65
有名ブランド食品　577
輸出業者　93
輸出金融　60
輸送業　125
ユタ州　195, 428
ユタ州鉱山　195
ユタ銅会社　475
ユナイテッド・アルカリ社　650, 698, 699,
　703, 707, 709
ユナイテッド金属販売社　461
ユナイテッド・シガー社　947
ユナイテッド無線会社　910
ユニオン・カーバイド社　710

ユニオン火災保険会社　983
ユニオン家畜飼育会社　531, 547, 551, 834,
　959
ユニオン銀行（テネシー）　95
ユニオン銀行（フロリダ）　95, 96
ユニオン銀行（ロンドン）　362
ユニオン石油社　495
ユニオン・パシフィック鉄道会社　338, 343,
　955
輸入業者　93
輸入代替　710, 713
輸入鉄鋼　23
要員　680
溶鉱炉　22
揚穀機システム　556
要塞化された貿易都市　4
ヨーロッパ大陸からアメリカへの投資　111
横浜正金銀行　802

ら　行

ライセンシング　282
ライセンス　282, 682, 699, 700, 713, 715
ライセンス協定　679
ライセンス供与協定　709
ライランズ＆サンズ社　661
ライン・ウェストファーレン・スプレングシュ
　トフ社　683
ラウントリー社　588
ラザード・シュパイアー社　347
ラザード兄弟　117
ラザード・シュパイアー・エリセン社　93,
　135, 164, 830
ラザード・フレーレ社　802
ラスター・ファイバーズ株式会社　644
ラスボーン社　166
ラスボーン・ブラザーズ社　904
ラッシュモア・ダイナモ製造社　761
ラッセル一族　25, 26
ラッセルズ　23
ラファイエット・ウーステッド社　628
ラファエル・タック社　769

1265

ラフェル&サンズ社　348,824
ラモント・コーリス社　573,585
ランカシャー　619
リー&ペリンズ社　588
リーヴァー・ブラザーズ社　582-584,590,
　　945
リース権　152
リーデル社　692,693
リーハイ・コーク社　450
リーハイ石炭鉱業社　100
リー・ヒギンソン社　821
リオ・ティント社　473,487
リカード・ブラザーズ社　969
リスター社　998
リッチモンド鉱山社　196
リッチモンド統合鉱山社　426
立法議会　6
リトル・アニー金山　427
リネン製糸社　642
リノリウム　623
リバープレート鮮肉会社　544
リバプール&ロンドン社　125
リバプール&ロンドン&グローブ社　114,
　　204,949,951
リプトン紅茶会社　579
リプトン精肉出荷会社　546
硫酸メーカー　698
流通正貨　101
流動資本　5
リヨネ信用銀行　799,830
リン塩酸鉱山社　438
リングウッド鉄工所　28
リング精紡機　633
リンデ・エアー・プロダクツ社　710,731
ルイヴィル・アンド・ナッシュヴィル鉄道会社
　　184,340,343,411
ルイジアナ銀行　95,113,136
ルイジアナ購入　i,46,54,55,68,82,89
ルイジアナ市民銀行　96,128
ルイジアナ州　165,179,619
ルイジアナ州債　89,99,131,139

ルイジアナ州法　801
ルイジアナ州法銀行　95,113
ルイジアナ州保証債　99
ルイジアナ商業銀行　801
ルイジアナ貿易　12
ルイジアナ・ユニオン銀行　139
ルイ・ドレフェス社　555
ルイ・ホフマン社　859
ルイ・ボン・ホフマン社　163,824,859
ルーイソン・ブラザーズ社　474,481
ルツ&モビウス社　689
ルドルフ・ディーゼル社　753
ルブラン法　698
冷蔵牛肉　542
冷蔵食肉販売　542
レイデンバーグ・タルマン株式会社　467,
　　477
レイ銅山会社　474,475
レイバル・アングタービン社　751
レヴァント社　4,34
レオポルド・カッセラ有限会社（カッセラ）
　　687
レキシントン鉱山社　434
レキット&サンズ社　587
レキット（U.S.A.）社　587
レッドウッド&サンズ社　489
レッド・スター航路会社　907
レビンシュタイン株式会社　723
連合金鉱業社　100
連続操業製法　700
連邦議会　1027
連邦企業消費（所得）税　275
連邦互恵法制　1004
連邦裁判所　110
連邦準備制度　1026
連邦制定法　797
連邦政府代理権　95
連邦政府の総代理店　88
連邦土地管理条令　120
ロイド銀行　810
ロイド家の移住一派　127

ロイヤリティ　283,681
ロイヤル為替保険会社　949
ロイヤル・ダッチ・シェルグループ　497
ロイヤル・ダッチ・シェル社　283,497,822
ロイヤル・ダッチ社　493,497
ロイヤル保険会社　114,125,204,949
ロイヤル補償社　982
「労働が高すぎる」　28
労働騎士団　1017,1026
労働契約法　963
ロエスラー＆ハースラハー化学社　706
ローウェル・マシン・ショップ　652,653
ロードアイランド州　199,633
ローヌ化学製造会社　712,724
ローム＆ハース社　651,658
ローリン化学社　711
ロコフォコ運動　121
ロコフォコ党　154
ロシア保険会社　950,954
ロスチャイルド（家／社）／Ｎ・Ｍ・ロスチャ
　イルド＆サンズ社　88,90,95,101,106,
　111,113,114,124,131,289,343,370,743,
　749,818,1036
ロスチャイルド＆サンズ社の古文書館（RAL）
　128
ロックアイランド鉄道会社　339
ロバーツ化学社　707
ロバート・ベンソン社　348,824,859,921
ロバート・ボッシュ社　760
ロバート・ボッシュ・ニューヨーク社　760
ロビトス石油株式会社　497
ロングアイランド州　737
ロング・カルネ鍛造炉　27

ロング・ソルト・ラピッド社　970
ロンドン＆サンフランシスコ銀行　205,802
ロンドン銀行団　130
ロンドン金融市場　102
ロンドン市契約会社　551
ロンドン市場　104,335
ロンドンシティ＆ミッドランド銀行　798
ロンドン社　3,4
ロンドン証券取引所　99,913
ロンドン商人　18
ロンドン・パリ・アメリカ銀行株式会社
　844
ロンドン評議会　4
ロンドン貿易委員会　42
ロンバード・オディール社　833
ロンバード投資会社　378,883
ロンバード投資信託会社　881

わ 行

ワーシントン・ポンプ社　747
ワード＆プライス社　117
ワイアンドット化学社　728
ワイオミング州　378
賄賂　153
『ワシントン・グローブ』　153
ワシントン州　205,442,805
ワシントン州砂糖株式会社　555
ワタミハナゾウリムシ　619
ワッツ鋼鉄シンジケート社　440
ワッツ・ワード社　440
ワトキンス土地抵当会社　378
ワバッシュ鉄道会社　342
割引銀行　347

《著者紹介》

ミラ・ウィルキンス (Mira Wilkins)

1953年　ラドクリフカレッジ／ハーバード大学，BA。

1957年　ケンブリッジ大学大学院，Ph.D.。

現　在　フロリダ国際大学名誉教授。

主　著　*American Business Abroad: Ford on Six Continents*, (coauthor F.E. Hill), Wayne State University Press, 1964, New edition, Cambridge University Press, 2011. (岩崎玄訳『フォードの海外戦略』上・下，小川出版，1969年)

The Emergence of Multinational Enterprise: American Business Abroad from the Colonial Era to 1914, Harvard University Press, 1970. (江夏健一・米倉昭夫訳『多国籍企業の史的展開』ミネルヴァ書房，1973年)

The Maturing of Multinational Enterprise: American Business Abroad from the 1914 to 1970, Harvard University Press, 1974. (江夏健一・米倉昭夫訳『多国籍企業の成熟』上・下，ミネルヴァ書房，1976〜1978年)

The History of Foreign Investment in the United States, 1914-1945, Harvard University Press, 2004, ほか多数。

《訳者紹介》（所属・執筆分担・執筆順）

安保哲夫（あぼてつお）　監訳者紹介欄参照。編者序文，はじめに，謝辞，翻訳に関する監訳者メモ，第1・2章，章別解説，監訳者あとがき

山﨑克雄（やまざきかつお）　監訳者紹介欄参照。編者序文，はじめに，謝辞，翻訳に関する監訳者メモ，第12・13章，第1～8章注，章別解説，監訳者あとがき

郝　燕書（HAO Yanshu）明治大学大学院経営学研究科教授。第3章

時　晨生（SHI Chensheng）日中人材コラボセンター。第3章

竹野忠弘（たけのただひろ）　名古屋工業大学大学院工学研究科准教授。第4章

板垣　博（いたがきひろし）　武蔵大学経済学部教授。第5章

曺　斗燮（CHO Du-sop）横浜国立大学大学院国際社会科学研究院教授。第6章

公文　溥（くもんひろし）　法政大学社会学部教授。第7章

小井川広志（おいかわひろし）　関西大学商学部教授。第8章

須部宗生（すべむねお）　静岡産業大学経営学部特任教授。第9・16章，第9・16章注

川邉信雄（かわべのぶお）　福井県立大学客員教授。第10章

梅本　孝（うめもとたかし）　大東文化大学外国語学部講師。第10～12章注

河村哲二（かわむらてつじ）　法政大学経済学部教授。第11章

山下　巖（やましたいわお）　順天堂大学保健看護学部教授。第13～15章注，エピローグ注

山田信行（やまだのぶゆき）　駒澤大学文学部教授。第14章

馬越恵美子（まごしえみこ）　桜美林大学経済・経営系教授。第15章

上山邦雄（かみやまくにお）　城西大学経済学部教授。エピローグ

　訳者の一覧は上記の通りであるが，ドイツ語の固有名詞に関しては，ブーヤ・サーベット氏（ボン大学卒業）が静岡大学へ留学中に手助け頂いた。そのほかフランス語の固有名詞は湯浅秀武氏（当時フランス駐在），アルミ技術に関する件は斎藤寿雄氏（元日本製箔技術部長・丸正株式会社顧問）に問合せをして確認した。

《監訳者紹介》

安保哲夫 （あほ・てつお）

1937年　生まれ。
1967年　東京大学大学院経済学研究科博士課程修了。
1985年　経済学博士。
　　　　法政大学社会学部，東京大学社会科学研究所，帝京大学経済学部，帝京平成大学現代ライフ学部を経て，
現　在　東京大学名誉教授。
主　著　『戦間期アメリカの対外投資』東京大学出版会，1984年。
　　　　『アメリカに生きる日本的生産システム』（共著）東洋経済新報社，1991年。
　　　　Hybrid Factory : The Japanese Production System in the U.S., ed.,Oxford University Press, 1994.
　　　　『日本的経営・生産システムとアメリカ』（編著）ミネルヴァ書房，1995年。
　　　　『日本的経営・生産システムとEU』（共編著）ミネルヴァ書房，2005年。
　　　　Japanese Hybrid Factories, A Comparison of Global Production Strategies, ed., Palgrave Macmillan, 2007, ほか多数。

山﨑克雄 （やまざき・かつお）

1944年　生まれ。
1967年　慶應義塾大学経済学部卒業。
　　　　古河電工に勤務。二十数年間は国際ビジネスに従事。
2000年　米国フロリダ州・Nova Southeastern University経営大学院博士課程修了。国際経営学博士。
　　　　静岡産業大学教授を経て，
現　在　静岡産業大学名誉教授。
主　著　『海外経営の鉄則』講談社，2007年。
　　　　Japanese Global Management-Theory and Practice at Overseas Subsidiaries, Palgrave Macmillan, 2011.
　　　　『ラテンアメリカにおける日本企業の経営』（共編著）中央経済社，2009年。
　　　　Hybrid Factories in Latin America-Japanese Management Transferred, eds., Palgrave Macmillan, 2013, ほか多数。

アメリカにおける外国投資の歴史
——1607〜1914——

2016年7月20日　初版第1刷発行　　　　　　〈検印省略〉

定価はカバーに
表示しています

監 訳 者	安	保	哲	夫	
	山	﨑	克	雄	
発 行 者	杉	田	啓	三	
印 刷 者	藤	森	英	夫	

発行所　株式会社　ミネルヴァ書房

607-8494 京都市山科区日ノ岡堤谷町1
電話代表（075）581-5191
振替口座 01020-0-8076

© 安保哲夫・山﨑克雄ほか，2016　　亜細亜印刷・新生製本

ISBN978-4-623-06391-8

Printed in Japan

安保哲夫 編著

日本的経営・生産システムとアメリカ　A 5 判／392頁／本体3500円
●システムの国際移転とハイブリッド化

安保哲夫 編著

日本石油・ガス企業の国際競争戦略　四六判／228頁／本体2800円
●国際石油メジャー・日本製造企業との比較

公文　溥・安保哲夫 編著

日本型経営・生産システムとEU　A 5 判／448頁／本体3800円
●ハイブリッド工場の比較分析

板垣　博 編著

日本的経営・生産システムと東アジア　A 5 判／320頁／本体4000円
●台湾・韓国・中国におけるハイブリッド工場

板垣　博 編著

中国における日・韓・台企業の経営比較

A 5 判／282頁／本体6500円

兪　成華 著

日中合弁企業のマネジメント　A 5 判／260頁／本体6500円
●技術・資金・人的資源

ミネルヴァ書房

http://www.minervashobo.co.jp/